[제2판] 민사집행실무총서(Ⅱ)

채 권 집 행

편집대표 윤 경

공저 박 영 호·양 진 수·이 동 기

韓國司法行政學會

머 리 말

(집행실무총서)

이번에 민사집행 실무총서가 전면 개정되어 새로운 모습으로 선보이게 되었습니다. 가장 특이할 만한 점은 집필진이 모두 바뀌었다는 것입니다. 대부분의 집필자들 모두 법원에서 민사집행실무를 직접 담당했던 경험이 있는 부장판사 등 실무가란 점입니다. 새로운 집필진은 다년간의 실무경험을 바탕으로 이미 많은 논문과 단행본을 내었고, 법원실무제요와 주석 민사집행의 집필진으로 활약을 했던 집행분야의 탁월한 전문가들입니다. 그런 분들이 서로 뜻을 모아 새로이 민사집행분야의 종합실무서를 전면개정하여 시리즈물로 편찬한 것입니다.

민사집행법은 민법과 민사소송법 등 모든 민사법의 이론과 깊이 연결이 되어 있는 종합예술분야입니다. 이 책은 민사집행에 관한 실무서입니다. 민사집행법에 관한 이론서는 많지만, 실질적으로 도움이 되는 실무서는 흔치 않습니다. 그만큼 민사집행법이 어렵기도 하고, 민사집행에 관한 실무를 직접 처리해본 법률실무가가 드물기 때문입니다. 종합적인 실무서에 대한 요청과 바람이 오랫동안 있었음에도 이런 기대에 부응할만한 책이 나오지 못한 것도 현실입니다.

실무서이다 보니 집행실무에서는 문제가 되지만, 아직 대법원 판례가 나오지 않은 부분들도 있습니다. 법원 실무상 발생하는 문제점을 정리하는 데서 출발하였기 때문에 집필방향은 민사집행 담당업무를 담당하는 법관이나 실무담당 직원들의 입장에서 바라본 실무례를 참고로 하여 서술되었습니다.

이번에 전면개정된 민사집행실무총서 시리즈물은 단순한 이론서를 넘어 기존의 책들에서는 전혀 다루지 않는 새로운 실무상 문제점들이나 쟁점들은 분석함으로써 기존 이론서나 실무서의 한계를 완전히 뛰어넘었습니다.

이 책이 민사집행에 관한 실무가들이 가려운 곳을 긁어주고, 관련 업무 처리에 큰 도움을 줄 것이라 확신합니다. 책의 집필을 위해 커다란 노고를 아끼지 않으신 집필자 여러분과 한국사법행정학회 관계자들께 마음 깊이 고마움을 전합니다.

2023. 6.

편집위원 대표 윤 경

머 리 말

(채권집행)

민사집행은 여러 가지 실체법적 문제와 절차법적 문제가 결합되어 있어서 실무가들이 가장 어려워하는 분야입니다. 그 중에서도 채권집행은 공탁 및 사유신고까지 추가적으로 문제가 되어서 실무가들이 가장 골머리를 앓는 분야입니다.

저도 판사로 임관한 2000년경부터 의료소송의 전문가로서 1200페이지 가량의 의료소송관련 저서를 출판하는 등 의료소송 분야에만 집중하고 있는 상태였던 데다, 민사집행법 분야가 다소 어렵고 난해하여 법관생활 초기에는 민사집행법 분야에 큰 관심이 없었습니다.

하지만, 2006년도에 대구지방법원에서 신청 및 집행전담 법관으로 일하게 되면서 신청사건 뿐만 아니라 부동산경매 2계, 채권집행 1계를 맡아서 민사집행의 모든 분야인 부동산, 채권, 보전집행 사건들을 한꺼번에 처리하면서 민사집행법의 재미와 기본적인 지식을 쌓을 수 있었습니다.

그 후 5년간의 재판연구관 생활로 여러 분야에서 상당한 법리적 소양과 실력을 쌓았음에도 2020년부터 서울중앙지방법원에서 신청전담 부장판사로 1년 6개월간, 민사항고 재판장으로서 1년 6개월간 근무하면서 민사집행관련 사건들만 다루면서 민사집행법에 대하여 종래와는 차원이 다른 심도 깊은 연구와 공부를 통하여 상당한 수준의 실무상, 법리상 지식들을 축적할 수 있었고, 그러한 지식들을 토대로 민사집행 분야에 관한 여러 가지 논문과 저서를 집필할 수 있었을 뿐만 아니라, 사법연수원에서 법관들 및 사법보좌관님들을 상대로 민사집행법이나 보전집행 및 민사항고 절차(사법보좌관이의 절차 포함) 등에 대하여 매년 강의도 할 수 있었고, 2020년에는 8차시에 걸쳐서 법원실무제요 민사집행 제1, 2권 전체에 대하여 강의한 동영상 촬영 파일을 법관연수 e러닝센터에 게시한 바도 있습니다.

그러한 경험들이 법관들이나 법원 직원들이 교과서처럼 보는 2014년판과 2020년판의 법원실무제요 민사집행편과 향후 출간될 비송실무제요의 집필위원이 될 수 있는 기회와 주석 민사집행법 제7권(보전처분 편)을 집필할 수 있는 기회를 제공하였고, 2014년판 실무제요 출판 시에는 부동산집행편의 집필과 채권집행편의 독회를, 2020년판 실무제요 출판 시에는 채권집행편 및 보전집행편의 집필 및 독회를 담당하게 되면서 민사집행과 관련해서는 부동산, 채권, 보전집행 및 비송과 관련한 실무제요나 주석서를 모두 집필 및 독회하게 되는 참으로 귀한 영광을 가지게 해주었습니다. 나아가 마침내 민사집행법의 대가로 인정받고 계신 윤경 변호사님과 함께 민사집행총서를 집필할 수 있는 귀한 기회까지도 가질 수 있게 되었습니다.

종래 2014년판 법원실무제요 민사집행편 중 채권집행 부분은 그 내용이 대체적으로 한 번에 이해하기가 어렵고, 너무 내용이 간단할 뿐만 아니라, 공탁실무편람을 핑계 삼아 공탁과 조금이라도 관련된 내용들이 모두 생략되는 바람에, 채권배당절차를 위해서 여러 가지 교재를 한꺼번에 살펴보지 않으면 업무처리가 어렵다는 일선 경매계장님들과 사법보좌관님들의 불만들이 많았습니다. 이에 2020년판 법원실무제요 민사집행편 집필 시에는 위와 같은 불만들을 해소하기 위해서, 먼저 집필위원으로 채권집행 사건을 실제 처리하시던 이동기 사법보좌관님을 모셔서 실제 채권집행 사건 처리 시 경매계장님들이나 사법보좌관님들이 궁금해 하거나 의견 대립이 많았던 부분들을 실무제요에 가급적 많이 반영할 수 있도록 하는 한편, 양진수 부장님과 제가 채권집행과 관련하여 실무가들이 이해하기 어려운 내용이나 새로운 대법원 판례가 나온 내용들을 쉽고, 한 번 읽으면 바로 이해가 될 수 있도록 상세하게 서술하였습니다.

이 책에서는 2020년판 법원실무제요 민사집행편 중 채권집행 편을 집필한 저, 양진수 부장님, 이동기 사법보좌관님이 2020년판 법원실무제요에 담았던 내용뿐만 아니라, 법원실무제요를 집필하는 과정에서 의견대립 등으로 인하여 한 쪽으로 의견정리가 되지 않아서 생략한 내용들이나, 여러 가지 사정상 법원실무제요에 담을 수 없었던 현재 경매계장님들이나 사법보좌관님들의 채권집행 처리 방식이나 방안 등을 포함하여 채권집행 실무상 현재 실무가들이 가장 궁금해 하거나 가려워하는 내용들을 가급적 모두 포함시키는 한편, 최근에 등장한 전자증권, 전자등록주식, 가상화폐 등에 대한 채권집행 관련 내용들까지 포함시켜서, 채권집행과 관련하여서는 이 책만 읽으면 모든 의문점이 해소될 수 있도록 하려고 최대한 노력하였습니다.

채권집행 업무가 사법보좌관님들에게 넘어간 지가 20년 가까이 되어 가고 있는 시점에서, 현직 부장판사들과 채권집행 업무를 담당하는 사법보좌관이 협업으로 업무시간을 쪼개서 채권집행과 관련된 책을 최초로 저술하였다는 것만으로도 이 책의 출판은 큰 의미가 있는 것 같습니다.

마지막으로 이 책이 채권집행 관련 업무를 하는 실무가들의 업무 처리에 실질적으로 도움이 되기를 바라고, 이 책의 내용에 부족한 부분이 있거나 잘못된 부분이 있으면 언제든지 지적 및 비판을 하여 주실 것을 부탁드립니다.

2023. 6.

공저자를 대표하여 박영호 부장판사

범 례

Ⅰ. 이 책은 "집행실무총서" 시리즈 중 두번째 권인 "채권집행"이며 총 9개의 편과 62개의 장으로 구성하였다.

Ⅱ. 집필 항목 구분은 다음과 같다.

Ⅰ.
1.
가.
1)
가)
(1)
(가)
①
㉮

Ⅲ. 주번호는 각 장별로 새롭게 시작하였다.

Ⅳ. 법령의 표기방법

1. 법령을 인용할 때 원칙적으로 약어를 사용하지 않았다.

2. 본문속에 법령을 표기할 때에는 본문의 법령인용은 원문 그대로 사용하며 제○조 제○항 제○호 등으로 기재한다.

Ⅴ. 판례인용 및 출처의 약어표기

1. 판례의 표기는 다음과 같다.

▶ 대법원﹀1996.﹀4.﹀26.﹀선고﹀96다1078﹀판결

▶ 대법원﹀1992.﹀5.﹀26.﹀선고﹀92다84﹀판결,﹀대법원 1993.﹀10.﹀26.﹀선고﹀93다6409﹀판결,﹀대법원 1996.﹀6.﹀14.﹀선고﹀96다46374﹀판결

▶ 대법원﹀1996.﹀11.﹀16.자﹀95마252﹀결정

▶ 대법원﹀1995.﹀11.﹀16.﹀선고﹀94다56852,﹀56853﹀전원합의체﹀판결

▶ 의정부지방법원﹀2004.﹀12.﹀6.﹀선고﹀2004구합539﹀판결

▶ 부산지방법원﹀동부지원﹀2000.﹀1.﹀18.﹀선고﹀2000가합10574﹀판결

▶ 헌법재판소﹀1994.﹀7.﹀29.﹀선고﹀92헌바49,﹀52﹀결정

2. 외국 출전 및 판결은 그 나라의 표준적인 표시방법에 따라 표시할 수 있다. 다만, 일본 판결의 경우에는 번역하지 않고 그대로 표기하며, 선고일은 평성, 소화 등 연호를 기재하고, ( )안에 서기연도를 부기한다.

▶ 일본 대심원 대정 9년 12월 20일 판결

☞ 日大判 大正 9(1920). 12. 20.

▶ 일본 최고재판소 소화 34년 6월 19일 판결

☞ 日最判 昭和 34(1959). 6. 19.

Ⅵ. 기타 인용 표기

1. 참고문헌의 표기는 다음과 같이 한다.

▶ 손진홍, 채권집행실무, 한국사법행정학회(2019), 728.

2. 저자가 2명 이상인 경우 '/ '를 사용하여 2명의 이름을 모두 밝히되, 3명 이상인 경

우에는 '○○○ 외 2인' 등으로 표기한다.

3. 논문이나 단행본, 월간지, 가타 논문집의 인용은 다음과 같이 한다.

▶ 문정일, "공유물분할을 위한 경매에서의 법정매각조건", 대법원판례해설(81), 법원도서관(2010), 424.

▶ 조용현, "유치권에 의한 경매에서 인수주의와 소멸주의", 자유와 책임 그리고 동행: 안대희 대법관 재임기념, 사법발전재단(2012), 239-291.

▶ 이우재, "공동근저당권의 이시배당방법과 그 법리의 조세채권에의 확장", 민사재판의 제문제(16), 한국사법행정학회(2007), 211-244.

4. 외국문헌

▶ 高橋宏志, "法人格否認と執行力の擴張", 別冊ジュリスト 民事執行·保全 判例百選(第2版), 有斐閣(2012), 23-24.

▶ 中野貞一郎, 民事執行法(増補新訂六版), 青林書院(2010), 386-387.

Ⅶ. 한문표기방법

본문의 표기는 한글을 기본으로 하되 한자의 표기가 필요한 경우 ( ) 안에 병기한다.

목 차

제1편 금전채권에 대한 강제집행

제1장 총 설

제2장 집행의 대상

제3장 압류절차

제4장 현금화절차

제2편 유체물의 인도청구권 등에 대한 강제집행

제1장 총 설

제2장 유체동산의 인도 또는 권리이전청구권에 대한 집행

제3장 부동산의 인도 또는 권리이전청구권에 대한 집행

제3편 그 밖의 재산권에 대한 강제집행

제1장 총 설

제2장 주식에 대한 집행

제3장 예탁유가증권 및 전자등록주식등에 대한 집행

제4장 신탁수익권에 대한 집행

제5장 출자증권에 대한 집행

제6장 합명회사 등의 사원의 지분에 대한 집행

제7장 민법상 조합에서 조합원의 지분에 대한 집행

제8장 지식재산권에 대한 집행

제9장 전세권, 임차권 등 용익권, 리스이용권 등에 대한 집행

제10장 가등기상 권리, 등기된 환매권에 대한 집행

제11장 선박·자동차·건설기계·소형선박 및 항공기의 각 공유지분에 대한 집행

제12장 골프 회원권, 스포츠센터 회원권, 콘도 회원권에 대한 집행

제4편 유체동산에 대한 강제집행

제1장 총 설

제2장 압류의 대상

제3장 압류절차

제4장 현금화절차

제5장 집행의 경합

제6장 변제절차

제7장 압류의 취소(해제)

제8장 미제사건의 보고

제5편 배당절차

제1장 총 설

제2장 압류의 경합 및 배당요구

제3장 배당절차와 관련된 공탁

제4장 배당절차의 개시

제5장 배당절차개시의 장애사유

제6장 공탁사유신고 불수리

제7장 배당의 준비

제8장 배당기일에서의 진술

제9장 배당의 실시

제10장 배당유형별 사례 분석

제6편 금전채권 외의 채권에 기초한 강제집행

제1장 총 설

제2장 유체물인도청구권의 집행

제3장 대체집행

제4장 간접강제

제5장 의사표시를 하여야 할 의무의 집행

제7편 채권과 그 밖의 재산권에 대한 담보권 실행

제1장 총 설

제2장 질권의 실행

제3장 물상대위권 행사

제7장 예탁유가증권에 대한 담보권의 실행

제8편 동산·채권 등의 담보에 관한 법률에 따른 담보권의 실행

제1장 개 요

제2장 채권담보등기

제3장 동산·채권담보권의 실행

제4장 동산·채권담보권의 존속기간

제5장 담보목적물 제3취득자의 지위

제9편 집행의 정지·제한·취소

제1장 민사집행법에 의한 집행의 정지·제한·취소

제2장 회생·파산절차 등과 집행의 정지·제한·취소

제1편 금전채권에 대한 강제집행

제1장 총 설

채권에 대한 강제집행의 특성은, 그 권리가 관념적인 성격을 띤 만큼 그 집행방법도 법원의 재판에 의하여야 한다는 점과, 채무자 외에 집행의 목적인 권리의 의무자인 제3자도 이른바 제3채무자로서 집행절차에 관여하게 된다는 점에 있다.

그중 금전채권에 대한 집행은 금전채권의 만족을 위하여 채무자의 재산 중 금전채권, 즉 채무자가 제3채무자에 대하여 금전의 지급을 구할 수 있는 각종의 청구권에 대하여 하는 강제집행이다.

금전채권에 대한 집행은 민사집행법상으로는 동산에 대한 강제집행의 일종이므로 민사집행법 제4절 제1관(동산에 대한 강제집행 통칙)이 적용된다.

금전채권에 대한 집행도 압류, 현금화, 변제의 3단계로 실시된다. 즉 채권자가 집행법원에 집행신청(압류명령의 신청)을 하면 집행법원은 압류명령을 발령하여 채무자의 제3채무자에 대한 채권을 압류한 후(민사집행법 제227조 제1항), 다시 채권자의 신청에 의하여 추심명령 또는 전부명령을 발령하여 현금화한다(민사집행법 제229조 제1항). 다만 압류한 채권이 추심명령이나 전부명령에 의하여 현금화하기 곤란한 경우에는 법원은 채권자의 신청에 의하여 양도명령 등 특별현금화방법을 명할 수 있다(민사집행법 제241조 제1항).

추심명령을 받은 집행채권자의 현금화절차는 추심의 신고에 의하여 종료되고, 배당요구도 그 시기까지만 인정되므로 추심의 신고 시에 그 절차에 참가한 다른 채권자가 없는 경우에는 추심채권자는 추심한 금전으로 자기의 집행채권 및 집행비용의 변제에 충당할 수 있지만, 절차에 참가한 다른 채권자가 있는 경우에는 추심한 금액을 바로 공탁하고 그 신고를 하여야 하며(민사집행법 제236조 제2항), 이에 따라 배당절차가 실시된다(민사집행법 제252조 제2호).

한편, 전부명령이 발령되어 확정된 경우에는 압류한 금전채권이 제3채무자에 대한 전부명령의 송달시점에 소급하여 권면액(券面額)으로 집행채권의 변제에 갈음하여 집행채권자에게 이전되므로, 집행절차는 종료되고 변제절차가 진행될 여지가 없다.

제2장 집행의 대상

Ⅰ. 금전채권의 의의

집행의 대상인 금전채권이란 집행채무자가 제3채무자에 대하여 가지는 금전의 지급을 목적으로 하는 채권을 말한다. 금전채권에는 외국의 화폐의 지급을 목적으로 하는 외화채권도 포함된다. 다만 특정한 화폐만을 지급의 목적으로 하는 이른바 특정금전채권(예를 들어 특종의 외국화폐)은 금전채권으로서의 특질이 없고 통상의 특정물채권의 성질을 가지고 있으므로, 금전채권의 집행에 의하지 않고 유체동산 인도청구권에 대한 집행방법(민사집행법 제242조, 제243조)에 의하여 집행하여야 한다.

그 발생원인이 사법상의 관계에 기초한 것이건 공법상의 관계(공무원의 보수청구권, 토지수용의 보상금청구권 등)에 기초한 것이건 불문한다.[1)]

또한, 반대채권과 동시이행관계에 있는 채권이나 소송계속 중인 채권도 집행할 수 있고, 압류채권자 자신이 제3채무자인 채권도 집행할 수 있다.[2)]

질권의 목적이 된 채권이나 국세체납처분에 따라 압류된 채권에 대하여도 집행할 수 있다.

회사나 조합에 대한 이익배당청구권 또는 잔여재산분배청구권도 압류는 할 수 있으나, 주주총회의 결의 등에 의하여 구체적인 청구권이 발생되기 전에는 전부의 대상이 되기 어렵다.

어음, 수표 그 밖에 배서로 이전할 수 있는 증권에 대한 집행은 원칙적으로 유체동산집행의 방법에 의하나(민사집행법 제189조 제2항 제3호), 그중 배서가 금지된 증권채권은 그 증권에 화체(化體)된 채권을 채권집행의 방법으로 현금화한다(민사집행법 제233조).

Ⅱ. 피압류채권의 적격

금전채권이라고 하더라도 집행의 대상으로서의 적격, 즉 압류적격을 가지기 위해서는 다음과 같은 요건이 필요하다.

---

1) 법원실무제요, 민사집행[IV], 법원행정처(2020), 177.

2) 대법원 2017. 8. 21.자 2017마499 결정, 대법원 2018. 5. 30. 선고 2015다51968 판결 등.

1. 채권이 집행채무자의 책임재산에 속할 것

가. 일반론

압류의 대상인 채권에 해당하기 위하여는 그 채권이 집행채무자에게 귀속되어 채무자의 책임재산이어야 한다. 채권이 채무자의 책임재산에 속하는지 여부를 판정하는 시점은 압류명령의 효력이 발생하는 시점, 즉 압류명령이 제3채무자에게 송달된 때이다(민사집행법 제227조 제3항).[3)]

채권압류의 효력발생 전에 채무자가 그 채권을 처분한 경우에는 그보다 먼저 압류한 채권자가 있어 그 채권자에게는 대항할 수 없는 사정이 있더라도 그 처분 후에 집행에 참가하는 채권자에 대하여는 처분의 효력을 대항할 수 있는 것이므로, 채무자가 압류 또는 가압류의 대상인 채권을 양도하고 확정일자 있는 통지 등에 의한 채권양도의 대항요건을 갖추었다면, 그 후 채무자의 다른 채권자가 그 양도된 채권에 대하여 압류 또는 가압류를 하더라도 그 압류 또는 가압류 당시에 피압류채권은 이미 존재하지 않는 것과 같아 압류 또는 가압류로서의 효력이 없고, 따라서 그 다른 채권자는 압류 등에 따른 집행절차에 참여할 수 없다.[4)] 위와 같은 경우에 채권양도가 처음부터 무효라는 등의 사정이 없는 한, 그 후 채권양도가 실효되거나 채무자에 대한 재양도 등의 이유로 피압류채권이 채무자에게 복귀하더라도 그러한 사정만으로 무효인 압류가 유효하게 된다고 볼 수 없다.[5)]

다만, 집행법원은 이러한 요건을 실질적으로 심사할 수는 없고, 일단 집행채권자의 주장 자체에 의하더라도 채무자의 책임재산에 속하지 않는 것이 분명한 경우가 아닌 한 압류명령을 하여야 한다. 그러나 피압류채권이 실제로 채무자의 책임재산에 속하지 않는 경우에는 압류명령의 실체적 효력은 발생하지 않는다.

채무자의 책임재산에 속하지 않는 금전채권에 대하여 압류명령이 있는 경우 그 집행채무자 아닌 제3자가 자신이 진정한 채권자로서 자신의 채권의 행사에 있어 위 압류 등으로 인하여 사실상 장애를 받았다면, 그 채권이 자기에게 귀속한다고 주장하여 집행채권자에 대하여 민사집행법 제48조가 정하는 제3자이의의 소를 제기할 수 있다(제3자이의의 소는 모든 재산권을 대상으로 하는 집행에 대하여 적용된다).[6)]

---

3) 대법원 1980. 2. 12. 선고79다1615 판결, 대법원 2007. 4. 12. 선고 2005다1407 판결, 대법원 2021. 3. 11. 선고 2017다278729 판결, 대법원 2021. 4. 29. 선고 2020다296642 판결 등.

4) 대법원 2010. 10. 28. 선고 2010다57213,57220 판결.

5) 대법원 2019. 12. 6.자 2019마6043 결정.

6) 대법원 1997. 8. 26. 선고 97다4401 판결, 대법원 1999. 6. 11. 선고 98다52995 판결 등.

나. 문제되는 경우

1) 조합의 채권

가) 민법상 조합의 채권은 조합원 전원에게 합유적으로 귀속하므로, 특별한 사정이 없는 한 조합원 중 1인이 임의로 조합의 채무자에 대하여 출자지분의 비율에 따른 급부를 청구할 수 없고, 이에 따라 조합원 중 1인에 대한 채권으로써 그 조합원 개인을 집행채무자로 하여 조합의 채권에 대하여 강제집행을 할 수 없다.[7] 민법상 조합에서 조합의 채권자가 조합재산에 대하여 강제집행을 하려면 조합원 전원에 대한 집행권원을 필요로 한다.[8]

조합원 중 1인에 대한 채권자가 그 조합원 개인을 집행채무자로 하여 조합의 채권에 대하여 강제집행하는 경우에는, 다른 조합원으로서는 보존행위로써 제3자이의의 소를 제기하여 그 강제집행의 불허를 구할 수 있다.[9]

나) 민법 제714조는 "조합원의 지분에 대한 압류는 그 조합원의 장래의 이익배당 및 지분의 반환을 받을 권리에 대하여 효력이 있다."라고 규정하여 조합원의 지분에 대한 압류를 허용하고 있으나, 여기에서의 '조합원의 지분'이란 '전체로서의 조합재산'에 대한 조합원 지분을 의미하는 것이고, 이와 달리 '조합재산을 구성하는 개개의 재산'에 대한 합유지분에 대하여는 압류 기타 강제집행의 대상으로 삼을 수 없다.[10]

대법원 2007. 11. 30.자 2005마1130 결정의 구체적인 사안을 살펴본다. A(압류채권자)는 B(집행채무자)에 대한 집행권원에 기하여, B가 C, D(제3채무자)와 합유하는 임야에 관하여 합유자로서 가지는 지분권에 대하여 압류명령을 신청하였고, 이에 따라 집행법원은 B의 위 합유지분권에 대하여 압류명령을 하였다. 그 후 A는 B를 대위하여 다른 합유자들인 C, D에 대하여 'B를 조합으로부터 탈퇴시키고자 한다'는 의사표시를 한 다음, 위 합유(조합) 탈퇴의 의사표시에 따라 'B가 위 임야에 관하여 C, D에게 가지게 된 합유지분 환급청구권'을 추심의 대상으로 삼아 추심명령 신청을 하였다.

이에 대한 대법원의 판단은 다음과 같다. '특정재산인 위 임야에 대한 합유지분권'을 대상으로 한 위 압류명령은 집행적격이 없는 권리에 대한 것이어서 부적법하므로 그 효력을 인정할 수 없다. 그 후 A가 채무자인 B를 대위하여 위 합유 내지 조

7) 대법원 1997. 8. 26. 선고 97다4401 판결, 대법원 2001. 2. 23. 선고 2000다68924 판결 등 참조.
8) 대법원 2015. 10. 29. 선고 2012다21560 판결.
9) 대법원 1997. 8. 26. 선고 97다4401 판결.
10) 대법원 2007. 11. 30.자 2005마1130 결정.

합관계로부터 탈퇴의 의사표시를 하였다고 한들, 위 추심명령 신청 대상 채권, 즉 그로 인하여 '채무자인 B가 제3채무자인 C, D에 대하여 가지는 위 임야에 관한 합유지분 환급청구권' 역시 집행적격이 없다. 설령 이를 'B가 C, D와의 조합으로부터 탈퇴함으로써 가지는 조합원 지분의 환급청구권'이라고 보더라도, 이는 당초 압류명령의 대상이 된 권리가 아니므로 그 동일성을 인정할 수 없다. 따라서 위 추심명령 신청은 압류되지 않은 채권을 대상으로 하는 것으로서 부적법하다.[11)]

2) 예금채권의 귀속

금융실명거래 및 비밀보장에 관한 법률에 따라 실명확인 절차를 거쳐 예금계약을 체결하고 그 실명확인 사실이 예금계약서 등에 명확히 기재되어 있는 경우에는, 일반적으로 그 예금계약서에 예금주로 기재된 예금명의자나 그를 대리한 행위자 및 금융기관의 의사는 예금명의자를 예금계약의 당사자로 보려는 것이라고 해석함이 경험칙에 합치하고, 예금계약의 당사자에 관한 법률관계를 명확히 할 수 있어 합리적이다. 그리고 이와 같은 예금계약 당사자의 해석에 관한 법리는, 예금명의자 본인이 금융기관에 출석하여 예금계약을 체결한 경우나 예금명의자의 위임에 의하여 자금 출연자 등의 제3자가 대리인으로서 예금계약을 체결한 경우 모두 마찬가지로 적용된다. 따라서 본인인 예금명의자의 의사에 따라 예금명의자의 실명확인 절차가 이루어지고 예금명의자를 예금주로 하여 예금계약서를 작성하였음에도 불구하고, 위에서 본 바와 달리 예금명의자가 아닌 출연자 등을 예금계약의 당사자라고 볼 수 있으려면, 금융기관과 출연자 등의 사이에서 실명확인 절차를 거쳐 서면으로 이루어진 예금명의자와의 예금계약을 부정하여 예금명의자의 예금반환청구권을 배제하고, 출연자 등과 예금계약을 체결하여 출연자 등에게 예금반환청구권을 귀속시키겠다는 명확한 의사의 합치가 있는 극히 예외적인 경우로 제한되어야 하고, 이러한 의사의 합치는 같은 법에 따라 실명확인 절차를 거쳐 작성된 예금계약서 등의 증명력을 번복하기에 충분할 정도의 명확한 증명력을 가진 구체적이고 객관적인 증거에 의하여 매우 엄격하게 인정하여야 한다.[12)]

한편, 2014. 5. 28. 개정된 금융실명거래 및 비밀보장에 관한 법률은 실명이 확인된 계좌에 보유하고 있는 금융자산을 명의자의 소유로 추정하는 규정을 신설하였다(위 법률 제3조 제5항). 따라서 위와 같은 추정을 번복하기 위해서는 실명이 확인

11) 대법원 2007. 11. 30.자 2005마1130 결정.

12) 대법원 2009. 3. 19. 선고 2008다45828 전원합의체 판결, 대법원 2011. 9. 29. 선고 2011다47169 판결, 대법원 2013. 9. 26. 선고 2013다2504 판결 등.

된 계좌에 보유하고 있는 예금이 명의자 이외의 자의 소유임을 주장하는 자가 이를 증명하여야 할 것이다.

3) 공동명의예금

공동명의예금계약의 경우에도 금융기관은 특별한 사정이 없는 한 공동명의자 전부를 거래자로 보아 예금계약을 체결할 의도라고 보아야 한다.[13] 다만, 공동명의예금의 인출방법은 공동명의자와 금융기관 사이의 공동명의예금계약의 내용에 따라 결정되는 것이고, 계약의 내용이 공동명의자 전원의 인감증명이 날인된 예금청구서에 의하는 한 공동명의자 중 1인이 단독으로 예금청구를 할 수 있다는 것이면 공동명의자 중 1인은 다른 공동명의자의 동의를 받아 단독으로 예금을 청구할 수 있고, 다른 공동명의자와 금융기관을 공동 피고로 하여 다른 공동명의자에 대하여는 단독 예금청구에 관한 동의를, 금융기관에 대하여는 다른 공동명의자에 대한 승소를 전제로 한 예금청구를 소구할 수 있으며, 공동명의자 중 1인이 다른 공동명의자 전원의 동의를 받은 이상 공동명의예금 전액을 청구할 수 있으므로, 금융기관이 공동명의자들 사이의 내부적 지분을 들어 정당한 예금청구를 거절할 수는 없다.[14]

한편, 은행에 공동명의로 예금을 하고 은행에 대하여 그 권리를 함께 행사하기로 한 경우에 만일 동업자금을 공동명의로 예금한 경우라면 채권의 준합유 관계에 있다고 볼 수 있다. 그러나 공동명의 예금채권자들 각자가 분담하여 출연한 돈을 동업 이외의 특정 목적을 위하여 공동명의로 예치해 둠으로써 그 목적이 달성되기 전에는 공동명의 예금채권자가 단독으로 예금을 인출할 수 없도록 방지·감시하고자 하는 목적으로 공동명의로 예금을 개설한 경우라면, 하나의 예금채권이 분량적으로 분할되어 각 공동명의 예금채권자들에게 공동으로 귀속되고, 각 공동명의 예금채권자들이 예금채권에 대하여 갖는 각자의 지분에 대한 관리처분권은 각자에게 귀속되며,[15] 다만 은행과 공동명의 예금채권자들 사이에 공동반환의 특약이 존재하는 경우 은행에 대한 지급 청구만을 공동명의 예금채권자들 모두가 공동으로 하여야 하는 부담이 남게 되는 것이다.[16]

따라서 공동명의 예금채권자 중 1인에 대한 채권자로서는 그 1인의 지분에 상

---

13) 대법원 2001. 6. 12. 선고 2000다70989 판결.

14) 대법원 2001. 6. 12. 선고 2000다70989 판결.

15) 대법원 2004. 10. 14. 선고 2002다55908 판결, 대법원 2005. 9. 9. 선고 2003다7319 판결, 대법원 2008. 10. 9. 선고 2005다72430 판결, 대법원 2008. 10. 9. 선고 2005다72430 판결.

16) 대법원 2005. 9. 9. 선고 2003다7319 판결, 대법원 2008. 10. 9. 선고 2005다72430 판결, 대법원 2008. 10. 9. 선고 2005다72430 판결, 대법원 2011. 9. 8. 선고 2011다22399 판결.

응하는 예금채권에 대한 압류 및 추심명령 등을 얻어 이를 집행할 수 있고, 한편 이러한 압류 등을 송달받은 은행으로서는 압류채권자의 압류 명령 등에 기초한 단독 예금반환청구에 대하여, '공동명의 예금채권자가 공동으로 그 반환을 청구하는 절차를 밟아야만 예금청구에 응할 수 있다'는 공동명의 예금채권자들과 사이의 공동반환특약을 들어 그 지급을 거절할 수는 없다. 그 이유는, 위와 같이 해석하지 않을 경우, 공동명의 예금채권자들로서는 각자의 은행에 대한 예금채권의 행사를 불가능하게 하거나 제한하는 내용의 공동반환특약을 체결하는 방법에 의하여, 그들의 예금채권에 대한 강제집행 가능성을 사실상 박탈 내지 제한함으로써 그들에 대한 압류채권자의 권리 행사를 부당하게 제한하는 결과가 되기 때문이다.[17)]

4) 공동수급체의 공사대금채권

당사자들이 공동이행방식의 공동수급체를 구성하여 도급인으로부터 공사를 수급받는 경우 공동수급체는 원칙적으로 민법상 조합에 해당한다.[18)] 따라서 공동수급체가 공사를 시행함으로 인하여 도급인에 대하여 가지는 채권은 원칙적으로 공동수급체의 구성원에게 합유적으로 귀속한다. 따라서 특별한 사정이 없는 한 구성원 중 1인이 임의로 도급인에 대하여 출자지분의 비율에 따른 급부를 청구할 수 없고, 구성원 중 1인에 대한 채권으로써 그 구성원 개인을 집행채무자로 하여 공동수급체의 도급인에 대한 채권에 대하여 강제집행을 할 수 없다.[19)]

그러나 공동이행방식의 공동수급체와 도급인이 공사도급계약에서 발생한 채권과 관련하여 공동수급체가 아닌 개별 구성원으로 하여금 그 지분비율에 따라 직접 도급인에 대하여 권리를 취득하게 하는 약정을 하는 경우와 같이, 공사도급계약의 내용에 따라서는 공사도급계약과 관련하여 도급인에 대하여 가지는 채권이 공동수급체의 구성원 각자에게 그 지분비율에 따라 구분하여 귀속될 수도 있고, 위와 같은 약정은 명시적으로는 물론 묵시적으로도 이루어질 수 있다.[20)]

5) 공동명의 담보공탁에서 공탁금 회수청구권

공탁자가 공탁한 내용은 공탁의 기재에 의하여 형식적으로 결정되므로, 여러 명의 공탁자가 공탁하면서 각자의 공탁금액을 나누어 기재하지 않고 공동으로 하나의

17) 대법원 2005. 9. 9. 선고 2003다7319 판결.
18) 대법원 2000. 12. 12. 선고 99다49620 판결, 대법원 2012. 5. 17. 선고 2009다105406 전원합의체 판결, 대법원 2018. 1. 24. 선고 2015다69990 판결 등.
19) 대법원 2012. 5. 17. 선고 2009다105406 전원합의체 판결.
20) 대법원 2012. 5. 17. 선고 2009다105406 전원합의체 판결.

공탁금액을 기재한 경우에 공탁자들은 균등한 비율로 공탁한 것으로 보아야 하고, 공탁자들 내부의 실질적인 분담금액이 다르다고 하더라도 이는 공탁자들 내부에서 별도로 해결하여야 할 문제이다.[21]

이러한 법리는 강제집행정지의 담보를 위하여 공동 명의로 공탁한 경우 담보취소에 따른 공탁금 회수청구권의 귀속과 비율에 관하여도 마찬가지로 적용된다. 따라서 제3자가 다른 공동공탁자의 공탁금 회수청구권에 대하여 압류 및 추심명령을 한 경우에 그 압류 및 추심명령은 공탁자 간 균등한 비율에 의한 공탁금액의 한도 내에서 효력이 있고, 공동공탁자들 중 실제로 담보공탁금을 전액 출연한 공탁자가 있다 하더라도 이는 공동공탁자들 사이의 내부관계에서만 주장할 수 있는 사유에 불과하여, 담보공탁금을 전액 출연한 공탁자는 그 압류채권자에 대하여 자금 부담의 실질관계를 이유로 대항할 수 없다.[22]

6) 신탁재산의 경우

채권의 '신탁적 양도', 즉 담보를 위하여 채권을 신탁적으로 양도한 경우 그 채권은 대외적으로 수탁자의 권리로 인정되므로, 신탁자의 채권자는 그 채권을 압류할 수 없는 반면 수탁자의 채권자는 이를 압류할 수 있다.

그러나 '신탁법상의 신탁재산'은 위탁자의 재산권으로부터 분리될 뿐만 아니라 수탁자의 고유재산으로부터 구별되어 관리되는 독립성을 갖게 되고, 그 독립성에 의하여 수탁자 고유의 이해관계로부터 분리되므로 수탁자의 일반채권자의 공동담보로 되는 것이 아니다.[23] 신탁법상 신탁재산에 대하여는 신탁법 제22조 제1항 본문의 규정에 따라 원칙적으로 강제집행이나 경매가 금지되어 있고, 다만 같은 조 단서에 따라 '신탁 전의 원인으로 발생한 권리 또는 신탁사무의 처리상 발생한 권리에 기한 경우'에만 예외적으로 강제집행이 허용된다.

신탁법 제22조 제1항 단서에서 예외적으로 신탁재산에 대하여 강제집행 또는 경매할 수 있다고 규정한 '신탁 전의 원인으로 발생한 권리'란 신탁 전에 이미 신탁부동산에 저당권이 설정된 경우 등 신탁재산 그 자체를 목적으로 하는 채권이 발생되었을 때를 의미하고, 신탁 전에 위탁자에 관하여 생긴 모든 채권이 이에 포함된다고 할 수 없으며,[24] 신탁법상의 신탁이 이루어지기 전에 압류를 하지 않으면 '신탁

---

21) 대법원 2006. 8. 25. 선고 2005다67476 판결, 대법원 2012. 3. 29. 선고 2011다79562 판결, 대법원 2015. 9. 10. 선고 2014다29971 판결.

22) 대법원 2015. 9. 10. 선고 2014다29971 판결.

23) 대법원 1987. 5. 12. 선고 86다545, 86다카2876 판결, 대법원 2002. 12. 6.자 2002마2754 결정.

전의 원인으로 발생한 권리'에 해당한다고 볼 수 없다.[25]

'신탁사무의 처리상 발생한 채권'을 가지고 있는 채권자는 수탁자의 일반채권자와 달리 신탁재산에 대하여도 강제집행을 할 수 있고(신탁법 제22조 제1항 단서), 수탁자의 이행책임이 신탁재산으로 제한되는 것은 '신탁행위로 인하여 수익자에게 부담하는 채무'에 한정되므로(신탁법 제38조), 수탁자가 수익자 이외의 제3자 중 신탁재산에 대하여 강제집행을 할 수 있는 채권자에 대하여 부담하는 채무에 관한 이행책임은 신탁재산의 한도 내로 제한되는 것이 아니라 수탁자의 고유재산에 대하여도 미치는 것으로 보아야 한다.[26] 또한, 신탁법 제22조 제1항 단서가 정하는 '신탁사무의 처리상 발생한 권리'에는 수탁자를 채무자로 하는 것만 포함되고, 위탁자를 채무자로 하는 것은 포함되지 않는다.[27]

7) 채무자가 한정승인을 한 경우

민법 제1028조는 "상속인은 상속으로 인하여 취득할 재산의 한도에서 피상속인의 채무와 유증을 변제할 것을 조건으로 상속을 승인할 수 있다."라고 규정하고 있다. 이에 따라 법원이 한정승인신고를 수리하게 되면 피상속인의 채무에 대한 상속인의 책임은 상속재산으로 한정되고, 그 결과 상속채권자는 특별한 사정이 없는 한 상속인의 고유재산에 대하여 강제집행을 할 수 없고,[28] 상속재산으로부터만 채권의 만족을 받을 수 있다.[29]

상속채권자가 아닌 한정승인자의 고유채권자가 상속재산에 관하여 저당권 등의 담보권을 취득한 경우 한정승인자로부터 상속재산에 관하여 저당권 등의 담보권을 취득한 사람과 상속채권자 사이의 우열관계는 민법상의 일반원칙에 따라야 하고, 상속채권자가 한정승인의 사유만으로 우선적 지위를 주장할 수는 없으며, 이러한 이치는 한정승인자가 그 저당권 등의 피담보채무를 상속개시 전부터 부담하고 있었다고 하여 달리 볼 것이 아니다.[30] 그러나 위와 같이 상속재산에 관하여 담보권을 취득하

24) 대법원 1987. 5. 12. 선고 86다545, 86다카2876 판결.
25) 대법원 2018. 4. 12. 선고 2014다231446 판결.
26) 대법원 2004. 10. 15. 선고 2004다31883, 31890 판결 등 참조.
27) 대법원 2012. 6. 28. 선고 2011두16865 판결.
28) 대법원 2010. 3. 18. 선고 2007다77781 전원합의체 판결, 대법원 2016. 5. 24. 선고 2015다250574 판결.
29) 대법원 2016. 5. 24. 선고 2015다250574 판결.
30) 대법원 2010. 3. 18. 선고 2007다77781 전원합의체 판결, 대법원 2016. 5. 24. 선고 2015다250574 판결.

였다는 등의 사정이 없는 이상, 한정승인자의 고유채권자는 상속채권자가 상속재산으로부터 그 채권의 만족을 받지 못한 상태에서 상속재산을 고유채권에 대한 책임재산으로 삼아 이에 대하여 강제집행을 할 수 없다.[31)]

한편, 상속채무의 이행을 구하는 소송에서 피고의 한정승인 항변이 받아들여져서, 원고 승소판결인 집행권원 자체에 '상속재산의 범위 내에서만' 금전채무를 이행할 것을 명하는 이른바 유한책임의 취지가 명시되어 있음에도 불구하고, 상속인의 고유재산임이 명백한 임금채권 등에 대하여 위 집행권원에 기초한 압류명령이 발령된 경우에, 상속인인 피고로서는 책임재산이 될 수 없는 재산에 대하여 강제집행이 행하여졌음을 이유로 제3자이의의 소(민사집행법 제48조)를 제기하거나, 그 채권압류명령 자체에 대한 즉시항고(민사집행법 제227조 제4항)를 하여 불복할 수 있으나, 청구에 관한 이의의 소(민사집행법 제44조)에 의하여 불복할 수는 없다.[32)]

8) 변호인의 명의로 납입된 보석보증금의 반환청구권

형사소송법에 의하면, 변호인은 독립된 보석청구권자이고(제94조), 보석허가결정을 받은 경우 그 결정의 효과는 피고인에게 미치지만, 보석보증금의 납입의무는 보석을 청구한 자 또는 대리납입이 허가된 경우에는 그 대리납입한 자가 부담하게 되는 것이며(제100조 제2항), 보증금을 환부할 사유(제104조)가 있는 때에는 그 보증금을 납부한 자에게 이를 환부하여야 하므로, 변호인이 피고인을 위하여 보석을 청구하고 변호인의 명의로 보석보증금을 납입하였다면 보석보증금의 반환청구권은 변호인에게 모두 귀속된다. 따라서 보석보증금 반환청구권자가 아닌 피고인을 집행채무자로 하여 발령된 채권압류 및 추심명령은 존재하지 않는 채권에 대하여 발령된 것이어서 그 효력이 없다.[33)]

9) 이혼으로 인한 재산분할청구권

이혼으로 인한 재산분할청구권은 이혼을 한 당사자의 일방이 다른 일방에 대하여 재산분할을 청구할 수 있는 권리로서 이혼이 성립한 때에 그 법적 효과로서 비로소 발생하는 것일 뿐만 아니라, 협의 또는 심판에 의하여 그 구체적 내용이 형성되기까지는 그 범위 및 내용이 불명확·불확정하기 때문에 구체적으로 권리가 발생하였다고 할 수 없으므로, 협의 또는 심판에 의하여 구체화되지 않은 재산분할청구권은 채무자의 책임재산에 해당하지 않는다.[34)]

31) 대법원 2016. 5. 24. 선고 2015다250574 판결.
32) 대법원 2005. 12. 19.자 2005그128 결정.
33) 대법원 2006. 6. 29. 선고 2006다24476 판결.

2. 독립된 재산으로서 재산적 가치가 있을 것

가. 채권의 독립성

1) 일반론

집행의 대상이 되는 채권은 독립하여 처분할 수 있는 것이라야 한다. 따라서 재산적 가치가 있는 것이라도 독립성이 없어 그 자체로 처분하여 현금화할 수 없는 권리는 집행의 대상으로 할 수 없다.[35)]

2) 구체적 사례

가) 금전채권에 대하여 압류 및 추심명령이 있었다고 하더라도 이는 강제집행절차에서 압류채권자에게 채무자의 제3채무자에 대한 채권을 추심할 권능만을 부여하는 것으로서 강제집행절차상의 환가처분의 실현행위에 지나지 않고, 이로 인하여 채무자가 제3채무자에 대하여 가지는 채권이 압류채권자에게 이전되거나 귀속되는 것이 아니다. 따라서 이와 같은 추심권능은 그 자체로 독립적으로 처분하여 환가할 수 있는 것이 아니어서 압류할 수 없는 성질의 것이고, 이에 대한 압류명령은 무효라고 보아야 한다.[36)] 또한 추심권능을 소송상 행사하여 승소확정판결을 받았다고 하더라도, 이러한 판결에 따라 금원을 지급받는 것 또한 추심권능에 속하는 것이므로, 이러한 판결에 따라 지급받을 채권에 대한 압류도 추심권능에 대한 압류로서 효력이 없다.[37)]

한편, 금전채권에 대하여 압류 및 추심명령이 있은 경우 민사집행법 제248조에 따라 집행공탁이 이루어지면 피압류채권이 소멸하고, 압류명령은 그 목적을 달성하여 효력을 상실하며, 압류채권자의 지위는 집행공탁금에 대하여 배당을 받을 채권자의 지위로 전환되므로,[38)] 압류·추심명령을 받은 추심채권자는 더 이상 추심권능이 아닌 구체적으로 배당액을 수령할 권리, 즉 배당금채권을 가지게 되고, 이는 당연히 압류의 대상이 될 수 있다.[39)]

나) 자신의 금전채권을 보전하기 위하여 채무자의 금전채권을 대위행사하는 대

34) 대법원 2013. 10. 11. 선고 2013다7936 판결. 따라서 협의 또는 심판에 의하여 구체화되지 않은 재산분할청구권을 포기하는 행위는 채권자취소권의 대상이 될 수 없다고 판단하였다.

35) 대법원 2014. 12. 30.자 2014마1407 결정.

36) 대법원 1997. 3. 14. 선고 96다54300 판결, 대법원 2019. 1. 31. 선고 2015다26009 판결, 대법원 2019. 12. 12. 선고 2019다256471 판결.

37) 대법원 1997. 3. 14. 선고 96다54300 판결 참조.

38) 대법원 2015. 4. 23. 선고 2013다207774 판결.

39) 대법원 2019. 1. 31. 선고 2015다26009 판결 참조.

위채권자는 제3채무자로 하여금 직접 대위채권자 자신에게 그 지급의무를 이행하도록 청구할 수 있고 제3채무자로부터 그 변제를 수령할 수도 있으나, 이로 인하여 채무자의 제3채무자에 대한 피대위채권이 대위채권자에게 이전되거나 귀속되는 것이 아니다. 따라서 대위채권자의 제3채무자에 대한 위와 같은 추심권능 내지 변제수령권능은 그 자체로 독립적으로 처분하여 환가할 수 있는 것이 아니어서 압류할 수 없는 성질의 것이므로, 이러한 추심권능 내지 변제수령권능에 대한 압류명령 등은 무효이다. 그리고 채권자대위소송에서 제3채무자로 하여금 직접 대위채권자에게 금전의 지급을 명하는 판결이 확정되었더라도 그 판결에 기초하여 금전을 지급받는 것 역시 대위채권자의 제3채무자에 대한 추심권능 내지 변제수령권능에 속하는 것이므로, 채권자대위소송에서 확정된 판결에 따라 대위채권자가 제3채무자로부터 지급받을 채권에 대한 압류명령 등도 무효라고 보아야 한다.[40]

반면, 채권자취소소송에서 취소채권자의 수익자·전득자에 대한 가액배상채권은 압류의 대상이 된다.[41]

또한, 사해행위취소의 소에서 수익자가 원상회복으로서 채권자취소권을 행사하는 채권자에게 가액배상을 할 경우, 수익자 자신이 사해행위취소소송의 채무자에 대한 채권자라는 이유로 채무자에 대하여 가지는 자기의 채권과 상계하거나 채무자에게 가액배상금 명목의 돈을 지급하였다는 점을 들어 채권자취소권을 행사하는 채권자에 대하여 이를 가액배상에서 공제할 것을 주장할 수 없다. 그러나 수익자가 채권자취소권을 행사하는 채권자에 대해 가지는 별개의 다른 채권을 집행하기 위하여 그에 대한 집행권원을 가지고 위 채권자의 수익자 자신에 대한 가액배상채권을 압류하고 전부명령을 받는 것은 허용된다. 이는 수익자의 채무자에 대한 채권을 기초로 한 상계나 임의적인 공제와는 그 내용과 성질이 다르다. 또한, 채권자가 채무자의 제3채무자에 대한 채권을 압류하는 경우 제3채무자가 채권자 자신인 경우에도 이를 압류하는 것이 금지되지 않으므로, 단지 채권자와 제3채무자가 같다고 하여 채권압류 및 전부명령이 위법하다고 볼 수 없다.[42]

다) 법률행위의 취소권이나 해제권과 같은 형성권만을 압류할 수는 없고, 이러한 권리는 채권자대위권에 기초하여 행사하고 그 결과 발생하는 재산권을 압류하여야 한다. 위와 같은 형성권의 행사를 조건으로 하는 조건부 권리에 대하여 먼저 압

40) 대법원 2016. 8. 29. 선고 2015다236547 판결.
41) 대법원 2017. 8. 21.자 2017마499 결정.
42) 대법원 2017. 8. 21.자 2017마499 결정.

류·추심명령을 얻은 후에 채권자대위권이나 추심권에 기초하여 형성권을 행사하는 것도 가능하다.[43)]

형성권 중에서 환매권(민법 제590조)은 '그 밖의 재산권'으로서 압류의 대상이 된다.[44)]

유류분반환청구권은 그 명칭과 달리 형성권이므로[45)] 압류의 대상이 되지 않고,[46)] 행사상 일신전속권으로 해석되므로 채권자대위권의 대상이 될 수도 없다.[47)] 그러므로 유류분권자가 유류분반환청구를 할 것을 조건으로 하는 장래의 원물·가액반환청구권을 미리 압류하는 것도 권리 발생의 개연성을 인정하기 어려워 허용되지 않는다고 보아야 한다.[48)]

라) 변제공탁이 이루어진 경우 공탁물 회수청구권에 대한 압류·전부명령이 허용된다. 채권자가 공탁을 승인하거나 공탁소에 대하여 공탁물을 받기를 통고하거나 공탁유효의 판결이 확정되기까지는 변제자는 공탁물을 회수할 수 있는데(민법 제489조 제1항), 압류·전부채권자는 민법 제489조 제1항이 정하는 위와 같은 공탁물 회수청구권의 소멸사유가 발생하기 전이라면, 전부명령과 그 확정증명서를 첨부하여 공탁관에게 공탁물의 회수를 청구할 수 있다.[49)]

한편, 변제공탁이 적법한 경우에는 채권자가 공탁물 출급청구를 하였는지 여부와는 관계없이 공탁을 한 때에 변제의 효력이 발생하나, 피공탁자를 포함한 제3자가 공탁자에 대하여 가지는 별도 채권의 집행권원으로써 공탁자의 공탁물 회수청구권에 대하여 압류 및 추심명령을 받아 그 집행으로 공탁물을 회수한 경우 채권소멸의 효력은 소급하여 없어진다.[50)] 나아가 부적법한 변제공탁으로 변제의 효력이 발생하지 않았다고 하더라도, 피공탁자는 이를 수락하여 공탁물 출급청구를 하는 대신 공탁자에 대한 다른 채권에 기하여 공탁자의 공탁물 회수청구권에 대하여 압류 및 추심명

---

43) 법원실무제요, 민사집행[IV], 법원행정처(2020), 185; 대법원 2009. 6. 23. 선고 2007다26165 판결 참조.

44) 법원실무제요, 민사집행[IV], 법원행정처(2020), 185.

45) 대법원 2013. 3. 14. 선고 2010다42624, 42631 판결 등 참조.

46) 이형범, "금전채권의 피압류적격 중 '양도가능성'과 '압류금지채권'에 관한 소고", 저스티스 통권 142호, 한국법학원(2014. 6.), 85-86 참조.

47) 대법원 2010. 5. 27. 선고 2009다93992 판결 참조.

48) 주석 민사집행법(V)(제4판), 한국사법행정학회(2018), 393(노재호).

49) 법원실무제요, 민사집행[IV], 법원행정처(2020), 185.

50) 대법원 1981. 2. 10. 선고 80다77 판결, 대법원 2014. 5. 29. 선고 2013다212295 판결, 대법원 2020. 5. 22.자 2018마5697 결정.

령을 받아 그 집행으로 공탁물을 회수할 수 있다.[51]

담보공탁의 경우에도 담보취소결정이 있기 전에 이루어진 공탁물 회수청구권에 대한 압류·전부명령은 유효하다.[52] 강제집행정지의 담보로 제공한 담보물의 회수청구권에 대하여 압류 및 추심명령이 있으면 민사소송법 제125조에 따른 담보취소 신청은 추심채권자만이 제기할 수 있고 채무자, 즉 담보제공자는 담보취소를 신청할 당사자적격을 상실한다.[53]

공탁규칙도 공탁물 회수청구권에 대한 강제집행이나 체납처분이 가능함을 전제로 한 규정을 두고 있다(제34조 제1호 단서 다목).

마) 질권이나 저당권과 같은 담보물권은 피담보채권과 독립하여 압류·현금화할 수 없고(민법 제361조), 보증채권도 피보증채권과 분리하여 압류할 수 없다.

한편, 위탁자가 금전채권을 담보하기 위하여 그 금전채권자를 우선수익자로, 위탁자를 수익자로 하여 위탁자 소유의 부동산을 신탁법에 따라 수탁자에게 이전하면서 채무불이행 시에는 신탁부동산을 처분하여 우선수익자의 채권 변제 등에 충당하고 나머지를 위탁자에게 반환하기로 하는 내용의 담보신탁을 해 둔 경우, 특별한 사정이 없는 한 우선수익권은 경제적으로 금전채권에 대한 담보로 기능할 뿐 금전채권과는 독립한 신탁계약상의 별개의 권리가 된다. 따라서 이러한 우선수익권과 별도로 금전채권이 제3자에게 양도 또는 전부되었다고 하더라도 그러한 사정만으로 우선수익권이 금전채권에 수반하여 제3자에게 이전되는 것은 아니고, 금전채권과 우선수익권의 귀속이 달라졌다는 이유만으로 우선수익권이 소멸하는 것도 아니다.[54]

바) 아직 발생하지 않은 이자채권을 원본채권과 분리하여 압류하여도 효력이 없다. 그러나 이미 발생한 이자채권은 독립하여 압류의 대상이 된다.

사) 민사집행법 제268조에 의하여 담보권의 실행을 위한 경매절차에 준용되는 민사집행법 제91조 제5항은 '매수인은 유치권자에게 그 유치권으로 담보하는 채권을 변제할 책임이 있다'고 규정하고 있다. 여기에서 '변제할 책임이 있다'는 의미는 부동산상의 부담을 승계한다는 취지로서 인적채무까지 인수한다는 취지는 아니므로, 유치권자는 매수인에 대하여 그 피담보채권의 변제가 있을 때까지 유치목적물인 부동산

51) 대법원 2020. 5. 22.자 2018마5697 결정.
52) 대법원 1984. 6. 26.자 84마13 결정.
53) 대법원 2015. 10. 29.자 2015카담39 결정.
54) 대법원 2017. 6. 22. 선고 2014다225809 전원합의체 판결, 대법원 2017. 9. 21. 선고 2015다52589 판결.

의 인도를 거절할 수 있을 뿐이고, 그 피담보채권의 변제를 청구할 수는 없다. 비록 유치권자가 유치권 행사 과정에서 매수인으로부터 피담보채무를 변제받을 수 있다 하더라도, 이는 유치권에 의한 목적물의 유치 및 인도 거절 권능에서 비롯된 것에 불과하다. 따라서 이러한 변제에 관한 유치권자의 권한은 유치권 내지는 그 피담보채권과 분리하여 독립적으로 처분하거나 환가할 수 없는 것으로서, 결국 압류할 수 없는 성질의 것이라고 봄이 타당하다.[55)]

나. 채권의 현금화 가능성

채권이 압류의 대상이 되려면 현금화할 수 있는 것이어야 한다. 따라서 전기, 수도 또는 가스 등을 공급받는 권리는 재산권이라도 금전적으로 평가할 수 없으므로 압류의 대상이 되지 못한다.[56)] 그러나 현금화가 사실상 어렵다는 것만으로는 압류적격이 없다고 할 수 없다. 그리고 채권에 대한 이중압류가 허용되므로 이미 압류, 가압류가 된 채권이라 하더라도 중복하여 압류할 수 있다(민사집행법 제235조).

다. 장래의 채권

1) 일반론

압류의 대상인 채권이 압류 당시 이미 변제기가 도래하였어야 하는 것은 아니고, 아직 변제기 도래 전의 것이라도 압류할 수 있다. 나아가 반드시 압류 당시 현실적으로 발생되어 있을 것을 요하지 않고, 정지조건부나 시기부(始期付)의 채권으로서 아직 조건이나 기한이 도래하지 않은 채권도 압류의 대상이 된다.[57)]

장래 발생할 채권이라도 현재 그 권리의 특정이 가능하고 가까운 장래에 발생할 것이 상당 정도 기대되는 경우에는 이를 압류할 수 있다.[58)]

이처럼 장래의 미확정채권도 압류의 대상이 될 수 있는 이상 채권의 액수를 압류 당시 현실적으로 확정할 수 없더라도 무방하다.[59)]

2) 구체적 사례

가) 합자회사 유한책임사원의 퇴사 전 지분환급채권,[60)] 아직 퇴직하기 전의 퇴

55) 대법원 2014. 12. 30.자 2014마1407 결정.
56) 법원실무제요, 민사집행[IV], 법원행정처(2020), 186.
57) 법원실무제요, 민사집행[IV], 법원행정처(2020), 187.
58) 대법원 2010. 2. 25. 선고 2009다76799 판결, 대법원 2011. 2. 10. 선고 2008다9952 판결, 대법원 2013. 12. 12. 선고 2012다72612 판결.
59) 대법원 1990. 12. 26. 선고 90다카24816 판결.

직금청구권,[61] 장래 경매가 취하될 것을 조건으로 한 경매보증금 반환청구권,[62] 골프클럽 회원이 퇴회(退會)할 때 행사할 수 있는 정지조건부 채권인 입회금 반환청구권,[63] 20년 이상 근속한 지방공무원이 명예퇴직수당 지급대상자로 확정되기 전의 명예퇴직수당 채권[64] 등은 모두 압류의 대상이 된다.

나) 부동산 임차인이 부동산을 임대인에게 반환하기 전의 임대차보증금 반환청구권도 압류의 대상이 된다[65](임차보증금반환채권을 피전부채권으로 한 전부명령이 확정된 경우, 임차보증금이 임대인의 채권이 발생하는 것을 해제조건으로 하는 것이라고 하더라도 전부명령에 의한 채무변제의 효과는 전부명령이 제3채무자에게 송달된 때에 발생한다).[66]

다) 지방공무원법 제66조의2 제1항, 지방공무원명예퇴직수당등지급규정 제3조, 제4조, 제5조, 제7조 등의 규정에 비추어 보면, 20년 이상 근속한 공무원이 그 정년퇴직일 전 1년 이상의 기간 중 자진하여 퇴직하는 때에는 예산상 부득이하여 그 지급대상범위와 인원이 제한되는 경우 및 위 지급규정 제3조 제3항에 정해진 결격사유가 없는 한 명예퇴직수당 지급신청을 하여 그 지급을 받을 수 있으므로, 20년 이상 근속한 지방공무원의 경우에는 명예퇴직수당의 기초가 되는 법률관계가 존재하고 그 발생근거와 제3채무자를 특정할 수 있어 그 권리의 특정도 가능하며 가까운 장래에 발생할 것이 상당 정도 기대된다고 할 것이다. 따라서 그 공무원이 명예퇴직수당 지급대상자로 확정되기 전에도 그 명예퇴직수당 채권에 대한 압류가 가능하고, 그 공무원이 명예퇴직 및 명예퇴직수당 지급신청을 할지 여부가 불확실하다거나 예산상 부득이한 경우 그 지급대상범위가 제한될 수 있다는 것 때문에 그것이 가까운 장래에 발생할 것이 상당 정도 확실하지 않다고 볼 것은 아니다.[67]

라) 반대급부에 걸린 채권인 공사완성 전의 공사대금채권도 압류의 대상이 된다.[68]

---

60) 대법원 1978. 10. 31. 선고 78다1290 판결.

61) 대법원 1975. 7. 22. 선고 74다1840 판결. 다만, 민사집행법 제246조 제1항 제5호에 따라 그 2분의 1에 대해서만 압류가 허용된다.

62) 대법원 1976. 2. 24. 선고 75다1596 판결.

63) 대법원 1989. 11. 10. 선고 88다카19606 판결.

64) 대법원 2001. 9. 18.자 2000마5252 결정.

65) 대법원 1987. 6. 9. 선고 87다68 판결, 대법원 1998. 4. 24. 선고 97다56679 판결, 대법원 1998. 10. 20. 선고 98다31905 판결 등.

66) 대법원 1998. 4. 24. 선고 97다56679 판결.

67) 대법원 2001. 9. 18.자 2000마5252 결정 참조.

68) 대법원 1977. 6. 28. 선고 77다76 판결, 대법원 1995. 9. 26. 선고 95다4681 판결 참조.

마) 위에서 본 채권들이 전부명령의 대상까지 될 수 있는지에 관하여는 논란이 있다(뒤의 전부명령 부분에서 상세히 살펴본다).

바) 한편 '장래의 채권에 대한 압류'로 볼 수 없는 경우가 있으므로 주의를 요하는데, 이에 관한 대법원 2022. 12. 1. 선고 2022다247521 판결을 살펴본다.

(1) 사실관계는 다음과 같다.

A는 2008. 12.경 채권단에게 투자금반환채권을 양도하였고, 그 채무자인 B가 2010. 3. 2. 확정일자 있는 증서에 의하여 이를 승낙하였다. 피고들의 채권압류 및 추심명령 또는 전부명령(이하 '채권압류명령 등'이라고 한다)은 모두 A의 위 채권양도의 대항요건이 구비된 이후부터 그 양도에 대한 사해행위취소소송의 확정으로 A에게 투자금반환채권이 원상회복된 2014. 1. 16. 이전에 제3채무자인 B에게 송달되었다.

(2) 원심은, 피고들의 채권압류명령 등은 '장래 채권'인 '관련 사해행위취소소송의 확정에 따라 A에게 원상회복될 투자금반환채권에 대한 압류'로서 유효하다고 판단하여, '피압류채권의 부존재로 무효'라는 원고들 주장을 배척하였다.

(3) 그러나 대법원은 다음과 같이 판단하였다(파기환송).

「위 투자금반환채권이 피고들의 채권압류명령 등 송달 당시에 A로부터 제3자에게 양도되어 대항요건까지 갖추었다면 위 채권압류명령 등은 집행채무자의 책임재산으로 존재하지 않는 채권에 대한 것으로 모두 무효이고, 그 후의 사해행위취소소송에서 위 채권양도계약이 취소되고 그 채권의 복귀를 명하는 판결이 확정되었다고 하더라도 위 채권이 소급하여 A의 책임재산으로 복귀하거나 이미 무효로 된 채권압류명령 등이 다시 유효하게 되는 것은 아니다. 또한, 피고들이 채권압류명령 등을 받을 당시 'A의 책임재산이 아닌 상태로서 이미 존재하고 있던' 위 투자금반환채권을 '압류명령 등이 가능한 장래 발생할 채권'이라고 볼 수도 없다.」

3. 양도할 수 있을 것

양도할 수 없는 채권에는 '성질상 양도가 불가능한 것'과 '법률상 양도가 금지된 것'이 있다.

채무자의 제3채무자에 대한 금전채권이 법률의 규정에 의하여 양도가 금지된 경우에는 특별한 사정이 없는 한 이를 압류하더라도 현금화할 수 없으므로 피압류 적격이 없다.[69)]

69) 대법원 2014. 1. 23. 선고 2013다71180 판결.

다만, 당사자 사이에 양도금지의 특약이 있는 채권이라도 압류·전부명령에 따라 이전될 수 있고, 양도금지의 특약이 있는 사실에 관하여 압류채권자가 선의인지 악의인지는 전부명령의 효력에 영향이 없다.[70]

가. 성질상 양도가 불가능한 채권

1) 일신전속적인 채권

가) 국가나 지방자치단체와 같은 공권력의 주체만이 행사할 수 있는 공법상의 채권, 즉 조세·부담금 등의 징수권은 일신전속적인 권리로서 성질상 양도가 제한되므로, 압류의 대상이 되지 않는다.[71] 민법 제979조가 '부양을 받을 권리는 이를 처분하지 못한다'고 정하고 있고, 민사집행법 제246조 제1항 제1호가 '법령에 규정된 부양료 및 유족부조료'를 압류금지채권으로 정하고 있으므로, 부양료 청구권 또한 압류의 대상이 되지 않는다.

이에 대하여는, 조세채권은 양도가능성이 전적으로 부정되는 것은 아니므로 피압류적격을 인정하여야 하고, 부양청구권 중 성질에 의한 양도 및 압류의 제한이 문제되는 경우는 주로 계약이나 유언에 의한 부양청구권인데 이러한 채권을 행사상·귀속상 일신전속권으로 볼 근거가 없으므로 피압류적격을 인정하여야 한다는 견해가 있다.[72]

나) 유류분반환청구권(민법 제1115조)은 그 행사 여부가 유류분권리자의 인격적 이익을 위하여 그의 자유로운 의사결정에 전적으로 맡겨진 권리로서 '행사상의 일신전속성'을 가지지만,[73] 그렇다고 하여 양도나 상속 등의 승계까지 부정해야 할 아무런 이유가 없어 '귀속상의 일신전속성'까지 가지는 것은 아니므로,[74] 이에 대한 압류가 허용된다고 봄이 타당하다.

다) 이혼한 부부 사이에서 자(子)에 대한 양육비의 지급을 구할 권리는 당사자의 협의 또는 가정법원의 심판에 의하여 구체적인 청구권의 내용과 범위가 확정되기 전에는 '상대방에 대하여 양육비의 분담액을 구할 권리를 가진다'라는 추상적인 청구

70) 대법원 1976. 10. 29. 선고 76다1623 판결, 대법원 2002. 8. 27. 선고 2001다71699 판결, 대법원 2003. 12. 11. 선고 2001다3771 판결.

71) 법원실무제요, 민사집행[IV], 법원행정처(2020), 190.

72) 이형범, "금전채권의 피압류적격 중 '양도가능성'과 '압류금지채권'에 관한 소고", 저스티스 통권 142호, 한국법학원(2014. 6.), 77-86 참조.

73) 대법원 2010. 5. 27. 선고 2009다93992 판결.

74) 대법원 2013. 4. 25. 선고 2012다80200 판결.

권에 불과하고, 당사자의 협의나 가정법원이 당해 양육비의 범위 등을 재량적·형성적으로 정하는 심판에 의하여 비로소 구체적인 액수만큼의 지급청구권이 발생한다. 따라서 당사자의 협의 또는 가정법원의 심판에 의하여 구체적인 청구권의 내용과 범위가 확정되기 전에는 그 내용이 극히 불확정하여 상계할 수 없지만, 가정법원의 심판에 의하여 구체적인 청구권의 내용과 범위가 확정된 후의 양육비채권 중 이미 이행기에 도달한 후의 양육비채권은 완전한 재산권(손해배상청구권)으로서 친족법상의 신분으로부터 독립하여 처분이 가능하고, 권리자의 의사에 따라 포기, 양도 또는 상계의 자동채권으로 하는 것도 가능하므로,[75] 이러한 경우 압류 또한 가능하다고 할 것이다.

라) 한편 대법원 2022. 11. 17. 선고 2018다294179 판결은, 미성년 자녀가 친권자에 대하여 갖는 특유재산 반환청구권은 일신전속적 권리로 볼 수 없고, 이를 압류할 수 있다고 판단하였으므로, 이에 관하여 살펴본다.

(1) 사실관계는 다음과 같다.

(가) 망인은 1993. 4. 1. 피고와 혼인하여 자녀로 A, B를 둔 뒤(망인이 父, 피고가 母이다) 1998. 8. 25. 이혼하였다.

(나) 보험회사인 원고는 2000. 7. 13. 및 2005. 6. 28. 망인을 피보험자로 하여 망인이 사망한 경우 보험금을 지급하는 내용의 보험계약을 체결하였는데, 그 보험계약에는 '피보험자의 고의로 발생한 손해에 대해서는 보상하지 않는다'는 내용이 들어 있다.

(다) 망인은 2011. 6. 20. 자신의 아파트 베란다에서 1층 바닥으로 추락하여 사망하였다. A, B의 친권자인 피고는 2012. 6. 27. '망인의 사망이 사고사'라는 이유로 A, B를 대신하여 원고로부터 위 보험계약에 따른 보험금을 수령하였다.

(라) 그런데 망인이 단순 추락한 것이 아니라 투신자살한 것이라고 밝혀지자, 원고는 A, B를 상대로 위 보험금의 반환을 청구하는 소를 제기하여 승소 확정판결을 받았다.

(마) 원고는 위 확정판결에 기하여 'A, B의 피고에 대한 보험금 반환청구권'에 대하여 압류 및 추심명령을 받았고, 그 압류 및 추심명령은 2015. 12. 3. 피고에게 송달되었다. 이에 원고는 피고를 상대로 그 추심금을 청구하는 위 사건 소를 제기하였다.

---

75) 대법원 2006. 7. 4. 선고 2006므751 판결.

(2) 원심은 다음과 같은 이유로 원고의 청구를 기각하였다.

(가) 자녀의 친권자에 대한 특유재산 반환청구권은 '행사상 일신전속성'을 가지므로 압류할 수 없는 권리이다.

(나) 설령 자녀의 특유재산 반환청구권이 행사상 일신전속권이 아니라고 하더라도, 다음과 같은 이유로 위 압류 및 추심명령은 '소멸하여 존재하지 않는 채권'을 대상으로 한 것으로서 효력이 없다.

① A(1993. 8. 22.생)는 성년이 된 후 위 압류 및 추심명령이 피고에게 송달되기 이전에 피고의 보험금 반환의무를 면제하였다.

② 피고는 B(1997. 7. 2.생)가 성년이 되기 이전에 B를 위하여 B의 보험금을 모두 소비하였으므로 B에게 반환할 보험금이 없다.

(3) 그러나 대법원은 원심과는 달리, 미성년 자녀의 친권자에 대한 위와 같은 반환청구권은 재산적 권리로서 일신전속적인 권리라고 볼 수 없으므로, 자녀의 채권자가 그 반환청구권을 압류할 수 있다고 판단하였다(다만 원심의 판단이 결과적으로 정당하다고 보아 상고를 기각하였다). 구체적인 판시는 아래와 같다.

(가) 친권자는 자녀가 그 명의로 취득한 특유재산을 관리할 권한이 있는데(민법 제916조), 그 재산 관리 권한이 소멸하면 자녀의 재산에 대한 관리의 계산을 하여야 한다(민법 제923조 제1항). 여기서 '관리의 계산'이란 자녀의 재산을 관리하던 기간의 그 재산에 관한 수입과 지출을 명확히 결산하여 자녀에게 귀속되어야 할 재산과 그 액수를 확정하는 것을 말한다. 친권자의 위와 같은 재산 관리 권한이 소멸한 때에는 위임에 관한 민법 제683조, 제684조가 유추적용되므로, 친권자는 자녀 또는 그 법정대리인에게 위와 같은 계산 결과를 보고하고, 자녀에게 귀속되어야 할 재산을 인도하거나 이전할 의무가 있다.

한편 부모는 자녀를 공동으로 양육할 책임이 있고 양육에 소요되는 비용도 원칙적으로 공동으로 부담하여야 하는 점[76]을 고려할 때, 친권자는 자녀의 특유재산을 자신의 이익을 위하여 임의로 사용할 수 없음은 물론 자녀의 통상적인 양육비용으로도 사용할 수도 없는 것이 원칙이나, 친권자가 자신의 자력으로는 자녀를 부양하거나 생활을 영위하기 곤란한 경우, 친권자의 자산, 수입, 생활수준, 가정상황 등에 비추어 볼 때 통상적인 범위를 넘는 현저한 양육비용이 필요한 경우 등과 같이 정당한 사유가 있는 경우에는 자녀의 특유재산을 그와 같은 목적으로 사용할 수 있다.

76) 대법원 1994. 5. 13. 자 92스21 전원합의체 결정 참조.

따라서 친권자는 자녀에 대한 재산 관리 권한에 기하여 자녀에게 지급되어야 할 돈을 자녀 대신 수령한 경우 그 재산 관리 권한이 소멸하면 그 돈 중 재산 관리 권한 소멸 시까지 위와 같이 정당하게 지출한 부분을 공제한 나머지를 자녀 또는 그 법정대리인에게 반환할 의무가 있다. 이 경우 친권자가 자녀를 대신하여 수령한 돈을 정당하게 지출하였다는 점에 대한 증명책임은 친권자에게 있다.

친권자의 위와 같은 반환의무는 민법 제923조 제1항의 계산의무 이행 여부를 불문하고 그 재산 관리 권한이 소멸한 때 발생한다고 봄이 타당하다. 이에 대응하는 자녀의 친권자에 대한 위와 같은 반환청구권은 재산적 권리로서 일신전속적인 권리라고 볼 수 없으므로, 자녀의 채권자가 그 반환청구권을 압류할 수 있다.

(나) 앞서 본 법리에 비추어 볼 때, 원심이 자녀의 친권자에 대한 특유재산 반환청구권은 행사상 일신전속성이 있으므로 압류할 수 없는 권리라고 판단한 것은 잘못이다.

그러나 A가 성년이 된 후 위 압류 및 추심명령이 피고에게 송달되기 이전에 피고의 보험금 반환의무를 면제하였다는 원심의 부가적·가정적 판단 부분은 수긍할 수 있다. 또한 피고가 망인과 이혼한 후 다른 사람과 재혼하여 자녀를 출산하는 등 새로운 가정을 꾸리고 살다가 망인이 사망한 후 재혼 가정에서 B를 양육하여 온 점, 피고는 약간의 소득활동을 하였으나 고정적인 수입이 없었으므로 B를 양육하기 위하여 B 몫의 보험금을 사용할 필요가 있었던 점 등에 비추어 볼 때 피고는 B 몫의 보험금을 B의 양육을 위하여 정당하게 지출하였다고 볼 수 있으므로, 위와 같은 취지의 원심의 부가적·가정적 판단 부분은 결론적으로 수긍할 수 있다.

2) 특정의 채권자에게 변제 또는 청산하여야 하는 채권

가) 수임인의 비용선급청구권(민법 제687조)은 그 채권의 목적 내지 성질상 특정의 채권자에게 변제하여야 하므로 압류가 금지된다.77)

나) 주식인수가액 납입청구권(상법 제295조 제1항, 제305조 제1항), 계금 또는 계불입금 등은 압류할 수 있다고 해석된다.78)

다) 국가나 지방자치단체가 특정한 사업을 육성하거나 재정상의 원조를 하기 위하여 지급하는 보조금으로서 그 금원의 목적 내지 성질, 용도 외 사용의 금지 및 감독 여부, 위반 시의 제재조치 등 그 근거 법령의 취지와 규정 등에 비추어 국가 혹

77) 법원실무제요, 민사집행[IV], 법원행정처(2020), 190.
78) 법원실무제요, 민사집행[IV], 법원행정처(2020), 190-191.

은 지방자치단체와 특정의 보조사업자 사이에서만 수수·결제되어야 하는 것으로 보아야 하는 보조금 교부채권은 성질상 양도가 금지된 것으로 보아야 하므로, 강제집행의 대상이 될 수 없다.[79)]

(1) 국가나 지방자치단체가 중요무형문화재를 보호·육성하기 위하여 그 전수 교육을 실시하는 중요무형문화재 보유자에게만 전수 교육에 필요한 경비 명목으로 지급하고 있는 금원으로서 그 목적이나 성질상 국가나 지방자치단체와 중요무형문화재 보유자 사이에서만 수수, 결제되어야 하는 전승지원금의 경우에도 위와 같은 법리가 적용된다.[80)]

(2) 국가 또는 지방자치단체로부터 교육의 진흥상 필요하다고 인정되어 사립학교 교육의 지원을 위하여 교부되고 그 목적 이외의 사용이 금지되는 보조금은 그 금원의 목적 내지 성질상 국가나 지방자치단체와 학교법인 사이에서만 수수, 결제되어야 하므로, 그 보조금 교부채권은 성질상 양도가 금지된 것으로 보아야 하고, 따라서 강제집행의 대상이 될 수 없다.[81)]

(3) 건설교통부장관 명의의 '유가조정에 따른 운수업계 보조금 지급지침'에 따라 유류세액 인상액 보조 등의 명목으로 지방자치단체가 관내 여객자동차 운수사업자에게 지급하는 보조금은, 그 금원의 목적과 성질상 국가 또는 지방자치단체와 운수사업자 사이에서만 수수·결제되어야 하는 것이고, 운송업체가 실제 입은 과거의 손실을 직접 보전하는 것 그 자체에 목적이 있는 것이 아니라 그 손실보전을 통하여 향후 보다 나은 교통서비스를 제공하도록 하여 국민의 교통편의를 도모하기 위한 것으로서 여객자동차 운수사업을 운영하고 있는 현재의 사업자에게 직접 지급되어야 할 성질의 것이라고 봄이 타당하고, 따라서 위 보조금 채권은 성질상 압류가 금지된 것으로서 강제집행의 대상이 될 수 없다.[82)]

(4) 정치자금법에 근거하여 국가가 정당에 지급하는 금전이나 유가증권, 즉 보조금은 특정한 목적, 즉 정당을 보호·육성하고 재정상 원조를 하기 위한 목적에서 지급하는 것으로, 정치자금법에서 열거하고 있는 용도 외에 보조금을 사용할 수 없고(정치자금법 제28조 제1항), 이를 위반한 경우 형사처벌의 대상이 된다(정치자금법 제47조

79) 대법원 1996. 12. 24.자 96마1302, 1303 결정, 대법원 2008. 4. 24. 선고 2006다33586 판결, 대법원 2013. 3. 28. 선고 2012다203461 판결.

80) 대법원 2013. 3. 28. 선고 2012다203461 판결.

81) 대법원 1996. 12. 24.자 96마1302,1303 결정.

82) 대법원 2008. 4. 24. 선고 2006다33586 판결, 대법원 2009. 3. 12. 선고 2008다77719 판결.

제1항 제4호). 위와 같은 보조금의 목적, 용도 외 사용의 금지 및 위반 시의 제재조치 등 근거 법령의 취지와 규정 등에 비추어 볼 때 정치자금법상 보조금은 국가와 정당 사이에서만 수수·결제되어야 하는 것으로 봄이 타당하므로, 정당의 국가에 대한 보조금 지급채권은 그 양도가 금지된 것으로서 강제집행의 대상이 될 수 없다.[83)]

라) 상호계산에 편입된 개별 채권(상법 제72조)의 경우 견해가 나뉜다. 먼저, 그 채권의 목적 내지 성질상 특정의 채권자에게 변제하여야 하는 채권으로서 성질상 양도와 압류가 제한된다는 견해가 있다.[84)] 다음으로, 상호계산에 편입된 개별 채권은 원래 양도가 가능한 금전채권인데 상호계산기간 동안 계약당사자 간에만 양도성이 없는 것으로 합의한 채권으로 보아야 하므로, 당사자 사이에 양도금지특약이 있는 경우와 마찬가지로 압류는 무제한적으로 허용된다고 하는 견해[85)]가 있다. 개별 채권에 대한 압류는 허용되나, 당해 거래관계에 놓인 합리적 당사자의 의사에 비추어 당사자의 담보기대를 적극적으로 보호할 필요가 있는 경우에는 예외적으로 압류 후에 발생한 반대채권에 의한 상계로 압류채권자에게 대항할 수 있다는 견해[86)]도 있다.

마) 상가관리비 채권에 관하여, 상가관리비는 상가를 유지보수하기 위한 비용을 지출하거나 상가의 사용과 관련하여 발생한 전기료, 상하수도 요금과 같은 공공요금을 징수기관에 납입하기 위하여 이를 관리하는 자에게 지급하는 것인 점을 고려하면, 그 목적 내지 성질상 특정의 채권자, 즉 상가의 유지·관리업무를 사실상 수행하는 자에게 지급하여야 할 금원이라고 보아야 하므로 성질상 양도가 금지된 채권에 해당하여 압류의 대상이 되지 않는다고 하는 하급심 재판례가 있다.[87)] 그러나 이에 대하여는 양도금지채권의 범위를 만연히 확장해석 하게 되면 채권자의 권리에 지대한 영향을 미치므로 그 확장해석을 경계해야 한다는 견지에서 수긍하기 곤란하다는 지적도 있다.[88)]

3) 채권자의 변경에 의하여 권리의 행사에 현저히 차이를 가져오는 채권

---

83) 대법원 2009. 1. 28.자 2008마1440 결정.

84) 손흥수, 민사집행실무총서(II) 채권집행, 한국사법행정학회(2017), 48.

85) 이형범, “금전채권의 피압류적격 중 ‘양도가능성’과 ‘압류금지채권’에 관한 소고”, 저스티스 통권 142호, 한국법학원(2014. 6.), 86-88 참조.

86) 최준규, “상계계약의 대외적 효력에 관한 고찰”, 법조 제63권 제3호, 법조협회(2014. 3.)), 101-103 참조. 김창희, “사전상계합의의 효력에 관한 연구”, 법조 제65권 제1호, 법조협회(2016. 1.), 81-85도 비슷한 취지로 이해된다.

87) 서울중앙지방법원 2014. 3. 24.자 2012라837 결정(미간행, 재항고되지 않아 확정) 등.

88) 손흥수, 민사집행실무총서(II) 채권집행, 한국사법행정학회(2017), 49.

종신정기금채권(민법 제725조 이하)과 같은 것은 전적으로 당사자 간의 개인적 관계에 기초하는 채권으로서 채권자가 달라지면 그 채권의 내용도 달라진다고 할 수 있으므로, 이러한 채권은 채무자의 승낙 없이는 양도하거나 압류할 수 없고, 위임계약상의 위임자의 채권이나 고용계약상의 사용자의 채권, 사용대차상의 사용차권 등도 마찬가지라는 것이 종래의 통설이다.89)

그러나 이에 대하여는 종신정기금계약의 기본채권은 계약상 지위에 불과하여 별개의 권리로 파악하여 집행대상으로 삼을 필요가 없고, 지분채권은 이미 변제기에 이른 것이든 장래의 것이든 양도하거나 압류할 수 있다고 보아야 한다는 견해가 있다.90)

4) 권리의 내용이 구체적으로 형성되기 전의 추상적 권리

이혼으로 인한 재산분할청구권은 이혼을 한 당사자의 일방이 다른 일방에 대하여 재산분할을 청구할 수 있는 권리로서, 이혼이 성립한 때에 그 법적 효과로서 비로소 발생하며, 또한 협의 또는 심판에 의하여 그 구체적 내용이 형성되기 전까지는 그 범위 및 내용이 불명확하고 불확정적이기 때문에 구체적으로 권리가 발생하였다고 할 수 없다. 따라서 당사자가 이혼이 성립하기 전에 이혼소송과 병합하여 재산분할의 청구를 한 경우에, 아직 발생하지 않았고 그 구체적 내용이 형성되지 않은 재산분할청구권을 미리 양도하는 것은 성질상 허용되지 않으며, 법원이 이혼과 동시에 재산분할로서 금전의 지급을 명하는 판결이 확정된 이후부터 채권양도의 대상이 될 수 있다.91)

나. 법률의 규정에 의하여 양도가 금지된 채권

채무자의 제3채무자에 대한 금전채권이 법률의 규정에 의하여 양도가 금지된 경우에는 특별한 사정이 없는 한 이를 압류하더라도 현금화할 수 없으므로 피압류적격이 없다. 또한 위와 같이 채권의 양도를 금지하는 법률의 규정이 강행법규에 해당하는 이상 그러한 채권에 대한 압류명령은 강행법규에 위반되어 무효이므로, 실체법상 효력이 발생하지 않는다.92)

법률이 채권의 양도를 금지할 때에는 동시에 압류금지의 규정을 두는 경우가 많

89) 법원실무제요, 민사집행[IV], 법원행정처(2020), 191.

90) 이형범, "금전채권의 피압류적격 중 '양도가능성'과 '압류금지채권'에 관한 소고", 저스티스 통권 142호, 한국법학원(2014. 6.), 88-90 참조.

91) 대법원 2017. 9. 21. 선고 2015다61286 판결.

92) 대법원 2000. 7. 4. 선고 2000다21048 판결, 대법원 2014. 1. 23. 선고 2013다71180 판결.

으나, 단순히 양도금지의 규정만을 두고 있는 경우도 있다. 일반적으로 법률상 양도가 금지된 채권은 압류도 할 수 없다고 보고 있으나, 우편대체법 제25조와 같이 사무의 편의만을 위하여 임의양도를 금지한 경우에는 압류가 가능하다는 견해도 있다.[93]

다. 비교가 필요한 경우: 양도가 '제한'되는 채권

1) 채권의 양도에 법률상 관할청의 허가 등이 필요한 경우에 관하여 본다.

사립학교법 제28조 제1항에서 정한 기본재산이 관할청의 허가 없이 양도된 경우 그것이 학교법인의 의사에 기한 것이든 강제집행절차에 의한 것이든 무효가 된다. 또한, 비록 추심명령으로 인하여 곧바로 채권 자체가 추심채권자에게 이전하는 것은 아니지만 추심이 완료되면 추심채권자로부터 이를 반환받는 것이 불가능한 경우가 많아 사실상 채권의 양도와 다를 바 없는 결과를 초래하여 사립학교의 재정 충실을 기하려는 사립학교법의 취지가 몰각될 위험이 있다. 그리고 사립학교법 제28조 제1항에 따르면 관할청의 허가가 없는 한 채권자가 사립학교의 기본재산인 채권으로 최종적인 만족을 얻는 것은 금지될 수밖에 없는데, 추심명령을 금지하지 않는다면 채권자로서는 추심금 소송을 제기하여 승소하고서도 관할청의 허가를 받지 못하여 그동안의 소송절차를 무위로 돌려야만 하는 결과가 될 수 있어 사회 전체적으로 보아도 소송경제에 반한다. 그렇다면 이러한 기본재산인 채권에 대하여 압류 및 추심명령의 신청이 있는 경우, 집행법원으로서는 그 처분을 금지하는 압류명령은 발할 수 있지만, 관할청의 허가가 없는 이상 현금화(환가)를 명하는 추심명령을 발할 수는 없다고 봄이 타당하고, 압류명령이 발하여진 경우에도 피압류채권이 사립학교의 기본재산임이 밝혀지고 나아가 관할청의 허가를 받을 수 없는 사정이 확실하다고 인정되거나 관할청의 불허가가 있는 경우 그 채권은 사실상 압류적격을 상실하게 된다고 봄이 타당하므로, 채무자는 그 결정에 대한 즉시항고를 하여 압류명령의 취소를 구하거나, 민사집행법 제246조 제3항에 따라 위와 같은 이유를 들어 압류명령의 전부 또는 일부의 취소를 신청할 수 있다.[94]

2) 채권에 대한 중복압류는 허용되므로, 이미 압류·가압류가 되어 처분제한의 효과가 생긴 채권이라 하여도 중복하여 압류할 수 있다(민사집행법 제235조 참조).

3) 채권자가 자기의 금전채권을 보전하기 위하여 채무자의 금전채권을 대위행사

93) 박준의, 신채권집행실무, 유로(2015), 138; 손진홍, 채권집행실무, 한국사법행정학회(2019), 64 참조.

94) 대법원 2002. 9. 30.자 2002마2209 결정 참조.

하는 경우 제3채무자로 하여금 채무자에게 그 지급의무를 이행하도록 청구할 수도 있지만, 직접 대위채권자 자신에게 이행하도록 청구할 수도 있다.

그런데 채권자대위소송에서 제3채무자로 하여금 직접 대위채권자에게 금전의 지급을 명하는 판결이 확정되더라도, 대위의 목적인 권리, 즉 채무자의 제3채무자에 대한 피대위채권이 그 판결의 집행채권으로서 존재하는 것이고 대위채권자는 채무자를 대위하여 피대위채권에 대한 변제를 수령하게 될 뿐 자신의 채권에 대한 변제로서 수령하게 되는 것이 아니므로, 그 피대위채권이 변제 등으로 소멸하기 전이라면 채무자의 다른 채권자는 이를 압류·가압류할 수 있고,[95] 압류를 허용하는 취지상 추심명령 또한 가능하다고 볼 수 있다.[96]

그러나 채권자대위소송이 제기되고 대위채권자가 채무자에게 대위권 행사사실을 통지하거나 채무자가 이를 알게 되면, 민법 제405조 제2항에 따라 채무자는 피대위채권을 양도하거나 포기하는 등 채권자의 대위권 행사를 방해하는 처분행위를 할 수 없게 되고 이러한 효력은 제3채무자에게도 그대로 미치는데, 그럼에도 그 이후 대위채권자와 평등한 지위를 가지는 채무자의 다른 채권자가 피대위채권에 대하여 전부명령을 받는 것도 가능하다고 하면, 채권자대위소송의 제기가 채권자의 적법한 권리행사방법 중 하나이고 채무자에게 속한 채권을 추심한다는 점에서 추심소송과 공통점도 있음에도 그것이 무익한 절차에 불과하게 될 뿐만 아니라, 대위채권자가 압류·가압류나 배당요구의 방법을 통하여 채권배당절차에 참여할 기회조차 가지지 못하게 한 채 전부명령을 받은 채권자가 대위채권자를 배제하고 전속적인 만족을 얻는 결과가 되어, 채권자대위권의 실질적 효과를 확보하고자 하는 민법 제405조 제2항의 취지에 반하게 된다. 따라서 채권자대위소송이 제기되고 대위채권자가 채무자에게 대위권 행사사실을 통지하거나 채무자가 이를 알게 된 이후에는 민사집행법 제229조 제5항이 유추적용되어 피대위채권에 대한 전부명령은, 우선권 있는 채권에 기초한 것이라는 등의 특별한 사정이 없는 한, 무효라고 보는 것이 타당하다.[97]

95) 대법원 2016. 8. 29. 선고 2015다236547 판결.
96) 법원실무제요, 민사집행[IV], 법원행정처(2020), 193.
97) 대법원 2016. 8. 29. 선고 2015다236547 판결.

4. 제3채무자에게 대한민국의 재판권이 미칠 것

가. 일반론

압류될 채권은 그 제3채무자에 대하여 송달이 가능하고, 제3채무자에게 대한민국의 재판권이 미치는 경우이어야 한다. 압류명령은 대한민국의 재판권의 행사의 결과이고 제3채무자에 대한 채무이행의 금지를 본질로 하므로, 제3채무자에 대한 압류명령의 송달과 그에 의한 지급금지가 이루어지지 않는 것에 대하여는 압류할 수 없다.

나. 제3채무자가 외국에 있는 경우

제3채무자가 외국 거주 외국인이거나 국내에 영업소가 없는 외국 법인인 경우, 제3채무자에 대하여 지급금지 등을 명하는 내용이 포함된 압류명령을 외국에 송달할 수 있는지와 관련하여 압류의 허용 여부가 문제된다[제3채무자가 외국에 있더라도 대한민국 국민일 경우에는 영사 송달촉탁에 의한 외국송달이 가능하기 때문에(국제민사사법공조 등에 관한 예규 제3조 제2항) 큰 문제가 되지는 않는다].

판례는 '국내은행의 해외지점은 외국에 소재하면서 본점이나 국내지점과는 달리 별도로 그 소재지인 외국의 법령에 따른 인가를 받아 그 외국의 은행으로 간주되고, 은행업을 경영함에 있어서도 외국의 법령에 따라 외국 금융당국의 규제 및 감독을 받으며, 국내은행 해외지점에서 이루어지는 예금거래에 대해서도 그 소재지인 외국의 법령이 적용됨이 일반적이다. 또한, 국내은행 해외지점은 본점 및 국내지점과 전산망이 연결되어 있지 않고, 국내은행 해외지점에 예치한 예금은 그 해외지점이 소재한 외국에서만 인출할 수 있을 뿐 이를 국내에서 처분하기 위해서는 다시 국내로의 송금 절차를 거쳐야만 한다. 따라서 과세관청이 납세자에 대한 체납처분으로서 국내은행 해외지점에 예치된 예금에 대한 반환채권을 대상으로 한 압류처분은 국세징수법에 따른 압류의 대상이 될 수 없는 재산에 대한 것으로서 무효'라고 판단한 바 있다.[98] 그러데 이는 압류의 대상이 되는 재산은 국세징수법의 효력이 미치는 지역 내에 있는 재산이어야 한다는 제한이 있는 체납처분에 의한 압류 사안에 대한 것이어서 민사집행법에 따른 채권집행의 경우에는 동일하게 볼 수 없다.[99]

생각건대, 제3채무자가 외국 거주 외국인이거나 국내에 영업소가 없는 외국 법

---

98) 대법원 2014. 11. 27. 선고 2013다205198 판결.

99) 손흥수, 민사집행실무총서(II) 채권집행, 한국사법행정학회(2017), 46; 주석 민사집행법(V)(제4판), 한국사법행정학회(2018), 405(노재호).

인인 경우에는 헤이그 송달협약 가입국이나 사법공조 조약이 체결된 호주, 중국, 몽골, 우즈베키스탄, 태국 등을 제외하고는 제3채무자에 대한 송달이 어려운 경우도 적지 않지만, 이처럼 사실상 송달이 어렵다는 이유만으로 압류명령의 신청을 각하하는 것은 명백히 집행채무자의 책임재산에 속하는 채권을 강제집행의 대상에서 배제하는 것이 되어 타당하지 않다. 압류명령이 제3채무자에게 송달되지 못하더라도 그로 인한 불이익은 채권자가 부담하면 된다. 또한, 압류명령을 송달받은 제3채무자가 지급금지 등의 의무를 부담하게 되더라도 이를 외국에서의 집행행위라 할 수는 없으므로 외국의 주권을 침해한다고 할 것도 아니다. 따라서 제3채무자가 외국에 있다는 이유만으로 피압류적격을 부정하는 것은 타당하지 않다.100)

다. 제3채무자가 외국국가인 경우

국제관습법에 의하면 국가의 주권적 행위는 다른 국가의 재판권으로부터 면제되는 것이 원칙이나, 국가의 사법(私法)적 행위까지 다른 국가의 재판권으로부터 면제된다는 것이 오늘날의 국제법이나 국제관례라고 할 수 없다. 따라서 우리나라의 영토 내에서 행하여진 외국의 사법적 행위가 주권적 활동에 속하는 것이거나 이와 밀접한 관련이 있어서 이에 대한 재판권의 행사가 외국의 주권적 활동에 대한 부당한 간섭이 될 우려가 있다는 등의 특별한 사정이 없는 한, 외국의 사법적 행위에 대하여는 해당 국가를 피고로 하여 우리나라의 법원이 재판권을 행사할 수 있다.101)

그러나 채권집행에서 제3채무자가 외국국가인 경우에는 다른 각도에서의 접근이 필요하다. 채권압류 및 추심명령은 제3채무자 소유의 재산에 대한 집행이 아니고, 제3채무자는 집행당사자가 아님에도, 채권압류 및 추심명령이 있으면 제3채무자는 지급금지명령, 추심명령 등 집행법원의 강제력 행사의 직접적인 상대방이 되어 이에 복종하게 된다. 이와 같은 점을 고려하면, 제3채무자를 외국으로 하는 채권압류 및 추심명령에 대한 재판권 행사는 외국을 피고로 하는 판결절차에서의 재판권 행사보다 더욱 신중히 행사될 것이 요구된다. 더구나 채권압류 및 추심명령이 '제3채무자에 대한' 집행권원이 아니라 집행채권자의 '채무자에 대한' 집행권원만으로 일방적으로 발령되는 것인 점을 고려하면 더욱 그러하다. 따라서 피압류채권이 외국의 사법적 행위를 원인으로 하여 발생한 것이고 그 사법적 행위에 대하여 해당 국가를 피고로 하여

100) 주석 민사집행법(V)(제4판), 한국사법행정학회(2018), 405-406(노재호).

101) 대법원 1998. 12. 17. 선고 97다39216 전원합의체 판결, 대법원 2011. 12. 13. 선고 2009다16766 판결.

우리나라의 법원이 재판권을 행사할 수 있다고 하더라도, 피압류채권의 당사자가 아닌 집행채권자가 해당 국가를 제3채무자로 한 압류 및 추심명령을 신청하는 경우, 우리나라 법원은, 해당 국가가 국제협약, 중재합의, 서면계약, 법정에서의 진술 등의 방법으로 그 사법적 행위로 부담하는 국가의 채무에 대하여 압류 기타 우리나라 법원에 의하여 명하여지는 강제집행의 대상이 될 수 있다는 점에 대하여 명시적으로 동의하였거나, 또는 우리나라 내에 그 채무의 지급을 위한 재산을 따로 할당해 두는 등 우리나라 법원의 압류 등 강제조치에 대하여 재판권 면제 주장을 포기한 것으로 볼 수 있는 경우 등에 한하여 그 해당 국가를 제3채무자로 하는 채권압류 및 추심명령을 발령할 재판권을 가진다. 그리고 이와 같이 우리나라 법원이 외국을 제3채무자로 하는 추심명령에 대하여 재판권을 행사할 수 있는 경우에는 그 추심명령에 기하여 외국을 피고로 하는 추심금 소송에 대하여도 역시 재판권을 행사할 수 있고, 반면 추심명령에 대한 재판권이 인정되지 않는 경우에는 추심금 소송에 대한 재판권 역시 인정되지 않는다고 봄이 타당하다.102)

따라서 대한민국에 거주하면서 주한미군사령부에서 근무하는 甲의 채권자 乙이 우리나라 법원에서 제3채무자를 미합중국으로 하여 甲이 미합중국에 대하여 가지는 퇴직금과 임금 등에 대하여 채권압류·추심명령을 받은 후 추심금의 지급을 구한 경우, 우리나라 법원은 미합중국을 제3채무자로 한 채권압류 및 추심명령을 발령할 재판권을 가지지 못하고, 따라서 위 채권압류 및 추심명령은 재판권이 없는 법원이 발령한 것으로 무효이며, 우리나라 법원은 추심금 소송에 대하여도 재판권이 인정되지 않는다.103)

5. 법률상의 압류금지채권이 아닐 것

가. 총설

1) 민사집행법이나 그 밖에 특별법은 채무자의 생활보장 또는 국가적·공익적 사업에 종사하는 자의 업무 및 생계보장이라는 공익적·사회정책적인 이유 등으로 압류를 할 수 없는 채권을 규정하고 있다.

2) 압류금지채권의 목적물이 채무자의 예금계좌에 입금된 경우에는 그 예금채권(채무자의 제3채무자 금융기관에 대한 예금채권)에 대하여 더 이상 압류금지의 효력

102) 대법원 2011. 12. 13. 선고 2009다16766 판결.
103) 대법원 2011. 12. 13. 선고 2009다16766 판결.

이 미치지 않으므로 그 예금은 압류금지채권에 해당하지 않는 것이 원칙이다.[104] 압류금지채권의 목적물이 채무자의 예금계좌에 입금된 경우에는 그 채권은 채무자의 해당 금융기관에 대한 예금채권으로 변하여 종전의 채권과의 동일성을 상실하고, 압류명령은 채무자와 제3채무자의 심문 없이 하도록 되어 있어 압류명령 발령 당시 해당 예금으로 입금된 금원의 성격이 압류금지채권의 목적물인지, 또는 그에 해당하지 않는 금원인지, 두 가지 금원이 혼입되어 있다면 예금액 중 압류금지채권액이 얼마인지를 가려낼 수 없는데, 신속한 채권집행을 실현하기 위해서는 압류 단계에서는 피압류채권을 형식적·획일적으로 판단하여야 하기 때문이다.[105] 다만, 민사집행법이 2011. 4. 5. 법률 제10539호로 개정되면서 압류금지채권의 금원이 채무자의 계좌에 이체된 경우 채무자의 신청에 따라 그에 해당하는 부분의 압류명령을 취소하도록 하는 규정이 신설되었다(민사집행법 제246조 제2항).

3) 압류금지채권을 정한 특별법에서 이미 지급된 금원에 대한 압류를 금지하는 규정을 두고 있는 경우도 있다.

예컨대 공무원연금법 제39조 제2항, 공무원 재해보상법 제18조 제2항, 사립학교교직원 연금법 제40조 제2항, 군인연금법 제18조 제2항은 모두 '수급권자에게 지급된 급여 중 민사집행법 제195조 제3호에서 정하는 금액 이하는 압류할 수 없다'고 규정하고 있다. 군인 재해보상법(2019. 12. 10. 제정, 2020. 6. 11.부터 시행) 제17조 제2항도 동일하게 규정하고 있다.

한편, 국민연금법 제58조 제2항은 "수급권자에게 지급된 급여로서 대통령령으로 정하는 금액 이하의 급여는 압류할 수 없다."라고 규정하고 있고, 그 실효성을 확보하기 위하여 같은 조 제3항은 "급여수급전용계좌에 입금된 급여와 이에 관한 채권은 압류할 수 없다."라고 규정하고 있다. 급여수급전용계좌에 관한 명문의 규정이 없는 공무원연금의 경우에도 실무상 수급권자는 압류방지계좌인 이른바 '공무원연금 평생안심통장'을 개설할 수 있다.[106]

4) 이러한 압류금지의 실정법 규정은 채권자의 희생으로 채무자를 보호하는 예외적 규정이므로 그 취지를 확장해석하여서는 안 된다. 그러므로 예를 들어 지방자치단체의 조례 등으로 새로운 압류금지의 규정을 두더라도 효력을 인정할 수 없다. 또

---

104) 대법원 1996. 12. 24.자 96마1302, 1303 결정, 대법원 1999. 10. 6.자 99마4857 결정, 대법원 2014. 7. 10. 선고 2013다25552 판결, 대법원 2017. 8. 18. 선고 2017도6229 판결.

105) 대법원 1996. 12. 24.자 96마1302, 1303 결정.

106) 법원실무제요, 민사집행[IV], 법원행정처(2020), 194.

한, 수용자의 영치금반환채권도 그 압류를 제한하는 규정이 없으므로 압류가 가능하다.[107] 다만, 수용자가 교정시설 내에서 반드시 필요한 물품 구입 및 병원 진료 등을 위하여 실무상 민사집행법 제246조 제3항의 신청이 있으면 매월 10만 원 정도의 범위에서 압류명령을 취소해 주는 경우가 많다.[108]

5) 어떤 채권이 압류금지채권에 해당하는지, 어떤 한도에서 압류가 가능한지 여부를 판단하는 기준시점은 압류의 효력발생 시인 제3채무자 송달 시(민사집행법 제227조 제3항)로 봄이 타당하다.[109]

나. 민사집행법상의 압류금지채권(민사집행법 제246조 제1항)

1) 법령에 규정된 부양료 및 유족부조료(제1호)

가) '법령에 규정된 부양료'란 민법 제974조 등 법령의 규정에 의하여 발생하는 부양료 청구권을 말한다. 당사자의 계약이나 유언에 의한 부양료 청구권은 여기에 포함되지 않으나, 이들은 성질상 양도성이 없는 경우가 많을 것이다.[110]

나) '법령에 규정된 유족부조료'는 공무원 또는 피용자 등 근로자의 사망 후 배우자, 자녀 등의 부조를 규정한 공무원연금법 그 밖의 법령에 의하여 발생하는 유족연금, 유족보상금 등의 청구권을 말한다. 공무원, 사립학교 교원과 종교의 직에 있는 자의 유족이 국가나 지방자치단체 또는 사립학교의 재단이나 종교단체로부터 받게 되는 부조료는 전액 압류가 금지된다.[111]

해당 법령에서 직접 압류를 금지하는 규정을 두고 있는 경우도 있다. 공무원연금법상 공무원의 유족이 공무원연금공단으로부터 퇴직유족급여(퇴직유족연금, 퇴직유족일시금 등)를 받을 권리에 대한 압류가 금지되고(제39조 제1항 본문, 제28조 제2호), 산업재해보상보험법상 근로자의 유족이 근로복지공단으로부터 유족급여를 받을 권리에 대한 압류가 금지되며(제88조 제2항, 제36조 제1항 제5호, 제62조), 사립학교교직원 연금법상 급여를 받을 권리에 대한 압류가 금지된다(제40조 제1항, 제33조).

2) 채무자가 구호사업 또는 제3자의 도움으로 계속 받는 수입(제2호)

구호사업 또는 제3자의 도움으로 계속 받는 수입은 채무자의 생활보장을 위하여

107) 대법원 2013. 1. 10. 선고 2011다91128 판결로 확정된 서울중앙지방법원 2011. 10. 7. 선고 2011나31187 판결.

108) 법원실무제요, 민사집행[IV], 법원행정처(2020), 194.

109) 손흥수, 민사집행실무총서(II) 채권집행, 한국사법행정학회(2017), 51~52.

110) 법원실무제요, 민사집행[IV], 법원행정처(2020), 194.

111) 주석 민사집행법(V)(제4판), 한국사법행정학회(2018), 812(양진수).

특별한 이유로 지급되는 것이기 때문에 압류를 금지한 것이다. 이러한 수입에는 금전수입뿐만 아니라 곡물 그 밖에 일상생활에 필요한 물품의 수입도 포함되는데,[112] 그 수입은 지급자(제공자)가 법률상의 의무이행으로서 지급하는 것이 아닌 것을 말한다.[113]

3) 병사의 급료(제3호)

병(兵)의 급료에 대하여는 병(兵)의 경우 법률이 정한 바에 따라 일정기간 의무적으로 복무하는 것으로서 그 보수액도 적으므로 입법정책적으로 압류를 할 수 없도록 한 것이다.[114]

여기서 말하는 '병사'란 직업군인이 아닌 일반사병, 즉 병장, 상등병, 일등병, 이등병을 말한다(군인사법 제3조 제4항). 사회복무요원(병역법 제2조 제1항 제10호)이 받는 급여도 이에 해당한다.[115] 직업군인은 아래 제4호의 적용을 받는다.

4) 급료·연금·봉급·상여금·퇴직연금 그 밖에 이와 비슷한 성질을 가진 급여채권의 2분의 1에 해당하는 금액(다만 그 금액이 국민기초생활보장법에 의한 최저생계비를 감안하여 대통령령이 정하는 금액에 미치지 못하는 경우 또는 표준적인 가구의 생계비를 감안하여 대통령령이 정하는 금액을 초과하는 경우에는 각각 당해 대통령령이 정하는 금액으로 한다)(제4호) 및 퇴직금 그 밖에 이와 비슷한 성질을 가진 급여채권의 2분의 1에 해당하는 금액(제5호)

가) 규정 취지

계속적으로 일정한 일을 하면서 그 대가로 정기적으로 얻는 경제적 수입에 의존하여 생활하는 채무자의 경우에 그러한 경제적 수입(그러한 일에 더 이상 종사하지 않게 된 후에 이미 한 일에 대한 대가로서 일시에 또는 정기적으로 얻게 되는 경제적 수입을 포함한다)은 채무자 본인은 물론 그 가족의 생계를 유지하는 기초가 된다. 따라서 이와 관련된 채권자의 권리 행사를 일정 부분 제한함으로써 채무자와 그 가족의 기본적인 생활(생계)을 보장함과 아울러 근로 또는 직무수행의 의욕을 유지시켜 인간다운 삶을 가능하게 하려는 사회적·정책적 고려에 따른 것이다.[116]

나) 조문의 변천 과정

민사집행법 제246조 제1항 제4호 및 제5호와 관련하여, 민사집행법 제정 당시

---

112) 법원실무제요, 민사집행[IV], 법원행정처(2020), 195.

113) 이윤승, "피압류 전부채권의 적격", 강제집행·임의경매에 관한 제문제(상), 재판자료 제35집, 법원행정처(1987), 476; 주석 민사집행법(V)(제4판), 한국사법행정학회(2018), 812(양진수).

114) 주석 민사집행법(V)(제4판), 한국사법행정학회(2018), 812-813(양진수).

115) 법원실무제요, 민사집행[IV], 법원행정처(2020), 195.

116) 대법원 2018. 5. 30. 선고 2015다51968 판결.

제4호에 「급료·연금·봉급·상여금·퇴직금·퇴직연금, 그 밖에 이와 비슷한 성질을 가진 급여채권의 2분의 1에 해당하는 금액」 이라고만 규정되어 있었다가, 2005. 1. 27. 개정 당시 '퇴직금' 부분이 제5호로 분리되고, 그와 같이 분리된 후의 제4호에 단서("다만, 그 금액이 국민기초생활보장법에 의한 최저생계비를 감안하여 대통령령이 정하는 금액에 미치지 못하는 경우 또는 표준적인 가구의 생계비를 감안하여 대통령령이 정하는 금액을 초과하는 경우에는 각각 당해 대통령령이 정하는 금액으로 한다")가 추가되어 현행과 같이 규정되었다.

이는 저소득 급여생활자에 대하여는 '최저생계비', 고소득 급여생활자에 대하여는 '표준가구생계비'를 새로운 압류금지의 기준으로 추가함으로써 저소득 급여생활자의 인간다운 생활을 보호하고 사회 안정화에 기여하는 한편, 고소득 급여생활자에 대하여는 표준가구생계비 초과 부분에 대하여 압류를 허용하여 채권자의 이익을 도모하고자 한 것이다.[117)]

다) 조문의 해석[118)]

제4호에서 말하는 '급료·연금·봉급·상여금·퇴직연금, 그 밖에 이와 비슷한 성질을 가진 급여'란, 고용관계 또는 직무관계에 따라 사용자 등에게 제공하는 지적·육체적 노동 또는 역무의 대가로서 지급받을 보수 그 밖의 수입을 말한다. 이는 노동 또는 역무의 대가로서 지급받을 금전 중에서 주로 계속적으로 일정한 금액을 정기적으로(연, 월, 주, 일마다) 지급받는 것을 가리킨다.

임금, 급여, 봉급, 보수, 급료 등 각종의 명칭이 있지만 그 명칭은 불문한다. 근로관계가 공법상의 것이든 사법상의 것이든 관계없다.

본봉 외에 소득세의 부과대상인 상여금 및 각종 수당도 포함되고, 여기의 수당에는 가족수당, 초과근무수당, 연월차휴가수당, 야간근무수당, 관리직수당, 직능수당, 특수근무수당 등이 포함된다. 그러나 통근비, 출장여비, 숙박비나 식비 등 급여의 성질을 갖지 않는 실비지급금은 제외된다.

퇴직위로금이나 명예퇴직수당도 퇴직금 그 밖에 이와 비슷한 성질을 가진 급여채권에 해당한다.[119)]

라) '퇴직연금'과 '퇴직금'의 구별

117) 손진홍, 채권집행실무, 한국사법행정학회(2019), 212; 주석 민사집행법(V)(제4판), 한국사법행정학회(2018), 813(양진수).

118) 법원실무제요, 민사집행[IV], 법원행정처(2020), 195-196.

119) 대법원 2000. 6. 8.자 2000마1439 결정.

(1) '퇴직연금'에 해당하는 경우에는 제4호에 해당되어 같은 호 단서의 적용을 받는 반면, '퇴직금'의 경우에는 제5호에 해당되어 제4호 단서와 같은 제한이 없으므로, 퇴직연금과 퇴직금의 구별은 의미가 있다.

(2) 이에 관하여는 근로자퇴직급여 보장법(2005. 1. 27.[120] 제정되었다, 이하 본 항에서 '퇴직급여법'이라 한다)의 규정을 살펴볼 필요가 있다.

'퇴직급여' 제도란 ① 확정급여형 '퇴직연금' 제도, ② 확정기여형 '퇴직연금' 제도, ③ 퇴직급여법 제8조에 따른 '퇴직금' 제도를 말한다(퇴직급여법 제2조 제6호). 사용자는 퇴직하는 근로자에게 급여를 지급하기 위하여 '퇴직급여' 제도 중 하나 이상의 제도를 설정하여야 하고(퇴직급여법 제4조 제1항 본문). 이를 설정하지 않은 경우에는 퇴직급여법 제8조 제1항에 따른 '퇴직금' 제도를 설정한 것으로 본다(퇴직급여법 제11조).

'퇴직연금' 제도란 '확정급여형' 퇴직연금 제도(위 ①), '확정기여형' 퇴직연금 제도(위 ②) 및 '개인형' 퇴직연금 제도를 말한다(퇴직급여법 제2조 제7호). 확정급여형 퇴직연금 제도는 '근로자가 받을 급여'의 수준이 사전에 결정되어 있는 퇴직연금 제도(퇴직급여법 제2조 제8호), 확정기여형 퇴직연금 제도는 급여의 지급을 위하여 '사용자가 부담하여야 할 부담금'의 수준이 사전에 결정되어 있는 퇴직연금 제도(퇴직급여법 제2조 제9호), 개인형 퇴직연금 제도란 가입자의 선택에 따라 가입자가 납입한 일시금이나 사용자 또는 가입자가 납입한 부담금을 적립·운용하기 위하여 설정한 퇴직연금 제도로서 '급여의 수준이나 부담금의 수준이 확정되지 않은' 퇴직연금 제도(퇴직급여법 제2조 제10호)를 각각 의미한다. '퇴직연금' 제도의 급여를 받을 권리는 양도하거나 담보로 제공할 수 없다(퇴직급여법 제7조 제1항).

'퇴직금' 제도(위 ③)를 설정하려는 사용자는 계속근로기간 1년에 대하여 30일분 이상의 평균임금을 퇴직금으로 퇴직 근로자에게 지급할 수 있는 제도를 설정하여야 한다(퇴직급여법 제8조 제1항). 사용자는 근로자가 퇴직한 경우에 그 지급사유가 발생한 날부터 14일 이내에 퇴직금을 지급하여야 한다(퇴직급여법 제9조 본문). 퇴직급여법 제정 당시 종전의 근로기준법 제34조 제1항의 규정에 의하여 설정된 퇴직금 제도와 미리 정산하여 지급된 퇴직금은 퇴직급여법에 의하여 설정되거나 지급된 것으로 본다(2005. 1. 27. 제정되어 2005. 12. 1. 시행된 퇴직급여법의 부칙 제5조).

---

120) '퇴직금' 부분이 민사집행법 제246조 제1항 제4호에서 제5호로 분리된 민사집행법 개정일과 같은 날이다.

퇴직급여 중 '퇴직금', 퇴직급여법 제15조에 따른 '확정급여형 퇴직연금' 제도의 급여는 계속근로기간 1년에 대하여 30일분의 평균임금으로 계산한 금액으로 하고(퇴직급여법 제12조 제3항), 퇴직급여 중 퇴직급여법 제20조 제1항에 따른 '확정기여형 퇴직연금' 제도의 부담금 및 퇴직급여법 제25조 제2항 제2호에 따른 '개인형 퇴직연금' 제도의 부담금은 가입자의 연간 임금총액의 1/12에 해당하는 금액으로 계산한 금액으로 한다(퇴직급여법 제12조 제4항).

이처럼 퇴직급여법은 '퇴직금'과 '퇴직연금'을 구별하고 있으므로, 그중 어느 것에 해당하는지에 따라 본조 제1항 제4호와 제5호 중 어느 한 조항을 적용할 수 있을 것이다.

(3) 그런데 확정급여형 퇴직연금 제도의 경우 그 급여[121]의 종류를 '연금'이 아닌 '일시금'으로도 할 수 있고, 퇴직급여법 제17조 제1항 각 호는 그 수급요건을 정하고 있으므로, 주의를 요한다. 확정급여형 퇴직연금 제도에 가입한 후 수급권자의 희망에 따라 일시금으로 지급받는다 하더라도, '퇴직연금'이던 것이 '퇴직금'으로 성질 자체가 바뀐다고 보기는 어렵다. 다만 민사집행법 제246조 제1항 제4호 단서의 위임을 받은 민사집행법 시행령 제4조는 압류금지의 최고금액을 '월액'으로 계산하도록 정하고 있는데 이는 일시금이 아닌 월 급여의 방식으로 지급되는 것을 전제로 한 규정이므로, 퇴직연금을 일시금으로 지급하는 경우에는 부득이 민사집행법 제246조 제1항 제4호 본문만이 적용되어 결국 압류금지의 범위(= 급여채권의 1/2)는 제5호로 보는 경우와 차이가 없어진다고 볼 수도 있다.[122]

마) 퇴직연금 채권을 가지는 사람이 근로기준법상의 근로자에 해당하는 경우와 그렇지 않은 경우의 적용 법령의 차이

해당 퇴직연금 채권을 가지는 사람이 근로기준법상의 근로자에 해당하는 경우 그의 퇴직연금 채권은 퇴직급여법 제7조 제1항에 따라 그 전액에 관하여 압류가 금지되고, 이는 민사집행법 제246조 제1항 제4호에 대하여 특별법 관계에 있어 우선 적용되므로,[123] 주의를 요한다. 이와 달리 퇴직연금 채권을 가지는 사람이 근로기준법상의 근로자에 해당하지 않는 경우에는 해당 퇴직연금 채권은 민사집행법 제246조 제1항 제4호가 정하는 압류금지채권에 해당할 수 있다. 가령 회사가 퇴직하는 이사 등 임원

121) "급여"란 퇴직급여 제도나 개인형 퇴직연금 제도(퇴직급여법 제25조)에 의하여 근로자에게 지급되는 '연금' 또는 '일시금'을 말한다(퇴직급여법 제2조 제5호).

122) 주석 민사집행법(V)(제4판), 한국사법행정학회(2018), 816(양진수).

123) 대법원 2014. 1. 23. 선고 2013다71180 판결.

에게 급여를 지급하기 위하여 퇴직연금 제도를 설정하였을 때 퇴직연금에 가입한 이사 등 임원이 근로기준법상의 근로자로서의 요건을 갖추지 못한 경우에는, 그 이사 등 임원의 퇴직연금사업자에 대한 퇴직연금 채권은 근로자퇴직급여 보장법 제7조 제1항에 따라 그 전액에 관하여 압류가 금지되는 퇴직연금 채권에는 해당하지 않지만,[124] 민사집행법 제246조 제1항 제4호가 정하는 압류금지채권에는 해당할 수 있다.[125]

바) 구체적인 범위

(1) 압류금지의 최저금액과 최고금액

민사집행법 제246조 제1항 제4호 단서 전단의 "국민기초생활보장법에 의한 최저생계비를 감안하여 대통령령이 정하는 금액"은 월 185만 원이다(민사집행법 시행령 제3조). 따라서 월 소득 185만 원 이하인 급여생활자는 모든 급여가 압류금지채권이 된다. 구체적으로 채권자가 압류할 수 있는 금액은, ㉠ 월 급여액이 185만 원 이하인 경우에는 0원, ㉡ 월 급여액이 185만 원 초과 370만 원 이하인 경우에는 월 급여액에서 185만 원을 제외한 나머지 금액, ㉢ 월 급여액이 370만 원 이상 600만 원인 경우에는 급여채권의 1/2에 해당하는 액수가 된다. 월 급여액이 370만 원일 때에는 '월 급여액에서 185만 원을 제외한 나머지 금액'과 '월 급여액의 1/2에 해당하는 액수'가 동일하고, 월 급여액이 370만 원을 초과하게 되면 '월 급여액의 1/2에 해당하는 액수'가 월 185만 원을 초과하게 되므로 '월 급여액의 1/2에 해당하는 액수'가 압류금지금액이 된다.

한편, 민사집행법 제246조 제1항 제4호 단서 후단의 "표준적인 가구의 생계비를 감안하여 대통령령이 정하는 금액"은 월 300만 원 이상으로서 위 '300만 원'과 '민사집행법 제246조 제1항 제4호 본문의 규정에 의한 압류금지금액(월액으로 계산한 금액)에서 위 300만 원을 뺀 금액의 2분의 1'을 합산한 금액을 말한다(민사집행법 시행령 제4조). 이처럼 고소득 급여생활자에 대하여 압류금지금액(= 급여액의 1/2에 해당하는 금액)이 300만 원을 초과하는 경우('급여액'이 300만 원을 초과하는 경우를 의미하는 것이 아니다)에는 300만 원 초과액 부분을 전부 압류할 수 있도록 하지 않고 300만 원 초과액의 1/2에 대해서만 추가로 압류할 수 있도록 하였는데, 이는 획일적으로 300만 원 초과액 전부를 압류할 수 있다고 규정할 경우 고소득 급여생활자의 근로의욕이 저하되어 사회적 생산력의 감소가 초래될 것을 고려한 것이다.[126] 위

124) 대법원 2016. 12. 1. 선고 2015다244333 판결 참조.
125) 대법원 2018. 5. 30. 선고 2015다51968 판결.
126) 손진홍, 채권집행실무, 한국사법행정학회(2019), 214; 주석 민사집행법(V)(제4판), 한국사법행

규정에 따르면, 급여액이 월 600만 원을 초과하는 경우에는 압류금지되는 금액이 '급여채권의 1/2'이 아니라 '300만 원 + [{(급여액 ÷ 2) - 300만 원} ÷ 2]'이 된다.

이상의 내용을 표로 나타내면 아래와 같다.

※ 월 급여액에 따른 압류 금지/허용 금액 비교표(단위: 만 원)

월 급여액 (예시)	100	185	200	300	370	400	500	600	800	1000	2000	3000
압류 금지 금액	100	185	185	185	185	200	250	300	350	400	650	900
압류 허용 금액	0	0	15	115	185	200	250	300	450	600	1350	2100

(2) 여러 종류의 수입이 있는 경우의 처리

채무자가 다수의 직장으로부터 급여를 받거나 여러 종류의 급여를 받는 경우에는 이를 합산하여 앞에서 본 바와 같은 방식으로 압류금지채권을 계산하여야 한다(민사집행법 시행령 제5조). 이는 여러 종류의 급여채권을 합산할 경우 압류대상이 됨에도 개개의 급여채권이 최저생계비 이하가 되어 압류할 수 없게 되는 불합리를 해소하기 위한 것이다.[127]

다만, 제3채무자의 입장에서는 채권압류명령을 송달받았음에도 제3채무자 자신의 채무자에 대한 급여채무의 액수만을 기준으로 압류금지대상에 해당한다고 생각하여 채무자에게 급여를 지급해 버릴 수 있고, 이 경우 채권자의 권리를 해할 수 있다. 이러한 경우 채권자는 자신의 권리를 확보하기 위하여 민사집행법 제246조 제4항, 제196조 제2항 내지 제5항에 따라 '압류금지채권(물건)을 정하는 재판'을 신청하면 된다. 즉, 채권자는 채무자에게 다른 수입이 있음을 소명하여 압류금지채권(물건) 축소결정을 받아 제3채무자에게 송달함으로써 추가로 압류할 수 있다.

이에 반하여, 채무자가 일부의 직장을 퇴직하여 일부 급여를 상실한 경우 합산한 급여채권이 최저생계비에 해당하게 되므로 이를 소명하여 압류금지채권(물건) 확대결정을 받아 법원에 의하여 제3채무자에게 송달함으로써 압류에서 벗어날 수 있다. 이러한 압류금지채권(물건)을 정하는 재판은 당사자의 신청에 의하여 진행되고, 그

정학회(2018), 816-817(양진수).

127) 대법원 2018. 5. 30. 선고 2015다51968 판결.

절차는 일반적인 압류금지채권(물건)을 정하는 재판과 동일하다.[128)]

(3) 소득세 등의 공제 문제

직무상 수입에는 본봉 이외에 제 수당을 포함하는 것이나, 수급자가 실제로 받는 것은 그 총액에서 소득세, 주민세, 보험료 기타 사회보장분담금 등 제세공과금을 공제한 잔액이므로, '급여채권의 2분의 1에 해당하는 금액'이란 총액에서 소득세, 주민세, 보험료 등 원천징수액을 뺀 잔액의 2분의 1을 말한다.[129)]

채무자가 동일한 기간에 둘 이상의 급료 등을 지급받는 경우에는 둘 이상의 급료채권 각각으로부터 각 법정공제되는 조세 및 사회보험료 등을 뺀 수취액을 합산하고, 그 합산액에 대해 압류가 금지되는 금액을 계산해야 할 것이다.[130)]

사) 제4호 및 제5호의 급여채권인지 여부가 문제되는 경우

(1) 국회의원의 세비(歲費, 월정수당), 지방의회 의원의 회기수당 등

대법원 2004. 6. 18.자 2004마336 결정은, 지방의회 의원이 지급받는 비용들은 근로자의 근로의 대가로서의 급여와는 그 성격이 다른 것으로서 지방의회 의원은 지방자치법에서 정한 겸직의 제한을 받는 외에는 보수를 수반한 겸직이 금지되고 있지 않다는 이유로, 지방의회 의원에게 지급되는 비용들(의정활동비, 여비, 회기수당 등)은 민사집행법 제246조 제1항이 정하는 압류금지채권에 해당하지 않는다고 판단하였다.

그런데 이후 대법원 2014. 8. 11.자 2011마2482 결정은 국회의원이 지급받는 돈에 관하여 '수당'과 '입법활동비, 입법 및 정책개발비, 여비'로 나누어 아래와 같이 판단하였다.

먼저 '수당'에 관하여, 국회의원이 「국회의원수당 등에 관한 법률」에 따라 지급받는 일반수당, 관리업무수당, 정액급식비, 정근수당, 명절휴가비와 같은 수당은 민사집행법 제246조 제1항 제4호의 "급료·연금·봉급·상여금·퇴직연금, 그 밖에 이와 비슷한 성질을 가진 급여채권"에 해당하여 그 1/2에 해당하는 금액 또는 같은 호 단서에 따른 금액에 대하여는 압류하지 못한다고 판단하였다. 그 근거는 다음과 같다. ① 민사집행법 제246조 제1항 제4호에서 말하는 급여채권은 '계속적인 역무의 제공에 대한 보수를 총칭'하는 것으로 공무원의 직무상 수입도 여기에 포함된다. ② 「국회

128) 손진홍, 채권집행실무, 한국사법행정학회(2019), 215; 주석 민사집행법(V)(제4판), 한국사법행정학회(2018), 817-818(양진수).

129) 법원실무제요, 민사집행[IV], 법원행정처(2020), 197; 주석 민사집행법(V)(제4판), 한국사법행정학회(2018), 829(양진수).

130) 손진홍, 채권집행실무, 한국사법행정학회(2019), 229.

의원수당 등에 관한 법률」 제5조는 “국회의원이 법률이 허용하는 다른 공무원의 직을 겸한 때에는 국회의원의 수당과 겸직의 보수 중 많은 것을 지급받는다”라고 정하여, 국회의원이 지급받는 수당과 공무원이 지급받는 보수가 서로 대체적인 것으로 규정하고 있다. ③ 소득세법 제20조 제1항 제1호는 “근로를 제공함으로써 받는 봉급·급료·보수·세비·임금·상여·수당과 이와 유사한 성질의 급여”를 근로소득으로 규정하고 있고, 그에 따라 국회의원의 세비인 수당을 근로소득으로서 과세대상으로 삼고 있다.

다음으로 ‘입법활동비, 입법 및 정책개발비, 여비’에 관하여는, 「국회의원수당 등에 관한 법률」이 규정하고 있는 각 비용 지급의 목적과 취지 등에 비추어 보면, 이는 국회의원으로서의 고유한 직무수행을 위하여 별도의 근거조항을 두고 예산을 배정하여 그 직무활동에 소요되는 ‘비용’을 국가가 지급해 주는 것으로, 국회의원의 직무활동에 대한 ‘대가’로 지급되는 보수 또는 수당과는 그 성격을 달리한다. 이들은 위 법률에서 정한 고유한 목적에 사용되어야 하므로, 이러한 성질상 압류가 금지되고 강제집행의 대상이 될 수 없다고 보았다.

따라서 대법원 2011마2482 결정의 취지에 따르면 이제는 지방의회 의원의 회기수당 등에 대한 압류도 문제될 수 있다. 이에 대해서는, (i) 지방자치법 제40조 제1항 제2호의 월정수당은 지방의회 의원의 직무활동에 대한 대가로 지급되는 보수이므로[131] 그중 1/2에 대해서만 압류금지, (ii) 지방자치법 제40조 제1항 제2호의 의정활동비와 제3호의 여비는 전부 압류금지로 보아야 한다는 견해가 있는데,[132] 수긍할 만하다.

(2) 주식회사 이사 등의 보수 및 퇴직금·퇴직연금 등

(가) 비교법적 검토[133]

① 독일

독일의 통설은 압류금지의 대상이 되는 급료에는 「위임계약에 따라 일하는 주식회사 이사가 그 임무에 대한 대가로 지급받는 보수」[134]뿐만 아니라 「유한회사 사주의 보수」 또한 포함된다고 한다.[135] 이때 수당이 기존의 사용자가 지불하는 것인지 아니면 고유한 연금금고(Pensionskasse)[136] 또는 파산보험(Insolvenzversicherung)[137]에서 지급되

131) 대법원 2009. 1. 30. 선고 2007두13487 판결.

132) 손흥수, 민사집행실무총서(II) 채권집행, 한국사법행정학회(2017), 55.

133) 주석 민사집행법(V)(제4판), 한국사법행정학회(2018), 819-821(양진수).

134) Stein-Jonas-Pohle, ZPO, 19. Aufl., § 850 Anm. VII 5 a; Wieczorek, ZPO, 2. Aufl., § 850 Anm. C I 2; Stöber, Forderungspfändung, 4. Aufl., S. 312 m.w. Nachw.

135) BGH (VII ZB 52/15) BeckRS 2016, 111444 Rn. 16.

는 것인지에 따른 차이는 없다고 한다.[138]

독일 연방대법원 판례[139]의 취지는 다음과 같다. (i) 회사의 이사(Vorstandsmitglieder) 및 대표(Geschäftsführer)가 계속적 위임관계에 기초하여 받는 보수[140] 및 퇴직연금(Ruhegehalt)에는 원칙적으로 독일 민사소송법 제850조 이하의 압류로부터의 보호 규정이 적용되고, 따라서 독일 민법 제394조의 압류금지 채권에 대한 상계금지 규정 역시 적용된다. (ii) 독일 민사소송법 제850조는 근로관계가 존재할 것을 요구하지 않고, 같은 조 제2항이 정하는 '급료'는 모든 종류의 '직무' 수행에 대한 대가에 적용된다. 이는 그 직무가 구속적인 지위에서 이루어지는지, 자유로운 지위에서 이루어지는지에 따라 달라지지 않고, 스스로 활동을 하는 자가 영업활동을 근거로 전부 또는 본질적인 부분의 대가를 받음으로써 생존기반을 형성하는 경우를 포함한다.[141] (iii) 급료에는 퇴직연금도 포함되는데, 이는 채무자가 직무관계로부터 배제된 후에 채무자에게 지속적인 소득으로 지급되는 것이다.[142] 독일 민사소송법 제850조 제2항은 채무자를 경제적으로 보호하고 직무의 의무가 있는 채무자의 생계를 보장하는 것을 그 목적으로 하므로, 채무자가 퇴직 후 소득활동과 결부하여 받게 되는 퇴직연금 및 생존의 기반을 보장하는 퇴직과 관련된 급부는 압류로부터 보호되어야 한다. 이사는 노동법적인 의미에서는 근로자와 동일한 방식으로 사회적으로 구속되는 것이 아니라 오히려 사용자와 유사한 지위에 있고 법적으로나 경제적으로 광범위한 독립성이 보장되는 것이 일반적이지만, 이러한 점은 퇴직 후의 상황에서는 어떠한 의미도 갖지 못한다.

② 일본

136) BAG AP BetrAVG § 1 Nr. 10.

137) § 7 BetrAVG.

138) § 7 Abs. 3 Vorruhestandsgesetz (VRG) v. 13.4.1984 (BGBl. I S. 601)

139) BGH, NJW 1978, 756; BGH, NJW 1981, 2465; BGH, Beschluss vom 16.11.2016 VII ZB 52/15.

140) Senat, NJW 1978, NJW Jahr 1978 Seite 756 = LM § 850 ZPO Nr. 2.

141) BGH, NJW-RR 2004, 644; NJW-RR 1989, 286 [287 f.] = AP BetrAVG § 17 Nr. 15; BGHZ 96, 324 [327] = NJW 1986, 2362; BGH, NJW 1978, 756 = AP ZPO § 850 Nr. 9; BAG, NJW 1962, 1221; Zöller/Stöber, ZPO, 31. Aufl., § 850 Rn. 9; MüKoZPO/Smid, 5. Aufl., § 850 Rn. 21; Musielak/Voit/Becker, ZPO, 13. Aufl., § 850 Rn. 4; Schuschke/Walker/Kessal-Wulf/Lorenz, ZPO, 6. Aufl., § 850 Rn. 9.

142) BGH, NJW 1978756 = AP ZPO § 850 Nr. 9; Zöller/Stöber, § 850 Rn. 9; MüKoZPO/Smid, § 850 Rn. 34; Musielak/Voit/Becker, § 850 Rn. 9; Stein/Jonas/Brehm, ZPO, 22. Aufl., § 850 Rn. 34; Lohkamp/Fiala, VersR 2006, 331 [335]; Timm, ZIP 1981, 10 [11]).

급여채권이 압류금지로 되어 있는 이유는 그것이 채무자와 그 가족의 유일한 생활수단이기 때문이라고 하면서, 이사 등의 보수는 그러한 것이라고 법률상 예정되어 있지 않으므로, '겸임하는 사용인으로서의 급여채권'이라고 인정될 수 있는 것에 한하여 일본 민사집행법 152조의 적용을 받는다고 설명된다.[143)]

판례는 이사의 퇴직위로금이 '재직 중 직무집행의 대가로서 지급되는 것'일 때 이사의 보수에 포함된다는 입장인데,[144)] 압류금지채권 해당 여부는 분명하지 않다.

한편, 퇴직한 이사가 파산한 경우에 퇴직연금이 파산재단에 포함되는지가 문제가 된 사안에서, 국세불복심판소는 이사의 퇴직연금에 관한 채권이 압류금지채권에 해당하지 않는다고 하였다. 당해 사안의 퇴직연금은 '이사로서의 공로에 대한 보상'의 성격을 가지는 것이고, 일반 퇴직수당 또는 퇴직연금과 같이 '사용인으로서 오랜 기간 노동한 대가로서의 급여'를 후불적으로 지불하는 성격을 가지는 것이 아님을 그 이유로 한다.[145)]

(나) 대법원 판례(대법원 2018. 5. 30. 선고 2015다51968 판결)[146)]

판결이유를 소개하면 다음과 같다.

① 주식회사의 이사, 대표이사(이하 '이사 등'이라고 한다)의 보수청구권(퇴직금 등의 청구권을 포함한다, 이하 같다)은, 그 보수가 합리적인 수준을 벗어나서 현저히 균형을 잃을 정도로 과다하거나,[147)] 이를 행사하는 사람이 법적으로는 주식회사 이사 등의 지위에 있으나 이사 등으로서의 실질적인 직무를 수행하지 않는 이른바 명목상 이사 등에 해당한다는 등의 특별한 사정이 없는 이상[148)] 민사집행법 제246조 제1항 제4호 또는 제5호가 정하는 압류금지채권에 해당한다고 보아야 한다. 그 이유는 다음과 같다.

첫째, 구 민사소송법(1990. 1. 13. 법률 제4201호로 개정되기 전의 것) 제579조 제4호는 "근로자의 노무로 인하여 받는 보수의 2분의 1을 초과하지 아니하는 액 또

143) 岩野徹 外 編, 注釋 民事執行法(6), きんざい(1995), 346(宇佐美隆男 執筆).

144) 日最判 1964. 12. 11.

145) 国税不服審判所 2008. 10. 24. 裁決(LEX/DB26012228).

146) 이 판결에 대한 평석으로는 양진수, "회사의 이사, 대표이사의 회사에 대한 퇴직금 등 보수 청구권과 퇴직연금사업자에 대한 퇴직연금 채권이 민사 집행법상의 압류금지채권에 해당하는지", 대법원판례해설 제115호, 법원도서관(2018), 174-214.

147) 대법원 2015. 9. 10. 선고 2015다213308 판결, 대법원 2016. 1. 28. 선고 2014다11888 판결 참조.

148) 대법원 2015. 7. 23. 선고 2014다236311 판결 등 참조.

는 그 유족의 부조료"를 압류금지채권으로 규정하고 있었다. 그런데 1990. 1. 13. 위 조항이 개정되면서 "근로자의 노무로 인하여 받는"이라는 문구가 삭제되고 "급료, 연금, 봉급, 상여금, 퇴직금, 퇴직연금 기타 유사한 성질을 가지는 급여채권의 2분의 1 상당액"이 압류금지채권으로 규정되었다. 위 조항은 2002. 1. 26. 민사집행법이 제정되면서 "기타 유사한 성질을 가지는 급여채권" 부분이 "기타 비슷한 성질을 가지는 급여채권"으로 바뀐 것을 제외하고는 그대로 민사집행법 제246조 제1항 제4호에 규정되었고, 이후 같은 항 제4호와 제5호로 나뉘었다. 이처럼 민사집행법 제246조 제1항 제4호 또는 제5호는 그 문언상 '급여채권'의 발생원인을 근로관계로 한정하고 있지 않고, 근로기준법의 규정을 준용하고 있지도 않으며, 근로관계의 핵심적인 징표인 사용종속성(또는 지휘·감독관계)을 직접적으로 드러내는 표현을 사용하고 있지도 않다. 다른 법률의 예를 보더라도, 사회보장급부 등 근로계약이 아닌 관계에서의 금전수급관계를 규율하기 위하여 '급여'라는 용어를 광범위하게 사용하고 있다.

둘째, 채무자가 주식회사 이사 등이라거나, 그 이사 등의 급여채권이 위임관계에 기초하여 발생하였다는 이유만으로 채무자의 기본적인 생활(생계) 보장과 직무의욕 유지라는 사회적·정책적 배려가 불필요하다고 볼 수 없다. 해당 이사 등이 근로기준법상의 근로자에 해당한다고 볼 수 있는 경우[149]에만 위와 같은 사회적·정책적 배려가 필요하다고 단정할 수도 없다. 오히려 그 경제적 수입 발생의 근거가 되는 계약의 법적 성질과 관계없이 그것이 '채무자의 생활(생계)의 기초가 되는 계속적·정기적 수입인지 여부'를 기준으로 본법에 의한 압류금지채권에 해당하는지를 판단하는 것이 위에서 본 입법취지에 더 부합할 수 있다. 급변하는 현대사회에서 국민들의 생계 유지가 반드시 고용관계가 아닌 다양한 계약 형식을 통해서 이루어지는 현실을 반영할 필요가 있다는 점에서도 그러하다.

② 회사가 퇴직하는 근로자나 이사 등 임원에게 급여를 지급하기 위하여 퇴직연금 제도를 설정하고 은행, 보험회사 등 근로자퇴직급여 보장법 제26조가 정하는 퇴직연금사업자(이하 '퇴직연금사업자'라고만 한다)와 퇴직연금의 운용관리 및 자산관리 업무에 관한 계약을 체결하였을 때, 재직 중에 위와 같은 퇴직연금에 가입하였다가 퇴직한 이사 등은 그러한 퇴직연금사업자를 상대로 퇴직연금 채권을 가진다. 근로기준법상의 근로자에 해당하지 않는 이사 등의 퇴직연금 채권에 대해서는 '퇴직연금

149) 대법원 2003. 9. 26. 선고 2002다64681 판결, 대법원 2009. 8. 20. 선고 2009두1440 판결 등 참조.

제도의 급여를 받을 권리'의 양도 금지를 규정한 근로자퇴직급여 보장법 제7조 제1항은 적용되지 않는다.[150] 그러나 위와 같은 퇴직연금이 이사 등의 재직 중의 직무수행에 대한 대가로서 지급되는 급여라고 볼 수 있는 경우에는 그 이사 등의 퇴직연금사업자에 대한 퇴직연금 채권은 민사집행법 제246조 제1항 제4호 본문이 정하는 '퇴직연금, 그 밖에 이와 비슷한 성질의 급여채권'으로서 압류금지채권에 해당한다고 보아야 한다.

이러한 퇴직연금이 이사 등의 재직 중의 직무수행에 대한 대가로서 지급되는 급여에 해당하는지 여부는 회사가 퇴직연금 제도를 설정한 경위와 그 구체적인 내용, 이와 관련된 회사의 정관이나 이사회, 주주총회 결의의 존부와 그 내용, 이사 등이 회사에서 실질적으로 수행한 직무의 내용과 성격, 지급되는 퇴직연금의 액수가 이사 등이 수행한 직무에 비하여 합리적인 수준을 벗어나 현저히 과다한지, 당해 퇴직연금 이외에 회사가 이사 등에게 퇴직금이나 퇴직위로금 등의 명목으로 재직 중의 직무수행에 대한 대가로 지급하였거나 지급할 급여가 있는지, 퇴직연금사업자 또는 다른 금융기관이 당해 이사 등에게 퇴직연금의 명목으로 지급하였거나 지급할 다른 급여의 존부와 그 액수, 그 회사의 다른 임원들이 퇴직금, 퇴직연금 등의 명목으로 수령하는 급여와의 형평성 등을 종합적으로 고려하여 판단하여야 한다.

③ 압류가 금지되는 부분에 대해서도, 채권자는 압류명령을 신청함과 동시에 또는 압류명령 신청 이후에 민사집행법 제246조 제3항 후단에 따라 이른바 '압류금지채권의 축소 재판'을 신청함으로써 이사 등의 회사에 대한 보수청구권 또는 퇴직연금사업자에 대한 퇴직연금 채권에 대하여 압류명령이 이루어지도록 할 수 있다. 이때 집행법원은 그에 대한 재판에 앞서 채권자에게 담보를 제공하게 하고 그 집행을 계속하도록 명하는 등의 잠정처분을 할 수 있다(민사집행법 제246조 제4항, 제196조 제3항, 제16조 제2항).

④ 한편, 회사 또는 퇴직연금사업자가 이사 등에 대한 채권자로서의 지위를 겸하는 경우에, 이사 등의 보수청구권과 퇴직연금 채권을 본법의 압류금지채권으로 보더라도, 이사 등의 직무수행에 비하여 합리적이라고 인정되는 범위를 벗어난 부분에 대해서는 이사 등의 보수청구권 행사 자체가 제한됨[151]에 비추어 보면, 민법 제497조에 따라 회사 또는 퇴직연금사업자의 상계가 금지되는 범위 또한 합리적인 범위

150) 대법원 2016. 12. 1. 선고 2015다244333 판결.

151) 대법원 2015. 9. 10. 선고 2015다213308 판결, 대법원 2016. 1. 28. 선고 2014다11888 판결 참조.

내에 있는 이사 등의 보수청구권과 퇴직연금 채권 부분에 한정된다고 보아야 한다. 또한, 채권자가 스스로를 제3채무자로 하여 채무자의 자신에 대한 채권을 압류하는 것이 금지되지 않으므로,[152] 회사 또는 퇴직연금사업자는 이사 등을 채무자, 스스로를 제3채무자로 하여 해당 보수청구권 또는 퇴직연금 채권에 대하여 압류명령을 신청함과 동시에 위에서 본 '압류금지채권의 축소 재판' 신청을 할 수 있다.

(3) 해고예고수당(근로기준법 제26조)

이는 엄밀한 의미에서의 임금은 아니지만, 노동의 대가로서 지급되는 것이므로 급료 등 채권에 해당한다고 설명된다.[153]

(4) 하도급대금

하도급대금은 실질적으로 제조 등 위탁을 받은 하도급 사업자의 급부에 대한 대가 또는 물품의 제조, 가공 등의 대가이지, 노동 또는 역무의 대가라고 볼 수는 없으므로, 여기에서 말하는 급료 등 채권에 해당하지 않는다는 견해가 있다.[154]

(5) 보험설계사, 학습지 교사가 계속적·정기적으로 얻는 수입이 민사집행법 제246조 제1항 제4호에 해당하는지에 관하여 논의가 있다.

아) 임금 직접지급 원칙과 집행

임금은 통화로 직접 근로자에게 그 전액을 지급하여야 하는데(근로기준법 제43조 제1항 본문), 근로자의 임금채권의 양도를 금지하는 법률의 규정이 없으므로 이를 양도할 수는 있다. 그러나 근로자가 그 임금채권을 양도한 경우라 할지라도 사용자는 직접 근로자에게 임금을 지급하여야 하고, 그 결과 비록 양수인이라고 할지라도 스스로 사용자에 대하여 임금의 지급을 청구할 수는 없다.[155] 이러한 법리는 근로자로부터 임금채권을 양도받았거나 그의 추심을 위임받은 자가 사용자의 집행 재산에 대하여 배당을 요구하는 경우에도 그대로 적용된다.[156] 다만 임금의 전액지급의 원칙에도 불구하고, 사용자가 집행권원에 기하여 근로자의 사용자 자신에 대한 임금채권 중 압류가 가능한 부분에 관하여 압류 및 전부명령을 받는 것은 가능하다.[157]

자) 압류금지를 규정하는 특별법 조항

152) 대법원 2017. 8. 21.자 2017마499 결정 등 참조.
153) 손진홍, 채권집행실무, 한국사법행정학회(2019), 216.
154) 손진홍, 채권집행실무, 한국사법행정학회(2019), 217.
155) 대법원 1988. 12. 13. 선고 87다카2803 전원합의체 판결.
156) 대법원 1996. 3. 22. 선고 95다2630 판결.
157) 대법원 1994. 3. 16.자 93마1822, 1823 결정.

공무원(공무원연금법 제39조 제1항)이나 군인(군인연금법 제18조 제1항 본문), 사립학교 교직원(사립학교교직원 연금법 제40조 제1항)의 급여를 받을 권리는 각각 특별법에 의하여 그 전액이 압류금지채권으로 규정되어 있으므로 유의하여야 한다. 또한, 근로자퇴직급여 보장법상 퇴직연금제도의 급여를 받을 권리에 대하여 양도가 금지되고(근로자퇴직급여 보장법 제7조), 위 양도금지 규정은 강행법규에 해당하므로, 퇴직연금제도의 급여를 받을 권리는 그 전액에 관하여 압류가 금지된다[158].

공무원 재해보상법상 급여를 받을 권리도 그 전액이 압류가 금지된다(공무원 재해보상법 제18조 제1항 본문). 또한, 군인 재해보상법(2019. 12. 10. 제정, 2020. 6. 11.부터 시행) 제17조 제1항 본문도 같은 법에 의하여 급여를 받을 권리를 압류금지채권으로 규정하고 있다.

5) 주택임대차보호법 제8조에 규정된 소액임차보증금(민사집행법 제246조 제1항 제6호)

가) 주택에 대한 경매개시결정의 등기 전에 주택의 인도와 주민등록을 마친 임차인은 그 '보증금 중 일정액'을 다른 담보물권자보다 우선하여 변제받을 권리가 있는데(주택임대차보호법 제8조 제1항, 제3조 제1항), 민사집행법 제246조 제1항 제6호는 이러한 소액임차보증금을 압류금지채권으로 규정한 것이다.

나) '주택임대차보호법 제8조 제1항에 따라 우선변제를 받을 임차인' 및 '보증금 중 일정액'의 범위와 기준은 주택임대차위원회의 심의를 거쳐 대통령령으로 정한다(주택임대차보호법 제8조 제3항 본문). 이러한 위임에 따라 주택임대차보호법 시행령 제11조는 '주택임대차보호법 제8조에 따라 우선변제를 받을 임차인의 범위'를 지역별로 '보증금의 액수'에 따라 나누고 있고, 주택임대차보호법 시행령 제10조는 '주택임대차보호법 제8조에 따라 우선변제를 받을 보증금 중 일정액의 범위'를 지역별로 일정한 액수로 정하고 있다.

주택임대차보호법 시행령 제10조, 제11조는 2013. 12. 30. 개정(2014. 1. 1. 시행)된 후 2016. 3. 31., 2018. 9. 18., 2021. 5. 11., 2023. 2. 21. 각 개정되었는데, 그러한 개정에 따른 각 지역별 소액보증금 액수와 그중 우선변제받는 액수를 표로 정리하면 아래와 같다.

	지역	서울특별시	수도권정비계획	광역시(수도권정비	그 밖의

158) 대법원 2014. 1. 23. 선고 2013다71180 판결.

			법에 따른 과밀억제권역(서울특별시 제외)	계획법에 따른 과밀억제권역에 포함된 지역과 군지역은 제외), 안산시, 용인시, 김포시, 광주시 (2016.3.31. 개정시 세종특별자치시 포함)	지역
2014.1.1. ~ 2016.3.30.	소액 보증금 (이하)	9,500만원	8,000만원	6,000만원	4,500만원
	우선 변제액 (이하)	3,200만원	2,700만원	2,000만원	1,500만원
2016.3.31. ~ 2018.9.17.	소액 보증금 (이하)	1억원	8,000만원	6,000만원	5,000만원
	우선 변제액 (이하)	3,400만원	2,700만원	2,000만원	1,700만원

	지역	서울특별시	수도권정비계획법에 따른 과밀억제권역(서울특별시 제외), 세종특별자치시, 용인시, 화성시	광역시(수도권정비계획법에 따른 과밀억제권역에 포함된 지역과 군지역은 제외), 안산시, 김포시, 광주시, 파주시	그 밖의 지역
2018.9.18. ~ 2021.5.10.	소액 보증금 (이하)	1억 1,000만원	1억원	6,000만원	5,000만원

	우선 변제액 (이하)	3,700만원	3,400만원	2,000만원	1,700만 원

	지역	서울특별시	수도권정비계획법에 따른 과밀억제권역(서울특별시 제외), 세종특별자치시, 용인시, 화성시, 김포시	광역시(수도권 정비계획법에 따른 과밀억제권역에 포함된 지역과 군지역은 제외), 안산시, 광주시, 파주시, 이천시, 평택시	그 밖의 지역
2021.5.11. ~ 2023.2.20.	소액 보증금 (이하)	1억 5,000만원	1억 3,000만원	7,000만원	6,000만 원
	우선 변제액 (이하)	5,000만원	4,300만원	2,300만원	2,000만 원
2023.2.21. ~ 현재	소액보증금 (이하)	1억 6,500만원	1억 4,500만원	8,500만원	7,500만 원
	우선변제액 (이하)	5,500만원	4,800만원	2,800만원	2,500만 원

다) 위 나)항의 내용에 의하면, 민사집행법 제246조 제1항 제6호가 정하는 압류금지채권이 되기 위해서는, ① 당해 임차인의 임대차보증금의 액수가 위 나)항 기재 표의 각 시기별·지역별로 정해진 '소액보증금'란의 각 보증금의 액수 이하이어야 하고, ② 그 보증금 중에서도 위 나)항 기재 표의 각 시기별·지역별로 정해진 '우선변제액'란의 각 금액까지만 압류금지채권에 해당한다. 앞서 보았듯이 어떤 채권이 압류금지채권에 해당하는지, 어떤 한도에서 압류가 가능한지 여부를 판단하는 기준시점은 압류의 효력발생 시인 제3채무자 송달 시(민사집행법 제227조 제3항)로 봄이 타당하므로, 민사집행법 제246조 제1항 제6호를 적용할 소액임차인인지 여부는 압류의 효

력이 발생할 때인 제3채무자 송달 당시 임대차계약상의 총 보증금액을 기준으로 하여야 할 것이다. 따라서 압류의 효력 발생 당시 소액보증금에 해당하지 않았다면 이후 연체차임 발생 등으로 인하여 임대인이 공제를 하여 임차인이 반환받을 임차보증금이 소액보증금의 범위 내로 들어오더라도 압류된 금액이 압류금지채권으로 변하지 않는다.[159] 이 경우는 채무자인 임차인이 원래 소액임차인이 아니었기 때문에 보호받을 만한 신뢰의 기초가 없을 뿐만 아니라, 이 경우까지 보호한다면 채권자의 신뢰를 지나치게 침해하게 되기 때문이다.[160] 압류금지의 실정법 규정은 채권자의 희생으로 채무자를 보호하는 예외적 규정이라는 점도 고려할 필요가 있다.

다만, 민사집행법 제246조 제1항 제6호를 적용할 소액임차인인지 여부를 판단하는 '기준 시점'에 관하여는 위에서 본 바와 같이 '압류의 효력발생 시인 제3채무자 송달 시'라고 하면서도,[161] '기준 액수'에 관하여는, 임차인의 보증금 반환채권은 주택 명도시까지의 연체차임 등 모든 피담보채무를 공제한 잔액에 관하여 발생하므로 그 잔액을 기준으로 압류금지채권인지를 판단하고, 연체차임은 압류금지채권 부분이 아닌 부분에서 우선 공제되는 것이 타당하다는 견해가 있다.[162] 가령 서울특별시에서 '2014. 1. 1.~2016. 3. 30.'의 기간에 대하여 임대차보증금 9,000만 원에 임대차계약을 체결한 소액임차인의 보증금반환채권에 대하여 채권압류 및 추심명령이 발령되었으나 주택명도시까지의 임차인의 연체차임이 5,000만 원에 이른 경우, 임차인의 보증금 반환채권은 4,000만 원(= 9,000만 원 - 5,000만 원)의 범위에서만 발생하는 바, 그중에서 소액보증금 3,200만 원 부분은 압류금지채권에 해당하고, 이를 공제하면 결국 압류 및 추심의 효력은 800만 원(= 4,000만 원 - 3,200만 원)에 미친다고 한다.[163]

라) 민사집행법 제246조 제1항 제6호가 상가건물 임대차보호법상의 임대차보증금 반환채권의 경우에도 적용되는지에 관하여 논의가 있었으나, 실무는 적용되지 않는 것으로 보고 있다.[164]

마) 한편, 건물 임대차에서의 임차보증금은 임대차 존속 중의 차임뿐만 아니라

159) 박준의, 신채권집행실무, 유로(2015), 95; 손흥수, 민사집행실무총서(II) 채권집행, 한국사법행정학회(2017), 62.

160) 박준의, 신채권집행실무, 유로(2015), 95.

161) 손흥수, 민사집행실무총서(II) 채권집행, 한국사법행정학회(2017), 62.

162) 손흥수, 민사집행실무총서(II) 채권집행, 한국사법행정학회(2017), 63.

163) 손흥수, 민사집행실무총서(II) 채권집행, 한국사법행정학회(2017), 63.

164) 법원실무제요, 민사집행[IV], 법원행정처(2020), 199.

건물명도 의무이행에 이르기까지 발생한 손해배상채권 등 임대차계약에 의하여 임대인이 임차인에 대하여 갖는 일체의 채권을 담보하는 것으로서, 임대차 종료 후 임차건물을 임대인에게 명도할 때 연체차임 등 모든 피담보채무를 공제한 잔액이 있을 것을 조건으로 하여 그 잔액에 관한 임차인의 보증금반환청구권이 발생하고, 이와 같은 임차보증금을 피전부채권으로하여 전부명령이 있은 경우에도 제3채무자인 임대인은 임차인에게 대항할 수 있는 사유로써 전부채권자에게 대항할 수 있는 것이다. 따라서 건물임대차보증금의 반환채권에 대한 전부명령의 효력이 그 송달에 의하여 발생한다고 하여도 위 보증금반환채권은 임대인의 채권이 발생하는 것을 해제조건으로 하는 것이며 임대인의 채권을 공제한 잔액에 관하여서만 전부명령이 유효하다고 할 것이다.[165]

6) 생명·상해·질병·사고 등을 원인으로 채무자가 지급받는 보장성 보험의 보험금(민사집행법 제246조 제1항 제7호)

민사집행법 제246조 제1항 제7호가 신설된 것은, 대법원이 '금융기관 등 채권자가 보험계약자 명의의 보험계약을 해지하는 경우 발생되는 해약환급청구권에 대하여 채권압류 및 추심명령을 받은 후 보험계약에 대한 해지권을 행사하여 해약환급금을 수령할 수 있다'는 취지로 판시[166]함에 따라 채권자인 금융기관이 보험계약자의 동의 없이 보험계약을 강제로 해지하는 사례가 잇따르게 된 것과 관련이 있다. 즉 사회보장적 기능을 수행하고 있는 보험계약자의 보장성 보험계약까지 해지하여 채권을 회수하는 것은 가혹할 뿐만 아니라 사회적·도덕적으로 비난의 소지가 크고, 특히 보험계약 해지로 암 등 중병치료 중인 자에게 보험금으로 지급되던 병원 치료비까지 지급되지 않는 경우 서민생계를 위협하는 지경에 이르게 될 수 있음을 감안하여 그에 대한 대책으로서 마련하게 된 규정이다.

다만, 구체적인 압류금지범위에 관하여는 민사집행법 제246조 제1항 제7호 단서가 '생계유지, 치료 및 장애 회복에 소요될 것으로 예상되는 비용 등을 고려하여 대통령령으로 정할 수 있도록' 함에 따라, 민사집행법 시행령 제6조는 '압류금지 보장성 보험금 등의 범위'라는 제목 하에 그 제1항에서, 민사집행법 제246조 제1항 제7호가 정하는 압류금지의 범위를 「1. 사망보험금 중 1천만 원 이하의 보험금, 2. 상해·질병·사고 등을 원인으로 채무자가 지급받는 보장성 보험의 보험금 중 다음 각

165) 대법원 1988. 1. 19. 선고 87다카1315 판결.
166) 대법원 2009. 6. 23. 선고 2007다26165 판결.

목에 해당하는 보험금. 가. 진료비, 치료비, 수술비, 입원비, 약제비 등 치료 및 장애 회복을 위하여 실제 지출되는 비용을 보장하기 위한 보험금. 나. 치료 및 장애 회복을 위한 보험금 중 가목에 해당하는 보험금을 제외한 보험금의 2분의 1에 해당하는 금액, 3. 보장성보험의 해약환급금 중 다음 각 목에 해당하는 환급금. 가. 민법 제404조에 따라 채권자가 채무자의 보험계약 해지권을 대위행사하거나 추심명령 또는 전부명령을 받은 채권자가 해지권을 행사하여 발생하는 해약환급금. 나. 가목에서 규정한 해약사유 외의 사유로 발생하는 해약환급금 중 150만 원 이하의 금액, 4. 보장성 보험의 만기환급금 중 150만 원 이하의 금액」으로 각 규정한 다음, 제2항에서, 채무자가 보장성 보험의 보험금, 해약환급금 또는 만기환급금 채권을 취득하는 보험계약이 둘 이상인 경우에 제1항 제1호, 제3호 나목 및 제4호에 있어서는 해당하는 보험계약별 사망보험금, 해약환급금, 만기환급금을 각각 합산한 금액에 대하여 해당 압류금지채권의 상한을 계산하고, 제1항 제2호 나목 및 제3호 가목에 있어서는 보험계약별로 계산한다고 규정하고 있다.

민사집행법이 보장성 보험의 보험금 채권을 압류금지채권으로 규정하는 입법취지는 생계유지나 치료 및 장애회복 등 보험계약자의 기본적인 생활을 보장하기 위한 최소한의 수단을 마련하기 위함이다. 이와 같이 민사집행법에서 보장성보험이 가지는 사회보장적 성격을 고려하여 압류금지채권으로 규정한 입법취지를 고려할 때, 하나의 보험계약이 보장성보험과 더불어 저축성보험의 성격을 함께 가지고 있다 하더라도 저축성보험 부분만을 분리하여 해지할 수는 없다고 보아야 한다. 그러므로 위와 같은 보험의 경우에는 해당 보험 전체를 두고 민사집행법 246조 1항 7호가 정하는 '보장성보험'에 해당하는지 여부를 결정하여야 한다. 원칙적으로 보험 가입 당시 예정된 해당 보험의 만기환급금이 보험계약자의 납입보험료 총액을 초과하는지를 기준으로 하여, 만기환급금이 납입보험료 총액을 초과하지 않으면 민사집행법 제246조 제1항 제7호가 정하는 '보장성 보험'에 해당한다고 보아야 한다. 그러나 만기환급금이 납입보험료 총액을 초과하더라도, 해당 보험이 예정하는 보험사고의 성질과 보험가입 목적, 납입보험료의 규모와 보험료의 구성, 지급받는 보험료의 내용 등을 종합적으로 고려하였을 때 보장성 보험도 해당 보험의 주된 성격과 목적으로 인정할 수 있다면 이를 민사집행법이 압류금지채권으로 규정하고 있는 보장성 보험으로 보아야 한다.[167]

7) 채무자의 1월간 생계유지에 필요한 예금(민사집행법 제246조 제1항 제8호)

167) 대법원 2018. 12. 27. 선고 2015다50286 판결.

가) 민사집행법 제246조 제1항 제8호의 신설 경위

압류금지채권의 목적물이 채무자의 예금계좌에 입금된 경우에는 그 예금채권에 대하여 더 이상 압류금지의 효력이 미치지 않으므로, 그 예금은 압류금지채권에 해당하지 않는다.[168]

민사집행법 제246조 제1항은 압류금지채권을 규정하여 채무자의 최소한의 인간다운 삶을 보장하고 있고 특히 제4호가 급료 등 채권을 보호하도록 하고 있으나, 이 금액이 통장으로 입금된 순간 보호받아야 할 2분의 1에 해당하는 금액임에도 불구하고 은행 등 채권자는 채무자의 통장잔고에 대하여 따로 구분을 하지 않고 압류를 하고 있는 상황에 있으며, 그 결과 생활의 어려움이 있게 되는 채무자는 법원에 민사집행법 제246조 제3항에 따라 '채무자와 채권자의 생활 상황 기타 사정을 고려하여 압류명령의 전부 또는 일부를 취소해 달라'는 신청을 하는 사례가 빈번하다. 이러한 점을 감안하여, 채무자의 최소한의 생계유지에 필요한 예금금액에 대하여 압류금지채권에 포함하여 채무자의 기본적인 생계가 가능하도록 하여 채무자의 최소한의 인간답게 살 권리를 보장하고자 하는 목적으로 민사집행법 제246조 제1항 제8호가 마련되었다.

나) 민사집행법 제246조 제1항 제8호 단서에 따른 시행령 규정과 그 문제점

민사집행법 제246조 제1항 제8호 단서는 "다만, 그 금액은 「국민기초생활 보장법」에 따른 최저생계비, 제195조 제3호에서 정한 금액 등을 고려하여 대통령령으로 정한다."라고 규정하고 있다. 이에 따라 민사집행법 시행령 제7조 본문은 '민사집행법 제246조 제1항 제8호에 따라 압류하지 못하는 예금등의 금액'을 '개인별 잔액이 185만 원 이하인 예금 등'을 지칭하는 것으로 규정하였다. 다만, 민사집행법 제195조 제3호에 따라 압류하지 못한 금전이 있으면 185만 원에서 그 금전 상당액을 뺀 금액으로 한다(민사집행법 시행령 제7조 단서).

이때 민사집행법 시행령 제7조 본문은 '개인별' 잔액이라고 하고 있으므로, 위 규정에 의하여 보호되는 채무자의 생계유지에 필요한 예금금액 185만 원은 '모든 금융기관'에 예치되어 있는 채무자 명의 예금의 합산액이 185만 원인 것을 의미한다. 그런데 제3채무자인 금융기관은 채무자의 전체 예금 현황을 알 수 없기 때문에 자기 금융기관에 대한 예금 중 얼마만큼이 압류가 금지되는지 특정할 수 없어 결국 민사

168) 대법원 1999. 10. 6.자 99마4857 결정, 대법원 2008. 12. 12.자 2008마1774 결정, 대법원 2014. 7. 10. 선고 2013다25552 판결, 대법원 2016. 6. 3.자 2016마679 결정, 대법원 2017. 8. 18. 선고 2017도6229 판결.

집행법 제246조 제1항 제8호에 따른 압류금지는 현실적으로 제대로 작동하지 못하고 있다.[169)]

가령 채권자 甲이 청구금액을 600만 원으로 하여 채무자 乙의 A은행, B은행에 대한 예금채권을 각각 300만 원 한도에서 압류하였는데, 채무자 乙의 예금은 A은행 200만 원, B은행 100만 원이 전부인 경우를 본다. 이 경우 민사집행법 제246조 제1항 제8호, 민사집행법 시행령 제7조 본문에 의하면 채무자 乙의 '모든 금융기관에 예치된 예금의 합산액' 중 185만 원은 압류가 금지되지만, A은행과 B은행은 채무자 乙의 전체 예금 현황을 알 수 없기 때문에 자기 은행에 대한 예금 중 얼마만큼이 압류가 금지되는지 특정할 수 없다. 그리하여 실무상 A은행과 B은행은 각각 일단 '압류금액 전액'에 대하여 '지급제한조치'를 취하는 한편(이로써 채무자 乙은 A은행 예금과 B은행 예금 모두를 인출하지 못하게 된다), 185만 원 범위에서는 압류가 금지될 가능성을 감안하여 추심명령을 얻은 집행채권자의 청구에도 응하지 않는 경우가 많다(이에 따라 채권자 甲은 A은행 예금 200만 원 중 185만 원을 제외한 15만 원만 일단 추심할 수 있고, B은행 예금은 추심하지 못하는 상태가 된다). 그 결과 '금융기관별로' 185만 원 범위에서는 예금이 누구에게도 지급되지 못하고 그대로 묶여 있게 된다. 이러한 경우 현재의 실무는 민사집행법 제246조 제3항에 따라, (i) 먼저 채무자 乙의 신청에 의하여 A은행의 예금채권 중 185만 원의 범위에서 압류명령을 취소한 다음(이로써 채무자 乙은 A은행 예금 중 185만 원을 인출할 수 있게 된다), (ii) 채권자 甲의 신청에 의하여 B은행 예금채권에 대하여 다시 압류명령을 함으로써(압류금지채권에 대하여 새롭게 압류명령을 하는 방식. 이에 따라 채권자 甲은 B은행 예금 100만 원을 추심할 수 있다) 문제를 해결하고 있다.[170)]

다) 증명책임

채권압류 및 추심명령에 기한 추심의 소에서 피압류채권의 존재는 채권자가 증명하여야 하는 점, 민사집행법 제195조 제3호, 제246조 제1항 제8호, 민사집행법 시행령 제7조의 취지와 형식 등을 종합적으로 고려하여 보면, 채권자가 채권압류 및 추심명령에 기하여 채무자의 제3채무자에 대한 예금채권의 추심을 구하는 소를 제기한 경우 추심 대상 채권이 압류금지채권에 해당하지 않는다는 점, 즉 채무자의 개인별 예금 잔액과 민사집행법 제195조 제3호에 의하여 압류하지 못한 금전의 합계액이

169) 법원실무제요, 민사집행[IV], 법원행정처(2020), 201-202.
170) 법원실무제요, 민사집행[IV], 법원행정처(2020), 202.

185만 원을 초과한다는 사실은 채권자가 증명하여야 한다.[171]

다. 특별법에 의한 압류금지채권

민사집행법 외에 다른 법령에서 양도와 함께 압류도 금지하는 개별 규정을 두고 있는 경우가 다수 있다. 이들은 각종의 사회보장제도나 사회정책적인 목적 하에 압류를 금지하는 경우가 대부분이고, 이들 규정은 민사집행법의 특별법으로서 민사집행법에 우선하여 적용된다.[172] 이 중 중요한 것은 다음과 같다.

1) 공무원연금법 및 공무원 재해보상법에 의하여 급여를 받을 권리(공무원연금법 제39조 제1항 본문, 공무원 재해보상법 제18조 제1항 본문)

2) 군인연금법에 의하여 급여를 받을 권리(군인연금법 제18조 제1항 본문)

3) 고용보험법에 의하여 실업급여를 받을 권리(고용보험법 제38조 제1항)

4) '국가유공자 등 예우 및 지원에 관한 법률'에 의하여 보훈급여금을 받을 권리(같은 법 제19조 제1항)

5) 사립학교교직원 연금법에 의하여 급여를 받을 권리(사립학교교직원 연금법 제40조 제1항)

6) 국민연금법에 의하여 각종 급여를 받을 권리(국민연금법 제58조 제1항)

7) 근로기준법에 의하여 지급받게 될 보상청구권(근로기준법 제86조)

8) 산업재해보상보험법에 의하여 보험급여를 받을 권리(산업재해보상보험법 제88조 제2항)

9) 자동차손해배상 보장법에 의한 피해자의 보험회사에 대한 보험금 직접청구권 및 가불금 청구권 또는 정부에 대한 보상청구권(자동차손해배상 보장법 제40조 제1항)

그러나 교통사고 피해자를 치료한 의료기관이 피해자에 대한 진료비 청구권에 기하여 피해자의 보험사업자 등에 대한 직접청구권을 압류하는 것까지 금지하는 것은 아니다.[173]

10) 국민기초생활 보장법에 의하여 수급품을 받을 권리 및 지정된 급여수급계좌의 예금에 관한 채권(국민기초생활 보장법 제35조)

11) 국민건강보험법에 의하여 보험급여를 받을 권리(국민건강보험법 제59조 제

---

171) 대법원 2015. 6. 11. 선고 2013다40476 판결 참조; 법원실무제요, 민사집행[IV], 법원행정처(2020), 202-203.

172) 대법원 2014. 1. 23. 선고 2013다71180 판결 참조.

173) 대법원 2004. 5. 28. 선고 2004다6542 판결.

1항)

12) 선원법에 의하여 실업수당, 퇴직금, 송환비용, 송환수당, 유기 구제비용 또는 재해보상을 받을 권리(선원법 제152조)

13) '형사보상 및 명예회복에 관한 법률'에 의한 보상청구권 및 보상금 지급청구권(같은 법 제23조)

14) 국가배상법에 의하여 생명·신체의 침해로 인한 국가배상을 받을 권리(국가배상법 제4조).

그러나 상해를 치료한 의료인이 피해자에 대한 치료비청구권에 기하여 피해자의 국가에 대한 같은 치료비청구권을 압류하는 경우와 같은 특별한 사정이 있는 경우에는 압류가 허용된다.[174]

15) 한부모가족지원법에 의하여 복지급여를 받을 권리 및 지정된 복지급여수급계좌의 예금에 관한 채권(한부모가족지원법 제27조)

16) 학교의 설립자·경영자가 초·중등교육법 제10조 및 고등교육법 제11조에 의하여 수업료와 그 밖의 납부금을 받을 권리 및 학교가 받은 기부금 및 수업료 기타 납부금을 교비회계의 수입으로 하여 별도 계좌로 관리하는 경우에 별도 계좌로 관리되는 수입에 대한 예금채권(사립학교법 제28조 제3항)

17) 건설사업자가 도급받은 건설공사의 도급금액 중 해당 공사의 근로자에게 지급하여야 할 임금에 상당하는 금액(건설산업기본법 제88조)

압류가 금지되는 노임채권의 범위는 건설공사의 도급금액 중 산출내역서에 기재된 노임의 합계액으로서 도급계약서나 하도급계약서에 명시된 금액이다. 따라서 건설공사계약이 중도에 해지되어 공사대금의 정산합의가 이루어지는 경우 그 정산된 공사대금 중 압류가 금지되는 노임채권액은, 특별한 사정이 없는 한 도급금액(또는 하도급금액) 산출내역서에 기재된 노임채권 중 정산합의 시까지 발생한 노임채권액을 합산하는 방식으로 산정하여야 한다. 또한, 그 정산 시까지 기성금으로 수령한 공사대금이 있는 경우 잔여 공사대금 중 압류가 금지되는 노임채권액은, '정산합의된 공사대금 중 도급금액(또는 하도급금액) 산출내역서에 기하여 산출한 노임채권액'에서 '기지급된 공사대금 중 도급금액(또는 하도급금액) 산출내역서에 기하여 산출한 노임채권액'을 공제하는 방식으로 산정하여야 한다.[175]

---

174) 대법원 1981. 6. 23. 선고 80다1351 판결.

175) 대법원 2012. 3. 15. 선고 2011다73441 판결, 대법원 2016. 10. 13. 선고 2014다2723 판결.

다만, 도급계약(또는 하도급계약) 해지 시까지 발생한 노임채권액이 얼마인지 특정이 되지 않는 경우에는 도급(또는 하도급) 공사대금 중 노임채권의 비율에 따라 그 금액을 정하여야 한다.[176]

18) 문화재수리업자등이 도급받은 문화재수리에 관한 도급 금액 중 그 문화재수리(하도급한 문화재수리를 포함한다)에 종사한 근로자에게 지급하여야 할 임금에 상당하는 금액(문화재수리 등에 관한 법률 제50조 제1항)

19) 공사업자가 도급받은 소방시설공사의 도급금액 중 그 공사(하도급한 공사를 포함한다)의 근로자에게 지급하여야 할 임금에 해당하는 금액(소방시설공사업법 제21조의2 제1항)

20) 공사업자가 도급받은 전기공사의 도급금액 중 그 공사의 근로자에게 지급하여야 할 노임에 해당하는 금액(전기공사업법 제34조 제1항)

21) 공사업자가 도급받은 공사의 도급금액 중 그 공사(하도급한 공사를 포함한다)의 근로자에게 지급하여야 할 임금에 상당하는 금액(정보통신공사업법 제71조의2 제1항)

22) 기초연금법에 의한 기초연금 수급권(기초연금법 제21조 제1항)

23) 군인 재해보상법(2019. 12. 10. 제정, 2020. 6. 11.부터 시행)에 의하여 급여를 받을 권리(군인 재해보상법 제17조 제1항 본문)

라. 압류금지채권이 다른 채권으로 전환된 경우 전환된 금원에 압류금지효가 미치는지

1) 압류금지채권의 목적물이 공탁된 경우와 압류금지규정의 적용 여부

실무상 압류금지채권의 목적물이 공탁된 경우에는 금융기관에 개설된 채무자의 계좌에 이체되는 경우와 달리 특정성이 유지된다는 이유로 공탁금 출급채권을 압류금지채권으로 보고 있다. 공탁선례 2-89호도 같은 취지인데, 사용자인 법인이 민사집행법 제246조 제1항 제5호가 정하는 압류금지채권인 근로자의 퇴직금 1/2 상당액을 민법 제487조의 규정에 의하여 근로자의 수령거절을 원인으로 변제공탁한 경우에 그 공탁금은 임금채권의 성질을 유지하므로, 이를 집행대상으로 한 압류 및 전부명령은 무효이고, 형식적 심사권밖에 없는 공탁관으로서는 피공탁자 또는 전부채권자가 공탁금의 출급을 청구하는 어느 경우라도 그 출급을 인가할 수 없다고 정하고 있다

176) 대법원 2013. 2. 14. 선고 2011다49172 판결.

(이때 피공탁자인 근로자가 공탁금 출급청구권을 행사하려면 위 전부채권자를 상대로 하여 피공탁자에게 공탁금의 출급청구권이 있음을 증명하는 확인판결 또는 화해조서, 조정조서 등을 얻어 이를 공탁관에게 제출하는 방법으로 하여야 할 것이다).[177]

2) 배당금 채권의 경우

민사집행법 제246조 제1항 제6호는 변제공탁금이나 배당금교부청구권 등 소액보증금의 변형물 또는 대용물(代用物)에도 적용된다.[178] 따라서 임차주택에 대한 경매가 진행되고 소액임차인이 배당요구의 종기 이내에 배당요구를 하여 배당재단에서 충분히 우선순위에 의하여 배당받을 수 있는 금원이 있을 때 소액임차인의 배당금교부청구권은 최우선 소액보증금반환채권의 대용물로서, 임차인의 채권자가 소액임차인이 받게 되는 배당금교부채권에 대하여 채권집행을 신청한 경우 이는 최우선 소액보증금에 대한 강제집행에 해당하므로, 압류금지채권의 범위 내에서 압류는 무효라고 보아야 한다. 그러므로 이러한 경우에 부동산 경매법원은, 소액임차인의 배당금교부청구권에 대한 압류·추심명령 또는 압류·전부명령이 있다고 하더라도, 소액보증금 중 최우선변제에 해당하는 금원 부분은 소액임차인에게 지급하여야 하고, 소액임차인의 압류·추심·전부채권자에게 지급하여서는 안 된다.[179]

또한, 근로자의 임금우선변제권에 기하여 사용자에게 최우선변제권을 가진 근로자의 채권이 사용자의 재산에 대한 경매절차의 배당금 지급채권으로 전환된 경우 근로자의 지배영역으로 권리가 완전히 이전된 것이 아니므로 압류금지채권이 예금채권으로 전환된 경우와 같이 평가할 수 없다. 따라서 집행법원이 근로자 명의로 배당한 경우 그 배당금 채권에 압류가 행해지면 압류금지채권의 범위 내에서 압류는 무효라고 보아야 한다.[180]

마. 재판에 의한 압류금지채권의 범위변경

1) 개관

민사집행법 제246조 제1항은 채무자 및 채권자의 생활상황 등을 고려함이 없이 일률적으로 압류금지채권의 범위를 정하고 있다. 그러나 민사집행법 제246조 제3항

177) 법원실무제요, 민사집행[IV], 법원행정처(2020), 207-208.

178) 손흥수, 민사집행실무총서(II) 채권집행, 한국사법행정학회(2017), 62; 박준의, 신채권집행실무, 유로(2015), 93.

179) 박준의, 신채권집행실무, 유로(2015), 93.

180) 박준의, 신채권집행실무, 유로(2016), 101.

은 당사자의 신청에 따라 집행법원이 채권자와 채무자의 생활형편, 그 밖의 사정을 고려하여 압류명령의 전부 또는 일부를 취소함으로써 압류금지의 범위를 확장하거나, 채권자의 권리보호를 위하여 제1항의 압류금지채권에 대하여 압류를 할 수 있도록 허용하고 있다. 실무상 가장 많은 유형은 채무자가 생활형편을 이유로 예금채권에 대한 압류명령의 취소를 신청하는 사례이다. 민사집행법 제246조 제4항에서는 제3항의 결정 이후에 그 이유가 소멸되거나 사정이 바뀐 때에는 법원은 직권으로 또는 당사자의 신청에 따라 그 결정을 취소하거나 바꿀 수 있다고 규정하고 있다.

신청서에는 1,000원의 인지를 붙여야 하고, 신청서를 접수한 법원사무관등은 기타집행사건으로 접수하여 사건번호를 붙이고 재판사무의 전산화로 인하여 집행사건부를 두지 않으므로 전산입력한 다음 압류명령기록에 합철한다(재민 91-1).

압류금지채권 범위 변경의 재판은 압류명령의 관할법원(민사집행법 제224조)이 압류명령과 동일한 절차에 따라서 한다. 이는 사법보좌관의 업무에서 제외되어 판사의 업무에 속한다(사법보좌관규칙 제2조 제1항 제9호 다목).

한편, 채무자가 압류금지채권의 목적물이 입금된 예금채권을 압류당한 다음에 압류명령의 취소를 구하는 내용의 서면을 집행법원에 제출한 경우에, 집행법원으로서는 위와 같은 서면에 '즉시항고'나 '이의신청' 등의 다른 제목이 붙어 있다 하더라도 특별한 사정이 없다면 이를 민사집행법 제246조 제2항 내지 제3항에서 정한 압류명령의 취소 신청으로 보고, 해당 예금채권이 민사집행법 제246조 제1항 제1호 내지 제7호에서 정한 압류금지채권이 이체된 것인지를 살펴 압류명령의 취소 여부를 판단하여야 한다.[181] 그런데도 집행법원이 해당 압류명령 취소 신청에 대해 아무런 판단을 하지 않은 채 즉시항고로 취급하여 기록을 항고법원에 송부하고 항고법원 역시도 이를 간과한 채 항고기각결정을 하여 재항고된 사안에서, 대법원은 직권으로 원심결정을 파기하고 집행법원에 이송하는 결정을 하였다.[182]

2) 압류명령 취소재판의 경우(민사집행법 제246조 제3항 전단) - 압류금지채권 범위확장

가) 압류명령 취소의 요건

181) 대법원 2008. 2. 12.자 2008마1774 결정(민사집행법이 2011. 4. 5. 개정되기 전의 것이다), 대법원 2016. 6. 3.자 2016마679 결정(민사집행법이 2011. 4. 5. 개정되어, 종전의 민사집행법 제246조 제2항이 같은 조 제3항으로 위치를 옮기고, 현행 민사집행법 제246조 제2항이 신설된 후의 것이다).

182) 대법원 2008. 2. 12.자 2008마1774 결정, 대법원 2016. 6. 3.자 2016마679 결정.

압류명령 취소 재판의 요건은, ① 당사자에 의한 신청, ② 채권자와 채무자의 생활형편, 그 밖에 압류명령의 전부 또는 일부를 취소해야 할 사정의 존재이다. 이때 고려하여야 할 '채권자와 채무자의 생활형편'이란 채권자가 채무자로부터 그 채권을 변제받지 못함으로써 받고 있는 경제적 곤궁의 정도와 채무자의 경제적 곤궁의 정도를 말한다. '그 밖의 사정'이란 압류명령을 취소함으로써(뒤에서 볼 '압류금지채권 범위축소'의 경우에는 압류금지물에 대하여 압류명령을 함으로써) 채권자 또는 채무자가 받게 되는 경제적 영향, 채무자가 채무를 성실히 이행할 의사가 있는지 여부 및 이러한 재판의 신청에 이르게 된 경위나 동기 등을 의미한다.[183]

이 규정에 의한 요건의 해석에서 문제되는 점은 다음과 같다.

(1) 채무자가 궁박한 상태에 있어야 하는지

압류금지 제도가 채무자의 생활보장, 생계유지를 보호하는 제도이므로 현재의 일반적인 생활수준에 비추어 현저하게 지장이 생기는 경우에는 이 규정의 요건을 만족시킨다. 따라서 채무자의 생활상황은 당연히 고려해야 하지만, 그가 생활상 회복불가능한 궁박의 상태에 빠질 위험이 있다는 등의 요건은 불필요하다고 봄이 타당하다.[184]

채무자의 생활상황 외에는 채무자와 생계를 같이 하는 친족의 유무와 그 수, 연령과 수입의 유무 등과 함께 '생계를 같이 하지는 않지만 채무자로부터 부양을 받고 있는 친족의 생활상황'도 이 요건을 판단하는데 고려해야 한다는 견해가 있다.[185]

(2) 채무자가 성실하게 채무를 이행할 의사가 있어야 하는지

채무이행의 의사나 그 성실성이 없는 것이 판명되어 있는 경우까지 채무자를 보호할 필요는 없다는 견해가 있다.[186] 채무자가 성실하게 채무를 이행할 의사가 있어야 하는지 여부는 민사집행법 제246조 제3항의 "그 밖의 사정"으로 고려하면 충분할 것이다.

나) 신청의 대상으로 되는 압류명령

민사집행법 제246조 제3항 전단은 채무자의 압류금지 확장신청에 해당한다. 채무자의 압류금지 확장신청은 압류금지채권(민사집행법 제246조 제1항)에 대하여 내려진 압류명령에 국한하지 않고, 일반의 채권에 대하여 내려진 압류명령에 대하여도 할 수 있다.[187] 민사집행법 제246조 제3항 후단이 '제1항의' 압류금지채권에 대하여

183) 법원실무제요, 민사집행[IV], 법원행정처(2020), 204.
184) 주석 민사집행법(V)(제4판), 한국사법행정학회(2018), 835(양진수).
185) 손진홍, 채권집행실무, 한국사법행정학회(2019), 235.
186) 손진홍, 채권집행실무, 한국사법행정학회(2019), 236.

압류명령을 할 수 있다고 규정하는 것과는 달리, 제3항 전단에서는 그와 같이 한정하고 있지 않기 때문이다.

다) 신청인

압류금지의 확장은 채무자가 신청할 수 있다. 채무자의 가족은 채무자의 신청에 의하여 반사적 이익을 받을 뿐이므로 신청권자가 될 수 없다.[188)]

제3채무자에게는 신청권이 없다.[189)]

라) 신청의 시기

민사집행법 제246조 제3항 전단이 압류금지범위 확장의 재판을 '압류명령의' 전부 또는 일부를 취소하는 재판이라고 규정하고 있으므로, 성질상 압류명령이 내려진 후에 가능하다고 볼 수 있다.[190)]

이에 대하여는 채권집행의 신청 후라면 압류명령이 발하여지기 이전이라도 가능하다는 견해도 있다.[191)] 다만 이러한 견해에 의하더라도 채무자가 실질적으로 압류금지의 확장을 신청할 수 있는 시기는 압류명령이 송달된 이후가 될 것이고, 법원으로서도 일단 채권압류명령이 제3채무자에게 송달된 후에 채무자를 심문하여 결정하게 될 것이다. 압류명령은 채무자 및 제3채무자를 심문하지 않고 발령되므로 채무자로서는 특별한 사정이 없는 한 압류명령의 신청 사실을 알 수 없을 뿐만 아니라, 변경의 재판은 당사자를 심문하고 채무자와 채권자의 생활의 구체적 상황을 파악할 필요가 있기 때문에 실질적으로 압류명령의 절차와는 별도로 진행되지 않을 수 없는 측면이 있기 때문이다.[192)]

압류명령에 기한 추심명령에 의해 추심이 완료되거나, 전부명령이 확정된 후에는 압류금지범위의 확장신청이 가능하지 않다.[193)]

마) 관할법원과 재판절차

이 재판은 (i) 압류명령의 관할법원이 (ii) 압류명령과 동일한 절차에 따라서 한다.[194)]

(1) 관할법원

187) 법원실무제요, 민사집행[IV], 법원행정처(2020), 203.
188) 주석 민사집행법(V)(제4판), 한국사법행정학회(2018), 836(양진수).
189) 법원실무제요, 민사집행[IV], 법원행정처(2020), 203.
190) 법원실무제요, 민사집행[IV], 법원행정처(2020), 203.
191) 손진홍, 채권집행실무, 한국사법행정학회(2019), 238.
192) 주석 민사집행법(V)(제4판), 한국사법행정학회(2018), 836-837(양진수).
193) 주석 민사집행법(V)(제4판), 한국사법행정학회(2018), 837(양진수).
194) 법원실무제요, 민사집행[IV], 법원행정처(2020), 204.

1개의 압류명령이 발하여진 후 다른 집행법원의 관할구역 내로 주소를 이전하고, 그 후 별개의 압류명령이 발하여진 경우와 같이 집행법원이 복수 존재하는 때에는 어느 법원에 신청해야 하는지의 문제가 있다.

이에 대하여는 압류금지채권 범위의 확장 재판의 효력이 당해 채권에 관한 한 모든 채권자에 대하여 효력이 있다고 보아 어느 법원에 신청을 해도 된다는 견해[195]가 있다. 그러나 압류금지채권 범위의 확장 재판의 효력은 채권자별로 생긴다고 보아야 하므로, 각 집행법원에 대하여 따로 신청하여야 한다는 견해[196]가 타당하다.

(2) 재판절차

법원이 채무자의 신청을 받아들일 때에는 주문에 압류를 금지하는 채권과 그 범위를 명확하게 하고, 이에 대하여 압류를 허용하지 않는 뜻을 선언하거나 또는 이미 압류명령이 발하여져 있는 때에는 그 압류명령의 전부 또는 일부를 취소한다.

한편, 이 재판은 법률에 정해진 압류금지채권의 범위를 집행법원의 재량에 의하여 변경하는 것이므로, 당사자의 절차 참여권 보장의 관점에서 채권자와 채무자 쌍방을 심문하고 그들 모두에게 집행법원에 판단자료를 제출할 기회를 부여하는 것이 바람직하다. 심문의 방식은 심문서를 보내어 의견제출의 기회를 부여하는 것이 일반적인데, 채무자가 생활형편을 이유로 예금채권에 대한 압류명령의 전부 또는 일부의 취소를 신청한 경우에 채권자가 금융기관, 대부업체인 때에는 채권자에 대한 심문을 생략하기도 한다.[197]

바) 재판의 효력

(1) 압류명령의 전부 또는 일부를 취소하는 결정은 확정되어야 효력을 가진다(민사집행법 제17조 제2항, 제1항). 압류명령을 취소하는 결정이 확정된 때에는 법원사무관 등은 압류명령을 송달받은 제3채무자에게 그 사실을 통지하여야 한다(민사집행규칙 제160조 제1항). 압류명령취소 결정을 한 경우 신청인(채무자)에 대한 송달은 확정 전에 하여도 법적으로 문제는 없지만, 이를 송달받은 신청인이 확정 전에 금융기관(제3채무자)을 방문하여 지급요청을 하는 경우가 빈번하므로, 확정 후 제3채무자에 대한 통지와 동시에 신청인(채무자)에게 송달하는 것이 바람직하다.[198]

(2) 압류금지채권 범위 확장 재판의 효력이 당해 '채권'에 관한 한 모든 집행채

195) 손진홍, 채권집행실무, 한국사법행정학회(2019), 238.
196) 손흥수, 민사집행실무총서(II) 채권집행, 한국사법행정학회(2017), 77.
197) 법원실무제요, 민사집행[IV], 법원행정처(2020), 204.
198) 법원실무제요, 민사집행[IV], 법원행정처(2020), 206.

권자와의 사이에서 생기는지, 당해 '압류명령'에 관하여만 생기는지가 문제된다.

먼저, 당해 '채권'에 관한 한 모든 집행채권자와의 사이에서 생긴다는 견해가 있다(절대적 효력설). 압류경합 관계에 있는 압류금지채권에 대하여 일부의 채권자와의 관계에서 압류금지채권의 범위의 변경이 된 때에는 배당요구의 효력, 제3채무자의 공탁의무의 범위 등에 관하여 각종 문제가 생길 수 있기 때문이라고 한다. 이 견해에 의하면, 어떤 채권자와의 관계에서 압류금지 범위가 확대된 경우 집행법원은 그 후 압류명령을 신청한 다른 채권자에 대해서도 압류금지 범위가 확대된 부분에 대하여는 다시 압류명령을 발령할 수 없게 되고, 그 다른 채권자로서는 사정변경을 이유로 압류금지 부분에 관한 압류를 신청할 수 있을 뿐이다(민사집행법 제246조 4항, 민사집행법 제196조 제2항). 또한, 압류금지채권에 관하여 압류가 경합한 때에 채무자가 압류금지 범위의 확대를 신청하는 때에는 채권자 전원을 상대로 해야 하고, 이 경우 필수적 공동소송과 동일한 관계에 있다고 해석한다.[199]

이와 달리, 압류금지채권 범위 확장 재판의 효력이 당해 '압류명령'에 관하여만 생긴다는 견해가 있다(상대적 효력설). 재판은 특별한 사정이 없는 한 상대적 효력만이 인정되는 점(민사집행법 제23조 제1항, 민사소송법 제224조 제1항, 제218조 제1항), 민사집행법 제246조 제3항이 압류금지 범위의 확대를 신청하는 채무자의 상황과 아울러 채권자의 상황을 고려하도록 하고 있는 점, 압류의 경합에 관한 민사집행법 제235조 제1항을 유추적용할 수도 없는 점 등을 근거로 한다. 이 견해에 의할 경우, 민사집행법 제246조 제3항이 압류금지의 범위의 확대를 신청하는 채무자의 상황과 아울러 채권자의 상황을 고려하도록 하고 있어 상대방 채권자의 상황에 따라 결론을 달리할 가능성이 있기 때문에, 어떤 채권자와의 관계에서 압류금지가 확대되더라도 다른 채권자가 당해 채권을 이중으로 압류한 경우 나중의 채권자와의 관계에서는 압류금지의 변경의 효력은 미치지 않고, 채무자로서는 그 채권자에 대하여 따로 신청을 하지 않으면 안 된다. 이 견해는 절대적 효력설에 대하여, 실무적인 실현 가능성이 크지 않다고 한다.[200]

절대적 효력설도 경청할 만하다. 그러나 ① 재판의 상대적 효력의 원칙, ② 민사집행법 제246조 제3항이 압류금지 범위의 확대를 신청하는 채무자의 상황과 아울러 채권자의 상황을 고려하도록 하고 있고, 그에 따라 동일한 채무자에 대한 압류에

199) 손진홍, 채권집행실무, 한국사법행정학회(2019), 240-241.
200) 손흥수, 민사집행실무총서(II) 채권집행, 한국사법행정학회(2017), 82-83.

있어서도 압류채권자가 누구인가에 따라 압류금지의 범위를 달리해야 하는 경우가 있을 수 있는 점, ③ 특히 압류금지범위 감축의 경우는 신청채권자의 이익을 고려하여 하는 것인데, 이중압류의 경우에 '신청채권자를 위하여' 재판에 의하여 압류가 허용된 부분에 대해서까지 압류의 경합이 생김으로써 '압류금지범위 감축 재판의 당사자가 아닌 다른 압류채권자'가 그 부분의 배당에 관여하게 되는 것은 압류금지채권 감축의 취지를 감안할 때 의문이 드는 점 등에 비추어 상대적 효력설이 타당하다고 생각된다.

3) 압류금지채권에 대해 압류명령을 발령하는 경우(민사집행법 제246조 제3항 후단): 압류금지채권 범위축소[201)]

가) 압류명령 발령의 요건

민사집행법 제246조 제3항의 조문 형식과 내용에 비추어, 제3항 후단에 의하여 압류명령을 할 때 고려해야 할 사정은 기본적으로는 제3항 전단의 압류금지범위 확장의 경우와 동일하다.

압류금지 부분에 대해 압류를 허용하지 않으면 채권자의 생활이 위태롭게 될 것까지는 필요하지 않고, 압류를 허용해도 채무자의 생활이 궁박 상태에 빠질 염려가 없는 경우에 채권자의 권리 실현에 필요불가결하고 달리 압류할 수 있는 적당한 재산이 없는 때에는 압류금지 부분에 대한 압류가 허용된다고 본다.[202)]

이 결정을 하면서 신청채권자 이외에 다른 압류채권자의 사정까지 고려할 필요는 없다(압류 범위 확장의 효과가 신청채권자뿐만 아니라 이중으로 압류를 한 다른 채권자를 위해서도 발생하는 것으로 보아야 한다는 절대적 효력설에서도, 이 결정을 함에 있어 신청채권자 이외에 다른 압류채권자의 사정까지 고려할 필요는 없다고 한다.[203)])

나) 신청 등의 문제

압류금지 범위의 감축을 신청할 수 있는 자는 채권자이다. 가압류채권자도 신청을 할 수 있지만(민사집행법 제291조, 제246조 제3항), 단순한 배당요구 채권자는 이 신청을 할 수 없다.[204)] 다른 채권자에 대한 집행절차에 편승하는 배당요구 채권자를 민사집행법 제246조 제3항의 '당사자'에 해당한다고 할 수 없기 때문이다.

201) 대법원 2018. 5. 30. 선고 2015다51968 판결은 이를 "압류금지채권의 축소 재판"이라고 표현하고 있다.

202) 손진홍, 채권집행실무, 한국사법행정학회(2019), 241.

203) 손진홍, 채권집행실무, 한국사법행정학회(2019), 241.

204) 법원실무제요, 민사집행[IV], 법원행정처(2020), 203.

압류금지범위의 감축을 구하는 신청의 대상으로 되는 채권은 민사집행법 제246조 제1항에 기재된 압류금지채권에 한정되고, 다른 특별법에 의하여 압류가 금지되어 있는 채권에 대하여는 민사집행법 제246조 제3항 후단이 적용되지 않는다.[205)]

채권자는 압류명령을 신청함과 동시에 압류금지채권의 축소를 신청할 수 있다.[206)] 신청은 압류금지의 범위를 변경해야 하는 한도를 명시하여 압류할 수 있는 채권 부분에 대하여 압류명령을 구하는 식으로 한다. 명시방법은 채권의 비율로써 해도 좋다고 설명된다.[207)]

다) 재판 및 효과

(1) 압류금지범위의 감축재판은 이를 인용할 경우 압류금지채권 부분에 대하여 '압류명령을 발령하는' 형태로 된다. 그 이외에는 압류금지범위의 확장의 경우와 다르지 않다.

(2) 압류금지채권의 범위변경의 재판은 법률에 규정된 압류금지채권의 범위를 집행법원의 재량에 의하여 변경하는 것이므로, 당사자의 절차 참여권 보장의 관점에서 채권자와 채무자 쌍방을 심문하고, 쌍방에게 집행법원에 판단자료를 제출할 기회를 부여하는 것이 바람직하다.[208)]

(3) 압류금지채권의 범위 변경 재판의 효력이 미치는 범위에 관하여는, 해당 '채권'에 관한 한 그 재판의 당사자인지를 묻지 않고 모든 집행채권자와의 사이에서 생긴다는 견해(절대적 효력설)와, 위 재판의 효력은 해당 '압류명령'에 관하여 '채권자' 별로 생길 뿐이므로 그 재판의 당사자가 아닌 다른 채권자에게는 효력이 미치지 않는다는 견해(상대적 효력설)가 대립한다(위와 같은 견해대립은 관할법원에 관하여도 이어지는데, 절대적 효력설에서는 압류금지채권 범위변경 신청을 어느 법원에 해도 된다고 보는 반면, 상대적 효력설에서는 각 집행법원에 대하여 따로 신청해야 한다고 본다).

절대적 효력설을 취하는 견해는, 어떤 압류채권자를 위하여 압류금지범위가 감축되고 압류범위가 확장되는 경우에도 다른 압류가 경합한 때에는 각 압류집행의 효력은 압류가 확장된 부분에 미치고 또 배당요구효도 압류가 확장된 부분에 미친다고 한다. 압류금지의 범위가 채권자마다 다르다고 한다면 큰 혼란이 생길 수 있음을 주

---

205) 법원실무제요, 민사집행[IV], 법원행정처(2020), 203.
206) 대법원 2018. 5. 30. 선고 2015다51968 판결.
207) 손진홍, 채권집행실무, 한국사법행정학회(2019), 241.
208) 법원실무제요, 민사집행[IV], 법원행정처(2020), 204.

된 논거로 한다. 또한, 압류금지채권 부분에 대하여 발령된 압류명령이 취하되거나 당해 압류명령과 관계된 채권집행의 절차를 취소한다는 취지의 결정이 된 경우에는 압류가 확장된 부분에 대하여 압류가 경합된 경우라도 압류의 효력은 본래의 압류가 허용되는 범위까지 감축된다고 한다. 예를 들어, 甲이 채무자의 제3채무자에 대한 월 370만 원의 급료 등 채권을 1/2 범위(185만 원)에서 압류하였다가 압류금지범위의 축소신청을 하여 압류의 범위가 월 250만 원까지 확대된 상태에서, 다른 채권자 乙이 같은 채권을 압류함에 따라 월 250만 원 범위 내에서 압류의 경합이 생겼더라도, 甲의 압류가 취하 등으로 소멸하면 乙의 압류의 효력이 미치는 범위는 원래의 범위인 월 185만 원 한도로 감축된다고 한다.[209)]

상대적 효력설을 취하는 견해는, 압류금지채권 범위확장 재판에서와 같은 이유로 절대적 효력설을 받아들이기 어렵다고 한다.[210)]

절대적 효력설도 경청할 만하나, 압류금지채권 범위 확장 재판의 효력에 관하여 상대적 효력설을 취한 것과 같은 이유 및 논리적 일관성을 위하여 상대적 효력설이 타당하다고 생각된다.

4) 사정변경에 의한 민사집행법 제246조 제3항 재판의 취소 또는 변경(같은 조 제4항)

가) 요건

민사집행법 제246조 제3항의 재판을 한 뒤에 그 이유가 소멸되거나 사정이 바뀐 때에는 법원은 직권으로 또는 당사자의 신청에 따라 그 결정을 취소하거나 바꿀 수 있다(민사집행법 제246조 제4항은 이를 직접 규정하지 않고 민사집행법 제196조 제2항을 준용하고 있는데, 굳이 이와 같이 준용의 형식을 취하였어야 하는지 의문이다). 즉 (i) '민사집행법 제246조 제3항의 재판에 의하여 압류명령이 취소된 채권'을 다시 압류하거나, (ii) '민사집행법 제246조 제3항의 재판에 의하여 압류의 범위를 확장하여 발령된 압류명령'의 전부 또는 일부를 취소하는 것이 가능하다.

민사집행법 제246조 제4항은 '직권으로' 결정을 취소하거나 바꿀 수 있다고 규정하는 점에서 압류금지채권의 범위 변경 절차와 다르다. 이와 관련하여, 사정변경 등이 있었음을 증명하는 것과의 관계상 집행법원이 직권으로 위 재판을 취소할 여지는 거의 없기 때문에 당사자의 신청에 의해서만 이를 인정하면 족하다는 견해가 있다.[211)]

209) 손진홍, 채권집행실무, 한국사법행정학회(2019), 242-243.
210) 손흥수, 민사집행실무총서(II) 채권집행, 한국사법행정학회(2017), 84.
211) 손진홍, 채권집행실무, 한국사법행정학회(2019), 243.

압류금지범위를 확장한 재판을 취소하여 해당 채권 부분을 다시 압류할 수 있는 사유로는, ⓐ 그 재판 후에 채권자의 경제적 상황 악화, ⓑ 부양가족의 감소 등으로 인한 채무자의 생활상황 호전, ⓒ 채무자에게 달리 생활자금을 얻을 방도가 생긴 것, ⓓ 압류금지범위 확장 재판 후에 압류채권자와의 관계에서 민사집행법 제246조 제3항 전단의 사정이 소멸한 것 등을 생각해 볼 수 있다.[212)]

이와 달리 압류금지범위 축소의 재판을 취소하고 민사집행법 제246조 제3항 전단의 규정에 의하여 압류명령의 전부 또는 일부를 취소해야 할 사유로는, ㉠ 지출의 증가 등 채무자의 생활상의 궁박, ㉡ 채무자 급여의 증액 등 압류가능 부분의 증가, ㉢ 그 밖에 압류할 수 있는 적당한 재산이 생긴 것 등 여러 가지 사정이 고려될 수 있을 것이다.[213)]

그런데 압류금지채권의 범위를 다시 확장해야 하는 방향으로 사정의 변경이 있었던 때에는 채무자로서는 새로이 민사집행법 제246조 제3항 전단에 따라 압류금지채권의 범위의 확장을 구할 수 있을 것이므로, 민사집행법 제246조 제4항은 그 규정 형식에서 다소 아쉬움이 있다.

나) 신청 등의 문제

'이유의 소멸 또는 사정의 변경'은 민사집행법 제246조 제3항의 재판이 있은 후의 그것을 의미하므로, 민사집행법 제246조 제3항의 재판이 확정된 후가 아니면 제4항의 사정변경 등에 의한 취소, 변경의 재판을 할 수 없다. 이처럼 '이유의 소멸'이란 민사집행법 제246조 제3항의 재판 '후에' 그 이유가 소멸한 것을 말하므로, 이는 사정의 변경과 따로 구별할 만한 다른 요건은 아니라고 볼 여지도 있다.[214)]

압류금지채권 범위의 확대 신청을 기각 또는 각하하는 결정에 대한 즉시항고 중에 이 신청을 인용해야 하는 사정이 생긴 경우라면 그 사유는 항고절차에서 주장할 수 있다. 압류금지채권의 범위를 감축하여 압류금지채권에 대해 발하여진 압류명령에 대한 즉시항고 중에 사정변경 등에 의하여 압류범위의 확장사유가 소멸한 때에는 그 사정변경 등에 의한 결과로서 압류명령 그 자체가 위법하게 되므로, 그 사유는 즉시항고의 사유로 주장할 수 있다.[215)]

민사집행법 제246조 제3항의 재판이 그 당사자가 아닌 다른 채권자에게도 효력

212) 손진홍, 채권집행실무, 한국사법행정학회(2019), 243.
213) 손진홍, 채권집행실무, 한국사법행정학회(2019), 244.
214) 손흥수, 민사집행실무총서(II) 채권집행, 한국사법행정학회(2017), 85.
215) 손진홍, 채권집행실무, 한국사법행정학회(2019), 244.

이 미친다는 입장(절대적 효력설)에서는, 제3항의 재판에 의하여 압류금지범위가 확장된 후 그 채권을 이중으로 압류한 채권자는 자기와의 관계에서 제3항 사정의 소명 등을 이유로 압류금지범위의 확장 재판에 대한 취소를 구할 수 있다고 설명한다.[216)]

다) 재판

이 규정에 의한 재판은 결정 절차로 한다.

신청을 받아들일 경우의 절차는 다음과 같다. 압류금지채권 범위확장 재판에 대한 취소·변경 신청을 받아들이는 경우에는 '압류명령을 취소하거나 압류의 범위를 감축한 재판'의 전부 또는 일부를 취소하고 그 채권에 대하여 압류명령을 발령한다. 압류금지채권의 압류를 허용한 재판에 대한 취소·변경 신청을 받아들이는 경우에는 '그 재판에 의한 압류명령'의 전부 또는 일부를 취소한다. 후자의 재판은 민사집행의 절차 그 자체를 취소하는 재판으로서 확정되지 않으면 그 효력이 없다(민사집행법 제17조 제2항, 제1항).

당사자의 절차 참여권 보장의 관점에서 채권자와 채무자 쌍방을 심문하고, 쌍방에게 집행법원에 판단자료를 제출할 기회를 부여하는 것이 바람직하다.[217)]

5) 압류금지채권의 목적물인 금원이 은행 등 금융기관에 개설된 채무자의 계좌에 이체된 경우와 압류의 금지

가) 2011. 4. 5. 개정 당시 신설된 민사집행법 제246조 제2항

근로기준법 제43조 제1항은 임금은 통화로 직접 근로자에게 그 전액을 지급하여야 한다고 규정하고 있으나, 근로자의 희망에 따라 위 급료 등을 은행 등에 불입하는 방법에 의하여 지급해도 위와 같은 직접지급 또는 통화지급의 원칙에 반하지 않는 것으로 해석되고 있어서,[218)] 그와 같은 방법에 의한 급료 등의 지급이 널리 행해지고 있다.

그런데 압류금지채권의 목적물이 채무자의 예금계좌에 입금된 경우에는 그 채권은 채무자의 당해 금융기관에 대한 예금채권으로 변하여 종전의 채권과의 동일성을 상실하고, 압류명령 발령 당시 당해 예금으로 입금된 금원의 성격이 압류금지채권의 목적물인지, 혹은 그에 해당하지 않는 금원인지, 두 가지 금원이 혼입되어 있다면 예금액 중 압류금지채권액이 얼마인지를 가려낼 수 없다. 또한, 신속한 채권집행을 실현하기 위해서는 압류 단계에서는 피압류채권을 형식적·획일적으로 판단하여야 한다.

216) 손진홍, 채권집행실무, 한국사법행정학회(2019), 244.
217) 손진홍, 채권집행실무, 한국사법행정학회(2019), 244.
218) 김형배, 근로기준법(증보신판), 박영사(2001), 272.

그러므로 압류금지채권의 목적물이 채무자의 예금계좌에 입금된 경우에는 채무자의 제3채무자 금융기관에 대한 예금채권에 대하여는 압류금지의 효력이 미치지 않는다고 보아야 한다.[219)]

따라서 압류금지채권의 목적물이 채무자의 예금계좌에 입금된 경우에는 그 예금은 더 이상 압류금지채권에 해당하지 않는 것이지만, 이러한 경우에도 원래의 압류금지의 취지는 참작되어야 할 것이다. 민사집행법이 2011. 4. 5. 개정되기 전 판례는, 압류금지채권의 목적물이 채무자의 예금계좌에 입금된 경우의 채무자 보호를 위하여, 당시의 민사집행법 제246조 제2항(2011. 4. 5. 개정으로 제3항으로 위치가 바뀌었다) 이 정하는 바에 따라 집행법원이 채무자의 신청에 의하여 채무자와 채권자의 생활상황 기타의 사정을 고려하여 압류명령의 전부 또는 일부를 취소'할 수 있다'는 입장이었다.[220)]

2011. 4. 5. 개정 당시 신설된 민사집행법 제246조 제2항은, 집행법원은 제1항 제1호부터 제7호까지에 규정된 종류의 금원이 금융기관에 개설된 채무자의 계좌에 이체되는 경우 채무자의 신청에 따라 그에 해당하는 부분의 압류명령을 취소'하여야 한다'라고 규정하고 있다. 민사집행법 제246조 제3항과 달리 "채권자와 채무자의 생활형편, 그 밖의 사정"을 고려할 필요가 없이 취소하여야 한다(필요적 취소).

현행법의 민사집행법 제246조 제2항에 관하여, 대법원은 압류금지채권이 금융기관에 개설된 채무자의 계좌에 이체되는 경우 더이상 압류금지의 효력이 미치지 않으므로 그 예금에 대한 압류명령은 유효하지만, 원래의 압류금지의 취지는 참작되어야 하므로 채무자의 신청에 의하여 압류명령을 취소하도록 한 것으로서 이는 민사집행법 제246조 제3항과 같은 '압류금지채권의 범위변경'에 해당한다고 판단하였다.[221)] 또한, 민사집행법 제246조 제2항에 따라 압류명령이 취소되었다 하더라도 압류명령은 장래에 대하여만 효력을 상실할 뿐(위 취소결정은 결정정본이 제3채무자에게 송달된 이후의 장래에 대하여 효력이 있을 뿐이다) 이미 완결된 집행행위에는 영향이 없고, 채권자가 집행행위로 취득한 금전을 채무자에게 부당이득으로 반환하여야 하는 것도 아니라고 판단하였다.[222)]

---

219) 대법원 1996. 12. 24.자 96마1302,1303 결정, 대법원 1999. 10. 6.자 99마4857 결정, 대법원 2008. 12. 12.자 2008마1774 결정, 대법원 2014. 7. 10. 선고 2013다25552 판결, 대법원 2016. 6. 3.자 2016마679 결정, 대법원 2017. 8. 18. 선고 2017도6229 판결.

220) 대법원 2008. 12. 12.자 2008마1774 결정.

221) 대법원 2014. 7. 10. 선고 2013다25552 판결.

222) 대법원 2014. 7. 10. 선고 2013다25552 판결.

나) 채권자 심문 여부[223)]

민사집행법 제246조 제2항에 따른 압류금지채권 범위변경신청 사건의 경우, 같은 조 제3항의 사건과 달리 압류명령의 취소를 구하는 계좌에 같은 조 제1항 제1호부터 제7호까지에 규정된 압류금지채권의 목적물이 입금되었으면 필수적으로 그에 해당하는 부분의 압류명령을 취소하여야 하므로, 신청인(채무자)이 제출한 자료에 의하여 그 사실이 확인되면 절차가 지연되지 않도록 채권자를 심문하지 않고 신속하게 취소결정을 함이 바람직하다.

한편, 민사집행법 제246조 제1항 각 호의 압류금지채권이 아닌 특별법에 의한 압류금지채권의 목적물(예컨대 국민기초생활 수급자의 생계급여, 주거급여 등)이 채무자의 계좌에 이체된 경우에는 민사집행법 제246조 제2항이 적용되지 않으므로 채무자는 같은 조 제3항에 따라 압류명령의 취소를 신청할 수 있을 뿐인데, 실무에서는 이러한 경우에도 신청인(채무자)이 제출한 자료에 의하여 위 사실이 확인되면 채권자를 심문하지 않고 신속하게 취소결정을 하는 경우가 많다.

다) 압류금지채권 계좌입금 후 그에 대한 전부명령이 있는 경우 구제방법[224)]

통상 예금채권에 대한 압류명령과 전부명령이 함께 신청되기 때문에 채무자가 단순히 압류금지채권 범위변경 신청만을 해서는 실효가 없다. 그 신청으로 압류명령의 확정을 차단할 수 없고, 압류명령과 전부명령이 확정되면 압류채권은 압류채권자에게 이전되어 버리기 때문에, 결과적으로 압류금지채권 범위변경 신청은 신청의 이익이 없게 되고 만다.

따라서 이 경우 채무자는 압류금지채권 범위변경 신청을 함과 동시에 집행법원에 직권발동을 촉구하여 제3채무자에 대한 지급금지 취지의 잠정처분을 받은 다음(민사집행법 제246조 제4항, 제3항, 제196조 제3항, 제16조 제2항), 이를 이유로 전부명령에 대하여 즉시항고를 하여야 한다. 이때 항고법원은 집행정지문서를 제출한 것을 이유로 하는 즉시항고에 준하여, 다른 이유로 전부명령을 취소하는 경우를 제외하고는 즉시항고에 관한 재판을 유보하게 될 것이다(민사집행법 제229조 제8항 참조).

6) 잠정처분

법원은 압류금지채권의 범위변경에 대한 재판(민사집행법 제246조 제3항 전단 및 후단) 또는 그 변경의 재판(민사집행법 제246조 제4항, 민사집행법 제196조 제2

---

223) 법원실무제요, 민사집행[IV], 법원행정처(2020), 207.

224) 손홍수, 민사집행실무총서(II) 채권집행, 한국사법행정학회(2017), 76-77.

항)에 앞서, 채무자에게 담보를 제공하게 하거나 제공하게 하지 않고 강제집행을 일시정지하도록 명하거나, 채권자에게 담보를 제공하게 하고 그 집행을 계속하도록 명하는 등의 잠정처분을 할 수 있다(민사집행법 제246조 제4항, 제196조 제3항, 제16조 제2항).[225]

이 잠정처분의 재판에 대하여는 불복할 수 없다(민사집행법 제246조 제4항, 민사집행법 제196조 제5항). 잠정적인 성격 때문에 불복을 허용하지 않는 것이다. 압류금지채권의 범위변경신청이 기각된 경우에는 이 잠정처분은 당연히 효력을 잃는다.[226]

이 잠정처분은 본안의 결론이 나기까지의 잠정적인 조치이지만, 그 내용의 중요성을 감안하여 그 처분의 내용을 양 당사자에게 고지하여야 한다(민사집행규칙 제7조 제1항 제6호).

7) 재판의 고지 및 불복

신청을 받아들이는 결정은 신청인과 상대방에게 고지하여야 하고(민사집행규칙 제7조 제1항 제2호), 신청을 기각한 결정은 신청인에게 고지하여야 한다(민사집행규칙 제7조 제2항). 다만 위에서 본 잠정처분이 되어 있는 상황에서 신청이 기각되거나 각하된 때에는 신청인과 상대방 모두에게 고지하여야 한다(민사집행규칙 제7조 제1항 제6호).

압류명령을 취소하는 결정이 확정된 때에는 법원사무관 등은 압류명령을 송달받은 제3채무자에게 그 사실을 통지하여야 한다(민사집행규칙 제160조 제1항).

압류금지채권의 범위를 바꾸어 달라는 신청을 받아들인 결정에 대하여는 즉시항고를 할 수 있고(민사집행법 제246조 제4항, 제196조 제4항), 신청을 기각한 결정에 대한 불복방법에 대하여는 즉시항고에 의한다는 견해[227]와 집행에 관한 이의신청에 의한다는 견해가 있으나, 실무는 전자의 입장을 따르고 있다.[228]

8) 관련 문제: 보이스피싱 피해자의 압류금지채권 범위변경신청[229]

보이스피싱 피해자가 집행권원을 얻어서 당해 공동불법행위 가담자의 예금채권 등에 대하여 채권압류 및 추심명령을 신청하는 경우에도 보통의 경우와 마찬가지로

225) 대법원 2018. 5. 30. 선고 2015다51968 판결.

226) 주석 민사집행법(V)(제4판), 한국사법행정학회(2018), 843(양진수).

227) 손진홍, 채권집행실무, 한국사법행정학회(2019), 245; 손흥수, 민사집행실무총서(II) 채권집행, 한국사법행정학회(2017), 87.

228) 법원실무제요, 민사집행[IV], 법원행정처(2020), 206.

229) 이에 관한 상세한 내용은 손흥수, 민사집행실무총서(II) 채권집행, 한국사법행정학회(2017), 88-89 참조.

채무자의 1개월간의 생계유지에 필요한 예금으로 민사집행법 제246조 제1항 제8호, 민사집행법 시행령 제7조가 정하는 금액을 압류의 대상에서 제외하는 결정이 고지될 것이다.

이 경우 피해자가 계좌이체된 당해 계좌의 예금채권 중 압류에서 제외된 부분에 대하여도 압류를 하여 달라는 취지의 압류금지채권 범위변경 신청을 하여 오는 경우가 있다. 실무는 이때 수사기록 등 객관적인 증거에 의하여 피해금이 이체된 당해 계좌에 해당함이 입증되는 경우 예금인출을 막기 위하여 채무자에 대한 별도의 심문절차를 거침이 없이 바로 결정을 하기도 한다(이때의 심문절차는 임의적이다. 민사집행법 제23조 제2항, 민사소송법 제134조 제1항, 제2항 참조).

이와 관련하여 실무상 사법보좌관과 집행단독판사 사이의 사무분담이 문제되는 부분이 있다.

한편, 실무상 제3채무자가 보이스피싱 피해자로부터 채무자 명의의 계좌에 대하여 '전기통신금융사기 피해 방지 및 피해금 환급에 관한 특별법'에 따른 지급정지 요청을 받고 관할 경찰서장으로부터 범죄 관련 계좌수사(등록·해제) 협조 의뢰를 받아 채무자 명의의 계좌를 부정계좌로 등록하고 그 즉시 지급정지 조치를 취하였으므로, 채무자가 제3채무자에 대하여 가지는 예금채권은 양도성이 없어 압류금지채권에 해당한다는 이유로 즉시항고를 하는 경우가 있다. 그러나 위와 같은 사정만으로는 채무자가 제3채무자에 대하여 가지는 예금채권이 양도금지채권에 해당한다고 할 수는 없을 것이다. 압류금지의 규정은 채권자의 희생 하에 채무자를 보호하는 예외적인 것이므로 이를 쉽게 확장해석해서는 안 된다.

6. 압류할 채권이 채무자의 채권자 자신에 대한 채권인 경우

채권집행은 원래 집행채권자-집행채무자-제3채무자 세 당사자를 전제로 하는 것이지만, 채권자가 스스로를 제3채무자로 하여 채무자의 자신에 대한 채권을 압류하는 것도 허용된다.[230)]

230) 대법원 2017. 8. 21.자 2017마499 결정, 대법원 2018. 5. 30. 선고 2015다51968 판결.

7. 압류될 적격이 없는 채권에 대한 압류[231)]

집행법원은 압류명령을 하기 전에 직권으로 채권의 압류될 적격을 심사하여 피압류적격이 없는 때에는 압류명령의 신청을 각하하여야 한다. 급여채권, 주택임대차보증금 반환채권 등과 같이 채권의 일정 부분에 대해서만 피압류적격이 없는 때에는 그 해당 부분에 대한 신청만을 각하할 수 있다.

그러나 압류채권자는 압류명령을 신청할 때 그 채권이 압류할 수 있다는 것을 적극적으로 설명할 의무가 없고, 집행법원도 채무자나 제3채무자를 심문하지 않고 압류명령을 하기 때문에, 결국 압류채권자의 신청만을 가지고 조사하여 판단할 수밖에 없다. 그러므로 주장 자체로 분명하지 않는 한 압류될 적격이 없다는 것을 밝히기는 어렵다.

압류될 적격이 없는 채권임에도 이를 간과하고 한 압류명령은, 실체법상 효력이 발생하지 않는다는 의미에서 무효이지만 절차법적으로 당연무효라고는 할 수 없으므로, 그 외관을 제거하기 위하여 즉시항고에 의하여 취소될 수 있다. '피압류채권의 부존재'(주장 자체로는 피압류적격이 있으나 실제로는 그 채권이 존재하지 않는 경우)와 달리 '압류될 적격의 흠결'은 즉시항고의 사유가 되므로 제3채무자는 즉시항고의 방법으로도 압류명령을 다툴 수 있다. 대법원은, 제1심 법원이 성질상 압류할 수 없는 채무자의 권한을 피압류적격이 있다고 잘못 판단하여 그에 대한 채권압류·추심명령 신청을 받아들이고, 항고심 법원이 채무자와 제3채무자의 즉시항고를 모두 기각하자 제3채무자가 재항고한 사안에서, 제1심 결정을 유지한 항고심 결정을 파기하고, "제1심 결정을 취소하고, 이 사건 채권압류 및 추심명령 신청을 각하한다."라는 결정(자판)을 하였다.[232)]

압류될 적격이 없는 채권에 대하여 압류명령을 한 경우에도, 압류명령도 하나의 재판인 이상 이를 당연무효라고는 할 수 없고, 다만 '실체법상 효력이 발생하지 않는다'는 의미에서 무효가 되고, 만일 압류명령 외에 추심명령이나 전부명령이 내려졌다면 제3채무자는 이러한 실체법상 무효를 이유로 추심금 또는 전부금 청구를 거절할 수 있다.[233)]

---

231) 법원실무제요, 민사집행[IV], 법원행정처(2020), 210-211.

232) 대법원 2014. 12. 30.자 2014마1407 결정.

233) 대법원 1987. 3. 24. 선고 86다카1588 판결, 대법원 2000. 7. 4. 선고 2000다21048 판결, 대법원 2008. 6. 12. 선고 2008다11702 판결, 대법원 2014. 1. 23. 선고 2013다71180 판결 등.

제3장 압류절차

Ⅰ. 압류명령의 신청

1. 신청의 방식 및 요건

가. 서면 신청

채권에 대한 강제집행절차는 채권자의 압류명령 신청에 따라 개시된다. 압류신청은 서면으로 하여야 한다(민사집행법 제4조). 압류명령의 신청은 채권자 본인뿐만 아니라 대리인도 할 수 있다.

공동소송의 요건을 갖춘 경우라면 여러 명의 채권자가 공동하여 동일한 채권에 대하여 1개의 신청서로 압류명령을 신청하는 것도 가능한데(민사집행법 제23조, 민사소송법 제65조), 이를 '공동압류'라 한다. 선정당사자에 의한 신청도 가능하다(민사집행법 제23조, 민사소송법 제53조). 우리 민사집행법은 채권의 공동압류에 관하여 명문의 규정을 두고 있지 않으나, 그것이 허용된다는 데에는 별다른 이견이 없다.[1)]

이러한 공동압류의 경우에는 단독압류에 준하여 여러 압류채권자를 위하여 1개의 압류명령을 하고 1개의 집행절차가 진행되므로, 압류 후 현금화절차도 공동으로 신청하여야 한다. 다만 공동압류라 하더라도 집행권원상 여러 명의 채권자가 조합관계에 있어 하나의 채권을 준합유하는 등의 특별한 사정이 있는 경우 외에는 실질적으로 채권자별로 여러 개의 집행관계가 존재하는 것으로 볼 수 있으므로, 채권자 중 1인이 압류명령 신청을 취하하거나 1인에 대하여 강제집행의 정지·취소 사유가 발생하더라도 다른 채권자의 집행에는 영향이 없는 것이 원칙이다.[2)]

채무자의 제3채무자에 대한 여러 개의 채권 또는 채무자의 여러 명의 제3채무자에 대한 채권에 관하여 1개의 신청서로 압류명령을 신청하는 것도 가능하다. 다만, 금전채권과 소유권이전등기청구권처럼 압류의 대상인 채권의 성질 및 집행방법이 다른 경우에는 별개로 신청하여야 한다는 견해가 있다.[3)]

압류명령과 추심명령, 전부명령의 신청은 병합하여 함께 할 수 있고 또 그것이 보통이다. 이때에는 각각 독립된 사건으로 취급하고 인지도 별도로 붙인다.[4)]

---

1) 주석 민사집행법(V)(제4판), 한국사법행정학회(2018), 427(노재호). 공동압류에 관하여 상세한 설명은 유형웅, "채권에 대한 공동압류·추심명령의 법률관계", 민사집행법연구(한국민사집행법학회지) 제14권, 한국사법행정학회(2018), 249-314 참조.

2) 법원실무제요, 민사집행[IV], 법원행정처(2020), 211.

3) 박준의, 신채권집행실무, 유로(2015), 311.

4) 법원실무제요, 민사집행[IV], 법원행정처(2020), 212.

나. 인지첩부 등

압류명령 신청서에는 2,000원의 인지를 붙여야 한다(민사소송 등 인지법 제9조 제4항 제1호). 수 개의 집행권원에 기하여 1건의 신청으로 채권압류 및 추심(또는 전부)명령을 신청한 경우, 압류명령과 추심(또는 전부)명령은 수 개의 신청을 편의상 1건으로 신청한 것이므로 각 집행권원의 수에 상응하는 인지를 붙여야 한다(재민 87-9). 그리고 압류명령의 송달비용 그 밖에 집행비용을 예납하여야 한다.

다. 그 밖에 필요한 서면

압류명령을 신청하기 위해서는 강제집행의 요건과 강제집행개시의 요건을 갖추어야 한다. 즉 집행권원이 집행력 있는 정본에 기초하여야 하고, 집행권원의 송달(민사집행법 제39조 제1항, 다만 예외 있음), 집행문 및 증명서 등본의 송달(민사집행법 제39조 제2, 3항), 이행 시일의 도래(민사집행법 제40조 제1항), 담보제공증명서의 제출 및 그 등본의 송달(민사집행법 제40조 제2항), 반대의무의 제공(민사집행법 제41조) 등의 요건을 갖추어야 한다. 따라서 신청 시에는 신청서 외에 집행력 있는 정본(민사집행규칙 제159조 제1항), 집행당사자 및 제3채무자가 법인인 때에는 그 자격증명, 대리인에 의한 신청일 때에는 위임장, 그 밖에 강제집행개시의 요건을 증명하는 서면 등을 붙여야 한다.

그리고 민사집행법 제224조 제3항의 규정에 따라 가압류를 명한 법원이 있는 곳을 관할하는 지방법원에 채권압류를 신청하는 때에는 가압류결정서 사본과 가압류 송달증명을 붙여야 한다(민사집행규칙 제159조 제2항).

집행채권이 어음·수표채권인 경우에도 압류명령을 신청하면서 집행법원에 어음이나 수표를 제출할 필요는 없다.[5)]

한편, 물상대위권의 행사로서 채권압류 및 추심·전부명령을 신청하는 경우 담보권의 존재를 증명하는 서류를 제출하면 되고, 일반채권자로서 강제집행을 하는 것이 아니므로 집행권원은 필요하지 않다.[6)]

2. 신청의 내용

신청서에는 다음의 사항을 적어야 한다(민사집행법 제225조, 민사집행규칙 제

5) 법원실무제요, 민사집행[IV], 법원행정처(2020), 212.

6) 대법원 1992. 7. 10.자 92마380, 381 결정.

159조 제1항). 규정은 없지만 당연히 신청연월일, 관할 집행법원도 적는다. 접수사무를 담당하는 법원 직원은 기재사항이 누락된 것을 발견한 때에는 당사자로 하여금 보충하도록 권고하여야 한다.[7]

가. 신청의 취지와 이유

신청서에는 채권압류명령의 신청임을 표시하는 문언이 있어야 한다. 가압류에서 본압류로 이전하는 압류명령을 신청하는 때에는 그 취지도 적어야 한다. 다만 채권압류를 구하는 취지가 분명하면 충분하고, 결정의 주문(압류선언)에 해당하는 구체적인 신청의 취지를 적을 필요까지는 없다.[8]

나. 집행당사자와 그 대리인의 표시

채권집행의 당사자는 집행채권자와 집행채무자이다. 제3채무자는 이해관계인일 뿐 집행당사자는 아니다.

누가 집행채권자이고 집행채무자인지는 강제집행의 기초가 되는 집행력 있는 집행권원 정본의 기재(집행문이 필요한 경우에는 집행문의 기재)에 의하여 형식적으로 결정된다. 이는 집행당사자적격이 누구에게 있는가 하는 문제와는 구별된다.

집행권원상의 청구권(이하 '집행채권')이 양도되어 대항요건을 갖춘 경우에는 집행당사자적격이 양수인으로 변경되며, 양수인이 승계집행문을 부여받음에 따라 집행채권자가 양수인으로 확정된다. 승계집행문의 부여로 인하여 양도인에 대한 기존 집행권원의 집행력은 소멸한다.[9] 따라서 그 후 양도인을 상대로 제기한 청구이의의 소는 피고적격이 없는 자를 상대로 한 소이거나 이미 집행력이 소멸한 집행권원의 집행력 배제를 구하는 것으로 권리보호의 이익이 없어 부적법하다.[10]

이러한 법리에 비추어 보면, 민사집행법 제248조에 따라 공탁이 이루어져 배당절차가 개시된 다음 집행채권이 양도되고 그 채무자에게 양도 통지를 했더라도, 양수인이 승계집행문을 부여받아 집행법원에 제출하지 않은 이상, 집행법원은 여전히 배당절차에서 양도인을 배당금채권자로 취급할 수밖에 없다. 이러한 상태에서는 양수인

7) 법원실무제요, 민사집행[IV], 법원행정처(2020), 212.

8) 법원실무제요, 민사집행[IV], 법원행정처(2020), 213.

9) 대법원 2008. 2. 1. 선고 2005다23889 판결, 대법원 2016. 1. 14. 선고 2015다23284 판결, 대법원 2019. 1. 31. 선고 2015다26009 판결.

10) 대법원 2008. 2. 1. 선고 2005다23889 판결.

이 집행법원을 상대로 자신에게 배당금을 지급하여 달라고 청구할 수 없다. 양수인이 집행채권 양수 사실을 집행법원에 소명하였다고 하더라도 마찬가지이다. 집행채권의 양도와 채무자에 대한 양도 통지가 있었더라도, 승계집행문의 부여·제출 전에는 배당금채권은 여전히 양도인의 책임재산으로 남아 있게 된다. 따라서 승계집행문의 부여·제출 전에 양수인의 채권자가 위 배당금채권에 대한 압류 및 전부명령을 받았다고 하더라도, 이는 무효이다.[11]

집행채권자와 집행채무자는 그 이름(명칭)과 주소 또는 거소로 특정되어야 하는데, 집행력 있는 정본에 적힌 사항과 일치하여야 한다. 따라서 개명, 상호변경, 주소변경 등의 바뀐 사항이 있으면 이를 증명하는 주민등록표 초본, 법인등기사항증명서 등의 자료를 제출하여야 한다.

미성년자나 피성년후견인 등 제한능력자의 경우에는 법정대리인을 적어야 하고, 법인인 경우에는 대표자를 표시하여야 한다. 법정대리인이나 대표자가 없으면 사전에 특별대리인의 선임을 신청하여야 한다.[12]

집행채무자 적격이 없는 자를 집행채무자로 하여 받은 압류명령은 형식적으로 확정되더라도 그 실체법상 효력이 인정되지 않는다. 따라서 집행권원에 표시된 채무자의 상속인이 상속을 포기하였음에도 불구하고, 집행채권자가 그에 대하여 상속을 원인으로 한 승계집행문을 부여받아 동인의 채권에 대한 압류 및 전부명령을 신청하고, 이에 따라 집행법원이 채권압류 및 전부명령을 하여 그 명령이 확정되었다고 하더라도, 채권압류 및 전부명령이 집행채무자 적격이 없는 자를 집행채무자로 하여 이루어진 이상, 피전부채권의 전부채권자에게의 이전이라는 실체법상의 효력은 발생하지 않는다. 이는 집행채무자가 상속포기 사실을 들어 집행문부여에 대한 이의신청 등으로 집행문의 효력을 다투어 그 효력이 부정되기 이전에 채권압류 및 전부명령이 이루어져 확정된 경우에도 그러하다.[13]

다. 제3채무자와 그 대리인의 표시[14]

채권의 압류명령은 제3채무자에게 송달되어야 하고, 경우에 따라서는 제3채무자의 보통재판적이 집행법원을 결정하는 데에도 의미를 가지므로(민사집행법 제224조

11) 대법원 2019. 1. 31. 선고 2015다26009 판결.
12) 법원실무제요, 민사집행[IV], 법원행정처(2020), 214.
13) 대법원 2002. 11. 13. 선고 2002다41602 판결.
14) 법원실무제요, 민사집행[IV], 법원행정처(2020), 214-215.

제2항 본문), 압류신청서에도 제3채무자를 적어야 한다. 이는 피압류채권을 특정하기 위하여도 필요하다. 제3채무자의 표시는 통상 채권자, 채무자의 다음에 적고, 그 특정방법이나 대리인의 기재 등은 집행당사자의 경우와 다르지 않다. 제3채무자가 여러 명인 경우에는 이를 병합하여 적을 수 있다.

채권집행절차에서 제3채무자는 집행당사자가 아니라 이해관계인에 불과하여, 압류명령을 신청하기 이전에 제3채무자가 사망하였다는 사정만으로는 채무자에 대한 강제집행요건이 구비되지 않았다고 볼 수 없으므로, 이미 사망한 자를 제3채무자로 표시한 압류명령이 있었다고 하더라도 이러한 오류는 경정결정에 의하여 시정될 수 있다. 따라서 그 후 제3채무자의 표시를 사망자에서 그 상속인으로 경정하는 결정이 있고 그 경정결정이 확정되는 경우에는 당초의 압류명령 정본이 제3채무자에게 송달된 때에 소급하여 제3채무자가 사망자의 상속인으로 경정된 내용의 압류명령의 효력이 발생한다.15)

제3채무자가 국가나 지방자치단체인 경우, 행정관청 또는 기초자치단체 내 행정구는 당사자가 아님에 유의하여야 한다. 제3채무자가 대한민국인 때에는 법률상 대표자인 법무부장관 외에 그 채권채무관계의 소관기관을 기재하는 것이 보통이다.

공무원 또는 대기업 직원의 임금 또는 퇴직금 채권에 대한 압류명령을 신청하는 때에도 채무자의 이름과 주소 외에 소속 부서, 직위, 주민등록번호 등 채무자를 특정할 수 있는 사항을 적도록 한다(재민 94-3). 사립학교 교직원이 아닌 공립 초·중등학교 교육공무원의 급여를 받을 권리 등을 압류하고자 하는 경우 제3채무자는 특별시·광역시 및 도가 되며 그 대표자는 도지사가 아닌 교육감이 된다(지방교육자치에 관한 법률 제18조 제2항).

라. 집행권원 및 집행채권(청구금액)의 표시

1) 집행권원의 표시

신청서에는 집행권원을 표시하여야 한다. 집행권원의 표시는 집행권원의 종류(확정판결·공정증서 등)를 밝히고 사건번호 등을 가지고 특정하면 된다. 채권압류명령의 주문에 압류되는 채권들이 모두 명시되어 있는 이상, 그 명령의 이유에 압류되는 채권 중 일부 채권에 관한 집행권원의 기재가 누락되어 있다고 하더라도, 그와 같은 사정만으로 그 집행권원의 기재가 누락된 일부 채권에 대하여 위 압류명령의 효력이

15) 대법원 1998. 2. 13. 선고 95다15667 판결.

미치지 않는다고 볼 수는 없다.[16)]

2) 집행채권(청구금액)의 표시

가) 집행권원에 기초한 금액

신청서에는 집행채권을 표시하여야 하는데, 집행채권은 집행권원에 표시된 것과 일치하여야 한다. 청구금액이 압류될 채권액을 초과할 수도 있다.

집행권원에 표시된 채권의 일부에 대해서만 집행문이 부여되었다면(민사집행규칙 20조 1항), 집행문이 부여된 범위 내에서만 강제집행이 가능함은 물론이다. 집행권원에 여러 개의 채권이 표시된 경우에는 어느 채권을 위하여 집행을 구하는가를 분명히 하여야 하며, 채권의 일부에 대하여 집행을 구할 때에도 같다.[17)]

강제집행에서 채권자가 채무자에 대하여 가지는 집행채권의 범위는 집행권원에 표시된 바에 의하여 정하여지므로, 집행권원상 차용원금 채권 및 이에 대한 그 '변제기까지의 이자' 이외에 '변제기 이후 다 갚을 때까지의 지연손해금 채권'에 대하여는 아무런 표시가 되어 있지 않는 한 그 지연손해금 채권에 대하여는 강제집행을 청구할 수 없다.[18)]

집행권원이 소송비용액확정결정인 경우에도, 소송비용액확정결정에 따른 소송비용액상환의무는 소송비용액확정결정이 확정됨으로써 이행기가 도래하고, 채무자가 그 이행기가 도래하였음을 안 때로부터 지체책임을 지게 되나,[19)] 그 지연손해금은 소송비용액확정결정에 표시할 수 없으므로 별도로 집행권원을 얻지 않는 한 지연손해금을 청구금액에 포함할 수 없다.[20)]

나) 부대청구

실무에서는 제3채무자의 입장에서 압류명령에 의하여 지급이 금지되는 범위가 분명하지 않다는 등의 이유로 '신청 당시까지'의 구체적인 금액을 계산하여 확정액으로 표시하도록 하고 있다. 예를 들어 '○○원(대여금), ○○원[위 금원에 대한 20 . . .부터 20 . . .(신청 시)까지의 이자 및 지연손해금], 합계 ○○원'과 같이 표시한다. 그러나 이 경우 압류신청 이후 발생할 장래의 이자나 지연손해금에 관하여도 청구할 수 있는지에 관하여 논의가 있고, 이를 인정하는 취지의 판례도 있다. 즉 대법원

16) 대법원 2009. 11. 26. 선고 2006다37106 판결.
17) 법원실무제요, 민사집행[IV], 법원행정처(2020), 215.
18) 대법원 1994. 5. 13.자 94마542, 543 결정.
19) 대법원 2008. 7. 10. 선고 2008다10051 판결.
20) 박준의, 신채권집행실무, 유로(2015), 258; 주석 민사집행법(V)(제4판), 한국사법행정학회(2018), 433(노재호).

1999. 12. 10. 선고 99다36860 판결은, 원금과 이에 대한 '변제일까지'의 부대채권을 집행채권으로 하여 채권압류 및 전부명령을 받은 경우에, 집행채권의 원금의 변제일은 전부명령이 제3채무자에게 송달된 때가 되어 결국 집행채권액은 원금과 제3채무자에 대한 전부명령 송달 시까지의 부대채권액을 합한 금액이 되므로, 피압류채권은 그 금액 범위 안에서 전부채권자에게 이전한다고 판단하였다.

다) 당사자가 복수인 경우

채권자나 채무자가 복수인 경우 각각의 채권자의 각각의 채무자에 대한 청구금액을 분명히 적어야 한다. 공동압류, 즉 여러 명의 채권자가 공동하여 동일한 채권에 대하여 하나의 신청으로 압류명령을 신청하는 경우에 각 채권자별로 집행채권 및 피압류채권을 구분하여 명시하는 것이 원칙이나, 여러 명의 채권자가 조합관계에 있어 집행채권을 준합유하거나 혹은 불가분채권, 연대채권 관계에 있는 경우에는 그렇지 않다.[21)]

한편, 여러 명의 채권자가 분할채권 관계에 있는데도 압류명령에서 각 채권자별로 집행채권 및 피압류채권을 구분하여 명시하지 않고 총액으로 기재한 경우, 제3채무자의 입장에서는 불가분관계에 있는 채권자들이 단일한 압류명령을 한 것으로 해석할 수도 있기 때문에 무효로 할 것은 아니라는 견해가 있다.[22)]

라) 집행비용

집행비용도 동시에 청구할 수 있다(대법원 2002. 1. 21.자 2001마5293 결정은, 채권압류명령신청서에 집행비용도 함께 청구하는 취지가 명기되어 있다면, 집행비용까지 포함하여 채권압류 및 추심·전부명령이 발령되어야 한다고 판단하였다). 강제집행에 필요한 비용은 채무자가 부담하고 그 집행에 의하여 우선적으로 변상을 받도록 규정되어 있기 때문이다(민사집행법 제53조 제1항). 이 경우에는 신청서에 그 내역을 분명히 하여 금액을 표시하여야 한다.

민사집행법 제53조 제1항이 정하는 '강제집행에 필요한 비용'에는 집행준비비용,[23)] 압류명령신청서의 인지액, 서기료 등과 같이 이미 발생한 것과, 예납한 채무자 및 제3채무자에 대한 압류명령 송달비용 등 그 발생이 확실한 것이 포함된다.[24)]

---

21) 유형웅, "채권에 대한 공동압류·추심명령의 법률관계", 민사집행법연구(한국민사집행법학회지) 제14권, 한국사법행정학회(2018), 254-258.

22) 유형웅, "채권에 대한 공동압류·추심명령의 법률관계", 민사집행법연구(한국민사집행법학회지) 제14권, 한국사법행정학회(2018), 272-277.

23) 집행준비비용의 구체적인 예는 박준의, 신채권집행실무, 유로(2015), 270 참조.

24) 법원실무제요, 민사집행[IV], 법원행정처(2020), 216.

위 '강제집행에 필요한 비용'에는 가압류가 본압류로 이행된 이후의 가압류의 집행비용도 당연히 포함된다(민사집행법 제291조, 제53조 제1항).[25] 가압류의 집행이 있은 후 그 가압류가 본압류로 이행된 때에는 가압류집행이 본집행에 포섭됨으로써 당초부터 본집행이 있었던 것과 같은 효력이 있는바,[26] 가압류만 되어 있을 뿐 아직 본압류로 이행되지 않은 단계에서는 가압류채권자가 그 가압류의 집행비용을 추심할 수 없지만, 가압류에서 본압류로 이행된 이후에는 민사집행법 제53조 제1항의 적용을 받게 되므로 가압류의 청구금액 외에, 그 가압류의 집행비용 및 본집행의 비용 중 가압류의 본압류로의 이행에 대응하는 부분까지도 추심할 수 있다.[27] 다만, 가압류의 집행비용은 본집행의 기록에 분명히 나타나지 않으므로 채권자가 그 비용을 본집행과 동시에 추심하려면 소명을 하여야 한다.[28]

금전채권에 대한 강제집행에 있어서는 집행기관이 현실의 현금화에 관여하지 않으므로, 채권압류명령에 집행비용이 표시되지 않는 한 채권자는 전부명령에 의하여 제3채무자로부터 집행비용의 변제를 받을 수 없고, 추심명령에 의하여 제3채무자로부터 압류채권을 수령하여 집행비용의 변제에 충당할 수 없으며, 민사집행규칙 제24조에 따라 집행비용확정결정을 받는 방법으로 집행비용을 추심하여야 한다.[29]

마. 압류할 채권(피압류채권)의 종류와 액수

1) 압류할 채권의 특정

가) 특정의 필요성

압류의 효력이 발생하면 압류된 채권에 관하여 채무자의 처분이 금지되고 제3채무자의 채무자에 대한 변제도 금지되기 때문에 어느 채권이 얼마만큼 압류된 것인지 채무자와 제3채무자가 구별할 수 있어야 한다. 또한, 집행법원으로서도 피압류적격이 있는지 판단하려면 압류할 채권이 특정되어 있어야 한다.

제3채무자는 순전히 타의에 의하여 다른 사람들 사이의 법률분쟁에 편입되어 압류명령에서 정한 의무를 부담하는 것이므로, 이러한 제3채무자는 압류된 채권이나 그 범위를 파악함에 있어 과도한 부담을 가지지 않도록 보호할 필요가 있다. 따라서

25) 대법원 2006. 11. 24. 선고 2006다35223 판결.
26) 대법원 2002. 3. 15.자 2001마6620 결정, 대법원 2010. 10. 14. 선고 2010다48455 판결.
27) 대법원 2006. 11. 24. 선고 2006다35223 판결, 대법원 2011. 6. 28.자 2011마267 결정 참조.
28) 주석 민사집행법(V)(제4판), 한국사법행정학회(2018), 435(노재호).
29) 대법원 2008. 12. 24. 선고 2008도7771 판결.

'압류할 채권의 표시'에 기재된 문언은 그 문언 자체의 내용에 따라 객관적으로 엄격하게 해석하여야 하고, 그 문언의 의미가 불명확한 경우 그로 인한 불이익은 압류신청채권자에게 부담시키는 것이 타당하므로, 제3채무자가 통상의 주의력을 가진 사회평균인을 기준으로 그 문언을 이해할 때 포함 여부에 의문을 가질 수 있는 채권은 특별한 사정이 없는 한 압류의 대상에 포함되었다고 보아서는 안 된다.[30]

이는 다음과 같은 관점에서도 설명될 수 있다. 즉 집행채무자의 제3채무자에 대한 채권에 관하여 이를 양수하거나 압류 또는 가압류하거나 그 채권에 다른 권리를 설정받는 등으로 법적 이해관계를 맺으려고 하는 사람은 집행채무자와 아울러 제3채무자에게 그 채권의 존부는 물론이고 법적·사실적 장애 내지 제약을 포함한 채권의 내용에 관하여 문의하는 방식으로 그 이해관계를 일정한 내용으로 맺는 또는 맺지 않는 재산적 결정을 함에 필요한 정보를 얻으려고 하는 일이 빈번히 일어난다. 따라서 제3채무자가 집행채무자에 대한 자신의 채무를 목적으로 행하여진 압류 등의 효력에 관하여 명확하게 알 수 있도록 하는 것이 바람직하고, 그로 하여금 이에 관하여 애매모호한 인식밖에 가질 수 없도록 하는 것은 재화의 원활한 유통 또는 운용이라는 우리 법이 일반적으로 추구하는 이익에 제대로 부응한다고 하기 어렵다. 이러한 점은 압류 등으로 집행채무자의 재산에 관하여 채권자 등 다수의 관여를 예정하는 절차가 개시된 경우에는 더욱 요청된다.[31]

나) 특정의 방법과 정도

(1) 채권의 종류와 액수 등

신청서에는 압류할 채권의 특정을 위하여 압류할 채권의 종류와 액수를 밝혀야 한다.

다만 집행채권자는 채무자의 채권에 관하여 그 발생원인 등을 구체적으로 알기 어려우므로, 압류명령의 대상인 채권의 표시는 이해관계인 특히 제3채무자로 하여금 다른 채권과 구별할 수 있을 정도로 기재가 되어 그 동일성의 인식을 저해할 정도에 이르지 않으면 충분하다.[32] 피압류채권의 액수는 그 총액까지 정확하게 특정할 필요는 없고 '… 채권 중 위 청구채권액' 정도로 표시하면 충분하다. 같은 종류의 채권이

30) 대법원 2012. 10. 25. 선고 2010다47117 판결, 대법원 2013. 6. 13. 선고 2013다10628 판결, 대법원 2013. 12. 26. 선고 2013다26296 판결, 대법원 2015. 9. 10. 선고 2013다216273 판결, 대법원 2018. 5. 30. 선고 2015다51968 판결.

31) 대법원 2013. 6. 13. 선고 2013다10628 판결.

32) 대법원 2011. 4. 28. 선고 2010다89036 판결.

2개 이상이어서 채권의 종류로만 특정하는 것이 불가능하다면, 채권의 액수를 추가하여 특정하면 된다. 채권의 액수를 알 수 없거나, 같은 종류이고 같은 액수의 채권이 2개 이상이라면 다른 특징(변제기, 예금계좌번호 등)을 이용하여 특정을 해야 한다. 피압류채권의 선택적 기재는 제3채무자의 지위를 불안하게 하고 집행의 명확성을 해치므로 허용되지 않는다.[33)]

압류할 채권의 일부에 대하여만 압류명령을 신청하는 때에는 그 범위를 적어야 한다(민사집행규칙 제159조 제1항 제3호). 액수의 표시가 없으면 채권 전부를 피압류채권으로 한 것으로 본다. 압류금지채권에 대하여는 압류가 허용되는 한도 안에서 그 범위를 특정하여야 한다. 그러나 이러한 제한이 없는 경우에는 소액의 집행채권으로 다액의 금전채권 전부를 압류하는 것도 가능하고(압류할 채권이 하나일 때에는 피압류채권액이 집행채권과 집행비용을 합한 액수를 초과하여도 무방하다), 또한 채권 일부를 압류한 뒤에 그 나머지 부분을 초과하여 다시 압류명령이 내려지게 되면 압류의 효력은 자동적으로 그 채권의 전부에 대하여 미치게 된다(민사집행법 제235조). 따라서 채권집행에서 압류범위의 특정은 압류할 채권 자체의 특정만큼 중요한 의미를 가지는 것은 아니라고 할 수 있다.[34)]

(2) 채무자의 제3채무자에 대한 여러 개의 채권을 압류하는 경우

채무자가 제3채무자에 대하여 여러 개의 채권을 가지고 있고, 채권자가 그 각 채권 전부를 대상으로 하여 집행채권액의 범위에서 압류 신청을 할 경우, 채권자는 여러 개의 채권 중 어느 채권에 대하여 어느 범위에서 압류를 신청하는지 신청취지 자체로 명확하게 인식할 수 있도록 특정하여야 한다. 압류의 대상과 범위를 특정하지 않고 단지 그 여러 개의 채권 전부를 압류의 대상인 채권으로 나열하고 그 중 집행채권액과 동등액에 대한 압류를 구하는 등으로 금액만을 한정하여 압류 등 결정을 받게 되면, 채무자와 제3채무자는 그 압류 등 결정에 의하여 지급이나 처분이 금지된 대상이 무엇인지를 명확하게 구분할 수가 없고, 그 결과 채무자가 압류 등의 대상이 아닌 부분에 대한 권리 행사를 하거나 제3채무자가 압류된 부분만을 구분하여 공탁을 하는 등으로 부담을 면하는 것이 불가능하기 때문이다.[35)]

특정의 구체적 방법으로는, 청구금액을 안분하여 피압류채권별로 압류 범위를 특정하는 방법이 실무상 널리 받아들여지고 있다. 이는 피압류채권의 특정에도 문제

33) 법원실무제요, 민사집행[IV], 법원행정처(2020), 218.

34) 법원실무제요, 민사집행[IV], 법원행정처(2020), 218.

35) 대법원 2012. 11. 15. 선고 2011다38394 판결, 대법원 2013. 12. 26. 선고 2013다26296 판결.

가 없고 초과압류의 위험도 없다. 다만 실제로 압류된 부분이 압류명령에서 기재된 금액보다 적어 채권자에게 불리할 수 있는데, 최근 법원의 실무 경향은 특별한 사정이 없는 한 일단 안분하여 압류신청을 하도록 하고, 제3채무자에 대한 진술최고 등을 통해 피압류채권이 존재하지 않거나 과소함이 소명되면 추가압류를 허용하여 채권자와 채무자의 이해관계를 조절하고 있는 것으로 보인다.[36]

한편, ① 압류의 대상인 여러 채권의 합계액이 집행채권액보다 오히려 적다거나, ② 복수의 채권이 모두 하나의 계약에 기하여 발생하였거나, ③ 제3채무자가 채무자에게 그 채무를 일괄 이행하기로 약정하였다는 등 특별한 사정이 있는 경우에는, 압류할 대상인 채권별로 압류될 부분을 따로 특정하지 않았더라도 그 압류명령은 유효한 것으로 볼 여지가 있다.[37]

(3) 채무자나 제3채무자가 여러 명인 경우

채무자가 수인이거나 제3채무자가 수인인 경우에는 집행채권액을 한도로 하여 가압류 또는 압류로써 각 채무자나 제3채무자별로 어느 범위에서 지급이나 처분의 금지를 명하는 것인지를 가압류 또는 압류할 채권의 표시 자체로 명확하게 인식할 수 있도록 특정하여야 하고, 이를 특정하지 않은 경우에는 집행의 범위가 명확하지 않아 특별한 사정이 없는 한 그 가압류명령이나 압류명령은 무효라고 보아야 한다. 각 채무자나 제3채무자별로 얼마씩의 압류를 명하는 것인지를 개별적으로 특정하지 않고 단순히 채무자들의 채권이나 제3채무자들에 대한 채권을 포괄하여 압류할 채권으로 표시하고 그중 집행채권액과 동등한 금액에 이르기까지의 채권을 압류하는 등으로 금액만을 한정한 경우에, 각 채무자나 제3채무자는 자신의 채권 또는 채무 중 어느 금액 범위 내에서 압류의 대상이 되는지를 명확히 구분할 수 없고, 그 결과 각 채무자나 제3채무자가 압류의 대상이 아닌 부분에 대하여 권리를 행사하거나 압류된 부분만을 구분하여 공탁을 하는 등으로 부담을 면하는 것이 불가능하기 때문이다. 그리고 압류의 대상인 수인의 채무자들의 채권 합계액이나 채무자의 수인의 제3채무자

36) 법원실무제요, 민사집행[IV], 법원행정처(2020), 219.

37) 대법원 2012. 11. 15. 선고 2011다38394 판결. 한편, 대법원 2013. 12. 26. 선고 2013다26296 판결은, 채무자가 제3채무자에 대하여 특정 공사계약에 따라 공사대금, 공사지원금, 자재대금, 하도급업자에게 지급한 자재비 대위변제금 등 4가지 채권을 가지고 있었는데 그 전체에 대하여 청구금액을 151,119,920원으로 한 압류 및 전부명령이 내려진 사안에서, 피압류채권의 총액이 82,000,000원에 불과한 점, 위 4가지 채권 모두 하나의 공사계약에서 파생되어 발생한 채권들인 점 등을 고려하여 각 채권별로 압류될 부분을 따로 특정하지 않았다고 하여 압류 및 전부명령이 무효라고 할 수 없다고 판단하였다.

들에 대한 채권 합계액이 집행채권액을 초과하지 않는다 하더라도, 개별 채무자 및 제3채무자로서는 자신을 제외한 다른 모든 채무자들의 채권액이나 모든 제3채무자들의 채무액을 구체적으로 알고 있는 특별한 경우가 아니라면 자신에 대한 집행의 범위를 알 수 없음은 마찬가지이므로 달리 볼 것은 아니다.[38]

(4) '순서에 의한 피압류채권의 특정'을 허용할 수 있는지

(가) 여러 개의 예금채권을 압류하는 경우 허용되는 특정 방법[39]

여러 개의 예금채권을 압류하는 경우에 실무는 아래와 같이 '순서에 의한 예금채권의 특정'을 허용하고 있다. 예금채권은 성질상 채권액이 확실하고 제3채무자인 금융기관은 일정한 조건에 따라 해당 예금채권을 정확하게 특정할 수 있는 법률지식과 시스템을 충분히 갖추고 있기 때문이다.

[기재례]

○○원
채무자가 제3채무자에 대하여 가지는 예금 및 각 계좌에 장래 입금될 예금 중 다음에 기재한 순서에 따라 위 청구금액에 이르기까지 금액. 다만 민사집행법 제246조 제1항 제7호, 제8호 및 같은 법 시행령에 의하여 압류금지의 범위에 해당되는 보험금 및 예금(예금 계좌가 여러 개인 경우 총 잔액 기준) 등을 제외한다.

\- 다 음 -

1. 현재 입금되어 있는 것과 장래 입금되는 것은 다음 순서에 의한다.
   ① 현재 입금되어 있는 것, ② 장래에 입금되는 것
2. 여러 종류 또는 여러 계좌의 예금 중에서 선행의 질권설정 또는 압류, 가압류가 있는 경우에는 다음 순서에 의한다.
   ① 질권설정 및 압류, 가압류가 없는 것, ② 압류, 가압류는 있으나 질권설정이 없는 것, ③ 질권설정은 있으나 압류, 가압류가 없는 것, ④ 질권설정 및 압류, 가압류가 있는 것
3. 여러 종류의 예금 등이 있는 경우에는 다음 순서에 의한다.
   ① 보통예금, ② 저축예금, ③ 자유저축예금, ④ 정기예금, ⑤ 정기적금, ⑥ 별단예금, ⑦ MMF, ⑧ MMDA, ⑨ 신탁예금, ⑩ 채권형예금, ⑪ 부금, ⑫ 주택청약예금, ⑬ 주택청약부금, ⑭ 주택청약저축, ⑮ CMA, ⑯ 기업자유예금, ⑰ 당좌예금

38) 대법원 2014. 5. 16. 선고 2013다52547 판결.
39) 법원실무제요, 민사집행[IV], 법원행정처(2020), 220.

4. 같은 종류의 예금이 여러 계좌에 있는 때에는 계좌번호가 빠른 예금부터 압류한다.

(나) 그 밖의 채권들

아래와 같이 '순서에 의한 피압류채권의 특정'을 제한적으로 긍정하는 견해가 있다. 즉, 피압류채권의 순서를 정해서 압류명령을 하는 경우, 제3채무자는 스스로 보관 중인 장부 등 자료에 따라 각 채권에 대한 압류의 액수를 판단하지 않으면 안 되는데, 법률지식을 충분히 갖지 못한 제3채무자가 순서를 잘못 판단할 경우, 압류시점에 피압류채권액이 불확실한 경우나 그 액수를 인정할 자료가 불확실하여 각 채권별 객관적인 압류액과 제3채무자의 주관적 인식 사이에 차이가 발생할 경우에는 제3채무자가 불측의 손해를 입을 우려가 있으므로, 예금채권과 같이 제3채무자가 전문적인 법률지식을 갖고 있고, 채권의 성질상 채권액이 부정확할 수 없으며, 제3채무자의 주관과 객관 사이에 차이가 발생할 수 없는 채권에 한하여 순서에 의한 피압류채권의 특정을 인정하고, 그 외의 채권에 대하여는 이를 허용해서는 안 된다는 것이다.[40]

다) 압류의 효력이 미치는 범위에 관한 해석

채권압류·추심명령의 '압류할 채권의 표시'에 기재된 문언은 그 문언 자체의 내용에 따라 객관적으로 엄격하게 해석하여야 하고, 그 문언의 의미가 불명확한 경우 그로 인한 불이익은 압류 등 신청채권자가 부담하는 것이 타당하다. 따라서 제3채무자가 통상의 주의력을 가진 사회평균인을 기준으로 그 문언을 이해할 때 포함 여부에 의문을 가질 수 있는 채권은 특별한 사정이 없는 한 압류 등의 대상에 포함되었다고 보아서는 안 된다.[41]

라) 피압류채권이 특정되지 않을 때의 효과

피압류채권의 특정은 압류명령의 효력발생요건이다. 따라서 피압류채권을 특정하지 않은 압류명령 신청은 부적법하므로 집행법원은 이를 각하하여야 한다. 집행법원이 이를 간과하여 압류명령에서도 피압류채권이 특정되지 않은 경우 압류명령은 효력이 발생하지 않는다. 피압류채권의 불특정을 나중에 채권자가 보완하더라도 압류명령이 소급하여 유효로 되는 것은 아니다.[42]

40) 이영창, "채권가압류에서 복수의 피압류채권들의 특정방법", 대법원판례해설 제93호, 법원도서관(2012년 하), 392.

41) 대법원 2012. 10. 25. 선고 2010다47117 판결, 대법원 2013. 6. 13. 선고 2013다10628 판결, 대법원 2013. 12. 26. 선고 2013다26296 판결, 대법원 2015. 9. 10. 선고 2013다216273 판결, 대법원 2018. 5. 30. 선고 2015다51968 판결.

그리고 채권의 추심명령은 압류한 금전채권을 대위절차 없이 추심할 수 있게 해 주는 것으로서 유효한 압류명령이 있음을 전제로 하므로, 압류할 채권이 특정되지 않아 압류명령에 따른 압류의 효력이 발생하지 않는 경우에는 그에 따른 추심명령도 효력이 없다. 그와 같은 경우 채무자는 즉시항고로써 압류 및 추심명령의 효력을 다툴 수 있지만, 제3채무자도 추심금 소송에서 추심명령의 무효를 주장하여 다툴 수 있다.[43] 전부명령은 압류채권자가 압류된 채권을 지급에 갈음하여 채무자로부터 이전받는 것이므로, 피압류채권의 불특정으로 압류의 효력이 발생할 수 없다면 전부명령도 마찬가지라고 볼 수밖에 없을 것이다.[44]

2) 구체적 표시례

이하 통상 압류의 대상이 되는 채권의 표시 사례를 살펴본다.

가) 매매대금: 계약의 일시, 매매의 목적물 등에 의하여 특정하면 된다.

> ○○원
> 채무자가 제3채무자에게 20 . . . 매도한 다음 물건에 대한 ○○원의 매매대금채권

나) 대여금: 대여일시, 금액 등에 의하여 특정한다. 변제기, 이율 등의 기재도 압류의 범위를 분명하게 하는 데 도움이 된다.

> ○○원
> 채무자가 제3채무자에 대하여 20 . . . 대여한 ○○원의 반환채권

다) 급료 등: 채무자가 제3채무자로부터 받을 급료라고 표시하면 일단 특정되나, 제3채무자가 많은 종업원을 고용하고 있을 때에는 채무자의 구체적인 소속부서 등을 표시하여 줄 필요가 있다. 나아가 채무자가 장차 퇴직할 경우에 대비하여 퇴직금도 아울러 압류하는 것이 보통이다. 급료채권의 시기는 반드시 특정하지 않아도 무방한데, 이는 아직 현실로 지급되지 않은 채권 전부에 압류의 효력이 미치기 때문이다.

> ○○원
> 채무자가 제3채무자로부터 매월 수령하는 급료(본봉 및 제수당) 및 매년 6월과 12

42) 대법원 1973. 1. 30. 선고 72다2151 판결 참조.
43) 대법원 2012. 11. 15. 선고 2011다38394 판결 등.
44) 법원실무제요, 민사집행[IV], 법원행정처(2020), 221.

> 월에 수령하는 기말수당(상여금) 중 제세공과금을 뺀 잔액의 1/2씩 위 청구금액에 이를 때까지의 금액(다만 국민기초생활 보장법에 의한 최저생계비를 감안하여 민사집행법 시행령이 정한 금액에 해당하는 경우에는 이를 제외한 나머지 금액, 표준적인 가구의 생계비를 감안하여 민사집행법 시행령이 정한 금액에 해당하는 경우에는 이를 제외한 나머지 금액) 및 위 청구금액에 달하기 전에 퇴직한 때에는 퇴직금 중 제세공과금을 공제한 잔액의 2분의 1이 위 청구금액에 이를 때까지의 금액(다만 근로자퇴직급여 보장법 7조에 의하여 압류가 금지되는 채권은 제외)

라) 주택임대차보증금: 임대차의 목적물, 임대차의 일시 등에 의하여 특정할 수 있다. 주택임대차보호법 제8조, 같은 법 시행령의 규정에 따라 우선변제를 받을 수 있는 금액은 압류하지 못하므로(민사집행법 제246조 제1항 제6호), 주택임대차의 보증금 반환채권을 압류할 경우에는 이러한 압류금지 부분도 기재하는 것이 원칙이다.

> ○○원
> 채무자가 제3채무자로부터 20 . . . 서울에 있는 아파트 ○동 ○호를 임차하면서 제3채무자에게 지급한 임대차보증금 ○○원의 반환채권(다만 주택임대차보호법 8조에 규정된 소액임차보증금 중 최우선변제금액에 해당하는 금액은 제외)

마) 공사대금: 계약의 일시와 도급의 목적물에 의하여 특정하면 된다. 건설사업자가 도급받은 건설공사의 도급금액 중 그 공사(하도급한 공사를 포함한다)의 근로자에게 지급하여야 할 임금에 상당하는 금액은 압류할 수 없으므로(건설산업기본법 제88조 제1항), 이러한 압류금지 부분도 적는 것이 원칙이다.

> ○○원
> 채무자와 제3채무자 사이의 20 . . .자 택지조성공사 도급계약에 따른 채무자의 ○○원의 공사대금채권(다만 건설산업기본법 제88조 제1항에 따른 임금채권은 제외)

바) 공탁금 지급청구권: 공탁당사자, 공탁원인, 공탁일자 등에 의하여 특정할 수 있다. 이로써 특정이 가능하면 반드시 공탁번호까지 적어야 하는 것은 아니다. 그러나 동일한 채무자를 피공탁자로 하는 여러 개의 공탁금이 한 공탁소에 별개의 사건번호로 존재하는 경우에는 공탁번호까지 적어야 공탁금 출급청구권이 특정되는 경우도 있을 수 있다. 여러 개의 공탁금을 압류하는 경우 각 공탁사건별로 압류할 금액을 분명하게 적어야 한다.

○○원
채무자가 제3채무자에 대하여 가지는, 20 . . . 공탁자 ***가 아래 물건의 매매대금으로서 ○○지방법원 20 년 금제 호로 공탁한 ○○원의 출급청구권

공탁물 회수청구권의 경우에도 비슷하다.

○○원
채무자가 제3채무자에 대하여 20 . . . 피공탁자를 ○○○으로 하여 아래 물건의 매매대금으로서 ○○지방법원 20 년 금제 호로 공탁한 ○○원의 회수청구권

○○원
채무자가 ○○지방법원 20 카단(합) 가처분신청사건의 담보로서 ○○지방법원 20 년 금제 호로 공탁한 ○○원의 회수청구권

사) 예금채권

(1) 채권자는 일반적으로 예금의 내용을 정확히 파악하기 어려우므로 제3채무자인 은행으로 하여금 압류당한 예금이 어느 것인가를 구별하여 특정할 수 있을 정도로 적으면 될 것이다. 따라서 예금의 계좌번호, 개설일자 등을 반드시 적을 필요는 없고, 예입점포, 예금주, 예금의 종류 및 계좌 등을 가지고 특정하면 된다.

예입점포에 관하여는 예입한 해당 지점을 적지 않고 본점만 표시하더라도 무방하다. 따라서 지점의 예금에 대하여 본점을 제3채무자로 하여 압류명령이 본점에 송달되더라도 유효하다고 보아야 한다. 본점과 지점은 동일한 법인격을 갖고 있고, 모든 금융기관은 예금계좌를 전산화하여 통일적으로 관리하고 있기 때문이다.[45] 다만, 은행이 전국에 많은 지점을 둔 관계로 압류된 예금의 지급정지 조치를 취하기 위하여 불가피한 시간이 소요되는 경우 지점에서 예금채권의 압류 사실을 알지 못하고 또 과실도 없이 그 시간 내에 예금채권을 지급하고 말았다면, 채권의 준점유사에 대한 변제에 관한 민법 제470조를 유추적용하여 제3채무자인 은행의 면책을 인정할 수 있다.[46]

45) 법원실무제요, 민사집행[IV], 법원행정처(2020), 224.

46) 대법원 2004. 2. 13. 선고 2003다58720 판결(이 경우 선의·무과실의 주장·입증책임은 제3채무자에게 있다고 할 것인바, 제3채무자인 은행의 선의·무과실을 인정하기 위하여는 압류결정정본이 제3채무자의 본점에 송달된 후 그에 대한 지급정지조치를 취함에 통상 소요되는 시간이 어느 정도인지의 점 이외에도 위 예금인출 당시 제3채무자 및 다른 은행이 운영하던 전산시스템의 구

(2) 국내은행의 본점에 압류명령을 송달하더라도 해외지점의 예금채권에 대하여는 압류의 효력이 미치지 않는다. 해외지점은 외국에 소재하면서 본점이나 국내지점과는 달리 별도로 그 소재지인 외국의 법령에 따른 인가를 받아 그 외국의 은행으로 간주되고, 본점 및 국내지점과 전산망이 연결되어 있지도 않으며, 해외지점에 예치한 예금은 그 해외지점이 소재한 외국에서만 인출할 수 있을 뿐 이를 국내에서 처분하기 위해서는 다시 국내로의 송금 절차를 거쳐야만 하기 때문이다.[47)]

(3) 예금주에 관하여는 그 주소나 성명에 약간의 잘못이 있더라도 압류명령의 기재를 통하여 실제의 예금주를 쉽게 파악할 수 있는 경우에는 압류명령은 유효하다고 보아야 한다.

(4) 예금주에게 한 종류의 예금 1개 계좌만 있을 때에는 반드시 예금의 종류와 계좌를 명시하지 않더라도 특정된다고 볼 수 있으나, 종류나 계좌가 여러 개인 경우에는 그 종류 또는 계좌를 특정하여야 한다.

예금의 액수를 반드시 기재할 필요는 없다. 다만 이를 기재한 경우에 실제의 예금액이 적힌 예금액보다 적을 때에는 실제의 예금액 전액에 압류의 효력이 미치고, 그 반대이면 적힌 예금액에 한하여 압류의 효력이 미친다.[48)]

(5) 특정 계좌에 현재 입금되어 있는 예금채권뿐만 아니라 장래에 입금될 예금도 압류가 가능한데, 장래에 입금될 예금도 압류하고자 한다면 압류할 채권의 표시에 '장래에 입금될 예금'을 분명하게 기재하여야 한다. 압류 및 추심명령의 압류할 채권의 표시에 '채무자가 제3채무자에 대하여 가지는 다음의 예금채권 중 다음에서 기재한 순서에 따라 위 청구금액에 이를 때까지의 금액'이라고 적혀 있고, 그 아래에 '1. 압류되지 않은 예금과 압류된 예금이 있는 때에는 다음 순서에 의하여 압류한다. (중략) 2. 여러 종류의 예금이 있는 때에는 다음의 순서에 의하여 압류한다. (중략) 3. 같은 종류의 예금이 여러 계좌 있는 때에는 계좌번호가 빠른 예금부터 압류한다'라고 기재된 경우에, 위 문언의 기재로써 압류 및 추심명령의 송달 이후에 새로 입금되는 예금채권까지 포함하여 압류되었다고 보는 것은 통상의 주의력을 가진 사회평균인을 기준으로 할 때 의문을 품을 여지가 충분하므로, 이 부분 예금채권까지 압류의 대상이라고 해석할 수는 없다.[49)]

조와 내용, 제3채무자가 취한 예금지급정지 방식 자체가 합당한 것인지 여부 및 제3채무자 본점의 문서수발직원의 인원수가 적정한 것이었는지 여부 등의 제반 사정을 두루 살펴야 할 것이다).

47) 국세징수법에 따른 압류에 관한 대법원 2014. 11. 27. 선고 2013다205198 판결 참조.

48) 법원실무제요, 민사집행[IV], 법원행정처(2020), 224.

은행의 금전신탁 상품의 경우 실질은 예금이 아니라 신탁이므로,[50] 예금채권을 압류하면서 압류할 채권의 표시에 '신탁예금'을 포함하였더라도 금전신탁에 따른 수익금채권에 압류의 효력이 미치지 않을 수 있음을 유의하여야 한다. 판례도 채권압류 및 추심명령의 '압류 및 추심할 채권의 표시' 부분에 각종 예금들을 열거하면서 그중 '신탁예금'을 포함시켜 기재한 사안에서, 위 채권압류·추심명령의 대상은 어디까지나 예금채권에 한정되고, 그 문언의 기재로써 은행에 신탁계약의 방법으로 보관되어 있는 이사의 확정급여형 퇴직연금을 포함한다고 보기 어렵다고 판단하였다.[51]

바. 집행권원에 기초한 청구권의 일부에 관해서만 압류명령을 신청하는 때에는 그 범위

채권 중 일부에 관해서만 집행을 신청한 경우에 뒤에 집행채권을 확장할 수 없다. 나머지 채권에 대하여 만족을 얻으려면 새로운 압류절차나 배당요구를 하여야 한다.[52]

3. 압류명령신청서에 붙일 서류

가. 집행력 있는 정본

채권에 대한 압류명령신청서에는 집행력 있는 정본을 붙여야 한다. 강제집행은 집행력 있는 정본(집행문이 있는 판결정본 등)이 있어야 할 수 있으므로(민사집행법 제28조 제1항), 신청서에 집행력 있는 정본을 붙이도록 하는 것은 당연하다.

나. 가압류에서 본압류로 이전하는 경우

1) 가압류에서 본압류로 이전되는 압류명령을 신청하는 때에는 가압류결정서 사본과 가압류 송달증명을 붙여야 한다(민사집행규칙 제159조 제2항). 이는 압류명령의 신청 단계에서 민사집행법 제224조 제3항의 규정에 따른 관할의 존부를 판단하기 위한 것이다. 다만, 위 각 서류가 제출된 경우에도 집행법원은 압류명령을 하기에 앞서 가압류 기록을 현출시켜, 가압류의 피보전권리와 청구채권의 동일성 여부, 가압류가 유효한지 여부 등을 심사하여야 할 것이다.

49) 대법원 2012. 10. 25. 선고 2010다47117 판결.
50) 대법원 2007. 11. 29. 선고 2005다64552 판결.
51) 대법원 2018. 5. 30. 선고 2015다51968 판결.
52) 법원실무제요, 민사집행[IV], 법원행정처(2020), 225.

2) 가압류한 지명채권에 대하여 가압류에서 본압류로 이전하는 내용의 주문이 누락된 채 압류 및 추심명령이 내려졌다 하더라도, 가압류 및 압류·추심의 당사자 사이에 서로 동일성이 인정되고, 가압류의 피보전채권과 압류·추심의 집행채권 사이 및 가압류 대상 채권과 압류·추심 대상 채권 사이에 서로 동일성이 인정되는 경우에는, 해당 가압류는 특별한 사정이 없는 한 당연히 본압류로 이전되는 효력이 생긴다. 따라서 압류 및 추심명령에 가압류에서 본압류로 이전한다는 취지의 주문이 없더라도 그 처분금지효는 가압류결정이 제3채무자에게 송달된 이후부터 발생한다.[53]

3) 가압류채권자로부터 그 피보전권리를 양수한 채권양수인은 승계집행문을 부여받지 않더라도 피보전권리를 양수하였음을 소명하여 가압류의 효력을 원용할 수 있으므로,[54] 가압류신청서, 채권양도양수계약서, 채권양도통지서 등을 붙이면 충분하고 승계집행문을 받을 필요는 없다.[55]

4) 가압류 후에 가압류된 채권이 제3자에게 양도된 경우에는 가압류채권자와의 관계에서 그 채권양도는 효력이 없으므로 가압류에서 이전하는 본압류는 채권양도인(가압류채무자)을 집행채무자로 하여 신청하면 된다. 가압류 후에 가압류된 채무가 제3자에게 면책적으로 인수된 경우에도 가압류채권자와의 관계에서 그 채무인수는 효력이 없으므로 원래의 채무자를 제3채무자로 하여 가압류에서 이전하는 본압류를 신청하면 된다.[56]

그런데 예외적으로 대항력이 있는 주택임대차의 경우에는 임차주택의 양수인이 임대인의 지위를 승계한 것으로 간주되고(주택임대차보호법 제3조 제4항), 그 효과로써 임대차보증금반환채무가 임차주택의 양수인에게 면책적으로 인수되며,[57] 이는 임대차보증금 반환채권이 가압류된 경우에도 마찬가지라고 보아야 한다[채권이 가압류 또는 압류되더라도 그 발생원인인 계약의 인수는 가능한데,[58] 임차주택의 양수인은 양도인의 임대차계약상 지위 자체를 승계한다]. 따라서 임차인의 임대차보증금 반환채권이 가압류된 상태에서 임대주택이 양도되면 양수인이 채권가압류의 제3채무자의 지위도 승계하고, 가압류권자 또한 임대주택의 양도인이 아니라 양수인에 대하여만

---

53) 대법원 2010. 10. 14. 선고 2010다48455 판결.
54) 대법원 2012. 4. 26. 선고 2010다94090 판결 참조.
55) 법원실무제요, 민사집행[IV], 법원행정처(2020), 226.
56) 법원실무제요, 민사집행[IV], 법원행정처(2020), 226.
57) 대법원 1987. 3. 10. 선고 86다카1114 판결 등.
58) 대법원 2015. 5. 14. 선고 2012다41359 판결.

위 가압류의 효력을 주장할 수 있다.[59] 이와 같이 채권가압류의 제3채무자 지위가 승계된 경우에는 임차주택의 양수인을 제3채무자로 하여 가압류에서 이전하는 본압류를 신청하여야 하고, 첨부서류로 가압류결정서 사본과 가압류 송달증명 외에도 임차권의 대항력을 증명하는 서면 및 해당 주택에 관한 등기사항증명서 등을 붙여야 할 것이다.[60]

II. 집행법원

1. 의의

원래 민사집행법에서 규정한 집행행위에 관한 법원의 처분이나 그 행위에 관한 법원의 협력사항을 관할하는 집행법원은 법률에 특별히 지정되어 있지 않으면 집행절차를 실시할 곳이나 실시한 곳을 관할하는 지방법원이 되는데(민사집행법 제3조 제1항), 민사집행법 제224조는 채권에 대한 강제집행에 관하여 특별히 집행법원을 지정하고 있다.

민사집행법 제224조에 의한 관할은 전속관할이고(민사집행법 제21조), 당사자가 합의에 의하여 변경할 수 없다. 손해나 지연을 피하기 위한 재량이송도 허용되지 않는 것이 원칙이다(민사집행법 제23조 제1항, 민사소송법 제35조 단서).

2. 원칙적 관할: 채무자의 보통재판적이 있는 곳의 지방법원

가. 집행채무자의 보통재판적

1) 의의 및 취지

채권에 대한 강제집행은 집행법원의 압류명령에 의하여 개시하고, 압류명령의 집행법원은 1차적으로 채무자의 보통재판적(민사소송법 제3조 ~ 제6조)이 있는 곳의 지방법원이 된다(민사집행법 제224조 제1항).

여기서 '채무자'는 강제집행의 채무자, 즉 압류의 대상인 채권의 채권자를 가리킨다.

채권에 대한 담보권의 실행 또는 물상대위권의 행사 절차에도 민사집행법 제

59) 대법원 2013. 1. 17. 선고 2011다49523 전원합의체 판결.

60) 법원실무제요, 민사집행[IV], 법원행정처(2020), 227.

224조가 준용되는데(민사집행법 제273조), 다음과 같은 점을 유의할 필요가 있다. 채권질권의 설정자(담보제공자)와 그 질권에 의해서 담보되는 채권의 채무자가 다른 경우에 강제집행의 방법에 의한 질권의 실행에서는 집행채무자가 되는 것은 압류의 대상인 채권의 채권자(담보제공자)이고, 피담보채권의 채무자는 아니다. 토지에 관한 저당권자가 물상대위에 의하여 수용보상금 채권에 대하여 압류 및 추심·전부명령을 신청하는 경우에도 관할법원은 토지의 소재지가 아니라 수용보상금 채권을 갖는 토지 소유자의 보통재판적을 기준으로 결정된다.[61]

2) 보통재판적 결정의 기준

사람의 보통재판적은 그의 주소에 따라 정하되, 대한민국에 주소가 없거나 주소를 알 수 없는 경우에는 거소에 따라 정하고, 거소가 일정하지 않거나 거소도 알 수 없으면 마지막 주소에 따라 정한다(민사소송법 제3조). 주소란 생활의 근거되는 곳이나(민법 제18조 제1항), 실무에서는 주민등록법에 따라 신고된 거주지를 기준으로 하고 있다.

법인, 그 밖의 사단 또는 재단의 보통재판적은 이들의 주된 사무소 또는 영업소가 있는 곳에 따라 정하고, 사무소와 영업소가 없는 경우에는 주된 업무담당자의 주소에 따라 정한다(민사소송법 제5조 제1항). 외국법인, 그 밖의 사단 또는 재단의 보통재판적은 대한민국에 있는 이들의 사무소·영업소 또는 업무담당자의 주소에 따라 정한다(민사소송법 제5조 제2항).

채무자의 보통재판적이 여러 개 있으면(민법 제18조 제2항 참조) 채권자의 선택에 따라 그 중 하나의 보통재판적이 있는 곳의 지방법원에 압류명령을 신청할 수 있다.

3) 채무자가 여러 명인 경우

채무자가 여러 명이고 그 보통재판적이 서로 다른 때에는 그 집행법원도 각각 다르게 된다. 민사집행법에 정한 재판적은 전속관할에 해당하고(민사집행법 제21조), 전속관할이 정하여진 소에는 민사소송법 제25조의 관련재판적 규정이 적용되지 않으므로(민사소송법 제31조), 위의 경우에도 관련재판적 규정이 적용되지 않는다고 보아야 한다(민사집행법 제23조 제1항).

압류될 채권이 상속재산에 속하는 때에는 집행채무자는 상속인이고, 그들이 여러 사람인 경우에는 그 보통재판적에 따라 채무자별로 집행법원이 정해진다.

4) 유언집행자, 상속재산관리인, 파산관재인이 선임된 경우

61) 법원실무제요, 민사집행[IV], 법원행정처(2020), 228-229.

유언집행자가 선임되었더라도 그는 당사자가 아니고 상속인의 법정대리인으로 간주될 뿐이므로(민법 제1103조 제1항), 유언집행자의 보통재판적은 토지관할의 기준이 될 수 없다.

반면, 상속인의 존부가 분명하지 않아 상속재산관리인이 선임된 때(민법 제1053조)에는 그 관리인의 보통재판적이 있는 곳의 지방법원이 집행법원이 된다(민사소송법 제5조 제1항 후단). 파산재단에 속하는 채권을 압류한 경우에도 위와 동일하게 파산관재인의 보통재판적에 의하여 관할을 정하게 된다.

나. 지방법원

채권에 대한 압류명령 등 강제집행 사건은 지방법원 또는 그 지원이 관할한다(민사집행법 제224조 제1항). 집행권원이 소액사건심판법을 적용받는 민사사건에 관한 것이라도 보전처분 사건과 달리 시·군법원이 관할하지는 못한다(법원조직법 제34조 제1항 참조).

사물관할은 지방법원 또는 그 지원의 단독판사에게 속한다.

다만 압류 및 추심·전부명령 등 채권에 대한 강제집행절차에서 법원 사무의 대부분은 사법보좌관이 그 업무를 수행할 수 있다(법원조직법 제54조 제2항, 사법보좌관규칙 제2조 제1항 제9호).

3. 보충적 관할: 물건이 있는 곳 또는 제3채무자의 보통재판적이 있는 곳

채무자의 보통재판적이 없을 때, 예를 들어 채무자가 국내에 주소나 거소 등이 없고, 마지막 주소도 판명되지 않을 때 또는 채무자인 외국법인이 대한민국 내에 사무소·영업소 또는 업무담당자를 두고 있지 않을 때 등에는 압류한 채권의 채무자(=제3채무자)의 보통재판적이 있는 곳의 지방법원이 집행법원이 된다(민사집행법 제224조 제2항 본문). 그러나 물건의 인도를 목적으로 하는 채권이나 물적 담보권 있는 채권의 경우에는 그 물건이 있는 곳의 지방법원이 집행법원이 된다(민사집행법 제224조 제2항 단서).

민사집행법 제224조 제2항은 '제1항의 지방법원이 없는 경우'에 적용되는 것이므로, 채무자의 보통재판적이 있는 경우에는 위 규정이 적용될 여지가 없다. 즉 물건이 있는 곳에 의한 관할은 채무자의 보통재판적이 있는 곳에 의한 관할과 경합하는 것이 아니고 이를 보충하는 것일 뿐이다.[62)]

4. 특례: 가압류에서 이전되는 채권압류의 경우

가압류에서 이전되는 채권압류의 경우에는 가압류를 명한 법원이 있는 곳을 관할하는 지방법원이 집행법원이 된다(민사집행법 제224조 제3항).

채권이 가압류된 후에 본압류로 이전되는 경우에 본압류의 집행법원은 가압류결정과 그 송달 여부, 피보전권리의 내용 등을 확인하여야만 그 압류가 가압류로부터 본압류로 이전되는 것인지 알 수 있다. 그런데 채권자가 하나의 채권에 대하여 순차로 가압류와 본압류를 하는 경우에 그 관할법원이 서로 일치하지 않을 수 있고, 이에 따라 민사집행법 제정 전에는 실무상 본압류법원이 가압류기록을 통하여 가압류결정과 송달 여부 및 피보전권리의 내용을 확인하는 데 곤란을 겪는 사례가 종종 발생하였다. 민사집행법은 이 문제를 해결하기 위하여 가압류에서 이전되는 채권압류의 경우에는 가압류를 명한 법원이 있는 곳을 관할하는 지방법원을 집행법원으로 규정함으로써 집행법원이 간편하게 가압류기록을 확인할 수 있도록 하였다.[63] 다만 여러 건의 가압류가 경합되어 있어서 배당절차에 들어가는 경우에는 나머지 가압류기록은 여전히 송부받게 될 것이다.[64]

이 관할법원은 지방법원으로 되어 있고, 지방법원과 그 지원의 심판권은 단독판사가 행사하는 것이 원칙이므로(법원조직법 제7조 제4항), 고등법원이나 지방법원 합의부가 가압류를 한 경우에도 지방법원 단독판사가 이 규정에 의한 관할법원이 된다. 또한 시·군법원 판사가 소액사건심판법을 적용받는 민사사건을 본안으로 하는 가압류를 한 경우에는 해당 지방법원 또는 그 지원이 이 규정에 의한 관할법원이 되고, 가정법원이 가압류를 한 경우에는 해당 가정법원 소재지를 관할하는 지방법원이 이 규정에 의한 관할법원이 된다.[65]

가압류의 피보전권리가 아닌 다른 집행채권을 추가하여 신청하거나 가압류한 채권이 아닌 다른 채권을 추가로 압류하고자(제3채무자 추가를 포함하여) 신청하는 경우 추가된 부분에 대해서는 가압류와 관련 없는 별개의 압류명령을 신청하는 것으로 보고 집행법원을 정해야 할 것이다. 반면, 예를 들어 청구금액을 2억 원으로 하여 가압류를 하였다가 본안소송에서 3억 원의 승소확정판결을 받은 후 가압류한 채권에

---

62) 법원실무제요, 민사집행[IV], 법원행정처(2020), 230.
63) 법원실무제요, 민사집행[IV], 법원행정처(2020), 231.
64) 주석 민사집행법(V)(제4판), 한국사법행정학회(2018), 420(노재호).
65) 법원실무제요, 민사집행[IV], 법원행정처(2020), 231.

대하여 압류명령을 신청하였는데 가압류의 피보전권리와 집행채권이 청구기초가 동일한 경우에는, 가압류에서 본압류로 이전하는 2억 원뿐만 아니라 추가된 1억 원에 관하여도 가압류를 명한 법원이 있는 곳을 관할하는 지방법원이 집행법원이 된다. 일부 금액만으로 가압류를 하였더라도 그 효력이 가압류된 채권 전부에 미치고, 이를 분리하여 관할을 정할 실익도 없기 때문이다.[66]

5. 국제재판관할

강제집행은 국가권력의 행사이므로 강제집행의 목적물이 국내에 없는 경우에는 우리나라의 집행기관이 집행을 실시할 수 없는 것이 원칙이지만, 강제집행의 대상이 채권인 경우에는 제3채무자가 외국에 있더라도 그에게 압류명령을 송달하기만 하면 압류의 효력이 발생하고 그 밖에 집행절차상 다른 실력행사가 필요하지 않기 때문에 제3채무자가 외국에 있다는 이유만으로 대한민국 법원의 집행재판권을 부정할 것은 아니다.[67]

그런데 채권에 대한 강제집행에 관하여 외국적 요소가 있는 경우, 예를 들어 채무자나 제3채무자가 국내에 주소·영업소 등이 없는 경우 대한민국 법원에 국제재판관할이 인정되는지 문제된다.

국제사법 제2조는 "① 법원은 당사자 또는 분쟁이 된 사안이 대한민국과 실질적 관련이 있는 경우에 국제재판관할권을 가진다. 이 경우 법원은 실질적 관련의 유무를 판단함에 있어 국제재판관할 배분의 이념에 부합하는 합리적인 원칙에 따라야 한다. ② 법원은 국내법의 관할 규정을 참작하여 국제재판관할권의 유무를 판단하되 제1항의 규정의 취지에 비추어 국제재판관할의 특수성을 충분히 고려하여야 한다."라고 규정하고 있는데, 이는 채권집행의 국제재판관할을 판단할 때에도 참고가 될 수 있다. 여기에다가 채권집행의 관할을 규정한 민사집행법 제224조를 아울러 고려하여, 채무자의 보통재판적이 국내에 있거나, 그렇지 않다고 하더라도 제3채무자의 보통재판적 또는 물건의 인도를 목적으로 하는 채권과 물적 담보권 있는 채권에 대한 집행에서 그 물건이 국내에 있는 경우에는 특별한 사정이 없는 한 대한민국 법원이 국제재판관할권을 가진다고 볼 수 있을 것이다.[68]

---

66) 법원실무제요, 민사집행[IV], 법원행정처(2020), 231-232.

67) 법원실무제요, 민사집행[IV], 법원행정처(2020), 232.

68) 주석 민사집행법(V)(제4판), 한국사법행정학회(2018), 422(노재호).

6. 관할 유무의 심리

가. 관할 유무의 직권조사[69)]

신청된 채권집행에 대하여 법원에 관할이 있는지 아닌지에 대하여 법원이 직권으로 조사하여야 한다.

채무자가 개인인 경우 보통재판적이 문제로 되는 때 집행권원에 표시된 주소와 채권집행 신청서에 기재된 주소가 동일한 때에는 특단의 자료가 첨부되어 있지 않아도 무방할 것이나, 집행권원상의 표시와 신청서의 기재가 상이한 경우에는 채무자의 주민등록초본 또는 채권자의 신청서에 의하여 채무자의 보통재판적이 소명되어야 할 것이다.

채무자가 법인, 그 밖의 사단 또는 재단인 경우 보통재판적이 문제로 되는 때 관할지역 내에 주된 사무소 또는 영업소가 있거나, 사무소와 영업소가 없는 경우에는 관할지역 내에 주된 업무담당자의 주소가 있음이 소명되어야 할 것이다.

나. 관할의 존재시기

관할은 압류명령을 신청한 때를 표준으로 정하므로(민사집행법 제23조 제1항, 민사소송법 제33조), 신청 시에 관할이 존재하면 그 후 주소 등이 변경되더라도 관할권에 영향이 없다. 한편 압류명령 신청 시에 관할이 존재하지 않더라도 발령 시에 관할이 존재하면 관할권이 있는 것으로 볼 것이다.[70)]

구 민사소송법에서는 ① 압류명령과 추심·전부명령 및 특별현금화방법을 명하는 현금화처분이 각각 1개의 집행행위를 구하는 신청이라는 이유로 각 신청 시를 기준으로 하여 집행법원을 정하고, 압류명령과 별도로 신청을 하는 때에는 압류명령의 발령법원과 다른 법원이 관할하는 경우가 있다는 견해와, ② 현금화처분도 압류명령을 전제로 하고, 사건기록의 보존·정리라는 측면에서도 압류명령을 발령한 법원에서 현금화처분을 하게 하는 것이 합리적이라는 등의 이유로 관할법원을 고정하여야 한다는 견해가 대립되어 있었다.

민사집행법의 해석으로도 문언상으로는 두 가지 해석이 모두 가능하다. 다만 집행법원의 관할이 변동된다고 한다면 조문의 순서는 먼저 집행법원에 관한 규정(민사집행법 제224조)을 정하고, 그 다음에 절차의 순서에 따라 집행법원이 압류명령을

69) 손진홍, 채권집행실무, 한국사법행정학회(2019), 23-24.
70) 법원실무제요, 민사집행[IV], 법원행정처(2020), 232.

발하는 것, 현금화처분을 명하는 것을 대등하게 나열하여 규정함이 합리적일 것인데도, 민사집행법 제223조는 채권집행이 압류명령에 의하여 개시한다고 규정하고, 그 다음 조에서 채권집행의 관할법원을 정하고 있으므로, 이는 관할의 고정을 예정하고 있는 것으로 볼 수 있다. 따라서 민사집행법 제224조는 단순히 압류명령의 집행법원을 정한 것이 아니라 전체로서의 채권집행의 집행법원을 정한 것으로서, 압류명령을 한 후 추심·전부명령 등 현금화가 있기 전에 채무자의 주소지가 변경되더라도 당초 압류명령을 한 법원에 관할이 있다고 볼 수 있다.[71)]

7. 관할위반의 재판과 이송

1) 법원은 압류명령의 신청이 있을 경우에 관할의 유무를 직권으로 조사하여, 관할에 위배된 경우에는 직권으로 이를 관할법원에 이송하여야 하고(민사집행법 제23조 제1항, 민사소송법 제34조 제1항), 신청을 각하할 수는 없다. 그러나 신속한 집행을 위해서 실무에서는 채권자에게 신청을 취하하고 관할법원에 새로이 신청하도록 권고하기도 한다.[72)]

2) 직무관할에 위배된 압류명령, 예를 들어 집행관의 압류명령은 당연무효이다. 그러나 토지관할에 위배된 압류명령은 당연무효는 아니고 당사자의 즉시항고(민사집행법 227조 4항)에 의하여 취소되지 않는 한 효력이 있다. 비록 그것이 전속관할로 되어 있다고 하더라도 이해관계인의 이익조정의 견지에서 마련된 것이므로 이해관계인이 불복을 하지 않는 한 그 절차를 존중하는 것이 바람직하기 때문이다.[73)]

3) 채권집행 신청을 하는 경우 관할하는 지방법원이 수개 존재하고 그 가운데 1개의 법원에 채권자가 채권집행 신청을 하는 경우가 있을 수 있다. 이러한 경우 신청을 받은 법원은 사건에 대하여 현저한 손해 또는 지연을 피하기 위하여 다른 관할법원에서 사건을 처리하는 것이 바람직하다고 판단되는 때에는 민사소송법 제35조 본문에 의하여 사건을 다른 관할법원에 이송할 수 있다고 보는 견해가 있다.[74)]

4) 동일한 채권(피압류채권)에 대하여 중복하여 압류명령이 내려지는 것이 예정되어 있는 경우(민사집행법 제235조 제1항, 제248조 제3항 등)에, 만일 동일한 집행

71) 법원실무제요, 민사집행[IV], 법원행정처(2020), 227-228.

72) 법원실무제요, 민사집행[IV], 법원행정처(2020), 232.

73) 법원실무제요, 민사집행[IV], 법원행정처(2020), 232.

74) 손진홍, 채권집행실무, 한국사법행정학회(2019), 28-29.

법원에 사건이 계속하는 때에는 법원 내부의 절차로 복수의 사건을 조정하는 것(특히 배당 등 절차)이 가능하지만, 동일한 채권(피압류채권)에 대하여 수개의 집행법원이 존재하고 각 법원이 집행절차를 그대로 진행시키는 경우에는 상호간의 절차의 조정이 이루어지지 않아 채권자 사이에 이해의 불균형이 생길 수 있다.[75] 가령 동일한 채권에 대한 선행압류와 후행압류 사이에 채무자의 보통재판적이 변경되어 집행법원이 서로 다른 경우에 현금화절차나 배당절차를 어디에서 진행해야 하는지가 문제될 수 있는 것이다.

일본 민사집행법 제144조 제3항은 이러한 경우에 대비하여 "압류에 관련된 채권에 대하여 다시 압류명령이 내려진 경우 압류명령을 한 집행법원이 상이한 때에는 집행법원은 사건을 다른 집행법원에 이송할 수 있다."라고 규정하고 있는데, 우리의 경우에도 명문으로 이러한 규정을 두는 것이 좋을 것이다.[76] 위와 같은 경우에 위 이송재판을 어느 법원이 하는지에 대하여는 법원의 재량에 의할 것이나, 일반적으로 나중에 압류명령을 발령한 집행법원이 최초로 압류명령을 발령한 집행법원에 사건을 이송하면 될 것이라는 견해도 있다.[77]

8. 사법보좌관에 의한 업무 처리

가. 채권집행절차에서 사법보좌관이 행할 수 있는 업무

2005. 3. 24. 법률 제7402호로 법원조직법 제54조를 개정하면서 사법보좌관 제도를 도입하여 2005. 7. 1.부터 시행하고 있다. 법원조직법 제54조는, 대법원과 각급법원에 사법보좌관을 둘 수 있고(제1항), 사법보좌관은 민사소송법, 민사집행법 등에 규정된 법원의 사무 중 대법원규칙으로 정하는 업무를 할 수 있으며(제2항), 사법보좌관은 법관의 감독을 받아 업무를 수행하며 사법보좌관의 처분에 대해서는 대법원규칙으로 정하는 바에 따라 법관에게 이의신청을 할 수 있고(제3항), 사법보좌관은 법원사무관 또는 등기사무관 이상 직급으로 5년 이상 근무한 사람, 법원주사보 또는 등기주사보 이상 직급으로 10년 이상 근무한 사람 중 대법원규칙으로 정하는 사람으로 하며(제4항), 사법보좌관의 직제 및 인원과 그 밖에 필요한 사항은 대법원규칙으로 정한다(제5항)고 규정하고 있다. 이에 따라 대법원규칙인 사법보좌관규칙은 사법

75) 손진홍, 채권집행실무, 한국사법행정학회(2019), 29-30.
76) 주석 민사집행법(V)(제4판), 한국사법행정학회(2018), 422-423(노재호).
77) 손진홍, 채권집행실무, 한국사법행정학회(2019), 30.

보좌관이 할 수 있는 업무의 범위, 사법보좌관의 처분에 대한 이의신청, 업무의 감독, 사법보좌관의 자격 및 선발, 직제, 교육 그 밖에 필요한 사항을 정하고 있다.

사법보좌관은 법률과 대법원규칙이 정하는 바에 따라 법원의 업무 중 실질적 쟁송에 해당하지 않는 업무와 공증적 성격의 업무를 담당하는 일종의 사법관이다.[78)]

사법보좌관이 행할 수 있는 업무는 법원조직법 제54조 제2항, 사법보좌관규칙 제2조 제1항에서 규정하고 있는데, 그 중 채권집행절차에 관하여는 사법보좌관규칙 제2조 제1항 제9호에서 다음과 같이 규정하고 있다[사법보좌관규칙이 2005. 6. 3. 제정될 때부터 제2조 제1항 제9호 나.목에 규정되어 있던 "민사집행법 제241조 제1항의 규정에 따른 특별현금화명령"이 2020. 5. 1. 개정[79)](2020. 7. 1. 시행) 당시 삭제되었으므로 주의를 요한다].

> 9. 민사집행법 제223조 내지 제251조의 규정에 따른 채권과 그 밖의 재산권에 대한 강제집행절차에서의 법원의 사무. 다만, 다음 각목에 해당하는 사무를 제외한다.
> 가. 민사집행법 제232조 제1항 단서의 규정에 따른 채권추심액의 제한허가
> 나. 삭제 〈2020. 5. 1.〉
> 다. 민사집행법 제246조 제2항부터 제4항까지의 규정에 따른 압류금지채권의 범위변경

따라서 채권에 대한 강제집행절차에서 법원의 사무는 위에서 열거한 가.목과 다.목의 사무 외에는 모두(압류 및 추심·전부명령 포함) 사법보좌관이 행할 수 있고, 실제로 대부분의 법원에서는 이를 사법보좌관의 사무로 내부 사무분담을 정하고 있다.

나. 사법보좌관이 한 처분에 대한 불복

법원조직법 제54조 제3항 후문은 "사법보좌관의 처분에 대해서는 대법원규칙으로 정하는 바에 따라 법관에게 이의신청을 할 수 있다."라는 일반원칙을 선언하고 있다. 이것은 원래 사법보좌관의 업무를 판사가 처리하던 상황에서는 존재하지 않던 '이의신청' 제도를 새로이 설정한 것이다. 즉, 판사의 처분에 대하여는 민사소송법이

78) 법원실무제요, 민사집행[I], 법원행정처(2020), 54.

79) '개정이유'에는 "한정된 사법자원의 효율적 활용을 위하여 법관에게 유보되어 있던 민사집행절차에 부수하는 사무를 사법보좌관의 업무범위에 추가하고자 함"이라고 기재되어 있고, '주요내용'에는 "제2조 제1항 제7호 나목 및 같은 조 같은 항 제9호 나목을 각각 삭제하여 부동산의 인도명령 및 관리명령과 특별현금화명령을 사법보좌관의 업무범위에 추가함(제2조 제1항)"이라고 기재되어 있다.

나 민사집행법에 따른 통상의 불복절차에 따르면 그만이지만, 사법보좌관의 처분에 대하여는 그 이전의 단계에서 '법관에게 이의신청'을 할 수 있도록 하였다. 이에 따라 민사소송법과 민사집행법 등 절차법의 규정은 그 한도에서 변형되는 결과에 이르게 되었다. 사법보좌관은 법관이 아니므로 사법보좌관의 처분에 대하여 법관이 심사할 수 있도록 함으로써 헌법 제27조 제1항의 "모든 국민은 헌법과 법률이 정한 법관에 의하여 법률에 의한 재판을 받을 권리를 가진다."라는 규정과 헌법 제101조 제1항의 "사법권은 법관으로 구성된 법원에 속한다."라는 규정에 사법보좌관제도를 합치시키려는 조치이다. 그리하여 사법보좌관의 처분이라는 재판과 판사의 이의신청 재판이 하나의 심급에서 이루어짐으로써 사실상 제1심이 사법보좌관의 제1-1심과 판사의 제1-2심으로 나누어지게 되었다.[80]

사법보좌관이 한 처분에 대한 두 가지의 불복유형 등에 관하여는 법원실무제요, 민사집행[I], 법원행정처(2020), 79-81에 잘 정리되어 있다.

Ⅲ. 신청서의 접수

신청서가 제출되면 채권 등 집행사건으로 접수하여 사건번호 및 사건명을 붙이고 사건배당절차를 밟아 기록을 만들어 전산입력한 다음 담당재판부(사법보좌관)에 회부한다.

접수담당 법원사무관등은 신청서가 제출되면 앞서 본 신청의 요건을 증명하는 서류(집행 정본, 강제집행개시요건을 증명하는 서류, 위임장, 자격증명서 등)가 붙어 있는지 여부와 인지가 정확하게 붙어 있는지 여부를 조사한다. 접수담당자는 신청서류 등에 인지부족 등 흠을 발견하였을 때에는 바로 서류제출자에게 그 흠을 보정하도록 촉구하고, 이를 거절하거나 또는 우편제출이거나 당직이 접수하였기 때문에 흠을 보정하지 못한 서류는 그 서류에 간명하게 흠의 내용을 적은 부전지를 첨부하여 접수한다(재일 2003-8 제6조).

한편, 전자문서의 형태로 사건이 접수된 경우 사건번호는 자동으로 부여되고, 접수 담당 법원사무관등이 신청서를 심사하고 배당하게 되면 기록은 전자적으로 담당재판부로 인계된다. 이때 접수 담당 법원사무관등은 신청서에 대한 심사결과를 '신청서 심사체크리스트'에 전자적으로 표시하여 담당 재판부로 인계하여야 한다(재일

80) 법원실무제요, 민사집행[I], 법원행정처(2020), 79.

2012-1 제18조 제1항 참조).

Ⅳ. 압류명령

1. 심리

가. 서면 심리

채권압류명령의 신청이 있으면 집행법원은 신청서와 첨부서류에만 기초하여 신청의 적식 여부, 관할권의 존부, 집행력 있는 정본의 유무와 그 송달 여부, 집행개시요건의 존부, 집행장애사유의 존부, 압류의 대상인 채권의 압류될 적격의 유무, 무잉여압류 여부(민사집행법 제188조 제3항) 등에 관하여 조사한다. 그 결과 흠결이 있는 경우에 보정할 수 없는 것이면 곧바로, 보정할 수 있는 것이면 보정을 명하여 따르지 않을 때, 신청을 기각 또는 각하한다.

집행법원이 심리한 결과 채권자의 주장 자체로 압류할 채권의 존재나 집행채무자에의 귀속이 인정되지 않거나 또는 그것이 압류할 수 없는 채권임이 밝혀졌을 때에는 압류의 신청을 기각하여야 한다. 그러나 서면심사에 의하여 신청이 이유 있다고 인정되는 때에는 압류할 채권의 존부나 집행채무자에의 귀속 여부를 실질적으로 심사하거나 채무자와 제3채무자를 심문하지 않고 채권압류명령을 한다(민사집행법 제226조).

나. 집행개시요건의 심사

1) 집행권원 및 송달 확인

집행권원의 송달 여부를 확인한다(민사집행법 제39조 제1항). 통상 채권자가 제출한 송달증명으로 확인한다. 집행권원의 송달 없이 이루어진 채권압류명령은 무효이다.[81]

통상의 집행에서는 집행권원의 송달만으로 충분하고 집행문을 송달할 필요는 없으나, 조건성취집행문 또는 승계집행문이 필요한 경우에는 해당 집행문과 그 증명서의 등본을 채무자 또는 그 승계인에게 송달하여야 한다(민사집행법 제39조 제2항, 제3항). 이러한 집행문의 송달 없이 이루어진 채권압류명령은 위법하지만 즉시항고에 의하여 취소되지 않는 한 무효는 아니다.[82]

---

81) 대법원 1987. 5. 12. 선고 86다카2070 판결.

82) 대법원 1980. 5. 27. 선고 80다438 판결 참조.

공정증서가 집행권원인 경우에도 송달이 필요하다. 다만, 공증인법 제46조 또는 제50조에 따라 증서의 정본 또는 등본을 발급받은 사람에 대하여는 그 증서의 정본 또는 등본이 송달된 것으로 보도록 규정되어 있으므로(공증인법 제56조의5 제1항 단서), 다시 이를 송달할 필요가 없다. 실무는 공증을 할 때에 집행채무자에게 집행증서의 정본 또는 등본을 교부하는 것이 관례이다.[83)]

반면, 확정된 지급명령(민사집행법 제58조 제1항), 이행권고결정(소액사건심판법 제5조의8 제1항), 과태료 재판에 대한 검사의 집행명령(비송사건절차법 제249조 제2항 단서), 벌금, 몰수, 추징 등 형사재판에 대한 검사의 집행명령(형사소송법 제477조 제3항 단서)의 경우에는 송달증명이 필요 없다.[84)]

2) 기한부채권 등

채무의 이행이 확정기한의 도래에 달린 때에는 그 기한의 만료 후에 집행을 개시할 수 있으므로(민사집행법 제40조 제1항), 이행기 도래 여부를 확인한다.

집행이 채권자의 담보제공에 매인 때에는 담보를 제공한 증명서류의 제출 여부를 확인하여야 하고, 그 등본을 집행 전에 또는 동시에 채무자에게 송달하여야 한다(민사집행법 제40조 제2항).

동시이행의무가 있는 집행권원의 경우 반대의무의 이행 또는 이행의 제공 여부를 확인한다(민사집행법 제41조 제1항). 임대차보증금 반환과 건물인도의 동시이행을 명한 판결, 금전지급과 가압류취하가 동시이행관계에 있는 화해조서, 조정조서 등이 대표적인 예이다.

3) 집행채권의 조사

집행채권이 집행권원에 기초한 것인지를 조사한다. 특히, 여러 개의 주문 중 일부에 대해서만 집행문이 부여된 경우 이에 대해서 청구하는지, 금전소비대차계약 공정증서에 기초한 경우 지연손해금이 법령(이자제한법, 대부업 등의 등록 및 금융이용자 보호에 관한 법률)에서 정한 한도를 초과하는지 또는 연대보증인인 채무자의 보증한도를 초과하는지, 채무자가 한정승인을 한 경우 피압류채권의 표시가 상속재산인지 등을 조사하여야 한다.[85)]

다. 집행장애사유의 심사

83) 법원실무제요, 민사집행[IV], 법원행정처(2020), 234.
84) 법원실무제요, 민사집행[IV], 법원행정처(2020), 234-235.
85) 법원실무제요, 민사집행[IV], 법원행정처(2020), 235.

1) 집행장애사유의 대표적인 예는 채무자에 대한 회생절차개시결정(채무자 회생 및 파산에 관한 법률 제58조 제1항 등), 채무자의 파산(채무자 회생 및 파산에 관한 법률 제348조), 집행정지 또는 취소의 서면 제출(민사집행법 제49조) 등이다.

강제집행정지결정이 있으면 결정 즉시 당연히 집행정지의 효력이 있는 것이 아니고, 그 정지결정의 정본을 집행기관에 제출함으로써 집행정지의 효력이 발생함은 민사집행법 제49조 제2호의 규정취지에 비추어 분명하므로, 그 제출이 있기 전에 이미 행하여진 압류 등의 집행처분에는 영향이 없다.[86]

채무자 회생 및 파산에 관한 법률에 의한 면책결정의 확정(제566조 등)은 면책된 채무에 관한 집행력 있는 정본에 기초하여 그 확정 후 비로소 개시된 강제집행의 집행장애사유가 되지 않으나,[87] 면책절차가 진행 중이라는 사정은 집행장애사유에 해당한다(채무자 회생 및 파산에 관한 법률 제557조 제1항).[88]

2) 집행채권자의 채권자가 집행권원에 표시된 집행채권을 압류, 가압류 또는 처분금지가처분을 한 경우에는, 압류 등의 효력으로 집행채권자의 추심, 양도 등의 처분행위와 채무자의 변제가 금지되고 이에 위배되는 행위는 집행채권자의 채권자에게 대항할 수 없게 되어 집행기관은 압류 등이 해제되지 않는 한 집행할 수 없으므로, 이는 집행장애사유에 해당한다.[89] 국가가 국세징수법에 의한 체납처분으로 체납자의 채무자에 대한 집행채권을 압류한 경우에도 체납자의 양도 등의 처분행위와 해당 채무자의 변제가 금지되므로(국세징수법 제43조 참조), 집행장애사유에 해당한다.[90]

다만, 채권압류명령은 비록 강제집행절차에 나아간 것이기는 하나 추심명령이나 전부명령과는 달리 집행채권의 현금화나 만족적 단계에 이르지 않는 보전적 처분으로서 집행채권을 압류한 채권자를 해하는 것이 아니기 때문에 집행채권에 대한 압류

---

86) 대법원 2010. 1. 28.자 2009마1918 결정, 대법원 2013. 3. 22.자 2013마270 결정.

87) 대법원 2013. 9. 16.자 2013마1438 결정(면책결정 확정 후에 채권자목록에서 누락된 채권자가 지급명령을 받아 이에 기초하여 채권압류 및 추심명령이 내려진 사안), 대법원 2014. 2. 13.자 2013마2429 결정(미간행: 지급명령이 있은 후에 면책결정이 확정되자 채권자목록에서 누락된 채권자가 위 지급명령에 기초하여 채권압류 및 추심명령을 받은 사안). 이에 관한 종전의 논의는 지은희, "파산절차에서 면책결정의 확정이 채권압류 및 추심명령에 대한 적법한 항고이유가 되는지 여부", 사법논집 제61집, 법원도서관(2016), 489-491 참조. 다만, 면책을 받은 개인인 채무자에 대하여 면책된 사실을 알면서 면책된 채권에 기하여 강제집행·가압류 또는 가처분의 방법으로 추심행위를 한 자는 500만 원 이하의 과태료에 처한다(채무자 회생 및 파산에 관한 법률 제660조 제3항).

88) 대법원 2010. 7. 28.자 2009마783 결정.

89) 대법원 2000. 10. 2.자 2000마5221 결정, 대법원 2016. 9. 28. 선고 2016다205915 판결.

90) 대법원 2023. 1. 12.자 2022마6107 결정.

의 효력에 반하는 것은 아니므로, 집행채권에 대한 압류는 집행채권자가 그 채무자를 상대로 한 채권압류명령에는 집행장애사유가 될 수 없다.[91] 이는 국가가 국세징수법에 의한 체납처분으로 체납자의 채무자에 대한 집행채권을 압류한 경우에도 마찬가지이다.[92]

이처럼 집행채권에 대한 압류 등이 있은 후에 집행채권자가 그 채무자의 채권에 대하여 압류명령을 받은 경우에 그 채권압류명령의 제3채무자는 민사집행법 제248조에 따른 공탁을 함으로써 채무를 면할 수 있다. 그러나 위 채권압류명령은 보전적 처분으로서 유효한 것이고 현금화나 만족적 단계로 나아가는 데에는 집행장애사유가 존재하므로, 이를 원인으로 한 공탁에는 가압류를 원인으로 한 공탁과 마찬가지의 효력(민사집행법 제297조)만이 인정된다. 따라서 위와 같은 공탁에 따른 사유신고는 부적법하고, 이로 인하여 채권배당절차가 실시될 수는 없으며, 만약 그 채권배당절차가 개시되었더라도 배당금이 지급되기 전이라면 집행법원은 공탁사유신고를 불수리하는 결정을 하여야 한다.[93]

3) 집행법원은 강제집행의 개시나 속행에 관하여 집행장애사유가 있는지 직권으로 조사하여야 하고, 집행개시 전부터 그 사유가 있는 경우에는 집행의 신청을 각하 또는 기각하여야 하며, 만일 집행장애사유가 존재함에도 간과하고 강제집행을 개시한 다음 이를 발견한 때에는 이미 한 집행절차를 직권으로 취소하여야 한다.[94]

만일 집행법원이 파산면책절차 중의 집행신청임에도 간과하고 강제집행을 개시한 다음 이를 발견한 때에는 이미 한 집행절차를 직권으로 취소하여야 하고, 이는 그 후 면책불허가결정이 확정되었다고 하더라도 마찬가지이다.[95]

라. 그 밖의 요건 심사

민사집행절차에서 채권압류도 동산압류의 일종이므로 무잉여압류금지에 관한 민사집행법 제188조 제3항이 적용된다. 그러므로 압류할 채권액이 신청서에 집행비용으로 청구한 금액 외에 남을 것이 없는 경우에는 그 신청을 기각한다.

국가에 대한 강제집행은 국고금을 압류함으로써 하도록 제한되어 있는데(민사집

91) 대법원 2000. 10. 2.자 2000마5221 결정, 대법원 2016. 9. 28. 선고 2016다205915 판결.
92) 대법원 2023. 1. 12.자 2022마6107 결정.
93) 대법원 2016. 9. 28. 선고 2016다205915 판결.
94) 대법원 2000. 10. 2.자 2000마5221 결정, 대법원 2016. 9. 28. 선고 2016다205915 판결.
95) 대법원 2013. 7. 16.자 2013마967 결정.

행법 제192조), 국가에 대한 집행권원으로 집행하는 이상 집행권원에 기재된 소관청과 상관없이 정부의 어느 부서에서 보관하는 국고금(국고금 관리법 제2조 제1호)이든 이를 압류할 수 있다. 종래 재판예규 제1796호 '국고금 압류'(재민 61-2)는 '한국은행에 있는 국고금 압류가 가능한지', '소관청이 다른 국고금 압류가 가능한지', '국가의 동산 압류가 가능한지'에 대한 질문과 답변을 그 내용으로 하고 있었는데, 민사집행법에 규정된 내용 및 그 해석은 성질상 예규로 정하는 것이 적절하지 않고 당연한 내용이므로, 2022. 2. 8. 폐지되었다.

마. 심문의 생략[96)]

채권압류명령은 채무자와 제3채무자를 심문하지 않고 한다(민사집행법 제226조). 이는 채무자의 법적청문청구권을 제한하는 것이지만, 압류는 현상을 보전하는 효력만을 갖는 한편, 압류명령을 하기 전에 심문을 하게 되면 제3채무자와 채무자에게 압류의 사실을 미리 알리게 되어 채무자가 채권을 제3자에게 양도하는 등의 방법으로 강제집행을 방해할 우려가 있기 때문에, 채권자의 권리를 효과적으로 보호하기 위하여 이와 같은 규정을 둔 것이다. 대신 채무자는 압류명령에 대하여 즉시항고를 할 수 있으므로(민사집행법 제227조 제4항) 사후적인 법적청문의 기회는 여전히 보장되어 있다.

따라서 집행법원은 서면심사에 의하여 신청이 이유 있다고 인정되는 때에는 압류명령을 하고, 압류의 대상이 되는 채권이 실제로 존재하는지, 그것이 채무자에게 귀속되는지 등을 확정하기 위하여 채무자나 제3채무자를 심문하여서는 안 된다.

다만, 이는 압류명령을 신청한 채권자의 이익을 위한 것으로 집행법원에 대하여 원천적으로 심문을 금지하는 취지는 아니므로, 채권자의 신청이나 동의가 있으면 예외적으로 채무자나 제3채무자의 심문이 허용될 수도 있다.

한편, 이러한 심문의 금지는 압류명령 신청을 각하하거나 기각한 결정에 대하여 신청채권자가 항고나 재항고를 한 경우의 상소심 법원에도 적용된다. 그러나 압류명령 신청을 인용한 결정에 대하여 채무자나 제3채무자가 항고나 재항고를 한 경우에는 심문이 금지되지 않음은 물론이다.

바. 압류명령 신청을 각하 또는 기각하는 경우

96) 법원실무제요, 민사집행[IV], 법원행정처(2020), 237.

압류명령 신청을 각하 또는 기각하는 결정은 채권자에게만 고지하면 되고 채무자나 제3채무자에게 고지하거나 송달할 필요는 없다(민사집행규칙 제7조 제2항). 이 결정에 대하여는 채권자가 즉시항고를 할 수 있다(민사집행법 제227조 제4항).

압류할 채권액이 신청서에 집행비용으로 청구한 금액 외에 남을 것이 없는 경우에는 그 신청을 기각한다(민사집행법 제188조 제3항).

2. 압류명령의 내용

가. 압류의 선언

채권에 대한 압류명령은 집행법원의 재판으로서 그 법적 성질은 '결정'에 해당하고, 이는 판사가 아닌 사법보좌관이 압류 및 추심·전부명령을 하는 경우에도 마찬가지이다.[97]

채권압류명령의 본질은 현금화의 전제로서 압류의 대상인 권리의 처분(양도, 현금화)을 금지하는 데 있으므로, 금전채권의 압류명령에서는 제3채무자에 대한 채권을 압류한다는 취지 이외에, 제3채무자에게 본래의 채권자인 집행채무자에 대한 지급을 금지하고 채무자에게는 채권의 처분과 영수를 금지하는 내용을 포함하여야 한다(민사집행법 제227조 제1항).

이러한 압류선언 중에서 제3채무자에게 채무자에 대한 지급을 금지하는 명령은 채권압류의 효력에서 본질적인 것으로서 그 기재가 없으면 압류명령은 무효이다.[98] 반면, 채무자에게 채권의 처분과 영수를 금지하는 명령은 그 기재가 누락되었다 하더라도 채권압류명령의 효력에 영향이 없다.[99]

나. 그 밖에 적을 사항

압류명령에는 그 밖에도 사건번호, 당사자(채권자, 채무자, 제3채무자), 집행채권(청구금액), 압류할 채권, 압류명령 결정날짜 등을 적은 다음 판사(사법보좌관)가 기명날인(민사집행법 제23조 제1항, 민사소송법 제224조 제1항 단서)하여야 한다.

당사자, 집행채권, 압류할 채권 등을 적는 방법은 압류명령의 신청에 관하여 설명한 것과 같다. 압류할 채권의 표시에 약간의 잘못이 있더라도 현실적으로 존재하는

---

97) 법원실무제요, 민사집행[IV], 법원행정처(2020), 238.
98) 대법원 2017. 6. 15. 선고 2017다213678 판결 등 참조.
99) 법원실무제요, 민사집행[IV], 법원행정처(2020), 239.

채권과 동일성이 인정되면 압류명령은 유효하다고 보아야 한다.[100] 그 밖에도 압류할 채권이 조건부 또는 기한부채권일 때에는 그 사항도 아울러 적어야 한다.

다. 초과압류의 금지

1) 의의

민사집행절차에서 채권압류도 동산압류의 일종이므로 초과압류금지에 관한 민사집행법 제188조 제2항이 적용된다. 따라서 채권의 압류도 집행채권의 청구금액의 변제와 집행비용의 변상에 필요한 한도에서 하여야 한다.[101] 이는 권리의 강제적 실현을 통한 집행채권자의 이익과 집행채무자의 헌법상 재산권을 조화하기 위한 것이나, 채권자평등주의를 취하고 있어 압류채권자에게 우선권이 인정되지 않는 우리 민사집행법 체제에 부합하는지 재고가 필요하다는 지적도 있다.[102]

다만, 초과압류금지 규정은 채무자의 여러 개의 재산에 대하여 압류하는 때에 적용되는 규정이므로, 기존에 압류한 채권이 없고 압류할 채권이 하나일 때에는 그 채권액이 집행채권과 집행비용을 합한 액수를 초과하여도 무방하다. 압류의 대상인 채권은 물건이 아니므로 그 존부조차 미리 확정하기 어렵고, 제3채무자의 자력이 충분하지 않으면 액면가액대로 실제 가치가 보장되지 않으며, 다른 채권자가 배당요구를 할 경우 자기의 채권액을 초과한 압류를 하지 않게 되면 안분배당을 받게 되어 불이익을 받을 수 있는 점 등을 고려한 것이다. 민사집행법 제232조 제1항의 규정도 이러한 초과압류가 가능함을 전제로 한 것으로 보인다. 따라서 초과압류금지 규정은 압류된 채권의 가액이 집행채권과 집행비용을 합한 액수를 초과하는 때에는 다른 채권을 압류하지 못하는 데 그 의의가 있다. 그러므로 선행 압류의 피압류채권의 가액이 집행채권과 집행비용의 합계액을 초과하거나, 압류할 채권이 여러 개인데 그 가액의 합계가 집행채권과 집행비용의 합계액을 초과하는 경우에는, 초과압류금지의 원칙에 따라 동일한 집행채권에 기한 새로운 압류명령이 전부 또는 일부 허용되지 않는다.[103]

2) 증명책임

압류할 채권의 실제 가액은 그 권면액과 관계없이 제3채무자의 자력 유무와 다른 채권자의 중복압류 여부 등에 의하여 결정되고, 채권압류명령은 채무자나 제3채

---

100) 법원실무제요, 민사집행[IV], 법원행정처(2020), 239.
101) 법원실무제요, 민사집행[IV], 법원행정처(2020), 239.
102) 박준의, 신채권집행실무, 유로(2015), 27-28.
103) 법원실무제요, 민사집행[IV], 법원행정처(2020), 240.

무자를 심문하지 않고 하게 된다. 따라서 피압류채권이 실제 존재하는지 여부 내지 그 액수가 불확실한 경우가 많고, 제3채무자의 자력이 충분하지 않거나 다른 채권자들의 압류경합 혹은 배당요구 등으로 인하여 실제로 얼마를 배당받게 될지 알 수 없게 되는 경우가 많다. 그러므로 압류 당시에 집행법원은 압류할 채권의 실제 가액을 판단하기 어려운 경우가 많다.

채권의 실제 가액이 그 액면에 비하여 낮은 액이라는 점은 집행채권자가 입증하여야 할 것이다. 따라서 금전채권의 압류에서 피압류채권의 액면가액이 채권자의 집행채권 및 집행비용의 액을 초과하는 경우에는 그 피압류채권의 실제 가액이 채권자의 집행채권 및 집행비용에 미달한다고 볼 만한 특별한 사정이 없는 한 다른 채권을 중복하여 압류하는 것은 허용되지 않는다.[104]

다만, 제3채무자가 국가나 은행처럼 자력이 확실한 경우를 제외하고는 집행채권자에게 피압류채권의 실제 가액을 입증하게 하기 위하여 보정명령을 하여도 좋다.[105]

3) 적용범위

가) 집행채권이 연대채무관계인 때

여러 명의 연대채무자에 대하여 집행권원을 가진 채권자가 이들 연대채무자에 대하여 채권압류명령을 신청하는 경우(가령 乙, 丙이 甲에 1,000만 원의 연대채무를 부담하는 경우) 초과압류금지 적용 여부에 대하여는 견해가 나뉜다.[106]

먼저, 제1설은 연대채무자 전원을 통틀어 집행채권과 집행비용을 합한 액수를 초과하여서는 안 된다는 견해이다. 이 견해는, 위 예에서 甲이 700만 원을 가지고 乙의 제3채무자에 대한 채권을 압류하였다면, 丙에 대하여는 300만 원의 범위 안에서만 압류할 수 있고, 만약 1,000만 원 모두를 가지고 乙의 제3채무자에 대한 채권을 압류하였다면 丙의 제3채무자에 대한 채권은 압류할 수 없다고 한다. 이 견해는, 연대채무관계에서 개개의 채무는 객관적으로 단일한 목적을 달성하는 수단이고, 1개의 급부는 모든 채무를 소멸시킨다는 사고방식에 기초하는 것이다.

다음으로, 제2설은 민법 제413조, 제414조에 비추어 연대채무자별로 초과압류금지의 원칙을 적용해야 한다는 견해이다. 이 견해는, 위 예에서 甲은 乙의 제3채무자에 대한 채권과 丙의 제3채무자에 대한 채권을 각 1,000만 원의 채권으로서 별개로

104) 대법원 2011. 4. 14.자 2010마1791 결정, 대법원 2015. 2. 3.자 2014마2242 결정.

105) 법원실무제요, 민사집행[IV], 법원행정처(2020), 240.

106) 각 견해의 소개는 손진홍, 채권집행실무, 한국사법행정학회(2019), 74; 손흥수, 민사집행실무총서(II) 채권집행, 한국사법행정학회(2017), 188.

압류할 수 있다고 한다. 이 견해는, 연대채무는 연대채무자의 수에 대응하는 복수의 채무이고, 각 채무는 전부의 급부를 내용으로 하기 때문이라고 한다.

연대채무자는 채무 전부를 각자 이행할 의무가 있고(민법 제413조), 채권자는 어느 연대채무자에 대하여 또는 동시나 순차로 모든 연대채무자에 대하여 채무의 전부나 일부의 이행을 청구할 수 있으므로(민법 제414조), 제2설에 따라 초과압류금지의 원칙은 연대채무자별로 적용하는 것이 타당하다. 따라서 채권자는 여러 명의 연대채무자에 대하여 동시에 각각 집행채권 전액의 범위에서 채권압류명령을 얻을 수 있다. 추심명령도 마찬가지이나, 추심절차를 진행하여 어느 연대채무자의 채무가 변제되면 다른 연대채무자의 채무도 그 범위에서 소멸하게 된다(민법 제413조). 다만, 전부명령은 확정과 동시에 피전부채권의 이전 및 집행채권의 변제 효과가 생기는바(민사집행법 제231조 본문), 전부명령의 경우에도 제2설에 따르면 채권자가 이중의 변제를 받게 되는 결과가 되므로, 이를 막기 위해서는 연대채무자 전원을 통틀어 집행채권과 집행비용을 합한 액수를 한도로 전부명령을 함이 타당하다.[107)]

나) 피압류채권이 연대채무관계인 때

가령 채권자 甲이 1,000만 원을 청구채권(집행비용 포함)으로 하여 채무자 乙이 제3채무자 A, B에 대하여 가지는 1,000만 원의 채권에 관하여 압류명령을 신청하였는데 乙에 대한 A, B의 채무가 연대채무관계에 있는 경우에는, 채무자 乙이 제3채무자 A, B로부터 각각 채권 전액을 변제받을 수 있는 것이 아니라 어느 제3채무자가 변제를 하면 다른 제3채무자의 채무가 그 범위에서 소멸하는 관계에 있으므로(민법 제413조), 압류할 채권이 하나인 경우와 마찬가지로 취급하여 초과압류금지 원칙이 적용되지 않는다고 봄이 타당하다. 만약 제3채무자별로 금액을 나누어 압류하여야 한다면, 위 예에서 채권자 甲은 압류채권액을 안분하여 채무자 乙의 A에 대한 채권 중 500만 원, B에 대한 채권 중 500만 원을 압류할 것인데, 압류가 되더라도 연대채무자 1인에 대한 압류의 효력은 다른 연대채무자에게 미치지 않아 채무자 乙은 A와 B를 상대로 각각 압류되지 않은 500만 원의 지급을 청구할 수 있어, 압류에도 불구하고 총 1,000만 원을 전부 변제받을 수 있는 불합리한 결과가 발생한다.[108)]

---

107) 법원실무제요, 민사집행[IV], 법원행정처(2020), 241; 주석 민사집행법(V)(제4판), 한국사법행정학회(2018), 466(노재호); 손진홍, 채권집행실무, 한국사법행정학회(2019), 74; 손흥수, 민사집행실무총서(II) 채권집행, 한국사법행정학회(2017), 188.

108) 법원실무제요, 민사집행[IV], 법원행정처(2020), 241; 손흥수, 민사집행실무총서(II) 채권집행, 한국사법행정학회(2017), 188-189.

다만, 제3채무자가 오해하지 않도록 압류할 채권의 표시에 연대채무관계를 명시하는 것이 좋을 것이다. 그리고 위와 같은 방식으로 전부명령이 내려지더라도 피전부채권은 연대채무관계에 있다고 하는 그 동일성을 유지한 채로 채무자로부터 전부채권자에게 이전되므로, 전부채권자에게 집행채권과 집행비용의 액을 초과한 이득이 생기지 않아 문제가 없다. 또한, 압류할 채권이 건물의 공유자인 임대인들에 대한 임차인의 임대차보증금 반환채권과 같이 불가분채무관계에 있는 경우에도 제3채무자별로 금액을 나누어 압류할 필요가 없다.[109)]

다) 집행권원을 수통 발급받거나 재도부여 받은 때

채권자가 전에 내어 준 집행문을 돌려주지 않고 다시 집행문을 신청한 때에는 재판장의 명령이 있어야만 이를 내어 주고(민사집행법 제35조 제1항), 재판장은 그 명령에 앞서 서면이나 말로 채무자를 심문할 수 있으며, 채무자를 심문하지 않고 다시 집행문을 내어 준 때에는 채무자에게 그 사유를 통지하여야 하므로(같은 조 제2항), 압류채권자가 집행문을 재도부여받아 압류명령을 신청한 경우에는 초과압류금지 원칙이 적용되지 않는다고 볼 여지도 있다.

그러나 실무상 집행문을 재도부여할 때 초과압류금지의 취지에 반하는지 여부에 관한 판단이 이루어지고 있지 않으므로, 집행법원은 채권자에게 다른 집행력 있는 정본의 사용상태 등에 관하여 석명을 구하여 초과압류금지 원칙에 반하는 신청인지 여부를 심사하여야 할 것이다.[110)]

다만, 전부명령 후 다시 집행정본을 부여받아 강제집행을 하는 경우 전부명령 신청 당시 제출한 집행권원의 반환을 청구할 수 없고(재민 62-9), 피전부채권이 존재하지 않는다는 사실을 소명하여야 하며 그 입증방법으로 실무에서는 전부금 청구소송에서의 전부채권자 패소의 판결을 제출하는 것이 보통이므로,[111)] 전부명령과 관련하여서는 초과압류가 크게 문제되지 않고 있다.[112)]

라) 이미 채무자의 유체동산 인도청구권이나 부동산을 압류한 경우

압류명령을 신청한 채권자가 이미 채무자의 유체동산 인도청구권이나 부동산을 압류한 경우에는 초과압류금지 원칙이 적용되지 않는다고 봄이 타당하다. 유체동산 인도청구권은 금전채권과 달리 객관적인 가액을 용이하게 인정하기 어렵고, 부동산

109) 법원실무제요, 민사집행[IV], 법원행정처(2020), 241.
110) 법원실무제요, 민사집행[IV], 법원행정처(2020), 242.
111) 법원실무제요, 민사집행[IV], 법원행정처(2020), 435.
112) 손홍수, 민사집행실무총서(II) 채권집행, 한국사법행정학회(2017), 189.

집행절차는 채권 집행절차와 별개의 집행절차이기 때문이다.[113)]

4) 위반의 효과

초과압류금지에 위배된 채권압류명령도 무효는 아니고 즉시항고에 의하여 취소될 수 있을 뿐이다.[114)]

[전산양식 A4310: 채권압류명령(채권압류명령만을 신청한 경우)]

○ ○ 지 방 법 원

결 정

사 건 20 타채 채권압류
채 권 자
채 무 자
제 3 채무자

주 문

1. 채무자의 제3채무자에 대한 별지 기재의 채권을 압류한다.
2. 제3채무자는 채무자에게 위 채권에 관한 지급을 하여서는 아니 된다.
3. 채무자는 위 채권의 처분과 영수를 하여서는 아니 된다.

청구금액

금 원 (대여금)
금 원 (위 대여금에 대한 . . .부터 . . .까지의 이자 및 지연손해금)
합계 금 원

이 유

채권자가 위 청구금액을 변제받기 위하여 ○○지방법원 20○○가합○○○호 대여금 청구사건의 집행력 있는 판결정본에 기초하여 한 이 사건 신청은 이유 있으므로 주문과 같이 결정한다.

2○○○. ○. ○.

113) 법원실무제요, 민사집행[IV], 법원행정처(2020), 242.
114) 법원실무제요, 민사집행[IV], 법원행정처(2020), 242.

사법보좌관 ㊞

주의 : 1. 이 결정에 불복하는 사람은 송달받은 날부터 1주 내에 이 법원에 사법보좌관 처분에 관한 이의신청서를 제출할 수 있습니다. 이 경우 민사집행법의 규정에 따른 즉시항고에 관한 규정이 준용됩니다(법원조직법 제54조 제3항, 사법보좌관규칙 제4조, 민사집행법 제15조, 제227조, 제229조 참조).

2. 압류명령을 송달받은 제3채무자는 압류된 채권액을 공탁할 수 있고, 이때에는 그 사유를 법원에 신고하여야 합니다(민사집행법 제248조 참조).

[전산양식 A4314: 채권압류 및 전부명령(전부명령을 병합하여 신청한 경우)]

○ ○ 지 방 법 원

결 정

사 건 20 타채 채권압류 및 전부명령
채 권 자
채 무 자
제 3 채무자

주 문

1. 채무자의 제3채무자에 대한 별지 기재의 채권을 압류한다.
2. 제3채무자는 채무자에게 위 채권에 관한 지급을 하여서는 아니 된다.
3. 채무자는 위 채권의 처분과 영수를 하여서는 아니 된다.
4. 위 압류된 채권은 지급에 갈음하여 채권자에게 전부한다.

청구금액

금 원 (대여금)
금 원 (위 대여금에 대한 . . .부터 . . .까지의 이자 및 지연손해금)
합계 금 원

이 유

채권자가 위 청구금액을 변제받기 위하여 ○○지방법원 20○○가합○○○호 대여금 청구사건의 집행력 있는 판결정본에 기초하여 한 이 사건 압류 및 전부명령 신청은 이유 있으므로 주문과 같이 결정한다.

2○○○. ○. ○.

사법보좌관 ㉑

주의 : 1. 전부명령이 제3채무자에게 송달될 때까지 다른 채권자가 압류, 가압류 또는 배당요구를 한 때에는 전부명령은 효력이 없습니다(민사집행법 제229조 제5항).
2. 전부명령은 확정되어야 효력이 있습니다(민사집행법 제229조 제7항).
3. 이 결정에 불복하는 사람은 송달받은 날부터 1주 내에 이 법원에 사법보좌관 처분에 관한 이의신청서를 제출할 수 있습니다. 이 경우 민사집행법의 규정에 따른 즉시항고에 관한 규정이 준용됩니다(법원조직법 제54조 제3항, 사법보좌관규칙 제4조, 민사집행법 제15조, 제227조, 제229조 참조).
4. 압류명령을 송달받은 제3채무자는 압류된 채권액을 공탁할 수 있고 이때에는 그 사유를 법원에 신고하여야 합니다(민사집행법 제248조 참조).

3. 압류명령의 송달

가. 제3채무자에 대한 송달

1) 압류의 효력발생요건

압류명령은 제3채무자와 채무자에게 송달하여야 한다(민사집행법 제227조 제2항). 압류명령은 제3채무자에게 송달되면 압류의 효력이 생긴다(민사집행법 제227조 제3항). 다만, 어음·수표 그 밖에 배서로 이전할 수 있는 증권으로서 배서가 금지된 증권채권의 압류는 법원의 압류명령으로 집행관이 그 증권을 점유하여 하므로(민사집행법 제233조), 이러한 경우에는 압류명령이 제3채무자에게 송달되더라도 집행관의 증권 점유가 없으면 압류의 효력이 발생하지 않음을 유의하여야 한다.

제3채무자에 대한 송달이 이루어지지 않거나, 그 송달된 압류명령의 정본의 기재 중 중요한 사항에 관하여 오기나 누락이 있으면 압류의 효력이 발생하지 않는다.[115]

제3채무자가 채권자 자신인 경우에도 제3채무자에 대한 송달은 압류의 효력발생요건이므로 반드시 이루어져야 한다.

만약 집행법원의 과실로 압류명령이 제3채무자에게 송달되지 않아 압류채권자에게 손해가 발생한 경우에는 국가배상책임이 문제될 수 있다. 채권압류명령이 적법하게 송달되지 않아 그 채권압류의 효력이 발생하지 않은 경우, 채무자가 제3채무자에

115) 법원실무제요, 민사집행[IV], 법원행정처(2020), 245.

대한 채권을 직접 수령하거나 이를 타에 처분하게 되면 채권자로서는 압류의 효력이 발생하였더라면 만족을 얻었을 채권에 대하여 만족을 얻지 못하게 되는 손해를 입게 되는데, 이러한 손해는 그 압류명령의 부적법한 송달과 상당인과관계 있는 통상의 손해라고 보아야 한다.[116] 다만 압류의 효력이 생기지 않았다고 하더라도, 그 사실을 안 압류채권자는 집행채권으로 채무자의 다른 재산에 대하여 강제집행을 함으로써 채권의 만족을 얻을 수 있는 것이므로, 집행법원의 위와 같은 잘못으로 말미암아 채무자에 대한 채권추심이 곤란해졌다는 등의 특별한 사정이 없는 한 압류채권자는 압류명령이 제3채무자에게 송달되지 않았다는 사유만으로는 압류의 효력이 생기지 않은 채권액 상당의 손해가 현실적으로 발생하였다고 할 수 없고, 그러한 손해가 현실적으로 발생하였다는 점에 대하여는 피해자인 압류채권자가 이를 증명하여야 한다.[117]

제3채무자가 법인 또는 비법인사단이나 재단인 경우에는 그 대표자에게 송달하고, 제3채무자가 국가인 사건에서는 국가를 당사자로 하는 소송에 관한 법률 제9조를 준용하여 집행법원이 서울·대전·대구·부산·광주·수원지방법원과 그 지원의 경우에는 해당 고등검찰청의 장에게, 그 밖의 경우에는 해당 지방검찰청의 장에게 송달하여야 한다(재민 81-15, 재일 2003-9 제9조). 소관기관이 아니라 집행법원을 기준으로 송달을 받을 해당 검찰청의 장이 결정된다는 점을 유의하여야 한다.[118]

국가를 제3채무자로 한 채권압류명령에서 제3채무자 부분에 기재되는 소관부서는 편의상 국가 내부에서 피압류채권을 소관하는 부서를 기재하는 것에 불과하므로 그것에 의하여 송달의 대상이 결정되는 것은 아니다. 우체국예금 및 우체국보험에 관한 사무는 과학기술정보통신부장관 소속의 우정사업본부가 관장하므로(우정사업본부 직제 제1조, 제2조), 제3채무자는 대한민국이 되고, 위에서 본 해당 검찰청의 장이 아닌 우정사업본부로 송달을 한 경우에는 압류의 효력이 발생하지 않음을 유의하여야 한다.[119]

2) 제3채무자가 여러 명인 경우 등[120]

압류된 채권에 관하여 여러 명의 제3채무자가 있고, 그들이 연대채무자 등과 같이 공동채무자의 관계에 있는 경우에는 그 전원에 대하여 압류명령을 내리고 그 압

116) 대법원 2009. 5. 28. 선고 2008다89965 판결.
117) 대법원 2003. 4. 8. 선고 2000다53038 판결.
118) 법원실무제요, 민사집행[IV], 법원행정처(2020), 245.
119) 법원실무제요, 민사집행[IV], 법원행정처(2020), 245.
120) 법원실무제요, 민사집행[IV], 법원행정처(2020), 246.

류명령을 송달할 필요가 있다. 압류명령에 제3채무자로 표시되지 않고 압류명령을 송달받지 않은 다른 공동채무자에게는 압류의 효력이 미치지 않기 때문이다. 예를 들어 압류된 채권에 연대채무자가 있는 경우에는 제3채무자로서 압류명령에 표시되고 그 송달을 받은 사람에 대하여만 압류의 효력이 생기는 데 그친다. 한편, 보증인에 대한 채권은 독립하여 양도할 수 없으므로 주채무자에 대한 채권과 분리하여 압류할 수 없다. 그리고 저당권이 있는 채권을 압류한 경우에는 그 부동산의 소유자(물상보증인, 제3취득자)에게도 송달하여야 한다(민사집행법 제228조 제2항).

3) 제3채무자가 외국에 있는 경우

제3채무자가 외국에 있는 경우에도 피압류적격이 있다. 집행법원은 외국에 있는 제3채무자에 대한 송달을 하면서 대한민국 안에 송달을 받을 장소와 영수인을 정하여 상당한 기간 이내에 신고하도록 명할 수 있고(민사집행법 제13조 제1항, 재일 2014-1 제13조), 그 기간 이내에 신고가 없는 경우에는 그 이후의 송달을 하지 않을 수 있다(민사집행법 제13조 제2항). 집행절차의 신속성을 도모하기 위한 규정이다.

압류명령의 제3채무자에 대한 송달은 아래에서 보는 방법에 의한다.

가) 외국송달의 방법[121]

외국으로의 송달은, 촉탁의 상대방을 외국의 당국이나 관할법원 기타 공공기관으로 하는 '간접실시방식'과 그 외국에 주재하는 대한민국의 대사·공사 또는 영사로 하는 '직접실시방식'(이 경우 송달의 촉탁을 '영사송달방식'이라고 약칭하기도 한다)으로 나누어진다. 민사소송법 제191조는 외국에서 실시하는 송달에서 위 두 가지 방식을 모두 사용할 수 있다고 규정하고 있다. 간접실시방식에는 외교상의 경로를 이용하여 외국 관할법원 등에 촉탁하는 방식(관할법원방식)과, 외교상의 경로를 이용하지 않고 외국의 중앙당국에 촉탁하는 방식(중앙당국방식)이 있다.

우리나라는 '민사 또는 상사의 재판상 및 재판 외 문서의 해외송달에 관한 협약(The Hague Convention of 15 November 1965 on the Service Abroad of Judicial and Extrajudicial Documents in Civil or Commercial Matters, 이하 '헤이그 송달협약')'에 2000. 1. 13. 가입하여 위 협약은 2000. 8. 1. 발효되었고, 그 밖에 양자조약의 형태로 호주, 중화인민공화국, 몽골, 우즈베키스탄공화국, 태국 등과 민사 및 상사에 관한 사법공조조약을 체결하였다. 위 협약과 양자조약들은 외국송달에 관하여 간접실시방식 중 중앙당국방식을 채택하고 있으므로, 이를 적용할 때에는 외교상 경로

121) 법원실무제요, 민사집행[IV], 법원행정처(2020), 246-247.

를 이용하지 않고 '외국의 중앙당국에 촉탁'하는 방식으로 송달을 실시한다.

그 밖에 국제민사사법공조법은 외국의 관할법원 등에 촉탁하는 방법(간접실시방식 중 관할법원방식), 송달받을 자가 대한민국 국민으로서 영사관계에 관한 비엔나협약에 가입한 외국에 거주하는 경우에 그 외국에 주재하는 대한민국의 대사·공사 또는 영사에 대하여 촉탁하는 방법(직접실시방식=영사송달방식) 등을 규정하고 있다(국제민사사법공조법 제5조 제1항, 제2항 제1호).

나) 송달받을 사람의 국적이 대한민국일 경우

이 경우에는 네 가지 방법의 송달촉탁(헤이그 송달협약에 따른 송달촉탁, 양자조약에 따른 송달촉탁, 외국 관할법원 송달촉탁, 영사 송달촉탁)이 모두 가능하나, 당사자의 의사에 반하지 않는 한 영사 송달촉탁을 한다(재일 2014-1 제3조 제2항). 이 경우 송달 촉탁은 '집행법원 → 법원장 → 법원행정처 → 우리나라 외교부 → 피촉탁국 주재 한국 대사관'의 경로를 거치게 된다(재일 2014-1 제4조 제3항).

다) 송달받을 사람의 국적이 외국일 경우(재일 2014-1 제3조 제3항)[122]

(1) 피촉탁국이 양자조약 상대국(호주, 중국, 몽골, 우즈베키스탄, 태국)일 경우에는 양자조약에 따른 송달 촉탁을 한다(다만 홍콩, 마카오에 대하여는 헤이그 송달협약에 따른 송달 촉탁을 실시한다). 이 경우 송달 촉탁은 '집행법원 → 법원장 → 우리나라 중앙당국(법원행정처) → 피촉탁국의 중앙당국(법무부, 외교부, 대법원 등 나라에 따라 다양하다) → 피촉탁국의 해당 법원'의 경로를 거치게 된다(재일 2014-1 제4조 제1항).

(2) 피촉탁국이 헤이그 송달협약에 가입한 경우에는 헤이그 송달협약에 따른 송달 촉탁을 한다. 이 경우 송달 촉탁의 경로는 양자조약의 경우와 같다. 다만 미국의 경우는 번역문을 첨부하여 영사송달을 촉탁할 수 있다. 미국 정부는 1976. 2. 3. 강제력이 따르지 않는 한 미국 내에서 외국의 외교기관원이나 영사관원이 소송서류를 송달하거나 증인신문을 하는 것에 이의가 없음을 선언하였기 때문이다.

한편, 코로나19(COVID-19) 확산으로 인한 국제통상 우편접수가 중단되는 등 비상상황에 유연하게 대처하고자 2020. 5. 27. 재판예규를 개정하여 국제사법공조 촉탁 대안경로를 지정하였다. 즉 헤이그 송달협약 및 양자조약에 따른 송달촉탁은 필요한 경우 헤이그 송달협약 및 양자조약상 영사관의 경로 또는 외교경로를 이용할 수 있다(재일 2014-1 제4조 제1항 후단).

---

122) 법원실무제요, 민사집행[IV], 법원행정처(2020), 248-249.

(3) 그 밖의 경우에는 외국 관할법원 송달 촉탁을 한다. 이 경우 송달 촉탁은 '집행법원 → 법원장 → 법원행정처 → 우리나라 외교부 → 피촉탁국 주재 한국 대사관 → 피촉탁국의 외교부 → 피촉탁국의 해당 법원'의 경로를 거치게 된다(재일 2014-1 제4조 제2항). 이 경우 피촉탁국은 사법공조에 응할 법률상 의무가 있는 것은 아니므로 국제예양의 차원에서 협조를 기대할 수밖에 없다.

(4) 영사관계에 관한 비엔나 협약은 파견국 영사가 파견국 법원을 위하여 소송서류 또는 소송 이외의 서류를 송달할 수 있도록 되어 있으나, 이는 자국민에 대하여서만 가능하다. 우리나라와 영사관계가 있더라도 송달을 받을 자가 자국민이 아닌 경우에는 영사에 의한 직접실시방식을 취하지 않는 것이 국제예양이고, 위 협약에 가입하고 있는 국가라 할지라도 명시적으로 위 방식에 대한 이의를 표시하고 있는 경우에는 이에 의할 수 없다.[123)]

4) 송달불능의 경우[124)]

제3채무자가 있는 곳을 알 수 없어 송달불능이 된 경우 공시송달을 할 수 있는지에 관하여는 견해의 대립이 있으나, 압류할 채권에 관하여 보증인이 있거나 물적 담보권이 있는 경우에는 제3채무자에게 공시송달을 해서라도 압류의 효력이 발생하도록 할 실익이 있기 때문에 허용된다고 볼 것이다.

실무에서도 채권자의 신청에 따라 압류명령을 공시송달하고 있으나, 제3채무자에게 송달되지 않은 경우 신청채권자에게 주소보정을 명하고 신청채권자가 주소보정에 따르지 않는 경우에는 압류명령을 취소하고 신청을 각하하고 있다. 이러한 경우에는 법원의 집행절차 진행에 협력하지 않고 권리실현의 의사가 없는 것으로 볼 수 있기 때문이다.

한편, 제3채무자가 있는 곳을 알 수 없는 경우에는 담보가 있는 채권에 대한 압류명령 외에는 추심이 불가능하여 집행 그 자체의 실익이 거의 없으므로 채권자에게 취하를 권고할 수 있다.

나. 채무자에 대한 송달[125)]

압류명령은 채무자에게도 반드시 송달하여야 한다(민사집행법 제227조 제2항). 압류명령에 대한 채무자의 즉시항고권(민사집행법 제227조 제4항)을 보장하여야 하

123) 대법원 1992. 7. 14. 선고 92다2585 판결.
124) 법원실무제요, 민사집행[IV], 법원행정처(2020), 249.
125) 법원실무제요, 민사집행[IV], 법원행정처(2020), 249.

기 때문이다. 그러나 채무자에게 송달되지 않더라도 제3채무자에게 송달된 이상 압류명령의 효력에는 영향이 없다. 실무에서는 채무자의 집행면탈을 방지하기 위하여 제3채무자에 대한 송달이 된 뒤에 채무자에게 송달하고 있다. 압류의 효력이 발생하기 전에는 채무자의 집행기록 열람·복사도 허용되지 않는다고 보아야 한다.

채무자에 대하여는 등기우편 등에 의한 발송송달도 허용된다. 그리고 채무자가 있는 곳을 알 수 없는 경우에는 직권으로 공시송달을 하여야 한다.

다. 채권자에 대한 고지[126)]

압류명령은 즉시항고를 할 수 있는 재판이므로(민사집행법 제227조 제4항), 신청인인 채권자에게 적당한 방법으로 고지하여야 한다(민사집행규칙 제7조 제1항 제2호). 고지는 반드시 송달에 의할 필요는 없고 등기우편, 보통우편에 의하거나 직접 교부하여도 상관없다. 이 고지 또한 압류의 효력발생요건이 아니다. 실무상 채권자에 대한 고지는 제3채무자에 대한 송달과 동시에 하고 있다.

라. 소유자에 대한 송달[127)]

저당권이 있는 채권을 압류한 경우에는 그 부동산의 소유자(물상보증인, 제3취득자)에게도 송달하여야 한다(민사집행법 제228조 제2항 참조).

마. 송달불능으로 인한 집행절차의 취소[128)]

제3채무자에게 송달이 되지 않은 경우 신청채권자에게 주소보정을 명하고, 신청채권자가 송달 가능한 주소를 보정하지 않는 경우에는 압류명령 신청의 의사가 더 이상 없는 것으로 보고 압류명령을 취소하고 신청을 각하한다.

만일 신청채권자가 집행에 필요한 비용(송달료 등)을 예납(추가 납부)하지 않는 경우에는 집행법원은 결정으로 신청을 각하하거나 이미 실시한 집행절차를 취소할 수 있다(민사집행법 제18조 제2항).

채권압류 및 전부명령이 제3채무자에게는 송달되었으나 채무자에게 송달되지 아니한 경우, 신청채권자가 보정기간 내에 주소를 보정하지 않으면, 압류명령과 달리 확정되어야 효력이 발생하는 전부명령은 그 효력을 가질 수 없기 때문에 압류 및 전

---

126) 법원실무제요, 민사집행[IV], 법원행정처(2020), 249-250.

127) 법원실무제요, 민사집행[IV], 법원행정처(2020), 250.

128) 주석 민사집행법(V)(제4판), 한국사법행정학회(2018), 473(노재호).

부명령 중 전부명령만 취소하고(압류명령은 유지) 전부명령 신청을 각하한다.

4. 압류명령의 효력

가. 압류명령의 효력발생시기[129)]

1) 채권압류명령의 효력은 제3채무자에게 송달된 때에 발생한다(민사집행법 제227조 제3항).

2) 제3채무자가 여러 명인 경우에는 경우를 나누어 살펴볼 필요가 있다.

압류할 채무가 연대채무나 분할채무인 경우에는 제3채무자들에게 각 송달된 때에 개별적으로 압류의 효력이 생긴다.

반면, 조합채무와 같은 합유채무인 경우에는 마지막으로 제3채무자에게 송달된 때에 모든 제3채무자에 대한 관계에서 압류의 효력이 생기는 것으로 보아야 한다.

저당권이 있는 채권을 압류하는 경우에 저당권에 대한 압류의 효력은 제3채무자에게 송달된 때에 발생하지만, 이를 공시하려면 등기부상 채권압류의 등기(민사집행법 제228조)가 되어야 한다.

제3채무자에게 보증인이 있는 경우에 보증인에 대한 압류명령의 효력에 관하여는 뒤에서 살펴본다.

3) 압류의 효력은 제3채무자에게 송달된 때에 발생하므로, 피압류채권을 채무자가 양도한 경우에 채권양수인과 압류채권자의 우열관계는 압류명령이 제3채무자에게 송달된 때와 채권양수인이 확정일자 있는 증서에 의한 대항요건을 갖춘 때의 선후에 의해서 결정된다.[130)]

나. 압류의 효력이 미치는 범위

1) 일반론

가) 압류의 대상인 채권과 동일성 있는 한도

(1) 채권에 대한 압류명령은 그 대상이 된 채권과 동일성이 있는 한도에서 효력이 발생한다. 압류명령의 대상이 되는 채권의 구체적인 범위는 '주문'과 '압류할 채권의 표시' 등 압류명령에 기재된 문언의 해석에 따라 결정된다. '압류할 채권의 표시'에 기재된 문언은 그 문언 자체의 내용에 따라 객관적으로 엄격하게 해석하여야 하

---

129) 법원실무제요, 민사집행[IV], 법원행정처(2020), 250.

130) 대법원 1994. 4. 26. 선고 93다24223 전원합의체 판결.

고, 그 문언의 의미가 불명확한 경우 그로 인한 불이익은 압류채권자에게 부담시키는 것이 타당하다. 그러므로 제3채무자가 통상의 주의력을 가진 사회평균인을 기준으로 그 문언을 이해할 때 포함 여부에 의문을 가질 수 있는 채권은 특별한 사정이 없는 한 압류의 대상에 포함되었다고 볼 수 없다.[131]

(2) 압류명령의 대상이 된 채권과 동일성이 인정되는 경우는 다음과 같다.

(가) 집행채권이 압류 또는 가압류된 상태에서 집행채무자에 대한 강제집행절차가 진행되어 집행채권자에게 적법하게 배당이 이루어진 경우, 집행채권에 대한 압류 또는 가압류의 효력은 집행채권자의 배당금지급청구권(만일 민사집행법 제160조 제1항 각 호에서 정한 배당유보공탁사유로 인하여 공탁이 이루어진 경우에는 '공탁사유가 소멸하면 집행채권자에게 발생할 공탁금출급청구권'도 포함한다)에 미친다.[132]

(나) '판결 결과에 따라 제3채무자가 채무자에게 지급하여야 하는 금액'을 피압류채권으로 표시한 경우 해당 소송의 소송물인 실체법상 채권이 채권압류명령의 대상이 된다고 볼 수 있고, 채권자가 받은 채권압류명령의 효력은 거기에서 지시하는 소송의 소송물인 청구원인 채권에 미친다고 보아야 한다.[133] 채권자가 '압류할 채권의 표시'에 해당 소송의 사건번호를 기재하였다고 하더라도 이는 피압류채권을 그 소송에서의 청구원인 채권으로 특정하기 위한 것이지 그 범위를 단순히 그 소송의 결과에 따라 제3채무자가 채무자에게 실제 지급하여야 하는 판결금 채권만으로 한정하고자 하는 의미로 볼 수는 없다. 그 소송이 판결이 선고되지 않은 채 소가 취하됨으로써 종결되었다고 하여 피압류채권이 존재하지 않는다고 할 수는 없다.[134]

(다) 신탁행위로 수익자를 신탁재산의 귀속권리자로 정한 경우 그 수익자의 신탁수익권은 신탁종료 시 수익자가 잔여 신탁재산에 대하여 가지는 권리인 원본수익권을 포함하는 것이므로, 그와 같은 경우에 수익자의 채권자가 수익자의 수탁자에 대한 신탁수익권의 내용인 급부청구권을 압류하였다면, '압류할 채권의 표시'에서 원본수익권을 제외하고 있다는 등의 특별한 사정이 없는 한, 그 압류의 효력은 수익자가

131) 대법원 2012. 10. 25. 선고 2010다47117 판결, 대법원 2013. 6. 13. 선고 2013다10628 판결, 대법원 2013. 12. 26. 선고 2013다26296 판결, 대법원 2015. 9. 10. 선고 2013다216273 판결, 대법원 2018. 5. 30. 선고 2015다51968 판결.

132) 대법원 2022. 9. 29. 선고 2019다278785 판결.

133) 대법원 2011. 4. 28. 선고 2010다40444 판결, 대법원 2018. 6. 28. 선고 2016다203056 판결, 대법원 2018. 7. 20. 선고 2018다220178 판결, 대법원 2018. 12. 27. 선고 2018다268385 판결, 대법원 2021. 3. 25. 선고 2020다286041, 286058 판결.

134) 대법원 2012. 10. 11. 선고 2011다82995 판결.

귀속권리자로서 가지는 신탁 원본의 급부청구권에 미친다.[135)]

(3) 압류명령의 대상이 된 채권과 동일성이 부정되는 경우는 다음과 같다.

(가) 공사대금채권에 대한 압류 및 전부명령은 그 송달 후 체결된 추가공사계약으로 인한 추가공사대금채권에는 미치지 않는다.[136)]

(나) 압류 및 추심명령의 대상 채권은 그 문언상으로는 공사대금채권인 반면, 실제로 채무자가 제3채무자에 대하여 가지는 채권은 사해행위취소로 인한 원상회복청구권으로서의 가액배상채권뿐인 경우에는 양 채권의 동일성을 인정할 수 없다.[137)]

(다) 甲 주식회사와 乙 주식회사가 丙 토지구획정리조합과 토지구획정리에 관한 공사계약을 체결하면서 특약에 따라 甲, 乙 회사가 丙 조합에 운영경비 2억 원을 '대여'하였는데, 丁이 甲 회사의 丙 조합에 대한 '공사예치금 반환채권'에 대한 채권 압류 및 추심명령을 받은 경우에, 공사예치금 반환채권과 대여금 반환채권은 명칭은 물론 법적 성격이나 내용 등 실질에서도 확연히 다른 채권인 점 등에 비추어 보면, 丙 조합이 통상의 주의력을 가진 사회평균인을 기준으로 '압류할 채권의 표시'에 기재된 '공사예치금 반환채권'이라는 문언을 이해할 때 그것이 위 특약에 따른 대여금 반환채권과 동일한 것으로 쉽게 인식된다고 볼 수 없고, 오히려 그 채권이 포함되는지에 관하여 충분히 의문을 가질 수 있으므로, 위 추심명령의 효력은 甲 회사의 丙 조합에 대한 대여금 반환채권에는 미치지 않는다.[138)]

(라) 토지소유자가 수용보상으로 현금과 채권(유가증권)을 지급받게 되었는데, 압류 및 추심명령의 '압류할 채권의 표시'는 '피고 공사로부터 지급받게 될 보상금 중 위 청구금액에 이를 때까지의 금원'이라고 기재되어 있고, 그 '주문'도 금전채권에 대한 전형적인 압류 및 추심명령과 같은 내용으로 기재되어 있으며, 유체동산 인도청구권에 대한 압류명령에 부수되는 인도명령에 관한 기재는 없는 경우에, 압류 및 추심명령이나 그중 압류명령 부분의 효력은 피고 공사에 대한 '유가증권 인도청구권'에 대해서까지 미친다고 할 수 없다.[139)]

(마) 압류 및 추심명령에 압류할 채권이 '용역대금'이라고 표시된 경우 '계약의 무효로 인한 부당이득반환채권'에는 효력이 미치지 않는다.[140)]

---

135) 대법원 2016. 3. 24. 선고 2013다15654 판결, 대법원 2018. 12. 27. 선고 2018다237329 판결.
136) 대법원 2001. 12. 24. 선고 2001다62640 판결.
137) 대법원 2008. 12. 11. 선고 2008다47930 판결.
138) 대법원 2013. 6. 13. 선고 2013다10628 판결.
139) 대법원 2015. 9. 10. 선고 2013다216273 판결.

나) 압류의 대상인 채권 전액

채권압류의 효력은 압류채권자가 압류의 범위를 집행채권과 집행비용의 범위로 한정하여 신청하는 등의 특별한 제한이 없는 한 압류할 시점에 존재하는 압류의 대상인 채권의 전부에 미치고, 압류의 대상인 채권보다 집행채권의 액수가 적다고 하여 집행채권의 범위로 제한되지 않는다(다만 압류의 효력이 발생한 뒤에 새로 발생한 채권에 대하여는 압류의 효력이 미치지 않는다.[141]).

이와 같이 채권 전액에 대한 압류가 가능하도록 한 것은, 다른 채권자가 배당요구를 할 경우 자기의 채권액을 초과한 압류를 하지 않게 되면 배당요구채권자와 안분배당을 받게 되어 불이익을 받을 수 있는 점, 집행채권 및 집행비용의 액을 초과하는 압류를 허용하여도 경합하는 채권자가 없다면 압류채권자는 최종적으로 그 집행채권과 집행비용의 액을 한도로 변제를 받을 수 있으므로 채무자에게 불이익을 주지 않는 점 등을 고려한 것이다.[142]

다만 실무에서는 압류할 채권을 표시할 때 '… 중 위 청구금액에 이를 때까지의 금액'이라고 특정하여 집행채권의 청구금액 범위로 한정하여 압류명령을 신청하는 것이 일반적이다.[143]

채권자가 1개의 채권 중 일부에 대하여 압류를 하는 취지는 1개의 채권 중 어느 특정 부분을 지정하여 압류하는 등의 특별한 사정이 없는 한 압류 대상 채권 중 '유효한 부분'을 압류함으로써 향후 청구금액만큼 만족을 얻겠다는 것이므로, 1개의 채권의 일부에 대한 압류는 유효한 채권 부분을 대상으로 한 것이고, 유효한 채권 부분이 남아 있는 한 거기에 압류의 효력이 계속 미친다고 봄이 타당하다. 따라서 1개의 채권 중 일부에 대하여 압류를 하였는데, 위 채권의 일부에 대하여만 소멸시효가 중단되고 나머지 부분은 이미 시효로 소멸한 경우, 압류의 효력은 시효로 소멸되지 않고 잔존하는 채권 부분에 계속 미친다고 보아야 한다.[144] 같은 취지에서 압류할 채권 중 일부에 관하여 질권 등 우선변제권 있는 다른 권리가 존재하는 경우에는 그 나머지 부분에 대하여 압류명령을 신청한 것으로 보아야 할 것이다.[145]

---

140) 대법원 2016. 6. 23. 선고 2013다58613 판결.
141) 대법원 1989. 2. 28. 선고 88다카13394 판결, 대법원 2001. 12. 24. 선고 2001다62640 판결.
142) 손흥수, 민사집행실무총서(II) 채권집행, 한국사법행정학회(2017), 185.
143) 법원실무제요, 민사집행[IV], 법원행정처(2020), 253.
144) 대법원 2016. 3. 24. 선고 2014다13280, 13297 판결.
145) 법원실무제요, 민사집행[IV], 법원행정처(2020), 253.

다) 종된 권리

채권압류의 효력은 종된 권리에도 미치므로 원본채권을 압류한 경우 압류의 효력이 발생한 뒤에 생기는 이자나 지연손해금에도 당연히 미치지만, 그 효력 발생 전에 이미 생긴 이자나 지연손해금에는 미치지 않는다.[146]

저당권의 수반성에 따라 저당권이 있는 채권에 대한 압류의 효력은 압류기입등기 유무와 상관없이 저당권에 미치고, 이러한 법리는 다른 담보권의 경우에도 마찬가지이다. 그러나 원인채권과 어음채권은 별개의 채권이고 압류명령의 효력이 미치는 관계가 아니다.[147]

2) 제3채무자에게 보증인이 있는 경우

제3채무자에게 보증인이 있는 경우에 그 보증인을 제3채무자로 하는 별도의 압류명령이 필요한지에 대하여는 견해의 대립이 있으나, 실무는 대체로 보증채무의 수반성[148]을 근거로 하여 주채무자에 대한 압류명령을 보증인에게 송달하지 않더라도 주채무자에 대한 압류명령의 송달로써 보증인에게도 압류명령의 효력이 미친다는 입장을 취하고 있다.[149]

3) 장래의 채권에 대한 압류의 효력

장래의 채권에 대한 압류가 허용되는 경우라도 피압류채권과 동일성이 없는 새로운 원인에 의하여 발생한 채권에는 압류의 효력이 미치지 않는다.[150]

예금채권에 대한 (가)압류명령의 송달 이후 채무자의 계좌에 입금될 예금채권도 그 발생의 기초가 되는 법률관계가 존재하여 현재 그 권리의 특정이 가능하고 가까운 장래에 발생할 것이 상당한 정도로 기대된다고 볼 만한 예금계좌가 개설되어 있는 경우 등에는 (가)압류의 대상이 될 수 있다.[151] 다만, 채권(가)압류에서 (가)압류될 채권에 장래 채무자의 계좌에 입금될 예금채권도 포함되는지 여부는 (가)압류명령에서 정한 '압류 또는 가압류할 채권'에 그 예금채권도 포함되었는지 여부에 따라 결

146) 대법원 2015. 5. 28. 선고 2013다1587 판결.

147) 법원실무제요, 민사집행[IV], 법원행정처(2020), 253-254.

148) 판례는 '보증채무는 주채무에 대한 부종성 또는 수반성이 있어서 주채무자에 대한 채권이 이전되면 당사자 사이에 별도의 특약이 없는 한 보증인에 대한 채권도 함께 이전하고, 이 경우 채권양도의 대항요건도 주채권의 이전에 관하여 구비하면 족하고, 별도로 보증채권에 관하여 대항요건을 갖출 필요는 없다'고 한다(대법원 2002. 9. 10. 선고 2002다21509 판결).

149) 법원실무제요, 민사집행[IV], 법원행정처(2020), 254.

150) 대법원 2012. 10. 25. 선고 2010다32214 판결.

151) 대법원 2011. 2. 10. 선고 2008다9952 판결, 대법원 2013. 12. 12. 선고 2012다72612 판결.

정되는 것이고, 이는 곧 (가)압류명령상의 '압류 또는 가압류할 채권의 표시'에 기재된 문언의 해석에 따라 결정되는 것이 원칙이다. 그런데 제3채무자는 순전히 타의에 의하여 다른 사람들 사이의 법률분쟁에 편입되어 (가)압류명령에서 정한 의무를 부담하는 것이므로 이러한 제3채무자가 (가)압류된 채권이나 그 범위를 파악함에 있어 과도한 부담을 가지지 않도록 보호할 필요가 있다. 따라서 '압류 또는 가압류할 채권의 표시'에 기재된 문언은 그 문언 자체의 내용에 따라 객관적으로 엄격하게 해석하여야 하고, 그 문언의 의미가 불명확하여 제3채무자가 통상의 주의력을 가진 사회평균인을 기준으로 그 문언을 이해할 때 포함 여부에 의문을 가질 수 있는 채권은 특별한 사정이 없는 한 (가)압류의 대상에 포함되었다고 볼 수 없다.[152)]

4) 계속적 수입채권에 대한 압류의 효력이 미치는 범위

가) 압류의 효력이 미치는 채권의 범위: 무제한설 vs 제한설

(1) 일본 민사집행법 제151조는 명문으로 '급료, 그 밖의 계속적 급부에 관계된 채권에 대한 압류의 효력은, 압류채권자의 채권 및 집행비용액을 한도로 하여, 압류 후에 받아야 할 급부에 미친다'고 규정하고 있다. 이러한 명문의 규정이 없는 우리 민사집행법 하에서는, 임금, 차임 등과 같이 장래에 계속적으로 발생하는 채권에 대하여 압류명령이 내려진 경우에는, 이를 전체적으로 하나의 채권으로 볼 것인지, 아니면 각 지급기마다 발생하는 채권을 각각 별개로 볼 것인지 등과 관련하여 그 효력이 미치는 채권의 범위에 대하여 견해의 대립이 있다.

(2) 먼저 계속적 수입채권을 전체적으로 하나의 채권으로 이해하는 견해에서는, 보통의 채권압류의 경우에 압류의 효력이 원칙적으로 압류의 대상인 채권 전부에 미친다는 논리를 관철하여, 압류채권자가 압류의 범위를 집행채권과 집행비용을 합한 액수의 범위로 한정하여 신청하는 등의 특별한 제한이 없는 한 '장래에 계속적으로 발생하는 채권 전부'에 압류의 효력이 미친다고 한다(무제한설).[153)] 일본 민사집행법 제151조와 같은 명문의 규정이 없는 이상, 민사집행법 제232조 제1항 본문의 문언에 비추어 볼 때 적어도 법해석론으로는 무제한설이 타당하다고 설명하기도 한다.[154)]

이에 반하여 각 지급기마다 발생하는 채권을 각각 별개로 보는 견해에서는, 각

152) 대법원 2011. 2. 10. 선고 2008다9952 판결, 대법원 2011. 9. 8. 선고 2010다36483 판결, 대법원 2012. 10. 25. 선고 2010다47117 판결, 대법원 2013. 6. 13. 선고 2013다10628 판결, 대법원 2013. 12. 26. 선고 2013다26296 판결, 대법원 2015. 9. 10. 선고 2013다216273 판결, 대법원 2016. 6. 23. 선고 2013다58613 판결, 대법원 2018. 5. 30. 선고 2015다51968 판결.

153) 김홍엽, 민사집행법, 박영사(2017), 324.

154) 손흥수, 민사집행실무총서(II) 채권집행, 한국사법정학회(2017), 38 각주 100).

지급기마다 압류절차를 되풀이하는 것이 번거로워 1회의 압류의 효력을 그 뒤에 발생한 채권에 확장시키는 것일 뿐이라고 이해하여, '집행채권과 집행비용을 합한 액수를 한도로' 하여서만 압류의 효력이 장래에 발생하는 채권에 미친다고 한다(제한설).[155]

(3) 이에 관한 대법원 판례를 살펴본다.

먼저 대법원 2003. 5. 30. 선고 2001다10748 판결과 대법원 2011. 1. 27. 선고 2010다78050 판결은 "채권 일부가 압류된 뒤에 그 나머지 부분을 초과하여 다시 압류명령이 내려진 때에는 각 압류의 효력은 그 채권 전부에 미치는데, 이는 압류대상 채권이 계속적 수입채권이라 하여 달리 볼 것이 아니고, 따라서 계속적 수입채권에 대하여 여러 건의 압류가 시기를 달리하여 발하여진 결과 압류경합이 된 경우에 각 압류에서 그 압류의 효력이 미치는 채권의 발생 시기를 특별히 제한하여 명시한 경우가 아니라면 각 압류의 효력은 그 압류 후에 발생한 계속적 수입채권 전부에 미치고, 한편 다른 압류보다 뒤에 발하여진 압류라도 그 압류 전에 다른 사유로 압류의 효력이 배제된 경우를 제외하고는 원칙적으로 당해 압류 전에 발생한 채권 전부에 대하여 그 효력이 미친다."라고 판시하였는데, 일견 무제한설을 취한 것으로 볼 여지가 있다. 다만 위 대법원 판결들의 사안에서는 압류 후에 생긴 계속적 수입채권에 대하여 어느 범위에서 압류의 효력이 미치는지 쟁점이 되지 않았고, 압류 전에 이미 발생한 채권은 제한설에 의하더라도 압류의 효력이 그 전부에 미친다는 결론을 도출할 수 있으므로, 현재로서는 판례가 무제한설을 따르고 있다고 단정하기는 어렵다.[156][157]

반면, 대법원 2004. 9. 23. 선고 2004다29354 판결은 장래의 계속적 수입채권

155) 손진홍, 채권집행실무, 한국사법행정학회(2019), 748; 김상수, 민사집행법, 법우사(2015), 327; 이시윤, 신민사집행법, 박영사(2016), 434.

156) 법원실무제요, 민사집행[IV], 법원행정처(2020), 255.

157) 위 2001다10748 판결에 관한 해설인 이우재, "계속적 수입채권에 대하여 다수의 압류 및 추심명령이 발령된 경우의 법률관계 및 다수의 채권자가 선정당사자를 선정하여 압류 및 추심명령을 신청한 경우 선정당사자의 권한", 대법원판례해설(44), 법원도서관(2004), 875는 "이 사건 압류 이후에 발생한 운송수입금에 대하여는 모든 경합된 압류의 압류금 총액에 달할 때까지는 운송수입금 전액에 대하여 압류의 효력이 미친다."라고 설명하고 있는데 이는 무제한설과는 어울리지 않는다. 또한 손진홍, 채권집행실무, 한국사법행정학회(2019), 749 각주 113)은, 위 판례의 사안은 채무자가 제3채무자에 대하여 가지는 계속적 수입채권의 일종인 버스운송사업금 채권을 채권자가 압류·추심하였는데, 채무자가 그 후 폐업함으로써 위 계속적 수입채권인 버스운송사업금 채권이 어느 시기까지의 합계 얼마인 일반 금전채권으로 전환·확정되었고, 위와 같이 확정되기까지 제3채무자에게 송달된 채권자들의 압류 또는 가압류채권을 합계해 보면 그것이 확정된 피압류채권(폐업할 때까지 확정된 버스운송사업금 채권)보다 더 많았던 사안으로, 이는 정확하게 보면 일반 금전채권에 대하여 압류가 경합하고 있는 사안에 대한 것이지, 계속적 수입채권에 관한 것이라고 볼 수 없고, 제한설의 입장을 취하더라도 결론이 동일하게 나올 수밖에 없다고 한다.

에 대한 전부명령이 중복하여 내려진 경우에 관하여 “장래의 채권에 관하여 압류 및 전부명령이 확정되면 그 부분 피압류채권은 이미 전부채권자에게 이전된 것이므로 그 이후 동일한 장래의 채권에 관하여 다시 압류 및 전부명령이 발하여졌다고 하더라도 압류의 경합은 생기지 않고, 다만 장래의 채권 중 선행 전부채권자에게 이전된 부분을 제외한 나머지 중 해당 부분 피압류채권이 후행 전부채권자에게 이전될 뿐이다.”고 판시하였다. 이에 대하여, 무제한설에 의하면 선행 전부명령 확정 이후 피전부채권을 제외한 나머지 채권에 대한 압류의 효력이 소멸하는 근거를 설명하기 어려우므로, 위 2004다29354 판결은 제한설에 따른 것이라는 견해가 있다.[158] 그러나 위 2004다29354 판결의 사안은 선행 압류 및 전부명령이 집행채권과 집행비용의 액을 한도로 내려진 것이어서 무제한설에 따르더라도 압류의 효력이 제한되는 경우이고, 또한 전부명령은 확정되면 집행의 목적을 달성하게 되어 잔여 압류가 있더라도 장래를 향하여 그 효력이 소멸한다고 볼 수 있으므로[159] 위 2004다29354 판결이 제한설에 따른 것이라고 보기는 어렵다.[160]

따라서 판례의 태도는 어느 견해라고 단정하기 어렵다.[161]

(4) 제한설이 타당하다고 생각된다(다만, 실무상 장래의 계속적 수입채권에 대한 압류는 집행채권과 집행비용을 합한 액수를 한도로 하여 신청되는 경우가 일반적이므로 논의의 실익이 크지 않을 수 있다). 그 이유는 다음과 같다.

① 무제한설을 취하게 되면, 압류채권자가 압류의 범위를 집행채권과 집행비용을 합한 액수의 범위로 한정하지 않고 압류 및 전부명령을 신청하였을 때 전부명령의 확정에 따라 전부되어질 피전부채권의 범위를 확정할 수 없는 문제가 발생한다.[162]

② 무제한설에 의할 경우, 압류채권자가 매기마다 계속적 수입채권 중 일부씩을 추심함으로써 일정 기간이 지나 자신의 채권을 모두 만족받게 되었을 때에도 압류의 효력이 그대로 존속하게 되어, 제3채무자로서는 채무자에게 급료 등 채무를 지급할 수 없게 되고(지급금지), 이미 만족을 받은 압류채권자에게 더 이상 지급할 수도 없

158) 손진홍, 채권집행실무, 한국사법행정학회(2019), 749.

159) 손흥수, 민사집행실무총서(II) 채권집행, 한국사법행정학회(2017), 38 각주 100); 손진홍, 채권집행실무, 한국사법행정학회(2019), 745.

160) 위 판례에 대한 해설인 이태섭, “장래의 계속적 수입채권에 관하여 수개의 압류전부명령이 발령된 경우, 압류의 경합 여부 및 전부명령의 효력”, 대법원판례해설(51), 법원도서관(2005), 594-604를 보더라도 계속적 수입채권에 대한 압류의 효력에 관하여 제한설을 취할 것인지 검토한 흔적이 없다.

161) 주석 민사집행법(V)(제4판), 한국사법행정학회(2018), 481(노재호).

162) 손진홍, 채권집행실무, 한국사법행정학회(2019), 744-745.

어, 채무자나 제3채무자의 보호에 있어서 심각한 문제를 야기할 수 있다.[163)]

③ 일반적인 금전채권에서 채권자가 압류의 효력범위를 한정하지 않고 압류한 경우 청구채권이 피압류채권보다 적은 금액이라 하더라도 피압류채권 전체에 압류의 효력이 미치는 것은 당연한데, 계속적 수입채권의 경우에는 각 지급기마다 발생하는 채권은 별개의 채권이어서 압류의 효력 범위도 각 지급기마다 별도로 검토하여야 하고, 각 지급기의 채권을 넘어서까지 압류의 효력을 확대하는 것은 일반의 금전채권에서 발생하는 문제가 아닌데도, 무제한설은 이를 일반의 금전채권과 동일선상에서 취급하는 오류를 범하고 있다.[164)]

나) 이중압류에 있어서 압류의 효력이 확장되는지: 비확장설 vs 확장설

(1) 다음과 같은 사례를 상정해 본다(논의의 편의상 제세공과금 부분은 고려하지 않는다).

채권자 甲이 1,000만 원의 채권을 가지고 '2019. 5. 이후 채무자가 제3채무자로부터 매월 받을 급료 중 압류금지채권이 아닌 100만 원 부분'에 대하여 압류한 경우, 甲의 압류의 효력은 채무자가 매월 지급받게 되는 급료 중 100만 원 부분이 합계 1,000만 원에 이를 때까지, 즉 2019. 5.부터 2020. 2.까지 10개월분에 대하여 미치게 된다. 따라서 甲 혼자 압류하였을 때에는 10개월이 경과함으로써 甲은 충분히 1,000만 원의 채권에 대한 만족을 얻게 된다. 그런데 甲의 위 압류의 효력 발생 이후 乙이 甲과 마찬가지로 1,000만 원의 채권을 가지고 '2019. 5. 이후 채무자가 제3채무자로부터 매월 받을 급료 중 압류금지채권이 아닌 100만 원 부분'에 대하여 압류하였다면, 甲은 乙과 각 50만 원씩 안분배당을 받음으로써 甲으로서는 10개월이 경과한 시점에 500만 원밖에 변제받지 못하게 된다. 그러한 경우에 甲이 나머지인 500만 원을 더 지급받기 위하여 500만 원에 대하여 다시 압류집행을 하거나 배당요구를 하여야 하는지, 채권자의 경합이 있는 이상 甲의 당초 압류의 효력을 확장시킬 수 있는지가 문제된다.

(2) 이에 대하여는 압류의 확장을 인정하지 않는 견해(비확장설)와 압류의 확장을 인정하는 견해(확장설)가 대립한다. 다만 이 부분 논의의 성격상, 위 가)항에서 제한설을 취하는 경우에만 문제된다고 볼 수 있다.

---

163) 이계정, "장래 채권의 전부명령에 관한 일고찰", 인권과 정의 제388호, 대한변호사협회(2008.12.), 18; 주석 민사집행법(V)(제4판), 한국사법행정학회(2018), 481(노재호); 손진홍, 채권집행실무, 한국사법행정학회(2019), 745-746.

164) 손진홍, 채권집행실무, 한국사법행정학회(2019), 747.

비확장설은, 위 사례에서 11개월분부터의 급료에 대하여는 더 이상 압류가 확장되지 않으므로, 이중압류로 인하여 각 채권을 모두 지급받을 수 없는 채권자들은 지급받지 못하게 된 금액에 대하여 거듭 압류를 하여야 한다는 견해이다. 그 근거로, 민사집행법상의 구속력이 없는 11개월분부터 20개월분까지의 급여에 대하여 새로운 압류 없이도 압류의 효력이 미치는 예외를 인정하는 것은 불합리하고, 더욱이 11개월분 이후의 급여채권을 양도한 경우 그 채권양수인에게 위와 같은 이유로 압류의 효력 범위가 확장되었다는 것을 들어 대항할 수 있는지 의문이라고 한다.

이에 반하여 확장설은, 위 사례에서 모든 압류채권자들이 각 채권의 만족을 받을 때까지 다시 압류의 효력이 확장된다고 보는 견해이다. 우연한 사정인 이중압류에 의하여 압류채권자의 이익이 침해되는 것을 방치하는 것은 부적절하고, 이 경우 그러한 압류채권자가 당초 신청의 목적을 달성하기 위하여 다시 압류신청을 해야 한다는 것은 불합리하다는 점을 논거로 한다.[165)]

(3) 확장설이 타당하다고 생각된다. 즉, 중복압류가 있으면 모든 압류채권자들이 각 채권의 만족을 얻을 수 있을 때까지 압류의 효력이 확장된다고 봄이 타당하다. 우연한 사정인 중복압류에 의하여 압류채권자의 이익이 침해되는 것을 방치하는 것은 적절하지 않고, 그 경우 그러한 압류채권자가 당초 신청의 목적을 달성하기 위하여 다시 압류신청을 해야 한다는 것은 불합리하며, 피압류채권의 발생원인인 법률관계가 단일하고 동질성이 강하기 때문이다.[166)]

확장설에 의할 경우 위 사례에서 甲과 乙이 행한 압류의 효력은 위 채권자들이 각 채권 전액에 대한 만족을 받을 수 있을 때까지, 즉 甲과 乙이 매월 각 50만 원씩 안분하여 지급받아 각 1,000만 원에 이르게 되는 20개월까지(2019. 5.부터 2020. 12.까지) 甲과 乙의 각 압류의 효력이 확장된다. 이는 가압류가 있었던 경우에도 마찬가지이다.

결국 계속적 수입채권의 압류는 ① 1회의 압류로 '압류채권자의 청구금액'에 달할 때까지 발생하는 매기의 수입채권에 대하여 압류의 효력이 미치게 되고, ② 채권자가 경합하면 '각 경합채권자의 청구금액 합계액'에 달할 때까지 발생하는 매기의 수입채권에 대하여 압류의 효력이 확장되어, 각 경합채권자가 위 각 수입채권에 대하

165) 견해의 소개는 손진홍, 채권집행실무, 한국사법행정학회(2019), 754 참조.

166) 이계정, "장래 채권의 전부명령에 관한 일고찰", 인권과 정의 제388호, 대한변호사협회(2008.12.), 19; 손진홍, 채권집행실무, 한국사법행정학회(2019), 754-755; 주석 민사집행법(V)(제4판), 한국사법행정학회(2018), 481(노재호).

여 각 청구금액을 압류금액으로 한 압류채권자의 지위를 가지게 되어, 매기의 수입채권에 대하여 각 경합채권자의 압류가 경합하게 된다.[167]

5) 기본적 법률관계의 변경

가) 계속적 법률관계에 기초하여 발생하는 채권을 압류한 경우에는 기본적인 법률관계가 동일한 이상 그 법률관계의 구체적 내용에 다소 변동이 있어도 압류의 효력은 유지된다. 예를 들어 채무자의 전근, 승진, 승급 등은 압류의 효력에 영향을 주지 않는다. 제3채무자가 바뀌더라도 종전의 제3채무자의 지위가 포괄적으로 승계되는 한(예를 들어 상속, 합병 또는 회사의 조직변경 등) 압류명령의 효력은 유지된다.

나) 그러나 기본적인 법률관계가 바뀌면 압류의 효력은 소멸한다. 채권에 대한 압류가 행하여지면 그 효력으로 채무자나 제3채무자가 압류된 채권 그 자체를 처분하더라도 채권자에게 대항하지는 못하지만, 그 압류로써 압류채권의 발생 원인인 기본적인 법률관계의 처분까지 금지되는 것은 아니기 때문이다. 따라서 채무자나 제3채무자는 기본적 계약관계 자체를 해지할 수 있고, 채무자와 제3채무자 사이의 기본적 계약관계가 해지된 이상 그 계약에 의하여 발생한 채권은 소멸하게 되므로 이를 대상으로 한 압류명령 또한 실효될 수밖에 없다.[168]

따라서 수급인의 보수채권에 대한 압류가 행하여진 경우에 채무자(수급인)나 제3채무자(도급인)는 기본적 계약관계인 도급계약 자체를 해지할 수 있고, 채무자와 제3채무자 사이의 기본적 계약관계인 도급계약이 해지된 이상 그 계약에 의하여 발생한 보수채권은 소멸하게 되므로 이를 대상으로 한 압류명령 또한 실효될 수밖에 없으며, 위의 경우에 도급계약이 해지되기 전에 피압류채권에 대한 전부명령이 내려지고 그 전부명령이 확정되었더라도 전부명령의 효력은 피압류채권의 기초가 된 도급계약이 해지되기 전에 발생한 보수채권에 미칠 뿐, 그 계약이 해지된 후 제3채무자와 제3자 사이에 새로 체결된 공사계약에서 발생한 공사대금채권에는 미칠 수 없다.[169] 또한, 보험계약자의 보험금 채권에 대한 압류가 행하여진 경우에 채무자(보험계약자)나 제3채무자(보험자)는 기본적 계약관계인 보험계약 자체를 해지할 수 있고, 채무자와 제3채무자 사이의 기본적 계약관계인 보험계약이 해지된 이상 그 계약에

167) 고재민, "계속적 수입채권의 압류", 판례연구 제16집, 부산판례연구회(2005), 689; 주석 민사집행법(V)(제4판), 한국사법행정학회(2018), 481-482(노재호).

168) 대법원 2006. 1. 26. 선고 2003다29456 판결, 대법원 2013. 7. 12. 선고 2012다105161 판결, 대법원 2017. 4. 28. 선고 2016다239840 판결.

169) 대법원 2006. 1. 26. 선고 2003다29456 판결.

의하여 발생한 보험금 채권은 소멸하게 되므로 이를 대상으로 한 압류명령 또한 실효될 수밖에 없다.[170)]

다) 한편, 예를 들어 차임채권을 압류하였는데 그 후 임대차가 종료하여 채무자(임대인)가 제3채무자(임차인)를 상대로 불법행위로 인한 손해배상채권을 취득하는 경우 차임채권에 대한 압류의 효력이 손해배상채권에 미치지 않고, 임금채권을 압류하였는데 채무자(종업원)가 퇴직하였다가 제3채무자(사업주)와 새로운 고용계약을 맺은 경우 기존 압류의 효력은 새로운 고용계약상의 임금채권에 미치지 않는다. 물론 이러한 법률관계의 변경이 강제집행을 면탈하기 위한 것으로 평가될 때에는 달리 취급할 여지가 있다.[171)]

6) 가압류가 본압류로 이전된 경우

채권에 대한 가압류가 집행된 후 그 가압류가 본압류로 이전된 경우에는 가압류집행이 본집행에 포섭됨으로써 처음부터 본집행이 행하여진 것과 같은 효력이 있다. 본집행이 유효하게 진행되는 한 채무자는 가압류에 대한 이의신청이나 취소신청 또는 가압류집행 자체의 취소를 구할 수 없다.[172)]

그런데 가압류한 지명채권에 대하여 가압류에서 본압류로 이전하는 내용의 주문이 누락된 채 압류 및 추심명령이 내려졌다 하더라도, 가압류 및 압류·추심의 당사자 사이에 서로 동일성이 인정되고, 가압류의 피보전채권과 압류·추심의 집행채권 사이 및 가압류 대상채권과 압류·추심 대상채권 사이에 서로 동일성이 인정되는 경우에는, 해당 가압류는 특별한 사정이 없는 한 당연히 본압류로 이전되는 효력이 생긴다.[173)] 이러한 경우 압류 및 추심명령에 가압류에서 본압류로 이전한다는 취지의 주문이 없더라도 그 처분금지효는 가압류결정이 제3채무자에게 송달된 이후부터 발생하는 것이어서, 제3채무자가 가압류결정 정본을 송달받은 뒤 채무자에게 가압류된 채무를 변제하였다면 이를 가압류 겸 압류·추심채권자에게 대항할 수 없다.

채권자가 금전채권의 가압류를 본압류로 이전하는 압류 및 추심명령을 받아 본집행절차로 이행한 후 본압류의 신청만을 취하함으로써 본집행절차가 종료한 경우, 특단의 사정이 없는 한 그 가압류집행에 의한 보전 목적이 달성된 것이라거나 그 목적 달성이 불가능하게 된 것이라고는 볼 수 없다. 그러므로 그 가압류집행의 효력이

170) 대법원 2013. 7. 12. 선고 2012다105161 판결, 대법원 2017. 4. 28. 선고 2016다239840 판결.
171) 법원실무제요, 민사집행[IV], 법원행정처(2020), 256.
172) 대법원 2004. 12. 10. 선고 2004다54725 판결, 대법원 2010. 11. 30.자 2008마950 결정 등.
173) 대법원 2010. 10. 14. 선고 2010다48455 판결.

본집행과 함께 당연히 소멸되는 것은 아니고, 채권자는 제3채무자에 대하여 그 가압류집행의 효력을 주장할 수 있다.[174]

다. 압류채권자의 지위

1) 압류채권자는 압류의 효력에 의하여 그 후 채무자가 채권을 처분하거나 또는 제3채무자가 변제를 하더라도 이를 무시하고 강제집행을 속행할 수 있다. 그러나 압류명령을 얻은 것만으로는 아직 채권을 추심할 권능을 취득하지는 못하고, 현금화를 위해서는 별도로 추심명령이나 전부명령 등을 받아야 한다. 그러므로 압류명령만을 받은 채권자의 지위는 가압류채권자의 지위와 유사하다. 실무에서는 압류명령의 신청과 추심명령이나 전부명령의 신청을 병합하여 하는 경우가 대부분이다.

2) 그러나 압류채권자는 압류명령만을 받은 단계에서도 그 고유의 권한으로 압류된 채권을 보존하기 위하여 소멸시효의 중단을 위한 소송을 제기하는 등의 행위를 할 수 있다. 또한, 압류명령을 신청하면서 목적채권의 존부 등에 관하여 제3채무자의 진술을 구하는 신청을 할 수 있고(민사집행법 제237조 제1항), 채무자로부터 채권에 관한 증서의 인도를 받을 수 있으며(민사집행법 제234조), 저당권이 있는 채권을 압류하는 경우에는 채무자의 승낙 없이도 그 채권압류 사실을 등기부에 기입하여 줄 것을 법원사무관등에게 신청할 수 있다(민사집행법 제228조 제1항).

3) 집행채권의 시효중단

가) 시효중단의 시기 및 종기

채권의 압류는 집행채권의 소멸시효를 중단시키는 효력을 가진다(민법 제168조 제2호). 이 집행채권에 관한 시효중단의 효력은 압류명령이 제3채무자에게 송달되는 등으로 압류의 효력이 발생하면,[175] 압류명령을 신청한 때에 소급하여 생긴다.[176] 압류를 시효중단사유로 규정한 이유는 압류에 의하여 채권자가 권리를 행사하였다고 할 수 있기 때문인데, 압류채권자의 권리행사는 압류를 신청한 때에 시작되고,[177] 집행법원의 절차 지연으로 말미암아 소멸시효 완성 여부가 좌우되는 것은 부당하기 때

174) 대법원 2000. 6. 9. 선고 97다34594 판결.

175) 어음·수표 그 밖에 배서로 이전할 수 있는 증권으로서 배서가 금지된 증권채권의 압류는 법원의 압류명령으로 집행관이 그 증권을 점유하여 하므로(민사집행법 제233조), 이러한 경우에는 압류명령이 제3채무자에게 송달되더라도 집행관의 증권 점유가 없으면 압류의 효력이 발생하지 않음을 유의하여야 한다.

176) 대법원 2017. 4. 7. 선고 2016다35451 판결 참조.

177) 대법원 2017. 4. 7. 선고 2016다35451 판결 참조.

문이다.

피압류채권이 그 기본계약관계의 해지·실효 또는 소멸시효 완성 등으로 인하여 소멸함으로써 압류의 대상이 존재하지 않게 되어 압류 자체가 실효된 경우에는 시효중단사유가 종료한 것으로 보아야 하고, 그때부터 시효가 새로이 진행한다.[178)]

나) 시효중단의 효력이 인정되는 압류의 범위

채권자가 채무자의 제3채무자에 대한 채권을 압류할 당시 그 피압류채권이 이미 소멸하였다는 등으로 부존재하는 경우에도 특별한 사정이 없는 한 압류집행을 함으로써 그 집행채권의 소멸시효는 중단된다.[179)] 다만 압류의 효력이 발생하지 않으므로 곧바로 소멸시효가 새롭게 진행한다고 보아야 한다.[180)]

이미 사망한 자를 상대로 한 압류명령 신청은 부적법하고 그 신청에 따른 압류명령이 있었다고 하여도 이는 당연무효로서 그 효력이 상속인에게 미치지 않으며, 이러한 당연무효의 압류는 민법 제168조가 정한 소멸시효의 중단사유인 압류에 해당하지 않는다.[181)]

원인채권의 지급을 확보하기 위하여 어음이 수수된 당사자 사이에서 채권자가 어음채권을 청구채권으로 하여 채무자의 재산을 압류함으로써 그 권리를 행사한 경우에는 그 원인채권의 소멸시효를 중단시키는 효력이 있다. 그러나 이미 어음채권의 소멸시효가 완성한 후에는 그 채권이 소멸하고 시효중단을 인정할 여지가 없으므로, 시효로 소멸된 어음채권을 청구채권으로 하여 채무자의 재산을 압류한다 하더라도 이를 어음채권 내지는 원인채권을 실현하기 위한 적법한 권리행사로 볼 수 없어, 그 압류에 의하여 그 원인채권의 소멸시효가 중단된다고 볼 수 없다.[182)]

다) 압류가 취하 또는 취소된 경우

(1) 압류채권자가 압류명령의 신청을 취하하거나 압류명령이 즉시항고에 의하여 취소된 때에는 시효중단의 효력이 소급적으로 상실된다(민법 제175조 참조).

'압류해제 신청'을 한 것은 압류명령 신청을 취하한 경우에 해당한다.[183)]

다만, 금전채권에 대한 압류명령과 그 현금화 방법인 추심명령을 동시에 신청하

178) 대법원 2017. 4. 28. 선고 2016다239840 판결 참조.
179) 대법원 2014. 1. 29. 선고 2013다47330 판결.
180) 대법원 2017. 4. 28. 선고 2016다239840 판결 참조.
181) 대법원 2006. 8. 24. 선고 2004다26287, 26294 판결.
182) 대법원 2010. 5. 13. 선고 2010다6345 판결.
183) 대법원 2017. 7. 18. 선고 2017다9671 판결.

더라도 압류명령과 추심명령은 별개로서 그 적부는 각각 판단하여야 하고, 그 신청의 취하 역시 별도로 판단하여야 한다. 채권자는 추심명령에 따라 얻은 권리를 포기할 수 있지만(민사집행법 제240조 제1항), 추심권의 포기는 압류의 효력에는 영향을 미치지 않으므로, 추심권의 포기만으로는 압류로 인한 소멸시효 중단의 효력은 상실되지 않고, 압류명령의 신청을 취하하면 비로소 소멸시효 중단의 효력이 소급하여 상실된다.[184)]

민법 제175조는 '압류가 법률의 규정에 따르지 않음으로 인하여 취소된 때에는 소멸시효 중단의 효력이 없다'고 규정하고 있는데, 이는 그러한 사유가 처음부터 적법한 권리행사가 있었다고 볼 수 없는 사유에 해당한다고 보기 때문이므로, 법률의 규정에 따른 적법한 압류가 있었으나 이후 다른 사유로 압류가 취소된 때에는 그 채권의 소멸시효는 압류가 취소된 때로부터 다시 진행한다(즉 시효중단의 효력이 장래를 향하여 소멸한다)고 보아야 한다.[185)]

(2) 압류가 위와 같이 취하 또는 취소되어 시효중단의 효력이 소급적으로 상실된 경우에도, 그때부터 6개월 내에 다시 재판상의 청구나 압류·가압류 또는 가처분을 하면 최초의 압류로 인하여 시효가 중단된 것으로 해석하는 것이 타당하다. 재판상의 청구에 대한 민법 제170조 제2항과 같이 명문의 규정은 없지만, 압류명령의 신청은 민법 제174조의 '최고'에 해당하는 것으로 볼 수 있고,[186)] 압류의 효력이 지속되는 동안은 집행절차를 통한 최고가 계속된 것으로 보아 민법 제174조를 유추적용할 수 있다고 생각된다.[187)]

라. 채무자의 지위

1) 압류된 채권의 처분과 변제수령의 금지

가) 의의

채무자는 압류명령에 의하여 채권의 처분과 영수가 금지되어 채권의 추심뿐만

184) 대법원 2014. 11. 13. 선고 2010다63591 판결.

185) 법률의 규정에 따른 적법한 가압류가 있었으나 제소기간의 도과로 인하여 가압류가 취소된 사안에 관한 대법원 2011. 1. 13. 선고 2010다88019 판결, 민사집행법 제102조 제2항에 따라 경매가 무잉여 취소된 경우에 관한 대법원 2015. 2. 26. 선고 2014다228778 판결 참조.

186) 대법원 2001. 8. 21. 선고 2001다22840 판결(채권자가 연대채무자 1인 소유의 부동산에 대하여 경매신청을 한 경우 이는 최고로서의 효력을 가지고 있다) 참조.

187) 주석 민사집행법(V)(제4판), 한국사법행정학회(2018), 485-486(노재호); 이에 관한 상세한 검토는 김성균/강병훈, "채권집행에 있어서 소멸시효중단사유에 관한 소고", 법학논집 제21권 제3호, 이화여자대학교법학연구소(2017. 3.), 12-18 참조.

아니라 채권의 양도, 포기, 면제, 상계, 상계계약의 체결, 질권의 설정, 변제기의 유예 등 채권자를 해치는 일체의 처분이 금지된다.

채권압류 후에 채무자와 제3채무자 사이의 소송에서의 화해권고결정에 의하여 피압류채권의 액이 감축된 경우 제3채무자는 이를 압류채권자에게 대항할 수 있는지 문제된다. 화해권고결정은 법원·수명법관 또는 수탁판사가 소송 계속 중인 사건에 대하여 당사자의 이익, 그 밖의 모든 사정을 참작하여 청구의 취지에 어긋나지 아니하는 범위 안에서 사건의 공평한 해결을 위하여 직권으로 하는 결정으로서 법원, 수명법관 또는 수탁판사가 결정행위의 주체가 되는 것이지 채무자가 그 주체가 되는 것은 아니므로 채무자의 행위에 해당한다고 할 수 없다. 또한, 채무자와 제3채무자가 소송 계속 중 화해계약을 체결하는 등으로 합의한 후 법원에 화해권고결정을 해달라는 의사를 밝힘에 따라 법원이 그 합의 내용대로 화해권고결정을 하였다고 하더라도, 우리 민사소송법상 화해권고결정에 대하여 당사자의 신청권이 인정되지 않아 법원에 대한 화해권고결정의 신청은 직권발동을 촉구하는 것에 불과하므로 이를 채무자의 처분에 해당한다고 볼 수도 없다. 결국 화해권고결정이나 그 결정을 신청하는 것은 압류의 처분금지 효력에 의하여 금지되는 채무자의 처분행위에 해당하지 않으므로, 채권에 대한 압류가 있은 후에 채무자와 제3채무자 사이에 화해권고결정이 확정되었다면 제3채무자는 그러한 사유를 들어 압류채권자에게 대항할 수 있다고 봄이 타당하다.[188]

나) 개별상대효

그러나 이러한 금지의 효력은 절대적인 것은 아니고, 채무자의 처분행위 또는 제3채무자의 변제로써 압류채권자와 '채무자의 처분행위 또는 제3채무자의 변제 전에 집행절차에 참가한 배당요구채권자'에게 대항하지 못한다는 의미에서의 상대적 효력만을 가진다(개별상대효설).[189] 따라서 채권압류의 효력발생 전에 채무자가 그 채권을 처분한 경우에는, 그보다 먼저 압류한 채권자(甲)가 있어 그 채권자에게는 대항할 수 없는 사정이 있더라도, 그 처분 후에 집행에 참가하는 채권자(乙)에 대하여는 처분의 효력을 대항할 수 있는 것이므로(그 처분이나 변제 후에 압류명령을 얻은 채권자에 대하여는 유효한 처분 또는 변제가 된다[190]), 채무자가 압류 또는 가압류의 대상인 채권을 양도하고 확정일자 있는 통지 등에 의한 채권양도의 대항요건을 갖추

188) 주석 민사집행법(V)(제4판), 한국사법행정학회(2018), 486-487(노재호).
189) 대법원 2003. 5. 30. 선고 2001다10748 판결, 대법원 2004. 9. 3. 선고 2003다22561 판결.
190) 대법원 2003. 5. 30. 선고 2001다10748 판결.

었다면, 그 후 채무자의 다른 채권자(乙)가 그 양도된 채권에 대하여 압류 또는 가압류를 하더라도 그 압류 또는 가압류 당시에 피압류채권은 이미 존재하지 않는 것과 같아 압류 또는 가압류로서의 효력이 없다.[191] 따라서 그 다른 채권자(乙)는 압류에 따른 집행절차에 참여할 수 없고,[192] 새롭게 배당요구를 할 수도 없다.[193]

다) 압류명령에 위배하여 채무자가 변제를 수령한 경우

압류명령에도 불구하고 제3채무자가 채무자에게 피압류채권을 변제하면 제3채무자는 이로써 압류채권자에게 대항할 수 없으므로 이중변제의 위험을 진다.

그런데 채무자가 제3채무자에 대하여 가지는 금전채권에 관하여 압류명령이 내려져서 제3채무자는 채무자에게 그 지급을 하는 것이, 채무자는 이를 수령하는 것이 각 금지된다고 하더라도, 제3채무자가 위와 같은 금지에도 불구하고 피압류채무를 스스로 변제하였거나 또는 그에 관하여 민법 제487조에 의한 변제공탁을 하였다면, 채무자가 그로써 수령한 금전은 자기 채권에 관한 원래의 이행으로 또는 변제공탁 등과 같이 변제에 갈음하는 방법을 통하여 취득한 것으로서 역시 그의 소유에 속한다고 할 것이고, 그가 단지 채권자 또는 제3채무자의 금전을 '보관'하는 관계에 있다고 할 수 없다. 따라서 채무자가 그 금전을 채권자에게 반환하는 것을 거부하였다고 하여 그에게 횡령의 죄책을 물을 수는 없다. 이는 제3채무자가 원래 민사집행법 제248조에서 정하는 집행공탁을 하여야 할 것을 착오로 변제공탁을 하였다고 해서 달리 볼 수 없다.[194]

라) 채무자가 압류명령의 조건 성취를 방해한 경우

채권자가 집행력 있는 집행권원에 터 잡아 강제집행을 개시한 것을 알면서 채무자가 그 강제집행의 목적물을 손괴·은닉하는 등의 방법으로 그 강제집행의 실행을 방해하였다면 그 행위는 그 집행채권자에 대하여 불법행위를 구성하게 되는 것이며 그 이치는 강제집행의 목적물이 금전채권인 경우에도 마찬가지로 적용된다. 따라서 채무초과 상태에 빠진 채무자나 제3자가 압류 사실을 알고서 압류의 대상이 된 장래의 예금채권의 예금계좌로 입금될 금원을 그 예금계좌에 입금하지 않고 타인에게 입금하거나 현금으로 인출하여 달라고 요구하여 인출 받아 갔다면 이는 그 예금계좌로

191) 대법원 2004. 9. 3. 선고 2003다22561 판결, 대법원 2019. 12. 6.자 2019마6043 결정, 대법원 2022. 1. 27. 선고 2017다256378 판결, 대법원 2022. 12. 1. 선고 2022다247521 판결.

192) 대법원 2010. 10. 28. 선고 2010다57213, 57220 판결.

193) 법원실무제요, 민사집행[IV], 법원행정처(2020), 260.

194) 대법원 2012. 1. 12. 선고 2011도12604 판결.

의 입금이라는 조건의 성취를 방해하는 행위로서 불법행위를 구성할 수 있고, 이 때 은행 직원이 위 예금자 등의 강제집행 실행 방해 사실을 알면서 이에 공모 내지 방조한 경우에 한하여 그 은행 직원도 불법행위 책임을 진다.[195)]

2) 압류채권자를 해하지 않는 한도에서 압류된 채권 행사

가) 채무자는 압류된 뒤에도 여전히 압류된 채권의 채권자이므로 추심명령이나 전부명령이 있기까지는 채권자를 해치지 않는 한도에서 채권을 행사할 수 있다.

나) 제3채무자를 상대로 이행의 소를 제기하여 승소판결을 받을 수도 있고 채권의 보존을 위한 행위도 가능하다.

일반적으로 채권에 대한 압류가 있더라도 이는 채무자가 제3채무자로부터 현실로 급부를 추심하는 것만을 금지하는 것일 뿐 채무자는 제3채무자를 상대로 그 이행을 구하는 소송을 제기할 수 있고 법원은 압류가 되어 있음을 이유로 이를 배척할 수는 없는 것이 원칙이다. 왜냐하면 채무자로서는 제3채무자에 대한 그의 채권이 압류되어 있다 하더라도 집행권원을 취득할 필요가 있고, 시효를 중단시킬 필요가 있는 경우도 있을 것이며, 소송계속 중에 압류가 행하여진 경우에 이를 이유로 청구가 배척된다면 장차 압류가 취소된 후 다시 소를 제기하여야 하는 불편함이 있는 데 반하여 제3채무자로서는 이행을 명하는 판결이 있더라도 집행단계에서 이를 저지하면 될 것이기 때문이다.[196)]

다) 다만 채무자가 제3채무자를 상대로 압류된 채권에 관한 이행의 소를 제기하여 승소판결을 받더라도 강제집행을 실시하여 만족을 얻을 수는 없다.

라) 집행채권자의 채권자가 집행권원에 표시된 집행채권을 압류 또는 가압류, 처분금지가처분을 한 경우에는 압류 등의 효력으로 집행채권자의 추심, 양도 등의 처분행위와 채무자의 변제가 금지되고, 이에 위반되는 행위는 집행채권자의 채권자에게 대항할 수 없게 되어 집행기관은 압류 등이 해제되지 않는 한 집행할 수 없으므로, 이는 집행장애사유에 해당한다. 다만 채권압류명령은 비록 강제집행절차에 나아간 것이기는 하나 채권추심명령이나 채권전부명령과는 달리 집행채권의 현금화나 만족적 단계에 이르지 않는 보전적 처분으로서 집행채권을 압류 또는 가압류한 채권자를 해하는 것이 아니기 때문에 집행채권에 대한 압류 또는 가압류의 효력에 반하는 것은 아니므로, 집행채권에 대한 압류 또는 가압류는 집행채권자가 그 채무자를 상대로 한

---

195) 대법원 2002. 12. 26. 선고 2002다54479 판결.

196) 대법원 1989. 11. 24. 선고 88다카25038 판결, 대법원 2002. 4. 26. 선고 2001다59033 판결.

채권압류명령에는 집행장애사유가 될 수 없다.[197] 결국 집행채권자에 대한 채권자가 집행채권을 압류 또는 가압류한 경우 이는 강제집행의 3단계(압류→현금화→배당) 중 현금화 및 배당에 대해서는 집행장애사유가 되지만, 압류에 대해서는 집행장애사유가 되지 않는다.

3) 기본적 법률관계에 관한 처분행위

가) 채권이 압류되었다고 하여 채무자가 압류된 채권을 발생시킨 기본적 법률관계 그 자체를 처분하지 못하게 되는 것은 아니다. 채권의 압류는 제3채무자에 대하여 채무자에게 지급 금지를 명하는 것이므로 채무자는 채권을 소멸 또는 감소시키는 등의 행위를 할 수 없고 그와 같은 행위로 채권자에게 대항할 수 없지만, 채권의 발생원인인 법률관계에 대한 채무자의 처분까지도 구속하는 효력은 없다.[198] 그래서 채권에 대한 압류는 그 기초가 되는 법률관계의 변경으로 인한 채권 소멸 등의 위험이 본질적으로 내재되어 있다고 말할 수 있다.[199]

나) 예컨대 보험계약자의 보험금 채권에 대한 압류가 행하여지더라도 채무자나 제3채무자는 기본적 계약관계인 보험계약 자체를 해지할 수 있고, 보험계약이 해지되면 그 계약에 의하여 발생한 보험금 채권은 소멸하게 되므로 이를 대상으로 한 압류명령은 실효된다.[200] 또한, 임대차계약에 기초한 임대인의 차임채권이 압류된 경우에도 임대인은 그 임대차계약을 해지할 수 있다.[201] 수급인의 보수채권이 압류되더라도 채무자나 제3채무자는 기본적 계약관계인 도급계약 자체를 해지할 수 있고, 이에 따라 그 계약에 의하여 발생한 보수채권은 소멸하게 되므로 이를 대상으로 한 압류명령 또한 실효된다.[202] 근로계약에 기초한 임금채권이 압류된 경우에도 채무자는 퇴직할 수 있다.

다) 기본적 법률관계가 해제되는 경우 압류채권자가 민법 제548조 제1항 단서에서 말하는 제3자에 해당하여 보호될 수 있는지 문제되나, 판례는 여기서 제3자란 일반적으로 그 해제된 계약으로부터 생긴 법률효과를 기초로 하여 해제 전에 새로운 이해관계를 가졌을 뿐 아니라 등기, 인도 등으로 완전한 권리를 취득한 자를 말하므

197) 대법원 2000. 10. 2.자 2000마5221 결정, 대법원 2016. 9. 28. 선고 2016다205915 판결, 대법원 2022. 9. 29. 선고 2019다278785 판결.

198) 대법원 2015. 5. 14. 선고 2012다41359 판결.

199) 주석 민사집행법(V)(제4판), 한국사법행정학회(2018), 491(노재호).

200) 대법원 2013. 7. 12. 선고 2012다105161 판결, 대법원 2017. 4. 28. 선고 2016다239840 판결.

201) 대법원 2004. 12. 23. 선고 2004다56554 판결 등.

202) 대법원 2006. 1. 26. 선고 2003다29456 판결.

로 계약상의 채권을 양수한 자나 그 채권 자체를 압류 또는 전부한 채권자는 여기서 말하는 제3자에 해당하지 않는다고 한다.[203] 민법 제548조 제1항 단서의 제3자 보호 규정은 해제로 인한 원상회복의무에 대한 예외임이 문언상 분명하므로 원상회복의무가 문제되는 경우, 즉 계약을 원인으로 이미 이행이 이루어진 경우를 전제로 한다. 따라서 이행이 이루어진 결과를 기초로 새로운 이해관계를 맺은 것이 아니라 이행이 이루어지기 전에 계약상 채권 자체를 압류한 자에 대하여는 위 단서 규정이 적용될 여지가 없다. 계약의 해제를 채권관계에 본질적으로 내재된 위험이라고 본다면 이행이 이루어지기 전에 계약상 채권 자체에 대하여 채권양도, 압류 등의 이해관계를 맺은 자는 그러한 위험을 감수해야 한다고 보아야 할 것이다.[204]

라) 채무자와 제3채무자가 아무런 합리적 이유 없이 채권의 소멸만을 목적으로 계약관계를 합의해제한다는 등의 특별한 경우를 제외하고는, 제3채무자는 채권에 대한 압류가 있은 후라고 하더라도 채권의 발생원인인 법률관계를 합의해제하고 이로 인하여 피압류채권이 소멸되었다는 사유를 들어 압류채권자에 대항할 수 있다.[205] 이에 대하여는, 피압류채권의 포기와 다를 것이 없다는 이유로 부정하는 견해가 있다.[206]

마) 계약당사자로서의 지위 승계를 목적으로 하는 계약인수의 경우에는 양도인이 계약관계에서 탈퇴하는 까닭에 양도인과 상대방 당사자 사이의 계약관계가 소멸하지만, 양도인이 계약관계에 기초하여 가지던 권리의무가 동일성을 유지한 채 양수인에게 그대로 승계된다. 따라서 양도인의 제3채무자에 대한 채권이 압류된 후 그 채권의 발생원인인 계약의 당사자 지위를 이전하는 계약인수가 이루어진 경우 양수인은 압류에 의하여 권리가 제한된 상태의 채권을 이전받게 되므로, 제3채무자는 계약인수에 의하여 그와 양도인 사이의 계약관계가 소멸하였음을 내세워 압류채권자에 대항할 수 없다.[207] 이러한 법리는 주택 임대인의 차임채권이 압류된 후에 임대차목적물의 소유권이 제3자에게 양도되어 임대인 지위가 새로운 소유자에게 승계된 경우에도 적용될 것이다.[208]

203) 대법원 2000. 4. 11. 선고 99다51685 판결
204) 주석 민사집행법(V)(제4판), 한국사법행정학회(2018), 491-492(노재호).
205) 대법원 2001. 6. 1. 선고 98다17930 판결.
206) 손흥수, 민사집행실무총서(II) 채권집행, 한국사법행정학회(2017), 217 참조.
207) 대법원 2015. 5. 14. 선고 2012다41359 판결.
208) 日最判 1998. 3. 24. 참조; 주석 민사집행법(V)(제4판), 한국사법행정학회(2018), 492(노재호).

4) 피압류채권의 시효중단 여부

가) 압류의 효력은 소극적으로 압류된 채권의 처분행위를 금지하는 것뿐인 이상 '그 압류된 채권'의 소멸시효는 압류만으로 중단되지 않는다.

나) 채무자의 제3채무자에 대한 채권에 관하여 압류 및 추심명령을 받아 그 결정이 제3채무자에게 송달되었다면 거기에 채무자의 제3채무자에 대한 채권(피압류채권)에 대한 민법 제174조 소정의 소멸시효 중단사유인 최고로서의 효력은 인정된다.[209]

다만, 이러한 법리를 채권압류명령만 있는 경우(예를 들어 압류 및 전부명령을 받았으나 전부명령은 압류의 경합으로 무효가 되어 압류명령만 남는 경우)에까지 적용하기는 어렵다. 소멸시효 중단사유의 하나인 '최고'는 채무자에 대하여 채무 이행을 구한다는 채권자의 의사통지(준법률행위)로서 특별한 형식이 요구되지 않고 권리행사의 주장을 하는 취지임이 분명하다면 최고에 해당하는 것으로 볼 수 있으나,[210] 압류명령만을 얻은 채권자는 추심채권자와 달리 제3채무자에게 피압류채권의 이행을 청구하는 등 피압류채권에 관한 권리를 적극적으로 행사할 수 있는 지위에 있지 않고, 압류명령의 효력은 소극적으로 압류된 채권의 처분행위 및 변제를 금지하는 데 그치므로, 압류명령의 제3채무자에 대한 송달을 피압류채권에 관한 최고로 보기는 어렵기 때문이다.[211]

5) 압류채권자에 대한 채권증서 인도의무

채무자는 채권에 관한 증서가 있으면 압류채권자에게 인도하여야 한다(민사집행법 제234조 제1항). 채무자가 채권증서를 소지하고 있으면 채무자에 의해서 제3채무자에 대한 채권의 처분 등이 행해질 위험성이 있기 때문에 압류의 처분금지의 효력을 확보하기 위한 것이다.

마. 제3채무자의 지위

1) 채무자에 대한 지급금지

가) 제3채무자는 압류에 의하여 채무자에 대한 지급이 금지된다(민사집행법 제227조 제1항). 이는 채권압류의 본질적 효력이다. 제3채무자가 채무를 면하려면 집행공탁(민사집행법 제248조)을 하거나 추심명령을 얻은 압류채권자의 추심권 행사에 응하여 지급하여야 한다.

209) 대법원 2003. 5. 13. 선고 2003다16238 판결.

210) 대법원 1992. 2. 11. 선고 91다41118 판결

211) 주석 민사집행법(V)(제4판), 한국사법행정학회(2018), 435(노재호). 493.

나) 제3채무자는 채무자에게 지급하더라도 이로써 압류채권자에게 대항할 수 없고, 압류채권자가 추심권을 취득하면 그에게 다시 지급하여야 하는 이중변제의 위험을 부담하게 된다. 이 경우 제3채무자가 변제를 받은 채무자에게 부당이득의 반환을 청구할 수 있는지에 관하여, 제3채무자가 피압류채권이 압류되어 채무자에게 변제수령권이 없다는 사실을 알고도 자유로운 의사로 채무자에게 그 지급을 하였다면 악의의 비채변제(민법 제742조)에 해당하여 부당이득반환을 청구할 수 없다는 견해[212]도 있으나, 이중변제를 한 제3채무자의 부당이득 반환청구를 긍정하는 것이 일반적 견해이다.[213] 채권이 압류되더라도 채무자는 피압류채권에 관한 채권자의 지위를 가지고 있고, 제3채무자는 나중에 압류명령이 취하되거나 취소될 것을 염두에 두고 채무자에게 피압류채권을 변제할 수도 있기 때문에 이를 악의의 비채변제라고 단정하기는 어렵다. 제3채무자가 추심명령이나 전부명령을 얻은 압류채권자에게 이중변제를 하여 채무자의 채권자에 대한 채무가 소멸하게 되면 그때 비로소 이중의 이득을 얻은 채무자가 제3채무자에 대한 관계에서 부당이득을 한 것이 된다. 따라서 이중변제를 한 제3채무자는 채무자에게 부당이득 반환을 청구할 수 있다고 봄이 타당하다.[214]

다) 제3채무자가 압류명령을 위반하여 채무자에게 압류된 채권에 관한 이행을 하는 것은 위법하므로, 이로 말미암아 압류채권자에게 손해가 발생할 경우에는 불법행위책임이 성립할 수도 있다.

(1) 판례도 소유권이전등기청구권에 대한 압류 사안에서 '제3채무자가 압류결정을 무시하고 채무자에게 이전등기를 마치고 채무자가 다시 제3자에게 이전등기를 경료하여 준 결과 채권자에게 손해를 입힌 때에는 불법행위를 구성하고 그에 따른 배상책임을 지게 된다'고 판단하였다.[215]

(2) 이와 관련하여, 부동산 담보신탁계약 해지 시 수탁자가 곧바로 제3자(신탁자로부터 신탁재산인 부동산을 매수한 자)에게 소유권이전등기를 마쳐 준 경우에도 위 법리가 적용될 수 있다고 판단한 대법원 2022. 12. 15. 선고 2022다247750 판결에 관하여 살펴본다.

(가) 사실관계는 다음과 같다.

212) 정동윤, "가압류된 채권의 이행청구", 법률실무연구 제19집, 서울지방변호사회(1989), 111.

213) 이백규, "압류된 채권양수인의 이행청구와 추심명령", 민사판례연구 제24권, 박영사(2002), 488; 손흥수, 민사집행실무총서(II) 채권집행, 한국사법행정학회(2017), 219-220.

214) 주석 민사집행법(V)(제4판), 한국사법행정학회(2018), 494-495(노재호).

215) 대법원 2000. 2. 11. 선고 98다35327 판결, 대법원 2000. 2. 11. 선고 98다35327 판결, 대법원 2007. 9. 21. 선고 2005다44886 판결.

① 소외 회사(신탁자)는 2012. 10. 10. 피고(수탁자인 신탁회사)와 아파트에 관하여 담보신탁계약을 체결하고 그 무렵 피고에게 신탁등기를 마쳐주었다.

② 위 사건 담보신탁계약 제17조 제1항 제1호는 '우선수익자와 채무자 사이에 체결한 여신거래계약을 불이행할 경우에는 신탁기간 종료 전이라도 우선수익자의 요청에 따라 신탁부동산을 처분할 수 있다'고 정하였다. 한편, 위 사건 담보신탁계약 특약사항 제7조 제3항은 '처분대금을 완납한 매수인에 대한 소유권이전을 위하여 신탁자의 서면요청 및 우선수익자의 서면동의가 있는 경우 신탁계약을 해지하고, 신탁자에게 신탁부동산의 소유권을 귀속시킬 수 있다'고 정하였고, 같은 조 제4항은 '제3항에도 불구하고 수탁자는 우선수익자의 서면요청에 따라 매도인으로서의 책임을 부담하지 않는 조건으로 매수인과 매매계약을 체결하는 등의 방법으로 신탁부동산의 소유권을 매수인에게 직접 이전할 수 있다'고 정하였다.

③ 2013. 10. 18.경 및 2014. 7. 10.경 소외 회사의 채권자인 원고들의 신청으로 아파트 중 일부 호실에 관하여 소외 회사가 피고에 대하여 갖는 '담보신탁계약의 해지를 원인으로 한 소유권이전등기청구권' 또는 '담보신탁계약의 종료(해지 포함)를 원인으로 한 소유권이전등기청구권'에 관하여 압류 및 가압류결정이 내려졌고, 위 각 결정은 그 무렵 피고에게 송달되었다.

④ 피고는 위 압류 및 가압류결정에도 불구하고 그 후 우선수익자의 동의 및 소외 회사의 요청에 따라 매수인들에게 위 압류 및 가압류결정의 대상에 포함된 아파트 중 일부 호실에 관하여 '매매'를 원인으로 소유권이전등기를 마쳐 주었고, 이로 말미암아 위 호실에 관한 신탁등기는 '신탁재산의 처분'을 원인으로 말소되었다.

⑤ 피고와 매수인들 사이에 작성된 부동산매매계약서에는 담보신탁계약 특약사항 제7조에 따라 작성되었다는 내용이 명시되어 있고(제1조), 매매대금은 소외 회사와 매수인들 사이에 체결한 '분양계약'에 따라 지급되며(제2조), 수탁자인 피고는 담보신탁계약 특약사항 제7조에 따라 매수인들의 잔금 납입에 따른 등기상 소유권이전에 관하여만 책임을 부담할 뿐 명도·하자담보·매매대금 반환 등 매도자로서의 제반 책임과 의무를 부담하지 않고, 그 책임과 의무는 위탁자인 소외 회사에 있으며, 매수인들도 수탁자인 피고에게 매도인의 책임을 묻지 않기로 하는 내용이 기재되어 있다(제3조).

(나) 원심은, 피고가 매수인들과 매매계약을 체결한 후 소유권이전등기를 마쳐준 것은 담보신탁계약의 해지 등 종료를 원인으로 한 것이 아니어서 위 압류 및 가압류

결정에 위반되지 않는다고 보아, 원고들이 주장하는 불법행위가 성립한 것으로 볼 수 없다고 판단하였다.

(다) 그러나 대법원은 다음과 같이 판단하였다(파기환송).

① 부동산 담보신탁계약이 해지된 경우에는 '신탁재산 귀속'을 원인으로 위탁자에게 소유권이전등기를 한 다음 '분양계약'을 원인으로 매수인에게 소유권이전등기를 하는 것이 원칙이다. 이 경우에도 우선수익자의 서면요청에 따라 수탁자가 매도인으로서의 책임을 부담하지 않는 조건으로 신탁부동산의 소유권을 매수인에게 직접 이전할 수 있다는 내용을 특약사항으로 정하였다면, 이는 신탁계약 해지에 따른 소유권이전등기절차를 간편하게 처리하기 위하여 위탁자 대신 수탁자로 하여금 매수인에게 직접 신탁부동산에 관한 소유권이전등기를 하는 것을 예외적으로 허용하는 취지일 뿐 수탁자에게 신탁부동산에 관한 처분권한을 부여하거나 매수인에게 수탁자에 대하여 소유권이전등기청구권을 직접 취득할 수 있음을 정한 규정으로 볼 수는 없다. 따라서 위 특약사항에 따른 소유권이전등기는 수탁자가 신탁계약에 따라 신탁부동산을 처분하여 마쳐준 것이 아니고, '신탁계약 해지에 따른 수탁자의 위탁자에 대한 소유권이전등기'와 이를 전제로 한 '위탁자의 매수인에 대한 소유권이전등기'가 단축되어 이행된 것에 불과하다.[216]

② 소유권이전등기청구권에 대한 압류가 있으면 변제금지의 효력에 따라 제3채무자는 채무자에게 임의로 이전등기를 이행하여서는 안 되나, 이러한 압류에는 청구권의 목적물인 부동산 자체의 처분을 금지하는 대물적 효력이 없으므로, 제3채무자나 채무자로부터 이전등기를 마친 제3자에 대하여는 취득한 등기가 원인무효라고 주장하여 말소를 청구할 수 없지만, 제3채무자가 압류결정을 무시하고 채무자에게 이전등기를 이행하고 채무자가 다시 제3자에게 이전등기를 마쳐준 결과 채권자에게 손해를 입힌 때에는 불법행위에 따른 배상책임을 진다.

③ 이러한 법리에 비추어 보면, 원심의 판단은 아래와 같은 이유에서 수긍할 수 없다(파기환송).

㉮ 소외 회사와 매수인 사이에 작성된 '분양계약서'와 별도로 피고와 매수인들 사이에 '부동산매매계약서'가 작성된 후 이에 따라 소유권이전등기가 마쳐지기는 하였지만, 피고와 매수인들 사이에 작성된 부동산매매계약서는 담보신탁계약 특약사항

---

216) 대법원 2012. 7. 12. 선고 2010다19433 판결, 대법원 2018. 12. 27. 선고 2018다237329 판결 참조.

제7조에 따라 작성되었음이 문언상 명백하고, 위 부동산매매계약서에 포함된 신탁부동산의 매매에 따른 권리·의무의 주체와 그 내용 등 핵심사항은 대부분 소외 회사와 매수인들 사이의 분양계약에서 정한 것을 그대로 따랐으며, 수탁자인 피고는 등기이전의무 이외에 매도인으로서 아무런 책임을 부담하지 않을 것을 조건으로 정하였다. 그러므로 피고가 매수인들에게 아파트 중 일부 호실을 매도한 것이 담보신탁계약 특약사항 제7조 제3항 및 이를 전제로 하는 같은 조 제4항에 따른 이 사건 담보신탁계약의 해지 및 신탁부동산의 귀속과 무관하게 담보신탁계약 제17조 제1항 제1호 등에서 정한 바에 따라 담보신탁계약의 본래 목적을 달성하기 위하여 신탁부동산을 처분하여 환가한 후 신탁비용 및 대출원리금 채무의 변제 등에 충당한 경우에 해당한다고 보기는 어렵다.

㉯ 즉, 담보신탁계약 특약사항 제7조 제4항은 수탁자인 피고가 매수인들과 매매계약을 체결하는 등의 방법으로 신탁부동산의 소유권을 매수인들에게 직접 이전할 수 있다고 명시하였지만, 이 역시 같은 조 제3항에 따라 이 사건 담보신탁계약이 해지됨을 전제로 하여 '피고의 소외 회사에 대한 소유권이전등기의무'와 '소외 회사의 매수인들에 대한 소유권이전등기의무'를 단축하여 이행하는 방법을 정한 것으로 보일 뿐 피고에게 신탁부동산의 독자적인 처분권을 부여하는 조항으로 해석할 수는 없다. 담보신탁계약 특약사항 제7조 제3항은 담보신탁계약이 해지됨을 전제로 매수인들에 대한 소유권이전등기를 이행하는 원칙적인 방법을 정한 것이고, 같은 조 제4항은 위 제3항에 따른 소유권이전등기절차를 간편하게 처리하기 위한 예외적인 방법을 정하였음이 분명하기 때문이다. 앞서 본 법리도 부동산 담보신탁계약의 수탁자에 대한 분양 부동산의 소유권이전등기청구권을 매수인이 직접 취득·행사할 수 있는 특약이 적용될 수 있는 경우가 아닌 한, '분양대금에 의한 우선수익자의 채권변제가 확보된 상태'에서의 부동산 담보신탁계약 해지의 경우에만 한정하여 적용되는 것이 아니라, 그 실질에 있어서 부동산 담보신탁계약의 해지 및 그와 관련한 신탁재산 귀속과 분양계약을 원인으로 최종적으로 매수인에게 분양 부동산의 소유권이전등기가 이루어지는 경우에 전반적으로 적용되고, 담보신탁계약의 해지 사유에 달리 특별한 제한이 명시되지 않은 이상, 담보신탁계약 특약사항 제7조가 '소외 회사가 우선수익자인 금융기관들에게 분양대금에 상응하는 대출금을 모두 변제한 경우'에만 적용된다고 볼 수는 없다.

㉰ 소유권이전등기청구권에 관한 압류 및 가압류결정의 변제금지 효력에 따라

제3채무자인 피고는 채무자인 소외 회사에 대하여 담보신탁계약의 해지 또는 종료를 원인으로 하여 임의로 소유권이전등기를 이행할 수 없다. 피고가 위 각 결정을 송달받은 후 매수인들에게 그 각 결정의 대상에 포함된 아파트 중 일부 호실에 관한 소유권이전등기를 마쳐준 것이 담보신탁계약 특약사항 제7조에서 정한 담보신탁계약의 해지에 따른 것이라면, 이는 '담보신탁계약의 해지에 따른 피고의 소외 회사에 대한 소유권이전등기의무'와 '소외 회사의 매수인들에 대한 소유권이전등기의무'를 단축하여 이행한 것에 해당하는바, 이는 결과적으로 제3채무자인 피고가 압류 및 가압류결정을 무시한 채 소외 회사에 대한 소유권이전등기를 이행한 후 채무자인 소외 회사가 다시 제3자인 매수인들에게 소유권이전등기를 마쳐줌으로써 채권자인 원고들에게 손해를 입힌 때에 해당하므로, 불법행위책임이 성립한다고 볼 수 있다.

라) 압류가 나중에 해제되면 채무자에 대한 변제는 완전히 유효하게 된다. 또한, 압류명령이 제3채무자에게 적법하게 송달되었으나 특별한 사정이 있어 제3채무자가 압류명령 사실을 알지 못하고 또 과실도 없이 피압류채권을 채무자에게 지급하였다면, 채권의 준점유자에 대한 변제에 관한 민법 제470조를 유추적용하여 제3채무자의 면책을 인정할 수 있다.[217]

마) 압류명령이 송달되어 효력이 발생하기 전에 제3채무자가 압류된 채권의 지급을 위하여 어음이나 수표를 발행하였을 때에는 원인채권의 압류의 효력은 어음이나 수표채권에는 미치지 않으므로, 제3채무자는 어음이나 수표의 소지인에 대하여 지급할 의무가 있고, 압류명령이 송달된 뒤에 지급하더라도 그 지급으로써 압류된 원인채권(피압류채권)이 소멸하였다는 것을 압류채권자에게도 대항할 수 있다.[218] 채무자가 어음이나 수표채권을 행사할 때에는 원인채권의 압류를 인적항변으로 주장할 수 있을 것이다.[219]

2) 권리공탁 및 공탁의무

제3채무자는 압류와 관련된 금전채권의 전액을 공탁할 수 있다(민사집행법 제248조 제1항). 압류의 대상인 채권 중 일부만 압류된 경우에도 채권 전액을 공탁할 수 있다는 의미이다. 압류채권자가 현금화를 게을리하는 경우나 강제집행정지 또는

---

217) 대법원 2002. 8. 27. 선고 2002다31858 판결, 대법원 2016. 3. 24. 선고 2015다68911 판결.

218) 대법원 1984. 7. 24. 선고 83다카2062 판결, 대법원 2000. 3. 24. 선고 99다1154 판결.

219) 대법원 1983. 3. 8. 선고 82다카889 판결(국세체납으로 인하여 채권압류가 있은 경우에는 채무자는 채권자에게 채무를 지급할 수 없고 오직 소관 세무공무원에만 지급하여야 할 것이고, 체납자인 채권자는 그 압류된 채권을 행사할 수 없으므로, 그 채권의 지급조로 발행된 약속어음의 수취인인 채권자는 어음금의 지급청구권을 행사할 수 없다고 판단) 참조.

가압류와 같이 채권자의 추심권이 제한되는 경우에는, 제3채무자는 압류채권자에게 변제할 수 없으므로 자기의 채무를 소멸시켜 면책될 수 없을 뿐 아니라 압류된 채권의 이행기가 되면 이행지체의 책임을 지게 되어 불이익을 받게 된다. 따라서 민사집행법은 제3채무자의 이러한 불이익을 회피하기 위한 수단으로 구 민사소송법에서는 인정되지 않았던 제3채무자의 권리공탁을 인정하고 있다. 즉, 금전채권의 전액 또는 그 일부가 압류된 경우에 제3채무자는 압류와 관련된 금전채권의 전액을 공탁할 수 있다고 규정하여(민사집행법 제248조 제1항), 압류채권자가 경합하는 경우에 배당받을 채권자로부터 공탁청구가 있는 때(의무공탁)에 한정하지 않고, 압류채권자가 한 사람인 경우에도 제3채무자에게 공탁할 권리를 인정하고 있다. 다만 금전채권의 일부만이 압류되었음에도 그 채권 전액을 공탁한 경우에는 그 공탁금 중 압류의 효력이 미치는 금전채권액은 그 성질상 당연히 집행공탁으로 보아야 하나, 압류금액을 초과하는 부분은 압류의 효력이 미치지 않으므로 집행공탁이 아니라 변제공탁으로 보아야 한다.[220)]

또한 제3채무자는, ① 채권자가 경합하고 있는 경우에는 금전채권에 관하여 배당요구서의 송달을 받은 때에 배당에 참가한 채권자의 청구가 있으면 압류된 부분에 해당하는 금액을, ② 금전채권 중 압류되지 않은 부분을 초과하여 거듭 압류명령 또는 가압류명령을 송달받은 때에 압류 또는 가압류채권자의 청구가 있으면 그 채권의 전액에 해당하는 금액을 공탁할 의무가 있다(민사집행법 제248조 제2항, 제3항). 즉 배당을 받을 채권자 중 한 사람으로부터 공탁청구가 있는 때에만 공탁의무가 생기는데 그치고, 채권자가 경합한다는 것만으로는 제3채무자에게 공탁의무가 생기지는 않는다.

위와 같이 공탁의무가 생기는 경우가 아닌 이상, 같은 채권에 관하여 추심명령이 여러 번 발부되더라도 그 사이에는 순위의 우열이 없고, 추심명령을 받아 채권을 추심하는 채권자는 자기 채권의 만족을 위하여서뿐만 아니라 압류가 경합되거나 배당요구가 있는 경우에는 집행법원의 수권에 따라 일종의 추심기관으로서 압류나 배당에 참가한 모든 채권자를 위하여 제3채무자로부터 추심을 하는 것이어서 그 추심권능은 압류된 채권 전액에 미치므로, 제3채무자로서는 정당한 추심권자에게 변제하면 그 효력은 위 모든 채권자에게 미치고, 압류된 채권을 경합된 압류채권자 및 또 다른 추심권자의 집행채권액에 안분하여 변제하여야 하는 것도 아니다.[221)]

---

220) 대법원 2008. 5. 15. 선고 2006다74693 판결.

3) 제3채무자의 항변

가) 제3채무자는 압류 당시에 채무자에 대하여 주장할 수 있었던 취소, 해제 등의 모든 항변으로 압류채권자에게 대항할 수 있다. 그 원인이 압류 전에 발생한 것이면 된다.[222)]

(1) 금전채권에 대한 채권압류 및 추심명령이 있는 때에는 제3채무자는 채권이 압류되기 전에 압류채무자에게 대항할 수 있는 사유로 압류채권자에게 대항할 수 있다.[223)]

판례는, 피고가 지역주택조합과 조합가입계약을 체결하면서 '분담금은 조합이 지정하는 신탁회사 명의로 개설된 단독계좌에 개별적으로 입금시킴을 원칙으로 하고, 이외의 계좌에 입금된 분담금은 인정하지 않으며, 그로 인하여 발생한 금융 사고에 대하여는 조합원이 전적으로 모든 책임을 진다'고 정한 사안에서, '위와 같은 조합가입계약의 지급방법 약정에 의하여 조합은 조합원에게 분담금 지급을 청구할 때 조합가입계약에 정한 바에 따라 신탁회사 명의 계좌로 납부하도록 요구할 수 있을 뿐 조합에게 직접 지급하도록 요구할 수 없고 변제 수령권한도 없으므로, 피고는 이를 이유로 조합의 분담금 직접 지급 청구에 대하여 이를 거절할 수 있고, 조합의 조합원에 대한 채권을 압류한 채권자에 대하여도 이를 사유로 대항할 수 있다'고 판단하여, 이와 달리 피고가 위 지급방법에 관한 사정으로 원고에게 대항할 수 없다고 본 원심판결을 일부 파기환송하였다.[224)]

(2) 채권압류 전에 압류된 채권에 관하여 질권이 설정되어 있거나 또는 확정일자 있는 증서에 의하여 채권양도가 이루어진 경우에는 제3채무자로서는 압류명령에도 불구하고 질권자나 채권양수인의 청구에 따라야 하고, 이러한 사유를 가지고 압류채권자에게 대항할 수 있다.[225)]

(3) 그러나 통정한 허위표시에 의하여 외형상 형성된 법률관계로 생긴 채권을 압류한 경우 그 압류채권자는 허위표시에 기초하여 새로이 법률상 이해관계를 가지게 된 제3자에 해당하므로, 그가 선의인 이상 위 통정허위표시의 무효를 그에 대하여 주장할 수 없다(민법 제108조 제2항)[226)].

---

221) 대법원 2001. 3. 27. 선고 2000다43819 판결, 대법원 2003. 5. 30. 선고 2001다10748 판결.

222) 법원실무제요, 민사집행[IV], 법원행정처(2020), 265.

223) 대법원 2001. 3. 27. 선고 2000다43819 판결, 대법원 2017. 9. 21. 선고 2015다256442 판결, 대법원 2022. 6. 9. 선고 2021다270494 판결, 대법원 2023. 4. 13. 선고 2022다293272 판결.

224) 대법원 2022. 6. 9. 선고 2021다270494 판결.

225) 법원실무제요, 민사집행[IV], 법원행정처(2020), 265.

226) 대법원 2009. 7. 23. 선고 2006다45855 판결, 대법원 2010. 3. 25. 선고 2009다35743 판결.

(가) 이에 관한 대법원 2021. 12. 30. 선고 2018다268538 판결의 판단은 다음과 같다.

① 전세권이 용익물권적 성격과 담보물권적 성격을 모두 갖추고 있고, 목적물의 인도는 전세권의 성립요건이 아닌 점 등에 비추어 볼 때, 당사자가 주로 채권담보의 목적으로 전세권을 설정하였고, 그 설정과 동시에 목적물을 인도하지 않은 경우라 하더라도, 장차 전세권자가 목적물을 사용·수익하는 것을 완전히 배제하는 것이 아니라면 그 전세권의 효력을 부인할 수는 없다. 전세금의 지급은 전세권 성립의 요소가 되는 것이지만 그렇다고 하여 전세금의 지급이 반드시 현실적으로 수수되어야만 하는 것은 아니고 기존의 채권으로 전세금 지급을 대신할 수도 있다.[227]

② 임대차계약에 따른 임대차보증금반환채권을 담보할 목적으로 임대인과 임차인 사이의 합의에 따라 임차인 명의로 전세권설정등기를 마친 경우, 그 전세금의 지급은 이미 지급한 임대차보증금으로 대신한 것이고, 장차 전세권자가 목적물을 사용·수익하는 것을 완전히 배제하는 것도 아니므로, 그 전세권설정등기는 유효하다. 이때 임대인과 임차인이 그와 같은 전세권설정등기를 마치기 위하여 전세권설정계약을 체결하여도, 임대차보증금은 임대차계약이 종료된 후 임차인이 목적물을 인도할 때까지 발생하는 차임 및 기타 임차인의 채무를 담보하는 것이므로,[228] 임대인과 임차인이 위와 같이 임대차보증금반환채권을 담보할 목적으로 전세권을 설정하기 위하여 전세권설정계약을 체결하였다면, 임대차보증금에서 연체차임 등을 공제하고 남은 돈을 전세금으로 하는 것이 임대인과 임차인의 합치된 의사라고 볼 수 있다. 그러나 그 전세권설정계약은 외관상으로는 그 내용에 차임지급 약정이 존재하지 않고 이에 따라 전세금이 연체차임으로 공제되지 않는 등 임대인과 임차인의 진의와 일치하지 않는 부분이 존재한다. 따라서 그러한 전세권설정계약은 위와 같이 임대차계약과 양립할 수 없는 범위에서 통정허위표시에 해당하여 무효라고 봄이 타당하다. 다만 그러한 전세권설정계약에 의하여 형성된 법률관계에 기초하여 새로이 법률상 이해관계를 가지게 된 제3자에 대하여는 그 제3자가 그와 같은 사정을 알고 있었던 경우에만 그 무효를 주장할 수 있다.[229]

③ 전세권을 목적으로 한 저당권이 설정된 경우, 전세권의 존속기간이 만료되면

227) 대법원 1995. 2. 10. 선고 94다18508 판결 등 참조.

228) 대법원 2005. 9. 28. 선고 2005다8323, 8330 판결 등 참조.

229) 대법원 2008. 3. 13. 선고 2006다29372, 29389 판결, 대법원 2013. 2. 15. 선고 2012다49292 판결 등 참조.

전세권의 용익물권적 권능이 소멸하기 때문에 더 이상 전세권 자체에 대하여 저당권을 실행할 수 없게 되고, 저당권자는 저당권의 목적물인 전세권에 갈음하여 존속하는 것으로 볼 수 있는 전세금반환채권에 대하여 압류 및 추심명령 또는 전부명령을 받거나 제3자가 전세금반환채권에 대하여 실시한 강제집행절차에서 배당요구를 하는 등의 방법으로 물상대위권을 행사하여 전세금의 지급을 구하여야 한다.[230] 전세권저당권자가 물상대위권을 행사하여 전세금반환채권에 대하여 압류 및 추심명령 또는 전부명령을 받고 이에 기하여 추심금 또는 전부금을 청구하는 경우 제3채무자인 전세권설정자는 일반적 채권집행의 법리에 따라 압류 및 추심명령 또는 전부명령이 송달된 때를 기준으로 하여 그 이전에 채무자와 사이에 발생한 모든 항변사유로 압류채권자에게 대항할 수 있다.[231]

다만 임대차계약에 따른 임대차보증금반환채권을 담보할 목적으로 유효한 전세권설정등기가 마쳐진 경우에는 전세권저당권자가 저당권 설정 당시 그 전세권설정등기가 임대차보증금반환채권을 담보할 목적으로 마쳐진 것임을 알고 있었다면, 제3채무자인 전세권설정자는 전세권저당권자에게 그 전세권설정계약이 임대차계약과 양립할 수 없는 범위에서 무효임을 주장할 수 있으므로, 그 임대차계약에 따른 연체차임 등의 공제 주장으로 대항할 수 있다.

(나) 같은 날 선고된 대법원 2021. 12. 30. 선고 2018다257999 판결의 판단은 다음과 같다.

[위 2018다268538 판결의 ①, ② 부분 설시까지는 동일하게 한 후]

“따라서 임대차계약에 따른 임차보증금반환채권을 담보할 목적으로 전세권설정등기를 마친 경우 임대차계약에 따른 연체차임 공제는 전세권설정계약과 양립할 수 없으므로, 전세권설정자는 선의의 제3자에 대해서는 연체차임 공제 주장으로 대항할 수 없다. 여기에서 선의의 제3자가 보호될 수 있는 법률상 이해관계는 전세권설정계약의 당사자를 상대로 하여 직접 법률상 이해관계를 가지는 경우 외에도 법률상 이해관계를 바탕으로 하여 다시 위 전세권설정계약에 의하여 형성된 법률관계와 새로이 법률상 이해관계를 가지게 되는 경우도 포함된다.”

위 판결은, 임대차보증금반환채권 담보 목적의 전세권에 근저당권이 설정된 후 피고들이 조세채권에 기초하여 그 전세권근저당권부채권을 압류하였는데, 전세권설정

---

230) 대법원 2014. 10. 27. 선고 2013다91672 판결 참조.

231) 대법원 2004. 6. 25. 선고 2003다46260, 53879 판결 참조.

자인 원고가 전세금이 연체차임 공제로 모두 소멸하였다고 주장하면서 피고들에 대하여 전세권설정등기 말소에 대하여 승낙의 의사표시를 청구한 사건에서, '피고들이 이 사건 전세권설정등기가 임대차보증금반환채권 담보 목적임을 알고 있었음을 인정할 증거가 없으므로, 원고는 피고들에 대하여 연체차임 공제를 주장할 수 없다'는 이유로 원고의 청구를 배척한 원심판결이 정당하다고 판단하였다.

(4) 공사도급계약 및 하도급계약을 함께 체결하면서 도급인, 원수급인과 하수급인이 '공사대금은 도급인이 원수급인의 입회하에 하수급인에게 직접 지급하고, 원수급인에게는 지급하지 않는 것'으로 약정한 경우, 당사자들의 의사가 위 도급계약 및 하도급계약에 따른 공사가 실제로 시행 내지 완료되었는지 여부와 상관없이 원수급인의 도급인에 대한 공사대금채권 자체를 하수급인에게 이전하여 하수급인이 도급인에게 직접 그 공사대금을 청구하고 원수급인은 공사대금 청구를 하지 않기로 하는 취지라면, 이는 실질적으로 원수급인이 도급인에 대한 공사대금채권을 하수급인에게 양도하고 그 채무자인 도급인이 이를 승낙한 것이라고 봄이 타당하다. 이러한 경우 위와 같은 채권양도에 대한 도급인의 승낙이 확정일자 있는 증서에 의하여 이루어지지 않는 이상, 도급인은 위와 같은 채권양도와 그에 기한 채무의 변제를 들어서 원수급인의 위 공사대금채권에 대한 압류채권자에게 대항할 수 없다. 반면, 당사자들의 의사가 하수급인이 위 각 하도급계약에 기하여 실제로 공사를 시행 내지 완료한 범위 내에서는 도급인은 하수급인에게 그 공사대금을 직접 지급하기로 하고 원수급인에게 그 공사대금을 지급하지 않기로 하는 취지라면, 압류명령의 통지가 도급인에게 도달하기 전에 하수급인이 위 공사를 실제로 시행 내지 완료하였는지 여부나 그 기성고 정도 등에 따라 도급인이 원수급인의 위 공사대금채권에 대한 압류채권자에게 하수급인의 시공 부분에 상당하는 하도급대금의 범위 내에서 대항할 수 있는지 여부 및 그 범위가 달라진다.[232)]

(5) 한편, 피압류채권의 기초가 되는 법률행위 자체가 존재하지 않는 경우에는 채권압류가 실체법적으로 무효이므로 제3채무자는 이로써 압류채권자에게 대항할 수 있고, 이 경우 피압류채권이 존재한다는 점은 압류채권자가 증명하여야 한다.[233)]

나) 제3채무자가 압류채권자에게 대항할 수 있는 사유가 압류의 효력발생 당시에 반드시 현실적으로 발생하였어야 하는 것은 아니고, 그러한 항변에 대한 기대가

---

232) 대법원 2008. 2. 29. 선고 2007다54108 판결, 대법원 2013. 9. 12. 선고 2011다6311 판결, 대법원 2014. 12. 24. 선고 2012다85267 판결

233) 대법원 2011. 4. 28. 선고 2010다107408 판결.

정당성 내지 합리성을 인정받을 수 있을 정도로 그 기초가 되는 법률관계가 존재하였으면 충분하다.

(1) 구체적으로, 제3채무자가 압류 전에 채무자와의 사이에 압류의 목적인 채권을 제3자에게 직접 지급하기로 약정하였다면 현실적으로 위 제3자에게 지급하기 전이라도 위와 같은 약정이 있음을 이유로 전부명령을 얻은 압류채권자에게 대항할 수 있다. 가령, 도급인과 수급인 사이에 도급인이 수급인에게 지급하여야 할 공사대금을 수급인의 근로자들에게 임금지급조로 직접 지급하기로 약정하였다면, 도급인은 수급인의 근로자들에 대한 임금 상당의 공사대금에 대하여는 수급인에게 그 지급을 거부할 수 있고, 따라서 압류·전부채권자에 대해서도 위와 같은 항변사유를 가지고 대항할 수 있다.[234)]

(2) 또한, 제3채무자의 채무자에 대한 자동채권이 수동채권인 피압류채권과 동시이행의 관계에 있는 경우에는, 압류명령이 제3채무자에게 송달되어 압류의 효력이 생긴 후에 자동채권이 발생하였다고 하더라도 제3채무자는 동시이행의 항변권 및 이에 기초한 상계를 주장할 수 있다. 이 경우에 자동채권이 발생한 기초가 되는 원인은 수동채권이 압류되기 전에 이미 성립하여 존재하고 있었던 것이므로, 그 자동채권은 민법 제498조의 '지급을 금지하는 명령을 받은 제3채무자가 그 후에 취득한 채권'에 해당하지 않는다고 봄이 타당하고, 제3채무자는 그 자동채권에 의한 상계로 압류채권자에게 대항할 수 있다.[235)]

(3) 그리고 원인채권에 대한 압류의 효력이 발생하기 전에 원인채권의 지급을 위하여 약속어음을 발행하거나 배서·양도하고 그것이 다시 제3자에게 양도된 경우에는, 그 어음의 소지인에 대한 어음금의 지급이 원인채권에 대한 압류의 효력이 발생한 후에 이루어졌다 하더라도, 그 어음을 발행하거나 배서·양도한 원인채무자는 그 어음금의 지급에 의하여 원인채권이 소멸하였다는 것을 압류채권자에게 대항할 수 있다.[236)]

반면, 제3채무자가 압류명령을 송달받기 전에 이미 피압류채권의 변제를 위하여 특정일에 지급되도록 거래은행에 계좌이체예약(이른바 자동이체)을 해 둔 경우 송달 후에 이루어진 계좌이체에 의한 변제는, 그 송달 이후 제3채무자가 인적 혹은 시간

---

234) 대법원 2000. 5. 30. 선고 2000다2443 판결.

235) 대법원 1993. 9. 28. 선고 92다55794 판결, 대법원 2005. 11. 10. 선고 2004다37676 판결, 대법원 2010. 3. 25. 선고 2007다35152 판결.

236) 대법원 2000. 3. 24. 선고 99다1154 판결.

적 여유가 없어 계좌이체예약을 철회하는 것이 현저히 곤란한 것이었다는 등의 특별한 사정이 없는 한 압류채권자에게 대항할 수 없다고 봄이 타당하다.[237] 압류명령을 송달받은 제3채무자는 계좌이체예약을 철회하여 채무자의 예금계좌에 입금되는 것을 막을 수 있는 한 변제 여부에 관한 결정권을 여전히 가지고 있다고 보아야 하기 때문이다.[238]

(4) 한편 대법원 2022. 11. 17. 선고 2017다235036 판결은 '수입업자가 물품대금 지급을 위하여 은행에 신용장 개설을 의뢰하고 그 은행이 수출업자를 수익자로 하여 신용장을 개설한 경우, 수출업자와 개설은행 사이의 신용장 거래는 직접적 상품의 거래가 아니라 서류에 의한 거래로서 원칙적으로 수입업자와 수출업자 사이의 원인관계로부터는 물론이고 수입업자와 개설은행 사이의 관계로부터도 독립하여 규율된다. 따라서 원인채권인 물품대금 채권에 대한 가압류나 압류의 효력이 발생하기 전에 물품대금의 지급을 위하여 신용장이 발행된 경우에는 그 가압류나 압류의 효력이 발생한 후에 신용장 대금의 지급이 이루어졌다 하더라도 수입업자는 그 신용장 대금의 지급으로 물품대금 채권이 소멸하였다는 것을 가압류채권자나 압류채권자에게 대항할 수 있다. 반면 원인채권인 물품대금 채권에 대한 가압류나 압류의 효력이 발생한 후에 물품대금의 지급을 위하여 신용장이 발행된 경우에는 수입업자는 가압류채권자나 압류채권자에게 신용장 대금의 지급으로써 물품대금 채권이 소멸하였다는 것을 대항할 수 없다'고 판시하였다.

(가) 위 대법원 판결의 사실관계는 다음과 같다.

① 피고는 소외 회사와의 매매계약에 기한 물품대금 지급을 위하여 B은행에 신용장 개설을 의뢰하였고, B은행은 2014. 3. 26. 수익자를 소외 회사, 유효기간을 2014. 5. 23.로 정한 신용장을 발행하였다.

② 원고는 2014. 4. 25. 소외 회사의 피고에 대한 물품대금 채권 중 미화 130만 달러에 달할 때까지의 금액에 관하여 가압류결정을 받았고, 위 결정이 2014. 4. 29. 피고에게 송달되었다.

③ 소외 회사가 2014년 5월 무렵 A은행을 통하여 위 신용장 대금의 지급을 구하였으나 B은행은 2014. 5. 13. 신용장의 필요 서류 중 하나인 피고의 지급동의서가 제출되지 않았다는 이유로 지급거절을 통지하였다. 이후 유효기간 내에 필요 서류의

237) 日最判 2006. 7. 20.(가압류 사안)

238) 주석 민사집행법(V)(제4판), 한국사법행정학회(2018), 393(노재호). 498.

보완이 이루어지지 않았고 서류상 하자에 대한 피고의 권리포기도 없었다.

④ 피고는 2014. 12. 10. 물품대금 결제를 위하여 B은행에 미화 약 113만 달러를 지급하였고, B은행은 2014. 12. 11. A은행에 신용장 대금 결제 방식으로 미화 약 113만 달러를 송금하여, 소외 회사가 최종적으로 미화 약 113만 달러를 지급받았다.

⑤ 원고는 소외 회사를 상대로 미화 130만 달러 및 그 지연손해금의 지급을 명하는 법원의 판결을 받고 이에 기하여 위 가압류를 본압류로 이전하는 채권압류 및 추심명령을 받아 위 사건 소로써 그 추심금의 지급을 구하였다. 이에 대하여 피고는 '위 가압류결정 이전에 발행된 위 신용장에 따른 대금이 지급됨으로써 그 원인채권인 위 물품대금 채권도 소멸하였고, 이를 원고에게 대항할 수 있다'고 주장하였다.

(나) 원심은 '2014. 12. 10.과 같은 달 11일의 위 지급이 위 신용장의 대금 지급으로 유효하고, 그에 따라 원인채권인 이 사건 물품대금 채권이 소멸하였다는 것을 압류채권자인 원고에게 대항할 수 있다'고 판단하였다.

(다) 그러나 대법원은 위 법리 판시 후 이를 토대로 다음과 같이 판단하였다(파기환송).

① 신용장의 유효기간 내에 필요 또는 그 하자가 보완된 서류가 제시된 경우에는 유효기간이 지나더라도 신용장 대금이 지급되어야 하겠지만, 신용장의 유효기간 내에 필요 서류가 제시되지 않았거나 서류상 하자로 인한 지급거절 후 하자가 유효기간 내에 보완되지 않았다면 유효기간을 경과한 때부터는 더 이상 신용장에 따른 권리의무가 발생하지 않는다. 따라서 필요 서류가 제시되지 않은 채 유효기간이 경과된 후에는 설령 개설은행을 통하여 수익자에게 신용장 대금 결제방식으로 대금이 지급되었더라도 이를 '그 신용장에 따른 대금 지급'이라고 볼 수는 없으므로, 원인채권인 물품대금에 대한 가압류 등의 효력이 발생하기 전에 물품대금의 지급을 위하여 신용장이 발행된 경우라 하더라도 수입업자는 위와 같은 신용장 대금의 지급으로써 가압류채권자 등에게 대항할 수 없다.

② B은행이 '위 신용장의 필요 서류인 피고의 지급동의서가 흠결되었다'는 이유로 지급을 거절한 후 유효기간 내에 피고의 지급동의서가 보완되거나 피고의 권리포기가 없었던 이상, 유효기간의 경과로 위 신용장에 따른 권리의무관계는 소멸하였고, 이후 피고가 2014. 12. 10.과 같은 달 11일 B은행을 통하여 신용장 대금 지급방식으로 소외 회사 측에 위 지급을 하였더라도 이를 '위 신용장에 따른 대금의 지급'으로 볼 수는 없다. 따라서 위 물품대금 채권을 압류한 원고에게 2014. 12. 10.과 같은 달

11일의 위 지급으로 위 물품대금 채권이 소멸하였다고 대항할 수 없다.

다) 상계항변

(1) 압류명령을 송달받은 제3채무자는 그 뒤에 취득한 채권에 의한 상계로 그 명령을 신청한 채권자에게 대항하지 못한다(민법 제498조).

다만 제3채무자의 압류채무자에 대한 자동채권이 수동채권인 피압류채권과 동시이행의 관계에 있는 경우에는, 압류명령이 제3채무자에게 송달되어 압류의 효력이 생긴 후에 자동채권이 발생하였다고 하더라도 제3채무자는 동시이행의 항변권을 주장할 수 있고, 따라서 그 채권에 의한 상계로 압류채권자에게 대항할 수 있다.[239]

한편, 항변권이 붙어 있는 채권을 자동채권으로 하여 수동채권과의 상계를 허용한다면 상계자 일방의 의사표시에 의하여 상대방의 항변권 행사의 기회를 상실시키는 결과가 되므로 그러한 상계는 허용될 수 없다. 특히 수탁보증인이 주채무자에 대하여 가지는 민법 제442조의 사전구상권에는 민법 제443조의 담보제공청구권이 항변권으로 부착되어 있는 만큼 이를 자동채권으로 하는 상계는 원칙적으로 허용될 수 없다.[240]

현재의 다수설과 판례는, 압류명령이 송달될 당시 제3채무자가 채무자에 대하여 가지는 채권(자동채권)과 압류된 채권(수동채권)이 모두 변제기에 도래하여 상계적상에 있었던 경우는 물론, 상계적상에 있지 않은 경우에도 자동채권만이 변제기가 지났거나, 또는 두 채권 모두 변제기가 지나지 않았더라도 자동채권이 먼저 또는 압류된 채권과 동시에 변제기에 도달할 경우에는 제3채무자의 상계를 허용하고 있다.[241] 이러한 법리는 채권압류명령을 받은 제3채무자이자 보증채무자인 사람이 압류 이후 보증채무를 변제함으로써 담보제공청구의 항변권을 소멸시킨 다음, 압류채무자에 대하여 압류 이전에 취득한 사전구상권으로 피압류채권과 상계하려는 경우에도 적용된다. 결국 제3채무자가 압류채무자에 대한 사전구상권을 가지고 있는 경우에 상계로써 압류채권자에게 대항하기 위해서는, ㉠ 압류의 효력 발생 당시 사전구상권에 부착된 담보제공청구의 항변권이 소멸하여 사전구상권과 피압류채권이 상계적상에 있거나, ㉡ 압류 당시 여전히 사전구상권에 담보제공청구의 항변권이 부착되어 있는 경우에

239) 대법원 1993. 9. 28. 선고 92다55794 판결, 대법원 2005. 11. 10. 선고 2004다37676 판결, 대법원 2010. 3. 25. 선고 2007다35152 판결.

240) 대법원 2019. 2. 14. 선고 2017다274703 판결.

241) 대법원 1973. 11. 13. 선고 73다518 전원합의체 판결, 대법원 2012. 2. 16. 선고 2011다45521 전원합의체 판결.

는 제3채무자의 면책행위 등으로 위 항변권을 소멸시켜 사전구상권을 통한 상계가 가능하게 된 때가 피압류채권의 변제기보다 먼저 도래하여야 한다.242)

(2) 은행 등 금융기관은 통상 대출금 등 채권과 관련하여 채무자의 변제자력에 의심이 가는 상황이 발생한 때에는 채무자의 그 대출금 등 채권에 관한 기한의 이익이 상실되도록 함으로써 예금 등 채권에 대한 압류가 있어도 그 대출금 등 채권으로 피압류채권인 예금 등의 채권과 상계를 할 수 있도록 특약을 하고 있는데, 판례는 이러한 기한의 이익 상실 등 특약의 유효성을 인정하면서 그러한 특약에 따라 대출금 등 채권과 피압류채권인 예금채권이 곧바로 상계적상에 이르기 때문에 제3채무자인 은행 등은 제한 없이 상계권을 행사할 수 있다고 보고 있다.243)

생각건대, 지급금지명령을 받기 전에 대출금 채권이 존재하고 있었다면 금융기관은 예금채권에 대한 상계 기대를 가질 수 있고, 상계계약의 효과를 갖는 기한이익상실특약을 통해 예금채권 압류 전에 이러한 상계 기대를 객관적으로 표시하였으므로 금융기관의 상계 기대를 보호할 필요도 있다. 압류채권자는 이와 같이 상계의 위험이 객관적으로 드러난 예금채권을 압류하였으므로 상계를 허용한다고 하여 예측하지 못한 불이익을 입게 되는 것도 아니다. 따라서 판례의 태도는 타당하다.244)

다만, 지급금지명령을 받은 후에 취득한 채권에 의한 상계까지 가능하도록 사전에 합의하는 것은 민법 제498조의 취지에 정면으로 위배되므로 그 효력을 인정하는데 특히 신중해야 할 것이다.245)

(3) 담보권자가 물상대위권을 행사하여 담보목적물을 갈음하는 채권에 대하여 압류 및 추심·전부명령을 받은 경우에 제3채무자가 담보권설정자에 대한 반대채권(자동채권)으로 상계를 주장하며 물상대위권자에게 대항할 수 있는지가 문제되는데,246) 판례는 아래와 같이 압류명령이 제3채무자에게 송달된 시점이 아니라 담보권 설정

---

242) 대법원 2019. 2. 14. 선고 2017다274703 판결.

243) 대법원 2003. 6. 27. 선고 2003다7623 판결, 대법원 2015. 4. 23. 선고 2012다79750 판결.

244) 주석 민사집행법(V)(제4판), 한국사법행정학회(2018), 500(노재호); 김홍엽, 민사집행법, 박영사(2017), 322.

245) 주석 민사집행법(V)(제4판), 한국사법행정학회(2018), 500(노재호); 이에 관한 상세한 논의는 최준규, "상계계약의 대외적 효력에 관한 고찰", 법조 제63권 제3호, 법조협회(2014. 3.), 90-108 참조.

246) 이에 관한 상세한 논의는 김정민, "전세권저당권자가 물상대위로서 전세금반환채권에 대하여 압류 및 추심명령을 받은 경우, 제3채무자인 전세권설정자가 전세권이나 그 기초가 된 임대차계약과 무관한 자동채권으로 상계할 수 있는지 여부", 판례해설 제101호, 법원도서관(2014. 하.), 72-81 참조.

당시에 제3채무자가 상계에 대한 합리적 기대 이익을 가지고 있었는지를 기준으로 판단하고 있다.

(가) 동산양도담보권자는 양도담보 목적물이 소실되어 양도담보 설정자가 보험회사에 대하여 화재보험계약에 따른 보험금 청구권을 취득한 경우 담보물 가치의 변형물인 그 화재보험금 청구권에 대하여 양도담보권에 기한 물상대위권을 행사할 수 있다.[247] 동산양도담보권자가 물상대위권 행사로 양도담보 설정자의 화재보험금 청구권에 대하여 압류 및 추심명령을 얻어 추심권을 행사하는 경우 특별한 사정이 없는 한 제3채무자인 보험회사는 그 양도담보 설정 후 취득한 양도담보 설정자에 대한 별개의 채권을 가지고 상계로써 양도담보권자에게 대항할 수 없다. 그리고 이는 보험금 청구권과 그 본질이 동일한 공제금 청구권에 대하여 물상대위권을 행사하는 경우에도 마찬가지이다.[248]

(나) 전세권을 목적으로 한 저당권이 설정된 경우, 전세권의 존속기간이 만료되면 전세권의 용익물권적 권능이 소멸하기 때문에 더 이상 전세권 자체에 대하여 저당권을 실행할 수 없게 되고, 저당권자는 저당권의 목적물인 전세권에 갈음하여 존속하는 것으로 볼 수 있는 전세금반환채권에 대하여 압류 및 추심명령 또는 전부명령을 받거나, 제3자가 전세금반환채권에 대하여 실시한 강제집행절차에서 배당요구를 하는 등의 방법으로 물상대위권을 행사하여 전세금의 지급을 구하여야 한다.[249] 전세권저당권자가 위와 같은 방법으로 전세금반환채권에 대하여 물상대위권을 행사한 경우, 종전 저당권의 효력은 물상대위의 목적이 된 전세금반환채권에 존속하여 저당권자가 그 전세금반환채권으로부터 다른 일반채권자보다 우선변제를 받을 권리가 있으므로, 설령 전세금반환채권이 압류된 때에 전세권설정자가 전세권자에 대하여 반대채권을 가지고 있고 그 반대채권과 전세금반환채권이 상계적상에 있다고 하더라도 그러한 사정만으로 전세권설정자가 전세권저당권자에게 상계로써 대항할 수는 없다. 그러나 전세금반환채권은 전세권이 성립하였을 때부터 이미 그 발생이 예정되어 있다고 볼 수 있으므로, 전세권저당권이 설정된 때에 이미 전세권설정자가 전세권자에 대하여 반대채권을 가지고 있고 그 반대채권의 변제기가 장래 발생할 전세금반환채권의 변제기와 동시에 또는 그보다 먼저 도래하는 경우와 같이 전세권설정자에게 합

247) 대법원 2009. 11. 26. 선고 2006다37106 판결 참조.

248) 대법원 2014. 9. 25. 선고 2012다58609 판결.

249) 대법원 1999. 9. 17. 선고 98다31301 판결, 대법원 2014. 10. 27. 선고 2013다91672 판결, 대법원 2021. 12. 30. 선고 2018다268538 판결.

리적 기대이익을 인정할 수 있는 경우에는, 특별한 사정이 없는 한 전세권설정자는 그 반대채권을 자동채권으로 하여 전세금반환채권과 상계함으로써 전세권저당권자에게 대항할 수 있다.[250]

(4) 임금채권에 대하여는 일정한 범위에서 우선변제권이 인정된다(근로기준법 제38조). 그런데 임금채권의 우선변제권은 이른바 법정담보물권으로서, 채무자의 재산에 대하여 강제집행을 하였을 경우에 그 강제집행에 의한 환가금에서 일반채권에 우선하여 변제받을 수 있음에 그치는 것이다. 따라서 근로자가 임금채권을 집행채권으로 하여 채무자인 사용자의 채권에 대하여 압류를 한 경우에 채권압류 및 추심명령 송달 당시에 피압류채권과 제3채무자의 반대채권이 상계적상에 있다면, 피압류채권과 제3채무자의 반대채권의 상계를 허용하는 것이 임금채권 우선변제원칙에 반한다거나 저당권 등 다른 담보권자에 대한 관계에서 형평 또는 신의칙에 반한다고 볼 수 없다.[251] 이와 달리, 압류명령 송달 이후에 상계적상이 생긴 경우에는 임금채권의 보호와 제3채무자의 상계에 대한 기대를 비교해 볼 때 우선변제권이 있는 임금채권을 더 보호하는 것이 타당하므로, 자동채권과 수동채권의 변제기의 선후와 상관없이 제3채무자의 상계를 부정하여야 할 것이다.[252]

(5) 압류·추심채권자가 피압류채권('채무자의' 제3채무자에 대한 채권)을 자동채권으로 하여 제3채무자의 '자신(압류채권자)에 대한' 채권과 상계할 수 있는지에 관하여, 대법원 2022. 12. 16. 선고 2022다218271 판결을 살펴본다.

(가) 원고 회사가 B의 피고(구리시)에 대한 기반시설부담금 환급채권을 양수하여 피고에게 이를 청구하자, 피고는 국세징수법에 의하여 압류한 피압류채권(A의 B에 대한 주택건설사업권 양도대금채권)을 자동채권으로 하여 원고 회사의 환급금채권과 상계한다고 항변하였다.

(나) 원심은 '피고의 상계항변에 따라 원고 회사의 피고에 대한 환급금채권이 모두 소멸하였다'고 판단하였다.

(다) 그러나 대법원은 아래와 같이 판단하였다(파기환송).

① 법률의 규정 등 특별한 사정이 없는 한 자동채권으로 될 수 있는 채권은 '상계자가' 상대방에 대하여 가지는 채권이어야 하고, '제3자가' 상대방에 대하여 가지는 채권으로는 상계할 수 없다. 국세징수법에 의한 채권압류의 경우 압류채권자는 체납

250) 대법원 2014. 10. 27. 선고 2013다91672 판결.
251) 대법원 2000. 5. 26. 선고 99다31551 판결.
252) 주석 민사집행법(V)(제4판), 한국사법행정학회(2018), 502-503(노재호).

자에 대신하여 추심권을 취득할 뿐이고, 이로 인하여 채무자가 제3채무자에 대하여 가지는 채권이 압류채권자에게 이전되거나 귀속되는 것은 아니다. 따라서 압류채권자가 채무자의 제3채무자에 대한 채권을 압류한 경우 그 채권은 '압류채권자가' 제3채무자에 대하여 가지는 채권이 아니므로, 압류채권자는 이를 자동채권으로 하여 제3채무자의 압류채권자에 대한 채권과 상계할 수 없고, 이는 피압류채권에 대하여 이중압류, 배분요구 등이 없다고 하더라도 달리 볼 것은 아니다.

② 위 법리에 비추어 보면, 위 피압류채권은 피고가 B에 대하여 가지는 채권이 아니므로 피고는 B에 대하여 이 사건 피압류채권을 자동채권으로 하여 상계할 수 없고, B의 피고에 대한 채권을 양수한 원고 회사에게 상계의 효력을 주장할 수 없다.

4) 제3채무자의 즉시항고권

제3채무자는 즉시항고에 의하여 압류절차의 하자를 다툴 수 있다(민사집행법 제227조 제4항). 예를 들어, 피압류채권이 압류금지채권에 해당한다거나 피압류채권이 불특정되었다는 등의 사유를 들어 압류명령의 무효를 주장할 수도 있다. 물론 제3채무자는 이러한 즉시항고를 하지 않더라도 압류채권자가 제기한 추심금 내지 전부금 청구소송에서 이러한 사유를 주장하여도 무방하나, 즉시항고라는 간이한 절차에 의하여 자기의 법적 지위의 불안정을 면할 수도 있다.[253]

한편, 압류명령이 무효라고 하여도 제3채무자로서는 압류명령의 유·무효를 조사할 의무가 없고, 압류명령의 유효를 신뢰하고 추심권을 취득한 압류채권자에게 변제한 때에는 과실이 없는 한 채권의 준점유자에 대한 변제(민법 제470조)로 보호를 받을 수 있다.[254]

5) 제3채무자의 진술의무

제3채무자는 압류채권자의 신청이 있는 경우에는 채권인낙의 존부 등의 사항에 관하여 진술할 의무를 부담한다(민사집행법 제237조 제1항). 집행법원은 신청이 있는 경우에만 제3채무자에게 최고를 할 수 있고 직권으로 최고할 수는 없다. 신청권자는 압류채권자에 한하고, 배당요구채권자는 포함되지 않는다.

---

253) 주석 민사집행법(V)(제4판), 한국사법행정학회(2018), 503(노재호).

254) 법원실무제요, 민사집행[IV], 법원행정처(2020), 269.

바. 제3자에 대한 효력

1) 개설

압류의 효력발생 전에 권리를 취득한 자는 압류에 의하여 영향을 받지 않는다. 예를 들어 압류된 채권의 질권자는 압류에도 불구하고 여전히 자신의 질권을 행사할 수 있다. 제3자가 채권의 압류로 인하여 권리를 침해당할 우려가 있을 때에는 제3자이의의 소(민사집행법 제48조)에 의하여 구제를 받을 수 있다. 판례도, 제3자이의의 소는 모든 재산권을 대상으로 하는 집행에 대하여 적용되므로, 금전채권에 대하여 압류 및 추심명령이 있은 경우에 집행채무자 아닌 제3자가 자신이 진정한 채권자로서 자신의 채권의 행사에 있어 압류 등으로 인하여 사실상 장애를 받았다면 그 채권이 자신에게 귀속한다고 주장하여 집행채권자에 대하여 제3자이의의 소를 제기할 수 있다고 한다.[255]

반면, 압류 후에 압류된 채권에 관하여 권리를 취득한 자는 압류채권자에게 대항하지 못한다. 가령 다른 채권자가 채무자의 제3채무자에 대한 채권을 가압류한 후 채무자에 대하여 우선변제권이 있는 임금채권을 변제받기 위하여 피압류채권을 양수한 자에게 제3채무자가 변제하고 그 뒤에 가압류채권자가 가압류로부터 본압류로 이전하는 채권압류 및 추심명령을 받았다면 제3채무자는 그 채무변제를 이유로 채권자의 추심금 청구를 거절할 수 없다[256](근로기준법상 임금채권의 우선변제권은 채무자의 재산에 대하여 강제집행을 하는 경우 그 강제집행에 의한 환가금에서 일반채권에 우선하여 변제받을 수 있음에 그치는 것이고, 이미 다른 채권자에 의하여 이루어진 압류처분의 효력까지 배제하여 그보다 우선적으로 직접 지급을 구할 수 있는 권한을 부여한 것으로는 볼 수 없다[257]).

그러나 채권에 대한 압류의 처분금지의 효력은 절대적인 것이 아니고, 압류채권자에 대한 관계에서만 효력을 주장할 수 없는 것이다(개별상대효). 따라서 압류 후에 피압류채권이 제3자에게 양도된 경우 그 채권양도는 압류채무자의 다른 채권자 등에 대한 관계에서는 유효하다.[258] 또한, 채권양수인은 나중에라도 압류의 효력이 소멸하면 완전한 권리를 주장할 수 있다.

한편, 채권압류명령이 경합하는 경우에는 압류채권자 중 1인이 다른 채권자의

255) 대법원 1997. 8. 26. 선고 97다4401 판결.
256) 대법원 1989. 5. 23. 선고 88다카15734 판결.
257) 대법원 1994. 12. 9. 선고 93다61611 판결, 대법원 1997. 4. 22. 선고 95다41611 판결.
258) 대법원 2000. 4. 21. 선고 99다72644 판결, 대법원 2015. 5. 14. 선고 2014다12072 판결.

압류 전에 먼저 전부명령을 얻었다는 등의 특별한 사정이 없는 한, 압류채권자는 서로 동등한 지위에 서게 되고 먼저 압류한 채권자라고 하더라도 나중에 압류한 채권자에게 우선하는 것은 아니다. 이 경우에는 상호 간에 배당요구의 효력이 있는 것으로 보아 평등배당을 받게 된다.[259)]

2) 채권압류와 채권양도가 경합하는 경우

가) 우열의 기준

지명채권의 양도는 확정일자 있는 증서에 의한 통지나 승낙이 없으면 제3자에게 대항할 수 없다(민법 제450조 제2항). 채권양도의 대상인 채권에 대한 압류채권자는 위 제3자에 포함되므로, 채권양도에 관하여 확정일자 있는 증서에 의한 통지나 승낙이 이루어지지 않으면 언제나 압류채권자가 우선하게 된다.

채권이 이중으로 양도된 경우의 양수인 상호간의 우열은 통지 또는 승낙에 붙여진 확정일자의 선후에 의하여 결정할 것이 아니라, 채권양도에 대한 채무자의 인식, 즉 확정일자 있는 양도통지가 채무자에게 도달한 일시 또는 확정일자 있는 승낙의 일시의 선후에 의하여 결정하여야 할 것이고, 이러한 법리는 채권양수인과 동일 채권에 대하여 압류명령을 집행한 자 사이의 우열을 결정하는 경우에 있어서도 마찬가지이므로, 확정일자 있는 채권양도 통지와 압류결정 정본의 제3채무자(채권양도의 경우는 채무자)에 대한 도달의 선후에 의하여 그 우열을 결정하여야 한다.[260)] 압류가 가압류에서 이전된 경우에는 가압류명령이 제3채무자에게 송달된 때에 압류명령이 송달된 것으로 간주하면 된다.

나) 압류명령이 먼저 송달된 경우

채권양도에 의하여 채권은 그 동일성을 잃지 않고 양도인으로부터 양수인에게 이전되고, 가압류된 채권도 이를 양도하는데 아무런 제한이 없으나, 다만 가압류된 채권을 양수받은 양수인은 그러한 가압류에 의하여 권리가 제한된 상태의 채권을 양수받게 되고,[261)] 이는 채권을 양도받았으나 확정일자 있는 양도통지나 승낙에 의한 대항요건을 갖추지 않는 사이에 양도된 채권이 가압류된 경우에도 동일하다.[262)]

다) 확정일자 있는 채권양도통지가 먼저 도달한 경우

(1) 채무자가 압류 또는 가압류의 대상인 채권을 양도하고 확정일자 있는 통지

259) 법원실무제요, 민사집행[IV], 법원행정처(2020), 270.
260) 대법원 1994. 4. 26. 선고 93다24223 전원합의체 판결 등.
261) 대법원 2000. 4. 11. 선고 99다23888 판결.
262) 대법원 2002. 4. 26. 선고 2001다59033 판결.

등에 의한 채권양도의 대항요건을 갖추었다면, 그 후 채무자의 다른 채권자가 그 채권에 대하여 압류하더라도 압류 당시에 피압류채권은 이미 존재하지 않는 것과 같아 압류로서의 효력이 없다.263)

채권양도가 처음부터 무효라는 등의 사정이 없는 한, 그 후 채권양도인이 채권양수인의 동의를 얻어 피압류채권에 대한 채권양도계약을 취소 또는 철회하거나, 채권양도가 실효되거나, 채무자에 대한 재양도 등의 이유로 피압류채권이 채무자에게 복귀되더라도, 그러한 사정만으로 무효인 압류가 유효하게 된다고 볼 수 없다.264)

한편, 채권자가 사해행위의 취소와 함께 수익자 또는 전득자로부터 책임재산의 회복을 명하는 사해행위취소의 판결을 받은 경우 그 취소의 효과는 채권자와 수익자 또는 전득자 사이에만 미치므로, 수익자 또는 전득자가 채권자에 대하여 사해행위의 취소로 인한 원상회복 의무를 부담하게 될 뿐, 채무자와 사이에서 그 취소로 인한 법률관계가 형성되거나 취소의 효력이 소급하여 채무자의 책임재산으로 회복되는 것은 아니다. 따라서 채권압류명령 등 당시 피압류채권이 이미 제3자에 대한 대항요건을 갖추어 양도되어 그 명령이 효력이 없는 것이 되었다면, 그 후의 사해행위취소소송에서 위 채권양도계약이 취소되어 채권이 원채권자에게 복귀하였다고 하더라도 이미 무효로 된 채권압류명령 등이 다시 유효로 되는 것은 아니다.265)

(2) 그러나 압류명령 송달 전에 채권이 양도된 경우라도 확정일자 있는 증서에 의한 양도 통지 또는 승낙이 없다면 압류채권자가 채권양수인보다 우선하므로, 채권양수인은 압류채권자에 대하여 채권양도를 주장할 수 없고 제3채무자로서도 채권양도사실을 가지고 압류채권자에게 대항하지 못한다.266)

(3) 하지만 이 같은 경우에도 압류명령 송달 전에 양도된 채권이 이미 변제, 상계, 정산합의 등에 의하여 소멸한 경우에는 압류명령은 존재하지 않는 채권에 대한 것으로 무효이고 대항요건의 문제는 발생할 여지가 없다. 민법 제450조 제2항이 정하는 지명채권양도의 제3자에 대한 대항요건은, 양도된 채권이 존속하는 동안에 그 채권에 관하여 양수인의 지위와 양립할 수 없는 법률상의 지위를 취득한 제3자가 있는 경우에 적용되는 것이기 때문이다.267)

---

263) 대법원 2010. 10. 28. 선고 2010다57213, 57220 판결, 대법원 2019. 12. 6.자 2019마6043 결정, 대법원 2022. 1. 27. 선고 2017다256378 판결, 대법원 2022. 12. 1. 선고 2022다247521 판결.

264) 대법원 2010. 10. 28. 선고 2010다57213, 57220 판결, 대법원 2019. 12. 6.자 2019마6043 결정.

265) 대법원 2020. 10. 15. 선고 2019다235702 판결, 대법원 2022. 12. 1. 선고 2022다247521 판결.

266) 대법원 1986. 2. 11. 선고 85다카1087 판결 등 참조.

267) 대법원 2003. 10. 24. 선고 2003다37426 판결, 대법원 2011. 7. 28. 선고 2010다63690 판결,

라) 압류명령과 채권양도통지가 동시에 도달한 경우

확정일자 있는 증서에 의한 채권양도통지와 압류명령이 같은 날 제3채무자에게 도달하였는데 그 선후관계에 대하여 달리 입증이 없으면 동시에 도달된 것으로 추정한다.[268]

채권양도통지, 가압류 또는 압류명령 등이 제3채무자에게 동시에 송달되어 그들 상호간에 우열이 없는 경우에도, 그 채권양수인, 가압류채권자, 압류채권자는 모두 제3채무자에 대하여 완전한 대항력을 갖춘 것이다. 따라서 이들은 각각 그 전액에 대하여 채권양수금, 전부금 또는 추심금의 이행청구를 하여 적법하게 이를 변제받을 수 있고, 제3채무자로서는 이들 중 누구에게라도 그 채무 전액을 변제하면 다른 채권자에 대한 관계에서도 유효하게 면책된다. 만약 양수채권액과 가압류 또는 압류된 채권액의 합계액이 제3채무자에 대한 채권액을 초과할 때에는, 그들 상호간에는 법률상의 지위가 대등하므로 공평의 원칙상 각 채권액에 안분하여 이를 내부적으로 다시 정산할 의무가 있다.[269]

채권(가)압류명령과 채권양도통지가 동시에 제3채무자에게 송달된 경우, '송달의 선후가 불명하여 변제자인 제3채무자가 채권자 중 누구에게 변제하여야 하는지 알 수 없는 경우'에 준한다는 점에서 민법 487조 후단의 채권자 불확지를 원인으로 한 변제공탁의 사유가 생긴 것으로 볼 수 있고,[270], 민사집행법 제248조 제1항(가압류의 경우 민사집행법 제291조, 제248조 제1항)에 의한 공탁의 사유 또한 생긴 것이 되므로, 제3채무자는 위와 같은 사유를 들어 채권자 불확지 변제공탁과 민사집행법 제248조 제1항(가압류의 경우 민사집행법 제291조, 제248조 제1항)에 의한 공탁을 합한 혼합공탁을 할 수 있다.[271] 실무상으로도 송달의 선후가 불명한 경우에 준하여 민법 제487조 후단 및 민사집행법 제248조 제1항(가압류의 경우 민법 제487조 후단 및 민사집행법 제291조, 제248조 제1항)에 의한 혼합공탁을 하고 있다.[272]

한편, 동일한 채권에 관하여 가압류 또는 압류명령과 확정일자 있는 양도통지가 동시에 제3채무자에게 도달한 경우 그 후에 다른 채권압류 또는 가압류가 이루어졌

대법원 2017. 1. 25. 선고 2014다52933 판결.

268) 대법원 1994. 4. 26. 선고 93다24223 전원합의체 판결 참조.

269) 대법원 1994. 4. 26. 선고 93다24223 전원합의체 판결.

270) 대법원 1994. 4. 26. 선고 93다24223 전원합의체 판결 참조.

271) 대법원 2005. 5. 26. 선고 2003다12311 판결, 대법원 2013. 4. 26. 선고 2009다89436 판결 등 참조.

272) 법원실무제요, 민사집행[IV], 법원행정처(2020), 272.

다 하더라도 그 후행 압류 또는 가압류 당시에 피압류채권은 이미 존재하지 않는 것과 같아 압류 또는 가압류로서의 효력이 없으므로, 그러한 후행 압류권자 등은 더 이상 그 채권에 관한 집행절차에 참가할 수 없고, 채권양수인과 선행 (가)압류채권자 사이에서만 채권액에 안분하여 배당하여야 한다.[273)]

마) 가압류된 채권이 양도된 다음 가압류취소결정에 따라 가압류집행이 취소되었는데, 항고심에서 가압류인가결정이 있는 경우 가압류권자와 채권양수인의 우열관계

이에 관하여 대법원 2022. 1. 27. 선고 2017다256378 판결을 살펴본다.

(1) 사건의 개요는 다음과 같다.

① 원고(가압류채권자)가 A(채무자, 임차인)의 피고(제3채무자, 임대인)에 대한 임대차보증금반환채권(1억 원)에 대한 가압류결정을 받았고, 이는 그 무렵 피고에게 송달되었다.

② 그 후 A는 B에게 임대차보증금반환채권을 양도하고, 피고에게 확정일자 있는 양도 통지를 하였다.

③ 그 후 A는 원고를 상대로 가압류이의신청을 하였는데, 집행법원은 가압류취소결정을 하였다. 원고는 이에 대하여 항고하였으나, 위 가압류취소결정의 효력을 정지하는 집행정지신청을 하지는 않았다.

④ 그 후 C가 A의 피고에 대한 임대차보증금반환채권 중 일부(8,000만 원)에 대한 압류 및 추심명령을 받았고, 이는 그 무렵 피고에게 송달되었다.

⑤ 그 후 A가 위 가압류에 대한 집행취소 신청을 하였고, 집행법원은 피고에게 가압류집행취소통지서를 송달하였다.

⑥ 그 후 가압류이의신청의 항고심이 위 가압류결정에 대한 인가결정을 하였다.

⑦ 그 후 원고는 본안소송에서 승소 확정판결을 받고 이에 기하여 압류 및 추심명령을 받은 후 피고를 상대로 추심금 청구 소송을 제기하였다.

(2) 원심은 다음과 같이 판단하였다.

① 원고가 A의 피고에 대한 임대차보증금반환채권을 가압류한 상태에서 B가 A로부터 그 임대차보증금반환채권을 양수하였다. 그 이후 이 사건 가압류취소결정에 따라 제3채무자인 피고에게 집행취소통지가 송달됨으로써 B는 가압류의 부담이 없는 임대차보증금반환채권을 취득하게 되었다. 이는 원고가 그 이후 항고심에서 가압류결

273) 대법원 2004. 9. 3. 선고 2003다22561 판결, 대법원 2010. 10. 28. 선고 2010다57213,57220 판결, 대법원 2013. 4. 26. 선고 2009다89436 판결.

정을 인가하는 결정을 받았다고 하더라도 달리 볼 수 없다. 따라서 위와 같은 가압류인가결정 이후 원고가 받은 채권압류 및 추심명령은 존재하지 않는 채권에 대한 것으로서 효력이 없다.

② 원고는 이 사건 가압류취소결정에 따른 집행취소통지가 피고에게 송달되기 이전에 A의 다른 채권자인 C가 압류·추심명령을 받았으므로 원고의 가압류의 효력도 계속된다는 취지로 주장한다. 그러나 원고의 가압류에 대한 집행취소의 효력은 확정적일 뿐만 아니라, C가 받은 채권압류 및 추심명령은 이 사건 임대차보증금반환채권이 B에게 양도된 이후에 피고에게 송달되었으므로, C가 받은 채권압류 및 추심명령 역시 존재하지 않는 채권에 대한 것으로 효력이 없으므로, 원고의 위 주장은 받아들일 수 없다.

(3) 대법원은 아래와 같은 법리를 설시한 후 원심의 위와 같은 판단이 정당하다고 수긍하였다(원고 상고기각).

'채권가압류취소결정의 집행으로서 집행법원이 제3채무자에게 가압류집행취소통지서를 송달한 경우 그 효력은 확정적이므로, 채권가압류결정이 제3채무자에게 송달된 상태에서 그 채권을 양수하여 확정일자 있는 통지 등에 의한 대항요건을 갖춘 채권양수인은 위와 같이 가압류집행취소통지서가 제3채무자에게 송달된 이후에는 더 이상 처분금지효의 제한을 받지 않고 아무런 부담이 없는 채권 취득의 효력을 가압류채권자에게 대항할 수 있게 된다.[274] 위와 같이 가압류취소결정의 집행이 완료된 이상 그 이후 항고심에서 가압류취소결정을 취소하여 가압류결정을 인가하였다고 하더라도, 이미 취소된 가압류집행이 소급하여 부활하는 것은 아니므로, 채권양수인이 아무런 부담이 없는 채권 취득의 효력을 가압류채권자에게 대항할 수 있음은 마찬가지이다.'

바) 특수한 경우 – '혼동'에 의한 소멸의 경우

민법 제450조 제2항에서 정한 지명채권양도의 제3자에 대한 대항요건은 양도된 채권이 존속하는 동안에 그 채권에 관하여 양수인의 지위와 양립할 수 없는 법률상의 지위를 취득한 제3자가 있는 경우에 적용된다. 따라서 지명채권 양수인이 '양도되는 채권의 채무자'여서 양도된 채권이 민법 제507조 본문에 따라 혼동에 의하여 소멸한 경우에는, 후에 채권에 관한 압류 또는 가압류결정이 제3채무자에게 송달되더라도 채권압류 또는 가압류결정은 존재하지 않는 채권에 대한 것으로서 무효이고, 압

274) 대법원 2017. 10. 19. 자 2015마1383 결정 참조.

류 또는 가압류채권자는 민법 제450조 제2항에서 정한 제3자에 해당하지 않는다.[275)]

3) 채권에 대한 압류와 처분금지가처분이 경합하는 경우

부동산에 관하여는 (가)압류와 처분금지가처분이 경합하는 경우 그 우열관계는 등기의 선후에 따라 결정된다는 데 별다른 이견이 없다. 반면 채권집행의 경우에는 (가)압류와 처분금지가처분의 집행에 관하여 등기와 같은 공시수단이 없기 때문에 그 우열관계를 어떻게 정해야 하는지 문제된다.

가) 피압류채권이 소유권이전등기청구권인 경우

가령 乙이 甲에게서 부동산을 매수한 후 아직 소유권이전등기를 하지 않은 상태에서 丙에게 이를 다시 매도하였는데, 乙의 甲에 대한 소유권이전등기청구권에 관하여 乙에 대한 금전채권자인 丁의 압류와 소유권이전등기청구권자인 丙의 처분금지가처분이 경합하는 경우를 생각해 볼 수 있다.

학설은 ① 집행의 선후와 상관없이 우열이 없으므로 서로 그 효력을 주장할 수 있다는 견해, ② 집행시점인 제3채무자에게 송달된 시점의 선후에 따라 그 우열관계가 결정된다는 견해, ③ (가)압류채권자가 언제나 우선한다는 견해 등으로 나뉜다.[276)]

판례의 입장은 다음과 같다. 소유권이전등기청구권에 대한 가압류가 있기 전에 처분금지가처분이 있었다고 하더라도 그 가처분이 뒤에 이루어진 가압류에 우선하는 효력은 없으므로, 그 가압류는 가처분채권자와의 관계에서도 유효하고,[277)] 이는 소유권이전등기청구권에 대한 압류의 경우에도 마찬가지이다.[278)] 전매형 사안의 가처분채권자(丙)가 채무자(乙)를 대위하여 제3채무자(甲)에게 소유권이전등기를 청구하는 경우 가압류가 가처분 뒤에 집행되었다고 하더라도 법원은 가압류 해제를 조건으로 소유권이전등기청구를 인용하여야 한다.[279)] 반면, 압류채권자(丁)가 추심명령을 얻어 제3채무자(甲)에게 소유권이전등기를 청구하는 경우에는 선행 처분금지가처분이 있다고 하더라도 법원은 가처분의 해제를 조건으로 하지 않고 단순히 소유권이전등기청구를 인용하면 된다.[280)] 이러한 판례의 입장에 따르면 실질적으로 (가)압류채권자가

275) 대법원 2022. 1. 13. 선고 2019다272855 판결.

276) 상세한 내용은 윤경, “소유권이전등기청구권에 대한 가처분과 가압류의 경합시 우열관계”, 민사집행법연구 제2권, 한국사법행정학회(2006. 2.), 395-396 참조.

277) 대법원 1998. 4. 14. 선고 96다47104 판결, 대법원 1999. 2. 9. 선고 98다42615 판결, 대법원 2001. 10. 9. 선고 2000다51216 판결.

278) 대법원 2001. 10. 9. 선고 2000다51216 판결.

279) 대법원 1999. 2. 9. 선고 98다42615 판결 참조.

280) 대법원 2001. 10. 9. 선고 2000다51216 판결.

우선하는 결과가 된다.

생각건대, 앞서 본 예와 같이 전매형 사안에서 소유권이전등기청구권에 대하여 (가)압류와 처분금지가처분이 경합하는 경우 (가)압류는 소유권이전등기청구권 자체를 집행의 대상으로 할 수 있어 유효하지만, 처분금지가처분은 과연 그 피보전권리가 있다고 볼 수 있는지 의문이다. 소유권이전등기청구권에 대하여 처분금지가처분을 하려면 그 피보전권리는 소유권이전등기청구권 자체에 관한 이전청구권이어야 하는데, 소유권이전등기청구권은 중간생략등기 금지 원칙과의 관계상 의무자의 승낙이 없는 한 양도가 허용되지 않으므로, 전매형 사안에서 가처분채권자(丙)는 채무자(乙)를 대위하여 제3채무자(甲)에게 해당 부동산에 관한 소유권이전등기를 청구하고 이어서 채무자(乙)에게 소유권이전등기를 청구할 수 있을 뿐 채무자(乙)에게 소유권이전등기청구권 자체의 양도를 청구할 수는 없는 것이 원칙이기 때문이다. 그렇다면 가처분채권자(丙)가 채무자(乙)에 대한 본안에서 승소하여 확정되더라도 가처분의 대상인 소유권이전등기청구권 자체에 관한 가처분채권자(丙)의 권리가 확정되는 것은 아니므로, 결국 처분금지가처분이 (가)압류에 우선할 수 있는 여지는 없게 된다. 따라서 언제나 (가)압류가 우선한다고 하는 판례의 태도가 타당하다.[281)]

나) 피압류채권이 금전채권인 경우

가령 乙이 甲에 대한 금전채권을 丙에게 양도하였는데 아직 확정일자 있는 증서에 의한 대항요건을 갖추지 못한 상태에서 위 채권에 관하여 乙에 대한 금전채권자인 丁의 압류와 채권양수인인 丙의 처분금지가처분이 경합하는 경우를 생각해 볼 수 있다.

이에 관하여 채권에 대한 (가)압류와 처분금지가처분은 그 내용이 모순, 저촉되는 경우에도 집행의 선후와 관계없이 효력에 우열이 없다고 하는 견해도 있었으나, 판례는 "채권자가 채무자의 금전채권에 대하여 가처분결정을 받아 그 가처분결정이 제3채무자에게 송달되고 그 후 본안소송에서 승소하여 확정되었다면, 가처분결정의 송달 이후에 실시된 가압류 등의 보전처분 또는 그에 기초한 강제집행은 가처분의 처분금지 효력에 반하는 범위 내에서는 가처분채권자에게 대항할 수 없다."라고 판시하여 (가)압류와 채권양도가 경합하는 경우와 마찬가지로 집행시점인 제3채무자에게 송달된 시점의 선후에 따라 그 우열관계가 결정된다는 태도를 분명히 하였다.[282)] 이

281) 주석 민사집행법(V)(제4판), 한국사법행정학회(2018), 508-509(노재호); 이우재, "가처분의 효력과 가압류와의 경합", 보전소송 재판실무연구(3), 한국사법행정학회(2006), 99.

282) 대법원 2014. 6. 26. 선고 2012다116260 판결.

에 따르면, 위 사례에서 처분금지가처분이 제3채무자(甲)에게 먼저 송달되었을 경우 채권양수인(丙)이 채권양도인(乙)과의 본안소송(채권양도통지 이행청구)에서 승소하여 확정되면 마치 채권양수인(丙)의 확정일자 있는 증서에 의한 채권양도통지가 압류채권자(丁)의 채권압류명령보다 제3채무자(甲)에게 먼저 도달된 경우와 같이 채권양수인(丙)은 압류의 제한이 없는 완전한 채권을 이전받게 된다.[283]

다) 피압류채권이 그 밖의 지명채권인 경우

금전채권에 관한 위와 같은 설명은 소유권이전등기청구권 외의 다른 지명채권에도 마찬가지로 적용될 수 있다. 판례도 채권적 성질을 갖는 골프 회원권에 대한 가압류와 처분금지가처분이 경합한 사안에서 "골프 회원권의 양수인이 양도인에 대하여 가지는 골프 회원권 명의변경청구권 등에 기하여 하는 골프 회원권 처분금지가처분결정이 제3채무자인 골프클럽 운영회사에 먼저 송달되고, 그 후 가처분채권자가 골프클럽 운영에 관한 회칙에서 정한 대로 회원권 양도·양수에 대한 골프클럽 운영회사의 승인을 얻었을 뿐만 아니라 본안소송에서도 승소하여 확정되었다면, 그 가처분결정의 송달 이후에 실시된 가압류 등의 보전처분 또는 그에 기초한 강제집행은 그 가처분의 처분금지 효력에 반하는 범위 내에서는 가처분채권자에게 대항할 수 없다."라고 판시하였다.[284]

사. 압류명령 효력의 존속시한

압류명령의 효력은 압류의 목적인 현금화절차가 종료할 때까지 존속한다. 따라서 제3채무자가 공탁한 때(민사집행법 제248조), 추심채권자가 추심을 완료한 때, 전부명령이 확정된 때(민사집행법 제231조) 압류의 효력은 목적 달성으로 소멸하게 된다.

압류된 채권이 그 기본계약관계의 해지·실효 또는 소멸시효 완성 등으로 인하여 소멸함으로써 압류의 대상이 존재하지 않게 된 때에도 압류의 효력이 실효된다.[285]

283) 주석 민사집행법(V)(제4판), 한국사법행정학회(2018), 509(노재호).
284) 대법원 2009. 12. 24. 선고 2008다10884 판결.
285) 대법원 2017. 4. 28. 선고 2016다239840 판결 참조.

5. 압류명령의 하자와 그 경정 및 불복방법

가. 압류명령의 무효 및 취소

1) 무효사유인 경우[286)]

채권압류명령도 재판인 이상 압류명령 신청 당시 채무자가 이미 사망하였다는 등의 특별한 사정이 없는 이상[287)] 압류명령에 흠이 있다고 하여 압류명령이 절차법적으로 당연무효라고 할 수는 없으나, '실체법상 압류의 효력이 생기지 않는다'는 의미에서 무효인 경우가 있을 수 있다. 이러한 경우에는 압류명령에 대하여 즉시항고의 방법으로 불복할 수 있음은 물론이고, 즉시항고를 하지 않아 압류명령이 절차적으로 확정되더라도 압류의 처분금지효, 변제금지효 등 실체법상 효력이 발생하지 않는다.

① 집행력 있는 정본에 기초하지 않은 압류명령, ② 법원이 한 것이 아닌 압류명령, ③ 우리나라 법원에 재판권이 없는 압류명령[288)], ④ 포괄적 금지명령에 반하여 이루어진 회생채권에 기한 압류명령[289)]과, 파산선고, (개인)회생절차의 개시 등과 같은 집행장애사유를 간과한 압류명령, ⑤ 채권자의 신청에 의하지 않은 압류명령, ⑥ 압류적격이 없는 채권에 대한 압류명령, ⑦ 압류된 채권이 특정되지 않은 압류명령, ⑧ 제3채무자에 대한 압류선언이 없는 압류명령 등은 모두 무효이다.

피압류채권의 존부는 압류명령을 하는 집행법원이 심사할 사항이 아니기 때문에 존재하지 않는 채권에 대한 압류명령은 흠이 있다고 말할 수는 없지만, 실체법상 효력이 발생할 수 없다는 의미에서는 무효에 해당한다.

한편, 집행채권이 압류되거나 가압류되었다고 하더라도 집행채권자가 그 채무자를 상대로 한 채권압류명령에는 집행장애사유가 아니다.[290)]

2) 취소사유인 경우

토지관할에 위배된 집행법원의 압류명령, 초과압류금지(민사집행법 제188조 제2항)를 위반한 압류명령 등은 취소사유에 불과하다. 집행정지결정이 법원에 제출된 사실을 간과한 압류명령도 취소사유라는 견해가 있으나, 압류명령 당시 집행정지의 효력이 이미 발생한 상태였으므로 집행장애사유를 간과한 압류명령으로서 무효라고 봄이 타당하다.[291)]

---

286) 법원실무제요, 민사집행[IV], 법원행정처(2020), 275-276.
287) 대법원 1998. 7. 8.자 98그32 결정 등 참조.
288) 외국국가를 제3채무자로 하는 압류명령에 관한 대법원 2011. 12. 13. 선고 2009다16766 판결.
289) 대법원 2016. 6. 21.자 2016마5082 결정.
290) 대법원 2000. 10. 2.자 2000마5221 결정.

압류명령에 취소사유인 흠이 있는 경우에는 즉시항고의 방법으로 불복을 하여야 하고, 즉시항고로 취소되지 않는 한 압류의 효력에 영향이 없다.

강제집행정지결정이 있으면 결정 즉시 당연히 집행정지의 효력이 있는 것이 아니고, 그 정지결정의 정본을 집행기관에 제출함으로써 집행정지의 효력이 발생하므로(민사집행법 제49조 제2호), 그 제출이 있기 전에 이미 행하여진 압류 등의 집행처분에는 영향이 없다.[292] 예컨대, 제1심의 가집행선고부 판결에 대하여 피고가 항소를 하면서 강제집행정지결정을 받았더라도 그 정지결정의 정본을 집행법원에 제출하지 않은 사이에 가집행에 의한 압류 및 추심명령이 내려졌다면 이는 유효하다. 이 경우 수소법원은 신청에 따라 담보를 제공하게 하고 위와 같은 압류 및 추심명령을 취소하도록 명할 수 있다(민사소송법 제501조, 제500조 제1항 참조). 이 결정에 대하여는 불복할 수 없고(민사소송법 제500조 제3항), 특별항고만 가능하다.[293]

나. 압류명령의 경정

1) 의의

채권압류명령은 결정의 일종이고, 결정에 관해서는 그 성질에 반하지 않는 한 판결에 관한 규정이 준용되므로(민사소송법 제224조 제1항), 압류명령에 관해서도 판결의 경정결정에 관한 민사소송법 제211조 제1항의 규정에 따라 압류명령에 잘못된 계산이나 기재, 그 밖에 이와 비슷한 잘못이 있음이 분명한 때에는 법원은 직권으로 또는 당사자의 신청에 따라 경정결정을 할 수 있다(민사소송법 제211조 제1항, 제224조 제1항).

2) 경정의 사유

어떠한 경우에 분명한 잘못이라고 볼 것인가에 관하여는 구체적인 사정에 따라 판단할 수밖에 없으나, 압류명령의 기재가 압류명령 신청서나 집행권원의 기재와 다른 경우라든지 이자나 지연손해금의 잘못된 계산이 인정되는 경우에는 분명한 잘못이라고 할 수 있으므로 경정결정에 의하여 바로잡을 수 있다. 실무에서는 채무자나 제3채무자의 표시가 잘못되어 경정하는 경우가 많은데, 이러한 경정결정의 효력발생 시기는 뒤에서 보듯이 제3채무자 보호의 관점에서 신중하게 판단하여야 한다.

---

291) 법원실무제요, 민사집행[IV], 법원행정처(2020), 276.

292) 대법원 2010. 1. 28.자 2009마1918 결정, 대법원 2012. 7. 5.자 2011마817 결정, 대법원 2016. 3. 17.자 2015마1331 결정 등.

293) 대법원 2012. 3. 13.자 2011그321 결정 참조.

압류명령 신청 당시 '채무자'가 이미 사망하였다면 그 신청은 부적법하고 그 신청에 따른 압류명령은 당연무효이며, 그 효력이 상속인에게 미치는 것은 아니다. 따라서 '채무자 표시를 상속인으로 해야 하는데 압류명령 신청 당시 이미 사망한 피상속인으로 잘못 표시하였다'는 사유는 결정에 분명한 잘못이 있는 것이라고 할 수 없어 결정을 경정할 사유에 해당하지 않는다.[294]

한편, 채권자가 이미 사망한 자를 그 사망 사실을 모르고 '제3채무자'로 표시하여 압류 및 전부명령을 신청하였을 경우 채무자에 대하여 채무를 부담하는 자는 다른 특별한 사정이 없는 한 이제는 사망자가 아니라 그 상속인이므로 사망자를 제3채무자로 표시한 것은 명백한 오류이고, 또한 압류명령에서 그 제3채무자의 표시가 이미 사망한 자로 되어 있는 경우 그 압류명령의 기재와 사망이라는 객관적 사정에 의하여 누구라도 어느 채권이 압류되었는지를 추인할 수 있어서, 그 제3채무자의 표시를 사망자에서 그 상속인으로 경정한다고 하여 압류명령의 동일성의 인식을 저해한다고 볼 수 없으므로, 그 압류 및 전부명령의 제3채무자의 표시를 사망자에서 그 상속인으로 경정하는 결정은 허용된다. 그리고 채권집행 절차에서 제3채무자는 집행당사자가 아니라 이해관계인에 불과하여, 그 압류 및 전부명령을 신청하기 이전에 제3채무자가 사망하였다는 사정만으로는 채무자에 대한 강제집행요건이 구비되지 않았다고 볼 수 없으므로, 이미 사망한 자를 제3채무자로 표시한 압류 및 전부명령이 있었다고 하더라도 이러한 오류는 경정결정에 의하여 시정될 수 있다. 따라서 채권압류 및 전부명령의 제3채무자의 표시를 사망자에서 그 상속인으로 경정하는 결정이 있고 그 경정결정이 확정되는 경우에는 당초의 압류 및 전부명령 정본이 제3채무자에게 송달된 때에 소급하여 제3채무자가 사망자의 상속인으로 경정된 내용의 압류 및 전부명령의 효력이 발생한다.[295]

3) 경정의 한계

경정으로 인하여 압류명령의 내용이 실질적으로 변경되는 경우에는 경정이 허용되지 않는다. 또한, 경정결정으로 인하여 압류명령의 동일성의 인식이 저해되는 경우에도 당초의 압류명령의 내용이 실질적으로 변경되는 것으로서 허용되지 않는다.[296] 더구나 압류명령은 판결의 경우와 달리 직접 당사자가 아닌 제3채무자의 권리의무에 직접 영향을 미치므로, 제3채무자가 압류명령 자체에서 잘못이 있음을 알 수 있는

294) 대법원 1998. 7. 8.자 98그32 결정.
295) 대법원 1998. 2. 13. 선고 95다15667 판결.
296) 대법원 1998. 2. 13. 선고 95다15667 판결.

경우가 아니라면 쉽게 압류명령의 경정을 허용하는 것이 경우에 따라서는 제3채무자에게 불이익을 줄 수도 있다.

다만 경정의 한계를 넘는 경정결정은 위법하다고 보아야 하나, 무효사유는 아니고 취소사유에 불과하다. '채권압류 및 추심명령'을 그 내용과 효력을 달리하는 '채권압류 및 전부명령'으로 바꾸는 결정은 경정결정의 한계를 넘어 재판의 내용을 실질적으로 변경하는 위법한 결정이라고 할 것이나, 그와 같은 위법한 경정결정이라 하더라도 하나의 재판이므로 즉시항고에 의하여 취소되지 않고 확정된 이상 당연무효라고 할 수는 없다.[297]

특히 문제되는 것은 '압류된 채권'의 경정이다. 압류명령은 채권자의 신청에 따라 실질적인 심리 없이 발령되기 때문에 압류된 채권의 표시가 정확하지 않은 경우가 많다. 그러나 압류된 채권의 기재에 관하여 다소의 잘못이 있더라도 그것만으로는 압류명령의 효력에 영향이 없고, 또한 중대한 잘못이 있어 그 자체만으로는 채권의 동일성에 의문이 생길 여지가 있더라도 압류명령의 기재라든가 그 밖의 사정, 예를 들어 채무자와 제3채무자 사이에 다른 채권은 존재하지 않는다는 등의 사정에 의하여 어떤 채권이 압류되었는지를 알 수 있을 때에는 경정결정이 허용되는 것으로 보아도 무방하다. 그러나 실무에서는 압류된 채권의 기재, 특히 금액의 경정은 쉽게 인정하지 않는 경향이 있다.[298]

4) 경정결정의 절차

경정결정은 법원이 직권으로 또는 당사자의 신청에 따라 할 수 있다(민사집행법 제23조 제1항, 민사소송법 제211조 제1항).

경정결정은 압류명령의 원본과 정본에 덧붙여 적어야 하는 것이 원칙이나, 압류명령 정본이 이미 송달된 후에는 따로 경정결정을 작성하여 제3채무자와 채무자에게 송달하여야 한다(민사집행법 제23조 제1항, 민사소송법 제211조 제2항).

경정결정에 대하여는 즉시항고를 할 수 있다. 다만 압류명령에 대하여 적법한 즉시항고가 있는 때에는 그러하지 아니하다(민사집행법 제23조 제1항, 민사소송법 제211조 제3항). 경정신청을 기각하거나 각하한 결정에 대하여는 반대해석상 즉시항고로 불복할 수 없고, 특별항고로써 다툴 수 있을 뿐이며, 이러한 결정에 대한 불복은 당사자가 특별항고라는 표시와 항고법원을 대법원이라고 표시하지 않았다 하더라도

297) 대법원 2001. 7. 10. 선고 2000다72589 판결.
298) 법원실무제요, 민사집행[IV], 법원행정처(2020), 278-279.

그 항고장을 접수한 법원으로서는 이를 특별항고로 취급하여 소송기록을 대법원에 송부함이 마땅하다.[299)]

5) 경정결정의 효력

채권압류명령의 경정결정이 확정되면 당초의 채권압류명령은 그 경정결정과 일체가 되어 처음부터 경정된 내용의 채권압류명령이 있었던 것과 같은 효력이 있으므로, 당초의 압류명령 정본이 제3채무자에게 송달된 때에 소급하여 경정된 내용의 압류명령의 효력이 발생하는 것이 원칙이다.[300)]

그런데 직접 당사자가 아닌 제3채무자는 집행채권의 존재와 내용을 모르고 있다가 그 결정을 송달받고 비로소 이를 알게 되는 것이 일반적이기 때문에 당초의 결정에 잘못된 계산이나 기재, 그 밖에 이와 비슷한 잘못이 있음이 객관적으로는 명백하더라도 제3채무자의 입장에서는 당초의 결정 그 자체만으로 잘못된 계산이나 기재, 그 밖에 이와 비슷한 잘못이 있다는 것을 알 수 없는 경우가 있다. 이러한 경우에도 일률적으로 채권압류명령의 경정결정이 확정되면 당초의 채권압류명령이 송달되었을 때에 소급하여 경정된 내용의 채권압류명령이 있었던 것과 같은 효력이 있다고 하게 되면, 순전히 타의에 의하여 다른 사람들 사이의 분쟁에 편입된 제3채무자를 보호한다는 견지에서 타당하지 않다. 그러므로 채권압류명령상의 채무자를 변경하는 것과 같이 실질적으로 경정결정에 의하여 피압류채권의 동일성이 달라진다고 인정되는 경우에는 최초의 압류명령 송달 시에 소급하여 효력이 생긴다고 할 수는 없고, 이러한 경정결정은 새로운 압류명령과 같은 것으로 보아야 하며, 경정결정 전에 선의·무과실로 채무자에게 변제를 한 제3채무자를 보호하기 위해서는 경정결정이 제3채무자에게 송달된 때에 압류의 효력이 발생한다고 해석함이 타당하다.[301)]

판례도, 경정결정이 그 허용한계 내의 적법한 것인 경우에 있어서도 제3채무자의 입장에서 볼 때에 객관적으로 경정결정이 당초의 결정의 동일성에 실질적으로 변경을 가하는 것이라고 인정되는 경우에는 경정결정이 제3채무자에게 송달된 때에 비로소 경정된 내용의 결정의 효력이 발생한다고 보는 것이 제3채무자 보호의 견지에서 타당하고, 경정결정이 재판의 내용을 실질적으로 변경하여 위법하나 당연무효로

299) 대법원 1971. 7. 21.자 71마382 결정, 대법원 1986. 11. 7.자 86마895 결정, 대법원 1995. 7. 12.자 95마531 결정 등 참조.

300) 대법원 1998. 2. 13. 선고 95다15667 판결, 대법원 2005. 1. 13. 선고 2003다29937 판결, 대법원 2017. 1. 12. 선고 2016다38658 판결 등.

301) 법원실무제요, 민사집행[IV], 법원행정처(2020), 279-280.

볼 수 없는 경우에는 더욱 그 소급효를 제한할 필요성이 크므로, 채권압류명령의 채무자를 변경하는 경정결정은 그 결정정본이 제3채무자에게 송달된 때에 비로소 경정된 내용의 결정의 효력이 발생한다고 보아야 하고,[302] 이러한 채권압류명령의 효력 및 경정에 관한 법리는 채권가압류의 경우에도 마찬가지라고 한다.[303]

다. 압류명령 신청의 재판에 대한 즉시항고

1) 개관

압류명령의 신청에 관한 재판에 대하여는 즉시항고를 할 수 있다(민사집행법 제227조 제4항). 이미 성립한 결정에 대하여는 그 결정이 고지되어 효력을 발생하기 전에도 그 결정에 불복하여 항고할 수 있다.[304]

항고장에 항고이유를 적지 않은 때에는 항고인은 항고장을 제출한 날부터 10일 이내에 항고이유서를 원심법원에 제출하여야 한다(민사집행법 제15조 제3항). 항고인이 이를 위반한 때에는 원심법원은 결정으로 그 즉시항고를 각하하여야 하고(민사집행법 제15조 제5항), 기록이 항고법원에 송부된 때에는 항고법원이 그 즉시항고를 각하하여야 한다. 이러한 법리는 집행절차에 관한 항고법원의 재판에 대한 재항고의 경우에도 적용된다.[305] 집행절차에서는 실체적 판단 부분이 적고 쟁점도 비교적 명확한 경우가 많으므로, 단기간에 항고이유를 분명히 밝히도록 하더라도 당사자의 권리보호에 불충분하다고 할 수 없고, 또한 당사자 이외에 제3자가 관여하는 것이 예상되는 집행절차에서는 제3자와의 이해조정도 고려할 필요가 있으며, 특히 집행절차의 생명이라고 할 수 있는 신속성을 확보할 필요가 있기 때문에 항고이유서 제출을 강제하는 규정을 둔 것이다.[306]

2) 항고권자

압류명령의 신청을 기각 또는 각하하는 결정에 대하여는 신청인인 집행채권자가 즉시항고를 할 수 있고, 압류명령에 대하여는 채무자나 제3채무자, 그 밖에 압류명령에 관하여 이해관계를 갖는 사람이 즉시항고권자이다.

제3채무자의 경우 즉시항고를 통하여, 예를 들어 압류된 채권이 압류금지채권에

302) 대법원 2001. 7. 10. 선고 2000다72589 판결 참조.
303) 대법원 2005. 1. 13. 선고 2003다29937 판결.
304) 대법원 2014. 10. 8.자 2014마667 전원합의체 결정.
305) 대법원 2004. 9. 13.자 2004마505 결정 등 참조.
306) 손흥수, 민사집행실무총서(II) 채권집행, 한국사법행정학회(2017), 262.

해당한다거나 압류된 채권이 특정되지 않았다는 등의 사유를 들어 압류명령의 무효를 주장할 수 있다. 물론 제3채무자로서는 이러한 즉시항고를 제기하지 않더라도 압류채권자가 제기한 추심금 또는 전부금 청구소송에서 이러한 사유를 주장하여도 무방하나, 즉시항고라는 간이한 절차에 의하여 자신의 법적 지위의 불안정을 면할 수도 있다.[307]

압류된 채권에 관하여 제3자가 자기가 진정한 채권자라고 주장하며 항고를 한 경우에는, 만약 채무자가 진정한 채권자가 아닌 것이 맞다면 압류명령은 존재하지 않는 채권에 대한 것이어서 효력이 없고, 이로 인하여 진정한 채권자가 법률상 불이익을 입는 것은 아니므로 항고의 이익이 없다고 하는 견해가 있다.[308] 압류된 채권이 누구에게 귀속하는지는 실체상의 사유에 해당하므로 즉시항고 사유에도 해당하지 않을 것이다.[309]

3) 즉시항고 사유

가) 집행법원이 조사하여 준수할 사항에 관한 흠[310]

즉시항고 사유는 압류명령을 발령함에 있어 집행법원이 심사하여야 할 사유, 즉 집행력 있는 정본의 유무와 그 송달 여부, 강제집행요건, 강제집행개시요건의 존부, 집행장애사유의 존부 등이다.

압류명령이 무효이거나 실효된 경우에도 적법한 즉시항고가 있으면 외관의 제거를 위하여 압류명령을 취소한다.

나) 실체상의 사유는 불해당

(1) '집행채권의 부존재'는 압류명령에 대한 항고사유가 될 수 없으므로,[311] 채무자는 집행채권의 부존재를 청구이의의 소를 통하여 주장하여야 한다. '압류된 채권의 부존재' 또한 압류명령에 대한 항고사유가 될 수 없으므로,[312] 제3채무자는 압류된 채권의 부존재를 추심금 또는 전부금 청구소송에서 주장하여야 한다.

이와 같은 실체상의 권리관계에 관하여는 간이하고 신속한 진행을 목표로 하는 강제집행절차에서 처리하는 것이 적절하지 않고, 당사자의 주장·증명이 충분히 이루

307) 법원실무제요, 민사집행[IV], 법원행정처(2020), 280.
308) 손흥수, 민사집행실무총서(II) 채권집행, 한국사법행정학회(2017), 258.
309) 주석 민사집행법(V)(제4판), 한국사법행정학회(2018), 517(노재호).
310) 법원실무제요, 민사집행[IV], 법원행정처(2020), 281.
311) 대법원 1996. 11. 25.자 95마601, 602 결정.
312) 대법원 2004. 1. 5.자 2003마1667 결정.

어질 수 있는 소송절차에 의하는 것이 소송절차와 집행절차를 준별하고 있는 우리의 법체계에 부합하기 때문에 즉시항고를 부정하는 것이 타당하다.[313]

다만, 실무에서는 제3채무자가 집행법원에 피압류채권의 부존재를 통지하면 집행법원이 압류채권자에게 통보하여 신청취하로 종결되는 경우도 적지 않다.[314]

(2) 채권압류명령의 기초가 된 가집행의 선고가 있는 판결을 취소한 상소심판결의 정본은 민사집행법 제49조 제1호가 정하는 집행취소 서류에 해당하므로, 채권압류명령의 기초가 된 가집행의 선고가 있는 판결이 상소심에서 집행채권의 부존재 또는 소멸 등의 이유로 취소되었다는 사실은 적법한 항고이유가 될 수 있다.[315]

(3) 집행채권의 변제기가 도래하지 않았다는 사정은 실체상의 사유에 해당한다.[316] 집행을 받을 사람이 일정한 시일에 이르러야 그 채무를 이행하게 되어 있는 때에는 그 시일이 지난 뒤에 강제집행을 개시할 수 있으나(민사집행법 제40조 제1항), 이는 집행권원 자체에 이행기가 정해진 경우를 가리키는 것이므로 집행권원 자체에 이행기가 없는 경우에는 집행개시요건의 흠결로 다룰 수는 없다.[317]

(4) 채무자 회생 및 파산에 관한 법률에 의한 면책결정이 확정되어 채무자의 채무를 변제할 책임이 면제되었다고 하더라도, 이는 면책된 채무에 관한 집행권원의 효력을 당연히 상실시키는 사유는 되지 않고, 다만 청구이의의 소를 통하여 그 집행권원의 집행력을 배제시킬 수 있는 실체상의 사유에 불과하며, 한편 면책결정의 확정은 면책된 채무에 관한 집행력 있는 집행권원 정본에 기하여 그 확정 후 비로소 개시된 강제집행의 집행장애사유가 되지 않는다. 따라서 채무자 회생 및 파산에 관한 법률에 의한 면책결정이 확정되어 채무자의 채무를 변제할 책임이 면제되었다는 것은, 면책된 채무에 관한 집행력 있는 집행권원 정본에 기하여 그 확정 후 신청되어 발령된 채권압류 및 추심명령에 대한 적법한 항고이유가 되지 않는다.[318]

이러한 판례의 태도에 대하여, 면책을 받은 개인인 채무자에 대하여 면책된 사실을 알면서 면책된 채권에 기초하여 강제집행 등의 방법으로 추심행위를 한 자는 500만 원 이하의 과태료에 처하기 때문에(채무자 회생 및 파산에 관한 법률 제660조

313) 주석 민사집행법(V)(제4판), 한국사법행정학회(2018), 517-518(노재호).
314) 법원실무제요, 민사집행[IV], 법원행정처(2020), 281.
315) 대법원 2007. 3. 15.자 2006마75 결정.
316) 대법원 2013. 11. 8.자 2013마1565 결정.
317) 법원실무제요, 민사집행[IV], 법원행정처(2020), 281.
318) 대법원 2013. 9. 16.자 2013마1438 결정, 대법원 2014. 2. 13.자 2013마2429 결정.

제3항), 주로 채권자목록에서 누락된 채권자가 파산선고 및 면책결정의 확정을 모르고 채권압류 및 추심명령을 얻은 경우에 문제가 되는데, 비면책채권에 해당하는지 판단하려면 채무자가 악의로 채권자목록에 기재하지 않은 것인지 심리를 하여야 하기 때문에 집행절차에서 처리하는 것이 적절하지 않음을 고려한 것으로 보인다는 견해가 있다.[319)]

(5) 집행증서가 무권대리인의 촉탁에 의하여 작성되어 무효인 경우, 그러한 사유는 형식적 하자이기는 하지만 집행증서의 기재 자체에 의하여 용이하게 조사·판단할 수 없는 것이므로, 청구이의의 소 또는 집행문부여에 대한 이의신청에 의하여 그 집행의 배제를 구할 수 있을 뿐 그러한 사유는 이를 집행권원으로 한 채권압류 및 추심명령에 대한 적법한 항고사유가 되지 않는다.[320)]

(6) 당사자 사이의 부집행의 합의는 실체상의 청구의 실현과 관련하여 이루어지는 사법(私法)상의 채권계약이라고 봄이 타당하고, 이를 위반한 집행은 실체상 부당한 집행이라고 할 수 있으므로 청구이의의 사유가 되고, 채권압류에 아무런 장애가 되지 않는다.[321)] 일본 최고재판소 판례도 같다.[322)]

부집행의 합의는 채권의 효력 중 청구권의 내용을 강제집행절차에서 실현할 수 있는 효력, 즉 강제집행력을 배제하거나 제한하는 법률행위라고 해석되므로, 그러한 합의가 있으면 그 채권을 청구채권으로 한 강제집행은 실체법상 부당한 것이 되고, 또한 부집행의 합의는 실체법상 채권자에게 강제집행을 신청하지 않을 부작위의무를 부담시키는 데 그치고 집행기관을 직접 구속하는 것은 아니어서 부집행의 합의에 위배된 강제집행이 곧바로 위법하다고 하기도 어렵기 때문에 실체상의 사유로 보는 판례의 태도가 타당하다고 생각한다.[323)]

(7) 위에서 본 (1)~(6)은 집행권원에 기초한 강제집행에 관한 설명이다.

담보권 실행 또는 물상대위권의 행사에 대한 즉시항고에 있어서는 집행권원에 기초한 강제집행절차의 경우와는 달리 담보권이나 피담보채권의 부존재, 소멸 등의

319) 지은희, "파산절차에서 면책결정의 확정이 채권압류 및 추심명령에 대한 적법한 항고이유가 되는지 여부", 사법논집 제61집, 법원도서관(2016), 493-495; 주석 민사집행법(V)(제4판), 한국사법행정학회(2018), 518-519(노재호).

320) 대법원 1998. 8. 31.자 98마1535, 1536 결정, 대법원 1999. 6. 23.자 99그20 결정.

321) 대법원 1996. 7. 26. 선고 95다19072 판결, 대법원 2014. 2. 28.자 2013마933 결정.

322) 日最判 2006. 9. 11.(종전의 대심원 판례를 변경한 것으로, 부집행의 합의는 채권의 효력의 일부인 강제집행력을 배제하거나 제한하는 것으로서 청구채권의 효력을 정지하거나 한정하는 청구이의의 사유와 실질적으로 동일하다는 점을 근거로 한다)

323) 주석 민사집행법(V)(제4판), 한국사법행정학회(2018), 519-520(노재호).

실체상의 사유를 항고이유로 주장할 수 있다.[324] 민사집행법 제273조 제1항은 '채권, 그 밖의 재산권을 목적으로 하는 담보권의 실행은 담보권의 존재를 증명하는 서류(권리의 이전에 관하여 등기나 등록을 필요로 하는 경우에는 그 등기사항증명서 또는 등록원부의 등본)가 제출된 때에 개시한다'고 규정하고 있고, 같은 조 제2항은 '민법 제342조에 따라 담보권설정자가 받을 금전, 그 밖의 물건에 대하여 권리를 행사하는 경우에도 제1항과 같다'고 규정하고 있다. 그런데 민사집행규칙 제200조 제2항은, 민사집행법 제273조 제1항, 제2항에 따른 담보권 실행 또는 권리행사에 의한 절차에, 부동산을 목적으로 하는 담보권 실행을 위한 경매에 있어서 '경매절차의 개시결정에 대한 이의신청사유로 담보권이 없다는 것 또는 소멸되었다는 것을 주장할 수 있다'고 규정한 민사집행법 제265조를 준용하도록 하고 있다.

4) 즉시항고의 효력

민사소송법상 즉시항고(민사소송법 제447조)와 달리 압류명령에 대하여 즉시항고가 제기되더라도 압류명령의 효력에는 영향이 없는 것이 원칙이다(민사집행법 제15조 제6항 본문).

다만 항고법원(재판기록이 원심법원에 남아 있는 때에는 원심법원)은 즉시항고에 대한 결정이 있을 때까지 담보를 제공하게 하거나 담보를 제공하게 하지 않고 원심재판의 집행을 정지하거나 집행절차의 전부 또는 일부를 정지하도록 명할 수 있고, 담보를 제공하게 하고 그 집행을 계속하도록 명할 수 있다(민사집행법 제15조 제6항 단서). 이 집행정지결정에 대하여는 불복할 수 없다(민사집행법 제15조 제9항).

5) 항고법원의 심리와 재판

가) 항고법원은 원칙적으로 항고장 또는 항고이유서에 적힌 이유에 대하여서만 조사하지만, 제1심 재판에 영향을 미칠 수 있는 법령위반 또는 사실오인이 있는지에 대하여 직권으로 조사할 수 있다(민사집행법 제15조 제7항). 항고법원은 변론을 열 수도 있고, 당사자와 이해관계인, 그 밖의 참고인을 심문할 수도 있으며(민사집행법 제23조 제1항, 민사소송법 제134조 제1항 단서, 제2항), 서면심리로 그칠 수도 있다.

나) 항고심의 재판은 결정의 형식으로 한다. 즉시항고가 부적법하면 각하하고, 이유 없으면 기각한다.

다) 압류명령 신청 각하·기각결정을 취소하는 경우

심급의 이익이나 불복방법의 제한 문제 등과 관련하여 항고법원이 제1심 결정을

---

324) 대법원 2008. 8. 12.자 2008마807 결정 등.

취소하고 직접 압류명령을 할 수 있는지 논의가 있는데, 민사집행법 제132조와 같은 명문의 규정이 없는 이상 민사집행법 제15조 제10항, 민사소송법 제443조 제1항, 제418조 단서에 따라 항고법원은 사건을 제1심 법원으로 환송하지 않고 직접 압류명령을 할 수 있다고 봄이 타당하다.[325)]

다만 항고법원이 직접 압류명령을 하더라도 그 이후의 현금화, 배당 등의 절차는 제1심 법원이 집행법원이 된다.[326)]

라) 압류명령을 취소하는 경우

민사집행규칙 제160조 제1항은 즉시항고 등으로 압류명령을 취소하는 결정이 확정된 때에는 법원사무관등이 압류명령을 송달받은 제3채무자에게 그 사실을 통지하도록 하고 있다. 이 결정은 민사집행규칙 제7조 제1항 제2호 또는 제3호에 규정된 재판에 해당되므로 압류채권자 및 채무자에게 고지되는바, 제160조 제1항은 고지를 받지 못하는 제3채무자에 대하여도 통지하도록 규정한 것이다.

압류명령은 채무자 외에 제3채무자에게도 송달되고, 그 명령에 따라 제3채무자는 채무자에 대한 변제를 금지당하게 되므로, 압류명령의 취소결정이 확정된 때에는 제3채무자에 대하여도 그 취지를 통지하여 변제금지의 구속이 해소되었음을 알려주는 것이 필요하다. 다만 제3채무자가 압류명령의 송달을 받지 않은 때(압류명령의 발령 전, 송달하기 전 또는 송달을 하였으나 송달불능이 된 경우 등)에는 통지할 필요가 없다. 송달 중에 있는 때에는 결과를 기다려 통지 여부를 결정하면 된다. 통지는 민사집행규칙 제8조의 규정에 따라 상당하다고 인정하는 방법으로 하면 된다.[327)]

제3채무자가 압류명령을 취소하는 결정을 통지받은 때에는 그 통지서가 제3채무자에게 송달되었을 때부터 장래를 향하여 그 압류의 효력이 소멸하게 된다.[328)]

6) 사법보좌관이 압류명령 신청사건을 재판한 경우 불복절차

가) 채권에 대한 압류 및 추심·전부명령은 사법보좌관이 행할 수 있는 업무에 속하고(법원조직법 제54조 제2항, 사법보좌관규칙 제2조 제1항 제9호), 실제로 대부분의 법원에서는 채권에 대한 압류 및 추심·전부명령을 사법보좌관의 사무로 정하고 있다.

사법보좌관이 한 처분 가운데 판사가 처리하는 경우 즉시항고의 대상이 되는 처

325) 대법원 2008. 4. 14.자 2008마277 결정 참조.

326) 법원실무제요, 민사집행[IV], 법원행정처(2020), 283.

327) 법원실무제요, 민사집행[IV], 법원행정처(2020), 284.

328) 채권가압류신청의 취하에 관한 대법원 2001. 10. 12. 선고 2000다19373 판결 참조.

분에 대하여는 '이의신청'을 할 수 있으므로(사법보좌관규칙 제4조 제1항), 압류명령 신청에 대하여 사법보좌관이 한 재판에 관하여 불복을 할 때에는 우선 '이의신청'을 하여야 한다. 이의신청은 그 처분을 고지받은 날부터 7일 이내에 이의신청 대상이 되는 처분의 표시와 그 처분에 대한 이의신청 취지를 밝히는 방법으로 서면으로 하여야 하고, 여기에는 인지를 붙일 필요가 없다(사법보좌관규칙 제4조 제2항 ~ 제4항). 이의신청의 요건 및 절차 등에 관하여는 그 성질에 반하지 않는 한 해당 법률에서 정하고 있는 불복절차에 관한 규정을 준용하므로(사법보좌관규칙 제4조 제10항), 이의신청인은 이의신청서를 제출한 날부터 10일 이내에 항고이유서를 제출하여야 한다(민사집행법 제15조 제3항). 사법보좌관은 이의신청을 받은 때에는 지체 없이 소속 법원의 단독판사에게 송부하여야 한다(사법보좌관규칙 제4조 제5항).

나) 이의신청사건을 송부받은 단독판사는, ① 이의신청이 이의신청대상이 되는 처분의 표시와 그 처분에 대한 이의신청 취지를 밝히지 않는 등 신청의 방식에 위배되는 경우에는 상당한 기간을 정하여 그 기간 내에 흠을 보정하도록 명하고, ② 이의신청인이 흠을 보정하지 않거나 이의신청기간을 경과한 때에는 결정으로 이의신청을 각하하며, ③ 이의신청이 이유 있다고 인정되는 때에는 사법보좌관의 처분을 경정하고, ④ 이의신청이 이유 없다고 인정되는 때에는 사법보좌관의 처분을 인가하고 이의신청사건을 항고법원에 송부하며, 그 경우 이의신청에 인지가 붙어 있지 않은 때에는 상당한 기간을 정하여 이의신청인에게 보정을 명하고 이의신청인이 보정하지 않은 때에는 이의신청을 각하한다(사법보좌관규칙 제4조 제6항). 이의신청사건을 송부받은 항고법원은 단독판사가 한 인가처분에 대한 즉시항고로 보아 재판절차를 진행한다(사법보좌관규칙 제4조 제9항).

다) 한편, 사법보좌관규칙 제4조는 민사집행법 등이 규정한 집행절차의 지연방지 및 남항고 방지책 등의 입법취지에 배치되지 않도록 하고, 이의신청 시에도 민사집행법의 즉시항고절차에 따른 요건을 갖추도록 하기 위하여 2014. 9. 1. 다음과 같이 개정되었다(2015. 3. 23. 시행). ① 사법보좌관규칙 제4조 제4항은 2014. 9. 1. 개정 전에는 "제1항의 규정에 따라 이의신청을 하는 때에는 「민사소송 등 인지법」 또는 해당 법률에서 정하는 인지, 보증제공서류 등을 붙일 필요가 없다."라고 정하고 있었으나, 2014. 9. 1. 개정되면서 "제1항의 규정에 따라 이의신청을 하는 때에는 민사소송 등 인지법에서 정하는 인지를 붙일 필요가 없다."라고 규정함으로써 이의신청 시 첨부가 면제되는 서류에서 '보증제공서류'가 제외되었다(이로써 이의신청 시 보증

제공서류를 첨부하여야 한다). ② 사법보좌관규칙 제4조 제6항 제6호는, 2014. 9. 1. 개정 전에는 '사법보좌관의 처분을 인가할 때 이의신청인에게 보정을 명하고, 이의신청인이 보정하지 않은 때에는 이의신청을 각하할 수 있는 사유'를 "이의신청에 「민사소송 등 인지법」 또는 해당법률에서 정하는 인지, 보증제공서류 등이 붙어 있지 아니하거나 이의신청이 해당법률에 규정된 항고 또는 즉시항고의 요건을 갖추지 아니한 때"로 정하고 있었으나, 2014. 9. 1. 개정되면서 "이의신청에 민사소송 등 인지법에서 정하는 인지가 붙어 있지 아니한 때"로 축소하였다(이로써 보증제공서류 및 항고의 요건이 되는 항고이유서, 항고보증금 등은 '보정을 명하여야 하는' 사유에서 제외되었다). ③ 사법보좌관규칙 제4조 제10항에서 "이의신청의 요건 및 절차 등에 관하여는 그 성질에 반하지 아니하는 한 해당 법률에서 정하고 있는 불복절차에 관한 규정을 준용한다."라고 규정함으로써 민사집행법 제15조, 제130조가 이의신청의 '절차'에 관하여도 준용될 수 있음을 분명히 하였다.

이에 따라 2015. 3. 23. 이후 접수되는 즉시항고 대상이 되는 처분에 대한 이의신청 사건에 대해서는, 민사집행법 제15조 제3항에 따른 항고이유서와 민사집행법 제130조 제3항에 따른 항고보증서류가 제출되지 않은 경우 별도의 보정명령을 내릴 필요 없이, ㉠ 이의신청서가 제출된 날로부터 10일 이내에 '항고이유서'가 제출되지 않으면 민사집행법 제15조 제5항에 따라, ㉡ 사법보좌관 처분이 고지된 날로부터 1주일(=즉시항고기간) 이내에 '항고보증서류'가 제출되지 않으면 이의신청서가 제출된 날로부터 1주일 이내에 민사집행법 제130조 제4항에 따라, 바로 항고로 의제되는 이의신청을 각하하는 것으로 정리되었다고 볼 수 있다.

이와 관련하여, 이의신청인이 이의신청서를 제출한 날로부터 10일 이내에 '항고이유서'를 제출하지 않은 경우 제1심의 단독판사나 항고법원이 이의신청인에게 상당한 기간을 정하여 항고이유서를 제출하도록 보정을 명하여야 함을 전제로, 항고법원이 그와 같이 항고이유서 제출을 명하지도 않은 채 항고를 각하한 것이 잘못되었다는 취지의 대법원 결정[329]이 있다. 그러나 위 대법원 결정에는 2014. 9. 1. 개정(2015. 3. 23. 시행)된 위 사법보좌관규칙 제4조가 반영되지 않은 것으로 보이므로, 위 대법원 결정의 취지를 2015. 3. 23. 이후 접수되는 즉시항고 대상이 되는 처분에 대한 이의신청 사건에도 일반적으로 적용할 것인지는 검토가 필요하다.[330]

---

329) 대법원 2016. 8. 24.자 2016마741 결정.

330) 법원실무제요, 민사집행[IV], 법원행정처(2020), 286.

다만 항고이유서 미제출 시 이를 제출하라는 보정명령이 반드시 필요한 것은 아니라 하더라도, 일단 이의신청사건을 송부받은 단독판사 등이 (사법보좌관의 처분을 인가하면서 이와 병행하여 상당한 기간을 정하여) 이의신청인에게 항고이유서 제출을 명한 경우에는, 보정명령에서 정해진 상당한 기간 내에 항고이유서가 제출된다면, 이의신청서를 제출한 날부터 10일 이내에 항고이유서를 제1심법원에 제출하지 않았다는 이유로 항고를 각하할 수는 없다.[331] 민사집행법 제15조 제3항에 의한 항고이유서 제출기간은 불변기간이라 할 수 없기 때문이다.[332]

라. 압류명령에 대한 취소신청

법원은 압류금지채권에 해당하는 금원이 금융기관에 개설된 채무자의 계좌에 이체되는 경우 채무자의 신청에 따라 그에 해당하는 부분의 압류명령을 취소하여야 한다(민사집행법 제246조 제2항). 또한, 법원은 당사자가 신청하면 채권자와 채무자의 생활형편, 그 밖의 사정을 고려하여 압류명령의 전부 또는 일부를 취소할 수 있다(민사집행법 제246조 제3항). 압류명령에 대한 이러한 취소신청은 압류명령과 독립된 별개의 신청으로 즉시항고가 아니고, 사법보좌관이 행할 수 없는 사무이므로(사법보좌관규칙 제2조 제1항 제9호 단서 다목) 판사가 담당한다.

채무자가 압류금지채권의 목적물이 입금된 예금채권을 압류당한 다음에 압류명령의 전부 또는 일부의 취소를 구하는 내용의 서면을 집행법원에 제출한 경우에, 집행법원으로서는 위와 같은 서면에 즉시항고나 이의신청 등의 다른 제목이 붙어 있다 하더라도 특별한 사정이 없다면 이를 민사집행법 제246조 제2항에서 정한 압류명령의 취소 신청으로 보고 이에 대해 판단을 하여야 한다.[333]

Ⅴ. 저당권이 있는 채권의 압류

1. 개설

저당권이 있는 채권을 압류할 경우에 채권자는 채권압류의 사실을 등기부에 기입하여 줄 것을 법원사무관등에게 신청할 수 있다. 이 신청은 채무자의 승낙 없이

331) 대법원 2019. 8. 21.자 2018마7371 결정.
332) 법원실무제요, 민사집행[IV], 법원행정처(2020), 286.
333) 대법원 2008. 12. 12.자 2008마1774 결정 등 참조.

법원에 대한 압류명령의 신청과 함께 할 수 있다(민사집행법 제228조 제1항). (근)저당권의 피담보채권이 압류되면 담보물권의 수반성에 의하여 (근)저당권에도 압류의 효력이 미치는데[반대로 피담보채권을 압류하지 않고 (근)저당권만 압류하는 것은 효력이 없다(민법 제361조 참조)], 이 경우 피담보채권의 압류를 공시하기 위해서는 (근)저당권설정등기에 부기등기의 방법으로 그 피담보채권의 압류사실이 기입되어야 한다.[334)]

또한, 압류사실을 등기부에 기입함으로써 압류채권자가 저당권의 실행을 쉽게 하는 의미도 있다.

민사집행법 제228조는 '저당권'이 '등기'된 경우에 관하여만 규정하고 있으나, 광업권의 저당(광업법 제38조 제1항 제2호), 항공기 및 경량항공기의 저당(자동차 등 특정동산 저당법 제3조 제4호), 자동차의 저당(자동차 등 특정동산 저당법 제3조 제3호), 건설기계의 저당(자동차 등 특정동산 저당법 제3조 제1호), 댐사용권의 저당(댐건설·관리 및 주변지역지원 등에 관한 법률 제32조) 등과 같이 '등록'에 의하여 저당권이 설정되는 경우에도 준용되고, 나아가 '저당권 이외의 담보권'(전세권, 질권 등)이 있는 채권을 압류하는 경우에도 유추적용된다.

저당권이 있는 채권에 관하여 '전부명령'이 있는 경우에는 채권과 함께 저당권이 이전되므로 저당권 이전의 부기등기에 관하여 민사집행법 제228조가 준용된다(민사집행법 제230조). 저당권이 있는 채권에 관하여 '추심명령'이 있는 경우에는 채권 및 저당권의 귀속에는 영향이 없고, 추심채권자는 민사집행법 제228조에 따라 저당권에 대한 압류기입등기를 하는 것만으로도 추심권을 행사하는 데 지장이 없다.[335)]

한편, 근저당권부 채권압류 및 추심명령이 발령된 후 신청인의 착오로 위 압류명령에 부동산의 일부가 누락되었다며 누락된 부동산을 추가한 부동산 목록으로 압류명령의 부동산 표시를 고치는 것은 결정 주문의 내용을 실질적으로 변경하는 경우에 해당하여 허용할 수 없다.[336)]

2. 통상의 채권압류와의 차이점

저당권이 있는 채권에 대한 압류명령은 기본적으로 통상의 채권에 대한 압류명

334) 대법원 2009. 12. 24. 선고 2009다72070 판결, 대법원 2011. 4. 28. 선고 2010다107408 판결.
335) 법원실무제요, 민사집행[IV], 법원행정처(2020), 288.
336) 대법원 2018. 9. 7.자 2018마535 결정 참조.

령과 다르지 않으나, 다음과 같은 점을 주의하여야 한다.

첫째, 당사자 표시에 관하여, 저당권이 있는 채권을 압류하는 경우 제3채무자는 '저당권의 피담보채권의 채무자'이므로 '저당권의 피담보채권의 채무자'와 저당부동산의 소유자가 다른 경우(물상보증인, 제3취득자)에는 실무상 저당부동산의 소유자도 압류명령에 별도의 란을 만들어 표시한다.

둘째, 관할과 관련하여 채무자의 보통재판적 소재지의 지방법원이 원칙적 관할이나, 그 지방법원이 없을 때에는 제3채무자의 보통재판적이 아니라 부동산 소재지가 관할의 기준이 된다(민사집행법 제224조 제1항, 제2항). 물론 가압류에서 본압류로 이전하는 경우에는 가압류법원이 관할법원이 된다(민사집행법 제224조 제3항).

셋째, 송달과 관련하여, 저당권이 있는 채권에 대한 압류명령은 채무자, 제3채무자에게 송달하는 외에 실무상 부동산의 소유자에게도 송달한다. 부동산 소유자에 대한 송달은 압류의 효력발생요건은 아니지만 소유자도 압류에 관하여 이해관계가 있기 때문이다.

3. 피담보채권 확정 전의 근저당권부 채권에 대한 압류의 가부

근저당권은 피담보채권이 확정되면 통상의 저당권과 다를 것이 없으므로 그 후에 채권이 압류된 경우에는 저당권부 채권에 대한 설명이 그대로 적용된다.

나아가 근저당권의 피담보채권이 확정되기 전이라도 그 채권을 압류하는 데에는 아무런 제약이 없다. 실무에서도 근저당권의 피담보채권이 확정되었는지 여부를 가리지 않고 근저당권이 있는 채권에 대한 압류를 허용하고 있다.[337] 다만 근저당권의 피담보채권이 확정되기 전 그 피담보채권에 대한 압류의 효력이 근저당권에 미치는지에 관하여는 논의가 있으므로 뒤에서 살펴본다.

4. 압류기입등기의 절차

가. 압류채권자의 신청

채권압류 사실의 기입등기 신청은 저당권에 의하여 담보되는 채권을 압류한 채권자가 채무자의 승낙 없이 법원사무관등에 대하여 한다. 기입등기 신청 여부는 압류채권자의 자유의사에 달려 있지만, 신청을 하지 않음으로 인한 불이익은 압류채권자

337) 법원실무제요, 민사집행[IV], 법원행정처(2020), 289.

가 부담하여야 한다. 신청은 압류명령의 신청과 함께 할 수도 있으나(민사집행법 제228조 제1항 후문), 압류명령 신청이 있은 뒤에 별도로 하더라도 무방하다. 그러나 전부명령이 확정된 후와 같이 집행절차가 종료한 뒤에는 신청할 수 없고, 이 경우에는 민사집행법 제230조에 따라 저당권이전등기의 촉탁만을 하여야 한다.[338)]

압류기입등기를 하기 위해서는 원칙적으로 채무자가 저당권자(또는 저당권에 대한 가등기권자)로 등기되어 있어야 하나, 저당권의 등기가 아직 되어 있지 않거나 또는 말소된 때에는 채권자는 채무자를 대위하여 저당권설정등기 내지 말소회복등기를 신청하고 그에 따른 등기가 되면 압류기입등기를 신청할 수 있다. 목적부동산의 소유자가 제3채무자가 아니어도 무방하다(물상보증인 또는 제3취득자의 경우).

압류기입등기를 신청함에는 저당권의 존재를 증명하는 등기사항증명서 그 밖의 등록원부의 등본과 소정의 등록면허세를 납입한 영수증서 등을 법원사무관등에게 제출하여야 한다.[339)]

나. 압류기입등기의 촉탁

1) 법원사무관등이 기입등기를 촉탁하려면 먼저 집행법원이 압류명령을 하여야 한다. 채권을 압류하지 않으면서 그 저당권에 기입등기를 할 수는 없기 때문이다.

2) 신청을 받은 법원사무관등은 압류채권자로부터 제출된 등기사항증명서 등에 의하여 압류된 채권이 촉탁신청과 관계된 저당권의 피담보채권인지 아닌지(동일성)를 심사한다. 압류된 채권의 존부에 관해서 실체적 심사를 하지 않는 것과 마찬가지로 저당권의 존부에 관한 실체적 심사도 하지 않는다.[340)]

3) 법원사무관등은 신청을 심사하여 적법하다면 '의무를 지는 저당부동산의 소유자'에게 압류명령이 송달된 뒤에 관할 등기소의 등기관에게 압류의 기입등기를 촉탁하여야 한다(민사집행법 제228조 제2항). 여기서 '의무를 지는 부동산의 소유자'에 제3채무자인 소유자 외에 물상보증인 또는 제3취득자도 포함되는지 문제된다. 실무에서는 제3채무자와 소유자가 다른 경우 소유자에 대한 송달까지 된 후에 압류기입등기를 촉탁하는 경우가 많으나,[341)] 제3채무자에게 송달이 되면 압류의 효력이 발생하기 때문에 소유자에 대한 송달을 기다리지 않고 곧바로 압류기입등기를 촉탁하는

338) 법원실무제요, 민사집행[IV], 법원행정처(2020), 289.
339) 법원실무제요, 민사집행[IV], 법원행정처(2020), 290.
340) 법원실무제요, 민사집행[IV], 법원행정처(2020), 290.
341) 사법보좌관실무편람(II)-채권집행 및 배당절차-, 법원행정처(2015), 96.

것이 타당하다는 견해도 있다.[342)]

생각건대, 제3채무자와 소유자가 다른 경우에도 제3채무자에게만 압류명령이 송달되면 압류의 효력이 바로 발생하는 점, 물상보증인이나 제3취득자는 물적 책임을 질 뿐 피담보채무에 관하여 '의무를 지는 자'에 해당하지 않는 점, 민사집행법 제228조와 그 취지가 같은 일본 민사집행법 제150조도 '저당권에 의하여 담보된 채권에 대한 압류명령이 효력을 발생하는 때'에 압류기입등기 촉탁을 하도록 규정하고 있을 뿐 별도로 소유자에 대한 송달을 요구하지 않고 있는 점 등을 고려하면, 제3채무자와 소유자가 다른 경우 소유자에 대한 송달은 압류기입등기 촉탁의 전제조건이 아니라고 해석함이 타당하다.[343)] 이에 따르면 소유자에 대한 송달은 압류기입등기 촉탁 이후에 해도 무방하다.

4) 압류기입등기의 신청이 적법한데도 법원사무관등이 촉탁을 하지 않거나 적법한 신청을 각하한 때에는 민사소송법 제223조의 법원사무관등의 처분에 대한 이의를 집행법원에 신청할 수 있고(민사집행법 제23조 제1항), 이 이의를 각하한 재판에 대하여는 통상항고를 할 수 있다(민사소송법 제439조). 또한, 압류된 채권과 등기부에 표시된 피담보채권의 사이에 그 표시에서 분명하게 동일성이 없다고 인정되는데도 촉탁에 의한 등기가 된 경우에는 집행채무자나 소유자도 그 처분에 대하여 이의를 신청할 수 있다고 해석된다.[344)]

5) 이미 저당권의 목적물에 다른 채권자의 압류기입등기나 처분금지가처분등기가 되어 있더라도 촉탁에 지장이 없다.[345)]

6) 등기촉탁서에는 등기권리자로 압류채권자를, 등기의무자로 저당권자(채무자)를 적고, 등기원인은 법원의 압류명령이 된다. 그 등기원인날짜는 압류명령이 제3채무자에게 송달되어 압류의 효력이 발생한 날이다. 이때 등기촉탁서에는 등기원인을 증명하는 정보로서 압류명령결정 정본을 함께 제출하여야 한다(부동산등기법 제24조, 부동산등기규칙 제46조 제1항 제1호).

등기촉탁서의 양식은 다음과 같다.

---

342) 박준의, 신채권집행실무, 유로(2015), 468.
343) 同旨: 주석 민사집행법(V)(제4판), 한국사법행정학회(2018), 529(노재호).
344) 법원실무제요, 민사집행[IV], 법원행정처(2020), 290.
345) 법원실무제요, 민사집행[IV], 법원행정처(2020), 290-291.

[전산양식 A4315: 채권압류등기촉탁서]

○○ 지방법원
등기촉탁서

등기관 귀하

사 건 20 타채 채권압류
부동산의 표시
등기권리자 ○○○
서울 ○○구 ○○로 ○○
등기의무자 ○○○
서울 ○○구 ○○로 ○○
등기원인과 그 연월일 20 . . . ○○법원의 저당권 있는 채권의 압류
등기목적 ○○지방법원 ○○등기소 접수 20 . . . 제 호 저당권설정등기에 기한 피담보채권의 압류기입등기
과세표준 금 원
등록면허세 금 원
지방교육세 금 원
등기신청수수료 금 원
첨 부 1. 등기촉탁서 부본 1통

위 등기를 촉탁합니다. (등본 작성일 : . . .)

2○○○. ○. ○.

법원사무관 ○ ○ ○

접 수	. . .	처리인	등기관 확인	각종 통지
	제 호			

다. 압류기입등기

1) 위 압류의 기입등기는 부기등기에 의한다(부동산등기법 제52조 제3호).

2) 압류명령이 제3채무자에게 송달된 날짜가 채권양도의 대항요건을 갖춘 것보다 먼저인데도 불구하고 압류의 기입등기보다 먼저 채권양도로 인한 저당권의 이전등기가 되어 있는 경우에는 어떻게 해야 하는지 문제된다.

이에 관하여, 실체적으로는 압류가 채권양도에 우선하고 있기 때문에 압류채권

자가 채권양도에 수반하는 저당권이전등기의 부기등기에 대한 말소등기청구소송을 제기하여 승소확정판결을 받아 위 부기등기를 말소한 다음 종전의 저당권자를 등기의무자로 하는 압류의 부기등기를 하는 방법도 생각해 볼 수 있다. 그러나 채권이 압류되더라도 이를 양도하는 것은 가능하고 단지 양수인이 압류채권자에게 대항할 수 없을 뿐이므로 채권양도를 원인으로 한 저당권이전등기가 무효라고 할 수는 없다는 점에서 위와 같은 방법은 적절하지 않다.

위와 같은 경우 채권의 양수인은 압류의 효력을 부담한 채로 채권을 이전받게 되고, 이는 저당권의 이전에 관하여도 마찬가지이므로 양수인 명의의 저당권등기에 직접 압류기입등기를 할 수 있도록 하는 방식이 타당할 것이다. 따라서 압류명령을 일종의 집행권원에 유사한 것으로 보고, 저당권이전의 부기등기를 갖춘 양수인을 압류명령 후의 채무자의 특정승계인으로 간주하여, 집행법원으로부터 승계집행문을 부여받아 채권양수인이 권리자로 되어 있는 저당권등기에 대하여 압류의 부기등기를 하는 방법이 타당하다.[346)]

3) 한편, 저당권이 등록에 의하여 성립하는 경우에는 압류기입등록의 촉탁의 상대방이 각 등록의 소관부서가 된다. 즉 광업권저당의 경우에는 산업통상자원부 소속 광업등록사무소장(광업등록령 제1조의2), 자동차저당 및 건설기계저당의 경우에는 특별시장·광역시장·특별자치시장·도지사·특별자치도지사(자동차관리법 제7조, 제77조, 자동차관리법 시행령 제17조, 건설기계관리법 제3조), 항공기 및 경량항공기저당의 경우에는 국토교통부장관(항공안전법 제7조, 제121조 제1항), 댐사용권의 경우에는 환경부장관(댐건설·관리 및 주변지역지원 등에 관한 법률 제24조) 등이다.

5. 저당권이 있는 채권에 대한 압류의 효력

가. 개관

1) 저당권이 있는 채권의 압류명령이 제3채무자에게 송달되면 당연히 그 채권이나 저당권의 처분이 압류채권자에 대한 관계에서는 금지된다. 금지되는 저당권의 처분에는 근저당권의 최고액 감액이나 저당권의 순위변경 등 저당권의 내용을 압류채권자에게 불리하게 변경하는 것도 포함된다. 이는 압류기입등기의 유무와 관계가 없

346) 손진홍, 채권집행실무, 한국사법행정학회(2019), 257-258; 손흥수, 민사집행실무총서(II) 채권집행, 한국사법행정학회(2017), 280-281; 주석 민사집행법(V)(제4판), 한국사법행정학회(2018), 530(노재호).

다. 이 점에서 압류기입등기는 단순한 공시의 효과밖에 없고 압류의 효력발생요건이나 제3자에 대한 대항요건이 아니다. 채권압류의 효력이 생긴 후에는 제3자가 채권과 별도로 저당권만을 취득할 수는 없기 때문이다.

따라서 압류채권자와 저당권이 있는 채권의 양수인과의 우열은 압류명령의 제3채무자에게로의 송달과 채권양도의 제3자에 대한 대항요건 구비(민법 제450조)의 선후에 따라 결정된다. 압류기입등기나 저당권이전등기의 선후는 중요하지 않다. 그러므로 압류명령이 먼저 송달되었으면 채권양수인에 대한 저당권이전등기가 압류기입등기보다 먼저 되더라도 압류채권자가 우선하고, 반면 채권양도의 확정일자 있는 증서에 의한 통지나 승낙이 먼저 이루어졌으면 그에 따른 저당권의 이전등기가 없어도 채권양수인이 압류기입등기를 마친 압류채권자에 우선한다(채권이 양도된 후에는 제3자가 채권과 별도로 저당권만을 압류할 수는 없다).[347]

2) 저당권이 있는 채권이 압류되는 경우, 저당권설정등기에 부기등기의 방법으로 그 피담보채권의 압류사실을 기입등기하는 목적은 저당권의 피담보채권이 압류되면 담보물권의 수반성에 의하여 종된 권리인 저당권에도 압류의 효력이 미치게 되어 피담보채권의 압류를 공시하기 위한 것이다. 따라서 만일 저당권의 피담보채권이 존재하지 않는다면 그 압류명령은 무효이고, 저당권을 말소하는 경우에 '압류기입등기가 된 압류권자'는 등기상 이해관계 있는 제3자로서 저당권의 말소에 대한 승낙의 의사표시를 하여야 할 의무가 있다.[348]

또한, 피담보채권이 소멸하면 저당권은 그 부종성에 의하여 당연히 소멸하게 되므로, 그 말소등기가 경료되기 전에 그 저당권부 채권을 가압류하고 압류 및 전부명령을 받아 저당권 이전의 부기등기를 경료한 자라 할지라도, 그 가압류 이전에 그 저당권의 피담보채권이 소멸된 이상, 그 저당권을 취득할 수 없고, 실체관계에 부합하지 않는 그 저당권 설정등기를 말소할 의무를 부담한다.[349]

그러나 저당권의 피담보채권이 통정허위표시인 법률행위를 원인으로 한 경우에는 그 채권을 압류한 채권자는 민법 제108조 제2항의 제3자에 해당하므로, 그 압류채권자가 악의가 아닌 한 제3채무자는 그 압류채권자에게 압류된 채권이 무효라고 주장할 수 없다.[350]

---

347) 주석 민사집행법(V)(제4판), 한국사법행정학회(2018), 531(노재호).

348) 대법원 2004. 5. 28. 선고 2003다70041 판결, 대법원 2009. 12. 24. 선고 2009다72070 판결, 대법원 2011. 4. 28. 선고 2010다107408 판결.

349) 대법원 2002. 9. 24. 선고 2002다27910 판결.

3) 저당권자인 집행채무자의 지위

저당권이 있는 채권이 압류되고 그 기입등기가 되더라도 집행채무자가 저당권자의 지위를 상실하는 것은 아니므로, 집행채무자는 저당권을 보존하기 위한 행위(저당권 존재확인청구 또는 저당권에 기초한 방해배제청구 등)를 할 수 있다.

집행채무자가 저당권을 실행하여 경매를 신청할 수 있는지에 관하여는, ① 저당권부 채권에 대하여 압류의 효력이 생긴 후에는 그 추심이 금지되므로 저당권 실행의 집행장애사유에 해당한다고 보아 부정하는 견해와, ② 배당에 의하여 현실적으로 만족을 얻는 것만 저지하면 충분하다는 이유로 긍정하는 견해가 대립한다.

판례는, 집행채권자의 채권자가 집행권원에 표시된 집행채권을 압류한 경우에 그것이 집행채권자가 채권 집행을 하는 데 대하여 집행장애사유가 되는지에 관하여, 추심명령이나 전부명령을 하려는 경우에는 집행장애사유가 되지만, 압류명령의 경우에는 비록 강제집행절차에 나간 것이기는 하나 집행채권의 환가나 만족적 단계에 이르지 않은 보전적 처분으로서 집행채권을 압류한 채권자를 해하는 것이 아니기 때문에 집행채권에 대한 압류의 효력에 반하는 것은 아니라는 이유로 집행장애사유가 되지 않는다는 입장이다.[351] 이에 비추어 보면 저당권부 채권이 압류되었더라도 저당권자인 채무자는 저당권을 실행하여 경매를 신청할 수 있다고 볼 것이다.[352]

나. 압류채권자의 저당권 실행

1) 저당권이 있는 채권이 압류된 것만으로 압류채권자가 저당권을 실행할 수는 없고, 압류채권자가 추심명령을 받은 때에는 바로 자신의 이름으로 저당권을 실행할 수 있다. 또한, 압류채권자가 전부명령을 받은 때에는 저당권이 압류채권자에게 이전되므로 전부채권자가 저당권자로서 저당권을 실행할 수 있다.

이러한 전부채권자의 저당권 취득은 법률의 규정에 의한 부동산 물권변동(민법 제187조)에 해당하므로 저당권이전의 부기등기는 저당권 실행을 위한 실체법상의 요건은 아니나, 실무는 부동산경매를 진행하면서 저당권이전의 부기등기를 요구하고 있다.[353]

저당권의 피담보채권에 대한 추심명령 정본은 민사집행법 제264조 제2항의 '담

350) 대법원 2009. 7. 23. 선고 2006다45855 판결 참조.

351) 대법원 2000. 10. 2.자 2000마5221 결정, 대법원 2016. 9. 28. 선고 2016다205915 판결 참조.

352) 법원실무제요, 민사집행[IV], 법원행정처(2020), 294; 주석 민사집행법(V)(제4판), 한국사법행정학회(2018), 532(노재호).

353) 법원실무제요, 민사집행[IV], 법원행정처(2020), 294.

보권의 승계를 증명하는 서류'로 볼 수 있고, 또 저당권에 대하여 민사집행법 제230조에 따라 이전의 부기등기를 하면 그 등기사항증명서는 민사집행법 제264조 제1항의 '담보권이 있다는 것을 증명하는 서류'에 해당한다. 따라서 압류채권자가 추심명령이나 전부명령을 얻은 경우에는 추심명령 정본이나 저당권이 이전된 등기사항증명서를 제출하여 부동산임의경매를 신청할 수 있다. 나아가 저당권에 압류나 이전의 부기등기가 마쳐지지 않은 경우에도 압류명령이 효력을 발생하거나 전부명령이 확정되면 법률상 당연히 저당권에 대하여 압류나 전부의 효력이 미치므로, 추심명령이나 전부명령을 얻은 채권자는 이를 증명하여 부동산임의경매를 신청할 수 있다. 즉 추심채권자는 저당권에 대하여 압류의 효력이 미치고 있는 것을 등기사항증명서 및 그 저당권이 있는 채권에 관한 압류명령 및 추심명령 정본과 제3채무자에의 송달증명서를 제출하는 것에 의해 증명할 수 있으면 경매신청이 가능하다. 또 전부채권자는 전부명령과 그 확정증명을 첨부하여 경매신청을 할 수 있다.[354]

2) 이미 저당권자인 집행채무자의 신청에 의하여 저당권 실행을 위한 경매절차가 진행되고 있다면, 압류채권자는 전부명령이나 추심명령을 받아 집행채무자를 승계하여 경매절차를 진행할 수 있다.[355]

3) 압류 전에 이미 저당권자인 집행채무자의 신청에 의하여 저당권 실행을 위한 경매절차가 개시된 때 저당권부 채권의 압류에도 불구하고 그 경매절차를 계속 진행할 수 있는지가 문제된다.

이에 관하여 먼저, 피담보채권에 대한 압류의 존재를 저당권 실행의 집행장애사유로 보아 압류가 선행하고 있는 경우라면 저당권자는 저당권 실행을 할 수 없고, 이미 저당권자가 그 실행의 신청을 하여 절차가 진행되던 중에 압류가 된 경우라면, 저당권부 채권에 대한 압류의 효력이 소멸할 때까지 또는 압류채권자가 저당권 실행의 신청채권자의 지위를 승계한 후 그 절차를 승계할 때까지 해당 절차가 정지된다는 견해가 있다.[356]

이에 대하여는, 절차를 계속 진행시키되, 다만 집행채무자가 배당에 의하여 현실의 만족을 얻는 것을 저지해 두면 충분하다는 견해가 있고, 다음과 같은 논거를 제시한다. ① 압류의 효력이 발생하더라도 집행채무자가 저당권자로서의 지위를 상실

354) 법원실무제요, 민사집행[IV], 법원행정처(2020), 294-295; 사법보좌관실무편람(II)-채권집행 및 배당절차-, 법원행정처(2015), 99.

355) 법원실무제요, 민사집행[IV], 법원행정처(2020), 295.

356) 일본의 다수설로서, 손진홍, 채권집행실무, 한국사법행정학회(2019), 262에 소개되어 있다.

하는 것은 아니다. ② 압류채권자가 절차를 승계할 때까지 절차를 정지하게 되면 채권자의 승계 의사 여하에 따라 절차가 지연되거나 불안정해질 수 있다. ③ 집행채무자가 행한 절차가 계속 진행되더라도 그 최종적인 만족을 저지할 수 있으면 압류채권자에게 불이익하지 않다. ④ 위 절차를 계속 진행시키고 다만 배당 또는 변제만을 압류채권자에게 확실하게 할 수 있다면 보다 빨리 변제를 받게 되어 위 압류채권자에게 이익이 될 수 있다.[357)]

생각건대, 피담보채권이 압류된 경우에 저당권 실행을 위한 경매절차를 진행시키더라도 집행채무자인 저당권자에게 배당이 되는 것만 막으면 압류의 효력에 반하는 결과가 생기지는 않으므로 이론적으로는 후자의 견해가 타당하다고 생각된다.[358)] 다만 후자의 견해에 찬성하면서도, 압류채권자가 추심·전부명령을 얻어 경매절차를 승계할 때까지는 가급적 경매절차를 사실상 정지하는 것이 바람직하다는 지적이 있다.[359)]

다. 저당권부 채권이 압류된 경우의 배당

1) 저당권이 있는 채권이 압류된 것만으로는 그 채권의 권리자나 추심권자가 바뀌는 것은 아니지만, 저당권자인 집행채무자 이외의 사람에 의한 강제경매 또는 담보권 실행을 위한 경매절차에서 저당부동산이 현금화되어 피담보채권에 관하여 배당이 이루어지는 때에는 저당권이 있는 채권에 대한 압류의 효력은 저당권자의 배당금청구권에 대하여도 미친다. 이 배당금은 압류가 존속하는 한 민사집행법 제248조 제1항 또는 민법 제487조 전문에 따라 저당권자를 피공탁자로 하여 공탁하여야 하고, 압류채권자는 민법상의 공탁인 경우에는 추심명령이나 전부명령을 받아 집행법원에 출급신청하여 이를 수령할 수 있고, 민사집행법 제248조에 의한 공탁일 경우에는 민사집행법 제252조 이하의 배당절차를 통하여 수령할 수 있다.[360)]

2) 저당권이 있는 채권에 대하여 추심명령까지 내려진 경우에 집행법원이 이를 알 수 있다면 추심채권자에게 배당을 하여야 한다. 이 경우 집행법원은 배당표상의 채권자 란에 당초 채권자를 기재한 다음 그 옆 괄호 안에 '추심권자 ○○○'라고 기재하고, 이유 란에 당초 채권자에 대한 배당사유(예를 들어 근저당권자)를 기재하며, 지급위탁서를 추심채권자 앞으로 작성하여 배당액을 지급한다. 만약 다른 압류·가압

357) 손진홍, 채권집행실무, 한국사법행정학회(2019), 262-263은 이 견해를 지지하고 있다.
358) 同旨: 주석 민사집행법(V)(제4판), 한국사법행정학회(2018), 533(노재호).
359) 주석 민사집행법(V)(제4판), 한국사법행정학회(2018), 533(노재호).
360) 법원실무제요, 민사집행[IV], 법원행정처(2020), 295-296.

류가 경합하는 경우에는 민사집행법 제248조에 따라 공탁을 하고 사유신고를 하여 배당절차가 개시되도록 하면 된다.[361]

라. 근저당권의 피담보채권 확정 전에 채권이 압류된 경우

1) 근저당권은 계속적인 거래관계로부터 발생하고 소멸하는 불특정 다수의 장래 채권을 결산기에 계산하여 잔존하는 채무를 일정한 한도액의 범위 내에서 담보하는 저당권이므로, 거래가 종료하기까지 채권은 계속적으로 증감 변동하는 것이다. 따라서 근저당 거래관계가 계속되고 있는 경우, 즉 근저당권의 피담보채권이 확정되기 전에 그 채권의 일부를 '양도'하거나 '대위변제'한 경우 근저당권이 양수인이나 대위변제자에게 이전할 여지가 없다.[362]

이에 따라 대법원 등기예규도 '근저당권의 피담보채권이 확정되기 전에 그 피담보채권이 양도 또는 대위변제된 경우에는 이를 원인으로 하여 근저당권이전등기를 신청할 수 없다'고 정하고 있다(등기예규 제1656호 제3조 제1항 제3호). 다만, 그 근저당권에 의하여 담보되는 피담보채권이 확정되게 되면, 그 피담보채권액이 그 근저당권의 채권최고액을 초과하지 않는 한 그 근저당권 내지 그 실행으로 인한 매각대금에 대한 권리 중 그 피담보채권액을 담보하고 남는 부분은 저당권의 일부 이전의 부기등기의 경료 여부와 관계없이 대위변제자에게 법률상 당연히 이전된다.[363]

2) 한편, 근저당권의 피담보채권이 확정되기 전이라도 그 채권을 '압류'하는 데에는 아무런 제약이 없고, 실무에서도 근저당권의 피담보채권이 확정되었는지 여부를 가리지 않고 근저당권이 있는 채권에 대한 압류를 허용하고 있음은 앞서 본 바와 같다. 이때 그 압류의 효력이 근저당권에 미치는지에 관하여는 긍정설과 부정설이 대립하는데,[364] 긍정설[365]이 타당하다.

긍정설은 다음과 같은 점들을 근거로 들고 있다. ① 근저당권이 담보할 채권의 범위에 속하는 채권은 원본 확정 전이라고 해도 근저당권이 확정되면 근저당권에 의하여 우선변제를 받을 수 있는 관계에 있어, 무담보채권(일반채권)보다도 높은 가치

---

361) 법원실무제요, 민사집행[IV], 법원행정처(2020), 296.

362) 대법원 2000. 12. 26. 선고 2000다54451 판결, 대법원 2002. 7. 26. 선고 2001다53929 판결.

363) 대법원 2002. 7. 26. 선고 2001다53929 판결.

364) 손진홍, 채권집행실무, 한국사법행정학회(2019), 252-253에는 이에 관한 일본에서의 논의가 상세히 소개되어 있다.

365) 법원실무제요, 민사집행[IV], 법원행정처(2020), 296; 주석 민사집행법(V)(제4판), 한국사법행정학회(2018), 393(노재호). 535; 손진홍, 채권집행실무, 한국사법행정학회(2019), 253-254.

를 갖고 있다. ② 부정설에 의하면 피담보채권 확정 전에는 근저당권이 가지는 담보가치에 대한 강제집행 방법이 폐쇄되고 만다. ③ 민법 제357조에 의하여 원본 확정 전에 근저당권의 수반성이 부정되는 것은 채권양도 등의 경우에 한정되고, 원본확정 전의 채권에 대하여 압류가 되어도 그것에 의하여 바로 채권의 주체에 변경이 생기는 것은 아니어서 수반성의 문제도 해결될 수 있다. ④ 부정설이 논거로 드는 '압류의 효력이 근저당권에 미친다고 해석하면 압류채권자가 근저당권을 실행하여 근저당거래를 종료시키게 되어 타당하지 않다'든가, '근저당권자의 권리 행사에 대하여 압류채권자들의 동의를 요하는 것과 마찬가지가 되어 근저당권의 성질에 반한다'는 점들은, '근저당권이 파악하는 담보가치에 대하여 강제집행을 허용하여야 한다'는 집행법상의 요청 앞에서는 부득이한 것으로 시인되어야 한다.[366]

3) 위와 같이 압류의 효력이 근저당권에 미친다고 해석할 경우 근저당권의 처분은 제한되고, 또한 압류채권자는 추심명령을 얻어 스스로 근저당권을 실행할 수도 있다. 기본계약에서 발생한 여러 채권 중 일부에 대하여만 압류 및 추심명령을 얻은 경우에도 마찬가지로 보아야 한다. 이로써 근저당권의 피담보채권은 확정된다고 봄이 타당하다.[367]

4) 근저당권의 목적 부동산이 경매된 경우 압류채권자의 경매절차상 지위는 저당권부 채권에 대한 압류의 경우와 기본적으로 동일하지만, 근저당권의 성질상, 그 배당 단계에서 압류채권자의 근저당권자에 대한 우선변제권의 행사를 어떠한 범위 또는 방법으로 인정할 것인가라는 문제가 생긴다.

가) 피담보채권이 확정될 때 압류와 관련된 근저당권부 채권을 포함한 근저당권이 담보할 채권의 합계가 채권최고액 범위 내에 있는 경우에는 압류채권자는 피압류채권의 전액을 변제받을 수 있기 때문에 별다른 문제가 없지만, 위 근저당권이 담보할 채권의 합계가 채권최고액의 범위를 초과하고 있는 경우에는 문제가 발생하게 된다.

나) 구체적인 사례를 통하여 살펴본다.

甲(압류채권자)이 900만 원의 집행채권을 가지고 乙(집행채무자 겸 근저당권자)의 丙(제3채무자 겸 소유자)에 대한 근저당권부 채권을 압류하였다. 甲은 추심명령을 얻은 후 추심권에 기하여 丙의 부동산에 대하여 경매를 신청하였다. 위 근저당권의 채권최고액은 1,000만 원인데, 그 근저당권이 담보할 채권은 A채권과 B채권 등 2개

366) 손진홍, 채권집행실무, 한국사법행정학회(2019), 253.
367) 법원실무제요, 민사집행[IV], 법원행정처(2020), 297.

였고, 甲의 압류와 관련된 피담보채권(A채권)이 1,000만 원, 다른 피담보채권(B채권)이 400만 원이어서, 그 합계가 채권최고액인 1,000만 원을 넘어서는 1,400만 원이었다. 이때 위 근저당권에 기한 배당금을 집행채권자 甲과 집행채무자(근저당권자) 乙 사이에서 어떻게 배분해야 하는지의 문제이다.

다) 이 문제에 관하여는 다음과 같은 견해들이 있다.[368]

먼저, ① 여러 개의 피담보채권 중 1개가 압류된 경우라도 이를 고려함이 없이 민법상 법정변제충당에 의하여 우선순위가 정해지게 되므로, 배당금 중 법정충당규정에 의하여 압류채권의 변제에 충당되어야 할 부분이 있는 때에는 그 금액이 압류채권자에게 배당되지만, 압류채권의 변제에 충당할 부분이 없는 때에는 압류채권자에 대하여는 배당되지 않는 것으로 된다는 견해(법정충당설)가 있다.

다음으로, ② 압류채권자와 근저당권자를 근저당권의 준공유자에 준하는 것으로 보아, 압류채권자와 근저당권의 각 채권액에 비례하여 안분해야 한다는 견해(안분설)가 있다.

마지막으로, ③ 안분비례로는 근저당권자의 의사에 의하여 피담보채권총액을 채권최고액 이상으로 증가시키는 것에 의하여 압류의 효력이 잠탈되는 결과가 되고, 압류채권자는 그 채권액 전액이 만족되지 않으면 근저당권자가 받을 배당금의 지급청구권을 압류할 수 있게 되므로, 압류채권자가 피압류채권 전액에 대하여 근저당권자보다 우선한다는 견해(압류채권자우선설)가 있다.

라) 이 경우 압류채권자와 근저당권자는 근저당권의 준공유와 유사한 관계에 있다고 볼 수 있지만, 압류채권자와 근저당권자는 채권집행상 집행채권자와 집행채무자의 관계에 있는 점, 근저당권자가 피담보채권 총액을 채권최고액 이상으로 증가시켜 압류의 효력을 잠탈하는 것을 방지할 필요가 있는 점 등을 고려하면, 근저당권의 목적부동산이 경매된 배당금을 분배할 경우에는 채권최고액의 범위 내에서 압류채권자의 우선권을 긍정하는 것이 타당하다.[369]

따라서 위 사례에서 위 근저당권의 피담보채권액이 채권최고액인 1,000만 원을 넘더라도 위 근저당권에 대하여 배당되는 배당액은 채권최고액을 기준으로 한 1,000만 원일 것인데, 압류채권자인 甲의 집행채권이 900만 원이므로 위 배당액 중 900만

368) 주로 일본에서의 논의로 손진홍, 채권집행실무, 한국사법행정학회(2019), 264에 소개되어 있다.
369) 주석 민사집행법(V)(제4판), 한국사법행정학회(2018), 536(노재호); 손진홍, 채권집행실무, 한국사법행정학회(2019), 264; 손흥수, 민사집행실무총서(II) 채권집행, 한국사법행정학회(2017), 292.

원을 甲에게 지급하고(압류채권자우선설), 나머지 100만 원을 집행채무자인 乙에게 지급하여야 한다. 만일 이 경우 甲의 압류채권이 위 배당액인 1,000만 원이거나 이를 넘어선다면, 위 배당액 1,000만 원은 甲에게 우선하여 지급되어야 할 것이다.[370)]

6. 저당권 이외의 담보권이 있는 채권의 압류

가. 전세권이 있는 채권

전세권이 존속기간의 만료나 합의해지 등으로 종료하면 전세권의 용익물권적 권능은 소멸하고 단지 전세금반환채권을 담보하는 담보물권적 권능의 범위 내에서 전세금의 반환 시까지 그 전세권설정등기의 효력이 존속하므로,[371)] 저당권이 있는 채권의 압류에 관한 설명은 전세금반환채권의 압류에 그대로 적용된다.[372)]

나. 유치권이나 선박우선특권 등이 있는 채권

1) 유치권이나 선박우선특권 등의 담보권이 있는 채권을 압류한 경우에도 이러한 담보권에 압류의 효력이 미치므로 압류채권자가 추심권을 얻으면 담보권을 행사할 수 있다.

2) 유치권의 행사에는 목적물의 점유가 필수적이므로, 채권자는 압류단계에서 채무자로 하여금 채권자가 위임하는 집행관에게 목적물을 인도하도록 하는 명령을 구할 수 있다.[373)]

3) 유치권자인 채무자가 유치권 행사 과정에서 경매절차의 매수인인 제3채무자로부터 피담보채권(가령 도급인에 대한 공사대금채권)을 변제받을 수 있다 하더라도, 이는 유치권에 의한 목적물의 유치 및 인도 거절 권능에서 비롯된 것에 불과하므로, 이러한 변제에 관한 채무자의 권한은 유치권 내지는 그 피담보채권과 분리하여 독립적으로 처분하거나 환가할 수 없는 것으로서, 결국 압류할 수 없는 성질의 것이다. 따라서 법원은 이에 대한 압류 및 추심명령 신청을 각하하여야 한다.[374)]

---

370) 손진홍, 채권집행실무, 한국사법행정학회(2019), 264-265.
371) 대법원 2005. 3. 25. 선고 2003다35659 판결, 대법원 2015. 11. 17. 선고 2014다10694 판결.
372) 법원실무제요, 민사집행[IV], 법원행정처(2020), 297.
373) 법원실무제요, 민사집행[IV], 법원행정처(2020), 297.
374) 대법원 2014. 12. 30.자 2014마1407 결정.

다. 질권이 있는 채권

1) 저당권이 아닌 등록된 질권이 있는 채권의 압류도 위 설명에 준하여 취급하여야 한다. 예를 들어 저작재산권과 배타적 발행권, 출판권을 목적으로 하는 질권(저작권법 제54조 제3호), 특허권·실용신안권·디자인권·상표권과 각 그 전용실시권 또는 통상실시권을 목적으로 하는 질권(특허법 제85조 제1항 제3호, 실용신안법 제20조, 디자인보호법 제88조 제1항 제3호, 상표법 제80조 제1항 제3호) 등이다. 이와 같은 질권이 있는 채권의 압류기입등록의 촉탁은 저작재산권 및 출판권의 경우에는 한국저작권위원회[375](저작권법 시행령 제25조, 제26조), 나머지 권리의 경우에는 특허청장[특허권 등의 등록령(대통령령) 제17조 등]에게 한다. 이러한 재산권에 대한 질권의 실행은 민사집행법 제273조에 의한다.

2) 동산질권이 있는 채권을 압류한 경우에는 법률에 명문의 규정은 없으나, 채권자가 구체적으로 질물을 밝힌 압류명령에 기초하여 집행관에게 채무자가 소지하는 질물의 인도를 구할 수 있다고 해석된다. 그리하여 압류채권자가 추심권을 취득하면 민사집행법 제271조의 규정에 의하여 경매를 실시할 수 있다.[376]

3) 채권질권이 있는 채권을 압류한 경우에도 직접적인 규정은 없으나, 민사집행법 제228조를 준용하여 채권자의 신청에 따라 질권의 목적인 채권의 채무자에게 압류명령을 송달하고 압류채권자가 추심권을 취득하면 민사집행법 제273조의 규정에 의하여 질권을 실행할 수 있다고 해석된다.[377]

라. 동산담보권이 있는 채권의 압류

동산담보권부 채권의 압류에 따른 부기등기는, 현행 동산담보제도의 등기편제가 인적편성주의를 채택하고 있어서 동산 자체의 압류사실을 공시할 실익이 크지 않을 수 있지만, 이에 관한 등기시스템은 갖추어져 있다.[378]

마. 관련 문제: 가압류의 집행이 된 채권의 압류

가압류는 담보권이 아니라 보전처분에 불과하므로, 가압류의 집행이 된 채권을

375) 저작권법 시행령 제26조 제1항이 2020. 8. 4. 개정되기 전까지는 등록신청서를 '문화체육관광부장관'에게 제출하는 것으로 규정되어 있었으나, 2020. 8. 4. 개정되면서 등록신청서를 '위원회'에 제출하는 것으로 개정되었다.

376) 법원실무제요, 민사집행[IV], 법원행정처(2020), 298.

377) 법원실무제요, 민사집행[IV], 법원행정처(2020), 298.

378) 법원실무제요, 민사집행[IV], 법원행정처(2020), 298.

압류하는 경우에는 민사집행법 제228조가 유추적용되지 않는다. 현행 부동산등기법상 가압류등기에 대하여 부기등기를 할 수 있는 방법도 없다. 대신 가압류의 집행이 된 채권에 대하여 압류 및 추심·전부명령을 받은 채권자는 압류한 채권에 대하여 권리를 행사할 때 승계집행문을 부여받는 등 다른 조치 없이도 가압류에 의한 보전의 이익을 자신을 위하여 주장할 수 있다.[379)]

7. 압류기입등기의 말소

가. 말소의 촉탁

1) 민사집행법 제228조에 따른 압류기입등기가 된 후에 압류된 채권이 변제 또는 공탁에 의하여 소멸되었음을 증명하는 문서가 제출된 때에는 법원사무관등은 신청에 따라 그 등기의 말소를 촉탁하여야 한다(민사집행규칙 제167조 제4항 전문). 이는 저당권이 있는 채권이 압류된 경우에 압류채권자가 추심명령을 얻어 제3채무자로부터 압류한 채권을 변제받거나 제3채무자가 민사집행법 제248조에 따라 공탁을 하여 압류된 채권이 소멸한 경우에 그러한 사실을 증명하는 문서(추심채권자의 추심신고서, 공탁서 또는 제3채무자의 공탁서 등)가 제출되면 법원사무관등이 신청에 따라 그 압류기입등기의 말소를 촉탁하여야 함을 규정한 것이다. 압류된 채권이 소멸시효의 완성과 같이 그 밖의 사유로 소멸한 경우에는 위 규정이 적용되지 않는다. 이와 같은 실체상 사유는 법원사무관등의 심사 한계를 넘기 때문이다. 같은 취지에서 제3채무자가 압류된 채권 중 일부는 공제로 소멸하였음을 전제로 그 나머지만 집행공탁을 한 경우에는, 공제의 정당성 여부를 집행공탁 관련 문서만으로 용이하게 확정할 수 없으므로 법원사무관등의 촉탁에 의한 말소는 허용되지 않는다고 보아야 한다.[380)]

민사집행규칙 제167조 제4항 전문에 따른 촉탁비용은 채무자(저당권자)가 부담한다(민사집행규칙 제167조 제5항).

촉탁에 의하여 등기가 된 경우에는 그 말소등기도 촉탁에 의하여야 하고[381)], 압류된 채권이 변제 또는 공탁에 의하여 소멸하였음을 증명할 수 있는 경우에는 촉탁

379) 대법원 1993. 7. 13. 선고 92다33251 판결 참조.

380) 법원실무제요, 민사집행[IV], 법원행정처(2020), 299.

381) 대법원 2002. 4. 12. 선고 2001다84367 판결(당사자가 신청할 수 없는 가압류의 기입등기가 법원의 촉탁에 의하여 말소된 경우에는 그 회복등기도 법원의 촉탁에 의하여 행하여져야 한다) 및 대법원 2019. 5. 16. 선고 2015다253573 판결(당사자가 신청할 수 없는 강제경매개시결정 기입등기가 법원의 촉탁에 의하여 말소된 경우에는 그 회복등기도 법원의 촉탁에 의하여 행하여져야 한다) 참조.

에 의하여 압류기입등기를 말소할 수 있는 간편한 절차가 마련되어 있으므로, 압류채권자를 상대로 압류기입등기 말소등기를 소로써 구하는 것은 소의 이익이 없다.[382)]

2) 압류명령이 취하되거나 즉시항고 또는 청구이의의 소 등에서 압류명령의 취소결정이 확정된 때에도 같은 방법으로 압류기입등기를 말소한다(민사집행규칙 제167조 제4항 후문). 예컨대 저당권이 있는 채권에 관하여 압류명령이 내려져 저당권에 대하여 압류기입등기가 되었는데 그 후 집행권원이 된 판결이 상소에 의하여 취소되고 그 서류가 집행법원에 제출되어 압류명령이 취소된 경우(민사집행법 제50조 제1항, 제49조 제1호)에, 압류기입등기의 말소는 법원사무관등의 촉탁에 의한다. 민사집행규칙 제167조 제4항 후문의 경우 촉탁비용은 압류채권자가 부담한다(민사집행규칙 제167조 제5항).

3) 민사집행규칙 제167조 제4항의 전문과 후문의 각 경우에 촉탁의 신청권자는 채무자(저당권자)와 압류채권자이다. 저당권설정자 또는 소유자도 압류채권자에 의하여 저당권을 실행당할 우려가 있고, 압류된 채권이 변제 또는 공탁에 따라 소멸된 경우에는 실체법상 저당권이 소멸되는데 이 경우 저당권설정등기를 말소하려면 압류기입등기의 말소가 선행되어야 한다는 점 등을 들어, 담보권설정자나 소유자도 말소촉탁을 신청할 수 있다는 견해도 있다.[383)]

4) 저당권이 있는 채권에 관하여 전부명령이나 양도명령(민사집행법 제241조 제1항 제1호)이 확정된 때 또는 매각명령(민사집행법 제241조 제1항 제2호)에 따른 매각이 종료된 때에는 법원사무관등은 신청에 의하여 채권을 취득한 채권자 또는 매수인의 저당권이전등기와 아울러 압류기입등기의 말소를 촉탁하여야 하고, 말소촉탁을 함에는 전부명령이나 양도명령의 정본 또는 매각조서의 등본을 붙인 서면으로 하여야 한다(민사집행규칙 제167조 제2항). 그리고 그 촉탁에 관한 비용은 채권을 취득한 채권자 또는 매수인이 부담하여야 한다(민사집행규칙 제167조 제3항).

이 촉탁신청은 채권을 취득한 채권자 또는 매수인이 하여야 한다. 이러한 사람의 일반승계인도 신청을 할 수 있는 반면, 이들로부터 그 채권을 양수받은 사람에게

382) 대법원 1999. 7. 9. 선고 99다17272 판결[경락대금을 완납한 경락인은 구 민사소송법(2002. 1. 26. 법률 제6626호로 전부개정되기 전의 것) 제661조 제1항(現 민사집행법 제144조 제1항과 그 내용이 같다)의 규정에 의하여 경매법원이 경락된 부동산에 대하여 경락인 앞으로의 소유권이전등기를 촉탁함으로써 소유권이전등기를 경료받을 수 있으므로, 굳이 종전 소유자 등을 상대로 경락을 원인으로 한 소유권이전등기절차를 이행할 것을 소구할 이익이 없다] 참조.

383) 박준의, 신채권집행실무, 유로(2015), 466은 제3채무자인 소유자는 말소촉탁을 신청할 수 있다는 견해로 보인다.

는 신청권이 인정되지 않는다. 집행절차에서 채권을 취득한 사람의 권리실현을 위하여 간이한 절차를 정한 취지에 어긋나기 때문이다.[384)]

5) 저당권이 있는 채권에 관하여 추심명령이 있어 추심채권자가 저당권을 실행하여 매각절차가 종료한 때에는 압류기입등기는 법원사무관등의 촉탁에 의하여 말소된다(민사집행규칙 제167조 제4항 참조). 저당권이 실행되지 않고도 추심이 완료되어 추심신고가 있으면 법원사무관등은 직권으로 말소촉탁을 하여야 한다.[385)]

나. 목적부동산의 소유자의 구제수단

압류기입등기가 기재될 부동산이 아닌 부동산에 잘못 기재되었음을 주장하는 목적 부동산의 소유자는 그가 제3채무자이든 그 밖의 제3자이든 불문하고 제3자이의의 소에 의하여 압류기입등기의 말소를 청구할 수 있다. 압류된 채권이나 저당권이 집행채무자에게 속하는 것이 아니라고 주장하는 제3자도 마찬가지로 제3자이의의 소를 제기하여야 한다. 집행법원은 실체관계를 판단할 권한이 없으므로 집행에 관한 이의(민사집행법 제16조)로 다툴 것은 아니다. 다만 압류된 채권과 등기부상 저당권의 피담보채권이 분명하게 일치하지 않는다는 것을 이유로 할 때에는 민사집행법 제23조 제1항이 준용하는 민사소송법 제223조에 따라 법원사무관등의 처분에 대한 이의를 집행법원에 신청할 수 있다.[386)]

한편, 만일 (근)저당권의 피담보채권이 존재하지 않는다면 그 (근)저당권이 있는 채권에 대한 압류명령은 무효이고, 소유자가 (근)저당권자를 상대로 저당권설정등기의 말소를 청구하여 (근)저당권을 말소하는 경우에 압류권자는 등기상 이해관계 있는 제3자로서 (근)저당권의 말소에 대한 승낙의 의사표시를 하여야 할 의무가 있다.[387)]

Ⅵ. 지시채권의 압류

1. 개설

1) 증권적 채권이란 채권의 성립, 존속, 양도, 행사, 변제 등이 원칙적으로 증권

384) 주석 민사집행법(V)(제4판), 한국사법행정학회(2018), 541(노재호).
385) 법원실무제요, 민사집행[IV], 법원행정처(2020), 300-301.
386) 법원실무제요, 민사집행[IV], 법원행정처(2020), 301.
387) 대법원 2004. 5. 28. 선고 2003다70041 판결, 대법원 2009. 12. 24. 선고 2009다72070 판결, 대법원 2011. 4. 28. 선고 2010다107408 판결.

에 의하여 행하여져야 하는 증권화한 채권을 말한다. 이는 채권자를 결정하는 방법에 따라 지시채권(민법 제508조 이하), 무기명채권(민법 제523조 이하), 지명소지인출급 채권(민법 제525조)으로 나뉜다. 그중 증권에 권리자로 지정되어 있는 특정인 또는 그가 지정한 자에게 권리의 행사를 인정하는 것을 지시채권이라 하고, 이러한 증권을 지시증권이라 한다. 상사법상 전형적인 유가증권인 어음(어음법 제11조 제1항), 수표(수표법 제14조 제1항), 화물상환증(상법 제130조), 창고증권(상법 제157조, 제130조), 선하증권(상법 제861조, 제130조) 등이 이에 해당한다. 지시채권의 양도는 그 증서에 배서하여 양수인에게 교부하는 방식으로 하여야 하지만(민법 제508조), 당사자가 증권에 배서금지문구를 기재한 때에는 비록 법률상 당연한 지시증권이라도 배서에 의하여 양도할 수 없다(어음법 제11조 제2항, 수표법 제14조 제2항, 상법 제130조 단서).

2) 어음·수표 그 밖에 배서로 이전할 수 있는 증권으로서 배서가 금지된 증권채권의 압류는 법원의 압류명령으로 집행관이 그 증권을 점유하여야 한다(민사집행법 제233조). 이 규정은, 민사집행법 제189조 제2항 제3호가 '유가증권으로서 배서가 금지되지 않은 것'은 유체동산으로 보고 그에 대한 강제집행을 유체동산 강제집행절차에 따르도록 규정하고 있는 것에 대응하여, 채권집행의 대상이 되는 유가증권을 '배서가 금지된 증권채권'으로 한정하고, 이러한 유가증권을 압류하기 위해서는 '집행관의 점유' 외에 '법원의 압류명령'이 필요한 것으로 한 데 의미가 있다. 배서가 금지된 지시채권은 배서에 의한 양도는 허용되지 않고, 지명채권양도의 방식과 효과에 따라서만 양도할 수 있는 한편, 권리의 이전과 행사에 증권의 점유가 요구되므로,[388] 일반적인 채권집행과 마찬가지로 집행법원의 압류명령에 따라 강제집행이 개시되도록 하면서도 압류의 효력발생요건으로 '집행관의 증권 점유'를 추가로 요구한 것이다.[389]

3) 건설공제조합의 조합원에게 발행된 출자증권은 위 조합에 대한 출자지분을 표창하는 유가증권으로서,[390] 위 출자증권에 대한 압류는 민사집행법 제233조에 따른 지시채권 압류의 방법으로 하고, 법원의 압류명령으로 집행관이 출자증권을 점유

388) 대법원 1989. 10. 24. 선고 88다카20774 판결[배서금지의 문언을 기재한 약속어음은 양도성 자체까지 없어지는 것이 아니고, 지명채권의 양도에 관한 방식에 따라서, 그리고 그 효력으로써 이를 양도할 수 있는 것인데 이 경우에는 민법 제450조의 대항요건(통지 또는 승낙)을 구비하는 외에 약속어음을 인도(교부)하여야 하고, 지급을 위하여서는 어음을 제시하여야 하며, 또 어음금을 지급할 때에는 이를 환수하게 되는 것이다] 참조.

389) 법원실무제요, 민사집행[IV], 법원행정처(2020), 302.

390) 대법원 1987. 1. 20. 선고 86다카1456 판결.

하여야 한다(건설산업기본법 제59조 제4항).[391)]

그 밖에 소프트웨어 진흥법 제67조 제5항, 전기공사공제조합법 제11조 제4항, 정보통신공사업법 제48조 제4항, 산업발전법 제42조 제4항, 소방산업의 진흥에 관한 법률 제29조 제5항, 콘텐츠산업 진흥법 제20조의8도, 모두 해당 법률에 의한 공제조합의 조합원 지분에 관하여 위 건설산업기본법 제59조 제4항과 유사하게 규정하고 있다.

그러나 출자지분이 아닌, 공제조합이 채무자의 출자지분을 취득한 경우의 청산금 청구권 또는 정산금 청구권(건설산업기본법 제60조 제5항, 전기공사공제조합법 제12조 제4항 등)에 대한 집행은 일반 금전채권에 대한 집행방법으로 하여야 한다.[392)]

2. 압류명령

배서가 금지된 지시채권에 대한 강제집행은 일반적인 채권집행과 마찬가지로 집행법원의 압류명령에 의하여 개시한다(민사집행법 제223조, 제233조).

증권채권에 대한 압류명령에는 '채무자의 제3채무자에 대한 별지 목록 기재의 약속어음에 기초한 채권(또는 화물상환증에 기초한 별지 기재의 유체동산 인도청구권)을 압류한다'고 적고, 집행관이 그 증권을 점유하게 되므로 압류명령에 지급금지문구나 처분금지문구를 적을 필요는 없으나, 적더라도 무방하다. 또한, 압류명령만 가지고도 집행관이 증권을 점유할 수 있으므로 구태여 압류명령에 증권의 점유명령을 적을 필요도 없지만, 적더라도 무방하다. 그 기재방식은 '채권자의 위임을 받은 집행관은 채무자로부터 위 약속어음을 빼앗아 점유하여야 한다'는 것이 된다.[393)]

지시채권은 그 성질상 불가분채권이므로 그 채권의 일부만을 압류할 수는 없다.[394)]

위 압류명령을 송달함에는 통상 채권자의 신청에 의하여 집행관이 증권의 점유를 취득함과 동시에 직접 채무자에게 압류명령을 송달하게 함으로써, 압류명령을 미리 송달하는 경우에 채무자가 집행을 방해하는 것을 막을 수 있다.[395)]

391) 대법원 2017. 4. 7. 선고 2016다35451 판결.

392) 법원실무제요, 민사집행[IV], 법원행정처(2020), 302-303; 주석 민사집행법(V)(제4판), 한국사법행정학회(2018), 651(노재호).

393) 법원실무제요, 민사집행[IV], 법원행정처(2020), 303.

394) 법원실무제요, 민사집행[IV], 법원행정처(2020), 303.

395) 법원실무제요, 민사집행[IV], 법원행정처(2020), 303.

3. 집행관의 증권 점유

1) 민사집행법 제233조는 배서가 금지된 지시채권의 압류에 관하여 일반적인 채권압류와 달리 집행관이 그 증권을 점유하여 한다고 규정하고 있다. 지시채권은 증권적 채권으로서 권리의 행사와 이전에 증권의 점유가 필요하므로, 집행채무자(지시채권의 채권자)의 처분과 변제수령을 제한하기 위해서는 증권의 점유를 빼앗는 것이 가장 효과적이기 때문이다.

채권자는 위 압류명령에 기초하여 집행관에게 증권의 압류집행을 위임하고, 위임을 받은 집행관은 민사집행법 제257조의 동산인도청구권 집행에 준하여 집행채무자가 점유하는 증권을 빼앗아 점유한다. 이러한 집행관의 증권 점유는 압류의 효력발생요건으로서, 집행관의 증권 점유가 없으면 압류명령의 송달만으로는 법률상 아무런 효력이 없다.[396]

중복압류의 경우에는 후행 압류채권자도 선행 압류채권자와 별도로 집행관에게 위임하여 증권을 점유하여야 압류의 효력이 발생한다고 보아야 한다. 먼저 다른 채권자가 증권을 집행관을 통하여 점유하고 있었다고 하더라도 그 점유가 뒤에 압류명령을 받은 채권자를 위한 점유의 의미까지 지니고 있다고 볼 수는 없기 때문이다.[397]

2) 채무자가 아닌 제3자가 증권을 점유하고 있는 경우에 그 제3자가 제출을 거부하는 때에는 위 방법에 의할 수 없고, 채무자의 제3자에 대한 증권인도청구권에 대하여 강제집행(민사집행법 제259조)을 하여야 한다.

채권자는 채무자가 제3자에 대하여 가지는 유체동산인 증권의 인도청구권을 압류하는 방법으로 압류집행을 할 수 있다(민사집행법 제242조, 제243조).[398] 가령, 건설공제조합의 조합원에게 발행된 출자증권을 채무자가 아닌 제3자가 점유하고 있는 경우에는 채권자는 채무자가 제3자에 대하여 가지는 유체동산인 출자증권의 인도청구권을 압류하는 방법으로 압류집행을 할 수 있다. 이 경우 유체동산 인도청구권의 압류는 원칙적으로 금전채권의 압류에 준해서 집행법원의 압류명령과 그 송달로써 하는 것이므로(민사집행법 제223조, 제227조, 제242조, 제243조), 압류명령이 제3채무자(증권을 점유하고 있는 제3자)에게 송달됨으로써 유체동산의 인도청구권 자체에 대한 압류집행은 끝나고 그 효력이 생긴다. 즉, 이러한 경우에는 집행관의 증권 점유

396) 대법원 1988. 6. 14. 선고 87다카2599, 2600 판결 참조.

397) 주석 민사집행법(V)(제4판), 한국사법행정학회(2018), 652(노재호).

398) 대법원 2017. 4. 7. 선고 2016다35451 판결 참조.

가 압류의 효력발생요건이 아니다. 따라서 채무자가 건설공제조합에 대하여 가지는 출자증권의 인도청구권을 (가)압류한 경우에는 법원의 (가)압류명령이 제3채무자인 건설공제조합에 송달되면 (가)압류의 효력이 생기고, 이 경우 (가)압류로 인한 소멸시효 중단의 효력은 (가)압류 신청 시에 소급하여 생긴다.[399)]

3) 집행관이 점유를 취득할 당시 채무자가 증권을 점유하고 있는 경우에는 집행관 스스로가 계속 점유하여야 하고, 채무자로 하여금 보관하도록 하여서는 안 된다. 그러한 방법은 지시증권의 성질상 압류의 실효를 거두기 어렵기 때문이다.[400)]

4) 증권의 점유를 취득한 집행관은 집행조서를 작성하여 그 등본을 집행법원에 제출하여야 한다.

집행관은 점유한 증권을 채권자가 추심명령이나 전부명령을 받아 그 인도를 요구할 때까지 그대로 보관하고, 보관 중 지급기일이 도래하였을 경우에는 지급제시나 거절증서의 작성 등 권리보전을 위하여 필요한 조치를 취하여야 한다.

집행관은 증권을 보관하던 중 지급제시를 하여 증권상의 채무자가 지급하는 어음금 등을 수령할 수 있다. 집행관이 어음금 등을 수령한 때에는 이를 집행법원에 제출하여야 하고, 이는 법원보관금이 된다.[401)]

4. 압류의 효과

1) 화물상환증이나 창고증권 또는 선하증권 등 특정물의 인도의무를 표창하는 이른바 인도증권만을 압류한 경우에 그 압류의 효력은 인도의 목적물에 미치지 않고, 추심채권자의 위임에 따라 집행관이 민사집행법 243조에 의하여 그 목적물을 인도받은 때에 비로소 압류의 효력이 그 물건에 미친다.[402)]

반면 위 증권 자체를 압류하지 않고 인도의 목적물만을 압류할 수도 있다고 하나, 그러한 경우에는 목적물 등의 보관자가 증권과 상환으로만 인도하겠다는 항변을 할 수 있으므로 목적물만의 압류는 실효성이 없게 될 경우가 대부분이다.[403)]

2) 어음·수표채권을 압류하더라도 원인채권에까지 압류의 효력이 미치는 것은 아니다. 따라서 원인채권까지 압류하려면 별도의 압류절차를 거쳐야 한다. 또한, 원

399) 대법원 2017. 4. 7. 선고 2016다35451 판결 참조.
400) 법원실무제요, 민사집행[IV], 법원행정처(2020), 304.
401) 법원실무제요, 민사집행[IV], 법원행정처(2020), 304-305.
402) 법원실무제요, 민사집행[IV], 법원행정처(2020), 305.
403) 법원실무제요, 민사집행[IV], 법원행정처(2020), 305.

인채권만이 압류된 경우에는 그 압류의 효력은 증권채권에 미치지 않는다.[404)]

원인채권과는 별도로 어음·수표채권만이 압류된 경우 제3채무자는 집행채무자의 원인채권 청구에 대하여 어음·수표와 동시이행의 항변을 주장할 수 있고, 또 제3채무자가 어음·수표채권을 전부받은 채권자에게 지급하면 이로써 채무자에게 대항할 수 있다. 그러나 집행채무자에 대한 원인채권의 지급으로는 어음·수표채권의 압류채권자에게 대항할 수 없다고 본다.[405)] 이는 설령 원인채권이 제3자에게 양도된다 하더라도 마찬가지이므로, 어음·수표의 압류 이외에 원인채권까지 압류할 필요는 거의 없을 것이다.[406)]

5. 지시채권의 현금화절차

가. 개관

법원의 압류명령에 의하여 집행관이 증권의 점유를 취득한 지시채권에 대하여는 다른 채권과 마찬가지로 추심명령, 전부명령이나 특별한 현금화방법(민사집행법 제241조)에 의하여 현금화가 가능하다.

압류의 대상인 지시채권이 배서가 금지된 어음·수표 등에 표창된 금전채권인 경우에 압류채권자는 금전채권에 대한 집행의 일반원칙에 따라 추심명령 또는 전부명령을 받아 그 정본을 증권을 점유하는 집행관에게 제시하면 집행관은 그 채권자에게 증권을 교부하여야 하고, 증권을 교부받은 채권자는 스스로 증권상 권리를 행사하여 채권의 만족을 얻게 된다. 이 경우 전부채권자는 증권상 권리자의 지위에, 추심채권자는 집행채무자의 추심권을 대행하는 자의 지위에 서게 됨은 보통의 금전채권의 집행의 경우와 같다. 물건의 인도를 목적으로 하는 채권인 경우에는 유체동산 인도청구권에 대한 집행방법에 의한다.[407)]

채권자는 압류의 효력발생 후에 현금화절차를 신청할 수 있으나, 이때에는 압류의 효력발생요건인 집행관의 증권 점유 사실을 증명하여야 한다. 이를 위해서는 보통 집행관의 압류조서 등본을 신청서에 첨부한다.[408)]

집행관이 증권을 점유하지 않은 채로 내려진 현금화명령은 무효이므로,[409)] 압류

404) 법원실무제요, 민사집행[IV], 법원행정처(2020), 305.
405) 법원실무제요, 민사집행[IV], 법원행정처(2020), 305.
406) 주석 민사집행법(V)(제4판), 한국사법행정학회(2018), 653(노재호).
407) 법원실무제요, 민사집행[IV], 법원행정처(2020), 306.
408) 법원실무제요, 민사집행[IV], 법원행정처(2020), 306.

명령과 현금화명령을 동시에 할 수는 없다. 집행관이 증권을 점유하지 않은 채로 발령된 현금화명령이 제3채무자에게 송달되기 전에 집행관이 증권을 점유한 때에는 그 현금화명령은 유효하게 된다는 견해가 있으나,[410] 이는 처음에 무효였던 현금화명령이 소급하여 유효로 된다는 것이어서 받아들일 수 없다.[411]

채권자는 현금화명령에 기초하여 집행관으로부터 증권을 교부받아 현금화명령에 따른 권리를 행사할 수 있다.[412]

이하에서는 압류의 대상이 배서가 금지된 어음·수표 등에 표창된 금전채권인 경우를 중심으로 구체적인 현금화방법 중 특유한 사항에 관하여 살펴본다.

나. 추심명령

추심명령의 제3채무자로 기재되지 않은 어음·수표 등의 지급의무자에 대하여는 추심명령의 효력이 미치지 않으므로, 합동채무를 부담하는 여러 명의 지급의무자가 있는 때에는 그들 전부에 대하여 추심명령을 받을 수 있지만, 반드시 동시에 받을 필요는 없다.[413]

인수되지 않은 환어음이나 수표의 지급인은 어음·수표상의 채무를 부담하는 것이 아니므로 그들을 제3채무자로 하는 추심명령이 가능한지 문제가 있으나, 그러한 지급인에 대한 추심명령을 인정한다고 하더라도 지급인에 대하여 특별히 불리한 결과를 가져오는 것은 아닐 뿐만 아니라, 발행인에 대한 추심명령을 받은 채권자가 지급인에게 지급제시를 할 수 있기 위해서는 이러한 지급인에 대한 추심명령이 필요하므로 허용해도 무방할 것이다.[414]

복수의 채권자를 위하여 여러 개의 추심명령이 내려진 경우라도 집행관은 최초에 추심명령 정본을 제출하는 채권자에게 증권을 교부하면 된다.[415] 다만 추심명령을 얻어 증권을 교부받은 채권자가 그 추심을 게을리할 때에는 다른 집행력 있는 정

---

409) 대법원 1976. 3. 23. 선고 76다198 판결, 대법원 1997. 11. 14. 선고 97다38145 판결 참조.

410) 오상현, "유가증권에 대한 강제집행", 저스티스 제97호, 한국법학원(2007. 4.), 103; 법원실무제요, 민사집행[Ⅲ], 법원행정처(2014), 361-362.

411) 同旨: 손흥수, 민사집행실무총서(II) 채권집행, 한국사법행정학회(2017), 330.

412) 법원실무제요, 민사집행[IV], 법원행정처(2020), 306.

413) 법원실무제요, 민사집행[IV], 법원행정처(2020), 306.

414) 법원실무제요, 민사집행[IV], 법원행정처(2020), 306-307; 손흥수, 민사집행실무총서(II) 채권집행, 한국사법행정학회(2017), 305; 주석 민사집행법(V)(제4판), 한국사법행정학회(2018), 654-655(노재호).

415) 법원실무제요, 민사집행[IV], 법원행정처(2020), 307.

본에 의하여 배당을 요구한 채권자는 일정한 기간 내에 추심하도록 최고를 하고, 그에 응하지 않으면 집행법원의 허가를 얻어 직접 추심할 수 있다(민사집행법 제250조).

다. 전부명령

1) 다음과 같은 경우에는 전부명령이 허용되지 않는다.[416)]

가) 어음·수표채권의 일부에 대한 전부명령은 일부의 배서가 무효인 것(어음법 제12조 제2항, 수표법 제15조 제2항)과의 관계상 허용되지 않는다. 따라서 집행채권의 액수가 어음·수표채권의 액면금액보다 적은 경우에는 어음·수표채권 전체에 대하여 추심명령이나 특별현금화명령을 얻어야 한다.

나) 합동채무를 부담하는 여러 명을 상대로 하는 전부명령은 그 여러 명에 대하여 동시에 전부명령을 신청할 때에는 허용되지만, 그 중 일부에 대하여 이미 전부명령을 받은 때에는 집행채권은 소멸하므로 새로운 전부명령은 허용되지 않는다.

다) 인수되지 않은 환어음이나 수표의 지급인을 상대로 하는 전부명령은 추심명령과는 달리 허용되지 않는다.

라) 압류의 대상인 지시채권이 배서가 금지된 화물상환증, 창고증권, 선하증권 등 인도증권에 표창된 목적물 인도청구권인 경우에는 민사집행법 제245조의 취지에 따라 전부명령은 허용되지 않는다. 이 경우에 종국적인 만족은 목적물을 집행관이 제3채무자로부터 인도받아 유체동산의 현금화방법에 따라서 현금화하고 그 매각대금을 집행법원에 제출하여 배당하도록 하는 민사집행법 제243조의 방법에 의할 수밖에 없기 때문에, 집행관이 증권을 점유하여 채권압류의 효력이 발생한 이후에는 유체동산 인도청구권에 대한 강제집행절차에 따라 절차가 진행되게 된다.

2) 지시채권에 대한 전부명령의 효력발생시기에 관하여는 ① 채권자가 전부명령 정본에 기초하여 집행관으로부터 증권을 교부받은 때라고 하는 견해[417)]와, ② 그 효력발생시기는 다른 전부명령과 다를 것이 없고, 증권을 채권자에게 인도하는 것은 채권을 행사하는 자격의 문제에 불과하다는 견해[418)]가 대립한다. 민사집행법 제233조는 지시채권의 '압류'에 한하여 증권의 점유를 요구하고 있을 뿐이므로 후자의 견해가 타당하다.[419)]

---

416) 법원실무제요, 민사집행[IV], 법원행정처(2020), 307.

417) 임순명, "어음·수표에 대한 집행", 재판자료 제31권, 법원도서관(1986), 659-660.

418) 사법보좌관실무편람(II)-채권집행 및 배당절차-, 법원행정처(2015), 153.

419) 同旨: 주석 민사집행법(V)(제4판), 한국사법행정학회(2018), 656(노재호).

3) 전부명령에 의한 지시채권의 이전은 민법상 지명채권의 양도와 동일한 효력밖에 없으므로, 배서에 의한 이전처럼 인적 항변의 절단과 같은 효과는 생기지 않고, 집행채무자가 채권자에 대하여 상환의무를 부담하지도 않는다. 그리고 채권자가 전부받은 채권을 제3자에게 배서양도하는 것은 허용되지 않고, 지명채권양도의 방법에 의할 수밖에 없다.[420]

라. 특별현금화명령

지시채권에 관하여 특별현금화명령(민사집행법 제241조)을 허용할 수 있는 경우란 흔하지 않으나, 어음의 만기가 이례적으로 장기간 이후이거나, 제3채무자가 집행채무자에 대하여 반대급부의 인적 항변으로 대항할 수 있는 경우 또는 어음·수표금액이 집행채권액을 초과하는 경우 등에는 특별현금화명령에 의하여 현금화할 수 있을 것이다.[421]

이러한 특별현금화명령에 의한 양수인의 지위는 전부명령을 얻은 채권자의 지위와 같다고 볼 수 있다.

6. 전자어음에 대한 강제집행

전자어음은 실물이 존재하지 않기 때문에 배서가 금지되지 않은 것이라도 이를 유체동산으로 볼 수는 없어 유체동산의 강제집행 방법에 의할 수 없다. 또한, 민사집행법 제233조에서 압류의 효력발생요건으로 정한 집행관의 증권 점유도 불가능하기 때문에 같은 조를 적용하기도 어렵다. 그런데도 전자어음법은 전자어음에 대한 강제집행 방법을 별도로 규정하지 않아 그 집행방법에 관하여 해석에 의하여 정할 수밖에 없는 실정이다(근본적으로는 입법적 해결이 필요하다).

전자어음상 권리는 금전채권에 해당하므로 배서금지 유무와 상관없이 그것에 대한 강제집행은 민사집행법 제223조에 따라 집행법원의 압류명령에 의하여 개시한다고 보아야 한다. 그리고 민사집행법 제233조가 지시채권에 대한 압류에 관하여 법원의 압류명령 외에 그 효력발생요건으로 집행관의 증권 점유를 요구한 이유는, 그 권리의 행사와 이전에 증권의 점유가 필요하므로 채무자의 처분과 변제수령을 제한하기 위해서는 증권의 점유를 빼앗는 것이 가장 효과적이라는 데 있음을 고려하면, 전

420) 법원실무제요, 민사집행[IV], 법원행정처(2020), 308.
421) 법원실무제요, 민사집행[IV], 법원행정처(2020), 308.

자어음에 대한 압류의 경우에도 집행관의 증권 점유와 같은 효과를 달성할 수 있는 조치가 필요할 것이고, 그 조치로서 전자어음관리기관(사단법인 금융결제원)으로 하여금 채무자가 해당 전자어음에 관하여 전자적인 방식으로 어음행위를 하지 못하도록 압류명령의 주문에 기재하는 것을 생각해 볼 수 있을 것이다.

가. 전자어음제도의 도입 및 운영현황

1) 전자어음법의 제정과정

어음, 특히 약속어음은 중소기업의 금융 부담과 자금난을 가중시키며, 연쇄부도를 유발할 뿐만 아니라 건전한 금융질서를 파괴하는 주범으로 인식되면서 한때 어음폐지론이 주장된 적도 있었다. 이에 따라 1998년 5월에 의원입법으로 약속어음제도의 폐지를 주요 내용으로 하는 어음법 개정안이 국회에 제출된 적도 있었지만 기업들의 실질적인 필요성에 의하여 계속적으로 활발하게 이용되면서 어음 폐지론은 수그러들게 되었다.

그 후 상품 및 서비스거래의 대금을 전자적으로 결제하는 수단들이 다양하게 개발되어 사용되면서, 전자어음을 일반상거래와 전자상거래에서 디지털 환경에 적합한 전자결제수단으로 사용할 수 있도록 하고, 전자어음을 통하여 조세투명성 제고로 조세정의를 실현하며, 디지털환경에 따른 기업 간 결제의 효율성을 높이는 결제수단으로 활용함으로써 국민경제의 발전에 이바지하기 위해서 2004년 3월 22일 「전자어음의 발행 및 유통에 관한 법률」(이하 "전자어음법"으로 약칭함)이 제정되었고 2005년 1월 1일부터 시행되고 있다. 또한 이 법에 의한 최초의 전자어음이 2005년 9월 27일에 최초로 발행되어 유통되었다.

전자어음법은 ㉠ 선진 외국의 입법사례를 보고 참조한 "계수입법(系受立法)"의 형태를 취하고 있는 다른 법률들과는 달리 외국의 동일한 입법례가 거의 없는 상태에서 우리나라에서 처음으로 제정된 독자적인 입법례이고[422], ㉡ 통상의 경우에는 행정부의 각 부처에서 실무상 필요성을 절감하여 이를 법안으로서 만들어 국회에 제

422) 전자어음을 규율하는 입법례로는 유엔전자상거래위원회(UNCIRAL)의 전자상거래 모델법(Model Law on Electronic Commerce)과 미국의 2000년 통일전자상거래법(Uniform Electronic Transactions Act: UETA)이 있지만, 전자상거래 모델법은 그 적용범위를 "상업적 활동(Commercial Activities)과 관련하여 사용되는 모든 종류의 데이터메시지 형식의 정보"에 적용되도록 하고 있고, 미국 2000년 통일전자상거래법(UETA) 제16조는 양도성기록(Transferable Record)을 규정하고 있기 때문에 이들 입법은 전자 어음만을 대상으로 한 것이 아니라 여러 전자 거래 매체 중 전자어음에도 적용될 수 있다는 것이지 우리나라처럼 전자어음 자체만을 규율하는 법규를 입법한 것은 아니다.

출하는 이른바 “행정입법”의 경우임에 반하여, 국회가 의원입법의 형태로 발의하여 제정되는 바람에 제정과정에 상당한 어려움과 장애가 있었다는 점에서, 다른 법률의 제정과정과 차이가 있었다.

2) 전자어음법의 주요 개정 과정(자산 총액 100억 이상에서 10억 이상 기업의 전자어음 의무발행 및 전자어음의 만기를 1년에서 3개월로 단축)

가) 자산 100억 원 이상 기업의 전자어음 의무발행 제도화

전자어음법 제정 이후 종이어음에 익숙한 기존 거래 관행을 전자어음으로 대체할 수 있을지 실효성 논란이 일면서, 전자어음의 사용을 촉진하고자 2009년 5월 8일에 전자어음법을 개정하여 주식회사의 외부감사에 관한 법률 제2조에 따른 외부감사 대상 주식회사로서 직전 사업연도말의 자산총액이 100억 원인 주식회사, 주권상장법인 등이 약속어음을 발행할 경우에는 의무적으로 전자어음을 발행하도록 하고(전자어음법 제6조의2), 이에 위반하여 실물어음을 발행하는 경우 500만원 이하의 과태료를 부과(전자어음법 제23조 제2항 제1호)하도록 하여 일정 규모이상의 기업에게 약속어음 발행 시 전자어음 사용을 강제화 하였다.

나) 자산 10억 원 이상 기업으로 전자어음 의무 발행 대상 확대

2013년 3월에는 전자어음의 의무발행 대상 을 자산 10억 이상의 법인으로 확대하고 분할배서를 허용하는 개정안이 통과되었다.

당초에는 부가가치세법 개정에 따라 2011년 1월부터 모든 법인사업자에 대한 전자세금계산서 발행이 의무화되고, 2012년 1월부터 개인사업자도 전자세금계산서 발행이 의무화되자 전자어음의 의무발행 대상기업을 전자세금계산서 의무발행 대상 범위와 일치시켜 부가가치세법 제16조 제2항에 따라 전자세금계산서 발급의무가 있는 사업자가 약속어음을 발행할 경우 전자어음으로 하도록 하는 법안이 제안되었지만, 법원행정처 등의 반대로 자산총액이 대통령령으로 정하는 10억 원 이상인 법인사업자의 경우에는 전자어음을 의무발행 하도록 하는 전자어음법 수정안이 2013년 3월 5일에 가결되었고, 2014년 4월 6일부터 시행되고 있다(제6조의 2, 시행령 제8조의2).

다) 전자어음의 만기를 3개월까지 단계적으로 축소

어음법에서는 종이어음에 대하여 만기를 제한하고 있지 않지만, 전자어음법에서는 전자어음의 만기를 1년으로 제한하고 있다(제6조 제5항). 한편 2018년 5월 30일부터 시행될 예정인 개정된 전자어음법에 의하면 시행 후 1년차에는 만기를 6개월

로, 2년 차에는 5개월로, 3년차에는 4개월로, 그 이후에는 3개월로 단계적으로 단축하도록 하고 있다.

3) 전자어음법의 주요 내용

가) 약속어음만이 대상임

전자어음은 전자문서로 작성되고 전자어음관리기관에 등록된 약속 어음을 말한다(제2조 제2항). 어음에는 약속어음과 환어음이 있으나 전자어음은 위 규정에서 본 바와 같이 약속어음만을 대상으로 하고 있다. 그 이유는 우리나라의 경우 환어음은 무역거래에서만 이용되고 국내 거래에서는 거의 이용되는 일이 없기 때문에 약속어음에 관해서만 전자화의 필요성을 느껴 이를 제도화 한 것이기 때문이다.

나) 전자어음관리기관의 도입 및 전자어음의 등록

종이어음과 달리 전자어음의 경우에는 관리기관이 별도로 존재한다. 전자어음관리기관이라 함은 법무부장관의 지정을 받은 자로서 전자어음법상 전자어음의 발행, 유통, 결제를 관리하는 기관이다. 전자어음을 발행하려는 자는 그 전자어음을 전자어음관리기관에 반드시 등록하여야 하고(제5조 제1항), 전자어음관리기관은 어음 발행시 등록기관으로서 지급 금융기관, 신용조사기관의 의견을 참고하여 전자어음의 발행인이 거래정지처분 등을 받은 경우에는 전자어음의 등록을 거부할 권한을 가지고 있다(제5조 제2항, 법시행령 제5조 제3항).

전자어음관리기관은 전자어음행위 중 발행의 경우 사전통지의 상대방으로서 지위를 가질 뿐 다른 전자어음행위 즉 배서, 보증의 경우에는 개입하지 않으며, 단지 전자어음법 제16조 제1항에 따라 '전자어음의 발행, 배서, 보증 및 권리행사 등이 자신의 전자정보처리조직을 통하여 이루어지도록 할 의무'만을 부담한다.

전자어음관리기관은 이용자가 사용할 전자어음에 관하여 동일한 양식을 정하여야 하고(제8조 제1항), 전자어음에는 복본 또는 사본의 제작이 불가능한 장치를 하여야 한다.

다) 배서횟수를 20회로 제한, 분할배서의 허용

어음의 배서란 어음상의 권리를 이전할 목적으로 배서인이 배서문구를 기재하고 기명날인 또는 서명한 후에 피배서인에게 교부하는 것인데, 종이어음의 배서는 어음원본 또는 이에 결합한 보전지에 배서문구를 기재하고 기명날인을 한 후 피 배서인에게 교부하는 방식으로 하고 있다(어음법 제13조 제1항).

하지만 전자어음의 경우에는 배서의 뜻을 기재한 전자문서를 전자어음에 첨부하고 기명날인 대신 전자서명을 통해 배서하도록 하고 있다(제7조 제1항).

또한 전자어음의 경우 전자적 특성으로 인해 단기간에 많은 배서가 이루어질 수 있다는 점을 고려하여 전자어음법은 20회까지만 양도할 수 있도록 배서횟수를 제한하고 있다(제7조 제5항).

한편 종이어음은 물리적 한계로 인해 어음을 여러 장으로 분할 할 수 없으나 전자어음은 수취인이 지급받은 어음을 필요에 따라 4회까지 분할하여 지급할 수 있도록 분할 배서를 허용하고 있다(제7조의2).

라) 전자어음의 지급제시 및 지급

전자어음의 경우 소지인이 전자어음 및 전자어음의 배서에 관한 전자문서를 첨부하여 지급청구의 뜻이 기재된 전자문서(지급제시 전자문서)를 지급금융기관에 송신하고 동 금융기관이 이를 수신한 때에는 어음법 제38조 1항 에서 규정한 지급을 위한 제시를 한 것으로 본다. 이러한 지급제시를 하는 소지인은 지급청구의 뜻이 기재된 전자문서에 어음금을 수령할 금융기관의 계좌를 기재하여야 한다(제 9조 제3항).

전자어음의 지급제시를 받은 금융기관이 어음금을 지급할 때에는 관리기관에 지급사실을 통지하여야 한다. 다만 관리기관에서 운영하는 정보처리조직에 의하여 지급이 완료된 경우에는 그러하지 아니하다(제9조 제4항). 관리기관이 이와 같이 지급사실의 통지를 받거나 그의 정보처리조직에 의하여 지급이 완료된 경우에는 어음채무자가 동 어음을 환수한 것으로 본다(제10조).

마) 만기 도래 시 자동 지급제시

종이어음의 경우에는 소지인이 어음채무자에게 어음을 제시함으로써 자기 권리를 증명하는 동시에 어음금 지급의 이행을 청구하도록 하고 있음에 반하여, 전자어음의 경우에는 만기 도래 시에 전자어음관리기관의 전산시스템에 의해 자동적으로 지급제시가 되도록 규정하고 있다(제9조 제1항).

4) 전자어음 이용 현황[423)]

가) 종이어음과 전자어음의 이용 현황 비교

전자어음제도가 도입되었을 당시만 해도, 여전히 상거래에서는 종이어음이 압도적으로 많이 사용되었고, 전자어음의 이용도는 낮았다. 그러나 2009년 외부감사 대상 주식회사에 대하여 전자어음의 발행을 의무화 한 전자어음법 개정안이 시행되면서 전자어음의 발행이 급격히 늘어났고, 2013년경에는 종이어음과 전자어음의 이용도가

423) 황현영, 전자어음제도의 운영현황과 입법과제, 법조 719호(2016. 10), 167면 이하

거의 비슷하게 되었다. 그 후 자산 10억 이상의 기업으로 의무화가 확대 된 2014년 이후 전자어음의 발행건수가 종이어음의 지급제시 건수를 초과하였다. 특히 2015년에는 전자어음의 발행건수가 종이어음 지급제시 건수의 3배를 초과하는 등 전자어음이 종이어음을 대체하는 추세이다.

[종이어음의 지급제시 및 전자어음의 발행 비교]

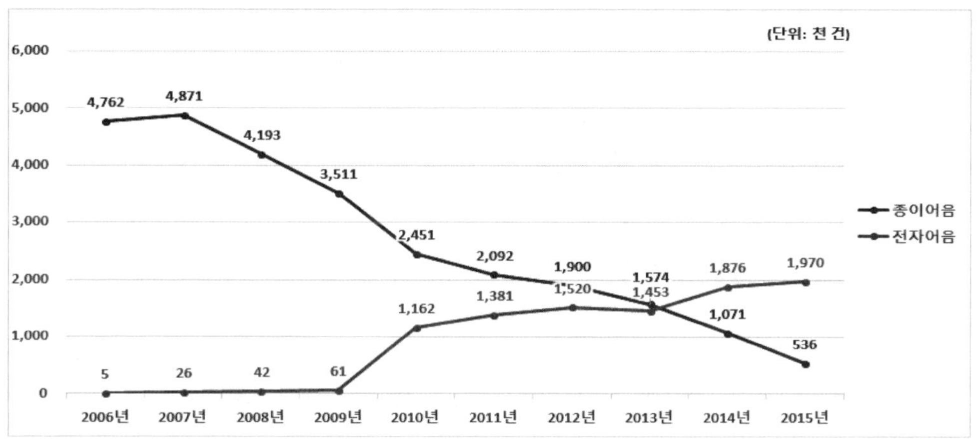

나) 전자어음의 배서 현황

전자어음의 발행이 증가하면서, 전자어음의 배서도 매년 증가하고 있다. 2009년과 2014년에 배서가 급증한 것은 전자어음의 의무발행 제도의 시행에 기인한다. 2015년 한 해 동안 발행된 전자어음에 대하여 배서는 2,166,000건 있었고, 한 해 동안 이루어진 배서의 총 금액은 637,000억 원이었다.

[전자어음 배서 현황[424]]

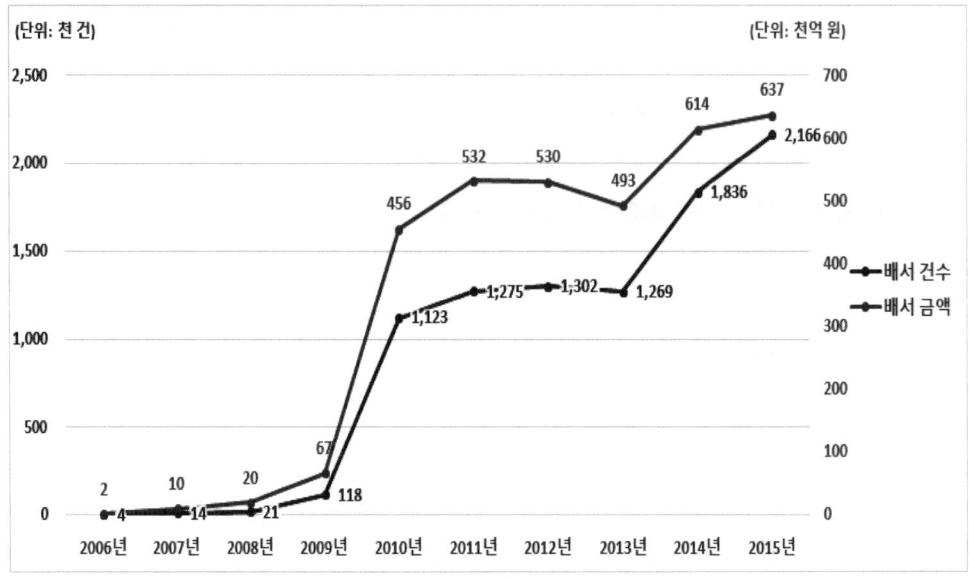

한편 전자어음법 개정에 따라 2014년 4월부터 시행된 분할배서의 경우에도 기업들이 이를 활발하게 이용하고 있는데, 2014년 4월부터 12월까지 분할배서는 115,907건에 39,933억 원의 이용이 있었고, 2015년 한 해 동안에 분할배서는 240,483건에 70,011억 원의 이용이 있었다.

전자어음을 발행한 경험이 있는 500개사 중 전자어음의 분할배서제도를 이용한 회사는 11.4%인 57개사이었고 평균 분할배서 횟수는 3회, 평균 금액은 432,850,000원으로 나타났다.

나. 전자어음과 유사한 일본의 전자기록채권의 강제집행

우리나라의 전자어음과 유사한 제도로 일본에서는 전자기록채권제도가 있다. 「전자기록채권」이란 전자채권기록기관의 기록원부에의 전자기록을 그 발생·양도 등의 효력요건으로 하는 기존의 지명채권·어음채권 등과는 다른 새로운 유형의 금전채권이다. 종래의 자금조달수단으로는 어음이나 통상의 채권양도가 있는데, 어음의 경우에는 작성이나 교부·보관에 비용이 드는 데다 도난이나 분실 위험도 있고, 통상의 채권양도방법으로는 정말로 채권이 존재하는지 확인하기 위해 비용이 드는 데다 동

---

424) 자료: 금융결제원, "전자어음통계", 국회입법조사처 제출자료, 2016. 9.

일한 채권이 이중으로 양도되는 위험이 있으므로 이러한 위험이나 비용을 삭감하여, 외상매출채권 등을 가지는 사업자의 자금조달의 원활화 등을 도모하기 위해서 도입한 제도로서, 우리나라의 전자채권법상의 전자채권과 매우 유사하며, 전자어음과도 매우 유사하다.

1) 일본 전자기록채권법의 주요 내용

[전자기록채권법(電子記録債権法)의 조문구성]

장(章)	절(節)	조문(条)
1. 총칙(総則)		1-2
2. 전자기록채권의 발생, 양도 등 (電子記録債権の発生、譲渡等)	1. 통칙(通則)	3-14
	2. 발생(発生)	15-16
	3. 양도(譲渡)	17-20
	4. 소멸(消滅)	21-25
	5. 기록사항의 변경(記録事項の変更)	26-30
	6. 전자기록보증(電子記録保証)	31-35
	7. 질권(質権)	36-42
	8. 분할(分割)	43-47
	9. 잡칙(雑則)	48-50
3. 전자채권 기록기관(電子債権記録機関)	1. 통칙(通則)	51-55
	2. 업무(業務)	56-61
	3. 구좌 간 송금 결제 등에 관련된 조치(口座間送金決済等に係る措置)	62-66
	4. 감독(監督)	67-77
	5. 합병, 분할 및 사업의 양도(合併、分割及び事業の譲渡)	78-81
	6. 해산 등(解散等)	82-85
4. 잡칙(雑則)		86-92
5. 벌칙(罰則)		93-100

2) 전자기록채권에 관한 사법상 규율[425)]

가) 전자기록채권의 발생

425) 하순원, 일본 전자기록채권제도에 관한 소고 - 우리나라 전자채권제도 및 전자어음제도에 대한 시사점을 포함하여 -, 법조 제719호, 법조협회(2016. 10.), 242 이하

전자기록채권은 그 발생 또는 양도에 관하여 전자기록채권법의 규정에 의한 '전자기록'을 요건으로 하고 있으므로(법 제2조 제1항), 전자기록채권은 원칙적으로 전자기록에 의한 '발생기록'을 함으로써 발생한다(법 제15조).

이 발생기록은 법령에 별단의 정함이 있는 경우를 제외하고는, 전자기록권리자(법 제2조 제7항, 일반적으로 채권자)와 전자기록의무자(법 제2조 제8항, 일반적으로 채무자) 쌍방이 전자채권기록기관에 '발생기록'의 청구를 하고, 이에 따라 전자채권기록기관이 기록원부에 '발생기록'을 행함으로써 전자기록채권이 발생한다(법 제5조 제1항).

나) 전자기록채권의 지급 등(소멸)

전자기록의무자(일반적으로는 채무자)가 전자기록채권의 지급을 행한 경우에는 전자기록의무자 혼자서 '지급 등 기록'을 청구할 수 있다(법 제25조). 은행 등 금융기관을 이용하여 채무자구좌에서 채권자구좌로 불입에 의한 지급이 행해진 경우, 전자채권기록기관·은행 등 금융기관·채무자 사이에 구좌 간 송금결제계약(口座間送金決済契約)을 체결하고 있는 때에는 지급 등 기록의 청구를 받지 않더라도 은행 등 금융기관으로부터 구좌 간 송금결제 통지를 받은 때에 전자채권기록기관은 지체 없이 지급 등 기록을 해야 한다(법 제62조, 제63조: 전자채권기록기관에 의한 同期的 管理).

다) 전자채권기록기관에 대한 감독 등

전자채권기록기관은 전자기록채권제도에서 중핵적인 역할을 담당하기 때문에 전자기록채권법은 ① 전자채권기록기관의 지정(법 제51조), ② 겸업금지(兼業禁止)(법 제57조), ③ '지급'과 '지급 등 기록'의 동시이행 확보(구좌 간 송금결제 등에 관련된 조치)(법 제62조 내지 제66조), ④ 최저자본금액(법 제53조), ⑤ 비밀유지의무(법 제55조), ⑥ 차별적 취급의 금지(법 제61조), ⑦ 업무의 적절한 수행을 도모하기 위한 검사·감독 규정(법 제67조 내지 제77조) 등을 두고 그 공정성·중립성을 확보하도록 하고 있다.

현재 일본에서 운영 중인 전자채권기록기관은 아래 4개가 있다.

	일본전자채권기구(機構) 주식회사 (JEMCO)	SMBC 전자채권기록(記錄) 주식회사	미즈호 전자채권기록 주식회사	주식회사 전은(全銀) 전자채권 네트워크 (でんさいネット 덴사이넷)
개업일	2009. 7. 27.	2010. 7. 6.	2010. 10. 4.	2013. 2. 18.
주주구성	미츠비시도쿄UFJ	미츠이스미토모	미즈호	전국은행협회 100%

	은행 100%	은행 100%	은행 100%	
주된 서비스 내용, 대상기업 등	지급기업(주로 대기업) 및 그 거래처인 납입기업(주로 중소기업)을 대상으로 한 팩토링서비스(factoring service)가 중심. 납입기업이 지급 기업에 대하여 가지는 채권(외상매출채권)을 전자기록채권화(電磁氣錄債權化)하여 필요에 따라 매입 실시.			어음대체가 전제. 납입기업은 채권을 전전(轉傳) 유통시킬 수 있음(어음할인, 어음대부에 대신하는 「전자채권할인」 「전자채권대부」 등도 가능).

3) 전자기록채권의 집행426)

가) 강제집행은 민사집행규칙에 위임

전자기록채권법 제49조는 전자기록채권의 강제집행, 가압류 및 가처분, 경매 및 몰수 보전 절차에 관하여 필요한 사항은 대법원 규칙(민사집행규칙)에 위임하는 입법 형식을 채택하고 있다(동법 49조 3항). 전자기록채권법 제49조 제1항에 의하면 전자채권기록기관은 전자기록채권에 관한 강제 집행, 체납 처분 기타 처분 제한이 된 경우 해당 처분의 제한에 관한 서류를 전달 받은 경우에는 지체 없이 강제집행 등의 전자 기록을 해야 한다고 규정하고 있는 한편, 전자기록채권법 제49조 제2항은 위와 같은 강제집행 등의 전자기록에 대한 필요한 사항은 대통령령으로 정하도록 규정하고 있다.

나) 관할(민사집행규칙 150조의 15, 민사집행법 144조)

전자기록채권에 관한 강제집행 관할법원은 원칙적으로 채무자의 보통 재판적 소재지를 관할하는 지방 법원이며, 채무자의 보통 재판소에 재판적이 없을 때에는 압류할 전자기록채권의 전자기록을 하고 있는 전자채권기록기관의 보통 재판적 소재지를 관할하는 지방법원이 관할법원이 된다.

다) 압류 내지 가압류명령 관련 당사자는 4명임

일본 민사집행규칙 제150조의10 제1항은 "집행재판소는 압류명령에서 전자기록채권에 관하여 ① 채무자에 대하여 추심 그 밖의 처분 또는 전자기록의 청구를 금지하고, ② 당해 전자기록채권의 채무자(제3채무자)에 대하여 채무자에 대한 변제를 금지하며, ③ 당해 전자기록채권의 전자기록을 하고 있는 전자채권기록기관에 대하여 전자기록을 금지하여야 한다."고 규정하고 있는 바, 이러한 일본 민사집행규칙에 따

426) 東京地方裁判所民事執行センター, "電子記録債権に関する執行手続", 金融法務事情1946号, 金融財政事情研究会(2012. 5. 25.), 79~82 참조.

르면 전자기록채권에 대한 집행은 아래 그림에서 보는 바와 같이 집행절차의 당사자가 채권자, 채무자, 제3채무자 및 전자채권기록기관의 넷이라는 점에서 특징이 있고, 당사자 목록의 서식은 아래 서식과 같다.

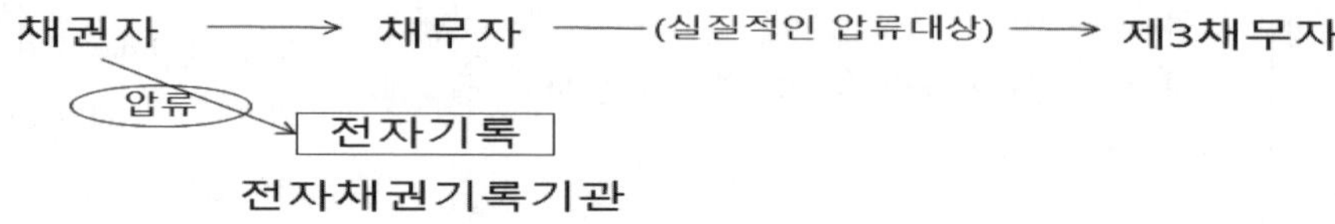

라) (가)압류 명령 및 효력 발생 시

압류명령은 채무자, 제3채무자 및 전자채권기록기관에 송달되어야만 하고, 압류의 효력은 압류명령이 전자채권기록기관에 송달된 때에 생기고, 단 제3채무자에 대한 압류의 효력은 압류 명령이 제3채무자에게 송달된 때에 생긴다(일본 민사집행규칙 150조의10 3항, 4항).

일본 압류명령의 서식은 아래와 같다.

【書式1】当事者目録

当 事 者 目 録

〒○○○－○○○○	東京都○○区△△○丁目○番○号	
	債 権 者	株式会社○○○
	代表者代表取締役	○ ○ ○ ○
(送達場所)		
〒○○○－○○○○	東京都○○区△△○丁目○番○号	
	上記代理ft弁護士	○ ○ ○ ○
〒○○○－○○○○	東京都○○区△△○丁目○番○号	
	債 務 者	株式会社○○○
	代表者代表取締役	○ ○ ○ ○
〒○○○－○○○○	東京都○○区△△○丁目○番○号	
	第三債務者	株式会社○○○
	代表者代表取締役	○ ○ ○ ○
〒○○○－○○○○	東京都○○区△△○丁目○番○号	
	電子債権記録機関	株式会社○○○
	代表者代表取締役	○ ○ ○ ○

【書式7】差押命令

事件番号	平成　年(　)第　　号

電子記録債権差押命令

当事者　別紙目録記載のとおり
請求債権　別紙目録記載のとおり

1　債権者の申立てにより、上記請求債権の弁済に充てるため、別紙請求債権目録記載の執行力ある債務名義の正本に基づき、債務者が第三債務者に対して有する別紙電子記録債権目録記載の電子記録債権を差し押さえる。
2　債務者は、前項により差し押さえられた電子記録債権について、取立てその他の処分又は電子記録の請求をしてはならない。
3　第三債務者は、第 1 項により差し押さえられた電子記録債権について、債務者に対し、弁済をしてはならない。
4　電子債権記録機関は、第 1 項により差し押さえられた電子記録債権について、電子記録をしてはならない。

平成○○年○○月○○日
東京地方裁判所民事第 21 部
裁判官　○ ○ ○ ○ ○　㊞

1. 채권자의 신청에 따라 위 청구채권의 변제에 충당하기 위해 별지 청구채권 목록 기재 집행력 있는 채무명의 정본에 터 잡아 채무자가 제3채무자에 대하여 가지는 별지 전자기록채권 목록 기재의 **전자기록채권**을 압류한다.
2. 채무자는 전항에 의해 압류된 전자기록채권에 관하여 추심 그 밖의 처분 또는 전자기록의 청구를 하여서는 아니 된다.
3. 제3채무자는 제1항에 의해 압류된 전자기록채권에 관하여 채무자에 대하여 변제를 해서는 아니 된다.
4. 전자채권기록기관은 제1항에 의해 압류된 전자기록채권에 관하여 전자기록을 해서는 아니 된다.

마) 전자기록채권 목록의 예시

앞서 본 전자기록채권 압류명령에서는 전자기록채권 목록을 별지로 처리하도록 하고 있는데, 일본 동경지방재판소에서 주로 사용되고 있는 전자기록채권의 목록은 주로 다음과 같은 것들이 있다.

(1) 전자기록번호를 특정할 수 있는 경우

> **전자 기록 채권 목록**
>
> 금 000 엔
>
> 다만, 채무자가 제3채무자에 대해서 가진 전자기록채권 가운데 전자채권기록 기관의 기록원부에 기록된 아래 기록번호의 채권기록에 대한 전자기록채권 중 위 청구금액에 이를 때까지의 금액
>
> 기록
>
> 기록번호 ○ ○ ○ ○ ○ ○ ○ ○
> 원금금액 ○ ○ ○, ○ ○ ○ 엔
> 지불기일 ○○년 ○○월 ○○일

(2) 전자기록번호를 특정할 수 있고, 복수의 전자 기록 채권에 이미 발생한 이자 등을 함께 압류의 대상으로 하는 경우

> **전자 기록 채권 목록**
>
> 금 000 엔
>
> 채무자가 제3채무자에 대해서 가진 전자기록채권 가운데 전자채권기록 기관의 기록원부에 기록된 전자기록채권을 아래의 순서대로 위 청구금액에 충당한다.
>
> 기록
>
> 1. 복수의 전자 기록 채권이 있을 때는 다음의 순서에 의한다.
> (1) 선행하는 ① 질권의 설정, ② 가처분 집행 ③ 체납 처분에 의하여 압류, ④ 담보권의 실행이나 행사에 의한 압류, ⑤ 강제 집행에 의한 압류, ⑥ 가압류 집행 ⑦ 몰수 보전의 집행, 어느 것도 되지 않은 것
> (2) ①이 안 된 것(②에서 ⑦까지 하나 또는 그 몇 개가 되더라도)
> (3) ①이 되는 것
> 2. 같은 순위의 것 사이에서는 지불 기일이 빠른 순서
> 3. 지불 기일이 동일한 것 사이에서는 기록 번호가 빠른 순
> 4. 이자, 지연 배상금 또는 위약금의 규정이 있을 때는 원금, 이자, 지연 손해금, 위약금의 순

(3) 전자기록번호를 특정할 수 없는 경우

> **전자 기록 채권 목록**
>
> 금 000 엔

채무자가 제3채무자에 대해서 가진 전자기록채권 가운데 전자채권기록 기관의 기록원부에 기록된 전자기록채권을 아래의 순서대로 위 청구금액에 충당한다.

기록

1. 복수의 전자 기록 채권이 있을 때는 다음의 순서에 의한다.

(1) 선행하는 ① 질권의 설정, ② 가처분 집행 ③ 체납 처분에 의하여 압류, ④ 담보권의 실행이나 행사에 의한 압류, ⑤ 강제 집행에 의한 압류, ⑥ 가압류 집행 ⑦ 몰수 보전의 집행, 어느 것도 되지 않은 것

(2) ①이 안 된 것(②에서 ⑦까지 하나 또는 그 몇 개가 되더라도)

(3) ①이 되는 것

2. 같은 순위의 것 사이에서는 지불 기일이 빠른 순서

3. 지불 기일이 동일한 것 사이에서는 기록 번호가 빠른 순

4. 이자, 지연 배상금 또는 위약금의 규정이 있을 때는 원금, 이자, 지연 손해금, 위약금의 순

바) 전자기록채권에 대한 가압류 집행

(1) 신청서 기재사항의 특칙

민사보전규칙 제18조 제3항에서는 전자기록채권에 대한 가압류명령 신청서에는 당사자(채권자 및 채무자)의 이름 또는 명칭 및 주소, 그 대리인의 이름과 주소 외에 제3채무자의 그 이름 또는 명칭 및 주소 그 법정 대리인의 이름 및 주소와 전자채권기록기관의 명칭 및 주소도 기재하여야 한다.

(2) 전자기록채권에 대한 가압류 집행 방법

민사보전규칙 제42조의2 제1항은 보전집행 재판소가 전자기록채권에 관하여 제3채무자에게 변제의 금지를, 전자채권기록기관에게 전자기록의 금지를 명하는 방법으로 전자기록채권에 대한 가압류를 집행한다고 규정하고 있다.

민사보전규칙 제42조의2 제2항은 전자기록채권에 대한 가압류 집행에 민사보전법, 민사집행법, 민사집행규칙에 있는 필요한 규정을 준용한다고 규정하고 있다. 가압류의 성질상 환가와 배당절차가 실시되지 않는 점을 제외하고 기본적으로 전자기록채권에 관한 강제집행절차와 동일한 절차를 거치지만 아래와 같은 부분만 전자기록채권집행과 다르다.

(가) 관할: 가압류집행 관할법원은 가압류명령을 발령한 법원이다(민사보전법 제50조 제2항의 준용).

(나) 가압류 취하 통지: 전자기록채권에 대한 가압류 신청이 취하된 경우에는 가압류 집행신청의 취하도 있었던 것으로 볼 수 있으니까, 법원 서기관은 그 사실을 가압류명령을 송달받은 제3채무자 및 전자채권기록기관에 통보해야 한다. 채무자에 대해서는 가압류명령의 송달을 받는 경우에만 민사보전규칙 제4조 제2항에 의한 통지가 이루어진다. 전자기록채권에 대한 가압류 집행에 있어서는 채권집행의 경우와 같이, 가압류 명령을 취소하지 않고 그 집행만 취소하는 경우가 있는데(민사보전법 제46조, 민사집행법 제40조 제1항 등의 준용) 그 때는 법원 서기관은 집행이 취소되었음을 가압류명령의 송달을 받은 제3채무자 및 전자채권기록기관에 통보해야 한다(민사집행규칙 136조 3항의 준용).

(3) 전자기록채권에 대한 가처분 집행방법

민사보전규칙 제45조의 2에 의하면 전자기록채권에 관한 가처분의 집행은 전자기록채권에 대한 가압류 집행 또는 강제집행의 예에 의한다.

(4) 강제집행 등의 전자기록

전자기록채권법 제49조 제1항은 전자채권기록기관이 전자기록채권에 관한 강제집행, 체납 처분 기타 처분의 제한에 관한 서류의 송달을 받았을 때는 지체없이 강제집행 등의 전자기록을 하여야 하고, 강제집행 등의 전자기록에 대한 필요한 사항에 대해서는 시행령에 위임하고 있다(동조 2항).

이에 따라 전자기록채권법 시행령 제6-8조에서는 강제집행 등의 전자기록의 기록사항과 해당 전자기록을 삭제하는 취지의 변경기록 등에 대해서 필요한 내용이 규정하고 있다. 한편 전자기록채권법 시행령 제6조에서는 강제집행 등의 전자기록 기록사항으로 다음과 같은 것들을 규정하고 있다.

(가) '강제집행 등'의 내용(시행령 제6조 제1호): 여기서 말하는 '강제집행 등'은 '전자기록채권에 관한 강제집행, 가압류 및 임시처분, 경매 및 몰수 보전' 뿐만 아니라 '체납처분 기타 처분의 제한'을 포함하는 개념으로, 그 강제집행의 종류와 내용을 밝히기 위한 기록사항이다.

(나) 강제집행 등의 원인(같은 조 제2호): 강제집행 등의 원인이 된 재판 등을 특정한 기록사항이다.

(다) 강제집행 등에 관련된 전자기록 채권 등을 특정하는데 필요한 사항(같은 조 3호): 1개 채권기록에 복수의 전자기록채권과 이를 목적으로 하는 질권이 기록되어 있을 가능성도 있어 그 중 어느 전자기록채권 등에 대해서 강제집행 등이 되었는지를

특정하기 위한 기록 사항이다.

(라) 강제집행 등을 한 채권자가 있을 때는 채권자의 이름 등(같은 조 4호): 압류채권자 등을 특정한 기록 사항이다.

(마) 전자기록의 연월일(같은 조 5호)

다. 전자어음에 대한 강제집행 규정 도입 시도 및 실패

1) 전자어음 강제집행의 문제점

'유가증권으로서 배서가 금지되지 아니한 것'은 '유체동산'(민사집행법 제189조 제2항 제3호) 이므로 배서가 금지되지 아니한 '종이 약속어음'의 경우 집행관이 이를 점유하는 방법으로 유체동산 강제집행절차를 진행하며, 배서가 금지된 '종이 약속어음'의 경우 지시채권으로서 집행관의 점유 외에 '법원의 압류명령'이 필요한 채권 그 밖의 재산권에 대한 집행절차를 진행한다.[427]

하지만 전자어음의 경우에는 집행관이 점유할 유형의 유가증권이 존재하지 않고, 전자어음관리기관의 시스템에 입력된 전자어음정보의 실체가 없기 때문에 집행관이 점유하는 것이 불가능하므로 어떤 형식으로 집행을 해야 할지 대법원규칙 등에 준용 규정 등을 둘 필요가 있음에도 아직까지 전자어음법이나 시행령에 전자어음의 강제집행과 관련된 규정은 전혀 없으며, 심지어 전자어음의 집행절차에 관하여 민사집행규칙 등에 위임한다는 규정도 없고, 대법원 예규조차도 존재하지 않는다.

현재 전자어음관리기관은 전자어음에 대한 압류가 있을 경우 당좌예금계정에 대한 압류에 준하여 처리하고 있으나,[428] 이에 대한 법적 근거가 없다는 문제가 있다.

2) 전자어음 강제집행 방법을 규정한 개정안의 발의 및 폐기

가) 강제집행 규정 추가하는 개정안 발의

전자어음에 대한 강제집행 방법을 도입하기 위하여 2015년 8월 13일 부좌현 의원 등 10인은 전자어음의 강제집행에 대해 전자어음법에 명문으로 다음과 같은 내용의 규정을 추가하는 전자어음법 개정안을 발의하였다(의안번호 1916419).

제14조의2(민사집행 등) ① 전자어음에 대한 강제집행은 해당 전자어음에 대한

427) 법원행정처, 「법원실무제요 (민사집행[Ⅲ] –동산·채권 등 집행–)」, (2014. 8.), 131~132쪽 및 341쪽.

428) 전자어음관리기관에서는 발행인이 해당 금액을 지급계좌에 입금하였을 경우 법적 지급제한을 사유로 부도처리하여 해당 어음금액에 대한 지급을 금지하고 있다(금융결제원 전자어음업무규약 시행세칙 제30조 제1항 제3호).

법원의 압류명령에 따라 개시한다.
② 법원이 전자어음에 대하여 압류·가압류 또는 가처분 결정을 하는 때에는 전자어음관리기관에 대하여 배서·양도를 금지하는 명령을 하여야 한다.
③ 제2항에 따라 압류·가압류 및 가처분이 결정된 전자어음에 대하여는 전자어음관리기관이 지급제시 등 보존행위를 할 수 있다.
④ 전자어음에 대한 강제집행, 가압류, 가처분의 집행, 경매 또는 공탁 등에 관하여 그 밖에 필요한 사항은 대법원 규칙으로 정한다.

나) 국회 전문위원 검토보고서에서 반대의견 표명

심태규 부장판사님이 작성한 국회 법제사법위원회 전문위원 검토보고서에서는 개정안 중 가장 중요한 내용인 개정안 제14조의2 제2항의 전자어음관리기관에 대한 배서, 양도 금지 명령에 대하여 ㉠ 전자어음관리기관은 배서 등에 권한 있는 자가 아니라 전산 처리를 하는 자에 불과한데 전자어음 관리기관에 대해 배서 등을 금지하는 명령을 발하는 것은 실제 법률관계에 부합하지 않으며, ㉡ 전자어음의 배서를 통해서만 양도가 가능하고, 어음의 반환, 수령 거부로 전자어음 발행이나 배서가 없었던 것으로 되므로, 강제집행의 실효성을 위해서는 배서 외에 어음반환, 수령거부도 반영하여 이를 금지하는 내용도 포함시켜야 하며, ㉢ 배서 등을 금지하는 명령을 발령하는 경우에는 배서 등에 대한 권한이 있는 자나 그와 거래를 하는 제3자가 그 사실을 알 수 있도록 하는 방안을 검토할 필요가 있다는 의견을 개진하였다.

개정안 제14조의2 제3항에 대하여는 ㉠ 전자어음의 경우 실무상 만기일에 자동지급제시가 되고 있는데(전자어음법 제9조 제1항), 그 경우 어음금은 전자어음관리기관에 등록되어 있는 소지인의 계좌로 입금되기 때문에 강제집행에도 불구하고 만기일에 자동적으로 소지인 계좌로 입금되어 전자어음에 대한 강제집행 취지에 부합하지 아니하는 결과를 초래할 수 있으므로 강제집행이 발령된 경우에는 강제집행의 대상인 전자어음금의 보존을 위한 공탁을 위하여 별도 계좌로 입금할 수 있도록 하는 방안 등을 검토할 필요가 있다는 견해를 피력하였다. 이러한 전문위원의 반대 견해 등으로 인하여 위와 같은 내용의 전자어음법 개정안은 법제사법위원회 법안 소위에 회부되지도 못한 채 19대 국회 임기만료로 폐기되었다.

다) 2016년 제정된 주식 등의 전자등록에 관한 법률에서는 강제집행에 관한 사항을 대법원규칙으로 포괄적으로 위임하였으나 관련 대법원규칙 미제정

2016. 3. 22. 제정된 주식 · 사채 등의 전자등록에 관한 법률은 전자어음과 유사

한 전자주식과 전자사채 등에 관한 법률인데 위 법률 제68조에서는 전자등록주식 등에 대한 강제집행, 가압류, 가처분의 집행, 경매 또는 공탁에 관하여 필요한 사항은 대법원규칙으로 정한다고 규정하여 전자주식 등에 관한 강제집행에 관한 사항을 대법원규칙에 포괄적으로 위임하였으나, 아직 전자주식 등의 강제집행에 관한 대법원규칙은 제정되지 않고 있다.

라. 관련 규정이 전혀 없는 현재 상태에서의 전자어음의 집행

1) 시행자의 체비지 대장 기재의무 규정 등이 없는 체비지 가압류의 경우 실무상 주문 례

가) 시행자의 금전채권자가 시행자의 체비지 예정지에 대한 사용·수익권을 가압류하는 경우

① "채권자가 채무자에 대하여 가지고 있는 청구채권의 집행보전을 위하여 채무자 소유의 별지 목록 기재 체비지를 가압류한다."는 가압류결정을 하고, 가압류결정을 시행자에게 송달한 사건, ② "채무자 소유의 별지 기재 체비지를 가압류한다. 채무자는 체비지대장에 위 취지를 기재하여야 한다."는 가압류결정을 하고, 가압류결정을 시행자에게 송달한 사건, ③ "채무자 소유의 별지 기재 체비지를 가압류한다. 집행관은 위 취지를 채무자 조합의 체비지 관리대장에 기재하여야 한다. 집행관은 체비지관리대장에 기재가 불가능할 시 위 취지를 현장게시판에 게시하는 등 적당한 방법으로 공시하여야 한다."고 결정하고, 가압류결정을 시행자에게 송달한 사건과 같이 3가지 처리 례가 있다.

즉 체비지 가압류를 하면서도 체비지 대장에 등재하지 않는 방법, 시행자에게 체비지 대장에 등재하도록 명하는 방법, 집행관에게 체비지 대장에 등재하도록 명하는 방법 3가지가 존재한다.

나) 체비지 매수인의 채권자가 체비지 매수인의 체비지 예정지에 대한 사용·수익권을 가압류하는 경우 -〉 전자어음 가압류와 유사한 구조

이 경우에는 ① 제3채무자를 시행자로 하여 '채무자가 제3채무자에 대하여 가지는 별지 목록 기재 체비지를 가압류한다. 채무자는 위 체비지에 대하여 매매, 증여, 양도, 임차권 설정 기타 일체의 처분행위를 하여서는 아니 된다. 제3채무자(시행자)는 위 체비지에 대하여 제3채무자가 보관하고 있는 체비지 대장상의 소유자 명의를 변경하여서는 아니 된다.'는 가압류결정을 한 후 이를 채무자와 제3채무자에게 송달

하는 경우, ② 제3 채무자를 시행자로 하여 '채무자 소유의 별지 기재 체비지를 가압류한다. 제3채무자는 체비지대장에 위 취지를 기재하여야 한다.'고 결정하고, 가압류결정을 채무자와 제3채무자에게 송달하는 경우가 있으나, 주로 ①의 방법이 사용되는 것으로 보인다.

다) 검토[429)]

체비지대장이 기본적으로 부동산등기부와 유사한 기능을 수행하고 있으나 공적 권한 있는 기관이 이를 관리하지 않는다는 점에서 집행법원이 시행자에게 가압류 결정 사실을 체비지 대장에 촉탁하는 절차를 취하기는 어렵다.

또한 시행자에게 적극적으로 가압류 또는 압류명령의 취지를 대장에 등재할 의무를 부과시키는 가압류명령의 경우에도 시행자가 그 가압류명령의 취지를 대장에 등재할 의무까지 부담하여야 하는 아무런 법적 근거가 없다는 문제점이 있다.

따라서 ① 시행자가 채무자인 경우에는 "채권자가 채무자에 대하여 가지고 있는 청구채권의 집행보전을 위하여 채무자 소유의 별지 목록 기재 체비지를 가압류한다."는 가압류결정을 하고, ② 체비지 매수인이 채무자인 경우에는 시행자를 제3채무자로 하여 "채무자 소유의 별지 기재 체비지를 가압류한다. 제3채무자는 제3채무자는 위 체비지에 대하여 제3채무자가 보관하고 있는 체비지 대장상의 소유자 명의를 변경하여서는 아니 된다."는 가압류결정을 하고, 만약 시행자가 가압류결정에 반하여 체비지, 정확히는 체비지 예정지에 대한 물권 유사의 사용수익권을 처분하거나 제3자에게 체비지대장상 명의를 이전시킨 경우에는 시행자가 불법행위책임을 부담한다고 해석하는 것이 가장 적절한 해결책이라고 판단된다.

2) 전자어음에 대한 현행 실무상 주문 례

판결검색 시스템상 전자어음에 대한 가압류사건으로 검색되는 사건은 ① 서울남부지방법원 2016카단204890 결정, ② 울산지방법원 2016카단3195 결정,③ 서울중앙지방법원 2017카단33502 결정 등 여러 사건이 있다. 그 중 ① 서울남부지방법원 2016카단204890 결정은 사단법인 금융결제원과, 어음 발행인인 은행 2곳을 제3채무자로 삼은데 반하여, ② 울산지방법원 2016카단3195 결정은 어음발행인 1곳만을 제3채무자로 삼았고, ③ 서울중앙지방법원 2017카단33502 결정은 사단법인 금융결제원 1곳만을 제3채무자로 삼았다.

---

429) 허승, 체비지에 관한 법률관계와 그 강제집행 및 보전처분 - 도시개발법 제42조 제5항에 따른 변화를 중심으로- 코트넷 게시글, 22-23; 이동진, 체비지(체비지)의 소유권 귀속 · 변동 및 그에 대한 보전처분 · 강제집행, 재판과 판례 제23집, 대구판례연구회(2015), 59.

3) 하급심 결정문상 주문 례의 문제점

가) 금융결제원은 채무자에 대하여 어떠한 법적의무를 부담하는 제3채무자가 아닌 전자채권기록기관에 불과하므로, 제3채무자와는 별도의 지위에 있는 당사자로 보아야 하고, 배서등록만이 아닌 포괄적 전자기록 금지를 명하는 것이 타당함

서울남부지방법원 2016카단204890 결정은 사단법인 금융결제원과, 어음 발행인인 은행 2곳을 제3채무자로, 서울중앙지방법원 2017카단33502 결정은 사단법인 금융결제원 1곳만을 제3채무자로 삼았다.

하지만 앞서 살펴본 바와 같이 일본에서는 전자채권기록기관을 제3채무자와는 별도의 당사자로 보아 압류 내지 가압류명령 관련 당사자는 4명으로 보고 있고, 민사집행규칙 제150조의10 제1항에서도 어음발행 은행을 제3채무자로 보아 채무자에 대한 변제를 금지하고 있으며, 전자채권기록기관은 별도의 당사자로서 전자채권기록기관에 대하여는 전자기록의 금지만을 명하고 있다.

특히나 전자채권기록기관인 금융결제원은 채무자에 대하여 어떠한 법적인 의무를 부담하는 것이 아니므로 제3채무자라고 보기 어렵고, 전자어음의 전자기록을 담당하는 기관에 불과하므로 금융결제원에 대하여는 전자어음과 관련된 전자기록의 금지를 명할 수 있다. 그런데 심태규 부장님의 전자어음법 개정안에 대한 전문위원 검토보고서에서도 살펴 본 바와 같이 전자어음의 경우 배서 외에 어음반환, 수령거부도 반영하여 이를 금지하는 내용도 포함시킬 필요가 있으므로 배서등록만을 금지할 것이 아니라 일본 민사집행규칙이나 일본의 실무 례처럼 전자채권기록기관인 금융결제원을 제3채무자 외의 별도의 당사자로 보고 "금융결제원은 위 전자어음에 관하여 전자기록을 해서는 아니 된다."는 주문 례를 사용하는 것이 더 법리적으로나 실무적으로나 타당해 보인다.

나) 금융결제원으로 하여금 만기일에 제3채무자 은행에 지급제시 하도록 한 추가적 문구는 당연한 의무를 기재한 무익적 기재사항임

전자어음의 경우에는 만기 도래 시에 전자어음관리기관의 전산시스템에 의해 자동적으로 지급제시가 되도록 규정하고 있다(제9조 제1항). 따라서 전자어음관리기관인 금융결제원으로서는 만기일이 되면 위 법률 규정에 의하여 의무적으로 전산시스템에 의하여 자동적으로 지급제시를 하고 있다.

위와 같이 법률 규정상 금융결제원이 만기일에 전산시스템을 통하여 의무적, 자동적으로 지급제시를 하고 있는 이상, 서울남부지방법원 2016카단204890 결정과 서

울중앙지방법원 2017카단33502 결정이 제3채무자 사단법인 금융결제원은 만기일에 지급은행에 지급제시 하여야 한다는 문구를 기재한 것은 무익적 기재사항을 추가한 것으로 보인다.

다) 종이어음이 아님에도 수취보관을 명한 울산지방법원 2016카단3195 결정은 전자어음의 성격을 잘못 이해한 것임

전자어음의 경우에는 종이어음의 경우와는 달리 실물 어음과 같은 유체물이 존재하지 않으므로 유체동산의 경우처럼 집행관으로 하여금 어음을 수취하여 보관하도록 하는 명령을 발령할 수 없다. 그럼에도 울산지방법원 2016카단3195 결정이 "채권자의 위임을 받은 집행관은 채무자로부터 위 전자어음을 수취하여 보관하여야 한다."라는 명령을 발령한 것은 전자어음의 성격을 잘못 이해한 결과로 보인다.

4) 일본 사례들을 토대로 상정해 본 모범 전자어음 (가)압류 주문 례

가) 사단법인 금융결제원에 대한 전자기록 금지를 넣지 않으면 전자어음에 대한 (가)압류 집행이 제대로 되지 않으므로, 사단법인금융결제원이 제3채무자는 아니지만 이를 당사자로 표시하여야 함(근거 법령 내지 대법원 규칙 필요)

전자어음의 경우에는 사단법인 금융결제원에 대한 전자기록을 통하여 어음 거래가 이루어지므로 전자기록을 관리하는 금융결제원에 대한 전자기록 금지 문구를 넣지 않는다면 전자어음에 대한 (가)압류 집행이 제대로 되지 않는다.

이러한 이유로 일본의 경우에는 민사보전규칙 제18조 제3항에서는 전자기록채권에 대한 가압류명령에 당사자(채권자 및 채무자), 제3채무자, 전자채권기록기관의 이름과 주소를 기재하여야 하고 있고, 앞서 본 바와 같이 2015년 8월 13일 부좌현 의원 등 10인이 발의한 전자어음법 개정한 제14조의2(민사집행 등) 제2항에서도 법원이 전자어음에 대하여 압류·가압류 또는 가처분 결정을 하는 때에는 전자어음관리기관에 대하여 배서·양도를 금지하는 명령을 하여야 한다고 규정하여 전자어음관리기관을 전자어음 (가)압류의 당사자로 삼도록 하고 있었다.

하지만 위와 같은 대법원 규칙이나 법률이 전혀 제정되어 있지 않은 상태에서, 제3채무자도 아니고 채무자도 아닌 사단법인 금융결제원을 당사자로 표시하여 사단법인 금융결제원에 대하여 전자기록을 금지할 수 있는지 여부가 문제된다.

전자어음법 제5조 제1항에서는 전자어음을 발행하려는 자는 그 전자어음을 전자어음관리기관에 반드시 등록하여야 한다고 규정하고 있고, 전자어음법 제16조[430]에

430) 제16조(전자어음거래 기록의 생성 및 보존)

서는 전자어음관리기관에 대하여 ① 전자어음의 발행, 배서, 보증 및 권리행사 등을 할 때에 그 기관의 전자정보처리 조직을 통하여 이루어지도록 하는 조치를 할 의무와, ② 전자어음별로 발행인과 배서인에 관한 기록, 전자어음 소지인의 변동사항 및 그 전자어음의 권리행사에 관한 기록의 보존 의무, ③ 전자어음거래를 추적·검색하고 오류가 발생할 경우 그 오류를 확인·정정할 수 있는 기록의 생성 및 보존할 의무를 부과하고 있다.

① 위와 같은 규정 내용에 비추어 보면 전자어음관리기관인 금융결제원으로서는 전자어음법령 등에 의하여 전자어음의 발행, 배서, 보증 및 권리행사 등과 관련하여 전자정보처리 조직을 통하여 이를 기록할 공적기관으로서의 법적 의무를 부담하고 있으므로 전자어음이 (가)압류로 인하여 거래금지 되었을 경우에는 그 전자어음의 각종 거래와 관련한 전자기록도 금지되어야 하므로 그 전자기록의 금지의무를 부담할 상대방이 될 수 있다 할 것일 뿐만 아니라, ② 체비지 대장을 관리하는 시행사가 공적기관이 아님에도 불구하고 앞서 본 바와 같이 제3채무자로서 체비지에 대하여 자신이 보관하고 있는 체비지 대장상의 소유자 명의를 변경하여서는 아니 된다는 명령의 발령대상이 되고 있는 점에 비추어 보더라도 전자어음의 전자기록을 전적으로 담당하는 공적기관인 사단법인 금융결제원으로서는 전자기록 금지 명령 발령의 대상으로 삼을 수 있다고 생각된다.

비록 현재 아무런 근거 법령이나 대법원 규칙이 없어서 위와 같이 해석상 금융결제원을 전자어음 (가)압류의 대상으로 삼을 수밖에 없지만, 빠른 시일 내에 이를 보강하는 대법원규칙이라도 제정되어야 한다고 생각된다.

나) 제3채무자의 변제 금지는 필요하지만 채무자의 지급제시 및 전자기록 청구 금지 등은 필요하지 않다고 생각됨

① 종이로 된 약속어음의 경우 가압류 결정의 주문은 “1. 채무자가 소지하고 있는 별지 목록 표시의 약속어음을 가압류 한다. 2. 채권자가 위임하는 집행관은 위 약속어음의 보존에 필요한 절차를 취하여야 한다. 3. 제3채무자는 채무자에게 위 약속

① 전자어음관리기관은 다음 각 호의 업무를 수행하여야 한다.
1. 전자어음의 발행, 배서, 보증 및 권리행사 등을 할 때에 그 기관의 전자정보처리 조직을 통하여 이루어지도록 하는 조치
2. 전자어음별로 발행인과 배서인에 관한 기록, 전자어음 소지인의 변동사항 및 그 전자어음의 권리행사에 관한 기록의 보존
3. 전자어음거래를 추적 · 검색하고 오류가 발생할 경우 그 오류를 확인 · 정정할 수 있는 기록의 생성 및 보존

어음상의 채무를 지급하여서는 아니 된다."로 발령되고 있다.

② 한편, 공시최고절차 중이어서 채무자가 소지하고 있지 않은 약속어음의 경우 전자어음과 비슷한데 그 경우 가압류 결정의 주문은 "1. 채무자의 제3채무자에 대한 별지기재의 채권[431]을 가압류 한다. 2. 제3채무자는 채무자에게 위 채권에 관한 지급을 하여서는 아니 된다."로 발령되고 있고 채무자의 전자어음에 대한 지급제시 금지나 추심 그 밖의 전자기록의 청구는 압류 명령의 경우에는 몰라도 가압류 결정의 경우에는 주문에 들어가지 않고 있다.

③ 약속어음의 경우 처분금지 가처분의 경우에만 "채무자의 별지기재의 약속어음에 대하여 지급을 위한 제시를 하거나 어음금을 추심하거나 또는 배서양도 기타 일체의 처분을 하여서는 아니 된다. 다만 소구권의 보전을 위한 행위는 할 수 있다."라는 주문을 사용하고 있는바, 채무자에 대한 지급제시금지 등의 처분금지는 가압류에는 사용되지 않고 가처분의 경우에만 사용되고 있다.

④ 나아가 일본의 경우 전자기록채권과 관련하여 ㉠ 압류명령의 경우에는 민사집행규칙 제150조의10 제1항에서 채무자에 대하여 추심 그 밖의 처분 또는 전자기록의 청구를 금지하도록 하고 있어 주문에 "2. 채무자는 전항에 의해 압류된 전자기록채권에 관하여 추심 그 밖의 처분 또는 전자기록의 청구를 하여서는 아니 된다."라는 항목이 들어가지만, ㉡ 가압류명령의 경우 민사보전규칙 제42조의2 제1항은 제3채무자에게 변제의 금지를, 전자채권기록기관에게 전자기록의 금지를 명하는 방법으로 전자기록채권에 대한 가압류를 집행한다고만 규정하여 채무자에게 추심이나 전자기록 청구 금지 등을 명하도록 하고 있지 않다.

위 ②, ③에서 본 바와 같이 통상의 약속어음의 경우에 채무자에 대한 지급제시금지 등은 처분금지 가처분의 경우에만 사용되고 있고, 전자어음과 유사한 채무자가 소지하고 있지 않은 공시최고절차 중인 약속어음의 경우조차도 채무자에 대한 지급제시 등의 금지 등을 가압류 결정 주문에 넣지 않을 뿐만 아니라, 위 ④에서 본 바와 같이 일본의 경우에도 압류명령의 경우에만 채무자에 대한 추심 금지 등을 명하고 있을 뿐 가압류명령의 경우에는 채무자에 대한 추심 금지 등을 명하지 않고 있는 점 등을 종합하여 보면 전자어음 가압류의 경우에도 채무자에 대한 지급제시금지 등의 문구는 필요 없다고 생각된다(대부분의 채권 가압류의 경우에 제3채무자의 채무

431) 채무자가 제3채무자에 대하여 00 지방법원 17카공00호 공시최고 사건의 제권판결 확정을 정지조건으로 하여 가지는 아래 약속어음금 채권 – 약속어음의 표시~

자에 대한 지급금지 주문만 있을 뿐, 채권 가압류 주문 이외에 채무자에 대한 지급청구나 처분행위의 금지를 명하는 주문은 없다. 예외적으로 예탁유가증권 가압류의 경우에만 채무자에게 예탁유가증권에 관한 공유지분에 대하여 계좌대체의 청구나 증권반환의 청구 기타 일체의 처분행위를 하여서는 아니 된다는 주문이 포함된다).

다) 모범 주문례

(1) 압류

압류의 경우에는 일본의 경우와 같이 채무자에 대한 지급제시 금지 등도 필요하다고 생각되므로, 우리나라 약속어음 지급금지 가처분의 주문 례를 준용하되 전자어음의 경우에는 채무자에게 전자기록의 청구를 금지하는 것이 가장 중요하므로 일본의 압류결정의 주문 중 전자기록의 청구 금지 내용을 추가하는 것이 필요하다고 생각되므로 아래 주문 2항과 같은 내용이 포함되어야 한다고 생각된다.

또한 금융결제원과 관련하여서는 우리나라 하급심 결정 례들이 사용하고 있는 전자어음에 대한 배서등록 금지만으로는 부족하고 일본처럼 전자기록의 포괄적인 금지를 명하는 것이 합리적이고, 만기일에 지급 제시하도록 하는 것은 무익적 기재사항이므로 생략하는 것이 타당하다고 생각되므로 아래 주문 4항과 같은 내용의 명령을 발령하여야 한다고 생각한다.

1. 사단법인 금융결제원에 등록된 채무자의 제3채무자에 대한 별지목록 기재 전자어음을 압류한다.
2. 채무자는 위 전자어음에 대하여 지급을 위한 제시, 어음금의 추심, 배서양도 기타 일체의 처분 및 전자기록의 청구를 하여서는 아니 된다.
3. 제3채무자는 채무자에게 위 어음금을 지급하여서는 아니 된다.
4. 사단법인 금융결제원은 위 전자어음에 대한 전자기록을 하여서는 아니 된다.

(2) 가압류

앞서 살펴본 내용을 종합하여 보면 전자어음 가압류의 경우에는 앞서 본 압류명령의 주문 중 2항은 불필요하므로 이를 제외하고 아래와 같은 내용의 명령을 발령하면 된다고 생각한다.

1. 사단법인 금융결제원에 등록된 채무자의 제3채무자에 대한 별지목록 기재 전자어음을 가압류 한다.
2. 제3채무자는 채무자에게 위 어음금을 지급하여서는 아니 된다.

3. 사단법인 금융결제원은 위 전자어음에 대한 전자기록을 하여서는 아니 된다.

라) 법률 개정 내지는 대법원 규칙 제정의 필요

① 전자어음 강제집행의 근거 규정 필요(전자기록관리기관의 당사자화 포함)

현재 법률 규정이나 대법원 규칙상으로는 제3채무자도 아닌 사단법인 금융결제원을 압류명령 내지 가압류명령의 당사자로 포함시키기에는 명문 규정 부재라는 문제점이 있으므로 빠른 시일 내에 전자어음법에 전자어음의 강제집행이나 보전집행은 대법원 규칙에 위임한다는 주식, 사채 등의 전자등록에 관한 법률 제68조 규정과 동일한 내용의 법률 규정을 전자어음법에 추가하는 개정이 필요한 한편, 구체적인 대법원 규칙 제정을 통하여 일본 민사집행규칙 제150조의10 제1항[432]이나 민사보전규칙 제42조의2 제1항[433]과 같은 규정을 두어서 금융결제원을 전자어음 압류나 가압류의 당사자로 포함시키는데 필요한 근거 규정을 마련하는 것이 필요하다고 생각된다.

② 전자어음법령에 (가)압류 명령 송달 시에 전자기록관리기관의 전자기록 의무를 명문 규정화 필요

일본에서는 전자기록채권법 제49조 제1항에서 전자기록관리기관이 전자기록채권에 관한 강제집행이나 가압류 결정 등이 송달받았을 경우에 강제집행 등의 전자기록 의무를 규정하고 있고, 전자기록에 대한 필요한 사항에 대해서는 시행령에 위임하고 있지만(동조 2항), 우리나라 전자어음법에는 전자어음의 강제집행에 대한 규정조차도 없기 때문에 그러한 강제집행의 전자기록에 대한 규정도 없는바, 전자어음의 특성상 전자어음에 대한 강제집행이 이루어진 경우에는 그 강제집행의 전자기록은 반드시 동반되어야 하는 내용이므로 전자어음에 대한 강제집행 규정을 신설할 경우에는 그 강제집행의 전자기록과 관련한 규정도 반드시 함께 신설할 필요가 있다.

432) 집행재판소는 압류명령에서 전자기록채권에 관하여 ① 채무자에 대하여 추심 그 밖의 처분 또는 전자기록의 청구를 금지하고, ② 당해 전자기록채권의 채무자(제3채무자)에 대하여 채무자에 대한 변제를 금지하며, ③ 당해 전자기록채권의 전자기록을 하고 있는 전자채권기록기관에 대하여 전자기록을 금지하여야 한다."

433) 보전집행 재판소가 전자기록채권에 관하여 제3채무자에게 변제의 금지를, 전자채권기록기관에게 전자기록의 금지를 명하는 방법으로 전자기록채권에 대한 가압류를 집행한다.

Ⅶ. 채무자의 채권증서 인도의무와 채권증서의 인도집행

1. 채무자의 채권증서 인도의무

가. 의의

채무자는 그가 소지하는 압류된 채권에 관한 증서를 압류채권자에게 인도할 의무가 있다(민사집행법 제234조 제1항). 이는 채권증서가 채권의 존재와 성립을 증명하는 가장 간편한 수단일 뿐만 아니라 제3채무자가 변제를 하는 경우에는 압류채권자에게 채권증서의 반환을 요청할 수 있으므로(민법 제475조), 압류채권자가 압류된 채권의 추심을 위하여 채권증서를 소지할 필요가 있기 때문이다. 채무자가 채권자에게 채권증서를 인도하더라도 권리의 실체적인 귀속까지 채무자에게서 채권자에게로 이전되는 것은 아니다.

위 인도의무는 압류채권자가 아직 추심명령이나 전부명령을 얻지 않은 경우에도 인정됨이 민사집행법 제234조의 문언상 분명하다. 한편, 집행력 있는 정본을 가진 채권자라도 압류채권자가 아닌 배당요구채권자는 채무자에게 채권증서의 인도를 청구할 수 없으나, 민사집행법 제250조에 따라 배당요구채권자가 법원의 추심허가를 얻은 경우에는 추심권 행사를 위하여 채무자에게 채권증서의 인도를 청구할 수 있다고 보아야 한다.434)

나. 인도의무의 대상이 되는 채권증서435)

1) 차용증, 계약서, 예금증서 외에 협의의 면책증권(신발표, 수하물인도증권), 골프장에 대한 예탁금증서 등도 위와 같은 채권증서에 해당한다.

2) 집행권원(집행력 있는 공정증서 또는 판결)의 정본도 채권증서에 해당한다고 해석된다. 압류채권자는 채무자로부터 '채무자를 채권자로 하고 제3채무자를 채무자로 하는 집행권원'을 인도받아 압류에 따르는 추심명령 또는 전부명령 등에 의한 피압류채권의 이전을 근거로 승계집행문을 부여받을 수 있다.

3) 공탁물 지급청구권(공탁물 출급청구권 또는 공탁물 회수청구권)을 압류한 경우에는 공탁서 또는 공탁통지서도 채권증서에 해당한다. 다만, 압류채권자가 이미 추심명령을 얻은 경우에는 공탁물을 지급받는 데에는 위와 같은 공탁서 또는 공탁통지

434) 법원실무제요, 민사집행[IV], 법원행정처(2020), 310.

435) 손진홍, 채권집행실무, 한국사법행정학회(2019), 172-173.

서를 공탁물지급청구서에 첨부할 필요가 없다(공탁규칙 제33조 제1호 단서 다.목 및 제34조 제1호 다.목).

그러나 유가증권은 민사집행법 제210조(배서가 금지되지 않은 것) 또는 제233조(배서가 금지된 것)의 집행대상이 되므로 민사집행법 제234조의 적용대상에서 제외된다.

다. 요건

1) 채권의 압류

채권의 일부만이 압류된 때에도 채권증서 전부의 인도의무가 생긴다. 다만 이 경우 사용한 뒤 또는 그 밖의 사유로 집행절차가 종료한 때(압류신청의 취하나 취소의 확정 등)에는 이를 채무자에게 반환하여야 한다.[436]

압류채권자가 2인 이상인 때에는 채무자는 어느 채권자에게든 채권증서를 인도해도 된다.[437]

집행력 있는 집행권원의 정본을 가진 채권자라도 압류채권자가 아닌 배당요구 채권자에 대하여는 채권증서를 인도할 의무가 없다.[438]

채권증서의 인도의무는 채권압류로 인한 효과의 일종이므로, 압류명령이 제3채무자에게 송달됨으로써 압류의 효력이 생긴 후가 아니면 채권증서의 인도의무도 생기지 않는다.[439] 다만, 채권증서 '인도의무'를 발생시키기 위하여 압류채권자가 추심명령을 발령받아 추심권을 얻거나, 전부명령을 받아야 하는 것은 아니다.[440]

2) 채권증서의 존재

채권증서에 해당하는 것이 복수인 때에는 그 전부에 대하여 인도의무가 생긴다.[441]

인도의무를 부담하는 주체가 채무자인 이상, 해당 채권증서를 채무자가 소지할 것을 요건으로 한다. 채무자 아닌 제3자가 점유하는 증서에 대하여는 채권자가 민사집행법 제234조에 의하여 당연히 강제집행을 할 수는 없고, 채무자가 가지는 인도청구권을 넘겨받은 후(민사집행법 제259조) 제3자를 상대로 인도를 청구하는 소를 제

436) 법원실무제요, 민사집행[IV], 법원행정처(2020), 310.
437) 손진홍, 채권집행실무, 한국사법행정학회(2019), 173.
438) 손진홍, 채권집행실무, 한국사법행정학회(2019), 173-174.
439) 법원실무제요, 민사집행[IV], 법원행정처(2020), 311.
440) 손진홍, 채권집행실무, 한국사법행정학회(2019), 174.
441) 손진홍, 채권집행실무, 한국사법행정학회(2019), 174.

기하여 그 판결을 집행권원으로 한 강제집행을 할 수 있을 뿐이다.[442)]

라. 효과

위와 같은 요건이 충족되면 채무자는 압류채권자에게 채권증서를 인도하여야 한다.

채무자가 임의로 인도하지 않는 때에는 압류채권자는 동산의 인도집행방법(민사집행법 제257조)에 의하여 그 인도를 받을 수 있다. 이 경우 채권증서의 인도 자체에 대한 집행권원을 얻지 않고서도 강제집행을 하는 것이 가능하므로, 압류채권자의 채무자에 대한 인도를 구하는 취지의 급부소송은 소의 이익을 흠결한 것으로 볼 여지가 있다.[443)]

채무자로부터 채권증서로서의 집행권원의 인도를 받은 압류채권자는 이것에 승계집행문의 부여를 받아 제3채무자의 재산에 대하여 강제집행의 신청을 하는 것이 가능하다.

2. 채권증서의 인도집행

가. 의의

채무자가 임의로 채권증서를 채권자에게 인도하지 않을 때에는 채권자는 압류명령에 의하여 강제집행의 방법으로 그 증서를 인도받을 수 있다(민사집행법 제234조 제2항). 원래는 채권에 대한 압류명령은 채권증서 인도에 관한 집행권원이 아니지만, 채권증서 인도에 관하여 별도로 집행권원을 얻지 않고도 압류명령만으로 채권증서 인도의 강제집행을 할 수 있도록 한 것이다.

압류명령에, 인도하여야 할 채권증서가 표시되어 있을 필요는 없다. 압류명령에 그와 같은 사항을 표시하는 것은 절차상 예정되어 있지 않고, 압류와 관계된 채권에 관한 증서인지 여부는 집행할 때에 집행관이 압류명령 중의 피압류채권의 표시와 당해 증서의 기재내용을 대비하여 판단하면 족하기 때문이다.[444)]

또한, 압류명령에 집행문이 부여될 필요도 없다.[445)]

442) 손진홍, 채권집행실무, 한국사법행정학회(2019), 174.
443) 손진홍, 채권집행실무, 한국사법행정학회(2019), 175.
444) 손진홍, 채권집행실무, 한국사법행정학회(2019), 175.
445) 손진홍, 채권집행실무, 한국사법행정학회(2019), 175.

나. 요건

1) 압류명령이 집행권원이 되고 여기에는 집행문을 필요로 하지 않으나, 제3채무자에게 송달되어 압류의 효력이 발생하였을 것을 요한다. 압류채권자가 추심명령을 발령받아 채권의 추심권을 얻는다거나, 전부명령이나 양도명령을 얻을 필요는 없다. 다만, 전부명령이나 양도명령을 얻은 후에도 인도명령을 하는 데 지장이 없다.[446)]

2) 채무자 아닌 제3자가 점유하는 증서에 대하여는 채권자가 민사집행법 제234조에 의하여 당연히 강제집행을 할 수는 없다. 이 경우 압류채권자는 민사집행법 제259조가 정하는 절차에 따라 채무자로부터 제3자에 대한 채권증서 인도청구권을 넘겨받은 후 그 제3자를 상대로 인도를 청구하는 소를 제기하여 그 판결을 집행권원으로 하여 강제집행을 할 수 있다. 그 집행에 필요한 비용도 강제집행에 필요한 것인 한 채무자가 부담하여야 한다(민사집행법 제53조 제1항).[447)]

다. 집행의 절차

채권증서의 인도집행은 동산의 인도집행에 해당하므로, 강제집행의 절차는 민사집행법 제257조에 따라 집행관이 채무자로부터 채권증서를 빼앗아 채권자에게 인도하는 방법에 의하여 한다. 따라서 압류채권자는 집행관에게 인도집행의 신청을 하여야 한다.[448)]

집행의 신청서에는 집행력 있는 집행권원 정본에 대신하여 압류명령의 정본을 첨부하여야 한다. 당해 채권집행에 관계된 집행력 있는 집행권원의 정본 또는 등본을 첨부할 필요는 없다.[449)]

3. 채권증서의 반환

1) 압류채권자는 채무자로부터 채권증서의 인도를 받은 후 제3채무자로부터 그 채권 '전부'를 추심한 때, 또는 제3채무자가 그 채권의 전액에 해당하는 금액의 공탁을 한 때는 '제3채무자'에게 채권증서를 반환하여야 한다. 그리고 채권증서에 표시된 채권의 '일부'만을 압류하고 그 추심을 한 때 또는 그 몫만의 공탁이 된 때에는 '채

446) 손진홍, 채권집행실무, 한국사법행정학회(2019), 176.
447) 법원실무제요, 민사집행[IV], 법원행정처(2020), 311.
448) 법원실무제요, 민사집행[IV], 법원행정처(2020), 311.
449) 손진홍, 채권집행실무, 한국사법행정학회(2019), 176.

무자'에게 채권증서를 반환하여야 한다.[450]

2) 추심 또는 공탁에 이르지 않고 압류채권자가 채권집행의 신청을 취하한 때 또는 채권집행의 절차를 취소하는 뜻의 결정이 된 때에는 물론, 채무자로부터 집행채권 및 집행비용 전액의 변제를 받은 때도 압류채권자는 '채무자'에게 채권증서를 반환하여야 할 것이다. 압류채권자가 임의로 반환하지 않은 때는 채무자는 이것을 소로써 청구하여 인도에 관한 집행권원을 얻어야 한다.[451]

Ⅷ. 제3채무자의 진술의무

1. 개설

일반적으로 채권은 그 존부, 내용, 담보설정 및 처분제한 등이 공시되지 않기 때문에 채권양수인이나 압류채권자 등 그 채권에 대하여 이해관계가 있는 제3자로서는 채무자(채권압류의 경우에는 제3채무자에 해당한다)에게 조회하여 이를 확인할 수밖에 없다.

특히 채권에 대한 압류명령은 채무자와 제3채무자를 심문하지 않은 상태에서(민사집행법 제226조) 제3채무자의 채무자에 대한 채무가 실제 존재하는지 여부 등을 가리지 않고 하는 것이므로, 채권자는 만약 제3채무자의 채무자에 대한 채무가 존재하지 않거나 그 채권의 실제 가치가 적으면 새로운 강제집행 방법을 모색하여야 한다. 또한, 압류와 관련된 채권에 대하여 경합하는 다른 채권자가 있다면 민사집행법 제248조 제3항에 따라 제3채무자에게 공탁청구를 할 수도 있다.

이에 민사집행법 제237조는 채권이 압류된 경우에 제3채무자로 하여금 압류와 관련된 채권의 존부, 내용, 지급의사 및 경합하는 권리자 등에 관한 정보를 제공하도록 할 필요가 있다고 보아 채권자가 제3채무자에 대한 진술최고의 신청을 할 수 있도록 하고 있다. 제3채무자에게 진술의무를 부과하는 것은 압류채권자와 채무자의 분쟁에 휘말려든 제3채무자로서는 번거로운 일일 것이나, 채권에 대한 강제집행을 실효성 있게 하기 위하여 부득이하게 지는 부담이고, 채권집행에 대한 제3채무자의 협력의무라고 할 수 있다.[452]

---

450) 법원실무제요, 민사집행[IV], 법원행정처(2020), 311.

451) 법원실무제요, 민사집행[IV], 법원행정처(2020), 311.

452) 주석 민사집행법(V)(제4판), 한국사법행정학회(2018), 703(노재호).

2. 진술최고의 절차

가. 진술최고의 신청

1) 압류채권자는 제3채무자로 하여금 압류명령의 송달을 받은 날부터 1주 이내에 서면으로 민사집행법 제237조 제1항에 정해진 사항을 진술하게 하도록 집행법원에 신청할 수 있다. 이는 압류채권자가 해당 압류채권의 집행으로 채권만족의 목적을 달성할 수 있을 것인지 여부에 관한 판단자료를 제3채무자로부터 얻을 수 있도록 하기 위한 제도이다.

2) 집행법원은 신청이 있는 경우에만 제3채무자에게 최고를 할 수 있고 직권으로 최고할 수는 없다. 제3채무자의 진술은 오로지 압류채권자의 이익을 위한 것이기 때문이다.[453)]

3) 진술최고의 신청권자는 압류채권자에 한하고, 배당요구채권자는 포함되지 않는다.

가압류채권자도 진술최고를 신청할 수 있다고 보는 것이 통설과 실무례이나(민사집행법 제291조, 제237조, 재일 2005-1 제2조 제5호),[454)] 반대견해도 있다.[455)] 가압류채권자가 진술최고를 신청할 수 있다는 견해에 의할 경우, 후에 본집행의 신청을 하여 압류명령을 얻는 때에는 민사집행법 제237조에 의하여 다시 진술최고의 신청을 하는 것도 가능하다.[456)]

압류명령과 추심명령을 신청한 채권자가 최고의 신청을 할 수 있음은 물론이고, 압류명령만을 신청한 채권자도 최고의 신청을 할 수 있다. 압류명령과 전부명령을 동시에 신청한 채권자도 전부명령에 대하여 즉시항고가 인정되고 있어 전부명령의 송달만으로 강제집행절차가 종료하는 것은 아니므로 진술최고를 신청할 수 있다.[457)]

4) 제3채무자 중 일부에 대해서만 진술최고를 신청하는 것도 가능하고, 실무에서는 그러한 경우가 많으므로 주의를 요한다.[458)]

5) 진술최고를 신청하는 시기는 압류명령의 신청과 함께 하거나 적어도 압류명령을 발송하기 전이라야 한다. 제3채무자는 압류명령을 송달받은 날부터 1주 이내에

---

453) 법원실무제요, 민사집행[IV], 법원행정처(2020), 312.
454) 법원실무제요, 민사집행[IV], 법원행정처(2020), 312.
455) 권창영, 민사보전법, 유로(2012), 467-472.
456) 손진홍, 채권집행실무, 한국사법행정학회(2019), 157.
457) 법원실무제요, 민사집행[IV], 법원행정처(2020), 312-313.
458) 법원실무제요, 민사집행[IV], 법원행정처(2020), 313.

진술의무를 이행하여야 하므로 법원은 압류명령을 송달하면서 진술최고를 함께 하여야 하고, 또한 진술최고로 인한 제3채무자의 의무는 순전히 타의에 의하여 다른 사람들 사이의 법률분쟁에 편입하여 부담하게 되는 것이므로 그 진술의무를 집행절차에서 아무런 시기상의 제한 없이 부담하게 할 수는 없기 때문이다.[459] 따라서 압류명령이 송달된 뒤의 최고신청은 부적법하므로 각하하여야 한다.[460]

신청은 서면으로 하여야 하고(민사집행법 제4조), 최고서의 송달료 및 제3채무자의 진술서 제출용 우편료를 예납하여야 한다. 서면을 접수한 법원사무관등은 재판사무시스템에 문건으로 입력하고 압류명령 신청기록에 가철한다.[461]

6) 한편, 2017. 7. 21.부터는 금융기관인 제3채무자에 대하여 금융거래정보 등의 제출을 요구하는 진술최고 신청을 할 때에는 압류명령이 있을 때까지 통보비용(금융실명거래 및 비밀보장에 관한 법률 제4조의2에 따른 '금융기관의 명의인에 대한 통보'에 드는 비용을 말한다)도 예납하여야 한다.[462]

대법원의 '금융거래정보·과세정보 제출명령에 관한 예규'(재일 2005-1)에 의하면, 법원은 민사소송 그 밖에 민사소송절차가 준용되는 재판절차에서 금융기관에 대하여 '제출명령'을 하는 경우에는 그 신청인에게 통보비용의 예납을 명하여야 하는데(제4조 제1항 본문), 위 예규가 개정되어 민사집행법 제237조 및 제291조에 의한 압류·가압류명령 시의 진술최고가 제출명령의 범위에 포함되었기 때문이다(제2조 제5호). 이때 진술최고 신청인은 금융실명거래 및 비밀보장에 관한 법률 제4조의2 제4항, 같은 법 시행령 제10조의2에서 정한 금융거래정보 통보비용을 법원보관금으로 예납하여야 하고, 통보비용은 '금융기관 수 × 명의인 수 × 2,000원'이다(재일 2005-1 제4조 제2항). 진술최고 신청인이 압류·가압류명령이 있을 때까지 위 통보비용을 납부하지 않는 경우에는 진술최고 신청을 각하한다(재일 2005-1 제4조 제1항 단서).

나. 집행법원의 최고

1) 압류채권자의 신청이 있으면 집행법원은 부적법한 신청이 아닌 한 반드시 최고를 하여야 하고, 최고의 필요가 없다고 판단하여 최고하지 않을 수는 없다.[463]

459) 주석 민사집행법(V)(제4판), 한국사법행정학회(2018), 704(노재호).
460) 법원실무제요, 민사집행[IV], 법원행정처(2020), 313.
461) 법원실무제요, 민사집행[IV], 법원행정처(2020), 313.
462) 법원실무제요, 민사집행[IV], 법원행정처(2020), 313.

2) 이 최고는 진술최고서[전산양식 A4316]를 제3채무자에게 송달하는 방법으로 한다(민사집행법 제237조 제2항). 제3채무자에게 진술을 명하는 서면을 송달할 때에는 전자소송 동의의 방식과 인증번호 등이 기재된 전자소송 안내서[전산양식 A6003]를 함께 보내야 한다(재일 2012-1 제60조 제3호 바목).

3) 진술최고서에는 민사집행법 제237조 제1항에 정해진 '진술하여야 할 사항'과, '압류명령의 송달을 받은 날로부터 1주 이내에 서면으로 진술하여야 한다'는 취지를 적고, 판사(사법보좌관)가 기명날인하여야 한다. 실무는 제3채무자의 진술의 편의를 위해서 인쇄된 진술서 용지와 회신용 등기우편료 상당의 우표를 동봉하고 있다.[464]

4) 제3채무자가 금융기관인 경우 진술최고 및 제출명령 양식[전산양식 A1847]을 사용하여야 한다(재일 2005-1 제3조 제1항).

[전산양식 A4316: 제3채무자에 대한 진술최고서]

○ ○ 지 방 법 원
진 술 최 고 서

사　　건　20　타채　　채권압류
채 권 자
채 무 자
제 3 채무자

채권자로부터 민사집행법 제237조의 규정에 의한 진술최고의 신청이 있으므로 제3채무자는 압류명령의 송달을 받은 날부터 1주 이내에 서면으로 아래 사항을 진술하기 바라며, 첨부된 제3채무자 진술서를 작성하여 이 법원에 제출하는 방법으로 진술할 수 있습니다.

1. 채권을 인정하는지의 여부 및 인정한다면 그 한도
2. 채권에 대하여 지급할 의사가 있는지의 여부 및 의사가 있다면 그 한도
3. 채권에 대하여 다른 사람으로부터 청구가 있는지의 여부 및 청구가 있다면 그 종류
4. 다른 채권자에게 채권을 압류당한 사실이 있는지 여부 및 그 사실이 있다면 그 청구의 종류

463) 법원실무제요, 민사집행[IV], 법원행정처(2020), 314.
464) 법원실무제요, 민사집행[IV], 법원행정처(2020), 314.

2○○○. ○. ○.
판사(사법보좌관) ㊞

5) 이 최고는 압류명령과 함께 하여야 하고, 압류명령이 송달된 이후에는 할 수 없다.

이에 대하여는, 압류명령의 발송 전까지 진술최고 신청이 있었음에도 집행법원이 이를 간과하여 압류명령을 발송할 때에 최고하지 않은 경우에는 나중에 이를 발견하면 최고를 하여야 하고, 이 경우 진술의 기한은 그 최고서가 도달한 때부터 1주 이내라고 보아야 한다는 견해가 있다.[465)]

6) 그 송달은 집행관에 의하여야 할 필요는 없고, 우편송달로 하여도 무방하다. 보충송달이나 유치송달도 가능하지만, 제3채무자에게 현실로 도달하지 않으면 무의미하므로 공시송달은 허용되지 않는다. 송달 사실은 제3채무자의 진술의무, 손해배상의무 등의 발생을 좌우하는 중요한 요건이므로, 압류명령의 우편송달통지서에 적어야 한다.[466)]

7) 진술최고신청을 각하한 결정에 대하여는 즉시항고로 불복할 수 없다. 집행절차에 관한 집행법원의 재판에 대하여는 특별한 규정이 있어야만 즉시항고를 할 수 있는데(민사집행법 제15조 제1항), 진술최고신청을 각하한 결정에 대하여 즉시항고로 불복할 수 있는 규정은 없기 때문이다. 따라서 진술최고신청에 대한 각하결정에 대하여는 특별항고로만 불복할 수 있다고 보아야 한다(민사집행법 제23조 제1항, 민사소송법 제449조).[467)]

제3채무자는 위 최고에 대하여 불복하지 못한다.[468)]

3. 제3채무자의 진술

가. 진술의무

1) 집행법원의 최고를 받은 제3채무자는 진술최고서를 받으면 그 정해진 1주 이

465) 손진홍, 채권집행실무, 한국사법행정학회(2019), 158-159.
466) 법원실무제요, 민사집행[IV], 법원행정처(2020), 315.
467) 서울고등법원, 2016. 1. 5.자 2015라20899 결정(미간행)도 같은 취지이다.
468) 법원실무제요, 민사집행[IV], 법원행정처(2020), 315.

내에 서면으로 그에 기재된 사항을 진술할 의무가 있다. 이 의무는 제3채무자의 압류채권자에 대한 사법상 의무가 아니라 집행법원에 대하여 부담하는 절차법상 의무이다. 제3채무자의 진술의무가 발생하려면, 압류의 효력이 유효하고, 집행법원의 적법한 진술최고가 있어야 한다. 진술 전에 강제집행정지결정이 있더라도 진술의무가 소멸하는 것은 아니다.[469]

2) 진술은 제3채무자 본인 이외에 대리인을 통하여 하더라도 무방하다. 진술의 상대방은 집행법원이고 압류채권자가 아니다.

3) 진술의 방법은 서면에 의하여야 한다는 것 외에는 별다른 제한이 없으나, 허위의 진술을 한 경우에는 손해배상책임이 인정될 수 있기 때문에 분명하게 하는 것이 바람직하다. 제3채무자는 진술을 하면 족하고 진술내용을 증명할 의무는 없다. 진술기간은 압류명령의 송달을 받은 때로부터 1주일이지만, 이는 훈시규정으로서 다소 지연되었다 하더라도 유효한 진술이 된다. 진술에 소요된 비용은 채권자의 예납금으로부터 제3채무자에게 지급되어야 하고, 이는 종국적으로 집행비용으로 되어 채무자의 부담으로 된다.[470]

4) 2015. 3. 23.부터는 제3채무자의 진술서가 종이 형태로 제출된 때에는 전자화 작업을 한 다음 전자소송시스템에 전산등재하여(재일 2012-1 제28조 제1항 제6호, 제6항) 채권자 등 이해관계인이 전자소송시스템을 통하여 제3채무자의 진술서를 전자적 방법으로 열람·복제·출력할 수 있도록 하고 있다(재일 2012-1 제95조).

5) 채권자에게 진술서가 제출되었다는 취지 또는 그 내용을 통지할 의무는 없다. 압류채권자는 민원우편제도를 이용하여 집행법원에 제3채무자의 진술서 사본의 교부를 청구할 수 있다(재일 2003-13 제2조 제1항 제5호).

6) 제3채무자가 진술을 한 뒤에도 그 진술내용에 잘못이 있거나 또는 사정변경이 있을 때에는 이를 정정하거나 보충할 수 있다.[471]

나. 진술할 사항

1) 채권을 인정하는지 여부 및 인정한다면 그 한도(제1호)

가) 제3채무자는 우선 피압류채권의 존재 여부와 그 금액을 진술하여야 한다. 여기서 '인정'은 청구의 인낙(민사소송법 제220조)과 같은 의미가 아니다.[472]

---

469) 법원실무제요, 민사집행[IV], 법원행정처(2020), 315.
470) 법원실무제요, 민사집행[IV], 법원행정처(2020), 316.
471) 법원실무제요, 민사집행[IV], 법원행정처(2020), 316.

나) 금전채권 외의 채권인 경우에는 채권의 종류와 내용도 진술하여야 할 것이다. 채권의 일부가 압류된 경우에도 그 채권 전부에 관하여 진술하여야 한다.

다) 압류와 관련된 채권이 당초부터 존재하지 않는다든가 혹은 이미 소멸한 경우에는 제3채무자로서는 채권이 존재하지 않는다는 취지를 진술하면 족하고, 그 이상으로 상세한 진술을 할 법률상 의무는 없다. 그러나 채권이 원래는 존재하였으나 그 후 소멸하거나 이전되었을 때에는 그 사유(변제, 채권양도 등)를 기재하는 것이 바람직하다.473) 제3채무자의 입장에서도 압류채권자에게 정확한 판단을 위한 정보를 제공하면 무용한 절차에 의한 추급을 피할 수 있는 이익이 있기 때문이다.474)

라) 채권 존부의 기준시점에 관하여는 명문의 규정이 없는데, 진술을 하는 제3채무자의 입장을 생각하면 '진술하는 때'를 기준으로 하는 것이 적절하다는 견해가 있다.475)

그러나 제3채무자의 진술의무는 압류채권자로 하여금 압류의 효력과 범위를 판단할 수 있도록 정보를 제공하는 데 그 목적이 있으므로, 원칙적으로 압류의 효력발생 시점인 '압류명령이 제3채무자에게 송달된 때'를 기준으로 하는 것이 타당하다.476) 다만 장래의 채권에 대한 압류의 경우에는 압류명령 송달 이후에 발생한 채권이라도 제3채무자가 진술을 할 때 이미 발생하였다면 채권이 존재하는 것으로 진술하여야 할 것이다.477)

2) 채권에 대하여 지급할 의사가 있는지 여부 및 의사가 있다면 그 한도(제2호)

가) 채권이 존재하는 경우에는 이를 지급할 의사가 있는지 및 어느 범위에서 지급할 의사가 있는지를 진술하여야 한다. 여기서 지급 의사는 압류채권자에 대한 것을 말하는 것이 아니고, 원래의 채무자에 대한 지급 의사를 의미한다. 따라서 채무자에 대하여 지급을 거절할 수 있는 항변사유가 있을 때에는 이를 진술하면 된다.478)

나) 지급의사가 없는 경우에는 그것이 법률상 지급을 거절할 수 있는 사유인가 아닌가를 불문하고 있는 그대로를 구체적으로 진술하는 것이 바람직하다. 장차 상계

472) 법원실무제요, 민사집행[IV], 법원행정처(2020), 316.

473) 법원실무제요, 민사집행[IV], 법원행정처(2020), 316-317.

474) 손진홍, 채권집행실무, 한국사법행정학회(2019), 161.

475) 손진홍, 채권집행실무, 한국사법행정학회(2019), 161.

476) 주석 민사집행법(V)(제4판), 한국사법행정학회(2018), 707-708(노재호); 日東京地判 1994. 1. 28. (압류명령이 제3채무자인 은행에 송달된 이후에 발생한 예금채권에 관하여는 진술의무가 없다)

477) 주석 민사집행법(V)(제4판), 한국사법행정학회(2018), 708(노재호).

478) 법원실무제요, 민사집행[IV], 법원행정처(2020), 317.

를 할 예정이라거나 동시이행의 항변을 하는 것도 이에 포함된다.

다) 상계를 할 수 있는 반대채권이 있었는데도 집행법원에 지급의사가 있다고 진술하거나 상계의 가능성을 밝히지 않은 경우, 이를 압류채권자나 채무자에 대한 상계권의 포기로 볼 수는 없으므로 이후 상계를 하는 것이 가능하고,[479] 이와 같이 나중에 상계를 하였다고 하여 당초의 진술이 허위 또는 불실의 진술이 되는 것도 아니다. 상계권을 행사할지 여부는 법률상 진술할 의무가 있는 사항에는 해당하지 않기 때문이다.[480]

3) 채권에 대하여 다른 사람으로부터 청구가 있는지의 여부 및 청구가 있다면 그 종류(제3호)

피압류채권에 대하여 압류채권자보다 우선하는 권리자(예를 들어 채권질권자)나 또는 채권을 양수하였다고 주장하는 사람 등이 제3채무자에게 청구하는 경우가 이에 해당한다. 이러한 청구를 한 사람이 있으면 그 청구를 한 사람의 성명과 주소 및 청구의 내용을 진술하면 된다. 압류채권자보다 우선하는 권리에 관하여는 우선하는 권리의 범위도 진술하면 좋을 것이다.

압류명령보다 먼저 다른 채권자의 전부명령 또는 채권양도에 관한 통지(확정일자 있는 증서에 의한 것)가 도달한 때에는 압류의 효력 발생 당시에 압류된 채권이 존재하지 않는 경우에 해당하므로 채권의 존부에 관한 항목(위 제1호)에서 진술하면 된다.[481]

4) 다른 채권자에게 채권을 압류당한 사실이 있는지 여부 및 그 사실이 있다면 그 청구의 종류(제4호)

다른 채권자에 의한 압류 외에 가압류, '채무자회생 및 파산에 관한 법률'상의 보전처분, 국세징수법에 의한 체납처분 등이 있는 때에도 이를 진술하여야 한다. 이때에는 압류나 가압류 등의 종류와 압류채권자의 이름, 주소 외에 압류 등을 발령한 법원 내지 행정관청, 압류 등의 날짜 및 사건번호 등을 진술하여야 한다.

압류채권자는 압류와 관련된 채권에 대하여 이미 다른 채권자가 압류·가압류 집행을 하여 압류가 경합된 경우에는 제3채무자에게 그 채권 전액에 해당하는 금액의 공탁을 청구할 수 있고(민사집행법 제248조 제3항), 반대로 경합하는 다른 채권자가

479) 日最判 1979. 5. 12.

480) 김태관, "제3채무자의 진술의무위반에 따른 손해배상책임에 관한 소고", 법학연구 제26권 제1호, 경상대학교 법학연구소(2018. 1.), 73-74.

481) 법원실무제요, 민사집행[IV], 법원행정처(2020), 317.

없으면 이후 전부명령을 얻어 독점적인 만족을 얻을 수 있기 때문에, 제3채무자로 하여금 압류채권자에게 위와 같은 정보를 제공하게 할 필요성이 있다.[482)]

다. 진술의 효과[483)]

제3채무자의 진술은 단순한 사실의 진술에 불과하므로, 허위의 진술로 인하여 손해배상책임을 지는 것은 별론으로 하고, 그 자체만으로는 아무런 구속력이 없다. 제3채무자가 채무를 인정하는 진술을 하더라도 이는 집행법원에 대한 사실의 보고라는 성질을 가지는 데 불과하므로, 소멸시효 중단사유인 '채무의 승인'으로 볼 수도 없다.

따라서 압류채권자로서는 제3채무자의 진술에 구애받지 않고 행동할 수 있다. 예를 들어 제3채무자가 압류된 채권이 존재하지 않는다고 진술하더라도 그에 대하여 전부명령을 신청하거나 추심소송을 제기할 수 있고, 집행법원으로서도 제3채무자의 진술을 이유로 전부명령 등을 거부할 수는 없다.

다른 한편으로 제3채무자 자신도 그 진술에 구애받지 않으므로, 일단 채권이 존재한다고 진술한 뒤에도 이후의 추심소송에서 채권이 발생하지 않았다거나 무효라고 주장할 수 있고, 변제의 의사가 있다고 진술한 뒤에도 채무자에 대한 반대채권으로 상계하거나 소멸시효를 주장할 수 있다. 다만 특별한 경우에는 제3채무자의 주장이 이전의 진술과는 모순되는 것으로서 신의칙상 허용되지 않을 수도 있다.

제3채무자의 진술에 의하여 압류된 채권의 소멸시효 중단의 효과가 발생하지도 않는다. 그러나 채권이 존재한다는 진술이 채권의 존재에 대한 사실상의 추정으로 작용할 수는 있다.

4. 집행법원의 심문

제3채무자가 위 진술의무를 게을리한 때에는 압류채권자가 그 이행을 소로써 청구할 수는 없으나, 집행법원은 직권으로 제3채무자를 심문할 수 있고(민사집행법 제237조 제3항), 압류채권자도 법원의 직권발동을 촉구하는 의미에서 집행법원에 심문신청을 할 수 있다.

압류채권자가 심문을 신청하는 경우 심문을 할지 여부는 집행법원의 재량에 달

482) 주석 민사집행법(V)(제4판), 한국사법행정학회(2018), 709(노재호).
483) 법원실무제요, 민사집행[IV], 법원행정처(2020), 317-318.

려 있다. 집행법원이 심문을 하더라도 반드시 심문기일을 열어야 하는 것은 아니고 서면에 의한 심문도 가능하다. 실무에서는 주로 제3채무자에게 심문서를 발송하는 방법을 취하고 있다.[484] 제3채무자가 집행법원의 심문에 응하지 않더라도 그에 따른 직접적인 불이익은 없으나, 고의나 과실로 심문에 응하지 않아 압류채권자에게 손해가 발생할 경우에는 손해배상책임을 질 수 있다.

이처럼 집행법원이 제3채무자를 심문할 수 있도록 한 것은 일본에서는 찾아볼 수 없는 우리나라만의 독특한 입법례이다.[485]

5. 제3채무자의 손해배상책임

가. 의의

제3채무자는 집행법원에 대하여 진술의무를 부담하는 것이므로 진술의무를 위반하더라도 압류채권자에 대한 '채무불이행책임'으로 구성할 수는 없으나, 제3채무자가 고의 또는 과실로 불실 또는 허위의 진술을 함으로 말미암아 압류채권자에게 손해가 발생한 때에는 그 손해를 배상할 의무가 있다. 제3채무자의 진술의무 위반은 민사집행법 제237조에 따른 집행법원의 진술최고를 위반한 위법행위라고 볼 수 있고, 집행법원의 진술최고는 압류채권자의 이익을 보호하기 위한 것이므로, 제3채무자가 고의나 과실로 진술의무를 위반한 경우에는 민법 제750조의 '불법행위책임'이 성립할 수 있다.

나. 요건

1) 제3채무자의 진술의무 위반

가) 제3채무자가 민사집행법 제237조에 따른 진술의무를 위반한 경우이어야 한다. 그러므로 집행법원의 진술최고가 없거나 법률상 진술할 의무가 있는 사항이 아닌데도 진술을 한 경우에는, 불실 또는 허위의 진술을 하더라도 곧바로 위법하다고 할 수 없다.

나) 압류명령이 무효이거나 취소된 경우에는 제3채무자의 진술의무가 없다고 보아야 하므로, 제3채무자가 진술의무를 위반하더라도 손해배상책임을 지지 않는다.

다) 진술최고를 받은 제3채무자가 '불실 또는 허위의 진술을 한 경우'에 손해배

484) 법원실무제요, 민사집행[IV], 법원행정처(2020), 318.

485) 주석 민사집행법(V)(제4판), 한국사법행정학회(2018), 710(노재호).

상책임이 성립할 수 있다는 데에는 다툼이 없으나, '진술 자체를 하지 않은 경우'에도 손해배상책임이 성립할 수 있는지에 관하여는 견해가 대립한다.

먼저, 양자를 구분하여 '제3채무자가 진술을 하지 않은 경우'에는 명문의 규정이 없는 이상 손해배상책임이 없다고 주장하는 견해(부정설)가 있다.486)

다음으로, 제3채무자가 집행법원의 진술최고에 따라 진술의무를 부담함에도 압류채권자가 이를 강제할 수단을 가지고 있지 않으므로 제3채무자의 진술의무 이행을 간접적으로 강제할 필요가 있는 점, 제3채무자가 진술의무를 일부 불이행한 경우에는 손해배상책임을 인정하면서 전혀 진술을 하지 않은 경우에는 손해배상책임을 지지 않는다는 것은 균형상 맞지 않는 점 등을 근거로 이를 손해배상책임의 발생 사유에 포함하는 것이 타당하다는 견해(긍정설)도 있다.487)

일본 민사집행법 제147조 제2항은 "고의 또는 과실에 의하여 진술하지 아니한 때 또는 불실한 진술을 한 때"라고 규정하고 있다.

생각건대, 일본 민사집행법과 달리 우리 민사집행법은 제237조 제3항에서 제3채무자가 진술을 게을리 한 때에 집행법원이 제3채무자를 심문할 수 있도록 하는 규정을 두고 있으므로, 제3채무자가 진술 자체를 하지 않은 경우까지 명문의 규정이 없는데도 손해배상책임을 인정할 수 있는지 의문이 없지는 않다. 그러나 민사집행법 제237조 제3항에 따른 집행법원의 심문은 집행법원이 직권으로 하는 것이고, 집행법원이 심문을 할 수 있다고 하여 제3채무자가 진술의무를 이행하지 않은 위법성이 사라진다고 할 수는 없으므로, 긍정설이 타당하다. 다만, 제3채무자가 적극적으로 불실 또는 허위의 진술을 한 경우와 달리 소극적으로 진술을 하지 않은 경우에는 이로 인하여 압류채권자가 민사집행법 제237조 제1항 각 호의 진술사항에 관하여 어떻게 신뢰하였는지 문제가 되므로 인과관계의 존부를 신중하게 판단하여야 할 것이다.488)

2) 고의 또는 과실의 존재

제3채무자의 손해배상책임은 민법 제750조의 불법행위에 해당함을 이유로 인정되는 것이므로, 제3채무자에게 불실 또는 허위의 진술에 관한 귀책사유, 즉 고의 또

486) 남기정, 실무 강제집행법(3), 육법사(1989), 170. 한편, 손흥수, 민사집행실무총서(II) 채권집행, 한국사법행정학회(2017), 313은 이에 관하여 분명한 견해를 밝히지는 않고, 제3채무자의 손해배상책임이 인정되는 사유를 '허위의 진술을 한 경우'로 한정하여 서술하고 있다.

487) 김태관, "제3채무자의 진술의무위반에 따른 손해배상책임에 관한 소고", 법학연구 제26권 제1호, 경상대학교 법학연구소(2018. 1.), 74-75.

488) 주석 민사집행법(V)(제4판), 한국사법행정학회(2018), 712(노재호); 손진홍, 채권집행실무, 한국사법행정학회(2019), 170.

는 과실이 있어야 한다.

통상적인 주의의무를 다하지 않은 경과실도 포함하고, 대리인이 진술한 때에는 대리인에게 고의나 과실이 있으면 제3채무자가 책임을 부담하게 될 것이다.[489]

3) 손해 발생과의 인과관계

가) 제3채무자의 손해배상책임이 인정되려면 제3채무자의 진술의무 위반으로 인하여 압류채권자에게 손해가 발생하여야 한다.

나) 압류채권자에게 생긴 손해란, 압류채권자가 압류명령의 실효성 등을 자신의 이익으로 신뢰함으로써 생긴 손해를 말한다.

허위의 진술을 신뢰함으로써 발생한 손해의 예로는 다음과 같은 것들이 있을 수 있다.[490]

(1) 압류와 관련된 채권이 존재하지 않음에도 제3채무자가 존재한다는 취지의 진술을 한 경우: 그로 인하여 무용(無用)한 추심소송의 제기 또는 무용한 추심명령 또는 전부명령의 신청 등 절차를 수행하는 데 소요된 비용의 지출 또는 다른 재산에 대하여 강제집행을 할 기회를 잃었기 때문에 집행채권의 만족을 얻을 수 없게 됨에 따른 손해.

(2) 압류와 관련된 채권이 존재함에도 제3채무자가 존재하지 않는다는 취지의 진술을 한 경우: 당해 채권집행에 의한 만족을 단념하고 다른 재산에 대하여 강제집행을 하였기 때문에 당해 채권집행에 소요된 비용의 지출이 무용하게 되어 버린 것으로 인한 손해 또는 당해 채권집행의 신청을 취하하였는데도 다른 재산에 의한 만족을 받는 것이 가능하지 않고 또 그 사이에 다른 채권자가 신청한 채권집행 등에 의하여 당해 채권이 소멸하였기 때문에 결국 집행채권의 만족을 받을 수 없게 되어 버린 것으로 인한 손해.

(3) 압류채권자에게 우선하는 권리나 선행하는 압류가 있음에도 제3채무자가 없다고 진술한 경우: 무용한 추심명령 또는 전부명령을 신청하는 데에 소요된 비용의 지출 또는 그러한 사유가 있기 때문에 당해 채권의 전부를 변제에 충당하는 것이 불가능하게 되었는데도 그 부족분에 관하여 다른 재산에 대하여 강제집행을 할 기회를 잃었기 때문에 집행채권 전부의 만족이 가능하지 않게 됨으로써 발생한 손해.

다) 제3채무자의 진술의무 위반과 압류채권자의 손해 사이에는 인과관계가 인정

---

489) 주석 민사집행법(V)(제4판), 한국사법행정학회(2018), 712(노재호).

490) 손진홍, 채권집행실무, 한국사법행정학회(2019), 169-170.

되어야 한다.

'제3채무자가 불실 또는 허위의 진술을 한 경우'에는 인과관계를 인정하는 데 큰 어려움이 없다.

'제3채무자가 진술 자체를 하지 않은 경우'에는 이로 인하여 압류채권자가 어떻게 신뢰하였는지 문제가 되므로 인과관계의 존부를 신중하게 판단하여야 한다. 따라서 예컨대 제3채무자의 진술이 없기 때문에 압류채권자가 그 당시의 상황 등에 비추어 채무자의 제3채무자에 대한 채권이 존재하는 것으로 믿고 추심명령 또는 전부명령을 신청하였는데, 나중에 채권이 존재하지 않는 것으로 밝혀진 경우에 제3채무자에게 진술을 하지 않은 것으로 인한 손해를 부담시키려면, 당해 채권의 성질 및 내용, 당사자 사이의 관계, 제3채무자가 진술을 하지 않은 이유, 압류채권자의 주의 정도 등을 면밀히 검토하여 위 부진술(不陳述)이 허위의 진술과 동일시되는 정도에 이르는 경우에 손해발생과 사이에 인과관계를 인정할 수 있을 것이다.[491]

한편, 제3채무자가 불실 혹은 허위의 진술을 한 경우에도 조기에 그 진술을 추완하거나 정정한 경우에는 인과관계가 단절될 수 있다.[492]

다. 효과

제3채무자는 압류채권자에게 진술의무 위반으로 인하여 발생한 손해를 배상할 의무가 있다. 제3채무자가 손해배상의무를 이행하지 않은 경우에는 압류채권자는 제3채무자를 상대로 별소로 그 이행을 청구하여야 하고, 채권집행의 절차 내에서 이를 실현하는 것은 예정되어 있지 않다.[493]

Ⅸ. 압류명령 신청의 취하

1. 취하의 가능시기 및 방법

1) 채권자는 현금화절차가 끝나기 전까지 압류명령의 신청을 취하할 수 있다.[494] 구체적으로 추심명령의 경우에는 추심채권자가 제3채무자로부터 추심을 하거

491) 손진홍, 채권집행실무, 한국사법행정학회(2019), 170.
492) 법원실무제요, 민사집행[IV], 법원행정처(2020), 320.
493) 법원실무제요, 민사집행[IV], 법원행정처(2020), 320.
494) 대법원 2009. 11. 12. 선고 2009다48879 판결, 대법원 2021. 5. 27. 선고 2021다204466 판결.

나 제3채무자가 민사집행법 제248조에 따라 공탁을 한 경우에 압류된 채권이 현금화된 것으로 볼 수 있고, 전부명령의 경우에는 전부명령이 확정됨으로써 집행채권의 변제를 갈음하여 피전부채권이 압류채권자에게 이전되어 집행절차가 종료하게 되므로, 그 이후에는 압류명령 신청을 취하할 수 없다.

취하서를 제출하더라도 현금화절차의 효력이 소급하여 소멸하지 않는다. 다만 추심명령에 따른 현금화가 완료된 후에 압류명령 신청을 취하한 경우에는 배당절차에서 배당받을 권리를 포기한 것으로 볼 수는 있을 것이다.[495]

2) 여러 명의 채권자가 공동하여 하나의 신청으로 압류명령을 신청한 경우에는, 집행채권을 준합유하는 등의 특별한 사정이 없는 한 실질적으로 채권자별로 여러 개의 신청이 있는 것으로 보아야 하므로, 일부 채권자만 압류명령 신청을 취하하는 것도 가능하다.[496]

3) 신청의 취하는 서면으로 하여야 한다(민사집행법 제240조 제2항, 민사소송법 제266조 제3항 참조). 일반 민사소송 사건의 경우 취하를 하려면 일정한 경우 상대방의 동의가 필요하고(민사소송법 제266조), 부동산집행의 경우에도 매수신고가 있은 뒤 경매신청을 취하하는 경우에는 최고가매수신고인, 매수인 등의 동의가 요건으로 되어 있으나(민사집행법 제93조 제2항), 채권에 대한 집행신청의 취하에는 채무자나 제3채무자의 동의 또는 법원의 압류명령 취소결정은 필요하지 않다.

2. 집행법원의 조치[497]

1) 일반적으로 민사집행을 개시하는 결정이 상대방에게 송달된 후 민사집행의 신청이 취하된 때에는 법원사무관등은 상대방에게 그 취지를 통지하여야 한다(민사집행규칙 제16조). 따라서 채권집행에서도 취하 시 '채무자'에 대한 통지는 민사집행규칙 제16조에 근거하여 이루어지게 된다.

2) 신청이 취하되면 법원사무관등은 채무자뿐만 아니라 압류명령을 송달받은 '제3채무자'에게도 그 사실을 통지하여야 한다(민사집행규칙 제160조 제1항). 압류명령 또는 추심·전부·특별현금화명령 등이 법원에 의하여 취소되어 확정된 때에도 같다. 압류명령은 채무자 외에 제3채무자에게도 송달되고, 그 명령에 따라 제3채무자는

---

495) 법원실무제요, 민사집행[IV], 법원행정처(2020), 321-321.

496) 법원실무제요, 민사집행[IV], 법원행정처(2020), 321.

497) 법원실무제요, 민사집행[IV], 법원행정처(2020), 321-322.

채무자에 대한 변제를 금지당하게 되므로, 집행신청이 취하된 때에는 제3채무자에 대하여도 그 취지를 통지하여 변제금지의 구속이 해소되었음을 알려주는 것이 타당하기 때문이다.

3) 제3채무자가 압류명령의 송달을 받지 않은 때(압류명령의 발령 전, 송달하기 전 또는 송달을 하였으나 송달불능이 된 경우 등)에는 압류명령 신청취하의 취지를 제3채무자에게 통지할 필요가 없다. 송달 중에 있는 때에는 그 결과를 기다려 통지 여부를 결정하면 된다.

통지는 민사집행규칙 제8조의 규정에 따라 상당하다고 인정하는 방법으로 하면 된다.

3. 취하의 효과

1) 압류명령 신청취하서가 제출·접수되면 채권압류명령은 그로써 효력이 소멸하지만, 채권압류명령 정본이 제3채무자에게 이미 송달되어 채권압류명령의 효력이 발생하였다면 그 취하통지서가 제3채무자에게 송달되었을 때에 비로소 압류명령의 효력이 장래를 향하여 소멸하고,[498] 이는 그 취하통지서가 제3채무자에게 송달되기 전에 제3채무자가 집행법원 법원사무관등의 통지에 의하지 않은 다른 방법으로 압류신청 취하 사실을 알게 된 경우에도 마찬가지이다.[499] 만약 제3채무자의 주관적 인식이나 압류당사자들의 특수한 사정에 따라 채권압류집행의 효력 소멸 여부를 달리 판단한다면, 이해관계 있는 제3자의 이익 보호 및 법적 안정성을 도모할 수 없기 때문이다.[500]

2) 채권자가 금전채권의 가압류를 본압류로 이전하는 압류·추심명령을 받아 본집행절차로 이행한 후 본압류의 신청만을 취하함으로써 본집행절차가 종료한 경우, 특단의 사정이 없는 한 그 가압류집행에 의한 보전 목적이 달성된 것이라거나 그 목적 달성이 불가능하게 된 것이라고는 볼 수 없다. 따라서 그 가압류집행의 효력이 본집행과 함께 당연히 소멸하는 것은 아니므로 채권자는 제3채무자에 대하여 그 가압류집행의 효력을 주장할 수 있다.[501]

---

498) 대법원 2001. 10. 12. 선고 2000다19373 판결, 대법원 2008. 1. 17. 선고 2007다73826 판결.
499) 대법원 2008. 1. 17. 선고 2007다73826 판결.
500) 대법원 2008. 1. 17. 선고 2007다73826 판결.
501) 대법원 2000. 6. 9. 선고 97다34594 판결.

3) 저당권이 있는 채권에 대한 압류명령의 신청이 취하된 때에는 법원사무관등은 신청에 의하여 먼저 한 압류등기의 말소등기를 촉탁하여야 한다(민사집행규칙 제167조 제4항 후문). 그 신청권자는 저당권자(집행채무자) 또는 압류채권자이다.[502)]

4) 취하가 있으면 집행법원은 압류채권자에게 집행력 있는 정본을 반환하여야 한다.[503)]

5) 통지서의 양식은 다음과 같다.

[전산양식 A4317: 신청취하등 통지서]

○ ○ 지 방 법 원
신청취하등 통지

제3채무자 귀하

사 건 20 타채
채 권 자
채 무 자
위 사건에 관하여 ○○명령신청이 취하되었음(○○명령의 취소결정이 확정되었음)을 통지합니다

2○○○. ○. ○.

법원사무관

법 원 소재지		담당	
		전화	

민집규 160

502) 법원실무제요, 민사집행[IV], 법원행정처(2020), 322.
503) 법원실무제요, 민사집행[IV], 법원행정처(2020), 322.

제4장 현금화절차

Ⅰ. 총설

1) 금전채권의 압류만으로는 압류채권자의 집행채권에 만족을 줄 수 없으므로 압류채권자는 자기 채권의 만족을 얻기 위해서는 압류한 금전채권을 현금화할 필요가 있다.

민사집행법 제229조는 금전채권의 현금화방법으로 추심명령과 전부명령을 규정하고 있다. 그 밖에 민사집행법 제241조에 정해진 특별현금화방법으로 양도명령, 매각명령, 관리명령 및 그 밖의 상당한 방법에 의한 현금화방법 등이 있으나, 이는 특별한 경우에만 인정되는 예외적인 현금화방법으로서 원칙적인 현금화방법은 어디까지나 추심명령과 전부명령이다.

2) 전부명령은 압류된 채권을 지급에 갈음하여 채무자로부터 압류채권자에게 이전하는 것으로서, 그에 의하여 채권이 이전되면 그 현실적인 추심 여부와 관계없이 집행채권은 그 권면액만큼 소멸하게 된다. 반면, 추심명령은 압류된 채권의 채권자의 지위에 변동을 가져오는 것은 아니고 채무자가 여전히 압류된 채권의 채권자로 남아 있기는 하지만, 압류채권자가 채무자 대신 압류된 채권의 추심권능을 취득하게 된다.

전부명령은 추심명령보다 허용 범위가 약간 제한되기는 하지만, 이를 고려하지 않는다면 금전채권의 현금화방법으로서 전부명령과 추심명령 중 어느 것을 선택할 것인가는 원칙적으로 압류채권자의 의사에 달려 있다. 그러나 전부명령의 경우에는 다른 채권자가 배당요구를 할 수 없어 압류채권자가 독점적 만족을 얻을 수 있는 이점이 있는 반면 제3채무자가 무자력인 때에는 전혀 만족을 얻을 수 없게 되는 위험을 부담하게 되고, 추심명령의 경우에는 그와 반대의 상황이 된다. 실무에서는 제3채무자의 자력이 확실할 때에는 전부명령을 신청하는 경우가 많다.

3) 추심명령과 전부명령을 동시에 신청할 수는 없으나, 압류된 채권 중 일부에 관하여는 추심명령을, 다른 일부에 관하여는 전부명령을 신청할 수 있고, 전부명령을 신청하면서 그것이 허용되지 않는 경우에 대비하여 예비적으로 추심명령을 신청하는 것도 허용된다. 또한, 추심명령을 얻은 채권에 대하여 사후에 전부명령을 신청할 수도 있으나, 전부명령을 받은 채권에 대하여는 추심명령을 신청할 여지가 없다.

추심명령과 전부명령 중 어떤 것을 신청하는 것인지가 분명하지 않은 경우에는 채권자가 불이익을 입을 위험이 적은 추심명령의 신청으로 보아야 한다.

4) 민사집행법상 금전채권의 현금화방법은 이와 같이 추심명령, 전부명령, 특별

현금화명령 세 가지인데, 이 중 추심명령과 전부명령은 독일의 민사집행절차를 일본을 통해 계수한 것이다.[1] 독일은 여전히 추심명령과 전부명령 제도를 모두 두고 있으나, 일본은 과거에는 우리와 같았다가 1979년 민사집행법을 제정하면서 추심명령 제도를 폐지하고 채권의 압류명령이 채무자에게 송달된 때부터 1주일이 경과하면 압류채권자는 당연히 피압류채권의 추심권능을 취득하는 것으로 정하였다(일본 민사집행법 제155조 제1항 본문).[2] 한편 독일의 민사집행절차는 기본적으로 평등주의가 아닌 우선주의를 취하고 있기 때문에 채권압류의 효력에 의하여 압류채권자는 압류질권을 취득하고 그 후의 압류채권자보다 우선한다. 그래서 제3채무자의 무자력 위험을 부담하게 되는 전부명령에 비하여 추심명령이 압도적으로 많이 이용된다고 한다.[3]

Ⅱ. 추심명령

1. 신청

1) 추심명령은 압류채권자(압류채권자의 승계인을 포함한다)의 신청에 의하여 발령한다. 그 신청은 압류명령의 신청과 동시에 할 수도 있고, 사후에 신청할 수도 있다.

채권가압류가 된 후에 가압류채권자가 집행권원을 취득하더라도 곧바로 추심명령을 신청할 수는 없고 압류명령 신청과 함께 하여야 한다. 이 압류명령 신청이 있으면 가압류는 본압류로 이전한다.

2) 추심명령의 신청은 서면으로 하여야 한다(민사집행법 제4조).

추심명령의 신청서에는 당사자의 표시, 압류한 채권의 종류와 액수를 밝히고, 압류채권자가 대위절차 없이 압류된 채권의 지급을 받을 수 있음을 명하는 재판을 구하는 취지, 신청날짜, 집행법원을 표시하고 채권자 또는 그 대리인이 기명날인 또는 서명하여야 한다.

추심명령만을 별도로 신청하는 경우에는 선행의 채권압류명령사건을 표시(사건번호 등)하여야 하고, 신청시에는 2,000원의 인지를 붙여야 한다(민사소송 등 인지법

1) 전원열, "채권자를 제3채무자로 하는 전부명령", 법조 제67권 제2호, 법조협회(2018. 4.), 294.

2) 일본 민사집행법 제155조는 "① 금전채권을 압류한 채권자는 채무자에 대하여 압류명령이 송달된 날부터 1주가 경과한 때에는 그 채권을 추심할 수 있다. 그러나 압류채권자의 채권 및 집행비용의 액수를 넘는 급부는 받을 수 없다. ② 압류채권자가 제3채무자로부터 지급을 받은 때에는 그 채권 및 집행비용은 지급을 받은 금액의 한도에서 변제된 것으로 본다. ③ 압류채권자는 전항의 지급을 받은 때에는 즉시 그 취지를 집행법원에 신고하여야 한다."라고 규정하고 있다.

3) 전원열, "채권자를 제3채무자로 하는 전부명령", 법조 제67권 제2호, 법조협회(2018. 4.), 294-296.

제9조 제4항 제1호).

3) 민사집행법 제233조에 의한 지시채권의 경우에는 집행관이 증권을 점유하여야 압류의 효력이 발생하므로, 압류명령과 동시에 추심명령을 신청할 수는 없고 집행관의 증권에 대한 점유가 있은 후에만 신청할 수 있다. 따라서 이 경우 채권자는 집행관에 의하여 증권이 점유된 사실을 증명하여야 하는데, 통상 집행관의 집행조서 등본을 신청서에 붙인다.[4)]

집행관이 증권을 점유하지 않은 상태에서 발령된 추심명령이나 전부명령은 무효이다. 추심명령이나 전부명령이 제3채무자에게 송달되기 전에 집행관이 증권을 점유한 때에는 그 현금화명령은 유효하게 된다는 견해가 있으나,[5)] 처음에 무효였던 추심·전부명령이 소급하여 유효로 된다는 것이어서 받아들일 수 없다는 반대 견해도 있다.[6)]

4) 압류된 채권의 일부에 관하여 추심명령을 구하는 경우에는 그 취지를 분명하게 하여야 한다.

신청서에 추심의 범위가 명시되지 않은 경우에는 채권 전액에 대하여 추심을 구하는 취지로 보아야 한다(민사집행법 제232조 제1항 본문).

5) 압류명령 후 압류채권자로부터 그 채권을 양도받은 승계인은 승계집행문을 얻어 그 승계집행문 및 양도를 증명하는 증명서의 송달증명서를 신청서에 붙여야 하고(민사집행법 제31조, 제39조), 이 경우에 법원사무관등은 승계인의 주소 또는 주민등록번호를 소명하는 자료를 제출하게 할 수 있다(민사집행규칙 제19조 제3항).

6) 물상대위권의 행사로서 채권압류 및 추심·전부명령을 신청하는 경우 담보권의 존재를 증명하는 서류를 제출하면 되고 일반채권자로서 강제집행을 하는 것이 아니므로 집행권원을 필요로 하지 않는다.[7)]

2. 관할법원

추심명령을 신청하여야 할 관할법원은 압류명령의 집행법원과 동일한 지방법원이다. 추심명령이 압류명령과 별도로 신청되는 경우 압류명령이 송달된 뒤 채무자나 제3채무자의 주소가 바뀌어 그 보통재판적이 달라지더라도, 추심명령은 압류명령을

---

4) 법원실무제요, 민사집행[IV], 법원행정처(2020), 354-355.
5) 법원실무제요, 민사집행[Ⅲ], 법원행정처(2014), 361-362.
6) 손흥수, 민사집행실무총서(II) 채권집행, 한국사법행정학회(2017), 330.
7) 대법원 1992. 7. 10.자 92마380, 381 결정

전제로 하여 내려지는 것이므로 압류명령을 발령한 법원이 추심명령의 관할법원이 된다.[8]

한편, 채권자(甲)가 채무자(乙)에 대한 자신의 채권을 담보하기 위하여 丙의 丁에 대한 채권에 대하여 채권질권을 설정받은 경우와 같이, 채권질권의 설정자(丙)와 그것에 의하여 담보되는 채권(피담보채권)의 채무자(乙)가 다른 경우에는, 강제집행의 방법에 따른 질권의 실행에서 집행채무자가 되는 것은 압류의 목적인 채권의 채권자(담보설정자 丙)이고, 피담보채권의 채무자(乙)는 아니다.

3. 기록편성방법

추심명령 신청을 접수(채권 등 집행사건으로 접수한다)한 집행법원의 법원사무관등은 재판사무의 전산화로 인하여 민사집행사건부를 두지 않으므로 전산입력하고, 추심명령 신청이 압류명령 뒤에 따로 이루어진 것이면 신청서를 압류명령 신청기록에 시간적 접수순서에 따라 편철한 후 기록표지에 추심명령 신청 사건번호를 추가로 적어서 병기한다(재민 91-1). 압류명령과 추심명령을 동시에 신청한 경우에는 하나의 기록으로 만들어 표지에 1개의 사건번호만을 부여한다.

4. 추심명령의 요건

추심명령의 요건은 일반 채권압류의 요건 외에 특별히 요구되는 것이 없다. 유효하게 압류된 채권에 대하여는 원칙적으로 언제나 추심명령을 할 수 있다. 압류된 채권이 금전채권이거나 또는 권면액이 있어야 하는 것도 아니다. 그러나 압류된 채권이 조건부 또는 기한부이거나 반대이행과 관련되어 있는 등의 이유로 추심이 곤란한 때에는 법원은 추심명령 이외의 특별한 현금화방법을 명할 수도 있다(민사집행법 제241조).

다만, 사립학교의 기본재산인 채권에 대하여 압류 및 추심명령의 신청이 있는 경우, 집행법원은 그 처분을 금지하는 압류명령은 할 수 있지만, 관할청의 허가가 없는 이상 현금화(환가)를 명하는 추심명령을 할 수는 없다. 사립학교법 제28조 제1항에서 정한 기본재산이 관할청의 허가 없이 양도된 경우 그것이 학교법인의 의사에 기한 것이든 강제집행절차에 의한 것이든 무효가 되고, 비록 추심명령으로 인하여 곧

---

8) 법원실무제요, 민사집행[IV], 법원행정처(2020), 355.

바로 채권 자체가 추심채권자에게 이전하는 것은 아니지만 추심이 완료되면 추심채권자로부터 이를 반환받는 것이 불가능한 경우가 많아 사실상 채권의 양도와 다를 바 없는 결과를 초래하여 사립학교의 재정 충실을 기하려는 사립학교법의 취지가 몰각될 위험이 있으며, 관할청의 허가가 없는 한 채권자가 사립학교의 기본재산인 채권으로 최종적인 만족을 얻는 것은 금지될 수밖에 없는데, 추심명령을 금지하지 않는다면 채권자로서는 추심금 소송을 제기하여 승소하고서도 관할청의 허가를 받지 못하여 그동안의 소송절차를 무위로 돌려야만 하는 결과가 될 수 있어 사회 전체적으로 보아도 소송경제에 반하는 결과가 되기 때문이다.[9)]

5. 추심명령의 재판

가. 심리

집행법원은 추심명령의 신청이 있으면 관할권의 유무, 신청의 적식 여부, 강제집행의 요건과 개시요건의 유무, 집행장애의 유무, 압류명령의 효력의 존부, 추심명령 요건의 구비 여부(예를 들어 민사집행법 제240조의 해당 여부) 등을 조사하여 신청의 허부를 결정한다.

압류금지채권의 경우에는 추심명령도 발령할 수 없다. 이전에 압류가 되어 있었다고 하더라도 그 후에 파산절차나 (개인)회생절차 등이 개시되거나 집행정지 증서가 제출되는 등 집행장애사유가 발생한 때에는 추심명령을 발령하여서는 안 된다. 다만 추심명령을 발령하기 전에 그 집행권원에 대한 강제집행정지결정이 있었다고 하더라도 채무자가 그 정지결정 정본을 집행법원에 제출하지 않은 사이에 내려진 추심명령의 효력에는 아무런 영향이 없다.[10)]

집행채권이 압류·가압류 또는 처분금지가처분된 경우에도 채권압류명령을 할 수는 있지만, 추심명령에는 집행장애사유가 된다.[11)] 추심명령이 내려지면 추심채권자는 압류한 채권을 추심할 수 있고, 추심신고를 할 때까지 다른 압류·가압류 또는 배당요구가 없으면 집행채권이 소멸하는 결과가 발생하여 집행채권에 대하여 압류·가압류 또는 처분금지가처분을 한 채권자를 해할 위험이 있기 때문에 집행채권이 압류·가압류 또는 처분금지가처분된 경우에는 전부명령뿐만 아니라 추심명령도 허용되지 않는

9) 대법원 2002. 9. 30.자 2002마2209 결정.
10) 법원실무제요, 민사집행[IV], 법원행정처(2020), 357.
11) 대법원 2000. 10. 2.자 2000마5221 결정, 대법원 2016. 9. 28. 선고 2016다205915 판결 참조.

다고 봄이 타당하다.[12)]

압류명령을 발령한 후에 추심명령의 허부를 심리할 때에는 채무자나 제3채무자를 심문하는 것도 가능하나(민사집행법 제23조 제1항, 민사소송법 제134조 제2항), 집행채권이나 압류할 채권의 실체적 존부를 심리할 수는 없다.

심리한 결과 신청이 부적법하여 추심명령을 발령할 수 없는 흠결이 있는 때에는 보정이 가능한 것이면 보정명령을 하고, 보정할 수 없는 것이거나 보정명령에 응하지 않을 때에는 추심명령의 신청을 각하 또는 기각한 후 이를 신청채권자에게 고지하여야 한다. 이에 대하여는 신청채권자가 즉시항고를 할 수 있다(민사집행법 제229조 제6항).

추심명령을 발령하기 전에 제3채무자에게 압류명령이 송달되어 압류의 효력이 발생하였을 것을 필요로 하지는 않으나, 적어도 압류명령과 추심명령을 동시에 신청하는 등 압류명령의 신청은 되어 있어야 한다.

나. 추심명령의 내용

추심명령에는 사건번호, 당사자(채권자, 채무자 및 제3채무자), 추심의 대상인 채권, 추심권능을 부여하는 선언, 결정날짜, 집행법원의 표시 및 사법보좌관의 기명날인(민사집행법 제23조 제1항, 민사소송법 제224조 제1항 단서)이 있어야 한다. 압류명령과 별도로 추심명령을 하는 때에는 압류명령사건의 번호를 적어야 한다. 집행채권은 압류명령의 기재와 동일하므로 원칙적으로 적지 않고, 다만 집행채권의 액에 변경이 있는 경우 등에만 예외적으로 적는다.

추심명령의 양식은 다음과 같다.

[전산양식 A4330: 채권추심명령(추심명령을 별도로 신청한 경우)]

○ ○ 지 방 법 원
결 정

사 건 20 타채 채권추심명령
채 권 자

12) 법원실무제요, 민사집행[IV], 법원행정처(2020), 357; 주석 민사집행법(V)(제4판), 한국사법행정학회(2018), 551(노재호).

채 무 자
제 3 채무자

주 문

채권자는 채무자의 제3채무자에 대한 별지 기재의 압류된 채권을 추심할 수 있다.

청구금액

금 원 (대여금)
금 원 (위 대여금에 대한 . . .부터 . . .까지의 이자 및 지연손해금)
합계 금 원

이 유

○○지방법원 20 타채 채권압류사건에 관한 채권자의 이 사건 추심명령 신청은 이유 있으므로 주문과 같이 결정한다.

2○○○. ○. ○.

사법보좌관 ㊞

주의 : 1. 채권자가 채권을 추심한 때에는 집행법원에 서면으로 추심신고를 하여야 합니다. 추심신고를 할 때까지 다른 채권자의 압류, 가압류 또는 배당요구가 없으면 추심신고에 의하여 추심한 채권 전액이 추심채권자에게 확정적으로 귀속됩니다. 그러나 추심신고 전까지 다른 채권자로부터 압류, 가압류 또는 배당요구가 있으면 이미 추심한 금액을 공탁하고 그 사유를 신고하여야 합니다(민사집행법 제236조 참조).
2. 추심신고서에는 사건번호, 채권자·채무자 및 제3채무자의 표시, 제3채무자로부터 지급받은 금액과 날짜를 적기 바랍니다(민사집행규칙 제162조 제1항 참조).
3. 이 결정에 불복하는 사람은 송달받은 날부터 1주 내에 이 법원에 사법보좌관 처분에 관한 이의신청서를 제출할 수 있습니다. 이 경우 민사집행법의 규정에 따른 즉시항고에 관한 규정이 준용됩니다(법원조직법 제54조 3항, 사법보좌관규칙 제4조, 민사집행법 제15조, 제229조 참조).

민집 229, 232, 민집규 162①

[전산양식 A4312: 채권압류 및 추심명령(채권압류와 추심명령을 병합하여 신청한 경우)]

○ ○ 지 방 법 원
결 정

사 건 20 타채 채권압류 및 추심명령
채 권 자
채 무 자
제 3 채무자

주 문

1. 채무자의 제3채무자에 대한 별지 기재의 채권을 압류한다.
2. 제3채무자는 채무자에게 위 채권에 관한 지급을 하여서는 아니 된다.
3. 채무자는 위 채권의 처분과 영수를 하여서는 아니 된다.
4. 채권자는 위 압류채권을 추심할 수 있다.

청구금액

금 원 (대여금)
금 원 (위 대여금에 대한 . . .부터 . . .까지의 이자 및 지연손해금)
합계 금 원

이 유

채권자가 위 청구금액을 변제받기 위하여 ○○지방법원 20○○가합 ○○○호 대여금 청구사건의 집행력 있는 판결정본에 기초하여 한 이 사건 압류 및 추심명령 신청은 이유 있으므로 주문과 같이 결정한다.

2○○○. ○. ○.

사법보좌관 ㊞

주의 : 1. 채권자가 채권을 추심한 때에는 집행법원에 서면으로 추심신고를 하여야 합니다. 추심신고를 할 때까지 다른 채권자의 압류, 가압류 또는 배당요구가 없으면 추심신고에 의하여 추심한 채권 전액이 추심채권자에게 확정적으로 귀속됩니다. 그러나 추심신고 전까지 다른 채권자로부터 압류, 가압류 또는 배당요구

가 있으면 이미 추심한 금액을 공탁하고 그 사유를 신고하여야 합니다(민사집행법 제236조 참조).
2. 추심신고서에는 사건번호, 채권자·채무자 및 제3채무자의 표시, 제3채무자로부터 지급받은 금액과 날짜를 적기 바랍니다(민사집행규칙 제162조 제1항 참조).
3. 이 결정에 불복하는 사람은 송달받은 날부터 1주 내에 이 법원에 사법보좌관 처분에 관한 이의신청서를 제출할 수 있습니다. 이 경우 민사집행법의 규정에 따른 즉시항고에 관한 규정이 준용됩니다(법원조직법 제54조 3항, 사법보좌관규칙 제4조, 민사집행법 제15조, 제227조, 제229조 참조).
4. 압류명령을 송달받은 제3채무자는 압류된 채권액을 공탁할 수 있고 이때에는 그 사유를 법원에 신고하여야 합니다(민사집행법 제248조 참조).

민집 223조, 227조, 229조, 민집규 162조 1항

압류명령과 추심명령을 병합하여 발령하는 경우에는 1개의 사건번호만을 적고, 사건명으로는 '채권압류 및 추심명령'이라고 하며 압류명령 주문의 끝에 "채권자는 위 압류채권을 추심할 수 있다."라고 적으면 된다.[13]

추심명령도 압류명령과 마찬가지로 잘못된 계산이나 기재, 그 밖에 이와 비슷한 잘못이 있음이 분명한 때에는 경정결정의 대상이 된다. 압류명령의 경정에 관하여 설명한 것은 추심명령에도 대체로 적용될 수 있다.

다. 추심명령의 송달

추심명령도 압류명령과 마찬가지로 제3채무자에게 송달하여야 한다(민사집행법 제229조 제4항, 제227조 제2항). 채무자에 대한 송달은 추심명령의 효력발생요건이 아니다(민사집행법 제229조 제4항, 제227조 제3항). 채무자에 대한 송달과 제3채무자에 대한 송달 모두 공시송달로 할 수 있으나,[14] 제3채무자의 경우에는 이중변제의 위험이 있으므로 더욱 신중할 필요가 있다.

채권자에게도 적당한 방법으로 고지하여야 한다.

채권이 이미 변제 등으로 소멸한 경우에는 그 후에 그 채권에 관한 채권압류 및 추심명령이 송달되더라도 그 채권압류 및 추심명령은 존재하지 않는 채권에 대한 것으로서 무효이고, 지명채권양도의 제3자에 대한 대항요건의 문제는 발생할 여지가

13) 법원실무제요, 민사집행[IV], 법원행정처(2020), 361.
14) 대법원 2016. 3. 24. 선고 2015다68911 판결 참조.

없다.[15]

추심명령을 각하 또는 기각할 때에는 그 결정을 신청채권자에게만 고지하면 된다(민사집행규칙 제7조 제2항).

임금·퇴직금 채권에 대한 압류 및 추심명령을 제3채무자의 본점 소재지로 송달하였는데 대표이사가 없어 피용자인 채무자가 보충송달(민사소송법 제186조)의 방법으로 송달을 받은 경우에는, 본인과 수령대리인 사이에 이해의 대립 내지 상반된 이해관계가 있어 수령대리인이 서류를 본인에게 전달할 것이라고 합리적으로 기대하기 어려우므로 적법한 보충송달이 아니다.[16]

라. 추심명령에 대한 불복방법과 효력발생시기

1) 즉시항고

가) 추심명령의 신청에 관한 재판에 대하여는 즉시항고를 할 수 있다(민사집행법 제229조 제6항). 사법보좌관이 추심명령을 한 경우에는 사법보좌관 처분에 대한 이의신청을 함으로써 같은 심급에서 판사의 판단을 다시 받을 수 있다. 판사는 이의신청이 이유 있으면 사법보좌관의 처분을 직접 경정하고, 이유 없으면 사법보좌관의 처분을 인가하고 이의신청사건을 항고법원에 송부한다. 이의신청사건을 송부받은 항고법원은 판사가 한 인가처분에 대한 즉시항고로 보아 재판절차를 진행한다.

나) 항고권자에 관하여는 명문의 규정이 없으나 채무자 및 제3채무자라고 해석된다.[17] 추심명령 신청을 기각 또는 각하한 결정에 대하여는 신청채권자가 즉시항고를 할 수 있다.

다) 추심명령에 대한 즉시항고의 사유로서는 대체로 압류명령의 경우와 마찬가지로 집행력 있는 정본의 유무와 그 송달 여부, 집행개시요건의 존부, 집행장애사유의 존부, 압류된 채권이 압류금지채권에 해당한다거나 압류된 채권이 특정되지 않았다는 것 등과 같이 추심명령을 할 때 집행법원이 조사하여 준수할 사항에 관한 흠을 이유로 할 수 있을 뿐이고, 집행채권이 변제나 시효완성 등에 의하여 소멸하였다거나 존재하지 않는다는 등의 실체상의 사유는 적법한 항고이유가 되지 않는다.[18]

(1) 집행채권의 부존재 등과 같은 집행의 불허에 관한 실체상의 이유는 청구이

15) 대법원 2003. 10. 24. 선고 2003다37426 판결.
16) 대법원 2016. 11. 10. 선고 2014다54366 판결.
17) 법원실무제요, 민사집행[IV], 법원행정처(2020), 362.
18) 대법원 2013. 12. 13.자 2013마2212 결정, 대법원 2014. 2. 13.자 2013마2429 결정.

의의 소로써 주장하여야 하고, 즉시항고에 의하여 주장할 수 없다.

(2) 집행채권이 압류·가압류 또는 가처분된 경우에는 추심명령에 대한 집행장애사유에 해당한다.[19)]

(3) 피압류채권의 존재 여부는 추심명령을 할 때 집행법원이 심사하는 사항이 아니므로 이를 추심명령에 대한 즉시항고사유로 주장할 수 없고,[20)] 이러한 사유는 추심금 청구소송에서 주장하여야 한다.

(4) 집행증서가 무권대리인의 촉탁에 의하여 작성되어 당연무효라고 할지라도 그러한 사유는 형식적 하자이기는 하지만 집행증서의 기재 자체에 의하여 용이하게 조사·판단할 수 없는 것이므로, 청구이의의 소 또는 집행문부여에 대한 이의신청에 의하여 그 집행을 배제할 수 있을 뿐 적법한 항고사유는 될 수 없다.[21)]

(5) 채무자 회생 및 파산에 관한 법률에 의한 면책결정이 확정되어 채무자가 채무를 변제할 책임이 면제되었다고 하더라도, 이는 면책된 채무에 관한 집행권원의 효력을 당연히 상실시키는 사유는 되지 않고 다만 청구이의의 소를 통하여 그 집행권원의 집행력을 배제시킬 수 있는 실체상의 사유에 불과하다. 또한, 면책결정의 확정은 면책된 채무에 관한 집행력 있는 집행권원 정본에 기하여 그 면책결정 확정 후 비로소 개시된 강제집행에 대한 집행장애사유가 되는 것도 아니다. 따라서 채무자 회생 및 파산에 관한 법률에 의한 면책결정이 확정되어 채무자가 채무를 변제할 책임이 면제되었다는 것은, 면책된 채무에 관한 집행력 있는 집행권원 정본에 기하여 그 면책결정 확정 후 신청되어 발령된 채권압류 및 추심명령에 대한 적법한 항고이유가 되지 않는다.[22)]

그러나 면책신청이 있은 후 채권압류 및 추심명령이 내려지고 이후 면책결정이 확정된 경우에는 이로써 그 채권압류 및 추심명령의 효력이 상실될 수 있다. 채무자 회생 및 파산에 관한 법률 제557조 제1항은 "면책신청이 있고, 파산폐지결정의 확정 또는 파산종결결정이 있는 때에는 면책신청에 관한 재판이 확정될 때까지 채무자의 재산에 대하여 파산채권에 기한 강제집행·가압류 또는 가처분을 할 수 없고, 채무자의 재산에 대하여 파산선고 전에 이미 행하여지고 있던 강제집행·가압류 또는 가처

19) 대법원 2016. 9. 28. 선고 2016다205915 판결 참조.

20) 대법원 1992. 4. 15.자 92마213 결정, 대법원 2013. 11. 22.자 2013마2146 결정, 대법원 2015. 2. 27.자 2015마172 결정.

21) 대법원 1998. 8. 31.자 98마1535, 1536 결정, 대법원 1999. 6. 23.자 99그20 결정 참조.

22) 대법원 2013. 9. 16.자 2013마1438 결정, 대법원 2014. 2. 13.자 2013마2429 결정.

분은 중지된다."라고 규정하고, 같은 조 제2항은 "면책결정이 확정된 때에는 1항의 규정에 의하여 중지한 절차는 그 효력을 잃는다."라고 규정하고 있기 때문이다.[23)]

(6) 추심명령이 발령되기 전에 강제집행정지의 효력이 발생하여 집행장애사유가 있었는데도 이를 간과하였다는 것은 즉시항고의 사유가 될 수 있다(민사집행법 제229조 제8항 참조). 그러나 민사집행법 제49조 제2호 또는 제4호의 경우에는 해당 서류가 집행법원에 제출되어야만 집행정지의 효력이 발생하므로, 예를 들어 집행권원에 대하여 제2호 사유인 강제집행정지결정이 있었다고 하더라도 이를 제출하지 않은 상태에서 추심명령이 내려졌다면 집행정지를 간과한 위법이 있다고 할 수 없다.[24)]

반면, 채권압류 및 추심명령이 있은 후에 그 집행권원인 제1심 판결에 대하여 강제집행정지 결정이 있으면, 위 결정의 효력에 의하여 집행절차가 중지되어 압류채권자가 피압류채권을 추심하는 행위에 더 이상 나아갈 수 없을 뿐이고 집행법원이 채권압류 및 추심명령을 취소하여야 하는 것이 아니다. 따라서 채권압류 및 추심명령이 발령된 이후에 그 집행권원인 제1심판결에 대하여 강제집행정지 결정이 있었다는 사유는 채권압류 및 추심명령에 대한 적법한 즉시항고 사유가 될 수 없다.[25)] 이 점이 강제집행정지가 적법한 즉시항고 사유로 인정되는 전부명령(민사집행법 제229조 제8항)과 다른 점으로, 전부명령은 효력이 발생함과 동시에 집행절차가 종료하지만, 추심명령은 효력이 발생하더라도 그것만으로 현금화절차가 종료하지는 않는 데서 비롯된 차이라 할 수 있다.[26)]

(7) 채권압류 및 추심명령의 기초가 된 가집행의 선고가 있는 판결을 취소한 상소심 판결의 정본은 민사집행법 제49조 제1호가 정하는 집행취소 서류에 해당하므로, 채권압류 및 추심명령의 기초가 된 가집행의 선고가 있는 판결이 상소심에서 취소되었다는 사실은 적법한 항고이유가 될 수 있다.[27)]

2) 추심명령의 효력발생시기

가) 추심명령은 제3채무자에게 송달됨으로써 그 효력이 발생하고(민사집행법 제229조 제4항, 제227조 제2항) 추심명령에 대하여 즉시항고가 제기되더라도 이는 추심명령의 효력발생에는 영향을 미치지 않는다(민사집행법 제15조 제6항 본문). 다만

---

23) 대법원 2010. 7. 28.자 2009마783 결정 참조.

24) 법원실무제요, 민사집행[IV], 법원행정처(2020), 364.

25) 대법원 2005. 11. 8.자 2005마992 결정.

26) 주석 민사집행법(V)(제4판), 한국사법행정학회(2018), 556(노재호).

27) 대법원 2007. 3. 15.자 2006마75 결정, 대법원 2013. 12. 13.자 2013마2212 결정.

항고법원(재판기록이 원심법원에 남아 있는 때에는 원심법원)은 즉시항고에 대한 결정이 있을 때까지 담보를 제공하게 하거나 담보를 제공하게 하지 않고 원심재판의 집행을 정지하거나 집행절차의 전부 또는 일부를 정지하도록 명할 수 있고, 담보를 제공하게 하고 그 집행을 계속하도록 명할 수 있다(민사집행법 제15조 제6항 단서).

나) 한편, 채무자가 압류 또는 가압류의 대상인 채권을 양도하고 확정일자 있는 통지 등에 의한 채권양도의 대항요건을 갖추었다면, 그 후 채무자의 다른 채권자가 그 양도된 채권에 대하여 압류 또는 가압류를 하더라도 그 압류 또는 가압류 당시에 피압류채권은 이미 존재하지 않는 것과 같아 압류 또는 가압류로서의 효력이 없고, 그에 기한 추심명령 또한 무효이므로, 그 다른 채권자는 압류 등에 따른 집행절차에 참여할 수 없다.[28]

마. 추심명령과 강제집행정지

1) 채권압류 및 추심명령 전에 그 집행권원에 대한 강제집행정지결정이 있었다고 하더라도, 채무자가 그 정지결정 정본을 집행법원에 제출하지 않은 사이에 내려진 채권압류 및 추심명령의 효력에는 아무런 영향이 없다. 강제집행정지결정이 있으면 결정 즉시 당연히 집행정지의 효력이 있는 것이 아니고, 그 정지결정의 정본을 집행기관에 제출함으로써 집행정지의 효력이 발생함은 민사집행법 제49조 제2호의 규정 취지에 비추어 명백하고, 그 제출이 있기 전에 이미 행하여진 압류 등의 집행처분에는 영향이 없기 때문이다.[29] 이러한 법리는 채권압류 및 추심명령 신청 당시 채권자가 강제집행정지결정이 있음을 알고 있었다 하더라도 다르지 않다.[30] 다만, 이 경우 수소법원은 신청에 따라 담보를 제공하게 하고 위와 같은 압류 및 추심명령을 취소하도록 명할 수 있다(민사소송법 제501조, 제500조 제1항 참조).[31] 이 결정에 대하여는 불복할 수 없고(민사소송법 제500조 제3항), 특별항고만 가능하다.[32]

2) 추심명령 후에 집행정지 서류가 제출된 경우

---

28) 대법원 2022. 12. 1. 선고 2022다247521 판결.

29) 대법원 2013. 3. 22.자 2013마270 결정, 대법원 2015. 5. 22.자 2015마670 결정. 2013마270 결정이 있기 전에는 추심명령 신청 당시에 이미 강제집행정지결정이 있었던 경우에는 그 후에 정지결정 정본이 제출되더라도 추심명령을 취소하는 실무례가 있었으나, 위 대법원 2013마270 결정에 의해 실무의 혼선이 정리되었다. 이에 관하여 상세한 설명은 손흥수, 민사집행실무총서(II) 채권집행, 한국사법행정학회(2017), 177-179 참조.

30) 대법원 2016. 3. 17.자 2015마1331 결정.

31) 대법원 2017. 2. 8.자 2016그698 결정 참조.

32) 대법원 2012. 3. 13.자 2011그321 결정 참조.

가) 압류채권자 및 제3채무자에 대한 추심 및 지급금지 통지

전부명령과 달리 추심명령의 경우에는 추심명령이 있은 뒤에 채무자가 강제집행정지결정의 정본 등을 제출하여 즉시항고를 할 수 있는 규정이 없다(전부명령에 관한 민사집행법 제229조 제8항 참조). 대신 민사집행규칙 제161조 제1항은, 추심명령이 있은 후에 그 집행권원에 관하여 강제집행정지결정의 정본(민사집행법 제49조 제2호) 또는 변제증서 등(민사집행법 제49조 제4호)의 서류가 제출된 때에는, 법원사무관등은 압류채권자 및 제3채무자에 대하여 그 서류가 제출되었다는 사실과 서류의 요지 및 위 서류의 제출에 따른 집행정지가 효력을 잃기 전에는 압류채권자는 채권의 추심을 하여서는 안 되고 제3채무자는 채권의 지급을 하여서는 안 된다는 취지를 통지하여야 한다고 규정하고 있다. 최종적으로는 잠정적인 집행정지가 집행취소 또는 집행속행으로 결말이 날 것이므로 이에 따르게 될 것이다.

일반적으로 채권집행절차에서 집행정지 서류가 제출되면 집행법원은 그 후의 절차를 속행하지 않음으로써 사실상 절차를 정지하면 된다. 예를 들어, 신청 후 압류명령 전일 때에는 압류명령을 하지 않으면 되고, 압류명령을 한 후에도 추심명령을 하기 전까지는 추심명령을 하지 않은 채 현상을 유지하면 될 것이다. 그러나 추심명령이 내려진 이후에는 위와 같은 소극적인 조치만으로는 집행정지의 목적을 달성할 수 없는 위험성이 있으므로, 민사집행규칙 제161조 제1항이 위와 같이 규정하고 있는 것이다. 집행정지 서류는 채무자가 제출하거나 채무자의 관여 하에 작성되는 것이 보통이어서 채무자는 그 사실을 알고 있을 것이므로, 민사집행규칙 제161조 제1항은 채무자에 대한 통지에 관하여는 별도로 규정하지 않고 있다. 압류채권자에 관하여 보면, 민사집행법 제49조 제2호 서류는 재판에 기초한 것이므로 당연히 채권자에게도 고지되고, 제4호 서류도 채권자의 관여 하에 작성되는 것이지만, 제3채무자에게 압류채권자에 대한 지급·인도금지의 통지를 한 사실을 압류채권자에게 알리는 의미가 있다고 보아, 채권자에 대한 통지절차도 규정한 것이다.[33)]

이 통지는 상당한 방법으로 하면 된다(민사집행규칙 제8조).

나) 통지의 효과

위 통지의 효력발생시기에 관하여는 추심명령과 같이 제3채무자에게 통지된 때에 효력이 발생한다는 견해[34)]도 있으나, 채권자에 대한 추심금지의 효력은 채권자에

33) 주석 민사집행법(V)(제4판), 한국사법행정학회(2018), 565(노재호).

34) 조관행, "추심명령에 의한 추심에 관한 제문제", 재판자료 제35권, 법원도서관(1987), 533.

게 통지된 때에, 제3채무자에 대한 변제금지의 효력은 제3채무자에게 통지된 때에 각각 생긴다고 보는 것이 타당하다.[35] 다만, 채권자에 대한 통지는 이루어졌으나 제3채무자에 대한 통지는 이루어지기 전에 제3채무자가 채권자에게 변제를 한 때에는 민법 제470조의 채권의 준점유자에 대한 변제 규정을 유추적용하여 제3채무자가 선의이고 무과실인 때에는 그 변제는 유효한 것으로 볼 수 있을 것이다.[36]

위 통지는 강제집행절차가 정지되었다는 사실을 알려 주는 것에 불과하고, 강제집행절차가 정지되더라도 추심채권자는 압류한 채권을 실제로 추심하는 행위에 더 이상 나아갈 수 없을 뿐 유효한 추심명령에 따라 여전히 추심권한 및 소송수행권을 갖고 있으므로, 명문의 규정이 없는 한 추심소송이 당연히 중단된다고 보기는 어렵다.[37] 다만, 수소법원은 집행정지 중임에도 제3채무자가 응소를 강요당하는 것을 피하기 위하여 집행정지사유가 해소될 때까지 소송절차를 사실상 정지하는 것이 바람직할 것이다. 만약 법원이 소송절차를 계속 진행할 경우에는 법원은 원고인 추심채권자의 청구가 이유 있으면 단순히 이를 인용하는 판결을 선고하여야 한다. 그러나 이를 근거로 실제로 추심을 하는 행위에 나아갈 수는 없다. 한편, 위 통지가 있더라도 제3채무자가 압류에 관련된 금전채권의 전액을 공탁함으로써 면책받을 수 있는 권리(민사집행법 제248조 제1항)가 방해받는 것은 아니므로,[38] 피고인 제3채무자는 위와 같은 공탁의 방법으로 지연손해금의 발생을 면할 수 있다.[39]

6. 추심권의 취득, 객관적 범위 및 제한

가. 추심권의 취득

1) 채권자는 추심명령에 의하여 채무자가 제3채무자에 대하여 가지는 채권을 직접 추심할 권능을 취득한다. 추심명령이 있는 때에는 압류채권자는 대위절차 없이 압류채권을 추심할 수 있다(민사집행법 제229조 제2항). 추심채권자는 집행법원으로부터 압류된 채권에 관한 추심권능을 부여받아 일종의 추심기관으로서 대위절차 없이 직접 자신의 이름으로 경합하는 모든 채권자를 위하여 제3채무자로부터 압류된 채권을 추심하게 된다.

35) 주석 민사집행법(V)(제4판), 한국사법행정학회(2018), 566(노재호).
36) 주석 민사집행법(V)(제4판), 한국사법행정학회(2018), 566(노재호).
37) 대법원 2010. 8. 19. 선고 2009다70067 판결 참조.
38) 대법원 2010. 8. 19. 선고 2009다70067 판결(미간행)
39) 주석 민사집행법(V)(제4판), 한국사법행정학회(2018), 566(노재호).

2) 금전채권에 대하여 압류 및 추심명령이 있었다고 하더라도, 이는 강제집행절차에서 압류채권자에게 채무자의 제3채무자에 대한 채권을 추심할 권능만을 부여하는 것으로서 강제집행절차상의 환가처분의 실현행위에 지나지 않고, 이로 인하여 채무자가 제3채무자에 대하여 가지는 채권이 압류채권자에게 이전되거나 귀속되는 것이 아니다.[40] 따라서 이와 같은 추심권능은 그 자체로 독립적으로 처분하여 환가할 수 있는 것이 아니어서 압류할 수 없는 성질의 것이고, 이에 대한 압류명령은 무효라고 보아야 한다.[41]

구체적인 사례를 살펴본다.

가) 乙(가압류채권자)이 甲(가압류채무자)을 상대로 하여 선행(先行) 채권가압류결정(A가압류)을 받은 후, 그와는 별도의 후행 채권가압류 결정(B가압류)을 받으면서 법원의 담보제공명령에 따라 甲을 피공탁자로 하여 담보금('B가압류'에 대한 담보공탁금)을 공탁한 경우에, 甲이 A, B 각 가압류에 대하여 이의하여 취소결정을 받은 후 A, B 각 가압류취소결정의 각 소송비용액 확정결정을 모두 집행권원으로 삼아 '乙의' 공탁금 회수청구권에 대한 압류·추심명령을 받은 다음, 乙을 대위하여 위 공탁금에 대하여 담보취소결정을 받고 공탁관에게 공탁금 회수청구를 하였으나, '甲의' 채권자들인 丙, 丁이 '甲의' 공탁금 출급·회수청구권을 압류하였고, 이에 공탁관이 '丙, 丁의 위 각 압류 및 甲의 위 채권압류·추심명령 등으로 압류의 경합이 발생하였다'는 이유로 사유신고를 함에 따라 배당절차가 개시되고, 그 배당절차에서 丙, 丁에게 위 공탁금을 모두 배당하는 내용의 배당표가 작성된 경우에 관하여 본다.

(1) 위 공탁금에 대한 '甲의' 출급청구권 또는 회수청구권을 피압류채권으로 표시한 丙, 丁의 압류는, 'B가압류 취소결정에 따라 乙이 甲에게 상환하여야 할 소송비용'(이하 'B가압류 소송비용') 부분에 대하여는 효력이 있다('甲의' 책임재산에 대하여 '甲의' 채권자들이 한 압류로서 유효하다). 위 채권압류·추심명령에 기한 甲의 공탁금 회수청구 중 'B가압류 소송비용'에 대한 부분은 위 공탁금이 담보하는 甲의 손해를 집행채권으로 하는데, 피공탁자로서 담보권리자인 甲이 위 공탁금의 피담보채권인 'B가압류 소송비용'에 대하여 '위 공탁금을 직접 출급청구하는 방법' 대신 '乙의 공탁금 회수청구권에 대한 압류·추심명령을 받은 다음 乙을 대위하여 담보취소결정을 받고

---

40) 대법원 1997. 3. 14. 선고 96다54300 판결, 대법원 2019. 1. 31. 선고 2015다26009 판결, 대법원 2019. 12. 12. 선고 2019다256471 판결, 대법원 2020. 10. 15. 선고 2019다235702 판결.

41) 대법원 1997. 3. 14. 선고 96다54300 판결, 대법원 2019. 1. 31. 선고 2015다26009 판결, 대법원 2019. 12. 12. 선고 2019다256471 판결 등.

공탁금 회수청구를 하는 방법'을 선택하더라도, 후자는 담보권의 실행방법으로 인정되므로 그 실질은 공탁금 출급청구와 다르지 않기 때문이다.[42)]

(2) 그러나 위 공탁금에 대한 '甲의' 출급청구권 또는 회수청구권을 피압류채권으로 표시한 丙, 丁의 압류는, 'A가압류 취소결정에 따라 乙이 甲에게 상환하여야 할 소송비용'(이하 'A가압류 소송비용') 부분에 대하여는, 존재하지 않는 채권에 대한 압류이거나 압류할 수 없는 성질의 것에 대한 압류이므로 그 효력을 인정할 수 없다. 甲의 위 공탁금 회수청구 중 'A가압류 소송비용'에 대한 부분은 위 공탁금이 담보하는 甲의 손해에 포함되지 않으므로, 'A가압류 소송비용'에 대하여 甲은 담보권리자로서 공탁금 출급청구권을 가지지 않고, 이를 집행채권으로 하는 위 채권압류·추심명령과 담보취소결정은 甲이 乙에 대한 일반채권자의 지위에서 '乙의' 공탁금 회수청구권을 강제집행하는 것에 불과한데, 甲은 위 채권압류·추심명령으로 인하여 乙의 위 공탁금 회수청구권 중 'A가압류 소송비용' 부분을 '추심할 권능'만 부여받았을 뿐이고, 그 부분에 해당하는 회수청구권 자체가 甲에게 귀속된 것은 아니기 때문이다.[43)]

나) 압류·추심채권자가 피압류채권('채무자의' 제3채무자에 대한 채권)을 자동채권으로 하여 제3채무자의 '자신(압류채권자)에 대한' 채권과 상계할 수 있는지에 관하여 이를 부정하는 판단을 한 대법원 2022. 12. 16. 선고 2022다218271 판결을 살펴본다.

(1) 사실관계는 다음과 같다.

원고 회사가 B의 피고(구리시)에 대한 기반시설부담금 환급채권을 양수하여 피고에게 이를 청구하자, 피고는 국세징수법에 의하여 압류한 피압류채권(A의 B에 대한 주택건설사업권 양도대금채권)을 자동채권으로 하여 원고 회사의 환급금채권과 상계한다고 항변하였다.

(2) 원심은 '피고의 상계항변에 따라 원고 회사의 피고에 대한 환급금채권이 모두 소멸하였다'고 판단하였다.

(3) 그러나 대법원은 다음과 같이 판단하였다(파기환송).

(가) 법률의 규정 등 특별한 사정이 없는 한 자동채권으로 될 수 있는 채권은 '상계자가' 상대방에 대하여 가지는 채권이어야 하고, '제3자가' 상대방에 대하여 가지는 채권으로는 상계할 수 없다. 국세징수법에 의한 채권압류의 경우 압류채권자는

42) 대법원 2004. 11. 26. 선고 2003다19183 판결, 대법원 2019. 12. 12. 선고 2019다256471 판결.
43) 대법원 2019. 12. 12. 선고 2019다256471 판결.

체납자에 대신하여 추심권을 취득할 뿐이고, 이로 인하여 채무자가 제3채무자에 대하여 가지는 채권이 압류채권자에게 이전되거나 귀속되는 것은 아니다. 따라서 압류채권자가 채무자의 제3채무자에 대한 채권을 압류한 경우 그 채권은 '압류채권자가' 제3채무자에 대하여 가지는 채권이 아니므로, 압류채권자는 이를 자동채권으로 하여 제3채무자의 압류채권자에 대한 채권과 상계할 수 없고, 이는 피압류채권에 대하여 이중압류, 배분요구 등이 없다고 하더라도 달리 볼 것은 아니다.

(나) 위 피압류채권은 피고가 B에 대하여 가지는 채권이 아니므로 피고는 B에 대하여 이 사건 피압류채권을 자동채권으로 하여 상계할 수 없고, B의 피고에 대한 채권을 양수한 원고 회사에게 상계의 효력을 주장할 수 없다.

3) 같은 채권에 대하여 추심명령이 여러 번 내려지더라도 그 사이에는 순위의 우열이 없다. 추심명령을 받아 채권을 추심하는 채권자는 자기 채권의 만족을 위하여서뿐만 아니라 압류가 경합되거나 배당요구가 있는 경우에는 집행법원의 수권에 따라 일종의 추심기관으로서 압류나 배당에 참가한 모든 채권자를 위하여 제3채무자로부터 추심을 하는 것이므로 그 추심권능은 압류된 채권 전액에 미친다. 제3채무자도 정당한 추심채권자에게 변제하면 그 효력은 위 모든 채권자에게 미치므로, 압류된 채권을 경합된 압류채권자 및 또다른 추심권자의 집행채권액에 안분하여 변제하여야 하는 것도 아니다.[44] 제3채무자가 집행공탁을 하거나 상계 그 밖의 사유로 압류된 채권을 소멸시킨 경우에도 그 효력은 경합하는 모든 채권자에게 미친다.[45]

다만 압류된 채권의 합계액이 추심의 대상인 채권액을 초과한 경우에는, 다른 추심채권자의 청구가 있으면 제3채무자는 그 채권의 전액에 해당하는 금액을 공탁하여야 한다(민사집행법 제248조 제3항).

나. 추심권의 범위

1) 원칙

가) 금액

추심명령에 의하여 채권자가 취득하는 추심권의 범위는 추심명령에 특별한 제한이 없는 한 압류된 채권의 전액에 미치고(민사집행법 제232조 제1항 본문), 집행채권의 범위로 한정되는 것은 아니다. 법문에는 '그 채권 전액'이라고 되어 있지만, 압

44) 대법원 2001. 3. 27. 선고 2000다43819 판결 등 참조.
45) 대법원 2003. 5. 30. 선고 2001다10748 판결 등 참조.

류의 효력이 미치는 범위를 초과하여 추심할 수는 없기 때문에 이는 '압류의 효력이 미치는 채권 전액'이라는 뜻이다. 따라서 압류의 대상인 채권 중 일부만 압류한 경우에는 압류금액을 한도로 추심할 수 있다.

민사집행법 제232조 제1항 본문이 갖는 의미는, 압류금액이 집행채권 및 집행비용의 합계액보다 많은 경우에도 추심권의 범위는 압류금액 전액에 미친다고 하는 데 있다. 이 점에서 집행채권과 집행비용의 합계액의 범위에서만 피압류채권 이전의 효력이 발생하는 전부명령과 다르다. 이처럼 집행채권의 범위를 넘어서도 추심할 수 있도록 한 것은, 만일 추심권의 범위를 항상 집행채권액과 집행비용을 합산한 액수로 한정한다면 제3채무자에게 채무의 분할지급을 강요하는 것이 될 뿐만 아니라 다른 채권자가 배당요구를 하는 경우에는 집행채권자가 현실로 변제받을 수 있는 액수가 집행채권보다도 작아질 가능성이 있고, 또 채권의 실제 가치는 제3채무자의 자력 여하에 따라 명목상 액수에 미치지 못할 우려도 있기 때문이다.[46)]

한편, 추심채권자 甲의 공탁청구에 따라 민사집행법 제248조 제3항의 공탁의무를 부담하게 된 제3채무자 乙이 공탁청구에 응하지 않고 있다가 다른 추심채권자 丙이 추심채권을 청구채권으로 하여 乙의 채권을 가압류하자 채권가압류해방공탁금을 공탁하여 丙 등 다른 추심채권자가 변제를 받은 경우, 위 가압류해방공탁은 민사집행법 제248조 제3항에서 정한 공탁이라고 할 수 없으므로, 丙 등 다른 추심채권자가 해방공탁금에 대한 배당절차에서 변제를 받았다 하더라도 乙은 공탁청구한 채권자 甲에게 채무소멸을 주장할 수 없고, 다만 甲은 '乙이 추심채권 전액에 해당하는 금액을 공탁하였더라면 배당받을 수 있었던 금액' 범위 내에서만 乙을 상대로 추심할 수 있다.[47)]

추심권의 범위가 집행채권의 범위를 초과할 수 있으므로, 추심한 채권을 집행채권의 변제 및 집행비용에 충당하고도 남는 금액이 있으면 이를 채무자에게 지급하여야 한다.

다만 채권자 스스로 압류된 채권의 일부에 한하여만 추심명령을 신청하는 것은 무방하다. 압류 및 추심명령상의 '청구금액'은 원칙적으로 집행채권을 표시하는 것이지 추심권의 범위를 나타내는 것은 아니나, 압류 및 추심할 채권의 표시를 '채무자의 제3채무자에 대한 채권 중 청구금액'의 형식으로 특정할 경우에는 청구금액과 추심

46) 법원실무제요, 민사집행[IV], 법원행정처(2020), 367.
47) 대법원 2012. 2. 9. 선고 2009다88129 판결.

권의 범위가 일치하게 된다.[48]

나) 종된 권리

추심명령의 효력은 압류의 효력이 미치는 종된 권리, 예를 들어 보증인에 대한 채권이나 압류 후의 이자·지연손해금 등에도 미친다. 압류의 효력 발생 전에 이미 생긴 이자나 지연손해금에까지 당연히 미치는 것은 아니지만,[49] 압류 및 추심할 채권의 표시에 이자·지연손해금을 별도로 기재하였다면 이미 발생한 이자·지연손해금에 대해서도 추심권이 미칠 수 있다.

다) 압류의 경합의 경우

채권의 일부가 압류된 후에 다른 채권자가 그 나머지 부분을 초과하여 다시 압류한 때에는 해당 채권의 전액에 대하여 압류의 효력이 미치는데(민사집행법 제235조 제1항), 이 경우 일부 압류에 기초한 추심권의 범위도 확장되는지 문제된다. 추심명령의 주문을 초과하여 추심권을 인정하게 되는 문제가 있기는 하나, 압류의 효력이 확장되기 때문에 추심명령에서 특히 한정하지 않는 한 추심권의 범위도 확장된다고 봄이 타당하다. 다만 일부 압류의 부분에 대해서만 추심명령이 내려진 후에 압류의 경합이 생긴 때에는 제3채무자가 그 사실을 진술하지 않는 한 추심채권자로서는 압류의 경합 사실을 알기 어렵기 때문에 실제로 이전의 추심명령에서 정한 범위 이상으로 추심권을 행사하기는 어려울 수 있다.[50]

2) 채무자의 신청에 의한 압류액수의 제한

가) 의의

압류된 채권이 채권자의 요구액수(집행채권과 집행비용의 합계액)보다 많을 때에는 채무자는 집행법원에 대하여 압류 액수를 그 요구 액수로 제한하여 줄 것을 신청할 수 있고, 집행법원은 압류채권자를 심문한 다음 압류액수를 그 채권자의 요구액수로 제한하고 채무자에게 그 초과된 액수의 처분과 영수를 허가하는 결정을 할 수 있다(민사집행법 제232조 제1항 단서). 그 제한 부분에 대하여 다른 채권자는 배당요구를 할 수 없다(민사집행법 제232조 제2항). 추심권의 범위는 압류금액을 한도로 하므로, 법원이 압류액의 제한허가 결정을 한 경우에는 추심권의 범위가 채권자의 요구액으로 제한된다. 이처럼 압류액수를 제한할 수 있도록 한 것은 채무자를 필요 이상의 구속으로부터 해방시켜 주기 위한 것이다.[51]

48) 법원실무제요, 민사집행[IV], 법원행정처(2020), 368.
49) 대법원 2015. 5. 28. 선고 2013다1587 판결.
50) 법원실무제요, 민사집행[IV], 법원행정처(2020), 368.

나) 채무자의 신청

압류액수 제한 허가는 반드시 채무자의 신청이 있어야만 할 수 있고 법원이 직권으로 할 수는 없다. 신청서를 접수한 때에는 재판사무시스템에 문건으로 입력하고 압류추심명령 신청기록에 시간적 접수순서에 따라 가철한다(재민 91-1).

이 제한허가의 '신청'은 압류 이후 추심명령 발령 전에라도 할 수 있지만, 제한허가의 '결정'은 추심명령 뒤에만 할 수 있다고 보는 것이 일반적이다.[52] 민사집행법 제232조 제1항 단서는 추심명령이 있는 것을 전제로 그 효력을 제한하는 방법으로 압류액수 제한이라는 제도를 두고 있고, 압류액수 제한을 허가하는 결정을 하게 되면 다른 채권자의 배당요구가 차단되므로 다른 채권자들의 배당요구 기회를 보장할 필요가 있기 때문이다.[53]

다) 집행법원의 심문

집행법원은 압류액수 제한의 결정을 하기 전에 반드시 압류채권자를 심문하여야 하는데, 그 심문의 주된 내용은 제3채무자로부터 채권액을 확실히 추심할 수 있는 전망이 있는지가 될 것이다. 만약 압류채권자가 압류액수 제한에 동의한 경우에는 집행법원도 이에 구속된다고 보아야 한다.[54]

다른 채권자의 배당요구가 있는 경우에 배당요구채권자도 심문하여야 하는지 문제되는데, 문언상 심문의 상대방이 '압류채권자'라고 되어 있으나, 집행력 있는 정본을 가진 배당요구채권자도 심문 대상에 포함시켜야 한다는 견해가 있다.[55]

라) 집행법원의 허가

이 신청에 대한 재판은 사법보좌관이 아닌 판사의 업무이다(사법보좌관규칙 제2조 제1항 제9호 단서 가목).

압류액수를 제한하는 범위를 결정할 때 다른 채권자의 배당요구가 있다면 이것도 채권자의 요구액수에 포함시켜야 한다. 그렇지 않으면 추심채권자가 집행채권의 만족을 얻기에 부족할 수 있기 때문이다.[56]

압류액수 제한을 허가하는 결정은 제3채무자와 채권자에게 통지하여야 하고(민

51) 법원실무제요, 민사집행[IV], 법원행정처(2020), 369.

52) 법원실무제요, 민사집행[IV], 법원행정처(2020), 369.

53) 주석 민사집행법(V)(제4판), 한국사법행정학회(2018), 634(노재호).

54) 대법원 1977. 2. 15.자 76마497 결정.

55) 조관행, "추심명령에 의한 추심에 관한 제문제", 재판자료 제35권, 법원도서관(1987), 508.

56) 법원실무제요, 민사집행[IV], 법원행정처(2020), 370.

사집행법 제232조 제3항), 그 때에 효력이 생긴다. 그 결정은 채무자에게도 고지하여야 한다(민사집행규칙 제7조 제2항). 허가가 있는 때에는 추심명령은 전부명령과 거의 같은 기능을 하게 되므로, 허가의 통지가 도달하기 전에 다른 채권자로부터 새로운 배당요구가 있으면 위 허가의 효력은 생기지 않는다.[57)]

압류액수 제한을 허가하는 결정 또는 그 신청을 각하·기각하는 결정에 대하여는 즉시항고를 할 수 있다는 특별한 규정이 없으므로 즉시항고로 불복할 수 없고(민사집행법 제15조 제1항), 특별항고로써만 불복할 수 있다(민사집행법 제23조 제1항, 민사소송법 제449조)[58)].

이 재판의 양식은 다음과 같다.

[전산양식 A4331: 추심한도액 제한허가결정]

○ ○ 지 방 법 원

결 정

사 건 20 타채 채권추심
채 권 자
채 무 자
제 3 채무자

주 문

채권자가 채무자의 제3채무자에 대한 채권을 추심할 한도를 그 청구액인 금 원으로 제한한다.
채무자는 제3채무자에 대하여 가지는 채권 중 위 제한을 초과하는 액에 관하여 그 처분 또는 영수를 할 수 있다.

이 유

이 사건 추심명령에 관하여 채무자로부터 민사집행법 제232조 제1항 단서의 규정에 의한 신청이 있었는바, 그 신청이 이유 있다고 인정하여 주문과 같이 결정한다.

57) 법원실무제요, 민사집행[IV], 법원행정처(2020), 370.
58) 대법원 2014. 3. 19.자 2014그50 결정 참조.

2○○○. ○. ○.
판사 ㊞

민집 232① 단서

마) 압류액수 제한의 효과

압류액수 제한을 허가하는 결정이 있으면 초과된 액수 부분에 대한 압류는 해제되고 채무자는 이를 처분하거나 영수할 수 있다. 또한, 압류의 범위뿐만 아니라 추심권의 범위가 채권자의 요구액수로 제한되는 반면, 그 제한 부분에 대하여 다른 채권자는 배당요구를 할 수 없다(민사집행법 제232조 제2항). 따라서 그 한도에서 추심명령을 받은 집행채권자가 우선변제를 받을 수 있게 된다. 그러나 압류된 채권 중 압류 및 추심권의 효력이 남는 제한 부분은 추심 전까지 여전히 채무자에게 귀속되고, 그 추심불능의 경우의 위험도 채무자가 부담하여야 한다.

그리고 채무자의 제한의 신청이 집행채권의 존재에 대한 인낙을 의미하는 것은 아니므로 압류제한의 신청을 한 채무자도 여전히 청구이의의 소(민사집행법 제44조)를 제기하는 등 집행채권의 존재를 다툴 수 있다.[59]

7. 채권자의 추심권 행사

가. 개요

금전채권에 대해 압류·추심명령이 이루어지면 채권자는 민사집행법 제229조 제2항에 따라 대위절차 없이 압류채권을 직접 추심할 수 있는 권능을 취득한다.[60] 추심명령을 받은 채권자는 집행법원의 수권에 기하여 일종의 '추심기관'으로서 압류된 채권의 추심에 필요한 채무자의 일체의 권리를 채무자를 대리하거나 대위하지 않고 자기의 이름으로 재판상 또는 재판 외에서 행사할 수 있다. 특히 압류 등의 경합이 있는 경우에는 압류 또는 배당에 참가한 모든 채권자를 위하여 제3채무자로부터 채권을 추심하여야 한다.[61]

추심 당시에 다른 경합하는 채권자가 없는 경우에도 추심채권자는 자기 채권의

59) 법원실무제요, 민사집행[IV], 법원행정처(2020), 371.
60) 대법원 2020. 10. 29. 선고 2016다35390 판결.
61) 대법원 2005. 7. 28. 선고 2004다8753 판결, 대법원 2022. 4. 14. 선고 2019다249381 판결.

만족을 위해서뿐만 아니라 모든 채권자의 이익을 위해서 추심을 하는 것으로 보아야 한다. 추심채권자가 추심 후 추심신고를 할 때까지는 다른 채권자의 배당요구가 가능하기 때문이다(민사집행법 제247조 제1항 제2호).

추심명령 제도를 폐지한 일본 민사집행법의 경우에는 압류채권자가 제3채무자로부터 지급을 받은 때에는 그 범위에서 집행비용 및 집행채권이 변제된 것으로 보기 때문에(일본 민사집행법 제155조 제2항) 압류채권자가 추심권을 행사하는 것은 오로지 자기 채권의 만족을 위한 것이라 할 수 있다. 그러나 추심명령 제도를 유지하고 있고 배당요구의 종기를 추심신고 시로 정하고 있는 우리 민사집행법의 경우에는 추심채권자가 제3채무자로부터 지급을 받더라도 곧바로 이를 집행채권의 변제에 충당할 수 없고 추심신고를 하고 그때까지 다른 압류·가압류 또는 배당요구가 없어야 비로소 추심금을 집행채권의 변제에 충당할 수 있기 때문에 추심채권자가 추심권을 행사하는 것은 추심기관으로서 모든 채권자의 이익을 위한 것이라는 점을 유의할 필요가 있다.[62)]

나. 재판 외에서의 추심권 행사

1) 추심채권자는 압류한 채권에 관하여 추심에 필요한 일체의 행위, 즉 이행의 최고(催告), 선택권의 행사, 보증인에 대한 청구, 변제의 수령 등 재판 외의 행위를, 채무자를 대리하거나 대위하지 않고 자기의 이름으로 할 수 있다. 추심할 채권에 질권, 저당권 등 담보권이 있는 경우(민사집행법 제228조)에는 채권자가 직접 담보권을 실행할 권능을 취득하게 되므로, 자신의 이름으로 담보권 실행을 위한 경매를 신청할 수 있다.[63)]

한편, 추심채권자는 추심권을 포기할 수 있으나(민사집행법 제240조 제1항), 그 경우 집행채권이나 피압류채권에는 아무런 영향이 없다.[64)]

2) 그러나 추심채권자는 추심의 목적을 넘는 행위, 예를 들어 압류한 채권의 면제, 포기, 기한의 유예, 채권양도 등은 할 수 없고,[65)] 추심소송에서 추심채권자와 제3채무자 사이에 그러한 내용의 조정이나 화해도 할 수 없다. 만약 압류한 채권 자체에 관하여 이러한 내용의 조정이나 소송상 화해를 하려면 채무자를 추심소송에 참가

62) 주석 민사집행법(V)(제4판), 한국사법행정학회(2018), 636(노재호).
63) 법원실무제요, 민사집행[IV], 법원행정처(2020), 372.
64) 대법원 2020. 10. 29. 선고 2016다35390 판결.
65) 대법원 2020. 10. 29. 선고 2016다35390 판결.

시켜 하여야 할 것이다.[66]

한편, 추심금소송에서 추심채권자가 제3채무자와 '피압류채권 중 일부 금액을 지급하고 나머지 청구를 포기한다'는 내용의 재판상 화해를 한 경우 '나머지 청구 포기 부분'은 추심채권자가 적법하게 포기할 수 있는 자신의 '추심권'에 관한 것으로서 제3채무자에게 더 이상 추심권을 행사하지 않고 소송을 종료하겠다는 의미로 보아야 한다. 이와 달리 추심채권자가 나머지 청구를 포기한다는 표현을 사용하였다고 하더라도 이를 애초에 자신에게 처분 권한이 없는 '피압류채권' 자체를 포기한 것으로 볼 수는 없다. 따라서 위와 같은 재판상 화해의 효력은 별도의 추심명령을 기초로 추심권을 행사하는 다른 채권자에게 미치지 않는다.[67]

3) 추심채권자는 추심을 할 때 제3채무자에게 압류 및 추심명령의 정본과 그 송달증명서를 제시하여 자신에게 추심권이 있음을 증명하여야 한다. 추심권은 추심채권자가 제3채무자로부터 추심할 권능을 말하는 것이므로, 제3채무자는 추심에 응하면 될 뿐이고 스스로 추심채권자에게 지참하여 변제할 의무를 부담하는 것은 아니다. 따라서 압류된 채권이 원래 지참채무이면 의무이행지는 여전히 채무자의 주소지라고 보아야 한다.[68]

4) 추심할 채권이 반대급부에 걸려있는 경우 특별한 현금화방법에 의할 수도 있으나(민사집행법 제241조 제1항), 특별현금화방법에 의하지 않고 추심명령을 얻었으면 채권자는 채무자에 갈음하여 그 반대급부를 이행하고 추심할 수 있다. 다만 그 반대급부 이행의 비용은 통상 생기는 것은 아니므로 집행비용에 포함되지 않는다.

5) 추심채권자가 할 수 있는 것인지 문제되는 경우

가) 대물변제의 수령

제3채무자가 하는 대물변제를 수령할 권한이 있는지에 관하여, 이를 긍정하는 견해가 다수이나,[69] 상당한 가격인지 여부를 판별하기 어려워 다툼의 여지가 많고 평등주의에 기초한 추심권의 한계를 넘는 행위에 해당한다는 이유로 부정하는 견해[70]도 있다.

나) 추심채권자의 상계

66) 법원실무제요, 민사집행[IV], 법원행정처(2020), 372.
67) 대법원 2020. 10. 29. 선고 2016다35390 판결.
68) 법원실무제요, 민사집행[IV], 법원행정처(2020), 372.
69) 법원실무제요, 민사집행[IV], 법원행정처(2020), 373-373.
70) 조관행, "추심명령에 의한 추심에 관한 제문제", 재판자료 제35권, 법원도서관(1987), 509; 손진홍, 채권집행의 이론과 실무, 법률정보센터(2016), 585.

추심채권자가 압류한 채권을 자동채권으로 하여 제3채무자에 대한 자신의 채무와 상계할 수 있는지에 대하여는, ① 특별한 제한 없이 이를 긍정하는 견해,[71] ② 경합하는 다른 채권자가 없으면 긍정해도 좋다는 견해,[72] ③ 상계가 가능하나 상계를 원인으로 한 추심의 신고가 있기까지 다른 채권자가 중복압류 또는 배당요구를 한 경우에는 상계가 무효로 되거나 다른 채권자가 배당받을 금액은 추심채권자가 자기의 돈으로 제공하여야 한다는 견해,[73] ④ 추심채권자의 일방적 상계는 채권자의 경합 여부를 불문하고 허용하지 않는 것이 타당하다는 견해[74] 등이 있다.

압류·추심채권자가 피압류채권('채무자의' 제3채무자에 대한 채권)을 자동채권으로 하여 제3채무자의 '자신(압류채권자)에 대한' 채권과 상계할 수 있는지에 관하여 이를 부정하는 판단을 한 대법원 2022. 12. 16. 선고 2022다218271 판결을 살펴본다.

(1) 사실관계는 다음과 같다.

원고 회사가 B의 피고(구리시)에 대한 기반시설부담금 환급채권을 양수하여 피고에게 이를 청구하자, 피고는 국세징수법에 의하여 압류한 피압류채권(A의 B에 대한 주택건설사업권 양도대금채권)을 자동채권으로 하여 원고 회사의 환급금채권과 상계한다고 항변하였다.

(2) 원심은 '피고의 상계항변에 따라 원고 회사의 피고에 대한 환급금채권이 모두 소멸하였다'고 판단하였다.

(3) 그러나 대법원은 다음과 같이 판단하였다(파기환송).

(가) 법률의 규정 등 특별한 사정이 없는 한 자동채권으로 될 수 있는 채권은 '상계자가' 상대방에 대하여 가지는 채권이어야 하고, '제3자가' 상대방에 대하여 가지는 채권으로는 상계할 수 없다. 국세징수법에 의한 채권압류의 경우 압류채권자는 체납자에 대신하여 추심권을 취득할 뿐이고, 이로 인하여 채무자가 제3채무자에 대하여 가지는 채권이 압류채권자에게 이전되거나 귀속되는 것은 아니다. 따라서 압류채권자가 채무자의 제3채무자에 대한 채권을 압류한 경우 그 채권은 '압류채권자가' 제3채무자에 대하여 가지는 채권이 아니므로, 압류채권자는 이를 자동채권으로 하여 제3채무자의 압류채권자에 대한 채권과 상계할 수 없고, 이는 피압류채권에 대하여

71) 방순원, 민사소송법(하), 보성문화사(1980), 201.

72) 김상수, 민사집행법, 법우사(2015), 330; 이시윤, 신민사집행법, 박영사(2016), 454.

73) 조관행, "추심명령에 의한 추심에 관한 제문제", 재판자료 제35권, 법원도서관(1987), 510; 손진홍, 채권집행의 이론과 실무, 법률정보센터(2016), 585-586.

74) 주석 민사집행법(V)(제4판), 한국사법행정학회(2018), 639(노재호).

이중압류, 배분요구 등이 없다고 하더라도 달리 볼 것은 아니다.

(나) 위 피압류채권은 피고가 B에 대하여 가지는 채권이 아니므로 피고는 B에 대하여 이 사건 피압류채권을 자동채권으로 하여 상계할 수 없고, B의 피고에 대한 채권을 양수한 원고 회사에게 상계의 효력을 주장할 수 없다.

다) 취소권, 해지·해제권의 행사

추심채권자가 채무자의 정기예금에 대한 추심명령을 얻어 그 만기 전에 해약하거나 해약환급금청구권에 대하여 추심명령을 얻은 후 보험계약을 해지하는 경우와 같이 채무자의 취소권이나 해지·해제권을 행사할 수 있다고 보는 것이 일반적이다. 판례도, '보험계약에 관한 해약환급금채권은 압류 및 추심명령의 대상이 되며, 그 채권을 청구하려면 보험계약의 해지가 필수적이어서 추심명령을 얻은 채권자가 해지권을 행사하는 것은 그 채권을 추심하기 위한 목적 범위 내의 행위로서 허용된다. 따라서 해당 보험계약자인 채무자의 해지권 행사가 금지되거나 제한되어 있는 경우 등과 같은 특별한 사정이 없는 한, 그 채권에 관하여 추심명령을 얻은 채권자는 채무자의 보험계약 해지권을 자신의 이름으로 행사하여 그 채권의 지급을 청구할 수 있다'고 하여 이를 긍정하고 있다.[75]

라) 지시채권

배서가 금지된 어음, 수표 등 민사집행법 제233조의 지시채권에 대하여 추심명령을 받은 채권자는 증권을 점유하는 집행관에게 추심명령 정본을 제시하여 그 증권의 교부를 받아 그 증권상 권리를 행사한다.[76]

마) 공탁금 출급·회수

공탁금 출급청구권에 대하여 추심명령을 받은 채권자는 추심명령 정본 및 그 송달증명서를 첨부하여 공탁관에게 공탁금의 출급을 청구할 수 있는데, 이 경우 공탁물 출급청구서에는 '공탁관이 발송한 공탁통지서'를 첨부할 필요가 없다(공탁규칙 제33조 제1호 단서 다.목). 또한, 공탁금 회수청구권에 대하여 추심명령을 받은 채권자는 추심명령 정본 및 그 송달증명서를 첨부하여 공탁관에게 공탁금의 회수를 청구할 수 있는데, 이 경우 공탁물 회수청구서에는 공탁서를 첨부할 필요가 없다(공탁규칙 제33조 제1호 단서 다.목 및 제34조 제1호 단서 다.목).

재판상의 담보제공을 위한 공탁금 회수청구권에 대하여 추심명령을 얻은 경우에

75) 대법원 2009. 6. 23. 선고 2007다26165 판결 등 참조.
76) 법원실무제요, 민사집행[IV], 법원행정처(2020), 373.

는 채권자는 민사소송법 제125조에 따른 담보취소 신청을 할 수 있고,[77] 이에 따른 담보취소의 결정을 받아 이를 추심명령 정본과 함께 공탁관에게 제출하여야 한다.[78]

바) 파산·회생절차상의 권리

제3채무자에 대하여 파산이 선고되거나 (개인)회생절차 등이 개시된 때에는 추심채권자가 그 절차에 참가하여 채권의 신고를 하고 배당을 받을 수 있으며 의결권도 행사할 수 있다.[79]

6) 채권자가 집행권원에 기초하여 압류 및 추심명령을 받은 후 그 집행권원상의 채권을 양도하였다고 하더라도 그 채권의 양수인이 기존 집행권원에 대하여 승계집행문을 부여받지 않았다면, 집행채권자의 지위에서 압류채권을 추심할 수 있는 권능이 있다고 볼 수 없고,[80] 양도인이 여전히 집행채권자의 지위에서 압류된 채권을 추심하거나 압류명령 신청을 취하할 수 있다.[81] 따라서 추심채권자로부터 그 집행채권을 양수한 자가 승계집행문을 받지 않은 채 제3채무자를 상대로 추심의 소를 제기한 경우에는 추심권능이 없어 당사자적격이 없는 자가 추심의 소를 제기한 경우에 해당하므로 소를 부적법 각하하여야 한다.[82]

7) 채무자의 재판상 청구로 인한 시효중단의 효력이 추심채권자에게 미치는지

채무자가 제3채무자를 상대로 금전채권의 이행을 구하는 소를 제기한 후 채권자가 위 금전채권에 대하여 압류 및 추심명령을 받아 제3채무자를 상대로 추심의 소를 제기한 경우, 채무자가 권리주체의 지위에서 한 시효중단의 효력은 집행법원의 수권에 따라 피압류채권에 대한 추심권능을 부여받아 일종의 추심기관으로서 그 채권을 추심하는 추심채권자에게도 미친다.[83]

다. 추심권의 재판상 행사

1) 승계참가, 확인의 소 및 추심의 소

추심명령을 얻은 채권자는 채무자가 이미 소를 제기한 경우에는 승계인으로서 참가할 수 있고(민사집행법 제23조 제1항, 민사소송법 제81조, 82조) 채무자가 집행

77) 대법원 2015. 10. 29.자 2015카담39 결정.
78) 법원실무제요, 민사집행[IV], 법원행정처(2020), 374.
79) 법원실무제요, 민사집행[IV], 법원행정처(2020), 374.
80) 대법원 2008. 8. 11. 선고 2008다32310 판결, 대법원 2015. 7. 9. 선고 2015다16590 판결.
81) 대법원 2014. 11. 13. 선고 2010다63591 판결.
82) 대법원 2008. 8. 11. 선고 2008다32310 판결.
83) 대법원 2019. 7. 25. 선고 2019다212945 판결.

권원을 가지고 있는 경우에는 승계집행문(민사집행법 제31조 제1항)을 받을 수 있다.

또한, 상대적 불확지 변제공탁의 피공탁자 중 1인을 채무자로 하여 그의 공탁물 출급청구권에 대하여 채권압류 및 추심명령을 받은 추심채권자는 공탁물을 출급하기 위하여 자신의 이름으로 다른 피공탁자를 상대로 '공탁물 출급청구권이 추심채권자의 채무자에게 있음을 확인한다'는 확인의 소를 제기할 수 있다.[84] 그러나 피공탁자가 아닌 추심채권자 자신에게 공탁금 출급청구권이 있다는 취지의 확인을 구할 수는 없다.[85]

나아가 추심명령을 얻은 채권자는 스스로 원고가 되어 제3채무자를 상대로 추심의 소를 제기하거나(민사집행법 제238조, 제249조 제1항), 지급명령신청을 할 수 있다. 민사집행법상 추심채권자가 추심의 소를 통하여 추심을 하더라도 다시 추심신고(민사집행법 제236조 제1항) 또는 공탁 및 사유신고(민사집행법 제236조 제2항)를 하여야 하고, 그 때가 배당요구의 종기가 된다(민사집행법 제247조 제1항 제2호). 일본 민사집행법 제165조 제2호는 '추심소송의 소장이 제3채무자에게 송달된 때'를 배당요구의 종기로 정하고 있다.

2) 추심의 소의 성질

추심소송의 성질에 관하여는, 제3자인 추심채권자가 민사집행법 제229조 제2항에 따라 추심권 및 소송수행권을 갖게 되어 타인인 집행채무자의 권리를 행사하는 것으로 보는 견해(법정소송담당설)가 통설이나, 추심명령에 의해 추심채권자가 갖게 되는 추심권을 추심채권자의 고유한 실체법상 권리로 파악하고 추심소송은 이를 재판상 행사하는 것이라고 보는 견해(고유적격설)도 주장되고 있다.[86]

법정소송담당설에 의하면 추심소송의 소송물은 압류한 채권, 즉 채무자의 제3채무자에 대한 채권이 되고, 그 판결의 효력은 채무자에게 미치는 것이 원칙이다. 반면, 고유적격설에 의하면 추심소송의 소송물은 추심채권자의 제3채무자에 대한 추심채권이 되고, 그 판결의 효력은 채무자에게 미치지 않는다.

판례는 추심채권자의 추심권능을 실체법상 권리로 파악하지 않고 있고,[87] 또한 추심명령이 있으면 압류된 채권에 관한 추심권 및 소송수행권은 추심채권자에게 전

84) 대법원 2011. 11. 10. 선고 2011다55405 판결.

85) 대법원 2011. 11. 10. 선고 2011다55405 판결 참조.

86) 학설의 상세한 내용은 양진수, "추심의 소와 채무자의 당사자적격, 중복된 소제기의 금지", 민사판례연구 제37권, 민사판례연구회(2015), 820-822; 손진홍, 채권집행의 이론과 실무, 법률정보센터(2016), 612-617 참조.

87) 추심채권자의 추심권능이 압류의 대상이 되지 않는다고 한 대법원 1988. 12. 13. 선고 88다카3465 판결 참조.

속적으로 귀속된다고 하면서 추심채권자만 제3채무자를 상대로 압류된 채권의 이행을 청구하는 소를 제기할 수 있고, 채무자는 그 당사자적격을 상실한다고 한다.[88] 이는 추심소송을 법정소송담당(갈음형)으로 이해하고 있는 것으로 평가할 수 있다.

생각건대, 추심채권자는 집행법원의 수권을 받은 일종의 추심기관으로서 압류한 채권을 제3채무자로부터 추심하는 지위에 있는 점, 우리 법제에서는 압류 및 추심명령을 얻은 채권자에게 우선변제권이 인정되지 않기 때문에 채권자의 추심권능은 실체적 성격을 가지는 권리라고 볼 수 없는 점,[89] 민사집행법 제238조는 채권자가 추심의 소를 제기할 때에는 채무자에게 소송고지를 하도록 규정하고 있는데 이는 추심소송의 판결의 효력이 채무자에게 미치기 때문이라고 봄이 자연스러운 점, 추심명령이 유효한 이상 추심소송의 심판대상은 압류된 채권, 즉 채무자의 제3채무자에 대한 채권이 될 수밖에 없는 점 등을 고려하면 통설과 판례인 법정소송담당설이 타당하다.

3) 추심의 소의 관할

추심명령을 얻은 채권자가 제3채무자를 상대로 추심의 소를 제기하는 경우에 이는 집행법원의 관할에 속하는 것은 아니고 '일반규정에 의한 관할법원'에 소를 제기하여야 한다(민사집행법 제238조 본문). 여기서 '일반규정에 의한 관할법원'이란 '채무자가 제3채무자를 상대로 소를 제기하는 경우'에 관한 민사소송법의 일반규정에 의한 관할법원을 말한다고 보고, '피고가 되는 제3채무자의 보통재판적이 있는 곳'의 법원(민사소송법 제2조) 또는 '압류된 채권의 의무이행지의 특별재판적이 있는 곳'의 법원(민사소송법 제8조)이 관할법원이 된다고 하는 견해가 일반적이다. 이에 따르면 압류된 채권이 지참채무일 때 추심명령을 얻은 경우에는 압류된 채권의 귀속주체가 여전히 집행채무자이므로 추심금 청구소송에서는 '집행채무자의 주소지'가 의무이행지가 된다(이는, 전부명령을 얻은 경우에 압류된 채권이 전부채권자에게 이전되므로 전부금 청구소송에서는 '전부채권자의 주소지'가 의무이행지가 된다는 점과 다르다).[90]

'추심채권자의 주소지를 관할하는 법원'에 추심금 청구소송의 관할이 있는지에 관하여, 추심채권자는 추심권능에 기한 변제수령권과 이행청구권한이 있으므로, 제3채무자는 추심채권자의 주소지에 가서 채무를 이행하여야 하는 지참채무를 부담하고,

88) 대법원 2000. 4. 11. 선고 99다23888 판결, 대법원 2008. 9. 25. 선고 2007다60417 판결(미간행) 등 참조.

89) 이에 관한 상세한 분석으로는 양진수, "추심의 소와 채무자의 당사자적격, 중복된 소제기의 금지", 민사판례연구 제37권, 민사판례연구회(2015), 822-827 참조.

90) 법원실무제요, 민사집행[IV], 법원행정처(2020), 375.

채권자대위권의 경우에도 채권자 주소지의 관할을 인정하고 있음을 이유로, '추심채권자의 주소지를 관할하는 법원'에 추심금 청구소송의 관할이 있다고 보는 견해가 있다.[91] 그러나 추심명령에 의해 추심채권자는 압류된 채권을 직접 '추심'할 권능을 취득할 뿐 이로써 압류된 채권이 추심채권자에게 이전되는 것은 아니어서 제3채무자가 추심채권자에게 압류된 채권을 '지참'하여 변제할 의무가 생긴다고 보기는 어렵다. 따라서 추심채권자의 주소지가 의무이행지가 됨을 전제로 '추심채권자의 주소지를 관할하는 법원'에 추심금 청구소송의 관할이 있다고 보는 견해는 타당하지 않다.[92] 현재 하급심의 재판례들은 추심금 청구소송에서 원고가 되는 추심채권자의 주소지가 있는 곳의 법원은 관할권이 없다고 보고 있다.[93]

4) 추심의 소의 소송요건

가) 원고적격 등

(1) 추심의 소의 원고는 압류한 채권에 대하여 추심명령을 얻어 추심권을 취득한 채권자이다. 추심의 소는 법정소송담당에 해당하므로 추심명령이 유효하여야 원고에게 추심권 및 소송수행권이 있어 당사자적격이 인정된다. 추심소송에서 추심명령이 유효하지 않은 것으로 인정되는 경우에는 당사자적격 흠결을 이유로 소를 각하하여야 한다.[94]

(2) 압류가 경합하고 있는 경우에도 압류채권자 중 1인은 추심명령을 얻어 단독으로 소를 제기할 수 있다. 다른 추심채권자가 먼저 추심의 소를 제기한 경우에 그와 별개의 소송으로 추심의 소를 제기하는 것은 중복된 소제기 금지(민사소송법 제259조)의 원칙에 위배되어 부적법하나,[95] 민사소송법 제83조나 민사집행법 제249조 제2항에 따라 기존의 추심소송에 공동소송참가를 하는 것은 적법하다고 보아야 한다.[96] 공동소송참가는 소송 중의 소제기에 해당하므로 중복된 소제기 금지의 원칙은 그대로 적용되어야 한다는 견해도 있을 수 있으나, 별소를 제기한 경우와 달리 공동소송참가의 경우에는 판결의 모순·저촉의 위험이 없고 제3채무자에게 이중 응소의

91) 이 견해는 손흥수, 민사집행실무총서(II) 채권집행, 한국사법행정학회(2017), 363 각주 126)에 소개되어 있다.

92) 주석 민사집행법(V)(제4판), 한국사법행정학회(2018), 719(노재호) 참조.

93) 대구고등법원 2014. 3. 18.자 2014라12 결정, 대전고등법원 2015. 8. 24.자 2015라312 결정, 부산고등법원 2018. 1. 11.자 2018라5003 결정 등 참조.

94) 대법원 2016. 11. 10. 선고 2014다54366 판결.

95) 대법원 1994. 2. 8. 선고 93다53092 판결 등 참조.

96) 대법원 2015. 7. 23. 선고 2013다30301, 30325 판결 참조.

부담을 지우지 않아 심리의 중복으로 인한 소송불경제의 문제도 발생하지 않기 때문이다. 채무자의 제3채무자에 대한 소송 계속 중에 압류 및 추심명령이 경합되어 제1추심채권자가 승계참가를 하여 추심의 소를 제기하고 이어서 제2추심채권자도 승계참가를 하여 추심의 소를 제기하는 경우, 실무에서는 후행 승계참가신청을 선행 승계참가인에 대한 공동소송참가의 취지로 선해해 주고 있다.[97)]

(3) 제3채무자가 공탁의무를 이행하지 않을 때 민사집행법 제249조 제1항의 규정에 의하여 그 이행을 구하는 소는 추심명령을 얻은 채권자가 제기할 수 있을 뿐 단순한 압류채권자나 배당요구채권자는 원고적격이 없다.[98)]

(4) 피압류채권이 외국의 사법적 행위를 원인으로 하여 발생한 것이고 그 사법적 행위에 대하여 해당 국가를 피고로 하여 우리나라 법원이 재판권을 행사할 수 있다고 하더라도, 피압류채권의 당사자가 아닌 집행채권자가 해당 국가를 제3채무자로 한 압류 및 추심명령을 신청하는 경우 우리나라 법원은, 해당 국가가 국제협약, 중재합의, 서면계약, 법정에서 진술 등의 방법으로 사법적 행위로 부담하는 국가의 채무에 대하여 압류 기타 우리나라 법원에 의하여 명하여지는 강제집행의 대상이 될 수 있다는 점에 대하여 명시적으로 동의하였거나, 우리나라 내에 그 채무의 지급을 위한 재산을 따로 할당해 두는 등 우리나라 법원의 압류 등 강제조치에 대하여 재판권 면제 주장을 포기한 것으로 볼 수 있는 경우 등에 한하여 해당 국가를 제3채무자로 하는 채권압류 및 추심명령을 발령할 재판권을 가진다. 그리고 이와 같이 우리나라 법원이 외국을 제3채무자로 하는 추심명령을 발령할 재판권을 가지는 경우에는 그 추심명령에 기하여 외국을 피고로 하는 추심금 소송에 대하여도 역시 재판권을 행사할 수 있고, 반면 추심명령에 대한 재판권이 인정되지 않는 경우에는 추심금 소송에 대한 재판권 역시 인정되지 않는다.[99)]

나) 채무자의 소송수행권 문제

(1) 채무자의 소송수행권 상실 여부

압류 및 추심명령이 있으면 제3채무자에 대한 이행의 소는 추심채권자만이 제기할 수 있고 채무자는 피압류채권에 대한 이행소송을 제기할 당사자적격을 상실한다.[100)] 판결 결과에 따라 제3채무자가 채무자에게 지급하여야 하는 금액을 피압류채

---

97) 서울고등법원 2012. 9. 7. 선고 2012나12162 판결, 서울고등법원 2017. 7. 6. 선고 2016나2033521 판결 등.

98) 대법원 1979. 7. 24. 선고 79다1023 판결.

99) 대법원 2011. 12. 13. 선고 2009다16766 판결.

권으로 표시한 경우에도, 해당 소송의 소송물인 실체법상 채권이 채권압류 및 추심명령의 피압류채권이 된다고 볼 수 있으므로 마찬가지이다.[101] 따라서 추심명령이 있는 채권에 대하여 채무자가 제기한 이행의 소는 추심명령과의 선·후와 무관하게 부적법한 소로서 본안에 관하여 심리·판단할 필요 없이 각하하여야 하고,[102] 이러한 사정은 직권조사사항으로서 당사자의 주장이 없더라도 법원이 이를 직권으로 조사하여 판단하여야 한다.[103] 이러한 법리는 채무자의 이행소송 계속 중에 추심명령이 내려진 경우에도 마찬가지로 적용되고, 심지어 채무자의 이행소송이 상고심에 계속되고 있는 경우에도 그러하다.[104]

생각건대, 추심채권자가 추심권을 취득한다고 하여 채무자가 소송수행권을 상실한다고 볼 논리필연적인 이유는 없다. 그러나 민사집행법이 추심명령을 얻은 채권자에게 추심권능과 함께 소송수행권을 갖도록 한 취지는 채권자들의 권리를 실효적으로 확보하기 위한 것으로 볼 수 있으므로 채무자의 이익보다는 채권자들의 권리 실현에 기여하는 방향으로 해석할 필요가 있다. 또한, 추심채권자는 스스로의 이익을 위해서 추심권능을 자발적이고 적극적으로 행사할 것으로 기대될 뿐만 아니라 집행법원의 수권에 의한 추심기관의 지위에서 선량한 관리자의 주의를 다하여 추심권능을 행사할 의무가 있고, 이를 게을리하여 채무자에게 손해가 생길 경우에는 배상책임을 지게 되며(민사집행법 제239조), 뒤에서 보듯이 채무자는 추심소송에 참가할 수도 있으므로, 채무자의 소송수행권을 인정하지 않더라도 채무자의 이익은 보호될 수 있다. 그리고 채무자의 소송수행권이 상실된다고 하더라도 소송경제에 크게 반하거나 제3채무자가 불이익하게 된다고 보기 어렵다. 이러한 점들을 고려하면, 채무자는 소송수행권 내지 당사자적격을 상실한다고 봄이 타당하다.[105]

이에 대하여는, 추심채권자의 권리 실현과 저촉되지 않는 경우, 즉 압류된 채권의 시효중단을 위하여 확인의 소를 제기하는 경우만이라도 채무자의 소송수행권이 유지된다고 보아야 한다는 견해가 있을 수 있다. 그러나 채무자의 확인소송의 기판력이 추심채권자의 추심소송에 미치므로 확인소송을 위한 채무자의 소송수행권을 인정

---

100) 대법원 2000. 4. 11. 선고 99다23888 판결 등.

101) 대법원 2011. 4. 28. 선고 2010다40444 판결, 대법원 2018. 7. 20. 선고 2018다220178 판결.

102) 대법원 2000. 4. 11. 선고 99다23888 판결, 대법원 2008. 9. 25. 선고 2007다60417 판결 등.

103) 대법원 2004. 3. 26. 선고 2001다51510 판결, 대법원 2010. 2. 25. 선고 2009다85717 판결 등.

104) 대법원 2004. 3. 26. 선고 2001다51510 판결.

105) 보다 상세한 논거는 양진수, "추심의 소와 채무자의 당사자적격, 중복된 소제기의 금지", 민사판례연구 제37권, 민사판례연구회(2015), 832-840 참조.

하게 되면 기판력의 모순·저촉 문제가 생길 수 있으므로, 위와 같은 견해는 타당하지 않다.[106)]

또한, 지금까지 논의한 것과 반대로 제3채무자의 채무자를 상대로 한 청구이의의 소 계속중에 채무자에 대한 채권자가 채무자의 제3채무자에 대한 집행권원상 채권에 관하여 추심명령을 얻은 경우 채무자에게 당사자적격이 유지되는지도 문제가 된다. 추심명령이 있더라도 압류된 채권은 채무자에게 남아 있고, 추심권이 제한된다고 하더라도 그 채권의 존부에 관하여는 여전히 채무자와 제3채무자 둘 사이에서 해결하는 것이 맞으며, 추심채권자가 추심명령을 취하할 수도 있으므로, 추심명령이 내려졌다는 이유만으로 그 전에 제기된 청구이의의 소가 부적법하게 된다고 하면 소송경제에 반한다는 이유로 당사자적격이 유지된다고 하는 견해가 있다.[107)] 그러나 ① 추심명령이 내려지면 채무자는 제3채무자에 대한 압류된 채권에 관하여 추심권을 상실하여 더 이상 집행을 계속할 수 없고 집행당사자적격이 추심채권자에게 이전되는 점, ② 청구이의소송에서 채무자의 당사자적격이 유지된다고 할 경우 소극적 당사자인 채무자가 불성실하게 소송을 수행할 우려가 있는 점, ③ 소송경제의 문제는 채무자의 제3채무자를 상대로 한 이행소송 계속중에 추심명령이 내려진 경우에도 마찬가지로 생길 수 있는 것이어서 달리 취급할 근거가 되기 어려운 점, ④ 채무자의 당사자적격이 상실된다고 하더라도 원고인 제3채무자는 추심채권자를 상대로 인수참가를 신청할 수 있는 점(민사소송법 제82조) 등을 고려하면, 채무자의 당사자적격은 상실된다고 봄이 타당하다.[108)]

추심명령에 의하여 채무자가 추심권 및 소송수행권을 상실한 상태에서 이를 간과하고 채무자의 제3채무자를 상대로 한 판결이 확정된 경우, 위 판결의 기판력 및 집행력은 당사자인 채무자와 제3채무자 사이에 발생하고, 위 판결이 무효라고 할 수는 없으나,[109)] 정당한 당사자인 추심채권자에게는 효력이 미치지 않는다고 보아야 한다.

(2) 채무자의 소송수행권 상실의 범위

채무자가 이행의 소에 관한 소송수행권을 상실하는 범위는 채무자의 제3채무자

106) 양진수, “추심의 소와 채무자의 당사자적격, 중복된 소제기의 금지”, 민사판례연구 제37권, 민사판례연구회(2015), 836-837.

107) 손흥수, 민사집행실무총서(II) 채권집행, 한국사법행정학회(2017), 355-356.

108) 주석 민사집행법(V)(제4판), 한국사법행정학회(2018), 723(노재호).

109) 대법원 1995. 6. 30. 선고 95다15827 판결 참조.

에 대한 채권 중 추심명령의 효력이 미치는 범위에 한한다. 따라서 채무자의 제3채무자에 대한 채권 중 추심명령의 효력이 미치는 범위를 제외한 나머지 부분에 대하여는 채무자에게 여전히 이행의 소를 제기할 당사자적격이 있고, 이때 추심명령이 있는 부분에 관한 추심의 소와 나머지 부분에 관한 채무자의 이행의 소가 병합이나 승계참가 등에 의하여 하나의 절차에서 심리되는 경우에 두 소송은 가분급부 중 서로 다른 부분에 관한 소송으로서 통상공동소송에 해당한다.110)

한편, 2인 이상의 불가분채무자 또는 연대채무자가 있는 금전채권의 경우에, 이들 중 1인을 제3채무자로 한 추심명령이 내려지면 그 추심명령을 송달받은 불가분채무자 등에 대한 피압류채권에 관한 이행의 소는 추심채권자만이 제기할 수 있고 집행채무자는 그 피압류채권에 대한 이행소송을 제기할 당사자적격을 상실하지만, 그 채권압류 및 추심명령의 제3채무자가 아닌 나머지 불가분채무자 등에 대하여는 집행채무자가 여전히 채권자로서 추심권한을 가지므로 나머지 불가분채무자 등을 상대로 이행을 청구할 수 있고, 이러한 법리는 위 금전채권 중 일부에 대하여만 추심명령이 내려진 경우에도 마찬가지로 적용된다.111)

(3) 채무자의 소송참가 방법

채무자는 추심소송의 결과에 이해관계가 있으므로 보조참가(민사소송법 제71조)를 할 수 있는데, 추심소송의 판결의 효력은 채무자에게 미친다고 보아야 하므로, 이 경우 보조참가는 공동소송적 보조참가(민사소송법 제78조)에 해당한다.

추심명령에 따라 채무자는 압류된 채권에 관하여 제3채무자를 상대로 이행의 소를 제기할 당사자적격을 상실하므로, 당사자로서 공동소송참가(민사소송법 제83조)를 하는 것은 부적법하다.

(4) 추심채권자의 소송고지의무

(가) 의의

추심을 위한 소를 제기한 때에는 채권자는 채무자에게 그 소를 고지하여야 하고, 다만 채무자가 외국에 있거나 있는 곳이 분명하지 않은 때에는 고지를 요하지 않는다(민사집행법 제238조).

이 소송고지의무는 추심명령에 기초한 소송의 경우뿐만 아니라 전부명령이나 양

110) 법원실무제요, 민사집행[IV], 법원행정처(2020), 377-378; 황진구, "추심의 소제기가 채무자가 제기한 이행의 소에 대한 관계에서 중복된 소제기에 해당하는지", 민사재판의 제문제 제23권, 한국사법행정학회(2015)), 641-642.

111) 대법원 2013. 10. 31. 선고 2011다98426 판결.

도명령에 기초한 소송의 경우에도 발생하고, 이행을 구하는 경우뿐만 아니라 해당 채권의 확인을 구하는 경우에도 인정된다. 또한, 압류채권자가 아닌 집행력 있는 정본을 가진 채권자가 민사집행법 제249조 제2항에 의하여 추심소송에 공동소송인으로 참가하는 경우에도 발생한다.

추심채권자가 지급명령을 신청한 경우에는 제3채무자의 이의에 의하여 통상소송으로 이행한 후에 채무자에게 소송고지를 하면 된다.

(나) 소송고지의 절차

추심채권자는 소송고지의 이유와 소송의 진행 정도를 적은 서면을 수소법원에 제출하는 방법으로 소송고지를 신청하여야 하고(민사소송법 제85조 제1항), 이를 받은 수소법원은 소송고지서를 채무자에게 송달하여야 한다(민사소송법 제85조 제2항).

(다) 소송고지의 효과

소송고지를 받은 채무자는 추심소송에 참가할 수 있다. 추심명령의 효력에 의하여 채무자는 추심권 및 소송수행권을 상실하므로 당사자로서 참가할 수는 없고 보조참가만 할 수 있는데, 이는 공동소송적 보조참가(민사소송법 제78조)에 해당한다.

소송고지가 있는 경우에는 채무자는 채권자가 받은 판결의 참가적 효력(민사소송법 제86조, 제77조)을 받는다. 또 (i) 소송고지가 없었더라도 채권자와 제3채무자 사이의 판결의 효력이 채무자에게 미친다고 하는 견해가 다수설이나, (ii) 채권자가 승소한 때에만 기판력이 채무자에게 미치고 패소한 때에는 미치지 않는다는 견해, (iii) 소송고지가 없었던 경우에는 채무자에게는 판결의 효력이 미치지 않는다는 견해, (iv) 추심채권자도 채권자대위권과 같은 법정소송담당이므로 대법원 1975. 5. 13. 선고 74다1664 전원합의체 판결의 이론과 같이 적어도 추심소송이 제기된 사실을 채무자가 알았을 경우에는 그 판결의 효력이 채무자에게 미친다고 하는 견해 등도 있다.

이러한 압류채권자의 소송고지는 추심소송의 소송요건이 아니고 따라서 법원이 직권으로 조사하여야 할 사항이라고 볼 수도 없다.[112)]

(라) 소송고지의무를 이행하지 않은 경우

채권자가 소송고지를 게을리함으로 인하여 채무자가 추심소송에 참가하지 못하고 그 결과 채권자가 그 추심소송에서 패소함으로써 채무자에게 손해가 발생한 때에는, 명문의 규정은 없으나 채무자는 채권자에 대하여 손해배상청구를 할 수 있고, 이

112) 대법원 1976. 9. 28. 선고 76다1145, 1146 판결.

경우 채권자는 '제대로 소송고지를 하였더라도 패소하였을 것'이라는 점을 항변으로 주장·증명하지 않는 한 그 손해배상책임을 면하지 못한다.

고지의무를 게을리한 효과는 채권자와 채무자 사이에서만 발생하므로 제3채무자가 소송고지가 없었음을 이유로 항변할 수는 없다. 그러나 일반원칙에 따라 스스로 채무자나 다른 채권자에 대하여 소송고지를 할 수는 있다.

(5) 채권자가 추심권능을 상실한 경우

채권에 대한 추심명령이 있으면 채무자는 압류된 채권에 대한 이행의 소를 제기할 당사자적격을 상실하나, 채무자의 이행소송 계속 중에 추심채권자가 압류 및 추심명령 신청의 취하 등에 따라 추심권능을 상실하게 되면 채무자는 당사자적격을 회복한다. 이러한 사정은 직권조사사항으로서 당사자가 주장하지 않더라도 법원이 직권으로 조사하여 판단하여야 하고, 사실심 변론종결 이후에 당사자적격 등 소송요건의 흠결이 치유된 경우 상고심에서도 이를 참작하여야 한다.113)

추심소송이 계속되는 동안 추심채권자가 추심권능을 상실하게 되면 기존의 추심의 소는 당사자적격이 없어 각하하여야 한다. 이 경우 민사소송법 제237조 제1항의 적용 또는 유추적용에 의하여 소송절차가 중단되고 채무자가 이를 수계하여야 하는지 문제가 되나, 추심채권자는 타인의 권리관계에 관하여 소송을 수행하기는 하지만 소송담당자가 된 근거가 추심채권자 자기의 권리(채무자에 대한 집행채권)에 있고 소송담당의 목적도 그러한 권리의 실현에 있으므로, 민사소송법 제237조 제1항의 적용 또는 유추적용의 대상에 포함되지 않는다고 봄이 타당하다.114)

(6) 대법원 2022. 11. 24. 선고 2018두67 전원합의체 판결

최근 대법원은 「공익사업을 위한 토지 등의 취득 및 보상에 관한 법률」(이하 '토지보상법')에 따른 토지소유자 등의 사업시행자에 대한 손실보상금 채권에 관하여 압류·추심명령이 있는 경우 채무자인 토지소유자 등이 '손실보상금 증액 청구의 소를 제기하고 그 소송을 수행할 당사자적격'을 상실하지 않는다고 판단하였으므로, 주의를 요한다.

(가) 사실관계는 다음과 같다.

중앙토지수용위원회는 2012. 4. 6. 피고(한국토지주택공사)가 시행하는 보금자리

113) 대법원 2007. 11. 29. 선고 2007다63362 판결, 대법원 2010. 11. 25. 선고 2010다64877 판결, 대법원 2015. 11. 12. 선고 2014다18407, 18414 판결.

114) 양진수, "추심의 소와 채무자의 당사자적격, 중복된 소제기의 금지", 민사판례연구 제37권, 민사판례연구회(2015), 829.

주택사업에 관하여 원고가 운영하는 공장 영업시설을 이전하게 하고 원고의 영업손실에 대한 보상금을 약 68억 원으로 정하는 내용의 수용재결을 하였다. 원고는 위 보상금을 이의를 유보하고 수령한 뒤 2012. 5. 22. 보상금의 증액을 구하는 위 사건 소를 제기하였다. 원고의 채권자들은 위 소 제기일 이후부터 원심판결 선고일 이전까지 사이에 원고의 피고에 대한 손실보상금 채권에 관하여 압류·추심명령을 받았다.

(나) 대법원은 '토지보상법에 따른 토지소유자 또는 관계인(이하 '토지소유자 등')의 사업시행자에 대한 손실보상금 채권에 관하여 압류 및 추심명령이 있더라도, 추심채권자가 보상금 증액 청구의 소를 제기할 수 없고, 채무자인 토지소유자 등이 보상금 증액 청구의 소를 제기하고 그 소송을 수행할 당사자적격을 상실하지 않는다'고 판단하면서, '위 추심명령으로 인하여 원고가 위 사건 보상금 증액 청구 소송을 수행할 당사자적격을 상실하였다'는 취지의 피고의 상고이유를 배척하였다(상고기각, 전원일치).115) 대법원이 판시한 구체적인 이유는 다음과 같다.

① 토지보상법 제85조 제2항은 '토지소유자 등이 보상금 증액 청구의 소를 제기할 때에는 사업시행자를 피고로 한다'고 규정하고 있다. 위 규정에 따른 보상금 증액 청구의 소는 토지소유자 등이 사업시행자를 상대로 제기하는 당사자소송의 형식을 취하고 있지만, 토지수용위원회의 재결 중 보상금 산정에 관한 부분에 불복하여 그 증액을 구하는 소이므로 실질적으로는 재결을 다투는 항고소송의 성질을 가진다.

행정소송법 제12조 전문은 "취소소송은 처분등의 취소를 구할 법률상 이익이 있는 자가 제기할 수 있다."라고 규정하고 있다. 앞서 본 바와 같이 보상금 증액 청구의 소는 항고소송의 성질을 가지므로, 토지소유자 등에 대하여 금전채권을 가지고 있는 제3자는 재결에 대하여 간접적이거나 사실적·경제적 이해관계를 가질 뿐 재결을 다툴 법률상의 이익이 있다고 할 수 없어 직접 또는 토지소유자 등을 대위하여 보상금 증액 청구의 소를 제기할 수 없고, 토지소유자 등의 손실보상금 채권에 관하여 압류 및 추심명령이 있더라도 추심채권자가 재결을 다툴 지위까지 취득하였다고 볼 수는 없다.

② 토지보상법 등 관계법령에 따라 토지수용위원회의 재결을 거쳐 이루어지는 손실보상금 채권은 관계법령상 손실보상의 요건에 해당한다는 것만으로 바로 존부

115) "토지보상법상 손실보상금 채권에 관하여 압류 및 추심명령이 있는 경우 채무자가 보상금 증액 청구의 소를 제기할 당사자적격을 상실하고 그 보상금 증액소송 계속 중 추심채권자가 압류 및 추심명령 신청의 취하 등에 따라 추심권능을 상실하게 되면 채무자는 당사자적격을 회복한다는 취지의 대법원 2013. 11. 14. 선고 2013두9526 판결은 이 판결의 견해에 배치되는 범위에서 이를 변경하기로 한다."

및 범위가 확정된다고 볼 수 없다. 토지소유자 등이 사업시행자로부터 손실보상을 받기 위해서는 사업시행자와 협의가 이루어지지 않으면 토지보상법 제34조, 제50조 등에 규정된 재결절차를 거친 뒤에 그 재결에 대하여 불복이 있는 때에 비로소 토지보상법 제83조 내지 제85조에 따라 이의신청 또는 행정소송을 제기할 수 있을 뿐이고, 이러한 절차를 거치지 않은 채 곧바로 사업시행자를 상대로 손실보상을 청구하는 것은 허용되지 않는다.

이와 같이 손실보상금 채권은 토지보상법에서 정한 절차로서 관할 토지수용위원회의 재결 또는 행정소송 절차를 거쳐야 비로소 구체적인 권리의 존부 및 범위가 확정된다. 아울러 토지보상법령은 토지소유자 등으로 하여금 위와 같은 손실보상금 채권의 확정을 위한 절차를 진행하도록 정하고 있다. 따라서 사업인정고시 이후 위와 같은 절차를 거쳐 장래 확정될 손실보상금 채권에 관하여 채권자가 압류 및 추심명령을 받을 수는 있지만, 그 압류 및 추심명령이 있다고 하여 추심채권자가 위와 같은 손실보상금 채권의 확정을 위한 절차에 참여할 자격까지 취득한다고 볼 수는 없다.

③ 요컨대, 토지소유자 등이 토지보상법 제85조 제2항에 따라 보상금 증액 청구의 소를 제기한 경우, 그 손실보상금 채권에 관하여 압류 및 추심명령이 있다고 하더라도 추심채권자가 그 절차에 참여할 자격을 취득하는 것은 아니므로, 보상금 증액 청구의 소를 제기한 토지소유자 등의 지위에 영향을 미친다고 볼 수 없다. 따라서 보상금 증액 청구의 소의 청구채권에 관하여 압류 및 추심명령이 있다고 하더라도 토지소유자 등이 그 소송을 수행할 당사자적격을 상실한다고 볼 것은 아니다.

(다) 나아가 대법원은, 현실적으로 발생할 수 있는 문제에 대하여 다음과 같은 해결 방안을 제시하였다.

① 토지보상법 제85조 제1항은, 같은 조 제2항에 따른 보상금 증액 청구의 소는 수용재결서를 받은 날부터 90일 이내에, 이의신청을 거쳤을 때에는 이의재결서를 받은 날부터 60일 이내에 제기하여야 한다고 규정하고 있다(토지보상법이 2018. 12. 31. 법률 제16138호로 개정되기 전에는 이러한 제소기간을 수용재결서를 받은 날부터 60일 이내 또는 이의재결서를 받은 날부터 30일 이내로 정하고 있었다).

토지소유자 등이 보상금 증액 청구의 소를 제기하였는데 그 손실보상금 채권에 관하여 압류 및 추심명령이 있다는 이유로 원고가 소송을 수행할 당사자적격을 상실하였다고 보아 그 소를 각하하는 판결이 확정되면 제소기간의 경과로 누구도 다시 보상금 증액 청구의 소를 제기할 수 없게 되는 불합리한 결과가 발생할 수 있다.

② 채무자인 토지소유자 등이 제3채무자인 사업시행자를 상대로 보상금 증액 청구의 소를 제기한 결과 제3채무자에게 증액되어야 할 손실보상금의 지급을 명하는 판결이 확정된다고 하더라도, 사업시행자는 토지소유자 등에게 확정된 손실보상금을 지급하여서는 안 되지만, 민사집행법 제248조에 따라 이를 공탁함으로써 지급 의무를 면할 수 있다. 따라서 제3채무자인 사업시행자가 이중지급의 위험에서 벗어나지 못하는 등으로 부당한 상황에 놓인다고 볼 수 없다.

③ 추심채권자는 채무자인 토지소유자 등이 제기한 보상금 증액 청구 소송에 행정소송법 제44조 제1항, 제16조에 따라 소송참가를 하거나 행정소송법 제8조 제2항의 준용에 따라 민사소송법상 보조참가를 할 수 있다. 이와 같이 추심채권자가 보상금 증액 청구 소송에 관여할 수 있는 절차도 마련되어 있다.

다) 채무자의 이행소송 계속 중에 채권자의 추심의 소가 제기된 경우

(1) 문제의 소재

이미 채무자가 제기한 이행의 소가 계속되어 있는데도 추심채권자가 별개의 소송으로 제3채무자를 상대로 압류된 채권의 이행을 청구하는 추심의 소를 제기하는 경우가 있는데, 중복된 소제기의 금지(민사소송법 제259조) 원칙과의 관계에서 이러한 소가 적법한지 문제된다.

(2) 대법원 2013. 12. 18. 선고 2013다202120 전원합의체 판결

다수의견[116]은 아래와 같은 점들을 근거로, 채무자가 제3채무자를 상대로 제기한 이행의 소가 법원에 계속되어 있는 경우에도 추심채권자는 제3채무자를 상대로 압류한 채권의 이행을 청구하는 추심의 소를 제기할 수 있고, 제3채무자를 상대로 추심채권자가 제기한 추심의 소는 채무자가 제기한 이행의 소에 대한 관계에서 민사소송법 제259조가 금지하는 중복된 소제기에 해당하지 않는다고 판단하였다.

① 채무자가 제3채무자를 상대로 제기한 이행의 소는 추심명령에 의하여 부적법하게 되어 본안에 관하여 심리·판단할 필요 없이 각하하여야 하므로, 추심소송의 본안에 관하여 심리·판단한다고 하여 제3채무자에게 불합리하게 과도한 이중 응소의

116) 다수의견을 지지하는 견해로는 양진수, "추심의 소와 채무자의 당사자적격, 중복된 소제기의 금지", 민사판례연구 제37권, 민사판례연구회(2015), 811-866; 황진구, "추심의 소제기가 채무자가 제기한 이행의 소에 대한 관계에서 중복된 소제기에 해당하는지", 민사재판의 제문제 제23권, 한국사법행정학회(2015), 625-672; 이형범, "전소송이 이행소송, 후소송이 추심소송일 때 중복소제기금지원칙의 적용 여부", 법조 제66권 제5호, 법조협회(2017. 10.), 687-720 (전소 판결이 그대로 확정되더라도 정당한 당사자인 추심채권자가 제기한 후소에 기판력이 미치지 않으므로 '당사자 동일성' 요건을 충족하지 못한다고 한다) 등.

부담을 지운다거나, 본안 심리가 중복되어 당사자와 법원의 소송경제에 반한다거나, 판결의 모순·저촉의 위험이 크다고 볼 수 없다.

② 오히려 추심채권자가 제3채무자를 상대로 제기한 추심의 소를 중복된 소제기에 해당한다는 이유로 각하한 다음 당사자적격이 없는 채무자의 이행의 소가 각하 확정되기를 기다려 다시 추심채권자로 하여금 추심의 소를 제기하도록 하는 것이 소송경제에 반할 뿐 아니라, 이는 추심명령이 있는 때에 민사집행법 제238조 및 제249조 제1항에 의하여 추심채권자에게 보장되는 추심의 소를 제기할 수 있는 권리의 행사와 그에 관한 실체 판단을 바로 그 추심명령에 의하여 금지되는 채무자의 이행의 소를 이유로 거부하는 셈이어서 부당하다.

③ 추심채권자는 채무자가 제3채무자를 상대로 제기한 이행의 소에 민사소송법 제81조, 제79조에 따라 참가할 수도 있으나, 채무자의 이행의 소가 상고심에 계속되고 있는 경우에는 승계인의 소송참가가 허용되지 않으므로 추심채권자의 소송참가가 언제나 가능하지는 않고, 채무자가 제기한 이행의 소에 추심채권자가 참가할 의무가 있는 것도 아니다.

(3) 검토

후소가 형식적으로 중복된 소제기에 해당하는 경우 전소가 소송요건을 갖추지 못하여 부적법하다고 하더라도 그 소송이 계속되고 있는 한 후소는 중복된 소제기의 금지 원칙에 위배되어 각하를 면하지 못하는 것이 원칙이다. 그러나 채무자의 이행소송 후에 추심채권자의 추심의 소가 제기된 경우에는 추심소송의 기초가 된 추심명령에 의하여 채무자가 추심권능 및 소송수행권을 상실하여 전소인 채무자의 이행의 소가 부적법하게 되는 특수한 관계에 있다는 점을 유의할 필요가 있다. 바로 이 점이 채무자의 이행소송 후에 채권자대위의 소가 제기된 경우와는 구별되는 점이다. 앞서 채무자의 소송수행권 상실 여부 부분에서 보았듯이 추심명령이 있게 되면 이제 추심권능 및 소송수행권은 추심채권자에게 전속되므로, 후소인 추심의 소를 중복된 소제기로 보아 각하하는 것보다는 전소인 채무자의 이행의 소를 당사자적격 흠결을 이유로 각하하는 것이 추심명령 제도의 목적에 부합한다.[117] 따라서 판례의 다수의견이 타당하다.

---

117) 황진구, "추심의 소제기가 채무자가 제기한 이행의 소에 대한 관계에서 중복된 소제기에 해당하는지", 민사재판의 제문제 제23권, 한국사법행정학회(2015), 671도 추심의 소제기가 중복제소에 해당하는지 여부는 채권자의 추심의 소제기 권능을 보장하는 방향으로 결정되는 것이 타당하다는 견지에서 다수의견에 찬성한다고 한다.

5) 추심의 소에서의 공격방어방법

가) 원고(추심채권자)의 청구원인

추심의 소에서 소송의 대상이 되는 것은 피압류채권(채무자의 제3채무자에 대한 채권)의 유무 및 그 범위이고, 집행채권(채권자의 채무자에 대한 채권)의 유무가 아니다. 따라서 추심소송의 청구원인은 ① 피압류채권의 존재, ② 압류 및 추심명령, ③ '제3채무자에 대한' 송달로 구성된다(전부금 청구소송과 달리 '채무자에 대한' 송달과 추심명령의 확정은 추심소송의 청구원인의 요건사실이 아니다).

피압류채권의 존재에 관한 증명책임은 원고인 추심채권자에게 있다.[118] 한편, 채권자가 채권압류 및 추심명령에 기초하여 채무자의 제3채무자에 대한 예금채권의 추심을 구하는 소를 제기한 경우, 추심 대상 채권이 민사집행법 제246조 제1항 제8호의 압류금지채권('채무자의 1월간 생계유지에 필요한 예금')에 해당하지 않는다는 점, 즉 채무자의 개인별 예금 잔액과 민사집행법 제195조 제3호에 의하여 압류하지 못한 금전의 합계액이 185만 원(민사집행법 시행령 제2조)을 초과한다는 사실은 채권자가 이를 증명하여야 한다.[119]

나) 피고(제3채무자)의 항변

(1) 추심소송에서 피고(제3채무자)는 추심명령의 무효, 취소, 취하 등을 주장하여 원고(추심채권자)의 추심권한을 다툴 수 있다.[120] 이는 원고적격에 관한 사항으로서 본안전항변에 해당하므로, 가령 채권압류 및 추심명령 결정 정본이 제3채무자인 피고에게 적법하게 송달되지 않은 경우 이에 기초한 추심의 소는 당사자적격이 없는 자에 의하여 제기된 것으로서 부적법하므로 각하되어야 한다.[121]

(2) 제3채무자는 집행채권의 부존재나 소멸을 주장하여 압류된 채무의 이행을 거절할 수 없고, 이는 채무자가 청구이의의 소에서 주장할 사유일 뿐이다.[122]

(3) 제3채무자는 압류된 채권에 관하여는 채무자에 대하여 주장할 수 있는 실체법상의 모든 항변으로 추심채권자에게 대항할 수 있다. 한편, 추심채권자의 추심금 청구에 대하여 제3채무자가 채무자에 대한 어음금채권으로 상계항변을 하는 경우 추

118) 대법원 2007. 1. 11. 선고 2005다47175 판결, 대법원 2015. 6. 11. 선고 2013다40476 판결, 대법원 2023. 4. 13. 선고 2022다279733, 279740(병합) 판결.

119) 대법원 2015. 6. 11. 선고 2013다40476 판결 참조. 이 판결은 그 근거로 민사집행법 제246조 제1항 제8호는 채무자의 최소한의 생계를 보장하기 위한 강행규정이라는 점도 들고 있다.

120) 대법원 2012. 11. 15. 선고 2011다38394 판결.

121) 대법원 2016. 11. 10. 선고 2014다54366 판결.

122) 대법원 1996. 9. 24. 선고 96다13781 판결 등.

심채권자로서는 채무자의 제3채무자에 대한 인적 관계로 인한 항변(예를 들어 원인채권의 부존재)으로써 제3채무자에게 대항할 수 있다.[123] 그러나 압류된 채권이 통정한 허위표시에 의한 것이어서 무효라는 사유는 선의의 추심채권자에게 대항할 수 없다. 제3자가 선의로 통정허위표시에 의한 계약상 채권을 압류한 경우 그 압류채권자는 허위표시에 기초하여 압류 후에 새로운 법률상 이해관계를 가지게 된 선의의 제3자에 해당되어 민법 제108조 제2항에 의하여 보호를 받기 때문이다.[124] 또한, 채권이 양도된 후 그 양수인의 채권자가 채권에 대하여 채권압류 및 추심명령을 받았는데 그 채권 양도계약이 허위표시로서 무효인 경우 추심채권자는 그로 인해 외형상 형성된 법률관계를 기초로 실질적으로 새로운 법률상 이해관계를 맺은 제3자에 해당하므로 선의인 경우에는 민법 제108조 제2항에 의하여 보호된다.[125]

(4) 법률의 규정에 의하여 압류가 금지된 채권에 대한 압류명령은 '실체법상 효력이 발생하지 않는다'는 의미에서 무효이므로, 제3채무자는 압류채권자의 추심금 또는 전부금 청구에 대하여 그러한 실체법상의 무효를 들어 지급을 거절할 수 있다.[126]

(5) 추심명령이 경합된 경우에 제3채무자는 민사집행법 제248조에 따라 공탁의무가 있는 경우 외에는 정당한 추심권자에게 변제하면 경합하는 모든 채권자에게 그 효력을 주장할 수 있으므로, 다른 추심권자에게 변제한 사정을 들어 추심채권자에게 대항할 수 있다.[127]

6) 추심소송 계속 중에 강제집행정지결정이 내려진 경우

추심명령이 있은 후에 그 집행권원에 관하여 강제집행정지결정의 정본(민사집행법 제49조 제2호)이 제출된 때에는 법원사무관등은 추심채권자 및 제3채무자에게 그 서류가 제출되었다는 사실과 서류의 요지 및 '위 서류의 제출에 따른 집행정지가 효력을 잃기 전에는 추심채권자는 채권의 추심을 하여서는 안 되고 제3채무자는 채권의 지급을 하여서는 안 된다'는 취지를 통지하여야 한다(민사집행규칙 제161조 제1항).

위 통지가 있으면 채권자는 추심소송을 속행할 수 없게 되어 추심금 청구소송의 소송절차가 중단된다고 하는 견해[128]가 있으나, 위 통지는 강제집행절차가 정지되었

123) 대법원 2010. 12. 23. 선고 2010다56067 판결.
124) 대법원 2004. 5. 28. 선고 2003다70041 판결, 대법원 2009. 7. 23. 선고 2006다45855 판결.
125) 대법원 2014. 4. 10. 선고 2013다59753 판결.
126) 대법원 2007. 9. 6. 선고 2007다29591 판결, 대법원 2014. 1. 23. 선고 2013다71180 판결.
127) 대법원 2001. 3. 27. 선고 2000다43819 판결 등 참조.
128) 조관행, "추심명령에 의한 추심에 관한 제문제", 재판자료 제35권, 법원도서관(1987), 533.

다는 사실을 알려 주는 것에 불과하고, 강제집행절차가 정지되더라도 추심채권자는 압류한 채권을 실제로 추심하는 행위에 더 이상 나아갈 수 없을 뿐 유효한 추심명령에 따라 여전히 추심권한 및 소송수행권을 갖고 있으므로, 명문의 규정이 없는 한 추심소송이 당연히 중단된다고 보기는 어렵다.[129] 다만 수소법원은 집행정지 중임에도 제3채무자가 응소를 강요당하는 것을 피하기 위하여 집행정지사유가 해소될 때까지 소송절차를 사실상 정지하는 것이 바람직하다. 만약 법원이 소송절차를 계속 진행할 경우에는 법원은 원고인 추심채권자의 청구가 이유 있으면 단순히 이를 인용하는 판결을 선고하여야 한다. 그러나 이를 근거로 실제로 추심을 하는 행위에 나아갈 수는 없다.

위 통지가 있더라도 제3채무자가 압류와 관련된 금전채권의 전액을 공탁함으로써 면책될 수 있는 권리(민사집행법 제248조 제1항)가 방해받는 것은 아니므로,[130] 피고인 제3채무자는 위와 같은 공탁의 방법으로 지연손해금의 발생을 면할 수 있다.

7) 추심소송에서의 확정판결의 효력

가) 추심소송에서의 확정판결의 기판력이 채무자에게 미치는지

이에 관하여는, ① 추심소송이 법정소송담당에 해당한다는 이유로 그 소송의 승패와 상관없이 기판력이 미친다고 하는 견해, ② 추심소송은 추심채권자의 고유한 권리를 소로써 행사하는 것이라는 이유로 그 소송의 승패와 상관없이 기판력이 미치지 않는다고 하는 견해, ③ 절충적 견해로서 추심소송의 기판력은 채권자가 승소한 경우에 한하여 채무자에게 미친다는 견해, ④ 소송고지가 없었던 경우에는 채무자에게 판결의 효력이 미치지 않는다는 견해, ⑤ 채권자대위소송에 관한 판례의 입장과 마찬가지로 적어도 추심소송이 제기된 사실을 채무자가 알았을 경우에만 기판력이 채무자에게 미친다는 견해 등이 있다.[131]

추심소송은 법정소송담당에 해당하는데 민사소송법 제218조는 "다른 사람을 위하여 원고나 피고가 된 사람에 대한 확정판결은 그 다른 사람에 대하여도 효력이 미친다."라고 규정하고 있고, 민사집행법 제238조는 채권자가 추심의 소를 제기할 때에는 채무자에게 반드시 소송고지를 하도록 규정하고 있어 채무자의 추심소송 참가 기회가 보장되어 있는바, 만약 추심채권자가 소송고지를 게을리 하고 그로 말미암아 추심소송에서 패소함으로써 채무자에게 손해가 발생한 때에는 채무자는 추심채권자에

129) 대법원 2010. 8. 19. 선고 2009다70067 판결.
130) 대법원 2010. 8. 19. 선고 2009다70067 판결.
131) 학설의 소개는 손진홍, 채권집행실무, 한국사법행정학회(2019), 539-543, 583-584 참조.

게 손해배상을 청구할 수 있다. 또한, 제3채무자로 하여금 동일한 채권에 대하여 반복하여 응소하도록 강요하는 것은 바람직하지 않고, 법정소송담당은 제3자로 하여금 타인의 법률관계에 관한 소송수행권을 부여해도 소송의 목적을 달성할 수 있기 때문에 인정되는 제도인데, 절차종료 후에 소송수행권의 존부 이외의 사유를 들어 판결의 효력이 그 타인에게 미치는 것을 부정한다면 소송의 목적을 달성할 수 없게 되고 법률관계를 불확정하게 만든다. 그리고 채권자대위소송에서는 채무자의 소송수행권이 남아 있는(병존형 법정소송담당) 반면, 추심소송에서는 채무자의 소송수행권이 없다(갈음형 법정소송담당). 이러한 점들을 고려하면, 추심소송에서의 확정판결의 기판력은 그 승패나 채무자의 지·부지와 관계없이 채무자에게 미친다고 해석함이 타당하다.[132]

나) 채무자가 수행한 소송의 확정판결의 추심채권자에 대한 효력

(1) 추심명령이 있게 되면 채권자는 비록 채권 자체를 이전받지는 않으나 추심권 및 소송수행권을 취득하고 채무자는 이를 상실하므로, 추심채권자는 채무자로부터 당사자적격 또는 분쟁주체의 지위를 이전받은 자로 봄이 타당하다. 그렇다면 채무자가 수행한 소송의 확정판결 선고 후에 추심명령을 얻은 채권자는 민사소송법 제218조 제1항의 '승계인'에 해당하므로, 그 확정판결의 기판력은 위와 같은 추심채권자에게 미친다고 봄이 타당하다.[133] 그리고 판결이 그 판결에 표시된 당사자 외의 사람에게 효력이 미치는 때에는 그 사람을 위하여 집행할 수 있으므로(민사집행법 제25조 1항 본문), 채무자가 집행권원을 가지고 있는 경우에는 위와 같은 추심채권자는 승계집행문(민사집행법 제31조)을 받아 강제집행을 할 수 있다.

(2) 반면에 채무자가 수행한 소송의 확정판결 선고 전에 추심명령이 있었는데도 이를 간과하고 본안판결이 내려진 경우에는 당사자적격이 없는 사람이 수행한 소송의 판결로서 정당한 당사자인 추심채권자에게 효력이 미치지 않는다고 보아야 한다.[134]

다) 추심소송에서의 확정판결의 기판력이 다른 추심채권자에게 미치는지

(1) 대법원 2020. 10. 29. 선고 2016다35390 판결[135]은 '동일한 채권에 대해

---

132) 양진수, "추심의 소와 채무자의 당사자적격, 중복된 소제기의 금지", 민사판례연구 제37권, 민사판례연구회(2015), 842-843; 주석 민사집행법(V)(제4판), 한국사법행정학회(2018), 733(노재호).

133) 양진수, "추심의 소와 채무자의 당사자적격, 중복된 소제기의 금지", 민사판례연구 제37권, 민사판례연구회(2015), 846-849; 주석 민사집행법(V)(제4판), 한국사법행정학회(2018), 733(노재호).

134) 황진구, "추심의 소제기가 채무자가 제기한 이행의 소에 대한 관계에서 중복된 소제기에 해당하는지", 민사재판의 제문제 제23권, 한국사법행정학회(2015), 641.

135) 이 판결에 대한 평석으로, 이지영, "추심금소송에서 청구를 일부 포기하는 내용의 화해권고결정이 확정된 경우 그 의미와 기판력", 대법원 판례해설 제125호, 법원도서관(2021), 296-325. 위 평석은 대상판결의 의의에 관하여, ① 추심금소송에서 추심채권자의 권한 없는 포기의 의

복수의 채권자들이 압류·추심명령을 받은 경우 어느 한 채권자가 제기한 추심금소송에서 확정된 판결의 기판력이 그 소송의 변론종결일 이전에 압류·추심명령을 받았던 다른 추심채권자에게 미치지 않는다'고 판단하였는데, 위 대법원 판결이 제시한 구체적인 이유는 다음과 같다.

(가) 확정판결의 기판력이 미치는 주관적 범위는 신분관계소송이나 회사관계소송과 같이 법률에 특별한 규정이 있는 경우를 제외하고는 원칙적으로 당사자, 변론을 종결한 뒤의 승계인 또는 그를 위하여 청구의 목적물을 소지한 사람과 다른 사람을 위하여 원고나 피고가 된 사람이 확정판결을 받은 경우의 그 다른 사람에 국한되고(민사소송법 제218조 제1항, 제3항) 그 밖의 제3자에게는 미치지 않는다. 따라서 추심채권자들이 제기하는 추심금소송의 소송물이 채무자의 제3채무자에 대한 피압류채권의 존부로서 서로 같더라도 소송당사자가 다른 이상 그 확정판결의 기판력이 서로에게 미친다고 할 수 없다.

(나) 민사집행법 제249조 제3항, 제4항은 추심의 소에서 소를 제기당한 제3채무자는 집행력 있는 정본을 가진 채권자를 공동소송인으로 원고 쪽에 참가하도록 명할 것을 첫 변론기일까지 신청할 수 있고, 그러한 참가명령을 받은 채권자가 소송에 참가하지 않더라도 그 소에 대한 재판의 효력이 미친다고 정한다. 위 규정 역시 참가명령을 받지 않은 채권자에게는 추심금소송의 확정판결의 효력이 미치지 않음을 전제로 참가명령을 통하여 판결의 효력이 미치는 범위를 확장할 수 있도록 한 것이다.

(다) 제3채무자는 추심의 소에서 다른 압류채권자에게 위와 같이 참가명령신청을 하거나 패소한 부분에 대하여 변제 또는 집행공탁을 함으로써, 다른 채권자가 계속 자신을 상대로 소를 제기하는 것을 피할 수 있다. 따라서 어느 한 채권자가 제기한 추심금소송에서 확정된 판결의 효력이 다른 채권자에게 미치지 않는다고 해도 제3채무자에게 부당하지 않다.

(2) 확정된 화해권고결정에는 재판상 화해와 같은 효력이 있다(민사소송법 제231조). 위에서 본 추심금소송의 확정판결에 관한 법리는 추심채권자가 제3채무자를 상대로 제기한 추심금소송에서 화해권고결정이 확정된 경우에도 마찬가지로 적용된다. 따라서 어느 한 채권자가 제기한 추심금소송에서 화해권고결정이 확정되었더라도

미를 자신의 적법한 권한 범위 내의 추심권의 포기 행위로 해석하여 채무자나 다른 채권자가 절차에 관여하지 못한 채 그 판결의 기판력을 받을 가능성을 차단하였고, ② 원심과 같이 추심채권자가 화해권고결정을 통하여 피압류채권 자체를 포기한 것으로 보더라도, 그 기판력이 다른 추심채권자에게 미치지 않음을 부가적으로 판단하여, 추심금판결의 기판력에 관한 최초의 판시를 하였다는 점에서 의의가 크다고 한다.

그 화해권고결정의 기판력은 화해권고결정 확정일 전에 압류·추심명령을 받았던 다른 추심채권자에게 미치지 않는다.136)

(3) 다만, 앞서 보았듯이 추심소송의 확정판결의 기판력은 채무자에게 미치고, 채무자가 수행한 소송의 확정판결의 기판력은 그 변론종결 후에 추심명령을 얻은 채권자에게 미치므로(변론종결 후의 승계인에 해당하기 때문이다), 이를 결합하면 추심소송의 판결 확정 후에 다른 추심명령을 얻은 채권자에게는 종전 추심소송에서의 확정판결의 기판력이 미친다고 볼 여지가 있다.137)

8) 추심채권자의 제3채무자를 상대로 한 공탁이행청구의 소(민사집행법 제249조)

가) 의의 및 적용범위

추심명령의 효과로서 추심채권자는 재판 외에서뿐만 아니라 재판상으로도 추심권을 행사하여 제3채무자를 상대로 압류한 채권의 이행을 청구할 수 있으므로, 제3채무자가 추심채권자의 이행청구에 따르지 않을 경우 추심채권자는 제3채무자를 상대로 압류한 채권의 이행을 구하는 소를 제기할 수 있다.

민사집행법 제249조 제1항은 '제3채무자가 추심절차에 대하여 의무를 이행하지 아니하는 때에는 압류채권자는 소로써 그 이행을 청구할 수 있다'라고 정하고 있다. 그런데 민사집행법 제238조에서 '추심의 소제기'라는 제목으로 "채권자가 명령의 취지에 따라 제3채무자를 상대로 소를 제기할 때에는 일반규정에 의한 관할법원에 제기하고 채무자에게 그 소를 고지하여야 한다."라고 따로 규정하고 있는바, 민사집행법 제238조와 제249조의 관계 및 적용범위, 즉 공탁이행소송이 아닌 일반 추심금소송에서도 민사집행법 제249조가 적용되는지에 관하여 견해가 대립한다.

종래 일반적 해석론은, 민사집행법 제249조는 '제3채무자가 민사집행법 제248조 제2, 3항에 따른 공탁의무를 부담하고 있음에도 이를 이행하지 않을 경우 그 공탁의무의 이행을 구하는 소'를 특별히 규정하는 것으로 이해하였고,138) 그 이유로는 다음과 같은 점들이 제시된다.139) ① 민사집행법 제249조는 배당요구채권자 또는 압류·가압류채권자의 공탁청구에 따른 제3채무자의 공탁의무 등에 관하여 규정하고 있는 민사집행법 제248조 바로 다음에 위치하고 있다. ② 민사집행법 제249조 제2항 내

---

136) 대법원 2020. 10. 29. 선고 2016다35390 판결.

137) 주석 민사집행법(V)(제4판), 한국사법행정학회(2018), 734(노재호).

138) 주석 민사집행법(V)(제4판), 한국사법행정학회(2018), 945-946(노재호); 손진홍, 채권집행실무, 한국사법행정학회(2019), 538.

139) 주석 민사집행법(V)(제4판), 한국사법행정학회(2018), 945-946(노재호).

지 제4항은 집행력 있는 정본을 가진 다른 채권자의 추심소송 참가에 관하여 규정하고 있고, 집행력 있는 정본을 가진 채권자가 추심소송의 원고 쪽에 공동소송인으로 참가하는 경우 추심명령을 얻지 않는 한 제3채무자에게 공탁의무 이행청구 외에 다른 청구는 할 수 없다.

그러나 이에 대하여는, 민사집행법 제249조가 공탁이행소송에만 적용되는 것으로 해석할 필요가 없고, 채권자가 경합하는 경우의 추심금소송에 관한 특칙으로 보아 추심금소송 일반에 참가명령 제도를 (유추)적용할 수 있다는 견해가 있고,[140] 이 견해는 다음과 같은 점들을 논거로 제시한다.[141] ① 민사집행법 제249조 제1항의 문언은 '제3채무자가 전조 제2항, 제3항의 의무를 이행하지 않는 경우'와 같이 한정적으로 정하지 않고 단지 '제3채무자가 추심절차에 대하여 의무를 이행하지 아니하는 때'라고 정하고 있을 뿐이다. ② 참가명령 제도는 복수의 채권자가 경합하는 경우 판결의 모순·저촉을 방지하고 분쟁을 일회적·통일적으로 해결하여 제3채무자의 응소부담을 덜어주기 위한 취지이므로 채권자가 경합하는 일반 추심금소송에도 적용할 필요가 크다.

만일 민사집행법 제249조가 추심금소송 일반에 적용된다면, 제3채무자는 추심금소송에서 자신이 알고 있는 집행력 있는 정본을 가진 채권자 모두(압류채권자도 이에 포함된다)를 상대로 참가명령을 신청할 수 있고, 그 채권자들이 참가명령을 받고 참가하지 않은 경우 전소의 추심금소송의 확정판결의 기판력이 미친다고 보게 될 것이다.[142]

현재까지 공탁이행소송이 아닌 추심금소송에서 참가명령이 가능한지에 관하여 판단한 대법원 판결은 없는 것으로 보인다.

법원실무제요에는 종래의 일반적 해석론에 따라 기술되어 있는바,[143] 이하에서도 이러한 해석론에 따라 설명하기로 한다.

---

140) 임정윤, "복수의 추심채권자가 관여한 추심금소송에서 인용판결 주문의 형식과 그 집행 등에 관한 문제", 민사집행법연구 제16권, 한국민사집행법학회(2020), 257 이하; 이지영, "추심금소송에서 청구를 일부 포기하는 내용의 화해권고결정이 확정된 경우 그 의미와 기판력", 대법원 판례해설 제125호, 법원도서관(2021), 304.

141) 임정윤, "복수의 추심채권자가 관여한 추심금소송에서 인용판결 주문의 형식과 그 집행 등에 관한 문제", 민사집행법연구 제16권, 한국민사집행법학회(2020), 257 이하.

142) 이지영, "추심금소송에서 청구를 일부 포기하는 내용의 화해권고결정이 확정된 경우 그 의미와 기판력", 대법원 판례해설 제125호, 법원도서관(2021), 304.

143) 법원실무제요, 민사집행[IV], 법원행정처(2020), 384("제3채무자에게 공탁의무가 발생하지 않은 경우에는 민사집행법 제249조가 적용되지 않으므로 …").

나) 공탁이행청구의 소

종래의 일반적 해석론에 따를 경우 민사집행법 제249조 제1항의 '제3채무자가 추심절차에 대하여 의무를 이행하지 아니하는 때'라고 하는 것은 '제3채무자가 민사집행법 제248조 제2항, 제3항에 따른 채무액의 공탁의무를 이행하지 않는 때'를, '소로써 그 이행을 청구할 수 있다'라고 하는 것은 '공탁의무의 이행을 소로써 청구할 수 있다'를 뜻한다고 해석된다.[144]

민사집행법 제249조 제1항은 소제기의 주체를 '압류채권자'라고 규정하고 있으나, 민사집행법 제249조 제1항의 소는 추심명령의 실현을 위한 추심의 소이고, 일본 민사집행법과 달리 우리 민사집행법에서는 압류채권자가 추심명령을 얻어야만 피압류채권에 관한 추심권을 취득하므로, 추심명령을 얻지 않은 압류채권자는 민사집행법 제249조 제1항을 근거로 제3채무자에게 공탁의무 이행을 구하는 소를 제기할 적격이 없다.[145] 이러한 압류채권자는 스스로 추심명령을 받은 다음 공탁이행청구의 소를 제기하거나 또는 추심명령을 받은 압류채권자가 제기하는 공탁이행청구의 소에 공동소송인으로 참가할 수밖에 없다.[146]

추심채권자가 제3채무자를 상대로 압류된 채권을 자신에게 직접 지급할 것을 구하는 취지의 추심의 소를 제기한 경우, 여기에는 제3채무자가 공탁의무를 부담하고 있을 경우 공탁의 방법으로 채무액을 지급할 것을 구하는 취지도 포함된 것으로 봄이 타당하다. 그렇다면 이러한 소송도 민사집행법 제249조 제1항의 소송에 포함된다고 볼 수 있을 것이다.[147]

공탁의무의 이행을 명하는 판결의 주문은 "피고(제3채무자)는 원고(추심채권자)에게 ○○원을 지급하라. 위 돈의 지급은 공탁의 방법으로 하여야 한다."라는 형식이 된다. 민사집행법 제248조 제2항, 제3항에 따른 제3채무자의 공탁은 채무자에 대한 피압류채권의 변제의 의미도 갖기 때문이다. 이와 같이 공탁의 방법에 의한 추심금 지급을 명하는 이행판결을 한 경우 강제집행의 방법이 문제되는데, 판례는 집행권원상 청구권이 금전채권에 해당함을 전제로 집행채권자는 그 판결 정본을 집행권원으로 한 강제집행으로서 제3채무자가 가진 금전채권에 대하여 압류·추심 등 강제집행

144) 주석 민사집행법(V)(제4판), 한국사법행정학회(2018), 946(노재호).

145) 대법원 1979. 7. 24. 선고 79다1023 판결(선행 추심명령으로 인하여 전부명령이 무효가 되자 압류채권자의 지위에서 제3채무자를 상대로 공탁의무 이행을 구하는 소를 제기하였으나 원고적격이 없다고 하여 부적법 각하)

146) 주석 민사집행법(V)(제4판), 한국사법행정학회(2018), 947(노재호).

147) 주석 민사집행법(V)(제4판), 한국사법행정학회(2018), 947(노재호).

을 할 수 있다고 한다.148)

9) 다른 채권자의 추심소송 참가

가) 의의

(1) 민사집행법 제249조 제1항의 소송, 즉 제3채무자가 민사집행법 제248조 제2항, 제3항에 따라 공탁의무를 부담하고 있는 상태에서의 추심소송이 계속되고 있는 경우, 집행력 있는 정본을 가진 모든 채권자는 추심명령을 얻지 않더라도 공동소송인으로 원고 쪽에 참가할 권리가 있다(민사집행법 제249조 제2항). 제3채무자에게 공탁의무가 발생하였다면, 피참가소송인 기존 추심소송이 공탁의무의 이행을 구하는 것인 경우는 물론, 추심채권자인 원고에게 직접 지급할 것을 구하는 것인 경우도 포함한다고 봄이 타당하다.149) 앞서 보았듯이 추심채권자의 이러한 청구에는 제3채무자가 공탁의무를 부담하고 있을 경우 공탁의 방법으로 채무액을 지급할 것을 구하는 취지도 포함된 것으로 봄이 타당하기 때문이다.150)

(2) 민사집행법 제249조 제2항이 집행력 있는 정본을 가진 다른 채권자의 추심소송 참가를 인정한 취지는 두 가지 경우를 나누어 살펴보아야 한다.

먼저 다른 채권자가 추심명령을 얻지 않은 경우를 보면, 이러한 채권자는 압류된 채권을 직접이든 공탁의 방법이든 추심할 수 있는 권한 자체가 없기 때문에 제3채무자가 공탁의무를 이행하지 않고 있는 경우 자신이 원고가 되어 그 이행을 청구할 수 있는 방법이 없다. 그리하여 기존의 추심소송에라도 참가하여 제3채무자에게 공탁의무가 있음을 주장할 수 있는 기회를 부여한 것으로 이해된다.151)

다음으로 다른 채권자도 추심명령을 얻은 경우를 보면, 각 추심채권자가 추심의 소를 각자 독립하여 제기하는 것을 무제한으로 허용하게 되면, 추심의 소의 법적 성질을 법정소송담당으로 보는 이상 어느 추심채권자가 추심의 소를 제기한 상태에서

---

148) 대법원 2009. 5. 28.자 2007마767 결정(판결에 표시된 청구권은 금전채권이 아니어서 이를 집행권원으로 한 채권압류 및 추심명령은 허용되지 않는다고 한 원심결정은 제3채무자에 대한 공탁판결을 집행권원으로 하는 강제집행에 관하여 법리를 오해한 위법이 있다고 하였다) 참조.

149) 서울고법 2006. 12. 15. 선고 2006나53070 등 판결은 "원고의 이 사건 소는 피고에 대하여 추심명령에 따른 금전지급의 이행을 구하는 소일 뿐 공탁의무의 이행을 구하는 소가 아니어서 민사집행법 제249조 제2항에 따른 공동소송참가의 대상이 되는 소가 아니므로, 참가인의 이 부분 참가신청은 부적법하다."라고 판시하였으나, 원고와 참가인 모두 자기에게 직접 채무액을 지급할 것을 청구하였을 뿐 제3채무자에게 공탁청구를 하지 않아 제3채무자에게 공탁의무가 발생하지 않은 사안에 관한 것이다.

150) 주석 민사집행법(V)(제4판), 한국사법행정학회(2018), 948(노재호).

151) 주석 민사집행법(V)(제4판), 한국사법행정학회(2018), 948-949(노재호).

다른 추심채권자가 별도로 추심의 소를 다시 제기한다면 중복된 소제기 금지(민사소송법 제259조)의 원칙상 후행 추심의 소가 부적법해질 가능성이 있고, 근본적으로는 다수의 추심소송이 각 법원에 계속되는 경우 실질상 동일한 청구에 관한 재판이 반복되는 것일 뿐만 아니라 제3채무자로 하여금 다수의 추심소송에 응소해야 하는 불편을 주게 되므로, 그러한 소송불경제를 해결하고 모든 채권자와 제3채무자 사이의 분쟁을 되도록 통일적으로 해결하기 위한 취지이다.[152] 따라서 제3채무자에게 공탁의무가 있는 상태에서 어느 채권자에 의한 추심소송이 계속되고 있으면 다른 채권자는 제3채무자의 참가명령 신청이 있는지 여부와 관계없이 동일한 채권에 대하여 별개로 추심의 소를 제기할 수 없고,[153] 기존의 추심소송에 참가하여야 한다.[154]

(3) 추심의 소를 제기한 추심채권자는 민사집행법 제238조에 따라 채무자가 국내에 없거나 주거를 알 수 없는 경우가 아니면 채무자에게 소송고지를 할 의무가 있다. 그러나 공동소송인으로 참가할 수 있는 다른 채권자에 대해서까지 소송고지를 할 의무는 없다.[155]

나) 집행력 있는 정본을 가진 채권자의 소송참가

(1) 집행력 있는 정본을 가진 모든 채권자는 압류채권자가 원고로서 수행하는 추심소송에 공동소송인(민사소송법 제83조)으로 원고 쪽에 참가할 수 있다(민사집행법 제249조 제2항).

집행력 있는 정본을 가진 채권자는 추심소송에 참가할 권리가 있기 때문에 수소법원은 이를 거부할 수 없다.[156]

(2) 이 규정은 채권자가 진정으로 경합하는 경우에 적용된다고 보아야 한다. 그러므로 예를 들어 채무자의 제3채무자에 대한 100만 원의 채권 중 50만 원에 대하여 압류 및 추심명령이 있어 추심의 소가 계속되고 있는 경우, 30만 원의 다른 압류 및 추심채권자는 위 추심소송에 참가할 수 없고, 별소를 제기하여야 한다.[157] 공동소송참가는 소송목적이 한 쪽 당사자와 제3자에게 합일적으로 확정되어야 할 경우에 허용되는데(민사소송법 제83조 제1항), 위 각 압류 및 추심명령은 하나의 채권 중 서

152) 서울고등법원 2017. 12. 22. 선고 2016나2079121 판결.

153) 황진구, "추심의 소제기가 채무자가 제기한 이행의 소에 대한 관계에서 중복된 소제기에 해당하는지", 민사재판의 제문제 제23권, 한국사법행정학회(2015), 664-666.

154) 주석 민사집행법(V)(제4판), 한국사법행정학회(2018), 949(노재호).

155) 주석 민사집행법(V)(제4판), 한국사법행정학회(2018), 949(노재호).

156) 법원실무제요, 민사집행[IV], 법원행정처(2020), 384.

157) 법원실무제요, 민사집행[IV], 법원행정처(2020), 383.

로 다른 부분에 관한 것이어서 법률상 합일확정의 필요성이 있다고 보기 어렵기 때문이다.[158)]

(3) 한편, 제3채무자의 공탁의무는 다른 압류·가압류 또는 배당요구가 있다는 사정만으로 당연히 발생하는 것이 아니고, 배당요구채권자 또는 압류·가압류채권자가 공탁을 청구하여야 비로소 발생하는데, 경합하는 다른 추심채권자가 제3채무자를 상대로 공탁의무의 이행을 청구하지 않고 자기에게 채무액을 직접 지급할 것을 청구하면서 추심소송에 참가하는 것도 가능한지 문제된다. 이러한 경우 아직 제3채무자가 공탁의무를 부담하지 않기 때문에 다른 추심채권자가 민사집행법 제249조 제2항을 근거로 기존 추심소송에 참가하는 것은 허용되지 않지만, 민사소송법의 일반규정에 따라 기존 추심소송에 공동소송참가(민사소송법 제83조)를 하는 것은 가능하다고 보아야 한다.[159)] 양자는 민사집행법 제249조 제3항에 따른 참가명령 신청의 상대방이 될 수 있는가 하는 점에서 차이가 있다. 그리고 이 경우 청구를 인용하는 판결의 주문은 민사집행법 제248조 제3항을 유추적용하여 제3채무자인 피고로 하여금 원고와 공동소송참가인에게 압류와 관련된 채권 전액을 공탁의 방법으로 지급하도록 명하는 형태가 되어야 할 것이다.[160)]

(4) 제3채무자를 상대로 한 채무자의 이행의 소가 계속되고 있는 동안 추심명령이 중복하여 내려져 추심채권자 A가 먼저 승계참가(민사소송법 제81조)를 하고 이어서 추심채권자 B도 승계참가를 한 경우, 추심채권자 B의 승계참가신청은 실질적으로는 추심채권자 A의 추심소송에 대한 공동소송참가의 취지로 선해함이 타당하다.[161)]

(5) 소송참가를 할 수 있는 사람은 '집행력 있는 정본을 가진 모든 채권자'이다. 압류 및 추심명령을 받지 않았거나 배당요구를 하지 않았더라도 무방하고, 그 채권자에 대하여 집행정지사유가 있더라도 참가가 가능하다. 다만 집행력 있는 정본에 의하지 않은 배당요구채권자나 가압류채권자는 이에 해당하지 않는다.[162)] 체납처분에 의하여 채권에 대하여 압류를 한 채권자는 '집행력 있는 정본을 가진 채권자'에 해당하지 않으므로, 민사집행법 제249조 제2항을 근거로 기존의 추심소송에 참가할 수는 없으나, 추심명령을 얻지 않더라도 압류한 채권을 추심할 권한을 가지므로(국세징수

158) 주석 민사집행법(V)(제4판), 한국사법행정학회(2018), 950(노재호).

159) 채권자대위소송의 경합에 관한 대법원 2015. 7. 23. 선고 2013다30301, 30325 판결 참조.

160) 주석 민사집행법(V)(제4판), 한국사법행정학회(2018), 950(노재호).

161) 법원실무제요, 민사집행[IV], 법원행정처(2020), 383.

162) 법원실무제요, 민사집행[IV], 법원행정처(2020), 383.

법 제41조 제2항, 지방세징수법 제51조 제2항) 민사소송법의 일반규정에 따라 기존 추심소송에 공동소송참가(민사소송법 제83조)를 하는 것은 가능할 것이다.[163]

(6) 참가신청의 방식에 대하여는 민사소송법 제83조 제2항에 의하여 같은 법 제72조가 준용되므로, 참가의 취지와 이유를 명시하여 참가를 구하는 소송이 계속되고 있는 법원에 이를 제기하여야 하고, 참가신청서는 추심채권자(원고)와 제3채무자(피고)에게 송달하여야 한다.[164]

참가할 수 있는 시기에 대해서는 제한규정이 없으므로, 추심소송이 계속되고 있으면 언제든지 참가할 수 있다.[165]

다) 제3채무자의 참가명령신청

(1) 민사집행법 제249조 제1항의 소를 제기당한 제3채무자는 집행력 있는 정본을 가진 채권자를 공동소송인으로 원고 쪽에 참가하도록 명할 것을 첫 변론기일까지 신청할 수 있다(민사집행법 제249조 제3항). 이는 채권자가 경합한 경우 분쟁을 통일적으로 해결하고, 제3채무자로 하여금 다수의 추심소송에 응소하여야 하는 불편을 덜어주기 위한 규정이다. 참가를 명하는 신청은 소송고지와 유사하나, 여기서의 판결의 효력은 참가적 효력이 아니고, 기판력과 집행력 등 판결의 모든 효력이 포함된다.[166]

(2) 이 신청은 제3채무자가 소장 부본의 송달을 받은 때로부터 첫 변론기일까지 신청하여야 하고, 제3채무자의 신청이 없으면 참가명령을 할 수 없다. 여기서 '첫 변론기일'이란 최초로 변론을 한 기일을 말하고 제1회 기일로 지정된 변론기일을 뜻하지 않는다.[167]

(3) 참가명령 신청서를 접수한 때에는 재판사무시스템에 문건으로 입력하고 소송기록에 가철한다.

(4) 참가명령의 대상자는 민사집행법 제249조 제2항의 채권자, 즉 '집행력 있는 정본을 가진 모든 채권자'이다. 그 범위는 앞서 본 바와 같다. 제3채무자에게 공탁의무가 발생하지 않은 경우에는 민사집행법 제249조가 적용되지 않으므로, 다른 추심채권자나 체납처분에 의한 압류채권자가 자신에게 직접 채무액을 지급할 것을 청구

163) 주석 민사집행법(V)(제4판), 한국사법행정학회(2018), 951(노재호).
164) 법원실무제요, 민사집행[IV], 법원행정처(2020), 384.
165) 법원실무제요, 민사집행[IV], 법원행정처(2020), 384.
166) 법원실무제요, 민사집행[IV], 법원행정처(2020), 384.
167) 법원실무제요, 민사집행[IV], 법원행정처(2020), 384.

하고 있을 뿐 제3채무자에게 공탁을 청구하지 않고 있는 경우에는 참가명령의 상대방이 될 수 없다. 또한, 질권과 같이 우선변제권이 있는 채권은 일반 채권과 경합하지 않기 때문에 포함되지 않는다.168)

(5) 참가명령의 요건을 갖춘 이상 수소법원은 참가명령을 하여야 한다. 참가명령 신청에 대한 재판에 관하여 즉시항고를 할 수 있다는 규정은 없으나, 참가명령을 받은 채권자에게는 기판력이 미치게 되므로 민사소송법 제73조 제3항을 유추하여 즉시항고를 할 수 있다는 견해도 있다.169)

(6) 이 신청을 받은 채권자가 원고의 공동소송인으로서 참가할 것인지 여부는 그 채권자의 선택에 맡겨져 있다. 다만 참가명령을 받은 채권자에 대하여 판결의 효력이 미친다(민사집행법 제249조 제4항).

라) 소송참가의 효력

(1) 공동소송의 형태

집행력 있는 정본을 가진 채권자가 추심소송에 참가한 경우 소송의 대상이 동일하여 당사자와 제3자에게 합일적으로 확정되어야 하므로 공동소송참가(민사소송법 제83조)에 해당한다. 이로써 그 추심소송은 유사필수적 공동소송이 된다.170)

(2) 인용판결의 주문

(가) 제3채무자에게 공탁의무가 발생한 경우

배당요구채권자나 압류·가압류채권자의 공탁청구가 있어서 제3채무자에게 공탁의무가 발생한 경우에는 법원은 제3채무자인 피고에게 공탁의무의 이행을 명하는 판결을 선고하여야 한다. 그 주문은 '피고(제3채무자)는 원고(추심채권자)와 원고 공동소송참가인(집행력 있는 정본을 가진 채권자)에게 ○○원(압류와 관련된 채권 전액)을 지급하라. 위 돈의 지급은 공탁의 방법으로 하여야 한다'는 형식이 될 것이다.171)

(나) 제3채무자에게 공탁의무가 아직 발생하지 않은 경우

배당요구채권자나 압류·가압류채권자의 공탁청구가 없어서 제3채무자에게 공탁의무가 발생하지 않은 경우에도 다른 추심채권자가 민사소송법 제83조에 따라 기존의 추심소송에 공동소송참가를 할 수 있음은 앞서 본 바와 같다. 이와 같이 기존의 추심소송에 다른 추심채권자가 참가하여 자기에게 채무액을 직접 지급할 것을 청구

168) 법원실무제요, 민사집행[IV], 법원행정처(2020), 384.
169) 손진홍, 채권집행실무, 한국사법행정학회(2019), 570에 소개되어 있다.
170) 법원실무제요, 민사집행[IV], 법원행정처(2020), 385.
171) 법원실무제요, 민사집행[IV], 법원행정처(2020), 385.

한 경우, 그 청구가 이유 있을 때 주문을 어떻게 내어야 하는지 문제된다.

이에 관하여는 ① 추심채권자 및 공동소송참가인이 청구하는 채권액을 각 채권자별로 전부 인용하여야 한다는 견해, ② 압류된 채권액의 범위 내에서 각 채권자들이 청구한 금액을 합하여 그 전체를 채권자들에게 이행하라는 취지의 판결을 하여야 한다는 견해, ③ 압류 등이 경합된 경우와 같이 보아 공탁을 명하는 판결을 하여야 한다는 견해 등이 있을 수 있다.[172)]

현재 실무에서는 대체로 채권자들의 청구금액 합계가 압류와 관련된 채권액을 초과하는 경우에는 채권자평등의 원칙과 집행의 편의를 위하여 민사집행법 제248조 제3항을 유추적용하여 압류와 관련된 채권의 전액을 공탁의 방법으로 지급할 것을 명하고,[173)] 그렇지 않은 경우에는 각 채권자별로 청구금액을 전부 인용하는[174)] 것으로 보인다. 반면, 제3채무자에게 추심채권자들에 대하여 피압류채권의 범위 내에서 추심채권자가 추심권능을 취득한 금원의 지급을 명하여야 하고, 추심채권자들 사이에서는 일종의 연대채권 관계가 성립한다고 판단한 재판례도 있다.[175)]

생각건대, 동일한 채권에 관하여 여러 개의 추심명령이 경합하는 경우에 각 추심채권자는 누구라도 제3채무자를 상대로 압류한 채권을 추심할 수 있으나, 어느 한 추심채권자가 추심을 마치더라도 다른 압류가 있었기 때문에 어차피 민사집행법 제236조 제2항에 따라 추심한 금액을 바로 공탁하고 그 사유를 신고하여야 한다. 그럴 바에는 제3채무자로 하여금 바로 공탁하게 하는 것이 절차적으로 간편하고 추심채권자들 사이의 분쟁을 방지할 수 있다. 특히 추심채권자가 일단 추심을 한 이후에는 자발적으로 민사집행법 제236조 제2항에 따른 공탁 및 사유신고를 하는 경우가 실제로는 거의 없는 현실[176)]을 고려하면 더욱 그러하다. 그렇다면 비록 공동소송참가를 한 다른 추심채권자가 공탁청구를 하지 않았더라도, 채권자평등의 원칙과 집행의 편의 등을 위하여 민사집행법 제248조 제3항을 유추적용하여 피고로 하여금 원고와 공

172) 이재찬, "채권자대위소송과 민사집행법상 금전채권에 대한 강제집행제도의 선후관계에 관한 연구", 사법논집 제63집, 법원도서관(2016), 169-170.

173) 대전고등법원 2015. 3. 27. 선고 2014나497 등 판결, 대구고등법원 2016. 4. 27. 선고 2015나275 등 판결.

174) 서울남부지방법원 2016. 4. 14. 선고 2015가합108490 등 판결.

175) 서울고등법원 2015. 1. 15. 선고 2013나2022360 판결, 서울고등법원 2016. 6. 23. 선고 2015나2030303 판결. 유형웅, "채권에 대한 공동압류·추심명령의 법률관계", 민사집행법연구(한국민사집행법학회지) 제14권, 한국사법행정학회(2018), 290-291은 이러한 견해를 지지하고 있다.

176) 민사집행법 제236조 제2항이 제대로 작동하지 않는 현실에 관하여는 손진홍, "2009년 민사집행법 개정 논의에 대한 검토", 민사집행법연구 제6권, 한국사법행정학회(2010. 2.), 22-26 참조.

동소송참가인에게 압류와 관련된 채권의 전액을 공탁의 방법으로 지급하도록 명함이 타당하다.[177]

(3) 판결의 효력이 미치는 주관적 범위

추심의 소의 판결의 효력은 원고로서 추심의 소를 제기한 채권자 외에도 원고의 공동소송인으로서 참가한 채권자, 민사집행법 제249조 제3항의 참가명령을 받은 채권자(참가명령을 받은 후 원고 쪽에 실제로 참가하였는지는 묻지 않는다. 민사집행법 제249조 제4항 참조)에게 미친다.[178]

그러나 제3채무자로부터 참가명령의 신청을 받지 않은 채권자에게는 판결의 효력이 미치지 않으므로, 그러한 채권자는 앞의 추심소송에서 원고가 패소하더라도 그 판결에 구속되지 않고 다시 추심의 소를 제기할 수 있다.[179]

10) 추심소송과 채권자대위소송이 경합하는 경우

가) 문제의 소재

채권자대위소송은 추심소송과 마찬가지로 법정소송담당에 해당하고, 채무자가 대위권 행사를 통지받은 후에는 피대위권리를 처분하여도 이로써 채권자에게 대항하지 못한다(민법 제405조 제2항). 그런데 민법이나 민사집행법은 추심소송과 채권자대위소송이 경합하는 경우에 양자를 어떻게 조정할 것인지 아무런 규정을 두고 있지 않다.

나) 학설

학설은 대체로 추심명령이 내려지면 채권자대위소송은 허용되지 않고, 계속되고 있는 채권자대위의 소도 부적법하게 된다고 한다. 채권자가 압류한 채권에 대하여 추심명령을 얻은 경우에는 채무자는 그 채권에 대하여 추심의 권능을 잃게 되고, 대위채권자는 자기의 채무자가 가지고 있는 권리 이상의 것을 행사할 수 없으므로, 그 추심명령이 있기 전에 대위의 소를 제기한 채권자도 추심명령으로 그 소송수행권을 상실하게 된다는 점을 근거로 한다.[180] 그 밖에 국가가 수권한 추심권에 기초한 추심의 소를 우선해야 한다는 주장,[181] 추심의 소에 의하여 채권자는 채무자의 권리를

177) 주석 민사집행법(V)(제4판), 한국사법행정학회(2018), 435(노재호). 953-954.

178) 법원실무제요, 민사집행[IV], 법원행정처(2020), 385.

179) 황진구, "추심의 소제기가 채무자가 제기한 이행의 소에 대한 관계에서 중복된 소제기에 해당하는지", 민사재판의 제문제 제23권, 한국사법행정학회(2015), 665.; 법원실무제요, 민사집행[IV], 법원행정처(2020), 385-386.

180) 장재형, "채권자대위소송과 추심의 소의 경합", 인권과 정의 제457호, 대한변호사협회(2016. 5.), 63-67; 손흥수, 민사집행실무총서(II) 채권집행, 한국사법행정학회(2017), 363.

대위절차 없이 추심할 수 있고 이후 추심에 따른 집행절차(배당절차)를 예정하고 있으므로 추심의 소를 우선해야 한다는 주장[182]도 있다.

반면, 채권자에게 직접 이행을 구하는 채권자대위소송의 경우에는 그 소송이 계속되는 중에 추심의 소가 제기되더라도 선행 채권자대위의 소를 당사자적격 상실을 이유로 각하할 것이 아니라, 추심소송이 경합하는 경우와 동일하게 처리하여 법원은 양 소송을 병합하여 심리한 후 채권자들의 채권액이 채무자의 제3채무자에 대한 채권액을 초과할 경우에는 이를 공탁할 것을 명하는 판결을 선고하여야 한다는 견해도 있다. 이른바 직접지급형 채권자대위권은 실질적인 간이·신속한 강제집행절차로서 이용되고 있고, 채권자대위권이 행사되는 경우 채무자에 대하여 처분금지효라는 압류에 유사한 효과가 발생하는 점 등을 근거로 한다. 다만 이 견해는, 추심의 소가 먼저 제기된 경우에는 통설과 마찬가지로 후소인 채권자대위의 소를 당사자적격 흠결을 이유로 부적법 각하해야 한다고 주장한다.[183]

다) 판례

(1) 판례는, 피대위채권이 변제 등으로 소멸하기 전이라면 채권자대위소송 계속이나 그 판결의 확정만으로는 피대위채권에 대한 압류가 제한되지 않으나,[184] 채권자대위의 소가 제기되고 대위채권자가 채무자에게 대위권 행사 사실을 통지하거나 채무자가 이를 알게 된 이후에는 민사집행법 제229조 제5항이 유추적용되어, 피대위채권에 대한 전부명령은 우선권 있는 채권에 기초한 것이라는 등의 특별한 사정이 없는 한 무효라고 한다.[185]

(2) 채권자대위소송과 추심명령이 경합하는 경우에 관하여 판례의 입장은 분명하지 않다.

먼저 추심명령에 따라 제3채무자에 대한 이행의 소는 추심채권자만이 제기할 수 있게 되고 채무자는 이행의 소를 제기할 당사자적격을 상실하게 되므로, 채무자를 대위하여 청구하는 대위채권자 또한 채권자대위소송에서의 당사자적격을 상실하였다는 이유로 채권자대위권을 행사하는 소가 부적법하다는 판결[186]이 있다. 이 판결의 원

181) 이시윤, 신민사집행법, 박영사(2016), 461.

182) 김홍엽, 민사집행법, 박영사(2017), 349.

183) 이재찬, "채권자대위소송과 민사집행법상 금전채권에 대한 강제집행제도의 선후관계에 관한 연구", 사법논집 제63집, 법원도서관(2016), 164-175.

184) 대법원 2016. 8. 29. 선고 2015다236547 판결, 대법원 2016. 9. 28. 선고 2016다205915 판결.

185) 대법원 2016. 8. 29. 선고 2015다236547 판결.

186) 대법원 2014. 2. 13. 선고 2013다85462 판결.

심은 다음과 같은 점을 근거로 들었다.[187] ① 금전채권을 피대위채권으로 하는 채권자대위소송의 경우 채권자에게 상계를 통한 사실상의 우선변제권이 부여될 수 있는 반면, 추심명령에 의한 채권추심절차의 경우 추심금의 신고절차를 통해 다른 채권자들이 추심금의 배당절차에 참가할 수 있는 기회가 보장된다는 점에서 채권자평등의 원칙에 보다 부합한다. ② 채권자대위소송을 통한 금전채권자의 소구권 확장의 필요성이 추심절차를 통한 채권자평등원칙의 실현보다 우월하다고 할 수 없다. ③ '추심채권자가 추심권능을 행사할지 여부가 불확실함에도 불구하고 추심명령의 송달만으로 추심의 소가 제기되지도 않은 상황에서 이미 소를 제기하여 권리행사 중인 대위채권자의 소를 무력화하고 추심채권자를 우선하는 것은 부당하며 소송경제에도 반한다'는 문제는 추심채권자가 소송계속 중의 승계인으로서 채권자대위소송의 소송을 승계하는 것으로 해결할 수 있다.

반면, 채권자가 채무자를 대위하여 제3채무자를 상대로 이행청구의 소를 제기한 후에 국가가 채무자에 대한 체납처분으로서 채무자의 제3채무자에 대한 동일한 채권을 압류하였다고 하더라도 그로 인하여 채권자가 채권자대위권을 행사하는 권한을 상실하는 것은 아니라고 판시한 판결[188]도 있다.

(3) 한편 일본 판례는, 채권자가 채무자의 금전채권에 관하여 채무자를 대위하여 제3채무자를 상대로 지급을 구하는 소를 제기한 후에, 국가가 그 채무자에 대한 국세납처분으로서 동일한 채권을 압류하고 제3채무자에 대하여 지급을 구하는 소를 제기하였더라도, 채권자는 대위권 행사의 권한을 잃게 되는 것은 아니므로, 법원은 2개의 청구를 병합하여 심리하고, 그것을 모두 인용할 수 있다고 한다.[189]

이 판결은 채권자대위의 소가 제기된 후에 국세체납처분으로서 피대위채권을 압류한 국가가 추심권의 행사로서 제3채무자를 상대로 추심의 소를 제기한 사안에 대한 것이나, 채권자대위소송 후에 채무자의 다른 채권자가 피대위채권을 압류한 다음 추심의 소를 제기하는 것을 인정하고 채권자대위소송도 유지할 수 있다는 취지로 이해하는 것이 일반적이라고 한다.[190]

187) 광주고등법원 2013. 9. 26. 선고 (전주)2011나2796 판결.
188) 대법원 2012. 9. 13. 선고 2009다9676 판결.
189) 日最判 1970. 6. 2.
190) 문영화, "채권자대위권의 행사에 의한 처분제한과 피대위채권에 대한 전부명령의 효력", 한국민사소송법학회지 제21권 제1호, 민사소송법학회(2017), 378.

라) 검토

추심명령에 의해 채무자가 압류된 채권에 관한 소송수행권을 상실한다는 견해에 따르면, 추심소송을 우선하는 견해가 논리적으로 타당하다. 추심명령이 내려지면 채무자 본인은 소송수행권을 상실하고 추심채권자만이 당사자적격이 있고, 대위채권자는 채무자가 갖는 권리 이상을 행사할 수 없으므로, 채권자대위소송과 추심소송이 경합하게 되는 경우 채권자대위의 소는 당사자적격이 흠결되어 부적법하게 된다고 보아야 하기 때문이다.[191] 이는 추심의 소가 먼저 제기된 경우뿐만 아니라 채권자대위소송 계속중에 추심명령이 내려져 추심의 소가 나중에 제기된 경우에도 마찬가지이다.

'채권자대위소송 계속중에 추심명령이 내려져 추심의 소가 나중에 제기된 경우'에 한하여 양 소송의 경합을 인정하는 견해는, 추심명령이 있는데도 채무자의 소송수행권을 여전히 인정하는 근거를 설명하기 부족하고, 제3채무자인 피고가 민사집행법 제248조에 따라 공탁할 경우 대위채권자는 추심채권자의 압류에 기초한 배당절차에 참가할 수밖에 없어 대위소송을 유지할 실익도 크지 않으므로, 받아들이기 어렵다.[192]

8. 채권자의 추심의무와 관련된 문제

가. 추심의 소홀로 인한 손해배상책임

1) 의의

채권자가 추심할 채권의 행사를 게을리한 때에는 이로써 생긴 채무자의 손해를 부담한다(민사집행법 제239조). 압류 및 추심명령이 있으면 채무자는 압류된 채권의 행사에 제약을 받게 되는 반면 채권자는 추심권에 기초하여 압류한 채권을 행사할 수 있게 되는데, 이 경우 채권자는 채무자를 위하여 선량한 관리자의 주의의무를 가지고 채권을 행사하여야 함에도 그러한 채권행사의 의무를 게을리함으로써 채무자에게 손해를 끼쳤을 때에는 손해배상의 책임을 져야 하는 것이 당사자 사이의 이익균형상 적절하기 때문이다.

2) 요건

가) 배상책임의 발생사유는 '압류한 채권의 행사를 게을리하는 것'이다. 여기에는 적당한 시기에 소를 제기하거나 가압류를 신청하는 등의 재판상의 행사를 게을리

191) 장재형, "채권자대위소송과 추심의 소의 경합", 인권과 정의 제457호, 대한변호사협회(2016. 5.), 67은 먼저 당사자적격 유무를 검토하여 그 적법성을 판단하여야 하고, 중복제소 저촉 여부 등은 그 다음으로 따질 수 있는 문제라고 한다.

192) 주석 민사집행법(V)(제4판), 한국사법행정학회(2018), 957(노재호).

하는 것 외에도 어음의 제시를 게을리하는 것과 같은 재판 외의 행사를 게을리하는 것도 포함된다.

나) 이처럼 압류한 채권의 행사를 게을리함으로써 가령 제3채무자가 무자력이 되거나 채권이 소멸시효에 걸리게 되는 경우 또는 어음의 제시, 거절증서의 작성 등을 게을리하여 소구권(溯求權)을 상실한 경우에는 채무자에게 손해가 발생하게 되고, 채권자는 이러한 채무자의 손해를 배상하여야 한다.[193]

다) 채권자가 추심소송을 부적절하게 수행하여 패소한 경우에도 민사집행법 제239에 의한 책임이 발생한다고 하는 견해도 있으나,[194] 이는 추심을 게을리 한 것이라기보다 민사집행법 제238조에 의한 채권자의 소송고지의무를 불이행한 결과라고 보아야 할 것이다. 추심채권자가 채무자에게 소송고지의무를 이행한 경우에는 그 참가적 효력으로 인하여 손해배상의 문제가 생기지 않기 때문이다.[195]

라) 민사집행법 제239조는 '추심명령을 받은 채권자'가 추심할 채권의 행사를 게을리한 때 적용된다. 이와 관련하여 채권자가 압류명령만 신청하고 장기간 추심명령이나 전부명령을 신청하지 않아 압류한 채권이 시효로 소멸되는 것과 같은 경우에도 민사집행법 제239조를 유추적용할 수 있다는 견해가 있다.[196] 그러나 채권이 압류만 된 경우에는 추심명령이나 전부명령까지 있는 경우와 달리 채무자는 제3채무자를 상대로 피압류채권에 관한 이행의 소를 제기하여 소멸시효를 중단시킬 수 있고,[197] 압류채권자에게 채무자를 위하여 추심명령이나 전부명령을 신청하여야 할 의무가 있다고 보기는 어려우므로(다만 민사집행법 제250조에 따라 배당요구채권자에 대한 관계에서 추심명령을 신청하여야 할 의무가 있을 수는 있다), 부정함이 타당하다.[198]

마) 민사집행법 제239조에서 말하는 '채무자의 손해'는 채권자가 추심할 채권의 행사를 게을리 함으로써 압류된 채권, 즉 채무자의 제3채무자에 대한 채권 자체에서 발생하는 손해를 의미하는 것이고, 집행채권의 지연손해금 발생과 같이 추심 전까지 채무자에게 당연히 발생할 것으로 예정된 손해는 포함하지 않는다고 봄이 타당하다. 따라서 추심채권자가 추심할 채권의 행사를 게을리하여 집행채권의 변제가 지연됨으

---

193) 법원실무제요, 민사집행[IV], 법원행정처(2020), 387.

194) 조관행, "추심명령에 의한 추심에 관한 제문제", 재판자료 제35권, 법원도서관(1987), 517.

195) 손흥수, 민사집행실무총서(II) 채권집행, 한국사법행정학회(2017), 368.

196) 조관행, "추심명령에 의한 추심에 관한 제문제", 재판자료 제35권, 법원도서관(1987), 517.

197) 대법원 1989. 11. 24. 선고 88다카25038 판결 등 참조.

198) 법원실무제요, 민사집행[IV], 법원행정처(2020), 387-388; 주석 민사집행법(V)(제4판), 한국사법행정학회(2018), 737(노재호).

로써 집행채권의 지연손해금이 늘어났다고 하더라도 채무자가 추심채권자에게 민사집행법 제239조에 따라 그 배상을 구할 수는 없다.[199]

3) 효과

채무자는 추심채권자에게 추심의 소홀로 인한 손해의 배상을 청구할 수 있다. 다만 추심의 소홀로 인하여 제3채무자가 그 사이 무자력이 된 것은 특별한 사정으로 인한 손해라고 보아야 할 것이므로, 추심채권자가 그 사정을 알았거나 알 수 있었을 때에 한하여 손해배상을 청구할 수 있을 것이다(민법 제393조 제2항).

한편, 채무자로서는 채권자가 추심할 채권의 행사를 게을리하였음을 이유로 채권압류 및 추심명령의 취소를 구하는 항고를 할 수는 없다.[200] 채무자는 채권자를 상대로 별도의 손해배상 소송을 하여 권리구제를 받거나, 그 손해배상채권으로 집행채권과 상계를 한 다음 그로 인하여 집행채권이 소멸하였다는 이유로 청구이의의 소를 제기하는 등으로 다투어야 할 것이다.[201]

나. 배당요구채권자의 추심 최고 및 직접 추심

1) 의의

압류채권자가 추심절차를 게을리한 때에는 '집행력 있는 정본으로 배당을 요구한 채권자'는 일정한 기간 내에 추심하도록 집행채권자에게 최고하고, 최고에 따르지 않을 때에는 법원에 대하여 추심허가의 신청을 하여 법원의 허가를 얻어 직접 추심할 수 있다(민사집행법 제250조). 이는 압류채권자가 추심절차를 게을리하고 있는 경우에 집행력 있는 정본으로 배당을 요구한 채권자의 배당받을 권리를 신속하게 실현할 수 있도록 한 규정이다. 위와 같은 경우에 집행력 있는 정본으로 배당을 요구한 채권자는 별도로 압류명령을 받지 않더라도 기존의 압류에 편승하여 압류된 채권이 추심되도록 할 수 있다.[202]

2) 배당요구채권자의 추심 최고

가) 압류채권자가 추심절차를 게을리한 때에는 집행력 있는 정본으로 배당을 요구한 채권자는 일정한 기간 내에 추심하도록 집행채권자에게 최고할 수 있다(민사집

199) 주석 민사집행법(V)(제4판), 한국사법행정학회(2018), 737(노재호).
200) 법원실무제요, 민사집행[IV], 법원행정처(2020), 387; 대구지방법원 2013. 5. 1.자 2012라313 결정, 서울중앙지방법원 2014. 9. 4.자 2014라744 결정; 손흥수, 민사집행실무총서(II) 채권집행, 한국사법행정학회(2017), 368 참조.
201) 주석 민사집행법(V)(제4판), 한국사법행정학회(2018), 737-738(노재호).
202) 주석 민사집행법(V)(제4판), 한국사법행정학회(2018), 958(노재호).

행법 제250조 전단).

나) 추심의 최고를 할 수 있는 경우는, 압류채권자가 추심절차, 즉 추심명령의 취득, 제3채무자에 대한 추심의 소 제기, 제3채무자에 대한 추심소송의 판결에 기초한 강제집행 등 추심행위를 게을리 하고 있는 때이다. 압류채권자가 추심명령을 얻어 이미 추심소송을 하고 있는 경우에는 특별한 사정이 없는 한 추심절차를 게을리하고 있다고 할 수 없을 것이다.[203]

압류채권자가 추심명령을 얻고도 추심행위를 게을리한 경우 외에 추심명령을 신청조차 하지 않은 경우도 포함한다.[204]

다) 추심의 최고는 일정한 기간을 정하여 하여야 한다. 여기서 '일정한 기간'이라 함은 압류채권자가 추심절차를 진행할 수 있는 상당한 기간을 말한다. 최고의 방식에 대하여는 특별한 형식이 없으나, 최고의 유무는 법원에 추심허가의 재판을 구할 때 증명할 필요가 있기 때문에 내용증명우편과 같은 확실한 방법으로 통지하는 것이 좋을 것이다.[205]

3) 배당요구채권자의 직접 추심

가) 집행채권자가 위에서 본 최고에 따르지 않을 때에는 집행력 있는 정본으로 배당을 요구한 채권자는 법원에 대하여 추심허가의 신청을 하여 법원의 허가를 얻어 직접 추심할 수 있다(민사집행법 제250조 후단).

나) 추심허가의 신청서에는 1,000원의 인지를 붙여야 하고, 사건번호를 부여하고 재판사무의 전산화로 민사집행사건부를 두지 않으므로 재판사무시스템에 전산입력한 다음 압류명령기록에 시간적 접수순서에 따라 합철한다(재민 91-1).

신청 시에는 최고한 사실을 소명하는 자료(내용증명에 의한 최고서 등)를 제출하여야 한다.

다) 추심허가의 재판은 압류명령을 한 법원의 관할에 속한다.

법원은 이 신청이 있으면 필요하다고 인정한 때에는 압류채권자를 심문하여 추심절차를 게을리하였는지를 확인하고, 신청이 이유 있다고 인정하면 신청인인 배당요구채권자에게 압류채권의 추심을 허가하는 취지의 재판을 한다.

추심권을 부여하는 의미에서 새로운 추심명령과 같으므로 허가의 재판은 제3채무자 및 채무자에게 송달하여야 한다.[206]

203) 주석 민사집행법(V)(제4판), 한국사법행정학회(2018), 959(노재호).
204) 법원실무제요, 민사집행[IV], 법원행정처(2020), 388.
205) 주석 민사집행법(V)(제4판), 한국사법행정학회(2018), 959(노재호).

라) 추심허가의 재판은 신청인인 배당요구채권자에게 고지함으로써 추심권 수여의 효과가 생긴다. 즉, 압류채권자가 이미 추심명령을 얻고 있었다면 위 재판으로 인하여 압류채권자는 추심권을 상실하고 그 추심권은 허가받은 배당요구채권자에게 이전되며, 압류채권자가 추심명령을 얻지 않은 상태에 있었더라도 허가를 받은 배당요구채권자는 위 재판에 의하여 별도의 추심명령 없이 추심권을 취득한다.[207] 원래 집행력 있는 정본을 가진 채권자라도 압류채권자가 아닌 배당요구채권자는 채무자에게 채권증서의 인도를 청구할 수 없으나(민사집행법 제234조 참조), 민사집행법 제250조에 따라 법원의 추심허가를 얻은 경우에는 추심권 행사를 위하여 채무자에게 채권증서의 인도를 청구할 수 있다고 해석함이 타당하다.[208]

추심허가의 재판에 의하여 부여된 추심권은 압류채권자의 압류명령 또는 추심명령이 나중에 실효되더라도 영향을 받지 않는다.[209] 따라서 추심허가를 받은 배당요구채권자는 다시 추심명령을 얻지 않고도 추심절차를 개시하거나 속행할 수 있다.[210]

마) 추심허가를 받은 배당요구채권자가 추심할 채권의 행사를 게을리한 때에는 이로 인한 채무자의 손해를 배상할 책임을 진다(민사집행법 제239조).

9. 추심권의 포기

가. 의의

채권자는 추심명령에 따라 얻은 권리를 포기할 수 있다(민사집행법 제240조 제1항 본문).

추심권뿐만 아니라 압류에 의한 권리 그 자체를 포기하기 위해서는 압류명령의 신청을 취하하면 된다. 이때에는 추심권도 당연히 소멸하게 된다. 실무에서는 '압류취하 및 추심포기서'를 내는 경우가 많다. 채권압류 및 추심명령을 얻은 채권자가 추심권을 포기하고 집행력 있는 정본의 반환을 구할 때에는 추심권 포기서 및 채권압류해제신청서(또는 취하서)를 제출하여야 한다(재민 84-13).

압류채권자는 추심명령을 얻은 뒤에도 다시 동일한 채권에 관하여 전부명령을 얻을 수 있는데, 이 전부명령에 의하여 압류한 채권은 채권자에게 이전되므로 추심명

---

206) 법원실무제요, 민사집행[IV], 법원행정처(2020), 388.

207) 법원실무제요, 민사집행[IV], 법원행정처(2020), 388.

208) 주석 민사집행법(V)(제4판), 한국사법행정학회(2018), 960(노재호).

209) 법원실무제요, 민사집행[IV], 법원행정처(2020), 388.

210) 주석 민사집행법(V)(제4판), 한국사법행정학회(2018), 960(노재호).

령은 당연히 소멸하고 따라서 이 경우에는 추심권을 포기할 필요가 없다. 민사집행법 제241조에 의한 특별현금화명령을 얻는 경우에도 추심권을 사전에 포기할 필요가 없다. 또한, 초과압류금지의 원칙으로 인하여 압류채권자가 동일한 집행채권에 기초하여 채무자의 다른 재산에 대한 강제집행을 하기 위해서는 추심권의 포기만으로는 부족하고 압류명령 신청을 취하하여야 하므로, 압류명령이 존속하는 상태에서의 추심권의 포기는 그 필요가 적다. 따라서 집행법원은 추심권포기의 신고가 있는 때에는 그 취지를 확인하여 경우에 따라 압류명령 신청의 취하를 권고하는 것이 바람직하다.[211]

나. 절차

추심권의 포기는 채권자가 집행법원에 서면으로 신고하여야 한다(민사집행법 제240조 제2항 전문). 추심명령을 얻은 채권자가 추심금 청구소송 중 그 청구액을 감축하였다 하여 추심권의 포기라고는 볼 수 없다.[212] 추심권포기 신고서에는 인지를 붙일 필요가 없고, 이를 접수한 때에는 재판사무시스템에 문건으로 입력한 후 집행기록에 가철한다(재민 91-1).

추심권의 포기신고가 있으면 법원사무관등은 그 포기신고서의 등본을 제3채무자와 채무자에게 송달하여야 한다(민사집행법 제240조 제2항 후문). 따라서 채권자는 포기신고서의 등본을 채무자와 제3채무자의 수만큼 제출하여야 한다. 제3채무자에 대한 송달은 공시송달도 가능하다.[213]

다. 효과

1) 추심명령은 추심권의 포기로 인하여 당연히 효력을 상실하고 별도로 집행법원의 취소결정을 필요로 하지 않는다.

2) 추심소송을 제기한 후에 추심권의 포기가 있으면 추심권능과 소송수행권이 모두 채무자에게 복귀한다.[214]

3) 포기의 효력이 발생하는 시기에 관하여는, ① 포기신고서가 집행법원에 제출된 때라고 하는 견해[215]와, ② 포기신고서 등본이 제3채무자에게 송달된 때라고 하

211) 법원실무제요, 민사집행[IV], 법원행정처(2020), 389.

212) 대법원 1983. 8. 23. 선고 83다카450 판결.

213) 법원실무제요, 민사집행[IV], 법원행정처(2020), 390.

214) 법원실무제요, 민사집행[IV], 법원행정처(2020), 390.

215) 손진홍, 채권집행의 이론과 실무, 법률정보센터(2016), 593. 다만 제3채무자가 포기신고를 모르고 추심명령을 전제로 한 행위는 유효하다고 한다.

는 견해[216]가 대립한다. 추심명령은 제3채무자에게 송달되어야 효력이 발생하는 점(민사집행법 제229조 제4항, 제227조 제3항), 민사집행법 제240조 제2항 후문은 포기신고서 등본을 제3채무자에게 송달하도록 규정하고 있는 점, 제3채무자가 포기신고서 등본을 송달받기 전에는 추심권의 포기 사실을 모르고 추심명령을 전제로 한 행위를 하게 될 수 있는 점 등에 비추어, 후자의 견해가 타당하다.[217]

4) 추심권의 포기는 기본채권(집행채권)에 영향을 미치지 않는다(민사집행법 제240조 제1항 단서). 따라서 추심권의 포기는 청구이의의 소(민사집행법 제44조)의 사유가 되지 않고, 다만 집행에 관한 이의(민사집행법 제16조)의 사유가 될 수 있을 뿐이다. 제3채무자는 추심권의 포기를 항변으로 주장할 수 있다.[218]

5) 추심권의 포기는 압류의 효력에도 영향을 미치지 않는다. 금전채권에 대한 압류명령과 그 현금화방법인 추심명령을 동시에 신청하더라도 압류명령과 추심명령은 별개로서 그 적부는 각각 판단하여야 하고, 그 신청의 취하 역시 별도로 판단하여야 하기 때문이다.[219] 또한, 추심권을 포기하고 전부명령 그 밖의 다른 현금화방법을 택하거나, 당사자 간의 타협을 위하여 일시 추심을 중지할 의사로 추심권을 포기하는 경우도 있으므로, 추심권의 포기만으로는 당연히 압류의 효력이 소멸한다고 보기는 어렵다. 따라서 추심권의 포기만으로는 압류로 인한 소멸시효 중단의 효력이 소멸하지 않고, 압류명령의 신청을 취하하면 비로소 소멸시효 중단의 효력이 소급하여 소멸한다.[220]

6) 추심권의 포기가 있더라도 민사집행법 제239조에 의하여 이미 발생한 채권자의 채무자에 대한 손해배상의무에는 영향을 미치지 않는다.

7) 추심권의 포기가 있는 경우 그 때까지 발생한 추심에 소요된 비용은 불필요한 것이 되어 버리므로, 이는 채무자에게 부담시킬 수 없고 채권자가 부담하여야 한다.[221]

---

216) 주석 민사집행법(V)(제4판), 한국사법행정학회(2018), 741(노재호).
217) 주석 민사집행법(V)(제4판), 한국사법행정학회(2018), 741(노재호).
218) 법원실무제요, 민사집행[IV], 법원행정처(2020), 390.
219) 대법원 2014. 11. 13. 선고 2010다63591 판결.
220) 대법원 2014. 11. 13. 선고 2010다63591 판결.
221) 법원실무제요, 민사집행[IV], 법원행정처(2020), 391.

10. 추심의 효과

가. 피압류채권의 소멸

1) 추심명령을 얻은 채권자는 집행법원의 수권에 따라 일종의 추심기관으로서 제3채무자로부터 추심을 하는 것이므로 제3채무자로부터 압류된 채권을 추심하면 그 범위 내에서 압류된 채권(피압류채권)은 소멸한다.[222] 제3채무자가 채권자의 추심에 응하여 지급하게 되면 채권자에 대한 변제로써 채무자에 대하여도 대항할 수 있다.

나아가 추심명령을 얻어 채권을 추심하는 채권자는 집행법원의 수권에 따라 일종의 추심기관으로서 압류나 배당에 참가한 모든 채권자를 위하여 제3채무자로부터 추심을 하는 것이므로, 압류 등이 경합된 경우에도 공탁청구(민사집행법 제248조 제2항, 제3항)가 없는 이상 제3채무자가 정당한 추심권자에게 지급하면 피압류채권은 소멸한다. 이는 추심명령이 경합된 경우에도 마찬가지이다.[223]

2) 채권에 대한 압류·가압류명령은 그 명령이 제3채무자에게 송달됨으로써 효력이 생기므로(민사집행법 제227조 제3항, 제291조), 제3채무자의 지급으로 인하여 피압류채권이 소멸한 이상, 설령 다른 채권자가 그 변제 전에 동일한 피압류채권에 대하여 압류·가압류명령을 신청하고 나아가 압류·가압류명령을 얻었다고 하더라도, 제3채무자가 추심권자에게 지급한 후에 그 압류·가압류명령이 제3채무자에게 송달된 경우에는 추심권자가 추심한 금원에 그 압류·가압류의 효력이 미친다고 볼 수 없다.[224] 또한, 추심채권자가 제3채무자로부터 압류된 채권을 추심한 후 추심의 신고를 하기 전에 다른 채권자가 동일한 피압류채권에 대하여 압류·가압류명령을 신청하였다고 하더라도 이를 당해 채권추심사건에 관한 적법한 배당요구로 볼 수도 없다.[225]

3) 앞서 보았듯이 추심명령의 대상인 채권이 채무자의 채권자 자기에 대한 고의의 불법행위에 의한 손해배상채권이어서 상계가 금지되는 경우(민법 제496조)에도 추심명령이 허용되는데, 나아가 추심채권자의 추심신고(추심채권자와 제3채무자가 동일하므로 추심채권자가 추심신고를 하면 현실적인 금전수수가 없어도 추심을 한 것으로 볼 수 있다)에 의하여 압류된 채권, 즉 채무자의 채권자에 대한 손해배상채권이 소멸한다고 할 수 있는지 문제된다.

---

222) 대법원 2005. 1. 13. 선고 2003다29937 판결, 대법원 2008. 11. 27. 선고 2008다59391 판결.

223) 대법원 1986. 9. 9. 선고 86다카988 판결, 대법원 2001. 3. 27. 선고 2000다43819 판결 등 참조.

224) 대법원 2005. 1. 13. 선고 2003다29937 판결.

225) 대법원 2008. 11. 27. 선고 2008다59391 판결.

이에 관하여, 이를 긍정하면 상계를 허용하는 것과 다를 것이 없고 고의의 불법행위로 인한 손해배상채권은 현실적으로 만족을 받아야 한다는 상계금지의 취지를 잠탈하는 결과가 된다는 이유로 민법 제496조를 유추적용하여 압류된 채권의 소멸을 부정하는 견해도 있다.[226] 그러나 추심명령을 얻은 채권자는 집행법원의 수권에 기초하여 일종의 추심기관으로서 채무자를 대신하여 추심의 목적에 맞도록 채권을 행사하는 것이고, 추심채권자가 추심한 돈으로 자기의 채권을 만족을 얻을 수 있게 되더라도 이는 추심신고를 할 때까지 다른 채권자의 압류·가압류 또는 배당요구가 없었기 때문이므로, 추심채권자가 추심신고를 할 경우 압류된 채권의 소멸을 부정하기는 어렵다고 생각한다.[227]

나. 집행채권의 소멸 여부와 그 범위

추심채권자의 집행채권 소멸 여부와 그 범위는 경우에 따라 다르다.

1) 먼저, 채권자가 집행법원에 추심신고를 할 때까지 다른 채권자의 압류·가압류 또는 배당요구가 없으면 추심신고에 의하여 추심한 범위 내에서 집행채권이 소멸하게 된다. 채권자가 추심의 신고를 하면 더는 배당요구가 허용되지 않으므로(민사집행법 제247조 제1항 제2호), 그때까지 다른 압류·가압류 또는 배당요구가 없으면 굳이 무용한 배당절차를 개시할 필요가 없기 때문이다. 이 경우 추심한 금액으로 집행채권의 변제에 충당하고 잔액이 있으면 채무자에게 반환하여야 하는데, 집행법원은 추심금의 충당관계 등을 조사하여 집행채권 전액이 변제된 경우에는 집행력 있는 정본을 채무자에게 교부하고, 일부 변제가 된 경우에는 그 취지를 집행력 있는 정본 등에 적은 다음 채권자에게 돌려주는 등의 조치를 취함으로써 채권집행이 종료하게 된다.[228]

2) 다음으로, 채권자가 집행법원에 추심신고를 할 때까지 다른 압류, 가압류 또는 배당요구가 있는 경우에는 추심채권자의 공탁(민사집행법 제236조 제2항)에 의하여 배당절차에 들어가게 되고(민사집행법 제252조 제2호), 그 배당절차에서 실제로 배당받은 금액의 범위 내에서만 집행채권이 소멸하게 된다.[229]

---

226) 서울중앙지방법원 2013. 3. 29. 선고 2012나37908 판결 및 손흥수, 민사집행실무총서(II) 채권집행, 한국사법행정학회(2017), 376 참조.

227) 대법원 2016. 8. 19.자 2016마5365 결정 참조; 주석 민사집행법(V)(제4판), 한국사법행정학회(2018), 690(노재호).

228) 대법원 2004. 12. 10. 선고 2004다54725 판결.

229) 법원실무제요, 민사집행[IV], 법원행정처(2020), 392.

11. 추심의 신고와 공탁

가. 개관

추심명령을 얻은 추심채권자는 집행법원의 수권에 따라 일종의 추심기관으로서 채무자를 대신하여 추심의 목적에 맞도록 채권을 행사하여야 한다. 특히 압류 등의 경합이 있는 경우에는 압류 또는 배당에 참가한 모든 채권자를 위하여 제3채무자로부터 채권을 추심해야 하므로, 추심채권자는 피압류채권의 행사에 제약을 받게 되는 채무자를 위하여 선량한 관리자의 주의의무를 가지고 채권을 행사해야 한다. 나아가 추심채권자가 제3채무자로부터 추심금을 지급받으면 추심한 채권액을 법원에 신고하고 그 신고 전에 압류 등의 경합이 있는 경우에는 바로 추심금을 공탁하고 그 사유를 신고함으로써(민사집행법 제236조 제1항, 제2항 참조), 압류 또는 배당에 참가한 모든 채권자들이 배당절차에서 채권의 만족을 얻도록 할 의무를 부담한다.[230]

이러한 법리는 제3채무자가 추심명령에 기초한 추심에 응하지 않아 추심채권자가 제3채무자를 상대로 추심의 소를 제기한 후 얻어낸 집행권원에 기초하여 제3채무자의 재산에 대하여 강제집행을 한 결과 추심금을 받은 경우에도 마찬가지이다. 따라서 추심명령을 얻은 추심채권자가 제3채무자의 금전채권에 대하여 다시 추심명령을 얻어 추심금을 지급받으면 최초 추심명령의 발령법원에 추심신고를 하고 그 신고 전에 압류 등의 경합이 있는 경우에는 위 발령법원에 추심한 금액을 바로 공탁하고 그 사유를 신고하여야 한다.[231]

나. 추심채권자의 추심신고의무

1) 의의

추심명령에 따른 채권의 추심은 추심채권자에 의하여 이루어지기 때문에 집행법원은 추심이 제대로 되었는지 알 수 없다. 그리하여 민사집행법 제236조 제1항은 추심채권자가 채권을 추심한 때에는 추심한 채권액을 법원에 신고하여야 한다고 규정하고 있다.

2) 압류한 채권의 추심

추심신고의무는 추심명령의 대상인 채권의 일부만이 추심된 경우에도 발생하고, 계속적 수입채권이 압류된 경우에는 매 추심 시마다 신고를 하여야 한다. 다만 보통

---

230) 대법원 2005. 7. 28. 선고 2004다8753 판결, 대법원 2022. 4. 14. 선고 2019다249381 판결.
231) 대법원 2007. 11. 15. 선고 2007다62963 판결, 대법원 2022. 4. 14. 선고 2019다249381 판결.

의 채권집행의 경우에는 추심채권자가 민사집행법 제236조 제1항에 따라 집행법원에 대하여 하는 추심신고는 사건종료의 보고 성격을 가지나, 계속적 수입채권에 대한 집행의 경우에는 맨 마지막 1회분의 추심신고만이 사건종료의 보고 성격을 가지고 그 때까지 행하여진 중간의 다른 추심신고는 변제충당의 통지와 같은 성격을 가지고 있는 것이어서 양자의 성질이 약간 다르다.[232)]

3) 추심의 신고

추심신고는 집행법원에 하고, 사건의 표시, 채권자·채무자와 제3채무자의 표시, 제3채무자로부터 지급받은 금액과 날짜를 적은 서면으로 한다(민사집행규칙 제162조 제1항). 신고서에는 인지를 붙일 필요가 없고, 재판사무시스템에 문건으로 입력하고 집행기록에 가철한다(재민 91-1). 급여채권과 같은 계속적 수입채권을 추심한 경우에는 어느 기간에 대한 것인지도 특정할 필요가 있다.

4) 효과

가) 이러한 추심신고서가 제출될 때까지는 추심명령 신청사건은 미제로 처리하여야 한다. 여기에서 '미제로 처리하여야 한다'는 의미는, 민사집행법 제247조 제1항 제2호는 채권자가 제3채무자로부터 추심한 때에는 제236조에 따른 신고를 하였을 때를 배당요구의 종기로 정하고 있고, 민사집행법 제252조 제2호는 제236조에 따라 추심채권자가 공탁한 때에 배당절차가 개시되는 것으로 규정하고 있어, 추심채권자가 제236조에 따른 신고를 하지 않으면 배당요구의 종기를 확정할 수 없게 되며 배당절차도 진행될 수 없게 되는 난점이 있게 되어, 이러한 경우에는 절차가 진행되지 않아 미제사건으로 남게 된다는 것이다.[233)]

나) 추심신고가 있으면 다른 채권자들에 의한 배당요구는 더 이상 허용되지 않는다(민사집행법 제247조 제1항 제2호). 따라서 추심신고가 있을 때까지 다른 채권자들의 배당요구가 없으면 추심채권자가 독점적으로 만족을 얻게 된다. 채권자의 입장에서는 추심신고를 하는 것이 유리하지만, 실제로 추심신고가 행하여지는 경우는 드물다.[234)]

다) 추심신고로 인한 집행채권의 소멸과 관련하여 변제충당의 시기 및 변제에 충당되는 금액이 문제된다.

232) 법원실무제요, 민사집행[IV], 법원행정처(2020), 393; 주석 민사집행법(V)(제4판), 한국사법행정학회(2018), 691(노재호).

233) 법원실무제요, 민사집행[IV], 법원행정처(2020), 393.

234) 법원실무제요, 민사집행[IV], 법원행정처(2020), 393.

추심신고를 하면 추심한 때에 소급하여 추심한 원금 상당액이 집행비용 및 집행채권의 변제에 충당된다고 보는 것이 간명하고 추심채권자의 의사에 부합하는 측면이 있기는 하다.

그러나 추심채권자는 추심신고를 할 때까지는 집행법원의 수권에 따른 추심기관의 지위를 가지고, 이는 다른 경합하는 압류·가압류 또는 배당요구가 없더라도 마찬가지이므로(민사집행법 제247조 제1항 제2호에 의하면 추심신고를 할 때까지는 배당요구가 가능하기 때문이다), 소급효를 인정할 법적 근거가 없는 이상 추심신고를 한 때 비로소 추심금이 집행비용 및 집행채권의 변제에 충당된다고 볼 수밖에 없다. 다른 경합하는 채권자가 없어서 무용한 배당절차를 진행하지 않는 것일 뿐 배당절차를 통해 변제를 받는 것과 달리 볼 수는 없다.

다만 추심신고를 할 때까지 집행채권에 관하여 지연손해금이 계속 발생하는데도 추심채권자가 추심한 돈에 대한 법정이자 상당의 이익을 집행비용 및 집행채권의 변제에 충당하지 않고 전부 누리는 것은 불합리하므로, 추심한 원금 외에 추심신고에 필요한 상당한 기간을 경과한 때부터 실제 추심신고를 할 때까지의 기간 동안 법정이자 상당의 금원도 변제에 충당된다고 해석하는 것이 좋을 것이다.[235] 부동산 경매의 경우에 매각대금에 대한 이자가 배당할 금액에 포함되는 것과 같은 이치라고 할 수도 있다.

한편, 일본 민사집행법 제155조는 "압류채권자가 제3채무자로부터 지급을 받은 때에는 그 채권 및 집행비용은 지급을 받은 금액의 한도에서 변제된 것으로 본다."(제2항), "압류채권자는 전항의 지급을 받은 때에는 즉시 그 취지를 집행법원에 신고하여야 한다."(제3항)라고 규정하고 있으나, 우리 민사집행법의 해석으로는 이를 원용하기 적절하지 않다. 일본의 경우에는 추심명령 제도를 폐지하면서, 다른 압류·가압류 또는 배당요구가 경합하면 제3채무자에게 공탁의무를 인정하여 배당절차가 진행되도록 하고(일본 민사집행법 제156조 제2항, 제166조 제1항), 위와 같은 경합이 없으면 압류채권자의 추심과 동시에 집행채권이 변제된 것으로 보도록(일본 민사집행법 제155조 제2항) 제도를 설계하였으나, 추심명령 제도를 유지하고 있는 우리의 경우에는 다른 압류·가압류 또는 배당요구의 경합과 무관하게 추심명령을 얻은 채권

235) 공탁 및 사유신고의 의무를 부담하는 추심채권자가 추심을 마쳤음에도 지체 없이 공탁 및 사유신고를 하지 않은 경우, 추심금 이외에 지연손해금도 추가 공탁하여야 하는지에 관한 대법원 2005. 7. 28. 선고 2004다8753 판결의 취지 참조; 주석 민사집행법(V)(제4판), 한국사법행정학회(2018), 692-693(노재호).

자에게 일종의 추심기관의 지위를 부여하여 채무자 및 경합하는 모든 채권자를 위하여 제3채무자로부터 채권을 추심할 수 있도록 하고, 그 후속절차로서 민사집행법 제236조를 규정하고 있기 때문이다. 다만 입법론으로는 추심채권자를 추심기관으로 보아 그의 양심에 기대어 추심신고 또는 공탁 및 사유신고 의무를 이행하도록 하는 것보다는 일본 민사집행법과 같이 개정하는 것이 옳다고 본다.236)

다. 추심채권자의 공탁 및 사유신고의무

1) 의의

채권자가 추심의 신고를 하기 전에 다른 압류, 가압류 또는 배당요구가 있었을 때에는 채권자는 추심한 금액을 바로 공탁하고 그 사유를 신고하여야 한다(민사집행법 제236조 제2항). 추심채권자와 경합하는 채권자들 사이에 배당에 관한 협의가 성립하였다고 하더라도 민사집행법이 정한 배당절차를 거쳐야 하므로 공탁 및 사유신고 의무를 면할 수 없다.

2) 요건

가) 추심채권자의 채권 추심

(1) 추심채권자의 공탁 및 사유신고 의무가 인정되려면 우선 추심채권자가 추심명령에 기초하여 제3채무자로부터 채권을 전부 또는 일부 추심하여야 한다. 제3채무자가 추심명령에 기한 추심에 임의로 응하지 않아 추심채권자가 제3채무자를 상대로 추심의 소를 제기한 후 얻어낸 집행권원에 기하여 제3채무자의 재산에 대하여 강제집행을 한 결과 취득한 추심금의 경우에도 마찬가지이다.237)

(2) 제3채무자가 민사집행법 제248조에 따라 공탁을 하여 배당절차가 개시되고 그 절차에서 추심채권자가 배당을 받은 경우에도 이에 해당하는지 문제된다. 특히 압류·가압류의 경합이나 배당요구가 없는데도 제3채무자가 민사집행법 제248조 제1항에 따라 권리공탁을 하고 그 사유신고 전까지 배당요구도 없어 추심채권자가 배당절차에서 독점적 만족을 얻은 경우가 문제된다.238)

민사집행법 제248조에 따라 집행공탁이 이루어지면 피압류채권이 소멸하고 압류

---

236) 손진홍, "2009년 민사집행법 개정 논의에 대한 검토", 민사집행법연구 제6권, 한국사법행정학회(2010. 2.), 22-26 참조; 주석 민사집행법(V)(제4판), 한국사법행정학회(2018), 693(노재호).

237) 대법원 2007. 11. 15. 선고 2007다62963 판결.

238) 이에 관한 견해대립이 손흥수, 민사집행실무총서(II) 채권집행, 한국사법행정학회(2017), 378의 각주 174)에 소개되어 있다.

명령은 그 목적을 달성하여 효력을 상실하며, 추심채권자는 더 이상 추심권능이 아닌 구체적으로 배당액을 수령할 권리(배당금채권)를 가지게 되는바,[239] 배당절차가 개시되어 배당표에 의한 배당액의 지급이 이루어지면 채권에 대한 강제집행절차가 종료된다.[240] 이처럼 이미 집행법원이 주관하는 배당절차가 개시되어 채권자들에게 그 배당절차를 통하여 채권의 만족을 얻을 기회가 부여된 이상, 더 이상 공탁 및 사유신고를 통해 다시 배당절차를 개시하도록 할 이유가 없으므로, 추심채권자가 제3채무자의 공탁사유신고로 개시된 집행법원의 배당절차에서 배당받은 경우에는 민사집행법 제236조 제2항을 적용할 수 없다고 봄이 타당하다. 따라서 추심채권자로서는 그와 같이 배당받은 금액을 민사집행법 제236조 제2항에 따라 또다시 공탁하거나 그 사유를 신고할 필요가 없고, 추심채권자가 그와 같은 공탁이나 사유신고를 하더라도 추가적인 배당절차가 개시되지 않는다고 보아야 할 것이다.[241]

나) 추심신고 전 다른 압류·가압류 또는 배당요구

(1) 객관적으로 다른 압류·가압류 또는 배당요구가 있으면 충분하고, 집행법원이나 다른 채권자가 추심채권자에게 이를 통지하여야 비로소 공탁 및 사유신고의무가 발생하는 것은 아니다.

(2) 민사집행법에 의한 압류·가압류 또는 배당요구뿐만 아니라 체납처분에 의한 압류도 포함된다.[242]

한편, 채권자대위의 소가 제기되고 대위채권자가 채무자에게 대위권 행사 사실을 통지하거나 채무자가 이를 알게 되면 민법 제405조 제2항에 따라 채무자는 피대위채권을 양도하거나 포기하는 등 채권자의 대위권 행사를 방해하는 처분행위를 할 수 없게 되고 이러한 효력은 제3채무자에게도 그대로 미치는데, 이를 압류에 준하여 볼 수 있는지 문제가 될 수 있다. 그러나 추심채권자의 공탁 및 사유신고는 배당절차의 진행을 전제로 하는 것인데, 대위채권자는 압류·가압류 또는 배당요구를 하지 않는 한 대위채권자라는 자격만으로 배당절차에 참가할 수 없으므로, 채권자대위의 소가 제기되고 대위채권자가 채무자에게 대위권 행사 사실을 통지하거나 채무자가 이를 알게 되었다는 사정만으로 이를 압류에 준하는 것으로 보아 추심채권자의 공탁 및 사유신고 의무를 인정하기는 어렵다고 생각된다. 대위채권자는 피보전채권에 관한

239) 대법원 2019. 1. 31. 선고 2015다26009 판결, 대법원 2020. 10. 15. 선고 2019다235702 판결.
240) 대법원 2005. 9. 29. 선고 2003다30135 판결.
241) 법원실무제요, 민사집행[IV], 법원행정처(2020), 394-395.
242) 대법원 2015. 8. 27. 선고 2013다203833 판결.

집행권원을 얻기 전에도 피압류채권을 중복하여 가압류하는 비교적 간편한 방법으로 민사집행법 제236조 제2항에 따른 공탁청구를 할 수 있는 자격을 획득할 수 있기 때문에 위와 같은 결론이 부당하다고 할 수도 없다.[243)]

(3) 그런데 추심채권자가 추심을 완료하면 그 범위에서 압류된 채권이 소멸하게 되므로, 그 후에 다른 압류, 가압류명령이 제3채무자에게 송달되더라도 이는 효력이 없어(다른 채권자는 추심신고 전에 배당요구를 할 수 있을 뿐이다) 압류의 경합이 생기지 않는다.

따라서 공탁 및 사유신고 의무는 추심할 당시 이미 다른 압류·가압류 또는 배당요구가 있었거나, 추심한 후에 배당요구가 있는 경우에 발생하게 된다.[244)]

(4) 배당요구가 있으면 법원은 그 사실을 채권자에게 통지하여야 하는데(민사집행법 제247조, 제219조), 이는 채권자에게 채권자의 경합이 있음을 알려주는 역할도 한다. 또한, 추심신고가 있는 경우에 그 전에 채권자가 경합되어 공탁하여야 하는 경우이면 집행법원은 적당한 방법으로 그 사실을 추심채권자에게 알려 주어 공탁 및 사유신고를 하도록 함이 바람직하다.[245)]

3) 공탁 및 사유신고

추심채권자는 추심한 금액을 공탁하고 압류·추심명령의 집행법원에 그 사유를 신고하여야 한다. 집행공탁의 토지관할에는 제한이 없으나, 사유신고와 관련하여 볼 때 집행법원의 소재지 공탁소에 공탁하는 것이 여러모로 편리하다.[246)]

공탁의 사유신고는 사건과 당사자의 표시, 제3채무자로부터 지급받은 금액과 날짜, 공탁사유 및 공탁한 금액을 적은 서면에 공탁서를 붙여서 하여야 한다(민사집행규칙 제162조 제2항). 공탁서 원본을 요구하는 이유는 공탁이 된 때에는 집행법원이 배당절차를 개시하게 되기 때문이다(민사집행법 제252조 제2호 참조).

채권자의 공탁사유신고서에는 인지를 붙일 필요가 없고, 이를 접수한 집행법원의 법원사무관등은 사건번호를 붙이고 재판사무시스템에 전산입력하며 기록을 만든 다음 압류명령 등 사건기록과 끈으로 묶어 첨철한다(재민 91-1).

4) 채권자가 공탁의무를 불이행한 경우

가) 공탁 및 사유신고 이행청구

243) 주석 민사집행법(V)(제4판), 한국사법행정학회(2018), 695(노재호).
244) 법원실무제요, 민사집행[IV], 법원행정처(2020), 395.
245) 법원실무제요, 민사집행[IV], 법원행정처(2020), 395.
246) 법원실무제요, 민사집행[IV], 법원행정처(2020), 395.

압류 등의 경합이 있음에도 불구하고 추심을 완료한 채권자가 공탁의무를 이행하지 않을 경우에 다른 경합채권자는 추심채권자를 상대로 추심한 금원을 법원에 공탁하고, 그 사유를 신고할 것을 구하는 소를 제기할 수 있다. 이를 인용하는 때의 주문의 방식 등에 관하여는 ① '피고는 원고에게 ○○지방법원 20**타채**** 채권압류 및 추심명령에 따른 추심금 ○○원을 지급하라. 위 돈은 공탁의 방법으로 지급하여야 하고, 그 사유를 신고하라'는 형식으로 함이 타당하고, 이 공탁판결에 기초하여 강제집행을 하여 집행기관으로부터 배당 등을 받아 그것을 공탁하여야 한다는 견해와, ② '피고는 ○○지방법원 20**타채*** 채권압류 및 추심명령에 따른 추심금 ○○원을 위 법원에 공탁하고 그 사유를 신고하라'는 형식이 되고, 이는 간접강제(민사집행법 제261조)의 방식으로 집행할 수 있다(민사집행법 제248조 제4항)는 견해가 대립되어 있는데, 실무는 전자의 견해를 따르고 있다.[247]

한편, 여러 명의 채권자가 공동으로 추심명령을 받아 추심을 한 경우 채권자들 간에 분할채권 관계에 있으면 공탁의무도 분할채무이나, 불가분채권 관계에 있으면 공탁의무도 불가분채무라고 보아야 할 것이다.[248]

나) 공탁할 추심금의 범위

(1) 추심채권자가 추심을 마쳤음에도 지체 없이 공탁 및 사유신고를 하지 않은 경우에는 그로 인한 손해배상으로서, '제3채무자로부터 추심금을 지급받은 후 공탁 및 사유신고에 필요한 상당한 기간을 경과한 때부터 실제 추심금을 공탁할 때까지의 기간 동안 금전채무의 이행을 지체한 경우에 관한 법정지연손해금 상당의 금원'도 공탁하여야 할 의무가 있다.[249] 만일 시기와 상관없이 추심한 원금만을 공탁해도 된다면 다른 압류·가압류 또는 배당요구가 있는 상황에서 추심채권자는 배당절차에서 다른 채권자들과 평등하게 배당을 받을 뿐이므로 굳이 추심금을 공탁하고 사유를 신고하여 배당을 받는 것보다는 최대한 공탁 및 사유신고를 지연하여 사실상의 독점을 시도하려 할 것이기 때문이다.[250]

위와 같이 지연손해금 상당의 돈의 공탁을 인정하는 이론적 근거는 집행법원의 수권에 의한 추심기관으로서 모든 채권자들에 대한 선량한 관리자의 주의의무 위반

---

247) 법원실무제요, 민사집행[IV], 법원행정처(2020), 396.

248) 법원실무제요, 민사집행[IV], 법원행정처(2020), 396.

249) 대법원 2005. 7. 28. 선고 2004다8753 판결.

250) 박형준, "추심채권자가 공탁 및 사유신고를 해태한 경우 추심금 이외에 지연손해금의 추가공탁 요부", 판례연구 제18집, 부산판례연구회(2007. 2.), 642, 644.

에 따른 손해배상의무라 할 수 있다.[251] 추심채권자가 제3채무자로부터 압류한 채권을 추심함으로써 채권집행에서 현금화가 마쳐진 것으로 볼 수 있으므로 부동산 경매의 경우에 매각대금에 대한 이자가 배당할 금액에 포함되는 것과 유사한 이치라고 할 수도 있다.[252]

(2) 추심채권자의 추심신고 의무는 민사집행법 제236조의 법률 규정에 따라 발생하는 것이기 때문에, 공탁할 지연손해금 이율은 특별한 사정이 없는 한 민법이 정한 연 5%라고 보아야 한다. 소송절차에서 공탁의무의 이행을 명할 경우, 소송촉진 등에 관한 특례법이 정한 이율을 적용할 수 있는지에 관하여는 이를 긍정하는 견해와 부정하는 견해가 있는데, 실무는 대체로 후자의 견해를 따르고 있다.[253]

(3) 지연손해금의 기산점에 관하여 대법원 2005. 7. 28. 선고 2004다8753 판결은 '추심금을 지급받은 후 공탁 및 사유신고에 필요한 상당한 기간을 경과한 때부터'라고 하고 있는데, 공탁의무가 발생하지 않은 기간은 물론이고 채권자의 과실 없이 공탁의무 발생사실을 알지 못한 기간도 제외되어야 할 것이다.[254] 예를 들어 추심 전에 압류 또는 가압류의 경합 없이 추심 후에 다른 채권자의 배당요구[255]만 있는 경우에는 추심채권자가 집행법원으로부터 배당요구통지(민사집행법 제247조, 제219조)를 받기 전까지는 추심신고를 하지 않았다고 하더라도 그러한 사유만으로 바로 선량한 관리자의 주의의무를 해태하였다고 볼 수 없으므로, 추심채권자가 추심한 이후 집행법원으로부터 배당요구통지를 받은 다음 날부터 추심금 공탁 및 사유신고의 해태로 인한 지연손해금이 발생한다고 봄이 타당하다.[256]

다) 한편, 추심채권자가 추심을 마친 돈을 공탁하지 않고 개인적으로 소비한 경우에는 다른 경합하는 채권자들을 피해자로 하는 횡령죄의 죄책을 질 수 있다.[257]

---

251) 이우재, "추심채권자가 추심금 공탁 및 사유신고의무를 해태한 경우 추심금 이외에 지연손해금을 추가 공탁하여야 하는지 여부", 대법원판례해설 제57호, 법원도서관(2005. 하.), 518-521.

252) 주석 민사집행법(V)(제4판), 한국사법행정학회(2018), 393(노재호). 699.

253) 법원실무제요, 민사집행[IV], 법원행정처(2020), 396-397.

254) 법원실무제요, 민사집행[IV], 법원행정처(2020), 397.

255) 일단 추심을 완료하면 그 범위에서 압류된 채권이 소멸하게 되므로 그 후에는 압류나 가압류가 경합할 수 없고 추심신고 전에 배당요구만 가능하다.

256) 부산고등법원 2012. 12. 11. 선고 2012나7236 판결(미간행).

257) 대법원 2003. 3. 28. 선고 2003도313 판결.

라. 법원의 조치

1) 추심의 신고가 있는 때에는 집행법원은 추심금의 충당관계를 조사하여 보고 민사집행법 제159조 제2항, 제3항에 준하여 집행채권 전액이 변제된 경우에는 집행력 있는 정본을 채무자에게 교부하고, 일부 변제가 된 경우에는 그 취지를 집행력 있는 정본 등에 적은 다음 채권자에게 돌려주는 등의 조치를 취하여야 한다.[258] 그리고 추심한 금액 가운데 변제되고 남은 나머지가 있으면 집행채권자로 하여금 채무자에게 반환하도록 지시하여야 한다. 채권자가 그 반환지시를 따르지 않을 때에는 채무자는 잉여금의 반환을 구하는 부당이득반환청구의 소를 제기하여야 한다.[259]

2) 저당권이 있는 채권을 압류하고 압류의 기입등기를 마친 경우 압류채권의 추심을 완료한 때에는 법원사무관등은 직권으로 압류기입등기의 말소를 촉탁하여야 한다.

3) 제3채무자가 공탁하거나 추심채권자가 공탁을 한 때에는 집행법원은 배당절차를 개시하여야 한다(민사집행법 제252조 제2호). 법률에 의하여 우선변제권이 있는 채권자와 집행력 있는 정본을 가진 채권자는 추심채권자가 추심신고를 할 때까지 집행법원에 배당요구를 할 수 있다(민사집행법 제247조 제1항 제2호). 우선변제권이 있는 채권자를 제외한 가압류채권자, 압류채권자, 추심채권자, 배당요구채권자는 집행순서와 상관없이 같은 순위로 안분배당을 받는다.

12. 기타

추심명령 신청이 취하되거나 추심명령을 취소하는 결정이 확정된 때에는 법원사무관등은 압류명령을 송달받은 제3채무자에게 그 사실을 통지하여야 한다(민사집행규칙 제160조 제2항).

추심명령이 있은 후 민사집행법 제49조 제2호 내지 제4호의 서류가 제출된 때에는 법원사무관등은 채권자 및 제3채무자에 대하여 '그 서류가 제출되었다'는 사실과 서류의 요지 및 '위 서류의 제출에 따른 집행정지의 효력이 상실되기 전에는 압류채권자는 채권의 추심을 하여서는 안 되고 제3채무자는 채권의 지급을 하여서는 안 된다'는 취지를 통지하여야 한다(민사집행규칙 제161조 제1항).

그 통지서의 양식은 다음과 같다.

---

258) 대법원 2004. 12. 10. 선고 2004다54725 판결.

259) 법원실무제요, 민사집행[IV], 법원행정처(2020), 397.

[전산양식 A4333: 집행정지 통지서]

○ ○ 지 방 법 원
집행정지 통지

○ ○ ○ 귀하

사 건 20 타채
채 권 자
채 무 자
제3채무자

위 사건에 관하여 아래의 사항을 통지합니다.

1. 채무자가 20 . . . ○○법원 20 카정 강제집행정지 결정을 제출하였습니다.
2. 위 결정은 ○○법원 20 가합 청구이의의 소에 관한 판결이 있을 때까지 이 사건 집행권원인 ○○법원 20 . . 선고 20 가합 판결에 의한 강제집행을 정지하도록 명하였습니다.
3. 위 강제집행정지결정이 효력을 잃기 전에는, 채권자는 채권의 추심을 하여서는 아니 되고 제3채무자는 채권의 지급을 하여서는 아니 됩니다.

2○○○. ○. ○.
법원사무관 ㊞

민집규 161①,②

Ⅲ. 전부명령(轉付命令)

1. 신청

전부명령도 추심명령과 마찬가지로 압류채권자(압류채권자의 승계인을 포함한다)의 신청에 의하여 발령된다. 전부명령의 신청은 압류명령의 신청과 동시에 할 수도 있고, 사후에 신청할 수도 있으나 동시에 신청하는 예가 많다. 그러나 민사집행법 제233조의 규정에 의한 증권채권의 경우에는 집행관이 증권을 점유한 후가 아니면 신청을 할 수 없으므로 동시신청은 불가능하다.[260]

신청은 서면으로 하여야 한다(민사집행법 제4조). 추심명령을 얻은 채권에 대하

260) 법원실무제요, 민사집행[IV], 법원행정처(2020), 399.

여 그 후에 다시 전부명령을 신청할 수도 있다. 채권가압류가 된 후에 가압류채권자가 집행권원을 취득하더라도 곧바로 전부명령을 신청할 수는 없고 채권압류명령신청과 함께 하여야 한다. 이 압류명령 신청이 있으면 가압류는 본압류로 이전한다.

압류채권의 일부에 대하여 전부명령신청을 할 수도 있으나, 민사집행법 제233조의 증권채권에 대하여는 일부의 배서가 무효인 것(어음법 제12조 제2항, 수표법 제15조 제2항)과의 관계상, 압류채권 일부에 대한 전부명령은 허용되지 않는다.[261)]

그리고 합동채무를 부담하는 여러 사람을 상대로 하는 전부명령은 그 여러 사람에 대하여 동시에 전부명령을 신청할 때에는 허용되지만, 그중 일부에 대하여 이미 전부명령을 받은 때에는 집행채권은 소멸하므로 새로운 전부명령은 허용되지 않는다.[262)]

전부명령의 신청서에는 당사자의 표시, 압류한 채권의 종류와 액수, 그 일부에 대하여 전부를 구할 경우에는 전부를 받을 채권액을 명시하고, 신청취지(압류한 채권을 지급에 갈음하여 압류채권자에게 이전함을 구하는 취지), 신청날짜, 집행법원을 표시하고 채권자 또는 그 대리인의 기명날인 또는 서명이 있어야 하며, 전부명령만을 별도로 신청하는 경우에는 선행의 채권압류명령사건의 표시(사건번호 등)가 있어야 한다.

민사집행법 제233조의 증권채권의 경우에는 집행관의 증권 점유 사실을 증명하기 위하여 그 집행조서 등본을 붙여야 한다.

신청을 별도로 하는 경우에는 그 신청서에는 2,000원의 인지를 붙여야 한다(민사소송 등 인지법 제9조 제4항). 압류명령 후에 채권자의 변동이 있는 경우에 승계인은 승계집행문을 얻어 그 승계집행문 및 승계를 증명하는 증명서의 송달증명서를 신청서에 붙여야 한다(민사집행법 제31조, 제39조, 민사집행규칙 제19조 제3항). 또한, 압류명령 후 채무자 또는 제3채무자에게 상속·합병 등의 일반승계가 생긴 경우에는 전부명령 신청서에 그러한 사실을 분명하게 하고, 이를 증명하는 자료를 붙여야 한다.[263)]

2. 관할법원 및 기록편성방법

전부명령을 신청하여야 할 관할법원은 압류명령의 집행법원과 동일한 지방법원

261) 법원실무제요, 민사집행[IV], 법원행정처(2020), 399.
262) 법원실무제요, 민사집행[IV], 법원행정처(2020), 399.
263) 법원실무제요, 민사집행[IV], 법원행정처(2020), 400.

이다.

전부명령이 압류명령과 별도로 신청되는 경우에 압류명령이 송달된 뒤에 채무자나 제3채무자의 주소가 변경되어 그 보통재판적이 달라지더라도, 전부명령은 압류명령을 전제로 하여 발령되는 것이므로, 압류명령을 발령한 법원이 관할법원이 된다.

기록편성방법은 추심명령의 경우와 같다.

3. 요건

전부명령은 압류된 채권을 그 실질적 가치를 고려하지 않고 그 권면액으로 채권자에게 이전하는 효력을 가지고 있다는 점에서 다음과 같은 요건이 필요하다.

가. 강제집행의 일반적 요건 구비 및 유효한 채권압류명령의 존재

전부명령도 강제집행의 일종이므로 강제집행의 요건과 강제집행개시의 요건을 모두 갖추어야 하는 것은 채권압류명령의 경우와 같다. 이처럼 강제집행의 요건이나 집행개시의 요건을 갖추지 못한 전부명령의 효력에 대하여는 논의가 있다. 그러나 강제집행의 요건을 갖추지 못한 경우는 별론으로 하고, 강제집행개시의 요건을 갖추지 못한 경우에는 다른 강제집행의 경우와 마찬가지로 즉시항고에 의하여 취소되지 않는 한 유효하다고 본다.[264]

강제집행의 일시정지를 명하는 재판이 집행기관에 제출되었거나 채무자에 대하여 (개인)회생절차가 개시된 때에는 전부명령을 발령할 수 없으나, 이에 위반된 전부명령도 즉시항고에 의하여 취소되지 않는 한 유효하다. 다만, 전부명령이 있은 뒤에 민사집행법 제49조 제2호 또는 제4호의 서류를 제출한 것을 이유로 전부명령에 대한 즉시항고가 제기된 경우에는, 항고법원은 다른 이유로 전부명령을 취소하는 경우를 제외하고는 항고에 관한 재판을 정지하여야 한다(민사집행법 제229조 제8항). 이는 개인회생재단에 속하는 채권에 대한 전부명령이 확정되지 않은 상태에서 개인회생절차가 개시되고 이를 이유로 전부명령에 대하여 즉시항고가 제기된 경우도 동일하고,[265] 애초에 신청한 개인회생절차가 채무자의 개인회생신청 취하 등을 이유로 폐지되었다고 하더라도, 그 압류 및 전부명령에 대한 항고재판 진행 중에 채무자가 새롭게 신청한 개인회생절차가 다시 개시되었다면 변제계획이 인가될 때까지 그 항고

264) 법원실무제요, 민사집행[IV], 법원행정처(2020), 400.
265) 대법원 2008. 1. 31.자 2007마1679 결정.

재판을 정지하여야 하는 것은 마찬가지이다.[266] 채권압류 및 전부명령에 대한 항고심에서 항고인이 가집행의 선고가 있는 판결을 취소한 항소심 판결의 사본을 제출하였다면, 항고심으로서는 항고인으로 하여금 그 정본을 제출하도록 한 후 즉시항고를 받아들여 채권압류 및 전부명령을 취소하여야 하고,[267] 저당권에 기한 물상대위권의 행사를 위하여 압류 및 전부명령을 발령받은 때 그 기초가 된 저당권의 피담보채권의 부존재를 확인하는 취지의 확정판결 정본이 항고심 또는 재항고심 계속 중에 제출된 경우도 동일하다.[268]

전부명령이 유효하기 위해서는 우선 채권압류명령이 있어야 한다. 압류명령과 전부명령을 동시에 신청하여도 무방하나, 유효한 압류명령이 없는 한 전부명령의 효력이 생길 여지는 없다.

나. 피전부채권의 적격

1) 금전채권으로서 권면액(券面額)을 가질 것

가) 전부명령은 압류된 채권을 지급에 갈음하여 압류채권자에게 이전시키고 그것으로 채무자가 채무를 변제한 것으로 간주하는 것이므로, 전부명령의 대상인 채권은 집행채권과 마찬가지로 금전채권이어야 한다. 따라서 금전채권이 아닌 채권은 피전부채권으로서의 적격이 없다. 그러므로 유체물의 인도나 권리이전청구권에 대하여는 전부명령을 하지 못하고, 민사집행법 제233조의 지시채권 중 화물상환증 등 인도증권에 표창된 유체물 인도청구권에 대한 집행의 경우에도 전부명령이 적당하지 않다(민사집행법 제245조). 또한, 채무자와 제3채무자 사이의 채권관계가 돈으로 받기로 한 것이 아니고 쌀로만 받기로 특약한 채권인 때에는 금전채권이 아니므로 이에 대하여 전부명령이 있었다 하여도 무효이고,[269] 건설공제조합 조합원의 지분 내지 지분권은 금전채권이 아니므로 피전부적격이 없다.[270] 나아가 판례는 유한회사 사원의 지분,[271] 부당이득한 채권에 대한 반환청구권,[272] 토지수용 보상금을 기업자가

---

266) 대법원 2009. 9. 24.자 2009마1300 결정.

267) 대법원 2004. 7. 9.자 2003마1806 결정.

268) 대법원 2008. 10. 9.자 2006마914 결정.

269) 대법원 1962. 1. 25. 선고 4294민상148 판결.

270) 대법원 1979. 12. 11. 선고 79다1487 판결.

271) 대법원 2004. 7. 5.자 2004마463 결정. 유한회사의 지분을 압류한 채권자로서는 총사원의 승낙서를 첨부하여 민사집행법 제241조가 정한 양도명령이나 매각명령의 방법으로 유한회사 지분을 현금화하여 채권의 만족을 얻거나, 사원의 이익배당청구권(상법 제580조)과 잔여재산분

발행하는 채권(債券)으로 지급하는 경우의 수용보상금청구권[273] 등은 금전채권이 아니므로 피전부채권으로서 적격이 없다고 한다.

나) 나아가 금전채권이라 하더라도 이른바 권면액을 가진 것이어야만 전부명령의 대상이 되는지에 관하여 아래와 같은 논의가 있다.

(1) 문제의 소재

의용 민사소송법 제600조와 제601조는 전부명령이 있는 경우 압류된 채권은 지급에 갈음하여 '권면액'으로 압류채권자에게 전부된다는 취지를 명시하고 있었다.[274] 여기서 권면액이란 채권의 목적으로 표시되어 있는 금전의 확정된 일정액을 말하며, 그 채권의 실제 거래가격을 말하는 것은 아니다.[275] 그러나 구 민사소송법 및 민사집행법은 권면액이라는 용어를 사용하고 있지 않다.

(2) 학설

'권면액'이라는 표현을 없앤 입법취지를 고려하여 권면액이 없더라도 전부명령은 가능하다고 보아야 한다는 견해도 있으나,[276] 통설은 전부될 채권은 반드시 권면액을 가진 것이어야 한다는 입장이다.[277] 그 이유로, 전부명령 제도의 취지에 비추어 전부명령의 효력이 발생하는 제3채무자 송달시점에는 피전부채권의 이전과 동시에 변제의 효과가 생길 수 있는 상태여야 하고(즉시결제가능성), 이를 위해서는 피전부채권이 그때 이전됨에 아무런 장애가 없도록 그 금액이 확정되어 있어야 한다는 점을 제시한다.[278] 그리하여 전부명령의 요건으로서 권면액의 존재를 요구하는 통설은 대체로 채권의 발생 여부 및 범위가 불확실한 채권, 예를 들어 장래의 채권, 조건부 채권, 반대의무에 걸린 채권, 유동적인 채권 등은 권면액을 인정하기 어려워 전부명령의 대상이 되지 않는다고 한다.[279]

그러나 다수설 내에서도, 금전채권 중 장래의 채권, 조건부 채권, 반대급부에 걸린(동시이행관계에 있는) 채권 등과 같이 채권의 확정적 실현이 의문시되어 권면액의

배청구권(상법 제612조)이 구체화되어 그 행사를 할 수 있는 시기가 도래할 경우 그 채권에 대하여 추심명령이나 전부명령 등의 현금화절차를 거쳐 채권의 만족을 얻을 수 있을 뿐이다.

272) 대법원 1985. 3. 12. 84다카1784 판결

273) 대법원 2004. 8. 20. 선고 2004다24168 판결

274) 일본의 현행 민사집행법 제159조, 제160조도 "권면액(券面額)"을 요구하고 있다.

275) 방순원, 민사소송법(하), 한국사법행정학회(1987), 286.

276) 이영섭, 신민사소송법(하), 박영사(1975), 175-176; 이시윤, 신민사집행법, 박영사(2016), 464.

277) 윤진수, "전부명령의 요건과 효력", 김기수화갑기념논문집, 박영사(1992), 1035 참조.

278) 윤진수, "전부명령의 요건과 효력", 김기수화갑기념논문집, 박영사(1992), 1035.

279) 윤진수, "전부명령의 요건과 효력", 김기수화갑기념논문집, 박영사(1992), 1036.

존재를 인정하기 어려운 채권을 전부명령의 대상으로 할 수 있는지에 대하여, 이를 부정하는 것이 다수이나, 반드시 견해가 일관되어 있지는 않다.

(3) 판례

판례 중에도 전부명령의 요건으로서 권면액의 존재가 필요하다는 입장을 취한 것이 있고,[280] 또 장래의 채권 중 그 발생의 기초가 확정되어 있어 채권의 특정이 가능하고 가까운 장래에 채권이 발생할 것이 상당한 정도로 확실시되는 경우에는 일정한 권면액을 갖는 금전채권으로 보아 이에 대한 채권압류 및 전부명령은 유효하다고 보는 사안도 있으나,[281] 대부분의 판례는 학설상으로 권면액이 없다고 보고 있는 장래의 채권, 조건부 채권, 반대급부에 걸린 채권에 관하여도 권면액에 대한 언급 없이 대부분 전부명령을 허용하고 있다.

구체적으로 살펴보면 다음과 같다.

(가) 채권의 발생 여부가 미정인 채권

① 조건부 채권

장래 경매가 취하될 것을 조건으로 한 경매보증금의 반환청구권에 대한 전부명령은 유효하다.[282]

골프클럽의 회원이 탈퇴할 때 행사할 수 있는 정지조건부채권인 예치금반환청구권에 대하여는 압류 및 전부명령을 받는 방법으로 강제집행할 수 있다.[283]

매매계약이 해제되는 경우 발생하는 매수인의 매도인에 대한 매매대금 반환채권은 매매계약이 해제되기 전까지는 채권 발생의 기초가 있을 뿐 아직 권리로서 발생하지 않기는 하지만, 일정한 권면액을 갖는 금전채권이므로 전부명령의 대상이 될 수 있다.[284]

토지수용으로 인한 피수용자의 손실보상금 채권은 관할 토지수용위원회의 수용재결로 인하여 비로소 발생하지만, 사업인정의 고시가 있으면 수용대상 토지에 대한 손실보상금의 지급은 장차 그 지급이 확실시되므로, 사업인정 고시 후 수용재결 이전 단계에 있는 피수용자의 사업시행자에 대한 손실보상금 채권은 피전부채권의 적격이 있다.[285]

---

280) 대법원 1973. 1. 24.자 72마1548 결정.

281) 대법원 2000. 10. 6. 선고 2000다31526 판결, 대법원 2002. 11. 8. 선고 2002다7527 판결, 대법원 2010. 4. 29. 선고 2007다24930 판결 등 참조.

282) 대법원 1976. 2. 24. 선고 75다1596 판결.

283) 대법원 1989. 11. 10. 선고 88다카19606 판결.

284) 대법원 2000. 10. 6. 선고 2000다31526 판결, 대법원 2010. 4. 29. 선고 2007다24930 판결.

법무사 합동사무소 구성원의 위 합동사무소에 대한 배당금청구채권은, 그가 계속 위 구성원으로서 근무하고 또한 그의 활동으로 배당할 이익이 생기는 것을 정지조건으로 발생하는 채권이지만, 그에 대한 전부명령은 유효하다.[286]

임차인이 임대차목적물을 반환하기 전의 임차보증금반환청구권은 일종의 정지조건부채권인데, 그에 대한 전부명령도 유효하다.[287]

또한 판례는, 매각허가결정에 대한 즉시항고를 함에 있어 구 소송촉진 등에 관한 특례법 제15조 제1항(1990. 1. 13. 개정되기 전의 것, 현행 민사집행법 제130조 제3항이 이에 해당한다)에 의하여 담보로 공탁한 공탁금의 회수청구권에 대하여 그 채권자가 압류 및 전부명령을 얻은 사안에 관하여, 피압류채권이 장래의 조건부 채권이거나 소멸할 가능성이 있는 것이라고 하더라도 그 채권의 압류 및 전부명령의 효력에는 아무런 영향이 없고, 공탁원인의 소멸 등으로 공탁자에게 공탁물 회수청구권이 발생한 때에 비로소 전부명령의 효력이 발생하는 것이 아니므로, 그 전부명령이 있은 후에 다시 위 공탁금 회수청구권에 대하여 있는 제2의 압류 및 전부명령은 효력이 없다고 판단하였다.[288]

② 반대급부에 걸린 채권

물품공급계약에 의한 물품대금채권은 물품을 공급하지 않았다 하더라도 계약의 성립과 동시에 발생하므로, 그와 동시이행관계에 있는 반대채무의 이행이 아직 이루어지지 않아 장래의 구체적인 채권액 확정에 불확실한 요소가 내포되어 있다고 하더라도 전부명령의 대상이 될 수 있다.[289]

한편, 공사대금채권은 도급계약 성립과 동시에 발생하므로 공사완성 전이라도 이를 압류하고 전부할 수 있고,[290] 공사가 완료되기 전에 전부명령이 있었을 때에는 그 공사대금채권은 공사의 정도 등에 의하여 상호 청산 시에 확정적으로 결정되므로, 그 결산에 의하여 구체적으로 확정되었을 경우에 그 공사대금채권을 표준으로 하여 전부의 효력도 확정된다.[291]

그러나 공사도급계약 체결 전에는 공사대금채권이 아직 발생하지 않았으므로 그

---

285) 대법원 1998. 3. 13. 선고 97다47514 판결 등.
286) 대법원 1978. 5. 23. 선고 78다441 판결.
287) 대법원 1981. 11. 10. 선고 81다378 판결 등.
288) 대법원 1984. 6. 26.자 84마13 결정.
289) 대법원 1996. 4. 23. 선고 96다402 판결.
290) 대법원 1965. 4. 27. 선고 65다142 판결.
291) 대법원 1974. 7. 23. 선고 74다245 판결.

에 대한 전부명령은 무효이다. 따라서 공사도급계약이 이미 체결되어 그에 기한 공사대금채권에 대하여 발령된 전부명령의 효력은 그 전부명령 송달 후 체결된 추가공사계약으로 인한 공사대금채권에는 미치지 않는다.[292] 다만 공사대금채권에 대하여 전부명령이 발령될 당시에는 채무자와 제3채무자 사이에 아직 공사도급계약이 체결되지 않았으나 전부명령이 제3채무자에게 송달될 당시에는 공사도급계약이 체결되었다면 그 전부명령은 유효하다.

나아가 국가를 당사자로 하는 계약에 관한 법률 및 그 시행령에 의하여 시행되는 공사경쟁입찰에서 회사가 이미 낙찰자로 결정됨에 따라 위 관계규정들에 의하여 지방자치단체가 그로부터 10일 이내에 낙찰자인 회사와 사이에 공사도급계약을 체결하도록 하는 의무를 부담하게 되어 특별한 사정이 없는 한 조만간 공사도급계약이 체결되도록 예정되어 있었던 경우에는, 채권압류 및 전부명령 정본이 지방자치단체에 송달될 당시 비록 아직 회사와 지방자치단체 사이에 공사도급계약이 체결되지 않아 공사대금채권이 현실적으로 발생하지는 않았다 하더라도, 위 공사대금채권은 그 발생의 기초가 이미 확정되어 있어 채권의 특정이 가능할 뿐 아니라 공사대금이 확정되어 있어 권면액도 있고 나아가 가까운 장래에 채권이 발생할 것임이 상당한 정도로 확실시된 상태에 있었으므로, 경쟁입찰에서의 낙찰자의 지위의 특수성에 비추어 비록 전부명령의 대상이 되는 위 공사대금채권이 장래의 채권이라고 하더라도 이에 대한 전부명령은 유효하다.[293]

(나) 채권의 발생 시기가 미정인 채권

사용자가 근로자에게 지급하는 퇴직금은 본질적으로 후불적 임금의 성질을 지닌 것으로서 미리 그 지급조건이 명확하게 되어 있어 그의 권리성이 부여되어 있고, 근로자의 사망 또는 퇴직 시에 지급될 것이 확실시되므로, 사망 또는 퇴직 전의 퇴직금 급여청구권도 그 2분의 1에 한하여 피전부적격이 있다.[294]

합자회사의 유한책임사원이 회사에 대하여 출자의무의 이행을 완료하면 그때에 벌써 지분환급채권은 권리성이 부여되어 발생하므로, 비록 위 사원이 퇴사하기 전이라서 현실적으로 확정된 채권은 아니라도 압류 및 전부명령의 대상이 될 수 있다.[295]

(다) 채권의 액수가 확정되지 않은 채권

292) 대법원 1989. 2. 28. 선고 88다카13394 판결 등.
293) 대법원 2002. 11. 8. 선고 2002다7527 판결.
294) 대법원 1975. 7. 22. 선고 74다1840 판결.
295) 대법원 1978. 10. 31. 선고 78다1290 판결.

임대인의 임대차보증금 반환의무는 임대차관계가 종료되는 경우에 그 임대차보증금 중에서 목적물을 반환받을 때까지 생긴 연체차임 등 임차인의 모든 채무를 공제한 나머지 금액에 관하여서만 비로소 이행기에 도달하는 것이므로, 임차인의 임대차보증금 반환채권은 임차인이 실제로 목적물을 반환하기 전에는 그 액수가 확정적이지 않은데, 판례는 그에 대한 전부명령을 유효한 것으로 보고 있다.[296] 판례는 또한 하자의 발생 등과 같이 채권액의 확정에 불확실한 요소가 내포된 공사 완성 전의 공사대금채권에 대하여 전부명령을 허용하고 있고,[297] 조합의 잔여재산이 금전으로 남아 있고 더구나 따로 청산절차를 밟을 필요 없이 곧바로 분배청구를 할 수 있는 경우라면, 그와 같은 분배청구권에 대하여도 전부명령이 가능하다고 한다.[298]

(라) 그 밖의 장래의 채권

교육공무원에게 지급할 장래의 봉급은 공무원보수규정(당시는 교육공무원보수규정)에 미리 그 지급조건이 명확하게 되어 있어 교육공무원이 제공하는 근로기간의 경과에 따라 봉급의 지급이 확실시되므로 피전부적격이 있다.[299]

(4) 판례의 태도에 대한 평가[300]

이처럼 판례가 권면액의 개념을 넓게 해석하고 있는 데에는, 기본적으로 전부명령이 확정된 후에 피전부채권이 소멸하거나 부존재한 것으로 판명되더라도 그로 인한 위험을 집행채권자 스스로가 전부명령을 신청할 때 이미 감수하겠다는 의사표시를 한 것으로 볼 수 있으므로, 그에게 그로 인한 위험을 부담시키더라도 크게 부당하지 않다는 점을 고려한 것으로 보인다. 또한, 평등주의를 취하고 있는 우리 법제에서는 가장채권자에 의한 배당요구 등으로 인하여 진정한 채권자가 만족을 얻지 못하게 될 수 있는데, 전부명령을 넓게 허용함으로써 이러한 평등주의의 단점을 보완할 필요가 있다는 점도 고려한 것으로 볼 수 있다.[301]

그러나 그러한 점을 감안하더라도 판례와 같이 조건부 채권, 채권액이 불확정한

296) 대법원 1987. 6. 9. 선고 87다68 판결 등. 임대차보증금 반환채권에 대한 전부명령으로 인한 채무변제의 효력은 그 송달에 의하여 발생하지만, 이 채권은 임대인의 채권이 발생하는 것을 해제조건으로 하는 것이므로 임대인의 채권을 공제한 잔액에 관하여서만 전부명령이 유효하다고 한다. 반면 일본 최고재판소 판례는 임대차보증금 반환채권은 권면액을 인정하기 어려우므로 전부명령의 대상이 될 수 없다고 한다(日最判 1973. 2. 2.).

297) 대법원 1995. 9. 26. 선고 95다4681 판결 참조.

298) 대법원 1995. 2. 24. 선고 94다13749 판결

299) 대법원 1977. 9. 28. 선고 77다1137 전원합의체 판결.

300) 주석 민사집행법(V)(제4판), 한국사법행정학회(2018), 589-590 참조(노재호).

301) 이시윤, 신민사집행법, 박영사(2016), 465.

채권 등에 관하여 거의 무제한적으로 전부명령을 허용함으로써 사실상 권면액의 요건을 불필요한 것으로 취급하고 있는 것은 전부명령 제도의 본래의 취지에는 부합하지 않는 것으로서 문제가 많다는 비판이 있다.[302] 전부명령 제도는 압류된 채권을 집행채권의 변제를 갈음하여 압류채권자에게 이전함으로써 간편한 방법으로 집행채권을 소멸시키는 제도인데, 장래의 불확정한 채권의 경우에는 그 채권의 존부 내지 범위가 불명확하고 그로 인하여 집행채권의 소멸범위 내지 소멸시기가 불명확하게 되어 집행채권자와 채무자 및 제3채무자 사이에 분쟁만을 증가시키는 결과를 가져오기 때문이다.

이에 대하여 채권자평등주의의 예외로 기능하고 있는 전부명령의 효용성을 간과하여서는 안 된다는 점, 전부명령을 받는 채권자 스스로 불확실성으로 인한 위험을 감수하고서라도 전부명령을 받겠다는 것을 굳이 막을 필요가 없다는 점, '채권 발생의 개연성'의 요건을 통해 제3채무자에게 가혹한 불이익을 주는 것을 막을 수 있는 점 등에 비추어, 비록 장래채권에 대하여 폭넓게 전부명령을 인정함으로써 전부명령이 미치는 효력 등과 관련하여 집행법상의 여러 가지 난제가 쌓인다고 하더라도, 장래채권에 관한 전부명령은 폭넓게 허용함이 타당하다고 하는 견해도 있다.[303]

2) 양도 가능할 것

양도할 수 없는 채권은 원칙적으로 압류도 할 수 없다. 따라서 전부명령의 대상이 되기 위해서는 그 채권이 양도할 수 있는 것이어야 한다.[304]

당사자 사이에 양도금지의 특약이 있는 채권이라도 압류 및 전부명령에 따라 이전될 수 있고, 채권양도의 경우(민법 제449조 제2항)와 달리 양도금지의 특약이 있는 사실에 관하여 전부채권자가 선의인지 악의인지 여부는 전부명령의 효력에 영향이 없다.[305] 사인간의 합의에 의하여 강제집행금지재산을 창설할 수는 없고, 전부채권자의 주관적 인식 여하에 따라 압류의 효력이 달라지면 집행절차의 안정성을 해치기 때문이다. 이와 같이 양도금지특약부 채권에 대한 전부명령이 유효한 이상, 그 전부채권자로부터 다시 그 채권을 양수한 자가 그 특약의 존재를 알았거나 중대한 과실로 알지 못하였다고 하더라도 채무자는 위 특약을 근거로 삼아 채권양도의 무효를

302) 윤진수, "전부명령의 요건과 효력", 김기수화갑기념논문집, 박영사(1992), 1039-1040.

303) 이기중, "장래의 채권 등에 관한 전부명령에 있어서 압류경합의 판단기준시기", 판례연구 제7집, 부산판례연구회(1997), 554; 이계정, "장래 채권의 전부명령에 관한 일고찰", 인권과 정의 제388호, 대한변호사협회(2008.12.), 14; 이시윤, 신민사집행법, 박영사(2016), 465.

304) 대법원 2004. 7. 5.자 2004마463 결정.

305) 대법원 1976. 10. 29. 선고 76다1623 판결, 대법원 2002. 8. 27. 선고 2001다71699 판결.

주장할 수 없다.[306]

3) 상계가 금지되는 경우

가) 문제의 소재

원래 집행채권자 자신이 제3채무자로 된 채권이라 하더라도 집행대상으로서 피전부적격이 있음은 물론이고, 이와 같이 집행채권자와 제3채무자가 동일인인 경우에는 그 전부명령의 효력에 따라 집행채권은 피전부채권의 범위에서 소멸하고, 피전부채권도 채권·채무의 혼동의 법리에 의하여 소멸하게 되므로(민법 제507조), 이러한 채권에 대한 전부명령은 결과적으로 상계와 같은 기능을 갖게 된다.

여기서 피전부채권이 특히 상계가 금지된 것인 때에 전부명령을 허용하면 상계를 허용하는 것과 같은 결과가 된다는 점에서, 상계금지채권에 대한 채무자가 그 채권자에 대하여 반대채권의 집행권원을 가지고 있을 경우 자신을 제3채무자로 하여 전부명령을 받을 수 있는지 문제된다.

나) 학설

① 상계금지의 요건에 해당하고, 나아가 그 상계금지의 취지가 공익적인 이유 또는 당사자 간의 이익형량에 의하여 채무의 현실적인 이행을 요구하는 것인 때에는 전부명령을 부정하여야 한다는 견해(제한적 부정설),[307] ② 원래 집행채권자가 채무자에 대하여 금전채무를 부담하면서 반대로 다른 금전채권을 가지는 경우 상계에 의하여 간단히 처리할 수 있으나 상계가 금지된 경우에는 강제집행절차에 의존할 수밖에 없으므로, 특별히 민법 등 법률에서 어떤 채권에 대한 상계를 금지하고 있다 하여 그에 대하여 강제집행에 의한 전부명령까지 금하는 취지로 풀이하는 것은 지나치다고 보아, 상계금지채권에 대하여도 전부명령의 결과 혼동에 의하여 상계되는 것과 같은 결과가 생기게 되는 것은 무방하다고 보는 견해(긍정설)[308] 등이 있다.

---

306) 대법원 2003. 12. 11. 선고 2001다3771 판결.

307) 손흥수, 민사집행실무총서(II) 채권집행, 한국사법행정학회(2017), 406('고의의 불법행위의 가해자가 채권자로서 피해자인 채무자에 대하여 가지는 채권을 집행채권으로 하여 자기에 대한 피해자의 손해배상청구권에 관하여 전부명령을 받는 것은 민법 제496조의 상계금지규정을 잠탈하는 것이므로 허용될 수 없다'); 전원열, "채권자를 제3채무자로 하는 전부명령", 법조 제67권 제2호, 법조협회(2018. 4.), 304-320('상계금지특약이 현실적 이행행위를 약속한 것으로 해석되는 경우, 민법 제496조의 고의의 불법행위로 인한 손해배상채권을 수동채권으로 하는 상계금지, 근로기준법상 임금 전액지급원칙에 따른 상계금지, 신탁법상 상계금지의 경우에는 전부명령을 불허하여야 한다').

308) 이재성, "전부명령에 대하여", 민사재판의 이론과 실제 2권, 법조문화사(1976), 173.

다) 대법원 판례의 태도

판례는 '상계가 금지되는 채권이라고 하더라도 압류금지채권에 해당하지 않는 한 강제집행에 의한 전부명령의 대상이 될 수 있다. 따라서 사용자가 근로자에 대한 집행권원을 가지고 근로자의 자신(사용자)에 대한 임금채권(압류가 금지된 1/2을 제외한 나머지)을 압류하고 전부명령을 받는 것은 허용된다'고 한다.[309)]

사해행위의 수익자가 채권자취소권을 행사하는 채권자에 대하여 가지는 별개의 다른 채권을 집행하기 위하여 취소채권자의 자신(수익자)에 대한 가액배상채권을 압류하고 전부명령을 받는 것도 허용된다.[310)] 수익자가 채권자취소에 따른 원상회복으로서 가액배상을 할 때에 채무자에 대한 채권자라는 이유로 '채무자에 대하여 가지는' 자신의 채권과의 상계를 주장할 수 없는데,[311)] 이것이 '취소채권자에 대한' 자신의 채권으로 상계할 수 없다는 것까지 의미하는 것은 아니므로, 수익자가 취소채권자에 대한 채권을 집행채권으로 하여 취소채권자의 자신(수익자)에 대한 가액배상채권에 관하여 전부명령을 받는 것을 허용한다고 하여 상계금지의 취지에 어긋나는 결과가 발생하는 것은 아니다.[312)]

라) 검토

압류금지채권에 해당하지 않는 한 강제집행에 의한 전부명령의 대상에서 제외할 법적 근거가 없고, 집행채권자가 상계금지채권인 피전부채권의 채무자라고 하여 달리 취급할 근거가 부족하다. 채권자 일방의 의사표시에 의하여 상계를 하는 것과 채권자가 집행권원을 얻어 법원에 의한 강제집행절차를 진행하는 것은 구별되어야 할 문제이다. 채무자 입장에서 보더라도 어차피 다른 채권자에 의한 강제집행이 가능한 이상 이를 허용한다고 하여 불이익이 특별히 더 늘어난다고 할 수 없다. 채권자 자신을 제3채무자로 하는 전부명령에 의하여 상계와 같은 결과가 발생하더라도 이는 전부명령의 성질 및 효력에 의한 것일 뿐 전부명령 자체가 상계와 같은 것은 아니다. 그러므로 당사자의 약정이나 법률에 의하여 상계가 금지되는 경우에도 원칙적으로 채권자 자신을 제3채무자로 하는 전부명령은 허용될 수 있다고 봄이 타당하다.[313)]

다만, 채권자가 채무자로부터 금전채권을 변제받지 못하자 고의의 불법행위를

309) 대법원 1994. 3. 16.자 93마1822, 1823 결정.

310) 대법원 2017. 8. 21.자 2017마499 결정.

311) 대법원 2001. 6. 1. 선고 99다63183 판결 등 참조.

312) 법원실무제요, 민사집행[IV], 법원행정처(2020), 407.

313) 同旨: 주석 민사집행법(V)(제4판), 한국사법행정학회(2018), 593-594(노재호).

저지른 후 자신의 금전채권을 집행채권으로 하여 피해자인 채무자의 자신에 대한 손해배상채권에 관하여 압류 및 전부명령을 받아 손해배상채무를 면하려고 하는 경우에는, 이를 허용하면 보복적 불법행위를 용인하는 결과가 되어 선량한 풍속 기타 사회질서에 위배되므로, 이러한 강제집행의 신청은 소권의 남용으로 허용되지 않고 전부명령이 내려지더라도 그 효력이 인정되지 않는다고 봄이 타당하다.[314)]

4) 타인의 우선권의 목적인 경우

가) 문제의 소재

압류된 채권이 다른 사람의 질권의 목적이거나 다른 저당권자 등의 물상대위의 목적인 경우에 그 우선변제권의 범위에서는 전부명령 자체가 허용되지 않는다고 보아야 하는지 문제된다.

나) 학설

이에 관하여는 ① 장차 우선변제권의 행사 여부나 범위 등에 따라 피전부채권의 존부나 범위가 달라지는 불확정성이 있어 권면액이 있다고 볼 수 없으므로 전부명령이 허용되지 않는다는 견해[315)]와 ② 채권의 존부나 범위가 확정되지 않은 다른 장래의 채권과 마찬가지로 전부명령은 허용되고, 다만 나중에 우선변제권이 실제로 행사될 경우에는 그 범위에서 전부명령의 효력이 소급적으로 소멸된다고 보면 충분하며, 채권자 스스로 편익과 위험을 고려하여 전부명령을 신청한 이상 법원이 애써 전부명령의 효력을 부정할 이유는 없다는 견해[316)]가 있다.

다) 대법원 판례

판례는 타인의 우선권의 목적인 채권에 관하여도 전부명령을 허용한다. 구체적으로 살펴보면, 먼저 저당권자가 물상대위권의 행사로 토지보상금채권에 대하여 채권압류 및 전부명령을 신청하는 경우에, 설령 그 압류 전에 양도 또는 전부명령 등에 의하여 보상금채권이 타인에게 이전된 경우라도 보상금이 직접 지급되거나 보상금지급청구권에 관한 강제집행절차에 있어서 배당요구의 종기에 이르기 전에는 여전히 그 청구권에 대한 추급이 가능하다.[317)] 또한, 질권의 목적인 채권에 대하여 질권설정

314) 주석 민사집행법(V)(제4판), 한국사법행정학회(2018), 594(노재호).

315) 박두환, 민사집행법, 법률서원(2002), 562-564.

316) 최준규, "근질권이 설정된 채권을 다른 채권자가 압류한 경우 발생하는 법적 문제에 관한 고찰", 민사법학 제67호, 한국민사법학회(2014), 177. 특히 피담보채권이 변동하는 근질권의 경우에는 질권의 효력이 미치는 범위를 미리 확정하기 어려우므로 후순위 채권자 입장에서 채권 전체에 대하여 전부명령을 받아 놓을 필요도 있을 수 있다고 한다.

317) 대법원 1998. 9. 22. 선고 98다12812 판결, 대법원 2008. 9. 25. 선고 2008다34668 판결 등

자의 일반채권자의 신청으로 압류·전부명령이 내려진 경우에도 그 명령이 송달된 날보다 먼저 질권자가 확정일자 있는 문서에 의하여 민법 제349조 제1항에서 정한 대항요건을 갖추었다면, 전부채권자는 질권이 설정된 채권을 이전받을 뿐이고 제3채무자는 전부채권자에게 변제하였음을 들어 질권자에게 대항할 수 없다.[318)][319)] 이들 판례는 물상대위권이나 질권의 목적인 채권에 대한 일반채권자의 전부명령이 가능함을 전제로 한 것이다.

그리고 강제집행정지를 위한 보증공탁금 반환청구권에 대하여 강제집행정지명령의 효력이 소멸한 다음에 압류 및 전부명령을 얻어 담보취소신청을 하는 것은 정당하다.[320)]

강제집행의 정지에 관하여 실무상 문제되는 경우로서, 가집행선고가 붙은 판결에 기초한 강제집행에 대하여 채무자가 상소를 제기하면서 민사소송법 제501조에 의하여 강제집행정지신청을 하고 그 담보를 공탁한 경우에, 가집행채권자가 강제집행정지결정의 효력이 소멸하기 전에 위 담보공탁금 회수청구권에 대하여 압류 및 전부명령을 신청하는 사례가 있다. 가집행선고부 판결에 대한 강제집행정지를 위한 보증공탁금 회수청구권도 피전부적격이 인정되므로, 그 채권에 대하여 압류 및 전부명령을

참조.

318) 대법원 2022. 3. 31. 선고 2018다21326 판결("원심은, 원고가 임대차보증금반환채권에 관한 근질권을 설정할 당시 제3채무자인 임대인으로부터 확정일자 있는 승낙을 받았으므로, 그보다 나중에 압류·전부명령을 받은 피고가 임대차보증금을 지급받았더라도 원고는 여전히 임대인에게 임대차보증금의 지급을 청구할 수 있다는 이유를 들어, 피고가 근질권을 침해하여 부당이득을 얻었다는 원고의 주장을 배척하였다. 앞서 본 법리에 비추어 보면 원심의 이러한 판단은 정당하고, 거기에 상고이유 주장과 같이 권리질권의 우선순위에 관한 법리를 오해한 잘못이 없다.")

319) 종래 대법원은 "근질권의 목적이 된 금전채권에 대하여 근질권자가 아닌 제3자의 압류로 강제집행절차가 개시된 경우에, 제3채무자가 그 절차의 전부명령이나 추심명령에 따라 전부금 또는 추심금을 제3자에게 지급하거나 채권자의 경합 등을 사유로 위 금전채권의 채권액을 법원에 공탁하게 되면 그 변제의 효과로서 위 금전채권은 소멸하고 그 결과 바로 또는 그 후의 절차진행에 따라 종국적으로 근질권도 소멸하게 되므로, 근질권자는 위 강제집행절차에 참가하거나 아니면 근질권을 실행하는 방법으로 그 권리를 행사할 것이 요구된다."고 판시한 바 있다(대법원 2009. 10. 15. 선고 2009다43621 판결).
그러나 ① 근질권이 설정된 금전채권에 대하여 전부명령이 있다고 하더라도 근질권이 우선하므로 전부채권자는 근질권이 설정된 채권을 이전받은 것으로 보아야 하고, ② 제3채무자가 근질권자의 동의 없이 채무를 전부채권자에게 변제하는 경우에 근질권자에게 대항할 수 없는 점에 비추어, 위 대법원 2009다43621 판결의 판시는 타당하지 않다. 이에 위 대법원 2022. 3. 31. 선고 2018다21326 판결은 위 대법원 2009다43621 판결의 잘못된 판시를 바로잡은 판결이라고 볼 수 있다[同旨 : 이계정, 2022년 중요판례분석 ⑤ 민법총칙·물권법 편, 법률신문 2023. 3. 27.].

320) 대법원 1982. 9. 23.자 82마556 결정.

얻은 채권자는 다른 특별한 사정이 없는 한 해당 보증공탁금으로부터 집행채권의 만족을 얻을 수 있다.[321)]

라) 검토

다른 사람의 선순위 담보권의 목적인 채권이라 하더라도 그 우선변제권이 반드시 행사되는 것은 아니므로, 담보권자가 그 목적인 채권을 압류하는 등 그 실행에 착수하지 않은 이상 다른 장래의 불확정한 채권과 마찬가지로 전부명령의 대상에서 제외할 것까지는 없을 것으로 생각된다. 이에 대하여 압류가 경합될 경우 전부명령의 효력이 없다면(민사집행법 제229조 제5항) 선순위 담보권이 있는 경우에는 더욱 전부명령의 효력을 인정할 수 없다는 반론이 제기될 수 있으나,[322)] 질권자, 물상대위권자 등 담보권자는 그 목적인 채권이 전부명령에 따라 압류채권자에게 이전한 후에도 채권양도로 이전된 경우와 마찬가지로 담보권의 추급력에 따라 우선변제권을 행사할 수 있으므로(다만 물상대위권의 경우에는 앞서 본 판례와 같이 행사시기에 제한이 있다[323)]), 전부명령을 허용한다고 하여 담보권자의 법적 지위가 침해되는 것도 아니다.[324)] 다만, 다른 사람의 선순위 담보권의 목적인 채권에 대한 전부명령을 허용하는 것은 위와 같이 이를 허용하더라도 담보권자의 법적 지위를 침해할 위험이 없고, 우선변제권의 행사로 인한 위험을 전부채권자가 부담하도록 하여도 무방하기 때문이므로, 만약 목적채권의 성질상 전부명령을 인정하게 되면 선순위 담보권자의 법적 지위를 침해하게 되는 경우에는 예외적으로 피전부적격을 부정함이 타당할 것이다.[325)]

전부명령이 확정된 후 선순위 담보권자가 우선변제권을 행사할 경우 전부채권자의 구제수단에 관하여, 우선변제권이 행사된 범위에서는 민사집행법 제231조 단서를 유추적용하여 전부명령의 효력이 소급적으로 소멸된다고 보고 종전의 집행권원에 기초하여 채무자의 다른 재산에 대하여 다시 강제집행을 할 수 있다는 견해도 있으

321) 대법원 1996. 11. 25.자 95마601, 602 결정.

322) 이형범, "채권질권의 실행방법 및 관련 문제에 대한 비판적 고찰", 사법논집 제55집, 법원도서관(2012), 422는 채권질권이 확정일자 있는 증서에 의하여 대항요건이 갖추어지면 채권압류에 준하는 효력이 발생한다고 주장하면서 민사집행법 제229조 제5항이 적용될 수 있다고 한다.

323) 대법원 2003. 3. 28. 선고 2002다13539 판결 등은, 물상대위권자로서의 권리행사의 방법과 시한을 위와 같이 제한하는 취지는 물상대위의 목적인 채권의 특정성을 유지하여 그 효력을 보전하고 평등배당을 기대한 다른 일반 채권자의 신뢰를 보호하는 등 제3자에게 불측의 손해를 입히지 않음과 동시에 집행절차의 안정과 신속을 꾀하고자 함에 있다고 한다.

324) 최준규, "근질권이 설정된 채권을 다른 채권자가 압류한 경우 발생하는 법적 문제에 관한 고찰", 민사법학 제67호, 한국민사법학회(2014), 178-179.

325) 손흥수, 민사집행실무총서(II) 채권집행, 한국사법행정학회(2017), 405; 주석 민사집행법(V)(제4판), 한국사법행정학회(2018), 596(노재호).

나,[326] 피전부채권이 장래의 불확정한 채권인 경우와 달리 다른 사람의 선순위 담보권의 목적인 채권인 경우에는 피전부채권은 당초의 내용대로 의연히 존재하고 담보권의 추급력에 따라 전부채권자가 전부받은 채권으로 채무자의 피담보채무를 변제한 결과가 되는 것이므로, 전부채권자는 채무자에게 부당이득의 반환을 청구하는 방법으로 구제를 받아야 한다고 해석하는 것이 타당하다.[327]

5) 기타

판례는 변제공탁 및 담보공탁에서 공탁물 회수청구권에 대한 압류 및 전부명령을 인정하고 있고,[328] 공탁규칙도 공탁물 회수청구권에 대한 강제집행이나 체납처분이 가능함을 전제로 한 규정을 두고 있다(공탁규칙 제34조 제1호 단서 다목 참조).

다. 피전부채권에 대하여 다른 채권자의 압류, 가압류의 경합이나 배당요구가 없을 것

1) 의의

전부명령은 실질적으로 피압류채권을 압류채권자에게 이전시킴으로써 그에게 독점적인 만족을 주는 제도이므로, 다른 채권자에 의한 압류나 가압류가 경합되거나 배당요구(교부청구도 같다)가 있을 경우에는 그러한 경합채권자를 배제하고 압류채권자에게만 독점적 만족을 주는 것은 민사집행법상의 채권자평등주의 원칙에 어긋난다. 따라서 전부명령이 제3채무자에게 송달될 때까지 그 금전채권에 관하여 다른 채권자가 압류·가압류 또는 배당요구를 한 때에는 전부명령은 효력을 가지지 않는다(민사집행법 제229조 제5항).

2) 기준시점

압류 등의 경합이 있었는지 여부를 결정하는 기준시점은 전부명령이 제3채무자에게 송달된 때이다.[329] 이러한 법리는 피압류채권이 장래에 발생하는 조건부 채권 또는 불확정채권이라고 하더라도 다를 바 없다.[330]

채권가압류가 있는 경우에 채권자가 가압류신청을 취하하면 가압류결정은 그로

326) 최준규, “근질권이 설정된 채권을 다른 채권자가 압류한 경우 발생하는 법적 문제에 관한 고찰”, 민사법학 제67호, 한국민사법학회(2014), 179-180.

327) 日最判 2000. 4. 7; 주석 민사집행법(V)(제4판), 한국사법행정학회(2018), 597(노재호).

328) 대법원 1973. 12. 22.자 73마360 결정, 대법원 1981. 2. 10. 선고 80다77 판결, 대법원 1984. 6. 26.자 84마13 결정.

329) 대법원 1995. 9. 26. 선고 95다4681 판결.

330) 대법원 1998. 8. 21. 선고 98다15439 판결, 대법원 2000. 10. 6. 선고 2000다31526 판결 등.

써 효력이 소멸하지만, 채권가압류결정 정본이 제3채무자에게 이미 송달되어 가압류 결정이 집행되었다면 그 취하통지서가 제3채무자에게 송달되었을 때 비로소 가압류 집행의 효력이 장래를 향하여 소멸한다. 이러한 법리는 그 취하통지서가 제3채무자에게 송달되기 전에 제3채무자가 집행법원 법원사무관등의 통지에 의하지 않은 다른 방법으로 가압류신청 취하 사실을 알게 된 경우에도 마찬가지이다.[331] 위와 같은 경우에 가압류신청 취하통지서가 제3채무자에게 아직 송달되기 전에 전부명령이 제3채무자에게 먼저 송달되었다면, 위 전부명령은 다른 채권자의 가압류가 경합한 상태에서 송달된 것이 된다.[332]

3) 다른 채권자의 압류·가압류 또는 배당요구

가) 동일한 채권에 대하여 중복하여 압류 등이 있다고 하더라도 그 압류 등의 효력이 미치는 범위가 채권의 각 일부에 국한되고, 이를 합산하더라도 총 채권액에 미치지 않을 때에는 여기서 말하는 압류의 경합이 있다고 할 수 없고, 이 경우에는 채권의 일부에 관하여 발령된 전부명령은 유효하다.[333]

나) 구체적으로 압류의 경합이 어느 범위에서 생기는지에 관하여는 민사집행법 제235조가 규정하고 있다. 즉, 채권의 일부가 압류된 후에 그 나머지 부분을 초과하여 다시 압류명령이 내려진 때에는 각 압류의 효력은 그 채권 전부에 미치고, 채권의 전부가 압류된 후에 그 채권의 일부에 대하여 다시 압류명령이 내려진 때 그 압류의 효력도 그 채권 전부에 미친다. 이와 같이 진정한 압류 경합이 있는 경우 그 채권의 전부 또는 일부에 대하여 발령된 전부명령은 무효이다.

그러나 우선권 있는 채권에 기초한 체납처분에 의한 압류와 경합하는 경우에는 압류의 효력 확장에 관한 민사집행법 제235조가 적용되지 않는다. 피압류채권의 일부에 대하여 체납처분에 의한 압류가 있은 후 그 나머지 부분을 초과하여 민사집행법에 의한 압류 및 전부명령이 있는 경우에, 체납처분에 의한 압류는 제3채무자에게 채무자에 대한 지급을 금지하고 채무자에게 채권의 처분과 영수를 금지하는 효력을 가지는 것으로서, 민사집행절차에서 압류명령을 받은 채권자의 전속적인 만족을 배제하고 배당절차를 거치도록 하는 민사집행법 제229조 제5항의 '다른 채권자의 압류'에 해당하므로,[334] 그러한 전부명령은 위 각 압류가 중첩되는 부분에 관하여는 무효

331) 대법원 2008. 1. 17. 선고 2007다73826 판결.
332) 법원실무제요, 민사집행[IV], 법원행정처(2020), 409.
333) 대법원 1979. 6. 5. 선고 79다715 판결, 대법원 2002. 7. 26. 선고 2001다68839 판결 등 참조.
334) 대법원 2015. 8. 27. 선고 2013다203833 판결.

이나, 체납처분에 의한 압류의 효력이 피압류채권의 전액으로 확장되는 것은 아니어서, 위 전부명령은 위 각 압류가 중첩되지 않는 나머지 부분(위 체납처분에 의한 압류의 효력이 미치지 않는 부분)에 관하여는 유효하다.[335] 가령 피압류채권(100만 원) 중 일부(70만 원)에 대하여 체납처분에 의한 압류가 있은 후에 나머지 부분(30만 원)을 초과하여 민사집행법에 의한 압류 및 전부명령(50만 원)이 있는 경우에, 위 전부명령은 위 각 압류가 중첩되는 부분(20만 원)에 관하여는 무효이나, 나머지 부분(30만 원)에 관하여는 유효하다.[336]

다) 일단 전부명령을 할 수 없는 압류의 경합, 즉 각 압류명령의 청구금액을 합산한 액수와 압류금액을 합산한 액수가 모두 압류의 대상인 채권의 액수보다 많은 상태가 발생한 후에는, 어느 압류채권자가 압류의 경합을 피할 요량으로 압류한 채권액 중 일부에 관하여만 전부명령을 받더라도 전부명령은 무효라고 보아야 한다. 가령 120만 원의 압류대상채권에 대하여 甲이 100만 원의 압류 및 추심명령(청구금액 100만 원)을 받고 乙이 50만 원의 압류 및 추심명령(청구금액 50만 원)을 받은 후 甲이 다시 70만 원에 대하여만 전부명령을 신청하여 받은 경우, 전부명령을 받은 범위만을 기준으로 압류의 경합 여부를 따져서 전부명령이 유효하다고 보게 되면, 그 후 甲이 잔여채권(30만 원)으로 나머지 압류 부분에 관하여 추심채권자의 지위에서 乙과 함께 배당을 받을 수 있기 때문에 결국 다른 채권자인 乙의 이익을 해치고 채권자평등주의 원칙에 어긋나는 문제가 발생하게 된다.[337] 따라서 일단 압류의 경합이 발생한 후에는 어느 압류채권자가 압류한 채권액 중 일부에 관하여만 전부명령을 받은 경우에도, 전부명령을 받은 범위가 아닌, 압류금액 전액을 기준으로 압류의 경합 여부를 따져야 한다.[338]

라) 외형상 압류 등이 경합하지만 전부채권자가 경합하는 채권자에 대하여 실체법상 우선변제권이 있는 경우

저당목적물의 변형물인 금전 기타 물건에 대하여 일반채권자가 물상대위권을 행

---

335) 대법원 1991. 10. 11. 선고 91다12233 판결 참조.

336) 법원실무제요, 민사집행[IV], 법원행정처(2020), 410.

337) 원래는 집행대상인 120만 원을 甲과 乙이 채권액의 비율에 따라 각각 80만 원, 40만 원 배당을 받아야 하는데, 甲의 전부명령이 유효라고 가정하면 전부명령이 없는 50만 원을 甲과 乙이 각각 18.75만 원(=50×3/8), 31.25만 원(=50×5/8) 배당을 받게 되어 결국 甲이 88.75만 원(=18.75+70), 乙이 31.25만 원 만족을 얻게 되는 결과가 된다.

338) 서울중앙지방법원 2015. 3. 19.자 2014라1396 결정(미간행) 참조; 주석 민사집행법(V)(제4판), 한국사법행정학회(2018), 599-600(노재호).

사하려는 저당채권자보다 단순히 먼저 압류나 가압류의 집행을 함에 지나지 않은 경우에는, 저당권자는 그 전은 물론 후에도 목적채권에 대하여 물상대위권을 행사하여 일반채권자보다 우선변제를 받을 수 있다. 따라서 저당권이 설정된 전세권의 존속기간이 만료된 경우에 전세권부 근저당권자가 저당권의 목적물인 전세권에 갈음하여 존속하는 것으로 볼 수 있는 전세금반환채권에 대하여 우선권 있는 채권에 기하여 전부명령을 받은 경우에는 형식상 압류가 경합되었다 하더라도 그 전부명령은 유효하다.[339)]

그러나 저당권에 기초한 물상대위권을 갖는 채권자가 동시에 집행권원을 가지고 있으면서 집행권원에 의한 강제집행의 방법을 선택하여 채권의 압류·전부명령을 얻은 경우에는, 비록 그가 물상대위권을 갖는 실체법상의 우선권자라 하더라도, 원래 일반 집행권원에 의한 강제집행절차와 담보권의 실행절차는 그 개시요건이 다를 뿐만 아니라 다수의 이해관계인이 관여하는 집행절차의 안정과 평등배당을 기대한 다른 일반채권자의 신뢰를 보호할 필요가 있는 점에 비추어, 압류가 경합된 상태에서 발령된 전부명령은 무효로 볼 수밖에 없다.[340)]

마) 다른 전부명령 또는 채권양도통지가 동시 도달한 경우

동일한 채권에 관하여 두 개 이상의 채권압류 및 전부명령이 발령되어 제3채무자에게 동시에 송달된 경우 해당 전부명령이 압류가 경합된 상태에서 발령된 전부명령으로서 무효인지의 여부는 그 각 채권압류명령의 압류액을 합한 금액이 피압류채권액을 초과하는가를 기준으로 판단하여야 하고, 이는 동일한 채권에 관하여 확정일자 있는 채권양도통지가 그 각 채권압류 및 전부명령 정본과 함께 제3채무자에게 동시에 송달되어 채권양수인과 전부채권자들 상호 간에 우열이 없게 된 경우에도 마찬가지이므로, 해당 전부명령의 무효 여부를 판단함에 있어 압류액에 채권양도의 대상이 된 금액을 합산하여 피압류채권액과 비교하거나, 피압류채권액에서 채권양도의 대상이 된 금액 부분을 공제하고 나머지 부분만을 압류액의 합계와 비교할 것은 아니다.[341)]

예컨대 채무자의 제3채무자에 대한 100만 원의 채권에 대하여 채권양수인 A(50만 원)에 대한 확정일자 있는 채권양도통지와 채권자 B(40만 원), 채권자 C(30만 원)의 각 압류 및 전부명령이 제3채무자에게 동시에 도달한 경우, B, C의 각 전부명령은 압류금액의 합계가 피압류채권의 액수를 초과하지 않으므로 모두 유효하고, A

339) 대법원 2008. 12. 24. 선고 2008다65396 판결.
340) 대법원 1990. 12. 26. 선고 90다카24816 판결.
341) 대법원 2002. 7. 26. 선고 2001다68839 판결.

의 채권양도도 유효하므로, 제3채무자를 상대로 A는 채권양수금을, B, C는 각 전부금의 이행을 청구할 수 있다. 이 경우 제3채무자는 '송달의 선후가 불명하여 변제자인 제3채무자가 채권자 중 누구에게 변제하여야 하는지 알 수 없는 경우'에 준한다는 점에서 민법 487조 후단의 채권자 불확지를 원인으로 한 변제공탁의 사유가 생긴 것으로 볼 수 있고,[342], 전부명령이 확정되기 전이라면 민사집행법 제248조 제1항에 의한 공탁의 사유 또한 생긴 것이 되므로, 제3채무자는 위와 같은 사유를 들어 채권자 불확지 변제공탁과 민사집행법 제248조 제1항에 의한 공탁을 합한 혼합공탁을 할 수 있다.[343]

바) 공동압류의 경우

여러 명의 채권자가 처음부터 공동하여 동일한 채권에 관하여 한 개의 신청으로 압류명령을 신청한 경우에는 한 개의 압류명령의 발령 및 송달로써 채권자들 전원을 위한 압류가 행하여지는데, 이를 공동압류라 한다. 이처럼 여러 채권자에 의하여 공동압류가 행하여진 경우에 피압류채권액이 각 채권자의 집행채권을 모두 만족시켜 줄 수 있는 경우에는 각 그 일부에 관하여 전부명령을 얻을 수 있고, 나아가 집행채권의 총액이 집행의 목적인 채권액을 초과하더라도 각 채권자에 대한 분할비율을 명시하는 방법에 의하여 전부할 수 있으므로, 공동으로 전부명령을 얻을 수 있다.[344]

반면, 복수의 채권자가 공동신청인으로서 하나의 압류 및 전부명령을 신청하여 그에 따른 하나의 압류 및 전부명령이 발하여지고 그것이 제3채무자에게 송달된 경우에도, 그 실질은 각 채권자별로 복수의 압류 및 전부명령을 받은 것이 되고 그 복수의 채권자가 단일한 채권자가 되는 것은 아니므로, 이들 채권자의 각 압류금액을 합한 금액이 피압류채권액 전체를 초과한다면 당해 전부명령은 모두 채권의 압류가 경합된 상태에서 발령된 것으로서 무효가 된다는 견해도 있다.[345]

사) 같은 채권자의 다른 채권에 의한 압류 등이 경합하는 경우

동일한 채권에 대하여 같은 채권자가 다른 집행채권으로 압류·가압류 또는 배당

342) 대법원 1994. 4. 26. 선고 93다24223 전원합의체 판결 참조.

343) 대법원 2005. 5. 26. 선고 2003다12311 판결, 대법원 2013. 4. 26. 선고 2009다89436 판결 등 참조.

344) 법원실무제요, 민사집행[IV], 법원행정처(2020), 412; 조정래, "채권에 대한 강제집행에 있어서의 다수채권자의 경합", 재판자료 제35집, 법원행정처(1987), 443; 윤진수, "전부명령의 요건과 효력", 김기수화갑기념논문집, 박영사(1992), 1042.

345) 부산고등법원 2017. 1. 12. 선고 (창원)2016나23253 판결; 유형웅, "채권에 대한 공동압류·추심명령의 법률관계", 민사집행법연구(한국민사집행법학회지) 제14권, 한국사법행정학회(2018), 305-307.

요구를 한 경우에도 전부명령이 금지되는지 문제된다. 예를 들어 같은 채권자가 A채권으로 가압류를 한 후 B채권으로 압류 및 전부명령을 얻은 경우 그 효력이 어떠한가 하는 점이다.

민사집행법 제229조 제5항은 전부명령이 금지되는 경우로 '다른 채권자'가 압류·가압류 또는 배당요구를 한 경우라고 명시적으로 규정하고 있고, 채권자가 동일한 경우에는 전부명령을 허용하더라도 실질적으로 채권자평등주의에 어긋나지 않는다고 볼 수 있다는 점 등을 고려하여 전부명령이 허용된다는 견해도 있다.[346]

그러나 민사집행법 제235조는 채권자가 동일한 경우를 배제하고 있지 않고, 민사집행법 제235조에 의한 압류범위의 확장 효과나 전부명령의 금지와 같은 효과는 채권자가 동일하다 하더라도 부정할 수 없으므로 일률적으로 경합이 있는 것으로 취급함이 타당하다.[347] 하급심 판결례 중에는 "민사집행법 제229조 제5항의 '다른 채권자'를 문언 그대로 새겨 채권자가 동일한 경우는 포함하지 않는 것으로 보게 되면, 특히 금전채권에 관하여 수인의 채권자가 있고 그 중 1인이 먼저 금전채권을 압류 또는 가압류한 경우에 있어서 그 압류·가압류채권자가 다른 채권에 기하여 전부명령을 받은 때에는 그 전부명령이 효력이 있고 다른 채권자가 전부명령을 받은 때에는 그 전부명령이 효력이 없는 것이 되어 채권자평등주의 원칙에 어긋나는 결과를 초래하게 되는 점에 비추어 볼 때, 위 규정의 '다른 채권자'는 '다른 채권을 가지는 자'를 의미하는 것으로 봄이 상당하다."라는 이유로 전부명령이 제3채무자에게 송달되기 전에 동일한 채권자의 다른 채권에 기초한 가압류가 행해진 경우에도 전부명령은 효력이 없다고 판단한 것이 있다.[348]

'공탁관의 사유신고에 관한 업무처리지침'(행정예규 제1094호) 1. 가.항은 '동일한 채권자가 서로 다른 채권에 기초하여 압류를 한 후 다시 압류(또는 가압류)를 한 경우에도 채권자 경합이 있는 것으로 본다'고 정하고 있다.

아) 압류된 채권이 장래의 채권인 경우

(1) 장래의 불확정채권에 대하여 압류가 중복된 상태에서 전부명령이 내려진 경우 압류의 경합으로 인하여 전부명령이 무효가 되는지 여부는, 나중에 확정된 피압류채권액을 기준으로 판단할 것이 아니라 전부명령이 제3채무자에게 송달된 당시의 계약상의 피압류채권액을 기준으로 판단하여야 한다.[349] 채권액의 확정에 불확실한 요

346) 손흥수, 민사집행실무총서(II) 채권집행, 한국사법행정학회(2017), 830.
347) 윤진수, "압류의 경합", 재판자료 제71집, 법원행정처(1996), 345 참조.
348) 춘천지방법원 강릉지원 2006. 12. 29.자 2005라14 결정(재항고 없이 확정).

소가 내포된 공사 완성 전의 공사대금 채권에 대하여 전부명령이 내려진 경우가 그 예이다.[350)]

장래의 불확정채권과 같이 전부명령 송달 당시 피압류채권의 발생 원인이 되는 계약에 그 채권액이 정해지지 않아 그 채권액을 알 수 없는 경우에는, 그 계약의 체결 경위와 내용 및 그 이행 경과, 그 계약에 기하여 가까운 장래에 채권이 발생할 가능성 및 그 채권의 성격과 내용 등 제반 사정을 종합하여 그 계약에 의하여 장래 발생할 것이 상당히 기대되는 채권액을 산정한 후 이를 그 계약상의 피압류채권액으로 봄이 타당하다.[351)]

(2) 전부명령이 제3채무자에게 송달된 시점에서는 피압류채권의 권면액이 경합하는 채권자들의 압류금액 합계를 초과하여 전부명령이 유효하였으나 나중에 확정된 피압류채권의 실제 액수는 이에 미달하게 된 경우 전부명령의 효력범위가 문제된다.

가령 채무자의 제3채무자에 대한 1,500만 원의 공사완성 전 공사대금채권에 대하여 채권자 A가 900만 원의 채권을 가지고 가압류를 한 이후에 다른 채권자 B가 300만 원의 채권을 가지고 압류 및 전부명령을 얻었는데 나중에 건물의 하자 등을 이유로 공사대금채권이 1,000만 원에 불과한 것으로 정산된 경우에, ① B의 전부명령은 실제 공사대금채권 중 A의 가압류의 효력이 미치는 900만 원을 제외한 나머지 100만 원 범위에서 효력이 있다는 견해(경합채권자 우선설)와 ② 실제 공사대금채권을 A와 B에게 각 채권액의 비율로 안분하여 B의 전부명령은 250만 원[= 1,000만 원 × 300/(300+900)] 범위에서 효력이 있다는 견해(안분설)가 있다. 생각건대, 장래의 채권에 대한 전부명령의 경우 전부채권자는 피압류채권의 액수의 불확정성으로 인한 위험을 스스로 감수하고 전부명령을 받은 것으로 보아야 하므로 전자의 견해가 타당하다.[352)] 이 경우 전부채권자는 피압류채권이 일부 존재하지 않아 집행채권이 그 범위에서 소멸하지 않았음을 증명하여 집행력 있는 정본을 다시 받아 새로운 강제집행을 하는 방법으로 구제를 받아야 한다.[353)]

(3) 장래의 채권에 관하여 압류 및 전부명령이 확정되면 그 부분 피압류채권은 이미 전부채권자에게 이전된 것이므로, 그 이후 동일한 장래의 채권에 관하여 다시

349) 대법원 1998. 8. 21. 선고 98다15439 판결.

350) 대법원 1995. 9. 26. 선고 95다4681 판결, 대법원 2010. 5. 13. 선고 2009다98980 판결.

351) 대법원 2010. 5. 13. 선고 2009다98980 판결.

352) 同旨: 주석 민사집행법(V)(제4판), 한국사법행정학회(2018), 604(노재호). 이에 관하여 보다 상세한 내용은 손흥수, 민사집행실무총서(II) 채권집행, 한국사법행정학회(2017), 831 참조.

353) 대법원 1999. 4. 28.자 99그21 결정 참조.

압류 및 전부명령이 발하여졌다고 하더라도 압류의 경합은 생기지 않고, 다만 장래의 채권 중 선행 전부채권자에게 이전된 부분을 제외한 나머지 중 해당 부분 피압류채권이 후행 전부채권자에게 이전될 뿐이다.[354)]

가령 A가 2018. 2. 20. 甲의 乙에 대한 2018. 3월분부터의 매월 500만 원의 차임채권 중 청구금액 2,000만 원에 달할 때까지의 부분에 대하여 압류 및 전부명령을 받아 확정되고, 이어서 B가 2018. 3. 20. 甲의 乙에 대한 2018. 4월분부터의 매월 500만 원의 차임채권 중 청구금액 3,000만 원에 달할 때까지의 부분에 대하여 압류 및 전부명령을 받아 확정된 경우, A의 압류 및 전부명령에 의하여 甲의 乙에 대한 2018. 3~6월분 차임채권(합계 2,000만 원)이 이미 A에게 이전하였으므로, 그 후 B의 압류 및 전부명령은 압류가 경합된 상태에서 내려졌다고 할 수 없다. 따라서 B의 압류 및 전부명령은 유효하고, 이로써 甲의 乙에 대한 2018. 4월분부터의 차임채권 중 A에게 이전된 부분을 제외한 나머지 중 B의 청구금액에 달할 때까지의 부분(2018. 7~12월분)이 B에게 이전된다.[355)]

자) 채권자대위소송의 채무자에 대한 통지 등

채권자대위소송이 제기되고 대위채권자가 채무자에게 대위권 행사 사실을 통지하거나 채무자가 이를 알게 된 이후에는 민사집행법 제229조 제5항이 유추적용되어, 피대위채권에 대한 전부명령은 우선권 있는 채권에 기초한 것이라는 등의 특별한 사정이 없는 한 무효라고 보아야 한다는 것이 판례의 입장이다.[356)]

판례가 들고 있는 근거는 다음과 같다. ① 채권자대위의 소가 제기되고 대위채권자가 채무자에게 대위권 행사 사실을 통지하거나 채무자가 이를 알게 되면, 민법 제405조 제2항에 따라 채무자는 피대위채권을 양도하거나 포기하는 등 채권자의 대위권 행사를 방해하는 처분행위를 할 수 없게 되고, 이러한 효력은 제3채무자에게도 그대로 미치게 된다. ② 그럼에도 그 이후 대위채권자와 평등한 지위를 가지는 채무자의 다른 채권자가 피대위채권에 대하여 전부명령을 받는 것도 가능하다고 하면, 채권자대위의 소제기가 채권자의 적법한 권리행사방법 중 하나이고 채무자에게 속한 채권을 추심한다는 점에서 추심소송과 공통점도 있음에도 그것이 무익한 절차에 불과하게 된다. ③ 뿐만 아니라 대위채권자가 압류·가압류나 배당요구의 방법을 통하여 채권배당절차에 참여할 기회조차 가지지 못하게 한 채 전부명령을 받은 채권자가 대

354) 대법원 2004. 9. 23. 선고 2004다29354 판결, 대법원 2019. 8. 21.자 2018마804 결정.
355) 주석 민사집행법(V)(제4판), 한국사법행정학회(2018), 605(노재호).
356) 대법원 2016. 8. 29. 선고 2015다236547 판결.

위채권자를 배제하고 전속적인 만족을 얻는 결과가 되어, 채권자대위권의 실질적 효과를 확보하고자 하는 민법 제405조 제2항의 취지에 반하게 된다.[357)]

이러한 판례의 태도에 따르면, 채권자대위의 소가 제기되고 대위채권자가 채무자에게 대위권 행사 사실을 통지하거나 채무자가 이를 알게 된 이후에는 압류채권자는 전부명령을 얻을 수는 없고 추심명령을 얻어 추심을 하여야 할 것이다. 다만, 채권자대위권을 소송 외에서 행사한 경우에는 순수한 사적인 권리행사에 해당하여 '압류·가압류 또는 배당요구'라는 집행법원에 대한 행위와 동등하게 볼 수 없고, 제3채무자 등이 전부명령을 무효화시키기 위하여 이를 악용하는 등 집행절차의 불안요소로 작용할 수 있으므로, 대위채권자가 채무자에게 대위권 행사 사실을 통지하거나 채무자가 이를 알게 된 이후에도 전부명령의 무효사유에 해당하지 않는다고 봄이 타당하다.[358)]

판례의 태도는 다수 채권자 사이의 평등을 구현하고 채권자대위제도와 민사집행제도의 조화로운 공존을 모색한 방안으로 평가되나,[359)] 이와 달리 다음과 같은 이유로 민사집행법 제229조 제5항의 유추적용을 부정하여야 한다는 비판도 유력하다.[360)] 첫째, 채권자대위권 행사는 집행법상 의미를 가지는 권리행사라고 보기 어려우므로 채권자대위권 행사에 관하여 압류의 경합에 관한 민사집행법 제229조 제5항을 유추적용하는 것은 타당하지 않다. 둘째, 집행절차의 안정성을 도모하기 위해서는 전부명

357) 이재찬, "채권자대위소송과 민사집행법상 금전채권에 대한 강제집행제도의 선후관계에 관한 연구", 사법논집 제63집, 법원도서관(2016), 176-180은, 이른바 직접지급형 채권자대위의 소를 제기한 채권자의 지위는 추심의 소를 제기한 추심채권자의 지위에 준한다고 하면서 판례의 태도를 지지한다. 또한, 범선윤, "채권자대위권의 행사와 채권압류 · 전부명령의 경합", 민사판례연구 제40권, 박영사(2018), 323-327도, 판례가 인정한 채권자대위권의 추심기능을 존중하여 사안에 따라서는 대위채권자도 압류채권자와 같은 정도로 보호해줄 수 있다는 등의 이유로 판례의 태도를 지지한다. 한편 양형우, "채권자대위권의 행사에 의한 처분제한과 대위채권자의 제3채무자에 대한 추심권능 내지 변제수령권한에 대한 압류명령 등의 효력", 홍익법학 제19권 제2호, 홍익대학교 법학연구소(2018), 499-528은, 전부명령에 의하여 압류채권자는 민법상 채권양도와 마찬가지로 피압류채권인 채무자의 제3채무자에 대한 채권에 관하여 채권자로서의 지위를 승계하므로, 전부명령은 채권양도와 마찬가지로 민법 제405조 제2항에 의해 금지되는 처분행위에 해당하는 것으로 볼 수 있다고 한다.

358) 범선윤, "채권자대위권의 행사와 채권압류 · 전부명령의 경합", 민사판례연구 제40권, 박영사(2018), 325-326; 주석 민사집행법(V)(제4판), 한국사법행정학회(2018), 606(노재호).

359) 이원, "채권자대위소송과 금전채권에 대한 집행의 경합", 법학평론 제8권, 서울대학교 법학평론 편집위원회(2018), 122-173.

360) 문영화, "채권자대위권의 행사에 의한 처분제한과 피대위채권에 대한 전부명령의 효력", 한국민사소송법학회지 제21권 제1호, 민사소송법학회(2017), 339-393; 이계정, "채권자대위권의 행사와 전부명령의 효력", 법조 제67권, 법조협회(2018. 4.), 581-629.

령의 무효 여부는 객관적인 기준에 의하여 판단을 하여야 하는데, 채무자의 주관적 인식을 기준으로 전부명령의 무효를 판단하도록 하는 것은 집행절차의 안정을 해하는 해석이다. 셋째, 채권자대위권은 기본적으로 강제집행 준비의 기능을 하는 것이지 그 자체가 집행의 기능을 하는 것은 아니므로, 채권자대위권 행사와 집행법이 충돌할 때에는 이미 완비된 체계를 가지고 있는 집행법에 따르는 것이 기본적으로 타당하다. 넷째, 대위채권자의 대위권 행사는 제3채무자의 채무자에 대한 변제에 의하여 언제든지 무익한 절차로 귀결될 수 있는 것으로 보호의 가치가 크지 않다. 그리고 대위채권자는 피대위채권에 대한 가압류·압류가 충분히 가능한 상황임에도 스스로 이를 하지 않고 채권자대위권을 행사한 것인데, 할 수 있었던 가압류·압류를 하지 않음으로써 배당절차에서 배제되는 불이익은 스스로 감수하여야 한다. 그럼에도 불구하고 대위채권자를 보호하고자 전부명령의 효력을 부인하는 것은 이익형량 판단을 그르친 것이다. 다섯째, 금전채권에 대한 채권자대위권 행사에 의한 채권자의 채권회수기능은 제한적으로 해석하여야 한다.

4) 압류 등의 경합에도 불구하고 발령된 전부명령의 효력

전부명령이 제3채무자에게 송달될 당시에 압류 등의 경합이 있으면 그 전부명령은 무효이고, 후에 경합된 압류나 가압류 또는 배당요구 등의 효력이 소멸된다고 하더라도 그 전부명령의 효력이 되살아나는 것은 아니다.[361] 다만 다시 전부명령을 신청하는 것은 무방하다.[362]

전부명령이 압류의 경합 등으로 인하여 무효가 되는 경우에 그 전부명령의 기초가 되었던 압류명령까지 무효가 되는 것은 아니므로, 무효인 전부명령을 얻었던 압류채권자는 위의 압류명령에 기초하여 추심명령을 얻을 수 있다.[363]

라. 전부명령의 무효와 제3채무자의 변제

1) 전부명령이 그 요건을 갖추지 못하여 무효인 경우 제3채무자는 이를 이유로 하여 전부명령을 얻은 채권자의 이행청구를 거부할 수 있다.

무효인 전부명령을 취득한 자는 원칙적으로 민법 제470조의 '채권의 준점유자'에 해당한다.[364] 그리고 전부명령이 압류 등의 경합으로 인하여 무효인 경우에도 제

361) 대법원 2001. 10. 12. 선고 2000다19373 판결, 대법원 2008. 1. 17. 선고 2007다73826 판결 등.
362) 법원실무제요, 민사집행[IV], 법원행정처(2020), 414.
363) 대법원 1976. 9. 28. 선고 76다1145, 1146 판결.
364) 대법원 1977. 5. 24. 선고 77다309 판결.

3채무자가 무효인 전부명령에 의한 전부채권자에게 그 전부금을 변제하였다면 제3 채무자가 선의(善意)·무과실(無過失)인 때에는 채권의 준점유자에 대한 변제로서 유효하다.[365]

2) 문제는 어떤 경우에 제3채무자의 선의·무과실을 인정할 수 있는가 하는 점인데, 특히 압류 등의 경합으로 전부명령이 무효인 경우에 주로 문제된다. 판례는 압류 등의 경합으로 전부명령이 무효인 사안에서, 무효인 전부명령에 의한 전부채권자에 대한 변제는 선의·무과실에 의한 것이라는 일반론을 설시하면서도,[366] 실제로는 변제를 한 제3채무자에게 과실이 있었다고 인정하여 유효한 변제가 아닌 것으로 본 경우가 많다.[367]

반면 채무자가 제3채무자에 대하여 가지고 있던 채권에 관하여 제3자 앞으로 대항요건을 갖춘 채권양도가 이루어진 후 채무자가 양수인의 승낙 없이 임의로 제3채무자에게 채권양도 철회의 통지를 한 상태에서 채무자에 대한 채권자가 위 채권에 대하여 채권압류 및 전부명령을 받고 이어 전부금소송에서 제3채무자가 패소판결을 받고 전부채권자에게 그 돈을 지급한 사안에서는 제3채무자에게 과실이 있다고 볼 수 없어 유효한 변제라고 보기도 하였다.[368]

학설상으로는 이와 같이 압류 등의 경합으로 전부명령이 무효인 경우에 관하여, ① 제3채무자가 채권에 대한 강제집행절차의 해석을 몰랐다고 하여 과실이 있다고 하는 것은 가혹하므로, 과실이 없었던 것으로 인정함이 타당하다는 견해, ② 여러 가지 사정을 고려하여 특별한 사정이 있는 경우에 채권의 준점유자에 대한 변제로서 제3채무자의 면책을 인정하여야 할 것이라는 견해, ③ 채권자의 경합이 있는 경우 전부명령이 무효라는 것은 현재 법률상식으로 되었으므로 이 경우 변제를 한 제3채무자에게 적어도 과실은 인정되어 그의 면책을 인정할 여지는 없다는 견해 등이 있다.[369]

실무상 전부명령을 할 때 결정문 말미에 "전부명령이 제3채무자에게 송달될 때까지 다른 채권자가 압류, 가압류 또는 배당요구를 한 때에는 전부명령은 효력이 없습니다."라는 안내 문구를 덧붙여 적고 있고, 제3채무자로서는 배당요구나 압류의 경합과

365) 대법원 1980. 9. 30. 선고 78다1292 판결, 대법원 1988. 8. 23. 선고 87다카546 판결, 대법원 1995. 4. 7. 선고 94다59868 판결.

366) 대법원 1987. 12. 22. 선고 87다카2015 판결.

367) 대법원 1980. 9. 30. 선고 78다1292 판결, 대법원 1988. 8. 23. 선고 87다카546 판결, 대법원 1995. 4. 7. 선고 94다59868 판결, 대법원 2000. 10. 27. 선고 2000다23006 판결 등.

368) 대법원 1997. 3. 11. 선고 96다44747 판결

369) 손진홍, 채권집행의 이론과 실무, 법률정보센터(2016), 729-730 참조.

관계없이 공탁에 의하여 채무를 면할 수 있는 점(민사집행법 제248조 제1항) 등을 고려하면, 압류 등의 경합으로 인하여 전부명령이 무효인 경우에 전부채권자에게 변제를 한 제3채무자의 무과실이 인정될 수 있는 여지는 실제로 많지 않을 것이다.[370)]

3) 판례는, 채권가압류나 압류가 경합된 경우에는 그 압류채권자의 한 사람이 전부명령을 얻더라도 그 전부명령은 무효가 되고, 제3채무자가 위 전부금을 변제함에 있어서 선의·무과실이 아니었다면 제3채무자가 전부채권자에게 한 전부금의 변제는 효력이 없고, 또 그것이 경합압류채권자에 대하여는 불법행위가 될 수 있는 것이므로 제3채무자는 경합 압류채권자에 대하여 그로 인한 손해를 배상할 의무가 있다고 한다.[371)]

그러나 이에 대하여는, 제3채무자의 변제가 무효라면 경합 압류채권자로서는 채무자의 제3채무자에 대한 채권이 여전히 존재하는 것으로 보아 그에 대하여 강제집행을 할 수 있을 것이므로 제3채무자의 변제로 인하여 손해를 입었다고 할 수 있을지 의문이라는 지적이 있다.[372)] 위와 같은 경우 불법행위의 성립을 인정하려면 적어도 제3채무자가 무효인 전부채권자에게 변제함으로 인하여 무자력 상태에 빠져 경합압류채권자가 추심명령을 얻더라도 추심할 재산이 없게 되었다는 사실, 즉 채권은 존재하더라도 집행할 재산이 없게 된 사실까지 증명되어야 할 것이다.[373)]

4. 전부명령의 재판

가. 심리

전부명령의 신청이 있으면 집행법원은 관할권의 유무, 적식(適式)의 신청인지의 여부, 집행장애의 존부, 전부명령 발령의 요건을 갖추고 있는지를 조사하고, 필요가 있다고 인정되는 때에는 채무자 또는 제3채무자를 심문하여(민사집행법 제23조 제1항, 민사소송법 제134조 제2항), 상당하다고 인정되면 전부명령을 발령하고, 상당하지 않은 때에는 기각·각하의 결정을 한다. 전부명령의 신청이 압류명령과 함께 된 경우에는 심문을 할 수 없다(민사집행법 제226조).

---

370) 주석 민사집행법(V)(제4판), 한국사법행정학회(2018), 610(노재호).

371) 대법원 1980. 9. 30. 선고 78다1292 판결, 대법원 1988. 8. 23. 선고 87다카546 판결.

372) 윤진수, "전부명령의 요건과 효력", 김기수화갑기념논문집, 박영사(1992), 1044.

373) 정길용, "무효인 전부채권자에 대한 제3채무자의 변제의 효력 및 경합압류채권자에 대한 불법행위의 성부", 판례연구 2집, 대구지방법원 판례연구회(1990), 97-98; 주석 민사집행법(V)(제4판), 한국사법행정학회(2018), 610(노재호).

심리한 결과 전부명령을 할 수 없는 흠결이 있는 때에는 보정이 가능한 것이면 보정명령을 하고, 보정할 수 없는 것이거나 보정명령에 응하지 않을 때에는 전부명령의 신청을 각하하거나 기각한 후 이를 신청채권자에게 고지하여야 한다. 이에 대하여는 신청채권자가 즉시항고를 할 수 있다(민사집행법 제229조 제6항).

그 밖의 설명은 추심명령의 경우와 같다.

나. 전부명령의 내용

1) 전부명령에는 사건번호, 당사자의 표시, 압류된 채권(피압류채권), 앞서 발령한 압류명령, 압류된 채권을 지급에 갈음하여 압류채권자에게 이전한다는 취지의 선언, 결정날짜, 집행법원의 표시 및 판사(사법보좌관)의 기명날인이 있어야 한다. 압류명령과 별도로 전부명령을 하는 때에는 압류명령사건의 번호를 적어야 하고, 집행채권은 압류명령의 기재와 동일하므로 원칙적으로 적지 않으며, 다만 집행채권의 액에 변경이 있는 경우 등에만 예외적으로 적는다.[374)]

2) 채무자가 수인이거나 제3채무자가 수인인 경우 또는 채무자가 제3채무자에 대하여 여러 채권을 가지고 있는 경우에는 집행채권액을 한도로 하여 각 채무자나 제3채무자별로 얼마씩의 전부를 명하는 것인지 또는 채무자의 어느 채권에 대하여 얼마씩의 전부를 명하는 것인지를 특정하여야 하고, 이를 특정하지 않은 경우에는 집행의 범위가 명확하지 않으므로 그 전부명령은 무효이다.[375)]

3) 전부명령을 하는 경우와 채권가압류로부터 본압류로 이전하는 압류 및 전부명령의 양식은 다음과 같다.

[전산양식 A4334: 채권전부명령(전부명령을 별도로 신청한 경우)]

○ ○ 지 방 법 원

결　　정

사　　건　　20 타채　　　　채권전부명령
채 권 자
채 무 자

374) 법원실무제요, 민사집행[IV], 법원행정처(2020), 415.

375) 대법원 2004. 6. 25. 선고 2002다8346 판결, 대법원 2010. 6. 24. 선고 2007다63997 판결.

제 3 채무자

주 문

채무자의 제3채무자에 대한 별지 기재의 압류된 채권을 지급에 갈음하여 채권자에게 전부한다.

이 유

○○지방법원 20 타채 채권압류사건에 관한 채권자의 신청은 이유 있으므로 주문과 같이 결정한다.

2○○○. ○. ○.

사법보좌관 ㊞

주의 : 1. 전부명령이 제3채무자에게 송달될 때까지 다른 채권자가 압류, 가압류 또는 배당요구를 한 때에는 전부명령은 효력이 없습니다(민사집행법 제229조 제5항).
2. 전부명령은 확정되어야 효력이 있습니다(민사집행법 제229조 제7항).
3. 이 결정에 불복하는 사람은 송달받은 날부터 1주 내에 이 법원에 사법보좌관 처분에 관한 이의신청서를 제출할 수 있습니다. 이 경우 민사집행법의 규정에 따른 즉시항고에 관한 규정이 준용됩니다(법원조직법 제54조 3항, 사법보좌관규칙 제4조, 민사집행법 제15조, 제229조 참조).

민집 229, 231

[전산양식 A4335: 가압류에서 본압류로 이전하는 채권압류 및 전부명령]

○ ○ 지 방 법 원
결 정

사 건 20 타채 가압류를 본압류로 이전하는 채권압류 및 전부명령
채 권 자
채 무 자
제 3 채무자

주 문

1. 채무자와 제3채무자 사이의 ○○지방법원 20○○카단○○○ 채권가압류 결정에 의한 별지 목록 기재 채권 중 금○○○,○○○원에 대한 가압류는 이를 본압류로 이전하고, 나머지 금○,○○○,○○○원은 이를 압류한다.
2. 제3채무자는 채무자에게 위 채권에 관한 지급을 하여서는 아니 된다.
3. 채무자는 위 채권의 처분과 영수를 하여서는 아니 된다.
4. 위 압류된 채권은 지급에 갈음하여 채권자에게 전부한다.

청구금액

금 원 (대여금)
금 원 (위 대여금에 대한 . . .부터 . . . 까지의 이자 및 지연손해금)
합계 금 원

이 유

채권자는 위 청구금액을 변제받기 위하여 ○○지방법원 20○○가합○○○호 대여금 청구사건의 집행력 있는 판결정본에 기초하여 한 이 사건 신청은 이유 있으므로 주문과 같이 결정한다.

2○○○. ○. ○.

사법보좌관 ㉐

주의 : 1. 전부명령이 제3채무자에게 송달될 때까지 다른 채권자가 압류, 가압류 또는 배당요구를 한 때에는 전부명령은 효력이 없습니다(민사집행법 제229조 제5항).
2. 전부명령은 확정되어야 효력이 있습니다(민사집행법 제229조 제7항).
3. 이 결정에 불복하는 사람은 송달받은 날부터 1주 내에 이 법원에 사법보좌관 처분에 관한 이의신청서를 제출할 수 있습니다. 이 경우 민사집행법의 규정에 따른 즉시항고에 관한 규정이 준용됩니다(법원조직법 제54조 3항, 사법보좌관규칙 제4조, 민사집행법 제15조, 제227조, 제229조 참조).
4. 압류명령을 송달받은 제3채무자는 압류된 채권액을 공탁할 수 있고 이때에는 그 사유를 법원에 신고하여야 합니다(민사집행법 제248조 참조).

압류 및 전부명령을 병합하여 발령하는 경우의 양식은 다음과 같다.

[전산양식 A4314: 채권압류와 전부명령을 병합하여 신청한 경우]

○ ○ 지 방 법 원

결 정

사 건 20 타채 채권압류 및 전부명령
채 권 자
채 무 자
제 3 채무자

주 문

1. 채무자의 제3채무자에 대한 별지 기재의 채권을 압류한다.
2. 제3채무자는 채무자에게 위 채권에 관한 지급을 하여서는 아니 된다.
3. 채무자는 위 채권의 처분과 영수를 하여서는 아니 된다.
4. 위 압류된 채권은 지급에 갈음하여 채권자에게 전부한다.

청구금액

금 원 (대여금)
금 원 (위 대여금에 대한 . . .부터 . . . 까지의 이자 및 지연손해금)
합계 금 원

이 유

채권자는 위 청구금액을 변제받기 위하여 ○○지방법원 20○○가합○○○호 대여금 청구사건의 집행력 있는 판결정본에 기초하여 한 이 사건 압류 및 전부명령 신청은 이유 있으므로 주문과 같이 결정한다.

2○○○. ○. ○.

사법보좌관 ㊞

주의: 1. 전부명령이 제3채무자에게 송달될 때까지 다른 채권자가 압류, 가압류 또는 배당요구를 한 때에는 전부명령은 효력이 없습니다(민사집행법 제229조 제5항).
2. 전부명령은 확정되어야 효력이 있습니다(민사집행법 제229조 제7항).
3. 이 결정에 불복하는 사람은 송달받은 날부터 1주 내에 이 법원에 사법보좌관 처분에 관한 이의신청서를 제출할 수 있습니다. 이 경우 민사집행법의 규정에 따른 즉시항고에 관한 규정이 준용됩니다(법원조직법 제54조 3항, 사법보좌관규칙

제4조, 민사집행법 제15조, 제227조, 제229조 참조).
4. 압류명령을 송달받은 제3채무자는 압류된 채권액을 공탁할 수 있고 이때에는 그 사유를 법원에 신고하여야 합니다(민사집행법 제248조 참조).

다. 경정

전부명령도 압류명령이나 추심명령과 같이 잘못된 계산이나 기재, 그 밖에 이와 비슷한 잘못이 있음이 분명한 때에는 경정결정의 대상이 된다.

라. 송달

1) 전부명령도 압류명령 또는 추심명령과 마찬가지로 제3채무자와 채무자에게 송달하여야 한다(민사집행법 제229조 제4항, 제227조 제2항). 채무자에 대한 송달과 제3채무자에 대한 송달 모두 공시송달로 할 수 있으나,[376] 다만 채무자에 대한 전부명령의 송달은 채무자에게 미치는 영향이 중대하고 공시송달을 할 경우 추후보완 항고의 여지가 있어 집행절차가 불안정하게 되므로, 제3채무자뿐만 아니라 채무자도 최대한 직접 송달을 받을 수 있도록 배려할 필요가 있다.[377]

반대로 신청을 각하 또는 기각할 경우에는 그 결정을 신청채권자에게만 고지하면 된다(민사집행규칙 제7조 제2항).

2) 전부명령은 확정되어야 효력이 있고(민사집행법 제229조 제7항), 전부명령에 대하여는 제3채무자뿐만 아니라 채무자도 즉시항고를 할 수 있으므로(민사집행법 제229조 제6항), 제3채무자뿐만 아니라 채무자에게도 전부명령을 송달하여 즉시항고의 기회를 주어야 하고, 채무자에게 전부명령이 송달되지 않으면 전부명령이 확정되지 않으므로 효력이 발생하지 않는다.[378]

다만, 민사집행법 제229조 제5항은 전부명령이 제3채무자에게 송달될 때까지 그 금전채권에 관하여 다른 채권자가 압류·가압류 또는 배당요구를 한 경우에는 전부명령은 효력이 없다고 규정하고, 민사집행법 제231조는 전부명령이 확정된 경우에는 전부명령이 제3채무자에게 송달된 때에 채무자가 채무를 변제한 것으로 본다고 규정하고 있으므로, 실제로 전부명령의 효력을 따질 때에는 '제3채무자에게 송달된 때'가 표준이 된다.[379]

---

376) 대법원 2017. 10. 12. 선고 2017다227677 판결 참조.
377) 법원실무제요, 민사집행[IV], 법원행정처(2020), 419.
378) 법원실무제요, 민사집행[IV], 법원행정처(2020), 419.

이처럼 전부명령에서도 제3채무자에 대한 송달이 중요한 의미를 갖는데, 판례는 '우편집배원이 압류 및 전부명령 결정 정본을 특별송달하는 과정에서 민사소송법을 위반하여 부적법한 송달을 하고도 적법한 송달을 한 것처럼 우편송달보고서를 작성하여 압류 및 전부의 효력이 발생한 것과 같은 외관을 형성시켰으나, 실제로는 압류 및 전부의 효력이 발생하지 않아 집행채권자로 하여금 피압류채권을 전부받지 못하게 함으로써 손해를 입게 한 경우에는, 우편집배원의 위와 같은 직무상 의무위반과 집행채권자의 손해 사이에는 상당인과관계가 있다고 봄이 상당하고, 국가는 국가배상법에 의하여 그 손해에 대하여 배상할 책임이 있다'고 한다.[380]

3) 한편, 「채권압류 및 전부명령 발령 및 발송 → '채무자 회생 및 파산에 관한 법률'(이하 본 판례 소개 부분에서 '채무자회생법'이라 약칭) 제45조에 따른 포괄적 금지명령이 채무자에게 송달되어 효력 발생 → 그 후 채권압류 및 전부명령이 제3채무자 등에게 송달」의 사안에서 채권압류 및 전부명령의 효력이 무효라고 판단한 대법원 2023. 5. 18. 선고 2022다202740 판결에 대하여 살펴본다.

가) 사실관계는 다음과 같다.

(1) 원고는 2019. 3. 7. 甲의 피고에 대한 물품대금채권에 관하여 채권압류 및 전부명령을 받았다.

(2) 위 채권압류 및 전부명령은 2019. 3. 7. 피고에게 발송되어 2019. 3. 11. 송달되었고, 이후 甲에게도 송달되었으며, 甲은 이에 대하여 즉시항고하였다.

(3) 한편 甲은 2019. 2.경 울산지방법원 2019회단502호로 회생절차 개시신청을 하였고, 울산지방법원은 2019. 3. 7. 채무자회생법 제45조 제1항에 따른 포괄적 금지명령을 하여, 그 명령이 2019. 3. 8. 甲에게 송달되었다.

(4) 甲은 2019. 5. 22. 회생절차개시결정을 받았으나, 2019. 8. 8. 회생계획 인가결정이 내려지지 않은 상황에서 회생절차폐지결정을 받아 위 결정이 확정되었다.

(5) 위 채권압류 및 전부명령에 대한 항고법원은 2020. 3. 9. 甲의 항고를 기각하는 결정을 하여 위 결정이 확정되었다.

(6) 원고는 피고를 상대로 위 채권압류 및 전부명령에 따라 물품대금의 지급을 구하는 소를 제기하였다.

나) 원심은 포괄적 금지명령의 효력이 발생하기 전에 있은 위 채권압류 및 전부

379) 법원실무제요, 민사집행[IV], 법원행정처(2020), 419-420.

380) 대법원 2009. 7. 23. 선고 2006다87798 판결

명령 인용결정과 그 송달의 실시가 유효하고 더 이상의 절차만이 중단된다는 등의 이유로, 위 채권압류 및 전부명령 중 압류명령 부분은 제3채무자인 피고에게 송달된 날 효력이 발생하였고, 전부명령 부분은 회생절차폐지결정 등이 확정됨에 따라 제3채무자인 피고에게 송달된 날로 소급하여 피압류채권의 이전 등의 효력이 발생하였으므로, 피고는 원고에게 전부금을 지급할 의무가 있다고 판단하였다.

다) 그러나 대법원의 판단은 원심과 달랐다(파기환송). 구체적인 판시는 아래와 같다.

「(1) 관련 법리

채무자회생법 제45조 제1항, 제3항에 의한 포괄적 금지명령은 회생절차개시 신청에 대한 결정이 있을 때까지 모든 회생채권자 및 회생담보권자에게 회생채권 및 회생담보권에 기한 강제집행 등의 금지를 명하는 것을 말하며, 이러한 포괄적 금지명령이 있으면 채무자의 재산에 대하여 이미 행하여진 회생채권 또는 회생담보권에 기한 강제집행은 바로 중지된다.[381] 포괄적 금지명령에 반하여 이루어진 회생채권에 기한 보전처분이나 강제집행은 무효이고 회생절차폐지결정에는 소급효가 없으므로, 이와 같이 무효인 보전처분이나 강제집행 등은 사후적으로 회생절차폐지결정이 확정되더라도 여전히 무효이다.[382]

채무자회생법 제45조에 의한 포괄적 금지명령은 채무자에게 결정서가 송달된 때부터 효력을 발생한다(채무자회생법 제46조 제2항). 채권압류명령은 제3채무자에게 송달된 때에 그 효력이 발생하고(민사집행법 제227조 제3항), 전부명령은 확정되어야 효력이 있다(민사집행법 제229조 제7항).

채권자의 신청에 따라 채권압류 및 전부명령이 발령되어 강제집행이 개시되고 그 채권압류 및 전부명령이 제3채무자에게 발송되었는데, 이후 채무자에 대한 회생절차에서 채무자회생법 제45조에 의한 포괄적 금지명령의 효력이 발생하였다면, 그 이전에 있은 채권압류 및 전부명령을 무효라고 볼 수는 없으나, 채무자의 재산에 대하여 이미 행하여진 회생채권 등에 기한 강제집행은 바로 중지된다. 따라서 채무자에 대한 회생절차에서 있은 포괄적 금지명령의 효력이 발생한 이후 제3채무자에게 채권압류 및 전부명령이 송달되었다고 하더라도, 이는 포괄적 금지명령에 반하여 이루어진 것으로서 무효이므로 채권압류의 효력 등이 발생한다고 볼 수 없고, 이와 같이

381) 대법원 2011. 5. 26. 선고 2009다90146 판결, 대법원 2017. 11. 29. 선고 2017다201538 판결 등 참조.

382) 대법원 2016. 6. 21.자 2016마5082 결정 등 참조.

무효인 강제집행은 사후적으로 회생절차폐지결정이 확정되더라도 여전히 무효이다.

(2) 원심이 든 사정들을 앞서 본 법리에 비추어 살펴보면, 원심의 판단은 다음과 같은 이유로 수긍할 수 없다.

(가) 이 사건 채권압류 및 전부명령은 이 사건 포괄적 금지명령의 효력 발생 전에 발령되어 강제집행이 개시되고 제3채무자인 피고에게 발송되었으나, 위와 같은 발송만으로는 압류명령 등의 효력이 발생한다고 볼 수 없다.

(나) 이 사건 채권압류 및 전부명령이 제3채무자인 피고 등에게 송달되어 압류명령 등의 효력이 발생하기 전에 이 사건 포괄적 금지명령이 채무자 甲에게 송달되어 효력이 발생함으로써 채무자 甲의 재산에 대하여 이미 행하여진 강제집행 절차는 바로 중지된다. 이 사건 포괄적 금지명령 효력 발생 이후 이 사건 채권압류 및 전부명령이 제3채무자인 피고 등에게 송달되었다고 하더라도, 이는 이 사건 포괄적 금지명령의 효력에 반하여 이루어진 것이어서 무효이다.

(다) 이후 채무자 甲에 대한 회생절차폐지결정이 확정되었으나, 회생절차폐지결정에는 소급효가 없으므로, 이 사건 포괄적 금지명령에 반하여 무효인 강제집행은 여전히 무효이다.

(3) 그럼에도 원심은 판시와 같은 사정만을 내세워 이 사건 채권압류 및 전부명령의 효력을 인정하고 말았으니, 그와 같은 판단에는 포괄적 금지명령과 채권압류 및 전부명령의 효력에 관한 법리를 오해한 잘못이 있다.」

5. 전부명령과 공탁

전부명령이 발령된 경우에도 전부명령이 확정되기 전에는 제3채무자는 민사집행법 제248조 제1항에 따라 압류된 금전채권을 공탁할 수 있다. 또한, 전부명령이 확정되기 전에 금전채권에 관하여 배당요구서를 송달받은 제3채무자는 배당에 참가한 채권자의 청구가 있으면 압류된 부분에 해당하는 금액을 공탁하여야 하고, 금전채권 중 압류되지 않은 부분을 초과하여 거듭 압류명령 또는 가압류명령이 내려져 그 명령을 송달받은 경우에 압류채권자나 가압류채권자의 청구가 있으면 그 채권의 전액에 해당하는 금액을 공탁하여야 한다(민사집행법 제248조 제2항, 제3항).

한편, 전부명령이 확정되었으나 제3채무자가 그 사실을 알지 못한 경우에 제3채무자로서는 전부명령이 집행채무자에게 송달된 시기나 즉시항고의 유무를 당연히 알 수 없는 것이고, 전부명령의 확정 여부를 확인하여야 할 의무를 부담하지 않으므로,

공탁에 있어서는 전부명령이 확정되지 않는 것을 조건으로 할 필요 없이 민사집행법 제248조의 공탁을 할 수 있다고 해석함이 타당하다.[383)]

6. 전부명령에 대한 불복방법과 집행정지

1) 전부명령의 신청에 관한 재판에 대하여는 즉시항고를 할 수 있다(민사집행법 제229조 제6항). 전부명령은 확정되어야 그 효력이 있다(민사집행법 제229조 제7항). 사법보좌관이 전부명령을 한 경우에는 사법보좌관 처분에 대한 이의신청을 함으로써 같은 심급에서 판사의 판단을 다시 받을 수 있다. 판사는 이의신청이 이유 있으면 사법보좌관의 처분을 직접 경정하고, 이유 없으면 사법보좌관의 처분을 인가하고 이의신청사건을 항고법원에 송부한다. 이의신청 사건을 송부받은 항고법원은 판사가 한 인가처분에 대한 즉시항고로 보아 재판절차를 진행한다.[384)]

즉시항고의 기간은 1주일이고(민사집행법 제15조 제2항), 그 기산점은 각 즉시항고권자에게 전부명령이 송달된 때이며, 즉시항고를 할 자가 전부명령을 고지받을 자가 아닌 때에는 그 재판을 고지받아야 할 자 전원에게 고지된 날로부터 진행한다(민사집행규칙 제12조).

2) 전부명령에 대하여 즉시항고를 제기할 수 있는 자는 전부명령에 의하여 자신의 정당한 이익을 침해당한 자이다. 보통은 채무자와 제3채무자이나, 채권을 경합하여 압류한 자 등 제3자에게도 즉시항고의 이익이 있을 수 있다.[385)]

전부명령을 각하하거나 기각하는 결정은 신청채권자에게 고지하여야 하고(민사집행규칙 제7조 제2항), 이에 대하여 신청채권자가 즉시항고를 할 수 있다.

3) 즉시항고의 사유

(1) 즉시항고의 사유는 전부명령을 발령하면서 집행법원이 스스로 조사하여 준수할 사항의 흠결에 관한 것, 즉 ① 집행력 있는 정본의 유무와 그 송달 여부, 집행개시요건의 존부, 집행장애사유의 존부 또는 ② 권면액의 흠결이나 압류의 경합과 같은 전부명령 고유의 무효나 취소사유 등이다. 집행채권이 압류·가압류 또는 가처분된 경우에는 전부명령에 대한 집행장애사유에 해당한다.[386)]

---

383) 법원실무제요, 민사집행[IV], 법원행정처(2020), 420.

384) 법원실무제요, 민사집행[IV], 법원행정처(2020), 421.

385) 법원실무제요, 민사집행[IV], 법원행정처(2020), 421.

386) 대법원 2000. 10. 2. 선고 2000마5221 판결, 대법원 2016. 9. 28. 선고 2016다205915 판결.

상속채무의 이행을 구하는 소송에서 피고의 한정승인 항변이 받아들여져 원고 승소판결인 집행권원 자체에 '상속재산의 범위 내에서만' 금전채무를 이행할 것을 명하는 이른바 유한책임의 취지가 명시되어 있음에도 불구하고, 상속인의 고유재산임이 명백한 임금채권 등에 대하여 위 집행권원에 기초한 압류 및 전부명령이 내려진 경우에, 상속인인 피고로서는 책임재산이 될 수 없는 재산에 대하여 강제집행이 행하여졌음을 이유로 제3자이의의 소(민사집행법 제48조)를 제기하는 것 외에 채권압류 및 전부명령 자체에 대한 즉시항고를 하여 불복할 수도 있으나, 청구이의의 소(민사집행법 제44조)에 의하여 불복할 수는 없다.[387]

(2) 채무자에 대한 청산절차가 진행 중이라거나 파산신청이 되어 있다는 사정만으로는 집행에 장애사유가 된다고 할 수 없고, 집행채권이 변제나 상계 등에 의하여 소멸되었다는 것과 같은 실체상의 사유는 적법한 항고이유가 되지 않는다.[388]

채무자의 제3채무자에 대한 채권(피전부채권)이 존재하지 않는 경우에는 전부명령이 확정되더라도 변제의 효력이 없는 것이며, 채무자로서는 제3채무자에게 그와 같은 채권을 가지고 있지 않다고 하더라도 특별한 사정이 없는 한 이로 인하여 어떠한 불이익이 있는 것이 아니므로, 이것을 이유로 하여서는 스스로 불복의 사유로 삼을 수 없다.[389]

집행권원인 집행증서가 무권대리인의 촉탁에 의하여 작성되어 당연무효라고 할지라도 그러한 사유는 형식적 하자이기는 하지만 집행증서의 기재 자체에 의하여 용이하게 조사·판단할 수 없는 것이므로 청구이의의 소에 의하여 그 집행을 배제할 수 있을 뿐 적법한 항고사유는 될 수 없다.[390]

승계집행문의 요건인 승계사유가 흠결된 경우에도 집행문부여에 대한 이의신청(민사집행법 제34조)이나 집행문부여에 대한 이의의 소(민사집행법 제45조)의 방법에 의하여야 하고, 압류 및 전부명령에 대한 즉시항고의 방법으로는 다툴 수 없다.[391] 이러한 경우에는 잠정처분(민사집행법 제34조 제2항, 제46조)으로 강제집행정지결정을 받아야만 즉시항고를 할 수 있다.[392]

---

387) 대법원 2005. 12. 19.자 2005그128 결정.

388) 대법원 1994. 11. 10.자 94마1681, 1682 결정, 대법원 1997. 4. 28.자 97마360, 361 결정, 대법원 1999. 8. 13.자 99마2198,2199 결정.

389) 대법원 1992. 4. 15.자 92마213 결정, 대법원 2004. 1. 5.자 2003마1667 결정.

390) 대법원 1998. 8. 31.자 98마1535, 1536 결정.

391) 대법원 2001. 11. 28.자 2001마4810 결정.

392) 법원실무제요, 민사집행[IV], 법원행정처(2020), 422.

다만 압류 및 전부명령이 확정되어 절차적으로 유효하더라도, 집행권원이 무효이거나,[393] 집행채무자 적격이 없는 자에게 승계집행문이 부여되었거나,[394] 피전부채권이 존재하지 않는 경우[395] 등에는 피전부채권이 전부채권자에게 이전되거나 집행채권이 변제되어 소멸하는 전부명령의 실체법상 효력은 발생하지 않는다.

(3) 압류금지채권 범위변경 신청(민사집행법 제246조 제3항 전단)을 이유로 즉시항고를 할 수 있는지에 관하여, 압류금지 범위변경은 이를 명하는 재판에 의하여만 그 효력이 생긴다는 이유로 부정하는 견해도 있으나, 압류금지채권 범위변경 신청으로 압류명령의 확정을 차단할 수 없고, 압류 및 전부명령이 확정되면 압류된 채권은 전부채권자에게 이전되어 결과적으로 범위변경 신청의 이익이 없게 되므로 긍정하는 것이 좋을 것이다.[396]

(4) 강제집행이 정지된 경우

(가) 전부명령의 기초가 된 집행권원에 관하여 강제집행이 정지된 경우에는 이를 이유로 즉시항고를 할 수 있다. 예를 들어 채무자는 전부명령이 있은 뒤에 집행정지결정의 정본(민사집행법 제49조 제2호) 또는 변제나 기한유예증서(민사집행법 제49조 제4호)를 제출한 것을 이유로 즉시항고를 할 수 있고(전부명령은 확정되면 곧바로 집행절차가 종료되어 버리기 때문에 집행정지 사유가 있는 경우에는 전부명령의 확정을 차단하기 위하여 즉시항고를 허용할 필요가 있다), 이러한 이유로 즉시항고를 한 때에는 항고법원은 다른 이유로 전부명령을 취소하는 경우를 제외하고는 항고에 관한 재판을 정지하여야 한다(민사집행법 제229조 제8항). 그 후 항고법원은 잠정적인 집행정지가 집행취소 또는 집행속행으로 결말이 나는 것을 기다려, 집행취소로 결말이 난 때에는 항고를 인용하여 전부명령을 취소하고, 집행속행으로 결말이

393) 대법원 2016. 12. 29. 선고 2016다22837 판결(무권대리인의 촉탁에 의하여 공정증서가 작성된 때에는 집행권원으로서의 효력이 없고, 이러한 공정증서에 기초하여 채권압류 및 전부명령이 발령되어 확정되었더라도 채권압류 및 전부명령은 무효인 집행권원에 기초한 것으로서 강제집행의 요건을 갖추지 못하여 실체법상 효력이 없다).

394) 대법원 2002. 11. 13. 선고 2002다41602 판결(집행권원상 채무자의 상속인이 상속을 포기하였는데도 상속을 원인으로 승계집행문이 부여된 경우에는 이에 기초한 압류 및 전부명령은 실체법상 무효이다).

395) 대법원 2007. 4. 12. 선고 2005다1407 판결, 대법원 2022. 12. 1. 선고 2022다247521 판결.

396) 손흥수, 민사집행실무총서(II) 채권집행, 한국사법행정학회(2017), 77, 426. 채무자는 압류금지채권 범위변경을 신청함과 동시에 집행법원에 직권발동을 촉구하여 제3채무자에 대한 지급금지 취지의 잠정처분을 받은 다음(민사집행법 제246조 제4항, 제3항, 제196조 제3항, 제16조 제2항), 이를 이유로 전부명령에 대하여 즉시항고를 하여야 하고, 이때 항고법원은 원칙적으로 즉시항고에 관한 재판을 유보하게 될 것이라고 한다.

난 때에는 항고를 기각하여야 한다.[397]

(나) 항고인이 항고를 하면서 채권자 작성의 영수증 2매를 첨부한 경우에는, 항고이유 중에 명시된 바 없더라도 이를 변제수령증서로 주장하여 그 서류를 제출하였음을 항고이유로 삼는 취지가 포함되어 있다고 볼 수 있다.[398]

항고이유서 제출기간 경과 후에 집행정지 서류를 제출하면서 항고이유로 이를 주장하는 것이 가능한지도 문제되는데,[399] 판례는 전부명령 확정 전까지 집행정지 서류를 제출할 수 있다고 하면서 재항고심에서 집행정지 서류가 제출된 경우에도 재항고법원은 재항고에 관한 재판을 정지하여야 한다고 하므로,[400] 이를 허용하는 것으로 보인다.[401]

(다) 전부명령을 발령한 뒤에 즉시항고를 제기함이 없이 위와 같은 집행정지 서류만이 제출되는 경우에는, 전부명령이 제3채무자나 채무자에게 송달되기 전이면 각 그 송달을 중지함으로써 확정이 차단되므로 집행정지의 목적을 달성할 수 있으나, 제3채무자와 채무자에게 송달된 뒤이면 집행정지 서류가 제출되었다 하여 항고기간의 진행이 정지되지 않아[402] 전부명령의 확정을 차단할 수 없고 집행정지의 목적을 달성할 수도 없게 되므로, 즉시항고를 함께 제기하도록 유도함이 타당하다.[403]

(라) 사법보좌관이 전부명령을 한 후 채무자가 강제집행정지를 이유로 이의신청을 한 경우에는, ① 제1심 판사가 일단 사법보좌관의 처분을 인가한 후 사건을 항고법원에 송부하면 항고법원에서 항고에 관한 재판을 정지하는 방법과, ② 제1심 판사가 사법보좌관의 처분 자체를 인가하지 않고 사법보좌관 처분에 대한 이의에 관한 재판 자체를 정지하는 방법으로 실무례가 나뉜다.[404]

그리고 채무자는 전부명령이 확정되기 전에는 강제집행의 정지를 주장할 수 있으므로, 재항고심이 계속되는 동안에도 집행정지결정의 정본 또는 변제나 기한유예증서를 제출하고 강제집행이 정지되었음을 주장할 수 있고, 이 경우 재항고법원은 재

397) 대법원 1999. 8. 27.자 99마117, 118 결정, 대법원 2008. 11. 13.자 2008마1140 결정, 대법원 2016. 1. 26.자 2014마1600 결정.

398) 대법원 1997. 4. 28.자 97마360, 361 결정.

399) 이에 관한 상세한 논의는 손흥수, 민사집행실무총서(II) 채권집행, 한국사법행정학회(2017), 263-266 참조.

400) 대법원 1999. 8. 27.자 99마117, 118 결정 등 참조.

401) 주석 민사집행법(V)(제4판), 한국사법행정학회(2018), 560(노재호).

402) 대법원 1993. 6. 25. 선고 93다12305 판결 참조.

403) 법원실무제요, 민사집행[IV], 법원행정처(2020), 423.

404) 법원실무제요, 민사집행[IV], 법원행정처(2020), 423.

항고에 관한 재판을 정지하였다가 종국적인 집행취소 여하에 따라 재항고 인용 여부를 결정하여야 한다. 재항고법원이 재항고를 인용하여 원심결정을 파기하는 경우 자판하여 스스로 전부명령을 취소하고 전부명령 신청을 기각할 수 있다.[405)]

(마) 채권자목록에 기재된 개인회생채권에 기하여 개인회생재단에 속하는 재산에 대하여 이미 계속 중인 강제집행, 가압류 또는 가처분절차는 개인회생절차가 개시되면 일시적으로 중지되었다가, 변제계획이 인가되면 변제계획 또는 변제계획인가결정에서 다르게 정하지 않는 한 그 효력을 잃는다. 따라서 채권자목록에 기재된 개인회생채권에 기하여 개인회생재단에 속하는 채권에 대하여 내려진 압류 및 전부명령이 아직 확정되지 않은 상태에서 채무자에 대하여 개인회생절차가 개시되고 이를 이유로 압류 및 전부명령에 대하여 즉시항고가 제기되었다면, 항고법원은 다른 이유로 압류 및 전부명령을 취소하는 경우를 제외하고는 항고에 관한 재판을 정지하였다가, 변제계획이 인가되는 경우 압류 및 전부명령이 효력이 발생하지 않게 되었거나 그 효력이 상실되었음을 이유로 압류 및 전부명령을 취소하고 압류 및 전부명령신청을 기각하여야 한다.[406)]

개인회생절차개시의 신청이 있는 경우 법원이 그 개시신청에 대한 결정 시까지 개인회생채권에 기초하여 채무자의 재산에 대하여 한 강제집행의 중지를 명하여(채무자 회생 및 파산에 관한 법률 제593조 제1항 제2호) 그 서류가 집행법원에 제출됨으로써 강제집행이 중지된 경우에도 마찬가지로 볼 수 있다.[407)]

압류 및 전부명령의 청구채권이 개인회생절차의 채권자목록에 기재된 개인회생채권에 해당하는지 여부는 채권자목록에 기재된 채권의 원인 및 금액뿐만 아니라, 채무자 회생 및 파산에 관한 규칙 제80조 제2항 내지 제4항의 사항이 기재된 채권자목록의 부속서류, 개인회생채권에 관한 소명자료, 채무자가 신청한 압류 및 전부명령에 대한 중지명령의 경과, 당해 개인회생절차의 진행경과 등 제반 사정을 종합하여 판단하여야 한다.[408)]

(바) 전부명령 자체가 무효인 경우에는 이러한 즉시항고를 제기하지 않아 전부명령이 형식적으로 확정되었다 하더라도 전부명령의 효력을 다툴 수 없는 것은 아니

405) 대법원 1999. 8. 27.자 99마117, 118 결정, 대법원 2013. 12. 6.자 2012마1981 결정, 대법원 2016. 1. 26.자 2014마1600 결정, 대법원 2023. 1. 12.자 2022마6107 결정.

406) 대법원 2008. 1. 31.자 2007마1679 결정, 대법원 2010. 12. 13.자 2010마428 결정, 대법원 2015. 5. 28.자 2013마301 결정.

407) 법원실무제요, 민사집행[IV], 법원행정처(2020), 424.

408) 대법원 2015. 5. 28.자 2013마301 결정.

고, 채무자나 제3채무자는 여전히 그 전부명령의 무효를 주장할 수 있다.[409] 채무자의 제3채무자에 대한 피전부채권이 존재하지 않는 경우에는 비록 그 전부명령이 형식적으로 확정되더라도 변제의 효력이 없고, 채무자나 제3채무자로서는 특별한 사정이 없는 한 이로 인하여 어떠한 불이익을 당하는 것도 아니어서 이러한 사유를 내세워 전부명령에 대하여 불복할 수도 없으므로, 제3채무자가 이러한 사유를 내세워 그 전부명령에 전혀 불복하지 않았다가 전부금 청구소송에서 새삼스럽게 이러한 사유를 내세워 그 전부명령이 무효라고 주장한다고 하여 이를 가리켜 금반언의 원칙에 위배된다고 볼 수 없다.[410]

4) 항고심에서 전부명령을 취소하고 전부명령 신청을 기각하는 결정이 확정된 경우 법원사무관등은 전부명령을 송달받은 제3채무자에게 그 사실을 통지하여야 한다(민사집행규칙 제160조 제2항, 제1항).

5) 한편 전부명령 송달 후 즉시항고 절차에서 집행채권이 압류된 경우 항고법원이 취할 조치가 문제되는데, 대법원 2023. 1. 12.자 2022마6107 결정은 '항고법원이 전부명령을 직권으로 취소하여야 한다'고 판단하였으므로, 이하에서 이에 관하여 구체적으로 살펴본다.

가) 사실관계는 다음과 같다.

(1) 채권자와 채무자(재항고인) 사이의 대여금 소송의 가집행선고부 판결에 기하여 제1심 법원 소속 사법보좌관이 2020. 11. 10. A은행을 제3채무자로 하는 채권압류 및 전부명령을 발령하였다.

(2) 채무자는 이의신청의 취지가 담긴 즉시항고를 하였고, 제1심 법원은 2020. 12. 9. 사법보좌관의 위 채권압류 및 전부명령을 인가하는 제1심 결정을 하였다.

(3) 광산세무서는 2022. 4. 12. 채권자의 채무자에 대한 집행채권을 압류하였다.

나) 원심(서울중앙지방법원 2022. 5. 26.자 2020라1232 결정)은, '광산세무서의 압류는 위 채권압류 및 전부명령 이후에 발생한 사정으로서, 광산세무서의 위 압류만으로는 위 채권압류 및 전부명령이 위법하다고 볼 수 없다'고 판단한 다음, 위 채권압류 및 전부명령을 인가하였다.

다) 대법원의 판단은 다음과 같다(파기자판).

「(1) 채권압류명령을 인가한 부분에 관한 판단

---

409) 대법원 2000. 7. 4. 선고 2000다21048 판결, 대법원 2016. 12. 29. 선고 2016다22837 판결.
410) 대법원 2005. 5. 27. 선고 2004다72044 판결.

채권압류명령은 집행채권의 현금화나 만족적 단계에 이르지 않는 보전적 처분으로서 집행채권에 대한 압류의 효력에 반하지 않으므로, 집행채권에 대한 압류는 집행채권자가 그 채무자를 상대로 한 채권압류명령의 집행장애사유가 될 수 없고,411) 이는 국가가 국세징수법에 의한 체납처분으로 체납자의 채무자에 대한 집행채권을 압류한 경우에도 마찬가지이다.

위 사실관계를 앞서 본 법리에 비추어 보면, 광산세무서의 압류는 집행채권자가 그 채무자를 상대로 한 채권압류명령의 집행장애사유가 될 수 없으므로, 원심이 2022. 5. 26. '채권압류명령'을 인가한 것은 정당하다.

(2) 전부명령을 인가한 부분에 관한 판단

원심의 판단 중 전부명령을 인가한 부분은 다음과 같은 이유에서 수긍하기 어렵다.

(가) 집행채권자의 채권자가 집행권원에 표시된 집행채권을 압류 또는 가압류, 처분금지가처분을 한 경우에는 압류 등의 효력으로 집행채권자의 추심, 양도 등의 처분행위와 채무자의 변제가 금지되고 이에 위반되는 행위는 집행채권자의 채권자에게 대항할 수 없게 되므로 집행기관은 압류 등이 해제되지 않는 한 집행할 수 없는 것이니 이는 집행장애사유에 해당하고,412) 국가가 국세징수법에 의한 체납처분으로 체납자의 채무자에 대한 집행채권을 압류한 경우에도 체납자의 양도 등의 처분행위와 해당 채무자의 변제가 금지되므로(국세징수법 제43조 참조), 집행장애사유에 해당한다.

(나) 한편 집행법원은 강제집행의 개시나 속행에 있어서 집행장애사유에 대하여 직권으로 그 존부를 조사하여야 한다. 집행개시 전부터 그 사유가 있는 경우에는 집행의 신청을 각하 또는 기각하여야 하고, 만일 집행장애사유가 존재함에도 간과하고 강제집행을 개시한 다음 이를 발견한 때에는 이미 한 집행절차를 직권으로 취소하여야 한다.413) 그리고 집행개시 당시에는 집행장애사유가 없었더라도 집행 종료 전 집행장애사유가 발생한 때에는 만족적 단계에 해당하는 집행절차를 진행할 수 없으므로, 전부명령이 제3채무자에게 송달되었으나 확정되기 전 즉시항고 절차 단계에서 집행채권이 압류되는 등으로 집행장애사유가 발생한 경우 특별한 사정이 없는 한 항고법원은 전부명령을 직권으로 취소하여야 한다.

(다) 위 사실관계를 앞서 본 법리에 비추어 보면, 채권압류명령과 전부명령을 동시에 신청하더라도 압류명령과 전부명령은 별개로서 그 적부는 각각 판단하여야 하

411) 대법원 2000. 10. 2.자 2000마5221 결정, 대법원 2016. 9. 28. 선고 2016다205915 판결 참조.
412) 대법원 2000. 10. 2.자 2000마5221 결정, 대법원 2016. 9. 28. 선고 2016다205915 판결 참조.
413) 대법원 2000. 10. 2.자 2000마5221 결정, 대법원 2016. 9. 28. 선고 2016다205915 판결 참조.

고, 광산세무서가 전부명령이 확정되기 전 즉시항고 절차 단계에서 집행채권을 압류한 것은 채권자가 채무자를 상대로 한 전부명령의 집행장애사유에 해당하므로, 비록 재항고인이 위와 같은 집행장애사유가 있다는 것을 당초에 즉시항고사유로 삼지 않았다고 하더라도, 원심으로서는 제1심의 전부명령을 취소하고 채권자의 전부명령신청을 기각하였어야 한다. 그럼에도 원심은 2022. 5. 26. ('채권압류명령'뿐만 아니라) '전부명령'까지 인가하였으므로, 원심판단에는 민사집행법상 집행장애사유에 관한 법리를 오해한 잘못이 있다.

(3) 대법원의 결론(파기자판)

그러므로 원심결정 중 전부명령을 인가한 부분을 파기하되, 이 부분은 대법원이 직접 재판하기에 충분하므로 자판하기로 하여, 이 부분에 대한 제1심 결정을 취소하고 채권자의 전부명령 신청을 기각하며, 나머지 재항고를 기각하기로 한다.」

7. 전부명령의 효력

가. 개관

1) 소급효(遡及效)

전부명령의 기본적인 효력은 피전부채권이 전부채권자에게로 이전(권리이전효과)되는 것과 그로 인한 집행채권의 소멸(변제효)이다. 이러한 효력은 전부명령의 확정시(즉시항고가 제기되지 않은 경우에는 1주일의 즉시항고기간이 경과한 때, 즉시항고가 제기된 경우에는 그 기각 또는 각하결정이 확정된 때)에 발생하지만(민사집행법 제229조 제7항), 그 확정에 의하여 발생하는 효력은 전부명령이 제3채무자에게 송달된 때로 소급한다. 즉, 전부명령이 제3채무자에게 송달된 때에 채무자는 채무를 변제한 것으로 볼 뿐만 아니라(민사집행법 제231조), 전부명령이 제3채무자에게 송달될 때까지 그 금전채권에 관하여 압류 등이 경합하면 전부명령은 무효이지만 압류의 경합이 전부명령 송달 뒤에 발생하였다면 비록 그 전부명령이 확정되기 전이었다 하더라도 이는 전부명령의 효력에 영향을 미치지 않는다(민사집행법 제229조 제5항). 이처럼 전부명령의 효력은 확정된 때에 발생하는 것으로 하면서도 여기에 소급효를 인정한 것은, 전부명령이 확정되기까지 압류 등이 경합하는 경우에 전부명령의 효력을 인정하지 않는다면 채권자에게 독점적 만족을 줄 수 있는 전부명령의 실효성이 매우 약화되기 때문이다.[414)]

414) 윤진수, "전부명령의 요건과 효력", 김기수화갑기념논문집, 박영사(1992), 1045.

민사집행법 제233조의 지시채권에 대한 전부명령의 효력발생시기에 관하여는, 채권자가 전부명령 정본에 기초하여 집행관으로부터 증권을 교부받은 때라고 하는 견해가 있으나, 그 효력발생시기는 다른 전부명령과 다를 것이 없고 증권을 채권자에게 인도하는 것은 채권을 행사하는 자격의 문제에 불과하다고 보아야 한다.415)

2) 원인채무의 이행을 위하여 제3채무자가 자신의 채권자에게 어음이나 수표를 발행·교부하고 그 뒤에 원인채권이 압류되었는데, 그 압류 뒤에 어음금이나 수표금을 지급한 때에는 그 지급에 따라 원인채권이 소멸한 것을 압류채권자에게 대항할 수 있고, 따라서 위 원인채권을 목적으로 하는 채권압류·전부명령은 효력이 생기지 않는다.416)

3) 집행권원에 기한 금전채권에 대한 강제집행의 일환으로 채권압류 및 전부명령이 확정된 후 그 집행권원상의 집행채권이 이미 소멸한 것으로 판명된 경우에는 그 소멸한 부분에 관하여는 집행채권자가 집행채무자에 대한 관계에서 부당이득을 한 셈이 되므로, 집행채권자는 그가 위 전부명령에 따라 전부받은 채권 중 실제로 추심한 금전 부분에 관하여는 그 상당액을, 추심하지 않은 부분에 관하여는 그 채권 자체를 집행채무자에게 양도하는 방법으로 반환하여야 한다.417) 그리고 위와 같은 부당이득반환청구에서 집행채무자가 집행채권 소멸의 원인으로 주장할 수 있는 사유가 여러 가지인 경우 이들은 법률상의 원인 없는 사유에 관하여 공격방법이 다른 데 지나지 않으므로, 그중 어느 사유를 주장하여 패소의 확정판결을 받은 경우에 다른 사유를 주장하여 다시 청구하는 것은 기판력에 저촉되어 허용될 수 없다.418)

한편, 부당이득의 반환조로 피전부채권의 채권양도가 이루어지기 이전이라면, 전부채권자로서는 피전부채권의 채무자에 대한 관계에서 정당한 채권자로서 적법하게 피전부채권을 행사할 수 있고, 그러한 권한행사가 신의성실의 원칙에 반한다고 할 수도 없다.419)

4) 전부명령이 제3채무자에게 송달되었으나 채무자의 즉시항고로 아직 확정되기 전에 압류채권자가 전부금 지급청구를 하고 이후 전부명령이 확정된 경우, 제3채무자는 전부명령 확정 전의 전부금 지급청구로 인하여 전부금 지급에 대한 이행지체에 빠지는지 문제된다.

---

415) 법원실무제요, 민사집행[IV], 법원행정처(2020), 425.
416) 법원실무제요, 민사집행[IV], 법원행정처(2020), 425.
417) 대법원 2008. 2. 29. 선고 2007다49960 판결, 대법원 2010. 12. 23. 선고 2009다37725 판결.
418) 대법원 2008. 2. 29. 선고 2007다49960 판결.
419) 대법원 2007. 8. 23. 선고 2005다43081,43098 판결.

이에 관하여는 ① 전부명령이 확정되면 피전부채권은 전부명령이 제3채무자에게 송달된 때에 소급하여 압류채권자에게 이전하므로, 전부명령 확정 전의 전부금 지급청구도 소급하여 적법하게 되고 제3채무자는 민사집행법 제248조 제1항의 권리공탁을 함으로써 면책될 수 있는 길이 있다는 등의 이유로 긍정하는 견해와 ② 전부명령 확정 전의 전부금 지급청구는 그 당시에는 현실적으로 부적법한 것이었고, 전부명령이 확정되지 않은 상태에서 이행을 거절한 제3채무자의 신뢰를 보호할 필요가 있다는 등의 이유로 부정하는 견해가 대립한다.[420]

대법원의 입장은 분명하지는 않다. 다만, "집행채권자가 전부명령이 확정되기 전에 제3채무자에게 전부금의 지급을 청구하였다고 하더라도 이를 적법한 이행청구로 볼 수 없고, 제3채무자는 전부명령이 확정되지 않았다는 것을 이유로 전부금의 지급을 거절할 수 있다. 한편, 민사집행법 제231조에서 전부명령이 확정되면 전부명령이 제3채무자에게 송달된 때 채무자가 채무를 변제한 것으로 본다는 것은 피전부채권이 전부채권자에게 이전하는 효력(이전효)과 그로 인하여 집행채권이 소멸하는 효력(변제효)이 전부명령이 제3채무자에게 송달된 때로 소급하여 인정된다고 규정한 것으로서, 전부명령의 확정으로 소멸하는 집행채권의 범위를 집행채권의 원금 및 이에 대한 제3채무자에게 전부명령이 송달된 때까지의 이자로 정하고, 전부명령이 제3채무자에게 송달된 후에 피압류채권을 압류한 경합채권자에 대한 관계에서 집행채권자를 보호하기 위한 취지이지, 전부명령이 제3채무자에게 송달되었으나 전부명령이 확정되기 전에 집행채권자가 제3채무자에게 전부금의 이행청구를 할 수 있다거나, 전부명령이 확정되면 확정 전의 이행청구로써 제3채무자가 그 다음 날부터 이행지체책임을 지게 된다는 취지는 아니다."라고 판단한 원심판결[421]에 대하여, '상고이유 주장이 소액사건심판법 제3조 각 호의 사유에 해당하지 않는다'는 이유로 구체적인 판단 없이 상고를 기각한 대법원 판결이 있다.[422] 위 대법원 판결에 대하여, 대법원이 '전부명령이 확정되기 전에 전부금의 지급을 청구한 경우에는 지연손해금이 발생하지 않는다는 태도를 간접적으로 취하였다'고 평가하고, '이에 따르면 제3채무자는 전부명령이 확정된 후 전부금 지급청구를 받은 다음 날부터 지체책임을 부담하게 된다'고 하는 견해가 있고,[423] 수긍할 만하다고 생각된다.

---

420) 견해 대립의 상세는 박영호, "전부명령이 확정되기 전에 전부금의 지급을 청구한 경우에도 지연손해금이 발생하는지 여부", 대법원 판례해설 제101호, 법원행정처(2015), 167-170 참조.

421) 대전지방법원 2014. 6. 3. 선고 2013나104200 판결.

422) 대법원 2014. 10. 30. 선고 2014다213646 판결.

나. 피전부채권의 이전

1) 채권이전의 범위

가) 집행채권과 집행비용의 합계액 한도

전부명령에 의하여 피전부채권은 그 동일성을 유지하면서 전부채권자에게 이전되고 지명채권의 양도와 같은 효과가 발생하나, 그 이전은 집행행위에 기초한 것이므로 채권양도의 대항요건에 관한 민법의 규정(민법 제450조)은 적용되지 않는다.

피전부채권이 집행채권과 집행비용의 합산액보다 적으면 피전부채권의 전액이 이전되지만, 피전부채권이 위 합산액보다 많으면 그 합산액을 한도로 이전된다.[424)]

다만 금전채권에 대한 강제집행에서는 집행법원이 현실의 현금화에 관여하지 않으므로, 채권자가 전부명령에 의하여 제3채무자로부터 집행비용까지 변제받으려면 채권압류 및 전부명령에 집행비용이 표시되어 있어야 한다.[425)] 그렇지 않은 경우에는 민사집행규칙 제24조에 따라 집행비용액 확정결정을 받는 방법으로 집행비용을 추심하여야 한다.[426)]

원금과 이에 대한 변제일까지의 이자·지연손해금을 집행채권으로 하여 전부명령을 받은 경우, 변제일은 전부명령이 제3채무자에게 송달된 때이므로 집행채권액은 원금과 제3채무자에 대한 전부명령 송달 시까지의 이자·지연손해금을 합한 금액이 되어 압류된 채권은 그 금액 범위 안에서 전부채권자에게 이전된다.[427)]

나) 집행권원상 채권 중 청구채권으로 명시한 채권 범위

(1) 집행권원에 수개의 채권이 표시된 경우나 채권의 일부에 대하여 집행을 구하는 때에는 어느 채권을 위하여 집행을 구하는가를 명백히 하여야 하고, 따라서 집행권원상 다 갚을 때까지의 이자, 지연손해금 등의 부대청구가 인정되어 있고 이를 원금에 부기하여 청구하는 때에는 그 뜻을 명백히 하여야 한다. 전부명령은 압류된 금전채권을 그 권면액으로 집행채권자에게 이전시키고 그 대신 동액 상당의 집행채권을 소멸시킴으로써 채무자의 채무변제에 갈음하게 하는 제도이므로, 전부명령에 의한 채무소멸의 효과는 채권자가 압류명령 신청 시에 명시한 집행채권의 변제를 위하여서만 생긴다.[428)]

---

423) 손흥수, 민사집행실무총서(II) 채권집행, 한국사법행정학회(2017), 433; 주석 민사집행법(V)(제4판), 한국사법행정학회(2018), 612(노재호).

424) 법원실무제요, 민사집행[IV], 법원행정처(2020), 426.

425) 대법원 2008. 12. 24. 선고 2008도7771 판결.

426) 법원실무제요, 민사집행[IV], 법원행정처(2020), 427.

427) 대법원 1999. 12. 10. 선고 99다36860 판결.

이러한 법리에 따라 대법원은, 채권자가 대여금 청구소송을 제기하여 원금 및 이자 등의 지급을 명하는 승소 판결을 받은 다음 그 판결에 기하여 청구금액을 '대여금 중 일부금'으로 표시한 채권압류 및 전부 명령을 신청한 사안에서, 집행권원상의 '대여금채권'만이 집행채권으로 되었을 뿐 그 이자나 지연손해금은 집행채권으로 되었다고 할 수 없으므로 원금과 이자 사이의 변제충당에 관한 문제가 발생할 여지가 없는데도, '전부금이 법정충당의 순서에 따라 그 대여금에 대한 이자에 먼저 충당되고 나머지만이 원금에 충당되었다'고 판단한 원심판결을 법리오해를 이유로 파기하였다.[429]

(2) 전부명령에 의한 채무소멸의 효과는 채권자가 압류명령신청 시에 명시한 집행채권의 변제를 위하여서만 생기므로, 압류명령신청서에 기재된 집행채권이 수개인 경우에 전부명령에 의한 채무변제의 효과가 어느 채무에 대하여 생기는지는 '법정변제충당'의 법리가 적용되기에 앞서 '집행채권의 확정'에 의하여 결정되고, 구체적으로는 집행권원과 청구금원 등 채권자가 압류명령신청서에 기재한 내용에 의하여 정하여진다. 이는 채권자의 의사에 기하여 전부명령에 의해 소멸할 집행채권의 종류와 범위를 확정하는 문제이지 민법 제476조에서 정한 지정변제충당의 문제가 아니다.[430]

다) 전부명령 송달 당시 존재하는 채권

전부명령이 제3채무자에게 송달될 당시 채무자가 제3채무자에 대하여 가지는 채권은 이전되지만, 전부명령의 효력 발생 시점(제3채무자에게 송달된 때) 이후 새로운 원인에 의하여 발생한 채권은 이전되지 않는다.[431]

라) 피전부채권에 종된 권리

전부명령으로 인한 이전의 효력은 피전부채권의 종된 권리, 즉 전부 후의 이자 및 지연손해금, 보증채무, 물적 담보(저당권 등) 등에도 미친다.

그러나 임차인의 임대차보증금 반환청구권에 대한 전부명령의 효력은 임차인의 임대인에 대한 부속물매수대금청구권에는 미치지 않는다.[432]

또한, 위탁자가 금전채권을 담보하기 위하여 그 금전채권자를 우선수익자로, 위탁자를 수익자로 하여 위탁자 소유의 부동산을 신탁법에 따라 수탁자에게 이전하면서 채무불이행 시에는 신탁부동산을 처분하여 우선수익자의 채권 변제 등에 충당하

---

428) 대법원 1996. 4. 12. 선고 95다55047 판결.

429) 대법원 1996. 4. 12. 선고 95다55047 판결.

430) 대법원 2021. 11. 11. 선고 2018다250087 판결.

431) 대법원 1989. 2. 28. 선고 88다카13394 판결, 대법원 2001. 12. 24. 선고 2001다62640 판결, 대법원 2012. 10. 25. 선고 2010다32214 판결.

432) 대법원 1981. 11. 10. 선고 81다378 판결.

고 나머지를 위탁자에게 반환하기로 하는 내용의 담보신탁을 해 둔 경우, 특별한 사정이 없는 한 우선수익권은 경제적으로 금전채권에 대한 담보로 기능할 뿐 금전채권과는 독립한 신탁계약상의 별개의 권리가 된다. 따라서 이러한 우선수익권과 별도로 금전채권이 제3자에게 양도되거나 전부명령에 따라 전부채권자에게 전부되었다고 하더라도 그러한 사정만으로 우선수익권이 금전채권에 수반하여 제3자에게 이전되는 것은 아니고, 금전채권과 우선수익권의 귀속이 달라졌다는 이유만으로 우선수익권이 소멸하는 것도 아니다.[433]

마) 전부명령에 의한 민사집행법 제233조의 지시채권의 이전은 지명채권양도의 효력밖에 없으므로 인적항변의 절단의 효과는 생기지 않는다.[434]

바) 채권압류 및 전부명령이 적법하게 이루어진 이상 피압류채권은 집행채권의 범위 내에서 당연히 집행채권자에게 이전하므로, 그 집행채권이 이미 소멸하였거나 실제 채무액을 초과하더라도 그 채권압류 및 전부명령의 효력에는 아무런 영향이 없고,[435] 제3채무자로서는 채무자에 대하여 부담하고 있는 채무액의 한도 내에서 집행채권자에게 변제하면 면책된다.[436]

채무자 또는 그 대리인의 유효한 작성촉탁과 집행인낙의 의사표시에 터 잡아 작성된 공정증서를 집행권원으로 하는 금전채권에 대한 강제집행절차에서, 비록 그 공정증서에 표시된 청구권의 기초가 되는 법률행위에 무효사유가 있다고 하더라도, 그 강제집행절차가 청구이의의 소 등을 통하여 적법하게 취소·정지되지 않은 채 계속 진행되어 채권압류 및 전부명령이 적법하게 확정되었다면, 그 강제집행절차가 반사회적 법률행위의 수단으로 이용되었다는 등의 특별한 사정이 없는 한, 단지 이러한 법률행위의 무효사유를 내세워 확정된 전부명령에 따라 전부채권자에게 피전부채권이 이전되는 효력 자체를 부정할 수는 없다.[437]

압류 및 전부명령 후에 강제집행정지결정이 있더라도 그 정본이 제출되지 않아 압류 및 전부명령이 그대로 확정된 경우에는, 전부채권자는 피전부채권을 이전받은 채권자로서 직접 제3채무자에게 피전부채권을 행사할 수 있고, 제3채무자로서는 피전부채권과 직접 관련이 없는 전부채권자와 집행채무자 사이의 사유를 들어 피전부

433) 대법원 2017. 6. 22. 선고 2014다225809 전원합의체 판결, 대법원 2017. 9. 21. 선고 2015다52589 판결 참조.

434) 법원실무제요, 민사집행[IV], 법원행정처(2020), 428.

435) 대법원 1997. 10. 24. 선고 97다20410 판결.

436) 대법원 2004. 5. 28. 선고 2004다6542 판결.

437) 대법원 2005. 4. 15. 선고 2004다70024 판결, 대법원 2016. 3. 24. 선고 2015다248137 판결.

채권의 행사가 신의성실의 원칙에 반한다고 주장할 수 없다.[438)]

사) 장래의 채권에 관하여 압류 및 전부명령이 확정되면 그 부분 피압류채권은 이미 전부채권자에게 이전된 것이므로, 그 이후 동일한 장래의 채권에 관하여 다시 압류 및 전부명령이 발하여졌다고 하더라도 압류의 경합은 생기지 않고, 다만 장래의 채권 중 선행 전부채권자에게 이전된 부분을 제외한 나머지 중 해당 부분 피압류채권이 후행 전부채권자에게 이전된다.[439)]

아) 전부채권자가 제3채무자와 같은 때에는 피전부채권은 혼동의 법리(민법 제507조)에 따라 소멸한다.[440)]

자) 전부명령이 확정됨으로써 집행채권에 관한 집행절차는 종료하므로, 그 후에 집행채무자가 파산하더라도, 채무자 회생 및 파산에 관한 법률에 따른 부인권의 대상이 될 수 있음은 별론으로 하고, 전부명령의 효력에는 영향이 없다.[441)]

차) 불가분채권자들 중 1인을 집행채무자로 한 압류 및 전부명령의 효력이 집행채무자가 아닌 다른 불가분채권자에게 미치는지

공동임차인 중 1인에 대한 채권자가 임대차보증금반환채권 일부에 대하여 압류 및 전부명령을 받은 경우 그 압류 및 전부명령의 효력이 나머지 공동임차인들에게 미치는지 여부가 문제된 사건에서, 대법원 2023. 3. 30. 선고 2021다264253 판결은 '불가분채권자들 중 1인을 집행채무자로 한 압류 및 전부명령은 집행채무자가 아닌 다른 불가분채권자에게 효력이 없다'고 판단하였다. 구체적으로 살펴본다.

(1) 사실관계(전부명령에 관한 아래의 판단과 관련되는 한도 내에서 기재한다.)

(가) 원고들과 甲은 2016. 8. 2. 피고로부터 건물을 공동으로 임차하는 내용의 임대차계약을 체결하였다.

(나) 甲의 채권자 A는 2017. 12. 1. 대전지방법원 2017타채14602호로 甲의 피고에 대한 임대차보증금반환채권 중 43,404,524원에 관하여 압류 및 전부명령을 받아 그대로 확정되었다.

(2) 원심의 판단

(가) 원심은, '甲 등이 대외적으로 조합을 결성함으로써 위 식당 운영에 관한 채권을 준합유하고 있다고 보기 어렵고, 위 임대차계약에 따른 임대차보증금반환채권은

438) 대법원 2013. 1. 10.자 2011마746 결정.
439) 대법원 2004. 9. 23. 선고 2004다29354 판결.
440) 법원실무제요, 민사집행[IV], 법원행정처(2020), 429.
441) 대법원 2005. 9. 29. 선고 2003다30135 판결 참조.

공동임차인인 원고들과 甲의 불가분채권에 해당한다'고 판단하였다.

(나) 나아가 원심은 위 압류 및 전부명령의 효력이 원고들에게 미친다는 전제에서, '원고들이 반환받을 임대차보증금반환채권의 범위도 A에게 전부된 금액만큼 줄어든다'고 판단하였다.

(3) 대법원의 판단(파기환송)

(가) 먼저 대법원은 임대차보증금반환채권의 법적 성질에 관한 원심의 위 판단은 수긍하였다.

(나) 그러나 '이 사건 압류 및 전부명령의 효력이 원고들에게 미친다'는 취지의 원심의 판단에 대하여는 아래와 같이 견해를 달리하여, 원심판결 중 원고들 패소 부분을 파기하였다.

「① 수인의 채권자에게 금전채권이 불가분적으로 귀속되는 경우에, 불가분채권자들 중 1인을 집행채무자로 한 압류 및 전부명령이 이루어지면 그 불가분채권자의 채권은 전부채권자에게 이전되지만, 그 압류 및 전부명령은 집행채무자가 아닌 다른 불가분채권자에게 효력이 없으므로, 다른 불가분채권자의 채권의 귀속에 변경이 생기는 것은 아니다. 따라서 다른 불가분채권자는 모든 채권자를 위하여 채무자에게 불가분채권 '전부'의 이행을 청구할 수 있고, 채무자는 '모든 채권자'를 위하여 다른 불가분채권자에게 '전부'를 이행할 수 있다. 이러한 법리는 불가분채권의 목적이 금전채권인 경우 그 일부에 대하여만 압류 및 전부명령이 이루어진 경우에도 마찬가지이다.

② 원심판결 이유를 이러한 법리에 비추어 살펴본다. 위 압류 및 전부명령으로 甲의 피고에 대한 임대차보증금반환채권 중 43,404,524원은 A에게 이전된다. 그러나 원고들에게는 위 압류 및 전부명령의 효력이 미치지 않으므로, 원고들은 위 압류 및 전부명령과 관계없이 임대차보증금반환채권의 이행을 구할 수 있다. A는 위 압류 및 전부명령으로 전부받은 채권액 범위 내에서 원고들과 임대차보증금반환채권에 대하여 불가분채권자의 지위를 갖게 될 뿐이다.

③ 그런데도 원심은 위 압류 및 전부명령의 효력이 원고들에게도 미친다는 전제 아래 그 전부명령에 따라 불가분채권 중 일부가 A에게 전부되었다는 이유만으로 전부된 만큼 원고들의 임대차보증금반환채권도 줄어든다고 판단하였다. 이러한 원심의 판단에는 불가분채권과 압류 및 전부명령의 효력 범위 등에 관한 법리를 오해하여 판결에 영향을 미친 잘못이 있다.」

2) 전부채권자의 지위

가) 피전부채권의 취득

전부의 효과에 따라 피전부채권이 전부채권자에게로 이전되고, 민법상의 채권양도와 마찬가지로 전부채권자는 피전부채권의 채권자로서의 지위를 승계한다. 즉 전부채권자는 원래의 채권자인 집행채무자에 갈음하여 그의 채권을 취득하고, 자신의 채권으로서 이를 자유롭게 처분할 수 있다. 따라서 이를 추심하거나 양도 또는 포기 등의 일체의 행위를 할 수 있다.

피전부채권은 동일성을 유지하면서 전부채권자에게 이전되므로, 종된 권리, 피전부채권을 담보하는 담보권도 이전된다.

피전부채권의 이전은 전부의 효과로서 당연히 생기고, 제3채무자에 대한 통지나 승낙을 요하지 않고 제3채무자와 제3자에게 대항할 수 있다.

한편, 민사집행법 제233조의 지시채권에 대한 전부명령을 받은 채권자는 그 정본을 집행관에게 제시하여 증권을 교부받을 수 있다.[442]

나) 제3채무자에 대한 이행청구

전부채권자는 채권을 양도받은 경우와 같이 제3채무자가 임의로 변제하지 않을 때에는 그에 대하여 민사집행법 제238조에 따라 이행을 구하는 소를 제기할 수 있다. 이 경우에 집행채무자에 대하여 소송고지를 하여야 한다(민사집행법 제238조 본문).

전부명령이 효력을 발생할 당시에 집행채무자가 제3채무자에 대하여 이행을 구하는 소가 이미 소송계속 중이면 전부채권자는 권리승계인으로서 그 소송에 승계참가를 할 수 있고(민사집행법 제23조 제1항, 민사소송법 제81조, 제82조), 피전부채권에 관하여 강제집행이나 담보권 실행 절차가 진행되고 있으면 수계할 수 있다(민사집행규칙 제23조, 제193조).

한편, 전부명령이 확정됨으로써 집행채권에 관한 집행절차는 종료하므로, 이러한 피전부채권의 추심을 위한 비용은 원래의 집행채권을 위한 집행비용에는 포함되지 않고 채권자가 부담할 성질의 것이다.[443]

전부명령이 발령되었다거나 확정되었다는 사정만으로 피전부채권의 소멸시효가 중단되지 않음은 압류명령의 경우와 같다. 다만 채권자가 확정판결에 기초한 채권의 실현을 위하여 채무자의 제3채무자에 대한 채권에 관하여 압류 및 전부명령을 받아 그 결정이 제3채무자에게 송달이 되었다면, 거기에 소멸시효 중단사유인 '최고'로서

442) 법원실무제요, 민사집행[IV], 법원행정처(2020), 429.
443) 법원실무제요, 민사집행[IV], 법원행정처(2020), 430.

의 효력을 인정할 수는 있을 것이다.[444)]

다) 제3채무자에 대한 강제집행

집행채무자가 피전부채권에 관하여 이미 얻은 집행권원이 있으면 승계집행문을 부여받아 강제집행에 착수할 수 있다. 만일 전부명령이 있었음에도 불구하고 집행채무자가 집행권원에 자신이 여전히 채권자로 기재되어 있는 것을 기화로 하여 집행문을 부여받는다면 제3채무자가 집행문부여에 대한 이의를 신청할 수 있고, 집행채권자로서도 집행문부여에 대한 이의신청을 할 수 있다.[445)]

저당권이 있는 채권에 대하여 전부명령을 얻은 채권자가 그 저당권을 행사하기 위하여 경매신청을 하거나 경매절차를 수계하려면 저당권이전등기를 하여야 하는지에 대하여는 견해의 대립이 있는데, 실무상으로는 저당권이전의 부기등기를 하여 그 등기사항증명서를 제출함이 통례이다.[446)]

라) 임대차보증금 반환채권에 대한 전부명령의 경우

임차인의 임대차보증금 반환채권에 관하여 전부명령이 있은 경우에, 임대차가 종료하더라도 제3채무자인 임대인으로서는 채무자인 임차인이 임대차목적물을 반환하기까지는 보증금반환채권의 지급을 거절할 동시이행의 항변권을 행사할 수 있으므로, 채무자인 임차인이 임대목적물을 반환할 때까지는 전부채권자가 전부받은 임대차보증금 반환채권을 행사할 수 없고, 극단적으로는 위 임대차보증금에서 차임 내지 차임 상당의 손해배상액이 공제되어 임대차보증금이 한 푼도 남지 않게 되는 결과도 생길 수 있다. 이러한 경우 채권자대위권의 법리에 의하여 전부채권자로서는 제3채무자인 임대인을 대위하여 그가 무자력이 아니더라도 그의 임차인에 대한 임대차목적물 인도청구권을 대위행사할 수 있다.[447)]

3) 집행채무자의 지위

가) 피전부채권의 상실

전부명령에 의하여 집행채무자는 피전부채권을 상실하게 된다. 전부명령이 형식적으로 유효한 집행권원에 기초한 것이었다면, 비록 집행채권이 전부명령 당시에 이미 소멸하였다거나 또는 집행권원이 가집행선고부 판결이었는데 후에 그 가집행선고

---

444) 추심명령의 송달에 최고로서의 효력을 인정한 대법원 2003. 5. 13. 선고 2003다16238 판결 참조.

445) 법원실무제요, 민사집행[IV], 법원행정처(2020), 430.

446) 법원실무제요, 민사집행[IV], 법원행정처(2020), 430-431.

447) 대법원 1989. 4. 25. 선고 88다카4253, 4260 판결 참조.

가 실효되더라도 이러한 피전부채권 상실의 효과에는 변함이 없다.[448] 다만, 채권압류 및 전부명령이 확정된 후 그 집행권원상의 집행채권이 이미 소멸한 것으로 판명된 경우에는 그 소멸한 부분에 관하여는 집행채권자가 집행채무자에 대한 관계에서 부당이득을 한 셈이 되므로, 그 집행채무자는 집행채권자를 상대로 그가 위 전부명령에 따라 전부받은 채권 중 실제로 추심한 금전 부분에 관하여는 그 상당액을, 추심하지 않은 부분에 관하여는 그 채권 자체를 집행채무자에게 양도하는 방법에 의하여 부당이득의 반환을 구할 수 있다.[449]

한편, 무효인 집행권원에 기초한 강제집행의 경우에는 전부명령의 요건을 충족하더라도 전부의 효력이 생기지 않는다.[450]

나) 동시이행관계의 존속 여부

임차인의 임차보증금반환청구채권이 전부된 경우에도 채권의 동일성은 그대로 유지되는 것이어서 동시이행관계도 당연히 그대로 존속한다. 따라서 임대차계약이 해지된 후에 임대인이 잔존 임차보증금반환청구채권을 전부받은 자에게 그 채무를 현실적으로 이행하였거나 그 채무이행을 제공하였음에도 불구하고, 임차인이 목적물을 명도하지 않음으로써 임차목적물반환채무가 이행지체에 빠지는 등의 사유로 동시이행의 항변권을 상실하게 되었다는 점에 관하여 임대인이 주장·입증을 하지 않은 이상, 임차인의 목적물에 대한 점유는 동시이행의 항변권에 기한 것이어서 불법점유라고 볼 수 없다.[451]

이에 대하여는, 임대차보증금 반환채권을 전부 상실한 집행채무자인 임차인이 그 반환을 위하여 동시이행의 항변권을 행사할 이익을 가진다고 볼 수 있을지 의문이라는 지적이 있다.[452] 그러나 만일 임차인이 임대인에게 먼저 임대차목적물을 반환해 버리면 임대인이 전부채권자에 대한 임대차보증금 반환을 게을리 할 수 있으므로, 전부채권자의 임대차보증금 반환채권 이행 확보를 위해서는 임차인의 동시이행항변권을 인정하는 것이 타당하다고 생각한다. 그리고 그러한 이유라면, 전부채권자가 임대차보증금 반환채권을 피보전권리로 하여 임대인을 대위하여 임차인에게 임대차목적물의 반환을 청구할 때에는 임차인은 동시이행의 항변으로 그 이행을 거절할 수

448) 대법원 1996. 6. 28. 선고 95다45460 판결 등.
449) 대법원 2008. 2. 29. 선고 2007다49960 판결, 대법원 2010. 12. 23. 선고 2009다37725 판결.
450) 법원실무제요, 민사집행[IV], 법원행정처(2020), 431.
451) 대법원 1989. 10. 27. 선고 89다카4298 판결, 대법원 2002. 7. 26. 선고 2001다68839 판결
452) 윤진수, "전부명령의 요건과 효력", 김기수화갑기념논문집, 박영사(1992), 1049; 최승록, "임차보증금반환채권에 대한 전부명령의 효력", 재판자료 제71집, 법원도서관(1996), 425.

없다고 보아야 할 것이다.[453)]

다) 전부채권자에 대한 협력의무

(1) 집행채무자는 전부채권자가 피전부채권을 실효적으로 회수할 수 있도록 협력하여야 할 이른바 사후적인 성실의무가 있다고 보는 견해가 있으나,[454)] 전부명령에 따라 피전부채권이 이전됨으로써 집행채권이 이미 소멸하였는데 그 이후에 과연 채무자에게 그와 같은 의무를 법률상 인정할 수 있는지 의문을 제기하는 견해도 있다.[455)]

(2) 금전채권에 대한 집행의 한 방법인 압류·전부명령은 실질적으로 채권자평등주의 원칙의 예외를 이루는 집행방법으로서, 조건부채권이나 기한부채권 등 장래의 채권에 대한 전부명령의 경우 전부명령이 채무자와 제3채무자에게 송달되어 확정되면 전부의 효력이 생기고 조건의 성취나 기한의 도래에 따라 그 채권이 구체화되는 데에 따라 그의 효력 범위가 특정되는 것이기에, 채무초과 상태에 빠진 채무자가 그 전부명령에 의한 강제집행개시 사실을 알고서 그 조건성취나 기한의 도래를 방해하는 행위를 하였다면 그 행위는 전부명령에 의한 채권에 대한 강제집행을 방해한 것이 된다.[456)]

(3) 임대차보증금 반환채권이 양도된 사안에서 판례는 임차인이 임대인과 합의에 의하여 임대차계약을 갱신하거나 임대차기간을 연장하는 것은 임대차보증금 반환채권의 양수인에 대한 관계에서는 효력이 없다고 판단하였는데,[457)] 이러한 법리는 임대차보증금 반환채권이 전부된 경우에도 적용될 수 있을 것이다. 즉 채무자인 임차인은 전부채권자에 대한 관계에 있어서는 임대차보증금 반환채권의 실현에 방해가 되는 임대차계약의 갱신 내지 기간 연장을 하여서는 안 될 의무를 부담하고, 전부명령의 송달을 받은 제3채무자인 임대인으로서도 그와 같은 사정을 알 수 있을 것이므로, 전부명령 송달 후에 임차인과 임대인 사이에 임대차계약 갱신이나 기간 연장의 합의가 있었다 하더라도 제3채무자인 임대인으로서는 전부명령 후에 발생한 그와 같은 사유를 이유로 전부채권자에게 대항할 수 없다고 봄이 타당하다.[458)]

---

453) 주석 민사집행법(V)(제4판), 한국사법행정학회(2018), 619(노재호).

454) 윤진수, "전부명령의 요건과 효력", 김기수화갑기념논문집, 박영사(1992), 1048.

455) 손진홍, 채권집행의 이론과 실무, 법률정보센터(2016), 741.

456) 대법원 2002. 1. 25. 선고 99다53902 판결.

457) 대법원 1989. 4. 25. 선고 88다카4253, 4260 판결

458) 주석 민사집행법(V)(제4판), 한국사법행정학회(2018), 620(노재호); 윤진수, "전부명령의 요건과 효력", 김기수화갑기념논문집, 박영사(1992), 1048. 임대차보증금 반환채권이 양도된 경우에 관하여, 양창수, "임차보증금반환채권의 양도와 임대차계약의 묵시적 갱신", 서울대학교법

(4) 판례는 피전부채권이 기본계약이 해지되어야 비로소 발생할 경우(예컨대 전화가입계약 해지로 인한 설비비 반환채권, 골프클럽 회원가입계약 해지로 인한 입회금 반환채권 등)에는 그 해지권이 일신전속적인 권리가 아닌 한 전부채권자가 집행채무자를 대위하여 그 해지권을 행사할 수 있다고 한다.459)

골프클럽회원의 회원가입계약 해지권의 경우 이는 일신전속적인 권리가 아니고 그 해지(탈퇴)에 특별한 제약이 없는 것인 이상, 입회금반환청구권은 비록 입회금반환사유가 발생할 것을 정지조건으로 하는 채권이라 할지라도, 그에 대한 압류 및 전부명령이 제3자인 골프장운영회사에게 송달된 때에 채권자가 집행법원을 통하여 제3자에게 채무자를 대위하여 회원가입계약 해지권을 행사한 것이라고 볼 수 있으므로, 입회금 반환사유는 그 송달 시에 이미 발생하였다고 볼 것이다.460)

4) 제3채무자의 지위

가) 채무자에 대한 항변사유로 전부채권자에게 대항

(1) 금전채권에 대하여 전부명령이 있는 때에는 피전부채권이 동일성을 유지한 채로 집행채무자로부터 집행채권자에게 이전되므로 제3채무자는 채권압류 전 피전부채권자에 대하여 가지고 있었던 항변사유로 전부채권자에게 대항할 수 있다.461)

제3채무자는 피전부채권이 존재하는 한 종전의 채권자인 집행채무자에 대하여 부담하고 있던 채무를 채권자에 대하여 부담하게 되고, 채권자에게 이를 이행하면 된다. 제3채무자는 채무자에 대하여 가지고 있던 종전의 법률상의 지위를 그대로 가지고 있으므로, 채무자에 대한 채권압류 전의 각종의 항변사유, 예를 들어 취소, 해제, 상계 등의 형성권의 행사나 변제, 소멸시효 완성, 동시이행 내지 선이행의 항변으로써 채권자에 대하여 대항할 수 있음은 압류의 경우와 같다.

제3채무자가 전부채권자에게 대항할 수 있는 사유는 압류명령 송달 전에 반드시

학 제31권 제1·2호, 서울대학교 법학연구소(1990), 171-195는 채무자는 양도통지를 받을 때까지 양도인에 대하여 생긴 사유로만 양수인에게 대항할 수 있음을 이유로, 한기택, "임차보증금반환청구채권을 양수한 자의 임대인의 임차인에 대한 목적물명도청구권의 대위행사", 민사판례연구 제12권, 박영사(1990), 43-45는 본문과 비슷한 이유로 같은 결론을 인정한다.

459) 대법원 1976. 2. 24. 선고 76다52 판결, 대법원 1989. 11. 10. 선고 88다카19606 판결. 특히 후자의 판결은 "입회금반환사유가 발생할 것을 정지조건으로 하는 골프클럽회원 입회금반환청구권에 대한 압류 및 전부명령이 제3채무자에게 송달된 때에는 채권자가 집행법원을 통하여 제3자에게 채무자를 대위하여 회원가입계약 해지권을 행사한 것으로 볼 수 있다."라고 판단하였다.

460) 대법원 1989. 11. 10. 선고 88다카19606 판결.

461) 대법원 2023. 4. 13. 선고 2022다293272 판결.

현실적으로 발생하였어야 하는 것은 아니고, 그 기초가 되는 법률관계가 존재하였으면 충분하다. 따라서 임대차보증금 반환채권이 전부된 경우에 제3채무자인 임대인은 압류명령 송달 후에 발생한 연체차임도 전부채권자에게 공제를 주장할 수 있다. 임대차보증금의 반환채권에 대한 전부명령의 효력이 그 송달에 의하여 발생한다고 하여도, 위 보증금반환채권은 임대인의 채권이 발생하는 것을 해제조건으로 하는 것이고 임대인의 채권을 공제한 잔액에 관하여서만 전부명령이 유효하기 때문이다.[462)]

(2) 그 항변사유가 형성권의 행사일 때에는 그 의사표시는 원칙적으로 집행채무자에 대하여 해야 하지만, 상계의 경우에는 전부채권자에 대하여 해야 한다.[463)]

다만, 가분적인 금전채권의 일부에 대한 전부명령이 확정되면 특별한 사정이 없는 한 전부명령이 제3채무자에 송달된 때에 소급하여 전부된 채권 부분과 전부되지 않은 채권 부분에 대하여 각기 독립한 분할채권이 성립하게 되므로, 그 채권에 대하여 압류채무자에 대한 반대채권으로 상계하고자 하는 제3채무자로서는 전부채권자 또는 압류채무자 중 어느 누구도 상계의 상대방으로 지정하여 상계하거나 상계로 대항할 수 있고, 그러한 제3채무자의 상계 의사표시를 수령한 전부채권자는 압류채무자에 잔존한 채권 부분이 먼저 상계되어야 한다거나 각 분할채권액의 채권 총액에 대한 비율에 따라 상계되어야 한다는 이의를 할 수 없다.[464)]

나) 전부채권자에 대한 채권을 자동채권으로 하는 상계

전부명령에 따라 피전부채권이 전부채권자에게 완전히 이전되므로, 만일 제3채무자가 전부채권자에게 반대채권을 가지고 있다면 이를 자동채권으로 하여 전부채권자의 전부금채권과 상계할 수 있다.[465)]

다) 제3채무자의 공탁

(1) 집행공탁

전부명령이 제3채무자에게 송달된 후에도 확정되기 전에는 제3채무자는 민사집행법 제248조에 따라 공탁(집행공탁)할 권리 또는 의무가 있다. 압류의 효력은 압류명령이 제3채무자에게 송달된 시점에 이미 발생하였기 때문이다.[466)]

---

462) 대법원 1988. 1. 19. 선고 87다카1315 판결 등.

463) 법원실무제요, 민사집행[IV], 법원행정처(2020), 432.

464) 대법원 2010. 3. 25. 선고 2007다35152 판결.

465) 주석 민사집행법(V)(제4판), 한국사법행정학회(2018), 622(노재호).

466) 법원실무제요, 민사집행[IV], 법원행정처(2020), 433.

(2) 변제공탁

장래의 불확정채권에 대하여 압류가 중복된 상태에서 전부명령이 있는 경우 그 압류의 경합으로 인하여 전부명령이 무효가 되는지의 여부는, 나중에 확정된 피압류채권액을 기준으로 판단할 것이 아니라, 전부명령이 제3채무자에게 송달된 당시의 계약상의 피압류채권액을 기준으로 판단하여야 한다.[467] 장래의 불확정채권에 대한 전부명령을 허용하는 것은 가까운 장래에 채권이 발생할 것이 상당한 정도로 기대되기 때문이므로, 전부명령 송달 당시 피압류채권의 발생 원인이 되는 계약에 그 채권액이 정해지지 않아 그 채권액을 알 수 없는 경우에는 그 계약의 체결 경위와 내용 및 그 이행 경과, 그 계약에 기하여 가까운 장래에 채권이 발생할 가능성 및 그 채권의 성격과 내용 등 제반 사정을 종합하여 그 계약에 의하여 장래 발생할 것이 상당히 기대되는 채권액을 산정한 후 이를 그 계약상의 피압류채권액으로 봄이 타당하다.[468]

따라서 장래의 불확정채권에 대하여 수개의 전부명령이 존재하고, 그 후 확정된 피압류채권액이 각 전부금액의 합계액에 미달하는 경우에도, 각 전부명령이 그 송달 당시 압류의 경합이 없어 유효한 이상, 각 전부채권자는 확정된 피압류채권액의 범위 안에서 자신의 전부금액 전액의 지급을 제3채무자에 대하여 구할 수 있고, 제3채무자로서는 전부채권자 중 누구에게라도 그 채무를 변제하면 다른 채권자에 대한 관계에서도 유효하게 면책되며, 한편 제3채무자는 이중지급의 위험이 있을 수 있으므로 민법 제487조 후단을 유추적용하여 채권자를 알 수 없다는 이유로 변제공탁을 함으로써 법률관계의 불안으로부터 벗어날 수 있다.[469]

라) 전부명령이 무효인 경우

전부명령이 무효인 경우에는 제3채무자로서는 전부금 청구소송에서 이를 주장할 수 있을 뿐만 아니라 전부명령에 대한 즉시항고를 제기할 수도 있다(민사집행법 제229조 제6항).

공정증서가 집행권원으로서 집행력을 가질 수 있도록 하는 집행인낙의 표시는 공증인에 대한 소송행위이므로, 무권대리인의 촉탁에 의하여 공정증서가 작성된 때에는 집행권원으로서의 효력이 없고, 이러한 공정증서에 기초하여 채권압류 및 전부명령이 발령되어 확정되었다고 하더라도 그 채권압류 및 전부명령은 무효인 집행권원에 기초한 것으로서 강제집행의 요건을 갖추지 못하여 실체법상 효력이 없다. 따라서

467) 대법원 1998. 8. 21. 선고 98다15439 판결.

468) 대법원 2010. 5. 13. 선고 2009다98980 판결.

469) 대법원 1998. 8. 21. 선고 98다15439 판결.

제3채무자는 채권자의 전부금 지급청구에 대하여 그러한 실체법상의 무효를 들어 항변할 수 있다.[470] 또한, 전부명령은 압류채권의 지급에 갈음하여 피전부채권을 채무자로부터 압류채권자에게로 이전하는 효력을 가지므로, 전부명령의 전제가 되는 압류가 무효인 경우 그 압류에 기한 전부명령은 절차법상으로는 당연무효라고 할 수 없다 하더라도 '실체법상으로는 그 효력이 발생하지 않는다'는 의미의 무효라고 할 것이고, 따라서 제3채무자는 압류채권자의 전부금 지급청구에 대하여 위와 같은 실체법상의 무효를 들어 항변할 수 있다.[471]

그 밖에 무효인 전부명령을 받은 채권자에 대한 제3채무자의 변제가 채권의 준점유자에 대한 변제가 될 수 있음은 앞서 본 바와 같다.

마) 임대차보증금 반환채권이 압류·전부된 경우에 그 임대차보증금은 임대인이 임차인의 목적물 인도 시까지 임대차계약에 의하여 임차인에 대하여 가지는 일체의 채권을 담보하는 것이므로, 제3채무자인 임대인은 전부명령 송달 시까지 발생한 임차인에 대한 채권뿐만 아니라 그 이후에 발생한 채권도 공제한 나머지를 전부채권자에게 지급하면 된다.[472] 또한, 주택임대차보호법 제3조 제1항의 대항요건을 갖춘 임차인의 임대차보증금반환채권에 대한 압류 및 전부명령이 확정되어 임차인의 임대차보증금반환채권이 집행채권자에게 이전된 경우 제3채무자인 임대인으로서는 임차인에 대하여 부담하고 있던 채무를 집행채권자에 대하여 부담하게 될 뿐 그가 임대차 목적물인 주택의 소유자로서 이를 제3자에게 매도할 권능은 그대로 보유하는 것이며, 위와 같이 소유자인 임대인이 당해 주택을 매도한 경우 주택임대차보호법 제3조 제2항에 따라 전부채권자에 대한 보증금지급의무를 면하게 되므로, 결국 임대인은 전부금지급의무를 부담하지 않는다.[473]

5) 제3자에 대한 효력

채권양도의 경우에는 확정일자 있는 증서에 의한 양도인의 통지나 채무자의 승낙이 있어야 채무자 이외의 제3자에게 대항할 수 있으나(민법 제450조 제2항), 전부명령에 의한 피전부채권 이전의 경우에는 전부명령의 제3채무자에 대한 송달이 확정일자 있는 증서에 의한 통지에 대응하므로 전부명령이 채무자와 제3채무자에게 송달되고 전부명령이 확정되면 제3채무자를 비롯한 제3자에게 피전부채권의 이전으로 대

470) 대법원 2016. 12. 29. 선고 2016다22837 판결.
471) 대법원 1987. 3. 24. 선고 86다카1588 판결, 대법원 2000. 7. 4. 선고 2000다21048 판결 등.
472) 대법원 1987. 6. 9. 선고 87다68 판결 참조.
473) 대법원 2005. 9. 9. 선고 2005다23773 판결.

항할 수 있다.

다만, 제3자가 이를 다툴 이익이 있을 때(예를 들어 채권을 미리 양수한 자 등)에는 전부채권자를 상대로 하여 위 채권이 전부채권자에게 귀속되지 않았다거나 자기에게 속한다는 확인을 구하는 소를 제기할 수 있고, 채무자나 제3채무자가 즉시항고를 할 수 있는 기간 안에는 제3자가 전부명령에 대한 즉시항고를 할 수도 있다(전부명령에 의하여 자신의 정당한 이익을 침해당한 제3자에게도 즉시항고의 이익이 있을 수 있음은 앞서 본 바와 같다).[474]

다. 집행채권의 소멸

1) 일반적인 경우

전부명령의 효력이 발생하면 피전부채권이 존재하는 한 그 권면액 상당의 집행채권은 집행채권자에게 변제된 것으로 보아 전부명령이 제3채무자에게 송달된 때로 소급하여 소멸한다. 집행채권인 약속어음금 채권이 전부명령의 확정에 의하여 소멸한 경우 그 시점에 약속어음금 채권에 의하여 담보되는 원인채권인 대여금채권도 같은 액수만큼 변제로 인하여 확정적으로 소멸한다.[475]

전부명령에 의한 채무소멸의 효과는 채권자가 압류명령 신청 시에 명시한 집행채권의 변제를 위해서만 생기므로, 채권자가 청구금액을 '대여금 중 일부금'으로 표시한 채권의 압류 및 전부명령을 신청한 경우, 집행권원에 표시된 대여금채권만이 집행채권으로 되었을 뿐 그 이자나 지연손해금은 집행채권으로 되었다고 할 수 없으므로 원금과 이자 사이의 변제충당에 관한 문제가 발생할 여지가 없다.[476]

이처럼 집행채권이 소멸하면 그 한도에서 집행력도 소멸한다. 제3채무자가 자력이 없어서 전부채권자가 제3채무자로부터 현실적으로 변제를 받지 못하더라도 집행채권 소멸의 효력에는 영향이 없다. 이러한 점에서 전부명령의 경우에는 추심명령의 경우와 달리 제3채무자의 무자력 위험을 전부채권자가 부담하게 된다고 할 수 있다.[477]

2) 피전부채권이 존재하지 않는 경우

가) 피전부채권이 존재하지 않는 경우에는 전부명령은 실체법상 무효이므로 집행채권 소멸의 효력은 발생하지 않는다(민사집행법 제231조 단서).

474) 법원실무제요, 민사집행[IV], 법원행정처(2020), 434.
475) 대법원 2009. 2. 12. 선고 2006다88234 판결.
476) 대법원 1996. 4. 12. 선고 95다55047 판결.
477) 법원실무제요, 민사집행[IV], 법원행정처(2020), 434-435.

압류된 금전채권에 대한 전부명령이 절차상 적법하게 발부되어 확정되었다고 하더라도 전부명령이 제3채무자에게 송달될 때에 피압류채권이 존재하지 않으면 전부명령도 무효이므로, 피압류채권이 전부채권자에게 이전되거나 집행채권이 변제되어 소멸하는 효과는 발생할 수 없다.[478)]

나) 이 경우에 전부채권자는 피전부채권이 존재하지 않음을 입증하여 다시 집행력 있는 정본을 부여받아 강제집행을 할 수 있다. 다만 전부명령 신청 당시 제출한 집행권원의 반환을 청구할 수는 없다(재민 62-9). 피전부채권이 존재하지 않는다는 입증방법으로는 이론적으로는 제3채무자 명의의 피전부채권 부존재의 증명서와 같은 것도 생각할 수 있으나, 실무에서는 전부금 청구소송에서의 전부채권자 패소의 판결을 제출하는 것이 보통이다.

다) '피전부채권이 존재하지 않는 경우'에는, 전부명령이 송달될 당시 피전부채권이 처음부터 존재하지 않았거나 또는 소멸 내지 제3자에게 양도된 경우 등은 물론이고, 전부명령이 송달될 당시에는 피전부채권이 유효하게 존재하고 있었으나 그 후 제3채무자의 취소나 해제 또는 상계 등에 의하여 소급하여 소멸한 경우, 장래의 조건부 채권에 대한 전부명령이 확정된 후에 그 피압류채권의 전부 또는 일부가 존재하지 않은 것으로 밝혀진 경우[479)] 등도 포함된다.

피전부채권이 소급하여 소멸한 경우에는 일단 소멸하였던 집행채권도 소급적으로 부활하는 것으로 보아야 한다.[480)]

라) 특히 문제가 되는 것은 상계이다. 제3채무자가 채무자에 대한 자동채권으로 전부채권자에게 대항할 수 있는 경우에 그 상계적상이 압류 전에 성립된 것이면 상계의 효력도 상계적상 시점으로 소급하므로 문제가 없다. 그런데 판례는 상계적상이 압류 후에 있는 경우에도 일정한 범위 내에서는 상계를 허용하고 있음은 앞에서 본 바와 같고, 이 경우에는 상계의 효력이 압류명령 내지 전부명령 이전까지는 소급할 수 없게 되므로, 이때에는 상계가 집행채권 소멸의 효과에 영향을 미치지 않는 것이라고 볼 여지도 있다. 그러나 제3채무자가 채무자에 대한 자동채권을 압류 전에 취득하였으면 널리 상계를 허용하는 취지에 비추어, 상계적상의 시기가 언제였는지를 불문하고 집행채권의 부활을 인정함이 타당하다.[481)]

---

478) 대법원 2022. 12. 1. 선고 2022다247521 판결.

479) 대법원 2004. 8. 20. 선고 2004다24168 판결.

480) 윤진수, "전부명령의 요건과 효력", 김기수화갑기념논문집, 박영사(1992), 1053; 법원실무제요, 민사집행[IV], 법원행정처(2020), 435.

3) 집행채권에 무효사유가 있거나 전부명령 확정 후 집행채권이 소멸한 경우

채무자 또는 그 대리인의 유효한 작성촉탁과 집행인낙의 의사표시에 터 잡아 작성된 공정증서를 집행권원으로 하는 금전채권에 대한 강제집행절차에서, 그 공정증서에 표시된 청구권의 기초가 되는 법률행위에 무효사유가 있다고 하더라도 그 강제집행절차가 청구이의의 소 등을 통하여 적법하게 취소·정지되지 않은 채 계속 진행되어 채권압류 및 전부명령이 적법하게 확정되었다면, 그 강제집행절차가 반사회적 법률행위의 수단으로 이용되었다는 등의 특별한 사정이 없는 한, 확정된 전부명령에 따라 전부채권자에게 피전부채권이 이전되는 효력 자체를 부정할 수는 없다. 다만 위와 같이 전부명령이 확정된 후 그 집행권원인 집행증서의 기초가 된 법률행위 중 전부 또는 일부에 '무효'사유가 있는 것으로 판명된 경우에는 그 무효 부분에 관하여는 집행채권자가 부당이득을 한 셈이 되므로 그 집행채권자는 집행채무자에게, 위 전부명령에 따라 전부받은 채권 중 실제로 추심한 금전 부분에 관하여는 그 상당액을 반환하여야 하고, 추심하지 않은 나머지 부분에 관하여는 그 채권 자체를 양도하는 방법에 의하여 반환하여야 한다.[482)]

이는 전부명령이 확정된 후 그 집행권원상의 집행채권이 '소멸'한 것으로 판명된 경우에도 동일하다.[483)]

4) 장래의 채권 등에 대한 전부명령의 경우 집행채권의 소멸시기

가) 문제의 소재

① 피전부채권이 정지조건부 권리이거나 그 밖에 장래의 채권으로서 전부명령의 효력 발생 시에는 아직 현실적으로 존재하지 않는 경우 또는 ② 전부명령의 효력 발생 당시에는 피전부채권이 존재하였더라도 타인의 질권 등과 같은 우선권의 목적이었는데 그 후 그 우선권이 실행되어 채권이 소멸한 경우에 집행채권의 소멸시기를 언제로 보아야 할 것인지에 관하여 논의가 있다.

나) 학설[484)]

제1설은, 장래의 채권 등에 대한 전부명령이 있은 경우에도 일반적인 경우와 마찬가지로 그 전부명령이 확정되면 제3채무자에게 송달된 때에 소급하여 피전부채권

---

481) 윤진수, "전부명령의 요건과 효력", 김기수화갑기념논문집, 박영사(1992), 1053; 법원실무제요, 민사집행[IV], 법원행정처(2020), 435-436.

482) 대법원 2005. 4. 15. 선고 2004다70024 판결.

483) 대법원 2008. 2. 29. 선고 2007다49960 판결.

484) 학설의 소개는 손진홍, 채권집행실무, 한국사법행정학회(2019), 661-662 참조.

의 이전과 집행채권의 소멸이라는 효력이 발생하고, 전부명령의 효력 발생 후 전부된 채권의 전부 또는 일부가 부존재하는 것으로 확정되었을 때에는 그러한 사정은 이미 발생한 집행채권 소멸의 효과에는 영향을 미치지 않으며, 다만 채무자는 전부채권자에 대한 관계에서 부당이득을 얻은 것이 되므로 전부채권자는 채무자를 상대로 부당이득반환청구권에 관한 새로운 집행권원을 얻어 강제집행을 하여야 한다고 한다.

제2설은, 전부명령이 확정되면 제3채무자에게 송달된 때에 소급하여 피전부채권의 이전과 집행채권의 소멸이라는 효력이 발생한다는 점에 있어서는 제1설과 같으나, 그 후 전부된 채권의 전부 또는 일부가 부존재하는 것으로 확정되었을 때에는 그 부존재하는 부분에 대한 전부명령은 민사집행법 제231조 단서에 의하여 효력이 없게 되고, 따라서 집행채권자는 기존의 집행권원에 의하여 새로이 채무자의 재산에 대하여 강제집행을 할 수 있다고 한다.

제3설은, 장래의 채권 등에 대한 전부명령의 실체적 효력은 채권의 존부 내지 그 범위를 불확실하게 하는 요소가 확정되었을 때, 예를 들어 정지조건부 채권에 있어서는 그 조건이 성취되었을 때 발생한다고 한다.

다) 판례

판례는 '전부명령이 확정되면 피압류채권은 제3채무자에게 송달된 때에 소급하여 집행채권의 범위 안에서 당연히 전부채권자에게 이전하고 동시에 집행채권 소멸의 효력이 발생하는 것으로, 이 점은 피압류채권이 그 존부 및 범위를 불확실하게 하는 요소를 내포하고 있는 장래의 채권인 경우에도 마찬가지라고 할 것이나, 장래의 채권에 대한 전부명령이 확정된 후에 그 피압류채권의 전부 또는 일부가 존재하지 않는 것으로 밝혀졌다면 그 부분에 대한 전부명령의 실체적 효력은 소급하여 소멸한다'고 판단하여[485] 장래의 채권에 대한 전부명령의 경우에 제2설과 같은 태도를 취하고 있다.

라) 검토

제1설은, 논리적으로 일관성이 있지만 전부명령을 받아 제3채무자를 상대로 전부금청구소송을 하여 패소한 전부채권자에게 또 다시 채무자를 상대로 하여 부당이득반환청구소송을 하라고 하는 것은 아무리 위험부담을 각오한 채권자라고 하지만 지나치다는 비판이 있다.[486]

---

485) 대법원 2001. 9. 25. 선고 99다15177 판결(미확정의 경매 배당금청구권), 대법원 2002. 7. 12. 선고 99다68652 판결(미확정의 공사대금채권), 대법원 2004. 8. 20. 선고 2004다24168 판결(기업자가 토지수용에 대한 보상지급수단을 선택하지 않은 상태에서 손실보상금채권) 등 참조.

제3설은, 장래의 채권 등에 대한 전부명령의 효력발생시기에 관하여 일반채권이 전부되었을 때와 달리 취급할 근거가 없고, 만일 '전부명령의 실체적 효력 중 집행채권 소멸의 효과는 채권의 존부 및 범위가 확정되었을 때 발생하지만 피전부채권 이전의 효과는 다른 채권자들에 의한 경합압류 등을 막기 위하여 전부명령의 효력 발생 시에 이미 발생하는 것'이라고 본다면 피전부채권의 이전과 집행채권의 소멸이 표리관계를 이룬다고 하는 전부명령의 본질에 반하는 해석이 된다는 등의 비판이 있다.487)

제2설에 대하여도, 장래의 채권 등에 대한 전부명령의 경우 채권의 존부 및 범위를 불확실하게 하는 요소가 현실적으로 나타나서 전부된 채권의 일부 또는 전부가 더 이상 존재하지 않는 것으로 확정되는 것은, 채권이 소급하여 소멸하는 것과는 달리 사후적으로 소멸하는 것일 뿐이므로 민사집행법 제231조 단서를 적용할 수 없다는 비판이 있다.488) 그러나 민사집행법 제231조 단서를 '압류의 대상이 되는 채권액이 당초의 예상과는 달리 변동된 경우'를 규율하는 조항으로 확장해석하면, '채권이 소급하여 소멸하는 경우'뿐만 아니라 '후발적 사정에 의하여 채권이 감축된 경우'를 포함한다고 볼 수 있고,489) 당사자 사이의 이익형량이라는 면에서도 기본적으로 제2설이 가장 무난할 것으로 생각한다.490)

다만, 다른 사람의 담보권이 있는 채권에 대하여 전부명령이 확정된 후 담보권자가 우선변제권을 행사한 경우에는, 피전부채권이 존재하지 않는 것이 아니라 담보권의 추급력에 따라 전부채권자가 전부받은 채권으로 채무자의 피담보채무를 변제한 결과가 되는 것이므로, 제1설과 같이 전부채권자는 채무자에게 부당이득의 반환을 청구하는 방법으로 구제를 받아야 한다고 해석하는 것이 타당하다.491)

5) 채무자 회생 및 파산에 관한 법률 제616조에 규정된 전부명령에 대한 특칙

전부명령이 확정된 경우에는 전부명령이 제3채무자에게 송달된 때에 채무자가 채무를 변제한 것으로 보아 집행이 종료되므로(민사집행법 제231조 본문), 채무자에

---

486) 손진홍, 채권집행실무, 한국사법행정학회(2019), 662.

487) 손진홍, 채권집행실무, 한국사법행정학회(2019), 662.

488) 손진홍, 채권집행실무, 한국사법행정학회(2019), 662.

489) 이계정, "장래 채권의 전부명령에 관한 일고찰", 인권과 정의 제388호, 대한변호사협회(2008.12.), 23.

490) 윤진수, "전부명령의 요건과 효력", 김기수화갑기념논문집, 박영사(1992), 1056; 주석 민사집행법(V)(제4판), 한국사법행정학회(2018), 627-628(노재호).

491) 주석 민사집행법(V)(제4판), 한국사법행정학회(2018), 628(노재호). 日最判 2000. 4. 7.도 같은 취지이다.

대한 개인회생절차가 개시되기 전에 확정되어 효력이 발생한 전부명령은 그 후 변제계획이 인가되더라도 그 효력을 잃지 않는 것이 원칙이다. 다만 채무자 회생 및 파산에 관한 법률 제616조 제1항은, 채무자의 급료·연금·봉급·상여금, 그 밖에 이와 비슷한 성질을 가진 급여채권에 관한 전부명령은, 개인회생절차가 개시되기 전에 확정되었더라도, 변제계획이 인가된 경우 변제계획 인가결정 후에 제공한 노무로 인한 부분에 대하여는 그 효력을 상실하는 것으로 규정하고 있다. 이는 급여를 받아 생활하면서 이를 주된 개인회생재단으로 하여 변제계획을 이행하여야 하는 개인채무자의 효율적인 회생을 도모하기 위함이다.[492)]

8. 저당권이 있는 채권의 전부(轉付)와 저당권이전등기

가. 등기촉탁의 신청

1) 신청절차

저당권이 있는 채권에 대하여 전부명령을 얻은 때에는 저당권이 압류채권자에게로 이전되므로 압류채권자가 저당권자로서 저당권을 실행할 수 있다. 저당권이 있는 채권에 관하여 전부명령이 확정된 경우에는 민사집행법 제228조의 규정이 준용되므로(민사집행법 제230조), 전부채권자의 신청에 의하여 법원사무관등은 저당권이전등기를 촉탁하여야 한다(민사집행규칙 제167조).

법원사무관등이 등기관에게 저당권이전등기를 촉탁하기 위해서는 우선 저당권 있는 금전채권을 집행대상으로 한 집행절차에서 전부명령이 확정되어 저당권이 압류채권자에게 이전되어야 하고, 또한 등기촉탁의 신청이 있어야 한다.

위 촉탁의 신청을 할 수 있는 자는 전부채권자와 그 일반승계인이다. 집행절차에 의하여 채권을 취득한 자의 권리실현을 위하여 특히 간이한 절차를 인정한 것이므로, 전부채권자로부터 채권을 양수한 자는 등기촉탁의 신청을 할 수 없다.[493)]

2) 다른 압류 또는 가압류의 집행이 없다는 사실을 증명하는 문서의 제출

저당권이 있는 채권에 대하여 전부명령이 확정된 경우에 저당권이전등기의 촉탁을 하는 경우에 법원사무관등은 그 전부명령이 제3채무자에게 송달되기까지 다른 압류나 가압류의 집행 또는 배당요구가 없었다는 사실을 확인하여야 하고, 이전등기의 촉탁을 신청하는 전부채권자는 기록상 분명한 경우가 아니면 압류된 채권에 관하여

---

492) 대법원 2008. 1. 31.자 2007마1679 결정.

493) 법원실무제요, 민사집행[IV], 법원행정처(2020), 438.

전부명령이 제3채무자에게 송달될 때까지 다른 압류 및 가압류의 집행이 없다는 사실을 증명하는 문서를 제출하여야 한다(민사집행규칙 제168조 제1항).

이러한 증명문서에 관하여 특별한 제한은 없다. 일반적으로 제3채무자가 압류채권자 앞으로 작성한 증명서를 제출하는 것을 생각해 볼 수 있다.[494)]

3) 제3채무자에 대한 진술신청과 법원의 심문

가) 증명문서를 제출하기 어려운 사정이 있는 때에는 전부채권자는 제3채무자로 하여금 다른 압류 또는 가압류의 집행이 있었는지 여부에 관하여 진술하도록 법원에 신청할 수 있다(민사집행규칙 제168조 제2항). 이것은 채권자가 압류된 채권에 관하여 전부명령 또는 양도명령이 제3채무자에게 송달될 때까지 다른 압류 또는 가압류의 집행이 없다는 사실을 증명하는 문서를 제출하기 어려운 경우가 생길 수 있으므로, 그 사실을 가장 잘 알 수 있는 제3채무자에게 그에 관한 진술을 하도록 법원에 신청할 수 있도록 함으로써, 채권을 취득한 채권자가 저당권이전등기 등의 촉탁신청을 용이하게 할 수 있도록 한 것이다.[495)]

법원의 명령에 따라 제3채무자가 진술서를 제출한 때에는 이를 집행사건의 기록에 편철하고, 채권자 등은 별도로 민사집행규칙 제168조 제1항의 규정에 따른 문서를 제출할 필요가 없게 된다. 또한, 법원이 심문을 한 때에는 그 결과가 기록에 표시되어 법원사무관등이 촉탁 여부를 판단하는 자료로 사용할 수 있게 된다.[496)]

나) 제3채무자가 민사집행규칙 제168조 제2항에 규정된 진술을 게을리한 때에는 법원이 제3채무자를 심문할 수 있다(민사집행규칙 제168조 제3항). 이는 제2항의 규정에 따른 진술명령이 실효성을 거둘 수 있도록 하기 위한 조항이다.

민사집행규칙 제168조 제2항과 제3항의 명령과 심문을 실시할 주체는 집행법원이다. 제1항의 규정에 따른 등기촉탁의 주체는 법원사무관등으로 되어 있지만, 제3채무자에 대한 진술명령과 심문은 그 성질상 법원사무관등의 업무로 하는 것이 상당하지 않으므로 이와 같이 규정한 것이다.[497)]

민사집행규칙 제168조 제2항과 제3항의 규정에 따른 제3채무자의 진술은 민사집행법 제237조에 규정된 제3채무자의 진술과 유사한 성격을 가지고 있으므로, 제3채무자의 진술 자체에 구속력은 인정되지 않는다. 다만, 제3채무자가 고의나 과실로

494) 법원실무제요, 민사집행[IV], 법원행정처(2020), 438.

495) 주석 민사집행법(V)(제4판), 한국사법행정학회(2018), 576-577(노재호).

496) 법원실무제요, 민사집행[IV], 법원행정처(2020), 438.

497) 주석 민사집행법(V)(제4판), 한국사법행정학회(2018), 577(노재호).

진술의무를 위반하여 채권자 또는 매수인에게 손해가 발생한 때에는 제3채무자는 그 손해를 배상할 의무가 있다.[498]

나. 저당권이전등기 등의 촉탁

1) 절차

법원사무관등은 이전등기촉탁의 신청이 있으면 등기관에게 채권을 취득한 채권자에게 저당권이전등기를 할 것을 촉탁하여야 하고, 민사집행법 제228조에 의하여 이미 저당권 있는 채권의 압류등기가 등기부에 기입되어 있으면 그 채권압류등기의 말소도 아울러 촉탁하여야 한다(민사집행규칙 제167조 제1항 제2호).

만일 이전등기의 촉탁 신청이 적법함에도 법원사무관등이 촉탁을 하지 않거나 적법한 신청을 각하한 때에는 민사소송법 제223조의 법원사무관등의 처분에 대한 이의를 집행법원에 신청할 수 있고(민사집행법 제23조 제1항), 그 이의를 각하한 재판에 대하여는 통상항고를 할 수 있다(민사소송법 제439조).

이러한 채권압류등기 말소의 촉탁과 저당권이전등기의 촉탁은 함께 하여야 하고,[499] 양자 중 한 가지만을 촉탁한 경우에는 등기관은 부동산등기법 제29조 제5호(신청정보의 제공이 대법원규칙으로 정한 방식에 맞지 않는 경우)에 의하여 신청을 각하하여야 한다.[500] 양자의 촉탁을 동일한 촉탁서에 의하여 하여도 무방할 것이다.

그 촉탁서에는 부동산등기법 제22조에 따라 부동산등기규칙 제43조에 정해진 사항을 적어야 한다. 즉 등기의 목적으로는 '저당권이전 및 저당권이 있는 채권압류등기말소'를 특정하여 적어야 하고(저당권과 채권압류등기를 특정하여야 함은 물론이다), 등기원인으로는 '전부명령'이라고 적는다. 그 등기원인 날짜로는 전부명령이 확정된 날을 적어야 한다. 등기권리자는 신청인인 집행채권자, 등기의무자는 채무자가 된다. 위 촉탁은 전부명령의 정본을 붙인 서면으로 하여야 하고(민사집행규칙 제167조 제2항), 위 촉탁에 관한 비용(등록면허세 등)은 채권을 취득한 채권자가 부담한다(민사집행규칙 제167조 제3항). 이는 집행비용에는 포함되지 않는다.[501]

2) 압류기입등기에 저촉되는 다른 등기가 있는 경우

압류기입등기가 있은 후에 그 압류기입등기에 저촉되는 다른 등기, 예를 들어,

---

498) 주석 민사집행법(V)(제4판), 한국사법행정학회(2018), 577(노재호).
499) 법원실무제요, 민사집행[IV], 법원행정처(2020), 439.
500) 주석 민사집행법(V)(제4판), 한국사법행정학회(2018), 578(노재호).
501) 주석 민사집행법(V)(제4판), 한국사법행정학회(2018), 578(노재호).

제3자 앞으로 된 저당권이전등기가 있으면 이를 어떻게 처리할 것인지 문제된다.

이 경우 저당권이전등기촉탁을 하면서 저촉되는 다른 등기의 말소도 촉탁할 수 있을 것이라고도 생각할 수 있으나, 압류채권자와 채권양수인의 우열관계는 '등기의 선후'가 아니라 '압류명령의 송달과 확정일자 있는 증서에 의한 통지·승낙의 선후'에 의하여 결정되므로, 실무는 압류기입등기가 선행되었다는 것만으로 압류채권자나 매수인이 위와 같은 제3자에게 항상 우선한다고 할 수 없고 그 우선 여부는 본안소송에서 다루어지는 것이 바람직하다는 이유로 이를 부정하고 있다.502)

따라서 압류채권자가 피담보채권의 양수인인 제3자보다 우선하는 경우라면, 전부명령을 받은 압류채권자는 저당권을 이전받은 자의 지위에서, 전부명령의 확정으로 인하여 위 제3자에 대한 채권양도 및 이에 따른 저당권이전등기가 압류채권자에 대한 관계에서 무효가 되었다는 이유로 우선 위 제3자를 상대로 저당권이전등기의 말소를 구하고, 그에 따라 제3자 명의의 위 저당권이전등기가 말소된 후에 민사집행법 제230조에 따라 전부명령을 원인으로 한 저당권이전등기의 촉탁을 신청하여야 할 것이다. 그렇지 않고 제3자 앞으로 저당권이전등기가 되어 있는 상태에서 압류채권자가 전부명령의 확정만을 이유로 곧바로 저당권이전등기의 촉탁을 하게 되면 등기관은 '등기의무자의 불일치'를 이유로 촉탁을 각하할 수밖에 없다.503)

3) 근저당권의 피담보채권 확정 전인 경우

가) 근저당권의 피담보채권 확정 전에 기본계약에서 발생한 개별 채권에 대하여 압류 및 전부명령이 내려져 확정된 경우 근저당권의 전부 또는 일부가 전부채권자에게 이전되어 이전등기의 촉탁 신청을 할 수 있는지도 문제된다.

나) 이는 근저당권부채권이 원본 확정 전에 양도되거나 대위변제된 경우에 근저당권이 이에 수반되어 이전하는지의 문제와 상통하는 면이 있는데, 이에 관한 학설로는 이전긍정설과 이전부정설이 있다.504)

다) 판례의 입장은 다음과 같다. ① 근저당권이라고 함은 계속적인 거래관계로부터 발생하고 소멸하는 불특정다수의 장래채권을 결산기에 계산하여 잔존하는 채무를 일정한 한도액의 범위 내에서 담보하는 저당권이어서, 거래가 종료하기까지 채권은 계속적으로 증감변동하는 것이므로, 근저당 거래관계가 계속 중인 경우, 즉 근저당권의 피담보채권이 확정되기 전에 그 채권의 일부를 양도하거나 대위변제한 경우

502) 법원실무제요, 민사집행[IV], 법원행정처(2020), 439.

503) 법원실무제요, 민사집행[IV], 법원행정처(2020), 439-440.

504) 학설의 상세한 내용은, 손진홍, 채권집행실무, 한국사법행정학회(2019), 681-683 참조.

근저당권이 양수인이나 대위변제자에게 이전할 여지가 없다.[505] ② 그러나 근저당권에 의하여 담보되는 피담보채권이 확정되게 되면, 그 피담보채권액이 그 근저당권의 채권최고액을 초과하지 않는 한 그 근저당권 내지 그 실행으로 인한 매각대금에 대한 권리 중 그 피담보채권액을 담보하고 남는 부분은 저당권의 일부이전의 부기등기의 경료 여부와 관계없이 대위변제자에게 법률상 당연히 이전되고 이 경우에도 채권자는 일부 변제자에 대하여 우선변제권을 갖는다.[506]

전부명령으로 채권이 이전된 경우에 관하여는 아직 판례가 없다.

라) 생각건대, 근저당권의 피담보채권이 확정되기 전이라도 그 채권을 '압류'하는 데에는 아무런 제약이 없고, 실무에서도 근저당권의 피담보채권이 확정되었는지 여부를 가리지 않고 근저당권이 있는 채권에 대한 압류를 허용하고 있으며, 이때 그 압류의 효력이 근저당권에 미치는지에 관하여 긍정설이 타당하다는 점은 앞에서 본 것과 같다. 이는 개별 채권이 전부명령에 의하여 전부채권자에게 이전된 경우에도 마찬가지라고 봄이 타당하다.[507]

근저당권의 피담보채권이 확정되기 전에는 기본계약에 따른 거래가 계속되어 다른 채권들이 발생할 수 있으므로 전부채권자에게 이전되는 근저당권의 비율을 확정할 수 없다. 따라서 이 단계에서는 추상적 내지 잠재적으로 근저당권의 일부가 전부채권자에게 이전되었다고 말할 수 있을 뿐 근저당권의 이전등기를 할 수는 없다.[508] 하지만 이후 근저당권의 피담보채권이 확정되면 그때에는 전체 피담보채권 중 피전부채권이 차지하는 부분이 특정되므로 피담보채권 확정과 동시에 피전부채권에 해당하는 근저당권이 법률상 당연히 전부채권자에게 이전된다고 볼 수 있다. 이 경우 전부채권자와 기존 근저당권자는 근저당권의 준공유와 유사한 관계에 있다고 볼 수 있지만, 전부채권자와 근저당권자는 채권집행절차에서 집행채권자와 집행채무자의 관계에 있는 점, 근저당권자가 피담보채권 총액을 최고액 이상으로 증가시켜 압류 및 전부명령 효력을 잠탈하는 것을 방지할 필요가 있는 점 등을 고려하면, 근저당권의 목적부동산이 경매되어 배당금을 분배할 경우에는 최고액의 범위 내에서 전부채권자의 우선권을 긍정하는 것이 타당하다.[509]

505) 대법원 1996. 6. 14. 선고 95다53812 판결, 대법원 2000. 12. 26. 선고 2000다54451 판결
506) 대법원 2002. 7. 26. 선고 2001다53929 판결, 대법원 2009. 2. 26. 선고 2007다15448 판결
507) 주석 민사집행법(V)(제4판), 한국사법행정학회(2018), 580(노재호).
508) 판례가 "근저당권의 피담보채권이 확정되기 전에 그 채권의 일부를 양도하거나 대위변제한 경우 근저당권이 양수인이나 대위변제자에게 이전할 여지는 없다."고 하는 것은 이러한 의미라고 이해된다.

다. 저당권이 무효인 경우 소유자의 구제수단

근저당권 이전의 부기등기는 기존의 주등기인 근저당권설정등기에 종속되어 주등기와 일체를 이루는 것이어서, 피담보채무가 소멸된 경우 또는 근저당권설정등기가 당초 원인무효인 경우 주등기인 근저당권설정등기의 말소만 구하면 되고 그 부기등기는 별도로 말소를 구하지 않더라도 주등기의 말소에 따라 직권으로 말소되는 것이며, 근저당권 양도의 부기등기는 기존의 근저당권설정등기에 의한 권리의 승계를 등기부상 명시하는 것뿐으로, 그 등기에 의하여 새로운 권리가 생기는 것이 아닌 만큼 근저당권설정등기의 말소등기청구는 양수인만을 상대로 하면 족하고 양도인은 그 말소등기청구에 있어서 피고적격이 없으며, 근저당권의 이전이 전부명령 확정에 따라 이루어졌다고 하여 이와 달리 보아야 하는 것은 아니다.[510)]

라. 집행채권이 부존재·소멸한 경우 집행채무자의 구제수단

집행권원에 기초한 금전채권에 대한 강제집행의 일환으로 채권압류 및 전부명령이 확정된 후 그 집행권원상의 집행채권이 부존재·소멸한 것으로 판명된 경우에는 그 부존재·소멸한 부분에 관하여는 집행채권자가 집행채무자에 대한 관계에서 부당이득을 한 셈이 되므로, 집행채권자는 그가 위 전부명령에 따라 전부받은 채권 중 실제로 추심한 금전 부분에 관하여는 그 상당액을, 추심하지 않은 부분에 관하여는 그 채권 자체를 집행채무자에게 양도하는 방법으로 반환하여야 한다.[511)]

따라서 저당권이 있는 채권에 관하여 전부명령이 확정되고 민사집행법 제230조에 따라 전부채권자에게 저당권이전의 부기등기까지 마쳐졌는데 그 후 집행채권이 부존재 또는 소멸한 것으로 밝혀진 경우, 집행채무자는 전부채권자를 상대로 '부당이득'을 이유로 피전부채권의 반환 및 저당권의 이전등기를 구하는 소를 제기하는 방법으로 구제받을 수 있다.[512)]

그리고 이러한 설명은 추완상소에 의하여 집행권원이 된 판결이 취소된 경우에도 마찬가지이다. 이는 원래 집행취소 사유에 해당하나(민사집행법 제50조 제1항, 제49조 제1호), 전부명령이 이미 확정되어 집행절차가 종료한 이상 집행취소를 할 수 없어 민사집행규칙 제167조 제4항 후문을 적용 또는 유추적용할 수 없기 때문이다.[513)]

---

509) 주석 민사집행법(V)(제4판), 한국사법행정학회(2018), 580-581(노재호).

510) 대법원 2000. 4. 11. 선고 2000다5640 판결.

511) 대법원 2010. 12. 23. 선고 2009다37725 판결 등

512) 주석 민사집행법(V)(제4판), 한국사법행정학회(2018), 582(노재호).

9. 전부명령의 취하

채권자는 전부명령이 내려진 후에도 현금화절차가 종료하기 전에는 전부명령의 신청을 취하할 수 있다. 이 때 법원은 전부명령을 송달받은 채무자 및 제3채무자에게 그 사실을 통지하여야 한다(민사집행규칙 제16조 및 제160조 제2항, 제1항).

전부명령이 채무자나 제3채무자에게 송달된 이후라도 즉시항고기간이 도과하기 전에는 전부명령 신청을 취하할 수 있다. 그러나 그 기간이 도과하여 전부명령이 확정되면 집행채권의 변제를 갈음하여 피전부채권이 집행채권자에게 이전됨으로써 집행채권자는 압류, 현금화, 변제라는 일련의 집행행위를 마치게 되고 집행의 목적은 달성되는 것이므로 집행절차는 종료하게 된다. 따라서 그 이후에는 전부명령의 취하가 허용되지 않는다.[514)]

10. 집행절차의 종료

가. 절차의 종료

1) 채권집행절차는 전부명령이 확정되어 전부의 실체적 효력이 발생한 때에 피전부채권과 관련된 집행절차도 종료한다. 그 후에는 집행정지, 집행의 취소, 압류 또는 전부명령신청의 취하, 배당요구, 압류의 경합의 여지가 없다. 집행권원에 기초한 강제집행이 전체적으로 종료한 경우에는 청구이의의 소나 제3자이의의 소, 집행문부여에 대한 이의의 소를 제기할 이익이 없다.[515)]

피압류채권의 일부만이 전부되고 만족을 얻지 못한 집행채권이 남은 때에는 만족을 얻지 못한 부분에 대한 압류사건이 존속하게 된다.[516)]

2) 압류 및 전부명령의 효력이 발생하지 않은 경우에도 절차상으로는 절차종료의 효과가 생긴다. 설령 피전부채권이 존재하지 않는 경우라 하더라도 민사집행법 제231조 단서에 따라 집행채권 소멸의 효과는 발생하지 않으나, 강제집행절차는 피전부채권이 존재하는 경우와 마찬가지로 전부명령의 확정으로 종료하는 것이고, 단지 전부채권자는 집행채권이 소멸하지 않은 이상 피전부채권이 존재하지 않음을 증명하

513) 주석 민사집행법(V)(제4판), 한국사법행정학회(2018), 582(노재호).

514) 법원실무제요, 민사집행[IV], 법원행정처(2020), 440.

515) 대법원 1989. 12. 12. 선고 87다카3125 판결(청구이의의 소), 대법원 1996. 11. 22. 선고 96다37176 판결(제3자이의의 소), 대법원 2014. 5. 29. 선고 2013다82043 판결(집행문 부여에 대한 이의의 소) 등 참조.

516) 법원실무제요, 민사집행[IV], 법원행정처(2020), 440.

여 다시 집행력 있는 정본을 부여받아(민사집행법 제35조) 새로운 강제집행을 할 수 있다.[517] 이때 전부명령의 요건이 충족되지 않아 전부명령이 무효인 경우에도, 압류명령에 무효사유가 없는 이상 압류명령의 효력에는 영향이 없으므로, 집행절차는 끝나지 않고 다시 후속되는 집행행위(예를 들어 추심명령)를 할 수 있다.

나. 집행력 있는 정본의 교부·반환 등

1) 전부명령의 경우에 집행관의 집행절차나 집행법원의 배당절차에서와 같이 집행력 있는 정본의 교부·반환 등에 관한 규정(민사집행법 제42조, 제159조)이 없으므로 집행채권 전액에 관하여 전부명령이 발령된 경우에 집행력 있는 정본의 처리에 관하여 문제가 되나, 실무에서는 집행 정본을 채무자에게 교부하거나 채권자에게 반환하지 않고 집행기록에 그대로 편철하여 둔다(재민 62-9).

따라서 그 후에 피전부채권이 존재하지 않는 것으로 밝혀진 경우에는 채권자는 집행법원의 법원사무관등으로부터 집행력 있는 정본이 전부명령에 사용되었다는 내용의 사용증명을 받아 이를 근거로 하여 다시 집행력 있는 정본을 받아 다른 재산에 대한 강제집행을 신청할 수 있다.[518]

그러나 집행채권의 일부에 관하여 전부명령이 발령된 경우에는 채권자의 요구가 있으면 민사집행법 제159조 제3항을 준용하여 집행력 있는 정본에 채권의 일부가 전부된 취지를 적어서 그 집행력 있는 정본을 채권자에게 돌려주고 그 사본을 집행기록에 편철한다(재민 80-11).

2) 채권자가 가집행선고부 판결에 기한 집행문을 부여받아 채무자가 장래에 받게 될 봉급 등의 채권에 대하여 압류 및 전부명령을 받았다면, 위 전부명령이 무효가 되지 않는 한 가집행선고부 판결에 기한 강제집행은 이미 종료되었다고 할 것이므로, 채무자의 봉급 등의 장래 채권이 발생하지 않는다거나 채권자가 변제받아야 할 채권액의 일부만에 한정하여 압류 및 전부명령을 받았다는 등의 사정이 주장·입증되지 않는 한, 같은 내용의 집행력 있는 판결정본을 채권자에게 재도부여한 것은 위법하다.[519]

만일 채권자가 채무자의 다른 집행재산이 있는 것을 간과하고 장래채권에 대해 압류 및 전부명령을 받게 되면, 다른 집행재산을 뒤늦게 발견해도 바로 집행문을 재

517) 대법원 1996. 11. 22. 선고 96다37176 판결.
518) 법원실무제요, 민사집행[IV], 법원행정처(2020), 441.
519) 대법원 1999. 4. 28.자 99그21 결정 참조.

도부여 받을 수 없어 채권의 만족을 충분히 얻기 어렵게 될 염려가 있으므로, 채권자는 집행문을 부여받아 장래채권의 압류 및 전부명령을 할 경우에는 채무자의 다른 집행재산이 있는지 먼저 충분히 확인할 필요가 있다.[520)]

11. 기타

전부명령신청이 그 확정 전에 취하되거나 이를 취소하는 결정이 확정된 때에는 법원사무관등은 전부명령을 송달받은 제3채무자에게 그 사실을 통지하여야 한다(민사집행규칙 제160조 제2항). 그 통지서의 양식은 다음과 같다.

[전산양식 A4317: 신청취하등 통지서]

○ ○ 지 방 법 원

신청취하등 통지

제 3 채무자 귀하

사 건 20 타채

채 권 자

채 무 자

위 사건에 관하여 ○○명령신청이 취하되었음(○○명령의 취소결정이 확정되었음)을 통지합니다.

20 . . .

법원사무관

520) 정대홍, "집행력 있는 판결정본에 터 잡아 장래 채권에 대한 압류 및 전부명령이 적법하게 이루어진 경우, 집행력 있는 판결정본을 재도부여할 수 있는지 여부", 대법원 판례해설 제32호, 법원행정처(1999. 10.), 349.

법 원 소재지		담당	
		전화	

민집규 160

Ⅳ. 특별현금화방법

1. 신청

1) 압류한 채권은 추심명령이나 전부명령에 의하여 현금화하는 것이 원칙이나, 그 채권이 조건 또는 기한이 있거나 반대의무의 이행과 관련되어 있거나 그 밖의 이유로 추심하기 곤란할 때에는, 법원은 채권자의 신청에 따라 ① 그 채권을 법원이 정한 값으로 지급함에 갈음하여 압류채권자에게 양도하는 '양도명령', ② 추심에 갈음하여 법원이 정한 방법으로 그 채권을 매각하도록 집행관에게 명하는 '매각명령' 또는 ③ 관리인을 선임하여 그 채권의 관리를 명하는 '관리명령'을 하거나 ④ 그 밖에 적당한 방법으로 현금화하도록 하는 특별현금화명령을 할 수 있다(민사집행법 재241조 제1항).

2) 채권자는 특별현금화명령의 신청을 압류명령이 있은 후에 할 수 있을 뿐만 아니라 압류명령 신청과 함께 할 수도 있다. 다만, 실무상으로는 압류명령을 먼저 신청하여 그 효력이 발생한 다음 특별현금화명령을 신청하는 경우가 많다.

이중압류 채권자나 배당요구채권자도 신청을 할 수 있으나, 가압류채권자에게는 신청권이 없다.521) 이러한 이중압류채권자 또는 배당요구채권자의 신청에 대하여는 선행 압류채권자는 특별현금화가 불이익하다 하여 민사집행법 제16조의 집행에 관한 이의를 할 수 있다.522)

채무자와 제3채무자는 특별현금화명령의 신청을 할 수 없다.523)

3) 신청은 서면으로 하여야 하고(민사집행법 제4조), 신청서에는 특별현금화명령이 필요한 이유와 특별현금화를 구하는 취지를 분명하게 하여야 하며, 2,000원의 인

521) 법원실무제요, 민사집행[IV], 법원행정처(2020), 442.
522) 법원실무제요, 민사집행[IV], 법원행정처(2020), 756.
523) 법원실무제요, 민사집행[IV], 법원행정처(2020), 442.

지를 붙여야 한다(민사소송 등 인지법 제9조 제4항 제1호).

4) 일단 추심명령이 내려진 후에도 추심이 곤란하다는 사정이 밝혀지면 특별현금화명령을 신청할 수 있다. 그러나 전부명령이 있은 후에는 그 신청이 허용되지 않는다. 추심명령의 경우 추심채권자는 단지 피압류채권의 추심권능만 부여되었을 뿐 그 채권의 귀속주체는 여전히 집행채무자인 데 반하여, 전부명령의 경우에는 그 효력 발생으로 피압류채권이 전부채권자에게 귀속되어 목적이 달성되고 현금화대상(채무자의 채권)이 없어져 버리기 때문이다.[524]

5) 특별현금화방법은 통상의 금전채권에 대하여 이용되는 일은 별로 없으나, 그 밖의 재산권에 대한 강제집행에 관하여 이용되는 일이 많다.

어음, 수표 등 지시증권에 화체된 금전채권에 대한 집행의 경우에는 배서가 금지된 것에 대하여만 민사집행법 제233조에 의한 특별현금화명령의 대상이 될 수 있고, 배서가 허용되는 것은 유체동산으로 취급하여 민사집행법 제214조의 규정에 의한 특별현금화명령의 대상이 된다. 민사집행법 제233조의 지시채권의 경우에는 압류명령으로 집행관에 의한 증권의 확보가 증명된 경우에만 특별현금화명령을 신청할 수 있다.[525]

주권(株券)이 표창하는 주식에 관하여 대법원 2011. 5. 6.자 2011그37 결정은 민사집행법 제241조에 따른 특별현금화명령의 대상이 된다고 판단하였다. 그런데 위 2011그37 결정의 의미에 관하여, 위 결정은 채권자의 신청과 집행법원의 결정이 주식 자체에 대한 특별현금화명령을 내용으로 하는 것이어서 민사집행법 제241조 제3항에 따라 즉시항고를 할 수 있다는 취지일 뿐, 그 주식에 대한 '주권이 발행된 경우에도' 그 주식 자체에 대하여 압류 및 현금화를 할 수 있다는 취지로까지 이해할 것은 아니라는 견해가 있다.[526]

특별현금화명령에 의하여 지시채권을 양수한 자의 지위는 전부명령을 얻은 채권자의 지위와 같다고 볼 수 있다.[527]

6) 특별현금화명령을 신청할 때에는 원하는 현금화방법을 특정할 수도 있고, 이를 특정하지 않고 법원이 인정하는 방법으로 현금화하여 줄 것을 신청할 수도 있다.[528]

524) 주석 민사집행법(V)(제4판), 한국사법행정학회(2018), 755-756(양진수).
525) 법원실무제요, 민사집행[IV], 법원행정처(2020), 442.
526) 손흥수, 민사집행실무총서(II) 채권집행, 한국사법행정학회(2017), 466 각주 512).
527) 법원실무제요, 민사집행[IV], 법원행정처(2020), 442.
528) 법원실무제요, 민사집행[IV], 법원행정처(2020), 443.

2. 관할법원

추심명령의 경우와 마찬가지로, 압류명령의 집행법원과 동일한 지방법원이다.

특별현금화명령이 압류명령과 별도로 신청되는 경우에 압류명령이 송달된 뒤에 채무자나 제3채무자의 주소가 변경되어 그 보통재판적이 달라지더라도, 특별현금화명령은 압류명령을 전제로 하여 내려지는 것이므로 압류명령을 발령한 법원이 관할법원이 된다.

한편, 사법보좌관규칙은 2005. 6. 3. 제정 이후 계속 '민사집행법 제241조 제1항의 규정에 따른 특별현금화명령'을 '사법보좌관이 행할 수 있는 업무'에서 제외하고 있었다(사법보좌관규칙 제2조 제1항 제9호 단서 나.목). 그러나 2020. 5. 1. 대법원규칙 제2894호로 개정(2020. 7. 1. 시행)된 사법보좌관규칙 제2조 제1항 제9호 단서에서는 위 나.목이 삭제되어, 2020. 7. 1.부터는 사법보좌관이 (추심명령, 전부명령과 마찬가지로) 특별현금화명령을 할 수 있게 되었다(다만, 부칙에 따라 위 개정 조항 시행 후 최초로 접수되는 특별현금화명령 신청 사건부터 적용된다).

3. 기록편성방법

기록편성방법은 추심명령에 관하여 설명한 것과 같다.

압류명령과 동시에 특별현금화명령이 신청된 경우에는 별도의 사건번호를 부여하지 않지만, 별도의 특별현금화의 신청은 압류명령 사건의 기록에 합철하고 표지에 사건번호를 병기한다(재민 91-1).

4. 특별현금화의 재판

가. 심리

1) 특별현금화의 신청을 허가하는 결정을 하기 전에 채무자를 심문하여야 한다(민사집행법 제241조 제2항 본문)[529]. 따라서 위 신청을 허가하는 결정을 하기 전에 채무자에 대한 심문이 사실상 불가능하거나 채무자가 심문을 포기하는 등의 특별한 사정이 없는 한, 반드시 채무자에 대한 심문절차를 거쳐야 한다.[530] 법원의 심문서

529) 대법원 2009. 12. 24.자 2007마184 결정 참조.

530) 대법원 2009. 12. 24.자 2007마184 결정, 대법원 2010. 7. 26.자 2010마651 결정, 대법원 2016. 12. 2.자 2016마1670 결정.

송달 절차에 하자가 있어 무효인 경우에는, 위에서 본 특별한 사정이 없는 이상 당해 매각명령은 민사집행법 제241조 제2항을 위반하여 이루어진 것이 된다.[531)]

다만, 채무자가 외국에 있거나 있는 곳이 분명하지 않은 때에는 심문할 필요가 없다(민사집행법 제241조 제2항 단서). 채권자의 신청을 기각하거나 각하하는 경우에도 심문할 필요가 없다.

심문은 채무자에게 진술할 기회를 주면 족하고 반드시 진술하여야 할 필요는 없으므로, 심문기일의 통지를 받고도 채무자가 정당한 사유의 신고 없이 기일에 출석하지 않은 경우에는 자신의 이익을 포기한 것으로 볼 것이므로 다시 기일통지를 할 필요는 없다.[532)]

2) 심문기일에는 심문조서를 작성한다. 다만 실무운용으로서는 특별현금화명령을 발령하기 전에 심문절차의 방식으로서 심문서를 채무자 앞으로 송달하여 일정한 기한 안에 회답을 구하는 방법을 고려할 필요가 있다. 실무에서는 통상 제3채무자에 대한 진술최고신청이 없다 하더라도 제3채무자 기타 이해관계인에게 조회서를 보내는 방식으로 업무를 처리하고 있는 것으로 보인다. 이는 특별현금화명령을 할 것인지, 한다면 어떤 방법을 택할 것인지 여부를 정하기 위한 자료를 구하기 위함이다.[533)]

제3채무자에 대한 조회결과 피압류재산에 대하여 추심명령이 가능하고 또한 즉시 추심하는 것이 가능하다고 판단되면, 집행법원 판사는 특별현금화명령신청을 기각함이 타당하다.[534)] 민사집행법 제241조에 의한 특별현금화명령의 요건인 '압류된 채권이 추심하기 곤란한 때'에 해당한다고 보기 어렵기 때문이다.[535)]

압류명령 신청과 함께 특별현금화명령 신청을 한 경우에는 민사집행법 제226조에 의하여 먼저 심문 없이 압류명령을 하여 압류명령이 제3채무자와 채무자에게 송달된 후에 채무자를 심문하고 특별현금화를 명하여야 한다.[536)]

3) 집행법원은 특별현금화를 명하는 경우에 필요가 있다고 인정하는 때에는 감정인에게 채권의 가액을 평가하게 할 수 있고, 이 경우 감정인은 법원이 정한 기일까지 평가결과를 보고하여야 한다(민사집행규칙 제163조). 특히 양도명령은 전부명령

531) 대법원 2016. 12. 2.자 2016마1670 결정.
532) 법원실무제요, 민사집행[IV], 법원행정처(2020), 444.
533) 법원실무제요, 민사집행[IV], 법원행정처(2020), 444.
534) 박준의, 신채권집행실무, 유로(2016), 698.
535) 주석 민사집행법(V)(제4판), 한국사법행정학회(2018), 758(양진수).
536) 법원실무제요, 민사집행[IV], 법원행정처(2020), 444.

에 준하는 것으로 집행채권이 소멸하는 범위를 확정하기 위해서도 감정이 필수적이며, 매각명령의 경우에도 최저매각가격제도가 채택되어 있지 않지만 초과매각이나 무잉여매각 금지 규정(민사집행법 제188조 제2항, 제3항)의 저촉 여부를 미리 확인하고 매각절차에서도 참고가 되므로 감정을 거치는 것이 바람직하다.[537]

감정인으로는 해당 채권의 종류와 추심이 곤란한 사정에 따라 그 시장가격에 정통한 전문업자를 선정함이 바람직하다. 평가의 기준은 사안에 따라 다르나, 피압류채권의 종류, 내용, 권면액, 추심이 곤란한 구체적 사정, 제3채무자의 자력 등을 고려하여야 한다.[538]

나. 특별현금화명령의 요건

특별현금화명령의 요건은, 압류가 유효하여야 하고, 집행장애사유가 없어야 한다는 점에서 추심명령의 경우와 같다. 따라서 압류명령의 범위를 넘는 채권 부분에 대한 특별현금화는 허용되지 않는다.

그 밖에도 특별현금화명령의 핵심적 요건으로 '피압류채권을 추심하기 곤란할 것'이 요구되는데, 민사집행법 제241조 제1항은 그 사유로서 조건부 채권, 기한부채권, 반대의무의 이행과 관련된 채권 등을 규정하고 있다. 다만 이러한 채권에 대해서도 전부명령을 널리 허용하는 것이 실무이므로, 특별현금화가 이용될 여지는 그만큼 줄어든다.[539]

1) 조건부 채권, 기한부채권 및 장래 채권[540]

임대차종료 후 건물명도 전의 임차보증금 반환청구권, 장래의 차임채권, 급료채권, 퇴직 전의 퇴직금 청구권, 주주총회에서 배당금액이 확정되기 전의 이익배당청구권, 보험사고 발생 전의 보험금 청구권 등이 이에 해당한다.

이미 채권이 발생하여 채권액이 정해진 경우라도 변제기가 지나지 않은 것은 확정기한, 불확정기한을 묻지 않고 즉시 이행을 구할 수 없기 때문에 특별현금화의 대상이 된다.

---

537) 법원실무제요, 민사집행[IV], 법원행정처(2020), 444-445.
538) 법원실무제요, 민사집행[IV], 법원행정처(2020), 445.
539) 법원실무제요, 민사집행[IV], 법원행정처(2020), 445.
540) 법원실무제요, 민사집행[IV], 법원행정처(2020), 445.

2) 반대의무의 이행과 관련되어 있는 채권[541)]

채권의 발생이 반대급부에 걸려 있는 경우는 물론 반대급부에 의하여 비로소 채권이 확정되는 채권, 반대급부를 선이행으로 하는 채권 및 동시이행의 항변권이 붙은 채권도 반대급부의 이행 전에는 즉시 그리고 확실히 추심·전부명령에 의하여 집행채권의 만족을 얻을 수 없기 때문에 특별현금화의 대상이 된다.

공사완성 전의 공사대금채권, 목적물인도 전의 매매대금채권 등이 전형적인 예이다.

3) 타인의 우선권의 대상이 되는 채권[542)]

질권 등 타인의 담보의 목적인 채권, 소송상 담보를 위한 공탁금 반환청구권 등은 통상의 집행방법으로 추심이 곤란하므로 특별현금화의 대상이 된다.

4) 유체물 인도청구권[543)]

유체물 인도청구권의 집행에서 제3채무자가 유체물의 즉시인도를 거부할 수 있는 사유가 있는 등 민사집행법 제243조에 의한 현금화가 어려운 경우에는 특별현금화의 대상이 될 수 있다.

5) 그 밖의 재산권

그 밖의 재산권은 그 성질상 대부분의 경우 추심 또는 전부명령에 의하여 집행의 목적을 달성할 수 없으므로 특별현금화가 원칙적인 현금화방법이 된다. 실무에서는 양도명령, 매각명령의 대부분은 그 밖의 재산권에 대하여 이용되고 있다.[544)] 예를 들어 유한회사의 지분을 압류한 채권자는 총사원의 승낙서를 첨부하여 양도명령이나 매각명령의 방법으로 유한회사의 지분을 현금화하여 채권의 만족을 얻을 수 있다.[545)]

6) 그 밖의 이유로 추심이 곤란한 경우

민사집행법 제241조 제1항이 규정하는 '그 밖의 이유로 추심하기 곤란할 때'란 제3채무자의 무자력, 파산, 거소불명, 외국거주, 국내재판권 불복종의 경우 등을 비롯하여, 일반적인 집행절차를 통하여 채권자가 압류된 채권을 추심하기 어려운 사정이 있는 경우를 가리킨다.[546)]

---

541) 법원실무제요, 민사집행[IV], 법원행정처(2020), 445-446.
542) 법원실무제요, 민사집행[IV], 법원행정처(2020), 446.
543) 법원실무제요, 민사집행[IV], 법원행정처(2020), 446.
544) 법원실무제요, 민사집행[IV], 법원행정처(2020), 446.
545) 대법원 2004. 7. 5.자 2004마463 결정.
546) 대법원 2009. 2. 2.자 2007마1027 결정.

판례는, 채권자가 채권최고액 195억 원의 근저당권이 설정되어 있는 채권 중 10억 원에 대해서만 압류 및 추심명령을 받았는데, 위 채권에 대하여는 131억여 원에 이르는 조세채권뿐만 아니라 피보전채권의 합계액이 1,200억 원을 상회하는 채권가압류 및 압류가 되어 있던 사안에서, 현실적으로 채권자가 스스로 추심권을 행사하여 강제집행하기 어려운 여러 사정이 있다는 이유로, 민사집행법 제241조 제1항이 정한 특별현금화의 요건인 '그 밖의 이유로 추심하기 곤란할 때'에 해당한다고 판단하였다.[547)]

한편 민사집행법 제233조의 지시채권에 관하여, 예를 들어 어음의 만기가 이례적으로 장기간 후이거나 제3채무자가 집행채무자에 대하여 반대급부의 인적항변으로 대항할 수 있는 경우 또는 어음·수표 금액이 집행채권액을 초과하는 경우 등에는 특별현금화에 의하여 현금화할 수 있다.[548)]

다. 특별현금화의 방법

1) 특별현금화를 명할 것인지 여부나 그 방법의 선택은 법원의 재량에 의하여 결정되고 신청인의 의견이나 당사자의 합의에 구속되지 않으나, 신청인이 특정한 현금화방법을 요구한 경우에는 그 방법이 현저히 불합리한 경우 등을 제외하고는 이를 존중하여야 한다.[549)]

민사집행법 제241조 제1항은 특별현금화의 방법으로서 양도명령(제1호), 매각명령(제2호), 관리명령(제3호) 및 그 밖의 적당한 방법에 의한 현금화명령(제4호)을 규정하고 있다.

가) 양도명령

(1) 양도명령이란 압류된 채권의 추심이 곤란하거나, 권면액이 없거나, 또는 권면액으로는 전부하는 것이 상당하지 않은 채권의 경우에 압류된 채권을 집행법원이 정한 값(적당한 평가액)으로 집행채권의 지급에 갈음하여 압류채권자에게 양도하는 결정이다(민사집행법 제241조 제1항 제1호). 이는 전부명령에 준하는 것이고, 압류의 경합, 질권의 설정, 배당요구의 신청이 없는 경우에만 양도명령을 할 수 있다(민사집행법 제241조 제6항, 제229조 제5항 참조).[550)]

집행법원이 양도명령을 발령하는 경우에 현금화의 적정을 꾀하기 위하여 필요가

547) 대법원 2009. 2. 2.자 2007마1027 결정.
548) 법원실무제요, 민사집행[IV], 법원행정처(2020), 446.
549) 법원실무제요, 민사집행[IV], 법원행정처(2020), 446-447.
550) 법원실무제요, 민사집행[IV], 법원행정처(2020), 447.

있다고 인정하는 때에는 감정인을 선임하여 채권의 가액을 평가하게 할 수 있다(민사집행규칙 제163조 제1항). 평가를 위하여 집행법원은 압류채권자에게 미리 이에 필요한 비용을 예납하도록 하여야 한다. 채권의 평가를 명 받은 감정인은 평가한 결과를 서면으로 집행법원이 정한 기일까지 제출하여야 한다(민사집행규칙 제163조 제2항).

(2) 제3채무자에게 양도명령의 결정이 송달되어 확정되면 그 재판이 제3채무자에게 송달된 때에 소급하여 평가액(양도가액)의 한도 안에서 집행채권 및 집행비용청구권은 소멸하게 되고 채무자는 채무를 변제한 것으로 본다. 다만 양도명령의 송달시점에 피압류채권이 존재하지 않은 때에는 집행채권 소멸의 효과가 발생하지 않는다(민사집행법 제241조 제6항, 제231조 단서).

(3) 법원이 정한 양도가액이 채권자의 집행채권과 집행비용의 합계액을 초과하는 때에는 ① 집행법원은 양도명령을 발령하기 전에 채권자에게 그 차액(초과액)을 납부시켜야 하고, ② 양도명령이 확정된 때에는 그 금액을 채무자에게 교부하여야 한다(민사집행규칙 제164조, 제82조).

먼저 ① 채권자의 차액 납부 절차에 관하여 보면, 집행법원은 금전납부명령을 받은 압류채권자가 '압류채권자의 채권(이 채권에는 차액의 납부기한까지의 지연손해금을 포함한다) 및 집행비용액의 합계액'과 '양도가액'의 차액을 납부한 때에는 양도명령을 발령한다. 만약 차액을 정해진 기한까지 납부하지 않는 경우에는 양도명령의 신청을 각하하게 된다.[551)]

다음으로 ② 채무자에게 차액을 교부하는 절차에 관하여 보면, 양도명령이 확정되어 그 효력이 생기는 때에는 압류채권자는 압류된 채권을 취득하게 되므로 채권집행절차는 끝나고, 압류채권자가 납부한 차액에 상당하는 금전은 채무자에게 교부하게 된다. 채무자에 대한 차액의 교부절차는 법원사무관등이 하고, 이 교부는 배당절차라고 할 수는 없으나 민사집행규칙 제164조 제2항이 준용하는 같은 규칙 제82조를 적용하여 배당절차에 준하여 이루어진다.[552)]

(4) 이와 관련하여, 주식에 대한 특별현금화 시 '일부' 양도명령이 가능한지 문제된다.

이에 대해서는 압류된 주식 전부가 아닌 일부만으로도 충분하다면, 초과압류금지의 원칙(민사집행법 제188조 제2항)에 비추어, 차액의 납부를 명하여서는 안 되고,

551) 법원실무제요, 민사집행[IV], 법원행정처(2020), 448.
552) 법원실무제요, 민사집행[IV], 법원행정처(2020), 448.

위 일부에 대해서만 양도명령을 발하고 나머지 부분에 해당하는 신청을 기각하여야 한다는 견해가 있다.[553)]

피압류 재산권이 개별주식과 같이 가분적 성격을 가지고 채권자가 명백히 일부 양도명령을 원하는 경우에는 일부 양도명령이 가능하고, 이때 초과압류된 주식에 대한 압류는 취소하고 그 부분에 대한 신청은 기각하며, 나머지 부분에 대해서만 양도명령을 하여야 한다는 견해도 있다. ① 전부명령과 달리 양도명령은 권면액이 아닌 평가액으로 이전되고, 피압류 재산권이 개별화된 유가증권이라는 점, ② 민사집행규칙 제164조는 주식 현금화 절차에서 압류의 일반적 제한인 초과압류금지 원칙을 관철하기 위한 절차조항인 점을 그 근거로 한다.[554)]

(5) 양도명령은 압류채권자에게 우선적 지위를 주는 것이므로 채권자가 경합되어 있는 때에는 허용되지 않는다. 즉, 양도명령이 제3채무자에게 송달될 때까지 피압류채권에 관하여 다른 채권자가 압류·가압류 또는 배당요구를 한 경우에는 양도명령을 발령할 수 없고, 발령하더라도 그 양도명령은 효력이 없다(민사집행법 제241조 제6항, 제229조 제5항).

(6) 저당권이 있는 채권에 관하여 부동산 소유자에게 양도명령이 송달된 후 그 양도명령이 확정된 때에는 법원사무관등은 압류채권자의 신청에 의하여 등기관에게 '채권을 취득한 채권자에 대한 저당권이전등기'와 '압류기입등기의 말소'를 동시에 촉탁하여야 한다. 이 경우 촉탁서에는 양도명령의 정본을 붙여야 하고, 촉탁에 관한 비용은 채권자가 부담한다(민사집행법 제241조 제6항, 제230조, 제228조, 민사집행규칙 제167조).

(7) 양도명령 전의 금전납부명령의 양식은 다음과 같다.

[전산양식 A4336: 양도명령 전의 금전납부명령]

○ ○ 지 방 법 원

결 정

사 건 20 타채 채권압류
채 권 자
채 무 자
제 3 채무자

553) 손흥수, 민사집행실무총서(II) 채권집행, 한국사법행정학회(2017), 478.
554) 박준의, 신채권집행실무, 유로(2016), 698~699.

주 문 채권자는 금 원을 ○○년 ○월 ○일까지 이 법원에 납부하라. 이 유 ○○지방법원 20 타채 채권압류사건에 관하여 채권자로부터 양도명령의 신청이 있었는바, 양도명령에서 이 법원이 정한 가액(원)이 채권자의 채권 및 집행비용의 액(원)을 넘고 있으므로 주문과 같이 결정한다. 2○○○. ○. ○. 판사(사법보좌관) ㊞

민집규 164, 82

나) 매각명령

(1) 매각명령이란 압류채권자의 신청에 따라 채권의 추심에 갈음하여 집행법원이 정하는 방법으로 압류된 채권을 매각하도록 집행관에게 명하는 결정이다(민사집행법 제241조 제1항 제2호). 채권자 경합이 있더라도 가능하고, 매수희망자의 경쟁에 의하여 가격이 형성된다는 점이 양도명령과 다르다.[555]

이 집행방법은 부동산이나 동산 등의 현금화에 유사한 것이지만, 매각명령은 확정되지 않으면 효력이 생기지 않는다(민사집행법 제241조 제4항)는 점에서 집행법원의 집행관에 대한 단순한 직무명령과 다르다.[556]

(2) 매각명령을 할 것인지 여부는 집행법원이 해당 사건에 나타난 여러 사정을 종합적으로 고려하여 그 재량에 의하여 결정할 수 있다.[557]

(3) 매각명령은 경매 그 밖의 방법으로 채권을 매각하여 그 대금으로 집행법원이 변제에 충당하는 방법이고, 매각명령에 특별한 방법의 지시가 없으면 집행관은 유체동산 집행에 준하여 채권을 매각하게 된다.

집행관에게 임의매각이 명하여지면 가격은 그 매수인과 계약에 의하여 결정되게 된다. 집행관은 매각을 위하여 권리이전에 필요한 계약을 체결하는 등 실체법상의 처

555) 법원실무제요, 민사집행[IV], 법원행정처(2020), 449.
556) 법원실무제요, 민사집행[IV], 법원행정처(2020), 449.
557) 대법원 2009. 2. 2.자 2007마1027 결정, 대법원 2012. 3. 15.자 2011그224 결정.

분행위를 할 수 있다.[558] 이에 따라 집행관은 취득자와 필요한 계약을 맺기도 한다. 골프회원권 등 기타 재산권이 그 주된 대상이 된다.

매각명령이 확정되면 집행관은 집행법원이 정하는 방법으로 피압류채권의 매각을 실시한다. 집행법원의 특별지시가 있는 경우 집행관은 이를 존중하여야 한다. 이 경우 채권자도 매각에 참가할 수 있다.

(4) 집행관에 의한 매각에는 최저매각가격제도가 적용되지 않으나, 집행법원이 감정을 통하여 그 평가액을 최저매각가격이나 매각액으로 정할 수 있다.[559]

매각을 할 때 집행관은 그 장소의 질서유지를 위하여 민사집행법 제108조의 규정에 의한 조치를 할 수 있다(민사집행법 제241조 제6항).

(5) 매수인이 당해 채권을 취득하는 것은 그 대금을 집행관에게 지급한 때라고 해석되고, 집행관이 매각대금을 영수한 때 채무자가 이를 지급한 것으로 보고 있다(유체동산 강제집행에 관한 민사집행법 제208조 본문의 유추적용).[560]

(6) 집행법원은 채권평가의 결과(민사집행규칙 제163조) 압류된 채권의 매각대금으로 압류채권자의 채권에 우선하는 채권 및 절차비용을 변제하면 남을 것이 없겠다고 인정하는 때에는 매각명령을 하여서는 안 된다(민사집행규칙 제165조 제1항). 이것은 무잉여의 경우에 현금화를 금지한 것으로 민사집행법 제102조(부동산 강제경매에서 '남을 가망이 없을 경우의 경매취소' 규정)와 같은 취지이다.

'집행법원'이 잉여 가망이 있다고 보아 일단 매각명령을 한 경우에도, 매각명령을 받은 '집행관'은 압류채권자의 채권에 우선하는 채권 및 절차비용을 변제하고 남을 것이 있을 가격이 아니면 압류된 채권을 매각하여서는 안 된다(민사집행규칙 제165조 제2항). 매각을 하더라도 남을 것이 없는 경우에는 집행관은 '매각불능'으로서 매각실시절차를 마치게 되고, 집행법원은 압류채권자의 신청을 기다려 다른 현금화방법을 모색한다.

이와 같이 '매각명령의 발령' 단계와 '집행관의 매각' 단계의 2단계에 걸쳐 무잉여 현금화 금지 규정이 있는 것은, 부동산집행처럼 최저매각가격이 없고, 배당요구의 종기도 집행관이 현금화한 금전을 법원에 제출할 때까지로 되어 있어(민사집행법 제247조 제1항 제3호), 매각명령의 발령 단계에서는 정확한 무잉여 판단이 불가능하기 때문이다.[561]

558) 법원실무제요, 민사집행[IV], 법원행정처(2020), 450.
559) 법원실무제요, 민사집행[IV], 법원행정처(2020), 450.
560) 법원실무제요, 민사집행[IV], 법원행정처(2020), 450.

그런데 실무상으로는 집행법원이 매각명령의 발령 단계에서 감정평가를 하는 경우는 없고 매각 단계에서 비로소 감정평가를 하게 되는데, 그 단계에서 비로소 무잉여임이 드러나는 경우가 많아 집행비용의 처리와 관련하여 민원이 제기되기도 한다.[562]

(7) 압류된 채권을 매각한 경우에는 집행관은 채무자를 대신하여 제3채무자에게 서면으로 양도의 통지를 하여야 한다(민사집행법 제241조 제5항). 집행관은 대금을 지급받은 후가 아니면 매수인에게 채권증서를 인도하거나 제3채무자에게 위 통지를 하여서는 안 된다(민사집행규칙 제165조 제3항).

집행관은 매각절차를 마친 때에는 스스로 배당할 수 없고, 바로 매각대금과 매각에 관한 조서를 집행법원에 제출하여야 하는데(민사집행규칙 제165조 제4항), 현금화를 마친 집행관이 그 현금화한 금전을 법원에 제출하는 절차는 법원보관금취급규칙 제9조 내지 제11조에 따른다.[563]

매각대금이 제출된 때에는 집행법원에 의한 배당절차가 개시되고(민사집행법 제252조 제3호), 집행법원의 사법보좌관이 채권 등 배당절차('타배' 사건)로 진행한다.

(8) 저당권이 있는 채권에 대한 매각이 종료된 때에는 법원사무관등은 앞서 양도명령에서 설명한 바와 같은 절차로 저당권이전등기 등을 촉탁한다(민사집행규칙 제167조).

다) 관리명령

(1) 관리명령이란 집행법원이 피압류채권의 관리인을 선임하여 압류된 채권의 관리를 명하고 그 수익으로 집행채권의 만족을 얻도록 하는 것이다(민사집행법 제241조 제1항 제3호). 압류된 채권 자체는 채무자 이외의 자에게 이전하지 않으면서 이를 관리인에게 관리하게 하여 그 수익으로 추심을 꾀하는 제도이다.

관리명령에는 관리인 보수와 관리비용이 소요되기 때문에 수익이 확실하고 고액인 압류채권 등에 적절한 현금화방법으로, 보통 피압류채권이 차임채권이나 특허권 등 지식재산권, 저작권, 출판권, 사용료채권과 같이 계속적·반복적으로 발생하는 경우에 주로 이용될 수 있다. 다만 적절한 관리인 선임의 어려움 등 때문인지 실무상 그 예를 찾아보기 어렵다.[564]

(2) 신청서에는 수익의 지급의무를 부담하는 제3자가 있는 경우에 그 제3자의

561) 법원실무제요, 민사집행[IV], 법원행정처(2020), 451.
562) 법원실무제요, 민사집행[IV], 법원행정처(2020), 451.
563) 법원실무제요, 민사집행[IV], 법원행정처(2020), 451.
564) 법원실무제요, 민사집행[IV], 법원행정처(2020), 452.

표시와 함께 지급의무의 내용도 적어야 한다.

집행법원이 관리명령을 할 때에는 적당한 사람을 관리인으로 선임하고 그에게 압류된 권리에 대한 관리수익금을 제출하도록 명하여야 하며, 수익의 지급의무를 부담하는 제3자에게 그 수익을 관리인에게 지급하도록 명하여야 한다. 이 경우에 필요하면 수익금의 처리에 대한 자세한 사항을 정할 수 있고, 관리인의 보수도 정할 수 있다.[565)]

(3) 관리명령은 채무자와 제3채무자에게 송달하여야 한다(민사집행법 제241조 제6항, 제227조 제2항).

관리수익금으로 배당에 참가한 모든 채권자를 만족하게 할 수 없는 경우에는 그 관리수익금을 공탁하여야 하는데(민사집행법 제241조 제6항, 제222조 제2항, 제1항), 이 경우 관리인은 집행절차에 관한 서류를 붙여 그 사유를 집행법원에 신고하여야 한다(민사집행법 제241조 제6항, 제222조 제3항). 관리수익금이 공탁된 때 집행법원은 배당절차를 개시한다(민사집행법 제252조 제1호).

(4) 관리명령의 성질은 부동산 강제관리와 비슷하므로, 이에 관한 규정이 널리 준용된다.

(가) 먼저 민사집행법 제241조 제6항은 집행법원의 지휘·감독에 관한 민사집행법 제167조를 준용하고 있다. 따라서 집행법원은 관리에 필요한 사항과 관리인의 보수를 정하고, 관리인을 지휘·감독하며, 관리인에게 보증을 제공하도록 명할 수 있다. 또한, 관리인에게 관리를 계속할 수 없는 사유가 생긴 경우에는 집행법원은 직권으로 또는 이해관계인의 신청에 따라 관리인을 해임할 수 있고, 이 경우 관리인을 심문하여야 한다.

(나) 다음으로 민사집행법 제241조 제6항은 수익의 처리에 관한 민사집행법 제169조를 준용하고 있다. 이에 의하면, 관리인은 관리수익금에서 그 피압류채권이 부담하는 조세, 그 밖의 공과금을 뺀 뒤에 관리비용을 변제하고, 그 나머지 금액을 채권자에게 지급하며, 그 경우 모든 채권자를 만족하게 할 수 없는 때에는 관리인은 채권자 사이의 배당협의에 따라 배당을 실시하여야 한다. 채권자 사이에 배당협의가 이루어지지 못한 경우에 관리인은 그 사유를 법원에 신고하여야 하는데, 그 신고가 있는 경우에는 집행법원은 민사집행법 제145조, 제146조 및 제148조 내지 제161조의 규정을 준용하여 배당표를 작성하고 이에 따라 관리인으로 하여금 채권자에게 지

565) 법원실무제요, 민사집행[IV], 법원행정처(2020), 452.

급하게 하여야 한다.

(다) 민사집행법 제241조 제6항은 관리인의 계산보고에 관한 민사집행법 제170조를 준용하고 있다. 따라서 관리인은 매년 채권자·채무자와 집행법원에 계산서를 제출하여야 하고, 그 업무를 마친 뒤에도 또한 같다. 또한, 채권자와 채무자는 계산서를 송달받은 날부터 1주 이내에 집행법원에 이에 대한 이의신청을 할 수 있는데, 위 기간 내에 이의신청이 없는 때에는 관리인의 책임이 면제된 것으로 보고, 위 기간 이내에 이의신청이 있는 때에는 집행법원은 관리인을 심문한 뒤 결정으로 재판하여야 하며, 신청한 이의를 매듭 지은 때에는 법원은 관리인의 책임을 면제한다.

(라) 민사집행법 제241조 제6항은 강제관리의 취소에 관한 민사집행법 제171조를 준용하고 있다. 이에 의하면, 관리명령의 취소는 집행법원이 결정으로 하는데, 채권자들이 관리수익금으로 전부 변제를 받았을 때에는 집행법원이 직권으로 제1항의 취소 결정을 한다. 이러한 관리명령의 취소 결정에 대하여는 즉시항고를 할 수 있다.

라) 그 밖의 적당한 방법에 의한 현금화명령

위에서 든 방법 외의 적당한 방법에 의한 특별현금화방법(민사집행법 제241조 제1항 제4호)으로는, ① 압류채권자 이외의 특정의 제3자에 대하여 평가액에 상당한 대금을 납부하도록 하고 그 사람에게 채권의 양도를 명하는 방법, ② 압류채권자 또는 제3자로 하여금 압류된 채권을 매각시켜 그 대금으로 변제에 충당하도록 하는 방법 등을 생각할 수 있다.[566]

그 중 ①의 방법은, 집행채무자의 채권이 평가가액으로 집행채무자 이외의 사람에게 이전된다는 점에서는 양도명령과 유사하나, 압류채권자가 피압류채권 자체를 취득하는 것이 아니라 처분대금의 교부를 받음으로써 집행채권의 만족을 얻는다는 점에서는 매각명령과 유사하다.[567]

위 ②의 방법은 매각명령과 비슷하다. 이 경우 집행관 이외의 제3자는 법원이 정하는 방법 혹은 민법의 규정에 따라 매매계약을 체결하게 된다. 이 방법은 통상 매각이 용이하지 않아 채권자가 직접 피압류채권을 취득하려는 자를 구해 오는 경우에 이용된다.[568]

2) 특별현금화를 허가하는 재판에는 사건번호, 당사자의 표시, 압류된 채권, 앞

566) 법원실무제요, 민사집행[IV], 법원행정처(2020), 452.

567) 주석 민사집행법(V)(제4판), 한국사법행정학회(2018), 752(양진수).

568) 박준의, 신채권집행실무, 유로(2016), 696; 주석 민사집행법(V)(제4판), 한국사법행정학회(2018), 752(양진수).

서 발령한 압류명령 및 특별현금화방법의 선언(구체적인 방법을 명시한다), 결정날짜, 집행법원의 표시, 판사(사법보좌관)의 기명날인이 있어야 한다.

양도명령 및 매각명령의 양식은 다음과 같다.

[전산양식 A4337: 특별현금화명령(양도명령)]

○ ○ 지 방 법 원

결 정

사 건 20 타채 특별현금화(양도명령)
채 권 자
채 무 자
제 3 채무자

주 문

위 당사자간 ○○지방법원 20 타채 채권압류명령에 의하여 압류된 별지 기재의 채권을 금 원으로 지급에 갈음하여 채권자에게 양도한다.

이 유

민사집행법 제241조 제1항에 의한 채권자의 신청은 이유 있으므로 주문과 같이 결정한다.

2○○○. ○. ○.

판사(사법보좌관) ㊞

민집 241①1호, ⑥, 229⑤, 231

[전산양식 A4338: 특별현금화명령(매각명령)]

○ ○ 지 방 법 원

결 정

사 건 20 타채 특별현금화(매각명령)
채 권 자
채 무 자

<table>
<tr><td>
제 3 채무자

주 문
위 당사자간 ○○지방법원 20 타채 채권압류명령에 의하여 압류된 별지 기재의 채권을 추심에 갈음하여 매각할 것을 명한다.
채권자의 위임을 받은 집행관은 유체동산 경매에 관한 절차에 따라 매각하여야 한다.

이 유
민사집행법 제241조 제1항에 의한 채권자의 신청은 이유 있으므로 주문과 같이 결정한다.

2○○○. ○. ○.

판사(사법보좌관) ㊞
</td></tr>
</table>

민집 241①2호

라. 특별현금화명령의 송달

양도명령, 매각명령, 관리명령 등의 특별현금화명령도 압류명령과 마찬가지로 제3채무자와 채무자에게 송달하여야 한다(민사집행법 제241조 제6항, 제227조 제2항). 민사집행법 제241조 제6항은, 채무자와 제3채무자에게 압류명령을 송달하여야 한다는 민사집행법 제227조 제2항을 양도명령과 관리명령에 대해서만 준용하도록 규정하고 있으나, 매각명령에 대하여 그 준용을 배제할 이유가 없다.[569] 따라서 매각명령의 경우에도 채무자와 제3채무자에 대한 송달을 요한다고 해석하여야 할 것이다.

특별현금화명령 신청을 기각하는 결정은 신청채권자에게만 고지하면 된다.

5. 특별현금화명령에 대한 불복방법

특별현금화명령에 대하여는 즉시항고를 할 수 있다(민사집행법 제241조 제3항). 특별현금화명령은 확정되어야 효력을 가진다(민사집행법 제241조 제4항). 특별현금화명령에 대하여 즉시항고를 할 수 있는 사람은 특별현금화명령에 의하여 자신의 정당한 이익을 침해당한 자, 보통은 채무자와 제3채무자이다.[570]

569) 법원실무제요, 민사집행[IV], 법원행정처(2020), 454.

민사집행법 제241조 제3항은 "제1항의 결정에 대하여는 즉시항고를 할 수 있다"라고 규정하고 있는데, 특별현금화명령 신청에 대한 '기각' 결정에 대하여도 즉시항고가 가능한지가 문제된다. 이에 관하여 통설[571]과 판례[572]는 민사집행법 제241조 제3항에서 즉시항고의 대상으로 규정하고 있는 "제1항의 결정"에는 특별현금화명령 신청을 받아들이는 결정뿐만 아니라 그 신청을 기각하는 결정도 포함되므로, 특별현금화명령 신청에 대한 법원의 기각결정에 대해서도 채권자는 민사집행법 제241조 제3항에 의하여 즉시항고로써 다툴 수 있다는 입장이다. 그 이유에 관하여 판례는 ① 민사집행법 제241조 제1항에 의한 채권자의 특별현금화명령 신청에 대하여 특별현금화를 명할 것인지 여부나 그 방법의 선택은 법원의 재량에 맡겨져 있고, ② 추심명령 또는 전부명령의 신청을 기각한 결정에 대하여는 민사집행법 제229조 제6항에 따라 즉시항고를 할 수 있는데, 추심·전부명령과 특별현금화명령은 압류된 채권의 종류 및 성질에 따라 그 적용 범위와 대상, 그리고 현금화의 구체적 방법을 달리할 뿐 압류된 채권에 대한 강제집행이라는 제도의 취지는 같고, 그 신청이 기각됨으로 인한 당사자의 이해관계 등도 본질적으로 다르지 않기 때문이라고 한다.[573]

6. 기타

특별현금화명령의 취지에 따라 추심의 소를 제기하는 채권자는 채무자에 대하여 소송고지를 하여야 하고(민사집행법 제238조 본문), 특별현금화명령의 신청이 취하되거나 이를 취소하는 결정이 확정된 때에는 법원사무관등은 압류명령을 송달받은 제3채무자에게 그 사실을 통지하여야 하는데(민사집행규칙 제160조 제2항), 이는 추심명령, 전부명령에 대한 설명과 같다.

현금화를 마친 집행관 등이 그 현금화한 금전을 법원에 제출하는 절차는 법원보관금취급규칙 제9조 내지 제11조에 따른다. 즉, 집행관 등은 법원보관금납부서를 작성하여 취급점에 납부하고, 이 경우 취급점은 집행관 등 납부자에게 법원보관금 영수

570) 법원실무제요, 민사집행[IV], 법원행정처(2020), 455.

571) 강대성, 민사집행법, 탑북스(2011), 476; 오시영, 민사집행법, 학현사(2007), 664; 곽용진, 민사집행법, 부연사(2007), 776; 박두환, 민사집행법, 법률서원(2003), 581; 홍광식, "각종 회원권, 면허권 등 기타재산권에 대한 강제집행", 재판자료 72집, 민사집행에 관한 제문제(하), 법원도서관(1996), 302, 305.

572) 대법원 2012. 3. 15.자 2011그199 결정, 대법원 2012. 3. 15.자 2011그224 결정.

573) 대법원 2012. 3. 15.자 2011그224 결정.

증서를 교부하고 사건담임자는 취급점으로부터 전송된 수납내역을 확인한 후 필요한 사항을 전산등록하여야 한다.[574)]

574) 법원실무제요, 민사집행[IV], 법원행정처(2020), 455.

제2편 유체물의 인도청구권 등에 대한 강제집행

제1장 총 설[575)]

575) 법원실무제요, 민사집행 [IV], 법원행정처(2020), 484-485

Ⅰ. 규정

채무자가 제3채무자에 대하여 특정의 유체물 또는 일정 수량의 같은 종류의 유체물의 인도나 권리이전을 청구할 수 있는 권리를 가지는 경우에 채권자는 그 유체물의 인도나 권리이전청구권을 채무자의 책임재산으로 하는 강제집행에 의하여 만족을 얻어야 하므로, 민사집행법 제242조는 이러한 종류의 청구권을 대상으로 하는 강제집행에 관하여 특별한 규정(민사집행법 제243조-245조)이 없는 한 금전채권을 대상으로 하는 강제집행의 일반규정(민사집행법 제227조-240조)을 준용하여 이를 집행한다고 정하고 있다.

Ⅱ. 유체물 및 청구권의 범위

여기서 말하는 '유체물'에는 민사집행법상의 유체동산과 부동산 이외에 그 물건 자체에 대하여 금전채권에 관한 강제경매를 인정하고 있는 선박, 자동차나 건설기계, 항공기도 포함된다.

이러한 유체물의 인도나 권리이전청구권은 물권적 청구권이든 채권적 청구권이든 묻지 않고, 또한 단순히 점유 내지 등기명의만을 이전하는 것을 목적으로 하는지, 소유권의 이전을 목적으로 하는지를 묻지 않는다. 다만 채무자가 제3채무자에 대하여 '유체물을 제작하여 인도받을 청구권'을 가지는 경우에는 그러한 청구권은 단순한 유체물의 인도나 권리이전청구권이 아니고 작위를 목적으로 하는 청구권이므로, 민사집행법 제251조에 의하여 그 밖의 재산권에 대한 강제집행에 따라야 한다.

Ⅲ. 압류, 현금화, 만족

유체물의 인도나 권리이전 청구권을 대상으로 하는 강제집행에도 압류, 현금화, 만족의 단계가 나뉜다. 그리고 현금화의 방법으로는 이행의 목적물인 유체물 자체를 현금화하는 것이 원칙이고, 이를 위하여 제3채무자로부터 임의로 또는 강제적으로 그 유체물의 인도나 권리이전이라는 급부를 실현하는 것이 필요하다.

민사집행법 제242조가 준용하는 조문에 특별한 현금화방법에 관한 같은 법 제241조가 명시되어 있지 않아, 유체물의 인도나 권리이전의 청구권에 대한 강제집행에 같은 법 제241조를 유추적용할 수 있는지에 관하여 적극설과 소극설이 대립한다.

판례는 부동산등기이전청구권에 관하여 특별현금화방법이 허용될 수 없다고 하였는데, 부동산 권리이전청구권에 대한 강제집행은 금전채권에 관한 강제집행의 선행적 절차에 해당하는 것으로서, 그 절차 내에 환가절차가 예정되어 있지 않아 그 청구권 자체를 환가·처분하여 그 대금으로 채권자를 만족시키는 방법이 인정되지 않음을 그 이유로 들고 있다(대법원 1999. 12. 9.자 98마2934 결정).

Ⅳ. 가압류의 효력

한편 가압류의 집행으로 유체물의 인도나 권리이전청구권을 가압류한 경우에는 제3채무자가 임의로 인도한 유체물 위에 가압류의 효력을 지속시키는 데 그치고, 제3채무자가 임의로 유체물의 인도나 권리이전을 하지 않으면 가압류채권자는 아무런 조치를 취할 수 없다.

제2장 유체동산의 인도 또는 권리이전청구권에 대한 집행

Ⅰ. 총설

채무자의 책임재산에 속하여야 할 유체동산을 제3자가 채무자에게 인도할 채무를 부담하고 있다거나, 제3자가 그에 대한 권리를 채무자에게 이전할 채무를 부담하고 있는 경우에, 채권자는 그 유체동산으로부터 자신의 금전채권의 만족을 얻기 위하여 채무자의 제3자에 대한 유체동산 인도청구권이나 유체동산에 대한 권리이전청구권을 금전채권에 대한 집행방법에 준하여 압류·추심명령을 받아 그 청구권의 내용을 실현시켜 그 유체동산을 채무자의 책임재산으로 강제집행할 수 있는 상태로 만든 뒤 이를 현금화하여 그 매각대금에서 채권의 변제를 받을 수 있다(따라서 청구권 그 자체를 처분하는 것이 아니다. 민사집행법 제242조, 243조).

예컨대, 유체동산은 원칙적으로 민사집행법 제189조에 따라 집행관이 이를 압류하는 방법으로 집행하여야 할 것이나, 제3자가 유체동산을 점유하고 있는 경우 그 제3자가 물건의 제출을 거부하는 때에는 집행관이 이를 압류할 수 없으므로(민사집행법 제191조) 먼저 채무자가 제3자에 대하여 가지는 그 청구권의 내용을 실현하여 유체동산의 소유와 점유를 채무자에게 귀속시켜 이를 채무자의 책임재산으로 만든 다음 이에 대하여 강제집행을 실시하여 채권을 만족시키는 제도이다.[1]

이 강제집행의 대상이 되는 것은, 채무자가 이미 특정 유체동산의 소유권을 가지고 그것을 직접 지배하기 위하여 점유의 인도만을 구하는 경우뿐만 아니라 채무자가 아직 특정 유체동산이나 일정한 종류·수량의 유체동산의 소유권을 가지고 있는 것은 아니지만 제3자에 대하여 그 소유권과 점유권을 함께 이전하여 줄 것을 청구할 수 있는 경우도 포함되므로, 그 청구권은 물권적 청구권인 경우도 있고 채권적 청구권인 경우도 있다.

Ⅱ. 집행의 대상

1. 일반적인 경우

1) 유체동산 청구권의 목적물은 그 청구권 압류 당시에는 아직 부동산의 구성부분 또는 토지로부터 수확·채취되지 않은 상태에 있더라도, 제3채무자가 이행할 때 독립한 유체동산으로서 인정될 수 있는 것이라면 압류가 허용되고, 인도 등의 구체적

1) 사법보좌관실무편람(II)-채권집행 및 배당절차-, 법원행정처(2016), 171.

집행은 그 뒤에 하면 된다.

2) 민사집행법 제189조 제2항 제3호는 "유가증권으로서 배서가 금지되지 아니한 것"을 유체동산으로 본다고 규정하고 있어, 배서가 허용된 증권은 동산압류의 방법에 의하도록 하고 있다.

따라서 화물상환증, 창고증권, 선하증권 등이 발행된 경우 배서가 금지되지 않은 경우에는 이들 증권 자체가 유체동산 강제집행의 대상이 되므로(민사집행법 제189조 제2항 제3호), 이들 인도증권에 표창된 유체동산 인도청구권은 민사집행법 제243조의 집행방법의 대상이 되지 않는다.

3) 한편 배서가 금지된 인도증권에 표창된 인도청구권에 대하여는, 집행관이 증권을 점유하여야 압류의 효력이 발생하는 민사집행법 제233조의 취지에 비추어, 지시증권채권에 대한 압류명령의 절차에 따라 압류하여야 한다. 그러나 배서가 금지된 경우에 종국적인 만족은 목적물을 집행관이 제3채무자로부터 인도받아 유체동산 현금화의 방법에 의하여 현금화하고 그 매각대금을 집행법원에 제출하여 배당하도록 하는 민사집행법 제243조의 방법에 따를 수밖에 없기 때문에, 집행관이 증권을 점유하여 채권압류의 효력이 발생한 뒤에는 유체동산 인도청구권에 대한 강제집행절차에 따라 절차가 진행된다. 이 경우 유체동산에 대한 별도의 인도명령을 필요로 하는지에 대하여는 견해가 대립한다.

4) 또한 무기명식 정기예금증서(Certificate of Deposit/C.D)는 증권에 해당 계좌번호만 표시될 뿐 권리자가 표시되지 않아 이를 발행한 은행으로서는 그 증권의 소지인이 진정한 권리자인지 여부를 확인할 필요가 없으므로, 이 증권의 교부로써 권리의 이전이 자유롭게 이루어지고 소지인은 발행은행에 이를 제시하여 상환으로 예금을 지급받을 수 있다는 점에서 유통성이 있는 유가증권의 일종이다. 판례도 양도성 예금증서는 시중은행이 발행한 무기명 할인식으로 발행되는 유가증권이라고 하였고(대법원 2000. 3. 10. 선고 98다29735 판결), 무기명식 정기예금증서는 유가증권으로서 민사집행법상 유체동산이라고 보았다(대법원 2014. 9. 26. 선고 2014다40046 판결). 유가증권 자체의 인도청구권은 물론 위 집행방법의 대상이 된다. 주권의 인도청구권(대법원 2010. 2. 25. 선고 2009다87898 판결), 출자증권의 인도청구권(대법원 2017. 4. 7. 선고 2016다35451 판결) 등이 그 예이다.

5) 자동차 또는 건설기계의 인도청구권에 대한 압류에 관해서도 위 집행방법이 준용된다(민사집행법시행규칙 제171조 제2항).

6) 작위, 부작위를 목적으로 하는 청구권(예를 들어 목적물을 제조·가공하여 인도받을 청구권)은 위 집행방법에 의하지 않고 민사집행법 제251조의 그 밖의 재산권에 대한 집행의 방법에 따라야 한다.

7) 채무자가 소유권을 취득하는 것이 아니고 단순히 점유할 권리(예를 들어 임차권)만 있는 경우에는 채무자가 목적물을 인도받더라도 책임재산이 될 수 없으므로 위 강제집행방법의 대상이 되지 않고, 민사집행법 제251조의 그 밖의 재산권에 대한 집행방법의 대상이 된다.

8) 유체동산의 인도청구권에 대한 압류는, 그 인도청구권의 대상인 유체동산이 민사집행법에 의한 매각의 대상이 될 수 있는 경우에만 허용된다. 따라서 그 자체로는 독립한 재산적 가치가 없는 채권증서(채권압류명령의 부수집행의 대상이 된다. 민사집행법 제234조)나 예금통장과 자동차검사증 등의 인도청구권은 위 집행방법의 대상이 되지 않는다. 그리고 유체동산의 인도청구권이 압류금지채권(민사집행법 제246조)인 경우는 물론, 인도청구권의 대상이 압류금지의 유체동산(민사집행법 제195조, 196조)인 때에도 이를 압류물로서 현금화할 수 없는 이상 그 유체동산의 인도청구권이나 권리이전청구권 역시 위 압류의 대상이 되지 않는다.

9) 유체동산의 인도나 권리이전의 청구권에 대하여는 전부명령을 하지 못한다(민사집행법 제245조). 따라서 이에 대하여 전부명령이 발령되더라도 그 전부명령은 무효이다.

2. 유가증권인도청구권(공탁유가증권 출급청구권)의 경우

유가증권 자체의 인도청구권 또는 공탁유가증권의 지급청구권은 민사집행법 제243조에 따라 유체동산인도청구권에 대한 강제집행절차에 의한다.

손실보상이 채권(債券)으로 공탁된 경우의 공탁유가증권 출급청구권 또한 유체물의 인도를 목적으로 하는 채권의 성질을 갖는다.

사업시행자가 수용보상금을 공탁할 때의 공탁물은 '공익사업을 위한 토지 등의 취득 및 보상에 관한 법률'에 규정되어 있는 금전 또는 채권(債券)[2]인데, 사업시행자

2) 사업시행자가 국가·지방자치단체 그 밖에 대통령령이 정하는 정부투자기관 및 공공단체인 경우로서 토지소유자 또는 관계인이 원하는 경우, 사업인정을 받은 사업에 있어서 대통령령이 정하는 부재(不在)부동산소유자의 토지에 대한 보상금이 대통령령이 정하는 일정금액(위 법 시행령상 1억 원)을 초과하는 경우로서 그 초과하는 금액에 대하여 보상하는 경우에는 당해 사업시행자가 발행하는 채권(債券)으로 지급할 수 있다(공익사업법 제63조 제7항 제2호). 또한, 토지투기가 우

가 현금 또는 채권(債券) 중 어느 것으로 지급할 것인지를 선택하지 않은 상태에 있는 경우, 손실보상금 채권에 대한 압류 및 전부명령은 사업시행자가 장래에 보상을 현금으로 지급하기로 선택하는 것을 정지조건으로 하여 발생하는 손실보상금 채권을 그 대상으로 하는 것이다.

토지소유자의 채권자가 손실보상이 현금으로 지급될 것을 예상하여 수용보상금에 대하여 압류를 한 경우에도 수용보상금에 대한 압류(압류의 경합 여부를 불문한다)가 있는 경우에는 현금으로 지급하여야 한다는 규정이 없으므로, 위와 같은 토지수용의 채권(債券)보상 요건을 충족하고 공탁사유가 있으면 채권(債券)으로 공탁할 수 있다(2000. 5. 15. 법정 3302-171호 질의회답, 공탁선례 1-42). 따라서 기업자가 현금 또는 채권(債券) 중 어느 것으로 지급할 것인지 여부를 선택하지 아니한 상태에 있는 경우, 손실보상금채권(債權)에 대한 압류 및 전부명령은 기업자가 장래에 보상을 현금으로 지급하기로 선택하는 것을 정지조건으로 하여 발생하는 손실보상금채권을 그 대상으로 하는 것이라고 할 것이므로 손실보상이 현금으로 지급될 것을 예상하여 토지소유자의 채권자가 채권압류 및 전부명령을 받았는데 이후 손실보상이 채권(債券)으로 공탁되었다면 전부명령은 무효이므로(대법원 2004. 8. 20. 선고 2004다24168 판결) 공탁된 채권에 대하여 전부채권자는 출급청구를 할 수 없다(2000. 5. 15. 법정 3302-171호 질의회답, 공탁선례 1-42).

이 경우의 채권(債券)은 무기명증권이고, 공탁유가증권의 출급청구권은 유체물 인도를 목적으로 하는 채권의 일종이므로 그에 대한 강제집행은 유체동산 인도청구권에 대한 강제집행절차에 따라야 한다(공탁선례 1-42호, 2-242호). 따라서 공탁유가증권 출급청구권을 압류한 경우에 압류채권자로부터 집행의 위임을 받은 집행관은 공탁관에게 공탁유가증권의 지급청구를 하고, 공탁관으로부터 유가증권의 인도를 받으면 압류된 유체동산에 대한 집행방법으로 현금화를 한다.

공탁자를 상대로 한 전부금 청구소송에서 공탁유가증권을 직접 출급할 수 있다는 조정결정을 받았다 하더라도, 위 조정조서를 가지고는 공탁된 수용보상금 채권(債券)을 전부채권자가 직접 출급할 수 없다(공탁선례 1-42호, 2-242호).

실무에서는 이를 피하려는 의도로 간혹 피압류채권 별지 목록 기재시에 "… 보상금 또는 채권(債券)"이라고 기재하여 신청하는 경우가 있는데, 이는 부적법한 신청

려되는 지역의 경우에는 1억 원 이상의 일정금액(공익사업법 시행령 27조 1항 규정상 1억 원임)을 초과하는 부분에 대해서는 필요적으로 채권(債券)으로 지급하도록 하고 있다(공익사업법 제63조 제8항).

으로서 허용하기 어렵다. 별지 채권의 선택적 기재는 집행의 안정성을 해하고, 피압류채권이 현금인 경우와 채권(債券)인 경우는 그 집행방법 자체가 다르기 때문이다.

3. 압수물 환부청구권에 대한 집행

압수물의 환부청구권은 일반적으로 유체동산의 인도청구권에 해당하는데, 압수물이 현금이나 자기앞수표인 경우에 그 환부청구권이 금전채권인지 유체동산 인도청구권인지가 실무상 문제된다.

만약 유체동산 인도청구권이라면 이를 목적으로 하는 전부명령은 허용되지 않고(민사집행법 제245조), 현금화도 그 청구권 자체가 아닌 집행관이 현금이나 자기앞수표를 인도받은 후 이를 대상으로 이루어진다는 점(민사집행법 제243조 제1, 3항)에서 차이가 있다.

압수해제에 따른 압수물환부청구권은 압수물 자체에 대한 인도청구권이므로, 동산인도청구권에 대한 집행절차에 따름이 원칙이지만(대법원 2013. 4. 19.자 2013마426 결정에 의하여 심리불속행 기각된 수원지방법원 2013. 3. 5.자 2012라1845 결정), 예외적으로 검찰압수물사무처리규칙에 따라 내부적으로 당해 통화의 원형보존이 필요 없다는 검사의 지휘를 받아 보관금 형태로 혼화·보관된 경우에는 금전반환채권으로 전환되므로, 이 경우에는 전부명령도 가능하다(서울중앙지방법원 2010. 7. 16. 선고 2009가합60072 판결, 서울중앙지방법원 2009. 5. 22. 선고 2008가합105305 판결).

실무상 수사기관은 압수한 현금이나 자기앞수표를 은행에 별단예금으로 보관하고 있는데, 이 경우 압수물이 특정성을 상실하여 금전채권으로 변한다고 한 하급심 판결도 있고, 이는 보관방법에 관한 수사기관과 은행 사이의 별개의 법률관계일 뿐이므로 그에 따라 압수물 환부청구권의 성격이 유체동산 인도청구권에서 금전채권으로 변한다고 볼 수는 없다고 한 하급심 판결도 있다.[3)]

4. 대여금고 속의 내용물의 경우

은행이 거래처를 위해 중요한 비밀서류, 주권, 공사채, 증서, 귀금속 등을 화재나 도난 등의 재해로부터 지키기 위해 수수료를 받고 보관하는 보호예수의 한 형태로 대여금고라는 제도가 있다. 이는 금고 중에 설치된 다수의 캐비닛 중 특정한 것

---

3) 법원실무제요, 민사집행[III], 법원행정처(2014), 489.

을 목적으로 한 임대차계약이라고 보는 것이 통설이다.

대여금고의 내용물에 대해서는 이용자의 은행에 대한 대여금고계약상의 내용물 인도청구권을 압류하는 방법에 의해 강제집행을 할 수 있다.

Ⅲ. 압류

1. 압류명령의 신청

가. 압류의 청구

유체동산의 권리이전이나 인도를 목적으로 한 청구권 등에 대한 집행은 집행법원의 압류명령에 의하여 개시된다(민사집행법 제223조). 압류명령의 신청은 당사자, 청구금액, 압류할 목적채권으로서의 유체동산의 인도나 권리이전청구권(예를 들어 일시 사용시키고 있는 경우에는 그 특정 사실을, 매매에 의한 권리이전청구권인 경우에는 매매계약 체결에 관한 구체적 사실)을 표시하여 그 청구권의 압류를 구하는 취지를 적은 서면으로 하여야 한다.

나. 인도의 청구

유체동산에 관한 청구권을 압류하는 경우에는 현금화를 위한 준비로서 법원이 제3채무자에 대하여 채권자의 위임을 받은 집행관에게 그 유체동산을 인도할 것을 명하여야 하므로, 압류명령 신청과 동시에 인도명령을 구하는 것이 보통이다.

그러나 인도명령은 압류명령의 내용의 일부로 해석되므로, 인도명령의 신청은 단순히 법원의 직권발동을 촉구하는 의미를 가지는 데 불과하고, 따라서 압류명령의 신청서에 인도명령을 구하는 취지가 적혀 있지 않더라도 그 신청은 적법하다. 따라서 유체동산인도청구권 등에 대한 압류명령의 신청만 있다 하더라도 법원이 직권으로 인도명령을 발령하여야 하고, 압류명령에 그 기재가 누락된 때에는 즉시 별도로 인도명령을 발령함이 타당하다. 또한 인도명령에는 집행관의 이름을 특정하여 기재할 필요는 없다.

인도명령은 채권자의 위임을 받은 집행관에게 유체동산의 수령권한을 주는 데 그치는 것이므로 제3채무자가 인도를 거부하는 경우에는 집행관이 강제로 인도집행을 할 수 없고 별도의 추심명령을 얻어 추심의 소를 제기하여야 한다.[4)]

4) 사법보좌관실무편람(II)-채권집행 및 배당절차-, 법원행정처(2016), 117.

다. 인지

압류명령의 신청에는 2,000원의 인지를 붙여야 하고(인지법 제9조 제4항 제1호), 인도명령의 신청에 대하여는 별도로 인지를 붙일 필요가 없다.

신청서가 제출되면 채권 등 집행사건으로 접수하여 사건번호(예를 들어 20○○타채○○○호)를 붙이고 재판업무의 전산화로 집행사건부를 두지 않으므로 전산입력한 다음 기록을 만들어 담당재판부에 회부한다. 그 밖에 접수절차와 흠결이 발견된 경우의 조치 등은 금전채권에 대한 압류명령 신청과 동일하다.

라. 관할

압류명령의 신청은 집행법원에 대하여 하여야 한다. 집행법원은 민사집행법 제224조의 규정에 의하여 채무자의 보통재판적이 있는 곳의 지방법원이고 그 지방법원이 없는 때에는 목적물이 있는 곳의 지방법원이며, 이는 전속관할이므로(민사집행법 제21조), 당사자의 합의로도 변경할 수 없다. 사물관할은 단독판사에게 속한다(법원조직법 제32조).

마. 당사자 표시

공탁유가증권을 압류할 경우에 압류할 청구권이 회수청구권인 경우에는 공탁자를 채무자로 하고, 출급청구권인 경우에는 피공탁자를 채무자로 하며, 제3채무자는 국가(소관 ○○지방법원 공탁관)로 기재하여야 한다.

2. 심리

신청이 있으면 집행법원은 강제집행 개시를 위한 일반적 요건 외에 유체동산 인도청구권의 집행에 따라 그 목적물이 채무자의 책임재산으로 귀속되는지, 또 목적물에 대한 압류가 압류금지 규정에 저촉되는지에 관하여 조사하여야 하나, 인도청구권이나 권리이전청구권의 존부에 관하여 조사할 필요는 없다.

압류명령은 사법보좌관의 업무에 속한다(사법보좌관규칙 제2조 제1항 제9호).

신청이 이유 있다고 인정되면 압류명령을 발령하고, 이유 없으면 기각의 재판을 한다.

압류명령을 발령할 때에는 제3채무자와 채무자를 심문하지 않고 한다.

압류명령의 신청에 관한 재판에 대하여는 즉시항고를 할 수 있다(민사집행법 제

242조, 227조 4항).

3. 압류명령의 내용

가. 금지 및 인도명령

압류명령에는, 제3채무자에 대하여 채무자에 대한 인도 또는 권리이전을 금지하고, 채무자에 대하여 그 청구권의 추심 및 처분을 금지하는 것을 명하는 외에 특히 제3채무자는 그 유체동산을 채권자의 위임을 받은 집행관에게 인도하도록 명하는 인도명령을 적어야 한다(민사집행법 제243조 1항).

이 인도명령은 현금화의 준비를 위하여 덧붙여지는 것으로서 압류의 요건이 아니고, 그 기재가 없어도 압류명령의 효력에는 영향이 없다. 따라서 인도명령이 있었는지 여부나 집행관이 제3채무자로부터 그 동산을 인도받아 점유하고 있는지 여부와는 관계없이 압류명령이 제3채무자에게 송달됨으로써 유체동산 인도청구권 자체에 대한 압류의 집행은 끝나고 압류의 효력이 발생한다(대법원 1994. 3. 25. 선고 93다42757 판결). 그러나 인도명령은 압류명령에 부수하여 압류의 효력을 확보하기 위한 것이므로, 압류명령에 그 기재가 없을 때에는 집행법원은 즉시 별도로 인도명령을 발령하여야 한다.

인도명령에는 집행관의 이름을 특정하여 적을 필요가 없다. 인도명령이 있으면 채권자의 위임을 받은 집행관은 제3채무자에 대하여 목적물인 유체동산의 인도를 구할 수 있고, 제3채무자가 이에 따라 임의로 집행관에게 인도한 때에는 그 유체동산에 대하여 압류의 효력이 발생하여 집행관은 유체동산의 현금화에 관한 규정(민사집행법 제199조 ~ 214조)에 따라 현금화하게 된다(민사집행법 제243조 3항).

그러나 인도명령은 채권자의 위임을 받은 집행관에게 유체동산의 '수령' 권한을 주는 데 그치고, 제3채무자에 대한 인도집행의 집행권원으로 되지 않는다. 따라서 제3채무자가 집행관에게 임의로 인도하면 면책되지만, 제3채무자가 인도를 거부하는 경우에 집행관이 강제로 인도집행을 할 수는 없다.

따라서 제3채무자가 임의로 인도하지 않는 경우에 채권자가 이를 강제하기 위해서는 뒤에서 보는 바와 같이 추심명령을 얻어 추심의 소를 제기하여야 한다(대법원 1961. 12. 28. 선고 4292민상667, 668 판결 참조).

유체동산인도청구권에 대한 압류명령의 양식은 다음과 같다.

[전산양식 A4350: 유체동산인도청구권에 대한 압류명령]

○ ○ 지 방 법 원

결 정

사 건 20 타채 유체동산인도청구권압류
채 권 자
채 무 자
제 3 채무자

주 문

1. 채무자의 제3채무자에 대한 별지 기재의 유체동산인도청구권을 압류한다.
2. 제3채무자는 채무자에 대하여 위 물건을 인도하여서는 아니 된다.
3. 채무자는 위 인도청구권의 처분과 위 물건의 영수를 하여서는 아니 된다.
4. 제3채무자는 위 유체동산을 채권자가 위임하는 집행관에게 인도하여야 한다.

청구금액

금 원
금 원
합계 금 원

이 유

채권자가 위 청구금액을 변제받기 위하여 ○○지방법원 20 가합 대여금청구사건의 집행력 있는 판결정본에 기초하여 한 이 사건 압류명령 신청은 이유 있으므로 주문과 같이 결정한다.

2○○○. ○. ○.

판사(사법보좌관) ㊞

위 주문 기재 중 제3채무자에 대하여 채무자에게 물건의 인도를 금지하는 기재는 위 압류명령의 본질적인 부분이므로 이를 누락하면 그 압류명령은 무효이다.

나. 주문례

○ 유체동산인도청구권의 압류

채무자의 제3채무자에 대한 별지 기재의 유체동산인도청구권을 압류한다.
제3채무자는 채무자에 대하여 위 물건을 인도하여서는 아니 된다.
채무자는 위 인도청구권의 처분과 위 물건의 영수를 하여서는 아니 된다.
제3채무자는 위 유체동산을 채권자가 위임하는 집행관에게 인도하여야 한다.

○ 유가증권인도청구권의 압류

채무자의 제3채무자에 대한 별지 기재의 유가증권인도청구권을 압류한다.
제3채무자는 채무자에 대하여 위 유가증권을 인도하여서는 아니 된다.
채무자는 위 인도청구권의 처분과 위 물건의 영수를 하여서는 아니 된다.
제3채무자는 위 유가증권을 채권자가 위임하는 집행관에게 인도하여야 한다.

○ 대여금고 속의 내용물인도청구권의 압류

채무자의 제3채무자에 대한 별지 목록 기재 대여금고 계약상의 내용물인도청구권을 압류한다.
제3채무자는 채무자에 대하여 위 대여금고 계약상의 내용물을 인도하여서는 아니 된다.
채무자는 위 인도청구권의 처분과 위 물건의 영수를 하여서는 아니 된다.
제3채무자는 위 대여금고 계약상의 내용물 기타 유체동산을 채권자가 위임하는 집행관에게 인도하여야 한다.

다. 압류할 청구권의 표시례

압류할 청구권의 표시례는 다음과 같다.

1) 동산의 경우: '채무자가 제3채무자에 대하여 가지는 20 . . .자 매매계약에 기초한 아래에 적은 물건의 인도청구권'

2) 유가증권의 경우: '채무자가 채권자와 채무자 사이의 ○○지방법원 20 카단 가처분신청사건의 담보로서 ○○지방법원 20...년 증 제○○호로 공탁한 아래에 적은 유가증권의 회수청구권' [금전을 공탁할 때 공탁번호를 '2019년 금 제○○호'로 하는 것과는 달리, 유가증권을 공탁할 때에는 공탁번호를 '2019년 증 제○○호'로 표시한다(행정예규 1153호 별표 1-6호 양식 참조)].

4. 압류명령의 송달 및 효력

가. 송달

압류명령은 채무자와 제3채무자에게 송달하여야 하고(민사집행법 제242조, 227조 2항), 채권자에게도 고지하여야 한다.

유체동산의 인도청구권의 압류는 원칙적으로 금전채권의 압류에 준하여 집행법원에 의한 압류명령과 그 송달로써 하므로, 제3채무자에 대한 압류명령의 송달이 있으면 압류의 효력이 발생한다(민사집행법 제227조 제3항).

유체동산의 인도청구권에 대한 압류가 있은 후에는 제3채무자는 청구권의 목적물을 채권자 또는 채무자에게 인도하여서는 안 되고, 그 목적물을 집행관에게 인도하여야만 그 의무를 면할 수 있다.

나. 압류명령의 효력 일반론

1) 압류의 효과로 집행채무자가 간이인도 혹은 지시에 의한 점유이전을 시도하여도 압류에 저촉되어 압류채권자에게는 대항할 수 없다. 채권자로부터 유체동산의 인도집행을 위임받은 집행관은 목적물을 수령하는 자격을 취득한다(민사집행법 제42, 43조). 채무자의 제3채무자에 대한 권리이전청구권이 압류된 후 제3채무자가 그 목적물을 집행관에게 교부하면, 그 목적물은 채무자의 책임재산이 된다.

2) 유체동산의 인도청구권에 대한 압류가 있은 후에는 제3채무자는 청구권의 목적물을 채권자 또는 채무자에게 인도하여서는 안 되고, 그 목적물을 집행관에게 인도하여야만 그 의무를 면할 수 있다.

3) 압류는 청구권의 발생원인에 대해서까지 그 효력이 미치지는 않으므로, 압류의 효력이 발생한 후에도 원인관계에 변경이 있은 때, 예컨대 매매계약에 대하여 채무불이행 또는 사전의 특약에 의하여 해제가 된 경우 매매계약에 기한 인도청구권은 소멸하게 된다.

압류명령의 신청에 관한 재판에 대하여는 즉시항고를 할 수 있다(민사집행법 제242조, 제227조 제4항).

4) 민사집행법 제243조의 압류는 청구권의 압류이지 목적물 자체의 압류가 아니므로, 집행관에게 목적물을 인도하기 전에는 목적물에 압류의 효력이 미치지 않는다. 집행채권자에 의하여 집행채무자의 인도청구권이 먼저 압류되었다 하더라도 집행채무자의 또 다른 채권자가 제3채무자의 점유 하에 있는 물건을 압류할 수 있고, 이

경우 위 인도청구권에 대한 인도명령에 따라 위 물건이 집행관에게 교부되어 물건에 대한 압류의 효과가 발생하게 되면, 물건에 대하여는 이미 압류가 되어 있으므로 중복압류가 된다.

다. 공탁유가증권 인도청구권에 대한 압류의 효력

판례는 공탁된 유가증권 인도청구권에 대한 압류 및 배당요구의 효력은 공탁기관이 그 유가증권을 환가하여 현금화한 원금과 이자에 대한 대공탁(代供託)과 부속공탁에 미친다는 입장이다(대법원 2005. 5. 13. 선고 2005다1766 판결). 그 근거는 다음과 같다.

1) 대공탁(代供託)은 공탁유가증권의 상환기가 도래하였을 때 공탁자 또는 피공탁자의 청구에 기하여 공탁기관이 공탁유가증권의 상환금을 받아 종전 공탁유가증권에 대신하여 그 상환금을 공탁함으로써 종전 공탁의 효력을 지속하게 하는 공탁이므로, 대공탁을 하게 되면 공탁의 목적물은 유가증권에서 금전으로 변경되나 공탁의 동일성은 유지된다.

2) 부속공탁은 공탁유가증권의 이자 또는 배당금의 지급기가 도래하였을 때 공탁기관이 그 이자 또는 배당금을 수령하여 공탁유가증권에 부속시켜 공탁함으로써 기본공탁의 효력을 그 이자 또는 배당금에 의한 금전공탁에도 일체로서 미치게 하는 것이다.

라. 유체동산인도청구권에 대한 압류와 제3자이의의 소

유체동산인도청구권에 대하여 (가)압류결정이 있는 경우에 집행채무자 아닌 제3자가 진정한 유체동산 인도청구권의 귀속자라면, 위 (가)압류로 인하여 자신의 유체동산인도청구권의 행사에 장애를 받는 자는 그 유체동산 인도청구권이 자기에게 귀속함을 주장하여 집행채권자에 대하여 제3자이의의 소를 제기할 수 있다(대법원 2007. 7. 12. 선고 2007다13275 판결).

마. 동산인도청구권 압류의 경합 등

1) 인도청구권 압류 후 다른 채권자에 의한 물건 압류의 효력

본조의 압류는 청구권의 압류이지 목적물 자체의 압류가 아니므로 집행관에게 목적물을 인도하기 전에는 목적물에 압류의 효력이 미치지 않는다. 집행채권자에 의

하여 집행채무자의 인도청구권이 먼저 압류되었다 하더라도 집행채무자의 또다른 채권자가 제3채무자의 점유하에 있는 물건을 압류할 수 있고, 이 경우 뒤에 이루어지는 인도청구권에 대한 인도명령에 따라 집행관에게 교부되어 물건에 대한 압류의 효과가 발생하게 되면, 물건에 대하여는 이미 압류가 되어 있으므로 중복압류가 된다. 예컨대 창고업자인 제3채무자로부터 채무자에게 교부된 창고증권이 압류된 경우(민사집행법 제233조)에도 임치물에 대하여는 직접 압류의 효력이 생기지 않으므로, 다른 채권자가 창고업자의 승낙 아래 그 임치물 자체를 압류하는 것은 적법하다(민사집행법 제191조 참조). 또한, 매매의 경우에 매매에 기한 목적물인도청구권을 압류하였으나, 아직 목적물이 매도인(제3채무자)에게 있는 경우 매도인의 채권자에 의하여 유체동산 자체에 대한 압류가 있게 되면 후자의 압류가 우선한다.

2) 금전채권집행으로서 유체동산인도청구권 압류의 경합

유체동산인도청구권도 일반 채권압류와 마찬가지로 중복압류가 허용되는 것으로 해석되나, 그것이 허용되는 것은 청구권의 목적물이 집행관에게 인도되기까지라고 볼 것이다. 집행관이 목적물의 인도를 받은 때에는 유체동산 그 자체를 압류한 것과 동일한 효력이 있으므로, 이때부터는 청구권에 대한 압류규정에 의할 것이 아니라 유체동산 압류방법에 의하여야 한다.[5)]

유체동산인도청구권의 이중압류 시는 인도명령이 경합하게 되는바, 이는 금전채권이 아니어서 제3채무자는 공탁으로 면책되는 방법이 없으므로, 어느 채권자의 인도명령에 응해서든 당해 물건을 집행관에게 인도하면 된다. 만일 제3채무자가 인도청구권의 중복압류 시 집행관의 협력 없이 물건을 공탁한 경우에는 그 물건은 집행관을 통한 점유가 없어 압류된 것이 될 수 없다.

이중압류로 인해 압류채권자가 경합하는 경우, 등기기록으로부터 다른 압류채권자가 존재함을 알 수 있는 부동산집행과 달리, 이 절차에서는 선행·후행을 불문하고 집행법원이 압류채권자의 존재를 바로 알 수 없다. 따라서 압류채권자의 경합을 집행관의 수령조서나 제3채무자의 진술서 등을 통하여 알게 된 집행법원으로서는 나중의 배당절차에 대비하여 사건기록 등에 다른 경합채권자의 존재를 명확히 해 둘 필요가 있다. 또한 집행법원을 달리하는 경우에는 경합사실을 안 집행법원은 다른 법원에 통지하는 등으로 상호간에 주지시킴이 타당하다.[6)]

---

5) 법원실무제요, 민사집행 [IV], 법원행정처(2020), 494.
6) 법원실무제요, 민사집행 [IV], 법원행정처(2020), 494.

인도명령은 그 선후에 의하여 그 효력에 우열이 있는 것이 아니고, 목적물을 인도받은 집행관이 이를 현금화하여 그 매각대금을 집행법원에 제출하여 경합채권자에게 배당하면 된다.[7]

3) 금전채권 집행으로서의 유체동산 인도청구권 압류와 비금전 집행으로서의 인도청구권에 대한 압류명령의 경합

채권자가 채무자에 대하여 가지는 금전채권 외의 채권(비금전채권)에 기초한 강제집행으로서의 인도청구권에 대한 집행은 통상 채무자가 집행의 목적물을 점유하고 있는 경우에는 신청에 의하여 집행관이 채무자의 점유를 풀고 채권자에게 그 점유를 취득시키는 방법으로 실행한다(본법 제257조, 제258조 제1항). 그러나 집행의 목적물이 제3자의 점유 하에 있는 경우 집행관은 제3자의 점유를 배제하고 채권자에게 그 목적물의 점유를 취득시키는 것이 불가능하다. 이 경우 집행법원은 채권자의 신청에 의하여 금전채권의 압류에 관한 규정에 따라 제3자에 대한 채무자의 인도청구권을 압류하고, 이를 채권자에게 넘기는 '이부명령'을 발령하는 방법으로 집행한다(민사집행법 제259조). 이는 비금전채권에 기초한 강제집행으로서 금전채권 집행과 달리 현금화절차가 있을 수 없으므로, 압류 및 이부명령의 확정에 의하여 종료한다.

그런데 민사집행법 제259조에 의한 이부명령의 경우에는 금전채권의 압류명령과는 달리 압류경합의 문제는 생기지 않는다. 이부명령의 성질상 그 대상인 채무자의 제3채무자에 대한 인도청구권은 이부명령이 있은 후에는 채권자만이 행사할 수 있게 되고, 채무자의 다른 금전채권자가 이것을 압류하는 것은 허용되지 않으며 그러한 압류는 효력이 없다.

반면 압류 및 이부명령이 있기 전에 채무자의 금전채권자가 채무자의 인도청구권을 압류한 경우에 관하여는, 이부명령을 받은 채권자가 우선한다는 견해도 있으나, 후행의 압류는 선행절차의 채권자에게 대항할 수 없다는 의미에서 무효이고, 선행의 금전채권자가 우선한다고 봄이 타당하다(선착처분 우선주의). 다만, 인도청구권을 가지는 채권자는 목적물이 채무자의 책임재산에 속하지 않음을 주장하여 제3자이의의 소를 제기함으로써 구제받을 수 있다.[8]

7) 손진홍, "채권집행의 이론과 실무(상)", 법률정보센터(2016), 507.
8) 법원실무제요, 민사집행 [IV], 법원행정처(2020), 494.

Ⅳ. 추심

1. 추심명령의 신청

가. 일반론

인도명령이 있음에도 불구하고 제3채무자가 임의로 목적물을 인도하지 않는 경우에는 채권자는 집행법원에 대하여 추심명령을 신청할 수 있다(민사집행법 제243조 제2항). 추심명령은 압류명령과 동시에 신청할 수도 있다.

금전채권에 대한 집행에서는 추심명령 자체가 채권자로 하여금 제3채무자에 대한 추심권, 즉 임의변제를 수령할 권한과 추심의 소를 제기할 권한을 모두 부여하는 효력이 있음에 반하여, 유체동산 청구권에 대한 집행에서는 전자의 권한은 민사집행법 제243조 제1항의 인도명령에 의하여 부여되고 후자의 권한만이 추심명령에 의하여 부여된다.

추심명령의 신청은 채권자가 압류한 유체동산 인도청구권의 목적물에 대한 추심권의 수여를 구하는 것이나, 금전채권에 대한 추심명령과 같이 '채권자'가 직접 제3채무자로부터 추심할 수 있도록 하는 것은 아니고 목적물을 '집행관'이 점유하도록 하여야 하는 것이므로, 신청서에는 집행관에게 위임하여 추심할 수 있다는 내용의 명령을 구하는 취지를 적어야 한다.

유체동산의 인도청구권에는 권면액이 없으므로 전부명령은 허용되지 않는다(민사집행법 제245조). 그리고 유체동산의 인도청구권에 대한 가압류집행의 경우에는 가압류채권자는 추심명령을 구할 수 없다.

나. 인지

신청서에는 2,000원의 인지를 붙여야 한다(인지법 제9조 제4항).

다. 접수 및 후속 절차

추심명령 신청이 있으면 채권 등 집행사건으로 접수하여 사건번호(예를 들어 20○○타채○○○호)를 부여하고 압류명령 사건 기록에 합철한다(재민 91-1).

추심명령 신청에 관한 재판에 대하여는 즉시항고를 할 수 있다(민사집행법 제242조, 229조 6항).

추심명령 신청에 대한 집행법원의 심리에 관하여는 금전채권의 추심명령에서 설명한 바와 같다.

2. 추심명령의 내용

채권자는 '집행관에게 위임하여' 추심할 수 있음을 명하는 취지를 적는 외에는 금전채권의 추심명령과 같다. 따라서 추심명령에는 사건번호, 당사자(채권자, 채무자 및 제3채무자), 추심의 대상인 채권, 추심권능을 부여하는 선언, 결정날짜, 집행법원의 표시 및 판사(사법보좌관)의 기명날인(민사집행법 제23조 제1항, 민사소송법 제224조 제1항 단서)이 있어야 한다. 압류명령과 별도로 추심명령을 하는 때에는 압류명령사건의 번호를 적어야 한다.

[전산양식 A4351: 유체동산 인도청구권에 대한 추심명령]

○ ○ 지 방 법 원
결 정

사 건 20 타채 유체동산추심
채 권 자
채 무 자
제 3 채무자

주 문

채무자의 제3채무자에 대한 별지 기재의 유체동산 인도청구권의 목적물인 유체동산은 채권자가 집행관에게 위임하여 추심할 수 있다.

이 유

○○지방법원 20 타채 유체동산 인도청구권 압류사건에 관한 채권자의 이 사건 추심명령 신청은 이유 있으므로 주문과 같이 결정한다.

2○○○. ○. ○.

판사(사법보좌관) ㊞

3. 추심절차

1) 채권자로부터 추심명령 정본에 기초하여 위임을 받은 집행관은 제3채무자에

대하여 목적물의 인도를 최고할 수 있고, 제3채무자가 임의로 목적물을 인도하면 이를 수령할 수 있으나, 이행을 거절하는 경우에는 집행불능으로 된다.

이 경우에는 채권자는 추심명령에 기초하여 민사집행법 제238조에 따라 제3채무자를 상대로 목적물을 채권자가 위임한 또는 위임할 집행관에게 인도하라는 취지의 추심의 소를 제기하여 집행권원을 얻은 뒤 이에 기초하여 집행관에게 집행위임을 하여 민사집행법 제257조에 따라 인도청구권을 집행하게 된다.

2) 인도청구권의 목적물인 유체동산에 대하여 소유권 기타 인도를 저지하는 권리를 주장할 수 있는 자는 추심명령에 대하여 제3자이의의 소를 제기할 수 있다.

제3채무자는 압류채권자의 인도청구에 대하여 집행채무자에게 주장할 수 있었던 모든 실체상의 항변사유와 압류·추심명령의 하자로써 대항할 수 있다.

3) 압류채권자가 제3채무자를 상대로 추심의 소를 제기하여 집행권원을 얻은 후에는 그 집행권원에 기초하여 집행관에게 집행위임을 하여 본법 제257조에 따라 동산인도의 집행을 할 수 있다.

집행관은 유체동산을 인도받았을 때 그 취지를 집행법원에 신고하고 채권자와 채무자에게 통지하여야 한다(민사집행법 제189조 3항, 236조 1항 참조). 유체동산의 인도청구권이 집행채무자와 제3자의 공유에 속하는 때에는 채무자의 지분만을 압류할 수 있다.

Ⅴ. 현금화(= 집행관에 의한 매각)

1. 일반론

집행관에게 유체동산이 인도되면 채권자의 권리만족을 위하여 현금화를 하게 되는데, 이때 비로소 '유체동산 청구권'에 대한 압류가 아닌, '유체동산 자체'에 대한 압류에 도달한다. 집행관에게 인도된 유체동산은 유체동산 압류의 경우와 마찬가지로 민사집행법 제199조의 규정에 따라 집행관의 매각에 의하여 현금화된다(민사집행법 제243조 제3항).

이 경우 인도청구권에 대한 강제집행과 인도를 받은 유체동산의 현금화절차의 관계에 관하여 견해의 대립이 있지만, 현금화의 방법에 관해서만 유체동산의 현금화에 적합한 방법을 채택하여 이를 채권집행의 절차 속에 포섭하는 데 그치고, 결국 최후까지 채권집행의 절차를 관철한다는 절차구조를 취한 것으로 보아야 한다.[9]

집행관이 현금화함에는 민사집행법 제243조 제1항에 의하여 목적물을 인도받을 권한을 위임받는 것으로 충분하고, 인도받은 뒤에 다시 현금화를 위한 별도의 위임이나 집행법원의 수권(授權, 현금화명령, 다만 특별현금화의 경우는 예외)은 필요 없다. 집행관이 목적물을 인도받음으로써 그에 대한 압류의 효력이 발생하였으므로 다시 민사집행법 제189조 제1항 등에 의한 압류를 할 필요도 없다.

다만 민사집행법 제243조에 따라 집행관이 유체동산을 인도받아 현금화하는 것은 독립된 집행기관으로서 하는 것이 아니라 채권집행을 관할하는 '집행법원의 보조기관'으로서 집행에 관여하는 것일 뿐이므로(대법원 2010. 2. 25. 선고 2009다87898 판결), 집행관이 스스로 매각대금을 분배하는 등의 권한은 없다. 따라서 집행관은 목적물의 매각대금을 집행법원에 제출하여야 하고(민사집행규칙 제169조, 제165조 제4항), 이를 제출받은 집행법원은 민사집행법 제252조의 규정에 따른 배당절차를 개시하여야 한다(민사집행규칙 제183조).

집행관이 법원보관금 납부서를 작성하여 취급점에 납부하면 법원보관금으로 보관하게 된다(보관금규칙 제9조~11조).

2. 특별현금화 가능 여부

민사집행법 제242조의 준용 조문에 특별한 현금화방법에 관한 민사집행법 제241조가 명시되어 있지 않아, 유체물의 인도나 권리이전의 청구권에 대한 강제집행에 민사집행법 제241조를 유추적용할 수 있는지 견해가 대립한다.

적극설은 해석상 유체물의 인도나 권리이전의 실현에 곤란한 사정이 있는 때에는 민사집행법 제241조를 유추적용하여 집행법원의 재량적 판단에 의하여 예외적으로 특별현금화방법에 의하는 것도 허용된다고 본다.

이에 대하여는 소극설이 있는데, 그 근거로는 ① 민사집행법 제242조가 민사집행법 제241조를 준용하고 있지 않은 점, ② 민사집행법 제정 시 당초 대법원안은 부동산청구권 집행을 특별현금화방법에 의하고자 하였으나 위 대법원안이 철회되고 현행처럼 입법된 점을 들고 있다.

판례는 부동산등기이전청구권에 관하여 특별현금화방법이 허용될 수 없다고 하였다(대법원 1999. 12. 9.자 98마2934 결정 참조).

---

9) 법원실무제요, 민사집행 [IV], 법원행정처(2020), 496.

3. 배당절차

민사집행법 제243조에 따라 집행관이 유체동산을 인도받아 현금화하는 것은 '독립된 집행기관'으로서 하는 것이 아니라 채권집행을 관할하는 '집행법원의 보조기관'으로서 집행에 관여하는 것일 뿐이므로, 스스로 매각대금을 분배하는 등의 권한은 없다. 그러므로 집행관은 현금화한 금전을 집행법원에 제출하여야 하고(민사집행규칙 제169조, 제165조 제4항), 이를 제출받은 집행법원은 배당절차를 개시하여야 한다(민사집행규칙 제183조).

집행관이 법원보관금 납부서를 작성하여 취급점에 납부하면 법원보관금으로 보관하게 된다(법원보관금취급규칙 제9조, 제10조, 제11조).

민법·상법 그 밖의 법률에 의하여 우선변제청구권이 있는 채권자와 집행력 있는 정본을 가진 채권자는 집행관이 현금화한 금전을 법원에 제출한 때까지 배당요구를 할 수 있다(민사집행법 제247조 제1항 제3호).

제3장 부동산의 인도 또는 권리이전청구권에 대한 집행

Ⅰ. 총설

1. 청구권 자체를 처분하여 변제받는 것이 아님

채무자가 제3자에 대하여 부동산인도청구권을 가지고 있거나 부동산소유권이전청구권 또는 소유권이전등기의 말소등기청구권 등 부동산에 관한 등기청구권을 가지고 있는 경우에, 채권자는 그 부동산으로부터 자신의 금전채권의 만족을 얻기 위하여 채무자의 제3자에 대한 위와 같은 청구권을 압류하여 그 청구권의 내용을 실현시키고, 그 부동산을 채무자의 책임재산으로 귀속시킨 후 이를 현금화하거나 또는 강제관리를 실시하여 그 매각대금이나 수익금으로부터 채권의 변제를 받을 수 있다. 따라서 청구권 자체를 처분하는 것이 아니다(민사집행법 제242조, 제244조).

부동산에 관한 권리이전청구권에 대한 강제집행은 채무자 명의의 권리이전절차를 보관인에게 이행하게 하는 등으로 청구권의 내용을 실현시킴으로써 그 절차가 종료되고, 그 절차 내에 환가절차가 예정되어 있지 않다(대법원 2014. 3. 21.자 2014마149 결정). 따라서 채권자가 종국적인 만족을 얻기 위해서는 인도 또는 권리이전을 받은 부동산에 대하여 본래의 집행권원에 기초하여 강제경매 또는 강제관리를 신청하여야 한다. 이처럼 등기청구권 등 권리이전청구권에 대한 집행의 경우에는 그 집행을 통하여 제3채무자로부터 채무자 명의로 등기를 하게 하여 부동산 그 자체에 대한 강제경매 또는 강제관리를 개시할 수 있도록 하는 데 의미가 있다(대법원 2002. 10. 25.자 2002다39371 결정 참조).

2. 최종적으로는 부동산물권 자체를 경매 또는 강제관리하여 현금화하는 것임

부동산의 등기청구권에는, 소유권 그 밖에 부동산물권이 채무자에게 귀속하고 있어 실체적 권리관계와 일치시키기 위하여 채무자 명의로 등기를 구하는 물권적 청구권(주로 말소등기청구권 또는 진정등기명의회복청구권)에서부터, 채무자와 제3채무자 사이의 법률행위에 기초한 부동산물권의 설정 또는 이전등기를 구하는 채권적 청구권까지 다양한 것이 있다. 부동산에 대한 청구권의 강제집행은 어느 경우에도 제3채무자로부터 부동산에 대한 채무자 명의의 등기를 실현시키거나 그 부동산을 보관인에게 인도하게 하여(또는 그 양자를 실현시켜) 부동산물권 자체에 대한 강제경매 또는 강제관리를 실시하여 현금화하는 것이 궁극적인 목적이다.

3. 현실적으로는 다른 대체수단이 많아 이용실적이 저조함

인도청구권에 대한 강제집행의 경우 부동산에 대한 채무자 명의의 등기가 이미 마쳐져 있음을 전제로 하는 이상, 제3자가 점유하는 부동산에 대하여도 강제경매나 강제관리를 개시할 수 있으므로, 인도청구권에 대한 강제집행은 그 필요성이 적다.

다만 강제경매개시결정 전에 부동산의 점유를 미리 취득하여 점유자의 고의적인 부동산의 가치손상행위를 막고(이 경우 민사집행법 제83조 3항의 조치를 이용할 수도 있다) 부동산이 매각된 다음 인도명령(민사집행법 제136조)의 요건에 해당하지 않는 경우에도 매수인에게 쉽게 부동산을 인도할 수 있도록 하기 위한 준비행위로서는 의미가 있고, 강제관리를 위한 경우에는 부동산의 점유를 미리 취득하여 관리인으로 하여금 개시결정 후 바로 수익을 얻을 수 있도록 준비하는 데 그 뜻이 있다.

다만 실무에서는 부동산청구권 집행이 그리 흔하지 않은 것 같다. 그 이유는 채무자의 등기청구권을 채권자가 대위행사하는 것이 판례상 광범위하게 인정되는 까닭에 부동산에 대한 채무자 명의의 등기를 실현하는 방법으로는 채권자대위권 제도가 많이 활용되기 때문이다.[1)]

4. 유체동산청구권 집행절차에 관한 설명 참조

부동산청구권에 대한 집행절차는 유체동산청구권의 경우와 거의 같은 방법으로 실시되므로, 이하에서 볼 차이점을 제외하고는, 앞서 본 유체동산청구권 집행에 관한 설명을 참조하면 된다.

II. 집행의 대상

1. 부동산 등기청구권

부동산 청구권의 집행 중 가장 중요한 것은 등기청구권에 대한 집행이라고 할 수 있는데, 이 등기청구권에는 소유권이전등기청구권, 등기의 말소 또는 진정등기명의의 회복을 구하는 청구권 등이 포함된다.

실무상으로는 부동산의 권리이전청구권(주로 부동산소유권이전등기청구권)에 대한 집행이 많다. 부동산에 관한 권리이전청구권에 대한 강제집행은 그 절차 내에 환

1) 박준의, 신채권집행실무, 유로(2016), 721.

가절차가 예정되어 있지 않으므로, 위 권리이전청구권은 반드시 그 자체가 독립하여 재산적 가치를 가지거나 성질상 양도 또는 금전적 평가에 의한 환가가 가능하여야 하는 것은 아니다(대법원 2014. 3. 21.자 2014마149 결정).

소유권보존등기의 말소등기청구권도 민사집행법 제244조 제2항에서 말하는 '부동산에 관한 권리이전청구권'에 포함된다(대법원 2014. 3. 21.자 2014마149 결정). 소유권보존등기의 일부 지분에 대한 말소는 등기기술상 허용되지 않으므로 지분말소등기의 방법이 아니라 잔존지분권자와 말소를 명한 지분의 진정한 권리자와의 공유로 하는 경정등기를 신청하는 방법으로 이루어지는데(대법원 2017. 8. 19. 선고 16다6309 판결), 채권자는 소유권보존등기의 일부 지분에 대한 말소등기청구권을 압류하고 채무자 명의의 경정등기를 마침으로써 그 부동산을 채무자의 책임재산으로 귀속시킬 수 있다(대법원 2014. 3. 21.자 14마149결정)

한편 본등기청구권만이 집행의 대상이 되고 가등기청구권은 그 대상이 되지 않는다.[2)] 다만 채무자가 제3채무자에 대하여 가등기에 기한 본등기청구권을 가지는 경우에는 대상이 된다고 설명된다.

2. 부동산 인도청구권

부동산 인도청구권에 대한 집행은 유체동산 인도청구권에 대한 집행과는 다음과 같은 차이가 있다.

1) 부동산의 소유권이 반드시 채무자에게 귀속될 것을 요하지 않고, 그 부동산을 채무자의 점유로 회복한 다음 강제관리를 할 수 있는 것이면 여기서의 청구권 집행의 대상이 된다. 즉 채무자가 전세권자로서 목적물을 제3채무자에게 임대한 경우 임대차계약 종료로 인한 건물인도청구권을 가지는 경우 등이다.

2) 유체동산 인도청구권의 압류신청의 경우에는 채권자가 신청서에 "제3채무자는 유체동산을 채권자가 위임한 집행관에게 인도하여야 한다"는 문구를 신청취지 작성 시 실수로 빠뜨린 경우에도 집행법원의 사법보좌관은 집행경제상 이를 아울러 명하게 된다. 그러나 부동산 인도청구권의 압류에서는 이후의 집행을 위해 부동산의 점유를 필요로 하지 않기 때문에 채권자가 신청한 때에만 인도명령을 발령할 수 있고, 신청이 없는 때에는 직권으로 발령할 수 없다.

3) 부동산 인도청구권의 집행은 그 자체가 '압류-현금화-만족'의 3단계로 이어

2) 법원실무제요, 민사집행 [IV], 법원행정처(2020), 499.

지는 집행구도에서 보면 완결적 집행이라고 할 수 없다(부동산 등기청구권에 대한 집행도 마찬가지이다). 보관인에게 인도되거나 보관인에 의하여 채무자 명의로 이전등기가 마쳐지면 집행은 완료되는데, 그로 인하여 채권 만족이 있었다거나 현금화절차가 시작되었다고 볼 수는 없기 때문이다. 그러나 유체동산 인도청구권 집행은 집행관에 의한 유체동산 압류 후에 현금화 절차인 매각을 통하여 매득금을 확보하고, 이를 집행관이 배당법원에 보관금 명목으로 납부하면서 사유신고서를 제출하여 채권배당 절차를 가동시키므로 채권집행의 3단계 구도를 전부 충족시킨다.

3. 부동산 이외의 것들에 대한 청구권

가. 부동산의 범위

여기서 말하는 '부동산'에는 부동산집행의 대상이 되는 것이 모두 포함되므로, 민법상의 부동산 뿐 아니라 광업권, 어업권 등도 포함된다. 그러나 임차인의 임대인에 대한 인도청구권처럼 보관인이 목적물의 점유를 취득하더라도 부동산에 대한 강제경매나 강제관리의 목적이 될 수 없는 것은 위 집행의 대상이 되지 않는다.[3]

나. 선박, 항공기 인도청구권에도 준용

선박 또는 항공기의 인도청구권에 대한 압류와 선박·자동차·건설기계 또는 항공기의 권리이전청구권에 관해서는 부동산청구권의 집행에 관한 규정들이 준용된다(민사집행규칙 제171조 제1항).

다만 자동차 또는 건설기계의 인도청구권에 대한 압류에 관하여는 유체동산 인도청구권의 규정을 준용한다(민사집행규칙 제171조 제2항).

인도 또는 권리이전된 선박·항공기·자동차 또는 건설기계의 강제집행에 대하여는 선박·항공기·자동차 또는 건설기계 강제집행에 관한 규정을 각각 적용한다(민사집행규칙 제171조 제3항).

3) 법원실무제요, 민사집행 [IV], 법원행정처(2020), 500.

Ⅲ. 압류

1. 압류명령의 신청

가. 일반론

압류명령의 신청은 당사자, 청구금액, 압류할 목적채권인 부동산에 관한 인도 또는 권리이전청구권을 표시하고 목적물인 부동산을 특정하여 그 청구권의 압류를 구하는 취지를 적은 서면으로 하여야 한다.

신청서에는 2,000원의 인지를 붙여야 한다(인지법 제9조 제4항 제1호).

신청은 채무자의 보통재판적이 있는 곳의 지방법원, 그 지방법원이 없는 때에는 목적부동산이 있는 곳의 지방법원에 대하여 한다(민사집행법 제224조 제1항, 제2항 단서).

나. 부동산의 권리이전청구권과 대상(代償)청구권에 대한 압류명령의 동시 신청 여부

부동산의 권리이전청구권에 대한 압류명령과 그 권리이전청구권의 집행불능에 대비하여 장래 발생할 대금반환청구권(가령 매매계약에 의한 부동산 소유권이전등기청구권 및 매매계약이 해제되었을 대의 대금반환채권)에 대한 압류명령을 동시에 발령할 수 있는지가 문제된다. 위 두개의 압류채권은 그 집행방법이 서로 다르고, 특히 양립이 불가능한 모순관계에 있으므로 할 수 없다는 견해와, 비록 동일 시점에서는 양립할 수 없는 청구권이지만 양 청구권의 관계는 후자는 전자의 대상청구권의 성격을 가지고 있다 할 것이어서 이를 당연히 인정해야 한다는 견해가 있다.[4)]

현재의 실무는 별개의 사건으로 하여 압류명령을 따로 발령하는 경우도 있지만, 하나의 부동산의 권리이전청구권과 대상청구권에 대한 압류명령의 동시신청에 대하여도 관대한 것으로 보인다.

그러나 부동산의 권리이전청구권과 대상청구권에 대한 압류명령의 동시신청은 불허함이 타당하다. ① 위 두 개의 압류채권은 비금전 집행과 금전 집행으로서 엄연히 그 집행방법이 서로 다르고, ② 특히 양립 불가능한 모순관계에 있어 제3채무자의 입장에서 보아 압류할 채권이 특정되었다고 보기 어렵기 때문이다.[5)]

---

4) 사법보좌관실무편람(II)-채권집행 및 배당절차-, 법원행정처(2016), 122.

5) 박준의, 신채권집행실무, 유로(2016), 726.

판례의 입장이 무엇인지는 분명하지 않다. 다만 '장래 발생할 채권이나 조건부 채권을 압류 또는 가압류할 수 있음은 채권과 압류 또는 가압류의 성질상 이론이 있을 수 없으나, 다만 현재 그 권리의 특정이 가능하고 그 가까운 장래에 발생할 것임이 상당 정도 기대되어야 한다'라고 하면서, 그 사안에서 장래 계약해제로 인해 발생할 원상회복청구권이 '가압류 당시 그 권리를 특정할 수 있고 가까운 장래에 그 발생이 상당 정도 기대된다'고 하기 어렵다고 한 판례가 있다(대법원 1982. 10. 26. 선고 82다카508 판결).

2. 심리

신청이 있으면 집행법원은 강제집행 개시를 위한 일반적 요건 외에 부동산 청구권의 집행에 의하여 그 목적물이 채무자의 책임재산으로 귀속되는지에 관하여 심리하여야 하지만 인도청구권이나 권리이전청구권의 존부에 관하여는 심리할 필요가 없다(대법원 2004. 4. 28.자 2003마1538 결정).

신청이 이유 있다고 인정되면 압류명령을 발령하고, 이유 없으면 기각의 재판을 한다.

압류명령을 발령할 때에는 제3채무자와 채무자를 심문하지 않고 한다.

압류명령은 사법보좌관의 업무에 속한다(사법보좌관규칙 제2조 제1항 제9호).

압류명령의 신청에 관한 재판에 대하여는 즉시항고를 할 수 있다(민사집행법 제242조, 227조 4항).

3. 압류명령의 내용

부동산 청구권에 대한 압류도 금전채권의 압류에 준하여 압류명령의 발령과 송달로써 한다.

그 압류명령에는 청구권의 내용과 그 목적물인 부동산을 명시하고, 제3채무자에 대하여 채무자에게 인도 또는 권리이전을 금지하며, 채무자에 대하여 그 청구권의 추심과 처분의 금지를 명하여야 한다. 다만 이전등기청구권을 압류하는 경우에는 제3채무자에 대하여 이전등기절차의 이행을 금지하고, 채무자에 대하여 이전등기청구권의 양도 그 밖의 처분을 금지하는 것으로 충분하다.

예를 들어 임대차기간 만료로 인하여 임대차목적물 반환청구권을 압류하는 경우에는 '채무자가 제3채무자에 대하여 가지는 20 . . .자 임대차계약의 기간만료로 인한 별지 목록 기재 부동산의 인도청구권을 압류한다. 제3채무자는 채무자에게 위 부동산을 인도하여서는 아니 된다. 채무자는 위 청구권의 처분과 영수를 하여서는 아니 된다'라는 문언을 압류명령에 적어야 한다.

매매로 인한 부동산소유권이전등기청구권을 압류하는 경우에는 '채무자가 제3채무자에 대하여 가지는 20 . . .자 매매계약에 기초한 별지 목록 기재 부동산에 관한 소유권이전등기청구권을 압류한다. 제3채무자는 채무자에게 위 부동산에 관한 소유권이전등기절차를 이행하여서는 아니 된다. 채무자는 위 소유권이전등기청구권을 양도하거나 그 밖의 처분을 하여서는 아니 된다'라는 문언을 압류명령에 적어야 한다.

[부동산인도청구권 압류의 주문례][6)]

1. 채무자가 제3채무자에 대하여 가지는 20...자 임대차계약 기간만료로 인한 별지 목록 기재 부동산의 인도청구권을 압류한다.
2. 제3채무자는 채무자에게 위 부동산을 인도하여서는 안 된다.
3. 채무자는 위 청구권의 처분과 영수를 하여서는 안 된다.

[부동산권리이전청구권 압류의 주문례][7)]

1. 채무자가 제3채무자에 대하여 가지는 20...자 매매계약에 기한 별지 목록 기재 부동산에 관한 소유권이전등기청구권을 압류한다.
2. 제3채무자는 채무자에게 위 부동산에 관한 소유권이전등기절차를 이행하여서는 안 된다.
3. 채무자는 위 소유권이전등기청구권을 양도하거나 그 밖의 처분을 하여서는 안 된다.

[부동산의 권리이전청구권과 그 권리이전청구권의 불능에 대비한 장래 발생할 대금반환청구권의 압류의 주문례(단, 긍정설에 의할 경우)]

1. 채무자가 제3채무자에 대하여 가지는 (00. 00. 00.자 매매계약에 기한) 별지 (제1목록) 기재 부동산에 관한 소유권이전등기청구권과 (별지 제2목록 기재) 대금반환채권을 각 압류한다.
2. 제3채무자는 채무자에게 위 부동산에 관한 소유권이전등기절차를 이행하거나 위

6) 예: 임대차기간 만료로 인하여 임대차 목적물 반환청구권을 압류하는 경우.

7) 예: 매매로 인한 부동산 소유권이전등기청구권을 압류하는 경우.

압류한 채권을 지급하여서는 아니 된다.
3. 채무자는 위 소유권이전등기청구권을 양도하거나 그 밖의 처분을 하여서는 안 된다.

4. 압류명령의 송달

압류명령은 채무자와 제3채무자에게 송달하여야 하고(민사집행법 제242조, 227조 2항), 채권자에게도 고지하여야 한다.

압류명령은 제3채무자에게 송달되어야 그 효력이 생긴다(민사집행법 제242조, 227조 3항).

5. 압류의 효력

가. 소유권이전등기청구권에 대한 압류의 효력

1) 소유권이전등기청구권에 대한 압류나 가압류는 채권에 대한 것이지 등기청구권의 목적물인 부동산에 대한 것이 아니고, 채무자와 제3채무자에게 결정을 송달하는 외에 현행법상 등기기록에 이를 공시하는 방법이 없는 것으로서[단, 소유권이전등기청구권이 등기된 때(부동산등기법 제88조에 의하여 그 청구권이 가등기된 때)에 한하여 부기등기의 방법에 의하여 압류등기를 할 수 있다(등기예규 1344호 참조)] 해당 채권자와 채무자 및 제3채무자 사이에만 효력을 가지며, 압류나 가압류와 관계가 없는 제3자에 대하여는 압류나 가압류의 처분금지적 효력을 주장할 수 없다(대법원 1992. 11. 10. 선고 92다4680 전원합의체 판결). 따라서 소유권이전등기청구권의 압류나 가압류는 청구권의 목적물인 부동산 자체의 처분을 금지하는 대물적 효력은 없고, 제3채무자나 채무자로부터 소유권이전등기를 넘겨받은 제3자에 대하여는 취득한 등기가 원인무효라고 주장하여 말소를 청구할 수 없다. 다만 그에 기하여 채무자가 당해 부동산을 다른 곳에 처분함으로써 채권자가 손해를 입게 되면 제3채무자가 손해배상책임을 질 수 있다(대법원 2002. 10. 25. 선고2002다39371 판결, 대법원 2007. 9. 21. 선고 2005다44886 판결 등).

일반적으로 채권에 대한 가압류가 있더라도 이는 채무자가 제3채무자로부터 현실로 급부를 추심하는 것만을 금지하는 것이므로 채무자는 제3채무자를 상대로 그 이행을 구하는 소송을 제기할 수 있고, 법원은 가압류가 되어 있음을 이유로 이를 배척할 수 없는 것이 원칙이나, 소유권이전등기를 명하는 판결은 의사의 진술을 명하는 판결로서 이것이 확정되면 채무자는 일방적으로 이전등기를 신청할 수 있고 제3채무자는 이를 저지할 방법이 없으므로 이와 같은 경우에는 가압류의 해제를 조건으로 하지 아니하는 한 법원은 이를 인용하여서는 안 되고, 제3채무자가 임의로 이전등기의무를 이행하고자 한다면 민사소송법 제577조(민사집행법 제244조)에 의하여 정하여진 보관인에게 권리이전을 하여야 할 것이고, 이 경우 보관인은 채무자의 법정대리인의 지위에서 이를 수령하여 채무자 명의로 소유권이전등기를 마치면 된다(대법원 1992. 11. 10. 선고 92다4680 전원합의체판결).

2) 한편 가등기된 부동산소유권이전등기청구권이 (가)압류되고 (가)압류의 부기등기가 마쳐진 경우에는, (가)압류결정이 공시되어 있으므로 제3자에 대하여 (가)압류의 처분금지적 효력을 주장할 수 있다. 따라서 가등기된 채무자(B)의 제3채무자(C)에 대한 부동산 소유권이전등기청구권을 채권자(A)가 (가)압류하고 그 (가)압류의 부기등기가 마쳐진 후, 제3자(D)가 채무자(B)를 대위하여 가등기에 기하여 채무자(B) 앞으로 소유권이전의 본등기를 하고 곧이어 제3자(D) 앞으로 소유권이전등기를 마친 다음에, (가)압류채권자(A)가 위 부동산에 관하여 위 가압류에 터 잡은 강제경매신청을 하여 강제경매를 진행한 결과 매수인(E)이 소유권이전등기를 마쳤다면, ① 제3자(D) 명의의 소유권이전등기는 위 등기된 (가)압류채권자(A)와의 관계에서 무효인 반면, ② 이미 제3채무자(C)로부터 채무자(B) 명의로 소유권이전등기가 마쳐진 상태에서 부동산 강제경매가 진행된 이상 위 강제경매 절차는 적법하므로 매수인(E) 명의의 소유권이전등기는 적법·유효하다(대법원 1998. 8. 21. 선고 96다29564 판결 참조).

나. 소유권이전청구권 (가)압류와 채무자의 제3채무자에 대한 소유권이전등기청구

일반적으로 채권에 대한 가압류가 있더라도 이는 채무자가 제3채무자로부터 현실로 급부를 추심하는 것만을 금지하는 것이므로, 채무자는 제3채무자를 상대로 그 이행을 구하는 소송을 제기할 수 있고, 법원은 가압류가 되어 있음을 이유로 이를 배척할 수 없다(대법원 1989. 11. 24. 선고 88다카25038 판결, 대법원 2000. 4. 11. 선고 99다23888 판결, 대법원 2002. 4. 26. 선고 2001다59033 판결).

소유권이전등기청구권에 대한 (가)압류가 되어 있는 경우 채무자가 제3채무자를 상대로 그 이행을 구하는 소송을 제기할 수 있고, 법원은 (가)압류의 해제를 조건으로 인용한다(대법원 2006. 6. 16. 선고 2005다39211 판결 등). 소유권이전청구권에 대한 처분금지가처분이 있는 경우에도 마찬가지이다(대법원 2006. 6. 16. 선고 2005

다39211 판결 등).

제3채무자가 임의로 이전등기의무를 이행하고자 한다면 민사집행법 제244조에 의하여 정하여진 보관인에게 권리이전을 하여야 하고, 이 경우 보관인은 채무자의 법정대리인의 지위에서 이를 수령하여 채무자 명의로 소유권이전등기를 마치면 된다(대법원 1992. 11. 10. 선고 92다4680 전원합의체판결).

소유권이전등기청구권이 가압류되어 있다는 사정은 피고(제3채무자) 측의 항변사유에 해당하는 것이고 직권조사사항은 아닌 만큼, 소유권이전등기청구 소송의 소장에 그와 같은 가압류의 존재 사실이 기재되어 있다고 하더라도 이는 선행자백에 불과하여 피고가 응소하여 그 부분을 원용하는 경우에 비로소 고려될 수 있는 것이다. 따라서 피고가 답변서를 제출하지 않고 변론기일에 출석하지도 않아 그 사건의 원고가 주장하는 소유권이전등기청구권의 요건 사실에 관하여 자백간주의 효과가 발생한 이상 법원으로서는 전부승소의 판결을 할 것이지 단순히 가압류사실을 알게 되었다고 하더라도 가압류가 해제될 것을 조건으로 한 판결을 할 수는 없다.

다. 소유권이전등기청구권에 대한 (가)압류 후 채무자에게 임의로 소유권이전등기를 마쳐준 제3채무자의 손해배상책임

1) 이전등기청구권에 대한 가압류가 있으면 그 변제금지적 효력에 의하여 제3채무자는 채무자에게 임의로 이전등기를 이행하여서는 안 되고, 제3채무자가 이를 무시하여 이전등기를 이행하고 채무자가 다시 제3자에게 이전등기를 경료하여 준 결과 채권자에게 손해를 입힌 때에는 불법행위를 구성한다(대법원 1992. 11. 10. 선고 92다4680 전원합의체판결, 대법원 2007. 9. 21. 선고 2005다44886 판결).

2) 소유권이전등기를 명하는 판결은 의사의 진술을 명하는 판결로서 이것이 확정되면 채무자는 일방적으로 이전등기를 신청할 수 있고 제3채무자는 이를 저지할 방법이 없으므로, 소유권이전등기청구권이 (가)압류된 경우에는 변제금지의 효력이 미치고 있는 제3채무자는 일반채권이 (가)압류된 경우와는 달리, 채무자 또는 그 채무자를 대위한 자로부터 제기된 소유권이전등기청구소송에 응소하여 그 소유권이전등기청구권이 (가)압류된 사실을 주장·증명할 의무가 있다. 만일 제3채무자가 고의 또는 과실로 위 소유권이전등기청구소송에 응소하지 않은 결과 자백간주 판결이 선고되어 확정됨에 따라 채무자에게 소유권이전등기가 경료되고 다시 제3자에게 처분된 결과 채권자가 손해를 입었다면, 제3채무자는 채무자에게 임의로 소유권이전등기

를 마쳐 준 것과 마찬가지로 불법행위로 인한 손해배상책임을 진다(대법원 1999. 6. 11. 선고 98다22963 판결, 대법원 2000. 2. 11.선고 98다35327 판결 등).

라. 소유권이전등기청구권에 대한 처분금지가처분과 (가)압류간의 우열 및 가압류 상호간의 우열

소유권이전등기청구권에 대한 가압류가 있기 전에 소유권이전등기청구권을 보전하기 위하여 "채무자는 소유권이전등기청구권을 양도하거나 기타 일체의 처분행위를 하여서는 안 된다. 제3채무자는 채무자에게 소유권이전등기절차를 이행하여서는 안 된다"는 소유권이전등기청구권 처분금지가처분이 있었다고 하더라도 그 가처분이 뒤에 이루어진 가압류에 우선하는 효력은 없으므로, 그 가압류는 가처분채권자와 사이의 관계에서도 유효하다(대법원 1998. 4. 14. 선고 96다47104 판결). 이는 가압류뿐만 아니라 압류의 경우에도 마찬가지이다(대법원 2001. 10. 9. 선고 2000다51216 판결).

가압류 상호간에도 그 결정이 이루어진 선후에 따라 뒤에 이루어진 가압류에 대하여 처분금지적 효력을 주장할 수 없다.

마. 중복압류 채권자는 별도의 배당요구 필요

부동산에 관한 인도 또는 권리이전청구권에 대하여도 제3채무자로부터 보관인에게 인도되거나 채무자 명의로 등기가 실현되어 그 청구권이 소멸할 때까지 중복압류가 있을 수 있다. 그러나 중복압류 채권자가 현금화대금으로부터 변제를 받기 위해서는 '청구권에 대한' 압류만으로는 부족하고, 이어서 진행되는 '부동산에 대한' 경매절차에서 배당요구를 하여야 한다.[8)]

바. 소유권이전등기청구권에 대한 (가)압류 후 채무자나 제3채무자의 기본적 법률관계에 관한 처분의 허용

소유권이전등기청구권의 가압류나 압류가 행하여지면 제3채무자는 채무자에게 등기이전행위를 하여서는 안 되고, 그와 같은 행위로 채권자에게 대항할 수 없으나, 가압류나 압류에 의하여 그 채권의 발생원인인 법률관계에 대한 채무자와 제3채무자의 처분까지도 금지되는 것은 아니다(대법원 1998. 1. 23. 선고 96다53192 판결, 대법원 2000. 4. 11. 선고 99다51685 판결).

---

8) 법원실무제요, 민사집행 [IV], 법원행정처(2020), 505.

따라서 소유권이전등기청구권에 대한 (가)압류 후에도 기본적 계약관계인 매매계약 자체를 해제할 수 있다. 또한 제3채무자가 소유권이전등기청구권에 대한 (가)압류명령에 위반하여 채무자에게 소유권이전등기를 마친 후 채무자의 대금지급의무의 불이행을 이유로 매매계약을 해제한 경우, 해제의 소급효로 인하여 채무자의 제3채무자에 대한 소유권이전등기청구권이 소급적으로 소멸함에 따라 이에 터 잡은 (가)압류명령의 효력도 실효되는 이상 (가)압류채권자는 처음부터 아무런 권리를 갖지 않은 것과 마찬가지 상태가 된다. 따라서 제3채무자가 (가)압류명령에 위반되는 행위를 하였다 하더라도 그 후에 매매계약이 해제된다면 불법행위는 성립하지 않는다(대법원 2000. 4. 11. 선고 99다51685 판결).

사. 기타

1) 부동산 권리이전청구권에 대한 압류의 효력은 압류명령의 송달로 발생하나, 목적부동산 자체에 대한 압류의 효력은 채무자에 대한 경매개시결정 송달 시 또는 경매개시결정의 기입등기 시에 발생하고, 선박이나 항공기의 경우 압류의 효력은 개시결정의 송달 시나 압류의 등기 시 또는 감수·보존처분의 집행 시나 선박국적증서 등의 수취 시 중 가장 빠른 시점에 발생한다. 따라서 부동산 청구권을 압류한 후 그 부동산 자체에 대한 압류의 효력발생 전에 타인이 부동산 자체에 대한 압류를 한 경우에도 압류채권자는 제3자이의의 소 등으로 이를 다툴 수 없다.

2) 부동산 권리이전청구권 압류의 효력발생 당시에 이미 그 청구권이 이행불능된 경우에는 압류의 효력이 발생하지 않을 뿐 아니라 압류명령의 효력은 이행불능으로 인한 손해배상청구권에 미치지 않는다. 다만 압류의 효력발생 당시에는 아직 이행불능이 아닌 경우에는 압류의 효력은 그 후의 이행불능으로 인한 손해배상청구권에 미친다고 해석된다.

Ⅳ. 보관인선임과 인도 또는 권리이전등기절차

1. 보관인선임과 인도·권리이전명령의 신청

1) 채권자는 부동산이 있는 곳의 지방법원에 대하여 목적부동산의 보관인을 정하고, '제3채무자에 대하여 그 부동산을 보관인에게 인도할 것을 명하는 결정' 또는 '제3채무자에 대하여 그 부동산에 관한 채무자 명의의 권리이전등기절차를 보관인에

게 이행할 것을 명하는 결정'을 하여 주도록 신청할 수 있고, 채권자가 그 신청을 지체하는 경우에는 제3채무자도 면책을 위하여 이를 신청할 수 있다(민사집행법 제244조 제1, 2항). 보관인은 채무자 명의의 권리이전등기 신청에 관하여 채무자의 대리인이 된다(민사집행법 제244조 제3항). 그 성격은 법정대리인이다. 이렇게 되면 결국 제3채무자 → 채무자 → 매수인(당해 부동산에 대한 강제경매에 따른 매수인을 의미한다) 순으로 등기가 이전되게 되므로, 부동산등기특별조치법에서 금하는 중간생략등기가 행해질 염려는 없게 된다.

2) 유체동산에 관한 청구권의 집행절차는 집행관이 관여하나, 부동산에 관한 청구권의 경우에는 따로 보관인이 선임되어 절차에 관여하게 된다. 또 유체동산에 관한 청구권의 압류의 경우에 별도의 신청이 없더라도 목적물을 집행관에게 인도할 것을 명하여야 하지만 부동산에 관한 청구권의 압류에서는 이후의 집행에 부동산의 점유가 반드시 필요한 것은 아니기 때문에 채권자 또는 제3채무자의 신청이 있는 경우에만 인도명령을 발령할 수 있고 직권으로는 이를 발령할 수 없다.

3) 이 신청은 부동산 청구권의 관할 집행법원이 아닌 부동산이 있는 곳의 지방법원에 하여야 하므로, 압류명령을 내린 집행법원(채무자의 보통재판적이 있는 곳의 지방법원)의 관할구역 내에 목적부동산이 존재하지 않는 경우에는 압류명령을 내린 법원과 보관인선임 및 인도·권리이전명령을 내린 법원이 다를 수 있다. 두 법원이 같은 경우에는 압류명령 신청과 함께 보관인선임과 인도·권리이전명령 신청을 할 수도 있으나, 같지 않은 경우에는 압류명령의 발령 여부가 그 부동산이 있는 곳의 법원으로서는 분명하지 않으므로 압류명령이 있었다는 취지의 소명자료(압류명령 정본)를 붙여서 신청하여야 한다. 수 개의 부동산이 있는 곳이 모두 다른 때에는 각각 부동산이 있는 곳의 지방법원에 대하여 신청하여야 한다.

4) 신청서에는 1,000원의 인지를 붙여야 한다(인지법 제9조 제5항 제4호).

신청이 있으면 채권 등 집행사건으로 접수하여 사건번호를 붙이고, 재판사무의 전산화로 집행사건부를 두지 않으므로 전산입력하며, 집행법원이 같은 경우에는 압류명령 기록에 합철한다(재민 91-1).

2. 재판의 내용

1) 신청이 이유 있으면 법원은 결정으로 보관인을 선임하고, 제3채무자에 대하여 ① 그 부동산을 보관인에게 인도할 것을 명하거나, ② 그 부동산에 관한 채무자

명의의 권리이전등기절차를 보관인에게 이행할 것을 명한다. 권리이전청구권을 집행하는 경우에 보관인은 채무자 명의의 권리이전등기 신청에 관하여 채무자의 대리인이 된다(민사집행법 제244조 제3항). 보관인은 채무자의 대리인인 관리적 수탁자에 불과하고 강제관리의 관리인과 같은 지위나 관리수익권을 가지지 않는다.

2) 부동산 청구권의 압류법원과 부동산이 있는 곳의 법원이 같은 경우에는 압류명령 중에 보관인선임과 인도·권리이전명령을 적어도 무방하다. 보관인선임과 인도·권리이전명령은 압류명령 그 자체의 효력과는 관계가 없고, 압류명령의 본질적 부분을 구성하는 것도 아니다.

3) 보관인의 선임, 해임, 감독, 보수 등에 관하여는 아무런 규정이 없는데, 강제관리의 관리인에 관한 규정을 유추적용함이 타당하다. 보관인의 자격에는 제한이 없으므로 법원이 자유롭게 선임할 수 있고, 신청인이 보관인을 지정하여 신청하더라도 법원을 구속하는 것은 아니다.

실무에서는 부동산이 있는 곳에 주소나 사무소를 둔 변호사나 집행관을 선임하는 사례가 많다. 보관인은 자연인을 선임하는 것이 바람직하나, 타인의 재산을 신탁받아 관리하는 신탁회사와 같은 경우에는 법인이라도 무방하다. 선임된 보관인은 직무를 수락하여야 할 의무를 지는 것이 아니므로, 심문 등의 방법으로 사전에 수락여부를 확인하여 두어야 한다. 보관인 선임명령 시 보관인이 집행관 합동사무소 소속 집행관인 경우에 그 성명을 특정하지 않고 집행관 합동사무소 소속 집행관을 보관인으로 선임한다는 결정을 하는 경우가 있다. 이때에는 결정문 별지에 집행관 합동사무소 소속 집행관 전원의 명단을 첨부하여 대리인의 특정 문제를 사전에 해결해 두는 편이 좋을 것이다. 만약 그 후 당해 집행관이 임기만료 등으로 퇴직하였다면 신청채권자는 보관인 변경을 신청할 수 있고, 집행법원은 보관인 변경명령을 발령한다.

실무상 부동산 소재지의 지방법원에 사무소를 둔 집행관을 보관인으로 선임하는 경우 사전에 집행관 사무실에 보관인 추천 의뢰를 하여 추천된 집행관을 관리인으로 선임하고, 퇴직 등 변동사항이 생긴 경우 다시 추천 절차를 밟아 새로운 관리인을 선임하고 있다.

4) 보관인은 인도명령 또는 권리이전명령에 따라 제3채무자로부터 임의인도나 권리이전을 받을 권한이 있으므로, 채권자의 특별위임을 요하지 않고 독립하여 임의로 인도나 채무자 명의로 권리이전을 받을 수 있고, 이 경우에 선량한 관리자의 주의로써 현금화절차에 따라 매수인 등에게 인도할 때까지 보관하여야 한다.

5) 보관인에 대하여는 상당한 보수를 지급하여야 하고 그 보수액은 법원이 정한다. 보수는 집행비용이 되므로 법원은 채권자에게 예납시킬 수 있고, 채권자가 이에 따르지 않으면 보관인을 선임하지 않거나 이미 결정한 선임을 취소할 수 있다(민사집행법 제18조 제2항). 이 비용은 종국적으로 채무자의 부담이 되어 집행절차에서 우선 변상을 받게 된다(민사집행법 제53조 제1항).

[전산양식 A4352: 부동산인도청구권에 관한 보관인선임 및 인도명령]

○ ○ 지 방 법 원

결 정

사 건 20 타채 부동산 보관인선임 및 인도
채 권 자
채 무 자
제 3 채무자

주 문

1. ○○○(○○지방법원 집행관)를 별지 목록 기재 부동산의 보관인으로 한다.
2. 제3채무자는 위 부동산을 위 보관인에게 인도하여야 한다.

이 유

○○지방법원 20 타채 부동산 인도청구권 압류사건에 관한 채권자의 이 사건 보관인선임 및 인도명령 신청은 이유 있으므로 주문과 같이 결정한다.

2○○○. ○. ○.

판사(사법보좌관) ㊞

주: 소유권이전등기청구권 압류 사건의 경우에는 주문에 "제3채무자는 위 부동산에 관하여 20 . . .자 (법률행위)를 원인으로 채무자 명의 소유권이전등기절차를 위 보관인에게 이행하여야 한다."라는 방식으로 적는다.
민사집행법 제244①

3. 결정의 송달

보관인선임 및 인도·권리이전명령은 채무자와 제3채무자에게 송달하여야 하고, 제3채무자의 신청에 의한 때에는 채권자에게도 송달하여야 한다. 이 결정에 대하여는 집행에 관한 이의(민사집행법 제16조)로써 다툴 수 있다.

4. 결정의 효력

1) 보관인 선임과 인도·권리이전명령은 압류명령 그 자체의 효력과는 관계가 없고, 압류명령의 본질적 부분을 구성하는 것도 아니다.

2) 보관인에 대한 인도 또는 권리이전의 명령은 강제력이 없으므로, 위 결정만으로 보관인이 목적물의 점유를 강제로 취득하거나 일방적으로 등기신청을 할 수는 없다. 제3채무자가 임의로 등기의무를 이행하는 경우에는 채무자의 대리인인 보관인과 제3채무자와의 사이에 등기신청으로 등기가 이루어지고 그로써 청구권의 집행은 종료한다. 채무자 앞으로의 권리이전에 필요한 서류를 보관인에게 교부하면 되고, 이 경우 채무자 명의의 이전등기신청에서는 보관인만이 채무자의 법정대리인으로 채무자를 대리하여 이전등기신청을 할 수 있으며 채무자 스스로는 이를 할 수 없다. 이전등기는 채무자 명의로 마쳐야 하고 보관인 명의로 등기하는 것은 아니다.

3) 압류명령과 인도명령 등이 송달된 경우에도 제3채무자가 부동산에 관한 청구권에 대하여 가지는 권리는 그대로 행사할 수 있으므로, 제3채무자는 해제권, 취소권, 항변권 등을 행사할 수 있고(대법원 2000. 4. 11. 선고 99다51685 판결), 제3채무자가 선택권을 가진 때에는 이를 행사할 수 있다.

4) 위와 같은 압류 등의 효력은 부동산 그 자체나 그 수익의 처분행위에 아무런 제한을 가하지 않고, 부동산 자체 또는 그 수익에 대한 압류의 효력은 그 후에 이루어지는 강제경매나 강제관리가 개시됨으로써 비로소 생긴다.

Ⅴ. 추심 및 현금화

1. 추심

가. 추심명령

1) 압류채권자는 인도명령 또는 권리이전등기명령의 이행을 구하기 위하여 집행법원에 추심명령을 신청할 수 있다(민사집행법 제244조 제4항).

2) 제3채무자가 보관인선임과 인도·권리이전등기명령에 따라서 보관인에 대하여 임의로 부동산의 인도의무를 이행하지 않거나 등기절차의 이행에 협력하지 않을 경

우에는 압류채권자는 추심명령을 얻어 추심의 소를 제기하여야 한다(민사집행법 제244조 제4항).

추심명령에는 2,000원의 인지를 붙여야 한다.

[주문례]

> 채무자의 제3채무자에 대한 별지 목록 기재 부동산에 관한 인도청구권(소유권이전등기청구권)은 채권자가 집행관에게 위임하여 추심할 수 있다.

3) 압류명령을 발령한 법원과 보관인 선임명령 등을 발령한 법원이 다른 경우에 어느 법원에 추심명령 신청을 할 것인가의 문제가 있으나, 추심명령 사건은 압류명령의 기록에 합철하여야 하므로(재민 91-1). 현재의 실무는 기록 관리의 편의상 압류명령을 발령한 법원을 관할법원으로 보고 있다.

실무에서 압류명령 관할법원이 부동산 소재지 지방법원인 경우에 신청채권자가 보관인 선임명령과 동시에 압류명령을 신청한 경우 이를 받아들이는 것이 대체적인 집행법원의 태도로 보이는데, 나아가 추심명령까지 동시에 신청할 수 있는지가 문제된다. 인도명령이나 권리이전명령에 강제력이 없어 거의 대부분의 사례에서 추심명령을 거쳐 추심소송으로 이행되기 때문에 압류명령 관할법원이 부동산 소재지 지방법원인 경우에는 관할이 나뉘지 않으므로 동시신청을 하여도 무방하다는 견해가 있다.[9]

추심명령의 내용은 유체동산 인도청구권에 대한 집행의 경우와 같고, 채무자 및 제3채무자에게 송달하여야 하며, 제3채무자에게 송달되어야 효력이 생긴다(민사집행법 제242조, 227조 2항, 3항).

나. 추심의 소

1) 추심의 소를 제기하여야 하는 것은 채권자이지 보관인이 아니므로, 보관인은 소를 제기할 권한이 없다. 또 추심소송의 피고는 제3채무자이고, 등기절차에 관여할 수 없는 채무자를 상대로 하는 추심의 소는 권리보호의 이익이 없다.[10]

2) 추심소송에서는 제3채무자에 대하여 청구의 목적물인 부동산을 보관인에게 인도할 것 또는 보관인에 의하여 대리되는 채무자에게 등기신청의 의사표시를 할 것

9) 박준의, 신채권집행실무, 유로(2016), 729.

10) 법원실무제요, 민사집행 [IV], 법원행정처(2020), 511.

만을 청구할 수 있다.

3) 추심의 소에서 승소판결이 확정되면 민사집행법 제258조 또는 제263조에 의한 강제집행의 방법으로 인도 또는 직접 채무자 명의로 등기를 이전하는 방법으로 청구권을 실현하고(등기선례 8-384, 8-394, 8-351, 200508-11, 200611-1), 이로써 부동산에 관한 청구권의 집행은 종료하며, 그 후의 강제집행은 부동산에 대한 강제경매 또는 강제관리로 들어가게 된다(대법원 1999. 12. 9.자 98마2934 결정).

2. 현금화

1) 부동산의 인도 또는 권리이전청구권에 대하여는 전부명령을 하지 못한다(민사집행법 제245조). 또한, 유체동산청구권의 경우와 달리 부동산소유권이전등기청구권은 그 성질상 양도가 제한되고(대법원 2001. 10. 9. 선고 2000다51216 판결), 부동산의 인도 또는 권리이전청구권에 대한 강제집행은 금전채권에 관한 강제집행의 선행적 절차에 해당하는 것으로서, 그 절차 내에 환가절차가 예정되어 있지 않아 그 청구권 자체를 환가·처분하여 그 대금으로 채권자를 만족시키는 방법은 인정되지 아니하고, 채무자 명의의 권리이전절차를 보관인에게 이행하게 하는 등으로 청구권의 내용을 실현시킴으로써 그 절차가 종료되며, 그 집행채권의 만족은 위와 같이 권리이전절차가 실현된 채무자 명의의 목적 부동산에 대하여 강제경매신청 등 별도의 신청에 의한 강제집행을 함으로써 이루어지는 것이므로, 부동산소유권이전등기청구권 자체의 특별현금화는 허용되지 아니한다(대법원 1999. 12. 9.자 98마2934 결정).[11)]

2) 보관인에게 인도되거나 채무자 명의로 권리이전된 부동산은 부동산집행에 관한 규정에 의하여 현금화하므로(민사집행규칙 제170조), 종국적인 만족을 얻기 위해서는 채권자는 본래의 집행권원에 기초하여 인도 또는 권리이전 받은 부동산에 대한 강제경매 또는 강제관리를 신청하여야 한다(민사집행규칙 제170조, 대법원 2002. 10. 25. 선고 2002다39371 판결). 즉 소유권이전등기청구권을 압류한 채권자가 본조에서 정한 절차에 따라 부동산에 관하여 채무자 명의로 소유권이전등기를 마친 후에 본래의 집행권원에 기초하여 다시 그 부동산에 대한 강제경매를 실시하여 그 경매절차에서 배당받거나, 인도 또는 권리이전받은 부동산에 대한 강제관리를 신청하여야 한다.

보관인은 인도받은 부동산을 강제경매의 경우에는 매수인에게, 강제관리의 경우에는 관리인에게 인도한다.

---

11) 법원실무제요, 민사집행 [IV], 법원행정처(2020), 511.

3) 제3자 명의로 등기되어 있는 부동산에 관하여는 사실상 그 부동산이 채무자의 소유라고 하더라도 채무자 명의로 등기가 회복되지 않는 한 경매신청을 할 수 없고, 채권자가 그 부동산에 관하여 채무자의 제3채무자에 대한 소유권이전등기청구권을 압류하고 본조 제2항에 정한 권리이전명령을 받았다고 하더라도 그에 따라 제3채무자로부터 채무자 명의로 소유권이전등기가 마쳐지지 않은 이상 이와 달리 볼 수 없다. 민사집행법 제81조 제1항은 강제경매신청서에 집행력 있는 정본 외에 붙여야 할 서류로서, '채무자의 소유로 등기된 부동산에 대하여는 등기부등본'(제1호)을 들고, '채무자의 소유로 등기되지 아니한 부동산에 대하여는 즉시 채무자 명의로 등기할 수 있다는 것을 증명할 서류'(제2호)를 들고 있는데, 위 제2호에서 말하는 '채무자의 소유로 등기되지 아니한 부동산'이라고 함은 미등기부동산을 말하는 것으로서 제3자 명의로 등기가 마쳐진 부동산은 이에 해당하지 않으므로, 본조 제2항에 정한 권리이전명령은 민사집행법 제81조 제1항 제2호에 정한 서류가 될 수 없기 때문이다(대법원 2007. 5. 22.자 2007마200 결정).

3. 집행정지서류 제출 시의 통지

민사집행법 제244조 제1항, 2항의 압류명령과 민사집행규칙 제171조 제1항, 제2항의 규정에 따라 위 조항들이 준용되는 경우의 압류명령(선박·항공기·자동차 또는 건설기계의 인도청구권 또는 권리이전청구권의 압류)이 있은 후 민사집행법 제49조 제2호 또는 제4호의 서류가 제출된 경우 법원사무관등은 집행관 또는 보관인과 제3채무자에게 그 서류가 제출되었다는 사실과 서류의 요지 등을 통지하여야 한다(민사집행규칙 제161조 제1, 2항).

제3편 그 밖의 재산권에 대한 강제집행

제1장 총 설

Ⅰ. 서설

부동산 집행의 대상이 되지 않는 재산 중 유체동산과 채권, 그리고 유체물 인도나 권리이전청구권을 제외한 것으로서 민사집행법 제251조에 따른 강제집행의 대상이 되는 것을 '그 밖의 재산권'이라 한다.

독립하여 재산적 가치를 가지고 현금화가 가능한 재산권이면 금전채권에 기초한 강제집행의 대상이 될 수 있다. 따라서 민사집행법에서 개별적으로 그 집행방법을 정한 부동산, 선박·자동차·건설기계·항공기, 유체동산, 채권 및 유체물 인도청구권 이외에 '그 밖의 재산권'은 이미 다양하게 존재하고 있을 뿐 아니라 경제생활과 법률생활의 발전에 따라 새로운 형태의 것이 계속 생겨나고 복잡화, 세분화되고 있다. 이에 따라 그 강제집행의 방법도 다양할 수밖에 없어 이를 모두 법으로 정하는 것은 거의 불가능하다고 볼 수 있다.

민사집행법 제251조는 그 밖의 재산권의 집행에 대하여 필요한 최소한의 개괄적인 규정만을 두고 그 대부분을 집행실무의 운용에 맡겨두고 있다. 따라서 집행기관의 폭넓은 재량권이 인정되므로, 구체적인 집행절차의 운용에서는 그 대상인 재산권의 성질에 따라 개별적인 배려가 필요하다.

Ⅱ. 적용범위

1) 여기서 말하는 그 밖의 재산권에는 여러 가지가 있으나, 이를 압류·현금화하여 금전채권의 만족을 얻으려고 하는 것이므로 그 권리는 독립하여 재산적 가치가 있어야 하고, 금전적 평가가 가능한 것이어야 한다. 조건부 권리나 장래의 권리라고 하더라도 집행목적물을 특정하기 위한 법적 기초가 이미 성립되어 있는 경우에는 상관이 없다.

2) 해제권, 취소권 등 형성권이나 저당권, 질권 등과 같은 담보권, 보증으로 인한 권리 등은 독립한 재산권이 아니고, 성명권, 초상권 등 인격권은 일신전속권이므로 그 밖의 재산권에 대한 집행의 대상이 되지 않으며, 또 전기, 가스, 수도의 공급계약에 기초한 수요자의 권리는 금전적 평가를 할 수 없으므로 위 집행의 대상이 되지 않는다. 다만 형성권 중 등기되어 있는 환매권(민법 제592조)은 독립한 재산권으로 볼 수 있으므로 위 집행의 대상이 된다.[1)]

3) 상인의 영업으로 인한 사실상의 이익이나 상속인이 될 수 있는 가능성과 같은 단순한 기대가능성 또는 재산적 가치가 없는 비영리법인의 사원권이나 순수한 신분상의 권리 등도 여기의 집행의 대상이 되지 않는다.

상호권은 영업을 폐지하거나 영업과 함께 하는 경우에 한하여 이를 양도할 수 있으므로(상법 제25조 제1항), 영업이 폐지되지 않는 한 독립적인 집행의 대상이 될 수 없다. 영업을 폐지하는 경우 상호권을 독립하여 양도할 수 있게 한 것은, 이를 허용하더라도 양도인의 영업과 양수인의 영업 사이에 혼동을 일으키지 않고 또 폐업하는 상인이 상호를 재산적 가치물로서 처분할 수 있도록 하기 위한 것이므로, 여기서 말하는 영업의 폐지란 정식으로 영업폐지에 필요한 행정절차를 밟아 폐업하는 경우뿐만 아니라 사실상 폐업한 경우도 포함한다.[2)] 그러므로 채무자가 사실상 영업을 폐업한 사실이 인정되면 해당 상호권만 압류하는 것도 가능하다고 보아야 한다.

4) 광업권, 어업권, 양식업권, 댐사용권 등은 본래 그 밖의 재산권에 속하는 성질의 것이나, 법률이 이를 물권으로 보고 부동산(또는 토지)에 관한 규정을 준용하도록 하고 있기 때문에(광업법 제10조 제1항, 수산업법 제16조 제2항, 내수면어업법 제7조 제2항, 양식산업발전법 제28조 제2항, 댐건설·관리 및 주변지역지원 등에 관한 법률 제29조) 그 밖의 재산권에 대한 집행의 방법에 의하지 않고 부동산집행의 방법에 따른다.

5) 입목에 관한 법률 제2조 제1항 제1호에 의하면, '입목'이란 '토지에 부착된 수목의 집단으로서 그 소유자가 같은 법에 따라 소유권보존의 등기를 받은 것'을 말하는데, 같은 법 제3조 제1항에 의하면 입목은 부동산으로 보므로, 이는 부동산집행의 대상이 된다.

소유권보존등기가 되지 않은 수목의 경우 지반과 분리하여 독립적으로 집행의 대상이 될 수 있는지, 그 집행의 방법은 어떠한지에 관하여, 현재 등기되지 않은 입목에 대한 강제집행을 일체 부정하는 견해는 없어 보이고, 실무는 대체로 '그 밖의 재산권'으로서 집행의 대상이 된다는 입장인 것으로 보인다.[3)]

일본에서는 등기되지 않은 입목의 강제집행의 방법에 관하여 유체동산집행설, 부동산집행설, 권리집행설 등이 대립한다.[4)] 국내에서는, 민사집행법 제189조 제2항

1) 법원실무제요, 민사집행[IV], 법원행정처(2020), 513.
2) 대법원 1988. 1. 19. 선고 87다카1295 판결.
3) 법원실무제요, 민사집행[IV], 법원행정처(2020), 514.
4) 손진홍, 채권집행실무, 한국사법행정학회(2019), 307-308에 소개되어 있다.

제1호가 ‘등기할 수 없는 토지의 정착물’을 동산집행의 목적물로 하고 있는 점에 비추어 보면, 미등기 수목에 대한 집행은 원칙적으로 동산집행의 방법에 의하여야 하고, 관습법상 벌채권의 존재가 인정되는 등의 예외적인 경우에 한하여 그 밖의 재산권에 대한 집행의 방법에 의하여야 한다는 견해가 있다.[5)]

6) 채무자가 제3채무자에 대하여 가지고 있는 ‘작위’를 목적으로 하는 청구권은, 그것이 독립한 권리인 이상 그 밖의 재산권에 대한 집행의 대상이 된다. 예를 들어 도급계약 또는 물건의 제조·가공계약에 기초하여 채무자가 제3채무자에 대하여 갖는 물건의 제조·가공 및 인도를 구하는 청구권, 발행되지 않은 주권에 대하여 그 발행·교부를 구하는 청구권 등이다.

그러나 채무자가 제3채무자에 대하여 ‘부작위’의 이행을 구할 수 있는 권리는 금전적 평가가 가능한 재산적 가치를 인정하기 어려우므로 집행의 대상이 되기 어렵다.[6)]

7) 일반적으로 위 집행의 대상이 될 수 있는 재산권으로는 ① 특허권·실용신안권·상표권·디자인권·저작권 등의 지식재산권, ② 양도가능한 전화의 전화사용권, ③ 골프 회원권·스포츠 회원권·콘도 회원권 등과 같은 설비의 이용을 목적으로 하는 재산권, ④ 유체동산의 공유지분권, ⑤ 예탁유가증권, 출자증권, ⑥ 합명회사·합자회사·유한회사의 사원권, 조합원의 지분권 등을 들 수 있다. 위 ⑥의 조합원의 지분권과 관련하여, 민법 제714조는 “조합원의 지분에 대한 압류는 그 조합원의 장래의 이익배당 및 지분의 반환을 받을 권리에 대하여 효력이 있다.”라고 규정하여 조합원의 지분에 대한 압류를 허용하고 있으나, 여기에서의 ‘조합원의 지분’이란 전체로서의 조합재산에 대한 조합원 지분을 의미하는 것이고, 이와 달리 조합재산을 구성하는 개개의 재산에 대한 합유지분에 대하여는 압류의 대상으로 삼을 수 없다.[7)]

또한 ⑦ 백지어음보충권도 압류할 수 있다고 하고, ⑧ 이사회의 결의로 주주가 취득한 구체적 신주인수권(상법 제416조, 제420조의2)은 추상적 신주인수권과는 달리 그 밖의 재산권에 대한 집행의 대상이 된다. 그 밖에도 ⑨ 선박·자동차·건설기계·소형선박(자동차 등 특정동산 저당법 제3조 제2호)·항공기(자동차 등 특정동산 저당법 제3조 제4호가 정하는 ‘항공안전법에 따라 등록된 항공기 및 경량항공기’를 말한다)·유체동산에 대한 공유지분권 등이 있다.

최근에는 ⑩ 각종 분양권, ⑪ 보호예수주권, ⑫ 체비지, ⑬ 등록 국·공사채, ⑭

---

5) 손진홍, 채권집행실무, 한국사법행정학회(2019), 308.

6) 법원실무제요, 민사집행[IV], 법원행정처(2020), 514.

7) 대법원 2007. 11. 30.자 2005마1130 결정.

도메인(Domain), 컴퓨터프로그램에 대한 강제집행이 문제되고 있다. '주식·사채 등의 전자등록에 관한 법률' 제2조 제4호에 따른 전자등록주식등도 그 밖의 재산권에 해당한다.[8)]

8) 광업법 제30조, 제17조 제5항에 의하면 공동광업출원인은 조합계약을 한 것으로 간주되어 광업권을 준합유하므로,[9)] 공유지분등록이 불가능함에 따라 민사집행법 제139조의 방법에 의하기는 어렵고, 그 밖의 재산권에 대한 집행방법에 따른다.[10)]

9) 임차권을 그 밖의 재산권에 대한 집행의 대상으로 하기 위해서는 임대인의 동의가 있어야 하고(민법 제629조), 고용계약상 사용자가 노무제공을 받을 권리도 노무자의 동의가 있어야 위 집행의 대상이 된다(민법 제657조).[11)]

10) 주된 권리에 부종하는 종된 권리는 주된 권리와 함께 하지 않는 한 집행적격이 없다(민법 제361조 참조).

Ⅲ. 압류절차

1. 개요

그 밖의 재산권에 대한 압류는 금전채권의 압류에 관한 규정(민사집행법 제223조)을 준용하여 집행법원이 채권자의 신청에 의하여 압류명령을 발령하고 이를 송달함으로써 행한다. 압류명령의 신청서에는 2,000원의 인지를 붙여야 한다[민사접수서류에 붙일 인지액 및 그 편철방법 등에 관한 예규(재민 91-1) 별표].

그 밖의 재산권에 대한 압류명령의 신청은 일반의 채권압류에 준하여 이루어지므로, 채무자의 보통재판적이 있는 곳을 관할하는 지방법원(민사집행법 제224조 제1항)이 관할 집행법원이다. 다만 지식재산권 중 일부, 선박·항공기·자동차·건설기계 등의 공유지분, 등기된 임차권, 가등기상의 권리, 등기된 환매권, 합명회사 등의 사원권 등 그 권리 이전에 등기 또는 등록이 필요한 재산권에 대하여는, 채무자의 보통재판적이 없는 때에는 압류할 채권이 있는 곳이라고 할 수 있는 '그 등록 등을 하는 곳을 관할하는 지방법원'도 보충적 관할 집행법원이 되므로(민사집행규칙 제175조 제2

8) 법원실무제요, 민사집행[IV], 법원행정처(2020), 515.

9) 대법원 1997. 2. 11. 선고 96다1733 판결, 대법원 2005. 9. 29.자 2005마396 결정 참조.

10) 법원실무제요, 민사집행[IV], 법원행정처(2020), 515.

11) 법원실무제요, 민사집행[IV], 법원행정처(2020), 515.

항),[12] 주의를 요한다.

압류명령을 신청할 때에는 압류할 권리를 분명히 하면 되므로, 그 존재나 채무자에의 귀속을 증명할 필요는 없다. 다만, 권리이전에 관하여 등기 또는 등록을 필요로 하는 그 밖의 재산권, 예를 들어 등기된 임차권, 등록하여야만 권리이전 및 처분제한의 효력이 발생하는 특허권, 실용신안권, 디자인권, 상표권에 대한 압류명령 신청의 경우에는 집행력 있는 정본 외에 그 밖의 재산권에 관한 등기사항증명서 또는 등록원부의 등본이나 초본을 붙여야 한다(민사집행규칙 제175조 제1항). 또한, 임차권 등과 같이 제3채무자의 동의가 있어야 압류가 가능한 권리에 대하여는 그 동의가 있음을 증명하는 자료를 제출하여야 한다.[13]

2. 송달 및 '제3채무자'의 의미

압류명령은 채무자에게 송달하여야 하고, 제3채무자가 있을 경우에는 제3채무자에게도 송달하여야 한다(민사집행법 제251조 제1항, 제227조 제2항). 그 밖의 재산권에 대한 압류의 효력은 원칙적으로 제3채무자에게 송달된 때에 발생한다(민사집행법 제251조 제1항, 제227조 제3항).

여기서 제3채무자는 통상의 제3채무자에 비하여 넓은 개념으로 '채무자가 가지고 있는 재산권의 의무자' 또는 '그 재산권에 대하여 채무자 이외에 직접적인 이해관계가 있는 자'를 말한다. 구체적으로는 물건 또는 권리의 용익권에서는 그 귀속자, 설비의 이용권에 있어서는 그 경영자, 사원권에 있어서는 회사 그 밖의 사단, 조합의 지분권에 있어서는 나머지 조합원, 공유지분에 있어서는 다른 공유자 등이 제3채무자가 된다.[14]

3. 압류명령의 내용

제3채무자가 있는 재산권의 압류에는 제3채무자에 대한 금지조항이 압류명령의 본질적 내용을 이루는 경우가 많으므로, 채무자의 처분행위에 대하여 제3채무자가

---

12) 법원실무제요, 민사집행[IV], 법원행정처(2020), 516; 사법보좌관실무편람(II)-채권집행 및 배당절차-, 법원행정처(2015), 193.

13) 법원실무제요, 민사집행[IV], 법원행정처(2020), 516.

14) 법원실무제요, 민사집행[IV], 법원행정처(2020), 517; 채권등집행재판실무편람, 법원행정처(2015), 49.

승낙 그 밖의 협력을 하여서는 안 된다는 취지를 명하고, 채무자에 대하여 추심을 금지하는 경우에는 이에 맞추어 제3채무자에 대하여 지급을 금지하는 취지도 적어야 한다.

따라서 골프 회원권 압류명령의 경우에는 골프장 경영자에 대하여 회원권의 양도에 대한 승낙과 명의개서를 금지시키고, 예탁금 회원제의 경우에는 채무자에 대한 예탁금의 반환을 금지시킨다. 유체동산에 대한 공유지분의 압류에서의 공유자처럼 채무자의 처분행위에 제3채무자의 협력이 필요 없는 경우에는 제3채무자에 대한 금지조항을 적을 필요가 없다. 합명회사나 합자회사의 사원의 지분 및 민법상 조합의 조합원의 지분에 대한 압류는 사원 또는 조합원의 장래 이익배당과 지분의 환급을 받을 수 있는 권리에 당연히 미치므로, 그 추심이나 변제의 금지를 명하는 것은 주의적 의미밖에 없다.[15]

4. 등기·등록의 촉탁

권리이전에 관하여 등기 또는 등록을 요하는 그 밖의 재산권에 대한 강제집행에는 민사집행법 제94조 내지 제96조가 준용되므로(민사집행규칙 제175조 제5항), 법원사무관등은 압류명령을 내린 후 직권으로 그 사유를 등기기록 또는 등록원부에 기입하도록 등기·등록 관계공무원에게 촉탁하여야 한다.

5. 압류의 효력발생시기

1) 제3채무자가 없는 재산권 중 특허권, 실용신안권, 디자인권, 상표권 등의 경우에는 제3채무자가 없고, 등록이 처분제한의 효력발생요건이므로(특허법 제101조 제1항 제1호, 실용신안법 제28조, 디자인보호법 제98조 제1항 제1호, 상표법 제96조 제1항 제1호), 이들 권리들의 경우에는 채무자에 대한 송달과 압류등록의 선후에 관계없이 언제나 압류 등록을 한 때 압류의 효력이 발생한다(민사집행규칙 제175조 제3항 단서).

반면, 제3채무자가 없는 재산권 중 저작재산권, 저작인접권의 경우에는 등록이 처분제한의 대항요건일 뿐이므로(저작권법 제54조 제1호, 제90조 전문), 이들 권리들의 경우에는 '채무자'에 대한 송달과 압류의 등록 중 먼저 된 시점에 압류의 효력이

15) 법원실무제요, 민사집행[IV], 법원행정처(2020), 517.

발생한다(민사집행규칙 제175조 제3항 본문).

2) 제3채무자가 있는 재산권 중 '특허권·실용신안권·디자인권의 각 전용실시권'의 경우에는 등록이 처분제한의 효력발생요건이므로(특허법 제101조 제1항 제2호, 실용신안법 제28조, 디자인보호법 제98조 제1항 제2호), 이들 권리들의 경우 제3채무자에 대한 송달과 압류 등록의 선후에 관계없이 언제나 압류 등록을 한 때 압류의 효력이 발생한다(민사집행규칙 제175조 제3항 단서).

반면, 제3채무자가 있는 재산권 중 '특허권·실용신안권·디자인권의 각 통상실시권', '상표권의 전용사용권 및 통상사용권' 및 출판권의 경우에는 등록이 처분제한의 대항요건에 불과하므로(특허법 제118조 제3항, 실용신안법 제28조, 디자인보호법 제104조 제3항, 상표법 제100조 제1항 제1호, 저작권법 제63조 제3항 전문, 제54조 제1호), 이들 권리들의 경우에는 '제3채무자'에 대한 송달과 압류의 등록 중 먼저 된 시점에 압류의 효력이 발생한다(민사집행규칙 제175조 제3항 본문).

3) 압류의 효력발생시기를 ① 제3채무자의 유무, ② 등기 등이 효력발생요건인지 여부에 따라 분류하여 보면 다음과 같다(민사집행법 제251조 제2항).

가) 제3채무자가 없는 재산권

(1) 등기 등이 효력발생요건인 것: 압류등록 시 압류효력 발생

특허권, 디자인권, 실용신안권, 상표권, 전세권이 이에 해당한다.

(2) 등기 등이 대항요건인 것: 채무자 송달과 압류등록 중 빠른 시점에 발생

저작재산권, 저작인접권, 데이터베이스 제작자의 권리, 채무자가 사업시행자인 체비지가 이에 해당한다.[16)]

나) 제3채무자가 있는 재산권(괄호 안은 제3채무자)

(1) 등기 등이 효력발생요건인 것: 압류등록 시 압류효력 발생

'선박·자동차·건설기계·소형선박 및 항공기의 각 공유지분'(다른 공유자), '특허권·실용신안권·디자인권의 각 전용실시권'(권리귀속자)이 이에 해당한다.

(2) 등기 등이 대항요건인 것: 제3채무자 송달과 압류등록 중 빠른 시점에 발생

이에 해당하는 것은 다음과 같다.

① 골프 회원권, 스포츠센터 회원권, 콘도 회원권(경영자)

② 주권발행 전의 주식(회사), 양도금지 신주인수권(회사), 예탁유가증권(예탁자가 채무자인 때에는 한국예탁결제원이, 투자자가 채무자인 때에는 예탁자인 투자매매

---

16) 법원실무제요, 민사집행[IV], 법원행정처(2020), 518.

업자나 투자중개업자 등이 제3채무자로 취급된다[17]), 일반보호예수 유가증권(한국예탁결제원[18]), 의무보호예수 유가증권[보호예수의무자(발행회사, 주간사회사 또는 등록주선인)[19]]

③ 출자증권(공제조합), 사원권(회사 기타 사단), 조합지분권(나머지 조합원)

④ 선박지분권(다른 공유자 또는 선박관리인)

⑤ '특허권·실용신안권·디자인권의 각 통상실시권'(권리귀속자), '상표권의 전용사용권 및 통상사용권'(권리귀속자), 출판권, 배치설계권 및 '배치설계의 전용이용권 및 통상이용권'(권리귀속자, 반도체집적회로의 배치설계에 관한 법률 제23조 제1항 제1호 내지 제3호)

⑥ 가등기상 권리(소유자), 등기된 환매권(소유자), 등기된 임차권(임대인), 리스이용권(리스회사), 아파트분양권(사업주체)

⑦ 등록된 국·공사채(한국은행, 한국예탁결제원, 은행법에 따른 금융기관, 한국산업은행, 중소기업은행)

⑧ 제3자가 채무자인 체비지(사업시행자), 도메인이름(한국인터넷진흥원)

6. 압류사실의 통지 등

그 밖의 재산권에 대한 압류의 효력발생 전에 등기 등이 되어 있는 담보권으로서 매각으로 소멸하는 것이 설정되어 있는 때에는 법원사무관등은 담보권자에게 압류사실을 통지하고, 그 담보권의 피담보채권의 현존액을 신고할 것을 최고하여야 한다(민사집행규칙 제175조 제4항). 그 밖에 채권증서의 인도(민사집행법 제234조) 및 제3채무자의 진술의무(민사집행법 제237조)의 각 규정도 압류할 권리의 성질상 실익이 있는 한 위 압류에 준용된다.

Ⅳ. 현금화절차

1. 개요

압류된 그 밖의 재산권은 채권자의 신청에 따라 추심명령이나 전부명령 또는 민

17) 법원실무제요, 민사집행[IV], 법원행정처(2020), 533.

18) 법원실무제요, 민사집행[IV], 법원행정처(2020), 539.

19) 법원실무제요, 민사집행[IV], 법원행정처(2020), 539.

사집행법 제241조의 특별현금화방법에 따라 현금화된다. 그 밖의 재산권은 그 종류가 다양하고 추심명령이나 전부명령 등 통상의 현금화방법으로는 현금화하기 어려운 경우가 많으므로 특별현금화방법에 의한 현금화가 적당한 경우가 많다.[20]

채권집행절차에서 피압류채권의 존부는 집행법원의 심사대상이 아니므로, 증권회사 등 객관적인 입장에 있는 제3채무자의 사실조회회신 등에 의하여 집행대상 재산의 부존재가 명확한 경우가 아닌 한 현금화명령을 기각하지 않는 것이 실무이다. 그 이유에 대해서는, 채권자와 채무자, 제3채무자 사이에 집행대상 재산의 존부에 관하여 다툼이 있는 상황에서 그 존부에 대하여 집행법원이 판단할 권한이 없을 뿐만 아니라, 기각할 경우 채권자에게는 가혹한 반면, 인용하더라도 집행대상 재산이 부존재한다면 무의미한 현금화명령으로 귀결됨으로써 채무자나 제3채무자에게 특별히 불이익한 것이 없기 때문이라고 설명된다.[21]

2. 추심명령, 전부명령

추심명령은 그 밖의 재산권에서 생기는 금전채권, 예를 들어 사원권으로부터 생기는 이익배당청구권, 지분환급청구권, 골프장 회원권과 관련된 예탁금반환청구권 등에 대하여만 가능하고, 전부명령은 특히 권면액이 있는 집행대상에만 허용되므로 그 재산권으로부터 생기는 금전채권에 대하여만 가능하다.[22]

3. 양도명령

양도명령은 법원이 압류 재산권을 평가하게 하여 그 금액으로 채권자에게 양도하는 현금화처분으로서 전부명령에 준하는 것이므로, 양도명령이 효력을 발생하면 집행채권이 양도금액의 범위에서 소멸하여 강제집행절차가 종료된다. 채권자의 경합이 있는 경우에는 양도명령을 발령할 수 없다.

권리이전에 등기 또는 등록을 요하는 재산권의 경우 양도명령이 확정된 때에는 법원사무관등은 신청에 따라 이전등기 또는 등록의 촉탁을 하고, 이 경우에는 압류등기 또는 압류등록의 말소촉탁도 아울러 하여야 한다(민사집행규칙 제174조, 제167조

20) 법원실무제요, 민사집행[IV], 법원행정처(2020), 520.

21) 주석 민사집행법(V)(제4판), 한국사법행정학회(2018), 969(양진수); 손흥수, 민사집행실무총서(II) 채권집행, 한국사법행정학회(2017), 548.

22) 법원실무제요, 민사집행[IV], 법원행정처(2020), 520.

제1항).

4. 매각명령, 관리명령, 그 밖의 특별현금화명령

매각명령은 일반의 거래대상이 되는 권리에 대하여 법원이 집행관에게 매각을 명하는 것으로, 집행관은 매각의 방법으로 권리를 처분하여 그 매각대금을 법원에 제출하게 된다.

용익권, 출판권, 지식재산권 등 제3자가 용이하게 관리할 수 있고 수익을 얻을 것이 확실히 기대되는 재산권에 대하여는 관리인으로 하여금 해당 권리를 관리하게 하여 그 수익으로 변제에 충당하는 관리명령을 발령할 수 있다.

그 외에도 법원은 위에 열거되지 않은 특별현금화를 명할 수 있다. 채권자는 특별현금화를 특정하여 신청할 수도 있고 이를 특정하지 않고 법원에 적당한 현금화방법을 정하여 줄 것을 신청할 수도 있는데, 채권자가 현금화방법을 특정하여 신청한 때에는 집행법원은 특별한 사정이 없는 한 이를 존중함이 타당하나 이에 구속되는 것은 아니다.[23)]

5. 특별현금화의 절차

특별현금화방법 중 어떠한 현금화방법을 따르는지는 채무자에게 중대한 영향을 미치므로, 그 이익을 보호하기 위해서 집행법원은 특별현금화 신청을 허가하는 결정을 하기 전에 채무자를 심문하여야 한다. 다만 채무자가 외국에 있거나 있는 곳이 분명하지 않은 때에는 심문할 필요가 없다(민사집행법 제251조 제1항, 제241조 제2항). 실무에서는 특별현금화명령을 발령하기 전에 심문절차의 방식으로 심문서를 채무자 앞으로 송달하여 일정한 기한 내에 회답을 구하는 방법을 이용하고 있다.

특별현금화명령의 신청이 있으면 채무자를 심문하기 전에 제3채무자나 기타 이해관계인을 심문하거나 이들에 대하여 심문할 사항을 조회한다. 이 절차가 필수적인 것은 아니지만 실무상 이를 거치고 있고, 통상 조회서를 보내는 방식으로 한다. 조회의 내용은 피압류 재산권의 존부, 제3자의 집행의 경합 여부, 담보권의 존재 여부, 피압류 재산권의 시세 등 특별현금화의 허부나 그 방법을 결정하는 데 필요한 사항이다.[24)]

---

23) 법원실무제요, 민사집행[IV], 법원행정처(2020), 521.

6. 현금화의 효력

양도명령, 매각명령 기타의 처분에 의한 압류물 양도의 효력은 실체법의 규정에 의하여 결정할 것이고, 강제집행에 의하였다고 해서 특별한 효과가 생기는 것은 아니다. 따라서 그 양도에 관하여 제3채무자 등의 동의, 승인 등이 있어야 하는 재산권(민법 제629조, 상법 제197조, 제276조, 제556조 등)에 대해서는 동의, 승인이 없이는 완전한 권리이전의 효과가 생기지 않는다.

7. 특별현금화명령의 송달, 불복방법

양도명령, 매각명령, 관리명령 등의 특별현금화명령도 압류명령과 마찬가지로 채무자와 제3채무자에게 송달하여야 한다(민사집행법 제241조 제6항, 제227조 제2항). 기각하는 결정은 신청 채권자에게만 고지하면 된다.

특별현금화명령에 대하여는 즉시항고할 수 있고(민사집행법 제241조 제3항), 그 명령은 확정되어야 효력이 있다(민사집행법 제241조 제4항). 위 명령에 대하여 즉시항고할 수 있는 사람은 그 명령에 의하여 자신의 정당한 이익을 침해당한 자로서 보통은 채무자와 제3채무자이다.

특별현금화명령을 기각하는 결정에 대하여도 즉시항고로 다툴 수 있다.[25]

특별현금화명령의 취지에 따라 추심의 소를 제기하는 채권자는 채무자에게 소송고지를 하여야 하고(민사집행법 제238조), 그 명령이 취하되거나 이를 취소하는 결정이 확정된 때에는 법원사무관등이 압류명령을 송달받은 제3채무자에게 그 사실을 통지하여야 한다(민사집행규칙 제160조 제2항). 이는 추심명령, 전부명령의 경우와 같다.[26]

---

24) 법원실무제요, 민사집행[IV], 법원행정처(2020), 521; 사법보좌관실무편람(II)-채권집행 및 배당절차-, 법원행정처(2015), 195.

25) 대법원 2012. 3. 15.자 2011그224 결정.

26) 법원실무제요, 민사집행[IV], 법원행정처(2020), 522.

제2장 주식에 대한 집행

Ⅰ. 개설

주식회사에서의 사원(주주)의 지위를 '주식'이라 하고, 이 주식을 표창하는 유가증권을 '주권'이라고 한다. 주식은 주권의 발행 여부와 상관없이 채무자의 책임재산을 구성하게 되므로 강제집행의 대상이 된다.

주식에 대한 집행은, 협의로는 '금전채권의 만족을 위하여 채무자의 재산권으로서의 주식의 금전적 가치를 목적으로 행하여지는 금전채권에 기초한 강제집행'을 가리키고, 광의로는 '주식의 취득청구권이나 유가증권으로서의 주권의 교부청구권 또는 인도청구권의 실현을 목적으로 주식 또는 주권에 대하여 행하여지는 금전채권 이외의 채권에 기초한 강제집행까지 포함하는 것'을 의미한다.[1)]

주식에 대한 집행은 주권이 발행되었는지, 한국예탁결제원에 예탁 또는 보호예수되었는지, 회사에 주권불소지 신고가 되었는지, 채무자가 주권을 점유하고 있는지 등에 따라 집행방법이 달라진다. 일반인들은 이러한 구별 없이 막연히 주주를 채무자로, 발행회사를 제3채무자로 하여 압류신청을 하는 경우가 대부분이다. 이때 채권자의 신청대로 압류명령이 발령되더라도 압류의 효력이 없어 채권자가 의외의 불이익을 당하는 경우가 있을 수 있으므로, 집행법원으로서는 압류신청서와 압류대상 주식 또는 주권의 표시에 비추어 당사자의 신청이 잘못된 것으로 의심되는 경우에는 압류명령을 하기 전에 보정명령을 하는 것이 바람직하다.

Ⅱ. 권리주

주식회사(이하 '회사') 설립 시 또는 신주발행 시 주주로 될 때까지의 주식인수인의 지위를 '권리주'라고 하는데, 이러한 권리주의 양도는 회사에 대하여 효력이 없다(상법 제319조, 제425조 제1항). 주금납입 영수증 또는 청약증거금 영수증에 백지위임장을 첨부하여 권리주를 양도하는 예가 있다고 하나, 그 양도는 양도당사자 사이에 채권적 효력이 있을 뿐 회사에 대하여는 효력이 없으므로, 권리주 자체를 압류·환가하는 강제집행은 불가능하다.

그러나 주식인수인은 회사에 대하여 설립등기 후 또는 납입기일 후 회사가 발행하는 주권의 교부청구권(장래 채권)을 갖게 되고, 이것이 채무자(주식인수인)의 재산

1) 권광중, "주식에 대한 강제집행", 재판자료 제37집, 법원도서관(1987), 229.

권임에는 의문이 없다. 따라서 민사집행법 제251조 및 제243조(유체동산에 관한 청구권의 압류)에 의하여 채무자를 신주인수인, 제3채무자를 회사로 하여 신주인수인의 위 주권교부청구권을 압류한 후 주권의 교부를 받게 하여 이 주권을 현금화하는 방법으로 강제집행할 수 있을 것이다. 위 주권교부청구권의 압류명령의 내용과 그 후의 절차에 관하여는 뒤에서 설명하는 '6개월 경과 전의 주권발행 전의 주식'의 경우와 같다.[2)]

거래계의 실정에 따라 주금납입 영수증에 유가증권적 성질을 부여하여 주금납입 영수증이 유체동산에 대한 집행의 대상이 된다는 견해도 있으나, 주금납입 영수증은 증거증권 또는 면책증권에 불과하므로 위 견해는 타당하지 않다는 반론이 있다.[3)]

Ⅲ. 주권발행 전의 주식

1. 개요

주권발행 전의 주식이라 함은 '설립등기를 마친 때'(회사성립의 경우) 또는 '납입기일 다음 날'(신주발행의 경우)부터 '주권을 발행할 때'까지의 상태에 있는 주식을 말한다.

주권발행 전 주식의 경우 회사성립 후 또는 신주납입기일 후 6개월의 경과 여부에 따라 주식 양도의 효력이 달라지므로(상법 제335조 제3항), 그 집행방법에도 차이가 있다. 그러므로 압류신청서에 주권이 발행되지 않았다는 취지의 기재가 있으면, 집행법원은 채권자로 하여금 위 6개월의 경과 여부를 소명하게 하고, 그에 합당한 집행방법에 따라 신청취지를 보정하도록 하여야 한다.[4)]

주권인도청구권에 대한 가압류는 채권에 대한 것이지 인도청구권의 목적물인 주권이나 주식에 대한 것이 아니고, 채무자와 제3채무자에게 그 결정을 송달하는 외에 달리 이를 공시하는 방법이 없어 해당 채권자와 채무자 및 제3채무자 사이에서만 효력을 가지며, 가압류와 관계없는 제3자에 대하여는 가압류의 처분금지적 효력을 주장할 수 없다. 따라서 주권인도청구권의 가압류는 청구권의 목적물인 주권이나 주식

2) 법원실무제요, 민사집행[IV], 법원행정처(2020), 523; 주석 민사집행법(V)(제4판), 한국사법행정학회(2018), 973(양진수).

3) 권광중, "주식에 대한 강제집행", 재판자료 제37집, 법원도서관(1987), 235; 이원, "그 밖의 재산권에 대한 강제집행", 민사집행소송, 한국사법행정학회(2008), 606.

4) 법원실무제요, 민사집행[IV], 법원행정처(2020), 524.

자체의 처분을 금지하는 대물적 효력은 없고, 제3채무자나 채무자로부터 주권을 넘겨받은 제3자에 대하여는 그 주권 인도가 무효라고 주장하여 그 주권을 채무자에게 인도할 것을 청구할 수 없다.[5)]

2. 6개월 경과 전의 주식(주권교부청구권이 집행대상)

가. 집행의 대상

회사성립 후 또는 신주납입기일 후 6개월이 경과하기 전에는 주권발행 전의 주식의 양도는 회사에 대하여 효력이 없으므로(상법 제335조 제3항), 주식 자체를 압류·환가하는 집행은 불가능하고, 채무자(주주)가 회사에 대하여 가지는 주권교부청구권을 집행의 대상으로 삼을 수밖에 없다.

이 경우의 주문례는 다음과 같은 방식이 된다.

1. 채무자의 제3채무자에 대한 별지 목록 기재 주권교부청구권을 압류한다.
2. 제3채무자는 채무자에 대하여 위 주권을 교부하여서는 아니 된다.
3. 채무자는 위 청구권의 추심 그 밖의 일체의 처분을 하여서는 아니 된다.
4. 제3채무자는 위 주권을 채권자가 위임하는 집행관에게 인도하여야 한다.
5. 채권자는 그가 위임하는 집행관으로 하여금 위 주권교부청구권을 추심하게 할 수 있다.

위 주문 중 제4항의 인도명령(민사집행법 제251조 제1항, 민사집행법 제243조 제1항)이 압류명령 절차의 일부에 불과한지, 금전채권 집행에서의 추심명령의 성격을 갖는 것인지에 관하여 견해가 나뉠 수 있다. 전자라고 보게 되면 인도명령 외에 추심명령을 필요로 하게 되고, 후자라고 보게 되면 필요 없게 된다. 민사집행법 제243조 제2항이 추심명령에 대하여 규정하고 있는 점에 비추어 보면, 전자의 견해가 타당하다.[6)] 판례도 같은 취지라고 볼 수 있다.[7)]

나. 현금화방법

1) 주권교부청구권에 대한 강제집행은 유체동산 인도청구권에 대한 강제집행의

5) 대법원 2011. 2. 10. 선고 2010다69797 판결.

6) 이원, "그 밖의 재산권에 대한 강제집행", 민사집행소송, 한국사법행정학회(2008), 607; 손흥수, 민사집행실무총서(II) 채권집행, 한국사법행정학회(2017), 586.

7) 대법원 1961. 12. 28. 선고 4292민상667, 668 판결 참조.

예에 따른다(민사집행법 제242조, 제243조). 즉, 채권자는 주권교부청구권에 대하여 집행법원의 압류명령을 받은 뒤, 회사가 주권을 발행하면 그 압류명령에 덧붙이거나 따로 발령된 인도명령(민사집행법 제243조 제1항)에 따라 주주인 채무자의 주권을 회사로부터 채권자가 위임하는 집행관이 인도받아 유체동산 현금화의 방법으로 현금화하여 그 매각대금을 집행법원에 제출하면 그로부터 만족을 얻게 된다.

회사가 주권을 발행하지 않으면 채권자는 추심명령을 얻어 추심의 소를 제기할 수 있으나, 주권을 발행하라는 취지의 확정판결이 있더라도, 주권의 발행은 부대체적 작위채무로서 이는 직접강제 또는 대체집행을 할 수 없는 성질의 판결이 되므로, 회사가 끝내 거부하면 민사집행법 제261조에 의하여 간접강제를 할 수밖에 없다.[8)]

2) 6개월 경과 전의 주식의 경우 주권교부청구권 자체를 현금화하는 방법은 없다.[9)] 주권교부청구권에 대하여는 전부명령을 하지 못하므로(민사집행법 제245조), 이에 대하여 전부명령이 발령되더라도 그 전부명령은 무효이다. 주권교부청구권을 타인에게 이전하는 결과를 초래하는 방법의 특별현금화도 불가능하다. 민사집행법 제245조가 유체물 인도청구권에 대한 전부명령을 불허하고 있고, 또한 민사집행법 제242조가 유체물 인도청구권의 현금화방법으로 민사집행법 제241조의 특별현금화방법을 준용하지 않고 있기 때문이다.[10)] 판례도 같은 취지라고 볼 수 있다.[11)]

3. 6개월 경과 후의 주식(주식 자체가 집행대상)

회사성립 후 또는 신주납입기일 후 6개월이 경과하도록 회사가 주권을 발행하지 않는 경우에는 주권 없이 주식을 양도할 수 있고, 양수인은 회사에 대하여 양수인 명의로의 명의개서 후 양수인에게로의 주권의 발행을 청구할 수 있다. 이 경우에는 주식 자체가 채무자의 재산권이고 양도성이 있어, 주식 자체를 압류 목적물로 하여 집행법원으로부터 압류명령을 받고 그에 대한 양도명령, 매각명령 등 특별현금화방법의 결정을 받아 현금화하면 된다.[12)]

이 경우의 주문례는 다음과 같은 방식이 된다.

---

8) 법원실무제요, 민사집행[IV], 법원행정처(2020), 525.
9) 법원실무제요, 민사집행[IV], 법원행정처(2020), 525.
10) 이원, "그 밖의 재산권에 대한 강제집행", 민사집행소송, 한국사법행정학회(2008), 611.
11) 대법원 1974. 12. 28.자 73마332 결정 참조.
12) 대법원 2011. 5. 6.자 2011그37 결정 참조.

1. 채무자가 제3채무자에 대하여 가지는 별지 목록 기재 주식을 압류한다.
2. 제3채무자는 위 주식에 대하여 채무자의 청구에 의하여 명의개서를 하거나 채무자에게 주권을 교부하여서는 아니 된다.
3. 채무자는 위 주식에 대하여 매매, 양도, 그 밖에 일체의 처분을 하여서는 아니 된다.

Ⅳ. 주권발행 후의 주식

1. 개요

주권이 발행된 경우에 주식의 양도는 주권의 교부를 요한다(상법 제336조 제1항. 2014. 5. 20. 상법이 개정되면서 무기명주식 제도는 폐지되었다). 주권의 교부에 의하여 주식을 양도받은 양수인은 주권을 회사에 제시하여 단독으로 명의개서를 청구할 수 있으므로, 원칙적으로 유체동산인 주권 자체가 집행의 대상이다.

그런데 주권이 발행된 주식의 경우에도 증권대체결제제도 하에서의 '예탁유가증권'에 대해서는 그 밖의 재산권에 대한 집행방법에 의한다(예탁유가증권에 대한 집행의 상세한 내용은 뒤의 제3장 예탁유가증권 및 전자등록주식등에 대한 집행 참조).

2. 채무자가 주권을 점유하고 있는 경우(유체동산집행)

주권은 집행법상 유체동산이다. 따라서 주권에 대한 집행기관은 '집행관'이므로, '법원'에 대하여 주권에 대한 압류신청을 하면 이를 각하하여야 한다.

채권자는 강제집행 위임장에 집행력 있는 정본을 첨부하여 집행관에게 집행위임을 하고, 집행관은 채무자가 점유하고 있는 주권을 강제적으로 자신의 점유하에 둠으로써 압류한다. 주권의 점유를 취득한 집행관은 유체동산과 동일한 방법으로 집행한다.[13]

3. 채권자가 주권을 점유하는 경우(유체동산집행)

채권자가 자신이 점유하는 채무자의 주권을 집행관에게 제출하여 압류를 구하는 때에는 이를 압류할 수 있다(민사집행법 제191조).

채권자가 질권자로서 주권을 제출하여 질권의 실행으로서의 경매를 구하는 경우

13) 법원실무제요, 민사집행[IV], 법원행정처(2020), 527.

에는 담보권 실행을 위한 경매절차에 따라야 하지만, 집행력 있는 정본을 소지한 때에는 유체동산의 강제집행절차에 의한다.[14]

4. 한국예탁결제원 이외의 제3자가 주권을 점유하는 경우

제3자가 채무자의 주권을 점유하고 있는 경우에 채무자에 대한 집행으로 직접 위 주권을 압류할 수는 없지만, 그 제3자가 압류를 승낙하여 채무자에 대한 집행을 위하여 그 주권을 제출한 때에는 이를 압류할 수 있다(민사집행법 제191조).

그러나 제3자가 제출을 거부하는 때에는 주권압류집행을 할 수 없으므로, 채권자는 채무자가 제3자에 대하여 가지는 주권반환청구권 또는 인도청구권을 압류하여 그 추심에 의하여 집행관에게 인도시키는 방법을 취할 수밖에 없다(민사집행법 제242조, 제243조). 그 절차는 유체동산 인도청구권에 대한 집행절차와 동일하다.[15]

5. 제권판결이 있는 경우

제권판결에 의하여 주권에 대하여 무효가 선고된 경우에 그 제권판결 신청인을 채무자로 하는 강제집행은 채권과 그 밖의 재산권에 대한 집행으로서 그가 회사에 대하여 가지는 주권재발행청구권(상법 제360조 제2항)을 압류하거나 주식 자체를 압류하는 방법에 의하고, 그 집행절차는 '주권발행 전의 주식'에 대한 집행절차와 동일하다.[16]

6. 공유(共有)인 주식의 경우

수인이 공동하여 주식을 인수한 경우(상법 제333조 제1항), 수인이 공동하여 주식을 상속한 경우, 인수되지 않은 주식 또는 인수가 취소된 주식에 대하여 발기인(또는 이사)이 공동으로 인수한 것으로 보는 경우(상법 제321조 제2항, 제428조 제1항), 주식을 공동으로 양수한 경우 등에는 주식의 공유관계가 성립한다.

주식(주권)의 공유지분에 대한 강제집행은 유체동산에 대한 집행방법에 의할 수

14) 법원실무제요, 민사집행[IV], 법원행정처(2020), 527; 채권등집행재판실무편람, 법원행정처(2005), 57.

15) 법원실무제요, 민사집행[IV], 법원행정처(2020), 527.

16) 법원실무제요, 민사집행[IV], 법원행정처(2020), 527; 채권등집행재판실무편람, 법원행정처(2005), 57.

는 없고, 민사집행법 제251조의 그 밖의 재산권으로 보아 그 지분권에 대하여 압류하고 민사집행법 제241조의 특별현금화방법에 의하여 현금화한다.17)

Ⅴ. 주권의 불소지

주주가 주권의 불소지를 신고하여 회사가 그 조치를 취한 경우에 주주가 주권 불소지인 채로 주권의 교부 없이 주식을 양도할 수는 없다. 이 경우 주주는 회사에 대하여 주권의 발행을 청구하여 그 주권을 교부받아 이를 양수인에게 양도함으로써만 주식을 양도할 수 있다. 따라서 이 주식 자체를 강제집행의 대상으로 하여 압류·현금화를 할 수는 없고, 채무자(주주)가 회사에 대하여 가지는 주권교부청구권을 압류하는 절차를 취해야 하고, 이는 주권발행 전 주식에서의 주권교부청구권에 대한 집행절차와 동일하다.

그러나 주권의 불소지 조치가 취하여진 경우에 채무자(주주)의 주권교부청구권이 '압류'되었다는 사실만으로 회사가 당연히 주권을 발행할 의무를 부담하는 것은 아니므로, 채권자는 채무자를 대위하여 회사에 대하여 채무자에게 주권을 발행할 것을 '청구'할 필요가 있다. 이와 같은 청구가 있었는데도 회사가 장기간 주권을 발행하지 않는 경우에는 주권발행 전 주식 양도의 문제로서 상법 제335조 제3항 단서를 준용하여 채권자는 주식 자체를 압류하여 현금화할 수 있다고 봄이 타당하다.18)

Ⅵ. 신주인수권에 대한 집행

1) 신주인수권이란 회사가 성립한 후 신주를 발행하는 경우에 그 신주의 인수를 우선적으로 청구할 수 있는 권리로서, 기존 주주가 소유주식의 수에 비례하여 우선적으로 신주의 배정을 받을 수 있는 권리이다(상법 제418조 제1항).

신주인수권은 '회사가 신주를 발행한다면 신주를 인수할 수 있는 권리'(추상적 신주인수권)와 '실제 신주를 발행하게 되었을 때 그 신주를 청약하고 배정받을 수 있

17) 법원실무제요, 민사집행[IV], 법원행정처(2020), 528; 채권등집행재판실무편람, 법원행정처(2005), 58.

18) 법원실무제요, 민사집행[IV], 법원행정처(2020), 528; 권광중, "주식에 대한 강제집행", 재판자료 제37집, 법원도서관(1987), 249; 이원, "그 밖의 재산권에 대한 강제집행", 민사집행소송, 한국사법행정학회(2008), 615~616.

는 권리'(구체적 신주인수권)로 구별된다. 추상적 신주인수권은 주주 또는 제3자의 지위의 일부로서 독립하여 양도가 불가능하나, 구체적 신주인수권은 독립된 채권적 권리로서 이론상 양도가 가능하다.

그러나 정관의 규정으로 또는 이사회가 신주발행 사항의 하나로서 주주가 가지는 신주인수권을 양도할 수 있는 것에 관한 사항을 정할 수 있으므로(상법 제416조 제5호), 주주가 가지는 신주인수권에 대하여 정관이나 이사회의 결의로 양도를 허용한 경우에는 신주인수권은 집행의 대상이 된다.[19]

신주인수권의 양도가 가능한 경우에는 회사는 신주인수권 증서를 발행하여야 하고(상법 제420조의2), 이 경우 신주인수권 증서는 신주인수권을 표창하는 유가증권이므로, 주권이 발행된 경우의 주식에 대한 집행의 경우와 같이 원칙적으로 유가증권 집행의 방법에 의하여 집행이 된다. 신주인수권 증서가 발행되지 않은 경우에는 집행법원은 신주인수권 증서 교부청구권을 압류하고 집행관이 신주인수권 증서를 교부받아 이를 현금화할 수 있는 등 주권발행 전 주식의 집행의 예에 의하여 집행할 수 있다.[20]

2) 정관이나 이사회의 결의로 주주의 신주인수권의 양도에 대하여 정하지 않았거나 그 양도를 금지한 때의 주주의 신주인수권과 제3자의 신주인수권은, 회사에 대해서는 양도성이 없어도 주주 또는 제3자의 재산권으로 책임재산을 구성하므로, 그 밖의 재산권에 대한 집행의 방법으로 집행할 수 있다고 보아야 한다.[21]

이때, 압류는 채권에 준하여 집행법원의 압류명령에 의하되, 그 현금화는 경매 그 밖의 방법에 의한 양도로써는 불가능하므로, 채권에 대한 추심명령에 준하여 집행법원의 결정으로 채권자에게 채무자를 대신하여 주식인수절차를 완결하는 권한을 줌으로써 한다. 이 명령에 기하여 채권자는 스스로 주금을 납입하고, 채무자 명의의 주금납입 영수증을 교부받아 다시 이것과 상환으로 주권을 발행받아 집행관에게 위임하여 매각 또는 경매한 뒤 그 매각대금으로부터 변제받게 된다. 이러한 양도성이 없는 신주인수권에 대한 집행절차에서 회사가 주금의 납입을 받고 또 납입기일이 경과하였음에도 주권을 발행하지 않는 때에는 주권발행 전의 주식에 대한 집행과 같은 절차를 취하게 된다.[22]

19) 법원실무제요, 민사집행[IV], 법원행정처(2020), 529.

20) 법원실무제요, 민사집행[IV], 법원행정처(2020), 529.

21) 법원실무제요, 민사집행[IV], 법원행정처(2020), 529; 권광중, "주식에 대한 강제집행", 재판자료 제37집, 법원도서관(1987), 251~252; 이원, "그 밖의 재산권에 대한 강제집행", 민사집행소송, 한국사법행정학회(2008), 618.

22) 법원실무제요, 민사집행[IV], 법원행정처(2020), 529-530; 이원, "그 밖의 재산권에 대한 강제

집행", 민사집행소송, 한국사법행정학회(2008), 618-619.

제3장 예탁유가증권 및 전자등록주식등에 대한 집행

Ⅰ. 총설[1)]

1) 유가증권을 양도하거나 질권의 목적으로 하기 위해서는 그 증권을 교부하는 것이 원칙이다(상법 제336조 제1항, 제338조 제1항 참조). 그런데 유가증권을 현물로 수수하는 것은 번거롭고 유가증권의 보관 및 교부를 위한 비용을 발생시키는데, 이는 유가증권의 원활한 유통을 저해할 우려가 있다. 따라서 주식 등 증권대체결제제도가 도입되게 되었다.

주식 등 증권대체결제(證券對替決濟) 제도는 주식 그 밖의 유가증권을 일정한 기관에 집중 보관하여 매매거래나 담보거래가 이루어지는 경우에 주식 등의 이전을 증권의 현실인도로 행하지 않고 장부상 계좌의 대체로 행하는 제도로서, 증권대체결제업무를 전담하는 기관으로는 한국예탁결제원이 있다. 한국예탁결제원에 관하여는 자본시장과 금융투자업에 관한 법률(이하 '자본시장법') 제294조 이하에서 규율하고 있고, 민사집행규칙 제2편 제2장 제7절 제3관에서 예탁유가증권에 관한 강제집행에 관하여 필요한 사항을 정하고 있다(민사집행규칙 제176조 내지 제182조). 이 제도와 관련된 관계자로서는 ① 보관대체업무를 행하는 한국예탁결제원, ② 예탁자로서 관여하는 투자매매업자나 투자중개업자, 은행 등, ③ 고객으로서 이 제도를 이용하는 일반의 투자자의 3자가 있다.

증권대체결제제도를 이용하고자 하는 증권의 소유자는 투자자로서 그 소유 증권을 투자매매업자나 투자중개업자 등(예탁자)에 예탁하고, 예탁자로부터 투자자 계좌부를 개설받는다. 투자자 계좌부에는 투자자의 성명과 주소, 예탁유가증권의 종류 및 수와 그 발행인의 명칭 등이 기재된다(자본시장법 제310조 제1항). 예탁자는 자기가 소유하고 있는 증권과 투자자로부터 예탁받은 증권을 투자자의 동의를 얻어 한국예탁결제원에 예탁할 수 있다(자본시장법 제309조 제2항). 한국예탁결제원에는 예탁자별로 예탁자 계좌부가 작성·비치되어 있고, 이 계좌부에 그 예탁자로부터 한국예탁결제원에 예탁된 증권에 관하여 예탁자의 자기 소유분과 투자자 예탁분을 구분하여 예탁자의 명칭 및 주소, 예탁받은 유가증권의 종류 및 수와 그 발행인의 명칭 등이 기재된다(자본시장법 제309조 제3항). 위 장부에 기재된 자는 그 증권을 점유하는 것으로 본다. 증권소유자는 투자매매업자나 투자중개업자의 '투자자 계좌부'에, 투자매매업자나 투자중개업자는 한국예탁결제원의 '예탁자 계좌부'에 각각 자기 계좌를 개

1) 법원실무제요, 민사집행[IV], 법원행정처(2020), 530-533.

설하면 예탁된 증권의 이전이나 담보권의 설정은 증권의 교부 없이 양도인의 계좌에서 양수인의 계좌로 대상이 된 증권을 대체하는 장부상의 기재만으로 이루어진다. 투자자 계좌부 또는 예탁자 계좌부에 증권등의 양도를 목적으로 계좌 간 대체의 기재를 하거나 질권설정을 목적으로 질물인 뜻과 질권자를 기재한 경우에는 증권등의 교부가 있었던 것으로 본다(자본시장법 제311조 제2항).

예탁자의 투자자와 예탁자는 장부에 기재된 유가증권의 종류, 종목 및 수량에 따라 예탁유가증권에 관한 공유지분을 가지는 것으로 추정된다(자본시장법 제312조 제1항). 투자자가 투자매매업자나 투자중개업자에게 증권을 예탁하는 계약은 이른바 '혼장임치', 즉 수치인이 다수의 임치인으로부터 대체물을 임치받아 다른 동종·동질의 임치물과 혼합하여 보관하고 임치된 것과 동량을 반환하기로 하는 내용의 임치계약에 해당하므로, 임치인인 투자자는 수치인인 투자매매업자나 투자중개업자에 대하여 예탁증권 반환청구권을 갖게 됨과 동시에 혼장임치된 증권 전부에 대하여 공유지분을 갖게 된다.[2)]

한국예탁결제원이 예탁받은 증권등에 관한 강제집행·가압류 및 가처분의 집행 또는 경매에 관하여 필요한 사항은 민사집행규칙으로 정하고 있는데(자본시장법 제317조), 한국예탁결제원에 예탁된 유가증권(예탁유가증권)에 대한 강제집행은 그 밖의 재산권에 대한 집행방법에 따라 예탁유가증권에 관한 공유지분에 대한 법원의 압류명령에 따라 개시되고(민사집행규칙 제176조), 채권집행 등에 관한 규정의 대부분이 준용되고 있다(민사집행규칙 제182조).

2) 한편, 자본시장법의 증권예탁제도는 유가증권의 존재를 전제로 한 것인데(자본시장법 제311조 제1항, 제312조 제2항 등), 유가증권은 그 발행이나 관리에 많은 비용이 소요되고, 위조 또는 분실의 위험에도 노출되어 있다는 문제가 있다. 이 문제를 해결하기 위하여 최근에 유가증권의 존재를 전제하지 않고 주식 등 권리의 이전 및 행사를 일정한 기관의 장부에 전자적 방식의 기재로써만 행하는 '전자등록제도'가 도입되었다. 이를 규율하는 것이 2019. 9. 16.부터 시행된 '주식·사채 등의 전자등록에 관한 법률'(이하 '전자증권법')이다. 이 전자등록제도에서는 증권 또는 증서의 실물을 발행하여서는 안 되고, 이를 위반하여 발행된 증권 또는 증서는 효력이 없다(전자증권법 제36조 제1항, 제2항 등). 전자등록주식등에 대한 강제집행, 가압류, 가처분의 집행 등에 관하여 필요한 사항은 대법원규칙으로 정하도록 규정하고 있고(전자증

2) 대법원 2008. 11. 27. 선고 2008다17212 판결 참조.

권법 제68조), 이에 따라 민사집행규칙 제2편 제2장 제7절 제3관의2에서 전자등록주식등에 관한 강제집행에 관하여 필요한 사항을 정하고 있다.

예탁유가증권과 전자등록주식등은 유가증권의 존재를 전제로 하는지의 여부에 관하여 차이가 있지만, 양자에 대한 민사집행절차는 그 밖의 재산권에 대한 집행절차에 따르면서(민사집행규칙 제176조, 제182조의2 참조) 채권집행 등에 관한 규정의 대부분이 준용되므로(민사집행규칙 제182조, 제182조의9), 집행공탁(민사집행규칙 제182조의8) 등을 제외하면 유사하다고 할 수 있다.

전자증권법 시행 이후에 상장주식등은 모두 전자등록이 된다(전자증권법 제25조 제1항 단서 등 참조). 이에 비하여, 비상장주식등은 ① 전자증권법에 따라 전자등록이 되는 경우, ② 자본시장법에 따라 예탁되는 경우, ③ 전자등록이나 예탁 중 어느 것도 되지 않는 경우로 분류될 수 있다. 그중 전자등록이나 예탁 중 어느 것도 되지 않는 경우의 양도방식은 상법 등 일반원칙에 따른다. 예컨대 비상장회사의 주식이 전자등록이나 예탁이 되지 않았고 주권이 발행된 경우에 그 양도나 입질은 주권의 교부에 의하여 이루어진다(상법 제336조 제1항, 제338조 제1항).

주식등에 대해서 ① 전자증권법에 따라 전자등록된 경우, ② 예탁된 경우, ③ 전자등록이나 예탁 중 어느 것도 되지 않고 실물유가증권으로 존재하는 경우 그 집행절차가 각각 다르므로(①의 경우 민사집행규칙 제2편 제2장 제7절 제3관의2, ②의 경우 민사집행규칙 제2편 제2장 제7절 제3관, ③의 경우 민사집행법 제2편 제2장 제4절 제2관 등), 채권자는 채무자가 보유하고 있는 주식등이 어느 것에 해당하는지 고려하여 그에 적합한 규정에 따라 압류명령을 신청하면 된다.

II. 예탁유가증권에 대한 집행

1. 압류[3)]

자본시장법 제309조 제2항의 규정에 따라 한국예탁결제원에 예탁된 유가증권이나 자본시장법 제310조 제4항의 규정에 따라 한국예탁결제원에 예탁된 것으로 보는 유가증권에 대한 강제집행은 예탁유가증권에 관한 공유지분에 대한 법원의 압류명령에 따라 개시된다(민사집행규칙 제176조).

압류명령의 신청서에는 채무자의 이름과 주소, 보관기관 또는 예탁자의 명칭과

3) 법원실무제요, 민사집행[IV], 법원행정처(2020), 533.

소재지(예탁자가 채무자인 때에는 한국예탁결제원이, 투자자가 채무자인 때에는 예탁자인 투자매매업자나 투자중개업자 등이 제3채무자로 취급된다), 해당 예탁유가증권의 종류와 내용(주식 수 등), 발행회사의 상호 등을 적어야 한다. 압류명령에는 압류목적물의 특정을 위하여 해당 계좌를 관리하는 예탁자의 명칭 및 소재지, 그 지점명 및 소재지, 유가증권발행회사의 명칭, 유가증권의 종류, 종목 등의 사항이 기재되어야 하므로, 신청서를 검토하여 그러한 사항이 특정되지 않았으면 보정을 명한다.

집행법원의 예탁유가증권 지분에 대한 압류명령에는 ① 채무자에 대하여 예탁유가증권에 대한 계좌대체청구 또는 자본시장법 제312조 제2항에 따르는 증권반환의 청구 그 밖의 처분을 금지하고, ② 채무자가 예탁자인 경우에는 한국예탁결제원(제3채무자)에 대하여, 채무자가 투자자인 경우에는 예탁자(제3채무자)에 대하여 예탁유가증권의 계좌대체와 증권의 반환을 금지한다(민사집행규칙 제177조). 압류명령의 효력은 제3채무자에 해당하는 한국예탁결제원 또는 예탁자에게 송달된 때에 생긴다. 압류명령이 한국예탁결제원 또는 예탁자에게 송달되면 실무상 예탁자 계좌부나 투자자 계좌부에 압류의 표시 및 압류명령의 송달일을 기재하고 있다.

2. 현금화[4)]

가. 예탁유가증권에 대한 집행에서 현금화방법으로는 압류채권자의 신청에 따라 ① 채권집행에서의 양도명령(민사집행법 제241조 제1항 제1호)에 대응하는 예탁유가증권 지분 양도명령, ② '집행관에게 명하는 매각명령'(민사집행법 제241조 제1항 제2호, 제251조 제1항)에 대응하는 예탁유가증권 지분 매각명령, ③ 그 밖에 적당한 방법에 의한 현금화명령의 3가지 방법에 의한다(민사집행규칙 제179조).

나. 예탁유가증권 지분 양도명령

예탁유가증권 지분 양도명령의 신청서에는 채무자의 계좌를 관리하는 예탁결제원 또는 예탁자에 개설된 압류채권자의 계좌번호를 적어야 한다(민사집행규칙 제180조 제1항). 예탁유가증권 지분 양도명령이 확정된 때에는 법원사무관등은 예탁결제원 또는 예탁자에 대하여 양도명령의 대상인 예탁유가증권 지분에 관하여 압류채권자의 계좌로 계좌대체의 청구를 하여야 한다(민사집행규칙 제180조 제2항). 계좌대체청구

4) 법원실무제요, 민사집행[IV], 법원행정처(2020), 534-535.

를 받은 예탁결제원 또는 예탁자는 민사집행법 제229조 제5항의 규정에 따라 예탁유가증권 지분 양도명령의 효력이 발생하지 않는 사실을 안 때가 아닌 이상 그 취지에 따라 계좌대체를 하여야 한다(민사집행규칙 제180조 제3항).

예탁유가증권 지분양도명령은 다른 채권자가 압류, 가압류 또는 배당요구를 한 경우에는 할 수 없고, 양도명령이 제3채무자인 한국예탁결제원 또는 예탁자에게 송달될 때까지 위와 같은 선행 압류 등이 있으면 예탁유가증권 지분 양도명령은 발령되었다 하더라도 무효이다(민사집행규칙 제182조 제2항, 민사집행법 제229조 제5항).

예탁유가증권 지분 양도명령이 확정되면 압류채권자의 채권 및 집행비용은 위 명령의 대상인 공유지분이 존재하는 한 집행법원이 정한 양도가액으로 변제된 것으로 본다(민사집행규칙 제182조 제2항, 민사집행법 제231조).

다. 예탁유가증권 지분 매각명령

집행법원이 집행관에 대하여 예탁유가증권 지분 매각명령을 하는 경우에 채무자가 투자자인 때에는 채무자의 계좌를 관리하는 투자매매업자나 투자중개업자에게, 채무자가 예탁자인 때에는 그 채무자를 제외한 다른 투자매매업자나 투자중개업자에게 매각일의 시가나 그 밖의 적정한 가액으로 매각을 위탁할 것을 명하여야 한다(민사집행규칙 제181조 제1항). 채무자가 예탁자인 경우에 집행관이 예탁유가증권 지분 매각명령을 받은 때에는 투자매매업자 등(채무자가 투자매매업자 등인 경우에는 그 채무자를 제외한 다른 투자매매업자 등)에 그 명의의 계좌를 개설하고, 예탁결제원에 대하여 압류된 예탁유가증권 지분에 관하여 그 계좌로 계좌대체의 청구를 하여야 한다(민사집행규칙 제181조 제2항). 집행관으로부터 계좌대체청구를 받은 예탁결제원은 그 청구에 따라 집행관에게 계좌대체를 하여야 한다(민사집행규칙 제181조 제3항). 집행관으로부터 매각위탁을 받은 투자매매업자나 투자중개업자는 위탁의 취지에 따라 그 예탁유가증권 지분을 매각한 뒤, 매각한 예탁유가증권의 지분에 관하여는 매수인의 계좌로 계좌대체 또는 계좌대체청구를 하고, 매각대금에서 조세, 그 밖의 공과금과 위탁수수료를 뺀 나머지를 집행관에게 교부하여야 한다(민사집행규칙 제181조 제4항). 또한, 집행관이 매각위탁과 계좌대체청구를 하는 경우에는 그 예탁유가증권 지분 매각명령 등본과 그 확정증명을 붙이고, 위 계좌대체청구를 하는 경우에는 그 명의의 계좌가 개설되어 있음을 증명하는 서면을 붙여야 한다(민사집행규칙 제181조 제5항).

집행관은 매각대금을 교부받으면 즉시 매각대금 및 매각에 관한 조서를 법원에 제출하고(민사집행규칙 제182조 제2항, 제165조 제4항), 법원은 배당절차를 실시한다(민사집행규칙 제182조 제1항).

3. 보호예수된 유가증권에 대한 집행

가. 보호예수제도[5)]

보호예수(Separate Safekeeping) 제도는, 보호예수의뢰인(일반보호예수의 경우로 유가증권의 소유자) 또는 보호예수의무자[의무보호예수의 경우로 해당 유가증권의 발행회사나 주관회사(유가증권의 모집 주선 및 인수에 따른 모든 업무를 대행하는 회사)]와 한국예탁결제원 간의 보호예수계약에 의하여, 한국예탁결제원이 보호예수의뢰인 또는 보호예수의무자(이하 '보호예수의뢰인 등')로부터 유가증권을 인도받아 이를 보관한 후 계약기간 또는 의무보호예수기간 만료 시, 보호예수의뢰한 것과 '동일한' 유가증권으로 반환하는 유가증권의 보관제도를 말한다. 증권의 대량거래 및 결제의 편의를 위한 제도인 예탁은 예탁자가 반환청구할 때 '동종, 동량'의 유가증권으로 반환하게 되지만, 보호예수는 보관의 안전성과 유가증권시장의 공정성 등을 확보하기 위한 제도이므로 보호예수의뢰인 등만이 보호예수증서와 상환으로 반환청구하여 스스로 권리행사를 하여야 하는 특징을 가진다.

보호예수계약은 민법상의 임치 내지 이와 유사한 계약으로서, 한국예탁결제원은 그 보호예수계약에서 정한 기간이 지나면 특별한 사정이 없는 한 계약의 상대방인 보호예수의뢰인 등에게 그 주권을 반환할 의무가 있다.[6)]

나. 보호예수의 종류 및 법률관계

보호예수에는 일반보호예수와 의무보호예수의 두 종류가 있다.

1) 일반보호예수[7)]

일반보호예수는 보호예수의뢰인이 임의로 한국예탁결제원과 보호예수계약을 체결하여 유가증권을 보관시키는 것으로서, 보호예수의뢰인의 자유로운 의사에 기한 것이므로 그 사유에 제한이 없다.

5) 법원실무제요, 민사집행[IV], 법원행정처(2020), 535-536.

6) 대법원 2008. 10. 23. 선고 2007다35596 판결 참조.

7) 법원실무제요, 민사집행[IV], 법원행정처(2020), 536.

보호예수의뢰인(유가증권의 소유자)과 한국예탁결제원 사이의 보관계약(보호예수계약)에 의하여 한국예탁결제원이 유가증권을 직접 점유하고, 보호예수의뢰인은 간접적으로 점유하는 구조로 이루어져 있다.

보호예수의뢰인은 계약기간 만료 전후를 불문하고 언제든지 한국예탁결제원을 상대로 보호예수를 의뢰한 유가증권의 반환을 청구할 수 있다.

2) 의무보호예수

법령 또는 계약에 의하여 특정한 주주가 일정 기간 동안 그 소유의 주식을 매매하는 것이 제한되는 경우가 있다. 이러한 '주식매도 제한' 또는 '주식매각 제한(Lockup)'은 기업공개에 의한 주식상장 또는 기업회생 M&A에 의하여 대량의 주식이 제3자에게 배정되는 등의 경우 주식의 안정적인 수급을 통하여 공정한 주식가격의 형성을 도모하고, 내부거래자 등의 불공정한 투기적 거래로부터 다수의 소액투자자들을 보호하기 위하여 일정 요건에 해당하는 주주들의 주식 매도를 일정 기간 동안 한시적으로 제한하는 것이다.

이와 같은 주식매도 제한의 실효성을 확보하기 위하여는 매도 제한을 받는 주주(계속보유의무자)의 주권을 일정기간 동안 특정기관(한국예탁결제원)에 보관시킨 후 관련 규정에서 정한 반환사유가 존재하지 않는 한 주권의 반환을 금지하는 것이 필요한데, 이를 의무보호예수(Compulsory Separate Safekeeping)라고 한다.

이와 관련하여 한국거래소가 자본시장법 제390조의 위임에 따라 제정한 '유가증권시장 상장규정' 및 '코스닥시장 상장규정' 그리고 금융위원회 고시인 '증권의 발행 및 공시 등에 관한 규정'에서 의무보호예수의 사유와 절차에 대하여 규정하고 있다. 이러한 의무보호예수 제도는 위에서 살펴보았듯이 공익적인 목적에서 도입된 것이므로, 관련 규정에 따라 일정한 사유가 발생한 경우 한국예탁결제원과 의무적으로 보호예수계약을 체결하여야 하고, 보호예수 사유별로 보호예수기간과 반환요건 등도 정해져 있으며, 보호예수계약 내용도 당사자가 자유롭게 정할 수 없게 되어 있다.[8)]

점유는 ① 계속보유의무자(유가증권의 소유자)와 보호예수의무자(발행회사나 주관회사 등과 같은 보호예수계약의 당사자) 사이의 보관계약, ② 보호예수의무자와 한국예탁결제원 사이의 보관계약(보호예수계약)에 의하여 중첩적인 구조로 이루어져 있다. 계속보유의무자는 한국거래소의 유가증권시장 상장규정 등 관련규정에 의하여 보호예수의무자에게 자신의 유가증권을 의무적으로 보관시키게 되는데, 이 보관계약의

8) 법원실무제요, 민사집행[IV], 법원행정처(2020), 536-537.

법적 성질은 임치 내지는 이와 유사한 무명계약이다(실무에서는 계속보유의무자와 보호예수의무자 사이에 별도로 임치계약을 체결하지 않고 관련규정에 따라 보호예수의무자가 한국예탁결제원에 보호예수시키는 것을 계속보유의무자가 묵시적으로 승인하는 방식으로 이루어지고 있다).[9]

한편, 의무보호예수의 근거규정인 '유가증권시장 상장규정', '코스닥시장 상장규정', '증권의 발행 및 공시 등에 관한 규정' 등에 의하면, 보호예수의무자는 상장일 또는 증권 발행 후 예탁한 날로부터 위 규정에서 정한 일정기간 동안 한국예탁결제원에 보관시킨 주식 등을 한국거래소나 금융감독원장이 인정하는 경우 이외에는 인출하거나 매각할 수 없다. 따라서 위 계약은 관련 규정상의 의무보유기간 동안은 반환청구가 금지되고, 그 기간이 경과한 후에는 언제든지 반환청구를 할 수 있으므로, 민법상 '반환제한 기간의 특약은 있으나 그 존속기간의 약정이 없는 임치계약' 내지는 이와 유사한 무명계약이라고 할 수 있다.[10]

보호예수의무자는 계속보유의무자와의 계약에 따라 유가증권을 점유하고 이를 한국예탁결제원에 다시 보호예수시킴으로써 계속보유의무자와 보호예수의무자는 간접점유자, 한국예탁결제원은 직접점유자가 된다.

위와 같은 점유관계상 계속보유의무자는 계약의 상대방인 보호예수의무자를 상대로, 보호예수의무자는 계약의 상대방인 한국예탁결제원을 상대로 반환청구를 해야 하고, 한국예탁결제원과 아무런 법적 관계가 없는 계속보유의무자는 한국예탁결제원을 상대로 직접 반환청구를 할 수 없다.[11]

한편, 보호예수계약에서 정한 기간이 지나면 계속보유의무자는 계약의 상대방인 보호예수의무자를 상대로, 보호예수의무자는 계약의 상대방인 한국예탁결제원을 상대로 각각 반환청구를 할 수 있고, 한국예탁결제원과 아무런 법적 관계가 없는 계속보유의무자는 한국예탁결제원을 상대로 직접 반환청구를 할 수 없음이 원칙이다. 다만 보호예수계약에서 정한 기간이 지난 후 제3자가 보호예수된 주권에 대하여 소유권을 가지고 있다고 주장하면서 그 소유권에 기초하여 한국예탁결제원에 주권의 인도를 청구하는 경우, (i) 제3자가 주권의 소유자이고 보호예수의무자인 주권의 발행회사가

9) 법원실무제요, 민사집행[IV], 법원행정처(2020), 537; 사법보좌관실무편람(II)-채권집행 및 배당절차-, 법원행정처(2015), 218-219.

10) 법원실무제요, 민사집행[IV], 법원행정처(2020), 537-538; 사법보좌관실무편람(II)-채권집행 및 배당절차-, 법원행정처(2015), 218-219.

11) 사법보좌관실무편람[Ⅱ]-채권집행 및 배당절차-, 법원행정처(2015), 218~219.

한국예탁결제원으로부터 주권을 반환받더라도 다시 소유자인 제3자에게 반환해야 할 의무가 있으면, 한국예탁결제원으로서는 그 제3자에 대하여 주권의 인도를 거부할 수 없다. 그러나 (ii) 제3자가 소유자가 아니거나 소유자라고 하더라도 보호예수의무자가 제3자에 대한 관계에서 그 주권을 점유할 권리가 있으면 한국예탁결제원으로서는 그 제3자에게 주권을 인도하여서는 안 된다. 따라서 위와 같은 경우에 한국예탁결제원이 보호예수의무자와 제3자 중 누구에게 주권을 반환해야 되는지는 제3자가 소유권자인지 여부 및 제3자와 보호예수의무자와의 관계에 따라 결정되는데, 한국예탁결제원이 선량한 관리자의 주의를 다하여도 보호예수의무자와 제3자 중 누구에게 주권을 반환하여야 할 것인지를 알 수 없는 경우에는 '과실 없이 채권자를 알 수 없는 경우'에 해당하므로, 민법 제487조 후단의 채권자 불확지를 원인으로 하여 주권을 변제공탁할 수 있다.12)

다. 집행

1) 보호예수된 주권은 민사집행규칙에 따른 일반 예탁유가증권에 대한 집행방법에 따를 것이 아니라, 유체물 인도청구권에 대한 집행방법인 민사집행법 제242조, 제243조에 따라야 하고, 이 경우 보호예수증서는 민사집행법 제234조에 의하여 채무자로부터 수취하여야 한다.13)

2) 일반보호예수의 경우와 의무보호예수의 경우는 제3채무자가 서로 다르다.

가) 먼저 일반보호예수의 경우에는, 유가증권의 소유자인 보호예수의뢰인이 한국예탁결제원에 대하여 직접 반환청구권을 가지므로, 제3채무자는 한국예탁결제원이 된다.

나) 반면 의무보호예수의 경우에는, 보호예수의무자만 한국예탁결제원을 상대로 반환청구를 할 수 있고, 유가증권의 소유자인 계속보유의무자는 보호예수의무자를 상대로만 반환청구를 할 수 있을 뿐 한국예탁결제원을 상대로는 반환청구를 할 수 없음이 원칙이다. 따라서 유가증권의 소유자(계속보유의무자)가 채무자인 경우에 특별한 사정이 없는 한 제3채무자는 보호예수의무자(발행회사, 대표주관회사 또는 상장주선인)가 된다.

이 경우 보호예수기간 만료 후 보호예수의무자가 한국예탁결제원으로부터 증권

12) 대법원 2008. 10. 23. 선고 2007다35596 판결 참조. 이 판결에 대한 평석으로는 이동진, "보호예수유가증권의 반환관계와 증권예탁결제원의 공탁권", 저스티스 127호, 한국법학원(2011), 466 이하.

13) 법원실무제요, 민사집행[IV], 법원행정처(2020), 538-539.

을 반환받아야 추심 또는 현금화가 가능한데, 보호예수의무자가 계속보유의무자(특히 최대주주)와의 긴밀한 관계로 인하여 협조하지 않는 경우 집행절차 진행이 용이하지 않다. 또한, 의무보호예수 주식에 대한 압류는 채무자가 발행회사의 대주주 또는 경영자인 경우가 많은데, 발행회사를 제3채무자로 하면 발행회사가 한국예탁결제원으로부터 주권을 반환받은 후 위 압류에도 불구하고 채무자의 뜻에 따라 제3자에게 처분하도록 해 주어 압류가 아무런 효과를 거두지 못하게 될 위험도 있다. 그리하여 채권자가 공신력 있는 한국예탁결제원을 제3채무자로 하여 압류를 신청하는 경우가 적지 않은데, 앞서 본 바와 같이 계속보유의무자가 주권의 소유자이고 보호예수의무자인 주권의 발행회사가 한국예탁결제원으로부터 주권을 반환받더라도 다시 소유자인 계속보유의무자에게 반환해야 할 의무가 있으면, 한국예탁결제원으로서는 계속보유의무자에 대하여 주권의 인도를 거부할 수 없으므로 이러한 경우에는 한국예탁결제원을 제3채무자로 한 압류도 이론상으로는 가능하다. 그러나 한국예탁결제원은 다음과 같은 이유, 즉 채무자(계속보유의무자)가 실제 주권의 소유자인지, 보호예수의무자가 주권을 점유할 권리가 있는지 등을 파악할 수 없어 판결이 있기까지는 채무자가 소유권에 기초한 주권반환청구권을 가지는지 판단할 수 없는 점, 위와 같은 압류명령의 내용은 한국예탁결제원이 계속보유의무자에게 주권을 반환하는 것을 금지하는 것일 뿐 보호예수의무자에게 반환하는 것을 금지하는 것이 아니라는 점 등을 근거로 하여 위와 같은 압류가 있는 경우에도 보호예수의무자의 청구가 있으면 보호예수의무자에게 주권을 반환하는 경우가 많다. 이렇게 되면 한국예탁결제원을 제3채무자로 하는 압류는 실효성이 없게 된다.[14]

3) 금융위원회 고시 '증권의 발행 및 공시 등에 관한 규정' 제2-2조 '증권의 모집과 관련한 의무보호예수'의 경우에는 채무자 소유의 주권이 발행회사를 통하여 보호예수된 경우 '발행회사'를 제3채무자로 하여('한국예탁결제원'이 제3채무자가 되는 것이 아니다) 채무자의 발행회사에 대한 주권교부청구권 또는 주권반환청구권을 압류하되, 압류되는 주식의 표시를 '보호예수된 주권'이라고 적어서 특정하거나, 채무자의 발행회사에 대한 '보호예수주권 반환청구권' 자체를 압류하고(다만 이는 압류명령에서의 표현의 차이일 뿐 어느 방법에 의하더라도 후속 집행절차는 동일하다), 민사집행법 제243조에 의하여 집행관이 주권을 인도받은 후 유체동산으로 집행하거나 또는 위 반환청구권 자체를 특별현금화하면 된다.[15]

---

14) 법원실무제요, 민사집행[IV], 법원행정처(2020), 539-540.

4) 다만 전자증권법이 시행됨에 따라 기존에 의무보호예수된 증권은 전자증권제도 하에서 의무보유등록으로 자동으로 전환되므로 이에 따른 집행절차를 거쳐야 할 것이다.

Ⅲ. 전자등록주식등에 대한 집행

1. 개요

가. 전자등록제도의 도입

전자등록이란 유가증권 또는 유가증권에 표창될 수 있는 권리를 전자등록기관이 관리하는 전자등록계좌부에 등록하는 것을 말한다.

유가증권으로 유통되던 권리를 전자적으로 관리하는 방식에는 크게 두 가지가 있다. ① 증권등록방식은 유가증권을 등록하는 것이다. 유가증권의 기재사항을 전자문서에 기재하여 전자증권을 만드는 것이다. 전자증권은 종이가 아니라는 점만 유가증권과 다르기 때문에 기존의 유가증권의 법리가 그대로 적용될 수 있다. 현재 전자어음(전자어음법 제6조 이하), 전자선하증권(상법 제862조), 전자화물운송장(상법 제863조 제1항) 등이 이 방식을 취하고 있다. ② 권리등록방식 또는 전자등록방식이란 유가증권의 개념을 완전히 폐기하고 종래 유가증권에 기재되었어야 할 사항을 전자적 방식으로 기록하여 이 기록 자체에 공시적 기능을 부여하는 것을 말한다. 전자증권이 존재하는 것이 아니기 때문에 그 권리의 이전 및 행사는 전자등록계좌부의 기재로서만 하게 된다.

2011년 개정상법은 주식(상법 제356조의2), 사채(상법 제478조 제3항) 등에 대하여 전자등록 제도를 마련하고, 다른 유가증권에도 이용할 수 있도록 하였다(상법 제65조 제2항). 구체적인 절차나 효과를 정하기 위해서 2016년 ‘주식·사채 등의 전자등록에 관한 법률’(다음부터 ‘전자증권법’이라 한다)이 제정되어, 2019. 9. 16.부터 시행되었다(전자증권법 부칙 제1조, 같은 법 시행령 부칙 제1조).

나. 전자등록제도의 개요

1) 전자등록제도의 대상 및 전자등록주식등

가) 전자증권법은 기본적으로 자본시장법상 증권에 대하여 적용하되, 전자등록에

15) 법원실무제요, 민사집행[IV], 법원행정처(2020), 540.

적합하지 않은 것[투자계약증권(비정형증권), 기업어음증권(실물발행이 반드시 필요한 설권증권)]은 그 적용대상에서 제외한다. 나아가 자본시장법상 증권이 아니더라도 전자등록에 적합한 양도성예금증서[자본시장법상 증권은 아니나 유가증권성이 인정되며 등록에 적합(현행 공사채등록법상 등록대상)]에 대하여는 전자등록제도가 적용된다.

나) 전자등록제도의 대상이 되는 유가증권에 표창되어야 할 권리는 '주식등'으로 정의되며, 주식등이란 주식, 사채, 지방채 등 전자증권법 제2조 제1호 각목에 규정되어 있다. 구체적으로는 주식, 사채, 국채, 지방채, 법률에 따라 직접 설립된 법인이 발행하는 채무증권에 표시되어야 할 권리, 신주인주권증서 또는 신주인수권증권에 표시되어야 할 권리 등이다. 전자등록계좌부에 전자등록된 주식등을 전자등록주식등이라 한다(전자증권법 제2조 제4호). 전자등록주식등의 구체적인 종류로는 아래와 같은 것들이 있다.

구 분 (자본시장법상)	전자증권법[제2조]	전자증권법시행령[제2조]
지분증권	■ 주식 ■ 신주인수권증서, 신주인수권증권	
채무증권	■ 사채 (신탁법상 신탁사채 및 자본시장법상 조건부자본증권 포함) ■ 국채, 지방채, 특수채 ■ 이중상환청구권부 채권	■ 은행법 및 금융지주회사법상 조건부자본증권
수익증권	■ 신탁법상 수익권 ■ (자본시장법상) 투자신탁의 수익권 ■ 주택저당증권, 학자금대출증권	
증권예탁증권	■ 증권예탁증권에 표시될 수 있거나 표시되어야 할 권리	■ 국내 발행 증권예탁증권(KDR)
파생결합증권	■ 파생결합증권에 표시될 수 있거나 표시되어야 할 권리	■ 주식워런트증권(ELW) 및 이와 유사한 권리
기타	■ 자산유동화법상 유동화증권 ■ 외국법인등의 국내 발행증권	■ 양도성 예금증서

2) 상장주식은 전자증권제도 적용을 의무화하되, 비상장주식은 발행인의 신청이 있는 경우에만 적용(신청주의)

주식등을 발행하는 자가 전자증권제도에 따라 실물 증서 없이 전자등록의 방법으로 이를 발행·유통하고자 하는 경우 전자등록을 개별적으로 신청해야만 한다. 다만, 증권시장 상장증권과 상장사채의 경우에는 전자증권제도 적용을 의무화하여, 발행인이 전자등록신청의무를 부담한다.

구 분			전환 절차	전환 계좌
일괄 전환 대상	❶기명 (상장주식)	예탁수량	■ 전자등록기관이 일괄 전환 실행	일반계좌
		미예탁수량	■ 전환절차 고지→실물 보유자 전환절차 이행[16]→ 전환 실행	일반·특별계좌
	❷무기명 (상장사채)	예탁수량	■ 전자등록기관이 일괄 전환 실행	일반계좌
		미예탁수량	■ 제도 시행 후 실물 보유자의 개별 신청	일반계좌
신청 전환 대상	❸기명 (비상장주식)	예탁수량	■ 발행인 등의 신청에 따라 전자등록기관이 전환 실행	일반계좌
		미예탁수량	■ 전환절차 고지→실물 보유자 전환절차 이행[17]→ 전환 실행	일반·특별계좌
	❹무기명 (비상장사채)	불가	불가	불가

3) 전자등록제도의 관계자, 전자등록계좌부, 전자등록의 효력

가) 전자등록제도의 관계자

① 먼저 전자증권제도 중심 운영기관으로서 법적장부를 작성·관리하고, 권리행사 대행, 주식 등의 전자등록에 관한 업무 등 전자증권관련 제반 업무를 수행하는 전자등록기관이 있다. 현재는 한국예탁결제원이 전자등록기관으로 업무를 수행하고 있다.

② 고객(투자자)이 소유하는 증권을 관리하는 계좌관리기관은 법적장부를 작성·관리하고, 전자등록기관과 협력하여 제반 업무를 수행한다. 계좌관리기관은 고객계좌 관리에 수반하는 금융서비스(배당금 지급 등)를 수행하는 금융기관(투자중개업자, 투자매매업자, 신탁업자, 은행, 보험사, 증권금융, 증권 보관기관 등)이므로, 대부분의

16) 실물 보유자가 전환절차(실물증권 제출 및 전자등록계좌 통지)를 이행하지 않는 경우에는, 해당 보유자 명의로 특별계좌 개설하여 전자등록

17) ❹사채 중 의무적용대상이 아닌 비상장사채는 시행 당시 전환기간에는 전환하지 아니하고 시행 후에 전환 기회 부여

금융회사가 이에 속하고, 이들은 전자등록주식등의 양도, 질권·신탁 설정, 배당금·원리금 지급 등과 같은 고객(투자자) 소유 주식등의 전자등록 및 권리관리 업무를 수행한다.

나) 계좌의 구조

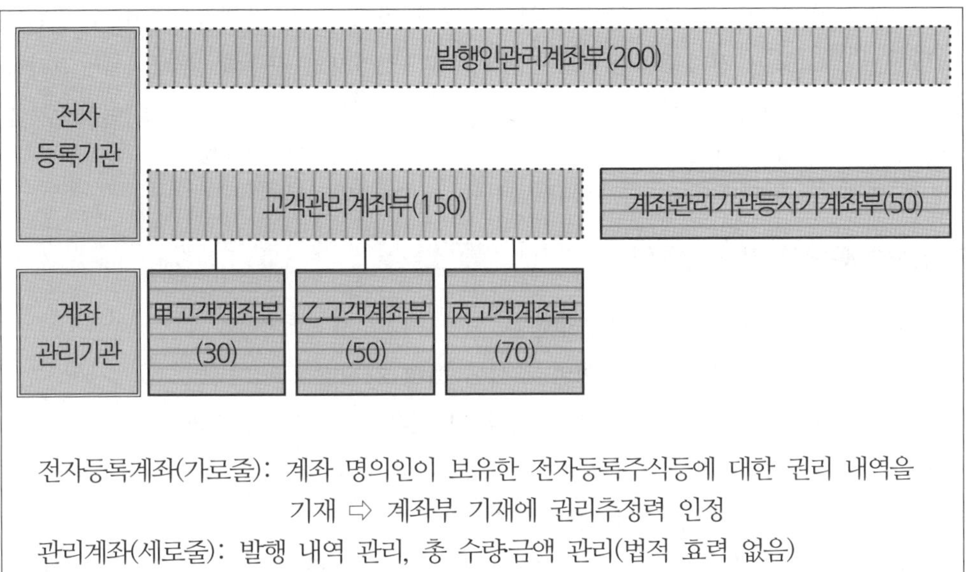

전자등록계좌(가로줄): 계좌 명의인이 보유한 전자등록주식등에 대한 권리 내역을 기재 ⇨ 계좌부 기재에 권리추정력 인정

관리계좌(세로줄): 발행 내역 관리, 총 수량·금액 관리(법적 효력 없음)

① 발행인관리계좌: 주식등을 전자등록하려는 자는 먼저 전자등록기관에 "발행인관리계좌"를 개설하여야 하고, 전자등록기관은 발행인별 발행인관리계좌부(세로줄)를 작성한다.

② 전자등록계좌[고객계좌, 자기계좌(관리기관)]: 그 후 일반 고객(투자자)은 계좌관리기관에 "고객계좌" 개설하고, 계좌관리기관은 "계좌관리기관등 자기계좌"(가로줄) 개설을 한다. 전자등록기관과 계좌관리기관은 권리자별로 각각 계좌관리기관등 자기계좌부·고객계좌부를 작성한다.

③ 고객관리계좌: 계좌관리기관은 ②와 같이 고객계좌부에 전자등록된 주식등의 총수량·총금액 관리를 위하여 전자등록기관에 "고객관리계좌"를 개설하고, 전자등록기관은 계좌관리기관별로 고객관리계좌부(세로줄)를 작성한다.

다) 전자등록의 효력

주식등의 전자등록은 전자등록계좌부의 기재를 통하여 주식등의 법률관계를 처리하겠다는 것이므로 일정한 법적 효과가 주어진다.

전자등록계좌부의 등록은 그 자체로 권리이전의 효력발생요건이며(전자증권법

제35조 제2항, 제3항, 효력발생요건), 그 결과 고객이나 계좌관리기관등은 등록된 주식등을 단독으로 갖는 것으로 추정한다(전자증권법 제35조 제1항, 권리추정력).

발행인은 전자등록주식등에 대해서는 증권 또는 증서를 발행해서는 아니 되고, 이에 위반하여 발행된 증권 또는 증서는 효력이 없으며(실물발행금지), 이미 주권등이 발행된 주식등이 전자증권법 제25조부터 제27조까지의 규정에 따라 신규 전자등록된 경우 그 전자등록주식등에 대한 주권등은 기준일부터 그 효력을 잃는다(전자증권법 제36조 제1항, 제2항, 제3항).

2. 전자등록주식등의 강제집행

가. 종래 주식 등에 대한 강제집행

1) 개정 전 민사집행규칙에 의한 주식에 대한 강제집행

주식에 대한 집행은 주권이 발행되었는지 여부, 한국예탁결제원에 예탁 또는 보호예수되었는지 여부, 회사에 주권불소지 신고 여부, 채무자가 주권을 점유하고 있는지 여부 등에 따라 아래와 같이 집행방법이 다르다.

그 중 ① 증권대체결제제도 하에서 예탁된 유가증권에 대한 강제집행은 증권 자체가 아닌 예탁유가증권에 대한 공유지분을 대상으로 그 밖의 재산권에 대한 강제집행의 방법으로 행하고, 민사집행법 제179조에 따르면 예탁유가증권의 현금화는 예탁유가증권지분양도명령이나 예탁유가증권지분매각명령에 의하며, ② 한국예탁결제원에 임치된 주권으로서 예탁된 것이 아니고 보호예수된 주권의 경우에는 반환 시에 같은 종류, 같은 수량의 유가증권으로 반환하는 것이 아니라 보호예수된 것과 동일한 유가증권으로 반환하여야 하는바(보호예수의 경우에는 그 성격이 개별임치계약임), 보호예수된 주권은 일반 예탁증권 등에 대한 집행방법에 따를 것이 아니라, 유체물인도청구권에 대한 집행방법인 민사집행법 제242조, 제243조에 따라야 하고, 이 경우 보호예수증서는 같은 법 제234조에 의하여 채무자로부터 수취하여야 한다.

[주식에 대한 집행방법]

주권발행 여부		집행대상	집행방법
주권 발행 전	6월 경과 전	주권교부청구권	유체동산인도청구권에 대한 집행
	6월 경과 후	주식 자체	그 밖의 재산권에 대한 집행(민집 251조)
주권	채무자 점유	주권	유체동산에 대한 집행

발행 후	예탁	유가증권공유지분	그 밖의 재산권에 대한 집행(민집규 2편 2장 7절 3관)
	보호예수	유체물인도청구권	유체동산인도청구권에 대한 집행

2) 개정 전 민사집행규칙의 한계

가) 전자증권법 시행 전·후 전자등록주식등 관리 형태

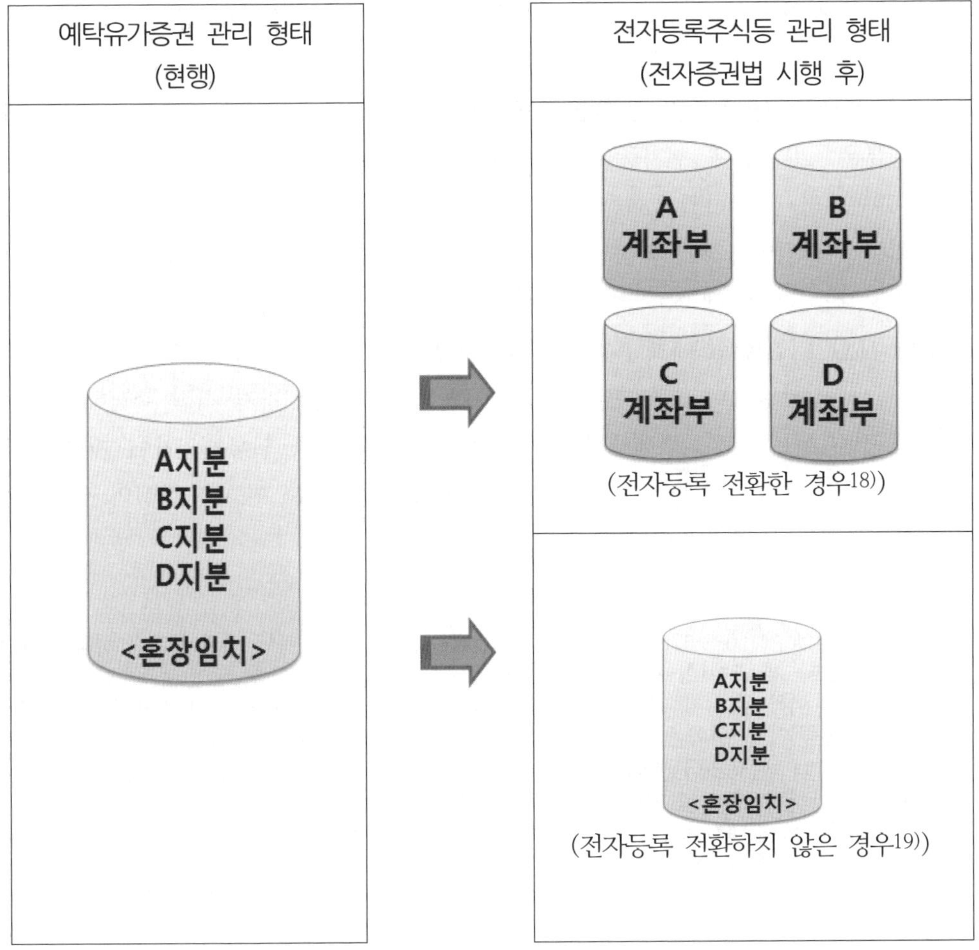

18) 의무 전환등록 대상은 상장증권(주식, 채권 등), 투자신탁의 수익권 및 투자회사의 주식, 조건부 자본증권, 주택저당증권, 주식워런트증권(ELW), 증권예탁증권(국내발행) 등.

19) 비상장주식 등은 의무전환 대상이 아니므로 현재 예탁되어 있는 경우에도 등록전환 신청하지 않으면 종전처럼 혼장임치 상태가 유지됨.

나) 개정 전 민사집행규칙으로는 전자등록주식 집행이 어려움

개정 전 민사집행규칙 규정은 실물주권을 전제로 한 예탁유가증권의 지분을 압류·가압류하는 집행방식을 채택하고 있었다(제176조~제182조, 제201조, 제214조, 제217조).

하지만, 전자등록주식등은 계좌부에 등록된 전자등록주식등 자체가 압류·가압류의 대상이 되기 때문에 종전의 민사집행규칙 규정으로는 전자등록주식등에 대한 민사집행을 실시하는데 한계가 발생하기 때문에 새로운 규정 신설이 필요하였다.

나. 전자증권을 선도입 한 일본의 입법례

일본은 '2004년에 전자증권제도에 대한 「社債, 株式等の振替に關する法律」을 제정('09년부터 시행)하였고, 民事執行規則에 반영하였다.

일본 민사집행규칙에 의하면 ① 직접 등록된 증권("대체사채등")을 대상(집행의 대상)으로 하고 있고(제150조의 2, 집행의 대상)[20], ② 압류명령을 할 때에는 등록된 증권에 대한 이전등록("대체") 및 말소의 신청, 또는 징수 기타 처분을 금지하며(제150조의 3, 압류명령)[21], ③ 현금화방법으로는 Ⓐ 압류채권자가 직접 추심하는 대체채등의 징수(제150조의 5 대체징수)[22], Ⓑ 재판소에 의한 압류채권자에 대한 처분(양도명령)과, 제3자에 대한 처분(매각명령)을 규정하고 있으며, ④ 집행의 상대방은 채무자 및 계좌관리기관("대체기관등")이다.

---

20) 民事執行規則 제150조의2(대체사채등 집행의 개시) 사채, 주식 등의 대체에 관한 법률(2001년 법률 제75호) 제2조제1항에 규정하는 사채등으로서 대체기관(동조 제2항에 규정하는 대체기관을 말한다. 이하 같다)이 취급하는 것(이하 "대체사채등"이라 한다)에 관한 강제집행(이하 "대체사채집행등"이라 한다)은 집행재판소의 압류명령에 의해 개시한다.

21) 民事執行規則 제150조의3(압류명령) ① 집행재판소는 압류명령을 할 때 대체사채 등에 관하여 채무자에 대하여 대체 및 말소의 신청 또는 징수 및 기타 처분을 금지하고, 대체기관등(사채, 주식 등의 대체에 관한 법률 제2조제5항에 규정하는 대체기관등으로서 채무자가 계좌를 개설한 대체기관등을 말한다. 이하 같다)에 대하여 대체 및 말소를 금지하여야 한다.
② 압류명령은 채무자, 대체기관 등 및 대체사채등의 발행자(이하 "발행자"라 한다)를 심문하지 아니하고 한다.
③ 압류명령은 채무자 및 대체기관 등에게 송달되어야 한다.

22) 民事執行規則 제150조의5(압류채권자의 대체채등의 징수) ①대체채, 대체신주예약권부사채, 대체전환특정사채 또는 대체신우선출자인수권부특정사채를 압류한 채권자는 채무자에게 압류명령이 송달된 날로부터 1주일이 경과한 때에는 해당 대체채, 제2호에 규정하는 대체전환특정사채 및 제3호에 규정하는 대체신우선출자인수권부특정사채(이하 "대체채등"이라 한다) 또는 제1호에 규정하는 대체신주예약권부사채에 관한 사채를 징수할 수 있다. 다만, 압류채권자의 채권 및 집행비용의 금액을 초과하여 지불을 받을 수 없다.

다. 민사집행규칙 개정의 경위 등

1) 전자증권법의 위임

앞서 본 바와 같이 종전의 증권 관련 법제 및 민사집행규칙은 실물증권을 바탕으로 만들어진 규정이고, 2019. 9. 16.부터 새롭게 시행되는 전자증권법은 증권의 실물발행 없이 발행·유통·권리행사 등 모든 증권 관련 사무를 전자적인 방법으로 처리하고 있기 때문에, 개정 전 민사집행규칙 규정만으로는 전자등록주식등에 대한 민사집행에 한계가 있다.

이에 전자증권법은 제68조에서 "전자등록주식등에 대한 강제집행, 가압류, 가처분의 집행, 경매 또는 공탁에 관하여 필요한 사항은 대법원규칙으로 정한다"고 하여 집행에 관한 사항은 대법원규칙으로 정할 수 있도록 위임하였다.

2) 전자등록주식등에 대한 규정의 신설

예탁유가증권에 관한 규정(민사집행규칙 제176조-제182조, 제201조, 제214조, 제217조)는 실물증권을 전제로 혼장임치된 예탁유가증권 공유지분을 압류·가압류하는 집행방식이다. 하지만 전자등록주식등은 전자등록계좌부에 등록된 전자등록주식등 자체가 압류·가압류의 대상이 되므로 예탁유가증권에 관한 규정으로는 한계가 발생한다. 이에 따라 대법원에서는 2016. 3. 22. 공포된 주식·사채 등의 전자등록에 관한 법률의 시행일인 2019. 9. 16.에 맞추어 전자등록주식등에 관한 새로운 내용을 반영하여 아래와 같이 강제집행절차 관련 8개 조문, 담보권 실행을 위한 집행절차 관련 1개 조문, 1개 조문 개정 및 가압류·가처분 집행절차 관련 2개 조문을 각 신설하는 방식으로 민사집행규칙을 개정하여 2019. 9. 16.부터 시행하고 있다.

조문	조문 제목
제182조의2(신설)	전자등록주식등집행의 개시
제182조의3(신설)	압류명령
제182조의4(신설)	전자등록기관 또는 계좌관리기관의 진술의무
제182조의5(신설)	전자등록주식등의 현금화
제182조의6(신설)	전자등록주식등 양도명령
제182조의7(신설)	전자등록주식등 매각명령
제182조의8(신설)	전자등록기관 또는 계좌관리기관의 공탁
제182조의9(신설)	채권집행규정 등의 준용
제192조(개정)	신청서의 기재사항
제201조의2(신설)	전자등록주식등에 대한 담보권의 실행

제214조의2(신설)	전자등록주식등에 대한 가압류
제217조의2(신설)	전자등록주식등에 대한 가처분
부칙 제1조(신설)	시행일
부칙 제2조(신설)	계속 중인 사건에 관한 경과조치

3) 예탁유가증권에 관한 종전 규정의 존치

하지만 전자증권법 시행 이후에도 한국예탁결제원에 예탁된 예탁유가증권 중 아래표 ❸의 경우와 같이 비상장 예탁유가증권으로서 전자증권법 시행 이후에도 발행자가 등록신청을 하지 않아 전자증권으로 비전환되는 예탁유가증권의 경우에는 계속 종래와 동일한 예탁유가증권으로 잔존하기 때문에 그 부분에 대하여는 종래 방식에 따른 예탁유가증권에 대한 강제집행절차가 이루어지므로, 위 부분의 강제집행을 위하여 현행 규정은 유지가 필요하다.

	현행 집행방법	전환 여부	법 시행 후 집행방법
상 장	예탁유가증권에 대한 집행(현행 규정)[23]	일괄적으로 전환(전자증권법 부칙 제3조 제1항, 시행령 부칙 제4조)	❶ 전자주식 등에 대한 집행(신설 규정)[24]
비상장	예탁유가증권에 대한 집행(현행 규정)	신청 ⇨ 전환(전자증권법 부칙 제4조 제2항)	❷ 전자주식 등에 대한 집행(신설 규정)
		비신청 ⇨ 비전환(전자증권법 부칙 제4조 제2항)	❸ 예탁유가증권에 대한 집행(현행 규정)

결국, 전자증권법 시행 후에는 ① 자본시장법에 따른 예탁유가증권제도와 ②전자증권법에 따른 전자등록제도가 병존하므로(동일종목의 주식등 중 일부는 예탁되고 나머지 일부는 전자등록될 수 있다는 의미가 아니다) 압류대상이 예탁되었는지 전자등록되었는지에 따라 그 집행방법이 달라지게 된다.

하지만, 예탁유가증권과 전자등록주식등은 유가증권의 존재를 전제로 하는가에 관하여 차이가 있음에도 불구하고 양자에 대한 민사집행절차는 그 밖의 재산권에 대한 민사집행절차에 따르면서(민사집행규칙 제176조, 제182조의2) 채권집행 등에 관

23) 민사집행규칙 제2편 제2장 제7절 제3관, 제192조, 제201조, 제214조, 제217조

24) 민사집행규칙 제2편 제2장 제7절 제3관의2, 제201조의2, 제214조의2, 제217조의2

한 규정의 대부분이 준용되므로(민사집행규칙 제182조, 제182조의9) 집행공탁(민사집행규칙 제182조의8) 등을 제외하면 아래에서 보는 바와 같이 유사한 부분이 많다.

[예탁유가증권·전자등록주식등에 대한 집행절차 비교]

구분	예탁유가증권	전자등록주식등
압류	[압류대상: 예탁유가증권 지분] 채권자 ⇨ 채무자 ⇨ 송달 예탁자 예탁원 개인, 일반법인 등 투자자 ⇨ 예탁자(증권회사등) 예탁자 ⇨ 한국예탁결제원 *압류효력: 압류명령이 예탁자 또는 예탁원에게 송달된 때(규칙 182조①, 법 227조③)	[압류대상: 전자등록주식등 자체] 채권자 ⇨ 채무자 ⇨ 송달 전자등록기관·계좌관리기관 개인, 일반법인 등 투자자 ⇨ 계좌관리기관(증권회사등) 계좌관리기관등 ⇨ 전자등록기관(한국예탁결제원) *압류효력: 압류명령이 전자등록기관 또는 계좌관리기관에게 송달된 때(규칙 182조의9①, 법 227조③)
현금화	[지분 양도명령] 양도명령 확정 ⇨ 법원사무관등 ⇨ 예탁자 예탁원에게 계좌대체 청구 ⇨ 채권자 계좌로 계좌대체 완료	[양도명령] 양도명령 확정 ⇨ 법원사무관등 ⇨ 전자등록기관·계좌관리기관에게 계좌대체 청구 ⇨ 채권자 계좌로 계좌대체 완료
	[지분 매각명령] 매각명령확정 ⇨ 집행관 ⇨ 투자매매업자 등에게 매각위탁	[매각명령] 매각명령확정 ⇨ 집행관 ⇨ 계좌관리기관에게 매각위탁

	⇨ 집행관 대금수령 ⇨ 법원에 대금제출	⇨ 집행관 대금수령 ⇨ 법원에 대금제출
배당	[배당절차] ◈ 매각대금 법원제출+신고 ◈ 배당절차 진행 ◈ 배당기일지정, 계산서제출 최고, 사실조회, 배당표작성 및 배당실시	[배당절차] ◈ 매각대금 법원제출+신고 ◈ 전자등록사채등에 대하여 만기 등 상환으로 인한 원리금 집행공탁 + 사유신고(규칙 182조의8) ◈ 배당절차 진행 ◈ 배당기일지정, 계산서제출 최고, 사실조회, 배당표작성 및 배당실시

라. 전자등록주식등에 대한 구체적인 강제집행절차

1) 압류명령

가) 관할

전자등록주식등에 대한 집행법원은 원칙적으로 채무자[25]의 보통재판적이 있는 곳을 관할하는 지방법원이 된다(민사집행규칙 제182조의9 제1항, 민사집행법 제224조). 채무자의 보통재판적이 없는 때에는 전자등록기관 또는 계좌관리기관의 소재지 지방법원이 2차적인 집행법원이 된다(민사집행규칙 제182조의9 제1항, 민사집행법 제224조 제2항). 가압류에서 본압류로 이전하는 경우에는 일반적인 채권집행절차와 마찬가지로 가압류를 명한 법원이 있는 곳을 관할하는 지방법원이 집행법원이 된다(민사집행규칙 제182조의9 제1항, 민사집행법 제224조 제3항).

나) 신청

압류명령의 신청서에는 채무자의 이름과 주소, 전자등록기관 또는 계좌관리기관의 명칭과 소재지(계좌관리기관등이 채무자인 때에는 전자등록기관이, 고객이 채무자인 때에는 계좌관리기관이 제3채무자 내지 그에 준하는 자로서 취급된다), 당해 전자등록주식등의 종류와 내용(전자등록주식등의 수), 발행회사의 상호 등을 적어야 한다.

다) 발령

집행법원의 전자등록주식등에 대한 압류명령에는 ① 채무자에 대하여 전자등록

25) 전자등록주식등에 대한 강제집행의 채무자는 계좌명의인인 고객(개인, 법인 등 전자등록주식등의 권리자) 또는 계좌관리기관등(계좌관리기관, 법률에 따라 설립된 기금, 대통령령으로 정하는 자)이다. 고객은 계좌관리기관에 개설된 고객계좌부의 명의인을 말하고, 계좌관리기관등은 전자등록기관(한국예탁결제원)에 개설된 계좌관리기관등 자기계좌부의 명의인을 말한다.

주식등에 대한 계좌간 대체등록, 말소등록의 신청이나 추심 그 밖의 처분을 금지하고, ② 채무자가 계좌관리기관인 경우에는 전자등록기관(제3채무자)에 대하여, 채무자가 고객인 경우에는 계좌관리기관(제3채무자)에 대하여 전자등록주식등의 계좌대체와 말소를 금지한다(민사집행규칙 제182조의3 제1항). 압류명령의 양식은 아래와 같다(재판양식 A4324).

○ ○ 지 방 법 원

결 정

사 건 20 타채 전자등록주식등압류

채 권 자

채 무 자

계좌관리기관 (또는 전자등록기관)

주 문

1. 채무자가 계좌관리기관(또는 전자등록기관)에 대하여 가지는 별지 기재의 전자등록주식등을 압류한다.

2. 계좌관리기관(또는 전자등록기관)은 제1항으로 압류된 전자등록주식등에 대하여 계좌대체와 말소를 하여서는 아니 된다.

3. 채무자는 제1항으로 압류된 전자등록주식등에 대하여 계좌대체의 전자등록신청, 말소등록의 신청이나 추심·그 밖의 처분을 하여서는 아니 된다.

청 구 금 액

금 원 (대여금)

금 원 (위 대여금에 대한 . . .부터 . . .까지의 이자 및 지연손해금)

합 계 금 원

이 유

채권자가 위 청구금액을 변제받기 위하여 00지방법원 2000가합0000 △△△청구사건의 집행력 있는 판결정본에 기초하여 한 이 사건 신청은 이유 있으므로 주문과 같이 결정한다.

20 . . .

사법보좌관 (인)

주의: 1. 이 결정에 불복하는 사람은 송달받은 날부터 1주일 내에 이 법원에 사법보좌관 처분에 관한 이의신청서를 제출할 수 있습니다. 이 경우 민사집행법의 규정에 따른 즉시항고에 관한 규정이 준용됩니다(제182조의9 제1항, 민사집행법 제15조, 제227조, 제229조, 법원조직법 제54조 3항, 사법보좌

관규칙 제4조 참조).

2. 압류명령을 송달받은 계좌관리기관(또는 전자등록기관)은 ①전자등록주식등 중 사채, 국채, 지방채, 그 밖에 이와 유사한 것으로서 원리금지급청구권이 있는 것(다음부터 "전자등록사채등"이라 한다)이 압류된 경우, ②전자등록사채등 중 압류되지 아니한 부분을 초과하여 거듭 압류명령 또는 가압류명령이 내려진 경우에 만기 도래, 그 밖의 사유로 발행인으로부터 원리금을 수령한 때에는 채무자에게 수령한 원리금 중 압류된 부분에 해당하는 금액을 지급할 수 없고, 위 금액을 지체 없이 공탁하고 사유신고를 하여야 합니다. 다만 압류에 관련된 전자등록사채등에 관하여 수령한 금액 전액을 공탁할 수 있고 이때에도 그 사유를 법원에 신고하여야 합니다(민사집행규칙 제182조의8, 민사집행법 제248조 참조).

라) 송달

압류명령은 채무자와 전자등록기관 또는 계좌관리기관에 송달하여야 한다(민사집행규칙 제182조의9 제1항, 민사집행법 제227조 제2항). 제3채무자로 취급되는 전자등록기관 또는 계좌관리기관에 송달되면 압류명령의 효력이 발생한다(민사집행규칙 제182조의9 제1항, 민사집행법 제227조 제3항). 계좌관리기관 또는 전자등록기관은 원래 의미의 제3채무자는 아니지만 앞서 본 바와 같이 전자등록주식등에 대한 압류명령의 내용에는 채무자와 전자등록기관 또는 계좌관리기관에 대한 명령밖에는 없으므로 채무자와 전자등록기관 또는 계좌관리기관에만 압류명령을 송달하면 압류의 효력이 발생하도록 하였다. 결국 전자등록주식등에 대한 압류명령의 경우에는 제3채무자에 대한 송달이 필요하지 않다.

따라서 ① 채무자가 고객(개인, 법인 등 전자등록주식등의 권리자)인 경우에는 계좌관리기관에, ② 채무자가 계좌관리기관등(계좌관리기관, 법률에 따라 설립된 기금, 대통령령으로 정하는 자)인 경우에는 전자등록기관(한국예탁결제원)에 압류명령을 송달한다(민사집행규칙 제182조의3). 압류명령이 전자등록기관 또는 계좌관리기관에게 송달되면 계좌관리기관등 자기계좌부나 고객계좌부에 처분제한의 등록을 하게 된다(전자증권법 제22조 제2항 제6호, 제23조 제2항 제2호). 압류명령은 채무자에게도 반드시 송달하여야 하나, 채무자에게 송달되지 않더라도 전자등록기관 또는 계좌관리기관에 송달된 이상 압류명령의 효력에는 영향이 없다.

마) 압류대상 목록 기재 중 주의사항

압류 후 발행인의 행위에 의해 압류에 관한 권리의 수나 내용에 변동이 발생할 경우 변동 후의 전자등록주식등에 압류의 효력이 미치는가 하는 문제점이 있으므로, 집행절차 및 당사자의 혼란을 피하기 위하여 발행인이 전자등록기관 또는 계좌관리기관에 대하여 증가비율 등의 통지를 하고, 전자등록기관 또는 계좌관리기관에서 압류에 관련된 전자등록주식등이 기록된 채무자의 계좌 보유 란에 전자등록주식등의 증가 등의 기록을 할 경우에는, 변동 후의 전자등록주식등에 압류의 효력이 미친다고 해석되며, 따라서 압류의 대상이 됨을 압류대상 목록 중에 기재하는 것이 타당하다.

[재판양식 A4323]

전자등록주식등 목록

▣ 청구금액 금 원

▣ 계좌관리기관(또는 전자등록기관) 1. 예시) 00증권 주식회사 ,
금 원

▣ 계좌관리기관(또는 전자등록기관) 2.________________,
금 원

▣ 계좌관리기관(또는 전자등록기관) 3.________________,
금 원

1. 압류의 목적 및 한도
2. 압류의 순서
3. 압류된 전자등록주식등에 대해, 발행자가 다음 각 행위를 하기 위하여, 전자등록기관에 대해 증가비율, 교부비율 또는 할당비율 등을 통지하고, 이에 기초하여, 계좌관리기관(또는 전자등록기관)에서 해당 전자등록주식등이 등록되어 있는 전자등록계좌부에 그 행위에 따른 증가 또는 증액의 전자등록이 이루어진 경우에는 그 증가 또는 증액된 전자등록주식등도 압류의 대상으로 한다.

(1) 당해 전자등록주식등의 분할

(2) 압류된 전자등록주식등을 발행한 회사 등의 합병, 분할, 분할합병, 주식의 포괄적 교환·이전, 주식 병합·분할, 신주인수권의 발행 등으로 인하여 해당 전자등록주식등에 새로운 전자등록주식등을 부여하는 행위

(3) 전자등록된 주식, 신주인수권 또는 신주인수권부사채의 무상배분

(4) 기타 이와 유사한 행위

바) 압류의 범위

채권자는 전자등록주식등의 일부만 압류할 수도 있다. 일부압류할 경우에는 압

류할 범위를 명백히 하여야 한다. 압류할 범위를 명백히 하기 위해서는 보통의 경우 주식수 등 그 전자등록주식등의 수량적 내용을 특정하면 될 것이다.

초과압류금지규정은 전자등록주식등의 집행에서도 적용된다(민사집행규칙 제182조의9 제1항, 민사집행법 제188조 제2항). 전자등록기관 또는 계좌관리기관이 복수인 경우 청구금액을 안분하여 초과압류가 되지 않도록 압류의 범위를 특정하는 방식으로 신청할 수 있다. 초과압류의 금지를 위반하여 이루어진 압류명령에 대하여는 즉시항고를 할 수 있다(민사집행규칙 제182조의9 제1항, 민사집행법 제227조 제4항).

2) 현금화 - 특별현금화만 인정

가) 추심명령 불인정

전자등록된 ① 국공채나 전형적인 사채, ② 전환권이 소멸한 전환사채, ③ 이익배당청구권을 행사할 수 있는 상태가 아닌 이익참가부사채(상법 제469조 제2항 제1호)로서 이익배당청구권이 소멸한 것, 교환청구권을 행사할 수 없는 교환사채(상법 제469조 제2항 제2호, 상법 시행령 제22조)로서 교환청구권이 소멸한 것, ④ 조건미성취 또는 기한미도래인 상환사채(상법 제469조 제2항 제2호, 상법 시행령 제23조)의 경우에는 전자등록주식등에 해당하기는 하지만 실질적으로는 금전채권의 성질을 가지고 있으므로 압류채권자가 제3채무자(발행인)에게 추심권을 행사하여 변제받을 수 있도록 하여도 무방하므로, 이러한 금전채권적 성질을 가지는 전자등록주식등에 대하여는 추심명령을 허용하되, 그 송달대상자는 압류명령과 마찬가지로 채무자의 계좌관리기관 또는 전자등록기관이라고 보면 족하다는 견해[26]도 있었다.

하지만 현재 민사집행규칙은 전자등록주식등에 대한 추심명령, 전부명령을 인정하지 않고 있다. 일본 민사집행규칙에서도 추심명령은 인정하지 않고 그 대신 민사집행규칙 제150조의 5[27]에서 대체채, 대체신주예약권부사채 등을 압류한 채권자가 직접 채무자에 대하여 압류명령이 송달된 날로부터 1주일 경과 후에 해당 대체채 등을 추심할 수 있도록 하고 있다.

민사집행규칙 개정 과정에서도 전자등록주식등 중에서 금전 채권적 성질을 가지

26) 이연갑, 전자증권과 집행법제, BFL 제96호, 서울대학교 금융법센터(2019. 7.), 79.

27) 民事執行規則 제150조의5(압류채권자의 대체채등의 징수) ①대체채, 대체신주예약권부사채, 대체전환특정사채 또는 대체신우선출자인수권부특정사채를 압류한 채권자는 채무자에게 압류명령이 송달된 날로부터 1주일이 경과한 때에는 해당 대체채, 제2호에 규정하는 대체전환특정사채 및 제3호에 규정하는 대체신우선출자인수권부특정사채(이하 "대체채등"이라 한다) 또는 제1호에 규정하는 대체신주예약권부사채에 관한 사채를 징수할 수 있다. 다만, 압류채권자의 채권 및 집행비용의 금액을 초과하여 지불을 받을 수 없다.

는 전자등록된 사채 등에 대하여는 추심명령을 인정하여야 하는 것이 아닌가 하는 논의가 있었다. 하지만 사채 등은 전자증권법이 시행되기 전부터 예탁결제원이 관리를 하여 왔는데 예탁결제원의 업무처리 지침상 종래부터 사채 등에 대한 추심명령을 허용하지 않았을 뿐만 아니라, 실제로도 예탁결제원이 관리하는 사채 등에 대하여 추심명령이 신청되어 발령된 사례도 거의 없었으며, 전자등록제도 도입 이후에는 사채 등에 대한 추심명령을 전자등록할 시스템 자체가 개발되어 있지도 않다는 이유로, 예탁결제원 측에서 강력하게 사채 등에 대한 추심명령 제도 도입을 반대하여 추심명령 제도는 도입되지 않았다

나) 전부명령은 불가능

전부명령의 경우에는 권면액이 있어야 발령이 가능한데, 전자등록된 공채나 사채의 시가가 경과기간이나 시황에 따라 계속 변동되기 때문에 국공채나 사채는 권면액으로 전부하는 것이 상당하지 않다. 이러한 법리는 국공채나 사채가 전자등록된 경우에도 달라지지 않는다. 즉 전자등록주식등은 그 성질이 금전채권이기는 하지만 전부명령에 의해 환가할 수 없으므로, 전부명령이 적용될 여지가 없다.[28]

다) 특별현금화만 가능

민사집행규칙은 전자증권등의 경우 압류채권자의 신청에 따라서 ① 전자등록주식등 양도명령, ② 전자등록주식등 매각명령, ③ 그 밖에 적당한 방법에 의한 현금화 명령의 3가지 방법에 의하도록 하고 있다(민사집행규칙 제182조의5).

예탁유가증권의 경우 동산으로서의 유가증권을 집행관을 통하여 반환받아 매각하도록 하는 방식이 그 밖에 적당한 방법으로 허용됨에 비하여(자본시장법 제312조 제2항 참조), 전자등록주식등의 경우 그러한 방식은 허용되지 않는다(전자증권법 제36조 제1, 2항 등)는 점 등을 제외하면 양자의 현금화 방법은 그 기본구조가 동일하다. 즉, 전자등록주식등에 대한 양도명령에 관한 규정(민사집행규칙 제182조의5, 제182조의6), 매각명령에 관한 규정(민사집행규칙 제182조의5, 제182조의7)은 예탁유가증권 지분에 대한 양도명령에 관한 규정(민사집행규칙 제179조, 제180조), 매각명령에 관한 규정(민사집행규칙 제179조, 제181조)에 대응한다.

3) 전자등록주식등양도명령

가) 양도명령 발령의 요건

양도명령은 압류채권자에게 우선적 지위를 부여하는 효력이 인정되기 때문에 압

28) 이연갑, 전자증권과 집행법제, BFL 제96호, 서울대학교 금융법센터(2019. 7.), 79-80.

류경합이 있는 경우에는 발령할 수가 없다. 따라서, 당해 양도명령 송달 전에 이미 다른 압류, 가압류, 가처분, 배당요구 등 처분제한의 송달이 있었던 경우에는 양도명령은 효력이 없다(민사집행규칙 제182조의9 제2항, 민사집행법 제229조 제5항).

또한 양도명령은 권면액이 아니라 평가액으로 권리를 이전시키는 환가방법이므로 평가가 필요하고, 법원이 정한 양도가액이 채권자의 집행채권과 집행비용을 초과하는 경우에는 양도명령 발령 전에 채권자에게 그 차액을 집행법원에 납부하도록 하여야 한다(민사집행규칙 제164조 제1항).

나) 발령 및 송달

양도명령의 주문례는 다음과 같다.

위 당사자간 ○○지방법원 20 타채0000 전자등록주식등압류명령에 의하여 압류된 별지 기재의 전자등록주식등을 금 000원으로 지급에 갈음하여 채권자에게 양도한다.

양도명령은 채무자와 전자등록기관 또는 계좌관리기관에 송달하여야 한다(민사집행규칙 제182조의9 제1항, 민사집행규칙 제227조 제2항). 권리이전의 효력은 전자등록계좌부의 전자등록에 의해 생기고(전자증권법 제33조 제2항 참조) 전자등록기관 또는 계좌관리기관에 송달한 때 생기는 것이 아니다. 단지, 송달은 양도명령을 신청한 압류채권자와 다른 채권자와의 경합이 생길 수 있는 시적 한계를 긋는 의미를 가지는 것에 지나지 않는다(민사집행규칙 제182조의9 제2항, 민사집행법 제229조 제5항).

다) 효력

양도명령은 민사집행법 제241조 제4항에 따라 확정되어야 효력이 있으므로 전자등록주식등의 양도명령에도 준용되어야 한다(민사집행규칙 제182조의5 제3항).

라) 계좌대체청구

전자등록주식등의 권리이전의 효력은 전자등록계좌부상 계좌대체의 전자등록에 의해 생기고, 양도명령이 확정되었다고 하여 당연히 권리이전의 효력이 생기는 것은 아니다. 따라서 양도명령이 확정되면 법원사무관등은 전자등록기관 또는 계좌관리기관에 압류채권자 명의로 계좌대체청구를 하여야 한다.[재판양식 A4341 참조]

전자등록주식등 계좌대체청구
사 건 번 호

채 권 자
채 무 자
계좌관리기관(또는 전자등록기관)
1. 00지방법원 00타채0000 전자등록주식등양도명령이 확정되었으므로, 민사집행규칙 제182조의6 제2항에 따라 아래와 같이 전자등록주식등에 대하여 계좌대체할 것을 청구합니다.
2. 계좌관리기관(또는 전자등록기관)은 계좌대체할 수 없는 경우나, 계좌대체가 종료된 경우에는 즉시 집행법원으로 통지하여 주시기 바랍니다.
❶ 채권자의 계좌 표시
❷ 채무자의 계좌 표시
❸ 계좌대체할 전자등록주식등의 표시
❹ 계좌대체의 원인 및 일자
▷ 20 년 월 일 전자등록주식등양도명령 확정
20 . . .
법 원 사 무 관 0 0 0

* 위 청구는 전자등록주식등에 대한 양도명령이 확정된 경우 집행법원이 계좌관리기관(또는 전자등록기관)에 청구합니다.

4) 전자등록주식등매각명령

가) 매각명령의 성격 및 매각의 주체

추심에 갈음하여 법원이 정한 방법으로 그 채권을 매각하는 경우에는 집행관이 매각하여야 하므로(민사집행법 제241조 제1항 제2호), 매각명령에 따른 전자주식등의 매각은 원칙적으로 집행관이 행하여야 한다. 하지만 구체적인 매각방법은 전자등록주식등의 특성을 고려하여 집행법원이 직접 매각하는 방법을 채택하지 아니하고 계좌관리기관에 위탁하여 매각하는 간접방식을 채택하고 있다.

한편, 집행법원이 집행관에 대하여 발령하는 전자등록주식등 매각명령은 집행의 보조기관인 집행관에 대하여 명하는 직무명령에 해당한다.

나) 주문례

집행법원은 집행관에 대하여 전자등록주식등매각명령을 발령함에 있어서 채무자가 고객인 경우에는 채무자의 계좌를 관리하는 계좌관리기관에게, 채무자가 계좌관리기관등인 경우에는 그 채무자를 제외한 다른 계좌관리기관에게 매각일의 시가나 그 밖의 적정한 가액으로 매각을 위탁할 것을 명하여야 한다(민사집행규칙 제182조의7 제1항). 집행의 대상인 전자등록주식등은 시가가 형성되어 있는 경우가 많으므로 매각일의 시가로 매각하도록 하는 것이 상당할 것이지만, 특별한 사정이 있다면 그 밖의 적정한 가액으로 매각을 명할 수도 있다.

[채무자가 고객인 경우의 주문례]

1. 위 당사자간 ○○지방법원 20 타채 호 전자등록주식등압류명령에 의하여 압류된 별지 기재의 전자등록주식등을 매각할 것을 명한다.
2. 집행관은 채무자의 전자등록계좌를 관리하는 계좌관리기관에 대해 매각일의 시가나 그 밖의 적정한 가액으로 위 전자등록주식등을 매각할 것을 위탁하여야 한다.

[채무자가 계좌관리기관등인 경우의 주문례]

1. 위 당사자간 ○○지방법원 20 타채 호 전자등록주식등압류명령에 의하여 압류된 별지 기재의 전자등록주식등을 매각할 것을 명한다.
2. 집행관은 채무자를 제외한 다른 계좌관리기관에 대해 매각일의 시가나 그 밖의 적정한 가액으로 위 전자등록주식등을 매각할 것을 위탁하여야 한다.

다) 집행관에 의한 매각위탁 등

집행관에 대한 전자등록주식등 매각명령이 확정된 때에는 집행법원의 사무관등은 이를 집행관에게 고지한다. 전자등록주식등에 대한 매각절차에서 고객이 채무자이고 계좌관리기관이 증권회사인 경우에는 현금화절차가 가장 신속·적절하게 진행될 수 있지만, 계좌관리기관이 증권회사가 아닌 경우(은행 등)에는 채무자의 전자등록계좌를 관리하는 계좌관리기관이 직접 전자등록주식등을 매각하는 것이 쉽지 않을 수도 있다. 이때에는 전자등록주식등을 집행관의 계좌로 계좌대체를 받은 후, 매각하는 방법을 채택하면 된다.

매각명령을 받은 집행관은 채무자가 고객인 경우에는 채무자의 계좌에 집행대상인 전자등록주식등을 그대로 놓아 둔 채 채무자의 계좌를 관리하는 계좌관리기관에게 매각을 위탁하면 된다(민사집행규칙 제182조의7 제1항).

라) 수탁 계좌관리기관의 매각절차

집행관으로부터 전자등록주식등매각명령에 근거하여 매각위탁을 받은 계좌관리기관은 위탁의 취지에 따라 그 전자등록주식등을 매각하여야 하는바(민사집행규칙

제182조의7 제4항), 거래시장에서의 일반적인 매매 방법에 따라 매각하면 된다. 그리고 위탁시 매각시기, 매각가액 등에 관하여 특별한 정함이 없는 경우라면 위탁을 받은 직후의 시세에 따라 매각하면 된다.

매각위탁을 받은 계좌관리기관은 그 전자등록주식등을 매각한 후에는 매수인의 계좌로 계좌대체 또는 계좌대체의 청구를 하여야 한다. 수탁 계좌관리기관이 매각절차를 마친 때에는 매각대금에서 조세, 그 밖의 공과금[29]과 위탁수수료를 뺀 나머지를 집행관에게 교부하여야 하고(민사집행규칙 제182조의7 제4항), 이때 관련 계산서도 함께 교부하여야 한다.

마) 집행관의 매각대금 및 관계서류의 제출

집행관은 매각절차를 종료한 때에는 바로 매각대금과 매각관계서류를 집행법원에 제출하여야 한다(민사집행규칙 제182조의9 제2항, 제165조 제4항). 위 관계서류에는 전자등록주식등 매각명령과 압류명령 사건의 표시 외에 매각을 위탁한 계좌관리기관, 매각의 일시, 매각한 전자등록주식등의 내용, 매각가액, 현금화에 든 비용(위탁수수료 등)의 금액 등을 적어야 한다. 배당요구권자는 매각대금이 집행법원에 제출될 때까지 배당요구를 할 수 있다(민사집행규칙 제182조의9 제1항, 민사집행법 제247조 제1항 제3호).

바) 대체등록의 신청 등

매각명령 확정 후 집행관 또는 매각위탁을 받은 자가 매매대금을 받으면 집행관 등은 매수인 명의로 전자등록주식등의 대체등록을 신청하여야 한다(전자증권법시행령 제25조 제2·3·4항).

5) 특별한 형태의 전자등록주식등에 대한 집행

가) 의무보유등록된 전자등록주식등에 대한 집행

보호예수된 예탁유가증권에 대한 집행방법은 혼장임치된 예탁유가증권공유지분에 대한 집행절차(민사집행규칙 제2편 제2장 제7절 제3관)가 아니라, 유체물인도청구권에 대한 집행절차(민사집행법 제242, 243조)에 따라야 한다.

하지만 의무보유등록된 전자등록주식등의 경우에는 유가증권이 존재하지 않으므로 보호예수된 예탁유가증권에 대한 집행방법에 준하는 방식을 취할 수는 없다. 그 집행방법에 관하여 민사집행규칙의 규정은 없지만, 일반적인 전자등록주식등에 대한 집행절차((민사집행규칙 제2편 제2장 제7절 제3관의2)에 따르되, 의무보유등록제도의

29) 주식의 양도가액을 기준으로 증권거래세, 농어촌특별소비세 등이 징수된다.

취지를 집행절차에서 반영하면 될 것으로 보인다.

따라서 의무보유기간 동안에, ① 압류와 진술최고 등은 일반적인 전자등록주식등에 대한 집행절차에서와 동일하게 허용되지만, ② 매각명령 등 현금화 절차는 계속보유의무자(전자등록주식등의 소유자)의 처분제한이라는 의무보유등록제도의 취지에 반하므로 허용되지 않고, 의무보유기간이 종료되어 처분제한이 해제되어야 가능하므로 집행법원은 의무보유등록된 전자등록주식등에 대하여 매각명령 등 특별현금화 명령을 발령하려고 할 경우에는 반드시 그 전에 의무보유등록 해제 여부를 확인할 필요가 있다.

나) 특별계좌부에 전자등록된 주식등에 대한 집행

특별계좌란 이미 주권등이 발행된 주식등을 전자등록하는 경우 주권등을 제출하지 아니한 주식등의 권리자를 위하여 명의개서 대행회사 등이 기준일 직전 영업일을 기준으로 주주명부 등에 기재된 주식등의 권리자들 명의로 개설하는 계좌를 말한다(전자증권법 제29조 제1항). 자본시장법에는 존재하지 않는 제도이다.

특별계좌부에 전자등록된 주식등에 대해서는 법에 정한 사유가 있는 경우에만 전자증권법 제30조에 따른 계좌간 대체의 전자등록을 할 수 있도록 제한되어 있으므로(전자증권법 제29조 제2항) 현금화 단계에서만 그 점에 대한 고려를 반영하면 된다. 특별계좌부에 전자등록된 주식등에 대한 압류명령 및 그에 따른 처분제한의 등록은 일반 전자등록계좌부에 전자등록된 주식등의 경우와 동일하게 이루어진다.

특별계좌부에 전자등록된 주식등에 대한 현금화의 방법은 양도명령 또는 매각명령절차에 따른다(민사집행규칙 제182조의5, 6, 7).

양도명령은 일반적인 전자등록주식등에 대한 집행절차와 동일하다. 따라서 목적물의 평가, 양도가액이 채권자의 집행채권과 집행비용액을 초과하는 때에는 그 차액 납부, 양도명령 확정 후 법원사무관등의 계좌대체청구 등은 민사집행규칙 제182조의6에 따른다. 양도명령이 확정되면 채무자의 특별계좌에서 채권자의 일반계좌로 대체등록이 이루어지는 셈이다.

매각명령의 경우에는 매각절차를 진행하기 위해서는 먼저 준비단계로 매각대상인 특별계좌부에 전자등록된 주식등을 집행관의 계좌로 계좌대체를 받아야 한다. 다행히도 전자증권법은 채무자 명의의 특별계좌에서 집행관 명의의 일반계좌로 계좌대체를 인정되고 있다(전자증권법 제29조 제2항, 같은 법 시행령 제24조 제2항 제4호). 따라서 집행관은 거래시스템이 갖추어진 계좌관리기관에 집행관 명의의 계좌를 개설한 후, 집행대상인 주식등을 관리하는 명의개서대행회사등에 대하여 계좌대체 요청을 하여야 한다. 계좌대체를 받은 집행관은 집행법원의 매각명령 취지에 따라 매각위탁 및 매각절차를 진행하면 될 것이다. 요컨대, 매각명령절차에서는 채무자 명의의 특별계좌 → 집행관 명의의 일반계좌 → 매수인 명의의 일반계좌 순으로 계좌대체가 이루어진다.

특별계좌에 전자등록된 주식등을 매각하는 경우의 절차를 요약하면 아래와 같다.

특별계좌에 전자등록된 주식등(압류에 따른 처분제한 등록)	⇨	집행관 명의의 일반계좌 개설 (계좌관리기관에 개설)	⇨	집행관 명의의 일반계좌로 대체 청구 + 대체	⇨	매각위탁 + 매각절차 진행

6) 집행공탁(만기 도래된 전자등록된 사채, 국채 등에 대한 압류의 경우)

가) 신설 취지

사채의 만기 도래 시 사채원리금 지급방식은 발행인이 사채권자에게 지급하는 '직접 결제방식'과 전자등록기관 또는 계좌관리기관을 통하여 사채권자에게 지급하는 '간접 결제방식'을 생각할 수 있는데, 현재 실무는 한국예탁결제원의 자체 규정에 따른 '간접 결제방식'이 확립되어 있다.

위 규정에 따라 전자등록기관 또는 계좌관리기관인 예탁결제원이 발행인으로부터 일괄수령 받은 대금을 사채권자에게 원리금을 지급하되, 사채권자에 대한 가압류·압류가 있는 경우 가압류·압류권자와 사채권자의 협의에 따라 원리금을 지급하면 되지만, 협의가 이루어지지 아니할 경우에는 현재의 실무는 계속하여 마냥 '보관'하고 있을 수밖에 없는 것이 실정이다.

공탁을 하려면 반드시 법령의 근거가 있어야 하는데[30], 현재 한국예탁결제원에는 내부규정으로 아래에서 보는 사채관리업무규정이 있지만 위 규정은 공탁근거'법령'이라 할 수 없기 때문에, 예탁결제원에서도 실무상 위 규정에도 불구하고 공탁을 하지는 않고 사채원리금을 마냥 보관하고 있다고 한다.

> 한국예탁결제원 사채관리업무규정
> 제18조 (변제금등의 지급) ① 예탁결제원은 제17조제1항에 따른 신고기간이 종료된 경우 같은 조 제2항에 따라 권리를 신고한 자에 대하여 변제금등(채권의 보전 행위

30) 법원행정처, 공탁실무편람, 법원행정처(2015), 7.

등을 위하여 예탁결제원이 부담한 비용을 제외한다)을 그 권리의 내용에 따라 지급한다.
② 예탁결제원은 권리 신고기간 종료시까지 권리 신고를 하지 않은 사채권자에게 지급될 금액을 보관하거나 공탁할 수 있다.

이에 따라 민사집행규칙 개정 과정에서 ① 집행공탁 규정을 신설할 경우 금융실무상 확립되어 있는 '간접 결제방식'에 혼란을 가져오지 않고, 공탁근거법령의 부존재에서 오는 금융실무의 난점을 해결할 수 있고, ② 사채 발행인은 사채원리금의 채무자로서 통상적인 금전채권에 대한 집행절차에서는 제3채무자에 해당할 수 있고, 제3채무자로서는 민사집행법 제248조에 따라 가지는 권리공탁을 할 수 있는 권리가 있음에도 종래에는 사채의 경우에 공탁근거 규정이 없어서 공탁이 이루어질 수 없는 바람에 사채 발행인이 집행절차상 배제되어 아무런 절차보장을 받지 못한다는 비판이 있었기에, 새로운 민사집행규칙에서는 전자등록기관 또는 계좌관리기관이 발행인으로부터 사채 원리금을 일괄수령 하였지만 전자등록사채등이 가압류·압류되는 바람에 일괄수령한 원리금을 사채권자등에게 지급할 수 없게 된 경우에는 금전채권에 대한 집행절차에 있어 제3채무자의 지위를 부여받아, 일괄수령한 원리금을 집행공탁할 수 있도록 하여야 한다는 주장이 강력하게 제기되었다.

이러한 집행공탁 제도의 도입에 대하여 예탁결제원에서는 여러 가지 실무상 어려움과 시스템 구축상 어려움을 들어 반대하였으나 민사집행법 제248조의 권리공탁 규정에 의한 제3채무자에 해당하는 사채발행인의 권리를 보장할 필요가 있다는 법적 필요성으로 인하여, 민사집행규칙 개정 과정에서 공탁규정(민사집행규칙 제182조의8)이 신설되었다.

하지만, 전자등록주식등 중 주식과 같이 사원권의 성질을 갖는 것은 금전채권적 성질이 없으므로 공탁에 관한 규정이 적용될 여지가 없다.

나) 권리공탁과 의무공탁

전자등록사채등이 일부압류된 경우 일괄수령한 금액 중 압류된 부분에 해당하는 금액을 지체 없이 의무공탁하여야 하고, 다만 압류에 관련된 전자등록사채등에 관하여 수령한 금액 전액을 권리공탁할 수 있다(민사집행규칙 제182조의8 제1항).

전자등록사채등이 일부압류된 경우[예컨대, 원리금 3억 원 사채에 대하여 청구금액 1억 원으로 하는 압류 ⇨ 만기 도래로 사채 원리금 총 3억 원을 일괄 수령한 경우], 전자등록기관 또는 계좌관리기관은 1억 원은 의무공탁을 하여야 하고, 2억 원에 대하여는 권리공탁을 하거나 압류된 사채권자에게 지급할 수 있다(민사집행규칙 제182조의8 제1항).

초과압류된 경우에는 일괄수령한 금액 전액을 지체없이 의무공탁하여야 한다(민사집행규칙 제182조의8 제2항).

본래 금전채권이 압류된 경우 배당에 참가한 채권자의 청구가 있거나 압류채권자등의 청구가 있는 경우 등에 한하여 의무공탁을 하는데(민사집행법 제248조 제2, 3항) 그러한 청구 등이 없는 경우에도 의무공탁을 하도록 규정되었다. 의무공탁의 범위가 민사집행법 제248조 보다 넓은데, 전자증권법 제68조의 위임을 받아 본조에 의하여 공탁근거 법조가 창설된 것이라 할 수 있다. 본조에 의한 공탁의 성질은 민사집행법 제248조에 의한 집행공탁에 준하는 것으로 본다(민사집행규칙 제182조의8 제3항).

다) 사유신고

공탁은 민사집행법 제248조에 따른 공탁에 준하는 것으로 보므로(민사집행규칙 제182조의8 3항), 사유신고를 한 때가 배당요구의 종기가 된다(민사집행법 제247조 제1항 제1호).

다만, 사유신고의 방식에 관하여는 유의할 점이 있다. 일반적인 경우와 달리 집행공탁된 전자등록사채등에 관한 사항 뿐 아니라 압류된 전자등록주식등에 관한 사항을 모두 집행법원에 알려줄 필요가 있다. 예컨대, 전자등록되어 있는 A사 발행사채(A사채), B사 발행사채(B사채), C사 주식(C주식)이 모두 압류되어 있고 그 중 A사채의 만기가 도래하여 계좌관리기관이 A사로부터 사채원리금을 일괄수령한 경우 계좌관리기관이 집행공탁 및 사유신고를 할 때, A사채에 관한 사항 뿐 아니라 B사채, C주식에 관한 사항도 집행법원에 알려 줄 필요가 있다. 집행법원은 B사채, C주식이 압류되었는지 모르는 경우가 있을 수 있기 때문이다. 재판양식에도 이러한 취지가 반영되어 있다.[재판양식 A4375 참조]

위 사안에서 A사채 부분에 관하여는 본래 의미의 사유신고에 해당하므로 배당가입차단효 등이 인정되지만(민사집행규칙 제182조의9 제1항, 민사집행법 제247조 제1항 제1호), B사채, C주식에 관한 한 집행공탁이 되어 있지 않아 배당가입차단효 등이 인정될 여지가 없다.

라) 특별현금화절차와 집행공탁절차의 관계

동일한 전자등록사채등에 대하여 특별현금화절차(매각명령, 양도명령) 이외에도 일괄수령에 따른 집행공탁이라는 별도의 경로로 배당재단이 형성될 수 있다. 매각대금과 집행공탁금 중 어느 쪽을 배당재단으로 삼아 배당절차를 진행할 것인가는 다음의 예에 따르면 될 것이다.

매각대금납부가 되고 채무자로부터 매수인으로 계좌간 대체등록이 마쳐진 후에 사채원리금이 일괄수령된 경우에는 매각대금을 배당재단으로 한 배당절차가 개시되므로 계좌관리기관 또는 전자등록기관은 수령한 대금을 매수인에게 지급할 것이고 집행공탁해서는 안된다. 반대로 사채원리금이 일괄수령되어 집행공탁이 먼저 이루어진 경우에는 매각명령이나 양도명령의 대상인 전자등록사채등이 소멸되었으므로 특별매각절차를 진행해서는 안되고 집행공탁금을 배당재단으로 하여 배당절차를 개시한다.

7) 배당절차

전자등록주식등 집행과 관련하여 배당절차가 개시되는 경우는 다음과 같다. ① 전자등록주식등이 민사집행규칙 제182조의7(매각명령))에 따라 매각되어 그 대금이 집행법원에 제출된 경우 ② 전자등록주식등 중 전자등록사채등의 원리금이 민사집행규칙 제182조의8에 따라 공탁된 경우이다.

전자등록주식등에 대한 배당절차는 일반적인 금전채권 집행의 배당절차가 준용된다(민사집행규칙 제182조의9 제1항). 따라서 배당에 참가할 채권자의 조사를 위한 사실조회(민사집행규 칙 제184조), 관할법원, 배당의 준비, 배당기일에서의 준비, 배당의 실시 등은 일반적인 금전채권 집행의 배당절차에 준하여 처리하면 된다.

8) 전자등록주식등의 강제집행절차 개요도

앞서 살펴본 전자등록주식등의 강제집행절차 전체의 개요도를 그려 보면 아래와 같다.

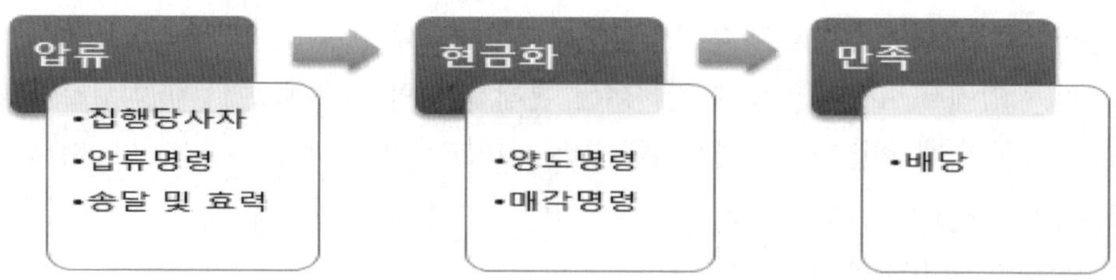

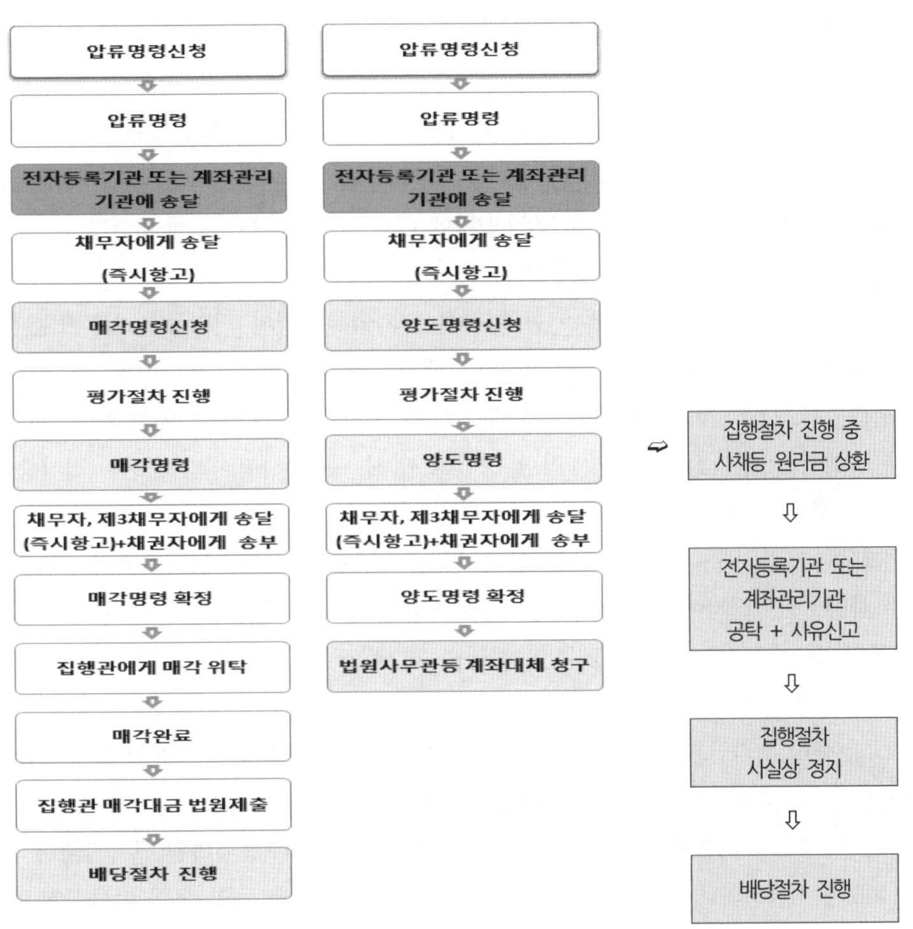

3. 전자등록주식등에 대한 민사보전절차

가. 가압류

가압류명령신청서에는 가압류명령의 대상이 되는 전자등록주식등을 특정하여 표시하고, 채권자, 채무자, 전자등록기관 또는 계좌관리기관 등을 표시하여야 한다(민사집행규칙 제214조의2 제2항, 제159조 등).

전자등록주식등을 가압류하는 때에는 채무자가 고객인 경우에는 계좌관리기관에 대하여, 채무자가 계좌관리기관등인 경우에는 전자등록기관(한국예탁결제원)에 대하여 전자등록주식등에 관한 계좌대체와 말소를 금지하는 명령을 하여야 한다(민사집행규칙 제214조의2 제1항).

전자등록주식등에 대한 가압류절차는 가압류의 성질상 현금화절차와 배당절차가 이루어지지 아니하는 점을 제외하면 전자등록주식등에 관한 강제집행의 절차와 동일하다. 따라서 민사집행규칙 제214조의2 2항에서는 전자등록주식등에 준용되는 채권집행의 규정을 마찬가지로 준용하고 있다.

이에 따라 전자등록주식등에 대한 가압류는 가압류명령이 전자등록기관 또는 계좌관리기관에 송달된 때에 가압류의 효력이 생기고(민사집행규칙 제214조의2 제2항, 민사집행법 제227조 제3항), 또한 고객계좌부 또는 계좌관리기관등 자기계좌부에 가압류의 집행이 이루어진 사실 및 명령 송달의 일시 등의 사항이 기재된다(전자증권법 제22조 제2항 제6호, 제23조 제2항 제2호 참조).

전자등록기관 또는 계좌관관리기관의 진술과 관련한 신청, 집행법원의 최고[31], 진술할 사항, 진술절차에 대하여는 전자등록주식등에 대한 강제집행규정이 준용된다(민사집행규칙 제214조의2 제2항, 민사집행법 제237조 제2항·3항).[재판양식 A4708, A4709, A4710 참조]

그 밖에도 초과압류금지(민사집행법 제188조 제2항), 발령시 심문불요(민사집행법 제226조), 결정송달의 상대방 및 압류명령의 효력발생시기(민사집행법 제227조 제2항·3항), 압류의 경합(민사집행법 제235조), 가압류명령의 집행법원(민사집행법 제296조 제2항), 신청의 방식(민사집행규칙 제159조), 신청취하 등의 통지(민사집행규칙 제160조 제1항), 전자등록기관 또는 계좌관리기관의 공탁신고의 방식(민사집행규칙 제172조) 등의 규정이 민사집행규칙 제214조의2 제2항에 의하여 준용되고 있다.

나. 가처분

전자등록주식등의 처분을 금지하는 가처분에는 민사집행규칙 제214조의2의 규

---

31) 일반적인 경우에는 진술최고서를 송달하지만, 전자등록기관 또는 계좌관리기관이 「금융실명거래 및 비밀보장에 관한 법률」 2조의 '금융회사 등'인 경우에는 같은 법 4조의2 제4항에 따른 명의자(채무자)에 대한 통지 등 때문에 "진술최고 및 제출명령"을 송달한다.[재판양식 A4709 참조]

정을 준용하므로 그 성질에 어긋나지 아니하는 범위 안에서 가압류의 집행의 예에 따라 실시한다(민사집행규칙 제217조의2).

제4장 신탁수익권에 대한 집행

Ⅰ. 서설

신탁행위의 당사자는 위탁자와 수탁자 외에 신탁으로부터 생기는 경제적 이익을 향유하는 수익자가 있는데, 수익자는 신탁관계상의 수익권을 가진다. 수익자가 가지는 수익권은 '신탁재산으로부터 경제적 이득을 취득할 권리'와 '신탁종료 시에 남은 신탁재산을 수취할 권리'를 중심으로 하는 신탁법상 수익자에게 인정되는 여러 권리를 총괄하는 개념이다.

신탁재산 자체에 대한 강제집행은 금지되는 것이 원칙이지만(신탁법 제22조 제1항), 이는 수탁자의 고유재산과 '신탁재산'의 분별 관리의 필요성 때문에 그런 것이므로, 이러한 법의 취지에 저촉되지 않는 '신탁수익권'에 대한 압류는 가능하다.

근래에 들어 부동산담보신탁, 금전신탁 등 여러 형태의 신탁계약이 이용됨에 따라 신탁수익권이 집행대상 재산으로서 중요해졌으나, 그 형태가 다양하고 관련 당사자들 간의 법률관계도 복잡하며, 단순한 일회성 채권이 아니고 구체화되지 않은 권리라는 특성 등으로 인하여 집행대상으로서의 법률관계가 명확하지 않은 것이 많다. 이 때문에 실무상 신탁수익권 자체를 대상으로 하는 경우보다는 정기적인 금원 형태로 지급되는 수익권이 일반채권으로서 압류·추심명령의 대상이 되는 경우가 많다.[1]

Ⅱ. 압류 및 현금화

1. 기본적인 수익권과 구체화된 수익권

이하에서는 수익권의 여러 모습 전체를 포괄하는 권리로서의 수익권 그 자체는 '기본적인 수익권', 수익권 자체의 내용 중 일부이면서 동시에 신탁이 유지되는 동안 신탁계약의 내용에 따라 수익자에게 교부되는 것에 대한 권리를 '구체화된 수익권'이라 칭하기로 한다.[2]

---

1) 법원실무제요, 민사집행[IV], 법원행정처(2020), 548.

2) 임채웅, "신탁수익권에 관한 민사집행의 연구", 법학 제50권 제4호, 서울대학교 법학연구소(2009), 279~281의 분류방법을 따랐다. 임채웅, "신탁수익권에 관한 민사집행의 연구", 법학 제50권 제4호, 서울대학교 법학연구소(2009), 281은, "기본적인 수익권과 구체화된 수익권은 개념상으로는 구분되나 후자는 전자에 완전히 포함된다. 따라서 원본과 이자의 관계에 있는 것도 아니다. 이러한 점은 다양한 권리의 묶음인 저작권과 그 내용을 이루는 개별권리의 관계와 비교될 수 있다. 특정 저작권 자체가 한 단위의 재산권이 되면서도 동시에 그 내용을 이루는 각각의 권리도 한 단위의 재산권이 될 수 있는 것과 마찬가지이다"라고 설명한다.

가. 기본적인 수익권

기본적인 수익권의 내용은 실로 다양할 수 있다. 가령 그 내용이 온통 금전의 급부에 관한 것이라 하더라도 그러한 기본적인 수익권이 곧 금전채권이라 할 수 없다. 구체화된 수익권이 금전 급부를 내용으로 하는 경우에도 기본적인 수익권 자체가 금전채권이라 할 수 없다. 신탁재산이 부동산이라 하여 그 수익권이 민사집행법에서 말하는 '부동산에 대한 권리', '유체물 인도청구권' 또는 '유체동산에 대한 청구권'이라 할 수도 없다.

결국 수익권, 특히 기본적인 수익권은 민사집행법 제251조에서 말하는 '그 밖의 재산권'이라 볼 수밖에 없고, 그 밖의 재산권에 대해서도 만일 그 성질이 허용한다면 추심명령이나 압류명령 등이 가능할 것이나, 기본적인 수익권은 본질적으로 그에 해당될 가능성이 없다고 본다. 따라서 보통의 신탁에서는 민사집행법 제241조의 특별한 현금화방법에 의하여 집행할 수밖에 없을 것이다.[3)]

집행법원은 특별현금화명령을 하는 경우에 필요가 있다고 인정하는 때에는 그 명령에 앞서 감정인에게 재산권의 가액을 평가하게 할 수 있는데(민사집행규칙 제163조 제1항), 집행법원은 압류된 재산권의 매각대금으로 압류채권자의 채권에 우선하는 채권과 절차비용을 변제하면 남을 것이 없겠다고 인정하는 때에는 매각명령을 하여서는 안 되므로(민사집행규칙 제165조 제1항), 신탁수익권에 대하여 선순위 질권자가 있는 경우에는 매각명령에 앞서 신탁수익권의 평가절차를 거치는 것이 필요하다. 이때 신탁재산에 대한 수익권의 가치는 장차 신탁이 종료되었을 때 예상되는 신탁재산 가액에서 소요비용과 신탁보수 등을 공제하고 거기에서 다시 우선수익자들에 대한 채무를 공제한 후 남은 금액을 현가로 할인하는 방식으로 평가하여야 하고, 단순히 신탁재산의 시가를 기초로 그 가치를 평가하여서는 안 된다.[4)]

나. 구체화된 수익권

1) 구체화된 수익권의 내용도 다양할 수 있고, 위에서 본 기본적인 수익권에 관한 설명이 그대로 적용될 수 있다. 다만 외형상 일반적인 금전채권의 형태를 띠는 경우에만 다른 가능성을 모색해 볼 수 있다.

---

3) 임채웅, "신탁수익권에 관한 민사집행의 연구", 법학 제50권 제4호, 서울대학교 법학연구소(2009), 293.

4) 대법원 2013. 10. 31. 선고 2012다14449 판결, 대법원 2013. 12. 12. 선고 2012다111401 판결, 대법원 2021. 6. 10. 선고 2017다254891 판결 참조.

2) '압류 시점에 이미 구체화된' 수익권으로 금전에 관한 것은 일반 금전채권과 같은 방법으로 집행할 수 있다.

3) 금전 급부를 내용으로 하는 '장래에 확정될' 구체화된 수익권의 경우를 보면, 이러한 경우 추심명령이 불가능하지는 않을 것이고, 위와 같은 권리에 대하여 전부명령을 할 수 있는지에 관하여는 아래와 같은 견해 대립이 있다.

먼저, 신탁은 실적배당주의가 원칙이며 수익권의 가치는 미확정 상태이므로 전부명령이 불가능하다는 주장이 있다.[5] 이는 전부명령을 위해서는 권면액이 필요하다는 원칙적인 입장에 충실한 견해라고 볼 수 있다.[6]

이에 대하여는, 기본적인 수익권 자체에 대해서는 전부명령이 허용될 수 없으나, 잔여재산에 대한 권리 또는 구체화된 수익권으로서 금전으로 표시될 수 있는 것에 대해서는 전부명령을 허용하되, 특별한 사정이 있어 수익권의 내용이 전부명령의 대상으로 삼기 어려운 내용일 경우에는 그러한 점을 이유로 하여 전부명령을 허용하지 않음이 타당하다는 견해가 있다.[7]

후자의 견해가 타당하다고 생각된다.

2. 수탁자에 의한 수익권의 압류 가부

통상 수탁자는 은행을 비롯한 금융기관인 경우가 많고, 따라서 수탁자는 신탁관계와 별도로 수익자와 금융거래를 하는 경우가 상당히 많다. 그 필연적인 귀결로, 수탁자가 자신이 수탁자로서의 의무를 지는 수익권에 대해 집행할 수 있는지가 문제될 수 있다.

채권자는 스스로를 제3채무자로 하여 채무자의 자신에 대한 채권을 압류할 수 있다.[8] 신탁관계에 이러한 점을 대입해 보면, 수탁자도 수익권에 대해 압류할 수 있음이 당연한데, 수탁자는 수익자에 대한 단순한 채무자가 아니며 그 이상의 높은 정도의 의무를 지는 자라는 점에서 위와 같은 원칙과 달리 보아야 할 여지가 있는가 하는 점이 문제된다. 즉 신탁법상 특유한 법리, 즉, 수탁자의 충실의무 등이 위 점에 적용되는지가 문제된다고 할 수 있고, 여기서 검토되어야 할 조문은 신탁법 제34조

5) 신종신, "신탁수익권의 강제집행방법", 조사월보 제420호, 한국산업은행(1990), 51.

6) 주석 민사집행법(V)(제4판), 한국사법행정학회(2018), 990(양진수).

7) 임채웅, "신탁수익권에 관한 민사집행의 연구", 법학 제50권 제4호, 서울대학교 법학연구소(2009), 294-298; 손흥수, 민사집행실무총서(II) 채권집행, 한국사법행정학회(2017), 615.

8) 대법원 2017. 8. 21.자 2017마499 결정, 대법원 2018. 5. 30. 선고 2015다51968 판결.

제1항이 정하는 이익에 반하는 행위의 금지, 신탁법 제36조에서 정하는 수탁자의 이익향수금지에 관한 규정이라고 할 수 있다.[9)]

이에 관하여는 먼저, 신탁재산과 수익권은 별개이므로 수탁자가 수익권에 대해 질권을 설정하는 것은 신탁재산에 대해 권리를 취득하는 것이 아니라고 보는 견해가 있다.[10)]

이와 다른 취지의 견해도 있는데, 그 요지는 다음과 같다.[11)] ① 민사집행의 방식이나 그밖의 다른 방법으로라도 수탁자가 수익권 자체를 취득하는 것은 허용되지 않는다. 수탁자 자신이 집행을 하여서도 불가능하고, 제3자의 집행으로 이루어진 매각절차에서 수탁자가 매수하는 것도 불가능하다. ② 수탁자가 수익권의 질권자가 되면 그 질권을 통하여 당연히 신탁재산에 대한 지배권을 갖게 되는데, 이는 신탁법 제34조 제1항, 제36조에 위반된다. ③ 전부명령과 추심명령도 수탁자의 충실의무와 충돌할 가능성이 높으므로 허용되어서는 안 된다. ④ 따라서 수탁자는 자신이 수탁자인 신탁관계의 수익권에 관해서는 그 수익권을 압류한 후 매각명령 등의 방법으로 채권을 회수하여야 한다.

3. 신탁종료 후의 정산금 채권에 대한 집행의 허부

신탁종료 후의 정산금을 위탁자에게 지급하는 경우와 수익자가 별도로 지정되는 경우가 있는데, 어느 경우에나 장래 채권에 대한 압류가 되는바, 청구의 기초가 성립되어 있고 장래 채권발생의 개연성이나 가능성이 충분하므로, 이에 대한 집행이 허용된다고 보고 있다.[12)]

판례는, 부동산 담보신탁에 기하여 신탁부동산을 매각할 경우 위탁자가 신탁회사에 대하여 가지는 배당금 교부채권에 대한 압류 및 전부명령에 관한 사안에서, 위 배당금 교부채권은 장래 불확정채권으로 권면액이 없기는 하나, 채권 발생의 기초인 신탁계약이 확정되어 있어 특정이 가능하고, 그 부동산에 관하여 공매절차가 진행 중이어서 가까운 장래에 채권이 발생할 것이 상당한 정도로 기대되는 금전채권이므로,

---

9) 임채웅, "신탁수익권에 관한 민사집행의 연구", 법학 제50권 제4호, 서울대학교 법학연구소(2009), 300-301 참조.

10) 신종신, "신탁수익권의 강제집행방법", 조사월보 제420호, 한국산업은행(1990), 41.

11) 임채웅, "신탁수익권에 관한 민사집행의 연구", 법학 제50권 제4호, 서울대학교 법학연구소(2009), 301-302.

12) 법원실무제요, 민사집행[IV], 법원행정처(2020), 550-551.

전부명령의 대상이 됨을 전제로 판단하여 일반채권으로서의 집행적격을 인정한 바 있다.[13)]

13) 대법원 2010. 5. 13. 선고 2009다98980 판결 참조. 이에 대한 평석으로 손흥수, "장래 불확정 채권에 대한 압류경합의 판단기준", 민사집행법연구 I, 진원사(2012), 430-469.

제5장 출자증권에 대한 집행

Ⅰ. 개요

건설산업기본법상의 건설공제조합, 전기공사공제조합법상의 전기공사공제조합, 정보통신공사업법상의 정보통신공제조합의 조합원에게 발행된 출자증권은 위 각 조합에 대한 출자지분을 표창하는 유가증권이다.[1)]

이들 조합의 조합원의 출자지분의 압류에 관하여, 건설산업기본법 제59조 제4항, 전기공사공제조합법 제11조 제4항 및 정보통신공사업법 제48조 제4항은, 민사집행 절차나 국세 등의 체납처분 절차에 따라 하는 지분의 압류 또는 가압류는 민사집행법 제233조에 따른 지시채권의 압류 또는 가압류의 방법으로 한다고 규정하고 있다. 따라서 출자증권에 대한 압류는 법원의 압류명령으로 집행관이 출자증권을 점유함으로써 효력이 생긴다.[2)] 그러므로 출자증권의 점유 취득이 없는 체납처분압류는 효력이 없고, 체납처분압류권자는 별도로 집행관의 매각대금 영수 시까지 배당요구를 하지 않은 이상 출자증권 매각대금 배당절차에서 배당을 받을 수 없다.[3)]

Ⅱ. 압류

1) 출자증권은 조합원인 채무자가 직접 점유하고 있는 경우는 거의 없고, 대부분 조합에 질권이 설정되어 조합이 점유하고 있기 때문에 조합을 제3채무자로 하여 압류명령을 발령한다. 그 주문례는 다음과 같은 방식이 된다.

> 1. 채무자가 제3채무자에 대하여 가지는 별지 기재 출자증권에 기한 조합원 지분을 압류한다.
> 2. 제3채무자는 채무자에게 위 지분에 관하여 이익금의 배당, 출자금의 반환, 잔여재산의 분배를 하여서는 아니 된다.
> 3 채권자의 위임을 받은 집행관은 채무자로부터 위 출자증권을 빼앗아 보관하여야 한다.

2) 출자증권에 대한 집행방법을 택하지 않고 금전채권에 대한 집행, 즉 '정지조건부 출자금반환청구권'에 대한 강제집행이 가능한지에 관하여는 견해가 대립한다.

---

1) 대법원 1987. 1. 20. 선고 86다카1456 판결, 대법원 2017. 4. 7. 선고 2016다35451 판결.
2) 대법원 1987. 1. 20. 선고 86다카1456 판결, 대법원 2017. 4. 7. 선고 2016다35451 판결.
3) 법원실무제요, 민사집행[IV], 법원행정처(2020), 551.

부정설은, 건설산업기본법상의 건설공제조합 등의 조합원 출자지분은 출자증권을 압류하는 방법으로 하고, 그로부터 파생되는 채권, 예를 들어 출자한 금원의 반환청구권만을 따로 분리하여 압류할 수 없다고 본다.[4)]

이에 대하여, 출자금반환청구권만을 압류한 경우라도 조합이 조합원의 지분을 취득하는 경우에 발생할 청산금에 대하여는 압류의 효력이 미친다고 보는 견해가 있다. 이 견해는, 출자금반환청구권에 대한 압류는 당연무효라는 취지가 아니라 조합원 지분(출자증권)에 대한 압류로서의 효력이 없다는 의미로 해석하여야 하고, 이와 같이 해석하더라도 조합이 조합원의 지분을 취득하는 경우에 발생하는 청산금에 대한 압류로서는 유효하다고 본다. 즉, 출자증권에 대한 압류를 하지 않고 출자금반환청구권만을 압류한 경우라도 출자증권에 대한 현금화절차에서 그 압류의 효력으로 배당받을 수는 없을 것이지만, 조합이 조합원의 지분을 취득하는 경우에 발생할 청산금에 대하여는 압류의 효력이 미친다고 볼 수 있으므로, 신청인이 이와 같은 사유를 들어 출자금반환청구권에 대한 압류를 인용하여 달라고 요청하는 경우 집행법원은 이를 허용하는 것이 타당하다는 것이다. 이 견해는, 출자금반환채권의 압류는 '조합이 조합원의 지분을 취득하게 됨으로써 조합원이 조합에 대하여 장래에 가지게 되는 청산금반환채권에 대한 압류'(= 장래채권에 대한 압류)로서 효력이 있다고 본다.[5)]

후자의 견해가 설득력이 있다고 생각된다.

Ⅲ. 현금화

출자증권의 현금화는 출자증권에 대한 압류의 효력이 발생한 후에 개시할 수 있는데, 출자증권에 대한 압류의 효력이 발생하려면 압류명령이 제3채무자에게 송달되는 것만으로는 부족하고 집행관이 출자증권을 점유하여야 하므로(민사집행법 제233조), 현금화명령 신청서에 '집행관의 출자증권 점유'에 관한 소명자료가 없으면 집행법원은 채권자에게 이에 관한 보정을 명하여야 한다. 아울러 압류명령 별지에 적힌 출자증권 계좌수와 집행관이 실제 점유를 취득한 출자증권 계좌수에 차이가 있으면, 집행관이 실제 점유를 취득한 출자증권 계좌수의 범위에서 현금화명령을 신청하도록 채권자에게 보정을 명함이 바람직하다.[6)]

4) 법원실무제요, 민사집행[Ⅲ], 법원행정처(2014), 471.
5) 사법보좌관실무편람[Ⅱ]-채권집행 및 배당절차-, 법원행정처(2015), 222.
6) 법원실무제요, 민사집행[Ⅳ], 법원행정처(2020), 552-553.

현금화명령신청이 있는 경우 필요하다면 집행법원은 제3채무자에게, ① 채무자가 조합원인지 여부, ② 조합원이라면 출자증권 계좌수, 출자증권번호, 1계좌당 금액은 얼마인지, ③ 채무자의 위 출자증권에 다른 제3자로부터 가압류, 압류, 체납처분에 의한 압류 등이 있는지 여부, 있다면 그 권리자 및 청구금액, ④ 질권의 설정 여부 등을 조회할 수 있다.

또한, 출자증권은 각 조합으로부터의 차입금을 담보하기 위하여 조합에 질권으로 제공되어 있고, 질권의 피담보채권액도 출자증권의 출자가액을 초과하는 경우가 많다. 따라서 출자증권은 제3채무자인 조합이 집행관에게 인도하지 않아 현금화단계까지 나아가지 못하는 경우가 많고, 인도하더라도 질권자로서 배당요구를 하는 경우에는 질권자에게 우선배당하면 집행채권자에게 지급될 잔액이 없어 무잉여가 되는 경우가 많다. 따라서 집행관이 출자증권을 빼앗지 못하는 경우에는 현금화명령신청을 기각하고, 빼앗더라도 질권자의 배당요구가 있는 경우에는 무잉여 여부를 조사하여, 무잉여인 때에는 민사집행법 제188조 제3항에 의하여 압류명령을 취소하고, 압류명령 신청 및 현금화명령신청을 모두 기각하여야 한다.[7)]

출자증권에 대한 현금화는 민사집행법 제241조의 특별현금화절차에 의한다. 단, 건설산업기본법 제59조 제1항, 전기공사공제조합법 제11조 제1항, 정보통신공사업법 제48조 제1항에 의하면 조합원의 지분은 다른 조합원이나 조합원이 되려고 하는 자에게만 양도할 수 있고, 한편 조합원이 되려고 하는 자는 위 각 법에 의한 사업면허를 받은 자이어야 하므로, 현금화로 인하여 출자증권을 취득하는 자는 이러한 요건을 갖춘 자여야 한다.[8)]

출자증권에 대한 현금화는 실무상 매각명령에 의하여 이루어지는 경우가 많은데, '집행관이 현금화한 금전을 집행법원에 제출한 때'까지 우선변제청구권이 있는 채권자와 집행력 있는 정본을 가진 채권자는 집행법원에 배당요구를 할 수 있다(민사집행법 제247조 제1항 제3호). 압류와 달리 배당요구를 할 때에는 출자증권의 점유가 그 요건이 아니다.[9)]

7) 법원실무제요, 민사집행[IV], 법원행정처(2020), 553; 사법보좌관실무편람(II)-채권집행 및 배당절차-, 법원행정처(2015), 225.

8) 법원실무제요, 민사집행[IV], 법원행정처(2020), 553; 사법보좌관실무편람(II)-채권집행 및 배당절차-, 법원행정처(2015), 225.

9) 법원실무제요, 민사집행[IV], 법원행정처(2020), 553.

제6장 합명회사 등의 사원의 지분에 대한 집행

Ⅰ. 총설

사원의 지분은 사원의 신분상의 권리를 동반하는 동시에 사원이 그 법인에 대하여 출자를 이행하고 이익 배당을 청구하며 잔여재산의 분배를 청구하는 등 재산상의 권리·의무의 주체로서의 지위를 가진다. 따라서 재산상의 가치를 가지고, 이를 현금화하는 것이 가능하므로 강제집행의 대상이 된다.

합명·합자회사의 지분의 압류는 사원의 장래 이익의 배당과 지분의 환급을 청구하는 권리에 대하여도 그 효력이 있다(상법 제223조, 제269조).

유한회사 사원의 지분권을 압류한 채권자는 양도명령, 매각명령 등에 의하여 지분의 현금화를 구할 수 있다.[1] 유한회사 사원의 지분의 양도에 관하여는 종래 일정한 제한이 있었으나, 2011. 4. 14. 법률 제10600호로 상법이 개정되어 이러한 제한 규정이 폐지되었다.

Ⅱ. 압류

1. 압류의 방법

합명회사, 합자회사,[2] 유한회사 사원,[3] 유한책임회사의 사원의 각 지분에 대한 집행은 그 사원을 채무자로, 회사를 제3채무자로 하여 그 지분을 압류함으로써 한다.

사원의 지분권에 대한 압류절차는 민사집행법 제251조 제1항에 따라 민사집행법 제227조, 제241조를 준용하여 이루어진다. 신청서의 방식, 그 기재내용 등은 채권에 대한 압류명령 신청의 경우와 동일하다(민사집행규칙 제159조). 이 재산권에 대하여는 제3채무자가 있으므로, 압류할 지분의 특정은 "채무자가 제3채무자에 대하여 가지는 별지 기재의 지분을 압류한다."라는 방식으로 표시하여야 한다.

압류명령의 주문은 다음과 같은 방식이 된다.

> 1. 채무자가 제3채무자에 대하여 가지는 별지 기재의 지분(권)을 압류한다.
> 2. 제3채무자는 채무자에게 위 지분에 관하여 이익금의 배당 및 지분의 환급을

1) 대법원 2004. 7. 5.자 2004마463 결정.
2) 대법원 1971. 10. 25. 선고 71다1931 판결.
3) 대법원 2004. 7. 5.자 2004마463 결정.

하여서는 아니 된다.
3. 채무자는 위 지분을 추심하거나 그 밖의 방법으로 처분하여서는 아니 된다.

2. 압류의 효력

압류의 효력은 제3채무자에게 송달된 때에 생기고, 압류의 효력에 의하여 채무자인 사원은 지분의 양도, 질권 설정 등의 처분을 할 수 없게 된다. 사원의 지분에 대한 압류는 사원의 장래이익의 배당과 및 지분의 환급을 청구하는 권리에도 그 효력이 미치고(상법 제223조, 제269조), 그 밖에 해산한 경우에 생기는 사원의 잔여재산분배청구권에도 미친다(상법 제260조, 제269조, 제287조의45).

이러한 청구권은 구체적으로 발생할 때까지 액수가 정해져 있지 않으므로 액수가 정해질 때까지 추심할 수 없고, 사원의 지분은 금전채권이 아니므로 전부명령의 방법도 취할 수 없다.[4] 따라서 압류채권자는 이익배당, 잔여재산분배청구권 등이 구체화되어 그 행사를 할 수 있는 시기가 도래할 때마다 그 채권에 대한 추심명령이나 전부명령을 얻어 채권의 만족을 얻을 수 있다.[5]

1) 상법은 합명회사에 관한 제224조 제1항에서 "사원의 지분을 압류한 채권자는 영업년도말에 그 사원을 퇴사시킬 수 있다."라고 규정하고 있다. 이는 합자회사와 유한책임회사에도 준용된다(상법 제269조, 제287조의29).

압류채권자가 집행법원으로부터 양도명령 또는 매각명령 등 특별현금화명령을 얻어 그 사원의 지분 자체를 현금화할 수도 있으나, 사원의 지분의 양도에 대하여는 다른 사원의 동의를 요하기 때문에(상법 제197조, 제276조, 제287조의8) 동의가 있었다는 증명을 제출하기 전에는 위와 같은 현금화절차를 진행할 수 없고, 지분을 압류하더라도 사실상 이를 현금화하는 것이 거의 불가능에 가깝다. 따라서 압류채권자에게 사원을 퇴사시키는 권리를 인정하고, 채무자가 퇴사함으로써 생기는 그 사원이 갖는 지분환급청구권으로부터 만족을 얻을 수 있도록 한 것이다. 이 퇴사청구권은 일정 기간(6개월) 전에 회사 및 그 사원에게 예고하여야 한다(상법 제224조 제1항 단서).

상법 제224조 제1항에 대한 대법원의 판단은 다음과 같다[아래 가)항의 결정과 나)항의 판결은 같은 날 이루어졌다].

가) 대법원 2014. 5. 29.자 2013카기2024(위헌법률심판제청) 결정

4) 대법원 2004. 7. 5.자 2004마463 결정.
5) 법원실무제요, 민사집행[IV], 법원행정처(2020), 555.

상법 제224조 제1항은 사원의 직업선택의 자유 및 재산권, 경영권의 본질적인 내용을 침해하거나, 그 목적의 정당성, 수단의 적합성, 피해의 최소성, 법익의 균형성이 인정되지 않아 과잉금지 원칙에 위배된다고 할 수 없다. 그 이유는 아래와 같다.

① 사원의 직업선택의 자유, 재산권, 경영권이 사원의 채권자의 재산권보다 우선적으로 보호받아야 한다고 볼 수 없고, 사원의 채권자가 사원의 재산에 강제집행할 수 있도록 함으로써 결과적으로 사원의 직업선택의 자유, 재산권, 경영권이 침해되더라도 이는 우리 헌법이 보호하는 사유재산 제도 및 시장경제질서의 본질에 반하지 않는다.

② 상법 제224조 제1항이 사원의 채권자에게 퇴사청구권을 부여한 것은 합자회사나 합명회사의 특성상 사원을 퇴사시키지 않고는 그 지분의 환가가 곤란하기 때문이므로 그 목적의 정당성과 수단의 적합성, 법익의 균형성이 인정된다.

③ 사원은 그 채권자에 의하여 퇴사예고가 행해진 경우에도 6개월 이상 변제 또는 담보를 제공할 시간적 여유를 가진다(상법 제224조 제1항 단서). 또한, 퇴사의 효력이 발생한 경우 사원은 상법 제195조에 의하여 준용되는 민법 제719조에 의하여 퇴사 당시의 회사 재산상태에 의하여 지분을 계산하여 정산금을 청구할 수 있고, 그 중 채권자가 강제집행하는 부분을 제외한 나머지 부분은 사원에게 귀속된다. 따라서 사원의 직업선택의 자유, 재산권, 경영권의 본질적인 내용을 침해한다고도 볼 수 없고 그 피해의 최소성도 인정된다.

나) 대법원 2014. 5. 29. 선고 2013다212295 판결

상법 제224조 제1항의 규정 취지는, 사원의 채권자가 사원의 지분을 압류하여도 상법 제197조의 규정에 따라 다른 사원의 동의를 얻어야만 이를 환가할 수 있는 점 등을 감안하여, 사원의 지분을 압류한 채권자에게 퇴사청구권을 인정하고 지분환급에 의하여 채권의 변제를 받을 수 있게 한 것으로서, 위 퇴사청구권은 사원 지분의 압류채권자가 직접 일방적 의사표시로 사원을 퇴사시킬 수 있도록 한 형성권이다. 이에 따라 채권자가 예고기간을 정하여 예고를 한 이상 다른 의사표시 없이도 영업연도말에 당연히 퇴사의 효력이 발생하고, 사원이 이를 저지하기 위해서는 영업연도말이 되기 전에 변제를 하거나 상당한 담보를 제공하여야 하며, 변제 또는 담보제공이 없이 영업연도말이 도래하여 일단 퇴사의 효력이 발생하였다면 그 후 사원 또는 채권자가 일방적으로 위 퇴사의 의사표시를 철회할 수 없고, 이는 퇴사의 효력이 발생한 후 사원이 채권자에게 채무를 변제한 경우에도 마찬가지이다.

Ⅲ. 현금화

사원의 지분권은 그 성질에 따라서 적당한 방법으로 현금화한다(민사집행법 제251조 제1항, 제241조).

사원의 지분권에 대한 현금화는 그 밖의 재산권의 현금화방법과 약간 다르다. 즉, 사원의 지분권에 대한 양도에는 총사원(합자회사에서 유한책임사원의 지분의 경우에는 무한책임사원 전부, 유한책임회사에서 비업무집행사원의 지분의 경우에는 업무집행사원 전부)의 승낙이 없는 때에는 타인에게 양도할 수 없으므로(상법 제197조, 제276조 전문, 제287조의8), 신청서에는 이 요건을 인정할 수 있는 승낙서(동의서)를 붙여야 한다. 위 승낙서를 얻지 않으면 그 압류는 단순히 처분금지의 효과만 생기고, 현금화절차로 나아갈 수 없다.[6)]

합명·합자·유한책임회사의 경우 지분권을 압류함에 따라 이익배당청구권, 지분환급청구권, 잔여재산분배청구권에 대한 압류의 효력이 법률의 규정에 의하여 당연히 생기므로, 이러한 청구권에 관해서 다시 압류명령을 받을 필요는 없고, 압류채권자는 개개의 구체적인 각 청구권에 대하여 추심 또는 전부명령을 신청하여 채권의 만족을 얻을 수 있다.[7)]

유한회사의 사원은 지분의 전부 또는 일부를 양도하거나 상속할 수 있다. 다만 정관으로 지분의 양도를 제한할 수 있으므로(상법 제556조), 집행법원으로서는 정관에 이러한 제한이 있는지 여부를 확인한 후에 양도명령 등을 발령하여야 한다.[8)]

6) 법원실무제요, 민사집행[IV], 법원행정처(2020), 556.
7) 법원실무제요, 민사집행[IV], 법원행정처(2020), 556.
8) 법원실무제요, 민사집행[IV], 법원행정처(2020), 556.

제7장 민법상 조합에서 조합원의 지분에 대한 집행

Ⅰ. 총설

민법상 조합에서 조합원이 조합재산에 대하여 가지는 지분을 집행의 대상으로 하는 것은 공동목적을 수행하는 수단인 조합재산으로서의 의미를 잃게 하므로 허용되지 않고, 지분을 조합원으로의 지위로 파악하여 이에 대하여 집행하는 것도 일신전속적인 권리에 대한 집행으로서 허용되지 않는다는 것이 원칙이다.

다만 민법 제714조는 "조합원의 지분에 대한 압류는 그 조합원의 장래의 이익배당 및 지분의 반환을 받을 권리에 대하여 효력이 있다."라고 규정하여 조합원의 지분에 대한 압류를 허용하고 있으나, 여기에서의 '조합원의 지분'이란 '전체로서의 조합재산'에 대한 조합원 지분을 의미하는 것이고,[1] 이와 달리 '조합재산을 구성하는 개개의 재산'에 대한 합유지분에 대하여는 압류 기타 강제집행의 대상으로 삼을 수 없다.[2]

민법상 조합의 채권은 조합원 전원에게 합유적으로 귀속하므로, 특별한 사정이 없는 한 조합원 중 1인에 대한 채권으로써 그 조합원 개인을 집행채무자로 하여 조합의 채권에 대하여 강제집행을 할 수 없다.[3] 채권자는 조합원인 채무자가 제3채무자인 조합으로부터 탈퇴함으로써 가지는 조합원 지분의 환급청구권을 집행의 대상으로 삼아야 할 것이다.[4]

Ⅱ. 압류 및 현금화

1. 압류

가. 민법상 조합의 조합원 지분에 대한 압류는 다른 조합원 전원을 제3채무자로 하여 한다. 다만 업무집행조합원이 있는 경우 압류명령 등의 송달은 그에게 하면 된다.[5]

---

1) 민법주해, XVI, 채권(9), 박영사(1997), 127(김재형); 주석 민법, 채권각칙(5)(제4판), 한국사법행정학회(2016), 714(임채웅).

2) 대법원 2007. 11. 30.자 2005마1130 결정.

3) 대법원 2001. 2. 23. 선고 2000다68924 판결.

4) 사법보좌관실무편람[Ⅱ]-채권집행 및 배당절차-, 법원행정처(2015), 229.

5) 법원실무제요, 민사집행[IV], 법원행정처(2020), 557; 사법보좌관실무편람(II)-채권집행 및 배당절차-, 법원행정처(2015), 229.

나. 압류의 효력은 조합원의 장래의 이익배당청구권, 지분반환청구권, 잔여재산분배청구권에 대하여 미친다(민법 제714조).

민법 제714조의 취지는 다음과 같이 설명된다.[6] 조합원의 지분권에 기하여 현실화된 청구권은 이미 조합재산이 아니고 조합원의 개인재산이다. 가령, 이미 발생한 이익배당청구권, 조합원이 조합으로부터 탈퇴할 때 지분을 환급받을 권리, 조합의 청산 시 잔여재산을 분배받을 권리 등은 조합원의 개인재산에 속한다. 이와 같이 지분권에서 발생한 현실의 청구권에 관하여는, 조합원이 이를 양도할 수 있고 조합원의 채권자가 압류할 수도 있다는 것은 당연하다. 그러나 조합원의 지위와 밀접한 관련이 있는 업무집행권은 조합원의 채권자에 의하여 압류될 수 없을 것이다. 민법 제714조는 조합원이 아직 이러한 청구권을 갖지 못하더라도 조합원의 채권자가 조합원의 '지분' 자체를 압류할 수 있다고 함으로써, 그 지분이 장래에 현실화될 때 조합원의 채권자가 그 채권을 확보할 수 있도록 한 것이다.

다. 압류명령의 주문은 다음과 같은 방식이 된다.

1. 채무자가 제3채무자에 대하여 가지는 별지 기재의 지분을 압류한다.
2. 제3채무자는 채무자에게 위 지분에 대하여 이익금의 배당 및 지분의 환급을 하여서는 아니 된다.
3. 채무자는 위 지분을 추심하거나 그 밖의 방법으로 처분하여서는 아니 된다.

압류할 재산권 부분에는 '금 1,000만 원, 채무자가 제3채무자에 대하여 가지는 조합원으로서의 장래의 이익배당청구권, 지분반환청구권, 잔여재산분배청구권 중 위 청구금액에 해당하는 금원'과 같이 기재하면 된다.[7]

2. 현금화

출자지분권 자체는 금전채권이 아니므로, 채권자는 압류에 기초하여 바로 출자금을 추심하거나 전부명령을 받을 수는 없지만, 압류의 효력이 미치는 이익배당청구권, 지분반환청구권, 잔여재산분배청구권이 구체적인 권리로서 발생한 때(가령 이익배당 결의가 있을 때)에는 압류채권자는 이들 권리에 대하여 집행할 수 있다.[8]

---

6) 민법주해, XVI, 채권(9), 박영사(1997), 127(김재형).
7) 법원실무제요, 민사집행[IV], 법원행정처(2020), 557-558.

조합의 지분은 다른 조합원 전원의 승낙이 없는 한 양도할 수 없으므로(민법 제704조, 제273조), 원칙적으로 지분 그 자체를 현금화할 수 없으나, 조합원의 지위양도가 조합계약에서 허용되고 있는 경우 또는 다른 조합원 전원이 양도를 승낙하고 있는 경우에는 압류된 지분 자체의 양도명령, 매각명령 등의 특별한 현금화방법에 따라 현금화할 수도 있을 것이다.[9]

한편, 조합원이 조합을 탈퇴할 권리는 그 성질상 조합계약의 해지권으로서 그의 일반재산을 구성하는 재산권의 일종이고, 채권자대위가 허용되지 않는 일신전속적 권리라고는 할 수 없다. 따라서 채무자의 재산인 조합원 지분을 압류한 채권자는, 해당 채무자가 속한 조합에 존속기간이 정해져 있다거나 기타 채무자 본인의 조합탈퇴가 허용되지 않는 것과 같은 특별한 사정이 없는 이상, 채권자대위권에 의하여 채무자의 조합 탈퇴의 의사표시를 대위행사할 수 있고, 일반적으로 '조합원이 조합을 탈퇴하면 조합목적의 수행에 지장을 초래할 것'이라는 사정만으로는 이를 불허할 사유가 되지 않는다.[10] 따라서 채권자는 채무자가 가진 '전체로서의 조합재산에 대한 조합원 지분'을 압류한 후 특별한 사정이 없는 한 채무자를 대위하여 탈퇴권을 행사할 수 있고, 이 경우 압류의 효력은 탈퇴에 따라 채무자가 다른 조합원들에 대하여 갖게 되는 지분반환청구권(민법 제719조)에 대하여 미치므로(민법 제714조), 채권자는 위 지분반환청구권에 대하여 추심명령을 얻는 등의 방법으로 집행을 할 수 있다.[11]

Ⅲ. 건설공동수급체의 구성원에 대한 집행

1. 건설공동수급체의 종류[12]

건설공동수급체는 건설공사를 위하여 결성된 공동기업체로서, 시공방식을 기준으로 '공동이행방식'의 공동수급체(통상의 방식)와 '분담이행방식'의 공동수급체로 구별할 수 있다.

공동이행방식은, 공동수급체의 구성원이 미리 정한 출자비율에 따라 자금, 인원,

8) 주석 민사집행법(V)(제4판), 한국사법행정학회(2018), 1000(양진수).
9) 법원실무제요, 민사집행[IV], 법원행정처(2020), 558.
10) 대법원 2007. 11. 30.자 2005마1130 결정.
11) 법원실무제요, 민사집행[IV], 법원행정처(2020), 558.
12) 법원실무제요, 민사집행[IV], 법원행정처(2020), 559; 윤재윤, 건설분쟁관계법, 박영사(2015), 381-382.

기자재 등을 출연하여 전체 공사를 공동으로 시행하고 이익배분 및 손실부담도 일정 비율을 정하여 산정하는 방식이다. 구성원이 일체가 되어 시공하고 도급인에 대하여 시공책임도 연대하여 부담한다.

분담이행방식은, 구성원 각자가 전체 공사의 일부를 분담부분을 정하여 시공하는 방식이다. 출자비율과 손익분배사항을 정하지 않고 구성원 각자는 도급인에 대하여 분담 부분에 대하여만 책임을 부담한다.

2. 건설공동수급체의 법적 성격[13)]

민법상 조합설은, 공동수급체가 계약에 의해 정해지고 공동표준협정서 이외에 별도의 정관이 없는 점 등을 근거로, 공동수급체의 법적 성질을 조합으로 본다. 대법원 판례는 공동이행방식에 관하여 아래에서 보듯이 민법상 조합설의 입장이라고 할 수 있다.

지분적 조합설과 비법인사단설도 있다.

이분설도 있는데, 이는 ① 공동이행방식의 공동수급체는 민법상 조합의 성격을 갖는 것으로 보아야 하지만, ② 분담이행방식의 공동수급체의 법적 성격에 관하여는, 분담이행방식은 각자의 책임 하에 공사를 진행하는 것이므로 1개의 계약으로 체결한 것일 뿐 실질적으로는 수개의 도급계약이 체결된 것으로 보아야 한다는 입장이다.[14)]

3. 공동수급체 구성원의 공사대금채권에 대한 압류의 효력

이에 관하여는 대법원 2012. 5. 17. 선고 2009다105406 전원합의체 판결이 상세히 판단한 바 있다('공동이행방식'의 공동수급체에 관한 사안이다). 다수의견의 요지는 다음과 같다.

① 당사자들이 공동이행방식의 공동수급체를 구성하여 도급인으로부터 공사를 수급받는 경우 공동수급체는 원칙적으로 민법상 조합의 성질을 갖는다.[15)]

② 따라서 공동수급체가 공사를 시행함으로 인하여 도급인에 대하여 가지는 채권은 원칙적으로 공동수급체의 구성원에게 합유적으로 귀속하는 것이어서 특별한 사

---

13) 각 견해의 상세한 내용은 윤재윤, 건설분쟁관계법, 박영사(2015), 387-390 참조.

14) 윤재윤, 건설분쟁관계법, 박영사(2015), 388-390; 김찬돈, "공동수급체의 법적 성질", 건축관련 판례 50선, 대구판례연구회(2012), 56-57.

15) 이후 선고된 대법원 2018. 1. 24. 선고 2015다69990 판결도 같은 취지이다.

정이 없는 한 구성원 중 1인이 임의로 도급인에 대하여 출자지분의 비율에 따른 급부를 청구할 수 없고, 구성원 중 1인에 대한 채권으로써 그 구성원 개인을 집행채무자로 하여 공동수급체의 도급인에 대한 채권에 대하여 강제집행을 할 수 없다.[16] 그러나 '공동이행방식의 공동수급체와 도급인이 공사도급계약에서 발생한 채권과 관련하여 공동수급체가 아닌 개별 구성원으로 하여금 그 지분비율에 따라 직접 도급인에 대하여 권리를 취득하게 하는 약정을 하는 경우'와 같이 공사도급계약의 내용에 따라서는 공사도급계약과 관련하여 도급인에 대하여 가지는 채권이 공동수급체의 구성원 각자에게 그 지분비율에 따라 구분하여 귀속될 수도 있고,[17] 위와 같은 약정은 명시적으로는 물론 묵시적으로도 이루어질 수 있다.[18]

③ 공동이행방식의 공동수급체의 구성원들이 기성대가 또는 준공대가를 '공동수급체의 구성원별로 직접' 지급받기로 하는 공동수급협정은 특별한 사정이 없는 한 도급인에 대한 관계에서 공사대금채권을 '공동수급체의 구성원 각자'가 그 출자지분의 비율에 따라 구분하여 취득하기로 하는 구성원 상호 간의 합의라고 봄이 타당하다. 나아가 공동수급체의 대표자가 1996. 1. 8. 개정된 공동도급계약운용요령 제11조[19]에 따라 '공동수급체 구성원 각자'에게 공사대금채권을 지급할 것을 예정하고 있는 도급인에게 위와 같은 공사대금채권의 구분 귀속에 관한 공동수급체 구성원들의 합의가 담긴 공동수급협정서를 입찰 참가 신청서류와 함께 제출하고 도급인이 별다른 이의를 유보하지 않은 채 이를 수령한 다음 공동도급계약을 체결하게 되면, 공동수급체와 도급인 사이에서 '공동수급체의 개별 구성원'으로 하여금 공사대금채권에 관하여 그 출자지분의 비율에 따라 직접 도급인에 대하여 권리를 취득하게 하는 묵시적인 약정이 이루어졌다고 봄이 타당하다.

④ 이에 따라 대법원은, 이 경우 도급인에 대한 공사대금채권은 공동수급체가 아닌 개별 구성원이 지분비율에 따라 직접 취득하게 되는 것이어서, 공동수급체의 준합유에 속하는 조합재산이 아니라 구성원의 개별재산이므로, 개별 구성원의 공사대금채권에 대한 체납처분압류가 유효하다는 취지로 판단하였다.

---

16) 대법원 1997. 8. 26. 선고 97다4401 판결, 대법원 2001. 2. 23. 선고 2000다68924 판결 등 참조.
17) 대법원 2002. 1. 11. 선고 2001다75332 판결 참조.
18) 이후 선고된 대법원 2013. 7. 11. 선고 2011다60759 판결도 같은 취지이다.
19) 계약담당공무원이 선금·대가 등을 지급할 때 '공동수급체 대표자'에게 지급하여야 한다고 규정하고 있던 공동도급계약운용요령(회계예규) 제11조는 1996. 1. 8. 기성대가 또는 준공대가를 '공동수급체 구성원 각자'에게 구분하여 직접 지급하는 내용으로 개정되었다.

제8장 지식재산권에 대한 집행

Ⅰ. 총설

민사집행의 대상이라는 관점에서 지식재산권 분류의 기준 중 유의미한 것은 (i) 제3채무자가 있는지 여부 및 (ii) 처분제한의 '등록'이 효력발생요건인지 대항요건에 불과한지 여부이다. 이러한 분류에 따라 ① 압류명령의 신청서에 제3채무자를 기재하는지, ② 법원사무관등이 압류등록의 촉탁을 직권으로 하는지, ③ 압류의 효력이 제3채무자(제3채무자가 없는 경우에는 채무자)에 대한 송달 시점과 압류 등록의 시점 중 언제 발생하는지, ④ 현금화의 방법 등에서 차이가 있다.

Ⅱ. 집행의 대상이 되는지 문제되는 경우

1. 지식재산권의 공유지분

1) 특허권 등 지식재산권이 공유인 경우 각 공유자는 다른 공유자 모두의 동의를 받아야만 그 지분을 양도하거나 그 지분을 목적으로 하는 질권을 설정할 수 있다(특허법 제99조 제2항, 실용신안법 제28조, 디자인보호법 제96조 제2항, 상표법 제93조 제2항).

2) 특허권을 공유하는 경우에 각 공유자는 다른 공유자의 동의를 얻지 않으면 그 지분을 양도하거나 그 지분을 목적으로 하는 질권을 설정할 수 없고, 그 특허권에 대하여 전용실시권을 설정하거나 통상실시권을 허락할 수 없는 등 특허권의 공유관계는 '합유에 준하는' 성질을 가진다.

특허법이 공유지분의 자유로운 양도 등을 금지하는 것은 다른 공유자의 이익을 보호하려는 데 그 목적이 있다. 따라서 각 공유자의 공유지분은 다른 공유자의 동의를 얻지 않는 한 압류의 대상이 될 수 없다.[1] 따라서 특허권에 대하여 압류를 신청하기 위해서는 공유자의 동의서를 함께 제출하여야 한다[인감증명서, 본인서명사실확인서 또는 전자서명발급증이 첨부되어 있어야 한다(재일 2012-2 제2조 참조)].

3) 지식재산권의 공유지분에 대한 집행에서는 민법상 조합의 조합원 지분에 대한 압류의 경우에 준하여 다른 공유자가 제3채무자가 된다.[2]

4) 특허권과 디자인권의 공유물분할에 관하여 대법원 2014. 8. 20. 선고 2013다

---

1) 대법원 2012. 4. 16.자 2011마2412 결정.

2) 법원실무제요, 민사집행[IV], 법원행정처(2020), 561.

41578 판결은 다음과 같이 판단하였다.

'특허권이 공유인 경우에 각 공유자는 다른 공유자의 동의를 얻지 않으면 그 지분을 양도하거나 그 지분을 목적으로 하는 질권을 설정할 수 없고 또한 그 특허권에 대하여 전용실시권을 설정하거나 통상실시권을 허락할 수 없는 등(특허법 제99조 제2항, 제4항 참조) 그 권리의 행사에 일정한 제약을 받아 그 범위에서는 합유와 유사한 성질을 가진다. 그러나 일반적으로는 특허권의 공유자들이 반드시 공동 목적이나 동업관계를 기초로 조합체를 형성하여 특허권을 보유한다고 볼 수 없을 뿐만 아니라 특허법에 특허권의 공유를 합유관계로 본다는 등의 명문의 규정도 없는 이상, 특허법의 다른 규정이나 특허의 본질에 반하는 등의 특별한 사정이 없는 한 공유에 관한 민법의 일반규정이 특허권의 공유에도 적용된다.

그런데 특허법 제99조 제2항 및 제4항의 규정 취지는, 공유자 외의 제3자가 특허권 지분을 양도받거나 그에 관한 실시권을 설정받을 경우 그 제3자가 투입하는 자본의 규모·기술 및 능력 등에 따라 그 경제적 효과가 현저하게 달라지게 되어 다른 공유자 지분의 경제적 가치에도 상당한 변동을 가져올 수 있는 특허권의 공유관계의 특수성을 고려하여, 다른 공유자의 동의 없는 지분의 양도 및 실시권 설정 등을 금지한다는 데에 있다. 그렇다면 특허권의 공유자 상호 간에 이해관계가 대립되는 경우 등에 그 공유관계를 해소하기 위한 수단으로서 각 공유자에게 민법상의 공유물분할청구권을 인정하더라도 공유자 이외의 제3자에 의하여 다른 공유자 지분의 경제적 가치에 위와 같은 변동이 발생한다고 보기 어려워서 특허법 제99조 제2항 및 제4항에 반하지 않고, 달리 분할청구를 금지하는 특허법 규정도 없으므로, 특허권의 공유관계에 민법상 공유물분할청구에 관한 규정이 적용될 수 있다.

다만 특허권은 발명실시에 대한 독점권으로서 그 대상은 형체가 없을 뿐만 아니라 각 공유자에게 특허권을 부여하는 방식의 현물분할을 인정하면 하나의 특허권이 사실상 내용이 동일한 복수의 특허권으로 증가하는 부당한 결과를 초래하게 되므로, 특허권의 성질상 그러한 현물분할은 허용되지 않는다고 봄이 타당하다.

그리고 위와 같은 법리는 디자인권의 경우에도 마찬가지로 적용된다.'

5) 채무자의 공유물분할청구권의 대위행사에 관하여는, 종래 '다른 공유자의 동의를 얻지 못하여 공유지분에 대하여 집행을 할 수 없는 경우에는, 채권자는 채무자의 공유물분할청구권을 대위행사하여 경매분할 판결 등을 받은 다음 특허권 등 지식재산권 전부에 대하여 경매를 신청하고, 그 절차에서 채무자가 지급받을 금원에 대하

여 강제집행을 할 수 있다'고 설명되었다.[3)]

그러나 대법원 2020. 5. 21. 선고 2018다879 전원합의체 판결이 '채권자가 자신의 금전채권을 보전하기 위하여 채무자를 대위하여 부동산에 관한 공유물분할청구권을 행사하는 것은, 책임재산의 보전과 직접적인 관련이 없어 채권의 현실적 이행을 유효·적절하게 확보하기 위하여 필요하다고 보기 어렵고, 채무자의 자유로운 재산관리행위에 대한 부당한 간섭이 되므로 보전의 필요성을 인정할 수 없다. 또한, 특정 분할 방법을 전제하고 있지 않은 공유물분할청구권의 성격 등에 비추어 볼 때 그 대위행사를 허용하면 여러 법적 문제들이 발생한다. 따라서 극히 예외적인 경우가 아니라면 금전채권자는 부동산에 관한 공유물분할청구권을 대위행사할 수 없다'고 판단하였으므로 주의를 요한다. 위 전원합의체 판결이 직접적으로 판단한 대상은 '부동산'에 관한 공유물분할청구권의 대위행사 여부이지만, '특허권 등 지식재산권'에 관한 공유물분할청구권의 경우에도 위 전원합의체 판결의 취지를 관철한다면 종래의 위 설명은 수정될 필요가 있을 것이다.

2. 전용실시권과 통상실시권(상표권의 경우 전용사용권과 통상사용권)

1) 특허권의 전용실시권과 통상실시권은, 실시사업(實施事業)과 함께 이전하는 경우 또는 상속 기타 일반승계의 경우를 제외하고는, 특허권자의 동의를 받아야만 이를 이전할 수 있다(특허법 제100조 제3항, 제102조 제5항). 실용신안권의 전용실시권과 통상실시권(실용신안법 제28조) 및 디자인권의 전용실시권과 통상실시권(디자인보호법 제97조 제3항, 제99조 제4항)의 경우에도 마찬가지이다.

상표권의 전용사용권과 통상사용권의 경우 상속이나 그 밖의 일반승계의 경우를 제외하고는 상표권자의 동의를 받지 않으면 이전할 수 없다(상표법 제95조 제5항, 제97조 제3항).

사업 자체를 집행 대상으로 할 수는 없으므로, 결국 특허권의 실시권은 특허권자의 동의가 있는 경우에만 집행의 대상이 되고, 나머지 각 실시권의 경우에도 실용신안권자, 디자인권자 및 상표권자의 각 동의가 있는 경우에만 집행의 대상이 된다.

2) 특허권의 실시권(전용실시권이나 통상실시권)의 집행에서는 특허권자가 제3채무자가 된다. 실용신안권의 실시권의 집행에서는 실용신안권자가, 디자인권의 실시권의 집행에서는 디자인권자가 각 제3채무자가 된다. 상표권의 전용사용권과 통상사

3) 법원실무제요, 민사집행[IV], 법원행정처(2020), 561.

용권의 집행에서는 상표권자가 제3채무자가 된다.[4)]

3. 특허 등을 받을 권리

가. '특허를 받을 권리'('특허출원권'이라고도 한다)가 집행의 대상이 되는지

1) 이에 관하여는 아래와 같이 견해가 대립한다.

부정설의 논거는 다음과 같다.[5)] ① 특허를 받을 수 있는 권리는 '특허출원 후 특허권의 설정등록이 된 후'에야 비로소 구체적으로 특정되므로, 그 특허출원 전 또는 특허출원 후에도 그 설정등록 전에는 특허권의 효력범위가 특정되지 않아 집행대상이 특정되었다고 보기 어렵다. ② 압류명령을 발하는 경우에도 이를 제3자에게 공시하는 방법이 없고, 특히 발명의 공개 등의 문제가 있다. ③ 특허를 받을 수 있는 권리에 대한 질권 설정이 금지되어 있다. ④ 특허를 받을 수 있는 권리에 강제집행을 허용한다면 민사집행법 제251조 및 민사집행법 제227조에 의하여 법원은 제3채무자인 특허청장에 대하여 특허를 받을 수 있는 권리의 처분을 금하는 압류명령을 할 것이고, 이에 따라 채무자에게는 특허권 허여가 금지될 것인데, 이는 행정권의 작용(특허출원의 심사진행 등의 처리행위)을 사법권이 제한함으로써 특허권 발생을 지연시켜 부당하다. ⑤ 민사집행법상 압류금지물 중에는 "공표되지 않은 발명에 관한 물건"이 포함되어 있다(민사집행법 제195조 제12호).

긍정설의 논거는 다음과 같다.[6)] ① 발명자가 발명의 완성에 의하여 원시적으로 취득하는 '특허를 받을 권리'가 양도성 있는 재산적 권리라는 점에 이론이 있을 수 없다. ② 관련법령상 특허출원권에 대한 강제집행을 금지하는 취지의 규정이 없다. ③ 특허를 받을 수 있는 권리는 '특허출원 후 특허권의 설정등록이 된 후'에 구체적으로 특정되는바, '강제집행에 의한 발명의 공개'라는 문제는 '출원 후'의 권리에 관하여는 고려할 필요가 없고, '출원 전'의 권리에 관하여도 현금화 방법의 검토로 그 어려움을 피할 수 있다. ④ 압류의 공시방법이 없다고 하더라도 채권자가 자신의 불이익으로 수인하는 이상, 집행의 신청까지 배척하는 것이 오히려 불합리하다.

2) 새로운 기술적 아이디어를 법적으로 보호받는 방법으로, 발명자(또는 발명자

4) 법원실무제요, 민사집행[IV], 법원행정처(2020), 561.

5) 박종학, "특허권에 대한 경매절차", 민사집행법연구 제4권, 한국사법행정학회(2008), 97 등 참조.

6) 법원실무제요, 민사집행[IV], 법원행정처(2020), 562; 이원, "그 밖의 재산권에 대한 강제집행", 민사집행소송, 한국사법행정학회(2008), 660; 손진홍, 채권집행실무, 한국사법행정학회(2019), 380-382.

로부터 위 권리를 승계한 자)는 이를 영업비밀로서 보호받거나 또는 특허권으로서 보호받는 방법 중 하나를 선택할 수 있다.

발명자는 발명의 완성에 의하여 특허를 받을 수 있는 권리를 원시적으로 취득한다. 그런데 특허법에서 특허를 받을 수 있는 권리(특허출원권)는 발명의 완성으로부터 특허를 출원하여 특허를 부여받기 전까지 각각의 상태에 대응하여 변화하는 권리로서, 그 각 단계에 따라 특허법이 규정하거나 그 해석상 인정되는 내용과 성격을 별개로 가지고 있다고 볼 수 있다(특허 출원 전 단계 → 특허 출원 후 출원 공개 전 단계 → 특허출원 공개 후의 단계). 따라서 이를 하나의 권리로 보아 그 성격이나 내용을 논하는 것은 적절하지 않다.[7)]

'특허 출원 전 단계'의 특허출원권은 영업비밀에 대한 권리와 유사한 측면이 있다. 반면 '특허 출원 후 단계'의 특허출원자는 특허청장에 대하여 ① 특허출원의 심사를 요구할 권리, ② 특허법상의 특허요건을 충족할 것을 조건으로 특허사정을 받을 권리, ③ 특허사정 후 등록료의 납입 및 등록에 의하여 특허권을 창설받을 권리 등을 갖는데, 이들 권리는 단순한 '기대권'이라기보다는 특허법상 특허청장에게 구체적인 행위를 요구할 수 있는 '청구권'의 성격을 가진다고 볼 수 있다.

'특허 출원 후 단계' 중에서도 '출원 공개 전 단계'에는 당해 발명이 영업비밀로서의 성격을 완전히 잃는 것이 아니므로, 이에 대한 특허출원자의 권리는 노하우(know-how) 등 영업비밀에 대한 권리와 유사하다. 그러나 '특허 출원 후 단계' 중에서도 '발명 공개 후 단계'에는 발명이 더 이상 비밀 상태의 노하우나 영업비밀 상태에 머물로 있다고 보기 어려우므로 '출원 공개 전'과 비교하여 권리의 성격이 바뀌기는 하나, 앞서 본 바와 같이 특허청장에게 구체적 행위를 요구할 수 있는 청구권의 성격을 가진다.[8)]

또한, 특허법 제37조는 '특허를 받을 수 있는 권리는 이전할 수 있다'고 정하고, 특허법 제38조 제4항은 '특허출원 후에는 특허를 받을 수 있는 권리의 이전은 특허출원인변경신고에 의하여 그 효력이 발생한다'고 정하고 있다. 이처럼 특허출원권은 특허법에 의하여 양도성이 인정되고, 재산적 가치가 있으므로, 재산권으로서 집행대상적격도 인정함이 타당하다.

부정설의 주요 논거 중 '강제집행에 의한 발명 공개'라는 문제는 '특허 출원 후

---

7) 손진홍, 채권집행실무, 한국사법행정학회(2019), 380.
8) 손진홍, 채권집행실무, 한국사법행정학회(2019), 381.

단계' 중 '발명 공개 후 단계'에 관하여는 고려할 필요가 없고, '특허 출원 전 단계' 및 '특허 출원 후 발명 공개 전 단계'의 경우에도 적절한 현금화방법을 택함으로써 '강제집행에 의한 발명의 공개'라는 결과를 피할 수 있다. 압류의 공시방법이 없다는 점은 채권자의 집행절차상의 지위를 불안정하게 할 수 있으나, 이를 이유로 스스로 불이익을 감수한 채권자의 신청을 배척하는 것은 타당하지 않다.

따라서 긍정설이 타당하다.

나. 특허를 받을 수 있는 권리가 공유인 경우에는 각 공유자의 공유지분은 다른 공유자 모두의 동의를 받지 않는 한 압류의 대상이 될 수 없다(특허법 제37조 제3항 참조).

이러한 점은 실용신안등록을 받을 수 있는 권리(실용신안법 제11조 참조), 디자인등록을 받을 수 있는 권리(디자인보호법 제54조 제3항 참조)가 각 공유인 경우에도 마찬가지이다.[9)]

4. 이른바 노하우(know-how)

가. 정의

'영업비밀'이란 공공연히 알려져 있지 않고 독립된 경제적 가치를 가지는 것으로서, 비밀로 관리된 생산방법, 판매방법, 그 밖에 영업활동에 유용한 기술상 또는 경영상의 정보를 말한다('부정경쟁방지 및 영업비밀보호에 관한 법률' 제2조 제2호).

그 중에서 일반적으로 기술적 비결을 노하우(know-how)라고 부르기도 하나, '비밀리에 관리되는 기술적 지식이나 경험 등'을 총칭하는 것으로 이해된다. 따라서 발명도 특허출원 이전단계에서는 '노하우'와 같다고도 볼 수 있다.[10)]

나. 노하우가 집행의 대상이 되는지

1) 이에 대해서는 아래와 같이 견해가 대립한다.

긍정설은, 출원 전의 특허를 받을 수 있는 권리가 집행의 대상이 된다고 보는 이상, 노하우에 대해서도 긍정적으로 해석하여야 한다고 본다.[11)]

---

9) 법원실무제요, 민사집행[IV], 법원행정처(2020), 562.

10) 박종학, "특허권에 대한 경매절차", 민사집행법연구 제4권, 한국사법행정학회(2008), 98.

11) 법원실무제요, 민사집행[IV], 법원행정처(2020), 562; 이원, "그 밖의 재산권에 대한 강제집행", 민사집행소송, 한국사법행정학회(2008), 660; 손진홍, 채권집행실무, 한국사법행정학회(2019),

이에 대해서는, 노하우를 강제집행할 경우 입찰자에게 모두 공개되어 그 생명력을 잃게 된다는 점에서 노하우를 강제집행의 대상으로 삼을 수 있을지는 좀더 검토가 필요하다는 입장이 있다.12) 가치가 있다고 여겨지는 모든 것을 강제집행의 대상으로 삼는 것은 무리이고, 강제집행이란 거래의 한 형태이므로 그 내용이 일반에 공개되어 일반인이 매수 여부를 결정할 수 있는 기회가 부여된다고 하는 것은 노하우라는 개념 자체와 맞지 않다고 한다.

2) 긍정설이 타당하다. 특허를 받을 권리가 집행의 대상이 되는지에 관하여 보았듯이, '특허 출원 전 단계' 및 '특허 출원 후 발명 공개 전 단계'의 경우에도 적절한 현금화방법을 택함으로써 '강제집행에 의한 발명의 공개'라는 결과를 피할 수 있음에 비추어 보면, 노하우의 경우에도 적절한 현금화방법을 택함으로써 '강제집행에 의한 발명의 공개'라는 결과를 피할 수 있다. 따라서 집행의 대상적격 자체를 부정할 것은 아니라고 생각된다.

5. 저작권

가. 저작권의 발생과 등록

저작권은 저작물을 창작한 때부터 발생하고 어떠한 절차나 형식의 이행을 필요로 하지 않으며(저작권법 제10조 제2항), '등록'은 저작재산권, 출판권, 저작인접권의 각 양도 또는 처분제한 등을 제3자에게 대항하기 위한 요건에 불과하므로(저작권법 제54조 제1호, 제63조 제3항 전문, 제90조 전문), 저작권이 등록되었는지는 집행에서 문제되지 않는다.13)

이와 달리 특허권, 실용신안권, 디자인권은 모두 설정등록에 의하여 발생하는 권리임(특허법 제87조 제1항, 실용신안법 제21조 제1항, 디자인보호법 제90조 제1항)은 앞서 본 바와 같다.

나. 저작권법의 규정 내용

1) '저작인격권'은 저작자 일신에 전속한다(저작권법 제14조 제1항).

2) 반면, '저작재산권'은 전부 또는 일부를 양도할 수 있고(저작권법 제45조 제1

383.

12) 박종학, "특허권에 대한 경매절차", 민사집행법연구 제4권, 한국사법행정학회(2008), 99.

13) 법원실무제요, 민사집행[IV], 법원행정처(2020), 560 참조.

항), 저작재산권의 양도 또는 처분제한은 등록할 수 있으며, 등록하지 않으면 제3자에게 대항할 수 없다(저작권법 제54조 제1호).

3) '출판권'은 복제권자의 동의 없이 이를 양도할 수 없고(저작권법 제63조 제1항), 처분제한등록이 대항요건이라는 저작권법 제54조는 출판권의 등록에 관하여 준용된다(저작권법 제63조 제3항 전문).

4) '저작인접권'은 전부 또는 일부를 양도할 수 있고(저작권법 제88조, 제45조 제1항), 저작인접권의 양도 또는 처분제한은 등록할 수 있으며, 등록하지 않으면 제3자에게 대항할 수 없다(저작권법 제90조 전문, 제54조 제1호)

Ⅲ. 압류

1. 관할

특허권 등과 같은 지식재산권에 대한 압류명령의 신청은 일반의 채권압류에 준하여 이루어지므로, 특허권 등의 집행에서는 채무자의 보통재판적이 있는 곳을 관할하는 지방법원(민사집행법 제224조 제1항)이 제1차적 관할 집행법원이다.

다만 채무자의 보통재판적이 없는 때에는 보충적으로 압류할 채권이 있는 곳이라고 할 수 있는 그 등록 등을 하는 곳을 관할하는 지방법원도 제2차적 관할 집행법원이 된다(민사집행규칙 제175조 제2항, 민사집행법 제251조 제1항, 제224조 제2항). 이처럼 권리의 이전에 등기 또는 등록을 요하는 그 밖의 재산권에 대한 집행의 관할은 등기·등록을 하는 곳을 관할하는 지방법원으로 한다는 규정(민사집행규칙 제175조 제2항)은 제2차적 관할에 관한 규정이므로, 곧바로 등기·등록을 하는 곳을 관할 인정의 기준으로 하지 않도록 유의하여야 한다.[14]

2. 신청

가. 압류명령의 신청서에는 채권집행의 예에 따라 채권자·채무자와 그 대리인의 표시, 집행권원의 표시, 강제집행의 목적으로 하는 재산의 표시 및 구하는 강제집행의 방법을 적는다.

나. 제3채무자가 있는 것에 대한 압류명령의 신청에는 제3채무자도 표시한다(민

14) 법원실무제요, 민사집행[IV], 법원행정처(2020), 562.

사집행규칙 제159조 제1항).

1) 특허권, 디자인권, 실용신안권, 상표권 및 저작재산권, 저작인접권은 채권집행과 달리 제3채무자가 없으므로,[15] 이들 권리에 대한 압류명령의 신청에는 제3채무자를 표시할 필요가 없다.

2) 아래 각 경우에는 제3채무자가 있으므로, 압류명령의 신청에는 제3채무자를 표시하여야 한다.

가) 지식재산권의 공유지분에 대한 집행에서는 민법상 조합의 조합원 지분에 대한 압류의 경우에 준하여 다른 공유자가 제3채무자가 된다.[16]

나) 특허권의 실시권(전용실시권이나 통상실시권)의 집행에서는 특허권자가 제3채무자가 된다. 실용신안권의 실시권의 집행에서는 실용신안권자가, 디자인권의 실시권의 집행에서는 디자인권자가 각 제3채무자가 된다. 상표권의 전용사용권과 통상사용권의 집행에서는 상표권자가 제3채무자가 된다.[17]

다) 출판권은 복제권자의 동의 없이 이를 양도할 수 없으므로(저작권법 제63조 제1항), 출판권에 대한 집행에서는 복제권자가 제3채무자가 된다고 봄이 타당하다.

다. 특허권, 실용신안권, 디자인권, 상표권의 각 이전은 모두 등록하여야만 권리이전의 효력이 발생하므로(특허법 제101조 제1항 제1호, 실용신안법 제28조, 디자인보호법 제98조 제1항 제1호, 상표법 제96조 제1항 제1호), 압류명령 신청서에는 집행력 있는 정본 외에 권리에 관한 등록원부의 등본이나 초본을 붙여야 한다(민사집행규칙 제175조 제1항).

3. 압류명령

가. 압류명령으로 권리를 압류함과 동시에 채무자에 대하여 압류된 권리에 관한 이전 등 일체의 처분을 금지한다.

제3채무자가 있는 경우의 압류명령[공유지분에 대한 집행, 실시권(특허권, 실용신안권, 디자인권의 각 전용실시권과 통상실시권)에 대한 집행, 상표권의 사용권에 대한 집행 및 출판권에 대한 집행]에는 제3채무자에 대하여 채무자가 하는 권리처분

15) 법원실무제요, 민사집행[IV], 법원행정처(2020), 560.
16) 법원실무제요, 민사집행[IV], 법원행정처(2020), 561.
17) 법원실무제요, 민사집행[IV], 법원행정처(2020), 561.

에 대하여 승낙 그 밖의 협력을 금지한다.[18]

나. 압류명령의 주문례는 다음과 같다.

> 1. 채무자가 가지는 별지 기재의 특허권을 압류한다.
> 2. 채무자는 위 특허권에 관하여 매매, 양도 그 밖에 일체의 처분을 하여서는 아니 된다.

다. 압류명령은 채무자 및 제3자(제3채무자 또는 이에 준하는 자가 있는 경우)에게 송달하여야 한다(민사집행법 제251조 제1항, 제227조 제2항). 소관관청에 송달할 필요는 없다.[19]

4. 등록촉탁

1) 특허권, 실용신안권, 디자인권, 상표권의 각 처분제한은 모두 등록하여야만 그 효력이 발생하므로(특허법 제101조 제1항 제1호, 실용신안법 제28조, 디자인보호법 제98조 제1항 제1호, 상표법 제96조 제1항 제1호), 이들 권리에 대하여는 압류명령을 발령함과 동시에 법원사무관 등이 직권으로 등록관청에 '처분의 제한에 관한 등록'을 촉탁하여야 한다[민사집행규칙 제175조 제5항, 민사집행법 제94조, 특허권 등의 등록령(대통령령) 제17조 제1항].[20]

2) '특허권·실용신안권·디자인권의 각 전용실시권'의 각 처분제한의 경우에도 모두 등록하여야만 그 효력이 발생하므로(특허법 제101조 제1항 제2호, 실용신안법 제28조, 디자인보호법 제98조 제1항 제2호), 이들 권리에 대하여는 압류명령을 발령함과 동시에 법원사무관 등이 직권으로 등록관청에 '처분의 제한에 관한 등록'을 촉탁하여야 한다[민사집행규칙 제175조 제5항, 민사집행법 제94조, 특허권 등의 등록령(대통령령) 제17조 제1항].

3) 이와 달리 '특허권·실용신안권·디자인권의 각 통상실시권', '상표권의 전용사용권 및 통상사용권'의 경우 처분제한등록은 그 처분제한을 제3자에게 대항하기 위한 요건에 불과하므로(특허법 제118조 제3항, 실용신안법 제28조, 디자인보호법 제

18) 법원실무제요, 민사집행[IV], 법원행정처(2020), 563.
19) 법원실무제요, 민사집행[IV], 법원행정처(2020), 563.
20) 법원실무제요, 민사집행[IV], 법원행정처(2020), 563.

104조 제3항, 상표법 제100조 제1항 제1호), 압류등록의 촉탁은 법원사무관등이 직권으로 할 필요는 없고 압류채권자의 신청이 있는 경우에 한하여 하면 된다.

4) '저작재산권'의 양도 또는 처분제한은 등록하지 않으면 제3자에게 대항할 수 없고(저작권법 제54조 제1호). 처분제한등록이 대항요건이라는 저작권법 제54조는 '출판권'의 등록에 관하여 준용된다(저작권법 제63조 제3항 전문). '저작인접권'의 양도 또는 처분제한의 경우에도 등록하지 않으면 제3자에게 대항할 수 없다(저작권법 제90조 전문, 제54조 제1호).

이처럼 저작재산권, 출판권 및 저작인접권의 경우에는 '등록'이 효력발생요건이 아닌 대항요건에 불과하므로, 이들 권리에 대한 압류등록의 촉탁은 법원사무관등이 직권으로 할 필요는 없고 압류채권자의 신청이 있는 경우에 한하여 하면 된다.[21]

5) 등록촉탁서의 양식은 다음과 같다.

[전산양식 A4353: 특허권압류등록촉탁서]

○ ○ 지 방 법 원
등 록 촉 탁 서

특허청장 귀하

사　　건　20　타채　　　특허권압류
특허권의 표시　별지 기재와 같다.
등 록 권 리 자
등 록 의 무 자
등록원인과 그 날짜　20　.　.　. 법원의 특허권압류명령
등록의 목적　압류기입등록
첨　　부　1. 압류명령 정본(등본) 1통
　　　　　2. 통상환증서(○○원)

위 등록을 촉탁합니다.

2○○○. ○. ○.

법원사무관　　　　㊞

등록권리자로는 압류채권자를, 등록의무자로는 채무자, 즉 특허권자, 실용신안권

21) 법원실무제요, 민사집행[IV], 법원행정처(2020), 563 참조.

자, 디자인권자, 상표권자 등을 적는다. 저작권의 압류등록에는 등록면허세와 지방교육세를 납부하여야 하므로(지방세법 제28조 제1항 제10호, 제150조 제2호), 등록의 목적 다음에 등록면허세와 지방교육세액을 적고 압류채권자가 등록면허세 등 영수필 확인서와 통지서를 제출한 때에는 이를 촉탁서에 붙여야 한다.

특허청장 등은 압류기입등록을 한 후 그 등록원부 등본을 법원에 송부하여야 한다(민사집행규칙 제175조 제5항, 민사집행법 제95조). 특허권 등에 대하여 압류의 효력 발생 전에 담보권 설정의 등록이 되어 있는 때에는 법원사무관등은 담보권자에게 압류사실을 통지하고 그 담보권의 피담보채권의 현존액을 신고할 것을 최고하여야 한다(민사집행규칙 제175조 제4항).

5. 압류의 효력

1) 압류명령은 제3채무자가 있는 경우에는 제3채무자에 대한 송달, 제3채무자가 없는 경우에는 채무자에 대한 송달로써 효력이 생기나(민사집행법 제227조 제3항, 제251조 제2항), 등기 또는 등록이 필요한 그 밖의 재산권에 관하여 압류의 등기 등이 압류명령의 송달 전에 이루어진 경우에 압류의 효력은 압류의 등기 등이 된 때에 발생하고, 다만 권리처분의 제한에 관하여 등기 등을 하지 않으면 효력이 생기지 않는 것에 대한 압류의 효력은 압류의 등기 등이 압류명령의 송달 뒤에 된 때에도 압류의 등기 등이 된 때에 발생한다(민사집행규칙 제175조 제3항).

2) 압류의 효력이 발생하는 구체적인 시점은 다음과 같다.[22)]

가) 특허권, 실용신안권, 디자인권, 상표권 등의 경우에는 제3채무자가 없고, 등록이 처분제한의 효력발생요건이다(특허법 제101조 제1항 제1호, 실용신안법 제28조, 디자인보호법 제98조 제1항 제1호, 상표법 제96조 제1항 제1호). 따라서 이들 권리들의 경우에는 채무자에 대한 송달과 압류등록의 선후에 관계없이 언제나 압류 등록을 한 때 압류의 효력이 발생한다.

나) '특허권·실용신안권·디자인권의 각 전용실시권'의 경우에도 등록이 처분제한의 효력발생요건이다(특허법 제101조 제1항 제2호, 실용신안법 제28조, 디자인보호법 제98조 제1항 제2호). 따라서 이들 권리들의 경우 제3채무자가 있음에도 불구하고 제3채무자에 대한 송달과 압류 등록의 선후에 관계없이 언제나 압류 등록을 한

22) 이원, "그 밖의 재산권에 대한 강제집행", 민사집행소송, 한국사법행정학회(2008), 663을 참조하되, 그 후 관련 법령이 상당 부분 개정되었으므로, 현행 법령에 맞게 기술하였다.

때 압류의 효력이 발생한다.

다) '특허권·실용신안권·디자인권의 각 통상실시권', '상표권의 전용사용권 및 통상사용권' 및 출판권의 경우에는 제3채무자가 있고, 등록이 처분제한의 대항요건에 불과하다(특허법 제118조 제3항, 실용신안법 제28조, 디자인보호법 제104조 제3항, 상표법 제100조 제1항 제1호, 저작권법 제63조 제3항 전문, 제54조 제1호). 따라서 이들 권리들의 경우에는 '제3채무자'에 대한 송달과 압류의 등록 중 먼저 된 시점에 압류의 효력이 발생한다.

라) 저작재산권, 저작인접권의 경우에는 제3채무자가 없고, 등록은 처분제한의 대항요건일 뿐이다(저작권법 제54조 제1호, 제90조 전문). 따라서 이들 권리들의 경우에는 '채무자'에 대한 송달과 압류의 등록 중 먼저 된 시점에 압류의 효력이 발생한다.

3) 압류에 의하여 제한을 받는 것은 '처분행위'뿐이기 때문에 특허권 등이 압류된 후에도 채무자는 그 '발명'을 실시할 수 있다. 그러나 압류가 된 뒤에는 전용실시권이나 통상실시권을 타인에게 설정 또는 허락할 수 없다.[23]

특허권 등의 소멸 그 밖의 사정으로 권리의 이전이 불가능하게 된 때에는 법원은 집행절차를 취소하여야 한다(민사집행규칙 제175조 제5항, 민사집행법 제96조). 이 경우에 법원사무관등은 특허청장 등에게 압류기입등록의 말소를 촉탁하여야 한다(민사집행규칙 제175조 제5항, 민사집행법 제141조).[24]

Ⅳ. 현금화

1) 특허권 등의 지식재산권은 부동산과 같은 유통성이 없으므로, 현금화에는 다양하고 유연한 방법이 인정되어야 하나, 채권집행의 경우와 달리 추심이나 전부와 같은 방법은 취할 수 없기 때문에 채권자는 민사집행법 제251조에 의한 특별현금화로서 매각명령, 양도명령(채권자에게 양도) 또는 관리명령을 신청할 수 있다. 다만 관리명령의 경우에는 관리인의 선임이나 관리방법 등에 대하여 해결되지 않은 문제가 많아 거의 이용되지 않고 있다.[25]

2) '특허를 받을 권리'(특허출원권)와 노하우(know-how)가 모두 집행의 대상이

23) 법원실무제요, 민사집행[IV], 법원행정처(2020), 565.
24) 법원실무제요, 민사집행[IV], 법원행정처(2020), 565.
25) 법원실무제요, 민사집행[IV], 법원행정처(2020), 565.

된다는 점은 앞서 본 바와 같다. 그런데 '특허를 받을 권리'(특허출원권) 중 '특허 출원 전 단계' 및 '특허 출원 후 발명 공개 전 단계'의 것과, 노하우(know-how)는 모두 그 성질상 내용이 공개되면 가치를 잃게 되므로, 그 현금화방법으로는 권리내용의 공개를 피할 수 있는 양도명령이 가장 적합하다고 생각된다.[26)]

양도명령은 압류된 채권을 집행법원이 정한 값(적당한 평가액)으로 집행채권의 지급에 갈음하여 '압류채권자'에게 양도하는 결정인데(민사집행법 제241조 제1항 제1호), 양도명령에 따라 특허출원권 또는 노하우를 취득한 압류채권자의 입장에서는, 집행채권을 변제받는 것에 갈음하여 취득한 재산권인 특허출원권 또는 노하우의 가치를 소멸시키는 행위(공개)를 스스로 하지는 않을 것이라고 기대함이 합리적이다. 따라서 양도명령이 가장 적합한 현금화방법이라고 볼 수 있다.

3) 저작재산권과 저작인접권은 그 전부 또는 일부를 양도(저작권법 제45조 제1항, 제88조)하거나, 이용허락(저작권법 제46조, 제88조)을 하는 등의 현금화처분을 할 수 있다. 그러나 저작인격권은 저작자의 일신에 전속하는 것이므로(저작권법 제14조 제1항) 집행의 대상이 되지 않는다.[27)]

4) 양도명령 등에 의한 양도나 매각절차가 종료한 때에는 법원사무관등은 등록에 관한 사무를 취급하는 관서인 특허청장 등에 대하여 압류채권자 또는 매수인이 취득한 권리의 이전등록과 압류기입등록 및 소멸할 부담의 말소등록을 촉탁하여야 한다(민사집행규칙 제175조 제5항, 민사집행법 제144조).[28)]

---

26) 법원실무제요, 민사집행[IV], 법원행정처(2020), 565.
27) 법원실무제요, 민사집행[IV], 법원행정처(2020), 565.
28) 법원실무제요, 민사집행[IV], 법원행정처(2020), 565.

제9장 전세권, 임차권 등 용익권, 리스이용권 등에 대한 집행

Ⅰ. 총설

1) 용익물권으로서 존속 중인 전세권, 임차권과 같이 부동산을 목적으로 하지만 부동산 자체를 집행대상으로 할 수 없는 것은 그 밖의 재산권에 대한 집행의 방법으로 집행하여야 한다.[1)]

다만 지상권과 그 공유지분은 금전채권에 기초한 강제집행에서 부동산으로 보므로(민사집행규칙 제40조), 그 밖의 재산권에 대한 집행의 방법이 아닌 부동산 집행의 방법에 의하여 집행한다.

2) 임차권은 동산을 목적으로 하는 것은 물론 부동산을 목적으로 하는 것에 대하여도, 등기의 유무를 불문하고 그 밖의 재산권에 대한 집행의 대상이 된다. 사용차권에 대해서도 마찬가지이다.[2)]

등기된 임차권에 대하여는 압류명령의 신청서에 해당 임차권과 관련된 등기사항증명서를 첨부하여야 한다.

임차권, 사용차권에 대한 압류에서는 임대인, 사용대주(貸主)가 각 제3채무자가 되는데, 위 압류에 대하여 임대인, 사용대주의 동의가 필요한지에 대해서는 견해가 나뉜다. 먼저, 임차권, 사용차권의 양도에는 임대인, 사용대주의 동의가 있어야 하므로(민법 제629조 제1항) 압류신청시 임대인 등의 동의서를 제출한 경우에 한하여 압류하는 것이 가능하다는 견해가 있다.[3)] 반면, 임대인, 사용대주의 동의 유무에 불구하고 압류 자체는 할 수 있다는 견해도 있다.[4)]

3) 리스이용권도 독립한 재산권이나, 목적물이 제3자의 사용·수익을 위하여 양도가 가능한 때에는 압류할 수 있다.[5)]

Ⅱ. 관할

전세권, 임차권 등 용익권에 대한 집행의 경우 원칙적으로 채무자의 보통재판적이 있는 곳의 지방법원이 집행법원이 된다(민사집행법 제224조 제1항). 보충적으로

1) 법원실무제요, 민사집행[IV], 법원행정처(2020), 566.
2) 법원실무제요, 민사집행[IV], 법원행정처(2020), 566.
3) 손홍수, 민사집행실무총서(II) 채권집행, 한국사법행정학회(2017), 663.
4) 사법보좌관실무편람[Ⅱ]-채권집행 및 배당절차-, 법원행정처(2015), 239.
5) 법원실무제요, 민사집행[IV], 법원행정처(2020), 566.

그러한 지방법원이 없는 경우에는 그 등기 등을 하는 곳을 관할하는 지방법원이 집행법원이 된다(민사집행규칙 제175조 제2항, 민사집행법 제251조 제1항, 제224조 제2항).

Ⅲ. 집행당사자

1) 채무자에 대한 집행권원을 얻은 자가 집행채권자가 되고, 전세권자 또는 임차인이 집행채무자가 된다.

2) 제3채무자의 경우는 전세권(물권)과 임차권(채권)에 차이가 있다.[6]

먼저 전세권은 물권으로서 제3채무자가 있을 수 없고 그 처분에 전세권 설정자의 동의가 필요 없으므로(민법 제306조 참조), 전세권에 대한 압류 시 전세권설정자를 제3채무자로 하여야 할 필요가 없고, 전세권설정자에 대한 송달 여부가 전세권 압류의 효력에 영향을 미치지 않는다.

그러나 임차권에 대한 압류명령에서 임대인은 제3채무자이므로, 임대인에게 송달되어야만 압류의 효력이 발생한다.

Ⅳ. 압류 및 현금화

1) 채권자는 위와 같은 권리를 압류한 후 그 현금화를 위하여 양도명령, 매각명령이나 그 밖의 특별현금화를 신청할 수 있다.

위 권리 중 등기를 요하는 것에 대하여는 압류시점에 압류기입등기의 촉탁을 하고, 현금화가 종료한 때에는 권리의 이전등기와 압류기입등기의 말소촉탁을 하여야 한다.[7]

2) 전세권에 대한 압류명령의 주문례는 다음과 같다.

> 1. 채무자의 별지 목록 기재 전세권을 압류한다.
> 2. 채무자는 위 전세권에 관하여 매매, 양도 그 밖에 일체의 처분을 하여서는 아니 된다.

용익물권으로서의 전세권에 대한 압류의 효력은 전세권이 전세기간의 만료 등으

6) 법원실무제요, 민사집행[IV], 법원행정처(2020), 567.
7) 법원실무제요, 민사집행[IV], 법원행정처(2020), 567.

로 소멸한 후 발생한 전세금반환채권에도 미친다.[8)]

그리고 매각 등으로 인한 전세권이전등기는 해당 명령 등이 확정된 때에 법원사무관등의 신청에 따라 이전등기의 촉탁과 압류등기의 말소촉탁도 아울러 하여야 한다(민사집행규칙 제174조, 제167조 제1항, 제2항).

3) 다만 전세권에 대하여 저당권이 설정된 경우 그 전세권의 전세기간이 만료되지 않았다면 그 실행은 민사집행법 제264조가 정하는 부동산 경매절차에 따라야 한다(존속기간이 남아 있는 전세권 자체를 매각하는 것이다). 그러나 전세권의 존속기간이 만료되면 전세권의 용익물권적 권능이 소멸하기 때문에 더 이상 전세권 자체에 대하여 저당권을 실행할 수 없게 되고, 이러한 경우에는 민법 제370조, 제342조 및 민사집행법 제273조에 의하여 저당권의 목적물인 전세권에 갈음하여 존속하는 것으로 볼 수 있는 전세금반환채권에 대하여 압류 및 추심명령 또는 전부명령을 받거나, 제3자가 전세금반환채권에 대하여 실시한 강제집행절차에서 배당요구를 하는 등의 방법으로 물상대위권을 행사하여 전세권설정자에 대하여 전세금의 지급을 구하여야 한다.[9)]

저당목적물의 변형물인 금전 기타 물건에 대하여 일반채권자가 물상대위권을 행사하려는 저당채권자보다 단순히 먼저 압류나 가압류의 집행을 하였음에 불과한 경우에는 저당권자는 그 전은 물론 그 후에도 목적채권에 대하여 물상대위권을 행사하여 일반채권자보다 우선변제를 받을 수가 있다.[10)] 따라서 위와 같이 전세권부 근저당권자가 우선권 있는 채권에 기하여 전부명령을 받은 경우에는 형식상 압류가 경합되었다 하더라도 그 전부명령은 유효하다.[11)]

8) 법원실무제요, 민사집행[IV], 법원행정처(2020), 567.

9) 대법원 1995. 9. 18.자 95마684 결정, 대법원 2008. 3. 13. 선고 2006다29372, 29389 판결, 대법원 2014. 10. 27. 선고 2013다91672 판결 등.

10) 대법원 1994. 11. 22. 선고 94다25728 판결, 대법원 2008. 12. 24. 선고 2008다65396 판결, 대법원 2014. 10. 27. 선고 2013다91672 판결.

11) 대법원 2008. 12. 24. 선고 2008다65396 판결.

제10장 가등기상 권리, 등기된 환매권에 대한 집행

Ⅰ. 가등기상 권리의 경우

가등기는 원래 순위를 확보하는 데에 그 목적이 있으나, 순위 보전의 대상이 되는 물권변동의 청구권은 그 성질상 양도될 수 있는 재산권일 뿐만 아니라 가등기로 인하여 그 권리가 공시되어 결과적으로 공시방법까지 마련된 셈이므로, 이를 양도한 경우에는 양도인과 양수인의 공동신청으로 그 가등기상의 권리의 이전등기를 가등기에 대한 부기등기의 형식으로 경료할 수 있다.[1] 따라서 가등기상의 권리로서 압류명령의 대상이 될 수 있는 것으로는 소유권이전등기청구권 가등기상의 소유권이전등기청구권, 조건부 소유권이전가등기상의 조건부 소유권이전등기청구권 등이 있다.[2]

가등기에 기한 본등기절차의 이행을 금지하는 취지의 가처분은 등기사항이 아니나, '소유권이전등기청구권을 보전하기 위한 가등기상의 권리' 자체의 처분을 금지하는 가처분은 등기사항에 해당한다.[3]

등기이전청구권이 등기된 때(부동산등기법 제88조의 규정에 의하여 그 청구권이 가등기된 때)에는 부기등기의 방법에 의하여 가압류의 등기를 할 수 있다(등기예규 1344호).

소유권이전청구권 가등기상의 소유권이전등기청구권과 같은 가등기상의 권리도 독립하여 재산적 가치를 가지고, 그 현금화에 의하여 채권자의 만족에 공할 수 있는 것으로서 강제집행의 대상이 된다. 그런데 이는 시기부 또는 정지조건부인 장래의 부동산 소유권이전등기청구권으로서 유체동산이나 부동산이 아님은 물론, 금전채권도 아니고, 민사집행법 제244조의 조건 없는 현재의 부동산 이전등기청구권에 해당하지도 않으므로, 결국 그 밖의 재산권에 해당한다.[4]

가등기상의 권리에 대한 집행의 관할도 1차적으로는 채무자의 보통재판적이 있는 곳의 지방법원이고, 등기를 하는 곳(민사집행규칙 제175조 제2항)은 2차적 관할에 불과하다. 이 경우 가등기의 본등기의무자를 제3채무자로 적어야 한다.[5]

---

1) 대법원 1998. 11. 19. 선고 98다24105 전원합의체 판결.
2) 법원실무제요, 민사집행[IV], 법원행정처(2020), 569.
3) 대법원 2007. 2. 22. 선고 2004다59546 판결.
4) 법원실무제요, 민사집행[IV], 법원행정처(2020), 569; 이원, "그 밖의 재산권에 대한 강제집행", 민사집행소송, 한국사법행정학회(2008), 683.
5) 법원실무제요, 민사집행[IV], 법원행정처(2020), 569.

Ⅱ. 등기된 환매권의 경우

'환매'란 매도인이 매매계약과 동시에 특약으로 '환매할 권리', 즉 환매권을 보류한 경우에 그 환매권을 일정한 기간 내에 행사하여 매매의 목적물을 다시 사오는 것을 말한다(민법 제 590조).

환매권(민법 제592조)은 그 자체가 물권 등의 재산권을 취득할 수 있는 하나의 독립한 재산권으로서 양도성이 인정된다.[6)]

등기된 환매권상의 권리이전청구권을 압류하는 경우에는 앞서 본 가등기상의 권리이전청구권 압류의 경우와 마찬가지로 압류등기를 할 수 있다고 볼 것이다. 환매권의 등기는 원래의 매매에 의한 이전등기에 부기등기를 하는 형식으로 하는 것이므로, 환매권상의 권리이전청구권의 압류등기는 '부기등기의 부기등기'로 하여야 한다.[7)]

환매권에 대한 압류신청 시 제3채무자는 채무자에 대하여 소유권 이전의 의무를 부담하는 자(본등기의무자)이다.[8)]

Ⅲ. 압류신청

그 밖의 재산권에 대한 강제집행신청서의 기재사항에 관하여는 민사집행규칙 제159조가 준용된다(민사집행규칙 제174조). 권리이전에 등기가 필요한 그 밖의 재산권에 대한 압류명령 신청서에는 집행력 있는 정본 외에 권리에 관한 등기사항증명서 또는 등록원부의 등본이나 초본을 붙이도록 하고 있다(민사집행규칙 제175조 제1항). 이것은 이 문서에 의하여 피압류채권의 존재와 내용을 확인하기 위한 것이다. 신청인이 신청 시에 위 문서를 붙이지 않은 때에는 집행법원은 보정을 명하여야 하고, 신청인이 이에 응하지 않으면 신청을 각하하여야 한다.[9)]

---

6) 대법원 1984. 4. 10. 선고 81다239 판결.
7) 법원실무제요, 민사집행[IV], 법원행정처(2020), 570; 사법보좌관실무편람(II)-채권집행 및 배당절차-, 법원행정처(2015), 236.
8) 법원실무제요, 민사집행[IV], 법원행정처(2020), 570.
9) 법원실무제요, 민사집행[IV], 법원행정처(2020), 570.

Ⅳ. 관할

채권집행에서는 1차적으로 채무자의 보통재판적이 있는 곳의 지방법원, 그것이 없는 때에는 제3채무자의 보통재판적이 있는 곳의 지방법원이 집행법원이 되고(민사집행법 제224조 제1항, 제2항), 이 규정은 그 밖의 재산권에 대한 집행절차에도 준용된다(민사집행법 제251조 제1항). 등기 등이 필요한 그 밖의 재산권의 경우에는 채무자의 보통재판적이 있는 곳의 지방법원이 1차적 집행법원이 되고, 이러한 지방법원이 없는 경우에는 그 등기 등을 하는 곳을 관할하는 법원이 집행법원이 된다(민사집행규칙 제175조 제2항).

Ⅴ. 압류등기 및 현금화

1) 권리이전에 등기 또는 등록이 필요한 그 밖의 재산권에 대한 강제집행에는 민사집행법 제94조 내지 제96조, 제141조 및 제144조의 규정이 준용된다(민사집행규칙 제175조 제5항). 따라서 법원이 압류명령을 하면 법원사무관등은 즉시 그 사유를 등기기록에 기입하도록 등기관에게 촉탁하여야 하고(민사집행법 제94조), 촉탁받은 등기관은 그 등기를 마친 후 등기사항증명서를 법원에 보내야 한다(민사집행법 제95조). 또한, 부동산이 없어지거나 매각 등으로 말미암아 권리를 이전할 수 없는 사정이 명백하게 된 때에는 법원은 강제경매의 절차를 취소하여야 한다(민사집행법 제96조 제1항).

2) 가등기상 권리 등에 대한 압류등기는 처분제한의 효력발생요건이 아니므로, 제3채무자에 대한 송달과 압류기입 중 먼저 된 시점에 압류의 효력이 생긴다(민사집행규칙 제175조 제3항 본문).[10)]

3) 가등기된 부동산 소유권이전등기청구권에 대한 압류의 기입등기를 마친 후 가등기에 기한 본등기와 이에 터 잡아 제3자 명의의 소유권이전등기를 마친 경우에는, 압류채권자는 제3자에 대하여 위 압류의 처분금지적 효력을 주장할 수 있다. 따라서 제3자 명의의 소유권이전등기는 등기된 압류의 채권자와의 관계에서 무효이므로, 그 가등기된 부동산 소유권이전등기청구권을 압류한 채권자의 신청에 의한 해당 부동산에 대한 강제집행절차에 의하여 부동산을 매수한 매수인 명의의 소유권이전등

10) 법원실무제요, 민사집행[IV], 법원행정처(2020), 571.

기는 적법·유효하다.[11)]

4) 한편, 압류명령 신청이 취하되거나 집행절차가 취소되는 등 목적재산권의 현금화에 이르지 않고 집행절차가 완결된 때에는 압류등기의 말소를 촉탁하여야 하고(민사집행법 제141조), 목적채권의 현금화가 종료된 경우에 양도명령 등으로 목적재산이 이전된 때에는 압류등기의 말소를 촉탁하는 외에 취득자 앞으로 이전등기를 하여야 한다(민사집행법 제144조 제1항).[12)]

5) 가등기된 부동산 소유권이전등기청구권에 대한 압류명령의 주문례는 다음과 같다.

1. 채무자의 제3채무자에 대한 별지 목록 기재 부동산에 관한 서울중앙지방법원 등기국 2010. . . 접수 제○○○○호로 마친 소유권이전등기청구권 가등기에 기한 매매예약완결을 원인으로 하는 소유권이전등기청구권을 압류한다. 2. 제3채무자는 채무자에게 위 부동산에 대한 소유권이전등기절차를 이행하여서는 아니 된다. 3. 채무자는 위 소유권이전등기청구권을 양도하거나 그 밖의 처분을 하여서는 아니 된다.

11) 대법원 1998. 8. 21. 선고 96다29564 판결.
12) 법원실무제요, 민사집행[IV], 법원행정처(2020), 571.

제11장 선박·자동차·건설기계·소형선박 및 항공기의 각 공유지분에 대한 집행

Ⅰ. 선박 공유지분에 대한 강제집행

1. 선박 지분에 대한 강제집행의 방법

선박의 지분에 대한 강제집행은 민사집행법 251조에서 규정한 그 밖의 재산권에 대한 강제집행의 예에 따른다(민사집행법 제185조 제1항).1)

원래 선박의 공유는 민법상의 부동산의 공유와는 달라서 단순한 물적 지분을 공유하는 데 그치지 않고 조합 또는 사단에 유사한 단체법적인 성질을 가진다(상법 제756조 이하). 따라서 선박지분을 강제집행하면서 부동산의 공유지분과 마찬가지로 취급하는 것은 불합리하고, 또 공유자의 한 사람에 대한 강제집행을 위하여 선박을 정박시켜 운행하지 못하게 하는 것은 다른 공유자를 해치는 결과를 초래한다. 그러므로 그 강제집행은 그 밖의 재산권에 대한 강제집행의 예에 따르게 한 것이다.2)

2. 선박의 지분에 대한 집행절차

가. 집행법원

선박의 지분에 대한 집행을 관할하는 집행법원에 대하여는, 선적항을 관할하는 법원이 집행법원이 된다는 견해와, 그 밖의 재산권에 대한 강제집행의 일반원칙에 따라 채무자의 보통재판적이 있는 곳의 지방법원(민사집행법 제251조 제1항, 제224조 제1항)이 집행법원이 된다는 견해가 대립된다. 원칙적으로 선적항을 관할하는 지방법원이 집행법원이 되고, 선적항이 없는 경우에는 그 밖의 재산권에 대한 강제집행의 원칙에 의한다고 봄이 합리적이다.3)

나. 집행당사자

공유지분에 대한 집행의 경우 다른 공유자가 제3채무자로 취급되나, 결정에는 선박관리인이 있는 경우에 그 선박관리인만을 기재한다. 선박관리인은 선박의 이용에 관한 재판상 또는 재판 외의 모든 행위를 할 권한이 있는(상법 제765조 제1항) 선박공유자들의 대리인이기 때문이다.4)

---

1) 대법원 1967. 11. 14. 선고 67다2074 판결.
2) 법원실무제요, 민사집행[IV], 법원행정처(2020), 572.
3) 법원실무제요, 민사집행[IV], 법원행정처(2020), 572-573.
4) 법원실무제요, 민사집행[IV], 법원행정처(2020), 573.

다. 강제집행의 신청

선박지분에 대한 강제집행의 신청에 대하여는 민사집행법 제185조 제1항 및 제251조에 의하여 채권집행의 신청에 관한 민사집행법 제225조가 준용되므로, 채권자는 압류명령 신청서에 압류할 채권의 종류와 액수를 명시하여야 한다.

신청서에는 채무자가 선박의 지분을 소유하고 있다는 사실을 증명할 수 있는 선박등기사항증명서나 그 밖의 증명서를 내야 한다(민사집행법 제185조 제2항). 이처럼 채무자의 지분소유를 증명하는 서류를 제출하게 하고 있는 것은, 선박의 지분은 단순한 채권과는 달라서 그의 압류에는 선박 자체의 물적 공유지분의 압류도 포함되고, 따라서 그 압류를 등기할 필요가 있기 때문이다.[5)]

라. 압류명령

선박지분의 압류명령은 채무자를 심문하지 않고 한다(민사집행법 제185조 제1항, 제251조, 제226조). 이 압류명령에는 채무자에 대하여 해당 지분의 매매, 양도, 그 밖의 일체의 처분을 금지한다는 취지를 적는다.

그 주문례는 다음과 같다.

1. 채무자가 가지는 별지 기재 선박의 지분을 압류한다. 2. 채무자는 위 선박의 지분에 관하여 매매, 양도 그 밖에 일체의 처분을 하여서는 아니 된다.

그리고 집행법원이 등기된 선박의 지분을 압류하는 때에는 법원사무관등은 즉시 등기관에게 그 압류를 등기기록에 기입할 것을 촉탁하여야 한다(민사집행규칙 제175조 제5항, 민사집행법 제94조의 준용).

선박지분의 압류명령은 채무자 외에 상법 제764조에 의하여 선임된 선박관리인이 있으면 그에게도 송달하여야 한다(민사집행법 제185조 제3항). 또한, 압류명령은 선박관리인에게 송달하면 채무자에게 송달한 것과 동일한 효력이 있으므로(민사집행법 제185조 제4항), 압류명령이 채무자와 선박관리인 모두에게 송달되는 경우에는 둘 중 먼저 송달된 때에 압류의 효력이 발생한다.[6)]

한편, 선박 지분에 대한 강제집행절차에는 성질상 선박국적증서 등의 제출명령

---

5) 법원실무제요, 민사집행[IV], 법원행정처(2020), 573.

6) 법원실무제요, 민사집행[IV], 법원행정처(2020), 574.

(민사집행법 제174조), 인도명령(민사집행법 제175조), 감수·보존처분(민사집행법 제178조)에 관한 규정 등이 적용되지 않는다고 설명된다.[7)]

마. 현금화 및 변제절차

선박지분의 현금화에는 양도명령, 매각명령, 관리명령과 그 밖의 현금화방법 등 민사집행법 제241조에 의한 특별한 현금화방법이 주로 이용된다.

선박의 지분에 대한 집행의 배당절차에는 그 밖의 재산권에 대한 집행의 변제절차에 적용되는 동산집행의 배당절차에 관한 규정이 적용된다.[8)]

바. 지분이전등기

선박의 지분에 관하여 등기가 있는 경우 양도명령이 확정되거나 매각명령에 의한 매각이 종료한 때에는, 집행법원은 법원사무관등으로 하여금 즉시 등기관에게 지분의 이전등기와 압류등기의 말소를 촉탁하도록 하여야 한다(민사집행규칙 제175조 제5항, 민사집행법 제144조 제1항).

만약 압류명령 신청이 취하되거나 집행절차가 취소되는 등 현금화에 이르지 않고 집행절차가 완결된 때에는 집행법원은 법원사무관등으로 하여금 등기관에게 압류등기의 말소를 촉탁하도록 하여야 한다.[9)]

II. 자동차·건설기계·소형선박·항공기의 각 지분에 대한 집행

자동차의 공유지분에 대한 강제집행은 민사집행법 제251조에서 규정한 그 밖의 재산권에 대한 강제집행의 예에 따라 실시한다(민사집행규칙 제129조). 그러므로 자동차에 대한 강제집행을 하는 경우와 달리 자동차의 공유지분에 대한 강제집행을 하는 경우에는 인도명령(민사집행규칙 제111조 제1항, 제113조)을 할 수 없다.[10)]

건설기계관리법에 따라 등록된 건설기계 및 '자동차 등 특정동산 저당법'의 적용을 받는 소형선박에 대한 강제집행에 관하여는 민사집행규칙 중 자동차의 강제집행에 관한 규정을 준용하므로(민사집행규칙 제130조 제1항), 각각의 공유지분에 대한

---

7) 선박집행실무, 부산지방법원(2013), 207.
8) 법원실무제요, 민사집행[IV], 법원행정처(2020), 574.
9) 법원실무제요, 민사집행[IV], 법원행정처(2020), 574.
10) 법원실무제요, 민사집행[IV], 법원행정처(2020), 574-575.

강제집행은 자동차의 공유지분에 대한 강제집행과 마찬가지로 민사집행법 제251조에서 규정한 그 밖의 재산권에 대한 강제집행의 예에 따라 실시한다(민사집행규칙 제129조).[11]

항공안전법에 따라 등록된 항공기에 대한 강제집행은 선박에 대한 강제집행의 예에 따라 실시하므로(민사집행규칙 제106조), 그 공유지분에 대한 강제집행은 민사집행법 251조에서 규정한 그 밖의 재산권에 대한 강제집행의 예에 의한다(민사집행법 제185조 제1항).

이는 모두 선박지분의 집행방법을 정한 민사집행법 제185조와 같은 취지로서, 부동산 공유지분의 집행에 관한 민사집행법 제139조, 제140조 등에 의하지 않는다는 취지이다.[12]

11) 법원실무제요, 민사집행[IV], 법원행정처(2020), 575.

12) 법원실무제요, 민사집행[IV], 법원행정처(2020), 575; 사법보좌관실무편람(II)-채권집행 및 배당절차-, 법원행정처(2015), 244.

제12장 골프 회원권, 스포츠센터 회원권, 콘도 회원권에 대한 집행

Ⅰ. 총설

1) 골프 회원권은 그 골프장의 경영 형태와 관련하여 법적 성질이 분명하지 않을 뿐만 아니라 회원권의 내용도 골프클럽에 따라 조금씩 달라서 일률적이지 않아 집행절차에서 곤란한 문제가 있다.

골프장의 경영형태는 각양각색이지만 기본적으로는 ① 예탁금 회원제(골프클럽에 입회하는 회원이 골프장을 경영하는 회사에 예탁금을 예탁하는 형태), ② 주주 회원제(골프클럽에 입회하는 회원이 골프장을 경영하는 주식회사의 주주가 되고, 동시에 클럽의 회원이 되어 시설을 이용하는 권리를 취득하는 형태), ③ 사단법인 회원제(골프장 회원이 골프장을 경영하는 사단법인의 구성원이 되는 형태)의 3가지 종류가 있다. 예탁금 회원제가 가장 많고 주주 회원제가 그 다음을 차지하며, 사단법인 회원제는 공익법인 등이 설치한 골프장의 경우에 예외적으로 존재한다. 어떤 경우이든 회원권은 골프장과 부대시설의 우선적 이용권을 중심으로 한 권리임에 틀림없으나, 예탁금 회원제는 예탁금 반환청구권이라는 채권과 결부된 것임에 비하여, 주주 회원제 또는 사단법인 회원제는 주주 또는 사단법인의 사원인 지위와 결합한 것이라는 점에서 차이가 있다. 이 중 주주 회원제와 사단법인 회원제는 채무자의 권리내용과 제3채무자의 법인 형태(주식회사인지 사단법인인지)를 통하여 구분할 수 있다.

2) 골프 회원권이 민사집행법상 그 밖의 재산권으로서 집행의 대상이 되는지가 문제될 수 있다. 어떤 권리가 그 밖의 재산권으로서 집행의 대상이 되기 위해서는 ① 재산적 가치를 가지고, ② 양도성을 가지는 것이어야 한다는 2가지 요건을 갖추어야 한다. 골프 회원권이 재산적 가치를 가진다는 데 이론(異論)이 없지만, 양도성에 관해서는 골프 회원권의 형태와 관련하여 문제가 있다.

먼저 사단법인 회원제의 경우에는 사원의 지위와 밀접하게 결부되어 있고, 정관에서 지분의 양도를 인정하고 있는 경우 이외에 일반적으로 양도성을 가지지 않으므로, 원칙적으로 집행적격이 인정되지 않는다.[1]

예탁금 회원제 골프 회원권은 골프장과 부대시설을 클럽의 규칙에 따라 우선적으로 이용할 수 있는 권리, 예탁금 반환청구권 등의 권리와 연회비 납입 등의 의무를 포괄하는 일종의 계약상의 지위라고 해석된다. 일반적으로 골프클럽의 정관이나 회칙에서 회원권을 예탁금의 반환청구권과 함께 양도할 수 있다고 규정하는 경우가

1) 법원실무제요, 민사집행[IV], 법원행정처(2020), 576.

많고, 실제 골프클럽이 발행한 입회보증금의 예탁금 증서를 배서·교부하는 등의 방법으로 자유롭게 거래되고 있다.2)

따라서 주주 회원제나 예탁금 회원제의 경우에는 회칙 등에서 양도·상속이 부정되고 있는 것은 집행적격이 인정되지 않지만, 일반적으로 양도성이 인정되고 있으므로 집행적격을 인정할 수 있다. 이러한 경우 양도에 관하여 이사회의 승인을 필요로 하는 경우가 많은데, 양도성 그 자체는 부정되어 있지 않고 또한 이사회의 승인도 현실적으로 비교적 완화되어 있는 것이 많은 것으로 보인다. 그런데 주주 회원제 회원권의 경우에는 주권에 대한 압류도 함께 하지 않으면 집행의 실효를 거둘 수 없게 되는 사정 등에 비추어, 집행의 대상으로서 예탁금 회원제 골프 회원권의 쪽이 간편하고, 예탁금 회원제 골프 회원권이 압도적으로 많으므로, 실무에서 집행 신청되는 것은 대부분 예탁금 회원제 골프 회원권이다.3)

3) 골프 회원권은 그 밖의 재산권에 대한 집행의 대상이 된다.4) 회원이 탈퇴할 때 행사할 수 있는 정지조건부 채권인 예탁금 반환청구권에 대하여는 금전채권에 대한 집행의 방법, 즉 압류 및 전부명령을 받는 방법으로도 집행할 수 있다.5)

이에 대하여는 다음과 같은 반대 견해가 있다. 골프 회원권은 당초의 예탁금에 비하여 고액으로 거래되고 있는 것이 보통이므로 예탁금 반환청구권에 대하여 금전채권으로 집행하는 것은 적당한 집행방법이 아닌 경우가 많고, 일종의 계약상 지위의 내용의 일부에 불과한 예탁금 반환청구권만에 대한 압류는 골프 회원권의 재산적 가치를 파괴하는 것으로서, 채무자가 탈퇴하거나 골프장이 폐쇄되어 있는 등의 특별한 사정이 있는 경우에만 허용된다고 한다.6)

Ⅱ. 압류

골프 회원권에 대한 강제집행은 그 밖의 재산권에 대한 집행으로서 원칙적으로 채권집행의 예에 따른다. 1차적으로 채무자의 보통재판적이 있는 곳의 지방법원, 그것이 없는 때에는 제3채무자의 보통재판적이 있는 곳의 지방법원이 집행법원이 된다.

---

2) 법원실무제요, 민사집행[IV], 법원행정처(2020), 576.
3) 법원실무제요, 민사집행[IV], 법원행정처(2020), 577.
4) 대법원 2010. 7. 26.자 2010마651 결정 참조.
5) 대법원 1989. 11. 10. 선고 88다카19606 판결.
6) 中野貞一郎, 民事執行法, 青林書院(2010), 761.

골프 회원권에 대한 압류명령의 신청서에는 채권자, 채무자, 집행권원 이외에 제3채무자도 표시하는 등 민사집행규칙 제159조 제1항 각 호에 정해진 사항을 표시하여야 한다. 이 경우에 골프클럽이 아니라 골프장을 경영하는 회사가 제3채무자로 되는 점에 유의하여야 한다.[7)]

또한, 신청서에는 강제집행의 목적인 재산으로서 골프 회원권을 표시하여야 하는데, 그 특정 방법으로는 골프장의 명칭, 등록자의 이름, 회원번호, 예탁금액 등을 적어야 한다. 가령 '채무자가 제3채무자 경영의 컨트리클럽에 대하여 가지는 개인 정회원권(회원증 번호)'의 방식을 예로 들 수 있다.[8)]

압류명령은 채무자와 제3채무자에게 송달하여야 하고, 제3채무자에 대한 송달로써 압류의 효력이 발생한다.[9)]

집행법원은 압류명령의 송달과 함께 제3채무자에 대하여 '채무자가 회원이 아닌 경우에는 그 취지, 회원인 경우에는 회원권에 압류나 체납처분 등의 경합이 있는지 여부 또는 체납회비의 존부 등을 회답하여 줄 것'을 최고하여 그 후의 집행절차에 참고하는 것이 바람직하다. 정관이나 규칙이 제출되어 있지 않은 경우에는 그 송부도 촉탁하고 회원권 양도절차 등도 조회할 수 있다.[10)]

이하에서는 골프 회원권의 유형별로 살펴보기로 한다.

1. 예탁금제 회원권

가. 이른바 예탁금제 골프 회원권은 회원의 골프장 시설업자에 대한 회원가입계약상의 지위 내지 회원가입계약에 의한 채권적 법률관계를 총체적으로 가리키는 것이다.

이러한 예탁금제 골프 회원권을 가진 자는 회칙이 정하는 바에 따라 골프장 시설을 우선적으로 이용할 수 있는 권리인 '시설 이용권'과, 회원자격을 보증하는 소정의 입회금을 예탁한 후 회원을 탈퇴할 때 그 원금을 반환받을 수 있는 권리인 '예탁금 반환청구권'과 같은 개별적인 권리를 가지는데, 그중 개별적인 권리로서의 시설 이용권이나 예탁금 반환청구권은 채권으로서 소멸시효의 대상이 된다.[11)]

---

7) 법원실무제요, 민사집행[IV], 법원행정처(2020), 577.
8) 법원실무제요, 민사집행[IV], 법원행정처(2020), 577.
9) 법원실무제요, 민사집행[IV], 법원행정처(2020), 578.
10) 법원실무제요, 민사집행[IV], 법원행정처(2020), 578.
11) 대법원 2015. 1. 29. 선고 2013다100750 판결.

나. 예탁금제 회원권과 관련된 압류는 회원권 자체를 압류하는 방법과, 회원이 탈회할 때 행사할 수 있는 정지조건부 채권인 예탁금 반환청구권을 압류·전부하는 방법[12)]이 있으나, 통상 전자의 방법에 의한다.[13)]

다만, 채무자인 회원이 이미 시설경영회사로부터 제명되거나 회원계약이 해제됨으로써 예탁금 반환청구권만이 남은 경우에는 시설이용권 등 그 밖의 권리와 의무는 소멸하기 때문에 그와 같은 취지의 자료를 제출하여 예탁금 반환청구권만을 압류하는 것도 가능한데, 이는 금전채권에 대한 채권집행절차가 된다.[14)]

다. 예탁금제 회원권의 압류의 효력은 예탁금 반환청구권에도 당연히 미친다는 데 이론(異論)이 없으나, 압류신청서에는 예탁금 반환청구권도 압류의 대상으로 적어 두는 것이 바람직하다.

마찬가지로 주주 회원제 회원권의 압류의 경우에는 주식도 압류의 대상으로 적어 두는 것이 바람직하다.[15)]

라. 첨부서류는 보통의 채권압류와 특히 다르지는 않지만, 양도성의 유무를 확인하기 위하여 골프클럽의 정관이나 규칙 등을 제출하도록 하여 그 회원권의 성질과 양도절차를 알아보아 그 회원권에 적절한 집행을 하도록 하여야 한다.

양도에 골프장 경영회사의 승인을 요하는 경우에도 압류에는 이러한 양도승인이 필요하지 않으므로 골프장 경영회사의 승낙서 등은 첨부하지 않아도 된다.[16)]

마. 압류목적물의 특정은 회원권의 명칭, 회원번호, 예탁금 액면금액을 기재하여 특정하게 되나, 통상 채권자가 그것을 정확히 알기 어렵고, 채무자(회원)와 제3채무자(시설경영회사) 사이에서 다른 회원권과 식별이 가능할 정도이면 충분하므로, 회원권의 특정으로는 회원권의 명칭(예를 들어 ○○컨트리클럽의 회원권)으로도 가능하다.[17)]

---

12) 대법원 1989. 11. 10. 선고 88다카19606 판결.
13) 법원실무제요, 민사집행[IV], 법원행정처(2020), 578.
14) 법원실무제요, 민사집행[IV], 법원행정처(2020), 578.
15) 법원실무제요, 민사집행[IV], 법원행정처(2020), 578-579.
16) 법원실무제요, 민사집행[IV], 법원행정처(2020), 579; 이원, "그 밖의 재산권에 대한 강제집행", 민사집행소송, 한국사법행정학회(2008), 599.

바. 압류명령에는 제3채무자에 대하여 채무자에 대한 예탁금의 반환(예탁금 회원제의 경우)이나, 회원권 양도의 승낙 또는 명의개서(주로 주주 회원제의 경우)를 금지하는 내용을 적어야 하는데, 그 주문례는 다음과 같다.[18]

> 1. 채무자가 제3채무자에 대하여 가지는 별지 기재의 골프 회원권을 압류한다.
> 2. 제3채무자는 위 골프 회원권에 대하여 양도를 승낙하거나 채무자의 신청으로 예탁금의 반환 또는 명의개서 그 밖에 일체의 변경절차를 하여서는 아니 된다.
> 3. 채무자는 위 골프 회원권에 대하여 예탁금의 반환을 청구하거나, 매매, 양도, 그 밖의 처분행위를 하여서는 아니 된다.

사. 예탁금 회원제의 경우 압류명령에 따라 채권자는 민사집행법 제234조에 의하여 집행관을 통하여 예탁금 증서를 강제집행의 방법으로 채무자로부터 인도받을 수 있다.[19]

예탁금 증서는 유가증권이 아니고,[20] 독립하여 동산 집행의 대상이 되는 것은 아니지만,[21] 예탁금 증서가 없을 경우 회원권을 취득한 자가 골프장 경영회사로부터 명의개서(양도승인)를 받는 데 실제상 곤란하게 되므로 예탁금 증서를 인도받아 두는 것이 좋다고 설명된다.[22]

아. 압류명령을 위반한 채무자의 행위는 압류채권자에게 대항할 수 없다.

다만 채무자는 회원권을 압류하더라도 시설의 우선적 이용권의 행사가 금지되지 않으므로, 그 시설을 이용하는 것이 가능하다. 또한, 압류에 의하여 회원권은 소멸하지 않고 다른 사람에게 이전되는 것도 아니므로, 채무자(회원)는 연회비 지불의무를 면하지 못한다.[23]

자. 제3채무자가 압류명령을 위반하여 회원을 퇴회(退會)시켜 예탁금을 반환하더

---

17) 법원실무제요, 민사집행[IV], 법원행정처(2020), 579.

18) 법원실무제요, 민사집행[IV], 법원행정처(2020), 579.

19) 법원실무제요, 민사집행[IV], 법원행정처(2020), 579.

20) 日最判 1982. 6. 24.

21) 中野貞一郎, 民事執行法, 青林書院(2010), 762.

22) 손흥수, 민사집행실무총서(II) 채권집행, 한국사법행정학회(2017), 566; 손진홍, 채권집행실무, 한국사법행정학회(2019), 334 각주 630)

23) 법원실무제요, 민사집행[IV], 법원행정처(2020), 579-580.

라도 채권자에게 대항할 수 없으므로, 그 경우 채권자의 추심 등에 대하여 이중지급의 문제가 생길 수 있다.

그러나 채무자(회원)에게 시설을 이용시키는 데에는 문제가 없고, 채무자(회원)에게 연회비의 체납 등의 제명사유 또는 회원계약 해제사유가 있는 경우에는 회원을 제명하거나 회원계약을 해제할 수 있다. 회원권 압류 후에 채무자가 제명되거나 회원계약을 해제당하면 회원권의 가치는 예탁금의 액면금액까지 하락하게 되므로, 채권자로서는 이를 방지할 필요가 있으나, 제3채무자인 골프장 경영회사가 채무자를 제명하거나 회원계약을 해제하기에 앞서 압류채권자에게 통지할 의무가 없으므로, 이를 미연에 방지하기는 어렵다.[24] 다만 연회비 등의 금전채무에 대하여는 채권자가 이를 대위변제할 수 있다.[25]

차. 예탁금제 골프 회원권은 회원의 골프클럽 운영회사에 대한 회원가입계약상의 지위 내지 회원가입계약에 의한 채권적 법률관계를 총체적으로 가리키는 것으로서, 그에 대하여는 그 회원권 자체 또는 회원이 탈퇴할 때 행사할 수 있는 예치금 반환청구권에 대하여 가압류 또는 가처분의 보전처분을 할 수 있다.[26]

또한, 골프 회원권의 양수인이 양도인에 대하여 가지는 골프 회원권 명의변경청구권 등에 기하여 하는 골프 회원권 처분금지가처분결정이 제3채무자인 골프클럽 운영회사에 먼저 송달되고, 그 후 가처분채권자가 골프클럽 운영에 관한 회칙에서 정한 대로 회원권 양도·양수에 대한 골프클럽 운영회사의 승인을 얻었을 뿐만 아니라 본안소송에서도 승소하여 확정되었다면, 그 가처분결정의 송달 이후에 실시된 가압류 등의 보전처분 또는 그에 기한 강제집행은 그 가처분의 처분금지효에 반하는 범위 내에서는 가처분채권자에게 대항할 수 없다.[27]

2. 주주 회원제 회원권

가. 수수 회원권은 주주권 그 자체는 아니고 회원이 경영회사의 주주임을 전제로 회사와 회원 간에 체결된 입회이용계약상의 지위이므로, 주권만을 압류하면

24) 법원실무제요, 민사집행[IV], 법원행정처(2020), 580.

25) 법원실무제요, 민사집행[IV], 법원행정처(2020), 580.

26) 대법원 1989. 11. 10. 선고 88다카19606 판결 참조.

27) 대법원 2009. 12. 24. 선고 2008다10884 판결, 대법원 2009. 12. 24.자 2007마184 결정, 대법원 2014. 6. 26. 선고 2012다116260 판결.

회원권을 압류한 것이 되지 않을 뿐만 아니라 재산적 가치도 없다.[28]

나. 한편, 해당 주식회사의 주권이 발행되어 있는 이상, 골프 회원권의 압류에 주권의 압류가 병행되지 않으면 집행으로서의 실효성이 없게 된다.

주권이 발행된 경우에 주식의 양도는 주권의 교부를 요하고(상법 제336조 제1항), 주권의 교부에 의하여 주식을 양도받은 양수인은 주권을 회사에 제시하여 단독으로 명의개서를 청구할 수 있기 때문이다. 따라서 주주 회원제 골프 회원권의 압류는 회원권(그 밖의 재산권)에 대한 집행과 주권(동산)에 대한 집행이 불가분의 일체로서 이루어져야 한다.

이에 관하여는 ① 주권을 동산집행(민사집행법 제188조 제1항)으로 압류하는 방법, ② 골프 회원권을 그 밖의 재산권(민사집행법 제251조)으로 압류함과 동시에 주권을 동산으로서 압류(민사집행법 제188조 제1항)하는 방법, ③ 그 밖의 재산권에 대한 압류로서 회원권과 주주권을 압류(민사집행법 제251조)한 다음, 주권에 관하여는 인도집행(민사집행법 제234조 제1항)을 하는 방법 등이 논의되고 있다.[29]

3. 사단법인 회원제 회원권

사단법인 회원제의 경우에 그 지분의 양도가 허용되는 경우에는 사원의 지분에 대한 압류의 방식으로 하여야 할 것이다. 그 주문례는 다음과 같다.

1. 채무자의 제3채무자에 대한 별지 기재의 지분을 압류한다. 2. 제3채무자는 채무자에 대하여 이익금의 배당, 지분의 환급, 잔여재산의 분배를 하여서는 아니 된다. 3. 채무자는 위 지분을 추심하거나 기타의 방법으로 처분하여서는 아니 된다.

Ⅲ. 현금화

1. 개요

골프 회원권의 현금화는 양도명령, 매각명령 등 특별현금화방법(민사집행법 제

28) 법원실무제요, 민사집행[IV], 법원행정처(2020), 580-581.
29) 자세한 내용은, 손흥수, 민사집행실무총서(II) 채권집행, 한국사법행정학회(2017), 568~570 참조.

241조)에 의하는 것이 보통이다. 압류명령의 신청과 동시에 특별현금화명령의 신청도 할 수 있다. 회원권의 양도에 관하여 골프클럽 이사회의 승인을 요하는 것이 대부분이고, 양도명령이나 매각명령에 따라 회원권을 취득한 압류채권자나 매수인은 이사회의 승인을 얻지 않으면 회사에 대하여 양도의 효력을 주장할 수 없으므로, 별도로 이사회의 승인을 얻어 둘 필요가 있다.[30]

2. 제3채무자에 대한 사실조회

현금화명령 신청이 있는 경우 제3채무자에게 다음과 같은 사항을 조회한다. 압류명령 신청과 동시에 현금화명령 신청이 있는 경우에는 압류명령을 발령하면서 채권자에 의한 진술최고 신청이 없더라도 아래 사항을 조회한다.[31]

1) 채무자가 회원인지, 회원이라면 채무자가 제3채무자에 대하여 시설이용권 및 예탁금 반환청구권만을 갖는지, 아니면 제3채무자의 주주 또는 지분권자로서 권리를 갖는지 및 회원자격 취득 시 납입한 금액과 회원번호

2) 채무자가 주주 또는 지분권자라면, 그에 대하여 주권이나 기타의 증서를 발행한 사실이 있는지

3) 채무자의 회원권에 대하여 제3자로부터 가압류, 압류, 체납처분에 의한 압류, 질권설정 등이 있는지, 있다면 그 권리자 및 청구금액

4) 회원권의 양도가 가능한지 및 그 양도절차

5) 채무자에게 회원권과 관련된 체납회비 등이 있는지 및 체납회비가 있는 경우 양수인에게 납부의무가 승계되는지

6) 현재 회원권의 시세

7) 정관이나 규칙 또는 회칙 등 회원권에 관한 권리의무관계가 규정된 자료

3. 현금화명령

제3채무자에 대한 조회결과 이미 발령한 압류명령이 회원권의 형태와 맞지 않는 경우에는 압류명령을 경정하거나, 경정사항이 아닌 때에는 압류명령을 취하하고 새로 신청하도록 한다.[32]

---

30) 법원실무제요, 민사집행[IV], 법원행정처(2020), 581-582.

31) 법원실무제요, 민사집행[IV], 법원행정처(2020), 582; 사법보좌관실무편람(II)-채권집행 및 배당절차-, 법원행정처(2015), 200-201.

골프 회원권의 현금화는 주주회원인 경우에는 주식에 대한 집행방법에 의하고, 그 이외의 경우에는 특별현금화방법에 의한다.[33]

가. 양도명령

양도명령의 주문은 "위 당사자 간 ○○지방법원 20○○타채○○○호 골프 회원권 압류명령에 의하여 압류된 별지 기재의 골프 회원권을 ○○○원의 지급에 갈음하여 채권자에게 양도한다."와 같은 방식이 된다.

양도명령은 채권자의 경합이 있는 때에는 허용되지 않고, 미리 적당한 감정인으로 하여금 평가하도록 하여야 한다(민사집행규칙 제165조).

양도명령에 골프장 경영회사에 의한 사전 양도승인이 요구되는 것은 아니다.[34]

나. 매각명령

1) 매각명령의 주문은 "위 당사자 간 ○○지방법원 20○○타채○○○호 골프 회원권 압류명령에 의하여 압류된 별지 기재의 골프 회원권을 매각할 것을 명한다. 채권자의 위임을 받은 집행관은 유체동산 매각의 절차에 따라 매각하여야 한다."와 같은 방식이 된다.

2) 매각명령은 양도명령의 경우와 달리 압류가 경합된 경우나 배당요구가 있는 경우에도 발령할 수 있다.

다만 매각명령의 경우에도 무잉여압류나 초과압류 여부를 확인하고 매각에 참고하기 위하여 미리 적당한 감정인으로 하여금 평가하도록 함이 바람직하다.

3) 양도명령과 매각명령 모두가 가능하더라도, 채권자 스스로 회원이 되는 것을 바라지 않는 경우나 회원권의 가격이 집행채권을 초과하는데 채권자가 초과액의 납부를 바라지 않는 경우에 채권자는 매각명령을 선택하여 신청하게 된다.[35]

4) 매각명령의 발령이나 그 집행절차에서의 매수 신청에 골프장 경영회사에 의한 사전 양도승인을 필요로 하지 않음은 양도명령의 경우와 같고, 채무자의 심문, 회원권의 평가도 마찬가지이다.[36]

---

32) 법원실무제요, 민사집행[IV], 법원행정처(2020), 582; 사법보좌관실무편람(II)-채권집행 및 배당절차-, 법원행정처(2015), 201.

33) 법원실무제요, 민사집행[IV], 법원행정처(2020), 582; 사법보좌관실무편람(II)-채권집행 및 배당절차-, 법원행정처(2015), 201.

34) 법원실무제요, 민사집행[IV], 법원행정처(2020), 583.

35) 법원실무제요, 민사집행[IV], 법원행정처(2020), 583.

5) 집행관이 매각을 마친 때에는 매각대금과 매각조서 등 관계서류를 집행법원에 제출하여야 한다. 매각대금이 제출되면 배당절차가 개시된다(민사집행법 제252조 제3호).

다. 회원권의 평가[37]

양도명령, 매각명령의 어느 경우에도 골프 회원권 등의 평가를 하여야 한다. 경제신문에 시세표가 게재되어 있는 경우에는 그 금액에 의거할 수 있는데, 업자가 골프잡지나 스포츠신문 등의 광고란에 게재한 시세는 반드시 객관성을 가지는 것은 아니므로 신뢰할 수 있는 업자에게 직접 문의할 필요가 있다. 시세표가 없는 회원권의 경우에는 해당 골프장 경영회사에 직접 과거의 거래사례를 묻거나 신뢰할 수 있는 업자에게 조회하는 등의 방법에 의할 수 있다.

Ⅳ. 관련 문제

1. 예탁금 반환청구권에 대한 추심·전부

1) 회원권에 대한 집행을 개시하였는데, 채무자(회원)가 골프장 경영회사로부터 제명되거나 회원계약을 해제당한 경우에는 예탁금 반환청구권만이 잔존하고, 그 밖의 권리·의무는 소멸한다. 이 경우 골프 회원권에 대한 압류의 효력은 금전채권인 예탁금 반환청구권에 미치므로, 압류채권자는 예탁금에 대한 추심이 가능하고, 전부명령을 얻는 것도 가능하다.[38]

2) 명의개서 정지기간 중이라는 이유 등으로 압류한 회원권에 대한 양도가 골프장 경영회사에 대항할 수 없는 경우나, 회원권 시세가 예탁금액보다 낮다는 등의 이유로 양도명령이나 매각명령에 비하여 예탁금을 추심하는 쪽이 경제적인 경우, 압류채권자는 압류에 기하여 추심명령을 얻어 회원계약을 해제(퇴회)하는 것도 고려할 수 있다. 이 경우에도 예탁금의 추심이 가능하다.[39]

36) 법원실무제요, 민사집행[IV], 법원행정처(2020), 583.
37) 법원실무제요, 민사집행[IV], 법원행정처(2020), 583-584.
38) 법원실무제요, 민사집행[IV], 법원행정처(2020), 584.
39) 법원실무제요, 민사집행[IV], 법원행정처(2020), 584.

2. 명의개서 정지기간 중 골프 회원권의 환가

1) 원칙적으로 채무자를 심문한 다음 평가를 명하는 것이 바람직하다. 평가인은 명의개서 정지의 이유와 그것이 풀리는 기간 및 가능성을 조사한다. 매각하는 경우에는 경매공고 시에 명의개서 정지기간 중인 사실과 회원권 증서를 소지하고 있지 않은 경우에는 그 취지를 명시한다.[40]

2) 골프 회원권은 계약상의 지위이기 때문에 양도한 당사자 간에는 유효하게 권리이전의 효력이 생기고, 다만 명의개서까지 사이에 시설경영자와의 사이에서 상대적으로 효력이 없을 뿐이므로, 명의개서 정지기간 중이라도 양도명령이나 매각명령을 발령하는 것은 문제가 없다.[41]

Ⅴ. 스포츠센터 회원권, 콘도 회원권에 대한 집행

스포츠센터 회원권이나 콘도 회원권에 대한 집행도 골프 회원권과 마찬가지로 여러 가지의 형태가 있으므로, 그 종류에 따라서 골프 회원권에 대한 집행방법에 준한다.

40) 법원실무제요, 민사집행[IV], 법원행정처(2020), 584.
41) 법원실무제요, 민사집행[IV], 법원행정처(2020), 584.

제13장 인터넷 도메인이름에 대한 집행

Ⅰ. 서설

‘인터넷주소’란 인터넷에서 국제표준방식 또는 국가표준방식에 의하여 일정한 통신규약에 따라 특정 정보시스템을 식별하여 접근할 수 있도록 하는 숫자·문자·부호 또는 이들의 조합으로 구성되는 정보체계로서, ‘인터넷 프로토콜(protocol) 주소’(IP 주소: 인터넷에서 컴퓨터 및 정보통신설비가 인식하도록 만들어진 것) 또는 ‘도메인(domain)이름’(인터넷에서 인터넷 프로토콜 주소를 사람이 기억하기 쉽도록 하기 위하여 만들어진 것)을 뜻한다[인터넷주소자원에 관한 법률(이하 ‘인터넷주소법’) 제2조 제1호].

도메인이름은 인터넷의 이용자가 인터넷을 이용할 경우, DNS(Domain Name System)에 의하여 자동적으로 원래의 숫자의 조합으로 변환된다. 도메인이름은 각 주소의 소유자가 누구인지를 인식시키기 위하여 계층구조를 이루고 있다. 동일한 명칭을 동일한 계층에서 동시에 사용할 수 없는 고유성을 가지고 있기 때문에 도메인이름의 소유자는 세계에서 유일한 독점권을 가진다고 볼 수 있다.[1)]

도메인에는 국가도메인과 일반도메인이 있다. 국가도메인은 인터넷상에서 국가를 나타내는 도메인으로 대한민국의 경우 최상위도메인은 ‘.kr(영문 도메인)’과 ‘.한국(자국어 도메인)’이다. 일반도메인은 국가와 관계없이 등록인의 목적이나 특성에 따라 사용할 수 있는 도메인을 말하는데, 최상위도메인의 대표적인 예로 ‘.com(회사)’, ‘.net(네트워크 관련기관)’, ‘.org(비영리기관)’, ‘.biz(사업)’ 등을 들 수 있다. 대한민국의 국가최상위도메인은 한국인터넷진흥원[2)]이 그 관리기관이지만, 등록업무는 한국인터넷진흥원이 선정한 등록대행자가 이를 대행하고 있다. 일반최상위도메인은 도메인별로 관리기관이 다른데, 등록업무는 국제인터넷주소관리기구(ICANN)로부터 인증받은 다수의 등록기관이 그 업무를 수행하고 있다. 이하에서는 대한민국의 국가도메인을 중심으로 설명한다.

1. 도메인이름의 법적 성질

도메인이름 자체의 법적 성질에 대해서는 다양한 견해가 제시되고 있는데,[3)] 대

1) 법원실무제요, 민사집행[IV], 법원행정처(2020), 585.

2) ‘정보통신망이용촉진 및 정보보호 등에 관한 법률’ 제52조에 따른 특수(재단)법인으로서, 인터넷주소법 제9조에 의하여 인터넷주소 관리기관으로 지정되어 인터넷주소자원의 관리에 관한 업무를 수행한다.

법원 판례의 입장은 다음과 같다.

1) 도메인이름은 원래 인터넷상에 서로 연결되어 존재하는 컴퓨터 및 통신장비가 인식하도록 만들어진 인터넷 프로토콜 주소(IP 주소)를 사람들이 인식·기억하기 쉽도록 숫자·문자·기호 또는 이들을 결합하여 만든 것으로, 상품이나 영업의 표지로서 사용할 목적으로 한 것이 아니다. 따라서 특정한 도메인이름으로 웹사이트를 개설하여 제품을 판매하는 영업을 하면서 그 웹사이트에서 취급하는 제품에 독자적인 상표를 부착·사용하고 있는 경우에는 특단의 사정이 없는 한 그 도메인이름이 일반인들을 그 도메인이름으로 운영하는 웹사이트로 유인하는 역할을 한다고 하더라도, 도메인이름 자체가 곧바로 상품의 출처표시로서 기능한다고 할 수는 없다.[4)]

2) 상표법 제108조 제1항이 정하는 '상표권의 침해'가 인정될 수 있으려면 '상표의 사용'이 전제되어야 하는데, 도메인이름의 경우에는 도메인이름의 사용태양 및 그 도메인이름으로 연결되는 웹사이트 화면의 표시 내용 등을 전체적으로 고려하여 거래통념상 상품의 출처를 표시하고 자기의 업무에 관계된 상품과 타인의 업무에 관계된 상품을 구별하는 식별표지로 기능하고 있을 때에는 상표의 사용으로 볼 수 있다.[5)]

2. 도메인이름 등록인의 권리(도메인이름 권리)의 법적 성격

1) 도메인이름은, 특허권이나 상표권이 특허청의 등록심사절차를 거쳐 등록되면 특허법이나 상표법에 의하여 배타적 효력을 인정받는 것과는 달리, 이와 같은 등록심사절차 없이 인터넷주소법에 의한 인터넷주소 관리기관인 한국인터넷진흥원의 '도메인이름 관리준칙'[6)]에 따라 선신청주의에 따라 등록이 이루어지고 있고, 특허권·상표권과 같은 배타적 권리를 인정하는 명문의 규정이 없다.

또한, 실무상 도메인이름의 등록은 등록인과 등록(대행)기관(인터넷주소법 제14조 제1항, '도메인이름 관리준칙' 제7조)과의 등록약관에 기초한 계약에 의하여 이루어지는데, 우리나라의 대부분의 등록대행기관의 도메인등록약관에는 도메인이름에 대

---

3) 상세한 내용은, 김경욱, "집행절차에 있어서 도메인 이름", 경영법률 제18집 제4호, 한국경영법률학회(2008), 489~491 참조.

4) 대법원 2004. 5. 14. 선고 2002다13782 판결.

5) 대법원 2008. 9. 25. 선고 2006다51577 판결 참조.

6) 인터넷주소 관리기관인 한국인터넷진흥원이 인터넷주소법 제13조에 의하여 인터넷주소의 할당 또는 등록업무에 관한 사항 등을 작성하여 과학기술정보통신부장관의 승인을 받은 것으로, 도메인이름 관리에 관한 구체적 사항을 정함을 목적으로 한다.

한 권리가 소유권이 아닌 '사용권'임을 명시하고 있다(다만 일부 등록대행기관의 약관에서는 '도메인 소유자' 라고 표현하고 있다).[7]

2) 인터넷주소법 제11조 제1항에 의하면, 도메인이름 등을 사용하려는 자는 인터넷주소 관리기관 등에 이를 등록하여야 하는데, 같은 조 제3항에 따라 도메인이름의 등록기준 및 등록방법 등에 관하여 위임을 받은 인터넷주소법 시행령 제14조 제1항은, 인터넷주소 관리기관은 (i) 도메인이름에 관하여 국제표준에서 정하는 기술규격 적합 여부, (ii) 인터넷주소 관리준칙에서 정하는 도메인이름의 종류별 등록자격 적합 여부를 기준으로 하여 등록하여야 한다고 규정하고 있다.

3) 한국인터넷진흥원은 도메인이름 등록신청서가 한국인터넷진흥원에 도달한 순서대로 도메인이름을 데이터베이스에 등록하여야 하고(도메인이름 관리준칙 제9조 제1항), 이와 관련된 등록정보의 변경 신청이 있는 경우 해당 등록정보를 데이터베이스에 반영하여야 한다(도메인이름 관리준칙 제10조 제2항).

4) 이러한 규정들을 종합해 볼 때, 도메인이름 등록인과 등록기관 사이에는 도메인이름의 사용에 관한 일의 처리와 관련된 위임계약이 성립하고, 이는 사용기간 동안 지속적으로 도메인이름을 사용할 수 있도록 하여야 하는 계속적 계약이며, 그 계약에 따라 도메인이름 등록인은 사용기간 동안 도메인이름 사용권을 갖게 된다.[8]

II. 도메인이름 사용권에 대한 압류의 가능성

도메인이름은 그 자체로서는 압류가 가능한 민사집행법 제251조의 '그 밖의 재산권'이 아니다. 과거 도메인이름을 절대적 권리로 파악한 경우도 있었으나, 도메인이름은 공적 자원으로서 개인이 전유할 수 없는 것이다. 그럼에도 도메인이름의 등록·사용에 대해서는 사적자치에 맡기고 있으므로 그 귀속, 임대 및 양도의 대상은 도메인이름 자체가 아니라 '도메인이름 사용권'이 되는 것이다. 이러한 점에서 볼 때 인터넷 도메인과 관련하여 압류의 대상이 되는 것은, 각국의 인터넷 도메인 관리기구와의 관계에서 도메인 등록의 기초가 되는 계약관계로부터 나오는, 도메인이름 보유자가 가지는 채권적 청구권들, 즉 도메인이름 사용권이라고 해야 할 것이다.[9]

7) 법원실무제요, 민사집행[IV], 법원행정처(2020), 586-587.

8) 법원실무제요, 민사집행[IV], 법원행정처(2020), 587; 이원, "그 밖의 재산권에 대한 강제집행", 민사집행소송, 한국사법행정학회(2008), 672-673.

9) 법원실무제요, 민사집행[IV], 법원행정처(2020), 587-588; 김경욱, "집행절차에 있어서 도메인

도메인이름은 그 등록을 통하여 도메인이름 등록자가 위임계약에 따른 사용권을 가진다는 점에서 그 재산적 가치를 인정할 수 있고, 도메인이름 사용권은 채권으로서 강제집행의 대상이 된다. 도메인이름 사용권은 압류금지채권에 해당하지도 않고, 민사집행법에 특별한 집행제한사유가 있는 것도 아니다. 다만 도메인이름 사용권은 민사집행법에 의한 집행의 대상이 되는 재산권으로서의 동산이나 부동산이 아니고, 동산·부동산에 대한 인도 또는 권리이전청구권도 아니며, 금전채권도 아니다. 따라서 도메인이름 사용권은 민사집행법 제251조에서 말하는 '그 밖의 재산권'으로서만 강제집행의 대상이 될 수 있다.[10)]

Ⅲ. 집행법원과 압류명령

1) 민사집행법 제251조가 금전채권의 압류에 관한 규정(민사집행법 제223조 ~ 제227조)을 준용하고 있으므로 도메인이름 사용권에 대한 압류는 일단 채무자의 보통재판적이 있는 곳의 지방법원이 1차적으로 집행법원이 된다(민사집행법 제224조 제1항). 다만 이러한 지방법원이 없는 경우에는 제3채무자인 한국인터넷진흥원의 주소지를 관할하는 지방법원이 집행법원이 된다(민사집행법 제224조 제2항).

집행의 대상은 도메인이름 등록자인 집행채무자가 도메인이름에 관한 등록, 유지 및 관리에 관한 위임계약에 기해 한국인터넷진흥원에 대해 가지는 kr도메인이름의 사용권이 된다.[11)]

2) 이러한 도메인이름 사용권에 대해 압류가 있으면 법원은 채무자인 도메인이름 등록자에게 압류결정을 송달하여, 도메인이름을 제3자에게 양도하거나 도메인이름 권리에 대한 포기행위, 즉 예컨대 도메인 등록계약을 해지하거나 간접적으로 도메인의 등록을 말소시키는 행위를 할 수 없음을 명하여야 한다.[12)]

이름", 경영법률 제18집 제4호, 한국경영법률학회(2008), 494.

10) 법원실무제요, 민사집행[IV], 법원행정처(2020), 588; 김경욱, "집행절차에 있어서 도메인 이름", 경영법률 제18집 제4호, 한국경영법률학회(2008), 495; 김상훈, "도메인 이름에 대한 강제집행", 법학연구 제12권 제3호, 연세대학교(2002), 14~19; 이원, "그 밖의 재산권에 대한 강제집행", 민사집행소송, 한국사법행정학회(2008), 673, 677~678; 손흥수, 민사집행실무총서(II) 채권집행, 한국사법행정학회(2017), 693.

11) 법원실무제요, 민사집행[IV], 법원행정처(2020), 588; 김경욱, "집행절차에 있어서 도메인 이름", 경영법률 제18집 제4호, 한국경영법률학회(2008), 499.

12) 법원실무제요, 민사집행[IV], 법원행정처(2020), 588; 김경욱, "집행절차에 있어서 도메인 이름", 경영법률 제18집 제4호, 한국경영법률학회(2008), 499; 김상훈, "도메인 이름에 대한 강제

다만, 법원은 이러한 경우 압류의 대상이 금전채권이 아니기 때문에 금전채권의 집행에서 행해지는 것과 같이 제3채무자의 집행채무자에 대한 '주된 급부의 이행금지', 즉 도메인이름 권리와 관련해서는 '접속차단'을 명할 수 없다. 따라서 도메인이름 사용권이 현금화되어 그 도메인이름이 타인의 IP 주소로 접속되기 전까지 채무자인 도메인이름 등록인은 여전히 해당 도메인이름을 사용할 수 있다.[13)]

3) 한편, '도메인이름 자체'를 집행의 대상으로 하는지가 논의될 때에는 등록기관인 한국인터넷진흥원이 제3채무자에 해당하는지 견해가 나뉠 수도 있을 것이나, '도메인이름 사용권'을 집행의 대상으로 하는 이상, 등록기관이 제3채무자에 해당한다는 점에 대하여 별다른 이견이 없는 것 같다.[14)]

도메인이름 사용권에 대한 압류명령은 채무자 외에 제3채무자인 한국인터넷진흥원에도 송달하여야 한다.[15)] 실무상 한국인터넷진흥원이 선정한 등록대행자가 도메인이름 등록업무를 대행하고 있고, 여기에는 경쟁 체제가 도입되어 있어 등록자는 수수료 및 서비스를 비교하여 스스로 등록대행업체를 선택하게 되는데, 등록대행업체는 한국인터넷진흥원의 등록에 관한 업무를 대행하는 것일 뿐이므로 등록대행업체가 누구인지와 상관없이 제3채무자는 한국인터넷진흥원으로 보아야 한다. 이는, 제3채무자가 도메인이름 사용권이 압류된 것을 모르고 집행채무자인 도메인이름 보유자의 제3자에 대한 도메인이름 양도로서 명의변경에 기술적·행정적으로 협력하여 채권자와 제3자를 곤란하게 할 우려가 있고, 환가 후에 도메인이름을 취득한 자의 권리이전에 협력을 구할 필요가 있기 때문이다.[16)]

따라서 위와 같은 법원의 압류명령이 제3채무자인 한국인터넷진흥원에 송달된 때에 압류의 효력이 발생한다(민사집행법 제227조 제3항). 이와 같이 제3채무자가 관련되는 재산권의 압류는 제3채무자에 대한 처분금지조항이 압류명령의 핵심적 내용을 이루는 것이므로, 법원의 압류명령은 '채무자가 행하는 도메인이름 권리의 처분에 대하여 제3채무자가 승낙 기타 협력을 하지 말 것'을 명하는 내용을 담고 있어야

집행", 법학연구 제12권 제3호, 연세대학교(2002), 21.

13) 법원실무제요, 민사집행[IV], 법원행정처(2020), 589; 이원, "그 밖의 재산권에 대한 강제집행", 민사집행소송, 한국사법행정학회(2008), 679.

14) 이원, "그 밖의 재산권에 대한 강제집행", 민사집행소송, 한국사법행정학회(2008), 678, 각주 211) 등 참조.

15) 김경욱, "집행절차에 있어서 도메인 이름", 경영법률 제18집 제4호, 한국경영법률학회(2008), 499; 김상훈, "도메인 이름에 대한 강제집행", 법학연구 제12권 제3호, 연세대학교(2002), 21.

16) 법원실무제요, 민사집행[IV], 법원행정처(2020), 589.

한다.[17]

4) 도메인이름 권리의 압류를 통해 채권자는 채무자의 도메인이름에 대한 어떠한 사용권도 취득할 수 없다. 압류는 채무자의 도메인사용권에 대해 어떠한 영향도 미칠 수 없으며, 따라서 채무자는 여전히 도메인등록비의 지급권한과 그 의무를 부담하게 된다.[18]

압류명령의 주문은 다음과 같은 방식이 될 것이다.

1. 채무자(도메인이름 등록자)의 제3채무자(등록기관인 한국인터넷진흥원)에 대한 도메인 'abcdef.co.kr'의 등록자로서의 일체의 권리를 압류한다.
2. 제3채무자는 채무자에게 위 도메인의 등록자로서의 일체의 권리에 대하여 양도를 승낙하거나, 채무자의 신청으로 위 도메인의 등록의 말소 또는 등록자 변경을 하여 주어서는 아니 된다.
3. 채무자는 위 도메인이름의 등록자로서의 일체의 권리에 관하여 매매, 양도 그 밖에 일체의 처분을 하여서는 아니 된다.

Ⅳ. 현금화의 방법

1) 도메인이름 사용권에 대한 집행은 민사집행법 제251조의 '그 밖의 재산권'에 대한 집행 방식에 따라야 하는데, 같은 조는 채권집행에 관한 규정을 준용하도록 하고 있다.

그러나 압류채권자에게 피압류채권을 추심할 수 있는 권능을 수여하여 직접 현금화하게 하는 추심명령이나, 압류된 금전채권을 그 권면액만큼 집행채권의 지급에 갈음하여 압류채권자에게 이전시키는 전부명령을 내리는 것은, 도메인이름 사용권이 금전채권이 아니고 권면액이라는 것도 존재하지 않아, 모두 도메인이름 사용권의 현금화방법으로는 허용되기 어렵다.[19]

2) 압류된 채권을 금전으로 평가하여 집행법원이 정한 값으로 집행채권의 변제에 갈음하여 압류채권자에게 양도하도록 하는 양도명령도, 전부명령과 마찬가지로 이를 통하여 압류채권자가 독점적 만족을 얻게 되므로 압류가 경합되거나 배당요구가

17) 법원실무제요, 민사집행[IV], 법원행정처(2020), 589.
18) 법원실무제요, 민사집행[IV], 법원행정처(2020), 589.
19) 법원실무제요, 민사집행[IV], 법원행정처(2020), 590; 이원, "그 밖의 재산권에 대한 강제집행", 민사집행소송, 한국사법행정학회(2008), 680; 김경욱, "집행절차에 있어서 도메인 이름", 경영법률 제18집 제4호, 한국경영법률학회(2008), 500.

있는 경우에는 허용될 수 없는 한계가 있다.

따라서 도메인이름 사용권의 현금화방법으로서는 추심에 갈음하여 집행법원이 정하는 방법으로 압류채권의 매각을 집행관에게 명하는 매각명령이나, 법원이 관리인을 선임하여 피압류채권의 관리를 명하고 그 수익으로 집행채권의 만족을 얻을 수 있도록 하는 관리명령이 일반적으로 고려될 수 있을 것이다.[20)]

3) 압류채권자가 도메인이름 사용권을 원하고 다른 사람으로부터의 압류나 배당요구가 없는 경우에는 양도명령을 발령할 수 있다.[21)]

양도명령과 매각명령 모두의 신청이 가능하더라도, 채권자가 압류한 도메인이름 사용권에 대하여 관심이 없거나 그 평가액이 집행채권을 초과하는데 채권자가 초과액의 납부를 바라지 않는 경우에 채권자는 다른 사람으로부터의 압류나 배당요구의 가능성도 감안하여 매각명령을 선택하게 될 것이다.[22)]

한편, 등록기관인 한국인터넷진흥원의 사전 양도승인은 양도명령이나 매각명령의 요건이 아니다.[23)]

4) 양도명령이 확정되거나 매각명령에 따른 매각절차가 마쳐지면 집행법원이 등록기관에 도메인이름의 이전등록을 촉탁하여야 할 것이라는 견해가 있다.[24)]

이에 대하여는 다음과 같은 이유로 반대하는 견해가 있다.[25)] ① 이전등록은 도메인이름 사용권 양도의 효력발생 요건이 아니다. ② 양도명령이 확정되거나, 매각명령에 따른 매각절차가 마쳐져 집행관이 채무자인 도메인이름 등록자를 대신하여 한국인터넷진흥원에 서면으로 양도통지를 하면(민사집행법 제241조 제5항), 이후 채권자나 매수인이 재판서 정본, 그 확정증명과 자신이 채권자나 매수인임을 증명하는 서면 등을 제출하며 직접 등록기관 내지 등록대행기관에 그 이전등록을 신청할 수 있고 이로써 충분하다.

5) '인터넷경매에 의한 특별현금화' 및 '집행법원이 직접 한국인터넷진흥원이나

---

20) 법원실무제요, 민사집행[IV], 법원행정처(2020), 590; 김경욱, "집행절차에 있어서 도메인 이름", 경영법률 제18집 제4호, 한국경영법률학회(2008), 501.

21) 법원실무제요, 민사집행[IV], 법원행정처(2020), 590.

22) 법원실무제요, 민사집행[IV], 법원행정처(2020), 590.

23) 이원, "그 밖의 재산권에 대한 강제집행", 민사집행소송, 한국사법행정학회(2008), 680.

24) 김경욱, "집행절차에 있어서 도메인 이름", 경영법률 제18집 제4호, 한국경영법률학회(2008), 501; 김상훈, "도메인 이름에 대한 강제집행", 법학연구 제12권 제3호, 연세대학교(2002), 23; 손흥수, 민사집행실무총서(II) 채권집행, 한국사법행정학회(2017), 696.

25) 이원, "그 밖의 재산권에 대한 강제집행", 민사집행소송, 한국사법행정학회(2008), 681.

도메인이름 등록업체에 매각을 의뢰하는 방법'에 대해서도 논의되고 있다.[26)]

26) 자세한 내용은 사법보좌관실무편람[Ⅱ]-채권집행 및 배당절차-, 법원행정처(2015), 263-264 참조.

제14장 체비지에 대한 집행

Ⅰ. 서설

‘체비지’란, 도시개발사업의 시행자가 사업에 필요한 경비를 충당하거나 사업계획이 정하는 목적을 달성하기 위하여, 일정한 토지를 종전의 토지에 대한 환지로 지정하지 않고 시행자의 소유로 귀속시켜 매각처분할 수 있게 한 토지를 말한다(도시개발법 제34조 제1항 참조). 도시개발사업에 필요한 비용은 원칙적으로 시행자가 부담해야 하는데, 시행자가 도시개발사업에 필요한 비용을 조달하는 방법으로서는 자금의 차입이나 토지소유자들의 부담금 등이 있을 수 있지만, 현실적으로 도시개발사업의 비용조달은 대부분 체비지 처분을 통하여 마련하고 있다.[1)]

Ⅱ. 구 토지구획정리사업법(2000. 7. 1. 폐지된 것을 의미한다. 이하 같다)상 체비지의 법률관계

구 토지구획정리사업법은, 환지처분이 있기 전까지 시행지구 내에 있는 토지소유권의 변동이 없다고 규정하면서도 환지처분 전에도 시행자가 체비지를 처분할 수 있다고 규정하여, 시행자가 환지처분 전에 처분할 수 있는 체비지에 대한 권리가 무엇인지, 그 공시방법이 무엇인지 문제되었다.

구 토지구획정리사업법 당시의 판례의 입장은 다음과 같다.[2)] ① 시행자가 환지처분 전에 체비지를 지정하면 ‘장래 환지처분 시에 취득하게 되는 소유권의 전신과 같은 것으로서 물권 유사의 사용·수익권’을 취득한다. ② 위 물권 유사의 사용·수익권을 이전하기 위해서는 ‘인도’ 또는 ‘체비지대장에의 등재’가 필요하다. ③ 체비지 매수인으로서 ‘체비지 예정지의 인도’ 또는 ‘체비지대장에의 등재’ 요건을 갖춘 자는 ‘환지처분 공고 다음 날’에 체비지를 ‘원시취득’한다.[3)]

2000. 1. 28. 계획적이고 체계적인 도시개발을 진행한다는 등의 목적으로 구 토지구획정리사업법이 폐지되고 도시개발법이 제정되었다. 환지 방식에 의한 도시개발사업의 경우 도시개발법의 관련 규정 대부분이 기존 토지구획정리사업법의 규정과 유사하다.[4)]

---

1) 법원실무제요, 민사집행[IV], 법원행정처(2020), 591.
2) 대법원 1995. 3. 10. 선고 93다57964 판결 등.
3) 법원실무제요, 민사집행[IV], 법원행정처(2020), 591-592.
4) 법원실무제요, 민사집행[IV], 법원행정처(2020), 592.

도시개발법의 제정에도 불구하고 경과규정에 의하여 구 토지구획정리사업법이 적용되는 경우에는 시행자는 환지 예정지 지정을 통하여 체비지 예정지에 대한 물권 유사의 사용·수익권을 취득한다는 점에 대해서는 현재 별다른 이설이 없다. 물권 유사의 사용·수익권은 민사집행법 제251조에서 말하는 '그 밖의 재산권'으로서 특별현금화하여야 한다는 것이 일반적인 견해이고, 실무 역시 그 밖의 재산권으로 특별현금화절차를 통해 강제집행하는 것으로 보인다.[5][6]

Ⅲ. 도시개발법 제42조 제5항 단서와 관련된 논의

도시개발법이 제정되면서 환지처분의 효과, 그 중 체비지의 매수인의 지위에 관한 부분은 실질적인 변경이 있었다.

종래 구 토지구획정리사업법은 체비지 매수인이 환지처분 후 체비지의 소유권을 언제 취득하는지 명시적으로 규정하지 않았고, 판례는 위에서 본 바와 같이 체비지 매수인이 환지처분 공고 다음 날에 체비지를 원시취득한다는 입장이었다. 그런데 도시개발법 제42조 제5항은, '제34조에 따른 체비지는 시행자가, 보류지는 환지 계획에서 정한 자가 각각 환지처분이 공고된 날의 다음 날에 해당 소유권을 취득한다. 다만 제36조 제4항에 따라 이미 처분된 체비지는 그 체비지를 매입한 자가 소유권이전등기를 마친 때에 소유권을 취득한다'고 규정하고 있다.

위 도시개발법 제42조 제5항 단서 때문에 도시개발법상의 체비지 매수인의 경우에는 더 이상 구 토지구획정리사업법상의 판례의 법리에 의할 수 없고, 부동산에 관한 매매계약을 체결한 매수인, 즉 채권자로서 환지처분 후에도 시행자에 대하여 단순히 체비지에 대한 소유권이전등기청구권만을 갖는다고 보는 견해가 있다.[7] 이에 의하면 집행대상을 달리 파악하게 되므로 집행방법도 다소 다르게 될 것이다.[8]

---

5) 법원실무제요, 민사집행[IV], 법원행정처(2020), 592.

6) 이를 전제로 한 압류 및 현금화 등의 구체적인 내용에 대하여는 사법보좌관실무편람(II) 채권집행 및 배당절차–, 법원행정처(2015), 247~250 및 손흥수, 민사집행실무총서(II) 채권집행, 한국사법행정학회(2017), 675~678 참조.

7) 김양섭, "체비지를 국세담보에 제공한다는 의사표시와 체비지대장에 '국세담보에 제공하였음'이라고 기재하였다면 체비지에 관하여 담보물권이 설정되어 체비지 소유자가 국가에 대하여 타인의 사무를 처리하는 자에 해당하는지 여부", 대법원판례해설 제84호(2010 상반기), 법원도서관(2010), 749 각주 5); 이동진, "체비지의 소유권 귀속·변동 및 그에 대한 보전처분·강제집행", 재판과 판례 제23집, 대구판례연구회(2015), 54~55.

8) 법원실무제요, 민사집행[IV], 법원행정처(2020), 592-593.

그러나 위 도시개발법 제42조 제5항 단서에 관하여 다른 관점에서 설명하는 견해도 있는데, 그 요지는 다음과 같다.[9] ① 도시개발법 제42조 제5항은 체비지 매수인의 소유권 취득시기가 환지 예정지 지정의 효과, 체비지 매수인의 지위 등과 관련이 있다는 점을 간과한 입법으로 볼 수밖에 없다. 도시개발법 제42조 제5항은 소유권 취득에 관한 절차적 측면만 변경한 것이라고 그 의미를 축소하여 해석하여야 한다. ② 도시개발법 제42조 제5항은, 도시개발사업의 현실에 맞도록 기존 판례 법리에 따라 체비지 매수인이 체비지에 대한 소유권을 원시취득한다는 내용으로 개정할 필요가 있고, 도시개발법이 개정되기 전까지는 기존 판례 법리를 최대한 유지하여 법률분쟁을 해결할 필요가 있다.

9) 허승, "체비지에 관한 법률관계와 그 강제집행 및 보전처분 : 도시개발법 제42조 제5항에 따른 변화를 중심으로", 민사집행법연구 : 한국민사집행법학회지 제13권, 한국사법행정학회(2017), 63~65, 84~88, 92~93.

제15장 각종 면허·허가에 따른 권리에 대한 집행

1. 각종의 사업면허, 영업허가에 따른 권리, 예컨대 자동차운송사업 면허나 건설업 면허, 고압가스판매업 허가에 따른 권리가 그 밖의 재산권 집행의 대상이 되는지에 대하여는 견해가 대립할 수 있다.

2. 우선 그러한 권리 중 사법(私法)상의 권리에 한하여 집행의 대상이 되는 것이 원칙이고, 공법상의 권능인 때에는 집행의 대상이 되지 않으며, 또 일반적으로 어느 사업을 경영할 권리와 같은 포괄적 재산은 강제집행의 목적으로서 적합하지 않으므로 위와 같은 권리 중 집행의 대상이 되는 것은 드물다.[1]

3. 해당 면허 또는 인가가 관련 법령상의 사업이나 영업을 떠나 그 자체만으로는 양도성이 없고, 사업의 전부 또는 일부가 일괄하여 강제집행될 경우에 해당 면허 또는 인가 역시 일체로서 환가될 수 있을 뿐이라는 이유로, 그 면허 또는 허가만을 민사집행법 251조의 집행의 대상으로 삼을 수 없다고 한 판례는 다음과 같다.

가. 구 화물자동차 운수사업법(2011. 6. 15. 법률 제10804호로 개정되기 전의 것, 이하 같다)에 의하면, 화물자동차 운송사업의 허가는 화물자동차 운송사업을 합법적으로 영위할 수 있는 자격에 불과하고, 화물자동차 운송사업의 양도가 이루어지면 허가를 포함하여 화물자동차 운송사업과 관련한 물적 시설인 화물자동차가 일체로서 이전되는 것이므로, 화물자동차 운송사업을 떠난 허가만을 법원이 강제집행의 방법으로 압류하여 환가하기에 적합하지 않다. 다만 구 화물자동차 운수사업법의 관련 규정에 의하면, 화물자동차 운송사업자는 관할관청에 대한 신고만으로 허가를 포함한 화물자동차 운송사업의 전부 또는 일부를 양도할 수 있다. 민사집행법 제251조에 의하여 화물자동차 운송사업의 물적 시설인 화물자동차가 일괄하여 강제집행될 경우에는 그에 관한 허가 역시 일체로서 환가될 수 있다.[2]

---

1) 법원실무제요, 민사집행[IV], 법원행정처(2020), 593.
2) 대법원 2014. 5. 16. 선고 2013다36453 판결.

나. 여객자동차 운수사업법에 의하면, 여객자동차운송사업의 면허는 여객자동차운송사업을 합법적으로 영위할 수 있는 자격에 불과하고, 여객자동차운송사업의 양도가 이루어지면 그 면허를 포함하여 여객자동차운송사업과 관련한 물적시설 등이 일체로서 이전되는 것이므로 여객자동차운송사업을 떠난 면허만을 법원이 강제집행의 방법으로 압류하여 환가하기에 적합하지 않다. 다만 여객자동차 운수사업법의 관련 규정에 의하면, 여객자동차운송사업자는 관할 관청의 허가 없이 그 면허를 포함한 여객자동차운송사업의 전부 또는 일부를 양도할 수 있고, 민사집행법상 여객자동차운송사업의 시설, 기구 등 영업재산이 일괄하여 강제집행될 경우에는 그에 관한 면허 역시 일체로서 환가될 수 있다.[3)]

다. 장관의 인가를 받아 건설업의 양도가 적법하게 이루어지면 건설업 면허는 당연히 양수인에게 이전되는 것일 뿐, 건설업 면허 자체는 건설업을 합법적으로 영위할 수 있는 자격에 불과한 것으로서 양도가 허용되지 않는다. 따라서 건설업자의 건설업 면허는 법원이 강제집행의 방법으로 이를 압류하여 환가하기에는 적합하지 않다.[4)]

라. 카지노업의 양도가 이루어지면 그 허가권을 포함하여 카지노업과 관련한 물적시설 등이 일체로서 이전되는 것으로, 카지노업을 떠난 허가권 자체는 카지노업을 합법적으로 영위할 수 있는 자격에 불과한 것이므로, 결국 카지노업 허가권은 법원이 강제집행의 방법으로 이를 압류하여 환가하기에는 적합하지 않다.[5)]

마. 어업허가의 양도는 허용되지 않는다. 다만 수산업법 제44조는 어업허가를 받은 자로부터 어선 등을 매입한 자는 그 어업허가를 받은 자의 지위를 승계한다고 규정함으로써 어업허가를 포함한 어선 등의 양도를 허용하고 있을 뿐이다. 따라서 민사집행법 제251조가 정하는 강제집행의 대상이 될 수 없는 어업허가를 양도한 행위는 채권자취소권의 대상이 될 수 없다.[6)]

---

3) 대법원 1996. 9. 12.자 96마1088 결정, 대법원 2007. 12. 28. 선고 2005다38843 판결.
4) 대법원 1994. 12. 15.자 94마1802, 1803 결정.
5) 대법원 2004. 5. 17.자 2004마285 결정.
6) 대법원 2010. 4. 29. 선고 2009다105734 판결, 대법원 2010. 4. 29. 선고 2009다105758 판결.

4. 다만, 하천점용허가에 따라 해당 하천을 점용할 수 있는 권리[7], 하천법 제50조에 의한 하천수 사용권[8], 공유수면점용허가로 인하여 발생한 권리[9]는 모두 공법상 권리이지만, 허가를 받은 자가 관청의 허가 없이 자유로이 양도할 수 있고, 독립된 재산적 가치를 가지고 있으며, 압류가 금지된 권리도 아니어서, 민사집행법 제251조에 의하여 독립하여 강제집행의 대상이 된다.[10]

5. 사해행위취소권은 채무자와 수익자 간의 사해행위를 취소함으로써 채무자의 책임재산을 보전하는 데 그 목적이 있으므로, 허가를 받은 자가 가지는 공법상의 권리의 양도행위가 사해행위로서 채권자취소권의 대상이 되기 위해서는, 행정관청의 허가 없이 그러한 공법상의 권리를 자유로이 양도할 수 있는 등으로 그러한 공법상의 권리가 독립한 재산적 가치를 가지고 있어 민사집행법 제251조의 '그 밖의 재산권'에 대한 집행방법에 의하여 강제집행을 할 수 있어야 할 것이다.[11]

7) 대법원 2014. 10. 10.자 2014마1404 결정.
8) 대법원 2018. 12. 27. 선고 2014두11601 판결.
9) 대법원 2005. 11. 10. 선고 2004다7873 판결, 대법원 2013. 4. 26. 선고 2012두20663 판결.
10) 법원실무제요, 민사집행[IV], 법원행정처(2020), 593-594.
11) 대법원 2010. 4. 29. 선고 2009다105734 판결.

제16장 전화사용권에 대한 집행

1991. 8. 10. 법률 제4394호로 전부개정된 전기통신사업법은 종래 양도가 가능하던 '1970. 8. 31. 이전에 가입계약된 전화사용권', 이른바 '백색전화(白色電話)'의 양도 여부에 대하여 아무런 규정을 두지 않아 그 양도의 법적 근거가 없어졌다. 그러나 주식회사 케이티(KT)의 실무에서 사실상 양도를 허용하고 있으므로, 이에 관하여는 그 밖의 재산권에 대한 집행의 방법으로 강제집행할 수 있다.[1)]

1970. 9. 1. 이후에 가입 계약된 전화에 대하여는 원칙상 전화사용권 자체를 강제집행의 대상으로 할 수는 없고, 채권자는 채무자의 전화가입계약 해지를 조건으로 한 전화설비비 반환청구권에 대하여 금전채권의 집행방법으로 집행할 수 있다. 압류·전부명령을 받은 채권자는 채무자를 대위하여 계약해지권을 행사하고 즉시 설비비의 반환을 청구할 수 있다. 그런데 주식회사 케이티(KT)의 실무는 위 1970. 9. 1. 이후 가입계약된 전화에 대하여도 승계 또는 명의변경의 형식으로 사실상 그 양도를 용인하고 있는 실정이어서 이 또한 그 밖의 재산권에 대한 집행방법에 의한 강제집행이 허용될 여지가 있다.[2)]

종전에는 전화설비의 수급불균형으로 인하여 전화사용권이 상당한 재산적 가치를 지녔고, 실제 그 밖의 재산권에 대한 집행의 상당한 비율을 차지하였다고 하나, 이제는 실무상 쉽게 접하기 어렵다.[3)]

양도가능한 전화의 전화사용권에 대한 집행에 대하여는 다른 실무서에 잘 정리되어 있으므로,[4)] 이를 참조하면 된다.

1) 주석 민사집행법(V)(제4판), 한국사법행정학회(2018), 1038(양진수).
2) 주석 민사집행법(V)(제4판), 한국사법행정학회(2018), 1038-1039(양진수).
3) 손흥수, 민사집행실무총서(II) 채권집행, 한국사법행정학회(2017), 554-555.
4) 법원실무제요, 민사집행[Ⅲ], 법원행정처(2014), 459-463; 손흥수, 민사집행실무총서(II) 채권집행, 한국사법행정학회(2017), 555-559 참조.

제17장 가상화폐에 대한 강제집행

Ⅰ. 비트코인 및 비트코인 거래소의 기본 개념

1. 비트코인 개발자

비트코인은 Peer-to-Peer 방식의 글로벌 디지털 암호화폐 시스템으로서, 지난 2008년 10월경 '사토시 나카모토(Satoshi Nakamoto)'가 'Bitcoin : A Peer-to-Peer Electronic Cash System'이라는 9쪽짜리 논문을 통하여 컴퓨터로 수학 문제를 풀면 비트코인을 발굴할 수 있다는 생각을 공표하고, 2009. 1. 3.경 'Bitcoin Core'라는 프로그램[1)]을 통하여 최초로 비트코인 블록을 채굴함으로써 비트코인의 역사가 시작되었다. 비트코인을 만든 사토시 나카모토가 누구인지 아직까지 명확히 밝혀지지 않고 있다. 사토시 나카모토가 사람 이름인지, 어느 집단의 이름인지조차 확인되지 않았고, 사토시 나카모토가 발표 논문에서 미국식 영어와 영국식 영어를 섞어 썼다는 점에서 두 명 이상이라고 주장하는 의견도 있다.

2016. 5. 2. 컴퓨터 공학자 출신의 호주 기업인 크레이그 라이트가 영국의 BBC 방송, 이코노미스트에 출연하여 자신이 Satoshi Nakamoto라고 인터뷰를 하면서, 비트코인에 대한 잘못된 정보의 확산을 방지하기 위해서 자신의 정체를 밝히게 되었다고 말했지만, 일부에서는 몇 가지 의혹을 제기하면서 본인이 아닐 가능성이 있다고 이의를 제기했다. 그 후 크레이그 라이트가 스스로 블로그에 글을 올려, 본인이 사토시 나카모토라는 주장을 철회했다.

2. 비트코인의 작동 방식

비트코인은 중앙통제기관 즉 발행 주체가 없는 암호화폐이고, 1비트코인(BTC)에 상응하는 고정된 액면가가 없다.

암호해독을 하면 누구나 비트코인을 '채굴(mine)'할 수 있으며, 이렇게 채굴된 비트코인은 P2P 기반 분산 데이터베이스에 의하여 여러 이용자의 컴퓨터에 분산되어 존재하는 디지털 통화 시스템이다. 작동하는 시스템은 P2P 방식으로, 여러 이용자의 컴퓨터에 분산돼 있다. 비트코인을 만들고 거래하고 비트코인을 현금으로 바꾸는 사람 모두가 비트코인 발행주다. 그 중 누구 한 사람을 콕 집어서 '이 사람이 주인'이라고 말할 수 없다.

---

1) 비트코인을 보유할 수 있는 공식 지갑 클라이언트 소프트웨어(코딩 소스가 오픈된 소프트웨어)임

비트코인 전용 계좌는 '지갑(wallet)'이라고 불리는데 별도의 프로그램만 이용하면 누구든지 만들어 보유할 수 있기 때문에 거래의 익명성이 보장될 수 있다는 점에서 각광받고 있다. 뿐만 아니라, 비트코인을 각국 통화로 환전할 수도 있기 때문에 투자의 수단으로도 관심을 끌고 있다. 비트코인은 화폐의 기능인 교환수단, 가치저장, 가치척도의 기능을 제한적이지만 일부 수행하고 있으며, 이를 결제수단으로 인정하는 온라인과 오프라인 상점도 증가하는 추세이다.

3. 비트코인의 취득 및 채굴[2)]

가. 취득

1) 취득방법

이용자들은 다양한 방법으로 비트코인을 취득할 수 있다. 이용자들은 ① 달러 등 전통적인 화폐를 가지고 비트코인 거래소에서 비트코인을 구매할 수 있고, ② 상품이나 용역의 제공에 대한 대가로서 비트코인을 취득할 수 있으며, ③ 채굴절차를 통해서도 비트코인을 취득할 수 있다. 이용자들이 비트코인을 취득하면 자신의 '전자지갑'(digital wallet)을 통해서 비트코인의 잔고를 확인하고 사용할 수 있다.

2) 전자지갑의 개념 및 전자지갑의 종류

가) 전자지갑은 은행의 계좌번호와 같이 비트코인을 담을 수 있는 특정 주소이다. 지갑마다 고유한 번호가 있는데 숫자와 영어 알파벳 소문자, 대문자를 조합해 '13PPWQT2XwgxsN2kftUq5cqKaQCfc2X6c'와 같이 1로 시작하는 33~34자리의 문자열로 이루어진다. 한 사람이 지갑을 여러 개 만들 수 있는데, 개수에 제한은 없다. 다만 지갑을 만들 수 있는 별도 프로그램이나 웹 사이트를 써야 한다. 비트코인 계좌, 즉 지갑을 만들 때 주민번호나 실명과 같은 개인 식별 정보는 필요 없다. 어느 국가의 관리도 받지 않는다.

나) 전자지갑의 종류에는 ① PC용, ② 모바일용, ③ PC와 모바일에서 같이 사용할 수 있는 웹 지갑이 있고, 진정한 지갑은 아니나 지갑 대용으로 거래소에서 사용할 수 있는 거래소 지갑이 있다.

다) ① 웹 사이트에서 직접 생성하는 비트코인 지갑과(개인 사용자는 https://blockchain.info/ 등과 같은 웹 사이트에 회원가입한 후 직접 전자지갑을 만들 수 있음), ② 거래

2) 김홍기, "최근 디지털 암호화폐 거래의 법적 쟁점과 운용방안-비트코인 거래를 중심으로-", 증권법 연구 제15권 제3호, 한국증권법학회(2014), 384-385.

소에서 사용하는 전자 지갑(거래소를 통하여 비트코인 거래가 가능한데, 거래소에 회원으로 가입하면 비트코인 입출금을 위한 전자지갑을 만들어 거래가 가능하도록 함)은 다음과 같은 차이점이 있다.

	비트코인 코어 지갑	거래소 지갑
보안	스스로 관리	거래소에서 관리
백업	스스로 관리	거래소에서 관리
책임소재	사용자	아이디, 비밀번호 노출 시: 사용자 책임 서버 해킹 시: 거래소 책임
사용환경	PC, 모바일	인터넷이 접근 가능한 모든 환경

3) 전자지갑의 이용

비트코인 시스템은 누구나 접속하고 들여다볼 수 있는 오픈소스 소프트웨어이기 때문에 가령 '1rYK1YzEGa59pI314159KUF2Za4jAYYTd'라는 지갑 주인이 누구인지 몰라도, 이 지갑의 주인이 그동안 비트코인으로 누구와 언제 거래했는 지와 같은 정보는 공개돼 있다.

한편 지갑에는 이용자의 비밀키(private key)가 저장되는데, 비밀키는 일종의 비밀번호(패스워드)로서 이용자의 지갑프로그램에 저장되며 비트코인 이체거래 시 입력하는 번호로서 이러한 비밀키는 특정한 지갑에서 비트코인을 지급하는 권리를 증명하는 기능을 한다.

한편 비밀키는 기본적으로 'Kb8kLf9zgWQnogidDA76MzPL6TsZZY36hWXMssSzNydYXYB9KF'와 같이 51글자의 무작위 문자열이어서 사람이 기억하기에 적합하지 않기 때문에 어딘가 저장을 해두어야 하는데, 그 저장 형태에 따라 ① 개인키와 공개키 및 이에 각 대응되는 QR코드를 종이에 출력한 후 금고와 같은 안전한 장소에 보관하는 종이 지갑, ② PC의 하드디스크에 저장하는 '데스크탑 지갑', ③ USB 외장 저장장치에 저장하는 '하드웨어 지갑', ④ 웹 지갑 사이트에 자신의 ID·패스워드를 입력하여 접속함으로써 개인키 관리 서비스를 받을 수 있는 '웹 지갑' 등으로 나눌 수 있다.

나. 채굴

비트코인 채굴 원리는 사람이 계산할 수 없는 어떤 문제를 컴퓨터의 CPU, GPU(그래픽카드)를 통해서 풀어나가며, 그 활동량에 따라서 채굴이 된다. 초기에는 일반 가정용 PC에서도 채굴기 프로그램을 통해서 어느 정도 비트코인을 모을 수 있었으나 현재는 일반 가정용 PC에서 채굴할 경우 전기세가 더 나오는 실정이다.

비트코인은 처음 설계될 당시 총 20,999,999.9769 BTC개(약 2100만 BTC)를 채굴할 수 있도록 설정하였고 2018. 5. 현재까지의 누적 채굴량은 1703만개로 전체(2100만개)의 약 80%를 넘어 선 것으로 집계됐다. 채굴기술의 고도화에도 불구하고 추가 채굴이 어려운 비트코인의 특성 탓에 비트코인이 모두 채굴되는 시기는 사람에 따라 다르지만 2040년 내지는 2045년으로 예상하고 있다.

시간당 약 6회, 즉 10분마다 1개의 블록이 생겨나며, 블록에 대한 보상은 4년마다 50%씩 감소된다. 초기에는 채굴 1회(블록 1개 생성) 당 보상의 규모가 50BTC였으나, 2013년부터는 25BTC로 감소했다가 2017년부터는 12.5BTC로 감소하였다. 통상 일반 PC 한 대가 5년간 쉬지 않고 암호해독을 했을 때 25비트코인을 채굴할 수 있다고 한다.

4. 비트코인의 거래 및 확정[3)]

가. 거래

비트코인 거래(transactions)는 공인키 암호기술의 사용에 의해서 담보된다. 각각의 사용자는 비밀키와 공인키를 배정받는데, 비밀키(private key)는 패스워드와 같이 비밀스럽게 관리되고, 공인키(public key)는 전체 네트워크에서 공유된다.

거래자가 수취자의 '공개주소'와 이체할 비트코인의 액수를 입력하면, 수취자는 '비밀키'를 입력함으로써 위 비트코인을 수취하게 된다. 즉 비트코인의 소유자가 상대방에게 비트코인을 보내면 거래가 이루어지는데, 보내진 비트코인에는 '새로운 소유자의 고유한 식별번호'를 나타내는 공인키(public key)가 부착되고, 송부자는 자신의 비밀키를 사용하여 서명함으로써 이를 확인한다. 해당 거래내역은 비트코인 네트워크상의 모든 이들에게 공개된다. 즉, 모든 이용자들은 네트워크를 통해서 '비트코인 소유자의 고유의 식별번호'를 볼 수 있다.

예를 들어, 甲이 乙에게 비트코인을 보내는 경우에 '거래'(transactions)라고 불리는 메시지가 생성되는데, 이 거래메시지에는 甲의 공인키(public key)와 송금하는 비트코인 금액이 포함되어 있다. 그 다음에 甲은 그 메시지에 비밀키(private key)를

3) 김홍기, "최근 디지털 암호화폐 거래의 법적 쟁점과 운용방안-비트코인 거래를 중심으로-", 증권법 연구 제15권 제3호, 한국증권법학회(2014), 385-387.

사용해서 서명(sign)하고 비트코인 네트워크를 통해서 해당 메시지를 알린다. 누구든지 甲의 메시지를 확인함에 의해서 해당 거래가 甲의 비밀키로 서명되었음을 알 수 있고, 乙은 해당 비트코인의 새로운 소유자로 인정된다. 甲과 乙 사이의 거래와 비트코인의 이전은 블록체인에 기록되며, 거래시간이 표시되고, 해당 블록체인에서 하나의 블록으로 게시된다.

비트코인 거래는 달러($), 엔(¥), 유로(€) 등으로 표시되지 않고 비트코인(BTC)으로 표시된다. 이는 비트코인이 사실상 화폐로서 기능한다는 의미이다. 달러, 유로 등 서로 다른 통화의 교환비율이 거래소에서 결정되듯이 비트코인의 가격은 공개된 시장, 특히 비트코인 거래소에서 결정된다. 비트코인은 소수점 8자리까지 나눠질 수 있는데 그때마다 다른 이름으로 불린다. 100분의 1 비트코인은 1센티 비트코인이다. 1천분의 1 비트코인은 1밀리 비트코인이다. 1백만분의 1 비트코인은 1마이크로비트코인이고, 1억분의 1 비트코인은 1사토시다.

*1BTC = 1 bitcoin = 1 비트코인
*0.01BTC = 1 cBTC = 1 centi bitcoin(bicent) = 1 센티비트코인
*0.001BTC = 1 mBTC = 1 milli bitcoin(mbit 또는 millibit) = 1 밀리비트코인
*0.000001BTC = 1 μBTC = 1 micro bitcoin(ubit 또는 micro bit) = 1 마이크로비트코인
*0.00000001BTC = 1 satoshi = 1 사토시

나. 확정

모든 거래들은 블록(block)으로 그룹 지워지며, 각각의 블록은 해당 블록이 포함되어 있는 블록체인(blockchain)에 기록된다. 거래는 각각의 거래들을 나타나는 블록에 포함되었을 때 확정된다. 여기서 '확정'(confirmation)은 비트코인 네트워크가 해당거래를 수행했으며 번복되지 않을 것이라는 의미이다. 해당 거래로 형성되는 새로운 블록은 약 10분마다 블록체인에 덧붙여진다.

그 이후의 거래들은 새로운 블록을 형성하여 다시 블록체인에 덧붙여지고 종전에 형성된 블록들의 유효성을 재확인한다. 이러한 거래 절차는 금융기관 등 중개기관의 개입이 없이도 글로벌 지급시스템이 작동한다는 의미에서 중요하다.

비트코인 시스템은 복수의 블록체인이 존재할 경우 더 긴 블록체인을 유효한 것으로 인정하기 때문에, 해커가 이중사용을 성공시키기 위해서는 기존의 블록체인보다 더 긴 블록체인을 만들어야 한다. 그러나 더 긴 블록체인을 만들기 위해서는 네트워

크의 모든 컴퓨터를 합한 것보다 더 많은 컴퓨터 연산능력이 필요하므로 이중사용은 사실상 불가능하다.

5. 비트코인 거래의 요약

비트코인 거래는 ① 지갑설치 및 주소생성 ⇒ ② 송금지시 ⇒ ③ 송금지시 발송 ⇒ ④ 송금지시 검증 ⇒ ⑤ 블록생성 및 배포 ⇒ ⑥ 블록체인 생성 및 공유 등의 단계를 거쳐서 이루어진다.

직접 거래가 이루어지는 경우뿐만 아니라 거래소를 통하여 거래가 이루어지는 경우에도 비트코인을 주고받는 것만으로는 거래가 성립되지 않고, 10분마다 생성되는 블록체인에 거래기록이 생성되어 검증된 후 모든 단말기에 공유되어야 유효한 거래로 인정된다.

6. 비트코인 거래소

가. 비트코인 이외의 암호화폐들 등장

비트코인이 인기를 끌자 비트코인과 유사한 형태의 다른 암호화폐들이 많이 등장하였다. 2018. 2. 1. 기준으로 비트코인을 포함해 세계시장에서 거래되고 있는 암호화폐의 수는 1,508개이다. 비트코인 이외의 코인은 '알트코인(altcoin)'이라고 총칭되고 있다.

첫 암호화폐인 비트코인의 느린 거래 속도 등의 문제점을 해결해 이를 대체하려는 수많은 개발자들이 알트코인을 만들어 냈다.

이러한 알트코인의 등장으로 시장점유율에도 변화가 생겼다. 비트코인은 2013년 4월 당시에는 전 세계 암호화폐 시장에서 무려 94.29%를 차지하며 제왕적 지위를 누렸지만, 2018. 2. 1.을 기준으로 비트코인이 암호화폐 시장에서 차지하는 비율은 33.83%까지 떨어졌다. 그 대신 이더리움(22.15%)·리플(8.37%)·비트코인캐시(4.75%) 등이 판도 변화를 주도하고 있다. 이들 알트코인은 비트코인처럼 블록체인 기술을 기반으로 한다는 점에서 같지만 새로운 기술이 추가되거나 변형되는 등 저마다 다른 특징을 지닌다. 또 각자 고유의 경제 모델을 가지고 있다.

나. 비트코인 거래소 등

비트코인 거래소는 비트코인 구매자와 판매자 사이의 주된 업무를 수행하는 기관으로, 2010. 7. 7. 일본에서 설립한 마운트 곡스가 세계 최초의 비트코인 거래소였다. 2011. 2. 9. 마운트 곡스에서 1BTC의 가치가 1$로 등가에 도달하였다. 그런데 세계 최대의 비트코인 거래소이던 마운트 곡스는 약 4,600억 원 상당의 비트코인을 해킹 당했고, 그 바람에 2014. 2. 26. 파산신청을 하여 큰 충격을 준 바 있다.

하지만 2017년에 이르러 우리나라와 중국을 중심으로 비트코인의 인기가 급상승하여 그 거래가가 3월경에는 1BTC 당 895$이던 것이 2017. 10.경에는 6,100$까지 올랐고, 2018. 1. 6.에는 17,000$(1824만원)까지 올랐다가 2018. 5. 25. 1BTC 당 7,363$로 거래되는 등 그 시세가 폭등하면서 현재는 123곳에 이르는 거래소가 운영되고 있다.

2017년까지는 일본 최대 암호화폐 거래소인 비트플라이어가 최대 거래량을 거래하였으나 2018. 5. 기준 4위로 내려왔고, 상위 3곳을 중국이 휩쓸었다. 1위는 오케이코인(OKEx), 2위는 후오비(Huobi)가 차지했다. 3위는 중국 본토에 위치한 거래소는 아니지만 홍콩의 바이낸스(Binance)가 차지했다. 영국령 버진 아일랜드에 위치한 비트파이넥스(Bitfinex)는 5위를 차지했다.

우리나라에서는 코빗(korbit.co.kr)이라는 거래소가 2013. 7.부터 원화거래를 중개하기 시작하였다. 코빗은 회원에게 비트코인 및 원화 두 가지 계좌를 개설하도록 하고 비트코인 또는 원화의 예치금액 범위 내에서 매매주문을 중개하였다.

현재 국내에는 10여개의 비트코인 거래소가 활동 중에 있는데 현재 거래규모가 가장 큰 업체는 업비트이고 그 다음이 빗썸이다.

Ⅱ. 비트코인에 대한 집행 방법

1. 비트코인을 몰수의 대상으로 보는 판결의 선고 후 강제집행 신청 접수

가. 비트코인을 몰수의 대상인 재산으로 본 판결의 선고

1) 쟁점

수원지방법원 2018. 1. 30. 선고 2017노7120 판결에서 '범죄수익은닉의 규제 및 처벌 등에 관한 법률'은 정보통신망이용촉진및정보보호등에관한법률위반(음란물유포)죄를 중대범죄로 규정하고, 그 범죄행위에 의하여 생긴 재산 또는 그 범죄행위의 보수로 얻은 재산은 범죄수익으로서 몰수할 수 있다고 규정하고 있는바(위 법 제2조 제1호, 제2호, 제8조 제1항 제1호, 별표), 여기에서 몰수의 대상으로 규정하고 있는 범죄수익에 비트코인이 포함되는지가 문제되었다.

당초 1심인 수원지방법원 2017. 9. 7. 선고 2017고단2884 판결은 비트코인은 물리적 실체가 없는 전자파일에 불과하므로 수사기관이 범죄수익금으로 압수했다고 하더라도 몰수 대상이 아니라 추징의 대상이라고 판단하였다.

2) 피고인의 주장

피고인은, ① 현행법상 비트코인을 몰수할 수 있는 근거규정이 없을 뿐만 아니라, ② 비트코인은 정부에서 그 경제적 가치를 인정하지 않고, ③ 시세가 실시간으로 급변하여 그 가치를 객관적으로 산정하는 것이 불가능하며, ④ 비트코인의 블록체인은 10분마다 거래기록이 갱신되므로, 피고인이 보관하고 있던 비트코인과 압수된 비트코인의 동일성을 인정할 수 없어 압수된 비트코인이 몰수될 수 없다고 주장하였다.

3) 범죄수익은닉의 규제 및 처벌 등에 관한 법률에 따른 몰수의 대상은 물건이 아닌 재산임

범죄수익은닉의 규제 및 처벌 등에 관한 법률은, 조직범죄·해외재산도피범죄 등 특정범죄에 의하여 발생한 범죄수익을 합법적인 수입으로 가장하거나 이를 은닉하는 행위를 규제하는 한편, 당해 범죄수익의 몰수·추징에 관하여 형법 등에 대한 특례를 규정함으로써 반사회적인 범죄행위를 사전에 예방하고 범죄를 조장하는 경제적 요인을 근원적으로 제거하기 위해 제정되었는바, 이러한 정책적 고려에서 몰수의 대상을 형법에서 규정하고 있는 '물건'에 제한하지 않고 '재산'으로 확장하였다. 한편, 범죄수익은닉의 규제 및 처벌 등에 관한 법률 시행령은 '은닉재산'을 '몰수·추징의 판결이 확정된 자가 은닉한 현금, 예금, 주식, 그 밖에 재산적 가치가 있는 유형·무형의 재산'이라고 정의함으로써 간접적으로 몰수의 대상이 되는 '재산'의 개념을 제시하고 있는바(위 시행령 제2조 제2항), 이에 따르면 결국 범죄수익을 이루는 '재산'이란 사회통념상 경제적 가치가 인정되는 이익 일반을 의미한다고 할 것이다.

4) 판단

수원지방법원 2017노7120판결 및 그 상고심인 대법원 2018. 5. 30. 선고 2018도3619판결은 범죄수익은닉의 규제 및 처벌 등에 관한 법률의 입법취지 및 법률 규정의 내용을 종합하여 보면, 범죄수익은닉규제법에 정한 중대범죄에 해당하는 범죄행위에 의하여 취득한 것으로 재산적 가치가 인정되는 무형재산도 몰수할 수 있고, 다

음과 같은 점을 종합하여 보면 비트코인은 '범죄수익은닉의 규제 및 처벌 등에 관한 법률'에서 규정하고 있는 '재산'에 해당하여 몰수의 대상이 된다고 판단하였다.

① 예정된 발행량이 정해져 있고 P2P 네트워크 및 블록체인 기술에 의하여 그 생성, 보관, 거래가 공인되는 암호화폐로서, 무한정 생성·복제·거래될 수 있는 디지털 데이터와는 차별화되는 점, ② 온라인 게임업체가 발급하는 것으로 온라인 게임상에서 게임 아이템을 거래하는 데 사용하는 '게임머니'도 '재산적 가치가 있는 모든 유체물과 무체물'을 의미하는 구 부가가치세법상의 '재화'에 해당한다고 할 것이므로(대법원 2012. 4. 13. 선고 2011두30281 판결 참조), 물리적 실체가 없이 전자화된 파일의 형태로 되어있다는 사정만으로 재산적 가치가 인정되지 않는다고 단정할 수 없는 점, ③ 수사기관은 피고인이 진술한 전자지갑의 주소 및 '비밀키'를 근거로 피고인이 보유하고 있던 비트코인을 특정한 다음, 위 비트코인을 수사기관이 생성한 전자지갑에 이체하여 보관하는 방법으로 압수하였고, 위와 같은 이체기록이 블록체인을 통해 공시되어 있으므로, 비트코인의 블록체인 정보가 10분마다 갱신된다는 점만으로는 압수된 비트코인의 동일성이 상실되었다고 보기 어려운 점, ④ 현재 비트코인은 거래소를 통해 일정한 교환비율에 따라 법정화폐로 환전하는 것이 가능하고, 법정화폐 대신 비트코인을 지급수단으로 인정하는 비트코인 가맹점이 존재하는 등 현실적으로 비트코인에 일정한 경제적 가치를 부여하는 것을 전제로 하는 다양한 경제활동이 이루어지고 있는 점, ⑤ 미국 뉴욕지방법원이 2014.경 마약 밀거래 사이트인 '실크로드'의 서버에서 위 사이트의 운영을 통해 취득한 것으로 확인된 144,000비트코인을 몰수하여 경매를 통해 환가 처분한 다음 국고로 귀속하였던 사례가 있고[4], 그 밖에 독일, 호주, 프랑스 등 여러 나라에서 비트코인을 몰수한 사례가 보고되고 있는 점, ⑥ 피고인도 이 사건 음란사이트를 운영하면서 회원들부터 비트코인을 지급받는 대신 회원들에게 해당 비트코인의 가치에 상응하는 포인트를 지급함으로써 이 사건 음란사이트를 이용할 수 있도록 하고, 회원들로부터 취득한 비트코인 중 일부를 현금으로 환전하여 상당한 수익을 얻었던 점, ⑦ 압수된 비트코인을 몰수하지 않은 채 피고인에게 환부하는 것은, 사실상 피고인으로 하여금 이 사건 음란사이트 운영을 통해 얻은 이익을 그대로 보유하게 하는 것인바, 이는 앞서 살펴 본 범죄수익은닉의 규제 및 처벌 등에 관한 법률의 제정취지에 비추어 보더라도 매우 불합리한 점

4) United States of America v. Ross William Ulbricht.

나. 위 판결 선고 후 비트코인에 대한 가압류 등을 비롯한 강제집행 신청 증가

위 판결이 선고되기 전에는 일반인들이 비트코인을 재산으로 보아 가압류나 강제집행을 신청하는 경우가 없었는데, 위 판결이 선고된 이후로 비트코인을 객체로 한 가압류나 강제집행 신청이 증가하고 있다.

2. 일본에서 거래소를 상대로 한 비트코인 반환청구권을 채권압류한 사례 등장[5)]

일본에서는 이용자(채무자)가 가상통화 거래소(교환업자, 제3채무자)에 대하여 보유하고 있는 청구권을 압류할 수 있다는 결정이 2017년에 등장했다.

가. 사안의 개요 등

채권압류의 전제가 된 본안 사건은 가상통화 구입을 권유·판매한 회사 등(채무자)이 전혀 지식이 없는 70대 고령자(채권자)로부터 실제 가격의 약 30배로 가상통화를 판매(1억 5천만 원 폭리)한 조직적 사기 사건으로서, 채권자의 손해배상 청구가 대부분 인용되었다. 대상 결정은 위 본안 사건의 채무자가 제3채무자인 가상통화 거래소(교환업자)에 대하여 가지는 가상통화의 관리위탁계약 등에 기한 반환청구권에 대해 채권압류명령이 발령된 사안이다.

나. 가상통화 교환업자에게 부과되는 관리의무

가상통화 교환업자는 개정 자금결제법 제2조 제8항에 의해 등록제가 되고(단 등록 미완료 상태에서도 핀테크법 부칙 제8조 제2항에 의해 규제됨), 개정 자금결제법 제63조의 11, 가상통화교환업자에 관한 내각부령 제20조에 의해 가상통화 교환업자에 대해서 자기 재산과의 분별관리, 이용자의 금전 또는 가상통화를 관리하는 의무가 부과되는데, 이에 따라 이용자가 가상통화 교환업자가 제공하는 네트워크상의 계정(어카운트)이나 계좌(월렛)에 가상통화를 보관하고 있는 경우에는 이용자는 가상통화 교환업자에 대하여 그 보관하고 있는 가상통화 등에 관한 매매, 교환, 이체, 기탁 등에 관한 계약에 근거한 가상통화 등의 반환청구권에 준하는 채권을 가지고 있다는 것이 일반적인 의견이다.[6)]

5) 弁護士　藤井裕子, “仮想通貨等に関する返還請求権の債権差押え”, 金融法務事情 2017年 12月 10日号2079号, 6-9

6) 堀天子, 實務解說 資金決濟法 제3판, 352.

다. 가상통화의 성격 및 압류 대상 목적물의 특정

채권집행을 하기 위해서는 압류채권 목록에 기재하는 채권의 특정이 문제되는데, 대상 사건의 채권자는 가상통화 교환업자가 제공하는 가상통화 등의 네트워크상에 어카운트 및 월렛에 가상통화 등을 보관하는 법률관계 등에 비추어 채무자인 이용자의 제3채무자인 가상통화 교환업자에 대한 가상통화 등에 관한 반환청구권을 다음과 같이 특정하였다.

"채무자와 제3채무자 사이의 가상통화(자금결제에 관한 법률 제2조 제5항)의 매매, 교환, 양도, 이체, 송부, 대차, 관리, 임치 등에 관한 계약에 근거하여 채무자가 제3채무자에 대하여 보유하고 있는 가상통화 등(금전을 포함)의 반환청구권 중, 채권자가 정한 순서(각 가상통화 종류별로 지갑의 순서를 나열하고, 동종의 가상통화에 대한 지갑의 경우에는 채권가압류, 채권압류가 되지 않은 지갑을 먼저 압류하는 것으로 특정)에 따라 본 압류명령이 제3채무자에 송달된 시점에 있어서 제3채무자의 가상통화 시가에 의해 엔화로 환가한 금액 중 청구금액에 이르는 금액"

위 사건에서 채권자는 일단 자금결제법의 조문을 원용하고, 가상통화 교환업자의 웹사이트나 이용규약 등을 확인하여, 가상통화 교환업자가 제공하는 월렛의 종류 및 취급 가상통화 등을 순서에 따라 열거하였다.

라. 채권압류 명령에 따른 효과

채무자의 제3채무자에 대한 채권압류명령이 내려진 경우에는 송달 이후, 채무자에게는 채권의 회수 그 밖의 처분을 하는 것을 금지하는 처분금지효가 생기고, 제3채무자인 가상통화 교환업자에게는 채무자에 대한 변제금지효, 변제금지의무가 발생하므로, 제3채무자인 가상통화 교환업자는 민사집행법상 채무자에 대한 변제금지효를 부담하므로 어카운트나 월렛에서 보관하고 있는 채무자의 가상통화 등의 시가에 대응하는 법정통화를 채권자에 지급하여야만 변제효가 생긴다.

그러나 제3채무자에게 압류결정이 송달된 이후에도 채무자가 네트워크상의 어카운트나 월렛 등의 서비스를 자유롭게 이용할 수 있다면 채무자의 처분금지효나 제3채무자의 변제금지효에 반하게 된다.

이에 제3채무자가 되는 가상통화 교환업자로서는 민사집행법 제145조 제1항 위반이나 집행방해, 추심소송, 감독관청의 지도 등 무용한 분쟁에 휘말리는 것을 방지하기 위해서는 은행의 별단예금과도 같은 시스템이 없는 한 민사집행법상의 변제금지의무의 부수의무로서 제공하는 어카운트나 월렛 서비스의 중단, 정지, 삭제 등을 하는 것이 필요하다. 제3채무자인 가상통화 교환업자가 제공하고 있는 어카운트나 월렛에서의 서비스에 대하여 중단, 정지, 삭제 등의 조치를 하면 서비스를 이용하고 있는 채무자로서는 보관하고 있는 가상통화 등에 의한 네트워크상의 각종 거래가 되지 않아 가상통화 교환업자에 대해서는 네트워크상에서도 매매, 교환, 양도, 이체, 송부, 대차, 관리, 기탁 등에 의한 채권의 행사가 불가능하게 된다.

가상통화 교환업자가 공재하고 있는 이용규약 등을 보면, 민사보전, 강제집행이나 파산의 신청이 있는 경우에는 어카운트나 월렛 등의 서비스의 정지나 취소, 영속적인 중단 등을 정해두거나 채권자나 피해자에 이용자의 자산을 지급한다고 정하는 등 이용자와 가상통화 교환업자 사이에서 절차나 처리방침을 명확히 정한 경우도 있는데, 이러한 경우에는 이러한 이용규약에 따라 채무자의 어카운트나 월렛 서비스의 중단, 정지, 삭제하는 것이 가능하지만, 그러한 이용규약이 없는 경우에도 압류명령만으로 앞서본 바와 같은 어카운트나 월렛 서비스의 중단, 정지, 삭제 등을 할 수 있는지에 대하여는 일본에서도 논란이 있다고 한다.

마. 구체적인 압류명령 양식

위 사건에서 발령된 가상통화의 관리위탁계약 등에 기한 반환청구권에 대해 채권압류명령의 양식은 다음과 같다. 특히 별지는 우리 실무에서도 참고가 될 만하다.

平成29年(ル)<事件番号略>

債権差押命令

当事者　別紙当事者目録記載のとおり
請求債権　別紙請求債権目録記載のとおり

1　債権者の申立てにより、上記請求債権の弁済に充てるため、別紙請求債権目録記載の執行力ある債務名義の正本に基づき、債務者が第三債務者に対して有する別紙差押債権目録記載の債権を差し押さえる。
2　債務者は、前項により差し押さえられた債権について、取立てその他の処分をしてはならない。
3　第三債務者は、第1項により差し押さえられた債権について、債務者に対し、弁済をしてはならない。

裁判官　工藤　正

【別紙】当事者目録

債権者	X
債権者代理人弁護士	中村昌典
	藤井裕子
債務者	Y
第三債務者	Z
代表者代表取締役	甲野太郎

【別紙】請求債権目録<略>

【別紙】差押債権目録

金●●●●●●●●●円

債務者と第三債務者との間の仮想通貨（資金決済に関する法律第2条第5項）の売買、交換、譲渡、両替、送付、貸借、管理、寄託等に関する契約に基づいて債務者が第三債務者に対して有する仮想通貨等（金銭を含む。）の返還請求権のうち、下記に記載する順序に従い、本差押命令が第三債務者に送達された時点における第三債務者の仮想通貨相場ないし電信買相場により日本円に換算した金額（手数料等を控除後の金額）において頭書金額に満つるまで。

記

1　差押え・仮差押えのないRippleウォレット（取引口座）と差押え・仮差押えのあるRippleウォレット（取引口座）があるときは、(1)先行の差押え・仮差押えのないもの、(2)先行の差押え・仮差押えのあるものの順序による。
2　差押え・仮差押えのないBitcoinウォレット（取引口座）と差押え・仮差押えのあるBitcoinウォレット（取引口座）があるときは、(1)先行の差押え・仮差押えのないもの、(2)先行の差押え・仮差押えのあるものの順序による。
3　数種の取引口座があるときは、(1)一般口座、(2)特別口座の順序による。
4　同種の取引口座が複数あるときは、取引口座に付された番号等の若い順序（アルファベットは数字に後れるものとし、アルファベットはAを最も若いものとする。）による。
5　取引口座に表示された通貨及び仮想通貨に係る請求権が複数あるときは、次の順序による。
(1) 日本円（JPY）　(2) Ripple　(3) Bitcoin　(4) Litecoin　(5) Dogecoin　(6) Stellar
(7) RJP　(8) Ethereum　(9) Ethereum Classic　(10) Augur　(11) 外貨

以上

3. 비트코인에 대한 보전처분 및 강제집행

가. 채무자 개인의 전자지갑에 보관된 비트코인 자체는 현행 법제도 아래서는 보전처분 및 강제집행의 대상이 되기 어려워 보이지만, 입법적으로는 유체동산 집행의 대상이 되도록 보완할 필요가 있음

1) 채무자 개인의 전자지갑에 보관된 비트코인은 현행법령상 유체동산 집행 대상이 될 수는 없어 보임

채무자 개인의 전자지갑에 보관된 비트코인은 '현물'이 존재하지 않는 가상의 화폐로서 부동산이 아님은 명백하다. 다만 암호화폐가 민법이 규정하는 물건으로서 동산에 해당될 수 있는지 여부가 문제된다.

비트코인과 같은 암호화폐의 경우 신문지상에 나오는 화폐 사진을 보고 간혹 비트코인이 현물로 존재하는 코인 내지는 동전으로서 유체물이라고 착각할 수도 있지만, 비트코인은 가상의 화폐로서 유체물이 전혀 존재하지 않기 때문에 통상적인 화폐처럼 바로 동산으로 볼 수 없기 때문이다.

민법 제98조, 제99조는 부동산 이외의 물건은 동산으로 보면서, 유체물 및 전기 기타 관리할 수 있는 자연력을 물건으로 보고 있기 때문에, 비트코인의 경우에도 비록 유체물은 아니지만 배타적 지배가 가능하여 관리가능성이 있으므로 이를 물건으로 볼 수 있다는 견해도 있을 수 있지만, ① 비트코인과 성격이 비슷하다고 볼 수 있는 게임아이템의 경우에도 그 물건성을 부정하는 것이 우리나라의 통설이고[7], ② 앞서 본바와 같이 일본 판례[8] 또한 비트코인의 구조적 특징이나 특정 비트코인 주소를 작성하여 그 비밀키를 관리하는 자가 해당 주소에서 비트코인의 잔량을 가지고 있는 것의 의미에 비추어 보면, 비트코인 주소의 비밀키 관리자가 해당 주소에서 해당 잔량의 비트코인을 배타적으로 지배하고 있다고 인정되지 않으므로, 비트코인이 소유권의 객체가 되기 위해서 필요한 유체성 및 배타적 지배 가능성을 가진다는 것은 인정되지 않는다고 보아, 물권인 소유권의 객체가 될 수 없다고 판단한 바 있기 때문에, 우리나라에서도 비트코인과 같은 암호화폐를 민법상의 동산으로 보기는 어려

7) 양재모, "온라인아이템의 물건성과 법률관계", 법과 정책연구 제1집(창간호), 한국법정책학회(2001), 275; 최병록, "온라인게임 아이템의 현금거래에 관한 법률문제", 재산법연구 제25권 제2호, 한국재산법학회(2008), 310; 장재옥, "온라인게임 아이템 현금거래의 법률관계", 중앙법학 제9집 제2호, 중앙법학회(2007), 394; 정해상 "인터넷 게임아이템 거래에 관한 법리", 중앙법학 제5집 제3호, 중앙법학회(2003), 263.

8) 東京地裁, 平成２７年 8月 5日 선고, 平成２６年（ワ）第３３３２０号

워 보인다.

2) 동산 집행이 가능하다는 일부 견해도 있지만 받아들이기 어려움

일부 실무가[9]는 ① 비트코인을 '금전'이 아닌 '동산'으로 보아 강제집행하는 것이 가장 현실적이므로 개인적으로 관리하는 전자지갑에 압류된 비트코인은 아래와 같은 주문의 형식으로 동산 압류할 수 있다고 보았다.

[전자지갑에 보관된 비트코인에 대한 동산 압류결정 주문 기재례]

채무자 소유의 별지 목록 기재 동산을 압류한다.
[별지] 압류할 동산의 표시
아래 '1. 동산이 있는 장소'에 개인키가 보관된 채무자 소유의 비트코인 가운데 '2. 전자지갑 공개키 주소'로써 잔액이 조회되는 것.
1. 동산이 있는 장소
가. 채무자 주소지에 있는 PC, 하드웨어 지갑, 종이 지갑, 웹 지갑 등
2. 전자지갑 공개키 주소
가. 1A1zP1례5QGefi2DMPTfTL5Lmv7DivfNa
나. 기타 위 1.항 기재 장소에서 발견되는 전자지갑 공개키 주소 일체.

하지만 비트코인의 경우에는 ① 앞서 본 바와 같이 유체물이 아닐 뿐만 아니라 관리가능성도 없어서 민법 제98조, 제99조가 규정하고 있는 동산으로 볼 수도 없어서 민법상의 동산에도 해당하지 않을 뿐만 아니라, 민사집행법 제189조 제2항 제1 내지 3호가 민사집행법상 집행의 편의를 위하여 유체동산으로 의제하고 있는 ① 등기할 수 없는 토지의 정착물로서 독립하여 거래의 객체가 될 수 있는 것, ② 토지에서 분리하기 전의 과실로서 1월 이내에 수확할 수 있는 것, ③ 유가증권으로서 배서가 금지되지 아니한 것에도 해당하지도 않으므로 이를 유체동산으로 볼 아무런 법률적 근거가 없다.

3) 채무자 개인의 전자지갑에 보관된 비트코인의 경우 채무자가 보관, 관리하기 때문에 제3채무자가 있을 수 없어 채권집행도 불가능해 보임

결국 유형물이 아니어서 부동산이나 동산으로 볼 수 없는 비트코인의 성격상, 현행 법령상으로는 비트코인 자체를 채권 내지는 기타 재산권의 집행의 대상으로 삼

9) 전승재/권헌용, "비트코인에 대한 민사상 강제집행 방안- 암호화폐의 제도권 편입 필요성을 중심으로 -, 정보법학, 제22권 제1호, 한국정보법학회(2018), 92 이하.

을 수 있는지 여부만이 고려의 대상이 될 수 있다. 그런데 채권에 대한 압류는 제3채무자에 대한 압류명령을 발하는 방식으로 이루어질 수밖에 없는데 비트코인을 비롯한 가상통화는 블록체인 내에서 그 보유자가 전자지갑 내에서 배타적 독립적으로 보유하는 것이어서 법원이 그 압류명령을 발할 제3자가 이론상으로는 존재하지 않으므로, 비트코인 자체는 채권집행의 대상이 될 수도 없어 보인다(가상통화에 대한 법적 성격을 전혀 규정하고 있지 않는 현재 법제 하에서는 더욱 그러하다).

4) 동산집행, 채권집행이 모두 불가능한데 채권집행 관련 규정을 준용하도록 한 기타 재산권 집행은 더욱 불가능해 보임

민사집행법은 제4절 동산에 대한 강제집행 제3관 채권과 그 밖의 재산권에 대한 강제집행편에서 채권에 대한 강제집행규정을 제223조 내지 250조에서 규정한 다음 제251조 제1항에서 그 밖의 재산권에 대한 집행이라는 제목 하에 '앞의 여러 조문에 규정된 재산권 외에 부동산을 목적으로 하지 아니한 재산권에 대한 강제집행'은 이 관의 규정 및 제98조 내지 제101조(일괄경매 관련 내용)의 규정을 준용한다"라고 규정하는 한편, 민사집행규칙에서도 제159조 내지 제174조에서 채권에 대한 강제집행규정을 규정한 다음 제174조(그 밖의 재산권에 대한 집행)에서 "법 제251조제1항에 규정된 재산권(기타 재산권)에 대한 강제집행에는 그 성질에 어긋나지 아니하는 범위 안에서 제159조 내지 제173조의 규정을 준용한다."고 규정하였다.

이와 같이 민사집행법과 민사집행규칙은 부동산 집행의 대상이 되지 않는 재산 중 유체동산과 채권, 그리고 유체물 인도나 권리이전청구권을 제외한 것으로서 민사집행법 제251조에 따른 강제집행의 대상이 되는 것을 '그 밖의 재산권'이라고 하면서, 그 밖의 재산권의 집행에 대하여 필요한 최소한의 개괄적인 규정만을 두고 성질에 어긋나지 않는 범위 내에서 채권집행에 관한 규정을 준용하도록 규정하고 있지만, 실무에서는 이러한 규정에도 불구하고 현실적으로 필요한 범위 내에서 그 대부분을 집행실무의 운용에 맡겨두고 있다.

이와 같이 민사집행법의 명문의 규정상 기타 재산권의 집행방법에 대하여는 제3관의 규정 즉 채권집행의 규정이 준용되는데 앞서 본 바와 같이 가상화폐의 경우에는 제3채무자가 부존재하는데다 블록체인을 이용한 탈중앙화 등의 독자적인 성격으로 인하여 가상통화에 대한 법적 성격을 전혀 볍제화하지 못하고 있는 현행 입법 사정상 가상화폐에 대하여 채권집행을 하는 것이 전혀 불가능한데 채권집행 관련 규정을 준용하도록 하고 있는 기타 재산권 집행 규정을 가상화폐에 대하여 적용가능하다

는 것은 집 주인도 못하는 것을 임차인은 할 수 있다고 하는 것과 같은 받아들이기 어려운 주장이다. 즉 궁극적으로 기타 재산권 집행은 그 집행방법을 채권집행 방법을 준용하도록 하고 있는데 가상화폐에 대하여 여러 가지 원인으로 채권집행 자체가 불가능한데 그러한 가상화폐에 대하여 독자적으로 기타 재산권 집행이 가능하다고 하는 것은 민사집행 관련 법령의 기본구조 자체를 몰각시키는 주장이다.

아마도 기타 재산권 집행과 관련하여 현행 법령이 개괄적인 규정만 두고 있는 바람에 실무상 새로이 생기는 각종 재산권에 대하여 다소 자유로운 실무운용을 하면서 관련 규정이 신설되거나 개정될 때까지 임시방편으로 완전히 새로운 형태의 집행방법을 법령 미비의 상태에서 다소 탈법적으로 운용하는 바람에 마치 새로운 유형의 재산에 대하여는 '기타 재산권' 집행이라는 새로운 집행방법을 임의로 적용하여도 된다고 실무가나 이론가들이 착각하고 있는 것이 아닌가 의문이 든다.

새로이 등장한 재산권으로서 가상화폐와 가장 유사한 전자등록주식의 경우 전자등록주식 제도 자체를 도입하려는 관련 입법이 먼저 이루어지고 그 법률에 근거하여 민사집행규칙이 새로운 규정을 신설한 것에 비추어 보면, 전자등록주식 보다 더 독자적이면서 현행 법령체계와 맞지도 않아서 가상화폐를 합법적인 '재산권'으로 인정할지 여부에 대하여 국회에서 논의가 이루어지고 있어서 아직 가상화폐를 합법적인 재산권으로 인정한 법률조차도 제정되지 않고 있는 현재 상태에서, 집행법원이 민사집행규칙에서 관련 규정 내용도 신설하지 않은 채 임의적으로 '기타 재산권'으로서의 법률상 권리를 부여하여 가상화폐에 대하여 강제집행을 한다는 것은 사법부가 입법권을 행사하는 것이나 다름이 없다는 비난을 받을 수도 있다는 점에서, 집행법원에서 가상화폐를 기타 재산권 집행의 대상으로 적극적으로 인정하는 것은 불가능하다고 봄이 상당하다. 법원에서 가상화폐를 사회통념상 경제적 가치가 인정되는 이익 일반을 의미하는 '재산'으로 보아 몰수가 가능하다고 판단하면서 가상화폐에 대하여 재산적 가치를 인정하였다고 하더라도 그것이 가상화폐를 법률상의 '재산권'으로 인정한 것은 아니라 할 것이다.

민사집행법 제251조 제2항이 기타 재산권집행과 관련하여 제3채무자가 없는 경우에 압류는 채무자에게 권리처분을 금지하는 명령을 송달한 때에 효력이 생긴다는 규정을 둔 것만 보고 제3채무자가 없더라도 기타 재산권 집행은 특별현금화의 방법으로 가능하다는 견해를 피력하는 학자나 실무가도 있지만, 실무상 제3채무자가 없음에도 기타 재산권 집행방법을 인정하고 있는 기타 재산권으로는 특허권, 실용신안권, 디자인권, 상표권, 저작권 등의 지적 재산권이나 전세권이나 등기된 임차권, 채무자가 사업시행자인 체비지 등과 같이 제3자인 일반인들에게 대외적인 공시가 이루어지는 등기, 등록이 효력요건이거나 대항요건인 경우뿐이다[10]. 그런데 가상화폐는 중앙정부가 등기나 등록의 방법으로 개인의 재산권을 통제하는 중앙화를 벗어나 탈중앙화하기 위하여 블록체인 시스템을 이용하는 것으로서 등기, 등록 제도를 피하기 위하여 만들어진 것이라는 점을 감안해보면, 등기, 등록 자체를 회피하기 위해 만들어진 가상화폐에 대하여도 채권집행 절차를 준용하는 기타 재산권 집행이 가능하다는 주장은 현재 집행 실무상 받아들이기 어려운 주장일 뿐만 아니라, 가상화폐가 블록체인 시스템을 이용하여서 대외적인 공시방법인 등기, 등록을 피하기 위하여 개발된 새로운 도구라는 점을 제대로 이해하지 못한 주장으로 보인다.

나아가 기타 재산권 집행이 가능하다는 견해에 의하면 특별현금화 방법에 의한 강제집행이 가능하다고 하는데, ① 민사집행법이 허용하고 있는 특별현금화는 민사집행법 제214조 제2항의 동산 특별현금화와 민사집행법 제241조가 규정하고 있는 채권 특별현금화 2가지가 있는데 양자는 불복방법이 특별항고(동산 특별현금화는 민사집행법 제214조 제2항이 불복 불가능하도록 규정)와 즉시항고(채권 특별현금화는 민사집행법 제241조 제3항이 즉시항고로 불복 가능하다고 규정)로 다를 뿐만 아니라, 채권 특별현금화는 종래는 법관만이 이를 처리할 수 있다가 2020년부터 사법보좌관이 처리 가능한 업무 영역으로 들어왔다는 점에서 엄격히 구분되어야 하는데 기타 재산권의 특별 현금화 규정은 전혀 없어서 도대체 가상화폐에 대하여 어느 특별현금화 방법을 적용할 것인지 불명확할 뿐만 아니라, ② 위 견해들도 가상화폐가 동산이 아니라는 점을 근거로 대체적으로 채권 특별현금화 절차를 준용하는 것으로 보고 있는데 민사집행법 제241조 제1항은 제3채무자의 존재를 전제로 하는 채권을 그 대상으로 하고 있을 뿐만 아니라, 제5항에서 제3채무자에 대한 통지를 하도록 하고 있다는 점에서 제3채무자가 존재하지 않는 가상화폐에는 적용하기 어려운 조문이고, ③ 채권 특별현금하 방법 중 양도명령이란 압류된 '채권'을 집행채권의 지급에 갈음하여 압류채권자에게 양도하는 것인데, 가상화폐는 '채권'이 아니므로 양도명령이라는 개념자체가 적용될 수가 없다 할 것이고, 다른 통상적인 채권이나 기타 재산권의 경우에는 양도명령만으로 채권자의 채권이 만족되어 집행의 효력이 이루어지는 것과 달리 가상화폐의 경우에는 블록체인 시스템상 비밀키를 이용한 실제적인 이전 행위 등

10) 주석 민사집행법(V)(제4판), 한국사법행정학회(2018), 966-969(양진수).

이 이루어지지 않는 한 양도명령 만으로 가상화폐의 이전이 이루어지지 않기 때문에 가상화폐에 대한 유효한 집행방법이 될 수 없다 할 것이며, ④ 통상의 강제집행은 채권집행과 유사하게 집행법원이 주관하는데 반하여 매각명령은 유체동산 집행에 준하여 집행법원이 아닌 집행관이 압류된 '채권'을 유체동산 집행방법으로 매각하는 것이라는 점을 고려하면(매각명령의 주문에는 채권자의 위임을 받은 집행관은 유체동산 경매에 관한 절차에 따라 매각하여야 한다는 내용이 들어감) 특별현금화 중 매각명령은 오히려 유체동산의 집행에 더 타당한 집행방법이라고 보이고, ⑤ 매각명령의 경우 가상화폐를 매각하려면 집행관이 별도로 전자지갑을 만들어 그 전자지갑으로 가상화폐를 이전받은 후 이를 매각하는 등의 절차가 진행되어야 할 것인데, 유형물이 존재하여 집행관이 그 물건을 점유하는 방법으로 압류가 이루어지기 때문에 바로 그 물건을 매각할 수 있는 유체동산과는 달리 유형물이 존재하지 않는 가상화폐의 경우에는 압류명령만으로는 집행관이 그 물건을 점유할 수도 없을 뿐만 아니라 압류명령만으로는 채무자에게 가상화폐를 집행관의 전자지갑으로 이전시킬 의무가 발생하지 않으므로 가상화폐를 집행관이 실제로 이전받아 점유하기 위한 별도의 집행행위가 필요한데 그 절차에 대한 아무런 규정이 전혀 갖추어져 있지 않아서 현실적으로 압류만으로 점유만이 이루어지는 '채권'이나 일반적인 기타 재산권과는 달리 압류명령만으로 점유가 이루어질 수 없는 가상화폐의 경우에는 매각명령이 집행될 가능성이 없고, ⑥ 관리명령은 유형물이 존재하지 않는 가상화폐에는 아예 적용할 수 없는 집행방법인 점 등을 고려하여 보면, 개인의 전자지갑에 보관하고 있는 가상화폐에 대하여 민사집행법 제241조의 특별현금화를 적용하기는 현재 실무상 힘들어 보인다. 결국 가상화폐에 대하여 현재 집행 실무상으로도 기타 재산권의 특별현금화가 가능하다는 견해는 민사집행법 법률 규정의 체계나 특별현금화 집행 실무의 실사례를 잘못 이해한 견해로 보인다.

특히나 현행 민사집행법이나 사법보좌관 규칙이 기타 재산권 특별현금화에 관한 규정을 전혀 두지 않았고, 동산 특별현금화와 채권 특별현금화는 그 집행의 주체(사법보좌관 VS 법관)를 2020년까지 엄격하게 구분하고 있었을 뿐만 아니라 그 불복방법 또한 상이하여, 현행 민사집행법상 특별현금화를 적용하려면 동산 특별현금화와 채권 특별현금화 중 1개 절차를 특정하여 이를 준용할 수밖에 없지만, 가상화폐의 특수성으로 인하여 양자 모두 가상화폐에 준용하기는 불가능함에도 불구하고, 학자들이나 일부 사법보좌관들이 마치 현행 법령상으로 독자적인 기타 재산권의 특별현금화가 가능하다고 주장하는 것은 법리 및 실무에 대한 몰이해에서 비롯된 것이라고 단정할 수 밖에 없다.

5) 채무자 개인의 전자지갑에 보관된 비트코인의 경우 법적 성질을 법률로 정할 필요가 있음

위와 같이 채무자 개인의 전자지갑에 보관된 비트코인의 경우 현재로서는 그 법적 성질 및 합법적인 재산권으로 인정할지 여부에 대하여 국회에서 계속적으로 논의 중이어서 그 법적 성질을 특정하기가 어려울 뿐만 아니라 마약 등의 금제품과 달리 합법적인 재산권으로서 거래의 대상이 되는 재산권인지 여부가 확정되지 않은 상태이고, 나아가 현재 민사집행법의 체계상으로는 이에 부합하는 집행방법이 없는데다 실무상으로도 채무자 개인의 전자지갑에 보관된 비트코인 자체를 가압류나 압류의 대상으로 한 신청도 거의 이루어지지 않고 있다. 이에 따라 채무자가 자신의 재산을 빼돌려서 채무를 면탈하기 위해서 자신의 전 재산을 비트코인으로 바꾸어 자신의 개인적인 전자지갑에 보관한 다음 해외로 도피할 경우에는 아무런 제재를 가할 수 없게 되는 황당한 결과가 현재로서는 언제든지 발생 가능하다.

따라서 조속하게 비트코인의 법적 성질을 정하는 법률 규정을 신설하는 한편, 그 규정에서 비트코인에 대한 집행방법을 새로이 정할 필요가 있다.

6) 새로운 법률 개정 시 기타 재산권 집행 방법도 고려해 볼 수 있지만, 제3채무자가 없는 점이나 가상화폐 성격에 비추어 유체동산의 개념에 비트코인을 추가하여 유체동산 집행을 함이 타당해 보임

앞서 본 바와 같이 채무자 개인의 전자지갑에 보관된 비트코인의 경우 부동산이 아님은 명백하고, 채무자가 보관, 관리하기 때문에 제3채무자가 있을 수 없어서 채권집행이 불가능하며, 등기나 등록채권집행 방법이나 기타 재산권 집행 자체가 현실적으로 어려운 이상, 그 집행방법은 동산 집행방법에 의하는 것이 가장 간명하다.

따라서 현재로서는 민사집행법상 집행의 편의를 위하여 유체동산으로 의율하도록 하고 있는 민사집행법 제189조 제2항 제1 내지 3호의 물건들 뒤에 제4호로 암호화폐를 추가하여, 암호화폐의 경우 실제로는 유체동산으로 보기는 어렵지만 이를 법률적으로 유체동산으로 의제하도록 함으로써 '암호화폐' 그 자체에 대한 집행은 유체동산 강제집행에 의하도록 하는 것이 가장 간명한 방법으로 보인다.

나아가 유체동산 동산집행의 경우 그 집행장소의 특정이 필요한데, 암호화폐 자체는 앞서 본 바와 같이 블록체인 네트워크상에 존재하는 것이므로 원칙적으로는 특

정 장소에 존재하는 것이 아니지만 집행관이 특정한 압류 현장(장소)에 임하여 압류 절차를 집행할 필요가 있고, 채무자의 주소지에 임하여 채무자로부터 비밀키 등을 제공받을 필요가 있으므로 집행의 장소로는 '채무자의 주소지'를 특정하면 될 것으로 보인다.

또한 개인 지갑에 보관된 암호화폐에 대하여 유체동산 집행을 하는 경우에 그 비밀키 등을 채무자로부터 제공받아야 그 개인 지갑에 보관된 암호화폐 등을 집행관 명의의 전자지갑에 옮기는 방법으로 압류를 할 수가 있는데, 채무자가 비밀키를 잊어버리거나 그것의 집행관에 대한 제공을 거부하는 경우에는 압류자체가 불가능해지는데, 이는 특정 금전 압류의 경우에도 특정 금전을 마늘 밭에 묻어 둔 후 보관장소를 잊어버리거나 알려주지 않을 경우 강제집행이 불가능한 것과 같은 현상이기 때문에, 비밀키 제공거부에 기한 집행상의 어려움이 암호화폐 집행만의 독자적인 문제는 아니라고 보인다.

나아가 이러한 집행상의 어려움은 재산명시절차에서 재산목록에 암호화폐의 종류와 수량 란을 만들고 그 곳에 비밀키 번호를 기재하도록 하고, 이를 허위로 진술하면 처벌받도록 하는 제도를 도입하면 어느 정도 그 문제점이 해결될 수도 있을 것으로 생각된다.

나. 예탁유가증권과 유사하게 예탁비트코인 공유지분 가압류 신청한 사안은 각하됨

서울중앙지방법원 2018카단800115 사건에서는 채권자들이 다음과 같은 신청취지로 예약비트코인 공유지분 가압류 신청을 하였다.

> 1. 채무자의 제3채무자들에 대한 별지 목록 기재 비트코인에 관한 공유지분을 각 가압류한다.
> 2. 채무자는 별지 목록 기재 예탁 비트코인에 관한 공유지분에 대하여 계좌대체의 청구나 비트코인 반환의 청구 기타 일체의 처분행위를 하여서는 아니 된다.
> 3. 제3채무자들은 별지 목록 기재 예탁 비트코인에 관한 공유지분에 대하여 계좌대체를 하거나 채무자에게 이를 지급을 하여서는 아니 된다.

하지만 재판부에서는 증권대체결재제도 하에서 예탁의 개념을 암호화폐 거래에서 그대로 적용할 수 있는지 여부와 관련하여 암호화폐의 거래관계를 기술적 측면을 바탕으로 법률적으로 구성하고, 이를 토대로 채무자와 제3채무자가 채권채무관계에 있음을 소명하시기 바란다는 보정명령을 내렸고, 당사자들은 이를 미이행하여 그 신청이 각하되었다.

앞서 본 바와 같이 비트코인과 예탁유가증권은 그 성격이 다르고 비트코인은 아주 작은 단위까지 나누어서 바로 거래 대상이 되어서 공유지분의 개념 자체가 존재하지 않기 때문에 비트코인에 대한 공유지분을 상정할 수 없으므로 이러한 가압류나 강제집행 유형은 허용될 수 없다 할 것이다.

다. 일본에서와 같이 채무자의 거래소에 대한 반환청구권을 채권가압류하는 것은 가능하고, 여러 사례가 존재함

현실적으로 암호화폐 보유자 대부분이 거래소를 통하여 거래를 이용하고 있으므로(우리나라에는 빗썸, 업비트 등을 비롯한 다수의 거래소가 운영되고 있다), 채무자가 이용하는 거래소를 제3채무자로 하면 일응 압류명령이나 가압류명령을 발할 수 있을 것이다.

제3채무자인 거래소는 암호화폐 거래와 관련하여 약관을 게시하고 있고, 그 약관 내용에 따라 채무자와 제3채무자 사이에는 거래소 이용 계약이 체결되며, 그 계약에 따라 채무자가 거래소에 대하여 가지는 금전반환청구권 등의 채권을 가압류 내지 압류하는 것은 가능하기 때문이다. 즉, 이용자는 거래소에 대하여 거래 정산에 따른 지급청구권 내지 환불청구권을 갖는다. 채무자의 거래소에 대한 위와 같은 청구권을 압류함으로써 거래소를 구속하는 것이 가능할 것이다.

아래에서는 이용자가 거래소에 대하여 거래 정산에 따른 지급청구권 내지 환불청구권을 가압류한 실제 하급심 결정 사례들을 살펴본다.

1) 비트코인 출급청구채권을 가압류 대상으로 삼은 사례: 울산지방법원 2018. 1. 5.자 2017카합10471 결정(최초 비트코인 가압류 결정사례)

이 사건에서는 다음과 같이 결정을 하면서 비트코인에 대한 출금청구권을 가압류 히였다.

> 1. 채무자들의 제3채무자들에 대한 별지 기재 채권을 가압류한다.
> 2. 제3채무자들은 채무자들에게 위 채권에 관한 지급을 하여서는 아니 된다
>
> 별지
>
> 제3채무자가 운영하는 온라인 암호화폐거래소인 빗썸(bithumb.com)에서 채무자들이 아래의 개인정보를 사용하여 개설한 각 전자지갑에 보관되어 있는 비트코인 등

암호화폐 일체에 대한 출금청구권.
　채무자 박00
　생년월일 : 1900. 00. 00.
　휴대폰번호 : 010 0000 ****
　이메일주소 : 0000@gmail.com
　ID : A00000A

2) 암호화폐 전송, 매각 등 이행청구채권을 가압류 대상으로 삼은 사례: 서울중앙지방법원 2018. 2. 1.자 2017카단817381 결정

이 사건에서는 아래에서 보는 바와 같이 약관에 따라 가지는 암호화폐 전송, 매각 등 이행청구채권을 가압류 대상으로 삼으면서도, 별지 기재 내용 중 예금채권 가압류 문구 일부를 그대로 남겨두었다(암호화폐는 예금 채권이 아니고 암호화폐 계좌가 존재하지만 이는 은행 등 별도의 관리주체가 관리하는 것이 아니라 암호화폐 보유자 본인이 스스로 개설하여 관리한다는 점에서 예금계좌와는 다르다는 점에서, 2항에서 '예금'이라는 명칭을 쓴 것은 부적절해 보이므로 예금이라는 표현 대신 '암호화폐에 대한 전송 등 일체의 이행청구권'이라고 표현하는 것이 더 타당해 보인다).

별지

청구금액 50,000,000원
채무자가 제3채무자에 대하여 가지는 아래 기재 채권 중 위 청구금액에 이를 때까지의 금액(가압류결정일 당일 최저시가 기준)
예금주 : 000
1. 채무자의 제3채무자에 대한 암호화폐 계좌(전자지갑) 내의 암호화폐들에 대한 전송, 매각 등 일체의 이행청구권
2. 압류되지 않은 예금과 압류된 예금이 있는 때에는 다음 순서에 의하여 가압류한다.
　가. 선행압류, 가압류가 되지 않은 암호화폐 계좌
　나. 선행압류, 가압류가 된 암호화폐 계좌
3. 여러 종류의 암호화폐가 있을 때에는 다음 순서에 의하여 가압류한다.
　가. 이더리움, 나. 비트코인, 다. 비트코인 캐쉬, 라. 그 외의 알트코인

3) 암호화폐 반환청구채권을 가압류의 대상으로 삼은 사례: 서울중앙지방법원 2018. 3. 19.자 2018카단802743 결정

민법 제373조는 “금전으로 가액을 산정할 수 없는 것이라도 채권의 목적으로 할 수 있다”고 규정하고 있다. 채권의 목적이란 ‘채권자가 채무자에 대하여 일정한 급부행위를 구하는 것’이다. 가액을 산정할 수 없는 급부를 목적으로 하는 채권도 그 효력에 있어서는 보통의 채권과 다를 바가 없어서 채무자의 이행이 없으면 채권자는 이행판결을 구할 수 있고 그 판결에 의하여 강제집행을 할 수 있으며, 강제집행과 함께 그것에 갈음하여 손해배상을 청구할 수 있다. 따라서 암호화폐를 목적물로 한 작위, 부작위 급부의무는 재산권을 가진 채권의 목적이 되고, 특정 암호화폐 자체를 거래소가 아닌 개인에게 위탁한 경우에 그 개인에 대한 위탁 암호화폐의 반환청구채권도 가압류나 강제집행의 목적이 될 수 있다 할 것이다.

이러한 법리를 토대로 서울중앙지방법원 2018. 3. 19.자 2018카단802743 결정은 채무자 A가 제3채무자 B에게 맡겨둔 코스모스 12,684개, 현대코인 300,000개에 대한 반환청구채권을 가압류 한 바 있다.

4) 암호화폐 지급청구권을 가압류의 대상으로 삼은 사례: 서울중앙지방법원 2018. 4. 12.자 2018카단802516 결정

위 사건에서 채권자들은 암호화폐 아이콘이 새롭게 발행된다는 소식을 접한 뒤 아이콘의 프리세일[11]에 참가한 사람들인데 암호화폐 구매대행을 해주는 업체인 채무자에게 아이콘 암호화폐의 구매대행을 요청하면서 자신들이 보유한 이더리움을 송금하고, 교환 비율에 맞춰 아이콘(새로운 암호화폐)를 지급받기로 채무자와 약정했다.

그 후 채무자는 스위스 회사인 제3채무자 아이콘 파운데이션과 아이콘이라는 새로운 암호화폐 구매 계약을 체결하고 아이콘이라는 암호화폐 지급청구권을 취득했다. 그런데 제3채무자와 채무자 사이에 법률문제가 발생하고 제3채무자는 ‘암호화폐 지급청구권을 갖고 있는 자는 채권자들이 아닌 채무자’라는 이유로 채권자들에게 아이콘 암호화폐를 지급하지 않았다.

이에 채권자들은 채무자의 제3채무자에 대한 아래와 같은 ‘암호화폐 지급청구권’을 직접 가압류하였다.

> 별지
>
> 청구채권의 금액 1,058,829,100원[1이더리움과 한화의 교환비율 1이더리움 : 326,900원으로 청구채권을 환산한 금액입니다(참고자료1. 빗썸 2017. 9. 27.자 이더리움 차트)]

11) 프리세일: 코인을 일반판매하기 앞서 특별판매하는 방식, 보너스를 구매자에게 지급함.

채무자가 제3채무자에 대하여 가지는 2017년 9월 프리세일에 기한 5,000,000(2,000이더리움 × 2,500) 아이콘 지급청구권. 끝

라. 거래소를 통한 거래의 경우에 한하여 거래소에 대한 반환청구권을 채권가압류하거나, 압류하면 제3채무자로서는 채무자 전자지갑에 있는 암호화폐의 지급을 정지, 중지하여야 함

1) 거래소를 이용하는 경우와 거래소를 이용하지 않는 암호화폐 거래는 유사해 보이지만 본질적으로는 많이 달라서 암호화폐 거래소 비트코인만이 해킹이나 탈취의 대상이 되고 있음

① 거래소를 이용하는 경우와 거래소를 이용하지 않는 암호화폐 거래는 외형상으로는 매우 유사해 보인다.

② 하지만 거래소를 이용하지 않는 암호화폐 거래의 경우에는 블록체인으로 연결된 전자지갑을 이용하기 때문에 사실상 해킹 자체가 불가능하고, 암호화폐를 전자지갑에 보관하고 있는 사람 본인만이 전자지갑의 비밀키를 알면서 관리하고 있어서 암호화폐를 누군가에게 매매하거나 이전하려고 하는 경우에는 채무자 본인이 자신의 전자지갑의 비밀키를 입력하거나 알려 주어야만 할 뿐만 아니라, 전자지갑 보유자로부터 비밀번호를 알아내지 못한다면 전자지갑 속에 존재하는 비트코인 수량 자체조차도 알 수 없을 뿐만 아니라 이를 매매하거나, 이전하거나 환전을 할 수도 없게 된다.

③ 최초로 비트코인 몰수를 인정한 앞서 본 사례에서도 피고인은 블록체인으로 연결된 개인적인 전자지갑 속에 비트코인을 보유하고 있었는데 피고인 스스로 임의진술의 형태로 전자지갑 비밀키를 수사관에게 알려줘서 수사기관이 거래소 중 하나인 빗썸(www.bithumb.com)을 통하여 생성한 거래소 전자지갑에 피고인의 비트코인을 이체하여 보관하다가 거래소 해킹 문제가 발생하자 USB 저장장치인 하드웨어 지갑으로 비트코인을 옮겨 보관하였는데, 피고인 측에서는 블록체인으로 연결된 개인적인 전자지갑 속에 있었던 피고인의 비트코인의 경우 피고인이 비밀키 등을 알려주지 않았다면 수사기관이 비트코인을 확보하여 압수하는 것이 불가능하였다.

④ 이에 반하여 거래소를 이용하는 경우에는 블록체인으로 연결되지 않은 거래소가 관리하는 전자지갑에 비트코인을 이체한 다음 비트코인을 거래하거나 환전하게 되는데, 거래소의 전자지갑은 블록체인으로 연결되어 있지 않을 뿐만 아니라 거래소

전자지갑을 이용하는 이용자들이 입력한 비밀번호(내지 비밀키)를 거래소의 전산 담당자 등이 관리를 하고 있기 때문에 거래소 관리자 ID와 패스워드를 해킹하여 고객의 거래소 전자지갑에 있는 비트코인 등을 이용자들 몰래 다른 곳으로 이전하는 것이 가능하다.

비트코인 거래자가 블록체인망에 연결된 전자지갑을 갖고 직접 거래하는 경우 블록체인을 이용하기 때문에 On Block Chain거래라고 하는 반면, 현재 거래소 전자지갑을 통해 거래하는 경우 블록체인을 이용하지 않고 개인의 비트코인 거래와 보유량을 비트코인 시스템 외부에 위치한 데이터베이스에 관리하기 때문에 Off Block Chain거래라고 하며, 이러한 Off Block Chain거래의 경우 보안 대책이 취약해 해킹 피해를 입게 된다. 현재 비트코인에 투자하는 대부분 거래자는 Off Block Chain거래자들이다.

2) 거래소를 통한 거래의 경우 거래소에 대한 반환청구권을 채권가압류하거나, 압류하면 제3채무자가 채무자 전자지갑에 있는 암호화폐의 지급을 정지, 중지하여야 함

앞서 본 바와 같이 일본에서는 채무자가 제3채무자인 가상통화 거래소(교환업자)에 대하여 가지는 가상통화의 관리위탁계약 등에 기한 반환청구권에 대해 채권압류명령을 발령한 바 있고, 우리나라에서도 거래소 이용자가 거래소에 대하여 거래 정산 시에 가지는 금원지급청구권 내지 환불청구권 등에 대한 채권가압류를 발령한 바 있다.

이와 같이 거래소를 제3채무자로 하여 이용자가 거래소 거래 정산 시에 가지는 반환청구권 등을 가압류 내지 압류한 경우에 제3채무자는 민사집행법 제227조 제1항 등에 따라 채무자에 대한 지급이 금지되고, 채무자는 채권의 처분과 영수가 금지되므로, 제3채무자인 거래소로서는 거래소 전자지갑 등에 있는 채무자 소유 암호화폐나 그 암호화폐의 거래 등을 통하여 취득한 거래소 사이트의 원화 포인트(KRW, 나중에 현금으로 교환이 가능함) 등을 채무자에게 지급하여서는 아니 된다.

마. 채무자의 거래소에 대한 반환청구권을 채권가압류하거나, 압류한 경우 제3채무자가 채무자의 전자지갑 이용서비스를 제한 내지 정지할 수 있는지 여부

1) 서울중앙지방법원 2018. 2. 1.자 2017카단817381 결정에서는 "이 사건 가압류가 집행될 경우, 즉 제3채무자에 지급을 금지할 경우 채무자가 제3채무자에게 개설한 계좌에 예치된 암호화화폐를 임의로 처분할 수 없다는 점과 현재 암호화폐를

점유, 관리하고 있는 자가 누구인지를 밝히기 바란다."는 내용의 보정명령을 발령한 바 있다.

이에 대하여 당사자는 채무자의 전자지갑 내에 있는 암호화폐는 제3자인 거래소가 보관하면서 이에 대한 전송 및 현금화 프로세스에 대해 일체의 관리 권한을 가지고 있기 때문에 제3채무자에게 지급을 금지할 경우 채무자로서는 제3채무자인 거래소에 개설한 전자지갑에 예치된 암호화폐를 임의로 처분(전송 및 현금화)할 수 없다고 소명하였다.

2) 하지만 실제 거래상으로는 가압류나 압류 결정이 있다고 하더라도 거래소가 채무자의 거래소 계정 내지는 거래소 전자지갑의 이용을 정지시키지 않는 한 인터넷 등을 통하여 거래소 계좌의 전자지갑을 자유롭게 이용할 수 있기 때문에 채무자의 처분금지효나, 제3채무자의 변제금지효가 효력을 발하지 못하는 결과가 발생한다.

이에 따라 제3채무자인 암호화폐 거래소로서는 2중 지급 등의 위험을 회피하기 위해서 가압류나 압류명령에 따른 변제금지의무를 이행하기 위한 부수의무로서 자신이 채무자에게 제공한 전자지갑 서비스의 중단, 정지, 삭제 등을 하는 것이 필요하고, 제3채무자인 거래소가 제공하고 있는 전자지갑 서비스에 대하여 중단, 정지, 삭제 등의 조치를 하면 서비스를 이용하고 있는 채무자로서는 보관하고 있는 가상통화 등에 의한 네트워크상의 각종 거래가 되지 않아 인터넷 등을 이용하여 비트코인 등을 매매, 교환, 양도, 이체, 송부, 대차, 관리, 기탁하는 것이 불가능하게 된다.

3) 그런데 과연 제3채무자가 채무자의 암호화폐 전자지갑 등에 대한 접근이나 처분을 금지, 정지할 수 있는 법적 근거가 있는지 여부가 문제되는바, 비트코인에 대한 아무런 법적 규제가 없는 우리나라에서는 이에 대한 아무런 법적 근거는 없지만, 제3채무자인 거래소의 이용약관(규약) 중에서 민사보전, 강제집행이나 파산의 신청이 있는 경우에는 전자지갑 서비스를 정지 또는 취소하거나, 채권자에게 이용자의 자산을 바로 지급한다는 규정을 두는 등 이용자와 거래소 사이에서 가압류나 압류명령이 있는 경우의 절차나 처리방침을 명확히 정하고 있는 경우에는 이에 따르면 된다. 일본 거래소의 경우에는 상당수의 거래소들이 이용규약에 위와 같은 내용을 포함하고 있기 때문에 앞서 본 비트코인 반환청구권에 대한 압류명령 사례에서도 거래소가 채무자의 전자지갑 서비스를 정지시키는데 큰 문제가 없었다고 한다.

하지만 우리나라에서는 2018. 5.에 이르러서야 비트코인이 몰수의 대상이 된다는 대법원 판결이 확정되었고, 비트코인을 몰수의 대상이 되는 재산으로 인정한 수원

지방법원 2017노7120 판결이 선고된 2018. 1. 30. 이후에야 비트코인에 대한 가압류나 압류 신청이 접수되기 시작했기 때문에, 이용 규약에서 비트코인 반환청구권에 대한 압류나 가압류 등이 있는 경우를 미리 대비한 약관 규정을 마련한 거래소는 없어 보인다.

4) 다만 우리나라에서 가장 큰 거래소인 업비트와 빗썸의 경우 ① 업비트는 약관 제20조 (이용제한 등) 제1항 제4호에서 기타 회사의 운영정책상 로그인을 제한해야 하는 경우에는 회원의 서비스 로그인을 제한할 수 있고, 제2항 제3호에서 기타 회사의 운영정책상 입금 및 출금 이용을 제한하거나 지연해야 하는 경우에는 회원의 입금 및 출금 이용을 제한할 수 있다고 규정하고 있고, ② 빗썸은 약관 제18조에서 국가기관 또는 금융기관 등의 요청이 있는 경우에는 거래서비스 이용제한이 가능하다고 규정하고 있는바, 이러한 약관 규정의 해석상으로도 법원의 압류나 가압류 결정이 있는 경우에는 회사의 운영정책이나 사법기관의 요청이 있는 경우로서 채무자의 서비스 이용을 제한할 수 있다고 보인다.

다만 위와 같은 약관 규약이 전혀 없는 경우라 하더라도 채무자로서는 반환청구권 가압류결정을 발령 받은 이후에는 처분금지효에 따라 거래소 전자지갑에 있는 비트코인 등을 처분하여서는 안 될 의무를 부담하기 때문에 굳이 제3채무자가 별도로 채무자의 처분 등을 금지할 필요는 없다고 볼 여지도 있다.

나아가 제3채무자인 거래소로서는 채무자가 자신의 보유하고 있는 비밀키를 이용하여 거래소 전자지갑에 있는 비트코인 등을 출금할 경우 자신이 그 지갑의 개인키에 접근할 기술적 수단이 있는지 여부를 불문하고 압류채권자에게 이중지급 해야 할 법적 의무를 부담하기 때문에, 거래소 내 개인 전자지갑에 대한 여러 가지 기술적 설정 권한을 가진 점을 이용하여 자신의 책임을 면하기 위해서 사법기관의 요청이 없더라도 압류된 비트코인을 그 소유자(채무자)가 출금하지 못하도록 나름의 기술적·관리적 장치를 할 수밖에 없다는 견해도 있다.[12)]

5) 비트코인 반환청구권에 대한 압류나 가압류 등이 있는 경우를 전제로 한 약관이 없는 경우에는 향후 비트코인 반환청구권에 대한 가압류나 압류명령을 발령받은 제3채무자로서는 채무자가 거래소 전자지갑에 있는 비트코인을 임의로 처분할 경우 가압류나 압류명령에서 제3채무자에게 명한 변제금지효 등을 위반하였다는 이유

12) 전승재, 권헌용, “비트코인에 대한 민사상 강제집행 방안- 암호화폐의 제도권 편입 필요성을 중심으로 -, 정보법학, 제22권 제1호, 97

로 불이익을 받을 가능성을 배제할 수 없으므로, 비트코인이 몰수의 대상으로 인정되기 시작하였을 뿐만 아니라 비트코인 반환청구권에 대한 가압류 등이 발령되기 시작한 현재로서는 가급적 민사보전, 강제집행이나 파산의 신청이 있는 경우에는 전자지갑 서비스의 정지나 취소, 영속적인 중단 할 수 있다는 약관 내용을 신속하게 추가할 필요가 있다고 보인다.

바. 현금화

현금화 절차는 채권자의 신청에 따라 추심명령이나 전부명령 또는 민사집행법 제241조의 특별현금화 방법을 이용할 수 있다.

1) 추심명령 및 전부명령

현금화 절차 중 추심명령과 전부명령이 원칙적인 현금화 방법이다.

가) 그 중 추심명령은 압류한 채권의 목적인 급부를 제3채무자로부터 추심할 권능을 집행채권자에게 수여하는 집행법원의 결정이다. 추심명령은 피압류채권이 금전채권이든 비금전채권이든, 권면액이 없더라도 상관하지 않고 발령가능하다.

거래소에 위탁된 비트코인은 당해 거래소의 지배하에 있는 전자지갑에 보관되어 있으며, 그 소유자는 자신이 위탁해 둔 비트코인의 잔액 범위 내에서 이를 '출금'할 권리를 가지는데 이는 마치 은행 계좌와 유사하므로 채권자가 비트코인 소유자(채무자)의 거래소(제3채무자)에 보관된 비트코인에 대해 강제집행을 하는 절차는 채무자의 은행예금에 대한 강제집행 절차와 유사하므로, 채무자의 제3채무자인 거래소에 대한 반환청구채권을 압류, 가압류한 경우에는 채권자가 추심명령을 발령받게 되면 제3채무자인 거래소에 대한 반환청구채권에 따라 정산한 금전 내지 비트코인 급부를 채권자가 추심할 수 있게 된다(비트코인 자체가 현재 매우 활발히 통용되고 있기 때문에 거래소 전자지갑에 비트코인만이 보관되어 있는 경우에는 그 비트코인 자체를 추심하더라도 별다른 문제가 없어 보인다).

나) 전부명령은 압류한 금전채권을 권면액으로 집행채권의 변제에 갈음하여 채권자에게 이전하는 효력을 가지므로 피압류채권이 금전채권으로서 권면액을 가져야 되는 바, 우리나라 거래소 이용약관 중 거래 종료나 거래 계속 중에 채무자가 제3채무자인 거래소에 대하여 비트코인 자체의 지급이나 반환을 구할 수 있는 경우는 없고 다만 거래 종료 시나 거래소에 의한 계약 해지 시에 거래소 전자지갑에 들어 있는 비트코인을 그 시세로 환전하여 현금으로 지급받거나 제3자에게 매각하여 그 대

금을 현금으로 지급받는 경우가 대부분인데 그 경우에는 채무자가 제3채무자인 거래소에 대하여 가지는 채권은 금전채권일 뿐만 아니라, 유가증권 거래에서와 같이 그 시세가 특정되어 있어 가압류나 압류 명령에서 "가압류결정일 당일 최저시가 기준", "압류명령이 제3채무자에 송달된 시점에 있어서 제3채무자의 가상통화 시가에 의해 원화로 환가한 금액(일본의 압류결정을 참조)" 등과 같이 비트코인 시가를 특정할 수 있는 일자나 시기를 정해 주기만 하면 권면액이 특정되므로 전부명령도 발령가능하다고 생각한다.[13)]

2) 특별현금화

가) 특별현금화 방식으로는 ① 양도명령(법원이 정한 값으로 지급에 갈음하여 채권자에게 양도함. 민사집행법 제241조 제1항 제1호)에 의한 방식, ② 매각명령(추심에 갈음하여 법원이 정한 방법으로 채권을 매각하도록 집행관에게 명함. 동항 2호)에 의한 방식, ③ 관리명령에 의한 방식(관리인을 선임하여 채권의 관리를 명함. 동항 3호) 등이 있지만, 비트코인 반환청구권을 가압류하거나 압류한 경우에는 주로 ① 양도명령, ② 매각명령에 의한 방식이 많이 이용될 것으로 생각된다.

나) 하지만 거래소를 통하지 않은 블록체인을 이용한 개별적인 전자지갑을 통한 비트코인 거래의 경우에는 채무자가 비밀키를 제공하지 않으면 비트코인을 채권자에게 양도하거나 제3자에게 매각하는 것이 불가능하고, 추심이나 전부 등의 절차를 진행하기 위해서는 전자지갑의 비밀키를 채무자로부터 취득할 필요가 있는데 이를 위한 강제집행 절차가 존재하지 않기 때문에 통상의 강제집행 절차를 이용하는 것은 불가능하다고 보인다. 다만 그러한 경우에는 아래에서 보는 바와 같은 간접강제에 기한 강제집행을 이용할 수는 있을 것으로 보인다.

4. 간접강제(특정된 비트코인의 양도의무 이행이나, 거래소를 통하지 않은 비토코인으로서 그 소지자가 비밀키 제공을 거부하는 경우)

암호화폐가 거래소를 통한 거래대상이 된다는 것은 그 자체가 범용성을 띄고 있다는 의미이므로 통상 금전 집행의 방식으로 해결이 가능하지만 당사자 간에 특정한 암호화폐의 수수에 목적을 둔 경우에는 금전 집행 방식에 의한 강제집행이 불가능하

13) 윤배경, 암호화폐에 대한 민사강제집행, 법률신문 2018. 4. 26.자 기사에서도 암호화폐가 환금성이 존재하고 거래소를 통한 매각이 용이한 점에 비추어 권면액의 존재를 인정하여도 무방해 보이므로 전부명령이 가능하다는 입장을 취하였다.

다. 예컨대, A가 B에게 A가 특정 일자에 채굴한 비트코인 1 단위를 이전하여 주기로 한 경우 이 계약은 '특정 일자에 채굴한 비트코인'의 이전이라는 개성에 중점을 둔 작위채권이 된다. 이 경우 대상물인 암호화폐는 '특정한 (유체)동산이나 대체물의 일정한 수량'이 아니므로 동산인도청구의 집행(민사집행법 257조)의 대상이 될 수 없고 A의 협력을 요하는 것으로서 비대체적 작위의무가 된다.[14)]

나아가 위와 같이 특정된 비트코인이 아니라고 하더라도 앞서 본 바와 같이 거래소를 통하지 않은 블록체인을 이용한 개별적인 전자지갑을 통한 비트코인 거래의 경우에는 비트코인 소지자가 비밀키를 제공하지 않으면 비트코인을 인도받는 것이 불가능하여, 비트코인 소지자의 협조 없이는 비트코인을 동산인도 집행방식으로 인도받는 것이 불가능하고 결국은 비트코인 소지자의 협력을 요하는 부대체적 작위의무의 대상이 되게 된다.

이러한 경우에는 비트코인 소지자 등에 대하여 비트코인의 인도의무 및 상당한 인도기간을 밝히는 한편 비트코인 소지자가 그 기간 이내에 비트코인 인도를 하지 않을 경우에는 늦어진 기간에 따라 일정한 배상을 하도록 명하거나 즉시 손해배상을 하도록 명하는 간접강제의 방식을 통한 강제집행을 할 수밖에 없을 것이다(민사집행법 제261조). 현재 실무상 민사소송에서는 이러한 형태의 판결이 가장 많이 선고되고 있다.

이러한 간접강제와 아울러 채무자가 비밀키를 공개하지 않을 경우에는 재산명시절차에서 재산목록에 암호화폐의 종류와 수량 란을 만들고 그 곳에 비밀키를 기재하도록 하고, 이를 허위로 진술하면 처벌받도록 하는 제도를 보완하면 채무자의 비밀키 제공거부에 기한 집행절차상의 여러 가지 문제점이 해결될 수 있을 것으로 생각된다.

14) 윤배경, 암호화폐에 대한 민사강제집행, 법률신문 2018. 4. 26.자 참조

제4편 유체동산에 대한 강제집행

제1장 총 설

Ⅰ. 의의

민사집행법상 동산은 민법의 동산과는 달리 그 개념이 확장[1]되어, 유체동산뿐만 아니라 채권 그 밖의 재산권도 포함된다. 따라서 유체동산에 대한 강제집행은 동산에 대한 강제집행의 일종으로 분류된다.

유체동산에 대한 강제집행의 집행채권인 금전채권은 집행권원이 일정액의 금전의 지급을 목적으로 하는 것이며, 여기에는 내국통화의 지급을 목적으로 하는 것뿐 아니라 외국통화의 지급을 목적으로 하는 경우도 포함한다. 그러나 특정한 종류의 화폐의 지급이 채권의 목적인 경우에는 금전채권이 아니다.[2][3]

유체동산에 대한 집행의 특색은 다른 집행절차와 달리 집행관[4]이 1차적인 집행기관이 된다. 집행관은 압류할 대상을 선택하여 압류하고, 호가경매 또는 입찰의 방법에 의하여 현금화하는데[5], 유체동산집행에 관하여 채권자가 경합하고 배당하여야 할 금전이 각 채권자를 만족시키기에 부족하며 채권자와 사이에 배당협의가 이루어지지 않은 경우 집행관은 매각대금을 공탁하여야 하고 집행법원은 배당절차를 진행한다(민사집행법 제222조, 제252조 제1호).

Ⅱ. 개요

채권자가 집행관에게 집행신청(집행위임)을 하면 집행관은 채무자 소유의 유체동산 중 압류금지물건(민사집행법 제195조)을 제외하고 압류를 실시한 후(민사집행법 제188조~제192조) 압류물을 입찰 또는 호가경매의 방법으로(민사집행법 제199조 이하) 또는 적당한 매각의 방법으로(민사집행법 제209조, 제210조) 현금화한다. 다만 법원은 직권 또는 압류채권자, 배당요구채권자, 채무자의 신청에 따라 일반 현금화의 방법에 의하지 아니하는 다른 방법에 의한 현금화나 다른 장소에서의 매각 또는 집

1) 주석 민사집행법(Ⅴ)(제4판), 한국사법행정학회(2018), 180(서승렬).

2) 민사집행법에서 말하는 유체동산은 같은 법이 정한 동산 중에서 채권 그 밖의 재산권을 제외한 물건 및 유가증권으로 화체된 재산권을 말한다.

3) 법원실무제요, 민사집행[Ⅳ], 사법연수원(2020), 3.

4) 집행관은 독립·단독의 사법기관으로서 스스로 법령을 해석하고 집행할 권한이 있는바, 집행관이 당연히 알아야 할 유체동산집행에 관한 법규나 필요한 지식을 갖추지 못하였고 또한 조사를 게을리하여 법규의 해석을 그르쳐 타인에게 손해를 가하였다면 불법행위가 성립한다(대법원 2003. 9. 26. 선고 2001다52773 판결).

5) 주석 민사집행법(Ⅴ)(제4판), 한국사법행정학회(2018), 180(서승렬).

행관 이외의 자에 의한 매각 등 특별한 현금화방법을 명할 수 있다(민사집행법 제214조).

집행관은 채권자가 한 사람인 경우에는 압류한 금전 또는 압류물을 현금화한 대금을 압류채권자에게 인도하여야 한다(민사집행법 제201조 제1항). 공동집행(민사집행법 제222조 제2항), 이중압류(민사집행법 제215조) 또는 배당요구의 결과 채권자가 여러 사람인 경우 집행관은 압류금전 또는 매각대금으로 각 채권자의 채권과 집행비용의 전부를 변제할 수 있는 때에는 각 채권자에게 채권액을 교부하고 나머지가 있으면 채무자에게 교부하여야 한다(민사집행규칙 제155조 제1항). 그러나 그것으로 각 채권자의 채권과 집행비용의 전부를 변제할 수 없는 때에는 채권자 사이에 배당협의가 이루어지면 그 협의에 따라 배당을 실시하고, 만약 협의가 이루어지지 아니하면 집행관은 그 매각대금을 공탁한 후(민사집행법 제222조 제1항, 제2항, 민사집행규칙 제155조 제2항~제4항, 제156조) 그 사유를 집행법원에 신고하여야 한다(민사집행법 제222조 제3항, 민사집행규칙 제157조). 위 공탁 및 사유신고가 있으면 집행법원은 배당절차를 개시하게 된다(민사집행법 제252조 제1호).

제2장 압류의 대상

Ⅰ. 유체동산의 범위[1)]

1. 총설

민법상의 동산은 원칙적으로 유체동산 집행의 대상이 되나 다른 법령에 특별한 규정이 있는 경우, 예를 들어 선박법 및 선박등기법의 규정에 의하여 등기할 수 있는 선박[2)], 항공안전법에 따라 등록된 항공기 및 경량항공기, 자동차관리법에 따라 등록된 자동차와 자동차등 특정동산 저당법에 따른 소형선박, 건설기계관리법에 따라 등록된 건설기계는 각각 선박집행(민사집행법 제172조), 항공기집행(민사집행법 제187조, 민사집행규칙 제106조), 자동차집행(민사집행법 제187조, 민사집행규칙 제130조, 제108조), 건설기계집행(민사집행법 제187조, 민사집행규칙 제130조)의 대상이 되므로 유체동산의 집행에서 제외된다. 따라서 등기의 대상이 아닌 선박, 등록대상이지만 등록되지 아니하였거나 등록이 말소된 항공기, 자동차, 건설기계, 소형선박 등은 유체동산으로서 압류할 수 있다.[3)]

공장 및 광업재단 저당법에 의한 공장재단과 광업재단을 구성하는 기계, 기구, 차량, 선박, 전주, 전선, 배관(配管), 레일 그 밖의 부속물 등은 부동산으로 취급된다(공장 및 광업재단 저당법 제12조, 제13조, 제53조, 제54조). 입목(立木)은 일반적으로 토지의 정착물로서 부동산의 일부 또는 종물에 불과하지만 특히 입목에 관한 법률에 따라 소유권보존등기된 것은 독립된 부동산으로 취급된다(입목법 제2조, 제3조).

유가증권 자체는 민법상의 동산이지만, 배서가 금지된 것은 그 증권에 화체된 권리를 집행대상으로 파악하여 채권 그 밖의 재산권의 집행방법에 의하여야 한다(민사집행법 제189조 제2항 제3호, 제223조 이하).

부동산이나 선박의 종물 또는 그로부터 분리된 천연과실이나 구성 부분(석등, 떼어낸 문짝 등)도 유체동산집행의 대상이 된다. 그러나 부동산 등의 종물인 동산은 경제상 주물과 일체를 이루므로 주물인 부동산 등이 압류된 후에는 독립하여 유체동산압류의 대상이 되지 못한다. 종물은 주물의 상용에 이바지하는 관계에 있어야 하

---

1) 민법상의 동산뿐 아니라 일정한 유가증권 등 민사집행법 제189조 제2항의 규정에 따른 물건을 포함하는 것이므로 실체법상의 유체동산의 개념과 반드시 일치하는 것은 아니다.

2) 총톤수 20톤 이상의 기선과 범선 및 총톤수 100톤 이상의 부선(다만 선박계류용·저장용 등으로 사용하기 위하여 수상에 고정하여 설치하는 부선은 제외되나, 공유수면 관리 및 매립에 관한 법률 제8조에 따른 점용 또는 사용 허가나 하천법 제33조에 따른 점용허가를 받은 수상호텔, 수상식당 또는 수상공연장 등 부유식 수상구조물형 부선은 포함)

3) 법원실무제요, 민사집행[IV], 사법연수원(2020), 6.

고, 주물의 상용에 이바지한다 함은 주물 그 자체의 경제적 효용을 다하게 하는 것을 말하는 것으로서 주물의 소유자나 이용자의 상용에 공여되고 있더라도 주물 그 자체의 효용과 직접 관계가 없는 물건은 종물이 아니다(대법원 1997. 10. 10. 선고 97다3750 판결).[4)]

2. 등기할 수 없는 토지의 정착물로서 독립하여 거래의 객체가 될 수 있는 것(민사집행법 제189조 제2항 제1호)

'등기할 수 없는 토지의 정착물'은 토지에의 정착성은 있으나 현금화한 후 토지로부터 분리하는 것을 전제로 하여 거래의 대상으로서의 가치를 가지는 것이라고 보아야 하고(대법원 1995. 11. 27.자 95마820 결정), 독립하여 거래의 객체가 될 수 있는 것인지 여부는 그 물건의 경제적 가치 및 일반적인 거래의 실정이나 관념에 비추어 판단하여야 한다(대법원 2003. 9. 26. 선고 2001다52773 판결).

이미 완성된 건물은 부동산등기법상 당연히 등기적격이 있는 것인바, 비록 사용승인을 받지 아니하여 보존등기를 마치지 못하였다고 하더라도 그와 같은 사정만으로 위 완성된 건물이 유체동산집행의 대상이 되는 것은 아니며(대법원 1994. 4. 12.자 93마1933 참조 결정), 이는 부동산집행절차에 따라야 한다(민사집행법 제81조 제1항 제2호 단서).

한편 판례는 독립된 부동산으로서의 건물이라고 하기 위해서는 최소한의 기둥과 지붕, 그리고 주벽을 갖출 것을 요구하므로(대법원 2001. 1. 16. 선고 2000다51872 판결 등), 건축 중인 건물로서 이에 이르지 아니한 것은 부동산으로 취급할 수 없음은 물론, 독립하여 거래의 객체가 될 수 없어 유체동산으로도 취급할 수 없다.

지하 1층, 지상 15층으로 설계된 아파트건물 중 9층까지의 기둥, 벽 등이 완성된 상태에서 공사가 중단되고 있는 경우는 등기할 수 없는 토지의 정착물이기는 하나, 현금화한 후 토지로부터 분리하는 것을 전제로 하여 거래의 대상으로서의 가치를 가지는 것이라고 보기는 어려우므로 결국 위 건물은 독립하여 거래의 객체가 될 수 있는 것이라고는 볼 수 없다(대법원 1995. 11. 27.자 95마820 결정).

---

4) 백화점 건물의 지하 2층 기계실에 설치된 전화교환설비는 백화점 건물의 종물이고(대법원 1993. 8. 13. 선고 92다43142 판결), 신·구폐수처리시설이 그 기능면에서는 전체적으로 결합하여 유기적으로 작용함으로써 하나의 폐수처리장을 형성하고 있지만 신폐수처리시설이 구폐수처리시설 그 자체의 경제적 효용을 다하게 하는 시설이라고 할 수 없으므로 종물이 아니다(대법원 1997. 10. 10. 선고 97다3750 판결).

송신용 철탑, 정원석, 정원수, 주유소의 급유기, 입목에 관한 법률에 따라 등기가 되지 아니한 수목 등은 독립한 거래의 객체가 될 수 있다. 독립하여 거래의 객체가 될 수 있는 것인지의 여부는 그 물건의 경제적 가치 및 일반적인 거래의 실정이나 관념에 비추어 판단하여야 한다. 판례는 건물의 옥개(屋蓋)부분(대법원 1960. 8. 18. 선고 4292민상859 판결), 논둑(대법원 1964. 6. 23. 선고 64다120 판결), 시설부지에 정착된 레일(대법원 1972. 7. 27.자 72마741 결정) 등은 독립하여 거래의 객체가 될 수 없고, 과목(대법원 1971. 12. 28. 선고 71다2313 판결), 식재된 수목(대법원 1967. 3. 7. 선고 66다353, 354 판결), 임야 내의 자연석을 조각하여 제작한 석불(대법원 1970. 9. 22. 선고 70다1494 판결) 등은 독립하여 거래의 객체가 될 수 있다고 보고 있다. 다만 강제집행은 채무자의 소유물을 대상으로 하는 것이므로, 식재된 수목이 민법 제256조 단서에 따라 토지에 부합하지 않고 식재자의 소유에 속하는 경우에는 토지 소유자에 대한 집행권원으로 그 수목을 압류할 수 없다.[5)]

3. 토지에서 분리하기 전의 과실로서 1개월 이내에 수확할 수 있는 것(민사집행법 제189조 제2항 제2호)

압류의 효력은 압류물에서 생기는 천연물에도 미치므로(민사집행법 제194조) 토지에 대한 압류는 토지에서 분리하지 않은 과실에도 미친다. 미분리 과실은 토지의 정착물이므로(민법 제99조 제1항, 제101조 제1항, 제102조 제1항) 독립하여 거래의 대상으로 되지 아니하나, 민사집행법 제189조 제2항 제2호는 1개월 이내에 수확할 수 있는 과실을 유체동산으로 취급하고 있으므로 수확기가 임박한 미분리 과실은 유체동산으로서 압류할 수 있다.

4. 유가증권으로서 배서가 금지되지 아니한 것(민사집행법 제189조 제2항 제3호)

유가증권의 개념, 배서가 금지된 것인지의 여부 등은 모두 실체법의 해석에 의한다. 어음, 수표, 화물상환증, 창고증권, 선하증권, 지시증권, 국채, 지방채, 공채, 사채(社債), 외국의 정부, 공공단체, 외국법인이 발행한 채권(債券), 상품권, 승차권, 입장권 등의 무기명채권증권(소지인출급식증권) 따위가 여기의 유가증권에 해당한다.

그러나 면책증권(민법 제526조)은 유가증권이 아니므로 여기의 유체동산이 아니

5) 법원실무제요, 민사집행[IV], 사법연수원(2020), 9.

다. 면책증권은 증권 자체에 권리가 화체된 것이 아니라 그 증서의 소지인에게 변제하면 그 사람이 비록 진정한 채권자가 아닌 경우에도 채무자가 선의인 한 그 책임을 면하는 것에 그치기 때문이다.[6][7]

순수한 증거증권도 유체동산집행의 대상인 유가증권에 해당하지 않는다. 예를 들어 차용증서나 유한회사가 그 사원에게 발행한 지분에 관한 증서, 전기공사공제조합의 출자증권 등이 그것이다. 이러한 증서들은 채권압류 후 강제집행의 방법으로 집행관이 그 증서를 인도받을 수 있을 뿐이다(민사집행법 제234조).

유가증권으로서 배서가 금지되지 않은 것이 압류된 경우, 그 압류의 효력은 그 증서 자체만이 아니라 증서에 화체된 권리에까지 미친다. 그러나 그 권리의 목적인 물건(예를 들어 화물상환증의 목적인 화물) 자체에까지 압류의 효력이 미치는 것은 아니다.

유가증권이 배서가 금지된 것인 때에는 법원의 압류명령으로 집행관이 그 증권을 점유하여야 한다(민사집행법 제233조).

5. 채무자와 그 배우자의 공유로서 채무자가 점유하거나 그 배우자와 공동으로 점유하고 있는 유체동산(민사집행법 제190조)[8]

구체적으로 ① 유체동산이 부부의 공유이어야 한다. 민법은 부부별산제를 원칙으로 하고 귀속불명재산에 한하여 부부의 공유로 추정하고 있으므로(민법 제830조 제2항), 배우자의 특유재산에 대하여는 배우자에 대한 집행권원으로써 집행할 수 있을 뿐이다. 유체동산이 부부의 공유인가의 여부는 실체법에 따라 정하여진다.[9]

② 채무자가 점유하거나 그 배우자와 공동으로 점유하고 있는 것에 한한다. 부부의 공유재산은 부부가 공동으로 관리·사용·수익함이 일반적이므로 부부공유재산은 보통 그 공동점유에 속할 것이나, 부부가 일시 별거하고 있는 경우와 같이, 실체법상 공유이면서 점유, 즉 소지는 채무자만이 하고 있는 경우도 있을 수 있다. 배우자의

---

6) 예를 들어, 철도수화물인환증, 휴대물예치증, 은행예금증서, 적하수도증(積荷受渡證), 옷표나 신표 등이다

7) 법원실무제요, 민사집행[IV], 사법연수원(2020), 9.

8) 법원실무제요, 민사집행[IV], 사법연수원(2020), 10-11.

9) 유체동산의 압류는 점유를 기준으로 하여 행하는 것으로서 실체법상의 소유의 귀속을 고려할 것이 아니므로 집행관이 압류함에 있어서는 그 유체동산이 부부의 공유인지 여부를 조사할 필요는 없다.

특유재산이면서 채무자가 부부 사이의 임대차계약 등에 의하여 배타적으로 점유하고 있는 경우는 여기의 유체동산에 해당하지 아니함은 물론이다.

부부공유 유체동산의 압류에 관한 민사집행법 제190조의 규정은 체납처분의 경우에도 유추 적용되고(대법원 2006. 4. 13. 선고 2005두15151 판결), 부부공동생활의 실체를 갖추고 있으면서 혼인신고만을 하지 아니한 사실혼관계에 있는 부부의 공유 유체동산에 대하여도 유추 적용된다(대법원 1997. 11. 11. 선고 97다34273 판결). 한편 협의이혼한 경우에는 사실상의 부부관계가 유지되고 있다는 등의 특별한 사정이 없는 한 공유로 추정할 수 없다(대법원 2013. 7. 11. 선고 2013다201233 판결).

Ⅱ. 점유주체에 따른 압류절차

1. 채무자가 점유하고 있는 경우

가. 개요

집행관은 본래 채무자 소유의 유체동산에 대하여 압류를 하여야 마땅하나 실체상의 귀속관계에 관하여 조사할 권한을 가지지 아니하므로 채무자가 점유하고 있는 유체동산이라면 그것이 진실로 채무자의 소유에 속하는지 여부를 묻지 않고 집행관은 그 물건을 압류할 수 있다(민사집행법 제189조 제1항 참조).[10]

제3자가 압류물에 대하여 소유권이나 그 밖의 권리를 가지고 있는 경우에도 채무자가 점유하고 있었던 때에는 압류는 위법하지 않다. 따라서 이러한 경우 집행관의 직무상 불법행위는 문제되지 않는다. 다만 채권자가 압류물이 제3자의 소유임을 알았거나 용이하게 알 수 있었는데도 그 압류가 유지된 때에는 채권자가 불법행위로 인한 손해배상책임을 질 수 있다(대법원 1999. 4. 9. 선고 98다59767 판결, 대법원 2003. 7. 25. 선고 2002다39616 판결).

한편 ① 점유의 외관 자체로 보아 제3자의 물건이라는 것을 쉽게 알 수 있는 경우, 예를 들어 제3자(수하인)의 명찰이 붙어 있는 운송품, 제3자가 수리를 의뢰한 물품, 도서관의 장서인이 있는 대출받은 책 등은 압류를 피하여야 하고, ② 파산관재인, 유언집행자와 같이 제3자의 재산에 대한 관리인의 자격에서 소송수행을 한 이른

10) 집행관은 채무자 또는 제3자가 그 물건이 제3자의 소유라고 주장하거나 그에 관한 증거자료(가령, 양도담보 공정증서 등)를 제시하더라도 그 물건이 채무자가 점유하고 있다고 인정되는 때에는 압류하여야 한다.

바 직무상의 당사자가 받은 판결의 집행에 있어서는 직무상의 당사자가 그 지위에서 관리하는 재산만이 책임재산이 되므로 집행관은 목적물이 그의 관리재산에 속하는가 여부를 조사하여 이에 대하여만 압류할 수 있으며, ③ 채권자의 다른 의사표시가 있거나 또는 따로 이에 대신할 적당한 압류물이 있을 때에는 압류하지 않는 것이 타당하다.[11)]

채무자가 점유하고 있는 이상 제3자가 그 물건에 대하여 소유권 그 밖의 권리를 가지고 있더라도 압류는 위법하지 않고, 다만 이때에 제3자는 제3자이의의 소를 제기하여 구제받을 수 있다.

나. 점유의 내용

여기서 점유라 함은 민법상의 점유를 말하는 것이 아니라 물건에 대한 순수한 사실상의 지배상태인 소지를 의미하며(대법원 1996. 6. 7.자 96마27 결정) 그 주체의 의사를 불문한다. 따라서 자주점유일 필요가 없다.

민법상의 간접점유는 여기서 말하는 점유에 해당되지 않고, 반대로 타주점유인 수임인, 수탁자, 운송인, 위탁매매인, 사무관리자의 경우에는 사실상의 지배력을 가지므로 집행법상의 점유자이다. 그러나 피고용인과 같이 외관상 명백히 타인의 지시를 받아 물건에 대한 사실상의 지배를 하는 점유보조자는 원칙적으로 점유자라고 볼 수 없다.

점유의 취득에 흠이 있느냐 여부는 묻지 않는다.[12)]

채무자가 제3자로부터 임차사용 중인 유체동산과 같이 타인이 그 물건에 대하여 간접점유를 하고 있더라도 무방하다. 이에 반해 채무자가 제3자와 함께 공동으로 점유하고 있는 경우에는 부부공동재산으로서 민사집행법 제190조의 특칙에 해당하지 아니하는 한 같은 법 제191조의 규정에 따라 그 제3자가 물건의 제출을 거부하지 아니하는 경우에 한하여 압류할 수 있다.

다. 판단 기준[13)]

점유하고 있느냐 여부는 구체적 사실에 관하여 판단하여야 한다.

1) 의복, 지갑, 손목시계 등과 같이 채무자가 직접 신체에 부착하거나 지니고 있

---

11) 법원실무제요, 민사집행[IV], 사법연수원(2020), 12.

12) 법원실무제요, 민사집행[IV], 사법연수원(2020), 12.

13) 법원실무제요, 민사집행[IV], 사법연수원(2020), 13-14.

는 물건은 그가 점유하고 있는 물건에 해당한다.

2) 지갑이나 책가방, 여행가방 등 가방의 주인은 그 속에 들어 있는 물건을 소지하고 있다고 보아야 하고, 주거 또는 그 밖의 공작물의 지배자(소유자이건 임차인이건 불문)는 원칙적으로 그 안에 있는 물건을 점유하고 있다고 보아야 한다.

그러나 주거 안에 있는 물건이라 하여도 소지의 외관 자체로 보아 제3자의 물건임이 명백한 경우는 집행관은 그 주거의 지배자에 대한 집행권원으로 압류할 수 없다.[14)]

부부가 이용하는 거실 안의 물건 가운데 부부 중 누구의 소유에 속하는 물건인가 분명치 않은 경우에는 민사집행법 제190조의 규정에 따라 유체동산으로 압류할 수 있다. 채무자 주소 이외의 장소에 있는 물건이라도 채무자의 점유에 속하는 것으로 인정할 수 있는 경우에는 압류할 수 있다.

3) 사업체의 업주는 그 사업체 내의 물건은 물론 사업용품도 점유하는 것으로 인정된다. 소유 관계는 문제되지 않는다. 직원, 근로자는 단지 점유보조자에 지나지 아니하므로 점유자라고 할 수 없다. 또 업주가 이들에게 가공하도록 맡긴 물건도 이들이 점유하고 있다고 할 수 없다.

4) 법인은 그 기관을 통해서만 물건을 사실상 지배한다. 따라서 기관이 법인을 위하여 지배하고 있는 것은 법인의 점유나 그 소지에 속하는 것이고 기관이 점유하는 것이 아니다. 따라서 이와 같은 경우에는 법인에 대한 집행권원으로 집행할 수 있다.

5) 법정대리인은 제한능력자의 법률행위에 관하여 대리권이 있기 때문에 그에 관계되는 범위 내에서는 제한능력자의 재산을 관리하고 점유하는 법률상의 권한을 갖는다. 따라서 법정대리인이 미성년자인 제한능력자의 재산에 대하여 관리하고 있으면 제한능력자 자신이 소지하고 있는 것이라고 할 것이므로 제한능력자에 대한 집행권원으로 이를 압류할 수 있다.

2. 채권자가 점유하고 있는 경우

채무자 소유의 재산이면 채권자가 점유하고 있는 경우라도 민사집행법 제189조를 준용하여 압류할 수 있다(민사집행법 제191조). 채권자가 아무런 권원 없이 우연

14) 가령, 임차인(또는 전차인)이 세 들어 있는 방, 가정부가 이용하는 방실 안에 있는 물건, 다른 가족의 개인용으로 쓰이는 것으로 보이는 물건(처의 옷가지나 아동의 완구, 책 등), 행상인이 팔려고 갖고 온 물건 등을 들 수 있다.

히 채무자 소유의 유체동산을 점유하고 있는 경우 또는 임차물이나 임치물로서 점유하고 있는 등의 경우 그 목적물을 채권자가 집행관에게 제출하여 압류할 수 있음은 의문의 여지가 없다.[15][16]

집행채권자가 질권이나 유치권의 목적물로 스스로 점유하고 있는 채무자 소유의 물건에 대하여 압류를 신청한 때 민사집행법 제191조에 의하여 압류할 수 있는지 여부가 문제된다. 이에 대하여는 긍정하는 견해와 채권자가 목적물에 대한 우선변제권을 포기한다는 명백한 의사표시를 하지 않은 이상 그 집행신청을 담보권 실행을 위한 매각의 신청으로 보아야 한다는 견해가 있는데, 앞의 견해가 다수설이다.[17]

또 양도담보나 소유권유보부매매에 있어서는 그 목적물을 채권자가 점유하든 채무자가 점유하든 채권자의 강제집행의 신청이 법률적으로는 그 자신의 소유물에 대한 강제집행의 신청으로서의 성질을 가지는 것으로 볼 수 있다는 점에서 압류할 수 있는지 여부가 문제된다. 이에 대하여는 채권자는 자기 소유권을 포기하고 압류할 수 있다는 견해와 소유권 포기 여부에 관계없이 압류할 수 있다는 견해의 대립이 있는데, 후설이 다수설이다.[18]

3. 점유자인 제3자가 제출을 거부하지 않는 경우

1) 제3자가 채무자의 소유물을 점유하고 있는 경우에는 그 점유는 보호받아야 하므로 그 제3자가 제출을 거부하지 아니한 경우에 한하여 압류할 수 있다(민사집행법 제191조). 여기서 '제3자'는 집행권원에 기재된 채권자나 채무자가 아닌 제3자를 말한다. 채무자의 법정대리인은 제한능력자인 채무자를 위하여 점유하는 것이기 때문에 제3자에 해당되지 않는다. 가압류금전 등을 점유하고 있는 집행관이 제3자에 해당하는가에 관하여는 견해가 나뉠 수 있으나, 집행관의 지위나 압류의 경합(민사집행법 제215조)이 허용되는 점 등에 비추어 집행관을 여기의 제3자에 해당하는 것으로 보기는 어렵다.

그리고 '점유'는 채무자 점유의 경우와 마찬가지로 외관적인 사실상의 지배를 의미한다. 따라서 화물상환증이나 창고증권 등이 발행되어 있는 경우에도 화물을 점유

15) 채권자가 제출을 거부하는 유체동산을 압류할 수 있는지 여부에 관하여는 견해의 대립이 있다.
16) 법원실무제요, 민사집행[IV], 사법연수원(2020), 15.
17) 법원실무제요, 민사집행[IV], 사법연수원(2020), 15.
18) 법원실무제요, 민사집행[IV], 사법연수원(2020), 15.

하고 있는 운송인이나 창고업자가 압류를 거부하지 않는 한 현재 누가 그 증권을 소지하고 있는가에 관계없이 압류할 수 있다. 제출을 거부하지 아니하는 의사표시는 명시적이든 묵시적이든 관계없으며, 다만 여기에 조건을 붙이는 것은 허용되지 않는다.

채무자와 제3자가 공동으로 점유하고 있는 물건도 제3자가 제출을 거부하지 아니한 때에 한하여 압류할 수 있다. 다만 부부가 공동으로 점유하고 있는 부부공유의 유체동산인 경우에는 이를 압류함에 있어서 배우자의 승낙이나 제출을 거부하지 아니하는 의사표시는 필요 없다(민사집행법 제190조).

2) 채무자로 하여금 집행을 면탈하게 하기 위해 제3자가 채무자와 공모하여 물건을 자기의 점유 아래 둔 경우에는 비록 제3자가 물건의 제출을 거절한다 하여도 예외적으로 이를 압류할 수 있다는 견해도 있으나, 집행관이 그와 같은 공모 여부에 관하여 판단할 수 있는지는 의문이어서 부정함이 타당하다.[19)]

3) 제3자인 점유자의 의사에 반하여 압류하였을 때에 그 압류는 당연무효가 아니고 취소할 수 있을 뿐이다.

이때 제3자는 민사집행법 제16조에 규정한 집행에 관한 이의를 신청할 수 있는 이외에 그 물건에 대한 실체법상의 권리를 주장하여 같은 법 제48조에서 규정한 제3자이의의 소를 제기할 수도 있다. 민사집행법 제191조는 원래 제3자의 소지에 대한 보호를 목적으로 하고 있기 때문에 이를 위반하여 압류함으로써 제3자의 소지를 침해했을 때에는 제3자 이외의 자는 비록 채무자라도 이를 들어 집행에 관한 이의신청을 할 수 없다.

4) 제3자가 그 점유하는 물건의 제출을 거부하는 때에는 이를 압류할 수 없다. 다만 이 경우 채무자가 제3자에 대하여 인도청구권을 가지는 때에는 채권자는 민사집행법 제243조의 규정에 따라 그 청구권을 압류할 수는 있다.

Ⅲ. 압류의 제한

1. 초과압류의 금지

가. 압류는 집행력 있는 정본에 적은 청구금액의 변제와 집행비용의 변상에 필요한 한도 안에서 하여야 한다(민사집행법 제188조 제2항).

'청구금액'이라 함은 집행력 있는 정본에 기재된 원금, 이자, 지연손해금의 합계

19) 법원실무제요, 민사집행[IV], 사법연수원(2020), 16.

액을 의미한다. 압류의 경합(민사집행법 제215조)이나 우선권자의 배당요구(민사집행법 제217조)가 있는 경우에는 이중압류 채권자 또는 배당요구채권자의 청구금액까지 아울러 의미하는 것으로 보아야 한다.

'집행비용'이라 함은 강제집행에 필요한 것으로서 강제집행에 의하여 우선적으로 변상 받을 수 있는 비용 전액을 가리킨다(민사집행법 제53조 제1항).

나. 여러 개의 동산을 압류하는 것이 아니고 불가분적인 한 개의 물건을 압류하는 때에는 위 범위를 초과하여도 무방하다.

초과압류의 금지 규정은 유체동산과 채권을 동시에 압류하는 경우에도 적용된다.

다. 압류 후에 그 압류가 민사집행법 제188조 제2항의 한도를 넘는 사실이 분명하게 된 때에는 집행관은 그 넘는 한도에서 압류를 취소하여야 한다(민사집행규칙 제140조 제1항).

압류 후에 초과압류임이 분명하게 되는 경우로는 원시적인 사유에 의한 경우와 후발적인 사유에 의한 경우가 있는데, 집행관이 압류물을 과소평가하거나 채권액을 잘못 계산하는 것 등이 전자의 사유에 해당하고, 압류물의 가격 인상, 채권액의 감소 등이 후자의 사유에 해당한다.[20]

라. 취소의 방법

위 규정에 따른 압류 취소는 압류물 전부에 대해 이루어지는 것이 아니라 '그 초과한 한도'에서 이루어진다. 따라서 이 경우에는 압류물 중에서 압류를 취소할 동산을 선택할 필요가 생기게 되는데, 선택의 여지가 없는 경우도 있지만 선택의 여지가 있는 때에는 압류 대상 동산을 선택하는 경우와 마찬가지로, 채권자의 이익을 해치지 아니하는 범위 안에서 채무자의 이익을 고려하여야 한다(민사집행규칙 제132조 참조). 그리고 압류 취소의 방법에 관하여는 민사집행규칙 제142조가 적용된다.

마. 취소의 통지와 불복

위 규정에 따른 압류 취소는 채권자에게 그 이유가 통지된다(민사집행규칙 제17조). 초과압류 금지 규정에 위반된 압류라도 무효는 아니다.

20) 법원실무제요, 민사집행[IV], 사법연수원(2020), 17.

채권자는 압류 취소에 대하여 집행에 관한 이의신청으로 다툴 수 있으며(민사집행법 제16조 제1항), 만일 초과압류에 해당하지 아니함에도 위 규정에 따라 압류 취소가 이루어진 때에는 집행법원은 다시 압류를 명하게 된다. 집행법원이 채권자의 집행이의의 신청을 기각·각하하는 결정을 한 때에는 즉시항고를 할 수 있다(민사집행법 제17조 제1항). 반대로, 초과압류임이 명백한데도 집행관이 초과분의 압류를 취소하지 않은 때에는 채무자는 집행에 관한 이의신청으로써 다툴 수 있다(민사집행법 제16조 제1항).

2. 남을 가망이 없는 경우 압류의 금지

1) 유체동산의 압류에 관하여도 무잉여압류금지의 원칙이 적용되므로(민사집행법 제188조 제3항), 집행관은 압류물을 현금화하여도 집행비용 외에 남을 것이 없겠다고 인정하는 때에는 압류하지 못하고 압류를 취소하여야 한다(민사집행규칙 제140조 제2항). 이 경우 남을 것이 없겠다는 것은 '압류물의 매각대금'으로 '압류채권자의 채권에 우선하는 채권'과 '집행비용'을 변제하면 남을 것이 없겠다고 인정되는 때를 말하며, 무잉여의 판단은 집행관이 하게 된다.

무잉여의 판단은 그 사유가 발생한 때에 수시로 하게 되며, 무잉여인 것이 판명된 때에는 절차가 어느 단계에 있더라도 압류를 취소하게 된다.

2) 압류 당시에는 남을 것이 있는 것으로 판단되어 압류하였으나, 압류 후에 압류물의 가치하락이나 비용증대 등의 사유로 압류물의 매각대금으로 압류채권자의 채권에 우선하는 채권과 집행비용을 변제하면 남을 것이 없겠다고 인정하는 때에는 집행관이 직권으로 압류를 취소하여야 한다(민사집행규칙 제140조 제2항). 무잉여의 사유가 압류물 전체에 대해 발생한 경우에는 압류를 전부 취소하며, 동산집행사건은 종료하게 된다. 무잉여의 사유가 압류물의 일부에 대해서만 발생한 경우(예를 들어 특정한 압류물에만 질권이 설정되어 있고 그 질권의 피담보채무가 압류물의 가액을 상회하는 경우 등)에는 그 동산만에 대하여 압류를 취소한다.

3) 이 규정에 위반하여 압류하여도 당연히 무효가 되는 것은 아니며 집행에 관한 이의사유로 될 뿐임은 초과압류 금지의 경우와 같다.

3. 매각의 가망이 없는 경우 압류의 취소[21)]

가. 의의

집행관은 압류한 유체동산에 관하여 상당한 방법으로 매각을 실시하였음에도 매각의 가망이 없는 때에는 그 압류를 취소할 수 있다(민사집행규칙 제141조). 이는 현금화 가능성이 없는 무용한 압류물을 무제한 압류한 뒤 장기간에 걸쳐 매각하지 아니하고 방치하는 등의 폐해를 방지하기 위한 것이다. 원래 금전채권에 기초한 동산집행의 목적은 압류물을 현금화하여 그 매각대금으로써 채권의 변제에 충당하는 데에 있기 때문에 현금화가치가 없는 것, 즉 채무자에게 주관적 가치나 사용가치는 있어도 시장가치가 없는 것을 압류하는 것은 무익하므로 그 압류는 허용되지 않는다(민사집행법 제188조 제2항, 제3항).

한편 매각의 가망이 없는 압류를 금지하는 취지에 비추어 볼 때 압류 당시에 현금화 가능성이 없음이 분명한 동산은 압류하여서는 아니 된다.[22)]

나. 압류 취소의 요건

위 규정에 따른 압류 취소는 '압류물에 관하여 상당한 방법으로 매각을 실시하였음에도 매각의 가망이 없는 때'에 허용된다. 즉 집행관이 압류된 물건의 현금화를 위하여 상당한 노력을 하여도 현금화를 할 수 없는 경우에 그 취소를 허용하고 있는 것이며, 집행관의 자의에 의한 압류의 취소를 허용하는 취지는 아니다.

먼저 위 압류 취소는 '상당한 방법으로 매각을 실시할 것'을 요건으로 하므로 단순히 매각기일의 연기·변경이 여러 차례 이루어졌다거나 압류 후 오랜 시간이 지났다는 것만으로는 이에 해당되지 않는다.

그리고 '매각의 가망이 없는 때'라 함은 이와 같은 방법에 따라 매각기일을 열었으나 적법한 매수신청이 없는 것을 말한다. 매수신청이 있더라도 그 매수신청액이 사회통념상 상당하지 않을 정도로 낮은 가액인 때에는 매각을 허용하지 않을 수 있으므로, 이 경우에도 매각의 가망이 없는 것으로 본다.

---

21) 법원실무제요, 민사집행[IV], 사법연수원(2020), 20-21.

22) 또 현금화가 가능하더라도, 그 가액이 현재의 경제실정과 거래통념에 비추어 무의미할 정도의 저가일 것으로 예상되는 경우에는 압류의 대상으로 삼지 않는 것이 바람직하다.

다. 압류 취소의 방식 등

집행관은 위 요건이 갖추어진 경우에는 그 압류물의 압류를 취소할 수 있다. 집행법원의 허가는 필요하지 않다. 민사집행규칙 제140조 제1항 또는 제2항과 달리 압류의 취소가 의무적인 것은 아니다. 압류의 취소는 사전에 채권자에게 통지하고 일정 기간이 지난 다음에 하는 것이 바람직하다.

4. 국가에 대한 강제집행에 있어서의 압류의 제한

국가에 대한 강제집행의 경우에 국유재산 중 어느 것이나 압류의 대상으로 되는 것이 아니고 국고금만 압류할 수 있다(민사집행법 제192조).

국고금이란 법령 또는 계약 등에 따라 국가의 세입으로 납입되거나 기금에 납입된 모든 현금 및 현금과 같은 가치를 가지는 것으로서 대통령령으로 정하는 것 등의 자산을 말한다(국고금 관리법 제2조 제1호).

국가에 대한 집행권원으로 집행하는 이상 정부의 어느 부서에서 보관하는 국고금이든 이를 압류할 수 있다(재민 61-2). 그러나 한국은행의 국고금계정에 입금되어 있는 금전은 예금의 일종으로서의 성질을 가지는 것이므로 국고금 압류의 방법으로 집행할 수 없고, 한국은행을 제3채무자로 하는 채권압류·전부명령에 의하여 집행하여야 한다(재민 61-2).

5. 압류가 금지되는 물건[23]

가. 채무자에게 속한 재산이라도 무제한적인 압류가 허용되는 것이 아니고 민사집행법 등은 채무자 보호와 공공복리를 위한 사회정책적 견지에서 압류가 금지되는 물건을 규정하고 있다.

나. 민사집행법에 의하여 압류가 금지되는 물건(민사집행법 제195조)

1) 채무자 및 그와 같이 사는 친족(사실상 관계에 따른 친족을 포함한다. 이하 이 조에서 '채무자등'이라 한다)의 생활에 필요한 의복·침구·가구·부엌기구, 그 밖의 생활필수품(제1호)

채무자 등의 최저한의 생활유지를 위하여 그들이 개인적으로 사용하는 물건 및

23) 법원실무제요, 민사집행[IV], 사법연수원(2020), 22-33.

공동생활을 위한 필수품은 압류가 금지되는 물건이다. 친족의 범위는 민법 제777조에 따라 8촌 이내의 혈족, 4촌 이내의 인척, 배우자를 말한다. 사실상 관계에 따른 친족이라 함은, 자연혈족의 관계에 있으나 법정 절차의 미이행으로 인하여 법률상의 친족으로 인정되지 못하는 자[24] 또는 법정혈족관계를 맺고자 하는 의사의 합치 등 법률이 정하는 실질관계는 모두 갖추었으나 신고 등 법정절차의 미이행으로 인하여 법률상의 친족으로 인정되지 못하는 자, 법률이 정한 혼인의 실질관계는 모두 갖추었으나 법률이 정한 방식, 즉 혼인신고가 없기 때문에 법률상 혼인으로 인정되지 않는 이른바 사실혼으로 인하여 형성되는 인척 등이 있다.

2) 채무자등의 생활에 필요한 2개월간의 식료품·연료 및 조명재료(제2호)

여기서의 식료품·연료 및 조명재료도 채무자의 생활수준 등을 고려하여 판단한다. 식료품은 주식, 부식을 포함하는 것이고, 연료는 장작, 연탄 외에 프로판 가스나 석유 등을 포함하는 것으로서 취사용이나 난방용을 가리지 아니하며, 조명재료는 현대생활에 있어서는 일반적으로 전기제품을 가리키는 것이라고 하겠다. 식료품·연료 또는 조명재료가 여러 종류 있을 때에는 채무자의 이익을 고려하여 집행관이 스스로 압류금지물건의 범위를 정한다(민사집행규칙 제132조 참조).

3) 채무자등의 생활에 필요한 1개월간의 생계비로서 대통령령이 정하는 액수의 금전(제3호)

본호에 따라 압류가 금지되는 생계비는 185만 원이다(민사집행법 시행령 제2조).

4) 주로 자기의 노동력으로 농업을 하는 사람에게 없어서는 아니 될 농기구·비료·가축·사료·종자, 그 밖에 이에 준하는 물건(제4호)

농업이라 함은 농작물재배업, 축산업, 임업 및 이들과 관련된 산업으로서 대통령령이 정하는 것을 말한다(농업·농촌 및 식품산업 기본법 제3조 제1호)[25].

영농조합법인 및 농업회사법인(농업·농촌 및 식품산업 기본법 제28조)도 본호의 요건을 갖추면 농업을 하는 사람으로 인정할 수 있다.

5) 주로 자기의 노동력으로 어업을 하는 사람에게 없어서는 아니 될 고기잡이 도구·어망·미끼·새끼고기 그 밖에 이에 준하는 물건(제5호)

---

24) 예를 들어, 인지 전의 혼인 외의 출생자와 생부 사이

25) '농작물재배업'은 식량작물 재배업, 채소작물 재배업, 과실작물 재배업, 화훼작물 재배업, 특용작물 재배업, 약용작물 재배업, 버섯 재배업, 양잠업 및 종자·묘목 재배업(임업용 종자·묘목 재배업은 제외)을, 축산업은 동물(수생동물 제외)의 사육업·증식업·부화업 및 종축업(種畜業)을, 임업은 육림업(자연휴양림·자연수목원의 조성·관리·운영업 포함), 임산물 생산·채취업 및 임업용 종자·묘목 재배업을 말한다(농업·농촌 및 식품산업 기본법 시행령 제2조 제1호~제3호).

어업은 수산동식물을 포획·채취하는 사업을 말한다(수산업법 제2조 제2호). 어업을 하는 사람, 즉 어업인이라 함은 어업을 경영하는 자(어업자)와 어업자를 위하여 수산동식물을 포획·채취 또는 양식에 종사하는 자(어업종사자)를 말한다(수산업법 제2조 제12호).

6) 전문직 종사자·기술자·노무자, 그 밖에 주로 자기의 정신적 또는 육체적 노동으로 직업 또는 영업에 종사하는 사람에게 없어서는 아니 될 제복·도구, 그 밖에 이에 준하는 물건(제6호)

주로 자기의 정신적 또는 육체적 노동으로 직업 또는 영업에 종사하는 사람이라 함은 채무자의 업태를 경제적으로 관찰하여 채무자 자신의 노역이 업무상 소득의 주요 요인을 이루고 있는 자를 가리키고, 전문직 종사자·기술자·노무자는 이를 예시하는 것이다. 그 노역이 타인에 고용되어 행하는 것인가 독립하여 행하는 것인가, 주된 업무인가 부업에 그치는 것인가 하는 것은 문제되지 않는다. 그러나 소득의 주요 원인이 주로 타인의 노동 또는 물적 설비에서 비롯되는 사람은 여기에 해당되지 않는다.

원칙적으로 현재 영업활동을 하고 있을 것을 요한다.

없어서는 아니 될 물건인가의 여부는 채무자의 영업의 종류, 규모 및 태양, 동종의 영업에 종사하는 다른 사람과의 비교, 압류가 채무자에게 미칠 영향의 정도 등을 종합적으로 고려해서 결정하여야 한다. 제복이나 도구는 이를 예시하고 있는 것이다.

이 규정에 해당하는 물건이 여러 종류 있을 때에는 채권자의 이익을 해치지 아니하는 범위 안에서 채무자의 이익을 고려하여 집행관이 스스로 압류금지물건의 범위를 정한다(민사집행규칙 제132조 참조).

7) 채무자 또는 그 친족이 받은 훈장·포장·기장, 그 밖에 이에 준하는 명예증표(제7호)

훈장 등은 자국에서 받은 것이든 외국에서 받은 것(예를 들어 올림픽메달 등)이든 불문하며 약장(略章)을 포함하나, 복제품은 제외된다. 명예의 증표는 국가 또는 지방자치단체나 공법인으로부터 받은 명예를 표창하는 금·은배, 포장, 휘장 등을 말한다. 사인이나 사적 단체로부터 받은 상패나 메달 등은 여기에 해당되지 않는다.

8) 위패·영정·묘비, 그 밖에 상례·제사 또는 예배에 필요한 물건(제8호)

상례·제사 또는 예배에 필요한 물건이라 함은 그러한 예절에 직접 사용되는 것을 말한다. 따라서 위패·영정·묘비 외에 경전이나 묘석·사찰 소유의 종(대법원 1965. 2. 10.자 64마1092 결정)·불단 등은 포함되나, 상례·제사 또는 예배의 참석자를 위한 접대용 시설물 등은 포함되지 않는다. 이러한 물건이 금전적으로 고가품인가의 여부는 문제되지 않는다. 또 상례·제사 또는 예배에 필요한 것이어야 하므로 현재 사용되고 있는 것이어야 한다.

9) 족보·집안의 역사적인 기록·사진첩, 그 밖에 선조숭배에 필요한 물건(제9호)

집안의 역사적인 기록(가승, 家乘)이라 함은 한 집안의 역사적 사실을 기록한 책을 말한다. 그 밖에 선조숭배에 필요한 물건으로는 선조의 문집을 들 수 있다. 선조숭배에 필요한 물건인지 여부는 객관적으로 판단하여야 한다.

10) 채무자의 생활 또는 직무에 없어서는 아니 될 도장·문패·간판, 그 밖에 이에 준하는 물건(제10호)

도장은 반드시 인감도장일 필요는 없고 일상생활이나 직무상 또는 거래상 사용되는 도장이면 족하다. 자연인의 도장뿐만 아니라 법인의 도장도 포함되며 화가의 낙관도 여기에 해당한다. 금·은과 같은 값비싼 물건으로 만든 도장이나 문패·간판이라도 실제 생활상 또는 거래상 사용되고 있는 이상 여기에 해당하지만 다른 대체물이 있는 경우에는 없어서는 아니 될 물건이라고는 할 수 없으므로 압류할 수 있다.

11) 채무자의 생활 또는 직업에 없어서는 아니 될 일기장·상업장부, 그 밖에 이에 준하는 물건(제11호)

일기장이나 상업장부에 준하는 물건으로서는 근무일지 등을 생각할 수 있다. 이러한 물건은 채무자의 생활 또는 직업에 없어서는 아니 될 것이어야 하므로 제3자의 상업장부나 유명인의 일기장과 같이 골동품에 유사한 것은 여기에 해당되지 않는다.

12) 공표되지 아니한 저작 또는 발명에 관한 물건(제12호)

현대 산업사회에서는 저작이나 발명 등이 하나의 독립된 권리(이른바 지식재산권)로 파악되고 그 가치와 중요성이 증가되고 있으므로 본호는 이를 고려하여 채무자의 지적인 노력의 산출물을 최대한 보호함을 목적으로 하는 것이다. 저작에 관한 물건, 즉 저작물은 인간의 사상 또는 감정을 표현한 창작물을 말한다(저작권법 제2조 제1호). 발명은 자연법칙을 이용한 기술적 사상의 창작으로서 고도한 것을 말하나(특허 제2조 제1호), 여기의 발명은 특허법에서 말하는 발명에 한하지 아니하고 실용신안법에서 말하는 고안, 즉 자연법칙을 이용한 기술적 사상의 창작(실용신안법 제2조 제1호)을 포함하는 넓은 의미의 발명이라고 보아야 한다. 공표라 함은 저작물을 공연, 공중송신 또는 전시 그 밖의 방법으로 공중에게 공개하는 경우와 저작물을 발행하는 경우를 말한다(저작권법 제2조 제25호). 발행은 저작물 또는 음반을 공중의 수

요를 충족시키기 위하여 복제·배포하는 것을 말한다(저작권법 제2조 제24호).

13) 채무자등이 학교·교회·사찰, 그 밖의 교육기관 또는 종교단체에서 사용하는 교과서·교리서·학습용구, 그 밖에 이에 준하는 물건(제13호)

교육기관은 의무교육을 실시하는 것에 한하지 아니하며, 정규의 것이든 비정규의 것이든 관계없다. 종교단체는 종교의 종류나 종파를 불문한다.

14) 채무자등의 일상생활에 필요한 안경·보청기·의치·의수족·지팡이·장애보조용 바퀴의자, 그 밖에 이에 준하는 신체보조기구[26](제14호)

신체보조기구는 이를 착용하는 자의 일상생활에 필요불가결한 것으로서 일반적으로 거래의 대상으로 되지 않는다는 점을 고려하여 인도적인 차원에서 압류를 금지하는 것이다.

15) 채무자등의 일상생활에 필요한 자동차로서 자동차관리법이 정하는 바에 따른 장애인용 경형자동차(제15호)

장애인용 경형자동차[27]는 장애인의 일상생활에 필요불가결한 것임을 고려하여 인도적인 차원에서 압류를 금지하는 것이다. 장애인은 신체적·정신적 장애로 오랫동안 일상생활이나 사회생활에서 상당한 제약을 받는 자를 말한다(장애인복지법 제2조 제1항). 장애인, 그 법정대리인 또는 대통령령으로 정하는 보호자는 장애상태 등에 관하여 시장·군수 또는 자치구의 구청장에게 등록하여야 하며 시장 등은 등록을 신청한 장애인이 장애인복지법 제2조의 기준에 해당할 때에는 장애인등록증을 교부하여야 한다(같은 법 제32조 제1항). 또한 시장 등은 장애인이 사용하는 자동차 등임을 식별하는 표지를 발급하여야 한다(같은 법 제39조 제2항).

16) 재해의 방지 또는 보안을 위하여 법령의 규정에 따라 설비하여야 하는 소방설비·경보기구·피난시설, 그 밖에 이에 준하는 물건(제16호)

법령의 규정에 따라 설비하여야 하는 것만을 압류금지물건으로 규정하고 있으므로 화재예방, 소방시설 설치·유지 및 안전관리에 관한 법률 등의 법령의 규정상 설비의무가 부과되어 있지 아니하는 경우(예를 들어 개인주택에 비치된 소방설비)에는 여기에 해당되지 않는다고 보아야 한다.

---

26) 신체보조기구로서는 장애인복지법 제65조에서 규정하는 장애인보조기구를 들 수 있다. 색안경, 미용용 신체보조기구는 이에 해당하지 않는다.

27) 경형자동차는 배기량이 1,000cc 미만이고, 길이 3.6m, 너비 1.6m, 높이 2.0m 이하인 승용·승합·화물·특수자동차와 배기량이 50cc 미만(최고정격출력 4kw 이하)인 이륜자동차를 말한다(자동차관리법 시행규칙 별표 1).

다. 다른 법령에 의하여 압류가 금지된 물건

1) 국민기초생활 보장법에 따라 수급자에게 지급된 수급품(같은 법 제35조), 아동복지법에 따라 지급된 금품(같은 법 제64조), 한부모가족지원법에 따라 지급된 금품(같은 법 27조), 장애인복지법에 따라 장애인에게 지급된 금품(같은 법 제82조)

2) 우편을 위한 용도로만 사용되는 물건과 우편을 위한 용도로 사용 중인 물건(우편법 제7조 제1항)

우편물을 운송 중이거나 우편물의 발송 준비를 마친 후에는 우편관서는 압류를 거부할 수 있다(우편법 제8조).

3) 신탁법에 의한 신탁재산

신탁법에 의하여 신탁재산으로 된 유체동산에 대하여는 수탁자에 대한 집행권원으로 압류할 수 없음은 물론, 대외적으로는 수탁자만이 소유자이므로 신탁법 제98조 내지 제104조에 의하여 신탁이 종료되기 전에는 신탁자에 대한 집행권원으로도 이를 압류할 수 없다(같은 법 제22조 제1항). 다만 신탁 전의 원인으로 발생한 권리 또는 신탁사무의 처리상 발생한 권리에 기한 경우에는 압류할 수 있다(같은 항 단서).

4) 공장 및 광업재단 저당법 제3조와 제4조의 규정에 따라 저당권의 목적이 되는 기계·기구, 그 밖의 공장의 공용물

이 경우 저당권의 목적인 토지나 건물에 대한 압류의 효력은 공장 및 광업재단 저당법 3조 및 4조에 따라 저당권의 목적이 되는 물건(기계·기구, 그 밖의 공장의 공용물)에 효력이 미치고, 이와 같이 저당권의 목적이 되는 물건은 토지나 건물과 함께하지 아니하면 압류의 목적으로 하지 못한다(같은 법 제8조).

5) 공장 및 광업재단 저당법에 따라 공장재단을 구성하는 물건(같은 법 제14조), 광업재단을 구성하는 물건(같은 법 제54조, 제14조)

6) 그 밖의 특별법에서 개별적으로 강제집행이나 압류 또는 양도 등을 금지 또는 제한하고 있는 경우

예를 들어 학교교육에 직접 사용되는 학교법인의 재산 중 시설·설비 및 교재·교구의 매도, 담보제공 금지(사립학교법 제28조 제2항, 같은 법 제51조 본문, 같은 법 시행령 제12조 제1항), 의료인의 의료 업무에 필요한 기구·약품 등이 있다.

7) 전매품·경제통제품·소지 금지품 등에 대하여는 압류할 수 없다는 견해도 있으나, 법령에 특히 강제집행 또는 압류 금지의 취지를 규정하지 않는 이상 압류할 수 있다고 본다. 따라서 우표, 수입인지 및 판매자나 소비자가 소유하고 있는 제조

담배는 압류할 수 있다. 다만 검사를 받지 아니하였거나 검사에 불합격된 홍삼 등(인삼산업법 제19조 제2항), 허가를 받지 아니한 자가 제조한 소금 또는 품질검사를 받지 아니하거나 품질검사에 불합격된 소금(소금산업 진흥법 제51조) 등과 같이 일정한 경우에 판매 등이 금지되는 물건은 압류할 수는 있어도 현금화할 수 없는 경우가 있다.

라. 압류금지 규정은 강행규정이므로 집행관은 압류금지물건인가 여부를 직권으로 조사하여야 한다.

채권자의 압류신청이나 채무자의 동의 또는 승낙 여부에 관계없이 압류금지물건이면 압류를 거부하여야 한다.

마. 집행관이 고의로 압류금지 규정을 어긴 경우에는 직무상 불법행위가 될 수도 있다.

금지 규정을 어겨 압류한 경우에 집행관은 집행에 관한 이의신청에 따른 법원의 결정이나 채권자의 신청에 의하지 아니하고는 스스로 압류를 해제할 수 없다(대법원 2003. 9. 26. 선고 2001다52773 판결).

압류금지 규정을 어긴 경우에 그 압류는, 당연무효는 아니고 집행에 관한 이의(민사집행법 제16조)에 의하여 취소할 수 있을 뿐이다. 압류금지물건이 매각된 때에는 매수인은 유효하게 목적물의 소유권을 취득하고 그 매각대금으로 채권자가 변제받더라도 부당이득이 되지 않는다.

압류금지 규정을 위반한 압류에 대한 집행에 관한 이의는 채무자는 물론 압류금지의 이익을 받는 채무자와 같이 사는 친족(1호~3호, 13호~15호)도 제기할 수 있다. 압류금지물건임을 이유로 하는 집행관의 집행거절에 대하여는 채권자가 집행에 관한 이의를 할 수 있다.

6. 재판에 의한 압류금지의 변경, 취소 및 잠정처분

가. 압류금지물건을 정하는 재판

1) 의의

법원은 당사자가 신청하면 채권자와 채무자의 생활형편, 그 밖의 사정을 고려하여 ㉮ 민사집행법 제195조의 압류금지물건에 해당하지 아니하는 유체동산에 대하여 압류가 이루어진 이후라도 그 압류를 취소하도록 명하여 당해 유체동산을 압류금지물건으로 할 수 있고, ㉯ 위 조항의 압류금지물건에 해당하여 압류하지 못한 또는 압류하지 못하는 유체동산이라도 압류금지를 해제하여 압류하도록 명할 수 있다(민사집행법 제196조 제1항).

2) 당사자의 신청

이 재판은 신청에 따라 이루어지므로 법원이 직권으로는 할 수 없다. 즉 압류금지물건의 범위를 확장하는 경우에는 채무자의 신청이, 압류금지물건의 범위를 축소하는 경우에는 채권자의 신청이 있어야 한다. 이 신청은 이른바 강제집행의 신청이 아니어서 민사집행법 제4조의 규정이 적용되지 아니하므로 서면 또는 말로 할 수 있고, 압류금지물의 범위변경 신청서에는 1,000원의 인지를 붙여야 한다(재민 91-1 별표). 압류금지물건의 범위의 확장은 이미 실시한 압류를 해제하는 형태로 이루어지므로 이를 구하는 신청은 성질상 유체동산집행이 실시된 이후에 할 것을 요함에 비하여, 압류금지물건의 범위의 축소를 구하는 신청은 집행개시 전에는 물론 그 이후에도 집행절차가 종결되기 이전에는 언제든지 할 수 있다.

3) 관할

압류금지물건을 정하는 재판은 압류를 실시할 곳이나 실시한 곳을 관할하는 지방법원의 단독판사의 전속관할에 속한다(민사집행법 제3조 제1항, 제21조, 법원조직법 제32조). 이는 사법보좌관이 행할 수 있는 업무의 범위에 속하지 않는다(사법보좌관규칙 제2조 제1항 참조). 다만 가압류의 경우에는 가압류재판을 한 법원의 관할에 속한다(민사집행법 제291조, 제278조).

4) 재판의 형식과 고려할 사정

재판의 형식은 결정이다. 따라서 변론 없이 재판할 수 있고, 변론을 열지 아니할 경우에는 당사자와 이해관계인, 그 밖의 참고인을 심문할 수 있다(민사집행법 제23조 제1항, 민사소송법 제134조 제1항, 제2항).

재판을 함에 있어서는 채권자와 채무자의 생활형편 그 밖의 사정을 고려하여야 한다. '채권자와 채무자의 생활형편'은 채권자가 채무자로부터 그 채권을 변제받지 못함으로써 받고 있는 경제적 곤궁의 정도와 채무자의 경제적 곤궁의 정도를 말한다. 예를 들어 부양료채권, 이혼에 따른 위자료청구채권이나 재산분할청구권, 불법행위로 말미암아 사망한 세대주 유족의 손해배상채권 등에 기한 강제집행에 있어서는 채권자의 생활형편이, 증여나 유증에 의한 채권에 기한 강제집행에 있어서는 채무자의 생

활형편이 보다 중요시되어야 한다.[28)]

5) 재판의 내용

압류금지물건의 범위를 확장하는 재판에서는 이미 실시한 압류를 취소하여야 하므로 그 취소되는 범위의 유체동산을 별지 목록 등을 통하여 특정하여야 한다.

예를 들어 "채권자 ○○○, 채무자 ○○○ 사이의 ○○지방법원 20○○가합○○ 손해배상청구사건의 집행력 있는 판결정본에 기한 강제집행에 있어서 별지 목록 기재의 원동기장치 자전거 2대에 대한 압류를 취소한다."는 형식이 될 것이다.

압류금지물건의 범위를 축소하는 재판에 있어서는, 민사집행법 195조 각 호에 해당하는 특정의 유체동산에 대하여 압류를 허용하는 취지를 주문에서 명백히 하여야 한다.[29)]

6) 재판의 고지와 불복

채권자 또는 채무자의 신청을 전부 또는 일부 인용하는 재판은 그 신청인과 상대방에게, 그 신청을 전부 기각하는 재판은 그 신청인에게 고지하여야 한다(민사집행규칙 제7조 제1항 제2호, 제2항).

압류금지물건의 범위변경의 재판에 대하여는 즉시항고를 할 수 있다(민사집행법 제196조 제4항).

나. 압류금지물건을 정하는 재판의 취소·변경

1) 의의

압류금지물건을 정하는 결정이 있은 후 그 결정을 한 이유가 소멸되거나 사정이 바뀐 때에는 법원은 직권으로 또는 당사자의 신청에 따라 그 결정을 취소하거나 바꿀 수 있다(민사집행법 제196조 제2항).

2) 취소·변경의 요건

압류금지물건을 정하는 결정은 특별한 요건 없이 채권자와 채무자의 생활형편 등을 고려하여 이루어지는 것이므로 '이유가 소멸된 때'란 '사정이 변경된 때'와 같은 의미이다.

3) 당사자와 절차

이 재판은 법원이 직권으로 하거나 당사자의 신청에 따라 한다. 여기의 당사자

---

28) 법원실무제요, 민사집행[IV], 사법연수원(2020), 35.

29) 법원실무제요, 민사집행[IV], 사법연수원(2020), 35.

는 압류금지물건을 정하는 재판의 신청인과는 반대의 당사자이다. 당사자의 신청에는 인지를 붙이지 않는다(민사소송 등 인지법 제10조 단서). 이 재판은 압류금지물건을 정하는 재판을 한 법원이 관할한다.

4) 재판의 형식과 내용

이 재판 역시 결정의 형식을 취하므로 변론을 요하지 아니하며, 변론을 열지 아니할 경우에는 당사자와 이해관계인, 그 밖의 참고인을 심문할 수 있다(민사집행법 제23조 제1항, 민사소송법 제134조 제1항, 제2항). 사정이 바뀌었는지 여부는 재판 시를 기준으로 하여 판단하여야 한다. 재판의 내용은 이미 하였던 압류금지물건을 정하는 결정을 취소하거나 바꾸는 것인데, 압류금지물건을 정하는 결정에 의하여 압류를 취소하였던 것에 대하여 다시 압류를 허용하거나 압류를 허용하였던 유체동산에 대하여 압류를 금지하는 등의 것이다.

5) 재판의 고지와 불복

이 재판은 직권에 의한 것이든 당사자의 신청에 의한 것이든 앞서의 압류금지물건을 정하는 결정을 취소하거나 변경하는 내용의 것이면 이를 채권자 및 채무자에게 고지하여야 한다(민사집행규칙 제7조 제1항 제2호).

압류금지물건을 정하는 결정을 취소 또는 변경하는 재판에 대하여는 즉시항고를 할 수 있다(민사집행법 제196조 제4항). 위 즉시항고에는 집행정지의 효력이 없다(민사집행법 제15조 제6항). 그 신청을 전부 기각한 재판에 대하여는 신청을 전부 기각당한 당사자가 집행에 관한 이의를 할 수 있다(민사집행법 제16조).

다. 잠정처분

법원은 압류금지물건을 정하는 재판 또는 그 취소나 변경의 재판을 할 경우에 민사집행법 제16조 제2항에 준하는 잠정처분을 할 수 있다(민사집행법 제196조 제3항). 즉 채무자에게 담보를 제공하게 하거나 제공하게 하지 아니하고 강제집행을 일시정지하도록 명하거나, 채권자에게 담보를 제공하게 하고 그 집행을 계속하도록 명하는 등 잠정처분을 할 수 있다. 이러한 잠정처분은 법원이 직권으로 할 수 있고 당사자에게는 그 신청권이 없으며 신청하더라도 단지 직권발동을 촉구하는 의미가 있을 뿐이다.

이 잠정처분의 재판은 강제집행의 신청인(채권자)과 상대방(채무자)에게 고지하여야 한다(민사집행규칙 제7조 제1항 제6호). 그러나 이 결정에 대하여 불복하지 못한다(민사집행법 제196조 제5항).

라. 재판내용의 실현

압류금지물건을 정하는 재판이나 그 취소 또는 변경의 재판의 정본이 집행관에게 제출되면, 집행관은 이들 재판에 의하여 압류가 금지된 유체동산에 대하여는, 아직 압류를 실시하지 않았으면 이를 압류할 수 없고, 이미 압류를 하였으면 민사집행법 제49조 제1호, 제50조를 유추하여 집행을 정지하고 이미 실시한 압류를 해제하여야 한다. 이들 재판에 앞서 잠정처분으로 집행의 정지가 명하여져 그 정본이 집행관에게 제출된 때에는 집행관은 민사집행법 제49조 제2호에 따라 압류를 일시정지하여야 한다.[30]

30) 법원실무제요, 민사집행[IV], 사법연수원(2020), 38.

제3장 압류절차

Ⅰ. 강제집행의 신청(집행위임)

1. 신청서의 기재사항

유체동산의 집행은 채권자가 집행기관인 집행관에게 서면으로 집행신청을 함으로써 개시된다(민사집행법 제4조). 유체동산에 대한 강제집행신청서[양식 1]에는 채권자·채무자와 그 대리인의 표시(제1호), 집행권원의 표시(제2호), 강제집행 목적물인 유체동산이 있는 장소(제3호), 집행권원에 표시된 청구권의 일부에 관하여 강제집행을 구하는 때에는 그 범위(제4호) 등을 적고, 집행력 있는 정본을 붙여야 한다(민사집행규칙 제131조). 강제집행 목적물인 유체동산이 있는 장소를 특히 적도록 한 것은, 동산의 경우에는 그 특성상 목적물이 있는 곳을 명확하게 표시함으로써 압류의 대상이 될 수 있는 동산을 특정하기 때문이다.

2. 첨부서류

유체동산에 대한 강제집행신청서에는 집행력 있는 정본을 붙여야 한다. 강제집행은 집행력 있는 정본이 있어야 할 수 있기 때문이다(민사집행법 제28조 제1항). 신청을 받은 집행관은 집행력 있는 정본을 사건기록에 붙여 두었다가 사건이 종료된 후에 압류채권자 또는 채무자에게 교부한다(민사집행법 제256조, 제159조).

대리인에 의한 신청의 경우에는 대리권한을 증명하는 서면(위임장)을 붙여야 한다. 대리인에 관하여는 자격제한이 없으므로 변호사 이외의 자도 무방하다.

소송구조를 받은 자는 구조를 받았음을 증명하는 서면(예를 들어 소송구조결정정본 등)을 제출하여야 한다.

3. 집행관의 조치

집행관은 집행신청을 받은 때에는 신청인에게 수수료, 기타 비용의 계산액을 예납시킬 수 있고 예납을 하지 않으면 위임에 응하지 아니하거나 사무를 행하지 아니할 수 있다(집행관수수료규칙 제25조). 집행관이 예납을 받은 때에는 영수증[양식 2]을 교부하여야 한다.

집행관은 명령 또는 신청인의 승낙이 없으면 위임받은 사건의 처리를 다른 집행관에게 다시 위임하지 못한다(집행관규칙 제16조).

'집행위임'의 성격과 관련하여, 대법원 2021. 9. 16. 선고 2015도12632 판결에 따르면 집행관은 집행관법 제2조에 따라 재판의 집행 등을 담당하면서 그 직무 행위의 구체적 내용이나 방법 등에 관하여 전문적 판단에 따라 합리적인 재량을 가진 독립된 단독의 사법기관이다. 따라서 채권자의 집행관에 대한 집행위임은 비록 민사집행법 제16조 제3항, 제42조 제1항, 제43조 등에 '위임'으로 규정되어 있더라도 이는 집행개시를 구하는 신청을 의미하는 것이지 일반적인 민법상 위임으로 볼 수는 없다. 따라서 '명도소송 확정 판결에 의한 강제집행'은 집행위임을 한 채권자의 업무가 아닌 집행관의 고유한 직무에 해당한다고 보아야 하므로 집행관의 강제집행을 방해한 행위는 채권자에 대한 업무방해죄가 성립하지 않는다.

집행관은 집행위임을 받으면 집행사건기록표지[양식 3]를 작성하여 집행기록을 조제한다.

집행신청이 있는 때에는 집행관은 신청인이 반대의 의사를 표시하지 않은 이상 바로 집행을 개시할 일시를 정하여 신청인에게 통지하여야 하고, 그 집행을 개시할 일시는 특별한 사정이 없는 한 신청을 받은 날부터 1주 안의 날로 정하여야 한다(민사집행규칙 제3조).

[양식 1: 동산경매신청서]

○ ○ 지방법원

<table>
<tr><td colspan="7">동 산 경 매 신 청 서
○○지방법원 ○○지원 집행관사무소 집행관 귀 하</td></tr>
<tr><td rowspan="4">채
권
자</td><td rowspan="2">성 명</td><td rowspan="2"></td><td rowspan="2">주민등록번호
(사업자등록
번호)</td><td rowspan="2"></td><td>전화
번호</td><td></td></tr>
<tr><td>우편
번호</td><td>□□□□□</td></tr>
<tr><td>주 소</td><td colspan="5"></td></tr>
<tr><td>대리
인</td><td colspan="2">성명
( )</td><td>전화번호</td><td colspan="2"></td></tr>
<tr><td rowspan="3">채
무
자</td><td rowspan="2">성 명
(회사
명)</td><td rowspan="2"></td><td rowspan="2">주민등록번호
1)
(법인등록번
호 및 사업자
등록번호)</td><td rowspan="2"></td><td>전화
번호</td><td></td></tr>
<tr><td>우편
번호</td><td>□□□□
□</td></tr>
<tr><td>주 소</td><td colspan="5"></td></tr>
</table>

<table>
<tr><td rowspan="2">집행목적물
소재지</td><td>□ 채무자의 주소지와 같음</td></tr>
<tr><td>□ 채무자의 주소지가 다른 경우
소재지 :</td></tr>
<tr><td>집 행 권 원</td><td></td></tr>
<tr><td>청 구 금 액</td><td>원(내역은 뒷면과 같음)</td></tr>
<tr><td colspan="2">위 집행권원에 기한 집행을 하여 주시기 바랍니다.
※ 첨부서류
1. 집행권원 1통 2○○○. ○. ○.
2. 송달증명서 1통 채권자 (인)
3. 위임장 1통 대리인 (인)</td></tr>
<tr><td colspan="2">※특약사항
1. 본인이 수령할 예납금잔액을 본인의 비용부담 하에 오른쪽에 표시한 예금계좌에 입금하여 주실 것을 신청합니다.
채권자 (인)
<table><tr><td rowspan="3">예금계좌</td><td>개설은행</td><td></td></tr><tr><td>예금주</td><td></td></tr><tr><td>계좌번호</td><td></td></tr></table>
2. 집행관이 계산한 수수료 기타 비용의 예납통지 또는 강제집행 속행의사 유무 확인 촉구를 2회 이상 받고도 채권자가 상당한 기간 내에 그 예납 또는 속행의 의사표시를 하지 아니한 때에는 본건 강제집행 위임을 취하한 것으로 보고 완결처분하여도 이의 없음.
채권자 (인)</td></tr>
</table>

주1: 굵은 선으로 표시된 부분은 반드시 기재하여야 합니다(금전채권의 경우 청구금액 포함).
2: 주민등록번호가 없는 재외국민과 외국인의 경우에는 부동산등기법 49조1항 2호 또는 4호에 따라 부여받은 부동산등기용등록번호를 기재합니다.

II. 집행관의 관할구역

1. 원칙: 관할구역 안에서의 직무집행

집행관은 각 지방법원 및 그 지원에 소속되어 있고(법원조직법 제55조, 집행관법 제2조), 그 임명받은 본원 또는 지원의 관할구역 내에서만 직무집행을 할 수 있음이 원칙이다(집행관규칙 제4조 제1항). 다만 동시에 집행할 여러 개의 물건이 동일 지방법원 관할구역 내인 본원과 지원 또는 지원 상호 간의 관할에 산재해 있는 경우에는 소속 지방법원장의 허가를 얻어 이를 집행할 수 있다(집행관규칙 제4조 제2항).

2. 예외: 관할구역 밖에서의 직무집행1)

다음 세 가지 경우에 집행관은 관할구역 밖에서 압류를 할 수 있다. 이는 집행관규칙 제4조의 특칙에 해당한다.

1) 집행관은 동시에 압류하고자 하는 여러 개의 유체동산 가운데 일부가 관할구역 밖에 있는 경우에는 관할구역 밖의 유체동산에 대하여도 압류할 수 있다(민사집행규칙 제133조). 이 경우에는 소속 법원장의 허가 없이도 집행할 수 있다. 동시에 압류한다는 것은 같은 채무자에 대해 같은 기회에 압류를 실시하고 나아가 관할구역 안의 동산을 압류하는 것과 동시에 관할구역 밖에 있는 동산을 압류하는 경우를 말한다. 따라서 본래의 관할구역 안의 동산을 압류하지 않으면서 관할구역 밖에 있는 동산만을 압류하는 것은 그에 해당되지 않는다.

2) 집행관은 압류물의 채무자 또는 제3자 보관의 경우에도 특히 필요하다고 인정하는 때에는 압류물 보관자로 하여금 소속 법원의 관할구역 밖에서 압류물을 보관하게 할 수 있다(민사집행규칙 제135조). 원래 집행관은 압류한 유체동산을 그 관할구역 안에서 보관하는 것이 원칙이다. 그런데 대량의 냉동식품과 같이 압류물의 특성상 그 보관에 특수한 설비를 요하나 관할구역 내에서 적당한 보관자를 발견할 수 없는 경우 또는 관할구역 내로 이동하는 데 지나치게 많은 비용이 드는 경우에는 집행관은 압류물 보관자로 하여금 압류물을 관할구역 밖에서 보관하게 할 수 있다. 이때에는 그 보관장소에서 압류물을 점검하고(민사집행규칙 제137조), 매각할 동산을 열람시키며(민사집행규칙 제148조), 매수인에게 매각물을 인도(민사집행법 제205조 제2항)하게 된다.

위 규정에 따라 관할구역 밖에 보관된 압류물을 그 보관장소에서 매각하는 때에는 집행법원의 허가를 받아야 한다(민사집행규칙 제145조 제2항, 제151조 제3항).

3) 집행관은 압류물이 관할구역 밖에 있게 된 경우에 이를 회수하기 위하여 필요한 때에는 관할구역 밖에서 직무집행을 할 수 있다(민사집행규칙 제138조 제1항). 동산에 대한 압류는 집행관이 그 동산을 점유함으로써 개시되지만(민사집행법 제189조 제1항, 제191조), 동산이 압류된 후 절차진행 중에 압류한 물건이 집행관의 점유로부터 이탈하게 되면 집행관은 압류물을 되찾기 위하여 적절한 조치를 강구하여야

1) 법원실무제요, 민사집행[IV], 사법연수원(2020), 43-44.

한다.

Ⅲ. 압류물의 선택

동산집행에 있어서는 집행관이 집행기관이므로 구체적인 집행에 있어 채무자의 점유에 속하는 유체동산 중 어느 것을 압류할 것인가는 그의 자유재량에 맡겨져 있음이 원칙이다. 그러나 이해관계가 다양하게 대립되는 집행장소에서 생길 수 있는 분쟁을 예방하기 위해서는 어느 정도의 객관적인 기준이 필요하므로 민사집행규칙 제132조는 집행관이 압류할 유체동산을 선택함에 있어서는 채권자의 이익을 해치지 아니하는 범위 안에서 채무자의 이익을 고려하여야 한다고 규정하고 있다.

동산압류에 관하여는 초과압류의 금지(민사집행법 제188조 제2항), 무잉여압류의 금지(민사집행법 제188조 제3항), 압류금지물건(민사집행법 제195조) 등의 제한이 있으므로 이들 규정의 취지를 고려하여 금전, 그 밖의 현금화 가능성이 높은 물건부터 선택하고 현금화 가능성이 낮은 물건은 되도록 선택하지 않는 것이 상당하다[2].

Ⅳ. 압류의 방법

1. 집행관의 목적물 점유·보관

1) 압류는 원칙적으로 집행관이 채무자가 점유하고 있는 유체동산을 점유함으로써 한다(민사집행법 제189조 제1항 본문).

집행관은 압류물을 직접 보관하는 때에는 이를 안전하게 보존하는 데 필요한 주의의무를 다하여야 한다. 만약 그 의무를 게을리하여 압류물이 멸실·훼손된 때에는 집행관은 손해배상의무가 있다. 불가항력에 의한 멸실·훼손의 경우에는 소유자인 채무자가 이를 부담한다.

집행관이 그 직무상 보관하는 금전 그 밖의 귀중품은 금고 또는 자물쇠 장치가 되어 있는 견고한 용기에 넣어서 보관하여야 한다(집행관규칙 제18조). 다만 집행관이 압류물을 지배·보관하기에 적당한 시설이나 장소를 가지고 있지 않은 경우에는 민사집행법 제198조 제1항의 규정에 따라 제3자(창고업자 등)로 하여금 이를 보관하게 할 수 있다.

2) 법원실무제요, 민사집행[IV], 사법연수원(2020), 45.

한편 대법원 2020. 1. 30. 선고 2019다265475 판결에 따르면 유체동산의 압류는 채무자가 점유하고 있는 물건이나 채권자 또는 물건의 제출을 거부하지 아니하는 제3자가 점유하고 있는 물건을 집행관이 점유함으로써 하는 것인데(민사집행법 제189조 제1항 본문, 제191조), 여기에서 말하는 집행관의 점유는 물건에 대한 채무자 또는 채무자 외의 사람의 점유를 전면적으로 배제하고 집행관이 직접점유하는 것을 말하고, 집행관이 물건을 직접점유하지 않고 단순히 압류 선언만 하는 것은 유효한 압류라고 할 수 없다. 그리고 채권자의 승낙이 있거나 운반이 곤란한 때에는 물건을 집행관이 직접 보관하지 않고 채무자나 채무자 외의 사람에게 보관시킬 수도 있으나(민사집행법 제189조 제1항 단서, 제191조), 이 경우에도 보관에 앞서 먼저 집행관이 물건에 대한 직접적인 지배를 취득하여야 한다는 점에는 변함이 없고, 집행관은 물건에 대한 직접적인 지배를 취득한 다음 여기에 봉인 그 밖의 방법으로 압류물임을 명확히 표시한 후 비로소 채무자나 채무자 외의 사람에게 압류물을 보관시킬 수 있을 뿐이다. 따라서 甲주식회사가 관리하는 항만에 장치된 유체동산에 관하여 채권자인 乙주식회사가 집행관에게 유체동산에 관한 인도청구권에 대한 압류명령에 부수한 인도명령 및 추심명령에 따라 유체동산을 임의로 인도받을 수 있는 권한을 위임하였고, 또 다른 채권자인 丙주식회사가 집행관에게 유체동산 강제집행신청을 하였는데, 이에 집행관이 유체동산을 임의로 인도받는 것과 유체동산 강제집행신청에 따른 유체동산 압류를 동시에 실시하면서, 제3채무자인 丁주식회사로부터 유체동산의 점유를 넘겨받은 것으로 처리한 다음 乙회사의 승낙을 받아 丁회사로 하여금 유체동산을 보관하도록 한 사안에서, 집행관이 유체동산 압류 등을 실시할 당시 유체동산을 직접점유하는 자가 甲회사와 丁회사 중 누구였는지를 명확하게 하지 아니한 이상 집행관이 직접점유자의 점유를 전면적으로 배제하고서 유체동산에 대한 직접점유를 개시하였다고 단정할 수 없고, 집행관이 유체동산에 대한 압류 당시 직접점유를 개시한 것이 아니라면 집행관이 압류의 성립요건으로서의 점유를 하였다고 볼 수 없으므로 유체동신에 대한 압류는 처음부터 성립하지 않았거나 무효이다.

채권자 또는 제3자가 점유하고 있는 유체동산도 집행관이 점유·보관하는 방법으로 압류하는 것이 원칙이다. 다만 제3자 점유물의 압류는 그 제3자가 제출을 거부하지 않는 경우에만 할 수 있다(민사집행법 제191조 참조).

2) 집행관이 그 점유를 침탈당한 경우에는 자력구제를 하거나 점유회복의 소를 제기할 수 있으며, 채권자는 법원에 그 물건을 집행관에게 인도할 것을 명하도록 신

청할 수 있다(민사집행법 제193조).

3) 집행관은 압류를 함에 있어 압류목적물이 아닌 채무자의 다른 재산에 피해가 생기지 않도록 주의하여야 한다.

또한 집행관은 채무자 아닌 제3자의 재산을 압류하지 않도록 주의하여야 한다. 만약 다른 제3자의 재산을 압류한 사실을 집행관이 알게 된 경우 직권 취소할 수 있는 방법이 없으므로 실무상 ① 채권자에게 사유를 설명하고 집행신청을 취하하도록 권유하거나 ② 제3자에게 제3자이의의 소를 제기하도록 권유하고 있다.

한편 집행관이 채무자 아닌 제3자의 재산을 압류한 경우 채권자는 압류한 사실 이외에 압류 당시 그 목적물이 제3자의 재산임을 알았거나 알지 못한 데 과실이 있으면 불법행위자로서 배상책임을 질 수 있다. 위 고의·과실은 압류목적물이 채무자 아닌 제3자의 소유였다는 사실 자체에서 곧바로 추정된다고 할 수는 없다. 그러나 채권자가 압류 당시에는 고의·과실이 없었다 하더라도 그 후 압류목적물이 제3자의 소유임을 알았거나 용이하게 알 수 있었음에도 그 압류상태를 계속 유지한 때에는 압류목적물이 제3자의 소유임을 알았거나 용이하게 알 수 있었던 때로부터 불법집행으로 인한 손해배상책임을 질 수 있다(대법원 1999. 4. 9. 선고 98다59767 판결, 대법원 2003. 7. 25. 선고 2002다39616 판결 참조).

2. 위임에 의한 채무자 보관

1) 채권자의 승낙이 있거나 운반이 곤란한 때에는 집행관은 압류물을 채무자에게 보관하게 할 수 있다. 이때에는 봉인(封印), 그 밖의 방법으로 압류물임을 명확히 하여야 한다(민사집행법 제189조 제1항 단서). 규정 체계상으로는 예외적인 압류방법이지만 실무상으로는 주로 이 방법이 이용되고 있다.

2) 채권자의 승낙은 반드시 명시적일 필요는 없고 묵시적인 것이라도 무방하다. 운반이 곤란한 때라고 하는 것은, 물리적으로 운반이 곤란한 경우뿐만 아니라 압류물의 가격에 비하여 운반에 지나치게 많은 비용이 소요되는 경우를 포함한다.

3) 압류물을 채무자에게 보관시키는 경우에는 봉인, 그 밖의 방법으로 압류물임을 명확히 하여야 한다. 이 압류의 표시는 유체동산 집행의 효력발생요건이므로 이를 하지 아니하면 압류는 무효이다. 압류의 표시는 명확하여야 하며 통상의 주의력에 의하여 쉽게 인지할 수 있는 방법이어야 한다.

가) 압류의 표시는 일반적으로 봉인표 또는 압류물임을 명백히 한 공시서를 붙

이는 방법에 의한다. 실무상 사용되는 봉인표와 공시서의 양식은 다음과 같다.

[양식: 봉인표]

압 류 표
20 년 본 제 호 ○○지방법원 집행관 ○ ○ ○ 2○○○. ○. ○. 이 표시를 파기하거나 무효로 되게 하면 형벌을 받습니다.

[양식: 공시서]

공 시 서
사 건 : 20 (부) 채 권 자 : 채 무 자 : 집행권원 : 아래 물건은 위 당사자 사이의 유체동산 강제집행 사건에 대하여 오늘 본 집행관이 압류한 것입니다. 누구든지 아래 물건을 처분하거나 이 공시서를 손상 또는 은닉하거나 그 밖의 방법으로 효용을 해하여서는 아니 되며, 이를 위반한 사람은 형벌(형법 140조, 142조, 323조)을 받을 수 있습니다. 압류물건 : 2○○○. ○. ○. ○○지방법원 ○○지원 집행관 ○ ○ ○

* 문의전화: ○○지방법원 집행관사무소 (○○○) 123-4567
* 집행관사무소에 비치할 각종 문서의 양식에 관한 예규(행정예규 1200호) [별지 2] 2-49

본압류 시에는 적색의, 가압류 시에는 녹색의 봉인표를 사용한다.

봉인표에는 압류번호와 압류일자, 봉인표를 파기하거나 무효로 되게 하는 자는 처벌을 받는다는 취지 및 집행관의 이름을 적고 그 직인을 날인하며, 1개의 압류물마다 별도로 붙여야 한다. 하나의 물건의 개폐장소에 붙이면 그 안의 물건 전부를 압류한 것이 된다. 차량 안에 봉인을 하는 경우와 같이 구성물의 내부에 봉인을 하여도 무방하나 가구의 내부나 장롱 안에 봉인하는 것으로서는 불충분하다[3].

봉인표 등을 붙이기 어려운 경우에는 금속이나 나무판 등에 그 취지를 적어 두거나 쉽게 지워지지 않는 페인트로 적는 방법으로 압류의 표시를 할 수 있고, 가축의 경우에는 축사의 출입구를 봉인하고 축사의 바깥에 공시서를 붙여 놓는 방법으로 압류의 표시를 할 수 있다.

나) 봉인, 그 밖의 압류의 표시는 압류기간 중 자연적으로 훼멸되거나 쉽게 떨어지지 않을 정도의 지속성이 있어야 한다. 따라서 그대로 놓아두어도 봉인 등이 자연적으로 떨어져 목적물로부터 이탈될 수 있는 경우에는 압류는 그 효력이 없다.

다) 봉인, 그 밖의 방법에 의하여 압류물임을 명확하게 인식할 수 있고 또 쉽게 떨어지지 않을 정도의 지속성이 있는 것으로 압류의 표시를 한 경우에는 뒤에 권한 없는 자에 의하여 손상되거나 자연적으로 탈락·소멸되었다 하더라도 압류의 효력에는 영향이 없다. 그러나 집행관의 동의를 얻어 그 표시를 제거한 경우에는 압류의 효력은 소멸된다.

집행관이 봉인, 그 밖의 방법으로 압류물임을 명확히 하는 것은 압류의 효력발생요건이기 때문에 이를 명확히 하지 않은 경우의 압류는 무효일 뿐만 아니라 불성립하였다고 할 수 있다. 따라서 이와 같은 하자를 추후에 집행관이 보정하여 경매하였다고 하여 그 흠이 치유되는 것은 아니다(대법원 1991. 10. 11. 선고 91다8951 판결).

라) 집행관이 압류물을 채무자에게 보관시킨 경우에는 채무자는 집행관의 점유보조기관인 동시에 직접점유자이다. 유체동산압류가 있었다 하더라도 집행관이 압류동산을 다른 곳으로 운반하여 가지 않는 이상 채무자의 점유는 계속된다. 따라서 채무자의 목적물에 대한 취득시효 완성은 압류에 의하여 중단되지 않는다. 그러나 이때 간접점유자는 집행관이므로 채무자는 집행관에 대하여 점유보호청구권(민법 제204조~제206조)을 주장할 수 없다.

압류의 본질에 비추어 볼 때 압류물을 채무자에게 보관시킨 경우에 채무자가 당연히 압류물을 사용할 수 있는 것은 아니다. 그러나 채무자의 사용이 목적물의 가치 감소를 초래하지 않거나 목적물의 보존방법으로 인정되는 경우에는 압류의 표시를 훼손하지 않는 한도에서 점유 중인 물건을 사용할 수 있다.

---

3) 법원실무제요, 민사집행[IV], 사법연수원(2020), 48.

3. 위임에 의한 채권자 보관

집행관은 채권자가 점유하고 있는 유체동산을 압류하는 경우 압류물을 자신이 점유·보관하지 않고 그 채권자에게 보관하게 할 수 있다(민사집행법 제191조, 제189조). 이 경우 그 보관에 관한 채권자의 권리나 의무는 원칙적으로 집행관과 사이에 체결된 임치계약 등 사법상의 계약에 의하여 정하여진다. 따라서 채권자가 집행관과의 약정에 따라 그 동산을 보관하던 중 이를 분실한 경우 채권자가 그 보관에 필요한 계약상의 주의의무를 다하였다고 인정되는 때에는 집행관이나 그 동산의 소유자 등에 대하여 계약상의 손해배상책임은 물론 불법행위로 인한 손해배상책임까지도 부담하지 않는다. 그러나 채권자가 보관상의 주의의무를 제대로 이행하지 못한 과실의 정도가 불법행위의 요건을 충족시킬 수 있고, 또한 그 보관상 주의의무의 위반행위가 구체적인 태양이나 정도 등에 비추어 위법하다고 인정되는 경우에는, 달리 특별한 사정이 없는 한 채권자는 집행관이나 그 동산의 소유자 등에 대하여 불법행위로 인한 손해배상책임을 진다.[4)]

4. 위임에 의한 제3자 보관

집행관은 제출을 거부하지 아니하는 제3자가 점유하고 있는 유체동산을 압류하는 경우 압류물을 자신이 점유·보관하지 않고 그 제3자에게 보관하게 할 수 있다(민사집행법 제191조, 제189조).

5. 압류의 구체적 절차

압류를 실시함에 있어서 집행현장에서의 제반 절차, 예를 들어 임의이행의 촉구, 채무자 및 집행목적물의 조사, 수색, 저항의 배제, 증인의 참여, 야간·휴일에 있어서의 집행 등에 관하여서는 앞서 설명한 일반적인 절차에 따른다.

다만 집행관은 유체동산을 압류할 때 동산·채권 등의 담보에 관한 법률 제2조 제7호에 따른 동산담보등기의 존재 여부를 담보등기부를 통하여 확인하여야 하고, 담보등기가 있는 경우에는 등기사항전부증명서(말소사항 포함)를, 담보등기가 없는 경우에는 등기기록미개설증명서(다만 등기기록미개설증명서를 발급받을 수 없는 경우에는 이를 확인할 수 있는 자료)를 집행기록에 편철하여야 한다(민사집행규칙 제132

4) 법원실무제요, 민사집행[IV], 사법연수원(2020), 50.

조의2 제1항).[5] 만일, 집행관이 위 담보등기부를 통해 담보권의 존재를 확인한 경우에는 그 담보권자에게 매각기일에 이르기까지 집행을 신청하거나, 민사집행법 제220조에서 정한 시기까지 배당요구를 하여 매각대금의 배당절차에 참여할 수 있음을 고지하여야 한다(민사집행규칙 제132조의2 제2항).

한편 대법원 2022. 3. 31. 선고 2017다263901 판결[6]에 따르면 등기를 통해 공

---

5) 제132조의2(압류할 유체동산의 담보권 확인 등)
① 집행관은 유체동산 압류시에 채무자에 대하여「동산 · 채권 등의 담보에 관한 법률」 제2조제7호에 따른 담보등기가 있는지 여부를 담보등기부를 통하여 확인하여야 하고, 담보등기가 있는 경우에는 등기사항전부증명서(말소사항 포함)를, 담보등기가 없는 경우에는 등기기록미개설증명서(다만, 등기기록미개설증명서를 발급받을 수 없는 경우에는 이를 확인할 수 있는 자료)를 집행기록에 편철하여야 한다.〈개정 2018.4.27, 2022.2.25〉

6) 대법원 2022. 3. 31. 선고 2017다263901 판결은 다음과 같은 이유를 설시하고 있다.
① 동산담보권은 담보등기를 함으로써 효력이 발생하고(동산·채권담보법 제7조 제1항), 담보등기부는 담보권설정자별로 구분하여 작성되며(제47조), 누구든지 등기부를 열람하거나 발급받을 수 있다(제52조).
② 민사집행법 제148조 제4호는 '저당권·전세권, 그 밖의 우선변제청구권으로서 첫 경매개시결정등기 전에 등기되었고 매각으로 소멸하는 것을 가진 채권자'를 배당요구를 하지 않아도 당연히 배당받을 채권자로 정하고 있다. 위 규정은 등기·등록의 대상이 되는 선박, 자동차, 건설기계 등에 대한 강제집행절차에 준용된다(민사집행법 제172조, 제187조, 민사집행규칙 제108조, 제130조).
③ 민사집행법 제148조는 2002년 민사집행법 제정 시 신설된 규정인데, 이러한 규정이 없었던 구 민사소송법(2002. 1. 26. 법률 제6626호로 전부개정되기 전의 것, 이하 같다)이 적용되던 때에도 '압류의 효력 발생 전에 등기되고 매각으로 소멸하는 담보권을 가진 채권자'는 배당요구 없이도 당연히 배당을 받을 수 있었다(대법원 1998. 10. 13. 선고 98다12379 판결, 대법원 2002. 1. 22. 선고 2001다70702 판결 등 참조).
④ 동산·채권담보법이 제정·시행되기 전에는 유체동산에 관하여 등기에 의하여 공시되는 담보권이 존재하지 않았기 때문에, 민사집행법은 유체동산의 강제집행절차에 관하여 우선변제청구권이 있는 채권자는 배당요구를 할 수 있다고 정할 뿐(민사집행법 제217조, 제218조, 제220조) 민사집행법 제148조를 준용하지 않았다. 2012년 시행된 동산·채권담보법은 제22조 이하에서 동산담보권의 실행방법을 정하고 있지만, 담보목적물에 대한 강제집행절차에서 동산담보권자가 어떤 지위에 있는지에 관하여는 아무런 규정을 두지 않고 있다.
⑤ 동산담보권자는 집행목적물에 대하여 압류채권자에 우선하고 압류에 대항할 수 있는 물적 담보권이 있으며 이것이 등기에 의해 공시되는데도 불구하고 배당요구를 하지 않으면 배당을 받지 못하고 담보권이 소멸한다고 보면, 저당권·전세권 등 부동산 담보권자와의 형평에 맞지 않는다. 동산의 질권자는 집행관의 압류를 승낙하지 않음으로써(민사집행법 제191조 참조), 양도담보권자는 제3자이의의 소로써(대법원 2004. 12. 24. 선고 2004다45943 판결 등 참조) 일반채권자의 강제집행을 쉽게 저지할 수 있는 점을 고려하면 동산담보권자의 지위가 그들보다도 더 약화된다. 배당요구를 하여야 배당을 받을 수 있는 채권자가 배당요구를 하지 않아 배당을 받지 못한 경우 배당을 받은 후순위 채권자를 상대로 부당이득반환청구를 할 수 없는 점(대법원 1996. 12. 20. 선고 95다28304 판결 등 참조)까지 더하여 보면, 이러한 해석은 동산담보권의 설정을 꺼리게 함으로써 동산의 담보거래를 활성화하려는 동산·채권담보법의 입법취지에 부합하지 않는다. 반면 채무자의 재산에 대해 강제집행을 하려는 채권자는 채무자의 담보등기부를 통해 동산담보권의 존재를 알 수 있으므로, 그 우선변제권이 미치는 부분에 대하여는 일반채권자의 배당에 관

시되는 동산담보권을 창설한 동산·채권담보법의 입법취지, 부동산 집행절차에서 등기된 담보권자를 당연히 배당받을 채권자로 정하는 민사집행법 제148조 제4호의 취지, 동산담보권자와 경매채권자 사이의 이익형량 등을 고려하면, 동산담보권이 설정된 유체동산에 대하여 다른 채권자의 신청에 의한 강제집행절차가 진행되는 경우 민사집행법 제148조 제4호를 유추적용하여 집행관의 압류 전에 등기된 동산담보권을 가진 채권자는 배당요구를 하지 않아도 당연히 배당에 참가할 수 있다.

6. 압류조서의 작성

집행관이 유체동산을 압류한 때에는 압류조서를 작성하여야 한다(민사집행법 제10조 제1항). 압류조서에는 집행한 날짜와 장소, 집행의 목적물과 그 중요한 사정의 개요, 집행참여자의 표시, 집행참여자의 서명날인, 집행참여자에게 조서를 읽어주거나 보여주고 그가 이를 승인하고 서명날인한 사실 및 집행관의 기명날인 또는 서명이 포함되어야 하고(민사집행법 제10조 제2항), 집행참여자가 서명날인을 할 수 없는 경우에는 그 이유를 적어야 한다(민사집행법 제10조 제3항).

위 '중요한 사정의 개요'는 집행에 착수한 일시와 종료한 일시, 실시한 집행의 내용, 집행에 착수한 후 정지한 때에는 그 사유, 집행에 저항을 받은 때에는 그 취지와 이에 대하여 한 조치, 집행의 목적을 달성할 수 없었던 때에는 그 사유, 집행을 속행한 때에는 그 사유를 말한다(민사집행규칙 제6조 제1항). 집행참여자의 서명날인은 서명무인으로 갈음할 수 있다(민사집행규칙 제6조 제2항).

집행의 목적물을 적는 때에는 압류물의 종류·재질, 그 밖에 압류물을 특정하는 데 필요한 사항과 수량 및 평가액(토지에서 분리하기 전의 과실에 대하여는 그 과실의 수확시기·예상수확량과 예상평가액)을 적어야 하고(민사집행규칙 제134조 제2항), 채무자가 자기 소유가 아니라는 진술을 하거나 담보가 설정되어 있다는 진술을 한 압류물에 관하여는 그 취지도 적어야 한다(민사집행규칙 제134조 제1항). 압류물의 평가액을 적도록 한 것은 초과압류 또는 무잉여압류의 판단기준이 되기 때문이다[7].

압류조서의 양식은 다음과 같다.

한 기대를 보호할 필요도 적다.

7) 법원실무제요, 민사집행[IV], 사법연수원(2020), 51.

[양식: 압류조서]

○○지방법원

유체동산압류조서

사　　　건 : 200　본
채　권　자 :
채　무　자 :
집 행 권 원 :
청 구 금 액 : 원금　　　　　원,　이자　　　　　원
집 행 일 시 : 200　.　.　.　:
집 행 장 소 :

1. 위 집행권원에 의한 채권자의 위임에 의하여 집행장소에서 채무자　　　을 만나 임의로 변제할 것을 고지하였으나 이에 불응하므로, 위 청구금액 및 집행비용의 변제에 충당하기 위하여　　　을 참여시키고 별지 목록 기재 물건을 압류하였다.

2. 압류물건은 집행관이 점유하고 봉인(　　　　　)의 방법으로 압류물임을 명확히 한 후, 채권자의 승낙을 얻어 채무자에게 보관시켰다.

3. 보관자에게는 이 압류물의 점유는 집행관에게 옮겼으므로 누구든지 이를 처분하지 못하며, 이를 처분 또는 은닉하거나 압류표시를 훼손하는 경우에는 벌을 받을 것임을 고지하였다.

4. 이 절차는 같은 날　:　에 종료하였다.

이 조서는 현장에서 작성하여 집행참여자에게 읽어 준(보여 준) 즉 승인하고, 다음에 서명날인하였다.

2○○○. ○. ○.

집행관　　　　(인)
채권자　　　　(인)
채무자　　　　(인)
참여자　성명　　　　(인)　주민등록번호
주소
참여자　성명　　　　(인)　주민등록번호
주소

주: 1. 다음 각 호에 해당하는 경우에는 그 사항을 조서에 기재한다.
① 집행에 착수한 후 정지한 때에는 그 사유
② 집행에 저항을 받은 때에는 그 취지와 이에 대하여 한 조치
③ 집행의 목적을 달성할 수 없었던 때에는 그 사유
④ 집행을 속행한 때에는 그 사유
⑤ 채무자가 자기 소유가 아니라는 진술을 한 압류물에 관하여는 그 취지
⑥ 압류물을 보관시키면서 특별한 보관조건을 정한 때에는 그 보관조건

2. 채권자나 채무자가 아닌 제3자에게 압류물을 보관시킨 경우에는 조서 말미에 보관자의 주소·성명을 기재한 후 서명날인을 받아야 한다.

* 집행관사무소에 비치할 각종 문서의 양식에 관한 예규(행정예규 1200호)
[별지 2] 2-26

[양식: 압류목록]

압 류 목 록							
번호	압류물	규격	수량	평가액	보관장소 (압류물소재)	압류표시의 방법	비 고
1						봉인	
2							
3							
4							
5							
6							
7							
8							
9							
10							
11							
12							
13							
14							

15							

* 집행관사무소에 비치할 각종 문서의 양식에 관한 예규(행정예규 1200호) [별지 2] 2-27

압류조서의 작성은 압류사실을 기록·증명하는 것일 뿐 압류의 효력발생요건은 아니므로 그 조서의 작성 또는 기재의 일부를 누락하더라도 압류의 효력에는 직접적인 영향은 없다.

집행관은 민사집행법 제10조의 집행조서를 개인휴대정보단말기(PDA) 등을 이용하여 정보처리시스템에 의하여 작성할 수 있고(행정예규 제1201호), 이와 같이 집행조서를 작성하는 경우 조서내용이 기록된 전자적 정보를 집행조서로 본다(정보처리시스템에 의한 집행관 사무처리규칙 제3조 제1항). 또한 이 경우 정보처리시스템에 서명을 입력한 때에는 그 입력정보를 민사집행법 제10조 제2항 제4호, 제6호(이 조항들이 준용되거나 그 예에 따르는 경우를 포함한다)에 규정된 서명날인 또는 서명으로 본다(같은 규칙 제3조 제2항). 다만 압류물 종류의 과다, 기타 부득이한 사정이 있는 경우에는 정보처리시스템에 의하여 작성하지 아니할 수 있으며, 이와 같이 정보처리시스템에 의하여 집행조서를 작성하지 아니한 경우에도 압류 내역 및 정보처리시스템에 의하여 작성하지 아니한 취지를 정보처리시스템에 입력하여야 한다(행정예규 제1201호).

7. 채무자에 대한 압류사유의 통지

집행관이 유체동산을 압류한 때에는 그 사유를 채무자에게 통지하여야 한다(민사집행법 제189조 제3항). 이는 채무자에게 적절한 대응조치를 취할 기회를 보장하기 위한 것이다. 그러나 채무자에 대한 통지가 압류의 효력발생요건은 아니다. 따라서 압류하였다는 뜻을 통지하지 아니하였다고 해서 압류의 효력에 어떠한 영향을 주는 것은 아니다. 채무자가 압류에 참여한 때에는 구술로 통지하고 압류조서에 적으면 되고(민사집행법 제11조 제1항), 채무자가 외국에 있거나 있는 곳이 분명하지 아니한 때에는 통지할 필요가 없다(민사집행법 제12조).

[양식: 유체동산압류통지서]

통 지 서

20 본 (부)
채 권 자
채 무 자
위 당사자 사이의 유체동산 강제집행사건에 관하여 별지 목록 기재 물건을 압류하였음을 통지합니다.
2○○○. ○. ○.
○○지방법원 집행관
채무자 귀하

V. 압류물의 보존, 점검, 회수 및 인도명령

1. 압류물의 보존[8)]

가. 집행관의 선관주의의무

유체동산의 압류는 집행관이 그 물건을 점유함으로써 하고, 채무자 등에게 압류물을 보관시킨 경우에도 압류물에 대한 집행관의 점유는 계속되는 것이므로 집행관은 선량한 관리자로서 압류물을 보존하여야 한다.

나. 보존을 위한 처분

압류물을 보존하기 위하여 필요한 때에는 집행관은 적당한 처분을 하여야 한다(민사집행법 제198조 제1항). 어느 경우에 어떠한 처분이 필요한지는 집행관의 재량에 맡겨져 있으나, 민사집행법 제198조 제1항의 규정상 이러한 처분은 집행관의 의무이므로 채권자 및 채무자의 이익을 종합적으로 고려하여 판단하여야 한다. 일반적으로 인정되는 보존방법은 다음과 같다.

1) 보관인의 선임, 변경

압류된 가축을 사육하여야 하는 경우, 고가의 분재로서 전문가의 관리가 필요한 경우, 압류물의 부피나 무게로 말미암아 창고업사 등에 맡길 필요가 있는 등의 경우에는 집행관은 보관인을 선임하여 압류물을 보관하게 할 수 있다. 다만 금전, 그 밖의 귀중품은 집행관이 직접 보관하여야 하고(집행관규칙 제18조 참조) 제3자에게 보관시켜서는 안 된다. 보관인이 될 수 있는 자의 자격에는 제한이 없으므로 압류물의

8) 법원실무제요, 민사집행[IV], 사법연수원(2020), 55-60.

보관에 적당하다고 인정되는 자이면 법인이라도 무방하며 채권자도 보관인이 될 수 있다. 그러나 채무자는 여기서 말하는 보관인에는 해당하지 않는다.

보관인의 선임은 성질상 이미 선임된 보관인을 해임하고 다른 보관인을 선임하는 것을 포함한다. 압류물의 보관상 특히 필요하다고 인정하는 때에는 집행관의 관할구역 밖에 있는 자를 보관인으로 선임할 수 있고(민사집행규칙 제135조), 이때에는 집행법원의 허가를 받아 그 보관장소에서 압류물을 경매할 수 있다(민사집행규칙 제145조 제2항, 제151조 제3항).

보관인을 선임한 경우에는 봉인, 그 밖의 방법으로 압류물임을 명백히 할 필요는 없으나, 적당한 방법으로 압류물임을 표시하여 두는 것이 바람직하다.

2) 압류물의 보관에 관한 조서 작성

집행관이 채무자·채권자 또는 제3자에게 압류물을 보관시킨 때에는 보관자의 표시, 보관시킨 일시·장소와 압류물, 압류표시의 방법과 보관조건을 적은 조서를 작성하여 보관자의 기명날인 또는 서명을 받아야 한다(민사집행규칙 제136조 제1항). '보관조건'은 보관에 관하여 붙인 약관, 보관시키면서 지시한 사항이나 일정한 보고를 하도록 한 것 등이 해당된다. 압류 시에 압류물을 채무자 등에게 보관시킬 때에는 압류조서와 위 보관에 관한 조서를 겸하여 1통의 조서를 작성하는 것이 가능하다. 그 이외의 경우에는 독립한 조서로 작성하게 된다.

집행관이 보관자로부터 압류물을 반환받은 때에는 그 취지를 기록에 적어야 한다(민사집행규칙 제136조 제2항). 이 경우에 압류물에 부족 또는 손상이 있는 때에는 집행관은 보관자가 아닌 압류채권자와 채무자에게 그 취지를 통지하여야 하고, 아울러 부족한 압류물 또는 압류물의 손상 정도와 이러한 압류물에 대하여 집행관이 취한 조치를 적은 조서를 작성하여야 한다(민사집행규칙 제136조 제3항). 압류물이 부족 또는 손상된 경우에 집행관은 부족이나 손상의 원인규명, 부족물의 탐색, 이를 발견한 경우의 회수, 보관자에 대한 손상부분의 수리 권고, 그 보관인이 계속 보관하는 것이 부적당한 때에는 집행관의 직접점유로 옮기거나 다른 보관방식을 취하는 것 등을 들 수 있다.

보관인을 선임하여 압류물을 보관시킨 경우에도 집행관은 압류물이 멸실되거나 훼손되지 않도록 점검하는 등의 주의의무가 있고, 그 결과 압류물의 부족이나 손상이 있는 때에는 그 취지를 보관자가 아닌 채권자 또는 채무자에게 통지하여야 한다(민사집행규칙 제137조). 보관인은 집행관과의 계약에서 정한 작위 또는 부작위조치 이

외에 그 보관물에 관하여 특별한 조치가 필요하다고 인정하는 때에는 그 취지를 집행관에게 통지하여야 할 것이다.

3) 조기매각

원래 유체동산은 압류일로부터 1주가 지나야 매각할 수 있는 것이나(민사집행법 제202조 본문), 압류물의 보존비용이 그 압류물의 가액에 비하여 상당하지 않을 정도로 지나치게 많은 비용이 들거나 또는 생선, 청과물, 청량음료, 계절상품 등과 같이 시간의 경과로 그 물건의 값이 크게 내릴 염려가 있는 경우에는 압류일로부터 1주가 지나지 않더라도 매각할 수 있다(같은 조 단서).

4) 긴급매각

유체동산 강제집행절차가 개시되어 그 절차진행 중에 강제집행의 일시정지를 명한 취지를 기재한 재판의 정본이 제출되거나 채권자가 변제를 받았다는 취지 또는 채무이행의 유예를 승낙한 취지를 기재한 증서가 제출된 때에는 강제집행을 정지하여야 한다(민사집행법 제49조 제2호, 제4호, 제50조 제1항).

그 정지기간 중, 즉 정지의 사유가 소멸될 때까지 집행관은 압류물의 보관을 계속하여야 하고 현금화하지 못함이 원칙이다. 그러나 압류물을 조기매각하여야 할 경우와 같은 사유가 있는 때에는 집행관은 압류물을 매각할 수 있다(민사집행법 제198조 제3항). 이는 민사집행법 제296조 제5항 단서와 취지를 같이 하는 것으로서 실체법상의 자조매각(상법 제67조 제2항 등)과 유사하다.

본래 유체동산집행에 있어서 원칙적인 현금화방법은 매각이고(민사집행법 제199조), 시장가격이 있는 유가증권을 적당한 방법으로 매각하는 경우(민사집행법 제210조)가 아니면 법원의 명령이 있는 때에 한하여 일반 현금화 이외의 방법에 의하여 매각할 수 있다(민사집행법 제214조). 그러나 강제집행 정지기간 중에 하는 긴급매각은 특별한 사유가 있는 경우에 긴급히 행하는 것이므로 매각방법의 제한을 받지 않는다.

긴급매각한 경우 압류물의 매각대금은 공탁하여야 한다(민사집행법 제198조 제4항). 공탁된 매각대금은 압류물에 갈음하는 것으로서 민사집행법 제222조의 공탁과는 성질을 달리한다. 따라서 집행관은 집행정지사유가 소멸되면 공탁금을 회수하여 채권자에게 교부하거나 배당하여야 하고, 강제집행이 취소되거나 취하된 때에는 이를 채무자에게 교부하여야 한다.

다. 그 밖의 보존조치

1) 어음·수표, 그 밖의 유가증권으로서 배서가 금지되지 아니한 것을 압류한 경우

이 경우(민사집행법 제189조 제2항 제3호)에는 집행관이 채무자에 갈음하여 지급제시기간 내에 지급제시를 하고, 미완성의 어음 등에 대하여는 채무자에게 보충을 최고하며, 제3채무자 등의 지급이 있으면 이를 수령하거나 지급거절증서를 작성하는(민사집행법 제212조) 등 유가증권의 실권방지를 위한 조치를 하여야 한다.

2) 주권(株券)을 압류한 경우

이 경우에 발행회사의 주식합병의 절차가 개시되어 주권제출의 공고(상법 제440조)가 있는 때에는, 집행관은 발행회사에 주권압류의 취지를 알리고 주권을 발행회사에 제출함과 동시에 발행회사를 압류물의 보관자로 선임한 다음 신주권(新株券)을 교부받거나 상법 제442조에 규정된 절차를 밟는 등의 조치를 하여야 할 것이다.

3) 토지에서 분리되기 전의 과실을 압류한 경우

이 경우(민사집행법 제189조 제2항 제2호) 집행관은 과실이 충분히 익은 다음에 매각하여야 하고(민사집행법 제213조 제1항), 과실을 매각하기 위하여 수확하게 할 수 있으므로(같은 조 제2항), 이러한 과실의 수확 역시 압류물의 보존방법 중 하나이다.

4) 관할구역 밖에서의 압류물 회수 및 사건의 이송

압류물을 보관하는 채무자가 집행관의 관할구역 밖으로 이주한 경우와 같이 압류한 물건이 관할구역 밖에 있게 된 때에는 집행관은 관할구역 밖에서 그 압류물을 회수할 수 있고(민사집행규칙 제138조 제1항), 이 경우에 압류물을 회수하기 위하여 지나치게 많은 비용이 든다고 인정하는 때에는 압류채권자의 의견을 들어 압류물이 있는 곳을 관할하는 법원 소속 집행관에게 사건을 이송할 수 있다(같은 조 제2항).

라. 보존처분을 게을리한 경우

압류물의 보존을 위하여 적당한 처분을 하는 것(민사집행법 제198조 제1항)은 집행관의 권한인 동시에 의무이다. 따라서 집행관이 압류물의 보존을 위한 처분을 게을리하여 채무자에게 손해가 발생된 때에는 집행관뿐만 아니라 국가도 손해배상책임을 질 수 있다.

채권자도 압류물의 보존에 필요한 적당한 조치를 강구하도록 집행관에게 주의를 촉구하여야 할 의무가 있고, 압류물의 보관을 위탁받은 채무자도 집행관의 보존처분을 필요로 하는 사유가 발생하면 집행관에게 그 사유를 통지하는 등의 조치를 취하

여야 한다(대법원 1975. 2. 25. 선고 74다1590 판결 참조).

마. 보존처분의 비용

압류물의 보존을 위한 처분에 비용이 필요한 때에는 집행관은 그 비용을 채권자로 하여금 미리 내게 하여야 하며 채권자가 여럿인 때에는 요구하는 액수에 비례하여 미리 내게 하여야 한다(민사집행법 제198조 제2항). 여기의 채권자는 집행채권자 및 이중압류 채권자를 가리키고 단순한 배당요구채권자는 이에 해당하지 않는다.

압류물의 보존을 위한 처분에 소요된 비용은 집행비용으로서 압류물의 매각대금에서 우선변제된다.

채권자가 비용을 미리 내지 않을 때에는 집행관은 그 위임에 응하지 않을 수 있고(집행관수수료규칙 제25조 제1항), 집행관 집행미제사건 등 처리지침(행정예규 제496호)이 정한 절차에 따라 강제집행위임을 취하한 것으로 간주할 수 있다고 봄이 타당하다. 다만 강제집행신청인이 소송구조결정을 받은 경우(민사소송법 제128조 이하)에는 그러하지 아니하다(집행규수수료규칙 제25조 제1항 단서). 사무를 개시한 후 예납금이 부족한 때에는 추가예납시킬 수 있고 채권자가 추납하지 아니한 경우에는 사무를 행하지 아니할 수 있다(집행관수수료규칙 제25조 제2항).

바. 보존처분에 대한 불복방법

압류물의 보존에 필요한 처분을 행하는 것은 집행관의 권한인 동시에 의무이므로 집행관이 취한 보존처분에 불복이 있는 채권자나 채무자는 집행에 관한 이의신청을 할 수 있다(민사집행법 제16조). 그러나 보관인은 집행관의 처분에 대하여 집행에 관한 이의를 할 수 없다.

2. 보관압류물의 점검

집행관이 압류물을 직접 점유·보관하지 아니하고 채무자 또는 채권자나 제3자에게 보관시킨 경우에 압류채권자 또는 채무자의 신청이 있거나 그 밖에 필요하다고 인정하는 때에는 압류물의 보관상황을 점검하여야 하고(민사집행규칙 제137조 제1항), 그 점검 결과 압류물에 부족 또는 손상이 있을 경우에는 보관자가 아닌 채권자 또는 채무자에게 그 취지를 통지하여야 한다(같은 조 제2항 후단). 점검 시에는 점검조서를 작성하여야 하고, 이 조서에는 압류물의 부족 또는 손상의 유무와 정도 및 이에 관하여 집행관이 취한 조치를 적어야 한다(같은 조 제2항 전단)[9].

한편 대법원 2017. 9. 21. 선고 2017다229871 판결에 따르면 甲주식회사 소유의 유체동산에 관한 강제집행사건의 경매기일에 乙이 甲회사의 직원이 참여한 가운데 최고가매수신청인으로서 매각허가를 얻어 유체동산을 매수하였고, 그 후 유체동산이 丙, 丁을 거쳐 최종적으로 戊에게 양도되었는데, 丁이 甲회사를 상대로 제기한 유체동산 인도청구소송의 확정판결에 기해 丁과 戊가 각각 신청하여 시행된 유체동산 인도집행절차에서 유체동산 중 일부가 소재불명인 것으로 확인되자, 戊가 甲회사를 상대로 불법행위에 따른 손해배상 등을 구한 사안에서, 아무런 권리가 없음을 알면서 유체동산을 점유하고 자신의 영업을 위하여 그중 일부를 사용하기까지 한 甲회사에게는 적어도 유체동산이 도난되거나 분실되지 않도록 보관하여야 할 주의의무가 있으므로, 이를 위반하여 유체동산을 일부는 사용하고 일부는 방치하는 등으로 점유하다가 그중 일부를 멸실되게 함으로써 丁 및 그로부터 유체동산의 소유권을 이전받은 戊의 소유권을 침해하였다면, 甲회사는 이러한 불법행위로 丁 및 戊가 입은 손해를 배상할 의무가 있다.

3. 압류물의 회수와 인도명령

1) 압류물을 집행관이 직접 점유하는 경우에 제3자가 그 점유를 침탈한 때에는 집행관이 자력구제를 하거나 점유회복의 소를 제기하여 이를 회수할 수 있다.

집행 시에 제3자가 채무자와 통모하여 집행을 방해하는 경우나 제3자의 침해행위의 도중 또는 그 직후에 자구행위로서 그 침해를 배제할 수 있는 경우에는, 집행관은 제3자에게 실력을 행사하여 압류물을 회수할 수 있다.

그러나 위와 같이 자력구제가 허용되는 경우에도 제3자가 반환을 완강히 거부하면 실력으로 이를 회수할 수는 없고, 채권자의 신청에 따라 법원이 명한 압류물 인도명령(민사집행법 제193조 제1항)에 의하여 이를 회수할 수 있을 뿐이다.

압류물이 압류한 집행관의 관할구역 밖에 있게 된 경우 이를 회수하기 위하여 필요한 때에는 집행관은 관할구역 밖에서도 그 직무를 행할 수 있고(민사집행규칙 제138조 제1항), 이 경우에 압류물을 회수하기 위하여 지나치게 많은 비용이 든다고 인정하는 때에는 집행관은 압류채권자의 의견을 들어 압류물이 있는 곳을 관할하는 법원 소속 집행관에게 사건을 이송할 수 있다(같은 조 제2항).

---

9) 법원실무제요, 민사집행[IV], 사법연수원(2020), 63.

2) 압류물 인도명령은 압류집행 후 그 압류가 실효되거나 취소되는 등 해제됨이 없이 제3자가 압류물을 점유하게 된 경우에 집행관의 압류물에 대한 점유를 회복하기 위하여 행하여지는 것으로서 압류의 사실상 효력을 유지하고자 하는 데 그 취지가 있다.

인도명령은 집행법원의 직권으로는 할 수 없고 채권자의 신청이 있어야 할 수 있다(민사집행법 제193조 제1항). 여기의 채권자는 압류채권자를 말한다. 압류채권자인 한 집행정지 중이라도 무방하며 이중압류 채권자를 포함한다. 배당요구채권자는 스스로 집행절차를 수행하는 것은 아니므로 채권자에 해당하지 않는다.

3) 인도명령은 집행절차상의 부수처분적 성질을 가지므로 원래 압류집행을 한 집행관이 소속되어 있는 법원의 관할에 속한다. 압류물의 소재지를 기준으로 할 것은 아니다.

집행법원이 인도명령의 신청을 심리함에 있어서는 압류조서에 의하여 목적물이 압류물인가의 여부를 확인하고, 상대방이 집행관의 점유를 배제하고 점유하고 있는지 여부를 심리하여야 한다. 심리는 서면심리가 원칙이나 필요한 경우에는 집행관, 신청채권자, 그 밖의 참고인 등을 심문할 수 있다. 제3자의 점유권원의 유무 등은 심리의 대상이 아닐 뿐만 아니라 인도명령에는 어느 정도의 밀행성이 요구되므로 상대방을 심문하는 것은 적절치 아니하다.

심리 결과 신청이 이유 없을 때에는 이를 기각하고, 이유 있을 때에는 인도명령을 하여야 한다. 인도명령에는 상대방, 목적물, 그 소재장소 등을 특정하여야 하고, 상대방에 대하여 목적물을 신청인의 위임을 받은 집행관에게 인도하라는 취지를 적어야 한다.

신청을 기각한 결정은 신청인에게 고지하고(민사집행규칙 제7조 제2항), 신청을 인용한 결정, 즉 인도명령은 신청인과 상대방에게 고지하여야 한다(같은 조 제1항).

4) 인도명령은 집행권원이므로 신청인이 집행관에게 집행위임을 하여 집행하게 된다. 집행은 인도명령이 상대방에게 송달되기 전에도 할 수 있으나(민사집행법 제193조 제3항), 신청인에게 고지된 날부터 2주가 지난 때에는 집행할 수 없다(민사집행법 제193조 제4항).

인도명령은 동산인도청구의 집행(민사집행법 제257조)에 준하여 집행하여야 한다. 인도명령은 집행관의 압류물에 대한 점유회복의 수단으로 행하여지는 것이므로 필요한 경우에는 그 목적물을 일단 수취한 후 제3자에게 다시 보관을 명할 수도 있다.

인도명령의 집행에 소요된 비용은 이른바 공익비용으로서 압류물의 매각대금으로부터 우선변제된다(민사집행법 제53조 제1항).

5) 인도명령의 신청에 대한 재판에 대하여는 즉시항고를 할 수 있다(민사집행법 제193조 제5항). 즉 인도명령신청을 기각한 결정에 대하여는 신청인이, 인도명령에 대하여는 상대방이 즉시항고를 할 수 있다. 인도명령에 대한 즉시항고에는 집행정지의 효력이 없다(민사집행법 제15조 제6항).

압류집행 후 압류물을 선의취득한 사람은 인도명령에 대한 즉시항고를 제기할 수는 없고 목적물의 소유권을 주장하여 제3자이의의 소를 제기하여 인도명령의 배제를 구하여야 한다.

제4장 현금화절차

Ⅰ. 금전을 압류한 경우

1) 금전을 압류한 경우에는 현금화할 필요가 없으므로 집행관은 압류한 금전을 채권자에게 인도하여 집행을 종료한다(민사집행법 제201조 제1항). 그러나 이는 집행채권자가 한 사람인 경우 또는 집행채권자가 여러 사람이더라도 압류금전으로 각 채권자의 채권액을 만족시킬 수 있거나 채권자 사이에 배당협의가 성립된 경우에 한하며, 그렇지 아니한 경우 집행관은 압류금전을 공탁하여야 하며(민사집행법 제222조 제1항) 법원이 이를 배당한다(민사집행법 제252조 제1호).

또 집행관이 채권자로부터 강제집행의 위임을 받은 때에는 특별한 권한을 받지 못하였더라도 채무자로부터 지급이나 그 밖의 이행을 받을 수 있으나(민사집행법 제42조 제1항 참조), 그러한 임의변제금은 여기의 압류금전에 해당하지 않는다[1].

2) 여기서 말하는 압류금전은 현금화할 필요 없이 곧바로 채권을 만족시킬 수 있는 것이어야 하므로 국내에서 강제통용력이 있는 화폐, 즉 한국은행권을 말하고, 내국통화 외의 통화인 외국통화는 포함되지 않는다. 외국통화는 시장이 형성되어 있으므로 집행관은 민사집행법 제210조의 규정에 따라 그 시장가격에 따라 적당한 방법으로 매각하여 현금화할 수 있다. 또 우편환, 인지, 은행의 자기앞수표 등 일정한 금전을 목적으로 하는 증권은 일반적으로 금전과 동일시되는 것이지만 현금화하여야 하는 것(민사집행법 제210조)이므로 본조의 금전에 해당하지 않는다.

3) 압류금전은 바로 채권자에게 인도하여야 하는데, 만일 채권자가 미리 내지 아니한 비용이 있을 때에는 그 비용을 빼고 인도하여야 한다. 본안소송의 소송대리인은 특별한 권한을 받지 아니하여도 집행관이 인도하는 압류금전을 영수할 수 있다(민사소송법 제90조 제1항). 압류금전만으로 집행비용과 채권자의 채권액을 만족시키고도 잔액이 있는 경우에는 그 잔액부분에 한하여 초과압류가 될 터이므로 집행관은 그 부분에 대한 압류를 취소하여야 할 것이나(민사집행규칙 제140조 제1항, 제142조), 취소하지 아니한 경우에는 그 나머지를 채무자에게 교부하여야 한다(민사집행규칙 제155조 제1항).

채권자가 집행관으로부터 금전의 인도를 받은 때에는 집행채권이 만족을 얻게 되므로 집행절차는 종료된다.

4) 집행관이 금전을 추심한 때에는 채무자가 그 금전을 채권자에게 지급한 것으

1) 법원실무제요, 민사집행[IV], 사법연수원(2020), 65.

로 본다(민사집행법 제201조 제2항 본문). 즉 집행관의 금전압류에 의하여 채무자의 지급이 의제되는 것이다. 여기서 '추심'은 집행관이 금전을 '압류하여 점유'하는 것을 말하며, 채권과 그 밖의 재산권에 대한 집행절차상의 추심과는 그 의미가 다르다.

여기의 지급의제는 집행관이 금전을 압류, 점유하는 때에 즉시 채권자가 만족을 얻어 금전소유권을 취득하게 되거나 집행이 종료된다는 것을 의미하는 것이 아니다. 단지 금전은 개성이 없고 쉽사리 분실될 수 있는 것이라는 점을 고려하여 압류에 의하여 채무자가 금전에 대한 지배권을 상실한 이상 이를 채권자에게 지급한 것으로 의제함으로써 압류 후의 도난이나 분실 등으로 인한 채무자의 위험부담을 면제시켜 채권자의 위험부담으로 한다는 것을 의미한다. 압류한 금전을 채권자에게 인도하기 전에는 집행이 종료되는 것은 아니지만 그 경우에도 채무자의 고의·과실 없이 이행할 수 없게 될 때에는 채무자는 면책된다(대법원 1970. 9. 29. 선고 70다1869 판결).

한편 채무자가 담보를 제공하거나 공탁을 하여 집행에서 벗어날 수 있도록 허가받은 때에는 지급의제의 효과가 발생되지 않는다(민사집행법 제201조 제2항 단서). 이러한 경우로서는 가집행면제선고(민사소송법 제213조 제2항)를 들 수 있다. 이 경우에는 압류금전이 채권자에게 인도될 때까지 사이에 채무자가 담보를 제공하거나 공탁을 하고 집행의 취소를 구하면(민사집행법 제49조 제3호, 제50조 제1항), 그 금전을 채무자가 반환받을 수 있으므로 굳이 지급을 의제할 필요가 없기 때문이다. 다만 가집행선고에 기한 강제집행도 단순한 보전집행이 아니라 종국적인 본집행이므로 집행취소신청은 집행관의 금전압류 시부터 채권자에의 인도 시까지의 단기간 내에 이루어져야 한다.

Ⅱ. 압류물의 호가경매

1. 금전 아닌 압류물의 현금화절차 개관

유체동산의 매각방법은 기일입찰(민사집행규칙 제151조), 호가경매(민사집행법 제199조, 민사집행규칙 제145조~150조), 적당한 방법에 의한 매각(민사집행법 제209조 후문, 제210조 전단), 특별현금화명령에 의한 매각(민사집행법 제214조)으로 나눌 수 있다. 민사집행규칙은 유체동산매각의 방법에 관하여 동산의 특성을 고려하여 호가경매를 원칙적인 방법으로 규정하고(민사집행규칙 제145조~150조), 유체동산의 입찰절차에 호가경매에 관한 규정 및 부동산의 입찰에 관한 규정을 준용하고 있다(민사집행규칙 제151조).

각 매각방법에 따른 구체적인 [2]절차는 민사집행규칙에 규정되어 있다(민사집행규칙 제145조~151조). 호가경매에 관하여 상세한 조문을 두고 기일입찰에 이를 준용하는 방식을 취하고 있으며, 기간입찰 방식은 동산에서는 채용하지 않고 있다.

호가경매 또는 입찰을 하지 아니하는 예외로서는, ① 압류금전(민사집행법 제201조, 현금화를 요하지 않는다), ② 금·은붙이, 시장가격이 있는 유가증권의 적당한 방법에 의한 매각(민사집행법 제209조, 제210조), ③ 강제집행이 정지된 경우의 긴급매각(민사집행법 제198조 제3항), ④ 집행법원의 명령에 의한 특별현금화(민사집행법 제214조), ⑤ 가압류의 경우의 현금화금지(민사집행법 제296조 제5항), ⑥ 양도금지물의 현금화금지 등을 들 수 있다.

2. 값비싼 물건의 평가[3]

1) 집행관은 압류 시 초과압류를 하지 않기 위하여 스스로 압류물의 가액을 평가하여야 하나 압류물이 값비싼 물건인 경우에는 집행관이 평가하기 곤란하다. 따라서 압류 후에 집행관은 압류물 중 값비싼 물건에 관하여는 적당한 감정인에게 그 평가를 하게 하여야 한다(민사집행법 제200조).

여기서 값비싼 물건이라 함은 일반적으로 크기와 무게에 비하여 가치가 매우 높은 물건 또는 통상인이 그 시가를 알기 어려운 물건을 말하며 결국 사회통념에 의하여 결정하여야 한다. 보석, 귀금속류, 기계, 서화, 골동품, 수집우표, 영화필름, 비상장주식 등이 이에 속한다.

2) 값비싼 물건의 감정인은, 목적물의 객관적 거래가격을 평가하기에 족한 정도의 지식과 경험을 갖고 있는 자이면 되고 특히 고도의 전문적 지식이나 경험을 가진 자에 한하지 않는다. 이 점에서 소송절차 내에서의 감정인과 구별된다.

감정인은 집행관이 선임한다. 값비싼 물건에 대한 평가액은 초과압류 등의 판단기준이 될 뿐만 아니라 호가경매에 있어서도 참고로 되는 것이므로 늦어도 매각기일

2) 호가경매와 입찰의 차이를 살펴보면, ① 방식에서, 호가경매는 타인의 매수가격을 아는 상태에서 말로 가격을 호창하는 방식으로 하고(민사집행규칙 제147조 제4항, 제72조 제1항), 입찰은 타인의 입찰가격을 모르는 상태에서 입찰표라는 서면에 기재하는 방식으로 하며(민사집행규칙 제151조 제3항, 제62조 제1항), ② 매수가격의 표시에서, 호가경매는 타인이 신고한 매수가격에 '1할 증', '100만 원 고'와 같이 비례로 표시할 수 있으나, 입찰은 일정한 금액으로 표시하여야 하고 다른 입찰가격에 대한 비례로 표시하지 못한다(민사집행규칙 제151조 제3항, 제62조 제2항).

3) 법원실무제요, 민사집행[IV], 사법연수원(2020), 68-72.

까지는 선임되어야 한다. 채권자나 채무자가 집행관의 감정인 선임에 이의가 있을 때에는 집행에 관한 이의를 할 수 있으나, 기피신청은 할 수 없다. 집행관은 필요하다면 다시 감정하게 할 수 있다.

감정의 방법에는 집행관이 현장에 가지 않고 감정인에게 감정사항을 기재한 서면(평가감정촉탁서)으로 감정을 촉탁하는 감정위탁과 감정인을 대동하고 현장에 가서 감정사항을 직접 지시하는 통상의 감정이 있다. 통상의 감정의 경우에는 집행관은 감정조서를 작성하여야 한다(민사집행법 제10조).

감정인은 사건의 표시, 유체동산의 표시, 유체동산의 평가액과 평가일, 평가액 산출의 과정 및 그 밖에 집행관이 명한 사항을 적은 평가서를 정하여진 날까지 집행관에게 제출하여야 한다(민사집행규칙 제144조 제2항). '정하여진 날'이라 함은 집행관이 정한 날을 의미하는데, 집행관은 평가에 소요되는 통상의 기간을 고려하여 매각기일 이전의 적당한 날을 평가서 제출기한으로 정하여야 한다. 평가서의 방식에 관하여는 부동산강제경매의 평가서와는 달리 아무런 규정이 없으므로 편리한 방식에 따르면 된다.

집행관은 감정인에게 민사소송비용법의 규정에 따른 일당, 여비와 상당한 감정료를 지급하여야 하고, 그 비용은 수수료로서 집행신청인에게 예납시킬 수 있으며, 예납하지 아니하는 때에는 위임에 응하지 아니할 수 있으나, 다만 강제집행 신청인이 소송구조를 받는 자인 경우에는 그러하지 아니하다(집행관수수료규칙 제25조 제1항). 집행신청인이 감정에 필요한 비용을 예납하지 아니하는 때에는 집행관은 감정을 명하지 아니하고 그 위임에 응하지 않을 수 있으며(집행관수수료규칙 제25조 제1항), 집행관 집행미제사건 등 처리지침(행정예규 제496호)이 정한 절차에 따라 위임을 취하한 것으로 간주할 수 있다. 또한 감정을 개시한 후 예납금이 부족한 때에는 집행관은 추가예납 시킬 수 있고 추납하지 아니하는 때에는 사무를 행하지 아니할 수 있다(집행관수수료규칙 제25조 제2항). 감정이 종료한 때에는 집행관은 지체없이 예납금의 정산을 하여야 하고, 이때 예납자의 청구가 있는 때에는 정산의 내용을 명시한 서면을 교부하여야 한다(집행관수수료규칙 제25조의2).

3) 값비싼 물건에 대한 감정인의 평가액은, 집행법원이 민사집행법 제214조 제1항의 규정에 따라 이를 최저매각가격으로 하는 특별현금화를 명한 경우를 제외하고는 단순히 호가경매의 참고자료로 됨에 불과하므로 금·은붙이(민사집행법 제209조)가 아닌 한 그 평가액 이하로 매각하여도 지나치게 낮은 가격이 아니라면 위법은 아

니다. 다만 당사자의 이익을 고려하여 평가액에 달하지 아니한 매수신청에 대하여는 매각을 허가하지 아니하고 매각기일을 속행하여 집행관이 적당히 평가액을 저감하고 다시 호가경매를 실시하는 것이 바람직하다.

4) 집행관이 값비싼 물건에 대하여 감정인의 평가를 거치지 않고 매각하는 경우에는 이해관계인은 집행에 관한 이의를 신청할 수 있다(민사집행법 제16조).

3. 값비싼 물건 이외의 압류물의 평가[4)]

집행관이 유체동산을 압류할 때에는 스스로 그 가액을 평가하여 압류조서에 적어야 한다(민사집행법 제10조, 민사집행규칙 제134조 제2항). 그런데 집행관은 민사집행법 제200조의 값비싼 물건이 아닌 경우에도 필요하다고 인정하는 때에는 적당한 감정인을 선임하여 압류물을 평가하게 할 수 있다(민사집행규칙 제144조 제1항). 여기서 '필요하다고 인정하는 때'라 함은 값비싼 물건이 아니더라도 압류물이 특수한 품목이거나 잘 거래되지 않는 것이어서 집행관 스스로 평가하기 어려운 경우, 값비싼 물건인지의 여부가 의심스러운 경우, 압류물의 가액에 관한 관계인의 의견이 매우 다른 경우 등 제3자에 의한 객관적인 평가가 필요한 경우를 말한다.

4. 호가경매기일의 지정 등

1) 집행관이 호가경매의 방법으로 유체동산을 매각하는 때에는 현금화를 위한 경매기일의 일시와 장소를 정하여야 한다(민사집행규칙 제145조 제1항 전문). 호가경매기일의 지정시기에 관하여는 특별한 규정이 없으나 압류와 동시에 또는 그 직후에 하여야 할 것이다.

2) 호가경매기일은 원칙적으로 압류일부터 1주 이상 기간을 두어야 한다(민사집행법 제202조 본문). 이는 될 수 있는 한 많은 매수희망자에게 경매에 참여할 기회를 주고 채무자에게 변제나 집행절차에 관한 각종 이의를 신청할 수 있는 기회를 보장하기 위한 것이다. 1주의 기간 계산에서 초일은 산입하지 않는다(민사소송법 제170조, 민법 제157조).

압류의 경합(민사집행법 제215조 제1항)에 의하여 추가압류를 한 때에는, 그 추가압류물이 동일한지 여부에 따라 추가압류일과 매각일 사이에 1주 이상 기간을 두

4) 법원실무제요, 민사집행[IV], 사법연수원(2020), 72.

어야할지 여부를 결정한다.

3) 호가경매기일은 부득이한 사정이 없는 한 압류일부터 1개월 안의 날로 정하여야 한다(민사집행규칙 제145조 제1항 후문). 이는 절차를 신속하게 진행함과 아울러 사실상 간접강제의 목적을 달성하기 위하여 압류만을 한 채 장기간 방치하는 것을 방지하려는 취지도 포함되어 있다.

4) 기간의 준수는 호가경매의 본질적 요소는 아니므로 민사집행법 제202조 본문 또는 민사집행규칙 제145조 제1항 후문의 규정에 위반하여 호가경매기일을 지정·실시하였더라도 매각의 효력에는 영향이 없다.

5) 조기경매 : 압류물을 보관하는 데 지나치게 많은 비용이 들거나(예: 가축) 시일이 지나면 그 물건의 값이 크게 내릴 염려가 있는 때(예: 생선이나 야채 등)에는 압류일로부터 1주가 지나기 이전이라도 매각할 수 있다(민사집행법 제202조 단서). 이 사유에 해당하는가의 여부는 집행관이 직권으로 판단한다. 집행관의 판단에 불복이 있는 때, 즉 조기경매하여야 할 사유가 있음에도 집행관이 호가경매기일을 지정하지 아니하는 경우 또는 조기경매할 사유가 없음에도 집행관이 조기경매기일을 지정한 경우에는 관계인은 집행에 관한 이의를 할 수 있다.

6) 민사집행법 제202조 및 민사집행규칙 제145조 제1항의 규정은 최초의 호가경매기일을 변경하는 경우의 변경 후의 기일에 관하여도 유추적용되는 것으로 보아야 하며, 따라서 변경 후의 기일이나 새 호가경매기일을 지정함에 있어서는 부득이한 사정이 없는 한 전의 호가경매기일로부터 1개월 이내로 지정하여야 한다고 보는 것이 타당하다.[5)]

7) 집행관은 집행법원의 허가를 얻은 때에는 소속 법원의 관할구역 밖에서 경매기일을 열 수 있다(민사집행규칙 제145조 제2항). 이는 집행관규칙 제4조 제1항 본문에 의한 관할구역의 제한에 대한 예외규정으로서 관할구역 밖에서의 매각에는 압류채권자 등의 이해관계에 영향을 줄 가능성이 크므로 집행법원의 허가를 미리 받도록 한 것이다.

8) 토지에서 분리되기 전에 압류한 과실의 매각은 충분히 익은 다음에 하여야 한다(민사집행법 제213조 제1항). 이는 민사집행법 202조 본문의 예외 규정이다.

---

5) 법원실무제요, 민사집행[IV], 사법연수원(2020), 74.

5. 호가경매기일의 변경, 연기, 속행

1) 호가경매기일은 그 기일 도래 후 집행관이 매각절차를 시작함으로써 개시된다. 그 개시 전에 호가경매기일의 지정을 취소하고 다른 호가경매기일을 지정하는 것을 '변경'이라고 하고, 일단 기일을 개시하였으나 매각을 실시하지 아니하고 기일을 종료하여 호가경매실시를 위한 새 기일을 지정하는 것을 '연기'라고 하며, 기일을 개시하여 매각을 실시하였으나 매수신고인이 없는 등의 사유로 경매를 종료하지 아니하고 새로운 호가경매기일을 지정하는 것을 '속행'이라고 한다. 호가경매기일은 함부로 이를 변경 또는 연기할 수 없음이 원칙이다. 그러나 부득이한 사유가 있는 경우[6]에는 집행관이 직권으로 이를 변경하거나 연기할 수 있다.[7]

채권자, 채무자 및 배당요구채권자의 합의가 있는 때에도 호가경매기일을 변경·연기할 수 있다. 이 경우 일방 당사자는 다른 당사자의 동의가 있는 호가경매기일 연기신청서를 제출할 수도 있고, 호가경매기일에 말로 연기신청을 하고 다른 당사자가 이에 동의할 수도 있다. 압류경합에 의하여 추가압류된 물건에 대한 호가경매기일을 변경·연기함에 있어서는 선행 압류채권자의 동의도 있어야 한다.

매각목적물을 적정한 가격으로 매각하는 것은 이해관계인 모두에게 이익이므로 재감정의 필요성에 합리적 이유가 있으면 경매기일의 연기를 수긍할 수 있으나 그렇다고 하더라도 그 연기기간은 합리적인 범위로 제한되어야 한다(대법원 2003. 9. 26. 선고 2001다52773 판결).

호가경매기일을 연기하는 때에는 집행관은 호가경매연기조서를 작성하여야 한다.

2) 호가경매기일을 실시하였으나 매수신고인이 없는 경우에는 기일을 속행한다. 감정인 또는 집행관의 압류물에 대한 평가액에 비하여 매우 낮은 가액의 매수신청이 있는 경우에는 부동산매각과 달리 최저매각가격제도를 두고 있지 않는 유체동산매각의 특성상 채무자 보호를 위하여 이를 허가하지 아니하고 직권으로 호가경매기일을 속행할 수 있다고 봄이 타당하다. 한편 매각을 허가한 때에는 그 매각은 유효하다.[8]

---

6) 예를 들어, 집행관의 신병 등으로 호가경매기일을 주재, 진행할 수 없는 경우 등을 들 수 있다.
7) 법원실무제요, 민사집행[IV], 사법연수원(2020), 75.
8) 법원실무제요, 민사집행[IV], 사법연수원(2020), 75.

6. 집행관에 대한 채권자의 매각최고

가. 매각최고의 요건

압류일과 매각일 사이에 1주의 기간을 두기만 하면 언제를 호가경매기일로 정하느냐 하는 것은 집행관의 재량이다(대법원 2003. 9. 26. 선고 2001다52773 판결).

그런데 상당한 기간이 지나도 집행관이 매각하지 아니하는 때에는 압류채권자는 집행관에게 일정한 기간 이내에 매각하도록 최고할 수 있다(민사집행법 제216조 제1항).

호가경매기일의 지정은 압류와 동시에 또는 그 직후에 하는 것이 일반적인데, 여기의 '상당한 기간'은 민사집행법 제202조 단서에 해당하는 사유가 있거나 민사집행규칙 제145조 제1항 후문의 부득이한 사정이 있는 경우를 제외하고는 대체로 압류일부터 1개월 내외의 기간을 의미한다고 보아야 한다(민사집행규칙 제145조 제1항 후문 참조).

'압류채권자'에는 민사집행법 제215조의 이중압류 채권자가 포함된다. 그런데 단순한 배당요구채권자는 여기의 압류채권자에 해당하지 않으며, 가압류채권자는 본압류로 이전하기 전에는 현금화 권한이 없으므로 압류채권자라고 할 수 없다.

민사집행법 제216조의 최고를 받은 집행관은 그 최고가 정당하다고 인정하는 때에는 기일을 정하여 호가경매를 실시하고, 그 최고가 부당하다고 인정하는 때에는 이를 각하하는 처분을 함이 바람직하다. 집행관이 압류채권자가 정한 기일까지 호가경매를 실시하지 아니하고 최고를 명시적으로 각하하지도 아니하는 경우에는 최고에 불응하는 것으로 볼 수 있다.[9)]

나. 집행관이 최고에 따르지 아니하는 경우의 조치

집행관이 명시적 또는 묵시적으로 압류채권자의 최고에 따르지 아니하는 때에는 압류채권자는 다시 법원에 필요한 명령을 신청할 수 있다(민사집행법 제216조 제2항). 이 신청서에는 1,000원의 인지를 붙여야 한다(인지법 제9조 제5항 제4호). 이는 호가경매를 실시할 집행관이 소속되어 있는 집행법원의 전속관할에 속한다(민사집행법 제3조, 제21조).

집행법원은 위 신청이 부당하다고 인정한 때에는 결정으로 이를 기각하고, 정당하다고 인정한 때에는 집행관에 대하여 집행처분, 즉 호가경매를 지정한 일시까지 실시할 것을 명하여야 한다. 집행법원은 당사자, 이해관계인 그 밖의 참고인을 심문할

9) 법원실무제요, 민사집행[IV], 사법연수원(2020), 76.

수 있으며(민사소송법 제134조 제2항), 신청을 기각하는 결정은 신청인에게, 신청을 인용하는 결정은 신청인 및 집행관에게 각 고지하여야 한다(민사집행규칙 제7조 제2항 참조).

다. 민사집행법 제216조를 근거로 하는 압류채권자의 최고는 성질상 호가경매 후의 절차인 매각대금의 교부 또는 배당에 관하여도 준용된다.

7. 호가경매장소

가. 호가경매는 압류한 유체동산이 있는 시·구·읍·면(도농복합형태의 시의 경우 동지역은 시·구, 읍·면지역은 읍·면)에서 행하는 것이 원칙이다(민사집행법 제203조 제1항 본문).

집행관은 압류를 행한 시·구·읍·면(도농복합형태의 시의 경우 동지역은 시·구, 읍·면지역은 읍·면) 내라면 어떠한 장소를 호가경매장소로 정하여 매각하여도 무방하다.

나. 다음과 같은 경우에는 예외적으로 압류지의 시·구·읍·면(도농복합형태의 시의 경우 동지역은 시·구, 읍·면지역은 읍·면) 내가 아닌 다른 장소를 호가경매장소로 정할 수 있다.

1) 압류채권자와 채무자가 합의한 때(민사집행법 제203조 제1항 단서)

그러나 이 경우에도 압류채권자와 채무자가 합의한 장소가 당해 집행관의 관할구역(집행관규칙 제4조)에 속하지 않으면 집행관은 이에 구속되지 않는다.

2) 법원이 압류지 이외의 다른 장소를 호가경매장소로 지정하는 명령을 한 때(민사집행법 제214조 제1항)

법원의 명령은 직권 또는 압류채권자, 배당요구채권자 또는 채무자의 신청에 따라 한다. 여기의 법원은 압류지를 관할하는 법원을 말한다. 법원이 지정하는 장소는 당해 집행관의 관할구역(집행관규칙 제4조)이 아니라도 무방하다.

3) 집행관이 압류물 보관자로 하여금 관할구역 밖에서 압류물을 보관하게 한 때(민사집행규칙 제135조)

집행관은 유체동산을 압류함에 있어 특히 필요하다고 인정하는 때에는 압류물 보관자로 하여금 관할구역 밖에서 압류물을 보관하게 할 수 있다. 압류물의 보관에 특수한 설비가 필요하고[10], 집행관의 관할구역 안에서 그러한 설비를 갖춘 보관자를 찾기 어려운 경우, 또는 관할구역 안으로 이동하는 데 지나치게 많은 비용이 드는 경우 등을 예상할 수 있다. 이 경우에는 압류물의 보관장소에서 매각할 수 있다.

8. 호가경매의 공고와 통지

가. 호가경매의 공고

1) 민사집행법 제203조 제2항은 매각일자와 장소는 대법원규칙이 정하는 방법으로 공고하도록 규정하고 있고, 민사집행규칙 제146조 제1항은 집행관은 호가경매기일의 3일 전까지 공고사항을 공고하도록 규정하고 있다.

이 경우 공고의 방법에 관하여는 다른 특별한 규정이 없으므로 민사집행규칙 제11조가 정한 절차를 따르면 된다(민사집행법 제203조 제2항).

2) 호가경매기일을 변경·연기한 경우는 물론, 부패 또는 가격감소의 염려가 있어서 법정기간경과 전에 매각하는 경우(민사집행법 제202조 단서)에도 그 호가경매기일을 공고하여야 한다. 또 호가경매기일을 공고한 후에 집행정지명령에 의하여 절차진행을 정지하였다가 다시 속행하는 경우에도 호가경매기일을 새로 정하여 이를 공고하여야 한다. 재매각(민사집행법 제205조 제3항)의 기일도 공고하여야 한다.

3) 호가경매로 압류물을 현금화하는 이상 채권자와 채무자가 미리 합의하여 공고를 하지 아니하기로 하더라도 그 합의는 효력이 없다. 또한 이해관계인에게 호가경매기일을 통지하는 방법으로 공고에 갈음할 수도 없다.

4) 호가경매의 공고사항에 관하여는 민사집행법 제203조 제2항과 이에 보충하여 추가 공고사항을 규정한 민사집행규칙 제146조 제1항이 규정하고 있다. 민사집행법 203조 2항은 매각일자와 장소 그리고 매각할 물건을 공고하도록 하고, 그중 매각일자와 장소는 대법원규칙이 정하는 방법으로 공고하도록 하고 있다.

매각장소는 민사집행법 제203조 제1항의 시·구·읍·면(도농복합형태의 시의 경우 동지역은 시·구, 읍·면지역은 읍·면)뿐만 아니라 구체적인 장소를 말한다.

공고방법은 민사집행규칙 제11조에 규정된 절차에 의한다(민사집행법 제203조 제2항).

집행관이 재량으로 공고방법을 결정할 수 있는데, 경매할 물건이 특히 값비싼 물건인 경우, 매수신청인이 한정될 것으로 예상되는 특수한 물건일 경우, 다량의 물건을 일괄매각(민사집행법 제197조)하려는 경우에는 일반적으로 신문공고에 의한다.

10) 예를 들어, 대량의 냉동식품을 보관시키는 경우를 들 수 있다.

나. 호가경매의 통지

집행관은 위와 같이 호가경매를 공고하는 외에 경매의 일시와 장소를 각 채권자·채무자·압류물 보관자에게 통지하여야 하고, 민사집행법 제190조의 규정에 따라 압류한 부부공유 유체동산을 경매하는 경우에는 집행기록상 주소를 알 수 있는 배우자에게도 같은 사항을 통지하여야 한다(민사집행규칙 제146조 제2항).

호가경매의 통지는 집행관이 말로 함이 원칙이고, 말로 할 수 없을 때에는 통지서를 송달하는 방법에 의하여 할 것이나(민사집행법 제11조 제1항, 제2항 참조), 집행기록에 표시된 통지를 받을 자의 주소지에 대법원규칙이 정하는 방법인 등기우편으로 발송할 수도 있다(민사집행규칙 제146조 제3항). 어느 경우에나 그 통지사실을 조서에 적거나 통지서 사본 그 밖의 통지사실을 증명할 수 있는 자료를 집행기록에 편철하여야 한다.

다. 공고나 통지에 하자가 있는 경우 불복절차

집행관이 민사집행법 제203조 제2항의 규정에 위반하여 호가경매의 공고를 하지 아니하고 호가경매의 통지도 하지 아니한 채 호가경매절차를 진행하는 경우에는 채권자나 채무자는 집행에 관한 이의(민사집행법 제16조)를 하여 시정을 구할 수 있다. 그러나 일단 호가경매가 종결된 때에는 공고나 통지는 본질적 요소는 아니므로 매각은 유효하고 매수인의 소유권 취득에는 아무런 영향이 없다. 다만 경우에 따라 집행관의 직무상 불법행위로 인한 손해배상책임이 문제될 수 있다.[11]

[양식: 유체동산호가경매공고]

유체동산호가경매공고
사건 : 20 본 호 유체동산압류 (부) 1. 다음 물품을 20 . . . : 시(도) 구(군) 동(면) 번지에서 (일괄)매각합니다. 2. 매각할 물품은 20 . . . : ~ : 사이에 위 매각장소에서 볼 수 있습니다.

11) 법원실무제요, 민사집행[IV], 사법연수원(2020), 80.

- 다　　음 -

번호	매각물품	규 격	수 량	평가액	비 고
1					
2					
3					
4					
5					
6					
7					
8					
9					
최저일괄매각가격 : 금 원					

2○○○. ○. ○.
집행관

주1: 매수신청인의 자격을 제한한 때에는 그 제한의 내용도 함께 공고하여야 한다.
　2: 대금지급기일을 매각기일과 별도로 정한 때에는 매수신고의 보증금액과 그 제공방법 및 대금지급일도 함께 공고하여야 한다.

* 집행관사무소에 비치할 각종 문서의 양식에 관한 예규(행정예규 1200호) [별지 2] 2-37

[양식: 동산호가경매기일통지서]

○○지방법원
동산호가경매기일통지서

귀하

사　　건 : 20 본 호 유체동산압류(　 부)
채 권 자 :

주　　소 :
채 무 자 :
주　　소 :
집행권원 :
위 집행권원에 의하여 20　.　.　. 압류한 물건에 대하여 경매의 일시와 장소를 다음과 같이 정하였으므로 통지합니다.

매 각 일 시 :　년　월　일　시
매 각 장 소 :　시(도)　구(군)　로
최저(일괄)매각가격 :

2○○○. ○. ○.

집행관

※ 매각시각은 같은 날 처리할 집행사건 수 등의 사정 때문에 고지된 지정시각보다 다소 늦어질 수 있음을 알려드립니다.

* 집행관사무소에 비치할 각종 문서의 양식에 관한 예규(행정예규 제1200호) [별지 2] 2-40

9. 호가경매의 실시

호가경매는 미리 정한 일시·장소에서 집행관이 매각조건을 정하여 이를 고지하고 매각할 압류물에 대하여 매수의 신청을 최고하여 개시하고 최고가매수신고인을 매수인으로 고지한 다음 매각물을 매각대금과 서로 맞바꾸어 매수인에게 인도함으로써 종결한다(민사집행법 제205조 제2항).

가. 호가경매의 준비

집행관은 경매참가자에게 매각할 물건을 제시하여 매각을 실시하여야 하므로, 매각 실시 전에 민사집행규칙 제137조의 규정에 따라 압류물의 보관상황을 점검할 필요가 있다.

호가경매의 실시에 앞서 채무자가 임의이행을 하는 때에는 이를 영수하고, 그 이행이 집행채권과 비용의 변상에 충분한 때에는 채무자에게 영수증서를 작성·교부한 다음 집행력 있는 정본을 교부하여 집행절차를 종결하여야 한다(민사집행법 제42

조 제1항). 채무자가 그 의무의 일부를 이행한 때에는 영수증서를 작성·교부하고 집행력 있는 정본에 그 사유를 덧붙여 적은 다음 부족부분에 한하여 호가경매를 실시하여야 한다(민사집행법 제42조 제2항).

나. 매각장소의 질서유지

1) 집행관은 매각장소의 질서를 유지하기 위한 조치로서 다음 각 호 가운데 어느 하나에 해당한다고 인정되는 사람에 대하여 매각장소에 들어오지 못하도록 하거나 매각장소에서 내보내거나 매수의 신청을 하지 못하도록 할 수 있다(민사집행법 제204조, 제108조).

㉮ 다른 사람의 매수신청을 방해한 사람(민사집행법 제108조 제1호)

㉯ 부당하게 다른 사람과 담합하거나 그 밖에 매각의 적정한 실시를 방해한 사람(민사집행법 제108조 제2호)

㉰ 위 각 행위를 교사한 사람(민사집행법 제108조 제3호)

㉱ 민사집행절차에서의 매각에 관하여 형법 제136조(공무집행방해), 제137조(위계에 의한 공무집행방해), 제140조(공무상비밀표시무효), 제140조의2(부동산강제집행효용침해), 제142조(공무상보관물의 무효), 제315조(경매, 입찰의 방해), 제323조(권리행사방해), 제324조(강요), 제325조(점유강취, 준점유강취), 제326조(중권리행사방해), 제327조(강제집행면탈)에 규정된 죄로 유죄판결을 받고 그 판결확정일부터 2년이 지나지 아니한 사람(민사집행법 제108조 제4호)

압류표시가 부착된 유체동산을 포함한 점포 내 시설물 일체를 제3자에게 양도하고 점포 출입문의 열쇠를 넘겨주어 유체동산의 점유를 이전한 것은 압류표시 자체의 효력을 사실상 감쇄 또는 멸각시키는 행위에 해당하여 공무상비밀표시무효죄를 구성한다(대법원 2018. 7. 11. 선고 2015도5403 판결 참조).

위 ㉱의 판결의 확정사실은 확정일부터 15일 이내에 판결등본을 첨부하여 법원행정처장에게 보고하여야 하고, 법원행정처장은 위 사실을 각 지방법원(지원 포함)에 통지하며, 각 지방법원은 목록에 기재하여 비치하고 그 부본을 집행법원 및 집행관에게 송부한다(재민 92-3 제2조 제3조). 최고가매수신고인, 그 대리인 또는 최고가매수신고인을 내세워 매수신고를 한 사람이 위 ㉮ 내지 ㉱ 가운데 어느 하나에 해당되는 때는 매각불허가결정을 하여야 한다(민사집행법 제123조 제2항, 제121조 제4호 참조).

집행관은 매각기일이 열리는 장소의 질서유지를 위하여 필요하다고 인정하는 때에는 그 장소에 출입하는 사람의 신분을 확인할 수 있다(민사집행규칙 제57조 제1항, 재민 92-3 제5조 제2항).

2) 집행관은 민사집행법 제108조 제1호 내지 제4호에 해당하는 자에 대하여 매각장소에의 입장 금지, 매각장소에서의 퇴장 또는 매수의 신청 등을 금지할 수 있다. 구체적으로 어떤 조치를 취할 것인가는 집행관의 재량에 맡겨져 있으나, 매각장소의 질서유지에 관한 조치는 집행관의 권능인 동시에 의무이므로 집행관은 경매참가자가 위 각 호에 해당한다고 인정하는 경우에는 반드시 위에 열거한 조치를 취하여야 한다. 다만 집행관이 그 조치를 간과하거나 소홀히 한 채로 매각을 허가하였더라도 그 경매 자체는 유효하다고 보아야 할 것이다.

집행관이 위 조치를 취한 때에는 그 취지와 조치의 개요를 경매조서에 적어야 한다(민사집행법 제10조 제2항 제2호, 민사집행규칙 제6조 제1항 제4호).

3) 집행관이 위 조치를 함에 있어 강제력의 사용이 필요한 때에는 경찰 또는 국군의 원조를 요청할 수 있으나(민사집행법 제5조 제2항), 특히 매각장소가 집행법원의 청사 내인 때에는 집행법원에 원조를 요청할 수도 있다(민사집행규칙 제147조 제3항, 제57조 제2항). 집행관의 원조요청을 받은 집행법원은 민사집행법 제20조의 규정에 의하여 공공기관의 원조를 요청하는 방법과 법정 등의 질서유지에 관한 법원의 권한을 동원하는 방법을 취할 수 있다.

다. 매각조건의 고지

집행관이 호가경매기일을 개시하는 때에는 매각조건을 고지하여야 한다(민사집행규칙 제147조 제1항). 매각조건이라 함은 압류물의 소유권을 매수인에게 이전(취득)시키기 위한 조건이다. 여기에는 법정매각조건과 특별매각조건이 있다.

1) 법정매각조건: 직접 법률의 규정에 따라 정하여져 있는 매각조건을 말한다. 매각대금의 지급과 목적물의 인도를 서로 맞바꾸어야 한다는 것(민사집행법 제205조 제2항), 금·은붙이는 그 금·은의 시장가격 이상으로 매각하여야 한다는 것(민사집행법 제209조), 채무자 또는 채권자는 담보책임을 지고(민법 제578조) 채무자는 하자담보책임을 지지 않는다는 것(민법 제580조 제2항) 등이 이에 해당한다.

위와 같은 법정매각조건은 변경할 수 있으므로 이에 위반하여 호가경매가 실시되더라도 그 호가경매가 당연히 무효로 되는 것은 아니다. 법정매각조건에 대하여는 그 호가경매가 종결되기 전에 집행에 관한 이의를 할 수 있으며, 일단 호가경매가 종결된 후에는 집행에 관한 이의를 할 수 없고 매수인은 유효하게 매각목적물의 소유권을 취득한다.

2) 특별매각조건: 이해관계인의 합의 또는 집행법원의 명령(민사집행법 제214조)에 의하여 법정매각조건을 변경하거나 그에 부가한 매각조건을 말한다. 법정매각조건은 이해관계인의 이익을 위한 것이기 때문에 그들의 합의나 집행법원의 명령에 의하여 변경할 수 있는 것이다.

3) 개별매각, 일괄매각

유체동산에 대한 호가경매는 각 압류물마다 실시함이 원칙이다. 초과압류의 금지 규정(민사집행법 제188조 제2항) 등에 비추어 당연하다.

그러나 매각할 물건이 여러 개인 경우에 그 형태, 이용관계 등을 고려하여 일괄매수하게 하는 것이 알맞다고 인정하는 때에는 집행관은 직권으로 또는 이해관계인의 신청에 따라 일괄하여 매각할 수 있다(민사집행법 제197조 제1항).

일괄매각이 필요한지 여부는 집행관이 판단하여 결정하며, 이해관계인은 민사집행법 제197조의 규정에 따라 집행법원에 일괄매각의 결정을 구하거나 집행관의 일괄매각에 대하여 집행에 관한 이의를 제기할 수 있다. 일괄매각할 것인지 여부를 판단함에 있어서는 그 형태, 이용관계 등에 비추어 개별매각보다 고가로, 쉽게 현금화할 수 있는지 여부를 고려하여야 한다. 여관이나 음식점, 다방 등의 시설물과 같이 일체로서 이용되고 가치를 가지는 물건, 대량의 동종 상품과 같이 한꺼번에 처분함이 상당한 물건 등이 일괄매각에 적합하다.[12]

압류물을 일괄매각한다는 사실은 특별매각조건은 아니더라도[13] 그에 유사한 조건이므로, 공고할 필요는 없으나 호가경매의 경우 관계인에게 미리 고지하여야 한다(민사집행규칙 제147조 제1항 참조).

일괄매각결정은 그 목적물에 대한 매각기일 이전까지 할 수 있다(민사집행법 제197조 제2항, 제98조 제3항).

라. 매각할 유체동산의 열람[14]

1) 집행관은 호가경매기일에 또는 그 기일 전에 매각할 유체동산을 일반인에게

12) 법원실무제요, 민사집행[IV], 사법연수원(2020), 86.
13) 집행법원은 이해관계인의 합의에 구속되지 않는다.
14) 법원실무제요, 민사집행[IV], 사법연수원(2020), 87-88.

보여주어야 한다(민사집행규칙 제148조 제1항). 이는 일반인에게 보여주어 매수희망자를 많이 모음으로써 높은 가격에 매각하기 위하여 필요한 절차이다. 사전에 유체동산을 보여준 경우에는 매각기일에 유체동산을 매각장소에 가져오지 아니하여도 관계가 없다. 따라서 이러한 경우에는 유체동산을 창고에 그대로 보관시킨 상태에서 법원구내에서 매각을 실시하는 것도 가능하다.

2) 사전에 보여주는 경우에는 그 일시와 장소를 정하여 공고하여야 한다(민사집행규칙 제146조 제1항 제5호). 다만 보여주기에 앞서 보관자의 사전 승낙을 받을 필요가 있다. 만일 보관자가 승낙하지 아니하면 사전에 보여줄 수 없으므로 집행관으로서는 압류물을 회수하거나 보관장소를 변경한 후에 보여주어야 한다.

3) 집행관의 참여의무

매각할 동산을 호가경매기일 전에 일반인에게 보여주는 경우에 그 동산이 채무자가 점유하고 있는 건물 안에 있는 때에는 집행관은 보여주는 자리에 참여하여야 한다. 그 밖의 경우에도 동산 보관자의 신청이 있는 때에는 마찬가지이다(민사집행규칙 제148조 제2항). 이는 채무자와 물건을 보여주는 사람 사이에 분쟁이 생길 위험이 크기 때문에 집행관이 그 자리에 참여하도록 하는 것이다. 그 밖의 경우에는 집행관이 참여할 의무가 없으나, 분쟁발생의 가능성 등을 고려하여 집행관이 재량으로 참여 여부를 결정할 수 있다.

4) 집행관의 기록의무

집행관은 매각할 유체동산을 호가경매기일 전에 일반인에게 보여준 때와 그 자리에 집행관이 참여한 때에는 그 취지를 기록에 적어야 한다(민사집행규칙 제148조 제3항).

마. 매수신청의 최고

매수신청은 호가경매절차에 참가한 자가 집행관에 대하여 자기를 매수인으로 하여 줄 것을 바라는 신청이다. 매수신청의 최고는 개별매각의 경우 매각목적물을 일일이 호창(呼唱)하고 실물을 보이면서 행한다. 그러나 일괄매각의 경우에는 일괄매각한다는 취지를 고지함으로써 족하다.

바. 매수신청인의 자격

1) 매수신청의 제한

가) 채무자

채무자는 적법한 매수인이 될 자격이 없다(민사집행규칙 제158조, 제59조 제1호). 실질적으로는 채무자가 매수하면서 다른 사람을 내세워 매수신고를 하는 경우에도 마찬가지라고 보아야 한다(민사집행법 제123조 제2항, 제121조 제3호 유추). 그러나 채무자가 다른 사람의 대리인으로서 매수신청을 하는 것은 허용된다.

여기에서 말하는 채무자는 당해 강제경매절차에서 채무자로 취급되는 자만을 말하므로 절차법상의 채무자와 동일한 급부의무를 부담하는 실체법상의 연대채무자, 연대보증인 등은 이에 해당되지 않는다.

집행관은 채무자와 재매각절차에서 전의 매수인은 매수신청을 할 수 없음을 미리 알려야 한다(재민 2004-3 제30조 제3항 참조).

나) 집행관이나 그 친족(집행관법 제15조 제1항)

집행관이나 그 친족은 그 집행관 또는 다른 집행관이 경매 또는 매각하는 물건을 매수하지 못한다(집행관법 제15조 제1항).

다) 감정인이나 그 친족(집행관법 제15조 제2항)

값이 비싼 물건을 평가하는 감정인이나 그 친족도 매수신청인이 될 수 없다(민사집행법 제200조, 집행관법 제15조 제2항). 부동산강제집행절차에서는 '매각 부동산을 평가한 감정인(감정평가법인이 감정인인 때에는 그 감정평가법인 또는 소속 감정평가사)'만 매수신청을 할 수 없도록 규정하고 있으나(민사집행규칙 제59조 제3호), 집행관이 집행기관인 유체동산집행에는 위 규정을 준용하지 않는다(민사집행규칙 제158조 참조).

라) 집행법원을 구성하는 법관, 법원사무관등(민사소송법 제41조 제1호, 제50조 참조)

마) 재매각절차에서 전의 매수인(민사집행법 제138조 제4항 참조)

바) 집행관이 매각장소의 질서유지를 위하여 매수의 신청을 금지한 자(민사집행법 제204조, 제108조)

사) 압류채권자나 담보물권자 및 제3취득자는 매수인청인이 될 수 있고, 외국인도 별다른 제한 없이 매수신청인이 될 수 있다.

아) 한편 법원은 법령의 규정에 따라 취득이 제한되는 동산에 관하여는 매수신

청을 할 수 있는 사람을 정하여진 자격을 갖춘 사람으로 제한하는 결정을 할 수 있다(민사집행규칙 제158조, 제60조).

2) 행위능력 등

매수신청에는 소송행위로서의 성질이 있으므로 매수신청인에게 행위능력이 있어야 함은 당연하다. 판례는 부동산경매에 관하여, 미성년자의 매수신청 및 그에 대한 매각은 무효라고 한다(대법원 1967. 7. 12.자 67마507 결정).

자격 없는 자에 의한 매수신청이 있을 때에는 집행관은 최고가매수신고인 여부를 가리지 않고 바로 이를 각하하여야 한다.

3) 대리인에 의한 매수신청

매수신청은 반드시 본인이 하여야 할 필요는 없으며 대리인을 통하여 할 수 있다. 법인의 경우에는 대표자나 대리인이 매수신청을 하여야 한다. 매수신청인이 법인인 경우는 대표자의 자격을 증명하는 문서를 집행관에게 제출하여야 한다(민사집행규칙 제147조 제4항, 제62조 제3항). 매수신청인의 대리인은 대리권을 증명하는 문서를 집행관에게 제출하여야 한다(민사집행규칙 제147조 제4항, 제62조 제4항).

무권대리인의 매수신청을 간과하고 매각을 고지한 경우에는 그 무권대리인이 매수인으로서의 책임을 진다(민법 제135조 참조). 여러 사람이 공동으로 매수신청을 할 수도 있으며 이 경우에는 불가분채무로서 각자 대금지급의무를 지게 된다.

4) 집행관의 매수신청 자격 확인

집행관은 매수신청을 받음에 있어 주민등록증, 그 밖의 신분을 증명하는 서면이나 대리권을 증명하는 서면에 의하여 본인인지의 여부, 행위능력 또는 정당한 대리권의 유무 등을 확인하여야 한다.

사. 호가경매의 방식[15)]

1) 호가경매는 호가경매기일에 매수신청의 액을 서로 올려가는 방법으로 한다(민사집행규칙 제147조 제4항, 제72조 제1항). 호가경매기일을 열고 그 기일에 매각을 실시하여 최고가·차순위매수신고인을 결정하는 점에서 기일입찰과 유사하다. 매수신청은 말로 하며 자기가 압류물을 매수하려는 가액을 신고하여야 한다. 매수신청은 소송행위와 마찬가지로 단순하여야 하고 조건이나 기한 등을 붙일 수 없다. 매수신청인이 한 사람이라도 무방하다. 매수신청의 가액은 특별매각조건으로 최저매각가격을

15) 법원실무제요, 민사집행[IV], 사법연수원(2020), 90-93.

정한 경우, 금·은붙이의 경우(민사집행법 제209조) 등을 제외하고는 아무런 제한이 없다.

다만 매수신청의 가액이 지나치게 낮은 때에는 집행관은 경우에 따라 매각을 거부할 수도 있다. 부동산경매(민사집행법 제113조)와는 달리, 특별매각조건으로 보증제공을 정하지 않는 이상 매수신청 시에 보증금을 집행관에게 보관시킬 필요는 없다.

민사집행법 제190조의 규정에 따라 부부공유 유체동산을 압류한 경우에 배우자는 매각기일에 출석하여 우선매수할 것을 신고할 수 있다(민사집행법 206조 1항). 이 경우 배우자는 미성년자라도 상관없다(민법 제826조의2 참조). 이 신고 역시 말로 하면 되고 특별한 방식을 요하지 아니하나, 최고매수신고가격과 동일한 가격으로 우선매수하겠다는 취지를 표시하여야 한다(민사집행법 제206조 제2항, 제140조 제1항). 최고가매수신고인과 그 매수신고가격이 정하여지기 전의 우선매수신고는 매수가격을 특정하지 않은 채 단순히 최고가매수신고가격과 같은 가격으로 매수하겠다는 신고를 하고, 매각의 결과 정하여지는 최고가매수신고가격이 곧 우선매수신고가격이 된다. 반면 최고가매수신고인과 그 매수신고가격이 정하여진 이후에 하는 우선매수신고는 그 최고가매수신고가격을 우선매수신고가격으로 하는 것이며, 그 이후 기왕의 최고가매수신청인 또는 다른 매수신청인은 더 이상 매수신청을 할 수 없다. 이 신고가 있을 때에는 최고가매수신고인에 우선하여 배우자에게 매각을 허가하여야 한다(민사집행법 제206조 제2항, 제140조 제2항). 보증제공을 특별매각조건으로 정하지 아니하는 한 우선매수신청에도 보증의 제공은 불필요하다.

2) 신청액의 구속력

매수신청인은 더 높은 액의 매수신청이 있을 때까지 신청액에 구속되므로(민사집행규칙 제147조 제4항, 제72조 제2항), 임의로 그 신청을 철회할 수 없다. 매수신청은 그보다 더 높은 액의 매수신청이 있거나 매각의 고지 없이 호가경매가 종결된 때에는 실효된다.

담합에 의한 매수신청이라 하더라도 그에 기한 매각이 당연히 무효로 되는 것은 아니다.

아. 매각허가의 고지

1) 매각허가는 최고가매수신청인에 대하여 그 신청을 허가하는 것으로서, 집행관은 매각에 참가한 자에게 매수신청을 위한 충분한 기회를 부여하여야 하고, 집행관

이 매수신청의 액 가운데 최고의 것을 3회 부른 후 그 신청을 한 사람의 이름·매수신청의 액 및 그에게 매수를 허가한다는 취지를 고지하여야 한다(민사집행법 제205조 제1항, 민사집행규칙 제147조 제2항 본문).

최고가매수신청이 2개 이상 있을 때에는 먼저 매수신청을 한 자가 최고가매수신청인으로 되고, 동시에 여러 개의 최고가매수신청이 있을 때에는 집행관의 선택에 의하여 그중 한 사람에게 매각을 허가하여야 한다.

부부공유 유체동산에 대하여 배우자의 우선매수신고가 있을 때에는 최고가매수신청에 불구하고 그 배우자에게 매각을 허가하여야 한다(민사집행법 제206조 제2항, 제140조 제2항). 이 경우에도 최고매수신고가격을 정하여야 하므로 집행관은 최고매수신고가격을 3회 불러야 한다.

2) 민사집행법 제205조 제1항이 "매각을 '허가'한다."고 규정하고 있는 것은 집행기관인 집행관에 의한 별도의 처분 내지 의사표시가 있을 것을 전제로 하는 것이라고 할 수 있다. 따라서 채무자는 그러한 결정이 있기 전까지는 집행채권과 집행비용을 지급하고 매각을 종결시키거나 민사집행법 49조의 서류를 제출하여 매각을 저지할 수 있다.

3) 매각불허가사유

집행관은 매수신청의 액이 상당하지 아니하다고 인정하는 경우에는 매수를 허가하지 아니할 수 있다(민사집행규칙 제147조 제2항 단서). 다만 매각에는 공적처분으로서의 성질이 있음에 비추어 최고가매수신고인의 성명과 가격을 말한 뒤에 그에게 매각을 허가하지 아니하는 것은 극히 신중을 기하여야 한다. 일반적으로 최고가매수신청인에게 매수신청자격이 없는 경우, 최저매각가격의 정함이 있는데 그에 미달하는 최고가매수신청이 있는 경우에는 매각을 허가하지 않고 매각기일을 속행(또는 연기)할 것이라는 데에는 이론이 없다[16].

최고가매수신고인에게 위와 같은 매각불허가사유가 없는 한 집행관은 반드시 매각을 허가하여야 한다. 매각조건으로 공고되지 않은 사유로 매각을 거부할 수 없다. 집행관이 정당한 사유 없이 매각을 거부하는 때에는 이해관계인은 집행에 관한 이의(민사집행법 제16조)를 할 수 있다.

4) 매각은 압류를 전제로 하는 것이므로 압류가 부존재이거나 무효인 때에는 매

16) 최고가매수신청가격이 지나치게 낮은 경우도 집행관이 재량으로 매각 여부를 결정할 수 있다는 견해가 유력하다.

수신청이나 매각 허가의 고지 역시 무효가 된다. 매수신청인에게 행위능력이 없는 때에도 같다. 또 최고가매수신청인 이외의 자에게 매각 허가를 하였다는 이유로 집행에 관한 이의를 하여 그 집행이 종료되기 전에 집행법원의 취소결정이 있을 때에도 매각 허가 고지의 효력은 상실된다.

자. 매각의 중지

1) 여러 개의 물건이 압류된 경우에 이를 순차로 매각하여 그 매각대금으로 채권자에게 변제하고 강제집행비용을 지급하기에 충분하게 되면 즉시 매각을 중지하여야 한다(민사집행법 제207조 본문).

위 규정은 성질상 개별매각을 전제로 하는 것이므로 일괄매각(민사집행법 제197조 제2항 및 제101조 제3항 단서)을 하는 경우에는 적용할 여지가 없다.

2) 여기의 채권자는 압류물의 매각대금으로 배당을 받을 자, 즉 압류채권자, 이중압류 채권자(민사집행법 제215조), 배당을 요구한 채권자(민사집행법 제217조) 및 가압류채권자 등을 말한다. 채권액은 원금뿐만 아니라 이자 및 지연손해금을 포함한다.

3) 압류취소와 매각잉여금의 처리

매각을 중지한 때에는 아직 매각하지 않은 나머지 압류물에 대하여는 그 압류를 취소하여야 한다.

매각을 중지한 경우 이미 실시한 매각의 매각대금으로 채권액과 집행비용을 변상하고도 잉여가 있을 때에는 그 잉여금은 채무자에게 지급할 것이지만, 채무자의 주소가 불명한 때에는 집행관은 공탁을 할 수 있다(민사집행규칙 제156조 제2항).

4) 집행관이 민사집행법 제207조에 위반하여 매각을 속행하는 때에는 관계인은 집행에 관한 이의(민사집행법 제16조)를 할 수 있다.

차. 매각의 불성립

매각기일에 매수신청이 없거나 신청가격이 낮아 집행비용을 제외하면 잉여가 없는 경우에는 매각기일을 연기하며 매각을 성립시킬 가능성이 있으면 새 기일을 정하여야 한다.

그러할 가능성이 없으면, 민사집행법 제188조 제3항에 따라 압류를 취소하여 압류물을 채무자에게 반환하거나(무잉여압류금지) 민사집행법 제214조에 따라 특별현금화방법을 취할 수 있다.

10. 대금의 지급과 목적물의 인도

가. 개설

유체동산경매에 있어서는 부동산경매와는 달리, 대금지급과 물건을 인도할 날을 매각기일과 다른 날로 정한 경우를 제외하고는, 매각기일에 매각허가와 대금지급, 물건의 인도가 모두 이루어진다.

나. 대금의 지급

1) 대금의 지급시기

호가경매기일에서 매수가 허가된 때에는 민사집행법 제205조 제2항, 제3항 후문의 해석상 그 기일이 마감되기 전에 매각대금을 지급하여야 한다(민사집행규칙 제149조 제1항 본문).

2) 대금지급일의 지정

다만 집행관은 압류물의 매각가격이 고액으로 예상되는 때에는 호가경매기일부터 1주 안의 날을 대금지급일로 정할 수 있고(민사집행규칙 제149조 제2항), 이 경우 집행관은 매수신고의 보증금액과 그 제공방법 및 대금지급일을 공고하여야 한다(민사집행규칙 제146조 제1항 제6호).

3) 매수신고의 보증

이에 따라 대금지급일이 정하여진 때에는 매수신고를 하려는 사람은 매수신고의 보증을 제공하여야 한다.

여기서 보증금액은 매수신고가격의 10분의 1이며, 보증의 제공방법에 관하여는 민사집행규칙 64조의 규정이 준용된다(민사집행규칙 제149조 제3항). 즉 집행관에게 입찰표와 함께 ㉮ 금전, ㉯ 은행법의 규정에 따른 금융기관이 발행한 자기앞수표로서 지급제시기간이 끝나는 날까지 5일 이상의 기간이 남아 있는 것, ㉰ 은행 등과의 사이에 지급보증위탁계약을 체결한 것을 증명하는 문서 등을 제출하는 방법으로 보증을 제공하여야 한다(민사집행규칙 64조 본문). 다만 집행관은 상당하다고 인정하는 때에는 보증의 제공방법을 제한할 수 있다(민사집행규칙 제64조 단서).

집행관은 대금지급일을 정하여 유체동산을 매각하는 때에는 매수신고의 보증금액과 그 제공방법을 공고하여야 한다(민사집행규칙 제146조 제1항 제6호).

4) 매수신고보증의 대금충당

매수신고의 보증으로 금전이 제공된 경우에 그 금전은 매각대금에 넣는다(민사집행규칙 제149조 제4항). 금융기관이 발행한 자기앞수표도 금전에 준하여 처리된다. 그러므로 이 경우에 매수인은 대금지급일에는 잔액인 매각대금과 매수신고보증금액과의 차액을 지급하면 된다[17][18].

5) 대금의 지급

집행관은 대금지급일을 정하여 호가경매를 실시한 때에는 대금지급일에 대금이 지급되었는지 여부를 기록에 적어야 한다(민사집행규칙 제149조 제7항). 매수인이 여러 사람인 때에는 각자 전액을 지급할 의무가 있고 그들 사이의 관계는 불가분채무이다. 대금은 현금으로 지급하여야 한다. 금융기관이 발행한 자기앞수표는 현금에 준하여 취급된다. 채권자가 매수인인 경우에 다른 배당요구채권자가 없을 때에는 매각대금과 집행채권을 대등액에서 상계할 수 있으나, 다른 배당요구채권자가 있는 때에는 그들의 배당협의가 성립한 경우에 한하여 상계할 수 있다. 매각대금은 집행관에게 지급한다. 집행관은 집행기관으로서 이를 영수하며, 담보를 제공하거나 공탁을 하여 집행에서 벗어날 수 있도록 채무자에게 허가한 때를 제외하고는 집행관이 매각대금을 영수한 때 채무자가 지급한 것으로 본다(민사집행법 제208조).

6) 대금을 지급하지 아니한 때의 조치

가) 재매각

매수인이 대금지급의무를 게을리하면 재매각을 하여야 한다(민사집행법 제205조 제3항).

나) 매수인의 차액의 부담

매수인이 대금지급일에 대금을 지급하지 아니하여 다시 유체동산을 매각하는 경우 뒤의 매각대금이 전의 매각대금보다 적은 때에는 전의 매수인은 그 부족한 액수를 부담하여야 한다(민사집행법 제205조 제4항). 이 경우 뒤의 매각가격이 처음의 매각가격에 미치지 아니하는 때는 전의 매수인이 제공한 매수신고의 보증은 그 차액을 한도로 매각대금에 산입하고(민사집행규칙 제149조 제5항 전문), 나머지가 있는 때에는 이를 전의 매수인에게 반환한다. 만일 전의 매수인이 제공한 보증의 액이 양 매각가액의 차이보다 적은 때에는 보증 전액을 매각대금으로 산입하며, 그 부족한 액

---

17) 매수신고보증이 민사집행규칙 제64조 제3호의 지급보증위탁계약체결사실을 증명하는 문서를 제출하는 방법으로 제공된 경우에도 위와 같이 잔액만을 지급하면 되는지 문제될 수 있으나, 민사집행법 제205조에는 민사집행법 제142조 제4항과 달리 잔액 지급을 허용하는 명문의 규정이 없는 점, 민사집행법 제205조 제2항에서 매각물은 대금과 서로 맞바꾸어 인도하도록 하고 있는 점 등에 비추어 볼 때, 이 경우에는 매각대금의 전액을 지급하여야 한다고 해석된다.

18) 법원실무제요, 민사집행[IV], 사법연수원(2020), 95.

수는 전의 매수인이 여전히 부담한다(민사집행법 제205조 제4항).

다) 보증반환청구권의 상실

위와 같이 민사집행규칙 제149조 제5항 전문에 따라 전의 매수인이 제공한 매수신고의 보증을 그 차액을 한도로 매각대금에 산입할 경우 매수인은 매수신고의 보증금액 가운데 매각대금에 산입되는 금액에 상당하는 부분의 반환을 청구할 수 없다(민사집행규칙 제149조 제5항 후문). 민사집행법 제205조 제4항 후단은 재매각의 경우 전의 매수인은 뒤의 매각대금이 처음의 매각대금보다 적은 때에는 그 부족한 액수를 부담하여야 한다고 규정하고 있는데, 보증이 제공되어 있는 경우에는 민사집행규칙 제149조 제5항 후문에 의하여 그 부담이 이루어진다. 부동산의 매각에 관하여는 대금을 납부하지 아니하면 전의 매수인은 보증금의 전액이 몰취되지만(민사집행법 제138조 제4항 후단), 동산의 경우는 매각대금에 포함되는 부분의 반환만을 청구할 수 없게 되는 점이 다르다.

7) 매수신고보증의 현금화

매수신고의 보증이 민사집행규칙 제64조 제3호의 문서(은행 등과의 사이에 지급보증위탁계약을 체결하였음을 증명하는 문서)를 제출하는 방법으로 제공된 경우 대금이 지급되지 아니한 때의 현금화방법은 집행관이 은행 등에 대하여 민사집행규칙 제149조 제5항 전문의 규정에 따라 매각대금에 산입되는 액의 금전을 지급하라는 취지를 최고하여(민사집행규칙 제149조 제6항), 최고된 금액을 지급받는 방법이다. 위 지급의 최고는 그 매각대금에 산입되는 금액이 결정된 뒤에 하여야 한다.

다. 목적물의 인도

집행관은 대금과 서로 맞바꾸어(상환하여) 매각물을 매수인(최고가매수신청인)에게 인도하여야 한다(민사집행법 제205조 제2항). 인도는 매각물에 대한 사실적 지배를 이전하는 것이다. 집행관은 어느 누구의 대리인도 아니기 때문에 점유개정(민법 제189조)이나 목적물 반환청구권의 양도(민법 제190조)에 의한 인도는 허용되지 않는다.

매각에 의한 목적물의 인도는 평온·공연하게 이루어진 것으로 추정된다. 또한 유체동산 경매에 있어서 매수인은 대금의 지급과 상환으로 목적물을 인도받은 때에 해당 동산에 대한 소유권을 취득하는 것이고, 집행관으로서는 경매 목적물의 소유권에 대한 다툼이 없도록 하고 대금을 납부한 매수인이 그 목적물을 언제든지 가져갈 수 있는 상태에 둠으로써 인도의무를 다한 것이라고 보아야 한다. 따라서 그 목적물의 소유권 귀속이나 취거 또는 수거의 당부 자체에 관한 문제가 아니라, 목적물의 성상 또는 상황적인 요인 등으로 비롯된 매수인과 목적물을 보관하는 자 또는 그 밖의 이해관계인 등 사이에 단지 현실적인 목적물의 분리·취거 내지 그 비용 부담 등에 대한 의견 차이로 매수인이 현실적으로 목적물을 분리·취거하지 않거나 못하고 있다 하더라도, 이는 특별한 사정이 없는 한 그들 사이에서 자율적으로 협의·해결되어야 할 목적물의 분리·취거 방법 등과 관련한 사실상의 문제에 불과한 것이고, 그 때문에 집행관의 매수인에 대한 관계에서의 목적물 인도 자체가 이루어지지 않은 것이라고 볼 수는 없다.[19]

라. 매수인의 소유권 취득

1) 유체동산호가경매에 있어서 매수인의 소유권 취득 시기에 관하여는, 견해의 대립이 없지 아니하나 민사집행법 제205조 제2항의 규정상 매수인이 대금과 서로 맞바꾸어 매각물을 인도받을 때 소유권을 취득한다고 보아야 한다. 따라서 채무자 등은 매수인이 목적물을 인도받아 그 소유권을 취득하기 전까지만 집행에 관한 이의를 할 수 있다. 또 매수인이 매각물의 소유권을 취득한 뒤에는 집행채권자는 강제집행의 신청을 취하할 수 없다.

2) 매각절차상의 하자가 있는 경우, 가령 압류금지물건을 압류하여 매각한 경우, 집행정지서류가 제출되었음에도 매각을 진행하여 매각한 경우, 매각조건이나 매각일시·장소를 잘못한 경우 등의 사유가 있더라도 매수인의 소유권 취득에는 영향이 없지만, 매각의 기초인 압류 자체가 무효이거나 부존재인 경우에는 매수인이 소유권을 취득할 수 없다.

3) 매각물이 제3자 소유인 경우에 매수인이 소유권을 취득하는가에 관하여는 견해가 나뉜다. 호가경매가 공법상의 처분으로서의 성질을 가진다는 점을 중시하는 입장에서는, 매수인의 소유권 취득을 원시취득이라고 하면서 매각물이 누구의 소유인가를 불문하고 매수인의 선의·악의에 관계없이 매수인은 그 소유권을 취득한다고 주장한다. 이에 반하여 호가경매의 사법상의 매매로서의 성질을 중시하는 입장에서는, 매수인의 소유권 취득은 승계취득이고 제3자 소유물을 매수한 경우에는 적법하게 소유권을 취득할 수 없다고 하며, 민법 제578조, 제580조 제2항 등은 이를 전제로 하는

19) 법원실무제요, 민사집행[IV], 사법연수원(2020), 98.

것이라고 한다. 다만 후설에서는 매수인은 민법상의 선의취득의 법리에 의하여 보호될 수 있다. 후설이 다수설로 보인다.

판례의 입장은 일관된 것으로 보이지 않는다. 즉 채무자가 점유하는 제3자 소유의 목재에 대하여 인도강제집행한 사안에서, '집행관이 이 사건 목재에 관한 채무자의 점유를 풀고 이를 점유한 후 다시 매수인에게 인도한 이상 매수인은 이 사건 목재에 관한 점유권과 소유권을 적법하게 취득하였다 할 것이고, 이 사건 목재가 제3자의 소유에 속한다고 하더라도 제3자가 이러한 사유를 원인으로 하여 이 사건 강제집행이 종료되기 이전에 집행방법에 대한 이의를 하거나 제3자이의소송을 제기하고 그 집행정지를 하여 두지 아니한 이상 이미 이 사건 목재에 대한 인도강제집행이 완료되었다면 이 집행이 당연무효가 될 수 없다.'(대법원 1972. 4. 25. 선고 72다52 판결 참조)고 하여 전설에 따른 듯한 것도 있고, 집행채무자가 제3자에게 양도담보로 제공한 유체동산에 대하여 채권자가 강제집행을 신청하여 배당을 받은 사안에서, '집행채무자의 소유가 아닌 경우에도 강제집행절차에서 그 유체동산을 경락받아 경락대금을 납부하고 이를 인도받은 경락인은 특별한 사정이 없는 한 그 소유권을 선의취득의 방법으로 취득하고 이에 따라 양도담보권자는 그 소유권을 상실하게 된다.'(대법원 1997. 6. 27. 선고 96다51332 판결 참조)는 취지로 판시하여 후설에 따른 것으로 보이는 것도 있다.[20]

4) 경매에는 담보책임에 관한 특별규정이 있다(민법 제578조, 제580조 제2항).

11. 호가경매조서의 작성

집행관이 매각기일을 실시한 때에는 호가경매조서를 작성하여야 한다(민사집행법 제10조, 민사집행규칙 제6조, 제150조, 제151조 제3항). 호가경매조서는 집행관의 집행행위의 내용을 명백히 하고 그 절차가 적법·공정하게 이루어졌음을 담보하는 것에 불과하므로 그 기재의 오류나 흠은 매각의 효력에는 영향이 없다. 호가경매조서에는 민사집행법 제10조 제2항 각 호의 사항과 민사집행규칙 제6조 제1항 각 호의 사항 외에, 매수인의 표시·매수신고가격 및 대금의 지급 여부(제1호), 민사집행법 제206조 제1항의 규정에 따른 배우자의 우선매수신고가 있는 경우에는 그 취지와 배우자의 표시(제2호), 적법한 매수신고가 없는 때에는 그 취지(제3호), 대금지급일을 정하여 호가경매를 실시한 때에는 대금지급일과 매수인의 매수신고보증의 제공방법(제

20) 법원실무제요, 민사집행[IV], 사법연수원(2020), 99.

4호) 등을 적어야 한다(민사집행규칙 제150조 제1항).

그 밖에 본조에 명시되어 있지는 아니하나 특별매각조건이 있을 때에는 그에 관한 사항도 조서에 적어야 한다. 호가경매조서의 양식은 다음과 같다.

[양식: 유체동산호가경매조서]

○ ○ 지방법원
유체동산호가경매조서

사　　건 : 20　본　　　(　부)
채 권 자 :
채 무 자 :
집행권원 :
청구금액 : 원금　　　　원, 이자　　　원
경매기일 : 20　.　.　.　:
경매장소 :

1. 위 청구금액 및 집행비용의 변제에 충당하기 위하여 다음 사항을 고지하고 별지 목록 기재의 압류물건을 다음과 같이 경매하였다.

\- 고 지 사 항 -

가. 매각허가는 최고가매수신고액을 3회 부른 후에 한다.
나. 매각물은 대금과 서로 맞바꾸어 인도한다.
다. 매수인은 매각기일의 마감 전에 대금을 지급하고 매각물의 인도를 구하여야 한다. 이 조건을 이행하지 아니할 때에는 다시 그 물건을 매각한다.
라. 전항의 조건을 이행하지 아니하는 매수인은 재매각절차에 참가할 수 없으며, 뒤의 매각대금이 처음의 매각대금보다 적은 때에는 그 부족한 액수를 부담한다.
마. 채무자의 배우자는 그 공유 유체동산에 대하여 우선매수신고를 할 수 있다.
바. 이건 압류물건은 일괄하여 매각한다.

2. 호가경매를 실시한 결과 최고가매수신고액은　　　원이었다.
3. 최고가매수신고액을 3회 불렀으나 더 높은 가격을 신고하는 사람이 없으므로, 그 최고가매수신고인을(더 높은 가격을 신고하는 사람이 없고 채무자의 배우자로부터 우선매수신고가 있으므로 이를 허가하여 배우자를) 매수인으로 정하고, 그 이름과 매수신고액을 고지하였다.

4. 매수인이 매각대금을 지급하였으므로 매각물을 인도하고, 매각대금을 다음과 같이 처리하였다.

가. 매각대금 금 원
금 원 배우자 에게 교부

나. 집행비용 금 원 내역 경매수수료 금 원
감정수수료 ㄴㄴㄴㄴㄴㄴ금원
노 무 비 금 원
여 비 금 원

다. 배당할 금액 금 원
금 원 채권자 에게 교부
금 원 배당요구자 에게 교부

라. 잔여금 원 채무자에게 교부

5. 위와 같이 이 건 채무액이 전부 변제되었으므로 그 영수증과 집행권원을 채무자에게 교부하였다.

6. 이 절차는 같은 날 : 에 종료하였다.

이 조서를 현장에서 작성하여 이해관계인에게 읽어(보여)주었으며, 이해관계인은 이에 승인하고 아래에 서명날인하였다.

2○○○. ○. ○.

집행관 (인)
매수인 성명 (인) 주민등록번호
주소
채권자 (인)
채무자 (인)
참여자 성명 (인) 주민등록번호
주소

주1: 여러 개의 물건이 개별적으로 경매에 부쳐진 경우에는 해당 물건의 압류목록번호를 특정하여 기재한다.

주2: 매각대금으로 각 채권자의 채권액과 집행비용의 전부를 변제할 수 없는 경우에는 위 "3"항 다음에 "매각금액은 금 원이나 각 채권자의 채권과 집행비용의 전부를 변제할 수 없으므로 20 . . . : 를 배당협의기일로 정하였다."라고 기재하고, "4"항과 "5"항을 삭제한다.

* 집행관사무소에 비치할 각종 문서의 양식에 관한 예규(행정예규 1200호) [별지 2] 2-32

[양식: 유체동산경매목록]

주: 일괄매각을 한 경우에는 그 매각가격과 매수인은 하단의 "일괄매각"란에만 기재한다.

경 매 목 록

번호	경매물품	규격	수량	평가액	매각가격	매수인	비고
1							
2							
3							
4							
일괄매각							

* 집행관사무소에 비치할 각종 문서의 양식에 관한 예규(행정예규 1200호) [별지 2] 2-33

매수의 신청이 없거나 매각을 허가하지 아니한 때에는 그 취지를 적어야 하며 금·은붙이에 관하여 시장가격 이하로 매수신청이 있어 매각을 허가하지 아니한 때는 신청이 있었던 매수신고가격 중 최고가격을 적어야 한다.

집행관은 매수인 또는 그 대표자나 대리인에게 호가경매조서에 서명날인하게 하여야 한다. 그들이 서명날인할 수 없는 때에는 집행관이 그 사유를 적어야 한다(민사집행규칙 제150조 제2항). 호가경매절차에서 매수인은 민사집행법 제10조 제2항 제3호의 집행참여자에 해당되지는 아니하지만 이와 같이 하는 것이 호가경매절차를 명확하게 하는 데에 도움이 되기 때문이다. 이 경우 매수인 등의 서명날인은 서명무인으로 갈음할 수 있다(민사집행규칙 제6조 제2항).

위 민사집행규칙 제150조 제2항은 민사집행법 제10조 제3항, 제116조 제2항 후문, 민사집행규칙 제123조 제8항 등과 동일한 취지의 규정이다.

집행관은 민사집행규칙 제150조에 의한 호가경매조서를 개인휴대정보단말기(PDA) 등을 이용하여 정보처리시스템에 의하여 작성할 수 있고(행정예규 제1201호), 이와 같이 호가경매조서를 작성하는 경우 조서내용이 기록된 전자적 정보를 호가경매조서로 본다(정보처리시스템에 의한 집행관 사무처리규칙 제3조 제1항). 또한 이 경우 정보처리시스템에 서명을 입력한 때에는 그 입력정보를 민사집행규칙 제150조 제2항에 규정된 서명날인 또는 서명으로 본다(정보처리시스템에 의한 집행관 사무처리규칙 제3조 제2항).

12. 재매각

가. 총설

매수인이 ① 매각조건에 정한 지급기일에 대금의 지급과 물건의 인도청구를 게을리하거나 또는 ② 지급기일을 정하지 아니한 경우로서 매각기일의 마감에 앞서 대금의 지급과 물건의 인도청구를 게을리한 때에는 집행관은 재매각을 실시하여야 한다(민사집행법 제205조 제3항). 재매각은 매수인이 대금지급의무를 게을리한 경우 매각을 취소하고 다시 매각을 하는 것이다. 따라서 최고가매수인이 대금은 지급하였으나 물건의 인도청구만을 게을리한 경우에는 재매각할 것이 아니다.

재매각의 절차는 전의 매각과 동일하다. 따라서 재매각에 있어서도 집행관의 목적물에 대한 점유가 확보되고, 매각할 물건을 일일이 제시하여야 할 것이므로 전의 매각에서 특별매각조건에 의하여 대금지급이 유예되어 목적물이 전의 매수인에게 인도된 경우에는 이를 회수하여야 한다.

나. 전의 매수인에 대한 제재

1) 재매각절차 참가 금지: 전의 매수인은 재매각절차에 참가하지 못한다(민사집행법 제205조 제4항 전단).

2) 부족액의 부담: 재매각의 매각대금이 전의 매각대금보다 적은 때에는 전의 매수인은 그 부족액을 부담하여야 한다(민사집행법 제205조 제4항 후단). 부족액 부담의무의 성질은 실체법상의 손해배상책임이다. 따라서 채권자가 재매각에서 완전한 만족을 얻은 때에는 채무자가, 채권자가 완전한 만족을 얻지 못한 때에는 채권자가, 전의 매수인에 대하여 재판상 또는 재판 외에서 청구할 수 있다.

전의 매수인이 특별매각조건에 따라 매수신고의 보증(또는 보증으로 금전이 제공된 경우에도 같다)을 제공하였을 경우에는 그 보증(또는 보증금)은 전의 매각대금과 뒤의 매각대금의 차액을 한도로 재매각의 매각대금에 산입한다(민사집행규칙 제149조 제4항, 제5항 전문). 그러나 유체동산경매에는 민사집행법 제138조 제4항, 제147조 제1항 제5호와 같은 규정이 없으므로 보증금 중 전의 매수인이 부담하여야 할 차액을 넘는 부분은 매각절차의 종결 후에 전의 매수인에게 반환하여야 한다(민사집행규칙 제149조 제5항 후문의 반대해석에 의하여도 마찬가지 결론에 이른다)[21].

재매각절차에서 보다 고가로 매각되었어도 전의 매수인이 그 차액을 청구할 수

21) 법원실무제요, 민사집행[IV], 사법연수원(2020), 104.

는 없다.

Ⅲ. 압류물의 입찰

1. 입찰의 의의

동산의 매각방법은 호가경매의 방법을 원칙으로 하고 특별한 경우 입찰의 방법을 채택하고 있다(민사집행법 제199조, 민사집행규칙 제145조~151조). 입찰이라 함은 각 매수신청인이 서면(입찰표)으로 매수가격을 신청하여 그중 최고가격을 신청한 사람을 매수인(낙찰인)으로 정하는 방법을 의미하는데, 압류물의 평가액이 고액이거나 호가경매의 방법으로는 일반인의 참가가 곤란한 사정 등이 있는 경우 집행관은 입찰을 선택할 수 있다.

2. 기일입찰

유체동산집행에서는 유체동산의 성질상 부동산과 달리 입찰방법 중 기간입찰제도는 채택하지 아니하고 기일입찰제도만 채택하고 있다. 기일입찰이란 집행관이 실시하는 입찰기일에 입찰을 시킨 후 개찰을 하는 방법으로 한다(민사집행규칙 제151조 제1항). 즉 입찰장소에서 입찰자에게 봉함한 입찰표에 입찰가격을 기재하여 제출하게 하고 그중에서 최고의 가액으로 매수신고를 한 입찰자를 최고가입찰자로 결정하는 방법이다(민사집행규칙 제151조 제2항, 제3항, 제62조, 제65조, 제66조). 집행관이 입찰기일을 개시하는 때에는 매각조건을 고지하여야 한다(민사집행규칙 제151조 제3항, 제147조 제1항).

집행관은 소속 법원 안에서 입찰을 실시하는 경우 매각장소의 질서유지를 위하여 필요한 때에는 법원의 원조를 요청할 수 있고(민사집행규칙 제151조 제3항, 제147조 제3항, 민사집행법 제108조), 그 장소에 출입하는 사람의 신분을 확인할 수 있다(민사집행규칙 제151조 제3항, 제57조 제1항).

3. 매수의 허가

개찰이 끝난 때에는 집행관은 최고의 가액으로 매수신고를 한 입찰인의 이름·입찰가격 및 그에 대하여 매수를 허가한다는 취지를 고지하여야 한다(민사집행규칙 제

151조 제2항). 다만 집행관은 매수신청의 액이 상당하지 아니하다고 인정하는 경우에는 매수를 허가하지 아니할 수 있다(민사집행규칙 제151조 제3항, 제147조 제2항 단서). 동산입찰에서는 집행관이 매각의 주체이므로 부동산의 기일입찰과 달리 집행관이 매수의 허가를 한다. 그 밖의 나머지 사항들은 부동산 기일입찰에서의 절차와 동일하다.

4. 부동산에 있어서 기일입찰 등 규정의 준용

유체동산에 대한 입찰절차에는 부동산의 기일입찰에 관한 규정과 유체동산의 호가경매에 관한 규정 중 상당하다고 인정되는 조항을 준용하고 있다(민사집행규칙 제151조 제3항).

즉 매각장소에 출입하는 사람의 신분확인(민사집행규칙 제57조 제1항), 기일입찰의 방법(민사집행규칙 제62조), 입찰기일의 절차(민사집행규칙 제65조), 최고가매수신고인 등의 결정(민사집행규칙 제66조), 입찰기일의 지정 등(민사집행규칙 제145조), 입찰공고의 방법 등(민사집행규칙 제146조), 매각조건의 고지(민사집행규칙 제147조 제1항), 매수신청의 액이 상당하지 아니한 경우의 매수 불허가(민사집행규칙 제147조 제2항 단서), 집행관의 소속법원 안에서 입찰을 실시하는 경우의 법원의 원조 요청(민사집행규칙 제147조 제3항), 매각할 동산의 열람(민사집행규칙 제148조), 대금의 지급 및 매수신고의 보증(민사집행규칙 제149조), 입찰조서의 기재사항(민사집행규칙 제150조)에 관하여 준용한다.

Ⅳ. 특별한 현금화방법

1. 금·은붙이의 현금화

1) 금·은붙이는 그 금·은의 시장가격 이상의 금액으로 일반 현금화의 규정에 따라 매각하여야 한다(민사집행법 제209조 전문). 금·은붙이라 함은 금·은의 세공물, 금 또는 은을 재료로 하는 것을 말한다. 금 또는 은의 합금물은 그 함유량에 비추어 사회통념상 금·은붙이라고 볼 수 없는 것을 제외하고는 금·은붙이에 해당한다고 보아야 한다. 보석 등의 귀금속이라 하더라도 금·은 이외의 것은 민사집행법 제209조가 적용되지 않는다. 일반 현금화의 규정에 따라 매각한다는 것은 민사집행법 제199

조에 따른 호가경매나 입찰의 방법으로 매각하여 현금화하는 것을 의미한다[22].

금·은붙이는 원래 값비싼 물건에 속하므로 그 매각에 앞서 감정인으로 하여금 평가하게 하여야 하는 것이지만, 이러한 일반적 평가 외에 금·은 자체의 시장가격, 즉 금 또는 은의 양 및 금속으로서의 가치를 별도로 감정·평가하게 하여야 한다. 금·은붙이의 시장가격에 의한 매각은 법정매각조건이다[23].

[양식: 금·은붙이매각조서]

금·은붙이매각조서

사　　건 : 20　　본　　　(　　부)
채 권 자 :
채 무 자 :
집행권원 :
청구금액 : 원금　　　　원, 이자　　　　원
경매기일 : 20　.　.　.
경매장소 :
1. 위 청구금액 및 집행비용의 변제에 충당하기 위하여 다음 사항을 고지하고 별지 목록 기재 압류물건을 다음과 같이 매각하였다.

\- 고 지 사 항 -

가. 매각대금은 금·은의 시장가격 이상의 금액이어야 한다.
나. 매각물은 대금과 서로 맞바꾸어 인도한다.
다. 금·은의 시장가격은 별지 목록 기재와 같다.
라. 매수인은 매각기일의 마감 전에 대금을 지급하고 매각물의 인도를 구하여야 한다. 이 조건을 이행하지 아니할 때에는 다시 그 물건을 매각한다.
마. 전항의 조건을 이행하지 아니하는 매수인은 재매각절차에 참가할 수 없으며, 뒤의 매각대금이 처음의 매각대금보다 적은 때에는 그 부족한 액수를 부담한다.
바. 채무자의 배우자는 그 공유 유체동산에 대하여 우선매수신고를 할 수 있다.
2. 매수신고인　　　　이 매수신고하였다.
3. 최고가매수신고액을 3회 불렀으나 더 높은 가격을 신고하는 사람이 없으므로,

22) 법원실무제요, 민사집행[IV], 사법연수원(2020), 106.
23) 법원실무제요, 민사집행[IV], 사법연수원(2020), 106.

그 최고가매수신고인을(더 높은 가격을 신고하는 사람이 없고 채무자의 배우자로부터 우선매수신고가 있으므로 이를 허가하여 배우자를) 매수인으로 정하고, 그 이름과 매수신고액을 고지하였다.

4. 매수인이 매각대금을 지급하였으므로 매각물을 인도하고, 매각대금을 다음과 같이 처리하였다.

가. 매각대금 금 원

금 원 배우자 에게 교부

나. 집행비용 금 원 내역 경매수수료 금 원

감정수수료 금 원

노 무 비 금 원

여 비 금 원

다. 배당할 금액 금 원

금 원 채권자 에게 교부

금 원 배당요구자 에게 교부

라. 잔여금 원 채무자에게 교부

5. 위와 같이 이 건 채무액이 전부 변제되었으므로 그 영수증과 집행권원을 채무자에게 교부하였다.

6. 이 절차는 같은 날 : 에 종료하였다.

이 조서를 현장에서 작성하여 이해관계인에게 읽어(보여)주었으며, 이해관계인은 이에 승인하고 아래에 서명날인하였다.

2○○○. ○. ○.

집행관 (인)

매수인 (인)

채권자 (인)

채무자 (인)

참여자 이름 (인) 주민등록번호

주소

주1: 여러 개의 물건이 개별적으로 경매에 부쳐진 경우에는 해당 물건의 압류목록번호를 특정하여 기재한다.

주2: 매각대금으로 각 채권자의 채권액과 집행비용의 전부를 변제할 수 없는 경우에는 위 '3'항 다음에 "매각금액은 금 원이나 각 채권자의 채권과 집행비용의 전부를 변제할 수 없으므로 20 . . . : 를 배당협의기일로 정하였다."라고 기재하고, '4'항과 '5'항을 삭제한다.

2) 금·은붙이에 대하여 매각을 실시하였으나 그 시장가격 이상의 금액으로 매수하는 사람이 없는 때에는 집행관은 그 취지를 조서에 적은 후, 그 시장가격에 따라

적당한 방법으로 매각할 수 있다(민사집행법 제209조 후문). 이 적당한 방법으로 하는 매각에는 집행법원의 허가를 요하지 않는다. 여기의 적당한 방법으로 하는 매각은 통상의 매각과는 다르므로 매각장소나 공고에 관한 규정(민사집행법 제203조)은 적용되지 않는다. 그러나 성질상 적당한 방법으로 하는 매각이나 호가경매는 다 같이 압류물의 현금화방법이므로 대금지급과 목적물의 인도(민사집행법 제205조), 매각의 한도(민사집행법 제207조), 매각대금영수의 효과(민사집행법 제208조), 채권자의 매각의 최고(민사집행법 제216조), 배당요구(민사집행법 제217조~221조) 등의 규정은 그대로 적용되거나 준용된다고 보아야 한다.

그리고 적당한 방법으로 하는 매각에 관하여는 호가경매에 준하여 매각조서를 작성하여야 한다.[24)][25)]

2. 유가증권의 현금화

가. 개설

유가증권 중 배서가 금지되지 아니한 것은 유체동산집행의 대상이 된다(민사집행법 제189조 제2항 제3호). 배서가 금지되지 아니한 유가증권 중 집행관이 압류한 것으로서 시장가격이 있는 것은 매각하는 날의 시장가격에 따라 적당한 방법으로 매각하고, 시장가격이 형성되지 아니한 것은 일반 현금화의 규정에 따라 매각하여야 한다(민사집행법 제210조).

구체적으로는 어음·수표, 화물상환증, 창고증권, 선하증권 등의 지시증권 중 배서가 금지되지 아니한 것과, 무기명식의 수표, 국채(국채법 제4조 등), 지방채, 공채, 사채(상법 제478조) 등 무기명채권증권이 여기의 유가증권에 해당한다.[26)]

외국의 정부, 공공단체, 외국법인이 발행한 채권, 투자신탁의 수익증권(자본시장과 금융투자업에 관한 법률 제110조), 상품권, 승차권, 입장권 등도 무기명증권에 해당한다. 외국화폐가 여기의 유가증권에 해당하느냐에 대하여는 견해가 대립되나, 외국화폐의 경우 그 시장가격이 형성되어 있으므로 민사집행법 제210조의 규정에 따라 적당한 방법으로 매각할 수 있다고 본다.[27)]

---

24) 금·은붙이는 귀중품에 해당하고, 집행관이 그 직무상 보관하는 금전 기타 귀중품은 금고 또는 자물쇠 장치가 되어 있는 견고한 용기에 넣어서 보관하여야 하므로(집행관규칙 제18조), 그 장소는 집행관 사무실일 경우가 많을 것이다.

25) 법원실무제요, 민사집행[IV], 사법연수원(2020), 108.

26) 법원실무제요, 민사집행[IV], 사법연수원(2020), 109.

한편 국채는 증권을 발행하지 아니하고 국채등록부에 전자적인 방식에 의하여 기명식 또는 무기명식으로 등록하는 것을 원칙으로 하고, 등록된 국채의 이전에는 등록을 요한다(국채법 제8조 제1항 본문, 제9조 제1항). 이와 같이 전자등록된 국채는 주식·사채 등의 전자등록에 관한 법률 제2조 제4호, 제1호에서 정한 '전자등록주식등'에 해당하고, 이는 민사집행법상 '그 밖의 재산권'(민사집행법 제251조)에 해당하는데, 민사집행규칙 제182조의2 이하는 이에 대한 강제집행의 방법을 정하고 있다.

한편 철도수화물인환증, 휴대물예치증, 적하수도증, 옷표나 신표 등의 면책증권(민법 제526조)과 차용증서 등의 증거증권은 유가증권이 아니므로 채권집행의 방법이나 민사집행법 제210조의 현금화방법에 의할 수 없다.

나. 현금화하기 전의 보존행위

1) 집행관은 위 유가증권 중 특히 어음, 수표 그 밖의 금전의 지급을 목적으로 하는 유가증권으로서 그 권리의 행사를 위하여 일정한 기간 안에 인수 또는 지급을 위한 제시 또는 지급의 청구를 필요로 하는 것을 압류하였을 경우에, 그 기간이 개시되면 채무자에 갈음하여 필요한 행위를 하여야 한다(민사집행법 제212조 제1항).

2) 지급제시 등

위와 같은 어음, 수표 등을 압류한 경우 집행관은 선관주의의무의 일환으로서 채무자에 갈음하여 각각의 방식에 따라 인수제시 또는 지급제시를 하여야 하고, 우편환증서, 우편대체법상의 지급증서 등의 경우에는 법정기간 내에 지급청구를 하여야 한다(우편환법 제16조, 우편대체법 제27조). 인수제시, 지급제시 또는 지급청구의 결과 지급인이 지급하면 이를 영수하고, 인수 또는 지급을 거절함에 따라 권리의 행사를 위하여 거절증서의 작성이 요구되는 경우에는 그 거절증서도 작성하여야 한다. 집행정지서류(민사집행법 제49조)의 제출에 의해 집행절차가 정지되어 있는 기간 중에도 같다. 지급인이 지급을 한 경우에는 별도의 현금화절차가 필요 없다[28].

3) 미완성의 어음, 수표에 대한 백지보충의 최고

집행관은 미완성 어음, 수표 등을 압류한 경우에 채무자에게 기한을 정하여 어음, 수표 등에 적을 사항을 보충하도록 최고하여야 한다(민사집행법 제212조 제2항). 어음이나 수표의 필요적 기재사항 중 일부가 백지로 된 어음이나 수표도 유가증권으

---

27) 법원실무제요, 민사집행[IV], 사법연수원(2020), 110.

28) 법원실무제요, 민사집행[IV], 사법연수원(2020), 110.

로서 유체동산집행의 대상이 되므로 이를 압류한 경우 집행관은 인수 또는 지급을 위한 제시를 하여야 한다. 만기의 기재가 없는 어음은 일람출급식어음으로 보고(어음법 제2조 제1호, 제76조 제1호), 지급지의 기재가 없는 경우에는 지급인의 명칭에 부기한 지(地)를 지급지로 보거나 또는 발행지에서 지급할 것으로 하며(어음법 제2조 제2호, 제76조 제2호, 수표법 제2조 제1호, 제2호), 발행지의 기재가 없는 때에는 발행인의 명칭에 부기한 지를 발행지로 보게 된다(어음법 제2조 제3호, 제76조 제3호, 수표법 제2조 제3호). 그리고 판례는 어음면 또는 수표면의 기재 자체로 보아 국내어음으로 인정되거나 국내수표로 인정되는 경우에는 그 어음면상 또는 수표면상 발행지의 기재가 없다 하더라도 이를 무효의 어음이나 무효인 수표로 볼 수는 없다고 함으로써[대법원 1998. 4. 23. 선고 95다36466 전원합의체 판결, 대법원 1999. 8. 19. 선고 99다23383 전원합의체 판결 등] 그 요건을 완화하고 있다.

그러나 이들 이외의 요건흠결이 있을 때에는 제시를 하더라도 지급인의 은혜적 조치가 있는 경우를 제외하고는 인수 또는 지급이 이루어지리라고 기대하기 어렵고, 집행관 스스로 백지를 보충할 권한이 있다고는 할 수 없으므로 민사집행법 제212조 제2항은 이러한 경우 집행관이 채무자에게 기한을 정하여 백지보충을 최고하도록 하였다.

집행관이 채무자에게 최고하는 기한은 인수 또는 지급을 위한 제시기간의 만료 이전으로서 집행관이 인수 또는 지급을 위한 제시를 함에 소요되는 기간을 고려하여 정하여야 한다. 그러나 이 기한에 실권의 효과가 있는 것은 아니므로 채무자는 그 기한이 지난 이후에도 매각이 종료되기 전에는 백지보충권을 행사할 수 있다[29].

최고서의 양식은 다음과 같다.

[양식: 최고서]

최 고 서

사　　건 : 20　본　(　부)
채 권 자 :
채 무 자 :

위 사건에 관하여 미완성의 어음을 압류하였습니다. 미완성된 어음의 기재사항을

29) 법원실무제요, 민사집행[IV], 사법연수원(2020), 111.

20 . . .까지 우리 집행관 사무소로 출석하여 보충하시기 바랍니다.
2○○○. ○. ○.
집행관 (인)
귀하

채무자가 백지보충의 최고를 받더라도 그에 응할 의무가 있는 것은 아니다. 채무자가 최고를 받고도 백지보충을 하지 아니하는 경우에는 백지인 채로 현금화할 수밖에 없고 매수인이 백지보충권을 취득하게 된다. 채무자가 백지보충을 하지 아니한 채 인수 또는 지급을 위한 제시기간이 도래한 때에는 집행관의 제시의무는 면제된다고 할 것이나, 수취인란이나 발행일자가 백지인 경우 등 거래의 실정이 일반적으로 백지가 보충되지 아니한 채 인수 또는 지급이 이루어지는 때에는 일응 제시를 하여 봄이 바람직하다. 백지보충이 없는 채로 제시기간이 지난 때에는 그 어음, 수표를 현금화할 가능성이 없게 되어 경우에 따라서는 민사집행법 제188조 제3항의 무잉여압류금지의 규정에 해당하게 될 수도 있다[30][31].

다. 시장가격이 있는 유가증권의 현금화[32]

주식회사의 주권, 국채나 공채, 사채 등과 같이 한국거래소에 상장되어 있거나 시장이 형성되어 객관적인 거래 시장가격이 있는 유가증권은 집행관이 매각하는 날의 시장가격에 따라 적당한 방법으로 매각할 수 있다(민사집행법 제210조 전단). 압류지에 거래소 또는 시장이 없더라도 신문이나 방송, 전화를 이용한 조회에 의하여 동일한 경제권에 속하는 근접지의 거래시세를 알 수 있을 때에는 시장가격이 있는 것에 해당한다.

위 매각방법은 집행관이 자유재량으로 적절한 매각방법을 택하여 현금화하는 것이므로 매각일시, 장소와 공고에 관한 민사집행법 제202조, 제203조가 적용되지 않으나, 민사집행법 제205조 제2항은 준용된다고 본다. 따라서 다른 채권자는 매각의 종료시, 즉 매각대금의 지급과 유가증권의 인도가 있을 때까지 배당요구를 할 수 있다.

30) 명문의 규정은 없으나, 채무자가 집행관의 최고에 따라 백지를 보충한 때에는 그 취지 및 보충의 내용을 집행조서에 명백히 하여 둠이 바람직하다.

31) 법원실무제요, 민사집행[IV], 사법연수원(2020), 112.

32) 법원실무제요, 민사집행[IV], 사법연수원(2020), 112-113.

채권자가 매각일시나 매각가격을 지정하여 유가증권의 매각을 신청하더라도 집행관이 그에 기속되는 것은 아니다. 위 매각은 증권업자에게 유가증권의 매각을 위탁하거나 한국은행에 외국통화의 매각을 의뢰하는 것과 같이 중개인을 통하여 매각하여도 무방하다. 이때에는 중개업자에 대한 수수료와 공과금을 뺀 잔액이 매각대금이 된다.

시장가격이 있는 유가증권의 현금화는, 당사자의 합의 또는 집행법원의 명령(민사집행법 제214조)이 없는 한 반드시 매각하는 날의 시장가격에 따라 적당한 방법으로 매각하여야 하고 호가경매나 입찰할 것이 아니다. 위 매각 시에는 그 조서를 작성하여야 하며, 그 양식은 다음과 같다.

[양식: 유가증권매각조서]

유가증권매각조서

사　　건 : 20　 본　 (　 부)
채 권 자 :
채 무 자 :
집행권원 :
청구금액 : 원금　　　원, 이자　　　원
경매기일 : 20　.　.　.
경매장소 :

1. 위 청구금액 및 집행비용의 변제에 충당하기 위하여 다음 사항을 고지하고 별지 목록 기재 유가증권을 다음과 같이 매각하였다.

- 고 지 사 항 -

가. 유가증권의 가격은 한국거래소에서 매매가 성립된 당일의 시세에 의한다.
나. 매각대금은 증권인도일에 증권과 서로 맞바꾸어 지급한다.

2. 위와 같은 조건으로 ○○증권주식회사에 매각을 위탁하고 위 회사는 이를 승낙하였다.

3. 수탁회사가 20　.　.　.상장에 의한 매각대금 및 계산서를 제출하였으므로 정

산한 후 증권을 인도하고, 매각대금을 다음과 같이 처리하였다.
매각대금 금 원
위탁수수료 금 원
거래세 금 원
집행비용 금 원
배당할 금액 금 원
금 원 채권자 에게 교부
금 원 배당요구자 에게 교부
잔여금 금 원 채무자에게 교부

4. 위와 같이 이건 채무액이 전부 변제되었으므로 그 영수증과 집행권원을 채무자에게 교부하였다.
이 조서를 현장에서 작성하여 이해관계인에게 읽어(보여)주었으며, 이해관계인은 이에 승인하고 아래에 서명날인하였다.

2○○○. ○. ○.

집행관 (인)
채권자 (인)
채무자 (인)
수탁자 ○○증권주식회사 대표이사

[양식: 유가증권목록]

번호	매 각 물	수량	매각가격	매수인	비 고
1	○○주식회사 주권 액면금 원 주권번호 제 번 내지 제 번 명의인 채무자	매			

라. 시장가격이 형성되지 않은 유가증권의 현금화

시장가격이 형성되지 않은 유가증권은 유체동산의 일반 현금화의 규정에 따라 매각하여야 한다(민사집행법 제210조 후단).

어음, 수표 등의 지시증권의 경우에는 일반적으로 그 액면가를 현금화의 기준으로 할 것이나, 필요에 따라 적절히 평가할 수 있고 특히 지급거절된 어음이나 수표의 경우에는 액면가보다 감액하여 매각하여야 한다[33].

마. 현금화 이후의 조치

1) 유가증권이 기명식인 때에는 집행관은 매수인을 위하여 채무자에 갈음하여 배서 또는 명의개서에 필요한 행위를 할 수 있다(민사집행법 제211조). 집행관은 고유의 권한으로 이와 같은 행위를 할 수 있으며 집행법원의 명령 등이 필요하지 아니하다.

2) 배서[34]

무기명식유가증권을 적당한 방법으로 매각하거나 일반 현금화의 규정에 따라 매각한 경우에는 집행관이 매각대금의 지급과 서로 맞바꾸어 매수인에게 그 유가증권을 인도함으로써 증권에 표창된 권리가 완전히 매수인에게 이전되므로 별도의 조치를 취할 필요는 없다. 지시증권의 최후의 배서가 백지식 배서인 경우에도 같다.

그러나 보통의 어음, 수표와 같이 그 권리의 이전에 배서가 필요한 경우에는 집행관이 채무자에 갈음하여 배서한 후 매수인에게 증권을 인도하여야 한다.

배서방법은, "민사집행법 제211조의 규정에 따라 채무자 ○○○에 갈음하여 매수인 ○○○를 위하여 배서한다."와 같이 적고, 집행관이 그 직위를 표시하여 기명날인하면 된다. 이 배서는 채무자에 갈음하여 하는 것이므로 권리이전적 효력, 자격수여적 효력 및 담보적 효력이 있다. 따라서 매수인은 어음, 수표 등의 선의취득 및 인적항변 절단에 의한 보호를 받게 된다. 다만 담보적 효력에 있어서는 원래 배서를 하여야 할 지위에 있는 채무자가 담보책임을 지며 집행관이 지는 것은 아니다.

3) 명의개서[35]

권리이전의 대항요건으로서 명의개서가 필요한 것으로는 주식(상법 제337조), 기명사채(상법 제479조) 등이 있다. 주식의 경우 명의개서는 주주명부에 취득자의 성명과 주소를 기재함으로써 하는 것이므로[회사가 명의개서대리인을 둔 경우 명의개서대리인이 취득자의 성명과 주소를 주주명부의 복본(複本)에 기재한 때에는 위 명

33) 법원실무제요, 민사집행[IV], 사법연수원(2020), 115.
34) 법원실무제요, 민사집행[IV], 사법연수원(2020), 115-116.
35) 법원실무제요, 민사집행[IV], 사법연수원(2020), 116.

의개서가 있는 것으로 본다. 상법 제337조 제2항], 집행관은 회사에 대하여 명의개서를 청구하여야 한다. 그 청구서에는 배서에 준하여, 매수인의 성명과 주소를 표시하고 민사집행법 제211조의 규정에 따라 집행관이 양도인인 채무자에 갈음하여 명의개서를 청구한다는 취지를 적고 집행관의 직위를 표시하여 기명날인하면 된다. 이 청구서에는 매각조서 또는 호가경매조서 등과 같은 권리이전의 원인서류를 붙여야 한다. 명의개서 청구서의 양식은 다음과 같다.

[양식: 주식명의개서 청구서]

주식명의개서 청구서

사　　건 : 20　본 (　부)
채 권 자 :
채 무 자(명의인) :

위 사건에 관하여 별지 매각조서 등본에 표시된 귀사 발행의 주식을 매각하였던바, 아래에 적은 매수인에게 매각되었으므로 위 주식을 매수인 명의로 명의개서할 것을 청구합니다.

매수인　이름
　　　　주소

2○○○. ○. ○.

집행관　　　　(인)

주식회사　　　　귀중

3. 법원의 명령에 의한 특별현금화방법

가. 개설

법원은 필요하다고 인정하면 직권으로 또는 압류채권자, 배당요구채권자 또는 채무자의 신청에 따라 일반 현금화의 규정에 의하지 아니하고 다른 방법이나 다른 장소에서 압류물을 매각하게 할 수 있다. 또한 집행관에게 위임하지 아니하고 다른 사람으로 하여금 매각하게 하도록 명할 수 있다(민사집행법 제214조 제1항).

나. 신청인[36]

특별현금화명령의 신청은 압류채권자, 배당요구채권자 또는 채무자가 할 수 있다. 그러한 지위에 있는 자가 여러 사람일 때에는 각자가 단독으로 신청할 수 있다 집행관이나 매각에 참가하여 압류물을 매수하려고 하는 자 등에게는 신청권이 없으므로 이들의 신청은 집행법원의 직권발동을 촉구하는 의미가 있을 뿐이다. 특별현금화명령은 집행법원이 직권으로도 할 수 있다.

다. 관할과 재판

특별현금화명령의 관할은 압류물 소재지를 관할하는 지방법원의 전속관할에 속한다(민사집행법 제3조, 제21조). 이는 사법보좌관이 행할 수 있는 업무에 속한다(사법보좌관규칙 제2조 제1항 제8호).

재판은 결정으로 하고 변론 없이 할 수 있으나(민사집행법 제3조 제2항), 필요한 경우에는 당사자와 이해관계인 그 밖의 참고인을 심문할 수 있다(민사집행법 제23조 제1항, 민사소송법 제134조 제2항). 이 재판은 신청인에게 고지하여야 하는(민사집행규칙 제7조 제2항) 외에 인용결정은 집행관에게도 고지하여야 한다[37].

[양식: 특별현금화명령]

○ ○ 지 방 법 원

결 정

사 건 : 20 타기 특별현금화(매각명령)
신 청 인(배당요구채권자) :
채 권 자 :
채 무 자 :

주 문

○○지방법원 소속 집행관은 ○○지방법원 20 가단 대여금 청구사건의 집행력 있는 판결정본에 기초하여 압류한 별지 목록 기재 물건을 로 운반하여 그곳에 거주하는 에게 매각할 수 있다.

이 유

신청인의 이 사건 신청은 이유 있다고 인정되므로 민사집행법 제214조 제1항에

36) 법원실무제요, 민사집행[IV], 사법연수원(2020), 118.

37) 집행법원은 재판에 앞서 민사집행법 제16조 제2항을 유추하여 잠정처분을 할 수 있으나, 흔히 채무자의 신청은 집행절차의 지연책으로 이용됨을 주의할 필요가 있다.

따라 주문과 같이 결정한다.

2○○○. ○. ○.

판사(사법보좌관) ㊞

주: 특정인에 대한 임의매각을 명하는 경우

법원의 특별현금화명령에 대한 재판에 대하여는 불복할 수 없다(민사집행법 제214조 제2항). 채권과 그 밖의 재산권에 대한 특별현금화명령에 대하여는 즉시항고를 할 수 있는 것(민사집행법 제241조 제3항, 제251조)과 구별되는 점이다(대법원 2011. 5. 6.자 2011그37 결정 참조).

라. 특별현금화의 방법

1) 법정기간이 지나기 전의 매각: 민사집행법 제202조 단서에 해당하는 사유가 없더라도 압류일부터 1주가 지나기 전에 매각할 것을 명할 수 있다.

2) 매각대금의 지급유예 또는 압류물의 선행 인도: 특별매각조건으로 정하지 아니한 경우에도 매각결정기일 이후로 대금지급을 유예하거나 대금지급 없이 압류물을 먼저 인도하게 할 수 있다.

3) 최저매각가격 또는 최고매각가격의 지정: 금·은붙이나 시장가격이 있는 유가증권이 아니더라도 최저매각가격 또는 최고매각가격을 지정하여 매각가격의 한계를 정할 수 있다.

4) 매수신청인의 자격 제한: 독극물·총포·화약류 등과 같이 판매 또는 소지에 제한이 있는 물건의 현금화에 있어서는 매수신청인을 법령상의 일정한 허가나 자격을 가진 자로 제한할 수 있다.

5) 적당한 방법에 의한 매각: 민사집행법 제209조 후문, 제210조 전단에 해당하지 아니하는 경우에도 집행관으로 하여금 호가경매나 입찰에 의하지 아니하고 적당한 방법에 의하여 매각하게 할 수 있다. 이러한 매각도 강제집행의 일환으로 이루어지는 집행행위이므로 집행관은 호가경매의 경우와 마찬가지로 같은 법 제10조의 집행조서를 작성하여야 하며, 그 매각대금은 강제집행의 결과 생긴 매각대금이라고 할 것이므로 집행관이 이를 영수하면 같은 법 제208조에 정한 지급의제의 효력이 발생한다. 적당한 방법으로 하는 매각을 원인으로 한 목적물의 인도는 호가경매나 입찰에

서의 목적물의 인도와 다를 바가 없으므로 매수인에게 목적물이 인도되었을 때 소유권 이전의 효과가 발생하고 이에 의해 집행은 종료된다.

6) 채권자에 대한 압류목적물의 양도: 채권집행에 관한 민사집행법 제241조 제1항 제1호의 양도명령에 준하여, 채권자의 신청이 있는 경우에 일정한 대금으로 압류물을 채권자에게 양도할 것을 명할 수 있다. 이 양도명령은 성질상 채권자의 신청이 있어야만 할 수 있고 그 의사에 반하여서는 할 수 없다. 압류가 경합하거나 배당요구채권자가 있는 경우에는 압류물의 매각대금으로 배당절차를 거쳐야 하므로 양도명령을 할 수 없다. 채권자가 신청한 대금이 지나치게 낮은 경우에는 그 신청을 기각하여야 한다.

양도명령이 있는 경우에 그 대금이 채권액 이하인 때에는 채권자의 대금지급을 요하지 아니하고 집행관은 압류물의 점유를 채권자에게 이전함으로써 집행이 종료되며, 그 대금이 채권액을 상회하는 때에는 집행관은 채권자의 채권액 초과분의 대금지급과 서로 맞바꾸어 압류물을 채권자에게 인도함으로써 집행이 종료된다.

마. 압류지 이외의 장소에서의 현금화

압류채권자와 채무자의 합의(민사집행법 제203조 제1항 단서)가 없더라도 법원은 압류한 시·구·읍·면(도농복합형태의 시의 경우 동지역은 시·구, 읍·면지역은 읍·면) 이외의 장소에서 매각하게 할 수 있다. 집행관의 관할구역 밖에서의 직무수행에 관한 민사집행규칙 제133조, 제135조, 제138조의 각 규정과의 균형상, 특별현금화명령으로 압류지 이외의 장소를 매각장소로 지정함에 있어서는 집행관의 관할구역 또는 집행법원의 관할구역의 제한을 받지 않는다.

바. 집행관 이외의 제3자에 의한 현금화(위탁매각)

법원은 집행관 이외의 제3자에게 매각을 위임하거나 적당한 방법으로 매각할 것을 명할 수 있다. 예를 들어 공증인, 매각의 경험이 있는 사람, 부동산업자, 은행 또는 골동품상 등에 위임하는 것이 집행관에 의하여 현금화하는 것보다 고가로 매각할 가능성이 있는 경우 위와 같이 명할 수 있다.

민사집행법 제214조 제1항은 '다른 사람으로 하여금 매각하게 하도록' 명할 수 있다고 규정하고 있는데, 제3자에 의한 현금화방법을 굳이 호가경매나 입찰에 한정할 필요는 없으므로 임의매각에 의한 현금화도 허용함이 타당하다. 이 명령을 받은 제3자는 집행관을 대신하여 압류물을 호가경매나 입찰 또는 임의매각의 방법으로 현금화하고, 대금을 영수하며, 매수인에게 목적물을 인도한다. 제3자는 특별한 명령이 없는 한 현금화와 그에 부수하는 행위를 할 권한이 있을 뿐이므로 매각대금의 채권자에의 교부, 배당 또는 공탁 등은 할 수 없다. 이는 집행관에게 유보되어 있기 때문이다. 현금화를 실시하는 제3자에게 지급할 보수는 집행비용에 산입된다. 따라서 제3자의 매각대금에서 스스로 지급받을 수수료 그 밖의 집행비용을 공제한 잔액을 집행관에게 인도하여야 한다.[38]

38) 법원실무제요, 민사집행[IV], 사법연수원(2020), 121.

제5장 집행의 경합

Ⅰ. 총설

채무자의 총재산은 모든 채권자를 위한 책임재산을 이루므로 집행절차에서 동일한 재산에 대하여 여러 집행채권자 또는 집행채권이 경합하는 경우가 있다. 이를 집행의 경합이라고 하며, 동시압류(공동압류), 압류의 경합(이중압류) 및 배당요구가 이에 해당한다.

Ⅱ. 동시압류(공동압류)

1. 의의

집행관이 여러 개의 채권 또는 여러 명의 채권자를 위하여 동일한 재산을 동시에 압류하는 것을 동시압류 또는 공동압류라고 한다. 금전압류의 경우에만 명문의 규정(민사집행법 제222조 제2항)이 있으나 그 밖의 경우에도 동시압류가 가능하다. 이는, ① 공동상속인, 동일한 사고에 기한 다수의 피해자 등에 의한 집행위임과 같이 처음부터 여러 개의 채권에 의한 또는 여러 명의 채권자의 집행신청에 따라 동시에 압류를 하는 경우와, ② 하나의 집행신청이 있은 후 그 집행개시 전에 다른 채권에 의한 또는 다른 채권자의 집행신청이 있어 이를 병합하여 집행(압류)하는 경우 등으로 나눌 수 있다.[1)]

2. 집행절차

동시압류의 경우에는 압류에서부터 현금화에 이르기까지 집행절차가 1개로서 진행된다. 따라서 압류의 절차는 단독압류에 준하며 집행조서는 하나로서 작성되고, 채권 또는 채권자 사이에 집행신청의 선후에 따른 우열은 없으며 실체법상의 우선순위에 따라 매각대금을 배당받는다.

Ⅲ. 이중압류(압류의 경합)

1. 의의

1) 법원실무제요, 민사집행[IV], 사법연수원(2020), 122.

유체동산을 압류하거나 가압류한 뒤 매각기일에 이르기 전에 다른 강제집행이 신청된 경우 집행관은 이미 압류된 물건 외에 더 압류할 물건이 있는지 여부를 조사하여, 그러한 물건이 있으면 이를 추가압류하여 집행신청서와 추가압류조서를 먼저 압류한 집행관에게 교부하고, 그러한 물건이 없으면 집행신청서만을 먼저 압류한 집행관에게 교부하여야 한다(민사집행법 제215조 제1항).

2. 압류경합의 요건

가. 이중압류는 동일한 채무자에 대한 강제집행이다.

채무자가 다른 경우에는 비록 압류목적물이 동일하더라도 이중압류를 할 수는 없다. 어느 채무자의 소유물로서 이미 압류된 물건이 원래 그 채무자의 소유가 아닌 다른 채무자의 소유라고 주장하며 다른 채권자가 압류하기 위해서는, 먼저 그 채무자를 대위하여 제3자이의의 소를 제기하여 선행 압류의 효력을 배제할 수밖에 없다. 여러 사람의 연대채무자에 대하여 집행하는 경우에도 각 채무자별로 이중압류의 여부가 정하여진다. 뒤에 압류하는 채권자는 앞에 압류한 채권자와 다른 사람인 것이 보통이지만, 같은 채권자라도 다른 채권에 기하여 다시 강제집행의 신청을 한 때에는 이중압류를 하여야 하며, 동일한 채권이라도 그 청구금액을 확장하기 위하여서는 이중압류를 하여야 한다.

압류하거나 가압류한 뒤 채무자가 목적물을 점유개정의 방법으로 제3자에게 양도한 경우에는, 그 목적물은 앞의 압류채권자 또는 가압류채권자에 대한 관계에서만 그리고 그 집행채권의 만족을 위한 범위 내에서만 상대적으로 채무자의 소유로 취급될 뿐이고 다른 채권 또는 다른 채권자에 대한 관계에서는 온전히 제3자의 소유로 취급되는 것이므로, 그 채무자에 대한 다른 채권자는 선행 집행절차에 참가할 수 없다(개별상대효설).[2)]

나. 이중압류는 유체동산을 압류하거나 가압류한 뒤에 다시 하는 강제집행이다.

압류 또는 가압류가 일단 적법하게 이루어진 이상 압류의 표시 등이 훼손되었더라도 이를 다시 압류하는 것은 이중압류에 해당한다. 집행관이 집행위임을 받아 집행할 장소에 임하였을 뿐 아직 구체적인 집행에 착수하지 아니한 경우에는 동시압류에 해당하고 이중압류에는 해당하지 않는다.

2) 법원실무제요, 민사집행[IV], 사법연수원(2020), 123-124.

다. 민사집행법 제215조는 담보권 실행을 위한 경매에도 준용(민사집행법 제271조, 제272조)

따라서 선행 집행 또는 후행 집행의 내용이 담보권 실행을 위한 경우에도 이중압류에 해당한다.

다만 담보권 실행을 위한 경매는 목적물에 대한 우선변제권의 실현과정이고 평등주의가 적용되는 것은 아니므로 성질상 그 준용에는 한계가 있다. 또한 공유물분할을 위한 경매와 같은 이른바 형식적 경매의 경우에도 추가압류물에 대한 압류효력의 확장은 인정할 수 없다.[3]

압류된 물건에 대하여 국세징수법 및 지방세징수법에 의한 교부청구 또는 참가압류를 할 수 있음은 법문상 명백하나(국세징수법 제56조~제58조, 지방세징수법 제66조~제68조), 교부청구나 참가압류는 민사집행법 제215조의 이중압류와는 성질을 달리한다. 또한 선행 집행의 내용이 가압류인 경우에도 국세징수법에 의한 체납처분을 함에는 아무런 영향이 없다(국세징수법 제35조).

라. 유체동산집행은 다른 집행과는 달리 특정 목적물에 대하여 하는 것이 아니라 일정한 장소를 단위로 하여 이루어진다(민사집행법 제189조 참조).

따라서 선행 압류 또는 가압류의 집행장소와 다른 곳에서 집행하는 경우도 여기의 이중압류에 해당하는가의 여부가 문제되며, 이는 압류의 잠재적 효력이 미치는 범위에 관한 문제라고도 할 수 있다.[4][5]

마. 이중압류는 이미 압류 또는 가압류가 실시된 이후에 한하고, 그 이전에는 동시압류로 될 뿐이다.

---

3) 법원실무제요, 민사집행[IV], 사법연수원(2020), 124.

4) 이중압류의 경우에도 미압류물에 대한 추가압류가 가능한 점(민사집행법 제215조 제1항), 동산집행신청서에 집행목적물의 소재장소를 기재하여야 하는 점(민사집행규칙 제131조 제3호) 등에 비추어 장소를 기준으로 하여 압류의 효력이 미치는 범위를 결정함이 타당하다(장소단위설). 따라서 동일한 집행관의 관할구역 안에서 甲지 및 乙지를 집행장소로 하는 선행 압류가 있은 후 乙지 및 丙지를 집행장소로 하는 후행 압류신청이 있을 때에는 집행장소가 중복되는 乙지에서의 집행에 한하여 이중압류절차를 취하고 丙지에서의 집행은 독립하여 압류를 하여야 한다. 장소를 기준으로 한다 하더라도 구체적으로 어느 범위 내에서 집행장소가 동일하다고 볼 것인지는, 집행의 실제에 있어 집행관이 압류물을 수색할 때에 사회통념상 일체적으로 고찰하여 행동하여야 할 일정한 범위를 동일한 장소로 보아야 한다.

5) 법원실무제요, 민사집행[IV], 사법연수원(2020), 124.

그 종기는 매각기일까지이다. 동산집행절차에서 이중압류는 우선변제청구권이 없는 일반 채권자가 배당에 참가할 수 있는 유일한 방법이므로 일면에서는 집행관이 매각대금을 영수한 때 등 배당요구의 시적 한계(민사집행법 제220조)와 일치시킬 필요가 있지만, 초과압류의 금지(민사집행법 제188조 제2항)와 무잉여압류의 금지(민사집행법 제188조 제3항) 및 매각의 한도(민사집행법 제207조)와의 관계상 매각기일에 이르기 이전에 매각할 물건의 범위를 어느 정도 확정할 필요가 있으므로 민사집행법 제215조 제1항은 이중압류의 시적 한계를 매각기일까지로 정하고 있다.[6]

매각기일 이후에 동일 채무자에 대한 강제집행의 신청이 있는 때에는 독립하여 압류하여야 한다.[7]

3. 이중압류의 절차

가. 추가압류할 물건이 없는 경우

후행 집행신청을 받은 집행관이 선행 집행장소를 수색하여 추가압류할 물건이 없는 때에는 집행신청서를 먼저 압류한 집행관에게 교부하여야 한다(민사집행법 제215조 제1항 전문). 후행 집행신청을 받은 집행관은 추가압류할 물건의 유무를 확인하기 위하여 먼저 압류한 집행관에게 압류조서를 보여줄 것을 청구할 수 있다(민사집행규칙 제152조).

'집행신청서'는 당연히 그 부속서류 일체를 포함한다. 먼저 압류한 집행관은 뒤에 강제집행을 신청한 채권자를 위하여 압류물을 다시 압류한다는 취지를 덧붙여 그 압류조서에 적어야 한다(민사집행법 제215조 제4항).

이중압류의 경우에는 집행관은 그 사유를 배당에 참가한 채권자와 채무자에게 통지하여야 한다(민사집행법 제219조). 먼저 압류한 집행관이 선행 압류절차의 이해관계인에게 중복압류 채권자가 생겼음을 통지하여 추가압류나 청구이의의 소 등으로 대비하도록 하려는 취지이다. 통지의 절차는 민사집행법 제11조에 의하며, 채무자의 경우 외국에 있거나 있는 곳이 분명하지 아니한 때에는 통지할 필요가 없다(민사집행법 제12조).

이 통지는 이중압류의 효력발생요건은 아니므로 그 통지가 없더라도 그 효력에

---

6) '매각기일에 이르기 전'이란 '첫 매각기일'이 아니라 '실제로 매각이 된 매각기일에 이르기 전'을 의미한다(대법원 2011. 1. 27. 선고 2010다83939 판결).

7) 법원실무제요, 민사집행[IV], 사법연수원(2020), 125.

는 영향이 없다.8)

[양식: 통지서]

<table>
<tr><td>

통 지 서

사　　건 : 20　　본 (　　부)
채 권 자 :
채 무 자 :

위 유체동산 강제집행사건의 압류물건에 관하여 ○○○가 ○○지방법원 20　　본 (　　　부)로 다시 압류를 신청하였음을 통지합니다.

2○○○. ○. ○.

집행관　　　　　　　　(인)

귀하

</td></tr>
</table>

나. 추가압류할 물건이 있는 경우

후행 집행신청을 받은 집행관이 집행장소를 수색하여 추가압류할 물건을 발견한 때에는, 이를 압류하고 그에 대한 추가압류조서를 작성하여 집행신청서와 함께 먼저 압류한 집행관에게 교부하여야 한다(민사집행법 제215조 제1항). 추가압류한 물건을 그 집행관 스스로 점유하고 있는 때에는 그 물건을 먼저 압류한 집행관에게 인도하여야 한다. 먼저 압류한 집행관은 그 압류조서에 후행 집행신청을 한 채권자를 위해 다시 압류한다는 취지를 덧붙여야 한다. 명문의 규정은 없으나, 그 부기문에는 추가압류물이 있다는 취지를 적어야 하고, 추가압류조서는 집행기록에 편철하여야 한다(실무에서는 추가압류조서를 포함한 후행사건기록 자체를 선행사건 기록에 편철하고 있다). 먼저 압류한 집행관이 채권자, 채무자 등에게 이중압류의 통지를 해야 함은 앞서 본 바와 같다.9)

8) 법원실무제요, 민사집행[IV], 사법연수원(2020), 126.

9) 법원실무제요, 민사집행[IV], 사법연수원(2020), 127.

[양식: 추가압류조서]

추 가 압 류 조 서

사　　건 : 20　본 (　부)
채 권 자 :
채 무 자 :
집행권원 :
청구금액 : 원금　　　　원, 이자　　　　원
집행비용 : 금　　　　원
집행일시 : 20　.　.　.
집행장소 :

1. 위 집행권원에 의한 채권자의 위임에 따라, 위 집행장소에서 채무자를 만나 임의로 변제할 것을 고지하였으나 불응하므로 위 청구금액과 집행비용의 변제에 충당하기 위하여 채무자의 재산을 압류하여야 할 것이나, 압류채권자 ○○○가 먼저 압류하였으므로 아직 압류되지 아니한 물건을 추가압류하기 위하여 조서를 작성하였다.
2. 별지 목록 기재 물건을 ○○○를 참여시키고 추가압류 하여 본 집행관이 이를 점유하고 표시를 하여 압류물임을 명백히 하고 채권자의 승낙을 얻어 채무자에게 보관시켰다.
3. 보관인에게 압류물의 점유는 집행관에게 옮겼으므로 누구든지 이를 처분하지 못하며, 이를 처분 또는 은닉하거나 압류표시를 훼손하는 경우에는 벌을 받을 것임을 고지하였다.
4. 먼저 압류한 집행관에게 이 조서를 교부하였다.
5. 이 절차는 20　.　.　.　:　에 시작하여 그날　:　에 종료하였다.
6. 이 조서는 현장에서 작성하여 집행참여자에게 읽어(보여)주었으며, 집행참여자는 이에 승인하고 아래에 서명날인하였다.

2○○○. ○. ○.

집행관　　　　(인)
채권자　　　　(인)
채무자　　　　(인)
참여자　이름　　　　(인)　주민등록번호

주소

다. 관할구역 밖에서의 압류와의 관계

집행관은 동시에 압류하고자 하는 여러 개의 물건 중 일부가 소속 법원의 관할구역 밖에 있는 경우에는 관할구역 밖의 물건에 대하여도 압류할 수 있다(민사집행규칙 제133조). 이에 따라 동일한 집행장소에서 먼저 압류한 집행관과 뒤에 압류할 집행관이 각기 다른 법원 또는 지원에 소속되어 있는 경우가 발생할 수 있다. 이때에는, 뒤에 압류할 집행관은 먼저 압류한 집행관에게 압류조서의 송부를 요청하여 추가압류물의 존부를 확인한 다음 위 (가), (나)항에 준하여 집행신청서와 추가압류조서를 선행 집행을 실시한 집행관에게 송부하여야 한다. 선행 집행이 가압류이고 후행 집행이 압류인 경우에는 후행 집행에 기하여 절차를 진행함이 합리적이라고 할 수 있으나, 민사집행법 제215조 제1항, 제2항, 제4항의 명문규정에 비추어 이 경우에도 가압류에 기한 본압류가 이루어지고 그 본압류에 기한 매각절차가 가능한 이상 먼저 가압류한 집행관이 본압류에 기한 매각절차를 취하여야 한다.

라. 압류물이 이동된 경우

압류물을 보관하는 채무자의 이사 또는 전거(轉居) 등으로 압류물의 소재장소가 선행 압류 후 변경된 경우 후행 집행신청을 받은 집행관이 이를 이중압류절차에 의할 것인지, 아니면 독립된 압류절차에 의할 것인지에 관하여 견해가 나뉠 수 있으나, 현행 실무는 이 경우 압류물의 이동은 일시적인 것으로 보아 이중압류절차에 의하는 것으로 처리하고 있다.[10)]

4. 압류경합의 효과[11)]

가. 압류의 효력

이중압류는 그 형식과 절차가 일반의 압류와는 다르고 관념적인 것이기는 하나, 독립된 압류이므로 그에 따른 효과, 즉 채무자의 처분권상실, 시효중단, 일정범위 내에서의 법정질권의 성립 등은 일반의 압류와 동일하게 발생되며, 이중압류 채권자는 집행채권자로서 압류물의 매각대금으로부터 자기 채권액에 비례하여 배당받을 수 있

10) 법원실무제요, 민사집행[IV], 사법연수원(2020), 129.

11) 법원실무제요, 민사집행[IV], 사법연수원(2020), 129-131.

는 지위에 서게 된다.

나. 집행위임의 이전

이중압류가 이루어지면 뒤에 집행신청을 한 채권자의 집행위임은 먼저 압류한 집행관에게 이전된다(민사집행법 제215조 제2항). 집행위임이 이전된다고 하는 것은 뒤에 강제집행을 실시한 채권자로부터 실제로 집행위임을 받은 집행관은 강제집행 실시기관으로서의 권한과 의무를 면하고, 먼저 압류한 집행관이 그 권한과 의무를 지게 됨을 의미한다. 따라서 후행 집행신청을 받은 집행관은 매각 등의 집행행위를 할 수 없다.

다. 압류의 효력확장

이중압류가 이루어지면 각 압류한 물건은 강제집행을 신청한 모든 채권자를 위하여 압류한 것으로 본다(민사집행법 제215조 제3항). 즉 후행 집행신청에 따라 추가압류된 것이 없는 경우에는 선행 집행사건에서 압류된 물건은 선행 집행신청을 한 채권자뿐만 아니라 후행 집행신청을 한 채권자를 위하여서도 압류된 것으로 보며, 추가압류물이 있는 경우에는 그 추가 압류물은 선행 집행채권자를 위하여서도 압류된 것으로 되는 한편 후행 집행채권자는 선행 압류물과 추가 압류물 모두에 대하여 압류의 효력을 주장할 수 있게 된다. 이 경우 각 채권자는 공동압류의 채권자와 유사한 지위에 서게 되며, 그 압류물의 매각대금으로부터 평등하게 배당받게 된다. 이와 같은 효력은 후행 집행신청을 받은 집행관이 그 집행신청서 또는 추가압류조서를 먼저 압류한 집행관에게 교부한 때에 발생한다고 볼 수 있다.

선행 집행채권자에 의하여 동일한 장소에서 추가압류가 있는 경우에는 그 추가압류는 후행 집행채권자를 위하여도 효력이 있다.

라. 압류의 독립성

이중압류의 경우 후행 압류도 독립한 압류이다. 이중압류 후의 집행절차가 어느 압류에 의한 것인지에 관하여 부동산집행에 관한 민사집행법 제87조와 같은 명문의 규정이 없으므로 선행 압류에 기하여 절차가 진행되는 것이라고 할 근거는 없고 압류가 경합된 채로 집행절차가 진행되는 것이라고 보아야 한다. 따라서 각 압류에 관한 집행신청의 취하나 집행의 취소, 정지 등의 사유는 다른 압류 및 매각의 실시에 아무런 영향도 미치지 않는다. 후행 압류가 취소되거나 그 신청이 취하되더라도 그것만으로는 추가 압류물에 대한 압류를 취소할 수 없다.

마. 집행비용

이중압류의 경우에 부동산집행과 같이 선행 압류에 의하여 절차를 진행한다는 명문의 규정(민사집행법 제87조)이 없으므로 여러 압류가 경합된 상태에서 절차가 진행되는 것으로 보아야 하지만 집행비용에 관한 한 선행 압류의 압류채권자가 지출한 비용만이 우선변제의 대상이 되고, 다른 압류채권자가 지출한 비용은 공익비용이 아니므로 우선변제를 받을 수는 없으며, 이러한 비용은 집행채권의 원금, 이자와 함께 그 채권자의 채권금액에 산입하여 배당하게 된다. 다만 유체동산집행의 경우에 후행 압류 시에 추가압류를 하였으면 추가압류에 든 비용은 우선 배당하여야 한다.

Ⅳ. 배당요구

1. 개설

유체동산집행에 있어서는 실체법상 우선변제청구권이 있는 자에 한하여 배당요구를 할 수 있으므로(민사집행법 제217조), 집행력 있는 정본을 가지지 아니한 자는 아예 배당에서 제외된다. 집행력 있는 정본을 가진 자라 하더라도 배당요구는 할 수 없고, 민사집행법 제215조에 따라 이중압류를 하여야 배당을 받을 수 있다. 압류 이전에 목적물을 가압류한 채권자는 압류채권자에 해당하므로 당연히 배당을 받게 된다한편 압류한 유체동산의 공유자임을 주장하는 배우자는 배당요구가 아닌 지급요구를 하여야 매각대금으로부터 지급받을 수 있다(민사집행법 제221조). 배당요구와 배우자의 지급요구는 집행관에게 하여야 한다(민사집행법 제218조, 제221조 제2항).[12]

2. 배당요구권자의 범위

민법, 상법, 그 밖의 법률에 따라 우선변제청구권이 있는 자에 한하여 배당요구

12) 한편 채권집행에 있어서는 실체법상 우선변제청구권이 있는 채권자와 집행력 있는 정본을 가진 채권자가 배당요구를 할 수 있고(민사집행법 제247조), 부동산집행에 있어서는 실체법상 우선변제청구권이 있는 자, 집행력 있는 정본을 가진 자 외에 경매개시결정이 등기된 뒤에 가압류를 한 채권자가 배당요구를 할 수 있는 점(민사집행법 제88조)에서 비교된다.

를 할 수 있다(민사집행법 제217조).

가. 우선특권 등

상법상의 각종 우선특권 또는 우선변제권(상법 제468조, 제777조, 제893조), 근로자의 임금채권(근로기준법 제38조, 선원법 제152조의2), 퇴직금채권(근로자퇴직급여 보장법 제12조) 등[13]이 이에 해당한다.

나. 질권

질권은 목적물건에 대한 점유를 요건으로 하므로(민법 제329조), 일반적으로는 질권자의 배당요구를 상정하기 어렵다. 다만 질권자가 임의로 압류를 승인한 경우(민사집행법 제191조)에는, 그에 의하여 우선권을 잃는 것은 아니므로(집행관의 압류물에 대한 점유의 성질에 관하여 판례가 취하는 공법상 점유설에 의할 경우 질권자가 여전히 사법상 점유를 가지고 있다: 대법원 1963. 10. 10. 선고 63다309 판결, 대법원 1966. 11. 22. 선고 66다1545 판결 참조) 이때에는 배당요구를 할 수 있다.

다. 동산담보권 등

동산·채권 등의 담보에 관한 법률에 따른 동산담보권자는 우선변제권이 있으므로(같은 법 제8조) 배당요구를 할 수 있다. 저당권의 효력이 미치는 저당목적물의 종물인 동산(민법 제358조)이나 저당목적물로부터 분리된 동산 또는 저당부동산 위의 미분리과실(민법 제359조)이 압류된 때에는 그 동산의 매각대금에 대하여 배당요구를 할 수 있다.

라. 양도담보권

이에 대하여는 배당요구권을 인정할 것이라는 견해, 제3자이의의 소에 의하여 소유권을 주장할 것이고 배당요구권을 인정할 것은 아니라는 견해, 권리자의 선택에 따라 배당요구 또는 제3자이의의 소 제기를 인정할 것이라는 견해 등이 있다.[14]

판례는 집행증서를 소지한 동산양도담보권자는 양도담보권자인 지위에 기초하여

13) 그 밖에 산업재해보상보험료채권(고용보험 및 산업재해보상보험의 보험료징수 등에 관한 법률 제30조), 건강보험료채권(국민건강보험법 제85조), 자본시장과 금융투자업에 관한 법률 제400조, 담보부사채신탁법 제82조 등에 따라 우선특권 또는 우선변제권이 인정되는 채권이 있다.

14) 법원실무제요, 민사집행[IV], 사법연수원(2020), 133.

제3자이의의 소에 의하여 목적물건에 대한 양도담보권설정자의 일반채권자가 한 강제집행의 배제를 구하거나 또는 그렇지 않고 이중압류의 방법으로 배당절차에 참가하여 압류가 경합된 일반채권자에 우선하여 배당받을 수 있다는 입장을 취하고 있지만(대법원 2004. 12. 24. 선고 2004다45943 판결 참조), 양도담보권자인 지위에서 민사집행법 제217조에 의한 배당요구가 가능한지 여부에 관하여 명시적으로 판단하고 있지 않다. 동산양도담보권자의 경우 담보약정에 기한 사적 실행 외에 민사집행법 제271조에 따른 담보권의 실행을 인정하지 않는 이상 부정적으로 해석될 여지가 많다.[15)]

동산에 관하여 양도담보계약이 이루어지고 양도담보권자가 점유개정의 방법으로 인도를 받았다면 그 청산절차를 마치기 전이라 하더라도 양도담보권자는 담보목적물에 대한 사용수익권은 없지만 양도담보권설정자를 제외한 제3자에 대한 관계에 있어서는 그 물건의 소유자임을 주장하고 그 권리를 행사할 수 있다(대법원 1971. 3. 23. 선고 71다225 판결, 대법원 1999. 9. 7. 선고 98다47283 판결 등 참조). 동산을 목적으로 하는 양도담보설정계약을 체결함과 동시에 채무불이행 시 강제집행을 수락하는 공정증서를 작성한 경우, 양도담보권설정자가 그 피담보채무를 불이행한 때에는 양도담보권자는 집행증서에 기하지 아니하고 양도담보의 약정 내용에 따라 이를 사적으로 타에 처분하거나 스스로 취득한 후 정산하는 방법으로 현금화할 수도 있지만, 집행증서에 기하여 담보목적물을 압류하고 강제경매를 실시하는 방법으로 현금화할 수도 있다. 만약 후자의 방법에 의하여 강제경매를 실시하는 경우 그와 같은 방법에 의한 매각절차는 형식은 강제경매절차에 따르지만 그 실질은 일반 강제집행절차가 아니라 동산양도담보권 실행을 위한 현금화절차로서 그 압류절차에서 압류가 경합된 양도담보권설정자의 다른 채권자는 양도담보권자에 대한 관계에서 압류경합권자나 배당요구권자로 인정될 수 없다. 따라서 현금화로 인한 매득금에서 현금화비용을 공제한 잔액은 양도담보권자의 채권변제에 우선적으로 충당하여야 하고 양도담보권자와 압류경합자인 다른 채권자 사이에서 각 채권액에 따라 안분비례로 배당할 것이 아니다(대법원 1994. 5. 13. 선고 93다21910 판결, 대법원 1999. 9. 7. 선고 98다47283 판결, 대법원 2005. 2. 18. 선고 2004다37430 판결).

마. 조세 등의 교부청구

조세(국세기본법 제35조 제1항, 지방세기본법 제71조 제1항 이하, 관세법 제3조

15) 법원실무제요, 민사집행[IV], 사법연수원(2020), 133.

제1항)나 공과금(도로법 제69조, 하천법 제67조 등) 등의 교부청구(국세징수법 제56조, 지방세징수법 제66조)에 관하여는, 단순히 조세 등의 존재를 통지하여 그 우선지급을 구하는 신청으로 보는 견해도 있으나, 배당요구에 준하는 것으로 보고 배당요구의 시적 한계에 관한 규정(민사집행법 제220조)을 적용하는 것이 타당하다.[16)]

판례는 조세채권의 경우 부동산경매개시결정등기 이전에 체납처분에 의한 압류등기 또는 국세징수법 제24조 제2항 및 지방세징수법 제33조 제2항에 의한 보전압류의 등기가 마쳐져 있지 않은 이상 교부청구 당시 체납되어 있고 또한 과세관청이 배당요구종기까지 집행법원에 교부청구를 하여야만 배당받을 수 있다(대법원 1993. 3. 26. 선고 92다52733 판결)는 입장을 취하고 있는데, 동산에 대한 강제집행의 경우에도 과세관청이 미리 압류하지 아니하였다면 배당요구의 종기까지 집행관에게 교부청구를 하여야 배당받을 수 있다고 보는 것이 타당하다. 그러나 교부청구는 집행기관에 대하여 체납된 조세의 변제를 최고하는 행위일 뿐 공정력을 갖는 행정처분이 아니므로 이미 결손처분이 이루어진 조세에 대하여 교부청구를 하거나 교부청구 후 결손처분이 이루어진 경우에는 집행법원으로부터 배당을 통하여 우선변제를 받을 수 없다(대법원 2001. 3. 20.자 2000마5809 결정). 또한 지방자치단체의 장이 결손처분을 하였다가 체납처분의 일환으로 지방세의 교부청구를 하는 과정에서 결손처분의 취소 및 그 통지에 관한 절차적 요건을 준수하지 않았다면, 강제집행절차에서 적법한 배당요구가 이루어지지 아니한 경우와 마찬가지로 해당 교부청구에 기해서는 배당을 받을 수 없다(대법원 2019. 8. 9. 선고 2018다272407 판결 참조).

한편 지방세징수법[2022. 1. 28. (법률 제18794호, 시행 2022. 1. 28.)]상 결손처분에 관한 규정은 삭제되었고, 지방자치단체의 장은 체납처분이 종결되고 체납액에 충당된 배분금액이 그 체납액보다 적을 경우 등의 사정이 있는 경우 정리보류[17)]를

16) 법원실무제요, 민사집행[IV], 사법연수원(2020), 134.

17) 지방세징수법 【2022. 1. 28. (법률 제18794호, 시행 2022. 1. 28.)】
제106조(정리보류 등)
① 지방자치단체의 장은 납세자에게 다음 각 호의 어느 하나에 해당하는 사유가 있을 때에는 정리보류를 할 수 있다. 〈개정 2022.1.28〉
1. 체납처분이 종결되고 체납액에 충당된 배분금액이 그 체납액보다 적을 때
2. 체납처분을 중지하였을 때
3. 삭제 〈2022.1.28〉
4. 체납자의 행방불명 등 대통령령으로 정하는 바에 따라 징수할 수 없다고 인정될 때
② 지방자치단체의 장은 지방세징수권의 소멸시효가 완성되었을 때에는 시효완성정리를 하여야 한다. 〈신설 2022.1.28〉
③ 지방자치단체의 장은 제1항에 따라 정리보류를 한 후 압류할 수 있는 다른 재산을 발견하였을

할 수 있다(지방세징수법 제106조 참조)는 규정이 신설되었다.

지방세징수법상 정리보류절차가 결손처분절차와 차이점은 지방자치단체장은 구 지방세징수법상 결손처분을 한 후 압류할 수 있는 다른 재산을 발견한 경우 결손처분을 취소하여야 하지만, 지방세징수법상 정리보류의 경우 별도 '정리보류 취소'에 관한 규정을 두고 있지 않고, "체납처분을 하여야 한다"고 규정하고 있다.

국세징수절차에서도 국세징수법(2012. 1. 1. 시행) 제86조 등 결손처분 관련 규정이 삭제되었고, 국세징수사무처리규정 제141조 제1항 제1호, 제4호, 제5호에서 정리보류에 관하여 규정하고 있다.

'정리보류' 후 체납처분청에서 별도 체납처분을 하지 않고, 배당요구종기가 도과한 후 교부청구만 한 경우 정리보류 처리된 금액에 대하여 배당요구의 효력을 인정할 수 있을지 문제될 수 있다. '정리보류'와 관련된 현행 규정에서 결손처분과 달리 그 취소 및 통지절차를 별도로 규정하고 있지 않다는 점에서 배당요구 효력이 인정될 여지가 있다.

바. 그 밖에 배당요구권의 유무가 문제되는 경우

1) 유치권: 유치권에는 우선변제청구권이 인정되지 않는다는 점에는 이론이 없으므로 유치권자는 배당요구를 할 수 없다.

2) 집행력 있는 정본 소지자: 이들은 배당요구를 할 수 없고 민사집행법 제215조의 규정에 의하여 매각기일에 이르기 전에 이중압류를 하여 배당에 참여할 수 있을 뿐임은 앞서 본 바와 같다.

3) 집행채권자(강제집행청구금액의 확장)

집행력 있는 정본을 가진 채권자가 그 채권액 중 일부만을 청구금액으로 표시하여 강제집행을 한 후 그 청구금액을 확장하는 것은 허용되지 않는다. 그 후에 청구금액을 확장하여 잔액을 청구하더라도 배당요구를 한 것으로 볼 수밖에 없다(대법원 1983. 10. 15.자 83마393 결정 참조). 그런데 유체동산집행의 경우에는 실체법상 우선변제청구권이 있는 채권자에 한하여 배당요구를 할 수 있으므로(민사집행법 제217조), 이에 해당하지 아니하는 한 적법한 배당요구가 될 수도 없다. 따라서 집행채권자가 그 청구금액을 확장하려면 추가로 이중압류를 해야 한다.

때에는 지체 없이 체납처분을 하여야 한다. 〈개정 2022.1.28〉

3. 배당요구의 방식과 절차

가. 배당요구서 제출

배당요구는 채권(이자, 비용, 그 밖의 부대채권을 포함한다)의 원인과 액수를 적은 서면을 집행관에게 제출함으로써 한다(민사집행법 제218조, 민사집행규칙 제158조, 제48조 제1항). 배당요구는 소송행위의 일종이므로 당사자능력과 소송능력이 있어야 한다.

근로자가 임금채권 및 퇴직금채권의 우선변제권에 기하여 배당요구를 하는 경우에는 판결 이유 중에 배당요구채권이 우선변제권 있는 임금채권이라는 판단이 있는 법원의 확정판결(단 자백간주 판결, 공시송달에 의한 판결은 제외)이나 관할지방고용노동관서의 장이 발급한 체불 임금등·사업주 확인서(임금채권보장법 시행규칙 제9조의2 제2항, 별지 7호의3 서식 참조) 중 하나와 그 채권자가 근로자라는 사실 또는 미지급된 임금액을 소명하는 자료 등을 제출하여야 한다. 근로자의 임금채권에 대한 배당 시 유의사항(재민 97-11)은 근로자의 임금채권 우선변제권에 기한 배당요구 시 위 소명자료를 첨부하도록 규정하고 있다.

나. 부동산의 경우

채권의 원인과 액수를 적고 첨부서류를 갖추어 경매법원에 제출한 경우에는 그 서면의 제목을 '배당요구 신청서'라고 하지 않고 '권리신고'라고 하였더라도 배당요구의 효력이 인정되는데(대법원 1999. 2. 9. 선고 98다53547 판결), 유체동산의 경우도 마찬가지이다.

다. 우선변제청구권이 있는 채권자

우선변제청구권이 있는 채권자가 집행력 있는 정본을 가진 때에는 민사집행법 제215조의 규정에 따라 이중압류를 할 수도 있고 배당요구만을 할 수도 있다.

라. 조세 등의 교부청구

조세 등의 교부청구는 배당요구와 동일한 성질의 것이므로 민사집행규칙 제158조, 제48조에 따라 교부청구서에 체납자, 채권자, 교부청구의 대상인 체납세액의 내용이 기재되어 있어 채권의 원인 및 액수를 특정하기에 충분하다면 그 채권을 계산할 수 있는 구체적인 증빙서류까지 첨부할 필요는 없고(대법원 2001. 5. 8. 선고

2001다12393 판결), 우편으로 제출된 교부청구서가 당해 경매사건이 계속 중인 법원에 접수된 이상 그 우편물의 겉봉과 교부청구서에 받는 사람의 표시를 위 법원의 '등기과'로 표시하였다고 하여도 교부청구로서의 효력을 가진다(대법원 2001. 6. 12. 선고 99다45604 판결).

마. 주소 등이 바뀐 경우의 신고의무

배당요구채권자가 배당요구서에 적은 주소 등을 바꾼 때에는 그 취지를 법원에 바로 신고하여야 한다(민사집행법 제14조 제1항). 이를 하지 아니한 사람에 대한 송달은 달리 송달할 장소를 알 수 없는 경우라고 보아, 법원에 신고된 장소 또는 종전에 송달을 받던 장소에 대법원규칙이 정하는 방법인 등기우편으로 발송할 수 있다(민사집행법 제14조 제2항, 민사집행규칙 제9조). 이에 따라 서류를 발송한 경우에는 발송한 때에 송달된 것으로 본다(민사집행법 제14조 제3항).

그러므로 배당요구채권자가 위 규정에 위반하여 바뀐 주소 등을 신고하지 아니한 때에는, 집행관은 배당요구서에 기재되어 있는 주소 등에 등기우편으로 발송하고 그 사유를 조서에 기재함으로써 송달 등에 갈음할 수 있다(민사집행법 제11조).

4. 배당요구의 시기(時期)

가. 시기(始期)

배당요구의 시기에 대하여서는 특별한 규정은 없으나 집행개시 후, 즉 집행관이 압류할 물건의 소재지에 이르러 집행에 착수한 때부터라고 할 수 있다.

나. 종기(終期)

1) 금전을 압류한 경우: 압류금전은 별도의 현금화절차를 요하지 아니하고 즉시 채권자에게 인도하여야 하고 이로써 채무자가 지급한 것이 되므로(민사집행법 제201조) 그 압류 이전에 한하여 배당요구를 할 수 있다(민사집행법 제220조 제1항 제1호 전단).

2) 압류물을 매각, 현금화하는 경우: 이 경우에는 집행관이 매각대금을 영수한 때까지 배당요구를 할 수 있다(민사집행법 제220조 제1항 제1호 후단). 일반적으로 매각물의 인도는 대금지급과 서로 상환하여 하는 것이 원칙이므로(민사집행법 제205조 제2항) 집행관의 매각대금 영수는 매각결정기일에 이루어지게 된다. 다만 특별매

각조건 또는 집행법원의 특별현금화명령에 의하여 매각물의 인도일과 대금지급기일을 달리 정한 경우에는 매각결정기일이 아니라 그 대금지급기일에 집행관이 대금을 영수한 때가 배당요구의 종기로 된다. 특별현금화명령에 의하여 집행관 이외의 사람이 현금화하는 경우에는 그 사람이 매각대금을 영수한 때가 배당요구의 종기로 된다고 해석하여야 한다.18)

압류의 경합 여부는 압류장소를 단위로 하여 정하여야 할 것이므로 압류장소가 다르면 현금화절차도 별개로 이루어지게 된다. 따라서 이 경우에는 각 현금화절차에서 집행관이 매각대금을 영수한 때까지 배당요구를 할 수 있다. 동일 장소에서 압류한 여러 개의 유체동산이라도, 당초부터 매각기일이 분리, 지정된 경우는 물론, 매각기일에서 일부만이 매각되고 나머지 물건에 대하여는 매수신청이 없어 매각기일이 연기되거나 속행된 경우에도 배당요구는 각각의 매각기일을 기준으로 하여 집행관이 매각대금을 영수한 때까지 할 수 있다.

3) 금전의 지급을 목적으로 하는 유가증권을 압류한 경우: 집행관이 유가증권을 압류한 때에는 시장가격이 있는 것은 매각하는 날의 시장가격에 따라 적당한 방법으로 매각하고 그 시장가격이 형성되지 아니한 것은 일반 현금화의 규정에 따라 매각하여야 한다(민사집행법 제210조). 이때에는 그 매각대금을 영수한 때가 배당요구의 종기로 된다(민사집행법 제220조 제1항 제1호 후단).

그런데 어음, 수표 그 밖의 금전의 지급을 목적으로 하는 유가증권에 대하여는, 위와 같은 현금화를 하기 전에 그 권리행사기간이 도래한 때에는 집행관이 채무자에 갈음하여 인수 또는 지급을 위한 제시나 지급청구를 하여야 하고(민사집행법 212조 1항), 그 결과 집행관이 제3채무자로부터 그 금전을 지급받을 수도 있다. 이 경우에는 별도의 현금화절차를 필요로 하지 않으므로 집행관이 그 지급을 받은 때까지 배당요구를 할 수 있다(민사집행법 제220조 제1항 제2호).

4) 긴급매각의 경우: 집행정지 중에 압류물을 긴급매각하고 그 매각대금을 공탁한 경우(민사집행법 제198조 제3항, 제4항)에는, 그 정지사유가 해소되어 집행을 속행하게 되면 별도의 현금화절차를 요하지 아니하고 배당절차에 들어가게 되므로 강제집행을 속행하게 된 때까지 배당요구를 할 수 있다(민사집행법 제220조 제2항 전단).

한편 가압류물을 긴급매각하여 그 매각대금을 공탁한 경우(민사집행법 제296조 제5항 단서)에는 압류의 신청을 한 때까지 배당요구를 할 수 있다(민사집행법 제220

18) 법원실무제요, 민사집행[IV], 사법연수원(2020), 137-138.

조 제2항 후단). '압류의 신청'은 가압류가 본압류로 이전되는 것뿐만 아니라 가압류 채권자 이외의 채권자가 중복하여 압류신청하는 것을 포함한다. 따라서 가압류의 본압류로의 이전 또는 다른 채권자의 압류신청 중 먼저 행해지는 때가 배당요구의 종기로 된다.

5. 배당요구의 통지

집행관은 실체법상 우선변제청구권이 있는 자의 배당요구가 있는 경우에는 그 사유를 배당에 참가한 채권자와 채무자에게 통지하여야 한다(민사집행법 제219조).

[양식: 통지서]

통 지 서

사 건 : 20 본 (부)
채 권 자 :
채 무 자 :
위 사건에 관하여 별지 배당요구서 부본과 같이 배당요구가 있음을 통지합니다.

2○○○. ○. ○.

집행관 ㊞

채권자 귀하

통지의 절차는 민사집행법 제11조의 규정에 따른다. 통지를 함에는 배당요구서의 부본을 함께 송달하거나 교부함이 타당하다. 채무자가 외국에 있거나 있는 곳이 분명하지 아니한 때에는 통지할 필요가 없다(민사집행법 제12조).

6. 배당요구의 효력

1) 적법한 배당요구가 있는 때에는 압류금전 또는 매각대금 등에서 배당받을 지위를 취득한다. 압류채권자와 배당요구채권자, 배당요구채권자 상호 간의 배당순위는 채권자 전원의 협의에 의하거나 실체법의 규정에 의하여 정하여진다. 배당요구를 한 후 다른 채권자가 이중압류를 하여 압류물이 추가된 때에는 그 추가된 압류물에 대하여도 배당요구의 효력이 미친다고 해석된다(민사집행법 제215조 제3항 참조).

2) 배당요구는 다른 사람의 집행절차에 참가, 편승하여 채권액의 지급을 구하는 것이므로 배당요구채권자가 스스로 강제집행절차를 추행(追行)할 권능은 일반적으로 없다. 다만 특별현금화명령을 신청할 수 있고(민사집행법 제214조), 배당요구채권액은 초과압류(민사집행법 제188조 제2항), 매각의 한도(다만 일괄매각의 경우는 제외, 민사집행법 제207조) 등을 정하는 표준으로 된다. 또 배당요구는 민법 제168조 제2호의 압류에 준하여 소멸시효중단의 효력이 인정된다(대법원 2002. 2. 26. 선고 2000다25484 판결 참조). 중단된 소멸시효는 배당표가 확정된 때부터(대법원 2009. 3. 26. 선고 2008다89880 판결 참조) 다시 진행한다(민법 제178조 제1항).

3) 배당요구는 그 기초가 된 압류가 취소되거나 압류채권자가 신청을 취하한 때에는 효력을 상실한다. 배당요구에 의한 소멸시효중단의 효력도 소급하여 소멸되나(민법 제175조, 대법원 2010. 9. 9. 선고 2010다28031 판결 참조), 배당요구가 채무자에게 통지된 경우에는 배당요구에 소멸시효 중단사유인 최고의 효력은 인정될 여지가 있다.[19]

4) 한편 적법한 배당요구가 필요함에도 이를 하지 않아 배당에서 제외된 선순위 채권자는 대신 배당받은 후순위 채권자를 상대로 부당이득반환을 청구할 수 없다(대법원 1997. 2. 25. 선고 96다10263 판결, 대법원 1998. 10. 13. 선고 98다12379 판결 등 참조). 그러나 적법한 배당요구를 하였음에도 배당받을 권리 있는 채권자가 자신이 배당받을 몫을 받지 못하고 그로 인해 권리 없는 다른 채권자가 그 몫을 배당받은 경우에는 배당이의 여부 또는 배당표의 확정 여부와 관계없이 배당받을 수 있었던 채권자가 배당금을 수령한 다른 채권자를 상대로 부당이득반환 청구를 할 수 있다[대법원 2019. 7. 18. 선고 2014다206983 전원합의체 판결 참조].

5) 또한 채무자가 제3자에게 양도담보로 제공한 동산에 대하여 일반 채권자가 강제집행을 신청하여 배당을 받은 경우, 매각으로 인하여 매수인이 그 소유권을 선의취득의 방법으로 취득하고 그에 따라 양도담보권자가 그 소유권을 상실한 때에는, 일반 채권자는 채무자 아닌 제3자 소유의 동산에 대한 매각대금을 배당받음으로써 법률상 원인 없이 이득을 얻고 그로 인하여 양도담보권자가 손해를 입었으므로 양도담보권자에 대하여 이를 부당이득으로서 반환할 의무가 있다(대법원 1997. 6. 27. 선고 96다51332 판결).

19) 법원실무제요, 민사집행[IV], 사법연수원(2020), 140.

7. 배우자의 지급요구

가. 개설

민사집행법 제190조의 규정에 따라 부부공유 유체동산을 압류한 경우 그 배우자는 그 목적물에 대한 우선매수권(민사집행법 제206조)을 행사하거나 자기 공유지분에 대한 매각대금을 지급하여 줄 것을 요구할 수 있다(민사집행법 제221조 제1항). 이 지급요구는 자기 소유물의 매각대금의 반환을 구하는 것으로서 배당요구와는 본질을 달리하는 것이나, 지급요구의 방식과 절차 및 시적 한계 등에 관하여는 배당요구에 관한 규정이 일부 준용된다(민사집행법 제221조 제2항, 민사집행규칙 제153조).

지급요구의 대상이 되는 '매각대금'을 어떻게 볼 것인가에 관하여 집행관사무소에 비치할 각종 문서의 양식에 관한 예규(행정예규 제1200호) [별지] 2-32의 유체동산호가경매조서는 집행비용을 빼기 전의 것을 의미한다는 전제 아래(채무자 아닌 배우자가 부담할 것이 아니라는 의미), 지급요구가 있을 때에는 집행비용의 공제에 앞서 배우자에 대하여 그 지분에 해당하는 몫을 지급하도록 하고 있다.[20]

나. 지급요구의 절차

지급요구의 절차에는 배당요구에 관한 규정이 준용된다. 따라서 지급요구는 이유를 밝혀 집행관에게 하여야 한다(민사집행법 제221조 제2항, 제218조). '이유'는 지급요구를 하는 자가 채무자의 배우자라는 것, 압류물이 채무자와의 공유에 속한다는 것, 공유지분의 비율 등을 의미한다. 다만 배당요구는 반드시 서면에 의하여야 하나(민사집행규칙 제158조, 제48조), 지급요구는 매각기일에 매각장소에 출석하여 하는 경우에는 말로도 할 수 있다(민사집행규칙 제153조).

배우자의 지급요구가 있는 때에는 집행관은 그 사유를 배당에 참가한 채권자와 채무자에게 통지하여야 한다(민사집행법 제221조 제2항, 제219조).

다. 지급요구의 시기

지급요구의 시적 한계에 관하여는 배당요구와 동일한 제한이 있다(민사집행법 제221조 제2항, 제220조). 이 시기 내에 지급요구가 없으면 매각대금전액이 압류채권자 및 배당요구채권자에게 지급된다.[21]

20) 법원실무제요, 민사집행[IV], 사법연수원(2020), 141-142.
21) 법원실무제요, 민사집행[IV], 사법연수원(2020), 142.

라. 공유관계부인의 소

1) 채무자 아닌 배우자의 지급요구가 있는 경우, 배우자의 공유 주장에 대하여 이의가 있는 채권자는 그 배우자를 상대로 소를 제기하여 압류물이 채무자와 그 배우자의 공유가 아니라 채무자의 단독소유라는 것을 확정함으로써 부당한 지급요구를 배제할 수 있다(민사집행법 제221조 제3항). 채권자가 배우자의 공유주장에 대하여 이의하고 그 이의가 완결되지 아니한 때에는 집행관은 배우자가 주장하는 공유지분에 해당하는 매각대금에 관하여 이를 공탁하고 그 사유를 집행법원에 신고하여야 한다(민사집행규칙 제154조, 민사집행법 제222조).

2) 민사집행법 제221조 제3항은 '공유가 아니라는 것을 확정하여야 한다.'라고 규정하고 있으므로, 공유관계부인의 소는 성질상 확인의 소라고 해석된다. 따라서 그 소송의 결과에 따라 집행관이 배우자에게 매각대금을 지급하거나 지급하지 않게 되는 것은 판결의 부수적 효과 내지 반사적 효과이다.

3) 소송절차

가) 개설

공유관계부인의 소에는 민사집행법 제154조 제3항, 제155조 내지 제158조, 제160조 제1항 제5호 및 제161조 제1항, 제2항, 제4항이 준용되므로 배당이의의 소에 준한다(민사집행법 제221조 제4항).

나) 관할

공유관계부인의 소는 원칙적으로 집행관이 속한 지방법원의 관할에 속한다. 다만 소송물이 단독판사의 사물관할에 속하지 아니할 때에는 지방법원의 합의부가 이를 관할한다(민사집행법 제221조 제4항, 제156조 제1항). 여러 개의 공유관계부인의 소가 제기된 경우에 한 개의 소를 합의부가 관할하는 때에는 그 밖의 소도 함께 관할한다(민사집행법 제221조 제4항, 제156조 제2항). 원고와 피고가 단독판사의 재판을 받을 것을 합의한 경우에는 단독판사가 재판한다(민사집행법 제221조 제4항, 제156조 제3항). 소송물의 가액은 원고의 채권액을 한도로 한 목적물, 즉 압류물의 가액의 1/2이다(인지규칙 제16조 제7호). 이들 관할은 전속관할이다(민사집행법 제21조).

다) 제소기간

공유관계부인의 소를 제기한 자가 배당기일부터 1주 이내에 집행관에 대하여 그 소를 제기한 사실을 증명하는 서류를 제출하지 아니한 때에는 이의가 취하된 것으로 본다(민사집행법 제221조 제4항, 제154조 제3항). 소 제기의 증명은 수소법원의 소제기증명서, 변론기일통지서 등을 제출하는 방법으로 하면 된다.

집행관은 이의채권자가 소정 기간 내에 관할법원에 공유관계부인의 소를 제기하였는지, 그 소가 이의와 관계가 있는 적법한 소인지를 심사하여야 하며, 소의 내용이 위와 같은 사항을 흠결한 때에는 그 소제기의 증명은 배우자에 대한 매각대금의 지급을 유보하는 효력을 가지지 않는다[22].

1주의 법정기간은 집행관이나 당사자가 연장할 수 없고 추후보완도 허용되지 않는다. 공유관계부인의 소가 소정 기간 내에 제기되었으나 그 소 제기 증명서를 소정 기간 경과 후에 제출한 경우에도 이의는 취하된 것으로 간주된다(대법원 2011. 5. 26. 선고 2011다16592 판결).

라) 당사자[23]

배우자의 공유주장에 대하여 이의가 있는 채권자가 원고적격자이고, 공유를 주장하는 배우자가 피고적격자이다. 채권자에는 집행채권자뿐만 아니라 배당요구채권자도 포함된다. 다수의 채권자가 공동소송인이 되어 소를 제기한 때에는 유사필수적 공동소송이 된다. 합일확정의 필요가 있기 때문이다. 여러 사람의 채권자가 각각 별개의 소를 제기한 경우에는 병합하여 심리, 판결하여야 한다.

채무자는 원칙적으로 당사자적격이 없다.

마) 소의 이익[24]

일반적으로 채무자 아닌 배우자가 지급요구를 한 때부터 집행절차가 종료될 때, 즉 매각대금의 지급이 완료될 때까지에 한하여 소의 이익이 인정된다. 여러 개의 유체동산 중 일부에 관하여만 배우자의 지급요구가 있는 경우에 나머지 부분에 관하여는 채무자의 단독소유라는 확정을 구할 이익이 없다.

매각대금이 배우자에게 지급된 이후에는 즉시확정의 이익 문제로 돌아간다. 즉 이의한 채권자가 공유관계부인의 소의 제소기간을 지키지 아니한 경우 집행절차 내에서 배우자에게 매각대금이 지급되는 것을 저지할 수는 없으나, 이 경우에도 배우자의 지급요구에 이의 있는 채권자가 배우자에 대하여 소로써 우선권 및 그 밖의 권리를 행사하는 데 영향을 미치지 아니하므로(민사집행법 제221조 제4항, 제155조) 채권자는 배우자를 상대로 부당이득반환청구를 할 수 있다.

바) 소장 기재사항

22) 법원실무제요, 민사집행[IV], 사법연수원(2020), 143.
23) 법원실무제요, 민사집행[IV], 사법연수원(2020), 144.
24) 법원실무제요, 민사집행[IV], 사법연수원(2020), 144-145.

소장에는 청구취지를 "피고(배우자)는 원고(채권자)가 OOO(채무자)에 대한 OO 지방법원 2019차OOOO호 대여금 사건의 집행력 있는 지급명령 정본에 기초하여 2020. OO. OO. 압류한 별지 목록 기재 각 유체동산에 관하여 1/2의 공유지분을 가지지 아니함을 확인한다."와 같이 기재한다.

청구원인은 압류물이 채무자와 배우자의 공유가 아니고 채무자의 특유재산이라는 것을 기재함으로써 충분하다. 그 입증책임은 소를 제기한 채권자에게 있다.

사) 소의 취하간주

공유관계부인의 소를 제기한 채권자가 첫 변론기일에 출석하지 아니하면 소를 취하한 것으로 간주된다(민사집행법 제221조 제4항, 제158조). '첫 변론기일'은 최초로 지정된 변론기일이 아니라 실제로 변론을 행하는 첫 기일을 말하며, 제1심의 변론기일에 한한다. 첫 변론기일이므로 속행된 2회 이후의 기일에 불출석한 경우에는 적용하지 않는다. 피고(배우자)의 출석 여부는 소취하간주 효과의 발생에 영향을 미치지 않는다(대법원 1967. 6[25]. 27. 선고 67다796 판결).

4) 판결

공유관계부인의 소를 심리한 결과, 소송요건을 갖추지 못한 때에는 각하판결을 하고, 원고의 주장이 이유 없을 때, 즉 압류물이 배우자의 주장과 같이 채무자와의 공유인 때에는 청구를 기각하여야 하며, 원고의 청구가 이유 있을 때에는 청구를 인용하는 판결을 하여야 한다.

배우자가 주장하는 공유지분의 비율이 틀린 경우, 즉 배우자가 주장하는 바와 같이 압류물을 채무자와 공유하고 있으나 그 공유지분의 비율이 배우자가 주장하는 것보다 적은 경우에는, 민사집행법 제157조가 준용되는 결과, 원고의 청구를 일부인용하고 나머지 청구는 기각하여야 한다.

25) 법원실무제요, 민사집행[IV], 사법연수원(2020), 145.

제6장 변제절차

유체동산에 대한 강제집행에서 현금화가 이루어지고 나면 그 매각대금 등은 1차적으로 집행관이 교부 또는 배당을 하고, 매각대금 등으로 배당에 참가한 모든 채권자를 만족하게 할 수 없고 채권자 사이에 배당협의가 이루어지지 아니한 때에 비로소 집행법원에 의해 배당절차가 진행된다. 즉 ① 채권자가 한 사람인 경우 또는 채권자가 두 사람 이상으로서 매각대금 또는 압류금전으로 각 채권자의 채권과 집행비용의 전부를 변제할 수 있는 경우에는 집행관은 채권자에게 채권액을 교부하고, 나머지가 있으면 채무자에게 교부함으로써 변제절차가 종료된다(민사집행규칙 제155조 제1항). ② 또한 압류금전이나 매각대금으로 각 채권자의 채권과 집행비용의 전부를 변제할 수 없는 경우에도, 배당협의기일까지 채권자 사이에 배당협의가 이루어진 때에는 집행관은 그 협의에 따라 배당을 실시한다(민사집행규칙 제155조 제2항, 제3항). ③ 집행관은 매각대금 등으로 배당에 참가한 모든 채권자를 만족하게 할 수 없고 매각허가된 날부터 2주 이내에 채권자 사이에 배당협의가 이루어지지 아니한 때에 비로소 매각대금을 공탁한 후 집행절차에 관한 서류를 붙여 그 사유를 법원에 신고하여야 하고(민사집행규칙 제155조 제4항, 민사집행법 제222조), 이로써 집행법원의 배당절차가 개시된다(민사집행법 제252조 제1호).

Ⅰ. 집행관의 매각대금 등 교부

1. 매각대금 등을 교부할 수 있는 경우

가. 채권자 등에 대한 교부

채권자가 한 사람인 경우 또는 채권자가 두 사람 이상이라도 매각대금(어음, 수표금을 지급받은 경우에는 그 지급금)이나 압류금전으로 각 채권자의 채권과 집행비용의 전부를 변제할 수 있는 경우에는, 채권자 사이에 이해의 대립이 없어 배당을 실시할 필요가 없으므로 집행관은 매각대금 또는 압류금전으로 채권자의 채권액을 교부하고 나머지가 있으면 채무자에게 교부하여야 한다(민사집행법 제201조 제1항, 민사집행규칙 제155조 제1항).

유체동산집행에 있어 매각대금 또는 압류금전을 교부 또는 배당받을 자는 압류채권자, 민사집행법 제220조의 기간 내에 배당요구를 한 우선변제청구권 있는 채권자와 민사집행법 제221조의 규정에 따라 지급요구를 한 배우자이다.

압류채권자에는 선행 가압류채권자 및 이중압류 채권자가 포함된다. 교부 또는 배당하여야 할 매각대금 또는 압류금전은 집행비용을 뺀 잔액이다(민사집행법 제53조 제1항). 채권자의 채권액이라 함은 압류채권자에 있어서는 집행권원상의 청구채권의 범위 내에서 강제집행신청서에 기재한 청구채권액, 배당요구채권자에 있어서는 그 배당요구서에 기재된 청구채권액을 말하고, 이자와 지연손해금 등의 부대청구를 포함한다. 위 부대청구는 금전압류 시 또는 매각대금 영수 시까지의 것에 한하지 아니하고, 채권자가 특히 기간을 명시하여 청구하는 경우를 제외하고는 매각대금 등의 지급일까지의 것으로 보아야 한다. 가압류채권자에 있어서는 가압류결정에 청구금액으로 표시된 채권액을 말한다.[1)]

나. 교부절차[2)]

1) 집행관이 매각대금 등을 채권자에게 교부하는 절차·방법에 관하여는 아무런 규정이 없으므로 집행관은 확실하고 안전한 방법으로 교부하면 된다. 교부기일을 지정·통지할 필요가 없고 채권자와 채무자에게 개별적으로 통지하여 교부금을 수령하도록 하여도 무방하다. 참고자료로서 매각대금 등의 교부표를 작성할 수도 있으나, 의무적인 것은 아니다.

2) 매각대금 등의 교부는 압류물의 현금화 후 그 현장에서 즉시 실시할 수도 있으나, 배당요구서가 집행현장이 아닌 집행관사무소에 제출된 경우에는 배당요구의 시적 한계와 관련하여 분쟁이 발생될 여지가 있으므로 미리 집행관사무소에 연락, 확인한 후 교부함이 타당하다. 이 경우 집행조서에는 교부일시를, 집행관사무소에 제출·접수되는 배당요구서에는 그 접수일시를 각각 명백히 하여 둘 필요가 있다.

3) 집행관은 매각대금 등을 교부한 때에는 채권의 전부를 교부받는 채권자로부터 집행력 있는 정본 또는 채권증서를 제출받아 채무자에게 교부하고, 채권의 일부를 교부받는 채권자에게는 집행력 있는 정본 또는 채권증서를 제출하게 하여 그 사유를 덧붙여 적어 반환하고 채권자로부터 영수증서를 제출받아 채무자에게 교부하여야 한다(민사집행법 제42조).

---

1) 법원실무제요, 민사집행[IV], 사법연수원(2020), 147.

2) 법원실무제요, 민사집행[IV], 사법연수원(2020), 147.

2. 매각대금 등을 교부할 수 없는 경우

가. 불확정채권인 경우

매각대금 등으로 각 채권자의 채권과 집행비용의 전부를 변제할 수 있거나 채권자 사이에 배당협의가 이루어졌더라도 배당 등을 받을 채권자의 채권의 일부 또는 전부가 불확정채권인 경우, 즉 ㉮ 정지조건 또는 불확정기한이 붙어 있는 채권, ㉯ 가압류채권자의 채권, ㉰ 강제집행이나 담보권 실행을 일시정지하도록 명한 재판의 정본이 제출되어 있는 채권에 대하여는 집행관이 직접 교부할 수 없고, 그 배당 등의 액에 상당하는 금액을 공탁하고 집행관계서류를 첨부하여 집행법원에 사유를 신고하여야 한다(민사집행규칙 제156조 제1항, 제155조 제1항, 제3항, 제157조 제2항, 제3항).

나. 당사자가 불출석한 경우

집행관은 배당 등을 수령하기 위하여 출석하지 아니한 채권자 또는 채무자에 대한 배당 등의 액에 상당하는 금액을 공탁하여야 한다(민사집행규칙 제156조 제2항).

나중에 그 채권자가 지급을 청구하면 집행관은 지급위탁서의 송부, 배당액 지급증의 교부 등 배당액 지급방법에 준하여 처리한다.

채무자가 출석하지 아니한 경우도 채무자에게 지급할 금원이 있으면 이를 공탁하였다가 채무자가 그 지급을 청구하면 배당액 지급방법에 의하여 처리한다[3].

다. 집행정지서류가 제출된 경우

1) 집행관이 금전을 압류한 이후 또는 매각대금을 영수한 이후 채권자에게 교부하기 전에 집행정지서류가 제출된 경우에는 민사집행규칙 제156조 제1항 제3호에 의하여 처리한다. 즉 집행관은 배당 등을 받을 채권자의 채권에 관하여 민사집행법 제49조 제2호 또는 유체동산을 목적으로 하는 담보권 실행을 위한 경매절차에서 민사집행법 제266조 제1항 제5호에 적은 문서(집행의 일시정지를 명한 취지를 적은 재판의 정본)가 제출되어 있는 때에는, 그 채권자에 대한 배당 등의 액에 상당하는 금액을 공탁하고 그 사유를 법원에 신고하여야 한다. 이 사유신고서에 적어야 하는 사항은 사건의 표시, 압류채권자와 채무자의 이름, 공탁의 사유와 공탁금액(민사집행규칙 제157조 제2항)이고, 공탁서 원본과 사건기록을 붙여 신고하여야 한다(민사집행규칙

3) 법원실무제요, 민사집행[IV], 사법연수원(2020), 148.

제157조 제3항).

2) 제출된 서류가 민사집행법 제49조 제1호, 제3호, 제5호, 제6호의 서류인 경우에는 그 채권자를 배당에서 제외하고 그 채권자에 대한 배당금을 채무자에게 교부하여야 한다(민사집행규칙 제50조 제3항 제1호 참조).

만약 제출된 서류가 민사집행법 제49조 제4호의 서류인 때에는 배당액을 그 채권자에게 그대로 지급하고(민사집행규칙 제50조 제3항 제3호 참조) 그로 말미암아 발생하는 이중변제의 문제는 당사자 사이의 부당이득문제로 해결하여야 한다[4].

II. 집행관의 매각대금 등 배당

1. 배당을 실시할 경우

채권자가 두 사람 이상이고 매각대금 또는 압류금전으로 각 채권을 만족하게 할 수 없는 경우에 채권자 사이에 배당협의가 이루어진 때에는 집행관은 그 협의에 따라 배당을 실시하여야 한다(민사집행규칙 제155조 제3항 전문). 그러나 배당받을 채권자의 채권에 관하여 일부 또는 전부가 불확정채권에 해당하는 사유가 있는 때에는, 집행관은 그 배당 등의 액에 상당하는 금액을 공탁하고(나머지 금액은 배당을 실시한다) 그 사유를 집행법원에 신고하여야 한다(민사집행규칙 제156조 제1항).

2. 배당협의

가. 배당협의기일의 지정·통지

배당협의는 배당의 순위와 내용, 즉 어느 채권자에게 얼마의 금액을 배당할 것인가에 관하여 각 채권자의 의견을 조정하는 것이다. 집행관은 민사집행법 제222조 제1항에 규정된 매각허가된 날[5]부터 2주 이내의 일시를 배당협의기일로 지정하고 각 채권자에게 그 일시와 장소를 서면으로 통지하여야 한다(민사집행규칙 제155조 제2항 전문)[6]. 배당협의기일통지서의 양식은 다음과 같다.

---

4) 법원실무제요, 민사집행[IV], 사법연수원(2020), 149.

5) '매각허가된 날부터'라고 되어 있으나, 금전압류의 경우에는 그 압류한 날에, 어음, 수표 그 밖의 금전지급을 목적으로 하는 유가증권의 지급을 받은 때에는 그 지급받은 날에 집행관이 매각허가를 하므로 각 그날이 기산일이 된다.

6) 법원실무제요, 민사집행[IV], 사법연수원(2020), 149.

[양식: 배당협의기일통지서]

<table>
<tr><td>○○지방법원
배당협의기일통지서</td></tr>
<tr><td>귀하
사　　건 : 20　　　(　부)
채 권 자 :
채 무 자 :

위 사건에 관하여 배당협의기일을 20 .　.　.　:　　로 지정하였으니 ○○지방법원 집행관사무소로 출석하여 주시기 바랍니다.
첨부 : 배당계산서 1부
2○○○. ○. ○.

집행관　　　　㊞

주의 : 1. 출석할 때에는 강제집행신청 또는 배당요구 신청 당시 사용하였던 인장과 주민등록증을 지참하여야 합니다.
2. 대리인이 출석할 때에는 본인의 인감증명을 첨부한 위임장과 대리인의 인장 및 주민등록증을 지참하여야 합니다.</td></tr>
</table>

* 집행관사무소에 비치할 각종 문서의 양식에 관한 예규(행정예규 제1200호) [별지 2] 2-41

배당협의기일은 그 종기만이 정하여져 있으므로 매각대금 영수일에 전 채권자가 출석하고 있는 때에는 그 날을 배당협의기일로 정하여 시행할 수도 있다.

통지를 할 자는 배당을 받을 자, 즉 압류채권자와 배당요구채권자이고, 채무자는 배당협의를 할 수 있는 자가 아니므로 통지할 필요가 없다. 부부공유 유체동산의 매각대금에 대한 배우자의 지급요구(민사집행법 제221조)는 배당요구에 준하는 절차와 방식으로 하는 것이지만, 배당요구와는 본질이 다르므로 그 배우자도 통지의 대상이 아니다.[7)]

나. 배당계산서의 작성·첨부

통지에는 매각대금 또는 압류금전, 집행비용, 각 채권자의 채권액 비율에 따라 배당될 것으로 예상되는 금액을 적은 다음과 같은 배당계산서를 붙여야 한다(민사집

7) 법원실무제요, 민사집행[IV], 사법연수원(2020), 150.

행규칙 제155조 제2항 후문).

[양식: 배당계산서]

배 당 계 산 서

사 건 : 20 (부)
매 각 대 금(압류금전) : 금 원
배우자 우선지급(공유지분) : 금 원
집 행 비 용 : 금 원
배 당 할 금 액 : 금 원

배당 순위	채권 자	채권의 종류	채 권 액	배 당 금	집 행 비용	지급 합계금	수령인

* 집행관사무소에 비치할 각종 문서의 양식에 관한 예규(행정예규 제1200호) [별지 2] 2-42

통지비용은 여기의 집행비용에 산입된다. '배당될 것으로 예상되는 금액'은 민법, 상법, 그 밖의 법률에 따라 우선변제청구권이 있는 경우에는 그 우선순위에 따른 금액과 그 밖에 채권자 사이의 채권액 비율에 의한 평등배분액을 가리킨다(채권 사이의 우선순위에 관하여는 후술하는 배당절차에 관한 설명 참조). 이 배당계산서는 부동산집행 등에 있어서의 배당표와는 전혀 성질을 달리하는 것으로서, 단순히 채권자가 행할 배당협의의 준비자료에 지나지 않으며 구속력이 없다.[8)]

다. 배당협의 및 배당실시[9)]

1) 배당의 실시에 관한 채권자의 의견표시는 반드시 배당기일에 출석하여 말로 하여야 할 필요는 없고 서면으로 제출하여도 무방하다.

협의가 성립되기 위해서는 가압류채권자 또는 집행정지서류가 제출된 채권자를 포함하여 모든 채권자의 찬성이 필요하다. 그러므로 협의에는 모든 채권자가 참여하여야 하며, 다만 불출석한 채권자가 서면에 의하여 승낙하거나 동의서를 제출한 경우

8) 법원실무제요, 민사집행[IV], 사법연수원(2020), 151.
9) 법원실무제요, 민사집행[IV], 사법연수원(2020), 151-152.

에는 협의가 성립된 것으로 처리하여야 한다.

2) 모든 채권자의 찬성이 있어도 협의로 결정할 수 있는 내용에는 한계가 있다. 예를 들어 특정채권자의 집행채권액을 넘는 배당을 인정하는 것은 집행권원에 부합되지 아니하는 배당을 인정하는 것이므로 설령 채무자의 동의까지 있다고 하더라도 허용되지 않는다. 또한 가압류채권 또는 집행정지 중의 채권을 위하여 공탁되어야 할 금전을 현실적으로 교부하는 것을 내용으로 하는 협의도 인정되지 않는다.

3) 집행관은 배당협의기일까지 채권자 간에 배당협의가 이루어진 경우에는 그 협의에 따라 배당을 실시하여야 하고, 배당협의기일에 채권자 전원의 협의로 배당계산서와 다른 내용의 협의가 이루어진 경우에는 그 협의에 따라 배당계산서를 다시 작성하여 배당을 실시하여야 하며(민사집행규칙 제155조 제3항), 배당협의가 이루어지지 아니한 때에는 바로 매각대금을 공탁하고 사유신고를 하여야 한다(민사집행규칙 제155조 제4항, 민사집행법 제222조). 다만 배당협의기일까지 협의가 이루어지지 않았더라도 집행관이 매각대금을 공탁하기 전에 채권자 사이에 배당협의가 성립된 때에는 그 협의에 따라 배당을 실시하여야 한다. 집행관에 의한 배당이 실시되는 경우에는 민사집행법 제42조가 적용되므로 집행관은 그에 따른 영수증의 작성·교부 등의 조치를 하여야 한다.

Ⅲ. 채무자의 불복방법

채무자가 위와 같은 집행관의 매각대금 등의 교부 또는 배당절차에 불복하는 방법은, ① 집행력 있는 집행권원의 정본을 가진 압류채권자에 대하여는 청구이의의 소를 제기하여 민사집행법 제46조에 규정한 잠정처분을 얻어 집행관에게 제출하여야 하며, ② 우선변제청구권을 가진 배당요구채권자에 대하여는 채무부존재확인의 소 등 채무에 관한 이의의 소를 제기하여 그 채권에 관한 우선변제권 또는 질권의 실행을 일시 금지하는 잠정처분을 얻어 그 정본을 제출하여야 한다.[10)]

10) 법원실무제요, 민사집행[IV], 사법연수원(2020), 152.

Ⅳ. 집행법원의 배당

1. 집행관의 매각대금 등 공탁, 공탁사유신고

전술한 바와 같이 집행관은, ① 채권자가 한 사람인 경우 또는 채권자가 두 사람 이상으로서 매각대금 등으로 각 채권자의 채권과 집행비용의 전부를 변제할 수 있는 경우에는 불확정채권에 대한 교부액(민사집행규칙 제156조 제1항, 제155조 제1항)을, ② 그 전부를 변제할 수 없더라도 배당협의기일까지 채권자간에 배당협의가 이루어진 경우에는 불확정채권에 대한 교부액(민사집행규칙 제156조 제1항, 제155조 제3항)을, ③ 매각대금 등으로 채권자 전부를 만족하게 할 수 없고 배당협의도 이루어지지 아니한 경우에는 그 매각대금 등(민사집행규칙 제155조 제4항)을 공탁하고 집행절차에 관한 서류를 첨부하여 그 사유를 집행법원에 신고하여야 한다(민사집행법 제222조 제3항).

[양식: 사유신고서]

<table>
<tr><td>사 유 신 고 서</td></tr>
<tr><td>
사　　건 : 20　본 제　　호
채 권 자 :
채 무 자 :
집행권원 :
매각대금(압류금전)　　　: 금　　　원
집　행　비　용　　　　: 금　　　원
공탁금액(배당할 금액)　: 금　　　원

아래와 같은 사유로 위 금액을 공탁하고 사건기록을 첨부하여 사유신고합니다.

- 공 탁 사 유 -

1. 채권에 정지조건 또는 불확정기한이 붙어 있음.
2. 가압류채권자의 채권임.
3. 강제집행 또는 담보권 실행을 일시 정지하도록 명한 재판의 정본이 제출됨.
4. 매각대금으로는 각 채권자들의 채권을 충족할 수 없고 배당협의기일에 배당협의가 이루어지지 아니함.
</td></tr>
</table>

첨부 : 1. 공탁서 1부
2. 집행기록 책

2○○○. ○. ○.
집행관 (인)

주: 집행비용은 채권자가 예납하지 아니하여 집행관이 매각대금에서 공제한 경우에만 기재한다.
* 집행관사무소에 비치할 각종 문서의 양식에 관한 예규(행정예규 제1200호) [별지 2] 2-43

부부공유 유체동산의 매각대금에 대한 배우자의 지급요구에 대하여 채권자가 이의하고 그 이의가 완결되지 아니한 경우에도 집행관은 배우자가 주장하는 공유지분에 해당하는 매각대금을 공탁하고 사유신고를 하는 등 민사집행법 제222조에 규정된 조치를 취하여야 한다(민사집행규칙 제154조).

사유신고는 서면으로 한다. 사유신고 중 민사집행법 제222조 제3항의 규정에 따른 경우는 사건의 표시, 압류채권자와 채무자의 이름, 매각대금 또는 압류금전의 액수, 집행비용, 배당협의가 이루어지지 아니한 취지와 그 사정의 요지 등을 적어야 하고(민사집행규칙 제157조 제1항), 민사집행규칙 제156조 제1항의 규정에 따른 경우는 사건의 표시, 압류채권자와 채무자의 이름, 공탁의 사유와 공탁금액을 적어야 한다(민사집행규칙 제157조 제2항). 위 사유신고서에는 공탁서와 사건기록을 붙여야 한다(민사집행규칙 제157조 제3항).

2. 배당의 실시

집행법원은 공탁사유신고의 내용에 따라 민사집행법 제252조 이하의 규정에 따른 배당을 실시한다. 또한 정지조건이 있는 채권에 대하여는 그 조건성취 여부에 따라서 불확정기한이 있는 채권에 대하여는 그 기한의 도래에 따라서 가압류채권에 대하여는 본안소송의 결과에 따라, 배당이의의 소가 제기된 경우에는 그 결과에 따라, 각각 채권자 또는 채무자에게 지급한다.[11)]

Ⅴ. 변제의 충당

채권자가 한 사람이고 채권도 1개인 때에는 민법 제479조 제1항에 따라 비용,

11) 법원실무제요, 민사집행[IV], 사법연수원(2020), 154.

이자, 원본의 순서로 변제에 충당하여야 하고 채권이 여러 개인 때에는 원본 상호간에는 민법 제477조의 규정에 의한 법정변제충당의 방법에 따라 충당을 한다.

Ⅵ. 제3자 소유의 유체동산이 매각된 경우

유체동산 강제집행절차에서 목적물이 채무자의 소유가 아닌 경우에도 이를 매각받아 매각대금을 완납하고 목적물을 인도받은 매수인은 특별한 사정이 없는 한 그 소유권을 선의취득한다(대법원 1997. 6. 27. 선고 96다51332 판결 등 참조). 이러한 경우 그 유체동산의 매득금은 채무자의 것이 아니어서 채권자가 이를 배당받았다고 하더라도 그 채권은 소멸하지 않고 계속 존속한다고 할 것이므로, 배당을 받은 채권자는 이로 인하여 법률상 원인 없는 이득을 얻고 소유자는 매각에 의하여 그 소유권을 상실하는 손해를 입게 되었다고 할 수 있다. 따라서 그 유체동산의 소유자는 배당을 받은 채권자에 대하여 부당이득으로서 배당받은 금원의 반환을 청구할 수 있다(대법원 1998. 3. 27. 선고 97다32680 판결 등 참조). 그런데 채권자에 대한 부당이득반환청구는 그 집행을 장담하기 어려운 데다가 지나치게 우회적인 일이므로, 그 소유권의 대상물인 매득금이 집행단계에서 처리되지 않고 존재하고 있다면 그 단계에서 취득할 수 있도록 하는 것이 소유자인 제3자를 두텁게 보호하는 것일 뿐만 아니라 소송경제에도 부합하고 분쟁의 일회적 해결이라는 측면에서도 바람직하다. 그리하여 판례는 물건에 대한 매각절차는 종료되었으나 배당절차는 아직 종료되지 않은 경우에는 소유자인 제3자가 여전히 제3자이의의 소를 제기할 이익이 있다고 판시하였다(대법원 1997. 10. 10. 선고 96다49049 판결). 이에 따르면 종전의 소유자는 목적물이 매각된 뒤에도 채권자를 상대로 제3자이의의 소를 제기하여 강제집행을 일시정지하는 잠정처분(민사집행법 제48조 제3항, 제46조)을 얻어 변제절차를 정지시킨 다음, 그 소송에서 승소하면 판결정본과 판결확정증명서를 제출하여 집행기관인 집행관으로부터 매득금을 반환받을 수 있다.[12)]

12) 법원실무제요, 민사집행[IV], 사법연수원(2020), 155.

제7장 압류의 취소(해제)

Ⅰ. 압류의 소멸

압류는 현금화의 전제이기 때문에 압류물을 매각하여 매수인에게 인도(민사집행법 제205조 제2항)하면 소멸된다. 또한 집행신청의 취하나 그 밖의 집행취소사유(민사집행법 제50조, 제49조 제1호, 제3호, 제5호, 제6호)에 기하여 집행관이 압류를 해제하는 경우 또는 압류한 유체동산이 멸실되거나 부합(민법 제256조)이나 가공(민법 제259조 제1항 단서)된 경우에도 압류는 소멸된다.

그러나 집행채권의 소멸이나 집행기관인 집행관이 그 의사에 반하여 목적물의 점유를 상실하거나 권한 없이 압류표시가 훼손되어도 압류가 소멸되는 것은 아니다. 또한 집행불허의 판결이 있는 경우에도 그 정본이 제출되어(민사집행법 제50조, 제49조) 이에 터 잡아 집행기관이 압류를 해제하기 전에는 압류가 소멸되지 않는다.

Ⅱ. 압류 취소(해제)의 원인[1)]

압류의 취소(해제)라 함은 이미 실시된 압류를 제거하는 집행기관의 행위를 말한다. 집행취소의 한 방법이다.

집행관은 ① 집행취소의 서류가 제출된 경우(민사집행법 제50조, 제49조 제1호, 제3호, 제5호, 제6호), ② 압류채권자가 집행신청을 취하하거나 압류 취소(해제)신청을 한 경우, ③ 압류 후에 초과압류한 사실이 밝혀진 경우(초과한 한도, 민사집행법 제188조 제2항, 민사집행규칙 제140조 제1항), ④ 압류물을 현금화하여도 집행비용 외에 남을 것이 없는 경우(민사집행법 제188조 제3항, 민사집행규칙 제140조 제2항), ⑤ 압류물의 일부에 대한 매각대금으로 채권자에게 변제하고 강제집행비용을 지급하기에 충분하게 되어 잔여 압류물에 대한 경매를 중지한 경우(다만 민사집행법 제197조 제2항과 제101조 제3항 단서에 따른 일괄매각의 경우에는 제외, 민사집행법 제207조), ⑥ 압류물이 매각될 가망이 없는 경우(민사집행규칙 제141조), ⑦ 압류 후 집행비용을 예납하지 아니하여 신청을 각하하는 경우에는 압류를 취소(해제)하여야 한다.

---

1) 법원실무제요, 민사집행[IV], 사법연수원(2020), 156.

Ⅲ. 압류 취소(해제)의 방법[2)]

집행관은 압류를 취소한 경우 채권자에게 그 취지와 취소의 이유를 통지하여야 한다(민사집행규칙 제17조). 압류물을 수취할 권리가 있는 사람에게는 압류취소의 취지를 통지함과 아울러 압류물이 있는 장소에서 봉인표 및 공시서를 제거하고 이를 인도하여야 한다(아래 [양식 1] 참조).

다만 압류물을 수취할 권리가 있는 사람이 그 압류물을 보관 중인 때에는 그에게 압류취소의 취지를 통지(아래 [양식 2])함과 아울러 보관인이 봉인표 및 공시서를 제거하면 된다. 압류물을 수취할 권리가 있는 사람과 채무자가 다른 때에는 채무자에게도 그 취지를 통지하여야 한다(민사집행규칙 제142조 제1항, 제2항, 아래 [양식 3]).

[양식 1: 동산압류취소조서]

<table>
<tr><td align="center">동산압류취소조서</td></tr>
<tr><td>
사　　건 : 20　　　　(　　부)
채 권 자 :
채 무 자 :

위 사건에 관하여 채권자가 신청을 취하하였으므로 ○○시 ○○로 ○○ 채무자의 집에서 채무자를 만나 그 요지를 알린 다음 이 사건 압류를 취소하고, 봉인표 및 공시서를 제거하여 즉시 채무자에게 물건을 인도하였다(또는 압류취소신청이 있으므로 채무자에게 압류취소의 통지를 하여 이를 취소하였다).
이 절차는 20　.　.　.　:　에 시작하여 그날　:　에 종료하였다.
이 조서는 현장에서 작성하여 집행참여자에게 읽어(보여)주었으며, 집행참여자는 이에 승인하고 아래에 서명날인하였다.

2○○○. ○. ○.

집행관　　　　(인)
채무자　　　　(인)
참여자　　　　(인)
</td></tr>
</table>

2) 법원실무제요, 민사집행[IV], 사법연수원(2020), 156-157.

[양식 2: 압류취소통지서]

압류취소통지서
사　　건 : 20　　　(　부) 채 권 자 : 채 무 자 : 집행권원 : 압류물의 표시 : 별지 목록 기재와 같다. 압류물 소재장소 : 위 집행권원에 의하여 실시한 압류가 민사집행규칙 제140조(141조)의 규정에 의하여 취소되었음을 통지합니다. 귀하는 위 압류물이 있는 곳에서 압류물을 인도받을 수 있으며, 20　.　.　. 까지 인도받지 않는 경우 동산에 대한 강제집행의 매각절차에 따라 위 압류물을 매각하게 됨을 알려드립니다. 2○○○. ○. ○. 집행관　　　　(인) 채무자　　　　귀하

[양식 3: 압류취소통지서]

압류취소통지서
사　　건 : 20　　　(　부) 채 권 자 : 채 무 자 : 위 사건에 관하여 채권자의 강제집행신청 취하가 있어 압류를 취소하였음을 통지합니다. 2○○○. ○. ○. 집행관　　　　(인) 귀하

수취권자 등이 수취를 게을리하거나 수취인의 소재불명 또는 인도장소에의 불출석 등의 사유로 인도가 불가능한 경우에는, 집행관은 집행법원의 허가를 받아 동산에 대한 강제집행의 매각절차에 관한 규정에 따라 그 목적물을 매각하고 비용을 뺀 뒤에 나머지 대금을 공탁하여야 한다(민사집행규칙 제142조 제3항, 민사집행법 제258조 제6항). 위와 같은 사유가 발생한 경우 장시간 보관하게 되면 보관비용의 증가는 물론 보관물건의 부패 또는 가격감소의 우려가 있는 등의 문제가 있으므로 집행법원의 허가를 얻어 매각하도록 한 것이다.

압류물을 수취할 권한이 있는 사람이라 함은 원칙적으로 압류를 당한 사람, 즉 채무자 또는 그 밖에 압류당시 물건을 소지하고 있던 사람을 말한다. 다만 제3자이의의 소의 원고승소판결에 의하여 압류를 취소하는 경우에는 압류를 당한 사람의 동의가 있으면 그 제3자에게 교부하여도 된다.

집행관이 압류를 취소한 때에는 유체동산압류취소조서(위 [양식 1])를 작성하여야 한다.

집행관의 압류취소에 대하여 채권자는 집행에 관한 이의로써 다툴 수 있다(민사집행법 제16조 제1항). 집행이 완료된 이후에는 집행에 관한 이의가 허용되지 아니하지만 초과압류취소의 경우에는 나머지 부분의 압류에 기한 집행절차가 계속되므로 집행에 관한 이의가 허용된다. 집행에 관한 이의에는 집행정지의 효력은 인정되지 아니하나, 집행법원은 채권자에게 담보를 제공하게 하고 그 집행을 계속하도록 명하는 잠정처분을 할 수 있다(민사집행법 제16조 제2항). 압류를 취소한 집행관의 처분에 대한 이의신청을 기각·각하하는 결정에 대하여는 즉시항고를 할 수 있다(민사집행법 제17조 제1항). 이 결정은 확정되어야 효력을 가진다(민사집행법 제17조 제2항).

제8장 미제사건의 보고

집행관은 사건을 수임한 후 3개월 이상 된 미제사건이 있을 때에는 소속 지방법원장에게 그 사유를 보고하여야 하는바(집행관규칙 제7조), 그 보고서의 양식은 다음과 같다.

[양식: 미제사건보고서]

미제사건보고서

수신 지방법원장 20 . . .

번	사건 번호	사 건 명	당사자표시		수임(수명) 연 월 일	미제 사유
			채권자	채무자		

위와 같은 사유로 말미암아 수임 후 3월(수명 후 1월)이 지나도 사건처리(현황조사)를 완결하지 못하였음을 보고합니다.

집행관 (인)

* 집행관사무소에 비치할 각종 문서의 양식에 관한 예규(행정예규 제1200호) [별지 2] 2-48

실무상 유체동산 강제집행사건에 관하여 신청인이 신청취하나 집행의 속행신청, 비용추가예납 등의 절차를 취하지 아니하고 3개월이 지난 때에는 이를 촉구하는 내용의 최고서를 특별송달방법으로 보내고 있다.[1]

1) 법원실무제요, 민사집행[IV], 사법연수원(2020), 175.

제5편 배당절차

제1장 총 설
제2장 압류의 경합 및 배당요구
제3장 배당절차와 관련된 공탁
제4장 배당절차의 개시
제5장 배당절차개시의 장애사유
제6장 공탁사유신고 불수리
제7장 배당의 준비
제8장 배당기일에서의 진술
제9장 배당의 실시
제10장 배당유형별 사례 분석

제1장 총 설

Ⅰ. 서론

강제집행절차는 일반적으로 압류(처분권의 박탈), 현금화(처분권의 행사에 의한 금전화), 만족(배당)의 3단계를 거쳐 진행되는데, 채권자가 경합하고 현금화한 대금으로 각 채권자의 채권과 집행비용에 충당하기에 부족한 경우 집행에 있어서의 만족단계는 배당절차에 의하여 실시된다. 채권자평등주의를 취하고 있는 우리 법제하에서 어떠한 방법으로 각 채권자에게 공평하게 분배할 것인지가 문제되고, 이를 해결하기 위해서 마련된 것이 배당절차이다.

압류 및 현금화절차는 집행기관이 집행채권자의 신청에 따라 채무자의 재산에 대한 국가의 강제집행권을 행사하는 절차로서 그 절차의 진행에 관하여 채무자 등 이해관계인의 의사에 거의 의존하지 않는 데 반하여, 배당절차에서는 채권의 만족에 관하여 각 채권자의 자주적인 의사에 의존하게 되므로 채권의 액수나 순위뿐만 아니라 배당기일이나 배당이의소송에 있어서의 각 채권자의 주관적 태도에 따라 다른 결과를 가져오는 점에서 차이가 있다.

여기서의 각 채권자에는 압류채권자, 가압류채권자, 배당요구채권자, 교부청구채권자 및 배당요구와 동일한 효력을 가지는 신청을 한 채권자가 모두 포함된다.

Ⅱ. 유형

1. 유체동산집행에서의 배당절차

채권자가 한 사람이거나 채권자가 두 사람 이상이더라도 매각대금 또는 압류금전이 집행비용과 모든 채권자의 채권을 변제하기에 충분한 때에는 집행관은 스스로 각 채권자의 채권액과 집행비용을 계산하여 그 금액을 각 채권자에게 지급하고 잔액이 있으면 이를 채무자에게 교부하게 된다. 또 채권자가 경합하고 매각대금 등으로 각 채권자의 채권과 집행비용의 전부를 변제할 수 없는 경우에도 각 채권자가 협의에 의하여 배당방법, 배당액 등을 정한 경우에는 집행관은 그 협의에 따라 직접 각 채권자에게 배당을 하게 되므로 매각대금 등으로 각 채권자를 만족시키지도 못하고 배당협의도 성립되지 아니한 경우에만 집행관이 매각대금 등을 집행법원에 공탁하게 되어 배당절차가 개시된다.

2. 채권과 그 밖의 재산권에 대한 집행에서의 배당절차

채권자가 한 사람인 때에는 제3채무자가 채권액을 추심채권자에게 직접 지급하여 추심채권자가 추심신고를 한 후 이를 자기채권의 변제에 충당하고, 나머지가 있으면 채무자에게 정산하면 되나, 채권자가 한 사람인 경우에도 제3채무자가 압류에 관련된 금전채권의 전액을 공탁한 때(민사집행법 제248조 제1항), 채권자가 경합하는 경우에 추심채권자나 제3채무자가 추심금 또는 채무액을 공탁한 때, 또는 특별현금화방법에 의하여 집행관 등이 채권 그 밖의 재산권을 매각 또는 관리하고 그 현금화대금을 집행법원에 제출한 때(민사집행법 제241조)에는 집행법원에 의한 배당절차가 개시된다. 이 경우 집행법원에 의한 현금화대금의 배분절차도 이론상으로는, 현금화대금이 각 채권자의 채권과 집행비용을 만족시키기에 충분한 때에 행하는 단순한 변제금교부절차와 현금화대금이 각 채권자의 채권과 집행비용을 만족시키기에 부족한 경우에 행하는 협의의 배당절차로 나눌 수 있으나, 실무에서는 어느 것이나 배당기일을 지정하고 배당표를 작성하는 등 같은 절차에 따르므로(채권자 사이에 이해의 충돌이 없는 경우에는 그러한 절차를 생략할 수도 있다) 구별할 필요는 없다. 다만 실무는 압류채권자가 1인이거나 또는 여러 명이더라도 배당재단으로 채권자들의 채권과 집행비용을 변제할 수 있는 경우에 간이 배당절차를 진행할 수 있도록 하고 있다(재민 2004-2). 간이 배당절차가 일반 배당절차와 다른 점은 접수일부터 3일 안에 배당기일을 정하고, 그 배당기일은 접수일부터 4주 이내이어야 하며, 계산서제출의 최고를 생략할 수 있다는 것 등이다.

Ⅲ. 부동산집행에서의 배당절차와의 구별

배당절차는 금전채권에 대한 강제집행에 있어서 거의 모든 경우에 필요한 것이므로(다만 전부명령, 양도명령 등의 경우에는 불필요하다) 민사집행법은 먼저 제145조 이하에서 부동산집행의 배당절차에 관하여 상세하게 규정하고 동산집행의 배당절차에 관하여는 대체로 부동산집행에서의 배당절차에 관한 규정을 준용하도록 하고 있다(민사집행법 제256조).

또한 부동산청구권에 대한 집행은 인도 또는 권리이전 후에는 부동산집행의 절차에 따라서 이루어지므로(민사집행규칙 제170조) 동산집행에 관한 배당절차에 의하는 것이 아니라 부동산집행에 관한 배당절차에 따라 배당이 실시된다.

1) 부동산집행에서 배당절차는 압류·현금화절차와 함께 집행절차의 한 단계로서 집행절차에 당연히 포함되어 있으므로(민사집행법 제145조, 제169조) 별개의 절차로 취급되지 않지만, 동산집행에서 배당절차는 압류·현금화절차와는 독립된 별개의 절차로 실시된다.

즉 부동산집행의 경우 "타경"사건번호로 압류에서 배당까지 단일의 절차로 진행되지만 동산집행의 경우 압류·현금화절차는 "타채"사건번호, 배당절차는 "타배"사건번호가 부여되어 별개의 사건으로 취급된다.

2) 특히 채권과 그 밖의 재산권에 대한 압류가 이뤄지더라도 대외적인 공시절차가 취약하여 압류경합이 일상적으로 일어난다. 따라서 배당참가는 배당요구서 제출보다는 이중압류명령 신청이 일반적이다.

가) 부동산집행의 경우 경매개시결정의 등기가 되거나 경매개시결정이 채무자에게 송달된 때 압류의 효력이 발생하는데(민사집행법 제83조 제1항), 경매개시결정이 송달되는 시기와 기입등기가 이루어지는 시기 중 먼저 도래하는 때에 압류의 효력이 발생한다. 경매개시결정의 송달에 위법이 있다 하더라도 경매개시결정의 등기가 기입되면 그로써 경매개시결정에 의한 압류의 효력은 이미 생기므로 그 후 경매개시결정 송달에 위법이 있다 하여 이미 생긴 압류의 효력에는 영향이 없다(대판 2003. 6. 24. 선고 2003다13116 판결). 이와 같이 부동산집행절차에서 경매개시결정 기입등기에 의하여 압류된 사실이 공시된다.

한편 강제경매절차 또는 담보권 실행을 위한 매각절차를 개시하는 결정 기입등기가 된 부동산에 대하여 다른 채권자들의 강제경매의 신청은 가능하고, 이 때 법원은 다시 경매개시결정(이하 '이중경매개시결정'이라 한다)을 하고, 먼저 경매개시결정을 한 집행절차에 따라 경매절차를 진행한다.

그런데 부동산경매절차에서 경매개시결정에 따른 압류의 효력이 생긴 때(그 경매개시결정 전에 다른 경매개시결정이 있은 경우를 제외한다)에는 집행법원이 절차에 필요한 기간을 감안하여 첫 매각기일 이전으로 하여 배당요구종기(민사집행법 제84조 제1항)를 정하기 때문에 다른 채권자들은 배당요구종기 전에 배당요구를 함으로써 배당절차에 참가할 수 있기 때문에 실무상 이중경매개시결정을 하는 경우가 많지는 않다.

나) 채권과 그 밖의 재산권에 대한 강제집행은 그 권리가 관념적인 성격을 띠고 있어서 그 집행은 법원의 재판에 의하여야 한다. 즉 채권자가 집행법원에 압류명령의

신청을 하면 집행법원은 압류명령을 발령하여 채무자의 제3채무자에 대한 채권을 압류하게 된다(민사집행법 제227조 제1항).

이처럼 채권과 그 밖의 재산권에 대한 강제집행은 그 공시방법이 '압류명령의 제3채무자에 대한 송달'과 같이 불완전하여 압류의 경합(민사집행법 제215조, 제235조)이 일상적이라는 특징이 있다.

3) 유체동산에 대한 강제집행절차, 특히 채권이나 그 밖의 재산에 대한 강제집행에서 배당절차의 경우는 부동산집행에서 배당절차와 달리 사유신고불수리 등의 사유로 배당절차가 취소되는 경우가 있다.

가) 부동산집행에서 배당절차는 경매절차의 일환으로 경매개시결정의 기입등기가 경료되어 등기소로부터 그 등기필통지가 집행법원에 송달되면 배당요구종기의 결정을 함으로써 실질적으로 배당절차가 개시되고, 매각기일에 경매부동산이 매각되어 대금이 납입되면 배당기일을 지정하게 된다.

즉 집행법원이 배당요구종기나 배당기일을 지정하기 때문에 사후에 배당요구종기의 결정이 취소되거나 배당기일이 취소되는 경우는 거의 발생하지 않는다.

나) 유체동산에 대한 강제집행에서 배당절차의 경우 부동산경매의 배당절차와 달리 배당절차의 개시에 있어 집행법원이 거의 관여하지 않는다. 즉, ① 집행관이 유체동산의 매각대금으로 배당에 참가한 모든 채권자를 만족할 수 없고, 매각허가된 날부터 2주 이내에 채권자 사이에 배당협의가 성립하지 아니하여 매각대금을 공탁하거나(민사집행법 제222조), ② 추심권자가 채권을 추심한 후 추심한 채권액을 집행법원에 추심신고를 하기 전에 다른 압류·가압류 또는 배당요구가 있었을 때는 채권자는 추심한 채권액을 바로 공탁한 때(민사집행법 제236조 제2항). 그리고 ③ 압류명령을 송달받은 제3채무자가 민사집행법 제248조에 따라 집행공탁을 한 때, ④ 압류된 채권이 조건 또는 기한이 있거나 반대급부의 이행과 관련되어 있거나 그 밖의 이유로 추심하기 곤란한 때에 법원이 채권자의 신청에 따라 매각명령 등을 하여 집행관이 현금화한 금전을 법원에 제출한 때 각 배당절차가 개시된다.

실무상 채권배당사건의 절대 다수를 차지하는 것은 제3채무자가 민사집행법 제248조 집행공탁을 함에 따라 배당절차가 개시(민사집행법 제252조 제2호)되는 경우이다. 그런데 배당절차가 개시된 이후라도 유효한 압류가 존재하지 않는 등의 사정으로 제3채무자의 집행공탁이 부적법한 경우 기왕에 진행된 배당절차도 취소될 수 있다(대법원 2016. 9. 28. 선고 2016다205915 판결 참조).

다) 배당에 참가할 채권자의 범위를 확정하기 위해서는 배당요구종기를 결정하여야 한다. 부동산집행에서는 경매개시결정의 기입등기가 경료되어 등기소로부터 그 등기필통지가 집행법원에 송달되면 배당요구종기를 첫 매각기일 이전으로 정하고, 배당요구종기를 정하는 결정문을 작성하여 이를 공고, 고지하고, 채권자들에게 채권을 신고하도록 최고를 하게 된다(민사집행법 제84조 제1항 내지 제4항). 또한 특별한 사정이 있는 경우에는 법원은 배당요구의 종기를 연기할 수 있다(민사집행법 제84조 제6항). 이처럼 부동산경매절차에서 배당요구종기는 집행법원 결정으로 정해지고 인터넷 홈페이지에 공고되는데, 위와 같이 정해진 배당요구종기는 거의 취소되지 않는다.

한편 채권배당절차에서 배당요구종기는 집행법원의 관여없이 정해진다. 즉, 민법·상법·그 밖의 법률에 의하여 우선변제청구권이 있는 채권자와 집행력있는 정본을 가진 채권자는, ① 제3채무자가 제248조 제1항에 따른 집행공탁을 한 후 집행법원에 공탁사유신고를 한 때, ② 채권자가 제236조에 따른 추심신고를 한 때, ③ 집행관이 민사집행법 제241조 특별현금화명령에 따라 현금화한 금전을 법원에 제출한 때가 곧 배당요구종기가 된다.

그런데 제3채무자의 공탁사유신고로 배당요구종기가 정해지고, 배당절차가 종결되더라도 제3채무자의 공탁사유신고가 부적법한 경우 배당절차가 취소(대법원 2016. 9. 28. 선고 2016다205915 판결 참조)될 수 있다(대법원 2016. 9. 28. 선고 2016다205911 판결 참고).

라) 반면 제3채무자가 민사집행법 제248조 집행공탁이나 민법 제487조 후단 및 민사집행법 제248조 제1항 집행공탁을 결합한 혼합공탁을 하게 되면 그 피압류채권이 소멸하므로 그 이후 제3채무자에게 다른 채권자의 압류명령이 송달되더라도 무효인 압류로서 배당에 참가할 수 없지만 공탁사유신고 전이나 그 이후에 송달된 압류라 하더라도 일정한 요건을 갖춘 경우 배당요구효력이 인정될 수도 있다(대법원 2015. 7. 23. 선고 2014다87502 판결, 대법원 2021. 12. 16. 선고 2018다226428 판결 참조).

또한 제3채무자가 민사집행법 제248조 집행공탁을 하고 사유신고를 하면서 경합된 압류 중 일부에 관한 기재를 누락했다고 하더라도 누락된 압류채권자는 배당절차에 참가할 수 있다(대법원 2015. 4. 23. 선고 2013다207774 판결 참조). 그리고 누락된 압류가 체납처분에 의한 압류라 하더라도 마찬가지이다(대법원 2015. 8. 27. 선고 2013다203833 판결 참조).

제2장 압류의 경합 및 배당요구

Ⅰ. 압류의 경합(이중압류)

1. 개설

동일한 채권에 대하여 중복압류에 의하여 여러 개의 압류가 경합된 상태를 '압류의 경합'이라고 하는데, 이는 '압류'라는 집행행위의 경합을 말하는 점에서 압류채권자와 배당요구채권자가 경합하는 경우를 포함하는 '채권자의 경합'과는 구별된다. 또한, 압류금액의 합계가 압류의 대상인 채권의 액수보다 많지 않다면 진정한 의미에서의 압류의 경합이라고 할 수는 없고,[1] 법적으로도 특별한 문제가 생기지 않는다. 민사집행법 제235조도 압류가 경합된 경우 중 '압류금액의 합계가 압류의 대상인 채권의 액수를 넘는 경우'에 한하여 압류 효력의 확장을 규정하고 있다. 따라서 이하에서는 '동일한 채권에 대하여 여러 개의 압류가 경합되어 각 압류의 청구금액의 합계가 압류의 대상인 채권의 액수를 초과하는 상태'를 압류의 경합이라고 한다.[2]

금전채권에 기초한 강제집행에서 우선주의를 취할 경우에는 여러 일반채권자들 사이의 순위는 그 압류의 순서에 따라 결정되기 때문에 압류가 경합하더라도 특별히 어려운 문제가 생기지 않으나, 우리 민사집행법은 기본적으로 압류의 순서와 관계없이 각 채권자에게 평등한 권리를 인정하는 평등주의를 취하고 있기 때문에 압류가 경합할 경우에는 채권자들의 이해를 조절해야 하는 문제가 생긴다.[3] 특히 압류가 경합되면 전부명령의 금지(민사집행법 제229조 제5항), 추심채권자의 공탁의무(민사집행법 제236조 제2항), 제3채무자의 공탁의무(민사집행법 제248조 제3항) 등 여러 가지 법률효과가 발생하므로 압류가 경합된 경우에 어느 범위에서 압류의 효력이 중첩되는지 분명히 할 필요가 있다. 이러한 배경에서 민사집행법 제235조는 제1항에서 '채권의 일부가 압류된 뒤에 그 나머지 부분을 초과하여 다시 압류명령이 내려진 때에는 각 압류의 효력은 그 채권의 전부에 미친다'고 정하고, 제2항에서 '채권의 전부가 압류된 뒤에 그 채권의 일부에 대하여 다시 압류명령이 내려진 때에 그 압류의 효력도 위와 같다'고 정하여 채권의 전부에 관하여 압류의 효력이 중첩되도록 하고

1) 이러한 경우를 '부진정 경합'이라고 부르기도 한다.

2) 손흥수, 민사집행실무총서(II) 채권집행, 한국사법행정학회(2017), 810.

3) 민사집행절차에서 우선주의와 평등주의에 관하여는 추신영, "금전채권집행에 있어서 우선주의와 평등주의", 민사법학 제31호, 한국사법행정학회(2006), 437-466; 김경욱, "민사집행에 있어서 압류채권자에 대한 평등주의와 우선주의", 민사집행법연구 제8권, 한국민사집행법학회(2012), 93-123 참조.

있는데, 그 취지는 일반채권자들이 평등배당을 받을 수 있도록 하기 위한 것이다.[4]

이중압류는 압류된 채권이 금전채권이 아닌 경우에도 가능하지만, 민사집행법 제235조가 적용되는 것은 주로 압류된 채권이 가분채권인 경우에 국한된다.

2. 압류경합의 발생

가. 복수의 채권압류명령

1) 채권압류의 경합이 발생하려면 목적채권에 관하여 이미 압류가 집행된 경우에 다시 압류명령이 내려져 집행되어야 한다. 민사집행법 제235조는 '압류' 명령이 중복된 경우에 관하여만 규정하고 있으나, '가압류'의 집행에도 원칙적으로 강제집행에 관한 규정이 준용되므로(민사집행법 제291조 본문), 압류명령과 가압류명령이 중복된 경우에도 민사집행법 제235조가 적용된다. 판례도 압류명령과 가압류명령이 경합된 경우를 압류명령이 경합된 경우와 마찬가지로 취급하고 있다.[5] 또한, 압류명령이 선후로 발령된 경우뿐만 아니라 동시에 집행된 경우에도 민사집행법 제235조가 적용된다.

2) 동일한 채권자가 서로 다른 채권에 기초하여 여러 개의 압류를 한 경우는 어떠한지 문제된다. 이 경우에는 채권자 간의 이해대립의 가능성이 없으므로 압류의 경합으로 취급할 필요가 없는 것처럼 생각될 여지도 있으나, 민사집행법 제235조는 채권자가 동일한 경우를 배제하고 있지 않고, 민사집행법 제235조에 의한 압류범위의 확장 효과나 전부명령의 금지와 같은 효과는 채권자가 동일하다 하더라도 부정할 수 없으므로 일률적으로 경합이 있는 것으로 취급함이 타당하다.[6] 다만 전부명령의 허용 여부에 관하여, 민사집행법 제229조 제5항이 명시적으로 '다른 채권자'의 압류·가압류로 압류의 경합이 발생한 경우라고 규정하고 있는 점 및 그 입법목적을 고려하여 같은 채권자가 다른 집행채권에 기초하여 압류·가압류를 한 경우에는 전부명령이 허용된다고 보아야 한다는 견해도 있다.[7]

3) 여러 채권자가 때를 같이하여 공동으로 동일한 채권에 대하여 압류명령을 신청한 때에는 단독압류에 준하여 1개의 압류명령을 하고 송달하게 되는데 이를 '공동

4) 손흥수, 민사집행실무총서(II) 채권집행, 한국사법행정학회(2017), 811.
5) 대법원 1976. 9. 28. 선고 76다1145, 1146 판결 참조.
6) 윤진수, "압류의 경합", 재판자료 제71집, 법원도서관(1996), 345 참조.
7) 손흥수, 민사집행실무총서(II) 채권집행, 한국사법행정학회(2017), 830.

압류'라 한다.[8] 이 경우에는 압류의 경합 문제는 생기지 않는다.[9]

이에 대하여는, 복수의 채권자가 공동신청인으로서 하나의 압류명령을 신청하여 그에 따른 하나의 압류명령이 발령되고 그것이 제3채무자에게 송달된 경우에도 그 실질은 각 채권자별로 복수의 압류명령을 받은 것이 되고 그 복수의 채권자가 단일한 채권자가 되는 것은 아니므로, 이들 채권자의 각 압류금액을 합한 금액이 피압류채권액 전체를 초과한다면 압류의 경합이 발생한다고 하는 견해도 있다.[10]

4) 압류 후에 '배당요구'가 있는 경우에는 채권자의 경합에는 해당하나 압류의 경합에는 해당하지 않는다.[11] 배당요구는 선행(先行) 압류채권자의 강제집행절차에 편승할 뿐이고(배당요구의 종속성), 압류의 경합을 인정하지 않더라도 압류채권자는 처음부터 압류금액을 집행채권액으로 한정하지 않고 피압류채권 전액을 압류하는 방법으로 장래의 배당요구에 대비할 수 있는 기회가 있기 때문이다.

다만 '계속적 수입채권'이 압류된 후에 배당요구가 있는 경우에는 예외적으로 압류의 경합으로 보아 압류범위의 확장을 인정하여야 하는지에 관하여는 견해가 대립한다(자세한 내용은 아래 5의 라.항에서 살펴본다).

5) 우선권 있는 채권에 기초한 압류가 있는 경우에는 압류의 경합이 발생하지 않는다. 예를 들어 120만 원의 채권에 대하여 일반채권자에 의한 50만 원의 압류와 질권자에 의한 100만 원의 압류가 있는 경우, 질권자에 의한 압류는 그대로 100만 원 범위에서 효력이 있고, 일반채권자에 의한 압류는 나머지 20만 원 범위에서 효력이 있다. 압류의 경합으로 인한 압류범위의 확장은 일반채권자 사이에서의 평등배당을 위한 것이기 때문이다.[12]

6) '우선권 있는 채권에 기초한 체납처분에 의한 압류'와 경합하는 경우에는 압류의 효력 확장에 관한 민사집행법 제235조가 적용되지 않는다. 피압류채권의 일부에 대하여 체납처분에 의한 압류가 있은 후 그 나머지 부분을 초과하여 민사집행법에 의한 압류 및 전부명령이 있는 경우에, 체납처분에 의한 압류는 제3채무자에게 채무자에 대한 지급을 금지하고 채무자에게 채권의 처분과 영수를 금지하는 효력을

8) 손흥수, 민사집행실무총서(II) 채권집행, 한국사법행정학회(2017), 811.

9) 이시윤, 신민사집행법, 박영사(2016), 449.

10) 부산고등법원 2017. 1. 12. 선고 (창원)2016나23253 판결(미상고 확정); 유형웅, "채권에 대한 공동압류·추심명령의 법률관계", 민사집행법연구(한국민사집행법학회지) 제14권, 한국사법행정학회(2018), 305-307.

11) 윤진수, "압류의 경합", 재판자료 제71집, 법원도서관(1996), 346.

12) 손흥수, 민사집행실무총서(II) 채권집행, 한국사법행정학회(2017), 813.

가지는 것으로서 민사집행법 제229조 제5항의 '다른 채권자의 압류'에 해당하므로,[13] 그러한 전부명령은 위 각 압류가 중첩되는 부분에 관하여는 무효이나, 체납처분에 의한 압류의 효력이 피압류채권의 전액으로 확장되는 것은 아니어서, 위 전부명령은 위 각 압류가 중첩되지 않는 나머지 부분(위 체납처분에 의한 압류의 효력이 미치지 않는 부분)에 관하여는 유효하다.[14] 가령 피압류채권(100만 원) 중 일부(70만 원)에 대하여 체납처분에 의한 압류가 있은 후에 나머지 부분(30만 원)을 초과하여 민사집행법에 의한 압류 및 전부명령(50만 원)이 있는 경우에, 위 전부명령은 위 각 압류가 중첩되는 부분(20만 원)에 관하여는 무효이나, 나머지 부분(30만 원)에 관하여는 유효하다.[15]

나. 목적채권이 동일할 것

압류의 경합이 발생하려면 압류된 채권이 동일하여야 한다.

1) 압류의 대상인 채권이 여러 개인 경우에는 개개의 채권별로 압류의 경합 유무 및 압류효력의 확장 범위를 판단하여야 한다.

여러 개의 예금채권을 압류하는 경우에는 '압류할 채권의 표시'에 적힌 일정한 조건, 예를 들어 선행의 압류·가압류의 유무, 예금의 종류, 계좌번호의 선후 등에 의하여 순서를 정하고 압류금액에 의하여 압류의 대상인 채권의 범위를 정하는 것이 일반적이다. 이처럼 한 개의 압류명령의 효력이 실체법상 여러 개의 채권에 미칠 경우, 그 전체를 하나의 채권으로 보는 견해가 있으나, 경합의 유무는 개개의 예금채권마다 판단하여야 하고, 경합에 의하여 압류가 확장되는 범위 역시 개개의 예금채권을 한도로 하여야 한다.

2) 압류의 대상이 계속적 수입채권인 경우에는, 개개의 채권별로 압류의 경합 유무 및 압류효력의 확장 범위를 판단하여야 한다는 위 1)항의 원칙이 그대로 관철된다고 보기 어렵다. 이에 관한 자세한 내용은 아래 5의 라.항에서 살펴본다.

3) 채권의 원본에 대한 압류의 효력은 압류 후에 발생한 이자나 지연손해금에도 미치지만, 압류 전에 발생한 것에는 미치지 않는다.[16] 그 결과 동일한 원본채권에 대하여 시기를 달리하여 압류가 된 경우에 후행의 압류의 효력이 '선행(先行) 압류 후

---

13) 대법원 2015. 8. 27. 선고 2013다203833 판결.

14) 대법원 1991. 10. 11. 선고 91다12233 판결 참조.

15) 법원실무제요, 민사집행[IV], 법원행정처(2020), 458.

16) 대법원 2015. 5. 28. 선고 2013다1587 판결.

이지만 후행 압류 전에 발생한 이자나 지연손해금'에는 미치지 않으므로, 그 부분 이자·지연손해금에 관하여는 압류의 경합이 생기지 않는다고 보아야 한다. 예를 들어 채무자의 제3채무자에 대한 1,000만 원의 채권(이자 있음)에 관하여 2018. 4. 15. 채권자 甲에 의한 800만 원의 압류명령이, 2018. 5. 1. 채권자 乙에 의한 600만 원의 압류명령이 각각 제3채무자에게 송달된 경우에, 채권자 甲의 압류는 800만 원 및 이에 대한 2018. 4. 16.부터의 이자에 대하여 효력이 미치고, 채권자 乙의 압류는 600만 원 및 이에 대한 2018. 5. 2.부터의 이자에 대하여 효력이 미치기 때문에, 원금 및 이에 대한 2018. 5. 2.부터의 이자 부분은 압류의 경합이 생겨 각각 압류의 효력이 그 전액으로 확장되지만, 위 800만 원에 대한 2018. 4. 16.부터 2018. 5. 1.까지의 이자 부분은 채권자 乙의 압류의 효력이 미치지 않아 압류의 경합이 생기지 않는다.[17]

다. 압류액의 중복

동일한 채권에 관하여 여러 개의 압류명령이 있더라도 각 압류액의 합계가 압류의 대상인 채권의 액보다 많지 않다면 압류의 경합이라고 할 수 없다.

채권압류의 효력은 압류명령에 특별한 제한이 없는 한 집행채권의 액이 목적채권보다 적다고 하더라도 압류의 시점에 존재하는 목적채권의 전부에 미치는 것이 원칙이지만,[18] 당사자가 채권의 일부에 대해서만 압류신청을 한 경우에는 그 압류의 효력은 그 일부에만 국한되고,[19] 따라서 채권의 각 일부에 대한 압류가 여러 개 있는 경우에는 그 압류액의 합계가 목적채권액을 넘어야만 압류의 경합이 생긴다. 채권의 전부가 압류된 후에 다시 일부가 압류되거나 그 반대의 경우에는 압류의 경합이 발생한다.

라. 유효한 압류명령일 것

1) 압류의 경합은 채권에 대한 유효한 압류가 있을 때 발생할 수 있다. 따라서 압류된 채권이 특정되지 않아 압류가 무효인 경우에는, 설령 경합하는 채권자들의 압류금액의 합계가 압류의 대상인 채권의 액수를 초과한다고 하더라도 민사집행법 제235조에 의하여 압류의 대상인 채권 전부를 압류한 것으로 보아 무효 사유가 치유된다고 할 수 없다.[20]

---

17) 법원실무제요, 민사집행[IV], 법원행정처(2020), 459.

18) 대법원 1973. 1. 24.자 72마1548 결정.

19) 대법원 2011. 12. 22. 선고 2011다58596 판결.

2) 압류명령이 효력을 발생하기 위해서는 목적채권이 존재하여야 한다. 따라서 선행 압류가 있을 때에는 목적채권이 존재하였더라도 후행 압류가 있을 당시에 이미 채권이 존재하지 않는다면 압류의 경합은 생기지 않는다.

따라서 선행 압류채권자가 전부명령을 얻은 경우에는, 그 전부명령이 제3채무자에게 송달되기 전에 다른 채권자의 압류명령이 제3채무자에게 송달된 때에는 압류의 경합이 발생하지만(민사집행법 제229조 제5항), 전부명령이 제3채무자에게 송달된 뒤에는 비록 확정되기 전에 다른 압류명령이 있더라도 선행의 전부명령이 실효되지 않는 한 압류의 경합은 생기지 않는다. 민사집행법 제241조에 의한 양도명령의 경우에도 같다. 장래의 채권에 관하여 압류 및 전부명령이 확정되면 그 부분 피압류채권은 이미 전부채권자에게 이전된 것이므로, 그 이후 동일한 장래의 채권에 관하여 다시 압류 및 전부명령이 발령되었더라도 압류의 경합은 생기지 않는다.[21]

그리고 추심명령에 관하여 집행법원이 채무자의 신청에 의하여 압류액수를 그 채권자의 요구액수로 제한한 때(민사집행법 제232조 제1항 단서)에는 그 제한 부분에 대하여 다른 채권자가 배당요구를 하지 못하므로(민사집행법 제232조 제2항), 전부명령이 있는 것과 마찬가지로 그 뒤에는 압류의 경합이 생길 수 없다.[22]

3) 선행 압류채권자가 추심명령을 얻어 추심을 마쳤거나, 제3채무자가 집행공탁을 한 경우 압류된 채권은 그 범위에서 소멸하므로, 그 후 후행 압류명령이 발령되어도 그 효력이 인정되지 않아[23] 압류의 경합이 생기지 않는다.

다만 이와 같이 압류명령으로서는 무효라고 하더라도, 배당요구의 종기, 즉 추심채권자가 추심신고(민사집행법 제236조 제1항)를 하거나 제3채무자가 공탁사유신고(민사집행법 제248조 제4항)를 하기 전에 신청된 위 무효인 압류명령에 대하여 무효행위의 전환 법리(민법 제138조)에 따라 '선행 집행절차에 대한' 배당요구로서의 효력을 인정할 수 있는지가 문제된다(이에 관한 상세한 내용은 뒤에서 다시 살펴본다).

4) 선행 압류가 이루어진 후에 압류의 대상인 채권이 제3자에게 양도되어 확정일자 있는 증서에 의한 대항요건을 갖춘 다음에는 종전의 채무자(= 피압류채권의 양도인)에 대한 다른 채권자는 더 이상 그 채권을 압류할 수 없으므로 압류의 경합은

20) 대법원 2012. 11. 15. 선고 2011다38394 판결 참조.

21) 대법원 2004. 9. 23. 선고 2004다29354 판결.

22) 손흥수, 민사집행실무총서(II) 채권집행, 한국사법행정학회(2017), 821.

23) 대법원 2005. 1. 13. 선고 2003다29937 판결, 대법원 2008. 11. 27. 선고 2008다59391 판결, 대법원 2015. 7. 23. 선고 2014다87502 판결.

생기지 않으며, 압류하더라도 배당요구의 효력도 인정되지 않는다.[24] 압류의 처분금지 효력은 절대적인 것이 아니고, 이에 저촉되는 채무자의 처분행위도 그 압류채권자와 처분 전에 집행절차에 참가한 압류채권자나 배당요구채권자에게 대항하지 못한다는 의미에서 상대적 효력을 가지는 데 그치므로(개별상대효), 채권양수인은 먼저 압류한 채권자에게는 대항하지 못하더라도 제3자에 대한 대항요건이 갖추어진 뒤에 집행에 참가하는 채권자에게는 채권양도의 효력을 대항할 수 있기 때문이다.[25]

5) 배당요구의 종기(민사집행법 제247조 제1항) 이후에 후행의 압류가 이루어진 때에는 그 압류채권자는 선행 압류에 의한 배당절차에 가입하지 못하므로 압류의 경합은 생기지 않는다.

3. 압류경합의 효과

가. 압류 효력의 확장

1) 압류가 경합하는 경우에는 각 압류가 목적채권의 일부에 대한 것이었다고 하더라도 그 압류의 효력은 목적채권의 전부에 미친다. 예를 들어 120만 원의 채권에 대하여 채권자 甲이 50만 원, 채권자 乙이 100만 원의 집행채권으로 같은 금액을 각 압류한 경우, 목적채권 전부에 관하여 압류의 경합이 있는 것이므로 甲·乙 중 한 사람이 전부명령을 얻어도 전부 무효이고, 추심 등이 있을 경우의 배당액은 그 채권액에 따라 안분하여 甲이 40만 원, 乙이 80만 원이 되는 것과 같이 각 압류채권자나 배당요구채권자는 목적채권으로부터 집행채권의 비율에 따라 안분배당을 받게 된다.

2) 압류경합으로 인한 압류효 확장의 효력은 압류대상 채권이 계속적 수입채권이라 하여 달리 볼 것이 아니라는 것이 판례의 입장이다.[26] 이에 관한 자세한 내용은 아래 5의 라.항에서 살펴본다.

3) 압류의 경합에 의해 압류의 효력이 확장되면 이에 종속하는 배당요구의 효력도 압류의 대상인 채권 전부에 미친다.[27]

원본채권에 대하여 압류의 효력이 확장되면 그 후 발생하는 부대채권(이자, 지

---

24) 조정래, "채권에 대한 강제집행에 있어서의 다수채권자의 경합", 재판자료 제35집, 법원행정처(1987), 444; 윤진수, "압류의 경합", 재판자료 제71집, 법원도서관(1996), 350.

25) 대법원 2003. 5. 30. 선고 2001다10748 판결, 대법원 2004. 9. 3. 선고 2003다22561 판결 참조.

26) 대법원 2003. 5. 30. 선고 2001다10748 판결.

27) 손흥수, 민사집행실무총서(II) 채권집행, 한국사법행정학회(2017), 825, 826.

연손해금)에 대하여도 압류의 효력이 확장된다.[28)]

4) 일단 압류의 경합에 따라 압류의 효력이 압류의 대상인 채권의 전부에 미치게 된 후에 압류의 취소나 취하 등에 의하여 압류의 경합이 해소될 경우, 압류의 효력은 확장된 채로 남아있게 된다는 견해(확장유지설)가 다수이다.[29)]

이에 대하여는, '제3채무자의 공탁 전에 압류경합이 해소된 경우'에는 압류의 효력이 최초의 압류액 범위까지 감축된다고 보아야 한다는 견해(감축설)가 유력하다. 그 논거로, ① 피압류채권 전액에 대하여 처분제한이 지속되어 집행채무자에게 불이익한 점, ② 취소나 취하 후에 다시 별개의 압류가 행해진 경우 공탁의무의 존부 및 공탁해야 할 금액에 대하여 제3채무자가 판단하기 곤란한 점, ③ 잔존하는 것이 가압류인 경우 가압류의 효력이 확장된 채로 남아 있다고 보게 되면 청구금액을 기준으로 산정된 가압류담보금액이 부족할 수 있는 점을 제시한다.[30)] 다만, 감축설을 취하는 견해도 '제3채무자의 공탁 후에 일방 압류가 취하·취소된 경우'에는 확장유지설을 취하고 있다. 그 논거로, ① 제3채무자의 공탁에 의하여 형성된 배당재단의 범위는 다른 채권자(취소된 압류에 대하여 배당요구를 한 채권자, 경합하는 다른 압류채권자, 경합 압류에 대하여 배당요구를 한 채권자 등)에 대한 배당을 위하여 그대로 유지되어야 하고, ② 제3채무자의 공탁 이후에는 채권자의 압류 취하가 허용되지 않고 단지 배당금 수령권의 포기로만 취급되기 때문이라는 점을 제시한다.[31)]

실무는 확장유지설을 취하고 있다. 이에 따르면 채무자의 처분제한 및 제3채무자의 변제금지 효과는 압류와 관련된 채권 전부에 관하여 유지되고, 나머지 경합채권자는 별도의 추가압류 없이도 압류의 대상인 채권 전부에 관하여 추심명령을 신청할 수 있으며, 추심채권자는 압류와 관련된 채권 전부를 추심할 수 있고, 이 경우 채무자는 민사집행법 제232조 제1항 단서에 의한 압류액수 제한 신청을 할 수 있을 뿐이다.[32)]

---

28) 주석 민사집행법(V)(제4판), 한국사법행정학회(2018), 675(노재호).

29) 조정래, "채권에 대한 강제집행에 있어서의 다수채권자의 경합", 재판자료 제35집, 법원행정처(1987), 447; 윤진수, "압류의 경합", 재판자료 제71집, 법원도서관(1996), 353; 손흥수, 민사집행실무총서(II) 채권집행, 한국사법행정학회(2017), 827-828.

30) 김상수, 민사집행법, 법우사(2015), 320; 손진홍, 채권집행실무, 한국사법행정학회(2019), 711-712.

31) 손진홍, 채권집행실무, 한국사법행정학회(2019), 713.

32) 법원실무제요, 민사집행[IV], 법원행정처(2020), 463.

나. 경합채권자의 청구에 의한 제3채무자의 공탁의무

금전채권 중 압류되지 않은 부분을 초과하여 거듭 압류명령 또는 가압류명령이 내려져 그 명령을 송달받은 경우에, 압류채권자나 가압류채권자의 청구가 있으면 제3채무자는 그 채권의 전액에 해당하는 금액을 공탁하여야 한다(민사집행법 제248조 제3항). 이 경우에 압류가 경합하는 것만으로 공탁의무가 생기는 것은 아니고, 경합채권자의 청구가 있는 때에만 공탁의무가 생긴다. 공탁할 의무가 있다는 것은 공탁의 방법에 의하지 않고는 면책을 받을 수 없다는 것이므로, 그중 한 사람의 채권자에게 변제한 경우에는 이중지급의 위험을 부담하게 된다.[33)]

배당요구의 경우에는 압류의 경합이 있는 때와 달리 압류의 확장효가 없으므로 공탁의무의 대상이 되는 것은 당초 압류된 부분에 해당하는 금액이지만(민사집행법 제248조 제2항), 압류가 경합한 경우에는 각각의 압류의 효력이 채권 전액에 확장되므로(민사집행법 제235조) 그 채권의 전액을 공탁하여야 한다.

다. 전부명령 등의 효력 불발생

전부명령과 민사집행법 제241조에 의한 양도명령은 그 명령이 제3채무자에게 송달되기 전에 다른 채권자가 압류·가압류 또는 배당요구를 한 때에는 효력이 없다(민사집행법 제229조 제5항, 제241조 제6항). 한 번 무효로 된 전부명령은 그 후 가압류의 집행해제 등으로 경합 상태를 벗어났다고 하여 되살아나지 않는다.[34)]

다만, 이러한 압류의 경합 등으로 인하여 전부명령 또는 양도명령이 무효이더라도 압류의 효력은 여전히 존재하므로, 압류권자로 배당표상 확정된 채권자로서는 배당금을 지급받기 위하여 별도의 추심명령을 다시 받을 필요가 없다.[35)]

라. 배당요구의 효력 발생

1) 이중의 압류명령이 제3채무자에게 송달되면 각 압류는 그 선후와는 관계없이 서로 배당요구를 한 것과 같은 효력을 가진다.[36)]

2) 압류가 경합되면 각 압류의 효력은 피압류채권 전부에 미치므로, 압류가 경합된 상태에서 제3채무자가 민사집행법 제248조의 규정에 따라 집행공탁을 하여 피

---

33) 대법원 2012. 2. 9. 선고 2009다88129 판결.

34) 대법원 2001. 10. 12. 선고 2000다19373 판결, 대법원 2008. 1. 17. 선고 2007다73826 판결.

35) 법원실무제요, 민사집행[IV], 법원행정처(2020), 463-464.

36) 법원실무제요, 민사집행[IV], 법원행정처(2020), 464.

압류채권을 소멸시키면 그 효력은 압류경합 관계에 있는 모든 채권자에게 미친다. 이때 압류경합 관계에 있는 모든 채권자의 압류명령은 그 목적을 달성하여 효력을 상실하고 압류채권자의 지위는 집행공탁금에 대하여 배당을 받을 채권자의 지위로 전환되므로, 압류채권자는 제3채무자의 공탁사유 신고 시까지 민사집행법 제247조에 의한 배당요구를 하지 않더라도 그 배당절차에 참가할 수 있다. 이는 제3채무자가 집행공탁을 하여 사유를 신고하면서 경합된 압류 중 일부에 관한 기재를 누락하였다 하더라도 달리 볼 것은 아니고, 그 후 이루어진 공탁금에 대한 배당절차에서 기재가 누락된 압류의 집행채권이 배당에서 제외된 경우에 그 압류채권자는 과다배당을 받게 된 다른 압류채권자 등을 상대로 배당이의의 소를 제기하여 배당표의 경정을 구할 수 있다.[37]

3) 한편, 선행 압류채권자가 추심명령을 얻어 추심을 마쳤거나, 제3채무자가 집행공탁을 한 경우 압류된 채권은 그 범위에서 소멸하므로, 그 후 후행 압류명령이 발령되어도 그 효력이 인정되지 않아[38] 압류의 경합이 생기지 않는다.

다만 이와 같이 압류명령으로서는 무효라고 하더라도, 배당요구의 종기, 즉 추심채권자가 추심신고(민사집행법 제236조 제1항)를 하거나 제3채무자가 공탁사유신고(민사집행법 제248조 제4항)를 하기 전에 신청된 위 무효인 압류명령에 대하여 무효행위의 전환 법리(민법 제138조)에 따라 '선행 집행절차에 대한' 배당요구로서의 효력을 인정할 수 있는지가 문제된다(이에 관한 상세한 내용은 뒤에서 다시 살펴본다).

4. 다른 절차에 의한 압류와의 경합

가. 담보권의 실행 등을 위한 압류와의 경합

채권에 대한 담보권(질권 등)의 실행이나 물상대위권(민법 제342조 등)의 행사의 경우에는 채권에 대한 강제집행의 규정이 준용되므로(민사집행법 제273조 제3항), 이러한 경우의 압류와 채권에 대한 강제집행에 기초한 압류 사이에도 경합의 문제가 발생할 수 있다.

그러나 이러한 담보권의 실행 등의 경우에는 담보권자에게 우선권이 있기 때문에 강제집행에 기초한 압류의 경우와 반드시 동일하지는 않다. 이러한 경우에는 우선

37) 대법원 2015. 4. 23. 선고 2013다207774 판결.

38) 대법원 2005. 1. 13. 선고 2003다29937 판결, 대법원 2008. 11. 27. 선고 2008다59391 판결, 대법원 2015. 7. 23. 선고 2014다87502 판결.

변제권의 범위 내에서 담보권자가 우선하게 되므로, 우선하는 채권에 기초한 압류금액을 공제한 나머지에 한하여 다른 집행채권에 기초한 압류의 효력이 미친다.[39] 따라서 외형상으로는 압류의 경합이 있더라도 담보권자는 전부명령을 얻을 수 있고,[40] 고유의 추심권능에 기초하여 추심권을 행사할 수도 있으며, 그러한 우선권 있는 담보권 등에 기초한 압류의 효력도 확장되지 않는다.[41]

우선변제권이 있는 채권에 기초한 압류들이 외견상 서로 경합하는 경우에도 그 상호간에 우열이 있는 때에는 실질적인 압류의 경합이 발생하지 않는다. 판례도 물상대위권자인 원고의 근저당권설정등기 일자가 피고의 양도소득세의 법정기일보다 앞선 사안에서 '원고의 근저당권에 의하여 담보된 채권이 피고의 양도소득세채권보다 우선하므로, 위 근저당권에 기한 물상대위권의 행사로서 이루어진 원고의 압류 및 전부명령은 비록 피고의 압류통지와 동시에 제3채무자에게 도달되었다고 하더라도 실질적인 압류경합이 없는 상태에서 이루어진 것으로서 적법·유효하고, 따라서 위 전부명령에 의하여 이 사건 보상금채권은 원고에게 적법하게 이전되었다'고 판단하였다.[42]

나. 체납처분에 의한 압류와의 경합

1) 체납처분에 의한 채권압류의 효력

체납처분에 의한 채권압류는 민사집행법상 압류와 마찬가지로 제3채무자에게 채무이행을 금지하고 체납자에게 채권의 처분 및 영수를 금지하는 효력이 있음은 물론, 나아가 관할 세무서장은 체납액을 한도로 하여 체납자를 대위할 수 있는 효력이 있다(국세징수법 제52조 제2항[43]). 이때 '대위'의 의미는 추심권의 취득을 뜻한다.[44]

세무서장은 채권을 압류할 때에는 체납액을 한도로 하여야 한다(초과압류의 금지). 다만, 압류하려는 채권에 국세보다 우선하는 질권이 설정되어 있어 압류에 관계된 체납액의 징수가 확실하지 않은 경우 등 필요하다고 인정되는 경우 채권 전액을

39) 대법원 1996. 6. 14. 선고 96다5179 판결 참조.

40) 대법원 2008. 12. 24. 선고 2008다65396 판결.

41) 윤진수, "압류의 경합", 재판자료 제71집, 법원도서관(1996), 351.

42) 대법원 2003. 11. 14. 선고 2003다23717 판결. 이 판결에 대한 평석으로는 서승렬, "토지수용보상금채권에 대한 부진정압류의 경합을 이유로 한 공탁의 법적 성질", 재판자료 제109집, 법원도서관(2006), 603-631.

43) 지방세징수법 제51조 제2항도 같은 취지로 규정하고 있다. 체납처분의 절차나 효력은 국세와 지방세가 동일하므로 이하에서는 국세를 중심으로 설명한다.

44) 대법원 1988. 4. 12. 선고 86다카2476 판결 등.

압류할 수 있다(국세징수법 제53조 단서). 급료, 임금, 봉급, 세비, 퇴직연금 또는 그 밖에 계속적 거래관계에서 발생하는 이와 유사한 채권에 대한 압류의 효력은 체납액을 한도로 하여 압류 후에 발생할 채권에도 미친다(국세징수법 제54조).

국세기본법 제36조 제1항은 '국세 강제징수에 따라 납세자의 재산을 압류한 경우에 다른 국세 및 강제징수비 또는 지방세의 교부청구가 있으면 압류와 관계되는 국세 및 강제징수비는 교부청구된 다른 국세 및 강제징수비 또는 지방세보다 우선하여 징수한다'고 규정하여 조세의 징수에 있어서 이른바 압류선착주의(押留先着主義)를 채택하고 있는데, 그 취지는 다른 조세채권자보다 조세채무자의 자산 상태에 주의를 기울이고 조세 징수에 열의를 가지고 있는 징수권자에게 우선권을 부여하고자 하는 것이다. 이러한 압류선착주의는 조세가 체납처분절차를 통하여 징수되는 경우뿐만 아니라 민사집행법에 의한 강제집행절차를 통하여 징수되는 경우에도 적용된다.[45] 또한, 여러 개의 체납처분압류가 사실상 병존하더라도 후행의 압류는 교부청구 또는 참가압류에 불과하다. 이에 따라 조세채권 사이에는 우열을 따지는 것이 용이하여 압류의 효력 확장을 통하여 이해관계를 조절할 필요가 없기 때문에 압류의 경합에 따른 압류범위의 확장이나 제3채무자의 공탁과 같은 효과는 인정될 여지가 없다.[46]

2) 국세체납 절차와 민사집행 절차의 관계에 관한 대법원의 기본적인 입장 - 무제한적 경합 인정

대법원 판례는 최근까지지도 "현행법상 체납처분절차와 민사집행절차는 별개의 절차이고 두 절차 상호 간의 관계를 조정하는 법률의 규정이 없으므로, 한쪽의 절차가 다른 쪽의 절차에 간섭할 수 없는 반면, 쌍방 절차에서 각 채권자는 서로 다른 절차에 정한 방법으로 그 다른 절차에 참여하게 된다"라고 하여 양 절차의 전면적인 경합을 허용하고 있다.[47] 판례가 이처럼 양 절차의 무제한적 경합을 인정하는 것에 대해서는 적지 않은 비판이 있었다.

45) 대법원 2003. 7. 11. 선고 2001다83777 판결.

46) 지은희, "체납처분에 의한 압류와 민사집행법상 압류 또는 가압류가 경합하는 경우 집행공탁 허용 여부", 사법논집 제63집, 법원도서관(2016) 405; 주석 민사집행법(V)(제4판), 한국사법행정학회(2018), 679-680(노재호). '금전채권에 대하여 민사집행법에 따른 압류와 체납처분에 의한 압류가 있는 경우의 공탁절차 등에 관한 업무처리지침'(대법원 행정예규 제1060호)은 "제3채무자는 하나 또는 여럿의 체납처분에 의한 채권압류가 있다는 사유만으로는 체납자를 피공탁자로 한 변제공탁이나 민사집행법 제248조 제1항에 의한 집행공탁을 할 수 없다."라고 정하고 있다.

47) 대법원 1989. 1. 31. 선고 88다카42 판결, 대법원 1999. 5. 14. 선고 99다3686 판결, 대법원 2015. 7. 9. 선고 2013다60982 판결, 대법원 2015. 8. 27. 선고 2013다203833 판결 등 참조.

그런데 이후 법 개정 등 변화에 따라 그러한 비판들은 상당 부분 그 의미를 잃게 되었다. 종래 체납처분에 의한 청산절차에서 배분을 받을 수 있는 채권은 조세, 공과금 외에는 압류재산에 관계되는 전세권, 질권 또는 저당권에 의하여 담보된 채권에 한정되었는데, 2011. 4. 4. 법률 제10527호로 국세징수법이 개정되면서 제68조의2가 신설되어 체납처분절차에도 배당요구 제도와 유사한 '배분요구' 제도가 도입되었고(2012. 1. 1. 시행), '주택임대차보호법' 또는 '상가건물 임대차보호법'에 따라 우선변제권이 있는 임차보증금 반환채권(제4호), '근로기준법' 또는 '근로자퇴직급여 보장법'에 따라 우선변제권이 있는 임금, 퇴직금, 재해보상금 및 그 밖에 근로관계로 인한 채권(제5호), 압류재산에 관계되는 가압류채권(제6호), 집행력 있는 정본에 의한 채권(제7호)이 배분대상인 채권으로 추가 규정됨으로써 체납처분절차에서 배분받을 채권의 범위가 민사집행법상 배당받을 채권의 범위와 사실상 일치되었다[48][이후 국세징수법이 2020. 12. 29. 전부개정(2021. 1. 1. 시행)되면서 배분요구에 관한 조문은 제76조로 그 위치를 이동하였다].

3) 체납처분에 의한 압류가 선행(先行)하는 경우 민사집행절차의 진행

가) 체납처분에 의한 채권압류가 선행하는 경우에도 민사집행법상의 채권압류 및 추심명령은 가능하다.

그러나 압류채권자에게 독점적 만족을 주는 전부명령은 그렇지 않다. 피압류채권의 일부에 대하여 체납처분에 의한 압류가 있은 후 그 나머지 부분을 초과하여 민사집행법에 의한 압류 및 전부명령이 있는 경우에, 그러한 전부명령은 위 각 압류가 중첩되는 부분에 관하여는 무효이다.[49] 체납처분에 의한 압류는, 제3채무자에게 채무자에 대한 지급을 금지하고 채무자에게 채권의 처분과 영수를 금지하는 효력을 가지는 것으로서, 민사집행절차에서 압류명령을 받은 채권자의 전속적인 만족을 배제하고 배당절차를 거쳐야만 하게 하는 민사집행법 제229조 제5항의 '다른 채권자의 압류'에 해당하기 때문이다.[50]

나) 민사집행법에 따른 압류 및 추심명령과 체납처분에 의한 압류가 경합하는 경우에, 민사집행절차에서 압류 및 추심명령을 받은 채권자는 제3채무자를 상대로 추심의 소를 제기할 수 있고, 제3채무자는 압류 및 추심명령에 선행하는 체납처분에 의한 압류가 있어 서로 경합된다는 사정만을 내세워 민사집행절차에서 압류 및 추심

48) 이우재, "부동산 및 채권집행에서의 배당의 제문제", 진원사(2012), 1310~1312.
49) 대법원 1991. 10. 11. 선고 91다12233 판결 참조.
50) 대법원 2015. 8. 27. 선고 2013다203833 판결.

명령을 받은 채권자의 추심청구를 거절할 수 없다.[51] 제3채무자는 체납처분에 의한 압류채권자와 민사집행절차에서 압류 및 추심명령을 받은 채권자 중 어느 한쪽의 청구에 응하여 그에게 채무를 변제하고 그 변제 부분에 대한 채무의 소멸을 주장할 수 있고, 민사집행법 제248조 제1항에 따른 집행공탁을 하여 면책될 수도 있다.[52]

다) 체납처분에 의한 압류채권자가 제3채무자로부터 압류된 채권을 추심하면 국세징수법에 따른 배분절차를 진행하는 것과 마찬가지로, 민사집행절차에서 압류 및 추심명령을 받은 채권자가 제3채무자로부터 압류채권을 추심한 경우에는 민사집행법 제236조 제2항에 따라 추심한 금액을 바로 공탁하고 그 사유를 신고하여야 한다.[53]

라) 위와 같이 제3채무자가 민사집행절차에서 압류 및 추심명령을 받은 채권자의 추심청구에 응하거나 민사집행법 제248조 제1항에 따른 집행공탁을 하게 되면, 그 피압류채권이 소멸하여 체납처분에 의한 압류는 그 목적을 달성하여 효력을 상실하고, 따라서 체납처분에 의한 압류채권자의 지위는 민사집행법상의 배당절차에서 배당을 받을 채권자의 지위로 전환된다. 따라서 체납처분에 의한 압류채권자는, 제3채무자가 집행공탁을 하고 사유신고를 하거나 추심채권자가 추심한 금액을 공탁하고 사유신고를 하여 배당절차가 개시될 때(민사집행법 제252조 제2호 참조)까지 민사집행법 제247조에 의한 배당요구를 따로 하지 않았다고 하더라도, 그 배당절차에서 배당을 받을 자격이 있다.[54]

마) 조세채권은 일반채권보다 우선하므로(국세기본법 제35조 제1항, 지방세기본법 제71조 제1항), 배당절차에서는 조세채권자가 일반채권자보다 우선하여 배당을 받는다.[55]

4) 민사집행법상의 채권압류가 선행하는 경우 체납처분절차의 진행

가) 민사집행법상의 채권압류가 선행하는 경우에는 관할 세무서장은 집행법원에 체납된 국세와 체납액의 교부를 청구할 수 있고(국세징수법 제59조 제2호), 교부청구를 갈음하여 참가압류 통지서를 집행법원에 송달함으로써 참가압류를 할 수도 있다(국세징수법 제61조). 지방세의 경우에도 위와 같은 교부청구와 참가압류를 할 수 있다(지방세징수법 제66조, 제67조). 이러한 교부청구나 참가압류는 민사집행법상 배당

51) 대법원 2015. 7. 9. 선고 2013다60982 판결.

52) 대법원 1996. 6. 14. 선고 96다5179 판결, 대법원 2007. 9. 6. 선고 2007다29591 판결, 대법원 2015. 7. 9. 선고 2013다60982 판결, 대법원 2015. 8. 27. 선고 2013다203833 판결.

53) 대법원 2015. 7. 9. 선고 2013다60982 판결.

54) 대법원 2015. 8. 27. 선고 2013다203833 판결.

55) 법원실무제요, 민사집행[IV], 법원행정처(2020), 466.

요구와 같은 효력을 가진다.[56] 이러한 교부청구나 참가압류가 있으면 압류채권자를 위한 전부명령이나 양도명령은 허용되지 않는다.[57]

나) 이와 같이 민사집행법상의 채권압류가 선행하는 경우 세무서장 또는 지방자치단체의 장이 교부청구나 참가압류를 하지 않고 채권 자체를 압류하여 이를 현금화하는 협의의 체납처분절차를 실시할 수 있는지에 대하여는, 이를 부정하고 후행 체납처분압류는 교부청구의 효력밖에 없다고 하는 견해도 있지만,[58] 위와 같은 체납처분압류를 긍정함이 타당하다. 교부청구나 참가압류의 제도가 체납처분을 금지한 것이라고 보기는 어렵고, 민사집행절차가 체납처분절차보다 언제나 신속하고 합리적인 것이라고 단정할 수 없으며, 체납처분이 개시된 후에도 다시 민사집행절차를 진행할 수 있는 이상 그 반대의 경우도 허용함이 공평하기 때문이다.[59]

다만, 체납처분에 의한 선행 압류가 되어 있는 재산에 다시 체납처분을 하고자 하는 자는 교부청구 또는 참가압류의 방식으로 선행의 체납처분 절차에 참가할 수 있을 뿐이고, 이미 압류한 채권에 관하여 다시 행한 압류는 교부청구 또는 참가압류의 효력밖에 없다.[60]

다) 관할 세무서장이 체납처분압류를 하고 그 뜻을 제3채무자에게 통지하면 체납액을 한도로 하여 체납자를 대위하고(국세징수법 제52조 제2항), 이때 '대위'의 의미는 추심권의 취득을 뜻한다는 점은 앞서 본 바와 같으므로, 별도로 추심명령을 얻을 필요 없이 제3채무자에게 추심금의 지급을 청구할 수 있다.

라) 체납처분권자가 제3채무자로부터 압류된 채권을 추심하게 되면 국세징수법에 따른 배분절차가 진행된다. 그런데 국세징수법이 2011. 4. 4. 법률 제10527호로 개정됨에 따라 체납처분절차에서 배분받을 채권의 범위가 민사집행법상 배당받을 채권의 범위와 사실상 일치되었음은 앞서 본 것과 같다. 또한, 압류된 채권에 관한 질권의 피담보채권, 우선변제권이 있는 임금, 퇴직금 등 근로관계로 인한 채권, 압류된 채권에 관한 가압류채권, 집행력 있는 정본에 의한 채권이 배분을 받으려면 배분요구의 종기까지 관할 세무서장에게 배분요구를 하여야 하는 것이 원칙이다(국세징수법 제76조 제1항, 제96조 제1항 단서).

56) 대법원 1994. 3. 22. 선고 93다19276 판결.
57) 법원실무제요, 민사집행[IV], 법원행정처(2020), 467.
58) 이에 관하여 보다 상세한 논의는 손흥수, 민사집행실무총서(II) 채권집행, 한국사법행정학회(2017), 841-843 참조(다만 위 책은 부정설을 지지한다).
59) 주석 민사집행법(V)(제4판), 한국사법행정학회(2018), 683(노재호).
60) 대법원 2007. 4. 12. 선고 2004다20326 판결, 대법원 2008. 10. 23. 선고 2008다47732 판결.

그런데 민사집행법에 따른 압류와 체납처분에 의한 압류가 경합한 후 제3채무자가 체납처분에 의한 압류채권자의 추심청구에 응하게 되면, 그 피압류채권은 소멸하게 되고, 이러한 효력은 체납처분에 의한 압류채권자에 대하여는 물론 민사집행법에 따른 압류채권자에 대하여도 미치므로, 체납처분에 의한 압류와 함께 민사집행법에 따른 압류도 그 목적을 달성하여 효력을 상실하는 것으로 보아야 한다. 따라서 체납처분에 의한 압류채권자뿐만 아니라 민사집행절차에서 압류를 한 채권자의 지위도 체납처분에 따른 청산절차에서 배분을 받을 채권자의 지위로 전환된다고 할 것이어서, 민사집행법에 따른 압류채권자가 배분요구의 종기까지 따로 배분요구를 하지 않았다고 하더라도 그 청산절차에 참가할 수 있다고 봄이 타당하다.[61] 이와 관련하여 판례는, '국세기본법 제35조 제1항 제5호에 따라 국세 또는 가산금에 우선하는 임금채권이 국세징수법상 압류재산 매각대금의 분배대상에 포함되면, 체납처분절차를 주관하는 기관은 비록 임금채권자의 배분요구가 없다고 하더라도 임금채권자에게 배분할 금액을 직권으로 확정하여 배분계산서를 작성하여야 하고, 만약 임금채권자가 체납처분의 청산절차에서 압류재산의 매각대금을 배분할 때까지 배분요구를 하지 않아 그에게 배분되어야 할 돈이 후순위권리자에게 배분되었다면, 임금채권자는 후순위권리자를 상대로 부당이득의 반환을 청구할 수 있다'고 판단하였다.[62]

마) 체납처분에 따른 청산절차가 종결되면 그 채권에 대한 민사집행절차에 의한 가압류나 압류의 효력은 상실된다.[63]

5) 압류 효력의 확장 여부

'우선권 있는 채권에 기초한 체납처분에 의한 압류'와 경합하는 경우에는 압류의 효력 확장에 관한 민사집행법 제235조가 적용되지 않는다. 피압류채권의 일부에 대하여 체납처분에 의한 압류가 있은 후 그 나머지 부분을 초과하여 민사집행법에 의한 압류 및 전부명령이 있는 경우에, 체납처분에 의한 압류는 제3채무자에게 채무자에 대한 지급을 금지하고 채무자에게 채권의 처분과 영수를 금지하는 효력을 가지는 것으로서 민사집행법 제229조 제5항의 '다른 채권자의 압류'에 해당하므로,[64] 그러한 전부명령은 위 각 압류가 중첩되는 부분에 관하여는 무효이나, 체납처분에 의한 압류

61) 주석 민사집행법(V)(제4판), 한국사법행정학회(2018), 683-684(노재호). 이와 반대의 상황에서 체납처분에 따른 압류채권자가 민사집행절차에서 배당을 받을 수 있다고 한 대법원 2015. 8. 27. 선고 2013다203833 판결 참조.

62) 대법원 2003. 1. 24. 선고 2002다64254 판결, 대법원 2006. 1. 27. 선고 2005다27935 판결.

63) 대법원 2002. 12. 24. 선고 2000다26036 판결.

64) 대법원 2015. 8. 27. 선고 2013다203833 판결.

의 효력이 피압류채권의 전액으로 확장되는 것은 아니어서, 위 전부명령은 위 각 압류가 중첩되지 않는 나머지 부분(위 체납처분에 의한 압류의 효력이 미치지 않는 부분)에 관하여는 유효하다.[65] 가령 피압류채권(100만 원) 중 일부(70만 원)에 대하여 체납처분에 의한 압류가 있은 후에 나머지 부분(30만 원)을 초과하여 민사집행법에 의한 압류 및 전부명령(50만 원)이 있는 경우에, 위 전부명령은 위 각 압류가 중첩되는 부분(20만 원)에 관하여는 무효이나, 나머지 부분(30만 원)에 관하여는 유효하다.[66]

5. 그 밖의 문제들

가. 압류금지채권에 대한 압류의 경합

1) 압류금지채권과 같이 일정 부분을 압류금지 부분으로 정하고 있는 채권에 대하여 여러 개의 압류가 된 경우에 압류 경합의 판단 및 경합에 의하여 압류의 효력이 확장하는 범위를 어떻게 해석할 것인지 문제된다.

먼저 이 경우 민사집행법 제235조를 적용할 때에는 해당 채권 중 압류가 가능한 부분을 '채권의 전부'라고 해석하고, '나머지 부분'도 위 부분을 기준으로 정하여야 한다. 채무자의 월급 240만 원을 압류하는 경우를 예로 들면, 압류금지금액인 185만 원(민사집행법 제246조 제1항 제4호, 민사집행법 시행령 제3조)을 초과하는 나머지 55만 원이 압류 가능 부분이기 때문에 이 급여채권에 대하여 여러 개의 압류가 된 경우에는 각 압류의 합계액이 압류 가능한 위 55만 원을 초과하는 때에 압류의 경합이 생기고, 압류의 경합에 의해 각 압류의 효력이 확장되는 범위도 위 55만 원이 된다.[67]

2) 다음으로 민사집행법 제246조 제3항에 따라 압류금지채권의 범위가 축소된 경우, 바꾸어 말하면 압류가 가능한 범위가 확장된 경우에는 압류의 경합으로 인한 압류 효력의 확장을 어떻게 판단할 것인지 문제된다.

압류금지채권의 범위 변경 재판의 효력이 미치는 범위에 관하여는, 해당 '채권'에 관한 한 그 재판의 당사자인지를 묻지 않고 모든 집행채권자와의 사이에서 생긴다는 견해(절대적 효력설)와, 위 재판의 효력은 해당 '압류명령'에 관하여 '채권자'별

---

65) 대법원 1991. 10. 11. 선고 91다12233 판결 참조.
66) 법원실무제요, 민사집행[IV], 법원행정처(2020), 458.
67) 손진홍, 채권집행실무, 한국사법행정학회(2019), 728.

로 생길 뿐이므로 그 재판의 당사자가 아닌 다른 채권자에게는 효력이 미치지 않는다는 견해(상대적 효력설)가 대립한다(이에 관한 상세한 내용은 제1편 제2장의 'II. 피압류채권의 적격' '5. 법률상의 압류금지채권이 아닐 것' 중 '마. 재판에 의한 압류금지채권의 범위변경' 부분 참조).

생각건대, ① 재판의 상대적 효력의 원칙, ② 민사집행법 제246조 제3항이 압류금지 범위의 확대를 신청하는 채무자의 상황과 아울러 채권자의 상황을 고려하도록 하고 있고, 그에 따라 동일한 채무자에 대한 압류에 있어서도 압류채권자가 누구인가에 따라 압류금지의 범위를 달리해야 하는 경우가 있을 수 있는 점, ③ 특히 압류금지범위 감축의 경우는 신청채권자의 이익을 고려하여 하는 것인데, 이중압류의 경우에 '신청채권자를 위하여' 재판에 의하여 압류가 허용된 부분에 대해서까지 압류의 경합이 생김으로써 '압류금지범위 감축 재판의 당사자가 아닌 다른 압류채권자'가 그 부분의 배당에 관여하게 되는 것은 압류금지채권 감축의 취지를 감안할 때 의문이 드는 점 등에 비추어 상대적 효력설이 타당하다.

이러한 상대적 효력설에 의하면 민사집행법 제235조에 따른 압류 효력의 확장범위는 각 압류채권자마다 그 압류 가능 부분을 기준으로 판단하게 된다. 따라서 예컨대, 퇴직금 400만 원에 대하여 채권자 甲이 100만 원, 채권자 乙이 200만 원을 압류하고 다시 채권자 丙이 민사집행법 제246조 제3항에 의하여 압류금지범위의 변경 결정을 얻어 280만 원을 압류한 경우에는 압류금지범위의 변경은 채권자 丙에 대해서만 되는 것이기 때문에 압류 경합에 의하여 甲, 乙의 압류의 효력이 확장하는 것은 퇴직금의 나머지 1/2인 200만 원을 한도로 한다. 다른 한편, 丙의 압류가 되어 있는 범위는 280만 원이고 그중 80만 원에 대하여는 丙이 얻은 압류만이 그 효력을 미치고 있는 것이므로 丙은 홀로 위 80만 원에 대하여 유효하게 전부명령을 얻을 수 있게 된다.[68]

반면 절대적 효력설에 의하면 채권자 丙에 의하여 압류금지범위 변경이 이루어졌더라도 당해 채권에 관한 강제집행에 대하여는 모든 채권자들에게 동일한 효력이 인정되므로 甲, 乙의 압류의 효력도 丙에 의하여 확장된 280만 원 범위에서 압류의 경합이 발생하게 될 것이다.[69]

68) 손흥수, 민사집행실무총서(II) 채권집행, 한국사법행정학회(2017), 859.
69) 손진홍, 채권집행실무, 한국사법행정학회(2019), 729.

나. 가압류 관련 공탁금의 출급·회수청구권에 대한 압류의 경합

1) 제3채무자가 가압류를 원인으로 공탁을 한 경우 그 공탁금의 출급청구권에 대한 압류의 경합

금전채권에 대하여 가압류가 된 경우 이를 원인으로 제3채무자가 하는 공탁(민사집행법 제291조, 제248조 제1항)은 그 실질상 채무자를 피공탁자로 하는 변제공탁이고, 위 가압류의 효력은 그 청구채권액에 해당하는 공탁금액에 대한 채무자의 출급청구권에 대하여 존속한다(민사집행법 제297조).

따라서 금전채권이 가압류되어 제3채무자가 위 채권을 공탁한 후에 그 공탁금출급청구권에 대하여 대한민국을 제3채무자로 하여 다시 압류가 행해지면, 동일한 채권에 대하여 여러 개의 압류가 된 것이므로 민사집행법 제235조에 따라 압류의 경합 유무 및 그 효과를 판단해야 한다.[70]

2) 채무자가 가압류해방금을 공탁한 경우 그 해방공탁금의 회수청구권에 대한 압류의 경합

가압류집행의 목적물에 갈음하여 가압류해방금이 공탁된 경우(민사집행법 제282조, 제299조)에 그 가압류의 효력은 공탁금 자체가 아니라 공탁자인 채무자의 공탁금 회수청구권에 대하여 미친다. 따라서 채무자의 다른 채권자가 위 공탁금 회수청구권에 대하여 압류명령을 받은 경우에는 가압류채권자의 가압류와 다른 채권자의 압류는 그 집행대상이 같아 서로 경합하게 된다.[71] 채권자의 부동산 가압류 이후 그 부동산의 소유권이 제3자에게 이전된 다음 가압류해방금이 공탁된 경우라 하더라도 채무자의 가압류 해방공탁금의 회수청구권에 대하여 채무자의 채권자라면 누구나 강제집행을 할 수 있고, 그 경우에도 압류의 경합이 발생하게 된다.[72]

다. 동산인도청구권에 대한 압류의 경합

동산인도청구권이란 동산의 직접점유, 즉 현실의 점유의 이전을 목적으로 하는 청구권을 말하고, 여기서 말하는 동산은 유체동산만을 의미한다. 항공기, 자동차, 건설기계와 같은 것도 이에 포함되고, 문서나 유가증권 또는 압류금지물도 동산인도청구권의 대상이 된다. 반면, 선박은 원래 동산이지만 그 인도청구에 있어서는 부동산에 준하는 것으로 취급된다(민사집행법 제258조).

70) 주석 민사집행법(V)(제4판), 한국사법행정학회(2018), 687(노재호).
71) 대법원 1996. 11. 11.자 95마252 결정, 대법원 2011. 4. 28. 선고 2011다1491 판결.
72) 대법원 2008. 4. 24. 선고 2007다57398 판결.

이러한 동산인도청구권에 대하여도 민사집행법 제235조가 적용된다고 볼 것인지 문제되는데, 인도청구권의 대상인 동산이 가분이고(예를 들어, 석탄 100톤, 석유 200리터 등), 나아가 그 일부에 대한 인도청구권의 행사가 가능한 것에 대하여는 민사집행법 제235조의 적용을 긍정할 수 있다.[73] 따라서 이러한 동산인도청구권에 대하여 그 전부 또는 일부의 압류가 경합한 경우에는 민사집행법 제235조에 따라 각 압류의 효력은 그 인도청구권 전체에 미치는 것으로 해석하게 될 것이다.

라. 계속적 수입채권에 있어서의 압류의 경합

1) 계속적 수입채권에 대한 압류의 효력이 미치는 채권의 범위

압류채권자가 압류의 범위를 집행채권과 집행비용을 합한 액수의 범위로 한정하여 신청하는 등의 특별한 제한이 없는 한 '장래에 계속적으로 발생하는 채권 전부'에 압류의 효력이 미친다는 견해(무제한설)와, '집행채권과 집행비용을 합한 액수를 한도로' 하여서만 압류의 효력이 장래에 발생하는 채권에 미친다는 견해(제한설)가 있고, 그중 제한설이 타당함은 '압류명령의 효력' 부분에서 이미 살펴본 바와 같다.

2) 계속적 수입채권에 대한 압류의 경합 및 이중압류에서의 압류의 효력의 확장 여부

가) 계속적 수입채권의 압류에 관하여, 기간을 특정하여 압류의 대상인 장래의 채권을 압류하는 방법 외에도 집행채권의 금액으로 피압류채권을 특정하는 방법('… 중 청구금액에 이를 때까지의 금액'과 같은 방식으로 특정)이 널리 이루어지고 있는데, 이 경우 압류의 경합을 인정하는 것이 실무이다.[74]

판례 또한 계속적 수입채권의 압류에서 압류의 경합을 인정하고 있다. 즉, 대법원은 "채권 일부가 압류된 뒤에 그 나머지 부분을 초과하여 다시 압류명령이 내려진 때에는 각 압류의 효력은 그 채권 전부에 미치는데, 이는 압류대상 채권이 계속적 수입채권이라 하여 달리 볼 것이 아니고, 따라서 계속적 수입채권에 대하여 여러 건의 압류가 시기를 달리하여 발하여진 결과 압류경합이 된 경우에 각 압류에서 그 압류의 효력이 미치는 채권의 발생 시기를 특별히 제한하여 명시한 경우가 아니라면 각 압류의 효력은 그 압류 후에 발생한 계속적 수입채권 전부에 미치고, 한편 다른 압류보다 뒤에 발하여진 압류라도 그 압류 전에 다른 사유로 압류의 효력이 배제된

---

73) 손진홍, 채권집행실무, 한국사법행정학회(2019), 761; 주석 민사집행법(V)(제4판), 한국사법행정학회(2018), 687(노재호).

74) 법원실무제요, 민사집행[IV], 법원행정처(2020), 459.

경우를 제외하고는 원칙적으로 당해 압류 전에 발생한 채권 전부에 대하여 그 효력이 미친다."라고 판단하였다.[75]

나) 계속적 수입채권의 이중압류에 있어서 압류의 효력이 확장되는지에 관한 논의가 있다.

(1) 다음과 같은 사례를 상정해 본다(논의의 편의상 제세공과금 부분은 고려하지 않는다).

채권자 甲이 1,000만 원의 채권을 가지고 '2019. 5. 이후 채무자가 제3채무자로부터 매월 받을 급료 중 압류금지채권이 아닌 100만 원 부분'에 대하여 압류한 경우, 甲의 압류의 효력은 채무자가 매월 지급받게 되는 급료 중 100만 원 부분이 합계 1,000만 원에 이를 때까지, 즉 2019. 5.부터 2020. 2.까지 10개월분에 대하여 미치게 된다. 따라서 甲 혼자 압류하였을 때에는 10개월이 경과함으로써 甲은 충분히 1,000만 원의 채권에 대한 만족을 얻게 된다. 그런데 甲의 위 압류의 효력 발생 이후 乙이 甲과 마찬가지로 1,000만 원의 채권을 가지고 '2019. 5. 이후 채무자가 제3채무자로부터 매월 받을 급료 중 압류금지채권이 아닌 100만 원 부분'에 대하여 압류하였다면, 甲은 乙과 각 50만 원씩 안분배당을 받음으로써 甲으로서는 10개월이 경과한 시점에 500만 원밖에 변제받지 못하게 된다. 그러한 경우에 甲이 나머지인 500만 원을 더 지급받기 위하여 500만 원에 대하여 다시 압류집행을 하거나 배당요구를 하여야 하는지, 채권자의 경합이 있는 이상 甲의 당초 압류의 효력을 확장시킬 수 있는지가 문제된다.

(2) 이에 대하여는 압류의 확장을 인정하지 않는 견해(비확장설)와 압류의 확장을 인정하는 견해(확장설)가 대립한다. 다만 이 부분 논의의 성격상, 계속적 수입채권에 대한 압류의 효력이 미치는 채권의 범위에 관하여 '집행채권과 집행비용을 합한 액수를 한도로' 하여서만 압류의 효력이 장래에 발생하는 채권에 미친다는 견해(제한설)를 취하는 경우에만 문제된다고 볼 수 있다.

비확장설은, 위 사례에서 11개월분부터의 급료에 대하여는 더 이상 압류가 확장되지 않으므로, 이중압류로 인하여 각 채권을 모두 지급받을 수 없는 채권자들은 지급받지 못하게 된 금액에 대하여 거듭 압류를 하여야 한다는 견해이다. 그 근거로, 민사집행법상의 구속력이 없는 11개월분부터 20개월분까지의 급여에 대하여 새로운 압류 없이도 압류의 효력이 미치는 예외를 인정하는 것은 불합리하고, 더욱이 11개

75) 대법원 2003. 5. 30. 선고 2001다10748 판결, 대법원 2011. 1. 27. 선고 2010다78050 판결.

월분 이후의 급여채권을 양도한 경우 그 채권양수인에게 위와 같은 이유로 압류의 효력 범위가 확장되었다는 것을 들어 대항할 수 있는지 의문이라고 한다.

이에 반하여 확장설은, 위 사례에서 모든 압류채권자들이 각 채권의 만족을 받을 때까지 다시 압류의 효력이 확장된다고 보는 견해이다. 우연한 사정인 이중압류에 의하여 압류채권자의 이익이 침해되는 것을 방치하는 것은 부적절하고, 이 경우 그러한 압류채권자가 당초 신청의 목적을 달성하기 위하여 다시 압류신청을 해야 한다는 것은 불합리하다는 점을 논거로 한다.76)

(3) 확장설이 타당하다고 생각된다. 즉, 중복압류가 있으면 모든 압류채권자들이 각 채권의 만족을 얻을 수 있을 때까지 압류의 효력이 확장된다고 봄이 타당하다. 우연한 사정인 중복압류에 의하여 압류채권자의 이익이 침해되는 것을 방치하는 것은 적절하지 않고, 그 경우 그러한 압류채권자가 당초 신청의 목적을 달성하기 위하여 다시 압류신청을 해야 한다는 것은 불합리하며, 피압류채권의 발생원인인 법률관계가 단일하고 동질성이 강하기 때문이다.77)

확장설에 의할 경우 위 사례에서 甲과 乙이 행한 압류의 효력은 위 채권자들이 각 채권 전액에 대한 만족을 받을 수 있을 때까지, 즉 甲과 乙이 매월 각 50만 원씩 안분하여 지급받아 각 1,000만 원에 이르게 되는 20개월까지(2019. 5.부터 2020. 12.까지) 甲과 乙의 각 압류의 효력이 확장된다. 이는 가압류가 있었던 경우에도 마찬가지이다.

결국 계속적 수입채권의 압류는 ① 1회의 압류로 '압류채권자의 청구금액'에 달할 때까지 발생하는 매기의 수입채권에 대하여 압류의 효력이 미치게 되고, ② 채권자가 경합하면 '각 경합채권자의 청구금액 합계액'에 달할 때까지 발생하는 매기의 수입채권에 대하여 압류의 효력이 확장되어, 각 경합채권자가 위 각 수입채권에 대하여 각 청구금액을 압류금액으로 한 압류채권자의 지위를 가지게 되어, 매기의 수입채권에 대하여 각 경합채권자의 압류가 경합하게 된다.78)

(4) 그리고 위와 같이 압류가 경합된 상황에서 중간에 기본적 법률관계의 변동으로 수입채권의 발생이 중단되면 피압류채권이 확정채권으로 전환되고, 압류의 진정

---

76) 견해의 소개는 손진홍, 채권집행실무, 한국사법행정학회(2019), 754 참조.

77) 이계정, "장래 채권의 전부명령에 관한 일고찰", 인권과 정의 제388호, 대한변호사협회(2008.12.), 19; 손진홍, 채권집행실무, 한국사법행정학회(2019), 754-755; 주석 민사집행법(V)(제4판), 한국사법행정학회(2018), 481(노재호).

78) 고재민, "계속적 수입채권의 압류", 판례연구 제16집, 부산판례연구회(2005), 689; 주석 민사집행법(V)(제4판), 한국사법행정학회(2018), 481-482(노재호).

한 경합으로 인하여 확정된 피압류채권 전부에 대하여 각 압류의 효력이 확장된다. 즉, 위 사례에서 甲, 乙의 압류가 경합된 상황에서 그 효력이 미치는 20개월에 이르기 전에, 가령 15개월째에 채무자가 퇴직하는 등 기본적 법률관계에 변동이 생겨 버리면 그때 피압류채권은 1,500만 원으로 확정되어 버리고, 그에 따라 각 1,000만 원씩을 청구한 甲, 乙은 압류의 진정한 경합으로 인하여 확정된 피압류채권 전액에 대하여 압류의 효력이 확장되어 미치고, 그 후 배당절차가 개시되면 위 1,500만 원을 각 청구채권액으로 안분한 750만 원씩을 배당받게 되는 것이다.[79)]

나아가 당초 압류(위 사례에서 甲의 압류)에 의하여 압류의 효력이 미치는 것이 예정되어 있던 급부(위 사례에서 2020. 2.까지)보다 이후에 발생하는 채권에 대하여 다른 채권자의 압류(위 사례에서 乙의 압류)에 의하여 압류의 효력이 확장하기 전에 채무자가 처분(양도, 포기 등)을 하면, 그 처분으로써 압류채권자들에게 대항할 수 있기 때문에 그 처분을 한 부분은 압류의 대상으로 되지 않게 된다고 봄이 타당하다. 그리고 위 채무자의 처분 형태가 질권의 설정이라면, 다른 채권자에 의한 압류는 가능하지만, 질권자가 우선하게 된다.[80)]

이 점에서, 압류의 효력이 다른 채권자의 압류에 의하여 확장된다고 해도, 온전히 확장되기 위해서는 확장하는 부분에 대하여 다른 채권자의 압류 이전에 채무자가 처분하지 않았을 것을 조건으로 한다. 또한, 채무자의 양도·포기 등의 처분 후에 새로운 압류나 배당요구가 가능하지 않음은 물론이다.[81)]

3) 배당요구의 경우 압류의 효력의 확장 여부

'계속적 수입채권'이 압류된 후에 배당요구가 있는 경우에는 예외적으로 압류의 경합으로 보아 압류범위의 확장을 인정하여야 하는지에 관하여 견해가 대립한다

이 경우 다른 채권자가 압류가 아닌 배당요구를 하였어도, 중복압류를 한 경우와 동일하게, 압류의 효력이 두 채권자가 채권의 만족을 받을 때까지 확장된다는 견해가 있다. 이 견해의 논거는 다음과 같다. ① 채무자의 입장에서는, 배당요구채권자에 대하여 이미 채무를 부담하고 있으므로 압류의 확장을 인정한다고 해서 추가로 불이익을 받는다고 보기 어렵다. ② 제3채무자의 경우 부담이 증가한다고 볼 여지가 있으나, 제3채무자가 압류의 효력이 언제까지 미치는지를 스스로 계산해야 하는 것은 계속적 수입채권에 대한 압류를 긍정하는 것에 의하여 이미 과해져 있는 책무일

79) 손진홍, 채권집행실무, 한국사법행정학회(2019), 755 참조.
80) 손진홍, 채권집행실무, 한국사법행정학회(2019), 755 참조.
81) 손진홍, 채권집행실무, 한국사법행정학회(2019), 755-756.

뿐 압류의 확장을 인정함으로써 새로운 의무가 과해지는 것은 아니며, 민사집행법 제248조 제2항에 따른 공탁의무 또한 일반의 채권집행에서도 인정되는 것이므로, 이 경우 배당요구에 의한 압류의 확장을 긍정한다 해서 제3채무자의 위와 같은 책무의 증가가 불의의 또는 감수하지 않아야 할 의무의 증가라고 볼 수 없다.[82)]

계속적 수입채권의 경우 배당요구에 의한 압류의 확장을 부정하게 되면, 계속적 수입채권에 대한 압류의 효력이 미치는 채권의 범위에 관한 제한설을 취하는 이상, 압류채권자가 장래의 배당요구에 대비하여 처음부터 계속적 수입채권 전부에 대하여 압류를 하는 것이 허용되지 않아 압류채권자의 이익을 해하는 문제가 있기는 하다. 그러나 ① 배당요구에 의한 압류의 확장을 인정하는 것은 민사집행법 제235조의 문언해석의 범위를 벗어나고(민사집행법 제235조 제1항과 제2항은 모두 "다시 압류명령이 내려진 때"라고 명시하고 있다), ② 배당요구는 선행 압류채권자의 강제집행절차에 편승할 뿐이며(배당요구의 종속성), ③ 배당요구를 받은 제3채무자로서는 배당요구에 의하여 압류의 범위가 확장된다는 것을 인식하기 어려우므로, 계속적 수입채권에 대한 압류 후 배당요구가 있는 경우 이를 예외적으로 압류의 경합으로 보아 압류범위의 확장을 인정하는 것은 타당하지 않다고 생각한다.[83)]

Ⅱ. 배당요구

1. 개설

가. 배당요구의 의의

배당요구는 먼저 강제집행에 착수한 채권자가 있는 경우에 다른 채권자가 그 강제집행절차에서 동일한 재산으로부터 평등한 비율로 변제를 받으려고 하는 일종의 집행행위(집행신청)이다.

배당요구는 독립적으로 강제집행을 수행하겠다는 것이 아니라 다른 채권자의 강제집행절차에 편승한다는 점에서 부종적(附從的)이다. 따라서 먼저 착수한 압류절차에 집행정지의 사유가 발생하면 배당요구채권자가 절차를 속행할 수 없고, 압류사건이 취소되거나 압류신청이 취하된 때에는 배당요구의 신청도 그 목적을 상실한다.

82) 손진홍, 채권집행실무, 한국사법행정학회(2019), 756-757.

83) 손흥수, 민사집행실무총서(II) 채권집행, 한국사법행정학회(2017), 812-813; 주석 민사집행법(V)(제4판), 한국사법행정학회(2018), 670(노재호). 이에 관한 일본에서의 논의에 관하여는 윤진수, "압류의 경합", 재판자료 제71집, 법원도서관(1996), 346 참조.

다만 집행력 있는 정본을 가진 배당요구채권자는 압류채권자가 제기하는 추심소송에 공동소송참가를 할 권리가 있고(민사집행법 제249조 제2항), 압류채권자가 추심절차를 게을리한 때에는 일정한 기간 내에 추심하도록 최고한 후 이에 따르지 않은 경우에는 법원의 허가를 얻어 직접 추심할수 있는 점(민사집행법 제250조)에서는 부종성이 다소 완화되어 있다고 볼 수도 있다.[84)]

채권 그 밖의 재산권에 대한 집행절차에 참가하여 평등배당을 구하는 방법으로서는 배당요구 이외에 중복압류(이중압류)가 인정되고 있다.[85)]

나. 중복압류와의 차이

민사집행법상 채권집행에서 중복압류가 인정되기 때문에(민사집행법 제235조 제1항, 제248조 제3항), 이미 압류가 된 채권에 관하여 배당을 받기 위해서는 배당요구 이외에 채권압류명령을 중복하여 신청하는 방법이 있는데, 그 요건과 효과는 배당요구와 다르다.

중복압류와 비교하여 볼 때, 배당요구의 경우에는 신청 시점에 배당가입의 효력이 발생하는 점, 수수료가 저렴하다는 등의 이점이 있지만, 취하 등에 의하여 기본사건이 배당 등에 이르지 못하고 종료되면 배당요구도 목적을 달성하지 못하고, 기본사건의 압류채권에 확장효가 없어 현실적으로 배당받을 수 있는 금액이 소액에 그칠 가능성이 있는 등의 불리한 점도 있다.

채권집행은 부동산집행과 달리 선행하는 압류의 유무가 공시되지 않기 때문에 그 존재를 인식하려면 보통 채무자나 제3채무자에게 조회를 하는 것 이외에 달리 방법이 없어, 이미 압류를 한 채권자가 청구를 확장하거나 다른 집행권원을 가지고 배당을 받으려고 하는 경우를 상정해 볼 수 있지만, 실무상 배당요구는 거의 찾아보기 어렵다.

다. 부동산 집행 및 유체동산 집행의 경우와의 차이점

민사집행법은 채권집행에서 배당요구를 할 수 있는 채권자의 범위를 부동산 집행 및 유체동산 집행의 경우와는 달리 규정하고 있다.

민사집행법 제247조 제1항에 의하여, 채권과 그 밖의 재산권에 대한 집행의 경

84) 주석 민사집행법(V)(제4판), 한국사법행정학회(2018), 850(양진수).

85) 법원실무제요, 민사집행[IV], 법원행정처(2020), 468.

우에는 실체법상 우선변제권이 있는 채권자 및 집행력 있는 정본을 가진 자가 배당요구를 할 수 있다.

이와 달리 부동산에 대한 집행의 경우 집행력 있는 정본을 가진 채권자, 경매개시결정이 등기된 뒤에 가압류를 한 채권자, 민법·상법, 그 밖의 법률에 의하여 우선변제청구권이 있는 채권자가 배당요구를 할 수 있다(민사집행법 제88조 제1항).

또한, 유체동산에 대한 집행의 경우 민법·상법, 그 밖의 법률에 따라 우선변제청구권이 있는 채권자는 매각대금의 배당을 요구할 수 있다(민사집행법 제217조). 따라서 유체동산 집행의 경우에는 집행력 있는 정본을 가진 채권자라도 이중압류를 하지 않는 이상 배당절차에 참가할 수 없다.

2. 배당요구를 할 수 있는 채권자(민사집행법 제247조 제1항)

가. 민법·상법 그 밖의 법률에 의하여 우선변제청구권이 있는 채권자

압류된 채권에 대하여 질권 등 민법상의 담보권을 가진 채권자, 질권·저당권의 목적물이 멸실·훼손·공용징수된 경우에 발생한 채권에 대하여 물상대위의 법리(민법 제370조, 제342조)에 따라 우선권을 가지는 채권자, 조세채권(국세기본법 제35조 제1항, 지방세기본법 제71조 제1항), 근로자의 임금 및 퇴직금 채권(근로기준법 제38조, 근로자퇴직급여 보장법 제12조, 임금채권보장법 제7조, 제8조), 선원의 임금 및 퇴직금 채권(선원법 제152조의2), 회사사용인의 우선변제권(상법 제468조), 운임 등 부수채권에 대한 선박우선특권(상법 제777조, 제779조, 제781조), 국민건강보험료 등 채권(국민건강보험법 제85조), 국민연금보험료 채권(국민연금법 98조), 고용보험료 및 산업재해보상보험료 채권('고용보험 및 산업재해보상보험의 보험료징수 등에 관한 법률' 30조) 등이 이에 해당한다.

보험업법 제32조, 제33조, 자본시장과 금융투자업에 관한 법률 제400조, 신탁법 제48조, 담보부사채신탁법 제82조 등에 의하여 우선특권 또는 우선변제권이 인정되는 채권자도 배당요구를 할 수 있는 채권자이다.

부연설명이 필요한 경우는 아래와 같다.

1) 채권에 대하여 질권을 가지는 채권자

배당요구가 가능하다고 보는 견해[86]와 배당요구를 할 수 있는 지위까지는 인정되지 않는다는 견해[87]가 대립한다.

86) 법원실무제요, 민사집행[IV], 법원행정처(2020), 468.

후자의 견해는 다음과 같은 점을 그 근거로 한다. ① 채권에 대한 질권자는 질권의 목적이 된 채권을 직접 청구할 수 있는바(민법 제353조 제1항, 제2항), 이는 당해 채권이 압류된 경우에도 마찬가지이다. ② 설령 제3채무자가 압류채권자에게 지급을 하거나 공탁을 하더라도 질권을 가진 채권자로부터의 청구를 거절할 수 없다. ③ 질권자는 민사집행법에 정한 집행방법에 의하여 질권을 실행할 수도 있다(민법 제354조).[88]

전자의 견해가 타당하다. 후자의 견해가 제시하는 논거는, 질권자가 집행법원의 배당 절차에서 '아무런 조치 없이도 당연히 배당받을 수 있는' 채권자가 되지는 않는다는 점에 대한 논거가 될 수 있을지는 몰라도, '배당요구를 할 수 있는' 지위까지 부정할 논거로는 부족하다고 생각된다. 민사집행법 제247조 제1항이 배당요구를 할 수 있는 주체로 '민법에 의하여 우선변제청구권이 있는 채권자'를 명시하고 있는 이상, 질권자로서는 채권의 직접 청구 또는 질권의 실행이라는 방법 이외에도, 먼저 강제집행에 착수한 채권자가 있는 경우에 그 강제집행절차에서 변제를 받으려고 하는 일종의 집행행위로서 배당요구를 할 수 있다고 봄이 타당하다. 아래에서 보듯이 집행력 있는 정본을 소지한 채권자의 경우 스스로 압류신청을 하지 않고 다른 채권자에 의하여 개시된 집행절차에서 배당요구를 할 수 있다는 점에서도, 민법상 우선변제권이 있는 질권자에게 '다른 권리 실현 방법이 있다'는 이유로 배당요구를 할 수 있는 지위를 부정하는 것은 형평에 어긋난다.

2) 저당권자가 그 목적물이 멸실·훼손·공용징수된 경우에 발생한 채권에 대하여 물상대위의 법리(민법 제370조, 제342조)에 따라 우선권을 가지는 경우

민법 제370조, 제342조 단서가 저당권자는 물상대위권을 행사하기 위하여 저당권설정자가 받을 금전 기타 물건의 지급 또는 인도 전에 압류하여야 한다고 규정한 것은, 물상대위의 목적인 채권의 특정성을 유지하여 그 효력을 보전함과 동시에 제3자에게 불측의 손해를 입히지 않으려는 데에 그 취지가 있다. 따라서 저당목적물의 변형물인 금전 기타 물건에 대하여 이미 제3자가 압류하여 그 금전 또는 물건이 특정된 이상 저당권자가 스스로 이를 압류하지 않고서도 물상대위권을 행사하여 일반채권자보다 우선변제를 받을 수 있으나, 그 행사방법은 민사집행법 제273조에 의하여 담보권의 존재를 증명하는 서류를 집행법원에 제출하여 채권압류 및 전부명령을

87) 손흥수, 민사집행실무총서(II) 채권집행, 한국사법행정학회(2017), 865.
88) 손흥수, 민사집행실무총서(II) 채권집행, 한국사법행정학회(2017), 865.

신청하는 것이거나 민사집행법 제247조 제1항에 의하여 배당요구를 하는 것이고, 이는 늦어도 배당요구의 종기까지 하여야 하는 것으로 그 이후에는 물상대위권자로서의 우선변제권을 행사할 수 없다.[89)]

3) 조세채권

조세채권은 다른 채권에 우선하지만, 다른 집행절차에 대한 참가는 배당요구의 방식이 아닌 교부청구 또는 참가압류의 방식과 절차에 따른다(국세징수법 제59조, 제61조, 지방세징수법 제66조, 제67조). 이러한 교부청구나 참가압류는 과세관청이 이미 진행 중인 강제환가절차에 가입하여 체납된 조세의 배당을 구하는 것으로서 민사집행절차에서의 배당요구와 그 성질이 같다.[90)]

조세채권 또는 공과금채권에 관한 실무를 보면, 부동산경매에서는 압류 외에 교부청구가 상당수 있지만, 채권집행에서는 압류 또는 참가압류가 대부분이고 교부청구는 거의 없는 실정이다.[91)]

나. 집행력 있는 정본을 가진 채권자

1) 이중압류와 배당요구의 선택 가능

집행력 있는 정본을 소지한 채권자는 스스로 압류신청을 하지 않고 다른 채권자에 의하여 개시된 집행절차에서 배당요구를 할 수 있다.[92)]

2) 부대채권에 관한 문제

압류·추심채권자가 채권의 일부에 기초하여 압류·추심을 한 경우에 나머지 금액에 관하여 만족을 얻으려면 새로운 압류절차나 배당요구를 하여야 한다. 마찬가지로, 채권의 전액 및 '신청일까지의' 지연손해금을 특정하여 압류·추심하여 채권 전부의 만족을 얻지 못한 경우에 나머지 채권 부분에 대한 추가적인 만족을 얻으려면 새로운 압류절차나 배당요구를 하여야 한다.[93)]

다만, 일본 최고재판소 2009. 7. 14. 판결은, 채권압류명령 신청서에 청구채권 중 지연손해금에 관하여 '신청일까지의' 확정금액을 기재하게 한 집행법원의 처리에 따라 위 명령을 신청한 채권자는, 계산서에서 청구채권 중 지연손해금을 위 확정금액

89) 대법원 1999. 5. 14. 선고 98다62688 판결, 대법원 2003. 3. 28. 선고 2002다13539 판결, 대법원 2010. 10. 28. 선고 2010다46756 판결.

90) 대법원 1992. 4. 28. 선고 91다44834 판결, 대법원 2001. 11. 27. 선고 99다22311 판결 등 참조.

91) 사법보좌관실무편람[Ⅱ]-채권집행 및 배당절차-, 법원행정처(2015), 313.

92) 법원실무제요, 민사집행[Ⅳ], 법원행정처(2020), 469.

93) 법원실무제요, 민사집행[Ⅳ], 법원행정처(2020), 470.

으로서 배당받겠다는 의사를 명백히 하였다는 등의 특별한 사정이 없는 한, 계산서 제출 여부와 관계없이 집행권원의 금액에 기초하여 '배당기일까지의' 지연손해금을 배당액 계산의 기준이 되는 채권액에 더하여 배당받을 수 있다고 판시하였으므로, 이를 참고할 필요가 있다.

3) 집행문이 필요한 경우

민사집행법 제247조 제1항이 "집행력 있는 정본을 가진 채권자"라고 규정하고 있으므로, 판결과 같이 집행문이 필요한 집행권원의 경우에 집행문을 부여받지 않으면 배당요구를 할 수 없다.

정지조건부 채권(불확정기한부 채권의 경우에도 같다)의 경우에는 집행권원에 집행문을 부여받기 위하여 조건의 성취(불확정기한의 도래도 마찬가지로 본다)가 증명되어야 하므로(민사집행법 제30조 제2항), 정지조건부 채권에 대한 집행권원을 가지고 있으나 집행문을 받지 못한 자는 배당요구를 할 수 없다.[94]

다만 정지조건부 채권이 담보권(매각에 의하여 소멸된다)의 피담보채권인 경우에는 집행문부여와 상관없이 그 담보권에 기초하여 배당요구를 할 수 있고, 이 경우 정지조건부 채권에 대한 배당액은 공탁하여 그 뒤에 조건의 성취 여부에 따라 공탁금을 지급하거나 공탁금에 대한 배당을 실시하여야 한다(민사집행법 제256조, 제161조 제1항).[95]

4) 집행개시의 요건이 필요한지

강제집행개시를 위해서는 집행력 있는 집행권원을 갖춤과 동시에 집행개시의 요건[집행권원의 송달(민사집행법 제39조 제1항), 확정기한의 도래(민사집행법 제40조 제1항), 담보의 제공(민사집행법 제40조 제2항), 반대급부의 제공(민사집행법 제41조 제1항), 다른 의무에 관한 집행불능(민사집행법 제41조 제2항)]을 충족할 필요가 있다. 그런데 배당요구에 관하여는 이들 규정이 준용되지 않아 집행개시 요건을 구비할 필요가 있는지에 관하여 견해의 대립이 있다.

먼저 집행개시 요건이 필요하지 않다는 견해가 있다(집행개시요건 불요설). 이 견해는 문언상 배당요구의 요건으로 집행력 있는 정본 이외에 다른 요건은 없고, 실질적으로도 배당요구 자체는 독립한 집행행위가 아니라 타인의 집행행위 결과 현금화된 채무자의 재산으로부터 변제를 구하는 것에 지나지 않기 때문이라고 한다.[96]

94) 법원실무제요, 민사집행[IV], 법원행정처(2020), 470.

95) 법원실무제요, 민사집행[IV], 법원행정처(2020), 470.

96) 東京地方裁判所 民事執行センター實務硏究會, 民事執行の實務(3版), 債權執行編(下), 金融財

그러나 집행개시 요건이 필요하다는 견해(집행개시요건 필요설)[97]가 타당하다고 생각된다. 그 근거는 다음과 같다. ① 배당요구의 자격으로서 '집행력 있는 집행권원의 정본'을 요구하는 것은 스스로 강제집행이 가능한 자에게 '집행신청'의 방법과 '다른 사람의 절차에의 편승'의 방법 사이에 선택을 인정하는 것이어서, 다른 사람의 집행절차에 편승하는 것에 그치는 종속적인 성질을 가진다 하더라도 배당요구의 신청이 채권의 강제적 실현(민법 제389조 제1항)의 한 방법이라는 점은 부정할 수 없다. ② 기한미도래 채권의 배당요구를 인정하는 것은 압류를 파산선고와 동일시하는 것이 되어 개별집행과 포괄집행의 기능 분담의 측면에 비추어 보더라도 부당하다('채무자 회생 및 파산에 관한 법률' 제425조는 "기한부 채권은 파산선고시에 변제기에 이른 것으로 본다"라고 규정하고 있다).[98]

5) 가압류채권자의 경우

가압류채권자는 이중압류채권자로 취급되어 배당에 참가하게 된다. 따라서 배당요구를 할 필요가 없고, 집행력 있는 정본을 가진 자가 아니므로 배당요구의 권한도 없다.[99] 판례도 같은 입장이라고 볼 수 있다.[100]

다만, 가압류채권자가 배당을 받기 위해서는 민사집행법 제252조 각 호가 정하는 시기까지 가압류집행(제3채무자에 대한 송달에 의하여 효력이 생긴다)이 되어 있어야 한다.

3. 배당요구의 방식

가. 기재사항 및 첨부서면

1) 일반적 사항

가) 배당요구는 채권(이자·비용, 그 밖의 부대채권을 포함한다)의 원인과 액수를 적은 서면으로 하여야 한다(민사집행규칙 제173조, 제48조 제1항). 배당요구 신청서에는 그 원인, 즉 채무자에 대한 채권의 내용과 발생원인을 명시하여야 한다(민사집

政事情研究會(2012), 121.

97) 법원실무제요, 민사집행[IV], 법원행정처(2020), 470; 손흥수, 민사집행실무총서(II) 채권집행, 한국사법행정학회(2017), 868-869 각주 180); 손진홍, 채권집행실무, 한국사법행정학회(2019), 766-767; 日本 注釋 民事執行法(6), きんざい(1995), 417~418.

98) 손흥수, 민사집행실무총서(II) 채권집행, 한국사법행정학회(2017), 868-869 각주 180).

99) 법원실무제요, 민사집행[IV], 법원행정처(2020), 469; 채권등집행재판실무편람, 법원행정처(2005), 73; 사법보좌관실무편람[Ⅱ]-채권집행 및 배당절차-, 법원행정처(2015), 314.

100) 대법원 2003. 12. 11. 선고 2003다47638 판결.

행법 제247조 제3항, 제218조). 배당요구 신청서에는 그 밖에도 당사자의 표시, 배당요구를 구하는 사건의 특정, 집행권원에 의한 때에는 배당요구의 기초가 되는 집행권원의 표시 등을 하여야 한다.

배당요구 신청서는 재판사무시스템에 문건으로 입력한 후 집행기록에 시간적 순서에 따라 가철한다(재민 91-1).

나) 한편, '부동산 강제경매'의 경우에 민사집행법 제58조 제1항 본문, 제88조 제1항, 민사집행규칙 제48조 제2항에 따르면, 확정된 지급명령의 채권자가 집행력 있는 정본을 가진 채권자로서 배당요구를 하기 위해서는 배당요구서에 지급명령 정본(민사집행법 제58조 제1항 단서 각 호의 사유가 있는 경우에는 집행문을 부여받아야 한다) 등을 첨부하여 제출하여야 한다.

그러므로 지급명령이 확정되어 지급명령 정본 등을 가지기 전에 지급명령 신청 접수 증명원만을 제출하여 미리 배당요구를 하였다면 그 배당요구는 부적법하다. 다만 그 후에 지급명령 정본 등을 제출하면 그 하자가 치유되는데, 이 경우에도 다른 특별한 사정이 없는 한 배당요구의 종기까지는 지급명령 정본 등이 제출되어야 한다.[101] 이러한 법리는 '채권에 대한 강제집행' 절차에서의 배당요구의 경우에도 마찬가지로 적용된다고 볼 수 있다.[102]

2) 우선변제청구권이 있는 자의 배당요구

가) 우선변제청구권자는 그 배당요구 신청서에 채권의 내용과 발생원인을 다른 채권과 구별할 수 있을 정도로 적어야 하고, 그 우선변제청구권의 존재를 소명하는 서면과 자격증명, 위임장 등을 붙여서 제출하여야 한다(민사집행규칙 제173조, 제48조 제2항). 우선변제권에 관한 소명은 자유로운 방법에 의한다. 따라서 임금채권의 경우에는 임금미지급증명서나 채무승인서, 다른 채권의 경우에는 해당 법률관계를 발생시킨 것을 증명하는 계약서 등을 붙이면 되고, 그 서면은 반드시 원본일 필요는 없다.[103]

나) 실무상 배당요구의 종기 이전에 우선변제청구권자라고 주장하면서 배당요구를 하였으나 배당요구 종기까지 소명자료를 제출하지 않은 경우에는, 배당표 작성시한인 배당기일 3일 전까지 소명하도록 보정을 명하고, 필요한 때에는 배당기일을 변경하기도 한다.[104]

---

101) 대법원 2014. 4. 30. 선고 2012다96045 판결.

102) 손흥수, 민사집행실무총서(II) 채권집행, 한국사법행정학회(2017), 879 참조.

103) 법원실무제요, 민사집행[IV], 법원행정처(2020), 471.

다) '채권의 원인'은 채무자에 대하여 배당요구채권자가 가지는 원인채권을 특정할 수 있을 정도로 기재하면 충분하지만, 집행력 있는 정본에 의하지 않은 배당요구인 경우에는 채무자로 하여금 채권이 어느 것인가를 식별할 수 있을 정도로 그 채권의 원인에 관한 구체적인 표시가 필요하다.[105)]

라) 퇴직금의 경우를 보면, 퇴직금은 본질적으로는 후불적 임금의 성질을 지닌 것이라는 점을 고려할 때, 배당요구서에 채권의 원인을 '임금'이라고만 기재하였다고 하더라도 그 임금에 '퇴직금'도 포함되어 있을 수 있으므로 이를 신중하게 판단할 필요가 있다. 그러나 배당요구서의 기재 내용 및 첨부서면에 의할 때 배당요구한 임금채권에 퇴직금 채권이 포함되어 있지 않음이 분명하다면, 그 배당요구에 퇴직금 채권에 대한 배당요구가 포함되어 있다고 볼 수 없음은 당연하다. 이는, 배당요구의 종기 이후에 제출한 채권계산서에 퇴직금채권을 추가하여 기재하였다거나, 당초 배당요구한 임금채권의 액수가 근로기준법 제38조 제2항에 따라 최우선변제되는 최종 3개월분의 임금을 초과하는 것이어서 최우선변제되지 않고 남아 있는 부분이 있다고 하여 달리 볼 것은 아니다.[106)]

마) 배당요구의 사유는 배당에 참가한 각 채권자와 채무자에게 통지하여야 하는데(민사집행법 제247조 제3항, 제219조), 민사집행법은 이미 사문화되어 있던 배당요구채권자의 '채권확정의 소'에 관한 절차를 폐지하였으므로, 집행력 있는 집행권원 없이 배당요구한 채권자에 대하여는 채무자가 배당절차에서 이의를 신청하고 배당이의의 소를 제기하여야 한다.[107)]

3) 집행력 있는 정본 또는 사본에 의한 배당요구

가) 집행력 있는 정본에 의하여 배당요구를 신청하는 경우에는 배당요구 신청서에 집행문이 부여된 집행권원의 정본 또는 그 사본(민사집행규칙 제173조, 제48조 제2항)과 집행개시의 요건을 증명하는 서면(민사집행법 제39조 이하), 자격증명, 위임장 등을 붙여야 한다.

나) 집행력 있는 '정본'이 아닌 '사본'에 의한 배당요구의 적법성 여부에 관하여 견해 대립이 있었으나, 민사집행규칙 제48조 제2항은 명문으로 사본에 의한 배당요구를 인정하였다. 이 경우 집행권원 등의 송달증명서는 필요하지 않지만, 일정한 경

104) 법원실무제요, 민사집행[IV], 법원행정처(2020), 471.

105) 대법원 2008. 12. 24. 선고 2008다65242 판결, 대법원 2015. 6. 11. 선고 2015다203660 판결.

106) 대법원 2008. 12. 24. 선고 2008다65242 판결.

107) 법원실무제요, 민사집행[IV], 법원행정처(2020), 472.

우 집행개시의 요건을 증명하는 서면(민사집행법 제39조 이하, 예컨대 확정기한의 도래를 증명하는 서면)은 첨부하여야 한다.[108]

다) 신청서에는 배당요구 채권을 특정할 수 있는 원인과 금액을 명시하여야 하는데, 특히 집행권원에 표시된 다수의 채권 중 일부 또는 다액의 채권 중 일부에 관하여 배당요구를 하는 때에는 그 부분을 특정하여야 한다. 만일 배당을 받으려고 하는 채권으로서 1개 채권의 일부를 기재한 경우에는 그 일부에 대응한 배당을 받을 수 있음에 그치므로, 잔여 부분에 대하여 배당을 받기 위해서는 별도로 다시 배당요구의 절차를 이행할 필요가 있고, 배당요구의 종기 이후에는 배당요구하지 않은 채권을 추가하거나 확장할 수 없다.[109]

나. 당사자의 소송능력 등

배당요구는 일종의 소송행위이므로 그 신청을 하는 당사자에게는 당사자능력과 소송능력이 있어야 한다.[110]

다. 임금채권자의 소명부족

1) 임금채권자가 우선변제를 받으려면 우선변제권 있는 임금채권임을 소명하는 자료를 제출하여야 하는데, '근로자의 임금채권에 대한 배당시 유의사항'(재민 97-11)은 근로자의 임금채권 우선변제권에 기한 배당요구 시 첨부할 소명자료를 열거하고 있다.

그런데 배당요구의 종기 이전에 우선변제청구권 있는 임금채권자라고 주장하면서 배당요구를 하였으나, 그 소명자료가 부족하여 법원이 보정을 명하였는데 배당요구의 종기까지 보정되지 않았거나, 보정을 명하지 않은 채 배당요구의 종기를 지난 경우에 이들을 적법한 배당요구권자로 볼 것인가 하는 문제가 있다. 이 문제는 (가)압류채권자가 제출한 (가)압류결정서나 첨부된 기록에 의하여 피보전채권이 임금이라는 것을 알 수 있을 뿐 다른 소명자료가 없는 경우에 주로 발생한다.

실무에서는, 배당요구의 종기까지 해당 채권자의 채권이 임금채권이라는 취지가

---

108) 법원실무제요, 민사집행[IV], 법원행정처(2020), 472.

109) 대법원 2008. 12. 24. 선고 2008다65242 판결, 대법원 2012. 5. 10. 선고 2011다44160 판결, 대법원 2015. 6. 11. 선고 2015다203660 판결.

110) 법원실무제요, 민사집행[IV], 법원행정처(2020), 471; 사법보좌관실무편람[Ⅱ]-채권집행 및 배당절차-, 법원행정처(2015), 321.

확인된 경우에는, 그때까지 위 재판예규가 요구하는 소명자료가 완비되지 않더라도 배당표원안 작성시한인 배당기일 3일 전까지 소명하도록 보정을 명하고, 만일 배당기일 3일 전까지 소명자료가 제출되지 않은 경우에는 우선변제권을 인정하지 않고 일반채권자로서만 배당하거나(가압류나 압류 또는 집행력 있는 정본에 의한 배당요구의 경우), 배당에서 제외하고 있다(집행력 있는 정본 없이 배당요구하는 경우).111)

2) 근로기준법상 우선변제청구권이 있는 임금채권자가 경매절차개시 전에 집행대상 채권을 가압류한 경우에는, 배당요구의 종기까지 우선권 있는 임금채권임을 소명하지 않았다고 하더라도, '배당표가 확정되기 전까지' 그 가압류의 청구채권이 우선권 있는 임금채권임을 소명하면 우선배당을 받을 수 있다.112)

3) 근로기준법상의 근로자에 해당하는지 여부는 그 계약이 고용계약이든 도급계약이든 형식에 상관없이 실질적으로 근로자가 임금을 목적으로 종속적인 관계에서 사용자에게 근로를 제공하였는지에 따라 판단하여야 한다. 종속적인 관계가 있는지 여부는 ① 사용자가 업무 내용을 정하고 업무 수행 과정에서 상당한 지휘·감독을 하는지, ② 근로제공자가 취업규칙 또는 복무(인사)규정 등의 적용을 받는지, ③ 사용자가 근무 시간과 근무 장소를 지정하고 근로제공자가 이에 구속을 받는지, ④ 근로제공자가 비품·원자재나 작업도구 등을 소유하거나 제3자를 고용하여 업무를 대행하게 하는 등 독립하여 자신의 계산으로 사업을 영위할 수 있는지, ⑤ 근로제공자가 근로 제공을 통한 이윤의 창출과 손실의 초래 등 위험을 스스로 안고 있는지, ⑥ 보수의 성격이 근로 자체의 대상적 성격인지, 기본급이나 고정급이 정하여졌는지, 근로소득세를 원천징수하는지, ⑦ 근로 제공 관계의 계속성과 사용자에 대한 전속성의 유무와 그 정도, ⑧ 사회보장제도에 관한 법령 등 다른 법령에서 근로자로서 지위를 인정받는지 등 양 당사자의 경제적·사회적 조건들을 종합하여 판단하여야 한다.113)

라. 채무자 또는 제3채무자가 수인인 경우의 배당요구

배당요구는 채무자의 재산에 대한 강제집행절차가 개시된 경우 그 절차에 참가하여 그 집행으로 얻게 되는 압류 금전 또는 현금화 대금에서 우선적 권리가 있는

111) 법원실무제요, 민사집행[IV], 법원행정처(2020), 473; 채권등집행재판실무편람, 법원행정처(2005), 77.

112) 대법원 2002. 5. 14. 선고 2002다4870 판결, 대법원 2004. 7. 22. 선고 2002다52312 판결.

113) 대법원 2014. 7. 10. 선고 2012다92494 판결, 대법원 2014. 11. 13. 선고 2013다77805 판결, 대법원 2015. 5. 28. 선고 2014다62749 판결 등.

등 특별한 사정이 없는 한 다른 채권자와 평등한 비율로 변제받으려고 하는 일종의 집행행위이다. 따라서 다른 압류채권자보다 우월적 지위가 인정되지 않으므로 배당요구도 초과압류금지에 관한 민사집행법 제188조 제2항의 규정을 준용하여 채권금액의 변제와 집행비용의 변상에 필요한 한도 안에서 배당요구가 인정된다고 보아야 한다. 그러므로 수인의 채무자 또는 수인의 제3채무자가 존재하는 채권집행 사건에 배당요구를 하는 경우에는, 배당요구 채권액을 한도로 하여, 어느 채무자에게 또는 어느 제3채무자에게 얼마를 배당요구하는지를 구체적으로 특정하여야 한다. 만일 배당요구 신청서에 위와 같은 특정이 없는 경우에는 보정을 명하여 배당요구권자로 하여금 금액을 특정하도록 하여야 할 것이다.[114]

4. 배당요구를 할 집행기관

가. 배당요구는 채권집행 사건이 계속된 법원에 신청하여야 하는데, 여기에서 '법원'이라 함은 해당 채권의 압류명령을 발령한 법원을 말한다. 중복압류가 서로 다른 법원에 의하여 이루어진 경우에는 그중 어느 법원에 배당요구를 하여도 상관없다.[115]

나. 동산인도청구권의 경우

1) 제3자가 채무자의 책임재산에 속하여야 할 유체동산을 채무자에게 인도할 채무가 있다거나 제3자가 그에 대한 권리를 채무자에게 이전할 채무가 있는 경우에 채권자는 그 유체동산으로부터 자신의 금전채권의 만족을 얻기 위하여 채무자의 제3자에 대한 유체동산 인도청구권이나 유체동산에 대한 권리이전청구권을 금전채권에 대한 집행방법에 준하여 압류·추심명령을 받아 그 청구권의 내용을 실현하여 그 유체동산을 채무자의 책임재산으로 강제집행할 수 있는 상태로 만든 뒤 이를 현금화하여 그 매각대금에서 채권의 변제를 받을 수 있다(민사집행법 제242조, 제243조). 이러한 유체동산 인도청구권에 대한 집행에 있어서는 집행관이 민사집행법 제199조의 규정에 따라 유체동산을 인도받아 현금화하게 되고(민사집행법 제243조 제3항),[116] 집행

114) 법원실무제요, 민사집행[IV], 법원행정처(2020), 473-474; 사법보좌관실무편람[Ⅱ]-채권집행 및 배당절차-, 법원행정처(2015), 323.

115) 법원실무제요, 민사집행[IV], 법원행정처(2020), 474.

116) 이 경우 인도청구권에 대한 강제집행과 인도를 받은 유체동산의 현금화절차의 관계에 관하여 견해의 대립이 있지만, 현금화의 방법에 관해서만 유체동산의 현금화에 적합한 방법을 채택하

관이 이와 같이 현금화한 금전을 법원에 제출한 때가 바로 배당요구의 종기가 된다(민사집행법 제247조 제1항 제3호).

그런데 이와 같이 집행관이 유체동산을 인도받아 현금화하는 단계에서 배당요구를 해야 하는 대상이 집행법원인지 아니면 집행관인지가 문제되는데, 이 경우 집행관이 유체동산을 인도받아 현금화하는 것은 독립된 집행기관으로서 하는 것이 아니라 채권집행을 관할하는 '집행법원의 보조기관'으로서 집행에 관여하는 것일 뿐이므로,[117] 배당요구는 어느 단계에서든지 집행법원에 대하여 하여야 할 것이다.[118]

2) 어음·수표 그 밖에 배서로 이전할 수 있는 증권으로서 배서가 금지된 증권채권에 대하여 집행법원의 압류명령에 의하여 집행관이 증권을 점유하여 행하는 집행(민사집행법 제233조) 및 그 밖의 재산권에 대한 집행에 있어서 그 현금화방법으로 집행관에게 매각이나 임의매각을 명한 경우 등에도, 집행관은 '집행법원의 보조기관'으로서 집행에 관여하는 것일 뿐이므로, 배당요구는 집행관이 아닌 집행법원에 대하여 하여야 한다.[119]

3) 유체동산인도청구권도 일반채권 압류와 마찬가지로 중복압류가 허용되는 것으로 해석되나, 그것이 허용되는 것은 청구권의 목적물이 집행관에게 인도되기까지라고 볼 것이다. 따라서 집행관이 목적물의 인도를 받은 후에는 유체동산 그 자체를 압류한 것과 동일하므로, 이때부터는 청구권에 대한 압류에 의할 것이 아니라 유체동산 압류의 방법에 의하여야 한다.[120]

다. 부동산청구권의 경우

1) 채무자가 제3자에 대하여 부동산인도청구권을 가지고 있거나 부동산소유권이전청구권 또는 소유권이전등기의 말소등기청구권 등 부동산에 관한 등기청구권을 가지고 있는 경우에 채권자는 그 부동산으로부터 자신의 금전채권의 만족을 얻기 위하여 채무자의 제3자에 대한 위 부동산청구권을 압류하여 그 내용을 실현시키고 그 부

여 이를 채권집행의 절차 속에 포섭시키는 데 그치고, 결국 최후까지 채권집행의 절차를 관철한다는 절차구조를 취한 것으로 보아야 한다[법원실무제요, 민사집행[IV], 법원행정처(2020), 496].

117) 대법원 2010. 2. 25. 선고 2009다87898 판결.

118) 법원실무제요, 민사집행[IV], 법원행정처(2020), 474.

119) 법원실무제요, 민사집행[IV], 법원행정처(2020), 474-475; 손진홍, 채권집행실무, 한국사법행정학회(2019), 770-771.

120) 손흥수, 민사집행실무총서(II) 채권집행, 한국사법행정학회(2017), 870; 주석 민사집행법(V)(제4판), 한국사법행정학회(2018), 860(양진수).

동산을 채무자의 책임재산으로 귀속시킨 후 이를 현금화하거나 또는 강제관리를 실시하여 그 매각대금이나 수익금으로부터 채권의 변제를 받을 수 있다(민사집행법 제242조, 제244조, 이는 청구권 자체를 처분하는 것이 아니다).

이러한 부동산청구권에 대한 강제집행은 제3채무자로부터 부동산에 대한 채무자 명의의 등기를 실현시키거나 그 부동산을 보관인에게 인도하게 하여 부동산물권 자체에 대한 강제경매나 강제관리를 실시함으로서 현금화하는 것이 궁극적인 목적이다.

2) 이러한 부동산인도청구권 또는 그 권리이전청구권에 대한 집행의 경우에 배당요구를 할 수 있는지, 그것이 가능하다면 이를 어느 집행법원에 하여야 하는지가 문제된다.

먼저, 배당요구의 가부에 대하여 적극설과 소극설이 나뉜다.

적극설은 부동산이 보관인에게 인도되거나 그 소유 명의가 채무자에게 이전되어 강제경매 또는 강제관리가 개시되기까지 배당요구를 할 수 있다고 한다. 다만, 적극설은 어느 법원에 배당요구를 하여야 하는지에 관하여 다시 의견이 나뉘는데, 그중 제1설은 이러한 경우 부동산 인도등청구권에 대한 채권집행의 집행법원에 배당요구를 하여야 하고, 그 이후에는 부동산 강제경매 또는 강제관리의 규정에 따라 각 그 집행법원에 배당요구를 할 수 있으나, 부동산 청구권 집행절차에서 배당요구를 한 사람이라도 부동산 매각대금으로부터 변제를 받기 위해서는 부동산 집행절차에서 다시 배당요구를 하여야 한다는 입장이다.[121] 제2설은 채권자가 부동산청구권에 대한 채권집행의 집행법원에 배당요구를 하면 그 효력이 뒤의 강제경매 등의 집행에도 미치므로 따로 그 이후의 부동산경제경매나 강제관리의 규정에 따라 그 각 집행법원에 배당요구를 할 필요는 없다고 주장한다.[122]

이에 대하여 소극설은, 배당요구는 집행법원에 변제를 구하는 일종의 의사표시인데 부동산의 인도나 권리이전청구권의 집행단계는 부동산의 현금화를 위한 집행의 준비단계에 불과하여 변제를 예정하지 않고 있고, 또한 부동산의 인도나 권리이전청구권에 대한 집행절차와 그 후의 부동산강제집행절차는 서로 단절되어 있어 비록 앞서 집행법원에 배당요구한 사람이라도 부동산매각대금에서 배당을 받기 위해서는 부동산강제경매 또는 강제관리절차에서 다시 배당요구를 하여야 한다는 점을 고려할 때, 부동산의 인도나 권리이전청구권에 대한 채권집행의 단계에서 배당요구를 인정하

121) 법원실무제요, 민사집행[IV], 법원행정처(2020), 474.

122) 조정래, "채권에 대한 강제집행에 있어서의 다수채권자의 경합", 강제집행・임의경매에 관한 제문제(상), 재판자료 제35집, 법원도서관(1987), 455.

는 것은 그 의미가 없다고 한다.[123)]

생각건대, 적극설 중 제2설은 부동산청구권에 대한 채권집행의 집행법원에 배당요구를 하면 그 효력이 뒤의 강제경매 등의 집행에도 미친다고 볼 아무런 근거가 없다는 점에서 타당하지 않다. 다음으로 적극설 중 제1설은, 부동산매각대금에서 배당을 받기 위해서는 소극설과 마찬가지로 부동산강제경매 또는 강제관리절차에서 배당요구를 하여야 한다고 본다는 점에서, 굳이 부동산의 인도나 권리이전청구권에 대한 채권집행의 단계에서 배당요구를 인정하는 것은 아무런 실익이 없다. 여기에다가, 적극설은 '보관인 인도 시' 또는 '소유자 명의의 채무자 이전 시'까지 배당요구를 할 수 있다고 하여 배당요구의 종기를 주장하고 있으나, 이는 명문의 근거가 없는 점, 배당요구의 종기에 관한 민사집행법 제247조 제1항은 부동산청구권의 압류에 대한 배당요구를 예정하고 있지 않은 점을 종합하여 보면, 소극설이 타당하다고 생각된다.

5. 배당요구 사실의 통지

가. 배당요구 신청서를 접수한 집행법원의 법원사무관등은 배당에 참가한 각 채권자와 채무자는 물론 제3채무자에게도 배당요구 사실을 통지하여야 한다(민사집행법 제247조 제4항, 제3항, 제219조). 통지를 하는 때에는 배당요구서의 부본을 함께 송달하거나 교부함이 타당하다.

이러한 통지는, 제3채무자의 입장에서는 피압류채권에 상당하는 금전을 공탁하기 위하여 필요하고, 압류채권자나 채무자의 입장에서는 배당요구가 행하여진 것에 의하여 불이익을 받을 수 있는 지위에 있기 때문에 필요하다. 또한, 법원으로서도 후일 압류경합으로 인하여 배당절차가 개시되는 경우에 배당요구를 한 채권자를 배당절차의 이해관계인에서 누락하지 않도록 하는 의미에서도 중요하므로 반드시 통지를 하여야 할 것이다.[124)]

나. 채무자가 외국에 있거나 있는 곳이 분명하지 않은 때에는 통지알 필요가 입다(민사집행법 제12조). 또한, 이 통지는 배당요구의 효력발생 요건은 아니므로 통지가 없더라도 배당요구의 효력에는 영향이 없다.[125)]

123) 손진홍, 채권집행실무, 한국사법행정학회(2019), 772.

124) 주석 민사집행법(V)(제4판), 한국사법행정학회(2018), 861(양진수).

125) 법원실무제요, 민사집행[IV], 법원행정처(2020), 475.

다. 배당요구 통지서의 양식은 부동산집행에 관한 양식을 적당히 변경하여 사용하면 된다.

6. 배당요구를 할 수 있는 시기(時期)

가. 시기(始期)

1) 배당요구를 언제부터 할 수 있는지에 관하여는 규정이 없으나, 해석상 압류의 효력이 발생한 뒤, 즉 압류명령이 제3채무자(제3채무자가 없는 경우에는 채무자)에게 송달된 때부터 할 수 있다.

다만, 실무상 압류명령이 아직 제3채무자에게 송달되기 전에 배당요구서가 접수된 경우에는, 배당요구 시점에 그 압류사건이 특정되어 있으면 족하기 때문에 배당요구의 신청을 각하할 필요는 없을 것이다.[126]

2) 압류사건 집행정지와 배당요구

압류사건에 대하여 집행정지 사유가 발생하고 있어도 배당요구를 하는 것이 가능하고, 집행정지 사유가 종료하고 배당의 단계에 이르게 되면 배당요구채권자는 배당에 참가할 수가 있게 된다. 집행정지는 압류사건의 진행을 정지하는 것인데, 배당요구는 압류사건을 진행시키는 것은 아니기 때문이다.[127]

3) 배당요구채권자의 채권에 대한 집행정지

배당요구채권자의 채권에 대하여 집행정지 사유가 발생하고 있어도 채권자는 그 집행권원을 가지고 배당요구의 신청을 할 수 있다. 다만 집행정지 서면이 제출되면 해당 배당요구채권자의 배당금을 바로 지급할 수 없으므로 이를 공탁하여야 한다(민사집행법 제256조, 제160조 제1항 제3호).[128]

나. 종기(終期)

1) 개관

배당요구의 종기는 당해 배당절차에서 배당을 받을 수 있는 채권자를 확정하는 시적 한계를 뜻한다. 따라서 일정한 시기까지 배당요구하지 않은 채권자는 배당에서

126) 법원실무제요, 민사집행[IV], 법원행정처(2020), 475.

127) 법원실무제요, 민사집행[IV], 법원행정처(2020), 475; 사법보좌관실무편람[Ⅱ]-채권집행 및 배당절차-, 법원행정처(2015), 316.

128) 법원실무제요, 민사집행[IV], 법원행정처(2020), 475-476; 사법보좌관실무편람[Ⅱ]-채권집행 및 배당절차-, 법원행정처(2015), 316.

제외된다. 동일 절차상 복수의 시점이 배당요구 종기에 해당하는 경우에는 그 최초의 시점이 배당요구의 종기가 된다.[129] 배당요구의 종기는 부동산의 경우처럼 집행법원이 정하는 것이 아니라 법에 의하여 미리 정해져 있다(민사집행법 제247조 제1항 각 호).

민사집행법 제247조 제1항 제1호가 압류채권자 이외의 채권자가 배당요구의 방법으로 채권에 대한 강제집행절차에 참가하여 압류채권자와 평등하게 자신의 채권의 변제를 받는 것을 허용하면서도 다른 한편으로 그 배당요구의 종기를 제3채무자가 공탁의 사유를 신고한 때까지로 제한하고 있는 이유는, 제3채무자가 채무액을 공탁하고 그 사유 신고를 마치면 배당할 금액이 판명되어 배당절차를 개시할 수 있는 만큼 늦어도 그때까지는 배당요구가 마쳐져야 배당절차의 혼란과 지연을 막을 수 있기 때문이다. 이러한 배당요구 시한의 설정은 배당요구를 제한 없이 허용할 경우에 초래될 배당절차의 혼란과 지연을 방지하기 위한 합리적인 조치로서, 그로 말미암아 그때까지 배당요구를 하지 못한 채권자가 배당에서 제외되어 다른 채권자들에 비하여 차별대우를 받게 된다 하더라도 그러한 차별은 합리적인 이유가 있는 것이다.[130] 따라서 위 규정이 헌법상의 재산권 보장, 평등의 원칙 등에 위배된다고 볼 수 없다.[131]

배당가입차단효 발생 후의 배당요구는 부적법한 것으로서 각하하고 이를 배당요구 신청인에게 고지하여야 하지만, 실무상으로는 배당에서 제외할 뿐 별도로 고지를 하지 않는 경우가 많다.[132]

2) 각 집행절차에서의 배당요구 종기

가) 금전채권에 대한 집행의 경우

(1) 채권자의 경합이 있는 경우에는 제3채무자가 채무액을 공탁하고 민사집행법 제248조 제4항에 의하여 공탁사유신고를 한 때가 배당요구의 종기이다(민사집행법 제247조 제1항 제1호).

(2) 채권자가 추심명령에 의하여 채권을 추심한 때에는 민사집행법 제236조 제1항에 의하여 추심의 신고를 한 때가 배당요구의 종기이다(민사집행법 제247조 제1항 제2호).

---

129) 손흥수, 민사집행실무총서(II) 채권집행, 한국사법행정학회(2017), 431; 주석 민사집행법(V)(제4판), 한국사법행정학회(2018), 864(양진수).

130) 대법원 1999. 5. 14. 선고 98다62688 판결, 대법원 2008. 4. 24. 선고 2006다61635 판결, 대법원 2022. 3. 31. 선고 2017다276631 판결(물상대위에 있어 우선변제청구권 있는 자의 경우라 하여 달리 취급할 수 없다고 한다).

131) 대법원 2011. 4. 14.자 2011카기73 결정.

132) 주석 민사집행법(V)(제4판), 한국사법행정학회(2018), 864(양진수).

추심명령에 의하여 제3채무자가 변제하면 면책되지만, 추심채권자는 집행법원에 추심의 신고를 하여야 비로소 다른 채권자의 배당요구를 막을 수 있다. 계속적 수입채권을 압류한 경우에 이미 변제기가 도래한 채권만을 추심한 때에는 그것이 집행채권액에 미달하더라도 채권자는 추심신고를 할 수 있고, 그 이후 그 금액에 대한 배당요구는 차단된다.133)

(3) 매각명령 또는 그 밖에 적당한 방법에 의한 현금화명령의 경우에는 집행관 또는 매각명령을 받은 자가 현금화한 금전(매각대금)을 집행법원에 제출한 때가 배당요구의 종기이다(민사집행법 제247조 제1항 제3호).

(4) 전부명령의 경우에는 그것이 제3채무자에게 송달되기 전까지가 배당요구의 종기이다(민사집행법 제247조 제2항).

(5) 법원이 추심 제한의 결정을 한 경우(민사집행법 제232조 제1항 단서)에는 그 결정의 통지가 제3채무자와 채권자에게 송달되기 전까지(민사집행법 제232조 제2항, 제3항) 각각 배당요구를 할 수 있다.134)

(6) 압류채권자가 관리명령(민사집행법 제241조 제1항 제3호)을 받은 경우 관리명령에 의한 관리에는 부동산 강제관리에 관한 민사집행법 제169조가 준용된다.

부동산 강제관리에서 관리인의 부동산 수익처리는 법원이 정하는 기간마다 하여야 하고, 이 경우 위 기간의 종기까지 배당요구를 하지 않은 채권자는 그 수익의 처리와 배당에 참가할 수 없으므로(민사집행규칙 제91조 제1항, 민사집행법 제169조 제1항 참조), 배당요구를 할 수 있는 시기는 법원이 정한 수익처리기간의 종기까지이다. 따라서 집행법원이 주기적인 배당을 명한 경우에는 법원이 정한 기간 동안에 발생한 수익에 대하여 그 기간마다 배당을 실시하게 되므로, 각 기의 배당에 관하여는 각 기간의 만료 시까지 이중개시결정의 신청 또는 배당요구를 하지 않으면 배당에 참가할 수 없게 되고, 이미 지나간 배당 부분에 대하여는 배당요구의 효력이 미칠 수 없으며, 언제나 장차 실시하게 될 배당절차에서 배당받을 수 있음에 그친다.135)

압류채권자가 관리명령(민사집행법 제241조 제1항 제3호)을 받은 경우에도 '법원이 정한 수익처리기간의 종기'가 배당요구의 종기가 되는 등 부동산 강제관리에서의 배당요구에 관한 위 설명을 원용할 수 있다.

나) 유체동산 인도청구권에 대한 집행의 경우

133) 법원실무제요, 민사집행[IV], 법원행정처(2020), 476.
134) 법원실무제요, 민사집행[IV], 법원행정처(2020), 476.
135) 법원실무제요, 민사집행[III], 법원행정처(2020), 468

민사집행법 제243조에 따라 집행관이 유체동산을 인도받아 현금화한 경우 집행관은 그와 같이 현금화된 대금을 집행법원에 제출하여야 하고(민사집행규칙 제169조, 제165조 제4항), 이를 제출받은 집행법원은 배당절차를 개시하여야 하며(민사집행규칙 제183조), 이 때 민법·상법 그 밖의 법률에 의하여 우선변제청구권이 있는 채권자와 집행력 있는 정본을 가진 채권자는 집행관이 현금화한 대금을 법원에 제출한 때까지 배당요구를 할 수 있다.[136]

다) 부동산인도나 권리이전청구권의 집행의 경우

부동산인도 또는 권리이전청구권에 대한 집행에서는, 인도나 명의이전 뒤 '그 부동산에 대한' 강제경매나 강제관리가 개시되면 강제경매의 경우에는 배당요구의 종기까지(민사집행법 제84조), 강제관리의 경우에는 법원이 정한 수익처리기간의 종기까지(민사집행규칙 제91조 제1항, 민사집행법 제169조 제1항) 배당요구를 할 수 있다.[137]

라) 그 밖의 재산권에 대한 집행의 경우

그 밖의 재산권에 대한 집행절차에서 재산권이 특별현금화방법에 의하여 매각된 경우에는 집행관이 매각대금을 법원에 제출한 때까지(민사집행법 제247조 제1항 제3호), 양도명령이 내려진 경우에는 양도명령이 제3채무자에게 송달될 때까지 배당요구를 할 수 있다(민사집행법 제241조 제6항, 제229조 제5항).

마) 국세징수법상 압류·참가압류·교부청구(국세체납처분의 예에 따르는 경우 포함)의 경우

이는 과세관청이 이미 진행 중인 강제집행절차에 가입하여 체납된 조세의 배당을 구하는 것으로서, 강제집행에서의 배당요구와 그 성질이 같으므로, 이것 역시 배당요구와 마찬가지로 배당요구의 종기까지만 할 수 있다.[138]

3) 배당요구의 종기를 적용할 필요가 있는 경우

가) 물상대위를 하는 우선변제청구권 있는 자

민법 제370조, 제342조에 의한 저당권자의 물상대위권 행사는 담보권의 존재를 증명하는 서류를 집행법원에 제출하여 채권압류 및 전부명령을 신청하거나, 배당요구를 하는 방법에 의하여 하는데, 이는 늦어도 배당요구의 종기까지 하여야 하므로, 그 이후에는 물상대위권자로서의 우선변제권을 행사할 수 없다.[139] 물상대위권자로서의

136) 대법원 2010. 2. 25. 선고 2009다87898 판결.

137) 법원실무제요, 민사집행[IV], 법원행정처(2020), 478.

138) 대법원 1993. 3. 26. 선고 92다52733 판결, 대법원 2001. 5. 8. 선고 2000다21154 판결.

139) 대법원 1999. 5. 14. 선고 98다62688 판결, 대법원 2000. 5. 12. 선고 2000다4272 판결, 대법

권리행사의 방법과 시한을 위와 같이 제한하는 취지는 물상대위의 목적인 채권의 특정성을 유지하여 그 효력을 보전하고 평등배당을 기대한 다른 일반채권자의 신뢰를 보호하는 등 제3자에게 불측의 손해를 입히지 않음과 동시에 집행절차의 안정과 신속을 꾀하고자 함에 있다. 저당권자의 물상대위권 행사로서의 압류 및 전부는 그 명령이 제3채무자에게 송달됨으로써 효력이 생기고, 위에서 본 '특정성의 유지'나 '제3자의 보호'는 물상대위권자의 압류 및 전부명령이 효력을 발생함으로써 비로소 달성될 수 있는 것이므로, 배당요구의 종기가 지난 후에 물상대위에 기한 채권압류 및 전부명령이 제3채무자에게 송달되었을 경우에는, 물상대위권자는 배당절차에서 우선변제를 받을 수 없다. 그와 같이 저당권자가 물상대위권의 행사에 나아가지 않아 우선변제권을 상실한 이상 다른 채권자가 그 보상금 또는 이에 관한 공탁금으로부터 이득을 얻었다고 하더라도 저당권자는 이에 대하여 부당이득반환청구를 할 수 없다.[140)]

그러나 저당권자가 물상대위권의 행사로서의 압류를 하기 전에 양도 또는 전부명령 등에 의하여 보상금 채권이 타인에게 이전된 경우라도, 보상금이 직접 지급되거나 보상금지급청구권에 관한 강제집행절차에서 배당요구의 종기에 이르기 전에는 여전히 그 청구권에 대한 추급이 가능하다.[141)]

물상대위권을 행사하는 저당권자가 배당요구의 종기까지 배당요구를 하지 못하여 배당에서 제외되는 것은 합리적인 이유가 있다는 것이 판례의 입장이다.[142)]

나) 배당요구 종기 사유가 압류 사건의 집행정지 중에 발생한 경우

민사집행법 제247조 제1항 각 호가 정하고 있는 사유가 압류 사건의 집행정지 중에 발생한 경우에도 배당요구의 종기가 도래한다고 봄이 타당하다.[143)] 집행정지는 압류 사건의 진행을 방해할 뿐 배당요구를 방해하지는 않고, 배당요구의 종기 사유와 집행정지 사유의 발생 선후에 의하여 별도로 달리 취급해야 할 합리성도 없기 때문

원 2002. 10. 11. 선고 2002다33137 판결, 대법원 2003. 3. 28. 선고 2002다13539 판결, 대법원 2008. 4. 24. 선고 2006다61635 판결.

140) 대법원 1999. 5. 14. 선고 98다62688 판결, 대법원 2000. 5. 12. 선고 2000다4272 판결, 대법원 2002. 10. 11. 선고 2002다33137 판결, 대법원 2003. 3. 28. 선고 2002다13539 판결, 대법원 2008. 4. 24. 선고 2006다61635 판결.

141) 대법원 1998. 9. 22. 선고 98다12812 판결, 대법원 2000. 6. 23. 선고 98다31899 판결.

142) 대법원 1999. 5. 14. 선고 98다62688 판결, 대법원 2000. 5. 12. 선고 2000다4272 판결, 대법원 2002. 10. 11. 선고 2002다33137 판결, 대법원 2008. 4. 24. 선고 2006다61635 판결.

143) 손흥수, 민사집행실무총서(II) 채권집행, 한국사법행정학회(2017), 873; 손진홍, 채권집행실무, 한국사법행정학회(2019), 777; 채권등집행재판실무편람, 법원행정처(2005), 75; 사법보좌관실무편람[Ⅱ]-채권집행 및 배당절차-, 법원행정처(2015), 317.

이다.

다. 공탁사유신고가 있더라도 배당요구의 종기가 도래하지 않는 경우

해당 공탁금으로부터 배당을 받을 수 있는 채권자의 범위를 확정하는 효력(배당가입 차단효)은 배당을 전제로 한 집행공탁의 경우에만 발생하므로, 집행공탁을 할 수 없음에도 집행공탁이 이루어지고 집행법원에 공탁사유신고를 한 경우에는 배당가입 차단효가 발생할 여지가 없고, 따라서 그러한 공탁사유신고는 '배당요구의 종기 도래'로서의 효력을 가지지 않는다. 구체적으로 살펴보면 다음과 같다.

1) 채권가압류를 이유로 공탁한 경우

금전채권에 대한 가압류를 원인으로 제3채무자가 공탁한 때에도 그 사유를 서면으로 법원에 신고하여야 하는데(민사집행법 제291조, 제248조 제4항, 민사집행규칙 제172조 제1항, 제213조 제2항), 본압류를 위한 보전처분에 불과한 채권가압류를 이유로 한 제3채무자의 공탁은 압류를 이유로 한 제3채무자의 공탁과 달리 그 공탁금으로부터 배당을 받을 수 있는 채권자의 범위를 확정하는 효력(배당가입 차단효)이 없다.[144]

가압류의 제3채무자가 공탁을 하고 공탁사유를 법원에 신고하더라도 배당절차를 개시할 수 없고, 공탁금에 대한 채무자의 출급청구권에 대하여 압류 및 공탁사유신고가 있을 때 비로소 배당절차를 실시할 수 있다.[145] 따라서 채권 가압류로 인한 공탁 후 그 신고는 채권 압류로 인한 공탁 후 사유신고와는 그 의미가 달라서 단순히 가압류 발령법원에 공탁사실을 알려 주는 의미밖에 없으므로, 그 신고는 집행법원이 아닌 가압류 발령법원에 하여야 한다(공탁선례 2-280호).

2) 체납처분 압류만을 이유로 수용보상금을 집행공탁한 경우

국세징수법상의 압류와 민사집행법상의 압류의 효력의 차이 및 체납처분절차와 강제집행절차의 차이 등에 비추어 볼 때, 민사집행법 제248조 제1항의 전제가 되는 '압류'에는 국세징수법에 의한 채권의 압류는 포함되지 않는다고 보아야 한다. 따라서 국세징수법상의 체납처분에 의한 압류만을 이유로 집행공탁이 이루어진 경우에는 사업시행자가 민사집행법 제248조 제4항에 따라 법원에 공탁사유를 신고하였다고 하더라도 민사집행법 제247조 제1항에 의한 배당요구 종기가 도래한다고 할 수 없다.[146]

---

144) 대법원 2006. 3. 10. 선고 2005다15765 판결.

145) 대법원 2006. 3. 10. 선고 2005다15765 판결.

146) 대법원 2007. 4. 12. 선고 2004다20326 판결, 대법원 2008. 4. 10. 선고 2006다60557 판결.

3) 동일한 금전채권에 대하여 민사집행법에 의한 '가압류'와 체납처분에 의한 압류가 경합하는 경우

동일한 금전채권에 대하여 민사집행법에 의한 '압류'와 체납처분에 의한 압류가 경합하는 경우에 관하여 대법원 판례는 체납처분압류와 민사집행압류의 선후를 불문하고 제3채무자가 민사집행법 제248조에 의한 집행공탁을 할 수 있고, 그에 따른 사유신고로써 배당요구의 종기가 도래한다는 입장을 취하고 있다.147)

이와 달리 동일한 금전채권에 대하여 민사집행법에 의한 '가압류'와 체납처분에 의한 압류가 경합하는 경우에 관하여 보면, 주류적인 대법원 판결례는, 제3채무자가 민사집행법 제291조, 제248조 제1항에 따라 공탁하고 신고하더라도 배당요구의 종기가 도래하지 않는다는 입장이다.

대표적으로 대법원 2012. 5. 24. 선고 2009다88112 판결은 '체납처분절차와 민사집행절차의 차이에 비추어 볼 때 공탁금회수청구권에 대하여 민사집행법에 의한 가압류와 체납처분에 의한 압류가 있는 경우 그 선후를 불문하고 사유신고의 대상이 아니라고 할 것이다. 또한, 가압류만이 있는 경우에는 압류의 경합에 해당하지 않으므로, 공탁관은 공탁규칙(대법원규칙) 제58조 제1항에 따른 사유신고를 할 수 없다. 따라서 공탁금회수청구권에 대하여 민사집행법에 의한 가압류와 체납처분에 의한 압류가 경합하였다는 이유로 공탁관이 공탁규칙 제58조 제1항에 따라 집행법원에 사유신고를 하였다고 하더라도, 이러한 사유신고는 요건을 갖추지 못한 것으로 이로써 배당요구의 종기가 도래하거나 그 후의 배당요구를 차단하는 효력이 발생한다고 할 수는 없다'고 판단하였다.148)

반면, 민사집행법에 의한 '가압류'와 체납처분압류가 경합하는 경우 제3채무자의 집행공탁을 긍정하는 듯한 판결로는 대법원 2007. 9. 6. 선고 2007다29591 판결이 있다. 그와 같이 제3채무자의 집행공탁을 인정한다면 그에 기한 공탁사유신고로 인하여 배당가입차단효가 발생한다고 보는 것이 논리적일텐데, 위 2007다29591 판결은 그러한 점에까지 나아가 판단하지는 않았다.

이 부분 논의는 '동일한 금전채권에 관하여 금전채권에 대한 체납처분압류와 민사집행법에 의한 압류가 경합할 경우 제3채무자의 집행공탁 허용 여부'에 관한 중요한 논의와 밀접한 관련이 있는데, 그러한 경우에 관하여 2015년 대법원의 두 판결

---

147) 대법원 2015. 7. 9. 선고 2013다60982 판결, 대법원 2015. 8. 27. 선고 2013다203833 판결 참조.

148) 대법원 2012. 5. 24. 선고 2009다88112 판결 등.

(대법원 2015. 7. 9. 선고 2013다60982 판결 및 대법원 2015. 8. 27. 선고 2013다203833 판결)은 체납처분압류와 민사집행압류의 선후를 불문하고 제3채무자의 민사집행법 제248조에 의한 집행공탁을 허용하는 것으로 그 입장을 명확히 정리하였다. 이에 비추어 보면, 체납처분압류와 '가압류'가 경합하는 경우에도 – 가압류의 경우에 압류와 달리 배당절차로 바로 나아갈 수 없다는 점에서 그 이론 구성을 조금 달리하겠지만 – 집행공탁이 가능한 것으로 판례가 정리될 여지가 있다.

4) 혼합공탁의 경우 변제공탁에 해당하는 부분

민사집행법 제247조 제1항에 의한 배당가입 차단효는 배당을 전제로 한 집행공탁에 대하여만 발생하므로, 집행공탁과 변제공탁이 혼합된 소위 혼합공탁의 경우 변제공탁에 해당하는 부분에 대하여는 제3채무자의 공탁사유신고에 의한 배당가입 차단효가 발생할 여지가 없다.[149)]

5) 부적법한 사유신고로 불수리된 경우

집행법원이 공탁사유신고에 대하여 불수리결정을 할 경우 배당요구의 종기는 도래하지 않는다.[150)]

즉, 채무액을 공탁한 제3채무자가 민사집행법 제248조 제4항에 따라 그 사유를 법원에 신고하면 배당절차가 개시되는 것이 원칙이지만, 법원이 사유신고서를 접수한 결과 배당절차에 의할 것이 아니라고 판단될 경우에는 그 신고서를 불수리하는 결정을 할 수 있고, 이 경우 배당절차가 개시되지 않으므로, 그 사유신고에는 새로운 권리자의 배당가입을 차단하는 민사집행법 제247조 제1항 제1호의 효력이 없다.[151)]

7. 배당요구를 할 수 없는 경우

가. 전부명령이 제3채무자에게 송달된 후

전부명령이 제3채무자에게 송달된 뒤에는 배당요구를 하지 못한다(민사집행법 제247조 제2항). 전부명령은 확정 시에 그 효력이 발생하지만 확정된 경우에는 전부명령이 제3채무자에게 송달된 때에 소급하여 압류채권을 지급에 갈음하여 압류채권자에게 이전하게 되어 권면액으로 변제된 것으로 보아 강제집행절차가 종료되므로, 전부명령이 효력을 발생한 이상 제3채무자에 대하여 송달된 뒤의 배당요구는 그 효

149) 대법원 2008. 5. 15. 선고 2006다74693 판결.
150) 법원실무제요, 민사집행[IV], 법원행정처(2020), 332-333.
151) 대법원 2005. 5. 13. 선고 2005다1766 판결 참조.

력이 없다.

다만 제3채무자에게 송달된 뒤의 배당요구라도, 전부명령이 즉시항고에 의하여 취소될 수도 있는 것이므로 일단 접수하여 두었다가 전부명령의 확정 여부를 확인한 다음에 처리함이 타당하다.[152)]

나. 양도명령이 제3채무자에게 송달된 경우

압류 후 특별현금화방법으로 양도명령이 내려지고 그 양도명령이 제3채무자에게 송달된 후에는 전부명령과 마찬가지로 배당요구를 할 수 없다.[153)]

다. 추심명령에 의하여 압류액 제한을 허가한 경우

추심명령이 내려진 뒤 채무자의 신청에 의하여 압류액을 채권자의 요구액으로 제한한 경우에는 그 제한 부분에 관한 한 다른 채권자의 배당요구가 금지된다(민사집행법 제232조 제2항). 그 전에 있은 배당요구의 액은 위 채권자의 요구액에 포함되게 된다.[154)]

라. 압류 후 채권이 양도된 경우

채권압류가 있은 뒤 채무자(= 피압류채권의 채권자)가 피압류채권을 제3자에게 양도하고 그 대항요건을 구비한 때에는 그 채무자에 대한 다른 채권자는 그 뒤 동일한 채권을 중복하여 압류할 수 없음은 물론 선행 압류절차에 배당요구도 할 수 없다.[155)]

마. 초과 부분 임의변제의 경우

제3채무자가 압류된 채권 중 압류채권자의 청구채권액을 초과하는 부분을 채무자에게 임의로 변제한 경우 그 뒤에 한 배당요구는 잔존 부분에 한하여만 그 효력이 있다. 압류의 효력은 압류채권자가 압류의 범위를 일부로 제한하지 않는 한 채권 전부에 미치므로, 피압류채권의 일부 변제는 압류의 효력에 반하여 압류채권자에게는 대항할 수 없으나, 그 뒤의 배당요구채권자에게는 위와 같은 피압류채권의 일부 변제

---

152) 법원실무제요, 민사집행[IV], 법원행정처(2020), 479.

153) 법원실무제요, 민사집행[IV], 법원행정처(2020), 479.

154) 법원실무제요, 민사집행[IV], 법원행정처(2020), 479.

155) 대법원 2010. 10. 28. 선고 2010다57213, 57220 판결, 대법원 2013. 4. 26. 선고 2009다89436 판결.

로써 대항할 수 있다.156)

8. 배당요구의 효력

가. 배당요구권자의 지위

적법한 배당요구의 신청이 있으면 배당요구채권자는 추심금이나 현금화한 금전에서 압류채권자와 평등하게 배당을 받을 수 있는 지위를 가지고, 또한 우선변제권이 있는 경우에는 다른 채권자에 우선하여 배당을 받을 수 있는 지위를 가지게 된다. 또 배당요구채권자는 배당법원으로부터 배당기일을 통지받고(민사집행법 제255조), 배당표를 열람하며(민사집행법 제256조, 제149조), 배당표에 대하여 이의할 수 있는 권리가 있다(민사집행법 제151조). 배당요구가 있으면 그 뒤 전부명령은 허용되지 않는다.

집행력 있는 정본에 의한 배당요구채권자는 압류채권자가 추심을 게을리한 때에는 압류채권자에 대하여 일정한 기간 내에 추심할 것을 최고하고 이에 따르지 않는 경우 법원의 허가를 얻어 스스로 추심할 수 있고(민사집행법 제250조), 압류채권자가 제기한 추심소송에 공동소송인으로 참가할 수 있다(민사집행법 제249조 제2항).

배당요구채권자는 제3채무자에 대하여 채무액의 공탁을 청구할 수도 있고, 이 경우에 제3채무자는 압류된 부분에 해당하는 금액을 공탁하여야 한다(민사집행법 제248조 제2항). 배당요구서의 송달 후에 배당요구가 철회되더라도 제3채무자는 민사집행법 제248조 제1항에 따라 집행공탁을 할 수 있다.157)

나. 효력발생시기

채권압류의 효력은 압류명령이 제3채무자에게 송달된 때에 그 효력이 발생하나, 배당요구는 '집행법원에 대하여' 배당을 구하는 의사표시이므로 그 요건이 구비되어 있는 한 법원에 배당요구서를 접수한 때 그 효력이 발생한다.158) 배당요구에 관하여는 그 뜻을 제3채무자에게 통지하도록 하면서도 그 송달에 의하여 배당요구의 효력이 발생한다는 취지의 규정이 없다. 배당요구를 원인으로 하는 제3채무자의 공탁의무가 발생하는 시점(=배당요구서가 제3채무자에게 송달된 후 배당요구채권자의 청구

156) 법원실무제요, 민사집행[IV], 법원행정처(2020), 479.
157) 법원실무제요, 민사집행[IV], 법원행정처(2020), 480.
158) 법원실무제요, 민사집행[IV], 법원행정처(2020), 480.

가 있는 때, 민사집행법 제248조 제2항)과는 차이가 있다.

이처럼 배당요구가 있었다는 뜻이 제3채무자에게 송달되기 전에 배당요구의 효력이 발생하기 때문에, 배당요구 사실을 알지 못하는 사이에 제3채무자가 압류채권자의 추심에 응하였더라도, 제3채무자에게 다른 경합채권자가 있는지를 확인하여야 할 의무가 없기 때문에 그 지급은 유효하다고 봄이 타당하다.159)

다. 실체법상 효력

1) 배당요구는 실체법적으로 볼 때 채무자에 대하여 채무의 이행을 구하는 의사표시(청구)의 한 가지 방법이므로 그 의사표시가 채무자에게 도달한 때에(실무상으로는 배당요구의 통지에 의하여), 기한의 정함이 없는 채무는 이행지체에 빠지게 된다.160)

2) 집행력 있는 집행권원의 정본을 가진 채권자가 다른 채권자의 신청에 의하여 개시된 경매절차를 이용하여 배당요구를 신청하는 행위도 집행권원에 기하여 능동적으로 그 권리를 실현하려고 하는 점에서는 민법 제168조 제2호의 압류에 준하는 것이므로, 배당요구와 관련된 채권에 관하여 소멸시효를 중단하는 효력이 생긴다.161)

3) 집행력 있는 집행권원의 정본을 가진 채권자가 배당요구를 한 후에 배당표가 확정되면, 이로써 그와 같이 배당표가 확정된 부분에 관한 권리행사는 종료되고 그 부분에 대하여 중단된 소멸시효는 위 종료시점부터 다시 진행된다. 구체적으로는 다음과 같다. 채권자가 배당요구의 방법으로 권리를 행사하여 강제경매절차에 참가하고, 그 권리행사로 인하여 소멸시효가 중단된 채권에 대하여 일부만 배당하는 것으로 배당표가 작성되고 다시 그 배당액 중 일부에 대하여만 배당이의가 있어 그 이의의 대상이 된 부분을 제외한 나머지 부분, 즉 배당액 중 이의가 없는 부분과 배당받지 못한 부분의 배당표가 확정이 되었다면, 이로써 그와 같이 배당표가 확정된 부분에 관한 권리행사는 종료되고 그 부분에 대하여 중단된 소멸시효는 위 종료 시점부터 다시 진행된다. 그리고 위 채권 중 배당이의의 대상이 된 부분은 그에 관하여 적법하게 배당이의의 소가 제기되고 그 소송이 완결된 후 그 결과에 따라 종전의 배당표가 그대로 확정 또는 경정되거나 새로 작성된 배당표가 확정되면 그 시점에서 권리행사가 종료되고 그때부터 다시 소멸시효가 진행한다.162)

---

159) 손흥수, 민사집행실무총서(II) 채권집행, 한국사법행정학회(2017), 887.
160) 사법보좌관실무편람[Ⅱ]-채권집행 및 배당절차-, 법원행정처(2015), 326.
161) 대법원 2002. 2. 26. 선고 2000다25484 판결, 대법원 2022. 5. 12. 선고 2021다280026 판결.
162) 대법원 2009. 3. 26. 선고 2008다89880 판결.

4) 집행력 있는 집행권원의 정본을 가진 채권자(甲)가 배당요구의 방법으로 권리를 행사하여 경매절차에 참가한 후, 배당을 받아야 할 채권자 중 가압류채권자(乙)가 있어 그에 대한 배당액이 공탁된 경우 공탁된 배당금이 가압류채권자(乙)에게 지급될 때까지 배당절차가 종료되었다고 단정할 수 없으므로, 가압류채권자(乙)에 대한 배당액을 공탁한 뒤 그 공탁금을 가압류채권자(乙)에게 전액 지급할 수 없어 추가배당이 실시됨에 따라 배당표가 변경되는 경우에, 배당요구를 한 채권자(甲)의 배당요구에 의한 권리행사는 추가배당표가 확정되는 시점까지 계속된다고 볼 수 있으므로, 그 권리행사로 인한 소멸시효 중단의 효력은 추가배당표가 확정될 때까지 계속된다.[163)]

5) 한편, 채권압류명령의 신청이 취하되면 특별한 사정이 없는 한 압류로 인한 소멸시효 중단의 효력이 소급하여 소멸하는데,[164)] 이와 마찬가지로 배당요구로 인한 시효중단의 효력도 소멸한다고 봄이 타당하다.[165)] 다만, 배당요구가 채무자에게 통지된 경우에는 배당요구에 소멸시효 중단사유인 최고로서의 효력은 인정될 여지가 있다.[166)]

라. 공탁의무

1) 금전채권에 관하여 배당요구서를 송달받은 제3채무자는 배당에 참가한 채권자의 청구가 있으면 압류된 부분에 해당하는 금액을 공탁할 의무를 부담한다(민사집행법 제248조 제2항, 부분공탁). 배당요구의 경우 압류된 부분에 관하여는 반드시 경합이 있게 되므로, 공탁할 의무를 부담하는 것이다. 이러한 제3채무자의 공탁의무는 배당요구서의 송달이 있으면 설령 그 배당요구가 부적법한 것이었더라도 발생한다.[167)]

2) 공탁할 의무를 부담하는 것은 압류된 부분만이다. 따라서 채권의 일부만이 압류된 경우에는 압류된 채권의 일부만이 그 대상이므로, 잔여 부분을 함께 공탁하더라도 그 부분은 권리공탁으로서 하여야 한다.[168)]

마. 배당요구와 압류의 범위 확장 여부

1) 배당요구는 피압류채권의 전액이 압류된 경우는 물론 그 일부만이 압류된 경

163) 대법원 2022. 5. 12. 선고 2021다280026 판결.
164) 대법원 2014. 11. 13. 선고 2010다63591 판결.
165) 법원실무제요, 민사집행[IV], 법원행정처(2020), 481.
166) 법원실무제요, 민사집행[IV], 법원행정처(2020), 481.
167) 채권등집행재판실무편람, 법원행정처(2005), 80.
168) 손흥수, 민사집행실무총서(II) 채권집행, 한국사법행정학회(2017), 889.

우라도 압류의 범위를 확장시키지 않는 점에서, 이중압류가 된 경우 동일한 피압류채권의 미압류부분을 압류한 것으로 되어 결과적으로 압류범위의 확장을 가져오는 것(민사집행법 제235조)과는 차이가 있다.[169)]

2) 다만 채권의 일부가 압류된 사건에서 배당요구를 하였더라도, 다른 압류나 가압류로 인하여 채권의 전부로 압류의 효력이 확장된 때에는, 결과적으로 채권의 전액에 관하여 압류한 사건에 대하여 배당요구를 한 것과 마찬가지가 되므로, 이러한 경우에는 배당요구의 효력이 압류채권의 전부에 미친다고 봄이 타당하다.[170)]

3) '계속적 수입채권'이 압류된 후에 배당요구가 있는 경우에는 예외적으로 압류의 경합으로 보아 압류범위의 확장을 인정하여야 하는지에 관하여 견해가 대립한다

이 경우 다른 채권자가 압류가 아닌 배당요구를 하였어도, 중복압류를 한 경우와 동일하게, 압류의 효력이 두 채권자가 채권의 만족을 받을 때까지 확장된다는 견해가 있다. 이 견해의 논거는 다음과 같다. ① 채무자의 입장에서는, 배당요구채권자에 대하여 이미 채무를 부담하고 있으므로 압류의 확장을 인정한다고 해서 추가로 불이익을 받는다고 보기 어렵다. ② 제3채무자의 경우 부담이 증가한다고 볼 여지가 있으나, 제3채무자가 압류의 효력이 언제까지 미치는지를 스스로 계산해야 하는 것은 계속적 수입채권에 대한 압류를 긍정하는 것에 의하여 이미 과해져 있는 책무일 뿐 압류의 확장을 인정함으로써 새로운 의무가 과해지는 것은 아니며, 민사집행법 제248조 제2항에 따른 공탁의무 또한 일반의 채권집행에서도 인정되는 것이므로, 이 경우 배당요구에 의한 압류의 확장을 긍정한다 해서 제3채무자의 위와 같은 책무의 증가가 불의의 또는 감수하지 않아야 할 의무의 증가라고 볼 수 없다.[171)]

계속적 수입채권의 경우 배당요구에 의한 압류의 확장을 부정하게 되면, 계속적 수입채권에 대한 압류의 효력이 미치는 채권의 범위에 관한 제한설을 취하는 이상, 압류채권자가 장래의 배당요구에 대비하여 처음부터 계속적 수입채권 전부에 대하여 압류를 하는 것이 허용되지 않아 압류채권자의 이익을 해하는 문제가 있기는 하다. 그러나 ① 배당요구에 의한 압류의 확장을 인정하는 것은 민사집행법 제235조의 문언해석의 범위를 벗어나고(민사집행법 제235조 제1항과 제2항은 모두 "다시 압류명

169) 법원실무제요, 민사집행[IV], 법원행정처(2020), 481; 사법보좌관실무편람[Ⅱ]-채권집행 및 배당절차-, 법원행정처(2015), 327; 손흥수, 민사집행실무총서(II) 채권집행, 한국사법행정학회(2017), 890.

170) 법원실무제요, 민사집행[IV], 법원행정처(2020), 481.

171) 손진홍, 채권집행실무, 한국사법행정학회(2019), 756-757.

령이 내려진 때"라고 명시하고 있다), ② 배당요구는 선행 압류채권자의 강제집행절차에 편승할 뿐이며(배당요구의 종속성), ③ 배당요구를 받은 제3채무자로서는 배당요구에 의하여 압류의 범위가 확장된다는 것을 인식하기 어려우므로, 계속적 수입채권에 대한 압류 후 배당요구가 있는 경우 이를 예외적으로 압류의 경합으로 보아 압류범위의 확장을 인정하는 것은 타당하지 않다고 생각한다.172)

바. 배당요구 후 압류채권자의 채권압류 신청취하서의 제출과 채권집행절차173)

1) 제3채무자의 집행공탁 전에 채권압류 신청취하서가 제출된 경우

제3채무자의 공탁 전에 채권압류 신청취하서가 제출된 경우에는 소급하여 압류의 효력이 소멸한다. 따라서 배당요구의 전제가 되는 채권집행절차가 소멸하므로, 배당요구채권자는 당해 채권집행절차에서 배당을 받을 여지가 없다.

2) 제3채무자의 집행공탁 후에 채권압류 신청취하서가 제출된 경우

제3채무자가 집행공탁을 한 후에는 사유신고 전이라 하더라도 압류채권자의 압류명령 신청의 취하가 허용되지 않는다. 압류채권자가 신청취하서를 제출하더라도 취하의 효력이 발생하지 않고, 압류채권자의 '배당금 교부청구권의 포기'일 뿐이라고 보아야 한다. 제3채무자의 공탁에 의하여 제3채무자와 채무자와의 관계에서는 채무가 변제된 것으로 보는데, 이 효과를 압류채권자 또는 채무자와의 관계에서 소급하여 소멸시킬 수 없고, 그러한 효과를 번복시킬 필요도 없으며, 제3채무자의 공탁은 현금화의 일종이고, 현금화절차가 종료된 후에는 집행신청의 취하가 인정되지 않기 때문이다.

따라서 제3채무자의 집행공탁 후 채권압류 신청취하서가 제출된 경우에는, 그러한 취하서의 제출에도 불구하고 배당재단은 그대로 유지되므로, 채권압류 사건에 압류채권자 이외에 배당을 받을 다른 채권자가 있으면(압류가 경합한 경우) 그 채권자와 배당요구채권자를 위한 배당절차를 진행하고, 따로 배당을 받을 채권자가 없으면 배당요구채권자만을 위한 배당절차를 진행한다(위에서 보았듯이 채권압류 신청취하서를 제출한 압류채권자는 배당금 교부청구권을 포기한 것으로 보아 배당에서 제외된다).

---

172) 손흥수, 민사집행실무총서(II) 채권집행, 한국사법행정학회(2017), 812-813; 주석 민사집행법(V)(제4판), 한국사법행정학회(2018), 670(노재호). 이에 관한 일본에서의 논의에 관하여는 윤진수, "압류의 경합", 재판자료 제71집, 법원도서관(1996), 346 참조.

173) 법원실무제요, 민사집행[IV], 법원행정처(2020), 481-482.

사. 선행(先行) 집행절차에서의 추심·공탁 후에 발령된 후행 압류명령에 (선행절차에 대한) 배당요구의 효력을 인정할 것인지

1) 문제점

선행 압류채권자가 추심명령을 얻어 추심을 마쳤거나, 제3채무자가 집행공탁을 한 경우 압류된 채권은 그 범위에서 소멸하므로, 그 후 후행 압류명령이 발령되어도 그 효력이 인정되지 않아[174] 압류의 경합이 생기지 않는다.

다만 이와 같이 압류명령으로서는 무효라고 하더라도, 배당요구의 종기, 즉 추심채권자가 추심신고(민사집행법 제236조 제1항)를 하거나 제3채무자가 공탁사유신고(민사집행법 제248조 제4항)를 하기 전에 신청된 위 무효인 압류명령에 대하여 무효행위의 전환 법리(민법 제138조)에 따라 '선행 집행절차에 대한' 배당요구로서의 효력을 인정할 수 있는지가 문제된다.

특히 제3채무자 공탁의 경우에, 일본 민사집행법에서는 피압류채권 소멸의 효력이 발생하는 '제3채무자가 공탁한 때'가 곧 배당요구의 종기로서 그때를 기준으로 배당가입의 차단효가 발생하므로, 그때 이후 배당절차에 참여하는 채권자를 상정하기 어렵다. 반면, 우리 민사집행법의 경우에는 피압류채권 소멸의 효력이 발생하는 '제3채무자가 공탁한 때'가 아닌, '공탁사유신고 시'가 배당요구의 종기로서 배당가입의 차단효 발생 시점이 됨으로써 제3채무자의 공탁 이후에도 그 사유신고 전까지는 배당요구채권자가 당해 배당절차에 가입할 여지가 있어, 이와 같은 문제가 발생하게 된다.[175]

2) 견해의 대립[176]

먼저 소극설이 있는데, 그 근거는 다음과 같다. ① 배당요구는 선행 압류사건의 계속을 전제로 하고, 배당요구를 위해서는 당해 사건의 특정이 필요한데도 이중압류의 신청은 이를 흠결하고 있다. ② 적극설을 취할 경우에는, 일반적으로 사유신고를 기초로 배당을 실시하면 족한 집행법원이 배당을 받을 채권자를 파악하는 것이 곤란해지고, 집행사건의 절차적 안정성을 저해하며, 제3채무자의 이익을 해할 위험이 있다.

적극설의 논거는 다음과 같다. ① 후행 압류명령의 신청 요건은 배당요구의 그것을 초과하고 있기 때문에 대(大)는 소(小)를 포함한다고 볼 수 있다. ② 후행 압류명령을 신청한 채권자의 취지는 특별한 사정이 없는 한 그 압류(= 후행 압류)에 기

174) 대법원 2005. 1. 13. 선고 2003다29937 판결, 대법원 2008. 11. 27. 선고 2008다59391 판결, 대법원 2015. 7. 23. 선고 2014다87502 판결.

175) 손진홍, 채권집행실무, 한국사법행정학회(2019), 780-781.

176) 채권등집행재판실무편람, 법원행정처(2005), 78-79에 소개되어 있다.

해 환가절차에 참여하고 만일 그 압류가 효력을 상실한 경우라면 그 이후에 실시되는 선행 절차의 배당에라도 참가하여 자신의 채권의 만족을 구하고자 하는 의사표시라고 할 수 있다. ③ 따라서 위와 같은 의사를 가지고 있다고 보이는 후행 압류 신청인을 보호하고 나아가 절차경제의 견지에서 보더라도 후행의 무효인 압류명령에 대하여 배당요구로서의 효력을 인정하여야 한다.

다만, 적극설을 취하는 데에도 다음과 같은 한계가 있다.177)

㉮ 제3채무자가 공탁한 이후의 압류명령에 대하여 배당요구의 효력을 인정한다고 하더라도 그것은 적어도 배당요구가 가능한 시기까지, 즉 '제3채무자가 민사집행법 제248조에 따른 집행공탁을 하고 그 사유신고를 할 때까지(민사집행법 제247조 제1항 제1호) 후행 압류 또는 가압류의 신청을 한 채권자('선행 절차에서의 제3채무자 공탁 이전에 후행 압류명령을 신청하였으나 그 공탁 이후에 제3채무자에게 송달된 경우' 또는 '제3채무자 공탁 이후 사유신고 이전에 압류명령을 신청하였으나 사유신고 이후에 제3채무자에게 송달된 경우' 등의 압류 또는 가압류채권자)'에 한하여 그 압류명령에 대해 배당요구의 효력을 인정할 수 있다.

㉯ 실체상으로 무효인 후행의 압류명령에 대하여 (선행 절차에 관한) 배당요구로서의 효력을 인정할 수 있으려면, 후행 압류명령의 발령 및 송달 등에 관한 사실을 당해 채권자 또는 제3채무자가 집행법원에 통지 또는 고지함으로써 집행법원이 그 사실을 알게 된 경우여야 한다. 만일 당해 채권자가 위 사실을 집행법원에 고지하고 소명하지 않음으로써 집행법원이 이를 모르고 배당절차를 종료하였다면 집행법원에 어떠한 과실이 있다고 보기 어렵고, 위 채권자로서도 배당절차에 참가할 의지를 포기했다고 보지 않을 수 없다. 또한 제3채무자가 이를 통지하지 않았다 하더라도 제3채무자에게 그 통지에 대한 법적 의무가 없는 한 그에게 어떤 책임을 묻기 어렵고, 그 불통지 때문에 그 사실을 알지 못한 집행법원 역시 어떤 책임이 있다고 보기 어려운 것은 마찬가지이다.

3) 판례

가) 먼저, '제3채무자가 추심채권자에게 지급'한 후 제3채무자에게 송달된 (가)압류의 효력에 관하여 대법원은 다음과 같이 판단하였는데, 소극설의 입장이라고 볼 수 있다.

'제3채무자의 지급으로 인하여 피압류채권이 소멸한 이상 설령 다른 채권자가

177) 채권등집행재판실무편람, 법원행정처(2005), 79.

그 변제 전에 동일한 피압류채권에 대하여 압류·가압류명령을 신청하고 나아가 압류·가압류명령을 얻었다고 하더라도 제3채무자가 추심권자에게 지급한 후에 그 압류·가압류명령이 제3채무자에게 송달된 경우에는 추심권자가 추심한 금원에 그 압류·가압류의 효력이 미친다고 볼 수 없다.'[178)]

'추심채권자가 추심의 신고를 하기 전에 다른 채권자가 동일한 피압류채권에 대하여 압류·가압류명령을 신청하였다고 하더라도 이를 당해 채권추심사건에 관한 적법한 배당요구로 볼 수도 없다.'[179)]

나) 다음으로, '제3채무자의 집행공탁' 후 제3채무자에게 송달된 (가)압류의 효력에 관하여 대법원은 다음과 같이 판단하였는데, 한정적 적극설의 입장이라고 볼 수 있다.

'제3채무자의 집행공탁 전에 동일한 피압류채권에 대하여 다른 채권자의 신청에 의하여 압류·가압류명령이 발령되었더라도, 제3채무자의 집행공탁 후에야 그에게 송달되었다면 그 압류·가압류명령은 집행공탁으로 인하여 이미 소멸한 피압류채권에 대한 것이어서 효력이 생기지 않는다.[180)]

다만, 다른 채권자의 신청에 의하여 발령된 압류·가압류명령이 제3채무자의 집행공탁 후에야 제3채무자에게 송달되었더라도 공탁사유신고서에 이에 관한 내용까지 기재되는 등으로 집행법원이 배당요구의 종기인 공탁사유신고 시까지 이와 같은 사실을 알 수 있었고, 또한 그 채권자가 법률에 의하여 우선변제청구권이 있거나 집행력 있는 정본을 가진 채권자인 경우라면 배당요구의 효력은 인정된다. 그러나 집행법원이 공탁사유신고 시까지 이와 같은 사실을 알 수 없었던 경우라면, 설령 이러한 압류·가압류명령이 공탁사유신고 전에 제3채무자에게 송달되었다고 하더라도 배당요구의 효력이 인정될 수 없다.[181)] 이러한 법리는 다른 채권자의 신청에 의하여 발령된 압류·가압류명령이 제3채무자의 공탁사유신고 이후에 제3채무자에게 송달되었다고 하더라도 마찬가지로 적용되고,[182)] 민사집행법의 규정에 의한 집행공탁과 민법의 규정에 의한 변제공탁이 혼합되어 공탁된 이른바 혼합공탁의 경우에도 그대로 적용된다.[183)]'

178) 대법원 2005. 1. 13. 선고 2003다29937 판결.
179) 대법원 2008. 11. 27. 선고 2008다59391 판결.
180) 대법원 2008. 11. 27. 선고 2008다59391 판결 등 참조.
181) 대법원 2015. 7. 23. 선고 2014다87502 판결.
182) 대법원 2021. 12. 16. 선고 2018다226428 판결.

위와 같은 판례는 민법 제138조의 '무효행위의 전환' 법리에 기초를 두고 있다고 볼 수 있다. 즉, 집행법원이 '배당요구의 종기인 공탁사유신고 시까지' '무효인' 후행 압류명령 사실을 인식할 수 있는 상태가 된 경우에는 무효행위 전환의 요건 중 '다른 법률행위의 요건을 구비하였을 것'이라는 요건도 충족되었다고 볼 수 있으므로 배당요구의 효력을 인정할 수 있다. 그러나 공탁사유신고 시까지 집행법원이 인식할 수 있는 상태가 되지 않는 이상 '다른 법률행위의 요건을 구비하였을 것'이라는 요건이 충족되었다고 보기 어렵고, 따라서 무효행위 전환의 법리상으로도 배당요구의 효력을 인정하기 어려운 것이다.[184]

'압류를 이유로 한 통상적인 집행공탁'의 경우에는 '제3채무자'가 공탁사유신고를 하므로, 예외적이기는 하나 공탁사유신고서에 집행공탁 후의 압류명령에 관한 사실이 기재될 가능성이 있다. 그러나 '추심'의 경우에는 제3채무자가 아닌 '추심채권자'가 추심신고, 공탁, 공탁사유신고를 하므로, 공탁사유신고서에 후행 압류명령에 관한 사실이 기재되는 경우는 거의 없을 것으로 생각된다.[185]

9. 배당요구에 대한 재판 등

가. 배당요구가 적법한 경우

배당요구가 적법하다고 인정되는 경우에는 집행법원은 이를 허가하는 재판을 할 필요 없이 그 채권자를 배당절차에 참가시켜 배당을 실시한다.[186]

나. 배당요구가 부적법한 경우

1) 배당요구 신청이 소송행위의 일반적 유효요건을 갖추지 않았거나 그 방식에 위배된 경우, 예를 들어 ① 집행력 있는 정본에 의한 배당요구에 관하여 집행개시의 요건을 갖추지 않았거나, ② 우선변제청구권자가 우선변제권이 있음을 증명하지 못한 때 또는 ③ 배당요구의 종기(終期)가 지나서 이루어진 때에는, 집행법원은 배당요구채권자에게 그 보정을 명하고, 보정을 하지 않거나 보정할 수 없는 경우에는 배당요구의 신청을 기각(각하)하는 결정을 하여야 한다. 다만 실무에서는 부적법한 배당

183) 대법원 2015. 7. 23. 선고 2014다87502 판결.
184) 주석 민사집행법(V)(제4판), 한국사법행정학회(2018), 879(양진수).
185) 주석 민사집행법(V)(제4판), 한국사법행정학회(2018), 879(양진수).
186) 법원실무제요, 민사집행[IV], 법원행정처(2020), 483.

요구가 있더라도 별도로 각하결정을 하는 것이 아니라 관계된 채권자를 배당표에서 제외하고 배당을 실시하는 처리방식을 취하고 있는 예가 많다.[187]

2) 기각(각하)결정은 이를 배당요구채권자에게 고지하여야 하고, 이 결정에 대하여 배당요구채권자는 집행에 관한 이의(민사집행법 제16조)로써 다툴 수 있다.[188]

3) 집행법원이 형식적으로 하자 있는 배당요구를 접수하여 이를 간과한 채 그 채권자를 배당에 참가시킨 경우 배당요구의 통지를 받은 다른 채권자 등 이해관계인은 집행에 관한 이의로써 그 배당요구의 하자를 주장할 수 있다. 그러나 이러한 집행에 관한 이의를 하지 않았거나 그 이의가 배척된 경우에도 그 배당요구채권자의 배당수령자격을 다투는 배당이의의 신청(민사집행법 제151조)과 배당이의의 소(민사집행법 제154조)는 가능하다.[189]

187) 법원실무제요, 민사집행[IV], 법원행정처(2020), 483.
188) 법원실무제요, 민사집행[IV], 법원행정처(2020), 483.
189) 법원실무제요, 민사집행[IV], 법원행정처(2020), 483.

제3장 배당절차와 관련된 공탁

Ⅰ. 집행공탁

1. 의의

집행공탁이란, 민사집행법상의 강제집행이나 보전집행절차의 어느 단계에서 집행기관이나 집행당사자 또는 제3채무자가 강제집행법상의 권리, 의무로써 집행의 목적물인 금전을 공탁소에 맡겨 그 목적물의 관리와 집행법원의 지급위탁에 의한 집행당사자에의 교부를 공탁절차에 따라 행하도록 하기 위한 공탁을 말한다.

민사집행법에는 여러 가지의 집행공탁이 규정되어 있는데, 채권집행 또는 배당절차와 관련되어 중요한 의미가 있는 것은 민사집행법 제248조에 의한 제3채무자의 공탁과 민사집행법 제236조 제2항에 의한 추심채권자의 공탁이다. 여기서는 배당절차와 관련되는 권리공탁(민사집행법 제248조 제1항)과 의무공탁(민사집행법 제248조 제2항, 제3항)에 대하여 살펴보고, 혼합공탁에 관하여도 살펴본다.

2. 권리공탁

가. 의의

1) 민사집행법 제248조 제1항은 "제3채무자는 압류에 관련된 금전채권 전액을 공탁할 수 있다."라고 규정하여 제3채무자로 하여금 채권자의 공탁청구, 추심청구, 경합 여부 등을 따질 필요 없이 당해 압류와 관련된 채권 전액을 공탁할 수 있도록 하고 있다.[1)]

2) 공탁할 수 있는 금액은 압류와 관련된 금전채권 전액으로 되어 있다. 그 채권액이 압류채권액에 부족한 경우나 양자가 일치하는 경우에는 아무런 문제가 없다.

반면, 그 채권액이 압류채권액을 초과하는 경우에는 본래 그 공탁금액은 압류에 의하여 구속을 받는 부분에만 한정하는 것이 합목적적이라고 볼 여지도 있다. 그러나 이때 압류된 부분만 공탁한다면 나머지 부분은 다시 본래의 채권자에게 변제하여야 하므로, 제3채무자에게 번거로운 집행관계로부터 벗어날 수 있도록 하기 위하여 여기서 압류와 관련된 금전채권 전액의 공탁을 인정한 것이다. 따라서 제3채무자가 압류의 효력이 미치는 부분과 그렇지 않은 부분을 구분하지 않고 권리공탁을 할 경우에, 압류의 효력이 미치지 않는 부분에 대하여 변제공탁의 사유가 없어도 압류와 관

1) 대법원 2008. 5. 15. 선고 2006다74693 판결, 대법원 2020. 10. 15. 선고 2019다235702 판결.

련된 채권 전액을 1건으로 공탁할 수 있다는 데 의의가 있다.[2)]

나. 권리공탁을 할 수 있는 경우[3)]

1) 단일 또는 복수의 가압류집행만이 있는 경우

가압류는 본집행에 대비하여 잠정적으로 채권을 동결하는 조치일 뿐 가압류채권자가 압류채권을 추심할 권한이 없기 때문에 가압류가 경합하더라도 압류의 경합이나 압류와 가압류의 경합 등의 경우와 같은 문제가 발생하지 않는다. 따라서 가압류를 이유로 한 제3채무자의 공탁은 다른 가압류채권자가 존재하는지 여부와 상관없이 제3채무자에게 공탁의무를 부과할 필요가 없어 권리공탁을 인정하면 그로써 충분하다.

2) 단일의 압류만이 있는 경우

3) 압류가 경합되지 않는 복수의 압류가 있는 경우

4) 압류경합이 있으나 압류 또는 가압류채권자의 공탁청구(민사집행법 제248조 제3항)가 없는 경우[4)]

5) 가집행선고부 제1심 판결을 집행권원으로 한 채권압류 및 추심명령을 받은 추심채권자가 제3채무자를 상대로 추심금의 지급을 구하는 소를 제기한 후 그 집행권원인 제1심 판결에 대하여 강제집행정지 결정이 있을 경우

이 경우에 제3채무자는 압류에 관련된 금전채권의 전액을 공탁할 수 있다.

구체적으로 살펴보면, 가집행선고부 제1심 판결을 집행권원으로 한 채권압류 및 추심명령을 받은 추심채권자가 제3채무자를 상대로 추심금의 지급을 구하는 소를 제기한 후 그 집행권원인 제1심 판결에 대하여 강제집행정지 결정이 있을 경우, 위 결정의 효력에 의하여 집행절차가 중지되어 추심채권자는 피압류채권을 실제로 추심하는 행위에 더 이상 나아갈 수 없다.[5)] 그러나 제3채무자의 추심금 지급에 관한 소송절차가 중단되지는 않고, 제3채무자가 민사집행법 제248조 제1항에 따라 압류에 관련된 금전채권의 전액을 공탁함으로써 면책받을 수 있는 권리가 방해받는 것도 아니다.[6)]

6) '금전채권에 대하여 민사집행법에 따른 압류와 체납처분에 의한 압류가 있는 경우의 공탁절차 등에 관한 업무처리지침' (행정예규 제1060호)

---

2) 법원실무제요, 민사집행[IV], 법원행정처(2020), 324-325.
3) 주석 민사집행법(V)(제4판), 한국사법행정학회(2018), 883-884(양진수) 참조.
4) 사법보좌관실무편람[Ⅱ]-채권집행 및 배당절차-, 법원행정처(2015), 329.
5) 대법원 2005. 11. 8.자 2005마992 결정 참조.
6) 대법원 2010. 8. 19. 선고 2009다70067 판결.

제3채무자는 공탁신청 시 압류결정문 사본(민사집행법에 따른 압류) 및 채권압류통지서 사본(체납처분에 의한 압류)을 첨부하여야 하고, 공탁서의 공탁원인사실란에 민사집행법에 따른 압류 사실 및 체납처분에 의한 압류 사실을 모두 기재하여야 한다.

7) '토지수용보상금 채권의 일부에 대하여 압류 및 전부명령이 있는 경우 공탁방법'(공탁선례 201012-1호)[7)]

토지수용보상금 채권의 일부에 대하여 압류 및 전부명령이 제3채무자인 기업자에게 송달되었으나 전부명령의 확정 여부를 알 수 없는 경우에는 제3채무자는 피공탁자를 압류채무자(토지 소유자)로 하고, 공탁 근거법령을 「공익사업을 위한 토지 등의 취득 및 보상에 관한 법률」 제40조 제2항 제4호 및 민사집행법 제248조 제1항으로 하여 보상금 전액을 공탁할 수 있다.

'압류된' 보상금 부분은 공탁 근거법령을 「공익사업을 위한 토지 등의 취득 및 보상에 관한 법률」 제40조 제2항 제4호 및 민사집행법 제248조 제1항으로 하고 피공탁자란은 기재하지 않는 '집행공탁'으로 하고, '압류되지 않은' 보상금 부분은 압류채무자(토지 소유자)에게 「공익사업을 위한 토지 등의 취득 및 보상에 관한 법률」 제40조 제2항 제1호 또는 제2호에 따른 공탁사유가 있는 경우에는 피공탁자를 압류채무자(토지 소유자)로 하여 '변제공탁'할 수도 있다.

제3채무자인 기업자는 위와 같이 집행공탁을 한 경우에는 압류명령을 발령한 법원에 공탁사유신고를 하여야 한다.

8) 「공익사업을 위한 토지 등의 취득 및 보상에 관한 법률」(본항에서 '토지보상법')에 따른 토지소유자 등의 사업시행자에 대한 손실보상금 채권에 관하여 압류·추심명령이 있는 경우

대법원 2022. 11. 24. 선고 2018두67 전원합의체 판결은, '토지보상법에 따른 토지소유자 또는 관계인(이하 '토지소유자 등')의 사업시행자에 대한 손실보상금 채권에 관하여 압류 및 추심명령이 있더라도, 추심채권자가 보상금 증액 청구의 소를 제기할 수 없고, 채무자인 토지소유자 등이 보상금 증액 청구의 소를 제기하고 그 소송을 수행할 당사자적격을 상실하지 않는다'고 판단하면서(상고기각, 전원일치), 그 근거 중 하나로 '채무자인 토지소유자 등이 제3채무자인 사업시행자를 상대로 보상금 증액 청구의 소를 제기한 결과 제3채무자에게 채무자에 대하여 증액되어야 할 손

---

7) 이 공탁선례에는 참조판례로 대법원 2008. 5. 15. 선고 2006다74693 판결이 기재되어 있다.

실보상금의 지급을 명하는 판결이 확정된다고 하더라도, 사업시행자는 토지소유자 등에게 확정된 손실보상금을 지급하여서는 안 되지만, 민사집행법 제248조에 따라 이를 공탁함으로써 지급 의무를 면할 수 있다. 따라서 제3채무자인 사업시행자가 이중지급의 위험에서 벗어나지 못하는 등으로 부당한 상황에 놓인다고 볼 수 없다'고 판시하였다.

다. 권리공탁을 할 수 없는 경우[8)]

1) 제3채무자는 처분금지가처분을 이유로 집행공탁을 할 수는 없다.[9)]

2) 국세징수법상 체납처분에 의한 압류는 그 자체만을 이유로 집행공탁을 할 수 있는 민사집행법 제248조 제1항의 '압류'에는 포함되지 않는다.[10)]

3) 한편, 공탁은 반드시 법령에 근거하여야 하고 당사자가 임의로 할 수 없는 것이므로, 금전채권의 채무자가 공탁의 방법에 의한 채무의 지급을 약속하더라도 채권자가 채무자에게 이러한 약정에 기하여 공탁할 것을 청구하는 것은 허용되지 않는다. 그리고 이러한 법리는 채무자에게 민사집행법 제248조에서 정한 집행공탁의 요건이 갖추어져 있는 경우라도 다르지 않다.[11)]

라. 금전채권의 일부가 압류되었는데 압류와 관련된 채권 전액을 공탁한 경우

1) 공탁의 성격

금전채권의 일부만이 압류되었는데도 그 채권 전액을 공탁한 경우에는 그 공탁금 중 압류의 효력이 미치는 금전채권액은 그 성질상 당연히 집행공탁으로 보아야 하나, 압류금액을 초과하는 부분은 압류의 효력이 미치지 않으므로 집행공탁이 아니라 변제공탁으로 보아야 한다.[12)]

민사집행법 제247조 제1항에 의한 배당가입차단효는 배당을 전제로 한 집행공탁에 대하여만 발생하므로, 집행공탁과 변제공탁이 혼합된 소위 혼합공탁의 경우 변제공탁에 해당하는 부분에 대하여는 제3채무자의 공탁사유신고에 의한 배당가입차단효가 발생할 여지가 없다.[13)] 즉, 압류금액을 초과하는 부분은 배당재단이 아님을 유

8) 법원실무제요, 민사집행[IV], 법원행정처(2020), 324.

9) 대법원 2008. 5. 15. 선고 2006다74693 판결.

10) 대법원 2007. 4. 12. 선고 2004다20326 판결, 대법원 2015. 8. 27. 선고 2013다203833 판결.

11) 대법원 2014. 11. 13. 선고 2012다52526 판결.

12) 대법원 2008. 5. 15. 선고 2006다74693 판결, 대법원 2020. 10. 15. 선고 2019다235702 판결.

의하여야 한다.[14)]

2) 공탁절차

가) 만약 제3채무자가 압류의 효력이 미치는 부분과 그렇지 않은 부분을 나누어서 공탁하려고 한다면, 압류의 효력이 미치는 부분은 집행공탁을, 그렇지 않은 부분은 압류채무자의 수령거부 등 변제공탁의 사유가 있어야만 변제공탁할 수 있다. 그러나 압류의 효력이 미치는 부분과 그렇지 않은 부분을 구분하지 않고 제3채무자가 권리공탁을 할 경우 '압류의 효력이 미치지 않는 부분에 대하여 변제공탁의 사유가 없어도' 압류에 관련된 채권 전액을 1건으로 공탁할 수 있다.[15)]

이와 같이 금전채권의 일부만이 압류되었음에도 그 채권 전액을 공탁한 경우에는 그 공탁금 중 압류의 효력이 미치는 금전채권액은 그 성질상 당연히 집행공탁으로 보아야 하나, 압류금액을 초과하는 부분은 압류의 효력이 미치지 않으므로 집행공탁이 아니라 변제공탁으로 보아야 한다. 이러한 점에 비추어 보면 제3채무자는 일부 압류의 경우에 압류된 부분만을 공탁하더라도 무방하다.[16)]

나) 공탁금 중 압류의 효력이 미치는 부분은 집행공탁으로서 제3채무자가 공탁 후 집행법원에 사유신고를 하여야 하고, 사유신고를 한 때 배당요구의 종기가 된다.

공탁금 중 압류의 효력이 미치지 않는 부분은 변제공탁으로서 공탁서상 피공탁자란에 '압류채무자'를 기재하고, 공탁규칙 제23조에서 정한 공탁통지서를 첨부하며, 우편료를 납부하여야 하고, 공탁관은 피공탁자인 압류채무자에게 위 공탁통지서를 발송하여야 한다.[17)] 이때 공탁자는 공탁 신청 시에 피공탁자(압류채무자)의 주소를 소명하는 서면을 첨부하여야 한다(공탁선례 2-276호).

다) 민사집행법 제248조 제1항에 따라 금전채권의 일부만이 압류되었음에도 그 채권 전액을 공탁하는 경우 압류금액을 초과하는 부분은 압류의 효력이 미치지 않으므로 집행공탁으로 볼 수 없고 변제공탁으로 보아야 하기 때문에 피공탁자(압류채무자)의 주소 소명서면을 첨부하여야 한다.[18)]

---

13) 대법원 2008. 5. 15. 선고 2006다74693 판결, 대법원 2020. 10. 15. 선고 2019다235702 판결.

14) 사법보좌관실무편람[Ⅱ]-채권집행 및 배당절차-, 법원행정처(2015), 330; 주석 민사집행법(V)(제4판), 한국사법행정학회(2018), 885(양진수).

15) 사법보좌관실무편람[Ⅱ]-채권집행 및 배당절차-, 법원행정처(2015), 331; 주석 민사집행법(V)(제4판), 한국사법행정학회(2018), 886(양진수).

16) 법원실무제요, 민사집행[IV], 법원행정처(2020), 325.

17) '제3채무자의 권리공탁에 관한 업무처리절차'(행정예규 제1018호) 제2의 다.항 참조.

18) '피공탁자의 주민등록번호 확인서면 및 민사집행법 제248조 제1항에 의한 집행공탁의 경우 피

3) 지급절차

공탁금 중에서 압류의 효력이 미치는 부분(집행공탁 부분)에 대하여는, 집행법원의 지급위탁에 의하여 공탁금의 출급을 청구할 수 있다.

공탁금 중에서 압류의 효력이 미치지 않는 부분(변제공탁 부분)에 대하여는, 피공탁자(압류채무자)가 출급을 청구할 수 있고, 공탁자도 회수청구할 수 있는데, 공탁자가 그와 같이 회수청구를 할 경우에는 집행법원으로부터 공탁서를 보관하고 있다는 사실을 증명하는 서면을 교부받아 이를 공탁금회수청구서에 첨부하여야 한다.[19]

4) 압류채무자의 공탁물출급청구권에 대한 압류경합

공탁물 출급·회수청구권에 대하여 압류 또는 가압류가 되었으나 압류의 경합이 성립하지 않는 경우, 공탁관은 민사집행법 제248조 제1항에 의한 공탁 및 사유신고를 하지 않는다.[20]

금전채권의 일부에 대한 압류를 이유로 제3채무자가 압류와 관련된 채권의 전액을 공탁하였는데, 그 후 압류의 효력이 미치지 않는 부분에 대하여 피공탁자인 압류채무자가 가지는 공탁물출급청구권에 대하여 새로운 압류의 경합이 있는 경우 공탁관은 '공탁금출급청구권에 대해 최초의 압류명령을 발령한 법원'에 사유신고를 하여야 하고,[21] 이에 따라 이 부분 공탁금에 대하여도 배당절차가 개시되는데, 이러한 배당절차는 제3채무자의 공탁 및 사유신고에 따른 배당절차와 구분되는 별개의 절차이다.[22]

마. 공탁할 시기

제3채무자의 채무이행의 일환으로 행해지는 것이므로, 제3채무자는 압류채권에 관한 이행의무가 발생한 때(이행기 도래 시, 조건성취 시 등)에 권리공탁을 할 수 있다. 물론 이행기 전에도 기한의 이익을 포기하고(이자가 있는 경우 변제기까지의 이자를 포함하여) 공탁하는 것은 가능하다.[23]

공탁자의 주소 소명서면 첨부 여부'(공탁선례 2-276호) 제2항.

19) '제3채무자의 권리공탁에 관한 업무처리절차'(행정예규 제1018호) 제2의 다.항 참조.

20) '제3채무자의 권리공탁에 관한 업무처리절차'(행정예규 제1018호) 제6의 가.항.

21) '제3채무자의 권리공탁에 관한 업무처리절차'(행정예규 제1018호) 제6의 나.항 참조.

22) 사법보좌관실무편람[Ⅱ]-채권집행 및 배당절차-, 법원행정처(2015), 331; 주석 민사집행법(V)(제4판), 한국사법행정학회(2018), 887(양진수).

23) 주석 민사집행법(V)(제4판), 한국사법행정학회(2018), 887(양진수).

3. 의무공탁

가. 의의

1) 금전채권에 관하여 배당요구서를 송달받은 제3채무자는 배당에 참가한 채권자의 청구가 있으면 '압류된 부분에 해당하는 금액'을 공탁하여야 한다(민사집행법 제248조 제2항). 또한, 금전채권 중 압류되지 않은 부분을 초과하여 거듭 압류명령 또는 가압류명령이 내려져 그 명령을 송달받은 경우에 제3채무자는 압류채권자나 가압류채권자의 청구가 있으면 '그 채권의 전액에 해당하는 금액'을 공탁하여야 한다(민사집행법 제248조 제3항).

2) 여기서 '배당에 참가한 채권자'라 함은 집행력 있는 정본에 의한 채권자이든 우선변제청구권 있는 채권자이든 묻지 않고, 배당요구채권자 이외에 배당요구와 동일한 효력을 가지는 중복압류 채권자나 교부청구채권자를 포함한다.[24]

3) 채권자가 경합하는 경우에도 채권자가 경합하는 것만으로 공탁의무가 생기는 것은 아니고, 위와 같은 배당을 받을 채권자의 '청구'가 있는 때에만 공탁의무가 생긴다. 집행법원에서 배당재단을 확보하고 적정한 배당절차를 진행할 필요가 있기 때문이다.

위와 같은 채권자들의 공탁청구는 일종의 최고로서 집행법원에 대하여 하는 것이 아니며 특별한 형식을 필요로 하지 않지만, 뒤에 증명을 쉽게 하기 위해서 내용증명우편 등을 이용함이 바람직하다.[25]

4) 압류가 중복되어 경합하는 경우에도 경합한 집행채권의 합계액보다 피압류채권의 총액이 더 많은 때에는 민사집행법 제248조 제3항이 정하고 있는 "금전채권 중 압류되지 아니한 부분을 초과하여 거듭 압류명령 또는 가압류명령이 내려진 경우", 즉 '압류의 경합'에 해당하지 않으므로, 채권자의 청구가 있더라도 공탁할 의무는 없다.[26]

5) 추심소송에서 추심채권자에게 채무액을 직접 지급하라는 판결이 있은 뒤 중복압류나 배당요구를 한 다른 채권자도 채무액의 공탁을 청구할 수 있다.

나. 공탁의무의 성격 등

1) 권리공탁과 의무공탁은 모두 제3채무자가 공탁을 하였을 때의 법률효과, 즉

24) 사법보좌관실무편람[Ⅱ]-채권집행 및 배당절차-, 법원행정처(2015), 352.
25) 법원실무제요, 민사집행[Ⅳ], 법원행정처(2020), 328.
26) 주석 민사집행법(Ⅴ)(제4판), 한국사법행정학회(2018), 888(양진수).

'제3채무자의 채무는 소멸'하고 '배당절차가 진행'된다는 점은 동일하다. 그러나 공탁의무가 발생하지 않은 경우 제3채무자는 집행공탁이 아닌 정당한 추심권자 1인에게 직접 변제하는 등의 방법으로도 그 채무의 소멸을 다른 채권자 및 채무자에게 주장할 수 있는 반면,[27] 공탁의무가 발생한 경우 제3채무자는 공탁의 방법에 의하지 않고는 면책을 받을 수 없다는 차이가 있다.

의무공탁에서 '공탁하여야 한다'라고 함은 '제3채무자는 공탁의 방법에 의하지 않고는 면책을 받을 수 없다'는 의미이다. 따라서 제3채무자가 추심채권자 중 한 사람에게 임의로 변제하거나 일부 채권자가 강제집행절차 등에 의하여 추심한 경우, 제3채무자는 이로써 공탁청구한 채권자에 대한 관계에서 채무의 소멸을 주장할 수 없고 이중지급의 위험을 부담한다.[28]

그런데 민사집행법 제248조 제3항에서 규정하는 공탁의무는 민사집행절차에서 발생하는 제3채무자의 절차협력의무로서 제3채무자의 실체법상 지위를 변경하는 것은 아니다.[29] 따라서 제3채무자가 채무자에 대하여 지급거절사유(기한 미도래, 동시이행, 선이행의 항변 등)를 갖는 때에는 집행의 경합이 있더라도 공탁의무를 부담하지 않는다. 또한, 어음·수표금채권에 대하여는 그 제시가 없는 한 공탁의무가 없다.[30]

한편, 압류가 중복한 경우에도 경합한 집행채권의 합계액보다도 피압류채권의 총액이 많은 경우에는 공탁의 의무가 없다.[31]

2) '공탁을 명하는' 추심의 소

가) 제3채무자가 배당요구채권자의 공탁청구에도 불구하고 공탁의무를 이행하지 않을 때에는 민사집행법 제249조 제1항에 따라 소로써 '공탁을 명하는' 추심의 소를 제기할 수 있다. 이 규정에 따라 추심의 소에 의하여 공탁을 구하려면 추심명령을 받은 경우에 한하여 제기할 수 있는 것이므로, 추심명령을 받지 않은 상태에서는 이를 제기할 원고적격이 없다.[32]

나) 공탁을 구하는 추심소송의 판결 주문에 관하여는 견해가 나뉘는데, 실무는 대체로, '피고는 원고에게 ○○원을 지급하라. 위 금원의 지급은 공탁의 방법으로 하

---

27) 대법원 2001. 3. 27. 선고 2000다43819 판결 등 참조.
28) 대법원 2012. 2. 9. 선고 2009다88129 판결.
29) 대법원 2012. 2. 9. 선고 2009다88129 판결.
30) 법원실무제요, 민사집행[IV], 법원행정처(2020), 326-327; 사법보좌관실무편람[Ⅱ]-채권집행 및 배당절차-, 법원행정처(2015), 332-333.
31) 법원실무제요, 민사집행[IV], 법원행정처(2020), 326.
32) 대법원 1979. 7. 24. 선고 79다1023 판결 참조.

여야 한다' 또는 '피고는 원고에게 ○○원을 공탁의 방법으로 지급하라'는 방식을 사용하고 있다. 추심채권자는 이 공탁판결에 기초하여 강제집행을 하여 집행기관으로부터 배당 등을 받아 그것을 공탁하게 될 것이고, 그 공탁이 이루어져 사유신고가 있은 때에 배당요구의 종기(終期)에 이르게 된다(민사집행법 제247조 제1항 제2호).[33)]

다) 채권자가 민사집행법 제248조 제3항에 의하여 채무액의 공탁의무를 지는 제3채무자를 상대로, 추심명령을 받은 압류채권자의 지위에서 민사집행법 제249조 제1항에 따라 그 채무액의 공탁을 구하는 추심의 소를 제기하여 승소판결이 확정된 경우에, 채권자가 제기한 위 추심의 소는 공탁의 방법에 의하여 채무액의 추심을 구하는 이행청구의 소이고 이를 인용한 판결은 공탁의 방법에 의한 추심금 지급을 명하는 이행판결이므로, 채권자는 위 판결 정본을 집행권원으로 한 강제집행으로서 '제3채무자가 가진' 금전채권을 압류·추심할 수 있다.[34)]

라) 추심채권자가 위와 같이 공탁을 명하는 취지의 추심소송을 제기하여 그 판결에 기초한 강제집행으로 공탁을 강제하여 공탁이 이루어진 때에 비로소 제3채무자는 채무를 면하게 되고, 그 효력은 압류경합 관계에 있는 모든 채권자에게 미치므로, 압류경합 관계에 있는 다른 채권자가 또다시 제3채무자에 대하여 변제의 청구를 할 수 없게 된다.[35)]

마) 위와 같이 공탁이 이루어져 사유신고가 있는 때에는 배당요구의 종기에 이르게 된다(민사집행법 제247조 제1항 제1호).

3) 공탁의무 불이행의 효과 및 민사집행법 제248조 제3항의 공탁의무를 부담하는 제3채무자가 추심채권자 중 한 사람에게 임의로 변제하거나 일부 채권자가 강제집행절차 등에 의하여 추심한 경우의 법률관계

제3채무자가 공탁의무를 부담하는데도 불구하고 이를 이행하지 않는 경우에도 특별한 제재는 없다. 그러나 공탁의무가 발생하지 않은 경우에는 제3채무자가 집행공탁이 아닌 정당한 추심권자 1인에게 직접 변제하는 등의 방법으로도 그 채무의 소멸을 다른 채권자 및 채무자에게 주장할 수 있는 반면,[36)] 공탁의무가 발생한 경우에는 제3채무자가 공탁의 방법에 의하지 않고는 면책을 받을 수 없다.

의무공탁에서 '제3채무자는 공탁의 방법에 의하지 않고는 면책을 받을 수 없다'

---

33) 법원실무제요, 민사집행[IV], 법원행정처(2020), 327-328.

34) 대법원 2009. 5. 28.자 2007마767 결정.

35) 대법원 2011. 1. 27. 선고 2010다78050 판결.

36) 대법원 2001. 3. 27. 선고 2000다43819 판결 등 참조.

고 할 때의 '면책을 받을 수 없다'는 것이 '모든 채권자들'에 대한 관계에서인지, 아니면 '공탁청구한 채권자'에 대한 관계에서만인지, 즉 공탁의무 위반의 효과가 절대적인지 상대적인지가 문제된다.

이에 관하여 대법원 2012. 2. 9. 선고 2009다88129 판결은 다음과 같이 판단하였다.[37)]

"민사집행법 제248조 제3항에서 규정하는 공탁의무는 민사집행절차에서 발생하는 제3채무자의 절차협력의무로서 제3채무자의 실체법상 지위를 변경하는 것은 아니다. 또한 공탁의무를 부담하는 제3채무자가 추심채권자 중 한 사람에게 임의로 변제하거나 일부 채권자가 강제집행절차 등에 의하여 추심한 경우에도 제3채무자는 '공탁청구한 채권자' 외의 다른 채권자에 대한 관계에서는 여전히 채무의 소멸을 주장할 수 있다고 보아야 한다. 그리고 비록 공탁청구를 한 채권자라고 하더라도, '공탁이 되었더라면 그 후속 배당절차에서 배당받을 수 있었던 금액'을 초과하여 제3채무자에게 추심할 수 있다고 하면 공탁청구 당시 기대할 수 있었던 정당한 범위를 넘어서 추심권을 행사할 수 있도록 허용하는 것이 되어 부당하다. 이러한 여러 사정을 고려하면, 공탁청구한 채권자가 제3채무자를 상대로 추심할 수 있는 금액은, '제3채무자가 공탁청구에 따라 그 채권 전액에 해당하는 금액을 공탁하였더라면 공탁청구 채권자에게 배당될 수 있었던 금액' 범위에 한정된다고 할 것이다. 그리고 제3채무자가 그 채권 전액에 해당하는 금액을 공탁하였더라면 배당받을 수 있었던 금액은 공탁청구 시점까지 배당요구한 채권자 및 배당요구의 효력을 가진 채권자에 대하여 배당을 할 경우를 전제로 산정할 수 있고, 이때 배당받을 채권자, 채권액, 우선순위에 대하여는 제3채무자가 주장·입증하여야 한다."[38)]

위 판결의 사안은 다음과 같다. 추심채권자 甲의 공탁청구에 따라 민사집행법 제248조 제3항의 공탁의무를 부담하게 된 제3채무자 乙이 공탁청구에 응하지 않고 있다가, 다른 추심채권자 丙이 추심채권을 청구채권으로 하여 乙의 채권을 가압류하사, 채권가압류 해방공탁금을 공탁하여 丙 등 다른 추심채권자가 변제를 받았다.

위 사안에서 원심은, 甲이 乙을 상대로 제기하여 승소 확정된 추심금 판결에서 지급을 명한 금액 '전부'를 추심할 수 있다고 판단하였다.

37) 이 판결에 대한 평석으로는 조용현, "민사집행법 제248조 제3항이 규정한 제3채무자의 공탁의무 위반의 효과 - 대법원 2012. 2. 9. 선고 2009다88129 판결", 재판자료 제131집(민사집행법 실무연구 IV), 법원도서관(2016), 1-47 참조.

38) ' '의 강조 표시는 필자가 한 것이다.

그러나 대법원은, ① 위 가압류 해방공탁은 민사집행법 제248조 제3항에서 정한 공탁이라고 할 수 없으므로, 丙 등 다른 추심채권자가 해방공탁금에 대한 배당절차에서 변제를 받았다 하더라도 乙은 공탁청구한 채권자 甲에게 채무소멸을 주장할 수 없고, ② 다만 甲은 '乙이 추심채권 전액에 해당하는 금액을 공탁하였더라면 배당받을 수 있었던 금액' 범위 내에서만 乙을 상대로 추심할 수 있고, 그 금액은 甲이 공탁청구한 날까지 배당요구한 채권자 및 배당요구의 효력을 가진 채권자에 대하여 배당을 한다는 전제하에 산정하여야 한다고 보았다. 이에 따라 대법원은 원심판결에 민사집행법 제248조 제3항에서 정한 공탁의무 위반의 효과에 관한 법리오해의 위법이 있다고 보아 파기환송하였다.

다만 위 판결에 대하여는 압류가 경합하는 경우 추심명령의 효력과 추심채권자의 추심권의 범위, 제3채무자의 면책에 관한 법리 등의 면에서 문제가 있다는 지적이 있다.[39]

다. 공탁할 금액

1) 배당요구의 경우에는 압류의 경합의 경우와 달리 압류의 확장효가 없으므로 공탁의무의 대상이 되는 것은 당초 압류된 부분에 해당하는 금전이지만(부분공탁), 압류가 경합한 경우에는 각각의 압류의 효력이 채권 전액에 확장되므로(민사집행법 제235조) 그 채권의 전액을 공탁하여야 한다(전액공탁). 이러한 법리는 압류경합 상태에 있는 피압류채권 중 일부에 관하여 일부 압류채권자가 추심명령을 얻은 후 추심금 청구소송을 제기하여 승소확정된 경우 제3채무자가 그 추심금 청구 사건의 확정판결에 기한 강제집행을 저지하기 위하여 민사집행법 제248조 제3항에 따라 집행공탁하는 경우에도 달리 볼 것이 아니다.[40]

2) 일단 압류가 경합하여 압류의 효력이 목적채권의 전부에 확장된 후에 일부 압류의 취소나 취하 등에 의하여 압류의 경합이 해소되더라도 압류의 효력은 확장된 채로 남아 있게 되므로,[41] 마찬가지이다.

3) 이 경우 압류의 효력은 압류명령이 송달된 뒤에 발생하는 이자, 지연손해금 등에도 미치므로, 압류된 채권에 대한 압류명령 송달 뒤의 이자 또는 지연손해금을 포함하여 공탁하여야 하는 점은 권리공탁의 경우와 같다.[42]

---

39) 이에 관한 상세한 내용은 손진홍, 채권집행실무, 한국사법행정학회(2019), 832-834 참조.
40) 대법원 2004. 7. 22. 선고 2002다22700 판결, 대법원 2005. 11. 10. 선고 2005다41443 판결.
41) 법원실무제요, 민사집행[IV], 법원행정처(2020), 463.

4. 피공탁자, 공탁할 법원, 공탁비용

가. 피공탁자

집행공탁에서는 배당절차에서 배당이 완결되어야 피공탁자가 비로소 확정되고, 공탁 당시에는 피공탁자의 개념이 관념적으로만 존재할 뿐이다. 따라서 공탁 당시에 피공탁자를 지정하지 않았더라도 공탁이 무효라고 볼 수 없고, 공탁 당시에 공탁자가 특정 채권자를 피공탁자에 포함시켜 공탁하였다 하더라도 그 피공탁자의 기재는 법원을 구속하는 효력이 없다.43)

이는, 변제공탁이 집행법원의 집행절차를 거치지 않고 피공탁자의 동일성에 관한 공탁관의 형식적 심사에 의하여 공탁금이 출급되므로 피공탁자가 반드시 지정되어야 하는 것44)과 대조를 이룬다.

실무에서는 피공탁자로 집행채무자를 기재하는 경우도 간혹 있으나 피공탁자란을 공란으로 두는 것이 일반적인 실무례이다.45)

나. 공탁할 법원

집행공탁의 토지관할에는 제한이 없다. 민사집행법 제19조 제1항은 "이 법의 규정에 의한 담보의 제공이나 공탁은 채권자나 채무자의 보통재판적이 있는 곳의 지방법원 또는 집행법원에 할 수 있다."라고 규정하고 있으나, 이 규정은 공탁소의 토지관할을 정한 것이 아니라 공탁을 한 후 그 공탁서를 제출할 법원을 정한 것으로 해석하는 것이 통설이다. 다만, 압류된 채권에 관하여 다시 압류명령 또는 가압류명령이 송달된 경우에 민사집행법 제248조 제4항에 의한 공탁을 한 후 그 사유신고는 먼저 송달된 압류명령을 발령한 법원에 하여야 하므로(민사집행규칙 제172조 제3항), 사유신고와 관련하여 볼 때 먼저 송달된 압류명령을 발령한 집행법원의 소재지 공탁소에 공탁하는 것이 여러모로 편리하다(공탁선례 2-271 참조). 따라서 실무에서는 위 해당 공탁소에 공탁하도록 권유하고 있다.46)

42) 법원실무제요, 민사집행[IV], 법원행정처(2020), 327.
43) 대법원 1999. 5. 14. 선고 98다62688 판결, 대법원 2005. 5. 26. 선고 2003다12311 판결.
44) 대법원 2005. 5. 26. 선고 2003다12311 판결.
45) 사법보좌관실무편람[Ⅱ]-채권집행 및 배당절차-, 법원행정처(2015), 334.
46) 법원실무제요, 민사집행[IV], 법원행정처(2020), 328.

다. 공탁비용

1) 공탁하기 위해서 본래의 채무이행의 경우에 비하여 더 많은 여비, 일당 등이 필요하더라도, 공탁하여야 할 금액에서 그 비용액을 빼고 공탁하는 것을 예정하고 있지는 않다.[47)]

2) 민사집행법 제248조의 규정에 따라 채무액을 공탁한 제3채무자는 압류의 효력이 미치는 부분에 해당하는 금액의 공탁을 위하여 지출한 비용 및 같은 조 제4항의 공탁신고서 제출을 위한 비용을 지급하여 줄 것을 법원에 신청할 수 있다(민사소송비용법 제10조의2 제1항). 제3채무자는 민사집행법 제248조 제4항의 공탁신고서를 낼 때까지 위와 같은 신청을 하여야 한다(민사소송비용법 제10조의2 제2항). 위 제1항의 비용은 압류의 효력이 미치는 부분에 해당하는 금액의 공탁금 중에서 지급한다(민사소송비용법 제10조의2 제3항).

3) 사유신고서를 제출할 때까지 제3채무자로부터 이러한 비용의 계산서가 제출되면, 집행법원은 그 내용을 심사하여 정당하다고 인정하는 때에는 지급결정을 하고 배당순위와 관계없이 공탁금으로부터 집행비용에 우선하여 법원사무관등이 지급위탁의 방법에 의하여 지급하게 될 것이나, 이 비용만을 먼저 지급하게 되면 배당재단을 알기 어렵게 되고 공탁금의 지급절차가 번잡하게 되므로 실무상으로는 배당절차 중에서 지급하는 것도 무방하다.[48)]

5. 민사집행법 제248조 제1항에 따른 집행공탁(권리공탁 및 의무공탁)의 효과

가. 피압류채권의 소멸(변제) 및 배당재단의 형성

1) 집행공탁에 의하여 집행채무자와의 관계에서 피압류채권 소멸(변제)의 효과가 생기고, 또한 그 효과를 압류채권자 등에게 대항할 수 있다.[49)] 즉, 공탁으로 인하여 제3채무자는 채무를 면한다. 이로써 공탁한 금액은 확정적으로 공탁자인 제3채무자의 재산으로부터 분리되어 배당재단을 형성하므로 제3채무자는 이를 회수할 수 없다.[50)]

다만 제3채무자의 집행공탁에 따른 변제의 효과는 압류의 대상에 포함된 채권에 대해서만 발생하므로,[51)] 가령 채무자가 제3채무자를 상대로 갖고 있는 A, B, C 채

---

47) 법원실무제요, 민사집행[IV], 법원행정처(2020), 328.

48) 법원실무제요, 민사집행[IV], 법원행정처(2020), 328-329.

49) 대법원 2003. 5. 30. 선고 2001다10748 판결, 대법원 2015. 4. 23. 선고 2013다207774 판결, 대법원 2015. 7. 23. 선고 2014다87502 판결, 대법원 2021. 12. 16. 선고 2018다226428 판결.

50) 법원실무제요, 민사집행[IV], 법원행정처(2020), 329.

권 중 C채권에 대해서만 다수의 (가)압류가 있어 압류가 경합할 때, 제3채무자가 이를 원인으로 집행공탁을 하였다 하더라도 A, B채권이 소멸하지는 않는다.

2) 제3채무자가 공탁의무를 이행하지 않을 때에는 추심채권자가 민사집행법 제249조 제1항에 따라 공탁을 명하는 취지의 추심소송을 제기하여 그 판결에 기초한 강제집행으로 공탁을 강제하여 공탁이 이루어진 때에 비로소 제3채무자는 채무를 면하게 된다.[52)]

3) 압류가 경합되면 각 압류의 효력은 피압류채권 전부에 미치므로(민사집행법 제235조), 집행공탁으로 인한 위 피압류채권 변제의 효력은 압류경합 관계에 있는 모든 채권자에게 미친다.[53)] 따라서 압류경합 관계에 있는 다른 채권자가 또다시 제3채무자에 대하여 변제의 청구를 할 수 없게 된다.[54)] 그리고 이때 압류경합 관계에 있는 모든 채권자의 압류명령은 그 목적을 달성하여 효력을 상실하고 압류채권자의 지위는 '집행공탁금에 대하여 배당을 받을 채권자'의 지위로 전환되므로, 압류채권자는 제3채무자의 공탁사유 신고 시까지 민사집행법 제247조에 의한 배당요구를 하지 않더라도 그 배당절차에 참가할 수 있다.[55)]

4) 민사집행법 제248조 제3항에 의한 제3채무자의 집행공탁은 피압류채권에 대한 압류경합을 요건으로 하는 것으로서, 이 경우 제3채무자가 공탁하여야 할 금액은 채무 전액이나,[56)] 제3채무자가 채무 전액을 공탁하지 않아 집행공탁의 효력이 인정되지 않는다고 하여도 그 공탁이 수리된 후 공탁된 금원에 대하여 배당이 실시되어 배당절차가 종결되었다면, 그 공탁되어 배당된 금원에 대해서는 변제의 효력이 있다.[57)]

5) 한편, 상법 제724조 제1항은, 피보험자가 상법 제723조 제1항, 제2항에 의하여 보험자에 대하여 가지는 보험금청구권과 제3자가 상법 제724조 제2항에 의하여 보험자에 대하여 갖는 직접청구권의 관계에 관하여, 제3자의 직접청구권이 피보험자의 보험금청구권에 우선한다는 것을 선언하는 규정이다. 따라서 보험자로서는 제3자가 피보험자로부터 배상을 받기 전에는 피보험자에 대한 보험금 지급으로 직접청구

51) 대법원 2018. 5. 30. 선고 2015다51968 판결.
52) 법원실무제요, 민사집행[IV], 법원행정처(2020), 329.
53) 대법원 2003. 5. 30. 선고 2001다10748 판결, 대법원 2011. 1. 27. 선고 2010다78050 판결, 대법원 2015. 4. 23. 선고 2013다207774 판결.
54) 대법원 2011. 1. 27. 선고 2010다78050 판결.
55) 대법원 2015. 4. 23. 선고 2013다207774 판결.
56) 대법원 2004. 7. 22. 선고 2002다22700 판결 참조.
57) 대법원 2005. 11. 10. 선고 2005다41443 판결, 대법원 2014. 7. 24. 선고 2012다91385 판결.

권을 가지는 피해자에게 대항할 수 없다.[58)]

나아가 '피보험자가 보험계약에 따라 보험자에 대하여 가지는 보험금청구권'에 관한 가압류 등의 경합을 이유로 한 집행공탁은 피보험자에 대한 변제공탁의 성질을 가질 뿐이므로, 이러한 집행공탁에 의하여 상법 제724조 제2항에 따른 '제3자의 보험자에 대한 직접청구권'이 소멸한다고 볼 수는 없고, 따라서 그 집행공탁으로써 상법 제724조 제1항에 의하여 직접청구권을 가지는 제3자에게 대항할 수 없다.[59)]

6) 집행채권이 가압류된 상태에서 집행채권자가 취득한 배당금 지급청구권에 관한 압류경합이 발생한 사안에서, 집행법원 등이 집행공탁을 한 경우 집행채권자의 배당금 지급청구권 및 집행채권이 소멸하는지, 이 경우에 집행채무자는 '집행채권에 대한 압류 또는 가압류권자'에 대하여 집행채권의 소멸로 대항할 수 있는지에 대하여 판단한 대법원 2022. 9. 29. 선고 2019다278785 판결에 대하여 살펴본다.

가) 사실관계는 다음과 같다.

(1) 소외 회사가 2014. 6.경 피고에 대한 공사대금채권을 피보전채권으로 하여 피고 소유 부동산을 가압류하자, 피고는 2014. 6. 11. 가압류해방공탁금 약 9억 원을 공탁하였다.

(2) 피고와 소외 회사 사이의 소송에서, 2016. 8. 10. '피고는 소외 회사에 공사대금으로 약 7,000만 원 및 그 지연손해금을 지급하라'는 판결이 선고되었고 위 판결은 그 무렵 확정되었다.

(3) 원고는 2016. 8. 19. 소외 회사의 피고에 대한 위 공사대금채권에 관하여 가압류결정을 받았고(이하 '공사대금채권 가압류') 그 가압류결정은 2016. 8. 26. 피고에게 송달되었다.

(4) 한편 공탁관은 2016. 8. 30. 피고의 위 해방공탁금 회수청구권에 관하여 피고의 다른 채권자들이 압류 및 추심명령을 받는 등 압류경합이 생겼다는 이유로 사유신고를 하였고, 이에 따라 배당절차가 개시되었다. 2017. 4. 14. 그 배당기일에서 소외 회사가 가압류권채권자의 지위에서 약 7,400만 원을 배당받는 것으로 배당표가 작성되어 그 배당표가 그대로 확정되었다.

(5) 이후 집행법원은 2017. 4. 24.경 소외 회사의 위 배당금 지급청구권에 관하여 소외 회사의 다른 채권자들이 가압류를 하거나 압류 및 추심명령을 받아 민사집

58) 대법원 1995. 9. 26. 선고 94다28093 판결.
59) 대법원 2014. 9. 25. 선고 2014다207672 판결.

행법 제235조의 압류경합이 생겼다는 이유로 사유신고를 하였고, 이에 따라 배당절차가 개시되었다(이하 '배당금 지급청구권에 대한 배당절차'). 2017. 10. 27. 그 배당기일에서 소외 회사의 다른 채권자들이 배당을 받았고 각각 배당금을 출급하였으나 원고는 배당을 받지 못하였다.

(6) 원고는 2018. 1. 4. 위 공사대금채권 가압류를 본압류로 이전하는 채권압류 및 추심명령을 받았고, 위 명령은 2018. 1. 10. 피고에게 송달되었다. 이에 원고는 피고를 상대로 그 추심금을 청구하는 소를 제기하였다.

나) 원심은 소외 회사의 피고에 대한 공사대금채권이 소멸하였고, 피고는 그러한 사유로 원고에게 대항할 수 있다는 이유로 원고의 추심금 청구를 기각하였다.

다) 대법원은 다음과 같이 판단하였다(상고기각).

(1) 집행채권이 압류 또는 가압류된 상태에서 집행채무자에 대한 강제집행절차가 진행되어 집행채권자에게 적법하게 배당이 이루어진 경우, 집행채권에 대한 압류 또는 가압류의 효력은 집행채권자의 배당금 지급청구권(만일 민사집행법 제160조 제1항 각 호에서 정한 배당유보공탁사유로 인하여 공탁이 이루어진 경우에는 공탁사유가 소멸하면 집행채권자에게 발생할 공탁금 출급청구권도 포함한다. 이하 본항에서 '배당금 지급청구권'이라고만 한다)에 미친다고 할 것이다.

한편 집행채권자의 다른 채권자들은 집행채권자의 배당금 지급청구권을 압류 또는 가압류할 수 있다.

이러한 압류 등으로 인하여 집행채권자의 배당금 지급청구권에 대하여 민사집행법 제235조의 압류경합이 발생하고 채무자에 해당하는 집행법원 등이 압류경합을 이유로 민사집행법 제248조 제1항에 따라 집행공탁을 하였다면, 그 집행공탁으로써 배당금 지급의무는 소멸하고 특별한 사정이 없는 한 집행채무자는 집행채권의 압류 또는 가압류권자에 대하여 집행채권 소멸의 효력을 대항할 수 있다.

(2) 원고가 소외 회사의 피고에 대한 공사대금채권에 관하여 위 공사대금채권 가압류를 한 상태에서 소외 회사는 피고의 해방공탁금 회수청구권에 관한 배당절차에서 가압류채권자의 지위에서 적법하게 배당을 받게 되었다. 따라서 이 사건 가압류의 효력은 소외 회사의 배당금 지급청구권에도 미친다. 소외 회사의 배당금 지급청구권에 관하여 소외 회사의 다른 채권자들이 압류 또는 가압류를 함으로써 민사집행법 제235조의 압류경합이 생겼고, 집행법원은 그 압류경합을 이유로 사유신고를 하였는데, 이는 민사집행법 제248조 제1항에 따른 집행공탁을 한 것으로 보아야 하므로,

이에 따라 소외 회사의 배당금 지급청구권은 적법하게 소멸한다. 이로써 피고는 원고에 대하여 집행채권인 공사대금채권 소멸의 효력을 대항할 수 있다(다만 원고는 위 '배당금 지급청구권에 대한 배당절차'에서 배당을 받을 자격이 있음에도 배당을 받지 못하였으므로, 배당금을 과다수령한 다른 채권자를 상대로 자신이 배당받을 수 있었던 금액만큼 부당이득반환청구를 할 수 있다).

나. 압류명령의 취하 또는 취소의 불가

1) 민사집행법 제248조에 따라 집행공탁이 이루어지면 피압류채권이 소멸하고, 압류명령은 그 목적을 달성하여 효력을 상실하며, 압류채권자의 지위는 집행공탁금에 대하여 배당을 받을 채권자의 지위로 전환된다.[60] 위와 같은 집행공탁으로써 채권집행 중 압류명령 부분이 종료되므로, 채권자는 더 이상 그 압류명령을 취하할 수 없다. 설령 취하한다고 하더라도 이는 단지 그 후에 진행되는 배당절차에서의 배당금 수령권을 포기하는 의사라고 해석될 뿐 배당절차의 진행에는 영향이 없다.[61]

2) 민사집행법 제248조에 따라 집행공탁이 이루어지면 압류명령은 그 목적을 달성하여 효력을 상실하고, 압류채권자의 지위는 집행공탁금에 대하여 배당을 받을 채권자의 지위로 전환되므로,[62] 압류명령이 취소되더라도 공탁으로 인해 생긴 변제효(피압류채권의 소멸)가 소급하여 소멸하는 것이 아니고, 오히려 그 효과는 다른 채권자들과의 사이에서 여전히 남아 있게 된다.[63]

6. 구별을 요하는 경우: 가압류집행을 원인으로 한 제3채무자의 공탁

민사집행법 시행 이전에는 단일 또는 복수의 가압류만이 있는 경우 구 민사소송법 제581조에 의한 집행공탁이 인정되지 않았으나, 민사집행법은 제248조 제1항에서 채권자 경합의 발생 여부와 관계없이 제3채무자에게 압류와 관련된 채권을 공탁할 수 있도록 권리공탁 규정을 확대하면서, 단일 또는 복수의 가압류만 있는 경우에는 민사집행법 제291조, 제248조 제1항에 따라 공탁할 수 있도록 그 근거 규정을 마련하였다.

---

60) 대법원 2015. 4. 23. 선고 2013다207774 판결, 대법원 2019. 1. 31. 선고 2015다26009 판결.
61) 법원실무제요, 민사집행[IV], 법원행정처(2020), 330.
62) 대법원 2015. 4. 23. 선고 2013다207774 판결, 대법원 2019. 1. 31. 선고 2015다26009 판결.
63) 주석 민사집행법(V)(제4판), 한국사법행정학회(2018), 896(양진수)

금전채권에 대한 가압류를 원인으로 제3채무자가 민사집행법 제291조, 제248조 제1항에 따라 공탁을 하면 공탁에 따른 채무변제 효과로 당초의 피압류채권인 채무자의 제3채무자에 대한 금전채권은 소멸하고, 대신 채무자는 공탁금 출급청구권을 취득하며, 가압류의 효력은 그 청구채권액에 해당하는 공탁금액에 대한 채무자의 공탁금 출급청구권에 대하여 존속한다(민사집행법 제297조)[64]. 따라서 가압류집행을 원인으로 하는 공탁은 원래의 채권자인 가압류채무자를 피공탁자로 하는 일종의 변제공탁이고, 채권압류를 원인으로 하는 민사집행법 제248조의 집행공탁과는 그 성질이 다르다. 민사집행법 제291조에 의하여 제248조가 준용된다고 하더라도 이는 단지 공탁의 근거를 부여하는 데 불과하고, 민사집행법 제248조의 집행공탁과 같은 성질의 공탁이 이루어지는 것은 아니다.

채권가압류를 이유로 한 제3채무자의 공탁은 압류를 이유로 한 제3채무자의 공탁과 달리 그 공탁금으로부터 배당을 받을 수 있는 채권자의 범위를 확정하는 효력이 없고, 가압류의 제3채무자가 공탁을 하고 공탁사유를 법원에 신고하더라도 배당절차를 실시할 수 없다.[65]

다만, 그 후 채무자의 공탁금 출급청구권에 대한 압류가 이루어져 압류의 경합이 성립하거나, 가압류를 본압류로 이전하는 압류명령이 국가(공탁관)에 송달되면, 민사집행법 제291조, 제248조 제1항에 따른 공탁은 민사집행법 제248조에 따른 집행공탁으로 바뀌어 공탁관은 즉시 압류명령의 발령법원에 그 사유를 신고하여야 한다. 이로써 가압류의 효력이 미치는 부분에 대한 채무자의 공탁금 출급청구권은 소멸하고, 그 부분 공탁금은 배당재단이 되어 집행법원의 배당절차에 따른 지급위탁에 의해서만 출급이 이루어질 수 있게 된다.[66] 금전채권에 대한 가압류를 원인으로 한 제3채무자의 공탁에 의하여 채무자가 취득한 공탁금 출급청구권에 대하여 압류·추심명령을 받은 채권자는, 그러한 공탁이 위에서 본 법리에 따라 민사집행법 제248조에 따른 집행공탁으로 바뀌는 경우에는 더 이상 추심권능이 아닌 구체적으로 배당액을 수령할 권리, 즉 배당금채권을 가지게 된다.[67]

---

64) 대법원 2014. 12. 24. 선고 2012다118785 판결, 대법원 2019. 1. 31. 선고 2015다26009 판결.
65) 대법원 2006. 3. 10. 선고 2005다15765 판결.
66) 대법원 2014. 12. 24. 선고 2012다118785 판결, 대법원 2019. 1. 31. 선고 2015다26009 판결.
67) 대법원 2019. 1. 31. 선고 2015다26009 판결.

7. 집행공탁의 가부가 문제되는 경우

가. 목적채권에 질권이 설정된 경우[68]

1) 질권 실행을 위한 압류가 있기 이전인 경우

가) 질권자의 직접청구권 및 공탁청구권

(1) 질권자의 직접청구

채권질권의 효력은 입질된 채권의 원본이나 이자 등 모두에 미치고(민법 제334조), 질권자는 입질된 채권에 관하여 다른 채권자에 우선하여 자기 채권의 변제를 받을 수가 있으며(민법 제329조), 후행의 압류에도 불구하고 질권의 목적이 된 채권을 직접 청구할 수 있다(민법 제353조 제1항).

여기에서 '직접 청구할 수 있다'는 의미는 제3채무자에 대하여 집행권원, 법원에 의한 청구권의 부여, 질권설정자의 추심위임 등을 요하지 않는다는 것을 의미한다.[69]

(2) 질권설정의 효과

질권설정자로부터 질권설정의 뜻을 통지받거나 입질을 승낙한 제3채무자는 질권설정자에 대하여 입질채권의 변제를 할 수 없다는 구속을 받게 되고, 공탁에 의해서도 채무를 면할 수 없다. 제3채무자의 변제는 질권의 입질채권에 대한 배타적인 지배권능을 해하므로 이를 할 수 없다고 보는 것이고, 또한 질권자가 당해 채권을 직접 청구하거나(민법 제353조 제1항), 또는 채권을 압류한 후 이에 대해 추심 또는 전부명령을 얻어 우선변제를 받을 수 있기 때문에 질권자의 승낙이 없는 한 공탁할 수 없게 하는 것이다.

다만 제3채무자가 질권설정에도 불구하고 질권설정자에게 변제하였다면 이는 절대무효는 아니고, 그 효과를 가지고 질권자에게는 대항할 수 없을 뿐이다. 따라서 질권자는 입질채권이 아직 존재하는 것으로 보아 제3채무자에 대하여 그 변제를 다시 청구할 수 있게 된다.

민법 제352조는 "질권설정자는 질권자의 동의 없이 질권의 목적된 권리를 소멸하게 하거나 질권자의 이익을 해하는 변경을 할 수 없다"라고 규정하고 있다. 이는 질권자가 질권의 목적인 채권의 교환가치에 대하여 가지는 배타적 지배권능을 보호

68) 상세한 것은 손진홍, 채권집행실무, 한국사법행정학회(2019), 838-853; 손흥수, 민사집행실무총서(II) 채권집행, 한국사법행정학회(2017), 919-925; 김유환, "혼합공탁에 관한 연구", 사법논집 제56집, 법원도서관(2013), 260-264; 윤수종, "질권설정 후 압류가 있는 경우 공탁방법", 청송논집, 의정부지방법원(2013), 693-698 등 참조.

69) 민법주해 VI, 물권(3), 박영사(1992), 440(정동윤).

하기 위한 것이므로, 질권설정자와 제3채무자가 질권의 목적된 권리를 소멸하게 하는 행위를 하였다고 하더라도 이는 질권자에 대한 관계에서 무효일 뿐이어서, 특별한 사정이 없는 한 질권자 아닌 제3자가 그 무효를 주장할 수는 없다.[70] 이 경우에도 특별한 사정이 없는 한 질권설정자와 제3채무자가 질권의 목적인 권리에 관한 기본적 계약관계를 해제하거나 해지하는 것은 가능하다.[71]

(3) 질권자의 공탁청구권

질권자가 그 추심권(민법 제353조 제1항)을 행사할 수 있으려면, 자기의 질권설정자에 대한 채권(피담보채권)과 입질채권의 변제기가 모두 도래하여야 한다. 따라서 피담보채권의 변제기가 도래하기 전에 입질채권의 변제기가 먼저 도래한 경우라면 질권자로서는 제3채무자에게 직접적으로 추심하지 못하고, 그렇다고 하여 제3채무자가 질권설정자에게 변제하는 것이 가능하다고 하면 그로 인해서 질권자를 해할 염려가 있다.

그래서 이러한 경우를 대비하여 민법은 질권자로 하여금 제3채무자에게 변제금액의 공탁을 청구할 수 있는 것으로 규정하였다(민법 제353조 제3항 전단). 이러한 질권자의 공탁청구를 받은 제3채무자는 당연히 채무액을 공탁하여야 한다. 이 공탁은 그 실질이 변제공탁이므로 채무이행지 공탁소에 공탁하여야 하고(민법 제488조 제1항), 공탁 근거조문은 '민법 제353조 제3항'이며, 피공탁자로는 '질권설정자'를 기재해야 한다. 이와 같이 하여 채무액이 공탁되면 질권은 질권설정자의 공탁물출급청구권 위에 존재하게 되므로(민법 제353조 제3항 후단), 질권자는 피담보채권의 변제기가 도래한 후에 자신이 질권자임을 공탁소에 증명하고 추심권을 행사함으로써 공탁금의 출급을 받아 피담보채권의 변제에 충당할 수 있다.

나) 질권 설정 후 일반채권에 의한 압류집행이 있는 경우의 공탁

(1) 강제집행에 의한 압류와 질권의 우열

강제집행에 의한 압류와 질권의 우열은 '질권설정이 제3자에 대한 대항요건을 갖춘 때'와 '압류명령이 제3채무자에게 송달된 때'(=압류의 효력이 발생한 때)의 선후에 의하게 된다.

질권 설정의 대항요건은 지명채권 양도의 대항요건과 동일하다. 따라서 지명채권을 목적으로 한 질권의 설정은 설정자가 민법 제450조의 규정에 의하여 제3채무자

70) 대법원 1997. 11. 11. 선고 97다35375 판결.

71) 대법원 2010. 8. 26. 선고 2010도4613 판결 등 참조.

에게 질권설정의 사실을 통지하거나 제3채무자가 이를 승낙함이 아니면 이로써 제3채무자 기타 제3자에게 대항하지 못하고(민법 제349조 제1항), 그 경우 채권양도에 있어서의 승낙, 통지의 효과와 관련한 민법 제451조의 규정을 준용하고 있다(민법 제349조 제2항). 이에 비추어, 채권양도인이 채무자에게 채권양도를 통지한 때에는 아직 양도하지 않은 경우에도 선의인 채무자는 양수인에게 대항할 수 있는 사유로 양도인에게 대항할 수 있다고 규정한 민법 제452조 제1항 역시 지명채권을 목적으로 한 질권 설정의 경우에 유추적용된다는 것이 판례의 입장이다.72)

질권설정자가 민법 제349조 제1항에 따라 제3채무자에게 질권이 설정된 사실을 통지하거나 제3채무자가 이를 승낙한 때에는 제3채무자가 질권자의 동의 없이 질권의 목적인 채무를 변제하더라도 질권자에게 대항할 수 없고, 질권자는 여전히 제3채무자에게 직접 채무의 변제를 청구할 수 있다.73) 질권의 목적인 채권에 대하여 질권설정자의 일반채권자의 신청으로 압류·전부명령이 내려진 경우에도 그 명령이 송달된 날보다 먼저 질권자가 확정일자 있는 문서에 의해 민법 제349조 제1항에서 정한 대항요건을 갖추었다면, 전부채권자는 질권이 설정된 채권을 이전받을 뿐이고 제3채무자는 전부채권자에게 변제했음을 들어 질권자에게 대항할 수 없다.74)

(2) 질권자가 공탁청구권을 행사한 경우 제3채무자의 공탁

(가) 질권설정의 대항요건이 압류명령의 효력발생보다 우선하는 경우

제3채무자는 민법 제353조 제3항에 의한 변제공탁을 할 수도 있다(이 경우 피공탁자는 '질권설정자'를 기재하면 된다).

그러나 제3채무자가 민법 제353조 제3항에 의해서만 공탁할 경우 그것으로써 질권설정자 및 질권자에 대한 관계에서는 대항할 수 있을 것이지만, 질권자의 질권포기 등에 의하여 질권이 효력을 상실하게 될 경우 제3채무자는 위와 같은 공탁만으로는 위 질권설정 이후의 압류채권자에게는 대항할 수 없게 되어 이중지급의 위험을 부담하게 된다. 따라서 이러한 경우에는 제3채무자의 보호를 위하여 민법 제353조 제3항에 의한 공탁과 민사집행법 제248조에 의한 공탁과의 혼합공탁을 하는 것이 보다 안전한 방법이 될 것이다. 이와 같이 된 혼합공탁의 경우에는 공탁서의 공탁근거법령을 '민법 제353조 제3항 및 민사집행법 제248조 제1항'이라고 기재하고, 피공탁

72) 대법원 2014. 4. 10. 선고 2013다76192 판결.

73) 대법원 2018. 12. 27. 선고 2016다265689 판결, 대법원 2022. 3. 31. 선고 2018다21326 판결 참조.

74) 대법원 2022. 3. 31. 선고 2018다21326 판결.

자란에는 '질권설정자 ○○○'라고 기재하며, 집행공탁에 있어 그 출급청구권자는 집행법원의 배당에 의한 지급위탁에 의하여 정해지므로 질권설정 후에 경합된 압류채권자는 공탁서에 피공탁자로 기재하지 않는다.[75]

그리고 위와 같이 혼합공탁이 되면, 그 공탁의 성질 속에 집행공탁도 포함되어 있기 때문에 제3채무자는 공탁서를 첨부하여 압류명령을 먼저 발령한 집행법원에 사유신고를 해야 한다(민사집행법 제248조 제4항).

그런데 여기에서 이러한 혼합공탁에 의한 사유신고서를 제출받은 집행법원이 압류 경합에 따른 배당절차를 진행시킬 수 있는지가 문제되는데, 위와 같은 경우에는 질권이 위에서 본 포기 기타 사정 등에 의하여 그 효력이 상실되었음이 집행법원에 증명되지 않는 한(즉, 혼합해소가 증명되지 않는 한) 배당절차를 진행시킬 수 없다고 봄이 타당하다.[76]

그리고 질권자는 질권 실행을 위한 압류명령을 신청하거나 배당요구를 하지 않는 이상, 자신의 질권에 기초한 청구권을 행사하여 공탁소에 공탁금의 출급청구를 할 수 있음(이는 피담보채권의 변제기가 도래하여야만 가능할 것이다. 즉, 피담보채권의 변제기가 도래하면 공탁소에 자신이 질권자임을 증명하여 공탁금을 추심할 수 있다)은 별론으로 하고, 집행법원의 배당 절차에서 배당을 받을 채권자가 되는 것은 아니다.[77]

(나) 압류명령이 먼저 송달된 경우

제3채무자에게 압류명령이 송달된 후에 비로소 질권 설정이 제3자에 대한 대항요건을 구비한 경우 그러한 질권 설정은 압류명령의 처분금지효에 위반되는 것으로 압류채권자에게 대항할 수 없으므로, 제3채무자는 민사집행법 제248조에 의한 집행공탁을 할 수 있고, 집행법원은 바로 배당절차를 실시할 수 있다.[78]

(3) 질권자가 공탁청구권을 행사하지 않는 경우

(가) 질권설정 후 압류 집행이 있는 경우

질권설정 후 압류 집행이 있는 경우에는 질권자는 설령 후행하는 압류가 존재하더라도 질권실행으로써 직접 제3채무자로부터 추심할 수 있고(민법 제353조 제1항, 제2항), 질권의 포기 또는 해제가 되어 있지 않은 이상 제3채무자는 압류채권자에

75) 자세한 것은 손진홍, 채권집행실무, 한국사법행정학회(2019), 841-843 참조.

76) 손진홍, 채권집행실무, 한국사법행정학회(2019), 843; 손흥수, 민사집행실무총서(II) 채권집행, 한국사법행정학회(2017), 922.

77) 손진홍, 채권집행실무, 한국사법행정학회(2019), 843.

78) 손진홍, 채권집행실무, 한국사법행정학회(2019), 843.

대한 지급으로 질권자에게 대항할 수 없으므로, 제3채무자로서는 집행공탁만으로는 채무를 면할 수 없다. 이러한 경우 제3채무자에게 공탁을 인정하지 않으면 제3채무자는 질권자가 피담보채권의 변제기 후 그 실행을 할 때까지 사이에 질권에 의한 구속을 받아 입질채권의 변제기가 도래해도 질권설정자에게는 변제하지 못한 채 입질채권의 관계에서는 이행지체의 책임을 부담하게 된다. 따라서 이러한 경우에 제3채무자에게 공탁을 인정함으로써 채무를 면하게 할 수 있는지, 만약 가능하다면 제3채무자는 어떠한 공탁을 해야 하는지가 문제된다.

먼저 소극설은, 압류를 원인으로 하는 제3채무자의 공탁은 집행절차의 일환인 집행공탁이고, 그에 따라 배당가입의 차단효가 생기며, 곧바로 배당을 실시하게 되므로, 압류의 효력 발생 이전에 질권의 대항요건이 구비된 경우 질권에 우선하지 못하는 압류채권 등을 위하여 배당을 실시하는 것이 불가능하므로 제3채무자는 공탁을 할 수 없다고 본다.

반면, 적극설은 제3채무자의 불이익을 면하게 하기 위하여 공탁을 인정해야 한다는 입장인데, 그 근거에 관하여는 또 입장이 나뉜다. 적극설 중 제1설은, 민사집행법 제248조 제1항의 권리공탁 규정은 제3채무자의 부담을 경감하기 위한 것이고 제3채무자는 압류가 1개인 경우라도 민사집행법 제248조 제1항에 의하여 공탁할 수 있으므로 민사집행법 제248조 제1항에 따라 공탁할 수 있다고 한다. 제2설은, 민법 제487조 전단 또는 후단에 의한 공탁(변제공탁)과 민사집행법 제248조 제1항 또는 제3항을 근거로 하는 혼합공탁에 의할 것이라고 한다. 제3설은, 민법 제353조 제3항에 의한 공탁과 민사집행법 제248조 제1항 또는 제3항을 근거로 하는 혼합공탁에 의할 것이라고 한다.[79)]

생각건대, 먼저 소극설은, 적절한 방식의 혼합공탁을 인정함으로써 합리적인 해결방안을 찾을 수 있음에도 제3채무자의 공탁 자체를 부정하여 제3채무자의 이익을 지나치게 도외시하는 것이므로, 타당하지 않다. 다음으로 적극설 중 제1설은, 민사집행법 제248조 제1항의 권리공탁만으로 제3채무자가 질권자에 대해서까지 면책된다는 근거를 찾기 어려우므로 찬성하기 어렵다. 적극설 중 제2설은, 민법 제487조가 정하는 변제공탁의 요건인 '채권자가 변제를 받지 않거나 받을 수 없는 때' 또는 '변제자

79) 일본에서의 견해 대립을 소개한 것이고, 이에 관하여 자세한 것은 손진홍, 채권집행실무, 한국사법행정학회(2019), 846-848; 김유환, "혼합공탁에 관한 연구", 사법논집 제56집, 법원도서관(2013), 262~263; 윤수종, "질권설정 후 압류가 있는 경우 공탁방법", 청송논집, 의정부지방법원(2013), 695~698 참조.

가 과실 없이 채권자를 알 수 없는 경우'에 해당한다고 보는 데 난점이 있으므로 이를 포함하는 혼합공탁 또한 적절하지 않다.

따라서 민법 제353조 제3항을 확장해석하여, 질권자 및 제3채무자 쌍방의 이익을 고려하여 입질채권의 변제기가 먼저 도래하면 질권자에 의한 민법 제353조 제3항에 따른 공탁청구가 있다고 봄으로써 민법 제353조 제3항에 의한 공탁과 민사집행법 제248조의 집행공탁과의 혼합공탁을 인정하는 제3설이 타당하다는 견해가 유력하다.[80]

(나) 압류명령 송달 이후 질권 설정이 있는 경우

압류명령 송달 이후 질권 설정이 있는 경우에는 그 질권 설정은 압류권자와의 관계에서 효력이 없으므로 민사집행법 제248조에 의한 집행공탁을 할 수 있다.

2) 질권 실행을 위한 압류가 있는 경우

가) 압류의 경합 여부

질권자가 담보권 실행을 위한 압류를 한 경우에 일반채권에 기초한 압류와의 사이에 압류의 경합을 인정할 수 있는지가 문제된다.

이에 관하여 적극설은, 채권집행 단계를 압류, 환가, 만족의 3단계로 구분하여 보면, 우선 압류 단계는 목적채권에 대한 처분제한을 위한 것으로서 우선채권이나 일반채권 사이에 효력에 차이를 둘 이유가 없으므로 경합된 부분에 대한 압류 자체의 효력은 동등하게 그 부분에 미쳐 경합한다고 주장한다.[81]

반면 소극설은, 민사집행법상의 채권 압류의 경합에 관한 조문은 경합하는 각 집행채권자가 평등한 관계에 있음을 전제로 하여 그들 사이의 이해관계를 조절하기 위하여 규정된 것으로, 외관상은 채권 압류가 경합된 것처럼 보이더라도 실체법상 한 채권자의 채권이 다른 채권자에게 우선하는 관계에 있을 때에는 위 각 조문들은 그 적용이 배제되어야 한다고 주장한다.[82]

소극설이 타당하다고 생각된다.

나) 압류효의 확장 여부

일반채권에 비하여 실체법상 우선권이 있어 채권자 평등의 원칙이 적용되지 않는 경우, 즉 우선권 있는 채권 압류와 일반채권에 기초한 채권압류가 외관상 일부

80) 손진홍, 채권집행실무, 한국사법행정학회(2019), 847-848.

81) 신동기, "우선권 있는 채권에 기한 채권압류와 일부채권에 기한 채권압류가 일부 경합된 경우의 전부명령의 효력", 판례연구 제3집, 부산판례연구회(1993), 457.

82) 윤진수, "압류의 경합", 민사집행에 관한 제문제(상), 재판자료 제71집, 법원도서간(1996), 351; 손진홍, 채권집행실무, 한국사법행정학회(2019), 850.

경합되었을 경우에는 양 채권의 성질상 우선권 있는 채권 압류에 대하여 평등분배를 위한 압류효의 확장을 인정할 필요가 없다. 우선권 있는 채권에 기하여 피압류채권의 일부를 특정하여 압류한 경우 그 특정한 채권 부분에 한하여 압류의 효력이 미치고, 그 후 체납처분에 의한 압류나 강제집행에 의한 압류가 있고 그 압류된 금액의 합계가 피압류채권의 총액을 초과하더라도 압류의 효력이 피압류채권 전액으로 확장되지 않는다.[83)]

이와 관련하여 판례는 “우선권 있는 채권에 기한 체납처분에 의한 압류에 관하여서는 피압류채권의 일부를 특정하여 압류한 경우 그 특정한 채권 부분에 한하여 압류의 효력이 미치는 것이며, 그 후 강제집행에 의한 압류가 있고 그 압류된 금액의 합계가 피압류채권의 총액을 초과한다고 하더라도 그 압류의 효력이 피압류채권 전액으로 확장되지 아니한다고 할 것이므로 나머지 부분에 대하여는 압류경합이 되는 것은 아니”라고 하는바[84)], 이를 참조할 필요가 있다.

다) 추심 및 공탁의 문제

질권자가 질권 실행을 위한 압류에 기하여 추심권을 행사하면 제3채무자는 해당 금액을 질권자에게 지급함으로써 면책된다. 이 경우 질권자는 우선권의 행사에 의하여 금원을 지급받았으므로, 민사집행법 제236조 제1항에 따른 추심의 신고는 불필요하다.[85)]

문제는 질권자가 질권 실행을 위한 압류 후에도 추심권을 행사하지 않는 경우인데, 제3채무자는 질권자의 질권 실행을 위한 압류와 일반채권자의 압류가 형식적으로 경합하고 있음을 이유로, 민사집행법 제248조 제1항을 적용 또는 유추적용하여 피압류채무액 전부를 공탁(권리공탁)할 수 있다고 봄이 타당하다.[86)]

구 민사소송법(2002. 1. 26. 법률 제6626호로 개정되기 전의 것) 제581조 제1항은 “금전채권에 관하여 배당요구의 송달을 받은 제3채무자는 채무액을 공탁할 권리가 있다.”라고 규정하고 있었는데, 이에 대하여 판례[87)]는, ‘구 민사소송법 제581조 제1항에 금전채권에 관하여 배당요구의 송달을 받은 제3채무자에게 채무액을 공탁할

83) 윤진수, “압류의 경합”, 민사집행에 관한 제문제(상), 재판자료 제71집, 법원도서관(1996), 354; 손진홍, 채권집행실무, 한국사법행정학회(2019), 851.

84) 대법원 1991. 10. 11. 선고 91다12233 판결.

85) 손진홍, 채권집행실무, 한국사법행정학회(2019), 852.

86) 손진홍, 채권집행실무, 한국사법행정학회(2019), 852.

87) 대법원 1996. 6. 14. 선고 96다5179 판결, 대법원 1998. 10. 20. 선고 98다31905 판결, 대법원 2004. 4. 9. 선고 2002다10691 판결.

수 있는 권리를 인정한 이유는, 채권에 대한 강제집행절차에서 피압류채권에 대하여 권리를 주장하는 자가 다수 있고 위 채권액이 모든 자에게 만족을 줄 수 없는 경우에, 제3채무자에게 배당요구 또는 중복압류의 유무 및 각 압류의 적부를 심사하게 하고 그 진실한 권리자 또는 우선권자에게 적정한 배당을 하게 하는 것은 제3채무자에게 극히 무거운 부담을 주고 또 강제집행절차의 적정도 해할 우려가 있기 때문에 그 피해를 제거하려고 하는 데 있으므로, 그 취지에 비추어 보면 동일한 채권에 대하여 복수의 압류명령이 있더라도 각 압류의 법률적 성질상 압류액의 총액이 피압류채권액을 초과하지 않아 본래의 의미에서의 압류의 경합으로 볼 수 없는 경우에도 제3채무자의 입장에서 보아 그 우선순위에 대하여 문제가 있는 등 압류의 경합이 있는지 여부에 대한 판단이 곤란하다고 보이는 객관적 사정이 있는 경우에는 위 규정을 유추적용하여 제3채무자에게 공탁에 의한 면책을 인정하는 것이 타당하다'는 입장이었다. 이러한 판례의 취지에 비추어 보면, 제3채무자는 질권자의 질권 실행을 위한 압류와 일반채권자의 압류가 형식적으로 경합하고 있음을 이유로, 민사집행법 제248조 제1항을 적용 또는 유추적용하여 피압류채무액 전부를 공탁(권리공탁)할 수 있다고 봄이 타당하다.

나. 전부명령과 공탁

1) 전부명령이 확정되기 전

전부명령이 발령된 경우에도 전부명령이 확정되기 전에는 제3채무자는 민사집행법 제248조 제1항에 따라 압류된 금전채권을 공탁할 수 있다. 또한, 전부명령이 확정되기 전에 금전채권에 관하여 배당요구서를 송달받은 제3채무자는 배당에 참가한 채권자의 청구가 있으면 '압류된 부분'에 해당하는 금액을 공탁하여야 하고, 금전채권 중 압류되지 않은 부분을 초과하여 거듭 압류명령 또는 가압류명령이 내려져 그 명령을 송달받은 경우에 압류채권자나 가압류채권자의 청구가 있으면 그 채권의 '전액'에 해당하는 금액을 공탁하여야 한다(민사집행법 제248조 제2항, 제3항).

2) 전부명령이 확정되었으나, 제3채무자가 그 사실을 알지 못한 경우

전부명령이 확정되었으나, 제3채무자가 그 사실을 알지 못한 경우에 제3채무자로서는 전부명령이 집행채무자에게 송달된 시기나 즉시항고의 유무를 알기 어려운 지위에 있고, 전부명령의 확정 여부를 확인하여야 할 의무를 부담하지도 않는다. 따라서 이 경우의 공탁에 관하여는 전부명령이 확정되지 않는 것을 조건으로 할 필요

없이, 민사집행법 제248조의 공탁을 할 수 있다고 설명된다.[88]

3) 전부명령 송달 후에 가압류·압류명령 등이 송달된 경우나 전부명령과 전부명령이 경합하는 경우

이 경우에는 공탁서 기재상 선행의 전부명령이 확정되어 있음이 명백한 경우를 제외하고는 민사집행법 제248조 제1항에 의한 공탁신청이 있는 경우에는 공탁관은 공탁을 수리할 수밖에 없고, 집행법원은 배당절차사건으로 접수하여 처리하는 것이 타당하다고 설명된다.[89] 앞선 전부명령의 확정 여부를 통상 알기 어려운 지위에 있는 제3채무자를 보호하여야 하기 때문이다.

실체법상 우선권에 기한 전부명령과 일반채권에 기한 전부명령이 경합하는 경우에도 마찬가지라고 설명된다.[90]

4) 공탁금지급청구권에 대한 압류 및 전부명령을 송달받은 공탁관의 사유신고

공탁금지급청구권에 대한 압류 및 전부명령을 송달받은 공탁관이 그 전부명령이 확정되기 전에 다른 압류 및 전부명령을 송달받은 경우 선행의 전부명령이 실효되지 않는 한 압류의 경합은 생기지 않는다. 따라서 차후에 선행의 전부명령이 확정되면 전부채권자는 특정승계인으로서 공탁금의 지급을 청구할 수 있다(공탁선례 1-116, 1-145). 그러나 선행의 전부명령의 확정 여부를 알 수 없는 공탁관으로서는 선행의 압류·전부명령과 후행의 압류·전부명령의 유효 여부와 우선순위 문제, 압류의 경합이 있는지에 관하여 판단이 곤란하므로, 공탁사유신고를 할 수 있다(공탁선례 2-353). 이 경우 집행법원은 채권배당절차에 의하여 공탁금을 지급하여야 할 것이다.[91]

Ⅱ. 공탁사유신고

1. 의의와 성격

가. 공탁사실만으로는 집행법원이 배당절차가 진행되어야 한다는 사실을 알 수가 없으므로, '공탁한 당사자'나 '공탁금을 보관하고 있는 공탁관'으로부터 '배당절차를 통하여 배당되어야 할 돈이 공탁되었으니 집행법원이 배당절차를 진행하

88) 사법보좌관실무편람[Ⅱ]-채권집행 및 배당절차-, 법원행정처(2015), 147~148.
89) 사법보좌관실무편람[Ⅱ]-채권집행 및 배당절차-, 법원행정처(2015), 148.
90) 손진홍, "채권집행의 이론과 실무(하)", 법률정보센터(2016), 117.
91) 사법보좌관실무편람[Ⅱ]-채권집행 및 배당절차-, 법원행정처(2015), 148.

라'는 사유신고가 있어야만 집행법원으로서는 배당절차를 개시할 수 있게 된다. 이와 같이 집행법원에 배당되어야 할 돈이 공탁되었다는 사실을 알리는 것이 공탁사유신고이다.

나. 제3채무자의 집행공탁 후 사유신고서의 제출은 제3채무자에게 생기는 '절차상의 협력의무'의 성격을 가지고 있다.[92)]

2. 효과: 배당가입 차단효

가. 제3채무자가 채무액을 공탁한 때에는 그 사유를 법원에 신고하여야 하고(민사집행법 제248조 제4항), 제3채무자의 공탁사유신고가 있으면 배당요구의 종기에 이르게 되어(민사집행법 제247조 제1항 제1호), 이른바 '배당가입 차단효'가 발생한다. 다만 집행법원이 공탁사유신고에 대하여 불수리결정을 할 경우 배당요구의 종기는 도래하지 않는다.[93)]

나. 민사집행법이 압류채권자 이외의 채권자가 배당요구의 방법으로 채권에 대한 강제집행절차에 참가하여 압류채권자와 평등하게 자기 채권의 변제를 받는 것을 허용하면서도, 다른 한편으로 그 배당요구의 종기를 제3채무자의 공탁사유신고 시까지로 제한하고 있는 이유는, 제3채무자가 채무액을 공탁하고 그 사유신고를 마치면 배당할 금액이 판명되어 배당절차를 개시할 수 있는 만큼 늦어도 그때까지는 배당요구가 마쳐져야 배당절차의 혼란과 지연을 막을 수 있다고 본 때문이다.[94)]

다. 민사집행법 제247조 제1항에 의한 배당가입차단효는 배당을 전제로 한 집행공탁에 대하여만 발생하므로, 집행공탁과 변제공탁이 혼합된 '혼합공탁'의 경우 변제공탁에 해당하는 부분에 대하여는 제3채무자의 공탁사유신고에 의한 배당가입차단효가 발생할 여지가 없다.[95)]

---

92) 대법원 2012. 2. 9. 선고 2009다88129 판결은, 민사집행법 제248조 제3항이 정하는 공탁의무를 "민사집행절차에서 발생하는 제3채무자의 절차협력의무"라고 하였다.

93) 법원실무제요, 민사집행[IV], 법원행정처(2020), 332-333.

94) 대법원 1999. 5. 14. 선고 98다62688 판결, 대법원 2008. 5. 15. 선고 2006다74693 판결.

95) 대법원 2008. 5. 15. 선고 2006다74693 판결.

3. 공탁사유신고가 필요한 경우

가. '제3채무자'가 압류된 금액을 민사집행법 제248조 제4항에 따라 공탁사유신고하는 경우

이는 다시 다음의 세 가지 경우로 나눌 수 있다.

1) 압류가 경합되지 않은 때(즉 '압류가 1개'이거나 또는 '집행이 경합되어 있지만 압류의 경합이 아닌 경우'에 제3채무자가 민사집행법 제248조 제1항에 따라 권리공탁을 한 후 사유신고를 하는 경우).

2) 압류된 채권에 대하여 배당요구가 있거나 혹은 압류의 경합이 있는 때에 민사집행법 제248조 제1항, 제3항에 의하여 공탁한 후 사유신고를 하는 경우.

3) 채권 압류와 양도 등을 원인으로 혼합공탁을 한 후 사유신고를 하는 경우.

나. '채권자'가 민사집행법 제236조 제2항에 따라 추심한 금액을 공탁사유신고하는 경우

다. (유체동산에 대한 강제집행절차에서) 매각대금으로 배당에 참가한 모든 채권자를 만족하게 할 수 없고 매각허가된 날부터 2주 이내에 채권자 사이에 배당협의가 이루어지지 않아, '집행관'이 민사집행법 제222조 제3항에 따라 매각대금을 공탁하고 법원에 그 사유를 신고하는 경우

라. 공탁금 출급·회수청구권에 대한 압류의 경합 등으로 '공탁관'이 공탁규칙(대법원규칙) 제58조 제1항에 따라 집행법원에 사유신고를 하는 경우

마. 배당금지급청구권(배당잔여금 교부청구권 포함) 또는 그에 기한 공탁금 출급청구권(통틀어 '배당금지급청구권 등')에 대한 압류의 경합 등으로 '집행법원의 담임 법원사무관등'이 '집행법원의 사유신고에 관한 업무처리지침'[재민 2020-1(2020. 5. 15. 제정, 2020. 7. 1. 시행)]에 따라 법원에 사유신고를 하는 경우[96]

배당금지급청구권 등에 대하여 압류의 경합 등이 발생하였거나, 압류의 경합이 있는지 여부에 대한 판단이 곤란하다고 보이는 객관적 사정이 있는 경우(재민

96) 법원실무제요, 민사집행[IV], 법원행정처(2020), 334.

2020-1 제2조, 제3조)에, 배당기일을 진행하는 집행사건의 담임 법원서기관, 법원사무관, 법원주사 또는 법원주사보('담임 법원사무관등') 또는 '집행사건에 있어서 배당액등의 공탁 및 공탁배당액등의 관리절차에 관한 예규'(재민 92-2) 제4조 제1항의 주무과장이 지정하는 보관책임자('공탁서등 보관책임자')는 민사집행법 제248조 제4항 본문에 따라 사유신고를 하여야 한다(재민 2020-1 제4조 제1항 본문). 다만 배당금지급청구권 등에 대하여 민사집행법 제160조 제1항 각 호 등의 사유가 있는 경우에는 그 사유가 해소되어 배당금 지급요건이 충족된 후에 하여야 하고(재민 2020-1 제4조 제1항 단서), 특별한 사유가 없는 한 집행법원이 최후의 압류명령서 등의 사본을 송부받은 다음 날부터 5일 이내에 하여야 한다(재민 2020-1 제4조 제2항). 담임 법원사무관등 또는 공탁서등 보관책임자는 사유신고서에 공탁서, 배당표, 배당기일조서의 사본과 압류명령서, 가압류명령서 또는 배당요구통지서 등의 사본을 첨부하여야 한다(재민 2020-1 제6조). 위 사유신고 이후에 배당금지급청구권 등에 대하여 다른 채권자로부터 압류나 가압류 등이 있는 경우에는 담임 법원사무관등 또는 공탁서등 보관책임자는 이를 사본하여 사유신고를 한 법원에 즉시 송부하여야 한다(재민 2020-1 제7조 제1항).

바. 혼합공탁의 경우

위 가. 3)의 제3채무자가 혼합공탁을 하면서 하는 사유신고는 혼합공탁 중 집행공탁 부분에 기초하는 것이므로, 집행공탁의 사유신고에 대한 설명이 그대로 적용된다. 공탁사유신고는 혼합공탁의 경우에도 하여야 하므로, 공탁사유신고를 하였다고 해서 반드시 집행공탁이라고 볼 것은 아니다.[97]

혼합공탁으로 인한 제3채무자의 사유신고가 있을 때에는 채권양도의 유·무효가 확정되는 등 혼합공탁사유가 해소되어야만 집행공탁 절차에 따른 배당절차를 실시할 수 있으므로,[98] 그 유·무효가 확정될 때까지는 절차를 정지하였다가, 혼합해소문서가 제출되면 공탁관의 새로운 사유신고 없이 이미 이루어진 제3채무자의 사유신고에 따라 배당절차를 진행하면 되고, 압류채무자에게 피압류채권이 귀속되지 않는 것으로 확정되면 배당절차로 나아갈 수 있는 정지조건의 불성취로 확정되었으므로 사유신고를 불수리하여야 한다.[99]

97) 대법원 2013. 4. 26. 선고 2009다89436 판결 참조.

98) 대법원 2001. 2. 9. 선고 2000다10079 판결, 대법원 2008. 1. 17. 선고 2006다56015 판결.

99) 법원실무제요, 민사집행[IV], 법원행정처(2020), 335; 사법보좌관실무편람(II)-채권집행 및 배당

'압류'와 채권양도 등을 원인으로 하는 경우의 사유신고만이 진정한 의미의 사유신고이고, '가압류'와 채권양도 등을 원인으로 제3채무자가 하는 사유신고는 '공탁신고'일 뿐이므로 나중에 가압류에서 본압류로 이전하는 채권압류가 있으면 그때 공탁관이 새로이 사유신고를 하여야 한다.[100]

4. 압류가 경합된 상태에서 제3채무자가 집행공탁 사유를 신고하면서 경합된 압류 중 일부에 관한 기재를 누락한 경우

가. 압류가 경합되면 각 압류의 효력은 피압류채권 전부에 미치므로(민사집행법 제235조), 압류가 경합된 상태에서 제3채무자가 민사집행법 제248조에 따라 집행공탁을 하여 피압류채권을 소멸시키면 그 효력은 압류경합 관계에 있는 모든 채권자에게 미친다.[101]

그리고 이때 압류경합 관계에 있는 모든 채권자의 압류명령은 그 목적을 달성하여 효력을 상실하고 압류채권자의 지위는 '집행공탁금에 대하여 배당을 받을 채권자'의 지위로 전환되므로, 압류채권자는 제3채무자의 공탁사유 신고 시까지 민사집행법 제247조에 의한 배당요구를 하지 않더라도 그 배당절차에 참가할 수 있다. 따라서 압류가 경합된 상태에서 제3채무자가 집행공탁을 하고 사유신고를 하면서 경합된 압류 중 일부에 관한 기재를 누락하였다 하더라도 달리 볼 것은 아니며, 그 후 이루어진 공탁금에 대한 배당절차에서 기재가 누락된 압류의 집행채권이 배당에서 제외된 경우에 그 압류채권자는 과다배당을 받게 된 다른 압류채권자 등을 상대로 배당이의의 소를 제기하여 배당표의 경정을 구할 수 있다.[102]

나. 집행채권이 압류 또는 가압류된 상태에서 집행채무자에 대한 강제집행절차가 진행되어 집행채권자에게 적법하게 배당이 이루어진 경우, 집행채권에 대한 압류 또는 가압류의 효력은 집행채권자의 배당금 지급청구권(만일 민사집행법 제160조 제1항 각 호에서 정한 배당유보공탁사유로 인하여 공탁이 이루어진 경우에는 공탁사유가 소멸하면 집행채권자에게 발생할 공탁금 출급청구권도

절차-, 법원행정처(2015), 371.

100) 대법원 2006. 3. 10. 선고 2005다15765 판결 참조.

101) 대법원 2003. 5. 30. 선고 2001다10748 판결, 대법원 2015. 4. 23. 선고 2013다207774 판결.

102) 대법원 2015. 4. 23. 선고 2013다207774 판결.

포함한다. 이하 본항에서 '배당금 지급청구권'이라고만 한다)에 미친다고 할 것이다.

한편 집행채권자의 다른 채권자들은 집행채권자의 배당금 지급청구권을 압류 또는 가압류할 수 있다. 이러한 압류 등으로 인하여 집행채권자의 배당금 지급청구권에 대하여 민사집행법 제235조의 압류경합이 발생하고 채무자에 해당하는 집행법원 등이 압류경합을 이유로 민사집행법 제248조 제1항에 따라 집행공탁을 하였다면, 그 집행공탁으로써 배당금 지급의무는 소멸하고 특별한 사정이 없는 한 집행채무자는 집행채권의 압류 또는 가압류권자에 대하여 집행채권 소멸의 효력을 대항할 수 있다.[103)]

위와 같이 배당금 지급청구권에 관한 압류경합에 따른 적법한 공탁사유신고에 의하여 채권배당절차가 개시되면 집행채권을 압류 또는 가압류하였던 채권자는 그 채권배당절차에서 배당금 지급청구권에 대한 압류 또는 가압류권자의 지위에서 배당을 받아야 하므로, 집행법원 등이 집행채권자의 배당금 지급청구권에 대한 압류의 경합을 이유로 사유신고를 할 때 사유신고서에 집행채권자에 대한 압류 또는 가압류명령도 기재하여야 한다. 만일 이 경우 집행채권자에 대한 압류 또는 가압류명령이 사유신고서에 기재되지 않는 등의 이유로 그 후에 이루어진 배당절차에서 집행채권자의 채권자가 배당을 받지 못한 경우에는 과다배당을 받은 다른 채권자를 상대로 자신이 배당받을 수 있었던 금액만큼 부당이득반환청구를 할 수 있다.[104)]

5. 방식, 제출법원

가. 방식

민사집행법 제248조 제4항의 규정에 따른 공탁사유신고는 ① 사건의 표시, ② 채권자, 채무자 및 제3채무자의 이름, ③ 공탁사유와 공탁한 금액을 적은 서면으로 하여야 하고, 공탁서를 붙여야 한다(민사집행규칙 제172조 제1항, 제2항 본문). 공탁사유신고서에는 인지를 붙일 필요가 없으며, 이를 접수한 집행법원의 법원사무관등은 사건번호를 붙이고 재판사무의 전산화로 집행사건부를 두지 않으므로 재판사무시스템에 전산입력하며 기록을 만든 다음 압류명령 등 사건기록과 끈으로 묶어 첨철한다(재민 91-1).[105)] 공탁서는 전자문서로 변환하여 제출할 수 있다. 다만 공탁사유신고

---

103) 대법원 2022. 9. 29. 선고 2019다278785 판결.

104) 대법원 2022. 9. 29. 선고 2019다278785 판결.

105) 법원실무제요, 민사집행[IV], 법원행정처(2020), 336.

인의 공탁사실이 공탁관리시스템의 공탁정보를 통하여 확인되지 않는 경우에는 제출하고자 한 공탁서를 전자문서가 아닌 본래의 형태로 제출하여야 한다(재일 2012-1 제110조의2 제1항 단서).

다만, 제3채무자가 공탁하였음에도 상당한 기간 내에 제3채무자의 공탁사유신고가 없는 때에는 압류채권자, 가압류채권자, 배당에 참가한 채권자, 채무자 그 밖의 이해관계인이 그 사유를 법원에 신고할 수 있다(민사집행법 제248조 제4항 단서). 제3채무자가 공탁을 하였더라도 사유신고를 하지 않는 한 배당요구의 종기(終期)가 도래하지 않아 배당절차가 사실상 진행되지 못하는 등 절차의 신속한 진행에 지장이 있으므로 다른 이해관계인에게 사유신고권을 인정한 것이다. 민사집행법 제248조 제4항 단서에 규정된 사람이 신고하는 경우에는 공탁사유신고서에 공탁서를 붙일 필요가 없다(민사집행규칙 제172조 제2항 단서). 사유신고는 배당절차가 개시된 뒤에도 보완할 수 있다.[106]

2015. 3. 23.부터 민사집행·비송 전자소송이 도입되어 제3채무자 등은 재판사무시스템을 이용하여 전자적으로 공탁사유신고를 할 수 있다.[107]

나. 제출법원

압류명령을 송달받은 제3채무자는 채권자가 경합하지 않는 경우라면 원칙적으로 해당 압류명령을 발령한 법원에 사유신고를 하여야 한다.

압류된 채권에 관하여 다시 압류명령 또는 가압류명령이 송달된 경우에는 먼저 송달된 압류명령을 발령한 법원에 민사집행법 제248조 제4항에 의한 공탁사유신고를 하여야 한다(민사집행규칙 제172조 제3항). 따라서 뒤에 송달된 압류명령을 발령한 법원에 사유신고가 제출된 경우에는 먼저 송달된 압류명령을 발령한 법원에 배당사건을 이송함이 타당하다. 다만 가압류와 본압류가 경합한 경우에는 본압류를 발령한 법원에 사유신고를 하여야 한다.[108]

6. 공탁금지급청구권에 대하여 압류가 있는 경우 공탁관의 사유신고 여부 - '공탁관의 사유신고에 관한 업무처리지침'(행정예규 1094호, 2016. 12. 14. 개정, 2017. 7. 1. 시행)을 중심으로

106) 법원실무제요, 민사집행[IV], 법원행정처(2020), 336.
107) 법원실무제요, 민사집행[IV], 법원행정처(2020), 336.
108) 법원실무제요, 민사집행[IV], 법원행정처(2020), 337.

가. 일반론

공탁금 출급·회수청구권에 대하여 압류 또는 가압류가 되었으나 압류의 경합이 성립하지 않는 경우, 공탁관은 특별한 사정이 없는 한 압류채권자의 추심에 응하여 압류된 공탁금을 지급하면 된다. 공탁금지급청구권에 대하여 압류·가압류 등이 있으나, 압류의 경합이 성립하지 않는 경우에는 공탁관으로 하여금 굳이 일반 제3채무자와 똑같이 민사집행법 제248조 제4항에 의한 사유신고를 할 필요가 없고, 그렇게 하더라도 공탁소가 공탁금지급의무를 면하는 것도 아니고, 배당가입이 차단되는 시기를 도래시켜 압류채권자에게 독점적인 만족을 얻게 하거나 집행법원의 지시를 기다려 지급할 필요도 없기 때문이다.[109)]

나. 공탁관이 제3채무자로서 사유신고하여야 할 경우

1) 일반적인 경우

공탁금 지급청구권에 대하여 채권자 경합이 생기고[① 압류명령을 송달받은 후 다른 채권자의 배당요구통지를 받은 때, ② 압류(또는 가압류)명령을 송달받은 후 다른 채권자의 전부(추심)명령을 송달받은 때, ③ 압류명령을 송달받은 후 다른 채권자의 압류명령 또는 가압류명령을 송달받은 때 등], 집행채권의 총액이 피압류채권(공탁금지급청구권) 총액을 초과하여 재판상 배당을 필요로 하는 경우에 공탁관은 사유신고를 하여야 한다. 다만 동일한 채권자가 서로 다른 채권에 기초하여 압류를 한 후 다시 압류(또는 가압류)를 한 경우에도 채권자 경합이 있는 것으로 본다.[110)]

한편, 공탁관이 공탁규칙 제58조에 따른 '공탁관의 공탁사유신고' 또는 민사집행법 제248조에 의한 '제3채무자의 집행공탁 및 공탁사유신고'에 따라 개시된 집행법원의 배당절차에서 발생하는 배당금 수령채권에 대한 압류명령서 등을 접수한 때에는 접수연월일, 시, 분을 기재하여 기명날인하고, 전산시스템에 압류명령서 등의 접수연월일, 배당금수령채권이 압류된 사실 등을 입력한 후 압류명령서 등의 사본을 집행법원에 송부하여야 한다.[111)]

2) 특별한 경우

---

109) 사법보좌관실무편람[Ⅱ]-채권집행 및 배당절차-, 법원행정처(2015), 373; 주석 민사집행법(V)(제4판), 한국사법행정학회(2018), 916(양진수).

110) 「공탁관의 사유신고에 관한 업무처리지침」(행정예규 1094호)의 1-가.항.

111) 「공탁관이 배당금수령채권에 대한 압류명령서 등을 접수한 경우의 업무처리지침」(행정예규 951호) 제2조 제1항.

공탁금 지급청구권에 대한 압류의 경합 등으로 사유신고를 할 사정이 발생한 때(예컨대 최후에 압류명령 등이 송달된 날)에는 공탁관은 그 익일부터 3일 이내에 집행법원에 사유신고를 하여야 하는 것이 원칙이다.

그러나 다음과 같은 경우에는 그 지급요건이 충족된 때에 사유신고를 하여야 한다.112)

가) 재판상 보증공탁금의 회수청구권에 압류의 경합이 있는 경우

공탁원인의 소멸을 증명하는 서면(법원의 담보취소결정정본 및 확정증명서)이 제출된 때

나) 재판상 보증공탁금의 출급청구권에 압류의 경합이 있는 경우

담보권 실행요건을 갖춘 때(출급청구권 입증 서면이 제출되거나 질권 실행을 위한 압류 및 현금화 명령이 효력을 발생한 때)

다) 상대적 불확지 공탁의 경우에 피공탁자 중 일방의 공탁금 출급청구권에 대하여 압류의 경합이 있는 경우

라) 다음 각 호의 사유가 있는 공탁금 출급청구권에 대하여 압류의 경합이 있는 경우

(1) 민사집행법 제160조(배당금액의 공탁) 제1항 각 호

(2) 민사집행법 제256조(배당표의 작성과 실시)에서 준용하는 민사집행법 제160조(배당금의 공탁) 제1항 각 호

(3) 민사집행법 제268조(준용규정)에서 준용하는 민사집행법 제160조(배당금의 공탁) 제1항 각 호

(4) 민사집행규칙 제156조(집행관의 배당액 공탁) 제1항 각 호

3) 압류경합이 없는 예외적인 경우의 사유신고

공탁금 지급청구권에 대하여 복수의 압류명령 등이 있더라도 각 압류의 법률적 성질상 압류액의 총액이 피압류채권액을 초과하지 않아 본래의 의미에서의 압류의 경합으로 볼 수 없는 경우에도, 공탁관의 입장에서 보아 그 우선순위에 대하여 문제가 있는 등 압류의 경합이 있는지 여부에 대한 판단이 곤란하다고 보이는 객관적 사정이 있는 경우에는 공탁관은 사유신고를 할 수 있다.113)

4) 사유신고의 대상이 되는지 여부가 문제되는 경우

가) 물상대위에 의한 수개의 채권압류 등

---

112) 「공탁관의 사유신고에 관한 업무처리지침」(행정예규 1094호)의 2-나.항.

113) 「공탁관의 사유신고에 관한 업무처리지침」(행정예규 1094호)의 1-나.(4)항.

공탁된 토지수용보상금에 대하여 물상대위에 의한 수개의 채권압류 및 추심명령이 공탁관에게 송달된 경우, 공탁관은 그 압류 및 추심채권자들 사이의 우열에 대한 판단이 곤란하다고 보아 사유신고를 할 수 있다.114)

나) 가압류해방공탁금의 회수청구권

가압류해방공탁금의 회수청구권에 대하여 압류명령이 송달된 때에는 공탁관은 지체 없이 집행법원에 그 사유를 신고하여야 한다. 다만 그 압류가 가압류로부터 본압류로 이전된 것임이 명백하고 다른 (가)압류의 경합이 없는 때에는 사유신고할 필요가 없다. 압류명령서에 "가압류에서 본압류로 이전하는"이라는 문구가 기재되어 있거나 가압류채권의 피보전권리와 압류채권의 동일성을 소명하는 서면(예컨대, 가압류신청서, 소장, 판결 등)을 첨부하여 지급청구할 경우 양 채권의 동일성이 인정되면 공탁관은 사유신고절차를 거칠 필요 없이 공탁금을 지급할 수 있다.115)

다) 민사집행법에 따른 '압류'와 체납처분에 의한 압류가 경합하는 경우

2015년 대법원의 두 판결(대법원 2015. 7. 9. 선고 2013다60982 판결 및 대법원 2015. 8. 27. 선고 2013다203833 판결)은 그동안 논란이 있었던 '금전채권에 대한 체납처분압류와 민사집행압류가 경합할 경우 제3채무자의 집행공탁 허용 여부'에 관하여, 체납처분압류와 민사집행압류의 선후를 불문하고 제3채무자의 민사집행법 제248조에 의한 집행공탁을 허용하는 것으로 그 입장을 명확히 정리하였다(이에 대하여는 뒤에서 다시 상세히 살펴본다).

이에 따라 개정되어 시행 중인 '공탁관의 사유신고에 관한 업무처리지침'(행정예규 1094호)은, 공탁금 지급청구권에 대하여 민사집행법에 따른 압류와 체납처분에 의한 압류가 있고(그 선후를 불문한다) 그 압류금액의 총액이 피압류채권액을 초과하는 경우에는 공탁관은 집행법원에 사유신고를 하여야 한다고 규정하고 있다[1-나.(2)항].

라) 민사집행법에 따른 '가압류'와 체납처분에 의한 압류가 경합하는 경우

이 부분 논의는 민사집행법에 의한 '가압류'와 체납처분압류가 경합하는 경우 제3채무자의 집행공탁 가부에 관한 현재까지의 판례와 관련된다(이에 대하여는 뒤에서 다시 상세히 살펴본다).

마) 전부명령이 있는 경우

---

114) 「공탁된 토지수용보상금에 대해 물상대위권 실행을 위한 채권압류 및 추심명령이 순차적으로 제3채무자(국가)에게 송달된 경우 공탁공무원의 사유신고가 적법한지 여부」(공탁선례 2-353호).

115) 대법원 2010. 10. 14. 선고 2010다48455 판결 참조. 사법보좌관실무편람[Ⅱ]-채권집행 및 배당절차-, 법원행정처(2015), 375-376.

전부명령이 제3채무자에게 송달된 후 그 전부명령이 확정되기 전에 다른 압류명령 등이 제3채무자에게 송달되었더라도 선행의 전부명령이 실효되지 않는 한 압류의 경합이 생기지 않으므로, 차후에 그 전부명령이 확정되면 전부채권자는 피공탁자의 특정승계인으로서 토지수용보상 공탁금을 출급청구 할 수 있다.[116] 그러나 선행의 전부명령의 확정 여부를 알 수 없는 공탁관으로서는 선행의 압류 및 전부명령과 후행의 압류 및 전부명령의 유효 여부와 우선순위 문제, 압류의 경합이 있는지에 관하여 판단이 어려운 처지에 있다고 보여지므로 공탁사유신고를 할 수 있다.[117]

제1채권자가 공탁금 회수청구권의 일부에 대하여 가압류를 한 후 제2, 제3채권자가 동일한 공탁금 회수청구권의 전부에 대하여 각 압류 및 전부를 하였을 때에는 청구채권 총액이 피압류채권 총액을 초과하여 압류가 경합된 상태이므로, 제2, 제3채권자가 받은 전부명령은 무효이며 후일 선행 가압류가 해제되더라도 전부명령은 부활하지 않는다.[118] 따라서 제3채무자인 공탁관으로서는 집행법원에 사유신고를 한 다음 집행법원의 배당절차에 따라 공탁금을 지급하여야 한다.[119]

7. 사유신고의 철회

가. 원칙과 예외

사유신고서의 제출은 의무의 성격은 있으나(단 민사집행법 제248조 제4항에 의한 사유신고는 제3채무자뿐만 아니라 다른 압류채권자 등 이해관계인도 할 수 있는 것이기 때문에 이를 진정한 성격의 의무라고 보기는 어려운 점이 있기는 하다[120]), 압류명령과 같이 신청의 성격은 가지고 있지 않다. 따라서 일단 제출한 사유신고는 철회 또는 취하할 수 없고, 권리공탁과 의무공탁의 경우 공탁자의 회수청구권이 인정되지 않는 것이 원칙이다.[121]

---

116) 「공탁된 토지수용보상금에 대한 채권압류 및 전부명령이 제3채무자에게 송달된 후 그 전부명령이 확정되기 전에 다른 압류명령 등이 송달된 경우 전부채권자가 위 공탁금을 출급청구할 수 있는지 여부」(공탁선례 2-352호).

117) 대법원 1996. 6. 14. 선고 96다5179 판결, 「공탁관의 사유신고에 관한 업무처리지침」(행정예규 1094호)의 1-나.(4)항 참조.

118) 대법원 1965. 5. 18. 선고 65다336 판결 참조.

119) 「선행 가압류와 후행 압류 및 전부명령이 경합된 후 선행 가압류가 해제된 경우 전부명령의 효력과 공탁공무원의 사유신고시기 등」(공탁선례 2-354호) 참조.

120) 채권등집행재판실무편람, 법원행정처(2005), 92.

121) 사법보좌관실무편람[Ⅱ]-채권집행 및 배당절차-, 법원행정처(2015), 377; 법원실무제요, 민사집행[IV], 법원행정처(2020), 337.

다만 제3채무자의 착오나 오류에 의해 무효인 집행공탁을 하였고, 그것이 제3채무자와 집행법원에 무익한 것이라면 사유신고의 철회와 집행공탁금의 회수를 인정할 필요가 있다.[122] 공탁법 제9조 제2항 제2호도 착오로 공탁을 한 경우에는 그 사실을 증명하여 공탁물을 회수할 수 있다고 규정하고 있다.

공탁법 제9조 제2항 제2호가 정한 '착오로 공탁을 한 경우'라 함은 공탁으로서 필요한 유효요건을 갖추고 있지 않은 경우를 말하고, 공탁요건을 갖추고 있는지의 여부는 어디까지나 공탁서에 기재된 공탁원인사실을 기준으로 하여 객관적으로 판단하여야 한다.[123] 가령, 집행한 가압류를 취소시키기 위한 해방공탁을 하였으나 공탁금액이 가압류명령에 정한 해방금액 전부가 아니라 그 일부에 불과하였다면, 그 공탁은 가압류의 집행을 취소시킬 수 있는 해방공탁으로서의 효력이 없어 '착오로 공탁을 한 경우'에 해당한다.[124]

이 경우 제3채무자는 자신의 착오로 인하여 공탁하였음을 증명하는 문서를 제출하여야 한다. 이러한 문서에는 채권압류명령의 취하증명서, 집행공탁을 무효로 선언하는 판결정본과 확정증명서 등이 있다.

집행법원이 집행공탁금의 배당을 실시하기 전에 공탁자가 '집행공탁의 원인이 없음에도 착오로 집행공탁을 한 것임'을 이유로 공탁사유신고를 철회한 경우, 그 집행공탁이 원인이 없는 것으로서 무효임이 명백하다면, 집행법원으로서는 공탁사유신고를 불수리하는 결정을 할 수 있고, 공탁자는 공탁관에게 집행법원의 위 결정을 제출하여 공탁법 제9조 제2항 제2호에 따라 공탁금을 회수할 수 있다.[125]

한편, 공탁자가 착오로 공탁한 경우 또는 공탁의 원인이 소멸한 경우에는 '공탁자가' 공탁물을 회수할 수 있을 뿐(공탁법 제9조 제2항 참조), '피공탁자의' 공탁물 출급청구권은 존재하지 않으므로, 이러한 경우 공탁자가 공탁물을 회수하기 전에 피공탁자의 위 공탁물 출급청구권에 대하여 전부명령을 받아 공탁물을 수령한 자는 법률상 원인 없이 공탁물을 수령한 것이 되어 공탁자에 대하여 부당이득반환의무를 부

122) 사법보좌관실무편람[Ⅱ]-채권집행 및 배당절차-, 법원행정처(2015), 377; 법원실무제요, 민사집행[Ⅳ], 법원행정처(2020), 337.

123) 대법원 1995. 7. 20.자 95마190 결정, 대법원 2013. 9. 13.자 2013마949 결정.

124) 대법원 2013. 9. 13.자 2013마949 결정.

125) 대법원 1999. 1. 8.자 98마363 결정 및 「제3채무자인 공탁자가 집행채무자 '갑과 을'에 대한 압류경합하는 별 건의 채무에 대하여 민사소송법 제581조 제1항에 의한 집행공탁을 하면서 채무(공탁물)를 뒤바뀌게 공탁하고 사유신고를 한 경우, 위 공탁금을 착오를 이유로 회수하는 절차」(공탁선례 2-279호) 참조.

담한다.[126)]

나. 집행법원의 심리[127)]

제3채무자는 자신의 착오로 인하여 공탁하였음을 증명하는 문서를 제출하여야 한다. 이러한 문서에는 채권압류명령의 취하증명서, 집행공탁을 무효로 선언하는 판결정본과 확정증명서 등이 있다.

집행법원이 불수리결정을 하는 경우 심문기일을 지정하여 제3채무자로 하여금 착오사유에 대하여 소명하게 하면 될 것이다.

제3채무자의 공탁이 착오에 의한 것인지는 실체에 관한 사실관계인데, 어떻게 집행법원이 이를 심리하여 공탁의 회수를 가능하게 하는 불수리결정을 할 수 있는지 의문이 있을 수 있다. 여기서의 심리는 실체에 관한 심리가 아니라 제3채무자의 주장에 대한 타당성만을 소명하게 함에 그치고, 집행공탁금을 회수하게 될 경우 집행공탁의 변제효과는 소급적으로 소멸하게 되며, 회수 이후 본안법원에서 착오로 인한 공탁이 아니라 채무자에게 여전히 채무를 부담하고 있는 것으로 밝혀지면 제3채무자는 공탁 이후 회수 시까지 지연손해금을 부담하는 등 회수로 인한 모든 책임은 제3채무자가 여전히 부담한다. 따라서 집행법원이 제3채무자의 공탁이 착오에 의한 것인지 심리하여 불수리결정을 하는 것이 불가능하다고 볼 것은 아니다.

8. 공탁사유신고에 대한 집행법원의 불수리결정

가. 의의

1) 사유신고서가 제출되면 집행법원은 사유신고서와 공탁서 정본을 대조하여 기재내용에 대하여 심사한 다음, 사유신고서에 기하여 배당절차 사건으로 접수한다. 실무상으로는 사유신고서 수리 시 사유신고서에 기재되지 않은 압류 등이 공탁서 정본에 기재되어 있는 경우 제3채무자에 대하여 사유신고서 등의 보정을 요구하기도 한다.[128)]

2) 채무액을 공탁한 제3채무자가 그 사유를 법원에 신고하면 배당절차가 개시되

126) 대법원 2008. 9. 25. 선고 2008다34668 판결.

127) 사법보좌관실무편람[Ⅱ]-채권집행 및 배당절차-, 법원행정처(2015), 377~378; 주석 민사집행법(Ⅴ)(제4판), 한국사법행정학회(2018), 922(양진수).

128) 손흥수, 민사집행실무총서(Ⅱ) 채권집행, 한국사법행정학회(2017), 1011; 주석 민사집행법(Ⅴ)(제4판), 한국사법행정학회(2018), 922(양진수).

는 것이 원칙이다. 민사집행법 제247조 제1항 제1호는 '제3채무자가 공탁사유신고를 한 때' 배당요구의 종기가 도래하는 것으로 규정할 뿐 별도의 '수리' 절차를 예정하고 있지 않고, 실무에서도 공탁사유신고서 접수 후 수리 절차는 행하여지지 않고 있다.[129]

다만, 제3채무자가 사유신고를 하여 법원에 그 사유신고서가 접수된 후 법원이 불수리사유(착오 또는 오류에 의하여 집행공탁을 하고 사유신고를 하였다는 등)를 발견한 경우에는 그 신고서를 불수리하는 결정을 할 수 있고, 이 경우에는 배당절차가 개시되는 것이 아니므로 그 사유신고에는 새로운 권리자의 배당가입을 차단하는 효력이 없다.[130][131]

나. 불수리결정의 사유로서 문제되는 경우

1) 실무상 사유신고 또는 그 기초가 되는 공탁이 부적법 또는 부적절하여 법원이 취하여야 할 조치가 문제될 수 있는 경우는 다음과 같다.[132]

가) 공탁자가 제3채무자가 아닌 경우

예컨대, 제3채무자인 법인이 공탁하여야 함에도 대표자 개인 이름으로 공탁한 경우 또는 제3채무자의 친족이 공탁한 경우 등이다.

이러한 경우의 공탁은 압류된 채무가 아닌 채무가 공탁되어진 것으로 되고, 결국 민사집행법상의 공탁에 기초한 사유신고를 제출하지 않은 것으로 된다. 따라서 이상과 같은 공탁은 보정이 불가하므로 그에 따른 사유신고를 불수리로 처리하여야 한다.

나) 민사집행법 제248조 제3항에 의한 의무공탁을 하는 경우에는 경합하고 있는 모든 압류명령 등을 공탁원인 중에 표시하여야 함에도, 공탁서의 공탁원인 및 사유신고서에 경합하는 압류명령 등의 표시가 일탈 또는 누락되어 있는 경우

다만 공탁서 기재에 관해서는 공탁소에 공탁서 정정신청을 하고, 사유신고에 관해서는 사유신고 보완서(정정서)를 제출하게 함으로써 정정하는 것이 가능하므로, 불수리로 하지 않고 그러한 정정 등의 절차를 거친 후에 사유신고서를 수리하면 될 것이다.

다) 피압류채권 이외의 채권을 공탁한 경우

---

129) 법원실무제요, 민사집행[IV], 법원행정처(2020), 338.

130) 대법원 2005. 5. 13. 선고 2005다1766 판결 참조.

131) 법원실무제요, 민사집행[IV], 법원행정처(2020), 338.

132) 채권등집행재판실무편람, 법원행정처(2005), 90-92; 사법보좌관실무편람[Ⅱ]-채권집행 및 배당절차-, 법원행정처(2015), 378-379 참조.

예를 들어 건물의 2014년 8월분 임료가 압류되어 있는데 2015년 7월분 임료를 공탁한 경우에는 제3채무자가 압류된 채권과는 전혀 다른 것을 공탁하였기 때문에 공탁서 정정을 하기가 어렵고, 당해 공탁이 부적법한 것으로 될 수밖에 없다. 따라서 이에 따른 사유신고는 불수리해야 할 것이다.

라) 제3채무자가 결정 등의 효력을 잘 알지 못하고 공탁 후 사유신고한 경우

이는 실무상 전부명령 후 다른 전부명령이나 추심명령을 송달받은 제3채무자가 그 효력 여부를 알지 못하고 공탁한 다음 사유신고를 하는 경우에 나타난다. 이 경우도 사유신고에 대해 불수리해야 할 것이다. 다만, 이 경우 전부채권자도 배당을 받을 채권자의 범위에 포함될 수 있으므로, 일부 실무는 그대로 배당절차를 진행하여 전부채권자에게 모두 배당하는 것으로 배당표를 작성하는 식으로 처리하기도 한다.

마) 사유신고의 요건이 구비되어 있지 않은데도 공탁관이 집행법원에 사유신고서를 제출한 경우

공탁관이 사유신고를 하기 위해서는 압류의 경합, 지급요건의 충족이라는 요건이 갖추어져야 함에도 불구하고 그 요건이 구비되지 않은 상태에서 집행법원에 사유신고서를 제출한 것을 말한다. 이러한 사안은 예를 들어 가압류해방공탁금에 대하여 가압류채권자가 본안의 승소판결을 받은 후 '본압류로의 이전'에 의한 압류명령을 신청하지 않고 곧바로 압류명령을 신청하여 마치 압류가 경합된 것과 같은 외관을 갖추게 되어 공탁관이 사유신고를 한 경우 등에서 찾아볼 수 있다.

이때는 일단 그 사유신고를 불수리하고, 다시 그 요건이 구비된 단계에서 사유신고서를 제출하면 될 것이다. 다만 이 경우도 실무는 그대로 배당절차를 진행하여 당해 압류채권자에게 배당해 주는 식으로 처리하기도 한다.

바) 가압류를 원인으로 집행공탁하고 사유신고를 한 경우(가압류와 채권양도를 원인으로 하여 혼합공탁을 한 경우에도 마찬가지이다)

사유신고를 불수리하여야 할 것이다.

사) 목적채권의 일부가 압류되었는데 '압류된 금액'과 '압류와 관련된 채권 전액' 사이의 임의의 금액을 공탁한 경우

예를 들어 1,000만 원의 목적채권에 대하여 압류채권자 甲이 500만 원을 압류하였고 제3채무자가 700만 원을 공탁한 경우이다.

혼합공탁은 변제공탁으로서의 성질과 효과도 가지는 것이므로, 당해 공탁이 적법·유효하기 위하여는 전액을 공탁하였어야 할 것이다. 그런데도 일부 금액에 대해서

만 공탁한 경우 그러한 공탁은 부적법하여 효력이 없으므로,[133] 그에 따른 사유신고는 불수리하여야 할 것이다.

아) 공탁원인사실에는 압류집행의 사실만을 기재하였으나 사유신고사실에는 혼합공탁 유사의 사실을 기재한 경우처럼 공탁원인사실과 사유신고사실이 다른 경우

이 경우에도 사유신고를 불수리하여야 할 것이다.

2) 집행채권자의 채권자가 먼저 집행채권에 대한 압류 등을 한 이후에 집행채권자가 그 채무자의 채권에 대하여 압류명령을 받은 경우 그 채권압류명령의 제3채무자는 민사집행법에 따른 공탁을 함으로써 채무를 면할 수 있으나, 집행채권자의 채권압류명령은 보전적 처분으로서 유효한 것이고 현금화나 만족적 단계로 나아가는 데에는 집행장애사유가 존재하므로, 이를 원인으로 한 공탁에는 가압류를 원인으로 한 공탁과 마찬가지의 효력(민사집행법 제297조 참조)만이 인정된다고 보아야 한다. 따라서 위와 같은 공탁에 따른 사유신고는 부적법하고, 이로 인하여 채권배당절차가 실시될 수는 없으며, 만약 그 채권배당절차가 개시되었더라도 배당금이 지급되기 전이라면 집행법원은 공탁사유신고를 불수리하는 결정을 하여야 한다.[134]

3) 한편, 임료채권을 압류하였는데 제3채무자가 관리비 등을 함께 공탁한 경우처럼 집행공탁한 채권의 일부가 압류된 채권이 아닌 경우, 이론상 압류된 채권 부분만을 수리하고 다른 부분은 불수리하는 것이 실체에 부합한다.

다만 실무상 일부 불수리를 하지 않고 배당절차를 개시하여 잉여금을 채무자에게 교부하는 방법도 고려할 수 있다는 견해가 있다.[135]

다. 사유신고의 불수리결정의 시기, 방법 및 효과

1) 배당절차를 실시하기 전이라면 언제라도 사유신고 불수리결정을 할 수 있다.[136]

2) 제3채무자가 사유신고를 하여 법원에 그 사유신고서가 접수된 후 법원이 불수리사유(착오 또는 오류에 의하여 집행공탁을 하고 사유신고를 하였다는 등)를 발견한 경우에는 그 신고서를 불수리하는 결정을 할 수 있고, 이 경우에는 배당절차가 개시되는 것이 아니므로 그 사유신고에는 새로운 권리자의 배당가입을 차단하는 효

133) 대법원 2003. 7. 11. 선고 2001다2495 판결 참조.

134) 대법원 2016. 9. 28. 선고 2016다205915 판결.

135) 손흥수, 민사집행실무총서(II) 채권집행, 한국사법행정학회(2017), 1013.

136) 사법보좌관실무편람[Ⅱ]-채권집행 및 배당절차-, 법원행정처(2015), 379~380; 손흥수, 민사집행실무총서(II) 채권집행, 한국사법행정학회(2017), 1014.

력이 없다.[137][138]

3) 제3채무자가 사유신고를 하여 이미 배당절차 사건으로 접수되어 배당절차 사건의 번호가 부여되어 있던 경우에는 사유신고 불수리결정에 의하여 배당절차의 전제가 없어졌으므로 위 배당절차 사건을 직권으로 취소하면 된다.[139]

라. (불)수리결정에 대한 불복방법

1) 공탁물 출급이나 회수에 관한 것은 공탁관의 처분에 대한 이의사건(공탁법 제12조)으로 비송사건의 대상이다. 하지만 공탁사유신고를 불수리한 집행법원의 결정에 대하여 불복이 있는 이해관계인은 민사집행법 제16조에 의하여 집행에 관한 이의신청으로 불복할 수 있다.[140]

2) 사유신고가 적법한 경우에는 배당절차로 진행되기 때문에 사유신고 수리에 대한 불복이 있는 경우에는 배당절차에서 이를 다투면 될 것이다.

다만, 사유신고의 수리 또한 집행법원의 재판이고 불복방법이 없으므로 집행에 관한 이의의 대상이 된다는 견해가 있다.[141]

3) 공탁사유신고가 있는데도 사법보좌관이 공탁사유신고의 수리를 사실상 보류한 채 공탁사유신고에 대한 배당절차를 정지하고 있다면, 민사집행법 제16조에 의한 집행에 관한 이의신청을 할 수 있다. 이 경우의 주문은 "이 법원의 사법보좌관은 이 법원 2015타배○○○ 배당절차 사건에 관하여 배당절차를 실시하라"와 같은 방식이 될 것이다.[142]

9. 가압류집행을 원인으로 제3채무자가 공탁한 경우

가. 채권 가압류에 기한 민사집행법 제291조, 제248조 제1항에 의한 공탁은 사유신고 대상도 아니고 배당가입차단효도 발생하지 않는다.[143]

---

137) 대법원 2005. 5. 13. 선고 2005다1766 판결 참조.
138) 법원실무제요, 민사집행[IV], 법원행정처(2020), 338.
139) 채권등집행재판실무편람, 법원행정처(2005), 92.
140) 대법원 1997. 1. 13.자 96그63 결정, 대법원 1998. 5. 1.자 97마3157 결정 참조.
141) 사법보좌관실무편람[Ⅱ]-채권집행 및 배당절차-, 법원행정처(2015), 380.
142) 사법보좌관실무편람[Ⅱ]-채권집행 및 배당절차-, 법원행정처(2015), 380.
143) 대법원 2006. 3. 10. 선고 2005다15765 판결 참조.

나. 채권 가압류를 원인으로 한 민사집행법 제291조, 제248조 제1항에 의한 공탁의 경우 제3채무자가 공탁을 한 후 그 신고서를 가압류 발령법원에 제출한 경우, 사건번호는 부여할 필요가 없고, 단지 신고서를 문건으로 전산입력한 다음 해당 가압류사건 기록에 편철하여 보관하다가 나중에 배당법원으로부터 기록송부촉탁이 있는 경우 가압류법원은 공탁신고서 등본을 포함한 가압류 사건기록의 등본을 조제하여 배당법원으로 송부한다.[144]

채권 '가압류'로 인한 공탁 후 그 신고는 채권 '압류'로 인한 공탁 후 사유신고와는 그 의미가 달라서 단순히 가압류 발령법원에 공탁사실을 알려 주는 의미밖에 없으므로, 그 신고는 집행법원이 아닌 가압류발령법원에 하여야 한다.[145]

다. '제3채무자의 권리공탁에 관한 업무처리절차'(행정예규 1018호) 중 '6. 공탁관이 제3채무자인 경우' 부분의 내용은 다음과 같다.

1) 채권 가압류로 인한 제3채무자의 공탁 후 공탁물 출급·회수청구권에 대하여 압류 또는 가압류가 되었으나 압류의 경합이 성립하지 않는 경우, 공탁관은 민사집행법 제248조 제1항에 의한 공탁 및 사유신고를 하지 않는다.

2) 그러나 ① 피공탁자(가압류채무자)의 공탁금출급청구권에 대한 압류가 이루어져 압류의 경합이 성립하거나, ② 공탁사유인 가압류를 본압류로 이전하는 압류명령이 있는 경우에는, 공탁관은 즉시 먼저 송달된 압류명령의 발령법원에 그 사유를 신고하여야 한다.

라. 대법원 2014. 12. 24. 선고 2012다118785 판결[146]의 아래와 같은 판단은 위 행정예규의 내용을 반영한 것으로 보인다.

"금전채권에 대한 가압류를 원인으로 제3채무자가 민사집행법 제291조, 제248조 제1항에 따라 공탁을 하면 공탁에 따른 채무변제 효과로 당초의 피압류채권인 채무자의 제3채무자에 대한 금전채권은 소멸하고, 대신 채무자는 공탁금출급청구권을 취득하며, 가압류의 효력은 그 청구채권액에 해당하는 공탁금액에 대한 채무자의 공

144) 「채권가압류를 원인으로 한 제3채무자의 권리공탁에 따른 공탁신고서의 접수 및 기록송부절차 등에 관한 처리지침」(재민 2004-1).

145) 「금전채권에 대한 가압류를 원인으로 제3채무자가 공탁한 후 그 사유를 서면으로 법원에 신고하여야 하는바, 이를 집행법원에 신고하여야 하는지, 가압류발령법원에 신고하여야 하는지 여부」(공탁선례 2-280호).

146) 이후 선고된 대법원 2019. 1. 31. 선고 2015다26009 판결도 같은 취지이다.

탁금출급청구권에 대하여 존속한다(민사집행법 297조).

이후 공탁사유인 가압류를 본압류로 이전하는 압류명령이 국가(공탁관)에게 송달되면 민사집행법 제291조, 제248조 제1항에 따른 공탁은 민사집행법 제248조에 따른 집행공탁으로 바뀌어 공탁관은 즉시 압류명령의 발령법원에 그 사유를 신고하여야 하는데, 이로써 가압류의 효력이 미치는 부분에 대한 채무자의 공탁금출급청구권은 소멸하고, 그 부분 공탁금은 배당재단이 되어 집행법원의 배당절차에 따른 지급위탁에 의하여만 출급이 이루어질 수 있게 된다."

마. 한편, 가집행선고부 제1심 판결이 선고되었으나 위 판결금채권에 대하여 가압류가 있어 피고가 민사집행법 제291조에 의해 준용되는 제248조 제1항에 근거하여 공탁을 한 경우, 가압류채권자 또는 피공탁자인 원고가 위 공탁금을 수령하지 않은 이상 위 공탁금을 가집행선고로 인한 지급물로 볼 수 없다.

따라서 항소심에서 가집행선고부 제1심 판결을 일부 취소한다 하더라도 그 차액은 공탁원인의 소멸을 이유로 한 공탁물 회수 대상일 뿐 가지급물 반환의 대상이 아니다.[147)]

Ⅲ. 혼합공탁

1. 의의와 인정이유

1) 채권양도와 압류명령이 경합하는 경우에 제3채무자가 1회의 공탁으로 양수인과 압류채권자에 대하여 자신의 면책을 주장하기 위해서 어떠한 공탁을 하여야 하는지 문제가 된다. 이러한 경우에 제3채무자에게 이중지급의 위험을 부담시키지 않고 1회의 공탁에 의하여 면책의 효과를 주장할 수 있는 공탁이 공탁실무상 인정되고 있는데, 이와 같이 민법 제487조와 민사집행법 제248조를 모두 공탁의 근거조문으로 하여 하는 공탁을 혼합공탁이라고 한다. 즉, 특정 채권에 대하여 채권양도의 통지가 있었으나 그 후 통지가 철회되는 등으로 채권이 적법하게 양도되었는지 여부에 관하여 의문이 있어 민법 제487조 후단의 채권자 불확지를 원인으로 하는 변제공탁 사유가 생기고, 그 채권양도 통지 후에 그 채권에 대하여 채권가압류 또는 채권압류 결정이 내려짐으로써 민사집행법 제248조 제1항의 집행공탁의 사유가 생긴 때에, 제3

147) 대법원 2011. 9. 29. 선고 2011다17847 판결.

채무자가 민법 제487조 후단 및 민사집행법 제248조 제1항(가압류의 경우에는 민법 제487조 후단 및 민사집행법 제291조, 제248조 제1항)을 근거로 하여 채권자불확지를 원인으로 하는 변제공탁과 압류 등을 이유로 하는 집행공탁을 아울러 하는 경우가 혼합공탁의 전형적인 예라고 할 수 있다.148)

2) 한편, 확정일자 있는 채권양도 통지의 도달 이전에 채권압류명령의 송달을 받은 경우에는 그 채권양도가 압류의 처분금지효에 저촉되므로 압류채권자만이 우선하여 배타적인 집행채권자로서의 지위에 서게 된다. 이후 압류채권자가 추심 또는 전부명령을 얻은 경우에(압류명령과 동시에 얻는 경우가 대부분이다) 제3채무자는 추심 또는 전부명령을 얻은 압류채권자에게만 변제의무를 부담하므로(그 추심 등에 응하거나 민사집행법 제248조 제1항의 권리공탁을 하면 된다), 혼합공탁은 문제되지 않는다.149)

3) 혼합공탁은 실무상 인정되는 '일괄공탁'과 구별된다. 일괄공탁이란, 원래 공탁은 1건마다 별도의 공탁서를 작성·제출함이 원칙이지만, 공탁당사자가 같고 공탁원인사실에 공통성이 있는 경우(가령 수개월분의 차임공탁) 또는 공탁당사자가 다르더라도 공탁원인사실에 공통성이 있고 공탁물의 출급·회수가 일괄하여 행해질 개연성이 높은 경우(가령 교통사고 피해자가 여러 명이고 주소지가 모두 같은 공탁소인 경우 손해배상금 공탁)에 수건의 공탁을 1건의 공탁서로 작성·제출하는 것을 말한다. 이러한 일괄공탁은 공탁규칙에서는 아무런 규정을 두고 있지 않으나, 공탁절차상 당사자에게도 편리함과 동시에 전체적인 합리성을 유지할 수 있는 경우에 실무상 인정되고 있다.150)

2. 요건과 절차

혼합공탁은 공탁의 성질과 내용을 달리하는 민법상의 변제공탁과 민사집행법을 근거로 하는 집행공탁의 성질을 모두 가진 것이므로, 공탁 및 배당의 각 요건과 절차에서 특히 주의를 요한다.

---

148) 대법원 2001. 2. 9. 선고 2000다10079 판결.

149) 법원실무제요, 민사집행[IV], 법원행정처(2020), 341.

150) 공탁실무편람, 법원행정처(2015), 447~448.

가. 요건

혼합공탁의 요건으로서 중요한 의미를 가지는 것은 채권양도의 효력 자체에 대하여 다툼이 있는 등 채권자 불확지 변제공탁을 할 만한 사정이 있어야 한다는 것이고, 단순히 채권양도와 가압류 또는 압류가 경합한다는 사정만으로는 혼합공탁을 할 수 없다.[151)]

나. 공탁서의 기재사항[152)]

혼합공탁을 할 때 공탁서상의 피공탁자란에는 '양도인(집행채무자) 또는 양수인'을 피공탁자로 기재하고, 집행채권자들(가압류나 압류채권자들)은 공탁서에 피공탁자로 기재하지 않는다. 다만, 공탁원인사실란에는 가압류나 압류, 압류경합 등의 사실을 구체적으로 기재하여야 한다.

다. 관할

집행공탁은 원칙적으로 관할에 관한 규정이 없고, 변제공탁은 채무이행지 주소지(지참채무의 원칙상 채권자의 주소지)에 공탁하도록 되어 있기 때문에 변제공탁의 일면을 가지는 혼합공탁에서도 채권자인 피공탁자의 주소지 공탁소가 관할 공탁소가 된다.[153)]

또한, 상대적 불확지 변제공탁에서 채권자들의 주소지가 서로 달라 채무이행지가 서로 다른 경우에는 그 중 1인의 주소지 관할 공탁소에 공탁하여도 무방하므로,[154)] 채권자 불확지 변제공탁과 집행공탁을 합한 혼합공탁에서 관할 공탁소는 피공탁자 어느 1인의 주소지 공탁소 중 한 곳이 될 것이다.[155)]

라. 사유신고서 제출

혼합공탁도 집행공탁의 일면을 가지므로 공탁자는 공탁 후 즉시 집행법원에 사유신고를 하여야 한다(민사집행규칙 제172조 제1항).[156)] 사유신고서에는 공탁서를

151) 법원실무제요, 민사집행[IV], 법원행정처(2020), 341.

152) 공탁실무편람, 법원행정처(2015), 451; 사법보좌관실무편람[Ⅱ]-채권집행 및 배당절차-, 법원행정처(2015), 341.; 법원실무제요, 민사집행[IV], 법원행정처(2020), 341.

153) 공탁실무편람, 법원행정처(2015), 452; 법원실무제요, 민사집행[IV], 법원행정처(2020), 341.

154) 「토지수용보상금의 공탁에 관한 사무처리지침」(행정예규 1061호) 1-가(2)항.

155) 「혼합공탁의 경우 관할공탁소」(공탁선례 2-12호).

156) 공탁실무편람, 법원행정처(2015), 453.

첨부하여야 한다(민사집행규칙 제172조 제2항 본문). 사유신고서를 제출할 법원은 가장 먼저 송달된 압류명령을 발령한 법원이다(민사집행규칙 제172조 제3항). 따라서 뒤에 송달된 압류명령을 발령한 법원에 사유신고서가 제출된 경우에는 먼저 송달된 압류명령을 발령한 법원에 배당사건을 이송함이 타당하다.[157)]

압류와 가압류의 경합을 이유로 한 공탁(민사집행법 제248조 제3항)의 경우에는 가압류명령이 먼저 송달되었다고 하더라도 압류명령을 발령한 법원에 신고하여야 한다(그에 의하여 배당절차가 실시되어야 하기 때문이다). 가압류가 있었을 뿐 압류가 없는 경우에는 가압류발령법원에 신고하여야 한다.[158)]

집행법원은 사유신고서 제출에 의하여 공탁 사실을 알게 되어 배당절차를 진행할 수 있게 된다.

마. 변제공탁과 집행공탁의 성질 겸유를 반영한 절차 진행

혼합공탁으로 인한 경우에는 사건기록의 표지에 '혼합공탁'이라고 표시함이 타당하다.[159)]

혼합공탁도 집행공탁의 일면을 가지므로 공탁자는 공탁 후 즉시 집행법원에 사유신고를 하여야 하고, 제3채무자가 혼합공탁을 하면서 하는 사유신고는 혼합공탁 중 집행공탁 부분에 기초하는 것이므로, 집행공탁의 사유신고에 대한 설명이 그대로 적용된다. 그러나 혼합공탁을 전제로 하는 사유신고를 받은 집행법원은 채권양도의 유·무효가 확정되지 않는 이상 그 후의 절차를 진행할 수 없으므로, 혼합해소문서가 제출될 때까지는 사실상 절차를 정지하여야 한다.[160)]

3. 효과

1) 혼합공탁은 변제공탁과 관련된 채권양수인에 대하여는 변제공탁으로서의 효력이 있고, 집행공탁과 관련된 압류채권자 등에 대하여는 집행공탁으로서의 효력이 있다.[161)]

---

157) 주석 민사집행법(V)(제4판), 한국사법행정학회(2018), 929(양진수).

158) 「제3채무자의 권리공탁에 관한 업무처리절차」 (행정예규 1018호) 4-가(1)항.

159) 법원실무제요, 민사집행[IV], 법원행정처(2020), 342.

160) 대법원 2001. 2. 9. 선고 2000다10079 판결, 대법원 2008. 1. 17. 선고 2006다56015 판결 등.

161) 대법원 2001. 2. 9. 선고 2000다10079 판결, 대법원 2008. 1. 17. 선고 2006다56015 판결, 대법원 2015. 2. 12. 선고 2013다75830 판결, 대법원 2018. 10. 12. 선고 2017다221501 판결.

민사집행법 제247조 제1항에 의한 배당가입 차단효는 배당을 전제로 한 집행공탁에 대하여만 발생하므로, 집행공탁과 변제공탁이 혼합된 소위 혼합공탁의 경우 변제공탁에 해당하는 부분에 대해서는 제3채무자의 공탁사유신고에 의한 배당가입 차단효가 발생할 여지가 없다. 따라서 제3채무자의 혼합공탁 및 공탁사유신고 이전에 공탁금에 대하여 배당요구를 하지 않고 위 혼합공탁 및 공탁사유신고 이후에 채무자의 공탁금 출급청구권에 대하여 압류 및 추심명령을 받은 채권자는, ① '집행공탁'에 해당하는 부분에 대하여는 배당가입 차단효로 인하여 적법한 배당요구를 하였다고 볼 수 없으므로, 그 부분으로부터 배당받은 채권자에 대하여는 배당이의의 소를 제기할 원고적격이 없으나, ② '변제공탁'에 해당하는 부분에 대하여는 적법한 배당요구를 한 것이므로, 그 부분으로부터 배당받은 채권자에 대하여는 배당이의의 소를 제기할 원고적격이 있다.162)

2) 혼합공탁을 하였으나 그 공탁이 변제공탁과 집행공탁 중 어느 한 공탁의 절차 내지 요건을 갖추지 않아 효력을 인정할 수 없는 경우에는, 나머지 하나의 공탁이 공탁의 절차 및 요건을 갖추고 있다 하여 그 공탁으로서만 효력을 인정한다면 채무자로서는 채무불이행책임 또는 이중지급의 위험 중 어느 한 가지 위험을 피할 수 없게 된다. 이는 채무자가 혼합공탁을 한 본래의 뜻에 반하는 결과가 발생하게 되어 부당하다. 따라서 혼합공탁이 공탁의 절차 내지 요건의 미비로 변제공탁이나 집행공탁 중 어느 하나라도 효력이 없다면 혼합공탁 전체로서 효력이 없다고 보는 것이 타당하고 공탁자의 의사에도 부합한다.163)

따라서 확정일자 있는 채권양도 통지를 받은 후 양도인을 가압류채무자로 하는 수 개의 채권가압류가 있는데 선행 채권양도에 대한 다툼이 없고, 채권자불확지 변제공탁을 할 만한 사정이 없는데도 제3채무자가 피공탁자를 '양도인 또는 양수인'으로 지정하고, 공탁근거법령으로 민법 제487조, 민사집행법 제291조, 제248조 제1항을 기재하여 혼합공탁을 한 경우, 이는 혼합공탁의 요건을 갖추지 못해 유효한 공탁으로 볼 수 없으므로 공탁자(제3채무자)는 착오로 인한 공탁금 회수청구를 할 수 있다(공탁선례 2-307호).

162) 대법원 2008. 5. 15. 선고 2006다74693 판결.
163) 공탁실무편람, 법원행정처(2015), 450~451.

4. 혼합해소문서

1) 집행법원이 배당절차를 진행하기 위해서는 압류의 대상이 된 채권이 집행채무자에게 귀속하는 것을 증명하는 문서를 집행법원에 제출하여야 한다. 이를 실무상 '혼합해소문서'라고 한다.

대표적인 혼합해소문서는 '집행채무자'에게 공탁금 출급청구권이 있는 것을 증명하는 확인판결의 정본과 그 판결의 확정증명서나 그와 동일한 내용의 화해조서정본, 양수인의 인감증명서를 붙인 동의서[인감증명서에 갈음하여 위 동의서에 서명을 하고 본인서명사실확인서 또는 전자서명발급증을 첨부할 수 있다(재일 2012-2 제2조)] 등을 들 수 있다. 따라서 단지 '집행채권자'가 압류·전부명령에 기한 전부금 채권을 가지고 있다는 것의 확인을 구하는 것은, 그 확인판결의 제출로 집행법원이 공탁금의 배당절차를 개시할 수 없으므로 분쟁을 근본적으로 해결하는 가장 유효·적절한 수단이라고 볼 수 없어 확인의 이익이 없다.[164]

2) 혼합공탁은 그 집행공탁의 측면에서 보면 공탁자가 피공탁자들에 대하여는 물론 가압류채권자를 포함하여 그 집행채권자에 대해서도 채무로부터의 해방을 인정받고자 공탁하는 것이다. 이러한 취지에 비추어, 혼합공탁의 경우에 '피공탁자'(양수인)가 공탁물의 출급을 청구하기 위해서는 '다른 피공탁자'(집행채무자)에 대한 관계에서만 공탁물 출급청구권이 있음을 증명하는 서면을 갖추는 것으로는 부족하고, '집행채권자'에 대한 관계에서도 공탁물 출급청구권이 있음을 증명하는 서면을 구비·제출하여야 한다.[165] 따라서 채권이 적법하게 양도되었는지 여부에 관하여 의문이 있거나 채권양도와 가압류의 선후관계에 의문이 있어 혼합공탁이 이루어진 경우에, 피공탁자인 양수인은 다른 피공탁자인 양도인의 승낙서(인감증명서 첨부)나 양도인에 대한 공탁금 출급청구권 승소확정판결 이외에 '가압류채권자의 승낙서'(인감증명서 첨부) 또는 '그를 상대로 한 공탁금 출급청구권 승소확정판결'을 서면으로 첨부하여야만 공탁금을 출급할 수 있다(공탁선례 201103-3호).

피공탁자(양수인)는 위 서류를 집행법원이 아닌 공탁소에 제출하여 공탁금을 지급받으면 된다. 양수인이 이와 같이 공탁금을 지급받아 버리면, 당해 사건에 관하여 배당절차를 진행할 수 없게 되고, 당해 사건은 종료된다.[166]

---

164) 대법원 2008. 1. 17. 선고 2006다56015 판결.

165) 대법원 2012. 1. 12. 선고 2011다84076 판결.

166) 법원실무제요, 민사집행[IV], 법원행정처(2020), 344.

3) 한편, 민법 제487조 후단에 따른 채권자의 상대적 불확지를 원인으로 하는 변제공탁의 경우 피공탁자 중의 1인은 다른 피공탁자의 승낙서나 그를 상대로 받은 공탁물출급청구권확인 승소확정판결을 제출하여 공탁물 출급청구를 할 수 있다.[167] 민사집행법 제229조 제2항에 의하면 채권압류·추심명령을 받은 추심채권자는 추심에 필요한 채무자의 권리를 대위절차 없이 자기의 이름으로 재판상 또는 재판 외에서 행사할 수 있으므로, 상대적 불확지 변제공탁의 피공탁자 중 1인(A)을 채무자로 하여 그의 공탁물 출급청구권에 대하여 채권압류 및 추심명령을 받은 추심채권자는 공탁물을 출급하기 위하여 자신의 이름으로 다른 피공탁자(B)를 상대로 공탁물 출급청구권이 자신의 채무자(A)에게 있음을 확인한다는 확인의 소를 제기할 수 있다.[168]

5. 혼합공탁의 유형과 처리절차

가. 특수한 혼합공탁

1) 조건부 변제공탁과 집행공탁의 결합

동시이행의 관계에 있는 반대급부를 조건으로 하는 변제공탁은 유효한바, 여기에 집행공탁의 사유가 있다면 이를 이유로 한 혼합공탁이 가능할 것이다. 예를 들어, 매도인의 부동산소유권이전등기의무와 매수인의 잔금지급의무는 서로 동시이행관계에 있는데, 이 경우 매수인은 부동산소유권이전등기와 동시이행할 것을 조건으로 변제공탁할 수 있고, 한편 이 경우 매도인의 잔금지급청구권이 압류되어 집행공탁사유가 있는 경우 매수인은 결국 위 두 가지 사유를 들어 혼합공탁을 할 수 있을 것이다. 이 경우 반대급부가 이행되었다는 서류가 혼합해소문서가 될 것이다.[169]

법원이 임차인의 보증금에 대하여 배당을 하였으나 임차인이 인도확인서를 제출하지 않아 배당금을 공탁한 경우, 이는 인도확인서의 제출을 조건으로 하는 일종의 조건부 변제공탁인바, 임차인의 배당금에 대하여 압류가 경합되어 공탁관이 다시 집행법원에 공탁사유신고를 한 경우 이것도 일종의 혼합공탁이고, 이 경우 혼합해소문서는 인도확인서가 될 것이다.[170]

2) 공동명의 예금주 중 1인에 대하여 압류(추심 또는 전부명령)가 있는 경우

---

167) 대법원 1999. 11. 30.자 99마4239 결정, 대법원 2008. 10. 23. 선고 2007다35596 판결 등 참조.
168) 대법원 2011. 11. 10. 선고 2011다55405 판결.
169) 사법보좌관실무편람[Ⅱ]-채권집행 및 배당절차-, 법원행정처(2015), 345.
170) 사법보좌관실무편람[Ⅱ]-채권집행 및 배당절차-, 법원행정처(2015), 346.

은행에 공동명의로 예금을 하고 은행에 대하여 그 권리를 함께 행사하기로 한 경우에 만일 동업자금을 공동명의로 예금한 경우라면 채권의 준합유관계에 있다고 볼 것이다. 그러나 공동명의 예금채권자들 각자가 분담하여 출연한 돈을 동업 이외의 특정 목적을 위하여 공동명의로 예치해 둠으로써 그 목적이 달성되기 전에는 공동명의 예금채권자가 단독으로 예금을 인출할 수 없도록 방지·감시하고자 하는 목적으로 공동명의로 예금을 개설한 경우라면, 하나의 예금채권이 분량적으로 분할되어 각 공동명의 예금채권자들에게 공동으로 귀속되고, 각 공동명의 예금채권자들이 예금채권에 대하여 갖는 각자의 지분에 대한 관리처분권은 각자에게 귀속되는 것이며, 다만 은행에 대한 '지급 청구만을' 공동반환의 특약에 의하여 공동명의 예금채권자들 모두가 공동으로 하여야 하는 것이다.[171)]

공동명의 예금채권자 중 1인에 대한 채권자로서는 그 1인의 지분에 상응하는 예금채권에 대한 압류 및 추심명령 등을 얻어 이를 집행할 수 있고, 한편 이러한 압류 등을 송달받은 은행으로서는 압류채권자의 압류명령 등에 기초한 단독 예금반환청구에 대하여, '공동명의 예금채권자가 공동으로 그 반환을 청구하는 절차를 밟아야만 예금청구에 응할 수 있다'는 공동명의 예금채권자들과 사이의 공동반환특약을 들어 그 지급을 거절할 수는 없다. 위와 같이 해석하지 않을 경우, 공동명의 예금채권자들로서는 각자의 은행에 대한 예금채권의 행사를 불가능하게 하거나 제한하는 내용의 공동반환특약을 체결하는 방법에 의하여, 그들의 예금채권에 대한 강제집행 가능성을 사실상 박탈 내지 제한함으로써 그들에 대한 압류채권자의 권리 행사를 부당하게 제한하는 결과가 되기 때문이다.[172)]

위와 같은 경우 제3채무자인 금융기관은 공동명의 예금주들 사이의 귀속비율 등 그 내부관계를 알지 못하는 경우 피공탁자를 '공동명의 예금자들'로 지정하여 혼합공탁을 할 수 있을 것이다. 이 경우 공동명의 예금채권자들 사이의 지분비율을 확정할 수 있는 판결이나 이해관계인 전원의 확인서 등이 혼합해소문서가 될 것이다.[173)]

3) 법원이 공탁자 2인에게 공동으로 금전을 공탁하도록 한 명령에 따라 공동명의로 담보공탁을 한 경우 공탁금 회수청구권의 귀속과 비율 등

171) 대법원 2010. 10. 28. 선고 2010다50670 판결, 대법원 2011. 9. 8. 선고 2011다22399 판결, 대법원 2012. 6. 14. 선고 2012다14456 판결 등.

172) 대법원 2003. 12. 11. 선고 2001다3771 판결, 대법원 2005. 9. 9. 선고 2003다7319 판결, 대법원 2008. 10. 9. 선고 2005다72430 판결.

173) 사법보좌관실무편람[Ⅱ]-채권집행 및 배당절차-, 법원행정처(2015), 346; 손흥수, 민사집행실무총서(II) 채권집행, 한국사법행정학회(2017), 940.

공탁자가 공탁한 내용은 공탁의 기재에 의하여 형식적으로 결정되므로, 수인의 공탁자가 공탁하면서 각자의 공탁금액을 나누어 기재하지 않고 공동으로 하나의 공탁금액을 기재한 경우에 공탁자들은 균등한 비율로 공탁한 것으로 보아야 하고, 공탁자들 내부의 실질적인 분담금액이 다르다고 하더라도 이는 공탁자들 내부 사이에 별도로 해결하여야 할 문제이다.[174)]

이러한 법리는 강제집행정지의 담보를 위하여 공동명의로 공탁한 경우 담보취소에 따른 공탁금 회수청구권의 귀속과 비율에 관하여도 마찬가지로 적용된다. 이에 따라 대법원 2015. 9. 10. 선고 2014다29971 판결[175)]은, 제3자가 다른 공동공탁자의 공탁금 회수청구권에 대하여 압류 및 추심명령을 한 경우에 그 압류 및 추심명령은 공탁자 간 균등한 비율에 의한 공탁금액의 한도 내에서 효력이 있고, 공동공탁자들 중 실제로 담보공탁금을 전액 출연한 공탁자가 있다 하더라도 이는 공동공탁자들 사이의 내부관계에서만 주장할 수 있는 사유에 불과하므로, 담보공탁금을 전액 출연한 공탁자는 그 압류채권자에 대하여 자금 부담의 실질관계를 이유로 대항할 수 없다고 판단하였다.

위 대법원 2014다29971 판결 이후 2015. 10. 6. 제정된 공탁선례 201510-1호[176)][177)]의 규정도 같은 취지이다. 즉, 담보취소결정 등으로 공탁원인이 소멸한 경우 공탁자 중 1인은 공탁금 중 1/2의 회수를 청구할 수 있고, 제3자가 위와 같은 2인의 공동공탁자 중 어느 1인의 공탁금 회수청구권에 대하여 압류 및 추심명령을 한 경우에는 그 공탁자가 실제로 담보공탁금을 출연하였는지에 관계없이 그 압류 및 추심명령은 공탁금 중 1/2의 한도 내에서 효력이 있다고 규정하고 있다.

4) 근저당권부 채권에 대하여 압류가 경합된 경우 담보부동산의 제3취득자가 근저당권을 소멸시키기 위한 공탁 방법(공탁선례 2-315호)

근저당권부 채권에 대하여 압류 등이 경합된 부동산의 제3취득자는 근저당권을 소멸시키기 위하여 변제공탁과 집행공탁이 결합된 혼합공탁을 하여야 하고, 공탁서에

---

174) 대법원 2012. 3. 29. 선고 2011다79562 판결 참조.

175) 이 판결에 대한 평석으로는 이재근, "공동명의로 공탁된 담보공탁금 회수 청구권의 귀속", 민사판례연구 제38권, 박영사(2016), 925~976.

176) 「공탁신청시 제출한 위임장에 '회수청구 및 그 수령의 권한'이란 문구가 명기된 경우에도 공탁물 회수청구시 별도의 위임장을 제출하여야 하는지(적극) 및 법원이 공탁자 2인에게 공동으로 금전을 공탁하도록 한 명령에 따라 공동명의로 담보공탁을 한 경우 공탁금회수청구권의 귀속과 비율 등」

177) 이 선례에 의하여 공탁선례 제2-59호 및 제2-261호는 폐지되었다.

피공탁자를 채무자(근저당권자)로 기재하여야 한다. 이때 공탁근거법령으로는, '제3취득자가 근저당권을 소멸시키기 위한 변제공탁'과 '근저당권부 채권에 대한 압류경합으로 인한 제3채무자를 대위한 집행공탁'이 결합된 혼합공탁으로 민법 제364조, 제487조 및 민사집행법 제248조 제1항을 기재하여야 한다(공탁선례 2-315호).

이 경우는 제3취득자가 제3채무자(근저당권설정자)를 대위하여 한 집행공탁의 성질이므로 혼합해소문서는 필요하지 않다고 설명된다.[178)]

나. 채권양도와 관련된 혼합공탁의 유형별 검토

1) 효력에 의문이 있는 채권양도 후에 양도인을 압류채무자로 하는 '압류'(압류경합 불문)가 있는 경우

지명채권의 양도인으로부터 확정일자 있는 채권양도 통지가 채무자에게 도달된 경우 이를 가지고 제3자에 대하여도 대항할 수 있으므로, 그 후 양도인을 채무자로 하는 채권압류명령이 제3채무자에게 송달되더라도 채무자의 책임재산에 대한 집행이라고 할 수 없어 제3채무자는 양수인에게 변제함으로써 면책된다. 그러나 당해 채권양도의 효력에 관하여 의문이 있는 경우에는 민법 제487조(양도인 또는 양수인을 피공탁자로 하는 채권자 불확지공탁), 민사집행법 제248조 제1항(채권양도가 무효임을 이유로 한 집행공탁)을 근거조문으로 하여 혼합공탁을 하면 면책된다.[179)]

이 경우 혼합공탁의 전제가 되는 채권자 불확지 변제공탁의 불확지 사유는 '채권양도의 효력이 확정되지 않은 것'이다. 따라서 이후 ① 만일 채권양도가 유효하고 양수인이 공탁금 출급청구권을 갖는 것으로 불확지가 해소되면, 양수인이 공탁소로부터 공탁금을 지급받을 수 있고, 이 경우 해당 사건에 관하여 배당절차를 진행할 수 없게 되므로 이는 종료된다. 그러나 ② 압류채권자가 '채권양도가 무효여서 채무자에게 공탁금 출급청구권이 있다'는 취지의 혼합해소문서를 제출하여 채무자 쪽에 권리가 있는 것으로 불확지가 해소될 경우에는 집행법원은 배당절차를 진행하게 될 것이다. 따라서 집행법원은 채권양도인과 양수인 사이에 채권양도의 효력에 관한 다툼이 확정되지 않는 한 바로 배당절차를 진행할 수 없고,[180)] 혼합해소문서가 제출될 때까지는 사실상 절차를 정지하여야 한다.[181)]

---

178) 사법보좌관실무편람[Ⅱ]-채권집행 및 배당절차-, 법원행정처(2015), 346.
179) 손흥수, 민사집행실무총서(II) 채권집행, 한국사법행정학회(2017), 948.
180) 대법원 2001. 2. 9. 선고 2000다10079 판결, 대법원 2008. 1. 17. 선고 2006다56015 판결.
181) 법원실무제요, 민사집행[IV], 법원행정처(2020), 344.

2) 효력에 의문이 있는 채권양도 후에 양도인을 가압류채무자로 하는 채권 '가압류'가 있는 경우

민사집행법 하에서는 압류경합이 아닌 단일의 가압류나 압류를 원인으로 한 집행공탁이 가능하다. 따라서 채권양도 통지가 있은 후에 가압류결정이 송달되었으나 채권양도의 효력에 의문이 있거나, 채권양도와 가압류의 선후관계에 의문이 있는 경우 채무자는 민법 제487조 후단 및 민사집행법 제291조, 제248조 제1항을 공탁근거법령으로 하여 피공탁자를 '양도인 또는 양수인'으로, 공탁원인사실에 가압류 사실을 기재하여 상대적 불확지 변제공탁과 집행공탁의 성질을 병유하는 혼합공탁을 할 수 있다.[182)]

이와 같은 혼합공탁이 이루어진 후에 공탁금 출급청구권이 양도인(집행채무자)에게 귀속함을 증명하는 혼합해소문서[다른 피공탁자인 양수인의 승낙서(인감증명서 첨부)나 양수인에 대한 공탁금 출급청구권 확인의 승소확정판결]가 제출되고, 공탁금 출급청구권에 대하여 압류의 경합이 발생하거나, 가압류가 본압류로 이전하는 압류명령이 공탁소에 도달하면 공탁관이 집행법원에 사유신고를 하여 배당절차가 진행된다.[183)]

한편, 피공탁자인 양수인은 다른 피공탁자인 양도인의 승낙서(인감증명서 첨부)나 양도인에 대한 공탁금 출급청구권 확인의 승소확정판결 이외에 가압류채권자의 승낙서(인감증명서 첨부) 또는 그를 상대로 한 공탁금 출급청구권 확인의 승소확정판결을 서면으로 첨부하여야만 공탁금을 출급할 수 있다(공탁선례 201103-3호).

3) 채권 전부에 대하여 가압류가 선행(先行)하는 경우

가) 가압류된 채권도 이를 양도하는 데 아무런 제한이 없으나, 다만 가압류된 채권을 양수받은 양수인은 그러한 가압류에 의하여 권리가 제한된 상태의 채권을 양수받는 것이고, 이는 채권을 양도받았으나 확정일자 있는 양도통지나 승낙에 의한 대항요건을 갖추지 않는 사이에 양도된 채권이 가압류된 경우에도 동일하다.[184)]

채권가압류 결정에는 채무자가 가압류된 채권을 양도하거나 추심하는 등으로 처분하는 것을 금지하는 효력이 있으나, 그러한 처분금지의 효력은 본안소송에서 가압류채권자가 승소하여 집행권원을 얻는 등으로 피보전권리의 존재가 확정되는 것을 조건으로 하여 발생하는 것이다. 따라서 채권가압류 결정의 채권자가 본안소송에서 승소하는 등으로 집행권원을 취득하는 경우에는 위 채권양도는 무효가 되지만, 본안

182) 사법보좌관실무편람[Ⅱ]-채권집행 및 배당절차-, 법원행정처(2015), 350.
183) 법원실무제요, 민사집행[IV], 법원행정처(2020), 345.
184) 대법원 2002. 4. 26. 선고 2001다59033 판결.

소송에서 패소하거나 가압류신청을 취하하거나 가압류결정이 취소되는 경우에는 위 채권양도는 완전히 유효하게 된다. 이처럼 가압류 이후에 채권양도가 있는 경우 그 가압류는 이후에 취하 또는 취소되거나 혹은 본안소송의 패소로 인하여 그 효력을 상실할 수도 있으므로, 가압류 중인 현 상태에서 제3채무자로서는 양도인과 양수인 중 누가 채권자가 될지 알 수 없는 상태가 된다.[185]

이와 같은 경우 가압류의 효력이 아직 확정되지 않았고, 그것이 그 이후의 채권양도 등의 효력에 영향을 미치고 있으므로 민사집행법 제291조, 제248조 제1항에 의하여 제3채무자는 위 '양도인 또는 양수인'을 피공탁자로 하는 상대적 불확지 변제공탁과 채권가압류가 있음을 이유로 한 집행공탁을 합한 혼합공탁을 할 수 있게 된다.[186]

나) 제3채무자는 공탁 후 가압류 발령법원에 공탁서를 첨부하여 공탁신고서를 제출하여야 한다. 다만 공탁신고서가 제출되더라도, 가압류에 의한 것이므로 배당가입 차단효가 생기지 않고 배당절차를 개시할 수도 없다.[187]

위와 같은 형태의 혼합공탁 이후에 가압류명령의 본집행 이행이 증명되면(가압류에서 본압류로 이전하는 채권압류 및 추심명령이나 전부명령이 송달되면), 중간의 채권양도는 유효해도 가압류채권자와의 관계에서는 그에 대항할 수 없으므로, 무시하고 바로 배당절차를 개시할 수 있고, 이때 공탁관은 집행법원에 사유신고 후 집행법원의 지급위탁 절차에 의하여 공탁금을 지급하게 될 것이다.[188]

한편, 선행의 채권가압류의 보전의 필요성이 소멸하거나 그 피보전권리가 소멸한 경우에는, 채권양수인으로서는 ① 본안의 제소명령을 신청할 수 있는 권리(민사집행법 제287조 제1항), ② 제소기간의 도과에 의한 가압류 취소를 신청할 수 있는 권리(민사집행법 제287조 제3항) 또는 ③ 사정변경에 따른 가압류의 취소를 신청할 수 있는 권리(민사집행법 제288조 제1항)를 대위행사할 수 있다.[189] 물론 채권양수인은 채무자를 대위하지 않고 사정변경으로 인한 가압류취소신청권을 직접 행사함으로써 자신의 권리를 확보할 수 있다.[190]

4) 가압류 또는 압류명령 송달과 확정일자 있는 채권양도 통지가 동시에 도달하

185) 대법원 1998. 11. 13. 선고 96다25692 판결, 대법원 2002. 4. 26. 선고 2001다59033 판결 참조.

186) 주석 민사집행법(V)(제4판), 한국사법행정학회(2018), 937(양진수).

187) 대법원 2006. 3. 10. 선고 2005다15765 판결 참조.

188) 법원실무제요, 민사집행[IV], 법원행정처(2020), 345-346; 사법보좌관실무편람(II)-채권집행 및 배당절차-, 법원행정처(2015), 351.

189) 대법원 1993. 12. 27.자 93마1655 결정, 대법원 2011. 9. 21.자 2011마1258 결정 참조.

190) 대법원 2019. 4. 5.자 2018마1075 결정 참조.

거나 선후관계가 불분명한 경우

동일한 채권에 관하여 확정일자 있는 증서에 의한 채권양도 통지와 채권가압류결정 정본이 제3채무자에게 동시에 도달하는 경우에는 그들 상호간에 우열이 없어, 채권양수인이나 가압류채권자는 모두 제3채무자에게 완전한 대항력을 갖추게 되므로 그 전액에 대하여 채권양수금, 압류·전부금 또는 추심금의 이행청구를 하고 적법하게 이를 변제받을 수 있고, 제3채무자로서는 그들 중 누구에게라도 그 채무 전액을 변제하면 다른 채권자에 대한 관계에서 유효하게 면책된다.[191]

그러나 채권양수인과 (가)압류채권자 중 한 사람이 제기한 이행소송에서 제3채무자가 패소한 이후에 다시 다른 채권자가 그 송달의 선후에 관하여 문제를 제기하는 경우에는, 기판력의 상대효 때문에 제3채무자에게 이중지급의 위험이 있을 수 있으므로, 피공탁자를 '양도인 또는 양수인'으로, 공탁근거법령을 '민사집행법 제248조 제1항(가압류의 경우에는 민사집행법 제291조, 제248조 제1항) 및 민법 제487조 후단'으로, 공탁원인사실을 '채권(가)압류결정 정본과 채권양도 통지가 동시에 송달되어 지급할 수 없다'는 취지 및 (가)압류사실로 구체적으로 기재하여 혼합공탁을 할 수 있다(공탁선례 2-313호 참조).

채권가압류명령과 채권양도통지가 동시에 제3채무자에게 송달된 경우, '송달의 선후가 불명하여 변제자인 제3채무자가 채권자 중 누구에게 변제하여야 하는지 알 수 없는 경우'에 준한다는 점에서 민법 제487조 후단의 채권자 불확지를 원인으로 한 변제공탁의 사유가 생긴 것으로 볼 수 있고,[192] 민사집행법 제291조, 제248조 제1항에 의한 공탁의 사유 또한 생긴 것이 되므로, 제3채무자는 위와 같은 사유를 들어 채권자 불확지 변제공탁과 민사집행법 제291조, 제248조 제1항에 의한 공탁을 합한 혼합공탁을 할 수 있다.[193] 실무상으로도 송달의 선후가 불명한 경우에 준하여 민법 제487조 후단 및 민사집행법 제291조, 제248조 제1항에 의한 혼합공탁을 하고 있다.[194]

이 경우 채무자(양도인)가 공탁금 출급청구권을 가지고 있는 것이 명확하게 되지 않으면 배당절차를 진행할 수 없다고 보는 견해도 있다. 그러나 위와 같은 선후

191) 대법원 1994. 4. 26. 선고 93다24223 전원합의체 판결, 대법원 2012. 6. 28. 선고 2012도3999 판결.

192) 대법원 1994. 4. 26. 선고 93다24223 전원합의체 판결 참조.

193) 대법원 2005. 5. 26. 선고 2003다12311 판결, 대법원 2013. 4. 26. 선고 2009다89436 판결 등 참조.

194) 법원실무제요, 민사집행[IV], 법원행정처(2020), 347.

불명 혼합공탁에서는 '그 선후가 밝혀짐으로써 이익을 받는 당사자의 입증이 없는 한 동시도달로 추정되고, 그에 따라 채권자들은 자신의 채권액에 비례하여 안분배당을 받게 된다'는 식으로 이미 위 혼합사유의 해소가 법이론에 의해 예정되어 있으므로, 채권양수인은 자신이 지급받게 될 금액을 넘어서는 부분에 대해서는 다른 압류채권자에게 어떠한 영향도 미칠 수 없게 되어 있다. 그런데도 이러한 상황하에서 단지 선후 불명이라는 이유로 피압류채권 전체에 대한 배당절차를 진행하지 않고서 그에 대한 혼합이 해소될 때까지 다른 압류채권자가 기다려야 한다는 것은 형평에 맞지 않을 수 있다. 따라서 일단 이 경우 집행법원으로서는 채권양도 부분을 포함한 전체 피압류채권에 대하여 배당절차를 진행하여 안분배당을 해야 한다고 설명된다.[195]

5) '일부' 채권양도 후에 가압류나 압류가 있는 경우

일부 채권양도가 있고 확정일자 있는 양도 통지·승낙이 이루어진 부분에 대해서는 채권양수인만이 배타적인 채권자가 되므로 양수인에게 변제제공을 하면 되고, 그렇지 않은 부분에 대하여는 가압류나 압류가 있으므로 집행공탁을 하면 된다.

그러나 만약 선행의 채권 일부에 대한 양도의 효력에 문제가 있거나 채권양도와 가압류 또는 압류의 우열이 문제되는 경우에는, ① 양도가 이루어진 부분에 대하여는 채권자 불확지 변제공탁과 '그 양도가 무효일 경우를 대비한 민사집행법 제248조 제1항에 의한 집행공탁(가압류일 경우에는 민사집행법 제291조, 제248조 제1항에 의한 공탁)'을 합한 혼합공탁을 하고, ② 양도가 이루어지지 않은 부분에 대하여는 민사집행법 제248조 제1항에 의한 집행공탁(가압류일 경우에는 민사집행법 제291조, 제248조 제1항에 의한 공탁)을 할 수 있다.[196]

이 경우 채권양도의 유·무효에 따라 영향을 받는 양도 금액을 제외한 나머지 부분에 대해서만 양도인·양수인간의 채권 귀속의 확정을 기다리지 않고 배당절차를 실시할 수 있고, 양도 금액에 대하여는 양도인·양수인 간의 채권 귀속 여부가 확정될 때까지 변제절차가 정지될 것이다. 실무에서는 법원이 판단하기에 그 귀속이나 우열이 분명한 경우에는 전체 공탁금에 대하여 변제절차와 배당절차를 함께 실시하기도 하나, 그 판단은 판결이 가지는 기판력과 같은 효력이 없어 나중에 그 배당결과가 관련 소송에 의하여 뒤집어질 가능성이 있으므로 신중하여야 할 것이다.[197]

195) 채권등집행재판실무편람, 법원행정처(2005), 88-89.

196) 법원실무제요, 민사집행[IV], 법원행정처(2020), 347; 사법보좌관실무편람(II)-채권집행 및 배당절차-, 법원행정처(2015), 352-353.

197) 법원실무제요, 민사집행[IV], 법원행정처(2020), 347.

6) 일부 가압류 이후 전부 채권양도, 압류(압류경합 불문) 순으로 된 경우

가압류된 부분에 대하여는 '양도인 또는 양수인'을 피공탁자로 하는 혼합공탁을 할 수 있다. 가압류 부분을 제외한 나머지에 대하여는 양도의 효력에 다툼이 없는 경우라면 양수인에게 지급하든지, 수령거부 등을 원인으로 변제공탁을 하면 된다. 다만 양도의 효력에 의문이 있는 경우에는 '양도인 또는 양수인'을 피공탁자로 하는 채권자불확지 공탁과 「양도 이후에 압류가 있음을 원인으로 한 집행공탁」을 합한 혼합공탁을 하면 될 것이다.[198]

다. 처분금지가처분명령을 받은 제3채무자의 공탁

1) 처분금지가처분만 있는 경우 집행공탁의 허용 여부

채권에 대하여 처분금지가처분이 있는 경우는 가처분 채권자와 가처분 채무자 사이에 채권의 귀속 또는 변제수령권에 관해 다툼이 있는 것으로 보아 그 종국적 확정은 본안소송에 달려 있으므로 '채권자 불확지'를 이유로 '변제공탁'을 할 수 있다.[199]

그러나 채권에 대하여 가처분이 집행된 경우 제3채무자가 '집행공탁'을 할 수는 없다. 민사집행법 제248조의 규정에 의한 공탁은 이후 행하여질 배당절차의 진행을 전제로 하는 것인데, 처분금지가처분은 그것이 설령 금전채권을 목적으로 하더라도 이러한 배당절차와는 관계가 없기 때문이다.[200]

2) 목적채권에 대하여 처분금지가처분이 집행된 후 압류가 집행된 경우 제3채무자의 변제공탁 또는 혼합공탁[201]

가) 다음과 같은 사례를 상정해 본다. 甲은 乙에 대하여 1,000만 원의 상품대금채권을 갖고 있는데, 집행채권자 丙, 집행채무자 甲, 제3채무자 乙로 하는 처분금지가처분 명령이 송달되었다(丙의 가처분신청 이유는 甲이 乙에 대하여 가지는 위 채권을 丙이 양수하였다는 것이다). 그 후 다시 집행채권자 丁, 집행채무자 甲, 제3채무자 乙로 하여 압류채권액을 1,000만 원으로 하는 채권압류명령이 乙에게 송달되었다.

위와 같은 경우에 제3채무자의 입장에서 어떤 공탁을 하여야 할 것인지가 문제된다.

나) 가처분에 의한 지급금지처분은 가처분채권자(丙)에 대한 관계에서만 효력이

198) 공탁실무편람, 법원행정처(2015), 467.

199) 사법보좌관실무편람[Ⅱ]-채권집행 및 배당절차-, 법원행정처(2015), 354.

200) 대법원 2008. 5. 15. 선고 2006다74693 판결.

201) 손진홍, 채권집행실무, 한국사법행정학회(2019), 1088-1093.

있고, 채권자(甲)와 채무자(乙) 사이의 관계에서까지 지급이 금지되어 있는 것은 아니므로(상대적 효력설), 민법 제487조 전단이 정하는 변제공탁의 사유인 '채권자가 변제를 받지 않거나(수령거부), 받을 수 없는 때(수령불능)'에는 해당하지 않는다.

그러나 금전채권에 관하여 채권자를 가처분채무자로 하는 처분금지가처분명령이 발하여진 경우 가처분채권자, 가처분채무자 사이에 당해 채권의 귀속 또는 변제수령권을 둘러싼 분쟁이 발생하였고, 그 결론을 위한 본안소송의 판결 확정 시까지 제3채무자로서는 누가 당해 채권의 진정한 채권자인지 판단하기 어려운 처지에 있게 되므로, 제3채무자로서는 일응 과실 없이 채권자를 알 수 없는 경우에 해당한다고 보아 민법 제487조 후단이 정하는 변제공탁의 사유인 '변제자가 과실 없이 채권자를 알 수 없는 경우'에 해당한다고 보아 채권자 불확지를 원인으로 한 변제공탁을 할 수 있을 것이다. 이 경우 피공탁자는 '甲(양도인, 가처분채무자) 또는 丙(양수인, 가처분채권자)'이 되고, 공탁근거법령은 '민법 제487조 후단'이 될 것이다.

다) 위 사례에서 丁이 행한 압류의 효력은 甲, 丙 사이의 양도의 효력 및 대항요건 등에 달려 있으나, 위 사례에서 丙이 패소하더라도 丁으로서는 추심명령이나 전부명령을 얻지 않은 한 압류만으로는 목적 채권의 귀속자로 취급될 수 없으므로, 제3채무자인 乙로서는 '丁을 피공탁자로 하여' 수령불능을 원인으로 하는 변제공탁은 할 수 없다. 따라서 이 경우는 丁의 압류 때문에 甲이 乙로부터 변제수령을 하지 못함을 이유로 하여, '甲을 피공탁자로 하는' 변제공탁을 할 필요가 있게 되고, 이렇게 하면 이후 丙의 채권양도가 무효로 될 경우 甲이 가지는 공탁금출급청구권에 대하여 위 압류의 효력이 존속하게 된다. 그리하여 이 경우 乙로서는 공탁에 의하여 甲과 丙의 관계에서 채무를 면하는 동시에 甲과 丁의 관계에서도 채무를 면하려면, '채권자 불확지에 의한 변제공탁'과 '채권자 수령불능을 원인으로 하는 변제공탁'을 합한 혼합공탁을 할 필요가 있고, 이때 피공탁자는 '확지불능: 丙(가처분채권자 또는 양수인) 또는 甲(채무자), 수령불능: 甲(채무자)'이 되고, 공탁근거법령은 '민법 제487조 전단, 후단'이 되어야 할 것이다. 만일 위의 경우 丁이 이미 추심명령 또는 전부명령을 얻어 놓은 상태라면 피공탁자를 '丙(가처분채권자, 양수인) 또는 丁(추심권자)'으로 하는 채권자불확지 변제공탁을 할 수 있고, 공탁근거볍령은 '민법 제487조 후단'으로 기재하면 될 것이다.

라) 여기에서 더 나아가, 압류가 1개인 경우에도 집행공탁을 인정하는 현행 민사집행법 하에서라면, 제3채무자인 乙은 변제공탁을 혼합한 공탁방법 외에도 '채권자

불확지(위 사례에서 甲 또는 丙 사이)를 원인으로 하는 변제공탁'과 '집행공탁(위 사례에서 압류권자 丁)'을 합한 혼합공탁을 할 수도 있게 된다. 이와 같은 혼합공탁을 하게 될 경우 피공탁자는 '甲(채무자) 또는 丙(양수인 또는 가처분채권자)'이 되고, 공탁근거법령은 '민법 제487조 후단, 민사집행법 제248조 제1항'이 될 것이다.

3) 처분금지가처분이 집행보전을 위한 것이 아니라 어떤 채권이 자기에게 귀속됨을 이유로 압류 등에 앞서 집행된 경우, 집행법원은 어떤 방법에 의한 공탁이 유효하다고 판단할 것이 아니고 가처분의 본안판결을 기다려 배당절차 개시 여부를 판단할 것이다.[202]

6. 혼합공탁임에도 배당이 실시된 경우의 처리

혼합공탁의 경우 어떤 사유로 배당이 실시되었고 그 배당표상의 지급 또는 변제받을 채권자와 금액에 관하여 다툼이 있으면, 이를 배당이의의 소라는 단일의 절차에 의하여 한꺼번에 확정하여 분쟁을 해결함이 타당하다. 따라서 이 경우에도 '공탁금에서 지급 또는 변제받을 권리가 있음에도 불구하고 지급 또는 변제를 받지 못하였음을 주장하는 자'는 '배당표에 배당을 받는 것으로 기재된 다른 채권자들'을 상대로 배당이의의 소를 제기할 수 있다.[203]

7. 공탁사유신고 後 배당이 실시되지 않는 동안 양수인이 공탁금 전액을 출급한 경우 배당법원의 처리

이미 집행법원에 공탁사유신고가 되어 배당절차 사건으로 접수되어 있는데도 불구하고 양수인이 자신에게 공탁금 출급청구권이 있음을 증명하는 서면을 구비하여 공탁소에서 공탁금 전액을 출급하여 버리는 경우가 있다. 이러한 경우 배당법원은 배당을 실시하기 전에 배당이자 조회나 공탁원장 조회를 통하여 위와 같은 사실이 있는지 여부를 확인하여, 양수인이 공탁금 전액을 출급한 사정을 발견한 경우 사유신고 불수리결정을 하여 배당사건을 종결할 수 있다.[204]

---

202) 손흥수, 민사집행실무총서(II) 채권집행, 한국사법행정학회(2017), 961.

203) 대법원 2006. 1. 26. 선고 2003다29456 판결, 대법원 2006. 2. 9. 선고 2005다28747 판결, 대법원 2008. 5. 15. 선고 2006다74693 판결, 대법원 2011. 9. 29. 선고 2011다48902 판결, 대법원 2014. 11. 13. 선고 2012다117461 판결 등.

204) 법원실무제요, 민사집행[IV], 법원행정처(2020), 348.

Ⅳ. 공탁유형에 대한 판단

공탁은 공탁자가 자기의 책임과 판단 하에 하는 것으로서 채권양도 등과 압류가 경합된 경우에 공탁자는 나름대로 누구에게 변제하여야 할 것인지를 판단하여 그에 따라 변제공탁이나 집행공탁 또는 혼합공탁을 선택하여 할 수 있다.

그리고 집행공탁의 경우에는 배당절차에서 배당이 완결되어야 피공탁자가 비로소 확정되고, 공탁 당시에는 피공탁자의 개념이 관념적으로만 존재할 뿐이므로, 공탁 당시에 피공탁자를 지정하지 않았더라도 공탁이 무효라고 볼 수 없다. 그러나 변제공탁은 집행법원의 집행절차를 거치지 않고 피공탁자의 동일성에 관한 공탁관의 형식적 심사에 의하여 공탁금이 출급되므로 피공탁자가 반드시 지정되어야 한다. 또한, 변제공탁이나 집행공탁은 공탁근거조문이나 공탁사유, 나아가 공탁사유신고의 유무에서도 차이가 있다. 따라서 제3채무자가 채권양도 등과 압류경합 등을 이유로 공탁한 경우에 제3채무자가 변제공탁을 한 것인지, 집행공탁을 한 것인지 아니면 혼합공탁을 한 것인지는 피공탁자의 지정 여부, 공탁의 근거조문, 공탁사유, 공탁사유신고 등을 종합적·합리적으로 고려하여 판단하는 수밖에 없다.[205] 따라서 예를 들어 제3채무자가 채권양도 및 압류경합을 공탁사유로 하여 공탁을 하면서 공탁서에 피공탁자를 전혀 기재하지 않아 변제공탁일 수 있다는 취지를 짐작하게 하는 기재가 없고, 공탁 근거조문으로 집행공탁 근거조문인 민사집행법 제248조만을 기재하였을 뿐, 채권자 불확지 변제공탁의 근거조문인 민법 제487조 후단을 전혀 기재하지 않았으며, 또한 공탁 원인사실에도 '채권자를 알 수 없어 공탁한다'는 취지의 기재를 하지 않은 경우에는 변제공탁으로서의 효력이 없다.[206]

Ⅴ. 민사집행법에 의한 압류 또는 가압류와 체납처분에 의한 압류가 경합하는 경우

1. 민사집행법에 의한 '압류'와 체납처분에 의한 압류가 경합하는 경우[207]

205) 대법원 2005. 5. 26. 선고 2003다12311 판결, 대법원 2008. 5. 15. 선고 2006다74693 판결, 대법원 2012. 1. 12. 선고 2011다84076 판결 등.

206) 대법원 2005. 5. 26. 선고 2003다12311 판결 참조.

207) 이에 관한 상세한 내용은 지은희, "체납처분에 의한 압류와 민사집행법상 압류 또는 가압류가 경합하는 경우 집행공탁 허용 여부", 사법논집 제63집, 법원도서관(2017), 379-429 참조.

현행법상 국세체납 절차와 민사집행 절차는 별개의 절차로서 양 절차 상호 간의 관계를 조정하는 법률의 규정이 없으므로, 한쪽의 절차가 다른 쪽의 절차에 간섭할 수 없는 반면, 쌍방 절차에서 각 채권자는 서로 다른 절차에 정한 방법으로 그 다른 절차에 참여하게 된다.[208)]

다만 두 절차에 관한 판례의 위와 같은 입장(무제한적 경합 인정)과는 별도로, 아래에서 보는 바와 같이 2015년에 선고된 대법원 판결 및 그에 따른 새로운 공탁 선례와 대법원 행정예규에 의하여, 금전채권에 대한 체납처분압류와 민사집행압류가 경합하는 경우 제3채무자가 민사집행법 제248조에 의한 집행공탁을 할 수 있는 것으로 판례와 관련 규정이 정리되었다.[209)]

가. 양 절차의 관계에 관한 대법원의 기본적인 입장 – 무제한적 경합 인정

대법원 판례는 최근까지도 "현행법상 체납처분절차와 민사집행절차는 별개의 절차이고 두 절차 상호 간의 관계를 조정하는 법률의 규정이 없으므로, 한쪽의 절차가 다른 쪽의 절차에 간섭할 수 없는 반면, 쌍방 절차에서 각 채권자는 서로 다른 절차에 정한 방법으로 그 다른 절차에 참여하게 된다"라고 하여 양 절차의 전면적인 경합을 허용하고 있다(아래 다.항에서 볼 2015년 대법원 판결에서조차도 같은 취지의 판시가 되풀이되고 있다).[210)] 판례가 이처럼 양 절차의 무제한적 경합을 인정하는 것에 대해서는 적지 않은 비판이 있었다.

그런데 이후 법 개정 등 변화에 따라 그러한 비판들은 상당 부분 그 의미를 잃게 되었다. 종래 체납처분에 의한 청산절차에서 배분을 받을 수 있는 채권은 조세, 공과금 외에는 압류재산에 관계되는 전세권, 질권 또는 저당권에 의하여 담보된 채권에 한정되었는데, 2011. 4. 4. 법률 제10527호로 국세징수법이 개정되면서 제68조의2가 신설되어 체납처분절차에도 배당요구 제도와 유사한 '배분요구' 제도가 도입되었고(2012. 1. 1. 시행), '주택임대차보호법' 또는 '상가건물 임대차보호법'에 따라 우선변제권이 있는 임차보증금 반환채권(제4호), '근로기준법' 또는 '근로자퇴직급여 보장법'에 따라 우선변제권이 있는 임금, 퇴직금, 재해보상금 및 그 밖에 근로관계로 인

208) 대법원 1999. 5. 14. 선고 99다3686 판결, 대법원 2015. 7. 9. 선고 2013다60982 판결, 대법원 2015. 8. 27. 선고 2013다203833 판결 등.

209) 법원실무제요, 민사집행[IV], 법원행정처(2020), 350.

210) 대법원 1989. 1. 31. 선고 88다카42 판결, 대법원 1999. 5. 14. 선고 99다3686 판결, 대법원 2015. 7. 9. 선고 2013다60982 판결, 대법원 2015. 8. 27. 선고 2013다203833 판결 등 참조.

한 채권(제5호), 압류재산에 관계되는 가압류채권(제6호), 집행력 있는 정본에 의한 채권(제7호)이 배분대상인 채권으로 추가 규정됨으로써 체납처분절차에서 배분받을 채권의 범위가 민사집행법상 배당받을 채권의 범위와 사실상 일치되었다[211][이후 국세징수법이 2020. 12. 29. 전부개정(2021. 1. 1. 시행)되면서 배분요구에 관한 조문은 제76조로 그 위치를 이동하였다].

또한, 제3채무자의 권리공탁의 요건으로 '압류의 경합'을 요구하던 구 민사소송법(2002. 1. 26. 법률 제6626호로 개정되기 전의 것)과는 달리 민사집행법 제248조는 제3채무자의 지위를 강화하기 위하여 권리공탁의 요건을 완화하였다.

나. 양 절차 경합 시 제3채무자의 집행공탁 허부에 관한 종전 논의 - 2015년 대법원 판결(아래 다.항에 소개) 선고 이전

종전의 실무에서는 '체납처분압류만 있는 경우'와 '동일한 금전채권에 대하여 체납처분압류와 민사집행압류가 경합하는 경우'로 나누어 논의가 이루어졌다.

1) 단일 또는 복수의 체납처분압류만이 있는 경우

단일 또는 복수의 체납처분압류만이 있는 경우 민사집행법 제248조에 의한 집행공탁이 허용될 수 없다.

대법원 2007. 4. 12. 선고 2004다20326 판결 또한 같은 입장에서 아래와 같이 판단하였다.

"국세징수법상의 압류와 민사집행법상의 압류의 효력의 차이 및 체납처분절차와 강제집행절차의 차이 등에 비추어 볼 때, 민사집행법 제248조 제1항 및 공익사업보상법 제40조 제2항 제4호 소정의 공탁의 전제가 되는 '압류'에는 국세징수법에 의한 채권의 압류는 포함되지 않는다고 보아야 할 것이다. 그렇다면 국세징수법상의 체납처분에 의한 압류만을 이유로 집행공탁이 이루어진 경우에는 사업시행자가 민사집행법 제248조 제4항에 따라 법원에 공탁사유를 신고하였다고 하더라도 민사집행법 제247조 제1항에 의한 배당요구 종기가 도래한다고 할 수 없다."

한편, 체납처분에 의한 압류가 있음을 이유로 '압류채무자'(체납자)를 피공탁자로 한 '변제공탁' 역시 할 수 없고, 단지 압류채권자와의 관계에서 별도의 변제공탁사유가 있을 때에만 '압류권자'(체납처분청)를 피공탁자로 하는 변제공탁을 할 수 있다고 해석되었다.[212]

---

211) 이우재, "부동산 및 채권집행에서의 배당의 제문제", 진원사(2012), 1310~1312.

2) 동일한 금전채권에 대하여 체납처분압류와 민사집행압류가 경합하는 경우

이와 같이 경합하는 경우에는 견해의 대립이 있었다.

먼저, 민사집행법 제248조에 의한 제3채무자의 집행공탁을 허용하는 견해[213]의 논거는 다음과 같다. ① 제3채무자는 각 채권자의 변제수령권의 유무나 채무액의 배분 등에 있어서 판단을 잘못할 위험이 존재하므로, 이러한 곤란함에서 벗어날 수 있도록 집행공탁을 허용할 필요성이 크다. ② 이를 허용한다 하더라도 다른 이해관계인들의 지위가 더 불리해지는 것이 아니다. ③ 제3채무자의 집행공탁을 부정하는 명문의 규정이 없고, 민사집행법은 제3채무자의 지위를 강화하기 위하여 권리공탁의 요건을 완화하였다.

다음으로, 체납처분압류와 민사집행압류의 선후에 따라 제3채무자의 집행공탁의 허부를 판단하는 견해의 내용은 다음과 같다.[214] ① '체납처분압류가 먼저 있은 후 민사집행압류가 발령된 경우'에 관하여, 공탁을 허용할 필요성 자체는 인정하면서도, 해석상 민사집행법 제248조에 의한 집행공탁은 허용되지 않는다고 보았다. 이 경우 민사집행법 제248조에 의한 집행공탁을 인정한다면 공탁 이후의 배당절차에 체납처분권자도 참여할 수 있는 길을 마련해 주어야 구체적 타당성을 기할 수 있을 것이나, 현행법상 이를 인정하기 어려움을 이유로 한다. ② '민사집행압류가 먼저 있은 후 국세징수법에 의한 교부청구나 참가압류 또는 체납처분에 의한 압류가 있는 경우'에는 민사집행법상의 배당요구가 있는 것으로 볼 수 있으므로 제3채무자는 민사집행법 제248조 제1항에 의한 집행공탁을 할 수 있다고 보았다.

구 민사소송법 시절의 대법원 1999. 5. 14. 선고 99다3686 판결은 "동일 채권에 관하여 양 절차에서 각각 별도로 압류하여 서로 경합하는 경우에도 공탁 후의 배분(배당)절차를 어느 쪽이 행하는가에 관한 법률의 정함이 없어 제3채무자의 공탁을 인정할 여지가 없다."라고 판단한 바 있다. 그러나 집행공탁에 관하여 구 민사소송법 제581조는 민사집행법 제248조와 달리 규정하고 있었으므로, 민사집행법 시행 이후 아래 다.항의 판결 이전에는 대법원의 입장이 정리되지 않은 상태였다고 볼 수 있다.

---

212) 공탁실무편람, 법원행정처(2015), 389.

213) 이우재, "부동산 및 채권집행에서의 배당의 제문제", 진원사(2012), 1312-1313; 김경종, "강제집행등과 체납처분의 절차조정법의 입법 필요성에 관한 고찰", 민사집행법연구, 한국사법행정학회(2007), 48-49.

214) 공탁실무편람, 법원행정처(2015), 390-391.

다. 2015년 대법원 판결(대법원 2015. 7. 9. 선고 2013다60982 판결 및 대법원 2015. 8. 27. 선고 2013다203833 판결) 선고를 통한 대법원의 입장 정리 및 그 이후의 공탁선례와 대법원 행정예규

1) 2015년의 중요 대법원 판결

2015년의 두 판결은 그동안 논란이 있었던 '금전채권에 대한 체납처분압류와 민사집행압류가 경합할 경우 제3채무자의 집행공탁 허용 여부'에 관하여, 체납처분압류와 민사집행압류의 선후를 불문하고 제3채무자의 민사집행법 제248조에 의한 집행공탁을 허용하는 것으로 그 입장을 명확히 정리하였다(다만 '단일 또는 복수의 체납처분압류만이 있는 경우'에 관한 대법원 판례의 입장은 여전히 유지되고 있다고 보아야 한다).

먼저, 대법원 2015. 7. 9. 선고 2013다60982 판결은 다음과 같이 판단하였다.

"체납처분에 의하여 압류된 채권에 대하여도 민사집행법에 따라 압류 및 추심명령을 할 수 있고, 민사집행절차에서 압류 및 추심명령을 받은 채권자는 제3채무자를 상대로 추심의 소를 제기할 수 있다. 제3채무자는 압류 및 추심명령에 선행하는 체납처분에 의한 압류가 있어 서로 경합된다는 사정만을 내세워 민사집행절차에서 압류 및 추심명령을 받은 채권자의 추심청구를 거절할 수 없고, 또한 민사집행절차에 의한 압류가 근로기준법에 의해 우선변제권을 가지는 임금 등 채권에 기한 것이라는 등의 사정을 내세워 체납처분에 의한 압류채권자의 추심청구를 거절할 수도 없다(대법원 1999. 5. 14. 선고 99다3686 판결 참조).

다만 제3채무자는 체납처분에 의한 압류채권자와 민사집행절차에서 압류 및 추심명령을 받은 채권자 중 어느 한쪽의 청구에 응하여 그에게 채무를 변제하고 그 변제 부분에 대한 채무의 소멸을 주장할 수 있으며, 또한 민사집행법 제248조 제1항에 따른 집행공탁을 하여 면책될 수도 있다(대법원 1996. 6. 14. 선고 96다5179 판결, 대법원 2007. 9. 6. 선고 2007다29591 판결 참조). 그리고 체납처분에 의한 압류채권자가 제3채무자로부터 압류채권을 추심하면 국세징수법에 따른 배분절차를 진행하는 것과 마찬가지로, 민사집행절차에서 압류 및 추심명령을 받은 채권자가 제3채무자로부터 압류채권을 추심한 경우에는 민사집행법 제236조 제2항에 따라 추심한 금액을 바로 공탁하고 그 사유를 신고하여야 한다."

대법원은 위 사건의 피고(상고인)가 상고이유로 주장한 대법원 2008. 11. 13. 선고 2007다33842 판결에 관하여, 위 판결은 체납처분에 의한 압류와 민사집행절차에 의한 '가압류'의 경합을 이유로 제3채무자가 민사집행법 제291조, 제248조 제1항에 따라 공탁한 경우의 공탁금 출급청구권에 대한 확인의 이익 유무에 관한 것으로서, 서로 사안이 다르므로 일부 판시를 원용하는 것은 적절하지 않음을 분명히 하였다.

다음으로, 대법원 2015. 8. 27. 선고 2013다203833 판결은 아래와 같이 판단하였다.

"민사집행법에 따른 압류 및 추심명령과 체납처분에 의한 압류가 경합하는 경우에 제3채무자는 민사집행절차에서 압류 및 추심명령을 받은 채권자와 체납처분에 의한 압류채권자 중 어느 한쪽의 청구에 응하여 그에게 채무를 변제하고 그 변제 부분에 대한 채무의 소멸을 주장할 수 있으며, 또한 민사집행법 제248조 제1항에 따른 집행공탁을 하여 면책될 수도 있다(대법원 2007. 9. 6. 선고 2007다29591 판결, 대법원 2015. 7. 9. 선고 2013다60982 판결 참조).

한편 체납처분에 의한 압류는, 비록 그 자체만을 이유로 집행공탁을 할 수 있는 민사집행법 제248조 제1항의 '압류'에는 포함되지 않지만(대법원 2007. 4. 12. 선고 2004다20326 판결 참조), 제3채무자에게 채무자에 대한 지급을 금지하고 채무자에게 채권의 처분과 영수를 금지하는 효력을 가지는 것으로서 민사집행절차에서 압류명령을 받은 채권자의 전속적인 만족을 배제하고 배당절차를 거쳐야만 하게 하는 민사집행법 제229조 제5항의 '다른 채권자의 압류'나 민사집행법 제236조 제2항의 '다른 압류'에는 해당한다.

그런데 민사집행법에 따른 압류 및 추심명령과 체납처분에 의한 압류가 경합한 후 제3채무자가 민사집행절차에서 압류 및 추심명령을 받은 채권자의 추심청구에 응하거나 민사집행법 제248조 제1항에 따른 집행공탁을 하게 되면, 그 피압류채권은 소멸하게 되고 이러한 효력은 민사집행절차에서 압류 및 추심명령을 받은 채권자에 대하여는 물론 체납처분에 의한 압류채권자에 대하여도 미치므로, 민사집행법에 따른 압류 및 추심명령과 함께 체납처분에 의한 압류도 그 목적을 달성하여 효력을 상실하는 것으로 보아야 한다.

따라서 민사집행절차에서 압류 및 추심명령을 받은 채권자뿐만 아니라 체납처분에 의한 압류채권자의 지위도 민사집행법상의 배당절차에서 배당을 받을 채권자의 지위로 전환된다고 할 것이어서, 체납처분에 의한 압류채권자가 공탁사유신고 시나 추심신고 시까지 민사집행법 제247조에 의한 배당요구를 따로 하지 않았다고 하더라도 그 배당절차에 참가할 수 있다(대법원 2015. 4. 23. 선고 2013다207774 판결 참조)."

2) 2015년 대법원 판결에 따른 새로운 공탁선례 및 대법원 행정예규

위 판결에 따라 기존의 공탁선례[215]가 폐지되면서 만들어진 새로운 공탁선례[216]에서는 "금전채권에 대하여 민사집행압류와 체납처분압류가 있는 경우(선후 불문) 제3채무자는 압류채무자를 피공탁자로 한 변제공탁은 할 수 없으나, 민사집행법 제248조 제1항에 따라 압류와 관련된 금전채권액 전액을 공탁할 수 있다."라고 하고 있다.

또한, 최근 '금전채권에 대하여 민사집행법에 따른 압류와 체납처분에 의한 압류가 있는 경우의 공탁절차 등에 관한 업무처리지침'이 2015. 12. 9. 대법원 행정예규 제1060호로 제정되어 2016. 1. 1.부터 시행되고 있다. 위 행정예규의 주요 골자는 다음과 같다. ① 제3채무자는 하나 또는 여럿의 체납처분에 의한 채권압류가 있다는 사유만으로는 체납자를 피공탁자로 한 변제공탁이나 민사집행법 제248조 제1항에 의한 집행공탁을 할 수 없다. ② 제3채무자는 금전채권에 대하여 민사집행법에 따른 압류와 체납처분에 의한 압류가 있다는 사유만으로는 체납자(압류채무자)를 피공탁자로 하여 민법 제487조에 의한 변제공탁을 할 수 없다. ③ 금전채권에 대하여 민사집행법에 따른 압류와 체납처분에 의한 압류가 있는 경우(선후 불문) 제3채무자는 민사집행법 제248조 제1항에 근거하여 압류와 관련된 금전채권액 전액을 공탁할 수 있고, 공탁을 한 후 즉시 공탁서를 첨부하여 그 내용을 서면으로 압류명령을 발령한 집행법원에 사유신고하여야 한다. 이 경우 민사집행법에 따른 압류가 둘 이상 경합하는 경우의 사유신고는 먼저 송달된 압류명령의 발령법원에 하여야 한다.

또한, 위 대법원 행정예규 제1060호를 반영하여 '토지수용보상금의 공탁에 관한 사무처리지침' 및 '공탁관의 사유신고에 관한 업무처리지침'이 2015. 12. 9. 대법원 행정예규 제1061호 및 제1062호로 각 개정되어 2016. 1. 1.부터 시행되고 있다. '토지수용보상금의 공탁에 관한 사무처리지침'의 주요 개정 내용은, 토지수용보상금 지급청구권에 대하여 민사집행압류와 체납처분압류가 있는 경우 '공익사업을 위한 토지 등의 취득 및 보상에 관한 법률' 제40조 제2항 제4호와 민사집행법 제248조 제1항을 근거법령으로 하여 공탁할 수 있도록 규정한 것이다(위 사무처리지침 4-나.항). '공탁관의 사유신고에 관한 업무처리지침'의 주요 개정 내용은, 공탁금 지급청구권에

215) 공탁선례 제2-287호 「국세체납처분에 의한 압류가 송달된 후 법원의 강제집행에 의한 압류가 송달된 경우 제3채무자가 공탁을 할 수 있는지 여부(소극)」(2005. 11. 7.) 참조.

216) 공탁선례 제201512-1호 「금전채권에 대하여 민사집행법에 따른 압류와 체납처분에 의한 압류가 있는 경우 제3채무자가 공탁을 할 수 있는지 여부」 (2015. 12. 31.) 참조.

대하여 민사집행압류와 체납처분압류가 있고 그 압류금액의 총액이 피압류채권액을 초과하는 경우에 공탁관이 집행법원에 사유신고를 하도록 규정한 것이다[위 업무처리지침 1-나.(2)항].

2. 민사집행법에 의한 '가압류'와 체납처분에 의한 압류가 경합하는 경우[217]

가. 가압류를 원인으로 한 집행공탁의 성격

민사집행법 시행 이전에는 단일 또는 복수의 가압류만이 있는 경우 구 민사소송법 제581조에 의한 집행공탁이 인정되지 않았으나, 새로 제정된 민사집행법은 제248조 제1항에서 채권자 경합의 발생 여부와 관계없이 제3채무자에게 압류에 관련된 채권을 공탁할 수 있도록 권리공탁 규정을 확대하면서, 단일 또는 복수의 가압류만 있는 경우에는 민사집행법 제291조, 제248조 제1항에 따라 공탁할 수 있도록 그 근거 규정을 마련하였다.[218]

가압류집행을 원인으로 하는 집행공탁은 원래의 채권자인 가압류채무자를 피공탁자로 하는 일종의 변제공탁이고, 가압류의 효력은 그 청구채권액에 해당하는 공탁금액에 대한 가압류채무자의 공탁금출급청구권에 존속한다(민사집행법 297조). 따라서 가압류의 집행을 원인으로 하는 공탁은 채권압류를 원인으로 하는 민사집행법 제248조의 집행공탁과는 그 성질이 다르다. 민사집행법 제291조에 의하여 민사집행법 제248조가 준용된다고 하더라도 이는 단지 공탁의 근거를 부여하는 데 불과하고, 본조의 집행공탁과 같은 성질의 공탁이 이루어지는 것을 뜻하는 것이 아니다.[219]

채권가압류를 이유로 한 제3채무자의 공탁은 압류를 이유로 한 제3채무자의 공탁과 달리 그 공탁금으로부터 배당을 받을 수 있는 채권자의 범위를 확정하는 효력이 없고, 가압류의 제3채무자가 공탁을 하고 공탁사유를 법원에 신고하더라도 배당절차를 실시할 수 없으며, 공탁금에 대한 채무자의 출급청구권에 대하여 압류 및 공탁사유신고가 있을 때 비로소 배당절차를 실시할 수 있다.[220]

---

217) 이에 관한 상세한 내용은 지은희, "체납처분에 의한 압류와 민사집행법상 압류 또는 가압류가 경합하는 경우 집행공탁 허용 여부", 사법논집 제63집, 법원도서관(2017), 412-421 참조.

218) 이원, "민사집행법 제248조 제1항의 권리공탁에 관한 몇 가지 논의", 청연논총, 사법연수원(2010), 191-194.

219) 공탁실무편람, 법원행정처(2015), 376; 주석 민사집행법(V)(제4판), 한국사법행정학회(2018), 908(양진수).

220) 대법원 2006. 3. 10. 선고 2005다15765 판결.

나. 민사집행법에 의한 '가압류'와 체납처분압류가 경합하는 경우 제3채무자의 집행공탁 가부에 관한 현재까지의 대법원 판결례

1) 제3채무자의 집행공탁을 부정한 판결례

대법원 2008. 11. 13. 선고 2007다33842 판결은 다음과 같이 판단하였다.

"동일 채권에 관하여 양 절차에서 각각 별도로 압류하여 서로 경합하는 경우에도 공탁 후의 배분(배당)절차를 어느 쪽이 행하는가에 관한 법률의 정함이 없어 제3채무자의 공탁을 인정할 여지가 없고, 체납처분에 의한 피압류채권에 대하여 근로기준법에 의한 우선변제권을 가지는 임금 등의 채권에 기한 가압류집행이 되어 있다 하더라도, 그 우선변제권은 채무자의 재산에 대한 강제집행의 경우 그에 의한 환가금에서 일반채권에 우선하여 변제받을 수 있음에 그치는 것이고, 이미 다른 채권자에 의하여 이루어진 압류처분의 효력까지 배제하여 그보다 우선적으로 직접 지급을 구할 수 있는 권한을 부여한 것으로는 볼 수 없으므로, 제3채무자로서는 체납처분에 의한 채권압류 후에 행해진 피압류채권에 대한 가압류가 그러한 임금 등의 채권에 기한 것임을 내세워 체납처분에 의한 압류채권자의 추심청구를 거절할 수는 없다."

대법원 2012. 5. 24. 선고 2009다88112 판결은 아래와 같이 판단하였다.

"동일 채권에 관하여 양 절차에서 각각 별도로 압류하여 서로 경합하는 경우에도 공탁 후의 배분(배당)절차를 어느 쪽이 행하는가에 관한 법률의 정함이 없어 제3채무자의 공탁을 인정할 여지가 없는바, 이러한 체납처분절차와 민사집행절차의 차이에 비추어 볼 때 공탁금회수청구권에 대하여 민사집행법에 의한 가압류와 체납처분에 의한 압류가 있는 경우 그 선후를 불문하고 사유신고의 대상이 아니라고 할 것이다."

2) 공탁을 긍정한 듯한 판결례

대법원 2007. 9. 6. 선고 2007다29591 판결은 다음과 같이 판단하였다.

"기록에 의하면, 원고가 A의 피고 2에 대한 공사대금을 가압류한 후 피고 2가 위 노무비를 제외한 나머지 공사대금 243,399,400원 전액을 집행공탁하였음을 알 수 있는바, 민사집행법 제248조 제1항, 제297조는 제3채무자는 가압류 또는 압류에 관련된 금전채권의 전액을 공탁할 수 있다고 규정하고 있으므로 피고 2가 위 나머지 공사대금을 공탁한 것은 위 규정에 따른 것으로서 그 집행공탁에 의해 피고 2는 채무를 면하였다 할 것이다. 또한, 원고의 가압류가 있은 후에 같은 금전채권에 대해 동래세무서장의 체납처분에 의한 압류가 있었다 하여 제3채무자가 집행공탁을 할 수 없게 되는 것은 아니므로, 피고 2가 그 후에 집행공탁을 하였다 하여도 이는 유효한 집행공탁이라 할 것이고, 이에 관해 상고논지가 드는 판례[221]는 민사집행법의 제정 전 구 민사소송법 당시의 것으로서 이 사건에 원용할 것이 못 된다.”

다. 검토

조세채권은 통상적으로 일반채권보다 우선하고, 원칙적으로 체납처분압류는 체납액을 한도로 이루어지며, 만일 가압류채권자가 체납처분권자보다 우선하는 임금채권자 등인 경우에는 국세징수법에 따른 배분절차에서도 배분받는 것이 가능하기 때문에 체납처분권자가 추심하더라도 가압류채권자의 권리가 침해된다고 보기는 어렵다.

다만 이처럼 가압류의 존재가 체납처분권자의 추심행위에 아무런 장애가 되지 않는다고 보더라도, 가압류를 원인으로 한 제3채무자의 공탁 자체를 허용할지의 여부는 이와 차원을 달리하는 별개의 문제이다. 즉 체납처분권자가 현실적인 추심에 나아가기에 앞서 제3채무자가 가압류를 원인으로 채권액 전액을 공탁한 경우, 굳이 그러한 공탁의 효력을 무효로 돌려 제3채무자는 반드시 체납처분권자에게만 변제하여야 한다고 볼 필요가 있는지, 만일 가압류집행이 먼저 이루어지고 난 뒤 이를 원인으로 제3채무자가 공탁을 한 이후라면 조세채권자로서는 체납자인 가압류채무자(피공탁자)의 공탁금 출급청구권을 압류할 수밖에 없을 것인데, 이러한 경우와 달리 보아 제3채무자의 공탁을 제한할 필요가 있는 것인지 의문이다.[222]

앞서 본 2015년의 두 판결이 ‘금전채권에 대한 체납처분압류와 민사집행압류가 경합할 경우’에 관하여, 체납처분압류와 민사집행압류의 선후를 불문하고 제3채무자의 민사집행법 제248조에 의한 집행공탁을 허용하는 것으로 입장을 정리한 것에 비추어 보면, 체납처분압류와 ‘가압류’가 경합하는 경우에도 – 가압류의 경우에 압류와 달리 배당절차로 바로 나아갈 수 없다는 점에서 그 이론 구성을 조금 달리하겠지만 – 집행공탁이 가능한 방향으로 재검토해 볼 여지가 있다.[223] 앞으로의 판례 전개가

221) 대법원 1999. 5. 14. 선고 99다3686 판결을 가리킨다. 위 99다3686 판결은 “동일 채권에 관하여 양 절차에서 각각 별도로 압류하여 서로 경합하는 경우에도 공탁 후의 배분(배당)절차를 어느 쪽이 행하는가에 관한 법률의 정함이 없어 제3채무자의 공탁을 인정할 여지가 없다”라고 판단하였다.

222) 이우재, “부동산 및 채권집행에서의 배당의 제문제”, 진원사(2012), 1312; 지은희, “체납처분에 의한 압류와 민사집행법상 압류 또는 가압류가 경합하는 경우 집행공탁 허용 여부”, 사법논집 제63집, 법원도서관(2017), 417 참조.

223) 주석 민사집행법(V)(제4판), 한국사법행정학회(2018), 910(양진수); 손흥수, 민사집행실무총서(II) 채권집행, 한국사법행정학회(2017), 855.

주목된다.

3. 단일 또는 복수의 체납처분압류만이 있는 경우(민사집행법에 의한 압류 또는 가압류와 경합하지 않는 경우)

국세징수법상의 압류와 민사집행법상의 압류의 효력의 차이 및 체납처분절차와 강제집행절차의 차이 등에 비추어 볼 때, 민사집행법 제248조 제1항이 정하는 공탁의 전제가 되는 '압류'에는 국세징수법에 의한 채권의 압류는 포함되지 않는다. 그렇다면 국세징수법상의 체납처분에 의한 압류만을 이유로 집행공탁이 이루어진 경우에는 제3채무자가 민사집행법 제248조 제4항에 따라 법원에 공탁사유신고를 하였다고 하더라도 민사집행법 제247조 제1항에 의한 배당요구 종기가 도래하지 않는다.[224)]

이러한 입장은 현재까지도 그대로 유지되고 있다고 볼 수 있다. 즉 대법원은 위 2015년 판결에서 체납처분에 의한 압류는 그 자체만을 이유로 집행공탁을 할 수 있는 민사집행법 제248조 제1항의 '압류'에는 포함되지 않는다고 판단하였고,[225)] 2015년 판결에 뒤따른 새로운 공탁선례 및 대법원 행정예규 또한 같은 취지의 규정을 두고 있다.

---

224) 대법원 2007. 4. 12. 선고 2004다20326 판결, 대법원 2008. 4. 10. 선고 2006다60557 판결.
225) 대법원 2015. 8. 27. 선고 2013다203833 판결.

제4장 배당절차의 개시

집행법원이 배당절차를 개시하기 위해서는 다음 각 요건을 갖추어야 하고, 그 요건이 갖추어지면 채권자의 신청이 없더라도 당연히 배당절차가 개시된다(민사집행법 제252조).

Ⅰ. 집행관 등의 공탁 또는 현금화된 금전의 제출(민사집행법 제252조 제1호, 제3호)

집행관 등이 매각대금 등을 공탁하거나 현금화된 금전을 법원에 제출한 때, 즉 ① 유체동산에 대한 강제집행에 있어서 압류금전이나 압류한 물건의 매각대금의 분배에 관하여 압류금전은 압류한 날부터, 매각대금은 매각허가된 날부터 2주 이내에 채권자 사이에 협의가 성립되지 않아 집행관이 매각대금을 공탁한 때(민사집행법 제252조 제1호, 제222조), ② 유체동산 인도청구권에 대한 강제집행의 경우 집행관이 인도된 유체동산을 현금화하여 매각대금을 집행법원에 제출한 때(민사집행법 제243조 제3항, 민사집행규칙 제169조 및 제165조 제4항, 제183조), ③ 금전채권에 대한 강제집행에 있어서 압류된 채권이 조건부 또는 기한부 그 밖의 이유로 추심하기 곤란하여 매각명령, 관리명령 등으로 현금화된 금전이 법원에 제출된 때(민사집행법 제252조 제3호, 제241조), ④ 그 밖의 재산권에 대한 강제집행의 경우에는 주로 특별현금화방법에 의하여 현금화된 매각대금이나 재산을 관리하여 얻은 수익이 집행법원에 제출된 때(민사집행법 제252조 제3호, 제251조 제1항, 제241조), 각 배당절차가 개시된다.

Ⅱ. 추심채권자의 공탁(민사집행법 제252조 제2호 전단)

금전채권에 대한 강제집행에 있어서 추심명령에 의하여 채권자가 채권을 추심한 후 법원에 추심신고를 하기 전에 다른 압류, 가압류 또는 배당요구가 있어서 추심금을 공탁한 경우(민사집행법 제252조 제2호, 제236조 제2항)에 배당절차가 개시된다.

현행법상 체납처분절차와 민사집행절차는 별개의 절차이므로 체납처분에 의하여 압류된 채권에 대하여도 민사집행법에 따라 압류 및 추심명령을 할 수 있고(대법원 1999. 5. 14. 선고 99다3686 판결 참조), 나아가 이미 체납처분에 의하여 압류된 채권에 대하여 민사집행절차에서 압류 및 추심명령을 받은 채권자가 제3채무자로부터 입류채권을 추심한 경우에는 민사집행법 제236조 제2항에 따라 공탁의무가 발생하게 되므로 추심한 금액을 바로 공탁하고 사유신고를 하여야 한다(대법원 2015. 7. 9. 선고 2013다60982 판결, 2015. 8. 27. 선고 2013다203833 판결 참조).

Ⅲ. 제3채무자의 민사집행법 제248조 공탁(민사집행법 제252조 제2호 후단)

1. 총설

금전채권에 대한 강제집행에 있어서는 제3채무자가 민사집행법 제248조의 규정에 따라 집행공탁을 한 때 배당절차가 개시된다(민사집행법 제252조 제2호, 제248조).

채권압류명령을 송달받은 제3채무자는 압류된 금액이나 압류와 관련된 채권 전액을 공탁함으로써 채권자(압류채무자)뿐만 아니라 압류채권자와의 관계에서도 면책을 받을 수 있다. 그리고 위와 같이 공탁을 한 제3채무자는 압류명령을 발령한 법원에 공탁사유신고를 하여야 한다(민사집행법 제248조 제4항).

민사집행법이 제정되기 전에는 압류가 경합하는 경우나 압류에 관하여 배당요구가 있는 경우의 제3채무자의 공탁에 관하여 규정하고 있었으나(구 민사소송법 제581조 제1항), 압류채권자가 한 사람인 경우에 관하여 아무런 규정이 없었다. 그래서 금전채권에 관하여 1개의 압류 또는 가압류가 집행된 것만으로는 제3채무자는 공탁할 수 없었다. 하지만 민사집행법 제248조 제1항에서는 구 민사소송법에서 인정하고 있지 않았던 제3채무자의 권리공탁을 인정하여 1개의 압류가 있는 경우에도 제3채무자는 압류에 관련된 금전채권의 전액을 공탁할 수 있는 것으로 하였다. 또한 같은 법 제248조 제2항과 제3항은 압류된 채권에 대하여 배당요구가 있거나 압류가 경합하는 경우 제3채무자는 배당에 참가하였거나 압류, 가압류를 한 채권자의 공탁청구가 있으면 압류된 부분에 해당하는 금액 또는 채권 전액에 해당하는 금액을 각 공탁하여야 하는 것으로 규정하였다.

제3채무자는 민사집행법 제248조에 따라 공탁을 한 때에는 집행법원에 그 사유를 신고하여야 한다(민사집행법 제248조 제4항 본문). 공탁사유신고의 방식은 사건의 표시, 채권자, 채무자 및 제3채무자의 이름, 공탁사유와 공탁한 금액을 적은 서면으로 하여야 하고 공탁서를 붙여야 한다(민사집행규칙 제172조 제1항, 제2항 본문). 제3채무자의 공탁사유신고에 의하여 배당가입차단효가 발생하는데(민사집행법 제247조

제1항, 제248조 제4항), 금전채권의 일부만이 압류되었음에도 그 채권전액을 공탁한 경우에는 그 공탁금 중 압류의 효력이 미치는 금전채권액은 그 성질상 당연히 집행공탁으로 보아야 하나, 압류금액을 초과하는 부분은 압류의 효력이 미치지 않으므로 집행공탁이 아니라 변제공탁으로 보아야 하고 압류금액을 초과하여 변제공탁에 해당하는 부분에 대하여 제3채무자의 공탁사유신고에 의한 배당가입차단효는 발생할 여지가 없다(대법원 2008. 5. 15. 선고 2006다74693 판결 등 참조).

제3채무자가 일부 압류를 원인으로 금전채권 전액을 집행공탁을 하고 사유신고를 한 후 변제공탁의 성질을 갖는 부분에 관한 피공탁자(압류채무자)의 공탁금 출급청구권에 대하여 압류경합이 발생하면 공탁관이 사유신고를 하여야 하는데, 제3채무자의 공탁사유신고로 인해 진행되는 배당절차사건과는 별개의 배당절차가 개시된다.[1)]

2. 민사집행법상 압류와 체납처분에 의한 압류가 경합하는 경우

1) 민사집행법에 의한 압류와 체납처분에 의한 압류가 병존하는 경우 그 선후와 무관하게 제3채무자는 압류와 관련된 금전채권액 전액을 공탁할 수 있다(대법원 2015. 7. 9. 선고 2013다60982 판결 등 참조). 민사집행법에 따른 압류와 체납처분에 의한 압류금액의 총액이 피압류채권액을 초과하는 경우에는 공탁금 전액이 배당재단이 되고, 각 압류금액의 총액이 피압류채권액에 미달하는 경우에는 민사집행법에 따른 압류금액만 배당재단이 된다(행정예규 제1060호). 후자의 경우, 공탁금 중에서 민사집행법에 따른 압류의 효력은 미치지 않지만 체납처분에 의한 압류의 효력이 미치는 부분은 체납처분에 의한 압류채권자가 공탁관에게 공탁금의 출급을 청구할 수 있고, 공탁금 중에서 민사집행법에 따른 압류의 효력 및 체납처분에 의한 압류의 효력이 미치지 않는 부분은 변제공탁의 예에 따라 피공탁자(압류채무자)가 출급을 청구할 수 있으며, 공탁자도 회수청구할 수 있다(행정예규 제1060호).

2) 체납처분에 의한 압류통지 후 체납처분청이 결손처분을 한 후 재차 교부청구하는 것이 가능한지와 관련하여 판례는 소극설의 입장이다.

가) 조세채권이 성립하였다가 국세징수법 제86조 제1항에 의하여 결손처분이 이루어진 경우에는 그 후 당해 결손처분이 취소되지 아니하는 한 그 조세채권에 대하여 국가는 더 이상 징수권을 행사할 수 없다(대법원 2000. 1. 28. 선고 99다53667 판결 참조).

1) 법원실무제요, 민사집행[IV], 사법연수원(2020), 610.

한편 교부청구는 강제환가절차를 진행하는 집행기관에 대하여 체납 조세의 변제를 최고하는 행위일 뿐 공정력을 갖는 행정처분이 아니므로, 이미 결손처분이 이루어진 조세에 대한 교부청구가 있거나 교부청구 후 결손처분이 이루어진 경우에는 결손처분이 이루어진 부분에 관한 조세채권은 집행법원으로부터 배당을 통하여 우선변제를 받을 수 있는 우선채권이라고 볼 수는 없을 것이다(대결 2001. 3. 20.자 2000마5809).

나) 문언 및 체계, 개정 연혁과 취지를 종합하여 보면 법 제96조 제2항 본문 및 시행령 제84조 제3항은 지방세채권을 강제적으로 실현시키는 체납처분 절차에서 체납자의 권리 내지 재산상의 이익을 보호하기 위해 마련된 강행규정으로 보아야 한다. 따라서 지방자치단체의 장이 결손처분을 하였다가 체납처분의 일환으로 지방세의 교부청구를 하는 과정에서 법 제96조 제2항 본문 및 시행령 제84조 제3항을 위반하여 결손처분의 취소 및 그 통지에 관한 절차적 요건을 준수하지 않았다면, 강제집행 절차에서 적법한 배당요구가 이루어지지 아니한 경우와 마찬가지로, 해당 교부청구에 기해서는 이미 진행 중인 강제환가절차에서 배당을 받을 수 없다고 봄이 타당하다(대법원 2019. 8. 9. 선고 2018다272407 판결).[2)]

다) 지방세징수법[2022. 1. 28. (법률 제18794호, 시행 2022. 1. 28.)]상 결손처분에 관한 규정은 삭제되었고, 지방자치단체의 장은 체납처분이 종결되고 체납액에 충당된 배분금액이 그 체납액보다 적을 경우 등의 사정이 있는 경우 정리보류를 할 수 있다(지방세징수법 제106조 참조).

지방세징수법상 정리보류절차가 결손처분절차와 큰 차이점은 지방자치단체장은 구 지방세징수법상 결손처분을 한 후 압류할 수 있는 다른 재산을 발견한 경우 결손처분을 취소하여야 하지만, 지방세징수법상 정리보류의 경우 별도 '정리보류 취소'에 관한 규정을 두고 있지 않다.

국세징수절차에서도 국세징수법(2012. 1. 1. 시행) 제86조 등 결손처분 관련 규정이 삭제되었고, 국세징수사무처리규정 제141조 제1항 제1호, 제4호, 제5호에서 정

2) 대법원 2019. 8. 9. 선고 2018다272407 판결에서도 교부청구는 집행기관에 대하여 체납된 조세의 변제를 최고하는 행위일 뿐 공정력을 갖는 행정처분이 아니므로 이미 결손처분이 이루어진 조세에 대하여 교부청구를 하거나 교부청구 후 결손처분이 이루어진 경우에는 집행법원으로부터 배당을 통하여 우선변제를 받을 수 없다(대결 2001. 3. 20. 2000마5809). 또한 결손처분을 하였다가 다시 체납처분의 일환으로 교부청구를 하기 위해서는 결손처분의 취소 및 그 통지에 관한 절차적 요건을 준수하여야 하고, 만일 위와 같은 절차적 요건을 준수하지 않았다면 강제집행절차에서 적법한 배당요구가 이루어지지 아니한 경우와 마찬가지로, 해당 교부청구에 기하여는 경매절차에서 배당받을 수 없다(대판 참조)는 입장이다.

리보류에 관하여 규정하고 있다.

'정리보류' 후 별도 체납처분을 하지 않고, 배당요구종기가 도과한 후 교부청구만 한 경우 배당요구의 효력이 인정할 수 있을지가 문제될 수 있는데, 정리보류의 경우 결손처분과 달리 그 취소 및 통지절차를 규정하고 있지 않다는 점에서 배당요구 효력이 인정될 여지가 있다.

3. 배당금지급청구권 또는 그에 기한 공탁금 출급청구권에 대한 압류가 있는 경우

부동산배당절차에서 배당받을 채권의 존재 및 액수에 관하여 아무런 다툼이 없어 배당표가 확정되었지만 배당금지급청구권에 대하여 압류의 경합이 발생하면 담임법원사무관등은 민사집행법 제248조 제1항 집행공탁을 할 수 있다. 그리고 2020. 7. 1.부터 시행되는 집행법원의 사유신고에 관한 업무처리지침(재민 제2020-1)에 따르면, 위와 같이 담임법원사무관등이 집행공탁을 한 후 먼저 송달된 압류명령을 발령한 법원에 사유신고를 하여야 한다. 또한 배당금지급청구권에 대한 가압류를 원인으로 담임법원사무관등이 민사집행법 제291조, 제248조 제1항 공탁을 한 후에, 피공탁자(가압류채무자)의 공탁금 출급청구권에 대하여 압류가 이루어져 압류의 경합이 성립되거나, 공탁사유인 가압류를 본압류로 이전하는 압류명령이 발생한 경우에도 담임법원사무관등이나 공탁서등 보관책임자가 사유신고를 하여야 한다는 점을 유의하여야 한다. 또한 공탁금을 배당재단으로 하는 채권배당절차에서는 배당금지급청구권에 대하여 압류 또는 가압류가 이뤄지더라도 배당재단을 구성할 금원이 이미 공탁되어 있어서 새로이 공탁을 하지 않는 것이 현행 실무이지만, 배당금지급청구권에 대하여 압류의 경합이 발생하면 담임법원사무관등이나 공탁서등 보관책임자는 최후의 압류명령서 등의 사본을 송부받은 다음날부터 특별한 사유가 없는 한 5일 이내에 먼저 송달된 압류명령을 발령한 법원에 사유신고를 하여야 한다.

4. 혼합공탁과 배당절차 속행

제3채무자가 민사집행법 제248조 제1항 집행공탁과 민법 제487조 후단의 채권자 불확지 변제공탁을 결합한 혼합공탁을 하는 경우 양 공탁절차에 관한 규정이 모두 적용된다. 이때 배당절차는 공탁 시에 개시되지만(민사집행법 제252조 제2호), 집행법원은 압류의 대상이 된 채권이 압류채무자에게 귀속하는 것을 증명하는 문서(이하 '혼합해소문서')가 제출되어야 배당을 실시할 수 있을 뿐, 바로 배당을 실시할 수는 없다(대법원 2001. 2. 9. 선고 2000다10079 판결 등 참조).

가. 혼합해소문서 제출

금전채권에 대하여 채권양도가 선행하고, 양도인을 채무자로 하는 압류가 있는데 선행하는 채권양도의 효력 유무에 대하여 다툼이 있는 경우(양도된 채권에 대하여 양도금지특약이 있거나 채권자로부터 양도철회 내지 취소통지 등이 있는 경우), 제3채무자는 민법 제487조 후단의 채권자 불확지 변제공탁과 민사집행법 제248조 제1항 집행공탁을 결합한 혼합공탁을 할 수 있다. 이 경우 제3채무자는 공탁사유신고를 하여야 하고(민사집행법 제248조 제4항), 이로 인하여 배당요구종기가 도래한다(민사집행법 제247조 제1항 제1호).

하지만 집행법원은 혼합해소문서가 제출되기 전까지 배당절차의 진행을 정지하여야 하고, 정지된 배당절차를 속행하기 위해서는 공탁금 출급청구권이 양도인(집행채무자)에게 귀속한다는 혼합해소문서가 제출되어야 한다. 일반적으로 혼합해소문서가 되는 것은 공탁금 출급청구권 확인의 확정판결 또는 이에 준하는 서면인데, 다른 피공탁자 뿐만 아니라 혼합공탁 이전에 집행이 완료된 압류 등 집행채권자에 대한 관계에서도 공탁금 출급청구권을 확인받아야 한다(대법원 2012. 1. 12. 선고 2011다84076 판결, 공탁선례 201103-3 참조). 하지만 혼합공탁 이후에 압류 등을 한 집행채권자에 대해서는 위와 같이 확인받을 것을 요하지 않는다(공탁선례 201102-1 참조).

나. 수급사업자의 직접지급청구권과 (가)압류 등이 경합된 경우

하도급거래 공정화에 관한 법률(이하 '하도급법') 제14조 제1항에 따른 수급사업자의 발주자에 대한 하도급대금 직접청구권과 원사업자의 채권자가 원사업자의 발주자에 대한 공사대금채권에 대하여 한 압류나 가압류가 경합하는 경우, 제3채무자인 발주자는 수급사업자의 직접청구권 발생여부나 수급사업자의 직접청구권과 압류나 가압류 사이에 그 우열을 알 수 없는 경우 민법 제487조 후단 채권자 불확지 변제공탁과 민사집행법 제248조 제1항 집행공탁을 결합한 혼합공탁을 할 수 있다.[3)]

하도급법 제14조 제1항 각 호의 직접 지급사유와 함께 '수급사업자가 제조·수

---

3) 법원실무제요, 민사집행[IV], 사법연수원(2020), 613.

리·시공 또는 용역수행한 분에 상당하는' 하도급대금에 대하여 수급사업자에게 직접 청구권이 발생하게 된다(대법원 2008. 2. 29. 선고 2007다54108 판결 참조). 수급사업자에게 하도급대금 직접청구권이 발생하게 되면 그 금액만큼 발주자에 대한 원사업자의 공사대금채권은 수급사업자에게 이전하게 되고, 원사업자에 대한 발주자의 대금지급채무와 수급사업자에 대한 원사업자의 하도급대금 지급채무는 그 범위에서 소멸한 것으로 본다(하도급법 제14조 제2항). 수급사업자의 직접청구권의 발생과 발주자의 원사업자에 대한 대금지급채무의 소멸은 서로 제약하는 관계에 있어서 그중 어느 하나가 일어나지 않으면 다른 법률효과도 발생하지 않는다(대법원 2014. 11. 13. 선고 2009다67351 판결 참조). 즉 수급사업자의 하도급대금 직접청구권이 발생하기 전에 원사업자의 발주자에 대한 공사대금채권이 압류 또는 가압류 등 집행보전 되었다면 그 이후에 하도급대금 직접지급사유에도 불구하고 그 집행보전된 채권은 소멸하지 아니하고(대법원 2003. 9. 5. 선고 2001다64769 판결 등), 원사업자의 발주자에 대한 공사대금채권은 다른 특별한 사정이 없는 한 그 집행보전된 채권액의 한도에서는 수급사업자에게 이전하지 않는다(대법원 2014. 11. 13. 선고 2009다67351 판결). 그리고 이러한 법리는 원사업자의 발주자에 대한 채권에 관한 가압류 등이 수급사업자의 원사업자에 대한 하도급대금채권의 실현을 위하여 이루어진 경우에도 마찬가지로 적용된다고 보아야 한다. 즉 하도급법 제14조에 의한 하도급대금 직접지급사유가 발생하기 전에 오로지 수급사업자의 신청에 의해서만 원사업자의 발주자에 대한 공사대금채권이 가압류된 경우 등에도, 그 직접지급사유 발생 전에 그 가압류 등에 따른 집행보전의 효력이 집행해제나 집행취소 등의 사유로 실효되지 않는 한, 그 집행보전된 채권은 소멸하지 아니하고 수급사업자의 발주자에 대한 직접지급청구권도 발생하지 않는다(대법원 2017. 12. 5. 선고 2015다4238 판결).

원사업자에 대하여 파산폐지결정이 확정되거나 회생절차가 개시되더라도 수급사업자는 직접청구권을 행사할 수 있다(대법원 2005. 7. 28. 선고 2004다64050 판결, 대법원 2007. 6. 28. 선고 2007다17758 판결 참조).

직접지급사유가 발생한 다수의 수급사업자들이 있는 경우 어느 수급사업자가 발주자에게 하도급대금의 직접 지급을 요청하더라도, 그보다 먼저 하도급법 제14조 제1항 각 호의 요건을 갖춘 다른 수급사업자가 있는 경우 원사업자는 그 다른 수급사업자에게 지급한 하도급대금 상당액의 채무가 소멸하였음을 주장할 수 있다(대법원 2010. 6. 10. 선고 2009다19574 판결 참조).

집행법원은 위와 같이 수급사업자의 하도급대금 직접청구권의 발생 여부를 소명하는 서면(혼합해소문서)이 제출되면 배당절차를 진행할 수 있다.[4)]

다. 공동명의예금과 압류

甲을 채무자로 하는 丙의 압류 및 추심명령이 은행에 도달하였는데 甲과 乙 공동명의예금채권 100만 원이 있는 경우에 제3채무자로서는 위 예금채권이 동업자금으로서 준합유관계에 있는 채권인지 아니면 甲과 乙 각자 지분에 따라 분량적으로 귀속하는지 여부를 알 수 없다. 따라서 제3채무자는 피공탁자를 "甲 또는 乙"로 기재하고, 丙의 압류가 있음을 이유로 민법 제487조 제1항 후단 및 민사집행법 제248조 제1항을 결합한 혼합공탁을 할 수 있다.

공동명의예금계약의 경우 금융기관은 특별한 사정이 없는 한 공동명의자 전부를 거래자로 보아 예금계약을 체결할 의도라고 보아야 할 것이므로 공동명의자 중 일부만이 금원을 출연하였다 하더라도 출연자만이 공동명의예금의 예금주라고 할 수는 없다(대법원 2001. 6. 12. 선고 2000다70989 판결).

은행에 공동명의로 예금을 하고 은행에 대하여 그 권리를 함께 행사하기로 한 경우에 만일 동업자금을 공동명의로 예금한 경우라면 채권의 준합유관계에 있다고 볼 수 있다. 그러나 공동명의 예금채권자들 각자가 분담하여 출연한 돈을 동업 이외의 특정 목적을 위하여 공동명의로 예치해 둠으로써 그 목적이 달성되기 전에는 공동명의 예금채권자가 단독으로 예금을 인출할 수 없도록 방지·감시하고자 하는 목적으로 공동명의로 예금을 개설한 경우라면 하나의 예금채권이 분량적으로 분할되어 각 공동명의 예금채권자들에게 공동으로 귀속되고, 각 공동명의 예금채권자들이 예금채권에 대하여 갖는 각자의 지분에 대한 관리처분권은 각자에게 귀속된다(대법원 2004. 10. 14. 선고 2002다55908 판결).

따라서 공동명의 예금채권자들이 각자가 분담하여 출연한 돈을 동업 이외의 특정 목적을 위하여 공동명의로 예치해 둠으로써 공동명의 예금채권자가 단독으로 예금을 인출할 수 없도록 방지·감시하고자 하는 목적으로 공동명의로 예금을 개설한 것이라는 사정을 소명하는 서면이 제출된 경우 집행법원은 배당절차를 속행할 수 있다. 즉 甲의 지분에 해당하는 50만 원만 배당재단이 되고, 乙의 지분에 해당하는 50만 원은 丙압류의 효력이 미치지 않아 변제공탁의 성격을 가지므로 乙은 공탁소에서 직

4) 법원실무제요, 민사집행[IV], 사법연수원(2020), 614.

접 출급청구를 할 수 있다.

한편 공동명의예금의 성격이 동업자금이라는 사정을 소명하는 서면이 제출되면 丙압류는 무효이고, 배당절차를 진행할 유효한 압류가 없으므로 집행법원은 사유신고를 불수리하게 된다.[5)]

라. 공동수급체의 구성원 중 일부를 채무자로 하여 공사대금채권을 압류한 경우

甲, 乙, 丙 공동수급체의 공사대금채권(1백만 원)에 대하여 甲을 채무자로 하는 丁의 압류 및 추심명령(1천만 원)이 도급인 戊에게 송달된 경우에 제3채무자 戊는 공사대금채권에 대하여 공동수급체 구성원들 상호간에 지분을 인정하는 약정을 하였는지 여부를 알 수 없기 때문에 피공탁자 '甲 또는 乙 또는 丙', 丁의 압류를 이유로 민법 제487조 후단 및 민사집행법 제248조 제1항을 근거로 하는 혼합공탁을 할 수 있다.

공동이행방식의 공동수급체는 기본적으로 민법상 조합의 성질을 가지므로 공동수급체가 공사를 시행함으로 인하여 도급인에 대하여 가지는 채권은 원칙적으로 공동수급체의 구성원에게 합유적으로 귀속한다. 따라서 특별한 사정이 없는 한 구성원 중 1인이 임의로 도급인에 대하여 출자지분의 비율에 따른 급부를 청구할 수 없고, 구성원 중 1인에 대한 채권으로써 그 구성원 개인을 집행채무자로 하여 공동수급체의 도급인에 대한 채권에 대하여 강제집행을 할 수 없다. 그러나 공동이행방식의 공동수급체와 도급인이 공사도급계약에서 발생한 채권과 관련하여 공동수급체가 아닌 개별 구성원으로 하여금 그 지분비율에 따라 직접 도급인에 대하여 권리를 취득하게 하는 약정을 하는 경우와 같이, 공사도급계약의 내용에 따라서는 공사도급계약과 관련하여 도급인에 대하여 가지는 채권이 공동수급체의 구성원 각자에게 그 지분비율에 따라 구분하여 귀속될 수도 있고, 위와 같은 약정은 명시적으로는 물론 묵시적으로도 이루어질 수 있다[대법원 2012. 5. 17. 선고 2009다105406 전원합의체 판결].

따라서 공사도급계약과 관련하여 도급인에 대하여 가지는 채권이 공동수급체의 구성원 각자에게 그 지분비율에 따라 구분하여 귀속된다는 사정을 소명하는 서면이 제출되면 집행법원은 배당절차를 진행할 수 있다.[6)]

---

5) 공탁실무편람, 법원행정처(2022), 559.
6) 공탁실무편람, 법원행정처(2022), 560.

5. 공탁관 사유신고에 의한 배당절차 개시

민사집행법 제248조에 의한 공탁이 아니더라도 다른 유형의 공탁(변제공탁 등)이 이뤄진 후 공탁금 출급(또는 회수)청구권에 대한 압류경합이 발생하여 공탁관이 적법하게 사유신고를 하게 되면 배당절차가 개시되고, 배당요구종기가 도래한다.

가. 가압류집행을 원인으로 하는 민사집행법 제291조, 제248조 제1항 공탁절차

민사집행법 제291조, 제248조 제1항 공탁은 원래의 채권자인 가압류채무자를 피공탁자로 하는 일종의 변제공탁이고, 가압류의 효력은 그 청구채권액에 해당하는 공탁금액에 대한 가압류채무자의 공탁금 출급청구권에 존속하는 것으로 보아야 하므로(민사집행법 제297조) 가압류의 집행을 원인으로 하는 공탁은 채권압류를 원인으로 하는 민사집행법 제248조에 의한 공탁과는 그 성질이 다르다. 민사집행법 제291조에 의하여 같은 법 제248조가 준용된다고 하더라도 이는 단지 공탁의 근거를 부여하는 데 불과하며, 같은 법 제248조의 집행공탁과 같은 성질의 공탁이 이루어지는 것을 뜻하는 것이 아니다. 따라서 가압류의 집행을 원인으로 하는 공탁이 되더라도 그 공탁금으로부터 배당 등을 받을 수 있는 채권자의 범위를 확정하는 배당가입차단효도 없고, 배당절차를 개시하는 사유도 되지 않는다(대법원 2006. 3. 10. 선고 2005다15765 판결). 하지만 가압류된 채권에 대하여 민사집행법 제291조, 제248조 제1항에 따른 공탁이 성립된 후에 가압류채무자(피공탁자)의 공탁금 출급청구권에 대한 압류가 이루어져 압류의 경합이 성립하거나 가압류를 본압류로 이전하는 압류명령이 국가(공탁관)에 송달되면, 민사집행법 제291조, 제248조 제1항에 따른 공탁은 민사집행법 제248조 제1항에 의한 집행공탁으로 전환되어 공탁관은 즉시 압류명령의 발령법원에 그 사유를 신고하여야 하는데, 이로써 배당절차가 개시되고 배당요구의 종기에 이르게 된다(대법원 2019. 1. 31. 선고 2015다26009 판결 참조). 특히 공탁관은 공탁사유인 가압류를 본압류로 이전하는 압류명령이 있는 경우에는 압류의 경합이 성립하지 않더라도 즉시 사유신고를 하여야 한다(대법원 2019. 1. 31. 선고 2015다26009 판결, 행정예규 제1225호 참조).

한편 2020. 7. 1.부터 시행되는 집행법원의 사유신고에 관한 업무처리지침(재민 2020-1)에 따르면, 부동산배당절차에서 배당금지급청구권에 대한 가압류집행을 이유로 집행법원의 담임법원사무관등이 민사집행법 제291조 및 제248조 제1항 공탁을 한 후에, 피공탁자(가압류채무자)의 공탁금 출급청구권에 대하여 압류가 이루어져 압류의 경합이 성립되거나, 공탁사유인 가압류를 본압류로 이전하는 압류명령이 발생한 경우에는 공탁관이 아니라 집행법원의 담임법원사무관등이나 공탁서등 보관책임자가 사유신고를 하여야 한다. 공탁금을 배당재단으로 하는 채권배당절차에서는 배당금지급청구권에 대하여 압류 또는 가압류가 이뤄지더라도 배당재단을 구성할 금원이 이미 공탁되어 있어서 새로이 공탁을 하지 않는 것이 현행 실무이지만, 배당금지급청구권에 대하여 압류의 경합이 발생하면 담임법원사무관등이나 공탁서등 보관책임자는 최후의 압류명령서 등의 사본을 송부받은 다음날부터 특별한 사유가 없는 한 5일 이내에 먼저 송달된 압류명령을 발령한 법원에 사유신고를 하여야 한다.

나. 민사집행법 제282조 가압류해방공탁절차

가압류채무자는 가압류의 집행을 정지하거나 집행한 가압류를 취소하기 위하여 가압류명령에서 정한 금액을 공탁할 수 있는데(민사집행법 제282조, 제299조), 이를 가압류해방공탁이라 한다. 해방공탁금은 소송상 담보가 아니라 가압류목적물을 갈음하는 대체물에 불과하므로 가압류채무자가 아닌 제3자에 의한 가압류해방공탁은 인정되지 않으며 피공탁자가 존재하지 않으므로 금전 공탁서(가압류해방)에 피공탁자를 기재하는 란 자체가 없다. 가압류해방공탁의 원인이 된 가압류는 가압류목적물을 갈음하는 공탁금 회수청구권 위에 존재하게 되고, 이후 공탁금 회수청구권에 대하여 다른 채권에 기한 압류가 송달되면 압류의 경합이 발생하게 되는데(대법원 1996. 11. 11.자 95마252 결정), 이때 공탁관은 사유신고를 하여야 한다. 하지만 가압류채권자가 가압류에서 본압류로 이전하는 채권압류 및 추심(또는 전부)명령을 받은 경우에는 공탁관은 사유신고를 할 것이 아니라 가압류채권자의 회수청구에 응해야 한다. 이는 민사집행법 제291조, 제248조 제1항 공탁의 경우 공탁이 성립한 후 가압류로부터 본압류로 이전하는 압류명령에 의하여 민사집행법 제248조 공탁으로 전환되어 배당절차가 개시된다는 점과 구별된다.

다. 재판상 담보공탁절차

1) 재판상 담보공탁에 있어서 공탁금 회수청구권에 대하여 압류경합이 있더라도 담보취소결정 및 그 확정증명이 제출되어야 공탁관은 사유신고를 할 수 있다(행정예규 제1225호 참조). 수인의 공탁자가 공탁하면서 각자의 공탁금액을 나누어 기재하지 않고 공동으로 하나의 공탁금액을 기재한 경우에 공탁자들은 균등한 비율로 공탁

한 것으로 보아야 하고, 이러한 법리는 강제집행정지의 담보를 위하여 공동 명의로 공탁한 경우 담보취소에 따른 공탁금 회수청구권의 귀속과 비율에 관하여도 마찬가지로 적용된다. 예를 들어 강제집행정지의 담보를 위해 甲과 乙이 각자의 공탁금액을 나누어 기재하지 않고 공동으로 100만 원을 공탁한 후에 제3자가 공동공탁자 중 甲의 공탁금 회수청구권에 대하여 압류 및 추심명령을 얻은 경우에 그 압류 및 추심명령은 공탁자들 사이에 균등한 비율에 의한 공탁금액의 한도 내에서 효력이 있으므로, 담보공탁금을 전액 출연한 乙이 그 압류채권자에 대하여 자금 부담의 실질관계를 이유로 대항할 수 없다(대법원 2015. 9. 10. 선고 2014다29971 판결 참조). 그리고 압류경합 여부와 사유신고로 인하여 배당재단에 편입되는 금액은 압류채무자인 개별 공탁자에게 균등한 비율로 귀속되는 공탁금액을 기준으로 판단한다. 가령 위 사례에서 甲의 공탁금 회수청구권에 대하여 丙(30만 원)과 丁(30만 원)의 압류가 있으면 압류경합이 발생하고, 담보취소결정이 확정된 경우 공탁관의 사유신고에 의하여 배당재단이 되어야 할 금액은 甲의 지분에 상응하는 50만 원이다.[7)]

2) 피공탁자가 공탁금 회수청구권에 대하여 담보권 실행을 하면서 담보취소결정을 받더라도 오히려 적극적인 담보권 실행으로 본다(대법원 2008. 11. 13. 선고 2007다33842 판결 등). 즉 "민사소송법 제123조에 의하면, 재판상 담보공탁에 있어 담보권리자(피공탁자)는 담보물에 대하여 질권자와 동일한 권리가 있는바, 담보권리자가 공탁금 회수청구권을 압류하고 추심명령이나 확정된 전부명령을 받은 후 담보취소결정을 받아 공탁금 회수청구를 하는 경우에도 그 담보공탁금의 피담보채권을 집행채권으로 하는 것인 이상, 담보권리자의 위와 같은 담보취소신청은 어디까지나 담보권을 포기하고 일반 채권자로서 강제집행을 하는 것이 아니라 오히려 적극적인 담보권실행에 의하여 그 공탁물 회수청구권을 행사하기 위한 방법에 불과하다고 보는 것이 합리적이므로 이는 담보권의 실행방법으로 인정되고, 따라서 이 경우에도 질권자와 동일한 권리가 있다고 할 것이므로 그에 선행하는 일반 채권자의 압류 및 추심명령이나 전부명령으로 이에 대항할 수 없다"는 입장이다.

3) 피공탁자의 공탁금 회수청구권에 대한 담보권 실행은 출급청구로 본다.

가) 대법원 2019. 12. 12. 선고 2019다256471 판결은 "피공탁자로서 담보권리자인 乙이 공탁금의 피담보채권인 후행 채권가압류결정을 취소하는 가압류취소 결정에 따라 확정된 소송비용에 대하여, 공탁금을 직접 출급청구하는 대신 甲 회사의 공

7) 법원실무제요, 민사집행[IV], 사법연수원(2020), 616.

탁금 회수청구권을 압류하고 추심명령을 받은 다음 담보취소결정과 함께 공탁금 회수청구를 하더라도 이는 담보권의 실행방법으로 인정되므로, 그 실질은 공탁금 출급청구와 다르지 않고, 따라서 공탁금에 대한 乙의 출급청구채권을 피압류채권으로 하는 丙 지방자치단체와 丁 세무서의 압류는 위와 같이 확정된 소송비용 부분에 대하여는 효력을 인정할 수 있다"고 판시하고 있다.

나) 또한 공탁선례 중 가집행선고 있는 판결에 대한 강제집행정지를 위한 담보는 채권자가 그 강제집행정지 자체에 의하여 손해를 입을 경우에 그 손해배상채권을 담보하기 위한 것인데, 담보권리자 甲이 대위에 의한 담보취소결정을 받은 이상 그 담보권은 소멸되어 이제는 보증공탁금에 대하여 어떤 권리도 가지고 있지 않게 되었다 할 것이고 또한 위 압류 및 전부명령으로 甲이 취득한 권리는 담보사유의 소멸을 조건으로 한 乙의 '공탁금 회수청구권'인데 반해 丙이 가압류한 채권은 담보권의 존재를 전제로 한 甲의 '공탁금 출급청구권'으로 위 가압류의 효력은 甲이 취득한 위 회수청구권에 미치지 않는다고 생각된다. 따라서 甲은 위 가압류와 상관없이 공탁금 회수청구를 할 수 있을 것이라는 취지의 공탁선례[2000. 4. 25. 법정 제3302-145호 질의회답(공탁선례 1-209)]는 ① 담보권리자가 공탁금 회수청구권을 압류하고 추심명령이나 전부명령을 받은 후 담보취소결정을 받아 공탁금 회수청구를 하는 경우에도 그 담보공탁금의 피담보채권을 집행권원으로 하는 이상 담보권 실행방법으로 인정되므로(대법원 2004. 11. 26. 선고 2003다19183 판결, 대법원 2019. 12. 12. 선고 2019다256471 판결 등 참조), 해당 선례 중 "담보권리자 甲이 대위에 의한 담보취소결정을 받은 이상 그 담보권은 소멸되어 이제는 보증공탁금에 대하여 어떤 권리도 가지고 있지 않게 되었다"는 부분은 더 이상 타당하지 않고, ② 피담보채권을 집행권원으로 하는 이상 공탁금 회수청구권을 압류하고 추심명령을 받은 다음 담보취소결정과 함께 공탁금 회수청구를 하더라도 그 실질은 공탁금 출급청구와 다르지 않으므로 공탁금 출급청구권을 피압류채권으로 하는 제3자의 압류는 담보권 실행방법으로 인정되는 위와 같은 공탁금 회수청구에 대하여도 그 효력을 인정할 수 있다(대법원 2019. 12. 12. 선고 2019다256471 판결 참조). 따라서 해당 선례에서 담보공탁의 피담보채권에 해당하는'강제집행정지로 인한 지연손해금채권' 부분에 대한 공탁금 회수청구는 실질적으로 공탁금 출급청구에 해당하므로 "丙이 가압류한 채권은 담보권의 존재를 전제로 한 甲의 '공탁금 출급청구권'으로 위 가압류의 효력은 甲이 취득한 위 회수청구권에 미치지 않는다"는 부분은 더 이상 타당하지 않다는 이유로 직권폐

지되었다[사법등기심의관 2439 (2022.05.10.)].

라. 공탁금 지급청구권에 대하여 민사집행법상 압류와 체납처분에 의한 압류가 경합

공탁금 출급(또는 회수)청구권에 대하여 민사집행법에 따른 압류와 체납처분에 의한 압류가 있고(선후 불문) 그 압류금액의 총액이 피압류채권액을 초과하는 경우에는 공탁관은 사유신고를 하여야 한다(행정예규 제1225호 참조).

제3채무자가 민사집행법에 따른 압류와 체납처분에 의한 압류가 있음을 이유로 민사집행법 제248조 제1항 집행공탁을 한 경우에 집행공탁 당시에 민사집행법에 따른 압류(A)와 체납처분에 의한 압류(B)의 총액이 피압류채권을 초과하지 않았지만, 공탁된 후에 위 민사집행법에 따른 압류의 효력이 미치지 않는 부분의 공탁금 출급(또는 회수)청구권(C)에 대하여 새로이 민사집행법에 따른 압류(D)가 있는 경우 민사집행법에 따른 압류(D)와 체납처분에 의한 압류(B)를 합한 금액이 공탁금 출급(또는 회수)청구권(C)을 초과하게 되면 공탁관은 사유신고를 하여야 한다(행정예규 제1060호, 1225호 참조).

한편 배당금지급청구권에 기한 공탁금 출급청구권에 대하여 민사집행법에 따른 압류와 체납처분에 의한 압류가 있고(선후 불문) 그 압류금액의 총액이 피압류채권액을 초과하는 경우에는 담임법원사무관등 또는 공탁서등 보관책임자가 사유신고를 하여야 한다(재민 2020-1 참조).

마. 혼합공탁과 공탁관 사유신고

금전채권에 대하여 가압류가 선행하고 채권양도가 후행하는 경우 가압류는 그 효력이 유동적이고 가압류의 효력 여부에 따라 채권양도의 효력이 결정되고, 권리자가 달라질 수 있어서 제3채무자는 "양도인(가압류채무자) 또는 양수인"을 피공탁자로 하여 민법 제487조 후단 변제공탁과 민사집행법 제291조, 제248조 제1항 집행공탁을 결합한 혼합공탁을 할 수 있다. 이때 가압류채권자가 본안소송에서 승소하는 등으로 집행권원을 취득하게 되면 채권가압류의 처분금지효력이 미치는 범위 내에서 채권양도는 무효가 되면서(대법원 2002. 4. 26. 선고 2001다59033 판결 참조) 혼합관계는 해소된다. 따라서 공탁관은 채권양도보다 선행하는 가압류를 본압류로 이전하는 압류명령이 있는 경우에 사유신고를 하여야 한다.[8)]

---

8) 법원실무제요, 민사집행[IV], 사법연수원(2020), 617.

6. 집행법원의 사유신고에 의한 배당절차 개시

민사집행사건에서 발생한 배당금지급청구권에 대하여 압류의 경합 등이 발생하거나 그에 기한 공탁금 출급청구권에 대한 압류의 경합 등이 발생하여(민사집행법 160조 각 호의 지급제한사유가 있는 경우에는 그 사유가 해소된 후) 집행법원의 담임법원사무관등이나 공탁서등 보관책임자가 적법하게 사유신고(재민 2020-1 참조)를 하게 되면 배당요구종기가 도래하고 배당절차가 진행된다.

Ⅳ. 채권자의 경합

1) 유체동산에 대한 강제집행의 경우 압류채권자 외에 중복압류 채권자(민사집행법 제215조), 배당요구채권자(민사집행법 제217조~제220조) 등 2인 이상의 채권자가 경합되어 있는 경우에 배당절차가 개시된다. 즉 채권자가 경합하고 있는 상황에서 현금화된 대금으로 집행비용과 총 채권액의 변제에 부족하고, 채권자 사이에 배당협의가 성립되지 않으면 집행관은 압류금전, 매각대금을 공탁하고 그 사유를 집행법원에 신고하여야 한다(민사집행법 제222조). 법률상 집행관이 공탁한 때 배당절차가 개시되나(민사집행법 제252조 제1호), 실제로는 사유신고가 있어야 배당절차가 진행될 수 있다. 여기서 총채권액이란 당해 집행절차에서 채권자가 집행채권으로 청구하고 있거나 적법하게 배당요구를 한 채권을 말하고 그 집행절차에서 청구하고 있지 않은 채권은 포함되지 않는다. 또 압류신청 당시에 또는 배당요구 시에 이미 발생되어 있는 이자채권과 같은 것도 집행절차에서 청구하였으면 집행채권에 포함되지만 청구하고 있지 않으면 포함되지 않는다.[9)]

2) 채권에 대한 강제집행에 있어서는 압류채권자 외에 중복압류 채권자(민사집행법 제235조), 배당요구채권자(민사집행법 제247조), 가압류채권자(민사집행법 제256조, 제160조 제1항 제2호) 등 2인 이상의 채권자가 경합되어 있어서 제3채무자가 민사집행법 제248조 제2항, 제3항에 따라 의무공탁을 한 경우뿐만 아니라 위와 같은 경합이 없는 단일의 압류에 대하여 제3채무자가 민사집행법 제248조 제1항에 따라 권리공탁을 한 경우에도 변제금교부절차가 아닌 배당절차가 개시된다(민사집행법 제252조 제2호 후단). 또한 특별현금화방법에 따라 현금화한 그 매각대금 등은 집행관 등이 채권자의 경합 여부나 만족 여부에 관계없이 집행법원에 제출하여야 하

9) 법원실무제요, 민사집행[IV], 사법연수원(2020), 618.

며(민사집행규칙 제165조 제4항 등), 현금화된 금전이 법원에 제출되면 배당절차가 개시된다(민사집행법 제252조 제3호). 가령 건설산업기본법상 공제조합에서 조합원에게 발행한 출자증권이 압류되어 특별현금화절차를 거쳐 집행관이 현금화한 금전을 집행법원에 제출하면 배당절차가 개시된다. 이때 외관상 출자증권에 대한 압류가 경합되었다고 하더라도 출자증권에 대한 압류는 민사집행법 제233조에 따른 지시채권의 압류의 방법으로 하고, 법원의 압류명령으로 집행관이 출자증권을 점유함으로써 그 효력이 생기므로(건설산업기본법 제59조 제4항, 민사집행법 제233조) 증권을 점유하지 못한 채권자들이 한 압류는 무효이고(대법원 1987. 1. 20. 선고 86다카1456 판결 참조), 집행관이 현금화한 대금을 집행법원에 제출하기 전까지 배당요구를 하여야(민사집행법 제247조 제1항 제3호) 배당절차에 참여할 수 있다.

금전채권에 대하여 압류가 경합된 상태에서 제3채무자가 민사집행법 제248조 집행공탁을 하게 되면 모든 압류는 실효되고 각 압류채권자는 배당받을 채권자의 지위로 전환되어 제3채무자의 공탁사유신고 시까지 배당요구를 하지 않더라도 그 배당절차에 참가할 수 있다. 이때 제3채무자가 민사집행법 제248조 집행공탁을 하고 사유신고를 하면서 경합된 압류 중 일부에 관한 기재를 누락했다고 하더라도 누락된 압류채권자는 배당절차에 참가할 수 있다(대법원 2015. 4. 23. 선고 2013다207774 판결 참조). 이때 누락된 압류가 체납처분에 의한 압류라 하더라도 마찬가지이다(대법원 2015. 8. 27. 선고 2013다203833 판결 참조).

또한 판례[10]는 제3채무자가 압류나 가압류를 이유로 민사집행법 제248조 제1항이나 민사집행법 제291조, 제248조 제1항에 따라 집행공탁을 하게 되면 제3채무자에 대한 피압류채권은 소멸하는 것이고, 채권에 대한 압류·가압류명령은 그 명령이 제3채무자에게 송달됨으로써 효력이 생기는 것이므로, 제3채무자의 집행공탁 전에 동일한 피압류채권에 대하여 다른 채권자의 신청에 의하여 압류·가압류명령이 발령되었더라도, 제3채무자의 집행공탁 후에야 그에게 송달되었다면, 그 압류·가압류명령은 집행공탁으로 인하여 이미 소멸한 피압류채권에 대한 것이어서 압류·가압류의 효력이 생기지 아니한다. 그런데 공탁사유신고서에 이에 대한 내용이 기재되는 등으로 집행법원이 배당요구의 종기인 공탁사유신고시까지 이와 같은 사실을 알 수 있었고, 채권자가 법률에 의하여 우선변제청구권이 있거나 집행력있는 정본을 가진 채권자인 경우라면 배당요구의 효력을 인정할 수 있다는 입장이다.

---

10) 대법원 2015. 7. 23. 선고 2014다87502 판결

나아가 대법원 2021. 12. 16. 선고 2018다226428 판결에서는 제3채무자가 공탁사유신고를 한 후에 제3채무자에게 송달된 압류가 있는 경우, 즉 배당요구종기 전에 압류의 효력발생요건(제3채무자에 대한 압류명령 송달)이 갖추어지지 않더라도 압류명령이 발령되었고, 그 사실을 집행법원에서 알 수 있었다는 등의 사정이 있는 일정한 경우에 무효인 압류의 배당요구의 효력을 인정하고 있다.

3) 배당절차에서 금전채권에 대한 채권양도와 압류가 경합하던 중 채권양도가 사해행위임을 이유로 취소되는 경우에 배당받을 채권자의 범위를 정함에 있어 채권자취소의 효력이 문제되는 경우가 있다.

가) 채권자가 사해행위의 취소와 함께 수익자 또는 전득자로부터 책임재산의 회복을 명하는 사해행위취소의 판결을 받은 경우 그 취소의 효과는 채권자와 수익자 또는 전득자 사이에만 미치므로, 수익자 또는 전득자가 채권자에 대하여 사해행위의 소로 인한 원상회복 의무를 부담하게 될 뿐 채무자와 사이에서 그 취소로 인한 법률관계가 형성되거나 취소의 효력이 소급하여 채무자의 책임재산으로 회복되는 것은 아니다(대법원 2001. 5. 29. 선고 99다9011 판결, 대법원 2006. 8. 24. 선고 2004다23110 판결 등 참조). 따라서 전부명령 당시 피전부채권이 이미 채무자로부터 제3자에게 양도되어 대항요건까지 갖추었다면, 위 전부명령은 무효라 하겠고, 그 후의 사해행위취소소송에서 피전부채권에 대한 채권양도계약이 취소되고 그 채권의 복귀를 명하는 판결이 확정되었다고 하더라도, 위 채권이 소급하여 채무자에게 복귀하거나 이미 무효로 된 전부명령이 다시 유효하게 되는 것은 아니라고 할 것이다(대법원 2007. 4. 12. 선고 2005다1407 판결 참조).

대법원 2020. 10. 15. 2019다235702 판결은 A압류(50만 원), B가압류(50만 원)와 채권양도(150만 원), C압류(100만 원)가 경합하고 채권양도의 효력에 다툼이 있다는 이유로 제3채무자가 민법 487조 후단 채권자 불확지 변제공탁과 민사집행법 제248조 제1항 집행공탁을 결합한 혼합공탁(150만 원)을 하고 사유신고를 한 경우와 유사한 사안에서, 위 채권양도가 채권자취소판결에 따라 사해행위임을 이유로 취소되고, 그 취지에 따라 대한민국에 양도통지가 이뤄졌고, D가 '채무자가 대한민국에 대하여 가지는 공탁금 출급청구권'에 대하여 압류 및 추심명령(100만 원)을 받은 경우 채권자취소의 비소급효에 의하여 C압류는 무효이고 공탁금 중 A, B압류를 초과하는 '50만 원' 부분은 변제공탁에 해당하고 이에 대하여는 D는 적법하게 배당요구를 하였다고 볼 수 있다(대법원 2020. 10. 15. 선고 2019다235702 판결 참조). 그런데 집행법원에서 변제공탁에 해당하는 '50만 원' 부분을 정당한 권원이 없는 C에게 배당을 하고 이후 D가 C를 상대로 부당이득반환청구를 한 경우 D는 변제공탁금(50만 원)에 대한 채무자의 공탁금 출급청구권에 대하여 압류 및 추심명령을 받은 것에 불과하고 단지 변제공탁금을 추심할 권능만을 가지게 되었을 뿐 구체적인 권리를 가진 것이 아니어서 C를 상대로 이 사건 변제공탁금에 대한 구체적인 권리가 침해하였음을 이유로 부당이득반환을 청구할 수 없다(대법원 2020. 10. 15. 선고 2019다235702 판결 참조)는 취지의 판시를 하였다. 또한 공탁금 150만 원 중 100만 원은 제3채무자 A의 사유신고에 의하여 배당재단에 편입되어 배당절차가 진행되고, 나머지 50만 원은 채무자의 책임재산으로 복귀하여 변제공탁의 성격을 가지므로 제3채무자의 사유신고에 의한 배당가입차단효가 미치지 않는다(대법원 2020. 10. 15. 선고 2019다235702 판결 참조). 이 경우 채권자취소판결에 따라 채무자의 책임재산으로 복귀한 공탁금 출급청구권(50만 원)에 대하여 D압류 외 다른 (가)압류가 경합할 경우 공탁관이 사유신고를 하게 된다.[11)]

나) 사해행위의 취소는 취소소송의 당사자 사이에서 상대적으로 취소의 효력이 있는 것으로 당사자 이외의 제3자는 다른 특별한 사정이 없는 이상 취소로 인하여 그 법률관계에 영향을 받지 않는다고 할 것이고, 사해행위의 취소에 상대적 효력만을 인정하는 것은 사해행위 취소채권자와 수익자 그리고 제3자의 이익을 조정하기 위한 것으로 그 취소의 효력이 미치지 아니하는 제3자의 범위를 사해행위를 기초로 목적부동산에 관하여 새롭게 법률행위를 한 그 목적부동산의 전득자 등만으로 한정할 것은 아니라고 할 것이다(대법원 2005. 11. 10. 선고 2004다49532 판결 참조). 따라서 수익자와 새로운 법률관계를 맺은 것이 아니라 수익자의 고유채권자로서 이미 가지고 있던 채권확보를 위하여 수익자가 사해행위로 취득한 채권에 배당된 배당금을 가압류한 자에게 사해행위취소판결의 효력이 마친다고 볼 수 없다(대법원 2009. 6. 11. 선고 2008다7109 판결 참조).

다) 채무자가 제3채무자에 대한 채권을 특정 채권자에게 양도하였다가 채권양도가 사해행위라는 이유로 취소판결이 확정되었으나, 채권자가 당해 채권에 대하여 채권압류 및 추심명령도 받아 둔 경우에는 당해 채권에 대한 제3채무자의 혼합공탁에 따른 배당절차에서 채권자가 사해행위 수익자인 해당 채권의 양수인 자격으로는 배당받을 수 없으나, 채권압류 및 추심명령을 받은 채권자의 지위에서 배당받는 것은

11) 공탁실무편람, 법원행정처(2022), 544-545.

가능하다(대법원 2014. 3. 27. 선고 2011다107818 판결).

라) 채권양도가 사해행위임을 이유로 채권자취소소송이 제기 중이거나 사해행위취소로 인한 원상회복청구권을 피보전권리로 하는 가처분이 있다는 사정은 양도된 채권에 대하여 권리의 귀속을 다투는 경우에 해당하지 않으므로 민법 제487조 후단 채권자 불확지 사유에 해당하지 않는다(대법원 2009. 11. 12. 선고 2007다53785 판결, 공탁선례 201010-2 참조). 따라서 제3채무자가 공탁서의 공탁원인사실란에 '채권자취소소송이 제기 중'이라거나 '사해행위취소로 인한 원상회복청구권을 피보전권리로 하는 가처분이 있다'는 사실을 기재하면서 민법 제487조 후단 채권자 불확지 사유와 민사집행법 제248조 제1항 집행공탁을 결합한 혼합공탁을 하고 사유신고를 하는 경우 집행법원은 사유신고를 불수리하는 것이 타당하다.[12]

4) 담보권자는 그 목적인 채권이 전부명령에 따라 이전한 경우에도 채권양도와 마찬가지로 담보권의 추급력에 따라 우선변제권을 행사할 수 있고, 전부명령을 허용하더라도 담보권자의 법적지위가 침해되는 것은 아니다.[13]

대법원 2022. 3. 31. 선고 2018다21326 판결에 따르면 질권설정자가 민법 제349조 제1항에 따라 제3채무자에게 질권이 설정된 사실을 통지하거나 제3채무자가 이를 승낙한 때에는 제3채무자가 질권자의 동의 없이 질권의 목적인 채무를 변제하더라도 질권자에게 대항할 수 없고, 질권자는 여전히 제3채무자에게 직접 채무의 변제를 청구할 수 있다(대법원 2018. 12. 27. 선고 2016다265689 판결 참조). 질권의 목적인 채권에 대하여 질권설정자의 일반채권자의 신청으로 채권압류 및 전부명령이 내려진 경우에도 그 명령이 송달된 날보다 먼저 질권자가 확정일자 있는 문서에 의해 민법 제349조 제1항에서 정한 대항요건을 갖추었다면, 전부채권자는 질권이 설정된 채권을 이전받을 뿐이고 제3채무자는 전부채권자에게 변제했음을 들어 질권자에게 대항할 수 없다.

5) 집행력 있는 정본을 가진 채권자, 민법 · 상법, 그 밖의 법률에 의하여 우선변제청구권이 있는 채권자는 배당요구를 할 수 있고(민사집행법 제88조 제1항), 이에 따른 배당요구는 채권(이자, 비용, 그 밖의 부대채권을 포함한다)의 원인과 액수를 적은 서면으로 하여야 하며(민사집행규칙 제48조 제1항), 그 배당요구서에는 집행력 있는 정본 또는 그 사본, 그 밖에 배당요구의 자격을 소명하는 서면을 붙여야 한다

12) 법원실무제요, 민사집행[IV], 사법연수원(2020), 620.

13) 주석 민사집행법(V)(제4판), 한국사법행정학회(2018), 596(노재호).

(민사집행규칙 제48조 제2항).

가) 근로기준법 및「근로자퇴직급여 보장법」에 의하여 우선변제청구권을 갖는 임금 및 퇴직금 채권자는 그 자격을 소명하는 서면을 붙인 배당요구서에 의하여 배당요구를 해야 한다.

대법원 2022. 4. 28. 선고 2020다299955 판결[14]에 따르면 임금채권자가 배당요구종기까지 배당요구를 하면서 배당요구자격에 관한 체불 임금등 · 사업주확인서 등 소명자료는 제출하지 않다가 배당기일 전에 소명자료를 제출한 사안에서 근로기준법 및「근로자퇴직급여 보장법」에 의하여 우선변제청구권을 갖는 임금 및 퇴직금 채권자는 그 자격을 소명하는 서면을 붙인 배당요구서에 의하여 배당요구를 해야 하지만, 민사집행절차의 안정성을 보장하여야 하는 절차법적 요청과 근로자의 임금채권을 보호하여야 하는 실체법적 요청을 형량하여 보면 우선변제청구권이 있는 임금 및 퇴직금 채권자가 배당요구 종기까지 위와 같은 소명자료를 제출하지 않았다고 하더라도 배당표가 확정되기 전까지 이를 보완하였다면 우선배당을 받을 수 있다고 해석하여야 한다.

나) 유체동산강제집행절차에서 동산채권담보권자가 배당요구종기 전에 반드시 배당요구를 하여야 하는지와 관련하여 대법원 2022. 3. 31. 선고 2017다263901 판결[15]에 따르면 등기를 통해 공시되는 동산담보권을 창설한 동산·채권담보법의 입법

---

14) 이 사건 피고들은 원고들이 배당요구서에 임금 및 퇴직금 채권자임을 확인할 수 있는 소명자료를 첨부하지 않았고 이를 배당요구 종기까지 제출하지도 않은 이상 그 배당요구는 부적법하여 원고들에게 배당이의의 소를 제기할 원고적격이 없다고 주장하였지만 원심과 대법원은 그 주장을 배척하였다.

15) 대법원 2022. 3. 31. 선고 2017다263901 판결은 다음과 같은 이유를 설시하고 있다.
① 동산담보권은 담보등기를 함으로써 효력이 발생하고(동산·채권담보법 제7조 제1항), 담보등기부는 담보권설정자별로 구분하여 작성되며(제47조), 누구든지 등기부를 열람하거나 발급받을 수 있다(제52조).
② 민사집행법 제148조 제4호는 '저당권·전세권, 그 밖의 우선변제청구권으로서 첫 경매개시결정등기 전에 등기되었고 매각으로 소멸하는 것을 가진 채권자'를 배당요구를 하지 않아도 당연히 배당받을 채권자로 정하고 있다. 위 규정은 등기·등록의 대상이 되는 선박, 자동차, 건설기계 등에 대한 강제집행절차에 준용된다(민사집행법 제172조, 제187조, 민사집행규칙 제108조, 제130조).
③ 민사집행법 제148조는 2002년 민사집행법 제정 시 신설된 규정인데, 이러한 규정이 없었던 구 민사소송법(2002. 1. 26. 법률 제6626호로 전부개정되기 전의 것, 이하 같다)이 적용되던 때에도 '압류의 효력 발생 전에 등기되고 매각으로 소멸하는 담보권을 가진 채권자'는 배당요구 없이도 당연히 배당을 받을 수 있었다(대법원 1998. 10. 13. 선고 98다12379 판결, 대법원 2002. 1. 22. 선고 2001다70702 판결 등 참조).
④ 동산·채권담보법이 제정·시행되기 전에는 유체동산에 관하여 등기에 의하여 공시되는 담보권이 존재하지 않았기 때문에, 민사집행법은 유체동산의 강제집행절차에 관하여 우선변제청구권이

취지, 부동산 집행절차에서 등기된 담보권자를 당연히 배당받을 채권자로 정하는 민사집행법 제148조 제4호의 취지, 동산담보권자와 경매채권자 사이의 이익형량 등을 고려하면, 동산담보권이 설정된 유체동산에 대하여 다른 채권자의 신청에 의한 강제집행절차가 진행되는 경우 민사집행법 제148조 제4호를 유추적용하여 집행관의 압류 전에 등기된 동산담보권을 가진 채권자는 배당요구를 하지 않아도 당연히 배당에 참가할 수 있다.

6) 배당받은 채권자의 집행채권이 (가)압류된 후 배당금지급청구권에 압류경합이 발생하여 집행법원이 공탁사유신고를 하는 경우 위 (가)압류명령도 기재하여야 한다(대법원 2022. 9. 29. 선고 2019다278785 판결 참조). 즉 집행채권자 A의 집행채권에 대한 (가)압류(채권자 B)가 있는 상태에서 집행채무자에 대한 강제집행절차가 진행되어 집행채권자 A에게 적법하게 배당이 이루어지면 집행채권에 대한 (가)압류의 효력은 집행채권자 A의 배당금지급청구권에 미치고, 집행채권자 A의 다른 채권자들이 집행채권자의 배당금지급청구권을 (가)압류하여 압류경합이 발생함으로써 집행공탁이 된 경우 그 집행공탁으로써 배당금지급의무는 소멸하고 특별한 사정이 없는 한 집행채무자는 집행채권의 (가)압류권자에 대하여 집행채권 소멸의 효력을 대항할 수 있다.

집행채권자의 배당금지급청구권에 관한 압류경합에 따른 적법한 공탁사유신고에 의하여 채권배당절차가 개시되면 집행채권을 (가)압류하였던 채권자 B는 그 채권배당절차에서 배당금지급청구권에 대한 압류 또는 가압류권자의 지위에서 배당을 받아

있는 채권자는 배당요구를 할 수 있다고 정할 뿐(민사집행법 제217조, 제218조, 제220조) 민사집행법 제148조를 준용하지 않았다. 2012년 시행된 동산·채권담보법은 제22조 이하에서 동산담보권의 실행방법을 정하고 있지만, 담보목적물에 대한 강제집행절차에서 동산담보권자가 어떤 지위에 있는지에 관하여는 아무런 규정을 두지 않고 있다.

⑤ 동산담보권자는 집행목적물에 대하여 압류채권자에 우선하고 압류에 대항할 수 있는 물적 담보권이 있으며 이것이 등기에 의해 공시되는데도 불구하고 배당요구를 하지 않으면 배당을 받지 못하고 담보권이 소멸한다고 보면, 저당권·전세권 등 부동산 담보권자와의 형평에 맞지 않는다. 동산의 질권자는 집행관의 압류를 승낙하지 않음으로써(민사집행법 제191조 참조), 양도담보권자는 제3자이의의 소로써(대법원 2004. 12. 24. 선고 2004다45943 판결 등 참조) 일반채권자의 강제집행을 쉽게 저지할 수 있는 점을 고려하면 동산담보권자의 지위가 그들보다도 더 약화된다. 배당요구를 하여야 배당을 받을 수 있는 채권자가 배당요구를 하지 않아 배당을 받지 못한 경우 배당을 받은 후순위 채권자를 상대로 부당이득반환청구를 할 수 없는 점(대법원 1996. 12. 20. 선고 95다28304 판결 등 참조)까지 더하여 보면, 이러한 해석은 동산담보권의 설정을 꺼리게 함으로써 동산의 담보거래를 활성화하려는 동산·채권담보법의 입법취지에 부합하지 않는다. 반면 채무자의 재산에 대해 강제집행을 하려는 채권자는 채무자의 담보등기부를 통해 동산담보권의 존재를 알 수 있으므로, 그 우선변제권이 미치는 부분에 대하여는 일반채권자의 배당에 관한 기대를 보호할 필요도 적다.

야 하므로, 집행법원 등이 집행채권자의 배당금지급청구권에 대한 압류의 경합을 이유로 사유신고를 할 때 사유신고서에 집행채권자에 대한 B의 (가)압류명령도 기재하여야 하는데, 만약 집행채권자에 대한 (가)압류명령이 사유신고서에 기재되지 않는 등의 이유로 그 후에 이루어진 배당절차에서 집행채권자의 채권자 B가 배당을 받지 못한 경우에는 과다배당을 받은 다른 채권자를 상대로 자신이 배당받을 수 있었던 금액만큼 부당이득반환청구를 할 수 있다.

제5장 배당절차개시의 장애사유

Ⅰ. 집행정지결정

집행채무자가 압류채권자에 대하여 청구이의의 소, 집행문부여에 대한 이의신청 또는 이의의 소, 집행에 관한 이의신청 등을 제기하고 강제집행의 일시정지를 명하는 잠정처분을 얻어 그 결정 정본을 집행법원에 제출한 때에는 배당절차를 정지하여야 하고, 그 이후의 절차의 속행은 허용되지 않는다(민사집행법 제49조 제2호, 제50조 제1항). 그러나 일부의 채권자에 대하여 집행정지가 되더라도 이중압류 채권자 등 집행절차를 속행할 수 있는 채권자가 있는 때에는 배당절차를 속행하되 정지결정을 받은 채권자의 채권에 대한 배당액은 공탁하여야 한다(민사집행법 제160조 제1항 제3호).

다만 담보권자의 물상대위가 인정되는 경우라도 그 담보권자의 권리는 배당절차의 개시를 저지하는 효력이 없다. 우선변제를 받을 권리가 있는 채권자도 배당요구의 종기까지 담보권 등에 기하여 압류 및 전부(또는 추심)명령을 신청하거나 배당요구를 하지 않는 한 당연히 배당절차에 참가할 수 있는 것은 아니다(대법원 2003. 3. 28. 선고 2002다13539 판결).

Ⅱ. 파산선고

1) 채무자에 대하여 파산선고가 있게 되면 그 당시 채무자가 가진 모든 재산은 파산재단에 속하게 되고[채무자회생 및 파산에 관한 법률(이하, '채무자회생법') 제382조], 파산절차의 안정적인 진행을 위하여 파산선고 후에는 파산재단에 속하는 재산에 대하여 파산채권(채무자회생법 제423조)에 기한 강제집행은 물론 국세징수법 또는 지방세징수법에 의하여 징수할 수 있는 청구권(국세징수의 예에 의하여 징수할 수 있는 청구권 포함)에 기한 체납처분을 할 수 없다(채무자회생법 제349조 제2항, 제424조). 파산선고 전에 파산채권에 기하여 파산재단에 속하는 재산에 대하여 행하여진 강제집행·가압류·가처분은 파산재단에 대하여는 그 효력을 잃는다(채무자회생법 제348조 제1항). 나아가 재단채권(채무자회생법 제473조)에 기해서도 파산선고 후 파산재단에 속한 재산에 대해 새로운 강제집행을 할 수 없고(대법원 2007. 7. 12.자 2006마1277 결정 참조), 재단채권에 기하여 파산선고 전에 이루어진 강제집행은 파산선고로 그 효력을 잃는다(대법원 2008. 6. 27.자 2006마260 결정 참조). 그리고 파산폐지결정이 확정되더라도 파산폐지결정에는 소급효가 없으므로 파산선고로 실효

된 강제집행의 효력은 부활하지 않는다(대법원 2014. 12. 11. 선고 2014다210159 판결 참조).

2) 파산선고에도 불구하고 국세징수법 또는 지방세징수법에 의하여 징수할 수 있는 청구권(국세징수의 예에 의하여 징수할 수 있는 청구권으로서 그 징수우선순위가 일반 파산채권보다 우선하는 것 포함)에 기해 파산선고 전에 착수한 체납처분(채무자회생법 제349조 제1항) 또는 질권자 등 별제권자의 별제권 실행에 의한 압류(채무자회생법 제412조)가 있으면 배당절차를 속행할 수 있다. 또한 파산관재인이 배당절차의 속행을 신청할 수 있지만(채무자회생법 제348조 제1항 단서), 채권배당절차에서 파산관재인의 속행신청은 실무상 거의 존재하지 않는다.[1)]

3) 배당절차가 종료되기 전에 채무자에 대하여 파산선고가 있는 경우에 위 (나)에서와 같이 강제집행을 속행할 수 있는 체납처분 등이 아닌 압류나 가압류는 그 효력을 상실하는 것이 원칙이다. 따라서 집행법원은 배당절차에 참가하는 모든 압류나 가압류가 파산채권이나 재단채권에 기한 것으로 파산선고로 인하여 그 효력이 소멸되었음을 파산관재인이 소명하는 경우 배당절차를 속행할 것은 아니고, 배당재단에 속했던 공탁금이나 보관금을 파산관재인에게 지급하는 절차를 취하면 된다. 하지만 실무는 배당절차를 속행하여 파산관재인에게 배당금을 교부하고 있다.

민사집행법 제252조에 따라 배당절차가 개시되기 전에 채무자에 대하여 이미 파산선고가 있었음이 밝혀져 배당절차를 진행할 수 없는 경우 집행법원은 사유신고 불수리결정을 하게 된다.

4) 한편 채무자회생법 제415조의2 단서 "다만, 임금채권보장법 제8조에 따라 해당 채권을 대위하는 경우에는 그러하지 아니하다"라는 규정을 어떻게 해석할 것인지와 관련하여 대법원 2022. 8. 31. 선고 2019다200737 판결에 따르면 고용노동부장관의 위탁을 받은 근로복지공단이 사업주를 대신하여 지급한 최우선임금채권에 대해서는 채무자회생법 제415조의2 본문의 적용을 배제함으로써 임금채권보장법 제8조 제2항의 규정에도 불구하고 근로복지공단이 우선변제권을 가지는 배당금을 직접 수령하여 변제받을 수 없다는 의미로 보아야 하고, 여기에서 나아가 채무자회생법 제415조의2 신설 전과 달리 근로복지공단이 임금채권보장법 제8조 제2항의 규정에 따른 우선 변제를 받을 권리(다만 그 배당금은 파산관재인에게 교부된다)조차도 행사할 수 없도록 하여 담보물권자가 파산으로 말미암아 파산 전보다 더 유리하게 되는 결

1) 법원실무제요, 민사집행[IV], 사법연수원(2020), 622.

과를 허용하고자 하는 취지는 아니라고 봄이 타당하다.

Ⅲ. 회생절차와 관련된 장애사유

배당절차 진행 중에 채무자가 (개인)회생신청을 하게 되면 (개인)회생절차 진행 단계별로 압류나 가압류 등이 중지되거나 실효가 되어 배당절차에 영향을 미칠 수 있다.

1) 채무자가 회생절차개시신청을 한 후 중지명령을 얻어 집행법원에 제출하게 되면 회생절차개시결정이 있을 때까지 이미 진행 중인 회생채권 또는 회생담보권에 기한 강제집행, 가압류, 가처분, 담보권 실행을 위한 경매절차 및 국세징수법 또는 지방세징수법에 의한 체납처분, 국세징수의 예(국세 또는 지방세 체납처분의 예를 포함)에 의한 체납처분이 중지된다(채무자회생법 제44조). 포괄적 금지명령은 채무자에게 송달되면 그 효력이 발생하는데(채무자회생법 제46조 제2항), 포괄적 금지명령이 효력을 발생하게 되면 회생절차개시결정이 있을 때까지 회생채권 또는 회생담보권에 기한 강제집행 등이 금지되는 것은 물론 채무자의 재산에 대하여 이미 행하여진 회생채권 또는 회생담보권에 기한 강제집행 등도 중지된다(채무자회생법 제45조 제1항, 제3항 참조). 포괄적 금지명령에 반하여 이루어진 회생채권에 기한 보전처분이나 강제집행은 무효이고, 회생절차폐지결정에는 소급효가 없으므로, 이와 같이 무효인 보전처분이나 강제집행 등은 사후적으로 회생절차폐지결정이 확정되더라도 여전히 무효이다(대법원 2016. 6. 21.자 2016마5082 결정 참조).

2) 회생절차개시결정이 난 경우에는 회생채권 또는 회생담보권에 기한 강제집행 등, 국세·지방세징수의 예에 의하여 징수할 수 있는 청구권으로서 일반 회생채권보다 우선하지 않는 것에 기한 체납처분은 새로이 행하는 것이 금지(채무자회생법 제58조 제1항 제2호, 3호)될 뿐만 아니라 이미 행해진 것도 중지되고(채무자회생법 제58조 제2항), 이후 회생계획인가결정이 있는 때에 중지된 강제집행, 가압류, 가처분, 담보권 실행 등을 위한 경매절차는 그 효력을 잃는 것이 원칙이다(채무자회생법 제256조 제1항 참조). 이는 법원의 재판이 없어도 강제집행 등의 절차가 소급하여 그 효력을 잃게 된다는 의미이고, 이러한 실효의 효과는 인가결정과 동시에 발생하므로 인가결정이 뒤에 폐지되더라도 이미 소멸하였던 효력이 되살아나지는 않는다(대법원 2010. 12. 9. 선고 2007다44354, 44361 판결 참조).

그러나 회생계획인가결정 전에 회생절차가 종료되는 경우(개시결정 취소, 인가 전 회생절차 폐지 또는 회생계획불인가결정의 확정)에 배당절차가 속행될 수 있다.

국세징수법 또는 지방세징수법에 의한 체납처분과 국세징수의 예에 의하여 징수할 수 있는 청구권으로서 그 징수우선순위가 일반 회생채권보다 우선하는 것에 기한 체납처분은 회생절차개시결정이 있는 날부터 회생계획인가가 있는 날까지(또는 회생절차가 종료되는 날, 회생절차개시결정이 있는 날부터 2년이 되는 날 중 말일이 먼저 도래하는 기간 동안) 새로이 체납처분을 행하는 것이 금지되고, 이미 행해진 체납처분도 중지되었다가 회생계획인가 등이 있게 되면 새로운 체납처분 및 중지된 체납처분의 속행이 가능하다(채무자회생법 제58조 제3항 참조).

환취권 또는 공익채권에 기한 강제집행은 금지나 중지가 되지 않는 것이 원칙이다(채무자회생법 제70조, 제180조 제1항). 제3채무자가 임금채권(공익채권)에 기한 압류와 일반채권에 기한 압류의 경합을 원인으로 민사집행법 제248조 집행공탁 및 사유신고를 한 후 채무자에 대하여 회생절차가 개시된 경우 실무는 임금채권 등 공익채권에 의하여 압류된 공탁금액만을 배당재단으로 삼아 배당절차를 진행하고 있다.[2]

3) 배당절차 진행 중에 채무자가 개인회생절차개시의 신청을 하여 중지명령을 얻어 집행법원에 제출한 경우 채권자목록에 기재된 개인회생채권에 기한 강제집행, 가압류, 가처분, 담보권의 실행 등을 위한 경매, 국세징수법 또는 지방세징수법에 의한 체납처분, 국세징수의 예(국세 또는 지방세 체납처분의 예를 포함)에 의한 체납처분은 개인회생절차개시의 신청에 대한 결정 시까지 중지된다(채무자회생법 제593조 제1항). 개인회생절차개시결정은 그 결정 시부터 효력이 발생하는데(채무자회생법 제596조 제5항), 채권자목록에 기재된 개인회생채권에 기한 강제집행, 가압류, 가처분과 국세징수법 또는 지방세징수법에 의한 체납처분, 국세징수의 예(국세 또는 지방세 체납처분의 예를 포함)에 의한 체납처분은 개인회생절차개시결정 시부터 새로이 행하는 것이 금지되고 기왕에 진행중인 절차는 중지된다(채무자회생법 제600조 제1항 제2호 및 제4호). 중지된 개인회생채권에 기한 강제집행, 가압류, 가처분은 변제계획인가결정이 있는 때에 변제계획 또는 변제계획인가결정에서 다르게 정한 경우를 제외하고는 그 효력을 잃게 되지만(채무자회생법 제615조 제3항), 중지된 체납처분은 실효되지 않고 채무자가 이러한 체납처분의 근거가 되는 조세채무 등을 변제계획에

---

2) 법원실무제요, 민사집행[IV], 사법연수원(2020), 625.

따라 변제하지 않을 경우에는 개인회생절차가 폐지될 것이고 그 결과로 체납처분의 속행이 가능하게 된다.

개인회생재단에 속하는 재산에 대한 담보권 실행을 위한 경매절차는 개인회생절차 개시의 결정이 있는 때에는 변제계획의 인가결정일 또는 개인회생절차폐지결정의 확정일 중 먼저 도래하는 날까지 중지 또는 금지되고(채무자회생 제600조 제2항 참조), 변제계획인가결정이 있게 되면 그 경매절차를 속행할 수 있게 된다.

Ⅳ. 몰수보전

1. 총설

몰수보전이란 「공무원범죄에 관한 몰수 특례법」 과 「마약류 불법거래 방지에 관한 특례법」 등에 의하여 몰수재판의 집행을 확보하기 위하여 몰수할 수 있는 재산에 대한 처분을 일시적으로 금지하는 강제처분을 말한다.

몰수보전은 민사집행법의 다툼의 대상에 관한 가처분제도(민사집행법 제300조 제1항)를 형사절차에 차용한 것으로 그 효력은 상대적이므로 몰수보전된 금전채권이라도 몰수의 재판이 있기까지 채권자는 양도 등의 처분을 할 수 있고 그 처분행위는 당사자 간에서는 유효하나, 다만 그 후 몰수의 재판이 확정되면 그 효력이 부정된다.

몰수보전된 채권에 대하여 강제집행에 의한 압류명령이 내려진 경우에도 그 압류채권자는 압류된 채권 중 몰수보전된 부분에 대하여 몰수보전이 실효되지 아니하면 채권을 영수할 수 없다(동법 제35조 제2항).

2. 공탁절차

금전채권의 제3채무자는 해당 채권이 몰수보전이 된 후 그 몰수보전의 대상이 된 채권에 대하여 강제집행에 의한 (가)압류명령을 송달받은 경우 또는 강제집행에 의하여 (가)압류된 금전채권에 대하여 몰수보전이 있는 경우에는 몰수보전명령에 관련된 금전채권의 전액을 채무이행지의 지방법원 또는 지원의 공탁소에 공탁함으로써 면책받을 수 있다(동법 제36조 제1항·4항, 제40조 제3항).

제3채무자가 공탁을 한 때에는 그 사유를 몰수보전명령을 발한 법원 및 (가)압류명령을 발한 법원에 신고하여야 한다(동법 제36조 제2항·제4항, 제40조 제3항). 이 경우 공탁서를 첨부해야 하는데, 몰수보전이 된 후 (가)압류명령을 송달받은 경우에는 몰수보전명령을 발한 법원에, (가)압류된 금전채권에 대하여 몰수보전이 있는 경우에는 (가)압류명령을 발한 법원에 제출하여야 한다(동규칙 제14조 제2항, 제15조 제2항, 제19조 제2항).

금전의 지급을 목적으로 하는 채권에 대하여 몰수보전이 되어 그 채무자(제3채무자)가 공탁을 한 경우 그 공탁을 수리한 공탁관은 몰수보전명령을 발한 법원 및 이에 대응하는 검찰청의 검사에게 공탁사실을 통지하여야 한다(동규칙 9조).

몰수보전된 금전채권에 대하여 체납처분에 의한 압류가 있는 경우 또는 체납처분에 의하여 압류된 금전채권에 대하여 몰수보전이 있는 경우에도 마찬가지이다(동법 제40조 제2항, 동규칙 제14조의2, 제15조의2).

3. 배당절차

채권이 몰수보전된 후 그 몰수보전의 대상이 된 채권에 대하여 강제집행에 의한 압류명령을 송달받아 제3채무자가 공탁한 경우 집행법원은 공탁된 금원 중에서 몰수보전된 금전채권의 금액에 상당하는 부분에 관하여는 몰수보전이 실효된 때, 그 나머지 부분에 관하여는 공탁된 때 배당절차를 개시하거나 변제금의 지급을 실시한다(동법 제36조 제3항)(공무원범죄에 관한 몰수 특례법 제36조 제3항, 마약류 불법거래 방지에 관한 특례법 제46조 제3항, 불법정치자금 등의 몰수에 관한 특례법 제35조 제3항, 범죄수익은닉의 규제 및 처벌 등에 관한 법률 제12조, 부패재산의 몰수 및 회복에 관한 특례법 제8조 참조).

제6장 공탁사유신고 불수리

집행법원은 공탁사유신고서를 접수한 결과 아래와 같이 배당절차에 의할 것이 아니라고 판단될 경우에는 공탁사유신고를 불수리하는 결정을 한다.

그런데 채권배당절차가 실시될 수 없음에도 만약 그 채권배당절차가 개시되었더라도 배당금이 지급되기 전이라면 집행법원은 공탁사유신고를 불수리하는 결정을 하여야 한다(대법원 2016. 9. 28. 선고 2016다205915 판결 참조).

Ⅰ. 혼합공탁절차에서 문제되는 경우

1) 채권자 불확지 변제공탁이 된 후, 피공탁자 일방의 공탁금 출급청구권에 대하여 압류경합이 발생하였지만 압류채무자인 피공탁자에게 공탁금 출급청구권이 있음을 증명하는 서면이 제출되지 않았음에도 공탁관이 한 사유신고는 부적법하다(행정예규 1225호 참조)

2) 금전채권 전부에 대하여 가압류가 선행하고 채권양도가 후행하는 경우 선행하는 가압류는 그 효력이 유동적이고 가압류채권자가 본안판결 등 집행권원을 취득하는지 여부에 따라 채권양도의 효력 유무가 결정되므로(대법원 2002. 4. 26. 선고 2001다59033 판결 등 참조) 제3채무자는 민법 487조 후단 변제공탁과 민사집행법 제291조, 제248조 제1항 공탁을 결합한 혼합공탁을 할 수 있다. 이때 공탁관은 혼합공탁의 원인이 된 채권양도에 선행하는 가압류가 본압류로 이전하는 압류명령이 공탁소에 도달한 때 사유신고를 할 수 있음에도 위와 같은 가압류가 아닌 채권양도에 후행하는 다른 채권에 기한 압류 등이 있음을 이유로 공탁관이 사유신고를 하는 경우에 부적법한 사유신고가 된다.

Ⅱ. 압류의 효력이 문제되는 경우

1) 공탁금 출급(또는 회수)청구권에 대하여 외관상 압류경합이 발생하여 공탁관이 사유신고를 하였지만 배당절차를 진행할 유효한 압류가 없는 경우 부적법한 사유신고가 될 수 있다.

2) 재판상 담보공탁에서 피공탁자는 피담보채권인 강제집행정지로 인한 손해배상청구권에 관하여 장래의 공탁금 출급청구권을 가지는 주체일 뿐 공탁금 회수청구권을 가지는 것은 아니므로, "피공탁자의 공탁금 회수청구권"을 피압류채권으로 표시

한 체납처분에 의한 압류는 존재하지 않는 채권에 대한 압류로서 무효이다(대법원 2016. 5. 17.자 2015마1933 결정 참조).

3) 공탁금 회수청구권에 대하여 채권압류 및 추심명령을 받은 자를 압류채무자로 하여 피압류채권을 "압류채무자의 공탁금 회수청구권"으로 표시한 체납처분에 의한 압류는 추심권능에 대한 압류로서 무효이다(대법원 2016. 5. 17.자 2015마1933 결정 참조).

한편 금전채권에 대한 가압류를 원인으로 한 제3채무자의 민사집행법 제291조, 제248조 제1항 공탁이 있은 후 가압류채무자가 취득한 공탁금 출급청구권에 대하여 압류가 이루어져 압류의 경합이 성립하거나 가압류를 본압류로 이전하는 압류명령이 국가(공탁관)에게 송달되면 민사집행법 제291조, 제248조 제1항에 따른 공탁은 민사집행법 248조에 따른 집행공탁으로 바뀌게 된다. 민사집행법 제248조에 따라 집행공탁이 이루어지면 피압류채권이 소멸하고, 압류명령은 그 목적을 달성하여 효력을 상실하며, 압류채권자의 지위는 집행공탁금에 대하여 배당을 받을 채권자의 지위로 전환된다(대법원 2015. 4. 23. 선고 2013다207774 판결 참조). 이러한 법리는 민사집행법 제291조, 제248조 제1항에 따른 공탁이 위에서 본 법리에 따라 민사집행법 제248조에 따른 집행공탁으로 바뀌는 경우에도 마찬가지로 적용된다. 따라서 금전채권에 대한 가압류를 원인으로 한 제3채무자의 공탁에 의해 채무자가 취득한 공탁금 출급청구권에 대하여 압류 및 추심명령을 받은 채권자는, 그러한 공탁이 위에서 본 법리에 따라 민사집행법 제248조에 따른 집행공탁으로 바뀌는 경우에는 더 이상 추심권능이 아닌 구체적으로 배당액을 수령할 권리, 즉 배당금채권을 가지게 된다(대법원 2019. 1. 31. 선고 2015다26009 판결).

4) 국세징수법상 체납처분에 의한 채권압류에 있어 압류조서의 작성은 채권압류의 효력발생요건이라고 할 수 없지만(대법원 1984. 8. 21. 선고 84도855 판결 참조), 채권압류는 제3채무자에게 체납자에 대한 채무이행을 금지시켜 조세채권을 확보하는 것을 본질적 내용으로 하는 것이므로, 제3채무자에 대한 채권압류통지서의 문언에 비추어 피압류채권이 특정되지 않거나 체납자에 대한 채무이행을 금지하는 문언이 기재되어 있지 않다면 채권압류는 그 효력이 없다고 할 것이다(대법원 1973. 11. 26.자 72마59 결정, 대법원 1997. 4. 22. 선고 95다41611 판결 등 참조). 그리고 이러한 법리는 지방행정제재·부과금의 징수 등에 관한 법률의 적용을 받는 지방자치단체의 과징금, 이행강제금 및 부담금 등의 압류절차에도 그대로 적용된다(지방행정제재·

부과금의 징수 등에 관한 법률 제19조 참조)[대법원 2017. 6. 15. 선고 2017다213678 판결].

5) 채권압류(압류채권자 甲)의 집행권원에 표시된 집행채권이 압류채권자(甲)의 채권자 乙에 의해 이미 압류나 가압류, 처분금지가처분된 때에는 위 甲의 채권압류명령의 효력은 보전적 처분으로서 유효한 것이고 현금화나 만족적 단계로 나아가는 데에는 집행장애사유가 존재하므로, 이를 원인으로 한 공탁에는 가압류를 원인으로 하는 공탁과 마찬가지의 효력만이 인정된다고 보아야 하므로 위와 같은 공탁에 따른 사유신고는 부적법하고, 이로 인하여 채권배당절차가 실시될 수 없으며, 만약 그 채권배당절차가 개시되었더라도 배당금이 지급되기 전이라면 집행법원은 공탁사유신고를 불수리하는 결정을 하여야 한다(대법원 2016. 9. 28. 선고 2016다205915 판결 참조).

6) 주식, 국채, 사채, 지방채 등(이하, "주식등"이라 한다)의 발행인이 「자본시장과 금융투자업에 관한 법률」 제8조의2 제4항 제1호에 따른 증권시장에 상장하는 주식등(이하, "상장주식등"이라 한다)을 전자등록의 방법으로 주식등을 새로 발행하려는 경우 또는 이미 주권등이 발행된 주식등을 권리자에게 보유하게 하거나 취득하게 하려는 경우 전자등록기관에 신규 전자등록을 신청[1)]하여야 한다. 따라서 주식·사채 등의 전자등록에 관한 법률(이하, "전자증권법"이라 한다)이 시행된 2019. 9. 16. 이후에 상장주식등[2)]은 전자등록의 형태로 존재하고, 증권(증권)의 형태로는 더 이상 존재하지 않는다. 따라서 상장주식등에 대한 강제집행절차는 전자등록주식등에 대한 강제집행절차[3)]에 의해야 한다.

---

1) 즉 ① 주식의 발행인은 '이미 주권이 발행된 주식'에 대하여 전자등록기관에 (전자주식)으로 전자등록신청을 할 수 있는데, 상장주식의 경우 반드시 전자등록전환신청을 하여야 한다(전자증권법 25조1항1호).
② 전자등록전환을 신청하기 전에 발행인은 소유자에게 위와 같이 신규 전자등록신청을 한다는 사실과 함께 소유자에게 기준일부터 주권등이 실효된다는 뜻과 소유자는 위 기준일 직전 영업일까지 전자등록되는 (고객계좌를 개설하여 그) 고객계좌를 발행인에게 통지하고 (소지하고 있는) 주권을 제출하여야 한다는 뜻 등을 통지하여야 한다(25조, 27조).
③ 소유자가 계좌관리기관(증권회사)에 자신의 '고객계좌'를 개설하여 발행인에게 통지하게 되면 발행인은 이미 주권이 발행된 주식 등을 (전자주식)으로 전자등록기관(한국예탁결제원)에 신규 전자등록신청을 하여 전자등록이 완료된다.

2) 비상장주식의 경우도 신청에 의하여 전자등록주식의 형태로 존재할 수 있는데, 비상장주식이 전자등록주식의 형태로 존재하는지 여부는 한국예탁결제원 홈페이지에서 확인할 수 있다.

3) 전자등록주식등의 압류결정의 주문은 "1. 채무자가 계좌관리기관(또는 전자등록기관)에 대하여 가지는 별지 기재의 전자등록 2. 계좌관리기관(또는 전자등록기관)은 제1항으로 압류된 전자등록주식등에 대하여 계좌대체와 말소를 하여서는 아니 된다. 3. 채무자는 제1항으로 압류된 전자등

또한 이미 주권등이 발행된 주식등을 전자등록하는 경우 주권등을 제출하지 않은 주식등의 권리자를 위하여 명의개서대행회사등이 기준일 직전 영업일을 기준으로 주주명부등에 기재된 주식등의 권리자를 명의자로 하여 개설하는 전자등록계좌를 '특별계좌'(전자증권법 제29조 제1항)라고 하는데, 특별계좌부에 전자등록된 주식등에 대한 압류명령 및 그에 따른 처분제한의 등록은 일반 전자등록계좌부에 전자등록된 주식등의 경우와 동일하게 이루어진다.[4)5)]

즉 전자증권법이 시행되기 전에 취득한 주식이지만 상장주식의 경우 전자증권법이 시행된 2019. 9. 16. 이후에는 이미 발행된 주식이라고 하더라도 소유자의 신청 등의 절차를 거쳐 전자등록주식의 형태로만 존재하기 때문에 그 강제집행은 전자등록주식에 대한 강제집행절차에 의하여야 한다. 그런데 '압류할 채권'의 표시를 실물인 주권의 존재를 전제로 "채무자가 제3채무자에 대하여 가지는 주권인도청구권"으로 한 경우 존재하지 않는 '주식에 관한 주권인도청구'에 대한 압류로서 존재하지 않는 권리에 대한 무효인 압류로 보아야 한다.

록주식등에 대하여 계좌대체의 전자등록신청, 말소등록의 신청이나 추심, 그 밖의 처분을 하여서는 아니 된다".

4) 채권자, 채무자 외 특별계좌가 개설되어 있는 명의개서대행회사(사실상 제3채무자의 의미)를 기재해야 할 것이다. 주문은 전자등록주식등 압류명령 전산양식 A4324에서 '계좌관리기관" 대신 명의개서대행회사(한국예탁결제원, 국민은행, 하나은행)를 기재하면 될 것으로 본다.
한편 주권이 발행된 주식의 소유자가 계좌관리기관에 전자등록을 위한 계좌를 개설하지 않거나 주권을 제출하지 않아서 주식발행인등에 의하여 명의개서대행회사에 특별계좌가 개설된 경우, 그 소유자를 채무자, 명의개서대행회사를 제3채무자, 피압류채권을 "주권인도청구권"으로 한 압류의 효력이 문제된다.
전자증권법 시행으로 상장주식은 의무적 전자등록대상으로 이미 발행된 주권은 모두 실효되었다. 따라서 특별계좌에 있는 주식에 관한 주권인도청구권은 존재하지 않고, 위 압류는 존재하지 않는 권리에 대한 무효인 압류로 보아야 하고 특별계좌에 있는 채무자 주식에 압류의 효력을 인정할 수 없다. 주식에 관한 주권인도청구권은 존재하지 않고, 위 압류는 존재하지 않는 권리에 대한 무효인 압류로 보아야 하고 특별계좌에 있는 채무자 주식에 압류의 효력을 인정할 수 없다.

5) 즉 소유자가 계좌관리기관에 '고객계좌'를 개설하였다는 통지를 하지 않거나 주권등을 제출하지 않는 경우 이미 주권이 발행된 주식을 계좌관리기관의 소유자 명의 고객계좌로 전자등록을 할 수 없고, 발행인이나 발행인을 대행한 명의개서대행회사가 (계좌관리기관이 아닌) 명의개서대행회사에 특별계좌를 만들어 (임시로) 전자등록을 한다(민사집행법 제29조 제1항). 특별계좌에 전자등록된 주식은 다른 전자주식과 같은 계좌간 대체등록이 되지 않는 것이 원칙이지만(특별계좌에 있는 주식은 추후 소유자가 계좌를 개설하면 그 계좌로 계좌대체될 주식이므로), 예외적으로 민사집행법상 강제집행에 의할 경우 특별계좌에 전자등록된 주식을 (다른 계좌로) 계좌간 대체가 가능하다(특별계좌개설기관인 명의개서대행회사는 투자매매업자나 중개업자가 아니어서 주식을 압류 후 매각하기 위해서는 반드시 계좌관리기관에 개설된 집행관 계좌로의 계좌대체가 필요하다.

Ⅲ. 그 밖의 사유로 불수리하는 경우

1) 배당금지급청구권 또는 그에 기한 공탁금 출급청구권에 대하여 압류의 경합 등이 발생한 경우 집행법원의 담임법원사무관등 또는 공탁서등 보관책임자가 사유신고를 하여야 하는데, 위 배당금지급청구권등에 대하여 민사집행법 제160조 제1항 각 호 지급제한사유가 있고 그 사유가 해소되지 않았음에도 사유신고를 한 경우 부적법한 사유신고가 된다(재민 2020-1 참조).

2) 집행법원이 집행공탁금의 배당을 실시하기 전에 공탁자가 집행공탁의 원인이 없음에도 착오로 집행공탁을 한 것임을 이유로 공탁사유신고를 철회한 경우, 그 집행공탁이 원인이 없는 것으로서 무효임이 명백하다면, 집행법원으로서는 공탁사유신고를 불수리하는 결정을 할 수 있다(대법원 1999. 1. 8.자 98마363 결정).

Ⅳ. 공탁사유신고불수리결정에 대한 불복

공탁사유신고를 수리하지 않는 집행법원의 결정은 즉시항고를 할 수 없는 집행법원의 재판으로서 그 결정에 대하여 불복이 있는 이해관계인은 민사집행법 제16조 제1항에 따라 집행에 관한 이의신청을 할 수 있고, 위 결정에 대하여는 대법원에 특별항고를 할 수 없다(대법원 1997. 1. 13.자 96그63 결정 등 참조).

한편 법원조직법 제54조 제2항, 사법보좌관규칙 제2조, 제3조 제2호에 의하면, 사법보좌관의 처분 중 집행법원의 집행절차에 관한 재판으로서 즉시항고를 할 수 없는 것에 대하여는 민사집행법 제16조 제1항이 정한 집행에 관한 이의신청 절차에 따라 불복할 수 있다.

대법원 2022. 5. 17.자 2022그529 결정[6]에 따르면 공탁사유신고를 수리하지 않는 사법보좌관의 결정에 대하여 이해관계인은 사법보좌관규칙 제3조 제2호에 따라 집행에 관한 이의신청 절차를 통하여 불복할 수 있고, 판사는 위 불수리 결정에 대

6) 대법원 2022. 5. 17.자 2022그529 결정의 사실관계는 OO지방법원 배당절차 사건에서 사법보좌관은 . 신청인의 공탁사유신고를 수리하지 않는다고 결정하였고, 이에 대해 신청인은 2021. 12. 28. '집행에 관한 이의신청서'라는 제목으로 위 불수리 결정을 취소하고 신청인의 공탁사유신고를 수리해 달라는 취지의 서면을 제출한 사실, 이에 대해 집행법원은 '집행에 관한 이의' 사건으로 접수한 사실, 단독판사가 2022. 1. 4. 사법보좌관규칙 제4조 제6항 제4호에 의하여 위 신청을 각하하는 결정을 한 사실, 위 결정에 대해 신청인은 2022. 1. 10. 이의신청서를 제출하였고, 집행법원은 이를 특별항고로 보아 대법원으로 기록을 송부한 사건임

하여 다시 판단하면서 이유 있다고 인정하는 때에는 위 불수리 결정의 취소 및 사유신고 수리를 하고, 이유 없다고 인정하는 때에는 이의신청을 기각하여야 한다.

제7장 배당의 준비

Ⅰ. 관할법원

배당절차는 집행법원의 전속관할에 속한다.

유체동산집행에 있어서는 압류한 곳 또는 압류물을 매각한 곳의 법원(민사집행법 제222조 제3항, 제3조 제1항), 즉 집행을 한 집행관의 소속법원이 집행법원이 되며, 채권 그 밖의 재산권에 대한 집행에 있어서는 압류명령을 한 법원(민사집행법 제248조 제4항, 제224조)이 집행법원이 된다. 압류명령을 한 법원이 여럿 있으면 그중 사유신고서가 제출된 법원(먼저 송달된 압류명령을 발령한 법원, 민사집행규칙 제172조 제3항)이 집행법원이 되는데, 나중에 송달된 압류명령을 발령한 법원에 사유신고서가 잘못 제출된 경우[1] 먼저 송달된 압류명령을 발령한 법원으로 사건을 이송하는 것이 타당하다. 현금화한 경우에는 그 현금화명령을 한 법원에 현금화된 대금이 제출되어야 하므로 그 법원이 집행법원이 되며, 이는 압류명령을 한 법원과 같다.

Ⅱ. 기록의 편성

1) 배당절차의 개시요건이 구비되면 법원은 직권으로 배당절차를 개시하여야 한다. 부동산집행의 경우에는 만족을 얻기 위해서 최종적으로 배당절차가 예정되어 있으나, 채권집행의 경우에는 경합하는 다른 채권자가 없는 경우에는 채권자는 추심한 채권액을 법원에 신고만 하면 추심한 금전은 법원의 절차를 거치지 않고 채권의 변제에 충당할 수 있으므로 반드시 배당절차를 거쳐서 종료되는 것이 아니다. 이에 따라 채권집행사건에서는 압류명령 신청사건과 배당절차가 절차적으로 분리되어 있다. 이에 따라 채권집행사건에서 배당절차는 독립한 사건번호(20○○타배○○○)를 붙이고 재판사무의 전산화로 집행사건부를 두지 않으므로 전산입력한 다음 기록을 따로 만들어야 한다. 이 경우 사건명은 “배당절차”라고 한다.

2) 법률상 배당절차를 개시할 수 있는 시기는 민사집행법 제252조에 정해진 시기, 즉 공탁 또는 매각대금이 제출된 때가 되겠으나, 집행법원이 공탁의 사실을 알

---

1) 제3채무자가 민사집행법 제248조 집행공탁을 한 후 압류명령을 발령한 법원에 직접 공탁사유신고서를 제출하는 방식으로 사유신고를 한 경우 착오로 최초 수령한 압류명령을 발령한 법원이 아니라면 집행법원 접수담당자가 최초 압류명령을 발령한 법원에 사유신고를 하여야 함을 안내함으로써 위와 같은 사례는 거의 발생하지 않았지만, 2015. 3. 23.부터 민사집행·비송 전자소송이 도입되어 제3채무자 등은 전자소송시스템을 이용하여 공탁사유신고를 할 수 있게 되었기 때문에 관할법원이 아닌 타 법원에 사유신고를 할 여지가 있다.

수 있는 것은 공탁 후 사유신고서가 제출된 때가 될 것이므로 실제로 배당절차는 그 때 개시된다. 집행관, 추심채권자, 제3채무자 그 밖의 이해관계인의 공탁사유신고서가 제출된 경우(민사집행법 제222조 제3항, 제236조 제2항, 제248조 제4항)에는 이를 배당절차사건으로 접수하여 기록을 편성하며, 집행관 등이 현금화된 대금과 함께 집행관계서류를 제출한 때(민사집행규칙 제165조 제4항)에는 그 서류를 배당절차사건 기록으로 편성한다. 집행관 등이 현금화된 대금만을 제출한 때에는 현금화한 과정을 적은 집행조서나 매각보고서 등을 작성하여 제출케 하여야 할 것이고, 그 서류 등이 이미 제출되어 집행기록에 편철된 때에는 이를 분리하여 배당기록을 편성한다.

한편 집행관 등은 공탁사유신고서를 전자소송시스템을 이용하여 전자문서의 형태로 제출할 수 있는데, 이 경우 배당절차의 사건번호는 자동으로 부여되고, 집행법원은 그 기록을 별도로 편성할 필요는 없다.[2)]

3) 집행법원은 구체적인 배당의 준비에 들어가기 전에 공탁금이나 보관금 등 배당재단의 금액을 확인하여야 한다.

배당재단이 공탁금인 경우 공탁원장을 조회함으로써 확인이 가능하지만 보관금인 경우(가령, 집행법원의 민사집행법 제241조 특별현금화 명령에 따라 집행관이 출자증권 등의 매각대금을 집행법원에 납입한 경우 등) 별도로 보관금 수불명세서 등을 조회하여야 한다.

Ⅲ. 압류의 경합 여부 등에 관한 조사

1. 사실조회

배당절차를 개시하는 경우에 법원은 제3채무자, 등기·등록관서 그 밖에 적당하다고 인정되는 사람에게 조회하는 등의 방법으로 그 채권이나 그 밖의 재산권에 대하여 다른 압류명령이나 가압류명령이 있는지 여부를 조사할 수 있다(민사집행규칙 제184조 제1항). 제3채무자가 공탁을 하고 사유신고를 한 때에는 제3채무자가 송달받은 압류, 가압류 등의 사항은 사유신고서에 적혀 있을 것이고, 공탁한 뒤의 이중압류는 허용되지 않으며, 배당요구는 사유신고 시까지만 할 수 있으나 이는 집행법원에 대하여 하는 것이고 기록상 알 수 있으므로 공탁관 등에게 사실조회를 할 필요가 없다. 또 집행관이 사유신고를 하는 경우에는 집행절차에 관한 서류를 함께 제출하므로

2) 법원실무제요, 민사집행[IV], 사법연수원(2020), 626.

(민사집행법 제222조 제3항) 이 경우에도 압류경합 여부는 그 서류에 의하여 조사하면 되므로 사실조회를 할 필요가 없다.

그러나 추심채권자가 민사집행법 제236조 제2항에 의하여 공탁하고 사유신고를 한 경우나 제3채무자가 공탁하였더라도 민사집행법 제248조 제4항 단서에 의하여 압류채권자 등 다른 이해관계인이 사유신고를 한 경우 또는 제3채무자가 사유신고를 한 경우에도 사유신고서에 기재된 압류내역이 공탁서의 공탁원인사실란에 기재된 압류내역과 불일치하는 등 그 기재가 미흡한 때에는 제3채무자에게 압류된 채권에 대하여 다른 압류명령이나 가압류명령 등을 송달받은 사실이 있는지를 조회하는 것이 바람직하다.[3]

[전산양식 A4370: 제3채무자 등에 대한 사실조회서]

○ ○ 지 방 법 원
사 실 조 회

귀 하

사 건 20 타배 배당절차
채 권 자
채 무 자
제 3 채무자
위 당사자간 별지 기재의 압류채권(또는 특허권 등의 그 밖의 재산권)에 대하여 다른 압류명령이나 가압류명령이 있는지 여부를 알고자 하오니 조속히 회보하여 주시기 바랍니다.

2○○○. ○. ○.

판사(사법보좌관) ㊞

(주의) 송달받은 결정이 있을 때에는 그 사본을 첨부하시기 바랍니다.

민사집행규칙 184①

또 골프 회원권, 특허권, 실용신안권, 디자인권, 상표권, 저작권 등의 그 밖의 재산권을 현금화한 경우에도 골프장운영회사, 특허청장, 문화체육관광부장관 등 적당한

3) 법원실무제요, 민사집행[IV], 사법연수원(2020), 630.

자에게 압류의 경합 여부 등을 조회할 필요가 있다.

2. 집행기록의 송부촉탁

채권 그 밖의 재산권에 대한 집행의 경우 집행법원은 위 사실조회 등의 조사결과 동일한 권리에 대하여 집행법원 이외의 다른 법원에서 압류명령이나 가압류명령을 한 사실이 밝혀진 경우에는 그 법원에 대하여 당해 사건기록을 보내도록 촉탁하여야 한다(민사집행규칙 제184조 제2항). 송부되어 온 기록은 배당기록에 끈으로 묶어 첨철한다.

Ⅳ. 계산서 제출의 최고

1. 개설

법원은 배당절차를 개시하면 배당표 작성을 위한 준비로서 채권자들에게 1주 이내에 원금·이자·비용, 그 밖의 부대채권의 계산서를 제출하도록 최고하여야 한다(민사집행법 제253조). 부동산에 대한 강제집행에서는 법원사무관등이 계산서 제출을 최고하는 것(민사집행규칙 제81조)과 다르게 규정되어 있으나, 민사집행규칙 제185조 제2항은 이 계산서 제출의 최고는 집행절차에 관한 것에 불과하므로 계산서 제출의 최고를 법원사무관등이 그 이름으로 할 수 있도록 위임하고 있다.

채권자는 집행관에게 유체동산의 집행을 신청할 때나 집행법원에 압류명령을 신청할 때 또는 배당요구를 할 때 그 청구채권의 내용과 액수를 그 신청서에 적어 기록상 나타나게 되나, 그 후 배당을 실시하기 전에 변제 등으로 그 채권의 전부 또는 일부가 소멸될 수도 있고, 이자 그 밖의 부대채권이나 집행비용과 같이 기록상 분명하지 않은 부분도 있으며 당초에 적은 채권의 내용에 오기가 있을 수 있으므로 배당을 실시하기에 앞서 채권자들에게 다시 계산서를 제출하도록 하는 것이다.

2. 최고의 상대방

최고를 하여야 할 상대방은 배당에 참가할 수 있는 채권자 전원이다. 즉 압류채권자, 가압류채권자, 배당요구채권자, 교부채권자 그 밖에 법률상 배당요구와 동일한 효력을 가진 신청을 한 채권자이다. 집행정지를 받은 채권자에게도 최고를 하여야 한다. 법원은 사유신고서, 공탁서, 사실조회회신, 배당요구 신청서 그 밖에 집행기록에 의하여 배당에 참가할 채권자를 조사한 다음 이들 모두에게 최고를 하여야 한다.

민사집행법에 따른 압류 및 추심명령과 체납처분에 의한 압류가 경합한 후 제3채무자가 민사집행절차에서 압류 및 추심명령을 받은 채권자의 추심청구에 응하거나 민사집행법 제248조 제1항에 따른 집행공탁을 하게 되면 체납처분에 의한 압류채권자의 지위도 민사집행법상의 배당절차에서 배당을 받을 채권자의 지위로 전환된다고 할 것이므로, 체납처분에 의한 압류채권자가 공탁사유신고 시나 추심신고 시까지 민사집행법 제247조에 의한 배당요구를 따로 하지 않았다고 하더라도 그 배당절차에 참가할 수 있다(대법원 2015. 8. 27. 선고 2013다203833 판결). 따라서 이러한 체납처분에 의한 압류채권자에게도 최고를 하여야 한다. 한편 배당절차가 개시된 다음 집행채권이 양도되고 그 채무자에게 양도 통지를 했더라도, 양수인이 승계집행문을 부여받아 집행법원에 제출하지 않은 이상, 집행법원은 여전히 배당절차에서 양도인을 배당금채권자로 취급할 수밖에 없다. 양수인이 집행채권 양수 사실을 집행법원에 소명하였다고 하더라도 마찬가지이다(대법원 2019. 1. 31. 선고 2015다26009 판결 참조). 따라서 이러한 경우에는 양도인에게 최고를 하여야 한다.

배당에 참가할 수 있는 채권자는 최고를 기다리지 않고 스스로 계산서를 제출할 수도 있다.

3. 최고의 방법

최고는 적당한 방법으로 하면 되고 반드시 송달하여야 하는 것은 아니나, 실무에서는 배당기일통지서와 함께 또는 그 통지 전에 최고서를 채권자들에게 송달하고 있다. 최고서에는 정형화된 채권계산서 양식을 함께 송달함으로써 채권자들의 채권계산서 제출을 쉽게 하는 것이 바람직하다.[4)]

최고서에는 최고서를 송달받은 날로부터 1주 이내에 채권의 원금·이자·집행비용, 그 밖의 부대채권에 관한 요구액을 적은 계산서를 제출할 것을 최고하는 취지를 적고 법원사무관등이 기명날인한다(민사집행규칙 제185조 제2항).

1주일의 기간은 특수한 최고기간으로 법원은 그 기간을 늘릴 수는 있으나 줄일 수는 없다.

그러나 1주일의 기간이 지났다는 사실만으로 채권자에게 실권(失權)의 효과가 생기는 것은 아니므로 배당표 작성 시까지 계산서를 제출할 수 있고 또 제출한 계산

4) 법원실무제요, 민사집행[IV], 사법연수원(2020), 632.

서에 적은 채권액을 보완할 수 있다. 최고서 송달비용 등 최고에 필요한 비용은 집행채권자로부터 예납을 받아 집행하고 뒤에 집행비용에 산입하여야 할 것이나, 예납된 송달비용이 없는 때에는 예산의 범위 안에서 국고대납절차로 송달비용을 처리할 수 있다. 법원사무관등은 송달에 소요되는 비용을 송달 실시일 3일 전까지 국고대납 지급을 요청하여야 하는데, 그 비용을 일괄 청구할 수 있다. 추후 잔여액이 남거나 송달비용을 출급한 후 사유신고를 불수리한 경우 등에는 배당이자 조회 전에 그 잔여액을 반납하여야 한다. 그리고 송달이 완료되면 배당이자 조회 전에 법원사무관등은 송달비용을 공탁관에게 지급위탁하거나 출납공무원에게 보관금의 출급을 요청할 수 있다(재민 2015-2).

[전산양식 A4371: 채권자에 대한 계산서제출 최고서]

○ ○ 지 방 법 원

최 고 서

귀 하

사 건 20 타배 배당절차
압류채권자
채 무 자

위 사건에 관하여 이 최고서를 송달받은 날로부터 1주 이내에 귀하가 청구하는 채권의 원금, 이자, 비용, 그 밖의 부대채권의 계산서를 함께 보낸 채권계산서에 정해진 사항을 적어서 제출하시기 바랍니다.

2○○○. ○. ○.

법원사무관 ㊞

민집 253

4. 계산서에 적을 사항과 첨부서류

계산서에 적을 채권의 원금은 채권압류명령의 청구채권액 중 계산서 제출 당시에 현존하는 금액으로 한정되고, 채권계산서로서 그 금액을 확장할 수는 없다. 따라서 집행권원에 적힌 채권의 일부만을 청구하였을 경우에는 이를 기초로 원금을 적어야 하고 계산서에 채권의 전부를 적어 청구금액을 확장할 수 없고, 나머지 채권부분에 대하여도 배당을 받기 위해서는 공탁이 되기 전에 새로이 압류를 하거나 배당요구를 할 필요가 있다. 가압류채권자로서 배당에 가입한 경우에는 그 청구채권액은 가압류결정의 청구채권(피보전채권)에 한정되고, 가사 그것을 넘어서 집행권원(판결 등)을 얻었다고 하더라도 집행권원의 액수에 의하는 것이 아님에 유의하여야 한다. 이자는 배당기일 전일까지의 이자를 적으며, 비용은 집행비용으로, 우선변제를 받을 비용뿐 아니라 우선변제가 인정되지 아니하는 비용, 예를 들어 배당요구서 작성 서기료 등 배당절차에 참가함으로써 생긴 비용도 포함된다. 그 밖의 부대채권으로는 지연배상채권, 소송비용액 확정절차에 의하여 확정된 본안소송비용 등이 있다.

한편 청구금액 기재에 관한 민사집행실무에 따라 압류권자가 대여금 원금과 압류명령 신청 당시까지 발생한 지연이자 등 부대채권액만을 포함하여 청구금액을 기재한 경우에 압류명령 발령일 이후 배당기일 전일까지 발생한 지연이자 등 부대채권을 배당요구할 수 있는지 여부가 문제된다.

이와 관련하여 대법원 2022. 8. 11. 선고 2017다256668 판결은 저당권자가 물상대위권을 행사하여 채권압류명령 등을 신청하면서 그 청구채권 중 이자·지연손해금 등 부대채권의 범위를 신청일 무렵까지의 확정금액으로 기재한 경우, 그 신청 취지와 원인 및 집행 실무 등에 비추어 저당권자가 부대채권에 관하여는 신청일까지의 액수만 배당받겠다는 의사를 명확하게 표시하였다고 볼 수 있는 등의 특별한 사정이 없는 한, 그 배당절차에서는 채권계산서를 제출하였는지 여부에 관계없이 배당기일까지의 부대채권을 포함하여 원래 우선변제권을 행사할 수 있는 범위에서 우선배당을 받을 수 있다고 봄이 타당하다고 판시[5]하였다.

---

5) 그 이유에 대하여 "1) 금전채권에 대하여 채권압류명령 등이 신청된 경우 제3채무자는 순전히 타의에 의하여 다른 사람들 사이의 법률분쟁에 편입된 것이므로, 제3채무자가 압류된 채권이나 범위를 파악할 때 과도한 부담을 가지지 않도록 보호할 필요가 있다(대법원 2011. 2. 10. 선고 2008다9952 판결 참조). 이에 현행 민사집행 실무에서는 금전채권에 대한 압류명령신청서에 기재하여야 하는 청구채권 중 부대채권의 범위를 신청일까지의 확정금액으로 기재하도록 요구하고 있다. 이러한 실무는 법령상 근거가 있는 것은 아니나, 제3채무자가 압류 범위를 파악하는 데 과도한 부담을 가지지 않도록 압류채권자에게 협조를 구하는 한도에서 합리적인 측면이 있다. 2) 그러나 본래 저당권자는 물상대위권을 행사할 때 청구채권인 저당권의 피담보채권 중 부대채권의 범위를 원금의 지급일까지로 하는 채권압류명령 등을 신청할 수 있다. 따라서 물상대위권을 행사하는 저당권자가 민사집행 실무에서 요구하는 바에 따라 부대채권의 범위를 신청일 무렵까지의 확정금액으로 기재한 것은 다른 특별한 사정이 없는 한, 위와 같이 제3채무자를 배려하기 위한 것일 뿐 나머지 부대채권에 관한 우선변제권을 확정적으로 포기하려는 의사에 기한 것이라고 추단할 수 없다. 3) 게다가 제3채무자의 공탁(민사집행법 제248조) 등의 이유로 배당절차가 개시된 경우에는 제3채무자의 보호가 처음부터 문제되지 않으므로, 물상대위권을 행사하는 저당권자는 원래 배당절차에서 우선변제권을 행사할 수 있는 범위에서 우선배당을 받고자 하는

금전채권에 대한 강제집행절차에서 집행실무는 압류명령 신청 당시 발생한 지연이자 등 부대채권을 원금채권에 합한 금액을 청구금액으로 하는 것이 일반적이다. 그에 따라 배당실무도 등기사항증명서상 근저당권 채권최고액을 한도로 물상대위에 의한 채권압류 및 추심명령 또는 전부명령상 기재된 청구금액을 배당표상 채권금액으로 하여 배당을 실시해 오고 있다.

집행력 있는 정본을 가진 채권자가 그 채권액 중 일부만을 청구금액으로 표시하여 강제집행을 한 후 그 청구금액을 확장하는 것은 허용되지 않는다. 그 후에 청구금액을 확장하여 잔액을 청구하더라도 배당요구를 한 것으로 볼 수밖에 없다(대법원 1983. 10. 15.자 83마393 결정 참조).

하지만 배당요구는 배당요구종기 전에 적법하게 이뤄져야 한다는 점에서 제3채무자가 민사집행법 제248조 제1항 집행공탁을 한 후 집행법원에 사유신고를 하는 등 이미 배당요구종기가 도래한 경우 배당요구방식을 통한 청구금액 확장은 불가하다.

일반채권에 기하여 채권압류명령 등을 신청하면서 그 청구채권 중 이자 · 지연손해금 등 부대채권의 범위를 신청일 무렵까지의 확정금액으로 기재한 경우에도 배당기일 전일까지 이자 등을 배당받을 수 있는지 여부, 특히 대법원 2022. 8. 11. 선고 2017다256668 판결 취지와 동일한 법리를 적용할 수 있는지와 관련하여 문제된다.

제3채무자는 청구금액 외에 집행채권의 이자율 등을 알기 어렵기 때문에 단일 압류의 경우에도 추심권자에게 얼마의 금액에 대하여 추심을 응해야 할지 알 수 없고, 다수의 압류가 있는 경우에는 압류경합이 성립하는지를 알 수 없다는 소극설과 대법원 2022. 8. 11. 선고 2017다256668 판결에서 압류채권자가 그 신청 취지와 원인 및 집행 실무 등에 비추어 저당권자가 부대채권에 관하여는 신청일까지의 액수만 배당받겠다는 의사를 명확하게 표시하였다고 볼 수 있는 등의 특별한 사정이 없는 한, 그 배당절차에서는 채권계산서를 제출하였는지 여부에 관계없이 배당기일까지의 부대채권을 포함하여 청구할 수 있다고 판시하면서 압류채권자의 의사를 중시한 점에서 일반채권에 기한 압류의 경우를 달리 볼 수 없다는 적극설[6]이 가능하다. 실무상 집행권원에 기한 압류가 배당요구의 대다수인 점과 집행법원에서 직권으로 지연이자 등 부대채권액을 계산하는 경우의 위험(일부 변제 사실 간과 등)과 어려움을 고

것이 통상적인 의사라고 볼 수 있다"는 점을 들고 있다.

6) 소극설은 제3채무자는 청구금액 외에 집행채권의 이자율 등을 알기 어렵기 때문에 단일 압류의 경우에도 추심권자에게 얼마의 금액에 대하여 추심을 응해야 할지 알 수 없고, 다수의 압류가 있는 경우에는 압류경합이 성립하는지를 알 수 없다는 점 등을 근거로 들 수 있다.

려할 때 소극설이 타당하다.

계산서에는 소명자료를 붙일 필요는 없으나, 집행비용이나 부대채권과 같이 기록상 분명하지 않은 것에 대하여는 소명자료를 붙여야 집행법원으로부터 채권액으로 인정받을 수 있고, 집행법원도 그러한 경우 소명자료의 제출을 요구할 수 있다.

한편 채권자가 채무자로부터 채권을 일부 또는 전부 변제받은 경우 그 내역을 기재한 채권계산서를 제출하여야 하고 집행법원은 그 변제내역을 반영한 후 배당표를 작성하여야 한다.

특히 2015. 3. 23.부터 민사집행·비송사건에서도 전자소송이 실시되었고, 그에 따라 제3채무자가 전자문서를 이용하여 사유신고를 할 경우 배당기록은 전자기록으로 편제되고, 채권자들도 채권계산서를 전자문서를 이용하여 제출할 수 있다. 이 경우 집행법원에서 배당표를 작성할 때 사건조회 등을 이용하여 전자문서로 제출된 채권계산서를 누락하지 않도록 주의하여야 한다.

5. 계산서를 제출하지 아니한 경우의 조치

계산서를 제출하지 아니한 채권자도 그 때문에 권리를 잃거나 배당에서 제외되지는 않는다. 그러한 채권자의 채권은 배당요구서, 사유신고서의 취지와 그 증빙서류에 따라 계산한다. 이 경우 채권자는 다시 채권액을 추가하지 못한다(민사집행법 제254조 제2항).

Ⅴ. 배당표의 작성

1. 배당표의 의의

배당표라 함은 위 최고기간이 끝난 뒤에 집행법원이 채권자들이 제출한 계산서와 기록을 기초로 하여 계산한 채권자들에 대한 배당액 그 밖에 배당실시를 위하여 필요한 일정사항을 적은 문서로서 배당기일에서 채권자들로 하여금 배당에 관한 의견을 진술시키는 기초가 되는 배당의 원안이다.

이 배당표는 집행법원이 작성하는 것만으로 그대로 확정되는 것이 아니고(배당계획안에 불과하다) 배당기일에 채권자들 사이에 합의가 성립하거나 이의가 없을 때 비로소 배당표로서 확정되며 배당표가 확정되면 집행법원은 이에 따라 배당을 실시하여야 하고 채권자들도 그 배당표에 적힌 배당액을 청구할 수 있다.

2. 배당표에 적을 사항

배당표에 적을 사항에 대하여는 부동산집행에 관한 민사집행법 제150조가 준용되므로(민사집행법 제256조), 배당표에는 매각대금(공탁금), 채권자의 채권의 원금, 이자, 비용, 배당의 순위와 배당의 비율을 적어야 한다. 그 밖에도 배당표에는 집행법원과 사건번호를 적고, 판사(사법보좌관)가 기명날인하여야 한다.

[전산양식 A4372: 배당표]

○ ○ 지 방 법 원
배 당 표

20 타배 배당절차

배 당 할 금 액 ①		금	10,010,000원	
명세	매각대금(공탁금)	금	10,010,000원	
	이 자	금	0원	
		금	원	
집 행 비 용 ②		금	10,000원	
실제배당할금액①-②		금	10,000,000원	
매각목적물(공탁번호)		20 금 제 호		
채 권 자		김 甲 돌	이 을 순	박 丙 수
채권금액	원 금	9,000,000원	5,000,000원	3,000,000원
	이 자	1,000,000원	0원	0원
	비 용	0원	2,000원	1,000원
	계	10,000,000원	5,002,000원	3,001,000원

배 당 순 위	1	1	1
이 유	압류채권자	가압류채권자	배당요구채권자
배 당 액	5,554,630원	2,778,426원	1,666,944원
잔 여 액	4,445,370원	1,666,944원	0원
배 당 비 율	55.546297%	55.546297%	55.546297%
2○○○. ○. ○. 판사(사법보좌관) ㊞			

민집 256, 150

배당표에 적을 사항 중 중요한 사항의 작성요령은 다음과 같다(재일 2003-7).

가. 배당할 금액, 보관금(또는 공탁금) 및 그 이자

배당할 금액은 배당재단에 속하는 금액으로 보관금(또는 공탁금)과 보관금(또는 공탁금)에 대한 이자를 합한 금액이다. 채권집행절차에서 다루는 배당재단에는 보관금과 공탁금이 있다. 여기서 보관금(매각대금)이란 집행관 등이 집행법원의 특별현금화명령(민사집행법 제241조 제1항, 매각명령, 관리명령, 그 밖의 방법에 의한 현금화명령)에 의하여 현금화하고 그 대금을 법원에 제출한 경우(민사집행규칙 제165조 제4항)와 유체동산에 관한 청구권집행절차에서 유체동산을 인도받은 집행관이 그것을 유체동산의 현금화에 관한 규정에 따라 현금화하여(민사집행법 제243조 제3항) 그 현금화한 대금을 법원에 제출한 경우(민사집행규칙 제169조, 제165조 제4항)에 집행법원이 보관하게 된 금액을 말한다. 또 배서가 금지된 유가증권에 대한 채권집행절차(민사집행법 제233조)의 진행 중 유가증권을 보관하는 집행관이 지급제시를 하여 증권채무자로부터 지급을 받은 때에는 그 수령한 금액도 집행법원에 제출하여야 하는데, 이 경우 그 수령금도 매각대금으로서 보관금에 해당한다.

공탁금은 집행관이 배당협의 불성립을 이유로 공탁한 유체동산 매각대금, 압류금전, 유가증권의 지급금과 추심채권자가 공탁한 추심금, 압류명령을 받은 제3채무자가 공탁한 금전을 말한다.

여기서 이자는 별단예금으로 예탁하여 보관되는 보관금 또는 공탁금에 대한 이자[공탁 제6조, 공탁금의 이자에 관한 규칙 제2조와 법원보관금취급규칙 제7조, 재일

97-2 제3조 제2항에 따라 현재는 연 1만분의 35(2022. 10. 시행)]로서 예탁한 날부터 이자가 발생하여 배당기일 전일까지의 이자 중 이자소득세를 원천징수한 잔액을 의미한다(재일 97-2 제14조, 제15조 참조).

보관금, 공탁금과 이자는 '명세'의 해당란에 적고, 이를 더하여 배당할 금액란에 적으면 된다. 다만 부동산배당절차에서는 부동산의 매각대금이 중심이고, 법원에 납부된 매각대금 전부가 배당재단이 되는 점에서 문제가 없으나, 채권배당절차에서는 공탁금이 중심이고, 이른바 권리공탁(민사집행법 제248조 제1항)에서는 채권의 일부가 압류된 경우에도 압류에 관련된 금전채권의 전액을 공탁할 수 있으므로 공탁금 전액이 배당의 범위가 된다고 단정할 수는 없다(대법원 2008. 5. 15. 선고 2006다74693 판결 참조).

법원사무관등은 배당기일이 정해지면 재판사무시스템을 이용하여 배당이자를 조회하여야 하는데, 배당기일 연기 등의 사유가 있을 때는 새로 정해진 배당기일 전일까지의 이자를 조회하여 배당할 금액에 포함하여야 한다(재일 97-2 제14조 제1항, 제3항).

나. 집행비용

1) 강제집행에 필요한 비용은 채무자의 부담으로 하고 그 집행에 의하여 우선적으로 변상을 받는다(민사집행법 제53조 제1항). 집행비용은 집행권원 없이도 배당재단으로부터 각 채권액에 우선하여 배당받을 수 있다.

배당표의 집행비용란에 적을 집행비용은 각 채권자가 지출한 비용 전부를 포함하는 것이 아니고 배당재단으로부터 우선변제를 받을 집행비용만을 의미한다. 당해 집행사건을 통하여 모든 채권자를 위하여 체당한 비용으로서의 성격을 가지는 집행절차비용(이른바 공익비용)과 당해 배당절차비용이 여기에 해당한다.

2) 우선변제를 받을 집행절차비용은 압류채권자가 강제집행의 신청과 그 준비를 위하여 지출한 필요비용 및 절차의 진행을 위하여 압류채권자가 예납한 금액 중 실제로 사용된 비용이다. 배당절차비용으로는 사실조회비용, 기록송부촉탁비용, 계산서제출최고비용, 배당기일통지서 송달비용 등이 있다. 집행법원은 직권으로 채권자가 제출한 계산서와 집행기록에 의하여 집행비용을 계산한다.

3) 이중압류의 경우에 부동산집행과 같이 선행 압류에 의하여 절차를 진행한다는 명문의 규정(민사집행법 제87조)이 없으므로 여러 압류가 경합된 상태에서 절차가 진

행되는 것으로 보아야 하지만 집행비용에 관한 한 선행 압류의 압류채권자가 지출한 비용만이 우선변제의 대상이 되고, 다른 압류채권자가 지출한 비용은 공익비용이 아니므로 우선변제를 받을 수는 없으며, 이러한 비용은 집행채권의 원금, 이자와 함께 그 채권자의 채권금액에 산입하여 배당하게 된다. 다만 유체동산집행의 경우에 후행압류 시에 추가압류를 하였으면 추가압류에 든 비용은 우선 배당하여야 한다.[7]

'강제집행에 필요한 비용'에는 가압류의 집행비용이 당연히 포함되지만, 가압류만 되어 있을 뿐 아직 본압류로 이행되지 아니한 단계에서는 가압류채권자가 그 가압류의 집행비용을 변상받을 수 없다(대법원 2006. 11. 24. 선고 2006다35223 판결). 다만 가압류집행 후에 다른 채권자의 집행신청에 의하여 집행이 된 경우의 배당절차에서, 그 가압류는 모든 채권자의 이익을 위한 것이라고 볼 수 있으므로 가압류집행비용은 우선배당을 받는다.

선행 압류가 집행절차가 종료되기 전에 취소, 취하된 경우에는 그때까지 선행 압류채권자가 지출한 비용은 그 채권자의 부담으로 되는 것이 원칙이므로, 그다음 순위의 압류채권자가 지출한 모든 필요비용이 우선변제를 받을 집행비용에 해당하게 된다.[8]

4) 배당요구채권자가 지출한 비용은 공익비용이 아니므로 우선변제의 대상은 되지 않고 그 채권자의 채권금액에 산입하여 배당하게 된다.

또 유체동산집행이나 특별현금화방법에 의한 채권집행 등에 있어서 집행채권자가 집행관 등에게 직접 예납하고 집행관 등에 의한 공탁이나 제출 전에 매각대금 등으로부터 이미 공제된 비용은 여기의 집행비용에 산입하지 않는다.

배당표의 집행비용란에는 위와 같은 우선변제의 대상인 집행비용의 합계액만을 적고 그 명세는 집행비용계산서를 따로 작성하여 배당표에 붙인다.

여기에 산입될 집행비용 이외에 각 채권자가 지출한 필요비용은 채권금액란의 비용란에 적는다.

5) 민사집행법 제248조의 규정에 따라 채무액을 공탁한 제3채무자는 압류의 효력이 미치는 부분에 해당하는 금액의 공탁을 위하여 지출한 비용 및 같은 조 제4항의 공탁신고서 제출을 위한 비용을 집행법원에 신청하면 공탁금에서 지급받을 수 있다

7) 법원실무제요, 민사집행[IV], 사법연수원(2020), 638.

8) 다만 선행 압류채권자가 지출한 비용 중 집행목적재산에 대한 감정료와 같은 순수한 공익비용(집행신청이나 그 준비를 위한 비용을 제외한 것)은 이를 우선 배당하여 그 채권자에게 반환하여야 하는데, 이중변제가 되지 않도록 유의하여야 한다.

(민법 제10조의2, 다만 권리공탁은 본질적으로 변제공탁의 성질을 가지고, 변제공탁의 비용은 채무자의 부담이므로 권리공탁의 경우에 공탁비용은 의무공탁과 달리 제3채무자가 부담하여야 하는 것이므로 위 규정은 공탁의무의 이행으로 공탁한 경우에만 적용된다는 제한설이 있다). 제3채무자가 청구하는 비용의 우선순위에 대하여는 명문의 규정이 없지만, 집행법원이 제3채무자의 청구에 따라 공탁금 중에서 지급하는 것이고, 본질적으로는 배당절차 전에도 집행법원의 지급결정에 기초하여 지급할 수 있는 것이므로 집행비용 중 압류채권자의 절차비용보다 우선하여 지급하여야 한다.[9)]

다. 실제 배당할 금액

실제 배당할 금액은 위 배당할 금액, 즉 보관금(또는 공탁금)과 이자의 합계액에서 앞서 본 우선변제를 받을 집행비용을 뺀 금액이다.

라. 매각목적물(공탁번호)

배당절차가 공탁에 의하여 개시된 경우에는 공탁번호를, 현금화된 대금의 제출에 의하여 보관금으로 개시된 경우에는 현금화의 목적이 된 재산권을 특정하여 간단히 적는다.

마. 채권자의 이름

배당가입채권자의 이름 또는 관서명(예를 들어 종로세무서, 마포구청 등)을 적는다.

바. 채권금액

집행채권자가 집행채권으로 청구하거나 또는 배당요구, 교부청구를 하고 있는 채권 및 비용을 말한다. 채무자에 대하여 가지는 채권이라도 집행채권으로 청구하지 아니한 것은 포함되지 않는다. 채권의 일부만을 청구한 경우에는 그 청구하고 있는 일부의 채권만이 채권금액으로 된다.

채권액에는 원금뿐만 아니라 이자(지연손해금을 포함한다) 및 비용도 포함된다. 여기서 비용이라 함은 위 (나)의 집행비용, 즉 배당재단에서 우선배당을 받을 집행비용을 제외한 필요비용(예를 들어 이중압류 채권자나 배당요구채권자가 지출한 필요비용)과 각 채권자가 자기의 채권보전 내지 실현을 위하여 지출한 비용으로서 우선

---

9) 법원실무제요, 민사집행[IV], 사법연수원(2020), 640.

배당을 받을 수 없는 비용(예를 들어 소송비용액 확정절차에 의하여 확정된 본안 소송비용)을 말한다.

이러한 비용은 다른 배당채권에 우선하여 변제를 받을 수는 없으나, 당해 채권자에 대한 배당금 중에서는 집행채권에 우선하여 변제를 받아야 할 성질의 것이므로 배당표에 적어야 한다. 이러한 비용에 관해서도 그 내역을 명백히 하기 위하여 각 채권자별로 비용계산서를 작성하여 배당표에 붙일 수 있다.

채권금액은 채권자별로 배당순위에 따라 좌측으로부터 순차로 적는다.

사. 배당순위

1) 각 채권자는 민법과 상법 그 밖의 법률의 규정에 따라 우선순위가 정해진다(민사집행규칙 제185조 제1항, 민사집행법 제145조 제2항).

배당을 받을 채권자가 모두 일반채권자라면 채권이 발생한 시기의 선후에 불구하고 평등한 비율로 배당을 받게 되지만, 민법·상법 그 밖의 법률에 의하여 일반채권자에 우선하여 변제를 받을 수 있도록 규정되어 있는 채권이 있으면 이러한 채권자에 대하여는 우선적으로 변제하여야 하므로 배당표에 각 채권자의 배당순위를 표시하여야 한다. 배당순위는 번호로 표시하며, 같은 순위의 채권자가 여러 명인 때에는 같은 번호로 표시한다. 예를 들어 국세채권, 압류채권, 배당요구채권이 배당에 가입한 경우에는 국세채권에 대하여는 1로 나머지에 대하여는 2로 표시한다.

2) 각 채권의 우선순위는 다음과 같다.

가) 제1순위: 최종 3개월분의 임금 등 채권

근로기준법 및 근로자퇴직급여 보장법의 적용을 받는 근로자의 근로관계로 인한 채권 중 최종 3개월분의 임금과 최종 3년간의 퇴직급여등 및 재해보상금은, 사용자의 총재산에 대하여 질권 또는 채권담보권에 의하여 담보된 채권, 조세·공과금 및 다른 채권에 우선하여 변제된다(근로기준법 제38조 제2항, 근로자퇴직급여 보장법 제12조 제2항).

근로복지공단이 최우선변제권이 있는 임금과 퇴직금 중 일부를 대지급금[10]으로 지급하고 그에 해당하는 근로자의 임금 등 채권을 대위행사하는 경우에 그 근로자의 최우선변제권이 있는 나머지 임금 등 채권은 공단이 대위하는 채권에 대하여 우선변

10) 임금채권보장법 제7조 제1항 각 호, 제7조의2 제1항 각 호에 따라 고용노동부장관이 사업주를 대신하여 지급하는 체불임금 등을 말하는데, 종래 "체당금"이라는 명칭을 현행법(일부개정 2021. 4. 13. 시행 2021. 10. 14.)에서 "대지급금"으로 그 명칭이 개정되었다.

제권을 갖지만(대법원 2011. 1. 27. 선고 2008다13623 판결), 체당금을 지급받지 이니한 다른 근로자의 최우선변제권이 있는 임금 등 채권과 공단이 대위하는 위 채권은 서로 같은 순위로 배당받아야 한다(대법원 2015. 11. 27. 선고 2014다208378 판결). 그리고 위와 같이 우선변제권이 있는 임금채권을 대신 변제한 근로복지공단은 스스로 배당요구종기 전에 배당요구를 하지 않더라도 근로자인 임금채권자가 배당요구종기 전에 근로복지공단이 대신 변제한 금액을 포함하여 적법하게 배당요구(또는 압류)를 하였다면 배당표가 확정되기 전까지 그 임금채권자를 대위할 권리가 있음을 소명함으로써 임금채권자를 대위하여 배당절차에 참가할 수 있다(대법원 2007. 9. 7. 선고 2005다70816 판결 참조).

그리고 선원법의 적용을 받는 선원의 근로관계로 인한 채권 중 최종 4개월분 임금과 최종 4년분 퇴직금 및 재해보상금은 선박소유자의 총재산에 대하여 질권 또는 채권담보권에 의하여 담보된 채권, 조세·공과금 및 다른 채권에 우선하여 변제된다(선원법 제152조의 2 제2항 참조).

한편 파견근로자 보호 등에 관한 법률(이하 '파견법')에 따라 파견된 파견근로자의 사용사업주에 대한 임금채권에 관하여도 근로기준법 제38조 제2항이 정하는 최우선변제권이 인정된다. 나아가 근로자를 보호하려는 파견법 제34조 제2항 취지를 고려하면 적법하지 않은 파견의 경우에도 마찬가지이다(대법원 2023. 2. 23. 선고 2022다285288 판결 참조).

나) 제2순위: 집행의 목적물에 대하여 부과된 관세(관세법 제3조 제1항), 국세(국세기본법 제35조 제1항 제3호), 지방세와 가산금(지방세기본법 제71조 제1항 제3호)

한편 2020. 1. 1.부터 국세징수법에 의한 가산금과 국세기본법에 따른 납부불성실가산세를 납부지연가산세로 통합하고(국세기본법 제47조의4), 가산금(加算金) 제도를 폐지하였다. 다만 2019. 12. 31.까지 납세의무가 성립된 가산금에 대해서는 종전의 규정을 적용한다[2018. 12. 31. 법률 제16098호로 개정된 국세징수법 부칙 제3조(가산금 폐지에 관한 특례) 본문 참조]. 국세와 달리 지방세는 가산금 제도를 유지하고 있다.

다) 제3순위 및 제4순위: 담보권(질권, 채권담보권, 우선특권 및 물상대위권)에 의하여 담보되는 채권, 지방세 등 지방자치단체의 징수금, 당해세 아닌 관세, 국세담보권에 의하여 담보되는 채권과 당해세가 아닌 관세, 국세, 지방세와 가산금 채권은 그 성립시기의 선후에 의하여 우선순위가 결정된다. 즉 질권 등의 설정시기와 국세(국

세기본법 제35조 제1항 제3호), 지방세(지방세기본법 제71조 제1항 제3호)의 법정기일(자진신고납세의 경우 신고일, 수시부과과세의 경우 납세고지서 발송일, 원천징수세의 경우 납세의무 확정일 등)의 선후를 비교하여 먼저 성립된 것이 우선하게 된다.

담보권에 의하여 담보되는 채권 상호 간에도 질권 등의 설정의 선후에 의하여 우선순위가 정해진다(민법 제333조, 제355조, 동산·채권담보법 제35조 제3항). 질권 또는 저당권에 의한 물상대위의 우선순위에 관해서는 학설의 대립이 있으나, 물상대위에 의한 압류의 의미는 그 목적인 채권의 특정성을 유지하는 데 있을 뿐이고, 저당권이나 질권의 공시가 물상대위권의 공시가 되므로 저당권설정등기 또는 질권의 대항요건을 갖춘 시점에 의하여 결정된다고 보아야 한다(대법원 2008. 12. 24. 선고 2008다65396 판결 참조).

반면 교부청구된 국세와 지방세 또는 그 상호 간에는 우열이 없고 교부청구의 선후와 관계없이 같은 순위이다.

라) 제5순위: 근로기준법 제38조 제2항, 근로자퇴직급여 보장법 제12조 제2항의 채권을 제외한 근로관계채권

제1순위인 임금 등 채권(최종 3개월분의 임금, 최종 3년간의 퇴직급여등, 재해보상금)을 제외한 근로관계채권은 질권 등에 의하여 담보된 채권에는 후순위이나 조세 등 채권(제2순위인 당해세를 포함한다)에는 우선하고, 다만 담보권에 우선하는 조세 등에는 우선하지 못하므로(근로기준법 제38조 제1항, 근로자퇴직급여 보장법 제12조 제1항), 질권과 조세채권의 우열을 따져 질권이 우선하는 경우에는 질권에 의하여 담보된 채권, 근로관계채권, 조세 등 채권의 순위가 되고, 조세 등 채권이 질권에 우선하는 때에는 조세 등 채권, 질권에 의하여 담보된 채권, 근로관계채권의 순위로 우선 변제된다.

조세채권 중 당해세가 있는 경우에는 당해세는 항상 질권 등에 우선하므로 위 예에 의하여 당해세(제2순위), 질권 등으로 담보된 채권(제3순위), 근로관계채권(제4순위), 기타의 조세 등 채권(제5순위)의 순위가 되거나, 당해세(제2순위), 그 밖의 조세 등 채권(제3순위), 질권 등에 의하여 담보된 채권(제4순위), 근로관계채권(제5순위)의 순위가 된다.

배당에 참가한 채권 중 조세 등 채권이 없는 경우에는 근로관계채권은 항상 담보권에 의하여 담보된 채권의 후순위이고, 담보권에 의하여 담보된 채권이 없는 경우에는 근로관계채권은 항상 당해세를 포함한 조세 등 채권에 우선하게 된다.

마) 제6순위: 국세 및 지방세의 다음 순위로 징수하게 되는 공과금

고용보험료와 산재보험료(고용보험 및 산업재해보상보험의 보험료징수 등에 관한 법률 30조), 국민건강보험료(국민건강보험법 제85조), 국민연금보험료(국민연금법 제98조) 등이 있다. 위와 같은 공과금채권은 그 납부기한 전에 설정된 질권 등에 대하여는 우선하지 못하나, 그 납부기한 이후에 설정된 질권 등과 기타 일반채권에 대하여는 우선하여 배당하여야 한다. 다만 위 보험료 등이 납부기한 후에 설정된 질권 등보다 우선한다고 하여도 조세보다 우선하는 것은 아니므로(위 각 법률 조항 참조), 위 보험료의 납부기한 후에 설정된 질권보다 후순위의 조세가 있을 경우에는 질권보다 우선하는 보험료채권과 질권 및 질권보다 후순위의 조세채권 사이에 순환관계가 성립한다.

바) 제7순위: 일반채권자의 채권

아. 이유

이유란에는 배당순위를 결정하는 근거를 적는다. 우선권이 있는 채권에 대하여는 그 우선권의 근거를 적고(예를 들어 조세채권의 경우에는 국세·지방세의 표시를, 공과금의 경우에는 그 종목을, 우선특권의 경우에는 그 내용을 적는다), 일반채권의 경우에는 배당을 받을 채권자가 압류채권자인지, 가압류채권자인지 또는 배당요구채권자인지를 표시한다.

자. 배당비율, 배당액

배당은 우선순위에 따라 선순위의 채권으로부터 순차로 전액을 배당한 다음 잔액이 있으면 그 잔액에 관하여 일반채권자의 각 채권액에 따라 안분한다. 배당순위가 동일한 채권자들에게 배당할 금액의 동순위채권합산액에 대한 백분율(동순위채권자들에게 배당할 금액/동순위채권합산액× 100)이 배당비율이 되고, 동순위채권자들 사이에 배당비율은 동일하다.

그러나 선순위채권은 후순위채권에 우선하여 전액을 배당하여야 하므로 그에 대한 배당비율은 100%로 표시한다. 예를 들어 실제 배당할 금액이 100만 원인데, 배당받을 채권으로서 국세채권이 50만 원, 압류채권자의 채권이 100만 원, 배당요구채권자의 채권이 150만 원인 경우에 배당비율은 국세채권이 100%, 압류채권자가 20%(50/250×100), 배당요구채권자가 20%(50/250×100)로 된다.

공탁금이나 보관금으로 모든 채권자의 채권과 집행비용을 변제하기에 충분한 경우(이른바 협의의 배당절차가 아닌 변제금교부절차)에는 배당비율을 표시할 필요가 없으나 실무에서는 이때에도 100%로 적고 있다.

배당비율은 배당액을 산출하는 기초가 된다. 그런데 배당액은 편의상 원 이하를 반올림(사사오입)하는 방식으로 계산하는데, 원 이하를 반올림하기 위해서는 적어도 원 이하 1자리까지는 계산을 하여야 하므로 배당할 금액의 자리수를 참작하여 배당비율을 소수점 이하 몇 자리까지 표시하여야 할 것인가를 정하여야 한다.

그 후 선순위의 채권으로부터 순차로 그 전액을 배당액으로 하고 일반채권자에 대하여는 그 잔액에 관하여 위 배당비율에 따라 배당액을 산출한다. 각 채권자의 당해 순위의 배당가입채권액에 배당비율을 곱하여 산출된 금액이 각 채권자에게 배당할 배당액이 된다. 즉 앞의 예에 있어서 국세채권에 대한 배당액은 그 전액인 50만 원이 되고, 압류채권자, 배당요구채권자에 대한 배당액은 각 20만 원[100×20/100], 30만 원[150×20/100]이 된다.[11][12]

[기재례: 배당표계산명세서(전산양식 A4373 참조)]

계 산 명 세 서

1. 배당비율
   10,000,000/18,003,000×100=55.546297%

2. 배당액
   채권자 김甲돌
   10,000,000×55.546297/100=5,554,630
   채권자 이을순
   5,002,000×55.546297/100=2,778,426
   채권자 박丙수
   3,001,000×55.546297/100=1,666,944

11) 실무에서는 재판사무시스템을 이용하여 배당표를 작성하는데, 【310.배당준비작업】에서 이자조회 등을 마친 후 【321.배당액계산】에서 필요한 정보를 입력하게 되면 배당표가 생성된다. 각 채권자에 대한 배당비율과 배당액의 산출내용을 분명하게 할 필요가 있는 사안의 경우 별지로 계산명세서를 작성하여 배당표에 붙이는 것이 바람직하다.

12) 법원실무제요, 민사집행[IV], 사법연수원(2020), 645.

차. 잔여액

실제 배당할 금액에서 배당표의 가장 왼쪽란의 채권자의 배당액을 뺀 금액을 가장 왼쪽의 잔여액란에 적고, 그 다음부터는 그 잔여액에서 배당액을 뺀 금액을 잔여액으로 적는다. 예를 들어 앞의 예에 있어서 국세채권의 잔여액란에 실제 배당할 금액 100만 원에서 배당액 50만 원을 공제한 50만 원을, 압류채권자의 잔여액란에는 위 잔여액 50만 원에서 배당액 20만 원을 공제한 30만 원을, 배당요구채권자의 잔여액란에는 0원을 적는다.13)

3. 배당표의 작성 시기

배당표는 채권자들에 대하여 민사집행법 제253조의 계산서 제출기간이 끝난 뒤에 작성한다(민사집행법 제254조 제1항). 각 채권자 중 최고서를 송달받은 날로부터 1주일의 제출기간이 가장 늦게 만료하는 자를 표준으로 그 다음 날부터 배당표를 작성할 수 있다.

또 집행법원은 배당기일의 3일 전까지는 배당표원안을 작성하여 법원에 비치하여야 한다(민사집행법 제256조, 제149조 제1항).

4. 배당표의 작성자료

1) 채권자들이 계산서를 제출한 때에는 계산서에 적힌 채권액과 우선권을 기초로 하여 배당표를 작성하며 법원이 계산서의 실체적 진실여부를 조사할 필요는 없다. 그러나 사회질서위반 등 강행법규에 위배되는 것이 명백한 채권은 배제할 수 있다. 또한 집행비용에 관하여는 법원이 계산서뿐만 아니라 소명자료, 집행기록 등을 참조하여 계산하여야 한다.

2) 채권자가 계산서를 제출하지 아니한 때에는 배당요구서, 집행력 있는 정본, 사유신고서의 취지 및 그 증빙서류에 따라 집행법원이 해당 채권자의 채권을 계산하여 배당표를 작성한다(민사집행법 제254조 제2항 전문).

여기서 증빙서류라 함은 배당기록, 집행기록에 편철된 서류를 말한다.

계산서의 제출도 없고 기록상으로도 채권액이 분명하지 않은 경우에는 그 채권은 배당에서 제외한다.

---

13) 법원실무제요, 민사집행[IV], 사법연수원(2020), 646.

3) 계산서 제출기간(민사집행법 제253조)이 끝나더라도 집행법원이 배당표를 작성하기 전에는 채권자는 계산서를 제출하거나 이미 제출한 계산서의 기재를 정정·보충할 수 있다. 그러나 배당표가 작성된 후에는 채권자는 채권액을 다시 보충하지 못하므로, 배당표 작성 뒤에 채권자가 계산서를 제출하거나 정정계산서를 제출하여도 법원이 이를 참작하여서는 아니 된다.[14)]

5. 배당표의 경정

배당표를 작성한 후라도 배당표의 기재에 관하여 잘못된 계산이나 기재 등 분명한 잘못이 있는 때에는 신청 또는 직권에 의하여 경정할 수 있다.

열람에 제공한 후에 경정한 경우에는 일단 지정한 배당기일을 변경할 것이고 배당기일에 경정한 경우에는 기일을 속행하여야 한다.

다만 잘못의 정도가 사소하거나 이해관계인의 이의가 없어 반드시 기일을 변경, 속행할 필요가 없는 경우도 많을 것이다.[15)]

Ⅵ. 배당기일의 지정 및 통지

집행법원은 배당에 관한 진술 및 배당을 실시할 기일(배당기일)을 지정하고 그 기일을 배당에 참가한 채권자 및 채무자에게 통지하여야 한다(민사집행법 제255조). 배당기일의 통지는 민사집행규칙 8조 1항이 정한 바에 따라 상당하다고 인정되는 방법으로 할 수 있다. 다만 이 통지는 배당기일의 실시와 관련하여 배당에 관한 의견진술, 배당이의의 진술 등 채권만족의 마지막 단계를 위한 절차이므로 신중을 요한다. 따라서 배당기일통지서를 작성하여 송달하는 것이 바람직하다.

기일통지서는 채권자와 채무자의 쌍방에 대하여 늦어도 배당기일의 3일 전에 도달할 수 있도록 발송하여야 한다. 왜냐하면 배당기일 3일 전에 배당표원안을 작성하여 비치하고 채권자, 채무자가 열람할 수 있도록 하여야 하므로(민사집행법 제256조, 제149조), 배당기일로부터 3일 이내에 기일통지서가 송달되면 3일간의 배당표 열람기간이 부족하게 되기 때문이다.

---

14) 다만 채권의 일부 또는 전부가 소멸하여 그에 따라 정정계산서를 제출한 경우에는 배당표 확정 전이라면 그 정정이 가능하다고 본다.

15) 법원실무제요, 민사집행[IV], 사법연수원(2020), 647.

배당기일을 통지받을 채권자에는 압류채권자, 배당요구채권자, 가압류채권자가 모두 포함되며, 청구이의의 소, 제3자이의의 소, 집행문부여에 대한 이의의 소의 피고로서 집행의 일시정지명령을 받은 채권자에게도 통지하여야 한다.

이 통지의 방식에 민사집행규칙 제8조가 적용된다고 하더라도, 이 통지는 민사집행규칙에 의한 통지가 아니라 민사집행법에 의한 통지이므로 민사집행규칙 제8조 제4항의 통지생략규정은 적용되지 않는다(대법원 2010. 6. 14.자 2010마363 결정 참조). 따라서 배당기일통지서는 생략되어서는 안 된다.

기일의 통지는 엄격하게 행할 것이 요구되고, 한 사람에 대한 통지가 누락되어도 기일을 열 수 없다. 기일에 출석하여 이의를 진술하지 아니한 사람은 배당이의의 소를 제기할 수 없기 때문이다. 따라서 배당액이 0원인 채권자에게도 통지하여야 한다.

실무에서는 기록에 나타나는 최근의 주소로 발송송달을 하거나 우편송달을 실시한 후 송달불능이 되면 발송송달 또는 공시송달을 하고 있다.

한편 채무자가 외국에 있거나 있는 곳이 분명하지 아니한 때에는 통지하지 않는다(민사집행법 제255조 단서).

Ⅶ. 배당표의 열람

집행법원은 채권자와 채무자에게 보여 주기 위하여 늦어도 배당기일의 3일 전까지는 배당표원안을 작성하여 법원에 비치하여야 한다(민사집행법 제256조, 제149조 제1항).

실제로 담당 법원사무관등의 사무실에 비치하면 된다. 배당표를 비치하지 아니하거나 배당표 비치기간을 준수하지 아니하면 배당기일 연기신청의 사유로 되지만, 배당절차의 무효나 취소사유로 되지는 않는다.

또 이해관계인이 배당기일에 이의를 하지 아니하고 배당표에 대한 진술을 한 때에는 배당기일의 연기를 구할 권리를 잃게 된다(민사집행법 제23조 제1항, 민사소송법 제151조 본문).

제8장 배당기일에서의 진술

Ⅰ. 총설

배당기일에는 집행법원이 사전에 작성한 배당표원안이 출석한 채권자와 채무자에게 제시된다. 이 원안에 적힌 각 채권자의 채권이나 배당액에 불복이 있는 채권자나 채무자는 그 기일 중에는 말로써, 그리고 채무자는 서면으로 불복을 신청할 수 있다. 이 불복의 신청을 배당이의의 신청이라고 한다. 배당이의에 대하여는 집행법원에서 그 이의내용에 대하여 판단하는 것은 아니고, 배당이의의 신청은 이의부분에 대하여 배당의 실시를 저지할 뿐이고 신청한 사람은 소를 제기하여 그 소송절차 중에서 판단을 구하게 된다.

배당표원안은 배당기일에 채권자나 채무자의 이의신청이 없으면 확정되어 이에 따라 배당을 실시하게 된다(민사집행법 제256조, 제149조 제2항).

Ⅱ. 배당표에 대한 이의

1. 이의신청권자

이의를 신청할 수 있는 사람은 배당절차에 관여하는 채권자와 채무자이다. 배당절차에서 선정당사자가 선정되면 선정자들이 아닌 선정당사자만이 이러한 채권자와 같이 배당받을 지위에 있으므로, 선정당사자만이 배당표에 대한 이의를 할 수 있는 주체 및 상대방이 된다(대법원 2015. 10. 29. 선고 2015다202490 판결, 대법원 2017. 12. 13. 선고 2015다61507 판결). 법인의 경우에는 그 대표자가 이의신청인이다. 또한 채권자와 채무자의 대리인도 이의신청을 할 수 있다. 채권자 중에는 가압류채권자도 포함된다. 강제집행의 일시정지의 사유가 있는 채권자도 이의를 신청할 수 있다. 배당을 받을 채권자가 아닌 배당요구도 하지 않은 일반채권자는 이의신청권이 없다. 배당절차가 개시된 다음 집행채권이 양도되고 그 채무자에게 양도 통지를 했더라도, 양수인이 승계집행문을 부여받아 집행법원에 제출하지 않은 이상, 집행법원은 여전히 배당절차에서 양도인을 배당금채권자로 취급할 수밖에 없다. 이러한 상태에서는 양수인이 집행법원을 상대로 자신에게 배당금을 지급하여 달라고 청구할 수 없고, 배당이의를 할 수도 없다. 양수인이 집행채권 양수 사실을 집행법원에 소명하였다고 하더라도 마찬가지이다(대법원 2019. 1. 31. 선고 2015다26009 판결). 채무자는 배당표 작성의 절차상의 흠뿐만 아니라 채권자의 채권 또는 그 채권의 순위에 대하여도 다툴 수 있다. 다만 채무자는 집행력 있는 정본을 가진 채권자에 대하여는 배당이의신청을 한 후 배당절차 외에서 청구이의의 소 등으로 다투어야 한다.

한편 채무자가 배당이의신청을 한 경우 배당이의 소송에서 소송목적물은 배당이의를 당한 채권자가 배당절차에서 배당받을 권리의 존부이지 채무자가 배당절차에서 배당받을 권리(잉여금을 수령할 권리)가 아니다. 따라서 채무자가 배당이의신청을 한 후 채무자의 잉여금채권(배당받을 채권)을 양수받은 자는 배당이의 소송에서 원고적격이 없다(대법원 2023. 2. 23. 선고 2022다285288 판결 참조). 집행력 있는 판결정본을 가진 채권자가 우선변제권을 주장하며 담보권에 기하여 배당요구를 한 경우에는 배당이의의 소로 다투면 되고 청구이의의 소를 제기할 필요가 없다. 이때 채무자는 배당이의의 소에서 담보권에 기한 우선변제권이 미치는 피담보채권의 존부 및 범위 등을 다투기 위하여 상계를 주장할 수 있는데, 상계의 의사표시가 있는 경우 상계적상 시기에 소급하여 피담보채권이 대등액에 관하여 소멸하며, 이는 피담보채권에 대하여 채무자에게 채무의 이행을 명하는 확정판결이 있다고 하여 달라지지 않는다(대법원 2011. 7. 28. 선고 2010다70018 판결).

제3채무자가 금전채권의 일부만이 압류되었음에도 민사집행법 제248조 제1항에 따라 그 채권 전액을 공탁한 경우에는 그 공탁금 중 압류의 효력이 미치는 금전채권액은 그 성질상 당연히 집행공탁으로 보아야 하나, 압류금액을 초과하는 부분은 압류의 효력이 미치지 않으므로 집행공탁이 아니라 변제공탁으로 보아야 하고, 변제공탁에 해당하는 부분에 대하여는 제3채무자의 공탁사유신고에 의한 배당가입차단효가 발생할 여지가 없다. 따라서 위와 같이 압류의 효력이 미치지 않아 변제공탁의 성질을 갖는 채무자의 공탁금 출급청구권에 대하여 압류 및 추심명령을 받은 채권자는 공탁금 중 집행공탁에 해당하는 부분에 대하여는 배당가입차단효로 인하여 적법한 배당요구를 하였다고 볼 수 없어서 그 부분으로부터 배당받은 채권자들에 대하여 배당이의의 소를 제기할 원고적격이 없지만, 변제공탁에 해당하는 부분에 대하여는 제3채무자의 공탁사유신고로 인하여 배당가입차단효가 발생할 여지가 없으므로 적법한 배당요구를 하였다고 보아야 하고 그 부분으로부터 배당받은 채권자에 대하여 배당이의의 소를 제기할 원고적격이 있다(대법원 2008. 5. 15. 선고 2006다74693 판결 참조). 한편 추심권자 甲의 배당금에 대하여 다른 채권자가 배당이의를 하여 배당이의소송 진행 중에 채무자 을 회사에 대하여 회생절차가 개시되고, 회생법원이 甲의 압류 및 추심명령에 대하여 취소결정(채무자회생법 제58조 제5항)을 함으로써 추심권자 甲의 배당금을 채무자 을 회사에 배당하는 것으로 추가 배당표가 작성된 경우, 추심권자 甲은 압류 및 추심명령의 소급적 취소에 따라 추가배당절차에서 실체상의 이의를 진술할 권한을 상실하였으므로 배당이의 소를 제기할 원고적격이 없다(대법원 2018. 6. 28. 선고 2016다229348 판결 참조).

이해관계 있는 제3자는 배당이의신청을 할 수 없고, 제3자이의의 소의 방법으로 배당절차 밖에서 구제절차를 취하여야 한다.

2. 배당이의를 신청하는 방법

배당기일에 출석하여 말로써(다만 채무자의 경우에는 배당표 원안이 비치된 이후 배당기일이 끝날 때까지 사이에 서면으로도 가능) 배당표에 대하여 이의를 할 수 있고(민사집행법 제256조, 제151조 제1항, 제2항), 판사(사법보좌관)이 민사집행법 제151조가 정하는 배당표에 대한 이의절차에 따라 이를 처리할 수 있다(사법보좌관규칙 제3조 제4호 참조).

배당이의를 신청하는 경우에는 배당이의를 신청하는 취지를 말하고, 이의의 상대방과 이의의 내용(범위)에 관하여 밝혀야 한다. 이의의 내용은 채권자의 경우에는 그 상대방의 배당액을 감액하고, 감액분을 자기의 채권액의 한도에서 자기의 배당액에 더하여야 한다는 것을 구하게 된다. 즉 채권자가 배당이의를 신청할 수 있는 범위는 무제한이 아니고, 자기 청구채권의 만족을 얻기 위해서 필요한 범위에 한정되며, 그것을 넘어서 이의를 한 상대방에 대한 배당을 저지할 수는 없다. 어느 채권에 대하여 어느 한도에서 그 존재 또는 우선권을 다투는가, 즉 어떻게 배당표의 기재의 경정을 요구하는가를 구체적으로 밝혀야 한다. 이에 대하여 채무자의 경우에는 채권자에 대한 배당액 자체가 문제이고, 자기에게 잉여금이 생기는지 여부는 불필요하다. 그러나 반드시 그 이유를 밝히거나 이유에 대한 증거자료를 제출할 필요는 없다. 이의가 정당한지 여부는 배당이의소송의 판결절차에서 가려지기로 예정되어 있으므로 이의의 이유를 밝히는 것과 그 입증은 그 소송절차에서 하도록 하는 것이 합리적이기 때문이다. 따라서 배당이의에 이유가 붙어 있다고 하더라도 배당이의의 소에서 이에 구속되지 않는다.

이의의 상대방은 배당표에 배당금이 적혀 있는 채권자인데, 배당절차에서 선정당사자가 선정되면 선정자들이 아닌 선정당사자만이 이러한 채권자 지위에 있으므로, 선정당사자만이 배당표에 대한 이의의 상대방이 된다. 그리고 채무자나 다른 채권자가 선정당사자를 상대로 그가 배당받는 것으로 적힌 금액 전체에 대하여 이의를 한 경우에, 이로 인하여 선정당사자와 선정자들 사이의 공동의 이해관계가 소멸하는 것이 아니므로, 선정자들이 집행법원에 대하여 선정행위를 취소하였다거나 선정당사자가 사망하였다는 등의 특별한 사정이 없는 한, 선정자들이 아닌 선정당사자가 배당표에 대한 이의의 상대방이 된 채권자로서 배당이의의 소의 피고적격을 가진다. 따라서 위와 같은 특별한 사정이 없는 한, 선정당사자를 상대로 그가 배당받는 것으로 적힌 금액 전체에 대하여 이의를 한 채무자나 다른 채권자는 선정당사자를 피고로 하여 배당이의의 소를 제기하여 선정자들에게 귀속될 부분을 포함한 선정당사자가 배당받는 것으로 적힌 금액 전체에 대하여 경정을 구할 수 있다(대법원 2015. 10. 29. 선고 2015다202490 판결). 그리고 배당표에 채무자에게 잔여금이 적혀 있으면 채무자도 상대방이 될 수 있다. 다만 채무자가 이의하는 경우에는 가압류채권자는 그 상대방이 될 수 없다(민사집행법 제256조, 제154조 제1항). 채무자는 가압류채권자가 제기한 본안소송 등에서 채권의 존부나 변제기의 도래 등을 다투어 그 결과에 따라 민사집행법 161조에 의한 배당절차가 진행되도록 할 수 있을 뿐이다(대법원 2016. 8. 18. 선고 2015다256503 판결 참조).

3. 배당이의의 사유

가. 절차상의 이의

1) 이의사유

채권자는 배당표의 작성방법, 기일지정의 위법이나 기일통지의 잘못 등 절차에 관한 사항을 이유로 이의를 진술할 수 있다. 예를 들어 배당절차개시요건의 흠결, 적법한 계산서제출의 최고가 없었다는 것, 적법하게 제출한 계산서를 무시하고 배당표를 작성하였다는 것, 자기의 채권이 배당표에 들어있지 아니하다는 것, 배당표의 기재에 누락이나 잘못이 있다는 것, 기일통지를 받지 못하였다는 것, 배당표열람기간이 준수되지 아니하였다는 것 등이 이에 속한다.

2) 이의에 대한 조치

절차상의 이의는 법원에 대하여 집행절차상의 위법에 대한 시정을 촉구하는 것으로 이의가 정당하다고 인정되면 위법을 시정하고, 이유가 없다고 판단되면 그 사유를 설명해 주고, 배당절차를 속행할 수 있다. 이 경우 이의를 한 자는 정식으로 집행에 관한 이의(민사집행법 제16조)를 할 수 있다. 이러한 집행에 관한 이의신청을 기각 또는 각하하는 결정에 대하여는 즉시항고를 제기할 수 없고(민사집행법 제15조 제1항, 제17조 제1항), 민사집행법 제23조 제1항에 의하여 준용되는 민사소송법 제449조의 특별항고로써만 불복할 수 있다. 그리고 특별항고만이 허용되는 재판의 불복에 대하여는 당사자가 특히 특별항고라는 표시와 항고법원을 대법원으로 표시하지 아니하였다고 하더라도 그 항고장을 접수한 법원으로서는 이를 특별항고로 보아 소송기록을 대법원에 송부하여야 한다(대법원 2011. 11. 8.자 2011마1575 결정, 대법원 1999. 7. 26.자 99마2081 결정 등 참조).

나. 실체상의 이의

1) 이의사유

채권자 또는 채무자는 절차적으로는 정당하게 작성된 배당표에 적힌 다른 채권자의 채권의 존재, 액수, 배당의 순위, 배당비율, 배당액이 부당하다는 실체적인 이유에 기초하여 배당표에 관한 이의를 신청할 수 있다. 다른 채권자의 압류가 무효라거나, 배당요구의 종기 후에 배당요구한 채권자를 배당표에 적었다는 등 배당표 작성의 절차상의 하자와 관련되는 경우도 이에 해당한다. 이의로 인하여 자기의 배당액이 증가되는 경우가 아니면 배당표에 대한 실체상의 이의를 할 이익이 없다. 따라서 선순위의 채권자가 후순위의 채권자의 채권에 대하여 이의를 신청하는 것은 부적법하다. 채무자가 채권자의 채권 자체가 아니라 채권의 순위, 즉 그 채권에 대하여 '다른 채권자'의 채권보다 우선하여 배당하는 것 등에 관하여 이의하는 경우, 채무자의 이러한 이의는 위 '다른 채권자'가 민사집행법의 규정에 따라 배당받을 채권자에 해당함을 전제로 하는 것인데, 민사집행법 제247조 제1항에 따라 적법하게 배당요구를 하지 않아서 배당에 참가하지 못하는 채권자는 배당표에 대하여 이의할 수 없으므로, 채무자 역시 배당에 참가하지 못하는 위와 같은 채권자의 채권에 배당해야 한다는 이유로 배당이의를 할 수는 없다(대법원 2015. 4. 23. 선고 2013다86403 판결).

2) 이의에 대한 조치

집행법원은 배당이의의 신청이 있더라도 그 당부에 대하여는 판단할 수 없고 그 적부(適否)에 대하여만 판단할 수 있다. 채권자가 한 이의신청과 채무자가 집행권원을 가지지 않은 채권자(가압류채권자를 제외한다)에 대하여 한 이의신청의 당부는 배당이의의 소에서 가려지게 되고(민사집행법 제256조, 제154조 제1항), 채무자가 집행권원을 가진 채권자에 대하여 한 이의신청의 당부는 청구이의의 소 또는 민사소송법

제252조 제1항에 정해진 변경의 소에서 가려지게 된다. 가집행선고 있는 판결에 대하여는 그 판결이 확정된 후가 아니면 청구이의의 소를 제기할 수 없으나(민사집행법 제44조 제1항), 채무자는 상소로써 채권의 존재 여부나 범위를 다투어 그 판결의 집행력을 배제시킬 수 있고 집행정지결정을 받을 수도 있으므로, 확정되지 아니한 가집행선고 있는 판결에 대하여 청구이의의 소를 제기할 수 없다고 하여 채무자가 이러한 판결의 정본을 가진 채권자에 대하여 채권의 존재 여부나 범위를 다투기 위하여 배당이의의 소를 제기할 수 있는 것이 아니다(대법원 2015. 4. 23. 선고 2013다86403 판결).

부적법한 이의에 대하여는 기각(각하)의 재판을 하며(이에 대하여는 집행에 관한 이의로 다툴 수 있다), 적법한 이의에 관하여는 불명한 점이 있으면 기일에 석명을 구한 다음 이의에 관계가 있는 다른 채권자에게 인정 여부의 진술을 하게 한다.

집행법원의 법원사무관등은 배당이의의 신청이 있다는 것과 그 내용을 배당기일 조서에 적어야 한다.

다. 이의에 대한 다른 채권자의 진술

1) 이의에 관계된 채권자가 출석하고 있으면 그로 하여금 이의에 대한 인정 여부를 진술하도록 한다(민사집행법 제256조, 제152조 제1항). 이의에 관계된 채권자라 함은 배당이의에 의하여 자기의 채권액이 줄어들게 되는 채권자를 뜻하며 단순히 이의신청을 한 채권자 이외의 채권자를 가리키는 것은 아니다. 따라서 배당표의 변경요구가 어느 채권자와 관계되는가를 이의를 통하여 명확히 알 수 있어야 하고, 불특정한 이의는 허용되지 않는다.

2) 만약 그 채권자가 출석하고 있으면서 진술을 하지 아니하는 때에는 법원은 소송지휘권을 발동하여 인부를 석명할 수 있다. 법원의 석명에 대하여 응답이 없는 경우에는 민사소송법 제150조의 자백간주의 법리에 따라 이의를 승인한 것으로 간주하여야 한다는 견해와 불출석한 경우와 같이(민사집행법 제153조 제2항) 이의를 승인하지 않은 것으로 보아야 한다는 견해가 있다. 이의에 관하여 이해관계가 있는 채권자가 이의를 정당하다고 인정하면 법원은 이의한 내용에 따라 배당표를 경정하여 배당을 실시하여야 한다(민사집행법 제256조, 제152조 제2항). 이의신청을 정당하다고 인정할 수 있는 자는 이의신청에 관계되는 채권자에 한하는 것이고 채무자나 그 이의신청에 관계없는 다른 채권자는 이의를 승인할 권한이 없다.

이의를 정당한 것으로 인정한 경우가 아니더라도 이의를 신청한 채권자와 그 이의에 관계가 있는 상대방 채권자 사이에 다른 방법으로 합의가 성립되면 법원은 그 합의내용에 따라서 배당표를 경정하여 배당을 실시하여야 한다(민사집행법 제256조, 제152조 제2항).

3) 위와 같이 이의를 정당하다고 인정하거나 다른 방법으로 합의한 때는 이의가 완결되어 경정된 배당표에 따라 배당을 실시하여야 한다. 이의가 완결되지 아니하면 이의 없는 부분에 한하여 배당을 실시한다(민사집행법 제256조, 제152조 제3항).

라. 불출석한 채권자의 경우

1) 기일에 출석하지 아니한 채권자는 배당표와 같이 배당을 실시하는 데에 동의한 것으로 본다(민사집행법 제256조, 제153조 제1항). 다만 적법한 배당기일통지가 되어 있지 않은 경우에는 동의한 것으로 볼 수 없다.

기일에 출석하지 아니한 채권자가 동의한 것으로 간주하는 것은 당초의 배당표와 같은 배당을 실시하는 데에 관한 것이므로 배당표에 대한 절차상의 이의에 기초하여 배당표를 그 채권자에게 불이익하게 경정하는 경우에는 다시 새 배당기일을 지정하여 경정한 배당표에 대한 열람의 기회를 주어야 한다.

2) 기일에 출석하지 아니한 채권자가 다른 채권자가 제기한 이의에 관계된 때에는 그 채권자는 이의를 정당하다고 인정하지 아니한 것으로 본다(민사집행법 제256조, 제153조 제2항).

따라서 적어도 불출석한 채권자가 관계되는 한도에 있어서는 이의는 그 기일에 완결할 수 없고 배당이의를 한 채권자는 배당이의확정을 위한 절차를 밟아야 한다.

4. 배당이의의 효과

배당이의 신청에 의한 배당의 저지는 일시적인 것이고, 신청한 자가 배당기일부터 1주 이내에 배당이의 소 등을 제기하여 이를 집행법원에 증명하지 않으면 배당이의를 취하한 것으로 보아(민사집행법 제256조, 제154조 제3항) 유보되어 있었던 부분에 대하여도 배당표대로 배당을 실시하게 된다. 이의가 기일에 완결되지 아니한 때에는 배당이의의 소 등의 제기를 증명한 경우에 이의 있는 채권의 배당액이 공탁되므로 그 한도에서 이의는 배당절차를 중지(유보)하는 효력이 있다.

절차상의 이의를 한 경우에는 집행법원이 스스로 그 당부를 심사할 수 있으나 실체적인 이의인 경우에는 집행법원은 그 당부를 심시할 권능이 없고 배당이의의 소나 청구이의의 소 등에서 별도로 수소법원이 판결절차에 따라 심판하게 된다. 형식상 적법한 실체법상의 이의가 있음에도 불구하고 이를 무시하고 배당을 실시하려고 하는 경우에는 집행에 관한 이의(민사집행법 제16조)를 제기하고 집행정지의 잠정처분을 받아 그 실시를 저지하는 수밖에 없다.

5. 이의의 소제기 등을 증명하는 서류의 제출

1) 기일에 이의가 완결되지 않으면 이의를 한 사람은 그 이의를 완결시키기 위하여 다음과 같은 조치를 하여야 한다. ① 집행력 있는 집행권원의 정본을 가지지 아니한 채권자(가압류채권자를 제외한다)에 대하여 이의한 채무자와 다른 채권자에 대하여 이의한 채권자는 '배당이의의 소'를 제기하고, 배당기일부터 1주 이내에 집행법원에 그 소를 제기한 사실을 증명하는 서류를 제출하여야 한다(민사집행법 제256조, 제154조 제1항, 제3항). ② 집행력 있는 집행권원의 정본을 가진 채권자에 대하여 이의한 채무자는 '청구이의의 소'나 민사소송법 제252조 제1항에 정해진 '변경의 소'를 제기하고, 배당기일부터 1주 이내에 집행법원에 그 소를 제기한 사실을 증명하는 서류와 그 소에 관한 집행정지재판의 정본을 제출하여야 한다(민사집행법 제256조, 제154조 제2항, 제3항). 다만 가집행선고 있는 판결에 대하여는 그 판결이 확정된 후가 아니면 청구이의의 소를 제기할 수 없으므로(민사집행법 제44조 제1항), 채무자는 '상소'를 제기하고 가집행에 관한 집행정지재판을 받아 그 서류들을 제출하면 될 것이다(대법원 2015. 4. 23. 선고 2013다86403 판결 참조). 만약 이의를 한 사람이 이상과 같은 조치를 하지 아니한 때에는 이의가 취하된 것으로 본다(민사집행법 제256조, 제154조 제3항). 배당기일부터 1주 이내에 소를 제기하거나 집행정지재판을 받았다고 하더라도, 그 기간 내에 집행법원에 해당 서류를 제출하지 않으면 마찬가지이다. 집행력 있는 집행권원의 정본을 가진 채권자에 대하여 이의한 채무자의 경우, 소를 제기한 사실을 증명하는 서류와 집행정지재판의 정본 중 어느 하나라도 제출하지 않으면, 집행법원으로서는 채무자가 실제로 위 기간 내에 청구이의의 소를 제기하고 그에 따른 집행정지재판을 받았는지 여부와 관계없이 채권자에게 당초 배당표대로 배당을 실시하여야 하고, 배당을 실시하지 않고 있는 동안에 청구이의의 소에서 채권자가 패소한 판결이 확정되었다고 하여 달리 볼 것이 아니다. 그러한 경우 채무자는 채권자를 상대로 부당이득반환 등을 구하는 방법으로 구제받을 수 있을 뿐

이다(대법원 2011. 5. 26. 선고 2011다16592 판결).

배당이의의 소 또는 청구이의의 소 등을 제기한 사실을 증명하는 서류는 소장사본을 첨부한 수소법원의 소제기증명서로 하면 된다. 또한 채무자가 집행권원을 가진 채권자에 대하여 배당이의를 한 때에는 청구이의의 소 등을 제기하고 그 소제기를 증명하는 서류를 집행법원에 제출하는 것만으로 부족하고 청구이의의 소 등의 제기에 관련된 집행정지의 재판을 받아 그 정본도 제출하여야 한다.

1주일의 법정기간은 법원이나 당사자가 연장할 수 없고 추후보완도 허용되지 않는다.

집행법원은 이의를 한 채권자나 채무자가 정해진 기일 내에 관할법원에 이의의 소를 제기하였는지, 그 소가 이의와 관계가 있는 적법한 소인지를 심사하여야 하고, 소의 내용이 그와 같은 사항을 갖추지 못한 때에는 그 소제기의 증명은 배당의 실시를 유보하는 효력을 가지지 않는다.

2) 이 기간 내에 이러한 서류를 집행법원에 제출하지 아니한 때에는 배당이의가 취하된 것으로 보게 되므로(민사집행법 제256조, 제154조 제3항), 배당이의의 상대방에게 배당이 실시되고 배당금이 현실적으로 교부되게 된다. 배당을 실시한 뒤에도 이의한 채권자는 배당을 받은 다른 채권자에 대하여 부당이득반환청구 등의 방법으로 우선권을 주장하거나 그 밖의 권리를 행사하는 데 영향을 미치지 않는다(민사집행법 제256조, 제155조 참조).

3) 배당이의의 소에서 피고는 원고의 청구를 배척할 수 있는 모든 주장을 방어방법으로 내세울 수 있으므로, 원고가 배당이의를 한 금원이 피고가 배당요구하였지만 배당에서 제외된 다른 채권에 배당되어야 한다는 주장도 피고는 할 수 있고, 이는 피고가 그 다른 채권에 기하여 배당이의를 하지 아니하였더라도 마찬가지이다. 따라서 채무자가 제3채무자에 대한 채권을 특정 채권자에게 양도하였다가 채권양도가 사해행위라는 이유로 취소판결이 확정되었으나, 채권자가 당해 채권에 대하여 압류 및 추심명령도 받아 둔 경우에는, 당해 채권에 대한 제3채무자의 혼합공탁에 따른 배당절차에서 채권자가 사해행위의 수익자인 당해 채권의 양수인의 자격으로는 배당받을 수 없으나, 압류 및 추심명령을 받은 채권자의 지위에서 배당받는 것은 가능하다(대법원 2014. 3. 27. 선고 2011다107818 판결). 그리고 가압류권자 甲이 배당표 중 가압류권자 및 추심권자인 乙의 배당액 전부에 관하여 이의를 한 후 배당이의의 소를 제기한 경우, 乙이 배당이의를 하지 않았다고 하여 甲과의 관계에서 가압류권

자로서 乙이 배당받아야 할 채권액이 그 자체로 확정되었다고 볼 수는 없다. 따라서 乙은 추심권자로서 초과배당받은 금액을 가압류권자로서 乙이 배당받아야 할 채권에 배당되어야 할 것이라는 주장을 할 수 있고 乙은 추가로 더 배당받을 수 있다(대법원 2018. 6. 28. 선고 2018다12032 판결 참조).

채권양도 후 대항요건이 구비되기 전의 채권양도인은 채무자에 대한 관계에서는 여전히 채권자의 지위에 있으므로 채무자의 제3채무자에 대한 채권에 대하여 채권가압류 등의 보전조치를 할 수 있고, 이 경우 채권가압류에 기하여 채권양도인이 배당절차에서 배당을 받았다면 그 배당은 유효하다고 봄이 상당하다(대법원 2009. 2. 12. 선고 2008두20109 판결 등 참조). 따라서 배당이의의 소 제기 전에 채권양도가 있었지만, 그 대항요건을 배당이의소송 계속 중에 갖추었다면, 대항요건을 갖춘 이후에야 비로소 채권양수인으로서 배당이의소송에 승계참가할 수 있다(대법원 2019. 5. 16. 선고 2016다8589 판결 참조).

제9장 배당의 실시

Ⅰ. 배당을 실시하여야 할 경우

1. 배당이의가 없는 경우

배당기일에 출석한 채권자나 채무자로부터 이의가 없는 경우 또는 배당기일에 출석하지 아니함으로 인하여 배당표와 같이 배당을 실시하는 데에 동의한 것으로 보는 경우(민사집행법 제256조, 제153조 제1항)에는 집행법원이 작성한 배당표원안이 그대로 확정되므로 이에 따라 배당을 실시한다.

배당이의를 할 수 있는 채권자로서 이의를 제기하지 아니한 채권자는 배당절차에 관한 한 모든 항변과 함께 자신의 이익옹호를 위한 권리를 잃게 된다. 그러나 적법하게 배당받을 권리 있는 채권자가 자신이 배당받을 몫을 받지 못하고 그로 인해 권리 없는 다른 채권자가 그 몫을 배당받은 경우에는 배당이의 여부 또는 배당표의 확정 여부와 관계없이 배당받을 수 있었던 채권자가 배당금을 수령한 다른 채권자를 상대로 부당이득반환 청구를 할 수 있다[대법원 2019. 7. 18. 선고 2014다206983 전원합의체 판결 등 참조]. 다만 적법한 배당요구가 필요함에도 이를 하지 않아 배당에서 제외된 선순위 채권자는 대신 배당받은 후순위 채권자를 상대로 부당이득반환을 청구할 수 없다(대법원 1997. 2. 25. 선고 96다10263 판결, 대법원 1998. 10. 13. 선고 98다12379 판결 등 참조).

2. 배당이의가 있는 경우

가. 배당이의가 있었으나 이의가 완결된 경우

배당기일에 채권자나 채무자가 한 이의에 대하여 이의에 관계된 불이익을 받는 채권자가 이의를 정당하다고 인정한 때에는 집행법원은 이의한 내용에 따라 배당표를 경정하여 그에 따라 배당을 실시한다. 이해관계인이 다른 방법으로 합의한 때에도 같다(민사집행법 제256조, 제152조 제2항).

나. 이의가 있고 이의가 완결되지 아니하였으나 이의가 없는 부분이 있는 때

이의가 완결되지 아니한 때에는 이의가 없는 부분에 한하여 배당을 실시하여야 한다(민사집행법 제256조, 제152조 제3항).

다. 이의가 있었으나 철회(취하)된 경우

이 경우에 실무는 종전의 배당표에 따라 배당금 지급절차를 취하고 있는데, 배당이의의 소나 청구이의의 소를 제기하기 전이라면 배당이의를 철회한다는 의사가 기재된 서면을 제출하면 되지만, 위 소송을 제기한 후라면 소취하증명을 제출하고 있다.

라. 이의가 있었으나 이의한 채권자나 채무자가 배당이의의 소를 제기하였다는 사실을 증명하는 서류를 제출하지 아니한 경우와 집행력 있는 집행권원의 정본을 가진 채권자에 대하여 이의한 채무자가 청구이의의 소 등을 제기한 사실을 증명하는 서류와 그 소에 관한 집행정지재판의 정본을 제출하지 아니한 때

이의한 채권자나 채무자가 배당기일부터 1주 이내에 배당이의의 소를 제기한 사실을 증명하는 서류를 제출하지 아니한 때 또는 집행력 있는 집행권원을 가진 채권자에 대하여 이의한 채무자가 청구이의의 소 등을 제기한 사실을 증명하는 서류와 그 소에 관한 집행정지재판의 정본을 제출하지 아니한 때에는 배당이의가 취하된 것으로 보게 되므로(민사집행법 제256조, 제154조 제3항), 실무는 종전의 배당표에 따라 배당액을 지급하고 있다.

마. 배당이의의 소의 취하나 취하간주, 배당이의소송의 소각하 또는 청구기각판결의 확정이 증명된 경우

이 경우에는 종전의 배당표에 따라 배당액을 지급하여야 한다. 즉 집행법원은 배당이의소송의 피고가 소취하, 각하 또는 청구기각판결의 확정사실을 증명하는 서면을 제출하면서 배당액의 지급청구를 하는 경우에는 배당기일을 지정함이 없이 공탁관에게 지급위탁서를 송부하고 당해 채권자에게는 공탁물수령권자임을 증명하는 증명서를 교부한다.

바. 배당이의의 소의 판결이 확정되었음이 증명된 경우

배당이의의소송에서 원고청구의 전부 또는 일부인용의 판결이 확정되었음이 증명된 때에는 집행법원은 그 내용에 따라 배당을 실시한다. 즉 원고 전부승소의 경우에는 원고가, 원고 일부승소의 경우에는 원고 또는 피고가 판결확정증명서를 제출하면서 배당액의 지급 또는 재배당의 실시를 요구하면, 법원은 그 판결 주문에서 배당액을 경정한 경우에는(민사집행법 제157조 전문) 그에 따라 배당표의 배당액을 경정한 다음 법원사무관등이 그 배당표에 따라 공탁관에게 배당액의 지급위탁서를 송부하고 당해 채권자에게는 수령권자임을 증명하는 증명서를 교부하며, 그 판결 주문에서 새로운 배당표의 작성과 배당절차를 명한 경우에는(민사집행법 제157조 후문) 새로운 배당표를 작성하여 관계인의 열람에 제공한 다음 배당기일을 정하여 채권자와 채무자에게 통지하는 등 배당절차를 실시한다.

3. 협의에 의한 배당

명문의 규정은 없으나 배당절차가 개시된 후 배당을 받을 채권자들 전원이 배당협의를 하여 배당협의서(협의에 의한 배당안)를 제출한 경우, 배당기일에 협의에 참가한 사람 전원의 진의가 확인되는 때에는 이해관계인의 의사를 존중하는 배당절차의 특성상 배당표 대신 배당협의서에 의하여 배당을 실시하여야 한다. 이 경우 배당기일조서에는 배당협의서에 의하여 배당을 실시한다는 취지를 적고 그 협의서를 위 조서에 별지로 붙인다.

Ⅱ. 배당실시절차

1. 배당액의 지급

가. 배당재단이 공탁금인 경우

1) 공탁금의 출급

배당재단이 공탁금인 경우에는 공탁금의 보관과 관리는 공탁관이 하고 있으므로 집행법원의 법원사무관등은 지급할 배당금액(배당액과 집행비용의 합계액)을 적은 지급위탁서를 공탁관에게 송부하고(공탁서를 붙일 필요는 없다), 지급받을 사람에게는 지급받을 자격을 증명하는 배당액 지급증을 교부하여야 한다(민사집행법 제256조, 제159조 제2항, 제3항, 민사집행규칙 제82조 제1항, 공탁규칙 제43조 제1항).

배당채권이 확정되지 아니하였거나 채권자가 배당기일에 출석하지 아니하여 법원사무관등이 배당액을 공탁하고(또는 이미 되어있는 공탁을 유지하기로 하고) 그 공탁서 원본과 배당표의 등본을 주무과장이 지정하는 공탁서 등 보관책임자에게 인계한 후에는 그 보관책임자가 공탁금의 출급에 관한 업무를 처리하게 된다(재민 92-2).

채권자에게 위 증명서를 교부할 때에는 그로부터 배당금액에 대한 영수증을 받아야 한다.

배당수령채권자는 공탁물출급청구서 2통(재민 2001-4)을 교부받아 공탁관에게 제출하여 공탁금의 출급을 받는다(공탁규칙 제43조 제2항, 제32조).

지급위탁서와 증명서의 양식은 다음과 같다.

[양식: 지급위탁서]

<table>
<tr><td colspan="5">법원 지원 공탁관 귀하</td></tr>
<tr><td colspan="2">공탁번호</td><td>년 금 제 호</td><td>공탁금액</td><td></td></tr>
<tr><td rowspan="2">공탁자</td><td>성 명
(상호, 명칭)</td><td colspan="3"></td></tr>
<tr><td>주 소
(본점, 주사무소)</td><td colspan="3"></td></tr>
<tr><td rowspan="3">수령인</td><td>성 명
(상호, 명칭)</td><td colspan="3"></td></tr>
<tr><td>주 소
(본점, 주사무소)</td><td colspan="3"></td></tr>
<tr><td>주민등록번호
(사업자등록번호)</td><td colspan="3"></td></tr>
<tr><td colspan="2">지 급 액</td><td colspan="3"></td></tr>
<tr><td colspan="2">지 급 내 역</td><td colspan="3"></td></tr>
<tr><td colspan="5">공탁금을 위와 같이 지급 의뢰합니다.
2○○○. ○. ○.
법원 지원 (인)</td></tr>
</table>

※ 공탁사무 문서양식에 관한 예규(행정예규 1153호) 11호 양식

[양식: 증명서]

<table>
<tr><td colspan="2">공 탁 번 호</td><td>년 금 제 호</td><td>공탁금액</td><td></td></tr>
<tr><td colspan="2">수령할 공탁금액</td><td colspan="3"></td></tr>
<tr><td>수</td><td>성 명
(상호, 명칭)</td><td colspan="3"></td></tr>
</table>

<table>
<tr><td rowspan="2">령
인</td><td>주　소
(본점, 주사무소)</td><td></td></tr>
<tr><td>주민등록번호
(사업자등록번호)</td><td></td></tr>
<tr><td colspan="3">위 수령인이 위의 수령할 공탁금액에 대한 수령권자임을 증명합니다.
2○○○. ○. ○.
법원　　　지원　　　　　(인)</td></tr>
</table>

※ 공탁사무 문서양식에 관한 예규(행정예규 1153호) 12호 양식

2) 공탁금의 계좌입금

공탁규칙 제40조에 따라 공탁금 출급청구자가 공탁금의 계좌입금을 신청하는 경우에는 계좌입금에 의한 공탁금출급·회수절차에 관한 업무처리지침(행정예규 제1045호)에 따라 처리한다.

나. 배당재단이 법원보관금인 경우

1) 배당액의 지급

집행관 등이 특별현금화명령에 의하여 채권 그 밖의 재산권을 매각하고 그 매각대금을 취급점에 납부하여 배당재단이 법원보관금으로 보관되어 있는 경우에는 출석한 채권자에게 법원보관금취급규칙에 따라 배당금액에 상당한 보관금을 지급한다. 채권자와 채무자에 대한 배당금의 지급(교부)절차는 법원사무관등이 그 이름으로 실시한다(민사집행규칙 제82조 제1항).

법원사무관등은 법원보관금 출급명령서를 작성하여 배당금수령채권자에게 교부하고 다만 동시에 수 건의 출급청구가 있는 경우에는 법원보관금 출급명세서를 함께 교부한다. 출급명령서의 사본을 기록에 편철하며, 배당금수령채권자는 교부받은 출급명령서를 세입세출외 현금출납공무원에게 제출하고, 세입세출외 현금출납공무원은 배당금수령채권자에게 출급지시서를 교부하고 출급지시사항을 취급점에 전송하며, 배당금수령채권자는 보관금 취급점에 출급지시서를 제출하고 보관금을 수령한다(보관금규칙 제13조 제1항부터 제3항 본문).

취급점이 배당금수령채권자에게 법원보관금을 배당액으로 지급한 때에는 그 지급내역을 즉시 사건담임자 및 출납공무원에게 전송하여야 한다(보관금규칙 제16조).

한편 배당기일에 지배인 또는 이에 준하는 법률상의 대리인으로부터 배당금수령의 위임을 받은 사람은 위임장, 지배인 또는 법률상 대리인에 관한 사항이 나타나 있는 법인등기사항증명서와 상업등기법 제16조에 따라 발행한 인감증명서를 제출하여 그의 대리권을 증명함으로써 배당금을 수령할 수 있다(재민 2004-3 제56조).

2) 배당액의 계좌입금

배당기일에 출석하지 아니한 채권자가 배당받을 금액을 입금할 예금계좌를 신고한 때에는 법원사무관등은 민사집행법 제160조 제2항의 공탁에 갈음하여 배당액을 그 예금계좌에 입금하여 지급할 수 있다(민사집행규칙 제185조 제1항, 제82조 제2항). 계좌입금신청을 하는 때에는 법원보관금 계좌입금신청서를 작성하여 제출하고(보관금규칙 제15조 제2항), 그 신청서를 제출하는 경우에 대표자나 관리인의 자격 또는 대리인의 권한을 증명하는 서면으로서 관공서에서 작성하는 증명서 및 인감증명서는 작성일로부터 3개월 이내의 것이어야 하며(보관금규칙 제8조), 계좌입금신청서는 신분이 확인되는 작성명의인 본인, 소송대리인, 국가소송수행자, 제출대행권이 있는 법무사, 사건관계 직무담당 공무원이 제출하는 경우 또는 작성명의인의 인감증명서(본인서명사실확인서 또는 전자본인서명확인서의 발급증을 포함한다)가 붙어 있는 경우에 한하여 이를 접수한다(재일 2003-8). 예금계좌입금신청서에는 인지를 붙일 필요가 없고, 이를 접수한 때에는 재판사무시스템의 문서건명부에 입력하고 배당기록에 가철한다(재민 91-1).

그리고 출급청구인이 향후 본인이 출급청구자가 되는 모든 사건에 대하여 동일계좌로의 입금을 원하는 경우 포괄계좌입금신청을 할 수 있는데, 계좌입금신청서에 그 취지를 명시하면 된다. 포괄계좌입금신청을 해지하고자 하는 때에는 별도의 해지신청서를 제출하여야 하고, 신청을 받은 취급점이나 출납공무원은 포괄계좌입금대상을 별도 전산관리하여야 한다(재일 97-2).

국가나 지방자치단체의 경우 전국공통 포괄계좌입금신청을 할 수 있다(행정예규 제1045호).

이 경우에 계좌입금에 드는 비용은 배당금수령채권자가 따로 부담하여야 하며 법원사무관등이 계좌입금신청서를 접수한 때에는 그 신청서를 즉시 출납공무원에게 인계하여야 하고, 출납공무원은 이를 전산등록하여야 하며, 법원사무관등은 출급명령서를 출납공무원에게 직접 송부하여야 한다. 다만 계좌입금을 신청한 출급청구자 또는 그의 대리인이 출급청구서를 교부받아 직접 출납공무원에게 제출하기를 원하는 경우에는 굳이 이를 금지할 필요가 없으므로 그러하지 아니하다(재일 97-2).

법원보관금취급규칙이 정한 법원보관금 계좌입금신청서의 양식은 다음과 같다.

[전산양식 A1261: 법원보관금 계좌입금신청서]

법원보관금 계좌입금신청서

<table>
<tr><td colspan="2">사건번호
및 사건명</td><td colspan="2"></td></tr>
<tr><td colspan="2" rowspan="2">당 사 자</td><td>원고(또는
신청인)</td><td></td></tr>
<tr><td>피고(또는
피신청인)</td><td></td></tr>
<tr><td rowspan="5">예
금
계
좌</td><td>개 설 은 행</td><td colspan="2">은행 지점</td></tr>
<tr><td>예금의 종류</td><td colspan="2"></td></tr>
<tr><td rowspan="2">예 금 주</td><td colspan="2">신청인 본인</td></tr>
<tr><td colspan="2">주민등록번호(사업자등록번호)</td></tr>
<tr><td>계 좌 번 호</td><td colspan="2"></td></tr>
</table>

본인이 수령할 위의 법원보관금(또는 그 잔액)을 본인의 비용부담하에 위의 예금계좌에 입금하여 주실 것을 아래 서류를 첨부하여 신청합니다.

※ 포괄계좌입금신청 여부 ➪ 예( ), 아니오( )
향후, 신청인이 출급청구권자가 되는 모든 사건에 대하여 동일계좌 입금을 신청합니다.

첨 부 : 예금통장사본 1부

년 월 일

신청인 성 명 : (인)
주 소 :
우편번호 :

○○지방 ○○지원 귀중

2. 집행력 있는 정본 또는 채권증서와 영수증의 교부

가. 채권자가 채권 전부를 배당받은 경우

1) 채권자에게 청구채권의 전부를 배당하는 경우에는 그 채권자에게 배당액 지급증(공탁금수령자격증명서)을 교부하는 동시에 그 채권자가 가지고 있는 집행력 있는 정본을 받고 집행력 있는 정본이 없는 때에는 채권증서를 받아 이를 채무자에게 교부한다(민사집행법 제256조, 제159조 제2항). 그리고 채권자가 민사소송등에서의 전자문서 이용 등에 관한 규칙 44조 1항에 따라 집행권원이나 그 집행력 있는 정본을 전자문서로 변환하여 제출한 경우에도 채권자에게 집행권원 등을 전자문서가 아닌 본래의 형태로 제출하게 하여야 한다(재민 2004-3 제57조). 이는 이중집행을 방지하기 위함이다. 집행력 있는 정본 등을 채무자에게 교부한 때에는 그로부터 영수증을 받아 기록에 편철한다.

2) 채무자가 기일에 출석하지 아니한 경우에는 채권자가 제출한 집행력 있는 정본이나 채권증서를 기록에 편철하여 두었다가 나중에 채무자의 청구가 있으면 교부한다. 채무자가 있는 곳을 알 수 없는 경우도 같다.

채무자의 집행력 있는 정본 등 환부청구는 반드시 서면에 의할 필요는 없지만 서면으로 환부청구를 하는 때에도 인지를 붙일 필요가 없고, 이를 접수한 때에는 문서건명부에 입력하고 배당기록에 가철한다(재민 91-1).

채권자가 집행력 있는 정본이나 채권증서를 가지고 있지 아니한 경우에는 그 채권자로부터 영수증을 받아 이를 채무자에게 교부한다(민사집행법 제256조, 제159조 제3항 참조). 불출석한 채권자의 신청에 의하여 법원에 보관되어 있는 배당액을 계좌로 입금한 경우, 채권자가 미리 집행력 있는 정본 등을 제출하지 아니한 때에는 그 채권자가 제출한 계좌입금신청서와 출납공무원이 계좌입금하고 받은 무통장입금증 등을 채무자에게 교부하여 영수증의 교부에 갈음할 수 있다.

3) 여러 법원이 동일한 채권 그 밖의 재산권에 대하여 각각 압류명령을 발령하여 압류가 경합된 상태에서, 그중 한 법원이 집행법원이 되어 나머지 법원에 대하여 압류명령사건기록의 송부촉탁을 한 경우, 송부되어 온 기록을 보관 중 채무자가 배당기일에 출석하거나 또는 배당기일 뒤라도 그 기록의 반환 전에 그 기록에 편철되어 있는 집행력 있는 정본 등의 교부를 청구한 때에는 집행법원의 법원사무관등은 그 정본을 채무자에게 교부하고 채무자로부터 영수증을 받아 그 기록에 편철한 뒤 기록을 송부법원에 반환할 것이며 채무자가 배당기일에 불출석하고 그 후에도 그 정본의

교부청구를 하지 않을 때에는 별도의 조치 없이 그 송부기록을 송부법원에 반환한다(재민 81-13).

나. 채권자가 채권의 일부를 배당받은 경우

채권자에게 채권의 일부만을 배당하는 경우에는 집행력 있는 정본의 사본으로 배당요구를 한 채권자에게는 집행력 있는 정본을, 그 밖의 채권자에게는 채권증서를 각각 제출하게 한 뒤 법원사무관등이 그 여백 부분 또는 뒷면에 배당액을 적어서 기명날인한 다음 채권자에게 돌려주고(예를 들어 20 타배사건에 기초하여 20 . . . ○○○원이 지급됨. 20 . . . ○○법원 사무관 ○○○), 배당액 지급증(공탁금수령자격증명서)을 교부하는 동시에 채권자로부터 영수증을 받아 채무자에게 교부하여야 한다(민사집행법 제256조, 제159조 제3항). 집행력 있는 정본 등이 이미 제출되어 기록에 편철되어 있는 경우에도 위와 같다.

채무자가 배당기일에 출석하지 아니하거나 있는 곳을 알 수 없는 때, 채권자가 집행력 있는 정본이나 채권증서를 가지고 있지 아니한 경우, 배당액을 계좌로 입금한 경우 등의 처리에 관하여는 위 (가)항에서 설명한 바와 같다.

경합된 압류명령사건기록이 집행법원의 송부촉탁에 의하여 다른 법원으로부터 송부되어 온 경우에는 집행법원의 법원사무관등은 송부된 기록에 편철된 집행력 있는 정본 등의 여백에 배당액을 적고 기명날인하여 이를 채권자에게 돌려주고 그 정본 등을 수령하였다는 영수증을 받아 송부기록에 편철하여 그 기록을 송부법원에 반환한다(재민 81-13).

3. 배당액의 공탁

가. 배당액을 공탁하여야 할 경우

배당기일에 출석한 채권자들이 제시된 배당표의 원안에 대한 배당이의를 하지 않으면 바로 배당표의 원안이 확정되고, 채권자에게 배당금을 교부하는 것이 원칙이다. 그러나 배당을 받아야 할 채권에 대하여 즉시 채권자에게 지급할 수 없거나 지급하는 것이 적당치 아니한 배당유보의 사유가 있으면 법원사무관등은 그에 대한 배당액을 직접 지급하지 않고 공탁하여야 한다. 다음의 1) 내지 5)는 배당을 유보하는 공탁이고, 6)은 불출석한 채권자에 대하여 공탁함으로써 배당절차를 종료시키기 위한 것이다. 보관금이 배당재단인 경우에는 배당받아야 할 채권에 대하여 다음의 1) 내지

5)의 각 지급제한사유가 있으면 집행법원은 배당금을 공탁하여야 한다. 위와 같이 공탁된 배당금지급청구권등에 대하여 압류의 경합이 발생한 경우, 종래에는 공탁서 등 보관책임자 또는 담임법원사무관등이 다음의 1) 내지 5)의 각 지급제한사유가 해소되면 그 사실을 공탁관에게 통지하여야 하고, 그와 같은 통지가 온 때 공탁관이 사유신고를 했는데, 2020. 7. 1.부터 집행법원의 사유신고에 관한 업무처리지침(재민 2020-1)이 제정 시행되고, 지급제한사유 해소 사실 통지에 관한 규정(재민 92-2 제4조의2)이 폐지됨으로써 2020. 7. 1.부터는 지급제한사유가 해소되면 특별한 사유가 없는 한 그 사유가 해소된 다음날부터 5일 이내에 공탁서 등 보관책임자 또는 담임법원사무관등이 사유신고를 하여야 한다. 이와 관련하여 공탁관 사유신고에 관한 업무처리지침이 개정(2020. 7. 1. 시행)되어 배당받아야 할 채권에 다음의 1) 내지 5)의 각 지급제한사유가 있음을 이유로 공탁이 된 후 공탁금 출급청구권에 대하여 압류의 경합이 있는 경우 집행법원으로부터 배당액에 대한 지급제한사유가 소멸되었다는 사실을 통보받은 때 공탁관이 사유신고를 하여야 한다는 규정은 삭제되었다(행정예규 제1225호 참조).

그리고 공탁금이 배당재단인 경우에는 배당을 유보하는 금액에 상당하는 금액에 대하여 배당유보공탁으로 바뀐 것으로 보면서 실제 공탁은 하지 않는 것이 현재 실무이다. 따라서 배당받아야 할 채권에 다음의 1) 내지 5)의 사유가 있는 경우 그 채권액에 상당하는 금액에 대하여는 실제 공탁을 하지 않더라도 배당유보공탁이 이뤄진 것으로 보고, 이후 이에 대하여 압류가 경합하는 경우, 종래에는 공탁서 등 보관책임자 또는 담임법원사무관등이 각 지급제한사유가 해소된 때 그 사실을 공탁관에게 통지하거나, 공탁관의 사유신고에 관한 업무처리지침의 절차에 따라 직접 사유신고를 할 수 있었는데(재민 92-2 제4조의2 제2항), 집행법원의 사유신고에 관한 업무처리지침(재민 2020-1)이 제정·시행되고, 지급제한사유 해소 사실 통지에 관한 규정(재민 92-2 제4조의2)이 폐지됨으로써 2020. 7. 1.부터는 지급제한사유가 해소되면 특별한 사유가 없는 한 그 사유가 해소된 다음 날부터 5일 이내에 공탁서 등 보관책임자 또는 담임법원사무관등이 사유신고를 하여야 한다는 점을 유의하여야 한다.

1) 정지조건 또는 불확정기한이 붙어 있는 채권에 대한 배당액(민사집행법 제256조, 제160조 제1항 제1호)

배당을 받을 채권자의 채권에 정지조건이 붙어 있는 때에는 조건의 성취 여부와 언제 성취하는지가 분명하지 않으므로 배당유보공탁을 하여야 한다. 불확정기한이 붙어 있는 채권도 기한이 도래하는 것은 확실하지만 언제 도래하는지가 분명하지 않으므로 배당유보공탁을 하여야 한다. 확정기한이 붙은 채권으로 확정기한이 도래하지 않은 채권에 대하여는 명문의 규정이 없으므로 문제가 된다. 불확정기한이 붙은 채권에 관한 규정을 유추하여 배당액을 공탁하여야 한다는 견해와 기한이 도래한 것으로 간주하고 배당하여야 한다는 견해가 있을 수 있으나, 전자의 견해가 다수설이고, 이에 따른다면 배당유보공탁을 하여야 한다.

정지조건 있는 채권은 집행권원에 의하여 확정된 경우에도 조건이 성취되기 전까지는 집행권원에 집행문을 부여받을 수 없어 강제집행의 신청은 물론 배당요구도 할 수 없는 것이므로, 여기서 정지조건 있는 채권은 그 채권이 질권에 의하여 담보되는 등 우선변제권이 인정되는 경우에 한한다. 불확정기한이 붙어 있는 채권도 마찬가지이다.

2) 가압류채권자의 미확정채권에 대한 배당액(민사집행법 제256조, 제160조 제1항 제2호)

가압류는 본안소송에서 권리관계가 확정될 때까지 잠정적인 처분이므로 가압류채권자의 채권에 대하여는 배당유보공탁을 하여야 한다.

3) 집행정지의 재판이 내려진 채권에 대한 배당액(민사집행법 제256조, 제160조 제1항 제3호)

배당을 받아야 할 채권자의 채권에 대하여 강제집행의 일시정지를 명한 취지를 적은 재판의 정본(민사집행법 제49조 제2호) 또는 담보권 실행을 일시정지하도록 명한 재판의 정본(민사집행법 제266조 제1항 제5호)이 제출되어 있는 때에는 그에 대한 배당액을 공탁하여야 한다.

집행정지의 재판이 채권자 전원에 대한 것이라면 배당절차 자체가 정지되므로 배당액의 공탁문제가 일어날 여지가 없으나, 일부의 채권자에 국한된 것으로서 다른 채권자가 강제집행을 하는 데 지장이 없는 때에는 배당절차를 속행하고 집행정지의 사유가 있는 채권자에 대한 배당액만 공탁한다.

4) 배당이의의 소가 제기되어 있는 채권에 대한 배당액(민사집행법 제256조, 제160조 제1항 제5호)

배당이의를 한 채권자 및 집행력 있는 집행권원 없는 채권자에 대하여 배당이의를 한 채무자는 이의를 완결시키기 위해서 배당이의의 소를 제기하여야 한다. 배당기일부터 1주 이내에 집행법원에 대하여 배당이의의 소를 제기한 것을 증명한 때에는 이의에 관련된 배당액에 대하여 배당유보공탁을 하여야 한다. 공탁은 위 서류세출기간이 지난 것을 기다린 다음에 하여야 한다. 한편 집행력 있는 집행권원의 정본을 가진 채권자에 대하여 배당이의한 채무자는 청구이의의 소를 제기한 후 그 소를 제기한 사실을 증명하는 서류와 그 소에 관한 집행정지재판의 정본을 제출하여야 하므로(민사집행법 154조 2항, 3항), 이러한 채권에 대한 배당액은 앞서 본 3)항에 근거하여 공탁을 하게 된다.

5) 민법 제340조 제2항에 의한 공탁청구가 있는 때(민사집행법 제256조, 제160조 제1항 제6호)

질권자가 질물이 아닌 다른 채권 등에 관한 배당절차에서 배당을 받는데 다른 일반채권자가 그 배당금의 공탁청구(민법 제340조 제2항 단서)를 하면 집행법원은 질권자에 대한 배당액을 공탁하여야 한다. 질권자는 담보권을 가지고 있어도 일반채권자로서의 자격을 상실하는 것은 아니므로 집행권원을 가지는 한 질물 이외의 채무자의 다른 재산에 대하여도 강제집행을 할 수 있으나, 이 경우에 질권자는 질물에 의하여 먼저 변제를 받고 그 부족액에 한하여 채무자의 일반재산에서 변제를 받을 수 있다(민법 제340조 제1항). 그러나 질권자가 질권을 실행하기에 앞서 채무자의 다른 채권 등에 대하여 다른 채권자가 먼저 강제집행을 개시하여 배당이 실시되는 경우에까지 위와 같이 제한을 한다면 후에 질권이 실행되어 채권변제의 부족이 판명된 때에는 이미 다른 채권 등에 대한 집행이 종료되어 부족액의 변제를 받을 기회를 상실하게 되므로 이런 경우에는 질권자도 일반채권자와 동등한 자격으로 채권전액을 가지고 배당에 참가할 수 있다(민법 제340조 제2항 본문). 다만 질물로부터 채무액을 변제받기에 충분한데도 불구하고 질권자가 미리 배당액을 수령한다면 결과적으로 민법 340조 1항의 취지에 어긋나고 다른 채권자의 이익을 해하게 되므로 다른 채권자는 배당에 참가하는 질권자에게 배당금의 공탁을 청구할 수 있고(민법 제340조 제2항 단서), 이러한 공탁청구가 있으면 집행법원은 그 질권자에 대한 배당액을 공탁하여야 한다.[1)]

6) 배당기일에 출석하지 아니하고 계좌입금신청도 하지 아니한 채권자의 배당액(민사집행법 제256조, 제160조 제2항)

배당을 받을 채권자가 배당기일에 출석하지 아니한 경우에는 그 배당액은 지급할 수 없으므로 이를 공탁하여 배당을 완결한다. 다만 현금화한 대금이 법원보관금으

1) 법원실무제요, 민사집행[IV], 사법연수원(2020), 672.

로 보관되어 있는 경우 배당기일에 출석하지 아니한 채권자도 배당액의 계좌입금신청을 할 수 있으므로 이 경우에는 그 배당액을 신고된 계좌에 입금하여 지급하여야 한다(보관금규칙 제15조 제1항). 법원이 현금화한 대금을 보관하고 있는 경우에는 채권자가 배당기일에 출석하지 않았다고 하여 즉시 공탁을 할 것이 아니라 10일 동안 그 채권자의 지급청구 또는 계좌입금신청을 기다렸다가 끝내 그 채권자의 지급청구 등이 없으면 그때 공탁을 한다(재민 91-5 참조).

나. 공탁의 방법

1) 배당액에 대한 공탁사유가 있는 경우 집행법원의 법원사무관등은 배당기일로부터 10일 내에 각 배당을 받을 채권자별로 공탁절차를 밟아야 한다(재민 92-2).

2) 그러나 배당재단이 공탁금인 경우에는 그 배당액에 상당한 금액을 출급한 후 다시 공탁하는 등의 이중의 절차를 밟을 필요는 없고 배당유보공탁으로 바뀐 것으로 보면 되므로 그 부분에 대한 공탁을 그대로 유지하면 된다. 이 경우 종전의 공탁서에(지급위탁서에 이를 붙일 필요가 없으므로 그대로 편철되어 있게 된다) 그 사실을 덧붙여 적어 공탁서 등 보관책임자(재민 92-2)에게 인계하면 된다.

3) 배당재단이 보관금인 경우에는 법원사무관등이 2통의 공탁서를 작성하여 공탁관에게 제출하고, 공탁관은 공탁서 1통에 공탁을 수리한다는 취지 등을 적은 다음 법원사무관등에게 돌려주며, 법원사무관등은 그 취지에 따라 공탁물보관자로 지정된 은행에 배당액을 공탁한다(공탁법 제4조, 공탁규칙 제20조 제1항, 제26조 제1항). 이 경우 법원사무관등은 배당금수령권자 명의로 출급하여 공탁하여야 하는데(재일 97-2), 실무에서는 법원사무관등이 2통의 공탁서를 작성하여 공탁계에 제출하면 그 중 1통은 공탁소가 보관하고, 나머지 1통을 반환받아 출납공무원이 교부한 출급지시서와 함께 취급점에 제출하면 취급점에서는 보관금계정에 있는 배당액을 공탁금계정으로 대체시킨 후 공탁서를 법원사무관등에게 반환한다.

4) 공탁서에 적을 중요한 내용은 다음과 같다(공탁규칙 제20조 제2항).

가) 공탁자의 주소, 이름: 공탁자는 집행법원의 법원사무관등이므로 "○○지방법원 법원사무관 ○○○"라고 적고, 주소는 적지 않는다.

나) 법령조항: "민사집행법 제256조, 제160조 제1항 ○호"를 적는다.

다) 공탁물을 수령할 자의 주소, 이름: 이의 있는 채권에 대한 배당액을 공탁하는 경우에는 공란으로 두며 정지조건 또는 불확정기한부 채권에 대한 배당액, 가압류

의 피보전채권에 대한 배당액 또는 기일에 출석하지 아니한 채권자의 배당액을 공탁하는 경우에는 그 채권자의 주소와 이름을 적는다. 주민등록번호의 기재 여부에 관해서는 행정예규 제1153호 참조.

라) 공탁원인사실: "○○지방법원 20○○타배○○○호 배당절차 사건에 관하여 채권자 ○○○로부터 채권자 ○○○의 채권에 대하여 이의신청이 있고 또 정해진 기간 내에 배당이의의 소 제기의 증명이 있었으므로 이의 있는 채권액에 대한 배당액을 공탁함." 또는 "○○지방법원 20○○타배○○○호 배당절차 사건에 관하여 채권자 ○○○은 ○○지방법원 20○○카단○○○호 채권가압류명령에 의한 가압류채권자로서 위 가압류의 피보전채권이 확정되지 아니하였으므로 위 채권에 대한 배당액을 공탁함."이라고 적는다. 두 가지 이상의 공탁사유가 있는 경우에는 공탁원인사실에 그 사유를 모두 적어야 한다.

5) 담임사무관등은 출급금의 종류를 집행공탁으로 하여 보관금출급명령서를 출급공무원에게 회부하여 출급지시서에 의한 공탁절차를 취한다.

6) 법원사무관등이 공탁을 한 때에는 즉시 공탁관으로부터 받은 공탁서를 사본하여 그 사본과 배당표 원본은 배당기록에 붙이고 따로 배당표 등본을 작성하여 이를 공탁서와 함께 주무과장이 지정하는 보관책임자에게 인계한다. 공탁된 배당액 등의 출급에 관련된 절차에 관한 업무는 공탁서 등 보관책임자가 이를 담당한다. 보관책임자는 공탁서 등의 보관 및 인수인계를 철저하게 하여야 하며 배당액출납부 등 장부정리와 보고에 만전을 기하여야 한다(재민 92-2).

4. 권리의 확정 등에 따른 공탁사유의 소멸 여부와 배당표변경의 요부

집행법원이 민사집행법 제256조, 제160조 제1항의 규정에 따라 채권자에 대한 배당액을 공탁한 뒤 공탁의 사유가 소멸한 때에는 법원은 공탁금을 지급하거나 공탁금에 대한 배당을 실시하여야 한다(민사집행법 제256조, 제161조 제1항).

가. 민사집행법 제160조 제1항 제1호의 공탁사유

1) 공탁사유의 소멸원인

배당을 받을 채권자의 채권에 정지조건 또는 불확정기한이 붙어 있어 배당액을 공탁한 경우에는 조건의 성취 여부가 밝혀지거나 불확정기한이 도래한 때에 공탁금을 지급하거나 추가배당을 한다. 즉 조건이 성취되거나 불성취가 확정된 경우 또는 불확정기한이 도래하거나 불확정기한이라도 채무자가 기한의 이익을 포기하거나 상실한 경우에 공탁의 원인이 소멸한다.[2)]

2) 배당표변경의 요부

가) 조건의 불성취가 확정된 경우에는 그 채권자에 대한 배당을 실시할 수 없으므로 그 밖에 추가배당을 받을 채권자가 있는 경우에는 다른 채권자가 그 사실을 증명하면 집행법원은 배당에 대하여 이의를 하지 아니한 채권자를 위해서도 배당표를 바꾸어 공탁금을 다른 채권자에게 추가배당하고, 나머지가 있으면 채무자에게 교부하여야 한다. 이 경우에는 배당표를 변경하여야 한다(민사집행법 제161조 제2항 제1호). 달리 추가배당을 받을 채권자가 없는 경우에는 공탁금을 잉여금으로 채무자에게 교부하게 된다.

나) 그 밖의 경우에는 당해 채권자가 조건의 성취 사실이나 불확정기한 등이 도래한 사실을 증명하여 원래의 배당표에 적힌 대로 법원에 배당액의 지급청구를 하고 법원은 배당기일을 열지 않고 배당액 지급절차(지급위탁서의 송부 및 증명서의 교부)를 밟는다. 배당액 지급절차는 집행법원의 법원사무관등이 아닌 공탁서 등 보관자가 담당하게 된다(재민 92-2).

나. 민사집행법 제160조 제1항 제2호의 공탁사유

1) 공탁사유의 소멸원인

가압류채권자의 채권은 본안소송 등을 통해 피보전채권의 존부가 확인된 때 또는 가압류집행이 취소된 때에 공탁사유가 소멸한다.

집행증서작성을 공탁의 사유가 소멸한 때라고 할 수 있는지 여부에 관해서는 견해의 대립이 있지만, 판례는 이를 긍정하는 입장으로 보인다(대법원 2016. 3. 24.자 2013마1412 결정 참조).

2) 배당표변경의 요부

채권자가 패소한 때에는 앞서 본 가, 2), 가)와, 채권자가 승소한 때에는 가, 2), 나)와 각각 마찬가지이다. 즉 가압류채권자에 대한 배당액이 공탁된 후 가압류집행이 취소되거나 가압류채권자가 본안소송에서 패소확정판결을 받는 등의 경우에는, 그 공탁금은 채무자에게 교부할 것이 아니라 다른 채권자들에게 추가로 배당하여야 한다 (대법원 2004. 4. 9. 선고 2003다32681 판결 및 민사집행법 제161조 제2항 제1호

---

2) 법원실무제요, 민사집행[IV], 사법연수원(2020), 675.

참조). 반대로 가압류채권자가 본안소송에서 승소판결 또는 이에 준하는 집행권원을 얻은 때에는 그 집행권원에 집행문의 부여를 받아, 그 집행력 있는 집행권원정본과 송달증명서를 법원에 제출하면 법원은 그 채권자(가압류를 한 채권자)에게 배당액을 지급한다. 이 경우 특별한 사정이 없는 한 본안의 확정판결 등에서 지급을 명한 가압류채권자의 채권은 그 배당액으로 충당되는 범위에서 본안판결 등의 확정 시에 소멸한다고 봄이 타당하다(대법원 2014. 9. 4. 선고 2012다65874 판결 등 참조).

한편 가압류채권자가 본안소송이 확정되었음에도 공탁된 배당금의 수령을 지체하던 중 채무자에 대하여 파산이 선고된 경우에도 가압류채권자는 적법하게 공탁금을 수령할 수 있다(대법원 2018. 7. 24. 선고 2016다227014 판결 참조).

가압류채권자가 본안에서 일부 승소한 때에는 일부 인용된 채권을 기준으로 원래의 배당표에서 가압류채권자의 배당액을 계산하여 고치고, 배당수령권을 상실한 부분에 대하여는 추가배당을 실시한다(대법원 2004. 4. 9. 선고 2003다32681 판결). 즉 확정된 피보전채권액이 가압류청구금액에 미치지 못하는 경우에는 집행법원은 그 확정된 피보전채권액을 기준으로 하여 다른 동순위 배당채권자들과 사이에서의 배당비율을 다시 계산하여 배당액을 감액 조정한 후 공탁금 중에서 그 감액 조정된 금액만을 가압류채권자에게 지급하고 나머지는 다른 배당채권자들에게 추가로 배당하여야 한다(대법원 2013. 6. 13. 선고 2011다75478 판결). 한편 가압류에 대한 본안의 확정판결에서 그 피보전채권의 원금 중 일부만이 남아 있는 것으로 확정된 경우라도, 가압류청구금액 범위 내에서는 그 나머지 원금과 청구기초의 동일성이 인정되는 지연손해금도 피보전채권의 범위에 포함된다. 따라서 이를 가산한 금액이 가압류 청구금액을 넘는지 여부를 가리고 만약 가압류청구금액에 미치지 못하는 경우에는 그 금액을 기초로 배당액을 조정하여야 한다(대법원 2013. 6. 13. 선고 2011다75478 판결). 그리고 배당금 조정 시에 다른 배당채권자들의 채권액은 종전 배당기일의 채권원리금액을 기준으로 하고 가압류채권자의 경우에도 종전 배당기일까지의 지연손해금을 가산한 채권원리금액을 기준으로 하여 조정한 후 공탁금 중에서 그 감액 조정된 금액을 가압류채권자에게 지급하며, 나머지 공탁금은 종전 배당기일의 채권액을 기준으로 하여 다른 배당채권자들에게 추가로 배당한다(대법원 2013. 6. 13. 선고 2011다75478 판결).

다. 민사집행법 제160조 제1항 제3호의 공탁사유

1) 공탁사유의 소멸원인

집행정지의 재판이 내려진 채권은 그 정지에 관한 소송·본안소송 등이 종국판결의 확정, 청구의 포기·인낙, 소의 취하, 소송상화해 등의 사유에 의하여 종료한 때에 공탁사유가 소멸한다. 종국판결에서 집행정지의 재판에 관해서 가집행의 선고가 내려진 것만으로는 공탁사유가 소멸하지 않는다.

2) 배당표변경의 요부

채권자패소·일부승소·승소에 따라서 나, 2)와 마찬가지로 처리하면 된다.

라. 민사집행법 제160조 제1항 제5호의 공탁사유

1) 공탁사유의 소멸원인

배당이의의 소가 제기되어 있는 채권은 판결의 확정, 소송상 화해, 청구의 포기·인낙 또는 소의 취하 등에 의하여 배당이의소송이 종료한 때에 공탁사유가 소멸한다.

배당액이 공탁된 뒤 배당이의의 소에서 이의된 채권에 관한 전부 또는 일부 승소의 판결이 확정되면 이의된 부분에 대한 배당표가 확정되고, 이때 공탁의 사유가 소멸하게 되므로, 채권자는 공탁금을 즉시 지급받아 수령할 수 있는 지위에 있게 된다. 따라서 채무자가 공탁금 출급을 곤란하게 하는 장애요인을 스스로 형성·유지하는 등의 특별한 사정이 없는 한, 배당액에 대한 이의가 있었던 채권은 공탁된 배당액으로 충당되는 범위에서 배당표의 확정 시에 소멸한다고 보아야 한다(대법원 2018. 3. 27. 선고 2015다70822 판결 참조).

한편 배당기일에 작성된 배당표에 이의가 제기되어 파산채권자들 사이에서 배당이의소송이 계속되는 중에 채무자에 대해 파산이 선고되었다면, 배당이의소송의 목적물인 배당금은 배당이의소송의 결과와 상관없이 파산선고가 있은 때에 즉시 파산재단에 속하고, 그에 대한 관리·처분권 또한 파산관재인에게 속한다(대법원 2019. 3. 6.자 2017마5292 결정).

2) 배당표변경의 요부

채권자가 원고인 배당이의의 소에서 원고가 승소한 때(일부 인용, 화해, 인낙을 포함한다)에는 판결 등에 의하여 배당표가 변경되거나 집행법원에 의하여 새로운 배당표를 만들기 위해서 배당표가 취소되지만, 그 판결 등은 원·피고 사이에서만 상대적으로 효력이 생기고 다른 채권자나 채무자에게는 효력이 미치지 않는다. 따라서 원·피고 사이에서 배당표를 경정하여 배당액을 지급하거나 새로운 배당표를 작성하여 배당기일을 열고 배당절차를 실시한다. 이에 반해 채무자가 원고인 배당이의의 소에서 원고가 승소한 때에는 집행법원은 배당이의를 하지 않은 채권자를 위해서도 배당표를 바꾸어야 하므로(민사집행법 제161조 제2항 제2호), 판결 등에 의하여 집행법원이 새로운 배당표를 만들도록 배당표가 취소된다. 원고가 전부패소한 때(청구의 포기, 소의 취하를 포함한다)에는 종전의 배당표에 따라 피고였던 채권자를 위하여 공탁금의 지급위탁을 한다.[3)]

마. 민사집행법 제160조 제1항 제6호의 공탁사유

공탁이 된 후에 질권자가 질권을 실행하여 질물의 환가대금으로 채권의 일부만을 변제받은 경우에는 질권자는 그 부족액을 가지고 위 공탁금 중에서 지급받게 되고, 그 부족액을 초과하여 공탁된 금액은 추가배당을 하게 된다(민사집행법 제161조 제2항 제3호 유추적용).

바. 민사집행법 제160조 제2항의 공탁사유

채권자의 불출석을 이유로 하는 공탁은 변제공탁의 성질을 가지므로 그 후 채권자가 공탁금의 지급을 청구하면 법원은 지급위탁서의 송부, 공탁금수령자격증명서의 교부 등 앞서 본 배당액 지급방법에 따라 처리한다. 채권자가 법원에 대하여 공탁금의 수령을 포기하는 의사를 표시한 때에는 그 채권자의 채권이 존재하지 아니하는 것으로 보고 배당표를 바꾸어야 한다(민사집행법 제161조 제3항).

5. 추가배당 등의 절차

1) 추가배당을 구하는 채권자 또는 채무자는 추가배당을 실시하여 달라는 신청서, 배당유보사유가 소멸하였음을 증명하는 문서를 집행법원에 제출하여야 한다. 집행법원은 공탁사유가 소멸하였는지 여부를 직권으로 조사할 의무가 없다. 민사집행법에 의하여 공탁된 경우에 공탁사유가 소멸한 공탁금에 관해서 공탁 등을 실시함에 있어서 당초의 배당표 등을 변경할 필요가 없는 때에는 배당을 유보한 채권자에 대한 공탁금의 지급위탁절차를 밟으면 충분하고 협의의 추가배당절차를 하지 않는 것이 실무이다.[4)]

3) 법원실무제요, 민사집행[IV], 사법연수원(2020), 678.

2) 공탁된 배당액에 관하여 그 채권자에게 배당할 수 없게 되어 다른 채권자에게 추가배당을 하여야 할 경우에는 법원은 배당표를 변경하기 위해서 추가배당절차의 실시를 명하여 추가배당기일을 지정하고 추가배당에 관련이 있는 채권자와 채무자에게 통지하며, 공탁된 금액에 관하여 새로이 배당표(추가배당표)를 작성하고 배당기일의 3일 전에 법원에 비치하여 이를 채권자와 채무자에게 열람시킨 후 배당기일을 열고 배당을 실시한다. 다만 배당표변경이 필요한지 여부에 관한 판단은 실체적 판단을 요하는 것이므로 반드시 집행법원이 하여야 하는데, 그 판단을 거쳤다는 것을 기록상 분명하게 하는 의미에서 공탁사유의 소멸을 증명하는 서면의 여백에 배당표 변경의 요부에 관한 고무인을 찍고, 그곳에 집행법원의 날인을 받음으로써 직무명령에 갈음하는 방식에 따라 법원사무관등이 지급위탁을 행한다. 한편 열람의 편의를 고려하여 배당표의 여백에 위와 같은 고무인을 찍고 집행법원의 날인을 받는 방법도 무방하다고 본다.[5]

추가배당절차는 이미 실시한 배당절차의 계속절차로 보아야 하므로 배당절차에 관한 규정이 적용되고, 따라서 관계 채권자는 위 배당표에 대하여 이의할 수 있다. 그러나 이전에 이미 배당기일을 거친 바 있으므로 종전의 배당기일에서 주장할 수 없었던 사유만을 주장할 수 있다(민사집행법 제256조, 제161조 제4항). 즉 배당액과 순위에 관하여 배당표 확정 시 이전의 사유로는 이의를 할 수 없다.

추가배당을 한 결과 잔여금이 생긴 경우에는 이를 채무자에게 지급하며 채무자가 배당기일에 출석하지 아니한 경우에는 그 부분에 대하여 공탁을 유지하고 그 후 채무자의 청구가 있으면 지급위탁서를 송부하고 공탁금수령자격증명서를 교부하는 등 지급절차를 밟는다. 위와 같은 절차는 공탁서 원본을 보관하고 있는 공탁서 등 보관책임자가 이를 담당한다(재민 92-2).

3) 집행법원의 송부촉탁에 의하여 다른 법원으로부터 경합된 압류명령 사건기록이 송부되어 집행법원이 그 기록을 보관 중에 공탁된 배당액을 추가배당하거나 지급하는 경우에도 그 기록 및 그 기록에 편철된 집행력 있는 정본은 앞서 본 2)항의 요령에 의하여 처리한다(재민 81-13).

다만 송부기록 보관기간이 공탁일로부터 6개월을 경과한 때에는 일단 송부기록을 송부한 법원에 반환하고 후일 추가배당이나 교부 등 공탁금에 대한 처리를 할 사

4) 법원실무제요, 민사집행[IV], 사법연수원(2020), 679.

5) 법원실무제요, 민사집행[IV], 사법연수원(2020), 679.

유가 발생하였을 때 다시 기록송부촉탁을 하여 기록을 송부받아 위 2)항과 같은 절차를 밟는다(재민 81-13).

Ⅲ. 배당기일조서의 작성

1) 배당기일에 참여한 법원사무관등은 배당기일의 경과와 내용에 관하여 조서를 작성하여야 한다(민사집행법 제256조, 제159조 제4항). 이를 배당기일조서 또는 배당조서라 한다.

이 조서에 대하여도 민사소송법 제152조, 제153조의 규정이 준용되므로 법원사무관등이 작성하여 담임법관(사법보좌관)과 함께 기명날인 또는 서명을 하여야 한다.

2) 배당기일조서에 적어야 할 사항으로서는 민사소송법 제153조, 제154조를 준용하여 (가) 사건의 표시, (나) 법관(사법보좌관)과 법원사무관등의 이름, (다) 출석한 이해관계인이나 그 대리인과 불출석한 이해관계인의 이름, (라) 배당실시의 장소와 날짜, (마) 배당이의의 유무, (바) 다른 채권자의 이의에 대한 진술 또는 진술을 하지 아니한 경우에는 그 취지, (사) 배당의 방법에 관하여 합의가 있으면 그 사실과 내용, (아) 이의가 있는 부분의 배당절차를 중지(유보)하였다는 취지, (자) 이의가 없는 부분에 관하여 배당표대로 배당을 실시하였다는 취지, (차) 민사집행법 제160조에 해당하는 채권의 배당액의 지급을 정지하였다는 취지 등을 적어야 한다.

특히 배당에 대한 이의 및 이에 대한 인부는 중요한 것이므로 어떤 채권자가 어떤 채권자의 채권에 대하여 이의를 하였는지를 알 수 있을 정도만으로는 부족하고 그 이의의 범위가 그 채권전액에 미치는 것인지 일부분에 한하는 것인지, 일부분에 한하는 경우에는 그 금액을 특정할 수 있도록 적어야 하며 다른 채권자의 인부에 관하여도 어떤 채권자가 어떤 채권자의 이의를 인정하는지 또는 부인하는지를 적어야 한다.

또한 위와 같은 일반적인 기재사항 외에 민사집행법 제159조 제2항, 제3항에서 규정한 각 절차의 이행여부도 조서에 명확히 적어야 한다(민사집행법 제256조, 제159조 제4항).

3) 배당기일조서에는 이미 작성된 배당표를 별지로 붙인다. 배당기일에 배당협의서가 제출되어 그 협의서 대로 배당을 실시하는 경우에는 그 협의서에 기초하여 배당을 실시한다는 취지를 적고 그 협의서를 위 조서에 별지로 붙인다.

4) 이의의 철회(취하)

배당이의를 한 채권자나 채무자는 배당기일 종료 전이나 종료된 뒤라도 서면 또는 말로써 이의를 철회(취하)할 수 있다. 이의가 철회되면 이의로 인하여 유보되었던 배당을 실시하거나 배당금의 지급절차를 밟게 된다.

제10장 배당유형별 사례 분석

Ⅰ. 압류채권자의 배당참가와 관련된 사례

1. 공탁서 또는 사유신고서에 기재가 누락된 압류

[사례 1: 공탁서 기재에 의하여 이미 압류의 경합이 발생한 상태에서 일부 (가)압류 기재 누락]

> 甲은 乙에 대하여 대여금채무 1천만 원을 부담하고 있는데, 다음과 같이 압류명령을 순차적으로 송달받고, 민사집행법 제248조 제1항 집행공탁과 공탁사유신고를 하였는데, 착오로 공탁서의 공탁원인사실란 및 공탁사유신고서에 "③ 戊의 채권압류 및 추심명령"을 기재하지 않았다.
>
> ① 丙의 채권압류 및 추심명령(집행채권액: 1천만 원)
> ② 丁의 채권가압류(청구금액: 5백만 원)
> ③ 戊의 채권압류 및 추심명령(집행채권액: 5백만 원)

[사례 2: 공탁서 기재에 의하면 압류의 경합이 발생하지 않은 상태에서 일부 (가)압류 기재 누락]

> 甲은 乙에 대하여 대여금채무 1천만 원을 부담하고 있는데, 다음과 같이 압류명령을 순차적으로 송달받고, 민사집행법 제248조 제1항 집행공탁과 공탁사유신고를 하였는데, 착오로 공탁서의 공탁원인사실란 및 공탁사유신고서에 "③ 戊의 채권압류 및 추심명령"을 기재하지 않았다.
>
> ① 丙의 채권압류 및 추심명령(집행채권액: 5백만 원)
> ② 丁의 채권가압류(청구금액: 2백만 원)
> ③ 戊의 채권압류 및 추심명령(집행채권액: 5백만 원)

[사례 3: 공탁사유신고서에 일부 (가)압류 기재 누락]

> 甲은 乙에 대하여 대여금채무 1천만 원을 부담하고 있는데, 다음과 같이 압류명령을 순차적으로 송달받고, 민사집행법 제248조 제1항 집행공탁과 공탁사유신고를 하였는데, 착오로 공탁사유신고서에 "③ 戊의 채권압류 및 추심명령"을 기재하지 않았다.
>
> ① 丙의 채권압류 및 추심명령(집행채권액: 1천만 원)

② 丁의 채권가압류(청구금액: 5백만 원)
③ 戊의 채권압류 및 추심명령(집행채권액: 5백만 원)

가. 압류채권자의 배당요구권자로 지위 전환

압류가 경합되면 각 압류의 효력은 피압류채권 전부에 미치므로(민사집행법 제235조), 압류가 경합된 상태에서 제3채무자가 민사집행법 제248조의 규정에 따라 집행공탁을 하여 피압류채권을 소멸시키면 그 효력은 압류경합 관계에 있는 모든 채권자에게 미친다. 이때 압류경합 관계에 있는 모든 채권자의 압류명령은 목적을 달성하여 효력을 상실하고 압류채권자의 지위는 집행공탁금에 대하여 배당을 받을 채권자의 지위로 전환된다. 따라서 압류채권자는 제3채무자의 공탁사유 신고 시까지 민사집행법 제247조에 의한 배당요구를 하지 않더라도 배당절차에 참가할 수 있다.

그리고 압류가 경합된 상태에서 제3채무자가 집행공탁을 하여 사유를 신고하면서 경합된 압류 중 일부에 관한 기재를 누락하였다 하더라도 달리 볼 것은 아니며, 그 후 이루어진 공탁금에 대한 배당절차에서 기재가 누락된 압류의 집행채권이 배당에서 제외된 경우에 압류채권자는 과다배당을 받게 된 다른 압류채권자 등을 상대로 배당이의의 소를 제기하여 배당표의 경정을 구할 수 있다(대법원 2015. 4. 23. 선고 2013다207774 판결).

나. 공탁서에 기재가 누락된 압류를 추가하는 공탁서 정정의 허용범위

[사례 1], [사례 2]의 경우처럼 배당재단이 공탁금인 경우 제3채무자가 송달받은 압류 중 일부를 공탁원인사실란에 그 기재를 누락한 경우 배당재단의 범위를 명확히 하기 위하여 아래와 같은 공탁서 정정 절차를 선행하는 것이 바람직하다.

공탁신청이 수리된 후에 공탁서의 착오기재를 발견한 공탁자는 공탁의 동일성을 해하지 아니하는 범위 내에서 공탁서 정정신청을 할 수 있고(공탁규칙 제30조 제1항), 이러한 공탁서 정정신청은 공탁자, 공탁금액, 공탁물수령자 등 공탁의 요건에 관한 사항의 변경을 초래하지 않고 기존의 공탁과 동일성을 유지하는 범위 내에서 허용된다(행정예규 제973호, 공탁선례 2-44, 45 참조).

다수의 채권압류명령 등을 송달받은 제3채무자는 압류경합을 사유로 하여 민사집행법 제248조 제1항에 의한 집행공탁을 함에 있어서 송달받은 (가)압류명령 중 일부를 누락하고 공탁한 경우 공탁원인사실에 그 압류명령을 추가로 기재하는 공탁서 정정은 허용된다(공탁선례 2-47).

[사례 1]의 경우 공탁서 기재를 누락한 戊의 압류를 제외하더라도 丙의 압류와 丁의 가압류에 의하여 이미 압류경합이 발생하였기 때문에 공탁서에 피공탁자 기재가 되어 있지 않다. 따라서 공탁서 기재를 누락한 戊의 압류를 추가 기재하더라도 피공탁자 기재에 변동을 초래하지 않기 때문에 戊의 압류를 추가하는 공탁서 정정은 허용된다. 실무에 따라서는 사유신고서 정정까지 요구하는 경우도 있다.

한편 누락한 압류가 체납처분에 의한 압류채권자도 위와 같이 공탁서 정정절차를 거쳐 배당에 참가할 수 있다(대법원 2015. 8. 27. 선고 2013다203833 판결 등 참조).[1)]

[사례 2]는 금전채권의 일부에 대하여 압류가 있음을 이유로 금전채권 전액을 공탁한 경우로서 공탁원인사실란 기재에 의하면 압류채권액의 합계액(7백만 원)이 공탁금액(1천만 원)을 넘지 않기 때문에 피공탁자란에 "乙"이 기재되어 있다. 그런데 공탁원인사실란에 그 기재를 누락한 戊의 압류를 추가하게 되면 압류채권액의 합계액(1,200만 원)이 공탁금액(1천만 원)을 초과하게 되어 피공탁자 "乙"을 삭제하여야 한다(행정예규 제1018호 참조). 하지만 피공탁자의 변동이 초래되는 공탁서 정정신청은 공탁의 동일성을 해하는 것으로 허용되지 않는다. 따라서 [사례 2]와 같이 제3채무자가 압류채무자를 피공탁자로 하여 금전채권의 일부에 대한 압류를 원인으로 금전채권 전액을 민사집행법 제248조 제1항 집행공탁을 한 후에 공탁신청 당시 누락한

1) 압류가 경합된 상태에서 제3채무자가 집행공탁을 하게 되면 압류는 그 목적을 달성하였으므로 소멸하고 압류채권자는 배당받을 채권자의 지위로 전환되는데, 제3채무자가 사유를 신고하면서 경합된 압류 중 일부에 관한 기재를 누락하였다 하더라도 달리 볼 것은 아니다(대법원 2015. 4. 23. 선고 2013다207774 판결 참조). 또한 압류가 경합된 상태에서 제3채무자가 집행공탁을 하여 사유를 신고하면서 경합된 압류 중 일부에 관한 기재를 누락하였다 하더라도 달리 볼 것은 아니며, 그 후 이루어진 공탁금에 대한 배당절차에서 기재가 누락된 압류의 집행채권이 배당에서 제외된 경우에 압류채권자는 과다배당을 받게 된 다른 압류채권자 등을 상대로 배당이의의 소를 제기하여 배당표의 경정을 구할 수 있다(대법원 2015. 4. 23. 선고 2013다207774 판결). 민사집행법에 따른 압류 및 추심명령과 체납처분에 의한 압류가 경합한 후 제3채무자가 민사집행절차에서 압류 및 추심명령을 받은 채권자의 추심청구에 응하거나 민사집행법 제248조 제1항에 따른 집행공탁을 하게 되면, 피압류채권은 소멸하게 되고 이러한 효력은 민사집행절차에서 압류 및 추심명령을 받은 채권자에 대하여는 물론 체납처분에 의한 압류채권자에 대하여도 미치므로, 민사집행법에 따른 압류 및 추심명령과 함께 체납처분에 의한 압류도 목적을 달성하여 효력을 상실한다. 따라서 민사집행절차에서 압류 및 추심명령을 받은 채권자뿐만 아니라 체납처분에 의한 압류채권자의 지위도 민사집행법상의 배당절차에서 배당을 받을 채권자의 지위로 전환되므로, 체납처분에 의한 압류채권자가 공탁사유신고 시나 추심신고 시까지 민사집행법 제247조에 의한 배당요구를 따로 하지 않았다고 하더라도 배당절차에 참가할 수 있다(대법원 2015. 8. 27. 선고 2013다203833 판결).

(가)압류를 추가함으로써 피공탁자란 기재에 변동을 초래하는 공탁서 정정신청은 허용되지 않는다.[2)] 하지만 제3채무자 甲의 집행공탁으로 丙, 丁과 마찬가지로 戊도 피압류채권이 소멸하여 압류가 실효됨에 따라 배당요구권자 지위로 전환되었기 때문에 공탁서 기재와 무관하게 배당에 참가할 수 있다.

한편 [사례 2]는 [사례 1]과 달리 공탁서 정정이 허용되지 않기 때문에 丙 압류, 丁 가압류 효력이 미치는 700만 원만 배당재단이 되므로 제3채무자 甲은 丙, 丁, 戊 (가)압류 집행채권 중 300만 원에 대하여 이중지급 위험에 놓이게 된다. 따라서 제3채무자 甲은 공탁금 전액을 배당재단으로 하기 위해서 공탁법 제9조 제2항 제2호 착오공탁을 이유로 공탁금을 회수한 후 丙, 丁, 戊의 (가)압류를 모두 공탁원인사실로 하는 집행공탁을 다시 할 수 있다.

[사례 3]은 공탁서에는 丙, 丁, 戊 (가)압류를 모두 기재했지만, 공탁사유신고서에 戊 압류를 기재를 누락한 경우로서 공탁사유신고서 기재 누락과 무관하게 배당에 참가할 수 있다(대법원 2015. 4. 23. 선고 2013다207774 판결 참조).

2. 무효인 압류의 배당

[사례 4: 혼합공탁 후 사유신고 전에 제3채무자에게 송달된 압류명령[3)]]

> 甲은 乙에 대하여 대여금채무 1천만 원을 부담하고 있는데, 다음과 같은 순서로 가압류명령, 채권양도, 혼합공탁 등이 순차적으로 이루어졌다.
>
> ① 丙 가압류명령(청구금액: 1천만 원)
> ② 丁 채권양수인(양도금액: 1천만 원)
> ③ 甲의 혼합공탁(민사집행법 제291조·제248조 제1항 및 민법 제487조)
> ④ 戊 채권압류 및 추심명령(피압류채권: 대여금채권, 집행채권액: 5백만 원)
> ⑤ 丙 가압류로부터 본압류로 이전하는 채권압류 및 추심명령(피압류채권: 공탁금 출급청구권, 청구금액: 1백만 원)

[사례 5: 압류명령이 발령된 후 제3채무자에 대한 송달이 집행공탁 및 사유신고 후에 이루어진 경우[4)]]

> 甲은 乙에 대하여 대여금채무 1천만 원을 부담하고 있는데, 아래 ①, ② 압류명령

2) 법원행정처, 공탁실무편람(2022), 111-112.
3) 대법원 2015. 7. 23. 선고 2014다84502 판결 사건을 단순하게 사례로 재구성하였음

을 순차적으로 송달받았고, 戊 압류는 송달받지는 못했지만, 발령난 사실을 알게 되어 아래 ①,②,③압류를 모두 포함하여 민사집행법 제248조 제1항 집행공탁과 공탁사유신고를 하였다. 한편 戊의 채권압류명령(③)은 공탁사유신고 후 甲에게 도달되었다.

① 丙 채권압류 및 추심명령(집행채권액: 5백만 원): 2022. 9. 1. 발령, 2022. 10. 1. 송달
② 丁 채권가압류(청구금액: 7백만 원): 2022. 9. 1. 발령, 2022. 10. 1. 송달
③ 甲 민사집행법 제248조 제1항 집행공탁 및 사유신고: 2022. 10. 15.
④ 戊 채권압류 및 추심명령(집행채권액: 5백만 원): 2022. 9. 1. 발령, 2022. 11. 1. 송달

가. 혼합공탁 후 공탁사유신고 전에 도달한 압류명령

제3채무자의 정당한 추심권자에 대한 변제로 피압류채권이 소멸한 이후 압류명령이 제3채무자에게 송달된 경우 추심권자의 추심신고 전이더라도 그 압류명령은 무효이다(대법원 2008. 11. 27. 선고 2008다59391 판결 등). 마찬가지로 제3채무자의 집행공탁으로 피압류채권이 소멸한 이후 압류명령이 제3채무자에게 송달되면 그 압류명령은 무효이다.

공탁금을 배당재단으로 하는 채권배당절차에서 공탁 전에 제3채무자에게 다수의 압류나 가압류가 송달된 경우 배당요구의 효력이 인정되지만, 선행하는 압류가 있고, 공탁으로 인하여 피압류채권이 소멸된 후 제3채무자에게 도달된 압류에 대하여 배당요구효를 인정할 것인지 여부에 대하여는 견해의 대립이 있다.

일본의 경우[5]에 제3채무자의 공탁으로 배당요구종기가 도래[6]하기 때문에 공탁 이후 제3채무자에게 도달한 압류명령은 적극설을 취할 경우 배당요구종기 이후 새로

4) 대판 2021. 12. 16. 2018다226428 사건을 단순하게 사례로 재구성하였음

5) 吉野衛·三宅弘人(共著), 注釈民事執行法(6), (1995), 439-440에 의하면 적극설은 무효행위 전환 이론과 대는 소를 포함하므로 압류명령의 신청취지에 배당요구의사표시가 포함된 것으로 보아 배당요구효를 긍정하고, 소극설은 절차안정과 배당요구가 가능하기 위해서는 선행 압류사건의 계속이 전제되어야 하고 당해 압류사건의 특정이 필요한 점을 들어 배당요구효를 부정한다.

6) 일본 민사집행법 제165조(배당 등을 받는 채권자의 범위) 배당 등을 받을 채권자는 다음에서 정한 시기까지 압류, 가압류의 집행 또는 배당요구를 한 채권자이어야 한다.
1. 제3채무자가 제156조 제1항 또는 제2항의 규정에 따른 공탁을 한 때
2. 추심소송의 소장이 제3채무자에게 송달된 때
3. 동산인도청구권을 압류한 경우에는 집행관이 그 동산의 인도를 받은 때

이 배당절차에 참가시키는 것이 되어 절차안정에 위협이 되지만 우리의 경우 집행공탁이나 혼합공탁을 한 후 공탁사유신고에 의해 배당요구종기가 도래하기 때문에 좀 더 활발한 논의가 가능하다.

우선 소극설은 ① 제3채무자가 집행공탁이나 추심금 지급으로 피압류채권을 소멸시킨 이후 가압류나 압류명령이 송달되더라도 제3채무자가 이를 집행법원이나 추심권자에게 알려줄 고지의무가 없다는 점에서 집행법원에서 이를 알기가 어렵다[7)8)]는 점과 ② 압류명령 신청만 가지고 다른 특정 압류사건에 대하여 배당요구의 의사가 절차적으로 명확하게 나타났다고 볼 수 없고, 민사집행법 제247조의 배당요구채권자로 인정할 수 없다[9)]는 점을 논거로 든다.

적극설은 ① 제3채무자가 추심금을 지급하거나 공탁을 하더라도 배당요구종기가 도래하지 않았기 때문에 추심권자가 추심신고를 하거나 제3채무자가 집행법원에 사유신고를 하기 전에 후행 압류명령의 신청이 행해졌다면 배당요구의 효력을 인정할 수 있다[10)11)]는 점과 ② 후행 압류명령을 신청하는 채권자의 취지는 특별한 사정이 없는 한 그 압류에 기한 현금화절차에 참여하고 만일 그 압류의 효력이 상실된 경우 그 이후 실시되는 배당절차에 참가하겠다는 의사가 포함되었다고 볼 수 있다[12)]는 점을 근거로 든다.

한정적 적극설[13)]은 제3채무자가 공탁 후 사유신고를 할 때까지 압류명령을 신청한 채권자에 한해서 배당요구의 효력을 인정하되, 절차안정을 위하여 후행 압류명령의 발령 및 송달 등에 관한 사실을 공탁사유신고서에 기재되는 등의 방법으로 집행법원이 알 것을 요건으로 배당요구의 효력을 인정할 수 있다는 입장이다.

소극설의 유력한 논거 중 하나가 제3채무자에게 공탁 후 압류가 도달되었다는 사실을 집행법원에 알릴 고지의무를 인정할 수 없기 때문에 집행법원이 공탁 후 압류가 발령되었다는 사정을 알 수 없다는 것이다. 하지만 제3채무자가 공탁 후 다른

---

7) 이우재, "2008년 분야별 중요판례분석", 법률신문(2009. 6. 18).

8) 제3채무자에게 무효인 후행압류를 집행법원에 제출할 의무를 인정하기는 힘들겠지만 실무상 제3채무자가 무효인 후행압류를 공탁소에 제출하고 있고, 이에 대하여 집행공탁절차에서 공탁소의 지위와 관련해서 논의가 필요하다.

9) 이우재, "(부동산 및 채권집행에서의) 배당의 제문제", 진원사, (2012), 1267-1268.

10) 이시윤, "신민사집행법", 박영사(2016), 449.

11) 박재혁, "추심신고 전 제3채무자에게 송달된 가압류결정의 효력", 법률신문(2009. 5. 11).

12) 손진홍, "공탁 후 행해진 압류명령의 효력, 재판자료 : 민사집행법 실무연구Ⅱ(제117집), 법원도서관, 2009, 16면 참조

13) 손진홍, "채권집행의 이론과 실무(상)", 법률정보센터(2016), 896.

채권자로부터 압류명령을 송달받고 이를 공탁소에 제출하고, 공탁관이 집행법원에 사유신고를 하면서 무효인 압류명령을 포함하여 기재[14)]하거나 제3채무자가 집행공탁 후 무효인 압류를 포함하여 집행법원에 사유신고를 함으로써 집행법원이 압류사실을 알 수 있다고 평가할 수 있다면 한정적 적극설이 배당실무와 자연스럽게 접목될 수 있을 것으로 보인다.

판례[15)]는 제3채무자가 압류나 가압류를 이유로 민사집행법 제248조 제1항이나 민사집행법 제291조·제248조 제1항에 따라 집행공탁을 하게 되면 제3채무자에 대한 피압류채권은 소멸하는 것이고, 채권에 대한 압류·가압류명령은 그 명령이 제3채무자에게 송달됨으로써 효력이 생기는 것이므로, 제3채무자의 집행공탁 전에 동일한 피압류채권에 대하여 다른 채권자의 신청에 의하여 압류·가압류명령이 발령되었더라도, 제3채무자의 집행공탁 후에야 그에게 송달되었다면, 그 압류·가압류명령은 집행공탁으로 인하여 이미 소멸한 피압류채권에 대한 것이어서 압류·가압류의 효력이 생기지 아니한다. 그런데 공탁사유신고서에 이에 대한 내용이 기재되는 등으로 집행법원이 배당요구의 종기인 공탁사유신고시까지 이와 같은 사실을 알 수 있었고, 채권자가 법률에 의하여 우선변제청구권이 있거나 집행력있는 정본을 가진 채권자인 경우라면 예외적으로 배당요구의 효력을 인정할 수 있다는 입장이다.

[사례 1]의 경우 선행하는 채권가압류(채권 전액)와 후행하는 채권양도가 경합하는 경우 선행하는 가압류의 효력이 확정되지 않아 채권이 가압류채무자 또는 양수인 중 누구에게 귀속하는지 알 수 없음을 이유로 혼합공탁을 한 사안이다.

선행하는 채권가압류의 처분금지의 효력으로 인하여 가압류채권자가 본안소송에서 승소하는 등으로 집행권원을 취득하는 경우 그 가압류에 의하여 권리가 제한된 상태의 채권을 양수받는 양수인에 대한 채권양도의 효력은 무효가 되고(대법원 2002. 4. 26. 선고 2001다59033 판결), 반대로 가압류채권자가 본안소송에서 패소하거나 가압류신청이 취하되거나 가압류결정이 취소되면 채권양도는 완전히 유효하게 된다.[16)]

따라서 혼합공탁의 원인이 된 가압류채권자 丙이 집행권원을 얻어 가압류로부터 본압류로 이전하는 채권압류 및 추심명령이 공탁소로 송달되면 채권양도(양수인 丁)

14) "제3채무자의 집행공탁 후 사유신고 전 제3의 채권자의 압류통지가 온 경우의 사유신고", 사법부지식관리(코 트넷)->묻고답하기->공탁, (2018. 3. 9).

15) 대법원 2015. 7. 23. 선고 2014다87502 판결

16) 공탁실무편람, 법원행정처(2022), 549.

는 무효로 확정되고, 공탁관의 사유신고에 의하여 채권배당절차가 진행된다.

그런데 甲의 대여금 채무를 피압류채권으로 하는 戊의 압류는 甲의 공탁 후 제3채무자인 甲에게 송달되어 무효인 압류이고, 배당절차에 참가할 수 없음이 원칙이다. 실무상 戊의 압류와 같이 비록 무효인 압류이지만 제3채무자가 공탁소에 제출하는 경우가 있는데, 위 대법원 2015. 7. 23. 선고 2014다87502 판결의 취지에 따른다면 공탁관이 사유신고를 하면서 戊의 채권압류를 기재하였다면 戊의 압류도 배당에 참가할 수 있다.

나. 집행공탁 전 발령된 압류명령이 배당요구종기 이후에 도달한 경우

[사례 2]의 경우 제3채무자가 다수의 채권압류, 채권가압류명령을 송달받고 민사집행법 제248조 제1항 집행공탁을 하였는데, 사유신고 이후에 제3채무자에게 송달된 채권압류명령의 배당참가 여부가 쟁점이다.

공탁이 이루어지고 난 후 발령되거나 제3채무자에게 송달된 압류나 가압류명령에 대하여 배당요구의 효력을 인정할 수 있을지 여부에 대하여 견해 대립이 있다.

'대는 소를 포함한다'는 법언에 따라 압류명령 신청에는 배당요구의 의사를 포함하고 있으므로 압류명령의 신청만 있으면 그에 따라 배당요구 효력을 인정할 수 있다는 신청설, 절차안정을 고려하여 압류명령의 신청만으로는 부족하고 압류명령이 발령나면 압류명령 발령시에 비로소 배당에 참가할 수 있다고 보아야 한다는 압류명령 발령설과 공탁이 된 후라도 압류명령이 제3채무자에게 송달되어야 그 효력을 인정할 수 있다는 도달설 등 견해 대립이 있다.[17)]

판례[18)]는 [사례 2]와 같이 제3채무자가 집행공탁을 하기 전에 압류명령이 발령되었고, 압류명령이 제3채무자에게 송달되기 전에 제3채무자가 사유신고를 함으로써 배당요구종기가 도래한 경우에도 사유신고서에 위 압류명령이 기재되는 등 집행법원이 배당요구종기 전에 위와 같은 사실을 알 수 있었다는 등의 사정이 인정되는 경우

17) 손진홍, "공탁 후 행해진 압류명령의 효력", 민사집행법 실무연구Ⅱ(제117집), 법원도서관, 824-825

18) 제3채무자가 압류나 가압류를 이유로 민사집행법 제248조 제1항이나 민사집행법 제291조, 제248조 제1항에 따라 집행공탁을 한 후에 제3채무자에게 송달된 압류·가압류명령은 집행공탁으로 인하여 이미 소멸한 피압류채권에 대한 것이어서 효력이 생기지 아니 하지만 공탁사유신고서에 이에 관한 내용까지 기재되는 등으로 집행법원이 배당요구의 종기인 공탁사유신고 시까지 이와 같은 사실을 알 수 있었고, 또한 그 채권자가 법률에 의하여 우선변제청구권이 있거나 집행력 있는 정본을 가진 채권자인 경우라면 배당요구의 효력은 인정된다. 이러한 법리는 다른 채권자의 신청에 의하여 발령된 압류·가압류명령이 제3채무자의 공탁사유신고 이후에 제3채무자에게 송달되었다고 하더라도 마찬가지이다(대법원 2021. 12. 16. 선고 2018다226428 판결).

위 압류도 배당에 참가할 수 있다고 한다.

종전 대법원 2015. 7. 23. 선고 2014다87502 판결의 사실관계는 제3채무자가 혼합공탁을 한 후에 채권압류명령이 발령되어 공탁사유신고 전에 제3채무자에게 송달된 경우이어서 공탁이 성립된 후 제3채무자에게 도달한 압류명령의 효력에 관한 모든 학설에 의하더라도 배당요구의 효력을 인정할 수 있다.

대법원 2021. 12. 16. 선고 2018다226428 판결은 더 나아가 제3채무자가 공탁사유신고를 한 후에 제3채무자에게 송달된 경우, 즉 배당요구종기 전에 압류의 효력발생요건(제3채무자에 대한 압류명령 송달)이 갖추어지지 않더라도 무효인 압류의 배당요구의 효력을 인정했다는 점에서 의미가 있다.

따라서 [사례 2]에서 戊의 압류는 제3채무자 甲이 집행공탁을 한 후 甲에게 도달한 무효인 압류이지만, 판례에 따르면 甲이 사유신고서에 戊의 채권압류명령을 기재하였고, 그에 따라 집행법원은 戊의 압류명령의 존재를 인식할 수 있기 때문에 배당요구효력이 인정될 수 있다.

이 경우 채권자 丙, 丁, 戊는 각 청구금액을 기준으로 하여 안분배당을 받게 된다.

3. 압류의 유효성 여부가 문제되는 사례

가. 피압류채권 착오 기재, 추심권능에 대한 압류

[사례 6]

甲은 乙을 상대로 대여금 지급을 명하는 제1심 가집행선고부 판결을 받아 乙 소유 부동산에 대하여 강제집행을 신청하자, 乙은 위 판결에 항소하면서 甲을 피공탁자로 하여 강제집행정지를 위한 재판상 담보공탁(공탁금: 1천만 원)을 하였다. 그 후 다음과 같이 압류명령 등이 공탁소에 송달되었다. ① 대전시 체납처분에 의한 압류(甲이 가지는 공탁금 회수청구권 1천만 원) ② 甲 승소확정판결 ③ 甲 채권압류 및 추심명령(乙이 가지는 공탁금 회수청구권 1천만 원) ④ 용인시 체납처분에 의한 압류[甲이 채권압류 및 추심명령(③)에 의하여 국가(소관 공탁관)에 대하여 가지는 공탁금 회수청구권 1천만 원] ⑤ 甲 담보취소결정 및 확정증명 제출

공탁관이 공탁금 지급청구권에 대하여 압류의 경합이 있음을 이유로 집행법원에 사유신고를 하기 위해서는 유효한 압류가 다수 있으면서 각 압류의 집행채권액의 합계액이 피압류채권인 공탁금액을 초과하여야 한다(행정예규 제1225호 참조).

[사례 6]에서 대전시의 체납처분에 의한 압류와 관련하여, 피공탁자는 피담보채권인 강제집행정지로 인한 손해배상청구권에 관하여 장래의 공탁금 출급청구권을 가지는 주체일 뿐 공탁금 회수청구권을 가지는 것은 아니므로, '피공탁자의 공탁금 회수청구권'을 피압류채권으로 표시한 압류는 존재하지 않는 채권에 대한 압류로서 무효이다(대법원 2016. 5. 17.자 2015마1933 결정 참조).

용인시의 체납처분에 의한 압류와 관련하여, 피공탁자는 채권압류 및 추심명령으로 인하여 공탁자의 공탁금 회수청구권을 추심할 권능만을 부여받은 것에 불과할 뿐 그 회수청구권 자체가 피공탁자에게 귀속된 것은 아니므로(대법원 1988. 12. 13. 선고 88다카3465 판결, 대법원 2010. 12. 23. 선고 2010다56067 판결, 대법원 2016. 1. 28. 선고 2013다74110 판결 등), 甲의 채권압류 및 추심명령 이후에 甲의 공탁금 회수청구권을 피압류채권으로 표시한 용인시의 체납처분에 의한 압류는 무효이다(대법원 2016. 5. 17.자 2015마1933 결정 참조).

[사례 6]의 경우 외관상 압류의 경합이 있는 것으로 보이지만, 대전시와 용인시의 체납처분에 의한 압류는 무효이므로 압류의 경합은 발생하지 않았다는 점에서 공탁관이 사유신고를 할 사안인지 여부가 문제될 수 있다.

형식적 심사권밖에 없는 공탁관으로서는 전부명령의 유·무효를 심사할 수 없으므로, 공탁물 회수청구권이 이미 압류 및 전부되었다는 이유로 공탁금 회수청구를 불수리한 공탁관의 처분은 정당하다는 것이 종래 판례[19]이었다. 하지만 최근에는 피압류채권의 권리귀속 주체를 착오 기재하여 압류가 무효인 경우, 추심권능에 대한 압류로서 압류가 무효로 되는 사례에서 공탁관의 형식적 심사에 의하더라도 압류의 무효를 충분히 밝혀낼 수 있으므로 위 각 압류가 있었다는 이유만으로 공탁금 회수청구를 불수리한 처분은 부적법하다(대법원 2016. 5. 17.자 2015마1933 결정 참조)는 취지의 판시를 하고 있다는 점에서 공탁관은 사유신고를 할 것은 아니고, 甲의 공탁금 회수청구를 인가하여야 할 것으로 보인다.

19) 대법원 1983. 3. 25.자 82마733 결정 참조

나. 집행장애 상태에서 발령된 압류

[사례 7]

甲은 乙에 대하여 대여금 채권 1천만 원을 가지고 있고, 乙은 丙에 대하여 물품대금채권 1천만 원을 가지고 있는데, 다음과 같이 압류명령 등이 제3채무자 乙 또는 丙에게 송달되었다. ① 丁 가압류(甲이 乙에 대하여 가지는 대여금 채권 1천만 원) ② 甲 승소확정판결(청구채권: 甲이 乙에 대하여 가지는 대여금 채권) ③ 甲 채권압류 및 추심명령(乙이 丙에 대하여 가지는 물품대금채권 1천만 원) ④ 제3채무자 丙 민사집행법 제248조 제1항 집행공탁 및 사유신고 ⑤ 戊 채권압류 및 추심명령(乙의 공탁금 출급청구권 1천만 원)

집행개시의 적극적 요건이 구비되어 있다 하여도 일정한 사유의 존재로 인하여 집행의 개시 또는 속행에 장애가 되는 경우가 있다. 이를 집행개시의 소극적 요건 또는 집행장애라 한다.

집행기관은 강제집행의 개시나 속행에 있어서 집행장애사유에 대하여 직권으로 그 존부를 조사하여야 하고, 집행개시 전부터 그 사유가 있는 경우에는 집행의 신청을 각하 또는 기각하여야 하며, 만일 집행장애사유가 존재함에도 간과하고 강제집행을 개시한 다음 이를 발견한 때에는 이미 한 집행절차를 직권으로 취소하여야 한다(대법원 2016. 9. 28. 선고 2016다205915 판결).

채권압류의 집행권원에 표시된 집행채권이 압류채권자의 채권자에 의해 이미 압류나 가압류, 처분금지가처분된 때에는 채권압류명령의 효력은 보전적 처분으로서 유효한 것이고, 현금화나 만족적 단계로 나아가는 데에는 집행장애사유가 존재하므로, 이를 원인으로 한 공탁에는 가압류를 원인으로 하는 공탁과 마찬가지의 효력만이 인정된다고 보아야 하므로 위와 같은 공탁에 따른 사유신고는 부적법하고, 이로 인하여 채권배당절차가 실시될 수 없으며, 만약 그 채권배당절차가 개시되었더라도 배당금이 지급되기 전이라면 집행법원은 공탁사유신고를 불수리하는 결정을 하여야 한다(대판 2016. 9. 28. 2016다205915 참조).

[사례 7]에서 제3채무자 丙의 집행공탁의 원인이 된 甲의 채권압류명령의 집행채권은 甲의 채권자인 丁에 의하여 이미 가압류가 된 집행장애 상태에서 압류명령이

발령되었다. 따라서 甲의 압류는 보전적 처분으로서 효력만 인정되고 배당절차를 진행할 유효한 압류가 없으므로 집행법원은 제3채무자 丙의 공탁사유신고를 불수리하여야 한다.

한편 위 공탁은 가압류를 원인으로 한 공탁으로서의 효력을 가진다(대법원 2016. 9. 28. 선고 2016다205915 판결 참조)는 점에서 丙이 집행공탁을 함으로써 발생한 채무소멸의 효력의 유지 여부와 채무자 乙이 공탁서상 피공탁자로 기재되지 않았지만 피공탁자로서 공탁금 출급청구권이 인정될 수 있는지 여부가 문제될 수 있다.

특히 [사례 7]과 같이 집행법원이 丙의 공탁사유신고를 불수리한 후 乙의 공탁금 출급청구권에 대한 戊의 압류가 있는 경우 보전적 처분의 효력만을 가지는 甲 압류와 戊 압류가 경합함을 이유로 공탁관이 사유신고를 하여야 하는지 여부를 검토한다.

소극설은 엄격한 형식주의가 적용되는 공탁절차에서 민사집행법 제248조 집행공탁을 제291조 가압류 집행공탁으로 의제할 수 없다는 점과 공탁서상 피공탁자로 기재되지 않은 乙에게 공탁금 출급청구권을 인정할 수 없고. 특히 형식적 심사권만 가지는 공탁관의 심사범위를 고려하여야 한다는 점을 논거로 들 수 있다.

적극설은 집행장애인 상태에서 발령된 압류명령은 가압류명령으로서의 효력은 인정되고 그와 같은 사실이 공탁서 기재로 보아 명백하다면([사례 7]과 같이 '丁 가압류'가 공탁서에 기재되거나 그 결정문 사본이 첨부된 경우 등), 비록 공탁근거법령이 '민사집행법 제248조 제1항'으로 기재되어 있더라도 '민사집행법 제291조 및 제248조 제1항' 가압류 집행공탁으로 보아 채무자 乙을 피공탁자로 인정할 수 있다는 주장이 가능하다.

엄격한 형식주의가 적용되는 공탁절차에서 소극설 논거도 타당하지만, 공탁서 정정절차에서 피공탁자 기재 사항에 변동을 초래하는 공탁서 정정은 허용되지 않는 것이 원칙이지만 공탁서 기재로 보아 착오 기재임이 명백한 경우 피공탁자 '丙'에서 '甲 또는 丙'과 같은 공탁서 정정도 허용된다(공탁선례 2-186, 2- 188 등)는 점과 법률관계의 안정과 절차경제 측면에서 예외적으로 인정하는 것이 타당하다.

따라서 [사례 7]에서 집행법원이 丙의 공탁사유신고를 불수리한 후 戊 압류 등이 있음을 이유로 공탁관은 집행법원에 사유신고를 하여 배당절차를 통하여 해결하는 것이 바람직하다.

다. 추심권능에 대한 압류 여부

[사례 8]

> 甲은 乙에 대하여 대여금 채권 1천만 원을 가지고 있는데, 丙이 甲을 채무자로 하여 위 대여금 채권을 대하여 가압류결정을 받아 제3채무자 乙에게 송달되었다. 이에 甲은 민사집행법 제282조 가압류해방공탁(1천만 원)을 하였다. 그 후 다음과 같이 압류명령 등이 순차적으로 공탁소에 송달되었다.
>
> ① 丙의 채권자 丁 채권압류 및 추심명령(장래 丙이 수령할 공탁금 회수청구권)
> ② 丙 채권압류 및 추심명령(甲의 공탁금회수청구권, 집행채권액: 1천만 원)

[사례 9]

> 甲은 乙에 대하여 대여금 채권 1천만 원을 가지고 있는데, 丙이 甲을 채무자로 하여 위 대여금 채권을 대하여 가압류결정을 받아 제3채무자 乙에게 송달되었다. 이에 제3채무자 乙은 민사집행법 제291조 및 제248조 제1항 가압류 집행공탁을 하였다. 그 후 다음과 같이 압류명령 등이 순차적으로 공탁소에 송달되었다.
>
> ① 丙 채권압류 및 추심명령(甲의 공탁금 출급청구권, 집행채권액: 1천만 원)
> ② 丁 채권압류 및 추심명령(丙이 수령할 공탁금 출급청구권, 집행채권액: 1천만 원)
> ③ 공탁관 사유신고

1) 장래의 채권에 대한 압류의 효력

압류의 대상인 채권이 압류 당시 이미 변제기가 도래하였어야 하는 것은 아니고, 아직 변제기 도래 전의 것이라도 압류할 수 있다. 나아가 반드시 압류 당시 현실적으로 발생되어 있을 것을 요하지 않고, 정지조건부나 시기부(始期付)의 채권으로서 아직 조건이나 기한이 도래하지 않은 채권도 압류의 대상이 된다. 장래 발생할 채권이라도 현재 그 권리의 특정이 가능하고 가까운 장래에 발생할 것이 상당 정도 기대되는 경우에는 이를 압류할 수 있다(대법원 2010. 2. 25. 선고 2009다76799 판결).

이처럼 장래의 미확정채권도 압류의 대상이 될 수 있는 이상 채권의 액수를 압류 당시 현실적으로 확정할 수 없더라도 무방하다(대법원 1990. 12. 26. 선고 90다카24816 판결).

가령, 합자회사 유한책임사원의 퇴사 전 지분환급채권(대법원 1978. 10. 31. 선고 78다1290 판결), 아직 퇴직하기 전의 퇴직금청구권(대법원 1975. 7. 22. 선고 74다1840 판결), 장래 경매가 취하될 것을 조건으로 한 경매보증금 반환청구권(대법원 1976. 2. 24. 선고 75다1596 판결), 부동산 임차인이 부동산을 임대인에게 반환하기 전의 임대차보증금 반환청구권(대법원 1987. 6. 9. 선고 87다68 판결), 골프클럽 회원이 퇴회(退會)할 때 행사할 수 있는 정지조건부채권인 입회금 반환청구권(대법원 1989. 11. 10. 선고 88다카19606 판결), 20년 이상 근속한 지방공무원이 명예퇴직수당 지급대상자로 확정되기 전의 명예퇴직수당 채권(대법원 2001. 9. 18.자 2000마5252 결정) 등은 모두 압류의 대상이 된다. 반대급부에 걸린 채권인 공사완성 전의 공사대금채권도 압류의 대상이 된다(대법원 1977. 6. 28. 선고 77다76 판결).

2) [사례 8] 丁 압류의 효력: 추심권능에 대한 압류

[사례 8]에서 甲은 乙에 대하여 대여금 채권 1천만 원을 가지고 있는데, 위 대여금 채권에 대한 丙의 가압류결정을 송달받고 민사집행법 제282조 가압류해방공탁을 하였다. 甲은 가압류해방공탁을 한 후 위 대여금 채권에 대한 가압류집행취소신청을 할 수 있다(민사집행법 제299조). 한편 丙의 가압류는 그 대상이 대여금 채권에서 甲이 가지는 공탁금 회수청구권으로 변경되었고, 가압류권자 丙은 甲에 대한 집행권원으로 위 공탁금 회수청구권에 대하여 본압류로 이전하는 채권압류 및 추심명령이나 전부명령을 얻어 직접 공탁소로부터 공탁금을 회수할 수 있다.

금전채권에 대하여 압류 및 추심명령이 있었다고 하더라도, 이는 강제집행 절차에서 압류채권자에게 채무자의 제3채무자에 대한 채권을 추심할 권능만을 부여하는 것으로서 강제집행절차상의 환가처분의 실현행위에 지나지 않고, 이로 인하여 채무자가 제3채무자에 대하여 가지는 채권이 압류채권자에게 이전되거나 귀속되는 것이 아니다. 따라서 이와 같은 추심권능은 그 자체로 독립적으로 처분하여 환가할 수 있는 것이 아니어서 압류할 수 없는 성질의 것이고, 이에 대한 압류명령은 무효라고 보아야 한다(대법원 1997. 3. 14. 선고 96다54300 판결, 대법원 2019. 1. 31. 선고 2015다26009 판결, 대법원 2019. 12. 12. 선고 2019다256471 판결 등).

공탁금 회수청구권에 대하여 채권압류 및 추심명령을 받은 사람을 압류채무자로 하고, 피압류채권을 "압류채무자의 공탁금 회수청구권"이라고 표시한 체납처분에 의한 압류는 추심권능에 대한 압류로서 무효이다(대법원 2016. 5. 17.자 2015마1933 결정 참조).

[사례 8]에서 선행하는 丁 압류의 피압류채권은 "(장래 丙이 취득하게 될) 공탁

금 회수청구권"으로 장래의 채권에 대한 압류로 그 유효성이 인정될 수 있지만 이후 丙이 추심권자로서 추심권능만을 가지는 것으로 확정됨으로써 丁 압류는 추심권능에 대한 압류로서 무효인 압류가 된다. 따라서 공탁관은 丙과 丁의 압류가 경합함을 이유로 사유신고를 할 것이 아니라 丙이 공탁금 회수청구를 하는 경우 그 청구를 인가하여야 한다.

3) [사례 9] 丁 압류의 효력: 민사집행법 제291조 및 제248조 제1항 공탁이 민사집행법 제248조 집행공탁으로 전환된 경우

금전채권에 대한 가압류를 원인으로 한 제3채무자의 민사집행법 제291조·제248조 제1항 공탁이 있은 후 가압류채무자가 취득한 공탁금 출급청구권에 대하여 압류가 이루어져 압류의 경합이 성립하거나 가압류를 본압류로 이전하는 압류명령이 국가(공탁관)에게 송달되면 민사집행법 제291조·제248조 제1항에 따른 공탁은 민사집행법 248조에 따른 집행공탁으로 바뀌게 된다. 민사집행법 제248조에 따라 집행공탁이 이루어지면 피압류채권이 소멸하고, 압류명령은 그 목적을 달성하여 효력을 상실하며, 압류채권자의 지위는 집행공탁금에 대하여 배당을 받을 채권자의 지위로 전환된다(대법원 2015. 4. 23. 선고 2013다207774 판결 참조). 이러한 법리는 민사집행법 제291조·제248조 제1항에 따른 공탁이 위에서 본 법리에 따라 민사집행법 제248조에 따른 집행공탁으로 바뀌는 경우에도 마찬가지로 적용된다. 따라서 금전채권에 대한 가압류를 원인으로 한 제3채무자의 공탁에 의해 채무자가 취득한 공탁금 출급청구권에 대하여 압류 및 추심명령을 받은 채권자는, 그러한 공탁이 위에서 본 법리에 따라 민사집행법 제248조에 따른 집행공탁으로 바뀌는 경우에는 더 이상 추심권능이 아닌 구체적으로 배당액을 수령할 권리, 즉 배당금채권을 가지게 된다(대법원 2019. 1. 31. 선고 2015다26009 판결 참조).

[사례 9]에서 丙은 "배당금을 수령할 수 있는 권리"라는 실체법상 권리를 가지는 사람으로서 단순히 추심권능만 가지는 [사례 8]의 丙과 구별된다.

따라서 [사례 9]의 丁은 丙이 수령할 배당금채권에 대한 추심권자로서의 지위를 가진다. 배당금수령채권에 대하여 추심명령이 발하여진 경우에 준하여 집행법원은 배당표상의 채권자란에 당초 채권자를 기재한 다음 그 옆 괄호 안에 추심권자 ○○○라고 기재하고, 이유란에 당초 채권자에 대한 배당사유(예를 들어, 압류권자)를 기재하며, 추심채권자가 배당기일에 출석하였거나 배당기일 후 공탁 전에 출급청구를 한 경우에는 추가로 다른 압류명령이 없다면 추심채권자 앞으로 출급명령서를 작성하여

배당액을 지급한다.

한편 추심채권자가 배당기일에 출석하지 아니한 때에는 당초 채권자(丙)의 배당금 수령채권에 대하여 압류(추심)명령이 있음을 이유로 하여 민사집행법 제248조 제1항 집행공탁을 하고 공탁사유신고(민사집행법 제248조 제4항, 민사집행규칙 제172조)를 하여야 할 것이다(민사집행법 제248조 제4항, 민사집행규칙 제172조 참조).[20]

Ⅱ. 채권양도와 경합하는 사례

채권양도와 압류가 경합하는 경우 선행하는 채권양도의 효력에 다툼이 있는 경우 채권양도의 효력 여부에 따라 공탁금 출급청구권의 권리자가 달라질 수 있기 때문에 제3채무자는 민법 제487조 후단 채권자불확지 공탁과 민사집행법 제248조 제1항 집행공탁을 결합한 혼합공탁을 할 수 있다. 이 때 집행법원은 공탁금 출급청구권이 압류채무자에게 귀속한다는 취지의 공탁금 출급청구권 확인의 확정 판결이나 이에 준하는 서면이 제출된 경우 배당절차를 진행할 수 있다.

그런데 위와 같이 채권양도의 효력에 다툼이 없음에도 제3채무자가 공탁원인사실란에 채권양도의 효력에 다툼이 있다는 취지의 기재를 하면서 민법 제487조 후단 채권자 불확지 공탁과 민사집행법 제248조 제1항 집행공탁을 결합한 혼합공탁을 한 경우 혼합해소문서를 제출될 때까지 배당절차를 중지할 것인지, 아니면 민사집행법 제248조 제1항 집행공탁으로 보아 배당절차를 진행할 것인지에 대하여 배당실무상 그 처리절차가 통일되지는 않았다. 하지만 집행법원에서 보정명령을 통하여 채권양도의 효력에 다툼이 없다는 사실이 소명이 되면 공탁금 출급청구권 확인의 확정판결 등 혼합해소문서가 제출되지 않더라도 배당절차를 진행하는 것이 다수의 실무로 보인다.

한편 채권양도가 채권압류와 경합하지만, 채권양도의 효력에 다툼이 없는 경우 제3채무자가 민사집행법 제248조 제1항 집행공탁을 하는 경우도 있다.

즉 금전채권 중 일부에 대하여 압류나 가압류가 있은 후 금전채권 전부 또는 일부가 양도되었음을 이유로 금전채권 전액을 민사집행법 제248조 제1항 집행공탁을 한 경우 압류나 가압류의 효력이 미치지 않는 부분은 변제공탁의 성격을 가지므로 사유신고를 불수리해야 한다는 견해와 제3채무자의 집행공탁과 사유신고로 배당절차

---

20) 법원실무제요 민사집행(Ⅲ), 사법연수원(2020), 268.

가 개시되었으므로 배당절차를 속행하여 채권양수인에 대하여도 배당하는 것으로 사건을 종결하는 것이 바람직하다는 견해로 나뉘는데, 현재 다수의 실무례는 후자의 견해에 따라 배당절차를 진행하고 있는 것으로 보인다. 채권양도와 채권압류나 가압류가 경합하여 압류처분금지효의 개별상대효설에 따라 배당을 하는 경우 구체적인 결론 도출이 어려운 복잡한 배당사례도 있을 수 있다. 즉, 배당기일 전에 채권양수인의 배당액을 계산하여 그 부분에 대한 불수리를 하는 것은 어려움이 있기 때문에 후자의 견해에 따라 배당절차를 속행하는 실무가 바람직하다.

1. 채권양도 전·후에 다수 채권압류가 있고, 집행공탁이 된 경우

[사례 1: 피압류채권 전액 양도]

甲은 乙에 대하여 대여금 채무 1천만 원을 부담하고 있는데, 다음과 같이 채권압류, 채권양도 등을 송달받고, 민사집행법 제248조 제1항 집행공탁을 하였다.

① 丙 채권압류 및 추심명령(청구금액: 1천만 원)
② 양도인 乙, 양수인 丁으로 하는 확정일자있는 채권양도의 통지(양도금액: 1천만 원)
③ 戊 채권압류 및 추심명령(집행채권액: 5백만 원)

[사례 2-1: 피압류채권 일부 양도]

甲은 乙에 대하여 대여금 채무 1천만 원을 부담하고 있는데, 다음과 같이 채권압류, 채권양도 등을 송달받고, 민사집행법 제248조 제1항 집행공탁을 하였다.

① 丙 채권압류 및 추심명령(청구금액: 1천만 원)
② 양도인 乙, 양수인 丁으로 하는 확정일자있는 채권양도의 통지(양도금액: 5백만 원)
③ 戊 채권압류 및 추심명령(집행채권액: 5백만 원)

[사례 2-2: 피압류채권 일부 양도]

甲은 乙에 대하여 대여금 채무 1천만 원을 부담하고 있는데, 다음과 같이 채권압류, 채권양도 등을 송달받고, 민사집행법 제248조 제1항 집행공탁을 하였다.

① 丙 채권압류 및 추심명령(청구금액: 5백만 원)

② 丁 채권압류 및 추심명령(청구금액: 5백만 원)
③ 양도인 乙, 양수인 戊로 하는 확정일자있는 채권양도의 통지(양도금액: 5백만 원)
④ 己 채권압류 및 추심명령(집행채권액: 5백만 원)

[사례 3: 채권액 중 일부만 압류된 후 채권 전액이 양도된 경우]

甲은 乙에 대하여 대여금 채무 1천만 원을 부담하고 있는데, 다음과 같이 채권압류, 채권양도 등을 송달받고, 민사집행법 제248조 제1항 집행공탁을 하였다.

① 丙 채권압류 및 추심명령(청구금액: 5백만 원)
② 양도인 乙, 양수인 丁으로 하는 확정일자 있는 채권양도의 통지(양도금액: 5백만 원)
③ 戊 채권압류 및 추심명령(집행채권액: 5백만 원)

가. 압류의 처분금지효: 개별상대효

채무자는 압류명령에 의하여 채권의 처분과 영수가 금지되어 채권의 추심뿐만 아니라 채권의 양도, 포기, 면제, 상계, 상계계약의 체결, 질권의 설정, 변제기의 유예 등 채권자를 해치는 일체의 처분이 금지된다.

그러나 이러한 금지의 효력은 절대적인 것은 아니고 채무자의 처분행위 또는 제3채무자의 변제 전에 집행절차에 참가한 배당요구채권자에게 대항하지 못한다는 의미에서의 상대적 효력만을 가진다(대법원 2003. 5. 30. 선고 2001다10748 판결 등). 따라서 채무자가 처분행위를 하거나 제3채무자가 변제를 한 때에는 그보다 먼저 압류한 채권자가 있어 그 채권자에게는 대항할 수 없다고 하더라도 그 처분이나 변제 후에 압류명령을 얻은 채권자에 대하여는 유효한 처분 또는 변제가 된다(대법원 2003. 5. 30. 선고 2001다10748 판결). 채권이 압류된 후에 채무자가 압류의 대상인 채권을 제3채무자에게 양도하고 확정일자 있는 통지 등에 의한 채권양도의 대항요건을 갖추었다면, 그 후 채무자의 다른 채권자가 그 양도된 채권에 대하여 압류를 하더라도 그 압류 당시에 피압류채권은 이미 존재하지 않는 것과 같아 압류로서 효력이 없으므로 그 다른 채권자는 압류에 따른 집행절차에 참여할 수 없고(대법원 2010. 10. 28. 선고 2010다57213, 57220 판결), 새롭게 배당요구를 할 수도 없다.

나. 구체적인 배당관계

1) [사례 1]의 경우

채권전액이 압류된 상태에서 채권양도가 이루어졌기 때문에 丁에게 양도된 채권전액(1천만 원)에 대하여 丙 압류(집행채권액: 1천만 원)의 처분금지효력이 미치므로 丁은 배당에 참가할 수가 없다. 한편 개별상대효설에 따라 후행 압류권자 戊에게는 채권양도로 대항할 수 있어 戊의 압류는 그 피압류채권이 丁에게 양도된 후 제3채무자에게 송달되었기 때문에 피압류채권이 부존재하는 무효인 압류이고, 이미 배당요구종기가 도과하였으므로 새롭게 배당요구를 할 수도 없으므로 戊도 배당에 참가할 수 없다. 따라서 [사례 1]의 경우 丙이 1천만 원을 배당받게 된다.

2) [사례 2-1] 및 [사례 2-2]의 경우 채권양도의 전·후로 채권압류가 있고, 채권이 일부만 양도되어 배당재단이 분리되는 사례이다.

채권양도에 앞서 채권 전액이 압류되었기 때문에 양수인 丁은 배당을 받을 수 없다. 하지만 채권 중 일부만 양도되었기 때문에 개별상대효설에 따라 채권양도된 금액의 범위에서는 후행 압류권자가 배당에 참가할 수 없다.

따라서 [사례 2-1]의 경우 우선 채권양도된 금액 5백만 원은 丙에게 배당이 되고, 채권양도가 이루어지지 않은, 5백만 원에 대하여는 후행 압류권자 戊도 배당에 참가할 수 있다.

따라서 丙 750만 원(500만 원 + 250만 원), 戊 250만 원을 각 배당받게 된다.

[사례 2-2]의 경우 양도된 금액 500만 원은 丙과 丁이 각 250만 원씩 우선 배당을 받고, 나머지 500만 원은 丙과 丁은 각 250만 원, 己는 500만 원을 기준으로 각 안분하여 배당을 받게 된다.

3) [사례 3]의 경우 일부만 압류된 상태에서 압류되지 않은 채권이 양도되었고, 다시 압류가 있는 사례이다.

1천만 원 중 500만 원만 압류되었고, 나머지 500만 원이 양도되었기 때문에 양도된 채권금액에 상당하는 공탁금 출급청구권에 대하여는 선행하는 丙 압류의 효력이 미치지 않는다.

이와 관련하여 양수인에게 귀속되는 채권액에 상당하는 공탁은 변제공탁의 성격을 띠므로 공탁금 출급청구권 중 500만 원에 해당하는 부분에 대한 사유신고는 불수리해야 한다는 견해가 있을 수 있다.

하지만 제3채무자 甲의 집행공탁으로 인하여 기왕에 개시된 배당절차에서 채권양수인을 포함한 다수 채권자들의 배당관계를 확정하는 것이 바람직하다는 점에서 현재 다수의 실무는 사유신고 일부 불수리결정을 하지 않고 그대로 배당절차를 진행하고 있다.

[사례 3]에서 구체적인 배당관계는 양수인 丁에게 500만 원, 나머지 500만 원은 선행 압류권자 丙과 후행 압류권자 戊가 각 집행채권액에 안분하여 각 250만 원씩 배당받게 된다.

2. 채권양도 효력에 다툼이 있어 혼합공탁이 된 경우

[사례 1: 채권 전액이 양도된 후 (가)압류가 있는 경우]

> 甲은 乙에 대하여 상가임대차보증금채무(양도금지특약 있음) 1억 원을 부담하고 있는데, 다음과 같이 확정일자 있는 채권양도통지서와 압류명령을 순차적으로 송달받고, 민법 제487조 후단 채권자불확지 공탁 및 민사집행법 제248조 제1항 집행공탁을 결합한 혼합공탁을 하고 사유신고를 하였다.
>
> ① 양도인 乙, 양수인 丙으로 하는 확정일자 있는 채권양도통지(양도금액: 1억 원)
> ② 丁 채권압류 및 추심명령(집행채권액: 1억 원)
> ③ 戊 채권가압류(집행채권액: 1억 원)
>
> 한편 甲이 혼합공탁 및 사유신고를 한 후 己 채권압류 및 추심명령(피압류채권: 乙의 공탁금 출급청구권, 집행채권액: 5천만 원)이 공탁소로 송달되었다.

[사례 2: 채권 일부양도가 있은 후 (가)압류가 있는 경우]

> 甲은 乙에 대하여 상가임대차보증금채무(양도금지특약 있음) 1억 원을 부담하고 있는데, 다음과 같이 확정일자 있는 채권양도통지서와 압류명령을 순차적으로 송달받고, 민법 제487조 후단 채권자불확지 공탁 및 민사집행법 제248조 제1항 집행공탁을 결합한 혼합공탁을 하고 사유신고를 하였다.
>
> ① 양도인 乙, 양수인 丙으로 하는 확정일자 있는 채권양도 통지(양도금액: 5천만 원)
> ② 丁 채권압류 및 추심명령(집행채권액: 5천만 원)
> ③ 戊 채권가압류(집행채권액: 5천만 원)

가. 채권 전부에 대하여 채권양도가 선행하는 경우

1) 확정일자 있는 채권양도 통지가 제3채무자에게 먼저 송달된 후에 채권이 가압류되거나 압류된 경우에는 원칙적으로 채권양도가 우선하게 되고, 가압류나 압류채

권자는 존재하지 않는 채권을 가압류나 압류한 셈이 되어 그 채권가압류나 압류는 효력을 발생할 수 없게 된다(대법원 1981. 9. 22. 선고 80누484 판결 참조).

그런데 양도된 채권에 대하여 양도금지특약이 있거나 채권자로부터 양도철회 내지 취소통지 등 채권양도의 효력 유무에 대하여 다툼이 있는 경우에는 제3채무자는 객관적으로는 자신의 채권자가 존재하고 있으나 선량한 관리자의 주의를 다하여도 채권자가 누구인지 알 수 없는 경우에 해당된다고 볼 수 있으므로 민법 제487조 후단에 의하여 양도인 또는 양수인을 피공탁자로 하는 채권자불확지 변제공탁을 할 수 있다(대법원 2000. 12. 22. 선고 2000다55904 판결).

그러나 양도인의 다른 채권자가 양도인을 채무자로 하는 채권가압류나 압류가 있으므로 채권자불확지 변제공탁만으로는 부족하고, 채권양도가 무효일 경우에 양도인을 채무자로 한 가압류나 압류가 있음을 원인으로 집행공탁을 합한 혼합공탁을 해야만 한다.

2) 집행법원이 배당절차를 진행하기 위해서는 압류의 대상이 된 채권이 집행채무자에게 귀속하는 것을 증명하는 문서(이하, 혼합해소문서)가 집행법원에 제출되어야 한다. 따라서 [사례 1], [사례 2]의 경우 공탁금 출급청구권이 압류채무자 乙에게 있음을 증명하는 확인판결정본 및 그 확정증명서, 또는 위와 동일한 내용의 화해 또는 조정조서 정본, 위와 동일한 내용을 담은 양수인의 동의서(인감증명서, 본인서명사실확인서나 전자본인서명확인서 첨부) 등이 집행법원에 제출되어야 한다. 그러나 집행채권자가 압류·전부명령에 기한 전부금채권을 가지고 있다는 것을 증명하는 확인판결은 이에 해당하지 않는다(대법원 2008. 1. 17. 선고 2006다56015 판결).

그런데 혼합공탁은 그 집행공탁의 측면에서 보면 공탁자가 피공탁자들에 대하여는 물론 가압류채권자를 포함하여 그 집행채권자에 대해서도 채무로부터의 해방을 인정받고자 공탁하는 것이다. 따라서 혼합공탁의 경우에 '피공탁자'(양수인)가 공탁물의 출급을 청구하기 위해서는 '다른 피공탁자'(집행채무자)에 대한 관계에서만 공탁물 출급청구권이 있음을 증명하는 서면을 갖추는 것으로는 부족하고, '집행채권자'에 대한 관계에서도 공탁물 출급청구권이 있음을 증명하는 서면을 구비·제출하여야 한다(대법원 2012. 1. 12. 선고 2011다84076 판결).

한편 배당절차를 진행할 수 있는 혼합해소문서인지 여부는 집행법원에서 판단할 사항이다. 사안에 따라서 위에서 언급한 공탁금 출급청구권 확인의 확정판결이 아니더라도 양도인에게 공탁금 출급청구권이 귀속된다는 사실을 추단할 수 있는 문건이 제출된 경우 배당을 진행하는 실무도 있다.

[사례 1], [사례 2]에서 양수인 丁이 공탁금을 출급하기 위해서는 다른 피공탁자 乙 이외에도 압류채권자들 丁과 戊를 상대로 공탁금 출급청구권 확인소송 등을 제기하여 그 권리를 인정받아야 한다.

[사례 1]에서 '己'와 같이 혼합공탁이 성립된 후 압류나 가압류 등을 한 채권자에 대하여도 그 확인을 받아야 하는지와 관련하여 위와 같은 채권자에 대하여는 그 승낙서나 그 채권자들을 상대로 한 공탁금 출급청구권확인판결을 첨부하지 않고서도 출급청구를 할 수 있다(공탁선례 201102-1 참조).

양도인 乙에게 공탁금 출급청구권이 귀속한다는 취지의 서면이 제출되면 집행법원은 배당절차를 속행하여 丁과 戊에게 각 5천만 원씩 배당을 하게 되지만, 반대로 양수인에게 공탁금 출급청구권이 귀속한다는 취지의 서면이 제출되면 공탁사유신고를 불수리 하게 된다.[21)]

[사례 2]의 경우 양도인 乙에게 공탁금 출급청구권이 귀속하게 되면 丙과 丁이 각 5천만 원씩 배당을 받게 되고, 양수인 丙에게 공탁금 출급청구권이 귀속하게 되면 양수인에게 귀속이 확정된 5천만 원에 대하여는 압류의 효력이 미치지 않기 때문에 사유신고 일부 불수리결정을 하는 것이 원칙적인 모습이지만 현재 다수의 실무는 배당절차를 속행하여 양수인에게 배당을 하고 있다.

---

21) 이 경우 양수인이 공탁소에서 공탁금을 출급하기 위하여 집행법원의 사유신고불수리결정이 필요한지 여부와 관련하여 "양수인에게 공탁금 출급청구권이 귀속되는 것으로 확정하는 서면(확정판결 등)이 제출되었다면 혼합공탁은 집행공탁으로서의 성격은 상실하였고, 배당절차는 종결되어야 하는 것에 불과하므로 공탁관은 배당절차 진행 사유 소멸 여부를 심사할 필요가 없고, 사유신고불수리결정을 요하지 않는다"는 취지의 하급심 결정(서울중앙지방법원 2008. 1. 15.자 2007비단60 결정)이 있지만, 현재 다수의 실무는 집행법원의 사유신고불수리결정을 제출받은 후 공탁금 출급청구를 인가하고 있다.

3. 채권압류명령과 확정일자 있는 채권양도통지서가 동시에 도달한 경우

[사례]

甲은 乙에 대하여 대여금채무 1억 원을 부담하고 있는데, 다음과 같이 확정일자 있는 채권양도통지서(①)와 가압류명령(②)을 동시에 송달받았음을 이유로 민법 제487조 후단 채권자불확지 공탁 및 민사집행법 제248조제1항 집행공탁을 결합한 혼합공탁 및 사유신고를 하였다.

① 양도인 乙, 양수인 丙으로 하는 확정일자 있는 채권양도 통지(양도금액: 5천만 원)
② 丁 채권가압류(청구금액: 5천만 원)
③ 戊 채권압류 및 추심명령(집행채권액: 1억 7,500만 원)

채권양수인과 동일 채권에 대하여 가압류명령을 집행한 자 사이의 우열은 확정일자 있는 채권양도 통지와 가압류결정 정본의 제3채무자(채권양도의 경우는 채무자)에 대한 도달의 선후에 의하여 그 우열을 결정하여야 한다. 채권가압류명령과 채권양도통지가 동시에 제3채무자에게 송달된되어 그들 상호간에 우열이 없는 경우에도, 제3채무자는 이들 중 누구에게라도 그 채무 전액을 변제하면 다른 채권자에 대한 관계에서도 유효하게 면책될 수 있는데, 송달의 선후가 불명한 경우에 준하여 채권자를 알 수 없다는 이유로 채권자 불확지 변제공탁(대법원 1994. 4. 26. 선고 93다24223 전원합의체 판결 참조)과 민사집행법 제291조, 제248조 제1항에 의하여 가압류에 관련된 금전채권에 대한 집행공탁을 합한 혼합공탁을 할 수 있다(대법원 2005. 5. 26. 선고 2003다12311 판결 등 참조).

한편 압류의 처분금지의 효력은 절대적인 것이 아니고, 이에 저촉되는 채무자의 처분행위로써는 그 압류의 효력이 미치는 범위에서 압류채권자에게 대항할 수 없는 상대적 효력을 가지는 데 그치므로, 채무자가 압류된 채권을 양도 등 처분을 함으로써 그 압류채권자에게는 대항할 수 없는 사정이 있더라도, 그 처분 후에 채무자의 채권을 압류하거나 가압류한 다른 채권자에 대하여는 유효한 처분이 되고, 이는 가압류의 경우에도 마찬가지이다. 따라서 동일한 채권에 관하여 가압류명령과 확정일자 있는 양도통지가 동시에 제3채무자에게 도달한 경우, 채권양수인은 그 후에 압류나 가압류를 한 다른 채권자에 대해서는 이미 채권이 전부 양도되었음을 주장하여 대항할 수 있으므로 그러한 후행 압류권자 등은 더 이상 그 채권에 관한 집행절차에 참가할 수 없다(대법원 2004. 9. 3. 선고 2003다22561 판결, 대법원 2013. 4. 26. 선고 2009다89436 판결 등 참조).

[사례]에서 양도된 금액 5천만 원에 대하여는 후행압류권자 戊가 배당에 참가할 수 없기 때문에 양도된 금액과 양도되지 않은 금액으로 배당재단을 분리하여야 한다. 丙과 丁 상호간의 관계는 우열이 없이 법률상 지위가 대등하므로 공평의 원칙상 각 채권액에 안분하게 된다(대법원 1994. 4. 26. 선고 93다24223 전원합의체 판결 참조).

따라서 양도된 부분(5천만 원)에 대하여 양수인 丙과 가압류권자 丁이 각자의 채권액을 기준으로 丙과 丁은 각 2,500만 원씩 안분받아 가게 된다. 양도되지 않은 부분(5천만 원)은 丁과 후행 압류권자 戊가 각자의 채권액을 기준으로 丁은 1,500만 원, 戊는 3,500만 원을 각 배당받게 된다. 최종 배당액은 丙 2,500만 원, 丁 4,000만 원, 戊 3,500만 원이 된다.

4. 채권양도된 후 채권양도계약이 철회 또는 취소된 경우

[사례]

甲은 乙에 대하여 대여금채무 5천만 원을 부담하고 있는데, 다음과 같이 확정일자 있는 채권양도통지서(①)와 압류명령(②)을 동시에 송달받았음을 이유로 민법 제487조 후단 채권자불확지 공탁 및 민사집행법 제248조 제1항 집행공탁을 결합한 혼합공탁 및 사유신고를 하였다.

① 丙 채권가압류(청구금액: 5천만 원)
② 양도인 乙, 양수인 丁으로 하는 확정일자 있는 채권양도 통지(양도금액: 5천만 원)
③ 戊 채권압류 및 추심명령(집행채권액: 5천만 원)
④ 甲 혼합공탁 및 사유신고
⑤ 乙의 채권양도계약 철회통지서(양수인 丁의 동의서 및 인감증명서 첨부)

채권압류의 효력이 발생하기 전에 채무자가 그 채권을 처분한 경우에는 그보다 먼저 압류한 채권자가 있어 그 채권자에게는 대항할 수 없는 사정이 있더라도 그 처분 후에 집행에 참가하는 채권자에 대하여는 처분의 효력을 대항할 수 있는 것이므로, 채무자가 압류 또는 가압류의 대상인 채권을 양도하고 확정일자 있는 통지 등에 의한 채권양도의 대항요건을 갖추었다면, 그 후 채무자의 다른 채권자가 그 양도된 채권에 대하여 압류 또는 가압류를 하더라도 그 압류 또는 가압류 당시에 피압류채권은 이미 존재하지 않는 것과 같아 압류 또는 가압류로서의 효력이 없고, 따라서 그 다른 채권자는 압류 등에 따른 집행절차에 참여할 수 없다(대법원 2003. 5. 30. 선고 2001다10748 판결, 대법원 2004. 9. 3. 선고 2003다22561 판결 등 참조).

또한 확정일자 있는 증서에 의한 채권양도통지가 있은 후에 채권양도계약을 취소 또는 철회한다는 통지를 보낸 경우 채권양도의 철회로 채무자에게 복귀한 이 사건 채권에 대하여 후행 압류 및 가압류의 효력이 미치는지 여부에 관하여 후행 압류 또는 가압류 당시에 그 피압류채권이 이미 양도되어 대항요건까지 갖추었다면, 그 채권양도가 처음부터 무효라는 등의 사정이 없는 한 후행 압류 및 가압류명령은 모두 무효이고 그에 기한 추심명령 또한 무효이므로, 그 후 채권양도인인 채무자가 채권양수인의 동의를 얻어 피압류채권에 대한 채권양도계약을 취소 또는 철회하였다는 사정만으로는 무효인 압류 및 추심명령이나 채권가압류가 유효하게 된다고 볼 수 없다(대법원 2010. 10. 28. 선고 2010다57213,57220 판결 참조).

[사례]에서 乙이 丁에게 채권을 양도한다는 취지의 확정일자 증서에 의한 채권양도통지가 있은 후 양도인 乙이 양수인 丁의 동의를 받아 채권양도계약 철회통지서를 집행법원에 제출한 경우, 후행 압류권자 戊의 압류가 효력을 발생하기 전에 이미 피압류채권은 丁에게 양도되어 戊의 압류는 피압류채권이 존재하지 않아 무효인 압류이기 때문에 위 채권양도계약이 무효가 아니라 단지 철회나 취소되었다는 사정만으로 무효인 후행 압류가 유효로 될 수는 없기 때문에 戊는 배당에 참가할 수 없다.

따라서 선행 가압류권자 丙에게 5천만 원을 배당하게 된다.

5. 채권양도가 사해행위로 취소된 경우

[사례 1: 채권자취소 비소급효와 관련된 사례]

甲은 乙에 대하여 대여금채무 150만 원을 부담하고 있는데, 다음과 같이 채권압류, 채권가압류, 확정일자 있는 채권양도통지서, 채권압류 등을 각 송달받고, 채권양도의 효력에 다툼이 있다는 이유로 민법 제487조 후단 채권자불확지 공탁 및 민사집행법 제248조 제1항 집행공탁을 결합한 혼합공탁 및 사유신고를 하였다. 한편 공탁 및 사유신고가 된 후 공탁소로 A, B의 채권압류 및 추심명령이 송달되었다.

① 丙 채권압류 및 추심명령(집행채권액: 50만 원)
② 丁 채권가압류(청구금액: 50만 원)
③ 양도인 乙, 양수인 戊로 하는 확정일자 있는 채권양도 통지(양도금액: 150만 원)

④ 己 채권압류 및 추심명령(집행채권액: 100만 원)
⑤ 甲 혼합공탁 및 사유신고
⑥ A 채권압류 및 추심명령(집행채권액: 100만 원, 채권자취소로 乙에게 복귀하는 공탁금 출급청구권)
⑦ B 채권압류 및 추심명령(집행채권액: 100만 원, 채권자취소로 乙에게 복귀하는 공탁금 출급청구권)
⑧ 己 戊를 상대로 한 채권자취소 확정판결 제출

가. 채권자취소와 채권자 불확지

사해행위취소에 따른 원상회복청구권을 피보전권리로 한 채권처분금지가처분결정이 제3채무자에게 송달된 경우 그 가처분권자는 채무자에 대한 채권자의 지위에 있을 뿐 채권이 가처분권자 자신에게 귀속한다고 다투는 경우가 아니므로 제3채무자는 수령불능을 공탁원인으로 하여 피공탁자를 가처분채무자로 하는 확지공탁을 하되, 위 가처분에 관한 사항을 공탁원인사실란에 기재하여야 할 것이며, 이때 가처분의 효력은 가처분채무자의 공탁금 출급청구권에 대하여 존속한다(공탁선례 201010-2).

따라서 채권양도가 사해행위임을 이유로 채권자취소소송이 제기 중이거나 사해행위취소로 인한 원상회복청구권을 피보전권리로 하는 가처분이 있다는 사정은 양도된 채권에 대하여 권리의 귀속을 다투는 경우에 해당하지 않으므로 민법 제487조 후단 채권자불확지 사유에 해당하지 않으므로(대법원 2009. 11. 12. 선고 2007다53785 판결, 공탁선례 201010-2 참조), 제3채무자가 공탁서의 공탁원인사실란에 '채권자취소소송이 제기 중'이라거나 '사해행위취소로 인한 원상회복청구권을 피보전권리로 하는 가처분이 있다'는 사실을 기재하면서 민법 제487조 후단 채권자불확지 사유와 민사집행법 제248조 제1항 집행공탁을 결합한 혼합공탁을 하고 사유신고를 하는 경우 집행법원은 사유신고를 불수리하는 것이 타당하다.

하지만 공탁원인사실란에 채권양도가 사해행위 취소대상인지 여부에 관한 다툼이 있다는 사실이 명확히 기재되어 있지 않고, 사후적으로 채권양도가 사해행위에 해당되어 취소한다는 취지의 판결문이 제출된 경우라면 공탁이 유효한 것으로 보고 배당절차를 진행하는 것이 현재 다수의 실무로 보인다.

나. 채권자취소에 따른 법률효과의 발생

상대방 있는 의사표시는 상대방에게 도달하여야 효력이 발생하는 것이 원칙이다

(민법 제111조 제1항). 따라서 민사집행법 제263조에 의하여 의사표시가 있는 것으로 본다고 하여도 그 의사표시가 상대방에게 도달하였다는 것까지 의제되지 않으므로 제3자에 대한 의사표시는 민사집행법 제263조에 의하여 의제의 효력이 발생한 사실을 당해 집행권원을 제시하거나 송부함으로써 제3자에게 도달시키는 것이 필요하다. 의사표시의 상대방이 채권자일 때에는 채권자가 판결이 확정된 것 등 의사표시가 의제된다는 사실을 알았을 때에 의사표시의 효력이 발생하고, 상대방이 제3자인 경우에는 채권자가 집행권원의 정본 또는 등본과 그 확정증명서 내지 집행문 등 의사표시 의제의 효력이 발생하였음을 증명하는 문서를 제3자에게 제시하는 등의 방법에 의하여 제3자가 그 사실을 알았을 때에 의사표시의 효력이 발생한다[22].

따라서 [사례 1]에서 혼합공탁이 성립하고 사유신고가 된 후, 戊를 피고로 하여 '채권양도는 사해행위임을 이유로 취소하고, 戊는 乙에게 공탁금 출급청구권을 양도한다는 의사표시를 하고. 대한민국에 그 양도사실을 통지하라'는 취지의 채권자취소 확정판결이 제출된 경우 집행법원은 배당절차를 진행할 수 있다.

다. 채권자취소의 비소급효

채권양도와 같은 처분행위가 사해행위로 인정되어 취소되더라도 그 사해행위취소의 효과는 채권자와 수익자 사이에서 상대적으로 생길 뿐이므로, 사해행위가 취소되더라도 그 채권에 대한 권리자는 여전히 수익자이고, 다만 채권자에 대한 관계에서 채무자의 책임재산으로 환원되어 강제집행을 당할 수 있는 부담을 지고 있는 데 지나지 않는다(대법원 2016. 11. 25. 선고 2013다206313 판결 참조). 채무자에게 양도된 채권은 취소채권자나 민법 제407조에 따라 사해행위취소와 원상회복의 효력을 받는 채권자와 수익자 사이에서 채무자의 책임재산으로 취급될 뿐, 채무자가 직접 그 채권을 취득하여 권리자가 되는 것은 아니다(대법원 2015. 11. 17. 선고 2012다2743 판결, 대법원 2016. 3. 24. 선고 2015다250185 판결 등 참조).

채권자취소의 효과는 채권자에 대한 관계에서 생기는 법률효과에 불과하고, 채무자와 사이에서 그 취소로 인한 효력이 소급하여 채무자의 책임재산으로 채무자와 사이에서 그 취소로 인한 법률관계가 형성되는 것도 아니며, 그 취소의 효력이 소급하여 채무자의 책임재산으로 회복되는 것도 아니다. 채권압류 및 전부명령 당시 피압류채권이 이미 제3자에 대한 대한 대항요건을 갖추어 양도되어 그 명령이 효력이 없

22) 법원실무제요 민사집행(Ⅳ), 사법연수원(2020), 799.

는 것으로 되었다면 그 후의 채권자취소소송에서 위 채권양도계약이 취소되어 동 채권이 양도인에게 복귀되었다고 하더라도 이미 무효로 된 압류명령이 다시 유효로 되어 채권이 압류채권자에게 전부되는 것은 아니다(대법원 2006. 8. 24. 선고 2004다23110 판결 참조).

[사례 1]에서 己가 戊를 상대로 채권자취소 소송을 제기하여 그 확정판결을 받아 제출하였으므로 戊에게 양도된 채권은 다시 채무자 乙의 책임재산으로 복귀되었다. 그리고 채권양도 행위가 사해해위로 인정되어 그 취소판결이 확정된 경우에도 그 취소의 효과는 그 사해행위 이전에 이미 그 채권을 압류한 다른 채권자에게는 미치지 않는다(대법원 2008. 9. 25. 선고 2007다47216 판결 등 참조). 따라서 채권양도에 선행하는 (가)압류권자인 丙과 丁이 각 50만 원씩 배당을 받게 되고, 己는 채권자취소의 효력이 소급하지 않아서 무효인 압류권자이고 배당에 참가할 수 없다. 나머지 50만 원은 채무자의 책임재산으로 복귀하여 변제공탁의 성격을 가지므로 제3채무자(甲)의 사유신고에 의한 배당가입차단효가 미치지 않는다(대법원 2020. 10. 15. 선고 2019다235702 판결 참조).

위 50만 원 부분에 해당하는 채무자 을의 공탁금 출급청구권에 대하여 A와 B의 압류가 경합(압류합계액: 200만 원)하므로 집행법원에서 사유신고를 하여야 한다(집행법원의 사유신고에 관한 업무처리지침 재민 2020-1 참조).

[사례 2: 채권자취소의 상대효와 관련된 사례]

甲은 乙에 대하여 대여금채무 1천만 원을 부담하고 있는데, 다음과 같이 채권양도, 채권압류명령 등을 각 송달받고, 채권양도의 효력에 다툼이 있다는 이유로 민법 제487조 후단 채권자불확지 공탁 및 민사집행법 제248조 제1항 집행공탁을 결합한 혼합공탁 및 사유신고를 하였다.

① 양도인 乙, 양수인 丙으로 하는 확정일자 있는 채권양도 통지(양도금액: 1천만 원)
② 丁 채권압류 및 추심명령(채무자 乙, 집행채권액: 1천만 원)
③ 戊 채권압류 및 추심명령(채무자 丙, 집행채권액: 1천만 원)
④ 丁 丙을 상대로 한 채권자취소의 확정판결 제출

사해행위의 취소는 취소소송의 당사자 사이에서 상대적으로 취소의 효력이 있는 것으로 당사자 이외의 제3자는 다른 특별한 사정이 없는 이상 취소로 인하여 그 법률관계에 영향을 받지 않는다고 할 것이고, 사해행위의 취소에 상대적 효력만을 인정하는 것은 사해행위 취소채권자와 수익자 그리고 제3자의 이익을 조정하기 위한 것으로 그 취소의 효력이 미치지 아니하는 제3자의 범위를 사해행위를 기초로 목적부동산에 관하여 새롭게 법률행위를 한 그 목적부동산의 전득자 등만으로 한정할 것은 아니라고 할 것이다(대법원 2005. 11. 10. 선고 2004다49532 판결 참조). 따라서 수익자와 새로운 법률관계를 맺은 것이 아니라 수익자의 고유채권자로서 이미 가지고 있던 채권확보를 위하여 수익자가 사해행위로 취득한 채권에 배당된 배당금을 가압류한 자에게 사해행위취소판결의 효력이 마친다고 볼 수 없다(대법원 2009. 6. 11. 선고 2008다7109 판결 참조).

[사례 2]에서 丁이 丙을 상대로 한 채권자취소의 확정판결을 제출하였지만, 수익자 丙의 채권자인 戊가 한 압류는 수익자의 고유채권자로서 이미 가지고 있던 채권확보를 위한 것으로 채권자취소 판결의 효력이 미치지 않는다. 따라서 戊는 자신의 채권 1천만 원 전액을 배당받게 된다.

Ⅲ. 체납처분에 의한 압류와 관련된 사례

1. 민사집행법 제248조 집행공탁 허용 여부

[사례 1]

甲은 乙주식회사에 대하여 대여금 채무 1천만 원을 부담하고 있는데, 다음과 같이 체납처분에 의한 압류와 채권압류명령 등을 각 송달받았다. ① 고양시 체납처분에 의한 압류(집행채권액: 7백만 원) ② 丙 채권압류 및 추심명령(집행채권액: 7백만 원)

[사례 2]

甲은 乙주식회사에 대하여 대여금 채무 1천만 원을 부담하고 있는데, 고양시 체납처분에 의한 압류(집행채권액: 7백만 원)와 丙 채권압류 및 추심명령(집행채권액: 1천만 원)을 각 송달되었고, 丙이 甲으로부터 1천만 원을 추심하였다.

[사례 3]

> 甲은 乙주식회사에 대하여 대여금 채무 1천만 원을 부담하고 있는데, 다음과 같이 체납처분에 의한 압류와 채권가압류 등을 송달받고, 민사집행법 제291조 및 제248조 제1항 가압류집행공탁을 하였다.
>
> ① 고양시 체납처분에 의한 압류(집행채권액: 5백만 원)
> ② 丙 채권가압류(집행채권액: 7백만 원)
> ③ 甲 가압류 집행공탁
> ④ 丙 가압류로부터 본압류로 이전하는 채권압류 및 추심명령(집행채권액: 7백만 원)

가. 체납처분에 의한 압류가 민사집행법상 압류와 경합하는 경우

제3채무자는 체납처분에 의한 압류채권자와 민사집행절차에서 압류 및 추심명령을 받은 채권자 중 어느 한쪽의 청구에 응하여 그에게 채무를 변제하고 그 변제 부분에 대한 채무의 소멸을 주장할 수 있고, 민사집행법 제248조 제1항에 따른 집행공탁을 하여 면책될 수도 있다(대법원 1996. 6. 14. 선고 96다5179 판결, 대법원 2007. 9. 6. 선고 2007다29591 판결, 대법원 2015. 7. 9. 선고 2013다60982 판결, 대법원 2015. 8. 27. 선고 2013다203833 판결).

체납처분에 의한 압류채권자가 제3채무자로부터 압류채권을 추심하면 국세징수법에 따른 배분절차를 진행하는 것과 마찬가지로 이미 체납처분에 의하여 압류된 채권에 대하여 민사집행절차에서 압류 및 추심명령을 받은 채권자가 제3채무자로부터 압류채권을 추심한 경우에는 민사집행법 제236조 제2항에 따라 공탁의무가 발생하게 되므로 추심한 금액을 바로 공탁하고 그 사유를 신고하여야 한다(대법원 2015. 7. 9. 선고 2013다60982 판결, 행정예규 제1060호 참조).

위와 같이 제3채무자가 민사집행절차에서 압류 및 추심명령을 받은 채권자의 추심청구에 응하거나 민사집행법 제248조 제1항에 따른 집행공탁을 하게 되면, 그 피압류채권이 소멸하여 체납처분에 의한 압류는 그 목적을 달성하여 효력을 상실하고, 따라서 체납처분에 의한 압류채권자의 지위는 민사집행법상의 배당절차에서 배당을 받을 채권자의 지위로 전환된다. 따라서 체납처분에 의한 압류채권자는, 제3채무자가 집행공탁을 하고 사유신고를 하거나 추심채권자가 추심한 금액을 공탁하고 사유신고를 하여 배당절차가 개시될 때(민사집행법 제252조 제2호 참조)까지 민사집행법 제247조에 의한 배당요구를 따로 하지 않았다고 하더라도, 그 배당절차에서 배당을 받을 자격이 있다(대법원 2015. 8. 27. 선고 2013다203833 판결).

조세채권은 일반채권보다 우선하므로(국세기본법 제35조 제1항, 지방세기본법 제71조 제1항), 배당절차에서는 조세채권자가 일반채권자보다 우선하여 배당을 받는다.

금전채권에 대하여 민사집행법에 따른 압류와 체납처분에 의한 압류가 있는 경우(선후 불문) 제3채무자는 압류채무자를 피공탁자로 한 변제공탁은 할 수 없으나, 민사집행법 제248조 제1항에 따라 압류와 관련된 금전채권액 전액을 공탁할 수 있다(공탁선례 201512-1).

[사례 1]에서 고양시의 체납처분에 의한 압류가 제3채무자에게 먼저 송달되었지만, 민사집행법상 압류가 있으면 배당절차를 진행할 수 있으므로 제3채무자 甲은 고양시의 체납처분에 의한 압류와 丙의 채권압류가 경합하는 것을 이유로 대여금 채무 1천만 원을 민사집행법 제248조 제1항 집행공탁을 할 수 있고, 그에 따라 배당절차가 개시된다.

따라서 고양시 7백만 원, 丙 3백만 원 각 배당을 받을 수 있다.

[사례 2]에서 체납처분에 의한 압류채권자가 제3채무자로부터 압류채권을 추심하면 국세징수법에 따른 배분절차를 진행하는 것과 마찬가지로 이미 체납처분에 의하여 압류된 채권에 대하여 민사집행절차에서 압류 및 추심명령을 받은 채권자가 제3채무자로부터 압류채권을 추심한 경우에는 민사집행법 제236조 제2항에 따라 공탁의무[23]가 발생하게 되므로 추심한 금액을 바로 공탁하고 그 사유를 신고하여야 한다(대법원 2015. 7. 9. 선고 2013다60982 판결, 행정예규 제1060호 참조). 따라서 丙

---

23) 공탁의무가 발생하지 않은 경우에는 제3채무자가 집행공탁이 아닌 정당한 추심권자 1인에게 직접 변제하는 등의 방법으로도 그 채무의 소멸을 다른 채권자 및 채무자에게 주장할 수 있는 반면(대법원 2001. 3. 27. 선고 2000다43819 판결 등 참조), 공탁의무가 발생한 경우에는 제3채무자가 공탁의 방법에 의하지 않고는 면책을 받을 수 없다. 따라서 공탁의무가 있는데도 불구하고 제3채무자가 추심채권자 중 한 사람에게 임의로 변제하거나 일부 채권자가 강제집행절차 등에 의하여 추심한 경우, 제3채무자는 이로써 '공탁청구한 채권자'에 대한 관계에서 채무의 소멸을 주장할 수 없고 이중지급의 위험을 부담한다. 다만 그러한 경우에도 제3채무자는 '공탁청구한 채권자 외의 다른 채권자'에 대한 관계에서는 여전히 채무의 소멸을 주장할 수 있다.
또한 제3채무자가 배당요구채권자의 공탁청구에도 불구하고 공탁의무를 이행하지 않을 때에는 추심채권자는 민사집행법 제249조 제1항에 따라 '공탁을 명하는' 추심의 소를 제기할 수 있는데, 이러한 소는 추심명령을 받은 채권자에 한하여 제기할 수 있으므로, 추심명령을 받지 않은 상태에서는 이를 제기할 원고적격이 없다(대법원 1979. 7. 24. 선고 79다1023 판결). 이때, 채권자가 제기한 위와 같은 추심의 소는 공탁의 방법에 의하여 채무액의 추심을 구하는 이행청구의 소이고 이를 인용한 판결은 공탁의 방법에 의한 추심금 지급을 명하는 이행판결이므로, 채권자는 위 판결정본을 집행권원으로 한 강제집행으로서 '제3채무자가 가진' 금전채권을 압류·추심할 수 있다(대법원 2009. 5. 28. 선고 2007마767 결정).

은 민사집행법 제236조 제2항에 따라 공탁의무가 발생하였으므로 甲으로부터 추심한 1천만 원 전액을 공탁을 하고, 압류명령을 발령한 법원에 사유신고를 하여야 한다.

배당절차에서 고양시 7백만 원, 丙 3백만 원을 각 배당받게 된다.

나. 체납처분에 의한 압류와 민사집행법상 가압류가 경합하는 경우

체납처분에 의한 압류와 채권가압류가 경합하는 경우에는 재판상 배당을 전제로 하는 압류경합에 해당하지 않으므로 압류경합을 이유로 한 집행공탁은 허용될 수 없으나, 민사집행법은 채권가압류의 경우에도 공탁을 허용하고 있으므로(민사집행법 제291조, 제248조 제1항) 체납처분에 의한 압류와는 별개 절차인 채권가압류를 원인으로 한 집행공탁을 할 수 있다고 볼 여지가 있다.

제1설[24]은 체납처분절차에서는 민사집행법 제297조와 같은 규정이 존재하지 않기 때문에 공탁 전 체납처분에 의한 압류의 효력이 공탁금 출급청구권에 미친다고 단정할 수 없다. 특히 채권가압류와 체납처분에 의한 압류를 포함하여 공탁한 후 채권가압류가 취하, 취소 등으로 실효되고 다른 압류가 없어 배당절차로 진행될 수 없는 경우 재차 공탁금 출급청구권에 대하여 체납처분에 의한 압류를 해야 하는 문제가 발생할 수 있기 때문에 제3채무자는 체납처분권자의 추심권 행사에 응해야지 채권가압류를 이유로 한 민사집행법 제291조, 제248조 제1항에 의한 공탁을 할 수는 없다는 입장이다.

제2설[25]은 금전채권에 대한 체납처분에 의한 압류와 민사집행법에 의한 압류가 경합하는 경우 체납처분에 의한 압류와 민사집행법에 의한 압류의 선후를 불문하고 제3채무자는 민사집행법 제248조에 의한 집행공탁이 허용된다(대법원 2015. 7. 9. 선고 2013다60982 판결, 대법원 2015. 8. 27. 선고 2013다203833 판결)는 점에 비추어, 체납처분에 의한 압류와 민사집행법에 의한 가압류가 경합하는 경우에 집행공탁을 부정한 대법원 판결(대법원 2008. 11. 13. 선고 2007다33842 판결, 대법원 2012. 5. 24. 선고 2009다88112 판결)은 더 이상 타당하지 않다는 입장이다.

[사례 3]은 체납처분에 의한 압류와 민사집행법상 채권가압류가 경합한다는 사정으로 민사집행법 제291조 및 제248조 제1항 가압류공탁이 이뤄진 경우로서 제1설에 의한다면 무효인 공탁으로 볼 여지가 있다.

---

24) 공탁실무편람, 법원행정처(2022), 462.

25) 법원실무제요, 민사집행[Ⅳ], 사법연수원(2022), 463.

민사집행법 제291조 및 제248조 제1항 가압류 집행공탁을 부정하는 제1설의 논거가 채권가압류와 체납처분에 의한 압류를 포함하여 공탁한 후 채권가압류가 취하, 취소 등으로 실효되고 다른 압류가 없어 배당절차로 진행될 수 없는 경우 체납압류권자의 지위가 불안정해 짐을 이유로 들고 있다는 점에서 [사례 3]과 같이 공탁의 원인이 된 가압류가 본압류로 이전하여 그 압류명령이 공탁소에 도달한 경우라면 공탁관은 사유신고를 하고 집행법원은 배당절차를 진행하는 것이 타당하다.

2. 체납처분에 의한 압류와 민사집행법상 압류의 합계금이 공탁금에 미치지 못하는 경우

[사례 4]

甲은 乙주식회사에 대하여 대여금 채무 1천만 원을 부담하고 있는데, 다음과 같이 체납처분에 의한 압류와 채권압류명령 등을 송달받았다. ① 고양시 체납처분에 의한 압류(집행채권액: 2백만 원) ② 丙 채권압류 및 추심명령(집행채권액: 7백만 원) ③ 甲 민사집행법 제248조 집행공탁 및 사유신고 ④ 丁 채권압류 및 추심명령(공탁금 출급청구권, 집행채권액: 1천만 원)

1) 체납처분에 의한 압류(2백만 원)와 민사집행법상 압류(7백만 원)의 각 압류금액의 총액이 피압류채권액에 미달하는 경우에는 민사집행법에 따른 압류금액(7백만 원)만 배당재단이 된다(행정예규 제1060호).[26] 한편 공탁금 중에서 민사집행법에 따른 압류의 효력은 미치지 않지만 체납처분에 의한 압류의 효력이 미치는 부분(2백만 원)은 체납처분에 의한 압류채권자가 공탁관에게 공탁금의 출급을 청구할 수 있고, 공탁금 중에서 민사집행법에 따른 압류의 효력 및 체납처분에 의한 압류의 효력이 미치지 않는 부분(1백만 원)은 변제공탁의 예에 따라 피공탁자(압류채무자)가 출급을 청구할 수 있으며, 공탁자도 집행법원으로부터 공탁서를 보관하고 있다는 사실을 증명하는 서면을 첨부하여 회수청구할 수 있다(행정예규 제1060호).

2) 제3채무자가 민사집행법에 따른 압류와 체납처분에 의한 압류가 있음을 이유

26) 체납처분에 의한 압류와 민사집행법상 압류의 합계금이 피압류채권액에 미달하는 경우 체납처분에 의하여 압류된 금액은 굳이 배당절차에 의하지 않고 체납처분청으로 하여금 추심할 수 있도록 하기 위하여 배당재단으로 삼지 않은 것으로 보인다. 그에 반하여 체납처분에 의한 압류와 민사집행법상 압류의 합계금이 피압류채권액을 초과한 경우 재판상 배당이 필요하다는 점에서 전액을 배당재단으로 삼고 있다.

로 민사집행법 제248조 제1항 집행공탁을 한 경우에 집행공탁 당시에 민사집행법에 따른 丙의 압류(7백만 원)와 체납처분에 의한 압류(2백만 원)의 총액이 피압류채권(1천만 원)을 초과하지 않았지만, 공탁된 후에 위 민사집행법에 따른 압류의 효력이 미치지 않는 부분의 공탁금 출급청구권(3백만 원)에 대하여 새로이 민사집행법에 따른 丁의 압류(1천만 원)가 있는 경우 민사집행법에 따른 丁의 압류와 체납처분에 의한 압류를 합한 금액(1,200만 원)이 공탁금 출급청구권(3백만 원)을 초과하므로 공탁관은 사유신고를 하여야 한다(행정예규 제1060호, 제1225호 참조)[27]. 따라서 제3채무자 甲의 공탁사유신고에 의하여 진행되는 배당절차와는 다른 새로운 배당절차가 진행되고, 고양시와 丁은 배당금(고양시 2백만 원, 丁 1백만 원)을 지급받을 수 있다.

3. 체납처분에 의한 압류와 전부명령이 경합하는 경우

[사례 5]

甲은 乙주식회사에 대하여 대여금 채무 1천만 원을 부담하고 있는데, 다음과 같이 체납처분에 의한 압류와 채권압류명령 등을 순차적으로 송달받았다.

① 고양시 체납처분에 의한 압류(집행채권액: 2백만 원)
② 丁 채권압류 및 전부명령(집행채권액: 1천만 원, 전부명령 확정: 2022. 9. 1.)
③ 丙 채권압류 및 추심명령(집행채권액: 7백만 원, 추심명령 송달: 2022. 10. 1.)
④ 甲 민사집행법 제248조 집행공탁 및 사유신고

[사례 6]

甲은 乙주식회사에 대하여 대여금 채무 1천만 원을 부담하고 있는데, 다음과 같이 체납처분에 의한 압류와 채권압류명령 등을 순차적으로 송달받았다.

27) 민사집행법상 압류와 체납처분에 의한 압류가 경합하는 경우 그 선후를 불문하고 제 채무자는 민사집행법 제248조 집행공탁을 할 수 있고, 그에 따라 배당절차가 개시된다는 점(민사집행법 제252조 제1호)에서 민사집행법상 압류와 체납처분에 의한 압류에 의하여 압류된 금액을 모두 배당재단으로 삼아야 한다는 주장이 가능하다. 이 견해에 따르면 【사례4】의 경우 900만 원이 배당재단이 되어야 한다. 하지만 그렇게 할 경우 체납처분청은 배당절차가 종결될 때까지 체납액을 징수하지 못하는 문제가 발생하고, 어차피 배당절차를 진행하더라도 일반채권에 우선하여 전액 배당을 받게 된다는 점 등을 고려하여 민사집행법상 압류와 체납처분에 의한 압류가 경합하더라도 양 압류의 집행채권액의 합계가 피압류채권에 미치지 않는 경우 민사집행법상 압류에 의하여 압류된 금액만 배당재단이 되는 것으로 절차 마련을 한 것으로 보인다(행정예규 제1060호, 제1225호참조).

> ① 고양시 체납처분에 의한 압류(집행채권액: 1백만 원)
> ② 丙 채권압류 및 추심명령(집행채권액: 8백만 원)
> ③ 丁 채권압류 및 전부명령(집행채권액: 4백만 원)
> ④ 甲 민사집행법 제248조 집행공탁 및 사유신고

체납처분에 의한 압류가 선행하는 경우에도 민사집행법상의 채권압류 및 추심명령은 가능하다.

그러나 압류채권자에게 독점적 만족을 주는 전부명령은 그렇지 않다. 피압류채권의 일부에 대하여 체납처분에 의한 압류가 있은 후 그 나머지 부분을 초과하여 민사집행법에 의한 압류 및 전부명령이 있는 경우에, 그러한 전부명령은 위 각 압류가 중첩되는 부분에 관하여는 무효이다(대법원 1991. 10. 11. 선고 91다12233 판결 참조). 체납처분에 의한 압류는, 제3채무자에게 채무자에 대한 지급을 금지하고 채무자에게 채권의 처분과 영수를 금지하는 효력을 가지는 것으로서, 민사집행절차에서 압류명령을 받은 채권자의 전속적인 만족을 배제하고 배당절차를 거쳐야만 하게 하는 민사집행법 제229조 제5항의 '다른 채권자의 압류'에 해당하기 때문이다(대법원 2015. 8. 27. 선고 2013다203833 판결).

한편 우선권 있는 채권에 기초한 체납처분에 의한 압류와 경합하는 경우에는 압류의 효력 확장에 관한 민사집행법 제235조가 적용되지 않는다. 체납처분의 효력은 압류 당시 특정한 채권 부분에 한하여 효력이 있을 뿐이다. 즉 압류의 효력 범위에 관하여는 일반의 채권압류와 체납처분압류는 압류의 경합이 없는 것과 같은 상태로 병존한다.

따라서 피압류채권의 일부에 대하여 체납처분에 의한 압류가 있은 후 그 나머지 부분을 초과하여 민사집행법에 의한 압류 및 전부명령이 있는 경우에, 그러한 전부명령은 위 각 압류가 중첩되는 부분에 관하여는 무효이나, 체납처분에 의한 압류의 효력이 피압류채권의 전액으로 확장되는 것은 아니어서, 위 전부명령은 위 각 압류가 중첩되지 않는 나머지 부분(위 체납처분에 의한 압류의 효력이 미치지 않는 부분)에 관하여는 유효하다(대법원 1991. 10. 11. 선고 91다12233 판결 참조).

전부명령과 체납처분에 의한 압류가 경합하는 경우 선행하는 전부명령이 확정되었다면 제3채무자는 전부권자에게 전부된 채권액을 지급하면 되고, 민사집행법 제248조 제1항 집행공탁을 할 것은 아니다. 하지만 선행하는 전부명령이 확정되었다고 하더라도 제3채무자가 선행하는 전부명령의 확정 여부 등을 알 수 없는 경우 [사례 5], [사례 6]과 같이 집행공탁을 할 수 있다.

[사례 5]에서 피압류채권(1천만 원) 중 일부(2백만 원)에 대하여 체납처분에 의한 압류가 있은 후에 나머지 부분(8백만 원)을 초과하여 丁 채권압류 및 전부명령(1천만 원)이 있는데, 전부명령은 위 각 압류가 중첩되는 부분(2백만 원)에 관하여는 무효이나, 나머지 부분(8백만 원)에 관하여는 유효하다.

따라서 체납처분에 의한 압류권자가 2백만 원, 전부권자 丁이 나머지 8백만 원을 배당받게 되고, 전부명령이 확정된 후 제3채무자에게 송달된 추심권자 丙은 배당을 받을 수 없다.

한편 [사례 6]은 피압류채권 1천만 원에 대하여 체납처분에 의한 압류를 제외하더라도 丙 채권압류(8백만 원)와 丁 채권압류(4백만 원)가 경합하여 丁의 전부명령은 무효가 된다. 따라서 우선권있는 체납처분에 의한 압류권자가 먼저 1백만 원을 배당받고, 丙과 丁이 각 집행채권액에 안분하여 丙 6백만 원, 丁 3백만 원을 각 배당받게 된다.

Ⅳ. 근로자의 최우선 임금채권과 관련된 사례

1. 근로복지공단의 대지급금[28] 청구

[사례 1]

甲은 乙주식회사에 대하여 최우선 임금채권 1천만 원을 가지고 있는데, 乙주식회사가 그 지급을 지체하자 甲은 근로복지공단에 대지급금 지급 청구를 하여 5백만 원을 지급받았다. 한편 丙도 최우선 임금채권 5백만 원에 기하여 압류를 하였고, 乙주식회사는 A은행에 예금채권 6백만 원을 가지고 있는데, 다음과 같이 압류명령 등이 송달되어 A은행은 민사집행법 제248조 제1항 집행공탁을 하고 사유신고를 하였다.

① 甲 채권압류 및 추심명령(집행채권액: 1천만 원)
② 丙 채권압류 및 추심명령(집행채권액: 5백만 원)

28) 임금채권보장법 제7조 제1항 각호, 제7조의2 제1항 각 호에 따라 고용노동부장관이 사업주를 대신하여 지급하는 체불임금 등을 말하는데, 종래 "체당금"이라는 명칭을 현행법(일부개정 2021. 4. 13. 시행 2021. 10. 14.)에서 "대지급금"으로 그 명칭이 개정되었다.

③ A은행 집행공탁 및 사유신고

[사례 2]

甲은 乙주식회사에 대하여 최우선 임금채권 1천만 원을 가지고 있는데, 乙주식회사가 그 지급을 지체하자 甲은 근로복지공단에 대지급금 지급 청구를 하여 5백만 원을 지급받았다. 한편 丙도 최우선 임금채권 5백만 원에 기하여 압류를 하였고, 을 주식회사는 A은행에 예금채권 6백만 원을 가지고 있는데, 다음과 같이 압류명령 등이 송달되어 A은행은 민사집행법 제248조 제1항 집행공탁을 하고 사유신고를 하였다.

① 甲 채권압류 및 추심명령(집행채권액: 5백만 원)
② 丙 채권압류 및 추심명령(집행채권액: 5백만 원)
③ A은행 집행공탁 및 사유신고

[사례 3]

甲은 乙주식회사에 대하여 최우선 임금채권 1천만 원을 가지고 있는데, 乙주식회사가 그 지급을 지체하자 甲은 근로복지공단에 대지급금 청구를 하여 5백만 원을 지급받았다. 한편 丙도 최우선 임금채권 5백만 원에 기하여 압류를 하였고, 乙 주식회사는 A은행에 예금채권 6백만 원을 가지고 있는데, 다음과 같이 압류명령 등이 송달되어 A은행은 민사집행법 제248조 제1항 집행공탁을 하고 사유신고를 하였다.

① 甲 채권압류 및 추심명령(집행채권액: 1천만 원)
② 丙 채권압류 및 추심명령(집행채권액: 5백만 원)
③ A은행 집행공탁 및 사유신고
④ 甲 압류명령 취하서 제출

1) 근로복지공단의 근로자 임금채권 등의 대위행사

근로기준법 및 근로자퇴직급여 보장법의 적용을 받는 근로자의 근로관계로 인한 채권 중 최종 3개월분의 임금과 최종 3년간의 퇴직급여등 및 재해보상금은 사용자의 총재산에 대하여 질권 또는 채권담보권에 의하여 담보된 채권, 조세·공과금 및 다른 채권에 우선하여 변제된다(근로기준법 제38조 제2항, 근로자퇴직급여 보장법 제12조 제2항).

종래 임금채권보장법은 국가가 사업주를 대신하여 일정 범위의 체불 임금 등을 지급할 수 있는 "임금채권보장제도"를 보장하고 있으나, 그 대상을 퇴직한 근로자로 한정하여 재직근로자의 임금이 체불된 경우 구제수단이 없다는 지적이 제기되고 있었는데, 현행법(일부개정 2021. 4. 13. 시행 2021. 10. 14.)에서 대지급금 지원 대상을 재직근로자로까지 확대하여 임금체불 근로자의 보호를 강화하고 있다.

즉 퇴직한 근로자는 임금채권보장법 제7조 제1항 각 호 사유, 재직 근로자는 동법 제7조의2제1항 각 호 사유가 있으면 대지급금 지급을 청구할 수 있다.

위 법 제7조 또는 제7조의2에 따라 고용노동부장관이 해당 근로자에게 대지급금을 지급하였을 때에는 그 지급한 금액의 한도에서 그 근로자가 해당 사업주에 대하여 미지급 임금등을 청구할 수 있는 권리를 대위할 수 있고, 이 경우 「근로기준법」 제38조에 따른 임금채권 우선변제권 및 「근로자퇴직급여 보장법」 제12조제2항에 따른 퇴직급여등 채권 우선변제권은 제1항에 따라 대위되는 권리에 존속한다(임금채권보장법 제27조). 대지급금 회수를 위한 근로자의 사업자에 대한 미지급 임금 지급청구권에 대한 대위행사는 근로복지공단에 위탁하고 있다(임금채권보장법 시행령 제24조 제2항 참조).

변제할 정당한 이익이 있는 자가 채무자를 위하여 근저당권의 피담보채무의 일부를 대위변제한 경우에는 대위변제자는 근저당권의 일부 이전의 부기등기의 경료 여부에 관계없이 변제한 가액의 범위 내에서 종래 채권자가 가지고 있던 채권 및 담보에 관한 권리를 법률상 당연히 취득하게 되는 것이고(대법원 2004. 6. 25. 선고 2001다2426 판결 참조), 대위할 범위에 관하여 종래 채권자가 이미 배당요구를 하였거나 배당요구 없이도 당연히 배당받을 수 있었던 경우에는 대위변제자는 따로 배당요구를 하지 않아도 배당을 받을 수 있다고 할 것이다[29](대법원 2001. 1. 19. 선고 2000다37319 판결, 대법원 2006. 2. 10. 선고 2004다2762 판결 등 참조).

[사례 1]에서 甲은 최우선임금채권 1천만 원 중 5백만 원을 근로복지공단으로부터 지급받은 후, 채무자 乙주식회사가 A은행에 대하여 가지는 예금채권에 대하여 집행채권액을 1천만 원으로 하여 채권압류를 하였으므로 근로복지공단은 대위행사할 최우선임금채권액 5백만 원에 대하여 배당요구를 하지 않았더라도 당연히 배당에 참

29) 한편 수인이 시기를 달리하여 채권의 일부씩을 대위변제한 경우 그들은 각 일부 대위변제자로서 그 변제한 가액에 비례하여 근저당권을 준공유하고 있다고 보아야 하고, 그 근저당권을 실행하여 배당함에 있어서는 다른 특별한 사정이 없는 한 각 변제채권액에 비례하여 안분 배당하여야 한다(대법원 2001. 1. 19. 선고 2000다37319 판결, 2006. 2. 10. 선고 2004다2762 판결 등 참조).

가할 수 있다.

한편 [사례 2]에서 근로복지공단으로부터 미지급 최우선 임금채권 중 500만 원을 대지급받은 甲이 근로복지공단으로부터 대지급받은 500만 원을 제외한 나머지 미지급 최우선 임금채권 500만 원만을 집행채권으로 하여 압류를 하였다. 따라서 [사례 2]에서 근로복지공단이 배당요구종기 전에 별도로 배당요구를 하지 않았다면 근로복지공단은 배당에 참가할 수 없다.

2. 근로복지공단과 해당 최우선 임금채권자와의 우열관계

임금채권보장법의 취지를 고려하여 변제할 정당한 이익이 있는 자가 채무자를 위하여 근저당권의 피담보채무의 일부를 대위변제한 경우, 대위변제자는 변제한 가액의 범위 내에서 종래 채권자가 가지고 있던 채권 및 담보에 관한 권리를 법률상 당연히 취득하게 되지만 이때에도 채권자는 대위변제자에 대하여 우선변제권을 가진다. 이러한 법리는 근로복지공단이 최우선변제권이 있는 최종 3개월분의 임금과 최종 3년분의 퇴직금 중 일부를 체당금으로 지급하고 그에 해당하는 근로자의 임금 등 채권을 대위하여 행사하는 경우에도 그대로 적용되어 최우선변제권이 있는 근로자의 나머지 임금 등 채권이 공단이 대위하는 채권에 대하여 우선변제권을 갖는다고 보아야 한다(대법원 2011. 1. 27. 선고 2008다13623 판결 참조).

3. 근로복지공단과 다른 최우선 임금채권자와의 우열관계

근로복지공단이 고용노동부장관으로부터 권한을 위탁받아 사업주를 대신하여 근로자에게 대지급금을 지급하였을 때에는 그 지급한 금액의 한도에서 그 근로자가 해당 사업주에 대하여 가지는 임금 등 채권을 대위하며(임금채권보장법 제8조 제1항), 이때 근로자의 임금 등 채권에 인정되는 우선변제권은 위와 같이 대위되는 권리에 존속한다(임금채권보장법 제8조 제2항).

타인의 채무를 변제하고 채권자를 대위하는 대위변제의 경우 채권자의 채권은 동일성을 유지한 채 법률상 당연히 변제자에게 이전하고(민법 제482조 제1항), 임금채권보장법 제8조 제2항은 근로복지공단이 최우선변제권 있는 임금채권을 가진 근로자에게 체당금을 지급한 경우에도 이러한 법리가 적용됨을 확인하는 것이므로(대법원 1996. 2. 23. 선고 94다21160 판결, 대법원 2011. 1. 27. 선고 2008다13623 판결 참조), 최우선변제권 있는 임금채권을 가진 근로자에게 체당금을 지급한 근로복지공단은 피대위채권에 인정되던 것과 같은 순위로 다른 채권자에 우선하여 변제받을 수 있다. 따라서 근로복지공단이 근로자에게 최우선변제권이 있는 임금과 퇴직금 중 일부를 체당금으로 지급하고 그에 해당하는 근로자의 임금 등 채권을 대위행사하는 경우 근로복지공단이 대위하는 채권은 체당금을 지급받지 아니한 다른 근로자의 최우선변제권이 있는 임금 등 채권과 서로 같은 순위로 배당받는다(대법원 2015. 11. 27. 선고 2014다208378 판결).

[사례 1]에서 근로복지공단은 甲의 최우선임금채권을 일부 대위변제한 자로서의 대위권 행사는 甲의 잔존 최우선임금채권보다 후순위이고, 다른 임금채권자 丙과 동일한 순위로 배당받게 된다. 따라서 甲, 근로복지공단, 丙이 각 채권액에 따라 각 200만 원씩 안분을 한 후, 甲의 부족액(300만 원)의 한도에서 근로복지공단의 안분액(200만 원)을 흡수하게 되므로, 최종 배당액은 甲 400만 원, 丙 200만 원이 된다.

[사례 2]에서 근로복지공단의 대지급금은 甲 압류의 집행채권액에 포함되어 있고, 배당요구종기 전에 배당요구도 하지 않아 배당에 참가할 수 없으므로, 甲 300만 원, 丙 300만 원씩 배당받게 된다.

4. 해당 최우선 임금채권자가 압류명령신청을 취하한 경우

채권자는 현금화절차가 끝나기 전까지 압류명령의 신청을 취하할 수 있는데(대법원 2009. 11. 12. 선고 2009다48879 판결), 채권자가 채무자의 제3채무자에 대한 채권을 압류한 상태에서 제3채무자가 민사집행법 제248조에 따라 공탁을 하게 되면 압류명령은 그 목적을 달성하여 효력을 상실하며, 압류채권자의 지위는 집행공탁금에 대하여 배당을 받을 채권자의 지위로 전환된다(대법원 2015. 4. 23. 선고 2013다207774 판결, 대법원 2019. 1. 31. 선고 2015다26009 판결). 위와 같은 집행공탁으로써 채권집행 중 압류명령 부분이 종료하므로, 채권자는 더 이상 그 압류명령을 취하할 수 없다. 설령 압류채권자가 신청취하서를 제출하더라도 취하의 효력이 발생하지 않고, 배당금 교부청구권의 포기하는 의사라고 해석될 뿐 배당절차의 진행에는 영향이 없으므로 집행법원에서는 그대로 배당재단을 유지하면서 배당절차를 진행하되 위 신청취하서를 제출한 압류채권자는 배당에서 제외된다. 결국 민사집행법 제248조 집행공탁된 후에 압류채권자가 압류명령을 취하하거나 또는 집행법원에서 압류명령을 취소하더라도 그것이 압류명령의 효력을 소급적으로 변화 또는 소멸시키는 것은 아니며, 이는 배당수령권 여하의 문제로만 남게 된다.

[사례 3]에서 甲의 압류명령에 의하여 발생한 근로복지공단의 대지급금에 상당하는 배당요구의 효력이 甲의 배당요구포기 의사에 의하여 변경될 수는 없다는 점과 甲의 배당포기에 따른 효과는 압류명령에 따른 甲 자신의 배당요구금액(500만 원)에 한하여 발생한다고 봄이 타당하다. 따라서 甲의 압류명령 신청 취하서 제출에도 불구하고 근로복지공단의 대지급금 배당요구효력은 여전히 유효하다. 구체적인 배당은 근로복지공단 300만 원, 丙 300만 원이 된다.

Ⅴ. 압류금지채권과 배당관계

1. 압류금지채권

민사집행법이나 그 밖에 특별법은 채무자의 생활보장 또는 국가적·공익적 사업에 종사하는 자의 업무 및 생계보장이라는 공익적·사회정책적인 이유 등으로 압류할 수 없는 채권을 규정하고 있다.

민사집행법상 압류금지채권(민사집행법 제246조 제1항)은 법령에 규정된 부양료 및 유족부조료(제1호), 채무자가 구호사업 또는 제3자의 도움으로 계속 받는 수입(제2호), 병사의 급료(제3호), 급료·연금·봉급·상여금·퇴직연금, 그 밖에 이와 비슷한 성질을 가진 급여채권의 2분의 1에 해당하는 금액. 다만, 그 금액이 국민기초생활보장법에 의한 최저생계비를 고려하여 대통령령이 정하는 금액에 미치지 못하는 경우 또는 표준적인 가구의 생계비를 고려하여 대통령령이 정하는 금액을 초과하는 경우에는 각각 당해 대통령령이 정하는 금액으로 한다(제4호), 퇴직금 그 밖에 이와 비슷한 성질을 가진 급여채권의 2분의 1에 해당하는 금액(제5호), 「주택임대차보호법」 제8조, 같은 법 시행령의 규정에 따라 우선변제를 받을 수 있는 금액(제6호)[30], 생명, 상해, 질丙, 사고 등을 원인으로 채무자가 지급받는 보장성보험의 보험금(해약환급 및 만기환급금을 포함한다). 다만, 압류금지의 범위는 생계유지, 치료 및 장애 회복에 소요될 것으로 예상되는 비용 등을 고려하여 대통령령으로 정한다(제7호), 채무자의 1월간 생계유지에 필요한 예금(적금·부금·예탁금과 우편대체를 포함한다). 다만, 그 금액은 「국민기초생활 보장법」에 따른 최저생계비, 제195조제3호에서 정한 금액 등을 고려하여

---

30) 민사집행법 246조 제1항 제6호가 상가건물 임대차보호법상의 임대차보증금 반환채권의 경우에도 적용되는지에 관하여 논의가 있었으나, 현재 실무는 적용되지 않는 것으로 보고 있다.

대통령령으로 정한다(제8호).

민사집행법이나 그 밖에 특별법은 채무자의 생활보장 또는 국가적·공익적 사업에 종사하는 자의 업무 및 생계보장이라는 공익적·사회정책적인 이유 등으로 압류를 할 수 없는 채권을 규정하고 있다.

집행법원은 압류명령을 하기 전에 직권으로 채권의 압류될 적격을 심사하여 피압류적격이 없는 때에는 압류명령의 신청을 각하하여야 한다. 급여채권, 주택임대차보증금 반환채권 등과 같이 채권의 일정 부분에 대해서만 피압류적격이 없는 때에는 그 해당 부분에 대한 신청만을 각하할 수 있다.

압류될 적격이 없는 채권임에도 이를 간과하고 한 압류명령은, 실체법상 효력이 발생하지 않는다는 의미에서 무효이지만 절차법적으로 당연무효라고는 할 수 없으므로, 그 외관을 제거하기 위하여 즉시항고에 의하여 취소될 수 있다.

압류될 적격이 없는 채권에 대하여 압류명령을 한 경우에도, 압류명령도 하나의 재판인 이상 이를 당연무효라고는 할 수 없고, 다만 '실체법상 효력이 발생하지 않는다'는 의미에서 무효가 되고, 만일 압류명령 외에 추심명령이나 전부명령이 내려졌다면 제3채무자는 이러한 실체법상 무효를 이유로 추심금 또는 전부금 청구를 거절할 수 있다(대법원 1987. 3. 24. 선고 86다카1588 판결, 대법원 2000. 7. 4. 선고 2000다21048 판결, 대법원 2008. 6. 12. 선고 2008다11702 판결, 대법원 2014. 1. 23. 선고 2013다71180 판결 등).

민사집행법 제246조 제8호 '채무자의 1월간 생계유지에 필요한 예금'은 민사집행법 시행령 제7조 본문에서 개인별 잔액이 185만 원 이하인 예금 등을 지칭하는 것으로 규정하고 있다. 이때 위 시행령 제7조 본문은 '개인별' 잔액이라고 하고 있으므로, 위 규정에 의하여 보호되는 채무자의 생계유지에 필요한 예금금액 185만 원은 '모든 금융기관'에 예치되어 있는 채무자 명의 예금의 합산액이 185만 원인 것을 의미한다. 그런데 채권자나 제3채무자인 금융기관 등은 채무자의 전체 예금 현황을 알 수 없기 때문에 민사집행법 제246조 제1항 제8호에 따른 압류금지는 현실적인 한계가 있고, 배당절차에서 배당이의를 통하여 이 부분을 보완할 필요가 있다.

2. 제3채무자가 압류금지채권에 해당하는 금원을 포함하여 집행공탁한 경우

제3채무자가 민사집행법 제248조 집행공탁을 하면서 압류금지채권 등 변제공탁의 성격을 갖는 부분까지 포함하여 공탁을 하고, 집행법원에서 공탁금 전액에 대하여 배당을 실시한 사안에서 판례는 변제공탁의 성격을 갖는 부분까지 배당재단으로 보아 배당을 실시한 것은 위법하다고 할 것이나 어떤 사유로 배당이 실시되었고, 그 배당표상의 지급 또는 변제받을 채권자의 금액에 대하여 다툼이 있으면 이를 배당이의의 소라는 단일의 절차에 의하여 한꺼번에 확정하여 분쟁을 해결함이 상당하다고 하다(대법원 2006. 2. 9. 선고 2005다28747 판결 참조)는 입장이다.

위와 같은 사례에 대하여 배당실무는 압류금지채권액에 해당하는 금액에 대하여 일부 사유신고불수리 결정을 하고 나머지 금액만 배당재단으로 하여 배당을 실시하여야 한다는 견해도 있지만, 압류금지채권에 해당하는지 여부에 대하여 다툼이 있는 경우에는 배당이의절차에서 다툼을 해결할 필요가 있다는 점과 압류금지채권액에 해당하는 부분에 대하여 일부 사유신고불수리결정을 할 경우 제3채무자인 공탁자가 그에 해당하는 공탁금을 회수하여 재차 압류채무자를 피공탁자로 하는 변제공탁을 하여야 한다는 점에서 비효율적이고 절차가 매우 복잡해진다는 점에서 압류금지채권액에 해당하는 부분을 포함하여 배당절차를 진행하는 것이 타당하고, 현재 다수의 실무로 보인다.[31] 그리고 압류금지채권액에 해당하는 금액은 채무자에게 잉여금으로 배당을 하되 압류금지채권임을 배당표에 표시해 주는 것이 바람직하다. 이때 압류금지채권은 배당이 되더라도 압류금지의 성격을 그대로 유지된다고 보아야 한다. 따라서 채무자에게 교부되어야 할 압류금지채권액에 대하여 압류나 가압류가 집행법원에 송달되었더라도 집행법원은 채무자에게 지급위탁 하여야 할 것이다.

3. 피압류채권이 예금채권인 경우 배당관계

민사집행법 제246조 제1항 제8호는 채무자의 최소한의 생계유지에 필요한 예금금액을 압류금지채권에 포함하여 채무자의 기본적인 생계가 가능하도록 하여 채무자의 최소한의 인간답게 살 권리를 보장하는 것이 그 목적이다.

예금채권 중 압류가 금지되는 금액은 국민기초생활 보장법에 따른 최저생계비, 민사집행법 제195조 제3호에서 정한 금액 등을 고려하여 대통령령으로 정하도록 하였는데, 민사집행법 시행령 제7조 본문은 본호에서 말하는 "대통령령으로 정하는 금액"을 개인별 잔액이 185만 원 이하인 예금 등을 지칭하는 것으로 규정하였다. 그리고 민사집행법 제195조 제3호에 의해 압류하지 못한 금전이 있는 경우에는 제1항의

31) 한편 위와 같은 경우 압류금지채권액에 해당하는 공탁금은 배당재단으로 삼아서는 안되고 나머지 금액만을 배당재단으로 삼아 배당을 실시하여야 한다는 견해도 있다.

금액에서 그 금전 상당액을 공제하게 된다(민사집행법 시행령 제7조 난서)[32].

압류가 금지되는 예금채권액은 압류금지채권액을 결정하는 시행령 규정에 의하여 결정될 것인데, 시행령의 수 차례 개정을 통하여 압류금지채권액이 달라졌는데, 압류금지채권액에 관한 시행령의 적용을 압류명령일자로 결정할 것인지, 제3채무자에게 압류명령이 송달되어 압류의 효력이 발생한 시점으로 볼 것인지에 대하여 이론적인 논쟁은 있을 수 있지만 현재 실무는 압류명령이 제3채무자에게 도달되어 그 효력이 발생한 시점의 압류금지 규정에 따른 금액으로 보는 것이 다수의 실무로 보인다.

민사집행법 제246조 제8호에 따른 압류가 금지되는 예금채권액은, ① 2011. 7. 6. 이전[33]에는 압류금지채권에 관한 규정이 적용되지 않고, ② 2011. 7. 6. 이후 2019. 4. 1. 이전에는 150만 원, ③ 2019. 4. 1. 이후는 185만 원이다.

	~ 2011. 7. 5.	2011. 7. 6. ~ 2019. 3. 31.	2019. 4. 1. ~
압류금지채권액	0원	150만 원	185만 원

한편 체납처분에 의한 압류의 경우 국세징수법 제41조 제18호 압류가 금지되는 예금채권액은, ① 2008. 2. 22. 이전[34]에는 압류금지채권에 관한 규정이 적용되지 않고, ② 2008. 2. 22. 이후 2013. 2. 15. 이전에는 120만 원, ③ 2013. 2. 15. 이후 2020. 2. 11. 이전에는 150만 원, ④ 2020. 2. 11. 이후는 185만 원이다.

	~ 2008. 2. 21.	2008. 2. 22. ~	2013. 2. 15. ~	2020. 2. 11. ~

32) 이때 위 시행령 제7조 본문은 '개인별' 잔액이라고 하고 있으므로, 위 규정에 의하여 보호되는 채무자의 생계유지에 필요한 예금금액 185만 원은 '모든 금융기관'에 예치되어 있는 채무자 명의 예금의 합산액이 185만 원인 것을 의미한다. 그런데 제3채무자인 금융기관은 채무자의 전체 예금 현황을 알 수 없기 때문에 자기 금융기관에 대한 예금 중 얼마만큼이 압류가 금지되는지 특정할 수 없어 은행은 각각 일단 압류금액 전액에 대하여 지급제한조치를 취하고 있다, 결과적으로 채무자가 다수 은행에 예금채권이 있는 경우 각 은행에 대한 예금채권 중 185만 원씩은 모두를 인출하지 못하는 경우가 일반적이다. 또한 각 은행은 185만 원 범위에서는 압류가 금지될 가능성을 감안하여 추심명령을 얻은 집행채권자의 청구에도 응하지 않는 경우가 많아서 결과적으로 '금융기관별로' 185만 원 범위에서는 예금이 누구에게도 지급되지 못하고 그대로 묶여 있게 된다.
이러한 경우 현재의 실무는 민사집행법 제246조 제3항에 따라, 채무자의 신청에 의하여 특정은행의 예금채권 중 185만 원의 범위에서 압류명령을 취소한 후 예금을 인출하거나 채권자 甲의 신청에 의하여 특정은행 예금채권에 대하여 다시 압류명령을 함으로써 특정은행 예금을 추심하는 방법으로 문제를 해결하고 있다.

33) 민사집행법 제246조 제8호가 개정(신설)되기 전 임

34) 국세징수법 시행령 제31조(구 국세징수법 시행령 제36조)이 개정(신설)되기 전 임

		2013. 2. 14.	2020. 2. 10.	
압류금지채권액	0원	120만 원	150만 원	185만 원

위와 같이 배당에 참여하는 다수의 압류나 체납처분에 의한 압류의 각 효력발생 시기에 따라 압류가 금지되는 예금금액이 달라지는 경우에는 그 시기별로 배당재단을 분리하여 배당표를 작성하여야 한다.

[사례 1]

甲은 A은행에 대하여 예금채권 180만 원을 가지고 있는데, 위 예금채권에 대하여, 다음과 같이 압류명령 등이 송달되어 A은행은 민사집행법 제248조 제1항 집행공탁을 하고 사유신고를 하였다.

① 乙 채권압류 및 추심명령(집행채권액: 1백만 원, 2019. 2. 1. 송달)
② 丙의 가압류(가압류청구금액: 1백만 원, 2022. 9. 1. 송달)

[사례 2]

甲은 A은행에 대하여 예금채권 180만 원을 가지고 있는데, 위 예금채권에 대하여, 다음과 같이 압류명령 등이 송달되어 A은행은 민사집행법 제248조 제1항 집행공탁을 하고 사유신고를 하였다.

① 乙 채권압류 및 추심명령(집행채권액: 1백만 원, 2008. 2. 1. 송달}
② 丙의 가압류(가압류청구금액: 1백만 원, 2022. 9. 1. 송달)
③ 고양시 체납처분에 의한 압류(집행채권액: 1백만 원, 2019. 5. 1. 송달)

가. [사례 1]의 구체적 배당관계

민사집행법 제246조 제8호 '채무자의 1월간 생계유지에 필요한 예금'은 민사집행법 시행령 제7조(압류금지 예금등의 범위)에서 구체적으로 압류가 금지되는 예금채권액에 대하여 규정하고 있다.

즉 압류가 금지되는 예금채권금액에 대하여 2011. 7. 6. 시행할 당시는 150만 원이었다가 시행령이 개정되어 2019. 4. 1.부터는 185만 원이 되었다.

[사례 1]에서 각 압류명령이 제3채무자인 A은행에 도달한 일시가 다르다. 이 경

우 각 압류에 대하여 어느 시행령을 적용할 것이냐에 따라 압류가 금지되는 재권액이 달라져 배당표 작성에 영향을 미치게 된다.

압류명령을 할 당시 시행령을 적용하여야 한다는 견해도 있지만, 압류의 효력은 제3채무자에게 송달된 때 발생한다는 점에 비춰 압류명령이 송달된 시점에 시행 중인 민사집행법 시행령이 적용된다고 봄이 타당하다.

이처럼 배당에 참가하는 다수의 채권자가 있고, 각 채권자별로 적용되는 압류금지채권액이 달라지는 경우는 각 압류금지채권액에 따라 배당재단을 분리하여야 한다.

따라서 乙 채권압류가 송달된 당시 압류가 금지되는 예금채권액은 150만 원, 丙 가압류가 송달될 당시 압류가 금지되는 예금채권액은 185만 원이다. 따라서 丙 가압류의 경우 전액이 압류금지채권이 되지만, 乙 채권압류의 경우는 30만 원은 압류가 가능하다. 배당받을 금액은 채무자 甲(압류금지채권) 150만 원, 추심권자 乙 30만 원이다.

나. [사례 2]의 구체적 배당관계

체납처분에 의한 압류의 경우 압류가 금지되는 예금채권금액(국세징수법 제31조 제14호)은 동법 시행령 제31조(구 시행령 제36조)에 따르면 2008. 3. 22. 시행일 이후는 120만 원, 2013. 2. 15. 이후는 150만 원, 2020. 2. 11. 시행일 이후 185만 원이 압류금지가 된다.

乙 채권압류가 제3채무자 A은행에 송달된 당시에는 압류가 금지되는 예금채권금액에 관한 규정이 존재하지 않았기 때문에 乙은 집행채권액 전액을 가지고 배당에 참가할 수 있다. 丙 가압류의 경우는 예금채권 중 185만 원이 압류가 금지가 되고, 고양시의 체납처분에 의한 압류는 150만 원이 압류가 금지된다.

따라서 배당받을 금액은 甲(압류금지채권) 50만 원, 乙 100만 원, 고양시 30만 원이다.

4. 공사대금채권 중 압류가 금지되는 노임 상당액과 배당관계[35)][36)]

[사례 1]

甲은 乙과 학교건설공사계약(공사계약서상 "총공사비 10억, 노무비 2억"으로 기재되어 있음)을 체결하였는데, 위 공사대금채권에 대하여, 다음과 같이 압류명령 등이 송달되어 甲은 민사집행법 제248조 제1항 집행공탁을 하고 사유신고를 하였다. 甲은 공사계약서상 특약에 따라 위 공사계약을 해지하고 잔존 공사비 1억 원을 민사집행법 제248조 제1항 집행공탁을 하였다. 한편 위 공탁 당시 잔존 공사대금은 1억 원이고, 산출내역서에 의하여 산정된 미지급 노무비는 1천만 원이다.

① 丙 채권압류 및 추심명령(집행채권액: 5억)
② 丁 가압류(청구금액: 10억)
③ 甲 민사집행법 제248조 제1항 집행공탁 및 사유신고
[공탁금(잔존 공사대금) 1억 원]

[사례 2]

甲은 乙과 학교건설공사계약(공사계약서상 "총공사비 10억, 노무비 2억"으로 기재되어 있음)을 체결하였는데, 위 공사대금채권에 대하여, 다음과 같이 압류명령 등이 송달되어 甲은 민사집행법 제248조 제1항 집행공탁을 하고 사유신고를 하였다. 甲은 공사계약서상 특약에 따라 위 공사계약을 해지하고 잔존 공사비 1억 원을 민사집행법 제248조 제1항 집행공탁을 하였다. 한편 위 공탁 당시 잔존 공사대금은 1억 원이고, 산출내역서가 작성되지 않아 산출내역서에 의하여 미지급 노무비를 산정할 수 없다.

① 丙 채권압류 및 추심명령(집행채권액: 5억)
② 丁 가압류(청구금액: 5억)
③ 甲 민사집행법 제248조 제1항 집행공탁 및 사유신고
[공탁금(잔존 공사대금) 1억 원]

가. 공사대금 중 근로자의 임금 상당액

35) 배당실무에서 공사대금채권이 집행공탁된 경우 압류가 금지되는 "건설산업기본법 제88조 제1항 노무비" 산정이 어려워 장기미제로 방치되는 사건들이 다수 있다. 산출내역서 등의 자료가 분명하지 않는 등의 문제가 있지만 기존의 대법원 판례 등을 참고하여 그 해결책을 모색해 본다.

36) 이동기, "공사대금채권과 관련된 배당절차상 쟁점", 사법논집 제71집, 사법발전재단(2020), 116-139.

압류금지채권은 압류채무자의 생계유지 등 최소한의 생활보장을 위한 목적이 그 취지이지만 건설산업기본법 제88조는 압류채무자가 아닌 수급사업자(또는 하수급인)가 자신이 고용한 근로자의 생계보장을 위하여 근로자에 대한 임금채무(공탁자인 발주자에 대한 공사대금채권)에 대한 압류를 금지시키고 있다.

즉 건설산업기본법 제88조(임금에 대한 압류의 금지) 제1항은 "건설사업자가 도급받은 건설공사의 도급금액 중 그 공사(하도급한 공사를 포함한다)의 근로자에게 지급하여야 할 임금에 상당하는 금액은 압류할 수 없다"고 규정하고 있다.

동법 시행령 제84조(압류대상에서 제외되는 임금의 산정방법 등) 제1항에 의하면 "법 제88조 제2항에 따른 임금에 상당하는 금액은 해당 건설공사의 도급금액 중 산출내역서에 적힌 임금을 합산하여 산정한다"고 하고 있고, 동조 제2항은 "건설공사의 발주자(하도급의 경우에는 수급인을 포함한다)는 제1항에 따른 임금을 도급계약서 또는 하도급계약서에 분명하게 적어야 한다"고 규정하고 있다.

건설공사의 도급금액 중 당해 공사의 근로자 임금에 상당하는 금액에 대하여 압류금지를 명하는 건설산업기본법 제88조 제1항은 법률 제5230호, 1996. 12. 30. 전면 개정되어 1997. 7. 1. 최초 시행되었고, 압류의 대상에서 제외되는 노임의 산정방법에 관한 건설산업기본법시행령 제84조는 대통령령 제15433호, 1997. 7. 10. 시행되었다.

나. 요건

1) 대법원 2005. 6. 24. 선고 2005다10173 판결에 따르면 '산출내역서에 의하여 산정한 노임 금액이 도급계약서에 명시적으로 기재되어 있지 않고, 공사계약내역서의 매입부가세란 등의 기재에 의하여 추단이 되는 경우라면 압류가 금지되는 노임채권을 인정할 수 없다'는 취지의 원심 판결(광주고등법원 2005.1. 21. 선고 2004나3054 판결)을 인정하면서, 하도급계약서에 노임이 별도로 구분, 명시되지 아니한 이상 압류금지의 효력이 미치지 않는다.[37)]

---

37) 서울동부지방법원 2017. 5. 31. 선고 2016나26039 판결(2017. 6. 16. 확정)에서 "공사도급계약서에 첨부된 계약일반조건에서 산출내역서를 양자 사이에 계약문서에 포함시키는 합의를 하고 있다고 하더라도, 위 공사도급계약서 자체에는 압류가 금지되는 노임액 부분과 그 밖의 공사비 부분이 구분되어 있지 않아 위 계약서만으로는 압류금지채권액이 얼마인지를 형식적·획일적으로 구분할 수 없으므로 압류가 금지되는 노무비를 인정할 수 없다. 공사도급계약서에 첨부된 계약일반조건에 따라 계약문서에 포함되는 계약서, 설계서, 시설공사 입찰유의서, 시설공사계약일반조건, 시설공사계약특수조건 및 산출내역서 중 그 어느 문서에라도 노무비가 명시되어 있으면 족하다고 보는 것은 산출내역서 및 도급계약서를 구별하여 규정하면서 압류가 금지되는 노임을

건설산업기본법 제88조 제1항 압류금지채권에 해당하는 임금 상당액은 ① (하)도급계약서에 임금으로 명시되어야 하고, ② 임금에 상당하는 금액은 해당 건설공사의 도급금액 중 산출내역서에 적힌 임금을 합산하여 산정한다.

산출내역서란 입찰금액 또는 계약금액을 구성하는 물량, 규격, 단위, 단가 등을 기재한 내역서[38] 또는 공정별 목적물을 구성하는 품목 또는 비목과 동 품목 또는 비목의 규격, 수량, 단위 등이 표시된 물량내역서에 수급인이 단가를 기재하여 도급인에게 제출한 내역서[39]를 말한다.

산출내역서는 민간건설공사 도급계약에 있어 민간건설공사 도급계약서, 민간건설공사 도급계약 일반조건, 공사계약 특수조건, 설계서와 함께 계약문서로서 상호 보완의 효력[40]을 가지며 나아가 관급공사에서 산출내역서는 계약금액의 조정과 기성부분에 대한 대가의 지급시에 적용할 기준으로서 계약문서의 효력[41]을 가진다.

한편 집행법원은 산출내역서에 의한 노무비를 산정하기 위하여 제3채무자 또는 채무자에게 사실조회 등을 실시할 수 있다.

2) 산출내역서에 의하여 노무비를 산정할 수 없는 경우에는 도급계약서에서 정한 노무비 비율에 따라 이를 산정한다.

건설산업기본법과 그 시행령에서 압류가 금지되는 노무비의 범위와 산정방법을 규정하는 한편, 그에 의하여 산정된 금액을 도급계약서에 명시하도록 한 것은 그 기준을 명확히 함으로써 근로자의 이익을 보호함과 아울러 다른 이해관계자의 법적 안정성을 도모하여 양자의 법적 이익의 조화를 달성하기 위한 것이라고 할 것인데, 공사대금 중 노무비에 해당하는 금액을 특정할 수 없는 경우에는 도급계약서에서 정한 노무비의 비율에 따라 이를 산정하는 것이 그러한 취지에도 부합한다[42].

대법원 판결도 '지급해야 할 공사대금 중 얼마만큼의 금액이 노임에 해당하는

도급계약서에 명시하도록 한 건설산업기본법 시행령 제84조의 문언 및 그 규정취지에도 반한다"는 취지의 판시를 하였다.

38) 관급공사에 적용되는 (계약예규) 공사계약 일반조건(기획재정부 2018. 3. 20. 계약예규 제365호) 제2조 제9 호 참조

39) 민간건설공사 표준도급계약서【국토교통부 2017. 12. 29. 고시 제2017-1027호)】 제2조 제7호, 제8호 참조

40) 민간건설공사 표준도급계약서【국토교통부 2017. 12. 29. 고시 제2017-1027호)】 제3조 제1항 참조

41) (계약예규) 공사계약 일반조건(기획재정부 2018. 3. 20. 계약예규 제365호) 제3조 제1항 단서 참조

42) 서울고등법원 2012. 4. 17. 선고 2011나28979 판결(2012. 5. 8. 확정)

금액임을 특정할만한 자료가 없는 경우, 공사대금 잔금 중 노임에 해당하는 금액은 이 사건 도급계약의 총 공사대금 중 노임이 차지하는 비율에 따라 정함이 상당하다'는 취지의 원심 판결을 긍정[43]하거나 '하도급계약이 중도해지된 경우 미지급된 공사대금 중 압류가 금지되는 노임채권액을 산출내역서에 기하여 산출할 수 없다면 하도급 공사대금 중 노임채권의 비율에 따라 그 금액을 산출하여야 한다'는 취지의 판시[44]를 한 바 있다.

다. 구체적인 배당관계

집행법원은 공사대금채권을 피압류채권으로 하는 다수의 압류 등이 경합되어 집행공탁 및 사유신고가 된 경우 건설산업기본법 제88조에서 정하는 압류가 금지되는 임금채권이 포함되었는지 여부에 대하여 조사를 하여야 한다. 압류금지채권에 해당하는 임금채권에 대하여는 공사대금채권을 피압류채권으로 하는 압류명령의 효력이 미치지 않는다. 즉 공탁금 중 임금채권액에 상당하는 부분은 변제공탁의 성격으로 그 부분에 대하여 공탁사유신고 불수리 결정을 하고 나머지 공탁금만을 배당재단으로 하여 배당절차를 진행하는 실무도 있지만 현재 다수의 실무는 공탁금 전액을 배당재단으로 배당절차를 진행하면서 압류금지채권에 해당하는 부분은 채무자에게 배당을 실시하고 있다.

[사례 1]의 경우 공사계약서상 총 공사비 10억, 노무비가 2억으로 명시되어 있고, 미지급 공사금액 1억 원 중 산출내역서에 의해 산정된 미지급 노무비가 1천만 원으로 조사되었다면, 공탁금 1억 원 중 1천만 원이 압류가 금지되는 노무비에 해당한다.

따라서 채무자 乙에게 1천만 원(노무비), 丙 3천만 원, 丁 6천만 원 각 배당을 받게 된다.

[사례 2]의 경우 계약서에 기재된 노무비 중 미지급 노무비를 산정하기 위해서는 산출내역서에 기재된 노무비를 합산하는 방법으로 하여야 하는데(건설산업기본법 시행령 제84조 참조), 산출내역서가 없거나 산출내역서 기재가 불분명하다는 사정 등으로 인하여 산출내역서에 기재된 노무비를 합산하는 방법에 의하여 노무비를 산정할 수 없는 경우 근로자의 이익을 보호하고 다른 이해관계인들 간의 형평을 고려할

43) 대법원 2008. 6. 12. 선고 2008다11702 판결

44) 대법원 2013. 2. 14. 선고 2011다49172 판결

때 계약서에 기재된 총 공사비에 대한 노무비 비율에 따라 잔존 노무비를 산정하는 것이 형평에 부합한다.

따라서 계약서에 기재된 공사금액 대비 노무비 비율이 20%(2억/10억)이므로 잔존 공사대금 1억 중 노무비는 2천만 원(1억 * 0.2)이 된다.

배당받을 금액은 채무자 乙 2천만 원(노무비), 丙 4천만 원, 丁 4천만 원이다.

Ⅵ. 하도급대금 직접지급청구권과 배당관계[45)]

1. 하도급대금 직접지급청구권

[사례 1]

> 甲(발주자)은 乙(원사업자)과 학교건설공사계약을 체결하였는데, 乙은 음향시설에 대하여 丙(수급사업자)과 하도급거래 공정화에 관한 법률상 하도급계약을 체결하였다. 이 후 다음과 같이 직불합의와 공사대금채권에 대한 압류명령이 甲에게 송달되어 제3채무자 甲은 乙에 대한 공사대금채무 1억 원에 대하여 수급사업자 丙에게 하도급대금 직접지급청구권 발생 여부가 불분명하고 채권압류와의 우열관계가 불분명하다는 이유로 민법 제487조 후단 채권자불확지 변제공탁과 민사집행법 제248조 제1항 집행공탁을 결합한 혼합공탁을 하였다.
>
> ① 2022. 1. 발주자 甲과 원사업자 乙, 수급사업자 丙 간에 하도급대금에 대하여 직불합의
> ② 2022. 6. 채권자 丁 채권압류 및 추심명령(집행채권액: 1억 원)
> ③ 공사 중단(당시 수급사업자 丙은 음향시설에 대한 공사를 시작하지 않았음)
> ④ 甲 민법 제487조 후단 채권자불확지 변제공탁과 민사집행법 제248조 제1항 집행공탁을 결합한 혼합공탁(1억 원, 피공탁자를 '乙 또는 丙' 기재)

하도급거래 공정화에 관한 법률(이하 '하도급법') 제14조, 건설산업기본법(이하 '건산법') 제35조에서 일정한 사유가 발생하면 수급사업자(건산법상 하수급인)가 하도급계약의 직접 상대방인 원사업자(건산법상 수급인)가 아닌 발주자에게 하도급대금을 적접 청구할 수 있는 권리를 인정하고 있다. 즉 하도급법 제14조 제1항 각 호의 직접지급사유와 함께 '수급사업자가 제조·수리·시공 또는 용역수행한 분에 상당하는'

45) 이동기, "공사대금채권과 관련된 배당절차상 쟁점", 사법논집 제71집, 사법발전재단(2020), 154-166.

하도급대금에 대하여 수급사업자에게 직접지급청구권이 발생하게 된다(대법원 2008. 2. 29. 선고 2007다54108 판결 참조). 수급사업자에게 하도급대금 직접지급청구권이 발생하게 되면 그 금액만큼 발주자에 대한 원사업자의 공사대금채권은 수급사업자에게 이전하게 되고, 원사업자에 대한 발주자의 대금지급채무와 수급사업자에 대한 원사업자의 하도급대금 지급채무는 그 범위에서 소멸한 것으로 본다(하도급법 제14조 제2항). 따라서 원사업자에 대한 발주자의 대금지급채무가 소멸하면 원사업자의 채권자는 원사업자의 발주자에 대한 공사대금채권에 대하여 압류를 할 수 없게 된다. 그와 반대로 수급사업자의 하도급대금 직접지급청구권이 발생하기 전에 원사업자의 발주자에 대한 공사대금채권이 압류 또는 가압류 등 집행보전 되었다면 그 이후에 하도급대금 직접지급사유에도 불구하고 그 집행보전된 채권은 소멸하지 아니하고(대법원 2003. 9. 5. 선고 2001다64769 판결 등 참조), 압류나 가압류된 채권에 해당하는 금액에 대하여는 수급사업자의 하도급대금 직접지급청구권은 발생하지 않는다(대법원 2014. 11. 13. 선고 2009다67351 판결 참조).

나아가 판례는 위와 같은 법리는 원사업자의 발주자에 대한 채권에 관한 가압류 등이 수급사업자의 원사업자에 대한 하도급대금채권의 실현을 위하여 이루어진 경우에도 마찬가지로 적용된다고 보아야 한다(대법원 2017. 12. 5. 선고 2015다4238 판결)는 입장이다. 즉 집행보전과 하도급법상 직접지급청구권의 관계에 관한 법리는 원사업자의 계산을 둘러싼 여러 채권자들의 이해관계 조정의 문제를 법률관계 당사자의 지위에 따라 상대적으로 처리하기보다는 이를 일률적으로 간명하게 처리하는 것이 바람직하다는 점을 고려하여 인정되는 것이므로, 가압류 또는 압류명령의 당사자 사이에서만 상대적으로 발생하는 것이라고 볼 수 없다는 입장이다(대법원 2016. 9. 23. 선고 2015다201107 판결 참조). 선행 (가)압류가 도달하기 전에 직접지급 합의가 있는 경우 압류가 도달하기 전에 발생한 기성고에 대하여는 직접지급청구권이 발생할 수 있다. 따라서 집행법원은 제3채무자(발주자), 수급사업자 등을 상대로 '압류명령이 도달하기 전까지 발생한 기성고'가 얼마인지 사실조회 등의 방법으로 조사할 필요가 있다.

[사례 1]의 경우 직접지급 합의는 있었지만, 수급사업자 丙에게 직접지급청구권이 발생하기 위해서는 실제 공사를 시행한 부분, 즉 기성고가 있어야 한다. 그런데 수급사업자 丙이 실제 하도급을 받은 음향시설 공사를 시작하기 전에 丁의 채권압류 및 추심명령이 발주자에게 도달하였다. 즉, 수급사업자 丙에게 직접지급청구권이 발

생하기 전에 乙의 공사대금채권이 집행보전되었으므로 수급사업자 丙에게 직접지급청구권은 발생하지 않는다.

따라서 건설산업기본법 제88조 소정의 노무비 등 압류금지채권이 존재하지 않는다면 추심권자 丁이 1억 원 전액을 배당받게 된다.

2. 하도급대금 직접지급청구권과 압류의 처분금지효

[사례 2]

甲(발주자)은 乙(원사업자)과 건물 신축공사 계약을 체결하였는데, 乙은 외벽공사 등에 대하여 丙(수급사업자)과 하도급계약을 체결하였는데, 다음과 같이 공사 기성고가 발생했고, 공사대금채권에 대한 압류명령이 甲에게 송달되었다. 제3채무자 甲은 乙에 대한 공사대금채무에 대하여 수급사업자 丙에게 하도급대금 직접지급청구권이 발생하였는지 여부와 채권압류와의 우열관계 등이 불분명하다는 이유로 기성고에 따른 공사대금채무 8백만 원 민법 제487조 후단 채권자불확지 변제공탁과 민사집행법 제248조 제1항 집행공탁을 결합한 혼합공탁을 하였다.

① 2022. 1. 丙 1차 기성고 5백만 원
② 2022. 2. 채권자 丁 공사대금채권에 대하여 채권압류 및 추심명령(집행채권액: 1천만 원)
③ 2022. 3. 발주자 甲과 원사업자 乙, 수급사업자 丙 간에 하도급대금에 대하여 직불합의
④ 2022. 5. 丙 2차 기성고 3백만 원
⑤ 2022. 6. 채권자 戊 공사대금채권에 대한 채권압류 및 추심명령(집행채권액: 1천만 원)
⑥ 甲 민법 제487조 후단 채권자불확지 변제공탁과 민사집행법 제248조 제1항 집행공탁을 결합한 혼합공탁(수급사업자의 직접지급청구권 발생 여부가 불분명하고, 丁의 채권압류와의 우열관계가 불분명하다는 이유로 피공탁자를 '乙 또는 丙' 기재)

가. 압류처분금지효: 개별상대효

압류가 되면 채무자는 당해 재산에 대한 처분권을 상실하고 당해 재산에 대한 처분권이 국가에 이전되므로, 채무자에 대한 관계에서는 처분금지의 효과가 발생한다.[46] 민사집행법은 (가)압류의 처분금지효가 미치는 인적·물적 범위에 대하여 개별

상대효를 취하고 있다. 즉 (가)압류가 있은 후의 저촉처분은 (가)압류채권자와 그 처분 이전에 당해 집행절차에 참가한 채권자에게만 대항할 수 없을 뿐이고, 저촉처분 후에 당해 집행절차에 참가한 채권자에게는 대항할 수 있다[47]. 그리고 가압류도 기본적으로 압류와 동일하게 처분금지효가 인정되지만 보전처분의 특성상 추후 집행력 있는 집행권원을 취득한 때 확정적으로 발생한다.

나. 직접지급청구권과 압류 처분금지효

수급사업자에게 직접지급청구권이 발생하게 되면 원사업자에 대한 발주자의 대금지급대금지급채무와 수급사업자에 대한 원사업자의 하도급대금 지급채무는 그 범위에서 소멸한 것으로 보게 되고(하도급법 제14조 제2항 참조), 결과적으로 원사업자의 발주자에 대한 공사대금채권이 수급사업자에게 이전된 것으로 볼 수 있다는 점에서 채권양도와 유사하고, 직급지급청구권 발생 전후에 선행 (가)압류, 후행 (가)압류 등이 있는 경우 압류처분금지효의 개별상대효설에 따라 배당하여야 하는지 여부에 대하여 실무상 쟁점이 되고 있다.

1) 적극설(개별상대효설에 따라 배당하여야 한다는 견해)

직접지급청구권은 원사업자의 공사대금채권이 수급사업자에게 이전되는 것이라는 점에서 선행 (가)압류가 있는 상태에서 채무자가 채권을 양도하는 경우와 동일하게 처리하여야 한다는 입장이다. 위 견해에 따르면 수급사업자의 공사대금채권에 대하여 압류나 가압류가 있은 후 발생한 직접지급청구권은 선행하는 압류나 가압류에 의하여 집행보전된 금액만큼 직접지급청구권이 발생하지 않지만, 직접지급청구권 발생 이후 도달된 압류나 가압류에 대하여는 직접지급청구권을 주장할 수 있다. 따라서 직접지급청구권이 발생한 이후에 제3채무자에게 도달한 (가)압류는 직접지급청구권 대상 금액만큼 직접지급청구권자에게 대항할 수 없으므로 배당에 참가할 수 없게 되어, 직접지급청구권 대상 금액 중 선행하는 압류에 의해 집행보전된 금액은 선행 압류채권자가 독식하게 된다.

[사례 2]에서 공탁금이 8백만 원이고, 순차적으로 기성고(5백만 원)-제1압류(1천만 원)-직불합의-추가 기성고(3백만 원)-제2압류(1천만 원)가 발생하였는데, "직접지급청구권이 발생하기 위해서는 원사업자의 공사대금채권이 수급사업자에게 이전하

46) 주석 민사집행법(V)(제4판), 한국사법행정학회(2018), 167(서승렬).

47) 이우재, 압류·가압류의 처분금지효와 개별상대효의 이해, 경영법무통권(134), 한국경영법무연구소(2007), 284-286.

여야 하므로 직접지급청구권 발생보다 선행하는 제1압류에 대하여는 직접지급청구권이 인정되지 않지만, 제2압류에 대하여는 직접지급청구권 발생으로 대항할 수 있으므로 직급지급청구권 대상 금액에 대하여 제2압류의 배당가입이 차단된다."[48][49]

2) 소극설(개별상대효설에 따라 배당하는 것에 동의하지 않는 견해)

압류는 압류채무자의 임의적인 처분행위를 금지함으로써 채무자의 자력을 보전하기 위한 것이지 채무자의 재산일탈과 상관없는 법률의 규정에 의한 채권의 소멸로 인한 피압류채권의 소멸까지 방지하려는 것은 아니다.[50]

채권양도는 이미 발생한 권리를 양도하는 것으로 선행 (가)압류가 있으면 그 처분금지효 위반에 따른 효력 범위를 논할 수 있지만, 직접지급청구권은 직접지급사유가 발생하면 그 범위만큼 원사업자에 대한 발주자의 공사대금채무가 소멸한다는 점에서 결과적으로 원사업자의 공사대금채권이 이전된 것으로 의제할 수 있다는 것이다. 그런데 직접지급사유가 발생하기 전에 선행 (가)압류가 있으면 집행보전된 부분에 대하여 직접지급청구권이 발생하지 않으므로 원사업자의 공사대금채권 이전을 논할 여지가 없다.

3) 판례는 직접지급청구권과 압류 처분금지효의 관계에 대하여 명시적으로 판단한 바는 없지만, '선행(가)압류에 의해 집행보전된 금액에 대해서는 그 이후에 발생한 하도급대금의 직접지급사유에도 불구하고 그 집행보전된 채권은 소멸하지 아니하고, 그 집행보전된 채권에 해당하는 금액에 대해서는 수급사업자에게 직접지급청구권이 발생하지 아니하고, 이러한 법리는 가압류 또는 압류명령의 당사자 사이에서만 상대적으로 발생하는 것이라고 볼 수 없다'(대법원 2017. 12. 5. 선고 2015다4238 판결 등 참고)는 취지의 판시를 한 바 있다.

4) 수급사업자의 직접지급청구권은 하도급법 제14조 제2항 등 법률의 규정에 의하여 발생하는 권리로서 선행 (가)압류 등에 의하여 집행보전된 부분에 대하여는 직접지급청구권이 발생하지 않으므로 원사업자의 공사대금채권 이전을 전제로 하는 (가)압류 처분금지효 위반에 따른 효력을 논할 여지가 없다는 점에서 소극설이 타당하다.

소극설에 의하면 직접지급청구권이 발생하기 전에 선행 (가)압류가 있게 되면 그 집행보전된 채권에 해당하는 금액에 대하여는 직접지급청구권 자체가 발생할 여

---

48) 법원행정처, 사법보좌관실무편람【Ⅱ】, 2015, 364.

49) 이상헌, "하도급법상 직불청구권과 건산법상 직불청구권", 법조(2013. 5), 21.

50) 김현석, "하수급인의 공사대금 직접지급청구권과 채권가압류", 민사판례연구(2005. 2.), 37-39.

지가 없으므로 후행 (가)압류채권자도 배당에 참가할 수 있게 된다.

[사례 2]의 경우 수급사업자 丙에 대하여 직접지급청구권이 발생하기 위해서는 직접지급사유와 공사수행분이 있어야 한다. 사례에서 丁의 압류가 도달하기 전 기성고 5백만 원이 있었지만 직불합의한 시기는 丁 압류가 도달한 이후이다. 丁압류명령에 '압류명령이 도달될 당시의 기성고에 한하여 압류한다'는 등 압류효력 범위를 제한하는 취지의 기재가 없는 한 丁 압류는 공탁금 전액에 대하여 미치므로 직접지급청구권은 발생하지 않는다.

戊압류는 직불합의 이후에 도달했지만 丁압류에 의하여 직접지급청구권이 발생하지 않고 원사업자 乙의 공사대금채권은 소멸하지 않았기 때문에 丁 압류와 대등하게 배당에 참가할 수 있다. 丁과 戊가 안분하여 각 4백만 원씩 배당받게 된다.

적극설에 의할 경우 戊 압류는 직접지급사유가 발생한 후 제3채무자에게 도달하였으므로 직접지급사유는 공탁금 전액(8백만 원)에 대하여 미치기 때문에 戊압류는 배당에 참가할 수 없고, 선행 압류권자인 丁이 8백만 원을 배당받게 된다.

Ⅶ. 피압류채권이나 채무자가 다수임에도 청구금액이 특정되지 않은 사례[51]

1. 피압류채권이 다수인 경우

채무자가 제3채무자에 대하여 여러 개의 채권을 가지고 있고, 채권자가 그 각 채권 전부를 대상으로 하여 집행채권액의 범위에서 압류 신청을 할 경우, 채권자는 여러 개의 채권 중 어느 채권에 대하여 어느 범위에서 압류를 신청하는지 신청취지 자체로 명확하게 인식할 수 있도록 특정하여야 한다. 압류의 대상과 범위를 특정하지 않고 단지 그 여러 개의 채권 전부를 압류의 대상인 채권으로 나열하고 그 중 집행채권액과 동등액에 대한 압류를 구하는 등으로 금액만을 한정하여 압류 등 결정을 받게 되면, 채무자와 제3채무자는 그 압류 등 결정에 의하여 지급이나 처분이 금지된 대상이 무엇인지를 명확하게 구분할 수가 없고, 그 결과 채무자가 압류 등의 대상이 아닌 부분에 대한 권리 행사를 하거나 제3채무자가 압류된 부분만을 구분하여 공탁을 하는 등으로 부담을 면하는 것이 불가능하기 때문이다(대법원 2012. 11. 15. 선고 2011다38394 판결, 대법원 2013. 12. 26. 선고 2013다26296 판결).

피압류채권의 특정은 압류명령의 효력발생요건이다. 피압류채권을 특정하지 않

51) 이동기, "공사대금채권과 관련된 배당절차상 쟁점", 사법논집 제71집, 사법발전재단(2020), 140-145.

은 압류명령 신청은 부적법하므로 집행법원은 이를 각하하여야 한다. 집행법원이 이를 간과하여 압류명령에서도 피압류채권이 특정되지 않은 경우 압류명령은 효력이 발생하지 않는다. 피압류채권의 불특정을 나중에 채권자가 보완하더라도 압류명령이 소급하여 유효로 되는 것은 아니다(대법원 1973. 1. 30. 선고 72다2151 판결). 따라서 피압류채권이 특정되지 않은 압류명령은 무효로서 배당에 참가할 수 없다.

[사례 1]

甲은 乙과 양산과 포항에 각 건물공사계약을 체결하였는데, 양산 공사현장 2억 원 포항 공사현장 1억 원씩 각 공사대금채권을 가지고 있다. 甲의 공사대금채권에 대하여, 다음과 같이 압류명령 등이 송달되어 제3채무자 乙은 민사집행법 제248조 제1항 집행공탁(양산 공사대금 2억 원, 포항 공사대금 1억 원)을 하고 사유신고를 하였다.

① 丙 채권압류 및 추심명령(甲이 乙에 대하여 가지는 양산, 포항 신축공사대금채권 중 5천만 원)
② 丁 채권압류 및 추심명령(甲이 乙에 대하여 가지는 양산, 포항 신축공사대금채권 중 6억 원)
③ 戊 채권압류 및 추심명령(甲의 乙에 대하여 가지는 양산 신축공사대금채권 2억 원)

2. 丙과 丁 압류의 유효성: 피압류채권 특정 여부(예외적 유효[52])

1) 채무자의 제3채무자에 대한 다수의 채권을 압류하는 경우에도 집행채권액의 범위에서 여러 개의 채권 중 어느 채권에 대해 어느 범위에서 압류하는지를 명시하여야 하고, 실무상 청구금액을 안분하여 피압류채권별로 압류 범위를 특정하는 방식이 행해진다. 그런데 ① 압류의 대상인 여러 채권의 합계액이 집행채권액보다 오히려 적은 경우, ② 복수의 채권이 모두 하나의 계약에 기하여 발생하였거나 ③ 제3채무자가 채무자에게 그 채무를 일괄 이행하기로 약정[53]하였다는 등의 특별한 사정이

52) 주석 민사집행법(5)(제4판); 한국사법행정학회(2018), 438-439(노재호), 대법원 2012. 11. 15. 선고 2011다38394 판결, 대법원 2013. 12. 26. 선고 2013다26296 판결 등

53) 대법원 2012. 12. 13. 선고 2011다43860 판결 : 채무자가 100번지 A건물 신축공사, 인근 100-14번지 A건물 부설 주차장 공사를 하면서 공사대금채권을 가지고 있는데, 채권자가 압류를 하면서 피압류채권의 기재를 “100번지, 100-14 각 지번상 건물(주차장)신축 도급계약에 기하여 을이 丙으로부터 지급받을 공사대금채권 중 일부”로 하여 2회 걸쳐 압류 및 추심명령을

있는 경우에는 압류한 대상인 채권별로 압류될 부분을 따라 특정하지 아니하였더라도 그 압류명령은 유효한 것으로 볼 여지가 있다.

2) 대법원 2012. 11. 15. 선고 2011다38394 판결에 따르면, "집행법원으로서도 압류 등 신청사건을 심리하면서 압류할 채권이 특정되었는지 여부를 심사하여야 할 것이지만, 압류의 대상인 여러 채권의 합계액이 집행채권액보다 오히려 적다거나 복수의 채권이 모두 하나의 계약에 기하여 발생하였거나 제3채무자가 채무자에게 그 채무를 일괄 이행하기로 약정하였다는 등 특별한 사정이 있는 경우에는 압류할 대상인 채권별로 압류될 부분을 따로 특정하지 아니하였더라도 그 압류 등 결정은 유효한 것으로 볼 여지가 있으므로, 집행법원이 압류 등 신청채권자의 신청취지 그대로 압류할 채권을 표시하여 압류 등 결정을 하였다고 하여 이를 반드시 잘못된 것이라고 단정할 수도 없다"

3) 위 대상판결의 취지에 따르면, ① 丙의 압류는 제3채무자 乙에게 송달될 당시 각 신축공사대금채권액의 합계액(3억 원)은 집행채권액(5천만 원)을 현저히 초과하고 있었으므로 각 신축공사대금채권 중 어느 신축공사대금채권에 대하여 어느 범위에서 미치는지를 알 수 없는 것으로 압류의 대상 또는 범위가 특정되지 않아 효력이 없다[54]고 할 것이고, ② 丁의 압류의 경우는 압류가 乙에게 송달될 당시 집행채권액(6억 원)이 각 신축현장의 공사대금채권액을 초과하므로 각 현장별 공사대금채권 전액에 대하여 압류의 효력이 유효하게 미치는 것으로 해석할 수 있다.

3. 집행채권액의 안분: '양산 신축공사대금'에 대한 丁의 집행채권액 산정방법

가. 구체적인 집행채권액 산정방안

받은 경우, "A건물과 그 부설주차장 공사도급계약의 당사자가 동일하고 계약의 체결시기도 상당히 근접하며 계약서상 준공일자도 동일하고 공사대금의 지급시기도 서로 교차하거나 지급기간의 대부분이 겹친다. A건물을 건축하기 위해서는 부설주차장의 설치가 필수적으로 요구되어 A건물에 대한 공사도급계약 체결 후 곧바로 부설주차장에 대한 공사도급계약이 체결된 점 등에 비춰 A건물과 그 부속주차장의 공사대금을 일괄하여 지급하기로 묵시적 약정하였다고 볼 여지가 있고, 그런 경우라면 그 공사대금채권이 별개이고 압류할 대상인 채권별로 압류될 부분을 따로 특정하지 아니하였더라도 이 사건 압류 및 추심명령이 유효하다고 볼 수 있다"고 판시했다.

54) 한편 丙의 압류는 압류할 채권과 범위가 특정되지 않았다고 하더라도 丁의 압류로 인하여 압류경합이 발생했고 이로 인해 丙의 압류결정의 압류할 채권은 각 현장별 공사대금 전액으로 확장되므로 유효하다는 주장을 할 수 있으나 압류의 경합은 채권 일부에 대한 유효한 가압류나 압류가 있을 때 발생할 수 있다는 점에서 이와 같은 주장은 이유없다고 배척하였다(대법원 2012. 11. 15. 선고 2011다38394 판결).

통상 채권자가 채무자의 다수의 채권을 압류하는 경우 청구금액을 안분하여 피압류채권별로 압류 범위를 특정하고 있다.

丁의 압류는 집행채권액(6억 원)이 양산, 포항 현장의 각 공사대금 합계액(3억 원)을 초과하기 때문에 각 현장별 압류할 채권액을 특정하지 않아도 유효하다고 볼 수 있지만, 양산현장 공사대금(2억 원)이 戊의 압류(2억 원)로 인하여 압류경합이 발생할 수 있다. 그리고 乙의 집행공탁으로 인하여 배당절차가 진행될 경우 각 현장별, 즉 양산과 포항 현장 공사대금은 각각 별개의 배당재단을 구성하게 된다. 이때 양산현장 공사대금에 대하여 丁의 집행채권액을 어떻게 안분할지 문제된다.

안분의 기준은 압류채권자의 의사를 고려하되 다른 채권자의 이익을 해치지 않는 것이어야 하는데, 아래와 같이 3가지 방법에 대하여 검토한다.

채권자 \ 배당재단	양산(2억 원)	포항(1억 원)
丁(6억 원)	(1안) 5억 원	1억 원
	(2안) 4억 원	2억 원
	(3안) 3억 원	3억 원
戊(2억 원)	2억 원	

(1안)은 압류가 경합하지 않는 포항 공사대금으로 구성되는 배당재단에 해당되는 금액만을 배정하고 戊의 압류와 경합하는 양산 공사대금의 배당재단에 나머지 전액을 배정하는 것으로 丁에게 가장 유리한 배당방식이다. 이에 따라 배당을 하게 되면 丁 2억 4천만 원(1억 4천만 원+1억 원), 戊 6천만 원을 배당받게 된다.

(2안)은 丁의 집행채권액을 각 현장별 공사대금채권(배당재단)의 비율로 안분하는 방법이다. 이 경우 丁 2억 3천만 원(1억 3천만 원+1억 원), 戊 7천만 원을 배당받는다.

(3안)은 丁의 집행채권을 분할채권으로 취급하여 1/2씩 안분한 것으로 실무에서 가장 많이 행해지는 유형이다. 이에 의할 경우 丁 2억 2천만 원(1억 2천만 원+1억 원), 戊 8천만 원을 배당받게 된다.

나. 검토(구체적 배당관계)

(1안)은 丁이 피압류채권인 공사대금의 액수를 사전에 알고 있어야 가능한데 이는 예견가능성이 낮고, 戊가 너무 불리한 배당을 받게 되어 부당하다.

(2안)의 경우도 압류신청 당시 채권자가 채무자의 제3채무자에 대한 각 현장별

공사대금채권액을 알기 어렵다는 점에서 한계가 있다.

채권자가 채무자의 제3채무자에 대한 다수 채권을 압류하는 경우 각 압류할 채권별 집행채권의 청구금액을 명시하여야 하는데, 그 청구금액을 명시하지 않은 경우 그로 인한 불이익을 압류채권자가 부담하는 것이 타당하다. 또한 채권자와 채무자가 수인인 경우에 특별한 의사표시가 없으면 각 채권자 또는 각 채무자는 균등한 비율로 권리가 있고 의무를 부담한다(민법 제408조). 사례의 경우 다수 당사자(채무자나 제3채무자)가 존재하는 상황은 아니지만 수 개의 급부가 존재한다는 점에서 위 규정을 유추할 수 있다고 본다. 따라서 각 현장별 공사대금채권으로 구성되는 배당재단에 대하여 집행채권액을 균등한 비율로 나누어 배당에 참가시키는 (3안)이 타당하다.

다. 보론

대법원 2022. 12. 16. 선고 2020다276198 판결에 따르면 채권압류 및 추심명령에서 피압류채권의 구체적인 범위와 관련하여, 채권압류 및 추심명령의 피압류채권을 'A와 B 사이에 체결하였던 계좌명의신탁약정 해지에 따라 A가 B로부터 지급받을 2억 원의 금전채권 내지 부당이득금채권'으로 한 경우 이 사건 채권압류 및 추심명령의 대상은 A의 B에 대한 금전채권임이 문언상 명백하고, B가 대한민국에 대하여 가지는 공탁금 출급청구권은 A가 B에 대한 금전채권과는 채권의 성질, 발생원인 및 반환의무자가 다르고, 통상의 주의력을 가진 사회평균인을 기준으로 그 공탁금 출급청구권이 A의 B에 대한 금전채권에 관한 이 사건 채권압류 및 추심명령의 대상에 포함되어 효력이 미친다고 해석할 수 없다.

[사례 2: 채무자가 제3채무자에 대하여 가지는 다수의 채권을 압류하는 경우 : 채무자나 제3채무자가 다수인 경우]

甲은 경기도와 학교 별관 신축공사 계약을 체결하여 공사를 진행하던 중 乙에게 벽체공사, 丙에게는 음향시설공사에 대하여 각 하도급계약을 체결하고, 乙과 丙은 그 공사를 완료하여 乙에게 1억 원, 丙에게는 1억 원 씩 하도급대금채권이 발생하였다. 위 하도급대금채권에 대하여, 다음과 같이 압류명령 등이 송달되어 甲은 민사집행법 제248조 제1항 집행공탁을 하고 사유신고를 하였다. ① 丁 채권압류 및 추심명령(乙과 丙이 甲에 대하여 가지는 하도급대금채권 4억 원) ② 戊 채권압류 및 추심명령(乙이 甲에 대하여 가지는 하도급대금채권 2억 원)

4. 수인의 채무자별 압류할 금액을 기재하지 않은 (가)압류의 효력

채무자가 수인이거나 제3채무자가 수인인 경우에는 집행채권액을 한도로 하여 가압류 또는 압류로써 각 채무자나 제3채무자별로 어느 범위에서 지급이나 처분의 금지를 명하는 것인지를 가압류 또는 압류할 채권의 표시 자체로 명확하게 인식할 수 있도록 특정하여야 하고, 이를 특정하지 않은 경우에는 집행의 범위가 명확하지 않아 특별한 사정이 없는 한 그 가압류명령이나 압류명령은 무효로 보아야 한다. 각 채무자나 제3채무자별로 얼마씩의 압류를 명하는 것인지를 개별적으로 특정하지 않고 단순히 채무자들의 채권이나 제3채무자들에 대한 채권을 포괄하여 압류할 채권으로 표시하고 그중 집행채권액과 동등한 금액에 이르기까지의 채권을 압류하는 등으로 금액만을 한정한 경우에, 각 채무자나 제3채무자는 자신의 채권 또는 채무 중 어느 금액 범위 내에서 압류의 대상이 되는지를 명확히 구분할 수 없고, 그 결과 각 채무자나 제3채무자가 압류의 대상이 아닌 부분에 대하여 권리를 행사하거나 압류된 부분만을 구분하여 공탁을 하는 등으로 부담을 면하는 것이 불가능하기 때문이다. 그리고 압류의 대상인 수인의 채무자들의 채권 합계액이나 수인의 제3채무자들에 대한 채권 합계액이 집행채권액을 초과하지 않는다 하더라도, 개별 채무자 및 제3채무자로서는 자신을 제외한 다른 모든 채무자들의 채권액이나 모든 제3채무자들의 채무액을 구체적으로 알고 있는 특별한 경우가 아니라면 자신에 대한 집행의 범위를 알 수 없음은 마찬가지이므로 달리 볼 것은 아니다(대법원 2014. 5. 16. 선고 2013다52547 판결).

5. 압류의 효력: 집행채권액이 피압류채권액을 초과하는 경우

가. 제3채무자 甲으로부터 직접 추심하는 경우

각 채무자나 제3채무자별로 얼마씩의 압류를 명하는 것인지를 개별적으로 특정하지 않고 단순히 채무자들의 채권이나 제3채무자들에 대한 채권을 포괄하여 압류할 채권으로 표시하고 그 중 집행채권액과 동등한 금액에 이르기까지의 채권을 압류하는 등으로 금액만을 한정한 경우에, 각 채무자나 제3채무자는 자신의 채권 혹은 채무 중 어느 금액 범위 내에서 압류의 대상이 되는지를 명확히 구분할 수 없고, 그 결과 각 채무자나 제3채무자가 압류의 대상이 아닌 부분에 대하여 권리를 행사하거나 압류된 부분만을 구분하여 공탁을 하는 등으로 부담을 면하는 것이 불가능하기 때문에 丁의 압류는 무효로 보아야 한다(대법원 2014. 5. 16. 선고 2013다52547 판결 참조).

따라서 甲은 피압류채권이 특정되지 않은 무효인 압류임을 이유로 丁의 추심청구를 거절할 수 있다.

나. 甲이 피압류채권 전액을 집행공탁을 함으로써 배당절차가 개시된 경우

이 경우 앞서 검토한 1)에서와 같이 丁의 압류를 일률적으로 무효로 볼 것은 아니고, 사안에 따라 유효로 볼 여지도 있다. 즉 수인의 채무자별 압류할 금액을 기재하지 않은 경우 제3채무자 甲은 乙과 丙의 채권에 대한 丁 압류의 청구금액을 알 수 없어서 丁의 추심청구에는 응하거나 압류된 부분만 민사집행법 제248조 제1항 집행공탁을 할 수는 없지만, 압류와 관련된 채권 전액을 민사집행법 제248조 제1항 집행공탁을 할 수 있다. 이로써 甲은 원래 채권자인 乙과 丙, 압류채권자 丁과 戊에 대한 채무를 면하게 되어 이중지급 위험에서 벗어날 수 있게 된다.

丁의 압류는 乙과 丙의 하도급대금채권 중 각 압류할 금액을 특정하지는 않았지만 丁 압류의 집행채권액이 피압류채권인 乙과 丙의 하도급대금채권의 합계액을 초과한다는 점(대법원 2012. 11. 15. 선고 2011다38394 판결 참조), 채무자 乙과 丙은 압류명령 기재에 의할 때 자신들에 대한 집행범위를 구체적으로 알 수는 없지만 甲의 집행공탁으로 개시되는 배당절차에서 이의신청을 할 수 있도록 절차참여가 보장되는 점, 제3채무자 甲은 집행공탁 시 자신의 채권자인 乙과 丙에 대한 채무소멸 범위를 알지는 못하지만 집행공탁으로 乙, 丙, 丁에 대한 모든 채무로부터 면책되고 배당절차를 통해 각 채권자별 구체적인 채무소멸 범위를 알 수 있게 된다는 점에서 제3채무자가 집행공탁을 한 경우라면 기왕에 개시된 배당절차를 통하여 법률관계를 해결하는 것이 이해관계인들의 의사에도 부합할 것으로 보인다.

다. 구체적인 배당관계

배당절차에서 丁의 집행채권 3억 원을 각 채무자별 피압류채권에 대하여 어떤 방식으로 안분할 것인가의 문제는 앞서 검토한 "[사례 1] 논의한 바와 같이 "(2)안"에 따라 제3채무자에 대한 각 채무자별 채권액에 안분하는 방식으로 배분하는 것이 타당하다.

채권자 \ 배당재단	채무자 乙(1억 원)	채무자 丙(1억 원)
丁(4억 원)	(1안) 3억 원	1억 원

	(2안) 2억 원	2억 원
	(3안) 1억 원	3억 원
戊(2억 원)	2억 원	

따라서 배당재단1(乙의 채권)에 대하여 丁 5천만 원, 戊 5천만 원, 배당재단2(丙의 채권)에 대하여 丁 1억 원을 각 배당받게 된다.

Ⅷ. 재판상 담보공탁과 관련된 배당사례

1. 피공탁자가 담보권 실행을 하면서 담보취소결정을 받은 경우

[사례]

甲은 乙을 상대로 대여금 지급을 명하는 제1심 가집행선고부 판결을 받아 乙소유 부동산에 대하여 강제집행을 신청하자, 乙은 위 판결에 항소하면서 甲을 피공탁자로 하여 강제집행정지를 위한 재판상 담보공탁(공탁금: 1천만 원)을 하였다. 그 후 항소심 판결이 乙의 항소기각으로 확정된 후 다음과 같이 압류명령 등이 송달되어 공탁관이 사유신고를 하였다.

① 丙 채권압류 및 전부명령(공탁금 회수청구권 1천만 원)
② 丁 채권압류 및 추심명령(공탁금 출급청구권 1천만 원)
③ 甲 채권압류 및 추심명령(공탁금 회수청구권 1천만 원)
④ 甲 담보취소결정 및 확정증명 제출
⑤ 공탁관 공탁사유신고

가. 출급청구권에 대한 丁의 압류와 甲의 회수청구에 대한 지급제한 효력 여부

1) 쟁점

공탁금 출급청구권과 공탁금 회수청구권은 동일한 공탁금에 대한 두 개의 권리인 점에서 각각의 청구자에게 속하는 독립된 별개의 청구권으로 존재한다.

피압류채권의 특정과 관련하여 제3채무자는 순전히 타의에 의하여 다른 사람들 사이의 법률분쟁에 편입되어 압류명령에서 정한 의무를 부담하는 것이므로, 이러한 제3채무자는 압류된 채권이나 그 범위를 파악함에 있어 과도한 부담을 가지지 않도록 보호할 필요가 있다. 따라서 '압류할 채권의 표시'에 기재된 문언은 그 문언 자체의 내용에 따라 객관적으로 엄격하게 해석하여야 하고, 그 문언의 의미가 불명확한 경우 그로 인한 불이익은 압류신청채권자에게 부담시키는 것이 타당하므로, 제3채무자가 통상의 주의력을 가진 사회평균인을 기준으로 그 문언을 이해할 때 포함 여부에 의문을 가질 수 있는 채권은 특별한 사정이 없는 한 압류의 대상에 포함되었다고 보아서는 안 된다(대법원 2013. 6. 13. 선고 2013다10628 판결, 대법원 2013. 12. 26. 선고 2013다26296 판결).

즉, 丁의 압류결정문상 압류할 채권의 표시에 기재된 문언이 "甲의 공탁금 출급청구권"으로 되어 있는 경우, 甲이 회수청구를 함에도 불구하고 그 실질이 출급청구임을 이유로 丁압류의 지급제한효력이 미치는지 여부가 쟁점이다.

나. 담보권실행과 함께 담보취소결정을 받은 경우

대법원(2008. 11. 13. 선고 2007다33842 판결)은 "민사소송법 제123조에 의하면, 재판상 담보공탁에 있어 담보권리자(피공탁자)는 담보물에 대하여 질권자와 동일한 권리가 있는바, 담보권리자가 공탁금 회수청구권을 압류하고 추심명령이나 확정된 전부명령을 받은 후 담보취소결정을 받아 공탁금 회수청구를 하는 경우에도 그 담보공탁금의 피담보채권을 집행채권으로 하는 것인 이상, 담보권리자의 위와 같은 담보취소신청은 어디까지나 담보권을 포기하고 일반 채권자로서 강제집행을 하는 것이 아니라 오히려 적극적인 담보권실행에 의하여 그 공탁물회수청구권을 행사하기 위한 방법에 불과하다고 보는 것이 합리적이므로 이는 담보권의 실행방법으로 인정되고, 따라서 이 경우에도 질권자와 동일한 권리가 있다고 할 것이므로 그에 선행하는 일반 채권자의 압류 및 추심명령이나 전부명령으로 이에 대항할 수 없다"고 판시한 바 있다.

다. 담보권실행으로서 회수청구를 출급청구로 볼 수 있는지 여부

대법원 2019. 12. 12. 선고 2019다256471 판결에 따르면, "피공탁자로서 담보권리자인 乙이 공탁금의 피담보채권인 후행 채권가압류결정을 취소하는 가압류취소결정에 따라 확정된 소송비용에 대하여, 공탁금을 직접 출급청구하는 대신 甲 회사의 공탁금 회수청구권을 압류하고 추심명령을 받은 다음 담보취소결정과 함께 공탁금회수청구를 하더라도 이는 담보권의 실행방법으로 인정되므로, 그 실질은 공탁금출급청구와 다르지 않고, 따라서 공탁금에 대한 乙의 출급청구채권을 피압류채권으로 하는 丙 지방자치단체와 丁 세무서의 압류는 위와 같이 확정된 소송비용 부분에 대하여는 효력을 인정할 수 있다"고 적극설 입장이다.

라. 구체적인 배당관계

1) 甲과 丙 간의 관계

가) 전부명령이 제3채무자에게 송달될 때까지 전부명령에 관계된 금전채권에 대하여 다른 채권자가 압류 등을 한 경우에는 그 전부명령의 효력이 생기지 않지만(민사집행법 제229조 제5항), 질권 등 담보권 실행에 기초한 채권자인 경우에는 그 전부명령은 유효하다. 채권에 대한 담보권의 실행이나 물상대위권(민법 제342조)의 행사의 경우에도 채권에 대한 강제집행의 규정이 준용되므로(민사집행법 제273조 제3항) 담보권 실행을 위한 압류와 일반 채권에 의한 압류가 외형상 경합할 수 있지만, 담보권의 실행의 경우에는 담보권자에게 우선권이 있고, 이러한 우선변제권의 범위 내에서 압류의 효력이 확장되지 않기 때문에 일반 채권에 의한 압류경합이 있더라도 담보권 실행에 의한 전부명령은 유효하다. 즉 저당권이 설정된 전세권의 존속기간이 만료된 경우에 전세권부 저당권자가 저당권의 목적물인 전세권에 갈음하여 존속하는 것으로 볼 수 있는 전세금반환채권에 대하여 우선권 있는 채권에 기하여 전부명령을 받은 경우에는 전세권부 채권가압류결정이 위 전부명령에 앞서 제3채무자에게 송달되어 형식상 압류가 경합되었다 하더라도 그 전부명령은 우선권 있는 전세권부 저당권에 기한 것으로 형식상 압류의 경합이 발생하였는지와 무관하게 유효하다(대법원 2008. 12. 24. 선고 2008다65396 판결).

나) 사례에서 공탁금 회수청구권에 대하여 甲의 채권압류 및 추심명령이 공탁소로 송달되기 전에 丙의 채권압류 및 전부명령이 송달되어 확정되었지만, 甲은 그 집행채권이 피담보채권으로서 담보권 실행에 기한 채권압류이므로 丙의 전부명령보다 우선적 효력이 있다.

2) 甲과 丁 간의 관계

甲이 공탁금 회수청구를 하더라도 그 집행채권이 피담보채권이라면 담보권실행으로서 그 실질은 공탁금 출급청구와 다르지 않으므로 丁의 압류의 효력이 미친다고 봄이 타당하다.

구체적으로 丁의 압류가 미치는 효력범위는 재판상 담보공탁금이 담보하는 손해, 즉 피담보채권이다. [사례]의 경우 甲의 피담보채권은 乙의 재판상 담보공탁으로 '甲의 강제집행이 정지된 날 이후 발생한 지연손해금'이 된다.

甲이 '대여금 지급을 명하는 판결'을 집행권원으로 압류를 한 경우[55] 피담보채권은 '강제집행이 정지된 이후 현재까지 기간'에 지연이자율을 곱한 금액이 피담보채권이 된다. 가령, 지연이자금이 100만 원이라면 甲 압류의 집행채권 중 담보권 실행에 해당하는 피담보채권은 100만 원이다. 이 경우 구체적인 배당관계는 丁 100만 원, 甲 900만 원을 배당받게 된다.

2. 최우선 임금채권자 등 우선채권자와 경합하는 경우

[사례 2]

甲은 乙을 상대로 대여금 지급을 명하는 제1심 가집행선고부 판결을 받아 乙 소유 부동산에 대하여 강제집행을 신청하자, 乙은 위 판결에 항소하면서 甲을 피공탁자로 하여 강제집행정지를 위한 재판상 담보공탁(공탁금: 1백만 원)을 하였다. 그 후 항소심 판결이 乙의 항소기각으로 확정된 후 다음과 같이 압류명령 등이 송달되어 공탁관이 사유신고를 하였다.

① 丙 채권압류 및 추심명령(집행채권: 최우선 임금채권, 공탁금 회수청구권 1백만 원)
② 甲 담보권 실행을 위한 채권압류 및 추심명령(공탁금 회수청구권 1백만 원)
③ 甲 담보취소결정 및 확정증명 제출
④ 공탁관 공탁사유신고

가. 최종 3개월분의 임금 등 채권

근로기준법 및 근로자퇴직급여 보장법의 적용을 받는 근로자의 근로관계로 인한 채권 중 최종 3개월분의 임금과 최종 3년간의 퇴직급여등 및 재해보상금은, 사용자의 총재산에 대하여 질권 또는 채권담보권에 의하여 담보된 채권, 조세·공과금 및 다른 채권에 우선하여 변제된다(근로기준법 제38조 제2항, 근로자퇴직급여 보장법 제12조 제2항).

그리고 선원법의 적용을 받는 선원의 근로관계로 인한 채권 중 최종 4개월분 임금과 최종 4년분 퇴직금 및 재해보상금은 선박소유자의 총재산에 대하여 질권 또는 채권담보권에 의하여 담보된 채권, 조세·공과금 및 다른 채권에 우선하여 변제된다

55) 재판상 담보공탁이 담보하는 손해, 즉 피담보채권을 직접 청구채권으로 하는 집행권원 등을 얻어 담보권 실행을 위한 압류(민사집행법 제273조)를 한 경우라면 압류의 집행채권액 전액이 피담보채권이 되지만, 실무상 위와 같은 경우보다는 재판상 담보공탁의 원인이 된 본안소송에 따른 판결을 집행권원으로 하여 강제집행하는 경우가 많은 것으로 보인다.

(선원법 제152조의 2 제2항 참조).

한편 퇴직한 근로자가 일수로 최종 3개월에 해당하지 않지만 지급받지 못한 3개월 분 임금이 있는 경우(가령 2022. 9. 30. 퇴사한 근로자가 지급받지 못한 임금이 2022. 5월분과 8월분, 9월분 임금인 경우)도 "최종 3개월분의 임금"에 해당하는지 여부에 대하여 이견은 있지만, 관련 규정의 문리해석상 퇴직일을 기준으로 역산하여 3개월 내에 발생한 미지급 임금만 "최종 3개월분의 임금"에 해당하는 것으로 보는 것이 현재 다수의 실무이다.

나. 공탁금 회수청구권에 대하여 담보권 실행하는 담보권자와의 우열 관계

[사례 2]에서 공탁금 회수청구권에 대하여 최우선 임금채권에 기한 丙의 채권압류명령과 담보권을 실행하는 甲의 채권압류명령이 외관상 경합하고 있는데, 그 우열관계가 문제된다.

丙의 채권압류는 압류채무자인 공탁자에게 공탁금 회수청구권이 있음을 전제로 행사할 수 있음에 반하여 甲의 채권압류는 외관상 담보취소결정을 받아 확정이 되고 공탁금 회수청구권을 피압류채권으로 하고 있지만 그 실질은 출급청구에 해당한다. 재판상 담보공탁은 담보권리자가 받게 될 손해를 담보하기 위한 공탁으로 피공탁자는 담보물에 대하여 질권자와 동일한 권리를 가진다(민사소송법 제123조, 제502조 제3항, 민사집행법 제19조 제3항). 따라서 피공탁자는 피담보채권이 발생하였음을 증명하여 공탁물에 대하여 담보권을 실행할 수 있다. 그러나 공탁자가 공탁금 회수청구권을 행사하려면 담보취소가 선행되어야 하므로 재판상 담보공탁의 공탁물 출급청구권은 공탁물 회수청구권보다 우선한다.[56)]

담보권리자가 공탁금 회수청구권을 압류하고 추심명령이나 확정된 전부명령을 받은 후 담보취소결정을 받아 공탁금 회수청구를 하는 경우에도 그 담보공탁금의 피담보채권을 집행채권으로 하는 것인 이상, 담보권리자의 위와 같은 담보취소신청은 어디까지나 담보권을 포기하고 일반 채권자로서 강제집행을 하는 것이 아니라 오히려 적극적인 담보권실행에 의하여 그 공탁물 회수청구권을 행사하기 위한 방법에 불과하다고 보는 것이 합리적이므로 이는 담보권의 실행방법으로 인정된다.[57)]

[사례 2]에서 甲은 공탁금 회수청구권에 대하여 담보권 실행을 위한 채권압류를

56) 법원행정처, 공탁실무편람(2022), 589.

57) 대법원 2008. 11. 13. 선고 2007다33842 판결 등

하면서 담보취소결정을 받았지만 여전히 담보권 실행으로서 공탁금 출급청구를 하는 것으로 최우선 임금채권에 기한 丙의 회수청구에 우선한다. 따라서 배당절차에서 담보권자 甲이 최우선 임금채권자 丙에 우선하여 배당받게 된다.

Ⅸ. 채권압류명령 기재 청구금액과 배당받을 수 있는 채권액

1. 물상대위에 의한 채권압류의 경우

[사례 1]

> 甲은 乙 소유 부동산 위에 제1순위 근저당권권자(채권최고액: 1억 원)이고, 丙은 위 부동산에 제2순위 근저당권자(채권최고액: 1억 원)이다. 위 부동산은 고양시에 수용될 예정인데(수용개시일: 2022. 12. 30.) 다음과 같이 순차적으로 물상대위에 의한 채권압류명령이 고양시에 송달되었다.
>
> ① 甲 2022. 11. 1. 물상대위에 의한 채권압류 및 추심명령(집행채권액 8,700만 원: 압류 및 추심명령 신청서에 청구채권 중 부대채권의 범위를 각각 해당 신청일 무렵까지의 확정 금액으로 기재함)
> ② 丙 2022. 11. 15. 물상대위에 의한 채권압류 및 추심명령(집행채권액 5,000만 원: 압류 및 추심명령 신청서에 청구채권 중 부대채권의 범위를 각각 해당 신청일 무렵까지의 확정 금액으로 기재함)
> ③ 2022. 11. 20. 고양시 민사집행법 제248조 제1항 집행공탁(9,000만 원) 및 사유신고
> ④ 2023. 2. 20. 甲 배당기일 전일까지 부대채권을 산정한 채권계산서(9,200만 원) 제출

가. 담보권 실행에 의한 경매신청채권자의 청구금액의 확정

근저당권자가 피담보채무의 불이행을 이유로 스스로 담보권 실행을 위한 경매를 신청한 경우에는 경매신청 시에 그 때까지 기본계약에 의하여 발생되어 있는 채권으로 피담보채권액(근저당채무액)이 확정되고, 이때 신청채권자가 경매신청서에 피담보채권액 중 일부만을 청구금액으로 기재하여 경매를 신청하였을 경우에는 다른 특별한 사정이 없는 한 신청채권자가 당해 경매절차에서 배당을 받을 금액이 그 기재된 청구금액을 한도로 확정되며, 신청채권자가 나머지 피담보채권액으로 이중경매신청을

하여 청구금액을 확장할 수 있다고 하여도 이는 경매신청 시까지 이미 발생한 원금채권 및 그에 대한 경매신청 후의 지연손해금채권에 대한 것이고, 경매신청 이후에 발생한 원금채권은 그 근저당권에 의하여 담보되지 않는다(대법원 2005. 7. 8. 선고 2005다6235 판결 등).

경매신청 후 신청채권자의 청구금액 확장은 허용되지 않지만, 신청채권자가 경매신청서에 청구채권으로 채권 원금 외에 지연손해금 등의 부대채권을 개괄적으로나마 표시하였다가 나중에 채권계산서에 의하여 그 부대채권의 구체적인 금액을 특정하는 것은 경매신청서에 개괄적으로 기재하였던 청구금액의 산출근거와 범위를 밝히는 것에 지나지 않아서 허용되고, 이를 청구금액의 확장에 해당하여 허용되지 않는 것으로 볼 것은 아니다(대법원 2007. 5. 11. 선고 2007다14933 판결). 신청채권자가 경매신청서에 경매청구채권으로 이자 등 부대채권을 표시한 경우에 나중에 채권계산서에 의하여 부대채권을 증액하는 방법으로 청구금액을 확장하는 것까지 금지하는 취지는 아니다(대법원 1997. 2. 28. 선고 95다22788 판결, 대법원 2001. 3. 23. 선고 99다11526 판결, 대법원 2011. 12. 8. 선고 2011다65396 판결 등).

나. (근)저당권자 등 담보권자의 물상대위에 의한 채권압류권자의 청구금액 확정

민법 제370조, 제342조에 따라 저당권자가 물상대위권을 행사하기 위해서는 민사집행법 제273조에 의하여 담보권의 존재를 증명하는 서류를 집행법원에 제출하여 채권압류 및 추심명령 또는 전부명령을 신청하거나, 민사집행법 제247조에 의하여 배당요구를 하는 방법으로 하여야 하고, 이는 늦어도 민사집행법 제247조 제1항 각 호 소정의 배당요구의 종기까지 하여야 한다. 이와 같이 물상대위권자의 권리행사 방법과 시한을 제한하는 취지는 물상대위의 목적인 채권의 특정성을 유지하여 그 효력을 보전함과 동시에 제3자에게 불측의 손해를 입히지 않으려는 것이다(대법원 2000. 5. 12. 선고 2000다4272 판결, 대법원 2010. 10. 28. 선고 2010다46756 판결 등 참조).

금전채권에 대한 강제집행절차에서 집행실무는 압류명령 신청 당시 발생한 지연이자 등 부대채권을 원금채권에 합한 금액을 청구금액으로 하는 것이 일반적이다. 그에 따라 배당실무도 등기사항증명서상 근저당권 채권최고액을 한도로 물상대위에 의한 채권압류 및 추심명령 또는 전부명령상 기재된 청구금액을 배당표상 채권금액으로 하여 배당을 실시해 오고 있다.

[사례 1]에서 근저당권자 丙이 민사집행실무상 청구금액 기재례에 따라 대여금

원금과 물상대위에 의한 압류명령 신청 당시까지 발생한 지연이자 등 부대채권액만을 포함하여 청구금액을 기재한 경우에 압류명령 발령일 이후 배당기일 전일까지 발생한 지연이자 등 부대채권을 배당요구할 수 있는지 여부가 문제된다.

이와 관련하여 대법원 2022. 8. 11. 선고 2017다256668 판결은 저당권자가 물상대위권을 행사하여 채권압류명령 등을 신청하면서 그 청구채권 중 이자 · 지연손해금 등 부대채권의 범위를 신청일 무렵까지의 확정금액으로 기재한 경우, 그 신청 취지와 원인 및 집행 실무 등에 비추어 저당권자가 부대채권에 관하여는 신청일까지의 액수만 배당받겠다는 의사를 명확하게 표시하였다고 볼 수 있는 등의 특별한 사정이 없는 한, 그 배당절차에서는 채권계산서를 제출하였는지 여부에 관계없이 배당기일까지의 부대채권을 포함하여 원래 우선변제권을 행사할 수 있는 범위에서 우선배당을 받을 수 있다고 봄이 타당하다고 판시[58]하였다.

판례에 따르면 [사례 1]에서 甲은 배당기일 전일까지 지연이자 등 부대채권액을 포함하여 9,200만 원을 배당요구할 수 있고, 배당재단 9,000만 원 전액을 배당받을 수 있다.

다. 관련문제

1) 채권계산서를 제출하지 않은 경우 부대채권 산정

[사례]는 물상대위권자가 배당기일 전에 스스로 지연이자 등 부대채권액을 기재한 채권계산서를 제출하였지만, 물상대위권자가 위와 같은 채권계산서를 제출하지 않

---

58) 그 이유에 대하여 "1) 금전채권에 대하여 채권압류명령 등이 신청된 경우 제3채무자는 순전히 타의에 의하여 다른 사람들 사이의 법률분쟁에 편입된 것이므로, 제3채무자가 압류된 채권이나 범위를 파악할 때 과도한 부담을 가지지 않도록 보호할 필요가 있다(대법원 2011. 2. 10. 선고 2008다9952 판결 참조). 이에 현행 민사집행 실무에서는 금전채권에 대한 압류명령신청서에 기재하여야 하는 청구채권 중 부대채권의 범위를 신청일까지의 확정금액으로 기재하도록 요구하고 있다. 이러한 실무는 법령상 근거가 있는 것은 아니나, 제3채무자가 압류 범위를 파악하는데 과도한 부담을 가지지 않도록 압류채권자에게 협조를 구하는 한도에서 합리적인 측면이 있다. 2) 그러나 본래 저당권자는 물상대위권을 행사할 때 청구채권인 저당권의 피담보채권 중 부대채권의 범위를 원금의 지급일까지로 하는 채권압류명령 등을 신청할 수 있다. 따라서 물상대위권을 행사하는 저당권자가 민사집행 실무에서 요구하는 바에 따라 부대채권의 범위를 신청일 무렵까지의 확정금액으로 기재한 것은 다른 특별한 사정이 없는 한, 위와 같이 제3채무자를 배려하기 위한 것일 뿐 나머지 부대채권에 관한 우선변제권을 확정적으로 포기하려는 의사에 기한 것이라고 추단할 수 없다. 3) 게다가 제3채무자의 공탁(민사집행법 제248조) 등의 이유로 배당절차가 개시된 경우에는 제3채무자의 보호가 처음부터 문제되지 않으므로, 물상대위권을 행사하는 저당권자는 원래 배당절차에서 우선변제권을 행사할 수 있는 범위에서 우선배당을 받고자 하는 것이 통상적인 의사라고 볼 수 있다"는 점을 설시하고 있다.

은 경우에도 집행법원에서 직권으로 지연이자 등을 계산하여 배당표를 작성하여야 하는지 여부가 실무상 문제될 수 있다.

적극설은 실체법상 저당권자는 물상대위권을 행사할 때 저당권의 피담보채권 중 부대채권을 원금의 지급일까지 청구할 수 있는 권리를 가지고 있고, 저당권자가 물상대위에 의한 채권압류명령 신청일까지의 지연이자 등 부대채권액을 받겠다는 명시적인 의사표시가 없는 한 배당기일 전까지 채권계산서를 제출하지 않았다고 하더라도 집행법원에서 배당기일 전일까지 지연이자를 직권으로 계산하여 배당표를 작성하여야 한다는 주장이 가능하다.

소극설은 저당권자의 피담보채권 중 부대채권 등을 확정액으로 기재하여 물상대위에 의한 채권압류 및 추심명령이 발령된 경우 제3채무자에게 추심할 때에는 확정금액만 추심하고, 제3채무자가 집행공탁을 하는 등의 사정으로 배당절차가 개시된 경우에는 배당기일 전일까지 지연이자 등 부대채권의 범위가 확장된다고 해석하는 것은 법률관계를 복잡하게 만드는 등 적극설은 현재 집행실무와 맞지 않다는 주장이 가능하다.

2) 일반채권에 기한 압류의 부대채권 확장 여부

집행력 있는 정본을 가진 채권자가 그 채권액 중 일부만을 청구금액으로 표시하여 강제집행을 한 후 그 청구금액을 확장하는 것은 허용되지 않는다. 그 후에 청구금액을 확장하여 잔액을 청구하더라도 배당요구를 한 것으로 볼 수밖에 없다(대법원 1983. 10. 15.자 83마393 결정 참조).

또한 배당요구는 배당요구종기 전에 적법하게 이뤄져야 한다는 점에서 제3채무자 가 민사집행법 제248조 제1항 집행공탁을 한 후 집행법원에 사유신고를 한 경우 이미 배당요구종기가 도래하였기 때문에 배당요구방식을 통한 청구금액 확장은 불가하다.

집행력있는 정본을 가진 채권자가 채권압류명령을 신청하면서 그 채권액 중 지연이자 등을 신청일까지만 계산하여 청구금액으로 기재한 경우에도 대법원 2022. 8. 11. 선고 2017다256668 판결 취지에 따라 배당기일 전일까지 지연이자 등 부대채권을 확장할 수 있는지 여부가 쟁점이다.

적극설은 압류명령 신청일까지의 액수만 배당받겠다는 의사를 명확하게 표시하였다고 볼 수 있는 특별한 사정이 없는 한 채권계산서 제출 여부와 관계없이 배당기일까지의 부대채권을 포함하여 배당받을 수 있다는 주장이 가능하다.

대법원 2022. 8. 11. 선고 2017다256668 판결에서 압류채권자가 그 신청 취지와 원인 및 집행 실무 등에 비추어 저당권자가 부대채권에 관하여는 신청일까지의 액수만 배당받겠다는 의사를 명확하게 표시하였다고 볼 수 있는 등의 특별한 사정이 없는 한, 그 배당절차에서는 채권계산서를 제출하였는지 여부에 관계없이 배당기일까지의 부대채권을 포함하여 청구할 수 있다고 판시하면서 압류채권자의 의사를 기준으로 한 점에서 일반채권에 기한 압류의 경우를 달리 볼 수 없다는 점을 근거로 들 수 있다.

소극설은 제3채무자는 청구금액 외에 집행채권의 이자율 등을 알기 어렵기 때문에 단일 압류의 경우에도 추심권자에게 얼마의 금액에 대하여 추심을 응해야 할지 알 수 없고, 다수의 압류가 있는 경우에는 압류경합이 성립하는지를 알 수 없다는 점과, 현재 실무상 압류명령일 이후 지연이자를 지급받으려는 채권자는 추가 압류를 한다는 점 등을 근거로 들 수 있다.

3) 검토

대법원 2022. 8. 11. 선고 2017다256668 판결은 배당기일 전일까지 지연이자 등 부대채권액 확장은 물상대위권자의 실체법상 권리이고, 부대채권에 관한 우선변제권을 확정적으로 포기하려는 의사를 추단할 수 있는 특별한 사정이 없는 한 배당기일 전일까지 지연이자를 피담보채권에 포함시키는 것이 타당하다.

또한 위 판결의 취지가 피담보채권과 일반채권을 구별하는 것으로 해석되지 않고, 압류채권자의 의사를 중시하고 있다는 점에서 집행권원에 기한 압류의 경우에도 압류명령상 청구금액이 확정되어 있더라도 배당기일 전일까지 지연이자 등 부대채권을 확장할 수 있다고 해석할 여지는 있다. 하지만 집행권원에 기한 압류가 배당요구의 거의 전부를 이루고 있다는 점, 현실적으로 압류 이후 빈번하게 변제가 이뤄지고 있어 과다 배당이 될 우려가 있다는 점과 집행법원에서 직권으로 지연이자를 계산하는 경우의 실무상 위험(일부 변제사실을 간과 등)과 어려움을 고려할 때 소극설이 타당하다.

X. 유체동산 강제집행과 배당절차

1. 유체동산 강제집행절차에서 배당요구와 배우자의 지급요구

[사례 1]

> 부부인 甲과 乙의 공유 유체동산에 대하여 甲에 대한 집행권원에 기하여 다음과 같이 압류 등이 甲에게 도달하였고, 유체동산 강제집행절차가 진행되었다. 아래 각 압류권자 등의 채권을 전부 변제할 수 없고 배당협의도 되지 않아 집행관은 매각대금 100만 원을 공탁을 하고 집행법원에 사유신고(민사집행규칙 제156조 제1항)를 하였다.
>
> ① 丙 압류(집행채권액 100만 원)
> ② 丁 압류(집행채권액 100만 원)
> ③ 乙의 지급요구(지급요구액 50만 원)

가. 채권자의 배당요구와 배우자의 지급요구

유체동산집행에 있어서는 실체법상 우선변제청구권이 있는 자에 한하여 배당요구를 할 수 있으므로(민사집행법 제217조), 집행력 있는 정본을 가지지 아니한 자는 아예 배당에서 제외된다. 집행력 있는 정본을 가진 자라 하더라도 배당요구는 할 수 없고, 민사집행법 제215조에 따라 이중압류를 하여야 배당을 받을 수 있다. 압류 이전에 목적물을 가압류한 채권자는 압류채권자에 해당하므로 당연히 배당을 받게 된다(압류 이후 목적물을 가압류한 채권자의 경우에는 긍정설과 부정설의 견해 대립 있음). 한편 압류한 유체동산의 공유자임을 주장하는 배우자는 배당요구가 아닌 지급요구를 하여야 매각대금으로부터 지급받을 수 있다(민사집행법 제221조). 배당요구와 배우자의 지급요구는 집행관에게 하여야 한다(민사집행법 제218조, 제221조 제2항).

이 지급요구는 자기 소유물의 매각대금의 반환을 구하는 것으로서 배당요구와는 본질을 달리하는 것이나, 지급요구의 방식과 절차 및 시적 한계 등에 관하여는 배당요구에 관한 규정이 일부 준용된다(민사집행법 제221조 제2항, 민사집행규칙 제153조).

지급요구의 대상이 되는 '매각대금'을 어떻게 볼 것인가에 관하여 배우자의 지급요구는 채무자 아닌 배우자가 자신의 공유지분에 상응하는 매각대금의 지급을 구하는 것이라는 점에서 '집행비용 공제 전 매각대금'을 의미하는 것으로 해석해야 한다. 또한 집행관사무소에 비치할 각종 문서의 양식에 관한 예규(행정예규 제1200호) [별지]

2 32의 유체동산호가경매조서는 집행비용을 빼기 전의 것을 의미한다는 전제 아래(채무자 아닌 배우자가 부담할 것이 아니라는 의미), 지급요구가 있을 때에는 집행비용의 공제에 앞서 배우자에 대하여 그 지분에 해당하는 몫을 지급하도록 하고 있다.

나. 구체적인 배당관계

[사례 1]에서 乙의 지급요구에 따라 50만 원을 乙에게 배당하고, 丙과 丁에게 각 25만 원씩 배당하게 된다.

한편 丙과 丁이 강제집행에 든 비용(집행비용)을 청구하는 경우 乙에게 지급한 금액을 제외한 50만 원에서 각 집행비용을 안분하여 공제한 후 丙과 丁에게 배당을 하여야 한다.

2. 동산담보권자와 배당요구

[사례 2]

> 甲은 乙소유 동산에 대하여 동산·채권 등의 담보에 관한 법률(이하 '동산·채권담보법')에 따라 근담보권을 설정(채권최고액 2천만 원)하고, 담보등기를 마쳤다. 丙은 乙에 대한 집행권원으로 위 乙소유 동산에 대하여 유체동산강제집행신청(청구금액: 1천만 원)을 하여 다음과 같이 강제집행절차가 진행되었다.
>
> ① 집행관은 甲에게 민사집행규칙 제132의2 제2항에 따라 '매각기일까지 집행을 신청하거나 집행관이 매각대금 영수할 때까지 배당요구를 하여 배당절차에 참여할 수 있다'는 내용의 고지서를 송달하였으나 경매기일 통지서는 송달하지 않았음
> ② 2023. 5. 10. 12:00 집행관은 위 동산을 매각하여 매각대금(1천만 원)을 수령하고 호가경매기일 종료
> ③ 2023. 5. 10. 16:00 甲은 위 호가경매기일이 종료된 후 배당요구서(1천만 원)를 제출
> ④ 집행관: 매각대금에 대한 배당협의가 성립하지 않아 매각대금(1천만 원) 공탁(민사집행법 제222조)

가. 유체동산강제집행절차에서 동산담보권자의 지위

동산·채권담보법에 따라 동산을 담보로 제공하기로 하는 담보약정을 하고 담보등기를 마치면 동산담보권이 성립하고(동산·채권담보법 제7조), 동산담보권자는 담보

목적물에 대하여 다른 채권자보다 자기채권을 우선변제받을 권리가 있다(동산·채권담보법 제8조).

동산담보권이 설정된 유체동산에 대하여 다른 채권자의 신청에 의한 강제집행절차가 진행되는 경우 집행관의 압류 전에 등기된 동산담보권을 가진 채권자가 배당요구를 하지 않아도 배당에 참가할 수 있는지 여부가 문제된다.

나. 담보등기부의 인적편성주의에 따른 문제점

1) 부동산별로 편성되는 부동산등기부와 달리 담보등기부는 담보권설정자별로 편성되고(동산·채권담보법 제47조), 담보목적물이 양도되어도 소유권 변동 내역이 담보등기부에 기재되지 않으므로, 집행채무자가 이미 동산담보권이 설정된 동산을 취득한 경우와 같이 담보권설정자가 아닌 경우에는 집행채무자의 담보등기부만 보아서는 동산담보권의 존재를 알 수 없는 문제가 있다.

2) 집행관은 유체동산 압류 시에 집행채무자가 집행목적물에 담보가 설정되어 있다는 진술을 한 경우에는 이를 압류조서에 기재하여야 하는데(민사집행규칙 제134조 제1항), 그 경우 집행기관이 담보등기부를 열람하여 담보권의 존재 여부를 확인하고 배당을 하는 등의 조치를 취하는 것이 필요하다.

3) 집행채무자가 담보에 관한 진술을 하지 않아 집행기관에서 동산담보권의 존재를 알지 못하여 동산담보권자가 배당에 참여할 기회가 없었던 경우에, 동산담보권자를 배당요구를 하여야만 배당을 받을 수 있는 채권자라고 보면 동산담보권자는 아무런 잘못 없이 담보권을 상실할 뿐만 아니라 앞서 본 바와 같이 배당받은 후순위 채권자를 상대로 부당이득반환청구도 하지 못하는 등 아무런 구제 수단이 없게 된다.

4) 동산·채권담보법에는 집행관이 압류를 집행하였다는 취지나 기입등기 또는 이에 대한 말소등기촉탁 등의 절차에 관한 규정이 없다. 또한 동산담보권부 채권에 대하여 압류나 가압류가 제3채무자에게 송달되어 압류나 가압류의 처분제한 등의 효력이 발생하더라도 이에 관한 등기를 촉탁할 수 있는 절차가 마련되어 있지 않다.

5) 집행관의 압류할 유체동산의 담보권 확인의무

집행관은 유체동산 압류 시에 채무자에 대하여 동산·채권담보법 제2조 제7호에 따른 담보등기가 있는지 여부를 담보등기부를 통하여 확인하여야 하고, 담보등기가 있는 경우에는 등기사항전부증명서(말소사항 포함)를, 담보등기가 없는 경우에는 등기사항개요증명서(다만, 등기기록미개설증명서를 발급받을 수 없는 경우에는 이를 확인할 수 있는 자료)를 집행기록에 편철하여야 한다.

다. 동산담보권과 양도담보의 경합시 우열관계

1) 동산·채권담보법은 동산채권담보의 공시방법으로서 '등기' 이외에도 '점유'도 인정하고 있다. 따라서 A가 동산담보권을 취득한 후 B가 동일한 목적물에 대하여 점유개정의 방식에 의해 양도담보권을 취득한 경우에 동산담보권과 양도담보권의 우열은 동산담보권의 등기시점과 점유개정에 의한 동산인도가 이루어진 시점의 선후에 의하므로(동산·채권담보법 제7조 제3항 참조), B는 동산담보권의 부담이 있는 양도담보권을 취득하게 되고, A가 1순위, B가 2순위로 된다.

2) B가 점유개정의 방식에 의해 양도담보권을 취득한 후 동일한 목적물에 대하여 A가 동산담보권자로서 설정계약을 체결한 경우에 시간에서 앞선 B가 1순위로 된다(동산·채권담보법 제7조 제3항 참조). B의 양도담보권 취득으로 인해 양도담보권설정자는 무권리자가 되고, 무권리자로부터 동산담보권을 설정받더라도 이는 무효이고 동산담보권의 선의취득도 인정되지 아니하므로 A는 동산담보권을 취득하지 못한다.

결국 A는 우선변제권자에 해당하지 아니하므로 민사집행법 제217조에 의한 배당요구를 할 수는 없다.

라. 대법원 2022. 3. 31. 선고 2017다263901 판결[59]: 적극

---

59) 대법원 2022. 3. 31. 선고 2017다263901 판결은 다음과 같은 이유를 설시하고 있다.

① 동산담보권은 담보등기를 함으로써 효력이 발생하고(동산·채권담보법 제7조 제1항), 담보등기부는 담보권설정자별로 구분하여 작성되며(제47조), 누구든지 등기부를 열람하거나 발급받을 수 있다(제52조).

② 민사집행법 제148조 제4호는 '저당권·전세권, 그 밖의 우선변제청구권으로서 첫 경매개시결정등기 전에 등기되었고 매각으로 소멸하는 것을 가진 채권자'를 배당요구를 하지 않아도 당연히 배당받을 채권자로 정하고 있다. 위 규정은 등기·등록의 대상이 되는 선박, 자동차, 건설기계 등에 대한 강제집행절차에 준용된다(민사집행법 제172조, 제187조, 민사집행규칙 제108조, 제130조).

③ 민사집행법 제148조는 2002년 민사집행법 제정 시 신설된 규정인데, 이러한 규정이 없었던 구 민사소송법(2002. 1. 26. 법률 제6626호로 전부개정되기 전의 것, 이하 같다)이 적용되던 때에도 '압류의 효력 발생 전에 등기되고 매각으로 소멸하는 담보권을 가진 채권자'는 배당요구 없이도 당연히 배당을 받을 수 있었다(대법원 1998. 10. 13. 선고 98다12379 판결, 대법원 2002. 1. 22. 선고 2001다70702 판결 등 참조).

④ 동산·채권담보법이 제정·시행되기 전에는 유체동산에 관하여 등기에 의하여 공시되는 담보권이 존재하지 않았기 때문에, 민사집행법은 유체동산의 강제집행절차에 관하여 우선변제청구권이 있는 채권자는 배당요구를 할 수 있다고 정할 뿐(민사집행법 제217조, 제218조, 제220조) 민사집행법 제148조를 준용하지 않았다. 2012년 시행된 동산·채권담보법은 제22조 이하에서 동산담

판례는 등기를 통해 공시되는 동산담보권을 창설한 동산·채권담보법의 입법취지, 부동산 집행절차에서 등기된 담보권자를 당연히 배당받을 채권자로 정하는 민사집행법 제148조 제4호의 취지, 동산담보권자와 경매채권자 사이의 이익형량 등을 고려하면, 동산담보권이 설정된 유체동산에 대하여 다른 채권자의 신청에 의한 강제집행절차가 진행되는 경우 민사집행법 제148조 제4호를 유추적용하여 집행관의 압류 전에 등기된 동산담보권을 가진 채권자는 배당요구를 하지 않아도 당연히 배당에 참가할 수 있다.

마. 구체적인 배당관계

[사례 2]에서 甲은 집행관의 압류 전에 등기된 동산담보권을 가진 채권자로서 동산근담보권의 채권최고액의 범위에서 배당요구 없이도 당연히 배당에 참가할 수 있다. 따라서 甲은 乙보다 우선하여 1천만 원을 배당받을 수 있다.

XI. 계속적 수입채권 등을 배당재단으로 하는 경우: 연계배당

[사례]

> 甲은 乙회사에 근무하고 있는데, 甲의 급여채권에 대하여 다음과 같이 순차적으로 채권압류 및 추심명령이 송달되어, 乙회사는 2회에 걸쳐 민사집행법 제248조 제1항 집행공탁 및 사유신고를 하였다.

보권의 실행방법을 정하고 있지만, 담보목적물에 대한 강제집행절차에서 동산담보권자가 어떤 지위에 있는지에 관하여는 아무런 규정을 두지 않고 있다.
⑤ 동산담보권자는 집행목적물에 대하여 압류채권자에 우선하고 압류에 대항할 수 있는 물적 담보권이 있으며 이것이 등기에 의해 공시되는데도 불구하고 배당요구를 하지 않으면 배당을 받지 못하고 담보권이 소멸한다고 보면, 저당권·전세권 등 부동산 담보권자와의 형평에 맞지 않는다. 동산의 질권자는 집행관의 압류를 승낙하지 않음으로써(민사집행법 제191조 참조), 양도담보권자는 제3자이의의 소로써(대법원 2004. 12. 24. 선고 2004다45943 판결 등 참조) 일반채권자의 강제집행을 쉽게 저지할 수 있는 점을 고려하면 동산담보권자의 지위가 그들보다도 더 약화된다. 배당요구를 하여야 배당을 받을 수 있는 채권자가 배당요구를 하지 않아 배당을 받지 못한 경우 배당을 받은 후순위 채권자를 상대로 부당이득반환청구를 할 수 없는 점(대법원 1996. 12. 20. 선고 95다28304 판결 등 참조)까지 더하여 보면, 이러한 해석은 동산담보권의 설정을 꺼리게 함으로써 동산의 담보거래를 활성화하려는 동산·채권담보법의 입법취지에 부합하지 않는다. 반면 채무자의 재산에 대해 강제집행을 하려는 채권자는 채무자의 담보등기부를 통해 동산담보권의 존재를 알 수 있으므로, 그 우선변제권이 미치는 부분에 대하여는 일반채권자의 배당에 관한 기대를 보호할 필요도 적다.

① 2022. 7. 1. 丙 채권압류 및 추심명령(집행채권액 1천만 원)
② 2022. 9. 2. 丁 채권압류 및 추심명령(집행채권액 1천만 원)
③ 2022. 10. 2. 乙회사 민사집행법 제248조 제1항 집행공탁(1천만 원) 및 사유 신고
④ 배당(1차): 丙 5백만 원, 丁 5백만 원
⑤ 2022. 11. 1. 戊 채권압류 및 추심명령(집행채권액 1천만 원)
⑥ 2022. 12. 1. 己 채권압류 및 추심명령(집행채권액 1천만 원)
⑦ 2023. 1. 3. 乙회사 민사집행법 제248조 제1항 집행공탁(9백만 원) 및 사유 신고

1. 계속적 수입채권에 대한 압류의 효력 범위

임금, 차임 등과 같이 장래에 계속적으로 발생하는 채권에 대하여 압류명령이 내려진 경우에는 이를 전체적으로 하나의 채권으로 볼 것인지 아니면 각 지급기마다 발생하는 채권을 각각 별개로 볼 것인지 등과 관련하여 그 효력이 미치는 범위에 대하여 견해의 대립이 있다.[60]

1) 계속적 수입채권을 전체적으로 하나의 채권으로 이해하는 견해에서는, 보통의 채권압류의 경우에 압류의 효력이 원칙적으로 압류의 대상인 채권 전부에 미친다는 논리를 관철하여, 압류채권자가 압류의 범위를 집행채권과 집행비용의 범위로 한정하여 신청하는 등의 특별한 제한이 없는 한 장래에 계속적으로 발생하는 채권 전부에 압류의 효력이 미친다고 한다(무제한설).

2) 각 지급기마다 발생하는 채권을 각각 별개로 보는 견해에서는 각 지급기마다 압류절차를 되풀이하는 것이 번거로워 1회의 압류의 효력을 그 뒤에 발생한 채권에 확장시키는 것일 뿐이라고 이해하여 집행채권 및 집행비용의 액을 한도로 하여서만 압류의 효력이 장래에 발생하는 채권에 미친다고 한다(제한설).

3) 판례는 "채권 일부가 압류된 뒤에 그 나머지 부분을 초과하여 다시 압류명령이 내려진 때에는 각 압류의 효력은 그 채권 전부에 미치는데, 이는 압류대상 채권이 계속적 수입채권이라 하여 달리 볼 것이 아니고, 따라서 계속적 수입채권에 대하여 여러 건의 압류가 시기를 달리하여 발하여진 결과 압류경합이 된 경우에 각 압류에서 그 압류의 효력이 미치는 채권의 발생 시기를 특별히 제한하여 명시한 경우가

60) 법원실무제요, 민사집행 [IV], 사법연수원(2020), 254-255.

아니라면 각 압류의 효력은 그 압류 후에 발생한 계속적 수입채권 전부에 미치고, 한편 다른 압류보다 뒤에 발하여진 압류라도 그 압류 전에 다른 사유로 압류의 효력이 배제된 경우를 제외하고는 원칙적으로 당해 압류 전에 발생한 채권 전부에 대하여 그 효력이 미친다."라는 입장이다(대법원 2003. 5. 30. 선고 2001다10748 판결, 대법원 2011. 1. 27. 선고 2010다78050 판결).

4) 배당실무는 무제한설에 따라 압류채권자가 압류의 범위를 집행채권과 집행비용의 범위로 한정하여 신청하는 등의 특별한 제한이 없는 한 장래에 계속적으로 발생하는 채권 전부에 압류의 효력이 미치는 것으로 보고 있다.

2. 연계배당: 배당기준액

무제한설에 따른 현재 배당실무에 의하면 급여 등 계속적 수입채권이 압류되어 배당절차가 개시된 경우 한번 압류를 행한 채권자는 다른 채권자와의 경합에 의하여 자신의 채권이 만족받을 때까지 다시 압류를 하지 않더라도 종전 배당절차에 이어 후행 배당절차에도 참가할 수 있게 된다. 이러한 점에서 계속적 수입채권을 배당재단으로 하는 배당을 실무상 연계배당이라고 한다.

연계배당은 종전 배당절차와 관련성을 가지지만 종전 배당의 결과를 변경시키지 않는다는 점에서 추가배당과 다르다.

따라서 집행법원은 이러한 연계배당의 특성상 계속적 수입채권에 대한 배당을 준비할 때 사건검색을 하여 종전 배당이 존재하는지, 누락된 압류가 없는지 여부를 확인한 후 배당절차를 진행하여야 한다.

계속적 수입채권을 압류한 채권자가 최초 배당절차에서 채권전액을 만족받지 못한 경우 이후 발생한 계속적 수입채권을 배당재단으로 하는 배당절차에서 참가할 수 있는 채권액이 문제될 수 있다. 압류권자의 집행채권 중 최초 배당절차에서 배당받은 부분은 변제로 소멸하였으므로 나머지 채권액으로 배당에 참가할 수 있다고 봄이 타당하고, 실무도 위와 같이 처리되고 있다.

한편 압류권자가 계속적 수입채권을 압류하여 일부 배당을 받은 후 이후 발생한 계속적 수입채권을 배당재단으로 하는 배당절차에서 동일한 집행채권(원본)이지만 새로운 배당기일 전일까지 지연이자를 추가하여 압류를 하는 경우가 있다. 실무는 위와 같은 경우 선행 압류와 후행 압류 집행채권의 원본채권이 동일한 지 여부를 확인한 후 후행 압류를 기준으로 배당받은 금액을 뺀 나머지 금액을 기준으로 배당표를 작성하고 있다.

3. 구체적인 배당관계

[사례]에서 丙과 丁은 채무자 甲의 급여(계속적 수입채권)에 대하여 압류를 하였고, 최초 배당에서 채권의 일부(1천만 원 중 500만 원)만을 각 배당받았다. 甲의 급여를 배당재단으로 하는 후행 압류절차에서 丙과 丁은 새롭게 압류를 하지 않았지만 최초 배당이후 발생한 甲의 급여채권에 대하여 압류의 효력이 미치고, 이에 따라 후행 배당절차에 당연히 참가할 수 있다. 후행 배당절차에서 丙과 丁은 각 150만 원, 戊와 己는 각 300만 원씩 배당받게 된다. 최종적으로 丙과 丁은 각 650만 원, 戊와 己는 각 300만 원씩 배당을 받는다.

XII. 그 밖의 채권배당사례

1. 물상대위에 의한 채권압류와 배당관계

[사례]

> 甲은 용인시에 대하여 1억 원의 토지수용보상금채권을 가지고 있는데, 다음과 같이 순차적으로 채권압류 및 추심명령이 송달되어, 용인시는 민사집행법 제248조 제1항 집행공탁 및 사유신고를 하였다.
>
> ① 乙 채권압류 및 전부명령(집행채권액 1억 원, 2021. 11. 30. 전부명령 확정)
> ② 丙 물상대위에 의한 채권압류 및 추심명령(집행채권액 5천만 원, 2022. 1. 5. 근저당권설정등기)
> ③ 丁 물상대위에 의한 채권압류 및 추심명령(집행채권액 7천만 원, 2021. 12. 20. 근저당권설정등기)
> ④ 용인시 민사집행법 제248조 제1항 집행공탁 및 사유신고
> ⑤ 戊 물상대위에 의한 채권압류 및 추심명령(집행채권액 1억 원, 2019. 7. 5. 근저당권설정등기)

가. 물상대위에 의한 압류권자의 지위

물상대위권을 행사하기 위해서는 대상물인 금전 그 밖의 물건이 지급 또는 인도

되기 전에 그 지급 또는 인도청구권을 압류하여야 한다(민법 제370조, 제342조 후문).

물상대위권의 행사는 늦어도 민사집행법 제247조 제1항 각 호 소정의 배당요구의 종기까지 하여야 하는 것으로, 그 이후에는 물상대위권자로서의 우선변제권을 행사할 수 없으므로, 배당요구의 종기가 지난 후에 물상대위에 기한 채권압류 및 전부명령이 제3채무자에게 송달되었을 경우에는 물상대위권자는 배당절차에서 우선변제를 받을 수 없다(대법원 1999. 5. 14. 선고 98다62688 판결, 대법원 2000. 6. 23. 선고 98다31899 판결, 대법원 2003. 3. 28. 선고 2002다13539 판결).

한편 용인시의 집행공탁 및 사유신고 이후 물상대위에 의한 압류를 한 최선순위 근저당권자 戊의 배당참가 여부가 문제되는데, 대법원 2022. 3. 31. 선고 2017다276631 판결에서 근저당권부 채권에 대하여 압류 및 추심명령을 받은 원고가, 근저당부동산이 수용된 후 부동산소유자의 다른 채권자들이 수용보상금채권을 압류하여 그 수용보상금이 집행공탁됨에 따라 진행된 배당절차에서 배당요구의 종기 전에 배당요구를 하지 않아 배당에서 제외되자 배당이의의 소를 제기하여 '수용보상금이 공탁되기 전에는 배당요구를 할 법원이 없었으므로 물상대위권을 행사하는 원고가 공탁사유 신고 후에 배당요구를 하였더라도 원고를 배당에서 제외해서는 안 된다'라는 취지로 다툰 사안에서 저당목적물의 변형물에 대하여 제3자가 압류한 다음 저당권자가 민사집행법 제247조 제1항에 따른 배당요구를 하는 방법으로 물상대위권을 행사하려 할 경우 배당요구를 할 법원은 위 제3자에게 압류명령을 한 법원임을 명확히 하면서 물상대위권에 기한 배당요구도 배당요구종기(이 사건의 경우 공탁사유신고시) 내에 적법하게 하여야 배당받을 수 있음을 명확히 판단하였다. 따라서 戊는 최선순위 근저당권자이지만 배당에 참가할 수 없다.

나. 근저당권 등 담보권에 기한 물상대위권 행사가 경합하는 경우 우열관계

[사례]에서와 같이 다수의 근저당권 등 담보권에 기한 물상대위권 행사가 경합하는 경우 그 우열관계는 근저당권설정등기 접수일자의 선·후나 질권의 대항요건을 갖춘 일자의 선·후에 의한다.

따라서 [사례]에서 丙의 물상대위에 의한 채권압류 및 추심명령이 丁의 물상대위에 의한 채권압류 및 추심명령보다 제3채무자에게 먼저 송달되었지만 근저당권설정등기의 접수일자가 丁이 더 빠르기 때문에 丁이 丙보다 우선하여 배당을 받게 된다.

다. 일반채권에 기한 전부명령이 신행하는 경우: 수급가능성

저당목적물의 변형물인 금전 기타 물건에 대하여 일반채권자가 물상대위권을 행사하려는 저당채권자보다 단순히 먼저 압류나 가압류의 집행을 함에 지나지 않은 경우에는, 저당권자는 그 전은 물론 그 후에도 목적 채권에 대하여 물상대위권을 행사하여 일반채권자보다 우선변제를 받을 수 있고(대법원 1994. 11. 22. 선고 94다25728 판결), 위와 같이 전세권부 근저당권자가 우선권 있는 채권에 기초하여 전부명령을 받은 경우에는 형식상 압류가 경합되었다 하더라도 그 전부명령은 유효하다(대법원 2008. 12. 24. 선고 2008다65396 판결)[61].

물상대위권의 행사를 위하여 근저당권자가 압류를 하기 전에 다른 채권자가 물상대위권 행사의 목적물인 보상금지급청구권에 대하여 다른 채권자가 채권압류 및 전부명령을 얻고 전부명령이 확정되거나 저당목적물의 소유자가 저당목적물을 제3자에게 양도하고 그 대항요건을 갖춘 경우라도 보상금이 직접 지급되거나 보상금지급청구권에 관한 강제집행절차에 있어서 배당요구의 종기에 이르기 전에는 여전히 그 청구권에 대한 추급이 가능하다(대법원 1998. 9. 22. 선고 98다12812 판결, 대법원 2008. 9. 25. 선고 2008다34668 판결 등 참조).

라. 구체적인 배당관계

[사례]에서 丙과 丁이 물상대위권을 행사하기 전에 乙의 전부명령이 확정되었더라도 乙이 전부금을 수령하거나 제3채무자의 사유신고 등으로 배당요구종기가 도래하기 전이라면 丙과 丁의 물상대위권 행사가 가능하다. 따라서 丙 3천만 원, 丁 7천만 원을 배당받게 된다.

2. 출자증권을 매각한 대금을 배당하는 경우

[사례]

甲은 건설공제조합의 조합원으로서 출자증권(10계좌, 1계좌당 1백만 원)을 가지고

61) 그러나 채무자회생 및 파산에 관한 법률 58조 1항에서 개별집행절차개시를 금지하는 규정을 둔 목적의 하나는 회생채권과 회생담보권 모두가 회생절차에 따라야 한다는 회생절차의 기본구조를 뒷받침하려는 데 있으므로, 회생절차개시결정이 있은 후에는 물상대위권의 행사를 위한 압류의 허용 여부와는 별도로 추심명령은 그 효력을 발생할 수 없다(대법원 2004. 4. 23. 선고 2003다6781 판결 참조).

있는데, 다음과 같이 순차적으로 채권압류 및 추심명령이 송달되었고, 출자증권에 대한 현금화절차가 진행되었고, 집행관이 출자증권의 매각대금(1천만 원)을 집행법원에 납부하였다.

① 乙 출자증권에 대한 압류명령(집행채권액 1천만 원, 집행관이 출자증권 점유 못함)
② 丙 출자증권에 대한 압류명령(집행채권액 1천만 원, 집행관이 출자증권 점유)
③ 丁 질권자로서 배당요구(청구금액 7천만 원)
④ 집행관 출자증권매각대금 납부

가. 출자증권에 대한 압류

건설산업기본법상의 건설공제조합, 전기공사공제조합법상의 전기공사공제조합, 정보통신공사업법상의 정보통신공제조합의 조합원에게 발행된 출자증권은 위 각 조합에 대한 출자지분을 표창하는 유가증권이다(대법원 1987. 1. 20. 선고 86다카1456 판결, 대법원 2017. 4. 7. 선고 2016다35451 판결).

출자증권은 조합원인 채무자가 직접 점유하고 있는 경우는 거의 없고, 대부분 조합에 질권이 설정되어 조합이 점유하고 있기 때문에 조합을 제3채무자로 하여 압류명령을 발령한다.

조합원의 출자지분 압류에 관하여, 건설산업기본법 제59조 제4항, 전기공사공제조합법 제11조 제4항 및 정보통신공사업법 제48조 제4항은, 민사집행 절차나 국세 등의 체납처분 절차에 따라 하는 지분의 압류 또는 가압류는 민사집행법 제233조에 따른 지시채권의 압류 또는 가압류의 방법으로 한다고 규정하고 있다. 따라서 출자증권에 대한 압류는 법원의 압류명령으로 집행관이 출자증권을 점유함으로써 효력이 생긴다(대법원 1987. 1. 20. 선고 86다카1456 판결, 대법원 2017. 4. 7. 선고 2016다35451 판결). 그러므로 압류명령이 제3채무자에게 송달되더라도 출자증권의 점유취득이 없는 체납처분압류는 효력이 없고, 체납처분압류권자는 별도로 집행관의 매각대금 영수 시까지 배당요구를 하지 않은 이상 출자증권 매각대금 배당절차에서 배당을 받을 수 없다.

한편 증권을 점유하지 못한 채권자들은 배당요구종기 전까지 배당요구를 하는 방법으로 배당에 참가할 수 있다. 출자증권에 대한 현금화는 실무상 매각명령에 의하여 이루어지는 경우가 많은데, '집행관이 현금화한 금전을 집행법원에 제출한 때'까지 우선변제청구권이 있는 채권자와 집행력 있는 정본을 가신 재권자는 집행법원에 배당요구를 할 수 있다(민사집행법 제247조 제1항 제3호). 압류와 달리 배당요구를 할 때에는 출자증권의 점유가 그 요건이 아니다.

나. 집행법원의 제3채무자에 대한 사실조회

출자증권은 각 조합으로부터의 차입금을 담보하기 위하여 조합에 질권으로 제공되어 있고, 질권의 피담보채권액도 출자증권의 출자가액을 초과하는 경우가 많다. 따라서 출자증권은 제3채무자인 조합이 집행관에게 인도하지 않아 현금화단계까지 나아가지 못하는 경우가 많고, 인도하더라도 질권자로서 배당요구를 하는 경우에는 질권자에게 우선배당하면 집행채권자에게 지급될 잔액이 없어 무잉여가 되는 경우가 많다.

실무상 민사집행법 제241조의 특별현금화절차에 따른 출자증권에 대한 현금화명령신청이 있는 경우 집행법원은 제3채무자에게, ① 채무자가 조합원인지 여부, ② 조합원이라면 출자증권 계좌수, 출자증권번호, 1계좌당 금액은 얼마인지와 함께 ③ 채무자의 위 출자증권에 다른 제3자로부터 가압류, 압류, 체납처분에 의한 압류 등이 있는지 여부, 있다면 그 권리자 및 청구금액, ④ 질권의 설정 여부 등을 조회하고 있다.

다. 구체적인 배당관계

[사례]에서 丙의 압류는 제3채무자 건설공제조합에 송달은 되었지만 집행관이 증권의 점유를 취득하지 못하였으므로 무효인 압류이고, 배당요구종기 전에 배당요구를 하여야 하는데, 그러한 사정이 보이지 않으므로 丙은 배당에 참가할 수 없다.

丁은 유효한 압류권자로서 배당에 참가할 수 있지만, 우선변제청구권자로서 질권자 戊가 있어서 戊가 전액(1천만 원)을 배당받게 된다.

3. 주식매각대금을 배당하는 경우

[사례]

甲은 2017년부터 상장주식인 A전자 주식회사 주식 7,000주를 보유하고 있는데, 다음과 같이 순차적으로 채권압류 및 추심명령이 송달되었고, 압류된 주식에 대한 현금화절차가 진행되어 집행관이 주식 매각대금(1천만 원)을 집행법원에 납부하였다.

① 2022. 10. 1 乙 압류명령(집행채권액 1천만 원, 제3채무자: 명의개서대행회사, 피압류채권: 채무자가 제3채무자에 대하여 가지는 주권인도청구권)
② 2022. 10. 15. 丙 압류명령(집행채권액 1천만 원, 계좌관리기관: OO증권, 피압류채권: A전자주식)
③ 丁 질권자로서 배당요구(청구금액 1백만 원)
④ 집행관 주식매각대금 납부

가. 주식에 대한 강제집행

주식에 대한 강제집행은 주권이 발행되었는지, 한국예탁결제원에 예탁 또는 보호예수되었는지, 회사에 주권불소지 신고가 되었는지, 채무자가 주권을 점유하고 있는지 등에 따라 집행방법이 달라진다. 일반인들은 이러한 구별 없이 막연히 주주를 채무자로, 발행회사를 제3채무자로 하여 압류신청을 하는 경우가 대부분이다. 이때 채권자의 신청대로 압류명령이 발령되더라도 압류의 효력이 없어 채권자가 의외의 불이익을 당하는 경우가 있을 수 있으므로, 집행법원으로서는 압류신청서와 압류대상 주식 또는 주권의 표시에 비추어 당사자의 신청이 잘못된 것으로 의심되는 경우에는 압류명령을 하기 전에 주권발행 여부, 회사설립일 또는 주금납입일로 6개월 경과 여부, 전자등록주식인지 여부에 대하여 보정명령[62]을 하는 것이 바람직하다.

1) 우선, 주권이 발행된 경우 주식의 양도는 주권의 교부를 요한다(상법 제336조 제1항. 2014. 5. 20. 상법이 개정되면서 무기명주식 제도는 폐지되었다). 주권의 교부에 의하여 주식을 양도받은 양수인은 주권을 회사에 제시하여 단독으로 명의개서를 청구할 수 있으므로, 원칙적으로 유체동산인 주권 자체가 집행의 대상이다.

따라서 채무자나 채권자가 주권을 점유하고 있거나 한국예탁결제원 이외의 제3자가 주권을 점유[63]하는 경우 원칙적으로 유체동산 강제집행절차에 의하게 되고, 집

62) "1. 별지 기재 주식에 대하여 주권이 발행되었는지 여부, 2. 주권이 발행되지 않았다면 회사설립일 또는 주금납입일로부터 6개월이 경과하였는지 여부, 3. 별지 기재 주식이 전자주식으로 등록되었는지 여부에 대하여 소명하시기 바랍니다"

63) 제3자가 채무자의 주권을 점유하고 있는 경우에 채무자에 대한 집행으로 직접 위 주권을 압류할 수는 없지만, 그 제3자가 압류를 승낙하여 채무자에 대한 집행을 위하여 그 주권을 제출한 때에는 이를 압류할 수 있다(민사집행법 191조).그러나 제3자가 제출을 거부하는 때에는 주권 압류집행을 할 수 없으므로, 채권자는 채무자가 제3자에 대하여 가지는 주권반환청구권 또는 인도청구권을 압류하여 그 추심에 의하여 집행관에게 인도시키는 방법을 취할 수밖에 없다(민사집행법 242조, 243조). 그 절차는 유체동산 인도청구권에 대한 집행절차와 동일하다.

행관이 그 절차를 진행하게 된다.

2) 주권발행 전 주식[64]의 경우 회사성립 후 또는 신주납입기일 후 6개월의 경과 여부에 따라 주식 양도의 효력이 달라지므로(상법 제335조 제3항), 그 집행방법에도 차이가 있다.

회사성립 후 또는 신주납입기일 후 6개월이 경과하기 전에는 주권발행 전의 주식의 양도는 회사에 대하여 효력이 없으므로(상법 제335조 제3항), 주식 자체를 압류·환가하는 집행은 불가능하고, 채무자(주주)가 회사에 대하여 가지는 주권교부청구권을 집행[65]의 대상으로 삼을 수밖에 없다[66].

한편 회사성립 후 또는 신주납입기일 후 6개월이 경과하도록 회사가 주권을 발행하지 않는 경우에는 주권 없이 주식을 양도할 수 있고, 양수인은 회사에 대하여 양수인 명의로의 명의개서 후 양수인에게로의 주권의 발행을 청구할 수 있다. 이 경우에는 주식 자체가 채무자의 재산권이고 양도성이 있어, 주식 자체를 압류 목적물로 하여 집행법원으로부터 압류명령[67]을 받고 그에 대한 양도명령, 매각명령 등 특별현금화방법의 결정을 받아 현금화하면 된다(대법원 2011. 5. 6.자 2011그37 결정 참조).

3) 주식, 국채, 사채, 지방채 등(이하, "주식등"이라 한다)의 발행인이 「자본시장과 금융투자업에 관한 법률」 제8조의2 제4항 제1호에 따른 증권시장에 상장하는 주식등(이하, "상장주식등"이라 한다)을 전자등록의 방법으로 주식등을 새로 발행하

64) 주권발행 전의 주식이라 함은 '설립등기를 마친 때'(회사성립의 경우) 또는 '납입기일 다음 날'(신주발행의 경우)부터 '주권을 발행할 때'까지의 상태에 있는 주식을 말한다.

65) 이 경우 주문은 다음과 같다. "1. 채무자의 제3채무자에 대한 별지 목록 기재 주권교부청구권을 압류한다.
2. 제3채무자는 채무자에 대하여 위 주권을 교부하여서는 아니 된다. 3. 채무자는 위 청구권의 추심 그 밖의 일체의 처분을 하여서는 아니 된다. 4. 제3채무자는 위 주권을 채권자가 위임하는 집행관에게 인도하여야 한다. 5. 채권자는 그가 위임하는 집행관으로 하여금 위 주권교부청구권을 추심하게 할 수 있다."

66) 현금화방법은 다음과 같다. 주권교부청구권에 대한 강제집행은 유체동산 인도청구권에 대한 강제집행의 예에 따른다(민사집행법 242조, 243조). 즉 채권자는 주권교부청구권에 대하여 집행법원의 압류명령을 받은 뒤, 회사가 주권을 발행하면 그 압류명령에 덧붙이거나 따로 발령된 인도명령(민사집행법 243조 1항)에 따라 주주인 채무자의 주권을 회사로부터 채권자가 위임하는 집행관이 인도받아 유체동산 현금화의 방법으로 현금화하여 그 매각대금을 집행법원에 제출하면 그로부터 만족을 얻게 된다.

67) 이 경우 주문은 다음과 같다. "1. 채무자가 제3채무자에 대하여 가지는 별지 목록 기재 주식을 압류한다.
2. 제3채무자는 위 주식에 대하여 채무자의 청구에 의하여 명의개서를 하거나 채무자에게 주권을 교부하여서는 아니 된다. 3. 채무자는 위 주식에 대하여 매매, 양도, 그 밖에 일체의 처분을 하여서는 아니 된다."

려는 경우 또는 이미 주권등이 발행된 주식등을 권리자에게 보유하게 하거나 취득하게 하려는 경우 전자등록기관에 신규 전자등록을 신청[68]하여야 한다[주식 · 사채 등의 전자등록에 관한 법률(이하, "전자증권법"이라 한다) 제25조 제1항)]. 따라서 전자증권법이 시행된 2019. 9. 16. 이후에 상장주식등[69]은 전자등록의 형태로 존재하고, 증권(증권)의 형태로는 더 이상 존재하지 않는다. 따라서 상장주식등에 대한 강제집행절차는 전자등록주식등에 대한 강제집행절차[70]에 의해야 한다.

또한 이미 주권등이 발행된 주식등을 전자등록하는 경우 주권등을 제출하지 않은 주식등의 권리자를 위하여 명의개서대행회사등이 기준일 직전 영업일을 기준으로 주주명부등에 기재된 주식등의 권리자를 명의자로 하여 개설하는 전자등록계좌를 '특별계좌'(전자증권법 제29조 제1항)라고 하는데, 특별계좌부에 전자등록된 주식등에 대한 압류명령 및 그에 따른 처분제한의 등록은 일반 전자등록계좌부에 전자등록된 주식등의 경우와 동일하게 이루어진다.[71] 즉 소유자가 계좌관리기관에 '고객계좌'를

68) 즉 ① 주식의 발행인은 '이미 주권이 발행된 주식'에 대하여 전자등록기관에 (전자주식)으로 전자등록신청을 할 수 있는데, 상장주식의 경우 반드시 전자등록전환신청을 하여야 한다(전자증권법 25조1항1호).
② 전자등록전환을 신청하기 전에 발행인은 소유자에게 위와 같이 신규 전자등록신청을 한다는 사실과 함께 소유자에게 기준일부터 주권등이 실효된다는 뜻과 소유자는 위 기준일 직전 영업일까지 전자등록되는(고객계좌를 개설하여 그) 고객계좌를 발행인에게 통지하고 (소지하고 있는)주권을 제출하여야 한다는 뜻 등을 통지하여야 한다(제25조, 제27조).
③ 소유자가 계좌관리기관(증권회사)에 자신의 '고객계좌'를 개설하여 발행인에게 통지하게 되면 발행인은 이미 주권이 발행된 주식 등을 (전자주식)으로 전자등록기관(한국예탁결제원)에 신규 전자등록신청을 하여 전자등록이 완료된다.

69) 비상장주식의 경우도 신청에 의하여 전자등록주식의 형태로 존재할 수 있는데, 비상장주식이 전자등록주식의 형태로 존재하는지 여부는 한국예탁결제원 홈페이지에서 확인할 수 있다.

70) 전자등록주식등의 압류결정의 주문은 "1. 채무자가 계좌관리기관(또는 전자등록기관)에 대하여 가지는 별지 기재의 전자등록 2. 계좌관리기관(또는 전자등록기관)은 제1항으로 압류된 전자등록주식등에 대하여 계좌대체와 말소를 하여서는 아니 된다. 3. 채무자는 제1항으로 압류된 전자등록주식등에 대하여 계좌대체의 전자등록신청, 말소등록의 신청이나 추심, 그 밖의 처분을 하여서는 아니 된다".

71) 채권자, 채무자 외 특별계좌가 개설되어 있는 명의개서대행회사(사실상 제3채무자의 의미)를 기재해야 할 것이다. 주문은 전자등록주식등 압류명령 전산양식 A4324에서 '계좌관리기관" 대신 명의개서대행회사(한국예탁결제원, 국민은행, 하나은행)를 기재하면 될 것으로 본다.
한편 주권이 발행된 주식의 소유자가 계좌관리기관에 전자등록을 위한 계좌를 개설하지 않거나 주권을 제출하지 않아서 주식발행인등에 의하여 명의개서대행회사에 특별계좌가 개설된 경우, 그 소유자를 채무자, 명의개서대행회사를 제3채무자, 피압류채권을 "주권인도청구권"으로 한 압류의 효력이 문제된다.
전자증권법 시행으로 상장주식은 의무적 전자등록대상으로 이미 발행된 주권은 모두 실효되었다. 따라서 특별계좌에 있는 주식에 관한 주권인도청구권은 존재하지 않고, 위 압류는 존재하지 않는 권리에 대한 무효인 압류로 보아야 하고 특별계좌에 있는 채무자 주식에 압류의 효력을

개설하였다는 통지를 하지 않거나 주권등을 세출하지 않는 경우 이미 주권이 발행된 주식을 계좌관리기관의 소유자 명의 고객계좌로 전자등록을 할 수 없고, 발행인이나 발행인을 대행한 명의개서대행회사가 (계좌관리기관이 아닌) 명의개서대행회사에 특별계좌를 만들어 (임시로) 전자등록을 한다(민사집행법 제29조 제1항). 특별계좌에 전자등록된 주식은 다른 전자주식과 같은 계좌간 대체등록이 되지 않는 것이 원칙이지만(특별계좌에 있는 주식은 추후 소유자가 계좌를 개설하면 그 계좌로 계좌대체될 주식이므로), 예외적으로 민사집행법상 강제집행에 의할 경우 특별계좌에 전자등록된 주식을 (다른 계좌로) 계좌간 대체가 가능하다(특별계좌개설기관인 명의개서대행회사는 투자매매업자나 중개업자가 아니어서 주식을 압류 후 매각[72]하기 위해서는 반드시 계좌관리기관에 개설된 집행관 계좌로의 계좌대체가 필요하다[73]).

4) [사례]에서 채무자 甲이 소유하고 있는 주식은 전자증권법이 시행되기 전에 취득한 주식이지만 상장주식의 경우 전자증권법이 시행된 2019. 9. 16. 이후에는 이미 발행된 주식이라고 하더라도 소유자의 신청 등의 절차를 거쳐 전자등록주식의 형태로만 존재하기 때문에 그 강제집행은 전자등록주식에 대한 강제집행절차에 의하여야 한다.

인정할 수 없다. 주식에 관한 주권인도청구권은 존재하지 않고, 위 압류는 존재하지 않는 권리에 대한 무효인 압류로 보아야 하고 특별계좌에 있는 채무자 주식에 압류의 효력을 인정할 수 없다.

72) 매각명령의 주문은 “1. 위 당사자 사이에 00지방법원 2020타채000 전자등록주식등압류명령에 의하여 압류된 별지 기재 전자등록주식을 매각할 것을 명한다. 2. 명의개서대행회사(한국예탁결제원, 국민은행, 하나은행)는 채무자 명의의 특별계좌에있는 채무자 주식 중 00지방법원 2020타채000 전자등록주식등압류명령에 의하여 압류된 별지 기재 주식을 채권자가 위임하는 집행관이 계좌관리기관에 개설한 집행관 명의의 계좌로 대체한다. 3. 위 집행관은 계좌관리기관에 대하여 매각일의 시가나 그 밖의 적정한 가격으로 매각할 것을 위탁하여야 한다”와 같이 구성해 볼 수 있다.

73) 명의개서대행회사는 직접 투자매매나 중개를 할 수 없기 때문에 특별계좌에 있는 주식을 매각하기 위해서는 집행관이 계좌관리기관(증권회사)에 집행관 명의 계좌를 개설하여 채무자 주식을 계좌대체를 하여야 한다.
특별계좌에 있는 채무자 주식의 매각을 위해서는 위와 같은 집행관 명의 계좌로 대체를 명하는 것이 필요한데, 이를 압류명령 주문에 넣을지 또는 매각명령 주문에 넣을지 여부가 문제된다.
종이주권이 유효하여 ‘주권인도청구권에 대한 압류’를 발하는 경우 압류명령 주문에 제3채무자에게 ‘채권자가 위임하는 집행관에게 주권을 인도할 것’을 명하고 이후 매각은 ‘유체동산에 대한 강제집행절차’에 준하기 때문에 압류의 효력에 있어 ‘집행관의 주권 점유’가 중요하다. 하지만 전자주식의 경우 주권이 존재하지 않고, 계좌관리기관이나 명의개서대행회사에 압류명령 송달만으로 압류의 효력을 충분히 달성할 수 있다.
그리고 특별계좌가 아닌 일반 전자등록주식등 압류명령(전산양식 A4324)의 경우와 통일성을 기하기 위해서 매각명령 주문에 집행관 명의 계좌로의 대체를 명하는 것이 바람직하다.

그런데 乙 압류의 피압류채권은 실물인 주권의 존재를 전제로 "채무자가 제3채무자에 대하여 가지는 주권인도청구권"으로 하고 있으므로 乙 압류는 존재하지 않는 권리에 대한 무효인 압류로 보아야 한다.

따라서 질권자 丁이 우선변제권자로서 100만 원, 丙이 나머지 900만 원을 배당받게 된다.

제6편 금전채권 외의 채권에 기초한 강제집행

제1장 총 설

Ⅰ. 금전채권 외의 채권에 기초한 강제집행

민사집행법 제3장은 금전채권 외의 채권에 기초한 강제집행에 관하여 규정하고 있다. 이러한 금전채권 외의 채권은 크게 나누어 물건의 인도 등을 목적으로 하는 채권과 그 밖의 작위나 부작위를 목적으로 하는 채권으로 나눌 수 있다. 이러한 채권에 기초한 강제집행은 금전채권처럼 다수당사자의 경합으로 인한 이해관계의 조정을 필요로 하지 아니하고, 그 채권을 현금화하는 절차도 요구되지 않으므로 민사집행법은 이에 관하여 불과 7개의 조문만을 두고 있다.

이러한 채권에 관한 강제집행방법으로는 직접강제, 대체집행 및 간접강제의 3가지를 들 수 있다. 직접강제란 국가기관이 유형력을 행사하여 채무자의 의사에 불구하고 채권의 내용을 실현하는 집행방법을 말하고, 대체집행이란 채무자의 비용부담으로 채권자 또는 제3자로 하여금 채무자에 갈음하여 채무의 내용을 실현하게 하는 집행방법을 가리킨다. 그리고 간접강제란 채무자가 임의로 이행하지 않는 경우 채무자에게 배상금의 지급을 명하거나 채무자를 구금하는 등의 수단을 사용하여 채무자에게 심리적 압박을 가함으로써 그 채권의 내용을 실현하게 하는 집행방법을 의미하는데, 현행법에서는 벌금이나 구금 등의 수단은 허용되지 않고 배상금의 지급만을 강제수단으로 인정하고 있다(민사집행법 제261조 제1항).

그리고 특수한 집행방법으로서 의사표시를 할 것을 목적으로 하는 채권에 있어서는 의사의 진술을 명하는 집행권원에 의하여 의사의 진술이 있는 것으로 간주한다(민사집행법 제263조 제1항).

Ⅱ. 물건의 인도 등을 목적으로 하는 채권에 기초한 강제집행

강학상 이러한 채권에 대응하는 채무를 “주는 채무”라고 부른다. 이러한 채권에 기초한 강제집행에 관하여 민사집행법은 동산인도청구권의 집행(민사집행법 제257조), 부동산이나 선박인도청구권의 집행(민사집행법 제258조) 및 목적물을 제3자가 점유하는 경우의 집행(민사집행법 제259조) 등 세 조문을 두고 있다.

이러한 주는 채무에 관한 강제집행의 방법은 원칙적으로 직접강제에 의한다. 다만, 예외적으로 간접강제가 허용되는 경우가 있다.

Ⅲ. 작위나 부작위를 목적으로 하는 채권에 기초한 강세집행

강학상 이러한 채권에 대응하는 채무를 '하는 채무'라고 부른다. 이러한 채권에 관한 강제집행은 다시 그 방법에 따라 대체집행(민사집행법 제260조)과 간접강제(민사집행법 제261조)로 나눌 수 있다. 양자의 구별은 주로 그 채무의 성질이 대체성이 있는지 여부에 따른다.

의사표시를 할 것을 목적으로 하는 채권도 성질상으로는 작위를 목적으로 하는 대체성이 없는 채무라 하겠으나 민사집행법은 이러한 채권의 강제집행에 관하여 특칙을 두고 있다(민사집행법 제263조).

제2장 유체물인도청구권의 집행

Ⅰ. 동산인도청구권의 집행

1. 서 설

민사집행법 제257조는 "채무자가 특정한 동산이나 대체물의 일정한 수량을 인도하여야 할 때에는 집행관은 이를 채무자로부터 빼앗아 채권자에게 인도하여야 한다."고 하여 동산인도청구권의 강제집행은 원칙적으로 직접강제에 의함을 규정하고 있다.

민사집행법 제257조와 제258조는 목적물의 인도집행이라는 점에서는 동일하나, 근본적인 차이는 민사집행법 제257조가 목적물(동산)을 채무자로부터 빼앗아 채권자에게 인도하는 것으로 규정하는 반면, 민사집행법 제258조는 단지 목적물(부동산 등)을 채무자로부터 빼앗는 것이 아니라 채무자의 "점유"를 빼앗아 채권자에게 인도한다고 규정하고 있다는 점이다. 구체적으로는 민사집행법 제257조가 집행기관인 집행관이 일시 목적물의 점유를 취득하는 것을 예정하고 있는 반면, 민사집행법 제258조에서는 집행관이 일시적으로라도 점유를 취득하지 않는다. 이러한 차이점은 민사집행법 제258조 제2항에서는 채권자 등이 출석하지 않으면 집행을 할 수 없는 것으로 규정하고 있으나, 민사집행법 제257조에서는 그러한 제한을 두지 않는 것으로 나타난다(그러나 실무에서는 채권자 등의 출석이 필요한 경우가 많다. 민사집행규칙 제186조 참조).

한편 특정물의 인도를 내용으로 하는 채무는 원칙적으로 민사집행법 제257조의 방법에 따른 집행의 대상이 될 뿐이어서 특별한 사정이 없는 한 간접강제의 대상이 되지 아니하며, 단순히 민사집행법 제257조의 방법에 따른 강제집행이 실효를 거두지 못하였다는 사유만으로 간접강제의 대상이 되지 않는다(대법원 2012. 1. 27.자 2010마1850).

민사집행법 제257조에서 규정하는 동산인도청구란 동산의 직접점유, 즉 현실의 지배의 이전을 목적으로 하는 것을 말하고, 그 대상에 따라 특정물의 인도청구와 대체물의 일정한 수량의 인도청구로 나눌 수 있다.

2. 특정동산 인도청구권의 집행

가. 집행의 대상

1) 동 산

동산인도청구란 동산의 직접점유, 즉 현실적인 지배의 이전을 목적으로 하는 청구를 말한다. 따라서 여기에서 말하는 동산은 유체동산만을 의미한다. 항공기, 자동차, 건설기계와 같은 것도 이에 포함되고, 문서나 유가증권 또는 압류금지물건도 동산인도청구의 대상이 된다. 반면 선박은 원래 동산이지만 그 인도청구에 있어서는 부동산에 준하는 것으로 취급된다(민사집행법 제258조).

전기나 열과 같은 지배가 가능한 자연력은 그 공급의무를 이행하기 위하여 특별한 장치와 그 조작을 필요로 하므로 이는 '하는 채무'에 속하고 따라서 동산인도청구의 방법에 의하여 집행할 수 없으며 대체집행이나 간접강제의 방법에 의하여야 한다. 수돗물이나 가스의 공급도 마찬가지이다. 다만, 용기에 들어 있는 물이나 가스의 공급을 구하는 채권의 강제집행은 민사집행법 제257조의 동산인도청구의 집행에 의한다.

목적동산의 부합물 또는 종물인 동산(자동차에 설치된 카스테레오, 에어컨 등)은 집행권원에 표시되어 있지 않더라도 성질상 목적동산과 일체를 이루는 것이므로 집행의 대상이 된다.

선택채무의 집행을 하기 위해서는 미리 선택에 의하여 집행의 목적물이 특정되어야 한다. 집행개시 전에 이미 선택권의 행사에 의하여 목적물이 특정되어 있으면 그 집행에 별다른 문제는 없다. 그리고 집행개시 전에 아직 선택되지 않은 경우에도 선택권이 채권자에게 있으면 집행과 동시에 선택하면 된다. 그러나 선택권이 채무자에게 있는 경우에는 채권자는 상당한 기간을 정하여 채무자에게 선택을 최고할 수 있고, 그 기간 내에 채무자가 선택하지 아니하면 채권자가 선택권을 행사할 수 있다(민법 제381조 제1, 2항). 채무자가 채권자에게 금전을 인도하여야 하는 채권의 강제집행은 일반적인 금전채권에 관한 강제집행에 의한다. 그러나 특정금전의 인도를 목적으로 하는 특정금전채권이나 당사자 사이의 특약에 의하여 오로지 일정한 종류의 금전으로써만 인도하여야 하는 이른바 절대적 금종채권(金種債權)은 동산인도청구의 방법에 의하여 집행한다.

2) 유아(幼兒)의 인도청구

의사능력이 없는 유아의 인도청구권의 집행방법에 관하여 학설상 직접강제설과 간접강제설 등의 대립이 있다. 대법원예규 '유아인도를 명하는 재판의 집행절차'(재특 82-1)는 유아인도를 명하는 재판에 기초한 강제집행은 유체동산인도청구권의 집행절차에 준하여 집행관이 강제집행 할 수 있으나 집행관은 그 집행에 있어서 일반동산의 경우와는 달리 수취할 때에 세심한 주의를 하여 인도(人道)에 어긋남이 없도록 하여야 한다고 규정하여 직접강제설의 입장에 서 있다. 대법원 판례도 유아인도 이행명령 신청사건 계속 중에 신청인이 강제집행으로 유아에 대한 인도집행을 단행하여 유아를 인도받아 간 사안에서, 직접강제가 적법함을 전제로 이행명령의 신청은 그 이익이 없다고 판시한 바 있다(대법원 2002. 11. 28.자 2002으4 결정). 이 경우에는 동산인도집행에 준하여 집행관에게 집행관수수료규칙 제11조에 정한 수수료를 지급하되 그 금액은 목적물가액이 10만 원을 초과하는 경우에 준하며 통상의 집행비용 외에 따로 유아의 인도집행을 위하여 지출한 비용이 있을 때에는 집행관은 집행관수수료규칙 제20조 제7호에 의하여 이를 지급받을 수 있다.

반면 의사능력이 있는 유아의 경우에 그 유아 자신이 인도를 거부하는 때에는 직접강제의 방법으로 집행을 할 수 없으므로(재특 82-1), 이때에는 채무자에 대하여 채권자의 인수를 방해하지 아니할 부작위채무의 집행(간접강제)만을 인정하여야 한다고 보는 것이 일반적이다. 다만 의사능력 있는 유아 인도를 목적으로 하는 채무는 채무자 외에 제3자인 유아의 협력을 요하므로 채무자가 그 의사만으로는 할 수 없는 채무로서 간접강제도 허용되기 어려운 경우가 있을 수 있으나, 이러한 경우에도 채무자가 채권자의 유아 인수를 방해하지 아니하는 등 그가 할 수 있는 노력을 다하였음에도 유아가 협력을 거부할 경우에만 간접강제가 배제된다고 봄이 상당하다.

그런데 가사소송법 제64조 제1항은 유아의 인도의무를 이행하여야 할 사람이 정당한 이유 없이 그 의무를 이행하지 아니할 때에는 가정법원이 당사자의 신청에 의하여 일정한 기간 내에 그 의무를 이행할 것을 명하는 이행명령제도를 규정하고 있고, 제67조는 그 이행명령에 불응한 사람에 대하여 1,000만 원 이하의 과태료에 처할 수 있도록 규정하고 있으며, 제68조 제1항 제2호는 그 과태료처분을 받고도 30일 이내에 정당한 이유 없이 그 의무를 이행하지 않은 사람을 30일의 범위 내에서 그 의무를 이행할 때까지 감치에 처할 수 있도록 규정하고 있는 등 일종의 간접강제를 인정하고 있다. 이는 인도의무의 대상인 유아가 의사능력이 있는지 여부와 상관없이 적용이 가능하다.

이와 관련하여 이러한 가사소송법상 이행명령 제도와 민사집행법에 따른 강제집행의 관계가 문제된다.

먼저, 의사능력 없는 유아의 인도청구의 경우 이러한 가사소송법의 규정이 있다고 하여 직접강제가 전혀 불가능하다고 할 수는 없고, 직접강제와 가사소송법에 의한 간접강제가 병존하는 것이라고 보아야 한다. 다만, 양자 중 어느 것이 원칙적인 것인가가 문제되는데, 이에 관하여는 유아에 대한 인도청구권집행을 위하여 직접강제를 행사하는 것은 유아에 대하여 바람직하지 못한 결과를 가져오기 쉬우므로 원칙적으로는 가사소송법에 의한 간접강제에 의하고 간접강제만으로는 실효성이 없거나 긴급한 사정이 있는 때에 한하여 예외적으로 직접강제에 의하는 것으로 봄이 상당하다. 실무에서도 가사소송법에 의한 간접강제의 방법이 널리 활용되고 있다.

다음으로, 의사능력 있는 유아의 인도청구의 경우에도 민사집행법에 의한 간접강제와 가사소송법에 의한 간접강제는 병존하는 것이라고 보아야 한다. 따라서 채권자는 가사소송법에 의한 이행명령 대신 민사집행법에 따른 간접강제를 신청할 수도 있다. 민사집행법에 따른 간접강제의 경우에 결정하기 전에 채무자를 심문하는 것은 필수적이지만(민사집행법 제262조 단서), 사건본인에 대한 가사조사나 전문가 조사 등을 통하여 사건본인의 의사를 확인하는 절차까지 반드시 거쳐야 하는 것은 아니다.

나. 인도청구권의 내용

인도청구권은 채권적이든 물권적이든 묻지 않으며 새로운 급부를 청구하는 것인지 반환을 구하는 것인지도 구별할 필요가 없다. 그리고 채무자가 채권자에게 직접 인도를 하여야 할 의무를 부담하는 경우 외에 제3자에 대하여 인도하여야 할 의무를 부담하는 경우에도 민사집행법 제257조에 의한다. 나아가 그 인도가 단순히 점유를 이전하는 것 뿐 아니라 소유권이나 질권과 같은 권리의 이전이나 설정 등을 목적으로 하는 경우에도 인도부분 그 자체는 직접강제의 방법에 따라 집행된다. 특정물의 공탁을 청구할 권리의 강제집행도 마찬가지이다. 다만, 민사집행법 제248조 제3항에 의한 금전의 공탁의무의 집행은 금전채권의 집행방법에 의한다(대법원 2009. 5. 28. 자 2007마767 결정). 서류 등의 제시·열람 청구에 관하여는 민사집행법 제257조에서 채권자에 대한 인도보다 채무자로부터의 수취가 더 중요한 의미를 가지는 것이므로 민사집행법 제257조에 의하여야 한다는 견해와 간접강제에 의하여야 한다는 견해가 있다. 대법원 판례는 회계장부 열람·등사의무를 부대체적 작위채무라고 보고 간접강제를 인정하고 있다(대법원 2013. 11. 28. 선고 2013다50367 판결).

물건을 제작·가공하여 인도할 것을 내용으로 하는 청구권은 집행관이 실력으로 직접 그 청구권을 실현할 수 없으므로 곧바로 인도집행을 할 수 없고 대체집행이나 간접강제에 의한 제작·가공 등의 집행이 선행되어야 하며, 그렇게 하여 완성된 물건의 인도는 직접강제의 방법에 의한다. 그러나 채무자가 물건을 포장하고 짐으로 꾸려서 이행지로 발송하라는 취지의 부수적 의무를 부담하고 있더라도 목적인 물건의 인도의무를 집행할 수 있고, 그 채무의 집행에 있어서 포장, 짐 꾸리기, 발송 등의 이른바 부수적 작위의무를 채권자가 우선 자기의 비용을 들여 마친 때에는 채무자로부터 그 비용을 집행비용으로 추심할 수 있다.

다. 인도의 의의

유체물의 인도란 채무자가 목적물의 직접점유, 즉 현실의 지배를 채권자 또는 제3자로 하여금 취득하게 하는 것이다. 따라서 점유개정(민법 제189조)이나 목적물반환청구권의 양도(민법 제190조)의 방법에 의한 간접점유의 설정·이전이나 공유지분이전의 청구는 의사표시에 의한 관념적인 법률효과의 발생을 목적으로 하는 것이므로 의사표시를 구하는 청구의 집행(민사집행법 제263조)에 의하여야 한다. 단순히 집행관이 말로써 집행의 목적인 동산에 대한 채무자의 점유를 풀고 이를 채권자에게 인도한다는 것을 관계자에게 고지하는 것만으로는 그 점유가 채권자에게 이전되었다고 할 수 없고, 반드시 현실적인 점유의 이전이 있어야 한다.

동산인도의 집행대상은 채무자가 직접점유하는 물건에 한하므로, 집행기관인 집행관은 집행에 착수함에 있어서 목적물이 채무자의 점유에 속하는 점을 조사·판단하여야 한다. 이 판단기준은 금전채권에 기초한 동산집행의 경우의 점유인정의 기준과 마찬가지이다. 목적물이 채무자가 아니라 제3자의 수중에 있는 때에는 민사집행법 제257조에 의하여 제3자로부터 이를 빼앗을 수 없으므로 민사집행법 제259조에 의한다.

라. 집행의 절차

1) 집행기관

인도청구의 집행기관은 물건의 소재지를 관할하는 지방법원(지원 포함) 소속의 집행관이다. 채권자는 집행관에게 집행을 위임하여 집행관이 집행하게 한다.

동시에 집행하여야 할 여러 개의 목적물 중 일부가 집행관의 관할구역 밖에 있는 경우에는 관할구역 밖의 물건에 대하여도 동산의 압류에 관한 민사집행규칙 제133조를 준용하여 집행할 수 있다(민사집행규칙 제186조 제3항). 이 경우에 집행하여야 할 물건이 본원과 지원 또는 지원 상호 간의 관할에 흩어져 있는 경우에 소속법원장의 허가를 받도록 하고 있는 집행관규칙 제4조 제2항은 적용되지 않는다.

2) 집행의 방법

인도하여야 할 목적물을 채무자가 소지하고 있을 때에는 집행관은 채무자로부터 이를 빼앗아 가급적 빨리 이를 채권자(또는 제3자)에게 인도하여야 한다.

가) 강제력 사용 등

집행관은 집행을 하기 위하여 필요한 경우에는 채무자의 주거·창고, 그 밖의 장소를 수색하고 잠근 문과 기구를 여는 등 적절한 조치를 할 수 있고, 저항을 받으면 경찰 또는 국군의 원조를 요청할 수 있다(민사집행법 제5조 제1항, 2항).

나) 강제집행 실시의 유보

부동산 인도집행처럼 채권자나 그 대리인 등이 인도받기 위하여 출석하는 것(민사집행법 제258조 제2항)은 집행의 요건이 아니지만 채권자나 그 대리인이 출석하지 아니한 경우에 집행관은 목적물의 종류, 수량 등을 고려하여 부득이하다고 인정한 때에는 강제집행의 실시를 유보할 수 있다(민사집행규칙 제186조 제1항).

다) 강제집행을 실시한 경우의 조치

집행관은 위 강제집행의 장소에 채권자 또는 그 대리인이 출석하지 아니한 경우에도 채무자로부터 물건을 빼앗을 수 있다. 이때에는 집행관은 이를 채권자에게 인도할 때까지 보관하여야 한다(민사집행규칙 제186조 제2항).

집행관이 목적동산을 보관한 후 채권자 또는 제3자에게 인도하기 전에 인도집행의 신청이 취하되는 등 집행취소사유가 생긴 때에는 집행관은 채무자에게 집행처분을 취소하는 취지를 통지함과 아울러 목적동산을 인도하여야 한다(민사집행규칙 제142조 유추).

라) 강제집행의 목적이 아닌 동산의 취급

인도집행을 한 동산중에 강제집행의 목적물이 아닌 동산이 있는 경우에 그 동산의 인도, 보관, 매각 등에 관해서는 부동산인도청구의 집행에 관한 규정이 준용된다(민사집행규칙 제186조 제3항).

즉 강제집행의 목적물이 아닌 동산은 집행관이 제거하여 채무자나 채무자와 같이 사는 사리를 분별할 지능이 있는 친족 또는 채무자의 대리인이나 고용인에게 인도하여야 한다(민사집행규칙 제186조 제3항, 민사집행법 제258조 제3, 4항). 이 경우에 그 동산을 이러한 사람에게 인도할 수 없을 때에는 집행관은 그 동산을 채무자의 비용으로 보관하여야 한다(민사집행규칙 제186조 제3항, 민사집행법 제258조 제5항). 이 보관비용은 집행비용이 되므로 채권자는 집행법원의 비용액확정결정을 얻은 다음 별도로 이를 채무자로부터 추심할 수 있다. 집행관이 위 동산을 보관한 후에도 채무자가 그 동산의 수취를 게을리 한 때에는 집행관은 집행법원의 허가를 받아 동산에 대한 강제집행의 매각절차에 따라 그 동산을 매각할 수 있고, 매각한 후에는 그 매각대금에서 매각 및 보관의 비용을 뺀 뒤에 나머지 대금을 공탁하여야 한다(민사집행규칙 제186조 제3항, 민사집행법 제258조 제6항). 이 공탁은 일종의 변제공탁이고, 공탁금의 지급은 피공탁자의 출급청구에 따라서 이루어진다.

마) 기타

인도의 목적물에 관하여 이미 다른 채권자에 의하여 압류, 가압류 또는 집행관 보관의 가처분 집행이 되어 있는 경우에는 인도집행을 할 수 없는 것으로 보아야 한다. 예를 들어 동산인도청구의 목적물에 관하여 이미 다른 채권자에 의한 집행관 보관의 점유이전금지가처분 집행이 되어 있다면 채무자에 대하여 인도를 명하는 집행권원만으로 같은 동산에 대한 인도집행을 할 수 없다(대법원 2017. 9. 22.자 2015그3 결정). 이러한 경우에 소유권에 기초한 인도청구채권자는 제3자이의의 소에 의하여 구제를 받을 수 있다.

채권자의 이른바 대상청구(代償請求)에 따라 동산의 인도와 그 집행불능의 경우의 금전배상을 아울러 명하는 집행권원의 집행에서는 1차적으로 본래의 동산집행을 하여야 하고 그것이 불가능할 경우에만 금전집행에 착수할 수 있다. 채무자로서도 동산의 인도가 가능함에도 불구하고 보충적 집행목적물인 금전을 지급함으로써 채무를 면하지는 못한다(대법원 1958. 5. 29.자 4291민상15 결정).

동산인도청구권의 집행은 목적물을 채권자 그 밖에 이를 인도받을 사람에게 인도하거나 인도받을 사람이 불출석한 때에는 집행관이 이를 보관한 때에 종료된다. 따라서 집행종료 후에 다시 채무자가 이를 점유하게 된 때(예를 들어, 가축이 채무자에게로 돌아간 때)에는 새로운 집행권원이 없으면 집행할 수 없다.

목적물이 누구의 수중에 있는지 불명인 때에는 집행은 사실상 불능으로 된다.

채무자가 특정 장소에 동산을 은닉하여 채무자만이 은닉장소를 알고 있는 경우의 동산인도채무는 채무자의 의사에 의하여 구현될 수 있는 채무로서 대체성이 감쇄되어 부대체적 작위채무의 성격을 가지므로 이러한 경우에는 간접강제를 허용하여야 한다는 견해와, 민사집행법 제257조의 방법에 따른 강제집행이 불능이 되었다는 사정은 특정물 인도채무에 대한 간접강제를 명하여야 할 특별한 사정이 될 수 없으므로(대법원 2012. 1. 27.자 2010마1850 결정) 채무자가 은닉장소를 밝히지 않아 강제집행이 불능이 되었다는 사정만으로 간접강제를 허용할 수는 없다고 봐야 한다는 견해가 대립하고 있다.

마. 제3자이의의 소 제기 가능시기

제3자이의의 소(민사집행법 제48조)는 구체적인 집행처분이 현존하는 경우에 한하여 가능한 것으로서 집행에 착수하기 전에는 구체적 집행처분이 존재하지 아니하므로 원칙적으로 제3자이의의 소는 허용되지 않는다.

그러나 특정물인도집행의 경우에는 집행권원에 이미 집행목적물이 특정되어 있어 집행권원의 존재 자체로 집행의 위험이 명백하고, 집행개시를 기다려 제3자이의의 소를 제기하게 하면 제3자 구제의 실효를 거두기 어려우므로 이때에는 집행착수 전이라도 제3자이의의 소를 제기할 수 있다고 보는 것이 일반적이다. 이러한 법리는 특정동산의 경우뿐만 아니라 특정부동산의 경우에도 적용된다. 한편, 동산인도 집행이 종료한 후에는 제3자이의의 소를 제기할 수 없다(대법원 1972. 4. 25. 선고 72다52 판결).

바. 집행의 종료와 그 통지

동산의 인도집행은 집행의 대상이 된 동산을 채권자, 그 밖에 이를 인도받을 제3자에게 인도하거나 인도받을 사람이 불출석한 때에는 집행관이 이를 보관한 때에 종료한다. 동산의 인도집행을 마친 때에는 집행관은 채무자에게 그 취지를 통지하여야 한다(민사집행규칙 제187조). 채권자나 그 대리인이 집행장소에 출석하지 아니한 때에는 채권자가 집행관에게 집행의 결과를 확인하여야 할 것이므로, 집행관이 채권자에게 통지할 의무는 없다.

3. 대체물의 일정한 수량의 인도청구권의 집행

가. 인도의 대상

대체물이라 함은 거래상 같은 종류, 같은 품질, 같은 수량의 물건으로 갈음할 수 있는 유체동산을 말한다.

이 경우의 인도청구권은 언제나 채권적 청구권이고 물권적 청구권은 아니다. 동일한 종류이고 동일한 품질이면 어떠한 것이든 집행의 대상이 될 수 있으므로 구태여 채무자가 지정할 필요는 없고 채무자가 점유하고 있으면 집행관이 어느 것이나 특정하여 빼앗아 감으로써 집행한다.

반면 집행목적물이 불특정물이지만 대체물은 아닌 경우, 예를 들어 말 1필의 인도의무와 같은 경우에는 직접강제의 방법으로 직접 집행할 수는 없고, 이 경우에는 집행목적물의 특정을 위하여 간접강제 등의 절차를 밟아야 한다.

나. 집행기관과 집행절차

그 집행기관과 집행절차는 특정동산인도청구의 경우와 거의 마찬가지이다.

다만, 집행목적물의 종류·품질이 집행권원에 표시된 것에 해당하는지 여부는 집행관이 판단함이 원칙이나, 그 판단이 곤란할 때에는 감정인의 감정을 거쳐 집행목적물을 결정할 수도 있다(민사집행규칙 제144조 유추). 그 목적물의 결정에 관한 집행관의 판단에 이의가 있을 때에는 집행에 관한 이의(민사집행법 제16조)를 신청할 수 있으나, 그 성질상 집행절차가 신속하게 종결되는 것이 보통이므로 실효성 있는 구제수단이 되기 어렵다.

II. 부동산·선박 인도청구권의 집행

1. 집행의 목적물

가. 부동산

여기서 말하는 부동산이라 함은 고유의 의미의 부동산, 즉 토지와 그 정착물(건물, 독립된 소유권의 객체가 되는 입목)만을 가리킨다(민법 제99조 제1항). 반면 법률상 부동산으로 보는 권리나 부동산 내지 토지에 관한 규정이 준용되는 권리, 즉 공장재단·광업재단·광업권·어업권 등은 여기에서 말하는 부동산이 아니다. 집행목적물인 부동산이 미등기인 경우에도 집행방법은 등기된 부동산과 다르지 않다. 1개의 부동산의 일부도 물리적으로 다른 부분과 구별할 수 있고 독립된 효용을 가지는 것인 한 인도집행의 목적물이 될 수 있다. 목적물인 건물에 집행권원에 표시되어 있지 않은 증축부분 또는 부속부분이 있는 경우에 그것들이 목적물에 부합되어 있거나 또는 주물과 밀접한 관계가 있는 종물로 인정되는 때에는 집행권원에 표시되어 있는 당해 건물과 함께 집행의 대상이 된다.

나. 선 박

선박은 원래 동산이지만 민사집행법 제258조는 그 대소나 등기의 유무를 불문하고 이를 부동산과 같이 취급하고 있다.

2. 인도의 의의

여기서 인도란 동산의 경우와 마찬가지로 부동산에 대한 직접적 지배를 채무자로부터 이전시키는 협의의 인도와 특히 채무자가 살림을 가지고 거주하거나 물건을 놓아두면서 점유하는 때에 그로 하여금 물건을 제거하고 거주자를 퇴거시켜 채권자에게 완전한 지배를 이전하는 형태의 인도(구 민사소송법상의 명도)를 모두 포함한다.

실무상 사람이 거주하는 건물의 철거청구를 인용하는 판결에서 그 거주하는 자에게 그 건물로부터의 퇴거도 아울러 명하는 경우가 많은데 이러한 퇴거도 위에서 말하는 명도의 한 사례에 해당한다고 할 수 있으나 구태여 채권자의 직접점유로 옮기는 것까지 요구되지는 않는다. 점유자가 철거의무자일 때에는 건물철거의무에 퇴거의무도 포함되어 있다고 할 수 있으므로 별도로 퇴거를 명하는 집행권원을 필요로 하지 않는다(대법원 2017. 4. 28. 선고 2016다213916 판결).

이러한 넓은 의미의 인도청구권은 채권적 청구권뿐만 아니라 물권적 청구권도 포함하고, 점유의 이전은 직접점유의 이전만을 의미한다는 것 등은 동산의 경우와 같다. 또, 채권자 자신에게 직접 점유이전을 청구하는 경우뿐만 아니라 제3자에게 점유이전을 청구하는 경우도 직접강제의 방법에 의하여 집행한다.

3. 집행절차

가. 집행의 신청

부동산 등의 인도집행에서 집행관의 직무행위는 채무자가 점유하는 부동산 등이 있는 곳에서 실시되는 것이므로, 그 집행의 신청은 그 직무행위가 실시되는 곳을 관할하는 지방법원 또는 지원 소속 집행관에 대하여 하여야 한다(집행관규칙 제4조 제1항).

인도집행도 강제집행이므로, 민사집행법 1편(총칙) 및 2편(강제집행) 1장(총칙)에서 정한 강제집행의 신청방식에 따라 신청하여야 한다. 따라서 채권자의 집행신청은 서면으로 하여야 한다(민사집행법 제4조).

신청서에는 집행력 있는 정본(민사집행법 제42조 제1항)과 집행개시의 요건을 충족하였음을 증명하는 서면(민사집행법 제39조, 40조, 41조)을 첨부하여야 하고, 신청시에는 집행관수수료규칙 제25조에 의하여 비용을 예납하여야 한다.

점유를 이전받은 사람에게 승계집행문을 받아 인도집행을 하는 경우에는 강제집행을 개시하기 전에 승계집행문을 송달하여야 한다(민사집행법 제39조 제2항). 그런데 집행채무자가 강제집행의 개시 전에 승계집행문 부여에 대하여 불복 절차를 밟을 수 있도록 충분한 기간을 두고 승계집행문을 송달하는 것이 집행채무자 보호의 관점에서는 바람직할 수 있다 하더라도, 그러한 충분한 기간을 두지 않고 강제집행의 개시에 근접하여 승계집행문을 송달한 후 강제집행을 개시하였다고 하여 이를 가리켜 반드시 위법하다고 볼 것은 아니다(대법원 2012. 6. 14. 선고 2010다41256 판결). 강제집행의 일방 당사자인 집행채권자의 처지에서 볼 때 부동산 인도집행의 경우 승계집행문 부여 사실을 상당한 기간 전에 집행채무자에게 알리게 되면 집행채무자가 부동산의 점유를 타인에게 이전하는 등으로 강제집행의 목적을 달성하지 못할 우려도 배제할 수 없다는 점 등을 고려한 것이다.

나. 집행기관

부동산 등 인도의 집행기관은 목적물이 있는 곳을 관할하는 지방법원이나 지원에 소속된 집행관(민사집행법 제258조 제1항)이다.

그 관할은 지방법원 본원 또는 지원별로 정해진다(집행관규칙 제4조). 구체적인 집행은 채권자의 집행관에 대한 위임이 있어야 개시된다. 또한 집행관은 소속 지방법원이나 지원의 관할구역의 내외에 걸치는 부동산 등에 대한 인도의 강제집행을 하는 때에는 소속 지방법원이나 지원의 관할구역 밖에서도 직무를 행할 수 있다.

다. 집행방법

집행관은 직접 실력으로 부동산 등에 대한 채무자의 점유를 배제하고 채권자에게 그 점유를 취득하게 하는 직접강제의 방법에 의하여 집행하여야 한다. 간접강제의 방법이 허용되지 않는 것은 동산인도청구권의 경우와 마찬가지이다.

집행관은 집행을 하기 위하여 필요한 경우에는 잠근 문을 여는 등 적절한 조치를 할 수 있고(민사집행법 제5조 제1항), 기술자 또는 노무자를 보조자로 사용할 수 있다(집행관규칙 제26조). 또한, 채무자가 집행에 저항하는 경우에는 필요한 한도 내에서 위력을 행사해서라도 집행을 수행하여야 하고, 필요한 때에는 경찰 또는 국군의 원조를 요청할 수 있다(민사집행법 제5조 제2항). 집행관이 강제력을 사용함에 있어서는 집행관 자신이 행사하는 것뿐만 아니라, 집행관사무원을 시키거나 보조자를 사용하는 것도 가능하다. 경비용역을 시켜 강제력을 사용할 수 있는지 문제될 수 있으나, 경비용역을 노무자의 일종이라고 보는 이상, 사실행위의 대행에 해당할 것이므로, 이를 통하여 강제력을 행사하는 것 역시 가능하고, 실제 실무에서도 경비용역을 사용하는 경우가 종종 있다. 집행관은 집행하는 데 저항을 받거나 채무자의 주거에서 집행을 실시하려는데 채무자나 사리를 분별할 지능이 있는 그 친족·고용인을 만나지 못한 때에는 성년 두 사람이나 특별시·광역시의 구 또는 동 직원, 시·읍·면 직원(도농복합형태의 시의 경우 동지역에서는 시 직원, 읍·면 지역에서는 읍·면 직원) 또는 경찰공무원 중 한 사람을 증인으로 참여하게 하여야 한다(민사집행법 제6조). 집행관으로부터 집행실시의 증인으로 참여하도록 요구받은 위의 직원, 경찰공무원은 정당한 이유 없이 그 요구를 거절하여서는 아니 된다(민사집행규칙 제5조). 2019. 12. 26. 개정된 민사집행규칙 5조는 참여증인으로 '특별자치시의 동 직원'을 추가하였다.

다만, 채무자나 그 가족이 와병 중이어서 강제집행이 그 병세를 악화시킬 우려가 있거나 출산에 임박한 임산부가 있는 등의 특별한 사정이 있는 때에는 일시적으로 강제집행을 보류함이 상당하다. 이 경우에 집행관은 의사에게 병세를 진찰하게 할 수 있고, 그 비용은 집행비용으로서 채무자에게 부담시킬 수 있다고 해석된다. 하지만 채무자가 진찰을 거부하고 꾀병이라고 인정되는 때에는 소극적 저항이 있다고 할 수 있으므로 강제력을 사용하여 집행을 속행할 수 있다.

또한 부동산의 인도집행에서는 채권자가 바로 단행하도록 요구하는 경우는 별도로 하고, 제1회의 기일에는 채무자에 대하여 인도를 최고하는 것에 그치고, 당사자의 사정을 고려하여 인도의 유예기간을 주는 취지로 다음 기일을 정하는 방법도 허용된다. 실무상 강제집행 실행 전 상당기간 집행예고를 실시하고 있고, 집행과 관련한 사전협의 절차를 거침으로써 집행사건의 80% 가량이 강제집행이 아닌 임의이행으로 종국되고 있는 것이 현실이다.

집행관이 집행을 하기 위해서는 채권자나 그 대리인이 인도받기 위하여 출석하여야 한다(민사집행법 제258조 제2항). 동산인도집행과 다른 점이다. 채권자나 대리인이 출석하여 점유를 취득하지 않으면 강제집행의 목적을 달성하지 못하기 때문이다. 따라서 채권자나 그 대리인이 출석하지 않았음에도 불구하고 집행관이 채무자로부터 그 점유를 완전히 빼앗아 집행관 자신이 점유하거나 제3자로 하여금 점유하게 하는 것은 하자가 있는 집행이다(대법원 1962. 2. 8. 선고 4293민상677 판결). 채권자가 채권자대위권에 기하여 인도소송을 제기한 경우와 같이 집행권원이 채권자 이외의 제3자에게 인도를 명하는 것인 경우에는 그 제3자나 그의 대리인이 출석한 경우에 한하여 집행할 수 있으나, 제3자가 출석하지 않기 때문에 채권자에게 인도한 때에는 채권자가 제3자를 대리하여 인도받은 것으로 보고 이로써 인도집행은 종료된 것으로 보아야 한다.

그러나 채권자가 사전에 집행관에게 대리인 선임을 위임한 경우에는 굳이 채권자나 채권자가 선임한 대리인의 출석을 필요로 하지 않는다. 그리고 퇴거의 집행에는 채권자에게 점유를 이전할 필요가 없으므로 채권자나 그 대리인의 출석을 요하지 않는다.

라. 가족·동거인 등에 대한 집행

인도집행에서 점유하고 있는 채무자가 집행권원에 표시되어 있어야 하는 것은 당연하지만, 채무자와 함께 거주하고 있는 가족이나 동거인 또는 피고용인 등에 대하여는 사회통념상 그들이 채무자와 별개의 독립한 점유를 가진다고 인정되는 등의 특별한 사정이 없는 한 별도의 집행권원 없이도 채무자와 동시에 퇴거시켜서 집행할 수 있다. 이들은 채무자의 점유보조자로서 채무자의 지시에 따라 그 수족으로서 부동산을 소지하는 것에 그치고 독립된 점유가 인정되지 않기 때문이다(민법 제195조).

집행문이 부여된 집행권원 정본에 표시된 채무자(점유자)가 임의퇴거하고 종전부터 채무자와 동거하여 온 점유보조자가 당해 건물을 점유하고 있는 경우에 채무자에 대한 집행권원의 집행력은 점유보조자에게 미치므로 그 점유보조자에 대한 승계집행문을 받지 않아도 종전의 집행권원으로 인도집행을 할 수 있다.

반면 채무자의 임차인 등과 같이 독립된 권원에 의하여 점유하고 있는 사람들에 대하여는 별도로 집행권원이 있어야 집행을 할 수 있다. 그러나 이들이 강제집행에 이의를 제기하지 않고 집행이 종료된 때에는 집행의 효력에 영향을 미치지 않는다. 만일 집행관이 임차인 등의 항의를 묵살하고 인도집행을 강행한다면 이는 임차인 등에 대한 관계에서 불법행위가 된다(대법원 1985. 5. 28. 선고 84다카1924 판결). 따라서 집행권원에 표시된 채무자 이외의 사람이 목적물인 건물에 외관상 집행권원에 표시된 사람과 관계없이 거주하고 있는 것으로 보이는 경우에는 이 거주자를 집행권원에 표시된 사람의 점유보조자로 인정하는 데는 신중하여야 한다.

호텔이나 여관 등의 접객업소를 경영하는 사람을 채무자로 하는 건물 인도집행에서는 그 건물에 손님으로서 임시로 머무르고 있는 사람들에 대하여는 별도의 집행권원이 없이도 함께 집행할 수 있으나, 하숙인이나 고시원 거주자는 독립된 점유를 가지는 것으로 보아야 하므로 그러하지 아니하다.

법인의 대표자가 법인 소유의 부동산을 점유하고 있는 경우 그 대표자는 법인의 기관으로서 이를 소지하고 있음에 불과하고 그 부동산의 직접점유자는 법인 자신이므로 법인에 대한 부동산인도의 집행권원으로 인도집행을 하여야 한다. 법인 대표자 개인에 대한 건물인도의 집행권원에 기하여 인도집행을 하기 위하여 현장에 갔으나 그 건물의 일부가 채무자가 대표자로 있는 법인이 점유하고 있는 것으로 판명된 경우에는 그 법인이 이른바 1인 회사라고 보이는 때에도 법인이 점유하는 부분에 대하여는 인도집행을 할 수 없다.

마. 건물의 일부에 대한 집행

1개의 건물 전부의 인도를 명하는 집행권원에 기초하여 건물의 일부(물리적으로 다른 부분과 구별할 수 있고 독립된 효용을 가지는 것에 한하여)만에 관하여 집행할 수 있다. 목적부동산이 물리적으로 다른 부분과 구별할 수 있고 독립된 효용을 가진 여러 개의 부분으로 되어 있는 경우에는 개개의 부분별로 채무자의 점유를 빼앗아 차례대로 채권자에게 그 점유를 이전하여야 하는 것이 원칙이다. 그 도중에 집행정지명령이 있는 때에는 채권자에게 아직 점유를 인도하지 않은 부분에만 집행을 정지하게 된다. 즉, 집행을 마친 부분의 집행정지나 집행취소는 구할 수 없다. 집행을 다음날까지 속행하여야 하는 때에는 집행을 마친 부분은 반드시 채권자에게 그 점유를 인도하여야 하고 집행관이 그 보관의 책임을 지는 사태는 피하여야 한다. 그 밖의 경우에는 1개의 불가분적인 건물에 대한 채무자의 점유를 빼앗아 가는 과정에 불과하므로 마지막으로 전부를 모아서 채권자에게 인도하게 된다. 이 경우에 집행을 다음날까지 속행하여야 하는 때에는 채무자의 목적물에 대한 점유를 배제하는 데 착수한 것에 불과하고, 집행관이 목적물의 입구를 잠그거나 봉인하는 등의 조치를 취하는 것은 허용되지 않는 것에 유의하여야 한다. 다만 집행의 대상이 규모가 큰 건물의 인도여서 인도의 완료까지 수 기일을 요하는 경우 그 일부분이 독립하여 사용할 수 없으나 다른 부분과 구별할 수 있으며, 그 부분에 대한 채무자의 점유를 배제한 단계에서 당해 기일을 종료하여야 하는 때에는 그 부분에 대하여만 목적물의 입구를 잠그거나 봉인하는 것은 허용된다.

집행을 속행한 때에는 채무자가 다음날의 집행개시까지 이미 반출된 물건 등을 목적건물 내의 원래의 장소로 반입하더라도, 1개의 불가분물에 대한 집행이고, 아직 집행은 종료되지 않았으므로, 반입한 물건을 다시 반출하더라도 관계없다.

바. 공동점유자에 대한 집행

건물 전부를 2인이 공동점유하고 있는 경우에는 각자 점유하고 있는 부분이 특정되어 있는 경우에는 그중 1인에 대한 집행권원에 기초하여 그 1인에 대한 인도집행을 할 수 있다는 점에 대하여는 의문이 없으나, 그렇지 않은 경우에는 그 중 1인에 대한 집행권원에 기초하여 인도집행을 하기 위해서는 다른 공동점유자가 동의하여야 할 수 있다.

한편, 점유자 2인에 대한 집행권원으로 인도집행을 하려 하였는데 집행 당시에는 1인만이 점유하고 있는 경우에는 집행을 하는 데 아무런 문제가 없다.

사. 건물·수목 등이 있는 토지의 인도집행의 가부

단순히 토지의 인도를 명하는 집행권원에 기초하여 집행하는 경우에 목적물인 토지 위에 건물이 있는 때에는 건물은 토지와 별개의 부동산이므로 그 건물을 철거하지 않는 한 그 부지인 토지부분의 점유를 빼앗을 수 없으므로, 그 한도에서 집행은 불능이 된다. 집행관은 직접 건물을 철거할 수 없으며, 이 경우에는 건물철거청구에 관한 별도의 집행권원을 얻어 대체집행에 의하여야 한다. 현재의 판례는 토지의 인도를 명한 집행권원의 효력은 그 지상에 건립된 건물이나 식재된 수목의 인도에까지 미치는 것이 아니고, 또한 위와 같은 건물이나 수목을 그대로 둔 채 토지에 대한 점유만을 풀어 채권자에게 인도할 수는 없으므로 집행관으로서는 지상에 건물이 건축되어 있거나 수목이 식재되어 있는 토지에 대하여 그 지상물의 인도나 수거, 철거를 명하는 집행권원이 따로 없는 이상 토지를 인도하라는 집행권원만으로는 그 인도집행을 실시할 수 없다(대법원 1980. 12. 26.자 80마528 결정, 대법원 1986. 11. 18.자 86마902 결정).

그러나 법률상 독립된 부동산인 건물이라고 하려면 토지의 정착물로서 최소한의 기둥과 지붕 및 주벽이 있어야 하므로, 토지로부터 쉽게 분리할 수 있거나 기둥과 지붕 및 주벽이 없다면 이를 건물이라고 할 수 없다(대법원 2009. 1. 15. 선고 2008도9427 판결). 따라서 토지 지상에 있는 구조물이 토지의 정착물인 건물이 아니라 강제집행의 목적물이 아닌 동산에 불과한 경우에는 집행관으로서는 위 구조물을 제거하여 채무자에게 인도하여야 하는 것이지(민사집행법 제258조 제3항) 인도대상 목적이 아닌 위 구조물이 있다는 이유로 토지에 대한 인도집행을 거절할 수는 없다(대법원 2018. 6. 29.자 2018그552 결정).

또한, 수목이 있는 경우에 집행관은 목적물인 토지와 수목을 누가 점유관리하고 있는지를 조사, 판단하여 채무자가 이를 점유관리하고 있다고 인정되는 이상 그 수목은 목적물인 토지의 부합물로서 취급하여 토지인도의무에 포함되는 것으로 보고 현상 그대로 토지와 함께 채권자에게 인도하면 충분하므로 인도대상인 토지 위에 수목이 식재되어 있는 것만으로는 토지의 인도가 집행불능이라고 볼 수 없다는 다수견해와는 다른 일부 실무례(청주지방법원 2003. 4. 11.자 2002라197 결정, 서울고등법원 2006. 6. 23.자 2005나77437 결정)나 반대견해도 있다.

나아가 건물의 철거와 토지인도를 명하는 판결의 집행에서 건물철거를 동시에 집행하지 않고 토지인도만을 집행할 때에는 그 건물의 용도에 따라 현상유지에 일반적으로 필요하다고 인정되는 범위 내의 토지는 제외하여야 하고 그 부분에 관한 인도집행은 그 건물철거 시에 하여야 한다(대법원 1977. 6. 30.자 77마59 결정).

아. 강제집행의 목적물이 아닌 동산의 처리

1) 채무자 등에게 인도

강제집행의 목적인 부동산이나 선박의 종물인 동산은 집행권원에 기재되어 있지 않더라도 부동산 등과 함께 강제집행의 대상이 되므로 집행관은 이 또한 채권자에게 점유를 이전하여야 한다.

그러나 그 외의 동산에는 집행권원의 효력이 미치지 않으므로 이는 집행관이 제거하여 채무자에게 인도하여야 하고(민사집행법 제258조 제3항), 채무자가 없는 때에는 같이 사는 사리를 분별할 지능이 있는 친족 또는 채무자의 대리인이나 고용인에게 인도하여야 한다(민사집행법 제258조 제4항). 이러한 동산이 제3자의 소유라고 하더라도 집행관은 이를 채무자에게 인도하여야 하고, 이 동산의 인도는 종료된 강제집행에서 파생된 사무적인 부수처분에 불과한 것으로서 채권자를 위한 집행행위가 아니므로 소유자인 제3자가 제3자이의의 소를 제기할 수는 없다.

건물인도의 강제집행은 당해 건물에 대한 채무자의 점유를 빼앗아 채권자에게 그 점유를 취득하게 함으로써 종료하는 것이고, 당해 건물 내에 있는 집행목적 외 동산의 처리는 종료된 강제집행에서 파생된 사무적인 부수처분에 불과한 것으로서 채권자를 위한 집행행위가 아니므로, 비록 채권자가 건물부분의 인도집행 당시 그곳에 남아 있던 동산이 집행채무자의 소유가 아님을 알면서도 집행관에게 인도집행을 위임하여 시행하게 하였다 하더라도, 이러한 사유만으로는 그 인도집행이 위법하다고 할 수 없다(대법원 1996. 12. 20. 선고 95다19843 판결).

그 동산에 압류, 가압류 또는 가처분의 집행이 되어 있을 때에는 집행관은 압류 등의 집행을 한 집행관에게 그 취지와 그 동산에 대하여 취한 조치를 통지하여야 한다(민사집행규칙 제188조).

2) 보 관

이러한 동산을 인도받을 채무자나 그 대리인 등이 없는 때에는 집행관은 그 동산을 채무자의 비용으로 보관하여야 한다(민사집행법 제258조 제5항). 채무자 등이 그 수령을 거부할 때에도 마찬가지로 집행관이 보관하여야 하는 것으로 해석된다. 그 보관비용은 집행비용에 포함된다. 따라서 채권자는 집행법원의 비용액확정결정(민사집행규칙 제24조 제1항)을 받은 다음 별도로 채무자로부터 이를 추심할 수 있다.

위와 같이 부동산 등의 인도집행에서 강제집행의 목적물이 아닌 동산이 있는 경우에 집행관에게는 강제집행의 목적물이 아닌 동산을 제거하여 인도집행을 할 책무가 있으므로, 이를 제거하여 보관 혹은 매각하는 것이 다소 곤란하다는 사유만으로는 목적물의 인도집행을 불능으로 처리할 수 없다. 설령 그 동산을 제거하여 보관하는 것이 불가능하거나 현저히 곤란하더라도(예컨대 돼지 6,000두) 매각이 가능한 경우에는 강제집행의 목적물에 그대로 남겨둔 채 매각하면 된다(대법원 2018. 10. 15.자 2018그612 결정 참조). 민사집행법 제258조 제3항 내지 제6항의 규정은 동산을 인도받을 채무자 또는 그 대리인이 없거나 채무자가 그 수취를 거부할 때에 집행관으로 하여금 이를 보관하게 하고 보관 후에도 채무자가 수취를 계속 거부하는 경우 이를 매각할 수 있도록 하고 있는데, 결국 집행관의 보관은 당해 동산이 매각의 대상이 됨을 전제로 하는 것으로서 극히 단기간에 종료하는 것을 예정한 임시적인 조치로 보아야 한다.

채권자가 법당과 납골묘의 철거집행 및 토지의 인도집행을 위임하였는데, 법당 내 봉안시설 및 납골묘에 있는 유골함을 채무자나 그 대리인 등에게 인도할 수 없고,

채권자도 유골함의 보관을 거부하면서 적합한 보관장소를 알아보지 않으며, 집행관의 보관의뢰에 대하여 봉안시설업자도 유족의 동의가 없다고 하여 그 보관을 거절하는 경우에는, 집행관이 유골함을 계속하여 보관할 의무를 부담하지는 않으므로 채권자의 요구를 거부하고 유골함이 존재하는 법당 및 납골묘에 대한 철거집행 등을 실시하지 않았더라도 정당하다(대법원 2015. 4. 10.자 2012그186 결정).

집행관은 동산을 스스로 보관할 수도 있고 채권자나 제3자를 보관인으로 선임하여 보관하게 할 수도 있다. 집행관이 부동산 등의 인도청구의 집행을 함에 있어서 강제집행의 목적물이 아닌 동산을 보관하기 위하여 창고업 또는 이와 유사한 영업을 영위하는 자를 보관인으로 선임함에 있어서는 '집행절차에서의 보관업자 등록 등에 관한 예규'(행정예규 1111호)에 따라 업무를 처리하여야 할 것이다. 채권자의 승낙을 받아 채권자에게 보관시킬 경우에는 목적 외 동산을 채권자에게 보관시킴으로써 그 건물에 목적 외 동산을 남긴 상태에서 그대로 인도집행을 마칠 수 있다. 이 경우에 보관 중 사고를 방지하기 위해서 적당한 방법으로 그 물건이 인도집행의 목적 외 동산이라는 취지와 보관개시의 일시 및 집행관의 이름 등을 표시하여 두어야 한다(민사집행규칙 제136조 제1항의 유추). 위와 같이 채권자로 하여금 보관하게 한 경우, 채권자의 그 보관에 관한 권리나 의무는 원칙적으로 집행관과 체결한 임치계약 등 사법상의 계약에 의하여 정하여 진다고 할 것이므로, 채권자가 집행관과의 약정에 따라 그 동산을 보관하던 중 이를 분실하였다 하더라도 채권자가 그 보관에 필요한 계약상의 주의의무를 다하였다고 인정되는 때에는 집행관이나 그 동산의 소유자 등에 대하여 계약상의 손해배상책임은 물론 불법행위로 인한 손해배상책임까지도 부담하지 아니한다. 그러나 이 경우 채권자가 보관상의 주의의무를 제대로 이행하지 못한 과실의 정도가 불법행위의 요건을 충족시킬 수 있고, 또한 그 보관상 주의의무의 위반행위가 구체적인 태양이나 정도 등에 비추어 위법하다고 인정되는 경우에는, 달리 특별한 사정이 없는 한 채권자는 집행관이나 그 동산의 소유자 등에 대하여 불법행위로 인한 손해배상책임을 진다(대판 1996. 12. 20. 95다19843).

동산을 보관함에 있어 집행관은 동산이 훼손되거나 가치가 감소되지 않도록 상당한 주의를 하여야 하고, 보관인에게 보관을 위탁하는 경우에는 그 보관인의 선임감독에 충분한 주의를 기울여야 한다.

동산을 보관하게 된 경우에는 민사집행법 제189조 제3항을 유추하여 그 보관사실을 채무자에게 통지하여야 하고, 채무자가 그 수취를 청구한 때에는 이를 채무자에게 인도하여야 한다. 만일, 제3자가 동산에 관한 자기의 권리를 소명하고 채무자가 이의를 제기하지 않을 때에는 집행관은 그 제3자에게 인도하여야 하지만, 채무자가 이의를 제기할 때에는 집행관으로서는 실체적 권리관계를 심사할 수 없으므로 제3자의 권리주장에도 불구하고 채무자에게 인도하여야 한다. 이 경우 제3자로서는 채무자에 대하여 그 동산의 인도를 청구할 수밖에 없고, 집행에 관한 이의(민사집행법 제16조)를 제기할 수도 없다.

집행관은 수취를 청구하는 채무자나 제3자에 대하여 보관비용에 관한 유치권을 행사할 수 있다.

이러한 동산의 보관은 부동산 인도의 강제집행에서 파생되는 부수처분에 불과하므로 채권자가 부동산을 점유함으로써 강제집행이 종료된 뒤에는 그 부수처분의 위법을 이유로 강제집행의 취소나 정지를 구할 수 없다.

3) 매 각

채무자나 그 밖에 동산을 수취할 권한이 있는 사람이 그 동산의 수취를 게을리한 때에는 집행관은 집행법원의 허가를 받아 동산에 대한 강제집행의 매각절차에 관한 규정에 따라 그 동산을 매각한다(민사집행법 제258조 제6항). 집행관이 채권자를 보관인으로 선임하여 보관하게 한 경우에도 집행관이 집행법원의 허가를 받아 매각한다.

이 매각은 동산이 채무자의 소유에 속하는 경우뿐만 아니라 제3자의 소유에 속하는 경우에도 원칙적으로 가능하다. 그리고 매각을 위하여 동산을 별도로 압류할 필요도 없다.

나아가 민사집행법 제258조 제6항은 매각허가의 대상이 되는 동산을 집행관이 강제집행 목적물에서 제거하여 보관하는 동산으로 한정하고 있지 않으므로, 그 적용 여부는 채무자가 그 수취를 게을리 하였는지 여부에 따라 달라진다고 보아야 하고, 집행관이 위와 같은 동산을 보관하고 있는지 여부와는 상관없다. 따라서 부동산 인도청구의 집행에서 집행관은 강제집행 목적물에서 목적물이 아닌 동산을 제거하여 보관하는 경우는 물론 그 동산을 제거하여 보관하는 것이 불가능하거나 현저히 곤란하여 강제집행 목적물에 그대로 남아있는 경우에도 채무자가 그 동산의 수취를 게을리하면 집행법원의 허가를 받아 그 동산을 매각할 수 있다고 보아야 한다(대법원 2018. 10. 15.자018그612 결정).

민사집행법 제258조 제6항에 따른 동산매각의 허가신청은 집행관이 하여야 하고, 신청서에는 1,000원의 인지를 붙여야 한다(인지법 제9조 제5항 제4호). 신청서 양식은 신청서가 제출되면 기타집행사건으로 접수하여 사번번호(20○○타기○○○)와 사건명을 붙이고 전산입력하면 된다. 집행관이 채권자를 보관인으로 선임하여 보관하게 한 경우에도 채권자가 자기의 이름으로 매각허가를 신청할 수는 없다.

[양식 1: 매각허가신청서]

강제집행 목적물 외 동산의 매각허가신청서

채권자 : ○○○ (부동산 인도집행 등의 채권자)
채무자 : ○○○ (부동산 인도집행 등의 채무자)

신청취지

별지목록 동산에 관하여 동산에 대한 강제집행의 매각절차에 따른 매각을 허가하여 주시기 바랍니다.

신청이유

○○법원 소속 집행관 ○○○은 부동산 등의 인도청구의 집행목적물이 아닌 별지목록 동산을 채무자에게 인도하여 갈 것을 통보하였으나 채무자가 그 동산의 수취를 게을리 하므로 민사집행법 제258조 제6항에 따른 매각의 허가를 신청합니다.

소명방법

1. 부동산인도집행조서(또는 부동산인도불능조서) 사본 1부
2. 부동산인도관련 집행권원 사본 1부
3. 유체동산 목록 사본 1부
4. 유체동산의 수취통지서 1부
5. 채무자 주민등록표 초본 1부
6. 기타 소명자료
7. 송달료는 우송할 경우 납부

20 . . .

○○법원 소속 집행관 ○○○ (날인 또는 서명)

[양식 2: 목적물 외의 동산의 매각허가결정]

○○지방법원

결 정

사 건 20○○타기 ○○ 강제집행 목적물 외의 동산의 매각허가
채권자 ○○○ (부동산 인도집행 등의 채권자)
주소
채무자 ○○○ (부동산 인도집행 등의 채무자)
주소

주 문

별지목록 동산에 관하여 동산에 대한 강제집행의 매각절차에 따라 매각할 것을 허가한다.

이 유

위 당사자 사이의 ○○법원 ○○가단○○○ 건물명도 등 사건의 집행력 있는 정본에 의한 ○○법원 ○○본○○○ 부동산 인도집행의 목적물이 아닌 동산에 대하여 같은 법원 소속 집행관 ○○○의 매각허가신청은 이유 있으므로, 민사집행법 제258조 제6항에 의하여 주문과 같이 결정한다.

20 . . .

판사(사법보좌관) ○ ○ ○ ㊞

위의 동산매각에 관한 집행법원의 허가 사무는 사법보좌관이 행할 수 있다(사법보좌관규칙 제2조 제1항 제10호의2).

동산매각 허가결정의 주문은 “별지 목록 기재 동산에 관하여 동산에 대한 강제집행의 매각절차에 따라 매각할 것을 허가한다.”와 같은 방식으로 기재하면 된다.

집행법원이 매각을 허가하는 결정을 한 때에는 이를 신청인인 집행관에게 고지하여야 한다(민사집행규칙 제7조 제2항).

집행법원의 이 결정에 대하여는 즉시항고를 할 수 있다는 특별한 규정이 없으므로 이의가 있으면 집행에 관한 이의(민사집행법 제16조)를 신청할 수 있다. 매각허가결정에 대한 채무자의 이의신청이 기각되면, 채무자는 즉시항고를 할 수는 없으나 대법원에 특별항고를 하는 방법으로 불복할 수 있다(대법원 2018. 10. 15.자 2018그612 결정 참조).

동산을 매각한 때에 집행관은 그 매각대금에서 매각 및 보관에 필요한 비용을 빼고 그 나머지 대금을 공탁하여야 한다(민사집행법 제258조 제6항). 이 공탁은 민

사집행법상의 의무로서 집행관이 공탁한다는 점에서 형식상 집행공탁이나 매각대금의 보관 및 지급의 책임을 면하기 위한 공탁인 점에서 실질상 변제공탁이므로 일반의 집행공탁과는 달리 공탁금의 지급은 피공탁자(채무자)의 출급청구에 따라 이루어진다. 따라서 공탁시에는 공탁통지서를 첨부하고 배달증명을 할 수 있는 우편료를 납입하여야 한다(공탁규칙 제23조).

채권자는 부동산의 인도집행을 신청함에 있어 집행관에게 수수료를 지급하여야 하고 이는 집행비용에 해당하지만, 집행 목적물이 아닌 동산매각은 인도집행 자체는 아니므로 동산의 매각대금에서 곧바로 인도집행비용을 상환받을 수는 없고, 채권자가 매각대금의 공탁금에서 인도집행비용을 상환받기 위해서는 집행비용액확정결정을 얻어 채무자가 가지는 공탁금의 출급청구권에 대하여 별도의 집행절차를 밟아야 한다.

집행관이 동산을 매각함에 있어서는 조서를 작성하여 매각의 사유를 적어야 한다.

4) 불복방법

집행관의 처분에 대하여 이의가 있는 채권자나 채무자 등은 집행에 관한 이의(민사집행법 제16조)를 신청할 수 있다. 그러나 집행관의 동산보관 처분 전의 절차상의 하자를 내세워 그 이후에 이루어진 보관 및 매각절차에 대하여 이의를 신청할 수는 없다. 또한 제3자가 소유권을 주장하여 제3자이의의 소나 집행에 관한 이의 등을 제기할 수도 없다.

자. 점유자에 대한 판단 기준

부동산인도집행에 있어서는 점유자가 누구인지를 특정하여 채무자와 점유자가 같거나 최소한 점유보조자로 인정되어야 집행관이 집행을 하고, 그렇지 않은 경우에는 집행 불능 처리를 한다. 따라서 점유자의 특정은 인도집행에 있어서 매우 어렵고도 중요한 문제이며, 실무상 점유자의 특정과 그에 기초한 인도집행의 실시 또는 거부에 대하여 집행에 관한 이의신청이 제기되는 경우가 많다.

1) 일반적인 기준

점유자가 누구인지를 판단하는 방법으로는 주민등록등본, 사업자등록증, 임대차계약서, 각종 우편물, 납세고지서, 문패, 상호, 간판, 양복에 새겨진 이름 등을 참고하여 판단한다.

2) 주민등록등본, 사업자등록증 만에 의한 판단 자제

점유사실을 인정하거나 점유자가 누구인지 판단함에 있어서 주민등록등본이나 사업자등록증은 중요한 자료이지만 유일한 자료는 아니다. 집행관은 주민등록등본이나 사업자등록증뿐만 아니라 실제의 점유상황과 그 밖의 사정 등을 종합적으로 살펴 점유사실의 인정 내지 점유자의 특정을 하여야 한다.

점유자가 누구인지 판단할 수 있는 자료가 전혀 없는 경우 집행불능으로 처리하지 말고 인도집행을 실시한 다음 이해관계인으로 하여금 집행에 관한 이의신청을 하도록 하는 것이 바람직하다는 견해도 있다. 집행현장에 가재도구가 전혀 없는 경우에는 제3자의 주민등록등본이 발견되었다는 이유만으로 곧바로 집행불능으로 처리하여서는 안 된다. 채무자의 점유로 인정할 만한 서류 등의 자료가 다수 발견된 경우에는 제3자 명의의 주민등록등본이나 사업자등록증이 발견되었다는 이유만으로 곧바로 집행불능으로 처리하여서는 안 된다.

3) 영업장·공장에 대한 점유 판단 기준

영업장·공장의 점유는 사업자등록증, 간판, 상호, 영수증, 기타 영업장 내의 부착물 등으로 점유자를 확인한다. 그 중 사업자등록증이 가장 중요한 판단기준이 될 것이나, 반드시 그것만을 기준으로 할 것은 아니다. 사업자의 명의를 기준으로 집행함을 원칙으로 하되, 사업자 명의는 다른 사람(처나 가족 등)이지만 채무자의 명함, 종업원의 진술, 명의가 변경된 날짜 등을 종합적으로 고려할 때 채무자가 실질적으로 사업을 하고 있다고 판단이 되는 경우에는 채무자가 점유하는 것으로 인정할 수 있다.

영업이 양도된 경우 영업양도인에 대한 집행권원으로 바로 영업양수인의 소유재산에 대하여 강제집행을 할 수는 없고(대법원 1967. 10. 31. 선고 67다1102 판결), 갑 회사와 을 회사가 기업의 형태, 내용이 실질적으로 동일하고 갑 회사가 을 회사의 채무를 면탈할 목적으로 설립된 것으로 법인격을 남용하는 것으로 인정되는 경우라 하더라도 권리의 신속·확실한 실현을 도모하기 위하여 절차의 명확·안정을 중시하는 강제집행절차에 있어서는 을 회사에 대한 집행권원으로 갑 회사에 대하여 강제집행을 할 수 없다(대법원 1995. 5. 12. 선고 93다44531 판결).

차. 조건부 변제공탁이 가옥인도개시에 있어서 상환이행증명서가 될 수 있는지 여부

예를 들어 피고는 원고로부터 200만 원을 지급받음과 동시에 가옥을 인도하고, 2007. 1. 1.부터 위 가옥인도 시까지 월 100만 원의 비율에 의한 금원을 지급하라는 판결이 선고된 경우, 원고가 200만 원 전액을 공탁한 변제공탁서는 집행개시의 요건 충족을 위한 상환이행 증명서로 볼 수 있나.

하지만, 원고가 200만 원을 공탁하면서, ① 가옥인도와 월 100만 원의 비율에 의한 연체차임 지급을 반대급부조건으로 하여 조건부 변제공탁을 하거나, ② 200만 원에서 월 100만 원의 연체차임을 상계한 잔액만 공탁한 경우에 있어서, 먼저 ①의 가옥인도 등 조건부 변제공탁의 경우에는 비록 집행관이 실체적 판단권은 없지만 위 조건부 변제공탁은 판결의 주문의 내용과 일치하는 공탁으로서 이를 판결에서 명한 상환이행 증명서로 봄이 타당하나, ②의 원고가 임의로 상계한 잔액 공탁의 경우에는 판결문 자체에 상계 조항이 없으므로 집행관으로서는 실체적 판단권이 없어 원고가 임의로 상계한 금액을 공탁한 것이 상환이행을 제대로 한 것인지 판단할 수 없으므로 이러한 공탁서는 상환이행 증명서로 볼 수 없다.

카. 집행권원상 목적물 표시와 실제 목적물이 다를 경우의 집행 가부

판결정본 또는 화해조서정본 혹은 가처분결정상의 부동산 표시와 실제목적 부동산의 구조·평수 등에 차이가 있거나, 본집행 집행권원과 가처분결정 및 실제 목적물 사이에 구조·평수 등에 차이가 있다 하더라도, 당사자·사건·위치 등이 일치하고 현장조사결과 및 당사자의 주장을 종합해 보아 동일 목적물임이 인정되는 한, 그 구조나 평수에 약간의 차이가 있더라도 집행대상물로 인정하여 집행해도 무방할 것이다.

약간의 차이가 있는 경우를 일률적으로 정할 수는 없지만, 집행권원상 100㎡인데 실제 면적은 99㎡ 또는 101㎡로서 1㎡가 어느 부분인지 특정할 수 없는 경우, 또는 집행권원상 철근 콘크리트조 2층 건평 50㎡ 건물로 되어 있는데 2층의 방 한 칸(2㎡)만이 목조로 되어 있을 경우 등에는 특단의 사정이 없는 한 동일 목적물로 볼 수 있을 것이다.

타. 집행의 종료시기

부동산 등의 인도집행은 부동산 등에 관하여 채권자가 현실의 점유를 취득한 때에 종료한다.

다만, 판례는 채권자나 그 대리인이 인도받기 위하여 출석하지 않았음에도 불구하고 집행관이 채무자로부터 점유를 빼앗아 그 점유를 집행관 자신 또는 제3자에게 인도하였다면 이는 하자 있는 집행이지만 그 후에는 같은 집행문에 의하여 또 다시 집행할 수는 없다고 하고 있으므로(대법원 1962. 2. 8. 선고 4293민상677 판결), 이 경우에는 채권자 자신이 점유를 취득하지 않더라도 집행을 마친 것으로 보아야 한다.

토지소유권에 기한 건물철거 및 토지인도청구소송에서 건물철거청구는 그 토지 인도청구권에 근거하여 하는 것이며, 건물철거는 그 토지인도의 수단 내지 이행의 태양으로서 그 인도청구권의 내용에 불과하고 그 토지인도 집행의 방법을 명시하는 데 지나지 않는다 할 것이어서 위 청구에 기한 건물철거 및 토지인도를 명하는 판결의 집행에 있어서는 건물철거와 그 건물의 부지의 인도집행까지 끝나지 않으면 그 토지의 인도집행은 아직 종료되지 않았다고 보아야 한다(대법원 1977. 6. 30.자 77마59 결정).

집행의 목적이 아닌 동산은 집행관이 제거하여야 하므로 그 제거가 끝나지 않았으면 집행이 종료되어 채권자가 점유를 취득하였다고 할 수는 없다. 그러나 대부분의 동산이 부동산의 외부로 반출되었으면 별다른 가치가 없는 동산의 일부가 남아있다 하더라도 집행을 마친 것으로 볼 수 있다. 또한 동산의 제거가 완료된 이상 이를 채무자에게 인도하지 못하였다거나 그 경매절차 등이 완료되지 않았다고 하더라도 인도집행 자체도 완료되지 않았다고는 할 수 없다.

공동점유의 경우 채무자인 공동점유자 1인에 대한 것만으로도 그 집행은 종료하고, 공동점유자 전원의 점유를 빼앗아야 집행이 종료되는 것은 아니다. 따라서 A에 대한 건물 전부의 명도를 명한 집행권원에 기하여 B가 독립점유하고 있는 부분 및 A와 공동사용하고 있는 부분을 제외한 나머지 부분에 대하여 인도절차가 적법하게 이루어진 때에는 A에 대한 집행권원에 의한 집행절차는 종료하였다고 보아야 할 것이다.

또한 건물에 대한 인도의 집행권원이 집행정지 중이더라도 그 집행권원에 기하여 집행관이 채무자의 건물에 대한 점유를 빼앗아 채권자의 점유로 이전시킨 이상 그 집행은 종료되었다고 보아야 한다. 인도집행은 관념상의 것이 아니라, 점유의 사실상태를 문제로 하는 것이므로, 집행정지 중인 것을 간과하였더라도 사실상 점유가 이전된 이상, 집행은 종료하였다고 보아야 하기 때문이다.

간접점유자가 직접점유자를 통하여 부동산을 간접적으로 점유하고 있는 경우 간접점유자 및 직접점유자에 대한 집행권원을 가지고 부동산에 대한 인도청구권을 집행하는 채권자로서는 현실적으로 직접점유자에 대하여 인도집행을 함으로써 간접점유자에 대한 인도집행을 한꺼번에 할 수밖에 없으므로, 직접점유자에 대하여 부동산에 대한 인도집행을 마치면 간접점유자에 대하여도 집행을 종료한 것으로 보아야 할 것이다(대법원 2000. 2. 11.자 99그92 결정).

언제 집행이 종료되는가 하는 점은 채무자의 입장에서는 집행정지 등의 구제절차를 밟을 수 있는 시한인 반면, 채권자의 입장에서는 그 집행종료 전에 점유자가 점유를 침탈한 경우 종래의 집행권원에 기초한 집행이 가능한 시한이라고 할 수 있다. 채권자가 점유를 취득한 후에 채무자가 다시 점유를 침탈한 때에는 종래의 집행권원에 의한 집행은 불가능하고, 새로운 집행권원을 얻어야 한다. 그러나 채무자가 점유를 상실하였더라도 채권자가 점유를 취득하지 못한 때에는 아직 집행을 마치지 않은 경우이므로 종전의 집행권원에 기초하여 인도집행을 할 수 있다.

집행관이 채무자의 점유를 해제하고 이를 채권자에게 인도하여 강제집행이 완결된 후에 채무자가 집행의 목적이었던 건물에 들어간 것은 공무상표시무효죄가 되지는 않지만(대법원 1985. 7. 23. 선고 85도1092 판결), 부동산강제집행효용침해죄(형법 제140조의2)가 성립될 수 있다.

파. 집행종료의 통지

부동산 등의 인도집행을 마친 때에는 집행관은 채무자에게 그 취지를 통지하여야 한다(민사집행규칙 제187조). 채무자가 집행에 참석한 때에는 말로써 통지하면 충분하다(민사집행규칙 제8조 제1항).

하. 집행조서의 작성

집행관이 부동산 또는 선박의 인도집행을 한 경우에는 집행조서를 작성하여야 하는데(민사집행법 제10조 제1항), 집행조서에 적어야 할 사항에 관하여는 민사집행법 제10조 제2, 3항과 민사집행규칙 제6조에 통칙규정을 두고 있고, 민사집행규칙 제189조에 부동산 등의 인도집행에 있어서의 특칙규정을 두고 있다. 부동산 등의 인도집행을 실시한 때에 집행조서에 적어야 할 사항에는 ① 집행의 목적물에 대한 채무자의 점유를 풀고 채권자 또는 그 대리인에게 그 점유를 취득시킨 것, ② 채권자나 그 대리인이 집행목적물의 인도를 받기 위하여 출석한 것과 그 밖에 ③ 강제집행의 목적물이 아닌 동산을 민사집행법 제258조 제3항 또는 제4항에 규정된 사람에게 인도한 때에는 그 취지(민사집행규칙 제189조 제1호), ④ 집행관이 위의 동산을 보관한 때에는 그 취지 및 보관한 동산의 표시(민사집행규칙 제189조 제2호) 등이 있다.

4. 부동산 등의 인도의 강제집행의 예에 따르는 경우

부동산 등의 인도의 강제집행의 예에 따르는 것으로는 부동산집행 또는 부동산 경매절차의 한 부분인 부동산인도명령의 집행(민사집행법 제136조), 매각을 위한 보전처분으로서 집행관보관명령의 집행(민사집행법 제83조 제3항, 민사집행규칙 제44조 제2항)이 있다. 집행관은 신청에 따라 이러한 사무를 독립된 집행기관으로서 실시하는 것이고, 집행법원의 보조기관으로서 실시하는 것은 아니다. 집행관보관의 가처분의 집행도 부동산 등의 인도의 강제집행의 예에 따른다.

Ⅲ. 목적물을 제3자가 점유하는 경우의 인도집행

1. 총 설

인도의 목적물을 채무자 아닌 제3자가 점유하고 있는 때에는 원칙적으로는 집행이 불가능하다. 물론 그러한 제3자에 대하여 집행권원의 집행력이 미칠 때, 예를 들어 변론을 종결한 뒤의 승계인인 경우 등에는 그러한 제3자에 대하여도 승계집행문을 받아 집행할 수 있으나, 이러한 제3자는 강제집행에 있어서는 채무자에 해당한다. 제3자가 채무자를 위하여 목적물을 소지하고 있는 때(민사소송법 제218조 제1항)에도 마찬가지이다.

이처럼 집행권원의 집행력이 미치지 않는 제3자의 점유로 인한 집행불능을 막기 위하여 민사집행법 제259조는 채무자가 제3자에 대하여 인도청구권을 가지는 때에는 채무자의 인도청구권을 채권자가 압류하여 넘겨받을 수 있게 하였다. 이중 채무자의 제3채무자에 대한 인도청구권을 채권자에게 넘기도록 하는 명령을 '이부명령'이라 한다. 물론 채권자가 이러한 방법에 의하지 아니하고 채권자대위권이나 물권적 청구권에 의하여 직접 제3자에 대하여 목적물의 인도를 청구하는 것도 가능하다. 다만 인도청구의 목적물에 관하여 이미 다른 채권자에 의한 집행관 보관의 점유이전금지가처분 집행이 되어 있는 경우에는 채무자가 집행관에 대하여 인도청구권을 가진다고 할 수 없으므로 민사집행법 제259조에 의한 인도집행도 불가능하다(대법원 2017. 9. 22.자 2015그3 결정).

이러한 압류 및 이부명령은 동산의 인도청구(민사집행법 제257조)뿐만 아니라 부동산·선박의 인도청구(민사집행법 제258조)에도 적용된다. 문제는 동산의 경우 특정 동산의 인도청구에 국한되는가 아니면 대체물 인도청구에도 적용이 있는가 하는 점인데, 통설은 채무자가 제3자에 대하여 동일한 대체물에 대한 인도청구권을 가지고 있다고 하더라도 목적물이 특정되어 있지 않으므로 민사집행법 제259조에 의한 이부명령은 허용되지 않는다고 보고 있다. 그러나 이에 대하여는 불특정물이라 하여도 이부명령이 가능하다고 하는 반대견해도 있다.

그리고 압류 및 이부명령의 대상이 되는 채무자의 제3자에 대한 인도청구권은 물권적 청구권이든 채권적 청구권이든 불문한다.

2. 집행기관과 집행방법

채무자의 제3자에 대한 인도청구권의 압류와 이부에 있어서는 집행법원이 집행기관이 된다(민사집행법 제223조). 민사집행법 제259조는 '금전채권의 압류에 관한 규정에 따라' 채무자의 제3자에 대한 인도청구권을 채권자에게 넘겨야 한다고 규정하고 있기 때문이다. 구체적으로는 채무자의 보통재판적이 있는 곳의 지방법원이나 지원(민사집행규칙 제190조, 민사집행법 제224조 제1항), 그 법원이 없는 경우에는 집행목적물이 있는 곳의 지방법원이나 지원이 관할한다(민사집행규칙 제190조, 민사집행법 제224조 제2항 단서). 민사집행법 제259조에 따른 강제집행절차에서의 법원의 사무(제3자가 점유하는 물건에 대한 인도청구권의 압류 및 이부명령 업무)는 사법보좌관이 행할 수 있다(사법보좌관규칙 제2조 제1항 제10호의2).

압류 및 이부명령의 신청은 서면으로 하여야 하고(민사집행법 제4조), 압류 및 이부명령 각 신청별로 2,000원의 인지를 붙여야 한다(인지법 제9조 제4항 제1호). 이 신청이 있으면 채권 등 집행사건으로 접수하여 사건번호와 사건명을 붙이고 전산입력하면 된다(재민 91-1).

집행법원은 채권자의 신청에 의하여 금전채권의 압류에 관한 규정에 따라 제3자에 대한 채무자의 인도청구권을 압류하고 이를 채권자에게 넘기는 명령을 발령한다(민사집행법 제259조). 채권자는 이 명령에 따라 채무자를 갈음하여 제3자에게 직접 자기 또는 집행권원에 따른 다른 제3자에게 인도할 것을 청구할 수 있고, 집행관에게 인도할 것을 청구할 필요는 없다. 민사집행법 제259조에 의한 인도청구권의 압류 및 이부명령은 동산이나 부동산·선박 등 유체물 인도청구권의 집행방법으로 인정되는 것이므로, 예를 들어 금전채권을 집행채권으로 하여 채무자가 제3채무자(공제조합)에 대하여 가지는 출자증권 인도청구권을 목적으로 민사집행법 제259조에 의한 압류 및 이부명령을 신청하는 것은 허용되지 않는다.

그 절차에 관하여는 민사집행규칙 제190조에 의하여 채권집행에 있어서의 압류명령 신청의 방식(민사집행규칙 제159조), 압류명령 신청 취하나 압류명령 취소의 경우의 통지(민사집행규칙 제160조 제1항), 집행정지 시의 조치(민사집행규칙 제161조), 집행법원(민사집행법 제224조), 심문의 생략(민사집행법 제226조), 채권의 압류(민사집행법 제227조), 채권증서(민사집행법 제234조), 제3자의 진술의무(민사집행법 제237조), 추심의 소제기(민사집행법 제238조), 추심의 소홀(민사집행법 제239조)과 같은 규정 등이 준용된다.

3. 이부명령의 효력

집행법원이 발하는 이부명령은 성질상 추심명령과 유사하고 전부명령과는 다르다.

이부명령의 경우에는 금전채권에 관한 압류명령과 달라서 압류경합의 문제는 원칙적으로 생기지 않는다. 즉, 이부명령의 성질상 그 대상인 채무자의 제3자에 대한 인도청구권은 이부명령을 받은 채권자만이 행사할 수 있고, 그 후 채무자의 다른 금전채권자가 이를 압류하는 것은 허용되지 않으며 그러한 압류는 효력이 없다.

반면 압류 및 이부명령이 있기 전에 채무자의 금전채권자가 채무자의 인도청구권을 압류한 경우에 관하여는 이부명령을 받은 채권자가 우선한다는 견해도 있으나, 후행의 압류는 선행절차의 채권자에게 대항할 수 없다는 의미에서 무효이고 선행의 금전채권자가 우선한다고 봄이 상당하다(선착처분 우선주의). 다만, 소유권에 기초한 인도청구권을 가지는 채권자는 목적물이 채무자의 책임재산에 속하지 않음을 주장하여 제3자이의의 소를 제기함으로써 구제를 받을 수 있다.

이부명령이 있은 경우에 제3자가 채권자의 강제집행에 협력하여 임의로 채권자에게 인도하면 그로써 강제집행은 종료된다. 그러나 제3자가 채권자의 인도청구에 불응할 때에는 채권자는 제3자를 상대로 추심의 소인 목적물 인도청구소송을 제기하고(민사집행규칙 제190조, 민사집행법 제238조), 그 승소판결을 집행권원으로 하여 강제집행할 수밖에 없다. 만일 채무자가 이미 제3자를 상대로 인도를 명하는 집행권원을 받아 둔 경우에는 채권자는 별도로 소를 제기할 필요 없이 승계집행문을 얻어 바로 제3자에 대하여 집행할 수 있다. 이러한 집행은 민사집행법 제257조나 제258조의 예에 의한다.

제3장 대체집행

Ⅰ. '하는 채무'에 대한 강제집행방법 일반

민사집행법 제260조 이하에서는 이른바 '주는 채무' 이외의 작위 또는 부작위를 목적으로 하는 이른바 '하는 채무'에 대한 강제집행방법을 규정하고 있다. 이러한 '하는 채무'에 있어서는 직접강제로는 강제집행의 목적을 달성할 수 없으므로 대체성이 있는 경우에는 민사집행법 제260조에 의한 대체집행의 방법을, 대체성이 없는 경우에는 민사집행법 제261조에 의한 간접강제의 방법을 사용하게 된다. 대체집행이란 채무자의 비용으로 채무자 이외의 제3자로 하여금 채무의 내용을 실현시키는 방법이다. 이에 반하여 간접강제란 채무자에게 심리적 압박을 가하여 채무자 자신으로 하여금 채무의 내용을 실현하게 하는 방법을 말한다.

나아가 채무의 성질상 간접강제도 불가능할 경우에는 결국 청구권의 실현은 손해배상의 방법에 의할 수밖에 없다.

그리고 의사표시를 하여야 하는 채무에 관하여는 민사집행법 제263조에 별도의 조문을 두고 있다.

'하는 채무'는 다시 채무자의 작위를 목적으로 하는 작위채무와 채무자의 부작위를 목적으로 하는 부작위채무로 나눌 수 있다.

작위채무는 다시 대체적 작위채무와 부대체적 작위채무로 분류할 수 있는데, 대체적 작위채무에 관하여는 대체집행이 가능한 반면 부대체적 작위채무와 부작위채무에 관하여는 민사집행법 제261조에 의한 간접강제만이 허용되고, 부작위채무 가운데 민법 제389조 제3항의 경우로서 채무자가 부작위채무를 위반하여 결과물이 남아 있는 경우에 한하여 대체집행이 적용된다. 그러므로 작위채무와 부작위채무의 구별이 집행방법의 결정에 있어 1차적으로 중요한 의미를 가진다.

Ⅱ. 대체적 작위채무(민법 제389조 제2항 후단)에 대한 강제집행

1. 의 의

대체집행은 채무자의 행위가 채무자 이외의 사람에 의하여 대체될 수 있는 경우에 집행법원의 수권결정에 따라 채무자에 갈음하여 채무자 이외의 사람으로 하여금 그 행위를 하도록 하고, 그 비용을 채무자로부터 강제로 추심하는 것을 말한다(민사집행법 제260조).

2. 작위채무의 대체성

대체집행이 허용되는 작위채무는 일신전속적이 아닌 것, 즉 대체성이 있는 것이어야 한다(민법 제389조 제2항 후단).

가. 대체성의 판단기준

대체성의 판단기준에 관하여는 비한정설과 한정설이 대립한다.

비한정설은 작위주체가 누구인가에 따라 그 작위의 경제적, 법률적 효과가 차이가 있는가의 여부를 기준으로 하여, 그 차이가 없을 때에는 대체성을 인정하는 입장이고, 따라서 채무자의 대리인의 자격에서 하는 것도 대체성을 긍정하게 된다.

반면 한정설은 이를 더욱 한정하여 그러한 결과에 있어서의 동가치성뿐만 아니라 채무자의 입장에서 볼 때 제3자가 채무자의 대리인이 아니라 그 스스로의 지위에서 당해 작위를 하는 것이 허용되는 것인가를 기준으로 삼는다.

예를 들어, 어음의 발행과 같은 어음행위를 하여야 할 채무의 경우에 비한정설의 입장에서는 수권결정은 수권을 받은 제3자로 하여금 채무자의 대리인으로 당해 작위를 행하게 하는 재판이고 그 제3자가 채무자의 대리인으로서 어음행위를 할 수 있으므로 대체성을 긍정하는 반면, 한정설의 입장에서는 수권결정이 수권을 받은 제3자에게 채무자의 대리권을 수여하는 재판이 아니므로 그 제3자가 채무자의 이름으로 어음행위를 하더라도 채무자가 어음상의 채무를 부담하게 되지 않으므로 대체성을 부정한다.

종래에는 비한정설이 다수설이었으나, 현재는 채권자의 입장뿐만 아니라 채무자의 입장까지 고려하여 대체집행에서 수권결정은 채무자가 하여야 할 작위의 사실적 실현을 채무자 이외의 자가 할 수 있도록 허용하는 것에 지나지 않을 뿐 채무자의 의사표시에 관한 대리권을 수여한 것은 아니라고 보는 한정설이 통설이며, 실무례 또한 한정설을 따르고 있다.[1)]

나. 구체적 사례

구체적으로는 다음과 같은 점이 문제가 된다.

---

1) 법원실무제요, 민사집행 [IV], 법원행정처(2020), 719; 주석 민사집행법(VI), 사법행정학회(2018), 57

1) 채무자의 협력을 요하는 경우

포스터의 철거라고 하는 채무에 있어 그 게시장소를 채무자만이 알고 있는 경우처럼 채무자의 협력이 불가결할 때에는 대체성이 없다.

2) 작위내용의 전문성

예술적 작품의 제작, 연극의 출연 등의 채무와 같이 채무자 고유의 능력, 자질이 급부의 내용을 구성하는 경우에는 대체성이 없다. 그러나 전문적인 작위를 내용으로 하는 것이라도 채무자의 개인적 자질이나 능력을 문제로 하는 것이 아니라 그 결과만을 중시하는 경우에는 다른 전문가에 의한 대체집행이 인정된다.[2)]

3) 법률적인 제약

작위 그 자체는 기술적으로 대체성이 있더라도 법률상 채무자만이 그 작위를 할 수 있을 때에는 대체성이 없다. 전기공급채무와 같은 것(전기사업법 제14조)이 그 예에 속한다.

4) 의사표시를 요소로 하는 작위

의사표시 그 자체만이 문제될 때에는 민사집행법 제263조에 의하여 해결할 수 있으나, 의사표시와 채무자의 일정한 행동(서명 등)이 결합된 채무의 경우에는 대체성이 없다. 어음행위나 인적 보증의 제공, 채무인수 등을 목적으로 하는 채무 등이 이에 해당한다.

5) 명예훼손에 대한 원상회복

종래의 학설이나 판례는 명예훼손을 한 사람이 부담하는 사죄광고이행의무는 원칙적으로 대체집행이 가능하다고 보았으나, 헌법재판소는 이러한 사죄광고의 명령은 헌법에 위반된다고 하였으므로(헌재 1991. 4. 1. 89헌마160), 명예훼손에 대한 원상회복의 수단으로 고려될 수 있는 것은 주로 명예를 훼손하는 주장의 철회나 판결의 공시이다.

외국의 학설은 주장의 철회는 간접강제에 의하여만 이루어져야 한다고 보고 있으나, 판결 등의 공시는 대체집행이 가능하다고 한다.

그리고 언론중재 및 피해구제 등에 관한 법률에 정해진 반론보도와 정정보도를 명하는 집행권원의 집행은 채무자 스스로에 의하여 이루어져야 하므로 대체성이 없고 따라서 간접강제에 의하여야 한다.

---

2) 법원실무제요, 민사집행 [IV], 법원행정처(2020), 720

6) 제3자의 협력을 요하는 채무

제3자의 소유 토지에 건물을 축조하는 것을 목적으로 하는 채무와 같이 제3자의 동의나 협력을 요하는 채무의 강제집행방법에 관하여는 ① 제3자의 동의나 협력이 있음을 채권자가 증명하여야만 대체집행을 위한 수권결정을 발할 수 있고 그렇지 않으면 간접강제에 의하여야 한다는 견해와, ② 동의나 협력의 유무에 관계없이 집행법원이 수권결정을 발령하여야 하며 협력이나 동의가 없으면 작위의 실시가 불능으로 될 뿐이라는 견해가 대립하고 있다.

7) 채무의 면책

채권자가 제3자에 대하여 부담하고 있는 채무를 채무자가 면책시켜 주어야 할 채무는 채무자가 채권자의 채무를 변제하는 것이 허용되는 한 대체성이 있는 채무이다.

3. 수권결정의 절차

대체집행의 절차는 우선 법원이 대체집행의 권한을 채권자에게 부여하는 수권결정의 단계와 이 수권결정에 의한 채권자의 실제 집행의 2단계로 나눌 수 있다. 그 절차를 요약하면 아래 도표와 같다.

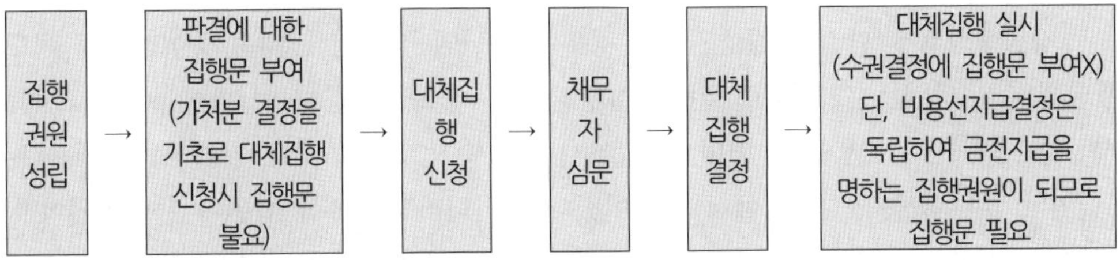

가. 신청과 관할

1) 신청방법

대체집행의 신청은 수권결정의 신청에 의하고(동시에 비용선지급결정을 신청할 수 있다), 수권결정의 신청은 서면으로 하여야 하며(민사집행법 제4조), 여기에는 2,000원의 인지(전자사건은 1,800원)를 붙여야 하고(인지법 제9조 제4항 제1호), 송달료는 5,200원 × 당사자수 × 2회분을 납부하여야 한다. 이 신청이 있으면 민사집행사건으로 접수하여 사건번호와 사건명을 붙이고 전산입력하면 된다(재민 91-1).

2) 신청시기

신청의 시기는, 일반적인 집행권원의 경우에는 소멸시효 완성 전이기만 하면 언제든지 신청할 수 있지만, 집행권원이 가처분의 재판일 때에는 채권자에게 재판을 고지한 날부터 2주를 넘긴 때에는 집행을 할 수 없으므로(민사집행법 제292조 제2항, 제301조) 그 기간이 지난 신청은 배척하여야 한다.

다만, 가처분에서 명하는 작위채무가 일정 기간 계속되는 경우 채무자가 성실하게 그 작위채무를 이행하는 기간은 위 집행기간이 진행되지 않고, 작위채무의 불이행으로 인하여 간접강제가 필요한 것으로 인정되는 때부터 위 2주의 집행기간이 기산된다는 대법원의 결정(대법원 2001. 1. 29.자 99마6107 결정)이 있는바, 이는 간접강제에 관한 것이기는 하나, 대체집행에서도 같이 해석할 수 있을 것이다.

3) 집행기관 및 관할

대체집행의 집행기관은 법원이고 집행관이 아니다. 수권결정은 제1심 법원의 전속관할에 속한다(민사집행법 제260조 제1항). 이와 같이 제1심 법원을 전속관할법원으로 한 것은 채무인 작위의 내용에 관하여 상세히 알고 있고, 수권결정을 할 때 적절한 판단을 할 수 있으며, 또한 제1심 법원에 참고될 소송기록이 보존되어 있기 때문이다.

가집행선고부 판결이 집행권원인 경우에 사건이 상소심에 계속 중이라고 하여도 관할법원은 제1심 수소법원이 된다. 집행권원이 제소전화해조서일 때에는 그 조서를 작성한 법원이 관할법원이 되며, 인낙조서나 소송상 화해조서가 집행권원일 때에는 그 인낙이나 화해가 상소심에서 이루어졌다고 하더라도 제1심 법원이 관할법원이다. 제1심은 청구를 기각하였으나 항소심에서 비로소 청구가 인용된 경우에도 마찬가지이다.

작위를 명하는 가처분명령이 집행권원인 경우에 관하여는 ① 가처분신청사건에 관하여 제1심으로서 재판을 한 법원이 관할하지만, 본안이 항소심 계속 중 항소심에서 가처분명령을 한 경우에는 본안의 제1심 법원이 관할한다는 견해, ② 가처분명령을 한 법원이 아니라 본안의 제1심 법원이 관할하지만 예외적으로 급박한 경우에는 가처분명령을 한 법원이 관할한다는 견해, ③ 가처분명령을 한 법원이 관할한다는 견해가 있다. 첫 번째 견해가 타당하다고 생각된다. 다만, 가처분명령에 집행명령이 기재되어 있는 때에는 별도의 수권결정을 필요로 하지 않는다.

외국판결이나 중재판정에 기초하여 집행하는 경우에는 집행판결을 구하는 소나 집행결정을 구하는 신청에 관한 제1심 법원이 관할법원이 된다.

실무상 대부분의 법원에서 대체집행의 사물관할은, 합의부에서 형성된 집행권원에 대하여는 합의부가, 단독 재판부에서 형성된 집행권원에 대하여는 단독판사가 각 담당하는 것으로 사무분담을 정하고 있다.

신청을 받은 법원이 심리한 결과 관할이 없음이 판명되면 관할법원으로 이송하여야 하지만, 실무상으로는 인지액이 크지 않은 점과 이송에 걸리는 시간을 고려하여, 취하 후 관할법원에 새로 신청할 것을 권유하기도 한다. 이송결정에 대하여는 즉시항고가 허용되므로(민사소송법 제39조), 이송결정을 한 즉시 기록을 송부할 것이 아니라 결정 송달 후 즉시항고 기간이 경과한 다음 이송절차를 진행한다.

나. 심 리

수권결정을 하기 위해서는 다음의 사항을 심리하여야 한다.

1) 집행당사자

집행채권자나 집행채무자가 집행권원에 표시된 채권자, 채무자와 일치하는지, 승계집행문이 부여된 경우에는 승계집행문에 표시된 승계인과 일치하는지 여부를 심리하여야 한다.

당사자능력과 소송능력이 필요함은 다른 사건의 경우와 같다. 채권자가 소송무능력자인 경우에는 법정대리인을 표시해야 하고, 채무자가 소송무능력자인 경우에도 심문(민사집행법 제262조) 등 적극적인 소송행위가 필요해 소송능력이 요구되므로 반드시 그 법정대리인을 표시해야 하며, 법정대리인이 없으면 특별대리인을 선임해야 한다(민사집행법 제23조 제1항, 민사소송법 제62조 제1항).

신청 전에 당사자의 승계가 있는 경우에는 승계인만이 채권자 또는 채무자가 될 수 있고, 한편, 집행권원의 성립 후 당사자의 변동이 생긴 때에는 승계집행문을 부여받아야 하므로(민사집행법 제31조 제1항) 신청 전에 집행권원에 표시된 당사자의 변동이 있는 경우에는 승계집행문 부여 여부와 승계인의 일치 여부 등을 확인한다.

대체집행의 경우 고액(소가 1억 초과) 단독사건에 대한 소송대리허가 제외규정(민사소송규칙 제15조 제1항 제2호 각목)이 적용되지 않는다. 단독사건은 비변호사 소송대리허가 규정이 적용됨이 원칙이고, 예외적으로 고액 소송사건 및 이를 '본안으로 하는 신청사건'(다만, 가압류, 다툼의 대상에 관한 가처분 신청사건은 제외)의 경우에만 그 적용이 제외되는데(민사소송규칙 제15조 제1항 제2호), 강제집행사건은 본안사건의 후속절차인 것이지 '본안사건을 본안으로 하는 신청사건'에 해당하지 않기 때문이다. 따라서 단독판사가 담당하는 대체집행사건에서는 항상 허가에 의한 비변호사의 대리가 가능하다.

법무사는 집행신청서 작성과 그 제출의 대행이 가능하므로 법무사가 신청서를 제출한 경우에는 위임장을 확인하도록 한다.

2) 작위내용의 특정

집행권원에 표시되어 있는 작위의 내용을 집행권원의 해석에 의하여 명백히 하고 그것이 대체적임을 확인한 다음 당해 작위와 신청의 대상인 작위의 동일성을 판정할 필요가 있다. 만일 실시할 강제집행의 범위가 명백하지 않은 경우에는 대체집행은 허용되지 않는다.

건물철거를 명하는 집행권원에 있어서는 토지가 특정되고 지상건물의 철거의무가 적혀 있으면 건물은 특정되어 있지 않더라도 등기사항증명서의 기재 등을 종합하여 건물이 특정되어 있다고 보는 견해가 유력하다. 그러나 같은 필지 내에 여러 개의 같은 종류의 건물이 존재함에도 불구하고 그 철거를 명하는 집행권원인 판결에서 대상인 건물의 위치 및 태양을 명시함이 없이 면적만을 표시한 경우에는 목적건물이 특정되지 않으므로 대체집행이 허용되지 않는다(대법원 1956. 12. 21.자 4289민재항63 결정).

작위의 내용은 집행권원 자체로부터 일의적으로 특정할 수 있는 것이어야 하지만, 집행권원에는 실무상 문제가 되는 표현이 흔히 있다. 예컨대 판결 주문이나 화해 또는 조정조항에 "이 사건 토지상에 있는 건물 및 공작물 일체를 철거하고 이 사건 토지를 인도하라"라고 하는 것과 같이 추상적인 문언이 사용되는 경우가 있다. 이러한 집행권원에 기하여 철거를 위한 수권결정을 할 수 있는지에 관하여, 이와 같이 철거 대상 물건이 특정되지 않은 집행권원에는 집행력을 인정할 수 없으므로 수권결정이 허용되지 않는다는 견해도 있으나, 집행권원의 해석을 통하여 집행권원에 인도하여야 할 토지가 명시되어 있는 이상, 그 토지상에 있는 일체의 공작물을 철거하여 토지를 인도하여야 할 의무가 명시되어 있다고 보아 철거 대상 목적물을 수권결정으로 특정할 수 있다고 보는 것이 타당하다.[3] 그렇지만 위와 같이 신청취지가 불분명하거나 불명확하여 작위내용이 특정되지 않는 경우에는 다음과 같은 보정명령을 통하여 작위내용을 특정하도록 명하는 것이 훨씬 더 바람직하다.

---

3) 주석 민사집행법(VI), 사법행정학회(2018), 61

신청취지를 판결주문에 따라 목적물을 특정하여 정정하되 대체집행 수권결정을 구하는 취지에 맞추어 형식에 맞게 기재하시기 바랍니다. (비용부담의 주체, 집행의 목적물, 집행실시기관 등을 명확히 기재할 것)

화해조서 또는 조정조서가 성립할 당시에는 건물이 현존하고 있지 않았으나 장차 그러한 건물이 세워질 것에 대비하여 "계약해제 시에 현존하는 상대방 소유의 일체의 건물을 철거한다"라는 취지의 기재가 있을 수 있는데, 이 경우에는 집행권원에서 토지의 특정에 의하여 건물이 특정될 수 있다고 하더라도 이는 집행권원이 성립할 당시에 존재하였던 건물에 한하는 것이고 그 특정을 위한 자료는 등기사항증명서나 당사자 쌍방의 진술 등에 의하여야 하지 집행권원의 해석을 위하여 감정까지 필요로 할 정도라면 이러한 집행권원은 특정되지 않았다고 보아야 한다. 따라서 이러한 경우에 분쟁을 피하기 위하여 "○○○○. ○. ○. 이 사건 토지 인도시 그 토지상에 있는 일체의 공작물을 철거하여 이 사건 토지를 인도한다"라고 하는 등으로 명확히 기재하여 화해 또는 조정 성립 후 토지 인도 시에 당해 토지상에 있는 모든 축조물의 철거에 관하여 집행력을 인정할 수 있도록 해야 한다. 나아가 이런 문제를 아예 예방하기 위해서는 화해나 조정조서 등의 집행권원에 집행권원 성립 당시 현존하는 건물의 철거채무와 별도로 다른 건물의 건축금지채무(부작위채무)를 명시하고 그 금지를 위반하여 건축된 위반물의 제각(제거)에 관한 조항을 두는 방법이 보다 확실하다.

같은 필지 내에 다수의 같은 종류의 건물이 존재함에도 불구하고 그 철거를 명하는 집행권원인 판결에서 대상인 건물의 위치 및 태양을 명시함이 없이 평수만을 표시한 경우에는 목적건물이 특정되지 않으므로 대체집행이 허용되지 않는다(대법원 1956. 12. 21.자 4289민재항63 결정).

목적물의 특정을 위한 자료로서는 집행권원 외에 등기부등본, 당사자 쌍방의 진술의 일치 등에 의하여야 하고, 집행권원의 해석을 위하여 감정까지 필요로 할 정도라면 이러한 집행권원의 내용은 특정되었다고 볼 수 없다.

반면 건물의 증·개축에 의하여 실물과 집행권원 표시 사이에 구조, 면적 등에 차이가 생겨도 다른 자료에 의하여 동일성이 인정되는 한 수권결정을 할 수 있다.

3) 강제집행 개시의 요건

수권결정을 하는 것은 강제집행의 개시이므로 집행개시의 요건을 갖추어야 한다. 예를 들어, 집행권원의 송달, 반대급부의 제공, 집행문의 부여 등이다.

특별히 문제되는 것은 다음과 같다.

가) 이행기의 도래

이행기의 도래가 집행개시요건임은 '주는 채무'의 경우와 마찬가지이다.

이행의 목적인 작위가 1회로 종료하는 채무, 예를 들어 건물의 철거 등과 같은 채무는 그 작위는 1회적이라고 하더라도 이행기가 도래한 후에도 이행이 가능하므로 그 이행을 강제할 수 있다. 그러나 특정한 일시에 어떠한 행위를 하여야 하는 채무(확정기한부 채무)나, 특정의 역사적인 사실이 생기면 이를 텔레비전에 방송하는 것과 같은 채무(조건부 또는 불확정기한부 채무)는 그 이행기가 지난 후 또는 조건이 성취된 후에는 이행불능이 되고 이를 추후보완 이행함으로써 채권의 만족을 얻을 수 없으므로 그 강제는 허용되지 않는다.

일정한 기간을 두고 또는 종기를 정하지 않고서 반복적으로 일정한 작위를 하여야 할 이른바 반복적 작위채무에 있어서는 이를 전체적으로 1개의 작위채무로 파악할 수도 있고, 아니면 여러 개의 작위채무의 복합으로 파악할 수도 있다. 그러나 강제집행의 측면에서는 일부의 이행기가 도래하였으면 나머지의 채무의 이행도 강제할 수 있는지가 문제되고, 이러한 점에서 본다면 반복적 작위채무는 여러 개의 채무의 복합으로 파악하는 것이 타당하다. 따라서 개개의 작위가 추완 이행을 허용하지 않는 채무인 때에는 대체집행을 할 수 없고, 추완 이행이 허용되는 것이라도 대체집행을 할 수 있는 것은 이미 이행기가 도래한 부분에 한정된다고 보아야 한다.

그러나 고용계약에 기초한 노무제공이나 전기·가스 등의 공급채무와 같은 계속적 작위채무의 경우에는 채권자의 입장에서는 그러한 작위에 의하여 얻는 만족 자체를 단일한 것으로 파악할 수 있으므로 이때에는 단일한 채무로 파악하여 최초의 이행기가 도래하면 전체의 이행기가 도래하였다고 봄이 상당하다.

나) 채무자의 채무불이행

채무자의 채무불이행이 있을 것이 수권결정을 하기 위한 요건인지에 관하여는 학설상 다툼이 있으나, 판례는 대체집행을 명하는 법원의 결정에 대한 항고는 단순히 그 집행방법으로서의 하자가 있음을 이유로 하는 경우에 한하고 청구권의 존부 등에 관한 주장은 항고이유가 될 수 없다고 하고 있어(대법원 1990. 12. 27.자 90마858 결정, 대법원 1992. 6. 24.자 92마214 결정 등) 채무자의 채무불이행이 있을 것을 수권결정의 요건으로 보고 있지는 않은 것으로 보인다.

학설은 채무불이행 사실의 존재도 수권결정의 발령요건이므로 그 불이행이 불가항력 때문이었다거나 또는 채권자 측의 사술(詐術)로 인한 것이었음이 명백한 경우에는 채무불이행은 없는 것이어서 수권결정을 하여서는 아니 되고, 다만 채무자의 작위가 불완전이행에 해당하는가 하는 점은 청구이의의 소에 의하여 확정하여야 하며 수권결정의 신청절차에서 심리할 것은 아니라고 하는 적극설도 있으나, 청구이의의 소에서 주장하여야 할 이행의 사실이나 이행할 수 없었다는 사정을 수권결정의 신청절차에서 원칙적으로 주장할 수는 없다는 소극설이 타당하다.

이 점에 관하여 판례의 입장은 반드시 명백한 것은 아니지만, 대체집행을 명하는 법원의 결정에 대한 항고는 단순히 그 집행방법으로서의 하자가 있음을 이유로 하는 경우에 한하고, 청구권의 존부, 집행권원의 당부 등에 관한 주장은 항고이유가 될 수 없다고 하고 있어 채무자의 채무불이행이 있을 것을 수권결정의 요건으로 삼지 않고 있다는 것이 대법원 판례의 태도이다(대법원 1990. 12. 27.자 90마858 결정, 대법원 1992. 6. 24.자 92마214 결정).

다) 채무자의 작위권능, 사실상의 실시가능성

채무자가 당해 작위를 실시할 수 있는 실체법상의 권능을 가졌는지 여부는 심사의 대상이 되지 않는다. 따라서 철거의 대상인 건물이 채무자의 소유가 아니라든가 또는 철거의 대상인 건물에 채무자 이외의 거주자가 있다는 것 등의 사유는 수권결정을 하는 데 장애가 되는 것은 아니다.

다만, 대체집행으로 인하여 이러한 제3자의 권리를 침해하게 될 때에는 제3자에 대하여 불법행위를 구성할 수 있고, 또 제3자로서는 제3자이의의 소에 의하여 대체집행을 저지할 수 있다.

다. 채무자의 심문

법원은 수권결정을 함에 있어서는 반드시 변론을 열 필요는 없으나 결정하기 전에 채무자를 심문하여야 한다(민사집행법 제262조). 채무자가 소송무능력자인 경우에는 법정대리인을 심문한다.

이처럼 채무자를 필요적으로 심문하도록 한 것은 대체집행의 결과가 채무자에게 중대한 영향을 미치므로 채무자에게 방어의 기회를 주기 위한 것이다. 보전처분의 집행으로서 수권결정을 하는 경우에도 청문권을 보장하기 위해서 채무자를 심문하여야 한다.

법원이 변론을 열지 않는 경우에 채무자를 심문하기 위해서는 서면 또는 말로 채무자가 의견을 진술할 기회를 주면 충분하다. 심문기일을 여는 경우에는 채무자에게 그 심문기일을 통지하여야 하고, 심문기일을 열지 않는 경우에는 채무자에게 심문서를 보내어 그 심문서 도달 후 일정한 기일 내에 서면으로 의견을 진술할 것을 최고하면 된다. 실무에서는 심문기일을 여는 경우도 있으나, 심문기일을 열지 않고 서면심리에 의하는 것이 편리하다. 심문서의 양식은 다음과 같다.

[전산양식 A4530: 심문서]

○ ○ 지 방 법 원
제 ○ 부
심 문 서

사 건 20 타기 대체집행
채 권 자 김 갑 동
채 무 자 이 을 동

위 당사자 사이의 ○○지방법원 20 가합 건물철거 청구사건의 집행력 있는 판결정본에 기초하여 채권자로부터 별지 기재와 같은 수권결정의 신청이 있으므로 채무자는 의견이 있으면 이 서면이 도달한 날로부터 10일 이내에 서면으로 의견을 진술하여 주시기 바랍니다.

20 . . .

재판장 판 사 ○ ○ ○
판 사 ○ ○ ○
판 사 ○ ○ ○

심문을 함에는 채무자에게 진술의 기회를 주면 충분하고, 채무자에게 심문기일을 통지하였음에도 불구하고 채무자가 정당한 사유 없이 출석하지 아니한 때에까지 반드시 채무자의 진술을 들어야 하는 것은 아니다(대법원 1977. 7. 8.자 77마211 결정).

이러한 심문절차를 거치지 아니하고 강제집행의 결정을 하는 것은 위법하므로 채무자는 즉시항고를 제기하여 그 결정의 취소를 구할 수 있다. 그러나 대체집행의 신청이 부적법하거나 이유 없어 이를 각하 또는 기각하는 경우에는 채무자를 심문할 필요가 없다.

채무자가 심문절차에서 어떠한 내용을 진술할 수 있는지에 관하여는 견해의 대립이 있다. 주로 문제되는 것은 채무자가 자기의 채무를 이행하였다는 것 내지 부작위채무의 위반이 없었다는 것을 주장하여 강제집행신청의 기각을 구할 수 있는가 하는 점인데, 이러한 사항이 수권결정 내지 간접강제결정의 요건이 아니라고 보는 입장에서는 채무자는 심문절차에서 이를 주장할 수 없다고 본다. 실무상으로는 건물 일부분을 철거하는 경우 나머지 부분에 대한 붕괴의 위험이 있어 철거가 불가능하다고 주장하거나, 채권자의 청구가 권리의 남용 또는 신의칙 위배에 해당한다고 주장하는 경우가 종종 있으나, 이와 같은 주장은 사실상의 실시 가능성을 다투는 것이거나 집행권원인 확정판결의 기판력에 저촉되는 주장으로서 따로 심리할 필요가 없다.

그러나 채권자가 채무가 이행되었다는 것을 인정하거나 의무이행을 미루도록 승낙한 취지를 적은 문서는 민사집행법 제49조 제4호의 서류에 해당하므로 위 서류의 제출이 수권결정 발령 전이라면 수권결정을 발령할 수 없고, 수권결정을 위한 심리과정에서 채무의 이행 사실 또는 의무이행의 유예 사실을 채권자가 인정한 때에도 위의 경우에 준하여 수권결정을 발령하지 않는 것으로 처리하여야 할 것이다.

라. 첨부서류의 보정 등

수권결정을 신청을 위해서는 당사자 인적사항 확인자료(당사자가 법인인 경우 법인등기사항증명서 등 대표자를 확인할 수 있는 자료)와 집행권원 등의 첨부서류를 제출하여야 하는데 이러한 서류들이 제대로 제출되지 않은 경우에는 다음과 같은 보정명령을 발령한다.

· 채무자의 법인등기사항증명서를 제출하시기 바랍니다.
· 채권자 000에 대하여 대표자 증명서면(정관, 회칙, 설립인가증 등)을 제출하시기 바랍니다.

· 집행력 있는 집행권원 정본을 제출하시기 바랍니다(제출된 것은 집행문이 부여되지 않은 것임)
· 발급식별번호가 있는 가처분결정정본(열람용은 사용 불가)을 제출하시기 바랍니다.

· 이 법원 2020가단00000 건물인도 등 사건의 송달 및 확정증명원을 제출하여 주시기 바랍니다.

· 승계집행문에 대한 송달증명원을 제출하여 주시기 바랍니다.

· 동시이행관계에 있는 채권자의 반대의무의 이행 또는 이행의 제공에 관한 증명자료를 제출하시기 바랍니다.

마. 결 정

1) 각하 또는 기각결정

수권결정의 신청이 부적법하면 각하하고, 이유 없으면 기각하며, 신청인에게 고지한다(민사집행규칙 제7조 제2항).

2) 인용결정

수권결정 신청이 이유 있으면 '민법의 규정에 의한 결정'을 하고(민사집행법 제260조 제1항), 신청인과 채무자에게 결정정본을 송부하여 고지한다(민사집행규칙 제7조 제1항 제2호). 여기에서 '민법의 규정에 의한 결정'이란 채무자의 비용으로 채무자 이외의 제3자에게 채무자가 하여야 할 작위를 하게 하는 결정(민법 제389조 제2항 후단), 즉 수권결정을 말한다. 예를 들면 "채권자는 그가 위임하는 이 법원 소속 집행관으로 하여금 별지 목록 기재 건물을 채무자의 비용으로 철거하게 할 수 있다"라고 하는 것과 같다.

수권결정에서 반드시 채무자에 갈음하여 작위를 실시할 사람을 특정하여 지정할 필요는 없다. 그 지정이 없으면 채권자가 스스로 작위를 실시하거나 또는 제3자를 지정하여 실시하게 할 수 있다. 그러나 수권결정에서 그 지정이 있었으면 채권자는 이에 구속되어 피지정자를 실시자로 하지 않으면 안 된다(대법원 1966. 1. 25. 선고 65다2318 판결).

민법 제389조 후단의 법문("제3자")상으로는 실시자가 채권자 이외의 제3자에 한정되는 것처럼 보이기도 하지만 채권자 자신이 실시하는 것도 무방하다.[4] 다만, 실무에서는 집행관을 실시자로 지정하는 것이 보통이다. 이는 주로 채무자의 저항을 배제하기 위한 현실적인 필요 때문이다.

수권결정 양식은 다음과 같다.

---

4) 주석 민사집행법(VI), 사법행정학회(2018), 68; 법원실무제요, 민사집행 [IV], 법원행정처(2020), 730

[전산양식 A4531: 수권결정과 대체집행비용선지급결정(작위채무, 수권결정만 하는 경우 주문 제1항만 해당)]

○ ○ 지 방 법 원
제 ○ 부
결 정

사 건 20 타기 대체집행
20 타기 대체집행비용선지급
채 권 자 김 갑 동
○○시 ○○로 100
채 무 자 이 을 동
○○시 ○○로 200

주 문

1. 채권자는 그가 위임하는 이 법원 소속 집행관으로 하여금 ○○시 ○○로 200 대 1,000㎡ 중 별지도면 표시 ㄱ, ㄴ, ㄷ, ㄹ, ㄱ의 각 점을 순차로 연결한 선내 지상에 건립된 목조 기와지붕 1층 주택 1동 건평 50평을 채무자의 비용으로 철거하게 할 수 있다.
2. 채무자는 채권자에게 금 1,000,000원을 지급하라.

이 유

채권자와 채무자 사이의 이 법원 20 가합 건물철거 청구사건의 집행력 있는 판결정본에 기초한 채권자의 이 사건 수권결정 및 대체집행비용선지급 신청은 이유 있으므로 주문과 같이 결정한다.

20 . . .
재판장 판 사 ○ ○ ○
판 사 ○ ○ ○
판 사 ○ ○ ○

(주) 수권결정과 대체집행비용선지급결정을 동시에 하는 경우

3) 수권결정의 내용

수권결정의 내용으로 주로 문제되는 것은 작위의 내용이다.

수권결정은 채권자의 신청에 따라 채무자의 비용으로 채무자 이외의 자로 하여

금 집행권원의 의무내용인 일정한 작위를 실시할 수 있는 권능을 부여하는 것이므로, 수권결정에는 그 실시할 작위를 구체적으로 표시하고 집행대상물의 범위를 명확히 표시하여야 한다.

예컨대 건물철거를 명하는 경우에는 철거하여야 할 건물 기타 공작물이 명확히 표시되어야 한다. 따라서 집행법원은 집행권원에 "이 사건 토지상의 건물 기타 일체의 공작물을 철거하라"고 기재되어 있는 경우에는 채무자의 심문 등을 통하여 철거대상물을 특정한 후에 철거명령(수권결정)을 하여야 한다. 집행권원에 기재된 목적물건의 표시가 현황과 다른 경우에는 철거명령(수권결정)이 집행권원의 내용을 실질적으로 변경하지 않는 범위 내에서 그 표시를 현황에 부합하게 정정보완할 수 있다.

바. 수권결정에 대한 불복방법

수권결정의 신청에 관한 재판에 대하여 당사자는 즉시항고를 할 수 있다(민사집행법 제260조 제3항). 인용결정뿐만 아니라 각하·기각결정에 대하여도 즉시항고를 할 수 있다. 수권결정에 대하여 즉시항고가 있더라도 집행정지의 효력이 없고 집행을 정지하기 위해서는 별도로 집행정지의 잠정처분이 필요하다(민사집행법 제15조 제6항).

대체집행을 명하는 결정에 대한 즉시항고는 그 집행절차상의 형식적인 하자(집행개시요건의 결여, 수권결정발령절차의 하자 또는 수권결정절차에서의 심사사항 위배 등)를 이유로 하여야 하고, 집행권원상의 실체적 청구권의 존부와 내용 같은 실체법상의 이유(집행권원의 실체적 부당 또는 내용, 집행문부여의 위법, 집행목적물의 소유 또는 점유)를 가지고 즉시항고를 할 수는 없다(대법원 1990. 12. 27.자 90마858 결정, 대법원 1992. 6. 24.자 92마214 결정 등).

사. 수권결정의 집행력과 집행문부여의 요부

대체집행을 위한 수권결정은 즉시 집행력이 생긴다. 수권결정 그 자체는 집행권원이 아니므로 수권결정에 대하여 별도의 집행문을 부여받을 필요는 없다. 그러나 수권결정을 한 후 채무자의 승계가 있는 때에는 본래의 집행권원에 대하여 승계집행문을 부여받아 다시 승계인에 대하여 수권결정을 받아야 한다.

다만, 1개의 결정으로 수권결정과 대체집행비용선지급결정을 하는 경우에는 대체집행비용선지급결정 부분은 집행권원이 되고, 대체집행비용선지급결정을 집행하는 때에는 뒤에서 보는 바와 같이 집행문을 부여받아야 한다.

4. 수권결정에 기초한 작위의 실시(대체집행의 실시)

가. 작위실시자의 결정

수권결정에서 작위실시자가 지정되어 있으면 채권자는 그 지정에 구속되지만 지정된 제3자로서는 실시자가 되어야 할 의무를 부담하는 것은 아니고 채권자가 그 제3자와 교섭하여 동의를 얻지 않으면 안 된다. 만일 집행관이 실시자로 지정되어 있으면 채권자는 작위를 실시할 장소를 관할하는 지방법원이나 지원의 집행관에게 그 실시를 위임하여야 하고, 집행관으로서는 정당한 사유 없이 이를 거부하지 못한다.

반면 수권결정에서 작위실시자의 지정이 없는 때에는 채권자는 스스로 작위를 행하거나 또는 제3자와의 사이에 도급계약 등을 맺어 그로 하여금 실시자가 되게 할 수 있다. 채권자가 스스로 실시하는 경우라도 제3자를 보조자로 사용할 수 있다.

작위실시자로서 집행관이 지정되지 않은 때에는 집행관에게 작위의 실시를 위임할 수 없고 그 신청이 있으면 집행관은 이를 각하하여야 한다.

나. 작위실시자의 지위

수권결정의 본질은 채무자가 하여야 할 작위를 채권자가 실시할 수 있도록 허용하는 것이므로 작위실시자가 집행관이나 그 밖의 제3자로 지정된 경우에도 그의 작위실시 권능은 채권자의 권한으로부터 유래하는 것이다. 이러한 작위실시자나 채권자가 집행기관 내지 집행보조기관에 해당하는가 하는 점에 관하여 논의가 있다. 이는 이러한 작위실시자의 행위로 인하여 국가배상책임이 발생할 수 있는가 하는 문제와 관련이 있다.

통설은 집행실시권을 수여받은 채권자를 집행기관인 집행법원의 보조자로서 공권력을 행사하는 사람에 해당한다고 본다. 그러므로 집행실시자의 불법행위에 대하여는 국가가 국가배상책임을 부담할 수 있다. 나아가 통설은 작위실시 그 자체는 집행기관의 집행처분은 아니므로 민사집행법 제16조에 정해진 집행에 관한 이의를 신청할 수는 없다고 본다.[5] 하지만 판례는 집행관의 철거집행 거부에 대하여 민사집행법 제16조의 집행에 관한 이의를 허용하였다(대법원 2014. 6. 3.자 2013그336 결정).

5) 박해성, “작위·부작위 채권의 강제집행”, 재판자료(36), 법원행정처(1987), 624 등.

다. 작위의 실시

1) 집행관에 대한 신청절차

집행관에 대한 신청은 실무상 신청인과 대리인을 표시하고 신청할 사항을 적은 서면으로 한다. 대리인에 의한 신청의 경우에는 신청서에 대리권을 증명하는 서면을 붙여야 한다. 다만, 집행관에 의한 집행절차에서는 대리인의 자격에 제한이 없으므로 변호사 이외의 사람도 대리인이 될 수 있다.

수권결정에 정해진 작위의 실시를 집행관에게 신청하는 경우에 붙여야 할 서류는 ① 수권결정의 정본, ② 위 결정이 채무자에게 송달된 송달증명서, ③ 위 결정에 대하여 즉시항고가 없는 것을 증명하는 증명서나 확정증명서이다. 수권결정은 즉시 집행력이 생기고 결정의 송달도 집행개시의 요건이 아니므로 ②, ③은 이론상 필요가 없다.

또한, 건물철거 및 토지인도의 집행을 집행관에게 신청하는 때에는 위에서 본 서류 이외에도 집행력 있는 집행권원 정본과 그 송달증명이 필요한지 여부가 문제가 되는데, 이 집행은 건물철거의 대체집행과 토지인도의 직접강제가 병존하는 것이고, 직접강제에 대해서는 집행력 있는 집행권원 정본과 그 송달증명이 필요하므로, 이러한 집행의 경우에는 집행관에게 집행신청을 할 때 토지인도의 집행을 위하여 위에서 본 서류들 외에도 기본 되는 집행력 있는 집행권원의 정본과 그 송달증명을 집행관에게 제출하여야 한다.

2) 제3자의 동의, 허가

수권결정은 채무자가 하여야 할 작위의 대체실시를 채권자에게 허가하는 것에 지나지 않으므로 당해 작위의 실시에 관한 제3자의 동의나 행정관청의 허가를 요하는 경우에는 동의나 허가가 없는 한 수권결정이 유효하다고 하더라도 그 실시가 불가능하다. 이러한 허가나 동의의 신청은 채권자가 하여야 하고 집행기관이나 채무자 또는 실시자 등이 신청할 수는 없다.[6]

3) 채무자의 수인의무와 저항배제

수권결정이 있으면 채무자는 채권자의 작위실시를 방해하여서는 아니 되는 수인의무를 부담하지만 수권결정이 채무자의 작위실시권을 박탈하는 것은 아니므로 작위의 실시가 완료될 때까지 채무자가 임의로 이행할 수 있다. 그러나 채무자가 임의이행을 제안하는 것이 집행을 지연시키는 방책으로 악용되어서는 아니 되므로 집행의

6) 법원실무제요, 민사집행 [IV], 법원행정처(2020), 734

내용인 작위를 이행하는 데 상당한 시간을 요하고, 채무자의 진정한 의도가 의심스러울 때에는 채권자로서는 임의이행의 제안을 거부할 수 있다.

집행관에 의하여 작위를 실시하는 경우에는 집행관은 그 직무집행을 위하여 채무자의 주거 등의 장소를 수색하거나, 잠근 문을 여는 등 적절한 조치를 할 수 있다(민사집행법 제5조 제1항). 채무자가 이를 거부하는 것은 작위의 실시에 대한 저항에 해당하므로 작위내용의 범위에서 위력을 사용하여 이를 배제할 수 있고, 경찰 또는 국군의 원조를 요청할 수 있다(민사집행법 제5조 제2항).

집행관 이외의 사인에 의하여 작위를 실시하는 경우 채무자가 이러한 수인의무에 위반하여 수권결정의 실시를 방해하고 그에 저항할 때에는 채권자는 집행관에 대하여 원조를 구할 수 있고, 그 원조요구를 받은 집행관은 채무자의 주거 등의 장소를 수색하거나 잠근 문과 기구를 여는 등 적절한 조치를 할 수 있고 경찰 또는 국군의 원조를 요청할 수 있다(민사집행법 제7조, 제5조).

다만, 위 각 경우에 국군의 원조는 집행법원에 신청하여야 한다(민사집행법 제5조 제3항).

이러한 집행수인의무는 채무자에게 한정되고 제3자까지 집행수인의무를 부담하는 것은 아니므로 채권자가 저항을 배제할 수 있는 상대방도 채무자나 그 법정대리인 및 그 보조자(가족, 채무자로부터 의뢰를 받은 사람)에 한정된다.

이 경우 저항배제의 신청을 할 수 있는 사람은 채권자이다. 따라서 채권자로부터 의뢰를 받은 작위실시자가 저항을 받으면 채권자에게 보고하여 채권자로 하여금 저항배제의 신청을 하도록 하여야 한다.

4) 그 밖의 문제

작위의 내용이 건물의 철거이고 그 철거할 건물이 수권결정에 표시되어 있는 때에는 그 종물인 공작물은 별도의 기재가 없더라도 당연히 철거할 수 있다. 또한, 철거를 명하는 집행권원이 성립한 후에 철거되어야 할 건물이 증·개축되거나 구조상의 변경이 있더라도 건물로서의 동일성이 인정되는 한 집행에는 지장이 없다.

하지만 건물철거의 대체집행을 완료한 경우에는 그 철거에 의하여 채무자가 집행권원상의 의무를 스스로 이행한 것과 동일한 효과가 생기고 집행은 종료하는 것이므로, 그 후 채무자가 그 토지상에 건물 기타 공작물을 축조한 경우에는 다시 철거를 명하는 집행권원을 얻어야 이들 물건을 철거할 수 있다.

집행관이 철거집행을 실시하는 경우 철거의 목적물에 집행의 효력이 미치지 않는 다른 동산이 있으면 부동산 등의 인도청구권의 집행에 관한 민사집행법 제258조 제3항 내지 제6항을 유추 적용할 수 있다. 따라서 철거의 목적물이 아닌 동산은 집행관이 이를 제거하여 채무자 등에게 인도하고(민사집행법 제258조 제3, 4항) 그러한 사람이 없는 때에는 집행관이 그 동산을 보관 혹은 매각하면 되므로(민사집행법 제258조 제5, 6항), 채무자 측이 그 수취를 거부한다는 이유만으로 철거집행이 불가능한 것은 아니다. 채권자가 법당과 납골묘의 철거집행 및 토지의 인도집행을 위임하였는데, 법당 내 봉안시설 및 납골묘에 있는 유골함을 채무자나 그 대리인 등에게 인도할 수 없고, 채권자도 유골함의 보관을 거부하면서 적합한 보관장소를 알아보지 않으며, 집행관의 보관의뢰에 대하여 봉안시설업자도 유족의 동의가 없다고 하여 그 보관을 거절하는 경우에는, 그 유골함이 있는 봉안시설 및 납골묘에 대한 철거집행을 실시할 수 없다(대법원 2015. 4. 10.자 2012그186 결정).

집행관이 미등기건물에 대한 철거를 실시함에 있어서는 건축허가서나 공사도급계약서 등을 조사하여 철거대상 미등기건물이 채무자에게 속하는지를 판단하여야 하고, 대체집행의 기초가 된 집행권원에는 철거의무의 근거로서 철거대상 미등기건물에 대한 소유권 등이 채무자에게 있다고 판단한 이유가 기재되어 있기 마련이므로, 집행관으로서는 그 집행권원의 내용도 확인하여야 하며, 미등기건물의 건축허가상 건축주 명의가 변경되었다고 하더라도 그 변경시점에 이미 건물이 사회통념상 독립한 건물이라고 볼 수 있는 형태와 구조를 갖추고 있었다면 원래의 건축주가 그 건물의 소유권을 원시취득하고 변경된 건축주 명의인은 그 소유자가 아니므로, 집행관이 변경된 현재의 건축주 명의인이 채무자와 다르다는 이유만으로 철거대상 미등기건물이 채무자에게 속하는 것이 아니라고 판단하여 철거를 실시하지 않았다면 이는 집행관이 지킬 집행절차를 위반하여 집행을 위임받기를 거부하거나 집행행위를 지체한 경우에 해당하여 채권자는 집행에 관한 이의신청으로 구제받을 수 있다(대법원 2014. 6. 3.자 2013그336 결정).

건물철거의 대체집행은 그 건물에 대한 채무자의 금전채권자나 담보권자의 압류나 담보권행사 등에 의하여 저지되지 아니하고, 제3자의 소유권이전청구권보전의 가등기나 저당권설정등기가 있더라도 대체집행에 지장이 없다. 건물이 처분금지가처분의 대상이 되어 있다고 하더라도 마찬가지이다.[7]

7) 법원실무제요, 민사집행 [IV], 법원행정처(2020), 736

라. 대체집행의 종료와 집행정지 등

1) 대체집행의 종료 시기

이는 주로 그 집행정지나 취소가 가능한 최종시한이 언제인가를 정하는 데 의미를 가진다. 이 점에 관하여는 수권결정의 발령 또는 그 확정이 있으면 대체집행이 종료한다는 견해도 있을 수 있으나, 현재는 일반적으로 집행권원에 표시된 청구권의 만족이라는 관점에서 대체집행의 종료시기를 파악하여, 수권결정 확정 후라도 실시가 있기 전까지는 채무자가 청구이의의 소를 제기하고 그 판결에 기초하여 집행처분의 취소를 구할 수 있다고 본다.

2) 집행의 정지와 취소

집행법원이 수권결정의 신청을 받고 아직 결정을 하기 전에 강제집행의 정지사유에 해당하는 민사집행법 제49조의 서류가 집행법원에 제출된 때에는 집행법원으로서는 수권결정을 하여서는 안 된다. 그리고 그것이 강제집행을 종국적으로 불허하는 서류일 때에는 법원은 수권결정의 신청을 불허하여야 한다.

문제는 집행의 일시정지를 명하는 서류가 제출된 경우에 법원은 어떠한 조치를 취할 것인가 하는 점인데, 집행절차는 신속을 꾀하는 것이므로 수권결정의 신청에 대한 응답은 상당한 기간 내에 하여야 하고 따라서 상당기간 내에 정지의 사유가 소명되지 않는 한 수권결정의 신청을 기각하여야 한다.

수권결정 후에 강제집행의 취소사유가 발생하였을 때에는 집행법원은 수권결정을 취소하고 채권자와 채무자에게 고지함으로써 수권결정에 기초한 작위의 실시를 금지하여야 한다. 수권결정 후에 집행정지서류가 제출된 경우에는 수권결정 자체를 취소할 수는 없고, 이때에는 추심명령이 있은 후 강제집행정지서류가 제출된 경우에 관한 민사집행규칙 제161조 제1항을 준용하여 법원사무관등이 채권자에게 그 서류가 제출되었다는 사실과 위 서류의 제출에 따른 집행정지가 효력을 잃기 전에는 채권자는 대체집행의 실시를 하여서는 아니 된다는 취지를 통지하여야 한다. 위와 같은 취소 또는 정지의 통지 등을 하는 데 있어서 집행법원이 실제로 작위의 실시가 완료되었는지를 조사할 필요는 없다.

수권결정의 취소 또는 정지 등의 조치만으로는 현실의 작위실시의 중지를 강제할 수는 없다. 집행의 정지·취소는 강제집행의 정지·취소사유에 해당하는 민사집행법 제49조 각호 소정의 집행정지·취소서류를 집행기관인 제1심 법원에 제출하여 신청하여야 하고, 채권자 또는 작위실시자에게 제출하여서는 아니 된다. 다만, 실시자가 집행관인 경우에는 현실적으로 집행정지의 목적을 신속히 달성하기 위하여 집행정지서류를 집행관에게 제출하는 것도 허용되고, 실무에서는 이러한 방법이 널리 이용되고 있다.

수권결정에 대하여 즉시항고를 제기한 것만으로 당연히 대체집행이 정지되지는 아니하나, 이러한 경우에도 민사집행법 제15조 제6항에 의한 집행정지 등의 재판을 받은 때에는 수권결정의 효력이 정지되는데, 이때에는 수권의 효력 자체가 정지되는 것이고 따로 집행법원이 정지하여야 할 집행처분도 없으므로 별도로 그 결정을 제1심 수소법원에 제출할 필요가 없다.

5. 대체집행의 비용

대체집행의 비용에는 수권결정절차의 비용과 수권결정에 기초한 작위실시의 비용이 있다. 양자는 그 비용의 추심절차에 있어 다소 차이가 있다.

가. 수권결정절차의 비용

수권결정절차의 비용에 포함되는 것으로는 집행권원 송달신청비용, 그 송달비용, 집행문부여비용, 수권결정신청비용 등이 있다. 이러한 것들은 원래 집행비용으로서 채무자가 부담할 비용이다.

통상 집행비용은 민사집행법 제53조 제1항에 따라서 우선적으로 변상을 받는 것이지만 대체집행의 경우에는 금전집행과 달라서 우선적으로 변상을 받는 것이 불가능하다. 따라서 이에 대하여는 소송비용액의 확정절차에 준하여 채권자의 신청에 의하여 집행법원이 결정으로 그 금액을 정하며(민사집행규칙 제24조 제1항), 이 결정을 집행권원으로 하여 금전집행의 방법에 의하여 채무자로부터 추심할 수 있다. 이 결정절차에는 소송비용액의 확정절차에 관한 민사소송법의 규정이 준용된다(민사집행규칙 제24조 제2항).

나. 작위실시의 비용

수권결정에 기초한 작위실시를 위하여 필요한 비용은 채무자가 부담하여야 한다(민법 제389조 제2항). 즉, 작위의 준비에서 그 완료까지 소요되는 비용을 말하며 여기에 포함되는 것으로는 집행관이 실시자인 경우에 채권자가 집행관에게 지급할 수수료, 집행관이 작위실시를 위하여 고용하는 기술자나 노무자의 수당 등의 비용을 들 수 있다. 실시자가 집행관이 아닌 경우에는 채권자가 실시자를 선정하는 데 드는 비용, 채권자와 실시자 사이에 계약을 체결하는 데 드는 비용, 그 계약에 의하여 실시자에게 지급할 보수, 실시자에 대한 감독비용 등이 이에 해당한다.

채무자의 저항배제를 위하여 집행관의 원조를 요청하는 데 드는 비용은, 비록 사전에 저항배제의 필요성이 예측된다고 하더라도 작위실시의 비용에 포함되지 않는다는 견해[8]와 작위실시의 비용에 포함된다는 견해[9]가 있는데, 작위실시 비용은 말 그대로 작위를 실시하는데 드는 비용이므로 작위의 실시가 아닌 채무자의 저항배제를 위한 비용을 작위실시 비용이라고 보기는 어렵다.

다. 대체집행비용의 선지급결정

채권자는 채무자가 위 작위실시비용을 그 강제집행이 완료되기 전에 미리 지급할 것을 채무자에게 명하는 결정을 신청할 수 있다(민사집행법 제260조 제2항). 이를 대체집행비용 선지급결정이라고 부른다.

1) 신 청

이 결정은 채권자의 신청이 있어야만 할 수 있다. 채권자가 이를 수권결정과 동시에 신청하는 것이 보통이지만, 그 신청 후에도 작위실시 완료 전에는 언제라도 할 수 있다. 그러나 작위실시가 완료한 후에는 비용선지급을 신청할 수 없다. 이 경우에는 민사집행규칙 제24조에 의하여 집행비용확정결정을 받아 이를 집행권원으로 하여(민사집행법 제56조 제1호) 추심할 수밖에 없다. 강제집행절차에서 변상받지 못한 집행비용은 별도로 집행법원에 집행비용액 확정결정을 신청하여 그 결정을 집행권원으로 삼아 집행하여야 하고, 별도의 소로써 채무자에 그 집행비용 상당 금원의 지급을 구하는 것은 소의 이익이 없어 부적법하므로(대법원 2001. 7. 27.자 2001다26873, 26880 결정 등 참조), 대체집행 비용을 집행비용액 확정결정 신청이 아닌 별도의 소로써 구하는 것은 부적법하다(대법원 2015. 9. 10. 선고 2015다2393 판결).

위 신청은 서면으로 하여야 하고, 신청서에는 1,000원의 인지를 붙여야 한다(재민 91-1). 위 신청서가 접수되면 별도의 사건번호를 붙여 사건입력 프로그램에 전산입력한 다음 원래의 대체집행신청사건기록에 합철한다. 다만, 수권결정과 동시에 신청하는 때에도 별도의 사건번호를 부여하여야 한다.

---

8) 박해성, "작위·부작위 채권의 강제집행", 재판자료(36), 법원행정처(1987), 629

9) 日本 注解民事執行法(5), 第一法規(1985), 85(富越和厚)

위 신청서에는 실시할 작위는 명시되어 있어야 하나 그 지급을 구하는 금액을 명시할 필요는 없고, 그 금액을 명시한 경우에도 법원은 그에 구속되지 아니하며 청구액을 초과하는 금액의 지급을 명할 수 있다. 다만, 법원이 지급할 비용을 결정하는데 판단자료를 제공하기 위하여 견적서 등을 제출하여야 한다.

2) 심 리

위 신청은 수권결정을 관할하는 제1심 법원이 심리한다.

법원이 수권결정과 동시에 비용선지급결정을 하는 경우에는 수권결정 발령의 요건이 구비되어 있는지를 심리하여야 하고, 그 밖의 경우에는 수권결정의 존재와 그 작위실시가 완료되지 않았는지를 심리하여야 한다.

대체집행비용에는 ① 수권결정절차에 필요한 비용, ② 수권결정에 기초한 행위의 실시비용이 포함되고, 그 비용의 구체적인 액수는 법원이 채권자가 제출한 자료에 기초하여 판단하며 필요한 경우에는 사실조사나 감정인의 감정을 명할 수 있다.

비용선지급결정은 변론 없이 할 수 있으나 변론을 열지 않는 경우에는 채무자를 심문하여야 한다(민사집행법 제262조). 채무자가 채권자에 대하여 반대채권을 가지고 있더라도 심문절차에서 상계의 항변을 주장하지 못하고, 비용선지급결정을 집행권원으로 하여 금전채권집행방법에 따라 집행할 때 청구이의의 소를 제기하여 상계의 항변을 주장하여야 한다.

3) 결정 및 불복

집행법원은 선지급명령신청이 이유 있으면 채무자에 대하여 작위의 실시에 필요한 비용의 지급을 미리 명하는 결정을 한다. 반면 그 신청이 부적법하거나 이유 없으면 결정으로 이를 각하 또는 기각하여야 한다. 수권결정의 신청이 부적법하거나 이유 없으면 비용선지급신청도 배척하여야 한다. 또 작위실시를 완료하기 전에 신청을 하였더라도 결정 전에 작위실시가 완료되었으면 신청을 기각하여야 한다.

비용선지급결정은 당사자 쌍방에게 고지하여야 하며, 집행의 편의를 위해서는 채무자에게 송달하는 방법으로 고지하는 것이 좋다.

[전산양식 A4532: 대체집행비용선지급결정]

○ ○ 지 방 법 원
제 ○ 부
결 정

사　　건　　　20　타기　　대체집행비용선지급
채 권 자　　　김 갑 동
　　　　　　　○○시 ○○로 100
채 무 자　　　이 을 동
　　　　　　　○○시 ○○로 200

주　　문

채무자는 채권자에게 1,000,000원을 지급하라.

이　　유

채권자의 이 법원 20　타기　　대체집행 결정에 기한 대체집행비용선지급 신청은 이유 있으므로 주문과 같이 결정한다.

20　.　.　.

재판장 판 사 ○ ○ ○
판 사 ○ ○ ○
판 사 ○ ○ ○

(주) 수권결정 후에 대체집행비용선지급결정을 하는 경우

위 비용선지급의 신청에 관한 재판에 대하여는 즉시항고 할 수 있다(민사집행법 제260조 제3항). 이 경우에도 대체집행결정에 대한 불복과 마찬가지로 집행권원의 내용인 실체법상의 청구권에 관한 이의를 주장하여 비용선지급결정의 집행력 배제를 구할 수는 없다(대법원 1987. 9. 8. 선고 86다카2771 판결). 즉시항고에는 집행정지의 효력이 없으므로 비용선지급결정에 의한 집행을 정지하기 위해서는 집행정지의 잠정처분을 받아 집행기관에 제출하여야 한다.

4) 비용선지급결정의 집행

비용선지급결정은 그 자체가 독립하여 금전지급을 명하는 집행권원이 되고(민사집행법 제56조 제1호), 그 고지가 있으면 확정되기 전에도 집행력이 있다. 다만, 집행을 위해서는 집행문을 받아야 한다(민사집행법 제57조). 그 집행문의 예시는 아래와 같고, 그 구체적인 집행방법은 통상의 금전채권의 지급을 명하는 집행권원과 마찬가지이다.

사　　건 : 서울중앙지방법원 2019타기○○○○ 대체집행대체집행
　　　　　서울중앙지방법원 2019타기○○○○ 대체집행비용 선지급결정

> 이 정본은 재판장의 명령에 의하여 채무자 ○○○○(○○○○○○-○○○○○○)에 대하여 주문 제2항에 관한 강제집행을 실시하기 위하여 채권자 ○○○○(○○○○○○-○○○○○○○)에게 이미 내어 준 1통 외에 다시 1통을 더 내어준다.

그 집행기간에도 제한이 없다. 그 집행을 완료하기 전에 수권결정에서 정한 작위의 실시가 완료되더라도 비용선지급결정의 집행에는 장애가 되지 아니한다. 다만, 작위의 실시가 완료되어 실제로 든 비용이 확정된 때에는 채무자는 청구이의의 소에 의하여 실제비용을 넘는 부분에 관하여는 집행을 저지할 수 있고, 비용선지급결정에 대한 즉시항고 제기기간 내이면 즉시항고로 다툴 수도 있다.

비용선지급결정에 기초하여 대체집행 실시 과정에서 제거한 동산이나 잔해물에 대하여 강제집행을 할 수 있음은 물론이나, 대체집행의 목적물 자체에 대하여 강제집행을 할 수 있는지 문제가 된다. 실무에서는 토지 소유자가 지상의 건물이나 수목의 소유자를 상대로 수권결정 및 비용선지급결정을 동시에 받은 뒤에 대체집행을 실시하지 않고 비용선지급결정에 기초하여 지상물에 대하여 강제집행을 신청하는 사례가 종종 있지만, 하급심 재판례는 비용선지급결정에 기초하여 수권결정에 따라 철거 또는 수거되어야 할 당해 대체집행의 목적물을 강제집행하는 것은 허용되지 않는다는 입장을 취하고 있다.

비용선지급결정 그 자체에 관하여 집행정지나 취소가 인정됨은 물론이고, 다른 한편으로는 이는 수권결정에 부수된 것이므로 수권결정의 기초가 된 본래의 집행권원에 기초한 강제집행이 정지 또는 취소되거나 수권결정의 집행이 정지된 때에는 비용선지급결정에 기초한 강제집행 또한 정지되거나 취소되어야 한다. 다만, 그 구체적인 방법에 관하여는 집행권원 또는 수권결정의 정지 등을 명하는 결정정본을 비용선지급결정에 기한 금전집행의 집행기관에 제출함으로써 족하다는 견해도 있으나 금전집행의 집행권원은 비용선지급결정 그 자체이며 절차를 명확히 하기 위하여 선지급결정 자체의 정지 또는 취소결정을 받아 이를 제출하여야 한다는 견해가 더 타당하다.

5) 청 산

비용선지급결정에 의하여 추심한 돈이 실제의 비용에 미치지 못할 경우에는 채권자는 그 초과비용을 집행비용으로서 청구할 수 있다(민사집행법 제260조 제2항 단서). 이때에는 집행비용액 확정절차에 관한 민사집행규칙 제24조가 적용된다.

반면 비용선지급결정에 의하여 추심한 돈이 실제의 비용보다 많을 때에는 채무자는 부당이득으로서 그 차액의 반환을 청구할 수 있다. 다만, 채권자가 임의로 반환하지 않는 경우에는 이를 돌려받을 수 있는 다른 간편한 수단이 마련되어 있지 않으므로 채무자가 소를 제기하는 수밖에 없다.

Ⅲ. 부작위채무위반에 대한 대체집행(민법 제389조 제3항에 따른 위반결과 제각과 장래에 대한 적당한 처분)

1. 개 관

가. 부작위채무

1) 민법 제389조 제3항은 채무자가 임의로 이행하지 않는 채무가 부작위를 목적으로 한 경우에 채무자가 이에 위반한 때에는 채무자의 비용으로써 그 위반한 것을 제각하고 장래에 대한 적당한 처분을 법원에 청구할 수 있다고 규정하고 있고, 민사집행법 제260조 제1항은 민법 제389조 제3항의 경우에 제1심 법원은 채권자의 신청에 따라 민법의 규정에 의한 결정을 하여야 한다고 규정하고 있다.

부작위채무 자체는 성질상 대체성이 없으므로 부작위채무 자체의 이행을 강제하기 위하여 대체집행을 할 수는 없고, 민사집행법 제261조에 의한 간접강제에 의하는 것이 원칙이다. 그러나 그 부작위채무 위반결과의 제각(除却)과 위반행위의 반복을 방지하기 위한 장래에 대한 적당한 처분(민법 제389조 제3항)은 대체성이 없는 것이 아니므로 대체집행에 의한다(민사집행법 제260조 제1항). 엄밀히 말하면 여기서 대체집행의 대상이 되는 것은 부작위채무 그 자체는 아니고, 부작위채무로부터 파생하는 별개의 채무로서 그 변형물에 대한 작위채무의 집행이라고 할 수 있다.

2) 부작위채무도 그 형태에 따라 1회적 부작위채무, 반복적 부작위채무 및 계속적 부작위채무로 나눌 수 있다.

1회적 부작위채무란 위반행위로서의 침해가 1회적인 것을 말한다. 예를 들어, 특정 일시·장소에서 개최되는 연주회에 출연하지 않을 채무(침해행위의 형태로나 의무내용의 형태로나 모두 1회적이다), 일정기간 채권자의 비밀을 공표하지 않을 채무(침해행위의 형태로는 1회적이지만 의무내용의 형태로는 계속적이다) 등이다. 이러한 1회적 부작위채무는 그 위반행위가 1회라도 있으면 그 후에는 채무가 목적을 상실하여 소멸하여 버리고 위 부작위채무는 손해배상채무 또는 원상회복채무로 변형되어 버리므로 강제집행을 할 수 없게 되어 대체집행은 문제되지 않는다. 다만, 위반결과를 제거하기 위한 대체집행은 1회적 부작위채무의 경우에도 인정된다는 견해가 있다. 이러한 견해에 의하면, 일조방해를 이유로 한 건축금지와 같은 부작위채무는 의무내용의 형태로는 계속적이지만 침해행위의 형태로는 1회적이라고 볼 수 있어서 1회적 부작위채무로 분류될 수 있는데, 이러한 경우 침해된 부작위채무의 추완적 이행이 불가능한 점은 통상의 1회적 부작위채무와 마찬가지이지만 그 위반의 결과로 건축된 건물을 철거하면 불이행 이전의 상태로 회복할 수 있으므로 위반결과 제각의 대체집행이 가능하다고 본다.

반복적 부작위채무는 위반행위로서의 침해가 반복적인 것을 말한다. 예를 들어, 매일 밤 10시 이후에는 소음을 내지 않기로 하는 채무라든가 일요일에 조업하지 않을 채무 등과 같이 침해행위가 반복되는 경우이다. 그리고 계속적 부작위채무란 위반행위로서의 침해가 계속적인 것으로서, 공작물의 설치금지, 물품판매의 금지 등과 같이 금지되어야 할 침해행위가 계속적인 것이면 족하고 현실의 침해행위가 반복적이어야 할 필요는 없다. 이러한 반복적 또는 계속적 부작위채무에 관하여는 1회의 위반행위가 있더라도 그 후의 부작위채무는 소멸하지 아니하고 따라서 대체집행이 가능하다.

원래는 이러한 대체집행을 위해서는 부작위를 명하는 원래의 집행권원 외에 별도의 집행권원을 얻어야 할 것이나, 민사집행법 제260조는 이러한 경우에 별도의 집행권원 없이도 종전의 부작위를 명한 집행권원에 기초하여 수권결정을 받기만 하면 강제집행이 가능한 것으로 정하고 있다. 이 점에서 이와 같은 강제집행은 집행권원에 표시된 급부내용 이외의 것을 강제하는 결과가 된다.

나. 대체집행의 내용

1) 부작위채무 위반결과의 제각

민법 제389조 제3항 소정의 '위반한 것'이란 건축금지의무에 위반하여 축조한 건물과 같이 채무자의 위반행위 결과 남아있는 유형물을 말한다. 이러한 부작위채무 위반의 결과는 채무자가 제거하여야 하는 것이지만, 스스로 제거하지 않는 경우 채권자는 부작위채무의 집행권원에 기하여 수권결정을 받아 집행기관을 대신하여 위반결과를 제거하고 채무자로부터 그 비용을 추심할 수 있다. 즉, 부작위채무 위반결과의 제각은 대체적 작위채무와 동일한 방법으로 집행하는 것이다.

부작위채무에 위반한 상태를 제각하는 것이 대체집행의 대상이 되기 위해서는 대체성이 있어야 한다. 건물건축금지의무에 위반하여 축조된 건물, 통행방해금지의무에 위반하여 설치된 방해물 등의 제각이 이에 해당하는 예이다. 그러나 물적 위반의 결과를 남기지 않는 침해의 회복에 관하여는 별도로 집행권원을 얻어야 하고 수권결정에 의하여 집행할 수 없다. 또한 명예훼손의 문서를 공표하지 않을 채무에 위반하여 이를 신문에 게재한 경우에는 위반상태의 물적 결과는 존재하지만, 그 제각 자체를 대체집행에 의할 수는 없고, 의무위반으로 인한 명예훼손에 대한 별도의 구제수단을 강구하여야 한다.10)

부작위채무 위반결과의 제각의무는 부작위채무의 집행법상 변형물이므로 부작위채무 자체가 소멸하여 집행의 여지가 없게 되면 그 위반결과도 부작위채무를 침해하고 있는 것으로 되지 않고 민사집행법 제260조에 의한 집행은 불가능하다. 이런 의미에서 위반결과의 제거는 부작위채무 위반행위에 의하여 목적이 소멸한 과거의 불이행 부분에 대한 추완적 이행으로서 행해지는 것이 아니라 반복적·계속적 부작위채무에 대하여 남아있는 장래의 부작위채무에 대한 예방적 처분의 성격을 가진다고 할 수 있다.11)

그리고 집행권원의 내용인 부작위채무의 범위를 초과하여 대체집행을 할 수는 없으므로 민사집행법 제389조 제3항에 의하여 대체집행의 대상이 되는 위반결과는 부작위를 명하는 집행권원의 성립 후에 생긴 것이라야 하고, 그 전에 생긴 것에 대해서는 별도로 제거를 명하는 집행권원을 얻어야 한다.

2) 장래에 대한 적당한 처분

민법 제389조 제3항에 정해진 "장래에 대한 적당한 처분"이란 반복적 또는 계속적 부작위채무에서 그 위반이 행하여진 이후의 부작위의 이행을 확보하기 위한 적당한 처분을 말한다. 이 또한 부작위채무의 집행법상 변형물이므로 부작위채무 자체가 소멸한 때에는 장래의 적당한 처분에 의한 집행은 불가능하다.

장래에 대한 적당한 처분의 구체적인 내용에 관하여는 학설상 다툼이 있다. 가령 출입금지의무의 위반을 방지하기 위하여 담을 쌓는 것과 같은 물적 설비를 설치하는 것이 '적당한 처분'의 전형적인 예이다. 그 이외에도 위반행위에 대한 담보제공명령, 위반행위에 대한 배상금지급의 예고명령 등도 포함되는지에 대하여 이와 같이 심리적 압박을 가하는 것은 간접강제의 일종으로 이러한 수단은 민사집행법 제261조

10) 법원실무제요, 민사집행 [IV], 법원행정처(2020), 746

11) 박해성, "작위·부작위 채권의 강제집행", 재판자료(36), 법원행정처(1987), 642

의 강제집행에 의하면 되므로 결국 "적당한 처분"은 물적 설비의 설치에 국한된다고 보아야 한다는 견해도 있지만 담보제공명령, 위반행위에 대한 배상금지급의 예고명령 등도 적당한 처분에 해당한다고 봄이 상당하다.12) 나아가 채무자의 위반행위를 제지하기 위한 집행관에 대한 제지명령을 이에 포함시키는 경우도 있다.

3) 추상적 부작위채무의 집행

일반적으로 작위·부작위채무의 집행권원은 그에 기하여 실현되어야 할 작위·부작위의 구체적 내용을 집행기관에 일의적으로 지시하는 것이어야 한다. 그런데 공해나 생활방해 등 기업활동에 의하여 권리가 침해되는 때에는 침해발생의 원인과 경위를 피해자가 확실히 알 수 없고 청구해야 할 침해방지조치의 구체적 특정이 곤란한 경우가 많다.

이러한 경우 추상적 부작위명령, 예컨대 일정 음량 이상의 소음의 발생을 금지하는 명령을 구하는 청구가 가능한지에 관하여 가능하다는 견해와 불가능하다는 견해로 나뉘어 있고, 가능하다는 견해에서도 이러한 명령을 명한 판결의 집행방법으로 간접강제 외에 대체집행에 있어서 '장래에 대한 적당한 처분'으로서 부작위채무의 위반을 방지하는 물적 설비의 설치를 명하는 수권결정이 가능한지에 관하여 적극설, 소극설, 제한적 적극설 등으로 견해가 나뉘어 있다.

우리 판례는 피고가 관리하는 고속도로로부터 발생하는 소음이 원고 주민들 주택을 기준으로 일정 한도를 초과하여 유입되지 않도록 하라는 취지의 유지청구는, 소음발생원을 특정하여 일정한 종류의 생활방해를 일정 한도 이상 미치게 하는 것을 금지하는 것으로 청구가 특정되지 않은 것이라고 할 수 없고, 이러한 내용의 판결이 확정될 경우 민사집행법 제261조 제1항에 따라 간접강제의 방법으로 집행을 할 수 있으므로, 이러한 청구가 내용이 특정되지 않거나 강제집행이 불가능하여 부적법하다고 볼 수는 없다고 하여, 위에서 본 견해 중 청구가 가능하고 집행방법으로서는 간접강제에 의하여야 한다는 입장을 취하고 있다(대법원 2007. 6. 15. 선고 2004다37904, 37911 판결).

4) 수인채무(受忍債務)의 집행

부작위채무에는 채권자나 다른 제3자가 일정한 행위를 하는 것을 방해하지 않을 것을 목적으로 하는 것이 있다. 이를 수인채무 또는 인용채무라고 한다. 예를 들어, 채권자나 제3자의 통행을 방해하여서는 안 된다는 것 등이다.

---

12) 법원실무제요, 민사집행 [IV], 법원행정처(2020), 747

이러한 수인채무 위반의 경우에 어떠한 강제집행이 가능한가에 관하여 제1설은 민사집행법 제5조를 유추하여 바로 집행관에게 그 저항의 배제·진압을 위임할 수 있다고 하고, 제2설은 민사집행법 제260조에 의한 수권결정에 의하여 집행관에 대하여 채무자의 방해행위를 제지할 것을 명할 수 있다고 하며, 제3설은 민사집행법 제261조 소정의 간접강제에 의하여야 한다고 한다.

수인채무 위반의 결과 물적 상태를 남기는 때에는 위반결과 제거의 대체집행에 의하는 것이 원칙이나 대체집행의 실시가 실제상 곤란하거나 현저히 부당하다고 인정되는 때에는 간접강제에 의할 수밖에 없으므로, 제3설이 타당하다.

2. 대체집행의 절차

부작위채무 위반에 대한 대체집행 절차는 대체적 작위채무의 대체집행과 대체로 같다. 특별히 유의하여야 할 점은 다음과 같다.

가. 신 청

집행권원에 표시된 부작위채무를 명시하고, 제각하여야 할 물건과 수권을 구하는 작위 내지 장래에 대한 적당한 처분의 내용을 구체적으로 특정하여야 한다. 신청의 취지는 대체적 작위채무의 경우와 마찬가지로 "채권자(또는 채권자의 신청을 받은 집행관)는 별지 목록 기재의 ……를 채무자의 비용으로 제각할 수 있다"는 재판(수권결정)을 구하는 것이고, "채무자는 별지 목록 기재의 ……를 채무자의 비용으로 제각하라"라는 명령(대체적 작위를 명하는 집행권원)을 구하는 것은 아니다. 신청의 이유로는 부작위채무에 관한 집행권원이 성립한 후에 채무자의 의무위반에 의하여 유형적 침해상태가 발생하였다는 것과 실제로 부작위채무의 이행을 방해하고 있다는 것을 구체적으로 주장하여야 한다. 위 사실은 신청인이 증명할 필요가 있으므로 그 입증자료를 붙여야 한다.

나. 심리와 결정

집행권원에 표시된 부작위채무가 특정되어 있는지, 집행권원이 성립한 후에 의무위반이 이루어 졌는지 여부와 그 의무위반의 결과로서 제각의 대상인 유형적 상태가 발생한 사실을 심리한다.

의무위반의 시기와 관련하여 집행권원의 성립시를 언제로 보아야 하는가에 관해서는 집행권원이 외부적으로 성립한 때라는 것이 통설이다.[13] 따라서 확정판결의 경우에는 사실심의 변론종결 시에 존재한 위반의 결과를 제각할 수 없는 것은 당연하고 사실심 변론종결 시부터 판결선고 시까지 사이에 생긴 의무위반행위의 결과에 대하여도 그 판결에 기초한 대체집행이 불가능하므로 별도로 소구할 필요가 있다.

의무위반, 즉 부작위채무의 불이행은 부작위의 강제집행에서 일반적 요건으로 해석할 것은 아니지만, 의무위반물의 제각채무는 부작위채무의 변형물인 별개의 채무이며, 그 발생원인인 의무위반은 채권자가 주장·증명하여야 할 사실이므로 의무위반물의 제각의 수권결정에 관해서는 불이행도 심리대상이 된다.[14]

우선 추완적 이행의 여지가 없는 1회적 부작위채무, 존속기한 있는 부작위채무로서 이미 그 기한이 지난 것 등 신청 자체로부터 부작위채무의 소멸 또는 추완적 이행의 불능이 명백할 때에는 신청을 각하하여야 하지만 그렇지 않은 경우에는 일단 수권결정을 발령하여야 하고, 이에 대하여 부작위채무의 소멸을 주장하는 채무자가 청구이의의 소로써 다투어야 한다.[15]

제거의 대상이 되는 것은 부작위채무 위반행위의 결과인 유형적 상태이고, 침해의 결과가 유형적 상태를 남기지 않는 것은 민법 제383조 제3항의 제각 대상이 아니다. 따라서 건물의 건축 또는 공작물의 설치를 금지하는 채무에 위반하여 건축, 축조된 건물 또는 공작물, 통행방해를 금지하는 채무에 위반하여 설치된 장해물 등은 민사집행법 제260조의 수권결정의 대상이 되지만, 이미 발생하여 있던 소음이나 유해물질 등을 장래 채권자 쪽으로 도달하지 않도록 할 채무에 위반하여 도달하여 오는 소음이나 유해물질의 제각 또는 통행방해금지채무에 위반하는 음성이나 행위에 의한 방해의 배제는 민사집행법 제260조의 수권결정의 대상이 되지 않는다.

계속적 부작위채무에 위반하여 위법한 유형적 상태가 만들어져 수권결정에 기하여 이를 제거한 후 다시 동종의 유형적 상태가 만들어진 경우에는 이미 집행한 수권결정에 기하여 재차 집행할 수는 없고 새로 수권결정을 받아야 한다.

한편, 집행권원이 채무자에게 부작위를 명하는 가처분인 경우에는 그 가처분 재판이 채무자에게 고지됨으로써 부작위를 명한 가처분의 효력이 발생하고 채무자가 그 명령위반행위를 하여 위반의 결과를 남긴 때 비로소 대체집행의 방법에 의하여 부작위 상태를 실현시킬 필요가 생기는 것이므로, 부작위를 명하는 가처분에는 원칙

13) 주석 민사집행법(VI), 사법행정학회(2018), 92
14) 법원실무제요, 민사집행 [IV], 법원행정처(2020), 749
15) 법원실무제요, 민사집행 [IV], 법원행정처(2020), 749-750

적으로 민사집행법 제292조 제2항이 규정하고 있는 2주의 집행기간에 관한 제한이 준용되지 않는다. 하지만 채무자가 가처분 재판이 고지되기 전부터 가처분 재판에서 명한 부작위에 위반되는 행위를 계속하고 있는 경우라면, 그 가처분결정이 채권자에게 고지된 날부터 2주 이내에 간접강제를 신청하여야 하므로(대법원 2010. 12. 30. 자 2010마985 결정), 부작위가처분에서 명한 의무위반이 있고 그것이 위반의 결과를 남기는 경우 그 결과의 제거를 위한 대체집행의 신청은 의무위반행위 시부터 집행기간이 개시된다.

수권결정의 주문에는 위반결과의 제각을 위한 구체적 행위 내지 장래에 대한 적당한 처분을 명시하여야 한다. 법원은 결정을 함에 있어서 채권자의 신청에 구속되므로 그 신청의 범위 안에서 방법은 다른 것을 명할 수 있으나 신청 이외의 것을 명할 수는 없다.[16]

그 결정 례는 다음과 같다.

[전산양식 A4533: 수권결정과 대체집행비용선지급결정(부작위채무)]

○ ○ 지 방 법 원
제 ○ 부
결 정

사 건	20 타기 대체집행
	20 타기 대체집행비용선지급
채 권 자	김 갑 동
	○○시 ○○로 100
채 무 자	이 을 동
	○○시 ○○로 200

주 문

1. 채권자는 그가 위임하는 이 법원 소속 집행관으로 하여금 별지목록 기재 건물을 철거하고 ……한 행위를 하게 할 수 있다.
2. 채무자는 채권자에게 1,000,000원을 지급하라.

16) 법원실무제요, 민사집행 [IV], 법원행정처(2020), 750-751; 주석 민사집행법(VI), 사법행정학회(2018), 94

이 유

채권자와 채무자 사이의 이 법원 20 가합 건축금지 청구사건의 집행력 있는 판결정본에 기한 채권자의 이 사건 수권결정 및 대체집행비용 선지급신청은 이유 있으므로 주문과 같이 결정한다.

20 . . .

재판장 판 사 ○ ○ ○

판 사 ○ ○ ○

판 사 ○ ○ ○

(주) 수권결정과 대체집행비용 선지급 결정을 동시에 하는 경우

위 수권결정의 신청에 관한 재판에 대하여는 즉시항고를 할 수 있고(민사집행법 제260조 제3항), 그 밖에 그 실시에 관한 것은 대체적 작위채무의 경우와 마찬가지이다. 대체집행비용의 선지급도 신청할 수 있다.

“적당한 처분”으로서 담보제공명령이나 배상금지급명령을 할 수 있다고 보는 경우에 그 실시를 어떻게 할 것인가 하는 점이 문제가 되는데, 일반적으로는 이러한 담보제공명령이나 배상금지급명령을 집행권원으로 하여 금전집행에 기초한 강제집행의 방법으로 집행한다고 본다.

제4장 간접강제

Ⅰ. 간접강제의 적용범위

1. 간접강제의 보충성

간접강제는 채무불이행에 대한 제재를 고지함으로써 그 제재를 면하기 위하여 채무를 이행하도록 동기를 부여하는 것을 목적으로 하는 집행방법이다. 민사집행법 제261조 제1항에서 채무의 성질이 간접강제를 할 수 있는 경우에 간접강제를 명하는 결정을 한다고 규정하고 있는데, 이러한 간접강제의 방법은 채무자의 인격을 존중한다는 의미에서 다른 강제집행이 불가능할 때에만 허용된다고 보는 것이 일반적이다.

판례도 채권자의 인감증명서를 소지하고 있는 채무자에게 그 인도를 명하는 판결이 확정된 다음 채권자가 유체동산인도 강제집행에 들어갔으나 집행대상 물건을 찾지 못하여 집행불능이 된 상황에서 간접강제를 허용할 것인지 여부가 문제된 사안에서, "간접강제의 대상이 되는 채무는 일반적으로 부대체적 작위채무나 부작위채무에 한정되고, 특정물의 인도를 내용으로 하는 채무는 원칙적으로 민사집행법 제257조의 방법에 따른 집행의 대상이 될 뿐이어서 특별한 사정이 없는 한 간접강제의 대상이 되지 아니하며, 단순히 민사집행법 제257조의 방법에 따른 강제집행이 실효를 거두지 못하였다는 사유만으로 간접강제의 대상이 된다고 볼 수도 없다."고 판시하여(대법원 2012. 1. 27.자 2010마1850 결정) 간접강제의 보충성을 인정하고 있다.

따라서 실제에 있어서 간접강제에 의한 강제집행의 대상이 되는 것은 부대체적 작위채무와 부작위채무의 2가지이다. 그리고 간접강제마저 허용되지 아니하는 채무도 있다. 다만 근래에는 현행법에서 간접강제의 일률적 보충성을 직접 요구하고 있지 않고, 경우에 따라서는 간접강제가 직접강제보다 채무자의 인격을 압박하는 효과가 덜한 경우도 있다는 점 등을 고려할 때 '직접강제나 대체집행이 실효적으로 이루어질 수 없는 경우'에는 간접강제를 적극적으로 고려할 수 있다는 견해도 제기되고 있다.

2. 부대체적 작위채무

간접강제의 대상이 되는 부대체적 작위채무의 중요한 예로서는 다음과 같은 것들이 있다.

1) 우선 '주는 채무' 가운데 직접강제가 불가능한 경우가 이에 해당한다. 구체적으로는 무체물인 에너지 등의 공급채무, 의사능력 있는 사람의 인도를 목적으로 하는

채무, 수확물의 매각대금의 인도와 같이 특정되지 않은 금전의 지급 또는 수량이 특정되지 않은 물건의 인도를 목적으로 하는 채무, 채무자가 점유하고 있지 않은 물건의 인도를 목적으로 하는 채무, 수도설비를 설치하여 물을 공급하는 것과 같이 인도에 관하여 특별한 장치나 기술을 요하는 채무, 제조·가공한 후 그 제품이나 가공품을 인도하는 채무, 일정기간 채권자 명의로 일정한 액수의 금전을 은행에 예금할 채무 등이다.

2) 그리고 '하는 채무' 가운데 대체집행이 불가능한 것도 간접강제의 방법에 의하여 집행할 수 있다. 즉, 채무자 본인이 그 책임으로 행할 것이 요구되는 채무(재산관리의 정산을 할 채무, 재산목록이나 대차대조표를 작성할 채무, 제소 등과 같은 소송행위를 할 채무 등), 사실상 채무자 또는 그 대리인이 아니면 할 수 없는 채무(채무자만이 게시장소의 일부 또는 전부를 알고 있는 포스터 등을 제거할 채무 등), 채무자 자신이 하지 않으면 효과가 생기지 않는 채무(어음 등에 서명하여야 할 채무, 변제수령을 하여야 할 채무 등), 어떠한 내용의 작위를 할 것인가가 채무자의 재량에 맡겨져 있는 작위채무(대리인을 선임하여야 할 채무, 민법 제223조의 공사에 필요한 청구에 응할 채무 등)가 이에 해당한다. 철거의무의 경우 제3자가 하는 것보다 채무자가 이행할 경우 훨씬 수월하게 이행이 가능하다는 사정만으로 간접강제가 허용되지는 않지만, 특수구조물인 송전탑과 같이 송전사업자만이 철거가 가능한 경우라면 간접강제가 허용되어야 할 것이다. 다만, 이러한 부대체적인 '하는 채무' 가운데에는 강제집행 자체가 불가능한 것도 적지 않다. 한편, 언론중재 및 피해구제 등에 관한 법률에 정해진 반론보도나 정정보도청구권의 강제집행도 간접강제의 방법에 의한다(같은 법 제26조 제3항).

3) 실무상 주로 문제되는 부대체적 작위채무의 예는 회계장부 등 열람등사 청구에 응하여 열람·등사를 하게 할 의무, 인터넷 게시물을 삭제할 의무, 명의개서절차를 이행할 의무 등이다.

3. 부작위채무

1회적 부작위채무는 채무자가 이를 위반하여 강제집행 개시의 요건을 구비함과 동시에 실체법상 소멸하여 버리므로 강제집행의 여지가 없다는 견해가 있으나 이 견해는 간접강제결정을 위하여 부작위채무 위반행위가 있을 것을 요한다는 위반행위 필요설의 입장을 전제로 한 것이고, 간접강제결정을 위해서는 위반행위가 불필요하다는 불필요설이 타당하므로 1회적 부작위채무에 대해서도 부작위채무를 명하는 집행권원의 집행방법으로서 간접강제가 허용된다고 보는 것이 타당하다.

계속적 부작위채무와 반복적 부작위채무에 관하여는 대체집행이 허용되지만 이는 위반결과의 제각과 장래에 대한 적당한 처분에 한정되므로 그로써 불충분한 경우에는 간접강제의 필요성이 인정된다.

무언가 예방조치를 취할 것을 예정하고 결과를 발생시키지 않을 채무(부작위채무)로서 표시되는 예방채무라 하더라도, 집행권원의 내용이 추상적 부작위채무 또는 일의적으로 특정되지 않는 예방조치를 하여야 할 채무로서 표시되어 있는 때에는 간접강제가 허용되고, 예방채무가 예방조치(장래에 대한 적당한 처분)를 예정하고 있다고 하여 간접강제를 불허할 것이 아니다.

위반결과의 제각 또는 적당한 처분의 가부 및 이에 의하여 부작위채무 자체의 이행이 확보되는지의 여부는 구체적으로 개개의 사안에 따라 검토하여야 하고, 채무의 유형을 분류하여 특정 유형의 부작위채무에 대하여 간접강제의 가부(위반결과 제각 또는 적당한 처분의 가부)를 논하여서는 아니 된다. 따라서 채무의 유형으로는 의무위반이 유형적 결과를 남기는 채무에 속하더라도, 위반결과의 제각에 의하여 부작위채무의 이행이 확보되지 않는 경우에는 간접강제가 가능하다. 구체적으로는 다음과 같은 경우에 간접강제가 허용된다.

가. 부작위채무위반의 결과가 물리적으로 존재하기는 하지만 유체물의 제각이라는 방법으로는 위반상태를 배제할 수 없는 경우

소음발생금지채무에 위반하여 조업을 계속하는 경우, 민법 제217조 제1항에 위반하여 배수의 유출을 방치하는 경우에는 어떠한 예방처분을 하여야 하는지가 불명확하면 간접강제가 허용된다.

나. 부작위채무위반이 존재하지만 물적 위반상태를 남기지 않는 경우

주택출입금지의무에 위반하여 주택에 거주하는 경우에는 적당한 처분으로서 집행관의 원조를 구할 수는 있겠으나 사실상 그것이 곤란하다면 간접강제도 허용될 수 있다. 화물반입방해금지채무에 위반하여 화물의 반입을 방해하는 경우에도 마찬가지이다. 그리고 일조방해금지채무에 위반하여 일조를 방해하는 경우에도 대체집행을 할 수 없는 것은 아니지만 그 위반행위가 매일 반복되는 경우에는 간접강제가 허용되는 것으로 해석된다.

이러한 부작위채무의 위반행위는 원칙적으로 집행권원이 성립한 후에 생긴 것이어야 하지만, 위반상태가 집행권원이 성립하기 전부터 있었어도 집행권원이 성립한 후의 행위에 의하여 침해상태가 계속되는 경우에는 부작위집행의 대상이 된다고 보아야 한다.

실무상 주로 문제되는 부작위채무의 예는 전직·경업금지의무나 비밀누설금지의무, 영업방해금지의무, 접근금지의무, 명예훼손행위금지의무, 불법시위금지의무, 공사금지의무, 방송금지 또는 영화상영 금지의무, 주식회사의 이사회 및 주주총회(민법상 법인 또는 권리능력 없는 사단, 특별법상 법인 등 포함) 개최금지의무, 특허권 등 지식재산권 침해금지의무, 교통방해금지의무, 공사방해금지의무 등이 있다.

4. 간접강제가 허용되지 않는 경우

직접강제나 대체집행이 불가능할 뿐만 아니라 간접강제도 허용되지 않으므로 강제집행이 불가능한 채무로는 다음과 같은 것을 들 수 있다.

가. 채무자가 그 의사만으로는 할 수 없는 채무

제3자와 계약을 체결하여야 할 의무, 계산서 작성에 필요한 자료가 제3자의 수중에 있는 경우의 계산서작성채무, 제3자인 주식회사로부터 멸실된 주권에 갈음하는 신주권의 발행을 받아 채권자에게 교부하여야 할 채무와 같이 제3자의 협력을 요하는 채무, 채무자가 채권자에게 제3자 소유의 부동산을 취득하게 할 채무와 같이 채무자의 능력을 초과하는 과다한 비용지출을 요하는 채무, 의사능력 있는 유아의 인도를 목적으로 하는 채무 등이다. 이러한 경우에는 간접강제가 전혀 허용되지 않는다는 주장도 있으나 이러한 경우에도 채무자에게 그가 할 수 있는 노력을 다할 것(예를 들어, 제3자에게 소를 제기하는 등)을 요구할 수는 있으므로, 제3자가 채무자의 노력에도 불구하고 그러한 협력을 거부하거나 또는 채무자가 그에 필요한 비용을 조달할 수 없음이 밝혀진 경우에만 간접강제가 배제된다고 해석된다.

나. 채무의 이행에 특별한 예술적 또는 학문적 기능을 필요로 하는 경우

오페라를 작곡하거나 교과서를 쓸 것을 내용으로 하는 채무 등이다. 이러한 채무는 순전히 채무자의 자발적 이행이 의미가 있고 강제적 이행은 의미가 없기 때문이다.

다. 인격존중의 견지에서 강제집행이 허용되지 않는 채무

부부의 동거의무나 약혼에 기초한 혼인의무 등은 채무자의 인격을 존중하여야 한다는 관점에서 간접강제를 포함하여 강제집행이 허용되지 않는다(대법원 2009. 7. 23. 선고 2009다32454 판결).

이 가운데 약혼에 기초한 혼인의무의 이행은 소로써도 청구할 수 없으나(민법 제803조), 부부의 동거의무의 이행을 소로써 청구하는 것은 가능하다. 또한, 동거의무 또는 그를 위한 협력의무의 불이행으로 말미암아 상대방에게 발생한 손해에 대하여 그 배상을 행하는 것은 동거 자체를 강제하는 것과는 목적 및 내용을 달리하는 것으로서 허용된다(대법원 2009. 7. 23. 선고 2009다32454 판결).

부대체적 노무의 제공의무도 인격존중의 견지에서 또는 간접강제를 허용하더라도 그 실효성을 거둘 수 없다는 이유에서 허용되지 않는다.

5. 제한능력자에 대한 간접강제

간접강제는 채무자에 대한 심리적 강제를 그 내용으로 하는 것이므로 채무자가 채무불이행에 의하여 자기에게 불이익이 있다는 것을 이해하지 못할 때에는 채무자에 대한 간접강제는 무의미하다. 이 점에서 제한능력자에 대한 간접강제가 허용되는가, 허용된다면 구체적으로는 어떻게 하여야 하는가가 문제된다.

이에 관하여는 ① 법정대리인을 의무자로 하여 간접강제의 결정을 하여야 하고 이에 기초한 배상금도 제한능력자 본인이 아닌 법정대리인의 재산에서 추심하여야 한다는 견해, ② 채무자는 어디까지나 제한능력자이므로 법정대리인이 채무자로 하여금 그 이행을 하도록 하는 것을 기대할 수밖에 없다는 견해 및 ③ 실제로 그 이행행위를 누가 하여야 하느냐에 따라 예고결정 등의 상대방을 정하고, 배상금도 그 상대방의 재산에서 추심하여야 한다는 견해(이 경우에도 채무자 자신에게 간접강제의 의미를 파악할 만한 의사능력이 없을 때에는 간접강제가 허용되지 않는다) 등이 있다.

II. 일반적 절차

채무의 성질이 간접강제를 할 수 있는 경우에 간접강제에 의한 권리실현은 일반적으로는 다음과 같은 단계를 거쳐 진행이 된다. ① 부대체적 작위채무나 부작위채무에 관하여 확정판결이나 가집행이 붙은 판결과 같은 본래의 집행권원의 성립(민사집행법 제24조) → ② 판결에 대한 집행문의 부여(민사집행법 제30조 제1항) → ③ 집행력 있는 집행권원의 정본에 기초한 간접강제의 신청(민사집행법 제261조 제1항) → ④ 채무자의 심문(민사집행법 제262조) → ⑤ 간접강제 여부의 결정(민사집행법 제261조 제1항) → ⑥ 간접강제결정에 대한 집행문의 부여(민사집행법 제56조 1호, 57조, 28조, 30조) → ⑦ 집행력 있는 간접강제결정 정본에 기초한 금전집행(부동산집행, 유체동산집행, 채권집행 등)의 순서이다. 이를 도표로 요약하면 아래와 같다.

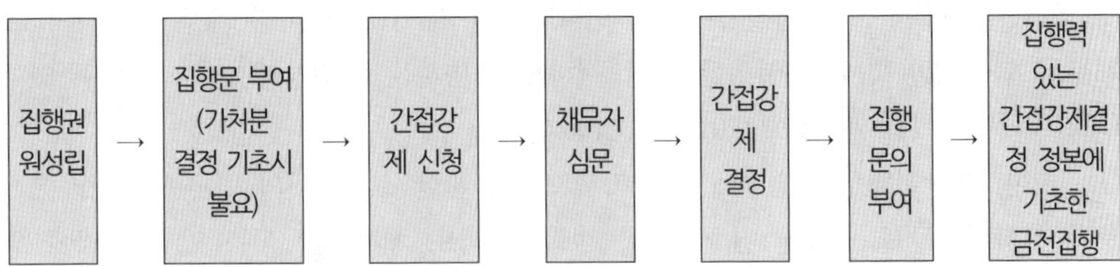

채무자가 부대체적 작위채무나 부작위채무를 명하는 가처분결정을 받은 경우에도, 간접강제를 신청하는 데 원칙적으로 가처분결정에 대한 집행문을 부여받을 필요가 없다는 점을 제외하고는, 위와 같은 순서로 절차가 진행된다. 다만, 판결절차나 가처분절차에서 동시에 간접강제를 하는 경우에는 ①의 단계에서 ⑤의 간접강제결정도 함께 발령되므로 위 ②, ③, ④의 과정은 생략되어 신속한 집행이 가능하다. 이하에서는 유의할 몇 가지 쟁점을 살펴본다.

1. 간접강제의 신청

간접강제결정은 채권자의 신청이 있어야 한다(민사집행법 제261조 제1항). 채권자는 서면으로 간접강제를 신청하여야 하고(민사집행법 제4조), 2,000원의 인지를 붙여야 하고(인지법 제9조 제4항 제1호), 송달료는 5,200원 × 당사자수 × 2회분을 납부하여야 한다. 이 신청은 민사집행사건으로 접수하여 사건번호와 사건명을 붙이고 전산입력한다(재민 91-1). 간접강제사건은 판결에 기초한 것이든 가처분결정에 기초한 것이든 기타집행사건으로 보아 '타기'라는 사건번호를 부여한다.

간접강제의 신청은 본래의 집행권원이 성립한 후에 별도로 하는 것이 원칙이지만(별도신청형), 예외적으로 일정한 요건을 갖춘 경우에는 본래의 집행권원 성립절차에서 간접강제결정을 동시에 할 수 있다(동시결정형). 즉, 부대체적 작위채무에 대하여는 통상 판결절차에서 먼저 집행권원이 성립한 후에 채권자의 별도 신청에 의해 채무자에 대한 필요적 심문을 거쳐 민사집행법 제261조에 따라 채무불이행 시에 일정한 배상을 하도록 명하는 간접강제결정을 하고 있다. 그러나 부대체적 작위채무를 명하는 판결의 실효성 있는 집행을 보장하기 위하여 판결절차의 변론종결 당시에 보아 집행권원이 성립하더라도 채무자가 그 채무를 임의로 이행할 가능성이 없음이 명백하고, 그 판결절차에서 채무자에게 간접강제결정의 당부에 관하여 충분히 변론할 기회가 부여되었으며, 민사집행법 제261조에 의하여 명할 적정한 배상액을 산정할 수 있는 경우에는 그 판결절차에서도 민사집행법 제261조에 따라 채무자가 장차 그 채무를 불이행할 경우에 일정한 배상을 하도록 명하는 간접강제결정을 할 수 있다(대법원 2013. 11. 28. 선고 2013다50367 판결).

또한, 부작위채무의 경우에도, 부작위채무에 관한 소송절차의 변론종결 당시에서 보아 부작위채무를 명하는 집행권원이 성립하더라도 채무자가 이를 단기간 내에 위반할 개연성이 있고, 또한 그 판결절차에서 민사집행법 제261조에 의하여 명할 적정한 배상액을 산정할 수 있는 경우에는, 집행권원 성립을 위한 판결절차에서 장차 채무자가 그 채무를 불이행할 경우에 대비하여 간접강제를 할 수 있다(대법원 2014. 5. 29. 선고 2011다31225 판결).

간접강제신청은 이행을 구하는 의무를 구체적으로 특정하여야 한다. 강제집행의 대상이 되는 부작위채무나 부대체적 작위채무를 구체적으로 특정하지 아니한 채 단순히 위반행위 1회당 얼마를 지급하라는 식의 간접강제신청은 그 위반행위 1회가 의미하는 바를 명확히 특정하지 아니하는 한 부적법하다. 다만 이행하여야 할 채무의 내용은 집행권원상 채무에 비추어 특정할 수 있으면 족하므로, 이미 확정된 집행권원이 존재하는 경우라면 채무의 내용이 구체적으로 적시되지 않았다고 하여 간접강제신청이 곧바로 부적법하다고 볼 것은 아니다. 예컨대, 회계장부 열람등사를 명하는 가처분결정에는 별지로 열람 대상 문서가 특정되어 있었으나, 간접강제결정에는 그 별지가 누락되었더라도 이는 간접강제결정을 무효로 하는 사유가 되지 아니하고 경정사유에 불과하므로 청구이의를 통해 집행불허를 구할 수는 없다고 한 재판 례도 있다.

신청서에 채무자가 이행하여야 할 상당한 기간 또는 배상금 등을 반드시 구체적으로 적어야 하는 것은 아니고, 채권자의 간접강제 배상금 기재가 법원을 구속하지 아니한다.

다만, 간접강제 신청을 할 때는 법원의 판단에 참고가 될 수 있도록 그 기간과 배상금을 적고 그 근거가 될 수 있는 자료를 붙이는 것이 바람직하다. 물론 집행력 있는 집행권원 정본을 붙여야 한다.

2. 간접강제 신청기간(집행기간)

집행권원의 성립과 동시에 간접강제결정을 하는 경우에는 간접강제 신청기간이 문제되지 않는다. 집행권원이 성립하기 전 변론이나 심문의 어느 단계에서도 간접강제 신청이 가능하다. 부대체적 작위채무나 부작위채무를 명하는 가처분결정과 함께 그 의무위반에 대한 간접강제결정이 동시에 이루어진 경우에도 마찬가지이다. 또한, 본안의 판결을 집행권원으로 하여 나중에 별도로 간접강제 신청을 하는 경우에도 신청기간의 제한이 없다.

하지만 가처분 결정 이후에 별도로 간접강제 신청을 하는 경우 민사집행법 제301조, 제292조 제2항이 정하고 있는 가처분의 집행기간과의 관계가 문제된다.

가. 부대체적 작위채무를 명하는 가처분

민사집행법 제292조 제2항의 규정이 준용되므로(민사집행법 제301조), 특별한 사정이 없는 한 가처분결정이 채권자에게 고지된 날부터 2주 이내에 간접강제를 신청하여야 함이 원칙이고, 위 집행기간이 지난 후의 간접강제 신청은 부적법하므로 각하하여야 한다.

하지만 가처분에서 명하는 부대체적 작위채무가 일정 기간 계속되는 경우라면, 채무자가 성실하게 그 작위채무를 이행함으로써 강제집행을 신청할 필요 자체가 없는 동안에는 집행기간이 진행하지 않고, 채무자의 태도에 비추어 작위채무의 불이행으로 인하여 간접강제가 필요한 것으로 인정되는 때에 그 시점부터 2주의 집행기간이 기산된다(대법원 2010. 12. 30.자 2010마985 결정).

다만, 부대체적 작위채무의 이행을 명하는 가처분결정과 함께 그 의무위반에 대한 간접강제결정이 동시에 이루어진 경우에는 간접강제결정 자체가 독립된 집행권원이 되고 간접강제결정에 기초하여 배상금을 현실적으로 집행하는 절차는 간접강제절차와 독립된 별개의 금전채권에 기초한 집행절차이므로, 그 간접강제결정에 기한 강제집행을 반드시 가처분결정이 송달된 날로부터 2주 이내에 할 필요는 없다(대법원 2008. 12. 24.자 2008마1608 결정).

나. 부작위채무를 명하는 가처분

채무자에 대하여 단순한 부작위를 명하는 가처분은 그 가처분 재판이 채무자에게 고지됨으로써 효력이 발생하는 것이지만, 채무자가 그 명령 위반의 행위를 할 때에 비로소 간접강제의 방법에 의하여 부작위 상태를 실현할 필요가 생기는 것이므로 그때부터 2주 이내에 간접강제를 신청하여야 함이 원칙이고, 집행기간에 관한 민사집행법 제292조 제2항이 준용되지 않는다. 다만 채무자가 가처분 재판이 고지되기 전부터 가처분 재판에서 명한 부작위에 위반되는 행위를 계속하고 있는 경우라면, 그 가처분 결정이 채권자에게 고지된 날부터 2주 이내에 간접강제를 신청하여야 하고, 그 집행기간이 지난 후의 간접강제 신청은 부적법하다(대법원 2010. 12. 30.자 2010마985 결정).

3. 필요적 심문

간접강제결정은 변론 없이 할 수 있다. 다만 결정하기 전에 반드시 채무자를 심문하여야 한다(민사집행법 제262조). 반드시 심문기일을 열어야 하는 것은 아니고 서면에 의한 심문도 가능하다. 최근 법원의 실무는 대개 채무자에게 신청서 부본과 함께 10일 정도 답변기한을 준 심문서를 함께 보내어 답변을 받아보고 특별한 내용이 있는 경우에 한하여 심문기일을 지정하는 방식으로 운영하고 있다. 만약 집행권원 성립을 위한 판결절차에서 간접강제를 함께 신청한 경우에는 변론기일에서 간접강제의 요건 및 적정한 배상액에 관하여 채무자를 심문하면 된다.

또한 임시의 지위를 정하기 위한 가처분과 간접강제신청을 동시에 한 경우에는 임의적 변론 또는 채무자가 참석할 수 있는 심문기일을 열어야 하므로(민사집행법 제304조 본문), 위와 같은 기일에서 간접강제의 요건 및 적정한 배상액에 관하여 채무자를 심문하면 된다.

간접강제는 부작위채무 및 부대체적 작위채무에 대한 강제집행 방법으로서 강제집행이 실효적으로 이루어질 수 있도록 적정한 배상액이 산정되어야 하므로, 별도 신청 사건의 경우에도 채무자에게 심문서를 발송할 때 간접강제금 산정에 대한 채무자의 의견을 구체적 근거를 들어 밝힐 것을 명하고, 채권자에게도 신청취지에 기재한 금액으로 간접강제금을 산정한 이유나 근거를 밝힐 것을 준비명령 등의 형식을 통해 명하는 것이 바람직하다.

4. 집행권원에서 정한 의무이행 기간이 지난 경우

종래 실무상 회계장부열람등사 가처분 사건에서 채무자에게 일정한 기간 동안(예컨대 결정이 송달된 날의 3일 후부터 토요일 및 공휴일을 제외한 10일 동안) 채권자에 대하여 회계장부 열람등사를 허용하도록 명하는 가처분결정을 하는 경우가 많았다. 이와 같이 의무이행의 기간을 한정한 집행권원이 성립한 후에 따로 간접강제 신청을 하는 때에 집행권원에서 정한 의무이행 기간과의 관계가 문제된다.

부대체적 작위채무에 관하여 의무이행 기간을 정하여 가처분 결정을 한 경우에 그 가처분 결정에서 정한 의무이행 기간이 경과하면, 가처분의 효력이 소멸하여 그 가처분 결정은 더는 집행권원으로서의 효력이 없고, 그 가처분 결정에 기초한 간접강제 신청은 부적법하여 각하하여야 한다(대법원 2016. 3. 15.자 2015마1578 결정). 따라서 가처분 결정에서 정한 의무이행 기간이 지난 후에 이러한 가처분 결정에 기초하여 간접강제결정이 발령되어 확정되었더라도, 그 간접강제결정은 무효인 집행권원에 기초한 것으로서 강제집행의 요건을 갖추지 못하였으므로, 간접강제결정에서 정한 배상금에 대하여 집행권원으로서의 효력을 가질 수 없다. 이때 채무자로서는 집행문부여에 대한 이의신청으로 무효인 간접강제결정에 대하여 부여된 집행문의 취소를 구할 수 있다(대법원 2017. 4. 7. 선고 2013다80627 판결). 예를 들어 가처분 결정에서 10일 동안 장부 열람 · 등사를 명하였는데 그 10일이 지난 후에 간접강제결정이 발령된 사안에서 간접강제결정은 무효인 집행권원에 기초한 것으로서 그 결정에서 정한 배상금에 대한 집행권원으로서의 효력을 가질 수 없다. 부대체적 작위채무뿐만 아니라 부작위채무에 관하여 의무이행 기간을 정한 경우에도 마찬가지라고 할 것이다.

그러므로 채무자의 이행완료시까지 간접강제를 통한 이행의 강제를 확보하려면, 부대체적 작위채무인 회계장부의 열람등사를 명하는 집행권원이 임시의 지위를 정하는 가처분이 아니라 본안판결인 경우에는 본안판결법원은 가처분에서 통상 명해지는 것처럼 회계장부의 열람등사 허용기간을 제한할 것이 아니라 특별한 사정이 없는 한 원고가 구하는 범위 내에서 허용기간의 제한 없이 피고에게 회계장부 등의 열람등사를 명하여야 한다(대법원 2013. 11. 28. 선고 2013다50367 판결).

5. 결정

간접강제의 신청이 부적법하면 이를 각하하고, 이유 없으면 이를 기각하여 신청인에게 고지하여야 한다(민사집행규칙 제7조 제2항).

부대체적 작위의무의 이행을 명하는 가처분결정을 받은 채권자가 그 가처분결정의 집행을 위하여 간접강제신청을 하는 경우에, 그 간접강제신청은 가처분의 효력이 존속하고 있음을 전제로 하여 그 가처분에서 명한 의무의 이행을 확보하기 위한 것인바, 가처분에서 정한 의무 기간이 경과하는 등의 사유로 가처분의 효력이 소멸하였으면 간접강제신청은 신청의 이익을 상실하여 부적법한 것이므로 간접강제신청을 각하하여야 한다.

그러나 부대체적 작위채무에 대한 간접강제결정에 부여되는 집행문은 조건집행문이 아니라 단순집행문이므로 위의 경우에 특별한 사정이 없는 한 민사집행법 제45조의 집행문부여에 대한 이의의 소의 대상이 되지는 않는다.

간접강제의 신청이 이유 있으면 간접강제를 명하는 결정을 하고(민사집행법 제261조 제1항), 신청인과 채무자에게 그 정본을 송부하여 고지하여야 한다(민사집행규칙 제7조 제1항 제2호).

6. 간접강제결정 인용시 주문

가. 개관

민사집행법 제261조 제1항은 간접강제결정에 관하여 "그 결정에는 채무의 이행의무 및 상당한 이행기간을 밝히고, 채무자가 그 기간 이내에 이행을 하지 아니하는 때에는 늦어진 기간에 따라 일정한 배상을 하도록 명하거나 즉시 손해배상을 하도록 명할 수 있다."고 규정하고 있다.

따라서 간접강제의 주문은 동시결정형이건 별도신청형이건, ① 의무의 내용을 밝히는 부분, ② 상당한 이행기간을 밝히는 부분, ③ 기간 내에 의무가 이행되지 아니할 경우 간접강제 배상을 명하는 부분이 명확히 구분되도록 특정되어야 한다.

나. 결정의 내용

1) 이행의무의 내용을 밝히는 부분

간접강제결정에는 채무자가 하여야 할 의무가 특정적으로 명시되어야 한다. 집행권원에 당해 의무의 내용이 명시되어 있겠으나, 집행기관은 간접강제결정을 기초로 이후 배상금을 산정하여 집행문을 부여하여야 하고 집행권원의 일부에 관하여만 간접강제결정을 하는 경우 간접강제의 대상이 되는 부분을 구별하는 것도 필요하므로, 집행권원과 별도로 간접강제결정 자체에도 작위의무의 내용이 명시되어야 한다.

2) 상당한 이행기간을 밝히는 부분

채무자에게 배상을 명하기 위해서는 채무자가 의무를 위반하였음을 전제로 하고, 채무자의 의무 위반 여부를 판단하기 위해서는 그 의무를 이행하기 위한 기간을 명확하게 정하는 것이 필요하므로 간접강제결정에는 특별한 사정이 없는 한 의무이행의 상당한 기간을 정하여야 한다(대법원 2017. 11. 20.자 2017으519 결정 참조). 다만, 실무상 부작위채무에서 장래의 위반행위의 방지를 위한 간접강제의 경우에는 유예기간 없이 대체적으로 결정 시점으로부터 즉시 채무자에게 부작위채무가 부여된다. 대부분의 사안에서 채무자는 결정을 받는 즉시 단순히 기존의 행위를 중단함으로써 간접강제금 지급의무를 면할 수 있기 때문이다.

여기서 말하는 이행기간은 그때까지 채무를 이행해야 하는 예고기간을 말하는 것으로서(그 기한 도래 전에는 의무 위반이 아니다) 이행의무 자체를 일정한 기간으로 한정한 경우(예를 들어 가처분결정이 송달된 날부터 30일의 기간 동안 회계장부 열람등사를 명한 경우 위 30일의 기간)의 이행기간과 구별하여야 한다.

'상당한 이행기간'이란 채무자가 간접강제결정을 고지받은 후 결정에 나타난 의무를 이행하는 데 필요한 합리적인 기간을 말한다. 따라서 그 기간은 법원이 의무의 내용, 이행의 용이성, 그 밖의 사정을 종합적으로 고려하여 정한다. 간접강제는 결국 채무자를 심리적으로 압박하여 채무를 실현시키기 위한 집행방법이므로 채무자가 실제로 채무를 이행하는 것이 불가능할 정도로 짧은 기간을 부여하여서는 안 될 것이다.

3) 배상금액을 정하는 부분

법원은 간접강제결정을 할 때 채무자가 그 기간 이내에 이행을 하지 아니하는 때에는 늦어진 기간에 따라 일정한 배상을 하도록 명하거나 즉시 손해배상을 하도록 명할 수 있다(민사집행법 제261조 제1항). 간접강제결정에 기한 배상금은 채무자로 하여금 그 이행기간 이내에 이행을 하도록 하는 심리적 강제수단이라는 성격뿐만 아니라 채무자의 채무불이행에 대한 법정 제재금이라는 성격도 가진다(대법원 2013. 2. 14. 선고 2012다26398 판결).

어떤 방식을 취하든 부작위채무 및 부대체적 작위채무에 대한 강제집행이 실효적으로 이루어질 수 있도록 적정한 배상액이 산정되어야 한다. 배상금액은 한번 정하면 직권으로 변경할 수 없고, 당사자의 신청에 따른 변경결정(민사집행규칙 제191조)을 하더라도 소급효가 없다고 보기 때문에, 법원에서 최초에 배상금액을 세심하게 정하는 것이 무척 중요하다.

채권자가 구하는 간접강제 배상금의 액수가 법원을 구속하지 아니하므로, 법원은 채권자가 신청한 배상금보다 낮은 금액을 결정할 수 있고 기간배상금으로 할지 즉시배상금으로 할지도 재량으로 정할 수 있다. 채권자가 청구하는 배상금보다 높은 금액을 법원이 명할 수 있는 것인지에 관하여는, 당사자가 구하지도 않는 범위의 권리를 취득시킬 필요는 없기 때문에 당사자가 청구한 총액의 범위 내에서는 처분권주의의 원칙이 미친다고 보는 것이 다수 견해이다.

다만, 간접강제 배상금은 사적자치의 원칙이 적용되는 손해배상의 범위를 넘어 법질서 교란에 대한 제재금으로서의 성격을 가지고 있고, 공익적 요소가 있으므로 처분권주의 원칙이 적용된다 하더라도 강제집행의 효과가 없을 정도의 낮은 금액의 간접강제금이 신청된 경우는 채권자가 적정한 금액으로 확장하지 아니한다면 간접강제 자체의 필요성 자체를 부정하여 간접강제를 기각한 실무례도 있다.

간접강제 배상금의 산정은, 사건의 경위, 당사자의 특성(자력, 개인인지 법인인지 등), 채무의 성질과 구체적 내용, 그 이행의 난이도, 이에 대한 채무자 태도와 위반행위의 정도(지속적·반복적 위반행위인지, 이전에 발령된 법원의 가처분을 무시하였는지 등), 그 위반행위로 인하여 채무자가 얻을 것으로 예상되는 이익, 위반행위로 인한 채권자의 피해와 그 피해회복의 곤란성 등을 종합적으로 고려하여 법원이 재량으로 산정한다. 특히 법원의 이전 가처분을 무시하는 등 위반행위가 반복되는 경우, 공사중지가처분에 위배하여 공사를 진행하는 등으로 채권자에게 손해발생의 우려가 매우 높은 경우, 특정한 시점에 특정한 1회적 의무이행이 중요한 채무인 경우, 채무자가 의무위반으로 얻는 이익이 큰 경우 등에는 간접강제의 실효성 확보를 위하여 배상금을 높은 액수로 산정할 필요성이 크다.

동시결정인지 별도신청인지, 가처분 단계인지 본안판결 단계인지 여부에 따라 간접강제 배상금의 산정 기준이 달라지는 것은 아니다.

다. 유의사항

기간을 예고하는 부분과 기간 내에 의무가 이행되지 아니할 경우 간접강제의 배상을 명하는 부분은 1개의 주문으로 선고되어도 해석에 별다른 문제는 없으나, 특히 동시결정형의 주문을 낼 경우 기한부 이행의무가 아닌 이상 의무를 명하는 부분을 기간을 예고하는 부분과 결합하여 주문을 기재하면 이행의무의 효력기간 자체가 예고기간 내에 그치는 것으로 오인될 우려가 있다. 즉 채무의 상당한 이행 기간을 밝힌 간접강제결정을 하는 경우, 그 간접강제결정에서 피고에게 위 상당한 이행 기간이 만료된 다음날부터 그 이행완료 시까지 일정한 배상금의 지급을 명하려면, 그 전제로서 위 상당한 이행기간 이후에도 피고에게 이행의무가 있다는 점이 본안판결 주문으로 인정되어야 할 것이고, 그렇지 아니할 경우 본안판결 주문에서 명한 피고의 이행의무의 내용(기간)과 간접강제결정에서 정한 채무의 상당한 이행 기간 이후 이행완료 시까지의 배상금 지급 명령의 내용 사이에 모순이 발생할 수 있다. 그러므로 법원은 특별한 사정이 없는 한 원고가 구하는 범위 내에서 허용기간의 제한 없이 피고에게 이행의무(회계장부 등의 열람·등사 등)를 명하여야 한다(대법원 2013. 11. 28. 선고 2013다50367 판결). 따라서 일정한 기한 내에서만 효력이 있는 이행의무를 명하는 것이 아니고, 간접강제에서 예고기간을 부여하는 경우라면, 주문 제1항에서 무조건적인 이행의무를 명시하고, 제2항에서 기간을 예고하는 부분과 배상을 명하는 부분을 함께 기재하는 방식이 바람직하다. 또한 시기부 이행의무를 명하는 경우라면, 주문 제1항에서 시기부 이행의무를 명시하고, 제2항에서 기간 내에 의무가 이행되지 아니할 경우 배상을 명하는 부분을 기재하면 될 것이다.

종래 실무에서 회계장부열람등사가처분과 간접강제를 동시에 결정하는 경우의 주문례는 "피신청인은 신청인에게 이 결정을 고지받은 날의 3일이 지난 이후부터 토요일 및 공휴일을 제외한 20일 동안 영업시간 내에 한하여 별지 목록 기재 장부의 열람·등사를 허용하여야 한다. 2. 만일 피신청인이 위 의무를 위반하는 경우 피신청인은 신청인에게 위반행위 1일당 100만 원을 지급하라."라는 형태를 취하였는데, 이 경우 앞서 본 바와 같이 의무이행을 명한 기간이 경과하면 가처분의 효력은 상실되고, 간접강제 배상금은 가처분의 효력이 지속되는 기간에 한하여 발생한다. 만약 가처분의 경우에도 기한이 없이 지속적인 의무이행을 명하고자 한다면, "채무자는 채권자에게 이 결정을 고지받은 날(의 3일이 지난 이후)부터 영업시간 내에 한하여 별지 목록 기재 장부의 열람·등사를 허용하여야 한다. 2. 만일 채무자가 위 의무를 위반하는 경우 채무자는 채권자에게 위반행위 1일당 100만 원(총 2천만 원의 한도 내에서)'을 지급하라."와 같이 종기를 정하지 아니한 의무이행의 주문을 내고, 의무위반의 기간에 따른 간접강제를 명하는 것이 타당하다. 예고기간을 부여하고자 한다면 고지받은 날로부터 '3일 내지 7일이 지난 이후부터'라는 문구를 추가하고, 배상금의 한도를 정하고 싶다면 '총 2천만 원의 한도 내에서'라는 문구나 '지체일수 100일의 한도 내에서'와 같은 한정문구를 삽입하면 된다.

회계장부열람등사 가처분에서 종래 의무이행기간을 제한하여 가처분을 명하는 것이 일반적이었으나, 본안사건에서와 마찬가지로 회계장부열람등사청구의 요건이 충족되면 특별한 사정이 없는 한 의무이행기간의 제한 없이(또는 채권자의 권리구제에 충분하다고 인정될 만한 상당한 기간 동안) 채무자에 대하여 회계장부의 열람등사를 명하는 것이 바람직하다.

7. 간접강제 재판에 대한 불복방법

간접강제 신청에 관한 재판에 대하여는 즉시항고를 할 수 있다(민사집행법 제261조 제2항). 인용결정이든 각하·기각결정이든 모두 즉시항고의 대상이 된다. 이 즉시항고는 민사집행법상 즉시항고이고(대법원 2011. 4. 26.자 2010마1982 결정), 민사집행법상 즉시항고의 경우 항고장에 그 이유를 대법원규칙이 정하는 바에 따라 구체적으로 적어야 하고 항고장에 항고의 이유를 적지 아니한 때에는 항고장을 제출한 날부터 10일 이내에 항고이유서를 원심법원에 제출하여야 한다(민사집행법 제15조 제3, 4항). 따라서 항고인이 위 규정에 따른 항고이유서를 제출하지 아니한 때에는 원심법원은 결정으로 그 즉시항고를 각하하여야 하며(민사집행법 제15조 제5항), 원심법원이 이러한 조치를 취하지 아니하고 항고심으로 기록을 송부한 경우에는 항고심에서 항고를 각하하여야 한다(대법원 2015. 4. 10.자 2015마23 결정).

간접강제결정에 대한 즉시항고에는 집행정지의 효력이 없다. 집행정지를 하기 위해서는 별도의 집행정지처분이 필요하다.

채무자의 즉시항고 이유로는 적법한 집행권원 또는 집행문의 부존재, 집행권원에 표시된 부대체적 작위채무와의 동일성의 부존재, 집행개시요건의 결여, 채무자 심문의 결여 등 간접강제결정의 발령에 있어서의 심사사항 또는 발령절차에 있어서의 위법을 들 수 있다. 채무자가 부대체적 작위채무를 이행하지 아니하였다는 사실은 간접강제결정의 발령요건에 포함되지 않으므로 간접강제결정(지급예고명령) 발령 전에 부대체적 작위채무를 이행하였다는 사실은 즉시항고사유는 되지 않는다. 이는 부대체적 작위채무의 이행을 명한 본래의 집행권원(집행권원이 본안확정판결인 경우) 및 간접강제결정에 대한 청구이의의 사유가 된다.

간접강제(지급예고명령)의 방법, 기간, 액수는 집행의 실효성 확보라는 관점에서 집행법원의 광범위한 재량에 맡겨져 있으므로 그것이 현저히 부당하다고 인정되지 않는 한 위법하다고 할 수 없고, 채무자는 민사집행규칙 제191조의 사정변경에 따른 변경결정이 인정되지 않는 한 간접강제금 지급의무를 면할 수 없다.

한편 판례는 본래의 집행권원에 기초한 강제집행의 일시정지를 명한 취지를 기재한 재판의 정본이 간접강제발령법원에 제출된 경우 집행법원은 이미 실시한 집행처분을 일시 유지하여야 한다는 취지를 규정하고 있는 민사집행법 제50조 제1항의 규정은 간접강제에는 적용되지 않으므로, 부대체적 작위채무의 이행을 명하는 본래의 집행권원에 대한 강제집행정지결정 정본이 제출되었다는 사유는 간접강제결정의 취소사유에 해당하는 것으로 보아야 하고, 나아가 위와 같은 사유는 간접강제결정에 대한 즉시항고 이유로도 주장할 수 있다고 한다(대법원 1997. 1. 16.자 96마774 결정).

8. 가처분과 동시에 간접강제결정이 발령된 경우 간접강제결정에 대한 불복

가처분과 동시에 간접강제결정이 발령된 경우, 가처분 결정과 함께 가처분이의, 취소로 다투도록 할 것인지, 아니면 간접강제결정이 별도로 발령된 경우와 마찬가지로 즉시항고로 다투도록 할 것인지에 관하여 가처분이의 · 취소설과 즉시항고설의 견해대립이 있다.

즉시항고설을 따를 경우에는 민사집행법 제15조 제2, 제3항에 따른 항고기간과 항고이유서 제출기간의 제한이 있는 반면 별도로 청구이의의 소를 제기하는 것도 가능하지만, 가처분이의, 취소설에 따를 경우에는 항고기간과 항고이유서 제출기간의 제한은 없는 반면 가처분이의, 취소로만 다투어야 하고 청구이의의 소의 대상이 되지 않는다고 보게 된다.

대법원 판례는 즉시항고설의 입장으로 보인다(대법원 2005. 1. 31.자 2004마1057 결정 등). 이러한 입장에 의하면 간접강제결정이 가처분과 동시에 발령되더라도 채무자는 가처분 결정에 대한 이의, 취소와 별도로 간접강제결정에 대하여는 즉시항고로 다투어야 한다. 채권자도 가처분신청이 모두 인용되더라도 간접강제결정에 대하여 불복하여 즉시항고 할 수 있다.

하지만 즉시항고설의 입장에 서더라도, ① 가처분과 간접강제결정이 동시에 이루어지고 이에 대하여 가처분이의, 취소 신청만이 있는 경우에 가처분이의, 취소 신청에 명시적으로 간접강제에 대한 불복의 취지가 포함되어있는 경우에는 가처분이의, 취소신청으로서 간접강제에 대한 즉시항고까지도 한 것으로 보아 가처분이의, 취소사건과 기록을 분리하여 간접강제결정에 대한 항고사건으로서 항고법원에 사건을 송부해야 한다(즉시항고 기간을 준수하지 못하였거나 기간 내에 항고이유서를 제출하지 못한 경우에는 기록을 분리 송부할 필요 없이 민사집행법 15조 5항에 따라 간접강제에 대한 즉시항고 부분을 각하하면 된다). 반면 간접강제에 대하여 명시적으로 다투지 않는 경우에는 가처분 결정 자체에 대하여만 판단하면 된다. ② 가처분과 간접강제를 함께 신청하였는데 가처분 기각결정이 있었던 경우, 가처분 기각결정과 간접강제에 대한 즉시항고 기간 1주일이 동시에 진행된다. ③ 가처분과 간접강제를 함께 명하는 가처분 인용 결정이 이루어진 후 가처분이의, 취소 신청이 제기되어 그 인가결정에 대한 즉시항고가 제기된 경우, 간접강제에 대한 즉시항고의 기산점은 가처분이의, 취소 결정을 송달받은 때로 보는 견해도 있지만, 원 가처분 인용 결정을 송달받은 때로 보는 견해가 유력하고 현재 다수 실무례이다. 다수 실무례에 따르면 채무자로서는 가처분 결정에 대하여만 다투다가 간접강제의 불복기간을 놓칠 우려가 있어서 채무자의 불복기회 보장을 위하여, 가처분 결정에 대하여는 가처분이의, 취소로 다툴 수 있고, 간접강제결정에 대하여는 민사집행법 제15조 제2항에 따라 1주일 이내에 즉시항고를 제기할 수 있음을 안내하는 문구를 기재하여 송달하는 경우도 있다.

Ⅲ. 부대체적 작위채무의 간접강제

1. 신청과 관할

간접강제를 명하는 결정은 제1심 법원의 관할에 속한다(민사집행법 제261조 제1항). 부대체적 작위채무를 명한 제1심 법원이 지방법원 합의부이면 간접강제신청에 관한 재판도 해당 지방법원 합의부의 전속관할에 속한다고 볼 것이다. 지방법원 합의부가 재판한 간접강제결정을 대상으로 한 청구이의의 소나 집행문부여에 대한 이의의 소는 간접강제결정을 한 지방법원 합의부의 전속관할에 속한다(대법원 2017. 4. 7. 선고 2013다80627 판결).

2. 심 리

법원은 신청이 있으면 간접강제의 요건이 갖추어졌는가를 심리하여야 한다. 주로 문제되는 것은 집행권원에 표시된 작위채무의 내용이 신청서에 표시된 것과 일치하는가, 그것이 간접강제가 가능한 부대체적 작위채무인가 하는 점 등이다.

간접강제 신청 단계에서 작위채무를 불이행한 사실은 채권자가 적극적으로 증명할 사항이 아니므로 법원도 이를 심리할 필요는 없다. 작위채무를 이행하였다고 주장하는 채무자가 그 이행을 증명하여 본래의 집행권원에 의한 청구이의 등의 방법에 의하여 다툴 수 있을 뿐이다.

법원은 간접강제의 결정을 하기 전에 반드시 채무자를 심문하여야 한다(민사집행법 제262조). 그 심문절차 등은 대체집행의 경우와 같다.

간접강제의 신청이 부적법하면 법원은 그 신청을 각하하여야 하고, 이유 없으면 이를 기각하여야 한다. 이러한 결정은 신청채권자에게 고지하여야 한다(민사집행규칙 제7조 제2항). 이 결정에 대하여는 신청채권자가 즉시항고를 할 수 있다(민사집행법 제261조 제2항). 간접강제(지급예고명령)의 방법, 기간, 액수는 집행의 실효성 확보라는 관점에서 집행법원의 광범위한 재량에 맡겨져 있으므로 그것이 현저히 부당하다고 인정되지 않는 한 위법하다고 할 수 없고, 채무자는 민사집행규칙 제191조의 사정변경에 따른 변경결정이 인정되지 않는 한 간접강제금 지급의무를 면할 수 없다.

3. 결 정

가. 간접강제결정

간접강제의 신청이 이유 있으면 법원은 간접강제를 명하는 결정을 하여야 한다. 이 결정에는 집행권원에서 명한 부대체적 작위채무와 이를 이행하여야 할 상당한 이행기간을 밝히고, 채무자가 그 기간 이내에 이행하지 아니하는 때에는 늦어진 기간에 따라 일정한 배상을 하도록 명하거나 즉시 일정 금액의 손해배상을 하도록 명한다(민사집행법 제261조 제1항). 이를 예고결정이라고도 한다.

실무에서 위 배상금의 지급을 명하는 주문 례는 “채무자가 위 이행기간 이내에 위 채무를 이행하지 아니할 때에는 채권자에게 위 기간이 끝난 다음날부터 그 이행을 마칠 때까지 1일 10만 원의 비율에 의한 금원을 지급하라” 또는 “채무자가 위 기간 이내에 위 채무를 이행하지 아니할 때에는 채권자에게 500만 원을 지급하라”라는 방식이 된다.

위 이행기간의 결정이나 배상금의 액수, 일시금의 지급을 명할 것인가 아니면 정기금의 지급을 명할 것인가 하는 점 등은 법원이 모든 사정을 참작하여 결정하여야 하고, 채권자의 신청에 구속되는 것은 아니다. 이에 대한 법원의 판단은 그것이 현저히 부당하다고 볼 특별한 사정이 없으면 상소심 법원에서도 존중되어야 한다.

간접강제결정의 문례는 다음과 같다.

[전산양식 A4550: 간접강제결정]

○ ○ 지 방 법 원
제 ○ 부
결 정

사 건 20 타기 간접강제
채 권 자 김 갑 동
○○시 ○○로 100
채 무 자 이 을 동
○○시 ○○로 200

주 문

1. 채무자는 이 결정을 고지받은 날로부터 10일 이내에 별지 목록 기재의 어음을 발행하라.
2. 만약 채무자가 위 기간 내에 위 채무를 이행하지 아니할 때에는 채권자에게 위 기간이 만료된 다음날부터 그 이행완료시까지 1일 10만 원의 비율에 의한 금원을 지급하라.

이 유

이 법원 20 가합 어음발행 등 청구사건의 집행력 있는 판결정본에 기초한 채권자의 이 사건 간접강제 신청은 이유 있으므로 주문과 같이 결정한다.

20 . . .
재판장 판 사 ○ ○ ○
판 사 ○ ○ ○
판 사 ○ ○ ○

예외적으로 판결절차에서 간접강제를 동시에 명하는 경우 그 실효성 확보를 위해서는 부대체적 작위채무에 대하여 가집행선고를 붙이는 것은 물론 간접강제명령 부분에 대해서도 가집행선고를 붙여야 하고, 가집행선고가 없으면 판결이 확정될 때까지는 간접강제명령에 대한 의무위반도 생길 수 없고 금전집행도 할 수 없다.

나. 간접강제결정의 변경

1) 제도의 취지

간접강제결정을 한 제1심법원은 사정변경이 있는 때에는 채권자 또는 채무자의 신청에 따라 그 결정의 내용을 변경할 수 있다(민사집행규칙 제191조 제1항). 이처럼 결정의 변경을 인정한 취지는 원래 간접강제결정에서 명하는 강제금은 채무자에 대한 심리적 강제수단일 뿐이어서, 실손해의 유무나 금액과는 무관하게 법원이 재량으로 정하는 것이므로, 사정이 변경되는 경우에는 그 증감을 할 수 있도록 하는 것이 상당하기 때문이다.

2) 신청권자 및 신청시기

변경결정은 신청이 있어야 할 수 있고, 법원이 직권으로 할 수는 없다(민사집행규칙 제191조 제1항). 이 신청은 간접강제결정에 부수하는 신청이므로 서면으로 할 필요는 없다. 구 민사소송규칙 제194조 제1항에서는 신청권자를 명시하지 않고 있었는바, 현행 민사집행규칙 제191조 제1항은 채권자와 채무자 모두에게 신청권을 부여하고 있다. 간접강제결정을 발령한 후의 사정변경에 따라 채무자에게 지나치게 가혹하게 되는 경우도 생길 수 있다는 점을 고려한 것이다.

신청시기에 관하여는 특별한 제한이 없으나, 간접강제결정이 일시급을 명한 경우에는 그 이행기간이 지나기 전에 한하여 변경신청을 할 수 있고(이행기간이 지남으로써 채권자가 금전지급청구권을 취득한 후 장래의 이행확보를 위하여 금전지급을 구하기 위해서는 다시 간접강제를 신청하여야 한다), 정기급을 명한 경우에도 이미 이행기간이 지난 것에 대해서는 변경신청을 할 수 없다고 한다. 변경결정의 효력이 과거로 소급하지 않기 때문이다.

이 신청서에는 500원의 인지를 붙여야 한다(인지법 제10조). 이 신청서를 접수한 때에는 독립된 사건번호를 부여할 필요가 없으며 재판사무시스템의 문서건명부에 입력한 후 원래의 간접강제신청사건의 기록에 가철한다.

3) 사정의 변경

위 변경의 요건으로서 사정의 변경은 간접강제결정 당시에 이미 존재하였던 사정이 후에 판명된 경우도 포함한다고 봄이 상당하다. 발령된 간접강제결정에서 정한 배상금으로는 심리적 강제를 주기에 부족하여 아무런 효과가 없었다는 사정도 사정변경으로 인정될 수 있다.

반면, 본래의 채무를 일부 이행하여 그 부분에 관한 간접강제결정의 집행력이 상실되었다는 주장은 여기에서 말하는 사정변경에는 해당하지 않는다고 해석하는 것이 일반적이다.

그리고 간접강제결정 발령 당시의 평가나 예견의 착오 등도 여기에서 말하는 사정변경에는 해당하지 아니하며, 이러한 경우에는 즉시항고에 의하여 구제를 받아야 한다.

4) 심문

변경결정을 하는 경우에는 신청의 상대방을 심문하여야 한다(민사집행규칙 제191조 제2항).

5) 주문

위 변경결정을 함에는 정기금을 일시금으로 할 수도 있고 그 반대로 일시금을 정기금으로 할 수도 있으며, 배상금액의 증감은 물론 이행기간의 연장이나 단축도 가능하다.

변경결정의 주문은 이미 존재하는 원래의 간접강제결정(예를 들어, 매월 50만 원을 지급하라)에 추가하여 새로운 명령을 발령하거나(증액, 별도로 매월 20만 원을 지급하라) 또는 기존의 명령의 일부를 취소하는 방법(감액, 매월 30만 원을 지급하라), 기존 명령 전체를 변경하는 방법(매월 70만 원을 지급하라) 등 어느 것이나 가능하다. 다만 금액만을 변경하는 경우에는 앞의 방식(일부 추가·취소 결정)이 간명하고, 지급방법, 이행기간 등을 변경하는 경우에는 뒤의 방식(변경결정)이 편리할 것이다. 다만 뒤의 방식을 취하는 경우에는 명확성을 기하기 위하여 원래 결정의 예고결정은 장래에 향하여 취소함이 바람직하다.

6) 재판의 효력 및 불복방법

변경결정은 결정의 확정을 기다리지 않고 고지된 때로부터 효력을 가진다(민사집행법 제56조 제1호, 제15조 제6항). 변경결정의 효력은 장래에 향하여만 미치므로 이미 기간이 지난 부분에 대하여 발생한 배상금의 지급의무에는 영향을 미치지 않는다. 간접강제는 장래의 이행을 확보하기 위한 것이므로 이미 심리강제의 수단으로서의 사명을 마친 과거의 결정을 변경할 필요는 없기 때문이다. 다만 이전에 명한 배상금의 액수가 과다하다는 고려에서 변경결정으로 그 금액이 감축된 경우까지도 소급효를 인정하지 않는 것은 채무자에게 부당하다는 주장이 있을 수도 있으나, 민사집행규칙 제191조 제1항이 '사정의 변경'이 있는 경우에 한하여 기존 결정의 변경을 허용하고 있는 이상 기존 결정 자체의 당부는 변경결정의 판단의 대상에 포함되지 않는다고 할 것이다. 채무자로서는 기존 간접강제결정이 정한 배상금의 액수가 과다하다고 판단하는 경우에는 위 변경결정 절차가 아니라 즉시항고로서 불복하여야 하고, 즉시항고로 불복하지 않거나 즉시항고가 기각되어 배상금 액수가 확정된 이상 변경결정으로 이미 발생한 배상금을 소급하여 감축시킬 수는 없다고 할 것이다.

변경결정에 대해서는 즉시항고를 할 수 있다(민사집행규칙 제191조 제3항). 명문의 규정이 없었던 구 민사소송규칙 하에서도 변경결정이 당사자에게 미치는 효력의 중대성에 비추어 즉시항고를 허용함이 상당하다고 해석하여 왔는바, 민사집행규칙 제191조 제3항은 이를 명문으로 규정하고 있다. 이 즉시항고에는 집행정지의 효력이 없다(민사집행법 제15조 제6항).

다. 간접강제결정에 대한 불복

간접강제를 명하는 결정에 대하여는 즉시항고가 가능하다(민사집행법 제261조 제2항). 변경결정에 대하여도 마찬가지이다(민사집행규칙 제191조 제3항). 다만, 이 즉시항고에는 집행정지의 효력이 인정되지 않는다(민사집행법 제15조 제6항). 또한 이와 별도로 배상금의 지급을 명하는 간접강제결정을 집행권원으로 하여 강제집행을 하는 경우에는 그에 대하여 청구이의의 소를 제기할 수 있다.

간접강제결정에 대한 즉시항고는 집행개시요건의 존부, 집행장애사유의 존부, 간접강제의 요건 충족 여부, 배상액의 적절 여부 등과 같이 간접강제결정을 할 때 집행법원이 조사하고 준수할 사항에 관한 흠을 이유로 할 수 있을 뿐이고, 본래의 집행권원에 관한 실체상의 사유는 적법한 항고이유에 해당하지 않는다.

한편 판례는 본래의 집행권원에 기초한 강제집행의 일시정지를 명한 취지를 기재한 재판의 정본이 간접강제 발령법원에 제출된 경우 집행법원은 이미 실시한 집행처분을 일시 유지하여야 한다는 취지를 규정하고 있는 민사집행법 제50조 제1항의 규정은 간접강제에는 적용되지 않으므로, 부대체적 작위채무의 이행을 명하는 본래의 집행권원에 대한 강제집행정지결정 정본이 제출되었다는 사유는 간접강제결정의 취소사유에 해당하는 것으로 보아야 하고, 나아가 위와 같은 사유는 간접강제결정에 대한 즉시항고 이유로도 주장할 수 있다고 한다(대법원 1997. 1. 16.자 96마774 결정).

채무자가 간접강제결정에 대하여 즉시항고를 한 결과 그 결정 자체가 위법하여 간접강제결정이 취소되거나 그 금액이 감축된 경우에 이는 소급효가 인정된다 할 것이므로, 그때까지 축적된 배상금은 항고심결정에 따라 재조정되어야 한다.

4. 배상금의 집행

가. 간접강제절차와의 관계

채무자가 그 이행기간 이내에 이행을 하였다는 점에 관한 증명이 없는 한 채권자는 그 이행기간이 지나면 그 간접강제결정에서 명한 배상금에 대하여 강제집행을 할 수 있다. 간접강제의 절차는 법원이 간접강제결정을 함으로써 일단 종료되고(다만, 변경결정의 여지가 있는 동안은 사건이 완결된 것으로 처리해서는 안 된다), 그 결정에 기초하여 배상금을 현실적으로 집행하는 절차는 간접강제절차와 독립된 별개의 금전채권에 기초한 집행절차이다(대법원 2008. 12. 24.자 2008마1608 결정).

그런데 채무자가 이행기간 경과 후에 뒤늦게 채무를 이행한 경우에 관하여, 간접강제의 절차와 배상금의 집행절차는 별개라는 점을 근거로 하여, 채무자가 임의로 작위채무를 이행하더라도 이미 발생한 배상금 지급의무를 면하는 것은 아니라는 견해(추심가능설)와 간접강제결정에 기초한 배상금의 추심은 과거의 지연에 대한 제재나 손해배상이 아니고 작위의무의 이행에 관한 심리적 강제수단에 불과하므로 작위의무의 이행이 있으면 배상금을 추심함으로써 심리적 강제를 꾀할 목적이 상실되어 버리므로 채권자가 더 이상 배상금을 추심할 수는 없다는 견해(추심불능설)가 대립한다.

판례는 거부처분취소판결에 관한 행정소송법 34조의 간접강제결정에 기한 강제금의 추심에 관하여는 재처분에 관한 행정청의 재량여지를 감안하여 추심불능설을 취하였으나(대법원 2004. 1. 15. 선고 2002두2444 판결), 그 후 민사집행법상의 부대체적 작위채무에 대한 간접강제결정에 기한 배상금의 추심에 관하여 간접강제결정에서 명한 이행기간이 지난 후에 채무를 이행하였다면 채권자가 특별한 사정이 없는 한 채무의 이행이 지연된 기간에 상응하는 배상금의 추심을 위한 강제집행을 할 수 있다고 하여 추심가능설의 입장을 분명히 하였다(대법원 2013. 2. 14. 선고 2012다26398 판결). 만약 작위의무를 이행하여 그 의무가 소멸된 이후의 부분에 대해서까지 채권자가 배상금의 강제집행을 계속하려고 할 때에는 채무자는 작위를 명하는 본래의 집행권원에 대한 청구이의의 소(민사집행법 제44조)를 제기하여 구제를 받아야 한다(대법원 2013. 2. 14. 선고 2012다26398 판결). 그리고 이행이 있었는데도 집행이 완료된 때에는 부당이득반환의 청구를 할 수 있다.

나. 집행문

채권자가 간접강제결정을 집행권원으로 하여 강제집행을 하기 위해서는 집행문을 받아야 한다(대법원 2008. 12. 24.자 2008마1608 결정). 간접강제결정에 대하여 즉시항고가 제기되어 항고법원이 원심재판의 집행을 정지한 경우에는 간접강제결정에 집행력이 없으므로 집행문을 부여하여서는 아니 된다.

간접강제결정에서 의무이행의 효력기간을 정하지 않은 경우, 배상금 추심이 완료된 후에도 의무위반이 계속된다면 추심 후의 의무위반 기간에 대하여 다시 집행문을 받아 집행할 수 있다.

간접강제결정에 기초한 배상금의 지급의무는 일정 기간 내에 채무자가 이행하지 않음으로써 생기지만, 부대체적 작위채무에 있어서는 채무자가 그 이행사실을 주장, 증명해야 하므로 단순집행문을 내어주어야 하고(이 점에서 부작위채무 위반이라는 조건성취를 증명하여야 집행문을 부여하는 부작위채무와 대비됨. 부대체적 작위채무의 간접강제결정에 부여되는 단순집행문에는 집행할 수 있는 배상금의 액수 등도 기재되지 않음), 이행기간의 만료(확정기간의 도래)가 집행개시요건이 된다(민사집행법 제40조 제1항). 따라서 부대체적 작위채무의 간접강제에 대한 집행문부여에 대하여는 채권자가 조건성취 사실 등을 증명하도록 한 민사집행법 제30조 제2항은 원칙적으로 적용되지 않는다.[1)]

하지만 대법원 2021. 6. 24. 선고 2016다268695 판결은 "부대체적 작위채무로서 장부 또는 서류의 열람·등사를 허용할 것을 명하는 집행권원에 대한 간접강제결정의 주문에서 채무자가 열람·등사 허용의무를 위반하는 경우 민사집행법 제261조 제1항의 배상금을 지급하도록 명하였다면, 그 문언상 채무자는 채권자가 특정 장부 또는 서류의 열람·등사를 요구할 경우에 한하여 이를 허용할 의무를 부담하는 것이지 채권자의 요구가 없어도 먼저 채권자에게 특정 장부 또는 서류를 제공할 의무를 부담하는 것은 아니다. 따라서 그러한 간접강제결정에서 명한 배상금 지급의무는 그 발생 여부나 시기 및 범위가 불확정적이라고 봄이 타당하므로, 그 간접강제결정은 이를 집행하는 데 민사집행법 제30조 제2항의 조건이 붙어 있다고 보아야 한다. 채권

1) 주석 민사집행법(VI), 사법행정학회(2018), 119

자가 그 조건이 성취되었음을 증명하기 위해서는 채무자에게 특정 장부 또는 서류의 열람 · 등사를 요구한 사실, 그 특정 장부 또는 서류가 본래의 집행권원에서 열람·등사의 허용을 명한 장부 또는 서류에 해당한다는 사실 등을 증명하여야 한다. 이 경우 집행문은 민사집행법 제32조 제1항에 따라 재판장의 명령에 의해 부여하되 강제집행을 할 수 있는 범위를 집행문에 기재하여야 한다."라고 판시하여 부대체적 작위채무라 하더라도 간접강제결정의 주문 해석상 배상금 지급의무가 기간 내지 기일의 경과로 무조건적으로 발생하지 않고 배상금 지급의무의 '발생여부'나 '시기' 및 '범위'가 불확정적인 경우에는 민사집행법 제30조 제2항의 조건이 붙어 있다고 보아 민사집행법 제32조 제1항에 따라 재판장의 명령을 받아 집행문을 부여받아야 한다.

나아가 실무상 부대체적 작위채무 불이행의 경우에도 위반일수나 위반횟수에 따라 계산한 금액을 지급하도록 간접강제결정을 발령하는 경우가 많다. 그런데 위반일수에 비례하도록 배상금액을 정한 경우에는 집행채권액 특정에 별 어려움이 없지만, 위반횟수에 비례하도록 배상금액을 정한 경우에는 실무상 위반횟수에 대한 재판장(사법보좌관)의 판단을 거쳐 간접강제결정에 기초한 배상금을 특정하여 집행문을 부여할 수밖에 없어서 간접강제결정의 집행을 위해 어쩔 수 없이 민사집행법 제32조에 따라 재판장(사법보좌관)의 명령에 기한 조건성취 집행문을 받고 있다. 부대체적 작위채무의 경우에는 간접강제결정에서 명한 이행기간 내에 부대체적 작위채무를 이행하지 않은 사실 자체로 배상금 지급의무가 발생하는 것이어서 그 간접강제에 대한 집행문은 단순집행문을 부여하는 것이 원칙이기 때문에, 재판장(사법보좌관)의 명령에 기한 조건성취 집행문을 부여받는 것이 부적절하다는 비판도 있는 점 등을 감안하면, 실무상 부대체적 작위채무 불이행을 이유로 간접강제결정을 발령할 때에는 위반횟수에 비례하는 배상금액을 지급하도록 하는 방식은 가급적 자제하고, 위반횟수에 관계없이 특정한 배상금액을 지급하도록 하는 형태로 주문을 기재하는 것이 바람직하다.[2)]

다. 집행문부여에 대한 이의

채무자는 간접강제결정이 집행권원으로서 유효하게 존재하지 않는 경우와 같이 집행문부여 자체에 위법한 사유가 있다면 집행문부여에 대한 이의를 하여 다툴 수 있다. 부대체적 작위채무(회계장부 열람·등사 의무)에 관하여 의무이행 기간을 정하

2) 법원실무제요, 민사집행 [IV], 법원행정처(2020), 776-777

여 그 기간 동안 의무의 이행을 명하는 가처분결정이 있은 경우에 가처분결정에서 정한 의무이행 기간이 경과하면, 가처분의 효력이 소멸하여 가처분결정은 더 이상 집행권원으로서의 효력이 없다. 따라서 가처분결정에서 정한 의무이행 기간이 경과한 후에 이러한 가처분결정에 기초하여 간접강제결정이 발령되어 확정되었더라도, 간접강제결정은 무효인 집행권원에 기초한 것으로서 강제집행의 요건을 갖추지 못하였으므로, 간접강제결정에서 정한 배상금에 대하여 집행권원으로서의 효력을 가질 수 없다. 이때 채무자로서는 집행문부여에 대한 이의신청으로 무효인 간접강제결정에 대하여 부여된 집행문의 취소를 구할 수 있다(대법원 2017. 4. 7. 선고 2013다80627 판결).

하지만 작위의무의 불성립과 같은 실체상의 사유는 집행문부여 시에 조사하여야 할 사항이 아니므로, 집행문부여에 대한 이의 사유로 삼을 수 없다.

또한 원칙적으로 부대체적 작위채무의 불이행은 집행문부여에 재판장의 명령이 필요한 집행의 조건에 해당하지 않고, 간접강제결정에서 명시된 이행기간이 지났다는 사실이 집행개시의 요건에 해당할 뿐이다. 이와 같이 간접강제결정에 대한 집행문부여에 민사집행법 제30조 제2항이 적용되지 않으므로, 그 부대체적 작위채무를 위반하지 않았다거나 이행하였다는 이유로 집행문부여에 대한 이의의 소를 제기하는 것은 부적법하다. 이러한 경우 청구이의의 소로 본래의 집행권원이나 간접강제결정의 전부 또는 일부에 대한 집행력을 배제시켜야 할 것이다.

라. 집행절차

간접강제결정에 의한 배상금의 집행은 금전채권에 기초한 집행절차와 같다. 위 간접강제결정 자체가 독립된 집행권원이 되며, 간접강제결정에 대하여 즉시항고를 제기하더라도 집행정지의 효력은 없다(민사집행법 제15조 제6항 본문).

간접강제결정에 기초하여 배상금을 현실적으로 집행하는 절차는 간접강제절차와 독립된 별개의 금전채권에 기초한 집행절차이므로, 가처분결정에 의하여 부대체적 작위채무나 부작위채무를 부담하는 경우에도 그 간접강제결정에 기한 강제집행을 반드시 가처분결정이 송달된 날로부터 2주 이내에 할 필요는 없다(대법원 2008. 12. 24. 자 2008마1608 결정).

간접강제결정에 따라 발생한 배상금 지급의무를 이행한 경우에는 간접강제결정에 대하여 청구이의의 소를 제기할 수 있다. 또한 본안확정판결이나 가집행선고부 판결 또는 가처분에서 명한 부대체적 작위채무를 이행함으로써 그 채무가 소멸한 경우에는 본래의 집행권원에 대하여 청구이의의 소를 제기하여 그 후의 배상금 지급의무에 관한 간접강제결정의 집행력을 배제할 수 있다(대법원 2013. 2. 14. 선고 2012다26398 판결 참조).

일단 채무자로부터 추심한 배상금은 국고로 귀속되는 것이 아니라 채무자의 작위의무 불이행으로 인한 손해배상청구권에 충당되고(대법원 2014. 7. 24. 선고 2012다49933 판결), 배상금으로 충당하더라도 손해가 완전히 전보되지 않을 때에는 채권자가 채무자를 상대로 별도로 손해배상을 청구할 수 있다.

문제는 채무자로부터 추심한 액수가 채권자의 실제 손해액을 초과하는 경우인데, 이 경우에는 초과하는 액수를 채무자에게 반환하여야 한다는 견해도 있을 수 있으나, 추심금의 실체법적 성격은 채무자로부터 추심된 후 벌금과 같이 국고로 귀속되는 것이 아니고, 채권자에게 지급하여 채무자의 작위채무 불이행으로 인한 손해배상액의 전보에 충당된다는 의미에서 금액의 결정만을 집행법원에 위임한 법정위약금이므로 반환할 필요가 없으며, 위 배상금을 추심한 후에도 실제로 발생한 손해액에 미치지 않을 때에는 채권자가 채무자를 상대로 별도로 손해배상을 청구할 수 있다.[3)]

5. 집행의 정지·취소

간접강제 자체의 정지와 취소 및 간접강제결정에 기초한 금전집행의 정지와 취소를 구분할 필요가 있다.

가. 간접강제의 정지와 취소

채무자가 작위의무를 이행하면 간접강제의 집행을 종료하고, 일정한 금전의 지급을 명하는 결정은 효력을 상실한다. 작위의무의 이행이 없는 때에는 채권자가 결정의 내용에 따라 금전을 추심한 때에 집행은 종료한다.

간접강제의 대상인 작위의무를 명하는 본래의 집행권원 자체의 집행을 취소하여야 할 사유가 있는 경우(예컨대 집행권원이 상급심에서 취소되거나 청구이의소송이 인용된 경우)에는 집행법원인 제1심 법원에 집행취소문서를 제출하면 제1심 법원은 이미 내려진 간접강제결정을 취소하여야 한다(민사집행법 제49조 제1호, 제50조). 간접강제결정을 취소하는 경우에는 이미 내린 금전지급의 예고명령을 취소한다. 이 취소결정이 금전집행에 대한 민사집행법 제49조 제1호의 집행취소문서가 된다.

3) 주석 민사집행법(VI), 사법행정학회(2018), 119-120

그런데 본래의 집행권원의 취소에 따른 간접강제결정의 취소 방식 및 효과는 경우를 나누어 살펴보아야 한다. 먼지 본래의 집행권원이 처음부터 잘못되었음을 이유로 취소된 경우에는 간접강제결정을 그대로 취소하면 되고, 비록 이 취소결정에는 절차상 소급효가 없으므로 이미 실시된 집행의 효력에는 영향이 없으나, 실체상으로는 채무자의 배상금 지급의무가 소급적으로 소멸한다고 보아야 하므로 이미 배상금의 집행이 이루어진 때에는 채무자는 그 부당이득의 반환을 청구할 수 있다. 반면에 본래의 집행권원이 사후적인 사유(예컨대 채무자가 의무를 이행하여 청구이의사유가 발생하거나, 집행권원이 가처분결정인데 피보전권리나 보전의 필요성이 사후적으로 소멸한 경우)에 따라 취소되는 것에 불과한 경우에는 채무자의 기왕의 의무위반행위 및 그에 따른 금전배상책임은 계속 존속한다고 보아야 한다. 그렇지 않으면 간접강제의 실효성을 거둘 수 없기 때문이다. 따라서 채권자가 간접강제결정에 기초하여 이미 추심한 배상금이 소급하여 부당이득이 된다고 할 수 없다. 나아가 간접강제결정을 발령한 법원은 본래의 집행권원이 취소되었음을 이유로 간접강제결정을 취소함에 있어서는 장래에 향하여 취소할 수 있을 뿐이라는 하급심 재판 례도 있다. 민사집행법 제50조 제1항에 따라 집행처분을 취소하는 경우에는 즉시항고를 할 수 없으므로(민사집행법 제50조 2항, 제17조 제1항), 간접강제결정의 취소결정에 대해서는 집행에 관한 이의로 불복할 수 있다(대법원 2000. 3. 17.자 99마3754 결정).

반면 본래의 집행권원의 집행에 관하여 집행정지의 사유가 있는 때의 간접강제절차의 집행정지 방법에 관하여는 ① 간접강제결정(지급예고명령)을 취소하고 정지사유가 소멸한 때에 다시 간접강제의 결정을 하여야 한다는 견해와 ② 간접강제결정을 취소할 것이 아니라 간접강제결정에 대하여 집행정지결정을 함이 상당하다는 견해가 있다. 판례는 전자의 견해를 취하고 있다(대법원 1997. 1. 16. 자 96마774 결정). 전자의 견해를 취하여 간접강제결정을 취소하더라도 간접강제결정에 기하여 이미 실시된 집행의 효력에는 영향이 없다. 간접강제결정에 대한 항고심 진행 중에 제1심 법원이 본래의 집행권원에 대한 집행정지를 이유로 간접강제결정을 취소하면 더 이상 간접강제결정을 다툴 이익이 없으므로 항고는 부적법하게 된다(대법원 2019. 6. 21. 자 2019마5279 결정).

나. 금전집행의 정지 및 취소

간접강제결정을 독립된 집행권원으로 하는 금전집행도 일반적인 금전집행과 다를 바 없으므로 민사집행법 제49조 제1항, 제50조에 의한 집행의 정지, 취소가 인정된다. 예를 들어 즉시항고에 의해 간접강제결정을 취소한 재판의 정본이나 청구이의 소송에 의해 간접강제결정에 기초한 강제집행을 불허한 재판의 정본이 제출되면 간접강제결정에 기초한 금전집행을 취소하여야 하고(민사집행법 제49조 1호, 제50조 제1항), 잠정처분에 의해 간접강제에 기초한 강제집행을 일시정지하는 재판의 정본이 제출되면 간접강제결정에 기초한 금전집행을 정지하여야 한다(민사집행법 제49조 2호, 제50조 제1항).

한편 간접강제의 기본이 되는 집행권원 자체의 집행에 관하여 정지 또는 취소를 명하는 서류가 바로 금전집행 자체의 정지 또는 취소사유가 되는가에 관하여 논의가 있으나, 위 기본적인 집행권원의 집행절차와 간접강제결정에 기초한 집행절차는 서로 별개의 절차이므로 기본이 되는 집행권원에 관하여 집행의 정지 또는 취소를 명하는 서류의 제출만으로는 금전집행의 정지 또는 취소사유가 되지 아니하고, 위 전자의 서류가 간접강제절차의 집행법원에 제출되면 집행법원이 정지, 취소의 방법으로서 별도로 간접강제결정에 대한 재판을 하고 이것이 금전집행의 집행정지, 취소문서가 된다. 예를 들어 본래의 집행권원에 대하여 강제집행정지결정 정본이 간접강제의 집행법원에 제출되면 그 집행법원은 민사집행법 제49조 제2호에 따라 간접강제결정을 취소하고(대법원 1997. 1. 16.자 96마774 결정), 위 간접강제취소결정 정본이 금전집행의 집행법원에 제출되면 그 집행법원은 민사집행법 제49조 재1호, 제50조 제1항에 따라 금전집행을 취소하게 된다.

간접강제결정에 대한 청구이의의 소를 제기하는 경우에는 간접강제결정 자체에 대한 즉시항고의 사유나 원래의 집행권원에 대한 실체적 이의사유를 직접 주장할 수는 없고 원래의 집행권원에 대한 강제집행이 정지 또는 취소되었거나 또는 이미 배상금을 지급하였음을 주장하여야 한다. 부대체적 작위채무를 이행하지 못한 것이 채무자의 '귀책사유가 없는 불이행'이라는 사정이 청구이의의 사유가 될 수 있는지에 관하여는, 이러한 사정은 간접강제 배상금 지급의무와 관련하여 집행단계에서 그 불이행을 정당화할 수 있는 사정이므로 이미 간접강제 배상금이 지급되었다는 사정과 유사하게 보아 청구이의사유가 될 수 있다 할 것이다.

또한, '작위의무의 이행'이 있었다는 사정을 들어 간접강제결정에 대한 청구이의의 사유로 제시할 수 있는지에 관해서는 견해가 나뉜다. 이를 긍정하는 견해도 있지만, 작위의무의 이행은 본래의 집행권원에 대한 청구이의사유가 될 뿐 간접강제결정에 대한 청구이의사유는 될 수 없다는 견해, 작위의무의 불이행은 집행의 조건에 해당하므로 작위의무의 이행은 집행문부여에 대한 이의사유가 될 수 있을 뿐 청구이의 사유는 될 수 없다고 보는 견해가 더 유력하다.

동시결정형 간접강제에서 채무자가 집행권원 전체에 대하여 그 집행력의 배제를 구하는 청구이의의 소를 제기하여 다툴 경우에는 의무의 이행을 명하는 집행권원의 집행력을 배제하는 판단을 함으로써 간접강제의 집행력 또한 함께 배제된다고 할 것이다. 본래 집행권원과 간접강제 모두에 대한 집행력의 배제를 구하는 취지로 볼 수 있기 때문이다.

6. 간접강제결정의 재발령

간접강제결정에 의한 배상금 추심이 완료되어도 채무자가 작위를 실시하지 않는 경우에, 간접강제결정에서 늦어진 기간에 따라 일정 비율에 의한 배상금의 지급을 명한 경우에는 간접강제결정에 그 종기가 정하여진 것이 아니므로 다시 추심 후의 늦어진 기간에 대하여 배상금을 추심할 수 있다. 그러나 한꺼번에 일정금액의 배상을 명한 경우에는 그 배상금의 추심을 마친 뒤에도 채무자가 작위를 실시하지 아니하여 다시 심리적 강제를 가하려면 새로운 간접강제결정을 얻어야 한다.

Ⅳ. 부작위채무의 간접강제

1. 신청과 관할

부작위채무의 간접강제의 관할이나 그 신청방식은 부대체적 작위채무의 경우와 같다. 신청을 할 수 있는 기간은 제한이 없으므로 채권자는 언제든지 신청할 수 있다. 다만, 앞서 보았듯이 부작위채무의 이행을 명하는 가처분에 기초하여 간접강제를 신청하는 경우에는 채무자가 그 명령 위반의 행위를 한 때부터 2주 이내에 간접강제를 신청하여야 함이 원칙이다(대법원 2010. 12. 30.자 2010마985 결정). 집행권원이 가처분인 경우, 판례는 채무자에 대하여 단순한 부작위를 명하는 가처분은 그 가처분 재판이 채무자에게 고지됨으로써 효력이 발생하는 것이지만, 채무자가 그 명령 위반의 행위를 한 때에 비로소 간접강제의 방법에 의하여 부작위 상태를 실현시킬 필요가 생기므로 그때부터 2주 이내에 간접강제를 신청하여야 함이 원칙이고, 다만 채무자가 가처분 재판이 고지되기 전부터 가처분 재판에서 명한 부작위에 위반되는 행위를 계속하고 있는 경우라면, 그 가처분결정이 채권자에게 고지된 날부터 2주 이내에 간접강제를 신청하여야 하고, 그 집행기간이 지난 후의 간접강제 신청은 부적법하다고 한다(대법원 2010. 12. 30.자 2010마985 결정).

간접강제의 관할법원은 제1심법원이고(민사집행법 제261조 제1항) 부작위채무를 명한 제1심법원이 지방법원 합의부이면 간접강제신청에 관한 재판도 해당 지방법원 합의부의 전속관할에 속한다고 볼 것이다. 지방법원 합의부가 재판한 간접강제결정을 대상으로 한 청구이의의 소나 집행문부여에 대한 이의의 소는 간접강제결정을 한 지방법원 합의부의 전속관할에 속한다.

신청서에는 간접강제의 대상이 되는 부작위채무의 내용을 명시하여야 한다. 그 명시에 관하여는, 채무자의 위반행위와 이를 중지하는 행위(예를 들어, 건물출입금지의 집행권원 성립 후에도 건물에 거주하고 있는 경우에는 거주하고 있다는 행위 및 퇴거하여야 한다는 행위)를 특정하여야 한다는 견해[4]와, 부작위채무 자체만 특정하면 된다는 반대설이 있다.

신청서에 배상금의 액수 등을 적을 필요는 없고, 이를 적더라도 법원을 구속하지는 않는다. 다만, 계속적 부작위채무의 경우에 간접강제를 구하는 기간을 한정하여 신청하는 것은 무방하고 이때에는 법원은 그 신청취지에 따라야 한다고 해석된다.

2. 심 리

신청을 받은 집행법원이 집행권원 표시의 부작위채무와 신청된 부작위채무의 동일성을 확인하는 등 간접강제의 요건이 갖추어졌는가를 확인하여야 하는 것은 부대체적 작위채무의 경우와 같다.

문제는 간접강제결정의 신청단계에서 채무자의 위반행위가 있어야 하는지 내지 이를 신청채권자가 증명하여야 하는지이다. 이를 긍정하는 위반행위 필요설에 따르면 위반행위의 사전예방은 부작위채무의 집행으로서는 인정되지 않고, 다만 방해예방청구나 다툼의 대상에 관한 가처분(민사집행법 제300조 제1항) 또는 임시의 지위를 정하기 위한 가처분(민사집행법 제300조 제2항)에 따라 위반행위를 예방할 수밖에 없다.

이에 대하여 위반행위 불요설은 특히 위반결과를 남기지 않는 1회적 부작위채무의 경우에는 위반행위가 있으면 바로 청구권이 소멸하게 되므로 전혀 집행방법이 없

---

4) 박해성, "작위·부작위 채권의 강제집행", 재판자료(36), 법원행정처(1987), 646

게 되고 위반이 있으면 회복하기 어려운 손해가 생기게 되는 경우에도 위반행위가 있을 때까지 집행할 수 없다고 하는 것은 불합리하다고 하여 위반행위가 없다고 하더라도 간접강제를 신청할 수 있다고 한다. 그중에도 어느 경우에 간접강제를 신청할 수 있는가에 관하여는, 위반행위의 위험이 중대하고 명백하여야 한다는 설, 위반행위의 우려가 있어야 한다는 설 및 위반행위의 우려도 필요로 하지 않는다는 설 등으로 나누어져 있다.

판례는 부작위채무에 관한 소송절차의 변론종결 당시에서 보아 집행권원이 성립하더라도 채무자가 단기간 내에 이를 위반할 개연성이 크고, 또한 그 판결절차에서 민사집행법 제261조에 의하여 명할 적정한 배상액을 산정할 수 있는 경우에는 부작위채무에 관한 판결절차에서도 장차 채무자가 그 채무를 불이행할 경우에 일정한 배상을 할 것을 명할 수 있다면서 위반행위 불요설의 입장을 취하고 있다(대법원 1996. 4. 12. 선고 93다40614, 40621 판결, 대법원 2014. 5. 29. 선고 2011다31225 판결). 위반행위 불요설의 입장이 타당하다.[5)]

집행법원은 간접강제의 결정을 하기 전에 반드시 채무자를 심문하여야 한다(민사집행법 제262조). 집행법원의 심리결과 신청이 부적법할 때에는 이를 각하하고, 이유가 없으면 기각하여야 한다. 이러한 결정은 신청채권자에게 고지하여야 한다(민사집행규칙 제7조 제2항). 이 결정에 대하여는 즉시항고를 할 수 있다(민사집행법 제261조 제2항).

3. 결 정

집행법원은 채권자의 신청이 이유 있을 때에는 간접강제의 결정을 하여야 한다. 위 결정에서는 채무자가 이행하여야 할 부작위채무를 특정하여야 한다. 그 밖의 사항은 부대체적 작위채무에 대한 간접강제결정과 대체로 같다.

그 주문례를 들어보면, "채무자는 간접강제결정이 송달된 날부터 채권자가 그 소유건물의 수리를 위하여 채무자 소유의 별지 목록 기재 토지에 출입하는 것을 방해하여서는 아니 된다"라고 하여 부작위채무를 명시하고 "채무자가 위 의무를 위반할 때에는 그 위반이 있을 때마다 1회에 10만 원을 지급하라"라고 하여 지급하여야 할 배상금을 정한다.

채권자 또는 채무자는 위 간접강제결정의 변경을 청구할 수 있고(민사집행규칙

5) 주석 민사집행법(VI), 사법행정학회(2018), 127

제191조 제1항), 위 간접강제결정이나 변경결정에 대하여 즉시항고로 불복할 수 있는 것(민사집행법 제261조 제2항, 민사집행규칙 제191조 제3항)은 부대체적 작위채무의 경우와 마찬가지이다.

4. 간접강제결정의 집행

간접강제결정을 집행권원으로 하여 강제집행을 하기 위해서는 집행문을 받아야 한다(민사집행법 제57조, 제29조, 제30조). 다만 집행문을 받기 위하여 채권자가 채무자의 부작위채무 위반사실을 증명하여야 하는가에 관하여 논의가 있다.

간접강제결정의 신청단계에서는 채무자의 부작위채무 위반사실을 증명할 필요가 없다고 하는 위반행위 불요설에 따를 때에는 간접강제결정의 집행단계에서 위반행위가 있을 것이 집행의 조건에 해당하므로 민사집행법 제30조 제2항에 의하여 채권자가 그 조건의 성취를 증명하여야 집행문을 받을 수 있다. 반면 간접강제결정의 신청단계에서 부작위채무 위반사실의 증명이 필요하다는 위반행위 필요설에 따를 때에는 간접강제결정의 집행을 위하여 집행문을 내어 주는 단계에서 따로 채권자가 위반사실을 증명할 필요가 없다.

판례는 채무자의 부작위채무 위반은 부작위채무에 대한 간접강제결정의 집행을 위한 조건에 해당하므로 민사집행법 제30조 제2항에 의하여 채권자가 조건의 성취를 증명하여야 집행문을 받을 수 있다(대법원 2012. 4. 13. 선고 2011다92916 판결)고 하여 전자의 견해를 취하고 있다.

또한 위 판례는 부작위채무를 위반하였다는 집행문부여 조건의 성취 여부는 집행문부여의 소 또는 집행문부여에 대한 이의의 소에서 주장, 심리되어야 할 사항이므로 부작위채무에 대한 간접강제결정의 집행력 배제를 구하는 청구이의의 소에서 채무자에게 부작위채무 위반이 없었다는 주장을 청구이의사유로 삼을 수 없다고 판시하고 있다. 실무상으로도 부작위채무 위반을 이유로 집행문부여를 하는 경우에는 민사집행법 제32조 제2항에 따른 심문절차를 거쳐 의무위반 일수·회수와 1일당 배상액을 계산한 특정 배상액에 대하여 재판장 또는 사법보좌관(사법보좌관규칙 제2조 제1항 제4호)의 명령으로 집행문을 내어 주면서, 집행문부여 단계에서부터 부작위채무를 위반하여 집행문부여 조건을 성취하였는지에 대하여 주장, 심리를 하고 있다. 그 경우 집행문의 예시는 아래와 같다.

사 건 : 서울중앙지방법원 2022타기○○○○ 간접강제

이 정본은 재판장의 명령에 의하여 20○○. ○. ○.부터 20○○. ○. ○.까지 1회당 100,000원씩 총 3,000,000원(100,000×30회)에 이르기까지의 범위 내에서 주문 제2항에 의하여 채무자 ○○○(○○○○○○-○○○○○○○)에 대한 강제집행을 실시하기 위하여 채권자 ○○○(○○○○○○-○○○○○○○)에게 내어준다.

사 건 : 서울중앙지방법원 2022타기○○○○ 간접강제

이 정본은 재판장의 명령에 의하여 주문 제2항에 따라 총 3,000,000원[위반행위 20○○. ○. ○.부터 20○○. ○. ○.까지 총30회(1회당 100,000원씩)]에 이르기까지의 범위 내에서 채무자 ○○○(○○○○○○-○○○○○○○)에 대한 강제집행을 실시하기 위하여 채권자 ○○○(○○○○○○-○○○○○○○)에게 내어준다.

하지만 부대체적 작위채무에 관한 간접강제결정에 대한 집행문 부여의 경우에는 민사집행법 제30조 제2항이 적용되지 않으므로 채권자가 조건의 성취를 증명할 필요가 없기 때문에 집행문 부여 단계에서 아무런 심리를 거치지 않고 집행문을 부여하고, 부대체적 작위채무를 위반하지 않았다거나 이행하였다는 이유로 집행문부여에 대한 이의의 소를 제기하여서는 안 되며, 오히려 채무자가 청구이의의 소를 제기하여 부대체적 작위채무를 위반하지 않았다는 주장을 하면 그 때가서 집행문부여 조건을 성취했는지 여부를 심리하는 절차를 밟는 것과 대비되므로, 유의할 필요가 있다.

그 밖에 금전집행의 절차, 집행정지, 집행취소 등은 부대체적 작위채무의 경우와 같다.

한편 계속적 부작위채무를 명한 가처분에 기한 간접강제명령이 발령된 상태에서 의무위반행위가 계속되던 중 채무자가 그 행위를 중지하고 장래의 의무위반행위를 방지하기 위한 적당한 조치를 취했다거나 그 가처분에서 정한 금지기간이 경과하였다고 하더라도, 그러한 사정만으로는 간접강제결정 발령 후에 행해진 부작위채무위반행위의 효과가 소급적으로 소멸한다거나 위반행위를 하지 않은 것과 같이 볼 수는 없으므로 채무자는 간접강제결정 발령 후에 행한 의무위반행위에 대하여 간접강제결정에서 정한 배상금의 지급의무를 면하지 못하고 채권자는 그 위반행위에 상응하는

배상금의 추심을 위한 강제집행을 할 수 있다는 것이 판례의 입장이다(대법원 2012. 4. 13. 선고 2011다92916 판결).

제5장 의사표시를 하여야 할 의무의 집행

Ⅰ. 개설

의사표시를 하여야 할 의무는 대체성이 없는 '하는 채무'의 일종이므로 원래 그 강제이행은 민사집행법 제261조의 간접강제의 방법에 의하여야 한다. 그러나 의사표시의무는 그 의사표시에 의하여 발생하게 되는 법률효과가 인정되기만 하면 집행의 목적이 달성되는 것으로서 채무자 자신이 그러한 의사표시를 하는 것이 반드시 필요한 것은 아니다. 그런데 이러한 경우에도 간접강제에 의하는 것은 채권자의 입장에서는 시간이 걸리고 채무자에 대하여는 불필요하게 번거로움만을 끼치는 것에 불과하기 때문에 민사집행법 제263조는 보다 직접적인 구제수단으로서 민법 제389조 제2항이 채무가 법률행위를 목적으로 한 때에는 채무자의 의사표시에 갈음할 재판을 청구할 수 있다고 하는 것을 이어받아 채무자의 의사표시를 명하는 판결이 확정된 때 또는 그 밖에 이에 준하는 화해, 인낙이나 조정에 관한 집행권원이 성립한 때에는 채무자가 그러한 의사표시를 한 것으로 보도록 하고 있다.

민사집행법 제263조는 집행권원의 내용을 형성판결로 본다는 취지는 아니고, 간접강제에 따른 채무이행의 결과로서 발생하여야 할 실체적 법률효과를 현실적인 집행절차라고 하는 사실적 요소가 없이 추상적·관념적인 기술적 조작에 의하여 달성하려고 하는 특수한 집행방법을 규정한 것이다. 즉, 원칙적으로 판결 등의 확정을 가지고 의사표시가 있는 것으로 보므로 집행기관이 관여하는 현실적인 집행은 존재하지 않는다. 이러한 의미에서 집행기관에 대한 집행청구권을 상정할 필요가 없고 집행권원 작성기관과 집행기관의 준별을 전제로 하여 집행기관을 위하여 집행권원 작성기관이 집행력을 공증하는 집행문을 부여할 필요는 없다. 그러나 의사표시의 의제는 의사표시를 하여야 하는 취지를 구하는 청구권의 실현방법이므로 그 청구권의 실현을 명하는 집행권원(이행판결 등)에 기초할 것을 요하고, 그 청구권을 확인하거나 이를 형성하는 집행권원에 의할 수는 없다(통설). 민사집행법 제263조 제2항에서 규정하는 집행문은 집행권원의 집행력을 공증하고, 그 후의 집행절차의 기초를 제공하는 것을 목적으로 하는 것이 아니고 의사표시가 다른 사실에 관련된 경우에 의사표시를 의제하기 위하여 집행문부여의 형식을 빌려서 이를 공권적으로 확인하는 것을 목적으로 하는 것이다. 즉 민사집행법 제263조 제2항에 의한 집행문부여는 의사표시의 의제시점을 명확히 하기 위한 것에 불과하다고 할 것이다.

Ⅱ. 민사집행법 제263조가 적용되는 의사표시

1. 의 의

가. 법률효과를 생기게 하는 의사표시

민사집행법 제263조는 의사표시가 있는 것으로 봄으로써 법률효과가 발생하는 것을 목적으로 하기 때문에 위 조항이 적용될 수 있는 의사표시는 그 의사표시에 의하여 일정한 법률효과가 생기는 것이어야 한다. 따라서 단순한 권리관계의 존부의 판단 등은 이에 해당하지 않는다.

그러나 법률행위의 요소로서의 의사표시에만 국한되는 것은 아니고, 준법률행위인 의사의 통지(최고 등)나 관념의 통지(채권양도의 통지 또는 승낙 등)도 여기서 말하는 의사표시에 해당한다.

한편 증권상의 서명을 요하는 어음행위(어음의 발행, 배서 등)와 언론중재 및 피해구제 등에 관한 법률에 정해진 정정보도와 같이 의사표시 외에 채무자 자신의 사실적 행위나 현실적인 정정보도를 필요로 하는 경우에는 의사표시만으로는 목적을 달성할 수 없기 때문에 부대체적 작위채무의 강제집행으로서 간접강제의 방법에 의하여야 하고, 민사집행법 제263조의 적용을 받지 않는다.

반면 단체 내에서의 투표행위가 위 조항의 적용을 받는가에 관하여는 견해의 대립이 있다.

의사표시가 서면에 의하여야 하는 것과 같이, 일정한 방식을 요하는 경우라든가 등기의 신청과 같이 당사자가 등기소에 출석할 필요가 있는 경우에도 민사집행법 제263조가 적용되고, 채무자는 그 필요한 방식에 따라 의사표시를 한 것으로 보게 된다.

나. 제3자에 대한 의사표시

민사집행법 제263조는 채무자가 제3자에 대하여 의사표시를 할 것을 목적으로 하는 채무에 대하여도 적용되고, 이러한 경우가 위 조항이 적용되는 주된 경우이다. 여기서의 제3자에는 사인(私人)뿐만 아니라 등기관 등과 같은 관공서도 포함된다.

그러나 이 경우 제3자는 소송 등에서 상대방으로 되어 있지 않아 그 의사표시가 있은 것을 알 수 없으므로 판결, 화해 등 집행권원의 확정 또는 성립시에 제3자가 그 의사표시를 수령한 것으로 볼 수 없다. 따라서 그 의사표시의 법률효과를 생기게 하기 위해서는 채권자가 집행권원의 이용행위로서 이를 제3자에게 송달하거나 제시하는 등 그 의사표시가 있은 사실을 알게 하는 조치가 필요하다. 부동산등기법 제23조 제4항은 위와 같은 조치로서 판결에서 명한 등기신청의 의사를 등기소에 도달시키는 절차를 규정한 것이다.

다. 공법상의 의사표시

사법상의 의사표시뿐만 아니라 공법상의 의사표시도 위 조항의 적용대상이 된다. 예를 들어, 부동산 거래신고 등에 관한 법률(구 국토의 계획 및 이용에 관한 법률)상의 규제지역 내의 토지거래계약을 체결한 당사자가 상대방에 대하여 그 허가신청절차협력의무의 이행을 구하는 것(대법원 1991. 12. 24. 선고 90다12243 전원합의체 판결), 재단법인의 기본재산에 관하여 매매계약을 체결한 당사자가 상대방에 대하여 정관의 변경허가(민법 제45조 제3항, 제42조 제2항)를 주무관청에 신청하도록 구하는 것(대법원 2008. 7. 10. 선고 2008다12453 판결)과 같은 관공서에 대한 인·허가의 신청 등이다.

그러나 민사집행법 제263조가 일반적으로 공법상의 의사표시 모두에 대하여 적용된다고 볼 수는 없으며, 예컨대 행정청이 행하는 공권력의 행사로서의 의사표시에 대하여는 설령 의무이행소송이 허용되더라도 그 의사표시는 공권력을 가진 행정청만이 행할 수 있는 것으로 보아야 하므로, 이에 대하여는 민사집행법 제263조가 적용될 수 없다.

라. 소송행위

그리고 이 조항은 소의 취하나 고소의 취하, 부재자 재산관리인의 권한초과행위에 대한 허가신청(대법원 2000. 12. 26. 선고 99다19278 판결), 경매신청의 취하, 가압류·가처분의 신청취하 및 집행해제(대전고등법원 2015. 2. 13. 선고 2013나5884 판결) 등과 같은 소송행위에 대하여도 적용된다. 그러나 소의 제기 등과 같이 단순한 의사표시뿐만 아니라 소장의 작성 등 채무자의 더 적극적인 협력을 요하는 경우에는 적용되지 않는다.

2. 민사집행법 제263조의 주요한 적용례

가. 등기 또는 등록신청의 의사표시

판례에 나타난 주요한 적용 사례로서는 우선 부동산등기법상의 등기신청에 관한 의사표시를 들 수 있다.

또한 부동산등기법상 등기를 함에 있어 이해관계 있는 제3자의 승낙을 요하는 경우에 그 제3자에 대하여도 승낙의 의사표시를 구하는 소를 제기할 수 있다.

부동산에 관한 물권뿐만 아니라 그 밖에 등기나 등록 등에 의하여 공시되는 다른 재산권(광업권, 특허권, 실용신안권, 디자인권, 상표권, 자동차, 항공기, 선박 등에 관한 권리)에 관하여도 마찬가지로 적용된다.

그리고 상업등기법상의 상업등기부나 비송사건절차법상의 법인등기부의 기재사항이 잘못된 때에도 일정한 경우에 이를 바로잡기 위한 등기신청의 의사표시를 명하는 판결을 구할 수 있다.

다만, 이러한 등기나 등록 등이 구 부동산등기법상의 예고등기의 말소 등과 같이 직권에 의하여 이루어질 성질의 것인 경우에는 그러한 등기 등에 관한 의사표시를 명하는 판결을 소로써 구하는 것은 허용되지 아니한다(대법원 1974. 5. 28. 선고 74다150 판결).

나. 그 밖의 명의변경절차이행청구 등

판례는 법률상 권리관계를 공시하는 등기부나 등록부 등은 아니지만 사실상 권리자를 나타내는 기능을 하는 명부 등이 존재하는 경우에도 일정한 범위에서 그 명부상의 명의변경절차의 이행을 구하는 소를 인정하고 있다. 서울특별시가 임대인인 시영아파트의 임차인명부상의 임차인 명의변경절차 이행청구(대법원 1986. 2. 25. 선고 85다카1812 판결), 한국토지개발공사(현, 한국토지주택공사)에 비치된 토지피공급자명부의 명의변경절차이행청구(대법원 1991. 10. 8. 선고 91다20913 판결), 매도인인 농업진흥공사(현, 한국농어촌공사)로부터의 매수인에 대한 명의변경절차이행청구(대법원 1990. 3. 13. 선고 88다카100, 101 판결) 등이다.

그러나 무허가건물을 양수한 사람이 양도인에 대하여 무허가건물 대장상의 명의변경을 구할 소의 이익이 있는지에 관하여는, 무허가건물대장이 건물의 물권 변동을 공시하는 법률상의 등록원부가 아니라고 하더라도 그 건물주 명의 기재의 말소를 구하는 청구가 일률적으로 법률상 소의 이익이 없다고 볼 것은 아니고, 개별적 사건에서 구체적 사정을 고려하여 일정 시점 이전에 축조되거나 무허가 건물대장에 등재된 경우에 보상금이나 시영아파트 분양권을 분양받을 수 있는 권리가 부여되는 경우에는 소의 이익을 긍정하고 있다(긍정한 것으로는 대법원 1991. 11. 12. 선고 91다

21244 판결, 대법원 1992. 4. 28. 선고 92다3847 판결, 대법원 1998. 6. 26. 선고 97다48937 판결, 부정한 것으로는 대법원 1992. 2. 14. 선고 91다29347 판결).

또한 판례는 행정청으로부터 허가 내지 인가 등을 받은 지위가 양도된 경우에 그 양수인이 양도인을 상대로 하여 허가명의변경절차 이행청구를 할 수 있다고 판시하고 있다. 예를 들어, 건축허가서의 건축주 명의변경절차이행청구(대법원 1989. 5. 9. 선고 88다카6754 판결), 자동차학원의 설립인가에 관한 설립자 명의변경절차이행청구(대법원 1992. 4. 14. 선고 91다39986 판결) 등이다.

그러나 이러한 인·허가명의의 변경절차이행청구는 법령상 그러한 명의변경이 인정되는 경우에 한하고 그러한 명의변경이 인정되지 않는 경우에는 허용되지 않는다(대법원 1990. 12. 26. 선고 88다카8934 판결 등).

3. 의사진술 간주가 아무 법적 효과 없으면 소의 이익 없음

의사의 진술을 명하는 판결은 확정과 동시에 그러한 의사를 진술한 것으로 간주되므로(민사집행법 제263조 제1항), 의사의 진술이 간주됨으로써 어떤 법적 효과를 가지는 경우에는 소로써 구할 이익이 있지만 그러한 의사의 진술이 있더라도 아무런 법적 효과가 발생하지 아니할 경우에는 소로써 청구할 법률상 이익이 없다. 예를 들어 피고에게 원고와 피고를 각각 대표하는 위원들로 구성된 협의회 위원들 중 피고를 대표하는 협의회 위원들에게 회의 소집을 '요구'하고 의안에 찬성할 것을 '지시'하는 의사의 진술을 구하는 소의 경우 피고가 그러한 요구와 지시를 하더라도 그 위원들이 피고의 요구나 지시에 따를 법적 의무가 있다거나 거기에 기속된다고 볼 만한 자료를 찾아 볼 수 없는 이상 피고의 의사진술 간주만으로는 아무런 법적 효과가 생길 것이 없으므로 소의 이익이 없다(대법원 2016. 9. 30. 선고 2016다200552 판결).

이에 반하여 건축물대장에 건축물 대지로 잘못 기재된 지번의 토지 소유자라고 주장하는 자가 지번의 정정신청을 거부하는 건축물 소유자를 상대로 건축물대장 지번의 정정을 신청하라는 의사의 진술을 구하는 소는 토지 소유권의 방해배제를 위한 유효하고도 적절한 수단으로서 소의 이익이 있고(대법원 2014. 11. 27. 선고 2014다206075 판결), 명의신탁자가 명의신탁을 해지한 경우에 명의수탁자인 재단법인으로서는 명의신탁 부동산의 반환에 관하여 주무관청의 허가를 신청할 의무를 부담하고, 명의수탁자가 이러한 의무를 이행하지 않는 경우에는 명의신탁자는 명의수탁자를 상대로 민법 제389조 제2항에 의하여 허가신청의 의사표시에 갈음하는 재판을 청구하고, 이와 병합하여 주무관청의 처분허가를 조건으로 하는 소유권이전등기절차 이행청구소송을 제기할 수 있다(대법원 2012. 8. 30. 선고 2010다52072 판결).

Ⅲ. 집행권원의 종류

민사집행법 제263조에 의하여 의사표시 의제의 효과가 발생하기 위해서는 우선 채권자가 판결 등의 집행권원을 얻어야 한다.

1. 판결 그 밖의 재판

민사집행법 제263조에 의하여 채무자의 의사표시가 있는 것으로 보게 되는 판결 그 밖의 재판은 이행판결이나 이행을 명하는 재판이어야 하며 확인의 재판이나 형성의 재판은 이에 해당하지 않는다. 그 재판의 형식은 반드시 판결에 국한되지 아니하고, 가사소송법 제41조에 의하여 집행권원으로 인정되는 등기, 그 밖에 의무의 이행을 명하는 가사비송사건의 심판이나 민사조정법 제30조의 조정을 갈음하는 결정이라도 무방하나, 이러한 재판은 확정되면 기판력이 발생하는 것이어야 한다(가사비송사건 심판의 경우에는 가사소송법 제41조에서 명문의 규정으로 집행권원성을 인정하고 있기 때문에 기판력 발생 여부와 무관하다).

또한 그 재판상 의사표시의 내용이 집행권원에서 명확히 특정되는 것이어야 한다. 따라서 등기신청의무에 있어서는 등기하여야 할 부동산의 표시, 등기원인과 그 날짜 등이 집행권원에 명료하게 표시되어 있어야 하고 불분명한 점이 있으면 그 집행권원에 기초한 등기는 불능이 된다. 등기절차의 이행을 명하는 판결주문에 등기원인과 그 연월일이 명시되어 있지 아니한 때에는 등기원인을 "확정판결"로, 그 연월일을 "판결선고일"을 하여 등기하도록 규정하고 있다(등기예규 1607호 4. 가. 참조). 다만, 집행권원에서 의사표시를 하여야 할 의무의 표시가 이를 전제로 하는 다른 의무의 표시 가운데 포함되어 있는 것으로 보는 것은 가능하다. 예를 들어, 물건의 인도를 구하는 청구 중에는 점유개정(민법 제189조) 또는 목적물반환청구권의 양도(민법 제190조)의 의사표시도 포함되어 있는 것으로 해석할 수 있는 경우가 있다.

외국법원의 판결 또는 중재판정(중재법 제32조)은 집행판결이나 집행결정(민사집행법 제27조, 중재법 제37조)과 결합되어야만 민사집행법 제263조에 의한 집행권원이 될 수 있다.

의사표시를 명하는 판결에 대하여 가집행선고(민사소송법 제213조)를 붙일 수 있는가에 관하여는 이를 부정하는 것이 통설이고, 등기실무이다(등기예규 1607호 2. 나. 참조). 이에 따를 경우 등기를 명하는 판결에 가집행선고가 붙어 있더라도 그 판결이 확정되기까지는 집행력이 발생하지 않으므로 등기관은 등기신청을 수리하여서는 아니 되고, 만일 등기가 되었다고 하더라도 무효이지만 그 판결이 확정되면 그 등기의 위법은 치유되어 유효한 등기로 된다.

또한 의사표시를 명하는 가처분이 허용되는지에 관하여 소극설과 적극설로 견해가 나뉘고 있으나 본안판결을 통하여 얻고자 하는 내용과 현실적으로 동일한 내용의 권리관계를 잠정적으로 형성하는 만족적 가처분이 허용되는 이상, 의사표시 의무의 존재에 관한 엄격한 심사를 전제로 이를 긍정하는 것이 실무의 태도이다(서울고법 2013. 10. 7.자 2013라916 결정). 다만 법률상 근거가 없으므로 그 가처분에 의해 민사집행법 제263조 1항에 의한 의사표시 의제의 효과가 발생한다고 할 수는 없다. 이러한 경우, 의사표시 의무는 원래 부대체적 작위채무이므로 의사의 진술을 명하는 가처분은 민사집행법 제261조에 따른 간접강제의 방법으로 집행할 수 있다(서울고등법원 2013. 10. 7.자 2013라916 결정).

한편, 의사표시를 명하는 가처분이 허용된다고 보는 적극설에서도 등기절차를 명하는 가처분은 허용되지 않는다고 보는 견해가 다수이고, 등기실무에서는 가처분결정(판결)에 등기절차의 이행을 명하는 조항이 기재되어 있어도 등기권리자는 이 가처분결정 등에 의하여 단독으로 등기를 신청할 수 없다고 보고 있다(등기예규 1607호 2. 다). 등기신청의 의사표시를 명하는 가처분이 발령되어 이에 기초하여 등기가 이루어진 후에 본안판결에서 채권자의 패소가 확정된다면 부동산거래의 안정을 심각하게 해칠 수 있기 때문이다. 다만, 부동산등기법은 가처분에 의하여 가등기를 할 수 있는 이른바 가등기가처분의 제도(부동산등기법 제89, 90조)를 인정하고 있다.

2. 인낙조서와 화해조서 등

의사의 진술을 명하는 재판 외에 채무자가 그 의사의 진술을 구하는 청구를 인낙하는 인낙조서와 화해조서도 민사집행법 제263조에 정해진 집행권원에 해당한다. 이 경우에도 그 의사표시의 내용이 인낙조서나 화해조서에서 분명하게 특정되어야 한다. 민사조정법에 정해진 조정도 재판상 화해와 동일한 효력이 있으므로(민사조정법 제29조) 그 조정조서도 집행권원이 된다. 다만, 화해조서의 내용이 "....본건 건물의 소유권지분 10분의 3을 양도한다"와 같이 소유권이전등기절차를 이행하라는 일정한 의사표시를 하는 것이 아니고, 그러한 의시표시를 할 의무를 부남하게 하는 것에 그치는 경우에는 위 화해조서는 소유권(지분)이전등기의 의사진술을 한 것이라고 보기는 어려우므로, 민사집행법 제263조에 해당하지 않는다(대법원 1991. 6. 25. 선고 91다11476 판결).

그러나 공증인 등이 작성한 집행증서는 채무의 목적이 일정한 금액의 지급이나 대체물 또는 유가증권의 일정한 수량의 급여인 때 및 건물이나 토지 또는 대통령령으로 정하는 동산의 인도 또는 반환을 목적으로 하는 청구인 경우에 한하여 집행력이 인정될 뿐이므로(민사집행법 제56조 제4호, 공증인법 제56조의2, 제56조의3), 그 집행증서에 부동산에 관한 등기의무를 이행하기로 하는 조항이 포함되어 있더라도, 등기권리자가 이에 기하여 단독으로 등기신청을 할 수 없다.[1)]

Ⅳ. 집행방법

1. 단순한 의사표시의무의 집행방법

집행권원의 채무자의 의사표시에 반대의무의 이행 등과 같은 조건 등이 붙지 않은 경우에는 재판의 확정시 또는 화해조서 등의 성립 시에 채무자의 의사표시가 있는 것으로 본다. 따라서 이러한 경우에는 별도의 집행절차가 요구되지 아니하며, 집행문의 부여도 필요하지 않다. 다만, 등기신청의 의사표시를 명하는 집행권원과 같은 경우에는 그 집행권원에 기초하여 등기절차 등이 뒤따르게 되나 이는 이른바 광의의 집행으로서 본래의 강제집행절차에 속하는 것은 아니다. 이러한 광의의 집행을 위해서는 승계집행문의 부여를 필요로 하는 수가 있다.

이처럼 협의의 강제집행절차가 존재하지 않기 때문에 이러한 의사표시의무를 내용으로 하는 소유권이전등기청구권 등이 압류 또는 가압류된 경우에는 협의의 강제집행절차를 필요로 하는 채권이 압류 또는 가압류된 경우와 달리 취급할 필요가 있다. 일반적으로 채권자가 채무자의 제3자에 대한 채권을 압류 또는 가압류한 경우에도 채무자는 제3채무자에 대하여 재판상 그 압류 또는 가압류된 채권의 이행을 청구하여 인용판결을 받는 것은 가능하고 다만, 제3채무자는 그 강제집행단계에서 채무자의 강제집행을 만족에 이르지 못하도록 저지할 수 있을 뿐이다. 그러나 소유권이전

1) 주석 민사집행법(VI), 사법행정학회(2018), 143

등기청구권이 압류 또는 가압류된 경우에도 이처럼 채무자가 소유권이전등기의 의사표시를 명하는 판결을 받을 수 있다고 한다면 제3채무자는 채무자가 일방적으로 이전등기를 신청하는 것을 저지할 방법이 없으므로 이와 같은 경우에는 압류나 가압류의 해제를 조건으로 하지 않는 한 법원은 이를 인용하여서는 안 된다(대법원 1992. 11. 10. 선고 92다4680 전원합의체 판결).

2. 의사표시의무가 조건 등에 걸린 경우

가. 규정의 취지

민사집행법 제263조 제2항은 집행권원에 의사표시를 하여야 하는 채무가 반대의무가 이행된 뒤에 하여야 하는 것인 경우에는 민사집행법 제30조와 제32조의 규정에 의하여 집행문을 부여한 때에 의사표시를 한 것으로 본다고 규정하고 있다. 이 규정의 취지는 의사표시를 명하는 집행권원의 경우에는 별도의 집행절차가 존재하지 않으므로 반대의무의 이행을 통상적인 것처럼 집행개시의 요건으로 본다면 그 요건을 조사할 집행기관이 존재하지 않으므로 그 요건을 집행문부여기관이 조사하게 함으로써 채무자의 이익을 보호하려는 데 있다. 이처럼 집행문을 필요로 하는 경우인 금전지급의 조건이 있는 등기절차이행판결에 있어서 집행문부여의 절차를 밟지 않고서 한 등기는 원인무효이다(대법원 1951. 4. 17. 선고 4282민상92 판결).

나. 집행문을 필요로 하는 경우

집행문을 필요로 하는 것은 동시이행의 경우에 국한되지 않으며, 반대급부의 이행이 선이행인 경우, 의사표시의무에 정지조건이나 불확정기한이 붙어 있는 경우, 채권자의 담보제공을 조건으로 하는 경우 등(민사집행법 제30조 제2항)에도 집행문을 필요로 한다. 다만, 확정기한이 붙어 있는 경우에는 그 확정기한의 도래에 의하여 의사진술의 효과가 생기며 별도로 집행문을 필요로 하지는 아니한다.

다. 집행문부여에 의한 의사진술의 효과

의사표시의무에 조건 등이 붙어 있는 경우에는 채권자가 그 조건의 성취를 증명하여 재판장 또는 사법보좌관(사법보좌관규칙 제2조 제1항 제4호)의 명령(민사집행법 제32조 제1항)에 따라 집행문을 받는다.

다만 그 조건의 성취가 원래 채권자가 증명하여야 할 사항이 아닌 경우, 다시 말하여 채무자가 증명하여야 할 사실이 성취되지 않은 경우, 예컨대 채무자가 변제기에 차용금을 변제하지 않을 때에는 대물변제로서 채무자 소유의 부동산에 대하여 소유권이전등기절차를 이행하기로 하는 내용의 화해조서가 성립되어 있는 경우는 문제이다. 이 경우 채무자가 변제기까지 차용금을 변제하였다는 사실에 관한 증명책임을 부담하기 때문에 일반론으로는 채무불이행의 사실은 집행문부여에 있어 조건이 되지 않으며, 채무이행의 사실이 청구이의의 사유가 되므로, 집행문의 부여를 요하지 않고 의사표시가 있은 것으로 보아야 할 것이나, 의사표시의무의 집행에 있어서는 별도의 집행절차가 없어 채무자가 청구이의의 소를 제기할 기회도 없으므로 등기실무에 있어서는 이러한 경우에도 민사집행법 제30조 제2항에 의하여 집행문을 받아야 하는 것으로 취급하고 있다.[2] 일본 민사집행법 제173조 제3항은 이러한 경우 집행문부여기관이 채무자에게 일정한 기간을 정하여 채무자가 증명하여야 하는 사실(위의 예에서 기한 내에 차용금을 변제한 것)을 증명하는 문서를 제출할 것을 최고하고, 그 기간 내에 제출이 없는 때에 한하여 집행문을 부여하도록 규정함으로써 입법적으로 해결하였다.[3]

이처럼 집행문을 필요로 하는 경우에 의사진술의 효과가 발생하는 시점은 집행문을 내어 주는 때이고, 집행문이 채무자에게 송달된 때가 아니다(민사집행법 제263조 제2항). 학설은 이러한 경우에 집행문을 채무자에게 송달할 필요도 없다고 보는 것이 다수설이나, 이 경우에도 채무자에게 의사표시 의제의 효과가 발생하였음을 알려주고, 채무자로 하여금 대응조치를 취할 수 있도록 집행문을 송달하여 주고 있는 것이 실무례이다.[4]

집행문의 부여가 거부되어 채권자가 집행문부여의 소를 제기한 경우에는 집행문부여의 판결이 확정된 때에 의사진술의 효과가 생기며 채권자가 실제로 집행문을 부여받을 필요도 없다.

반대급부의 이행 등 조건이 성취되지 않았는데도 등기신청의 의사표시를 명하는 판결 등의 집행권원에 집행문이 잘못 부여된 경우의 채무자의 구제방법에 관하여, 채무자로서는 집행문부여에 대한 이의신청 또는 이의의 소에 의하여 집행문의 취소를 구할 수 있고, 집행문이 취소된 때에는 집행문을 내어 준 시점에 발생한 의사진술 의제의 효과가 소멸한다는 견해도 있으나, 집행문을 내어 주면 의사표시 의제의 효과

2) 부동산등기실무[I], 법원행정처(2015), 381
3) 주석 민사집행법(VI), 사법행정학회(2018), 153-154
4) 법원실무제요, 민사집행 [IV], 법원행정처(2020), 796

가 발생하고 별도로 집행의 문제는 남지 아니하므로 집행문부여에 대한 이의신청이나 그 이의의 소 등은 더 이상 허용되지 아니하고, 집행문을 내어 줌으로써 의제되는 의사표시가 무효 또는 부존재라는 것을 주장하거나 그에 기초하여 이루어진 등기의 말소 또는 회복을 구하는 소를 제기할 수밖에 없다(대법원 2012. 3. 15. 선고 2011다73021 판결).

3. 선택채무의 경우

수 개의 의사표시의무의 선택적 급부 또는 의사표시의무와 다른 급부의무의 선택적 급부를 명하는 집행권원에서 의사표시 의제효과 발생의 기준시를 어느 시점으로 볼 것인가가 문제된다.

이에 관하여는 선택이 있으면 그 효과가 집행권원 확정시 등으로 소급한다고 하는 설도 있기는 하나 의사표시 의제의 시점은 선택 시로 보아야 한다는 설이 다수설이다.

4. 승계집행문의 부여

의사표시를 명하는 집행권원은 원칙적으로 그 성립 내지 확정 시에 의사의 진술이 있는 것으로 보게 되므로 그 뒤에 당사자의 승계가 있더라도 원칙적으로는 승계집행문의 부여를 필요로 하지 않는다(대법원 2017. 12. 28.자 2017그100 결정).

그러나 위 집행권원을 실제로 이용하여 등기 등의 신청을 하는 경우에는 아래에서 보는 바와 같이 일정한 경우 당사자의 승계가 있으면 승계집행문을 부여받을 필요가 있다.

그 외에 의사표시 의제의 효과가 발생하기 전, 즉 변론종결 후 판결확정 전에 승계가 있는 경우에도 승계집행문을 부여받아야 하는가에 관하여 이를 긍정하는 설도 있으나 별도의 집행절차를 필요로 하지 않음에도 불구하고 승계집행문을 요구할 근거가 없고 의사표시 의제의 효과는 변론을 종결한 뒤의 승계인에 대하여도 당연히 미치는 것으로 보아야 하므로 이 경우에까지 승계집행문을 요구할 필요는 없다고 봄이 상당하다. 따라서 이 경우에도 판결확정시(단순한 의사표시의무의 경우) 또는 조건성취집행문 등의 부여시(의사표시가 조건 등에 걸린 경우)에 정당한 승계인에 대한 의사표시(채권자의 승계가 있은 경우) 또는 정당한 승계인에 의한 의사표시(채무자의 승계가 있은 경우)가 의제된다고 보아야 한다.

다만, 이 경우에도 집행권원의 실제적 이용을 위하여 승계집행문을 부여받을 필요가 있는 것은 별개의 문제이다.

등기 또는 인허가 등의 신청은 의사표시의무의 협의의 강제집행이 아니라, 집행권원의 이용행위이지만, 그 이용(광의의 강제집행)을 위하여 필요한 경우가 있다면, 통상의 승계집행문부여의 절차에 따라 승계집행문을 받을 수 있다. 소송물인 등기청구권이 대세적 효력을 갖는 물권적 청구권인 소유물방해배제청구권인 말소등기청구권이고 확정판결의 변론종결 후에 등기의무자인 피고의 지위가 승계된 경우, 원고는 승계집행문을 부여받아 변론종결 후에 승계인 명의로 마쳐진 등기와 피고 명의 등기의 말소등기신청을 동시에 단독으로 할 수 있다.

이 경우 승계집행문은 협의의 강제집행을 위한 것이 아니므로 채무자에게 송달할 필요가 없고, 집행문부여의 소에 의하는 경우에는 그 인용판결의 확정으로 족하며 현실적으로 집행문을 받지 않더라도 그 목적을 달성할 수 있다.

사실심 변론종결 후에 등기의무자가 아니라 등기권리자 지위의 승계가 있는 경우에도 승계집행의 문제가 생기는 것처럼 보이지만, 이 경우는 실제로는 부동산등기법 제27조의 규정에 따른 포괄승계인에 의한 등기신청(포괄승계의 경우) 또는 부동산등기법 제28조의 대위의 등기(특정승계의 경우)에 의하여 해결되므로 승계집행은 사실상 문제되지 않는다.

등기신청과 승계집행문의 필요 여부를 표로 정리하면 다음과 같다.

	등기권리자의 승계	등기의무자의 승계
포괄승계	승계집행문 불요 부동산등기법 제27조	승계집행문 필요
특정승계	등기청구권이 물권적 권리인 경우 부동산등기법 제28조. 승계집행문 불요	등기청구권이 물권적 권리인 경우 승계집행문 필요
	등기청구권이 채권적 청구권인 경우 승계의 문제가 아님. 부동산등기법 제28조 적용가능	등기청구권이 채권적 청구권인 경우 등기의무자로부터 권리를 이전받은 사람은 승계인이 아님.

Ⅴ. 의사표시 의제의 효과

1. 의사표시의 의제

민사집행법 제263조에 의하여 채무자의 의사표시가 있는 것으로 보게 되면 채무자가 적법한 형식을 갖춘 의사표시를 한 것으로 본다. 즉, 채무자의 의사표시에 일정한 형식(예를 들어, 서면 또는 확정일자 등)을 요구하는 경우에는 그러한 형식을 갖춘 의사표시가 있는 것으로 보게 되고 채무자가 무능력이거나 처분권한이 없었다 하더라도 의사표시의 의제라는 효과 발생에는 영향이 없다. 또한 채무자가 법인인 경우, 의사표시 의제의 효과가 발생한 시점에 실제로는 대표자가 없었다고 하더라도 정당한 대표자에 의한 의사표시가 있었던 것으로 본다.

2. 의사표시로 인한 법률효과의 발생

채무자의 의사표시가 있는 것으로 본다고 하더라도 이는 그러한 의사표시 자체가 있었음을 의제하는 것이고 그 의사표시 내지 이를 구성부분으로 하는 법률행위 등이 본래의 법률효과를 발생하기 위하여 다른 요건을 갖추어야 하는 경우에는 의사표시가 있는 것으로 보는 것만으로 그러한 법률효과가 발생하지는 않으며 다른 요건을 갖춘 때에 비로소 법률효과가 발생한다.

우선 상대방 있는 의사표시는 상대방에게 도달하여야 효력이 발생하는 것이 원칙이다(민법 제111조 제1항). 따라서 민사집행법 제263조에 의하여 의사표시가 있는 것으로 본다고 하여도 그 의사표시가 상대방에게 도달하였다는 것까지 의제되지 않으므로 제3자에 대한 의사표시는 민사집행법 제263조에 의하여 의제의 효력이 발생한 사실을 당해 집행권원을 제시하거나 송부함으로써 제3자에게 도달시키는 것이 필요하다. 의사표시의 상대방이 채권자일 때에는 채권자가 판결이 확정된 것 등 의사표시가 의제된다는 사실을 알았을 때에 의사표시의 효력이 발생하고, 상대방이 제3자인 경우에는 채권자가 집행권원의 정본 또는 등본과 그 확정증명서 내지 집행문 등 의사표시 의제의 효력이 발생하였음을 증명하는 문서를 제3자에게 제시하는 등의 방법에 의하여 제3자가 그 사실을 알았을 때에 의사표시의 효력이 발생한다. 예를 들어, 채권의 양수인이 양도인을 상대로 채무자에 대한 채권양도통지를 청구하여 그 통지를 명하는 판결이 확정되었다면 양수인이 위 판결과 그 확정증명 등을 채무자에게 제시하여야 채권양도 통지의 효력이 발생한다.

나아가 그 의사표시의 법률효과를 발생시키기 위하여 제3자의 동의를 필요로 하거나, 법원이나 관청의 인가 등이 필요한 때에는 그러한 동의나 인가 등이 없으면 의사표시의 의제만으로 법률효과가 발생하지 않는다.

부동산등기 특별조치법 제5조 제1항은 등기원인에 대하여 행정관청의 허가, 동의 또는 승낙을 받을 것이 요구되는 때에는 소유권이전등기를 신청할 때에 그 허가, 동의 또는 승낙을 증명하는 서면을 제출하여야 한다고 규정하고 있다.

또한 채무자가 의사표시 의제의 효과가 발생한 당시에 파산선고 등에 의하여 그 의사표시의 목적물에 관하여 처분권을 상실한 경우에도 실체법상 효과가 발생할 수 없다. 다만, 채무자의 의사표시에 대한 법정대리인의 동의는 더 이상 요구되지 않는데, 이러한 점은 집행권원의 성립과정에서 이미 법원이 심사하여야 할 사항이기 때문이다.

3. 집행정지와 집행취소의 가부 등

채무자의 의사표시 의제의 효과가 일단 발생하면 그 강제집행은 이로써 완료되기 때문에 그에 대한 청구이의의 소(민사집행법 제44조)나 제3자이의의 소(민사집행법 제48조)는 더 이상 허용되지 않는다. 따라서 등기신청의 의사표시를 명하는 판결에 기초하여 채권자가 등기절차를 밟는 경우와 같이 이른바 광의의 집행이 문제되는 경우에도 채무자로서는 의사표시 의제의 효과가 발생한 후에는 그 강제집행의 정지나 취소를 구할 수 없고(대법원 1970. 6. 9.자 70마851 결정), 조건부 등기신청을 명하는 판결의 경우에는 그 조건이 성취되어 집행문이 부여되었을 때 의사를 진술한 것과 동일한 효력이 발생하므로, 설령 법원이 집행문을 부여한 후 집행문부여에 대한 이의신청절차에서 강제집행정지결정을 하였더라도 등기관은 이에 구애되지 않고 등기신청을 받아들여 등기의 기입을 할 수 있다(대법원 1979. 5. 22.자 77마427 결정).

다만, 집행문의 부여를 필요로 하는 경우에 집행문의 부여가 있을 때까지는 집행정지 등을 신청하는 것이 허용되고, 집행정지명령 등이 집행문부여기관에 제출되면 그 기관은 집행문을 내어 주어서는 안 된다.

4. 의사표시를 명하는 집행권원의 실효와 이에 기한 강제집행

의사표시를 명하는 집행권원에 대하여 청구이의의 소 등이 허용되지는 않는다 하더라도, 채무자가 소송행위의 추후보완이나 재심 등의 방법에 의하여 집행권원의 취소를 구할 수 있음은 물론이고, 그 결과 집행권원이 취소된 때에는 그 의사표시 의제의 효과도 소급적으로 소멸하며, 그러한 집행권원에 기하여 이루어진 등기 등은 무효라고 보아야 한다.

집행권원 성립 후 채무의 임의이행 또는 면제 등으로 실체관계에 변동이 생긴 경우에도 집행권원의 효력이 당연히 소멸하는 것은 아니므로, 이에 기한 강제집행을 하는 경우도 있을 수 있다. 예를 들어서 1/2 지분에 대한 공유지분 이전등기를 명하는 집행권원이 성립한 후 채무자가 그 등기의무를 임의로 이행하였음에도 불구하고 그 집행권원에 대하여 청구이의의 소가 허용되지 않음을 기화로 채권자가 그 집행권원에 기하여 나머지 1/2 지분에 대하여도 등기를 마친 경우가 이에 해당한다. 위와 같은 경우에 판례는 채권자가 집행권원에 기하여 마친 등기는 무효라고 판단하고 있다(대법원 1989. 10. 24. 선고 89다카10552 판결, 대법원 1990. 2. 27. 선고 89다카25776 판결).

위 판결들에 대한 판례해설[5]은, 이러한 집행권원에 기한 등기는 광의의 집행행위라고 부르기는 하지만 엄밀한 의미에서는 강제집행이 아니고, 다만 채무자의 물권행위가 2개 있는 것과 동일한데, 그 중 하나에 기하여 등기절차를 경료하면 다른 하나의 물권행위는 목적을 달성하여 당연히 실효되는 것으로 보아야 하며, 의사표시를 명하는 집행권원에 대하여는 강제집행정지나 공권적 실효선언의 방법이 없으므로 집행권원의 실효를 인정하지 않으면 채무자로서는 채권자의 등기를 저지할 방법이 없을 뿐만 아니라, 이러한 경우에는 집행기관으로 하여금 신속한 집행을 위하여 집행권원의 외관만을 보고 바로 집행에 착수하게 할 필요성이 없으므로 집행권원의 실효를 인정하더라도 아무런 문제가 생기지 않는다는 점 등을 논거로 들고 있다.

5) 박성철, “등기의무를 명하는 채무명의상의 채무자가 임의로 등기의무를 이행한 후에 다시 그 채무명의에 기하여 경료된 등기의 효력”, 대법원판례해설(12), 법원도서관(1990), 60-62

제7편 채권과 그 밖의 재산권에 대한 담보권 실행[1)]

1) 사법보좌관실무편람(II)-채권집행 및 배당절차-, 법원행정처(2016), 268-291.

제1장 총 설

채권을 목적으로 하는 담보권의 실행 또는 물상대위권의 행사 및 그 밖의 재산권을 목적으로 하는 담보권의 실행은 원칙적으로 이러한 권리에 대한 강제집행에 준하여 이루어진다.

여기서 채권이란 금전의 지급 또는 선박이나 동산의 인도를 목적으로 하는 채권(다만 동산집행의 대상인 어음·수표·화물상환증 등의 유가증권에 화체되어 있는 것을 제외한다)을 말하고, 그 밖의 재산권이란 부동산·선박·동산·채권 이외의 재산권을 말하는데, 임차권, 조합의 지분권, 사원권, 공업소유권(특허권, 디자인권, 실용신안권, 상표권), 저작권, 전화가입권 등이다.

채권을 목적으로 하는 담보권으로서는 동산·채권담보권(동산·채권담보법 제2조 제3호), 질권이 있고, 그 밖의 재산권을 목적으로 하는 담보권에는 특허권 등의 지식재산권 질권, 지식재산권 담보권(동산·채권담보법 제2조 제4호)이 있다. 권리질권은 질권자가 질권의 목적이 된 채권과 그 밖의 재산권을 직접 청구하거나(민법 제353조), 민사집행법이 정한 집행방법에 의하여 이를 행사할 수 있다(민법 제354조). 성질상 지명채권과 지시채권에 대한 질권의 경우에는 그 채권을 직접 청구할 수 있을 것이나(대법원 2011. 4. 14. 선고 2010다5694 판결, 대법원 2015. 9. 10. 선고 2015다211432 판결), 그 밖의 재산권, 예컨대 특허권 등이나 사원의 지분권 등을 목적으로 하는 질권의 경우는 그 재산권을 직접 청구할 수는 없으므로 강제집행의 방법에 의할 수밖에 없다.

담보권은 그 목적물이 멸실·훼손 또는 공용징수로 인하여 담보권설정자가 받을 금전 기타의 물건에 대하여도 이를 행사할 수 있는바, 이와 같은 담보권자의 물상대위권 행사도 강제집행에 의한 권리질권의 행사와 같은 방법에 의한다.

민법 제345조 이하에 규정된 권리질권의 실행방법과 민법 제342조에 규정된 물상대위권의 행사방법에 관하여는 민사집행법 제273조가 규정하고 있다.

민사집행법 제273조는 채권과 그 밖의 재산권을 목적으로 하는 담보권실행과 물상대위권의 행사에 관하여 가능한 한 강제집행절차와 담보권실행절차를 접근시켜 양자를 통일적으로 규정한다는 취지에 따라 권리질권의 행사에 관한 특유한 사항만을 규정하고 그 밖의 점에 대하여는 채권과 그 밖의 재산권에 대한 강제집행절차(제2편 제2장 제4절 제3관)의 규정을 준용하도록 하고 있다.

제2장 질권의 실행

Ⅰ. 강제집행 규정의 준용

채권과 그 밖의 재산권에 대한 담보권(질권)의 실행을 위한 집행절차에는 채권과 다른 재산권에 대한 강제집행에 관한 민사집행법과 민사집행규칙의 규정이 대체로 준용된다(민사집행법 제273조, 민사집행규칙 제200조). 따라서 집행법원이 질권의 목적인 채권 그 밖의 재산권을 압류하여 추심명령, 전부명령이나 특별현금화명령에 의하여 현금화하고 그 현금화한 대금을 배당하게 된다. 다만 질권자에게는 직접 추심권이 부여되어 있으므로 그것에 의하여 목적을 달성할 수 없는 경우에만 강제집행의 방법에 의한다. 따라서 압류 후의 현금화를 위한 방법으로는 추심명령의 수단을 취할 것으로 생각하기는 어렵고 전부명령이나 특별현금화방법이 이용된다.

Ⅱ. 집행절차의 특수성

1. 신청

담보권의 실행은 담보권에 내재하는 환가권능에 기하여 이루어지므로 채권 및 그 밖의 재산권을 목적으로 하는 담보권실행도 담보권의 존재를 증명하는 서류가 제출된 때에 개시된다. 즉 담보권(질권)의 실행을 위하여 압류명령을 신청함에 있어서는 집행권원을 요하지 않지만 질권자는 집행법원에 대하여 그 대신 질권의 존재를 증명하는 서류를 제출하여야 한다. 특히 질권의 목적인 권리가 특허권 등과 같이 권리의 이전에 관하여 등기나 등록을 요하는 경우에는 그 등기기록 또는 등록원부의 등본을 제출하여야 한다(민사집행법 제273조 제1항).

채권질권의 경우에는 채권증서 등을 제출하여야 하고 부동산임차권이나 특허권 등 지식재산권에 대한 담보권이라면 부동산등기사항증명서 또는 특허원부등본을 제출하여야 한다(민사집행법 제273조).

권리의 이전에 등기·등록을 요하는 그 밖의 재산권 이외의 목적물에 관한 담보권의 존재를 증명하는 서류에는 특별한 법률상의 제한이 없으므로 그 서류의 진정성립과 증명력을 인정할 수 있는 사문서라도 관계없다. 다만 서류 자체에 의하여 담보권의 존재가 증명되어야 하고 소명자료에 불과한 것만으로는 부족하다고 해석된다. 또한 피담보채권의 존재를 증명하는 서류가 제출되면 담보권의 부종성에 의하여 피담보채권의 존재도 추인되므로 따로 그 존재나 그 변제기의 도래사실을 증명할 필요는 없다고 해석된다.

담보권의 승계가 있는 때에는 승계를 증명하는 서류를 붙여야 하고, 압류명령을 채무자에게 송달할 때에는 그 서류의 등본을 함께 송달하여야 한다(민사집행규칙 제200조, 민사집행법 제264조).

채권 및 그 밖의 재산권을 목적으로 하는 담보권을 실행하기 위한 신청서의 기재사항에 관하여는 민사집행규칙이 정하고 있다(민사집행규칙 제200조 제1항, 제192조). 즉 ① 채권자, 채무자(질권의 피담보채권의 채무자) 및 소유자(채권 및 그 밖의 재산권의 경우에는 그 목적인 권리의 권리자), ② 담보권과 피담보채권의 표시, ③ 담보권의 실행 또는 권리행사의 대상이 될 재산의 표시, ④ 피담보채권의 일부에 대하여 담보권을 실행 또는 권리행사를 하는 때에는 그 취지 및 범위를 기재하고, 그 외에 ⑤ 제3채무자(질권의 목적이 된 권리의 채무자)가 있는 경우에는 이를 표시하여야 한다.

이때, 피담보채권의 채무자와 질권설정자가 동일할 경우에는 '채무자 겸 질권설정자'로 기재하고, 물상보증과 같이 다를 경우에는 '채무자', '질권설정자'를 각각 구별하여 기재한다. 질권자는 질권의 내용으로서 목적채권에 대하여 질권의 설정과 그 대항요건을 갖춘 뒤에 이루어진 처분행위를 무시하고 우선변제를 받을 수 있는 권리를 가지고 있으므로, 채무자 및 제3채무자에 대하여 다시 처분을 금지하는 취지의 압류명령을 발령하는 것은 그것만으로는 무의미하지만 현금화명령의 전제로서 압류명령이 필요하다고 해석된다.

질권 실행을 위한 채권압류 및 추심명령의 양식은 다음과 같다.

[전산양식 A4349: 질권 실행을 위한 채권압류 및 추심명령]

○ ○ 지 방 법 원
결 정

사 건 20 타채 질권 실행을 위한 채권압류 및 추심명령
채 권 자
채 무 자
질권설정자
제 3 채무자

주 문

1. 질권설정자의 제3채무자에 대한 별지 기재의 채권을 압류한다.
2. 제3채무자는 질권설정자에게 위 채권에 관한 지급을 하여서는 아니 된다.
3. 질권설정자는 위 채권의 처분과 영수를 하여서는 아니 된다.
4. 채권자는 위 압류채권을 추심할 수 있다.

청구금액

금 원 (대여금)

금 원 (위 대여금에 대한 . . .부터 . . .까지의 이자 및 지연손해금)

합계 금 원

이 유

채권자는 위 청구금액을 변제받기 위하여 별지 질권(질권설정계약일 : . . , 확정일자 있는 증서에 의한 질권설정 사실의 통지일 또는 승낙일 : . . .)을 실행하기 위하여 민사집행법 제273조에 따라 담보권의 존재를 증명하는 서류를 제출하였다. 채권자가 질권에 기초하여 한 이 사건 압류 및 추심명령 신청은 이유 있으므로 주문과 같이 결정한다.

2○○○. ○. ○.

판사(사법보좌관) ㉿

주의 : 1. 채권자가 채권을 추심한 때에는 집행법원에 서면으로 추심신고를 하여야 합니다(민사집행법 제273조, 제236조 제1항 참조).
2. 추심신고서에는 사건번호, 채권자·채무자 및 제3채무자의 표시, 제3채무자로부터 지급받은 금액과 날짜를 적기 바랍니다(민사집행규칙 제200조, 제162조 제1항 참조).
3. 이 결정에 불복하는 사람은 송달받은 날부터 1주 내에 이 법원에 사법보좌관 처분에 관한 이의신청서를 제출할 수 있습니다. 이 경우 민사집행법의 규정에 따른 즉시항고에 관한 규정이 준용됩니다(법원조직법 제54조 제3항, 사법보좌관규칙 제4조, 민사집행법 제15조, 제227조, 제229조 참조).
4. 압류명령을 송달받은 제3채무자는 압류된 채권액을 공탁할 수 있고 이때에는 그 사유를 법원에 신고하여야 합니다(민사집행법 제273조, 제248조 참조).

이때 확정일자 있는 증서에 의한 질권설정 사실 '통지'의 경우 질권자와 다른 압류·가압류채권자 사이의 우열관계는 질권설정 사실 통지서상의 확정일자가 아니라 그 통지서가 제3채무자(질권의 목적인 채권의 채무자)에게 송달된 날을 기준으로 결정되므로, 주의를 요한다.

2. 채권 및 그 밖의 재산권에 대한 담보권실행의 절차

1) 채권과 그 밖의 재산권에 대한 담보권실행절차는 금전채권에 대한 강제집행에서의 채권 및 그 밖의 재산권의 집행절차에 준하여 실시된다. 따라서 채권 및 그 밖의 재산권에 대한 담보권의 실행은 강제집행과 마찬가지로 집행법원이 압류명령을 함으로써 개시한다(민사집행법 제223조). 집행법원은 목적재산인 채권 및 그 밖의 재산권에 대하여 압류를 한 다음 추심명령, 전부명령 또는 특별현금화명령으로 이를 현금화하여 배당하는 절차를 밟게 된다(민사집행법 제273조 제3항, 민사집행규칙 제200조 제2항).

2) 권리질권 또는 물상대위권의 행사에 있어서 강제집행절차에 관한 규정 중 성질상 준용할 수 없는 것은 그 적용이 배제된다. 예를 들면, 압류금지채권에 관한 민사집행법 제246조 제1항 및 제3항의 규정은 준용의 여지가 없다. 다만 채권의 압류를 금지하는 규정 중에는 동시에 질권의 설정도 금지하는 경우가 있다(공무원연금법 제32조 본문, 군인연금법 제7조 본문 등). 또 초과압류의 금지에 관한 민사집행법 제188조 제2항이 준용되지 않음은 편제상 명백하다.

3) 채권 및 그 밖의 재산권에 대한 담보권실행도 금전채권의 강제집행과 같은 환가절차가 행하여지고, 이에 따라 채권자가 피담보채권의 변제를 받음으로써 절차가 종료되는데 이 경우 경합하는 채권자 전부를 만족시킬 수 없을 때에는 배당절차가 실시된다.

그러나 질권자는 민법상 직접적인 추심권이 있고(민법 제353조 제1항), 이는 질권자가 민사집행법 제273조에 의하여 질권 실행을 법원에 신청한 경우에도 여전히 존속하므로, 질권자가 질권을 실행하게 되면 다른 채권자가 이중으로 채권압류 또는 배당요구를 하여도 질권자는 위 민법상의 추심권을 행사하여 우선적으로 자기 채권의 만족을 얻을 수 있다고 해석된다. 또한 질권에는 우선변제권이 있으므로 위와 같은 경우에도 질권자는 그 압류가 다른 채권자에 의한 압류보다 전이든 후든 상관없이 전부명령이나 양도명령을 신청할 수 있다. 강제집행에 의한 압류가 먼저 이루어진 경우에도 같다. 물상대위에 의한 압류가 이루어진 후에 일반채권자에 의한 배당요구나 이중압류가 이루어진 경우에도 마찬가지이다.

강제집행의 경우에는 제3채무자는 압류의 경합이 있으면 채무에 관련된 금전채권의 전액을 공탁하여 그 채무를 면할 수 있으나 질권실행의 경우에는 다른 채권자가 질권의 목적인 채권을 압류한 경우라도 제3채무자는 압류된 금전채권 전액을 공탁하여도 채무를 면할 수 없다고 해석된다. 질권자는 채권을 직접 추심할 수 있는 권리가 있고(민법 제353조), 이러한 권리는 압류 후에도 존속하기 때문이다. 또한 질권자가 질권실행을 위하여 압류한 경우에도 질권자의 동의가 없으면 제3채무자는 공탁에 의하여 채무를 면할 수 없다고 해석된다.

재판상 담보공탁에 있어 담보권리자가 공탁금회수청구권을 압류하고 추심명령이나 전부명령을 받은 후 담보취소결정을 받아 공탁금회수청구를 하는 경우에도 그 담보공탁금의 피담보채권을 집행채권으로 하는 것인 이상, 질권자와 동일한 권리가 있다고 할 것이므로 그에 선행하는 일반채권자의 압류 및 추심명령이나 전부명령으로 이에 대항할 수 없다(대법원 2004. 11. 26. 선고 2003다19183 판결).

4) 주식의 약식질권자가 주식의 소각대금채권에 대하여 물상대위권을 행사하기 위하여는 민법 제342조, 제355조, 민사집행법 제273조 제2항, 제3항에 의하여 질권설정자가 지급받을 금전 기타 물건의 지급 또는 인도전에 압류하여야 하고(대법원 2004. 4. 23. 선고 2003다671 판결, 대법원 2007. 12. 13. 선고 2007다50519 판결), 한편 채무자회생 및 파산에 관한 법률 제58조 제1항에서 개별집행절차개시를 금지하는 규정을 둔 목적의 하나는 회생채권과 회생담보권 모두가 회생절차에 따라야 한다는 회생절차의 기본구조를 뒷받침하려는 데 있으므로 회생절차개시결정이 있은 후에는 물상대위권의 행사를 위한 압류의 허용 여부와는 별도로 추심명령은 그 효력을 발생할 수 없다(대법원 2004. 4. 23. 선고 2003다6781 판결).

5) 채권 및 그 밖의 재산권에 대한 담보권실행에 관하여는 부동산경매에 관한 민사집행법 제265조(경매개시결정에 대한 이의사유), 제266조(경매절차의 정지), 제267조(대금완납에 의한 부동산 취득의 효과)의 규정도 준용된다(민사집행규칙 제200조 제2항). 따라서 담보권 실행에 대한 불복절차, 즉 압류명령이나 추심명령, 전부명령 등에 대한 즉시항고절차에서는 일반 강제집행의 경우와 달리 담보권이나 피담보채권의 소멸, 부존재, 변제기미도래 등 실체에 관한 사유도 불복사유로 주장할 수 있다(대법원 2008. 8. 12.자 2008마807 결정). 또한 담보권이 없거나 소멸하였다는 취지의 확정판결의 정본 등 민사집행법 제266조의 서류가 제출된 때에는 담보권 실행

절차를 정지 또는 취소하여야 한다(민사집행규칙 제200조 제2항, 민사집행법 제266조 제1항, 제2항). 다만 담보권 실행을 위한 현금화절차가 종료한 때에는 그로 인한 권리이전의 효과는 담보권의 소멸로 영향을 받지 않는다(민사집행규칙 제200조 제2항, 민사집행법 제267조).

3. 특허권에 대한 질권의 실행[1)]

가. 질권의 대상

질권이란 채권자가 그 채권의 담보로서 채무자 또는 제3자로부터 받은 물건이나 재산권을 점유하고 채무의 변제가 있을 때까지 유치함으로써 채무의 변제를 간접적으로 강행하는 동시에 채무의 변제가 있을 때에는 그 목적물로부터 우선적으로 변제받는 권리를 말한다.

채권자는 특허권, 전용실시권, 통상실시권을 목적으로 질권을 설정할 수 있다. 다만, 전용실시권자는 특허권자의 동의를(특허법 제100조 제4항), 통상실시권자는 특허권자 또는 전용실시권자의 동의를(특허법 제102조 제6항), 특허권, 전용실시권 및 통상실시권이 공유인 경우에는 다른 공유자의 동의를 얻지 아니하면 질권을 설정할 수 없다(특허법 제99조 제2항, 제100조 제5항, 제102조 제7항).

특허권, 전용실시권의 경우에는 등록이 효력발생요건이나(특허법 제101조 제1항), 통상실시권의 경우에는 대항요건이다(특허법 제118조 제3항).

강제실시권 중 통상실시권허여심판(특허법 제138조 참조)에 의한 실시권 및 재정에 의한 통상실시권(특허법 제107조 참조)은 질권을 설정할 수 없고(특허법 제102조 제6항), 국방상 필요에 의한 통상실시권(특허법 제106조 참조)의 경우 논란이 있으나 질권을 설정할 수 없다고 본다. 한편, 특허를 받을 수 있는 권리에 대하여는 질권을 설정할 수 없다(특허법 제37조 제2항).[2)]

나. 질권의 효력

1) 효력이 미치는 범위

특허법에 특허질권의 효력이 미치는 범위에 대하여 특별한 규정이 없기 때문에

1) 박종학, "특허권에 대한 경매절차". 민사집행법연구 4권, 한국사법행정학회(2008), 109-112; 김기현, "특허권에 대한 질 설정의 제문제", 지적소유권법연구 4집, 한국지적소유권학회(2000), 193 이하 참조.

2) 박종학, "특허권에 대한 경매절차". 민사집행법연구 제4권, 한국사법행정학회(2008), 110.

민법의 규정이 적용되고, 민법은 유치권에 관한 제323조와 제324조의 규정을 질권에도 준용하고 있다(민법 제355조, 제348조).

질권설정자가 받는 실시료에 대하여는 질권의 효력이 미치지 않는다. 실시료는 과실의 개념에 포함되지 않기 때문에 질물인 특허권의 압류 후에도 변제에 충당할 수가 없다. 다만 그의 지급 전에 압류함으로써 물상대위의 규정에 의하여 동일한 효과를 거둘 수는 있을 것이다.

2) 물상대위

질권은 질물의 멸실, 훼손 또는 공용징수로 인하여 받을 금전 기타의 물건에 대해서도 행사할 수 있다(민법 제342조). 또한 특허법에 의한 보상금이나 특허발명의 실시에 의하여 받을 금전이나 기타의 물건에 대하여 행사할 수 있다(특허법 제123조). 다만 그 지급 또는 인도 전에 이를 압류하여야 한다. 그러나 질물의 사용·수익을 질권설정자가 행사함으로 질권자가 물상대위권을 행사하는 것은 용이하지 않다.

3) 우선변제적 효력

질권자는 목적물의 교환가치로부터 일반 채권자 또는 후순위 담보권자보다 우선하여 변제를 받을 수 있다. 그러나 선순위 담보권자나 우선특권자가 있는 경우에는 이들에 의해 우선변제권은 제한된다. 또한 유질계약이 인정된다면 질권의 목적물을 직접 취득함으로써 변제에 충당할 수도 있다.

다만, 특허권은 무체재산권이므로 물건의 인도로 인한 유치적 효력은 없다. 질권자는 계약으로 특별히 약정한 경우를 제외하고는 당해 특허발명을 실시할 수 없다.[3] 따라서, 질권자는 강제집행의 방법에 의하여 질권을 행사할 수밖에 없다.

4) 질권과 실시권의 관계

특허권자가 특허권을 대상으로 하는 질권설정 전·후에 제3자와 전용실시권이나 통상실시권을 설정한 경우에는 질권자의 권리와 전용실시권자 또는 통상실시권자의 권리 중 어떠한 권리가 우선하는지가 문제된다.

질권설정 전에 설정된 전용실시권은 언제나 질권에 우선하되, 질권설정 전에 설정된 통상실시권은 공시방법을 갖춘 경우는 언제나 질권에 우선하고, 공시방법을 갖추지 않은 경우에는 질권자가 알았거나 알 수 있었을 경우에 한하여 질권에 우선한다고 보는 것이 타당하다.

3) 특허법 제121조. 민법 제353조는 질권자는 질권의 목적이 된 채권 그 밖의 재산권을 직접 청구할 수 있다고 규정하고 있다. 특허법이 질권자에게 특허권을 실시할 수 없도록 한 것은 이러한 민법의 예외를 규정한 것이다.

나아가 특허권자는 특허권을 목적으로 하는 질권설정 이전에 그 특허발명을 실시하고 있는 경우에는 그 특허권이 경매 등에 의하여 이전되더라도 그 특허발명에 대하여 통상실시권을 가진다. 이 경우에는 특허권자는 경매 등에 의하여 특허권을 이전받은 자에게 상당한 대가를 지급하여야 한다(특허법 제122조).

다. 질권의 실행

1) 특허권에 대한 질권의 실행을 위하여 압류명령을 신청함에 있어서는 질권자는 집행법원에 대하여 특허등록원부의 등본을 제출하여야 한다(민사집행법 제273조 제1항). 담보권의 승계가 있는 때에는 승계를 증명하는 서류를 붙여야 하고, 압류명령을 채무자에게 송달할 때에는 그 서류의 등본을 함께 송달하여야 한다(민사집행규칙 제200조, 민사집행법 제264조)

2) 신청서에는 채권자, 채무자, 질권설정자, 제3채무자가 있는 때에는 제3채무자를 적고, 그 외에 질권과 피담보채권의 표시, 질권의 목적인 권리의 표시, 피담보채권의 일부에 대한 질권의 실행인 경우에는 그 취지 및 범위를 기재하여야 한다(민사집행규칙 제200조, 제192조). 피담보채권의 채무자와 질권설정자(담보제공자)가 다른 물상보증의 경우에는 질권설정자(질권의 목적인 채권의 채권자)가 여기에 채무자에 해당한다. 질권자는 질권의 내용으로서 특허권에 대하여 질권의 설정과 그 대항요건을 갖춘 뒤에 이루어진 처분행위를 무시하고 우선변제를 받을 수 있는 권리를 가지고 있으므로 채무자 및 제3채무자에 대하여 다시 처분을 금지하는 취지의 압류명령을 발하는 것은 그것만으로 무의미하지만 현금화명령의 전제로서 압류명령이 필요하다고 해석 된다.

압류명령에 있어서는 권리의 압류와 더불어 채무자에 대하여 압류된 권리에 대한 이전 등의 처분을 금지한다. 특허권의 압류명령에서는 제3채무자에 대하여 채무자의 권리처분에 대한 승낙 기타의 협력을 금지한다. 압류의 효력은 압류명령에 특별한 정함이 없는 경우에는 압류 재산권 전부에 미친다. 특허권이 압류되면 채무자는 압류된 권리의 양도, 그것을 대상으로 하는 질권의 설정, 실시권의 설정 등 일체의 처분이 금지되지만, 그 권리의 통상적으로 이용·관리를 하는 것은 방해되지 않기 때문에 스스로 그의 특허발명 등을 실시하는 것은 금지되지 않는다.

특허 질권의 실행은 특허권 자체를 질권자에게 이전시키는 양도명령의 방법과 목적물을 매각처분하여 그 환가금으로 변제에 충당하는 매각명령의 방법과 같은 특별현금화의 방법으로 이루어지고 있다.

라. 불복방법

특허권에 대한 담보권의 실행에 관하여는 부동산경매에 관한 민사집행법 제264조 내지 267조의 규정이 준용되므로, 질권실행에 대한 불복절차에서는 일반 강제집행의 경우와 달리 질권이나 피담보채권의 소멸, 부존재, 변제기미도래 등 실체에 관한 사유도 불복사유로 주장할 수 있다. 질권이 없거나 소멸되었다는 취지의 확정판결의 정본 등 민사집행법 제266조의 서류가 제출된 때에는 질권실행절차를 정지 또는 취소하여야 하고, 질권실행을 위한 현금화절차가 종료된 때에는 그로 인한 권리이전의 효과는 질권의 소멸로 영향을 받지 않는다.

마. 질권 설정자의 법정실시권 취득

특허권자는 특허발명을 실시하기 위해서 많은 자본을 투자하여 사업설비를 갖추게 된다. 그런데 특허권이 담보권의 실행으로 인하여 타인에게 이전하게 되면 그러한 사업설비는 무용지물이 되어버린다. 이러한 현상을 막기 위해서 특허법은 특허권자가 질권설정 이전에 특허발명을 실시하고 있는 경우에는 그 특허권이 경매 등에 의해서 이전되더라도 그 특허발명에 대하여 통상실시권을 인정하고 있다(특허법 제122조 본문). 이러한 통상실시권은 민법상 법정지상권과 유사한 것으로 법률의 규정에 의해서 인정되는 것이므로 등록을 요하지 않는다(특허법 제118조 제2항). 이 경우에는 특허권자는 통상실시권을 가지고 특허를 사용하는 경우에는 경매 등에 의해서 특허권을 이전받은 자에게 상당한 대가를 지급하여야 한다(특허법 제122조).

Ⅲ. 불복방법 등

채권과 그 밖의 재산권에 대한 담보권의 실행에 관하여는 부동산경매에 관한 민사집행법 제264조 내지 제267조의 규정이 준용되므로(민사집행규칙 제200조), 담보권실행에 대한 불복절차 즉, 압류명령이나 추심명령, 전부명령 등에 대한 즉시항고절차에서는 일반 강제집행의 경우와 달리 담보권이나 피담보채권의 소멸, 부존재, 변제기미도래 등 실체에 관한 사유도 불복사유로 주장할 수 있다(민사집행법 제265조, 대법원 2009. 5. 28.자 2009마815 결정, 대법원 2013. 12. 13.자 2013마1864 결정

등). 예컨대 선박우선특권(상법 제777조)에 기한 채권압류결정에 대하여 채무자로서는 그 선박우선특권 내지 그에 의하여 담보되는 채권 자체에 관한 실체상의 사유를 이유로 즉시항고를 제기할 수 있다(대법원 1994. 6. 28.자 93마1474 결정).

또 담보권실행의 일시정지를 명한 재판의 정본, 담보권이 없거나 소멸되었다는 취지의 확정판결의 정본 등 민사집행법 제266조의 서류가 제출된 때에는 담보권실행절차를 정지 또는 취소하여야 한다(민사집행법 제266조). 그러나 담보권실행을 위한 현금화절차가 종료한 때에는 그로 인한 권리이전의 효과는 담보권의 소멸로 영향을 받지 않는다(민사집행법 제267조).

제3장 물상대위권 행사

Ⅰ. 총설

1) 저당목적물의 멸실·훼손 또는 공용징수로 저당권을 사실상·법률상 행사할 수 없게 된 경우에 그로 인하여 저당권설정자(보다 정확하게는 저당물의 소유자)가 받을 금전 그 밖의 물건이 있으면 그 금전 그 밖의 물건(저당목적물의 가치변형물)에 대하여 저당권의 효력이 미치는 것을 저당권의 물상대위라 한다. 여기서 금전 기타 물건 즉, 대상물에 해당하는 것으로서는 목적물의 멸실, 훼손으로 인한 손해배상금, 토지수용의 손실보상금(공익사업법 제61조, 광업법 제73조 제1항), 도시개발법에 의한 청산금(같은 법 제41조)과 보험금 등을 생각할 수 있다. 또 질물의 부합, 혼화, 가공으로 인한 보상금(민법 제261조)도 이에 해당한다. 그러나 담보권자가 목적물에 추급할 수 있는 경우, 예를 들어 매매 또는 임대의 경우에는 그 매각대금 또는 차임에 대하여 물상대위가 인정되지 않는다(다만 차임에 대하여는 반대설 있음).

한편 동산·채권 등의 담보에 관한 법률 제14조는 동산·채권담보권의 경우에 질권이나 저당권과는 달리 담보목적물의 '매각', '임대'의 경우에도 물상대위를 인정하고 있다.

2) 물상대위에 관한 민법 제342조의 규정에 의하면, 질권자는 질권설정자가 질물의 멸실, 훼손 또는 공용징수로 인하여 그 보상으로 받게 되는 금전 기타의 물건에 대하여 질권을 행사할 수 있으므로, 이는 마치 질권설정자가 보상책임자에 대하여 가지는 채권에 대하여 질권자가 권리질권을 취득한 것과 같은 형태라고 할 수 있다. 그러므로 물상대위에 의한 권리행사를 권리질권을 행사하는 경우와 동일한 절차에 의하도록 하고 있다(민사집행법 제273조 제2항). 민사집행법 제273조 제2항에 의하여 물상대위권의 행사는 담보권실행과 마찬가지로 채권 및 그 밖의 재산권에 대한 강제집행에 준하여 절차가 진행되게 되었다. 다만 물상대위권의 권리실행은 '배당요구의 종기'까지 하여야 우선변제권이 확보되는 점에서는 차이가 있다.

3) 물상대위는 질권 뿐 아니라 저당권에도 준용되고(민법 제370조) 특별법에 규정된 경우도 있는데(예를 들어 공익사업을 위한 토지 등의 취득 및 보상에 관한 법률 제47조) 이러한 경우에도 민사집행법 제273조 제2항이 준용된다. 즉 공익사업을 위한 토지 등의 취득 및 보상에 관한 법률(이하 '공익사업법'이라 함) 제47조는 '담보물권의 목적물이 수용되거나 또는 사용된 경우 그 담보물권은 그 목적물의 수용 또는 사용으로 인하여 채무자가 받을 보상금에 대하여 행사할 수 있다. 다만, 그 보

상금이 채무자에게 지급되기 전에 압류하여야 한다.'고 규정되어 있다. 따라서 사업시행자가 근저당권이 설정된 토지를 수용하고 토지소유자를 공탁물을 수령할 자로 하여 보상금을 공탁한 경우 근저당권자는 토지의 변형물인 공탁금이 특정성을 유지하는 한 물상대위권을 행사하여 우선변제를 받을 수가 있다.

4) 배당요구의 종기가 지난 후에 물상대위에 기한 채권압류 및 전부명령이 제3채무자에게 송달되었을 경우에는 물상대위권자는 배당절차에서 우선변제를 받을 수 없게 된다(대법원 2000. 6. 23. 선고 98다31899 판결, 대법원 2003. 3. 28. 선고 2002다13539 판결).

저당권의 실행에서와 달리 물상대위권의 행사에는 피담보채권의 변제기의 도래를 요하지 않는다. 즉, 소멸주의에 따라 담보권이 소멸되므로 피담보채권의 변제가 강제되기 때문이다.

또 부동산경매절차에서 경매개시결정기입등기 후 근저당권을 취득한 근저당권자가 배당요구를 하지 아니하였거나 또는 배당요구 종기 후라서 부동산배당절차에서 배당받을 수 없는 경우라도 채권자들에게 배당 후 소유자에게 잉여금이 생긴다면, 위 근저당권자로서는 경매에 의한 매각을 목적물의 멸실, 훼손에 준하는 것으로 취급하여 소유자의 잉여금출급청구권에 대하여 물상대위에 의한 압류·전부명령이 가능하다는 견해가 있다(대법원 2001. 11. 27. 선고 99다22311 판결은 이를 부정함).

그러나 담보권자가 목적물에 추급할 수 있는 경우 예컨대 매매 또는 임대의 경우에는 그 매각대금 또는 차임에 대하여 물상대위가 인정되지 아니한다(다만 차임에 대하여는 반대설 있음). 다만, 동산·채권담보권은 저당권 또는 질권에서와 달리 매각이나 임대 등 법률행위에 의하여 발생한 대위물에 대해서도 물상대위를 인정한 점이 특징이다(동산·채권담보법 제14조, 제37조).

이와 관련하여 전세권에 대하여 저당권이 설정된 경우 전세권의 존속기간이 만료되면 전세권의 용익물권적 권능이 소멸하기 때문에 더 이상 전세권 자체에 대하여 저당권을 실행할 수 없고, 이때에는 저당권의 목적물인 전세권에 갈음하여 존속하는 것으로 볼 수 있는 전세금반환채권에 대하여 추심명령 또는 전부명령을 받거나, 제3자가 전세금반환채권에 대하여 실시한 강제집행절차에서 배당요구를 하는 등의 방법으로 저당권을 실행할 수 있을 뿐이다(대법원 2008. 3. 13. 선고 2006다29372, 29389 판결, 대법원 2008. 12. 24. 선고 2008다65396 판결).

5) 공익사업법에 따라 저당권이 설정된 토지의 취득에 관하여 토지소유자와 사

업시행자 사이에 협의가 성립(공익사업법 제17조)된 경우에 동 토지의 저당권자는 토지소유자가 수령할 보상금(실질은 매매대금)에 대하여 민법 제370조, 제342조에 의한 물상대위를 할 수 없다(대법원 1981. 5. 26. 선고 80다2109 판결). 그러나 공익사업법 제26조, 제29조에 따라 관할 토지수용위원회의 협의성립의 확인(협의성립 확인신청서 - 공익사업법 시행규칙 별지 제14호서식)을 받은 경우에는 그 확인은 공익사업법에 따른 재결로 보게 되므로, 그 경우에는 물상대위권을 행사할 수 있다.

II. 권리의 행사방법 등

1. 압류·전부(추심) 또는 배당요구

가. 집행권원 불요

물상대위권을 행사하는 방법은 민사집행법 제273조에 의하여 담보권의 존재를 증명하는 서류를 제출하여 채권압류 및 전부명령(또는 추심명령)을 신청하거나, 민사집행법 제274조 제1항에 의하여 배당요구[1]를 하는 것이다(대법원 2002. 10. 11. 선고 2002다33137 판결, 대법원 2010. 10. 28. 선고 2010다46756 판결). 따라서 일반채권자로서 강제집행을 하는 것이 아니므로 집행권원을 필요로 하지 않는다(대법원 1992. 7. 10.자 92마380, 381 결정).

나. 피압류채권의 존부 심사 불요

나아가 강제집행의 경우 피압류채권의 존부를 심사함이 없이 채권압류 명령을 발령하는 것과 마찬가지로 피압류채권이 물상대위의 목적인 채권에 해당하는 한 그 존부를 조사하지 않고 압류명령을 발령한다.

다. 지급 전 압류

물상대위권을 행사하기 위해서는 대상물인 금전 그 밖의 물건의 지급 또는 인도청구권을 그 지급 전에 압류하여야 한다. 압류를 요하는 이유는 압류를 통하여 물상

---

1) 배당요구는 채권배당사건(타배)이 아니라 채권압류명령사건(타채) 또는 추심명령이나 전부명령사건이 계속된 법원에 신청하여야 한다. 배당요구의 효력은 법원에 배당요구서를 접수한 때에 효력이 발생하므로, 제3채무자가 수용보상금을 공탁한 후 공탁사유신고를 하기 전이라면 배당요구를 통하여 권리를 확보할 수 있는 실익이 있고, 특히 현행법상 주택임대차보호법 또는 상가건물임대차보호법상의 임차인은 배당요구제도를 적극 활용할 필요성이 있다.

대위의 목적인 채권의 특정성을 유지하도록 함으로써 그 효력을 보전함과 동시에 제3자에게 불측의 손해를 입히지 않으려는 것이다(대법원 2010. 10. 28. 선고 2010다46756 판결).

1) 물상대위를 위한 압류 전에 물상대위의 객체가 양도, 전부, 압류된 경우[2)]

저당목적물을 대위하는 채권에 대하여 저당권자의 압류 전에 이루어진 채권양도·전부명령과 저당권자의 물상대위의 관계에 대하여 우리 대법원은 물상대위권을 행사한 저당권자를 우선하는 일관된 입장을 취하고 있다. 이에 대하여 비판적인 문헌은 거의 찾기 어렵다.

즉, 대법원은 저당권이 설정된 토지가 수용되게 되어 발생한 손실보상금청구권에 대해 저당권자가 물상대위권을 행사한 사안(대법원 2000. 6. 23. 선고 98다31899 판결)에서, "물상대위권자의 압류 전에 양도 또는 전부명령 등에 의하여 보상금 채권이 타인에게 이전된 경우라도 보상금이 직접 지급되거나 보상금지급청구권에 관한 강제집행절차에 있어서 배당요구의 종기에 이르기 전에는 여전히 그 청구권에 대한 추급이 가능하다"고 판결하였고, 대법원 1998. 9. 22. 선고 98다12812 판결에서 대법원은 이미 같은 내용으로 판결한 바 있다.

대법원은 질권의 물상대위와 관련하여서도 국가의 체납처분으로 인하여 질물인 금전채권을 압류당한 질권자에게 국세환급에 따라 배분될 금액이 있을 때 제3채권자가 질권설정자로부터 미리 위 환급채권에 대하여 압류 및 전부명령을 받은 경우 질권자의 물상대위권과의 우열에 있어서, "비록 질권자가 위 환급채권에 대하여 민법 제342조 단서에 의한 압류를 하기 전에 제3채권자가 미리 위 환급채권에 대하여 압류 및 전부명령을 받은 바 있다고 하더라도 그 압류 및 전부명령은 효력을 발생할 수 없다"고 판시한 바 있다(대법원 1987. 5. 26. 선고 86다카1058 판결).

2) 추심권자가 현실로 추심하거나, 금전 수령한 이후에는 물상대위 불가

민사집행법 제236조는 추심의 경우 추심신고를 규정하고 있는 바 추심신고를 하기 전까지는 담보권자가 배당요구를 할 수 있으므로, 배당요구나 별도 압류방법으로 우선변제를 받을 수 있지만, 추심신고 후에는 추심절차가 완전히 종료되므로 물상대위권을 행사할 수 없다고 할 것이다. 따라서 추심채권자가 보상금을 현실적으로 추심절차를 완료한 경우에는 물상대위권 행사가 불가능하다.[3)]

---

2) 이준현, 저당권의 물상대위와 채권양도 · 전부명령, 비교사법 제14권 제1호, 비교사법학회(2007), 308-310.

3) 이상영/김인범, “저당권의 물상대위”, 부동산법학 제16권, 부동산법학회(2009), 215.

즉 추심채권자가 제3채무자로부터 채권을 현실로 추심하는 경우에도 저당권자 등은 추심신고 시까지는 물상대위권을 행사할 수 있다. 다만 추심채권자가 제3채무자로부터 피압류채권을 추심하면 그 범위 내에서 피압류채권은 소멸하므로, 추심 후에 제3채무자에게 압류명령이 송달된 경우에는 압류의 대상이 없어 압류의 효력이 생기지 않고 이 경우에 압류명령의 신청을 적법한 배당요구로 볼 수 없지만(대법원 2008. 11. 27. 선고 2008다59391 판결), 물상대위권의 행사로서 배당요구를 한 경우에는 배당요구의 신청이 추심 후에 있은 경우라도 추심신고 전에 접수되었으면 배당을 하여야 한다.

근저당권자가 물상대위권의 행사로 금전이나 물건(사업시행자가 발행하는 채권)의 인도청구권을 압류하기 전에 토지의 소유자가 그 인도청구권에 기하여 금전 등을 수령한 경우 근저당권자는 더 이상 물상대위권을 행사할 수 없다(대법원 2009. 5. 14. 선고 2008다17656 판결).

3) 배당요구 종기 이후에는 물상대위 불가

대법원은 ① "저당권자의 물상대위권 행사로서의 압류 및 전부는 그 명령이 제3채무자에게 송달됨으로써 효력이 생기며, 물상대위권의 행사를 제한하는 취지인 '특정성의 유지'나 '제3자의 보호'는 물상대위권자의 압류 및 전부명령이 효력을 발생함으로써 비로소 달성될 수 있는 것이므로, 이는 늦어도 민사집행법 제247조 제1항 각 호 소정의 배당요구의 종기가 지난 후에 물상대위에 기한 채권압류 및 전부명령이 제3채무자에게 송달되었을 경우에는, 물상대위권자는 배당절차에서 우선변제를 받을 수 없다(대법원 2003. 3. 28. 선고 2002다13539 판결)"라고 하거나, ② "민법 제370조, 제342조에 의한 저당권자의 물상대위권의 행사는 민사소송법 제733조에 의하여 담보권의 존재를 증명하는 서류를 집행법원에 제출하여 채권압류 및 전부명령을 신청하거나, 민사소송법 제580조에 의하여 배당요구를 하는 방법에 의하여 하는 것이고, 이는 늦어도 민사소송법 제580조 제1항 각 호 소정의 배당요구의 종기까지 하여야 하는 것으로 그 이후에는 물상대위권자로서의 우선변제권을 행사할 수 없다고 하여야 할 것이다(대법원 2000. 5. 12. 선고 2000다4272 판결)"라고 판시하여 배당요구 종기 이전에만 물상대위권 행사가 가능하다고 그 시한을 제한하고 있다.

이와 같이 물상대위권자로서의 권리행사 방법과 시기('배당요구 종기'까지만 허용)를 제한하는 취지는 물상대위의 목적인 채권의 특정성을 유지하여 그 효력을 보전하고 평등배당을 기대한 다른 일반채권자의 신뢰를 보호하는 등 제3자에게 불측의 손해를 입히지 아니함과 동시에 집행절차의 안정과 신속을 꾀하고자 함에 있다(대법원 2000. 5. 12. 선고 2000다4272 판결 등).

라. 압류를 직접할 필요 없으나, 다른 채권자의 태도나 인식만으로는 권리행사 의제 불가

압류는 반드시 저당권자 스스로 하여야 하는 것이 아니고, 이미 제3자가 압류하여 그 금전 또는 물건이 특정된 이상 저당권자는 스스로 이를 압류하지 않고서도 물상대위권을 행사할 수 있다(대법원 1996. 7. 12. 선고 96다21058 판결, 대법원 2010. 10. 28. 선고 2010다46756 판결). 다만 그 권리 행사방법은 본조에 의하여 담보권의 존재를 증명하는 서류를 집행법원에 제출하여 채권압류 및 전부명령을 신청하거나 민사집행법 제247조 제1항에 의하여 배당요구를 하는 것이므로, 이러한 물상대위권의 행사에 나아가지 아니한 채 단지 담보물에 대하여 담보물권의 등기가 된 것만으로는 우선변제를 받을 수 없다(대법원 2002. 10. 11. 선고 2002다33137 판결).

저당권자의 물상대위권은 어디까지나 그 권리실행 의사를 저당권자 스스로 법원에 명확하게 표시하는 방법으로 저당권자 자신에 의하여 행사되어야 하는 것이지, 저당권자 아닌 다른 채권자나 제3채무자의 태도나 인식만으로 저당권자의 권리행사를 의제할 수는 없으므로, 저당권자 아닌 다른 채권자나 제3채무자가 저당권의 존재와 피담보채무액을 인정하고 있고, 나아가 제3채무자가 채무액을 공탁하고 공탁사유를 신고하면서 저당권자를 피공탁자로 기재하는 한편 저당권의 존재를 증명하는 서류까지 제출하고 있다 하더라도 그것을 저당권자 자신의 권리행사와 같이 보아 저당권자가 그 배당절차에서 다른 채권자들에 우선하여 배당 받을 수 있는 것으로 볼 수 없으며, 저당권자로서는 제3채무자가 공탁사유신고를 하기 이전에 스스로 담보권의 존재를 증명하는 서류를 제출하여 물상대위권의 목적채권을 압류하거나 법원에 배당요구를 한 경우에 한하여 공탁금으로부터 우선배당을 받을 수 있을 뿐이다(대법원 1999. 5. 14. 선고 98다62688 판결, 대법원 1998. 9. 22. 선고 98다12812 판결).

물상대위권의 행사에 나아가지 아니한 채 단지 수용대상토지에 대하여 담보물권의 등기가 된 것만으로는 그 보상금으로부터 우선변제를 받을 수 없고, 저당권자가 물상대위권의 행사에 나아가지 아니하여 우선변제권을 상실한 이상 다른 채권자가 그 보상금 또는 이에 관한 변제공탁금으로부터 이득을 얻었다고 하더라도 저당권자는 이를 부당이득으로서 반환청구할 수 없다(대법원 2008. 4. 24. 선고 2006다61635

판결, 대법원 2010. 10. 28. 선고 2010다46756 판결). 반면 저당권자가 물상대위권의 행사로 금전 또는 물건의 인도청구권을 압류하기 전에 저당목적물 소유자가 그 인도청구권에 기하여 금전 등을 수령하였다면, 저당목적물 소유자는 저당권의 피담보채권액 상당의 부당이득을 반환할 의무가 있다(대법원 2009. 5. 14. 선고 2008다17656 판결).

2. 압류와 현금화

가. 압류 방법

압류의 목적이 금전지급청구권인 경우에는 금전채권의 압류에 관한 방법으로, 물건인도청구권인 경우에는 유체물 인도청구권의 압류와 유체물 인도명령에 관한 방법으로 압류한다. 압류명령 신청서에는 담보권의 존재를 증명하는 서류를 붙여야 한다. 그러나 목적물의 멸실 등으로 금전 그 밖의 물건으로 전환되었다는 증명은 필요 없다.

나. 물상대위에 의한 압류, 추심명령 양식

물상대위에 의한 채권압류 및 추심명령의 양식은 다음과 같다.

[전산양식 A4348: 물상대위에 의한 채권압류 및 추심명령]

○ ○ 지 방 법 원

결　　정

사　　건　20 타채　　물상대위에 의한 채권압류 및 추심명령
채 권 자
채 무 자
소 유 자
제 3 채무자

주　　문

1. 소유자의 제3채무자에 대한 별지 기재의 채권을 압류한다.
2. 제3채무자는 소유자에게 위 채권에 관한 지급을 하여서는 아니 된다.
3. 소유자는 위 채권의 처분과 영수를 하여서는 아니 된다.

4. 채권자는 위 압류채권을 추심할 수 있다.

청구금액

금 원 (대여금)

금 원 (위 대여금에 대한 . . .부터 . . . 까지의 이자 및 지연손해금)

합계 금 원

이 유

채권자는 별지 목록 기재 부동산에 설정된 ○○지방법원 ○○등기국(소) 20 . . . 접수 제 호 근저당권자로서 위 부동산의 수용에 따른 보상금에 대하여 근저당권에 기한 물상대위를 행사하기 위하여 민사집행법 제273조에 따라 담보권의 존재를 증명하는 서류를 제출하였다. 채권자가 근저당권자로서 물상대위에 의하여 한 이 사건 압류 및 추심명령은 이유 있으므로 주문과 같이 결정한다.

2○○○. ○. ○.

판사(사법보좌관) ㊞

주의 : 1. 채권자가 채권을 추심한 때에는 집행법원에 서면으로 추심신고를 하여야 합니다(민사집행법 제273조, 제236조 제1항 참조).

2. 추심신고서에는 사건번호, 채권자·채무자 및 제3채무자의 표시, 제3채무자로부터 지급받은 금액과 날짜를 적기 바랍니다(민사집행규칙 제200조, 제162조 제1항 참조).

3. 이 결정에 불복하는 사람은 송달받은 날부터 1주 내에 이 법원에 사법보좌관 처분에 관한 이의신청서를 제출할 수 있습니다. 이 경우 민사집행법의 규정에 따른 즉시항고에 관한 규정이 준용됩니다(법원조직법 제54조 제3항, 사법보좌관규칙 제4조, 민사집행법 제15조, 제227조, 제229조 참조).

4. 압류명령을 송달받은 제3채무자는 압류된 채권액을 공탁할 수 있고 이때에는 그 사유를 법원에 신고하여야 합니다(민사집행법 제273조, 제248조 참조).

다. 현금화의 방법

대상물이 금전인 경우에는 금전채권에 대한 집행에서와 마찬가지로 추심명령, 전부명령 또는 특별현금화명령에 의하여 현금화한다.

대상물이 물건인 때에는 유체물인도청구권에 대한 집행에 있어서와 마찬가지로 추심명령을 얻어 또는 그 후 추심의 소를 통하여 집행관으로 하여금 물건을 인도받게 한 다음에 유체동산집행에 관한 방법으로 현금화한다(민사집행법 제243조).

압류 및 추심명령의 '압류할 채권의 표시'가 "채무자가 제3채무자로부터 지급받게 될 보상금 중 청구금액(○○원)에 이를 때까지의 금원"이라고 기재되어 있고, 그 '주문'도 금전채권에 대한 전형적인 압류 및 추심명령과 같은 내용으로 기재되어 있다면 채무자의 제3채무자에 대한 유가증권 인도청구권에 대하여까지 위 채권압류 및 추심명령의 효력이 미친다고 할 수 없다(대법원 2015. 9. 10. 선고 2013다216273 판결).

Ⅲ. 물상대위권을 가지는 채권자가 집행권원에 기한 집행만 한 경우 등

1) 저당권에 기초한 물상대위권을 갖는 채권자가 동시에 집행권원을 가지고 있으면서 집행권원에 의한 강제집행의 방법을 선택하여 채권의 압류 및 추심·전부명령을 얻은 경우에는, 비록 그가 물상대위권을 갖는 실체법상의 우선권자라 하더라도, 원래 일반 집행권원에 의한 강제집행절차와 담보권의 실행절차는 그 개시요건이 다를 뿐만 아니라 다수의 이해관계인이 관여하는 집행절차의 안정과 평등배당을 기대한 다른 일반채권자의 신뢰를 보호할 필요가 있는 점에 비추어, 일반 집행권원에 의한 채권압류를 물상대위권의 행사로 볼 수 없고, 압류가 경합된 상태에서 발령된 전부명령은 무효로 보아야 한다(대법원 1990. 12. 26. 선고 90다카24816 판결, 대법원 2009. 1. 30. 선고 2008다73311 판결).

2) 또한 어선보험의 대상인 어선에 대한 근저당권자가 어선 보험금청구권에 대한 물상대위권을 행사하지 아니하고 일반 집행권원에 기하여 어선보험의 보험급여를 지급받을 권리를 압류하였다면 그 압류에 의하여는 우선변제를 받을 권리가 없으므로, 그 압류는 강행법규인 어선원 및 어선 재해보상보험법 제56조 본문에 위반되어 무효이다(대법원 2009. 1. 30. 선고 2008다73311 판결).

3) 근저당권자가 물상대위권 행사를 위한 압류를 하지 아니하고 일반채권에 기하여 가압류만 하고 있던 중에 다른 채권자가 압류를 하게 되면 공탁관은 압류와 가압류의 경합을 사유로 하여 압류법원에 사유신고를 하게 되므로, 그 이후에는 근저당권자는 물상대위권 행사를 위한 압류나 배당요구를 할 수 없으므로 근저당권자는 위 배당절차에서 근저당권자가 아닌 단순한 가압류채권자로서 다른 채권자들과 안분배

분을 받을 수 있을 뿐이다(대법원 2000. 5. 12. 선고 2000다4272 판결, 공탁선례 1-232, 2-158).

Ⅳ. 전세권 저당권의 물상대위

1) ㉠ 전세권의 존속기간이 만료되지 않은 경우에는 민사집행법 제264조 소정의 부동산경매절차에 따라야 하지만(대법원 1995. 9. 18.자 95마684 결정, 대법원 2004. 6. 25. 선고 2003다46260, 53879 판결), ㉡ 전세권의 존속기간이 만료된 경우에 저당권자는 민법 제370조, 제342조 및 민사집행법 제273조에 의하여 저당권의 목적물인 전세권에 갈음하여 존속하는 것으로 볼 수 있는 전세금반환채권에 대하여 압류 및 추심명령 또는 전부명령을 받는 등의 방법으로 권리를 행사하여 전세권설정자[4]에 대해 전세금의 지급을 구할 수 있고(대법원 1999. 9. 17. 선고 98다31301 판결, 대법원 2014. 10. 27. 선고 2013다91672 판결), 저당목적물의 변형물인 금전 기타 물건에 대하여 일반 채권자가 물상대위권을 행사하려는 저당채권자보다 단순히 먼저 압류나 가압류의 집행을 함에 지나지 않은 경우에는 저당권자는 그 전은 물론 그 후에도 목적채권에 대하여 물상대위권을 행사하여 일반채권자보다 우선변제를 받을 수가 있으며(대법원 1994. 11. 22. 선고 94다25728 판결), 위와 같이 전세권부 근저당권자가 우선권 있는 채권에 기하여 전부명령을 받은 경우에는 형식상 압류가 경합되었다 하더라도 그 전부명령은 유효하다(대법원 2008. 12. 24. 선고 2008다65396 판결).

2) 따라서 일반채권자가 전세권자에 대한 집행권원에 기하여 전세권부 채권압류 및 전부명령을 신청할 때 전세권에 이미 가압류부기등기가 되어 있다면 압류경합이 발생하여 전부명령은 무효가 되지만, 전세권부 저당권에 기하여 전세기간 만료 시에 물상대위에 의한 압류 및 전부(추심)명령을 실행할 때에는 전세권에 가압류가 먼저 부기등기되어 있어서 형식상 압류경합이 있더라도 물상대위권을 행사할 수 있다는 점이 다르다.

3) 전세권이 존속기간의 만료나 합의해지 등으로 종료하면 전세권의 용익물권적 권능은 소멸하고 단지 전세금반환채권을 담보하는 담보물권적 권능의 범위 내에서

---

4) 전세권설정등기 이후에 소유권이 변동된 경우는 압류신청 당시의 소유자(대법원 2000. 6. 9. 선고 99다15122 판결, 대법원 2006. 5. 11. 선고 2006다6072 판결).

전세금의 반환 시까지 전세권설정등기의 효력이 존속하므로, 전세권이 존속기간의 만료 등으로 종료한 경우라면 최선순위 전세권자의 채권자는 전세권이 설정된 부동산에 대한 경매절차에서 채권자대위권에 기하거나 전세금반환채권에 대하여 압류 및 추심명령을 받은 다음 추심권한에 기하여 자기 이름으로 전세권에 대한 배당요구를 할 수 있다. 다만 경매의 매각절차에서 집행법원은 원래 전세권의 존속기간 만료 여부 등을 직접 조사하지는 아니하는 점, 또 건물에 대한 전세권이 법정갱신된 경우에는 등기된 존속기간의 경과 여부만 보고 실제 존속기간의 만료 여부를 판단할 수는 없는 점 및 민사집행규칙 제48조 제2항은 "배당요구서에는 배당요구의 자격을 소명하는 서면을 붙여야 한다."라고 규정하고 있는 점 등에 비추어 보면, 최선순위 전세권자의 채권자가 채권자대위권이나 추심권한에 기하여 전세권에 대한 배당요구를 할 때에는 채권자대위권 행사의 요건을 갖추었다거나 전세금반환채권에 대하여 압류 및 추심명령을 받았다는 점과 아울러 전세권이 존속기간의 만료 등으로 종료하였다는 점에 관한 소명자료를 배당요구의 종기까지 제출하여야 한다(대법원 2015. 11. 17. 선고 2014다10694 판결).

4) 전세권저당권자가 전세금반환채권에 대하여 물상대위권을 행사한 경우, 종전 저당권의 효력은 물상대위의 목적이 된 전세금반환채권에 존속하여 저당권자가 그 전세금반환채권으로부터 다른 일반채권자보다 우선변제를 받을 권리가 있으므로, 설령 전세금반환채권이 압류된 때에 전세권설정자가 전세권자에 대하여 반대채권을 가지고 있고 그 반대채권과 전세금반환채권이 상계적상에 있다고 하더라도 그러한 사정만으로 전세권설정자가 전세권저당권자에게 상계로서 대항할 수는 없다. 그러나 전세금반환채권은 전세권이 성립하였을 때부터 이미 발생이 예정되어 있다고 볼 수 있으므로, 전세권저당권이 설정된 때에 이미 전세권설정자가 전세권자에 대하여 반대채권을 가지고 있고 반대채권의 변제기가 장래 발생할 전세금반환채권의 변제기와 동시에 또는 그보다 먼저 도래하는 경우와 같이 전세권설정자에게 합리적 기대 이익을 인정할 수 있는 경우에는 특별한 사정이 없는 한 전세권설정자는 반대채권을 자동채권으로 하여 전세금반환채권과 상계함으로써 전세권저당권자에게 대항할 수 있다(대법원 2014. 10. 27. 선고 2013다91672 판결).

5) 또한 물상대위권을 행사하여 전세금반환채권에 대하여 압류 및 추심명령 또는 전부명령을 받고 이에 기하여 추심금 또는 전부금을 청구하는 경우 제3채무자인 전세권설정자는 일반적 채권집행의 법리에 따라 압류 및 추심명령 또는 전부명령이

송달된 때를 기준으로 하여 그 이전에 채무자와 사이에 발생한 모든 항변사유로 압류채권자에게 대항할 수 있다(대법원 2004. 6. 25. 선고 2003다46260, 53879 판결 참조). 위 대법원 2003다46260, 53879 판결은 전세금반환채권 중 224,000,000원에 대하여 2001. 11. 26. 압류 및 전부명령을 받아 그 명령이 원고에게 2001. 11. 30. 송달되고, 그 송달 시점 이전에 임대료 등을 연체하였음을 이유로 임대차계약이 해지된 사안에서 전세권설정자는 전세금 224,000,000원에서 임대차계약에 기하여 발생한 연체 임대료, 관리비 및 5,000만 원의 원상복구비 등의 공제를 주장할 수 있다고 판시하였다.

즉 임대차계약에 따른 임대차보증금반환채권을 담보할 목적으로 유효한 전세권설정등기가 마쳐진 경우에는 전세권저당권자가 저당권 설정 당시 그 전세권설정등기가 임대차보증금반환채권을 담보할 목적으로 마쳐진 것임을 알고 있었다면, 제3채무자인 전세권설정자는 전세권저당권자에게 그 전세권설정계약이 임대차계약과 양립할 수 없는 범위에서 무효임을 주장할 수 있으므로, 그 임대차계약에 따른 연체차임 등의 공제 주장으로 대항할 수 있다(대법원 2021. 12. 30. 선고 2018다268538 판결).

하지만 전세권저당권자가 선의인 경우에는 연체차임 등의 공제를 주장할 수 없다. 대법원 1998. 9. 4. 선고 98다20981 판결은, A가 원고로부터 점포를 임차(월차임 800만 원)하고 그 임대차보증금 반환채권 1억 원을 담보할 목적으로 (타인의 명의로) 전세금 1억 원의 전세권설정등기를 마친 후 위 전세권에 피고 명의 근저당권을 설정하여 주었는데 연체차임 합계액이 임대차보증금을 초과하게 된 사안에서, 연체차임 초과로 임대차보증금 반환채권이 소멸되었으니 전세권설정등기는 말소되어야 하고 이에 터잡은 근저당권도 말소되어야 한다는 원고의 주장을 배척하면서, 전세권설정계약의 당사자 사이에 있어서는 은닉된 위 임대차계약만이 유효하고 외형만 작출된 위 전세권설정계약은 무효라고 주장할 수 있다고 하더라도 제3자인 피고와 사이에 있어서는 피고가 그와 같은 사정을 알고 있었던 경우에만 위와 같은 주장을 할 수 있다고 할 것인데, 피고가 이를 알고 있었다고 볼 증거가 없으므로 원고로서는 피고에 대하여 위 임대차계약의 효력(즉 연체차임의 공제)을 주장할 수 없다고 하는 원심의 판단을 그대로 원용하였다.

결국 채권담보목적의 전세권에 있어서 전세권설정자는 전세권저당권자에 대하여 그가 악의임을 입증하지 못하는 한 전세권자와 사이의 피담보채무에 관한 사정으로 전세권저당권자에게 대항할 수 없고, 대법원 2021. 12. 30. 선고 2018다268538 판결에 의하면 전세권저당권자의 악의의 판단 시기는 전세권저당권의 설정시이다.

6) 임대차보증금 반환채권을 담보하기 위하여 전세권설정등기를 경료한 후 그 전세권에 대하여 저당권이 설정된 경우, 임대차계약의 변경으로 전세권이 일부 소멸하더라도 저당권자의 동의가 없는 한 전세권설정자가 위 전세권의 일부 소멸을 주장할 수 없다(대법원 2006. 2. 9. 선고 2005다59864 판결).

V. 수용(손실)보상금에 대한 물상대위

1. 손실보상이 채권(債券)으로 공탁된 경우 물상대위 방법

사업시행자가 국가·지방자치단체 그 밖에 대통령령으로 정하는 공공기관의 운영에 관한 법률에 따라 지정·고시된 공공기관 및 공공단체인 경우로서 ① 토지소유자 또는 관계인이 원하는 경우이거나 ② 사업인정을 받은 사업에서 대통령령이 정하는 부재 부동산 소유자의 토지에 대한 보상금이 대통령령이 정하는 일정금액(시행령상 1억 원)을 초과하는 금액에 대하여 보상하는 경우에는 해당 사업시행자가 발행하는 채권으로 지급할 수 있다(공익사업법 제63조 제7항). 위와 같이 손실보상이 채권(債券)으로 공탁된 경우의 공탁유가증권출급청구권은 유체물 인도를 목적으로 하는 성질을 갖는 것이고, 이 공탁유가증권에 대한 강제집행은 유체동산인도청구권에 대한 강제집행절차에 의하게 된다(민사집행법 제242조, 제243조).

수용대상부동산에 대한 저당권자가 물상대위에 의한 채권압류 신청을 하면서 피압류채권의 표시에 금전채권이 아닌 수용보상금 채권을 기재하여 신청을 하였다면, 유체동산 인도청구권에 대한 강제집행절차에 의하도록 하여야 할 것이므로 아래와 같은 보정명령을 내리면 된다(공탁선례 1-42, 2-242).

[보정예시]

손실보상이 채권으로 장래 지급될 것이거나 이미 공탁하였을 경우 이에 대한 강제집행은 유체동산인도청구권에 대한 강제집행절차에 의하여야 할 것이므로 이 사건 물상대위에 의한 압류명령 신청은 물상대위에 의한 유체동산인도청구권 압류명령신청으로 변경하기 바랍니다.

그 후 채권자가 물상대위에 의한 유체동산인도청구권 압류명령신청을 하여 집행관에게 인도된 채권(보상채권은 무기명증권이다)은 민사집행법 제199조의 규정에 따라 집행관의 매각에 의하여 현금화된다(민사집행법 제243조 제3항).

2. 손실보상채권(債權)에 대한 압류명령의 효력이 유체동산인도청구권[채권(債券)]에 미치지는 않음

전부명령은 압류된 채권을 지급에 갈음하여 압류채권자에게 이전시키고 그것으로 채무자가 채무를 변제한 것으로 간주하는 것이어서 전부명령의 대상인 채권은 금전채권으로 한정된다. 그런데, 토지수용에 대한 보상으로서 채권(債券)지급이 가능한데, 기업자가 현금 또는 채권(債券) 중 어느 것으로 지급할 것인지 여부를 선택하지 아니한 상태에 있는 경우, 손실보상금채권에 대한 압류 및 전부명령은 기업자가 장래에 보상을 현금으로 지급하기로 선택하는 것을 정지조건으로 하여 발생하는 손실보상금채권을 그 대상으로 하는 것이라고 할 것이고, 위와 같은 장래의 조건부채권에 대한 전부명령이 확정된 후에 그 피압류채권의 전부 또는 일부가 존재하지 아니한 것으로 밝혀졌다면 민사집행법 제231조 단서에 의하여 그 부분에 대한 전부명령의 실체적 효력은 소급하여 실효된다(대법원 2004. 8. 20. 선고 2004다24168 판결).

위 법리에 비추어 보면 사업시행자가 현금 또는 채권(債券) 중 어느 것으로 지급할 것인지 여부를 선택하지 않은 상황인 경우, 손실보상금채권에 대한 압류 및 전부명령은 사업시행자가 장래에 보상을 현금으로 지급하기로 선택하는 것을 정지조건으로 하여 발생하는 손실보상금채권을 그 대상으로 하는 것이라고 할 것이어서, 손실보상이 현금으로 지급될 것을 예상하여 토지소유자의 채권자가 채권압류 및 전부명령을 받았는데 이후 손실보상이 채권(債券)으로 공탁되었다면 전부명령은 무효이다.

따라서 채권자로서는 사업시행자가 현금 또는 채권(債券) 중 어느 것으로 지급할 것인지 분명하지 않은 경우 손실보상금채권 뿐만 아니라 유체동산인도청구권[채권(債券)]에 대한 압류명령을 함께 받아 두는 것이 안전하다. 채권압류 및 추심명령의 경우도 마찬가지이다.

3. 수용토지에 대하여 가압류나 체납처분이 수용보상청구권에 전이되어 효력이 미치는지 여부(부정)

수용되는 토지에 대하여 가압류가 집행되어 있더라도 토지 수용으로 사업시행자가 그 소유권을 원시취득하게 됨에 따라 그 토지 가압류의 효력은 절대적으로 소멸하는 것이고, 이 경우 법률에 특별한 규정이 없는 이상 토지에 대한 가압류가 그 수용보상금채권에 당연히 전이되어 효력이 미치게 된다거나 수용보상금채권에 대하여도 토지 가압류의 처분금지적 효력이 미친다고 볼 수는 없으며, 또 가압류는 담보물권과는 달리 목적물의 교환가치를 지배하는 권리가 아니고, 담보물권의 경우에 인정되는 물상대위의 법리가 여기에 적용된다고 볼 수도 없다(대법원 2003. 7. 11. 선고 2001다83777 판결, 대법원 2004. 4. 16. 선고 2003다64206 판결).

그러므로 토지에 대하여 가압류가 집행된 후에 제3자가 그 토지의 소유권을 취득함으로써 가압류의 처분금지 효력을 받고 있던 중 그 토지가 공익사업법에 따라 수용됨으로 인하여 기존 가압류의 효력이 소멸되는 한편 제3취득자인 토지소유자는 위 가압류의 부담에서 벗어나 토지수용보상금을 온전히 지급받게 되었다고 하더라도, 이는 공익사업법에 따른 토지 수용의 효과일 뿐이지 이를 두고 법률상 원인 없는 부당이득이라고 할 것은 아니다(대법원 2009. 9. 10. 선고 2006다61536 판결, 대법원 2009. 9. 10. 선고 2006다78565 판결).

기업자는 토지를 수용한 날에 그 소유권을 취득하며 그 토지에 관한 다른 권리는 소멸하는 것인바, 수용되는 토지에 대하여 체납처분에 의한 압류가 집행되어 있어도 토지의 수용으로 기업자가 그 소유권을 원시취득함으로써 그 압류의 효력은 소멸되는 것이고, 토지에 대한 압류가 그 수용보상금청구권에 당연히 전이되어 그 효력이 미치게 된다고는 볼 수 없다고 할 것이므로, 수용 전 토지에 대하여 체납처분으로 압류를 한 체납처분청이 다시 수용보상금에 대하여 체납처분에 의한 압류를 하였다고 하여 물상대위의 법리에 의하여 수용 전 토지에 대한 체납처분에 의한 우선권이 수용보상금채권에 대한 배당절차에서 종전 순위대로 유지된다고 볼 수도 없다(대법원 2003. 7. 11. 선고 2001다83777 판결).

4. 토지 수용사실을 알고도 물상대위권을 미행사한 경우

공익사업을 위한 토지 등의 취득 및 보상에 관한 법률(이하 '토지보상법'이라고 한다) 제26조 제1항, 제16조 및 같은 법 시행령 제8조 제1항에 의하면, 사업인정을 받은 사업시행자는 토지 등에 대한 보상에 관하여 토지소유자 및 관계인과 성실하게 협의하여야 하고, 그 협의를 하려는 경우에는 보상협의요청서에 협의기간·협의장소 및 협의방법, 보상의 시기·방법·절차 및 금액, 계약체결에 필요한 구비서류를 적어 토지소유자 및 관계인에게 통지하여야 한다고 규정하고 있으므로, 사업시행자가 수용할 토지의 저당권자에게 위 규정에 의한 협의나 통지를 하지 않았다면 위법하다. 그러나 사업시행자와 토지소유자 사이에 협의가 이루어지지 않아 토지가 수용되고 나아가 보상금을 지급하거나 공탁하기에 이른 경우에는 토지의 저당권자는 보상금이 지급되거나 공탁금이 출급되어 토지소유자의 일반재산에 혼입되기 전까지 토지보상법 제47조의 규정에 따른 물상대위권을 행사하여 위 보상금이나 공탁금출급청구권 등을 압류함으로써 우선변제를 받을 수 있다. 그러므로 토지의 저당권자가 어떠한 경위로든 보상금이 토지소유자에게 지급되거나 공탁금이 토지소유자에 의하여 출급되어 일반재산에 혼입되기 전에 물상대위권을 행사할 수 있는 충분한 시간적 간격을 두고 토지가 수용된 사실을 알게 되었음에도 불구하고 물상대위권을 행사하여 토지소유자의 보상금이나 공탁금출급청구권을 압류하지 않음으로써 우선변제를 받을 수 없게 된 경우에는 저당권자가 보상금으로부터 우선변제를 받지 못한 것이 사업시행자가 위와 같은 협의나 통지를 하지 아니한 데에 원인이 있는 것이라고 할 수 없다(대법원 2017. 12. 28. 선고 2017다270565 판결).

Ⅵ. 보험금에 대한 물상대위

저당목적물이 소실되어 저당권설정자가 보험회사에 대하여 화재보험계약에 따른 보험금청구권을 취득한 경우 그 보험금청구권은 저당목적물이 가지는 가치의 변형물이라 할 것이므로 저당권자는 민법 제370조, 제342조에 의하여 저당권설정자의 보험회사에 대한 보험금청구권에 대하여 물상대위권을 행사할 수 있다(대법원 2009. 11. 26. 선고 2006다37106 판결).

동산 양도담보권자는 양도담보 목적물이 소실되어 양도담보 설정자가 보험회사에 대하여 화재보험계약에 따른 보험금청구권을 취득한 경우 담보물 가치의 변형물인 화재보험금청구권에 대하여 양도담보권에 기한 물상대위권을 행사할 수 있는데, 동산 양도담보권자가 물상대위권 행사로 양도담보 설정자의 화재보험금청구권에 대하여 압류 및 추심명령을 얻어 추심권을 행사하는 경우 특별한 사정이 없는 한 제3채무자인 보험회사는 양도담보 설정 후 취득한 양도담보 설정자에 대한 별개의 채권을 가지고 상계로써 양도담보권자에게 대항할 수 없다. 그리고 이는 보험금청구권과 본질이 동일한 공제금청구권에 대하여 물상대위권을 행사하는 경우에도 마찬가지이다(대법원 2014. 9. 25. 선고 2012다58609 판결).

Ⅶ. 기타 관련 문제점

1. 회생절차와 물상대위

회생절차개시결정이 있는 경우 토지수용에 따른 손실보상금 채권에 대한 추심명령은 그 효력을 발생할 수 없으나(대법원 2004. 4. 23. 선고 2003다6781 판결), 회생담보권자가 물상대위권을 보전하기 위하여 수용보상금채권을 압류하는 것은 허용된다[부산고등법원(창원) 2013. 12. 26. 선고 2013나20192 판결].

2. 다른 채권자가 없는 경우 채권최고액 초과 금액의 지급 가능여부

물상대위권을 행사하는 근저당권자가 근저당권의 채권최고액을 초과(근저당권설정자와 채무자가 동일함)한 금액을 청구금액으로 표시하여 채권압류 및 추심명령 또는 전부명령을 신청한 경우에 채권최고액을 초과하는 금액은 이를 기각하여야 하는지에 관하여 견해의 대립이 있다.

부동산경매절차에 있어 근저당권설정자와 채무자가 동일한 경우에 근저당권의 채권최고액은 민사집행법 제148조에 따라 배당받을 채권자나 근저당목적 부동산의 제3취득자에 대한 우선변제권의 한도로서의 의미를 갖는 것에 불과하고 그 부동산으로서는 그 최고액 범위 내의 채권에 한하여서만 변제를 받을 수 있다는 이른바 책임의 한도라고까지는 볼 수 없으므로 민사집행법 제148조에 따라 배당받을 채권자나 제3취득자가 없는 한 근저당권자의 채권액이 근저당권의 채권최고액을 초과하는 경우에 매각대금 중 그 최고액을 초과하는 금액이 있더라도 이는 근저당권설정자에게 반환할 것은 아니고 근저당권자의 채권최고액을 초과하는 채무의 변제에 충당하여야 한다는 것이 판례의 태도이므로(대법원 1992. 5. 26. 선고 92다1896 판결, 대법원 2009. 2. 26. 선고 2008다4001 판결), 물상대위의 경우에도 다른 채권자가 없는 경우에는 근저당권의 채권최고액을 초과(근저당권설정자와 채무자가 동일함)한 금액 부분을 기각할 필요는 없다 할 것이다. 다만 파산의 경우에는 근저당권설정자와 채무자가 동일인이라고 하더라도 채권최고액을 초과하는 부분은 별제권자인 근저당권자에게 배당하지 않고 있는 것이 실무이다.

3. 근저당권부채권을 질권으로 설정한 자의 물상대위권 행사 가능여부

근저당권부채권이 질권의 목적으로 된 경우에는 질권설정자인 근저당권자는 질권자의 동의서를 첨부하여 물상대위권에 기한 채권압류 및 추심명령 또는 전부명령을 신청할 수 있다. 다만, 질권자의 동의가 없더라도 질권설정자인 근저당권자는 채권압류명령 신청은 가능하다 할 것이다. 왜냐하면 채권압류명령 신청은 질권의 목적된 권리를 소멸하게 하거나 질권자의 이익을 해하는 변경이 아니기 때문이다(민법 제352조).

4. 회생개시결정 후 물상대위권 행사는 불가능

채무자 회생 및 파산에 관한 법률 제58조 제1항에서 개별집행절차개시를 금지하는 규정을 둔 목적의 하나는 회생채권과 회생담보권 모두가 회생절차에 따라야 한다는 회생절차의 기본구조를 뒷받침하려는 데 있으므로 회생절차개시결정이 있은 후에는 물상대위권의 행사를 위한 압류의 허용 여부와는 별도로 추심명령은 그 효력을 발생할 수 없다는 것이 판례이다(대법원 2004. 4. 23. 선고 2003다6781 판결).

5. 저당목적물의 변형물인 금전에 대하여 물상대위권을 행사하지 않은 경우 그 채권은 압류재산에 관계되는 저당권에 의하여 담보된 채권 아님

국세징수법상 체납처분 절차의 일환으로 행해지는 청산과 관련된 국세징수법 제80조 제1항, 제81조 제1항에 의하면, 채권·유가증권·무체재산권 등의 압류로 인하여 체납자 또는 제3채무자로부터 받은 금전과 압류재산의 매각대금 및 그 매각대금의 예치이자는 다음 각 호의 국세·가산금과 체납처분비 기타의 채권에 배분한다고 규정하면서 제1호에서 '압류에 관계되는 국세·가산금과 체납처분비'를, 제2호에서 '교부청구를 받은 국세·가산금·체납처분비·지방세 또는 공과금'을, 제3호에서 '압류재산에 관계되는 전세권·질권 또는 저당권에 의하여 담보된 채권'을 각 규정하고 있다.

그런데 물상대위권자로서의 권리행사 방법과 시한을 제한하는 취지가 물상대위의 목적인 채권의 특정성을 유지하여 그 효력을 보전하고 제3자에게 불측의 손해를 입히지 아니하려는 데에 있는 점 등을 고려하면, 저당권에 의하여 담보된 채권이었으나 그 저당목적물의 변형물인 금전에 대하여 물상대위권의 행사에 나아가지 아니한 이상, 그 채권을 국세징수법 제81조 제1항 제3호에 규정된 '압류재산에 관계되는 저당권에 의하여 담보된 채권'으로 볼 수는 없다(대법원 2010. 10. 28. 선고 2010다 46756 판결).

제4장 물상대위에 의한 채권압류의 경우 소유자의 표시 문제

민사집행규칙 제192조는 신청서에 채권자, 채무자, 소유자를 기재하도록 되어 있고, 같은 규칙 제200조는 제3채무자가 있는 경우에는 이를 표시하여야 한다고 규정하고 있는데, 제3취득자나 물상보증인이 소유자로 등기되어 근저당권의 채무자와 각 상이한 부동산이 수용된 경우 압류결정에 채무자를 소유자로 표시하여야 하는지, 아니면 채권자, 채무자, 소유자, 제3채무자를 모두 표시해 주어야 하는지가 문제이다.

토지가 수용됨으로 인한 손실보상금지급청구권은 부동산의 소유자에게 있으므로 그 소유자를 물상대위를 위한 압류명령의 채무자로 기재해 주어야 한다. 민사집행규칙 제192조는 모든 경우의 신청서에 채권자, 채무자, 소유자를 반드시 표시해야 한다는 취지의 규정은 아니라고 보인다. 채권집행인 압류명령 당사자의 기본구조는 채권자, 채무자, 그리고 제3채무자이고, 이 경우는 물상대위에 의한 압류명령은 부동산의 소유자가 기업자에 대해 가지게 될 보상금지급채권을 압류하는 구조이다. 이와 같이 압류할 수 있는 근거는 채권자가 물상보증인인 부동산소유자가 가지는 부동산에 대하여 저당권을 설정하였기 때문이다.

즉, 위의 경우에 위 부동산 그 자체를 집행할 때에 있어서는 물상보증인인 소유자는 단지 소유자이고 그와 다른 채무자가 존재하는 것이지만, 위 저당권에 기한 물상대위에 의해 소유자가 지급받을 보상금채권을 압류할 때(즉, 채권집행)에는 위 부동산의 소유자가 채무자의 지위에 서게 되는 것이다.

이 경우에는 신청서에 소유자가 채무자로 표시될 것이므로, 압류사건의 관할도 소유자의 주소지가 기준이 될 것이다.

제5장 토지수용의 경우 물상대위권 행사의 시기 및 종기

Ⅰ. 토지수용 절차 일반

토지수용의 일반절차는 ① 사업인정의 고시, ② 토지조서 및 물건조서 작성, ③ 보상계획 공고 및 열람, ④ 협의, ⑤ 재결 순으로 이루어진다.

토지수용의 경우 사업인정의 고시[수용 또는 사용의 대상이 되는 토지의 세부목록을 고시(도시개발법 제22조 제3항 본문), 사업시행인가의 고시 또는 사업시행계획서의 고시(도시 및 주거환경정비법 제40조 제2항)]가 있으면 수용대상토지에 대한 손실보상금의 지급이 확실시 되므로 토지수용의 재결 이전 단계에서도 물상대위권을 행사할 수 있다(대법원 1998. 9. 22. 선고 98다12812 판결, 대법원 2000. 5. 26. 선고 98다22062 판결, 대법원 2004. 8. 20. 선고 2004다24168 판결).

공익사업법 제20조에 따른 사업인정이란 특정한 사업이 토지수용을 할 수 있는 공익사업에 해당함을 인정하여 사업시행자에게 일정한 절차를 거칠 것을 조건으로 특정한 재산권의 수용권을 설정하는 행정행위, 즉 공익사업을 토지 등을 수용 또는 사용할 사업으로 결정하는 행위를 말한다(헌재 2011. 11. 24.자 2010헌바231 결정, 헌재 2014. 7. 24.자 2012헌바294 결정).

수용보상금이 공탁되기 이전에는 보상금지급청구권에 대하여 제3채무자를 사업시행자로, 공탁한 이후에는 공탁금 출급청구권에 대하여 제3채무자를 대한민국(소관: ○○지방법원 공탁관)로 하여 압류하여야 할 것이다.

Ⅱ. 물상대위권 행사의 시기 및 종기

1. 물상대위권 행사의 시기

사업인정 고시가 있기 전에는 협의에 의한 취득 또는 사용이 될 것인지, 수용에 의한 취득 또는 사용이 될 것인지 알 수 없고, 만약 협의에 의한 취득 또는 사용이라면 물상대위권을 행사할 수 없다고 할 것이므로 토지수용이 될 것이 확실시 되는 시점 이후에 물상대위권 행사가 가능할 것이다.

그런데 신청서에 사업인정고시의 연월일이 명확하게 기재되어 있거나 사업인정고시를 한 관보사본이나 도보사본을 첨부한다면 정확한 실무일 것이나, 보통은 신청원인에 언제 사업인정고시나 재결이 있었는지 아무런 언급도 없이 단지 첨부서면으로서, "① ....보상에 관한 협의요청(차), ② ....주택지구 토지 등 보상계획 안내"라는 제목의 서면만을 첨부하여 물상대위에 의한 압류 및 전부(추심)명령을 신청하고 있어서 위 서면 등이 사업인정고시가 있었다는 것을 소명힐 수 있는 자료로서 적절한 것인지 문제이다. 위 보상에 관한 협의요청이나 보상계획안내 절차는 토지조서 및 물건조서가 작성되고 나서 재결 이전 단계인 협의를 위한 절차이기 때문에 사업인정고시 소명자료로 인정할 수 있을 것이다.

또 아래에서 보는 바와 같이 안내문의 첨부서류에 보상내역이나 소유자별 물건조서가 있다면, 이미 사업인정고시 이후의 단계인 토지조서 및 물건조서가 작성되었음을 알 수 있을 것이므로 보정명령을 할 필요는 없을 것이다.

보통 위 첨부서면의 내용 등은 아래와 유사하다(내용이 아래와 다르더라도 사업인정고시가 있었음을 인정할 수 있는 내용이면 동일하게 보아야 할 것임).

국토교통부고시 제2010-001(10.0.0)호 및 국토교통부고시 제2010-002(10.0.0)호로 지구계획승인 고시된 ㅇㅇ보금자리주택지구에 편입된 토지 등의 보상계획을 공익사업을 위한 토지 등의 취득 및 보상에 관한 법률 15조에 의거 붙임과 같이 안내하오니, 귀하께서 소유하신 토지 등의 보상대상 내역에 이의가 있으실 경우, 열람기간 (2015. 8. 10 - 8. 24) 내에 우리공사에 서면으로 이의신청하여 주시기 바랍니다.

붙임: 1. 보상계획공고문 1부
2. 소유자별 토지 및 물건 조서 1부
3. 대토보상 안내문 1부
4. 이의신청서 양식 1부. 끝.

한국토지주택공사 ㅇㅇ지역본부장 [인]

그러나 신청원인에 사업인정고시에 대한 소명도 없이 첨부서면으로 사업인정고시(지구지정고시) 이전의 단계를 지칭하는 "예정지구지정 주민공람공고"라는 제목의 서면만 첨부한 경우에는 채권자에게 사업인정고시가 있었는지 소명하도록 보정하여야 한다. 그 밖에도 실무상 사업인정의 고시가 있었는지 여부가 소명되지 않았다면 채권자에게 아래 예문과 같이 보정명령을 하여야 한다.

[보정예시]

물상대위권 행사의 시기는 수용대상토지에 대한 손실보상금의 지급이 확실시되는 공익사업을 위한 토지 등의 취득 및 보상에 관한 법률 22조 소정의 사업인정고시가 있는 때라고 할 것인바, 이 사건 부동산에 대하여 사업인정고시가 있음을 소명하시기 바랍니다.

2. 물상대위권 행사는 지급 전에 압류가 이루어져야 가능

담보물권의 목적물이 수용되었을 경우에 보상금에 대하여 해당 담보물권을 행사하기 위한 요건으로서 그 지급 전에 압류하여야 한다. 사업시행자가 보상금을 변제공탁하였다고 하더라도 이 공탁금이 출급되기까지는 공익사업법 제47조 단서가 규정하는 지불이 있었다고 할 수 없고, 이는 보상금의 변제의 효과와는 별개의 문제라고 할 것이다(대법원 1992. 7. 10.자 92마380, 381 결정). 설사 그 압류 전에 양도 또는 전부명령 등에 의하여 보상금 채권이 타인에게 이전된 경우라도 보상금이 직접 지급되거나 보상금지급청구권에 관한 강제집행절차에서 배당요구의 종기에 이르기 전에는 여전히 그 청구권에 대한 추급이 가능하다(대법원 2008. 9. 25. 선고 2008다34668 판결).

3. 물상대위권 행사는 공탁사유신고 전에 이루어져야(체납압류만을 이유로 공탁사유신고한 경우는 제외)

1) 보상금에 대하여 다른 일반채권자가 먼저 가압류나 압류의 집행을 하였다고 하더라도 담보물권자는 물상대위권을 행사하여 우선변제를 받을 수 있으나, 일단 사업시행자가 공탁하고 공탁사유신고를 한 때 또는 추심채권자가 추심하고 추심신고를 한 때에는 배당요구의 종기가 지난 후이므로 물상대위권을 행사할 수 없다.

2) 하지만, 체납처분을 위한 압류만을 이유로 공탁하는 경우에는 다르다. 대법원은 체납처분에 의한 압류만을 이유로 하여 사업시행자가 수용보상금을 집행공탁을 한 것은 무효이고 공탁사유를 신고하였다고 하더라도 배당요구 종기로서의 효력이 없으므로 배당가입차단효가 발생하지 않지만, 부적법한 집행공탁에 기한 배당절차가 진행되는 경우, 수용되는 부동산의 근저당권자가 물상대위에 의한 압류 및 추심명령을 받아 배당절차에서 배당요구를 하였다면 이는 적법한 물상대위권을 행사한 것으로 볼 수 있고, 수용부동산의 소유자 또는 공익사업법 제2조 제5호 소정의 관계인 등 보상금채권에 관한 채권자가 집행공탁의 하자를 추인하며 그 집행공탁에 기초하여 진행된 배당절차에 참여하여 배당요구를 함에 따라 보상금채권에 관계된 채권자

들에게 우선순위에 따라 배당이 이루어졌다면 집행공탁의 하자는 치유되고 보상금채무 변제의 효력이 발생한다는 취지로 판시하고 있다(대법원 2008. 4. 10. 선고 2006다60557 판결).

3) 근저당권자가 민법 제370조, 제342조에 의하여 토지수용으로 인한 공탁금출급청구권에 대하여 물상대위를 할 수 있다고 하더라도 그 공탁사유신고일 이후에야 비로소 공탁금출급청구권을 압류한 이상 배당절차에서 변제를 받을 수 없고, 비록 근저당권자가 토지에 대한 보상금의 공탁일 이후에 토지에 대한 보상금지급청구권에 관하여 압류·추심명령을 받았지만, 물상대위의 대상이 되는 저당목적물의 변형물이 보상금지급청구권으로부터 공탁금출급청구권으로 변경된 후에는 담보권자가 이미 소멸한 기왕의 변형물인 보상금지급청구권에 대하여 압류·추심명령을 받았다고 하더라도 그 효력이 새로운 변형물인 공탁금출급청구권에 미치지 않는다(대법원 2008. 4. 24. 선고 2006다61635 판결).

4) 실무상 물상대위권의 행사와 관련하여 자주 문제되는 것은 사업시행자가 공탁 이후 민사집행법 제248조 제4항에 의하여 공탁사유신고를 한 이후에 물상대위권을 행사한 경우인데, 물상대위권은 늦어도 민사집행법 제247조 제1항 각 호에서 정하고 있는 배당요구의 종기까지 행사하여야 하고, 제3채무자(사업시행자)의 공탁사유신고가 있게 되면 배당가입차단효로 인하여 더 이상 물상대위권 행사는 할 수 없게 된다. 이러한 배당요구 시한의 설정은 배당요구를 제한 없이 허용할 경우에 초래될 배당절차의 혼란과 지연을 방지하기 위한 합리적인 조치로서, 물상대위에 있어서 우선변제청구권이 있는 자의 경우라 하여 달리 취급할 수 없기 때문이다(대법원 2011. 4. 14.자 2011카기73 결정).

4. 공탁과 사유신고 사이에 시차가 있을 때는 압류 명령 등이 제3채무자에게 사유신고 이전에 송달되어야

보통 공탁법원과 사유신고법원이 동일한 경우에는 제3채무자(사업시행자)가 공탁을 하면서 즉시 사유신고를 하지만, 공익사업법 제40조 제2항 제4호(압류 또는 가압류에 의하여 보상금의 지급이 금지된 때)에 해당될 때에는 실무상 대부분 수용 또는 사용하고자 하는 토지 등의 소재지의 공탁소에 보상금의 공탁이 이루어지고 있는 반면(수용보상금 공탁은 어느 사유에 의한 경우든 공익사업을 위한 토지 등의 취득 및 보상에 관한 법률 제40조 제2항에 따라 수용대상이 된 토지 소재지의 공탁소에 공탁할 수 있다), 민사집행규칙 제172조 제3항은 먼저 송달된 압류명령을 발령한 법원에서 사유신고를 하도록 규정하고 있기 때문에 공탁과 사유신고 사이의 시차가 발생할 수 있다. 그래서 물상대위에 의한 압류 및 전부명령이 공탁 전에 신청된 경우에는 제3채무자를 사업시행자로 하여 공탁 전까지 제3채무자에게 위 압류 및 전부명령이 송달되어야 하고, 위 압류 및 전부명령을 공탁 이후 신청한 경우에는 제3채무자를 대한민국(소관 : ○○지방법원 공탁관)로 하여 사유신고 이전까지 송달이 완료되어야만 물상대위권을 행사할 수 있는 것이다(대법원 2008. 11. 27. 선고 2008다59391 판결 참조).

Ⅲ. 물상대위권의 효력 범위

1. 근저당목적물 수용시 근저당권자의 물상대위권이 미치는 범위

근저당목적물이 수용된 경우 근저당권자의 물상대위권은 근저당목적물의 변형물인 '근저당권설정자의 수용자에 대한 보상금지급청구권'에 미치고, 위 물상대위의 목적인 채권의 특정성이 유지되는 '근저당권설정자의 대한민국에 대한 공탁금출급청구권' 및 위 공탁금출급청구권에 대한 배당절차에서 근저당권설정자에게 배당된 경우의 '근저당권설정자의 대한민국에 대한 배당금출급청구권' 등에도 물상대위권이 미친다. 즉, 수용보상금에 대한 사업시행자의 공탁사유신고로 배당절차(제1차)를 진행하여 채권자에게 배당하고도 남은 잉여금을 채무자(소유자)에게 배당하였는데, 제3채무자(사업시행자)의 공탁사유신고 이후에 채무자(소유자)의 배당금출급청구권에 대하여 일반채권자 갑의 채권압류 및 추심명령과 최선순위 근저당권자 을의 물상대위권에 기한 채권압류 및 전부명령이 경합하자, 공탁관이 집행법원에 기존 공탁번호로 위 압류 경합으로 인한 공탁사유신고를 하여 배당절차(제2차)를 진행할 경우, 을을 갑보다 우선하여 배당하여야 할 것이다(수원지방법원 안산지원 2010. 11. 17. 선고 2010가단16427 판결, 서울고등법원 2011. 2. 10. 선고 2010다84651 판결 참조).

제6장 다른 채권자와의 우선관계

Ⅰ. 저당권 등의 우선변제

저당권 등에는 우선변제권이 있으므로 저당권자가 물상대위권에 기하여 채권을 압류한 경우에는 그 동일한 채권에 대하여 압류의 경합이나 배당요구가 있을 때에도 저당권자는 전부명령이나 양도명령을 얻어 우선변제를 받을 수 있다(대법원 2004. 2. 13. 선고 2002다72712 판결).

Ⅱ. 수용보상금에 대한 물상대위에 의한 압류와 일반채권자의 압류 사이의 우열

수용보상금에 대한 물상대위에 의한 압류와 일반채권자의 압류 사이의 우열은 일반채권자의 압류명령이 제3채무자에게 송달된 날과 저당권 설정 등기의 선후에 의하여 결정한다. 일반채권자에 의한 압류가 선행하더라도 압류는 권리의 이전이나 소멸을 수반함이 없이 단순히 그 관리처분 권한을 제한하는데 그치기 때문에 민법 제370조에 의하여 준용되는 민법 제342조의 '그 지급 또는 인도'에 해당하지 않는다고 본다.

Ⅲ. 수용보상금에 대한 물상대위에 의한 압류 및 전부명령과 채권양도 사이의 우열

수용보상금에 대한 물상대위에 의한 압류 및 전부명령과 채권양도의 우열은, 현재 판례가 물상대위에 의한 압류의 의미를 우선권의 보전 및 채권의 특정성에서 구하는 견해를 취하고 있으므로, 압류일자와 양도의 대항요건(통지, 승낙)을 구비한 일자의 전후에 의할 것이 아니라 저당권설정일자와 양도의 대항요건(통지, 승낙)을 구비한 일자를 기준으로 정하여야 한다(대법원 1998. 9. 22. 선고 98다12812 판결). 이는 사업인정고시 후 물상대위에 의한 압류 및 전부권자보다 일반채권자가 압류 및 전부명령을 먼저 받았다고 하더라도 마찬가지이다. 저당권자가 물상대위권의 행사로 토지보상금채권에 대하여 채권압류 및 전부명령을 신청하는 경우에, 설사 그 압류 전에 양도 또는 전부명령 등에 의하여 보상금채권이 타인에게 이전된 경우라도 보상금이 직접 지급되거나 보상금지급청구권에 관한 강제집행절차에 있어서 배당요구의 종기에 이르기 전에는 여전히 그 청구권에 대한 추급이 가능하기 때문이다(대법원 1998. 9. 22. 선고 98다12812 판결, 대법원 2008. 9. 25. 선고 2008다34668 판결 등 참조). 따라서 이 때도 저당권설정일자와 위 압류 및 전부명령의 제3채무자 송달일자를 기준으로 우열을 따져야 한다. 채권양도나 전부명령이 민법 제370조에 의하여 준용되는 민법 제342조의 '그 지급 또는 인도'에 해당하지 않는다고 해석되기 때문이다.

Ⅳ. 물상대위권자 상호간의 우열

물상대위권자 상호간의 우선순위는 압류의 유무를 불문하고 본래의 담보권의 우선순위에 따른다는 견해(1설), 압류의 순위에 따른다는 견해(2설), 압류를 한 자 중에서 본래의 담보권의 순위에 의한다고 하는 견해(3설), 압류를 한 자 중에서 평등하게 배당을 받을 수 있다고 하는 견해(4설)가 있으나, 물상대위에 의한 압류가 경합된 경우 그 우선순위는 압류를 한 자 중에서 본래의 담보권의 순위에 의한다는 3설이 타당하고[1], 현재 실무의 입장이다.[2]

제3채무자인 사업시행자는 토지수용보상금에 대한 일반채권자의 단일의 압류나 압류의 경합, 저당권자들의 물상대위에 의한 압류가 다수일 때 공탁 및 사유신고를 하게 되고, 공탁관은 토지수용보상금에 대하여 압류의 경합이 없는 한 공탁금지급청구권에 대하여 압류 또는 가압류가 있는 경우에도 민사집행법 제248조 제1항의 공탁 및 사유신고를 하지 아니하지만(행정예규 1018호), 물상대위에 의한 수 개의 채권압류 및 추심명령이 공탁관에게 송달된 경우, 공탁관은 그 압류 및 추심채권자들 사이의 우열에 대한 판단이 곤란하다고 보아 사유신고를 할 수 있다(공탁선례 1-228, 2-353). 이 때 우열관계는 일반채권자들보다는 물상대위권자들이 우선하고, 물상대위에 의한 압류 및 전부명령이 수 개인 경우에도 물상대위에 의한 압류·전부의 의미는 우선권의 보전 및 채권의 특정성에서 구하는 견해에서 볼 때, 전부명령의 순서에 의하는 것이 아니라 그 저당권의 순서에 의하여 우열이 정해져야 할 것이다.

1) 이시윤, 신민사집행법, 박영사(2016), 552.
2) 사법보좌관실무편람(II)-채권집행 및 배당절차-, 법원행정처(2016), 288.

Ⅴ. 물상대위에 의한 압류와 조세·공과금의 우열

물상대위에 의한 압류와 조세·공과금의 우선관계는 물상대위에 의하여 압류된 때와 법정기일 등을 기준으로 정하여지는 것이 아니라 저당권설정일자와 법정기일의 선후에 따라야 한다. 다만 이는 체납처분청이 수용보상금에 대하여 다시 체납처분에 의한 압류를 한 경우에 한한다.

Ⅵ. 물상대위에 의한 압류와 질권의 우열

물상대위에 의한 압류와 질권과의 우선관계는 다음과 같다. 예컨대, 저당권설정자가 그 소유 건물에 관하여 보험회사와 화재보험계약을 체결하고 보험금채권에 대한 질권을 설정한 뒤에 그 건물이 소실되어 보험금채권이 발생하고, 질권자가 민사집행법에 따라서 질권을 실행하여 저당권의 물상대위에 의한 압류와 경합한 경우, 견해의 대립이 있으나 물상대위에 의한 압류의 의미를 대위목적물의 특정성에서 구하여 저당권의 공시(등기)가 물상대위권의 공시 그 자체가 되어 저당권설정등기와 질권의 대항요건구비의 전후에 의한다는 견해가 타당하다.

Ⅶ. 수용보상금에 대한 압류처분과 압류선착주의

갑의 체납처분에 의한 압류 후 을의 체납처분에 의하여 압류(참가압류)한 토지가 수용되었고, 수용보상금에 대하여는 을이 먼저 체납처분에 의하여 압류를 한 후 갑이 체납처분에 의한 압류를 한 경우의 우열관계는 을이 압류선착주의에 따라 우선하게 된다.

대법원은, 체납처분에 의한 압류가 집행되어 있는 토지가 수용될 경우 압류의 효력 및 수용 전 토지에 대하여 압류를 한 체납처분청이 다시 수용보상금에 대하여 체납처분에 의한 압류를 한 경우, 수용되는 토지에 대한 체납처분에 의한 압류가 집행되어 있어도 토지의 수용으로 사업시행자가 그 소유권을 원시취득함으로써 그 압류의 효력은 소멸되어, 수용 전 토지에 대한 체납처분에 의한 우선권이 수용보상금채권에 대한 배당절차에서 종전 순위대로 유지된다고 볼 수 없고, 압류선착주의는 조세가 체납처분절차를 통하여 징수되는 경우뿐만 아니라 민사집행법에 의한 강제집행절차를 통하여 징수되는 경우에도 적용되어야 한다는 취지로 판시하여, 수용보상금에 대하여 먼저 입류한 을에세 우선권을 인정하였다(대법원 2003. 7. 11. 선고 2001다83777 판결).

한편 (근)저당권에 의하여 담보된 채권이었으나 그 (근)저당목적물의 변형물인 금전에 대하여 물상대위권의 행사에 나아가지 아니한 이상, 그 채권을 국세징수법 제81조 제1항 제3호에 규정된 '압류재산에 관계되는 (근)저당권에 의하여 담보된 채권'으로 볼 수는 없다(대법원 2010. 10. 28. 선고 2010다46756 판결).

Ⅷ. 물상대위와 제3채무자의 상계의 우열

1. 물상대위권의 행사 전의 상계(상계 우선)

저당권에 기한 물상대위권의 행사로서 채권을 압류하거나 배당요구를 하기 전에 제3채무자가 그 반대채권을 자동채권으로 하여 상계의 의사표시를 할 수 있는가와 관련하여, 상계는 물상대위의 목적물이 저당권설정자의 일반재산에 혼입된 것이 아니므로 상계로써 물상대위권 행사에 대항할 수 없다는 견해가 있을 수 있으나, 대법원은 물상대위권에 기한 압류 전에 제3채무자가 상계의 의사표시를 한 경우에는 상계로 인하여 피압류채권이 소멸하므로 더 이상 물상대위권을 행사할 수 없다고 한 원심판단을 수긍하였다(대법원 2007. 12. 13. 선고 2007다50519 판결).

지급 또는 인도 전에 압류를 해야 한다는 것은 그 대위목적채권이 유효하게 존속함을 전제로 하는 것이고, 따라서 물상대위권을 행사하기 전에 이미 제3채무자의 상계로 대위목적채권이 소멸해 버린 경우에는 더 이상 물상대위권의 행사는 불가능하게 된다고 봄이 타당하다고 할 것이다.[3)]

2. 물상대위권의 행사 후의 상계(물상대위권 우선)

저당권에 기한 물상대위의 압류가 되거나 저당권에 기한 물상대위권자가 배당요구를 함으로써 물상대위권을 행사한 후에 제3채무자가 그 반대채권을 가지고 상계할 수 있는지에 관하여는 ① 일반적 채권집행의 법리에 따라 압류 및 추심명령 또는 전

3) 박형준, "주식의 약식질과 관련된 실무상 문제점", 민사재판의 제문제 제17권, 한국사법행정학회(2008), 201-202.

부명령이 송달된 때를 기준시점으로 하여 그 이전에 채무자와 사이에 발생한 모든 항변사유로 압류채권자에게 대항할 수 있음이 원칙이므로 제3채무자로서는 압류된 시점을 기준으로 양 채권이 상계적상에 있으면 얼마든지 상계를 할 수 있다고 보는 견해(압류 시 기준설=상계긍정설), ② 저당권이 설정된 시점을 기준으로 반대채권이 존재하고, 반대채권의 변제기가 자동채권의 변제기보다 먼저 도래하거나 적어도 동시에 도래하는 경우에는 상계가 허용되고, 그렇지 않은 경우에는 상계가 허용되지 않는다고 보는 견해(저당권설정 시 기준설), ③ 저당권의 물상대위에서는 언제나 상계가 허용되지 않는다는 견해(상계부정설)이 대립하고 있다.

대법원 2014. 10. 27. 선고 2013다91672 판결은 전세권 저당권에 관한 사안이기는 하지만, 저당권자가 물상대위권을 행사한 경우, 종전 저당권의 효력은 물상대위의 목적이 된 채권에 존속하여 저당권자가 채권으로부터 다른 일반채권자보다 우선변제를 받을 권리가 있으므로, 설령 채권이 압류된 때에 제3채무자가 반대채권을 가지고 있고 반대채권과 채권이 상계적상에 있다고 하더라도 그러한 사정만으로 제3채무자가 저당권자에게 상계로써 대항할 수는 없다. 그러나 저당권이 설정된 때에 이미 제3채무자가 반대채권을 가지고 있고 반대채권의 변제기가 장래 발생할 채권의 변제기와 동시에 또는 그보다 먼저 도래하는 경우와 같이 제3채무자에게 합리적 기대 이익을 인정할 수 있는 경우에는 특별한 사정이 없는 한 제3채무자는 반대채권을 자동채권으로 하여 채권과 상계함으로써 저당권자에게 대항할 수 있다고 판시하여 저당권 설정 시 기준설의 입장을 채택한 바 있다.

Ⅸ. 최우선임금채권자와 소액임차인과의 우열

수용보상금채권에 대하여 압류 및 추심명령을 받은 최우선임금채권자는 물상대위에 기하여 수용보상금채권을 압류, 추심한 채권자에 우선한다.

주택임대차보호법 제8조 및 제3조 조문의 해석상 소액임차인의 우선변제권은 민사집행법에 따른 경매 또는 국세징수법에 따른 공매를 할 때에 임차주택의 환가대금에서 보증금 중 일정액을 다른 담보물권자 보다도 우선해서 지급받을 수 있는 권리가 있을 뿐이므로, 주택임대차보호법상 소액임차인의 지위에 있는 자라 하더라도 경매절차나 공매절차를 거치지 않은 채 수용보상금채권에 대하여 압류, 추심명령이나 전부명령 등의 채권집행절차를 거쳤다 하더라도 우선변제권을 가질 수는 없다.

제7장 예탁유가증권에 대한 담보권의 실행

Ⅰ. 개요

민사집행규칙 제201조는 예탁유가증권에 관한 담보권(질권)의 실행절차를 규정하고 있는바, 동조 제1항에서는 질권자의 청구에 의한 한국예탁결제원 또는 예탁자의 계좌부 사본의 교부의무에 관하여, 동조 2항에서는 질권의 실행을 위한 신청서의 첨부서류에 관하여 각기 규정하고 있으며, 동조 3항에서는 예탁유가증권에 관한 담보권의 실행에 관하여 예탁유가증권에 관한 강제집행의 규정 등을 준용하고 있다.

Ⅱ. 신청서의 기재사항 및 첨부서류

예탁유가증권에 대한 질권실행을 위한 신청서에는 민사집행규칙 제192조에 기재된 사항 외에 한국예탁결제원 또는 예탁자를 표시하여야 한다(민사집행규칙 제201조 제3항, 제200조 제1항).

한국예탁결제원 또는 예탁자는 예탁유가증권지분에 관한 질권자의 청구가 있는 때에는 그 이해관계 있는 부분에 관한 예탁자계좌부 또는 투자자계좌부의 사본을 교부하여야 한다(민사집행규칙 제201조 제1항). 예탁유가증권에 대한 담보권의 실행을 위한 신청서에는 담보권의 존재를 증명하는 서류를 제출하여야 하는데, 그 담보권(질권)에 관한 기재가 있는 예탁자계좌부 또는 투자자계좌부의 사본을 붙여야 한다(민사집행규칙 제201조 제2항).

Ⅲ. 담보권의 실행절차

예탁유가증권에 관한 담보권의 실행에 관하여는 민사집행규칙 제201조 제3항에서 예탁유가증권집행에 관한 규정을 대폭 준용하고 있다.

예탁유가증권에 관한 질권의 실행방법으로는 집행법원이 압류명령을 발하여 집행법원의 현금화를 위한 예탁유가증권지분 양도명령 또는 매각명령에 의하여 현금화를 행하는 방법 외에도 질권자가 질권의 목적인 예탁유가증권에 관하여 한국예탁결제원 또는 예탁자로부터 증권의 반환을 받아 이를 집행관에게 제출하여 유체동산으로서의 경매를 신청할 수도 있다고 해석된다. 또 예탁유가증권에 대한 질권에 관하여 질권설정계약과 동시에 유질계약이 되어 있는 때에는 질권자는 유질의 설정으로서 질권계좌로부터 자기 또는 매수인의 계좌로의 계좌대체를 행하거나 증권을 반환받을 수 있다.

예탁유가증권의 일부만에 대하여 담보권을 실행하는 경우에는 압류명령신청서에 목적물의 표시를 함에 있어 그 범위를 분명히 하여야 하고, 피담보채권의 일부에 관하여 담보권의 실행을 할 경우에도 압류명령신청서에 그 뜻과 범위를 적어야 한다.

압류명령은 채무자와 한국예탁결제원 또는 예탁자에게 송달하여야 한다(민사집행규칙 제182조 제1항, 민사집행법 제227조 제2항). 압류명령이 한국예탁결제원 또는 예탁자에 대하여 송달되면 그 때 압류의 효력이 생기며(민사집행규칙 제182조 제1항, 민사집행법 제227조 제3항), 예탁자계좌부 또는 투자자 계좌부에 담보권의 실행에 의한 압류가 이루어진 사실 및 명령 송달의 일시 등의 사항이 기재된다.

예탁유가증권지분양도명령이 확정되어 효력이 생긴 때에는 압류채권자는 그 명령의 대상인 공유지분에 관하여 자기 계좌로 계좌대체를 받을 권리를 취득한다. 그리고 예탁유가증권지분매각명령에 따른 매각이 행하여져 그 매각을 실시한 집행관에게 대금이 교부된 때에는 매수인은 그 공유지분에 관하여 자기의 계좌로 계좌대체를 받을 권리를 취득하거나 증권을 교부받아 그 유가증권에 관한 권리를 취득한다.

Ⅳ. 전자등록주식등에 대한 담보권의 실행

민사집행규칙 제201조의2는 전자등록주식등에 대한 담보권의 실행에 관하여 규정하고 있다.

전자등록기관 또는 계좌관리기관은 전자등록주식등에 관한 질권자의 청구가 있는 때에는 그 이해관계 있는 부분에 관한 계좌관리기관등 자기계좌부 또는 고객계좌부의 사본을 교부하여야 한다(민사집행규칙 제201조의2 제1항). 전자등록주식등에 대한 질권의 실행을 위한 신청서에는 그 질권에 관한 기재가 있는 계좌관리기관등 자기계좌부 또는 고객계좌부의 사본을 붙여야 한다(민사집행규칙 제201조의2 제2항). 전자등록주식등에 대한 담보권의 실행절차에 관하여는 민사집행규칙 2편 2장 7절 제3관의2(다만 민사집행규칙 제182조의9에서 준용하는 민사집행규칙 제159조와 민사집행법 제188조 제2항을 제외한다), 민사집행규칙 제200조 제1항, 민사집행법 제265조 내지 제267조, 제273조 제1항 및 제275조의 규정을 각각 준용한다(민사집행규칙 제201조의2 제3항).

V. 불복방법 등

채권과 그 밖의 재산권에 대한 담보권의 실행에 관하여는 부동산경매에 관한 민사집행법 제264조 내지 제267조의 규정이 준용되므로(민사집행규칙 제200조), 담보권실행에 대한 불복절차 즉, 압류명령이나 추심명령, 전부명령 등에 대한 즉시항고절차에서는 일반 강제집행의 경우와 달리 담보권이나 피담보채권의 소멸, 부존재, 변제기미도래 등 실체에 관한 사유도 불복사유로 주장할 수 있다(민사집행법 제265조, 대법원 2009. 5. 28.자 2009마815 결정, 대법원 2013. 12. 13.자 2013마1864 결정 등).

또 담보권실행의 일시정지를 명한 재판의 정본, 담보권이 없거나 소멸되었다는 취지의 확정판결의 정본 등 민사집행법 제266조의 서류가 제출된 때에는 담보권실행절차를 정지 또는 취소하여야 하고(민사집행법 제266조), 법원사무관등은 그 사실을 한국예탁결제원 또는 예탁자에게 통지하여야 한다(민사집행규칙 제160, 161조). 그러나 담보권실행을 위한 현금화절차가 종료한 때에는 그로 인한 권리이전의 효과는 담보권의 소멸로 영향을 받지 않는다(민사집행법 제267조).

제8편 동산·채권 등의 담보에 관한 법률에 따른 담보권의 실행

제1장 개 요[1]

1) 동산·채권담보 집행절차 해설, 법원행정처(2013).

Ⅰ. 입법 경위

담보를 구분하는 방법은 여러 가지이지만, 담보로 제공하는 재화를 기준으로 보면 부동산담보, 동산담보, 권리담보로 구분할 수 있다.

그런데 제조업 등을 영위하는 중소기업의 경우 동산이나 채권 등의 유동자산이 부동산 자산보다 많은 비중을 차지하고 있으므로, 부동산보다는 동산이나 채권 등의 권리에 관한 담보를 설정하고 자금을 조달할 필요가 크다. 하지만 그동안 동산이나 채권 등 권리에 관한 공시제도와 담보제공에 관한 법과 제도가 완비되어 있지 않았던 까닭에 거래의 실제에서는 동산이나 채권을 담보로 제공하는 사례는 많지 않았고, 담보로 제공할만한 부동산이 부족한 중소기업이나 자영업자 등은 필요한 자금을 조달하는 데 어려움이 많았다. 즉 우리 법제상 인정되는 원칙적 동산담보제도는 질권(민법 제329조)인데, 민법은 동산질권에 대하여 엄격한 점유질 원칙을 견지하여 입질된 동산을 질권설정자가 점유하는 것을 금지하고 있다. 이것은 한편으로 담보제공자가 영업적으로 활용할 필요가 있는 기계·자재·원료·제품 등을 담보로 제공할 수 있는 가능성을 박탈하고, 다른 한편으로 신용을 공여하는 사람(특히 은행)에게 질물의 점유로 인한 불필요한 비용을 발생시킬 수 있다. 이러한 사정 때문에 당사자들 모두 질권 설정을 회피하는 결과가 발생하여 질권은 설정자에게 목적물의 점유가 없어도 무방하고 질권자로서도 관리비용이 그다지 들지 않는 물건(귀금속, 유가증권 등)에 한정되어 활용되는 문제점이 있었다.

거래계에서는 이러한 문제점 즉 동산질권의 점유질 원칙을 피하기 위하여 동산양도담보를 더러 이용하기도 하였는데, 동산양도담보제도는 법률관계가 명확한 것이 아니고, 양도의 방법으로 점유개정(민법 제189조)이 활용되므로 실질적으로 권리관계가 거의 공시되지 아니하여 설정자의 채권자들로서는 설정자의 재산상태를 쉽게 예측할 수 없어 불이익을 받을 위험이 있으며(이러한 공시의 불충분함은 특히 다수의 목적물이 유동상태에 있는 집합동산의 양도담보의 경우에 더욱 현저하게 나타난다), 설정자가 쉽게 목적물을 반출할 수 있고 선의취득에 의하여 양도담보권이 침해될 가능성이 있으므로 양도담보권자의 지위가 매우 불확실하다는 등의 문제점이 지적되고 있었다.

이에 동산질권과 양도담보 등 기존의 동산담보제도가 안고 있던 문제점들을 해소하고 동산담보제도를 개선하기 위하여 2008. 3. 5. 동산 및 채권의 담보에 관한 특례법제정 특별분과위원회가 구성되었고, 이 위원회의 입법작업 성과를 토대로 국회가 2010. 5. 19. 동산·채권 등의 담보에 관한 법률을 의결하여, 2010. 6. 10. 법률 제10366호로 위 법률이 공포되었고, 같은 법 부칙 제1조에서 정한 바에 따라 공포 후 2년이 경과한 2012. 6. 11.부터 위 법률이 시행되고 있다. 이 법은 시행 후 최초로 체결한 담보약정부터 적용한다(부칙 제2조).

Ⅱ. 부동산 담보와의 차이점

동산·채권담보는 기존의 부동산 담보에 비하여 여러 가지 다른 특징이 있다.

1. 수시적인 현황 및 상황체크가 필요

부동산의 담보가치는 채무자의 영업활동보다는 부동산 경기라는 경제지표의 영향을 많이 받고, 부동산을 빼돌리는 등 채무자에 의한 담보가치 훼손의 우려는 적다. 따라서 부동산에 대한 담보등기를 해 놓기만 하면 담보목적물의 현황이나 채무자의 영업상황을 수시로 점검하고 확인할 필요성이 그리 크지 않다. 이에 비하여 동산·채권 등의 담보에 관한 법률은 제2조 제5호에서 법인 또는 상호등기를 한 사람에 한정하여 담보권을 설정할 수 있도록 하고, 제3조 제2항에서 장래에 취득할 동산을 포함한 여러 개의 동산을 담보목적물로 할 수 있도록 하며, 제34조 제2항에서 채무자가 특정되지 않은 장래 채권을 포함한 여러 개의 채권을 담보목적물로 할 수 있도록 규정하는 등 기본적으로 영업용 자산인 동산·채권을 담보제공 자산으로 삼고 있다. 따라서 위 법률에서 정한 동산·채권 담보의 경우, 채무자의 영업활동에 직접적인 영향을 받게 되고, 동산을 빼돌리는 등 채무자 등에 의한 담보가치 훼손의 우려가 크므로, 담보등기 후에도 담보목적물의 현황이나 채무자의 영업상황을 수시로 점검하여 담보가치 유지 여부를 확인할 필요가 있다. 물론, 효과적인 점검과 확인을 위해서는 채무자의 충실한 협력이 전제되어야 하고, 이를 위해서는 채권자와 채무자 사이의 신뢰관계형성과 유지가 더욱 중요하다.

2. 영업활동 여부에 따른 가치평가의 차이가 큼

이러한 부동산과 동산·채권담보의 차이점은 피담보채권이 정상적으로 변제되는 경우뿐만 아니라, 채무자가 이행지체에 빠져 담보권 실행이 문제되는 단계에서도 마찬가지로 나타난다. 부동산의 가치는 채무자의 영업활동 계속 여부에 크게 영향을 받지 아니하므로 채권자는 적절한 시점에 경매를 신청하여 신속하게 피담보채권을 변제받을 수 있다. 반면, 동산·채권의 현금화 가치는 채무자의 영업활동 계속 여부에 따라 그 '질'과 '양'이 변하기 때문에, 이행지체에 빠지자마자 즉시 담보권을 실행할 경우 채무자의 영업 종료를 초래하고, 이로써 담보가치의 축소에 따른 채권자의 손실도 발생할 수 있다. 그러므로 채권자는 담보권 실행 전에 채무자의 영업활동이 다시 활성화될 수 있는지, 그러한 전망이 보이지 않아 담보권을 실행해야 한다면 언제, 어떤 방법으로 현금화할 때 피담보채권을 가장 많이 변제받을 수 있을지 등을 검토하여야 한다. 가령, 담보동산이 여름용 상품인 경우 여름에 담보권을 실행하는 것이 유리할 것이다. 또한, 담보물의 성질상 집행관의 동산경매로는 적정한 가격에 매각되지 않을 우려가 있다면 동산·채권 등의 담보에 관한 법률 제31조에 반하지 않는 범위에서 해당 담보동산을 필요로 하는 기업에 일괄 매각하거나, 채권자로 하여금 채무자의 영업장소(가령, 폐점 점포)에서 다수의 최종소비자들에게 소비재로서 매각하는 등 다양한 현금화 방안도 검토해 보아야 한다.

동산·채권 담보의 경우 채무자의 영업활동을 존속시켜 영업을 다시 활성화시키는 것이 채무자는 물론 채권자에게도 이익이 될 수 있다는 특징을 갖고 있지만, 어디까지나 담보권인 이상 채권자로서는 채무자가 이행지체에 빠졌을 때 신속하고 적정하게 담보권을 실행할 수 있는 준비를 해야 함은 물론이다.

Ⅲ. 동산·채권담보와 양도담보의 비교

1. 존속기간의 제한

동산·채권담보권은 존속기간이 최대 5년이고, 그 존속기간이 경과하면 소멸한다. 이를 막으려면 연장등기를 하여야 하는데, 연장등기를 하기 위해서는 담보권설정자의 협조를 받아야 한다(공동신청주의), 존속기간이 임박하고 담보권설정자의 자발적 협조를 받지 못할 경우 동산·채권담보권은 소멸할 우려가 있음에 비하여 양도담보는 존속기간의 제한이 없다.

2. 공시방법의 구비

제3자 대항요건 취득(공시방법 구비)은 배당절차, 도산절차 등에서 중요한 의미를 갖는다. 동산·채권담보권의 공시방법은 담보등기이고, 양도담보의 공시방법은 확정일자 있는 증서에 의한 제3채무자에 대한 통지 또는 승낙이다.

담보목적 채권이 담보권설정자의 영업활동에서 발생하는 채권인 경우 제3채무자는 곧 영업활동의 상대방이 되는 셈이다. 동산·채권담보권은 제3채무자 모르게(silently) 담보등기를 할 수 있지만 양도담보는 이것이 불가능하다. 담보권설정자의 영업활동을 위축시키지 않는다는 것은 채권자에게도 좋은 일이므로 동산·채권담보권 쪽이 유리하다 '장래발생채권으로 채무자가 특정된 경우', '장래발생채권으로 채무자가 특정되지 않은 경우' 동산·채권담보권의 효용이 클 것이다.

3. 배당

가. 최우선임금채권과의 관계

1) 동산·채권담보권에 기한 압류와 최우선임금채권에 기한 압류가 경합하는 경우 최우선임금채권자가 배당순위에서 앞선다. 이에 비하여, 채권양도담보와 최우선임금 채권자의 압류가 있는 경우, 채권양수인과 동일 채권에 대하여 압류명령을 집행한자 사이의 우열은 확정일자 있는 채권양도 통지와 압류명령의 제3채무자에 대한 도달의 선후에 의하여 결정하여야 하는 것이므로, 제3채무자에 대한 확정일자 있는 채권양도통지 이후에 압류채무자의 다른 채권자가 동일 채권에 대하여 한 압류는 그 효력이 없다는 것이므로(대법원 2011. 2. 10. 선고 2010다93271 판결 등 참조), 위 법리에 비추어 보면 양도담보권자가 우선한다. 즉, 책임재산 일탈 이후의 압류는 무효라는 것이 판례의 태도이므로 채권양도에 준하는 채권양도담보가 있고 최우선임금 채권자의 압류가 있는 경우에도 동일한 법리가 적용될 것이기 때문이다.

2) 동산·채권담보권자가 동산·채권담보권에 기한 압류를 하지 않은 상태에서 최우선임금 채권에 기한 압류가 있는 경우 제3채무자의 공탁방식과 그 경우의 배당순위에 관하여는 견해가 대립할 수 있다.[2] 가령 피압류채권이 담보목적 채권으로서 100만원이라면, 압류명령의 집행채권이 일반채권인 경우 제3채무자는 압류명령을 송달받더라도 동산·채권담보권의 추심권 행사에 응하여야 하므로, 변제공탁 또는 민사

2) 동산·채권담보 집행절차 해설, 법원행정처(2013), 108.

집행법 제248조 제1항에 의한 집행공탁을 할 수 없음이 원칙이고, 집행공탁하였더라도 집행법원은 사유신고를 불수리하여야 한다. 그러나 압류명령의 집행채권이 최우선임금채권인 경우, ① 실체법상 우선변제권의 순위가 동산·채권담보권보다 앞서므로 민사집행법 제248조 제1항에 따른 집행공탁이 가능하고 사유신고도 적법하며 배당순위도 최우선임금채권자를 우선시해야 한다는 견해와 ② 집행공탁을 할 수 없고, 사유신고 불수리하여야 하며, 배당절차에 나아갔더라도 동산·채권담보권을 우선시해야 한다는 견해가 대립할 수 있다. 반면, 양도담보가 있고 최우선임금채권에 기한 압류가 있는 경우 위에서 본 것처럼 양도담보가 우선한다.

나. 담보권의 효력이 미치는 범위

설정 당시 이미 채권이 발생한 경우에는 큰 차이가 없겠지만, 장래발생채권으로 채무자가 특정된 경우, 장래발생채권으로 채무자가 특정되지 않은 경우에는 채권의 발생기간이 시기와 종기에 의해 제한되는데 이는 곧 담보권의 효력이 미치는 범위가 제한된다는 의미이다. 이 점에서 발생기간에 의한 제한을 받지 않는 양도담보가 유리하다.

4. 방어적 기능

양도담보의 법적 성질을 신탁적양도설로 이해할 경우 담보목적 채권은 더 이상 담보권설정자의 책임재산이 아니므로, 담보권설정자의 다른 채권자들은 담보목적 채권에 대한 집행을 할 수 없다(다른 채권자들의 집행을 막는다는 점에서 이를 방어적 기능이라고 부르기도 한다). 이와 달리 동산·채권담보를 설정한 경우에는 여전히 동산·채권담보권설정자의 책임재산으로 남아 있게 되므로, 담보권설정자의 다른 채권자들은 담보목적 채권에 대한 집행이 가능하다. 이 점에서 양도담보가 유리하다.

Ⅳ. 규정형식과 절차의 특징

동산·채권 등의 담보에 관한 법률은 민사집행법에서 정한 집행방법으로 채권담보권을 실행할 수 있다고 규정하여(동산·채권담보법 제36조 제3항), 채권담보권 실행절차는 민사집행법의 채권과 그 밖의 재산권에 대한 담보권의 실행절차에 의하도록 되어 있다(민사집행법 제273조, 민사집행규칙 제200조).

채권담보권 실행절차는 신청→압류→현금화(추심명령, 전부명령 등)→채권의 만족(배당) 순으로 진행된다. 각 절차에서 채권담보권의 어떤 특질에 착안하여 민사집행법의 어떤 규정을 준용하고 있는지 보기로 한다. 기존의 채권집행 실무는 강제집행절차가 중심이므로 이와 비교하기로 한다.

1. '담보권에 기한' 집행절차

채권에 대한 강제집행의 경우 집행법원은 피압류채권의 존부, 귀속 등에 대하여 심사할 권한이 없어(형식적 심사권) 신청채권자의 주장만으로 피압류채권이 특정된다. 이에 비하여 채권담보권의 실행은 담보권에 기한 신청이므로 담보권의 효력이 미치는 범위를 기준으로 피압류채권이 특정된다. 담보권의 효력이 미치는 범위를 초과한 압류신청은 부적법하고, 이를 간과하고 발령된 압류명령도 부적법하다. 또한, 압류금지채권에 관한 규정(민사집행법 제246조 제1, 2항)과 압류금지의 범위변경에 관한 규정(민사집행법 제246조 제3, 4항)도 원칙적으로 적용되지 아니한다.

한편 우선변제의 대상인 채권담보권에 관해, 일반채권자들 사이의 평등주의를 구현하기 위한 압류효력의 확장에 관한 규정(민사집행법 제235조)과 압류 등의 경합과 전부명령의 무효에 관한 규정(민사집행법 제229조 제5항)도 적용되지 아니한다.

그리고 담보권실행을 위한 집행방법이므로, 절차상 사유뿐 아니라 담보권의 부존재·소멸 등 실체상 사유에 기한 불복이 인정되고(민사집행규칙 제200조 제2항, 민사집행법 제265조), 집행절차의 정지·취소의 근거규정도 민사집행법 제49조, 제50조 등이 아니라 민사집행법 제266조이다(민사집행규칙 제200조 제2항).

2. '금전채권'에 대한 집행절차임

채권담보권의 담보목적물은 금전의 지급을 목적으로 하는 지명채권에 한정되므로(동산·채권담보법 제34조 제1항) 금전채권에 대한 집행절차의 규정이 준용된다. 다만, 동산담보권에 기한 물상대위의 목적물은 담보권설정자가 받을 금전 또는 물건이므로(동산·채권담보법 제14조) 금전채권 또는 유체동산인도청구권 집행방식에 따른다.

3. '등기'담보권에 기한 집행절차임

채권질권과 달리 채권담보권의 공시방법은 등기이다. 등기담보권이라는 점에서 부동산에 관한 담보권인 저당권 등과 유사하다. 담보목적물은 부동산과 채권으로 서로 다르지만 등기담보권이라는 점에 착안하여 담보권의 존재를 증명하는 서류에 관하여는 부동산 담보권에 관한 규정을 준용한다(동산채권담보등기규칙 제55조, 민사집행규칙 제200조 제2항, 민사집행법 제264조). 등기담보권이므로 청구금액과 배당금액, 피압류채권의 특정 등은 모두 등기사항증명서를 기준으로 한다.

4. 사적 실행절차와 민사집행법에 의한 집행절차가 경합할 수 있음

동산담보권의 경우 사적 실행절차와 경매절차가 경합하는 경우에 사적 실행절차를 중지하도록 함으로써 경매우선주의를 규정하여 양 절차 경합을 조정하는 규정(동산·채권담보법 제23조 제5항), 후순위권리자의 변제기 미도래 채권에 기한 경매청구권규정(가담법 제12조 제2항과 유사한 규정으로 동산·채권담보법 제26조 제2항 단서) 등을 두고 있다. 하지만 채권담보권의 경우에는 그러한 조정규정이 존재하는지 명확하지 않다.

Ⅴ. 동산·채권담보권의 성립과 효력

1. 동산·채권담보권의 성립

가. 개념

동산·채권담보권은 담보약정에 따라 동산(여러 개의 동산 또는 장래에 취득할 동산을 포함한다)이나, 금전의 지급을 목적으로 하는 지명채권(여러 개의 채권 또는 장래에 발생할 채권을 포함한다)을 목적으로 등기한 담보권을 말한다(동산·채권담보법 제2조 제2, 3호).

나. 목적물

동산·채권담보권의 목적물은 동산, 채권이다(동산·채권담보법 제2조 제2, 3호, 제3조 제1항, 제34조).

여기의 동산은 민법 제99조 제2항의 동산을 말하고, 여러 개의 동산 또는 장래에 취득할 동산을 포함한다(동산·채권담보법 제2조 제2호). 여러 개의 동산이나 장래에 취득할 동산은 목적물의 종류, 보관장소, 수량을 정하거나 그 밖에 이와 유사한 방법으로 특정할 수 있는 경우에 이를 목적으로 담보등기를 할 수 있다(동산·채권담보법 제3조 제2항).

그러나 ㉠ 선박등기법에 따라 등기된 선박, '자동차 등 특정동산 저당법'에 따라 등록된 건설기계·자동차·항공기·소형선박, '공장 및 광업재단 저당법'에 따라 등기된 기업재산, 그 밖에 다른 법률에 따라 등기되거나 등록된 동산, ㉡ 화물상환증·선하증권·창고증권이 작성된 동산, ㉢ 무기명채권증서 등 대통령령으로 정하는 증권 등에 대하여는 담보등기를 할 수 없다(동산·채권담보법 제3조 제3항). 또한 양도할 수 없는 물건도 담보등기를 할 수 없다(동산·채권담보법 제33조, 민법 제331조). 동산·채권담보권의 설정자가 처분권 없는 동산(예를 들어 타인 소유 동산)에 동산·채권담보권을 설정하더라도 그 설정행위는 무효이므로 채권자는 동산·채권담보권을 취득할 수 없다. 다만 이 경우 채권자가 동산·채권담보권을 선의취득할 수 있는지 여부가 문제될 수 있는데, 이에 관하여는 긍정설, 부정설과 제한적 긍정설(동산·채권담보권을 설정 받는 자가 담보등기 외에 담보약정에 따라 평온·공연하게 선의·무과실로 담보목적물의 점유를 이전받은 경우에는 민법 제249조, 제343조를 유추해서 동산·채권담보권을 선의취득한다고 해석)이 있다.

채권담보권의 목적물은 금전의 지급을 목적으로 하는 지명채권(여러 개의 채권 또는 장래에 발생할 채권을 포함한다)이다. 담보목적물인 채권은 ① 설정 당시 이미 채권이 발생한 경우, ② 장래발생채권으로 채무자가 특정된 경우, ③ 장래발생채권으로 채무자가 특정되지 않는 경우로 나눌 수 있다. 여러 개의 채권(채무자가 특정되었는지 여부를 묻지 아니하고 장래에 발생할 채권을 포함한다)이더라도 채권의 종류, 발생 원인, 발생 연월일을 정하거나 그 밖에 이와 유사한 방법으로 특정할 수 있는 경우에는 이를 목적으로 하여 담보등기를 할 수 있다. 채권담보권설정자가 처분권 없는 채권(예컨대, 타인에게 이미 양도된 채권)에 채권담보권을 설정하더라도 그 설정행위는 무효이므로 채권자는 채권담보권을 취득할 수 없다. 이 경우 채권자가 채권담보권을 선의취득할 수도 없다.

다. 담보권설정자

이는 동산·채권담보법에 따라 동산이나 채권에 담보권을 설정한 자를 말한다. 다만 법인(상사법인, 민법 법인, 특별법에 따른 법인, 외국법인을 말한다) 또는 상업등기법에 따라 상호등기를 한 사람으로 한정한다(동산·채권담보법 제2조 제5호). 담보권설정자의 상호등기가 말소된 경우에도 이미 설정된 동산·채권담보권의 효력에는 영향을 미치지 않는다(같은 법 제4조). 채무자가 아닌 제3자도 담보권설정자가 될 수 있다(같은 법 제8조, 16조). 담보등기부는 담보권설정자별로 구분하여 작성하고(같은 법 제47조 제1항), 동산·채권담보권을 설정하려는 자는 담보약정을 할 때 담보목적물의 소유 여부와 담보목적물에 관한 다른 권리의 존재 유무를 상대방에게 명시하여야 한다(같은 법 제6조).

라. 담보권자

담보권자는 동산·채권담보법에 따라 동산을 목적으로 하는 담보권을 취득한 자를 말한다(같은 법 제2조 제6호). 담보권설정자와 달리 담보권자가 될 수 있는 자에 대하여는 아무런 제한이 없고, 담보권자의 피담보채권에 대하여도 제한이 없다. 동산·채권담보권은 그 담보할 채무의 최고액만을 정하고 채무의 확정을 장래에 보류하여 설정할 수 있고(근담보권), 이 경우 그 채무가 확정될 때까지 채무의 소멸 또는 이전은 이미 설정된 동산·채권담보권에 영향을 미치지 아니하며(같은 법 제5조 제1항), 채무의 이자는 최고액 중에 포함된 것으로 본다(같은 법 제5조 제2항). 이러한 근담보권의 법률관계는 대체로 근저당권의 법리를 유추하여 해결할 수 있다.

마. 담보약정

담보약정은 양도담보 등 명목을 묻지 아니하고 동산·채권담보법에 따라 동산을 담보로 제공하기로 하는 약정을 말한다(같은 법 제2조 제1호). 동산에 관한 질권설정계약이나 양도담보계약 등을 체결한 당사자들도 동산·채권담보법에 따른 담보등기를 할 수 있는가에 대하여, 그러한 계약을 체결한 당사자들이 같은 법에 따른 담보등기를 하면 담보권자는 같은 법에 따른 동산·채권담보권을 취득한다고 보는 것이 다수의 견해로 보인다. 다만 이와 같이 질권설정 계약이나 양도담보계약 등을 체결한 채권자가 담보등기를 하여 동산·채권담보권을 취득한 경우 그 채권자는 질권이나 양도담보권을 상실하는지 여부가 문제로 되는데, 이에 관하여는 그 채권자가 질권이나 양도담보, 소유권유보, 금융리스의 법형식인 소유권을 상실한다는 견해와 이에 반대하는 견해가 있다.

바. 담보등기

동산·채권담보법에 따라 동산·채권담보권이 성립하려면 담보권설정자가 소유하는 동산을 담보로 제공하기로 약정하고 같은 법에 따라 담보등기를 해야 한다(같은 법 제2조 제2호, 제3조 제1항). 담보등기는 같은 법에 따라 동산을 담보로 제공하기 위하여 이루어진 등기를 말하고(같은 법 제2조 제7호), 담보등기부는 전산정보처리조직에 의하여 입력·처리된 등기사항에 관한 전산정보자료를 담보권설정자별로 저장한 보조기억장치(자기디스크, 자기테이프, 그 밖에 이와 유사한 방법으로 일정한 등기사항을 기록·보존할 수 있는 전자적 정보저장매체를 포함한다)를 말한다(같은 법 제2조 제8호).

담보등기는 동산·채권담보권의 설정, 이전, 변경, 말소 또는 연장에 대하여 한다(동산·채권담보법 제38조). 담보등기부는 담보목적물인 동산의 등기사항에 관한 전산정보자료를 전산정보처리조직에 의하여 담보권설정자별로 구분하여 작성한다(같은 법 제47조 제1항, 인적편성주의 채택). 담보등기부에 기록할 사항은 같은 법 제47조 제2항이 규정하고 있다.

담보권설정자와 담보권자는 담보약정의 취소, 해제 또는 그 밖의 원인으로 효력이 발생하지 아니하거나 효력을 상실한 경우, 담보목적물인 동산이 멸실된 경우, 그 밖에 담보권이 소멸한 경우의 어느 하나에 해당하는 경우에 말소등기를 신청할 수 있다(동산·채권담보법 제50조 제1항).

2. 담보권의 효력

가. 피담보채권

동산·채권담보권은 피담보채권의 원본, 이자, 위약금, 담보권 실행의 비용, 담보목적물의 보존비용 및 채무불이행 또는 담보목적물의 흠으로 인한 손해배상의 채권을 담보한다(동산·채권담보법 제12조 본문). 그러나 이는 임의규정이며, 설정행위에 다른 약정이 있는 경우에는 그 약정에 따른다(같은 조 단서). 민법의 저당권에서와 같은 지연배상의 제한(민법 제360조 단서)은 인정되지 않는다. 또한 동산근담보권 설정도 가능하며(동산·채권담보법 제5조), 동산근담보권의 법률관계(피담보채권의 범위, 확정사유 등)는 앞서 본 바와 같이 근저당권의 법리를 적용하여 해결할 수 있다.

나. 담보목적물인 동산, 채권

동산·채권담보권의 효력이 그 목적물인 동산과 채권에 미치는 것은 당연하고 더 나아가 법률에 다른 규정이 있거나 설정행위에 다른 약정이 있는 경우가 아닌 한 담보목적물에 부합된 물건과 종물에 미친다(동산·채권담보법 제10, 37조). 또한 동산·채권담보권의 효력은 담보권이 실행된 이후, 즉 담보목적물에 대한 압류 또는 같은 법 제25조 제2항의 인도청구가 있은 후에 담보권설정자가 그 담보목적물로부터 수취한 과실 또는 수취할 수 있는 과실에 미친다(같은 법 제11조). 동산·채권담보권은 담보목적물의 매각, 임대, 멸실, 훼손 또는 공용징수 등으로 인하여 담보권설정자가 받을 금전이나 그 밖의 물건에 대하여도 행사할 수 있으며, 이 경우 그 지급 또는 인도 전에 압류하여야 한다(같은 법 제14조). 동산질권에 관한 민법 제342조와 달리 담보목적물이 매각, 임대된 경우에도 물상대위를 인정하고 있는 점에 유의하여야 한다.

다. 그 밖의 사항

동산·채권담보권에는 다른 담보물권과 마찬가지로 우선변제권(동산·채권담보법 제8조), 부종성(같은 법 제33조, 민법 제369조), 수반성(동산·채권담보법 제13조), 불가분성(동산·채권담보법 제9조), 물상대위성(동산·채권담보법 제14조) 등이 인정된다.

라. 담보등기의 효력

약정에 따른 동산·채권담보권의 득실변경은 담보등기부에 등기를 하여야 그 효력이 생기고(동산·채권담보법 제7조 제1항), 동일한 동산에 설정된 동산·채권담보권의 순위는 등기의 순서에 따른다(같은 법 제7조 제2항). 동일한 동산에 동산·채권담보권과 기존의 동산담보가 함께 설정되는 경우, 즉 동일한 동산에 관하여 담보등기부의 등기와 인도(간이인도, 점유개정, 목적물 반환청구권의 양도 포함)가 행하여진 경우에 그에 따른 권리 사이의 순위는 법률에 다른 규정이 없으면 그 선후에 따른다(같은 법 제7조 제3항). 즉 인도에 대한 담보등기의 우선은 인정되지 않는다.

마. 채권담보권의 존속기간과 연장등기

동산·채권 등의 담보에 관한 법률에 따른 담보권의 존속기간은 5년을 초과할 수 없다(동산·채권담보법 제49조 제1항 본문). 따라서 설정 후 존속기간(최장 5년)이 경과한 채권담보권은 소멸한다. 다만 5년을 초과하지 않는 기간으로 이를 갱신할 수 있고(동산·채권담보법 제49조 제1항 단서), 설정자와 담보권자는 존속기간을 갱신하려면 그 만료 전에 연장등기를 신청하여야 하며(동산·채권담보법 제49조 제2, 3항), 그 연장등기를 위하여 담보등기부에 존속기간을 연장하는 취지와 연장 후의 존속기간을 기록하여야 한다(동산·채권담보법 제49조 제3항). 갱신의 횟수에는 제한이 없다.

바. 담보목적물인 채권의 양수인의 지위

채권담보권이 설정된 담보목적물인 채권(채권담보권의 부담 있는 채권)을 양수하는 경우에는 동산담보권에 대한 선의취득 규정(동산·채권담보법 제32조)은 준용되지 않는 것으로 해석해야 할 것이다. 채권담보권의 성질에 반하기 때문이다(동산·채권담보법 제37조)

따라서 설정자가 채권담보권이 설정된 채권을 다시 제3자에게 양도하는 경우 양수인이 채권담보권의 존재에 대하여 선의·무과실이더라도 채권담보권의 부담이 있는 채권을 승계취득할 뿐이다.

사. 기존 담보제도와의 비교

금전채권을 담보목적물로 하여 담보권을 취득하는 제도에는 채권담보등기 제도 이외에도 민법의 채권질권 제도와 판례상 인정되는 채권양도담보권 제도 등이 있다. 이 중 채권양도담보권과 채권담보권을 비교해 보면, 존속기간의 제한 유무, 제3자 대항요건 구비방법, 방어적 기능의 유무, 배당절차에서의 취급 등에서 차이가 있으며 어느 한 쪽 제도가 유리한 제도라고 단정할 수 없다. 따라서 채권자는 담보권설정자의 신용상태, 해당 담보제도의 장단점 등 제반사정을 고려하여 자신에게 적합한 담보제도를 이용하면 된다.

제2장 채권담보등기

Ⅰ. 개요

채권담보등기는 기존의 부동산등기보다 복잡하고 생소하므로 세 가지 사항, 즉 담보목적물인 채권의 특정, 채권의 유형을 기준으로 한 채권담보등기 기록 례와 등기사항증명서에 관하여 설명한다.

Ⅱ. 담보목적물인 채권의 특정

1. 특정 필요성과 집행절차에서의 기능

어느 채권이 담보목적물인 채권에 해당하는지 여부는 담보권 실행의 대상인 피압류적격 인정여부 등을 결정하는 기준이 된다. 그래서 담보목적물인 채권을 특정하기 위해 필요한 사항을 필수적 등기사항으로 규정하고 있다(동산·채권담보법 제47조 제2항 제6호, 동산·채권담보등기규칙 제35조, 동산·채권담보등기 신청예규 제6조).

담보권에 기한 압류 등 신청인은 담보목적물부에 표시된 채권을 기준으로 신청서의 피압류채권 표시를 하여야 하고, 집행법원도 담보목적물부에 표시된 채권을 기준으로 압류명령을 발령하여야 한다.

2. 특정의 요소

동산·채권의 담보등기 신청에 관한 업무처리지침(등기예규 제1493호) 제6조에 의하면 5개의 필수 요소(필수적 등기사항)와 그 밖의 유익적 요소(유익적 등기사항)를 특정의 요소로 규정하고 있으므로 이를 기준으로 담보목적물인 채권인지 여부를 결정하게 된다.

여기서 5개의 필수적 등기사항이라 함은 ① 위 등기예규 별표 제1호에 따른 채권의 종류(부동산매매대금채권, 동산매매대금 채권 등 모두 24개 채권이 열거되어 있다), ② 채권의 발생원인 및 발생연월일 또는 그 시기와 종기, ③ 담보목적물인 채권의 채권자의 성명 및 주소(법인의 경우에는 상호 또는 명칭과 본점 또는 주된 사무소를 말한다), ④ 담보목적물인 채권의 채무자의 성명 및 주소(법인의 경우에는 상호 또는 명칭과 본점 또는 주된 사무소를 말한다), ⑤ 담보목적물인 채권의 일련번호를 의미한다(동산·채권담보등기 신청예규 제6조 제1항 제2호 가목부터 마목). 다만, 장래채권 중 채무자가 특정되어 있지 않은 경우 채무자에 관한 사항은 기록하지 않을 수 있다(동산·채권담보등기 신청예규 제6조 제2항).

위 특정요소 중 채권발생의 시기와 종기를 한정한다는 것은 담보권의 효력이 미치는 범위를 한정한다는 것을 의미하므로 집행절차에 중대한 영향을 미친다. 위 동산·채권담보등기 신청예규에 의하여 담보권 설정 당시 아직 발생하지 않은 장래채권에 대한 등기는 시기와 종기를 한정하는 방식으로 등기하게 될 터인데, 이것이 집행절차에 미치는 영향을 보면 담보권에 기한 압류명령의 피압류적격을 제한하고, 담보권자의 우선변제권을 제한하게 된다. 예를 들면, 담보목적 채권이 2012년 1월 1일부터 2017년 12월 31일까지의 차임채권이라고 등기하고 2018년 2월 2일에 채권담보권에 기한 압류명령을 발령할 경우 피압류채권에 2018년 1월분의 차임채권을 포함시킬 수는 없고, 제3채무자는 그에 대하여 집행공탁을 할 수도 없으며 어떤 사유에 의하여 집행공탁을 한다고 해도(다른 일반채권자가 경합하여 압류한 경우가 그러하다), 배당단계에서 그로부터(2018년 1월 분 차임채권) 우선변제를 받을 수도 없다. 이와 같이 담보목적 채권의 시기와 종기를 한정하도록 하는 위 규정은 담보권이 미치는 효력을 제한한다는 의미에서 중대한 의미를 가진다.

그리고 종기를 변경하려면 다시 등기를 해야 하는데 등기를 위한 시간과 비용이 드는 것은 물론이고 동일 채권에 대하여 다른 후순위권리자가 있는 경우(기존 등기의 순위 등 동일성을 유지하는 연장등기와 달리 재등기는 기존 등기와 별개의 새로운 등기이므로) 우선순위가 역전될 수도 있다. '존속기간'에 관해 연장등기가 허용되는 것과 달리, '종기'에 관하여는 변경등기가 허용되지 아니한다는 점도 유의해야 할 것이다.

민법에 기한 채권질권, 판례에 의해 인정되는 채권양도담보의 경우에는 시기 및 종기의 제한을 두지 않을 수 있으므로 이 점에서 채권담보권보다 유리하다고 볼 수 있다.

유익적 등기사항이라 함은 위 5개의 필수적 등기사항에는 포함되지 않지만 담보목적물인 채권을 특정하는 데 유익한 사항으로서 채권의 변제기, 채권액, 증서번호 등을 의미한다(동산채권담보등기 신청예규 제6조 제3항).

3. 등기사항증명서

가. 등기사항증명서의 구성

담보등기부는 동산담보등기부와 채권담보등기부로 구분되고, 등기기록은 담보권설정자별로 편성된다(최초의 담보권설정등기 시 등기고유번호를 부여). 등기기록은 크게 담보권설정자부, 담보권부, 담보목적물부로 구성된다.

특히 등기사항증명서는 담보약정별로 발급되는데(담보약정마다 등기일련 번호를 부여), 등기사항개요증명서(등기기록 미개설)를 제외하고는 담보권설정자부, 담보권부, 담보목적물부에 기록된 등기사항을 증명한다. 등기사항증명서는 담보약정 별로 발급되므로, 여러 개의 담보약정을 하나의 등기사항증명서로 발급받을 수는 없음을 주의하여야 한다. 따라서 가령, A은행이 담보권설정자 甲의 매매대금채권에 대하여 2012. 10. 10. 담보약정 및 담보등기를 마치고 나서 2012. 11. 10. 담보약정 및 담보등기를 마친 경우, 각 담보권의 내용 및 담보목적물에 관한 사항을 파악하기 위해서는 2개의 등기사항증명서를 발급받아야 한다. 이 점은 1개의 등기사항증명서를 발급받아 여러 개의 담보권의 내용을 파악할 수 있는 부동산의 등기사항증명서와 다른 부분이다.

채권담보등기사항전부증명서(말소사항 포함)

등기고유번호 2012-001*** 등기일련번호 000001

【 담 보 권 설 정 자 】	(담보권설정자에 관한 사항)			
표시번호	상호 / 성명	법인등록번호	본점 / 주사무소	등기원인 및 등기일자
1	○○철강 주식회사	000000-0000000	서울특별시 ○○구 ○○동 ***	

【 담 보 권 】	(담보권에 관한 사항)			
순위번호	등기목적	접 수	등기원인	담보권자 및 기타사항
1	근담보권설정	2012년10월22일 17시30분 제***호	2012년 10월 22일 설정계약	채권최고액 금100,000,000원 존속기간 2017년10월22일까지 채무자 ○○철강 주식회사 서울특별시 ○○구 ○○동 *** 근담보권자 ○○은행 주식회사 110111-******* 서울특별시 ○○구 ○○동 *** (○○지점)

【 담 보 목 적 물 】	(담보목적물에 관한 사항)			
일련번호	채권의 종류	채권의 발생원인 및 발생연월일	목적채권의 채권자 및 채무자	기타사항
1	동산매매대금채권	2012년8월9일 ○○판매계약	목적채권의 채권자 ○○철강 주식회사 서울특별시 ○○구 ○○동 *** 목적채권의 채무자 주식회사 ○○강철 경기도 ○○시 ○○면 ○○리 ***	

채권담보등기사항전부증명서(말소사항 포함)

등기고유번호 2012-001*** 등기일련번호 000002

【 담 보 권 설 정 자 】		(담보권설정자에 관한 사항)		
표시번호	상호 / 성명	법인등록번호	본점 / 주사무소	등기원인 및 등기일자
1	○○철강 주식회사	000000-0000000	서울특별시 ○○구 ○○동 ***	

【 담 보 권 】		(담보권에 관한 사항)		
순위번호	등기목적	접 수	등기원인	담보권자 및 기타사항
1	근담보권설정	2012년10월26일 17시16분 제***호	2012년10월26일 설정계약	채권최고액 금300,000,000원 존속기간 2017년10월26일까지 채무자 ○○철강 주식회사 서울특별시 ○○구 ○○동 *** 근담보권자 ○○○○ 주식회사 110111-******* 서울특별시 ○○구 ○○동 ***

【 담 보 목 적 물 】		(담보목적물에 관한 사항)		
일련번호	채권의 종류	채권의 발생원인 및 발생연월일	목적채권의 채권자 및 채무자	기타사항
1	동산매매대금 채권	2012년 8월 9일 ○○판매계약	목적채권의 채권자 ○○철강 주식회사 서울특별시 ○○구 ○○동 *** 목적채권의 채무자 주식회사 ○○기업 경기도 ○○시 ○○동 ***	

나. 등기사항증명서의 종류

등기사항증명서는 등기사항전부증명서(말소사항 포함), 등기사항전부증명서(현재 유효사항), 등기사항일부증명서, 등기사항개요증명서의 4종으로 나뉜다. 이러한 담보등기의 등기사항증명서는 담보약정단위로 별도 제공된다.

1) 등기사항전부증명서

이는 하나의 담보약정에 따른 등기사항 전부를 증명하는 서면을 말한다. 이것은 다시 말소사항까지 포함하여 전체를 기록하는 증명서[등기사항전부증명서(말소사항 포함)]와 말소사항을 제외하고 현재 유효한 사항만을 기록하는 증명서[등기사항전부증명서(현재 유효사항)]로 나뉜다. 채권담보권에 기한 압류 등을 신청할 경우에 담보권의 존재를 증명하는 서류는 이 등기사항전부증명서가 해당할 것이다.

2) 등기사항일부증명서

이는 하나의 담보약정에 따른 등기사항 중 담보목적물에 관하여 등기사항증명서를 발급받고자 하는 자가 신청한 특정한 담보목적물에 관한 사항만을 증명하는 서면을 말한다. 담보권설정자부 및 담보권부의 기록은 등기사항전부증명서와 동일하다. 이것은 담보목적물인 채권의 채무자가 다수일 때 각각의 채무자에게 통지하는 경우 등에 유용하다.

3) 등기사항개요증명서

동산·채권 담보등기의 내용은 법률상 이해관계가 없는 제3자에게도 공시할 필요가 있으므로 발급신청권자에 제한이 없는 등기사항개요증명서를 도입하였다. 이것은 하나의 담보약정에 따른 등기사항 중 개요사항만을 기록한 서면이다. 개요사항은 ① 담보권설정자부에 기록된 사항, ② 담보권부의 순위번호란, ③ 등기목적란, ④㉣ 접수란, ⑤ 등기원인란에 기록된 사항 중 현재 유효한 사항 및 ⑥ 담보목적물부에 기록된 현재 유효한 목적물의 개수를 말한다.

또한 등기사항개요증명서의 특이한 형태로서, 해당 법인 또는 상호등기를 한 사람에 대하여 아무런 등기기록이 개설되어 있지 않다는 내용(담보권설정등기를 전부 말소하여 해당 등기기록을 폐쇄한 경우를 포함)을 증명하는 등기사항개요증명서(등기기록 미개설)의 발급이 가능하다. 담보권자 입장에서는 대출 전에 이 증명서를 통해 담보권설정자가 기존에 담보등기를 하였는지 여부에 관한 기초정보를 확인할 수 있다.

다. 등기사항증명서의 발급제한

등기사항증명서 가운데 전부증명서 및 일부증명서에는 담보권설정자의 영업이나 신용에 관련된 정보가 여과 없이 노출될 수 있으므로, 담보등기의 당사자 등 법률상 이해관계가 있는 일정한 사람에 한정하여 직접 이해관계가 있는 범위 내에서 발급을 신청할 수 있도록 발급신청권자를 제한하였다. 이는 부동산등기사항증명서와 다른 점이다.

발급신청권자는 ① 담보권설정자, ② 담보권자, ③ 채무자, ④ 담보권설정 후 담보목적물인 채권을 양수한 사람, ⑤ 담보권설정 후 담보목적물에 대하여 질권이나 그 밖의 담보권을 취득한 사람, ⑥ 담보목적물인 채권의 채무자, ⑦ 그 밖에 당해 담보등기에 관하여 법률상 이해관계를 갖는 사람, ⑧ 위 사람의 파산관재인 등 관리처분권을 갖는 사람에 한정된다.

따라서 등기사항에 관하여 직접 이해관계가 없는 제3자는 등기사항개요증명서를 발급받아 개략적인 내용을 파악할 수는 있으나 등기사항전부증명서 또는 일부증명서를 발급받을 수는 없다.

담보등기 전의 채권자는 등기사항전부증명서 또는 일부증명서의 발급신청권자에 해당하지 아니한다. 실무상으로는 채권자가 대출 전에 등기사항개요증명서를 자신이 직접 발급받거나 담보권설정자로부터 이를 제출받아 다른 담보권이 존재하는지 여부("등기기록 미개설"로 표시된 경우 다른 담보권이 존재하지 않음을 의미한다)를 파악하고, 다른 담보권이 설정되었다면 등기사항전부증명서를 제출시키는 등 추가확인절차를 거쳐 대출 여부를 결정하는 쪽이 편리하다.

제3장 동산·채권담보권의 실행

Ⅰ. 개설

동산·채권담보권의 실행은 원칙적으로 경매에 의하되(동산·채권담보법 제21조 제1항, 제22조), 예외적으로 사적 실행, 즉 귀속청산(담보권자가 담보목적물의 소유권을 취득하여 직접 변제에 충당하는 방법)과 처분청산(담보권자가 담보목적물을 타에 매각하여 그 대금으로 변제에 충당하는 방법)에 의한다(같은 법 제21조 제2항). 또한 동산·채권담보권에 기한 물상대위도 인정되고 있는데(같은 법 제14조), 물상대위의 목적물이 금전채권인 경우 채권집행의 절차에 의한다.

동산·채권담보권의 실행은 그 주체, 즉 집행기관을 기준으로 집행관에 의한 경매절차, 동산·채권담보권자에 의한 사적 실행절차 및 집행법원에 의한 채권집행절차(물상대위권 행사의 경우)로 분류할 수 있다. 물상대위권 행사절차는 동산·채권담보권과 동일하게 채권집행절차를 취한다.

Ⅱ. 채권담보권 집행신청(집행위임)[1)]

1. 관할

채권담보권에 기한 압류의 관할법원은 채권담보권설정자와 피담보채권의 채무자가 일치하는 경우에는 담보권설정자의 보통재판적 소재지의 지방법원으로 한다(동산·채권담보법 제36조 제3항, 민사집행법 제273조 제3항, 제224조 제1항).

채권담보권설정자와 피담보채권의 채무자가 다른 경우에는 압류의 목적인 채권의 채권자, 즉 담보제공자가 집행채무자이므로, 채권담보권설정자를 기준으로 토지관할을 정하여야 한다. 참고로 부동산 담보권자가 수용보상금에 대하여 물상대위를 행사할 때 실무상 수용보상금 수령권자인 담보권설정자를 기준으로 토지관할을 정하고 있다. 동산담보권에 기한 물상대위의 경우에도 대위목적인 금전채권을 수령할 자(동산담보권설정자)를 기준으로 함이 타당하다.

2. 신청서의 기재사항

채권담보권 실행 신청서 또는 동산담보권에 기한 물상대위 신청서에는 민사집행

---

1) 동산·채권 담보 집행절차 해설, 81-93

규칙 제192조에 규정된 사항을 적어야 한다(동산채권담보등기규칙 제55조, 민사집행규칙 제200조, 제192조).

강제집행의 경우, 채권자 및 채무자는 집행문을 기준으로, 피압류채권과 제3채무자는 채권자의 주장을 기준으로 각 정해지는데 비하여, 채권담보권의 경우, 등기담보권이므로 등기사항증명서를 기준으로 정해진다.

가. 표제

어떤 담보권에 기한 신청인가를 명확히 하기 위하여 실행담보권의 유형에 따라 '채권압류명령 신청서(동산·채권 등의 담보에 관한 법률의 채권담보권에 기한 신청)', '채권압류명령 신청서(동산·채권 등의 담보에 관한 법률의 동산담보권에 기한 물상대위를 위한 신청)' 등의 방식으로 표제를 기재한다.

나. 당사자 표시

당사자 표시는 채권자, 채무자, 담보권설정자, 제3채무자를 기재하고 그 대리인도 표시한다(민사집행규칙 제192조 제1호, 제200조 제1항). 사람은 주소 및 이름을 특정하고, 법인 등은 본점(주된 사무소)의 소재지, 상호, 대표자의 자격과 이름을 기재하는 등 구체적 내용은 아래에서 보는 바와 같다.

1) 채권자·채무자·담보권설정자의 표시(민사집행규칙 제192조 제1호)

채권담보권에 기한 신청의 경우 채무자와 담보권설정자가 일치하는 경우와 불일치하는 경우가 있다. 양자가 일치하는 경우에는 담보목적 채권을 갖는 자(통상은 담보권설정자)도 집행채무자가 되므로 '채무자 겸 담보권설정자'로 표시한다.

물상보증의 경우처럼 채무자와 담보권설정자가 다를 경우에는, '채무자' 외에 물상보증인을 '담보권설정자'로 표시한다.

동산담보권에 기한 물상대위 신청의 경우 채권자와 제3채무자의 표시는 채권담보권에 기한 신청의 경우와 같으나, 피압류채권을 가진 사람(통상은 동산담보권 설정자)도 집행채무자가 되기 때문에 채무자와 피압류채권을 가진 사람이 같다면 채무자 표시는 '채무자 겸 소유자'로 기재한다. 물상보증인이 동산담보권을 설정한 경우처럼 채무자와 피압류채권을 가진 사람이 다르면 '채무자' 외에 '소유자'를 표시할 필요가 있다.

2) 제3채무자의 표시(민사집행규칙 제200조 제1항)

가) 채권담보권

'설정 당시 이미 채권이 발생한 경우', '장래발생채권으로 채무자가 특정된 경우'에는 담보목적물부의 '목적채권의 채무자'를 제3채무자로 표시한다.

'장래발생채권으로 채무자가 특정되지 않는 경우'와 같이 '목적채권의 채무자'가 불특정인 장래채권인 경우, 제3채무자는 담보목적물부에 나타나지 않는다. 이 경우에는 채권의 발생원인 및 발생연월일 등에 의해 담보목적물이 특정된다. 장래 상가임대차보증금반환 청구채권이 담보목적물인 경우 서울특별시 서초구 서초대로 10 서초빌딩 상가건물에 거주하는 압류 신청 당시의 임차인을 제3채무자로 표시한다. 주의할 점은 등기단계에서는 '주식회사 갑을실업의 서울특별시 서초구 서초대로 10 서초빌딩 상가건물에 대하여 임대차계약을 체결할 장래의 임차인에 대하여 갖게 될 2013년 1월 1일부터 2013년 12월 31일까지의 차임채권'의 형태로 목적채권의 채무자를 특정하지 않은 장래채권을 등기할 수 있지만(동산·채권담보법 제2조 제3호), 담보권 실행을 위한 압류명령 신청단계에서는 목적채권 채무자를 특정하지 아니한 신청은 허용되지 아니하므로 목적채권 채무자(압류명령 신청서에는 제3채무자로 표시된다)가 반드시 기재되어야 한다는 점이다(민사집행규칙 제200조 제1항). 예를 들면, 채권담보권에 기한 압류명령 신청 당시 위 서초빌딩 상가건물에 입주하고 있는 임차인이 30명이고 이들에 대한 차임채권을 집행할 경우 피압류채권은 30개, 제3채무자는 30명이 된다.

나) 동산담보권에 기한 물상대위

'개별동산담보권에 기한 물상대위의 경우'에서 담보목적물인 개별동산이 타에 매각되어 매매대금채권이 발생한 경우에 담보목적물(제조번호 : 2009AAB12-456)의 매수인을 제3채무자로 표시하면 된다. 담보목적물이 아닌 동산(예를 들면 제조번호 : 2009AAB12-500이라고 가정한다)의 매수인을 제3채무자로 표시할 수 없음은 당연하다.

'집합동산담보권에 기한 물상대위의 경우'에서 담보권설정자가 담보목적물[서울특별시 서초구 서초대로 10, 303호(서초동, 제일빌딩)에 소재하는 노트북 컴퓨터]를 타에 매각한 경우, 당해 목적물의 매각이 통상의 영업범위 내 매각이라면 매매대금에 대한 물상대위는 허용되지 아니하나, 통상의 영업범위를 초과하는 매각이라면 물상대위가 허용되므로 통상의 영업범위를 초과하는 매각이라면 매수인을 제3채무자로 표시하면 된다.

다) 담보권과 피담보채권의 표시(민사집행규칙 제192조 제2호)

이에 관하여는 등기담보권이라는 점에서 부동산 저당권의 경우와 동일하게 취급하면 된다. 신청서에는 등기사항증명서의 담보권부를 기준으로 압류신청의 기초가 되는 담보권을 특정할 수 있을 정도로 담보권을 적어야 하고, 피담보채권을 표시하여야 한다.

피담보채권의 일부에 대하여 담보권 실행을 하는 때에는 그 취지와 범위를 적어야 하고(민사집행규칙 제192조 제4호), 청구금액의 확장에 관한 문제는 동산담보권 및 부동산 담보권에 준하여 취급하면 된다.

라) 담보권 실행의 대상인 채권의 표시(민사집행규칙 제192조 제4호) 또는 물상대위 목적인 금전채권의 표시

담보권 실행의 대상인 채권의 표시는 집행권원에 기한 압류명령 신청의 경우처럼 피압류채권 목록에 기재하면 편리할 것이다. 피압류채권의 표시는 압류의 효력인 처분금지, 변제금지 등 구속을 받는 채권에 해당하는지 해당하지 않는지를 구별하는 기준이 되므로 담보목적물부를 기준으로 명확히 기재하여야 한다.

집행권원에 기한 압류명령 신청의 경우와 다른 점은 담보권의 효력이 미치는 범위에 의해서 피압류적격이 결정된다는 것이다. 예를 들면 담보목적 채권이 주택임차인의 임대차보증금반환채권인 경우에는 압류금지문구를 기재해서는 안 되고, 임대인의 차임채권인 경우에는 시기와 종기를 한정하여 압류하여야 한다. '장래발생채권으로 채무자가 특정된 경우'에 있어서 등기된 내용이 "2013년 1월 1일부터 2013년 12월 31일까지의 차임채권"으로서 1년분임에도 불구하고 압류신청서에 발생기간을 한정하지 아니하고 신청한 경우 보정명령을 발하여 담보권의 효력이 미치지 아니하는 부분까지 압류하는 일이 없도록 하여야 할 것이다.

채권담보권인 경우 담보목적물인 채권을 특정하는 사항으로서 담보목적물부의 채권의 종류, 채권의 발생원이 및 발생연월일 또는 그 시기와 종기, 목적채권의 채권자 및 채무자 등을 기록한다. 담보목적물부의 기타사항에 유익적 기재사항으로서 변제기, 채권액, 증서번호 등이 기록되는 경우가 있는데 피압류채권의 특정에 도움이 된다면 이것도 기재할 수 있다.

'설정 당시 이미 채권이 발생한 경우' 피압류채권 표시는 '주식회사 갑을실업의 가나다유통 주식회사에 대한 2012년 5월 30일 완구류 판매계약에 기한동산매매대금채권' 등의 방식으로 기재하면 된다.

'장래발생채권으로 채무자가 특정된 경우' 피압류채권의 표시는 '주식회사 갑을실업의 홍길동에 대한 서울특별시 서추구 서초대로 10 서초빌딩 101호 상가건물 임대차계약에 기하여 발생하는 2013년 1월 1일부터 2013년 12월 31일까지의 차임채권' 등의 방식으로 기재하면 된다. 단순히 '임대차계약에 기하여 발생하는 차임채권'으로 기재할 경우 담보권의 효력이 미치지 아니하는 부분까지 신청하는 것이어서 부적법하므로 보정명령을 발하여야 한다.

'장래발생채권으로 채무자가 특정되지 않은 경우' 피압류채권 표시는 '주식회사 갑을실업의 000에 대한 서울특별시 서초구 서초대로 10 서초빌딩 상가건물 303호에 대한 임대차계약에 기하여 발생하는 2013년 1월 1일부터 2013년 12월 31일까지의 차임채권' 등의 방식으로 기재한다. 압류명령 신청 당시를 기준으로 서초대로 10 서초빌딩 상가건물 303호를 임차 중인 사람을 특정하여야 한다.

동산담보권에 대한 물상대위의 경우 담보목적물인 동산과 물상대위 목적채권의 관계를 나타내기 위하여 동산담보등기사항증명서의 담보목적물부의 동산의 종류, 보관장소/특성, 기타사항 등을 기재하고, 물상대위 목적채권의 유형(물상대위 원인이 매각인 경우 매매대금채권)을 기재하면 된다.

개별동산담보권의 경우 담보목적물인 개별동산이 멸실되어 보험금청구권이 발생했거나 개별동산이 타에 매각되어 매매대금채권이 발생한 경우에 보험금청구권 또는 매매대금채권을 피압류채권으로 표시한다. '개별동산담보권에 기한 물상대위의 경우' 피압류채권 표시는 '채무자(매도인) 000의 제3채무자(매수인) △△△에 대한 유압식프레스기(제조번호: 2009AAB12-456, 제조사: 대한정밀주식회사, 모델명: KOP-2000SL) 매매계약에 기한 매매대금 채권' 등의 방식으로 기재한다. 동산담보등기사항증명서에는 개별동산으로서 유압식 프레스기 제조번호 150의 매매대금채권으로 기재되어 있다면 부적법한 신청이다.

한편 집합동산담보권의 경우 '집행동산담보권에 기한 물상대위의 경우' 담보권설정자가 담보목적물[서울 서초구 서대대로 10, 303호(서초동, 제일빌딩)에 소재하는 노트북 컴퓨터]를 타에 매각한 경우, 당해 목적물의 매각이 통상의 영업범위 내 매각이라면 매매대금에 대한 물상대위는 허용되지 않으나, 통상의 영업범위를 초과하는 매각이라면 물상대위가 허용되므로, 통상의 영업범위를 초과하는 매각인 경우 피압류채권의 표시는 '채무자(매도인)000의 제3채무자(매수인) △△△에 대한 서울 서초구 서대대로 10, 303호(서초동, 제일빌딩)에 소재하는 노트북 컴퓨터 매매계약에 기한 매매대금 채권' 등의 방식으로 기재한다.

마) 신청의 취지 및 이유

신청서에 채권 압류를 구하는 취지를 기재한다.

이유에는 채무자가 피담보채권을 변제하지 아니하여 이행지체가 되었다는 사실을 기재하는데, 피담보채권의 변제기 도래사실의 증명은 필요 없으나 압류신청서에 변제기의 도래사실에 관한 주장은 필요하다는 점에서 동산담보권 및 부동산 담보권과 동일하다. 동산담보권에 기한 물상대위의 경우에도 피담보채권의 변제기 도래를 증명할 필요까지는 없다는 점은 마찬가지이다(대법원 1998. 9. 22. 선고 98다12812 판결 참조).

한편, 집합동산담보권에 기한 물상대위의 경우에서 물상대위 원인이 집합동산의 매각이고 통상의 영업범위를 초과하는 매각이라는 사실을 주장하여야 한다. 문제는 통상의 영업범위 내 처분인지 여부(실체에 관련된 사항)를 형식적 심사기관인 집행법원이 판단하여야 한다는 점이다.

바) 그 밖의 기재사항

신청서에 첨부한 서류의 제목과 통수를 기재한다. 채권집행 신청서를 제출한 신청연월일을 기재하고, 관할 법원을 표시하여 신청인 또는 대리인의 기명날인 또는 서명을 하여야 한다.

3. 첨부서류

채권담보권에 기하거나 동산담보권의 물상대위에 기한 압류명령을 신청함에 있어서는 집행권원을 요하지 않지만 채권담보권자 등은 집행법원에 담보권, 즉 채권담보권 또는 동산담보권의 존재를 증명하는 서류(권리의 이전에 관하여 등기나 등록을 요하는 경우에는 그 등기사항증명서 또는 등록원부의 등본)를 제출하여야 한다(민사집행법 제273조).

즉, 채권담보권 또는 동산담보권에 관한 '등기사항증명서'를 제출하여야 한다. 등기사항증명서에 담보권등기가 되어 있으면 되므로, 채권자와 채무자 사이의 담보권 설정계약서·대출거래약정서·대출원장 등의 서면을 첨부하면 신속한 집행에 도움이 될 수 있다.

[신청서 예시: 채권담보권에 기한 압류 및 추심(전부)명령 신청]

압류 및 추심(전부)명령 신청서

(동산·채권 등의 담보에 관한 법률의 채권담보권에 기한 신청)

채 권 자 주식회사 ○○은행
서울 ○○구 ○○대로 123(○○동)
대표이사 ○○○

채 무 자 주식회사 갑을실업
서울 서초구 서초대로 1(서초동)
대표이사 ○○○

담보권설정자 채무자와 동일
※ 물상보증인이 있는 경우에는 물상보증인을 기재한다.

제3채무자 ※ 장래에 발생할 채권으로서 채무자가 특정되지 않은 경우에라도 압류신청 당시의 제3채무자를 기재한다.
가나다유통 주식회사
서울 강남구 양재대로 200(양재동)
대표이사 ○○○

채권담보권

2012년 6월 11일 09시30분 제1호 근담보권
존속기간 2017년 6월 10일

피담보채권 및 청구금액

10,000,000원 대여금채권의 일부금인 5,000,000원에 대한 청구

채권담보권의 목적인 채권

※ 담보목적물인 채권의 유형에 따라서 기재한다.

설정 당시 이미 채권이 발생한 경우 〈유형 1〉

1) 채권의 종류 : 동산매매대금채권

2) 채권의 발생원인 및 발생연월일 : 2012년 5월 30일 완구류 판매계약

장래발생채권으로 채무자가 특정된 경우 〈유형 2〉

1) 채권의 종류 : 차임채권

2) 채권의 발생원인 및 발생연월일 :

시기 : 2013년 1월 1일 종기 : 2013년 12월 31일

서울 서초구 서초대로 10 서초빌딩 101호 상가건물 임대차계약

장래발생채권으로 채무자가 특정되지 않은 경우 〈유형 3〉

1) 채권의 종류 : 차임채권

2) 채권의 발생원인 및 발생연월일 :

시기 : 2013년 1월 1일 종기 : 2013년 12월 31일

서울 서초구 서초대로 10 서초빌딩 상가건물 임대차계약

피압류 채권의 표시 : 별지 기재와 같음

※ 담보목적물인 채권의 유형에 따라서 별지목록으로 작성한다.

신 청 취 지

1. 채무자의 제3채무자에 대한 별지목록기재의 채권을 압류한다.
2. 제3채무자는 채무자에 대하여 위 채권에 관한 지급을 하여서는 아니 된다.
3. 채무자는 위 채권의 처분과 영수를 하여서는 아니 된다.
4. 위 압류된 채권은 채무자가 추심할 수 있다.

(4. 위 압류된 채권은 지급에 갈음하여 채권자에게 전부한다.)

라는 결정을 구합니다.

신 청 이 유

채권자는 채무자에 대하여 위와 같은 대여금채권에 관한 채권담보권이 있으나, 채무자가 변제기가 도과하였음에도 그 지급을 하지 아니하므로, 채무자가 제3채무자에 대하여 가지고 있는 별지목록기재의 채권에 대한 압류 및 추심(전부)명령을 하여 주시기 바랍니다.

첨 부 서 류

1. 압류할 채권목록 (당사자수+2부를 신청서에 첨부)
1. 채권담보 등기사항증명서
1. 채무자의 주민등록초본
1. 법인등기사항증명서 (채권자, 채무자, 담보권설정자, 제3채무자 중에 법인이 있는 경우)
1. 위임장 (본인이 아닌 대리인이 신청할 경우)

20 년 월 일

채 권 자 (서명 또는 날인)
연 락 처 :

○○ 지방법원 민사집행(신청)과 귀중

[별지]

피압류 채권의 표시

설정 당시 이미 채권이 발생한 경우 〈유형 1〉

주식회사 갑을실업의 가나다유통 주식회사에 대한
2012년 5월 30일 완구류 판매계약에 기한 동산매매대금채권으로서
위 청구금액에 이를 때까지의 금액

장래발생채권으로 채무자가 특정된 경우 〈유형 2〉

서울 서초구 서초대로 10 서초빌딩 101호 상가건물 임대차계약에
기한 2013년 1월 1일부터 2013년 12월 31일까지의
차임채권으로서 위 청구금액에 이를 때까지의 금액

장래발생채권으로 채무자가 특정되지 않은 경우 〈유형 3〉

서울 서초구 서초대로 10 서초빌딩 301호 상가건물 임대차계약에
기한 2013년 1월 1일부터 2013년 12월 31일까지의
차임채권으로서 위 청구금액에 이를 때까지의 금액

[신청서 예시: 동산담보권 물상대위를 위한 압류 및 추심(전부)명령 신청]

압류 및 추심(전부)명령 신청서

(동산·채권 등의 담보에 관한 법률의 동산담보권에 기한 물상대위를 위한 신청)

채 권 자 주식회사 ○○은행
서울 ○○구 ○○대로(○○동)
대표이사 ○○○

채 무 자 주식회사 갑을실업
서울 서초구 서초대로 1(서초동)
대표이사 ○○○

담보권설정자 채무자와 동일

※ 물상보증인이 있는 경우에는 물상보증인을 기재한다.

제3채무자 ○○ 주식회사
서울 관악구 신사로 1(신림동)
대표이사 ○○○

※ 담보목적물인 동산의 매수인을 기재한다.

동산담보권

2012년 6월 11일 09시30분 제1호 근담보권

존속기간 2017년 6월 10일

피담보채권 및 청구금액

10,000,000원 대여금채권의 일부금인 5,000,000원에 대한 청구

동산담보권의 목적인 동산

※ 담보목적물인 동산의 유형에 따라서 기재한다.

개별동산담보권에 기한 물상대위의 경우 〈유형 4〉

1) 일련번호 : 1
2) 동산의 종류 : 개별동산-유압식프레스기
3) 보관장소/특성 : 제조번호 2009AAB12-456
4) 기타사항 : 제조사-대한정밀 주식회사, 모델명 KOP-2000SL

집합동산담보권에 기한 물상대위의 경우 〈유형 5〉

1) 일련번호 : 1
2) 동산의 종류 : 집합동산-노트북 컴퓨터
3) 보관장소/특성 : 서울 서초구 서초대로 10, 303호(서초동, 제일빌딩)
4) 기타사항 : 보관장소의 명칭-수도권물류센터

피압류 채권의 표시 : 별지 기재와 같음

※ 담보목적물인 동산의 유형에 따라서 별지목록으로 작성한다.

신 청 취 지

1. 채무자의 제3채무자에 대한 별지목록기재의 채권을 압류한다.
2. 제3채무자는 채무자에 대하여 위 채권에 관한 지급을 하여서는 아니 된다.
3. 채무자는 위 채권의 처분과 영수를 하여서는 아니 된다.
4. 위 압류된 채권은 채권자가 추심할 수 있다.

(4. 위 압류된 채권은 지급에 갈음하여 채권자에게 전부한다.)

라는 결정을 구합니다.

신 청 이 유

채권자는 채무자에 대하여 위와 같은 대여금채권에 관한 동산담보권이 있으나 채무자가 그 지급을 하지 아니한 상태에서 (집합)담보목적물인 동산이 제3자에게 (통상의 영업범위를 초과하여) 매각되었으므로, 이에 물상대위권을 행사하기 위하여, 채무자가 제3채무자에 대하여 가지고 있는 별지목록기재의 채권에 대한 압류 및 추심(전부)명령을 하여 주시기 바랍니다.

첨 부 서 류

1. 압류할 채권목록 (당사자수+2부를 신청서에 첨부)
1. 동산담보 등기사항증명서
1. 채무자의 주민등록초본
1. 법인등기사항증명서 (채권자, 채무자, 담보권설정자, 제3채무자 중에 법인이 있는 경우)
1. 위임장 (본인이 아닌 대리인이 신청할 경우)

20 년 월 일

채 권 자 (서명 또는 날인)
연 락 처 :

○○ 지방법원 민사집행(신청)과 귀중

[별지]

피압류 채권의 표시

개별동산담보권에 기한 물상대위의 경우 〈유형 4〉

주식회사 갑을실업의 ○○ 주식회사에 대한 다음에 기재된 동산매매대금채권으로서 위 청구금액에 이를 때까지의 금액

- 다 음 -

개별동산 : 유압식프레스기, 제조번호 : 2009AAB12-456, 제조사 : 대한정밀 주식회사, 모델명 : KOP-2000SL

집합동산담보권에 기한 물상대위의 경우 〈유형 5〉

주식회사 갑을실업의 ○○ 주식회사에 대한 다음에 기재된 동산매매대금채권으로서 위 청구금액에 이를 때까지의 금액

- 다 음 -

집합동산 : 노트북 컴퓨터, 보관장소의 명칭 : 수도권물류센터-서울 서초구 서초대로 10, 303호(서초동, 제일빌딩)

Ⅲ. 압류[2)]

1. 서설

채권담보권에 기한 압류절차와 동산담보권에 기한 물상대위 행사를 위한 압류절차는 원칙적으로 금전채권에 대한 강제집행에 관한 규정이 준용된다(동산·채권담보법 제36조 제3항, 민사집행법 제273조, 민사집행규칙 제200조). 그러므로 여기서는 압류절차 중 강제집행에 관한 규정을 준용할 수 없는 사항을 중심으로 설명한다.

2. 채권담보권

가. 피압류채권

1) 압류명령의 대상

채권담보권에 기한 압류명령의 대상은 채권담보권의 효력이 미치는 채권에 한정된다. 강제집행의 경우 집행법원은 형식적 심사권만을 갖기 때문에 피압류채권의 존부, 귀속 등에 대하여 심사할 필요 없이 신청인의 주장에 따라 발령하는 것이 원칙이다. 그러나 채권담보권은 등기담보권이고 담보목적물부에 목적채권이 등기된다는 점에서 이를 기준으로 압류명령을 발령하여야 할 것이다.

예를 들면, '장래발생채권으로 채무자가 특정된 경우' 등기된 내용은 "2013년 1월 1일부터 2013년 12월 31일까지의 차임채권"으로서 1년분임에도 불구하고 압류신청서에 발생기간을 한정하지 아니하고 신청한 경우 보정명령을 발하여 담보권의 효력이 미치지 아니하는 부분까지 압류하는 일이 없도록 하여야 한다.

담보목적 채권이 부동산저당권부 대여금채권인 경우 채권담보권의 효력은 주된 권리인 대여금채권은 물론 종된 권리인 부동산저당권에도 미치는데 이 경우에는 채권압류사실을 부동산등기부에 기입하는 규정인 민사집행법 제228조를 이용할 수 있을 것이다.

2) 압류금지채권과 압류금지 범위변경

강제집행의 경우에는 민사집행법 제246조 제1항에 규정된 압류금지채권을 압류할 수 없고 집행법원이 간과하여 압류명령을 하더라도 그 실체법적 효력은 인정되지 아니한다. 이는 채무자의 최저생활 보장 등을 도모하기 위한 것인데, 채권담보권의

---

2) 동산·채권 담보 집행절차 해설, 법원행정처(2013), 94-98

실행절차에서 위 규정은 성질상 준용되지 않는다. 또한, 채권자와 채무자의 생활형편 등을 고려하여 압류금지 범위를 변경할 수 있는 규정인 민사집행법 제246조 제3항도 성질상 준용되지 않을 것이다.

다만, 압류금지채권 중에는 압류금지와 동시에 담보의 설정도 금지되는 경우가 있다(공무원연금법 제32조, 군인연금법 제7조 등). 이러한 담보설정 금지규정에 위반하여 설정된 담보권은 실체법상 무효이므로 그에 기해 압류명령을 발령할 수는 없다.

나. 압류경합과 압류의 확장효

채권 일부가 압류된 뒤에 그 나머지 부분을 초과하여 다시 압류명령이 내려졌거나, 채권 전부가 압류된 뒤에 그 채권 일부에 대하여 다시 압류명령이 내려진 때에는 각 압류의 효력은 그 채권 전부에 미치는데 이를 압류의 확장효라 한다(민사집행법 제235조). 예컨대, 120만 원의 채권에 대하여 채권자 甲이 50만 원, 채권자 乙이 100만 원의 집행채권으로 같은 금액을 각 압류한 경우, 목적채권 전부에 관하여 압류의 경합이 있는 것이므로 甲과 乙이 각각 120만 원 전부에 대하여 압류한 것으로 효력이 확장된다. 따라서 甲·乙 중 한 사람이 전부명령을 얻어도 그 전부명령은 무효이고, 배당절차가 개시될 경우의 배당액은 그 채권액에 따라 안분하여 甲이 40만 원, 乙이 80만 원이 되는 것과 같이 각 압류채권자는 목적채권으로부터 집행채권의 비율에 따라 안분배당을 받게 된다.

하지만 담보권 실행 등의 경우에는 담보권자에게 우선권이 있기 때문에 강제집행에 기초한 압류의 경우와 다르다. 이러한 경우에는 우선변제권의 범위 내에서 담보권자가 우선하게 되므로 압류의 경합이 있더라도 담보권자는 전부명령을 얻을 수 있고, 고유의 추심권능에 기초하여 추심권을 행사할 수 있으며, 그러한 우선권 있는 담보권 등에 기초한 압류의 효력도 확장되지 않는다.

다. 피담보채권의 확정

채권근담보권을 설정할 수 있는데(동산·채권담보법 제37조, 제5조), 채권근담보권에 관한 법리는 원칙적으로 부동산근저당권에 관한 법리와 유사하게 이해하면 된다. 따라서 계속적 거래관계가 종료하거나 근담보권자가 담보권 실행 신청을 하면 피담보채권은 확정된다.

담보목적물에 대하여 제3자의 압류로 집행절차가 개시된 경우 피담보채권의 확정시기에 관하여는 ① 부동산에 대한 근저당권에 관한 사안에서 대법원 1999. 9. 21. 선고 99다26085 판결은 "후순위 근저당권자가 경매를 신청한 경우 선순위 근저당권의 피담보채권은 그 근저당권이 소멸하는 시기, 즉 경락인이 경락대금을 완납한 때에 확정된다."고 하여 매각대금 완납시설을 취하고 있는 반면, ② 금전채권에 대한 근질권에 관한 사안에서 대법원 2009. 10. 15. 선고 2009다43621 판결은 "근질권이 설정된 금전채권에 대하여 제3자의 압류로 강제집행절차가 개시된 경우 근질권의 피담보채권은 근질권자가 위와 같은 강제집행이 개시된 사실을 알게 된 때에 확정된다."고 하여 부동산근저당권과 금전채권근질권의 피담보채권의 확정시기를 달리 보고 있는데, 담보목적물이 같은 금전채권이라는 점에 비추어보면 금전채권 근질권과 같이 이해함이 타당할 것으로 생각된다.

라. 담보목적 채권의 확정

담보목적 채권이 '설정 당시 이미 채권이 발생한 경우'는 담보목적물의 유동·순환이 상정되지 않는다. 이에 비하여 '장래발생채권으로 채무자가 특정된 경우', '장래발생채권으로 채무자가 특정되지 않은 경우'에는 담보목적물의 유동·순환을 상정할 수 있는데 그런 사안에서 담보권자에 의한 담보권 실행 후 또는 담보권설정자에 대한 회생절차 개시결정 후에 발생하는 채권에 담보권의 효력이 미치는가가 문제된다. 이는 유동·순환하는 담보목적 채권의 확정사유가 무엇이며 확정시점은 언제인가의 문제이기도 한데, 명시적인 규정이 없어 견해가 대립되는 상황이다.

다만, '장래발생채권으로 채무자가 특정된 경우'로서 '유동·순환이 허용되지 않은 사안'에서 '채권양도담보권'의 사적 실행 후 발생하는 채권에 대하여 채권양도담보권의 효력이 미친다고 한 대법원 판례(대법원 2013. 3. 28. 선고 2010다63836 판결)가 있다.

3. 동산담보권에 기한 물상대위

가. 피압류채권

1) 압류명령의 대상

가) 물상대위에 기한 압류명령의 대상은 물상대위 사유에 따라 다르다. '담보목적물을 매각'한 경우에는 매도인이 매수인으로부터 받을 매매대금채권, '임대'인 경우에는 임대인이 임차인으로부터 받을 차임채권, '제3자가 불법행위로 담보목적물을 훼

손'시킨 경우에는 담보권설정자가 그 불법행위자로부터 받을 손해배상채권, '담보목적물 멸실을 보험사고로 하여 보험에 가입'한 경우에는 담보권설정자가 보험사로부터 받을 보험금청구권이 압류명령의 대상이 된다.

채권담보권 중 '장래발생채권으로 채무자가 특정된 경우', '장래발생채권으로 채무자가 특정되지 않은 경우'에는 시기와 종기에 의한 제한을 받는데, 물상대위에 기한 압류의 경우 시기와 종기로 제한을 받는 경우는 상정하기 어렵다.

나) '집합동산담보권에 기한 물상대위의 경우' 중 물상대위 원인이 집합동산의 매각이고 통상의 영업범위를 초과하는 매각인 경우에만 물상대위를 허용한다는 견해를 취한다면, 신청인이 통상의 영업범위를 초과한 매각이라는 사실을 주장해 올 것이다. 문제는 통상의 영업범위 내 처분인지 여부(실체에 관련된 사항)를 형식적 심사기관인 집행법원이 판단하여야 한다는 점이다. ⓐ 신청인은 통상의 영업범위를 초과하는 매각임을 주장하면 족하고 집행을 저지하고자 하는 담보권설정자 등으로 하여금 즉시항고 등으로 불복하도록 하는 방안과 ⓑ 통상의 영업범위를 초과하는 매각임을 주장하는 것만으로는 부족하고 그러한 사실을 소명까지 하도록 하여 소명에 실패하면 압류신청을 기각한 후 기각결정에 대하여 신청인으로 하여금 즉시항고로 불복하도록 하는 방안이 있을 수 있는데, 후자의 방안이 더 타당하다.

2) 압류금지채권과 압류금지 범위변경

물상대위 행사를 위한 압류의 경우에도 압류금지채권에 관한 규정(민사집행법 제246조 제1항)과 압류금지 범위변경에 관한 규정(민사집행법 제246조 제2항)은 성질상 준용되지 않을 것이다.

나. 압류경합과 압류의 확장효

물상대위 행사를 위한 압류의 경우에도 채권담보권과 동일하게 취급하면 된다.

다. 현행 규정의 문제점

동산·채권 등의 담보에 관한 법률 제14조는 동산담보권에 기한 물상대위는 압류에 의하도록 규정했지만, 같은 법 제36조 제3항은 채권담보권의 실행을 민사집행법에 의하도록 규정하고 있을 뿐이고, 민사집행법 제273조 제2항, 제3항은 민법 제342조의 질권에 기한 물상대위를 위한 압류절차만을 규정하고 있을 뿐이다. 따라서 동산담보권에 기한 물상대위를 위한 압류절차의 근거규정은 현재로서는 존재하지 않는다.

한편, 부동산저당권의 경우에는 민법 제370조에서, 권리질권의 경우에는 민법 제355조에서 민법 제342조를 준용하는 규정을 두어 이 문제를 해결하고 있는데, 동산담보권에 관해서도 이를 참조하여 압류절차의 근거규정을 둘 필요가 있다.

다만, 현행법 하에서도 민법 제342조를 유추 적용하여 민사집행법 제273조에 의한 압류를 할 수 있다고 해석하는 것은 가능하다.

4. 현금화

강제집행에서 인정되는 추심명령, 전부명령, 특별현금화명령은 채권담보권에도 준용된다(동산·채권담보법 제36조 제3항).

추심명령은 채무자(담보권설정자)가 제3채무자에 대하여 가지고 있는 채권을 대위절차 없이 채권담보권자가 직접 추심할 권리를 부여하는 집행법원의 결정이다(민사집행법 제229조 제2항). 추심권의 범위는 압류의 효력이 미치는 범위에 미치고, 추심권자는 자기의 이름으로 제3채무자에 대하여 피압류채권의 추심에 필요한 재판상·재판외의 일체의 행위를 할 수 있다. 다만, 채권담보권자는 피담보채권의 한도에서 채권담보권의 목적이 된 채권을 직접청구할 수 있어(동산·채권담보법 제36조 제1항), 이행지체 후에는 이미 추심권이 발생되어 있기 때문에 추심권을 부여받기 위한 수단으로 추심명령을 신청할 실익은 크지 않다.

전부명령은 채무자(담보권설정자)가 제3채무자에 대하여 가지고 있는 채권을 지급에 갈음하여 채권담보권자에게 이전시키는 집행법원의 결정을 말한다. 전부명령이 있는 때에는 압류된 채권은 지급에 갈음하여 압류채권자에게 이전되는데(민사집행법 제229조 제3항), 확정되어야 그 효력이 발생한다(민사집행법 제229조 제7항). 전부명령이 확정된 경우에는 채무자는 전부명령이 제3채무자에게 송달된 때에 채무를 변제한 것으로 본다(민사집행법 제231조). 이러한 전부명령은 피담보채권의 변제기는 도래하였지만 담보목적채권의 변제기가 아직 도래하지 아니한 경우에 알맞은 채권담보권 실행방법이다.

이와 관련하여 전부명령이 제3채무자에게 송달될 때까지 그 금전채권에 관하여 다른 채권자가 압류·가압류 또는 배당요구를 한 경우에는 전부명령은 효력을 가지지 아니한다는 규정(민사집행법 제229조 제5항)과 채권담보권의 우선변제권에 관한 규정의 관계(동산·채권담보법 제37조, 제8조)가 문제된다. 민사집행법 제229조 제5항은 전부권자의 독점적 만족을 저지하고 채권자평등주의를 실현하기 위한 규정이므로, 경합하는 다른 채권자에게 채권담보권의 우선변제권을 주장할 수 있는 경우에는 적용되지 아니한다고 해석해야 한다. 예를 들면, 채권담보권자 A의 담보등기일은 2013. 2. 2.이고 채권담보권에 기한 압류 및 전부명령의 제3채무자 송달일은 2013. 6. 2.이라고 할 때, ① 일반채권자 B의 집행권원에 의한 압류명령의 제3채무자 송달일이 2013. 5. 2.이면 A의 우선변제권 취득일(담보등기일이 기준이므로 2013. 2. 2.)이 B의 압류명령 발효일(2013. 5. 2.)보다 앞서므로 A는 B에 대하여 우선변제권을 주장할 수 있고 전부명령도 유효함에 비하여, ② 일반채권자 B의 집행권원에 의한 압류명령의 제3채무자 송달일이 2013. 1. 5.이면 A의 우선변제권 취득일(2013. 2. 2.)이 B의 압류명령 발효일(2013. 1. 5.)보다 뒤지므로 A는 B에 대하여 우선변제권을 주장할 수 없고(압류에 저촉되는 담보권 취득의 효과) 전부명령도 무효가 된다.

담보목적채권에 조건 또는 기한이 있거나, 반대의무의 이행과 견련되어 있거나 그 밖의 이유로 추심하기 곤란한 때에는 법원은 채권자의 신청에 따라 양도명령, 매각명령 또는 관리명령을 하거나 그 밖에 적당한 방법으로 현금화하도록 하는 명령을 할 수 있다(민사집행법 제241조). 이러한 집행법원의 특별현금화명령은 채권담보권자의 신청이 있어야 할 수 있는데, 집행법원은 이 신청을 허가하는 결정을 하기 전에 채무자를 심문하여야 한다(민사집행법 제241조 제2항). 양도명령은 담보목적채권을 법원이 정한 값으로 압류한 담보권자에게 지급에 갈음하여 양도할 것을 명하는 것이고, 매각명령은 법원이 정한 방법으로 추심에 갈음하여 담보목적채권을 매각할 것을 집행관에게 명하는 것이며, 관리명령은 관리인을 선임하여 담보목적채권의 관리를 명하는 것이다.

5. 동산·채권담보법상 채권담보권과 채권양도 사이의 우열관계

가. 채권담보권의 대항요건

1) 관련 규정

동산·채권담보법 제35조(담보등기의 효력)

① 약정에 따른 채권담보권의 득실변경은 담보등기부에 등기한 때에 지명채권의 채무자(이하 "제3채무자"라 한다) 외의 제3자에게 대항할 수 있다.

② 담보권자 또는 담보권설정자(채권담보권 양도의 경우에는 그 양도인 또는 양수인을 말한다)는 제3채무자에게 제52조의 등기사항증명서를 건네주는 방법으로 그 사실을 통지하거나 제3채무자가 이를 승낙하지 아니하면 제3채무자에게 대항하지 못

한다.

③ 동일한 채권에 관하여 담보등기부의 등기와 민법 제349조 또는 제450조제2항에 따른 통지 또는 승낙이 있는 경우에 담보권자 또는 담보의 목적인 채권의 양수인은 법률에 다른 규정이 없으면 제3채무자 외의 제3자에게 등기와 그 통지의 도달 또는 승낙의 선후에 따라 그 권리를 주장할 수 있다.

④ 제2항의 통지, 승낙에 관하여는 민법 제451조 및 제452조를 준용한다.

2) 제3자 대항요건과 제3채무자 대항요건의 분리

동산·채권담보법은 제35조 규정에서 동산·채권담보법은 새로운 공시제도인 담보등기제도를 도입하여 채권담보권의 제3자에 대한 대항요건은 담보등기로 하면서도, 제3채무자에 대한 대항요건은 제3채무자에게 등기사항 증명서를 건네주는 방법으로 그 사실을 통지하거나 채무자가 이를 승낙하는것으로 하여, 제3자 대항요건과 제3채무자 대항요건을 분리하였다. 이와 같이 대항요건을 분리시킨 이유는, 제3채무자에 대한 대항요건은 제3채무자에게 변제를 할 상대방을 확실하게 알려주어 이중변제의 위험을 방지하기 위한 것이고, 그 외 제3자에 대한 대항요건은 상호 양립할 수 없는 법적 지위를 갖는 자들 사이에 상호 우열을 결정하기 위한 것으로, 그 기능이 다르기 때문이다.[3)]

나. 채권담보권의 대항요건 분리로 인한 우열관계의 판단

1) 문제점

민법상 채권양도에 관하여는, 확정일자부 통지나 승낙으로 승낙으로 제3자에게 우선권이 있는 채권자는 당연히 채무자에 대해서도 우선적으로 변제받을 지위에 있으므로, 채권자들 사이의 우선순위와 채무자가 변제해야 할 채권자가 일치한다.

그런데 동산·채권담보법은 제3자에 대한 대항요건은 담보등기를 요구하고, 채무자에 대한 대항요건은 등기사항증명서를 첨부한 통지 또는 승낙을 요구하는 것으로 분리시킴으로서 기존에는 발생하지 않았던 문제가 발생한다. 즉 담보권자가 경합하는 채권양수인보다 먼저 등기는 갖추었으나 채무자에게 통지를 하지 않은 경우 또는 통지를 하였으나 채권양수인의 통지보다 늦은 경우, 채무자는 누구에게 변제해야 면책되는가와 그에 따른 3자 사이의 부당이득 반환 문제가 발생한다. 실제로 채무자는 대체로 채권자의 거래처이고 , 담보권설정 통지로 인하여 거래처 사이에 채권자의 신

3) 안형준, 동산·채권 등의 담보에 관한 법률, 법무부(2010), 100

용이 저하되면 담보권자의 채권 회수에 지장이 있을 수 있으므로, 담보권자는 담보권을 실행할 필요성이 있을 때까지 통지를 하지 않으려는 경우가 많다. 집합채권에 담보권을 설정한 경우 통지비용을 아끼기 위하여 담보권을 실행할 필요가 있을 때까지 통지를 하지 않는 경우도 있을 수 있다.

2) 경합하는 채권자들 사이의 우열관계: 담보권자는 등기일시 기준

우열관계가 문제되는 제3자는 담보권자와 양립불가능한 지위를 가진 자이다. 설정자로부터 동일한 채권을 양수한 자, 질권을 설정 받은 자, 동일한 채권을 (가)압류한 자, 담보권설정자가 파산한 경우 파산관재인 등이다.

동산·채권담보법 제35조 제1항, 제3항은 담보등기시 채무자 외의 제3자에게 대항할 수 있고, 동일한 채권에 관하여 담보등기와 확정일자부 채권양도 통지, 승낙 있을 경우 제3자에게 등기와 통지도달, 승낙의 선후에 따라 그 권리를 주장할 수 있다고 규정하고 있는 바(채무자에 대한 대항요건을 규정한 같은 법 제35조 제2항은 여기에는 적용될 여지가 없음), 위 규정의 문언상 담보권자와 채권양수인 등 양립불가능한 지위를 가진 자들 사이에서는 담보등기일시와 양도통지, 승낙일시를 비교하여 앞서는 자가 우선한다.

3) 대항요건 이원화에 따른 지명채권의 채무자(제3채무자)의 지위

앞서 본 바와 같이 채권담보권자와 제3자 사이의 우열은 동산·채권담보법 제35조 제1항, 제3항에 따라 담보등기와 확정일자부 채권양도 통지, 승낙일시를 비교하여 가리면 되고, 그 일시가 앞서는 자에게 지명채권의 채무자(제3채무자)가 변제한 경우에 당연히 효력이 발생한다.

그런데 동산·채권담보법 제35조 제2항은 제3채무자에 대하여 별도로 담보권자 또는 담보권설정자가 제3채무자에게 제52조의 등기사항증명서를 건네주는 방법으로 그 사실을 통지하거나 제3채무자가 이를 승낙하지 아니하면 제3채무자에게 대항하지 못한다고 규정하고 있으므로 앞서 본 바와 같이 담보등기일자가 다른 제3자의 채권양도 통지, 승낙일시 보다 빨라 우선권이 있는 담보등기권자가 제3채무자에 대하여는 동산·채권담보법 제35조 제2항에 따른 대항요건을 갖추지 못한 경우에 제3채무자는 누구에게 변제하여야 면책되는가가 문제가 된다.

가) 채권양도통지만 도달되고 담보권설정통지가 없는 경우

일응 제3채무자에 대한 대항요건을 갖춘 채권양수인만이 제3채무자에 대하여 대항할 수 있다. 따라서 제3채무자는 채권양수인에게 변제하면 유효하게 채무가 소멸

하고 면책된다. 이 경우 담보권자는 채무자에 대하여는 담보권을 행사할 수 없지만 이미 담보등기일자가 채권양도통지 도달일보다 앞서므로 후순위인 채권양수인에게 부당이득으로서 그 지급받은 것의 반환을 구할 수 있다. 이 경우의 부당이득은 채권의 귀속 침해로 인한 침해부당이득으로서, 채권의 준점유자에 대한 변제가 있는 때에 채권자가 변제를 수령한 준점유자에게 부당이득을 청구하는 구조와 동일하다.

대법원 2016. 7. 14. 선고 2015다71856, 71863 판결 또한 "동산·채권담보법에 의한 채권담보권자가 담보등기를 마친 후에서야 동일한 채권에 관한 채권양도가 이루어지고 확정일자 있는 증서에 의한 채권양도의 통지가 제3채무자에게 도달하였으나, 동산·채권담보법 제35조 제2항에 따른 담보권설정의 통지는 제3채무자에게 도달하지 않은 상태에서는, 제3채무자에 대한 관계에서 채권양수인만이 대항요건을 갖추었으므로 제3채무자로서는 채권양수인에게 유효하게 채무를 변제할 수 있고 이로써 채권담보권자에 대하여도 면책된다. 다만 채권양수인은 채권담보권자에 대한 관계에서는 후순위로서, 채권담보권자의 우선변제적 지위를 침해하여 이익을 받은 것이 되므로, 채권담보권자는 채권양수인에게 부당이득으로서 그 변제받은 것의 반환을 청구할 수 있다."고 판시하여 동일한 입장을 취하고 있다.

나) 채권양도통지 후 담보권설정통지를 받지 못한 상태에서 담보권자에게 변제한 경우

그런데 만약 앞서 본 ① 사안에서와 같이 채권양도통지 후 담보권설정통지를 못한 상황에서라면 제3채무자로서는 대항요건을 갖춘 채권양수인에게 변제하여야 함에도 불구하고 담보권설정통지를 받지 않아 담보권자가 대항요건을 갖추지 못한 상태에서 담보권 등기를 함에 따라 실체적인 우선권을 가지는 채권담보권자에게 변제하였다면 법률관계는 어떻게 되는가?

이와 같이 제3채무자가 우선권자인 채권담보권자에게 변제하는 것은 곧 담보권설정사실을 승낙하는 것으로 볼 수 있다. 따라서 제3채무자의 승낙에 의해 채권담보권의 제3채무자에 대한 대항요건이 갖추어지므로 그러한 변제도 유효하다. 왜냐하면 제35조 제2항의 문언상 채무자의 승낙에는 '담보등기사항명세서를 건네주는 방법으로'의 수식이 적용되지 않으므로 채무자는 담보권자에게 방식에 구애받지 않고 담보권설정사실을 승낙할 수 있고, 채무자가 우선권자인 담보권자에게 변제하는 것 자체를 곧 담보권설정사실을 승낙하는 것으로 볼 수 있기 때문이다. 이 경우 채권양수인은 담보권자에게 실체적인 우선순위가 뒤지므로 채무자나 담보권자를 상대로 부당이

득반환청구를 할 동기나 이유가 없다. 결국 담보권자가 담보등기를 먼저 갖춘 경우 담보권자는 우선권자로서 언제나 채무자로부터 변제수령권이 있다.

다) 채권양도통지 후 담보권설정통지까지 받은 경우

채권양도통지 후 담보권설정사실을 통지 받은 상태에서는 채권양수인은 물론 채권담보권자도 제3채무자에게 대항할 수 있고 채권담보권자가 실체적으로 우선하므로, 제3채무자로서는 담보권자에게 변제한다면 채무는 소멸하고 제3채무자는 면책될 것이다.

그런데, 만약 이 경우 제3채무자가 채권양수인에게 변제하면 이러한 변제는 유효하여 제3채무자가 면책되는지가 문제되는데, 대법원 2016. 7. 14. 선고 2015다71856, 71863 판결은 "양도통지가 있은 후 동산·채권담보법 제35조 제2항에 따른 담보권설정의 통지가 제3채무자에게 도달한 경우에는, 그 통지가 채권양도의 통지보다 늦게 제3채무자에게 도달하였더라도, 채권양수인에게 우선하는 채권담보권자가 제3채무자에 대한 대항요건까지 갖추었으므로 제3채무자로서는 채권담보권자에게 채무를 변제하여야 하고, 채권양수인에게 변제하였다면 특별한 사정이 없는 한 이로써 채권담보권자에게 대항할 수 없다. 채권담보권자가 채권양수인보다 우선하고 담보권설정의 통지가 제3채무자에게 도달하였음에도, 그 통지보다 채권양도의 통지가 먼저 도달하였다는 등의 이유로 제3채무자가 채권양수인에게 채무를 변제한 경우에 채권담보권자가 무권한자인 채권양수인의 변제수령을 추인하였다면, 이러한 추인에 의하여 제3채무자의 채권양수인에 대한 변제는 유효하게 되는 한편 채권담보권자는 채권양수인에게 부당이득으로서 그 변제받은 것의 반환을 청구할 수 있다."고 판시하여 담보권자가 추인한 경우에 한하여 제3채무자는 면책되지만 담보권자는 채권양수인에게 부당이득반환 청구를 할 수 있다는 입장을 취하고 있다.

Ⅳ. 배당절차

1. 서론

채권담보권에 기한 압류명령을 송달받은 제3채무자가 집행공탁 및 사유신고를 하면 배당절차가 개시되고(민사집행법 제252조), 이렇게 개시된 배당절차에는 부동산경매의 배당절차가 대부분 준용된다(민사집행법 제256조). 이 점은 집행권원에 기한 강제집행절차와 같다.

그러나 채권담보권자는 담보권의 효력이 미치는 범위에서 우선변제권이 인정되고, 압류금지채권에 관한 제한을 받지 않는다는 점에서 집행권원에 기한 채권자와 다르게 취급된다.

2. 배당사례

가. 최우선임금채권자, 일반채권자와 채권담보권자의 경합

채권담보권자 A(2012년 6월 12일 채권담보등기 마침, 피담보채권 200만 원, 담보목적 채권은 담보권설정자 甲의 임차인 乙에 대한 2013년 1월 1일부터 2013년 12월 31일까지의 차임채권)가 채권담보권에 기한 압류명령을 받았다. 한편, 일반채권자 B(집행채권 200만 원)도 같은 채권을 압류하였고, 최우선임금채권자 C(집행채권 100만 원)도 압류명령을 받자, 제3채무자 乙은 2015년 2월 2일 300만 원을 집행공탁하고 사유신고를 하였다. 이에 기하여 배당절차가 개시된 경우 배당순위와 배당금액은?
(공탁금 300만 원은 담보권의 효력이 미치는 부분인 2013년분 100만 원과 미치지 않는 부분인 2014년 이후 200만 원으로 구성되어 있다고 가정한다. 그리고 A의 피압류채권 표시는 "2013년 1월 1일부터 2013년 12월 31일까지의 차임채권 중 위 청구금액에 이를 때까지의 금액"으로 기재됨에 비하여, B, C의 피압류채권 표시는 실무상 "청구금액에 이를 때까지의 금액" 형식으로 기재되므로, 300만 원 전체에 미친다고 본다.)

1) 최우선임금채권의 배당방법

이러한 경우 채권에 관한 공동담보규정(동산·채권담보법 제37조, 제29조)이 동산과 채권의 차이를 간과한 규정으로서 입법론상 재검토가 필요하므로 동산이나 채권의 공동담보권에만 제한적으로 적용하여야 하고 임금채권이나 조세채권 등에까지 유추적용할 것은 아니라는 견해가 있다. 그러나 동산이나 채권에 관한 공동담보규정(동산·채권담보법 제37조, 제29조)은 민법 제368조와 같은 내용을 규정하고 있고 민법 제368조는 공동저당권자의 자의를 배제하여 후순위 저당권자 사이의 이해 조정을 도모하려는 것을 주된 목적으로 한 규정인데, 근로기준법에 규정된 임금 등에 대한 우선특권은 사용자의 총재산에 대하여 저당권에 의하여 담보된 채권, 조세 등에 우선하여 변제받을 수 있는 이른바 법정담보물권으로서(대법원 2000. 9. 29. 선고 2000다32475 판결 등 참조), 사용자의 부동산이 여럿인 경우에는 마치 그 부동산 전부에 대한 공동저당권자와 유사한 지위에 서게 되므로 민법 제368조를 적용하여 사용자 소유의 여러 부동산이 동시에 매각되어 그 경매대가를 동시에 배당하는 때에는 민법 각 부동산의 경매대가에 비례하여 그 채권의 분담을 정하여야 한다는 점을 감안하여 보면, 최선순위임금채권자는 공탁금 중 채권담보권의 목적물과 그렇지 않은 부분에서 안분비례로 배당받는다고 보아야 할 것이다.

2) 구체적인 배당

공탁된 3,000,000원은 채권담보권의 목적물인 1,000,000원과 채권담보권의 목적물이 아닌 2,000,000원으로 구분된다. 따라서 1순위로 최선순위임금채권자에게 안분비례로 배당하고 2순위로 채권담보권자에게 담보권의 효력이 미치는 목적물에서 1순위로 임금채권자에게 배당하고 남은 잔액 666,667원을 배당한다. A는 채권담보권의 목적물이 아닌 부분에 대하여는 배당받을 수 없다. 3순위 일반채권자에게는 1, 2순위로 배당하고 남은 1,333,333원을 배당한다. 결과적으로 최선순위임금채권자 C에게 1,000,000원, 채권담보권자 A에게 666,667원, 일반채권자 B에게 1,333,333원이 배당된다.

[배당내역]

채권자	권원	(피담보)채권액	2013. 1. ~ 12. 차임	그 이외 기간의 차임
			1,000,000원	2,000,000원
C	최선순위 임금채권자	1,000,000원	333,333원	666,667원
A	채권담보 등기권자	2,000,000원	666,667원	0원
B	일반 채권자	2,000,000원	0원	1,333,333원

나. 예약형 집합채권양도담보와 채권담보권의 경합

㉮ B는 임대업을 하고 있는 甲 소유의 서울 서초구 서초대로 10 상가빌딩에 입주할 다수 임대인에 대한 차임채권에 대하여 2012. 3. 10. 이른바 '예약형 집합채권의 양도담보계약'을 체결하고 대출해 주었다(피담보채권 1억 원).

㉯ A는 위 상가건물의 동일한 차임채권을 담보목적 채권으로 하여 채권담보등기

를 2012. 6. 10. 마쳤다(피담보채권은 1억 원, 등기 당시 임차인들은 아직 특정되지 않았고, 차임채권 발생기간은 2013년 1월 1일부터 2016년 12월 31일까지).
㉰ B는 위 건물에 임차중인 乙 등 50명에게 위 ㉮의 약정에 따라 예약완결권, 양도·양수할 차임 채권에 대한 선택권, 채권양도사실 통지 대리권을 행사하여 2014. 2. 2. 위 서류가 乙 등 50명에게 모두 송달되었다.
㉱ 채권담보권자 A는 채권담보권에 기하여 위 건물에 임차 중인 乙 등 50명을 제3채무자로 하는 압류명령을 받았다. 이 압류명령은 2014. 2. 5. 乙 등 50명에게 모두 송달되었다.
㉲ 乙 등 50명의 임차인들이 2014. 2. 6. 집행공탁 및 사유신고를 하여, 배당절차가 개시되었다(공탁금은 1억 원인데, 각 임차인에 대한 차임채권은 위 담보목적 채권에 해당하고 각 200만 원으로 동일하다고 가정한다).

1) 예약형 집합채권 양도담보계약의 제3자 대항요건 취득시점

예약형 집합채권 양도담보계약을 위 사안으로 설명하면, 예약을 일방적으로 완결할 수 있는 예약완결권을 B에게 부여함과 동시에 甲의 차임채권 중에서 대물변제로서 양도·양수할 차임채권을 선택할 수 있는 선택권을 B에게 부여하기로 하는 한편, B가 선택권과 예약완결권을 행사하는 경우 실효성과 편의를 위하여 B로 하여금 甲을 대리하여 제3채무자인 임차인들에게 채권양도사실을 통지할 수 있도록 甲이 B에게 대리권을 부여한 계약이다. 이와 같은 예약형 집합채권 양도담보 계약의 경우 예약완결권, 양도·양수할 차임 채권에 대한 선택권, 채권양도사실 통지 대리권한까지 채권자 B에게 부여되는 것이므로(대법원 2011. 10. 13. 선고 2011다56637, 56644 판결), B가 위 서류들을 제3채무자인 임차인들에게 송달시킨 때 제3자 대항요건을 취득하는 것으로 보아야 할 것이다.

위 사안에서 B의 제3자 대항요건 취득시점은 예약형 집합채권 양도담보계약 체결시점인 2012. 3. 10. 아니라 임차인들이 예약완결권 의사표시, 양도통지 등을 송달받은 2014. 2. 2.이다.

2) 구체적인 배당

제3자 대항요건 취득시점은, A(담보등기일인 2012. 6. 10.)가 B(2014. 2. 2.)보다 앞선다. 위 집행공탁금은 모두 담보목적 채권에 해당하고 순위에서도 앞서므로 1억 원 전액을 A에게 배당하면 된다.

다. 압류금지채권이 있는 경우 채권담보권과 최우선임금채권의 경합

> 임차인 甲의 임대인 乙에 대한 주택임대차보증금반환채권 6,000만 원을 담보목적채권으로 하여 A는 채권담보등기를 하였고, 위 채권담보권에 기하여 압류명령을 받았다.
> 甲에 대한 최우선임금채권자 B는 집행권원에 기하여 위 채권에 대하여 압류명령을 받았다. 위 두 개의 압류명령을 송달받은 제3채무자 乙은 6,000만 원 전액을 집행공탁하였다. A의 피담보채권 2,000만 원, B의 최우선임금채권 4,000만 원, 민사집행법 제246조 제1항 제6호에 의한 압류금지채권에 해당하는 부분은 7,500만 원 이하의 주택임대차보증금 중 2,500만 원이라고 할 경우 배당방법은?

1) 압류금지채권인 부분과 아닌 부분의 구별

채권담보권에 기한 압류명령에는 채권에 대한 강제집행에 관한 규정이 대부분 준용되지만(동산·채권담보법 제36조 제3항, 민사집행법 제273조, 민사집행규칙 제200조), 압류금지채권에 관한 민사집행법 제246조 규정은 성질상 준용되지 않는 것으로 해석된다.

채권담보권자의 담보권의 효력 및 압류명령의 효력은 6,000만 원 전액에 대하여 미치지만, 임금채권자의 압류명령의 효력은 압류금지채권이 아닌 부분 3,500만 원에 대하여만 미친다.

2) 구체적인 배당

압류금지채권이 아닌 부분 3,500만 원은 1순위인 최우선임금채권자에게, 압류금지채권인 부분 2,500만 원 중 2,000만 원은 채권담보권자에게, 나머지 500만 원은 잉여금으로 채무자 甲에게 각 배당한다.

라. 물상대위권자와 채권담보권자의 경합

> ㉮ 甲은 2013. 3. 3. 시가 1억 원 상당의 α 동산을 乙에게 1억 원에 매각하였는데 매각대금은 2014. 2. 2. 지급하기로 하였고, 甲은 2013. 4. 4. 위 1억 원의 매매대금채권에 대하여 B에게 채권담보권을 설정해 주었다.
> ㉯ 甲은 위 채권담보권 설정 이전인 2013. 2. 2. 위 α 동산에 대하여 A에게 개별동산담보권을 설정해 주었다.
> ㉰ 위 매매대금채권에 대하여 B는 채권담보권에 기한 압류명령을 받았고, A는 동산담보권에 기한 물상대위로 압류명령을 받았다.

㉣ 제3채무자 乙은 2014. 2. 5. 집행공탁 및 사유신고를 하였다. 배당방법은? (A의 피담보채권 6,000만 원, B의 피담보채권 6,000만 원이라고 가정)

1) 물상대위와 채권담보권의 우열판단 기준

채권담보권의 제3자 대항요건 취득시점이 담보등기일자 임은 의문이 없고, 다만 동산담보권에 기한 물상대위를 행사한 경우 동산담보등기일로 볼 것인지 압류명령의 제3채무자 송달일로 볼 것인지가 문제된다. 동산담보등기일로 보는 것이 옳다. 물상대위권을 행사하기 위하여 한 압류는 물상대위의 목적인 채권의 특정성을 유지하여 그 효력을 보전함과 동시에 제3자에게 불측의 손해를 입히지 않으려는 데 있는 것인데(대법원 1994. 11. 22. 선고 94다25728 판결 참조), 동산담보권의 공시로써 물상대위권도 공시된다고 볼 수 있으므로, 물상대위권 행사의 선후와 관계없이 동산담보등기 시점에 의하여 우선순위가 결정되기 때문이다.

2) 구체적인 배당

A의 동산담보등기 시점이 B의 채권담보등기 시점보다 빠르므로 1순위 A 6,000만 원, 2순위 B 4,000만 원을 각 배당하면 된다.

3. 채권의 제3자 대항요건 구비방식과 배당절차

채권의 양도 또는 담보설정에 관하여 현행법상 인정되는 제3자 대항요건 구비방법의 종류와 그 배당절차상 유의할 점에 대해 살펴본다.

가. 제3자 대항요건 구비방식

채권도 재화의 일종이므로 이를 거래의 객체로 삼아 양도하거나 담보에 제공할 수 있는데, 이렇게 채권을 양수받거나 담보권을 설정받은 자가 그 권리를 제3자에게 대항하기 위해서는 일정한 대항요건을 구비하여야 한다. 현행법은 세 가지 유형의 제3자 대항요건 제도를 인정하고 있다.

1) 민법 제450조 제2항(또는 민법 제349조)에 의한 대항요건

이는 확정일자 있는 증서에 의한 제3채무자에의 통지 또는 제3채무자의 승낙이다. 이에 의하여 채권양도(민법 제450조 제2항)와 채권질권의 설정(민법 제349조)을 공시할 수 있다. 채권의 양도인이나 채권질권 설정자의 자격이 법인이나 상호등기를

한 자로 제한되지 않는다(동산·채권담보법 제34조 제1항과 비교된다).

2) 자산유동화에 관한 법률 제7조 제2항에 의한 대항요건

이는 금융위원회의 채권양도 등록이다. 이에 의하여 채권 자체의 진정한 양도를 공시할 수 있다(자산유동화에 관한 법률 제13조)

3) 동산·채권 등의 담보에 관한 법률 제35조 제1항에 의한 대항요건

이는 채권담보등기부에의 채권담보 등기이다. 이에 의하여 금전채권의 담보를 공시할 수 있다(동산·채권담보법 제34조 제1항).

나. 배당절차에서 유의할 점

1) 담보등기부에 등기된 채권에 대하여 집행할 경우 압류명령은 제3채무자에게 송달하여야 효력이 발생하며(민사집행법 제227조 제3항), 담보등기부에 압류등기를 해야 하는 것은 아니다.

2) 집행권원에 기한 압류명령에 기재된 일자가 확정일자가 되므로 압류명령은 확정일자 있는 증서와 동일하게 취급된다. 동일한 채권에 관하여 담보등기부 등기와 민법 제450조 제2항에 의한 통지·승낙이 있는 경우에 법률에 다른 규정이 없으면 등기와 통지·승낙의 선후에 따라 우열을 결정한다(동산·채권담보법 제35조 제3항). 따라서 집행권원에 기한 압류와 채권담보권에 기한 압류가 경합한 경우에는 집행권원에 기한 압류의 제3채무자 송달일과 채권담보등기일을 비교하여 그 우열을 판단하게 된다. 실무상 발생하기 어렵겠지만, 집행권원에 기한 압류명령의 제3채무자 송달이 채권담보등기보다 빠르면 압류의 처분금지효에 관한 개별상대효 이론에 의해 해결하게 된다.

3) 배당실무상 발생하기 어렵기는 하겠지만, 다음과 같은 자료가 배당법원에 제출된 경우를 보자. 제3채무자가 사유신고를 하면서 제출한 자료에는 채권담보권에 기한 압류명령을 받은 A(등기일은 2013. 1. 2. 제3채무자 송달일은 2013. 6. 7.), 일반채권에 기한 압류명령을 받은 B(제3채무자 송달일 2013. 5. 6.), 자신이 양수채권자라고 주장하는 C(금융위원회 등록일 2013. 4. 4., 권리주장을 고지하는 통지서 제3채무자 송달일 2013. 5. 20.)가 있는 경우 제3자 대항요건에서 우열은 A(등기일 2013. 1. 2.) 〉 C(등록일 2013. 4. 4.) 〉 B(송달일 2013. 5. 20.) 순이다.

V. 사적 실행

1. 사적 실행의 방법

정당한 이유가 있는 경우 담보권자는 담보목적물로써 직접 변제에 충당하거나 담보목적물을 매각하여 그 대금을 변제에 충당할 수 있다(동산·채권담보법 제21조 제2항 본문). 다만 선순위 권리자(담보등기부에 등기되어 있거나 담보권자가 알고 있는 경우로 한정한다)가 있는 경우에는 그의 동의를 받아야 한다(같은 법 제21조 제2항 단서).

위 '정당한 이유'로는, 예를 들어 목적물의 가치가 적어 많은 비용을 들여 경매하는 것이 불합리한 경우, 경매를 하면 정당한 가격을 받기 어려운 사정이 있는 경우, 공정시세가 있어 경매에 의하지 않더라도 공정한 값을 산출할 수 있는 경우 등을 들 수 있다. 충당의 방법은 담보목적물로써 직접 변제에 충당하는 방식(귀속청산)과 담보목적물을 매각하여 그 대금을 변제에 충당하는 방식(처분청산)이 모두 허용된다.

2. 과실 수취에 의한 충당

담보권자가 담보목적물을 점유하는 경우에 담보권자는 담보목적물의 과실을 수취하여 다른 채권자보다 먼저 그 채권의 변제에 충당할 수 있다(동산·채권담보법 제25조 제4항 본문). 다만 과실이 금전이 아닌 경우에는 같은 법 21조에 따라 질권에서와 같이 그 과실을 경매하거나 또는 그 과실로써 직접 변제에 충당하거나 그 과실을 매각하여 그 대금으로 변제에 충당할 수 있다(같은 법 제25조 제4항 단서).

3. 동산·채권담보권 실행에 관한 약정

담보권자와 담보권설정자는 동산·채권담보법에서 정한 실행절차와 다른 내용의 약정을 할 수 있다(같은 법 제31조 제1항 본문). 다만 같은 법 제23조 제1항에 따른 통지가 없거나 통지 후 1개월이 지나지 아니한 경우에도 통지 없이 담보권자가 담보목적물을 처분하거나 직접 변제에 충당하기로 하는 약정은 효력이 없고(같은 법 제31조 제1항 단서), 그 약정에 의하여 이해관계인의 권리를 침해하지 못한다(같은 법 제31조 제2항).

4. 이의신청

담보권자는 담보목적물로부터 변제를 받지 못한 채권이 있는 경우에만 담보목적물이 아닌 채무자의 다른 재산으로부터 변제를 받을 수 있으며(동산·채권담보법 제15조 제1항), 담보권자가 채무자의 다른 재산에 대하여 집행하는 때에는 채무자 등 이해관계인은 민사집행법 제16조에 따라 이의신청을 할 수 있다. 그러나 담보목적물보다 먼저 다른 재산을 대상으로 하여 배당이 실시되는 경우에는 위 제15조 제1항은 적용되지 않으며(채무자의 그 다른 재산으로부터 변제를 받을 수 있다), 이때 다른 채권자는 담보권자에게 그 배당금액의 공탁을 청구할 수 있다(동산·채권담보법 제15조 제2항).

5. 채무자 등에 대한 통지

담보권자가 담보목적물로써 직접 변제에 충당하거나 담보목적물을 매각하기 위해서는 그 채권의 변제기 후에 동산·채권담보권 실행의 방법을 채무자 등과 담보권자가 알고 있는 이해관계인에게 통지하고, 그 통지가 그들에게 도달한 날부터 1개월이 지나야 한다(동산·채권담보법 제23조 제1항 본문). 다만 담보목적물이 멸실 또는 훼손될 염려가 있거나 가치가 급속하게 감소될 우려가 있는 경우에는 그러하지 아니하다(같은 법 제23조 제1항 단서). 그 통지에는 피담보채권의 금액, 담보목적물 평가액 또는 예상 매각대금, 담보목적물로써 직접 변제에 충당하거나 담보목적물을 매각하려는 이유를 명시하여야 한다(같은 법 제23조 제2항).

6. 귀속청산의 절차

이 경우 담보권자는 담보목적물의 평가액에서 그 채권액을 뺀 금액(청산금)을 채무자 등에게 지급할 의무가 있다(동산·채권담보법 제23조 제3항 본문). 담보목적물에 선순위의 동산·채권담보권 등이 있을 때에는 그 채권액을 계산할 때 선순위의 동산·채권담보권 등에 의하여 담보된 채권액을 포함한다(같은 법 제23조 제3항 단서). 담보권자는 청산금을 채무자 등에게 지급한 때에 담보목적물의 소유권을 취득한다(같은 법 제23조 제4항). 담보권자가 목적물을 점유하고 있더라도 청산금을 지급하지 않는 한 소유권은 여전히 설정자에게 있으므로 채무자 등은 피담보채무액을 담보권자에게 지급하고 담보등기의 말소를 청구할 수 있다. 이 경우 담보권자는 동산·채권담보권의 실행을 즉시 중지하여야 한다(같은 법 제28조 제1항, 제23조 제5항 제1호).

7. 처분청산의 절차

이 경우 담보권자는 우선변제를 위해 담보목적물을 매각해야 하는데, 담보권자가 목적물을 점유하고 있는 때에는 문제가 없다. 반면, 담보권설정자가 목적물을 점유하고 있는 경우에는 담보권자는 채무자 등에게 담보목적물의 인도를 청구할 수 있다(동산·채권담보법 제25조 제2항). 담보권자는 선량한 관리자의 주의의무로 목적물을 매각해야 하고, 매각대금에서 피담보채권액을 뺀 금액(청산금)을 채무자 등에게 지급해야 한다(같은 법 제23조 제3항 본문). 이 경우 담보목적물에 선순위의 동산·채권담보권 등이 있을 때에는 그 채권액을 계산할 때 선순위의 동산·채권담보권 등에 의하여 담보된 채권액을 포함한다(같은 법 제23조 제3항 단서). 담보권자의 매각으로 채무자 등은 담보권자에 대해 청산금 청구권을 취득한다. 그러나 채무자 등은 담보권자가 제3자와 매매계약을 체결하기 이전이라면 피담보채무액을 담보권자에게 지급하고 담보등기의 말소를 청구할 수 있다(같은 법 제28조 제1항, 제23조 제5항 제2호).

8. 사적실행의 중지

사적 실행에 착수하였더라도, 귀속청산의 경우에는 청산금을 지급하기 전 또는 청산금이 없는 경우 동산·채권담보법 제23조 제1항에 따른 통지 후 1개월의 기간이 지나기 전, 처분청산의 경우에는 담보권리자가 제3자와 매매계약을 체결하기 전에 담보목적물에 대해 경매가 개시되는 경우에는 담보권자는 사적 실행을 중지해야 한다(같은 법 제23조 제5항). 이 규정의 경매에는 일반 채권자의 경매, 선순위 담보권자의 경매, 후순위 담보권자의 경매가 모두 포함된다.

9. 담보목적물 취득자 등의 지위

동산·채권담보법 제21조 제2항에 따른 동산·채권담보권의 실행(사적 실행)으로 담보권자(귀속청산의 경우)나 매수인(처분청산의 경우)이 담보목적물의 소유권을 취득하면 그 실행을 한 담보권자의 권리와 그에 대항할 수 없는 권리는 소멸하고(같은 법 제24조), 사적 실행을 한 담보권자의 권리보다 선순위자의 권리는 소멸하지 않는다.

10. 후순위 권리자의 권리행사

후순위 권리자는 동산·채권담보법 제23조 제3항에 따라 채무자 등이 받을 청산금에 대하여 그 순위에 따라 청산금이 지급될 때까지 그 권리를 행사할 수 있고, 담보권자는 후순위 권리자가 요구하는 경우에는 청산금을 지급하여야 한다(동산·채권담보법 제26조 제1항). 후순위 권리자는 이 권리를 행사할 때에는 그 피담보채권의 범위에서 그 채권의 명세와 증서를 담보권자에게 건네주어야 한다(같은 법 제26조 제3항). 담보권자가 위 채권 명세와 증서를 받고 후순위 권리자에게 청산금을 지급한 때에는 그 범위에서 채무자 등에 대한 청산금 지급채무가 소멸한다(같은 법 제26조 제4항). 위 1항의 권리행사를 막으려는 자는 청산금을 압류하거나 가압류하여야 한다(같은 법 제26조 제5항).

후순위 권리자는 동산·채권담보법 제21조 제2항에 따른 동산·채권담보권 실행(사적 실행)의 경우에 제23조 제5항 각 호의 구분에 따라 정한 기간 전까지 담보목적물의 경매를 청구할 수 있다(같은 법 제26조 제2항 본문). 다만 그 피담보채권의 변제기가 되기 전에는 제23조 제1항의 기간에만 경매를 청구할 수 있다(같은 법 제26조 제2항 단서). 그러한 경매청구에 따라 경매가 개시된 경우에는 담보권자는 직접 변제충당 등의 절차(사적 실행)를 중지해야 한다(같은 법 제23조 제5항).

11. 매각대금 등의 공탁

담보목적물의 매각대금 등이 압류되거나 가압류된 경우 또는 담보목적물의 매각대금 등에 관하여 권리를 주장하는 자가 있는 경우에 담보권자는 그 전부 또는 일부를 관할하는 법원에 공탁할 수 있다(동산·채권담보법 제27조 제1항 본문). 이 경우 담보권자는 공탁사실을 즉시 담보권자가 알고 있는 이해관계인과 담보목적물의 매각대금 등을 압류 또는 가압류하거나 그에 관하여 권리를 주장하는 자에게 통지하여야 한다(같은 법 제27조 제1항 단서). 담보목적물의 매각대금 등에 대한 압류 또는 가압류가 있은 후에 동산·채권담보법 제27조 제1항에 따라 담보목적물의 매각대금 등을 공탁한 경우에는 채무자 등의 공탁금 출급청구권이 압류되거나 가압류된 것으로 본다(같은 법 제27조 제2항). 담보권자는 위 1항에 따른 공탁금의 회수를 청구할 수 없다(같은 법 제27조 제3항).

Ⅵ. 불복방법 등

1. 즉시항고

부동산 임의경매절차의 경우와 비교해 보면 압류요건의 불비 등 절차상 사유와 담보권의 부존재·소멸 등 실체상 사유를 즉시항고 사유로 할 수 있다(동산·채권담보법 제36조 제3항, 민사집행규칙 제200조 제2항, 민사집행법 제265조)는 점에서 동일하다. 대금완납에 따른 부동산취득의 효과에 관한 규정인 민사집행법 제267조도 준용된다.

동산·채권 등의 담보에 관한 법률 시행일인 2012. 6. 11.(동산·채권담보법 부칙 제1조) 후에 최초로 체결한 담보약정부터 위 법률에 의한 등기를 할 수 있으므로(동산·채권담보법 부칙 제2조), 시행일 이전에 체결한 담보약정에 기해 등기한 경우 그 등기는 무효라고 해석해야 할 것이다. 채권담보권도 부동산저당권처럼 담보목적물인 채권이 소멸하거나 피담보채권이 소멸한 경우에 소멸한다(동산·채권담보법 제50조 제1항). 채권담보권에는 존속기간 제도가 있으므로 존속기간의 만료도 소멸사유가 된다(동산·채권담보법 제49조).

양도할 수 없는 채권은 채권담보권의 목적물로 하지 못하므로(동산·채권담보법 제37조, 제33조, 민법 제331조) 그러한 채권에 관하여 담보등기를 하였더라도 그 등기는 무효이다. 이와 관련하여 양도금지특약 있는 채권을 담보목적 채권으로 제공한 경우의 취급이 문제된다. 이에 관하여는 견해대립이 있지만, 양도금지특약이 있는 채권에 대해서는 채권담보권을 설정할 수 없고, 다만 담보권자가 선의인 경우에는 그러하지 아니하며, 양도금지특약을 들어 담보권자에게 대항하려는 사람이 담보권자의 악의 또는 중과실을 증명할 책임이 있다고 보아야 할 것이다(대법원 2010. 5. 13. 선고 2010다8310 판결 참조).

이를 집행절차의 관점에서는, 형식적 심사권만을 갖는 집행법원이 제출된 등기사항증명서를 신뢰하여 집행할 수 있고, 담보등기의 무효를 주장하는 사람이 양도금지특약의 존재 및 담보권자의 악의 또는 중과실을 주장하여 압류명령에 대한 즉시항고를 할 수 있다고 설명할 수 있다.

2. 이의신청

이해관계인은 담보권 실행을 위한 경매에 대하여 민사집행법에 따라 이의신청을 할 수 있고(동산·채권담보법 제30조 제3항), 담보권자가 위법하게 동산·채권담보권을 실행하는 경우에 관할 법원에 동산·채권담보법 제21조 제2항에 따른 동산·채권담보권 실행의 중지 등 필요한 조치를 명하는 가처분을 신청할 수 있다(같은 법 제30조 제1항). 법원은 위 가처분신청에 대한 결정을 하기 전에 이해관계인에게 담보를 제공하게 하거나 제공하지 아니하고 집행을 일시 정지하도록 명하거나 담보권자에게 담보를 제공하고 그 집행을 계속하도록 명하는 등 잠정처분을 할 수 있다(같은 법 제30조 제2항).

제4장 동산·채권담보권의 존속기간

동산·채권담보법에 따른 담보권의 존속기간은 5년을 초과할 수 없다(같은 법 제49조 제1항 본문). 따라서 설정 후 5년이 경과한 동산·채권담보권은 소멸한다. 다만 5년을 초과하지 않는 기간으로 이를 갱신할 수 있고(같은 법 제49조 제1항 단서), 설정자와 담보권자는 존속기간을 갱신하려면 그 만료 전에 연장등기를 신청하여야 하며(같은 법 제49조 제2항), 그 연장등기를 위하여 담보등기부에 존속기간을 연장하는 취지와 연장 후의 존속기간 등을 기록하여야 한다(같은 법 제49조 제3항). 갱신의 횟수에는 제한이 없다.

제5장 담보목적물 제3취득자의 지위

동산·채권담보법에 따라 동산·채권담보권이 설정된 담보목적물의 소유권·질권을 취득하는 경우에는 민법 제249조부터 제251조까지의 규정을 준용한다(동산·채권담보법 제32조). 즉 동산·채권담보권의 목적물에 대하여도는 소유권·질권의 선의취득이 가능하다.

동산에 있어서 양수인의 선의취득을 정당화하는 권리 외관은 어디까지나 양도인의 점유일 뿐 담보등기가 아니므로 동산·채권담보권이 설정된 담보목적물의 양수인이 담보등기부를 열람해보지 않았다고 해서 선의취득의 판단에서 과실이 있는 것으로 취급할 수는 없다.

설정자가 동산·채권담보권이 설정된 동산을 다시 점유개정의 방법으로 양도담보하는 경우 점유개정에 의한 선의취득은 허용되지 않으므로 채권자는 그에 의하여 부담 없는 소유권을 선의취득할 수 없고, 동산·채권담보권의 부담이 있는 소유권을 취득한다. 그러나 이후 양도담보권자가 선의·무과실로 점유개정 이외의 방법으로 인도를 받는 경우에는 그 순간에 선의취득이 성립되어 동산·채권담보권은 소멸한다.

제9편 집행의 정지·제한·취소[1)]

1) 사법보좌관실무편람(II)-채권집행 및 배당절차-, 법원행정처(2016), 474-537

제1장 민사집행법에 의한 집행의 정지·제한·취소

Ⅰ. 집행의 정지·제한

1. 서설

1) 집행의 정지라 함은 집행기관이 법률상 하나의 집행권원에 기한 전체로서의 강제집행의 개시, 속행 또는 이미 개시된 개개의 집행절차의 속행을 할 수 없는 상태를 말한다. 다른 법률에서는 집행의 중지라고도 한다(채무자회생법 제44조, 제58조, 제383조 제8항, 제593조 제1항). 강제집행절차가 집행기관이나 당사자의 태도에 의하여 사실상 중단상태에 있는 경우(예를 들어, 집행기관의 태만에 의하여 집행에 착수하지 않는 경우 또는 채권자가 집행을 취하하거나 연기신청을 한 경우)는 여기서 말하는 정지가 아니다.

민사집행법 제49조 제2호의 강제집행의 일시정지를 명한 취지를 기재한 재판의 정본은 구체적으로 개시된 집행사건만의 정지를 명하는 것(이른바 집행사건정지)과 구체적인 사건을 떠나 일반적으로 집행권원의 집행력을 정지하는 것(이른바 집행권원정지)으로 나눌 수 있다. 집행사건정지는 특정의 집행사건을 명시하여 그 집행정지를 명하는 것이고 집행권원이 집행력 그 자체를 정지하는 것은 아니기 때문에, 동일한 집행권원으로 채무자의 다른 재산에 대한 강제집행을 행하는 것을 저지할 수 없다. 반면 집행권원정지는 집행권원의 집행력 그 자체를 정지하는 것이기 때문에, 동일한 집행권원으로 행하는 모든 강제집행사건에 대하여 집행정지서면으로서의 효력을 가진다.

변제증서 및 변제유예증서는 집행권원에 기재된 채권을 직접 겨냥하는 것이기 때문에 집행권원정지의 성질을 가지는 정지서면이다.

2) 집행의 제한이라 함은 정지가 1개의 집행권원에 기한 전체로서의 집행 또는 개개의 집행절차의 전부에 미치지 아니하고 집행의 범위를 감축하는데 불과한 경우를 말한다. 즉, 집행채권의 일부나 다수채권자 중의 일부, 집행목적물의 일부 또는 어느 집행행위에 대하여서만 정지되는 경우이며 실질적으로는 양적인 일부정지와 다름이 없다. 이 경우에는 그 정지의 원인이 미치지 않는 청구나 다른 집행행위에 관하여는 계속하여 진행하여야 한다.

3) 하지만 의사의 진술을 명하는 재판(예를 들어, 소유권이전등기절차이행 또는 말소등기절차이행)은 확정된 때에 의사를 진술한 것으로 보므로 현실적인 강제집행절차가 존재할 수 없고, 따라서 집행정지도 인정되지 아니하며(대법원 1995. 11. 10.

선고 95다37568 판결 등), 등기관은 집행정지결정이 제출되더라도 이에 구애됨이 없이 그 등기신청을 받아들여 등기의 기입을 하여야 한다. 판례는 단순하게 의사의 표시를 명하는 판결의 경우에 판결 확정시에 의사표시가 있는 것으로 간주되는데(민사집행법 제263조 제1항), 의사표시 간주의 효과가 생긴 후에 등기권리자의 지위가 승계된 경우에는 부동산등기법의 규정에 따라 등기절차를 이행할 수 있을 뿐이고 원칙적으로 승계집행문이 부여될 수 없다고 한다(대법원 2017. 12. 28.자 2017그100 결정).

집행의 정지는 현실의 강제집행행위에 관한 것이며 그 준비행위와는 관계가 없다. 따라서 정지의 원인이 있다 하더라도 집행의 준비로서의 법원사무관등 또는 공증인의 집행문부여행위가 당연히 불가능한 것으로 되지는 않는다.

다만 조건부 의사의 진술을 명하는 판결은 집행문부여기관이 조건의 성취 여부를 조사하여 그 성취가 명확해진 때에 의사를 진술한 것으로 보기 위하여 집행문부여 절차를 밟도록 하고 있으므로(민사집행법 제263조 제2항), 집행문을 내어 주기 전까지는 집행정지가 가능하고, 그동안에 집행정지결정이 집행문부여기관에 제출되면 집행문을 내어 줄 수 없다고 본다.

한편 조건부 의사의 진술을 명하는 판결에서 정한 반대급부 이행 등 조건이 성취되지 않았는데도 등기신청의 의사표시를 명하는 판결 등 집행권원에 집행문이 잘못 부여된 경우에는 그 집행문부여는 무효이나, 이러한 집행문부여로써 강제집행이 종료되고 더 이상의 집행 문제는 남지 않는다는 점을 고려하면 집행문부여에 대한 이의신청이나 집행문부여에 대한 이의의 소를 제기할 이익이 없으므로, 채무자로서는 집행문부여에 의하여 의제되는 등기신청에 관한 의사표시가 무효라는 것을 주장하거나 그에 기초하여 이루어진 등기의 말소 또는 회복을 구하는 소를 제기하여야 한다(대법원 2012. 3. 15. 선고 2011다73021 판결).

집행의 정지는 통상 집행이 개시된 후에 하는 것이지만 집행이 착수되지 아니한 경우 장래의 집행개시를 저지하는 것도 이에 포함된다.

2. 집행정지의 원인

집행정지(제한)의 원인은 법정사실의 발생과 법정서류의 제출 두 가지로 대별된다.

위와 같은 사유가 있을 때에만 집행정지가 가능하며 그 외에 통상의 가처분의 방법으로는 할 수 없다. 즉, 확정판결 또는 이와 동일한 효력이 있는 집행권원에 기한 강제집행의 정지는 오직 강제집행에 관한 법규 중에 그에 관한 규정이 있는 경우에 한하여 가능한 것이고, 이와 같은 규정에 의함이 없이 일반적인 가처분의 방법으로 강제집행을 정지시킨다는 것은 허용할 수 없고(대법원 2003. 9. 8.자 2003그74 결정, 대법원 2012. 9. 13.자 2012그206 결정), 부동산을 목적으로 하는 담보권을 실행하기 위한 경매절차를 정지하려면 민사집행법 제268조에 의하여 준용되는 민사집행법 제86조 제1항에 따라 경매개시결정에 대한 이의신청을 하고 제2항에 따라 민사집행법 제16조 제2항에 준하는 집행정지명령을 받거나, 그 담보권의 효력을 다투는 소(근저당권말소청구의 소나 피담보채무부존재확인의 소)를 제기하고 민사집행법 제46조 제2항에 준하는 집행정지명령을 받아 그 절차의 진행을 정지시킬 수 있을 뿐이고(민사집행법 제275조), 일반적인 가처분절차에 의하여 그 절차의 진행을 정지시킬 수는 없다(대법원 2010. 8. 27.자 2010그72 결정, 대법원 2012. 8. 14.자 2012그173 결정 등).

한편 민사집행법 제46조 제2항의 잠정처분은 확정판결 또는 이와 동일한 효력이 있는 집행권원의 실효를 구하거나 집행력 있는 정본의 효력을 다투거나 목적물의 소유권을 다투는 구제절차 등에서 수소법원이 종국판결을 선고할 때까지 잠정적인 처분을 하도록 하는 것으로서, 청구이의 판결 등의 종국재판이 해당 물건에 대한 강제집행을 최종적으로 불허할 수 있음을 전제로 그 강제집행을 일시정지시키는 것이다(대법원 1981. 8. 21.자 81마292 결정, 대법원 2003. 9. 8.자 2003그74 결정 등 참조). 따라서 승소하더라도 그와 같은 효력이 인정되지 않는 채무부존재확인의 소를 제기한 것만으로는 위 조항에 의한 잠정처분을 할 요건이 갖추어졌다고 할 수 없다(대법원 2015. 1. 30.자 2014그553 결정).

가. 법정사실의 발생

집행기관이 집행을 당연무효로 하는 집행요건의 흠결이나 집행장애사유를 발견한 때에는 신청을 기다리지 아니하고 즉시 직권으로 집행을 정지(또는 취소)하여야 한다.

1) 집행요건의 흠결

집행을 당연무효로 하는 집행요건이 존재하지 않는 예로는, 처음부터 집행문이 부여되지 아니한 집행권원에 의하여 집행을 개시한 경우(대법원 1978. 6. 27. 선고 78다446 판결), 집행정본이 아닌 등본이나 사본에 의하여 집행이 개시된 경우(대법원 1968. 12. 30.자 68마912 결정), 무효인 집행정본(대법원 2002. 5. 31. 선고

2001다64486 판결: 무권대리인의 촉탁에 의하여 공정증서가 작성된 경우, 다만 무효 주장이 금반언 및 신의칙에 위반되는 경우에는 제한된다)에 의하여 집행이 개시된 경우 등과 같이 집행권원상의 형식적 흠결이 있는 경우이거나, 기한이 도래하지 아니한 집행권원에 의하여 집행이 개시된 경우(대법원 1968. 4. 14.자 68마301 결정; 다만 경매개시결정에 대한 이의신청 등으로 경매절차를 저지하지 않아서 매각대금이 완납되면 매수인은 소유권을 취득한다. 대법원 2002. 1. 25. 선고 2000다26388 판결) 등과 같이 집행개시요건의 흠결이 있는 경우이거나, 집행관과 집행법원 등 집행기관 사이의 직무관할을 위반하여 이루어진 강제집행(부동산인 건물을 동산집행의 방법으로 압류한 때, 유가증권을 채권집행의 방법으로 압류한 때) 등이 있다.

집행권원의 송달 없이 한 집행의 효력에 관하여는 학설이 대립하고 판례도 무효설에 입각한 것도 있고(대법원 1973. 6. 12. 선고 71다1252 판결, 대법원 1987. 5. 12. 선고 86다카2070 판결: 허위주소로 송달한 경우), 취소설에 입각한 것도 있다(대법원 1980. 5. 27. 선고 80다438 판결: 승계집행문의 송달증명이 없는 경우). 일응 집행권원의 송달 자체가 없는 경우에는 무효이지만 집행권원이 송달되기는 했지만 송달증명만 없는 경우에는 집행이 무효라고 단정할 수 없다고 봄이 상당하다.

강제집행 신청 당시에 집행권원의 집행력이 현존하지 않은 경우에는 유효한 집행권원이 아니므로 이를 근거로 집행을 개시해서는 안 될 것이다. 즉, 항소심법원이 채무자의 공탁금을 담보로 가집행의 선고가 있는 제1심 판결에 따른 강제집행을 항소심판결 선고 시까지 정지하는 결정을 하였다면, 그 후 채권자의 신청에 따라 이루어진 공탁금회수청구권에 대한 채권압류 및 전부명령은 유효한 집행권원에 의한 것이 아니므로 집행법원은 이를 취소하고 그 신청을 기각하여야 한다(대법원 2008. 9. 3.자 2008마892 결정). 하지만 아래에서 보듯이 강제집행정지결정이 있으면 결정 즉시로 당연히 집행정지의 효력이 있는 것이 아니고, 그 정지결정의 정본을 집행기관에 제출함으로써 집행정지의 효력이 발생함은 민사집행법 제49조 제2호의 규정 취지에 비추어 명백하고, 그 제출이 있기 전에 이미 행하여진 압류 등의 집행처분에는 영향이 없다. 따라서 채권자가 강제집행정지결정을 받았다고 하더라도 이를 집행법원에 제출하지 아니한 사이에 채권압류 및 추심명령이 내려졌다면 그 명령은 유효하고, 다만 강제집행정지결정이 집행법원에 제출된 이후에는 장래에 대하여 강제집행이 정지되어 추심금지의 결정 등 그때그때의 상황에 적합한 조치가 취하여질 수 있는 것이다(대법원 2010. 1. 28.자 2009마1918 결정 등 참조). 그런데 위와 달리 강제집행정지 결정을 법원에 제출하지 않았음에도 강제집행정지의 효력이 미친다는 취지의 2008마892결정의 사안은 공탁금을 담보로 강제집행정지결정을 하였는데 그 공탁금 회수청구채권에 대하여 채권압류 및 전부명령을 신청한 사안으로서 채권자는 강제집행정지결정이 있음을 알면서 채권압류 및 전부명령을 신청하였고 사법보좌관으로서도 채권압류 및 전부명령을 발령할 당시 강제집행정지결정이 있음을 알 수 있는 경우에 관한 것으로 통상적으로는 존재할 수 없는 극히 예외적인 사례에 국한하여 적용되는 아주 특별한 사안에 대한 것으로서 일반화할 수 없는 법리이고, 대법원 2013. 10. 31.자 2013마1209 결정은 위 사안을 통상적인 사안에 원용하기에 적절하지 아니하다는 명시적인 판시까지 한 바 있으므로 각별한 주의를 요한다.

가집행선고가 없는(민사소송법 제213조 제1항 본문) 판결이 확정되지 않았거나 가집행선고가 취소되었음에도 집행문이 부여되었다거나 집행권원상 조건의 성취를 증명하는 서류가 제출됨이 없이 집행문이 부여된 경우 등과 같이 집행문부여에 대한 실질적 요건이 흠결된 경우는 집행행위를 단순히 취소할 수 있는 사유에 불과하다.

그 이외에 집행비용을 예납하지 아니한 때에도 이미 실시한 집행처분을 직권으로 취소할 수 있다(민사집행법 제18조 2항).

2) 집행장애사유의 존재

집행장애사유란 집행개시의 적극적 요건이 구비되어 있다 하더라도 일정한 사유의 존재로 말미암아 집행의 개시 또는 속행에 장애가 되는 경우를 말한다.

집행기관은 강제집행의 개시나 속행에 있어서 집행장애사유에 대하여 직권으로 그 존부를 조사하여야 하고, 집행개시 전부터 그 사유가 있는 경우에는 집행의 신청을 각하 또는 기각하여야 하며, 만일 집행장애사유가 존재함에도 간과하고 강제집행을 개시한 다음 이를 발견한 때에 이미 한 집행절차를 직권으로 취소하여야 한다(대법원 2008. 11. 13.자 2008마1140 결정, 대법원 2013. 7. 16.자 2013마967 결정 등).

또한, 집행개시 후 집행장애사유가 발생한 때에는 속행 중인 집행절차를 정지하거나 취소하여야 한다.

집행기관이 집행장애사유가 있음을 간과한 채 집행절차를 속행할 경우 집행에 관한 이의 또는 즉시항고에 의하여 이미 한 집행절차의 취소를 구할 수 있다. 이러한 불복의 절차 없이 집행절차가 그대로 종결된 경우에는 그 집행의 효력을 부인할 수 없다.

① 채무자의 파산, 회생절차개시 등

일반적으로 채무자에 대한 회생절차개시결정(채무자회생법 제58조 제1항 제2호), 파산절차 또는 개인회생절차에서의 면제결정(같은 법 제383조 제10항, 제580조), 개인회생절차개시결정(같은 법 제600조 제1항 제2호) 등이 있는 경우에는 채무자의 재산에 대한 강제집행 등이 금지 또는 중지되고, 회생계획인가결정(같은 법 제256조 제1항), 파산선고(같은 법 제423조), 면책결정(같은 법 제565조, 제625조 제1항), 변제계획인가결정(같은 법 제615조 제3항) 등이 있는 경우에는 진행 중인 강제집행 등이 실효된다.

그러나 채무자에 대하여 (개인)회생절차개시결정이 있다고 하여 모든 강제집행이 중지·금지 또는 실효되는 것이 아니고 채권자의 집행권원상의 채권이 개인회생재단채권(채무자회생법 제583조)이나 공익채권(채무자회생법 제179조 제1항)인 경우에는 (개인)회생절차개시결정의 영향을 받지 않는 경우도 있으므로 주의하여야 한다. 또한 채무자에 대한 청산절차가 진행 중이라거나 파산신청이 되어 있다는 사정만으로는 집행에 장애사유가 된다고 할 수 없다(대법원 1999. 8. 13.자 99마2198, 2199 결정).

② 집행채권의 압류

집행채권자의 채권자가 집행권원에 표시된 집행채권을 압류, 가압류 또는 처분금지가처분을 한 경우 집행채권자는 집행적격을 상실하지 않으나 그것은 집행의 속행을 방해하는 소극적 요건인 집행장애사유에 해당한다.

채권집행에 있어서, 판례는 집행채권이 압류 또는 가압류, 처분금지가처분이 된 경우에 현금화명령(추심명령, 전부명령)을 발령하는 것에 대하여는 집행장애사유에 해당되나 채권압류명령을 발령하는 것에 대하여는 집행장애사유가 아니라고 한다(대법원 2000. 10. 2.자 2000마5221 결정 참조). 따라서 집행채권이 압류된 경우에는 압류명령을 발령할 수는 있지만, 추심 및 전부명령을 발령할 수 없다.

부동산집행에 있어서는 압류, 현금화, 배당의 3단계 중 어느 단계까지 허용되는가에 관하여, 배당절차까지 속행하되 압류채권자의 채권상당액을 공탁하여야 한다는 설, 압류 및 현금화 절차는 허용되고 배당절차만 정지된다는 설, 압류절차만 허용될 뿐 현금화절차에 나갈 수 없다는 설, 압류절차마저도 허용될 수 없다는 설이 대립되고 있는 바, 실무에서는 집행채권이나 배당요구권자의 채권에 압류가 있는 경우에는 그 집행채권자에게 배당하되 그 배당금은 압류가 되었음을 이유로 공탁하고 있다.

집행채권자의 신청에 의하여 이미 집행절차가 개시된 후에 집행채권에 대하여 압류·추심(전부)명령이 있는 경우에는 추심(전부)권자는 집행채권자의 집행권원에 승계집행문을 부여받아 이를 제출하면서 자신을 위하여 절차의 속행을 신청하여야 한다(민사집행규칙 제23조, 공탁선례 2-335 참조). 추심(전부)권자로부터 위와 같은 속행신청이 없는 경우에는 만일 법원이 위와 같은 추심(전부)명령이 있는 사실을 알게 되었다고 하더라도 종전의 집행채권자를 위하여 집행절차를 진행할 수밖에 없을 것이고, 배당단계까지 나간 경우에는 앞서 본 바와 같이 집행채권의 압류를 이유로 공탁하거나, 추심(전부)권자에게 배당하는 절차를 취하여야 할 것이다.

③ 상속한정승인 또는 신탁재산

채무자가 상속재산을 한정승인한 경우에 상속채권자는 특별한 사정이 없는 한 채무자의 고유재산에 대하여 강제집행을 할 수 없고(대법원 2010. 3. 18. 선고 2007다77781 전원합의체 판결), 또 신탁재산에 대하여는 신탁 전의 원인으로 발생한 권리 또는 신탁사무의 처리상 발생한 권리를 제외하고는 강제집행을 할 수 없음이 원칙이다(신탁법 제22조 제1항).

신탁법은 수탁자에 대하여 회생절차 또는 개인회생절차가 개시된 경우에도 파산절차와 마찬가지로 수탁자의 고유재산으로부터 격리되는 것으로 하였다. 따라서 수탁자가 파산하거나 수탁자에 대하여 (개인)회생절차가 개시된 경우에 신탁재산은 수탁자의 고유재산이 된 것을 제외하고는 파산재단이나 (개인)회생재단을 구성하지 아니하므로(신탁법 제24조), 신탁사무의 처리상 발생한 채권을 가지고 있는 채권자는 수탁자가 그 후 파산하거나 (개인)회생절차가 개시되었다 하더라도 신탁재산에 대하여는 강제집행을 할 수 있다. 대법원은 갑 등이, 을 주식회사와 토지신탁계약을 체결한 병 주식회사와 상가 분양계약을 체결하였다가 병 회사를 상대로 매매대금 반환 소송을 제기하여 승소판결이 확정된 후 병 회사가 파산하고 정이 파산관재인으로 선임되자, 위 판결에 기한 채권을 청구채권으로 하여 정의 예금채권에 대하여 채권압류 및 전부명령을 신청한 사안에서, 갑 등이 위 청구채권으로써 파산한 수탁자 병 회사의 고유재산이 아닌 신탁재산에 대하여 강제집행하는 것은 허용된다고 판시하였다(대법원 2014. 10. 21.자 2014마1238 결정).

나. 법정서류의 제출(민사집행법 제49조)

민사집행법 제49조 각 호에 규정되어 있는 서류가 각 그 정해진 기한 내에 제출되면 집행을 정지하거나 이미 실시한 집행처분을 취소하여야 한다.

1) 집행할 판결 또는 그 가집행을 취소하는 취지나 강제집행을 허가하지 아니하거나 그 정지를 명하는 취지 또는 집행처분의 취소를 명한 취지를 적은 집행력 있는 재판의 정본(제1호).

① 여기서 말하는 집행력 있는 재판의 정본이란 집행할 수 있는 재판의 정본을 의미하며 집행문이 부여된 이른바 집행력 있는 정본을 의미하는 것이 아니므로 집행문의 부여가 있어야 하는 것은 아니다. 집행문은 강제집행을 할 경우에 필요하지 강제집행을 허가하지 아니하는 재판에는 필요 없을 뿐만 아니라, 집행문이 부여되지 않았더라도 그 재판의 유효성 여부를 판단함에 있어 집행기관에게 과중한 부담을 지우는 것도 아니기 때문이다.

확정된 판결, 가집행의 선고가 붙어 있는 판결(예를 들어, 민사집행법 제47조 제2항의 가집행선고부 정지결정인가의 재판), 그 밖에 집행력이 있는 재판의 정본이면 족하다. 재판의 송달증명도 첨부할 필요가 없으나, 다만 확정되어야 집행력이 발생하는 재판의 경우에는 그 확정증명서를 함께 제출하여야 한다. 가령 청구이의를 인용한 확정판결의 정본은 민사집행법 제49조 제1호의 강제집행 취소서류에 해당하지만, 그 판결이 확정되기 전에는 집행력이 없으므로 확정되지 않고 상소된 경우에 상소되기 전 심급의 판결정본은 위 강제집행 취소서류에 해당하지 않는다(대법원 2008. 8. 29.자 2008마577 결정).

② 집행할 판결을 취소하는 재판이란 가집행의 선고 있는 판결을 상소심에서 취소하는 판결이나 재심에 의하여 확정판결을 취소하는 판결을 말한다. 판결 이외의 집행권원을 취소하는 재판(예를 들어, 준재심에 의하여 화해조서를 취소하는 경우)도 이에 속한다(민사집행법 제57조). 가집행선고부 제1심판결 중 항소심판결에 의하여 취소된 부분의 가집행선고는 항소심판결의 선고로 인하여 그 효력을 잃고(민사소송법 제215조 제1항), 항소심판결의 정본을 집행법원에 제출함으로써 이 부분에 관한 강제집행을 정지할 수 있으므로, 별도로 강제집행정지신청을 할 이익이 없다(대법원 2006. 4. 14.자 2006카기62 결정).

본 호에서는 집행할 판결이 취소된 경우에 관하여만 규정하고 있을 뿐 판결 외의 집행권원이 취소된 경우에 관하여는 언급을 하지 않고 있으나, 본 조는 판결 외의 민사집행법 제56조에 규정된 집행권원에 기초한 강제집행에 관하여도 준용되므로(민사집행법 제57조), 상소나 재심 등의 방법에 의하여 취소할 수 있는 집행권원이 취소된 경우, 즉 집행할 결정·명령이 항고 등에 의하여 취소된 경우 그 항고심결정,

가압류·가처분명령이 이의나 취소절차에서 취소된 경우 그 취소결정, 준재심에 의하여 화해조서·인낙조서 등을 취소하는 판결의 정본이 제출되면 본 호가 준용되어 집행이 정지된다.

③ 가집행을 취소하는 재판이란 본안판결의 당부를 심판하기 전에 가집행의 선고만을 취소하는 판결(민사소송법 제215조 제3항)을 말한다.

④ 강제집행을 허가하지 아니하는 재판이란 집행문부여에 관한 이의신청을 인용한 결정(민사집행법 제34조 제1항), 즉시항고 또는 집행에 관한 이의신청을 인용한 결정(민사집행법 제15조, 제16조), 청구이의의 소·집행문부여에 대한 이의의 소·제3자이의의 소를 인용한 종국판결(민사집행법 제44조, 제45조, 제48조)과 같이 집행 또는 집행행위의 위법을 확정하고 그 종국적 불허를 선언하는 취지의 재판을 말한다.

즉시항고(민사집행법 제15조), 집행에 관한 이의신청(민사집행법 제16조), 경매개시결정에 대한 이의신청(민사집행법 제86조, 265조)을 인용한 결정이 본 호의 강제집행을 허가하지 아니하는 재판에 해당하는가에 관하여, 이를 긍정하는 견해[1]가 있으나, 법정서류의 제출에 의한 집행정지는 그 성격이 본질적으로 집행청구권에 대한 강제절차 외에서의 판단결과를 집행절차에 반영시키는 것인데, 당해 집행절차 내에서 내려진 위 결정들은 당해 집행법원이 스스로 한 것이어서 당사자에 의한 제출을 따로 요하지 아니하고 위 결정이 내려지면 강제집행절차가 당연히 정지 또는 취소되는 것이므로 위 법정서류에서 제외하는 것이 타당하다는 부정설이 판례의 입장이고(대법원 1971. 5. 27.자 70마4 결정), 실무 례이다.[2]

⑤ 강제집행의 정지를 명하는 재판이란 위 ④의 재판 중에서 집행의 일시적 불허를 선언한 재판을 말하며, 변제기한의 일시적 유예를 이유로 청구이의의 소를 인용한 판결, 기한도래 전의 집행개시를 이유로 집행에 관한 이의신청을 인용한 결정 등이 이에 속한다.

⑥ 집행처분의 취소를 명한 재판이란 청구이의의 소, 집행문부여에 관한 이의의 소, 제3자이의의 소에 부수하여 행하여지는 잠정처분(민사집행법 제46, 47, 48조)이나 재심 또는 상소의 추후보완신청이나 상소제기에 부수하여 행해지는 집행정지에 관한 재판(민사소송법 제500, 501조) 중 이미 실시한 집행처분의 취소를 명한 재판을 가리킨다.

---

1) 이주흥, "집행의 정지, 취소", 재판자료 35집, 법원행정처, 307

2) 주석 민사집행법(I), 사법행정학회(2018), 330

한편 즉시항고(민사집행법 제15조 제6항), 집행에 관한 이의신청(민사집행법 제16조 제2항), 집행문부여에 대한 이의신청(민사집행법 제34조 제2항, 제16조 제2항)의 경우에는 잠정처분으로 집행의 정지만을 명할 수 있을 뿐 이미 실시한 집행처분의 취소를 명하는 재판은 허용되지 않는다.

⑦ 본 호의 강제집행의 정지를 명하는 재판은 비록 일시적이나마 확정적으로 집행을 배제하는 재판을 지칭하는 점에서 본안판결의 선고 시까지 집행을 잠정적으로 정지하는 민사집행법 제49조 제2호의 집행의 일시정지를 명한 재판과는 구분된다.

⑧ 강제집행의 기초가 된 집행권원에 기한 강제집행의 불허를 구하는 청구이의 소송에서 피고가 원고의 청구를 인낙하였다는 청구인낙조서의 정본(대법원 2005. 1. 11.자 2004마627 결정), 가집행선고부 판결을 취소한 상소심 판결의 정본(대법원 2009. 10. 7.자 2008마663 결정, 대법원 2013. 12. 27.자 2012마1956 결정, 대법원 2014. 2. 7.자 2013마2343 결정 등)은 민사집행법 제49조 제1호, 제50조 제1항에서 정한 집행취소서류에 해당한다.

⑨ 채무자가 본안판결에 대한 항소를 제기한 다음 민사소송법 제501조, 제500조에 근거하여 본안판결에 기한 강제집행의 취소를 구하는 신청을 하여 수소법원에서 강제집행정지결정과는 별도로 본안판결에 기한 강제집행의 취소를 명하는 결정을 하였다면 이는 민사집행법 제49조 제1호 소정의 집행처분의 취소는 명하는 재판에 해당한다(대법원 2012. 3. 13.자 2011그321 결정, 대법원 2013. 1. 24.자 2013카기36 결정, 대법원 2015. 2. 2.자 2015카기23 결정 등 참조).

⑩ 채무자 회생 및 파산에 관한 법률 제593조 제1항에 의한 강제집행의 금지명령은 민사집행법 제49조 제1호가 정하는 '강제집행의 정지를 명하는 취지를 적은 집행력 있는 재판의 정본'에 해당한다. 따라서 금지명령 정본이 제출되면 집행기관은 집행절차가 개시되기 전이라면 집행절차의 개시신청을 부적법한 것으로서 각하 또는 기각하여야 한다. 금지명령의 효력발생 이후 특정 개인회생채권자에 의하여 강제집행이 새로 개시된 경우에는 이미 실시한 집행처분을 취소하여야 한다. 금지명령은 새로운 집행의 개시를 금지하는 명령일 뿐이고, 금지명령 발령 전에 집행된 집행절차에는 아무런 효력을 미치지 않으므로 금지명령의 효력이 발생하기 전에 집행절차가 개시되었다면 채무자는 금지명령 정본의 제출에 의하여 집행절차의 중지 또는 집행처분의 취소를 구할 수 없으므로, 당해 집행절차를 중지시키기 위하여는 별도로 중지명령을 받아야 할 것이다(서울남부지방법원 2014. 10. 16. 2014나52112 판결 등).

⑪ 법률관계의 변경·형성을 목적으로 하는 형성의 소는 법률에 명문의 규정이 있어야 제기할 수 있고 그 판결이 확정됨에 따라 효력이 생긴다. 이러한 형성판결의 효력을 개인 사이의 합의로 창설할 수는 없으므로, 형성소송의 판결과 같은 내용으로 재판상 화해를 하더라도 판결을 받은 것과 같은 효력은 생기지 않는다(대법원 2012. 9. 13. 선고 2010다97846 판결 참조). 따라서 특정 사건의 화해권고결정에서 '이 사건 집행권원에 기한 강제집행을 불허한다.'는 내용은 형성소송인 청구이의의 소 재판의 대상으로서 당사자가 자유롭게 처분할 수 있는 사항이 아니므로, 그 문구 그대로 확정되더라도 이 사건 집행권원에 기한 강제집행을 허가하지 않는 효력은 생기지 않고, 이 사건 집행권원이 확정판결로서 갖는 집행력은 여전히 남아 있다. 따라서 강제집행을 불허한다는 내용의 화해권고결정 정본은 민사집행법 제49조 제1호에서 정한 '강제집행을 허가하지 아니하는 취지를 적은 집행력 있는 재판의 정본'에 해당하지 않는다(대법원 2022. 6. 7.자 2022그534 결정).

다만 당사자 모두 이 사건 화해권고결정에 이의를 신청하지 않은 것은 그들 사이에 '이 사건 집행권원으로 강제집행을 하지 않는다.'는 명시적·묵시적 합의가 있었을 개연성이 크고, 그렇다면 이 사건 화해권고결정의 문구를 부집행 합의가 이루어졌다는 뜻으로 새길 여지가 있을 뿐이다. 당사자 사이에 강제집행을 하지 않기로 하는 합의를 담은 화해조서 정본도 집행취소서류가 되나(민사집행법 제49조 제6호), 그 서류를 매각허가결정이 있은 뒤에 제출한 경우에는 매수인의 동의를 받아야 집행취소의 효력이 생긴다(민사집행법 제93조).

2) 강제집행의 일시정지를 명한 취지를 적은 재판의 정본(제2호)

① 본 조 1호의 재판이 있기까지의 잠정처분으로 집행의 일시정지를 명한 재판을 말한다. 이에 해당하는 것으로는 항고에 대한 결정이 있을 때까지의 집행정지(민사소송법 제448조), 재심 또는 상소의 추후보완신청으로 말미암은 집행정지(민사소송법 제500조), 가집행의 선고가 붙은 판결에 대하여 상소를 하거나 또는 정기금의 지급을 명한 확정판결에 대하여 변경의 소(민사소송법 제252조 제1항)를 제기함으로 말미암은 집행정지(민사소송법 제501조, 제500조), 즉시항고(민사집행법 제15조 제6항), 집행에 관한 이의신청(민사집행법 제16조 제2항), 집행문부여에 대한 이의신청(민사집행법 제34조 제2항, 제16조 제2항)의 경우에 잠정처분으로 하는 집행정지, 청구이의의 소와 집행문부여에 대한 이의의 소 제기 시에 잠정처분으로 하는 집행정지(민사집행법 제46조 제2항, 제4항), 수소법원이 이의의 소의 판결에서 한 집행정지

(민사집행법 제47조 제1항), 제3자이의의 소제기로 말미암은 집행정지(민사집행법 제48조 제3항), 압류금지물의 범위변경의 경우에 잠정처분으로 하는 집행정지(민사집행법 제196조 제3항, 제16조 제2항) 등이 있다.

② 강제집행정지결정이 있으면 결정 즉시로 당연히 집행정지의 효력이 있는 것이 아니고, 그 정지결정의 정본을 집행기관에 제출함으로써 집행정지의 효력이 발생함은 민사집행법 제49조 제2호의 규정취지에 비추어 명백하고, 그 제출이 있기 전에 이미 행하여진 압류 등의 집행처분에는 영향이 없다(대법원 2010. 1. 28.자 2009마1918 결정). 만약 담보의 제공을 조건으로 정지를 명한 때에는 그 재판을 받은 사람은 담보를 제공한 증명서(민사집행법 제19조)를 동시에 제출하여야 한다. 강제집행정지결정의 정본이 채권자에게 송달되었는지 여부나 민사집행규칙 제161조가 규정하는 집행정지 통보가 제3채무자에게 송달되었는지 여부는 집행정지의 효력 발생과 무관하다(대법원 2012. 10. 25. 선고 2010다47117 판결).

③ 민사집행법 제49조 제2호의 서류는 강제집행의 일시정지를 명한 취지를 기재한 재판의 '정본'이므로, 등본이나 사본을 제출한 것만으로는 정지사유가 될 수 없지만, 채무자가 민사집행법 제49조 제2호의 서류라며 강제집행의 일시정지를 명한 취지를 기재한 재판의 사본을 제출한 경우에는 법원으로서는 바로 그 정본의 제출이 없었던 것으로 처리할 것이 아니라 상당한 기간을 정하여 채무자로 하여금 그 정본을 제출하도록 하게 한 뒤 그 이행 여부에 따라 재판의 정지 또는 속행 여부를 결정하여야 한다(대법원 2001. 8. 25.자 2001마313 결정).

④ 강제경매개시결정 또는 강제집행에 의하여 압류된 재산에 대하여 몰수보전명령을 한 경우 또는 하려는 경우에 압류채권자의 채권이 가장된 것일 때, 압류채권자가 몰수대상재산이라는 사실을 알면서 강제집행을 신청한 때, 압류채권자가 범인일 때 중 어느 하나에 해당하여 몰수재판을 할 수 있는 사유가 있다고 판단할 만한 상당한 이유가 있다면 법원은 검사의 청구 또는 직권에 의한 결정으로 강제집행의 정지를 명할 수 있는데, 검사가 그 결정서 등본을 집행법원에 제출하였을 때에 집행법원은 민사집행법 제49조 제2호의 서류가 제출된 것으로 보아 강제집행을 정지하여야 한다(마약류 불법거래 방지에 관한 특례법 제48조 등).

⑤ 채무자 회생 및 파산에 관한 법률 제44조 제1항 및 제593조 제1항에 의한 강제집행의 중지명령은 회생절차 또는 개인회생절차 개시의 신청에 대한 결정이 있을 때까지 집행의 일시적 중지를 명하는 재판이므로, 중지명령 정본은 민사집행법 제

49조 제2호가 정하는 강제집행의 일시정지를 명한 취지를 적은 재판의 정본에 해당한다.

⑥ 선박압류 후 채무자가 민사집행법 제49조 제2호 또는 제4호 서류를 제출하고 압류채권자와 배당요구채권자의 채권과 집행비용에 해당하는 보증을 매수신고 전에 제공한 때에는 배당절차 외의 선박경매절차를 취소하여야 한다(민사집행법 제181조 제1항, 제269조, 대법원 2012. 12. 26. 선고 2011다43655 판결참조).

⑦ 강제집행의 일시정지를 명한 취지를 기재한 재판의 정본(민사집행법 제49조 제2호)이 제출된 경우 집행법원은 이미 실시한 집행처분을 일시 유지하여야 한다는 취지를 규정하고 있는 민사집행법 제50조 제1항의 규정은 간접강제에는 적용되지 않는다. 따라서 본래의 집행권원에 대한 강제집행정지결정 정본이 제출되었다는 사유는 간접강제결정의 취소사유에 해당한다(대법원 1997. 1. 16.자 96마774 결정 참조).

3) 집행을 면하기 위하여 담보를 제공한 증명서류(3호)

법원이 직권으로 또는 당사자의 신청에 따라 채권전액을 담보로 제공하고 가집행을 면제받을 수 있다는 것을 선고한 경우(민사소송법 제213조 제2항)에 그 담보를 제공하였다는 증명서(민사소송법 제502조 제2항 참조)가 이에 해당한다. 한편, 가압류해방금액(민사집행법 제282조)의 공탁에 따른 가압류집행의 취소에 관하여는 민사집행법 제299조가 별도로 정하고 있다.

4) 집행할 판결이 있은 뒤에 채권자가 변제를 받았거나 의무이행을 미루도록 승낙한 취지를 적은 증서(4호)

① 변제수령증서 또는 변제유예 증서: 채권자가 변제를 받았거나 의무이행을 미루도록 승낙한 경우에 이를 이유로 집행을 종국적으로 저지하기 위해서는 청구이의의 소(민사집행법 제44조)를 제기하여야 할 것이나, 채권자가 작성한 위와 같은 증서(변제수령증서 또는 변제유예증서)가 있으면 채무자를 보호하기 위하여 일단 집행을 정지하도록 한 것이다. 여기서 말하는 변제란 채무 전부를 변제받은 경우를 의미하며, 일부 변제만으로는 그 집행권원에 기초한 강제집행절차의 진행을 저지할 사유가 되지 못한다. 변제의 태양은 묻지 않고, 따라서 대물변제, 제3자의 변제, 상계, 전부명령에 의한 변제도 포함된다.

이러한 증서는 반드시 공정증서 또는 공증인이 인증한 증서라거나 공문서일 필요는 없고, 사문서라도 집행기관에서 진정하게 성립한 것이라고 인정할 수 있는 것이면 된다. 집행채권액 전부에 관한 은행 온라인 송금증서의 제출도 이에 해당한다. 판결이 있은 뒤의 증서뿐만 아니라 그 밖의 집행권원이 성립한 뒤의 증서도 포함됨은 물론이다.

강제집행은 그 기초가 된 집행권원에 표시된 채권을 전액 변제받을 때까지 실시할 수 있으므로 변제나 변제의 유예는 채권의 전액에 대하여 행하여져야 한다. 변제 또는 변제유예의 시기에 관하여는 '집행할 판결이 있은 뒤'에 이루어져야 한다. 여기서 집행할 판결이 있은 뒤의 의미에 관하여, '집행권원이 성립된 후'로 보아야 한다는 견해(집행권원이 확정판결이면 판결확정 후, 가집행선고부판결이면 판결선고 후, 화해조서·조정조서·집행증서이면 그것이 작성된 후)와 '변론종결 후'로 보아야 한다는 견해가 대립된다. 후자의 견해에 따르면 집행권원이 판결일 경우에는 변론종결 후에 변제 등이 행해지면 되고 기판력이 발생하지 않는 집행증서의 경우에는 변제 또는 유예가 그 집행증서 작성 이전에 이루어져도 된다고 본다.

② 채권자가 스스로 작성한 서면(집행신청서에 날인된 인감이 사용되었거나 인감증명서 등이 첨부된 경우에는 진정하게 성립한 것으로 인정할 수 있을 것이다)으로서 변제의 사실을 기재한 것(영수증서, 변제증서, 대물변제증서 등) 또는 이에 준하는 것(채권자의 채무면제, 채권포기 또는 상계의 의사표시를 기재한 서면, 채권양도의 통지서 등)이거나 의무이행의 유예를 승낙한 취지의 기재가 있는 것(채권자가 명시적으로 이행유예의 취지를 적어 준 각서, 건물인도의 집행권원이 성립된 다음에 채권자와 채무자 사이에 체결된 임대차계약서 등)이 민사집행법 제49조 제4호의 증서에 해당한다.

③ 화해가 진행 중임을 이유로 하는 경매연기신청서가 의무이행의 유예문서에 해당하는가에 관하여는 견해가 나뉘나, 실무에서는 소극적으로 해석하면서도 2회 정도에 한하여 경매기일을 연기해 주기도 하는데, 이러한 운용에 있어서는 민사집행법 제51조의 취지를 항상 염두에 두어 집행절차가 무한히 지연되는 일이 없도록 해야 한다.

④ 채권자 이외의 사람이 작성한 서면도 채권자가 변제를 받았거나 의무이행을 미루도록 승낙하였음을 확인할 수 있는 것이면 민사집행법 제49조 제4호의 증서에 해당한다. 다만 이 경우에는 채권자, 채무자를 심문하는 등의 방법으로 그 진실성을 확인할 필요가 있다. 채권자가 다른 집행사건을 통하여 그 채권을 전부 변제받은 경우에 그 배당조서·교부계산서가 제출되거나 채무자가 그 집행권원의 집행력 있는 정본을 집행기관으로부터 돌려받아 제출한 때에도 본조 제4호에 해당된다.

⑤ 변제공탁서가 포함되는가에 관하여는 다툼이 있으나, 민사집행법 제49조 제4호의 증서는 채권자의 의사가 명확히 표현된 것이어야 하는데 변제공탁서는 그러한 서면이 아닐 뿐만 아니라 공탁원인의 존부를 비롯하여 공탁의 유효 여부를 조사할 필요도 있기 때문에 이는 민사집행법 제49조 제4호의 증서에 해당하지 않는다고 보는 것이 통설이다. 다만 공탁물수령자로서 공탁통지서를 받은 사람이 그 공탁금을 이의 없이 수령하였다면 그 공탁의 취지에 의하여 수령한 것이 되어 그에 따른 법률효과가 발생하므로(대법원 1984. 11. 13. 선고 84다카465 판결), 공탁서 및 공탁금 출급증명서(공탁규칙 제59조 제1항)는 위 4호의 증서에 해당한다는 것이 판례이다(대법원 1999. 3. 2. 자 98마2813, 2814 결정).

⑥ 변제 등 위와 같은 사실이 존재하는데도 불구하고 채무자에게 이를 증명할 증서가 없거나 아니면 급속하게 제출할 수 없는 사정이 있는 경우에 채무자는 그 존재를 이유로 하여 청구이의의 소를 제기하고 집행정지의 잠정처분을 받아 이를 집행기관에 제출함으로써 집행절차를 정지시켜야 한다.

⑦ 한편 위 4호의 서류 중 변제수령증서의 제출에 의한 강제집행의 정지기간은 2개월로 하고(민사집행법 제51조 제1항), 변제유예증서의 제출에 의한 강제집행의 정지는 2회에 한하며 통산하여 6개월을 넘길 수 없다(민사집행법 제51조 제2항). 통산하여 6개월이란 해당 경매절차에 있어서 통산하여 6개월이란 뜻이고 그 기간이 연속해야 하는 것이 아니다.

집행정지서류는 집행기관에 정지서류를 제출하여 정지를 구한 경우에만 비로소 정지가 되는 것이므로 민사집행법 제51조 제2항의 기산점도 집행기관에 변제증서 등을 제출한 때로부터 진행된다고 봄이 상당하다.

⑧ 변제공탁서는 본 호의 증서에 해당하지 아니한다고 보는 것이 통설이나 채권자가 변제공탁금을 공탁수락한 후 이를 출급하였을 경우에는 본 호에 해당한다고 보아야 한다. 대법원도 공탁물수령자로서 공탁통지서를 받은 자가 그 공탁금을 이의 없이 수령하였다면 그 공탁의 취지에 따라 수령한 것이 되고 그에 따른 법률효과가 발생하므로(대법원 1995. 2. 28. 선고 94다48134 판결, 대법원 2000. 1. 21. 선고 99다58150 판결 등), 변제공탁서 및 공탁금 출급증명서는 민사집행법 제49조 제4호 소정의 변제를 받았다는 취지를 기재한 증서로 볼 수 있다고 판시하고 있다(대법원 1999. 3. 2.자 98마2813, 2814 결정 참조).

⑨ 채권자의 은행계좌에 대한 온라인 입금증, 전신환 또는 우편환에 의한 송금

증서를 변제증서에 해당하는 것으로 볼 것인가에 대해서는 긍정설과 부정설이 있다.

⑩ 채권의 전부명령이 있은 후에 민사집행법 제49조 제2호 또는 제4호의 서류를 제출한 것을 이유로 즉시항고가 제기된 때에는 항고법원은 다른 이유로 전부명령을 취소하는 경우를 제외하고는 항고에 관한 재판을 정지하여야 하는바(민사집행법 제229조 제8항), 항고인이 항고를 제기하면서 채권자 작성의 영수증 2매를 첨부한 경우, 항고이유 중에 명시된 바 없더라도 이를 민사집행법 제49조 제4호 소정의 변제수령증서로 주장하여 그 서류제출의 점을 항고이유로 삼는 취지가 포함되어 있다고 볼 수 있다(대법원 1997. 4. 28.자 97마360 결정 참조).

⑪ 집행할 판결이 있은 뒤에 의무이행을 미루도록 승낙한 취지를 적은 증서가 제출된 경우에 강제집행은 정지되어야 하나(민사집행법 제49조 제4호), 채권자가 그 정지사유의 소멸을 증명한 때에는 정지된 절차를 속행하여야 하고, 만일 집행기관이 부당하게 집행의 계속 진행을 거부할 때에는 채권자는 집행에 관한 이의(민사집행법 제16조)로써 이를 다툴 수 있다(대법원 2015. 6. 23.자 2015그47 결정 참조).

5) 집행할 판결, 그 밖의 재판이 소의 취하 등의 사유로 효력을 잃었다는 것을 증명하는 조서등본 또는 법원사무관등이 작성한 증서(5호).

① 가집행의 선고가 붙은 판결 선고 후에 상소심에서 소의 취하가 있는 때(청구의 교환적 변경이 있는 경우도 마찬가지이다)에는 그 가집행의 선고가 붙은 판결은 실효된다. 이 경우의 소취하조서(구술로 소를 취하한 경우)나 소취하증명서를 제출하면 집행을 정지하여야 한다. 가집행의 선고가 붙은 판결의 상소심에서 청구의 포기가 이루어진 경우 그 포기조서도 위 제5호의 증서에 해당하는 것으로 볼 것이다. 그러나 사인이 작성한 문서는 이에 해당하지 않는다.

② 제1심에서 가집행선고부 승소판결을 받아 그 판결에 기해 강제경매를 신청한 다음 항소심에서 조정(조정을 갈음하는 결정 포함) 내지 화해가 성립한 경우에 제1심판결 및 가집행선고의 효력은 조정 내지 화해에서 제1심판결보다 인용 범위가 줄어든 부분에 한하여 실효되고 나머지 부분에 대하여는 여전히 효력이 미치므로(대법원 2011. 11. 10.자 2011마1482 결정), 항소심에서 조정 내지 화해가 성립한 경우에는 그 조정 내지 화해의 내용이 강제집행의 기초가 된 부분 전체의 효력을 상실하게 한 때에 한하여 해당 조서가 위 5호의 증서에 해당한다.

③ 가집행의 선고가 붙은 판결 이외에 확정 전에 집행력이 있는 결정 역시 취하로 그 효력이 소멸하므로, 법문이 판결뿐만 아니라 '그 밖의 재판'이라고 한 것이다.

④ 지급명령이 형식적으로 확정된 후 채무자의 추후보완(민사소송법 제173조 제1항, 소송촉진 등에 관한 특례법 제20조의2 제5항) 이의신청에 따라 독촉법원이 사건기록을 본안절차에 회부한 경우에 지급명령이 실효되는지에 관해서는 견해의 대립이 있으나 ㉮ 추후보완 이의와 상관없이 이미 진행 중인 집행절차를 계속 진행하고, 채무자가 집행정지결정을 받아 제출하면 집행절차를 정지하는 방법 ㉯ 추후보완 이의 및 그에 따른 본안사건으로의 이행에 관한 서류를 민사집행법 제49조 제1, 2, 5호 서류에 준하는 것으로 보아 집행절차를 취소하거나, 사실상 정지하는 방법 ㉰ 일부이지만 민사소송법 제470조 제1항에 따라 지급명령이 실효되는 것으로 해석하여 집행절차를 취소하는 방법 등으로 운용되고 있다. 이행권고결정에 대해 추후보완 이의신청이 있는 때에는 소액사건심판법 제5조의6 제5항에서 명문규정으로 위 ㉮의 방법을 취하고 있고, 이행권고결정과 지급명령은 간이하게 집행권원을 취득하는 유사한 제도라는 면에서 지급명령 추후보완 이의에서도 이행권고결정절차와 같이 처리함이 타당하다 하겠다(향후 명문규정이나 대법원 판결로 명확하게 될 때까지).

⑤ 한편 원고가 항소심에 이르러 소를 교환적으로 변경한 경우에는 구 청구가 취하되어 그에 해당하는 제1심 판결은 실효된다(대법원 2011. 4. 14. 선고 2010다96072 판결, 대법원 2013. 2. 28. 선고 2011다31706 판결 등). 또한 항소심에서 제1심판결을 취소하고 예비적 청구를 인용하는 판결을 선고하면 제1심판결의 주위적 청구에 붙여진 가집행선고는 실효된다(서울고등법원 2013. 8. 20.자 2013카기380 결정). 따라서 이와 같은 사실이 기재된 변론조서 등본이나 법원사무관등이 작성한 사실증명서(민사소송법 제162조 제1항)가 강제집행 진행 중에 제출된 때에는 이미 실시한 집행처분을 취소하여야 한다.

⑥ 가집행선고가 붙은 제1심 판결을 유지한 항소심판결이 상고심에서 파기환송되면 그 제1심 판결에 대하여는 항소심판결이 선고되지 아니한 상태로 돌아가는 것일 뿐 나아가 제1심 판결 및 가집행선고의 효력이 당연히 상실되지 않는다는 것이다(대법원 2008. 11. 13.자 2008카담19 결정, 대법원 2010. 6. 4.자 2010카담13 결정 등).

또 항소심이 무조건 이행을 명한 가집행선고부 제1심판결을 변경하여 상환이행을 명하면서 다시 가집행선고를 붙인 경우, 제1심판결에서 인정된 소송의 목적인 권리가 항소심에서도 여전히 인정되는 점에서는 아무런 변경이 없고, 다만 가집행채권자는 항소심판결에 따라 상환조건을 성취하여야만 강제집행을 할 수 있게 되었을 뿐이므로 무조건 이행을 명한 제1심판결의 가집행선고는 그 차이가 나는 한도 내에서만 실효된다는 것이다(대법원 1995. 9. 29. 선고 94다23357 판결, 춘천지방법원 강릉지원 2014. 4. 15.자 2013라75 결정 각 참조).

6) 강제집행을 하지 아니한다거나 강제집행의 신청이나 위임을 취하한다는 취지를 적은 화해조서의 정본 또는 공정증서의 정본(6호)

강제집행을 하지 않겠다는 부집행합의가 화해조서나 공정증서에 명백히 되어 있을 경우에는 청구이의의 소제기 등의 필요 없이 그 정본이 제출되면 곧바로 강제집행을 정지하여야 한다. 여기서 말하는 '강제집행을 하지 않는다는 합의' 또는 '강제집행의 신청이나 위임을 취하한다는 합의'에는 무조건적 합의는 물론 일정 기한을 정하여 강제집행을 하지 않는다는 합의도 포함된다.

이미 성립된 집행권원의 효력을 무효로 한다는 취지나 그 청구권을 전부 포기한다는 취지의 화해조서가 새로이 작성된 경우에 이를 민사집행법 제49조 제5호의 서류에 해당하는 것으로 볼 여지도 있으나, 대체로 그러한 취지의 화해조서나 공정증서를 모두 민사집행법 제49조 제6호의 서류에 해당하는 것으로 보고 있다.

조정조서는 화해조서에 준하여 취급하여야 할 것이지만, 공정증서가 아닌 사문서를 인증한 것은 민사집행법 제49조 제6호의 서류에 해당하지 않는다.

3. 집행정지의 방법

가. 집행정지기관

집행을 정지할 수 있는 기관은 실제로 강제집행을 실시하고 있는 집행기관이다. 집행기관이 아닌 집행법원이나 수소법원은 집행정지명령을 발하여 집행기관으로 하여금 집행을 정지할 의무를 지게 할 수는 있으나 스스로 집행을 정지할 수는 없다. 관할 집행법원의 촉탁에 의하여 부동산처분금지가처분 또는 가처분말소등기를 적어 넣는 등기관은 집행기관이 아니다.

나. 신청에 의한 정지

1) 신청의 방법

민사집행법 제49조에 따른 정지는 원칙으로 채권자, 채무자 또는 제3자가 집행기관에 정지서류를 제출하여 정지를 구한 경우에만 비로소 정지가 된다. 즉, 강제집행정지결정이 있으면 결정 즉시로 당연히 집행정지의 효력이 있는 것이 아니고, 집행기관으로서 실제로 집행을 실시하는 집행관, 집행법원 또는 수소법원에 민사집행법

제49조에서 정한 서류를 제출하여야만 비로소 정지되는 것이고, 그 제출이 있기 전에 이미 행하여진 집행처분에는 영향이 없다(대법원 2010. 1. 28.자 2009마1918 결정, 대법원 2013. 11. 29.자 2013마1481 결정 등). 따라서 채권자가 강제집행정지결정을 받았다고 하더라도 이를 집행법원에 제출하지 아니한 사이에 채권압류 및 추심명령이 내려졌다면 그 명령은 유효하고, 다만 강제집행정지결정이 집행법원에 제출된 이후에는 장래에 대하여 강제집행이 정지되어 추심금지의 결정 등 그때그때의 상황에 적합한 조치가 취하여질 수 있는 것이다(대법원 2013. 10. 31.자 2013마1211 결정, 대법원 2015. 5. 22.자 2015마670 결정 등 참조).

다만 민사집행법 제49조의 문언에는 그 조문에서 정한 서류만 제출하면 정지하도록 되어 있으므로 반드시 정지를 구하는 취지의 집행정지신청서를 함께 제출하여야 되는 것은 아니고, 비록 신청서가 제출되었다 하더라도 강제집행의 필요적 정지를 촉구하는 의미 이상은 없으므로 이에 대하여 어떠한 결정을 할 것은 아니며, 만약 집행기관이 집행정지서류를 제출받았음에도 강제집행을 계속 진행할 때에는 집행에 관한 이의신청에 의하여 불복할 수 있을 따름이다(대법원 1983. 7. 22.자 83그24 결정, 대법원 1997. 11. 11.자 96그64 결정). 강제집행의 일시정지를 명한 취지를 기재한 재판의 사본을 제출한 경우에는 법원으로서는 바로 그 정본의 제출이 없었던 것으로 처리할 것이 아니라 상당한 기간을 정하여 채무자로 하여금 그 정본을 제출하도록 하게 한 뒤 그 이행 여부에 따라 재판의 정지 또는 속행여부를 결정하여야 한다(대법원 2001. 8. 25.자 2001마313 결정, 대법원 2008. 11. 13.자 2008마1140 결정).

실무에서는 집행정지신청서에 집행정지결정정본을 첨부하여 집행기관에 이를 제출하는 것이 통례이다. 이 신청서가 제출되면 정식의 신청번호를 부여할 필요 없이 문서건명부에 전산입력하고 집행기록에 시간적 접수순서에 따라 가철하며, 이 신청서에는 인지를 붙일 필요가 없다(재민 91-1).

가집행선고부 제1심 판결이 항소심판결에 의하여 취소되면 그 가집행선고는 항소심판결의 선고로 인하여 효력을 잃게 되고(민사소송법 제215조 제1항), 채무자는 강제집행을 정지하기 위하여는 항소심판결의 정본을 집행법원에 제출하기만 하면 되므로(민사집행법 제49조 제1호), 채무자는 별도로 제1심 판결에 의한 강제집행의 정지를 신청할 이익이 없다(대법원 2014. 3. 11.자 2014카기163 결정, 대법원 2014. 7. 10.자 2014카기338 결정 등).

채권압류 및 추심명령에 대하여 즉시항고를 제기하였다는 이유로 한 강제집행정지의 재판은 민사집행법 제15조 제6항 단서 외에는 달리 근거가 없는바, 위 규정에 따른 강제집행정지의 재판은 항고법원(재판기록이 원심법원에 남아 있는 때에는 원심법원)이 직권으로 하는 것이고 당사자에게 신청권이 인정된 것이 아니므로, 이에 대한 강제집행정지신청은 단지 법원의 직권발동을 촉구하는 의미밖에 없다(대법원 2004. 10. 14.자 2004그69 결정, 서울중앙지방법원 2015. 6. 30.자 2015카정97결정 등).

압류명령에 대한 즉시항고가 제기되어 집행기록이 상급법원에 있는 동안에는 기록이 있는 상급법원에 정지서류를 제출하는 것이 실무 례이다. 민사집행법 제49조의 집행정지서류는 이를 집행기관에 제출할 것이나, 매각허가결정에 대한 항고가 제기되어 경매기록이 상급법원에 있는 동안에는 기록이 있는 상급법원에 이를 제출하는 것이 실무례이다.

2) 집행법원의 직권고려 불가능

같은 집행권원에 기하여 부동산집행과 채권집행이 동시에 신청되어 계속 중인 상황에서 그 중 부동산집행사건에만 집행정지결정정본을 받아서 집행정지신청이 있는 경우, 집행법원이 그 집행권원에 대하여 집행정지결정이 있었다는 점이 직무상 명백하다고 하여 채권압류명령신청을 각하하여서는 안 된다. 같은 집행권원에 기하여 같은 집행법원에 신청된 것이라고 하더라도 두 개의 사건은 별개로 취급하여야 할 것이기 때문이다. 따라서 채무자로서는 두 개의 사건 모두에 대하여 집행정지결정정본을 제출하면서 집행정지 신청을 하여야 할 것이다.

3) 제출의 시기와 종기

가) 시기

집행정지의 서류는 집행신청 후이면 집행개시 전후를 불문하고 집행기관에 제출하여 당해 집행의 정지를 구할 수 있으나, 집행신청 전(예를 들어, 부동산 강제경매신청 전)에 미리 위 서류를 제출할 수는 없으므로 집행신청 전에는 이러한 서류가 제출되더라도 접수할 여지는 없다 할 것이다.

가압류해방공탁금의 회수청구권에 대한 압류명령의 신청 후에는 민사집행법 제49조 소정의 서류를 집행기관에 제출하여 당해 집행의 정지를 구할 수 있는바, 이 경우 집행기관은 압류명령을 발령한 집행법원이고 공탁관은 집행기관이 아니다(공탁선례 2-345).

강제집행의 신청 후 개시 전에 집행정지서류가 제출된 경우 이를 어떻게 처리할 것인가에 관하여 발령설, 발령정지설, 신청각하설 등이 있고, 또 압류명령의 결정 후 제3채무자의 송달 전에 집행정지서면이 제출한 경우에도 즉시정지설, 압류명령정본송달 후 정지설 등이 있으나 실무에서는 집행정지서류의 제출시점 즉, 집행신청 후 발령 전에 집행정지서류가 제출되면 발령을 정지하고, 발령 후 송달 전에 집행정지서류가 제출되면 송달절차를 정지하고 있다.

나) 종기

집행정지서류는 집행절차가 끝나기 전까지 제출되어야 그 집행절차가 정지된다. 그런데 강제집행 정지명령 정본 등의 제출 전에 강제집행이 종료되면, 집행정지의 여지가 없기 때문에, 강제집행이 종료된 후에는 강제집행정지가 허용되지 아니하고, 나아가 그 집행의 정지를 특별항고로 다툴 이익도 소멸한다(대법원 2009. 11. 13.자 2009그221 결정 등 참조).

채권과 그 밖의 재산권에 대한 집행에 있어서는 부동산에 대한 집행과는 달리 추심명령 또는 전부명령이라는 현금화절차를 거치게 되므로 그 현금화절차의 특수성에 따라 집행정지서류 제출의 종기가 달라진다.

전부명령이 확정되면 집행절차가 종료되므로 채무자는 전부명령 확정 전까지 집행정지서류를 제출할 수 있다(대결 1999. 8. 27. 99마117, 118, 대결 2013. 12. 6. 2012마1981 등). 다만 전부명령이 있은 뒤에 민사집행법 제49조 제2호 또는 제4호의 서류를 제출한 것을 이유로 즉시항고가 제기된 경우에는 항고법원은 다른 이유로 전부명령을 취소하는 경우를 제외하고는 항고에 관한 재판을 정지하여야 한다(민사집행법 제229조 제8항). 이 때 집행정지서류를 첨부한 즉시항고가 있으면 집행법원과 항고법원 중 어느 곳에서 정지하고 있어야 하는지에 관하여 집행법원정지설, 항고법원송부설 등의 견해가 있다. 현재 서울중앙·서울동부·서울남부·서울북부·서울서부지방법원의 실무는 항고법원으로 사건을 송부한 다음 항고법원에서 정지하고 있다.

전부명령이 있은 뒤에 채무자가 항고법원에 민사집행법 제49조 제2호의 서류를 제출한 경우 항고법원은 다른 이유로 전부명령을 취소하는 경우를 제외하고는 민사집행법 제229조 제8항에 따라 항고에 관한 재판을 정지하여야 하고, 그 후 잠정적인 집행정지가 종국적인 집행취소나 집행속행으로 결말이 나는 것을 기다려, 집행취소로 결말이 난 때에는 항고를 인용하여 전부명령을 취소하고, 집행속행으로 결말이 난 때에는 항고를 기각하여야 한다. 채무자는 전부명령 확정 전까지 민사집행법 제49조 제2호의 서류를 제출할 수 있다고 보아야 하므로, 재항고심 계류 중 위 서류가 제출된 경우에도 재항고법원은 마찬가지로 재항고에 관한 재판을 정지하였다가, 종국적인 집행취소 여부에 따라 재항고 인용 여부를 결정하여야 한다(대법원 2012. 4. 12.자 2011마1852 결정, 대법원 2013. 8. 21.자 2013마570 결정 등).

채권압류 및 전부명령의 기초가 된 집행권원에 기한 강제집행을 불허하는 청구이의 재판의 판결정본은 강제집행의 취소·정지에 관한 민사집행법 제49조 제1호에서 정한 서류에 해당하므로, 그러한 서류가 제출되면 채권압류 및 전부명령은 집행처분의 취소에 관한 민사집행법 제50조 제1항에 따라 취소되어야 한다. 이는 재항고심에서 위와 같은 서류가 제출된 경우도 마찬가지이다(대법원 1999. 7. 23.자 99마1955, 1956 결정, 대법원 2018. 5. 23.자 2018마5170 결정 등).

채권자목록에 기재된 개인회생채권에 기하여 개인회생재단에 속하는 채권에 대하여 내려진 압류 및 전부명령이 아직 확정되지 않은 상태에서 채무자에 대하여 개인회생절차가 개시되고 이를 이유로 압류 및 전부명령에 대하여 즉시항고가 제기되었다면, 항고법원은 다른 이유로 압류 및 전부명령을 취소하는 경우를 제외하고는 항고에 관한 재판을 정지하였다가 변제계획이 인가되는 경우 압류 및 전부명령이 효력이 발생하지 않게 되었거나 그 효력이 상실되었음을 이유로 압류 및 전부명령을 취소하고 압류 및 전부명령신청을 기각하여야 한다(대법원 2014. 1. 17.자 2013마2252 결정, 대법원 2015. 5. 28.자 2013마301 결정 등).

그런데 전부명령 발령 후에 즉시항고를 제기함이 없이 집행정지서류만이 제출되는 경우에는 전부명령이 제3채무자나 채무자에게 송달되기 전이면 각 그 송달을 중지함으로써 확정이 차단되므로 집행정지의 목적을 달성할 수 있으나, 제3채무자 및 채무자에 대한 송달 후이면 집행정지서류가 제출되었다 하여 항고기간의 진행이 정지되는 것은 아니므로 전부명령의 확정을 차단할 수 없어 집행정지의 목적을 달성할 수 없게 되므로 즉시항고를 함께 제기하도록 유도함이 상당하다.

추심명령의 경우에는 채권자가 제3채무자로부터 피압류채권을 추심한 경우, 추심의 신고가 있기까지 집행정지서류를 제출하여 집행절차의 속행을 저지할 수 있다.

다. 직권에 의한 정지

집행을 당연무효로 할 집행요건의 흠결이나 집행장애사유의 존재는 집행기관의 조사사항이므로 이를 발견한 때에는 집행기관은 직권으로 집행을 정지하여야 한다.

이와 달리 집행요건의 흠결이 있더라도 단지 취소할 수 있는 것에 불과한 때에는 취소의 재판 정본 등이 제출되지 않는 한 직권으로 정지할 수 없다.

다만 민사집행법 제49조 제2호의 재판 등을 한 법원이 동시에 집행기관인 경우에, ① 당사자에 의해 그 재판 정본이 제출되지 않았더라도 직권으로 강제집행을 정지할 수 있다는 견해와 ② 사실상 집행을 중단하는 것은 별론으로 하고 그 재판 정본이 제출되지 않았음에도 직권으로 당연히 절차를 정지하여야 하는 것은 아니라고 하는 견해가 대립되어 있다. 대법원 2008. 9. 3.자 2008마892 결정의 예외적인 태도에 비추어 보면 ①견해도 수긍 가능하지만, 그 뒤에 선고된 다른 대법원 판결들의 일련의 태도에 비추어 보면 ②견해가 원칙적으로 타당하다 할 것이다.

라. 집행정지 시의 집행기관의 조치

집행의 정지는 집행기관이 사실상 집행을 정지하는 행동으로 나타난다. 그 구체적인 내용은 경우에 따라 다르다.

1) 집행관이 집행기관인 경우에는 압류나 매각절차를 사실상 행하지 아니함으로써 정지된다. 정지서류가 제출되면 이를 기록에 편철하고 기록표지에 정지의 취지를 표시한다.

2) 집행법원이 집행기관인 경우에는 그 후의 채권자의 집행행위 신청을 각하하거나 또는 집행의 완결을 막는 조치를 취한다.

3) 채권 등에 대한 집행에 있어서는 압류만을 한 경우에는 그 이후 집행행위를 하지 않고 현상을 유지하면 되나, 이미 추심명령이 있은 후 민사집행법 제49조 제2호 또는 제4호의 서류가 제출된 때에는 법원사무관등은 압류채권자와 제3채무자에 대하여 그 서류가 제출되었다는 사실과 서류의 요지 및 위 서류의 제출에 따른 집행정지가 효력을 잃기 전에는 압류채권자는 채권의 추심을 하여서는 아니 되고 제3채무자는 채권의 지급을 하여서는 아니 된다는 취지를 통지하여야 한다(민사집행규칙 제161조 제1항).

집행력이 있는 판결 정본에 기하여 압류·추심명령이 발령된 경우 채무자가 강제집행정지결정의 정본을 집행기관에 제출하면 이로써 집행정지의 효력이 발생하고 그 집행정지가 효력을 잃기 전까지 압류채권자에 의한 채권의 추심이 금지된다(민사집행법 제49조 제2호). 여기서 강제집행정지결정의 정본이 압류채권자에게 송달되었는지 여부나 민사집행규칙 제161조가 규정하는 집행정지 통보가 제3채무자에게 송달되었는지 여부는 집행정지의 효력 발생과 무관하다(대법원 2012. 10. 25. 선고 2010다

47117 판결).

장래의 계속적 수입채권(임금채권 등)에 관련된 채권의 압류·추심명령의 경우에는 채권자의 채권 및 집행비용의 액을 한도로 압류 후에 발생하는 각기의 급부에 대하여도 압류의 효력이 미치기 때문에(대법원 2003. 5. 30. 선고 2001다10748 판결, 대법원 2011. 1. 27. 선고 2010다78050 판결 등 참조) 제3채무자가 이미 발생한 계속적 급부채무를 공탁한 후 사유신고를 하였더라도 다음기의 급부에 압류의 효력이 미치는 한 집행정지의 통지를 하여야 한다.

그런데 전부명령의 경우에도 전부명령이 확정된 후 민사집행법 제49조 제2호 또는 제4호의 서류가 접수된 경우 제3채무자에게 집행정지의 통지를 하여야 할 것인가의 문제가 있다. 이에 관하여, 전부명령이 확정되면 전체적으로 집행절차가 종료되므로 집행정지의 관념을 인정할 수 없다고 보아야 할 것이다.

4) 민사집행법 제242조에 규정된 유체물의 인도청구권이나 권리이전청구권에 대하여 같은 법 제243조의 제1항의 압류명령(유체동산에 관한 청구권의 압류) 또는 같은 법 제244조 제1항, 제2항의 압류명령(부동산에 관한 인도청구권·권리이전청구권의 압류)과 민사집행규칙 제171조 제1, 2항의 규정에 따라 위 조항들이 준용되는 경우의 압류명령(선박·항공기·경량항공기·자동차 또는 건설기계의 인도청구권 또는 권리이전청구권의 압류)이 있은 후 같은 법 제49조 제2호 또는 제4호의 서류가 제출된 경우에도 법원사무관등은 집행관 또는 보관인과 제3채무자에게 위와 같은 취지의 통지를 하여야 한다(민사집행규칙 제161조 2항).

[전산양식 A4333: 집행정지 통지서]

○ ○ 지 방 법 원

집행정지 통지

○ ○ ○ 귀하

사 건 20 타채

채 권 자

채 무 자

제3채무자

위 사건에 관하여 아래의 사항을 통지합니다.

1. 채무자가 20 . . . OO법원 20 카정 강제집행정지 결정을 제출하

였습니다.
2. 위 결정은 ○○법원 20 가합 청구이의의 소에 관한 판결이 있을 때까지 이 사건 집행권원인 ○○법원 20 . . 선고 20 가합 판결에 기한 강제집행을 정지하도록 명하였습니다.
3. 위 강제집행정지결정이 효력을 잃기 전에는, 채권자는 채권의 추심을 하여서는 아니 되고, 제3채무자는 채권의 지급을 하여서는 아니 됩니다.

2○○○. ○. ○.

법원사무관 ㊞

민사집행법 제규 161①,②

마. 집행정지의 효력

1) 내용

가) 개시·속행의 금지

집행이 정지되면 집행기관은 새로운 집행을 개시할 수가 없고 개시된 집행을 속행할 수 없지만, 이미 행하여진 집행처분은 특히 취소되는 경우(민사집행법 제49조 제1, 3, 5 및 6호의 서류를 제출한 경우)를 제외하고는 그 효력이 그대로 존속한다(민사집행법 제49조 제2, 4호의 서류가 제출된 경우, 민사집행법 제50조 제1항). 채권자가 강제집행정지결정을 받았다고 하더라도 이를 집행법원에 제출하지 아니한 사이에 채권압류 및 추심명령이 내려졌다면 그 명령은 유효하고, 다만 강제집행정지결정이 집행법원에 제출된 이후에는 장래에 대하여 강제집행이 정지되어 집행정지 통지를 하는 등 그때그때의 상황에 적합한 조치가 취하여질 수 있는 것이다(대법원 2013. 10. 31.자 2013마1209 결정).

한편 부동산의 이중경매신청인(민사집행법 제87조)과 유체동산이나 채권에 대한 압류가 경합된 경우의 제2의 채권자(민사집행법 제215조, 제235조)에 대한 관계에서는, 후행 사건에 대하여도 별도로 정지사유가 있지 않는 한, 후행 사건에 기초하여 집행을 계속하여 진행할 수 있다. 따라서 채권집행의 경우 그 압류경합에 따른 배당절차는 그대로 진행되며, 이 때 강제집행정지가 된 당해 채권자의 배당액은 공탁을 하게 되고, 추심명령의 경우 제3채무자가 집행정지통지서를 받기 전에 채권자의 추심청구에 응한 때에는 이는 채권의 준점유자에 대한 변제로서 유효하게 된다.

또 유체동산의 경매절차에서 집행정지서류의 제출이 있더라도 압류물을 즉시 매각하지 아니하면 값이 크게 내릴 염려가 있거나, 보관에 지나치게 많은 비용이 필요한 때에는 집행관은 그 물건을 매각할 수 있고 그 경우에는 그 대금을 공탁하여야 한다(민사집행법 제198조 제3, 4항).

채권에 대한 전부명령이 있은 뒤에 민사집행법 제2호·4호의 서류를 제출한 것을 이유로 전부명령에 대한 즉시항고를 제기하거나 즉시항고 후 항고법원에 위 서류를 제출한 경우 항고법원은 다른 이유로 전부명령을 취소하는 경우를 제외하고는 민사집행법 제229조 제8항에 따라 항고에 관한 재판을 정지하여야 하고, 그 후 잠정적인 집행정지가 종국적인 집행취소나 집행속행으로 결말이 나는 것을 기다려, 집행취소로 결말이 난 때에는 항고를 인용하여 전부명령을 취소하고, 집행속행으로 결말이 난 때에는 항고를 기각하여야 한다. 채무자는 전부명령 확정 전까지 위 서류를 제출할 수 있다고 보아야 하므로, 재항고심 계류 중 위 서류가 제출된 경우에도 재항고법원은 마찬가지로 재항고에 관한 재판을 정지하였다가, 종국적인 집행취소 여부에 따라 재항고의 인용 여부를 결정하여야 한다(대법원 2012. 4. 12.자 2011마1852 결정).

또한, 제3채무자가 집행정지통지서를 받았더라도 집행공탁을 하는 것까지 정지하는 것은 아니므로(대법원 2010. 8. 19. 선고 2009다70067 판결 참조), 집행의 경합이 있거나 민사집행법 제248조 제1항에 따른 권리공탁을 한 후 사유신고를 하게 되면, 배당절차로 나아가게 되는데, 이 때 집행정지된 압류권자의 배당가입을 인정하되 그에 대한 배당액의 지급을 정지하여야 한다(배당금액 만큼의 공탁을 그대로 유지하게 된다).

한편 가집행선고부 제1심 판결을 집행권원으로 한 채권압류 및 추심명령을 받은 추심채권자가 제3채무자를 상대로 추심금의 지급을 구하는 소를 제기한 후 그 집행권원인 제1심판결에 대하여 강제집행정지 결정이 있을 경우, 위 결정의 효력에 의하여 집행절차가 중지되어 추심채권자는 피압류채권을 실제로 추심하는 행위에 더 이상 나아갈 수는 없으나, 이와 같은 사정만으로 제3채무자의 추심금 지급에 관한 소송절차가 중단된다고 볼 수는 없을 뿐 아니라 이로 인해 제3채무자가 압류에 관련된 금전채권의 전액을 공탁함으로써 면책받을 수 있는 권리가 방해받는 것도 아니다(민사집행법 제248조 제1항, 대법원 2010. 8. 19. 선고 2009다70067 판결 참조).

나) 예외

집행정지 중이라 하더라도 모든 집행처분이 허용되지 않는 것이 아니고, 집행정지의 취지에 반하지 않는 집행처분은 할 수 있다.

예를 들어, 부동산의 멸실 등으로 말미암은 경매절차의 취소(민사집행법 제 96조 제1항), 압류선박의 운행허가(민사집행법 제176조 제2항), 남을 가망이 없을 경우의 경매나 동산압류의 취소(민사집행법 제102조, 제188조 제3항, 민사집행규칙 제140조 제2항)와 같은 처분은 집행정지 중에도 할 수 있다.

부동산에 대한 침해방지를 위한 조치(민사집행법 제83조 제3항)라든가, 부동산의 관리명령(민사집행법 제136조 제2항) 또는 압류물의 인도명령(민사집행법 제193조 제1항) 등에 관하여는 적극설과 소극설로 견해가 나뉘어 있다.

다) 집행정지 중의 집행처분의 효력

집행정지사유가 있음에도 불구하고 집행기관이 집행을 정지하지 아니하고 집행처분을 한 경우에는 이해관계인은 집행에 관한 이의신청 또는 즉시항고에 의하여 취소를 구할 수 있다. 이러한 불복의 절차 없이 강제집행절차가 그대로 완결되면 그 집행행위에 의하여 발생한 법률효과를 부인할 수 없다(대법원 1995. 2. 16.자 94마1871 결정, 대법원 2005. 8. 12.자 2004마225 결정 등).

그러나 포괄적 금지명령이나 회생절차개시결정과 같은 집행장애사유가 있음에도 이에 반하여 집행이 이루어졌다면 이는 무효이다(대법원 2016. 6. 21.자 2016마5082 결정, 대법원 2018. 11. 29. 선고 2017다286577 판결).

2) 범위

집행정지의 효력이 미치는 범위는 정지사유에 따라 다르다. 청구에 관한 이의의 소의 승소확정판결(민사집행법 제44조)이나 위 소의 제기에 의한 집행정지명령(민사집행법 제46조)은 하나의 집행권원에 기한 전체로서의 집행을 정지한다. 이 경우에는 집행개시의 전후를 불문하고 집행이 정지되나 채권자가 완전한 만족을 얻어 집행이 종료된 후에는 정지의 여지가 없다.

집행에 관한 이의신청의 인용결정(민사집행법 제16조), 제3자이의의 소의 승소확정판결(민사집행법 제48조) 및 위 소의 제기에 의한 집행정지명령(민사집행법 제48조 제3항)은 개개의 구체적 집행절차를 정지할 뿐이다. 이 경우에는 집행절차가 개시된 후가 아니면 정지할 수 없다.

3) 집행정지결정 당한 당해 집행권원에 기하여 발령된 집행명령의 적법여부[3)]

3) 민동근, "금전채권에 대한 집행절차와 집행정지", 민사집행법연구 10권, 한국사법행정학회(2014), 336-347 참조

가) 집행정지결정을 당하지 않은 집행권원에 기하여 적법하게 집행이 개시된 후 비로소 집행정지결정을 받아 집행법원에 제출한 경우 이미 이루어진 집행행위가 적법하다는 것에는 이론이 없다. 문제는 채권자가 집행채권에 대하여 이미 집행정지결정이 되어 있는 사실을 알면서 집행신청을 하여 집행명령 등이 이루어진 경우 그 적법성에 대하여는 견해 대립이 있다.

이에 관하여 우리나라 대다수 학자들은 집행정지결정 정본이 집행법원에 제출되어야 집행정지 효력이 발생하므로, 비록 집행정지결정이 있었다 하더라도 채무자가 집행정지결정을 집행법원에 제출하지 않은 상태에서 채권자가 집행신청을 하여 집행명령이 이루어진 경우 그 집행명령이나 집행처분은 유효하게 보고 있고 실무 또한 동일하다.

나) 대법원 판례 또한 강제집행정지결정이 있으면 결정 즉시로 당연히 집행정지의 효력이 있는 것이 아니고, 그 정지결정의 정본을 집행기관에 제출함으로써 집행정지의 효력이 발생함은 민사집행법 제49조 제2호의 규정 취지에 비추어 명백하고, 그 제출이 있기 전에 이미 행하여진 압류 등의 집행처분에는 영향이 없다(대법원 2010. 1. 28.자 2009마1918 결정 등 참조)는 입장이다.

다) 그런데 대법원 2008. 9. 3.자 2008마892 결정이 "강제집행 신청 당시에 집행권원의 집행력이 현존하지 않은 경우에는 유효한 집행권원이 아니므로 이를 근거로 집행을 개시해서는 안 될 것이다."라고 하여 확고하고도 명확한 대법원 판례들의 입장과는 달리 강제집행정지결정이 있으면 결정 즉시로 당연히 집행정지의 효력이 있고, 따라서 집행정지결정 당한 당해 집행권원에 기하여 발령된 집행명령은 위법하다고 해석될 수도 있는 판시를 내고 있다.

하지만 강제집행정지 결정을 법원에 제출하지 않았음에도 강제집행정지의 효력이 미친다는 취지의 2008마892결정의 사안은 공탁금을 담보로 강제집행정지결정을 하였는데 그 공탁금회수청구채권에 대하여 채권압류 및 전부명령을 신청한 사안으로서 채권자는 강제집행정지결정이 있음을 알면서 채권압류 및 전부명령을 신청하였고 사법보좌관으로서도 채권압류 및 전부명령을 발령할 당시 강제집행정지결정이 있음을 알 수 있는 경우에 관한 것으로 통상적으로는 존재할 수 없는 극히 예외적인 사례에 국한하여 적용되는 아주 특별한 사안에 대한 것으로서 일반화할 수 없는 법리이고, 대법원 2013. 10. 31.자 2013마1209 결정은 위 사안을 통상적인 사안에 원용하기에 적절하지 아니하다는 명시적인 판시까지 한 바 있으므로 각별한 주의를 요한다.

대법원 2013. 10. 31.자 2013마1209 결정 등 일련의 대법원 결정들이 위 2008마892결정을 전원합의체 판결 등을 통하여 파기하지는 않았지만, 다만 위 사안이 통상적으로는 존재할 수 없는 극히 예외적인 사례에 국한하여 적용되는 아주 특별한 사안에 대한 것으로서 일반화할 수 없는 법리라는 점을 명시적으로 판시하여 위 2008마892결정의 판시가 일반적인 법리가 아니라는 점을 명시적으로 밝힌 바 있다.

라) 결국 우리 대법원 판례나 실무, 학설은 모두 집행정지결정이 있었다 하더라도 채무자가 집행정지결정을 집행법원에 제출하지 않은 상태에서 채권자가 집행신청을 하여 집행명령이 이루어진 경우 그 집행명령이나 집행처분은 유효하다고 보는 입장이다.

4) 집행정지결정 당한 당해 집행권원에 기하여 발령된 집행명령에 따른 집행처분에 대한 채무자의 구제방법

앞서 본 바와 같이 채무자가 집행정지결정을 집행법원에 제출하지 않은 상태에서 채권자가 집행신청을 하여 집행명령이 이루어진 경우 그 집행명령이나 집행처분은 유효하다고 보더라도, 사정에 따라서는 채권자가 집행정지결정을 있다는 것을 알면서도 강제집행을 신청하는 것이 불법행위 구성하는 경우도 있으므로, 이러한 경우에 채무자의 구제수단이 문제가 된다.

위와 같은 경우에 채무자의 구제수단으로 생각해볼 수 있는 것은 민사소송법 제500, 5001조 규정을 유추해석하거나 확장해석하는 방법으로 이미 실시한 집행처분의 취소를 명하는 재판을 받아 집행처분을 취소하는 방법, 권리남용을 이유로 집행처분의 취소를 구하는 방법과 아울러, 본안으로서 손해배상을 구하는 방법 등이 있을 수 있다.

바. 정지된 집행의 속행

집행정지서류의 제출에 의하여 집행이 정지되어 있는 경우에 채권자가 그 정지사유의 소멸을 증명한 때에는 정지된 절차를 속행하여야 한다. 예를 들어, 상소심 판결선고 시까지 집행을 정지한다는 집행정지결정에 의하여 집행이 정지된 경우에 채권자가 상소심 판결선고가 있었음을 증명하면 절차를 속행하여야 한다. 상소가 취하된 경우도 마찬가지로 해석된다.

집행정지의 재판에 채권자가 담보를 제공하면 집행을 속행할 수 있다고 되어 있는 경우에는 그 담보를 제공한 증명서(민사집행법 제19조 제2항)를 제출하여 속행을

구할 수 있다.

원칙적으로 집행기관이 우연히 집행정지시유가 소멸된 것을 일세 되었나 하더라도(예를 들어 청구이의의 소에서 채무자가 패소판결을 받은 사실) 채권자로부터 증명이 없는 한 절차를 속행할 수 없다.[4] 다만 변제증서에 의한 집행정지의 경우에는 2월을 경과한 때, 의무이행의 유예증서의 제출에 의한 집행정지의 경우에는 그 이행유예기간이 경과하거나 또는 통산하여 6월의 집행정지기간이 경과한 때에는 채권자의 신청의 유·무에 불구하고 집행을 속행하여야 한다(민사집행법 제51조 제1, 2항).

제3채무자에게 집행정지의 통지를 한 후에 그 집행정지사유가 소멸되어 속행할 수 있게 되는 경우 채권자가 바로 제3채무자에게 집행정지의 효력이 소멸되었음을 증명하여 압류된 채권의 환가절차에 나아가면 될 것이라는 견해가 있으나, 집행법원이 집행정지의 통지를 한 이상 속행된다는 사실 또한 집행법원이 제3채무자에게 통지하는 것이 바람직할 것이다. 다만 이 경우에도 변제증서 또는 의무이행의 유예증서에 의한 집행정지의 경우에는 그 기간의 도과로 인하여 당연히 속행되기 때문에 별도의 속행통지는 필요 없을 것이다.

한편 가집행의 선고가 있는 제1심 판결이 항소심에서 취소되면 가집행의 선고는 실효되나 항소심 판결이 상고심에서 파기되면 그 효력은 다시 회복된다는 것이 판례이므로(대법원 2010. 6. 4.자 2010카담13 결정, 대법원 2012. 4. 12.자 2011마1852 결정 등) 집행권원인 가집행의 선고가 있는 제1심 판결에 의하여 다시 집행을 속행할 수 있다.

한편 민사집행법 제49조 제1호·3호·5호·6호의 집행취소서류가 제출된 경우에는 민사집행법 제50조 제1항에 의하여 이미 실시한 집행처분도 취소되므로, 그 후 이들 서류에 관계된 재판이 취소되거나 소 취하 등의 사유로 효력이 없게 된 것이 증명되더라도 이미 집행처분의 취소에 의하여 종료되어버린 집행절차를 재개하여 속행할 수 없고 다시 집행을 신청하는 수밖에 없다.

그러나 집행장애사유로 집행이 정지되었다가 그 사유가 소멸한 경우, 예를 들어 포괄적 금지명령이나 회생절차절차의 개시로 집행이 정지되었다가 회생계획인가결정 전 회생절차가 종료된 경우(개시결정취소와 회생계획인가 전 절차폐지 및 회생계획불인가 결정의 확정)에는 직권 또는 채권자의 신청에 의하여 집행을 속행한다.

만일 집행기관이 부당하게 집행의 계속 진행을 거부할 때에는 채권자는 집행에

---

4) 법원실무제요 민사집행 [I], 308

관한 이의신청(민사집행법 제16조 제1항)으로 다툴 수 있다.

4. 집행단계별 구체적인 집행정지 조치[5)]

가. 집행신청 전 집행정지서류 제출

가집행선고부 제1심 판결에 대하여 항소를 제기하면서 집행정지결정을 받거나 확정판결에 대하여 청구이의의 소를 제기하면서 집행정지결정을 받은 채무자가 채권압류 등 집행처분의 발령을 막으려고 집행신청이 예상되는 관할법원에 미리 집행정지서류를 접수시키고 싶어 하는데, 이와 관련하여 실무상 아래의 점들이 문제된다.

1) 집행정지서류의 제출을 위한 것이라는 이유로 집행정지결정을 당한 집행권원에 기한 신청의 유무나 사건번호를 조회를 해 올 경우 이러한 신청에 집행법원이 응해야 되는가가 문제된다. 집행법원으로서는 집행절차의 밀행성(민사집행법 제226조)의 견지에서 압류명령정본이 제3채무자에게 송달될 때까지는 위 신청에 응해서는 안 될 것이다.

2) 집행신청 전에 집행정지서류를 제출하더라도 사건서류로서 접수하여야 하는가 또한 문제된다. 집행신청 전에는 이러한 서류가 제출되더라도 사건서류로 접수할 필요가 없다. 왜냐하면 집행신청 전에는 구체적인 사건이 없어 집행법원 자체가 존재하지 않으므로 집행정지 서류를 제출할 여지가 없고, 집행법원은 단순한 가능성에 기한 예방적 조치에 응할 의무가 없기 때문이다.

3) 집행신청 전에 집행정지서류가 제출되어 사건서류가 아닌 사법행정상의 서류(가령 민원서류 등)로 수리되고 그 후 실제로 집행신청이 되었더라도, 사법행정상 서류 접수되었을 뿐 사건서류로 접수된 적이 없어 집행정지 제출된 것으로 볼 수 없으므로 집행신청은 적법한 것이니, 집행법원은 압류 및 추심명령을 발령하면 된다.

나. 집행신청 후 집행명령 발령 전 집행정지서류 제출

집행신청 후에는 집행명령 발령 전일지라도 집행기관이 존재하므로 집행법원에 집행정지서가 제출되면 이를 수리하여야 하는바, 이때 집행법원이 취하여야 할 조치에 관하여는 견해의 대립이 있다.

① 발령설은 집행정지서류 제출에 의한 집행정지는 집행개시 후 종료 전에 집행

5) 민동근, "금전채권에 대한 집행절차와 집행정지', 민사집행법연구 10권, 한국사법행정학회 (2014), 350 이하

절차를 정지하는 것이어서 집행개시를 정지하는 효력이 없는데, 채권집행절차는 집행법원의 압류명령에 의하여 개시되므로(민사집행법 제188조 제1항), 신청 후 발령 전에 집행정지서류가 제출되어도 집행개시절차인 압류명령은 발령하여야 한다는 견해이고,[6] ② 발령정지설은 집행정지서류에 의한 집행정지는 집행개시 전에도 신청 후라면 절차 자체는 시작되었으니 정지를 관념할 수 있다는 전제에서 집행정지서류 제출로 이후의 집행처분을 할 수 없게 되므로, 압류명령을 발령하지 않고 신청을 수리한 상태에서 절차를 정지해야 한다는 견해이며,[7] ③ 신청각하설은 집행정지서류 제출 시에는 강제집행 개시 전이므로 집행정지의 효력은 발생하지 않지만 집행권원의 집행력 행사를 저지하는 효력은 발생하고 그 효과로서 신청 자체를 각하해야 한다는 견해이다.[8]

실무는 집행정지서류의 제출, 즉 집행신청 후 발령 전에 집행정지서류가 제출되면 발령을 정지하고, 발령 후 송달 전에 집행정지서류가 제출되면 송달절차를 정지하고 있다.[9]

다. 집행명령 발령 후 송달 착수 전 제출

집행정지서류가 제출되면 새로운 집행절차의 개시나 이미 개시된 집행절차를 속행할 수 없는 것(민사집행법 제49조)과 관련하여 발령되어 있는 압류명령 등 집행처분의 송달 절차를 실시할 수 있는가에 관하여 견해의 대립이 있다.

① 즉시정지설은 채권압류 및 추심명령 정본 송달은 집행절차의 중요한 일환을 이루는 것인데, 집행정지서류가 제출된 상태에서는 집행절차를 정지해야 하므로 집행명령 송달절차를 실시할 수 없다는 견해이다.[10]

② 집행처분 정본 송달 후 정지설은 집행명령이 발령된 이상 그 송달까지는 집행처분으로서 일체로 행하는 것으로 보아 정지의 효력도 송달 후에 비로소 발생한다고 보는 견해이다.[11] 이 견해는 압류명령의 효력은 압류명령이 제3채무자에게 송달된 때에 비로소 발생하는 것이므로 압류명령의 발령과 송달을 분리하여 그 중간에

---

6) 注釋 民事執行法(2), 562

7) 민사집행규칙해설, 법원행정처(2002), 434는 "신청 후 압류명령 전일 때에는 압류명령을 발령하지 않으면 되고"라고 하므로 발령정지설에 가깝다고 생각된다.

8) 中野 貞一郞, 民事執行法(上), 303

9) 사법보좌관실무편람(II)-채권집행 및 배당절차-, 법원행정처(2016), 485

10) 竹下守夫, 鈴木正裕 編, 民事執行法の基本構造, 西神田編輯室(1985), 235

11) 손진홍, 채권집행의 이론과 실무(상), 법률정보센터(2016), 118

절차를 정지시키는 것은 있을 수 없고, 일단 발령된 이상 그 송달까지는 일체로서 행하는 것이 맞으며, 이에 의하면 압류명령만을 발령하고 송달할 경우에는 집행 정지 통지를 할 필요가 없지만, 추심명령을 함께 발령하고 송달할 경우에는 집행정지 통지서도 함께 송달하여야 한다.

제3채무자에 대한 채권압류 및 추심명령 정본의 송달은 집행절차의 중요한 일환을 이루는 것이므로, 집행정지서류가 제출된 이상은 그 후속 집행절차인 정본 송달 또한 실시할 수 없다고 보는 ①설에 찬성하고, 실무도 ①설에 따르고 있다.

라. 집행정지서류의 제출과 제3채무자의 공탁

1) 채권압류명령 송달 후 제3채무자 공탁 전의 제출 시

① 원칙대로 절차를 정지하고 채무자와 제3채무자에게 집행정지통지를 하여야 한다(민사집행규칙 제161조 제1항).

② 민사집행법 제49조 제2호와 제266조 제5호의 서류

위 서류의 경우에는 집행정지서류 제출 후에도 압류명령의 효력이 상실되는 것은 아니므로 제3채무자는 공탁할 권리가 있고(민사집행법 제248조 제2항), 경합하는 채권자가 있는 경우 등에는 압류 또는 가압류권자의 청구가 있으면 공탁할 의무가 있다(민사집행법 제248조 제2, 3항). 위 서류가 제출된 후에 제3채무자가 공탁한 경우 그 공탁에 의하여 배당가입차단효가 생기는지 여부에 관하여 그 시점에 배당가입차단효가 발생한다는 견해와 집행정지의 효력이 상실되는 시점 또는 채무자의 공탁금회수청구권에 대한 압류명령이 공탁소에 송달된 시점이라고 보는 견해[12]가 있지만, 민사집행법 제247조 제1항은 제3채무자가 사유신고를 한 때에 배당가입차단효가 발생한다는 취지로 규정하고 있는 상황에서 집행정지에 의하여 배당가입차단효가 생기는 시기가 달라진다는 명문의 규정이 없고, 집행정지서류가 제출되었다고 하여 압류 등이 늦은 다른 채권자가 이익을 보는 것이 타당하다고 볼만한 사정도 없으므로, 법문의 원칙적인 해석대로 공탁 시에 배당가입차단효가 생긴다고 봄이 상당하다.[13]

공탁 시에 배당가입차단효가 생긴다고 해석하게 되면 권리공탁의 경우에는 공탁

---

12) 집행정지서류의 제출로 추심명령의 추심권능이 정지되어 있으므로 마치 가압류 집행에 의한 권리공탁에 대하여 제3채무자의 공탁 및 사유신고에 기한 배당가입차단효를 인정하지 않는 것과 유사하게 취급하여 배당가입차단효가 발생하지 않는다는 견해이다

13) 민동근, "금전채권에 대한 집행절차와 집행정지", 민사집행법연구 10권, 한국사법행정학회(2014), 356-357

을 계기로 바로 배당절차로 나아갈 수 있지만, 채권자가 1인인 경우에는 배당절차(사실상 변제금 교부절차)를 개시하더라도 변제금 교부가 유보되어 공탁이 계속될 뿐만 아니라 압류명령이 전부 또는 일부취소될 가능성이 있기 때문에 실무상으로는 배당절차를 개시하지 않는 실무례가 간혹 있다. 하지만 권리공탁이나 의무공탁에 의하여 따로 배당을 받을 채권자가 있는 경우에는 배당절차 개시를 유보하여야 할 실질적인 이유가 없기 때문에 원칙대로 배당절차를 개시하되 집행정지서류가 제출된 당해 채권자가 받아야 배당금액에 대하여만 계속하여 공탁을 유지하는 것이 타당하다.

③ 민사집행법 제49조 제4호의 서류

채권압류명령 송달 후 제3채무자 공탁 전에 민사집행법 제49조 제4호의 서류가 제출된 경우에는 기본적으로는 위 ②항과 같은 절차를 취하면 된다. 하지만 배당절차가 개시된 경우에는 민사집행법 제256조가 준용하는 민사집행법 제160조 제1항에 민사집행법 제49조 제4호의 서류제출이 배당유보 사유로 규정되어 있지 않으므로 집행정지문서를 제출한 채권자도 배당금액을 교부받을 수 있다. 따라서 다른 채권자가 있는 경우에는 집행정지 서류가 공탁 전에 제출되었다고 하더라도 배당절차를 개시하여 집행정지서류 제출 상대방 압류채권자를 포함하여 배당절차를 실시하고 현실적으로 배당금액을 지급하고 이와 균형상 채권자가 1인인 경우에도 마찬가지로 배당절차를 개시하여 현실적으로 배당금을 지급하면 된다.

이렇게 되면 채무자가 민사집행법 제49조 제4호의 집행정지서류를 제출하였음에도 제3채무자가 공탁을 해버리는 바람에 집행정지의 효력이 생기지 않는 것과 같은 결과가 되지만, 원래 민사집행법 제49조 제4호 서류에 의한 집행정지는 민사집행법 제49조 제2호 서류를 취득하기까지의 잠정적인 조치이고, 그 성질상 공탁부터 배당기일 까지는 일정한 기간이 소요되기 때문에 채무자로서는 제3채무자가 공탁하면 바로 배당기일 이전에 신속하게 민사집행법 제49조 제2호의 서류를 취득하여 집행법원에 이를 다시 제출하면 현실적으로 큰 문제가 없다.

마. 제3채무자 공탁 후의 제출

1) 민사집행법 제49조 제2호, 제266조 제5호의 서류 제출 시

공탁에 의하여 이미 배당가입차단효가 생겼기 때문에 집행정지서류가 제출된 채권자 이외에 경합하는 채권자가 있는지 여부와 상관없이 배당절차를 개시할 수 있고(민사집행법 제249조 제1항 제1호), 다만 집행정지서류가 제출된 채권자가 받은 배

당금에 대한 공탁만 그대로 유지하면 된다(민사집행법 제256조, 160조 제1항 제1호). 하지만 실무상으로는 경합하는 채권자가 없는 경우 배당절차를 개시하더라도 공탁이 지속되고 압류명령이 전부 또는 일부 취소될 가능성이 있으므로, 배당절차를 개시하지 않는 것이 보통이다.

2) 민사집행법 제49조 제4호의 서류 제출 시

기본적으로는 위 (가)와 같지만, 민사집행법 제256조가 준용하는 민사집행법 제160조 제1항에 이러한 집행정서류의 제출이 배당 유보사유로 규정되어 있지 않으므로, 집행정지문서를 제출한 채권자도 배당금액을 교부받는다.

II. 집행의 취소

1. 의의

집행의 취소라 함은 집행절차 진행 중에 이미 실시한 집행처분의 전부 또는 일부의 효력을 상실시키는 집행기관의 행위를 말한다. 집행취소의 범위가 집행절차의 일부에 한정되는 경우에는 집행정지의 경우와 마찬가지로 집행의 제한이라 부른다.

집행개시 전에는 집행의 취소가 있을 수 없고 또 집행절차종료 후에는 실시한 집행처분을 취소할 여지가 없다. 집행처분이 당초부터 당연 무효인 경우에도 외관상 존재하고 있는 이상 이에 따른 장애를 제거하기 위하여 취소할 수 있다(예를 들어, 무효인 압류 봉인의 제거).

2. 집행취소의 원인

가. 법정서류의 제출

집행정지의 원인이 되는 법정서류 중 민사집행법 제49조 제1, 3, 5, 6호의 각 서류가 제출기한 내에 제출된 경우에는 집행을 취소하여야 한다(민사집행법 제50조 제1항).

민사집행법 제50조 제1, 2항에 의하면 집행취소서류의 제출에 의한 집행처분을 취소하는 재판에 불복이 있는 경우에는 민사집행법 제16조 제1항에 의하여 집행에 관한 이의를 제기하여야 하므로, 비록 집행법원에 제출한 서면이 즉시항고장이라고 기재되어 있다고 하더라도 이는 집행에 관한 이의신청으로 보아야 한다(대법원

2011. 11. 10.자 2011마1482 결정).

나. 그 밖의 취소 사유

집행요건의 흠결을 발견한 때, 집행절차가 당연무효로 되는 사유가 발견된 경우에는 집행을 취소한다. 이에 해당하는 개별적인 취소사유로는, ① 집행비용을 예납하지 아니한 때에 하는 집행취소(민사집행법 제18조 제2항), ② 부동산의 멸실 등의 경우에 하는 강제경매절차의 취소(민사집행법 제96조 제1항), ③ 남을 가망이 없고 압류채권자가 매수신청과 보증을 제공하지 아니하는 경우에 하는 강제경매절차의 취소(민사집행법 제102조 제2항), ④ 유체동산집행에서 남을 가망이 없을 경우에 집행관이 하는 압류절차의 취소(민사집행법 제188조 제3항, 민사집행법규칙 제140조 제2항), ⑤ 부동산의 수익으로 채권자들이 전부 변제를 받았을 때에 하는 강제관리의 취소(민사집행법 제171조 제2항), ⑥ 선박압류 후 관할위반이 판명된 때에 하는 선박압류절차의 취소(민사집행법 제180조), ⑦ 선박압류 후 채무자가 민사집행법 제49조 제2호 또는 제4호 서류를 제출하고 압류채권자와 배당요구채권자의 채권과 집행비용에 해당하는 보증을 제공한 때에 하는 선박압류절차의 취소(민사집행법 제181조 제1항) 등이 있다.

다만 집행장애사유인 회생계획인가결정이나 파산선고가 있거나, 개인회생절차에서 면책결정이 확정된 경우 등에는 관련법에 의하여 강제집행이 당연히 효력을 잃게 되므로 별도로 집행취소결정을 할 필요가 없이 그 결정등본 등을 첨부하여 제3채무자에게 집행취소의 통지를 하는 것이 현재의 일반적인 실무이다.

승계집행문이 부여되기 전 또는 부여된 후에 한정승인신고가 수리되었으나 집행문부여기관이 이를 알지 못한 채 그 한정승인상속인에게 승계집행문이 부여되어 이를 기초로 압류명령이 있는 경우에는 그 한정승인이 있었다는 사실은 집행문부여에 대한 이의의 사유가 될 뿐 위 압류명령에 대한 적법한 항고사유가 될 수 없고, 따라서 한정승인을 이유로 위 압류명령을 취소할 수도 없다(의정부지방법원 2008. 6. 24.자 2008라89 결정, 인천지방법원 2014. 12. 4.자 2014라1285 결정 등). 상속포기의 경우에도 마찬가지로 볼 것이다.

가정법원의 한정승인신고 수리의 심판은 일응 한정승인의 요건을 구비한 것으로 인정한다는 것일 뿐 그 효력을 확정하는 것이 아니고 그에 대한 최종적인 판단은 실체법에 따라 민사소송에서 결정될 문제이므로(대법원 2002. 11. 8. 선고 2002다

21882 판결, 대법원 2009. 10. 29.자 2009마1221 결정등), 집행권원과 한정승인 수리심판의 효력이 실체적으로 정리되지 않은 이상 그 집행권원에 기한 집행이 아직 부적법하다고 단정할 수 없기 때문이다.

채무자의 상속인이 상속을 포기하였음에도 불구하고 집행채권자가 동인에 대하여 상속을 원인으로 한 승계집행문을 부여받아 동인의 채권에 대한 압류 및 전부명령을 신청하고, 이에 따라 집행법원이 채권압류 및 전부명령을 하여 그 명령이 확정되었다고 하더라도 채권압류 및 전부명령이 집행채무자적격이 없는 자를 집행채무자로 하여 이루어진 이상 피전부채권의 전부채권자에게의 이전이라는 실체법상의 효력은 발생하지 않는다(대법원 2002. 11. 13. 선고 2002다41602 판결).

기타의 집행취소사유로는, 집행비용을 예납하지 아니한 때에 하는 집행취소(민사집행법 제18조 제2항) 등이 있다.

다. 집행신청의 취하

채권자는 신청한 강제집행을 그 완결 전에 취하할 수 있으며, 강제집행절차는 채권자의 취하에 의하여 당연히 종료되므로 법원이 집행기관인 경우에도 별도로 집행절차의 취소결정을 할 필요가 없다.

3. 집행취소의 방법

1) 집행의 취소는 집행정지의 경우처럼 당사자 또는 제3자의 신청에 의하는 것이 원칙이나, 집행기관 자체에서 취소사유가 명백한 때(집행요건의 흠결 등)에는 직권에 의하여 취소할 수 있다. 신청의 경우에는 취소원인이 된 서면을 제출하여야 한다. 집행기관이 아닌 판결을 선고한 법원에 대하여 집행취소를 구할 수 없고 이 경우에 그 신청은 부적법하므로 각하하여야 한다(대법원 1957. 6. 13.자 4290민재항29 결정). 집행의 취소는 집행정지의 경우처럼 당사자 또는 제3자의 신청에 의하는 것이 원칙이나, 집행기관 자체에 취소사유가 명백한 때에는 직권에 의하여 취소할 수 있다. 신청의 경우에는 취소원인이 된 서면을 제출하여야 한다.

2) 집행의 취소는 그 집행처분을 한 집행기관이 한다. 다만 채권압류 및 전부명령 등의 기초가 된 가집행의 선고가 있는 판결이 상소심에서 취소되었다는 사실은 적법한 항고이유가 될 수 있고(대법원 2007. 3. 15.자 2006마75 결정), 채권압류 및 전부명령 등에 대한 항고심에서 항고인이 가집행의 선고가 있는 판결을 취소한 항소

심 판결의 사본을 제출하였다면 항고심으로서는 항고인으로 하여금 그 정본을 제출하도록 한 후, 즉시항고를 받아들여 채권압류 및 전부명령 등을 취소하여야 한다(대법원 2008. 10. 9.자 2006마914 결정). 취소는 집행처분의 존재를 멸각하게 하는 방법으로 하여야 하나 그 구체적인 방법은 집행의 종류에 따라 다르다.

3) 민사집행법 제50조 제1항에 의하면 강제집행진행 중 민사집행법 제49조 제1, 3, 5, 6호의 서류가 집행기관에 제출되면 집행기관은 필요적으로 강제집행을 취소하도록 규정하고 있으므로, 집행법원에 위 서류를 첨부하여 강제집행취소신청을 하였다 하더라도 이와 같은 신청은 강제집행의 필요적 취소를 촉구하는 의미를 가질 뿐 집행법원이 해당 서류를 제공받고도 강제집행을 계속 진행하는 때에는 집행에 관한 이의(민사집행법 제16조)로써 불복할 수 있을 뿐이다. 따라서 집행법원으로서는 강제집행취소신청을 검토하여 집행처분을 취소할 필요가 없다고 인정되는 때에는 강제집행취소신청에 대한 재판을 할 필요가 없고, 설령 집행법원이 강제집행취소신청을 기각하는 재판을 하였다 하여도 그 재판에 대한 불복은 그 이익이 없어 부적법하다(서울중앙지방법원 2013. 12. 19.자 2013라1826 결정, 2014. 10. 10.자 2014라1044 결정 참조).

4) 집행법원이 집행처분을 취소함에는 강제집행절차를 취소하는 결정을 하여, 그 재판이 신청에 의한 경우에는 신청인과 상대방에게, 그 밖의 경우에는 강제집행 신청인과 상대방에게 고지하여야 한다(민사집행규칙 제7조 제1항 제2, 3호).

[주문 례]

별지목록 기재 채권에 대한 20 . . .자 ○○법원 20 타채○○○호 채권압류 및 추심명령결정을 취소한다.

5) 집행처분의 취소는 집행개시 후 그 종료 전까지 허용된다.

4. 집행신청취하서 또는 집행포기의 서면이 제출된 경우의 조치

민사집행법 50조에서 정한 집행취소사유에 해당하지 아니하고 별도의 취소결정을 할 것도 아니지만, 이로써 해당 강제집행은 종료되는 것이므로 집행기관은 일정한 후속조치를 하게 된다.

집행관이 집행기관인 경우에 채권자의 집행신청(위임)의 취하가 있으면 이미 실시한 집행절차를 해제(취소)하고(이 경우 별도로 집행 또는 압류해제신청을 받을 필요는 없다), 유체동산 압류의 경우에는 민사집행규칙 제142조에 규정된 절차를 밟아야 하며, 또 채권자의 압류해제신청이 있으면 그 신청범위 내에서 압류를 해제하여야 한다.

채권과 그 밖의 재산권에 대한 집행절차에서는 압류명령을 송달받은 채무자 및 제3채무자에게 그 사실을 통지하여야 하고(민사집행규칙 제16조, 제160조 제1항), 추심명령, 전부명령 또는 민사집행법 제241조 제1항(특별한 현금화 방법)에 의한 명령의 신청이 취하된 때에도 같다(민사집행규칙 제16조, 제160조 제2항). 별도로 취소결정을 요하지 않음은 부동산 강제경매의 취하와 다를 바 없다.

[전산양식 A4317: 신청취하등 통지서]

○○ 지방법원
신청취하등 통지

제3채무자 귀하

사　　건　20 타채
채 권 자
채 무 자

위 사건에 관하여 ○○ 명령의 신청이 취하되었음(○○명령을 취소하는 결정이 확정되었음)을 통지합니다.

2○○○. ○. ○.

법원사무관　　　　　　　㊞

법 원 소재지		담 당	
		전 화	

민집규 160

추심명령을 받은 채권자는 추심명령에 따라 얻은 추심권을 포기할 수 있는데(민사집행법 제240조 제1항), 그 포기는 법원에 서면으로 신고하여야 하고, 법원사무관등은 그 등본을 제3채무자와 채무자에게 송달하여야 한다(민사집행법 제240조 제2항).

5. 집행취소의 통지

집행법원이 민사집행법 제49조 제1, 3, 5, 6호의 각 서류의 제출에 따라 집행을 취소하는 결정을 하거나 집행장애사유가 발생하여 집행이 무효로 되는 경우(특히 채무자 회생 및 파산과 관련하여 강제집행 등이 실효되거나 집행절차가 취소되는 경우가 있다)에는 법원사무관등은 압류명령을 송달받은 제3채무자(또는 집행관, 보관인)에게 그 사실을 통지하여야 한다. 추심명령, 전부명령 또는 특별현금화명령의 신청이 취하되거나 이를 취소하는 결정이 확정된 때에도 같다(민사집행규칙 제16조, 제160조 제1, 2항).

6. 집행취소의 효과

1) 집행처분이 취소되면 그 집행처분은 법률상 존재하지 아니한 것으로 되어 이에 기한 효과도 소멸한다. 피압류물건의 소유자는 해당 물건을 자유로이 처분할 수 있고, 피압류채권의 제3채무자는 채무자에게 변제하고 그 변제의 효과를 주장할 수 있다. 집행의 취소에 의하여 그 집행절차 또는 집행처분은 종료하며 집행정지의 경우처럼 집행의 속행을 구할 수 없다. 그러므로 채권자는 취소사유가 없어진 경우, 예컨대 취소를 명한 재판 또는 취소를 수반하는 재판이 불복신청에 의하여 취소되더라도 원상회복이 되는 것이 아니고 다시 집행신청을 하여 집행을 개시할 수밖에 없다.

2) 그러나 집행처분이 취소되더라도 이미 완결된 집행행위의 효과는 소급하여 소멸되지 아니하고 원상회복을 하여야 하는 것도 아니다. 따라서 추심명령이 취소되더라도 그 이전에 제3채무자가 압류채권자에게 한 채무의 변제는 유효하다.

3) 집행력 있는 정본에 기하여 배당요구가 된 경우(민사집행법 제88조 제1항, 제247조)에 있어서 당해 집행권원에 관하여 집행취소서류가 제출된 때에는 법원은 그 배당요구를 각하하여야 할 것이다. 다만 실무상으로는 대부분 별도로 각하결정을 하지 않고 사실상 배당에서 배제하는 방식으로 처리하고 있다.

4) 집행처분을 취소하는 재판은 원칙적으로 확정되어야 효력이 발생하고 이에 대하여는 즉시항고가 허용되나(민사집행법 제17조 제1, 2항), 민사집행법 제49조 제1, 3, 5, 6호의 집행취소서류의 제출에 의한 취소의 경우에는 재판이 고시되면 곧바

로 효력이 발생하고 즉시항고도 허용되지 아니한다(민사집행법 제50조 제2항). 그러나 집행에 관한 이의신청은 할 수 있다고 할 것이다(대법원 2000. 3. 17.자 99마3754 결정, 대법원 2011. 11. 10.자 2011마1482 결정 등).

제2장 회생·파산절차 등과 집행의 정지·제한·취소

Ⅰ. 총설

채무자 회생 및 파산에 관한 법률(이하 '채무자회생법'이라 한다)은 종전의 회사정리법, 화의법, 파산법, 개인채무자회생법을 통합하여 2006. 4. 1.부터 시행되고 있다. 채무자회생법은 크게 회생절차 및 소액영업소득자에 대한 간이회생절차(채무자회생법 2편 제34조~제293조의8), 파산절차(채무자회생법 3편 제294조~제578조의17), 개인회생절차(채무자회생법 4편 제579조~627조) 등으로 구성되어 있는데, 각 절차의 진행정도에 따라 채무자의 재산에 대한 강제집행절차를 중지·금지하거나 실효시키는 제한규정을 두고 있어 이에 대해 상술하기로 한다.

Ⅱ. 파산·면책절차와 강제집행

1. 개인파산, 면책절차 개관

개인파산제도란 자신의 신용 등을 포함 모든 재산으로도 채무를 변제할 수 없게 되었을 때 채권자들에게 공평하게 변제하기 위하여 법원에 그 법적 정리를 신청하는 제도이다. 면책이란 파산절차를 통하여 변제하지 못하고 남은 개인채무자의 채무에 대하여 면책불허가사유에 해당하지 아니한 경우 책임을 면제시켜주어 채무자에게 경제적재기의 기회를 주는 제도이다.

개인파산, 면책사건의 핵심절차는, ① 파산 및 면책신청서 제출, ② 신청서에 대한 법원의 심리, ③ 파산선고 및 동시폐지결정, 면책신청에 대한 이의신청기간 지정, ④ 채무자 면책심문 등, ⑤ 면책결정이다.

개인파산, 면책 사건은, ① 주로 채무자 본인이 스스로 파산신청을 하는 자기파산신청의 형태를 취하고 있는 점, ② 파산채권자에게 배당할 채무자의 재산이 거의 남아 있지 아니하거나, 이를 환가하여도 파산절차의 비용에도 충당할 수 없기 때문에 파산관재인의 선임, 파산채권의 조사·확정, 파산재단의 관리(채무자의 관리처분권 박탈)·환가 및 배당 등의 파산절차를 진행하지 않고, 파산선고와 동시에 파산절차를 종결하는 동시폐지 결정을 하는 경우가 대부분인 점, ③ 파산신청의 궁극적인 목적은 면책결정을 받는 것이라 점을 그 특징으로 한다.

〔개인파산·면책절차 흐름도〕

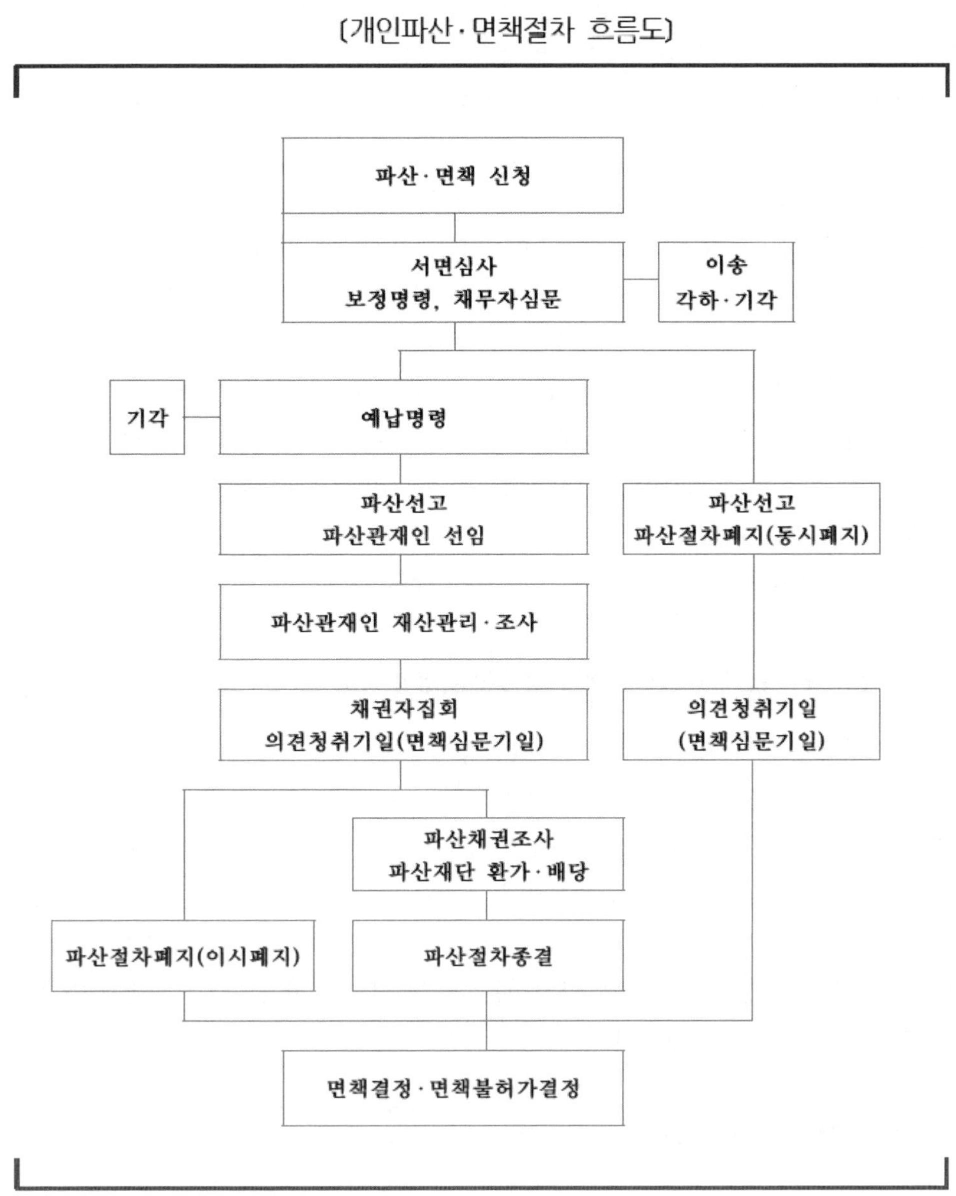

2. 파산절차와 개인회생절차의 비교

파산절차에서는 파산선고 전의 일반적인 중지·금지명령제도가 없고 개인파산에 있어서 면제재산에 대한 강제집행, 가압류 또는 가처분의 중지·금지제도(채무자회생법

제383조 제8항)가 있을 뿐이나, 개인회생절차에서는 개인회생개시결정 전의 개별적 중지·금지명령제도 및 포괄적 금지명령제도가 있는데 개인회생의 경우 그 대상이 신청인의 면제재산에 한정되지 않으며 강제집행, 가압류 또는 가처분 뿐 아니라 담보권 실행 등을 위한 경매의 중지·금지도 가능하다(채무자회생법 제593조 제1항, 제5항).

파산절차에서는 파산선고가 있어도 담보권실행을 위한 집행절차는 별제권실행으로서 아무런 영향을 받지 않는 반면에 개인회생절차에서는 개인회생절차의 개시결정이 있으면 담보권의 실행을 위한 경매도 변제계획인가결정일 또는 개인회생절차폐지결정의 확정일 중 먼저 도래하는 날까지 중지 또는 금지되고 변제계획인가결정일 후에는 변제계획인가의 효력에 의하여 속행할 수 있게 된다(채무자회생법 제600조 제2항).

파산제도는 청산을 목적으로 하는 것이기 때문에 집행의 중지, 금지를 제한적으로 인정하여 조속하게 청산할 필요가 있는 반면, 개인회생제도는 갱생을 목적으로 하기 때문에 집행의 중지, 금지를 가급적 최대한 인정하여 채무자에게 갱생을 위한 시간적 기회를 부여할 필요가 있기 때문에 위와 같은 차이가 발생하게 되었다.

3. 파산신청 후 파산선고 전 단계의 강제집행(영향 무)

파산절차에서는 채무자 재산에 대한 중지·금지명령, 포괄적금지명령 제도가 없고, 파산신청이 있었다고 하여 민사집행절차에 어떠한 영향을 미치는 것도 아니다. 다만 아래에서 보듯이 개인파산사건에서 법원은 파산선고 전에 면제신청이 있는 경우, 파산선고가 있을 때 까지 면제재산에 대하여 파산채권에 기한 강제집행, 가압류, 가처분 등의 중지 또는 금지를 명할 수 있고, 면책결정이 확정되면 중지한 절차가 그 효력을 잃게 되며, 면제재산에 대하여는 면책신청기한 까지는 파산채권에 기한 강제집행 등을 할 수 없을 뿐이다.

4. 개인파산에서의 면제재산과 강제집행

가. 면제재산신청과 중지·금지명령(신청 또는 직권에 의한)

파산신청 자체에는 강제집행을 저지하는 효력이 없다. 따라서 채권자는 파산폐지결정의 확정일까지는 채무자 소유의 재산에 대하여 강제집행을 할 수 있다. 예외적으로 다만 개인인 채무자는 파산선고 전에, ① 채무자 또는 그 피부양자의 주거용으로 사용되고 있는 건물에 관한 임차보증금반환청구권으로서 주택임대차보호법 제8조의 규정에 의하여 우선변제를 받을 수 있는 금액의 범위 안에서 대통령령이 정하는 금액을 초과하지 아니하는 부분 및 ② 채무자 및 그 피부양자의 생활에 필요한 6월간의 생계비에 사용할 특정한 재산으로서 위 대통령령이 정하는 금액을 초과하지 아니하는 부분을 면제재산으로 신청할 수 있다(채무자회생법 제383조 제2항 제1호, 제2호, 같은 법 시행령 제16조).

이 때 채무자의 신청 또는 직권으로 파산선고가 있을 때까지 위 면제재산에 대하여 파산채권에 기한 강제집행, 가압류 또는 가처분의 중지 또는 금지를 명할 수 있다(채무자회생법 제383조 제8항). 실무상, 채무자는 파산법원에 면제재산 신청과 함께 중지신청을 하고, 이에 대하여 파산법원이 내린 '중지명령 결정정본'을 집행법원 등에 제출함으로써 강제집행 등의 절차가 중지된다. 이때 '파산법원의 중지명령'은 강제집행의 일시정지를 명한 취지를 적은 재판의 정본에 해당한다(민사집행법 제49조 제2호). 집행법원은 별도의 결정없이 정지하면 된다.

중지명령에 의하여 중지된 절차는 그 후 면제결정이 확정된 때에는 그 효력을 잃지만(채무자회생법 제383조 제9항), 파산신청의 취하, 각하 또는 기각된 때에는 발령된 중지·금지명령은 별도의 취소결정 없이 당연히 효력을 잃는다고 본다.

이 중지·금지명령은 파산채권에 한하여 할 수 있고, 재단채권에 대해서는 할 수 없다. 위 중지 또는 금지명령에 대하여는 즉시항고를 할 수 없다(채무자회생법 제13조 제1항).

[파산법원의 중지명령 주문례]

> 채무자에 대한 파산선고가 있을 때까지 채무자 소유의 별지 목록 기재 재산에 대하여 ○○지방법원 2015타채 ○○호 채권압류 및 추심명령 사건의 집행절차를 중지한다.

[파산법원의 금지명령 주문례]

> 채무자에 대한 파산선고가 있을 때까지 채무자 소유의 별지 목록 기재 재산에 대하여 파산채권에 기한 강제집행, 가압류 또는 가처분 행위를 금지한다.

하지만 파산선고와 동시에 파산절차를 폐지하는 동시폐지사건은 파산절차를 진행하지 아니하므로 파산재단을 구성하지 아니하기 때문에 파산채권에 기한 파산재단에 대한 강제집행 및 보전처분 실효 규정(채무자회생법 제348조 제1항)은 적용되지 아니한다.

나. 면제재산결정과 강제집행의 자동적 금지·중지

법원은 파산선고 전에 면제재산신청이 있는 경우에는 파산선고와 동시에, 파산선고 후에 그러한 신청이 있는 경우에는 신청일로부터 14일 이내에 면제 여부 및 그 범위를 결정하여야 하는데(채무자회생법 제383조 제4항), 법원의 면제재산결정이 있으면 파산절차가 진행되는 동안 파산채권자는 그 면제재산에 대하여 강제집행 등을 할 수 없고(채무자회생법 제424조), 파산절차가 종료된 후에도 면책신청을 할 수 있는 기한까지는 파산채권에 기한 강제집행 등을 할 수 없다(채무자회생법 제383조 제10항)고 하여 면제재산결정 후 면책신청시까지의 파산채권자의 면제재산에 대한 강제집행을 금지하고 있다.

또한 면책신청 이후 파산폐지결정의 확정 또는 파산종결결정이 있는 때에는 면책신청에 관한 재판이 확정될 때까지 채무자의 재산에 대하여 파산채권에 기한 강제집행이 금지·중지된다(채무자회생법 제557조 제1항), 연대채무자, 보증인, 물상보증인 등 제3자의 재산에 대하여 행하는 것은 중지·금지되지 않는다. 면제재산에 대한 강제집행 등의 중지와 달리 별도의 법원의 결정 없이 법률에 의하여 당연히 금지 또는 중지된다.

실무상, 채무자는 '면책신청서, 파산폐지확정 또는 파산종결결정이 있다는 것을 서명하는 서면(파산선고 및 동시폐지결정문)'을 집행법원 등에 제출함으로써 채무자의 재산에 대하여 파산선고 전에 이미 행하여지고 있던 강제집행 등을 중단시킬 수 있다. 따라서 채무자가 집행법원에 면책재판절차가 진행 중이라고 주장하면서 그 재판이 확정될 때까지 채권자의 파산채권에 기한 강제집행을 정지하는 재판을 구하는 강제집행정지신청은 그 신청의 이익이 없어 부적법하다(대법원 2009. 1. 9.자 2008카기181결정).

채무자회생법 제557조 제2항에 의해 면책결정이 확정되면 중지한 절차는 그 효력을 잃게 되므로 파산채권에 대한 관계에 있어서는 면제재산결정의 실효성이 담보된다.

다. 집행기관의 조치

1) 면제재산에 대한 중지명령은 면제재산의 신청에 대한 결정이 있을 때까지 집행의 일시적 정지를 명하는 재판이므로, 그 정본은 민사집행법 제49조 제2호의 '강제집행의 일시정지를 명한 취지를 적은 재판의 정본'에 해당한다. 따라서 집행법원에 중지명령정본이 제출된 경우 당해 강제집행절차를 정지한 후 앞서 설명한 바와 같이 제3채무자 등에게 민사집행규칙 제161조에 따른 통지를 하여야 한다. 그 후 면제재산결정이 확정되면 위와 같이 중지된 집행절차는 그 효력을 잃게 되므로 채무자가 면제재산결정정본과 확정증명을 제출하면 집행기관은 별도의 취소결정을 할 필요가 없고, 법원사무관등이 민사집행규칙 제160조에 따라 제3채무자 등에게 집행절차가 회생법원의 면제재산결정으로 실효되었다는 취지를 통지하여야 한다.

2) 면제재산에 대한 금지명령은 민사집행법 제49조 제1호의 '강제집행의 정지를 명하는 취지를 적은 집행력 있는 재판의 정본' 해당한다고 보아야 할 것이다. 따라서 금지명령의 효력발생 이후 특정 파산채권자에 의하여 강제집행이 새로 개시된 경우 채무자가 금지명령 결정정본과 함께 그 파산채권자에 대한 금지명령의 송달증명원을 첨부하여 집행기관에 그 집행처분의 취소신청을 하면 집행기관은 당해 집행을 취소한 후 앞서 설명한 바와 같이 집행취소의 통지를 하여야 한다.

5. 파산선고 이후의 강제집행

가. 개관

1) 파산관재인 선임 없이 동시폐지되는 경우

실질적인 환가 및 배당이 이루어질 가망이 없는 등의 사유로 파산선고와 동시에 파산폐지결정이 내려지는 동시폐지의 경우에는 채무자의 관리처분권이 상실되지 않고, 파산재단이 구성되지 않으므로 진행 중이던 강제집행 등 절차도 실효되지 않는다. 다만 개인파산절차의 경우에만 면책신청에 관한 재판이 확정될때까지 채무자의 재산에 대하여 파산채권에 기한 강제집행 등을 할 수 없고, 이미 행하여지고 있던 강제집행 등이 중지될 뿐이다.

2) 파산관재인이 선임되는 통상의 경우

파산관재인이 선임되는 통상의 경우에는 파산선고와 동시에 파산재단을 구성하는 재산에 관한 관리처분권은 채무자에게서 파산관재인에게 이전되므로, 파산채권자는 파산선고에 의하여 개별적 권리행사가 금지되어 파산절차에 참가하여서만 만족을 얻을 수 있는데, 이러한 통상적인 경우에 파산절차가 강제집행에 미치는 영향을 아래에서 살펴본다.

나. 기존 강제집행의 실효 및 새로운 강제집행의 금지

1) 파산채권(채무자회생법 제423조) 및 파산재단 재산에 대한 강제집행만 대상

① 파산절차가 개시되는 파산선고가 있으면 이로 인하여 '파산채권'에 관하여 '파산재단'에 속하는 재산에 대하여 이미 행하여진 강제집행 및 보전처분은 효력을 잃게 되며(채무자회생법 제348조 제1항 본문), 파산채권에 기하여 파산재단에 속하는 재산에 대하여 새로운 강제집행 및 보전처분도 할 수 없다.

② '파산채권'에 기하여 행하여진 강제집행의 경우에만 효력이 상실되므로, 파산채권에 기하지 않은 강제집행·보전처분, 예컨대 소유권에 기한 인도청구권의 집행 또는 그 보전을 위한 가처분, 기타 이사의 직무집행 정지가처분, 파산채권 외의 권리를 피보전권리로 하는 임시지위를 정하는 가처분 등은 파산선고로 인하여 효력을 잃지 않으므로 파산재단에 속하는 재산을 대상으로 하는 강제집행의 경우 파산관재인에 대한 승계집행문을 부여받아 파산관재인을 상대방으로 하여 속행된다.

③ 또한 '파산재단에 속하는 재산'에 대한 강제집행 등이 파산선고로 인하여 그 효력을 잃는다는 것이므로, 파산선고와 동시에 파산절차가 폐지되는 경우에는 처음부터 파산재단 자체가 성립하지 않으므로 채무자회생법 제348조가 적용되지 않는다. 따라서 파산선고 전에 채무자 소유 재산에 관하여 계속 중이던 강제집행, 가압류, 가처분은 실효되지 않고 그대로 진행된다.

다만, 개인파산사건의 경우 면책신청이 있고, 파산폐지결정의 확정 또는 파산종결결정이 있는 때에는 면책신청에 관한 재판이 확정될 때까지 채무자의 재산에 대하여 파산채권에 기한 강제집행·가압류 또는 가처분을 할 수 없고, 채무자의 재산에 대하여 파산선고 전에 이미 행하여지고 있던 강제집행·가압류 또는 가처분은 중지된다(채무자회생법 제557조 제1항). 면책결정이 확정된 때에는 제1항의 규정에 의하여 중지한 절차는 그 효력을 잃는다(채무자회생법 제557조 제2항).

④ 파산절차는 모든 채권자들을 위한 포괄적 강제집행절차이고 파산선고에 의하여 채무자는 파산재단을 구성하는 재산에 관한 관리처분권을 상실하고 그 관리처분권이 파산관재인에게 전속하기 때문에 채권자의 개별집행을 금지하는 것이다.

⑤ 다만 파산관재인은 파산재단을 위하여 강제집행절차를 속행할 수 있는데(채

무자회생법 제348조 제1항 단서), 파산관재인으로부터 이와 같은 신청이 있는 경우에는 파산선고에도 불구하고 계속되어 있는 강제집행을 속행하여야 한다. 이 경우 파산관재인은 따로 승계집행문을 부여받을 필요가 없고, 집행기관에 대하여 채무자가 파산선고를 받았고 파산관재인이 선임된 사실을 알리고 소명자료를 첨부하여 강제집행절차를 속행하겠다는 취지의 신청을 하여야 한다.

⑥ 파산자가 파산선고 시에 가진 모든 재산은 파산재단을 구성하고 그 파산재단을 관리 및 처분할 권리는 파산관재인에게 속하므로(채무자회생법 제384조) 파산관재인은 파산자의 포괄승계인과 같은 지위를 가지게 되지만, 파산이 선고되면 파산채권자는 파산절차에 의하지 아니하고는 파산채권을 행사할 수 없고 파산관재인이 파산채권자 전체의 공동의 이익을 위하여 선량한 관리자의 주의로써 그 직무를 행하므로 파산관재인은 파산선고에 따라 파산자와 독립하여 그 재산에 관하여 이해관계를 가지게 된 제3자로서의 지위도 가지게 된다(대법원 2014. 8. 20. 선고 2014다206563 판결, 대법원 2014. 12. 24. 선고 2014다61777 판결 등).

2) 조세, 재단채권(채무자회생법 제473조)과 강제집행

① 파산선고 후 파산절차 중에는 파산재단에 속하는 재산에 대하여 조세채권(국세, 지방세 또는 국세징수의 예에 의하여 징수할 수 있는 공과금 등)에 기하여 새로운 체납처분을 할 수 없다(채무자회생법 제349조 제2항).

② 하지만 파산선고 전 조세채권(재단채권의 대표적인 예)에 기해 파산재단에 속하는 재산에 대하여 체납처분을 한 때에는 파산선고는 그 처분의 속행을 방해하지 아니한다(채무자회생법 제349조 제1항).

③ 조세채권이 아닌 재단채권에 기해서는 파산선고 후 파산재단에 속한 재산에 대해 새로운 강제집행을 할 수 없을 뿐만 아니라(대법원 2007. 7. 12.자 2006마1277 결정), 파산선고 전에 강제집행이 이루어진 경우에도 그 강제집행은 파산선고로 인하여 그 효력을 잃는다(대법원 2008. 6. 27.자 2006마260 결정).

3) 파산선고 전 강제집행의 종료 시에는 집행의 실효가 문제 안 됨

파산선고 전에 이미 집행이 완료된 경우에는 파산관재인에 의한 부인권행사의 문제만이 남고, 기존 강제집행 등의 실효의 문제는 생길 여지가 없다. 또한 파산선고 후에는 파산채권 및 재단채권에 기한 새로운 강제집행 등이 허용되지 아니한다. 따라서 채무자회생법 제348조, 제349조는 파산선고 전에 강제집행이 개시되어 종료되지 않은 경우에만 그 의미를 가질 수 있다.

① 채권에 대한 금전집행에서는 추심의 신고(민사집행법 제236조 제1항)를 한 때나 배당절차가 끝난 때(민사집행법 제252조 제2호 참조), ② 전부명령이 확정된 때(민사집행법 제229조 제7항, 제231조), ③ 유체물인도청구권에 대한 금전집행에서는 집행관이 목적물을 인도받아 현금화하여 매각대금을 채권자에게 교부, 배당한 때, ④ 동산, 부동산의 인도집행에서는 목적물을 채권자에게 인도하여 점유케 한 때(민사집행법 제257조, 제258조 제1항), ⑤ 대체집행에서는 채권자가 이행의 결과를 향유하게 된 때 등이 집행절차의 종료시점이 될 것이다.

다. 효력이 상실되지 아니하는 것

1) 별제권[1] 및 환취권(채무자회생법 제407조 내지 제410조)의 행사

파산선고로 인하여 효력을 잃게 되는 집행절차는 파산채권에 기하여 파산재단에 속하는 재산에 관하여 한 강제집행, 보전처분 등이다. 따라서 별제권, 환취권의 행사는 파산선고에 의하여 아무런 영향을 받지 아니하므로 비록 별제권, 환취권에 기한 강제집행이 파산선고 당시에 착수되어 있더라도 파산선고로 실효되지 않는다. 따라서 파산재단에 속하는 재산을 대상으로 하는 별제권 또는 환취권의 실행으로 인한 강제집행의 절차 진행 중에 파산선고가 있으면 파산관재인을 채무자로 승계시킨 후(집행권원에 기한 경우에는 파산관재인에 대한 승계집행문을 부여받아야 한다) 진행하면 된다. 뿐만 아니라 별제권과 환취권에 기하여 파산선고 후에 새롭게 집행절차를 진행할 수도 있다.

한편 가처분채무자가 담보공탁금을 수령하기 위하여 가처분채권자의 파산관재인을 상대로 파산채권에 해당하는 손해배상청구권에 관하여 이행소송을 제기하는 것은 허용되지 않는다. 이러한 경우에 가처분채무자로서는 가처분채권자의 파산관재인을 상대로 그 담보공탁금의 피담보채권인 손해배상청구권의 존부에 관한 확인의 소를 제기하여 확인판결을 받는 등의 방법에 의하여 피담보채권이 발생하였음을 증명하는 서면을 확보한 후, 민법 제354조에 의하여 민사집행법 제273조에서 정한 담보권 존재 증명 서류로서 위 서면을 제출하여 채권에 대한 질권 실행 방법으로 공탁금회수청구권을 압류하고 추심명령이나 확정된 전부명령을 받아 담보공탁금 출급청구를 함으로써 담보권을 실행할 수 있고, 또한 위와 같이 피담보채권이 발생하였음을 증명하

---

1) 별제권이란 파산재단에 속하는 재산상에 존재하는 유치권·질권·저당권·동산·채권 등의 담보에 관한 법률에 따른 담보권 또는 전세권을 말한다(채무자회생법 제412조).

는 서면을 확보하여 담보공탁금에 대하여 직접 출급청구를 하는 방식으로 그 담보권을 실행할 수도 있다(대법원 2015. 9. 10. 선고 2014다34126 판결).

2) 신탁법상 수탁자의 파산과 강제집행

수탁자는 신탁재산을 그의 고유재산 또는 다른 신탁재산과 구별하여 관리하여야 하고(신탁법 제37조), 수탁자는 누구의 명의로도 신탁재산을 고유재산으로 하거나 신탁재산에 관한 권리를 고유재산에 귀속시키는 행위를 하지 못한다(신탁법 제34조 제1항 제1호).

하지만 수탁자의 이행책임이 신탁재산만으로 제한되는 것은 신탁행위로 인하여 수익자에게 부담하는 채무에 한정되는 것이므로(신탁법 제38조), 수탁자가 수익자 이외의 제3자 중 신탁재산에 대하여 강제집행을 할 수 있는 자인 신탁 전의 원인으로 발생한 채권 또는 신탁사무의 처리상 발생한 채권을 가진 채권자(신탁법 제22조 제1항)에 대하여 부담하는 채무에 관한 이행책임은 신탁재산의 한도 내로 제한되는 것이 아니라 수탁자의 고유재산에 대하여도 미치는 것으로 보아야 한다(대법원 2004. 10. 15. 선고 2004다31883, 31890 판결).

또한, 신탁법 제22조는 수탁자의 일반채권자에 대하여 신탁재산에 대한 강제집행을 금지하는 한편 신탁사무의 처리상 발생한 채권을 가지고 있는 채권자는 수탁자의 고유재산뿐 아니라 신탁재산에 대하여도 강제집행을 할 수 있다는 취지이므로, 수탁자에 대하여 신탁사무의 처리상 발생한 채권을 가진 채권자는 수탁자가 파산할 경우 파산선고 당시의 채권 전액에 관하여 파산재단에 대하여 파산채권자로서 권리를 행사할 수 있다(대법원 2006. 11. 23. 선고 2004다3925 판결 등). 따라서 수탁자가 파산한 경우에 신탁 전의 원인으로 발생한 채권 또는 신탁사무의 처리상 발생한 채권을 가지고 있는 채권자는 수탁자의 고유재산뿐 아니라 신탁재산에 대하여도 강제집행을 할 수 있다(대법원 2014. 10. 21.자 2014마1238 결정 참조).

라. 파산관재인의 조치

1) 파산이 선고되면(확정을 요하지 아니함) 파산선고 전에 파산채권에 기하여 파산재단 소속의 재산에 대하여 한 강제집행, 보전처분은 파산재단에 대하여 그 효력을 잃게 되므로, 파산관재인은 기존의 강제집행처분을 무시하고 파산재단 소속 재산을 법원의 허가를 얻어 자유로이 관리, 처분할 수 있다.

2) 파산관재인은 실무상 집행처분의 외관을 제거하기 위하여 별도의 소송을 제

기함이 없이 집행기관에 대하여 파산선고결정 등본을 취소원인 서면으로 소명하여 강제집행·보전처분의 집행취소신청을 할 수 있다. 부동산에 대한 가압류 또는 처분금지가처분등기는 집행법원의 등기말소촉탁에 의하여 말소할 수 있다.

3) 다만, 파산관재인이 종전의 강제집행절차를 속행하는 편이 당해 재산을 신속하고 고가로 매각할 수 있다고 판단한 경우에는 그 강제집행절차를 스스로 속행할 수 있다(채무자회생법 제348조 제1항 단서). 이때 파산관재인은 집행기관에 대하여 채무자가 파산선고를 받았고 자신이 파산관재인으로 선임된 사실을 알리고 소명자료를 첨부하여 강제집행을 속행하겠다는 취지의 신청을 하여야 한다.

4) 채무자의 파산선고에도 불구하고 파산채권자로서 집행문의 부여신청, 집행판결 등의 신청을 할 수 있는지 여부도 문제되는데 파산채권자는 파산선고 후에도 파산재단에서 포기된 재산에 대한 강제집행을 할 수 있으므로 집행문 부여신청권 등을 부정할 수는 없다고 할 것이다.

마. 집행기관의 조치[2)]

1) 직권조사

파산선고는 집행장애사유에 해당하고 집행장애사유의 존재는 집행기관의 직권조사사항이다. 따라서 집행기관은 채무자에 대한 파산선고가 있는 경우 당해 집행권원상의 채권이 파산선고로 인하여 효력을 잃게 되는 파산채권에 기하여 파산재단에 속하는 것인지를 검토한 후 이에 해당한 때에는 별도의 취소결정 없이 법원사무관등이 민사집행규칙 제160조에 따라 제3채무자 등에게 집행절차가 파산선고로 인해 효력이 실효되었다는 사실을 통지하여야 한다.

하지만, 실무상으로는 채무자 또는 파산관재인 등으로부터 파산선고가 있음을 증명하는 서면 및 파산채권자목록이 제출되는 경우에만 위와 같은 절차를 취하고 있다. 다만 파산관재인이 소명을 하지 않더라도 기록상 파산등기가 마쳐진 사실이 밝혀지면, 집행법원은 더 이상 절차를 속행하여서는 아니 된다.

---

2) 도산절차와 소송 및 집행절차 2판, 서울회생법원(2022), 311-314

파산선고에 따른 집행취소 신청서

사　　건 : 2022카단54490 **채권가압류**

신 청 인 : (주)**가나 파산관재인 변호사** ○○○
(채 무 자) : 주소 :
송달장소 : , 전화번호 : , 팩스 :

피 신 청 인 : 다라(주)
(채 권 자) 서울 **서초구 서초중앙로** 1
대표이사 ○○○

제3채무자 : (주)**마바은행**
서울 중구 세종대로 1
대표이사 ○○○

1. **채무자에 대한 파산선고와 파산관재인 선임**
채무자 (주)가나는 2022. 7. 20. 10:00 서울회생법원으로부터 파산선고를 받았고 변호사 ○○○이 파산관재인으로 선임되었습니다(첨부: 파산선고 결정등본, 등기사항전부증명서).

2. **파산선고의 효과**
파산선고에 의하여 파산채권자는 개별적인 권리행사가 금지되고, 파산선고 전에 파산채권에 기하여 파산재단에 속하는 재산에 대하여 행하여진 강제집행, 가압류 또는 가처분은 파산재단에 대하여는 그 효력을 잃는 것이므로, 귀원의 채무자에 대한 보전처분결정은 채무자의 파산선고로 인하여 실효되었습니다(채무자 회생 및 파산에 관한 법률 제348조 제1항 참조).

3. **실효의 의미**
파산관재인은 기존의 강제집행처분을 무시하고 파산재단 소속 재산을 파산법원의 허가를 얻어 자유로이 관리처분을 할 수 있습니다. 다만 실무상 집행처분의 외관을 없애기 위하여 별도의 소송을 제기함이 없이 집행기관에 대하여 파산선고 결정등본을 취소원인 서면으로 소명하여 강제집행, 보전처분의 집행취소신청을 하여야 하며, 부동산에 대한 가압류 또는 처분금지가처분 등기는 집행법원의 등기말소촉탁에 의하여 말소할 수 있다고 해석하고 있습니다(서울회생법원 재판실무연구회 '법인파산실무' 제94면 참조).

4. **결어**

따라서 채무자의 파산관재인은 신속하게 파산업무를 수행하기 위하여 실효된 보전처분의 외관을 제거하고자 귀원에 이건 집행취소 신청을 하기에 이른 것입니다.

첨 부 서 류

1. 별지 4부
1. 파산선고 결정등본 1부
1. 채무자 법인등기사항전부증명서 1부

2022. 8. 10.

위 신청인(채무자) (주)가나

파산관재인 변호사 ○○○

서 울 중 앙 지 방 법 원 귀 중

대법원도 근로자의 임금·퇴직금 및 재해보상금은 그 발생 시기가 파산선고 전후인지 여부를 불문하고 모두 재단채권이 되고(채무자회생 제473조 제10호, 대법원 2014. 11. 20. 선고 2013다64908 전원합의체 판결, 대법원 2015. 1. 29. 선고 2013다219623 판결 등 참조), 재단채권은 파산절차에 의하지 않고 파산관재인이 수시로 변제하여야 하지만(채무자회생법 제475조), 임금채권 등 재단채권에 기하여 파산선고 전에 강제집행이 이루어진 경우에도 그 강제집행은 파산선고로 인하여 효력을 잃는다(대법원 2008. 6. 27.자 2006마260 결정참조)고 판시하고 있고, 실무도 재단채권에 기하여 파산선고 당시에 이미 강제집행에 착수한 경우 파산선고가 되면 파산선고 전에 이미 실시된 강제집행을 취소하고 있다.

2) 채권집행 진행단계별 집행법원의 조치

가) 채권가압류의 경우

법원사무관 등은 제3채무자에게 채무자에 대한 파산선고가 있은 사실과 법 제348조에 의하여 채권가압류가 실효되었다는 취지의 통지를 하여야 한다.

나) 채권압류 및 추심명령의 경우

추심명령이 발하여지고 아직 채권자가 추심을 완료(법원에 신고)하지 아니한 동안에 파산선고가 내려진 경우에는 집행법원은 정지서면의 제출이 있는 경우와 동일하게 조치하면 된다. 즉, 법원사무관 등은 추심채권자와 제3채무자에게 채무자에 대한 파산선고가 있은 사실과 추심채권자는 채권의 추심을 하여서는 아니 되고 제3채무자는 추심채권자에게 지급을 하여서는 아니 된다는 취지를 통지하여야 한다. 이 경우 제3채무자는 파산관재인에게 변제를 하여야 하고, 추심채권자가 이미 추심을 한 것이 있다면 그 추심금을 파산관재인에게 인도하여야 한다.

다) 채권압류 및 전부명령의 경우

전부명령이 즉시항고에 의하여 아직 확정되지 아니한 동안에 파산선고가 내려진 경우에는 전부명령은 무효가 된다. 항고법원은 채권압류 및 전부명령을 취소하고, 그 신청을 기각하는 결정을 하여야 한다(대법원 2016. 11. 4.자 2016마1349 결정 등 참조). 다만 파산선고 전에 확정된 전부명령에 기하여 파산선고 후에 채권자가 전부금을 변제받는 것은 유효하다. 전부명령이 확정되면 제3채무자에게 송달된 때 채권전부의 효력이 생겨 집행이 완료된 것으로 보기 때문이다.

라) 제3채무자가 공탁한 경우

파산채권에 기하여 압류 또는 가압류가 경합된 상태에서 파산선고가 내려진 이후 제3채무자가 공탁하거나, 압류의 경합 등으로 제3채무자가 공탁한 후 채무자에 대한 파산선고가 있는 경우에는 다른 우선권 있는 채권이 없는 한 배당절차로 진행하지 아니하고, 파산관재인이 압류 또는 가압류가 파산채권에 기한 것임을 소명하여 공탁공무원으로부터 공탁금을 받아오면 될 것이다.

다만, 압류경합상태에서 파산선고가 내려진 후 제3채무자가 공탁하면서 공탁사유를 신고한 경우에는, 압류 및 가압류가 파산선고에 의하여 이미 실효되어 집행의 경합이 없는 상태가 되었으므로, 결국 공탁사유가 없는 것으로 되어 제3채무자의 공탁사유신고는 부적법한 신고라고 할 것이므로 집행법원은 이를 수리하지 않는 결정을 하여야 한다. 따라서 제3채무자는 파산관재인에게 변제를 하여야 한다.

마) 파산선고 후의 추심 및 변제의 효력

파산선고 후의 추심명령이나 전부명령에 기하여 추심을 완료하여 변제를 받았더라도 위 추심이나 변제는 무효이다.

3) 파산선고의 취소 등과 집행처분의 부활

가) 파산취소결정은 소급하여 파산의 효과를 소멸시키므로 채무자는 처음부터 파산선고를 받지 아니한 것이 된다. 다만, 제3자에 대한 거래의 안전을 도모하기 위하여 파산선고 시부터 취소 시까지 사이에 파산관재인에 의하여 행하여진 행위의 효력은 그대로 유효하다고 해석된다. 따라서 파산선고 전에 개시된 파산채권에 기한 파산재단 소속 재산에 대한 강제집행·가압류·가처분으로서 파산선고에 의하여 그 효력을 잃는 것은, 이들이 각 집행절차에서 집행취소되지 않은 상태에서 대상재산에 대한 관리처분권이 채무자에게 환원되는 경우 선고시의 상태를 기준으로 하여 효력을 회복하고 그 절차를 속행할 수 있다.

나) 파산폐지결정은 파산선고의 효력을 소급하여 소멸시키는 효력은 없고, 파산선고의 효력이 장래를 향하여 소멸한다는 점에서 그 효력이 소급되는 파산의 취소와 다르다. 이와 관련하여 파산선고 전에 개시되었지만 파산선고에 의하여 실효된 강제집행·가압류·가처분 등이 파산폐지에 의하여 부활하는가에 관하여는 종래에는 견해의 대립이 있었지만[3], 대법원 2014. 12. 11. 선고 2014다210159 판결이 "채무자가 파산선고를 받으면 파산선고 전에 파산채권에 기하여 파산재단에 속하는 재산에 대하여 행하여진 강제집행·가압류 또는 가처분은 파산재단에 대하여는 그 효력을 잃고(채무자회생법 제348조 제1항 본문), 파산폐지의 결정에는 소급효가 없으므로, 파산선고로 효력을 잃은 강제집행 등은 사후적으로 파산폐지결정이 확정되더라도 그 효력이 부활하지 아니한다."고 명시적인 판시를 하였다.

회생법원의 실무 례 또한 비부활설의 입장이다. 비부활설에 의하면 채권자는 파

---

3) 파산폐지결정에는 소급효가 없으므로 부활하지 않는다는 견해(비부활설)와 채무자회생법 제348조는 파산재단에 대한 관계에서 상대적으로 실효하는 것이므로 파산의 폐지로 당연히 부활한다는 견해(부활설)가 나뉘어 있었다. 하지만 회생법원의 실무 례는 파산폐지는 파산취소와 달리 파산선고의 요건이 존재하고 유효한 파산선고가 있었다가 절차경제상의 이유에서 장래를 향하여 파산선고의 효력을 소멸시키는 것인 점, 파산폐지에 있어서도 파산채권자들간의 공평을 도모할 필요성이 있고, 특히 동의폐지의 경우에는 파산절차의 진행을 중단하고자 하는 채권자들의 의사가 있는 것인 점, 파산폐지결정이 있으면 파산선고로 인하여 실효된 강제집행·가압류 또는 가처분이 부활하는지 여부에 관하여 명문의 규정이 없는 점, 법 제348조 제1항에 의하여 실효된 강제집행 등을 파산관재인의 집행취소신청에 의해 그 외관이 제거되었는지 여부에 따라 파산폐지결정 후 이를 달리 취급하는 것은 현실적인 필요성만을 앞세운 해석으로 보이는 점 등을 고려하면, 법 제348조 제1항에 의하여 실효된 강제집행은 부활하지 않는다는 비부활설이 타당하다는 입장이었다.

산폐지결정 확정 후에 다시 강제집행·가압류·가처분의 신청을 하여야할 것이다.

4) 파산관재인의 선택에 의한 강제집행절차의 속행

채무자회생법 제348조 제1항 본문은 파산채권에 기하여 파산재단에 속하는 재산에 대하여 행하여진 강제집행·가압류 또는 가처분은 파산재단에 대하여는 그 효력을 잃는다고 규정하고 있는데, 같은 항 단서는 그 중 강제집행에 관하여는 파산관재인이 파산재단을 위하여 절차를 속행할 수 있다고 규정하고 있다.

파산관재인으로서는 종국적으로 파산재단에 속하는 재산을 환가하여야 하는데, 개별적 강제집행절차가 상당 정도 진행되어 신속한 환가가 가능한 경우라든가, 파산관재인에 의한 임의매각에 의한 환가보다 종전의 강제집행 절차를 이용한 환가가 고가로 매각될 가능성이 있는 등 경제적으로 유리한 경우에는 이를 속행할 수 있도록 한 것이다.

파산관재인이 강제집행절차를 속행하는 경우에는 이후 당해 강제집행의 집행채권자가 진행하여 온 집행절차를 그 상태대로 인계받게 된다. 속행의 외형만을 보면 단순히 집행채권자의 교체에 불과한 것으로 보이지만, 그 실질적 성격은 종전 강제집행과는 현저히 다른 것이다. 즉, 채무자회생법 제348조 제1항 단서에 의한 속행절차의 성격은 파산관재인에 의한 파산재단 환가방법의 하나로 파산재단에 속하는 재산을 종전에 행하여진 강제집행 형식을 차용함으로써 환가하는 것이다.

따라서 강제집행절차가 파산관재인에 의하여 속행된 후에는 특별하게 취급하여야 한다. 즉, 집행기관은 속행 후에는 일반채권자에 의한 배당요구는 무시하고, 배당기일에는 별제권자에게 배당한 다음 집행비용으로 지급될 돈을 포함하여 잔액의 전액을 파산관재인에게 교부하여야 한다(물론 채무자회생법 제348조 제2항에 의하여 파산관재인은 집행채권자에게 집행비용을 재단채권으로 변제하여야 하고, 위 속행된 강제집행에 대한 제3자이의의 소에서는 파산관재인이 피고가 된다).

이 경우, 파산관재인은 법률의 규정에 의하여 당해 강제집행절차를 당연히 승계하는 것이므로, 따로 승계집행문을 부여받을 필요는 없다고 해석된다. 따라서 파산관재인은 집행기관에 대하여 채무자가 파산선고를 받았고 자신이 파산관재인으로 선임되었다는 사실과 당해 강제집행이 파산채권에 기한 것이므로 파산선고에 의하여 실효한 것이나 법 제348조 제1항 단서에 기하여 속행한다는 취지를 소명자료를 첨부하여 신청하면 된다.

채무자회생법 제348조 제1항 단서는 강제집행절차의 속행에 관해서만 규정하고 있으므로, 보전처분도 속행하여 그 효력을 원용할 수 있는지 문제된다. 파산관재인이 기존 보전처분을 파산재단에 유리하게 원용할 수 있는 경우에는 이를 긍정할 수 있을 것이다.

바. 파산선고 후의 배당관계

1) 별제권자에게는 직접 지급

가) 파산채권에 기하여 파산재단에 속하는 재산에 대하여 이미 행하여진 강제경매를 파산관재인이 속행신청하거나(채무자회생법 제348조 제1항 단서) 또는 별제권자의 담보권실행을 위한 부동산임의경매절차가 진행되어 배당을 실시할 경우, 배당절차에서 집행법원은 별제권자에게는 직접 배당금을 지급하여야 한다.

나) 대항력 및 우선변제권 있는 주택임차인과 상가건물임차인도 별제권자에 준하여 임차인에게 직접 배당한다(채무자회생법 제415조).

다) 2014. 12. 30. 법률 12892호로 공포된 개정 채무자회생법(시행 : 2015. 7. 1.) 제415조의2 본문은 근로기준법 제38조 제2항 각 호에 따른 채권과 근로자퇴직급여보장법 제12조 제2항에 따른 최종 3년간의 퇴직급여 등 채권의 채권자는 해당 채권을 파산재단에 속하는 재산에 대한 별제권 행사 또는 제349조 제1항의 체납처분에 따른 환가대금에서 다른 담보물권자보다 우선하여 변제받을 권리가 있다고 규정하고 있다. 따라서 위 개정 법률 시행 후 최초로 발생하는 최종 3개월분의 임금·재해보상금 및 최종 3년분의 퇴직금은 배당요구한 채권자에게 직접 교부하여야 한다(채무자회생법 부칙 제3조 참조).

라) 앞서 본 바와 같이 파산선고 전에 파산재단에 속하는 재산에 대하여 조세채권에 기한 체납처분을 한 때에는 그 과세관청에 배당한다(대법원 2003. 8. 22. 선고 2003다3768 판결).

2) 별제권자에 선행하는 가압류가 있는 경우

별제권에 선행하는 가압류등기가 있는 경우에는 다음의 점에 주의하여야 한다.

가) 선행가압류의 실효 여부

별제권에 선행하여 파산채권에 기한 가압류등기(이른바 선행가압류)가 있고 파산선고에 의하여 선행가압류도 실효된다고 인정할 경우, 별제권자는 선행가압류채권자와 안분배당을 받을 필요가 없게 되어 가압류의 제한을 받지 아니하는 완전한 별제권을 갖게 되는 결과가 된다.

별제권보다 선행하는 가압류집행이 반드시 파산재단에 불리하다고 볼 수만은 없으므로, 선행가압류를 실효시킬 필요도 없을 것이다. 따라서 채무사에 대한 파신신고가 없었다면 당해 부동산에 대한 별제권에 기한 집행절차에서 선행 가압류채권자에게 배당할 수 있었던 경우에는, 그 가압류는 파산재단에 대한 관계에서 불리한 집행처분이 아니므로 실효되지 아니한다고 보아야 할 것이다.

나) 배당의 실시

집행법원은 파산선고가 없었던 경우의 배당순위에 따라 선행 가압류채권자와 별제권자에게 안분배당하는 내용의 배당표를 작성한 후, 가압류채권자에 대한 배당금을 공탁하여야 한다. 그러나 가압류채권자는 파산채권자로서 파산절차에 의하지 아니하고는 그 권리를 행사할 수 없으므로 향후 집행권원을 얻었다고 하더라도 위 공탁금을 수령할 수는 없다. 따라서 가압류채권자에 대한 배당금이 공탁된 경우에는 파산관재인만이 이를 수령할 수 있다고 할 것이다. 그 구체적인 수령방법과 관련하여서는 파산관재인이 가압류채권자가 파산채권신고를 하여 확정되었음을 소명할 수 있는 파산채권자표 등본 또는 채권확정소송의 판결등본(물론 파산선고결정문, 파산관재인 선임증이 필요할 수 있다)을 집행법원에 제출하여 배당금을 수령할 수 있을 것이다.

3) 나머지 채권자에 대한 배당금은 파산관재인에게 배당

그러나 나머지 파산채권자 또는 재단채권자에 대한 배당금은 파산관재인에게 배당한다. 별제권에 우선하는 채권(임금이나 교부청구된 조세)에 기한 배당요구가 있는 경우 그에 대하여는 순위에 따라 배당한 후 그 배당액을 파산관재인에게 교부한다(대법원 2003. 6. 24. 선고 2002다70129 판결 참조).

집행비용 또한 파산채권자인 신청채권자가 지출한 경우에는 파산관재인에게 교부하고(물론 파산관재인은 채무자회생법 348조 2항에 의하여 집행채권자에게 집행비용을 재단채권으로 변제하여야 한다), 파산채권자가 아닌 별제권자 등이 지출한 경우에는 그에게 교부하여야 한다.

6. 개인파산에서의 면책절차와 강제집행

가. 면책의 의의

파산에 있어서의 면책이란 개인파산에서 파산절차에 의하여 배당되지 아니한 잔여채무에 관하여 파산법원의 재판에 의하여 채무자의 책임을 면제하는 것을 말한다(채무자회생법 제566조 본문).

법인파산의 경우 파산절차가 종료되면 법인도 소멸하기 때문에 면책절차는 그 의미가 없으나 개인은 파산 후에도 사회구성원으로서 존속되므로 법인파산과는 달리 청산을 목적으로 하기 보다는 잔존하는 채무에 대한 면책을 받아 경제적 갱생을 하려는 절차로서 더 큰 의미를 가지고 있다(대법원 2009. 7. 9.자 2009카기122 결정, 헌법재판소 2014. 6. 26.자 2012헌가22 결정 참조).

개인파산에 있어서 파산신청일부터 파산선고가 확정된 날 이후 1개월 이내에 면책신청을 할 수 있으며(채무자회생법 제556조 제1항), 채무자가 파산신청을 한 경우에는 반대의 의사표시를 하지 않는 한 파산신청과 동시에 면책신청을 한 것으로 보는 간주면책신청제도가 있다(채무자회생법 제556조 제3항).

나. 면책신청 후 면책절차 중 강제집행 등의 금지 및 중지

개인파산신청과 면책신청(간주면책신청 포함)이 있고 파산폐지결정의 확정 또는 파산종결결정이 있는 때에는 면책신청에 관한 재판이 확정될 때까지 채무자의 재산에 대하여 파산채권에 기한 강제집행·가압류 또는 가처분을 할 수 없고, 채무자의 재산에 대하여 파산선고 전에 이미 행하여지고 있던 강제집행·가압류 또는 가처분은 중지된다(채무자회생법 제557조 제1항, 대법원 2010. 7. 28.자 2009마783 결정 참조). 위 규정에서 말하는 '면책신청'에는 명시적인 면책신청뿐만 아니라 간주면책신청(채무자회생법 제556조 제3항)의 경우도 포함되고, 면책신청을 하는 경우에는 동의폐지신청(채무자회생법 제538조)을 할 수 없으므로 위 규정에서 말하는 '파산폐지결정'은 동시 또는 이시폐지결정에 한한다(대법원 2009. 1. 9.자 2008카기181 결정). 면제재산에 대한 강제집행 등의 중지와 달리 별도의 결정 없이 면책절차 중의 강제집행은 법률의 규정에 의하여 당연히 중지 또는 금지된다.

다. 면책결정에 따른 강제집행 등의 실효

위와 같이 면책절차 중에 중지된 강제집행 등은 면책결정의 확정으로 효력을 상실한다(채무자회생법 제557조 제2항). 따라서 채권자는 면책된 채권에 대한 집행권원을 가지고 있을지라도 강제집행을 할 수 없고, 강제집행을 한 경우에는 채무자는 청구이의의 소로써 이를 다툴 수 있다.

그러나 면책절차 중 강제집행 등의 금지 또는 중지는 면책신청에 관한 재판이 확정될 때까지이므로, 면책신청의 각하·기각결정 또는 면책불허가결정(일부면책결정 포함)이 확정된 때에는 다시 강제집행 등을 할 수 있고, 중지된 강제집행 등은 속행된다.

집행법원이 채무자회생법 제557조 제1항이 정한 면책절차 중의 집행신청임에도 간과하고 강제집행을 개시한 다음 이를 발견한 때에는 이미 한 집행절차를 직권으로 취소하여야 하고, 이는 그 후 면책불허가결정이 확정되었다고 하더라도 마찬가지이다(대법원 2013. 7. 16.자 2013마967 결정 참조).

라. 면책결정과 강제집행

1) 면책결정의 효력이 미치는 범위

면책결정은 확정되어야 그 효력이 발생한다(채무자회생법 제565조). 면책결정이 확정되면 면책을 받은 채무자는 파산절차에 의한 배당을 제외하고는 파산채권자에 대한 채무의 전부에 관하여 그 책임이 면제된다(채무자회생법 제566조). 여기에서 면책이라 함은 채무자체는 존속하지만 파산채무자에 대하여 이행을 강제할 수 없다는 의미이다. 따라서 파산채무자에 대한 면책결정이 확정되면, 면책된 채권은 통상의 채권이 가지는 소 제기 권능을 상실하게 된다(대법원 2015. 9. 10. 선고 2015다28173 판결). 따라서 파산채권에 기하여 면책절차 중에 중지된 강제집행은 그 효력을 잃으며, 파산채권에 관하여 새로운 강제집행도 할 수 없다.

그러나 이와 같이 면책의 효력은 파산채권에 대한 것이므로 소유권에 기한 반환청구권 등의 환취권이나 별제권 등에는 면책의 효력이 미치지 아니하고, 파산선고 후의 원인에 기하여 생긴 청구권도 파산채권이 아니므로 면책의 효력이 미치지 않는다.

또한 파산채권 중 ① 조세, ② 벌금·과료·형사소송비용·추징금 및 과태료, ③ 채무자가 고의로 가한 불법행위로 인한 손해배상, ④ 채무자가 중대한 과실로 타인의 생명 또는 신체를 침해한 불법행위로 인하여 발생한 손해배상, ⑤ 채무자의 근로자의 임금·퇴직금 및 재해보상금, ⑥ 채무자의 근로자의 임치금 및 신원보증금, ⑦ 채무자가 악의로 채권자목록에 기재하지 아니한 청구권(다만 채권자가 파산선고가 있음을 안 때에는 제외), ⑧ 채무자가 양육자 또는 부양의무자로서 부담하여야 하는 비용, ⑨ 취업 후 학자금 상환 특별법에 따른 취업 후 상환 학자금대출 원리금 등의 청구권도 면책의 효력이 미치지 않는다(채무자회생법 제566조).

채무자회생법 제564조에 의한 면책결정의 효력은 별제권자의 파산채권에도 미친다. 따라서 별제권자가 별제권을 행사하지 아니한 상태에서 파산절차가 폐지되었다고 하더라도, 같은 법 제564조에 의한 면책결정이 확정된 이상, 별제권자였던 자로서는 담보권을 실행할 수 있을 뿐 채무자를 상대로 종전 파산채권의 이행을 소구할 수는 없다(대법원 2011. 11. 10. 선고 2011다27219 판결).

한편 면책은 파산채권자가 채무자의 보증인 그 밖에 채무자와 더불어 채무를 부담하는 자에 대하여 가지는 권리와 파산채권자를 위하여 제공한 담보에 영향을 미치지 아니한다(채무자회생법 제567조). 다만 채권자가 중소기업진흥공단(중소기업진흥에 관한 법률 제66조 제5항에 따라 대출방식으로 이루어지는 사업에 한정함), 신용보증기금, 기술신용보증기금인 경우에는 채무자회생법 제567조의 규정에도 불구하고 주채무자가 파산선고 이후 면책결정을 받는 시점에 주채무가 면제될 경우 연대보증채무도 면제된다(중소기업진흥에 관한 법률 제74조의2, 신용보증기금법 제30조의3, 기술신용보증기금법 제37조의3).

2) 면책결정 확정 후 압류·추심명령 발령과 즉시항고의 가부(불가) 및 청구이의의 소 제기

가) 즉시항고 사유 아님

채권압류 및 추심명령에 대한 즉시항고는 집행력 있는 정본의 유무와 그 송달 여부, 집행개시요건의 존부, 집행장애사유의 존부 등과 같이 채권압류 및 추심명령을 할 때 집행법원이 조사하여 준수할 사항에 관한 흠을 이유로 할 수 있을 뿐이고, 집행채권의 소멸 등과 같은 실체상의 사유는 이에 대한 적법한 항고이유가 되지 아니한다. 그런데 채무자 회생 및 파산에 관한 법률에 의한 면책결정이 확정되어 채무자의 채무를 변제할 책임이 면제되었다고 하더라도, 이는 면책된 채무에 관한 집행권원의 효력을 당연히 상실시키는 사유는 되지 아니하고 다만 청구이의의 소를 통하여 그 집행권원의 집행력을 배제시킬 수 있는 실체상의 사유에 불과하다. 또한 면책결정의 확정은 면책된 채무에 관한 집행력 있는 집행권원 정본에 기하여 그 확정 후 비로소 개시된 강제집행의 집행장애사유가 되는 것도 아니다. 따라서 채무자 회생 및 파산에 관한 법률에 의한 면책결정이 확정되어 채무자의 채무를 변제할 책임이 면제되었다는 것은 면책된 채무에 관한 집행력 있는 집행권원 정본에 기하여 그 확정 후 신청되어 발령된 채권압류 및 추심명령에 대한 적법한 항고이유가 되지 아니한다(대법원 2013. 9. 16.자 2013마1438 결정, 대법원 2014. 2. 13.자 2013마2429 결정 참조).

나) 면책결정의 확정은 청구이의의 소 대상인 실체상의 사유임

채무자 회생 및 파산에 관한 법률에 의한 면책결정이 확정되어 채무자의 채무를

변제할 책임이 면제되었다고 하더라도, 이는 면책된 채무에 관한 집행권원의 효력을 당연히 상실시키는 사유는 되지 아니하고 다만 청구이의의 소를 통하여 그 집행권원의 집행력을 배제시킬 수 있는 실체상의 사유이다(대법원 2013. 9. 16.자 2013마1438 결정).

마. 집행기관의 조치

1) 기존의 강제집행 등

가) 면책신청 또는 면책결정은 집행장애 사유에 해당하고 집행장애 사유는 집행기관의 직권조사사항이다.

면책절차 중의 강제집행은 별도의 신청이나 결정 없이 당연 중지·금지된다. 따라서 집행기관은 채무자에 대하여 면책신청이 있는 사실을 발견한 때에는 직권으로 파산채권에 기하여 이미 집행되고 있는 집행절차를 정지 또는 취소하여야 할 것이다. 실무에서는 보통 채무자에게 동시폐지결정이 있는 파산선고결정정본과 그 확정증명원 및 면책신청 접수증명원을 제출케 하여 강제집행의 중지 또는 취소절차를 취하고 있다.

나) 또한 전부면책결정이 확정되면 면책절차 중에 중지된 파산채권에 기한 강제집행 등은 효력을 상실하므로 면책결정의 확정사실이 밝혀지면 실효에 따른 집행의 해제(취소)절차를 취하여야 한다. 이 경우에도 실무에서는 보통 채무자에게 면책결정 정본과 그 확정증명원, 파산채권자목록을 제출케 하여 이를 제출받아 별도의 결정 없이 집행법원의 법원사무관등이 민사집행규칙 제160조에 따라 제3채무자 등에게 집행절차가 면책결정으로 인해 효력이 실효되었음을 통지한다.

다) 그런데 채권자목록에 기재되지 아니한 채권자의 파산채권에 기한 강제집행절차에서 채무자가 면책결정정본과 그 확정증명원을 제출하면서 집행의 취소의 신청을 한 경우 이를 어떻게 처리할 것인가가 문제된다. 참고로 개인회생절차에서의 면책결정에 의한 면책의 효력은 채권자목록에 기재된 채권에 한하므로 이러한 문제는 생기지 않는다(채무자회생법 제625조 제2항 제1호). 파산채권은 그것이 면책신청의 채권자목록에 기재되지 않았다고 하더라도 채무자회생법 제566조 단서의 각 호에 해당하지 않는 한 면책의 효력으로 그 책임이 면제되나(대법원 2010. 5. 13. 선고 2010다3353 판결), 채무자가 면책결정 이전에 채권의 존재사실을 알면서도 악의로 채권자목록에 기재하지 아니한 채권은 면책되지 않는다(채무자회생법 제566조 제7호, 대

법원 2007. 1. 11. 선고 2005다76500 판결). 따라서 위와 같은 경우에는 일단 채무자에게 채권자목록에 누락된 사유 및 그 누락 사유가 악의가 아님을 소명하는 자료의 제출을 보정명령하고, 채권자에게도 채권자목록에 기재되지 아니한 사실 및 채무자의 파산선고의 사실을 알고 있었는지 등에 관한 반대소명자료의 제출을 보정명령한 뒤 제출된 소명자료에 따라 채무자의 악의유무를 판단하여 해제(취소)여부를 결정하면 될 것이다(대법원 2009. 3. 30.자 2009마225 결정 참조).

채무자회생법 제566조 제7호에서 말하는 '채무자가 악의로 채권자목록에 기재하지 아니한 청구권'은 채무자가 면책결정 이전에 파산채권자에 대한 채무의 존재 사실을 알면서도 이를 채권자목록에 기재하지 않은 청구권을 뜻하므로, 채무자가 채무의 존재 사실을 알지 못한 때에는 비록 그와 같이 알지 못한 데에 과실이 있더라도 위 법조항에 정한 비면책채권에 해당하지 아니하지만, 이와 달리 채무자가 채무의 존재를 알고 있었다면 과실로 채권자목록에 이를 기재하지 못하였다고 하더라도 위 법조항에서 정하는 비면책채권에 해당한다. 이와 같이 채권자목록에 기재하지 아니한 청구권을 면책대상에서 제외한 이유는, 그렇게 하지 아니할 경우 채권자목록에서 누락된 채권자는 면책절차 내에서 면책신청에 대한 이의 등을 제기할 기회조차 갖지 못한 채 채권을 상실하는 불이익을 입게 되므로 그로부터 채권자를 보호하기 위한 것이다. 따라서 사실과 맞지 아니하는 채권자목록의 작성에 관한 채무자의 악의 여부는 이러한 법 제566조 제7호의 규정 취지를 충분히 감안하여 판단하되, 누락된 채권의 내역과 채무자와의 관련성, 그 채권자와 채무자의 관계, 누락의 경위에 관한 채무자의 소명과 객관적 자료와의 부합 여부 등 여러 사정을 종합적으로 고려하여 판단하여야 하고, 단순히 채무자가 제출한 자료만으로는 면책불허가 사유가 보이지 않는다는 등의 점만을 들어 채무자의 선의를 쉽게 인정하여서는 아니 된다(대법원 2011. 7. 14.자 2011마235 결정, 대법원 2014. 9. 4. 선고 2014다29858 판결, 대법원 2014. 12. 11. 선고 2014다62282 판결 등 참조).

채무자가 채권자 목록에 원본 채권만을 기재하고 이자 등 그에 부수하는 채권을 따로 기재하지 않았다고 하더라도, 그 부수채권이 채무자가 악의로 채권자목록에 기재하지 아니한 비면책채권에 해당한다고 할 것은 아니다(대법원 2016. 4. 29. 선고 2015다71177 판결).

2) 급여에 대한 강제집행 등의 중지 및 해제

가) 채권에 대한 가압류 또는 압류의 중지 여부(소극)

중지는 집행이 종료되기 전에 가능한 것인데, 급여와 같은 채권에 대한 가압류 또는 압류는 그 결정이 제3채무자에게 송달된 때 집행이 종료되고, 채무자는 그 결정을 송달받기 전에는 가압류 및 압류 신청 여부를 알 수 없으므로 사실상 채권에 대한 가압류 또는 압류를 중지시키기란 어렵다.

나) 추심명령 등의 집행 중지(추심명령만 추후 절차 중지 가능)

급여에 대한 압류 후 채권자가 이를 현금화하기 위해서는 추심명령이나 전부명령을 받게 되는데 그 중 추심명령은 채권자에게 추심권한을 주는 것으로 추심절차를 중지할 수 있지만 이에 반하여 전부명령이 제3채무자에게 송달되어 확정된 경우에는 집행이 종료되므로 중지시킬 수 없다.

다) 면책결정 확정으로 인한 실효 시의 해제

채권에 대한 가압류 또는 압류가 중지되지는 않더라도 면책결정의 확정으로 그 집행은 당연 실효된다. 따라서 이 경우에는 채무자가 면책결정정본과 그 확정증명원을 가압류 또는 압류법원에 제출하면 집행법원은 실효되었다는 취지를 제3채무자에게 통지하여야 한다. 급여채권에 대해 압류경합이 있어 제3채무자가 이를 공탁한 경우에는 면책결정정본과 그 확정증명원을 공탁공무원에게 제출함으로써 공탁금을 수령할 수 있다.

3) 새로운 강제집행 등

채권자가 면책된 채권에 대하여 집행권원을 가지고 면책결정의 효력이 발생된 후 위 집행권원에 기하여 강제집행을 신청하는 경우가 있다.

대법원은 채무자회생법에 의한 면책결정이 확정되어 채무자의 채무를 변제할 책임이 면제되었다고 하더라도, 이는 면책된 채무에 관한 집행권원의 효력을 당연히 상실시키는 사유는 되지 아니하고 다만 청구이의의 소를 통하여 그 집행권원의 집행력을 배제시킬 수 있는 실체상의 사유에 불과하며, 한편 면책결정의 확정은 면책된 채무에 관한 집행력 있는 집행권원 정본에 기하여 그 확정 후 비로소 개시된 강제집행의 집행장애사유가 되지 아니한다고 보고 있다. 따라서 채무자회생법에 의한 면책결정이 확정되어 채무자의 채무를 변제할 책임이 면제되었다는 것은 면책된 채무에 관한 집행력 있는 집행권원 정본(대부분은 그 집행채권이 채권자목록에서 누락된 경우일 것임)에 기하여 그 확정 후 신청되어 발령된 채권압류 및 추심명령에 대한 적법한 항고이유가 되지 아니한다고 판시하였다(대법원 2013. 12. 30.자 2013마2119 결정, 대법원 2014. 2. 13.자 2013마2429 결정 참조).

다만 면책을 받은 개인인 채무자에 대하여 면책된 사실을 알면서 면책된 채권에 기하여 강제집행·가압류 또는 가처분의 방법으로 추심행위를 한 자는 500만 원 이하의 과태료에 처한다는 규정이 있다(채무자회생법 제660조 제3항, 재민 2008-1 참조).

Ⅲ. 회생절차와 강제집행

1. 개인회생절차와의 비교

가. 적용 대상 채무액 한도의 차이

회생절차는 법인뿐만 아니라 개인도 그 적용대상으로 하고 있으며, 회생절차는 채무자가 부담하는 채무액 한도에 아무런 제한도 없으나, 개인회생절차는 소액채무를 지는 개인 즉, 채무자의 채무액이 담보채무인 경우 최대 15억 원, 무담보채무인 경우 최대 10억 원을 한도로 하여 채무를 부담하는 개인만이 신청할 수 있다(채무자회생법 제579조 제1호).

나. 관리인제도의 유무

회생절차는 관리인제도가 있어서(채무자회생법 제74조 제1, 2, 4항) 관리인이 선임되면 채무자의 재산에 관한 소송에서는 관리인이 당사자가 되지만, 개인회생절차는 관리인제도가 없으므로 소송 등에서 당사자의 변경문제는 일어나지 않는다.

다만 2015. 7. 1.부터는 총액 30억 원 이하의 채무를 부담하는 소액영업소득자에 대하여 간이회생절차를 신설하고, 간이회생절차에서는 관리인을 선임하지 아니할 수 있게 하고, 회생위원의 자격이 있는 사람을 간이조사위원으로 선임할 수 있게 하였다(채무자회생법 제293조의2부터 제293조의8까지, 채무자회생법 시행령 제15조의3). 간이회생절차에 관하여는 채무자회생법 2편 9장에서 달리 정한 것을 제외하고는 2편(회생절차)의 규정을 적용한다(채무자회생법 제293조의3 제1항).

다. 인가결정의 효력 차이

1) 권리변경의 효력 유무

회생절차에서는 회생계획인가결정이 있는 때에는 채권자들의 권리가 축소되는 등 법률관계가 변경되므로(채무자회생법 제251조) 인가된 후 중도에 폐지되거나 회생계획을 수행하지 못하는 경우라도 회생채권자의 권리행사는 회생계획에 따라 변경된 범위로 제한되고, 신고되지 아니한 채권(채권자목록과는 관계없음)은 면책되기 때문에 개인이 신청한 경우라 하더라도 채무자를 면책시키는 절차가 따로 없다. 반면에 개인회생절차에서는 변제계획의 인가에 권리변경의 효력이 없기 때문에 인가된 변제계획을 수행한 후 법원의 면책결정으로 개인회생채권자목록에 기재된 개인회생채권자에 대한 채무에 관하여 비로소 잔여 채무의 지급의무를 면하게 된다(채무자회생법 제615조 제1항). 따라서 인가된 후 개인회생절차가 폐지되면 채권자는 원래 내용대로 채권을 행사할 수 있게 된다.

2) 담보권자의 권리 변경 여부

회생절차에서는 회생계획에 의하여 담보권자의 권리를 변경할 수 있으며 회생절차가 진행되는 동안 담보권의 행사를 제한할 수 있고(채무자회생법 제141조 2항, 131조), 회생계획인가의 결정이 있는 때에는 회생계획이나 채무자회생법의 규정에 의하여 인정된 권리를 제외하고는 채무자는 모든 회생채권과 회생담보권에 관하여 그 책임을 면하며, 주주·지분권자의 권리와 채무자의 재산상에 있던 모든 담보권은 소멸한다(채무자회생법 제251조 본문).

그러나 개인회생절차에서는 담보권이 별제권으로 취급되어 개시결정시부터 변제계획의 인가결정시까지만 그 실행을 제한할 수 있을 뿐 인가결정 이후에는 담보권을 속행(실행)하게 된다(채무자회생법 제600조 제2항).

라. 다른 도산절차와의 관계

회생절차개시결정이 있는 때에는 파산 또는 회생절차개시의 신청이나 회생채권 또는 회생담보권에 기한 강제집행 등은 금지되고, 진행 중인 파산절차나 이미 행한 회생채권 또는 회생담보권에 기한 강제집행 등은 중지된다(채무자회생법 제58조).

개인회생절차개시결정이 있는 때에는 파산절차 및 회생절차가 중지 또는 금지되어 개인회생절차가 회생절차에 우선하게 되고(채무자회생법 제600조 제1항 제1호), 개인회생채권에 기하여 개인회생재단에 속하는 재산에 대하여 한 강제집행, 가압류, 가처분은 중지 또는 금지된다(채무자회생법 제600조 제1항 제2호).

2. 회생절차신청과 강제집행

가. 원칙적 강제집행 가능

회생절차의 신청을 하였다는 사유만으로는 법률관계에 어떠한 영향을 미치지 아니하고, 보전처분 또한 채무자의 행위만을 제한할 뿐 회생채권자나 회생담보권자들에 의한 강제집행을 저지하는 효과는 없다.

따라서 회생절차신청 후라도 강제집행을 막기 위해서는 후술하는 중지명령 또는 포괄적 금지명령을 받아 집행법원에 제출하여야 한다.

보전관리명령으로 보전관리인이 선임(채무자회생법 제43조 제3항)된 경우(주로 채무자가 법인인 경우에는 법인등기사항증명서상 보전관리인등기가 되어 있을 것이다)에는 보전관리인이 절차상의 당사자가 되므로(대법원 2003. 9. 26. 선고 2002다62715 판결 등) 채무자의 표시를 예컨대 "채무자 ○○ 주식회사의 보전관리인 △△△"로 하여 강제집행의 절차를 개시하면 되고, 만약 집행절차 진행 중에 채무자에 대한 보전관리인이 선임된 경우에는 이는 당사자의 승계가 있는 때에 해당하므로 집행권원에 승계집행문을 부여받아 제출하도록 한 뒤 그 보전관리인을 채무자로 하여 절차를 진행하여야 한다(채무자회생법 제86조 제2항, 제59조 제1, 2항).

나. 개별적 중지명령과 강제집행

1) 중지명령의 대상

법원은 회생절차개시의 신청이 있는 경우 필요하다고 인정하는 때에는 이해관계인의 신청 또는 직권으로 회생절차개시의 신청에 대한 결정이 있을 때까지 채무자에 대한 파산절차, 채무자의 재산에 대해 진행 중인 회생채권 또는 회생담보권에 기한 강제집행, 가압류, 가처분 또는 담보권실행을 위한 경매절차(이하 '회생채권 또는 회생담보권에 기한 강제집행 등'이라 한다) 또는 조세채무담보를 위하여 제공된 물건의 처분 등 절차의 중지를 명할 수 있다(채무자회생법 제44조 제1항).

가) 파산절차는 회생절차와 대조적인 목적을 가지고 있기 때문에 회생절차와 양립할 수 없다. 따라서 파산절차는 회생절차가 개시되면 당연히 중지되지만, 법원이 필요하다고 인정하는 때에는 회생절차 개시 전이라도 중지명령을 통해 중지할 수 있도록 한 것이다. 중지대상이 되는 파산절차는 파산선고의 전후를 불문하며 그 절차의 신청인이 누구인가를 불문한다.

나) 강제집행 등의 경우 회생채권 또는 회생담보권으로 될 채권에 기한 강제집행·가압류·가처분·담보권실행을 위한 경매절차로서 채무자의 재산에 대하여 이미 행하여지고 있는 것에 한하여 중지할 수 있다. 그 절차가 회생절차 개시신청 전에 행하여졌는지, 그 후에 행하여졌는지를 불문한다. 다만, 하도급거래 공정화에 관한 법

률 제14조에 의한 수급사업자의 발주자에 대한 하도급대금 직접지급청구가 채무자회생법 제58조에서 금지하는 '채무자의 재산에 대한 강제집행'에 해당하지 않는다는 것이 판례(대법원 2007. 6. 28. 선고 2007다17758 판결 참조)이므로, 이러한 직접지급청구는 중지명령의 대상이 될 수 없다고 보아야 한다.

한편 담보권실행을 위한 경매절차란 민사집행법에 의한 경매절차이므로 소위 형식적 경매는 이에 포함되지 않는다.

다) 채무자의 재산에 관하여 행정청에 계속되고 있는 절차도 중지할 수 있다. 예를 들면 조세에 관한 처분에 대한 불복신청사건·특허심판사건 등이 이에 해당한다.

라) 국세징수법 또는 지방세기본법에 의한 체납처분, 국세징수의 예에 의한 체납처분 또는 조세채무의 담보를 위하여 제공된 물건의 처분도 중지명령의 대상이 된다. 체납처분의 중지에 관하여는 미리 징수의 권한을 가진 자의 의견을 들어야 하나(채무자회생법 제44조 제1항 제5호), 징수권자가 반대하더라도 법원이 필요하다고 인정하면 중지명령을 내릴 수 있다.

마) 이러한 중지명령은 회생절차개시결정이 있으면 그 개시결정의 효력에 흡수되어 소멸된다. 회생절차개시결정이 이루어진 후에는 채무자회생법 제58조 제2, 3항, 제59조가 적용되어 각 그 규정에 따라 중지 또는 중단되기 때문이다.

바) 중지명령의 주문례는 아래와 같다.

[회생법원의 중지명령 주문례]

이 사건에 관하여 회생절차개시신청에 관한 결정이 있을 때까지 채무자에 대한 ○○지방법원 2015타채 ○○호 채권압류 및 추심명령 사건의 절차를 중지한다.

2) 예외

가) 환취권에 기한 채권 또는 공익채권에 기한 강제집행 등의 절차는 중지할 수 없다. 회생절차개시결정의 시기에 따라 공익채권과 회생채권의 한계가 정해지는 채권의 경우 집행채권 중의 일부라도 공익채권으로 될 채권이 포함되어 있을 때에는 그 강제집행 등의 절차를 중지할 수 없는 것으로 해석된다.

나) 집행법원을 거치지 않고 담보권자가 임의로 담보권을 실행할 수 있는 이른바 비전형담보물권의 경우 중지명령의 대상이 될 수 있는지 문제된다. 예를 들어 채무자가 가진 제3자에 대한 채권에 대하여 양도담보권을 가진 채권자가 개시신청 이

후에 임의로 의사표시 등을 통하여 담보권을 실행하는 경우이다. 법상 중지명령의 대상은 강제집행, 가압류, 가처분 또는 담보권실행을 위한 경매절차로 한정되어 있어, 비전형담보권의 실행에 대하여는 따로 규정을 두고 있지 않다. 중지명령보다 광범위한 포괄적 금지명령의 경우에는 "법원은 회생절차 개시의 신청이 있는 경우 채무자회생법 제44조 제1항의 규정에 의한 중지명령에 의하여는 회생절차의 목적을 충분히 달성하지 못할 우려가 있다고 인정할 만한 특별한 사정이 있는 때에는 … (중략) … 모든 회생채권자 및 회생담보권자에 대하여 회생채권 또는 회생담보권에 기한 강제집행 등의 금지를 명할 수 있다"고 규정하여(채무자회생법 제45조 제1항) 비전형담보물권의 실행행위도 포함된 것으로 해석할 수 있지만, 중지명령에는 위와 같은 규정이 없어서 법적인 근거가 없으므로 중지명령의 대상이 되지 않는다고 보는 것이 타당하다.

3) 중지명령이 다른 절차에 미치는 영향

가) 현상태 동결

중지명령이 있으면 명령의 대상인 절차는 현재의 상태에서 동결되어 그 이상 진행할 수 없게 된다. 이를 위반하여 진행된 절차는 무효이다. 다만, 집행 또는 집행행위의 외형을 제거하기 위해서는 집행방법에 관한 이의나 즉시항고 등을 제기하여야 한다.

중지명령은 구체적인 절차를 계속하여 진행하려는 것을 중지시키는 효력밖에 없으므로 새로이 동종 절차의 개시를 신청하는 것은 중지명령에 반하지 않아 상관이 없다. 새로운 동종 절차를 중지하려면 새로운 중지명령을 얻어야 한다. 또한 중지명령은 당해 절차를 그 이상 진행시키지 않는다는 효력이 있을 뿐이므로, 이미 진행된 절차의 효력을 소급하여 무효로 만드는 것은 아니다. 따라서 기왕에 집행된 압류 등의 효력은 그대로 유지된다.

나) 민사집행법 제49조 제2호의 집행정지 서류에 해당

중지명령은 회생절차 개시의 신청에 대한 결정이 있을 때까지 집행의 일시적 정지를 명하는 재판이므로, 중지명령 정본은 민사집행법 제49조 제2호가 정하는 '강제집행의 일시정지를 명한 취지를 적은 재판의 정본'에 해당한다. 채무자가 중지명령 정본을 집행기관에 제출한 경우 집행기관은 그 이후 집행행위를 하지 않고 현상을 유지하면 된다(민사집행법 제50조 제1항, 제49조 제2호).

집행이 완료된 이후에 중지명령 정본이 제출된 경우에는 중지명령은 그 목적을

달성할 수 없게 되며, 이미 이루어진 집행행위는 그대로 효력을 유지하게 된다. 중지명령 정본이 제출되었음에도 불구하고 집행기관이 집행을 정지하지 아니하고 집행처분을 한 경우에는 이해관계인은 집행에 관한 이의신청 또는 즉시항고에 의하여 취소를 구할 수 있다.

중지명령의 효력은 회생절차 개시의 신청에 대한 결정이 있을 때까지 존속한다. 회생절차 개시결정이 이루어진 후에는 채무자회생법 제58조 제1 내지 3항, 제59조에 따라 파산절차, 강제집행·가압류·가처분·담보권실행을 위한 경매절차, 소송절차·행정쟁송절차, 체납처분 등이 중지 또는 중단된다.

중지명령이 있어도 당해 절차에 관하여 그때까지 행하여진 행위를 소급하여 무효로 하는 것은 아니므로 파산·강제집행·경매·소송 등에 의하여 이미 발생한 시효중단의 효력은 중지명령 후에도 계속된다.

다) 중지명령 정본이 제출된 경우 채권집행 절차의 처리

압류만 한 상태에서 중지명령 정본이 제출되면 기집행 된 압류의 효력은 그대로 유지되고, 그 이후 집행행위에 나아가지 않고 현상유지를 하면 된다.

추심명령 후에 중지명령 정본이 제출된 경우에는 법원사무관 등은 압류채권자와 제3채무자에 대하여 위 서류가 제출되었다는 사실과 서류의 요지 및 위 서류의 제출에 따른 집행정지가 효력을 잃기 전에는 압류채권자는 채권추심을 하여서는 아니되고 제3채무자는 채권의 지급을 해서는 아니된다는 취지의 통지를 하여야 한다. 다만, 제3채무자에 대한 송달로 이미 발생한 추심명령의 효력에는 영향이 없다.

전부명령 발령 후에 중지명령 정본이 제출된 경우에는 Ⓐ 채무자가 전부명령 확정 전까지 중지명령 정본을 제출하면 즉시항고 사유가 되므로, 항고법원은 다른 이유로 전부명령을 취소하는 경우를 제외하고 항고에 관한 재판을 정지하여야 하나(민사집행법 제229조 제8항), Ⓑ 전부명령이 확정된 후 중지명령 정본 제출하면 전부명령 확정 시에 피전부채권에 관련된 집행절차가 이미 종료한 이상 그 후 중지명령 정본이 제출되더라도 집행정지는 불가능하다. 한편, 전부명령이 제3채무자에게 송달되기 전이면 그 송달을 중지함으로써 확정차단이 될 수 있지만, 제3채무자에게 송달된 이후에는 중지명령 정본이 제출되었더라도 항고기간 진행이 정지되지 않으므로 전부명령에 대한 즉시항고를 함께 제기하도록 유도하는 것이 바람직하다.

다. 중지명령 후의 취소명령

1) 취소명령의 절차와 효력

가) 법원은 채무자의 회생을 위하여 특히 필요하다고 인정하는 때에는 강제집행 등이 회생절차개시의 신청 전·후에 행하였는지 여부를 묻지 아니하고 채무자의 신청에 의하거나 직권으로 앞에서 본 중지명령에 따라 중지된 회생채권 또는 회생담보권에 기한 강제집행 등의 취소를 명할 수 있다(채무자회생법 제44조 제4항). 보전관리인이 선임되어 있는 경우에는 보전관리인에게 그 신청권이 귀속한다. 채무자나 보전관리인의 신청이 없더라도 법원은 직권으로 강제집행 등의 취소를 명할 수 있다. 이러한 취소명령에 대하여는 불복이 인정되지 않는다(채무자회생법 제13조 참조). '채무자의 회생을 위하여 특히 필요하다고 인정하는 때'라 함은 강제집행 등이 유지될 경우 채무자의 갱생이라는 목적 달성에 장애가 되는 경우를 말하는데, 법원이 구체적 사정을 종합하여 판단하여야 한다.

나) 취소의 대상은 회생채권 또는 회생담보권에 기하여 행하여진 강제집행, 가압류, 가처분 또는 담보권실행을 위한 경매절차이다. 그 강제집행 등이 행하여진 시기가 회생절차 개시신청 전·후인지를 묻지 않고 모두 취소할 수 있다.

다) 장래채권에 대하여 발하여진 채권압류 및 전부명령을 취소할 수 있는지가 문제된다. 예를 들어 채무자의 거래은행을 제3채무자로 하여 채무자의 거래은행에 대한 현재 및 장래의 예금반환채권을 압류한 후 전부명령을 받은 상황에서 채무자가 회생절차에 이르게 된 경우를 생각할 수 있다. 이때 채무자가 은행거래를 위하여 거래은행에 대한 전부명령의 취소를 구할 수 있는지 문제된다. 채무자가 회생을 위해 은행거래를 할 필요성이 있음에도 전부명령으로 인해 해당 은행에 예금을 가질 수 없게 되므로, 회생의 관점에서 문제가 발생하게 된다. 이 문제는 일반적으로 전부명령은 확정되면 집행절차가 종결되어 중단이나 취소명령의 대상이 될 수 없으나 장래채권에 대한 전부명령은 장래에 채권이 발생할 때까지는 절차가 종결된 것으로 볼 수 없기 때문에 발생하는 문제이다.

개인회생절차에서는 장래 급여채권의 경우 변제계획인가결정 후에 제공한 노무로 인한 부분에 대하여는 전부명령이 효력을 상실한다는 별도의 규정을 두고 있으나(채무자회생법 제616조), 회생절차에는 이에 관한 규정이 없으므로 원칙적으로 취소는 불가능하다는 견해와 실질적인 필요성과 회생절차의 특수성을 고려하여 장래채권의 전부명령은 취소의 대상으로 하여야 한다는 견해가 대립하고 있다. 불가능하다는 견해에 따르더라도 부인권의 요건에 해당하는 경우 부인권의 행사를 통해 문제를 해결할 수 있을 것이다.

라) 취소명령의 주문 례는 아래와 같다.

채무자와 상대방 사이의 ○○법원 2015타채○○호 채권압류 및 추심명령 신청사건에 관하여 위 법원이 2015.○○.○○. 내린 채권압류 및 추심명령을 취소한다.

2) 취소명령이 다른 절차에 미치는 영향

취소명령이 있으면 종전의 강제집행 등은 소급하여 그 효력을 잃는다. 이 점에서 소급효가 없는 위 중지명령과 구분된다. 따라서 채무자가 집행기관에 위 취소명령을 제출하면서 집행취소신청을 하는 경우 그 집행절차는 당연히 소급하여 효력이 소멸되므로 집행법원이 별도의 집행취소결정을 할 필요는 없고 법원사무관 등이 제3채무자에게 위와 같은 회생법원의 취소명령이 있다는 사실을 통지하여야 한다(민사집행규칙 제160조 제1, 2항).

그러나 집행절차가 종료된 후에는 이러한 통지도 할 필요가 없다.

라. 포괄적 금지명령과 강제집행

1) 개요

포괄적 금지명령은, 중지명령에 의하여 회생절차의 목적을 충분히 달성하지 못할 우려가 있다고 인정할 만한 특별한 사정이 있는 경우에, 법원이 채무자회생법 제593조 제5항, 제45조 제1항에 따라 회생절차개시의 신청에 대한 결정이 있을 때까지 모든 회생채권자 및 회생담보권자에 대하여 회생채권 또는 회생담보권에 기한 강제집행 등의 금지를 명하는 것을 말하며, 이러한 포괄적 금지명령이 있으면 채무자의 재산에 대하여 이미 행하여진 회생채권 또는 회생담보권에 기한 강제집행은 바로 중지된다(대법원 2011. 5. 26. 선고 2009다90146 판결 등 참조).

대법원 2017. 11. 29. 선고 2017다201538 판결은 회생절차가 아닌 개인회생절차에서 채무자회생법 제593조 제1항을 적용하여 채권압류 및 전부명령 절차를 중지한다는 중지명령을 하면서, 채무자회생법 제593조 제1항을 적용하여 개인회생채권에 기하여 채무자 소유의 유체동산과 채무자의 급여 및 퇴직금에 대하여 하는 강제집행, 가압류 또는 가처분의 절차 또는 행위 등을 금지한다는 내용의 결정을 한 사안에서 채무자회생법 제593조 제5항 및 제45조 제1항에 근거하여 모든 회생채권자 및 회생담보권자에 대하여 채무자의 모든 재산을 대상으로 회생채권 또는 회생담보권에 기한 강제집행의 금지를 명하는 포괄적 금지명령과는 달리 채무자회생법 제593조 제1항을 적용하여 채무자 소유의 유체동산 및 급여 채권 등 특정 재산에 대하여 장래에 행하여질 강제집행을 금지한 것에 불과하므로 이를 포괄적 금지명령이라 할 수는 없고 그 송달에 의하여 전부명령이 바로 중지된다고 할 수 없다고 판시하였다.

포괄적 금지명령은 채무자의 주요한 재산에 관하여 보전처분 또는 보전관리명령이 이미 행하여졌거나 포괄적 금지명령과 동시에 보전처분 또는 보전관리명령을 행할 경우에만 할 수 있다. 채무자회생법 제45조 제1항, 3항에 의한 포괄적 금지명령으로 금지되거나 중지되는 '회생담보권에 기한 강제집행 등'에는 양도담보권 실행행위도 포함된다(대법원 2011. 5. 26. 선고 2009다90146 판결).

포괄적 금지명령의 주문 례는 아래와 같다.

> 이 사건에 관하여 회생절차개시신청에 대한 결정이 있을 때까지, 모든 회생채권자 및 회생담보권자에 대하여 회생채권 또는 회생담보권에 기한 강제집행, 가압류, 가처분 또는 담보권실행을 위한 경매절차를 금지한다.

2) 금지명령의 대상

포괄적 금지명령은 직권 또는 이해관계인의 신청에 의하고, 포괄적 금지명령의 대상은 회생채권 또는 회생담보권에 기한 강제집행·가압류·가처분 또는 담보권실행을 위한 경매절차이다(채무자회생법 제45조 제1항, 제44조 제1항 제2호).

포괄적 금지명령에 의하여 보전처분 등이 금지되는 회생채권은 '채무자에 대하여 회생절차개시 전의 원인으로 생긴 재산상의 청구권'을 의미하는바(채무자회생법 제118조 제1호), 회생채권에 있어서는 이른바 금전화, 현재화의 원칙을 취하지 않고 있으므로 그러한 재산상의 청구권은 금전채권에 한정되지 아니하고 계약상의 급여청구권과 같은 비금전채권도 그 대상이 될 수 있다(대법원 1989. 4. 11. 선고 89다카4113 판결, 대법원 2016. 6. 21.자 2016마5082 결정).

3) 예외

가) 환취권(채무자회생법 제70조)에 기한 채권 또는 공익채권(채무자회생법 제179조 제1항)에 기한 강제집행 등은 금지할 수 없다. 또한 체납처분 등도 포괄적 금지명령의 대상에 포함되어 있지 않으므로 이 포괄적 금지명령에 의하여 체납처분 등을 사전에 금지시킬 수는 없고, 이를 금지시키려면 중지명령에 의할 수밖에 없다.

나) 또한 이른바 비전형담보권의 실행행위를 금지할 수 있는지가 중지명령에서와 같이 논의되고 있다. 중지명령과 달리 '강제집행 등이 금지'되는 것으로 규정하고 있으므로 포함될 여지가 있다는 견해와 비전형담보권의 성질에 비추어 포함되지 않는다는 견해의 대립이 있는데, 대법원 2011. 5. 26. 선고 2009다90146 판결은 긍정설의 입장을 취하고 있다.

다) 법원은 회생채권자 또는 회생담보권자의 신청에 의하여 그 회생채권자 또는 회생담보권자에 대하여 결정으로 포괄적 금지명령의 적용을 배제할 수 있고(채무자회생법 제47조 제1항), 전체 회생채권자 및 회생담보권자에 대하여 포괄적 금지명령을 변경하거나 취소할 수 있다(채무자회생법 제45조 제4항). 위 변경·취소결정은 결정서가 채무자 또는 보전관리인에게 송달된 때부터 효력이 발생한다(채무자회생법 제46조 제2항).

4) 효과

가) 채무자 송달 시부터 효력 발생

포괄적 금지명령은 그 결정서가 채무자에게 송달된 때부터 효력을 발생한다(채무자회생법 제46조 제2항).

나) 강제집행 등의 개시금지 및 중지

포괄적 금지명령이 있는 때에는 회생채권자 및 회생담보권자는 채무자의 모든 재산에 관하여 회생채권 또는 회생담보권에 기한 강제집행 등을 새로이 할 수 없게 되고(개시 금지), 또한 이미 행하여진 회생채권 또는 회생담보권에 기한 강제집행 등은 중지된다(채무자회생법 제45조 제3항). 포괄적 금지명령이 있는 때에는 그 명령이 효력을 상실한 날의 다음 날부터 2월이 경과하는 날까지 회생채권 및 회생담보권에 대한 시효는 완성되지 아니한다(채무자회생법 제45조 제8항).

다) 집행장애사유임

대법원은 전부명령이 제3채무자 송달 후 채무자에게 송달되기 전 포괄적 금지명령이 채무자에게 송달되었으므로, 전부명령은 포괄적 금지명령에 의하여 확정이 차단되어 그 절차가 중지된 후 회생절차개시결정에 의하여 그 중지상태가 유지되다가 회생계획인가결정에 의하여 그 효력이 발생할 수 없다고 본 원심판결(서울고등법원 2014. 10. 15. 선고 2013나2024304 판결)을 인용하였는데(대법원 2015. 4. 9. 선고 2014다229832 판결), 이는 포괄적 금지명령이 민사집행법상 강제집행개시의 요건 중 소극적 요건 즉 집행장애사유에 해당하고(이른바 법정사실), 직권조사사항이므로 집행기관이 그 명령의 발령사실 및 송달되어 효력이 발생한 사실 등을 조사하여야 할 것이라는 입장(민사집행법 제49조 제출주의의 적용대상이 아니므로 어떤 경위로든지 사후적으로라도 밝혀지면 고려대상이다)을 취한 것이라고 볼 수밖에 없다.

포괄적 금지명령에 반하여 이루어진 회생채권에 기한 보전처분이나 강제집행은 무효이고, 회생절차폐지결정에는 소급효가 없으므로, 이와 같이 무효인 보전처분이나 강제집행 등은 사후적으로 회생절차폐지결정이 확정되더라도 여전히 무효이다(대법원 2014. 12. 11. 선고 2014다210159 판결, 대법원 2016. 6. 21.자 2016마5082 결정).

라) 집행법원의 조치

집행법원은 채무자 등으로부터 포괄적 금지명령정본과 채무자(보전관리인이 선임되어 있는 때에는 보전관리인을 말한다)에 대한 송달증명이 제출되고 위 (다)항의 예외사유에 해당하지 아니하다고 인정되면, 포괄적 금지명령의 효력발생 이전에 강제집행을 개시한 경우에는 당해 강제집행절차를 정지한 후 앞서 설명한 바와 같이 제3채무자 등에게 민사집행규칙 제161조에 따른 통지를 하여야 하고, 효력발생 후에 강제집행을 개시한 경우에는 그 절차를 취소한 후 집행취소의 통지를 하여야 한다.

그러나 집행이 완료된 이후(경매절차에서는 매각대금을 채권자에게 배당한 때, 채권에 대한 추심명령의 경우에는 추심완료의 신고를 하였을 때, 전부명령의 경우에는 그 명령이 확정되었을 때 등)에 포괄적 금지명령정본이 제출된 경우에는 포괄적 금지명령은 그 목적을 달성할 수 없게 되며, 이미 이루어진 집행행위는 그대로 효력을 유지하게 된다.

5) 불복방법

포괄적 금지명령, 이를 적용 배제하는 결정 및 이를 변경하거나 취소하는 결정은 즉시항고로 불복할 수 있다. 다만 그 즉시항고에는 집행정지의 효력이 없다(채무자회생법 제45조 제6, 7항, 제46조 제3, 4항).

마. 취소명령

법원은 채무자 또는 보전관리인의 신청에 의하여 포괄적 금지명령에 의하여 중지된 강제집행 등의 취소를 명할 수 있는데(채무자회생법 제45조 제5항), 이 취소명령의 효력 및 이에 따른 후속조치는 앞에서 설명한 중지명령 후의 취소명령의 경우와 동일하다.

다만 즉시항고의 방법으로 불복할 수 있다는 점에서 개별적 중지명령에 따른 취소명령과 다르며 그 즉시항고에는 집행정지의 효력이 없다(채무자회생법 제45조 제6, 7항).

3. 회생절차개시결정과 강제집행

가. 중지·금지의 대상

회생절차개시결정이 있으면 채무자의 재산에 대하여 회생채권(채무자회생법 제118조) 또는 회생담보권(채무자회생법 제141조 제1항)에 기한 강제집행 등의 신청이 금지되며 이미 진행 중인 절차는 중지된다. 또 징수우선순위가 일반 회생채권보다 우선하지 아니한 것에 기한 국세징수법 등에 의한 체납처분 등이나 파산절차도 금지되거나 중지되고, 회생절차개시의 신청도 금지된다(채무자회생법 제58조 제1, 2항). 회생담보권으로 인정되기 위해서는 회생절차개시 당시 채무자의 재산상에 유치권 등의 담보권이 존재하면 충분하고, 그 후에 담보목적물의 멸실 등으로 실체법상의 담보권이 소멸한다고 하더라도 회생절차상 회생담보권으로 존속하는 데 영향이 없다(대법원 2014. 12. 24. 선고 2012다94186 판결).

징수우선순위가 일반 회생채권보다 우선하는 것에 기한 체납처분과 조세채무담보를 위하여 제공된 물건의 처분은 ① 회생절차개시결정이 있는 날부터 회생계획인가가 있는 날까지, ② 회생절차개시결정이 있는 날부터 회생절차가 종료되는 날까지, ③ 회생절차개시결정이 있는 날부터 2년이 되는 날까지의 각 기간 중 말일이 먼저 도래하는 기간 동안 할 수 없으며, 이미 행한 처분은 중지된다(채무자회생법 제58조 제3항). 이 경우 금지되거나 중지되는 처분은 회생채권 또는 회생담보권인 조세 등의 청구권에 기한 채무자의 재산에 대한 것이므로, 공익채권인 조세 등의 청구권에 기한 처분은 금지·중지의 대상이 아니다. 조세 등의 청구권이 회생채권·회생담보권인지 공익채권인지 여부는 회생절차개시 전의 원인으로 생긴 청구권인지 여부에 따라 결정되나, 채무자회생법 제179조 제1항 제9호 각 목 소정의 조세청구권은 회생절차 개시 당시 아직 납부기한이 도래하지 아니한 것은 공익채권에 해당하며, 이 경우 '납부기한'은 '지정납부기한'이 아니라 '법정납부기한'으로 보아야 한다(대법원 2012. 3. 22. 선고 2010두27523 전원합의체 판결).

나. 예외

1) 환취권(채무자회생법 제70조)에 기한 채권 또는 공익채권(채무자회생법 제

179 제1항)에 기한 강제집행 등은 금지·중지의 대상이 아니다. 다만 법원은 일정한 사유가 있는 경우에는 공익채권에 기하여 채무자의 재산에 대하여 한 강제집행 또는 가압류의 중지나 취소를 명할 수 있다(채무자회생법 제180조 제3항).

2) 공유물분할을 위한 경매, 자조매각금의 공탁을 위한 경매, 상사매각 등에 있어서의 자조매각에 의한 경매 등도 금지·중지의 대상이 되지 아니한다.

다만, 담보권실행 등을 위한 경매절차에 동산질권자의 질물에 의한 간이변제충당(민법 제338조 제2항), 채권질의 직접청구(민법 제353조), 상사채권을 위한 유질의 실행(상법 제59조, 민법 제339조)이 금지·중지의 대상이 되는지 문제되나, 이러한 절차는 채무자회생법 제58조의 규정을 기다리지 않고 채무자회생법 제131조의 회생채권의 변제금지 효과로서 직접 그 채권을 실현하는 것이 금지된다고 볼 것이다. 가등기담보권, 양도담보권의 실행행위는 회생담보권에 기한 강제집행 등에 포함되므로 본조의 금지·중지의 대상이 된다.

3) 또한 채무자의 재산에 대한 강제집행이므로 채무자의 재산이 아닌 연대채무자, 보증인, 물상보증인 등의 재산에 대한 강제집행은 금지나 중지의 대상이 아니며, 채무자의 인격적 활동의 면에 대하여 행하여지는 가처분(이사의 직무집행정지 또는 직무대행자선임 가처분 등)도 금지·중지의 대상이 아니다.

그러나 채무자에 대하여 채무를 부담하는 자에 대한 압류·전부명령·추심명령은 채무자의 재산에 대한 강제집행이므로 역시 금지·중지된다.

4) 법원은 회생에 지장이 없다고 인정하는 때에는 강제집행절차의 속행을 명할 수 있는데, 이러한 속행명령이 있는 절차도 중지되지 아니한다.

5) 판례는 하도급거래 공정화에 관한 법률 제14조에 의한 수급사업자의 발주자에 대한 하도급대금 지급청구가 채무자회생법 제58조 제1항 제2호에서 금지하는 '채무자의 재산에 대한 강제집행' 해당하지 않는다고 본다(대법원 2007. 6. 28. 선고 2007다17758 판결 참조). 따라서 원사업자에 대한 회생절차개시결정이 있는 경우 수급사업자의 발주자에 대한 직접지급청구는 중지명령의 대상이 될 수 없다.

다. 절차의 금지·중지 등의 효력과 기간

1) 회생절차개시결정으로 인한 금지·중지의 효력은 그 개시결정 시에 생긴다(채무자회생법 제49조 제3항). 강제집행 등 신청이 금지되는 절차가 새로이 신청된 경우에는 부적법하므로 각하하여야 하고, 이에 위반되어 개시된 절차는 그 본래의 효력

을 발생시킬 수 없으므로 무효이다. 따라서 회생절차 개시 후 채무자의 제3채무자에 대하여 한 채권압류명령, 추심명령, 전부명령도 효력을 발생할 수 없다. 이미 행한 절차의 중지는 개시결정에 의하여 당연히 중지되는 것이고, 법원의 재판을 기다려 중지되는 것은 아니다. 다만 중지 그 이상의 효력은 없으므로 중지 전의 압류의 효력 등은 그대로 유지된다. 위와 같이 중지된 강제집행 등의 절차는 회생계획인가결정이 있는 때에는 그 효력을 잃는다(채무자회생법 제256조 제1항 본문).

2) 그러나 회생계획인가결정 전에 회생절차가 종료되는 경우(개시결정 취소, 인가 전 회생절차 폐지 또는 회생계획불인가의 결정의 확정)에는 중지된 절차가 속행된다. 이 때 법원이 직권으로 파산을 선고한 경우(채무자회생법 제6조 제2항)에는 파산채권에 기하여 파산재단에 속하는 재산에 대하여 한 강제집행 등은 그 효력을 잃게 되므로(채무자회생법 제348조 제1항 본문) 중지 중인 절차가 파산절차에서 파산채권으로 보게 되는 회생채권에 기하여 한 강제집행 등인 경우라면 속행되지 않으며, 파산폐지의 결정에는 소급효가 없으므로 파산선고로 효력을 잃은 강제집행 등은 사후적으로 파산폐지결정이 확정되더라도 그 효력이 부활하지 아니한다(대법원 2014. 12. 11. 선고 2014다210159 판결).

3) 신청금지의 효력이 지속되는 기간은 회생절차의 종료 시까지이다(채무자회생법 제292조 제2항). 따라서 회생절차가 종료되지 아니한 경우에는 회생채권 등이 회생계획인가결정으로 권리변경이 확정된 후 채무자가 변제기에 이를 변제하지 아니하여도 강제집행 등을 신청할 수 없다. 나아가 회생절차가 종결결정 또는 폐지결정으로 종료되면 회생채권자는 개별적으로 강제집행을 할 수 있게 된다. 다만 채권 등이 인가결정으로 권리변경이 확정된 후에는 기존의 집행권원으로 강제집행은 할 수 없고 회생채권자표 또는 회생담보권자표에 기하여 강제집행을 할 수 있을 것이다(채무자회생법 제292조 제2항).

라. 집행기관의 조치

1) 회생절차개시결정은 집행장애사유에 해당하고 집행장애사유의 존재는 집행기관의 직권조사사항(주로 첨부된 법인등기사항증명서 또는 부동산 등기사항증명서에 의하여 알 수 있을 것이다)이므로 집행기관은 채무자에 대하여 회생절차개시결정이 있는 사실을 발견한 때에는 개시결정정본의 제출 등을 기다릴 필요 없이 직권으로 이미 진행되고 있는 집행절차를 정지하여야 하고, 집행개시 전에 회생절차가 개시된

경우에는 집행의 신청을 각하 또는 기각하여야 한다. 회생절차개시결정이 있음에도 이를 간과하고 강제집행을 개시한 다음 이를 발견한 때에는 이미 한 집행절차를 직권으로 취소하여야 한다(대법원 2000. 10. 2.자 2000마5221 결정 참조). 집행장애사유가 있음에도 불구하고 집행기관이 집행을 개시하거나, 집행을 정지하지 아니하고 집행처분을 한 경우에는 이해관계인은 집행에 관한 이의신청·즉시항고 또는 가압류·가처분 결정에 대한 이의신청을 하여 그 취소를 구할 수 있다.

채무자회생법이 시행된(2006. 4. 1.) 이후부터는 종전과 달리 채무자가 법인인 경우에는 채무자 소유의 부동산에 회생절차, 파산절차의 등기를 하지 아니하고 법인등기기록에 하도록 규정하고 있으므로(채무자회생법 제23조, 등기예규 1518호, 1516호, 19조, 28조 각 참조) 반드시 법인등기사항증명서를 제출받아 이를 확인하여야 한다.

이해관계인도 집행정지사유가 있음에도 집행기관이 집행을 정지하지 아니하고 집행처분을 한 경우에는 집행에 관한 이의신청, 즉시항고 등으로 그 취소를 구할 수 있다.

2) 그러나 실무에서는 보통 채무자가 회생절차개시결정의 정본을 제출하면서 강제집행절차의 중지 또는 취소를 구하고 있는데, 그 강제집행의 기초가 된 집행권원상의 채권이 환취권이나 임금채권 등 공익채권이 아니어서 중지·금지의 대상인 채권으로 판단되는 경우 집행이 개시된 후에 위 회생절차개시결정이 있는 경우에는 민사집행규칙 제161조에 따라 압류채권자와 제3채무자에 대하여 집행절차정지의 통지를 하고, 회생절차개시결정이 있은 후에 집행절차가 개시된 경우에는 그 집행절차를 취소한 후 민사집행규칙 제160조에 따라 통지를 하면 된다.

3) 한편, 무효인 강제집행의 외관을 제거하기 위하여 관리인이 집행에 관한 이의신청 등을 할 경우, 집행법원은 심문기일을 지정하여야 하는 등 절차상 상당한 시간이 소요되는 문제점이 있어, 회생계속법원이 직접 강제집행 취소결정을 통하여 그 외관을 제거할 수 있는지에 대하여 논의가 있다. 채무자회생법 제58조 제5항은 개시결정에 의하여 중지된 절차의 취소에 관하여만 규정하고, 개시결정 이후 금지된 절차의 취소에 관하여는 규정하지 않고 있어 이에 대한 근거규정은 없는 상태이다. 이에 대하여 ① 근거규정이 없으므로 회생계속법원이 강제집행 취소결정을 하기는 어렵다는 견해와 ② 채무자회생법 제58조 제5항을 근거로 강제집행을 취소할 수 있다는 견해가 있다. 무효인 강제집행의 외관이 제거되지 아니함에 따라 채무자가 이를 취소하는 데 있어 시간이 소요되고 그에 따라 영업의 지장을 받을 수 있는 사정이 있기는

하나, 회생계속법원이 이를 취소할 수 있는 근거규정이 없는 상태에서 다른 규정을 들어 강제집행 취소결정을 하는 것은 문제가 있으므로 법 개정 등을 통하여 회생계속법원에서 취소할 수 있는 규정을 신설하기 전까지는 관리인의 신청을 각하하고 각하결정의 이유에 직권취소에 관하여 언급하는 방식이 타당할 것이다.

마. 중지 중인 절차나 처분의 취소 내지 속행

1) 법원은 회생을 위하여 필요하다고 인정하는 때에는 관리인의 신청에 의하거나 직권으로 담보를 제공하게 하거나 제공하게 하지 아니하고 회생절차개시결정으로 인하여 중지된 절차 또는 처분의 취소를 명할 수 있는데(채무자회생법 제58조 제5항), 이 취소명령이 있으면 그 대상이 되었던 절차는 소급하여 효력을 잃고, 압류 등의 효력도 소멸한다. 이 취소명령의 효력 및 이에 따른 후속절차는 앞서 설명한 중지명령 후의 취소명령(채무자회생법 제44조 제4항)의 경우와 동일하다. 위 취소결정에 대하여는 즉시항고로 다툴 수 없는 데(채무자회생법 제13조 참조) 반해, 공익채권에 기하여 채무자의 재산에 대하여 한 강제집행 또는 가압류의 취소 결정에 대하여는 즉시항고로 다툴 수 있다(채무자회생법 제180조 제3, 5항, 대법원 2013. 3. 22.자 2012그152 결정).

2) 법원은 회생절차에 지장이 없다고 인정하는 때에는 중지한 절차 또는 처분의 속행을 명할 수 있다(채무자회생법 제58조 제5항). 속행의 효과는 체납처분과 다른 절차 사이에 차이가 있다. 체납처분이나 조세채무를 위한 담보물건의 처분을 속행하는 경우에는 목적재산을 환가하여 얻은 금전은 그대로 조세 등의 청구권의 만족에 충당할 수 있다. 이와 달리 일반의 회생채권, 회생담보권에 의한 강제집행이나 경매절차를 속행하는 경우에는 회생채권 등에 대한 회생절차에 의하지 아니한 변제가 금지되므로 이에 의하여 얻은 금전이 있더라도 법원의 허가를 받지 아니하는 한 그 채권에 충당할 수 없다. 따라서 회생계획에서 그 회생채권, 회생담보권의 권리변경과 변제방법을 정할 때에 그 금전의 처리방법도 함께 정하게 된다.

바. 집행절차의 수계

회생절차개시결정이 있으면 채무자는 업무의 수행과 재산의 관리·처분권을 상실하고 그 권한은 관리인에게 전속하므로(채무자회생법 제56조 제1항, 대법원 2013. 8. 22. 선고 2012다68279 판결 등 참조), 앞서 본 바와 같이 강제집행이 중지되지 않는 경우(법원의 속행명령이 있는 경우 또는 환취권에 기한 채권 또는 공익채권에 기한 강제집행 등)에는 관리인이 그 절차를 수계하여야 하기 때문에(채무자회생법 제59조 제2항) 관리인을 상대로 절차를 진행하여야 할 것이다. 이 때 집행권원에 기한 강제집행의 경우에는 승계집행문의 부여가 선행되어야 한다.

관리인(채무자회생법 제74조 제1항 내지 제4항)은 채무자나 그의 기관 또는 대표자가 아니고 채무자와 그 채권자 등으로 구성되는 이른바 이해관계인 단체의 관리자로서 일종의 공적수탁자에 해당하고(대법원 2013. 3. 28. 선고 2010다63836 판결 등 참조), 채권자·주주·지분권자 등 이해관계인의 법률관계를 조정하여 채무자 또는 그 사업의 효율적인 회생을 도모하기 위하여 업무수행 등을 하는 것이고, 재산의 처분이나 금전의 지출 등의 일정 행위에 대하여 미리 법원의 허가를 받아야 하거나, 채무자의 업무와 재산의 관리상태 등을 법원에 보고하여야 하는 등 다양한 방법으로 법원의 감독을 받게 되는 지위에 있다(대법원 2015. 2. 12. 선고 2014도12753 판결 등 참조).

4. 회생계획인가결정과 강제집행

가. 효력

1) 회생계획은 인가의 결정이 있은 때부터 효력이 발생한다(채무자회생법 제246조). 구체적인 효력발생 시기는, 관계인집회의 결의를 거쳐 선고기일에 회생계획의 인가결정을 직접 선고한 경우에는 인가결정의 선고 시부터 효력이 생기고, 기일 외에서 공고에 의한 방식으로 권리보호조항을 정하여 선고하거나 서면결의를 거쳐 회생계획의 인가결정을 선고한 경우에는 회생계획인가결정의 공고가 있는 날의 다음날부터 효력이 생긴다(채무자회생법 제9조).

2) 회생계획인가결정이 있으면 회생채권자와 회생담보권자의 권리는 회생계획에 따라 변경되고, 회생계획이나 법규정으로 인정된 권리를 제외하고 채무자는 회생채권과 회생담보권에 관하여 그 책임을 면하고 채무자의 재산상에 있던 담보권도 소멸한다(채무자회생법 제251조 본문).

인가결정이 있은 때에는 개시결정으로 중지한 강제집행, 가압류, 가처분, 담보권 실행 등을 위한 경매절차도 그 효력을 잃게 된다. 별도의 재판 없이도 당연히 그 효력을 상실한다.

나아가 회생절차 중에 목록에 기재되지 아니하거나 신고하지 않은 회생채권, 목록에 기재되거나 신고되어 확정되었다 하더라도 회생계획에 변제의 대상으로 되지 않는 것, 회생계획에서 존속할 것을 정하지 않은 권리는 특별한 사정이 없는 한 모두 실권하고, 채무자는 면책되어 채무이행을 할 필요가 없다. 이에 반해 회생계획이나 법의 규정에 의하여 인정된 권리는 실권되지 않는데, 회생계획에서 주주·지분권자에 대한 권리를 인정한 경우 주식 또는 출자지분의 신고를 하지 않은 주주·지분권자에 대하여도 인정되는 권리(채무자회생법 제254조)가 이에 해당한다. 발행된 주식 또는 출자지분의 수액은 이미 주주명부나 사원명부를 통해 쉽게 알 수 있으므로 이를 신고하지 않았더라도 회생계획의 수립이나 수행에 지장을 초래하는 것은 아니기 때문이다.

3) 채무자회생법 제147조로 관리인의 목록제출의무를 규정한 이후 관리인이 특정 채권의 존재를 알면서도 회생채권자 등 목록에 기재하지 아니하고 그 채권자 역시 회생절차개시의 통지를 받지 못하는 등의 사유로 채권신고를 하지 못한 경우에도 당해 채권이 실권하는 것인지 여부에 관하여는 논의의 여지가 있다. 이에 대하여 대법원은 2012. 2. 13.자 2011그256 결정에서 "회생채권자 목록 제도의 취지에 비추어 볼 때, 관리인은 비록 소송절차에서 다투는 등으로 회생절차에 관하여 주장되는 어떠한 회생채권의 존재를 인정하지 아니하는 경우에도, 그 회생채권의 부존재가 객관적으로 명백한 예외적인 경우가 아닌 한 이를 회생채권자 목록에 기재하여야 할 의무가 있다. 그리고 회생절차에서 회생채권자가 회생절차의 개시사실 및 회생채권 등의 신고기간 등에 관하여 개별적인 통지를 받지 못하는 등으로 회생절차에 관하여 알지 못함으로써 회생계획안 심리를 위한 관계인집회가 끝날 때까지 채권신고를 하지 못하고, 관리인이 그 회생채권의 존재 또는 그러한 회생채권이 주장되는 사실을 알고 있거나 이를 쉽게 알 수 있었음에도 회생채권자 목록에 기재하지 아니한 경우, 채무자회생법 제251조의 규정에 불구하고 회생계획이 인가되더라도 그 회생채권은 실권되지 아니하고, 이때 그 회생채권자는 채무자회생법 제152조 제3항에 불구하고 회생계획안 심리를 위한 관계인집회가 끝난 후에도 회생절차에 관하여 알게 된 날로부터 1개월 이내에 회생채권의 신고를 보완할 수 있다고 해석하여야 한다. 이와 달리 위와 같은 경우 회생계획의 인가결정에 의하여 회생채권이 실권되고 회생채권의 신고를 보완할 수 없다고 해석하는 것은, 회생채권자로 하여금 회생절차에 참가하여 자신의 권리의 실권 여부에 관하여 대응할 수 있는 최소한의 절차적 기회를 박탈하는 것으로서 헌법상의 적법절차 원리 및 과잉금지 원칙에 반하여 재산권을 침해하는 것으

로 허용될 수 없다."고 설시하였다. 이러한 대법원 결정의 태도에 따르면 개별적인 송달이나 통지를 받지 못하여 회생절차에 관하여 알지 못한 채권자가 채권신고를 하지 못하였고, 관리인은 채권자 주장의 회생채권에 관하여 충분히 알았거나 쉽게 알 수 있었음에도 목록에 기재하지 않은 경우에는 회생계획인가결정에 의하여 실권되었다고 볼 수 없고, 회생계획안 심리를 위한 관계인집회 종료 여부와 관계없이 적법하게 신고를 보완할 수 있다. 만약 회생절차가 종료된 경우라면, 위와 같은 채권자는 채무자를 상대로 이행의 소를 제기하는 등의 방법으로 그 권리를 구제받을 수 있게 된다[대법원 2020. 9. 3. 선고 2015다236028(본소), 236035(반소) 판결 참조].

4) 반면 공익채권(채무자회생법 제179조 제1항), 환취권(채무자회생법 제70조), 회생절차개시 전의 벌금, 과료, 형사소송비용, 추징금과 과태료는 면책되거나 소멸하지 않는다(채무자회생법 제251조 단서, 제140조 제1항, 대법원 2013. 6. 27. 선고 2013두5159 판결 참조). 채무자회생법 제251조 단서에 의하여 면책·소멸되지 않는 청구권은 한정적으로 열거된 것으로 보아야 하므로 과징금청구권은 회생계획인가결정으로 면책되는 것으로 해석된다(대법원 2013. 6. 27. 선고 2013두5159 판결). 회생계획에서 공익채권에 관하여 변제기 유예 등 공익채권자의 권리에 영향을 미치는 규정을 두었다고 하더라도 그 공익채권자가 이에 대하여 동의하지 않는 한 그 권리 변경의 효력은 공익채권자에게 미치지 않는다(대법원 2010. 1. 28. 선고 2009다40349 판결 등 참조).

5) 회생계획인가결정이 있으면 회생채권자·회생담보권자의 권리는 회생계획에 따라 실체적으로 변경된다. 즉, 회생계획의 조항에 따라 채무의 전부 또는 일부의 면제 효과가 생기고, 회생계획에서 존속규정을 두지 않은 담보권은 회생계획인가결정으로 소멸하며(채무자회생법 제251조), 기한유예의 정함이 있으면 그에 따라 채무의 기한이 연장되고(채무자회생법 제252조 제1항), 회생채권을 출자전환하는 경우에는 그 권리는 인가결정 시 또는 회생계획에서 정하는 시점에서 소멸한다(대법원 2020. 12. 10. 선고 2016다254467, 254474 판결). 회생계획 인가로 인하여 실체적으로 변경된 회생채권은 인가 후 회생절차가 폐지되더라도 회생계획의 수행과 이 법의 규정에 의하여 생긴 효력에 영향을 받지 않으므로(채무자회생법 제288조 제4항), 실효된 강제집행은 부활하지 않는다.

채무자 소유의 부동산에 설정된 담보권이 소멸하는 경우 법원은 직권으로 그 말소등기를 촉탁하여야 하고(채무자회생법 제24조 제2항), 만약 회생채무자의 채권을 양도담보로 제공하였다면 담보권자는 제3채무자로부터 당해 채권을 회수할 수 없으며, 양도담보의 목적으로 이루어진 채권양도 역시 그 효력을 상실하여 그 채권은 다시 채권양도인인 회생채무자에게 당연히 이전(복귀)된다.

6) 한편 회생계획은 회생채권자 또는 회생담보권자가 회생절차가 개시된 채무자의 보증인 그 밖에 회생절차가 개시된 채무자와 함께 채무를 부담하는 자에 대하여 가지는 권리 또는 채무자 외의 자가 회생채권자 또는 회생담보권자를 위하여 제공한 담보에 영향을 미치지 아니한다(채무자회생법 제250조 제2항). 다만 채권자가 중소기업진흥공단(중소기업진흥에 관한 법률 제66조 제5항에 따라 대출방식으로 이루어지는 사업에 한정함), 신용보증기금, 기술신용보증기금인 경우에는 채무자회생법 제250조 제2항의 규정에도 불구하고 회생계획인가결정을 받은 시점에 주채무가 감경 또는 면제될 경우 연대보증채무도 동일한 비율로 감경 또는 면제된다(중소기업진흥에 관한 법률 제74조의2, 신용보증기금법 제30조의3, 기술신용보증기금법 제37조의3 참조).

나. 회생채권자표·회생담보권자표와 강제집행

1) 회생계획인가결정이 확정된 때에는 법원사무관 등은 회생계획에서 인정된 권리를 회생채권자표, 회생담보권자표와 주주·지분권자표에 기재하여야 하고, 이러한 회생채권자표와 회생담보권자표의 기재는 확정판결과 동일한 효력이 있으며, 회생절차가 종료된 경우 또는 인가결정 후 폐지된 경우에는 채무자회생법 제6조에 의하여 파산선고를 하는 경우를 제외하고는 회생채권자 또는 회생담보권자는 채무자에 대하여 회생채권자표·회생담보권자표에 기하여 강제집행을 할 수 있게 된다(채무자회생법 제255조).

2) 이 때 회생채권과 회생담보권에 관하여 회생절차개시 이전부터 집행권원이 존재하는 경우 양 집행권원의 병존 여부가 문제되나, 회생계획인가결정 후에는 채무자회생법 제255조에 의하여 모든 권리가 확정된다고 보아야 하므로 회생채권자표·회생담보권자표의 기재만이 집행권원으로 된다고 하여야 한다.

확정된 회생채권자표 또는 회생담보권자표에 기하여 강제집행을 하는 경우에도 집행요건 및 집행개시요건을 갖추어야 하기 때문에 집행문 또는 승계집행문 등을 부여받아야 하고 송달증명이나 승계집행문의 송달증명 등을 첨부하여야 한다(채무자회생법 제33조, 민사집행법 제9조).

3) 법원행정처에서는 회생·파산사건의 채권자표 송달증명원 발급여부와 관련해

서 서울중앙지방법원(파산부)의 의견(송달증명원이 필요함)을 들어 전국법원 파산·개인회생 등 담당자에게 2013. 12. 24.자로 공문을 시행하여 현재 전국 도산법원에서 채권자가 송달증명원을 신청하면 그때 송달하고, 송달증명원을 발급하여 주는 절차를 마련하였다.

4) 회생계획의 불인가결정이 확정된 때에도 회생절차 중에 확정된 회생채권이나 회생담보권 중 조사기간 또는 특별조사기일에 채무자가 그 권리에 대하여 이의를 하지 않은 것에 관한 회생채권자표·회생담보권자표에의 기재는 채무자에 대하여 확정판결과 동일한 효력이 있고, 회생채권자 또는 회생담보권자는 이에 기하여 강제집행을 할 수 있다(채무자회생법 제248조, 제292조). 또한 채무자회생법 제286조에 규정된 회생계획인가 전의 폐지가 된 경우도 마찬가지이다(채무자회생법 제286조, 292조).

다. 강제집행 등 신청의 금지

회생계획인가결정이 있으면 회생채권자, 회생담보권자는 회생계획에 따른 변제가 되지 않더라도 회생절차가 계속되고 있는 한 개별적 권리행사가 금지되므로 강제집행 등이나 담보권실행을 위한 경매신청을 할 수 없다.

라. 중지 중인 강제집행절차의 원칙적 실효

회생계획인가결정이 있으면 채무자회생법 제58조 제2항의 규정에 의하여 중지한 파산절차, 회생채권 또는 회생담보권에 기한 강제집행 등은 그 효력을 잃는다(채무자회생법 제256조 제1항 본문). 이러한 절차들의 효력을 상실시키는 것은 회생계획에 따라 채무자는 이미 파산상태를 벗어났고 채권은 회생계획의 내용에 따라 실체적으로 변경되어 이에 따라 변제가 이루어져야 하는 이상 위와 같은 절차를 유지할 실익이 없기 때문이다.

절차가 그 효력을 잃는다는 의미는 법원의 별도의 재판이 없이도 소급하여 그 효력을 잃는다. 다만, 강제집행, 가압류, 가처분, 담보권실행 등을 위한 경매절차 등은 이미 진행되어 있는 절차의 외형을 제거하기 위한 형식적인 절차가 필요하므로, 실무상 관리인이 직접 신청법원이나 집행법원에 말소촉탁을 신청하고 있다. 이러한 실효의 효과는 인가결정과 동시에 발생하므로 인가결정이 뒤에 폐지되더라도 이미 소멸하였던 효력이 되살아나지는 않는다(대법원 2010. 12. 9. 선고 2007다44354, 44361 판결 참조). 이 경우에는 채권자가 다시 새로운 강제집행신청을 하여야 한다.

마. 예외

1) 회생절차개시결정으로 인하여 중지된 회생채권 또는 회생담보권에 기한 강제집행절차에 대한 속행명령에 따라 속행된 절차 또는 처분은 실효되지 않는다(채무자회생법 제256조 제1항 단서).

2) 또한 그 징수우선순위가 일반 회생채권보다 우선하는 것에 기한 체납처분 등과 조세채무담보를 위하여 제공된 물건의 처분절차는 채무자회생법 제58조 제3항에 의하여 회생절차개시결정이 있는 날부터 회생계획인가가 있는 날이나 회생절차가 종료되는 날까지 또는 회생절차개시결정이 있는 날부터 2년이 되는 날까지 중지되지만, 채무자회생법 제256조 제1항 단서에서 실효되는 절차에 이를 포함시키지 않고 있기 때문에 이러한 절차는 인가결정과 동시에 그 절차의 속행이 가능하게 된다. 다만 회생계획에는 이러한 조세채권 등에 대한 권리변경과 변제방법을 따로 정하고 있기 때문에 그 변제기가 도래할 때까지 종전의 체납처분 등을 그 형태 그대로 유지할 수는 없고, 채무자가 회생계획에서 정한 변제기에 이행을 하지 않을 경우에 종전에 중지된 절차를 속행할 수 있게 될 뿐이다.

바. 집행기관의 조치

1) 회생계획인가결정이 있으면 회생채권 또는 회생담보권에 기한 강제집행 등은 원칙적으로 법원의 별도의 재판이 없이도 그 효력을 잃게 된다. 이 회생계획인가결정은 집행장애사유에 해당하고 집행장애사유의 존재는 집행기관의 직권조사사항이다. 따라서 회생계획인가결정으로 인하여 효력을 잃는 강제집행절차에 관하여 법원사무관등은 직권으로 민사집행규칙 제160조에 따라 제3채무자 등에게 회생계획인가결정으로 인해 강제집행의 효력이 실효되었다는 사실을 통지하여야 한다.

그러나 실무상으로는 채무자 또는 관리인으로부터 인가결정등본 및 취소의 대상이 되는 재산의 목록을 첨부한 집행취소신청서를 제출하게 하여 위와 같은 절차를 취하고 있다.

2) 회생계획 인가결정이 있는 경우에 채권 등의 집행과 관련하여, ① 법원사무관 등은 제3채무자에게 인가결정이 있은 취지와 압류가 실효되었다는 취지를 통지하여야 하고, ② 추심명령이 발령되었으나 채권자가 아직 추심신고를 하지 않은 때에는 위와 마찬가지로 제3채무자에게 인가결정이 있은 취지와 추심채권자에게 지급을 하여서는 아니된다는 취지를 통지하여야 하며, ③ 전부명령이 즉시항고로 아직 확정

되지 않은 상태에서 인가결정이 있으면 항고법원은 전부명령을 취소하고 전부명령 신청을 기각해야 하는 반면, 인가결정 전에 전부명령이 이미 확정된 경우에는 그와같이 확정된 전부명령에 기하여 전부금을 변제받는 것은 유효하다.

5. 회생절차 종료와 강제집행

가. 종료사유

일단 개시된 회생절차가 종료되는 사유는, 회생절차개시결정의 취소결정(채무자회생법 제54조), 법원이 일단 가결된 회생계획을 불인가함으로써 절차가 종료되는 회생계획의 불인가결정(채무자회생법 제242조, 제247조), 회생절차개시 후에 당해 회생절차가 그 목적을 달하지 못한 채 법원이 그 절차를 중도에 종료시키는 회생절차의 폐지(채무자회생법 제285조 내지 제288조), 목적달성을 이유로 하는 회생절차의 종결결정(채무자회생법 제283조) 등이 있다.

회생절차의 종결은 회생계획이 이미 수행되었거나 앞으로 회생계획의 수행에 지장이 있다고 인정되지 않아 회생절차의 목적을 달성할 수 있다고 판단되는 경우에 법원이 관리인 또는 이해관계인의 신청이나 직권으로 회생절차를 종료시키는 것을 말하고, 회생절차의 폐지는 회생절차개시 후에 당해 회생절차가 그 목적을 달성하지 못한 채 법원이 그 절차를 중도에 종료시키는 것을 말한다.

그 중 회생절차 폐지는 크게 ① 회생계획인가 전의 폐지와 ② 회생계획인가 후의 폐지로 나누어 볼 수 있고, 회생계획인가 전의 폐지는 그 사유에 따라 (ⅰ) 회생계획안이 제출되지 않았거나 제출된 회생계획안이 가결되지 않았음을 사유로 하는 폐지(제286조 제1항), (ⅱ) 회생계획안 제출 전 또는 그 후에 채무자의 청산가치가 계속기업가치보다 크다는 것이 명백하게 밝혀졌음을 사유로 하는 폐지(제286조 제2항), (ⅲ) 채무자가 목록에 기재되어 있거나 신고된 회생채권 등을 모두 변제할 수 있다는 것을 사유로 하는 폐지(제287조)로 나눌 수 있는데, 모두 확정되어야 그 효력이 발생한다.

회생절차종결의 경우에는 즉시항고가 허용되지 않기 때문에 발효와 동시에 확정된다.

나. 강제집행의 속행 여부

개시결정의 효력을 소급적으로 상실시키는 회생절차개시결정의 취소결정과는 달리, 회생계획불인가결정, 회생절차폐지결정, 회생절차의 종결은 소급효가 없어 회생절차개시 후의 행위의 효력에 영향을 미치지 않기 때문에 회생절차개시결정으로 인하여 중지되었던 채무자의 재산에 대하여 이미 행한 회생채권 또는 회생담보권에 기한 강제집행 등의 절차는 다시 속행된다.

그러나 인가결정 후에 폐지가 된 경우에는 절차속행의 문제가 발생하지 않으므로 이 경우에는 다시 강제집행 등을 신청하여야 할 것이다.

Ⅳ. 개인회생절차와 강제집행

1. 개인회생절차의 의의

개인회생절차는 소액채무를 진 개인에게만 인정되는 간이한 회생절차로서 개인채무자로서 담보부채무액 15억 원 이하, 무담보채무액 10억 원 이하인 급여소득자 또는 영업소득자가 일정 기간 동안 채무 중 일부를 변제하면 나머지 채무에 대하여 면책을 받을 수 있는 절차이다(개인회생절차의 채무액 한도기준은 담보부채무액 10억 원 이하, 무담보채무액 5억 원 이하였다가 2021. 4. 20. 채무자회생법이 개정·시행되면서 위와 같이 상향되었다, 채무자회생법 제579조 제1호).

변제계획에서 정하는 변제기간은 원칙적으로 3년을 초과할 수 없고, 이 변제기간 동안 채무자의 수입에서 생계에 필요하다고 인정되는 비용을 제외한 나머지 금액으로 채무를 변제한다. 앞서 본 한도기준을 초과하는 금액의 채무를 부담하는 개인채무자의 경우 회생절차는 이용할 수 있으나 개인회생절차는 이용할 수 없다.

2. 면제재산과 강제집행

채무자회생법 제580조 제3항은 파산절차에서의 면제절차를 규정한 채무자회생법 제383조를 준용하고 있으므로 개인회생절차에서도 채무자 또는 그 피부양자의 주거용으로 사용되고 있는 건물에 관한 임차보증금반환청구권 중 일정액 및 6개월간의 생계비에 사용할 특정한 재산에 관한 면제신청시의 중지·금지명령, 면제재산 결정시의 강제집행의 자동적 금지·중지 등의 절차가 파산·면책절차와 강제집행 부분에서 설명한 내용이 그대로 적용된다.

다만 개인회생절차개시결정이 있으면 개인회생채권자목록에 기재된 채권에 한하여 개인회생재단에 속하는 재산에 대한 강제집행이 금지되는 반면에 면제재산에 대하여는 개인회생채권자목록에 기재된 채권에 한하지 않고 모든 개인회생채권에 기한 강제집행을 금지하고 있으며, 이에 대하여는 부당하다는 비판도 있다. 한편 면제재산이라고 하더라도 면제재산 자체에 대하여 질권을 설정하거나, 동산 양도담보 등의 담보권을 가진 채권자에 대해서까지 면제재산을 주장할 수는 없다고 해석된다.

3. 중지·금지명령과 강제집행

가. 중지·금지명령의 대상

1) 개인회생절차개시의 신청이 있는 경우 필요하다고 인정하는 때에는 법원은 이해관계인의 신청 또는 직권으로 개인회생절차의 개시신청에 대한 결정시까지 ① 채무자에 대한 회생절차 또는 파산절차, ② 개인회생채권에 기한 채무자의 업무 및 재산에 대하여 한 강제집행·가압류 또는 가처분, ③ 채무자의 업무 및 재산에 대한 담보권의 설정 또는 담보권의 실행 등을 위한 경매, ④ 개인회생채권을 변제받거나 변제를 요구하는 일체의 행위(소송행위는 제외), ⑤ 국세징수법 또는 지방세기본법에 의한 체납처분, 국세징수의 예(국세 또는 지방세 체납처분의 예를 포함)에 의한 체납처분 또는 조세채무담보를 위하여 제공된 물건의 처분의 중지 또는 금지를 명할 수 있다(채무자회생법 제593조 제1항).

2) 중지명령의 대상은 강제집행 등이 개인회생절차개시신청 전에 행하여졌는지 그 후에 행하여졌는지를 불문하고, 중지명령은 이미 행하여지고 있는 개별적인 절차나 행위를 그 대상으로 함에 반하여, 금지명령은 채무자의 특정재산에 대하여 장래에 행하여질 가능성이 있는 일정한 절차나 행위를 그 대상으로 한다.

3) 개인회생절차의 특성상 주로 중지·금지명령의 대상이 되는 절차는 채무자의 장래 급여채권에 대한 채권압류 및 추심·전부명령이다. 그런데 중지·금지명령이 있기 전에 채무자의 장래 급여채권에 대하여 이미 유효한 전부명령이 발하여져 확정된 경우에는 그 전부채권자가 채무자의 장래 급여채권을 이전받음으로 인하여 개인회생절차의 진행에 어려움이 발생할 수 있다. 이러한 문제를 해결하기 위하여 채무자회생법 제616조는 전부명령에 대한 특칙을 규정하고 있다. 즉, 변제계획인가결정이 있는 때에는 채무자의 급료·연금·봉급·상여금, 그 밖에 이와 비슷한 성질을 가진 급여채권에 관하여 개인회생절차개시 전에 확정된 전부명령은 변제계획인가결정 후에 제공한 노무로 인한 부분에 대하여는 그 효력이 상실되고(채무자회생법 제616조 제1항), 변제

계획인가결정으로 인하여 전부채권자가 변제받지 못하게 되는 채권액은 개인회생채권으로 한다(채무자회생법 제616조 제2항).

4) 중지, 금지명령의 주문례는 아래와 같다.

[개인회생법원의 중지명령 주문례]

> 채무자에 대한 이 법원 2015개회○○ 개인회생 사건에 관하여 개인회생절차의 개시신청에 대한 결정이 있을 때까지 채무자에 대한 ○○법원 2014타채 ○○호 사건의 채권압류 및 추심절차를 중지한다.

[개인회생법원의 금지명령 주문례]

> 채무자에 대한 이 법원 2015개회○○ 개인회생 사건에 관하여 개인회생절차의 개시신청에 대한 결정이 있을 때까지 다음의 각 절차 또는 행위를 금지한다.
> 1. 개인회생채권에 기하여 채무자 소유의 유체동산과 채무자가 사용자로부터 매월 지급받을 급료, 제 수당, 상여금 기타 명목의 급여 및 퇴직금에 대하여 하는 강제집행·가압류 또는 가처분
> 2. 개인회생채권을 변제받거나 변제를 요구하는 일체의 행위. 다만 소송행위를 제외한다.

나. 예외

환취권에 기한 채권이나 개인회생재단채권으로 될 채권에 기한 절차는 중지 또는 금지할 수 없다.

개인회생재단채권이란 개인회생절차를 위한 공익적 성격에서 지출된 비용으로서 주로 개인회생절차개시 후의 원인에 기하여 생긴 청구권을 말한다(채무자회생법 제583조 제1항).

다. 효력

1) 중지명령은 명령의 대상인 집행절차를 현재의 상태에서 동결하여 그 이상 진행할 수 없게 할 뿐 이미 진행된 절차의 효력을 소급적으로 무효로 하는 것은 아니므로 기왕에 집행된 압류 등의 효력은 그대로 유지된다. 또한 중지명령은 구체적인 절차를 계속하여 진행하는 것을 중지시키는 효력밖에 없으므로 새로이 동종 절차의 개시를 신청하는 것은 상관이 없다. 그 절차를 중지하려면 새로운 중지명령을 얻어야

한다.

2) 금지명령은 새로이 명령의 대상인 절차를 신청하거나 행위를 하는 것을 금지하므로, 금지명령의 효력발생시기가 문제된다. 이에 관하여 채무자에게 금지명령의 결정서가 송달된 때부터 효력을 발생한다는 견해도 있을 수 있지만, 포괄적 금지명령이 채무자에게 결정서가 송달된 때부터 효력을 발생한다고 규정(채무자회생법 제46조 제2항)하고 있는 것과 달리 금지명령에 대하여는 그 효력발생시기에 관한 아무런 규정이 없는 점, 결정과 명령은 고지에 의하여 효력을 발생하는 것이 원칙인 점(민사소송법 제221조 제1항) 등에 비추어보면, 금지명령은 개인회생채권자에게 송달된 때에 당해 개인회생채권자에 대하여만 효력이 발생된다고 봄이 상당하다(서울중앙지방법원 2011. 6. 10. 2011카단40785 결정, 2012. 7. 4. 2012카단32075 결정 등). 따라서 개인회생채권자에 대한 송달시기가 달라질 경우 강제집행 등의 금지의 효력발생시기가 각 개인회생채권자별로 다르게 된다고 할 것이다.

여기에서 금지가 중지를 포함하고 있는가에 관하여, 채무자회생법 제593조 제1항에서는 '중지' 및 '금지'를 별개의 개념으로 구분하고 있으므로 '금지'에는 '중지'가 포함되지 아니한다고 해석되고, 따라서 금지명령의 효력이 발생하기 전에 집행절차가 개시되었다면 채무자는 금지명령정본의 제출에 의하여 집행절차의 취소를 구할 수 없고 당해 집행절차를 중지시키기 위해서는 중지명령을 받아야 할 것이라는 견해가 타당하다(서울남부지방법원 2014. 10. 16. 2014나52112 판결 등 참조).

3) 중지·금지명령이 효력을 가지는 것은 개인회생절차개시의 신청에 관한 결정이 있을 때까지이다. 개인회생절차개시의 신청이 기각되면 중지·금지명령은 당연히 실효되고 중단된 절차는 다시 진행하게 되며(채무자회생법 제593조 제3항) 이를 저지하기 위하여는 신청을 기각하는 결정에 대하여 즉시항고를 하고 다시 중지·금지명령을 받아야 한다(채무자회생법 제598조 제2항). 중지·금지명령을 받은 후에는 법원의 허가를 받아야 개인회생절차개시신청을 취하할 수 있으므로(채무자회생법 제594조 단서) 그러한 법원의 허가가 있는 경우에도 중지·금지명령은 실효된다.

라. 집행기관의 조치

1) 중지명령의 결정은 민사집행법 제49조 제2호가 정하는 '강제집행의 일시정지를 명한 취지를 적은 재판의 정본'에 해당하므로 이를 집행기관에 제출하고 집행의 정지를 구하면 된다. 따라서 집행법원에 중지명령정본이 제출된 경우 당해 강제집행

절차를 정지한 후 그 이후 집행행위를 하지 않고 현상을 유지하면 되고, 제3채무자 등에게 민사집행규칙 제161조에 따른 통지를 하여야 한다. 만약 중지명령 정본이 제출되었음에도 불구하고 집행기관이 집행을 정지하지 아니하고 집행처분을 한 경우 그 절차는 무효이므로, 이해관계인은 집행에 관한 이의신청 또는 즉시항고에 의하여 취소를 구할 수 있다. 그러나 집행이 이미 종료된 이후에 중지명령 정본이 제출된 경우에는 중지명령은 그 목적을 달성할 수 없고 이미 이루어진 집행행위는 그대로 효력을 유지하게 된다.

2) 금지명령 정본이 제출되면 집행기관은 금지명령 주문에 기재된 금지대상과 당해 개인회생채권자에 대한 효력발생일 등을 확인한 다음 집행절차가 개시되기 전이라면 집행절차의 개시신청을 부적법한 것으로서 각하 또는 기각하여야 한다. 금지명령의 효력발생 이후 특정 개인회생채권자에 의하여 강제집행이 새로 개시된 경우 채무자가 금지명령 결정정본과 함께 그 개인회생채권자에 대한 금지명령의 송달증명원을 첨부하여 집행기관에 그 집행처분의 취소신청을 하면 집행기관은 당해 집행을 취소한 후 앞서 설명한 바와 같이 집행취소의 통지를 하여야 한다. 채무자는 금지명령의 효력발생시기를 소명하기 위하여 집행기관에 금지명령 정본과 함께 금지명령의 송달증명원을 제출하여야 한다.

3) 추심명령·전부명령 발령에 따른 송달이 이루어지기 전에 중지명령이 제출된 경우 집행법원은 추심명령·전부명령을 송달하여서는 안 된다. 그럼에도 불구하고 추심명령·전부명령이 송달된 경우 그 송달행위는 무효이다.

추심명령에 대해 즉시항고가 제기되어 항고심 계속 중 중지명령이 제출된 경우 항고법원은 항고에 관한 재판을 정지할 필요가 없고, 채권압류 및 추심명령 발령 이후 중지명령을 받았다는 사유 자체는 채권압류 및 추심명령에 대한 적법한 항고 사유가 될 수 없다(대법원 2005. 11. 8.자 2005마992 결정 참조). 중지명령 이후의 강제집행절차는 정지되고, 그 후 개인회생절차가 진행되어 변제계획 인가결정이 발령되면 집행법원은 추심명령을 취소한다.

전부명령은 확정되어야 효력이 있으므로, 전부명령에 대해 즉시항고가 제기되어 항고심 계속 중 중지명령이 제출된 경우 항고법원은 다른 이유로 전부명령을 취소하는 경우를 제외하고는 항고에 관한 재판을 정지하였다가 추후 개인회생절차 진행 경과에 따라 사건을 처리한다. 개인회생절차에서 변제계획이 인가되면 항고법원은 전부명령을 취소하고 전부명령신청을 기각하여야 한다(대법원 2014. 1. 17.자 2013마

2252 결정 등). 한편, 전부명령에 대한 재항고심 계속 중 중지명령이 제출된 경우 재항고법원은 청구채권이 개인회생절차의 채권자목록에 기재된 개인회생채권에 해당하는지 여부 등을 심리하게 하기 위해 원심재판을 파기환송할 수 있다(대법원 2017. 10. 12.자 2016마999 결정 등).

4. 포괄적 금지명령과 강제집행

포괄적 금지명령은 앞서 본 개별적 중지·금지명령으로는 개인회생절차의 목적을 충분히 달성하지 못할 특별한 사정이 있는 경우에 법원이 하나의 결정으로 모든 개인회생채권자에 대하여 채무자의 재산에 대한 강제집행 등의 금지를 명할 수 있도록 함으로써 개인회생절차를 효율적으로 진행하고 채권자의 형평성을 도모하려는 것인데, 채무자회생법 제593조 제5항은 회생절차편의 포괄적 금지명령에 관한 규정(채무자회생법 제45조 내지 제47조)을 준용하고 있다. 따라서 포괄적 금지명령 및 취소명령과 그 효과 등은 앞서 회생절차에서 본 포괄적 금지명령 부분이 그대로 적용된다. 하지만 현재 개인회생절차 실무상 포괄적 금지명령이 발령되는 사례는 찾기 힘들다.

5. 개인회생개시결정과 강제집행

가. 목록에 기재된 개인회생채권에 기한 강제집행 등의 중지·금지

개인회생절차개시의 결정이 있는 때에는, 개인회생채권자목록에 기재된 개인회생채권에 기하여 ① 개인회생재단(채무자회생법 제580조)에 속하는 재산에 대하여 이미 계속 중인 강제집행 및 새로운 강제집행, ② 소송행위를 제외한 변제 또는 변제요구행위, ③ 국세징수법 등에 의한 체납처분 또는 조세채무담보를 위하여 제공된 물건의 처분 등, ④ 채무자에 대하여 이미 속행중인 회생절차·파산절차 및 새로운 회생절차·파산절차의 개시 등이 중지 또는 금지된다(채무자회생법 제600조 제1항).

또한, 개인회생절차개시의 결정이 있는 때에는 변제계획의 인가결정일 또는 개인회생절차 폐지결정의 확정일 중 먼저 도래하는 날까지 개인회생재단에 속하는 재산에 대한 담보권의 설정 또는 담보권의 실행 등을 위한 경매는 중지 또는 금지된다(채무자회생법 제600조 제2항).

나. 예외

여기에서 중지·금지되는 것은 개인회생채권(채무자회생법 제581조 제1항)으로서 개인회생채권자목록에 기재된 것에 한한다. 개인회생채권 중에서도 '개인회생채권자목록에 기재된 개인회생채권'에 기한 절차만이 중지·금지되는 것이므로, 채무자가 개인회생채권자목록에 누락한 채권자는 개시결정 후에도 자유롭게 강제집행 등을 행할 수 있다. 개시결정 당시에는 개인회생채권자목록에 기재되지 않았는데 개시결정이후 개인회생채권이 추가된 경우에도 중지·금지의 효력이 미친다고 봄이 타당하다.

나아가 개인회생채권이 아닌 개인회생재단채권(채무자회생법 제583조), 환취권(채무자회생법 제585조)에 기해서는 강제집행 등을 할 수 있고 채무자가 개인회생채권자목록에 누락한 채권자는 개시결정 후에도 강제집행을 할 수 있다.

그리고 개인회생재단에 속하는 재산에 대하여 행하는 강제집행 등만 중지·금지되는 것이므로 연대채무자, 보증인, 물상보증인 등 제3자의 재산에 대하여 행하는 것은 중지·금지되지 않는다.

다. 중지·금지의 효력 및 집행기관의 조치

1) 절차의 중지라 함은 진행되던 강제집행 등 절차가 그 시점에서 동결되고 그 속행이 허용되지 아니함을 뜻하고 소급적 효력은 없다. 소급적 효력이 없으므로 이미 행하여진 절차가 소급하여 무효로 되거나 취소되는 것은 아니다. 따라서 가압류·가처분 등 보전처분의 경우 이에 기한 본집행으로 진행하는 것은 허용되지 아니하나, 보전처분 자체가 실효되는 것은 아니다. 변제계획 인가결정이 있으면 비로소 중지된 강제집행, 가압류 또는 가처분이 효력을 상실하게 된다(채무자회생법 제615조 제3항). 개시결정에 의하여 중지된 강제집행 등은 그 후 변제계획인가결정이 있는 때에는 그 효력을 상실하게 되고, 개인회생절차 폐지결정이 확정된 때에는 그 중지된 강제집행 등을 속행할 수 있다. 따라서 중지의 효과는 변제계획인가결정시까지이다.

2) 절차의 금지라 함은 새로이 강제집행 등 절차를 신청하는 것을 금지한다는 뜻이다. 금지의 효과는 개인회생절차의 종료 시까지 존속한다고 보아야 한다. 개인회생절차는 각 개인회생채권이 변제계획에 의해서만 변제를 받는 것을 전제로 한 절차이기 때문이다.

3) 개인회생절차의 개시결정은 집행장애사유에 해당하고 집행장애사유의 존재는 집행기관의 직권조사사항이다. 따라서 집행기관은 채무자에 대하여 개인회생절차개시

결정이 있는 사실을 발견한 때에는 개시결정정본의 제출 등을 기다릴 필요 없이 직권으로 이미 집행되고 있는 집행절차를 정지하여야 하고, 집행개시 전에 회생절차가 개시된 경우에는 집행의 신청을 각하 또는 기각하여야 한다. 회생절차개시결정이 있음에도 이를 간과하고 강제집행을 개시한 다음 이를 발견한 때에는 이미 한 집행절차를 직권으로 취소하여야 한다(대법원 2000. 10. 2.자 2000마5221 결정 참조).

그러나 보통은 채무자가 개인회생개시결정정본과 개인회생채권자목록을 제출하면 집행법원은 집행이 개시된 후에 위 개인회생절차개시결정이 있는 경우에는 당해 집행절차를 정지한 후 민사집행규칙 제161조에 따라 압류채권자와 제3채무자에 대하여 집행절차정지의 통지를 하고, 개인회생절차개시결정이 있은 후에 집행절차가 개시된 경우에는 그 집행절차를 취소한 후 민사집행규칙 제160조에 따라 통지를 한다.

4) 개인회생절차가 개시된 이후에 압류 및 전부명령이 내려진 경우 그 압류 및 전부명령은 무효이므로 집행법원은 이를 제3채무자나 채무자에게 송달하여서는 아니되고, 집행법원이 개인회생절차가 개시된 사실을 간과하고 압류 및 전부명령을 제3채무자 및 채무자에 대하여 송달하여 항고기간이 도과한 경우라고 하더라도 그 효력이 발생할 수는 없다. 집행법원이 압류 및 전부명령을 발한 이후에 개인회생절차가 개시된 경우에도 위와 같이 집행법원은 이를 송달하여서는 아니 되고 설사 송달이 시행된다고 하더라도 이는 무효이므로 효력을 발생할 수 없다고 보아야 한다(따라서 즉시항고기간도 진행되지 않는다).

압류 및 전부명령이 제3채무자 및 채무자에 대하여 송달이 된 후에 개인회생절차가 개시되었다면 개인회생절차개시결정에 의하여 강제집행 등이 중지된다고 하더라도 이미 행하여진 집행절차가 소급하여 무효가 되는 것은 아니나, 개시결정 이후의 모든 절차 또는 행위는 중지·금지된다. 하지만 중지의 효력에 의하여 항고기간의 진행이 정지되는 것이 아니어서 전부명령의 확정을 차단할 수 없으므로, 채무자는 즉시항고를 함께 제기하여야 할 것이다.

라. 중지된 절차 또는 처분의 속행 또는 취소

법원은 상당한 이유가 있는 때에는 이해관계인의 신청에 의하거나 직권으로 위와 같이 개인회생절차개시결정으로 인하여 중지된 절차 또는 처분의 속행을 명하거나, 중지된 절차 또는 처분의 취소를 명할 수 있는데(채무자회생법 제600조 제3항), 그 중 취소명령은 앞서 설명한 회생절차개시결정 후의 취소명령의 경우와 그 효력이 같다.

6. 변제계획인가결정 후 면책결정 전 단계의 강제집행

가. 중지 중인 절차 실효의 대상

1) 변제계획인가결정이 있으면 채무자회생법 제600조의 규정에 의하여 중지된 파산절차 및 회생절차, 개인회생채권에 기한 강제집행·가압류·가처분은 변제계획 또는 변제계획인가결정에서 다르게 정한 경우를 제외하고는 그 효력을 잃는다(채무자회생법 제615조 제3항).

2) 채권압류 및 전부명령의 경우 ① 개인회생절차개시 전에 채권압류 및 전부명령이 확정되지 않은 상태에서 변제계획이 인가되면 위 채권압류 및 전부명령은 효력이 발생하지 않게 되는데 반하여, ② 개인회생절차개시 전에 이미 채권압류 및 전부명령이 확정된 경우에는 압류 및 전부명령의 대상이 채무자의 장래의 급여채권 등인 경우에 한하여 변제계획인가결정 이후에 제공된 노무로 인한 부분에 대하여 그 효력을 상실하게 될 뿐이다. 즉 변제계획인가결정이 있는 때에는 채무자의 급료·연금·봉급·상여금, 그 밖에 이와 비슷한 성질을 가진 급여채권에 관하여 개인회생절차개시 전에 확정된 전부명령은 변제계획인가결정 후에 제공한 노무로 인한 부분에 대하여는 그 효력이 상실되고, 변제계획인가결정으로 인하여 전부채권자가 변제받지 못하게 되는 채권액은 개인회생채권으로 한다(채무자회생법 제616조, 급여채권에 대해 확정된 전부명령에 관한 특칙).

나. 예외

1) 담보권실행을 위한 경매절차는 인가결정에 의하여 효력이 상실되는 것이 아니라 오히려 변제계획 인가의 효력에 의하여 속행할 수 있게 된다. 이는 법 제600조 제2항에서 "개인회생절차 개시의 결정이 있는 때에는 변제계획의 인가결정일 또는 개인회생절차폐지결정일의 확정일 중 먼저 도래하는 날까지 개인회생재단에 속하는 재산에 대한 담보권의 설정 또는 담보권의 실행 등을 위한 경매는 중지 또는 금지된다."고 규정하고 있기 때문이다.

2) 또한 국세징수법 등에 의한 체납처분 또는 조세채무담보를 위하여 제공된 물건의 처분은 인가결정이 있더라도 실효되지 않는다.

3) 개인회생채권이 확정되어 개인회생채권자표에 기재되면 개인회생채권자 전원

에 대하여 확정판결과 동일한 효력이 있으므로, 개인회생채권자는 개인회생 절차폐지 결정이 확정된 때에는 채무자에 대하여 개인회생채권자표에 기하여 강제집행을 할 수 있다(채무자회생법 제603조 제3, 4항)

다. 실효의 효과 및 집행기관의 조치

1) 절차가 그 효력을 잃는다는 의미는 앞으로의 속행을 허용하지 않는다는 뜻이 아니라 소급하여 그 절차가 효력을 잃는다는 것이고, 이는 법원의 별도의 재판이 없이도 그 효력을 잃는다. 다만, 강제집행, 가압류, 가처분 등은 이미 진행되어 있는 절차의 외형을 제거하기 위한 형식적인 절차가 필요하다. 그러나 이러한 절차에 관하여 법률은 별도의 규정을 두고 있지 아니할 뿐만 아니라 회생법원으로서는 어느 재산에 관하여 어느 법원에서 어떤 절차가 진행되고 있는지 직접 확인하기 곤란하고 그 절차의 기록도 보관하고 있지 않으므로, 채무자가 해당 집행법원에 말소등기촉탁신청서와 함께 인가결정등본 및 말소촉탁의 대상이 되는 재산의 목록을 첨부하여 집행취소신청을 하여야 한다. 이 경우 집행기관은 개인회생채권에 기한 것임을 확인하여 절차의 외형을 제거하기 위한 말소등기촉탁, 제3채무자에 대한 통지, 압류해제 등 집행해제 조치를 해주어야 하고, 별도로 집행처분취소결정을 할 필요는 없다.

2) 위와 같은 절차의 실효의 효과는 인가결정과 동시에 발생하는데(채무자회생법 제615조), 그 인가결정이 뒤에 취소되는 경우에 파산절차는 당연히 그 효력을 회복하지만, 다른 절차는 그 효력이 회복되지 않으며, 따라서 후자의 경우에는 채권자가 다시 새로운 신청을 하여야 한다.

3) 변제계획인가결정은 집행장애사유에 해당하고 집행장애사유의 존재는 집행기관의 직권조사사항이다. 따라서 변제계획인가결정으로 인하여 효력을 잃는 강제집행절차에 관하여 법원사무관등은 직권으로 민사집행규칙 제160조에 따라 제3채무자 등에게 변제계획 인가결정으로 인해 강제집행의 효력이 실효되었다는 사실을 통지하여야 한다.

그러나 실무에서는 채무자가 해당 집행기관에 집행의 취소신청서 및 인가결정등본 및 해제(말소촉탁)의 대상이 되는 재산의 목록을 첨부하여 강제집행의 취소신청을 하면 변제계획인가결정으로 인하여 효력이 상실되는 집행절차인지를 살펴 그 대상인 경우에는 별도의 결정 없이 실효에 따른 집행의 해제절차 즉, 집행법원의 법원사무관등이 민사집행규칙 제160조에 따라 제3채무자등에게 집행절차가 변제계획인가결정으로 효력이 실효되었음을 통지하는 등의 절차를 취하고 있다.

라. 변제계획 또는 변제계획 인가결정에서 다르게 정한 때의 의미

변제계획 인가결정이 있으면 중지된 파산절차, 강제집행, 가압류, 가처분 등은 그 효력을 상실하는 것이 원칙이지만, 이를 변제계획 또는 변제계획인가결정에서 다르게 정할 수도 있다.

변제계획에서 다르게 정할 경우로는 ① 채무자가 당해 가압류, 가처분이 이루어진 재산을 변제에 제공하지 않는 내용의 변제계획안을 제출하고 있고, 채무자의 성실성이 의심되는 전후 사정에 비추어 강제집행, 가압류, 가처분을 실효시킨다면 채무자가 향후 이를 임의 처분한 후 변제계획까지 이행하지 아니함으로써 개인회생채권자들에게 손해를 입힐 우려가 있는 경우, ② 변제에 제공되지 않는 채무자의 재산에 대하여 순차로 가압류 등기와 담보권 설정등기가 마쳐져 있어 인가결정 이전에 강제집행절차에서는 담보권자와 동순위로 안분배당을 받을 수 있는 지위에 있었는데 채무자가 변제계획을 정상적으로 수행할 것이 의심되는 사정이 있어 인가결정 이후 채무자의 변제계획 불수행 등으로 개인회생절차 폐지 시 위 가압류권자가 강제집행절차에서 위 담보권보다 후순위로 취급되어 원래 배당받을 수 있었던 금액을 받지 못하게 되는 손해를 입을 우려가 있는 경우 등을 들 수 있다. 이 경우 변제계획에서는 당해 재산의 강제집행, 가압류, 가처분을 변제계획기간 중의 일정시점이나 혹은 변제계획 기간 종료 시까지 계속 중지, 존속시키거나 혹은 속행한다는 내용의 규정을 두게 될 것이다. 따라서 채무자가 집행취소 신청을 하는 경우 집행법원으로서는 변제계획 인가결정이 있었다고 하여 무조건 강제집행 등이 실효된 것으로 속단하여서는 아니 되고 변제계획 인가결정의 주문과 변제계획을 내용까지 검토하여 강제집행 등에 관한 별도의 규정이 있는지를 검토하여야 한다.

7. 면책결정과 강제집행

가. 면책의 효력 및 대상

1) 채무자가 변제계획에 따른 변제를 완료하면 면책을 받게 된다. 면책이란 채무에 관하여 책임이 면제된다는 것을 의미하고, 책임의 면제는 채무의 소멸과는 다른 개념이다. 변제를 완료하지 못하게 된 때에도 일정한 요건(채무자가 책임질 수 없는 사유로 변제를 못하였고, 면책결정일까지의 변제액이 파산신청시의 배당보다 적지 않

으며, 변제계획 변경이 불가능할 것)이 모두 충족되는때에는 이해관계인의 의견을 들은 후 면책을 받을 수 있는 경우가 있다(채무자회생법 제624조 제2항).

2) 개인회생절차폐지결정이 확정된 경우 개인회생절차는 종료한다. 따라서 채무자회생법 제624조 제2항에 따른 면책은 개인회생절차가 계속 진행되고 있음을 전제로 한 것으로 개인회생절차가 종료하기 전까지만 신청이 가능하다(대법원 2012. 7. 12.자 2012마811 결정 참조).

3) 면책의 결정은 확정되어야 그 효력이 생긴다(채무자회생법 제625조 제1항). 면책결정에 대하여 아무런 항고가 제기되지 않고 즉시항고기간이 도과하거나 항고가 제기되었다면 항고가 기각되는 때에 면책의 결정이 확정된다. 면책결정이 확정되면 개인회생절차는 종료하며(채무자회생규칙 제96조), 채무자의 책임이 면제되어 채무의 이행을 청구하거나 채무자의 재산에 강제집행을 할 수 없게 된다. 그러나 채무 자체가 없어지는 것은 아니다.

4) 면책의 효력은 개인회생채권자목록에 기재되고 이에 대한 개인회생채권조사확정재판 없이 이의기간을 경과하여 확정된 개인회생채권, 개인회생채권조사확정재판을 통하여 확정되었거나 개인회생채권조사확정재판에 대한 이의의 소를 거쳐 확정된 채권 중 변제계획에 따라 변제되지 않고 남은 부분에 미친다.

5) 면책은 개인회생채권자가 채무자의 보증인 그 밖에 채무자와 더불어 채무를 부담하는 자에 대하여 가지는 권리와 개인회생채권자를 위하여 제공한 담보에 영향을 미치지 아니한다(채무자회생법 제625조 제3항).

나. 면책의 대상이 아닌 채권

면책의 효력이 미치지 아니하는 채권은 ① 개인회생채권자목록에 기재되지 아니한 청구권, ② 채무자회생법 제583조 제1항 제2호의 규정에 의한 조세 등의 청구권, ③ 벌금·과료·형사소송비용·추징금 및 과태료, ④ 채무자가 고의로 가한 불법행위로 인한 손해배상, ⑤ 채무자가 중대한 과실로 타인의 생명 또는 신체를 침해한 불법행위로 인하여 발생한 손해배상, ⑥ 채무자의 근로자의 임금·퇴직금 및 재해보상금, ⑦ 채무자의 근로자의 임치금 및 신원보증금, ⑧ 채무자가 양육자 또는 부양의무자로서 부담하여야 할 비용, ⑨ 별제권 등이다.

채무자회생법 제586조에 의하여 준용되는 별제권자에 관한 규정에 의하면, 주택임차인은 위 규정에 의해 인정된 우선변제권의 한도 내에서는 임대인에 대한 개인회생절차에 의하지 아니하고 자신의 임대차보증금반환채권의 만족을 받을 수 있기 때문에, 주택임차인의 임대차보증금반환채권 전액이 개인회생채무자인 임대인이 제출한 개인회생채권자 목록에 기재되었더라도, 주택임차인의 임대차보증금반환채권 중 우선변제권이 인정되는 부분을 제외한 나머지 채권액만이 개인회생절차의 구속을 받아 변제계획의 변제대상이 되고 면책결정의 효력이 미치는 개인회생채권자목록에 기재된 개인회생채권에 해당하고, 주택임차인의임대차보증금반환채권 중 우선변제권의 한도 내에서는 면책결정의 효력이 미치지 아니한다(대법원 2017. 1. 12. 선고 2014다32014 판결).

다. 집행기관의 조치

면책결정은 집행장애사유에 해당하고 집행장애사유의 존재는 집행기관의 직권조사사항이다. 따라서 집행기관은 채무자에 대하여 당해 강제집행 등에 관한 면책결정이 확정된 사실을 발견한 때에는 직권으로 이미 진행되고 있는 집행절차를 취소하여야 한다(대법원 2000. 10. 2.자 2000마5221 결정 참조).

그러나 실무에서는 강제집행 등이 이미 진행되어 있는 절차의 외형을 제거하기 위하여 채무자가 해당 집행기관에 면책결정정본 및 확정증명, 개인회생채권자목록 등과 함께 해제(말소촉탁)의 대상이 되는 재산의 목록을 첨부한 집행의 취소신청서를 제출하고 있다.

이러한 서류가 제출되면 면책의 효력으로 인하여 책임이 면제되는 채권에 기한 강제집행 절차인지를 확인하여 이에 해당하면 별도의 결정 없이 바로 집행의 해제절차를 취하면 되는데, 집행법원의 법원사무관등이 민사집행규칙 제160조에 따라 제3채무자 등에게 집행절차가 면책결정으로 인해 효력이 실효되었음을 통지한다.

8. 개인회생절차의 폐지와 강제집행

개인회생절차는 개인회생절차개시결정의 취소결정(채무자회생법 제598조 제5항)이나 개인회생절차개시 후의 개인회생절차폐지결정으로 종료되는데(대법원 2012. 7. 12.자 2012마811 결정), 그 중 개인회생절차폐지는 변제계획인가 전의 폐지와 변제계획인가 후의 폐지로 나눌 수 있다.

변제계획인가결정의 효력은 그 결정이 있은 때로부터 효력이 생기나(채무자회생법 제615조 제1항 본문), 개인회생절차폐지결정은 어느 경우에나 확정되어야 효력이 발생한다. 개인회생절차의 폐지가 확정되면 개인회생절차가 이로써 종료하게 되고, 개인회생채권은 절차의 구속에서 해방되어 개인회생채권에 관하여 변제계획에 의하지 아니하고는 변제나 변제의 수령 등 채권소멸행위를 하지 못하도록 한 금지가 풀리게 된다.

가. 변제계획인가 전의 폐지

변제계획인가 전에 개인회생절차폐지결정이 확정되면 개인회생절차개시결정으로 인하여 개인회생절차폐지결정의 확정일까지 중지 또는 금지되었던 개인회생재단에 속한 재산에 대한 담보권의 설정 또는 담보권실행을 위한 경매는 그 중지 또는 금지에서 풀려 속행되거나 가능하게 된다.

또한 개인회생절차개시결정으로 인하여 중지 또는 금지되었던 채무자에 대한 회생절차 또는 파산절차, 개인회생채권자목록에 기재된 개인회생채권에 기한 개인회생재단에 속하는 재산에 대하여 한 강제집행·가압류 또는 가처분, 개인회생채권자목록에 기재된 개인회생채권을 변제받거나 변제를 요구하는 일체의 행위(소송행위 제외), 국세징수법 또는 지방세징수법에 의한 체납처분 등도 그 중지 또는 금지에서 풀려나 속행되거나 가능하게 된다.

채무자가 제출한 개인회생채권자목록에 대하여 채권자가 이의기간 내에 채권조사확정재판을 신청하지 아니하면 개인회생채권은 확정되므로(채무자회생법 제603조 제1항), 변제계획인가 전에 개인회생절차가 폐지되더라도 개인회생채권자는 개인회생절차폐지결정이 확정된 때에는 채무자에 대하여 개인회생채권자표에 기하여 강제집행을 할 수 있다(채무자회생법 제603조 제4항).

채무자회생법 제603조 제3항은 확정된 개인회생채권을 개인회생채권자표에 기재한 경우 그 기재는 개인회생채권자 전원에 대하여 확정판결과 동일한 효력이 있다고 규정하고 있는데, 여기에서 '확정판결과 동일한 효력'이라 함은 기판력이 아닌 확인적 효력을 가지고 개인회생절차 내부에 있어 불가쟁의 효력이 있다는 의미에 지나지 않는다고 보아야 한다. 따라서 애당초 존재하지 않는 채권이 확정되어 개인회생채권자표에 기재되어 있더라도 이로 인하여 채권이 있는 것으로 확정되는 것이 아니므로 채무자로서는 별개의 소송절차에서 그 채권의 존재를 다툴 수 있다(대법원 2013. 9. 12. 선고 2013다29035, 29042 판결 참조).

나. 변제계획인가 후의 폐지

변제계획인가 후에 개인회생절차가 폐지되는 경우에도 회생절차와 달리 변제계획인가에는 권리변경의 효력이 없기 때문에, 변제계획에서 정한 개인회생채권의 변제기간, 변제방법, 변제액수는 개인회생절차폐지가 확정되면 효력을 잃게 되어 채권자는 원래의 채권의 내용대로 채권을 행사하고 집행할 수 있게 된다. 이 경우 별도의 집행권원이 없더라도 개인회생채권자는 채무자에 대하여 개인회생채권자표에 기하여 강제집행을 할 수 있다(채무자회생법 제603조 제4항). 다만 이미 개인회생절차의 규정에 의하여 생긴 효력에는 영향을 미치지 않으므로(채무자회생법 제621조 제2항), 변제계획인가결정에 의한 회생·파산절차, 강제집행절차 등의 실효(채무자회생법 제615조 제3항), 변제계획인가결정 후에 제공한 노무로 인한 부분에 대한 전부명령의 실효(채무자회생법 제616조 제1항) 등은 번복되지 않는다. 나아가 변제계획이 인가된 후 변제계획에 따라 이미 변제를 행한 경우에는 개인회생절차가 폐지되더라도 그 변제한 만큼의 채무를 소멸시킨 효과가 부인되는 것은 아니다(채무자회생법 제621조 제2항). 이미 행한 변제가 유효하다는 것은 그것이 비채변제가 되어 반환을 구할 수 있는 것으로 되지 않는다는 의미이다.

따라서 개인회생절차개시결정으로 인하여 중지되었던 개인회생채권에 기한 강제집행 등은 변제계획 또는 변제계획인가결정에서 다르게 정한 경우를 제외하고는 속행되지 않는다. 다만 담보권실행을 위한 경매절차 및 국세징수법 또는 지방세기본법에 의한 체납처분 등은 앞서 본 바와 같이 속행 할 수 있게 된다(채무자회생법 제600조 제2항).

다. 집행기관의 조치

변제계획인가 전에 개인회생절차폐지결정이 있고 그 결정이 확정된 후 채권자로부터 회생절차폐지결정정본 및 그 확정증명, 개인회생채권자목록 등이 제출되면 집행기관은 개인회생개시결정으로 인하여 중지된 강제집행을 속행하면 될 것이다. 다만 이미 변제계획인가결정으로 인하여 실효된 강제집행은 변제계획인가 후에 개인회생절차폐지결정이 있더라도 절차속행의 문제가 일어나지 않는다.

제3장 특별법에 의한 집행의 정지·제한

Ⅰ. 서설

공무원범죄에 관한 몰수 특례법에서는 특정공무원범죄를 범한 자가 그 범죄행위를 통하여 취득한 불법재산(불법수익이나 불법수익에서 유래한 재산을 말함)의 몰수를 보전하기 위하여 몰수보전명령 또는 부대보전명령의 규정을 두고 있는데(같은 법 제23조), 위 규정에 따른 몰수보전명령 또는 부대보전명령이 있는 경우 몰수의 대상이 되는 재산에 대한 강제집행이 제한되거나 정지되는 경우가 있다.

또 마약류 불법거래 방지에 관한 특례법에서는 마약류범죄의 범죄행위로 얻은 불법수익 등에 관하여(같은 법 제33조), 불법정치자금 등의 몰수에 관한 특례법에서는 불법정치자금 등의 불법재산 등에 관하여(같은 법 제22조) 각 공무원범죄에 관한 몰수 특례법상의 몰수 및 몰수보전명령 등과 같은 규정을 두고 있고, 범죄수익은닉의 규제 및 처벌 등에 관한 법률 제12조에서는 마약류 불법거래 방지에 관한 특례법을 준용하고 있다.

따라서 이하에서는 공무원범죄에 관한 몰수 특례법상의 몰수보전명령과 이에 따른 강제집행의 정지·제한에 관하여 설명하기로 한다(그러나 이 설명은 위 각 특례법 전부에 해당한다).

Ⅱ. 몰수보전재산에 대한 강제집행절차의 제한

1. 절차진행의 금지

① 몰수보전명령에 따른 몰수보전이 된 후에 그 몰수보전의 대상이 된 부동산 또는 선박·항공기·경량항공기·자동차 또는 건설기계에 대하여 강제경매개시가 결정된 경우, ② 몰수보전의 대상이 된 유체동산이 강제집행에 의하여 압류된 경우, ③ 몰수보전이 된 후에 강제집행에 의하여 압류된 채권이 조건부 또는 기한부이거나 반대의무의 이행과 관련되어 있거나 그 밖의 사유로 추심하기 곤란한 경우 등에 있어서는 강제집행에 의한 환가절차는 몰수보전이 실효된 후가 아니면 진행할 수 없다(공무원범죄에 관한 몰수 특례법 제35조 제1, 3항).

또 몰수보전재산상에 존재하는 담보권이 몰수보전된 후에 성립되거나 부대보전명령에 따라 처분이 금지된 경우 그 담보권의 실행(압류는 제외한다)은 몰수보전명령 또는 부대보전명령에 따른 처분금지가 실효되지 아니하면 할 수 없다(같은 법 제39

조 제1항).

2. 채권영수의 금지

몰수보전명령에 의하여 몰수보전된 채권 또는 그 밖의 재산권에 대하여 강제집행에 의한 압류명령이 내려진 경우 그 압류채권자는 압류된 채권 중 몰수보전된 부분에 대하여 몰수보전이 실효되지 아니하면 채권을 영수할 수 없다(같은 법 제35조 제2, 4항).

Ⅲ. 몰수보전재산에 대한 강제집행절차의 정지

강제경매개시의 결정 또는 강제집행에 의하여 압류된 재산에 관하여 몰수보전명령을 한 경우 또는 하려는 경우에, 압류채권자의 채권이 가장된 것 또는 압류채권자가 몰수대상재산이라는 사실을 알면서 강제집행을 신청하였다거나 압류채권자가 범인이라고 판단할 만한 상당한 이유가 있다고 인정할 때에는 법원은 검사의 청구 또는 직권에 의한 결정으로 강제집행의 정지를 명할 수 있다.

검사가 강제집행의 정지결정등본을 집행법원에 제출하였을 때에는 집행법원은 강제집행을 정지하여야 한다. 이 경우에는 민사집행법 제49조 제2호의 서류가 제출된 것으로 본다(같은 법 제38조 제1, 2항).

또, 담보권의 실행을 위한 경매 절차가 시작된 후 그 담보권에 관하여 부대보전명령이 내려진 경우 검사가 그 명령의 등본을 제출하였을 때에는 집행법원은 그 절차를 정지하여야 한다. 이 경우에는 민사집행법 제266조 제1항 제5호(같은 법 제269조 및 제272조에서 준용하는 경우를 포함한다)의 문서가 제출된 것으로 본다.

한편, 불법정치자금 등의 몰수보전 등에 관한 규칙, 공무원범죄의 몰수보전 등에 관한 규칙, 마약류범죄 등의 몰수보전 등에 관한 규칙(범죄수익은닉의 규제 및 처벌 등에 관한 법률 제12조에 의하여 준용되는 경우를 포함한다)은 몰수보전 또는 부대보전된 재산에 대하여 강제집행 등이 있거나 그 반대의 경우, 집행법원의 법원사무관 등은 검사에게 전산양식(A3302)에 의하여 그 사실을 통지하여야 한다(재민 2006-3 참조).

찾아보기

사항색인

(ㄱ)

(ㄴ)

(ㄷ)

(ㅁ)

(ㅂ)

(ㅅ)

(ㅇ)

(ㅈ)

(ㅌ)

(ㅍ)

(ㅎ)

서식색인

판례색인

(日)

〈약력〉

윤 경 (편집대표)

[학력]
- 서울대학교 법과대학 졸업
- 서울대학교 대학원 법학과 졸업(상법 전공, 법학석사)
- 미국 Duke 대학 Law School 졸업(LL.M. 취득, 지적재산권 전공)

[경력]
- 사법시험 합격(27회)
- 서울서부지방법원, 서울중앙지방법원 집행단독(경매 · 신청 담당)
- 사법연수원 연구법관(각국의 경매제도 연구)
- 서울고등법원(의료사건 전담)
- 대법원 재판연구관(강제집행, 보전처분 및 민사사건 담당)
- 춘천지방법원 수석부장판사(행정사건 전담)
- 언론중재위원회 강원중재부장(언론사건 담당)
- 사법연수원 교수 부장판사(저작권법, 상표법, 부정경쟁방지법 주임교수, 민사집행법, 보전소송, 저작권법, 부정경쟁방지법 강의 담당)
- 서울중앙지방법원 부장판사(민사집행 전담)
- 더리드 법률사무소 대표변호사

[저서]
- 민사집행총서 부동산경매 I, II (2017), 사법행정학회
- 민사집행(부동산경매)의 실무 개정증보판 (2013), 육법사
- 민사집행(부동산경매)의 실무 2008, 육법사
- 저작권법, 2005, 육법사
- 민사집행 실무제요(법원행정처 2003)의 집필위원(부동산경매 부분 집필)
- 주석 민사소송법(사법행정학회 2004)의 집필위원
- 주석 민사집행법(사법행정학회 2004)의 집필위원
- 보전처분(가압류 · 가처분)의 실무(상), 1999, 법률정보센터
- 부동산경매(입찰)의 실무(하), 1999, 법률정보센터

[논문]
'캐릭터의 저작물성', '상가의 업종제한규정의 효력 및 그 변경절차'를 비롯하여 법조, 인권과 정의, 저스티스 등에 약 80여 편의 논문 발표.

박영호

[학력]
- 영남대학교 법과대학 졸업(1993)
- 서울대학교 대학원 석사과정 졸업(상법 전공)
- 서울대학교 대학원 박사과정 수료(상법 전공)
- 미국 조지타운 대학교 Visiting Scholar(2004)

[경력]
- 제36회 사법시험합격(사법연수원 26기 수료)
- 공군법무관(1997-2000)
- 대구지방법원 판사, 대구지방법원 포항지원판사, 대구고등법원 판사
- 대법원 재판연구관(2010), 대법원 부장재판연구관(2012)
- 수원지방법원 안양지원 부장판사(2015)
- 서울중앙지방법원 부장판사(신청단독 및 항고전담재판부)(2017)
- 수원지방법원 평택지원장(2020), 수원지방법원 부장판사(2022)
- 사법연수원 신청법관 연수(가압류 및 민사항고) 교수(2014-현재)
- 사법연수원 의료실무법관연수 교수(2007- 현재)
- 사법연수원 신임법관연수 교수 및 형사분과장(2018-2022)
- 사법연수원 사법보좌관 직무수행연수 교수(2017- 현재)
- 사법보좌관후보자 교육 교수(민사집행법, 주택임대차보호법, 2015-현재)

[저서]
- 민사집행 실무제요, 법원행정처(2014), 집필위원(부동산경매 부분 집필)
- 민사집행 실무제요, 사법연수원(2020), 집필위원(채권집행 및 보전처분 집필)
- 법원실무제요, 비송편, 사법연수원(2023), 집필위원
- 주석 민사집행법, 사법행정학회(2018), 집필위원
- 주석 민사소송법, 사법행정학회(2018), 집필위원
- 온주(로앤비) 주택임대차보호법, 상가임대차보호법, 이자제한법, 부동산등기법, 부동산 실권리자명의 등기에 관한 법률 공동 집필
- 민사집행소송, 한국사법행정학회(2008), 공저
- 기타집행 재판실무편람(타기사건)(2007), 과태료 재판실무편람(2008)의 집필위원
- 민사항고 재판실무편람(2018, 집필위원장), 의료재판 실무편람(2001, 2005, 2014, 집필위원장)
- 동산채권 담보집행절차 해설, 법원행정처(2013, 연구반장)
- 의료과실과 의료소송, 육법사(2001), 공저
- 의료형법, 육법사(2004), 공저
- 의료분쟁과 법, 법률정보센터(2005)

[논문]
'가상화폐와 강제집행', '전자어음의 (가)압류 제도', '전자등록주식등에 대한 민사집행·보전 절차', '암호화폐의 강제집행, 비트코인을 중심으로', '공탁 및 공탁사유신고와 관련한 실무상 문제점', '일괄매각', '보전처분 불복사건의 처리에 관한 실무 개선방안'을 비롯하여 민사집행, 의료소송 관련 약 70편의 논문을 사법논집, 법조 등에 발표

〈약력〉

양진수

[학력]
- 서울대학교 법과대학 법학부 졸업
- 서울대학교 법과대학 대학원 석사과정 졸업(민사소송법 전공)
- 미국 데이비스 대학교 Visiting Scholar(2012. 8. ~ 2013. 6.)

[경력]
- 제42회 사법시험합격(사법연수원 32기 수료)
- 서울중앙지방법원 판사(2006, 건설 전담 민사합의부)
- 서울서부지방법원 판사(2008, 신청합의부)
- 대구지방법원 김천지원 판사(2010, 민사 · 신청 · 집행단독)
- 창원지방법원 판사(2013, 회생 · 파산)
- 수원지방법원 판사(2014, 형사항소 · 단독)
- 대법원 재판연구관(2016~2018, 민사심층조)
- 서울고등법원 고법판사(2019, 선거전담 형사부, 노동 · 토지수용 전담 행정부)

[저서]
- 법원실무제요, 민사집행 IV권, 법원행정처(2020), 공동집필
- 제4판 주석 민사집행법 V권, 사법행정학회(2018), 공동집필
- "청구의 교환적 변경에 관한 연구"(2005), 서울대학교 석사학위논문

[논문]
- "회사의 이사, 대표이사의 회사에 대한 퇴직금 등 보수 청구권과 퇴직연금사업자에 대한 퇴직연금 채권이 민사집행법상의 압류금지채권에 해당하는지" (대법원판례해설, 2018)
- "부대체적 작위의무에 관한 가처분결정이 정한 의무이행기간 경과 후 그 가처분결정에 기초하여 발령된 간접강제결정의 효력과 채무자의 구제수단" (대법원판례해설, 2017)
- "유치권과 선순위권리자 및 경매절차상의 매수인 사이의 대항관계에 관하여 형성된 대법원판례의 법리에 대한 검토" (민사집행법 실무연구, 2016)
- "추심의 소와 채무자의 당사자적격, 중복된 소제기의 금지" (민사판례연구 37권, 2015)
- 위 각 논문을 비롯하여 대법원판례해설, 민사판례연구, 사법, 재판자료 등에 약 18여 편의 논문 발표

이동기

[학력]
- 브니엘고등학교 졸업(1989)
- 연세대학교 법학과 졸업(1997)
- 미국 골든게이트 대학교 Visiting Scholar(2016)

[경력]
- 제19회 법원행정고등고시합격
- 청주지방법원 진천등기소장(2003-2004)
- 청주지방법원 공탁관(2004)
- 부산지방법원 경매참여관(2004-2005)
- 부산지방법원 개인회생위원(2008-2010)
- 법원공무원교육원 공탁실무 교수(2011-2013)
- 서울중앙지방법원 파산과장(2014-2015)
- 서울중앙지방법원 민사소액과장(2016)
- 서울남부지방법원 사법보좌관(2017-2020)
- 의정부지방법원 사법보좌관(2020-2021)
- 의정부지방법원 고양지원 사법보좌관(2021)
- 법원행정처 사법등기심의관(2022-현재)
- 제16기 - 19기(2020-현재) 사법보좌관후보자 교육 교수(채권배당)

[저서]
- 공탁실무편람, 법원행정처(2015), 공동집필
- 법원실무제요, 민사집행 I, II, III, IV, V권, 법원행정처(2020), 공동집필
- 공탁실무편람, 법원행정처(2022), 공동집필
- 배당금·공탁금 집행실무, 법원행정처(2020), 공동집필

[논문]
'공탁사유신고와 관련된 채권배당절차의 실무상 쟁점', '하도급대금 직접지급청구와 관련된 채권배당절차 실무상 쟁점', '채권자취소와 혼합공탁과 관련된 배당절차상 쟁점', '공사대금채권과 관련된 배당절차상 쟁점', '형사피해자 개인정보 보호와 강제집행절차 개선'

[제2판] 민사집행실무총서(II)

채권집행

2017년 6월 30일 제1판 1쇄 발행
2023년 6월 30일 제2판 1쇄 인쇄
2023년 7월 15일 제2판 1쇄 발행

편집대표 윤 경
저 자 박영호·양진수·이동기
발 행 인 李 鍾 均
발 행 처 韓國司法行政學會

서울特別市 西大門區 忠正路 2街 69-18
電 話 (02) 362-2045~8
팩 스 (02) 312-2070
登 錄 1965年 8月 27日 9-94

定價 92,000원

ISBN 978-89-8109-850-6
SET 978-89-8109-849-0

※ 낙장·파본은 교환하여 드립니다.